FLAUBERT

Correspondance

II

(juillet 1851 - décembre 1858)

ÉDITION ÉTABLIE, PRÉSENTÉE
ET ANNOTÉE
PAR JEAN BRUNEAU

GALLIMARD

CE VOLUME CONTIENT:

Préface
par Jean Bruneau

LES LETTRES DE FLAUBERT
ET DE QUELQUES CORRESPONDANTS
DE JUILLET 1851 À DÉCEMBRE 1858

Appendices

Notes et variantes

Supplément

À la mémoire de Jean-A. Ducourneau.

PRÉFACE

Le second volume de la Correspondance *apporte moins de textes inédits de Flaubert que je ne l'avais espéré. Je n'ai pas réussi à obtenir les lettres de Flaubert à la comtesse de Grigneuseville[1]. D'autre part, bien des passages omis dans l'édition Conard en 9 volumes ont été publiés dans l'édition des Œuvres*

---

1. Ces lettres sont en la possession du comte et de la comtesse de Toulouse-Lautrec (château de Grigneuseville, Grigneuseville, Seine-Maritime), qui les ont reçues par héritage d'Augusta de Cabuel, épouse Rampal, comtesse de Grigneuseville (titre papal). J'ignore le nombre, l'importance et la date de ces lettres. La bibliothèque Lovenjoul possède une seule lettre de la comtesse à Flaubert, datée du 29 novembre [1862] (B III, ff. 408-409). À ma connaissance, la seule mention de Mme Rampal dans l'œuvre de Flaubert se trouve dans les notes de voyage : « Samedi 23 [novembre 1850]. — Resté toute la journée à l'hôtel, à écrire des lettres et à prendre des notes. — Bain à Péra : petit masseur à figure de cheval (Maurepas, Mme de Radepont, Mme Rampal), yeux noirs, vifs, impudents, places de cheveux chauves, cicatrices de teigne » (*Voyages,* éd. R. Dumesnil, t. II, p. 338). Serait-ce une allusion au très beau portrait de Mme Rampal en amazone, par Henri de Dreux (château de Grigneuseville) ?
Je dois les renseignements qui suivent à la complaisance du comte de Toulouse-Lautrec et je l'en remercie : Augusta de Cabuel, d'une famille de gentilshommes normands, épouse le riche négociant marseillais Rampal, dont elle a une fille, Iseult, qui mourra à seize ans, et qui est enterrée, comme sa mère, au cimetière de Grigneuseville. Elle possède à Paris, avenue Matignon, un hôtel où elle reçoit le monde aristocratique, artistique et littéraire. Elle correspond avec les gloires de la littérature et du barreau : Prosper de Barante, Lamartine, Alexandre Dumas, Jules Senard, le défenseur de Flaubert lors du procès de *Madame Bovary.* Elle était pianiste de concert et a fait des tournées en Hollande, en Scandinavie et en Russie. Elle était très liée avec la reine Isabelle d'Espagne. Elle meurt en 1878. Le comte de Toulouse-Lautrec prépare un ouvrage sur cette figure de femme très curieuse et très attachante.

complètes de Gustave Flaubert (*Club de l'Honnête Homme*[1]). *Ce volume contient pourtant douze lettres inédites de Flaubert : cinq à Ernest Feydeau, une à Émile Augier, Alfred Baudry, Louise Colet, Ducessois, Théophile Gautier, Charles de La Rounat et Félicien de Saulcy, auxquelles il faut ajouter deux fragments de lettres inédites à Louis Bouilhet et au docteur Jules Cloquet ; quatorze lettres en partie inédites : neuf à Louise Colet, deux à Ernest Feydeau, une à Maxime Du Camp, à Mlle Leroyer de Chantepie et à Mme Roger des Genettes ; et cinquante-trois lettres incomplètes dans l'édition Conard : trente-cinq à Louis Bouilhet, douze à Jules Duplan, deux à la nièce Caroline, une à Ernest Chevalier, Maxime Du Camp, Ernest Feydeau et Laurent Pichat. Sans parler des lettres publiées dans des revues ou journaux et non recueillies dans les éditions précédentes de la Correspondance de Flaubert. En revanche, et paradoxalement, on trouvera dans les appendices et les notes de très nombreuses lettres totalement ou en partie inédites signées Louis Bouilhet, Louise Colet, Victor Cousin, Maxime Du Camp, Victor Hugo, Leconte de Lisle, Alfred de Musset, Alfred de Vigny, etc. Il reste beaucoup à faire dans le domaine des correspondances, pour la littérature française du XIXe siècle.*

Les principes qui ont présidé à l'élaboration du second volume de cette édition sont les mêmes que ceux du premier. L'orthographe de Flaubert a été normalisée ; pour les noms propres, je signale en note celle de Flaubert, lorsqu'elle est aberrante. J'ai rétabli l'accentuation habituelle. La ponctua-

---

1. Les auteurs de cette édition ont exploité, en partie, les principaux fonds d'autographes que je mentionnais dans le premier volume de cette édition : fonds R. Descharmes à la Bibliothèque nationale, collection Lovenjoul à Chantilly, fonds Louise Colet au musée Calvet d'Avignon. Le texte du présent volume était déjà établi quand ont paru, dans cette édition, les tomes II à V de la *Correspondance de Flaubert*. Lorsque j'indique dans les notes : « lettre incomplète dans l'édition Conard », les passages que je rétablis peuvent, ou non, figurer dans l'édition du Club de l'Honnête Homme. Je n'ai pas jugé utile de le signaler, non plus que les différences de lecture ou de datation. Quand l'édition du Club de l'Honnête Homme publie des lettres de Flaubert totalement inédites, je le mentionne dans les notes de ces lettres ; mais je donne le texte que j'avais moi-même mis au point.

*tion a été respectée, sauf dans le cas des tirets —, que j'ai
traduits de mon mieux en virgules, point-virgules ou points,
suivant le rythme des phrases. Les alinéas sont ceux de
Flaubert.*

*Le problème le plus délicat qui se soit posé pour ce volume
a été celui de la datation. Sauf pour les lettres à Louise Colet,
généralement bien datées par René Descharmes, celles qu'a
publiées le* Supplément *à la* Correspondance *et celles qui
concernent la genèse de Salammbô, le plus souvent bien datées
par F. A. Blossom[1], les lettres de Flaubert paraissent avoir
été placées un peu légèrement dans les éditions Charpentier et
Conard. J'ai tenté d'établir un ordre plus satisfaisant. Les
lettres des correspondants de Flaubert, quand elles sont datées,
m'ont aidé dans cette tâche, mais je ne me fais pas trop d'illusions, pour des cas, hélas ! trop nombreux. Le regretté Gérard-
Gailly, à qui je dois beaucoup[2], accordait peut-être une importance exagérée à la critique interne — tentation bien compréhensible et à laquelle j'ai certainement succombé, moi aussi.
J'ai voulu faire preuve de la plus grande prudence, et j'ai
multiplié les points d'interrogation.*

*Pour le premier volume de cette édition, j'avais placé dans le
corps même du texte les lettres de la famille Flaubert à
Gustave, ainsi que les lettres de Louise Colet. J'ai agi de
même, ici, en ce qui concerne les lettres de Louise Colet, et
j'ai également publié à leur date les lettres à Flaubert de*

---

1. F. A. Blossom, *La Composition de* Salammbô *d'après la correspondance de Flaubert (1857-1862), avec un essai de classement chronologique des lettres,* Baltimore, Johns Hopkins University Press, et
Paris, Champion, 1914. In-8°, VII + 104 pages : chap. I, « Tableau
synoptique des lettres de Flaubert relatives à la composition de
Salammbô » (p. 1-7) ; chap. II, « Notes chronologiques » (p. 8-48) ;
chap. III, « La Composition du roman » (p. 49-88) ; Appendice A,
« Calendrier des années 1857 à 1862 » (p. 89-90) ; Appendice B,
« Lettres de Flaubert qui manquent dans les éditions de la correspondance » (p. 91-95) ; Appendice C, « Chronologie de la vie de
Flaubert », 1857-1862 (p. 96-104).
2. Edmond Gérard-Gailly, « Datation de lettres de Flaubert »,
Bulletin du bibliophile, juillet 1947, p. 319-335 ; août-septembre 1947,
p. 394-410 ; octobre 1947, p. 463-479 ; — « Nouvelle datation de
lettres de Flaubert », *Bulletin des amis de Flaubert,* n° 26 (mai 1965),
p. 24-37 ; n° 27 (décembre 1965), p. 32-36 ; n° 28 (mai 1966),
p. 43 ; n° 29 (décembre 1966), p. 39 ; n° 30 (mai 1967), p. 27-34 ;
n° 31 (décembre 1967), p. 34-39.

*Mlle Leroyer de Chantepie. Ces lettres sont très longues, et
les réponses de Flaubert n'ont de sens que si le lecteur en a le
texte complet sous les yeux. Après la rupture avec Louise
Colet, et avant la rencontre de George Sand, l'échange de
lettres entre Flaubert et Mlle de Chantepie présente un intérêt
tout particulier pour la connaissance du romancier. Il m'a paru
que sa place était dans le corps du texte, et non dans un
appendice ou dans les notes.*

*Les appendices de ce volume sont plus nombreux et plus
longs que ceux du premier. J'ai retrouvé, en effet, beaucoup
plus de lettres de correspondants de Flaubert pour les années
1851-1858 que pour les années précédentes. Je donne en
appendice : 1° vingt-cinq lettres ou fragments de lettres de
Maxime Du Camp à Flaubert ; 2° de longs extraits des
Mementos de Louise Colet ; 3° treize lettres de Maxime Du
Camp à Louise Colet ; 4° la correspondance de Louise Colet
et d'Alfred de Musset, telle qu'elle se trouve au fonds Colet du
musée Calvet d'Avignon, c'est-à-dire dix-neuf lettres de
Louise Colet et onze lettres de Musset ; outre son intérêt
intrinsèque, cette correspondance permet de comprendre les
lettres de Flaubert à Louise Colet de l'été 1852 ; 5° les poésies
de Louise Colet, quand Flaubert les analyse longuement dans
ses lettres ; 6° cinquante-huit lettres ou fragments de lettres de
Louis Bouilhet à Flaubert. Le romancier a conservé quatre cent
quatre-vingt-dix-huit lettres du poète ; je n'ai retrouvé,
jusqu'ici, que quatre-vingt-une lettres de Flaubert à Bouilhet. Il
était impossible de reproduire* in extenso *les lettres de
Bouilhet ; elles auraient, à elles seules, rempli un volume de la
Pléiade, et, d'ailleurs, elles ne présentent souvent qu'un intérêt
bien mince, remplies qu'elles sont des jérémiades de Bouilhet
sur ses déboires parisiens. J'ai donc reproduit seulement les
passages essentiels concernant Flaubert, sauf dans les cas,
qui sont rares, où la lettre de Bouilhet est une réponse directe
à une lettre conservée de Flaubert ou vice versa ; je la donne
alors dans sa totalité.*

*Je voudrais remercier ici tous ceux qui m'ont aidé dans
l'élaboration de mon édition, et dont je n'avais pas encore reçu
l'aide précieuse, quand a paru le premier volume : MM. Philippe
Berthier, Auguste Blaizot, Thierry Bodin, Me Max Brière,*

MM. *Victor Brombert, Michel Castaing, Chantereau, Pierre Chrétien, le docteur Cusson,* MM. *Éric Dahl, J.-L. Debauve, Me Maxime Denesle,* MM. *Philippe Deschamps, Jean-Pierre Duquette, Léon Edel, Graham Falconer, Siméon Kass, Mme Ulrike Jaeckel, M. Jean Joubert, Mme Katherine Kovàcs,* MM. *Camille Le Tallec, R. D. Lethbridge, Loliée, Mme Nicole Magnan de Bornier,* MM. *Henri Manceau, Pierre Mosnier, Mme Janine Naert, M. Jean-Michel Nectoux, Me Antoine Perrod,* MM. *Maurice Piron, Gordon N. Ray, Mme Anne Rivera, M. James B. Sanders, le colonel Sickles, M. Douglas Siler, Mmes Vernon Venable, Vidal-Mégret,* MM. *Armand Wallon, Jean Ziegler.*

J'ai une gratitude toute spéciale pour cinq lecteurs du premier volume de cette édition, qui l'ont lu avec un soin et un sens critique dont bénéficiera sa réimpression : Miss Alison Fairlie, MM. *Lucien Andrieu, Benjamin F. Bart, Antonello Gerbi et Francis Steegmuller. C'est un privilège pour l'auteur que d'avoir de tels lecteurs.*

J'exprime enfin toute ma reconnaissance à l'université Harvard et à la fondation Simon Guggenheim, sans l'aide desquelles je n'aurais pu passer en France l'année 1974-1975.

JEAN BRUNEAU.

Pour cette réimpression, j'ai tenté de corriger les erreurs et les coquilles, et j'ai ajouté un court supplément (p. 1515).

J'ai pu retrouver un certain nombre de lettres autographes et je remercie les détenteurs de m'avoir autorisé à les utiliser. Je remercie en particulier la Pierpont Morgan Library de New York.

1988.

CORRESPONDANCE
DE FLAUBERT

Croisset, 26 juillet [1851].

Je vous écris parce que « mon cœur me porte à vous dire quelque bonne parole[1] ». Pauvre amie, si je pouvais vous rendre heureuse, je le ferais avec joie ; ce ne serait que justice. L'idée que je vous ai tant fait souffrir m'est à charge. Ne le comprenez-vous pas ? Mais cela ne dépend (et tout le reste n'a dépendu) ni de moi, ni de vous, mais des choses mêmes. —

Vous m'avez dû l'autre jour à Rouen trouver bien froid[2]. Je l'ai été le moins possible pourtant. J'ai fait tous mes efforts pour être bon. Tendre, non. C'eût été une hypocrisie infâme, et comme un outrage[a] à la vérité de votre cœur.

Lisez, et ne rêvez pas. Plongez-vous dans de longues études. Il n'y a de continuellement bon que l'habitude d'un travail entêté. Il s'en dégage un opium qui engourdit l'âme. — J'ai passé par des ennuis atroces, et j'ai tournoyé dans le vide, éperdu d'*embêtement*. On s'en sauve à force de constance et d'orgueil ; essayez.

Je voudrais que vous fussiez en tel état que nous puissions nous revoir avec calme. J'aime votre société quand elle n'est pas *orageuse*. Les tempêtes qui plaisent si fort dans la jeunesse ennuient dans l'âge mûr. — C'est comme l'équitation. Il fut un temps où j'aimais à aller au grand galop ; maintenant je vais au pas, et la bride sur le cou. Je deviens très vieux ; toute secousse me gêne, et je n'aime pas plus à sentir qu'à agir.

Vous ne me dites rien de ce qui m'intéresse le plus :

vos projets. — Vous n'êtes encore fixée à rien, je le
devine. — L'avis que je vous avais donné était bon. Il
faut toujours, comme disait Phidias[1] dans le temps, avoir
un gigot et un aloyau.

Je vous reverrai bientôt à Paris, si vous y êtes. —
(Vous deviez rester en Angleterre un mois[2] ?) Je serai
à Paris à la fin de la semaine prochaine, je présume[3].
J'irai en Angleterre vers la fin du mois d'août[4]. Ma mère
désire que je l'y accompagne. Ce dérangement m'ennuie.
Enfin !... Si vous y êtes encore, j'irai vous faire une
visite. Nous tâcherons d'être contents l'un de l'autre.

À Paris, je remettrai chez vous les deux m[anu]s[crit]s
que vous m'avez confiés[5]. — Je vous rendrai aussi, mais
seulement à vous et en main propre, une médaille de
bronze[6] que j'ai acceptée jadis par faiblesse et que je ne
dois pas garder. C'est la propriété de votre enfant.

Farewell. God bless you, poor child !

GUSTAVE.

À LOUISE COLET

Croisset, vendredi soir. [8 août 1851.]

Je tarderai un peu au rendez-vous que je vous ai
donné, chère amie. Des circonstances indépendantes de
moi et que je vous conterai, font que je ne pourrai vous
voir qu'à la fin de cette semaine qui vient ; en tous cas,
je vous préviendrai dès la veille.

Je vous rapporterai votre ms, et le drame de *Madeleine*[7].
Vous me feriez aussi bien plaisir si vous vouliez reprendre votre médaille[8]. J'espère vous faire entendre raison là-dessus.

Vous me demandez que je vous apporte quelque
chose de moi. Je n'ai rien à vous montrer. Voilà plus
de deux ans que je n'ai écrit une ligne de français et ce
que j'avais écrit de longtemps avant mon départ est
illisible et non copié[9]. D'ailleurs, dans l'état de dégoût où
je suis de moi, ce n'est pas le moment.

À quelque jour, si j'ai dans mon navire une cargaison
non avariée et qui en vaille la peine, quelque belle
chose rapportée de loin ou trouvée par hasard (qui

sait ?), vous serez des premières à la voir ; je vous le promets.

Adieu, à bientôt.

À vous.

G. F.

À LOUISE COLET

Croisset, samedi soir. [20 septembre 1851.]

Ma chère amie, je pars pour Londres jeudi prochain. Je porterai vos lettres et vous écrirai à mon retour ce que j'aurai fait pour vous. Je ne sais en vérité pourquoi j'irai voir Mazzini[1] ; si vous avez une commission pour lui, je m'en acquitterai néanmoins avec plaisir.

J'ai commencé hier au soir mon roman[2]. J'entrevois maintenant des difficultés de style qui m'épouvantent. Ce n'est pas une petite affaire que d'être simple. J'ai peur de tomber dans le Paul de Kock ou de faire du Balzac chateaubrianisé.

J'ai eu mal à la gorge depuis mon retour. Ma vanité prétend que ce n'est pas de fatigue et je crois qu'elle a raison. Et vous ? Comment va ?

Je suis en ce moment très occupé dans une besogne passagère que je vous conterai plus tard[3].

Adieu, chère Louise, je vous embrasse sur votre col blanc. Un long baiser à vous.

À LOUISE COLET

Londres, dimanche soir.
[28 septembre 1851.]

Chère Louise, votre lettre, datée de mercredi et envoyée à Croisset, était arrivée ici avant moi. Par suite d'un système de voyage absurde adopté par ma mère, nous avons été *trois* mortels jours à faire le voyage de Rouen à Londres. Enfin, hier au soir samedi, nous sommes arrivés à 9 heures du soir.

Je verrai dès demain matin votre libraire. Je pense sans savoir pourquoi qu'il faut d'abord aller chez le sieur Delisy. J'irai ensuite chez l'autre et vous tiendrai exactement au courant de l'affaire, sans m'engager avec aucun d'eux avant de savoir quel est celui des deux qui *en* offre le plus[1]. Suis-je intelligent en affaires, hein ? C'est l'air du pays qui me pénètre.

Sanitairement parlant, je vais bien. Mon mal de gorge est passé. Mais j'ai tellement perdu l'habitude des voitures, en Orient, que celle de Rouen à Abbeville m'a éreinté. Quant à ma santé, chère amie, ne craignez pas que je la compromette ici. *J'ai des intentions chastes* (et sur cette matière l'intention pour moi peut être réputée pour le fait).

J'ai lu la moitié du volume de Diderot[2]. C'est curieux, et charmant par parties. Je vous le garderai quelque temps, car mon intention est de prendre des notes dessus.

J'ai revu la Manche, et l'ai traversée bien entendu. La dernière fois que je l['] avais vue, c'était à Trouville en revenant de Bretagne, il y a quatre ans[3]. Quoique j'aie passé les meilleurs moments de ma jeunesse à humer son odeur et à dormir sur ses galets, je garde tout mon amour à la Méditerranée. J'aime la couleur avant tout, et le calme, n'en déplaise aux gens poétiques qui préfèrent la tempête.

Nous venons de faire une promenade au cimetière de High-Gate. Quel abus d'architecture égyptienne et étrusque ! Comme c'est propre et rangé ! — Ces gens-là ont l'air d'être morts en gants blancs. — Je déteste les jardinets autour des tombeaux, avec des plates-bandes ratissées et des fleurs épanouies. Cette antithèse m'a toujours semblé de basse littérature. En fait de cimetières, j'aime ceux qui sont dégradés, ravagés, en ruines, pleins de ronces, avec des herbes hautes, et quelque vache échappée du clos voisin qui vient brouter là, tranquillement. Avouez que ça [vaut] mieux qu'un policeman en uniforme ! Est-ce bête, l'ordre ! c'est-à-dire le désordre, car c'est presque toujours ainsi qu'il se nomme.

Adieu, chère amie. Je t'embrasse sur les deux joues et sous le menton à la plus grasse place blanche.

À toi, G[usta]ve.

Envoyez-moi ce que vous voudrez pour Mazzini ; je le lui porterai[1].

À LOUISE COLET

Londres, mardi. [30 septembre 1851.]

J'ai été hier chez M. Delisy qui a lu votre lettre et m'a renvoyé à M. Sams dépositaire du *ms*[2]. M. Delisy m'a dit que la saison était mauvaise, toute la *nobility* étant à la campagne.

Quant à M. Sams, il est à Paris, hôtel de Lille et d'Albion, rue Saint-Honoré, et ne reviendra à Londres que dans un mois.

Allez donc le trouver et tâchez d'en obtenir quelque chose. Je suis fâché, chère amie, de n'avoir pu faire rien de mieux pour vous, mais vous voyez que j'y ai mis toute la célérité possible.

Adieu, nous partons pour l'exposition[3]. Quel atroce brouillard !

Je vous embrasse.

À vous.

À LOUISE COLET

[Paris, 16 octobre 1851.]

Il est midi. Je viens de me lever. J'ai plusieurs courses encore à faire, ne m'attends pas avant 4 heures.

À toi, chère femme.

G.

À AMÉDÉE MÉREAUX

Croisset, dimanche. [19 octobre 1851.]

Mon cher ami,

Vous allez recevoir de Bouilhet son poème de

Melaenis[1]. Vous chargez-vous de faire un petit article ?
Il n'y a encore rien eu dans le *Journal de Rouen* sur la
Revue de Paris. Le moment serait opportun.

Autre question : le *Journal de Rouen* pourra-t-il tous les
mois annoncer avec un bout de réclame le sommaire
des articles de la *Revue de Paris* ? En cas d'affirmative la
Revue de Paris servirait l'abonnement au *Journal*. Voilà ce
que je suis chargé de vous transmettre officiellement. Je
ne pense pas que la chose soit difficile, la *Revue* n'ayant
aucune couleur politique.

À quelle heure êtes-vous chez vous ? Quand je vais à
Rouen je suis comme Ovide chez les Scythes. Il faut bien
que j'aille causer un quart d'heure avec vous et je ne
sais comment m'y prendre pour vous trouver.

Adieu, mon cher ami. Soignez un peu notre petite
affaire et vous serez ce que vous êtes toujours : un
charmant homme.

Mille poignées de main.

Tout à vous.

À   MAXIME   DU   CAMP

[Croisset,] ce mardi 21 octobre [1851].

Fais-moi le plaisir de prendre en note ceci : *s'informer
de l'adresse de M. de Rambuteau à Paris*. J'en aurais besoin
le plus tôt possible[2].

————

J'ai vu ce matin Méreaux[3]. La *Revue de Paris* aura une
réclame dans le *Journal de Rouen*. Si ce [n'est] pas Méreaux
qui la fait ce sera quelque autre. Il tâchera que ce soit
lui. J'ai proposé l'échange de la *Revue* contre l'envoi
quotidien du *Journal*. Il pense que le rédacteur acceptera
avec plaisir. Si tu vois la Muse d'ici à peu tu peux lui
dire que l'on fera l'éloge de son jeune homme[4]. Quant
au sieur Pottier[5], il s'est déjà abonné à la *Revue de Paris*
pour la Bibliothèque de la Ville. Il s'est chargé avec
plaisir d'une réclame à faire dans la *Revue de Rouen,* et je
lui ai mêmement proposé l'échange qui sera bien sûr
accepté. Au reste que Lecou[6] écrive pour cela à Perron,

directeur de la *Revue de Rouen*. — Pottier ne s'en mêle
plus activement. Quoi qu'il en soit, la réclame passera
prochainement. Pour ce qui est du *Journal de Rouen,*
envoie un numéro à Méreaux, rue de la Chaîne, 1, afin
de hâter les choses. — Bouilhet s'occupe, de son côté, du
Mémorial et de *L'Impartial*. Tu vois que nous ne nous
endormons pas sur la grosse caisse. Si tout cela ne vous
donne pas des abonnés, au moins ça vous fera des
lecteurs, ce qui est le principal. — Pottier avait lu le
1er numéro et m'a parlé de *Tagahor*[1] en termes superbes.

———————

Il me tarde bien que tu sois ici et que nous puissions
causer un peu longuement et serré, afin que je prenne
une décision quelconque. Dimanche dernier, nous avons
lu des fragments de *Saint Antoine*[2] : Apollonius, quelques
dieux, et la seconde moitié de la seconde partie, c'est-à-
dire la Courtisane, Thamar, Nabuchodonosor, le
Sphinx et la Chimère et tous les animaux. Ce serait bien
difficile de publier des fragments, tu verras. Il y a de
fort belles choses, mais, mais, mais, ça ne satisfait pas en
soi. Et le mot *drôle* sera, je crois, la conclusion des plus
indulgents, voire des plus intelligents. Il est vrai que
j'aurais pour moi beaucoup de braves gens qui n'y
comprendront goutte et qui admireront de peur que le
voisin n'y entende davantage. L'objection de Bouilhet
à la publication est que j'ai mis là tous mes défauts et
quelques-unes de mes qualités. Selon lui, ça me calomnie
comme homme. Dimanche prochain nous lirons tous les
Dieux ; peut-être est-ce ce qui ferait le plus un ensemble.
— Quant à moi, pas plus là-dessus que sur la question
principale, je n'ai d'opinion à moi. Je ne sais que penser,
je suis dans un complet milieu. — On ne m'a pas
jusqu'à présent accusé de manquer d'individualisme et
de ne pas sentir mon petit moi. Eh bien ! voilà que, dans
la question la plus importante peut-être d'une vie
d'artiste, j'en manque complètement, je m'annule, je me
fonds, et sans effort, hélas ! car je fais tout ce que je peux
pour avoir un avis quelconque, et j'en suis dénué autant
que possible ; les objections pour et contre me paraissent
également bonnes. Je me déciderais à pile ou face et
je n'aurais pas regret du choix, quel qu'il fût.

Si je publie, ce sera le plus bêtement du monde.

Parce qu'on me dit de le faire, par imitation, par obéissance et sans aucune initiative de ma part. — Je n'en sens ni le besoin ni l'envie. Et ne crois-tu pas qu'il ne faut faire que ce à quoi le cœur vous pousse ? Le couillon qui va sur le terrain, poussé par ses amis qui lui disent : « Il le faut ! » et qui n'en a pas envie du tout, qui trouve que c'est très bête, etc., est, au fond, beaucoup plus misérable que le franc couillon qui avale l'insulte sans s'en apercevoir et qui reste chez lui très tranquillement. Oui[a], encore une fois, ce qui me révolte, c'est que ça n'est pas de moi, que c'est l'idée d'un autre, des autres... preuve peut-être que j'ai tort.

Et puis, regardons plus loin. Si je publie, je publierai et ce ne sera pas à demi. Quand on fait une chose, il la faut bien faire. — J'irai vivre à Paris l'hiver. Je serai un homme comme un autre ; je vivrai de la vie passionnelle, intriguée et intrigante. — Il me faudra exécuter beaucoup de choses qui me révolteront et qui d'avance me font pitié. Eh bien ! suis-je propre à tout cela, moi ? Tu sais bien que je suis l'homme des ardeurs et des défaillances. Si tu savais tous les invisibles filets d'inaction[b] qui entourent mon corps et tous les brouillards qui me flottent dans la cervelle ! J'éprouve souvent une fatigue à périr d'ennui lorsqu'il faut faire n'importe quoi, et c'est à travers de grands efforts que je saisis l'idée la plus nette. Ma jeunesse, dont tu n'as vu que la fin, m'a trempé dans je ne sais quel opium d'embêtement pour le reste de mes jours. J'ai la vie en haine, le mot est parti, qu'il reste, oui, la vie, et tout ce qui me rappelle qu'il la faut subir. Je suis emmerdé de manger, de m'habiller, d'être debout, etc. J'ai traîné cela partout, en tout, à travers tout, au collège, à Rouen, à Paris, sur le Nil. Nature nette et précise, tu t'es toujours révolté contre ces normandismes indéfinis que j'étais si maladroit à excuser et cela m'a valu de ta part, Maxime, des duretés qui m'ont souvent été amères. Je passais l'éponge dessus, mais le moment était pénible.

Crois-tu que j'aie vécu jusqu'à 30 ans de cette vie que tu blâmes, en vertu d'un parti pris et sans qu'il n'y ait eu une longue consultation préalable ? Pourquoi n'ai-je pas eu de maîtresses ? Pourquoi prêchais-je la chasteté ? Pourquoi suis-je resté dans ce marais de la province ? Est-ce que tu crois que je ne bande pas comme un

autre ? et que je ne serais pas bien aise de faire le beau
monsieur là-bas ? Mais oui, ça m'amuserait assez.
Considère ma balle sérieusement et dis-moi si c'est
possible. Le ciel ne m'a pas plus destiné à tout cela
qu'à être un beau valseur. Peu d'hommes ont eu moins
de femmes que moi (c'est la punition de cette *beauté
plastique* qu'admire Théo[1]), et si je reste inédit, ce sera le
châtiment de toutes les couronnes que je me suis tressées
dans ma primevère. Ne faut-il pas suivre sa voie ? Si je
répugne au mouvement, c'est que j'ai raison peut-être.
Il y a des moments où je crois même que j'ai tort de
vouloir faire un livre raisonnable et de ne pas m'abandonner à tous les lyrismes, gueulades et excentricités
philosophico-fantastiques qui me viendraient. Qui sait ?
Un jour j'accoucherais peut-être d'une œuvre qui serait
mienne, au moins.

   J'admets que je publie, y résisterai-je ? De plus forts y
ont péri. Qui sait si au bout de quatre ans je ne serai pas
devenu un infâme crétin ? J'aurai enfin un but autre que
l'art même. Seul, il m'a suffi jusqu'à présent et, s'il me
faut quelque chose de plus, c'est que je baisse ; et si ce
quelque chose d'accessoire me fait plaisir, c'est que je
suis baissé.

   La peur que ce ne soit le démon d'orgueil qui parle
m'empêche de dire tout de suite : non et mille fois non !
Comme la limace qui a peur de se salir sur le sable ou
d'être écrasée sous les pieds, je rentre dans ma coquille.

   Je ne dis pas que je ne sois point capable de toute
espèce d'action. Deux fois je m'en suis mêlé, pour
Achille et pour toi, et ça a réussi[2]. Il faut que ça dure peu
et qu'il y ait plaisir. Si j'ai la force des bras, je n'en ai
pas la patience, et c'est la patience qui est tout. Saltimbanque, j'aurais bien levé des fardeaux, mais je ne me
serais jamais promené avec eux, les portant au bout du
poing. Cet esprit d'audace et de souplesse déguisées,
ce savoir-vivre qu'il faut, l'art de la conduite, tout cela
m'est lettre close, et je ferais de grandes sottises. — Tes
deux corrections de *Tagahor,* « urine » et « qui s'aiment
entre elles » m'ont choqué comme des concessions
humiliantes[3]. — Cela m'a fâché, et je ne suis pas sûr de
ne pas t'en vouloir encore, tu vois le bonhomme.

   La Muse[4] me reproche « le cotillon de ma mère ». Si
j'ai suivi ce cotillon à Londres il était venu auparavant

me rejoindre à Rome[1], il m'accompagnerait bien à Paris. Ah ! si tu me débarrassais de mon beau-frère et de ma belle-sœur[2], combien peu même j'en sentirais le voisinage, de ce cotillon ! J'ai parlé avec elle longuement de tout cela, hier. Elle a été comme moi, elle n'a pas donné d'avis. Son dernier mot a été : « Si tu as fait quelque chose que tu trouves bon, publie-le[3]. » Me voilà bien avancé !

Au reste, mon cher vieux, je te livre tout ce qui précède comme un thème à méditations. Seulement médite, et considère-moi tout entier. Malgré ma phrase de *L'Éducation sentimentale :* « qu'il y a toujours dans les confidences les plus intimes quelque chose que l'on ne dit pas[4] », je t'ai tout dit. Autant qu'un homme peut être de bonne foi avec lui-même, il me semble que je le suis. Je t'expose mes entrailles. Je me fie à toi, à toi, mon vieux chéri, à ton tact de la vie qui me[a] paraît juste et à ton intelligence qui est forte quand rien d'étranger ne pèse sur elle. Je ferai ce que tu voudras, ce que tu me diras. Je te remets mon individu, dont je suis harassé. Je ne me doutais guère, quand j'ai commencé ma lettre, que j'allais dire tout cela. Ça est venu ; que ça parte. Nos conférences dans quinze jours en seront peut-être simplifiées. Adieu, je t'embrasse avec un tas de sentiments.

Ton G[usta]ve Flaubert.

Tu m'apporteras la mesure exacte de mes Chinoiseries[5] que j'ai oublié de prendre à Paris, et nos cannes qui seront sans doute prêtes.

Écris-moi, hein[6].

À LOUISE COLET

[Croisset,] nuit de jeudi, 1 heure.
[23 octobre 1851.]

Pauvre enfant ! Vous ne voudrez donc jamais comprendre les choses comme elles sont dites ? Cette parole, qui vous semble si dure, n'a pourtant pas besoin d'excuses ni de commentaires et, si elle est amère, ce ne peut être que pour moi. Oui, je voudrais que vous ne m'ai-

miez pas et que vous ne m'eussiez jamais connu et, en
cela, je crois exprimer un regret touchant votre bonheur.
Comme je voudrais n'être pas aimé de ma mère, ne pas
l'aimer, ni elle ni personne au monde, je voudrais qu'il
n'y eût rien qui partît de mon cœur pour aller aux autres,
et rien qui partît du cœur des autres pour venir au mien.
Plus on vit, plus on souffre. Pour remédier à l'existence,
n'a-t-on pas inventé, depuis que le monde existe, des
mondes imaginaires, et l'opium, et le tabac, et les
liqueurs fortes, et l'éther ? Béni celui qui a trouvé le
chloroforme. Les médecins objectent qu'on en peut
mourir. C'est bien de cela qu'il s'agit ! C'est que vous
n'avez pas suffisamment la haine de la vie et de tout
ce qui s'y rattache. Vous me comprendriez mieux si
vous étiez dans ma peau et, à la place d'une dureté
gratuite, vous verriez une commisération émue, quelque
chose d'attendri et de généreux, il me semble. Vous me
croyez méchant, ou égoïste pour le moins, ne songeant
qu'à moi, n'aimant que moi. Pas plus que les autres,
allez ; moins peut-être, s'il était permis de faire son éloge.
Vous m'accorderez toutefois le mérite d'être vrai. Je
sens peut-être plus que je ne dis, car j'ai relégué toute
emphase dans mon style ; elle s'y tient et n'en bouge pas.
Chacun ne peut faire que dans sa mesure. Ce n'est pas
un homme vieilli comme moi dans tous les excès de la
solitude, nerveux à s'évanouir, troublé de passions
rentrées, plein de doutes du dedans et du dehors, ce
n'est pas celui-là qu'il fallait aimer. Je vous aime comme
je peux ; mal, pas assez, je le sais, je le sais, mon Dieu !
À qui la faute ? Au hasard ! À cette vieille fatalité
ironique, qui accouple toujours les choses pour la plus
grande harmonie de l'ensemble et le plus grand désa-
grément des parties. On ne se rencontre qu'en se heurtant et chacun, portant dans ses mains ses entrailles
déchirées, accuse l'autre qui ramasse les siennes. Il y a
de bons jours cependant, des minutes douces. J'aime
votre compagnie, j'aime votre corps, oui ton corps,
pauvre Louise, quand, appuyé sur mon bras gauche, il se
renverse la tête en arrière et que je te baise sur le cou.
Ne pleure plus, ne pense ni au passé ni à l'avenir, mais
à aujourd'hui. « Qu'est-ce que ton devoir ? L'exigence
de chaque jour », a dit Goethe[1]. Subis-la cette exigence,
et tu auras le cœur tranquille.

Prends la vie de plus haut, monte sur une tour
(quand même la base craquerait, crois-la solide) ; alors
tu ne verras plus rien que l'éther bleu tout autour de toi.
Quand ce ne sera pas du bleu, ce sera du brouillard ;
qu'importe, si tout y disparaît noyé dans une vapeur
calme. Il faut estimer une femme pour lui écrire des
choses pareilles.

Je me tourmente, je me gratte. Mon roman a du mal
à se mettre en train. J'ai des abcès de style et la phrase me
démange sans aboutir. Quel lourd aviron qu'une plume
et combien l'idée, quand il la faut creuser avec, est un
dur courant ! Je m'en désole tellement que ça m'amuse
beaucoup. J'ai passé aujourd'hui ainsi une bonne
journée, la fenêtre ouverte, avec du soleil sur la rivière
et la plus grande sérénité du monde. J'ai écrit une page,
en ai esquissé trois autres. J'espère dans une quinzaine
être enrayé ; mais la couleur où je trempe est tellement
neuve pour moi que j'en ouvre des yeux ébahis.

Mon rhume touche à sa décadence ; ça va bien. Au
milieu du mois prochain, j'irai à Paris passer deux ou
trois jours. Travaille, pense à moi, pas trop en noir et,
si mon image te revient, qu'elle t'amène des souvenirs
gais. Il faut rire quand même. Vive la joie ! Adieu.
Encore un baiser. Le protégé de Mme Sand[1] aura prochainement un article dans le *Journal de Rouen*.

À LOUISE COLET

[Croisset,] lundi soir. [3 novembre 1851.]

J'aurais dû déjà répondre à votre longue et douce
lettre qui m'a ému, pauvre chère femme. Mais je suis
moi-même si lassé, si aplati, si embêté, qu'il faut que je
me secoue vertement pour vous dire merci d'avoir lu
si vite *Melaenis*[2]. J'ai embrassé de votre part l'auteur,
qui a été touché de cette sympathie. — Vous êtes la première du public qui l'applaudissiez. Eh bien, qu'en
dites-vous ? N'est-ce pas que c'est assez crânement
tourné ? Je ne puis juger de sang-froid cette œuvre qui
a été faite sous mes yeux, à laquelle j'ai beaucoup con-

tribué moi-même. J'y suis pour trop pour qu'elle me soit étrangère. Pendant trois ans ç'a été travaillé au coin de ma cheminée, strophe à strophe, vers à vers. — Je crois qu'on peut dire que ça promet un poète de haute futaie.

Nous étions, il y a quelques années, en province, une pléiade de jeunes drôles qui vivions dans un étrange monde, je vous assure. Nous tournions entre la folie et le suicide. Il y en a qui se sont tués ; d'autres qui se sont morts dans leur lit, un qui s'est étranglé avec sa cravate, plusieurs qui se sont fait crever de débauche pour chasser l'ennui. — C'était beau ; il n'en reste plus rien que nous deux Bouilhet, qui sommes tant changés ! Si jamais je sais écrire, je pourrai faire un livre sur cette jeunesse inconnue, qui poussait à l'ombre, dans la retraite, comme des champignons gonflés d'ennui[1]. Le secret de tout ce qui vous étonne en moi, chère Louise, est dans ce passé de ma vie interne que *personne* ne connaît. Le seul confident[2] qu'elle ait eu est enterré depuis quatre ans dans un cimetière de village à quatre lieues d'ici. C'est quand je suis sorti de cet état que je suis venu à Paris et que j'ai connu Maxime[3]. J'avais 20 ans, j'étais un homme et tout à fait. — Il a pu lire le livre, mais non la préface, que je me rappelle bien, mais que je ne saurais nettement faire comprendre. *Melaenis,* en résumé, est le dernier écho de beaucoup de cris que nous avons poussés dans la solitude ; c'est l'assouvissance d'un tas d'appétits qui nous ravageaient le cœur. — Vous avez raison de dire que je n'en ai pas. Je me le suis dévoré à moi-même.

Aujourd'hui je me sens noyé dans des flots d'amertume. L'arrivée des exemplaires de *Melaenis* m'a fait un effet de tristesse. Nous avons passé hier tout notre après-midi, sombres comme la plaque de la cheminée. Ça nous causait une impression de prostitution, d'abandon, d'adieu. Comprenez-vous ? Quand j'ai reçu, au contraire, il y a 4 ans, le volume de Maxime[4], les mains me tremblaient de joie en coupant les pages. — D'où vient cette glace de maintenant, impression si différente de l'autre ? Je vous assure que tout cela ne m'excite nullement et que j'ai grande envie de devenir phoque, comme vous dites. Je me demande à quoi bon aller grossir le nombre des médiocres (ou des gens de talent, c'est synonyme) et me tourmenter dans un tas de petites affaires qui d'avance me font hausser les épaules de pitié. — Il est

beau d'être un grand écrivain, de tenir les hommes dans
la poêle à frire de sa phrase et de les y faire sauter comme
des marrons. Il doit y avoir de délirants orgueils à
sentir qu'on pèse sur l'humanité de tout le poids de son
idée. — Mais il faut pour cela avoir quelque chose à dire.
Or je vous avouerai qu'il me semble que je n'ai rien
que n'aient les autres, ou qui n'ait été aussi bien dit,
ou qui ne puisse l'être mieux. — Dans cette vie que vous
me prêchez, j'y perdrai le peu que j'ai ; je prendrai
les passions de la foule pour lui plaire et je descendrai
à son niveau. — Autant rester au coin de son feu à faire
de l'art pour soi tout seul, comme on joue aux quilles.
L'art, au bout du compte, n'est peut-être pas plus
sérieux que le jeu de quilles[1] ? Tout n'est peut-être qu'une
immense blague, j'en ai peur, et quand nous serons de
l'autre côté de la page, nous serons peut-être fort
étonnés d'apprendre que le mot du rébus était si simple.

Au milieu de tout cela j'avance péniblement dans mon
livre. Je gâche un papier considérable. Que de ratures !
La phrase est bien lente à venir. Quel diable de style
ai-je pris ! Honnis soient les sujets simples ! Si vous
saviez combien je m'y torture, vous auriez pitié de
moi. — M'en voilà bâté pour une grande année au
moins. Quand je serai en route j'aurai du plaisir ; mais
c'est difficile. — J'ai recommencé aussi un peu de grec et
de Shakespeare.

J'oubliais de vous dire que l'institutrice[2] est arrivée
depuis 10 jours. Son *physique* ne m'impressionne pas du
reste. Je n'ai jamais été moins vénérien.

Adieu, je t'embrasse, pauvre femme aimée. C'est bien
grossier d'écrire une lettre de quatre pages pour ne
parler que de soi. C'est qu'en vérité, c'était déjà beaucoup. Deux longs baisers. À bientôt.

À LOUISE COLET

[Croisset,] mardi soir. [11 novembre 1851.]

Je ne me suis jamais piqué, ma chère, d'être un homme
de goût ni de jolies manières ; la prétention eût été

trop vaniteuse, vous n'avez pas besoin de me le rappeler[1].
Que votre cousine ait l'intelligence des choses du cœur,
tant mieux pour elle. Je n'ai pas même, moi, celle de
l'esprit. Chacun fait ce qu'il peut. — Voyons, point
d'aigreurs entre nous. — Que diable voulez-vous que
je vous écrive que vous ne sachiez aussi bien que moi ?
Je ne peux vous donner aucune nouvelle ni du monde
que je ne vois pas, ni de moi qui ne change. — Et
comme je trouve en outre, pareillement à vous, qu'il
faut garder ses douleurs pour soi sans en fatiguer les
autres, et que je pense que j'ai fait un peu abus de ce
chapitre vis-à-vis de vous, je n'ai donc rien de mieux
à faire que de ne rien faire, c'est-à-dire me taire. Si vous
saviez dans quelle plate monotonie je vis, vous vous
étonneriez même que je m'aperçoive encore de la différence de l'hiver à l'été et du jour à la nuit.

Quoi qu'il en soit j'aurai de quoi causer avec vous
quand je vous verrai la semaine prochaine. Comme on
dit vulgairement, je vous apprendrai du nouveau. — Et
qui sait quand nous nous reverrons après ? Il s'accomplit en ce moment en moi quelque chose de solennel[2].
Je suis à une époque critique. Voilà que je vais avoir
trente ans. — Il faut se décider et n'y plus revenir. Je
vous préviens que j'aurais mieux aimé vous faire part
de tout cela par correspondance ; ce m'eût été plus
commode. — Mais trop long ! —

Vous me verrez lundi au soir, vers 8 ou 9 h[eures]
à peu près. Je passerai encore avec vous une autre
soirée, et je repartirai le lendemain, car je ne verrai
personne à Paris[3]. Qu'ai-je à y voir, si ce n'est vous ?

Adieu, mes lambeaux vous embrassent.

Votre infirmité[4].

À HENRIETTE COLLIER

Croisset près Rouen, 23 novembre [1851].

Chère Henriette,

J'ai fait chercher partout l'adresse de M. de Rambuteau[5]. Il ne demeure plus depuis longtemps à Paris,
mais à Chalon-sur-Saône où il vit retiré à la campagne.
Voilà tout ce que j'ai pu savoir.

En échange de ce renseignement pouvez-vous me rendre le petit service suivant : à savoir de retirer de chez le libraire *Sams* un album d'autographes et de me le renvoyer en France. Si vous trouviez à le placer, c'est-à-dire si quelque amateur de ce genre de choses parmi vos connaissances voulait l'acheter (et le plus cher possible), j'en serais fort aise. Il appartient à une dame de nos amies[a], sans fortune[1]. Vous feriez là une bonne œuvre dont je vous serais particulièrement obligé. — En ce cas vous m'écririez les conditions que l'on propose et je vous répondrais.

Vous allez recevoir par ce même courrier qui vous apportera ma lettre un poème qui m'est dédié[2]. Il a été fait par un de mes amis les plus intimes, obscur il y a un mois, célèbre maintenant ou qui va l'être — vous verrez comme c'est beau ! Henriette. Je voudrais bien vous le lire. Que n'êtes-vous encore au Rond-Point[3], comme j'irais vous voir ! et quel bon après-midi nous passerions ensemble, vous couchée sur votre petit lit de fer, près de la fenêtre, la tête posée sur votre oreiller rose, et moi sur une chaise à vos côtés. Si vous saviez, Henriette, combien ce temps-là me revient souvent en mémoire et avec quelle triste douceur ! Hier encore (il y a deux heures que j'arrive de Paris), j'ai passé en voiture devant vos fenêtres : le temps affreux qu'il faisait ! la pluie ruisselait sur vos carreaux. Je me suis penché en dehors de la portière pour regarder votre maison.

Cela m'a fait un étrange effet de vous revoir. Je me rappellerai longtemps notre promenade dans Hyde Park et ce dimanche où je vous ai quittée, ce long après-midi brumeux où j'avais plus de brouillard dans le cœur qu'il n'y en avait sur Londres. Comme je maudissais votre gros bon garçon de cousin[4] qui nous gênait tant !

Est-ce que vous ne reviendrez pas habiter la France ? Oh ! nous reprendrions nos pauvres causeries d'autrefois. Je vous parlerais de l'Orient, du Nil, du soleil qui nous manque. Je vous conterais Bédouins, derviches et caravanes. Peut-être que je vous ferais moins rire qu'autrefois. Je ne suis plus gai, mais je vous aimerais toujours autant, soyez-en sûre ; six ans d'absence n'y avaient rien fait, vous le savez. Mon amitié à moi ressemble au chameau. Une fois en mouvement il n'y a plus moyen de l'arrêter.

Que faites-vous là-bas dans votre *Upper Grosvenor street* ? Ici il fait un froid de chien et une tristesse de loup. L'hiver sera rude. J'aurai le plaisir, au moins, d'entendre sous mes fenêtres craquer les glaçons de la rivière en regardant brûler mon feu, ce qui est une occupation mélancolique pleine de charmes. On rêve à un tas de choses en contemplant les étincelles.

Serez-vous fidèle à votre promesse, Henriette ? aurai-je vos chers cadeaux si avidement attendus ? — Adieu, donc ; je prends vos mains dans les miennes et je les baise. J'ai là, vos yeux devant moi, et je vous regarde. Adieu, adieu — non ; au revoir. À vous.

Mille amitiés à Clemy[1]. — Ne m'oubliez pas auprès de votre père. Je vais bien travailler l'anglais afin de pouvoir causer un peu avec lui quand je vous reverrai.

À HENRIETTE COLLIER

[Paris,] lundi 8 décembre [1851].

J'étais bien sûr, chère et bonne Henriette, en m'adressant à vous pour en obtenir un service, que vous me le rendriez. Merci mille fois pour cette affaire de l'album, dont on vous abandonne complètement la direction. Mme Colet ne le céderait pas à moins de 2 000 francs. Au reste, vous m'écririez les offres que l'on vous ferait. Quant à vendre les autographes séparément, le prix d'un seul serait de 250 francs, quel qu'il soit. — Voilà[2]. Tâchez maintenant, chère Henriette, de faire le commerce. Dans quelque temps d'ici, si vous ne trouviez pas à vous en débarrasser avantageusement, vous le renverriez. Je vous dirais l'adresse et les moyens de le faire parvenir en France.

Votre lettre adressée à Croisset m'est arrivée ici à Paris, où j'étais déjà depuis deux ou trois jours. J'y vais rester une partie de l'hiver probablement *(rue du Dauphin, 6)*[3]. J'allais me mettre à vous écrire jeudi dernier, quand le canon a commencé, suivi des feux de peloton, feux de file, etc., etc.[4] Nous allons en France entrer dans

une bien triste époque. Et moi je deviens comme
l'époque. — À mesure que je vieillis je m'assombris,
je fais comme les arbres, chaque jour je perds de mon
feuillage et je me creuse en dedans.

Depuis que j'ai lu les *Tableaux de la nature* de Humboldt je rêve l'Amérique du Sud[1]. Je voudrais m'en
aller vivre dans les savanes, quitter mon affreux pays,
n'en plus entendre parler jamais, ni de lui, ni de quoi
que ce soit, ni de personne, tant je suis las de tout ce
qui m'entoure, et de moi-même surtout. — Vous me
dites que vous pleurez souvent, pauvre Henriette. —
C'est un soulagement du moins, il y a des yeux qui sont
privés de cette douceur.

L'ennui qui nous ronge en France, c'est un ennui
aigre[a], un ennui vinaigré qui vous prend aux mâchoires.
— Nous vivons tous maintenant dans un état de rage
contenue qui finit par nous rendre un peu fous. — Aux
misères individuelles vient se joindre la misère publique ;
il faudrait être de bronze pour garder sa sérénité. Les
hirondelles sont plus heureuses que nous ; quand vient
le temps du froid et des nuits longues, elles partent vers
le soleil. Vendredi prochain j'aurai 30 ans, voilà donc
trente ans que le petit bonhomme tourne ici-bas sur ses
talons. Il est présumable que je suis au milieu de ma
carrière, comme on dit en haut style. — Quand je pense
que j'ai encore trente ans à vivre, j'en suis effrayé. Tandis qu'au contraire dans les bons jours on se plaint de
la brièveté de la vie. — Il y aura vendredi prochain
deux ans, je revenais des Pyramides au Caire par la
route de Memphis. Dans un bois de palmiers, j'ai rencontré sous les pieds de mon cheval un gros scarabée
qui marchait sur la poussière sèche de la route. Il y
aura vendredi prochain un an, j'ai fait une course à
cheval, au-delà de Scutari, tout était couvert de neige.
C'était très triste et très beau[2].

Ah ! que ne peut-on se déraciner du sol où l'on vit,
emporter avec soi tout ce qu'on aime, ... mais que nous
sommes sots[b] de toujours nous plaindre. Et puis d'ailleurs c'est si commun, que ceux qui se piquent de quelque
distinction devraient s'en abstenir. — Et c'est ce que
je vais faire définitivement en closant là ma lettre. —
C'est égal. Vous voyez que le *spleen* n'est pas qu'à
Londres. Je le crois comme les aiguilles de Bir-

mingham généralement répandu par tout l'univers.

Adieu. Que Dieu vous tienne le cœur en joie et le corps en santé. Pensez à moi, aimez-moi un peu, moi qui vous aime beaucoup et qui embrasse vos deux mains avec tendresse.

Your faithful friend.

Écrivez-moi rue du Dauphin, 6, ou à Croisset. Mais je resterai à Paris jusqu'après le jour de l'an, ou la fin de janvier ? — Au reste peu importe. Comme vous voudrez.

À OSCAR MARINITCH

Paris, 14 décembre [1851].

Mon cher ami,

Cette lettre vous sera remise par la signora Ernesta Grisi, engagée comme *prima donna* au théâtre italien de Pera. Si vous êtes sensible à un talent hors ligne qui a déjà fait ses preuves, vous me saurez gré, je l'espère, de m'être adressé à vous, pour vous prier de patronner cette artiste dès son arrivée à Constantinople.

Représentant de la jeunesse civilisée dans ce pays de barbares — qui demande à ne plus l'être — vous vous devez à vous-même, cher Oscar, d'être pour elle ce que vous êtes pour tout le monde, je veux dire charmant. Mme E. Grisi a joué longtemps aux *Italiens* de Paris et de Londres avec succès. C'est un talent classé et une réputation acquise. Vous serez bientôt vous-même juge de l'un et verrez que l'autre n'est pas exagérée.

J'ai laissé sans doute quelque bon souvenir en vous. Je me flatte que ma lettre sera bien reçue. Vous trouverez aussi en la personne que je vous recommande les qualités morales les plus solides — qui la faisaient apprécier par tout ce que le monde artistique de Paris a de meilleur. C'est du reste un sujet sur lequel je ne puis m'étendre, puisque ma lettre vous sera remise par elle-même. Mais soyez convaincu que ma recommandation est complètement sérieuse.

Et vous ? que devenez-vous ? Vous devriez venir à Paris, cet été. Êtes-vous mort ou encore en vie ? J'ai

appris que Fagniart[1] était retourné à Constantinople.
Donnez-lui une bonne poignée de main de ma part.
Que devient Kosielski[2] ? Pourquoi ne nous écrit-il pas ?

Adieu donc, je compte sur vous et, en attendant le
plaisir de nous retrouver ensemble, soit ici à fumer des
cigares sur l'asphalte, ou à l'hôtel Deshuniana (?) à
humer des narghilés, je vous embrasse.

À LOUISE COLET

[Paris,] mercredi midi. [17 décembre 1851.]

Il fait un froid atroce. Je ne pourrais vous voir que
vers 3 h 1/2 pour vous quitter à 5 h 1/2. Je reste chez
moi et je viendrai vous voir demain au soir de bonne
heure.

Sacré nom de Dieu ! l'héritage ! Faites-moi penser
à vous en parler. Il y a peut-être quelque chose à faire
néanmoins.

« Le Paradis en ce monde se trouve sur le dos des
chevaux, dans le fouillement des livres ou entre les
deux seins d'une femme » (Poésie arabe contemporaine[3]).
N'est-ce pas que c'est très joli cela ?

Je lis en ce moment un livre de Daumas[4] sur les chevaux du Sahara, qui m'intéresse énormément. Pauvre
Orient, comme j'y pense ! J'ai un désir incessant et
permanent de voyage. Cet affreux froid l'augmente. Je
voudrais vivre aux bougies, ou mieux aux lanternes
chinoises, dans un appartement chauffé à 30 degrés, sur
des tapis peints comme des parterres... Par le temps qui
court, où se réfugier, si ce n'est en ces rêves ?

Adieu, chère bonne femme aimée, à demain. Tenez-
vous les pieds chauds et le cœur tranquille.

À toi.
G.

À LOUISE COLET

[Paris,] dimanche matin. [21 décembre 1851 ?]

Je suis pris pour ce soir, chère Muse, et ne viendrai
pas chez vous. Gautier m'a fort invité à venir entendre
chez lui la Martinez[1] dont je vous ai sans doute déjà
parlé. C'est assez curieux pour ne pas manquer l'occasion. Mais à lundi ; je viendrai de bonne heure et de
bonheur (ah il est joli !).

À vous. G.

À LOUISE COLET

[Paris, 27 décembre 1851 ?]

Ma chère amie,

Bouilhet vient d'arriver à 5 h[eures] ce soir. — Nous
irons demain chez vous vers 9 ou 10 h[eures] du soir,
quelque empêtrés que nous puissions être ailleurs. —
Nous devons dîner tous quatre avec Gautier[2], mais
nous nous séparerons de bonne heure et serons chez
vous, je l'espère, encore assez à temps pour causer un
instant.

À vous.
G.
Samedi, 1 h[eure] du matin.

À LOUISE COLET

[Paris,] mercredi 2 h[eures].
[31 décembre 1851.]

Je n'irai pas vous voir ce soir. Et je ne sais encore
si j'irai chez Du Camp. Je lui avais donné rendez-vous
hier et j'y ai manqué. — À quoi bon porter chez les
amis les fosses-Domange intérieures, dont l'exhalaison
vous asphyxie vous-même ? Je vais mettre le bouchon
dessus. — Et vous ne sentirez plus rien.

Pardon, excusez-moi, j'ai eu le tort de penser tout haut, seul, un instant, deux soirs de suite. Je vous jure par Dieu que vous n'aurez plus à me reprocher de telles incongruités. Je serais gentil, aimable, charmant et faux à faire vomir. Mais je serai convenable. Je veux devenir un homme tout à fait bien.

La tête vous tournait donc quand je vous menais par la main au bord du balcon ? J'y vis penché, moi, et sans balustrade ! — Ou du moins, à force d'avoir les coudes appuyés dessus, voilà qu'elle se descelle petit à petit et que je la sens trembler.

Vous vous êtes blessée des choses secrètes de mon cœur. — Pourquoi le vouliez-vous, ce cœur ? Quand je couchais sur la natte du juif ou du fellah, j'étais dévoré de poux et de puces, mais je ne me plaignais pas à mon hôte de ce qu'il m'avait donné la vermine. N'avez-vous donc[a] pas compris quelle immense amitié il fallait que j'eusse pour vous, pour me permettre de vous dire tout cela, pour me montrer à vous si nu, si déshabillé, si faible ? vous qui m'accusez d'orgueil, ce n'était guère en avoir, avouez-le.

Fermons là ce chapitre, et n'en parlons plus. Le son de ces cuivres vous fait saigner les oreilles. J'y mettrai une sourdine, ou vous jouerai de la flûte.

Un mot d'explication et ce sera tout ! J'aime à user les choses. Or tout s'use ; je n'ai pas eu un sentiment que je n'aie essayé d'en finir avec lui. Quand je suis quelque part, je tâche d'être ailleurs. — Quand je vois un terme quelconque, j'y cours tête baissée. Arrivé au terme, je bâille. — C'est pour cela que lorsqu'il m'arrive de m'embêter, je m'enfonce encore plus dans l'embêtement. Quand quelque chose me démange, je me gratte jusqu'au sang, et je suce mes ongles rouges. Se distraire d'une chose, c'est vouloir que la chose revienne. — Il faut que cette chose se distraie de nous au contraire, qu'elle s'écarte de notre être, naturellement.

Je suis un rustre de me plaindre devant vous. Mais est-ce que je me plains ? Enfin c'est fini, n, i, ni ; n'en parlons plus.

———

Vous avez dû recevoir une petite lampe, hier au soir.
Je viendrai demain soit dans la journée ou le soir. Mais plus probablement le soir, avec un visage gai, un

esprit gai, un costume gai, tout à neuf, comme il convient pour la solennité du jour.

———

À vous qui m'aimez comme un arbre aime le vent, à vous pour qui j'ai dans le cœur quelque chose de long et de doux, quelque chose d'ému et de reconnaissant qui ne périra pas, à toi, pauvre femme que je fais tant pleurer et que je voudrais tant faire sourire, bonne âme qui pansez le lépreux, quoique la lèpre n'ait pas besoin d'être pansée et que le lépreux s'en fâche parfois, je te souhaite tout ce que je n'ai pas, la sérénité d'esprit, la foi en soi et tout ce qui fait qu'on est content de vivre. Je te souhaite l'ébranchage de toutes les épines de la vie, et des allées sablées à marcher, bordées de fleurs, avec des bruits de ruisseau, des roucoulements de colombes dans les branches et de grands vols d'aigles dans les nuages.

Il ne faut désespérer de rien. Il y a trois ans, l'an 1849, à minuit, je pensais à la Chine et l'an 1850, à minuit, j'étais sur le Nil[1]. — C'était sur la route, c'était un à peu près, c'était autre chose enfin. — Qui sait ? N'espérons pas, mais attendons.

Adieu, à demain.

À JULES DUPLAN

Rue du Dauphin, 6.
[Paris,] mercredi matin. [31 décembre 1851 ?]

Mon cher Duplan,

Venez donc me voir ou dites-moi une heure où je vous pourrai trouver, comme il vous plaira. Mais les choses ne peuvent rester ainsi. — Vous devez comprendre ce que je ressens dans cette affaire[2] et le sens de mon insistance. J'ai lu une lettre affligeante. — Venez me voir vendredi matin si vous voulez ou dites-moi une heure le jeudi soir une fois passé dix heures. — Ne venez pas jeudi matin. Adieu, à vous.

À LOUISE COLET

[Paris,] samedi, 8 h[eures].
[3 janvier 1852 ?]

J'ai reçu tantôt un rendez-vous de Duplan (pour la
Revue des Deux Mondes[1]) m'indiquant ce soir même à
8 h 1/2. Je ne puis par conséquent t'aller voir, chère
amie. À demain donc. Je viendrai de bonne heure, vers
4 ou 5 heures et resterai jusqu'au soir.

Le souvenir d'hier ne sera pas des plus mauvais.

Travaille bien ce soir. Que *La Muse* me remplace, et
te serre aussi fort.

Adieu, à demain.

À toi.
G[USTA]VE.

À LOUISE COLET

[Paris,] midi. [Début de janvier 1852.]

Reçois toutes les félicitations pour l'héritage. J'en
suis bien content, surtout, quand tu auras reçu l'argent[2].
Ne t'avise pas de payer tes dettes et ne dis la chose à
personne.

Ci-joint la Revue[3], et un mot de Bouilhet que je garde
depuis *cinq ou six jours !* Il était au milieu d'une lettre[4]
adressée à moi et j'oubliais toujours de le prendre.

Je n'irai pas dîner à 6 heures parce que je dîne chez
le charmant beau-frère. J'ai accepté hier au soir. Il me
faut passer par là[5]. Ce n'est pas pour mon plaisir. Mais
à 8 heures je serai chez toi.

Adieu, je t'embrasse.

À LOUISE COLET

[Paris,] 1 heure du matin.
[9 janvier 1852.]

La Banque[6] que j'avais projetée échoue ; mon compte

fait et ma place payée il me restera 3 francs. Il m'en aurait fallu au moins une dizaine. J'en suis vexé. Enfin !... c'eût été de l'argent agréablement jeté par la fenêtre ! et j'en ai tant jeté sottement.

Adieu, pauvre cœur, adieu. J'ai entendu tout à l'heure le bruit de tes deux portes se refermer. Demain soir je serai là-bas ; je ne sortirai plus de chez toi comme tous ces jours-ci. Quand tu liras ce billet je serai déjà rentré dans ma longue vie habituelle.

Adieu, ne te décourage pas. Grandis de plus en plus. L'orgueil est un dur consolateur, mais il console.

Adieu encore, je t'embrasse de tous mes membres et de toute mon âme. Ton G.

À LOUISE COLET

[Croisset,] lundi matin, midi.
[12 janvier 1852.]

Calmons-nous, ma chère enfant. — Le pronostic du serre-papier a menti jusqu'à présent du moins. Il n'y a rien de brisé. Je t'en donnerai un autre, comme tu me le demandes, qui m'a longtemps servi. Je te l'apporterai quand je viendrai à Paris dans le courant ou à la fin du mois prochain.

Tu recevras mes *ms.*[1] probablement demain soir. Le paquet est fait et parti.

Bouilhet a été très sensible à ta lettre. Il viendra avec moi à mon prochain voyage[2] et je te présenterai ce jeune drôle[3].

À la fin de la semaine je t'écrirai. J'ai bien du mal à me remettre au travail. Ces 15 derniers jours de repos m'ont tout à fait dérangé. Pour le moment mon sujet me manque entièrement. Je ne vois plus l'objectif. La chose à dire fuit au bout de mes mains quand je la veux saisir.

J'ai jeté les yeux sur l'*Éducation* avant-hier au soir[4]. — Tu auras du mal à t'en tirer. — Il y a beaucoup de ratures qui sont à peine indiquées. Comme c'est inexpérimenté de style, bon Dieu ! Va, il faut que je t'aime bien pour te faire de pareilles confidences à cette heure ;

j'abaisse mon orgueil littéraire devant ton désir. — En
somme tu verras que ce n'est pas raide.

Adieu, chère Louise. J'embrasse tes yeux.

À toi, ton

GUSTAVE.

À SON ONCLE PARAIN

[Croisset, vers le 15 janvier 1852.]

Eh bien ! vieux père Parain, vous ne venez donc pas ?
Savez-vous que ma cheminée s'embête de ne plus vous
avoir à cracher dans ses cendres ? N'est-ce pas avant un
mois que nous vous reverrons ? Dépêchez-vous, mon
vieux compagnon ; maman s'ennuie beaucoup de ne
pas vous avoir. La société de miss Isabelle[1] n'a pas
pour elle remplacé la vôtre, et voilà aussi le moment
venu de faire un tas de rangements pour lesquels vous
lui serez fort utile. Quant à moi, vous savez si votre
présence m'est agréable ; elle fait presque partie de mon
existence. Depuis que nous sommes revenus de Paris,
il fait ici un temps affreux. La maison est pleine d'humidité au rez-de-chaussée. Les murs suent comme un
homme qui a trop chaud. On a été obligé de faire du
feu partout. Maman s'est décidée à démeubler la maison
de Rouen. Ce ne va pas être une petite affaire quand
vous serez revenu.

Tout le temps que nous avons été à Paris, Liline[2] a
été mauvaise comme le diable. J'avais conseillé de la
renvoyer à Olympe[3] pour la duire[4] un peu ; mais depuis
que nous sommes ici, son humeur est redevenue plus
sociable.

Vous trouverez chez Achille[5] une nouvelle figure
anglaise ; je ne la connais pas encore.

Je me suis trouvé, comme vous savez, à Paris, lors
du coup d'État. J'ai manqué d'être assommé plusieurs
fois, sans préjudice des autres où j'ai manqué d'être
sabré, fusillé ou canonné, car il y en avait pour tous les
goûts et de toutes les manières. Mais aussi j'ai parfaitement vu[6] : c'était le prix de la contremarque. La Providence, qui me sait amateur de pittoresque, a toujours

soin de m'envoyer aux premières représentations quand
elles en valent la peine. Cette fois-ci je n'ai pas été volé ;
c'était coquet.

Le poème du sieur Bouilhet a bien mordu[1]. Le voilà
maintenant posé d'aplomb dans la gent de lettres.
L'année prochaine il s'en ira à Paris[2] et me plantera là,
ce dont je l'approuve, mais ce qui ne m'égaye pas quand
j'y pense.

Je me suis remis à travailler comme un rhinocéros.
Les beaux temps de *Saint Antoine* sont revenus. Fasse
le ciel que le résultat me satisfasse davantage !

À LOUISE COLET

[Croisset,] vendredi soir. [16 janvier 1852.]

Il se pourrait que la lettre que j'ai écrite à miss Harriet[3]
lors des événements de décembre ne lui fût pas parvenue,
car je n'ai pas eu de réponse depuis. Faut-il que je lui
dise de me renvoyer l'Album, si elle n'a pu s'en défaire
avantageusement ou en partie[4] ?

La semaine prochaine il faut que j'aille à Rouen. Je
mettrai au chemin de fer *Saint Antoine* et un presse-
papier qui m'a longtemps servi. Quant à la bague, voici
le motif pourquoi je ne te l'ai pas donnée encore : elle
me sert de cachet. Je me fais monter un scarabée que
je porterai à la place. Je t'enverrai donc bientôt cette
bague[5].

Je suis étonné, chère amie, de l'enthousiasme excessif
que tu me témoignes pour certaines parties de l'*Éducation*.
Elles me semblent bonnes, mais pas à une aussi grande
distance des autres que tu le dis. En tous cas je n'approuve
point ton idée d'enlever du livre toute la partie de Jules
pour en faire un ensemble. Il faut se reporter à la façon
dont le livre a été conçu. Ce caractère de Jules n'est
lumineux qu'à cause du contraste d'Henry. Un de deux
personnages isolé serait faible. Je n'avais d'abord eu
l'idée que de celui d'Henry. La nécessité d'un repoussoir
m'a fait concevoir celui de Jules[6].

Les pages qui t'ont frappée (sur l'Art, etc.) ne me
semblent pas difficiles à faire. Je ne les referai pas, mais

je crois que je les ferais mieux. C'est ardent, mais ça pourrait être plus synthétique. J'ai fait depuis des progrès en esthétique, ou du moins je me suis affermi dans l'assiette que j'ai prise de bonne heure. *Je sais comment il faut faire.* Oh mon Dieu ! si j'écrivais le style dont j'ai l'idée, quel écrivain je serais ! Il y a dans mon roman un chapitre qui me semble bon et dont tu ne me dis rien, c'est celui de leur voyage en Amérique et toute la lassitude d'eux-mêmes suivie pas à pas[1]. Tu as fait la même réflexion que moi à propos du *Voyage d'Italie*[2]. C'est payer cher un triomphe de vanité qui m'a flatté, je l'avoue. J'avais deviné, voilà tout. Pas si rêveur encore que l'on pense, je sais voir et voir comme voient les myopes, jusque dans les pores des choses, parce qu'ils se fourrent le nez dessus. Il y a en moi, littérairement parlant, deux bonshommes distincts : un qui est épris de *gueulades,* de lyrisme, de grands vols d'aigle, de toutes les sonorités de la phrase et des sommets de l'idée ; un autre qui fouille et creuse le vrai tant qu'il peut, qui aime à accuser le petit fait aussi puissamment que le grand, qui voudrait vous faire sentir presque *matériellement* les choses qu'il reproduit ; celui-là aime à rire et se plaît dans les animalités de l'homme. *L'Éducation sentimentale* a été, à mon insu, un effort de fusion entre ces deux tendances de mon esprit (il eût été plus facile de faire de l'humain dans un livre et du lyrisme dans un autre). J'ai échoué. Quelques retouches que l'on donne à cette œuvre (je les ferai peut-être), elle sera toujours défectueuse ; il y manque trop de choses et c'est toujours par l'*absence* qu'un livre est faible. Une qualité n'est jamais un défaut, il n'y a pas d'excès. Mais si cette qualité en mange une autre, est-elle toujours une qualité ? En résumé, il faudrait pour l'*Éducation* récrire ou du moins recaler l'ensemble, refaire deux ou trois chapitres et, ce qui me paraît le plus difficile de tout, écrire un chapitre qui manque, où l'on montrerait comment fatalement le même tronc a dû se bifurquer, c'est-à-dire pourquoi telle action a amené ce résultat dans ce personnage plutôt que telle autre[3]. Les causes sont montrées, les résultats aussi ; mais l'enchaînement de la cause à l'effet ne l'est point. Voilà le vice du livre, et comment il ment à son titre.

Je t'ai dit que l'*Éducation* avait été un essai. *Saint*

Antoine en est un autre. Prenant un sujet où j'étais
entièrement libre comme lyrisme, mouvements, désor-
donnements, je me trouvais alors bien dans ma nature
et je n'avais qu'à aller. Jamais je ne retrouverai des
éperduments de style comme je m'en suis donné là
pendant dix-huit grands mois. Comme je taillais avec
cœur les perles de mon collier ! Je n'y ai oublié qu'une
chose, c'est le fil[1]. Seconde tentative et pis encore que
la première. Maintenant j'en suis à ma troisième. Il est
pourtant temps de réussir ou de se jeter par la fenêtre.

Ce qui me semble beau, ce que je voudrais faire, c'est
un livre sur rien, un livre sans attache extérieure, qui
se tiendrait de lui-même par la force interne de son style,
comme la terre sans être soutenue se tient en l'air, un
livre qui n'aurait presque pas de sujet ou du moins où
le sujet serait presque invisible, si cela se peut. Les
œuvres les plus belles sont celles où il y a le moins de
matière ; plus l'expression se rapproche de la pensée,
plus le mot colle dessus et disparaît, plus c'est beau.
Je crois que l'avenir de l'Art est dans ces voies. Je le
vois, à mesure qu'il grandit, s'éthérisant tant qu'il
peut, depuis les pylônes égyptiens jusqu'aux lancettes
gothiques, et depuis les poèmes de vingt mille vers des
Indiens jusqu'aux jets de Byron. La forme, en devenant
habile, s'atténue ; elle quitte toute liturgie, toute règle,
toute mesure ; elle abandonne l'épique pour le roman,
le vers pour la prose ; elle ne se connaît plus d'ortho-
doxie et est libre comme chaque volonté qui la produit.
Cet affranchissement de la matérialité se retrouve en
tout et les gouvernements l'ont suivi, depuis les despo-
tismes orientaux jusqu'aux socialismes futurs.

C'est pour cela qu'il n'y a ni beaux ni vilains sujets
et qu'on pourrait presque établir comme axiome, en se
posant au point de vue de l'Art pur, qu'il n'y en a aucun,
le style étant à lui tout seul une manière absolue de voir
les choses.

Il me faudrait tout un livre pour développer ce que
je veux dire. J'écrirai sur tout cela dans ma vieillesse,
quand je n'aurai rien de mieux à barbouiller. En attendant, je travaille à mon roman avec cœur. Les beaux
temps de *Saint Antoine* vont-ils revenir ? Que le résultat
soit autre, Seigneur de Dieu ! Je vais lentement : en
quatre jours j'ai fait cinq pages, mais jusqu'à présent je

m'amuse. J'ai retrouvé ici de la sérénité. Il fait un temps
affreux, la rivière a des allures d'océan, pas un chat ne
passe sous mes fenêtres. Je fais grand feu.

La mère de Bouilhet et Cany tout entier se *sont fâchés*
contre lui pour avoir écrit un livre immoral[1]. Ça a fait
scandale. On le regarde comme un *homme d'esprit*, mais
perdu ; c'est un paria. Si j'avais eu quelques doutes sur
la valeur de l'œuvre et de l'homme, je ne les aurais plus.
Cette consécration lui manquait. On n'en peut avoir de
plus belle : être renié de sa famille et de son pays ! (C'est
très sérieusement que je parle.) Il y a des outrages qui
vous vengent de tous les triomphes, des sifflets qui sont
plus doux pour l'orgueil que des bravos. Le voilà donc,
pour sa biographie future, classé grand homme d'après
toutes les règles de l'histoire.

Tu me rappelles dans ta lettre que je t'en ai promis
une pleine de tendresses. Je vais t'envoyer la vérité ou,
si tu aimes mieux, je vais faire vis-à-vis de toi ma liquidation sentimentale non pour cause de faillite. (Ah ! il
est joli celui-là.) Au sens élevé du mot, à ce sens merveilleux et rêvé qui rend les cœurs béants après cette manne
impossible, eh bien non, ce n'est pas de l'amour[2]. J'ai
tant sondé ces matières-là dans ma jeunesse que j'en ai
la tête étourdie pour le reste de mes jours. J'éprouve
pour toi un mélange d'amitié, d'attrait, d'estime, d'attendrissement de cœur et d'entraînement de sens qui fait
un tout complexe, dont je ne sais pas le nom mais qui
me paraît solide. Il y a pour toi, en mon âme, des bénédictions mouillées. Tu y es en un coin, dans une petite
place douce, à toi seule. Si j'en aime d'autres, tu y resteras
néanmoins (il me semble) ; tu seras comme l'épouse, la
préférée, celle à qui l'on retourne ; et puis n'est-ce pas
en vertu d'un sophisme que l'on nierait le contraire ?
Sonde-toi bien : y a-t-il un sentiment que tu aies eu qui
soit disparu ? Non, tout reste, n'est-ce pas ? tout. Les
momies que l'on a dans le cœur ne tombent jamais en
poussière et, quand on penche la tête par le soupirail,
on les voit en bas, qui vous regardent avec leurs yeux
ouverts, immobiles.

Les sens, un jour, vous mènent ailleurs ; le caprice
s'éprend à des chatoiements nouveaux. Qu'est-ce que
cela fait ? Si je t'avais aimée dans le temps comme tu le
voulais alors, je ne t'aimerais plus autant maintenant. Les

affections qui suintent goutte à goutte de votre cœur finissent par y faire des stalactites. Cela vaut mieux que les grands torrents qui l'emportent. Voilà le vrai et je m'y tiens.

Oui je t'aime, ma pauvre Louise, je voudrais que ta vie fût douce de toute façon, et sablée, bordée de fleurs et de joies. J'aime ton beau et bon visage franc, la pression de ta main, le contact de ta peau sous mes lèvres. Si je suis dur pour toi, pense que c'est le contre-coup des tristesses, des nervosités âcres et des langueurs mortuaires qui me harcèlent ou me submergent. J'ai toujours au fond de moi comme l'arrière-saveur des mélancolies moyen âge de mon pays. Ça sent le brouillard, la peste rapportée d'Orient, et ça tombe de côté avec ses ciselures, ses vitraux et ses pignons de plomb, comme les vieilles maisons de bois de Rouen. C'est dans cette niche que vous demeurez, ma belle ; il y a beaucoup de punaises, grattez-vous.

Encore un baiser sur ta bouche rose.

À toi.

À ERNEST CHEVALIER

Croisset, 17 janvier [1852].

Non, mon bon vieil Ernest, je ne t'ai pas oublié ! Ta vie ne m'est pas plus indifférente que la mienne ne te l'est et quand ta lettre m'est arrivée, il y avait cinq ou six jours que je pensais très fortement à toi sans aucun motif et que j'allais t'écrire. — Nos deux volontés se sont croisées.

J'ai vu avec peine que tu en avais plein de ton sac *[sic]* de cette chère existence. — Pauvre bougre ! — L'affection que tu portes à ta femme[1] n'est pour toi qu'une série de soucis. Je sais par moi-même ce que c'est que de voir souffrir ceux que l'on chérit. — Il n'y a point de pire misère parce qu'il n'y en a pas où l'on sente plus son impuissance. — Tu me dis que tes cheveux blanchissent. — Les miens s'en vont, tu retrouveras ton ami à peu près chauve. — La chaleur, le turban, l'âge, les soucis et une p...[2] vérole peuvent bien être la

cause de cette sénilité[a] précoce du plus bel ornement de
ma tête. Je ne pourrai jamais dire à un François Ier
quelconque :

> *Nous avons tous les deux au front une couronne*[1].

Ah, pauvre vieux et bon ami ! où est le temps où
chevelure, gaieté, espérances, tout cela flottait au vent !
— La blague aussi est tombée. Quand je me rappelle le
passé et ce vieux garçon (que j'ai retrouvé à Rhodes,
par parenthèse, dans la personne de Pruss, le consul[2]),
je suis jaloux de tant de choses dépensées tout d'un coup.
J'en voudrais avoir quelque peu maintenant.

Me voilà revenu à Croisset, auprès de mon feu, et
bûche moi-même. Je suis recourbé comme jadis sur
mon travail acharné. — J'ai abandonné toute idée de
tapage quelconque. Ce que j'en fais est pour moi, pour
moi seul, comme on joue aux dominos afin que la vie
ne vous soit pas trop à charge. Si je publie (ce dont je
doute), ce sera uniquement par esprit de condescendance vis-à-vis de ceux qui me le conseillent, pour
n'avoir pas l'air d'un orgueilleux, d'un ours entêté. Rien
de plus monotone que ma vie, elle s'écoule plus uniforme à l'œil que la rivière qui passe sous mes fenêtres.
— La petite fille apporte un peu de gaieté dans la maison[3].
Quant à ma mère, elle vieillit de corps et d'humeur. Un
désœuvrement triste l'envahit, avec des insomnies qui
l'épuisent. Moi, je suis là, entre deux. Le dimanche
seulement Bouilhet vient ; je cause un peu et puis j'en
ai pour huit jours. Quant au sieur Hamard[4] il se soûle
de plus en plus.

En fait de nouvelles, j'ai été au mois d'octobre à
l'Exposition de Londres, qui était une fort belle chose,
quoique admirée de tout le monde. J'ai passé dernièrement six semaines à Paris, et j'ai manqué être assommé
plusieurs fois lors du coup d'état.

L'ami Bouilhet vient de débuter avec éclat dans la
Revue de Paris[5] par un conte romain *(Melaenis)* qui l'a
posé de suite, parmi les artistes, au premier rang[b], tout
au moins immédiatement au second. Je n'en doutais
du reste nullement. Quant au sieur Du Camp, sa *Revue
de Paris* marche bien. Ils vont gagner de l'argent[6]. Il n'y
a que moi qui reste toujours avec une non-position et

léger escholier comme à 18 ans. Je vois cependant tous
mes camarades, ou mariés, ou établis, ou sur le point
de l'être. — À propos, j'ai un mien ami qui veut me
faire faire un mariage de 200 mille livres de rentes avec
une mulâtresse qui parle six langues, est née à La Havane
et a une humeur charmante. Me vois-tu en train de
confectionner un tas de moricauds ? Oimè ! Je n'en ai
guère envie, de la femme ni des enfants et, quant à
l'argent, moins qu'autrefois. J'ai bien vieilli sous le
rapport d'un tas de cupidités dont la satisfaction jadis
me semblait indispensable. Et puis à force de se répéter
que les raisins sont verts, ne finit-on pas par le croire ? —
Ainsi je vais donc au jour le jour, travaillant pour travailler, sans plan de vie, sans projets (j'en ai trop fait
de projets !), sans envie quelconque, si ce n'est de mieux
écrire.

Quant à la question matérielle, mon voyage m'a écor-
niflé un peu. D'un autre côté, la fortune de ma mère
ne s'améliore pas, par le temps qui court. Enfin !

Et toi, donne-moi de tes nouvelles et surtout de celles
de ta femme. — Reprenons l'habitude de nous donner
de temps à autre signe de vie. Si tu m'avais écrit cet été
que tu étais aux Andelys, j'y aurais été certainement.
Mme Motte[1] m'avait promis de m'avertir, ce qu'elle a
oublié.

Adieu, mon bon vieux, reçois la plus cordiale embras-
sade de ton plus vieux ami.

À toi.

À LOUISE COLET

> [Croisset,] dimanche, 1 heure.
> [25 janvier 1852.]

Je commençais, pauvre chère amie, à être inquiet de
toi quand j'ai reçu ce matin ta bonne lettre. — De jour
en jour je remettais à t'écrire pour savoir de tes nouvelles
et j'avais fixé ce jourd'hui comme le dernier pour en
attendre. J'avais en tête que tu étais malade.

Épouse de Mahomet ! je t'envoie *Saint Antoine*, un
presse-papier[2] et un petit flacon d'huile de santal. Il y en

a les deux tiers de ma provision. Tu en verseras une
demi-goutte sur n'importe quoi et tu verras ensuite
quelle odeur. C'est le premier et le plus précieux parfum
d'Orient. Comme je viens de t'arranger ce flacon, j'en
ai un peu maintenant aux mains, et cette senteur me
rappelle les bazars du Caire et de Damas. Il me semble
que je vais voir les chameaux s'agenouiller devant les
boutiques ouvertes...

J'ai peur que le *Saint Antoine* ne se perde en route.
Ce serait un jugement de la Providence, définitif[1]. —
Écris-moi donc aussitôt que tu auras reçu cette boîte
que je mettrai moi-même demain au chemin de fer.

Voilà deux dimanches que le jeune Bouilhet me fait
faux bond. Depuis le lendemain de mon arrivée ici, je
n'ai donc vu âme qui vive. — La Seine coule à pleins
bords, le petit bout des branches des arbres est déjà
rouge. J'ai travaillé avec ardeur. Dans une quinzaine
de jours je serai au milieu de ma première partie. Depuis
qu'on fait du style, je crois que personne ne s'est donné
autant de mal que moi. — Chaque jour j'y vois plus
clair. Mais la belle avance si la faculté imaginative ne
va pas de pair avec la critique ! Hier au soir j'ai lu les
2 premiers vol[umes] du *D[on] Juan* de Mallefille[2].
Hum ! hum ! Il y a du reste de grands efforts et par-ci
par-là une phrase. Mais que c'est peu corsé !

Oui, fais ta comédie[3] pour le Gymnase tout de suite,
si tu as suffisamment mûri le sujet. — (Si les Français
sont si difficiles qu'ils refusent ta pièce, ou traînent trop
en longueur, pourquoi ne la donnerais-tu pas à l'Odéon ?)
Tu devrais faire un *drame féroce,* en prose, quelque chose
de fouetté, et d'ardent. Il me semble que tu es capable
de cela. Qui sait ? Tu n'auras qu'à tomber sur un bon
sujet. Ça pourrait réussir, et partant te donner de
l'argent.

Je vais écrire à Henriette pour l'album[4] et, si elle n'en
a pas [sic] rien tiré et qu'elle ne voie pas en pouvoir tirer
quelque chose, lui dire de me le renvoyer, car je ne peux
lui dire de se faire[a] débitante une à une d'autographes.
Cela me semble délicat, qu'en dis-tu ? — Au reste, ma
pauvre vieille, si tu es gênée, veux-tu que je t'envoie
500 francs. (C'eût été avec Du Camp ou Bouilhet que
ça n'eût pas fait de difficulté, n'est-ce-pas ?) Je l'eusse
déjà fait, si je n'avais craint de te blesser. Il y a des tra-

ditions pour toutes ces choses-là que le plus indépendant observe ! Si j'ai été toujours si discret sur ces
matières, c'est que j'en devinais trop, c'est que je ne
voulais pas gâter, en t'en parlant, le plaisir que tu avais
à me voir, c'est surtout que je n'y pouvais rien. À ce
propos[a] je regrette bien des choses. Enfin ce qui est fait
est fait. — Voilà, je te le répète, ma vieille. J'ai une
réserve de mille francs, je t'en propose la moitié ! Tu
aurais tort de refuser.

Ta pièce de vers, *La Veille*[1], m'a ému. Le mouvement est beau : *ô fraîcheur du sang,* etc... quel dommage
que ce vers :

> *Si fortes qu'on dirait un* lien antérieur

dépare la charmante idée qui suit[2].

Eh bien ! moi aussi, pauvre cœur, je pense à toi. —
Je t'aime, pauvre Louise, toi qui m'aimes tant. J'ai toujours le son de ta voix dans l'oreille et sur les lèvres
souvent l'impression de ton col. — Pardonne-moi le
mal que je te fais. — Je m'en fais bien plus à moi, va.

Ce qu'on t'a conté sur le séjour de Maxime à Étretat
(lequel pays est dans la Seine-Inférieure et non en
Bretagne, par parenthèse) est vrai en partie et faux en
d'autres. — J'ignorais que la Bois-Gonthier eût péri,
ainsi que l'histoire contée par Alph[onse] Karr, et je
te serais très obligé de me procurer ou de m'indiquer
la chose *exactement*. Ce doit être dans *Les Guêpes*[3]. Max
était à Étretat à l'automne de 1842, pendant que je
rêvais *Novembre* sur la plage de Trouville[4]. Il y avait,
en effet, laissé des dettes, parce qu'on lui a donné immédiatement un conseil judiciaire qui lui a coupé l'herbe
sous le pied. Son conseil judiciaire était son tuteur,
lequel le volait. Mais il y a longtemps que tout a été
payé à Étretat.

Je lis le soir dans mon lit les petits livres d'économie
politique de Bastiat[5]. C'est très fort. — Je fais tous les
jours deux heures de grec et je commence à labourer
mon Shakespeare assez droit. Dans deux ou trois mois
je le lirai presque couramment. Quel homme ! quel

homme ! Les plus grands ne lui vont qu'au talon, à celui-là.

J'ai repensé au père d'Arpentigny[1]. C'est une bonne balle, son système est curieux et j'ai envie de le connaître à fond.

Aujourd'hui dimanche tu vas avoir ta petite société. — Je ne sais pourquoi j'ai idée que le jeune Simon est amoureux de ta seigneurie. Il doit aspirer à l'épaule, comme le nez du père Aubry à la tombe. — (pour, de là, s'élancer au paradis[2]).

Je m'en vais écrire un mot à Maxime[3], dont je n'entends pas plus parler que s'il était mort. Je ne sais s'il est encore à Coutances ou de retour.

Adieu, chère femme, toutes sortes de baisers.

À toi. G.

À HENRIETTE COLLIER

Croisset, 1er février
[nuit du 31 janvier au 1er février 1852].

Est-ce que vous m'oubliez, chère Henriette ? Je vous avais écrit, lors des derniers événements de décembre. Ma lettre, sans doute, se sera alors perdue. Il n'y avait point à cette époque grande sécurité pour les correspondances. Êtes-vous malade comme j'en ai peur ? Que Clemy[4] soit donc assez bonne pour me donner de vos nouvelles.

Je vous avais parlé de l'album de Mme Colet. Je sais que vous avez été le retirer de chez le libraire et je vous en remercie bien. Si vous ne trouvez pas à le vendre avantageusement en totalité ou en partie, renvoyez-le-moi, par l'occasion que vous jugerez la plus sûre, ou par la poste tout simplement. Je vous recommande la chose bien précieusement. — Par suite[a] de la suspension des journaux toute la pauvre gent de lettres se trouve maintenant dans la gêne. Si vous saviez quelle misère en France ! La propriétaire de cet album serait bien heureuse si vous pouviez en tirer quelque argent. Je vous en serais bien reconnaissant pour moi, ce serait une bonne action[5].

Tout est triste ici. Le temps, les hommes, les choses,

— beaucoup de brouillard et la haine dans tous les
cœurs. Pourquoi rester dans sa patrie? pourquoi ne
peut-on pas aller vivre dans quelque beau pays aimé du
soleil loin de toute politique avec ceux qu'on aime?
— Me voilà revenu à Croisset. J'y travaille tout seul,
et beaucoup. — Si je suis content du livre que je fais
maintenant, je le publierai l'hiver prochain[1] et vous
l'enverrai. — Vous le liriez en pensant à moi. Y pensez-
vous quelquefois? Êtes-vous comme toutes mes vieilles
affections qui me quittent une à une (comme mes
cheveux)? Les unes s'en vont par la mort, d'autres par
l'indifférence. On ne revient pas plus de l'une que de
l'autre. Hélas! non, n'est-ce pas, chère Henriette, vous
me restez, mon souvenir ne vous abandonne pas. Vous
pensez quelquefois comme je le fais, à nos pauvres
après-midi du Rond-Point déjà si loin... si loin[2].

Viendrez-vous en France cet été, comme vous me
l'avez promis? Je n'y crois guère, malheureusement,
quoique je l'espère. — Il ne faut douter de rien, cependant. C'est une maxime chrétienne qu'il est bon de
suivre pour être heureux.

Adieu donc, chère et bonne Henriette. Aimez-moi un
peu, pensez à moi, si vous le voulez; mais écrivez-moi.
Cela me fera bien plaisir. Adieu encore. Je baise vos
mains.

À vous de cœur.

À LOUISE COLET

[Croisset,] nuit de samedi.
[31 janvier 1852.]

J'ai écrit une lettre à Henriette Collier où je l'engage
à s'occuper vivement de l'Album et, si elle ne peut s'en
défaire avantageusement, en totalité ou en partie, à me
le renvoyer par la poste à Croisset. La lettre est partie[3].

Mauvaise semaine. Le travail n'a pas marché; j'en
étais arrivé à un point où je ne savais trop que dire.
C'étaient toutes nuances et finesses où je n'y voyais
goutte moi-même, et il est fort difficile de rendre clair
par les mots ce qui est obscur encore dans votre pensée.

J'ai esquissé, gâché, pataugé, tâtonné. Je m'y retrouverai peut-être maintenant. Oh ! quelle polissonne de chose que le style ! Tu n'as point, je crois, l'idée du genre de ce bouquin. Autant je suis débraillé dans mes autres livres, autant dans celui-ci je tâche d'être boutonné et de suivre une ligne droite géométrique. Nul lyrisme, pas de réflexions, personnalité de l'auteur absente. Ce sera triste à lire ; il y aura des choses atroces de misères et de fétidité. Bouilhet, qui est venu dimanche dernier à 3 h[eures] comme je venais de t'écrire ma lettre[1], trouve que je suis dans le ton et espère que ce sera bon. Dieu l'entende ! Mais ça prend des proportions formidables comme temps. À coup sûr, je n'aurai point fini à l'entrée de l'hiver prochain. Je ne fais pas plus de cinq à six pages dans ma semaine.

Les vers de *La Presse* m'ont semblé meilleurs qu'à la première lecture, quoiqu'il y ait, dans cette pièce, un défaut capital : c'est le non-enchaînement de la première partie avec la seconde. L'Orient (1re), Hypathie (2e) étaient assez fertiles pour occasionner deux pièces séparées. On ne voit pas nettement comment la première amène la seconde[2]. Quant à la dédicace, entre nous, ton procédé est un peu leste vis-à-vis de Max[3]. Puisque tu [la] lui avais dédiée manuscrite, c'est assez drôle de changer à l'impression.

Je n'ai aucune nouvelle de lui. La Prose Duchemin est une bonne idée, quoiqu'il y ait, çà et là, des choses qui sortent du ton. Pour l'histoire du jeune Maxime, il y a, je crois, malheureusement du vrai. Il est probable qu'il ignore cette publication. Du moins, il ne m'en a jamais parlé. Au reste il croyait, en effet, être beaucoup plus riche qu'il ne s'est trouvé l'être[4].

À propos d'argent, c'est comme tu voudras, chère femme. Ce que je t'ai proposé sera toujours à ta disposition. Tu peux te regarder comme l'ayant dans un tiroir à Croisset. Dès que tu m'avertiras je te l'enverrai.

Ce bon *Saint Antoine* t'intéresse donc ? Sais-tu que tu me gâtes avec tes éloges, pauvre chérie. C'est une œuvre manquée. Tu parles de perles. Mais les perles ne font pas le collier ; c'est le fil[5]. J'ai été moi-même dans *Saint Antoine* le saint Antoine et je l'ai oublié. C'est un personnage à faire (difficulté qui n'est pas mince). S'il y avait pour moi une façon quelconque de corriger ce livre, je serais bien content, car j'ai mis là beaucoup, beaucoup de temps et beaucoup d'amour. Mais ça n'a pas été assez mûri. De ce que j'avais beaucoup travaillé les éléments matériels du livre, la partie historique je veux dire, je me suis imaginé que le scénario était fait et je m'y suis mis. *Tout dépend du plan. Saint Antoine* en manque ; la déduction des idées sévèrement suivie n'a point son parallélisme dans l'enchaînement des faits. Avec beaucoup d'échafaudages dramatiques, le dramatique manque.

Tu me prédis de l'avenir. Oh ! combien de fois ne suis-je pas retombé par terre, les ongles saignants, les côtes rompues, la tête bourdonnante, après avoir voulu monter à pic sur cette muraille de marbre ! Comme j'ai déployé mes petites ailes ! Mais l'air passait à travers au lieu de me soutenir et, dégringolant alors, je me voyais dans les fanges du découragement. Une fantaisie indomptable me pousse à recommencer. J'irai jusqu'au bout, jusqu'à la dernière goutte de mon cerveau pressé. Qui sait ? Le hasard a des bonnes fortunes. Avec un sens droit du métier que l'on fait et une volonté persévérante, on arrive à l'estimable. Il me semble qu'il y a des choses que je sens seul et que d'autres n'ont pas dites et que je peux dire. Ce côté douloureux de l'homme moderne, que tu remarques, est le fruit de ma jeunesse. J'en ai passé une bonne avec ce pauvre Alfred[1]. Nous vivions dans une serre idéale où la poésie nous chauffait l'embêtement de l'existence à 70 degrés Réaumur. C'était là un homme, celui-là ! Jamais je n'ai fait, à travers les espaces, de voyages pareils. Nous allions loin sans quitter le coin de notre feu. Nous montions haut quoique le plafond de ma chambre fût bas. Il y a des après-midi qui me sont restés dans la tête, des conversations de six heures consécutives, des promenades sur nos côtes et des ennuis à deux, des ennuis, des ennuis ! Tous souvenirs qui me semblent de couleur vermeille et flamber derrière moi comme des incendies.

Tu me dis que tu commences à comprendre ma vie. Il faudrait savoir ses origines. À quelque jour, je m'écrirai tout à mon aise. Mais dans ce temps-là je n'aurai plus la force nécessaire. Je n'ai par-devers moi aucun autre horizon que celui qui m'entoure immédiatement. Je me considère comme ayant quarante ans,

comme ayant cinquante ans, comme ayant soixante ans.
Ma vie est un rouage monté qui tourne régulièrement.
Ce que je fais aujourd'hui, je le ferai demain, je l'ai
fait hier. J'ai été le même homme il y a dix ans. Il s'est
trouvé que mon organisation est un système ; le tout
sans parti pris de soi-même, par la pente des choses
qui fait que l'ours blanc habite les glaces et que le chameau marche sur le sable. Je suis un homme-plume. Je
sens par elle, à cause d'elle, par rapport à elle et beaucoup
plus avec elle. Tu verras à partir de l'hiver prochain
un changement apparent. Je passerai trois hivers à user
quelques escarpins[1]. Puis je rentrerai dans ma tanière où
je crèverai obscur ou illustre, manuscrit ou imprimé.
Il y a pourtant au fond quelque chose qui me tourmente,
c'est la non-connaissance de ma mesure. Cet homme qui
se dit si calme est plein de doutes sur lui-même. Il
voudrait savoir jusqu'à quel cran il peut monter et la
puissance exacte de ses muscles. Mais demander cela,
c'est être bien ambitieux, car la connaissance précise
de sa force n'est peut-être autre que le génie. Adieu,
mille baisers depuis l'épaule jusqu'à l'oreille. Garde tous
mes manuscrits. Je t'apporterai moi-même *La Bretagne*[2].

À toi.

À LOUISE COLET

[Croisset, 8 février 1852.]

Tu es donc décidément enthousiaste de *Saint Antoine*,
toi. Enfin ! j'en aurai toujours eu un ! C'est quelque
chose. Quoique je n'accepte pas tout ce que tu m'en dis,
je pense que les amis[3] n'ont pas voulu voir tout ce
qu'il y avait là : ç'a été légèrement jugé, je ne dis pas
injustement, mais légèrement. — Quant à la correction
que tu m'indiques, nous en causerons ; c'est *énorme*. Je
rentre avec grand dégoût dans un cercle d'idées que j'ai
abandonné, et c'est ce qu'il faut faire pour corriger
dans le ton des autres parties circonvoisines. J'aurais
bien du mal à refaire mon Saint. — Je devrais m'absorber
bien longtemps pour pouvoir inventer quelque chose.

Je ne dis point que je n'essayerai pas. Mais ce ne sera
pas de sitôt[1]. Je suis dans un tout autre monde maintenant, celui de l'observation attentive des détails les
plus plats. — J'ai le regard penché sur les mousses de
moisissure de l'âme. Il y a loin de là aux flamboiements
mythologiques et théologiques de *Saint Antoine*. Et de
même que le sujet eſt différent, j'écris dans un tout autre
procédé. Je veux qu'il n'y ait pas dans mon livre *un
seul* mouvement, ni *une seule* réflexion de l'auteur. — Je
crois que ce sera moins élevé que *Saint Antoine* comme
idées (chose dont je fais peu de cas), mais ce sera peut-
être plus raide et plus rare, sans qu'il y paraisse. — Du
reſte, ne causons plus de *Saint Antoine*. — Ça me trouble,
ça m'y fait resonger et perdre un temps inutile. — Si la
chose eſt bonne, tant mieux ; si mauvaise, tant pis.
Dans le premier cas, qu'importe le moment de sa
publication ? Dans le second, puisqu'elle doit périr, à
quoi bon ?

———

J'ai un peu mieux travaillé cette semaine[2]. J'irai à
Paris d'ici à un mois ou cinq semaines, car je vois
bien que ma première partie ne sera pas faite avant la
fin d'avril. — J'en ai bien encore pour une grande
année, à 8 h[eures] de travail par jour. Le reſte du temps
eſt employé à du grec et à de l'anglais. Dans un mois je
lirai Shakespeare tout couramment[a] ou à peu de chose
près.

J'ai lis le soir du théâtre de Goethe. Quelle pièce que
Goetz de Berlichingen[3] !

À ce qu'il paraît qu'il y a dans les journaux les discours de G[uizot] et de Montal[embert][4]. Je n'en verrai
rien. C'eſt du temps perdu. Autant bâiller *[sic]* aux corneilles que de se nourrir de toutes les turpitudes quotidiennes qui sont la pâture des imbéciles. L'hygiène[b] eſt
pour beaucoup dans le talent, comme pour beaucoup dans
la santé. La nourriture importe donc. Voilà encore une
inſtitution pourrie et bête que l'Académie française !
Quels barbares nous faisons, avec nos divisions, nos
cartes, nos casiers, nos corporations, etc. ! J'ai la haine
de toute limite. Et il me semble qu'une Académie eſt
tout ce qu'il y a de plus antipathique au monde à la

constitution même de l'Esprit qui n'a ni règle, ni loi, ni uniforme.

————

Quels vers que ceux de l'ami Antony Deschamps[1] !

————

Oui, tu es pour moi un délassement, mais des meilleurs et des plus profonds. — Un délassement du cœur, car ta pensée m'attendrit. — Il se couche sur elle, comme moi sur toi. — Tu m'as beaucoup aimé, pauvre chère femme, et maintenant tu m'admires beaucoup et m'aimes toujours. Merci de tout cela. — Tu m'as donné plus que je ne t'ai donné, car ce qu'il y a de plus haut dans l'âme, c'est l'enthousiasme qui en sort.

Adieu, chère et bonne Louise, merci de ton fragment de la Chine[2]. Un bon baiser sous ton col.

À LOUISE COLET

[Croisset,] lundi soir.
[16 février 1852.]

J'ai une occasion de faire revenir d'Angleterre tes autographes[3] ? Veux-tu que je dise qu'on me les rapporte ? Je crois que là-bas tu n'en tireras pas grand-chose, ou du moins il faudrait attendre peut-être bien longtemps. Réponds-moi donc là-dessus.

Schiller et Goethe ont été traduits par Marmier dans le format Charpentier[4].

Tu peux dire au capitaine d'Arpentigny que la famille Fouet est dans les honneurs et la fortune. — Le papa est conseiller à la Cour d'appel, le fils substitut et on vient d'épouser 60 000 francs de rentes, ou 30, mais enfin pas mal.

Sais-tu que le fin Sainte-Beuve engage Bouilhet à *ne pas ramasser les bouts de cigares* d'Al[fred] de Musset. — Dans un article[5] où il louangeait un tas de médiocrités avec force citations, c'est à peine s'il l'a nommé, et sans en citer un vers. En revanche beaucoup de coups d'encensoir à l'*illustre* M. Houssaye, à Mme de Girardin, etc. — Ce qu'il en dit est habile au point de vue de la haine, parce qu'il passe dessus, comme sur quelque chose d'insignifiant. — Je n'ai jamais eu grande sympathie pour ce lymphatique coco (= Sainte-Beuve)[1]. Mais cela me confirme dans mon préjugé. — Il est pourtant d'ordinaire trop bienveillant pour que la chose vienne entièrement de lui. Il y a là-dessous quelque histoire, d'autant qu'il a été publié, il y a trois semaines environ, un article dans le *Mémorial de Rouen,* qui est de la même inspiration. C'est-à-dire louange de toute la *Revue de Paris* (sauf Maxime toutefois), à l'exclusion de Bouilhet, toujours écrasé par M. Houssaye qui se trouve dans les environs. Tu connais Sainte-Beuve[2], tu devrais bien nous savoir le fond de cette histoire-là. Je serais simplement curieux que tu causasses avec lui pendant quelque temps de *Melaenis,* comme si tu n'avais pas lu son article. Il a paru dans *Le Constitutionnel* lundi dernier.

———————

Depuis que je suis parti de Paris, j'ai eu une fois cinq lignes de Du Camp, voilà tout. Il a écrit à Bouilhet qu'il était trop occupé pour écrire des lettres[3]. Quand il voudra revenir à moi, il retrouvera sa place et je tuerai le veau gras et je crois que ce jour-là, elle lui semblera douce, car il s'achemine à de tristes mécomptes ; enfin !

———————

J'ai un Ronsard complet, 2 vol[umes] in-folio[4], que j'ai enfin fini par me procurer. Le dimanche nous en lisons à nous défoncer de la poitrine. Les extraits des petites éditions courantes en donnent une idée comme toute espèce d'extraits et de traductions, c'est-à-dire que les plus belles choses en sont absentes. — Tu ne t'imagines pas quel poète c'est que Ronsard. Quel poète ! quel poète ! quelles ailes ! C'est plus grand que Virgile, et ça vaut du Goethe, au moins par moments, comme éclats lyriques. — Ce matin, à 1 h[eure] 1/2, je lisais tout haut une pièce qui m'a fait presque mal nerveusement, tant elle me faisait plaisir. C'était comme si l'on m'eût chatouillé la plante des pieds. — Nous sommes bons à voir. — Nous écumons, et nous méprisons tout ce qui ne lit pas Ronsard sur la terre. Pauvre grand homme, si son ombre nous voit, doit-elle être contente ! Cette idée me fait regretter les Champs-

Élysées des anciens. — C'eût été bien doux d'aller causer
avec ces bons vieux que l'on a tant aimés pendant que
l'on vivait. Comme les anciens avaient arrangé l'existence d'une façon tolérable ! — Donc nous avons pour
deux ou trois mois de dimanches enthousiasmés. —
Cet horizon me fait grand bien et jette de loin un reflet
ardent sur mon travail. — J'ai assez bien travaillé cette
semaine. J'irai à Paris 5 à 6 jours dans trois semaines
environ, lorsque je serai à un point d'arrêt[1]. Adieu, je te
baise les seins et la bouche.

À LOUISE COLET

[Croisset,] dimanche, 2 h[eures].
[22 février 1852.]

Bouilhet est là qui pioche ton œuvre, nous allons
t'écrire nos remarques et corrections qui vont probablement nous occuper jusqu'à 6 heures[2]. — Merci de
ton offre d'article pour *La Presse*[3]. Ce ne sera pas probablement de refus. Mais attends-moi, pour en causer. —
Es-tu sûre d'ailleurs que l'article soit admis ? Je t'irai
sans doute voir dans une quinzaine. J'ai encore 8 à
10 pages à faire, et à en recaler quelques autres avant
d'être arrivé à un temps d'arrêt[a]. Après quoi je me donnerai cinq à six jours de vacances. — J'ai assez travaillé
cette semaine. J'ai bon espoir, pour le moment du moins,
quoiqu'il me prenne quelquefois des lassitudes où je
suis anéanti. J'ai à peine la force de me tenir sur mon
fauteuil dans ces moments-là. — N'importe, je voudrais
bien que mon roman fût fini et te le lire. Ce sera diamétralement l'antipode de *Saint Antoine,* mais je crois que
le style en sera d'un art plus profond.

Je n'entends point parler de Du Camp. Au reste c'est
un sujet qui m'afflige et te saurai gré de ne plus m'en
ouvrir la bouche.

Pourquoi m'envoies-tu des autographes de d'Arpentigny ? Ils n'ont rien de curieux. Je cherche à savoir quel
est le sens de ces présents. — Je plains d'avance les
chaudes-pisses et véroles que ce pauvre petit Simon va
recueillir dans ses courses nocturnes[4]. —

Ce bon Augier[1] ! Il avait bien débuté. Mais ce n'est
pas en fréquentant les filles et en buvant des petits
verres que l'on se développe l'intelligence. Et puis tous
ces gars-là sont d'une telle paresse et d'une si crasse
ignorance ! Ils ont si peu la foi ! et si peu d'orgueil !
Âh ! Ah ! les gens d'esprit, quels pauvres gens cela
fait !

Adieu, chère Louise, à bientôt donc.

Je t'embrasse.

À HENRIETTE COLLIER

Croisset, mardi gras. [24 février 1852.]

Merci de votre bonne petite et triste lettre, chère
Henriette. Mais s'il m'a fait bien plaisir de recevoir de
nouvelles assurances d'une affection sur laquelle je
compte à vous dire vrai et dont je ne doute pas, j'ai été
bien chagrin de voir que vous fussiez si triste. — Quelle
mauvaise chose que la vie, n'est-ce pas ? C'est un potage
sur lequel il y a beaucoup de cheveux, et qu'il faut
manger pourtant. Aussi, souvent, le cœur vous en
lève-t-il de dégoût ! Si nous vivions dans le même pays
au moins, je pourrais comme autrefois au Rond-Point[2],
quand vous souffriez trop, me mettre près de vous, vous
prendre les mains, vous lire quelque chose qui vous
fasse pleurer, ou vous dire quelque chose qui vous
fasse rire, vous soulager un peu enfin. —

Mais il en est toujours ainsi : ceux qui s'aiment sont
séparés. Et l'on vit avec qui vous trouble. — Prenez
patience pourtant, pauvre Henriette. Il n'y a rien de
durable en ce monde, ni peine ni plaisir. — Et si l'humidité de la tristesse vous pénètre l'âme, comme un brouillard d'hiver, quelque soleil peut-être viendra plus tard
vous la réchauffer de bonheur. Lisez, faites de la musique,
tâchez de ne pas penser. C'est là le mal : rêver, — mais
c'est pourtant si doux n'est-ce pas ?

J'ai bien compris tout le froissement que vous avez dû
ressentir à propos de cette affaire dont vous me parlez.
Moi aussi j'ai passé depuis quelque temps par des
désillusions peu gaies. — À mesure qu'on vieillit, le

cœur se dépouille, comme les arbres. Rien ne résiste à certains coups de vent. Chaque jour qui vient nous arrache quelques feuilles, sans compter les orages qui d'un coup cassent plusieurs branches. Et toute cette verdure-là ne repousse pas, comme l'autre au printemps. —

L'année prochaine, je prendrai définitivement un logement à Paris pour y passer les hivers, puisqu'il est probable que je me lancerai comme on dit[1]. Et pourtant je n'en ai guère envie. N'importe, à Paris je serais plus près de vous si vous y veniez. — Il ne faut désespérer de rien.

Gardez, s'il vous plaît, l'album d'autographes[2] tant qu'il vous fera plaisir. Si après la saison vous ne l'aviez pas placé, vous me le renverriez. — Mais je compte avoir bientôt l'aquarelle[3]. Un monsieur qui va à Londres doit un de ces jours venir la chercher chez vous. — Emballez-moi la chose bien solidement, et qu'elle m'arrive intacte de vos mains. Si d'ici à quelque temps vous n'entendiez parler de rien, je vous enverrais l'adresse d'un courtier de commerce en correspondance avec Rouen, et qui me transmettrait votre cher envoi.

Ma petite nièce[4] commence à parler anglais. Je crois qu'elle aura l'intelligence de sa mère ; mais elle n'en aura point la beauté. Je lis beaucoup de Shakespeare de mon côté et commencerai bientôt à le comprendre à peu près couramment. Ce poète-là et vous feront que j'aimerai toujours l'Angleterre.

Adieu, chère et bonne Henriette, pensez à moi, comme je pense à vous. J'embrasse vos deux mains. Souvenir à Clemy[5] et tout à vous.

À LOUISE COLET

[Croisset, fin février 1852.]

I

Le regard au rayon qui *l'attire* et *l'éclaire*

Mieux :

Comme la lèvre ardente aspire au frais des ondes
L'œil aux rayons du jour après les nuits profondes

parce que *claire* et *éclaire* sont de même racine, et que le
second vers est mou à cause des deux verbes.

───────

Oh ! d'où vient qu'*aussitôt* que *notre âme, etc.*
D'une sublime idée au génie échappée

l'hémistiche rime avec la rime, deux *que* dans le même
vers, dur et mou.
Avec recueillement, mot trop faible pour l'action de
l'aiguille vers le pôle, ce serait plutôt *empressement.*

───────

Au lieu d'être en un jour à l'envi fécondée

déjà mis plus haut.

Des siècles passeront sans mourir cette idée

peu clair comme construction grammaticale.
*Cha*QUE GER*me* dur, il serait mieux :

Car tout germe sorti de la divinité

Sous la figure du démon est bon, et la correction postérieure, mauvaise en comparaison des vers qu'ils sont
censés corriger.

───────

Vieux levain est une métaphore nouvelle intercalée

dans l'autre, il faut laisser celle du serpent, claire. La
strophe serait bonne sans cela. Le dernier vers

> *Survécut au dieu du Thabor*

excellent. À la place de *levain,* il faudrait un mot non métaphorique, ou changeant l'idée, ou même la complétant.

. . . .

> *La loi de haine et de misère*
> *Se tordant au pied du Calvaire*
> *Survécut au dieu du Thabor.*

————

> *Sur la coupable s'imprima*

faible ; *s'abaissa ? ? ? s'exerça ?*
   Au lieu de

> *Le grain méconnu qu'il sema*

car un agneau ne sème pas :

> *Le sang divin qu'il y versa*

> *Que l'évangile règne et qu'il éclate en nous*

éclate ne veut rien dire : *rayonne ?*

> *Ayons de ces grands cœurs,* etc.

très beau.

————

> *Et de l'humanité,* etc.

nous mettrions en fondant tes deux variantes

> *Et de l'humanité poussant sa plainte immense*
> *Déplorons chaque erreur, plaignons chaque souffrance.*

II

Cette partie est incontestablement la plus faible, les
vers sont peu cadencés

Insoucieux de gloire... }
Vous avez confondu...   } bien vulgaire

Chargeant ses *mains* des *fers* d'un *forçat racheté*

tout ce qui eſt marqué d'un ❦ eſt faible, *le funeſte poison.*
Conçus dans l'abandon vaut mieux que *créés.*
Corps grossiers : on dirait qu'ils sont plus laids que
d'autres. — L'idée eſt sans doute qu'ils ne pensent
qu'à la matière, mais ce n'eſt pas clair.

Asservis aux vils besoins charnels

en cela ils ressemblent au genre humain et à la poète qui
les chante, et nous nous flattons tous d'être des corps
très grossiers.
Eſprits déshérités : s'ils sont déshérités (trop fort) rien
ne doit survivre ; atténuer.

III

Trop d'impures vapeurs terniſsaient sa beauté

mieux, *ta* beauté, en continuant l'apoſtrophe pour le
mouvement et la clarté.

Sceptre que façonnait la mort et l'esclavage

la mort se comprend peu, *la guerre* serait meilleur.

———————

Le vide et la laideur, on ne voit pas le vide d'une
splendeur.

Sur le monde chrétien une autre âme palpite

une âme ne palpite pas *sur,* mais *dans.*
Il y a un peu de pathos dans la fin, où l'on arrive un peu
en saut-de-loup. Il y a des courants, des freins, etc.,
trop de métaphores peu nettes.

IV

Les fanges des cités, etc., comme le vers précédent,
est tout physique ; on peut croire que *les fanges* sont les
boues.

> *Des lèpres des cités ils arrivent couverts*

ou un mot se rapprochant plus du sens moral.

Voyez comme... est une tournure trop familière pour
signifier *une espèce de...* — Du reste ces petits vers,
avec les strophes au travail, sont ce qu'il y a de meilleur.

C'est toi qui nous nourris, non, non, vilain. À la place
soutiens, ou n'importe quoi.

> *L'âme ainsi que la terre en toi puisent leur sève*

la terre ne puise pas sa sève dans le travail. — C'est au
contraire le travail qui profite de la sève, qui *la dirige ;*
je crois que la correction doit être dans ce sens.

———

> *La terre a ses vergers, ses blés, sa vigne mûre*

tâche de trouver un pluriel, puisque les deux précédents
substantifs sont au pluriel.

V

Radieuses, voyez passer, tournure de phrase un peu
trop fanfaronne et fière pour le sujet, outre que c'est
chargé. Ils n'ont pas d'auréole, ni physique, ni morale
(sorte de joie intérieure, ou de considération).
Comme

> *Tous s'empressent actifs de la plaine aux hauteurs*

me semble atroce !

> *Les autres doux pasteurs guident les longs troupeaux*

ou *blancs,* comme Musset[1] a mis :

> *Tandis que pas à pas son long troupeau le suit*
> *Tous volent par essaim de la plaine aux coteaux*

———

t. b. signifiant *très beau* dans ce qui suit.

———

La famille les lie, bien dur à cause de l'harmonie, voici
une variante :

> *La famille à son tour au monde les attache.*
> *Écoutez, c'est la nuit, ils ont fini leur tâche.*
> 　　　*Et goûtent un calme repos.*
> *Quel péril tout à coup vient frapper à leur porte ?*
> *Qui donc,* etc.

———

> *Entendez-vous, la Loire monte*

ce *entendez-vous* qui continue le mouvement exigerait
entendez-vous la Loire monter, ou *qui monte* (cette observation
ne me serait peut-être pas venue si c'eût été mieux
ponctué ? ? ?).

> *Entendez-vous... la Loire monte*
> *Lente au regard, rapide au pas*

bien mauvais pour les flots, les flots n'ont pas de pieds,
et le mot *pas* y fait songer.

———

Entrez avec espoir... plaît mieux à Bouilhet
Entrez, approchez-vous[a]... plaît mieux à moi.

———

Je suis de l'avis du Philosophe[1], la fin pourrait *nuire*
pour le prix. Il serait plus habile d'y mettre un péné-
gyrique du Sauveur de la France commençant par ces
vers :

> *Ô vous qui pelotant votre France avachie*
> *Tenez sous votre pied l'hydre de l'anarchie*
> *Qui se tord sous ta botte en replis tortueux,*
> *Ô Prince président, effroi de l'Angleterre*
> Etc.

Quant à la *pourpre,* j'aime mieux le tien, mais s'il y tient, pour lui faire plaisir, mets son vers qui n'est pas bien bon, mais qui passe[1]. Cette petite condescendance fera peut-être qu'il te servira plus chaudement.

Adieu, travaille bien et bonne chance. Quand sait-on le résultat ?

À toi.

Bouilhet te présente ses respects, ou plutôt t'embrasse comme on doit faire dans le sacré vallon.

Comme les chants joyeux des moineaux

mieux : *comme* DES *cris joyeux* DE..., ça relierait plus au refrain.

À LOUISE COLET

[Croisset,] lundi soir, minuit.
[1er mars 1852.]

Chère amie,

Dans huit jours je pense être près de toi. Si tu ne me vois pas chez toi lundi, une fois passé 9 heures, ce sera pour le lendemain mardi. Je resterai jusqu'à la fin de la semaine[2].

Si tu vois Pelletan[3], tu peux, *de toi-même,* lui parler de *Melaenis* et qu'il fasse un article comme il l'entend, favorable bien entendu. Ce serait ce qu'il y aurait de mieux, puisque c'est lui qui fait les comptes rendus de *La Presse.* Mais je ne crois pas qu'il se charge de critiquer les vers.

Tâche de me savoir quelque chose quant à l'affaire Sainte-Beuve[4]. Il a paru aujourd'hui dans la *Revue de Paris* des vers de Bouilhet ; procure-toi le numéro[5].

Je suis en train de raboter quelques pages de mon roman pour m'arrêter à un point. Mais ça n'en finit [pas]. Cette première partie, que j'avais estimée devoir être finie à la fin de janvier, me mènera jusqu'à la fin de mai. Je vais si lentement ! Quelques lignes par jour, et encore !

Voilà que je recommence comme du temps de *Saint Antoine* ; je ne peux plus dormir. Je n'en éprouve aucune fatigue. Une fois que mon horloge [est remontée], elle va longtemps ; mais il ne faut pas qu'on l'arrête. Et pour la remonter, c'est avec des cabestans et des machines. Je ne lis rien, sauf un peu de Bossuet, le soir, dans mon lit ; j'ai quitté momentanément tout pour arriver en temps. Je voulais être libre à l'époque que j'avais dite.

Adieu donc, pauvre cher cœur, à bientôt ; je t'embrasserai effectivement et comme je t'aime, à bras serrés.

À toi.

À LOUISE COLET

[Croisset,] mercredi, 1 heure de nuit.
[3 mars 1852.]

Laisse donc là toutes tes corrections[1]. La chose est risquée : qu'elle le soit ! Merci, merci, pauvre chère femme, de tout ce que tu m'envoies de tendre. Je suis content de moi, de te voir heureuse à mon endroit ; comme je t'embrasserai la semaine prochaine !

Je viens de relire pour mon roman plusieurs livres d'enfant. Je suis à moitié fou, ce soir, de tout ce qui a passé aujourd'hui devant mes yeux, depuis de vieux keepsakes jusqu'à des récits de naufrages et de flibustiers. J'ai retrouvé des vieilles gravures que j'avais coloriées à sept et huit ans et que je n'avais [pas] revues depuis. Il y a des rochers peints en bleu et des arbres en vert. J'ai reéprouvé devant quelques-unes (un hibernage dans les glaces entre autres) des terreurs que j'avais eues étant petit. Je voudrais je ne sais quoi pour me distraire ; j'ai presque peur de me coucher. Il y a une histoire de matelots hollandais dans la mer glaciale, avec des ours qui les assaillent dans leur cabane (cette image m'empêchait de dormir autrefois), et des pirates chinois qui pillent un temple à idoles d'or. Mes voyages, mes souvenirs d'enfant, tout se colore l'un de l'autre, se met bout à bout, danse avec de prodigieux flamboiements et monte en spirale.

J'ai lu aujourd'hui deux volumes de Bouilly[1] : pauvre humanité ! Que de bêtises lui sont passées par la cervelle depuis qu'elle existe !

Voilà deux jours que je tâche d'entrer dans des *rêves de jeunes filles*[2] et que je navigue pour cela dans les océans laiteux de la littérature à castels, troubadours à toques de velours à plumes blanches. Fais-moi penser à te parler de cela. Tu peux me donner là-dessus des détails précis qui me manquent. Adieu, à bientôt donc. Si lundi à 10 heures je ne suis pas chez toi, ce sera pour mardi. Mille baisers.

À JULES DUPLAN

[Paris, jeudi 11 mars 1852.]

Mon cher Duplan,

Je suis à Paris depuis avant-hier[3]. Voulez-vous venir me voir demain soir vendredi après 10 heures ou samedi matin, d'aussi bonne heure qu'il vous fera plaisir ?

Je vous serre les mains.

À vous.

Hôtel et rue du Helder.

À LOUISE COLET

[Croisset,] nuit de samedi, 1 h[eure].
[20 mars 1852.]

J'ai été d'abord deux jours sans rien faire, fort ennuyé, fort désœuvré, très endormi. — Puis j'ai remonté mon horloge à tour de bras et ma vie maintenant a repris le tic tac de son balancier. J'ai rempoigné cet éternel grec, dont je viendrai à bout dans quelques mois, car je me le suis juré, et mon roman qui sera fini Dieu sait quand. — Il n'y a rien d'effrayant et de consolant à la fois comme une œuvre longue devant soi. — On a tant de blocs à remuer, et de si bonnes heures à passer ! — Pour le moment je suis dans les rêves de jeune fille jusqu'au cou. Je suis presque fâché que tu m'aies conseillé de lire les mémoires de Mme Lafarge[1], car je vais probablement suivre ton avis, et j'ai peur d'être entraîné plus loin que je ne veux. — Toute la valeur de mon livre, s'il en a une, sera d'avoir su marcher droit sur un cheveu, suspendu entre le double abîme du lyrisme et du vulgaire (que je veux fondre dans une analyse narrative). Quand je pense à ce que ça peut être, j'en ai des éblouissements. Mais lorsque je songe ensuite que tant de beauté m'est confiée — à moi — j'ai des coliques d'épouvante à fuir me cacher n'importe où. Je travaille comme un mulet depuis quinze longues années. J'ai vécu toute ma vie dans cet entêtement de maniaque, à l'exclusion de mes autres passions que j'enfermais dans des cages, et que j'allais voir quelquefois seulement, pour me distraire. — Oh ! si je fais jamais une bonne œuvre, je l'aurai bien gagnée. Plût à Dieu que le mot impie de Buffon fût vrai[2], je serais sûr d'être un des premiers.

———

Il y a aujourd'hui huit jours à cette heure, je m'en allais de toi, *gluant* d'amour. Comme le temps passe !

Oui, nous avons été heureux, pauvre chère femme, et je t'aime de toutes sortes de façons. Tu as fait vis-à-vis de Bouilhet quelque chose qui m'a été au cœur. C'était bien bon (et bien habile ?). Ç'aura été son premier succès, à ce pauvre Bouilhet. Il se rappellera cette petite soirée[3] toute sa vie. Ma muse intérieure t'en bénit et envoie à ton âme son plus tendre baiser. — Non, je ne t'oublierai pas, quoi qu'il advienne, et je reviendrai à ton affection à travers toutes les autres. — Tu seras un carrefour, un point d'intersection de plusieurs entre-croisements (je tombe dans le Sainte-Beuve ; sautons).

Et d'ailleurs, est-ce qu'on oublie quelque chose, est-ce que rien se passe, est-ce qu'on peut se détacher de quoi que ce soit ? Les natures les plus légères elles-mêmes, si elles pouvaient réfléchir un moment, seraient étonnées de tout ce qu'elles ont conservé de leur passé. — Il y a des constructions souterraines à tout. — Ce n'est qu'une question de surface et de profondeur. Sondez et vous trouverez. — Pourquoi a-t-on cette manie de nier, de conspuer son passé, de rougir d'hier, et de vouloir toujours que la religion nouvelle efface

les anciennes ? — Quant à moi, je jure devant toi que
j'aime, que j'aime encore tout ce que j'ai aimé, et que,
quand j'en aimerai une autre, je t'aimerai toujours. Le
cœur dans ses affections, comme l'humanité dans ses
idées, s'étend sans cesse en cercles plus élargis. — De
même que je regardais, il y a quelques jours, mes petits
livres d'enfant dont je me rappelais nettement toutes les
images, quand je regarde mes années disparues, j'y
retrouve tout. Je n'ai rien arraché, rien perdu. On m'a
quitté, je n'ai rien délaissé. — Successivement j'ai eu
des amitiés vivaces qui se sont dénouées les unes après
les autres. — Ils ne [se] souviennent plus de moi, je me
souviens toujours. C'est la complexion de mon esprit
dont l'écorce est dure. J'ai les nerfs enthousiastes avec
le cœur lent ; mais peu à peu la vibration descend et elle
reste au fond.

Avant-hier au soir, on m'a remis un petit paquet
enveloppé dans de la toile cirée et qui avait été adressé
chez mon frère. — C'était un carré de filet de coton pour
servir de housse à un fauteuil. — J'ai cru reconnaître
l'écriture d'Henriette Collier sur l'adresse ; mais pas de
lettres, pas d'avis, rien, et aucune nouvelle[1].

Il paraît donc que les femmes s'occupent de moi. Je
vais devenir fat. Mme Didier[2] elle-même trouve que
j'ai l'air distingué. Est-ce que je serais digne par hasard
de figurer dans les *brillantes sociétés* où va Du Camp ?

Caroline de Lichtfield[3] est très pénible à lire. — J'ai
vu ce que c'était et m'arrête avant la fin du 1er volume.
J'ai lu la moitié de celui du sieur d'Arpentigny[4].
C'est curieux et fort spirituel en certaines parties. Veux-
tu que je t'écrive pour nous amuser une lettre *officielle*
sur son bouquin, où je ferai des remarques ? J'ai envie
de m'en faire un ami, de ce pauvre père d'Arpentigny.
Je ne sais pourquoi, mais je crois qu'il se divertit
intérieurement sur notre compte et qu'il m'envie ma
place. Par égard pour son âge tu devrais bien la lui
céder un peu, quitte à la reprendre, quoique cette idée
de fourrager après lui m'excite peu. — À propos d'exci-
tations, Bouilhet l'est tout à fait (excité) par Mme Roger[5].

Demain je verrai le fameux sonnet[1]. Nous causerons
aussi de l'article[2] et de tout ce qu'il y a à faire. N'oublie
[pas] de nous écrire distinctement les noms des deux
particuliers de *La Presse* à qui il faut envoyer des
Melaenis.

Quant à *La Bretagne*[3], je ne serais pas fâché que
Gautier la lût maintenant. Mais si tu es tout entière
à ta comédie[4], restes-y ; c'est plus important. Pioche
ferme. Si je t'avais seulement sous mes yeux pendant
quatre mois de suite, bien libre de toute autre chose,
tu verrais comme je te ferais travailler et comme il faut
peu de chose pour changer le médiocre en bon et le bon
en excellent. En tous cas n'envoie *La Bretagne* à Gautier
(et non Gau*th*ier) que quand tu l'auras lue, et avertis-
moi, je t'enverrai un petit mot à mettre dans le paquet. —
Adieu, je vais me coucher ; à demain.

Ô ! dieu des Songes, fais-moi rêver ma Dulcinée !
As-tu remarqué quelquefois le peu d'empire de la
volonté sur les rêves ? comme il est libre, l'esprit, dans
le sommeil, et où il va !

———————

Dimanche.

J'ai écrit à Pradier pour le concours[5] dès lundi dernier.
Quant à Senard[6], je le connais trop peu pour lui rien
recommander. Je ne l'ai vu que deux fois et dans des
visites *payées,* pour les affaires de mon beau-frère. Je
connais ses gendres[7], mais les ricochets n'iraient pas
jusque-là.

Je crois du reste qu'il connaît peu d'académiciens.
Sa société était celle de l'archevêque de Paris et de
Cavaignac, l'année dernière. Quant à Berryer, ils doivent
être mal ensemble. Je voudrais bien que tu réussisses,
j'y attache une idée superstitieuse, puisque j'y ai travaillé un peu moi-même. Fasse le ciel que je ne t'aie pas
porté malheur !

———————

Voici le résultat de notre délibération relativement
à ton article[8].

Ces messieurs de là-bas sont évidemment peu gracieux
pour nous. Malgré les belles promesses d'articles, etc.,
rien ou presque rien n'a eu lieu. Gautier, qui en devait

faire un dans *La Presse*, n'en a pas fait et n'en fera pas[1].
Du Camp se doute qu'il se passe entre toi et Bouilhet
quelque chose. Ton article pour lui viendrait évidemment de nous trois. — Et quoique certainement il
n'oserait ostensiblement s'en montrer piqué, il serait
choqué que nous ayons fait cela sans lui. Gautier, de
son côté, serait médiocrement réjoui de voir l'éloge de
Melaenis imprimé à son insu dans son journal avec force
citations, car il a dit que Girardin lui défendait de citer
des vers. — Il faut accepter les blagues telles qu'on vous
les donne, jusqu'au moment où l'on en a un nombre
suffisant pour les ramasser en bloc et vous les rejeter
à la figure. — Max sera seul cet été à la *Revue*[2], sans
influence artistique supérieure. — Nous verrons ce
qu'il fera alors, et s'il est complètement perdu pour
nous, ce que je pense à peu près. — D'ici là, Bouilhet
ne veut lui donner aucune prise à rien, qu'il ne puisse
articuler aucun grief contre lui, même en dedans, qu'il
se croie toujours le patron, et le fil conducteur de cette
électricité qu'il ne conduit pas du tout. — Comprends-
tu bien ce que nous voulons dire ? Bouilhet ne sait
comment te remercier, et s'excuser de refuser ton
service[3]. Je me suis chargé d'entortiller la chose de
précautions oratoires. Quoique je n'aie pas été d'abord
de son avis, je le crois en effet plus prudent, et plus fort
au fond. Ainsi, attendons jusqu'au bout. Quant à lui[4],
je suis curieux du dénouement et je le présage pitoyable.
Merci donc, pauvre chère amie. Nous t'envoyons un tas
de baisers de reconnaissance, et me séparant de la
dualité, je t'en envoie tout seul d'autres, d'une autre
nature.

À toi. G.

À LOUISE COLET

[Croisset,] samedi soir, minuit et demi.
[27 mars 1852.]

Tu aurais pu, chère Louise, te dispenser de te piquer
pour ma malheureuse plaisanterie sur d'Arpentigny[5].
Je n'étais pas convaincu qu'elle fût spirituelle, mais je

ne me doutais guère qu'elle fût blessante et *atroce*
surtout. — Est-ce là ce qui avait rendu ta lettre si
triste ? Tu n'as guère *le mot pour rire,* si de semblables
sottises t'importent. — Moi je ris de tout, même de ce
que j'aime le mieux. — Il n'est pas de choses, faits,
sentiments ou gens, sur lesquels je n'aie passé naïvement
ma bouffonnerie, comme un rouleau de fer à lustrer les
pièces d'étoffes. — C'est une bonne méthode. — On
voit ensuite ce qui en reste. Il est trois fois enraciné
dans vous, le sentiment que vous y laissez, en plein
vent, sans tuteur, ni fil de fer, et débarrassé de toutes
ces convenances si utiles pour faire tenir debout les pour-
ritures. Est-ce que la parodie même siffle jamais ? Il est
bon et il peut même être beau de rire de la vie, pourvu
qu'on vive. — Il faut se placer au-dessus de tout, et
placer son esprit au-dessus de soi-même, j'entends la
liberté de l'idée, dont^a je déclare impie toute limite.

Si cette longue glose pédantesque^b ne te satisfait pas,
je te demande pardon de ma maladresse et t'embrasse
sur tes deux yeux que j'ai peut-être fait pleurer. — Pauvre
cœur, pourquoi me troubles-tu une si bonne tête ? Et
c'est pourtant ce voisin envahissant qui m'a reçu, qui
me garde et qui m'admire. — N'importe, tu m'as dit,
il y a aujourd'hui quinze jours, sur le Pont-Royal, en
allant dîner, un mot qui m'a fait bien plaisir. À savoir
que tu t'apercevais qu'il n'y avait rien de plus faible
que de mettre en art ses sentiments personnels. —
Suis cet axiome pas à pas, ligne par ligne, qu'il soit
toujours inébranlable en ta conviction, en disséquant
chaque fibre humaine, et en cherchant chaque synonyme de mot^c et tu verras ! tu verras ! comme ton
horizon s'agrandira, comme ton instrument ronflera, et
quelle sérénité t'emplira ! Refoulé à l'horizon, ton
cœur l'éclairera du fond, au lieu de t'éblouir sur le
premier plan. Toi disséminée en tous, tes personnages
vivront, et au lieu d'une éternelle personnalité déclamatoire, qui ne peut même se constituer nettement,
faute des détails précis qui lui manquent toujours^d à
cause des travestissements qui la déguisent, on verra
dans tes œuvres des foules humaines.

Si tu savais combien de fois j'ai souffert de cela en
toi. Combien de fois j'ai été blessé de la poétisation de
choses que j'aimais mieux à leur état simple ! Quand je

t'ai vue pleurer à la lecture des *Lettres d'amour,* faite par
Mme Roger, toutes mes pudeurs ont rougi[1]. Nous
valions mieux l'un et l'autre, et nous sommes là maigrement idéalisés. — Qu'est-ce [que] ça intéressera ? À
qui ressemble cet homme ? Pourquoi prendre l'éternelle
figure insipide du poète qui, plus elle sera ressemblante
au type, plus elle se rapprochera d'une abstraction,
c'est-à-dire de quelque chose d'anti-artistique, d'anti-
plastique, d'antihumain, d'antipoétique par conséquent, quelque talent[a] de mots d'ailleurs que l'on y
mette. — Il y aurait un beau livre à faire sur la littérature probante. — Du moment que vous prouvez, vous
mentez. Dieu sait le commencement et la fin ; l'homme,
le milieu. — L'art, comme lui dans l'espace, doit rester
suspendu dans l'infini, complet en lui-même, indépendant de son producteur. Et puis on se prépare par là
dans la vie et dans l'art de terribles mécomptes. Vouloir
se chauffer les pieds au soleil, c'est vouloir tomber par
terre. Respectons la lyre, elle n'est pas faite pour un
homme, mais pour l'homme.

Me voilà bien humanitaire ce soir, moi que tu accuses
de tant de personnalité. Je veux dire que tu t'apercevras
bientôt, si tu suis cette voie nouvelle, que tu as acquis
tout à coup des siècles de maturité et que tu prendras
en pitié l'usage de se chanter soi-même. Cela réussit
une fois dans un cri, mais quelque lyrisme qu'ait Byron
par exemple, comme Shakespeare l'écrase à côté, avec
son impersonnalité surhumaine[2]. — Est-ce qu'on sait
seulement s'il était triste ou gai ? L'artiste doit s'arranger
de façon à faire croire à la postérité qu'il n'a pas vécu.
Moins je m'en fais une idée et plus il me semble grand.
Je ne peux rien me figurer sur la personne d'Homère, de
Rabelais, et quand je pense à Michel-Ange, je vois, de
dos seulement, un vieillard[b] de stature colossale sculp-
tant la nuit aux flambeaux.

Tu as en toi deux facultés auxquelles il faut donner
jeu. — Une raillerie aiguë, non, une manière déliée de
voir, je veux dire, et une ardeur méridionale de passion
vitale, quelque chose de tes épaules dans l'esprit. — Tu
t'es gâté le reste avec tes lectures et tes sentiments qui
sont venus encombrer de leurs phrases incidentes cette
bonne compagnie qui parlait clair.

J'espère beaucoup de ton *Institutrice*[3], sans savoir

pourquoi, c'est un pressentiment. Et quand tu l'auras faite, fais-en deux ou trois autres et avant la demi-douzaine, tu auras attrapé le filon d'or.

———

Ce que je disais des sentiments qui ne passent pas, tu l'as pris pour une allusion au petit présent d'Henriette que j'avais reçu, et cela t'a attristée[1]. — J'ai deviné, avoue-le. Eh bien non, je n'ai pas été ému en le recevant, et nullement ému même. — C'est que je ne m'émeus pas facilement maintenant, et de moins en moins. — Elle a tant sonné, ma sensibilité, que j'ai mis du mastic aux fêlures, c'est ce qui fait qu'elle vibre moins clair.

Sitôt que tu sauras une solution définitive pour le prix, écris-moi.

J'ai fini ce soir de barbouiller la première idée de mes rêves de jeune fille. J'en ai pour quinze jours encore à naviguer sur ces lacs bleus, après quoi j'irai au Bal, et passerai ensuite un hiver pluvieux, que je clorai par une grossesse et le tiers de mon livre à peu près sera fait[2].

À propos de bal, j'ai fait une débauche mercredi dernier. J'ai été à Rouen, au concert, entendre Alard[3] le violoniste, et j'en ai vu là, des balles ! C'était la haute société. Quelles têtes que celles de mes compatriotes ! — J'ai retrouvé là des visages oubliés depuis douze ans et que je voyais quand j'allais au spectacle, en rhétorique. J'ai reconnu du monde que je n'ai pas salué, lequel a fait de même. C'était très fort de part et d'autre. Le plaisir d'entendre de fort belle musique très bien jouée a été compensé par la vue des gens qui le partageaient avec moi.

Lis-tu *La Bretagne*[4] ? Les deux premiers chapitres sont faibles.

Adieu, demain je clorai ma lettre quand Bouilhet sera venu. Mille baisers, chère épouse.

À toi.

Tu n'as pas besoin de m'envoyer les mémoires de Lafarge[5]. Je les demanderai ici. Bouilhet t'a écrit hier, et te ré-embrasse.

Encore adieu, mille caresses.

À HENRIETTE COLLIER

[Croisset,] samedi 3 avril [1852].

J'ai trouvé, chez moi, en revenant de Paris, il y a huit jours, un petit paquet sur lequel j'ai reconnu votre bonne écriture, chère Henriette. Il était déjà arrivé depuis quelque temps et était parvenu chez mon frère par le chemin de fer, sans autre avertissement. — Je baise d'ici ces mains qui ont travaillé pour moi ; leur ouvrage est sur une petite table qui me sert à poser mon livre quand je travaille sur mon divan ou au coin du feu dans un fauteuil. Votre joli tricot, chère Henriette, est donc là toujours sous mes yeux, qui tire mon regard et provoque mon souvenir[1]. —

Mais ce n'est que la moitié de vos cadeaux, j'attends encore le portrait[2]. Le monsieur qui devait le prendre chez vous n'est pas encore revenu en France ; je n'en ai aucune nouvelle.

Vous me recommandez dans une de vos dernières lettres de ne rien dire de ce que vous me contez, à Gertrude. N'ayez de cela aucun souci, je ne suis point en correspondance avec Gertrude, qui se soucie peu, je crois, de mes lettres, et de mes visites. J'ai du moins tout lieu de le penser[3].

Comme je voudrais vous revoir ! Comme je vous aime bien plus encore depuis mon voyage à Londres, qui a renoué pour moi (quelque courts qu'aient duré les instants passés auprès de vous) la douce habitude où j'étais naguère de votre société ! Hein, pauvre Henriette, que de choses perdues depuis ce temps que je vous faisais des lectures, au chevet de votre lit où vous aviez la tête appuyée sur un oreiller rose[4]. — Les morts ! les absents ! les mariés ! que de dispersions et de vides !

Plus je vais, plus il se fait autour de moi un grand cercle. Les cheveux s'en vont comme les affections. Mes amis me quittent pour courir après la fortune ou la réputation, et rougissant de leur jeunesse m'abandonnent avec des naïvetés d'égoïsme à faire rire de pitié, si elles ne serraient le cœur[5]. Vous parlez de vos tristesses, et de vos longs après-midi pluvieux, et de toutes les soûleurs[1] de l'existence, moi aussi, allez, je sais ce que c'est que le découragement complet de l'âme, les heures mornes, et les larmes rentrées. — Joignez-y les lassitudes d'un art où je m'acharne, et dont je suis épuisé quelquefois comme on l'est après des excès de vin.

Quand je pense que dans quelques heures ce papier sur lequel court ma main sera touché par les vôtres, et qu'il se peut passer encore des mois, des années, sans que nous nous revoyions, je suis effrayé, la tête me tourne. Comprenez-vous ce que je veux dire ? Comme c'est drôle que la pensée aille si vite, soit si libre, et que le corps soit si lent, que tant de chaînes le retiennent ! Par une corde plus ou moins longue, sentiment, habitude, devoir, nous sommes tous plus ou moins comme des chiens à la niche. — Nous avons beau tirer dessus, japper contre les passants, et aboyer à la lune les larmes aux yeux, nous ne dépassons pas une certaine étendue d'esclavage, et plus nous faisons d'efforts, plus le nœud se resserre, plus nous nous étranglons nous-mêmes.

Adieu ; conservez toujours un bon souvenir de moi, aimez-moi. À vous, *with all my heart*.

Donnez-moi des nouvelles d'Herbert quand vous en aurez. Je serais bien curieux de savoir s'il se souvient de son ancien papa[2]. Amitiés à Clemy[3].

À LOUISE COLET

[Croisset,] samedi, 4 h[eures].
[3 avril 1852.]

Je ne sais si c'est le printemps, mais je suis prodigieusement de mauvaise humeur. J'ai les nerfs agacés, comme des fils de laiton. — Je suis en rage sans savoir de quoi. C'est mon roman peut-être qui en est cause. — Ça ne va pas. Ça ne marche pas. Je suis plus lassé que si je roulais des montagnes. J'ai dans des moments, envie de pleurer. Il faut une volonté surhumaine pour écrire. Et je ne suis qu'un homme. — Il me semble quelquefois que j'ai besoin de dormir pendant six mois de suite. Ah ! de quel œil désespéré je les regarde, les sommets de ces montagnes où mon désir voudrait monter ! Sais-tu dans huit jours combien j'aurai fait de pages,

depuis mon retour de pays *[sic] ?* 20. Vingt pages en
un mois, et en travaillant chaque jour au moins 7 heures !
— Et la fin de tout cela ? Le résultat ? Des amertumes,
des humiliations internes, rien pour se soutenir que la
férocité d'une Fantaisie indomptable. Mais je vieillis et
la vie est courte.

Ce que tu as remarqué dans *La Bretagne* est aussi ce
que j'y aime le mieux. — Une des choses dont je fais le
plus de cas, c'est mon résumé d'archéologie celtique et
qui [en est] véritablement une exposition *complète* en
même temps que la critique[1]. — La difficulté de ce livre
consistait dans les transitions et à faire un tout d'une
foule de choses disparates. — Il m'a donné beaucoup de
mal. — C'est la première chose que j'aie écrite péniblement (je ne sais où cette difficulté de trouver le mot
s'arrêtera ; je ne suis pas un inspiré, tant s'en faut). Mais
je suis complètement de ton avis quant aux plaisanteries,
vulgarités, etc., elles abondent. — Le sujet y était pour
beaucoup. Songe ce que c'est que d'écrire un voyage
où l'on a pris le parti d'avance de *tout* raconter. Que je
t'embrasse à pleins bras, sur les deux joues, sur le cœur,
pour quelque chose qui t'a échappé et qui m'a flatté
profondément : tu ne trouves pas *La Bretagne* une chose
assez hors ligne pour être montrée à Gautier[2], et tu voudrais que la première impression qu'il eût de moi fût
violente. — Il vaut mieux s'abstenir. — Tu me rappelles
à l'orgueil. Merci !

J'ai bien fait la bégueule envers lui, ce bon Gautier.
Voilà longtemps qu'il me demande que je lui montre
quelque chose et que je lui promets toujours. C'est
étonnant comme je suis pudique là-dessus. — Ma répugnance à la publication n'est au fond que l'instinct que
l'on a de cacher son cul, qui, lui aussi, vous fait tant
jouir[3]. — Vouloir plaire, c'est déroger. — Du moment
que l'on publie, on descend de son œuvre. — La pensée
de rester toute ma vie complètement inconnu n'a rien
qui m'attriste. Pourvu que mes manuscrits durent
autant que moi, c'est tout ce que je veux. C'est dommage
qu'il me faudrait un trop grand tombeau ; je les ferais
enterrer avec moi, comme un sauvage fait de son cheval. — Ce sont ces pauvres pages-là, en effet, qui m'ont
aidé à traverser la longue plaine. — Elles m'ont donné
des soubresauts, des fatigues aux coudes et à la tête.

Avec elle[s] j'ai passé dans des orages, criant tout seul dans le vent et traversant, sans m'y mouiller seulement les pieds, des marécages où les piétons ordinaires restent embourbés[a] jusqu'à la bouche.

———————

J'ai parcouru rapidement le 1er acte de *L'Instituticere*[1]. J'y ai vu beaucoup de *ça,* dont tu abuses encore plus que moi. — Je te la renverrai à la fin de la semaine, avec des remarques. — Le vol[ume] de d'Arpentigny sera dans le paquet[2]. — C'est un homme héroïque, ce brave homme-là. À quelque jour sa femme de ménage le trouvera, un matin, glacé dans son lit. — Et la veille il aura dîné en ville, où il aura dit des galanteries, conté des histoires, été le plus aimable de la compagnie. Je suis sûr qu'il souffre quelquefois beaucoup. — Comme les vieilles coquettes, il crèvera dans son corset (je veux dire sa bonne tenue), plutôt que d'avouer qu'il lui faudrait retirer ses bottes et passer son bonnet de coton.

———————

Ne t'inquiète pas de la page, elle fait partie d'un chapitre de Du Camp. — Mets-la à part[3]. Tâche de te procurer le dernier n° de la *Revue.* Le chapitre de Max qui y est, est avec *Tagahor* ce qu'il a mis là de plus écrit[4].

———————

Je suis inquiet de tes Anglais, quoique je n'aie rien à me reprocher pourtant (ce que tu me reproches toujours). Moi un fils ! oh non, non, plutôt crever dans un ruisseau écrasé par un omnibus. — L'hypothèse de transmettre la vie à quelqu'un me fait rugir, au fond du cœur, avec des colères infernales.

———————

J'ai lu 50 p[ages] de *Graziella*[5], et vais me mettre ce soir à ta pièce. C'est pour cela que je t'écris maintenant. Demain matin je clorai ma lettre en t'embrassant de nouveau.

Dimanche.

J'ai lu *L'Instituticere.* La première impression ne lui a point été favorable. C'est lâche de style, sauf quelques phrases qui n'en font que mieux ressortir le négligé du reste. C'est fait trop vite, je crois. Au reste, je t'écrirai cette semaine plus au long tout ce que j'en pense, après l'avoir relue. Ne te décourage pas toutefois, je le suis par moments plus que tu ne le seras jamais, qu'on ne peut l'être. — J'ai toujours trouvé tes vers très supérieurs à ta prose. — Il n'y a rien d'étonnant à cela, t'étant plus exercée aux uns qu'à l'autre.

Adieu, pauvre chère femme bien-aimée. Je t'embrasse comme je t'aime, tendrement et chaudement.

À LOUISE COLET

[Croisset,] jeudi. [8 avril 1852.]

Je ne t'ai point fait de remarques particulières sur le style de ta comédie[1] que je trouve vulgaire. Je sais bien qu'il n'est point aisé de dire proprement les banalités de la vie. Et les hystéries d'ennui que j'éprouve en ce moment n'ont pas d'autre cause. C'est même un grand effort que je fais que de t'écrire. Je suis brisé, et anéanti de tête et de corps comme après une grande orgie. Hier, j'ai passé cinq heures sur mon divan dans une espèce de torpeur imbécile, sans avoir le cœur de faire un geste, ni l'esprit d'avoir une pensée. — N'importe, continuons.

Je trouve donc que le style est généralement mou, lâche, et composé de phrases toutes faites. C'est de la pâte qui n'a pas été assez battue. — L'expression n'est point condensée, ce qui, au théâtre surtout, fait paraître l'idée lente, et cause de l'ennui.

Et d'abord tout le 1er acte est une exposition. L'action se passe au second[2], et dès la première scène du 3e on devine le dénouement. La dernière scène du 2e acte est pleine de mouvement. Si tout était comme ça, ce serait superbe.

La 1re scène (monologue de la femme de chambre) est à tout le monde. — Qui ne connaît ce plumeau? cette glace où elle se mire? — La seconde, avec le garçon [de] restaurant, est assez drôle en elle-même, mais que d'abus de *ça!* et la plaisanterie du chantage est d'un goût médiocre.

Quant aux deux personnages de Léonie et de Mathieu, je n'y comprends rien. Ils sont parfois très cyniques, et d'autres fois très vertueux, sans que ce soit fondu. — On se révolterait de ces mœurs-là, qui sentent le Macaire[1] (sauf l'exagération, laquelle sauve ce personnage). Et puis, et puis, que de négligences ! Je t'assure, pauvre chère Louise, que cette lecture m'est pénible. Je peux ne rien entendre au théâtre. Mais quant au français en lui-même, il me semble que tu es là singulièrement sortie de tes habitudes littéraires.

Cette scène entre le frère et la sœur est démesurée de longueur. On ne s'intéresse ni à l'un ni à l'autre, avec leurs projets de duperie, leurs misères et les sentiments de fierté de Léonie, quoiqu'elle avoue jouer un rôle.

La scène IV est également longue ; le dialogue, vers la fin, plus mouvementé. On est tout heureux de trouver quelque chose d'amusant. —

Les scènes VI et VII me semblent atroces et j'y trouve à peu près tous les défauts réunis. Quant à l'acte 2e, qu'est-ce que c'est que cette femme qui reste pendant *tout* l'acte en scène, à faire la sourde et muette, trompant tout le monde[2], si ce n'est le spectateur qui est tenté de crier à l'acteur : « Elle vous trompe ! » (Quel besoin y avait-il de ce personnage ? En quoi est-il nécessaire à l'action ? Et ce polisson d'acte a treize scènes !) Et puis comme on s'embêtera à leur conversation par écrit ! — Il faut éviter d'écrire sur la scène, ça ennuie toujours à regarder. — Cette bonne Mme de Lauris, à laquelle on rarrange ses oreillers, m'assomme et me révolte. Elle se joue indignement de ses enfants, dont la tendresse fera rire. Alors nous tombons dans la farce.

Scène III. Quel interminable monologue ! Il faut faire des monologues quand on est à bout de ressources et comme exposition de passion (lorsqu'elle ne peut se montrer en fait). Mais ici c'est pour nous parler de ce que nous voyons, c'est-à-dire la vie intérieure de ce château. Inutile.

Quant à l'oiseau que l'on dessine, le perroquet empaillé que l'acteur serait obligé de tenir à la main ferait pouffer de rire la salle, et suffirait à lui seul pour faire tomber un chef-d'œuvre. — Comment se fait-il que tu n'aies pas vu cela ?

Dans la scène v, l'explosion de Léonie dépasse les bornes. Bref, toute cette pièce me fait une impression de délicatesse froissée, pareille à celle que tu as ressentie si légitimement à la lecture de la bonne moitié de *L'Éducation sentimentale*[1].

J'arrête là mon analyse. Car c'est, selon moi, une idée à reprendre complètement ou à laisser. Excuse-moi si je te choque en ce moment. Fais lire ton œuvre à Mme Roger[2], en qui tu as confiance, et tu verras, si elle est franche, que l'effet ne lui en sera point agréable.

Je te renvoie le vol[ume] du père d'Arpentigny. Comme il ne me l'a pas prêté, je ne peux lui écrire. Si j'étais en train, je t'écrirais une lettre pour lui montrer. Son vol[ume] m'a beaucoup intéressé. Il devrait en faire faire une édition avec des planches. — Il a deux ou trois portraits frappés avec beaucoup d'esprit. Et un même, celui du parvenu faisant tout lui-même, est un morceau qui pourrait passer pour classique ; il y a là du talent de style[3].

J'ai lu *Graziella*. Le malheureux ! Quelle belle histoire il a gâtée là[4]. Cet homme, on a beau dire, n'a pas l'instinct du style[5]. Tel est du moins mon avis.

Adieu, je t'embrasse. Tâche d'être plus gaie que moi. — Encore deux baisers sur tes bons et beaux yeux. À toi.

G.

À LOUISE COLET

[Croisset,] jeudi, 4 h[eures] du soir.
[15 avril 1852.]

Je t'écris avec grand-peine, car j'ai depuis hier matin un rhumatisme dans l'épaule droite qui ne va qu'en empirant d'heure en heure. Ce sont les pluies de la Grèce, les neiges du Parnasse et toute l'eau qui m'a ruisselé sur le corps dans le sacré vallon, qui se font ainsi souvenir d'elles. — Je souffre raisonnablement et suis pas mal irrité.

Si Mad[ame] Roger trouve bonne ta comédie[6], tant pis pour elle (Mme Roger). Ou elle manque de goût, ou elle te trompe par politesse, à moins que je ne sois aveugle complètement. Moi, j'ai trouvé la chose en-

nuyeuse, démesurée, et surtout le personnage de la grand-
mère[1] des plus maladroits, toute considération littéraire
mise à part. — Pendant deux hivers de suite, à Rouen,
1847 et 1848, tous les soirs trois fois [sic] par semaine,
nous faisions à nous deux Bouilhet des scénarios, travail
qui assommait, mais que nous nous étions juré d'accomplir. Nous avons ainsi une douzaine[2], et plus, de drames,
comédies, opéras-comiques, etc., écrits acte par acte,
scène par scène, et quoique je ne me croie nullement
propre au théâtre, il me semble que la charpente de ta
pièce est malhabile. Cette grand-mère écoutant sans
bouger, est une ficelle trop cynique. Je crois être dans
le vrai, ma pauvre chérie. — Tant mieux si mes coups
d'étrivières t'excitent, tant pis (pour moi) s'ils sont
donnés intempestivement.

Le travail remarche un peu. Me voilà à la fin revenu
du dérangement que m'a causé mon petit voyage à
Paris. — Ma vie est si plate qu'un grain de sable la
trouble. — Il faut que je sois dans une immobilité complète d'existence pour pouvoir écrire. Je pense mieux
couché sur le dos et les yeux fermés. Le moindre bruit se
répète en moi avec des échos prolongés, qui sont longtemps avant de mourir. Et plus je vais, plus cette infirmité se développe. Quelque chose de plus en plus
s'épaissit en moi, qui a peine à couler. — Quand mon
roman sera fini, dans un an, je t'apporterai mon *ms.*
complet, par curiosité. Tu verras par quelle mécanique
compliquée j'arrive à faire une phrase.

———

L'histoire de Mme R[oger] m'a réjoui profondément.
L'infortuné n'en sait rien encore. Il est à Cany au sein
de ses Lares[3]. Voilà fort longtemps que je ne l'ai vu,
je le régalerai de la chose dimanche. Tu me dis que, si
tu étais homme, tu serais indigné de voir une femme te
préférer une médiocrité. Ô femme ! ô femme poète ! que
tu sais peu le cœur des mâles ! On n'a pas 18 ans, que l'on
a déjà éprouvé en cette matière tant de renfoncements
que l'on y est devenu insensible. — On traite les femmes
comme nous traitons le public, avec beaucoup de déférence extérieure et un souverain mépris en dedans ;
l'amour humilié se fait orgueil libertin. Je crois que le
succès auprès des femmes est généralement une marque
de médiocrité. Et c'est celui-là pourtant que nous envions

tous et qui couronne les autres. Mais on n'en veut pas
convenir, et comme on considère très au-dessous de soi
les objets de leur préférence, on arrive à cette conviction
qu'elles sont stupides, ce qui n'est pas. Nous jugeons à
notre point de vue, elles au leur. La beauté n'est pas
pour la femme ce qu'elle est pour l'homme. On ne s'en-
tendra jamais là-dessus, ni l'esprit, ni le sentiment, etc.

Je me suis trouvé une fois avec plusieurs drôles
(assez vieux) dans un lieu infâme. Tous certes étaient
plus laids que moi, et celui à qui ces dames firent meilleure mine était franchement vilain (explique-moi ça,
ô Aristote !). Et il n'est pas question ici des dons de
l'âme, poésie de langage, ou force d'idées, mais du
corps, de ce qui est appréciable à l'œil et au reniflement
des sens. Interroge n'importe quel ex-bel homme et
demande-lui si, couché quelquefois avec une femme, il
en a jamais trouvé qui se soient extasiées sur les lignes
de son bras, ou les muscles de sa poitrine. — Quel abîme
que tout cela ! Et qu'importe le vase ? C'est l'ivresse qui
est belle (il y a là-dessus un beau vers[1] dans *Melaenis*).
L'important, c'est de l'avoir. — Qu'elle s'amuse avec
son bon Énault[2], cette pauvre petite mère Roger, qu'elle
jouisse, triple jouisse, et fasse monter au gars Roger
des cornes grandes comme des cèdres, tant mieux !

La contemplation de certains bonheurs dégoûte du
bonheur : quel orgueil ! C'est quand on est jeune surtout
que la vue des félicités vulgaires vous donne la nausée
de la vie. On aime mieux crever de faim que de se gorger
de pain noir. — Il y a bien des vertus qui n'ont pas
d'autre origine.

J'ai vu dans ta lettre le père d'Arpentigny jetant sur
ta couche un regard d'arpenteur géomètre, estimant à
vue de nez combien elle contenait d'hectares de plaisir.
M'étais-je trompé ? Eh ! eh ! Et le petit Simon que
j'accusais, il y a quatre mois, *d'aspirer au teton*, comme le
nez du père Aubry à la tombe[3], m'étais-je trompé ?
Quel grand moraliste je fais !

Quitte à renouveler tes inquiétudes, je t'annonce que
je vais encore aller à Rouen ce soir dîner chez mon
frère. Depuis que ma mère a fait réparer son billard, ils
sont d'une grande tendresse et viennent ici tous les
dimanches, jusqu'à ce que quelque autre caprice les en
écarte. —

Et le Prix[1] ? Quand saurai-je la solution ?

Adieu, mon pauvre cher cœur. — D'où vient donc ta fièvre ? Eſt-ce que c'eſt régulier ? Prends du *[sic]* quinine[2]. — Mille baisers sur tes yeux. À toi.

À HENRIETTE COLLIER

Croisset, dimanche. [18 avril 1852.]

Que je vous remercie donc, du fond du cœur ! que j'embrasse vos mains ! chère et bonne Henriette. J'ai reçu avant-hier votre portrait[3]. Il y a longtemps que quelque chose ne m'avait fait autant de plaisir. Depuis que je l'ai, je le regarde à toute minute. Je m'en vais le mettre à côté de ma cheminée, au-dessus de la place où je m'asseois pour fumer et pour penser. Il sera tout près d'une vue d'Égypte et non loin du buſte de ma sœur[4]. Vous allez, chère Henriette, devenir un des hôtes de ma vie silencieuse. Votre visage que j'aimais tant va me regarder toute l'année.

Quand M. Rossi[5] vous a fait, je suis venu un jour chez vous. Et je vous lisais *Atala* pendant qu'il travaillait, vous en souvenez-vous ? Je vous vois toujours ainsi couchée sur votre lit, tournant le dos à la cheminée et regardant les voitures qui passaient sur le Rond-Point.

Que devenez-vous maintenant ? que faites-vous de la vie ? avez-vous des projets ? viendrez-vous en France cette année ? prévoyez-vous un temps quelconque où vous y reviendrez vivre ? le désirez-vous ?

Ma petite nièce vous a reconnue, ou devinée, en tout cas elle vous a nommée. Je crois que cette enfant aura de l'esprit. — Elle égaie toute la maison par sa gentillesse ; son inſtitutrice l'élève bien et ne la gâte pas[6]. — Elle la bouscule même quelquefois, car elle déteſte la France, tout ce qui eſt français, et au fond du cœur, je crois, méprise profondément les bons bourgeois chez lesquels elle vit. *She is very proud.*

Il eſt possible que cet été nous allions quelques jours à Trouville[7]. Mais on l'a bien changé, notre pauvre Trouville. La dernière fois que j'y suis allé, il y a cinq ans[8], j'ai eu du mal à m'y reconnaître, tant les embellis-

sements l'ont gâté, et tant *le beau monde* le salit. — Il
n'y a rien de plus triste que de revoir après longtemps
les endroits où l'on a été joyeux. S'ils sont restés les
mêmes, leur tranquillité vous semble une injure ; s'ils
ont changé au contraire, cela vous paraît un oubli. Je
reverrai donc votre maison et la place sur la dune où
vous étiez au soleil, avec ce manteau d'hermine blanche
sur les pieds.

Savez-vous que ma mère aime tellement votre portrait qu'elle a eu *le toupet,* comme on dit en français, de
me demander si je voulais le mettre dans son salon,
pour l'embellir. Je me suis complètement refusé à cette
complaisance.

Adieu, pensez à moi. Souvenez-vous toujours de
votre vieil ami qui vous envoie mille choses tendres,
de l'autre côté de l'eau.

Encore une fois à vous.

Amitiés à Clemy[1].

P.-S. Lundi 19.

Je reçois ce matin même votre bonne lettre, comme la
mienne allait partir. J'ai lu votre anglais couramment
ou à peu près. Écrivez-moi donc en anglais ou en français, peu m'importe, pourvu que vous m'écriviez et le
plus longuement possible.

Ne quittez pas votre père, puisqu'il a besoin de votre
surveillance comme vous dites, mais êtes-vous bien
sûre que cela serve à quelque chose ? et que vous puissiez toujours le retenir[2] ? Avez-vous quelquefois des
nouvelles de Gertrude ? Merci, bonne Henriette, des
conseils que vous me donnez pour ma santé, mais elle
est bonne à présent. L'Orient m'a remis les nerfs[3]. Le
travail du reste ne m'a jamais fatigué. *J'ai le coffre bon,*
comme on dit. Il n'y a en moi que deux choses qui s'en
vont, les cheveux et la gaîté. — Tout le reste ne bouge.

Adieu, portez-vous bien. Tâchez de n'être point
triste.

Encore une longue poignée de main. À vous.

G.

À LOUISE COLET

[Croisset,] samedi soir. [24 avril 1852.]

Ah ! je suis bien content, ç'a été un bon réveil, chère Louise. Et aujourd'hui que j'ai fini mon ouvrage et qu'il est bonne heure encore, je m'en vais selon ton désir bavarder avec toi le plus longtemps possible. Mais d'abord que je commence par t'embrasser fort, et sur le cœur, en joie de ton prix[1]. Pauvre chérie, comme je suis heureux qu'il te soit survenu un événement agréable ! — La balle du Philosophe[2] s'esquivant au moment où l'on va lire ton nom est d'un comique de haut goût.

Si je n'ai pas répondu plus tôt à ta lettre dolente et découragée[3], c'est que j'ai été dans un grand accès de travail. Avant-hier, je me suis couché à 5 h[eures] du matin et hier à 3 h[eures]. Depuis lundi dernier j'ai laissé de côté toute autre chose, et j'ai exclusivement toute la semaine pioché ma *Bovary,* ennuyé de ne pas avancer. Je suis maintenant arrivé à mon bal[4], que je commence lundi. J'espère que ça ira mieux. J'ai fait, depuis que tu m'as vu, 25 pages net (25 p[ages] en 6 semaines). Elles ont été dures à rouler. Je les lirai demain à Bouilhet. — Quant à moi, je les ai tellement travaillées, recopiées, changées, maniées, que pour le moment je n'y vois que du feu. Je crois pourtant qu'elles se tiennent debout. — Tu me parles de tes découragements ! si tu pouvais voir les miens ! Je ne sais pas comment quelquefois les bras ne me tombent pas du corps, de fatigue, et comment ma tête ne s'en va pas en bouillie. Je mène une vie âpre, déserte de toute joie extérieure, et où je n'ai rien pour me soutenir qu'une espèce de rage permanente, qui pleure quelquefois d'impuissance, mais qui est continuelle. J'aime mon travail d'un amour frénétique et perverti, comme un ascète le cilice qui lui gratte le ventre.

Quelquefois, quand je me trouve vide, quand l'expression se refuse, quand après [avoir] griffonné de longues pages, je découvre n'avoir pas fait une phrase, je tombe sur mon divan et j'y reste hébété dans un marais intérieur d'ennui. — Je me hais, et je m'accuse de cette démence d'orgueil qui me fait haleter après la chimère.

Un quart d'heure après tout est changé, le cœur me bat
de joie. Mercredi dernier, j'ai été obligé de me lever
pour aller chercher mon mouchoir de poche. Les larmes
me coulaient sur la figure. Je m'étais attendri moi-
même en écrivant, je jouissais délicieusement, et de
l'émotion de mon idée, et de la phrase qui la rendait, et
de la satisfaction*a* de l'avoir trouvée. — Du moins je
crois qu'il y avait de tout cela dans cette émotion, où
les nerfs après tout avaient plus de place que le reste. —
Il y en a, dans cet ordre, de plus élevées. Ce sont celles
où l'élément sensible n'est pour rien. — Elles dépassent
alors la Vertu en beauté morale, tant elles sont indépendantes de toute personnalité, de toute relation
humaine. J'ai entrevu quelquefois (dans mes grands
jours de soleil), à la lueur d'un enthousiasme qui faisait
frissonner ma peau du talon à la racine des cheveux, un
état de l'âme ainsi supérieur à la vie, pour qui la gloire
ne serait rien, et le bonheur même inutile. Si tout ce qui
vous entoure, au lieu de former de sa nature une conjuration permanente pour vous asphyxier dans les bour-
biers, vous entretenait au contraire dans un régime sain*b*,
qui sait alors s'il n'y aurait pas moyen de retrouver pour
l'esthétique ce que le stoïcisme avait inventé pour la
morale ? — L'art grec n'était pas un art, c'était la constitution radicale de tout un peuple, de toute une race, du
pays même. Les montagnes*c* y avaient des lignes tout
autres et étaient de marbre pour les sculpteurs, etc.

Le temps est passé du beau. L'humanité, quitte à y
revenir, n'en a que faire pour le quart d'heure. Plus il
ira, plus l'art sera scientifique, de même que la science
deviendra artistique. Tous deux se rejoindront au sommet après s'être séparés à la base[1]. Aucune pensée humaine
ne peut prévoir, maintenant, à quels éblouissants soleils
psychiques écloront les œuvres de l'avenir. — En
attendant, nous sommes dans un corridor plein d'ombre,
nous tâtonnons dans les ténèbres. Nous manquons de
levier, la terre nous glisse sous les pieds. Le point d'appui
nous fait défaut, à tous, littérateurs et écrivailleurs que
nous sommes. À quoi ça sert-il ? À quel besoin répond
ce bavardage ? De la foule, à nous, aucun lien. — Tant
pis pour la foule, tant pis pour nous, surtout. — Mais
comme chaque chose a sa raison, et que la fantaisie d'un
individu me paraît tout aussi légitime que l'appétit d'un

nions pas ce lait des forts), le putinage d'esprit plutôt,
car c'est cela, l'ont abaissé souvent au niveau de ses
confrères. Ah ! que je serais content si une plume grave
comme celle du philosophe[1], qui est un homme sévère
(de style), leur donnait un jour une bonne fessée, à tous
ces charmants messieurs !

Je reviens à *Graziella*. Il y a un paragraphe d'une
grande page tout en infinitifs : « se lever matin, etc.[2] ».
L'homme qui adopte de pareilles tournures a l'oreille
fausse. — Ce n'est pas un écrivain. Jamais de ces vieilles
phrases à muscles saillants, cambrées, et dont le talon
sonne[3]. J'en conçois pourtant un, moi, un style : un
style qui serait beau, que quelqu'un fera à quelque jour,
dans dix ans, ou dans dix siècles, et qui serait rythmé
comme le vers, précis comme le langage des sciences, et
avec des ondulations, des ronflements de violoncelle,
des aigrettes de feux, un style qui vous entrerait dans
l'idée comme un coup de stylet, et où votre pensée
enfin voguerait sur des surfaces lisses, comme lorsqu'on
file dans un canot avec bon vent arrière. La prose est
née d'hier, voilà ce qu'il faut se dire. Le vers est la forme
par excellence des littératures anciennes. Toutes les
combinaisons prosodiques ont été faites, mais celles de
la prose, tant s'en faut.

Les histoires de Mme Rog[er][4] me délectent et la figure
du Capitaine[5] est splendide. — Quel homme bien, que
ce Capitaine ! Tu m'as envoyé un morceau de dialogue
qui m'a fait un effet analogue à quelques-uns de Molière.
C'était carré et lyrique tout ensemble. Pauvre petite
femme ! Quelle tristesse ensuite quand elle s'apercevra
que son cher ami[6] n'est qu'un sot ! Que j'aurais voulu
assister à la visite dans la chambre ! et voir toutes les
cérémonies réciproques ! Tu sens bien cela, toi, tu
devrais porter ton attention littéraire sur ce genre
d'aspects humains. Tu as un côté de l'esprit fin, délié, et
perspicace, relativement au comique, que tu ne cultives
pas assez, de même qu'un autre, sanguin, *gueulard,* passionné et débordant quelquefois, auquel il faut mettre
un corset et qu'il faut *durcir du dedans*[7].

Tu me dis que je t'ai envoyé des réflexions curieuses sur les femmes, et qu'elles sont peu libres d'elles (les femmes[1]). Cela est vrai. On leur apprend tant à mentir, on leur conte tant de mensonges ! *Personne ne se trouve jamais à même de leur dire la vérité.* — Et quand on a le malheur d'être sincère, elles s'exaspèrent contre cette étrangeté ! — Ce que je leur reproche surtout, c'est leur besoin de poétisation. Un homme aimera sa lingère, et il saura qu'elle est bête qu'il n'en jouira pas moins. Mais si une femme aime un goujat, c'est un génie méconnu, une âme d'élite, etc., si bien que, par cette disposition naturelle à loucher, elles ne voient pas le vrai quand il se rencontre, ni la beauté là où elle se trouve. Cette infériorité (qui est au point de vue de l'amour en soi une supériorité) est la cause des déceptions dont elles se plaignent tant ! Demander des oranges aux pommiers leur est une maladie commune.

Maximes détachées.

Elles ne sont pas franches avec elles-mêmes, elles ne s'avouent pas leur[s] sens. — Elles prennent leur cul pour leur cœur et croient que la lune est faite pour éclairer leur boudoir. Le cynisme, qui est l'ironie du vice, leur manque, ou, quand elles l'ont, c'est une affectation. La courtisane est un mythe. — Jamais une femme n'a inventé une débauche. — Leur cœur est un piano où l'homme artiste égoïste se complaît à jouer des airs qui le font briller, et toutes les touches parlent. Vis-à-vis de l'amour en effet, la femme n'a pas d'arrière-boutique ; elles ne gardent rien à part pour elles, comme nous autres qui, dans toutes nos générosités de sentiment, réservons néanmoins toujours *in petto* un petit magot pour notre usage exclusif. — Assez de réflexions morales. — Causons de nous deux un peu. — Et d'abord ta santé ? Qu'est-ce que tu as donc ?

Plût à Dieu que le dire de Pradier sur ma calvitie fût vrai ! (ils repousseraient). Mais je crois qu'elle [n'a] pas cet avantage d'avoir eu une cause aussi gaillarde ; non que je veuille me faire passer pour un *invaincu* comme dirait Corneille[2]. J'ai eu des lacs de Trasimène, mais il n'y a que moi qui peux le dire, tant la République a été complètement rétablie. Depuis trois semaines surtout, mes pauvres cheveux tombent comme des convictions

politiques. Je ne sais si l'eau Taburel les faisait tenir.
Tu peux m'en envoyer encore deux bouteilles pour
essayer. — Tu mettras dans le paquet *La Bretagne*[1] si tu
veux, ou garde-la, ça m'est égal. —

Que je te dise des tendresses, me demandes-tu. Je ne
t'en dis pas, mais j'en pense. — Chaque fois que ta
pensée me vient à l'esprit, elle est accompagnée de douceur. Mes voyages à Paris, qui n'ont plus que toi pour
attrait, sont, dans ma vie, comme des oasis où je vais
boire, et secouer sur tes genoux la poussière de mon
travail. En ma pensée, ils chatoient dans le lointain,
baignés d'une lumière joyeuse. Si je ne les renouvelle
pas plus souvent, c'est par sagesse, et qu'ils me dérangent
trop. — Mais prends patience, tu m'auras plus tard plus
longuement. Dans un an ou 18 mois, je prendrai un
logement à Paris. J'irai plus souvent, et dans l'année y
passerai plusieurs mois de suite. Quant à présent, j'irai
quand ma 1re partie sera finie, je ne sais quand, pas
avant un grand mois. — J'y passerai huit jours[2]. —
Nous serons heureux, tu verras. Et puis, comment ne
t'aimerais-je pas, pauvre chère femme, tu m'aimes tant,
toi, ton amour est si bon, si aveugle ! Tu me dis des
choses si flatteuses, et qui ne sont pas pour me flatter
cependant. Si c'est la vérité qui parle en toi, si plus tard
les autres reconnaissent ce que tu y trouves, je me souviendrai de tes prédictions avec orgueil. Si au contraire
je reste dans l'ombre, eh bien tu auras été un grand rayon
dans ce cachot, un hymne dans cette solitude. — Loin
de toi, je suis ta vie, va, je la devine, je la vois. Et j'entends
souvent dans mon oreille le bruit de tes pas sur ton
parquet. D'ici je regarde, maintenant, ta tête penchée
sur ta petite table ronde où tu écris, et ta lampe qui
brûle. Henriette[3] te parle à travers la cloison. Je sens
sous mes doigts ta peau si fine et ta taille abandonnée
sur mon bras gauche.

Je n'ai pas eu beaucoup de voluptés dans ma vie (si
j'en ai beaucoup souhaité). Tu m'en as donné quelques-
unes. Et je n'ai pas eu non plus beaucoup d'amours
(heureux surtout) et je sens pour toi quelque chose de
plus calme, mais de tout aussi profond. De sorte que tu
es la meilleure affection que j'aie eue. Elle se tient sur
moi avec un grand balancier. — J'ai été bousculé de
passions dans ma jeunesse. — C'était comme une cour

de messageries où l'on est embarrassé par les voitures
et les portefaix. C'est pour cela que mon cœur en a
gardé un air ahuri. Je me sens vieux là-dessus. Ce que
j'ai usé d'énergie dans ces tristesses ne peut être mesuré
par personne. Je me demande souvent quel homme je
serais si ma vie avait été extérieure au lieu d'être intérieure, ce qu'il serait advenu, si ce que j'ai voulu autrefois, je l'eusse possédé...

Il n'y a qu'en province, et dans le milieu littéraire où
je nageais, que ces concentrations soient possibles. Les
jeunes gens de Paris ignorent tout cela. Ô dortoirs de
mon collège, vous aviez des mélancolies plus vastes que
celles que j'ai trouvées au désert !

Adieu, voilà minuit passé. Mille baisers. Hein quelle
lettre ! En ai-je barbouillé de ce papier ! Je t'embrasse
partout.

À toi. Ton G.

À LOUISE COLET

[Croisset,] dimanche. [2 mai 1852.]

Je ne t'ai pas écrit cette semaine tant j'étais harassé.
Depuis avant-hier ça va mieux un peu et hier au soir,
jour habituel de ma correspondance, comme j'étais en
train, j'ai continué jusqu'à 2 h[eures] sans avoir le temps
de te dire bonjour.

Je n'ai reçu aucun paquet de toi et n'ai par conséquent
rien à te renvoyer avec deux *Melaenis* que Bouilhet
t'adressera, les accompagnant de toutes sortes d'amitiés.

Puisque tu dois lire ta comédie[1] aux Français, je vais
t'en dire *pratiquement* ce que j'en pense. Le philosophe,
sous un transparent clair, y est bafoué ; ne fût-ce que
cette terminaison en *in,* tout le monde le reconnaîtra,
et lui-même surtout s'y reconnaîtra et t'en gardera une
rancune éternelle. Tu as tort pour Henriette, pour toi-
même d'abord[2]. Quant à moi, ces messieurs de la *Revue*
et autres, auxquels l'ami n'a pas manqué ou ne manquera
pas de dire la chose, feront des gorges chaudes sur mon
compte[3]. Le grand homme futur[4] en aura. *Ce dont je me
moque complètement.* Obscur, et absent d'ailleurs, que
m'importe ? Il n'y a que sur toi que quelque désagré-
ment en pourra rejaillir. Atténue donc autant que possible

toute ressemblance entre Dherbin et le philosophe[1]. Fais-en un légitimiste, tout ce que tu voudras, au lieu d'un doctrinaire, etc. Réfléchis là-dessus ; je crois ce conseil important pour ta vie, pour l'avenir. — Appelles-y ton attention.

———

Ce que [tu] m'as rapporté de Musset [et] de Sand m'a ému[2]. — Le Capitaine[3] se soutient toujours, c'est une grande figure. — Dans la lettre que je t'avais écrite en te renvoyant son vol[ume], je t'y avais glissé deux phrases louangeuses un peu exagérées, pensant que tu pourrais les lui lire.

À propos de lettres, j'en viens de voir une de Du Camp, qui est un chef-d'œuvre de démence et de vanité[4]. Si Lambert, qui le voit souvent, était un homme communicatif, il en pourrait dire de belles à Mme Didier[5]. — Comme le temps change les hommes ! et qu'il faut peu de choses pour faire tourner les têtes à de certaines gens !

———

Les clous sont à la mode. Ma belle-sœur[6] en est capitonnée, et elle ne fait rien pour se les faire passer. Exemple que je t'engage à suivre, au lieu de donner ton argent en pure perte au pharmacien et au médecin. Si tu avais été élevée comme moi dans les coulisses d'Escu-lape, tu serais convaincue de l'inutilité des remèdes dans les trois quarts et demi des maladies (et des choses de ce monde).

———

Il y avait dans les deux derniers numéros de la *Revue* deux articles curieux sur Edgar Poe[7]. Les as-tu lus ?

Oui, je connais le *Raphaël* de Lamartine[8]. C'est le dernier mot de la stupidité prétentieuse.

J'ai passé une mauvaise semaine ; je me sens stérile par moments comme une vieille bûche. J'ai à faire une narration. Or le récit est une chose qui m'est très fastidieuse. Il faut que je mette mon héroïne dans un bal[9]. Il y a si longtemps que je n'en ai vu un que ça me demande de grands efforts d'imagination. Et puis c'est si commun, c'est tellement dit partout ! Ce serait une merveille que d'éviter le vulgaire, et je veux l'éviter pourtant.

Adieu, ma pauvre chère amie, je suis bien heureux

de ton succès. Je t'embrasse sur les yeux. Mille baisers
encore à toi.

                                                    G.

Bouilhet est là, étalé sur mon divan.

                        [Croisset,] samedi soir, minuit.
                                    [8 mai 1852.]

Le sonnet sera excellent avec deux ou trois petites
corrections :

            Quel odorant bien-être !
        Son chant me berce et me pénètre, etc.[1]

Du reste l'inspiration est bonne. J'ai reçu la boîte.
Bouilhet a le drame[2]. Merci de l'eau Taburel. — Tu as
dû recevoir des confitures et du sucre de pomme pour
Henriette[3].
Je suis bien aise que tu sois de mon avis relativement
aux corrections. Change les terminaisons en IN et en
AVE, crois-moi[4]. À propos de d'Herbin, ton mariage avec
lui a été annoncé mercredi dernier dans *Le Nouvelliste*,
journal de Rouen. — Sais-tu cela[5] ?
Cette rectitude de cœur dont tu parles n'est que la
même justesse d'esprit que je porte, je crois, dans les
questions d'art. Je n'adopte pas[a], quant à moi, toutes ces
distinctions de cœur, d'esprit, de forme, de fond, d'âme
ou de corps. Tout est lié dans l'homme. — Il fut un temps
où tu me regardais comme un égoïsme *[sic]* jaloux qui se
plaisait dans la rumination perpétuelle de sa propre personnalité. C'est là ce que croient ceux qui voient la
surface. — Il en est de même de cet orgueil qui révolte
tant les autres et que payent pourtant de si grandes
misères. — Personne plus que moi n'a au contraire
aspiré les autres. J'ai été humer des fumiers inconnus,
j'ai eu compassion de bien des choses où ne s'attendrissaient pas[b] les gens sensibles. — Si la *Bovary* vaut quelque
chose, ce livre ne manquera pas de cœur. L'ironie pourtant me semble dominer la vie. — D'où vient que, quand

je pleurais, j'ai été souvent me regarder dans la glace
pour me voir ? — Cette disposition à planer sur soi-
même est peut-être la source de toute vertu[1]. Elle vous
enlève à la personnalité, loin de vous y retenir.

Le comique arrivé à l'extrême, le comique qui ne fait
pas rire, le lyrisme dans la blague, est pour moi[a] tout
ce qui me fait le plus envie comme écrivain. — Les
deux éléments humains sont là. *Le Malade imaginaire*
descend plus loin dans les mondes intérieurs que tous
les *Agamemnon*. Le « N'y aurait-il pas du danger à parler
de toutes ces maladies ? » vaut le « Qu'il mourût[2] ! ». Mais
que l'on fasse jamais comprendre cela aux pédants ! —
C'est une chose drôle, du reste, comme je sens bien le
comique, en tant qu'homme, et comme ma plume s'y
refuse ! — J'y converge de plus en plus à mesure que je
deviens moins gai. Car c'est là la dernière des tristesses. —
J'ai des idées de théâtre depuis quelque temps, et
l'esquisse incertaine d'un grand roman métaphysique,
fantastique et gueulard, qui m'est tombé dans la tête il
y a une quinzaine de jours[3]. Si je m'y mets dans cinq ou
six ans, que [se] passera-t-il depuis cette minute où je
t'écris jusqu'à celle où l'encre se séchera sur la dernière
rature ? — Du train dont je vais, je n'aurai fini la *Bovary*
dans un an. Peu m'importe six mois de plus ou de
moins ! — Mais la vie est courte ! Ce qui m'écrase parfois,
c'est quand je pense à tout ce que je voudrais faire avant
de crever, qu'il y a déjà 15 ans que je travaille sans relâche
d'une façon âpre et continue, et que je n'aurai jamais le
temps de me donner à moi-même l'idée de ce que je
voulais faire.

J'ai lu dernièrement tout l'*Enfer* de Dante (en français[4]). Cela a de grandes allures. Mais que c'est loin des
poètes universels qui n'ont pas chanté, eux, leur haine
de village, de caste, ou de famille ! — Pas de plan ! Que
de répétitions ! Un souffle immense par moments. —
Mais Dante, je crois, est comme beaucoup de belles
choses consacrées, Saint-Pierre de Rome entre autres,
qui ne lui ressemble guère, par parenthèse, on n'ose pas
dire que ça vous embête[5]. Cette œuvre a été faite pour
un temps et non pour tous les temps. — Elle en porte
le cachet. Tant pis pour nous qui l'entendons moins,
tant pis pour elle qui ne se fait pas comprendre !

Je viens de lire quatre vol[umes] des *Mémoires d'outre-*

tombe[1]. — Cela dépasse sa réputation. — Personne n'a été impartial pour Chateaubriand. Tous les partis lui en ont voulu. — Il y aurait une belle critique à faire sur ses œuvres. — Quel homme c'eût été sans sa poétique ! Comme elle l'a rétréci ! Que de mensonges, de petitesses ! Dans Goethe il ne voit que *Werther,* qui n'est qu'une des mansardes de cet immense génie[2]. Chateaubriand est comme Voltaire. Ils ont fait (artistiquement) tout ce qu'ils ont pu pour gâter les plus admirables facultés que le bon Dieu leur avait données. — Sans Racine, Voltaire eût été un grand poète, et sans Fénelon, qu'eût fait l'homme qui a écrit *Velléda*[3] et *René !* Napoléon était comme eux. Sans Louis XIV, sans ce fantôme de monarchie qui l'obsédait, nous n'aurions pas eu le galvanisme d'une société déjà cadavre. — Ce qui fait les figures de l'antiquité si belles, c'est qu'elles étaient originales. Tout est là, tirer de soi. Maintenant par combien d'étude il faut passer pour se dégager des livres ! et qu'il en faut lire ! Il faut boire des océans et les repisser.

Puisque tu admires tant la belle périphrase du père de Pongerville[4] :

> *Le tapis qu'à grands frais Babylone a tissu,*

je pourrai t'apporter un acte d'une tragédie que nous avions commencée il y a 5 ans, B[ouilhet] et moi, sur *La Découverte de la vaccine*[5], où tout est de ce calibre, et mieux. J'avais à cette époque beaucoup étudié le théâtre de Voltaire que j'ai analysé, scène par scène, d'un bout à l'autre[6]. — Nous faisions des scénarios. Nous lisions quelquefois pour nous faire rire des tragédies de Marmontel[7], et ç'a été une excellente étude. — Il faut lire le mauvais et le sublime[a], pas de médiocre. — Je t'assure que, comme style, les gens que je déteste le plus m'ont peut-être plus servi que les autres. — Que dis-tu de ceci pour dire un bonnet grec :

> *Pour sa tête si chère*
> *Le commode ornement dont la Grèce est la mère*[8],

et pour dire noblement qu'une femme gravée de la petite vérole ressemble à un écumoir[9] :

D'une vierge par lui (le fléau), j'ai vu le doux visage,
Horrible désormais, nous présenter l'image
De ce meuble vulgaire, en mille endroits percé,
Dont se sert la matrone en son zèle empressé,
Lorsqu'aux bords onctueux de l'argile écumante
Frémit le suc des chairs en [sa] mousse bouillante[1] !

Voilà de la poésie, ou je ne m'y connais pas, et dans les règles encore ! — J'éprouve le besoin de faire encore deux citations.

Une demoiselle parle à sa confidente de ses chagrins d'amour :

Et d'un secours furtif aidant la volupté
Je goûte avec moi-même un bonheur emprunté[2] !

La confidente répond qu'elle connaît cela et ajoute :

et les hommes aussi
Par un moyen semblable apaisent leur souci[3].

La lettre de la mère Hugo est très gentille[4]. Je te la renvoie. Elle m'a causé une impression très profonde, et à B[ouilhet] aussi. — Nous connaissons ici un jeune homme qui nourrit pour elle un amour mystique, depuis l'exposition de son portrait par L. Boulanger[5], il y a une douzaine d'années au moins. Se doute-t-elle peu de cela, cette femme qui vit à Paris, qu'il n'a jamais vue, qu'elle n'a jamais vu ?... Chaque chose est un infini ! le plus petit caillou arrête la pensée tout comme l'idée de Dieu. — Entre deux cœurs qui battent l'un sur l'autre, il y a des abîmes. — Le néant est entre eux, toute la vie, et le reste. — L'âme a beau faire, elle ne brise pas sa solitude. — Elle marche avec lui. On se sent fourmi dans un désert et perdu, perdu. À propos de quoi donc tout cela ? Ah ! à propos du portrait de Mme Hugo. C'est bien drôle, n'est-ce pas ? J'ai été une fois chez elle, en 1845, en revenant de Besançon, où la marraine d'Hugo m'avait fait voir la chambre où il est né[6]. Cette vieille dame m'avait chargé d'aller porter de ses nouvelles à la famille H[ugo]. Mme m'a reçu médiocrement. Le grand Hippolyte Lucas[7] est arrivé, et je me suis retiré, au bout de six minutes que j'étais assis.

Bouilhet va se mettre à son drame[1]. Au mois
d'octobre il ira habiter Paris[2]. — Lui parti, je serai seul.
Là commencera ma vieillesse. Tout ce que je connais de
la capitale ne me donne pas envie d'y vivre. Paris
m'ennuie ; on y bavarde trop pour moi. La tentative de
séjour que j'y ferai, les quelques mois que j'y passerai
pendant deux ou trois hivers m'en détourneront peut-
être pour toujours. Je reviendrai dans mon trou et j'y
mourrai, sans sortir, moi qui me serai tant promené en
idée. — Ah ! je voudrais bien aller aux Indes et au
Japon ! Quand la possibilité m'en viendra, je n'aurai
peut-être ni argent ni santé. Physiquement d'ailleurs je
me recoquille de plus en plus. La vue de ma bûche qui
brûle me fait autant de plaisir qu'un paysage. — J'ai
toujours vécu sans distractions ; il m'en faudrait de
grandes. Je suis né avec un tas de vices qui n'ont jamais
mis le nez à la fenêtre. J'aime le vin, je ne bois pas, je
suis joueur et je n'ai jamais touché une carte. La débauche
me plaît et je vis comme un moine. Je suis mystique au
fond et je ne crois à rien.

Mais je t'aime, mon pauvre cœur, et je t'embrasse...
rarement ! Si je te voyais tous les jours, peut-être
t'aimerais-je moins ? mais non, c'est pour longtemps
encore. Tu vis dans l'arrière-boutique[3] de mon cœur et
tu sors le dimanche.

Adieu, mille baisers sur la poitrine.

À toi.

À LOUISE COLET

[Croisset,] samedi à dimanche, 1 h[eure] du matin.
[15-16 mai 1852.]

La nuit de dimanche me prend au milieu d'une page
qui m'a tenu toute la journée et qui est loin d'être finie.
Je la quitte pour t'écrire, et d'ailleurs elle me mènerait
peut-être jusqu'à demain soir, car comme je suis souvent
plusieurs heures à chercher un mot, et que j'en ai plusieurs à chercher, il se pourrait que tu passasses encore
toute la semaine prochaine si j'attendais la fin. Voilà
pourtant plusieurs jours que cela ne va pas trop mal,

sauf aujourd'hui où j'ai éprouvé beaucoup d'embarras.
— Si tu savais ce que je retranche et quelle bouillie que
mes *ms.* ! Voilà 120 p[ages] de faites ; j'en ai bien écrit
500 au moins. — Sais-tu à quoi j'ai passé tout mon
après-midi avant-hier ? à regarder la campagne par des
verres de couleur. J'en avais besoin pour une page de
ma *Bovary* qui, je crois, ne sera pas des plus mauvaises[1].

Tu as bien envie de me voir, chère Louise. Et moi
aussi. J'éprouve le besoin de t'embrasser et de te tenir
dans mes bras. J'espère, à la fin de la semaine prochaine
à peu près, pouvoir te dire au juste quand nous nous
verrons.

Je vais être dérangé cette semaine par l'arrivée de
cousines (inconnues) et assez égrillardes, à ce qu'il
paraît, du moins l'une d'elles. — Ce sont des parentes
de Champagne, dont le père est directeur de je ne sais
quelles contributions à Dieppe[2]. — Ma mère a été les
voir avant-hier et hier, jours *où je suis resté seul avec
l'institutrice*[3]. Mais sois sans crainte. Ma vertu n'a pas
failli, et n'a pas même songé à faillir. — À la fin de ce
mois, ma nièce, la fille de mon frère[4], va faire sa première
communion. Je suis convié à deux dîners et à un déjeuner. Je m'empiffrerai. Ça me distraira. Quand on ne se
gorge pas dans ces solennités, qu'y faire ? Te voilà donc
au courant de ma vie extérieure.

Quant à l'intérieur, rien de neuf. J'ai lu *Rodogune* et
Théodore cette semaine. Quelle immonde chose que les
commentaires de M. de Voltaire[5] ! Est-ce bête ! Et
c'était pourtant un homme d'esprit. Mais l'esprit sert
à peu de chose dans les arts. À empêcher l'enthousiasme
et nier le génie, voilà tout. Quelle pauvre occupation
que la critique, puisqu'un homme de cette trempe-là
nous donne un pareil exemple ! Mais il est si doux de
faire le pédagogue, de reprendre les autres, d'apprendre
aux gens leur métier ! La manie du rabaissement, qui
est la lèpre morale de notre époque, a singulièrement
favorisé ce penchant dans la gent écrivante. La médiocrité s'assouvit à cette petite nourriture quotidienne qui
sous des apparences sérieuses cache le vide. Il est bien
plus facile de discuter que de comprendre, et de bavarder
art, idée du beau, idéal, etc., que de faire le moindre
sonnet ou la plus simple phrase. — J'ai eu envie souvent
de m'en mêler aussi et de faire d'un seul coup un livre

sur tout cela. Ce sera pour ma vieillesse, quand mon
encrier sera sec. Quel crâne ouvrage et original il y
aurait à écrire sous ce titre : « De l'interprétation de
l'antiquité » ! Ce serait l'œuvre de toute une vie et puis
à quoi bon ? De la musique, de la musique plutôt !
Tournons au rythme, balançons-nous dans les périodes,
descendons plus avant dans les caves du cœur.

Cette manie du rabaissement dont je parle est profondément française, pays de l'égalité et de l'anti-liberté.
Car on déteste la liberté dans notre chère patrie. L'idéal
de l'état, selon les socialistes, n'est-il pas une espèce de
vaste monstre absorbant en lui toute action individuelle,
toute personnalité, toute pensée, et qui dirigera tout,
fera tout ? Une tyrannie sacerdotale est au fond de ces
cœurs étroits : « Il faut tout régler, tout refaire, reconstituer sur d'autres bases », etc. Il n'est pas de sottises[a]
ni de vices qui ne trouve son compte à ses rêves. Je
trouve que l'homme, maintenant, est plus fanatique que
jamais. Mais de lui. Il ne chante autre chose, et dans
cette pensée qui saute par-delà les soleils, dévore l'espace
et bée après l'infini, comme dirait Montaigne[1], il ne trouve
rien de plus grand que cette misère même de la vie, dont
elle tâche sans cesse de se dégager. Ainsi la France,
depuis 1830, délire d'un réalisme idiot. L'infaillibilité du
suffrage universel est prête à devenir un dogme qui va
succéder à celui de l'infaillibilité du pape. — La force
du bras, le droit du nombre, le respect de la foule a
succédé à l'autorité du nom, au droit divin, à la supré-
matie de l'Esprit[b]. La conscience humaine ne protestait
pas dans l'antiquité. La victoire était sainte, les dieux
la donnaient, elle était Juste. L'homme esclave se méprisait lui-même autant que son maître. Au M[oyen] Â[ge],
elle se résignait, et subissant la malédiction d'Adam (à
laquelle je crois au fond), elle a joué la Passion pendant
15 siècles, Christ perpétuel qui, à chaque génération
nouvelle, se recouchait sur sa croix. Mais voilà maintenant, qu'épuisée de tant de fatigues, elle paraît prête
à s'endormir dans un hébétement sensuel, comme une
putain sortant du bal masqué, qui sommeille à demi dans
un fiacre, trouve les coussins doux tant elle est saoule,
et se rassure en voyant dans la rue les gendarmes avec
leurs sabres qui la protègent des gamins dont les huées
l'insulteraient.

République ou monarchie, nous ne sortirons pas de
là de sitôt. C'est la résultante d'un long travail auquel
tout le monde a pris part depuis de Maistre jusqu'au
père Enfantin[1]. Et les républicains plus que les autres.
Qu'est-ce donc que l'égalité si ce n'est pas la négation
de toute liberté, de toute supériorité et de la Nature
elle-même ? L'égalité, c'est l'esclavage. Voilà pourquoi
j'aime l'art. C'est que là, au moins, tout est liberté dans
ce monde des fictions. — On y assouvit tout, on y fait
tout, on est à la fois son roi et son peuple, actif et passif,
victime et prêtre. Pas de limites ; l'humanité est pour
vous un pantin à grelots que l'on fait sonner au bout
de sa phrase comme un bateleur au bout de son pied
(Je me suis souvent ainsi bien vengé de l'existence. Je
me suis repassé un tas de douceurs avec ma plume. Je
me suis donné des femmes, de l'argent, des voyages).
Comme l'âme courbée se déploie dans cet azur, qui ne
s'arrête qu'aux frontières du Vrai. Où la Forme, en effet,
manque, l'Idée n'est plus. Chercher l'un, c'est chercher
l'autre. Ils sont aussi inséparables que la substance l'est
de la couleur, et c'est pour cela que l'art est la Vérité
même. Tout cela, délayé en vingt leçons au Collège de
France, me ferait passer, près de beaucoup de petits
jeunes gens, de messieurs forts, et de femmes distinguées, pour grand homme pendant quinze jours[2].

Une chose qui prouve, selon moi, que l'art est complètement oublié, c'est la quantité d'artistes qui pullulent.
Plus il y a de chantres à une église, plus il est à présumer
que les paroissiens ne sont pas dévots. Ce n'est pas de
prier le bon Dieu que l'on s'inquiète, ou de cultiver son
jardin, comme dit Candide, mais d'avoir de belles cha-
subles. Au lieu de traîner le public à sa remorque, on
se traîne à la sienne. — Il y a plus de bourgeois[is]me
pur dans les gens de lettres que dans les épiciers. Que
font-ils en effet, si ce n'est de s'efforcer par toutes les
combinaisons possibles de flouer la pratique, et en se
croyant honnêtes encore ! (c'est-à-dire artistes), ce qui
est le comble du bourgeois. Pour lui plaire, à la pratique,
Béranger a chanté ses amours faciles, Lamartine les
migraines sentimentales de son épouse[3], et Hugo même,
dans ses grandes pièces, a lâché à son adresse des tirades
sur l'humanité, le progrès, la marche de l'idée, et autres
balivernes auxquelles il ne croit guère[4]. D'autres, restrei-

gnant leur ambition, comme Eugène Sue, ont écrit
pour le Jockey Club des romans du grand monde[1], ou
bien pour le faubourg Saint-Antoine des romans-
arsouille comme *Les Mystères de Paris*[2]. Le jeune Dumas,
pour le quart d'heure, va se concilier à perpétuité toute
la lorettanerie avec sa *Dame aux camélias*[3]. Je défie aucun
dramaturge d'avoir l'audace de mettre en scène sur
le boulevard un ouvrier voleur. — Non, là, il faut que
l'ouvrier soit honnête homme, tandis que le monsieur
est toujours un gredin. De même qu'aux Français la
jeune fille est pure, car les mamans y conduisent leurs
demoiselles. Je crois donc cet axiome vrai, à savoir que
l'on aime le mensonge ; mensonge pendant la journée
et songe pendant la nuit, voilà l'homme.

———————

Excellente narration du vieux Villemain et description de la mère Hugo[4].

———————

Bouilhet ne viendra pas à Paris (à ce que je pense) de
si tôt[5]. Les nouveaux règlements universitaires lui ont
retiré du coup 15 cents francs.

3 h[eures] viennent de sonner. Le jour paraît, mon feu
est éteint. J'ai froid et vais me coucher.

Combien de fois déjà dans ma vie n'ai-je pas vu le
jour vert du matin paraître à mes carreaux ! Autrefois,
à Rouen, dans ma petite chambre de l'Hôtel-Dieu à
travers un grand acacia[6], à Paris dans la rue de l'Est sur
le Luxembourg[7], en voyage dans les diligences ou sur
les bateaux, etc.

Adieu, ma chère amie, ma chère maîtresse.

À toi.

À LOUISE COLET

[Croisset,] dimanche, 3 heures.
[23 mai 1852.]

La mauvaise nouvelle[8] que tu m'as envoyée ce matin,
pauvre chère amie, ne m'a surpris qu'à moitié. J'avais

été hier, pendant toute la journée, dans un état de langueur étrange comme si j'eusse subi le contre-coup des
angoisses que tu éprouvais en ce moment. Ne te désespère pas. Remonte-toi. Je sais que cela est plus facile
à dire qu'à faire, mais on se sauve de tout par l'orgueil.
Il faut de chaque malheur tirer une leçon et rebondir
après les chutes.

Pour le drame[1] que tu médites, rumine bien le plan et
aie toujours en vue l'action, l'effet. Ils ont trouvé mauvais (pour leur usage) le changement de décoration au
second acte. Tu te rappelles que je t'avais fait cette
objection[2]. Tout ce qui sort de la ligne commune effraie.
« Sus à l'originalité ! » C'est le cri de guerre intérieur de
toutes les consciences. Garde ta pièce telle qu'elle est ;
la changer serait la gâter. Si l'on ne *protégeait pas les
arts,* au lieu du Théâtre-Français il y en aurait dix autres
et où tu pourrais te faire jouer. Mais qu'y faire ? Rester
dans sa tente et y rebattre sur l'enclume son épée.
Quand tu auras un succès, un jour ou l'autre, tu redon-
neras ta pièce. D'ici là, garde-la pour toi ; la publier
serait la perdre pour l'avenir. Attendre est un grand mot
et une grande chose.

Je suis aussi découragé que toi pour le moment. Mon
roman m'ennuie ; je suis stérile comme un caillou. Cette
première partie qui devait être finie d'abord à la fin de
février, puis en avril, puis en mai, ira jusqu'à la fin de
juillet. À chaque pas je découvre dix obstacles. Le commencement de la deuxième partie m'inquiète beaucoup.
Je me donne un mal de chien pour des misères ; les
phrases les plus simples me torturent. Je ne veux pas
aller à Paris (n'aie pas peur) avant d'être quitte de cette
première partie. Mais comme je t'ai promis de te voir
à la fin de ce mois et que, d'autre part, j'en ai bien besoin
aussi, moi, voici ce que je te propose : un des jours de
la fin de la semaine prochaine, vers le 3 ou le 4 juin, je
t'écrirai pour te donner rendez-vous à Mantes, si tu
veux, dans notre ancien hôtel[3], et nous y passerons
24 heures seuls, loin de tous. Une bonne journée à deux
vaudra bien cinq ou six visites que je te ferais à Paris,
chez toi et avec de l'entourage, et ne me coupera pas
mon travail comme un arrêt d'une semaine, à un moment
où j'ai besoin de ne pas perdre *le fil de mes pensées.* Dis-
moi si ce plan te sourit.

Moi aussi je passerai plus tard par des journées comme tu en as eu une hier. Quand j'aurai fini ma *Bovary* et mon conte égyptien[1] (dans deux ans), j'ai deux ou trois idées de théâtre[2] que je mettrai à exécution, mais bien décidé d'avance à ne faire aucune concession, à n'être jamais joué ou sifflé[3]. Si j'arrive jamais à une *position,* comme on dit, ce sera à travers tout, et malgré toute considération de réussite. Je serai écrasé ou j'écraserai. Si j'ai en moi quelque valeur, ce parti pris (que je n'ai jamais pris, mais qui est venu de lui-même) doit l'augmenter. Si je n'en ai aucune, c'est au moins quelque chose que cet entêtement. Mais j'éprouve, en revanche, de belles lassitudes, de fiers ennuis, et des saouleurs[4] de moi, à me vomir moi-même si je pouvais.

Ça me fera bien de te voir, de m'appuyer la tête sur ton pauvre cœur plein de moi, de causer en regardant tes yeux.

Adieu, chère amour, à bientôt, un long baiser sur tes lèvres.

À toi.

À LOUISE COLET

[Croisset,] samedi soir. [29 mai 1852.]

Il faut se méfier de ses meilleures affections, telle est la morale que je tire de ta lettre. Si le discours de Musset[5] qui m'horripile t'a paru charmant et que tu trouves également charmant ce que j'ai pu faire, ou ferai, qu'en conclure ?

Mais où se réfugier, mon Dieu ! où trouver un homme ? Fierté de soi, conviction de son œuvre, admiration du beau[a], tout est donc perdu ? La fange universelle où l'on nage jusqu'à la bouche, emplit donc toutes les poitrines ? — À l'avenir, et je t'en supplie, ne me parle plus de ce que l'on fait dans le monde, ne m'envoie aucune nouvelle, dispense-moi de tout article, journal, etc. Je peux fort bien me passer de Paris et de tout ce qui s'y brasse. — Ces choses me rendent malade ; elles me feraient devenir méchant et me renforcent d'autant, dans un exclusivisme sombre qui me mène-

rait à une étroitesse catonienne. — Que je me remercie
de la bonne idée que j'ai eue de ne pas publier ! Je n'ai
encore trempé dans rien ! Ma muse (quelque déhanchée
qu'elle puisse être) ne s'est point encore prostituée, et
j'ai bien envie de la laisser crever vierge[a], à voir toutes
ces véroles qui courent le monde. Comme je ne suis pas
de ceux qui peuvent se faire un public et que ce public
n'est pas fait pour moi, je m'en passerai. « Si tu cherches
à plaire, te voilà déchu », dit Épictète[1]. Je ne déchoirai
pas. Le sieur Musset me paraît avoir peu médité Épictète,
et cependant ce n'est pas l'amour de la vertu qui manque
dans son discours. Il nous apprend que M. Dupaty était
honnête homme et que c'est bien beau d'être honnête
homme. — Là-dessus, satisfaction générale du public.
(Voir *Gabrielle,* de M. Émile Augier[2].) L'éloge des qualités morales agréablement entrelacé à celui des qualités
intellectuelles et mises ensemble au même niveau, est
une des plus belles bassesses de l'art oratoire. Comme
chacun croit posséder les premières, du même coup on
s'attribue les secondes ! J'ai eu un domestique qui avait
l'habitude de prendre du tabac. Je lui ai souvent entendu
dire lorsqu'il prisait (pour s'excuser de son habitude) :
« Napoléon prisait. » Et la tabatière en effet établissait
certainement une certaine parenté entre eux deux, qui,
sans abaisser le grand homme, relevait beaucoup le
goujat, dans sa propre estime.

Voyons un peu ce fameux discours. Le début est des
plus mal écrits ; il y a une série de *que* de quoi faire vingt
catogans[3]. Je trouve ensuite *du respect* qui va l'empêcher
de parler (Musset respectant le sieur Dupaty !), la mort
prématurée de son père, et une jérémiade anodine sur
les révolutions, lesquelles interrompent pour un moment
les relations de société. Quel malheur ! — Cela me rappelle un peu les filles entretenues après 1848, qui étaient
désolées. Les gens comme il faut s'en allaient de Paris.
Tout était perdu ! Il est vrai que, comme contrepoids,
arrive l'éloge indirect de l'abolition de la torture. La
grande ombre de Calas passe, escortée d'un vers corsé :

Un beau trait nous honore encor plus qu'un beau livre[4].

Idée reçue et généralement admise, quoique l'un soit
plus facile à faire que l'autre. J'ai pris bien des petits

verres, dans ma jeunesse, avec le sieur Louis Fessard, mon maître de natation, lequel a sauvé quarante à quarante-six personnes d'une mort imminente et *au péril de ses jours ! ! !* Or, comme il n'y a pas 46 beaux livres dans le monde, depuis qu'on en fait, voilà un drôle qui, à lui tout seul, enfonce dans l'estime d'un poète, tous les poètes. Continuons :

Éloge des écoliers reconnaissants envers leurs maîtres (flatterie indirecte aux professeurs ci-présents), et derechef épigrammes sur la liberté : *utile dulci*[1] *;* c'est le genre.

Enfin une phrase, et fort belle : « Le murmure de l'océan, qui troublait encore cette tête ardente, se confondit dans la musique et un coup d'archet l'emporta[2]. » Mais c'est l'océan et la musique qui sont cause que la phrase est bonne. Quelque indifférent que soit le sujet en soi, il faut qu'il existe néanmoins. Or, lorsque de mauvaise foi on entonne l'éloge d'un homme médiocre, qu'attendre ? sinon une médiocrité. — La forme sort du fond, comme la chaleur du feu.

Arrive le petit *confiteor ;* là le poète appelle ses œuvres des *fautes d'enfant,* se blâme *des torts qu'il n'a plus,* et traite l'école romantique de n'avoir pas le *sens commun,* quoi-qu'il ne renie pas ses maîtres[3]. Il y aurait eu ici de belles choses à dire sur la place d'Hugo, vide[4]. Comment se priver de pareilles joies[a] ! comme[nt] se refuser à soi-même la volupté de scandaliser la Compagnie ? Mais *les convenances* s'y opposaient. Cela aurait fait de la peine à ce bon gouvernement et c'eût été de mauvais goût. Mais en revanche nous avons, immédiatement après, l'éloge inattendu de Casimir Delavigne, *qui savait que l'estime vaut mieux que le bruit*[5] et qui, en conséquence, s'est toujours traîné à la remorque de l'opinion, faisant *Les Messéniennes* après 1815, *Le Paria* dans le temps du libéralisme, *Marino Faliero* lors de la vogue de Byron, *Les Enfants d'Édouard* quand on raffolait de drame moyen âge[6]. Delavigne était un médiocre monsieur. Mais Normand rusé qui épiait le goût du jour et s'y conformait, conciliant tous les partis et n'en satisfaisant aucun, un bourgeois s'il en fut, un Louis-Philippe en littérature. Musset n'a pour lui que des douceurs.

Louer des vers où se trouve celui-ci :

En quittant Raphaël je souris à l'Albane.

(et Anacréon à côté d'Homère !)[1]. L'Albane eſt le père
du rococo en peinture. M. de Voltaire l'aimait beaucoup. Ferney eſt plein de ses copies[2]. Musset, qui a tant
injurié Voltaire dans *Rolla*[3], mais qui devait faire son
éloge à l'Académie (car il était académicien), devait bien
ce petit hommage à son peintre favori.

Suit l'éloge de l'opéra-comique *comme genre*. Tout eſt
du même tonneau. Sans cesse l'exaltation du gentil, du
charmant. Musset a été bien funeſte à sa génération en
ce sens. Lui aussi, morbleu, a chanté la grisette ! et
d'une façon bien plus embêtante encore que Béranger,
qui au moins eſt en cela dans sa veine propre. Cette
manie de l'étriqué (comme idées et comme œuvres)
détourne des choses sérieuses. Mais ça plaît. Il n'y a rien
à dire. On donne là-dedans pour le quart d'heure. — Nous
allons revenir à Florian avant deux ans. Houssaye alors
florira. C'eſt un berger[4].

Maintenant, un peu d'outrages aux grandes choses
et aux grands hommes. Le travail du poète : *un noble
exercice de l'eſprit*. Vraiment ! *Et quoi qu'on en puisse dire*
encore ! Quelle audace ! Mais comme il y a des idées
nobles et des idées apparemment qui ne le sont pas, *des
routes grandes et sévères* et des routes petites et plaisantes
(d'après la classification des genres bien entendu, 1º tragédie, 2º comédie, comédie sérieuse, comédie pour
rire, etc.), il s'ensuit que Bossuet et Fénelon sont au-
dessus de Molière (non académicien) ; *Télémaque* vaut
mieux que *Le Malade imaginaire ;* pour les hommes graves,
en effet, c'eſt une farce (tel eſt l'avis entre autres de
M. Chéruel[5], professeur à l'École normale). N'importe,
la petite route n'en eſt pas *moins belle* et *à coup sûr elle
doit être honorée,* que de bonté ! *quand elle eſt suivie par un
honnête homme !* (toujours l'honnête homme !) ; autrement, non[6] ! —

Ensuite un peu de patriotisme, le drapeau de l'Empire,
de beaux faits dans la garde nationale.

Ce vers cité comme bon ! :

Les doux tributs des champs sur son onde tranquille[7] !

et Tancrède qui eſt un *type inimitable de poésie cheva-*

leresque[1] ! Enfin, pour la conclusion, le bon exemple
des gens qui meurent saintement escortés des sœurs de
charité, lesquelles nous avons déjà vues plus haut en
compagnie de l'idée chrétienne glorifiée. Il y en a pour
tous les goûts, si ce n'est pour le mien.

Quant à la réponse de Nisard, elle dégrade encore plus
le sieur de Musset. De *Frank,* de *Rolla,* de *Bernerette*[2],
pas un mot. Et il était là, lui ! il avalait tout cela ! il
écoutait cette théorie que l'amour de Boileau est une
qualité sociale. Il s'entendait dire que ses vers n'étaient
pas sur leurs pieds et que les mères de famille daignaient
l'approuver, une fois les enfants retirés. Avaler toutes
ces grossièretés en public, avec un habit vert sur le dos,
une épée au côté, et un tricorne à la main, cela s'appelle
être honoré ! Et voilà pourtant le but de l'ambition des
gens de lettres ! On attend ce jour-là pendant des
années. — Ensuite on est posé, consacré. Ah ! c'est que
l'on vous voit, il y a des voitures sur la place, et il ne
manque pas non plus de belles Dames qui vous font des
compliments après la cérémonie. Deux heures durant,
même, le public vous gratifie de cet empressement naïf
qu'il témoigne tour à tour à Tom-Pouce, aux Osages,
à la planète Le Verrier, aux ascensions de Poittevin, aux
premiers convois du chemin de fer de Versailles (rive
droite[3]). Et puis on figure le lendemain dans tous les
journaux entre la politique et les annonces.

Certes, il est beau d'occuper de la place dans les âmes
de la foule. Mais on y est les trois quarts du temps en
si piètre compagnie qu'il y a de quoi dégoûter la délicatesse d'un homme bien né.

Avouons que si aucune belle chose n'est restée ignorée, il n'est pas de turpitude qui n'ait été applaudie, ni
de sot qui n'ait passé pour grand homme, ni de grand
homme qu'on n'ait comparé à un crétin. La postérité
change d'avis quelquefois (mais la tache n'en reste pas
moins au front de cette humanité qui a de si nobles
instincts). Et encore ! Est-ce que jamais la France reconnaîtra que Ronsard vaut bien Racine ! — Il faut donc
faire de l'art pour soi, *pour soi seul,* comme on joue du
violon.

Musset restera, par ces côtés qu'il renie. Il a eu de
beaux jets, de beaux cris, voilà tout. Mais *le Parisien*
chez lui entrave le poète. — Le dandysme y corrompt

l'élégance ; ses genoux sont raides de ses sous-pieds. —
La force lui a manqué pour devenir un maître ; il n'a
cru ni à lui (?)[1] ni à son art, mais à ses passions. Il a
célébré avec emphase *le cœur, le sentiment,* l'amour avec
toutes sortes d'*H,* au rabaissement de beautés plus
hautes : « le cœur seul est poète »[2], etc. (ces sortes de
choses flattent les dames). Maximes commodes qui font
que tant de gens se croient poètes sans savoir faire un
vers. — Cette glorification du médiocre m'indigne. C'est
nier tout art, toute beauté ; c'est insulter l'aristocratie
du bon Dieu.

L'Académie française subsistera encore longtemps,
quoiqu'elle soit fort en arrière de tout le reste. — Elle
puise sa force dans la rage qu'ont les Français pour les
distinctions. — Chacun espère en être plus tard. Je
m'excepte. Du jour où elle a donné le premier prix
Montyon[3], elle a avoué par là que la vie littéraire s'était
retirée d'elle. N'ayant donc plus rien à faire et sentant
les choses de sa compétence lui échapper, elle s'est réfugiée dans la Vertu, comme font les vieilles femmes dans
la dévotion.

———

Puisque je suis en veine de mauvaise humeur (et franchement j'en ai le cœur gros), je l'épuise. « Les jours
d'orgueil où l'on me recherche, où l'on me flatte », dis-
tu. Allons donc ! ce sont des jours de faiblesse, ceux-là,
les jours dont il faut rougir. Tes jours d'orgueil, je vais
te les dire. Les voici. tes jours d'orgueil ! Quand tu es,
chez toi, le soir, dans ta plus vieille robe, avec Henriette[4]
qui t'embête, la cheminée qui fume, gênée d'argent, etc.,
et que tu vas te coucher le cœur gros, et la tête fatiguée...
quand, marchant de long en large dans ta chambre ou
regardant le bois brûler, tu te dis que rien [ne] te soutient,
que tu ne comptes sur personne, que tout te délaisse, et
qu'alors, sous l'affaissement de la Femme, la Muse rebondissant, quelque chose cependant se met à chanter au
fond de toi, quelque chose de joyeux et de funèbre,
comme un chant de bataille, défi porté à la vie, espérance de sa force, flamboiements des œuvres à venir,
si cela te vient, voilà tes jours d'orgueil, ne me parle
pas d'autres orgueils. Laisse-les aux faibles, au sieur
Énault[5] qui sera flatté d'entrer à la *Revue de Paris,* à

Du Camp qui est enchanté d'être reçu chez Mme Delessert[1], à tous ceux enfin qui s'honorent assez peu pour
que l'on puisse les honorer. — Pour avoir du talent, il
faut être convaincu qu'on en possède, et pour garder
sa conscience pure, la mettre au-dessus de celle de tous
les autres. Le moyen de vivre avec sérénité, et au grand
air, c'est de se fixer sur une pyramide quelconque,
n'importe laquelle, pourvu qu'elle soit élevée et la base
solide. — Ah ! ce n'est pas toujours amusant, et l'on est
tout seul, mais on se console en crachant d'en haut.

Encore un mot relativement à ma mère. Sans nul
doute qu'elle ne t'ait reçue de son mieux, si vous vous
fussiez rencontrées d'une façon ou d'une autre[2]. Mais
quant à en être *flattée* (ne prends pas ceci pour une brutalité gratuite), apprends qu'elle n'est flattée de rien, la
bonne femme. Il est fort difficile de lui plaire. Elle a
dans toute sa personne je ne sais quoi d'imperturbable,
de glacial et de naïf qui vous démonte. — Elle se passe
de principes encore plus aisément que d'expansions.
Toute en constitution vertueuse, elle déclare impudemment qu'elle ne sait pas ce que c'est que la vertu et ne
lui avoir jamais fait un sacrifice.

Elle me disait ce soir que je *m'aigrissais*. Je tourne
peut-être en effet à la vieille fille. Tant pis. La figure
du misanthrope est une des plus sottes que l'on puisse
avoir. Oui, je deviens vieux, je ne suis pas du siècle, je
me sens étranger au milieu de mes compatriotes, tout
autant qu'en Nubie, et je commence sérieusement à
admirer le Prince-Président qui ravale sous la semelle
de ses bottes cette noble France. J'irais même lui baiser
le derrière, pour l'en remercier personnellement, s'il n'y
avait une telle foule que la place *est prise*.

Dimanche soir.

Je serai jeudi prochain à Mantes à 5 h. 15. Tu peux
prendre le convoi de 3 h. 25 et commander le dîner si tu
as le temps. Je t'attends au débarcadère. Adieu, mille
baisers.

À toi. G.[3]

À LOUISE COLET

[Croisset,] mercredi, minuit.
[9 juin 1852.]

Le même jour que j'ai appris la mort de Pradier[1] (dimanche), j'en ai appris deux autres, celle d'un de mes camarades[2] de collège (cousin de mon beau-frère)[2], qui vient de crever à Alger où il se promenait, et celle d'une jeune femme, ancienne amie de ma sœur, qui dépérit d'une maladie de poitrine causée par des chagrins d'amour. La dernière fois que j'ai vu l'un, c'est il y a cinq à six mois, ici, à Croisset, sur la terrasse de mon jardin où il fumait avec moi. La dernière fois que j'ai vu la seconde, c'est il y a une douzaine d'années, à la campagne, dans le château de son tuteur ; nous montions une côte ensemble, dans un bois, elle avait très chaud et marchait avec peine[3].

Ce pauvre Pradier, je le regrette ! Aimable et charmante nature ! Qu'il lui a manqué peu de chose, à cet homme, pour être un grand homme tout à fait : un peu plus de sérieux dans l'esprit et moins de banalité dans le caractère. Il n'en restera pas moins comme le premier sculpteur de son temps. Nous étions à Rosny[4] pendant qu'il se mourait ; il n'en est pas moins mort et nous n'en avons pas moins joui. Voilà l'éternelle, lamentable et sérieuse ironie de l'existence. C'est il y a six ans à cette époque, dans ce mois-ci, que nous nous sommes connus chez lui[5]. Pauvre homme ! J'en suis resté ahuri toute la journée. Je pourrais déjà faire un volume nécrologique respectable de tous les morts que j'ai connus. Quand on est jeune, on associe la réalisation future de ses rêves aux existences qui vous entourent. À mesure que ces existences disparaissent, les rêves s'en vont. J'ai bien éprouvé cela pour ma sœur, pour cette femme charmante dont je ne parle jamais par une pudeur de cœur qui me clôt la bouche. Avec elle j'ai enterré beaucoup d'ambitions, presque tout désir mondain de gloire. Je l'avais élevée, c'était un esprit solide et fin qui me charmait ; elle s'est mariée à la vulgarité incarnée. Voilà les femmes[6].

La mort de Pradier me fait éprouver quelque chose

d'égoïste assez honteux. Je suis fâché qu'il ne m'ait pas connu, moi qui l'admirais beaucoup. J'aurais voulu qu'un homme de sa trempe me distinguât de cette foule où je pataugeais autour de lui. Mais l'aurait[-il] pu d'ailleurs ? Il avait peu le sens critique, notre ami. Sur son art même, je n'ai pu jamais en rien tirer, ce qui le rend supérieur à mes yeux, car c'était un homme d'instinct.

Tu te les rappelleras nos 48 heures de Mantes[1], ma chère Louise. Ça a été de bonnes heures. Je ne t'ai jamais tant aimée ! J'avais dans l'âme des océans de crème. Toute la soirée ton image m'a poursuivi comme une hallucination. Il n'y a que depuis hier au soir que je me suis remis à travailler. Jusque-là j'ai passé mon temps dans le désœuvrement et la rumination des moments écoulés. *J'ai besoin de me calmer.*

Prends courage, un temps viendra où nous nous verrons plus souvent. Dans deux mois, quand ma première partie sera faite, j'irai passer quelques jours à Paris[2] et au mois d'octobre nous retournerons à notre maison de campagne[3], voir jaunir les feuilles. Une fois mon roman fait, je prends un logement à Paris. Nous en ferons l'inauguration solennelle.

Adieu, je t'écrirai plus longuement la prochaine fois, à la fin de la semaine ou vers le commencement de l'autre.

Je t'embrasse, je te baise partout.

À toi, mon amour.

À LOUISE PRADIER

[Croisset,] samedi soir. [12 juin 1852.]

Je serais venu à Paris, chère Madame[4], si j'avais su que vous y fussiez. Mais je vous croyais encore à Marseille. — Une lettre de Mme d'Arcet que j'ai reçue mercredi matin ne m'a point dit le jour de l'inhumation de ce pauvre Pradier. Et c'était ce jour-là même, mercredi *(comme je l'ai appris ce matin dans une* PRESSE *que j'ai trouvée par hasard).*

Je ne saurais vous dire combien cette mort m'a été douloureuse. — On ne s'aperçoit que l'on aime les gens que le jour qu'on les perd. Depuis le commencement de

la semaine la figure de Pradier ne me sort pas de la tête.
Je ne puis croire que je ne le verrai plus. Dites bien à
John[1] combien je le plains. J'ai passé par tout ce qu'il
éprouve. Le voilà seul maintenant et chargé d'un nom
qui ne périra pas. Ce nom restera comme celui du plus
grand statuaire de son siècle. — Ce sera toujours pour
moi un grand honneur que d'avoir connu cet homme
illustre. Et mieux que cela une grande douceur que de
me rappeler l'amitié qu'il m'a constamment témoignée.
Je ne peux rien pour son fils, mais s'il a jamais besoin
de moi plus tard, il me trouvera. À la fin du mois
prochain j'espère vous voir et l'embrasser tendrement.

Et vous, chère Madame, que devenez-vous au milieu
de tout cela ? Y a-t-il quelque chose de changé dans
votre vie ? Thérèse va-t-elle entrer à Saint-Denis comme
Mme d'Arcet me l'écrit ? Est-ce que Charlotte ne
devait pas en sortir cette année[2] ? — Écrivez-moi une
longue lettre où vous me donnerez de plus amples
détails.

————

Vous êtes bien bonne de m'avoir gardé le lévrier, et
puisqu'il est si beau je l'accepte de grand cœur et tout
de suite. Vous pouvez l'envoyer par le chemin de fer
à l'adresse de mon frère à l'Hôtel-Dieu en m'écrivant
le jour, je l'enverrai chercher.

Embrassez pour moi vos chers enfants et croyez à
l'affection de votre vieil ami.

À LOUISE COLET

[Croisset,] dimanche, 11 h[eures] du soir.
[13 juin 1852.]

Nous nous occupons présentement de ta pièce de
Pradier[3]. Quand je dis nous, j'emploie un pluriel ambitieux, car B[ouilhet] depuis une heure s'essouffle à
refaire une strophe à laquelle je renonce. Je te dirai au
bas de ma lettre nos observations. Il y a de bonnes choses
dans ta pièce. Avec peu de corrections elle peut être
excellente.

J'ai repris mon travail. J'espère qu'il va aller. Mais

franchement *Bovary* m'ennuie. Cela tient au sujet et aux
retranchements perpétuels que je fais. Bon ou mauvais,
ce livre aura été pour moi un tour de force prodigieux,
tant le style, la composition, les personnages et l'*effet
sensible* sont loin de ma manière naturelle. Dans *Saint
Antoine* j'étais chez moi. Ici, je suis chez le voisin. Aussi
je n'y trouve aucune commodité.

La lettre de l'Arménien[1] m'a fait plaisir. Ce sont de
rusés drôles que les Arméniens. Mets-toi en garde contre
tout ce qui est oriental civilisé. Ces gens-là ont les vices
des deux mondes. Avis : « Quand je retournerai en
Orient... » dis-tu. Hélas ! la saison de ma migration est
passée[2]. Je suis cloué et pour longtemps ! J'aurais
pourtant bien besoin d'eaux de Jouvence. Au fond je
me sens las. Après les leçons de géographie que je donne
à ma nièce[3], je reste quelquefois à regarder la carte avec
des mélancolies sombres, que je tais. Oh ! la vie est
trop courte, et trop longue.

C'est un homme charmant que ce Capitaine[4]. Il te fait
mon éloge (discrètement, par savoir-vivre, devinant
son auditeur) et il admire *L'Âne d'or*. — Vivent mes
compatriotes ! Mets-toi à ce bouquin et dévore-le. Je
ne m'étonne point que le philosophe[5] se soit récrié.
C'est du vin trop fort pour lui. Il l'épouvante. Moi,
j'aime les choses qui me font peur. À propos de peur,
j'ai frémi à l'histoire de ta chauve-souris. La superstition
est le fond de la religion, la seule vraie, celle qui survit
sous tou[te]s les autres. Le dogme est une affaire d'invention humaine. Mais la superstition est un sentiment
éternel de l'âme et dont on ne se débarrasse pas. —
Aujourd'hui, Rouen a été plein de processions, de
reposoirs[6]. Quelle bête de chose que le peuple ! Jusqu'à
présent on a respecté cette idée. Celles de royauté,
d'autorité, de droit divin, de noblesse ont été bafouées.
Le peuple seul restait debout. Il faut qu'il se traîne si
bas dans l'ignominie et la bêtise qu'on le prenne en
pitié à son tour. — Et qu'il soit bien reconnu qu'il n'y
a rien de sacré. Le siècle m'ennuie prodigieusement.
De quelque côté que je me tourne, je n'y vois que
misère. Des mots, des mots, et quels mots !

Ce que Gautier dit de Pradier dans le feuilleton que
tu m'as envoyé est bien sec. — Rien d'ému. Quel
éreintement on aperçoit ! C'est qu'à force de jouer du

violon sur son cœur, les cordes s'en détendent. Les gens
de lettres sont des putains qui finissent par ne plus
jouir. Ils traitent l'art, comme celles-ci les hommes, lui
sourient tant qu'ils peuvent, mais ne l'aiment plus. Et
tout s'avachit ensemble. Âme et style, poitrine et cœur.

Je me suis gaudy des détails sur la mère Roger. J'aime
toujours à connaître l'envers des choses. À la bonne
heure ! je l'estime, et la balle du père Roger cultivant
ses roses est carrée. Le mari aux dehors non pohêtiques
ayant au fond des goûts plus propres que Madame[a],
j'aime ça. Et jugez ensuite sur l'étiquette ! — Depuis
qu'il sait qu'elle est *légère,* Bouilhet est très excité[1].

Nous[2] avons été très tristes aujourd'hui. Pourquoi ?
Je n'en sais rien. Était-ce le ciel, le carillon des processions que nous entendions au loin, ou l'éternel
sujet : l'avenir ?

J'ai lu l'*Homère* de Lamartine[3]. Pour du Lamartine
je l'aime assez. Mais je soutiendrai toujours que ce n'est
pas là un écrivain et je t'en persuaderai en une demi-
heure quand tu voudras, preuves en main. Toute la
partie narrative est la meilleure. Mais qu'il y avait
mieux à dire sur Homère ! — Les premières pages de la
Longueville du philosophe[4] sont bien entortillées. Il
vise trop au XVIIe siècle et s'y embrouille souvent dans
des tournures lourdes de *que,* de *qui,* etc. J'aime les
phrases nettes et qui se tiennent droites, debout tout
en courant, ce qui est presque une impossibilité. L'idéal
de la prose est arrivé à un degré inouï de difficulté ;
il faut se dégager de l'archaïsme, du mot commun,
avoir les idées contemporaines sans leurs mauvais
termes, et que ce soit clair comme du Voltaire, touffu
comme du Montaigne, nerveux comme du La Bruyère
et ruisselant de couleur, toujours.

Hier, j'ai été avec ma mère à la campagne voir le
père et la mère de ce jeune homme mort à Alger (comme
je te l'ai dit)[5]. C'est une maison entourée de grands
arbres. — Le vent soufflait dans les tilleuls, des chiens
de chasse hurlaient, j'ai eu là un bon frisson dans le
dos. — Le père, pauvre bonhomme de près de 80 ans,
m'a embrassé en pleurant, sanglotant, crachant, râlant.
C'était un sale et lamentable spectacle. — Je les connais
de longue date ces aspects de deuil.

PRADIER[1]

Pourquoi ce *cortège funèbre* est un peu Delavigne de tournure, mais il faudrait tout changer. Garde-le.

Ce sont de blanches théories, etc., très bon, très bon.

> *N'es-tu pas le fils de la Grèce*
> > *enchanteresse*

atroce.

Variante :

> *N'es-tu pas le fils de la Grèce*
> *Un des plus grands, un des plus beaux ?*
> *Sous ton ciseau qui la caresse,*
> *Chaque nymphe, chaque déesse*
> *Sort radieuse des tombeaux.*

La strophe qui suit a d'abord son premier vers mauvais : les *blondes ombres* est bien dur. Et puis qu'est-ce que les ombres d'Homère qui sont filles de Phidias et revivent vierges, en palpitant sous ta paupière ? Elle est fort difficile à changer. Voici donc deux variantes dont je ne suis guère fou, mais qui valent peut-être un peu mieux :

> *Lorsque la forme* juvénile

(hum ! hum ! c'est juvénile)

> *S'élançait du bloc dans tes bras,*
> *Le marbre, à ton geste, docile,*
> *Croyait revoir le front tranquille*
> *De Praxitèle ou Phidias.*

ou mieux peut-être :

> *Quand la forme blanche et pudique*
> *S'élançait du bloc dans tes bras,*
> *Le marbre ému, rêvant l'Attique,*
> *Croyait sentir l'étreinte antique*
> *De Praxitèle ou Phidias.*

Je supprimerais complètement la strophe

> *Splendeur, beauté*, etc.
> *Se* condensaient...
>
> . . . .
>   mariaient
> *L'homme antique à l'homme nouveau*

qui est d'explication, et qui coupe le mouvement figuré. Elle arrête la marche et n'est pas bonne en soi.

> *Ô peuple immortel de statues*, etc.

et la suivante, très bon. Garde-toi bien de changer :

> *Dianes effleurant les grèves*

qui est le meilleur vers de toute la pièce.

Au lieu de *venez* glorifier *sa mort*, qui me semble fort plat : *Venez pleurer ! le maître est mort !*

Ici, le mouvement me semble très fini et qu'il n'y a plus rien à dire. Je m'arrêterais là. Ou bien si tu veux faire une queue pour la Sapho, fais alors une seule strophe pour Sapho seule. Mais rythmée.

>   *... et toi*, etc.
> *Symbole si* triste *et si* beau
> *Poésie, amour*, double *flamme*,
> *Marbre où la lyre se fait femme*,
> Viens et marche en tête, ô Sapho !

mauvais. Qu'est-ce qu'un marbre où une lyre se fait femme ?

> *À celui*, etc.
> *Souffle...*

Tu as un souffle plus loin et là, bon.

> *... au fier Créateur, au* doux *maître*
>
>   *... l'être*
> *L'immortalité.*

II

1re Excellente.
2e Les 2 1ers vers charmants.

> ... empires tombés,

tu as, tout à la fin,

> ... *la poudre des empires.*

> Ainsi que de fraîches Hébés

est bien mauvais : une fraîche Hébé, archi-commun.
Plus bas, d'ailleurs, *frais paysage.*
Dans la fin de la strophe suivante il y a du vague :
onde, quiétude, sérénité, cela patauge.

> *Puis ils diront ta mort si douce, si rapide*

si douce *et* si rapide plus harmonieux.

> *Qu'elle a glacé...*

très beau, et la fin est bonne aussi, si ce n'est peut-être

> ... *riante apothéose,* etc.

La dernière image charmante.

————

Sur ce, très humiliés de n'avoir pu en trois heures
rien trouver de mieux, nous allons nous coucher.
Adieu, pauvre chère amie, je t'embrasse avec mille
tendresses profondes.

À toi. Ton G.

À LOUISE COLET

[Croisset,] samedi.
[19 juin 1852.]

Quoiqu'il soit 1 h[eure] du matin et que j'aie écrit

aujourd'hui pendant douze heures (sauf une pour mon dîner), il faut que je te dise combien je suis content de toi. C'est pour moi *un bonheur* que ta pièce[1], chère Louise ; un bonheur pour moi, comme j'en ai eu un pour toi, lorsque tu as eu ton prix[2]. Il ne manque à cette pièce que très peu de chose pour en faire tout bonnement un petit chef-d'œuvre. Et il n'y a pas de petits chefs-d'œuvre. Rythme, composition, nouveauté, tout y est bien. C'est bien. Je suis curieux de voir demain l'avis du confrère[3], mais moi j'en suis enchanté. Cette lettre partira demain par une occasion. Elle t'arrivera le soir même. Qu'elle t'apporte donc un baiser d'âme, bien vigoureux et bien ému !

Dans la 1re strophe :

> *Leurs serres de fleurs de l'Asie*
> *Avec toute leur poésie ! ! !*

tu la montres, la poésie. Ton mot la gâte.

2e *méandre,* vulgaire et lâche, ne présente rien à l'œil.

La nef, Lamartine, Tastu, Valmore[4], dames sensibles. Va avec le barde, le destrier, etc.

3e *Morts radieux* est-il le mot propre ?

4e Exquise d'un bout à l'autre, mais c'est *le banc des* orangeries qu'il faut lire et non *les bancs des* orangeries.

5e Un peu de confusion dans l'idée. Mais d'excellents détails, des vers charmants :

> *Courent sur le marbre des frises.*

6e *Les gais conteurs et les poètes,* trop de deux idées ; une seule. Comme... *les plus beaux vers... des poètes.*

7e *À la lèvre monte l'amour,* un peu brusque ? ?

8e *À la calme étendue,* n'est pas raide.

9e Il est fâcheux que nous ayons déjà vu les reines. Voici un vers :

> *Où les reines buvaient du lait,*

dont je fais un cas énorme. Il y a là plus de vraie poésie que dans toutes les tartines sur Dieu, l'âme, l'humanité, qui bourrent ce qu'on appelle les pièces de résistance.

Ça ne saute pas à l'œil comme une pensée à grand
effet. Mais quelle vérité bien dite et que c'est profond *du
sentiment de la chose !* Il faut ainsi que tout sorte du sujet,
idées, comparaisons, métaphores, etc. C'est là la griffe
du lion, sois-en sûre, et comme la signature de la nature
elle-même dans les œuvres. — Un volume de pièces
comme celle-là (une fois ces corrections faites et qui du
reste sont faciles) ne le céderait à quoi que ce fût.
Voilà mon avis. — Quel joli refrain et d'un singulier
balancement !

Il n'y a qu'aujourd'hui de toute la semaine que j'aie
un peu bien travaillé. Un paragraphe qui me manquait
depuis cinq jours m'est enfin, je crois, arrivé avec sa
tournure. Quelle difficulté qu'une narration psychologique, pour ne pas toujours rabâcher les mêmes
choses !

Du Camp m'a envoyé ses photographies[1]. Je viens
de lui écrire un mot pour le remercier. Si la *Revue de
Paris* commence à décliner, voilà mes prédictions qui
commencent à se vérifier. Il sera peut-être complètement coulé que je ne serai pas encore à flot. — Lui
qui devait me prendre à son bord, je lui tendrai peut-
être la perche. — Non, je ne regrette pas d'être resté
si tard en arrière. Ma vie du moins n'a jamais bronché. —
Depuis le temps où j'écrivais en demandant à ma bonne[2]
les lettres qu'il fallait employer pour faire les mots des
phrases que j'inventais, jusqu'à ce soir où l'encre sèche
sur les ratures de mes pages, j'ai suivi une ligne droite,
incessamment prolongée, et tirée au cordeau à travers
tout. J'ai toujours vu le but se reculer devant moi,
d'années en années, de progrès en progrès. Que de fois
je suis tombé à plat ventre, au moment où il me semblait le toucher ! Je sens pourtant que je ne dois pas
mourir sans avoir fait rugir quelque part un style comme
je l'entends dans ma tête et qui pourra bien dominer
la voix des perroquets et des cigales. Si jamais ce jour
que tu attends, où l'approbation de la foule viendra
derrière la tienne, arrive, les trois quarts et demi du
plaisir que j'en aurai seront à cause de toi, pauvre chère
femme qui m'as tant aimé. — Mon cœur n'est pas
ingrat, il n'oubliera jamais que ma première couronne,
c'est toi qui l'as tressée et qui me l'as posée sur le front
avec tes meilleurs baisers. — Eh bien, il y a des choses

plus voisines que j'envie davantage que ce tapage, que l'on partage avec tant de monde. Sait-on, quelque connu que l'on soit, sa juste valeur ? Les incertitudes de soi que l'on a dans l'obscurité, on les porte dans la célébrité. — Que de gens parmi les plus forts en sont morts rongés, à commencer par Virgile qui voulait brûler son œuvre ! — Sais-tu ce que j'attends ? C'est le moment, l'heure, la minute, où j'écrirai la dernière ligne de quelque longue œuvre mienne, comme *Bovary* ou autres, et que, ramassant de suite toutes tes feuilles, j'irai te les porter, te les lire de cette voix spéciale avec quoi je me berce, et que tu m'écouteras, que je te verrai t'attendrir, palpiter, ouvrir les yeux. Je tiendrai là ma jouissance de toutes les manières. — Tu sais que je dois prendre au commencement de l'autre hiver un logement à Paris. — Nous l'inaugurerons, si tu veux, par la lecture de *Bovary*. Ce sera une fête. —

L'Arménien *t'a fait de l'effet*[1]. Que serait-ce si tu avais vu des gens de La Mecque en costume, ou des jeunes gens grecs de la campagne ! Les Arméniens ne sont généralement pas beaux ; ils ont un nez d'oiseau de proie et des dents bombées. — Race de gens d'affaires, drogmans, scribes et politiques de tout l'Orient. — Je crois que celui-ci en question désire conquérir des femmes illustres. Il se doit cela en sa qualité d'homme civilisé. S'il te proposait quelque affaire d'argent, rappelle-toi l'avertissement. Je crois à la *race* plus qu'à l'éducation. — On emporte, quoi qu'en ait dit Danton, la patrie à la semelle de ses talons et l'on porte au cœur, sans le savoir, la poussière de ses ancêtres morts. — Quant à moi, je ferais là-dessus personnellement une démonstration par A + B. — Il en est de même en littérature. Je retrouve toutes mes origines dans le livre que je savais par cœur avant de savoir lire, *Don Quichotte*[2], et il y a de plus, par-dessus, l'écume agitée des mers normandes, la maladie anglaise, le brouillard puant.

Adieu, mille et mille baisers. Je suis éreinté et vais me coucher. À toi.

À HENRIETTE COLLIER

[Croisset,] 26 juin [1852].

Voilà longtemps que je n'ai entendu parler de vous, chère Henriette. Que devenez-vous par cet horrible été ? la mauvaise saison influe-t-elle sur votre santé ? Êtes-vous à la campagne ou à Londres ?

Je n'ai rien à vous dire, si ce n'est que votre beau portrait[1] fait ma joie et l'admiration des rares visites que je reçois. — Il est encadré dans un petit cadre ovale doré, au coin de ma cheminée, entre une vue du Caire et la glace. Toutes les fois que je détourne la tête, je le vois. Vous ne sauriez croire combien je vous suis reconnaissant de ce cadeau.

Cet été, dans six semaines, au commencement du mois d'août, nous irons à Trouville. Je n'y ai pas été depuis vous, sauf il y a cinq ans en revenant de Bretagne, où j'y suis resté deux jours. — Je suis arrivé à 1 h[eure] du matin, à pied, de l'autre côté de la Touques. Je venais de Dives par le bord de la mer. — Il faisait une lune superbe, et les flaques d'eau dans les criques étaient phosphorescentes sous mes pas, et semblaient de loin comme de petits lacs d'argent. — J'ai trouvé tout bien changé[2]. J'y retrouverai encore d'autres changements. Je verrai près de la corderie la place où je vous ai vue pour la première fois[3], couchée sur votre lit, un manteau de fourrure blanche à vos pieds. Comme c'est vieux tout cela ! Il me semble que je porte sur moi une quantité innombrable d'années !

Voilà sept mois que je suis en train d'écrire un livre[4] que je croyais devoir finir cet automne. Mais j'en ai encore pour quatorze à seize mois, après quoi j'irai *m'établir* à Paris. — Comme je voudrais qu'il fût achevé, et bon, et imprimé pour vous l'envoyer ! Si je peux, j'irai vous le porter moi-même. Mais que se passera-t-il d'ici là ? et vous viendrez peut-être avant, me rendre la visite que je vous ai faite au mois d'octobre dernier[5] ?

Si vous ne pouvez, chère Henriette, placer avantageusement l'album de Mme Colet[6], renvoyez-le-moi par l'occasion que vous jugerez la plus sûre ; ou à elle-même à Paris, rue de Sèvres, 21.

Ma petite nièce[1] grandit et commence à parler gentillement l'anglais. Je lui donne tous les jours des leçons de géographie. Elle a dans ce moment-ci une rage de balançoire et blanchit au derrière toutes ses robes à force d'y rester assise dessus. — Juliette[2] vient de faire sa première communion. J'y ai assisté. Le curé dans le sermon a trouvé le moyen de faire l'éloge de Napoléon. Cela vous donne un échantillon de la bassesse générale qui règne en France. L'avenir n'est pas gai. — Tôt ou tard la banqueroute nous pend au nez, et nous crèverons tous sur la paille comme des gueux.

Que devient Gertrude[3] ? la voyez-vous quelquefois ? son mari a-t-il réussi dans sa grande entreprise ? Vous avez su sans doute la mort subite de ce pauvre Pradier[4]. Combien je regrette qu'il n'ait pas fait votre buste. Cela eût été meilleur que votre infâme médaillon qui vous ressemble si peu. — Adieu, chère Henriette ; souvenir à Clemy[5]. Je vous baise bien tendrement les mains. À vous.

À MAXIME DU CAMP

[Croisset, 26 juin 1852.]

Mon cher Maxime,

Tu me parais avoir à mon endroit *un tic* ou vice rédhibitoire. Il *ne m'embête* pas, n'aie aucune crainte. Mon parti là-dessus est pris depuis longtemps[6].

Je te dirai seulement que tous ces mots *se dépêcher, c'est le moment, il est temps, place prise, se poser* et *hors la loi* sont pour moi un vocabulaire vide de sens. C'est comme si tu parlais à un Algonquin. — Comprends pas.

Arriver ? — à quoi ? — À la position de MM. Murger, Feuillet, Monselet, etc., etc., etc., Arsène Houssaye, Taxile Delord, Hippolyte Lucas et 72 autres avec[7] ? Merci.

Être connu[a] n'est pas ma principale affaire. Cela ne satisfait entièrement que les très médiocres vanités. D'ailleurs, sur ce chapitre même, sait-on jamais à quoi s'en tenir ? La célébrité la plus complète ne vous assouvit point et l'on meurt presque toujours dans l'incertitude de son propre nom, à moins d'être un sot. Donc l'illustration ne vous classe pas plus à vos propres yeux que l'obscurité.

Je vise à mieux, à me plaire.

Le succès me paraît être un résultat et non pas le but. Or j'y marche, vers ce but, et depuis longtemps il me semble, sans broncher d'une semelle, ni m'arrêter au bord de la route pour faire la cour aux dames ou dormir sur l'herbette. — Fantôme pour fantôme, après tout, j'aime mieux celui qui a la stature plus haute.

Périssent les États-Unis plutôt qu'un principe ! Que je crève comme un chien plutôt que de hâter d'une seconde ma phrase qui n'est pas mûre.

J'ai en tête une manière d'écrire et gentillesse de langage à quoi je veux atteindre. Quand je croirai avoir cueilli l'abricot, je ne refuse pas de le vendre, ni qu'on batte des mains s'il est bon. — D'ici là, je ne veux pas flouer le public. Voilà tout.

Que si, dans ce temps-là, il n'est plus temps, et que la soif en soit passée à tout le monde, tant pis. Je me souhaite, sois-en sûr, beaucoup plus de facilité, beaucoup moins de travail et plus de profits. Mais je n'y vois aucun remède.

Il se peut faire qu'il y ait des occasions propices en matières commerciales, des veines d'achat pour telle ou telle denrée, un goût passager des chalands qui fasse hausser le caoutchouc ou renchérir les indiennes. Que ceux qui souhaitent devenir fabricants de ces choses se dépêchent donc d'établir leurs usines, je le comprends. Mais si votre œuvre d'art est bonne, si elle est *vraie,* elle aura son écho, sa place, dans six mois, six ans — ou après vous. Qu'importe !

C'est là qu'est *le souffle de vie,* me dis-tu, en parlant de Paris[1]. Je trouve qu'il sent souvent l'odeur des dents gâtées, ton souffle de vie. Il s'exhale pour moi de ce Parnasse où tu me convies plus de miasmes que de vertiges. Les lauriers qu'on s'y arrache sont un peu couverts de merde, convenons-en.

Et à ce propos, je suis fâché de voir un homme d'esprit comme toi renchérir sur la marquise d'Escarbagnas, qui croyait que « hors Paris, il n'y avait point

de salut pour les honnêtes gens »[1]. Ce jugement me
paraît être lui-même provincial, c'est-à-dire borné.
L'humanité est partout, mon cher monsieur, mais la
blague plus à Paris qu'ailleurs, j'en conviens.

Certes, il y a une chose que l'on gagne à Paris, c'est
le toupet, mais l'on y perd un peu de sa crinière.

Celui qui, élevé à Paris, est devenu néanmoins un
véritable homme fort, celui-là était né demi-dieu. Il a
grandi les côtes serrées et avec des fardeaux sur la tête,
tandis qu'au contraire il faut être bien dénué d'originalité native, si la solitude, la concentration, un long
travail ne vous crée à la fin quelque chose d'approchant.

Quant à déplorer si amèrement ma vie[a] neutralisante,
c'est reprocher à un cordonnier de faire des bottes, à
un forgeron de battre son fer, à un artiste de vivre dans
son atelier. Comme je travaille de 1 heure de l'après-
midi à 1 heure de l'après-minuit *tous les jours* (sauf de
6 à 8), je ne vois guère à quoi employer le temps qui
me reste. Si j'habitais en réalité la province, ou la campagne, me livrant à l'exercice du domino, ou à la culture des melons, je concevrais le reproche. Mais si je
m'abrutis, c'est Lucien, Shakespeare et écrire un roman[b]
qui en sont cause.

Je t'ai dit que j'irai[s] habiter Paris quand mon livre
serait fait et que je le publierais si j'en suis content. Ma
résolution n'a point changé. Voilà tout ce que je peux
dire, mais rien de plus.

Et crois-moi, vieux, laisse l'eau couler. Que les
querelles littéraires renaissent ou ne renaissent, je
m'en fous, qu'Augier réussisse, je m'en contrefous, et
que Vacquerie et Ponsard[2] élargissent si bien leurs épaules
qu'ils me prennent toute ma place, je m'en archifous et
je n'irai pas les déranger pour qu'ils me la rendent.

Sur ce je t'embrasse.

Ton Quarafon[3].

26 juin.

à LOUISE COLET

[Croisset,] samedi soir. [26 juin 1852.]

Je viens d'écrire trois lettres, une à Trouville, à un capitaine[1], pour avoir 60 litres de rhum anglais, une à Henriette Collier pour qu'elle te ou me renvoie ton album[2] et une au sieur Du Camp[3]. Il y a, je crois, revirement. À propos de l'*Ulysse* de Ponsard[4] il m'a écrit de but en blanc et il recommence à déplorer *amèrement,* c'est le mot, que je ne sois pas à Paris où ma place était entre Ponsard et Vacquerie. Il n'y a qu'à Paris qu'on vit, etc., etc. Je mène une vie *neutralisante.* Je lui ai répondu strictement et serré sur ce chapitre. Je crois qu'il n'y reviendra plus et qu'il ne montrera ma lettre à personne. Je m'y suis tenu dans le sujet, mais je l'emplis. Ma lettre a quatre pages ; en voici un paragraphe que je copie et qui te donnera une idée du ton : « C'est là qu'est le souffle de la vie, me dis-tu. Je trouve qu'il sent l'odeur des dents gâtées, ton souffle de vie. Il s'exhale pour moi, de ce Parnasse où tu m'invites, plus de miasmes à faire vomir que de vertiges. Les lauriers qu'on s'y arrache sont un peu couverts de merde, convenons-en.

« Et à ce propos, je suis fâché de voir un homme d'esprit renchérir sur la marquise d'Escarbagnas, laquelle croyait que "hors Paris, il n'y avait point de salut pour les honnêtes gens". Ce jugement me paraît être lui-même provincial, c'est-à-dire borné. L'humanité est partout, mon cher monsieur, mais la blague plus à Paris qu'ailleurs, j'en conviens », etc[5].

Ton long récit de la visite de Musset[6] m'a fait une étrange impression. En somme, c'est un malheureux garçon. *On ne vit pas sans religion.* Ces gens-là n'en ont aucune, pas de boussole, pas de but. On flotte au jour le jour, tiraillé par toutes les passions et les vanités de la rue. Je trouve l'origine de cette décadence dans la manie commune qu'il avait de prendre le sentiment pour la poésie.

Le mélodrame est bon où Margot a pleuré[7].

ce qui est un très joli vers en soi, mais d'une poétique commode. « Il suffit de souffrir pour chanter[1] », etc. Voilà des axiomes de cette école ; cela vous mène à tout comme morale et à rien comme produit artistique. Musset aura été un charmant jeune homme et puis un vieillard ; mais rien de planté, de rassis, de carré, de serein dans son talent ni sa personne (comme existence j'entends). C'est que, hélas ! le vice n'est pas plus fécondant que la vertu. Il ne faut être ni l'un ni l'autre, ni vicieux, ni vertueux, mais au-dessus de tout cela. Ce que j'ai trouvé de plus sot et que l'ivresse même n'excuse pas, c'est la fureur à propos de la croix[2]. C'est de la stupidité lyrique en action, et puis c'est tellement voulu et si peu senti. Je crois bien qu'il a peu écouté *Melaenis*. Ne vois-tu donc pas qu'il a été jaloux de cet étranger (Bouilhet) que tu te mettais à lui vanter après l'avoir repoussé (lui, Musset) ? Il a saisi le premier prétexte pour rompre là les chiens.

Il eût été plus fort de ta part de souscrire à sa condition[3] et puis, le soir de la lecture, de lui répondre par ses maximes « qu'il faut qu'une femme mente », et de lui dire « mon cher monsieur, allez à d'autres, je vous ai joué ». S'il a envie de toi il lira ton poème[4] ; mais c'est un pauvre homme pour faire[5] l'aveu que les petits journaux l'empêchent de tenir sa parole. Sa lettre d'excuse[6] achève tout, car il ne promet encore rien ; ce n'est pas franc. Ah mon Dieu ! mon Dieu ! quel monde !

Voilà plusieurs fois que je t'écris et que je ne pense pas à te parler de l'article de *Melaenis*. Si tu crois que M. Nefftzer fera l'article, ça vaudrait mieux. Tâche de le savoir. Si non, nous rarrangerons un peu le tien et le reverrons[7].

Je n'aime pas tes corrections aux *Résidences royales*[8] (nous verrons cela plus tard), ni ton sonnet[9]. Tu mériterais bien que je te tirasse (excusez le subjonctif) les oreilles pour ton *réintroniser,* expression de droit canonique que tu me fourres là ! Tu emploies quelquefois ainsi des mots qui me mettent en rage. Et puis le milieu du sonnet n'est pas plein. Il faut que tous les vers soient tendus dans un sonnet, et venant d'une seule haleine. La pièce de Bouilhet sur Pradier[10] avait, dimanche dernier, 12 vers de faits. Il a dû supprimer le commencement qui était mauvais. Il m'apportera, j'espère, demain la chose finie.

Je suis harassé. J'ai depuis ce matin un pincement à l'occiput et la tête lourde comme si je portais dedans un quintal de plomb. *Bovary* m'assomme. J'ai écrit de toute ma semaine trois pages, et encore dont je ne suis pas enchanté. Ce qui est atroce de difficulté c'est l'enchaînement des idées et qu'elles dérivent bien naturellement les unes des autres.

Tu me parais, toi, dans une veine excellente ; mais médite davantage. Tu te fies trop à l'inspiration et vas trop vite. Ce qui fait, moi, que je suis si long, c'est que je ne peux penser le style que la plume à la main et je patauge dans un gâchis continuel que je déblaye à mesure qu'il s'augmente. Mais pour des vers c'est plus net, la forme est toute *voulue*. La bonne prose pourtant doit être aussi précise que le vers, et sonore comme lui.

Je lis dans ce moment une charmante et fort belle chose, à savoir *Les États de la Lune*, de Cyrano de Bergerac[1]. C'est énorme de fantaisie et souvent de style.

Peux-tu me dire l'époque à peu près précise de la lecture de ton prix[2] ? Je pense avoir fini ma première partie à la fin du mois prochain. Nous irons à Trouville 15 jours au mois d'août. Si mon voyage à Paris se trouvait entre ces deux époques, ça m'arrangerait[3].

Adieu, chère femme bien-aimée, je t'embrasse sur le cœur. À toi, à toi.

Ton G.

Sais-tu que ton récit de la visite de M[usset][4] est crânement bien écrit, sans que tu t'en sois doutée peut-être ; ça empoigne !

À LOUISE COLET

[Croisset,] dimanche soir, minuit.
[27 juin 1852.]

Voilà enfin la pièce sur Pradier. Si tu trouves le moyen de la faire paraître dans *Les Débats*, *La Presse*, ou *Le Pays*[5], jamais on ne se doutera que la publication vient de toi. Du Camp sera fort perplexe de savoir comment

B[ouilhet] est arrivé à se faire imprimer dans un journal
sans *sa* protection, et n'imaginera guère que [ce] soit
l'auteur d'une pièce sur le même sujet[1]. Ces façons sont
peu dans les us de la gent de lettres, en effet. —

Je suis encore sous l'impression de la visite de M[usset][2],
et suis curieux de voir la fin de l'histoire. On n'est pas
plus goujat qu'il ne l'a été ! C'est caduc et ignoble à la
fois. Et voilà des gaillards qui ont des prétentions aux
belles manières, à la gentilhommerie ! — Je t'engage
fort à ne plus lui faire aucune avance pour le rappel de sa
promesse[3]. Garde-toi le droit de le mépriser radicalement.

Au milieu de l'impression pénible que m'a donnée
cette histoire, une consolation a surgi. C'est l'idée qu'il
ne sort rien de bon de cette vie turpide[4]. Si en la menant
il faisait de bonnes œuvres, si, préoccupé de tant de
misères, il restait malgré cela grand comme poëte, là
serait pour nous l'embêtement objectif. Mais non, plus
rien ! — Son génie, comme le duc de Glocester, s'est
noyé dans un tonneau[5] et, vieille guenille maintenant,
s'y effiloque[a] de pourriture. L'alcool ne conserve pas les
cerveaux, comme il fait pour les fœtus.

Je n'en persiste pas moins dans mon dire relativement
à *L'Âne d'or,* malgré l'avis du philosophe[6] et celui de
Musset. Tant pis pour ces messieurs s'ils ne le comprennent pas et tant mieux pour moi si je me trompe.
Mais s'il y a une vérité artistique au monde, c'est que ce
livre est un chef-d'œuvre. — Il me donne à moi des
vertiges et des éblouissements. La nature pour elle-
même, le paysage, le côté purement pittoresque des
choses, sont traités là à la moderne et avec un souffle
antique et chrétien tout ensemble qui passe au milieu.
Ça sent l'encens et l'urine, la bestialité s'y marie au
mysticisme, nous sommes bien loin encore de cela,
nous autres, comme faisandage moral. Ce qui me fait
croire que la littérature française est encore jeune ! —
Musset aime la gaudriole. Eh bien ! pas moi. Elle sent
l'esprit (que je l'exècre en art !). Les chefs-d'œuvre
sont bêtes. — Ils ont la mine tranquille comme les
productions mêmes de la nature, comme les grands
animaux et les montagnes. J'aime l'ordure, oui, et quand
elle est lyrique, comme dans Rabelais qui n'est point
du tout un homme à gaudrioles. Mais la gaudriole est
française. Pour plaire au goût français il faut cacher

presque la poésie, comme on fait pour les pilules dans
une poudre incolore, et le lui faire avaler sans qu'il s'en
doute.

P.-S. — Nous venons de relire la pièce[1] ; nous en
sommes saouls et n'en savons que penser. — Juge-la
toi-même et « fais-en ce que tu voudras » (Bouilhet)
— « et tâche de la faire paraître » (moi).
Adieu, je t'embrasse tendrement. À toi, ton

G.

À MAXIME DU CAMP

[Croisset, début juillet 1852.]

Mon cher bonhomme,

Je suis peiné[a] de te voir si sensible. Loin d'avoir
voulu rendre ma lettre *blessante,* j'avais tâché qu'elle
fût tout le contraire[2]. Je m'y étais renfermé, tant que je
l'avais pu, dans les *limites du sujet,* comme on dit en
rhétorique[b].
Mais pourquoi, aussi, recommences-tu ta rengaine ?
et viens-tu toujours prêcher le régime[c] à un homme qui
a la prétention de se croire en bonne santé ! Je trouve
ton affliction à mon endroit comique, voilà tout[d]. Est-
ce que je te blâme, moi, de vivre à Paris, et d'avoir
publié, etc. ? Lorsque tu voulais même, dans un temps,
venir habiter la maison d'Hamard[3], ai-je applaudi à ce
projet ? T'ai-je jamais conseillé de mener ma vie, et
voulu mener ton *ingenium* à la lisière, lui disant : « Mon
petit ami, il ne faut pas manger de ça, s'habiller de cette
manière, venir ici, etc. ? » À chacun[e] donc ce qui lui
convient. Toutes plantes ne veulent pas la même
culture. — Et d'ailleurs, toi[f] à Paris, moi ici, nous aurons
beau faire, si nous n'avons pas l'étoile, si la vocation
nous manque, rien ne viendra ; et si au contraire elle
existe, à quoi bon se tourmenter du reste ?
Tout ce que tu pourras me dire, je me le suis dit,
sois-en sûr, blâme ou louange, bien et mal. Tout ce que
tu ajouteras là-dessus ne sera donc que la redite[g] d'une
foule de monologues que je sais par cœur.

Encore un mot cependant. Ce renouvellement littéraire que tu annonces, je le nie[a], ne voyant jusqu'à
présent ni un homme nouveau, ni un livre original, ni
une idée qui ne soit usée. On se traîne au cul des maîtres
comme par le passé. — On rabâche des vieilleries
humanitaires ou esthétiques. — Je ne nie pas, dans la
jeunesse actuelle, la bonne volonté de créer une école.
Mais je l'en défie. — Heureux si je me trompe, je profiterai de la découverte.

Quant à *mon poste* d'homme de lettres, je te le cède de
grand cœur, et j'abandonne la guérite, emportant le
fusil sous mon bras. — Je dénie l'honneur d'un pareil
titre et d'une pareille mission. Je suis tout bonnement
un bourgeois qui vit retiré à la campagne, m'occupant
de littérature et sans rien demander aux autres, ni
considération, ni honneur, ni estime même.

Ils se passeront donc de mes lumières. Je leur
demande[b] en revanche qu'ils ne m'empoisonnent [pas] de
leurs chandelles. C'est pourquoi je me tiens à l'écart. —
Pour ce qui est de *les aider,* je ne refuserai jamais un
service, quel qu'il soit. — Je me jetterais à l'eau pour
sauver un bon vers ou une bonne phrase, n'importe
de qui, mais je ne crois pas pour cela que l'humanité
ait besoin de moi, pas plus que je n'ai besoin d'elle.

Modifie encore cette idée, à savoir que, si je suis seul,
je *ne me contente pas de moi-même.* C'est quand je serai
content de moi au contraire, que je sortirai de chez
moi, où je ne suis pas gâté d'encouragements. Si tu
pouvais voir au fond de ma cervelle, cette phrase que
tu as écrite te semblerait une monstruosité.

Si ta conscience t'a ordonné de me donner ces conseils,
tu as bien fait et je te remercie de l'intention. Mais je
crois que tu l'étends aux autres, ta conscience, et que ce
brave Louis[1] ainsi que ce bon Théo[2], que tu associes à
ton désir de me façonner une petite perruque pour
cacher ma calvitie, se foutent complètement de ma
pratique ou, du moins, n'y pensent guère. « La calvitie
de ce pauvre Flaubert », ils peuvent en être convaincus,
mais désolés, j'en doute. — Tâche de faire comme eux,
prends ton parti sur ma caducité précoce, sur mon
irrémédiable encroûtement[c]. Il tient comme la teigne ;
tes ongles se casseront dessus, garde-les pour des
besognes plus légères.

Nous ne suivons plus la même route, nous ne navi-
guons plus dans la même nacelle. Que Dieu nous
conduise donc où chacun demande ! Moi, je ne cherche
pas le port, mais la haute mer. — Si j'y fais naufrage,
je te dispense du deuil. Et puisque la sign[ature] de
Q[uarafon]¹ t'a plu et que tu l'as trouvée congruente aux
idées qui la précédaient, je signe maintenant

l'Ours et l'Ours blanc encore. À toi.

À LOUISE COLET

[Croisset,] nuit de samedi, 1 heure du matin.
[3 juillet 1852.]

Tes dernières lettres sont bien tristes, pauvre chère
Louise. Tu m'as l'air découragée ; *ne baisse pas*. Tu étais
si bien il y a quelque temps ; j'aime à te savoir calme
là-bas pendant que je suis ici. Il y a bien des moments
où, si je pouvais m'envoler vers toi, pour aller embrasser
ta belle et bonne figure quand je me l'imagine triste
et rêvant seule sur mille misères de la vie, je le ferais, va,
et je m'en reviendrais. Espère, espère, tout est là ; les
voiles ne vont pas sans vent, les cœurs tombent quand le
souffle leur manque. J'ai été bien affaissé toute cette
semaine où j'ai fait à peu près *une* page. Comme j'ai
envie que cette première partie soit achevée ! J'ai
presque la conviction que c'est trop long et pourtant
je n'y vois rien à retrancher, il y a tant de petites choses
importantes à dire. Depuis hier au soir pourtant et
surtout aujourd'hui, ça va mieux, le beau temps sans
doute en est cause. Ce soleil m'a délecté et ce soir la
lune. Je me sens, à l'heure qu'il est, frais et rajeuni.

Du Camp m'a répondu une lettre *bonhomme* et affligée.
Je lui en ai renvoyé une autre du même tonneau (de
vinaigre)². Je crois qu'il sentira longtemps l'étour-
dissement d'un tel coup de poing et qu'il se le tiendra
pour dit. Je suis très bon enfant jusqu'à un certain
degré, jusqu'à une frontière (celle de ma liberté) qu'on
ne passe pas. Or comme il a voulu empiéter sur mon
territoire le plus personnel, je l'ai recalé dans son coin
et à distance. Comme il me disait que l'on se devait

aux autres, qu'il fallait s'aider, etc., que j'avais une
mission et autres phrases, après lui avoir exprimé net
que je me foutais radicalement de tout et de tous,
j'ajoutais : « Les autres se passeront donc de mes
lumières. Je leur demande en revanche qu'ils ne m'empoisonnent pas de leurs chandelles » et de même encre
pendant quatre pages. Je suis un Barbare, j'en ai l'apathie
musculaire, les langueurs nerveuses, les yeux verts et la
haute taille ; mais j'en ai aussi l'élan, l'entêtement,
l'irascibilité. Normands, tous que nous sommes, nous
avons quelque peu de cidre dans les veines ; c'est une
boisson aigre et fermentée et qui quelquefois fait sauter
la bonde.

Nous reverrons demain, nous deux B[ouilhet], l'article de *Melaenis*[1], puisque tu penses que ça vaut mieux.
Mais il faudrait qu'il fût signé de quelqu'un du journal
ou, tout au moins, que l'on ne sût pas que ça vient de
toi, pour dérouter et voir un peu les revirements. Je
voudrais savoir aussi la pièce de *Pradier* parue[2]. Quelle
immense chose que *Les États du Soleil* de Bergerac !
J'adore Babinet ; voilà un homme qui admire *L'Âne
d'or*.

J'ai beaucoup songé à M[usset]. Eh bien le fonds de
tout cela c'est la Pose ! Pour la Pose tout sert, soi, les
autres, le soleil, les tombeaux, etc., on fait du sentiment
sur tout, et les pauvres femmes les trois quarts du temps
y sont prises. C'est pour donner *une bonne idée de lui*
qu'il te disait : « Essayez, j'ai échigné des Italiennes »[3]
(laquelle idée d'Italiennes s'associe à celle de volcan ;
on voit toujours le Vésuve sous leur jupon. Erreur !
l'Italienne se rapproche de l'Orientale et est molle à la
fesse, « Folle à la messe », comme eût dit ce vieux
Rabelais ; mais n'importe, c'est une idée reçue), tandis
que le pauvre garçon ne peut seulement peut-être pas
satisfaire sa blanchisseuse. C'est pour paraître un homme
à passions ardentes qu'il disait : « Moi, je suis jaloux, je
tuerais une femme, etc. » On ne tue pas les femmes, on
a peur de la cour d'assises. Il n'a pas tué George Sand.
C'est pour paraître un luron qu'il disait : « Hier j'ai
failli assommer un journaliste. » Oui, failli, car *on* l'a
retenu. C'est peut-être l'autre qui l'eût assommé. C'est
pour paraître un savant qu'il disait : « Je lis Homère
comme Racine. » Il n'y a pas, à Paris, vingt personnes

qui en soient capables, et de ceux qui en font leur
métier. Mais quand on s'adresse à des gens qui n'ont
jamais étudié le susdit grec, on vous croit. Cela me
rappelle ce bon Gautier me disant : « Moi, je sais le
latin comme on le savait au moyen âge », et le lendemain
je trouve sur sa table une traduction de Spinoza. « Pourquoi ne le lisez-vous pas dans l'original ? — Ah ! c'est
trop difficile[1]. » Comme on ment ! Comme on ment en
ce bas monde ! Bref, les bras tendus aux arbres et les
regrets dithyrambiques de sa jeunesse perdue me
semblent partir du même sac[2] : elle sera émue, elle
voudra (se dira-t-elle) me sauver, me relever, elle
y mettra son orgueil. Les femmes à prétentions justes[3]
se laissent prendre à ces sophismes, et l'on blague, l'on
blague les larmes aux yeux. Enfin, comme bouquet du
feu d'artifice, éblouissement de la débauche, les démons
de feu (pour dire les garces), etc., etc. Mais j'ai donné
dans tout cela aussi moi ! à 18 ans ! J'ai cru également
que l'alcool et le bordel *inspiraient*. J'ai quelquefois,
comme ce grand homme, mangé en un seul coup beaucoup d'argent à des processions mythologiques, mais
j'ai trouvé tout cela aussi bête que le reste et aussi vide.
Il faut être un piètre homme pour s'y tenir ; on en est
bien vite rebattu. Si je suis, sous le rapport vénérien,
un homme si sage, c'est que j'ai passé de bonne heure
par une débauche supérieure à mon âge et intentionnellement, afin de savoir. Il y a peu de femmes que, de
tête au moins, je n'ai déshabillées jusqu'au talon. J'ai
travaillé la chair en artiste et je la connais. Je me charge
de faire des livres à en mettre en rut les plus froids.
Quant à l'amour, ç'a été le grand sujet de réflexion de
toute ma vie. Ce que je n'ai pas donné à l'art pur, au
métier en soi, a été là ; et le cœur que j'étudiais, c'était
le mien. Que de fois j'ai senti à mes meilleurs moments
le froid du scalpel qui m'entrait dans la chair ! *Bovary*
(dans une certaine mesure, dans la mesure bourgeoise,
autant que je l'ai pu, afin que ce fût plus général et
humain) sera sous ce rapport, la somme de ma science
psychologique et n'aura une valeur originale que par
ce côté. En aura-t-il ? Dieu le veuille !

Tu me racontes au moins quelque chose, toi, dans tes
lettres. Mais que puis-je te dire, que t'entretenir des
éternelles préoccupations de mon *moi* qui doivent finir

par devenir fastidieuses ? Mais c'est que je ne sais que cela. Quand je t'ai dit que je travaille et que je t'aime, j'ai tout dit.

Adieu donc, chère Louise bien-aimée, je t'embrasse tendrement.

À toi, à toi.

G.

La Rose Énault[1] est quelque chose de gigantesque. Voilà du comique au moins !

À LOUISE COLET

[Croisset,] nuit de lundi à mardi, 2 h[eures].
[5-6 juillet 1852.]

Je viens d'achever l'article sur *Melaenis*[2]. Le tien, relu, ne m'a pas plu. — Et celui que je viens de faire n'est guère meilleur. Si tu le trouves bon, tant pis pour toi. — B[ouilhet] doit venir ce soir après ses leçons pour le voir, nous le recalons encore et te l'enverrons.

Pour faire un article sur *M[elaenis]*, il m'eût fallu les coudées franches et pouvoir tout dire. À quelque jour je ferai *pour moi* ce travail. Il y aurait, à propos de ce poème, beaucoup à dire et du neuf, esthétiquement et archéologiquement parlant. Mais aujourd'hui il s'agit tout bonnement d'en parler tant bien que mal, et de *faire passer* un article favorable. Les turpitudes que j'ai mises à la fin n'ont point d'autre but. Je rougis de tout point de cette ordure, et moi qui te fais de si belles remarques sur ce que tu me montres, si je t'avais là, tu verrais un peu comme je déchiquetterais à belles dents le foutu style que je t'envoie. — Peu importe, je désire beaucoup que cet article paraisse, et serais excessivement content si quelqu'un du journal voulait le signer. Je te recommande, bien entendu, l'anonyme le plus strict. Arrange-toi aussi de manière à ce que *l'on* ne se doute pas qu'il vient de toi. (Tu le feras recopier par la mère Hamelin[a].) Si aucun de ces messieurs ne veut le signer, mets un nom de hasard, mais vraisemblable. — Si l'article semble trop long, tu supprimerais

toute l'analyse et ferais un joint quelconque pour arriver
jusqu'aux considérations qu'il faut garder. Et alors on
ferait une longue citation (la taverne). Mais je crois que
l'analyse n'est pas ennuyeuse et que le peu de vers que
j'ai cités, étant bien choisis, donnent une idée, approximative hélas, du poème. — Arrange*a*-nous cette affaire,
bonne Musette. Nous serions flattés de pouvoir montrer
indirectement à la *Revue de Paris* qu'on peut se passer
d'elle. — Il y a dans le dernier numéro une petite grosse
flatterie directe de M[axime] à l'adresse de B[ouilhet] et
une indirecte à la mienne[1]. Je n'ai pas reçu de réponse
à ma seconde lettre[2]. — En recevrai-je ? J'en doute.

Mardi. [6 juillet.]

J'ai relu tout seul, et à loisir, ta dernière longue lettre,
le récit de la promenade au clair de lune[3]. J'aimais
mieux la première de toute façon, et comme forme et
comme fond. — N'est-ce pas qu'il s'est passé en toi
quelque chose de trouble ? Tu as eu beau dédaigner
cette bouffée, elle ne t'en a pas moins tourné le cœur
pendant quelque temps. Tu me comprendrais mal si tu
croyais, pauvre chère Louise, que je t'adresse quelque
reproche. — On peut être maître de ce que l'on fait,
mais jamais de ce que l'on sent. Je trouve seulement que
tu as eu tort d'aller te promener une seconde fois avec
lui. Tu l'as fait naïvement, je veux bien. Mais, à sa place,
je t'en garderais rancune. Il peut te prendre pour une
coquette. — Il est dans les idées reçues qu'on ne va pas
se promener avec un homme au clair de lune pour admirer la lune. Et le sieur de M[usset] est diablement dans
les idées reçues. — Sa vanité est de sang bourgeois.

Je ne crois pas, comme toi, que ce qu'il a senti le
plus soient les œuvres d'art. — Ce qu'il a senti le plus,
ce sont ses propres passions. Musset est plus poète
qu'artiste, et maintenant beaucoup plus homme que
poète — et un pauvre homme.

Musset n'a jamais séparé la poésie des sensations
qu'elle complète. La musique, selon lui, a été faite pour
les sérénades, la peinture pour le portrait, et la poésie
pour les consolations du cœur. Quand on veut ainsi
mettre le soleil dans sa culotte, on brûle sa culotte, et
on pisse sur le soleil. C'est ce qui lui est arrivé.

« Les nerfs, le magnétisme, voilà la poésie. » Non, elle a une base plus sereine. S'il suffisait d'avoir les nerfs sensibles pour être poète, je vaudrais mieux que Shakespeare et qu'Homère, lequel je me figure avoir été un homme peu nerveux. Cette confusion est impie. J'en peux dire quelque chose, moi qui ai entendu, à travers des portes fermées, parler à voix basse des gens à trente pas de moi, moi dont on voyait à travers la peau du ventre bondir tous les viscères, et qui parfois ai senti dans la période d'une seconde un million de pensées, d'images, de combinaisons de toute sorte qui pétaient à la fois dans ma cervelle comme toutes les fusées allumées d'un feu d'artifice[1]. — Mais ce sont d'excellents sujets de conversation et qui émeuvent.

La Poésie n'est point une débilité de l'esprit, et ces susceptibilités nerveuses en sont une. — Cette faculté de sentir outre mesure est une faiblesse. Je m'explique.

Si j'avais eu le cerveau plus solide, je n'aurais point été malade de faire mon droit et de m'ennuyer. J'en aurais tiré parti, au lieu d'en tirer du mal. Le chagrin, au lieu de me rester sur le crâne, a coulé dans mes membres et les crispait en convulsions. C'était une *déviation*. Il se trouve souvent des enfants auxquels la musique fait mal. — Ils ont de grandes dispositions, retiennent des airs à la première audition, s'exaltent[a] en jouant du piano ; le cœur leur bat, ils maigrissent, pâlissent, tombent malades. Et leurs pauvres nerfs, comme ceux des chiens, se tordent de souffrance, au son des notes. Ce ne sont point là les Mozarts de l'avenir. La *vocation* a été déplacée. L'idée a passé dans la chair où elle reste stérile, et la chair périt. Il n'en résulte ni génie, ni santé[b].

Même chose dans l'art. La passion ne fait pas les vers. — Et plus vous serez personnel, plus vous serez faible. J'ai toujours péché par là, moi ; c'est que je me suis toujours mis dans tout ce que j'ai fait. — À la place de saint Antoine, par exemple, c'est moi[c] qui y suis. La tentation a été pour moi et non pour le lecteur. — *Moins on sent une chose, plus on est apte à l'exprimer comme elle est* (comme elle est *toujours,* en elle-même, dans sa généralité, et dégagée de tous ses contingents éphémères). Mais il faut avoir la faculté *de se la faire sentir*. Cette faculté

n'est autre que le génie. Voir. — Avoir le modèle devant
soi, qui pose. —

C'est pourquoi je déteste la poésie *parlée,* la poésie en
phrases. — Pour les choses qui n'ont pas de mots, le
regard suffit. — Les exhalaisons d'âme, le lyrisme, les
descriptions, je veux de tout cela en style. Ailleurs c'est
une prostitution, de l'art, et du sentiment même.

C'est cette pudeur-là qui m'a toujours empêché de
faire la cour à une femme. — En disant les phrases
po-ë-tiques qui me venaient alors aux lèvres, j'avais peur
qu'elle ne se dise : « Quel charlatan ! » et la crainte d'en
être un effectivement, m'arrêtait. — Cela me fait songer
à Mme Cloquet[1] qui, pour me montrer comme elle
aimait son mari et l'inquiétude qu'elle avait eue durant
une maladie de cinq à six jours qu'il avait faite, relevait
son bandeau pour que je visse deux ou trois cheveux
blancs sur sa tempe et me disait : « J'ai passé trois nuits
sans dormir ! trois nuits à le garder. » C'était en effet
formidable de dévouement.

Sont de même farine tous ceux qui vous parlent de
leurs amours envolés, de la tombe de leur mère, de leur
père, de leurs souvenirs bénis, qui baisent des médaillons,
pleurent à la lune, délirent de tendresse en voyant des
enfants, se pâment[a] au théâtre, prennent un air pensif
devant l'Océan. Farceurs ! farceurs ! et triples saltimbanques ! qui font le saut du tremplin sur leur propre
cœur pour atteindre à quelque chose.

J'ai eu aussi, moi, mon époque nerveuse, mon époque
sentimentale, et j'en porte[b] encore, comme un galérien,
la marque au cou. Avec ma main brûlée j'ai le droit
maintenant d'écrire des phrases sur la nature du feu[2].
Tu m'as connu, comme cette période venait de se clore,
et arrivé à l'âge d'homme. — Mais avant, autrefois, j'ai
cru à la réalité de la poésie dans la vie, à la beauté plastique
des passions, etc. J'avais une admiration égale pour
tous les tapages ; j'en ai été assourdi et je les ai distingués.

J'aurais pu t'aimer d'une façon plus agréable pour
toi. — Me prendre à ta surface et y rester. — C'est
longtemps [ce] que tu as voulu. Eh bien non. J'ai été
au fond. — Je n'ai pas admiré ce que tu montrais, ce
que tout le monde pouvait voir, ce qui ébahissait le
public. J'ai été au-delà et j'y ai découvert des trésors.
Un homme que tu aurais séduit et dominé ne savourerait

pas comme moi ton cœur aimant jusqu'en ses plus petits angles. — Ce que je sens pour toi n'est pas un fruit d'été, à peau lisse, qui tombe de la branche au moindre souffle et épate sur l'herbe son jus vermeil. — Il tient au tronc, à l'écorce dure comme un coco, ou garnie de piquants comme les figues de Barbarie. — Cela vous blesse les doigts, mais contient du lait.

———

Quel beau temps ! Louise, comme le soleil brille ! Tous mes volets sont fermés, je t'écris dans l'ombre. — Voilà deux ou trois bien belles nuits. — Quels clairs de lune ! Je me sens en bon état physique et moral, et j'espère que ma *Bovary* va reprendre un peu. La chaleur me fait l'effet d'eau-de-vie. Elle me sèche la fibre et m'excite. — J'attends B[ouilhet]. Un bon baiser. Je fermerai ma lettre ce soir. À toi.

Ton G.

———

Je te renvoie aussi ton article, à cause des citations coupées.

———

Mardi soir.

B[ouilhet] est étonné de n'avoir reçu de toi ni lettre ni *Pays*. Qu'est-ce qu'il y a ?

Voilà l'article ; il ira comme ça[1]. Tâche pourtant de le faire passer. — Ainsi que la pièce de *Pradier,* si elle ne l'est pas encore[2].

À LOUISE COLET

[Croisset,] nuit de mercredi.
[7 juillet 1852.]

Non, je ne te ferai pas de reproches, quoique tu m'a[ie]s fait bien souffrir ce matin, étrangement, et d'une manière nouvelle. Quand j'en suis arrivé, dans ta lettre[3], au *tutoiement,* c'est comme si j'eusse reçu un soufflet sur

la joue, j'ai bondi. — Oui, j'ai eu cette faiblesse et ne pas
l'avouer serait poser. Cet homme me paiera cette rou-
geur un jour ou l'autre, d'une façon telle qu'elle *[sic]*. Si
je faisais des phrases dans son genre, je te dirais que
j'éprouve le besoin de l'assommer. Mais il est certain
que je le bâtonnerais avec délices, et qu'il me reste de
tout cela un *cor* fort sensible[a]. S'il me marche jamais
sur le pied, je lui fourrerai ce pied dans le ventre, et
quelque chose avec. Ah ! ma pauvre Louise, toi, toi,
avoir été là ! Je t'ai vue un moment tuée sur le pavé,
avec la roue te passant sur le ventre, un pied de cheval
sur ta figure ; dans le ruisseau, toi, toi, et par lui ! Oh !
comme je voudrais qu'il revienne et que tu me [le]
foutes à la porte crânement devant trente personnes !
S'il te récrit, réponds-lui une lettre *monumentale* de cinq
lignes. « Pourquoi je ne veux pas de vous ? Parce que
vous me dégoûtez et que vous êtes un lâche. » Il aura
peut-être peur de se compromettre en venant voir si
tu n'étais pas écrasée sous la roue[1].

Noble poète qui pense à amuser le prince-président
en lui envoyant des facéties sur l'Académie[2] (dont il est
très fier d'être membre), et qui tremble encore, à l'heure
qu'il est, que l'Académie n'en sache quelque chose !

Tu as manqué de tact dans toute cette affaire. — Il y a
du vent dans la tête des femmes, comme dans le ventre
d'une contrebasse ! Au lieu de t'élancer de la voiture,
tu n'avais qu'à faire arrêter le cocher et de *[sic]* lui
dire : « Faites-moi le plaisir de jeter dehors M. A. de
M[usset] qui m'insulte. »

Je m'arrête, je ne veux pas t'en écrire plus long. — Il
est très tard. Je n'ai rien fait aujourd'hui, sauf ce soir
depuis deux heures.

La pièce sur Mme Waldor[3] est fort belle, fort belle.
Quand au reste, assez médiocre.

Merci pour l'article, et qu'on le signe surtout[4] ! —
J'attends les vers avec impatience[5].

Adieu. — Je t'embrasse, je te serre, je te baise partout.
À toi, à toi, mon pauvre amour outragé. Encore un
long baiser.

Ton G.

À LOUISE COLET

[Croisset,] lundi soir. [12 juillet 1852.]

Si j'avais le temps je te ferais une belle leçon d'anatomie sur toute cette histoire passée de M[usset]. (Je n'y
reviendrai plus, n'aie pas peur, j'en suis, plus que toi,
fort saoul.) Et reprenant une à une toutes tes lettres je
disséquerais muscle à muscle et jusqu'aux plus petits
filets nerveux tout ce qui s'est passé. Je le sais. — Sais-
tu ce qu'il y a de mieux dans tout cela et la seule bonne
chose que tu as faite? C'est de me l'avoir dit. Cette
franchise t'honore, elle est au-dessus de la vulgarité de
la plupart des femmes. Mais tu as été bien femme!
pauvre Louise. — Une telle étude était une lecture trop
difficile pour tes yeux tendres. Ils se sont brouillés sur
les lignes que tu voulais lire pour t'amuser seulement.
— Voilà pourquoi ta conduite, pour lui, doit être encore
inexplicable. — Il ne se tient pas pour battu, il reviendra. Vous vous reverrez, n'importe comment. — La
scène de la voiture[1] était un dénouement, il a recommencé un autre acte, celui des adieux, des regrets, des
« Ah! si le Ciel l'avait voulu! ».

Ai-je été jaloux, moi, dans tout cela? — Il se peut. Au
récit de ta grande lettre, quand je me suis senti si furieux,
ce n'était pas de la jalousie pourtant, mais deux sentiments, celui de mon impuissance, de mon inanité (je
n'étais pas là, me disais-je)[a] et une sensation de scandale,
d'outrage personnel, comme la déglutition d'une ignominie qu'on m'entonnait.

Sais-tu que je suis embarrassé avec toi, je ne sais sur
quel terrain marcher. Tu m'écris qu'un conseil que je
t'ai donné, désintéressé comme je l'eusse fait à ma sœur,
celui de promettre et après de l'envoyer bouler, *t'avait
pincé le cœur*[2]. Je m'y perds et n'y comprends rien.

Pourquoi aussi as-tu l'air de me supplier de ne pas
le tuer, comme si j'étais un rodomont et que j'eusse fait
là-dessus des phrases écarlates[3]. Serait-ce pour me
montrer que tu me regardes comme un homme très
brave, et me flatter? — Rassure-toi, je ne chercherai
pas d'occasion. Mais je te jure bien, et par tous les ser-

ments possibles, que si elle se présente, je ne la raterai
pas. Je tiens toutes mes paroles et surtout celles que je
me donne.

Puis-je te parler franchement ? Mais tu vas te blesser
encore. Tant pis ! Tu m'as dit la vérité, je te la dois aussi.

Tout cela m'a rendu fort triste. Je me suis dit : en
effet je suis si peu avec elle ! et si rarement ! et je ne suis
pas après tout ce qui s'appelle un homme aimable. — (Si
j'étais femme en effet je ne voudrais pas de moi pour
amant, c'est sûr. — Une passade, oui, mais une intimité,
non.) Eh bien, dans une heure de vide, un autre est venu,
un autre, célèbre celui-là, et suppliant et se faisant
enfant... Vaudrait-il mieux pour elle qu'elle m'abandonne ? — La rendrait-il plus heureuse ? Et je vous ai
vus ensemble quelque temps. Mais quelle société ! quel
dégoût dans ces baisers pleins de hoquets ! — Et quelle
misère d'homme en vérité ! — Je vaux mieux que cela,
moi. On ne me met pas encore de persil dans le nez, et
je n'ai ni renié mes maîtres, ni cherché à amuser le
prince-président, ni défié de se tuer quelqu'un que
j'outrageais[1].

Ouf ! — assez, hein ? — N'en parlons plus. Que je
t'embrasse à toutes les places qu'il convoite et qu'il n'en
soit plus question.

Voilà dix jours que je travaille bien. J'en ai autant
fait depuis ces grandes chaleurs que pendant tout le
mois de juin qui a été atroce pour moi. — Dans une
quinzaine j'espère avoir fini ma 1re partie. Encore une
semaine ensuite pour la corriger et une autre pour revoir
le tout. Ainsi dans 4 semaines environ je t'irai voir[2]. —
Cette fin m'occupe beaucoup. J'ai tout abandonné pour
y travailler exclusivement.

Autre chapitre auquel je te prie de me répondre franchement. Tu me parais un peu gênée sous le rapport du
numéraire. Veux-tu 500 fr[ancs] ? Toute la peine sera de
les aller chercher à Rouen et rien autre. Tu aurais bien
tort de faire des cérémonies. Ce serait assez bête. J'ai
encore mille francs, reste de 22 mille[3]. Nous partage-
rons. — Ou que je te les apporte, c'est comme tu
voudras.

————

Entre nous je ne compte pas beaucoup sur l'article

du vieux père *Car*pentigny[1] qui m'a l'air d'un très galant
homme, mais profondément farceur. On dit tant de
choses par politesse ! J'attends avec impatience l'article
et surtout les vers du *Pays*[2]. As-tu recommandé à
Ferrat[3] de ne pas bavarder ?

Lis-tu enfin *L'Âne d'or* ? Je t'apporterai Bergerac[4],
il faut que tu connaisses ce drôle. — Tu ne lis pas assez de
bonnes choses. — Un écrivain, comme un prêtre, doit
toujours avoir sur sa table de nuit quelque livre sacré.

Tu peux m'envoyer de l'eau Taburel. Mes cheveux
ne tombent plus. — Adieu, ma chère Louise, aime-moi
toujours. Dans un mois nous aurons encore quelques
bons moments, et puis dans un an. — Espérer, tout est
là, espérer et mourir, tel[le] est la vie. Ça ferait une belle
devise de cachet.

À toi, ton G.

À LOUIS BOUILHET

[Croisset, nuit du 17 au 18 juillet 1852.]

Pour éviter tout malentendu, je te renvoie ce mot.

Tout bien réfléchi, il faut vraiment que je voie un
comice agricole[5]. (Sens-tu la beauté de ma rage ? —
Cérès me poursuit. Quelle Proserpine !)

Donc je m'embarquerai par le bateau qui passe devant
Croisset à 9 h 3/4. — Prends celui-là.

Si tu ne prends que celui de 11 h[eures], déjeune à
Croisset, et viens-t'en me retrouver ensuite.

J'imagine qu'il doit y avoir de bonnes charges à voir.

Il est 1 h[eure] du matin. Je ne sais pas comment je
n'ai pas la poitrine défoncée, depuis 4 h[eures] que je
hurle sans interruption. Il faut que j'aie décidément les
poumons entourés d'un triple airain plus que le premier
navigateur[6].

Addio carissimo (petit chic italien et bien porté).

À LOUISE COLET

[Croisset,] dimanche soir. [18 juillet 1852.]

Ce sera ce soir une lettre bien courte. Voilà plusieurs
nuits que je passe à peu près complètement et j'ai
besoin d'en faire une bonne. Je t'écrirai plus longuement
un des jours de cette semaine. Hier il a fallu se lever
avant six heures pour aller à 3 lieues d'ici, à la campagne,
à l'enterrement de Fauvel, ce cousin de ma mère dont
je t'ai parlé, qui est mort en Afrique. J'ai avalé deux
messes, une à la cathédrale de Rouen d'abord, puis là-
bas à Pissy[1]. Ce matin, j'ai été à un comice agricole[2],
dont j'en [sic] suis revenu mort de fatigue et d'ennui.
J'avais besoin de voir une de ces ineptes cérémonies
rustiques pour ma *Bovary,* dans la deuxième partie. C'est
pourtant là ce qu'on appelle le Progrès et où converge la
société moderne. J'en suis physiquement malade. L'ennui
qui m'arrive par les yeux me brise, nerveusement parlant,
et puis le spectacle longtemps enduré de la foule me
plonge toujours dans des vases de tristesse où j'étouffe !
Je ne suis pas sociable, définitivement. La vue de mes
semblables m'alanguit. Cela est très exact et littéral.

Quelles bonnes journées j'ai passées jeudi et vendredi !
Jeudi soir, à deux heures du matin, je me suis couché
si animé de mon travail qu'à trois heures je me suis relevé
et j'ai travaillé jusqu'à midi. Le soir je me suis couché
à une heure, et encore par raison. J'avais une rage de
style au ventre à me faire aller ainsi le double de temps
encore. Le vendredi matin, quand le jour a paru, j'ai
été faire un tour de jardin. Il avait plu, les oiseaux commençaient à chanter et de grands nuages ardoise cou-
raient dans le ciel. J'ai joui là de quelques instants de
force et de sérénité immense dont on garde le souvenir
et qui font passer par-dessus bien des misères. J'éprouve
encore l'arrière-goût de ces trente-six heures olym-
piennes et j'en suis resté gai, comme d'un bonheur.

Ma première partie est à peu près faite. J'éprouve un
grand sentiment de débarras. Jamais je n'ai écrit quelque
chose avec tant de soin que ces vingt dernières pages.
Au milieu de la semaine qui suivra la prochaine, c'est-à-

dire vers le 4 ou le 5 août, de mardi ou de mercredi en quinze, je compte donc aller te voir. Je t'apporterai 500 francs ; ce sera avant l'époque de ton billet.

Musset s'est conduit en *homme d'esprit*[1]. Retiens cela et rappelle-toi cette appréciation de sa conduite présente pour plus tard. Voilà tout ce que j'en peux dire.

Quant à moi, tu finis par me donner une figure ridicule d'anthropophage, que je renie. Mais mes sentiments là-dessus ne sont pas comme les tiens, si variables[2]. Je n'ai vu que l'action et non la réaction. Tu m'excuseras donc si je garde mes premières impressions que rien, je crois, n'effacera. Ce qui se formule en moi par image y reste. Or il m'en a causé une, à ton endroit, odieuse. Nous causerons de tout cela tranquillement, ensemble, dans seize à dix-huit jours[3], quand je t'embrasserai, ma bonne chère Louise.

J'ai bien ri de ton excitation à propos du *Satyricon*[4]. Il faut que tu sois fort inflammable. Je te jure bien, quant à moi, que ce livre ne m'a jamais *rien fait*. Il y a, du reste, peu de luxure, quoi que tu en dises. Le luxe y domine tellement la chair qu'on la voit peu.

Adieu, à bientôt une autre lettre. Écris-moi.

Je t'embrasse bien fort.

À toi. Ton G.

À LOUISE COLET

[Croisset,] jeudi 4 heures du soir.
[22 juillet 1852.]

Je suis en train de recopier, de corriger et raturer toute ma première partie de *Bovary*. Les yeux m'en piquent. Je voudrais d'un seul coup d'œil lire ces cent cinquante-huit pages et les saisir avec tous leurs détails dans une seule pensée. Ce sera de dimanche en huit que je relirai tout à Bouilhet et le lendemain, ou le surlendemain, tu me verras. Quelle chienne de chose que la prose ! Ça n'est jamais fini ; il y a toujours à refaire. Je crois pourtant qu'on peut lui donner la consistance du vers. Une bonne phrase de prose doit être comme un bon vers, *inchangeable,* aussi rythmée, aussi sonore. Voilà du moins mon ambition (il y a une chose dont je suis sûr, c'est que personne n'a jamais eu en tête un type de prose plus parfait que moi ; mais quant à l'exécution, que de faiblesses, que de faiblesses mon Dieu !). Il ne me paraît pas non plus impossible de donner à l'analyse psychologique la rapidité, la netteté, l'emportement d'une narration purement dramatique. Cela n'a jamais été tenté et serait beau. Y ai-je réussi un peu ? Je n'en sais rien. À l'heure qu'il est je n'ai aucune opinion nette sur mon travail.

Causons un peu de la pièce d'*Hugo*[1]. Je n'aime pas les six premiers vers :

> *Aux anges de ta vie*

pas d'ange ! pas d'ange ! Ce sont tous ces mots-là qui donnent des chloroses au style. Une femme vaut mieux qu'un ange, d'abord ; les ailes ne valent pas les omoplates et sont plus faciles à faire. La description du salon est bien troussée et il y a là deux excellents vers :

> *Mais l'ombre disputait...*
> *La moitié du plafond...*

> *Des fronts charmants, des têtes inspirées*

répétition de la même idée ; lourd et surtout bien vague d'expression à côté du détail si précis *bordures dorées*. *Piédestal, triomphal*, rime commune ; va avec : *guerriers, lauriers*.

> *D'un culte saint et la tête penchée*

encore une tête. C'est trop de têtes.

> *Comme une Grecque eût fait de ses poètes dieux*

atroce de tournure.

> *Une muse...*
> *Attachait...*

deux bons vers, si ce n'est *conquis*, qui est banal.

Tu passais radieux, ceint de la double gloire ! !

deux idées ; une aurait suffi ; elles se nuisent. On voit
à la fois des rayons et une ceinture. Que l'idée de *radieux*
emplisse seule le vers ! C'est *ceint* qui est mauvais.

Les deux autres, qui finissent le mouvement, bons.

Héros triomphants

pas raide ; nous avons déjà triomphal plus loin. Toute
la fin du couplet bien pâteuse. Mauvaises épithètes :
courtisane étrange. Pourquoi étrange ? Pour rimer avec
ange. Pourquoi *ange ?* Pour rimer avec *étrange ;* cheville
double.

Le couplet qui suit me plaît assez et le commencement
de l'autre, dont je ne comprends pas la fin parce que
l'idée n'est pas nette ; et d'ailleurs encore du *radieux.*

Quoi qu'il en soit, il y a du bon dans cette pièce et
j'en aime assez l'ensemble. C'est bien de toi dont on
peut dire le mot de Boileau sur Corneille[1]. Il a un bon
génie qui lui souffle des vers et puis qui, tout à coup,
l'abandonne et lui dit : « Tirez-vous-en comme vous
pourrez. » À côté de choses excellentes tu en fourres
avec le même aplomb de pitoyables.

> *Mais l'ombre disputait à la pâle clarté*
> *La moitié du plafond rempli d'obscurité.*

n'a pas l'air d'être fait par l'auteur de :

> *Les suaves désirs de la vierge au cœur d'ange*
> *Et ceux de Marion la courtisane étrange.*

Et ce qui m'étonne, c'est que souvent, en tes bons
endroits, la difficulté y est vaincue triomphalement
(comme ici par exemple) et que les mauvais pèchent au
contraire par une inexpérience enfantine.

Médite donc plus avant d'écrire et attache-toi au *mot.*
Tout le talent d'écrire ne consiste après tout que dans
le choix des mots. C'est la précision qui fait la force.
Il en est en style comme en musique : ce qu'il y a de plus
beau et de plus rare c'est la pureté du son.

Bouilhet a reçu de Du Camp une lettre qui nous plonge dans une hilarité profonde. Il a découvert les vers au *Pays*[1] et lui fait toute espèce d'offres de services. Il va en mettre dans le numéro d'août, lui en promet d'avance pour celui de novembre, etc.[2] Voilà les hommes : plus on les néglige, plus ils vous recherchent. Quelle pitoyable chose que tout cela !

Je ne te parle jamais de mes embêtements de famille, mais je n'en manque pas non plus. Mon frère, ma belle-sœur, mon beau-frère [...[3]], j'ai de tout cela plein le dos. Dieu ! que je suis gorgé de mes semblables ! Si j'étais seul, l'ennui ne durerait pas un quart d'heure et j'aurais bien vite envoyé promener toutes ces mauvaises bêtes. Patience ! Je me promets un jour un grand soulagement de ce côté. Mon entourage (qui, Dieu merci, m'entoure peu) recevra un jour de ma seigneurie une ruade telle qu'il ne s'en relèvera plus. Quelle admirable invention du Diable que les rapports sociaux !

Je lis maintenant le soir, dans mon lit, l'histoire de Charles XII du sieur de Voltaire. C'est corsé ! Voilà de la narration au moins.

Énault poussant Bouilhet me paraît assez grotesque[4]. Mais qu'est-ce qui n'est pas grotesque ? Voir les choses en farce est le seul moyen de ne pas les voir en noir. Rions pour ne pas pleurer.

Dans quinze jours, chère Louise, j'espère être à tes côtés (et sur tes côtes). J'en ai besoin. Cette fin de mon roman m'a un peu fatigué. Je m'en aperçois maintenant que le four commence à se refroidir.

Adieu, je profite d'une occasion pour Rouen pour faire partir ma lettre ce soir. Écris-moi. Je t'embrasse tendrement comme je t'aime, ma vieille chérie.

À toi. Ton G.

À LOUISE COLET

[Croisset,] lundi soir, 1 heure de nuit.
[26 juillet 1852.]

J'en aurais encore pour quinze grandes journées de travail à revoir toute ma première partie[5]. J'y découvre de monstrueuses négligences. Mais je t'ai promis pour

la semaine prochaine de venir ; je ne manquerai pas à
ma promesse. Ce ne sera pas lundi, mais mercredi[1] ; je
resterai une huitaine. Nous devons aller à Trouville (où
ma mère a besoin) vers le 15. Si je ne reviens pas exprès
pour ton prix[2], chose que je ne puis te promettre, je
viendrai te faire une petite visite dans les premiers jours
de septembre, quand je ne serai pas encore bien en train
et que le scénario de ma seconde partie sera bien retravaillé. Voilà sept à huit jours que je suis à ces corrections,
j'en ai les nerfs fort agacés. Je me dépêche et il faudrait
faire cela lentement. Découvrir à toutes les phrases des
mots à changer, des consonances à enlever, etc. ! est un
travail aride, long et très humiliant au fond. C'est là
que les bonnes petites mortifications intérieures vous
arrivent. J'ai lu mes vingt dernières pages hier à Bouilhet
qui en a été content ; pourtant, dimanche prochain je
lui relis tout. Je ne t'apporterai rien ; avec toi j'ai de la
coquetterie, et je ne te montrerai pas une ligne avant que
je n'aie complètement fini, quelque envie que j'aie de
faire le contraire. Mais c'est plus raisonnable ; tu n'en
jugeras que mieux et n'en auras que plus de plaisir si
c'est bon. Encore une longue année !

J'ai reçu l'eau Taburel, l'article[3] et la poudre. Pourquoi
la poudre ? Je me sers depuis des années d'odontine de
Lepelletier, qui est une très bonne chose. Enfin je vais
user de cette poudre en ton honneur.

Les vers du *Pays* sont parus[4]. (Merci pour nous deux,
ma pauvre chérie.) Un journal de Rouen les a reproduits
le lendemain[5]. Hier j'ai été voir à Rouen une ascension
aérostatique de Poitevin ; c'est fort beau. J'ai été dans
une vraie admiration. — De tes deux pièces de vers, il
n'y a de vraiment *bon* que le milieu de *La Place Royale*[6] ;
la fin est bien molle. Pourquoi donc ne donnes-tu pas
plus cours à ton talent pittoresque ? Tu es plus pittoresque et dramatique que sentimentale, retiens cela ; ne
crois pas que la plume ait les mêmes instincts que le cœur.
Ce n'est pas dans le vers de sentiment que tu réussis,
mais [dans] le vers *violent* ou imagé, comme toutes les
natures méridionales. Va donc dans cette voie franchement ; il y a, dans cette pièce de *La Place Royale,* de charmantes choses, comme rareté et compréhension plastique,
et qui sont à toi, au moins qui sont neuves. Dans quatorze à seize mois, quand j'aurai un logement à Paris, je

te rendrai la vie dure, va, et je te traiterai virilement comme tu le mérites.

Oui, c'est une étrange chose que la plume d'un côté et l'individu de l'autre. Y a-t-il quelqu'un qui aime mieux l'antiquité que moi, qui l'ait plus rêvée, et fait tout ce qu'il a pu pour la connaître ? Et je suis pourtant un des hommes (en mes livres) les moins antiques qu'il y ait. À me voir d'aspect, on croirait que je dois faire de l'épique, du drame, de la brutalité de faits, et je ne me plais au contraire que dans les sujets d'analyse, d'anatomie, si je peux dire. Au fond, je suis l'homme des brouillards, et c'est à force de patience et d'étude que je me suis débarrassé de toute la graisse blanchâtre qui noyait mes muscles. Les livres que j'ambitionne le plus de faire sont justement ceux pour lesquels j'ai le moins de moyens. *Bovary,* en ce sens, aura été un tour de force inouï et dont moi seul jamais aurai conscience : sujet, personnage, effet, etc., tout est hors de moi. Cela devra me faire faire un grand pas par la suite. Je suis, en écrivant ce livre, comme un homme qui jouerait du piano avec des balles de plomb sur chaque phalange. Mais quand je saurai bien mon doigté, s'il me tombe sous la main un air de mon goût et que je puisse jouer les bras retroussés, ce sera peut-être bon. Je crois, du reste, qu'en cela je suis dans la ligne. Ce que vous faites n'est pas pour vous, mais pour les autres. L'Art n'a rien à démêler avec l'artiste. Tant pis s'il n'aime pas le rouge, le vert ou le jaune ; toutes les couleurs sont belles, il s'agit de les peindre. Lis-tu *L'Âne d'or ?* Tâche donc de l'avoir lu avant que je n'arrive, que nous en causions un peu. Je t'apporterai Cyrano. Voilà un fantaisiste, ce gaillard-là, et un vrai encore ! ce qui n'est pas commun. J'ai lu le volume[1] de Gautier : piteux ! Par-ci par-là une belle strophe, mais pas une pièce. C'est éreinté, recherché ; toutes les ficelles sont en jeu. On sent un cerveau qui a pris des cantharides. Érection de mauvaise nature, comme celle des gens qui ont les reins cassés. Ah ! ils sont vieux tous ces grands hommes, ils sont vieux, ils bavachent sur leur linge. Ils ont fait tout ce qu'il faut pour cela, du reste.

Sois tranquille, le jeune homme[2] aura son paquet, non pas par moi (ça pourrait être jugé partial), mais par Bouilhet qui s'en charge.

J'irai après-demain à Rouen pour toi[1] et huit jours après nous nous verrons donc ! Comme je te serrerai dans mes bras avec plaisir, comme je t'embrasserai ! Adieu, chère Louise bien-aimée, mille baisers sur les yeux et sous le col. À toi.

Ton GUSTAVE[2].

————————

Je te rapporterai tous tes livres et journaux. Je t'écrirai samedi ou dimanche pour te dire le jour précis de mon arrivée.

À LOUISE COLET

[Croisset,] dimanche soir, 11 heures.
[1er août 1852.]

Après-demain, à cette heure-ci je serai avec toi. Attends-moi, mardi, vers 9 ou 10 heures.
J'ai retrouvé la pièce des *Yeux*[3] et te l'apporte.
À toi, à bientôt.

Ton G.

Ce sont de bonnes lettres, cela, n'est-ce pas ? quoiqu'elles ne soient pas longues. J'écrirai la prochaine avec moins de plaisir.
Mille baisers encore.

À JULES DUPLAN

[Paris,] jeudi soir. [5 août 1852 ?]

Mon cher Duplan,
Je suis à l'hôtel du Helder pour cinq à six jours. J'aurais bien des choses à vous dire, et grand plaisir à vous voir.
Dites-moi l'heure où vous êtes chez vous. Quant à moi je ne sors guère avant 9 heures.
À vous.

À LOUISE COLET

[Paris,] 9 heures du soir.
[5 août 1852 ?]

Je tombe sur les bottes (expression que je t'expliquerai).

Dieu ! que c'est mauvais, que c'est mauvais[1] ! J'en suis gêné. Et les orgues de barbarie qui n'arrêtent pas !

J'y suis depuis 3 heures. Je sors pour aller dîner. Duplan vient à 10 heures.

Je travaillerai tard cette nuit.

Adieu, mille baisers. À demain, le plus tôt possible, mais je veux te porter *tout* achevé.

À JULES DUPLAN

[Paris, 6 août 1852 ?]

Venez, mon cher ami, à 11 heures, dimanche. Vous déjeunerez avec Bouilhet et le philosophe Baudry[2].

À vous.

Vendredi matin.

À JULES DUPLAN

[Paris,] samedi matin. [7 août 1852 ?]

Mon cher Duplan,

Voici les poésies en question.

Pas n'est besoin de vous recommander la plus stricte discrétion. — Vous comprenez quel triomphe il y aurait de l'autre côté si la chose ratant, venait à être éventée[3].

J'espère vous voir mercredi soir à 8 heures 1/2. — Mais d'ici là je vous écrirai un mot.

Adieu, je vous serre les mains.

À vous de cœur, avec toutes sortes de remerciements de nous deux.

Si la pièce du *Marchand de mouron*[1] plaisait, et que
la dernière strophe déplût, on pourrait la changer. Au
reste nous en causerons. — Bon courage, à mercredi
donc.

À LOUIS BOUILHET

[Paris,] mardi, minuit. [10 août 1852.]

Mon cher vieux,

J'arrive à la rue Verte[2] jeudi à 3 h 17 m. Il faut que
tu t'y trouves afin que je te remette la pièce de la Muse
La Veille que tu dois lui renvoyer de suite. Il y a urgence
pour l'impression[3].

Nous avons travaillé comme des enragés. Pour ma
part quant à moi j'en ai assez.

L'histoire des 500 francs m'embête, enfin !... J'espère
que, comme pour le reste, on aura le bon esprit de ne
pas m'en parler[4].

À toi, ton vieux solide.

Saulcy m'a promis ce matin que ce serait Ph. Chasles
qui ferait ton article dans *L'Athenaeum*. — C'est bon
comme signature. — Ça va bien[5].

À JULES DUPLAN

[Paris,] mercredi matin. [11 août 1852 ?]

Mon cher Duplan,

Je vous attends ce soir à 9 heures.

Si vous étiez libre ce matin, une minute, ça ferait
mieux mon affaire. — Je serai chez moi jusqu'à
2 h[eures]. —

Si pourtant vous ne pouvez venir que ce soir je vous
attends.

Un mot de réponse.

À vous.

Rue du Helder, 10.

À LOUISE COLET

[Croisset,] mercredi, minuit.
[1er septembre 1852.]

Chère et bonne Louise, j'ai été tantôt à Rouen (j'avais
à y chercher un Casaubon[1] à la Bibliothèque) et j'ai rencontré par hasard le jeune Bouilhet, chez lequel je devais
aller ensuite. — Il m'a montré ta lettre. Permets-moi de te
donner, ou plutôt de vous donner un conseil d'ami et si
tu as quelque confiance en mon flair, comme tu dis,
suis-le. Je te demande ce service *pour toi*. Ne publie pas
la pièce qu'il t'a adressée. Voici mes raisons. — Elle vous
couvrirait de ridicule tous les deux. Les petits journaux
qui n'ont rien à faire ne manqueraient pas de blaguer
sur *les regards de flamme, les bras blancs, le génie*, etc... et
la Reine ! surtout. Ne touchez pas à la Reine deviendrait
un proverbe[2]. Cela te ferait du tort, sois-en sûre. S'ils
étaient bons, ces vers, au moins, mais c'est que la pièce
est assez médiocre en elle-même (je la connaissais et ne
t'en avais point parlé pour cela). Tu t'es d'ailleurs
révoltée toi-même contre cette association du physique
et du moral que je trouve ici outrée et même maladroite :

Qui ne vante nos vers qu'en vantant nos beaux yeux[3].

On vous associerait dans un tas de charges. — La pièce,
étant la plus faible jusqu'à ce jour que B[ouilhet] ait
faite, lui nuirait (songes-y un peu) et quant à toi, à part
la petite gloriole d'un instant de la voir imprimée, te
ferait peut-être un mal plus sérieux. Il n'avait point
réfléchi à tout cela, et riait seulement de ta résolution[a]. —
Nous sommes convenus qu'il t'en referait une plus
sérieuse, et plus publiable. — Tu es une très belle femme,
mais meilleur poète encore, crois-moi. Je saurais où en
aller trouver, qui aient la taille plus mince, mais je n'en
connais pas d'un esprit plus haut, quand toutefois le
cul, que j'aime entre parenthèses, ne le fait pas déchoir.
— Tu vas te révolter, je le sais bien. — Mais je te conjure de réfléchir et, plus, *je te supplie* de suivre mon avis.

Si tu avais toujours eu un homme aussi sage que
moi, pour [te] conseiller, bien des choses fâcheuses ne
te seraient pas arrivées. — Comme artiste, et comme

femme, je ne trouve pas cette publication *digne*. Le public
ne doit rien savoir de nous. Qu'il ne s'amuse pas de nos
yeux, de nos cheveux, de nos amours. (Combien d'imbéciles accueilleront ces vers d'un gros rire !) C'est assez
de notre cœur, que nous lui délayons dans l'encre, sans
qu'il s'en doute. Les prostitutions personnelles en art
me révoltent. — Et Apollon est juste : il rend presque
toujours ce genre d'inspiration languissante. — C'est du
commun. — (Dans la pièce de B[ouilhet] il n'y a pas
un trait neuf. — On y sent, en dessous, une patte
habile, voilà tout.)

Console-toi donc, et attends une autre pièce où tu
seras chantée, mieux de toute façon, et d'une manière
plus durable. — C'est une affaire convenue, n'est-ce pas ?

Si quelqu'un t'outrage là-dessus[a], comment répondre ?
Il faut pour ces genres d'apothéoses une œuvre *hors
ligne*. Alors ça dure, fût-ce adressé à des crétins ou à des
bossus. Sais-tu ce qui te manque le plus, à toi ? *le discernement*. On en acquiert en se mettant des éponges d'eau
froide sur la tête, chère sauvage. — Tu fais et écris un
peu tout ce qui te passe par la cervelle, sans t'inquiéter
de la conclusion. — Témoin la pièce des *Fantômes*[1].

C'était une belle idée, et le début est magistral, mais
tu l'as éreintée à plaisir. — Pourquoi la femme spéciale,
au lieu de la femme en général ? Il fallait, dans la première partie, montrer l'indifférence de l'homme et, dans
la seconde, l'impression morne de la femme. Si ses
fantômes sont plus nets, c'est qu'ils ont passé moins
vite. C'est qu'elle a aimé et que l'homme n'a fait que
jouir. — Chez l'un c'est froid, chez l'autre c'est triste. —
Il y a oubli chez l'un, et rêve chez l'autre, étonnement
et regret. — C'est donc à refaire.

Voilà que tu deviens homme. Ce qui t'est personnel
est plus faible maintenant que ce qui est imaginé (tu as
été moins large en parlant de la femme que de l'homme).
J'aime ça, que l'on comprenne ce qui n'est pas nous. —
Le génie n'est pas autre chose, ma vieille : avoir la
faculté de travailler d'après un modèle imaginaire qui
pose devant nous. Quand on le voit bien, on le rend.
La forme est comme la sueur de la pensée. Quand elle
s'agite en nous, elle transpire en poésie.

Je reviens aux *Fantômes*. Je garderais jusqu'au § III
et je ferais un parallélisme plus serré. Il faut aussi que

l'on sente plus nettement les deux voix qui parlent. En
un mot ta pièce (telle qu'elle est) est au début large
comme l'humanité et à la fin, étroite comme l'entre-
deux des cuisses. Ne te laisse pas tant aller à ton lyrisme.
Serre, serre, que chaque mot porte. — La fin des *Fantômes* bavache et n'a plus de rapport avec le commencement. Il n'y a pas de raison avec un tel procédé pour
s'arrêter. — Il ne faut pas rêver, en vers. Mais donner
des coups de poing.

Je ne fais point de remarque marginale sur la seconde
partie, parce que presque rien ne m'en plaît ; mais ce
qui me plaît c'est ta bonne lettre de ce matin. — Tu m'as
dit un mot qui me va au cœur : « Je ferai quelque chose
de beau, dussé-je en crever. » Voilà un mot, au moins.
— Reste toujours ainsi, et je t'aimerai de plus en plus,
si c'est possible. C'est par là surtout que tu seras mon
épouse *légitime* et fatale.

B[ouilhet] va s'occuper des journaux de R[ouen][1].
— Ce sont des brutes, des ânes, etc... Faire un article
sérieux dans l'une de ces feuilles, c'est du temps complètement perdu de toute façon. — Est-ce qu'on lit à
Rouen ! Je voulais faire de toi un portrait littéraire, si
je l'avais pu toutefois, non pas à la Sainte-Beuve, mais
comme je l'entends. — Il m'aurait fallu pour cela te
relire en entier. — Ce serait pour moi un travail d'un
bon mois. C'est comme pour *Melaenis,* j'y ferai un jour
une préface[2]. — Quoi qu'il en soit, si tu me trouves dans
un journal de Paris une grande colonne, je t'y dirai des
douceurs, sincères. Mais quant à R[ouen], outre que la
chose me répugne *parce que c'est Rouen* (comprends ça),
cela ne te servirait à rien, ne te ferait pas vendre *un*
volume[3], ni apprécier *d'un* être humain.

Comme l'histoire de Babinet[4] m'a amusé ! Que je
te remercie de me l'avoir envoyée ! Ses rêves parlants sont bons, et sa vieille femme tirottant ses 6 coups
par nuit dans les premiers temps et dont maintenant
le pauvre trésor des houris est délaissé ! Farce ! farce !
et très farce[5]. À propos de Babinet il me vient des
idées sur son compte. On ne prête pas (dans les idées
du monde, et il faut songer qu'il n'y a que nous qui
ne les ayons pas, les idées du monde), d'ordinaire, dis-je,
on ne prête pas à une femme *Le Musée secret de Naples,*
c'est-à-dire un album lubrique, pour des prunes. Cela fait

entre le prêteur et l'emprunteuse un compromis (pardon, je ne voulais pas faire de calembour, c'est un terme de droit). On a un petit secret qui vous lie, et concernant l'article[a], qui pis est. Donc ne t'étonne pas si Babinet, un de ces jours, fait quelque tentative. Tout l'Institut[1] viendra s'agenouiller sur ton tapis. C'est écrit.

C'est, du reste, une belle liaison d'idées qu'il a eue. Il cherchait *L'Âne d'or*[2]. « Je ne le trouve pas, s'est-il dit ; voyons, qu'est-ce que je lui apporterais bien ? De l'antique et du salé, tout ensemble. Ah ! *Le Musée secret.* » Et il l'a mis dans sa poche.

Le Capitaine[3] est un farceur. Un homme comme lui ne s'ébouriffe pas de deux ou trois mots grossiers que j'aurai pu dire. — Il a voulu causer et voir ta mine.

La lettre de Mme Didier[4] m'a assez amusé. Ce fragment de pamphlet qu'elle cite a peut-être raison. Nous avons peut-être besoin des barbares. L'humanité, vieillard perpétuel, prend à ses agonies périodiques des infusions de sang. — Comme nous sommes bas ! et quelle décrépitude universelle !

Les trois XXX dans ta lettre, au bout du nom de David[5], me donnent à penser. — Est-ce qu'il ressemblerait au roi-musicien de la Bible que j'ai toujours suspecté d'avoir pour Jonathas un amour illicite ? Est-ce cela que tu as voulu dire ? Un homme aussi sérieux, du reste, doit être calomnié. S'il est chaste, on le répute pédéraste, c'est la règle. — J'ai également eu dans un temps cette réputation. J'ai eu aussi celle d'impuissant, et Dieu sait que je n'étais ni l'un ni l'autre. Quelle est cette cantatrice admiratrice de mon frère ?

Comme je m'amuse à causer avec toi ! Je laisse aller ma plume, sans songer qu'il est tard. Cela me délasse de t'envoyer au hasard toutes mes pensées, à toi ma meilleure pensée du cœur. J'ai été bien triste, les premiers jours de mon retour. Je suis en train maintenant. Je ne fais que commencer, mais enfin la roue tourne. — Tu parles des misères de la femme. Je suis dans ce milieu. Tu verras qu'il m'aura fallu descendre bas, dans le puits sentimental. Si mon livre est bon, il chatouillera doucement mainte plaie féminine. — Plus d'une sourira en s'y reconnaissant. J'aurai connu vos douleurs, pauvres âmes obscures, humides de mélancolie renfermée, comme vos arrière-cours de province, dont les murs ont de la mousse[6]. —

Mais c'est long… c'est long ! mes bras fatigués retombent quelquefois. — Quand me reposerai-je, quelques mois seulement ? Quand nous goûterons-nous tous deux, à loisir, et en liberté ? — Voilà encore une longue année devant nous, et l'hiver, toi avec les omnibus dans les rues boueuses, les nez rouges, les paletots et le vent sous les portes ; moi avec les arbres dépouillés, la Seine blanche et six fois par jour le bateau à vapeur qui passe. Patience, travaillons. L'été se passera. Après l'été je serai presque à la fin, et ensuite j'irai piquer ma tente près toi, dans un autre[1] désert, mais où tu seras.

Tu m'as mis à la fin de tes *Fantômes*[2], j'en ai aussi, moi, en deçà de toi[a], et de plus nombreux[3] ! Fantômes possédés, fantômes désirés surtout, ombres égales maintenant. J'ai eu des amours à tous crins, qui reniflaient dans mon cœur, comme des cavales dans les prés. J'en ai eu d'enroulés sur eux-mêmes, de glacés et de longs comme des serpents qui digèrent. J'ai eu plus de concupiscences que je n'ai de cheveux perdus. Eh bien, nous devenons vieux, ma belle, soyons-nous notre dernier fantôme, notre dernier mensonge, qu'il soit béni, puisqu'il est doux, qu'il dure longtemps, puisqu'il est fort ! —

Adieu, je t'embrasse toute entière. À toi, ton

GUSTAVE.

À LOUISE COLET

[Croisset,] samedi, 5 h[eures].
[4 septembre 1852.]

Nous ne sommes pas, à ce qu'il paraît, dans une bonne passe matérielle. Il y a sympathie (sympathie veut dire qui souffre ensemble) ; sans vouloir comparer mes tracas aux tiens, j'en ai ma petite dose. — Je suis si embêté de mon entourage que je n'en ai pas travaillé cet après-midi. C'est ma mère qui pleure, qui s'aigrit de tout, etc. ! (quelle belle invention que la famille !). Elle vient dans mon cabinet m'entretenir de ses chagrins domestiques. Je ne peux la mettre à la porte, mais j'en ai fort envie. — Je me suis réservé dans la vie un très petit cercle. — Mais une fois qu'on entre dedans

je deviens furieux, rouge. J'avais ainsi tout supporté de
Du Camp. Quand il a voulu l'envahir, j'ai allongé la
griffe[1]. Aujourd'hui elle prétend que ses domestiques
l'insultent (ce qui n'est pas). Il faut que je raccommode
tout, que je les engage à aller faire des excuses quand
ils n'ont pas tort. J'en ai plein mon sac par moments de
tout cela. — Je vais être, en outre, dérangé (mais je
m'arrangerai pour qu'on ne me dérange pas) par une
cousine qui vient ici passer deux mois[2]. Que ne peut-on
vivre dans une tour d'ivoire ! Et dire que le fond de
tout cela, c'est ce malheureux argent,

Ce bienheureux métal, argent, maître du monde[3] !

Si j'en avais un peu plus, je m'allégerais de bien des
choses. Mais, d'année en année, mon boursicot diminue
et l'avenir, sous ce rapport, n'est pas gai. — J'aurai
toujours de quoi vivre, mais pas comme je l'entends.
Si mon brave homme de père avait placé autrement sa
fortune, je pourrais être sinon riche, du moins dans
l'aisance[4]. — Et quant à en changer la nature, ce serait
peut-être une ruine nette. — Quoi qu'il en soit, je n'avais
aucun besoin des 200 fr[ancs] que tu m'as renvoyés[5]. Les
re-veux-tu ? Ma première idée, ce matin, a été de te les
renvoyer aussitôt. Mais avec toi, il faut mettre des gants.
J'ai eu peur que tu ne prisses cela pour une réponse
tacite à ta lettre de ce matin, et que tu ne pensasses que
j'aie cru y voir une espèce de petite sollicitation indirecte.
Voilà pourquoi ! Mais ne te gêne donc pas et sans vergogne redemande-les-moi, s'ils peuvent te faire plaisir.
— Je n'ai, moi, aucune dette et, par conséquent, besoin
de rien maintenant. Quant aux 300 autres, tu me les
rendras pour faire imprimer les affiches de *Saint Antoine*[6].
C'est convenu.

Tu ne m'as pas répondu relativement à *ton* article[7].
Envoie chez B[ouilhet], si tu veux, *Le Musée secret ;* il
s'*amusera* avec. — Il est du reste un peu calmé relativement
à la mère Roger[8] et je crois qu'il va se mettre sérieusement à son drame[9]. Son intention est toujours de quitter
Rouen cet hiver. Il n'en peut plus de leçons (il devient
rebours et il y a de quoi) et ne veut plus en donner[10].
Mais comment vivra-t-il là-bas ? As-tu trouvé justes mes
observations sur *Les Fantômes*[11] ?

Il y a dans la *Revue de Paris* — va de suite la lire à un cabinet de lecture — deux grandes pages de Jourdan et deux citations : une des *Tableaux vivants,* une autre de *L'Orgueil.* — L'ensemble est élogieux, mais avec quelques conseils singulièrement pareils à ceux de ma dernière lettre[1]. Aussi, quand j'ai lu le nº en m'éveillant le lendemain, cela m'a fait un drôle d'effet. — Du Camp *n'a pas signé* le numéro. Est-ce parce qu'on y faisait ton éloge[2]? Dans la Chronique, du ton le plus bas, le philosophe[3] est injurié sans raison, à propos de rien. La suite du roman de Gozlan[4] est ignoble. — Quel triste recueil ! Quant à cette Chronique, que ces messieurs signent maintenant du nom anonyme de Cyrano (rien que cela de prétention !), c'est une infamie ; lorsqu'on parle aux gens d'une telle manière, il faut au moins porter sa carte de visite à son chapeau[5].

J'ai écrit deux fois en Angleterre pour ton album[6] et n'ai pas eu de réponse, ce qui m'étonne excessivement. Je connais en ce moment un jeune homme[7] à Londres qui doit, je crois, bientôt revenir. Veux-tu que je lui fasse écrire d'aller le prendre ? Depuis que nous nous sommes quittés, j'ai fait 8 pages de ma 2e partie : la description topographique d'un village[8]. Je vais maintenant entrer dans une longue scène d'auberge qui m'inquiète fort. Que je voudrais être dans cinq ou six mois d'ici ! Je serais quitte du pire, c'est-à-dire du plus vide, des places où il faut le plus frapper sur la pensée pour la faire rendre.

Ta lettre de ce matin, aussi, m'attriste. Pauvre chère femme, comme je t'aime ! Pourquoi t'es-tu blessée d'une phrase qui était au contraire l'expression du plus solide amour qu'un être humain puisse porter à un autre[9]? Ô femme ! femme, sois-le donc moins, ne le sois qu'au lit ! Est-ce que ton corps ne m'enflamme pas, quand j'y suis ? Ne m'as-tu pas vu te contempler, tout béant, et passer mes mains avec délices sur ta peau ? Ton image, en souvenir, m'agite ; et si je ne te rêve pas plus souvent, c'est qu'on ne rêve pas ce qu'on désire. — Hume bien l'air des bois cette semaine, et regarde les feuilles pour elles-mêmes. Pour comprendre la nature, il faut être calme, comme elle.

Ne nous lamentons sur rien. — Se plaindre de tout ce qui nous afflige ou nous irrite, c'est se plaindre de la constitution même de l'existence. Nous sommes faits pour la peindre, nous autres, et rien de plus. — Soyons religieux. Moi, tout ce qui m'arrive de fâcheux, en grand ou en petit, fait que je me resserre de plus en plus à mon éternel souci. Je m'y cramponne à deux mains et je ferme les deux yeux. À force d'appeler la Grâce, elle vient. — Dieu a pitié des simples. — Et le soleil brille toujours pour les cœurs vigoureux qui se placent au-dessus des montagnes.

Je tourne à une espèce de mysticisme esthétique (si les deux mots peuvent aller ensemble), et je voudrais qu'il fût plus fort. — Quand aucun encouragement ne vous vient des autres[a], quand le monde extérieur vous dégoûte, vous alanguit, vous corrompt, vous abrutit, les gens *honnêtes et délicats* sont forcés de chercher en eux-mêmes quelque part un lieu plus propre pour y vivre. — Si la société continue comme elle va, nous reverrons, je crois, des mystiques, comme il y en a eu à toutes les époques sombres. Ne pouvant s'épancher, l'âme se concentrera. Le temps n'est pas loin où vont revenir les langueurs universelles, les croyances à la fin du monde, l'attente d'un Messie ? Mais la base théologique manquant, où sera maintenant le point d'appui de cet enthousiasme qui s'ignore[b] ? Les uns le chercheront dans la chair, d'autres dans les vieilles religions, d'autres dans l'art ; et l'humanité, comme la tribu juive dans le désert, va adorer toutes sortes d'idoles. — Nous sommes, nous autres, venus un peu trop tôt. Dans vingt-cinq ans, le point d'intersection sera superbe. — Aux mains d'un maître, alors, la prose (la prose surtout, forme plus jeune) pourra jouer une symphonie humanitaire formidable[c]. Les livres comme le *Satyricon* et *L'Âne d'or*[1] peuvent revenir, et ayant en débordements psychiques tout ce que ceux-là ont eu de débordements sensuels.

Voilà ce que tous les socialistes du monde n'ont pas voulu voir, avec leur éternelle prédication matérialiste. Ils ont nié la *Douleur,* ils ont blasphémé les trois quarts de la poésie moderne, le sang du christ qui se remue en nous. — Rien ne l'extirpera, rien ne la tarira. Il ne s'agit pas de la dessécher, mais de lui faire des ruisseaux. Si le sentiment de l'insuffisance humaine, du néant de la vie venait à périr (ce qui serait la conséquence de leur hypothèse), nous serions plus bêtes que les oiseaux, qui au moins perchent sur les arbres. — L'âme dort, maintenant, ivre de paroles entendues. Mais elle aura un réveil frénétique où elle se livrera à des joies d'affranchi, car elle n'aura plus autour d'elle rien pour la gêner, ni gouvernement, ni religion, pas une formule quelconque. Les républicains de toute nuance me paraissent les pédagogues les plus sauvages du monde, eux qui rêvent des organisations, des législations, une société comme un couvent. Je crois au contraire que les règles de tout s'en vont, que les barrières se renversent, que la terre se nivelle. Cette grande confusion amènera peut-être la Liberté. — L'art, qui devance toujours, a du moins suivi cette marche. Quelle est la poétique qui soit debout maintenant ? La plastique même devient de plus en plus presque impossible, avec nos langues circonscrites et précises et nos idées vagues, mêlées, insaisissables. — Tout ce que nous pouvons faire, c'est donc, à force d'habileté, de serrer plus raide les cordes de la guitare tant de fois raclées, et d'être surtout des virtuoses, puisque la naïveté à notre époque est une chimère. Avec cela le pittoresque s'en va presque du monde. La Poésie ne mourra pas, cependant. — Mais quelle sera celle des choses de l'avenir ? Je ne la vois guère. Qui sait ? La Beauté[a] deviendra peut-être un sentiment inutile à l'humanité. Et l'art sera quelque chose qui tiendra le milieu entre l'algèbre et la musique ?

Puisque je ne peux pas voir demain, j'aurais voulu voir hier ! — Que ne vivais-je au moins sous Louis XIV, avec une grande perruque, des bas bien tirés, et la société de M. Descartes ! Que ne vivais-je du temps de Ronsard ! Que ne vivais-je du temps de Néron[1] ! Comme j'aurais causé avec les rhéteurs grecs ! Comme j'aurais voyagé dans des grands chariots sur les voies romaines, et couché le soir dans les hôtelleries, avec les prêtres de Cybèle vagabondant ! — Que n'ai-je vécu surtout au temps de Périclès, pour souper avec Aspasie, couronnée de violettes et chantant des vers, entre des murs de marbre blanc ! — Ah ! c'est fini tout cela. Ce rêve-là ne reviendra plus. — J'ai vécu partout par là, moi, sans doute, dans quelque existence antérieure. — Je suis sûr d'avoir été, sous l'empire romain, directeur de quelque troupe de comédiens ambulants, un de ces drôles qui allaient en Sicile acheter des femmes pour en faire des comédiennes, et qui étaient, tout ensemble, professeur, maquereau et artiste. Ce sont de belles balles, dans les comédies de Plaute, que ces gredins-là, et en les lisant il me revient comme des souvenirs[1]. As-tu éprouvé cela quelquefois, le frisson historique ?

Adieu, je t'embrasse, tout à toi, partout.

G.

À ERNEST CHEVALIER

Croisset, mardi. [7 septembre 1852.]

Mon cher Ernest,

Si je n'ai pas répondu poste pour poste à ta bonne lettre, c'est que nous voulions te dire le jour précis de notre arrivée chez toi. — Nous attendons ici Mme Bonenfant et sa famille[2], qui arrive lundi prochain pour passer toutes les vacances.

Donc jeudi nous prendrons le convoi de 2 h 40 m[n] qui arrive à Gaillon à 4 h 5 m[n] et serons je crois à temps aux Andelys pour l'heure de votre dîner. — Cela me fera bien plaisir, mon vieux, de te voir un peu et de t'embrasser.

L'intention de ma mère est de m'accompagner avec sa petite-fille[3]. Depuis hier au soir l'enfant a été pris de maux de tête assez violents et d'un peu de fièvre. Je pense que ce ne sera rien. En tout cas tu me verras toujours arriver par le convoi de 4 h 5 m[n].

Adieu, cher bonhomme.

À toi.

À JULES DUPLAN

[Croisset,] mardi. [7 septembre 1852.]

Mon cher Duplan,

Au moment où je recevais votre lettre ce matin, Bouilhet en recevait une autre de Maxime[4] qui lui demande de suite, poste pour poste, *Tou-tsong* afin de la faire paraître dans le numéro d'octobre de la *Revue de*

Paris[1]. Vous savez l'histoire de cette pièce. On ne devait *jamais* la publier parce qu'elle déplaît à Gautier comme ressemblant (et égalant) une des siennes[2]. C'était là une faiblesse du grand homme. D'où vient ce revirement de la *Revue de Paris* à l'encontre de *Tou-tsong* ? Y a-t-il brouille entre les deux amis ? est-ce une niche que Max veut faire à Gautier ? je le crois. — Vous savez que dans un des articles du Salon de Max il y a une citation de *Tou-tsong*[3]. L'autre à son retour[4] aura fait des reproches ; joignez à cela *Les Rois du monde*[5] (= le cèdre), publié aussi en son absence, lequel cèdre flotte dans les eaux de *Qui sera roi*[6] ? — Cormenin a arrêté (et emporté dans sa poche) un article élogieux sur *Melaenis*[7], déposé à *La Presse*[8] ; cette affaire est tombée dans l'eau. Peut-être la proposition de Max est-elle une petite compensation ? — Ce ne sont tout cela que des conjectures. Mais je crois qu'il y a brouille là-bas. Le numéro dernier n'était pas signé M. Du C.[9], pourquoi ? etc.

Voici donc la complication fort embêtante qui a lieu. Buloz[10] a dans les mains *Tou-tsong*. S'il le voit publié dans la *Revue de Paris,* cela peut lui paraître drôle, car c'est lui offrir une chose et la donner à un autre. D'un autre côté la refuser là-bas est assez difficile, outre que nous ne serions pas fâchés de voir l'ami Gautier embêté dans son propre journal[11]. — Il faudrait donc, mon cher Duplan, le plus vite possible savoir ce que Buloz compte faire de *Tou-tsong* et lui redemander cette pièce. Ou êtes-vous bien sûr qu'il ne trouvera pas le procédé singulier, et ne se fâchera pas, j'entends de voir publier ce qu'il a maintenant dans les mains, quoique ce soit plutôt un échantillon qu'on lui ait prêté, et que Bouilhet (d'après la position que vous lui avez faite) soit étranger à cette offre.

Si Buloz, ayant vu toutes les pièces de B[ouilhet], trouve *Tou-tsong* la meilleure et veuille l'imprimer, laissez-la-lui. Sinon, dites-le-nous, et alors Bouilhet pourrait la donner à la *Revue de Paris.*

Vous comprenez, mon cher ami, la difficulté de la position de Bouilhet. — Il s'agit tout à la fois de ne pas rester le cul entre deux selles et d'autre part de ne pas faire de *crasse*. — Dépêchez-vous, je vous en prie. Bouilhet compte les minutes pour pouvoir répondre à Maxime[12].

Adieu, mon cher bon.
Tout à vous.

Répondez-nous directement à Rouen, B[ouilhet], rue
Beauvoisine, 131. — Car je suis obligé de m'absenter
depuis jeudi au soir jusqu'à dimanche[1].

À HENRIETTE COLLIER

[Croisset,] lundi 13 septembre [1852].

Cette lettre vous sera remise, chère Henriette, par
miss Isabelle Hutton, institutrice de ma petite nièce.
Je l'ai priée d'aller vous voir pour savoir un peu de
vos nouvelles et vous redemander l'album de Mme Colet
que l'on me réclame à grands cris. Soyez donc assez
bonne pour le lui donner[2].

Je n'entends plus parler de vous. — Que devenez-
vous? Avez-vous abandonné tout à fait cette pauvre
France? ne prévoyez-vous pas revenir habiter Paris?
Avez-vous reçu des nouvelles d'Herbert[3]?

Voilà l'hiver qui revient. Les feuilles ici commencent
à tomber. Les longs jours tristes vont revenir. — Il y
a un an j'allais aller vous voir! Dans dix-huit mois, au
milieu de l'hiver 1854, j'irai probablement vous faire
une petite visite[4]. Un travail[5] que j'aurai sollicitera de
ma part un voyage à Londres. Ce sera une occasion. — Je
voudrais y être déjà. Mais que de jours d'ici là!

Adieu, mille amitiés à Clemy[6]. Je vous baise les mains.
Tout à vous.

À LOUISE COLET

[Croisset,] lundi soir, minuit.
[13 septembre 1852.]

J'ai été absent deux jours, vendredi et samedi, et je
ne me suis guère amusé. Il a fallu à toute force aller
aux Andelys voir un ancien camarade que je n'avais pas

vu depuis plusieurs années et à qui, d'année en année, je promettais ma visite[1]. J'ai été, étant très gamin, fort lié avec ce brave garçon qui est maintenant substitut, marié, élyséen, homme d'ordre, etc. ! Ah mon Dieu ! quels êtres que les bourgeois ! Mais quel bonheur ils ont, quelle sérénité ! Comme ils pensent peu à leur perfectionnement, comme ils sont peu tourmentés de tout ce qui nous tourmente !

Tu as tort de me reprocher de n'avoir pas plutôt employé mon temps à aller te voir. Je t'assure que ça m'eût fait un tout autre plaisir.

Comme tu m'écris, pauvre chère Louise, des lettres tristes depuis quelque temps ! Je ne suis pas de mon côté fort facétieux. L'intérieur et l'extérieur, tout va assez sombrement. La *Bovary* marche à pas de tortue ; j'en suis désespéré par moments. D'ici à une soixantaine de pages, c'est-à-dire pendant trois ou quatre mois, j'ai peur que ça ne continue ainsi. Quelle lourde machine à construire qu'un livre, et compliquée surtout ! Ce que j'écris présentement risque d'être du Paul de Kock[2] si je n'y mets une forme profondément littéraire. Mais comment faire du dialogue trivial qui soit bien écrit ? Il le faut pourtant, il le faut. Puis, quand je vais être quitte de cette scène d'auberge, je vais tomber dans un amour platonique déjà ressassé par tout le monde et, si j'ôte de la trivialité, j'ôterai de l'ampleur. Dans un bouquin comme celui-là, une déviation d'une ligne peut complètement m'écarter du but, me le faire rater tout à fait. Au point où j'en suis, la phrase la plus simple a pour le reste une portée infinie. De là tout le temps que j'y mets, les réflexions, les dégoûts, la lenteur ! Je te tiens quitte des misères du foyer, de mon beau-frère[3], etc.

L'institutrice[4] part demain pour Londres. Je lui ai donné une lettre pour miss Collier ; elle te rapportera ton album[5].

Ce matin j'ai donné à Bouilhet le billet de cette infortunée mère Roger[6]. Je trouve cela franc d'intention. Elle *veut*, la malheureuse ! Comme les femmes se précipitent naïvement dans la gueule du loup ! Comme elles se compromettent à plaisir ! Elle viendra bientôt à Rouen et l'affaire se fera[7], tu verras cela. Une pitié me prend toujours au début de ces histoires, quand je les contemple. Le premier baiser ouvre la porte des larmes.

Quels sont ces récits[1] ? C'eſt bien difficile en vers, une narration. Le drame[2] eſt arrêté ? Tant mieux. J'ai connu un temps où tu en aurais fait déjà deux actes. Réfléchis, réfléchis avant d'écrire. *Tout dépend de la conception.* Cet axiome du grand Goethe eſt le plus simple et le plus merveilleux résumé et précepte de toutes les œuvres d'art possibles[3].

Il ne t'a pas manqué que la patience jusqu'à présent. Je ne crois pas que ce soit le génie, la patience ; mais c'en eſt le signe quelquefois et ça en tient lieu. Ce vieux croûton de Boileau vivra autant que qui que ce soit, parce qu'il a su faire ce qu'il a fait. Dégage-toi de plus en plus, en écrivant, de ce qui n'eſt pas de l'Art pur. Aie en vue le modèle, toujours, et rien autre chose. Tu en sais assez pour pouvoir aller loin ; c'eſt moi qui te le dis. Aie foi, aie foi. Je veux (et j'y arriverai) te voir t'enthousiasmer d'une coupe, d'une période, d'un rejet, de la forme en elle-même, enfin, abſtraction faite du sujet, comme tu t'enthousiasmais autrefois pour le sentiment, pour le cœur, pour les passions. L'Art eſt une représentation, nous ne devons penser qu'à représenter. Il faut que l'esprit de l'artiſte soit comme la mer, assez vaſte pour qu'on n'en voie pas les bords, assez pur pour que les étoiles du ciel s'y mirent jusqu'au fond.

Il me semble qu'il y a dix ans que je ne t'ai vue. Je voudrais te presser sur moi dans mes défaillances. Mais après ? — Non ! non ! Les jours de fête, je le sais, ont de trop triſtes lendemains. La mélancolie elle-même n'eſt qu'un souvenir qui s'ignore. Nous nous retrouverons dans un an, mûris et *granitisés*. Ne te plains pas de la solitude. Cette plainte eſt une flatterie envers le monde (si tu reconnais que tu as besoin de lui pour vivre, c'eſt te mettre au-dessous de lui). « Si tu cherches à plaire, dit Épictète, te voilà déchu[4]. » J'ajoute ici : s'il te faut les autres, c'eſt que tu leur ressembles. Qu'il n'en soit rien ! Quant à moi, la solitude ne me pèse que quand on m'y vient déranger ou quand mon travail baisse. Mais j'ai des ressorts cachés avec quoi je me remonte, et il y a ensuite hausse proportionnelle. J'ai laissé, avec ma jeunesse, les vraies souffrances ; elles ont descendu sur les nerfs, voilà tout. Adieu, chère bonne amie bien-aimée. Je t'embrasse longuement, tendrement, amplement. À toi.

G.[1]

Tu feras bien d'aller voir Jourdan[2]. Il m'a eu l'air d'un brave homme. C'est une connaissance d'ailleurs à ne pas négliger.

À LOUISE COLET

[Croisset,] dimanche soir, 11 heures.
[19 septembre 1852.]

Tu me permettras, chère Louise, de ne pas te faire de compliments sur ton flair psychologique. Tu crois tout ce que la mère Roger[3] t'a débité, avec une bonne foi d'enfant. C'est une poseuse, cette petite femme. La demande qu'elle a faite d'écrire à Bouilhet équivaut, selon moi, au geste d'ouvrir les cuisses. S'en doute-t-elle ? Ici est le point difficile à éclaircir. Je ne crois ni à sa constitution dérangée par les excès du mari, ni aux nuits passées « avec son esprit et avec son cœur » et cela surtout ne m'a semblé ni *vrai,* ni *senti ;* elle aime autre chose.

La passion de *tête* pendant 10 ans pour Hugo me paraît également une blague cyclopéenne. Le grand homme l'a dû savoir et, dès lors, en profiter en sa qualité de paillard qu'il est, à moins que cette passion ne soit encore une pose. Remarque qu'elle ne fait jamais que des demi-confidences, qu'elle n'avoue rien relativement à Énault[4]. Il y a au fond de tout cela bien de la misère ! Qu'elle mente sciemment, il se peut que non. On n'y voit pas toujours clair en soi et, surtout lorsqu'on parle, le mot surcharge la pensée, l'exagère, l'empêche même. Les femmes, d'ailleurs, sont si naïves, même dans leurs grimaces, on prend si bien son rôle au sérieux, on s'incorpore si naturellement au type que l'on s'est fait ! Mais il y a d'autre part une telle idée reçue qu'il faut être chaste, idéal, qu'on doit n'aimer que l'âme, que la chair est honteuse, que le cœur seul est de bon ton. Le cœur ! le cœur ! oh ! voilà un mot funeste ; et comme il vous mène loin !

L'envie de remonter chez toi, le jour du prix[1], le jour du prix, la voiture qu'on attend sous la porte, à la pluie, etc., cela est vrai, par exemple, de même que l'embêtement du poids marital à porter. Mais elle ne dit pas que, sous lui, elle rêvait un autre homme et, au milieu de son dégoût, peut-être y trouvait du plaisir, à cause de cela. Prédiction : ils se baiseront, et au 72ᵉ coup sonné[2], elle te soutiendra encore qu'il n'y a rien et qu'elle aime seulement notre ami *de cœur* ou *de tête*. Ce brave organe génital est le fond des tendresses humaines ; ce n'est pas la tendresse, mais c'en est le *substratum* comme diraient les philosophes. Jamais aucune femme n'a aimé un eunuque et si les mères chérissent les enfants plus que les pères, c'est qu'ils leur sont sortis du ventre, et le cordon ombilical de leur amour leur reste au cœur sans être coupé.

Oui, tout dépend de là, quelque humiliés que nous en soyons. Moi aussi je voudrais être un ange ; je suis ennuyé de mon corps, et de manger, et de dormir, et d'avoir des désirs. J'ai rêvé la vie des couvents, les ascétismes des brachmanes, etc. C'est ce dégoût de la guenille qui a fait inventer les religions, les mondes idéaux de l'art. L'opium, le tabac, les liqueurs fortes flattent ce penchant d'oubli ; aussi je tiens de mon père une sorte de pitié religieuse pour les ivrognes. J'ai comme eux la ténacité du penchant et les désillusions au réveil.

Que ma *Bovary* m'embête ! Je commence à m'y débrouiller pourtant un peu. Je n'ai jamais de ma vie rien écrit de plus difficile que ce que je fais maintenant, du dialogue trivial ! Cette scène d'auberge va peut-être me demander trois mois, je n'en sais rien. J'en ai envie de pleurer par moments, tant je sens mon impuissance. Mais je crèverai plutôt dessus que de l'escamoter. J'ai à poser à la fois dans la même conversation cinq ou six personnages (qui parlent), plusieurs autres (dont on parle), le lieu où l'on est, tout le pays, en faisant des descriptions physiques de gens et d'objets, et à montrer au milieu de tout cela un monsieur et une dame qui commencent (par une sympathie de goûts) à s'éprendre un peu l'un de l'autre[3]. Si j'avais de la place encore ! Mais il faut que tout cela soit rapide sans être sec, et développé sans être épaté, tout en me ménageant, pour la suite, d'autres détails qui là seraient plus frap-

pants. Je m'en vais faire tout rapidement et procéder par
grandes esquisses d'ensemble successives ; à force de
revenir dessus, cela se serrera peut-être. La phrase en
elle-même m'est fort pénible. Il me faut faire parler, en
style écrit, des gens du dernier commun, et la politesse
du langage enlève tant de pittoresque à l'expression !

Tu me parles encore, pauvre chère Louise, de gloire,
d'avenir, d'acclamations. Ce vieux rêve ne me tient plus,
parce qu'il m'a trop tenu. Je ne fais point ici de fausse
modestie ; non, je ne crois à rien. Je doute de tout, et
qu'importe ? Je suis bien résigné à travailler toute ma
vie comme un nègre sans l'espoir d'une récompense
quelconque. C'est un ulcère que je gratte, voilà tout.
J'ai plus de livres en tête que je n'aurai le temps d'en
écrire d'ici à ma mort, au train que je prends surtout.
L'occupation ne me manquera pas (c'est l'important).
Pourvu que la Providence me laisse toujours du feu et
de l'huile ! Au siècle dernier, quelques gens de lettres,
révoltés des exactions des comédiens à leur égard, vou-
lurent y porter remède. On prêcha Piron d'attacher le
grelot : « car enfin vous n'êtes pas riche, mon pauvre
Piron », dit Voltaire. « C'est possible, répondit-il, mais
je m'en fous comme si je l'étais[1]. » Belle parole et qu'il
faut suivre en bien des choses de ce monde, quand on
n'est pas décidé à se faire sauter la cervelle. Et puis
l'hypothèse même du succès admise, quelle certitude en
tire-t-on ? À moins d'être un crétin, on meurt toujours
dans l'incertitude de sa propre valeur et de celle de ses
œuvres. Virgile même voulait en mourant qu'on brûlât
L'Énéide[2]. Il aurait peut-être bien fait pour sa gloire.
Quand on se compare à ce qui vous entoure, on s'admire ;
mais quand on lève les yeux plus haut, vers les maîtres,
vers l'absolu, vers le rêve, comme on se méprise ! J'ai
lu ces jours derniers une belle chose, à savoir la vie de
Carême le cuisinier. Je ne sais par quelle transition
d'idées j'en étais venu à songer à cet illustre inventeur
de sauces et j'ai pris son nom dans la *Biographie universelle*[3]. C'est magnifique comme existence d'artiste
enthousiaste ; elle ferait envie à plus d'un poète. Voilà
de ses phrases : comme on lui disait de ménager sa
santé et de travailler moins : « Le charbon nous tue,
disait-il ; mais qu'importe ? Moins de jours et plus de
gloire. » Et dans un de ses livres où il avoue qu'il était

gourmand : « ... mais je sentais si bien ma vocation que je ne me suis pas arrêté à manger. » Ce *arrêté à manger* est énorme dans un homme dont c'était l'art[1].

Quand tu reverras Nefftzer, *ne lui parle plus* de l'article[2]. Nous donnerions au contraire beaucoup maintenant pour qu'il ne paraisse pas (et je crois que notre désir sera accompli). Il vaut bien mieux avoir par-devers nous quelque chose à leur reprocher, à ces braves messieurs nos amis, et au besoin à leur jeter à la figure ; donc n'en dis plus mot.

Je crois que les journaux de Rouen vont parler de toi[3] ; du moins il y a promesse. Mais quel compte faire sur de semblables mannequins !

La publication, les gens de lettres, Paris, tout cela me donne des nausées quand j'y pense. Il se pourrait bien que je ne fasse *gémir* jamais aucune presse. À quoi bon se donner tant de mal ? Et le but n'est pas là d'ailleurs. Quoi qu'il en soit, si je mets un jour les pieds dans cette fange, ce sera comme je faisais dans les rues du Caire pendant qu'il pleuvait, avec des bottes en cuir de Russie qui me monteront jusqu'au ventre.

C'est sur toi que ma pensée revient quand j'ai fait le cercle de mes songeries ; je m'étends dessus comme un voyageur fatigué sur l'herbe de la prairie qui borde sa route. Quand je m'éveille, je pense à toi et ton image, dans le jour, apparaît de temps à autre entre les phrases que je cherche. Ô mon pauvre amour triste, reste-moi ! Je suis si vide ! Si j'ai beaucoup aimé, j'ai été peu aimé en revanche (quant aux femmes du moins) et tu es la seule qui me l'aies dit. Les autres, un moment, ont pu crier de volupté ou m'aimer en bonnes filles pendant un quart d'heure ou une nuit. Une nuit ! c'est bien long, je ne m'en rappelle guère. Eh bien, je déclare qu'elles ont eu tort ; je valais mieux que bien d'autres. Je leur en veux pour elles de n'en avoir pas profité ! Cet amour phraseur et emporté, la *nacre de la joue,* dont tu parles, et les *bouillons* de tendresse, comme eût dit Corneille[4], j'avais tout cela. Mais je serais devenu fou si quelqu'un eût ramassé ce pauvre trésor sans étiquette. C'est donc un bonheur : je serais maintenant stupide. Le soleil, le vent, la pluie en ont emporté quelque chose, beaucoup en est rentré sous terre, le reste t'appartient, va ; il est tout à toi, bien à toi.

B[ouilhet] t'enverra prochainement deux pièces pour être mises en musique (si cela se peut, ce dont il doute)[1]. Il est parti se coucher. Je te porterai demain moi-même cette lettre à la poste. Il faut que j'aille à Rouen pour un enterrement[2] ; quelle corvée ! Ce n'est pas l'enterrement qui m'attriste, mais la vue de tous les bourgeois qui y seront. La contemplation de la plupart de mes semblables me devient de plus en plus odieuse, nerveusement parlant. Adieu, mille tendresses, mille caresses. Nous nous reverrons à Mantes comme tu le désires[3].

Je te baise partout.

À toi. Ton GUSTAVE.

À LOUISE COLET

[Croisset,] samedi soir. [25 septembre 1852.]

Ne me répète plus que tu me désires, ne me dis pas toutes ces choses qui me font de la peine. À quoi bon ? puisqu'il faut que ce qui est, soit, puisque je ne peux travailler autrement. Je suis *un homme d'excès* en tout. Ce qui serait raisonnable pour un autre m'est funeste. Crois-tu donc que je n'aie pas envie de toi aussi, que je ne m'ennuie pas souvent d'une séparation si longue ? Mais enfin je t'assure qu'un dérangement matériel de trois jours m'en fait perdre quinze, que j'ai toutes les peines du monde à me recueillir, et que, si j'ai pris ce parti qui t'irrite, c'est en vertu d'une expérience infaillible et réitérée. Je ne suis en veine tous les jours que vers 11 h[eures] du soir, quand il y a déjà sept à huit heures que je travaille, et dans l'année, qu'après des enfilades de jours monotones, au bout d'un mois, six semaines que je suis collé à ma table. Je commence à aller un peu. Cette semaine a été plus tolérable. J'entrevois au moins quelque chose dans ce que je fais. Bouilhet, dimanche dernier, m'a du reste donné d'excellents conseils, après la lecture de mes esquisses. Mais quand est-ce que j'aurai fini ce livre[4] ? Dieu le sait. — D'ici là, je t'irai voir dans les intervalles, aux temps d'arrêt. Si je ne t'avais pas, je t'assure bien que je ne mettrais les pieds à Paris peut-être pas avant 18 mois. Lorsque

j'y serai, tu verras comme ce que je dis est vrai, quant à
ma manière de travailler, avec quelle lenteur ! et quel mal !

La lettre de ton amoureux[1] m'a fait bien rire d'abord,
et en même temps bien pitié ! J'ai, du reste, reconnu là
le langage de mon beau-frère[2]. Ils en sont tous deux au
même degré de folie. Je ne crois pas, comme toi, que
ce qu'il dit sur ses propriétés soit un mensonge. On
n'invente pas des phrases comme celles-là, à moins d'être
Molière : « Je n'ai qu'une propriété, la plus poétique
qu'on puisse voir, située dans la ville de Montélimar
et dominant toute la plaine du Rhône ; *pour l'agrément
surtout* je l'estime plus de cent mille francs. » Ce pauvre
Pipon ! que nous avions oublié ! Avais-je tort de soutenir qu'il devait être un pitoyable mathématicien ?

Ce que j'ai lu du Pamphlet[3] ne m'a point enthousiasmé : de grosses injures et beaucoup de placages de
style. — Il n'a pas donné le temps à sa colère de se
refroidir. On n'écrit pas avec son cœur, mais avec sa
tête, encore une fois. Et si bien doué que l'on soit, il
faut toujours cette vieille concentration qui donne
vigueur à la pensée et relief au mot. — Qu'il y aurait
eu bien mieux à dire ! Mais j'attends la totalité pour
t'en parler plus longuement.

Je trouve que tu es sévère pour Gautier. Ce n'est pas
un homme né aussi *poète* que Musset. Mais il en restera
plus, parce que ce ne sont pas les poètes qui restent, mais
les écrivains. Je ne connais rien de M[usset] qui soit d'un
art si haut que le *Saint-Christophe d'Écija*[4]. Personne n'a
fait de plus beaux fragments que M[usset], mais rien que
des fragments ! pas une œuvre ! Son inspiration est toujours trop personnelle, elle sent le terroir, le Parisien, le
gentilhomme. — Il a à la fois le sous-pied tendu et
la poitrine débraillée. — Charmant poète, d'accord.
Mais grand, non. Il n'y en a eu qu'un en ce siècle,
c'est le père Hugo. Gautier a un monde poétique fort
restreint, mais il l'exploite admirablement, quand il s'en
mêle. — Lis *Le Trou du serpent*[5], c'est cela qui est vrai et
atrocement triste. — Quant à son *D[on] Juan,* je ne trouve
pas qu'il vienne de celui de *Namouna*. Car chez lui il
est tout extérieur (les bagues qui tombent des doigts
amaigris, etc.), et chez M[usset] tout moral[6]. — Il me
semble, en résumé, que G[autier] a raclé des cordes
plus neuves (moins byroniennes) et, quant au vers, il

est plus consistant. Les fantaisies qui nous (et moi tout
le premier) charment dans *Namouna,* cela est-il bon en
soi ? Quand l'époque en sera passée, quelle valeur intrinsèque restera-t-il à toutes ces idées qui ont paru échevelées, et flatté le goût du moment ? Pour être durable,
je crois qu'il faut que la fantaisie soit monstrueuse
comme dans Rabelais. Quand on ne fait pas le Parthénon,
il faut accumuler des pyramides. — Mais quel dommage
que deux hommes pareils soient tombés où ils en sont !
Mais s'ils sont tombés, c'est qu'ils devaient tomber,
quand la voile se déchire, c'est qu'elle n'est pas de trame
solide. Quelque admiration que j'aie pour eux deux
(Musset m'a excessivement enthousiasmé autrefois[1], il
flattait mes vices d'esprit : lyrisme, vagabondage, crânerie de l'idée et de la tournure), ce sont en somme deux
hommes du second rang, et qui ne font pas peur, à les
prendre en entier. Ce qui distingue les grands génies,
c'est la généralisation et la création. Ils résument en un
type des personnalités éparses et apportent à la Conscience
du genre humain des personnages nouveaux. Est-ce qu'on
ne croit pas à l'existence de D[on] Quichotte comme à celle
de César ? Shakespeare est quelque chose de formidable
sous ce rapport. Ce n'était pas un homme, mais un
continent. Il avait des grands hommes en lui, des foules
entières, des paysages. — Ils n'ont pas besoin de faire
du style, ceux-là ; ils sont forts en dépit de toutes les
fautes, et à cause d'elles. — Mais nous, les petits, nous
ne valons que par l'exécution achevée. Hugo, en ce
siècle, enfoncera tout le monde, quoiqu'il soit plein de
mauvaises choses. Mais quel souffle ! quel souffle ! — Je
hasarde ici une proposition que je n'oserais dire nulle
part, c'est que les très grands hommes écrivent souvent
fort mal. — Et tant mieux pour eux. Ce n'est pas là
qu'il faut chercher l'art de la forme, mais chez les seconds
(Horace, La Bruyère, etc.). Il faut savoir les maîtres par
cœur, les idolâtrer, tâcher de penser comme eux, et puis
s'en séparer pour toujours. Comme instruction technique,
on trouve plus de profit à tirer des génies savants et
habiles.

Adieu, j'ai été dérangé tout le temps de ma lettre. —
Elle ne doit pas avoir le sens commun. Je t'embrasse de
la plante des pieds au haut des cheveux. — À toi, ma
bien-aimée Louise, mille baisers encore.

À LOUISE COLET

[Croisset,] nuit de vendredi à samedi, 2 h[eures].
[1ᵉʳ-2 octobre 1852.]

Je t'écris ce soir, parce que, voulant t'envoyer dimanche mon avis sur ta pièce[1] que j'attends avec impatience,
cela ferait un retard qui te semblerait trop long, bonne
chère Louise. J'avais oublié de te parler de Cuvillier-
Fleury[2]. Quel crétin ! Quelle école que celle des Cuvillier,
Saint-Marc Girardin[3], Nisard[4] ! les prétendus gens de
goût, les prétendus classiques, braves gens qui sont
peu braves gens et étaient destinés par la nature à être
des professeurs de sixième ! Voilà pourtant ce qui nous
juge ! Quoi qu'il en soit, Cuvillier t'admire beaucoup.
Cela perce et c'est un bon article au sens *profitable* du
mot. L'*immoralité*[5] l'a choqué, ce monsieur. Que dis-tu
du reproche d'égoïsme à propos des *Résidences royales*[6] ?
Quand je te disais que ton titre[7] était mauvais, avais-je
tort ? Voilà deux articles favorables, celui de Jourdan[8] et celui de Cuvillier, où l'on n'a trouvé guère à
faire que des blagues sur ce malencontreux titre, prétentieux. Retire de ces critiques le blâme à l'occasion
du titre, et il ne reste presque rien. C'était donner à
mordre.

L'histoire de Gagne[9] me touche beaucoup. Pauvre
homme ! pauvre homme ! Quel enseignement que ces
folies-là et quelle terrible chose ! J'ai appris ces jours-ci
l'internement à Saint-Yon (maison de fous de Rouen)
d'un jeune homme que j'ai connu au collège. Il y a un
an, j'avais lu de lui un vol[ume] de vers stupides. Mais
la préface m'avait remué comme bonne foi, enthousiasme
et croyance[10]. J'ai su qu'il vivait comme moi à la campagne, tout seul et piochant tant qu'il pouvait. Les
bourgeois le méprisaient beaucoup. Il était (disait-il)
en but à des calomnies, à des outrages. Il avait tout le
martyre des génies méconnus. Il est devenu fou. Le
voilà délirant, hurlant et avec des douches. — Qui me
dit que je ne suis pas sur le même chemin ? Où est la
limite de l'inspiration à la folie, de la stupidité à l'extase ?
Ne faut-il pas, pour être artiste, *voir tout* d'une façon

différente à celle des autres hommes ? L'art n'est pas un
jeu d'esprit. C'est une atmosphère spéciale. Mais qui dit,
qu'à force de descendre toujours plus avant dans les
gouffres pour respirer un air plus chaud, on ne finit
[pas] par rencontrer des miasmes funèbres ? Ce serait
un joli livre à faire que celui qui raconterait l'histoire
d'un homme sain (il l'est peut-être, lui ?) enfermé comme
fou et traité par des médecins imbéciles[1].

Je te déclare que la mère Roger[2] m'excite beaucoup.
Les Polonais sont immenses, et l'*haleine* donc ! et le
mot de ta servante : « Cette dame-là fait la noce ! »
Sacré nom de Dieu ! tu m'accorderas que je l'avais un
peu bien jugée en ne croyant pas inébranlablement à
ses sentimentalités. Oh ! la Pohésie, quelle pente ! Quelle
planche savonnée pour l'adultère ! N'importe, je me
réjouis immensément d'avance du couple. Je me fais
le tableau en imagination. Mais il[3] l'effondrera, la malheureuse ! Car c'est un rude mâle, et comme disent les
cuisinières, capable de donner *bien de la satisfaction à une*
femme.

La phrase du pamphlet sur le muet du sérail est
splendide. Voilà qui est précis, tourné, juste et neuf[4].
Je ne sais si l'institutrice se chargera de la commission.
En tout cas je compte sur toi[5]. — Babinet ne t'a pas
apporté *L'Âne d'or* ? Lis-tu ce brave Bergerac[6] ? J'ai
relu avant-hier, dans mon lit, *Faust*[7]. Quel démesuré
chef-d'œuvre ! C'est ça qui monte haut et qui est sombre !
Quel arrachement d'âme dans la scène des cloches[8] ! — Il
a dû paraître aujourd'hui dans la R[evue] de Paris deux
pièces de vers de B[ouilhet][9].

T'ai-je dit que j'ai été, il y a quelques jours, à un
enterrement (celui d'un oncle de ma belle-sœur)[10] ? Je
commence à être las du grotesque des funérailles, car
c'est encore plus sot que ce n'est triste. J'ai revu là
beaucoup de balles rouennaises oubliées. C'est fort !
J'étais à côté de deux beaux-frères du défunt qui s'entre-
tenaient de la taille des arbres fruitiers. Comme c'était
au cimetière où sont mon père et ma sœur, l'idée m'a
pris d'aller voir leurs tombes. Cette vue m'a peu ému.
Il n'y a là rien de ce que j'ai aimé, mais seulement les
restes de deux cadavres que j'ai contemplés pendant[a]
quelques heures. Mais *eux* ils sont en moi, dans mon
souvenir. La vue d'un vêtement qui leur a appartenu

me fait plus d'effet que celle de leurs tombeaux. Idée
reçue, l'idée de la tombe ! Il faut être triste là ; c'est de
règle. Une seule chose m'a ému, c'est de voir dans le
petit enclos un tabouret de jardin (pareil à ceux qui
sont ici) et que ma mère, sans doute, y a fait porter.
C'est une communauté entre ce jardin-là et l'autre, une
extension de sa vie sur cette mort, et comme une continuité d'existence commune, à travers ces sépulcres. — Les
anciens se privaient de toutes ces saletés de charognes.
La poussière humaine, mêlée d'aromates et d'encens,
pouvait se tenir enfermée dans les doigts, ou, légère
comme celle du grand chemin, s'envoler dans les rayons
du soleil.

Adieu, je vais me coucher, il en est temps. À toi,
mille et [mille] baisers de ton G.

À LOUISE COLET

[Croisset,] nuit de jeudi, 1 h[eure].
[7 octobre 1852.]

La lettre[1] (incluse dans la tienne de ce matin) m'a
fait un singulier effet. Malgré moi tout cet après-midi
je ne pouvais m'empêcher de reporter mes yeux dessus,
et d'en considérer l'écriture. Je la connaissais pourtant.
Mais d'où vient qu'elle ne m'avait jamais causé cette
impression ? — C'est sans doute le *sujet,* et la personne
à qui elle était adressée qui en sont causes, cela me touchait de plus près. Il a dû en effet être flatté et, quelque
banales qu'il ait l'habitude de donner ses louanges,
celles-ci doivent être sincères. As-tu remarqué comme
cette lettre écrite au courant de la plume est bien taillée
de style, comme c'est carré, coupé ? — Je n'ai pu m'empêcher, dans mon contentement naïf, de la montrer à ma
mère qui l'a aimée. — Veux-tu que je te la renvoie ?
Mais je crois, dans les circonstances actuelles, qu'il vaut
mieux que je la garde. Mon vieux culte en a été rafraîchi.
On aime à se voir bien traité par ceux qu'on admire.
Comme ils seront oubliés tous, les grands hommes du
jour, quand celui-là encore sera jeune et éclatant !

Mme Didier[1] me paraît une femme d'un esprit borné,
elle et les républicains ses amis. Braves petites gens qui
nous ont versés dans la boue et qui se plaignent de la
route. Les voilà maintenant qui gueulent comme des
bourgeois contre Proudhon, sans en comprendre un seul
mot. Cette caste du *National*[2] a toujours été aussi étroite
que celle du faubourg Saint-Germain. Ce sont des *secs,*
en littérature, en politique. Ils se cramponnent aussi à
un passé perdu. Je ne partage pas davantage son admiration pour le sieur Lamartine qu'elle compare à Tacite.
Le malheureux ! Lui Tacite ! J'ai lu justement ce portrait
de Napoléon dont elle parle. L[amartine] l'y accuse
d'aimer la table, d'être gras, etc.[3] Quand est-ce donc que
l'on fera de l'histoire comme on doit faire du roman,
sans amour ni haine d'aucun des personnages ? Quand
est-ce qu'on écrira les faits au point de vue *d'une blague
supérieure,* c'est-à-dire comme le bon Dieu les voit, d'en
haut ?

C'est une femme curieuse du reste. Elle représente bien ce certain *milieu* du monde, stérile et convenable.

La dame de Saint-Maur[4] me paraît dans une bonne
passe ; elle lit aussi Tacite, elle. Quelle rage de sérieux !
— Tu me dis qu'il t'est difficile de l'étudier. Comme le
factice, pourtant, se constitue d'après des règles, qu'il
se moule sur un type, il est plus simple que le naturel,
lequel varie suivant les individualités. Je te déclare,
quant à moi, que je [ne] crois pas un mot de toutes ses
spiritualités. La fureur contre les mâles, pour le moment,
vient de quelque morsure récente. — Qu'elle soit
dégoûtée du petit Énault[5], cela se peut, mais c'est tout,
au fond. — Et à ce propos, permets-moi de t'envoyer
l'axiome suivant : *les femmes se défient trop des hommes en
général et pas assez en particulier* (pénètre-toi de cette
vérité). Elles nous jugent tous comme des monstres,
mais au milieu des monstres il y a un ange (*un cœur
d'élite,* etc.). Nous ne sommes ni monstres ni anges. Je
voudrais voir un esprit aussi élevé que le tien, chère
Louise, dégagé de ce préjugé que tu partages. — Vous
ne vous pardonnez jamais, vous autres, les filles, et
toutes tant que vous êtes, depuis les prudes jusqu'aux
coquettes, vous vous heurtez toujours à cet angle-là
avec une obstination fougueuse. — Vous ne comprenez

rien à la Prostitution, à ses poésies amères, ni à l'immense
oubli qui en résulte. Quand vous avez couché avec un
homme, il vous reste quelque chose au cœur, mais à
nous, rien. Cela passe, et un homme de quarante ans,
pourri de vérole, peut arriver à sa maîtresse[a] plus vierge
qu'une jeune femme à son premier amant. N'as-tu pas
remarqué les juvénilités sentimentales des vieillards ?
Être jalouse des filles, c'est l'être d'un meuble. Tout se
confond en effet dans un Océan dont toutes les vagues
sont pareilles. Mais vous, vous avez vos fleuves taris
qui murmurent encore et dont les courants détournés
s'entrecroisent dans l'ombre, sous le branchage nouveau. — Si tu voulais, je te ferais faire des progrès dans
la connaissance de notre sexe, que je ne soutiens nullement, mais que j'explique. Il en est de cette question-là,
comme de celle de Paris et de la province. Quand on
me dit du mal de l'un aux dépens de l'autre, j'abonde
toujours dans le sens de celui qui parle, et j'ajoute en
finissant que je pense exactement la même chose de
l'autre partie en litige. — Je lis les voyages du Président[1].
C'est splendide ! Il faut (et il s'y prend bien) que l'on
en arrive à n'avoir plus une idée, à ne plus respecter rien ;
si toute moralité est inutile pour les sociétés de l'avenir,
qui, étant organisées comme des mécaniques, n'auront
pas besoin d'âme, il prépare la voie (je parle sérieusement, je crois que c'est là sa mission). À mesure que
l'humanité se perfectionne, l'homme se dégrade ; quand
tout ne sera plus qu'une combinaison économique
d'intérêts bien contrebalancés, à quoi servira la vertu ?
Quand la nature sera tellement esclave qu'elle aura
perdu ses formes originales, où sera la plastique ? etc. —
En attendant, nous allons passer dans un bon état
opaque. Ce qui me divertit là-dedans, ce sont les gens
de lettres qui croyaient voir revenir Louis XIV, César,
etc., une époque où l'on s'occuperait d'art, c'est-à-dire
de ces messieurs. L'intelligence allait fleurir dans un
petit parterre anodin soigneusement ratissé par
M. le préfet de police. Ah ! Dieu merci, ce qui en
reste n'a pas la vie dure. Ces bons journaux, on va donc
les supprimer. C'est dommage, ils étaient si indépendants,
et si libéraux, si désintéressés ! — On s'est moqué du droit
divin, et on l'a abattu. Puis on a exalté le Peuple, le
suffrage universel, et enfin ça a été l'Ordre. Il faut qu'on

ait la conviction que tout cela est aussi bête, usé, vide
que le panache blanc d'Henri IV, et le chêne de saint
Louis. — Mort aux mythes ! Quant à ce fameux mot :
« Que ferez-vous ensuite ? Que mettrez-vous à la
place ? », il me paraît inepte et immoral, tout ensemble.
— Inepte, car c'est croire que le soleil ne luira plus,
parce que les chandelles seront éteintes ; immoral, car
c'est calmer l'injustice avec le cataplasme de la peur.

Et dire que tout cela vient de la littérature pourtant !
— Songer que la plus mauvaise partie de 93 vient du
Latin ! La rage du *discours* de rhétorique et la manie
de reproduire des types antiques (mal compris) ont
poussé des natures médiocres à des excès qui l'étaient
peu. — Maintenant nous allons retourner aux petits
amusements des anciens jésuites, à l'acrostiche, aux
poèmes sur le café ou le jeu d'échecs, aux choses ingé-
nieuses — au suicide. Je connais un élève de l'École
normale[1] qui m'a dit que l'on avait puni un de ses camarades (qui doit sortir dans 6 mois professeur de rhétorique) comme coupable d'avoir lu *La Nouvelle Héloïse*,
qui est un *mauvais livre*. — Je suis fâché de ne pas savoir
ce qui se passera dans deux cents ans. Mais je ne voudrais
pas naître maintenant et être élevé dans une si fétide
époque.

Envoie-moi, si tu veux, de l'eau Taburel ; mais c'est
de l'argent perdu. Le docteur Valerand, qui est chauve,
est un homme d'une foi robuste et, de plus, un fier âne.
Rien ne peut faire repousser les cheveux (pas plus qu'un
bras amputé !).

Je travaille un peu mieux. À la fin de ce mois j'espère
avoir fait mon *auberge*[2]. L'action se passe en trois heures,
j'aurai été plus de deux mois. — Quoi qu'il en soit, je
commence à m'y reconnaître un peu. Mais je perds un
temps incalculable, écrivant quelquefois des pages
entières que je supprime ensuite complètement, sans
pitié, comme nuisant au mouvement. Pour ce passage-là,
en effet, il faut, en composant, que j'en embrasse du
même coup d'œil une quarantaine, au moins. — Une
fois sorti de là, et dans trois ou quatre mois environ,
quand mon action sera bien nouée, ça ira. La troisième
partie devra être enlevée et écrite d'un seul trait de
plume. J'y pense souvent et c'est là, je crois, que sera
tout l'effet du livre. Mais il faut tant se méfier des endroits

qui semblent beaux d'avance ! Quand nous [nous] verrons
à Mantes dans un petit mois[1], fais-moi penser à te parler
de *L'Acropole*[2] et comment je comprends le sujet. —

Il y a dans le dernier n[o] de la R[*evue*] *de Paris*
une pièce de B[ouilhet] que tu ne connais pas, adressée
à Rachel, putain (passez-moi le mot) de la connaissance
du poète, et qui lui a beaucoup servi autrefois de toutes
façons[3]. La mère R[oger][4] avait-elle lu cette pièce ? Et
sa misanthropie, peut-être, venait d'[être] renforcée par
la lecture de la susdite pièce, qui sent son cru.—

Adieu, chère Louise, adieu, chère femme. Je t'embrasse avec toutes sortes de baisers.

À toi, ton G.

À LOUISE COLET

[Croisset,] samedi, 1 h[eure] du matin.
[9 octobre 1852.]

Je vais envoyer demain dimanche, au chemin de fer,
tes vol[umes] que tu me demandes (il m'a été impossible
de retrouver *Les Exilés*[5] ; dois-je les avoir ? si je les
retrouve tu les auras). Le paquet t'arrivera probablement
avant ce petit mot ou en même temps que lui. Je suis
bien content, bonne chère Louise, que tu aies réussi
dans une affaire pécuniaire. Mais ton traité me paraît
fait par un Normand ; prends-y garde. Ainsi article 1er :
« ... *tous* les ouvrages de sa composition parus jusqu'à ce
jour, ainsi que ceux inédits qui pourraient paraître par
la *suite* », qu'est-ce que veut dire ce « par la suite » ? C'est
indéterminé, c'est fort vague. Le palliatif de l'art. 3 :
« il est bien entendu que, pour les ouvrages inédits,
M. B...[6] ne pourra les faire imprimer *dans son format*
qu'après le délai de deux années et à partir de la mise en
vente de la première publication » : *dans son format* ne
veut pas dire qu'il n'ait pas le droit de le faire paraître
dans un autre format que celui stipulé par l'article 1er ; de
la première publication : par qui ? par un autre éditeur, ou
par le même ? Tout cela me semble lâche et matière à
procès, par la suite. J'ai peur qu'il ne se soit arrangé
pour que tu sois liée à lui, pieds et poings liés, sans

pouvoir disposer d'une ligne jusqu'à ce qu'il lui plaise.

Puisqu'on te réédite, change quelques-uns de tes titres, chère Louise. Tu n'as pas la main heureuse en fait de titres, regarde : Ce qu'il y a dans *le cœur* des femmes — *Deux* mois d'émotion — *Deux* femmes célèbres — Les *cœurs* brisés[1]. Ce sont des titres à la fois prétentieux et vagues, et qui, quant à moi, me repousseraient d'un livre. — Ils sentent la bas-bleu, et tu n'en es pas une, Dieu merci.

Voilà deux ou trois jours que ça va bien. Je suis à faire une conversation d'un jeune homme et d'une jeune dame sur la littérature, la mer, les montagnes, la musique, tous les sujets poétiques enfin. — On pourrait la prendre au sérieux, et elle est d'une grande intention de grotesque. Ce sera, je crois, la première fois que l'on verra un livre qui se moque de sa jeune première et de son jeune premier[2]. L'ironie n'enlève rien au pathétique. Elle l'outre au contraire. — Dans ma 3e partie, qui sera pleine de choses farces, je veux qu'on pleure.

Ta lettre d'H[ugo][3], ton affaire de ce matin[4], tout cela m'a bien fait et rendu gai. Je t'embrasse de mes meilleures tendresses. Adieu, chère amie bien-aimée. À toi, mille baisers sur les lèvres. Ton G.

Dimanche matin.

B[ouilhet] n'a pas reçu « le petit mot pour le cher poète » annoncé par le billet de la Diva[5]. — Où est-il ? Tu as oublié de nous l'envoyer.

À LOUISE COLET

[Croisset,] mardi soir. [26 octobre 1852.]

Je m'attendais à avoir un mot de toi ce matin pour me dire que ta fièvre était passée. Comment vas-tu ? Sans prendre tout de suite, comme toi, des inquiétudes exagérées, je voudrais bien savoir si tu n'es pas malade.

Ce ne sera pas au commencement de la semaine prochaine que nous nous verrons, mais vers la fin ou le commencement de l'autre. Je suis si long à me remettre à la besogne, après chaque temps d'arrêt, que je veux m'être taillé un peu de besogne pour mon retour et ne pas perdre ensuite un temps considérable à rechercher les idées que j'ai maintenant. J'écris maintenant d'esquisse en esquisse ; c'est le moyen de ne pas perdre tout à fait le fil, dans une machine si compliquée sous son apparence simple. J'ai lu à B[ouilhet], dimanche, les vingt-sept pages (à peu près finies) qui sont l'ouvrage de deux grands mois. Il n'en a point été mécontent et c'est beaucoup, car je craignais que ce ne fût exécrable. Je n'y comprenais presque plus rien moi-même, et puis la matière était tellement ingrate pour les effets de style ! C'est peut-être s'en être bien tiré que de l'avoir rendue passable. Je vais entrer maintenant dans des choses plus amusantes à faire. Il me faut encore quarante à cinquante pages avant d'être en plein adultère. Alors on s'en donnera, et elle s'en donnera, ma petite femme !

J'ai fait redemander mes notes sur la Grèce ainsi qu'un excellent itinéraire que j'avais prêtés à Chéruel (professeur à l'École normale)[1]. Je t'apporterai cela, ça pourra te servir pour L'Acropole[2]. Il y a moyen, sur ce sujet, de faire de beaux vers.

Quel temps ! Quelle pluie ! Et quel vent ! Les feuilles jaunes passent sous mes fenêtres avec furie. Mais, chose étrange, toutes les nuits sont plus calmes. Entre moi et le paysage qui m'entoure, il y a concordance de tempérament. La sérénité, à tous deux, nous revient avec la nuit. Dès que le jour tombe, il me semble que je me réveille. Je suis loin d'être l'homme de la nature, qui se lève au soleil, s'endort comme les poules, boit l'eau des torrents, etc. Il me faut une vie factice et des milieux en tout extraordinaires. Ce n'est point un vice d'esprit, mais toute une constitution de l'homme. Reste à savoir, après tout, si ce que l'on appelle le factice n'est pas une autre nature. L'anormalité est aussi légitime que la règle.

Je viens de finir le Périclès de Shakespeare. C'est atrocement difficile et prodigieusement gaillard. Il y a des scènes de bordel où ces dames et ces messieurs parlent un langage peu académique ; c'est agréablement bourré de plaisanteries obscènes[3]. Mais quel homme c'était ! Comme tous les autres poètes, et sans en excepter aucun, sont petits à côté et paraissent légers surtout. Lui, il avait les deux éléments, imagination et observation, et toujours large ! toujours ! « Nés pour la médiocrité, nous sommes accablés par les esprits sublimes[1]. » C'est bien là le cas de le dire. Il me semble que, si je voyais Shakespeare en personne, je crèverais de peur.

Je vais me mettre, quand je t'aurai vue, à Sophocle, que je veux savoir *par cœur*. La bibliothèque d'un écrivain doit se composer de cinq à six livres, sources qu'il faut relire tous les jours. Quant aux autres, il est bon de les connaître et puis c'est tout. Mais c'est qu'il y a tant de manières différentes de lire, et cela demande aussi tant d'esprit que de bien lire !

Ah ! enfin, dans quelques jours nous nous verrons donc ; il me semble que je t'embrasserai de bien bon cœur et que cela nous sera bon, pauvre chère Louise.

Si ce temps continue, nous ne pourrons guère sortir de notre chambre[2]. Tant mieux, nous aurons différentes et nombreuses choses à y dire (et à y faire ?).

Adieu, mille baisers sur tes beaux yeux. À toi.

À LOUISE COLET

[Croisset,] mardi minuit. [2 novembre 1852.]

Chère bien-aimée, j'espère que dans huit jours à cette heure-ci, *je toucherai à la Reine*. (Malgré les vers de l'ami qui sont d'hier dans la *Revue de Paris*. Comment ça se fait-il ? Est-ce une galanterie indirecte du sieur Houssaye à ton endroit, ou, tout bonnement, pour emplir quelques lignes et ne sachant que dire[3] ?)

Je partirai mardi prochain à 1 h 30 et j'arriverai à M[antes] à 3 h 43. Quant aux convois qui partent de Paris, il y en a un à midi et un autre à 4 h 25 (par celui-là tu n'arriverais qu'à 6 h[eures]). — Prends donc le premier, qui arrive à 1 h 50. — Tu feras tout préparer, commanderas le dîner, etc. — Ce n'est point pour te contrarier que je ne viens que mardi au lieu de lundi. Mais je vais finir ma semaine, et j'emploierai lundi à te chercher quelques notes, bouquins et gravures pour ton *Acropole*. — Cela me tourmente beaucoup. Je me suis mis dans la tête qu'il faut que tu aies le prix[4]. — Et il me semble que ce te sera aisé. — Enfin nous en causerons à loisir d'ici à peu.

Quel bête de numéro que celui de la *Revue !* pauvre ! pauvre ! et canaille par-dessus le marché[1].

Je relis maintenant, le soir, en mon lit (j'ai un peu quitté Plutarque) tout Molière. — Quel style ! mais quel autre homme c'était que Shakespeare ! On a beau dire, il y a dans Molière du bourgeois. — Il est toujours pour les majorités, tandis que le grand William n'est pour personne.

Mon travail va bien lentement ; j'éprouve quelquefois des tortures véritables pour écrire la phrase la plus simple.

Adieu, bonne Louise bien chérie, à bientôt. Réponds-moi si mes petits arrangements te vont. Mille baisers sur tes yeux.

À toi.

À LOUISE COLET

[Croisset,] dimanche, minuit.
[7 novembre 1852.]

Rien de changé à nos dispositions, chère Louise. — Après-demain mardi je prends le convoi de 1 h 30 m[n].

B[ouilhet] nous viendra voir jeudi. Tu peux te dispenser de lui apporter le drame de Peillon, que nous avons lu il y a quelques mois, lorsqu'il venait d'être refusé aux Français[2]. — N'emplis pas ta malle (par un surcroît inutile de toilettes) ; je te donnerai beaucoup de choses à rapporter. N'apporte que ta personne (et ta *Paysanne*[3]).

Adieu, mille baisers. À bientôt les vrais. À toi, à toi.

G.

À LOUISE COLET

[Croisset,] mardi, minuit.
[16 novembre 1852.]

Ta pauvre *force de la nature* n'a pas été gaie hier. Il
a fallu s'y remettre ! (à la besogne) et regarder la semaine
dernière tomber dans l'abîme[1]. Enfin !... J'ai fait vers
le soir un effort de colère et je me suis retrouvé sur mes
pieds. Mais la vie se passe ainsi à nouer et à dénouer
des ficelles, en séparations, en adieux, en suffocations
et en désirs. — Oui, ç'a été bon, bien bon et bien doux.
C'est l'âge qui fait cela. En vieillissant, on devient plus
grave dans ses joies, ce qui les rend plus douces.

Quand je t'ai eu quittée, je suis entré dans ce cabaret
près du chemin de fer, et le cafetier m'a demandé
poliment des nouvelles « de Madame ». En revenant
je me suis trouvé avec un monsieur qui avait fait un
voyage en Orient, et un gamin de Rouen qui me connaissait de nom et de vue, et qui m'a beaucoup parlé de ses
véroles. Il y a des gens confiants. — Le lendemain matin,
en m'éveillant, j'ai trouvé dans *L'Athenaeum* un article sur
ton volume, signé Julien Lemer[2]. Voilà un gaillard qui a
la patte fine. Mais, mon Dieu, qui est-ce qui exterminera
donc les critiques, pour qu'il n'en reste plus un ! —
1re colonne : éloge de l'Académie française. 2e colonne :
éloge exagéré et inepte du poème couronné, avec trois
citations (bonnes du reste). C'est, selon ce monsieur, ce
qu'il y a de meilleur dans le volume. 3e colonne : déchaî-
nement contre les *Tableaux vivants*. On trouve cela *anti-
chrétien*. — Parallèle de L. C[olet] avec Th. Gautier ;
digression sur ce que c'est que l'art (2 colonnes). —
Énumération analytique et rapide des pièces. Il trouve
Le Deuil trop intime, etc.[3] Conclusion en somme peu
louangeuse. — Mais Énault ! Quel imbécile et pauvre
garçon ! — Il se croit spirituel, avec ses petites malices. Et
savant peut-être, avec ses quatre citations, une en italien,
deux en latin et une en allemand (celle-là est la plus
raide[4]). — Si j'étais de toi, puisque c'est un ami, je le
bourrerais un peu dru, à sa première visite.

Je relis Rabelais[5] avec acharnement et il me semble

que c'est pour la première fois que je le lis. Voilà la grande fontaine des lettres françaises. Les plus forts y ont puisé à pleine tasse. — Il faut en revenir à cette veine-là, aux robustes *outrances*. La littérature, comme la société, a besoin[a] d'une étrille pour faire tomber les gales qui la dévorent. Au milieu de toutes les faiblesses de la morale et de l'esprit, puisque tous chancellent comme des gens épuisés, puisqu'il y a dans l'atmosphère des cœurs un brouillard épais empêchant de distinguer les lignes droites, aimons le Vrai avec l'enthousiasme qu'on a pour le fantastique, et à mesure que les autres baisseront, nous monterons.

Il n'y a plus maintenant pour les *purs* que deux manières de vivre ; ou s'entourer la tête de son manteau, comme Agamemnon devant le sacrifice de sa fille (procédé peu hardi en somme et plus spirituel que sublime) ; ou bien se hausser soi-même à un tel degré d'orgueil qu'aucune éclaboussure du dehors ne vous puisse atteindre.

Tu es maintenant sur une bonne voie. — Que rien ne te dérange ! Il y a dans la vie un quart d'heure utile pour tout le reste et dont il faut profiter. — Tu y es maintenant. — En déviant, qui sait s'il reviendrait ? Ta *Paysanne*[1] sera une chose solide, chère amie. Sois-en sûre. Les bonnes œuvres sont celles où il y a pâture pour tous. Ton conte est ainsi. — Il plaira aux artistes qui y verront le style et aux bourgeois qui y verront le sentiment.

Tu arriveras à la plénitude de ton talent en dépouillant ton sexe, qui doit te servir comme *science* et non comme expansion. Dans G[eorge] Sand, on sent les fleurs blanches ; cela suinte, et l'idée coule entre les mots, comme entre des cuisses sans muscles. C'est avec la tête qu'on écrit. Si le cœur la chauffe, tant mieux, mais il ne faut pas le dire. Ce doit être un four invisible. — Et nous évitons par là d'amuser le public avec nous-mêmes, ce que je trouve hideux, ou trop naïf. — Et la personnalité d'écrivain qui rétrécit toujours une œuvre *[sic]*.

Ah ! il y a huit jours à cette heure-ci[2] ?... Que veux-tu que je dise ? J'y pense. Ce seront des bons souvenirs pour notre vieillesse. — B[ouilhet] et moi, nous avons passé toute notre soirée de dimanche à nous faire des

tableaux anticipés de notre décrépitude. Nous nous
voyions vieux, misérables, à l'hospice des incurables,
balayant les rues et, dans nos habits tachés, parlant du
temps d'aujourd'hui et de notre promenade à La Roche-
Guyon. Nous nous sommes d'abord fait rire, puis
presque pleurer. Cela a duré *quatre* heures de suite. — Il
n'y a que des hommes aussi placidement funèbres que
nous le sommes, pour s'amuser à de telles horreurs.

Adieu, adieu, bonne, belle et chère Louise, je t'embrasse partout.

Ton G.

À LOUISE COLET

[Croisset,] lundi soir. [22 novembre 1852.]

De suite, pendant que j'y pense (car depuis trois
jours j'ai peur de l'oublier), ma petite dissertation grammaticale à propos de *saisir*. Il y a deux verbes : *saisir*
signifie prendre tout d'un coup, empoigner, et *se saisir
de* veut dire s'emparer, se rendre maître. Dans l'exemple
que tu me cites « le renard s'en saisit », ça veut dire
le renard s'en empare, en fait son profit ; il y a donc
avec le pronom, tout ensemble, idée d'accaparement et
de vitesse (ainsi avec le pronom le verbe comporte-
rait toujours une idée d'utilité ultérieure). Mais *saisir*
s'emploie tout seul pour dire prendre. Ex[emple] :
« Saisissez-vous *de* cette anguille-là ; je ne peux la saisir,
elle me glisse des mains. » Je ne me rappelle point tes
deux vers, chère muse ; mais il y a, il me semble, quelque
chose comme cette tournure : « se saisissait des brins de
paille... », ce qui est lent d'ailleurs et impropre, comme
tu vois[1].

J'attends *La Paysanne* avec impatience, mais ne te
presse point, prends tout ton temps. Ce sera bon.
Tous les perruquiers sont d'accord à dire que plus les
chevelures sont peignées, plus elles sont luisantes. Il
en est de même du style, la correction fait son éclat.
J'ai relu hier, à cause de toi, *La Pente de la rêverie*[2]. Eh
bien, je ne suis pas de ton avis. Ça a une grande allure,
mais c'est mou, un peu, et peut-être le sujet même

échappait-il aux vers ? Tout ne se peut pas dire ; l'Art
est borné, si l'idée ne l'est pas. En fait de métaphysique
surtout, la plume ne va pas loin, car la force plastique
défaille toujours à rendre ce qui n'est pas très net dans
l'esprit. Je vais lire l'*Oncle Tom* en anglais[1]. J'ai, je
l'avoue, un préjugé défavorable à son endroit. Le mérite
littéraire seul ne donne pas de ces succès-là. On va loin
comme réussite, lorsque à un certain talent de mise en
scène et à la facilité de parler la langue de tout le monde
on joint l'art de s'adresser aux passions du jour, aux
questions du moment. Sais-tu ce qui se vend annuelle-
ment le plus ? *Faublas* et *L'Amour conjugal*[2], deux productions ineptes. Si Tacite revenait au monde, il ne se ven-
drait pas autant que M. Thiers. Le public respecte les
bustes, mais les adore peu. On a pour eux une admiration
de convention et puis c'est tout. Le bourgeois (c'est-à-dire
l'humanité entière maintenant, y compris le peuple) se
conduit envers les classiques comme envers la religion : il
sait qu'ils sont, serait fâché qu'ils ne fussent pas, comprend qu'ils ont une certaine utilité très éloignée, mais
il n'en use nullement et ça l'embête beaucoup, voilà.

J'ai fait prendre au cabinet de lecture *La Chartreuse
de Parme* et je la lirai avec soin. Je connais *[Le] Rouge et
[le] Noir,* que je trouve mal écrit et incompréhensible,
comme caractères et intentions[3]. Je sais bien que les
gens de goût ne sont pas de mon avis ; mais c'est encore
une drôle de caste que celle des gens de goût : ils ont
de petits saints à eux que personne ne connaît. C'est
ce bon Sainte-Beuve qui a mis ça à la mode. On se pâme
d'admiration devant des esprits de société, devant des
talents qui ont pour toute recommandation d'être
obscurs. Quant à Beyle, je n'ai rien compris à l'enthousiasme de Balzac[4] pour un semblable écrivain, après
avoir lu *[Le] Rouge et [le] Noir.* En fait de lectures, je ne
dé-lis pas *Rabelais* et *Don Quichotte,* le dimanche, avec
Bouilhet. Quels écrasants livres ! Ils grandissent à
mesure qu'on les contemple, comme les Pyramides,
et on finit presque par avoir peur. Ce qu'il y a de prodigieux dans *Don Quichotte,* c'est l'absence d'art et cette
perpétuelle fusion de l'illusion et de la réalité qui en
fait un livre si comique et si poétique. Quels nains que
tous les autres à côté ! Comme on se sent petit, mon
Dieu ! comme on se sent petit !

Je ne travaille pas mal, c'est-à-dire avec assez de cœur ; mais c'est difficile d'exprimer bien ce qu'on n'a jamais senti : il faut de longues préparations et se creuser la cervelle diablement afin de ne pas dépasser la limite et de l'atteindre tout en même temps. L'enchaînement des sentiments me donne un mal de chien, et tout dépend de là dans ce roman ; car je maintiens qu'on peut tout aussi bien amuser avec des idées qu'avec des faits, mais il faut pour ça qu'elles découlent l'une de l'autre comme de cascade en cascade, et qu'elles entraînent ainsi le lecteur au milieu du frémissement des phrases et du bouillonnement des métaphores. Quand nous nous reverrons, j'aurai fait un grand pas, je serai en plein amour, en plein sujet, et le sort du bouquin sera décidé ; mais je crois que je passe maintenant un défilé dangereux. J'ai ainsi, parmi les haltes de mon travail, ta belle et bonne figure au bout, comme des temps de repos. Notre amour, par là, est une espèce de signet que je place d'avance entre les pages, et je rêve d'y être arrivé de toutes façons.

Pourquoi ai-je sur ce livre des inquiétudes comme je n'en ai jamais eu sur d'autres ? Est-ce parce qu'il n'est pas dans ma voie naturelle et pour moi, au contraire, tout en art, en ruses ? Ce m'aura toujours été une gymnastique furieuse et longue. Un jour, ensuite, que j'aurai un sujet à moi, un plan de mes entrailles, tu verras, tu verras ! J'ai fini aujourd'hui Perse[1] ; je vais de suite le relire et prendre des notes. Tu dois être à *L'Âne d'or*, maintenant ; j'attends tes impressions.

Sais-tu (entre nous) que l'ami Bouilhet m'a l'air un peu troublé par la mère Roger[2] ? Je crois qu'il tourne au tendre et que le drame[3] s'en ressent. Les passions sont bonnes, mais pas trop n'en faut ; ça fait perdre bien du temps. Comment donc le sieur Houssaye (qui s'appelle de son nom Housset, mais je trouve l'Y sublime)[4] est-il son ami ? Est-ce que ?... Oh !

Ne t'occupe de rien que de toi. Laissons l'Empire marcher, fermons notre porte, montons au plus haut de notre tour d'ivoire, sur la dernière marche, le plus près du ciel. Il y fait froid quelquefois, n'est-ce pas ? Mais qu'importe ! On voit les étoiles briller clair et l'on n'entend plus les dindons.

Adieu, voilà deux heures du matin. Comme je voudrais être dans un an d'ici !

Encore adieu, mille tendresses. Je fais tout à l'entour de ton col un collier de baisers.

À toi.

À LOUISE COLET

[Croisset,] dimanche, 5 h[eures] du soir.
[28 novembre 1852.]

J'ai reçu ce matin un mot de B[ouilhet] me disant qu'un clou survenu au cou l'empêcherait de me venir voir aujourd'hui. Mon dimanche est donc libre et je m'en vais passer toute la soirée, le plus longtemps que je pourrai, avec toi, chère Louise, bonne petite femme. Après nous être embrassés d'abord, débarrassons[-nous] des importuns, nous causerons ensuite de *La Paysanne*. — Les deux lettres du sieur Leguillou[1] sont curieuses. Elles sont fort impertinentes et sentent la canaille d'une lieue loin. Il y a là-dessous des embûches, et l'envie *de te faire faire quelque sottise* pour en profiter ensuite. Cherche ce *ms.* trouve-le et envoie-le-lui, *immédiatement,* en *demandant un reçu,* afin de n'avoir plus affaire avec ce monsieur. Quant à Villevieille et aux Azevedo[2], n'as-tu pas vu clair comme le jour que Villevieille cherche à réparer sa sottise sans le dire, ni peut-être se l'avouer (comme c'est l'usage des hommes). Si j'étais de toi, et puisqu'il est malade, j'irais le voir. Ce serait une condescendance dont il te serait reconnaissant au fond (tu aurais l'air d'avoir affaire dans son quartier). Les Azevedo t'en sauraient gré et reviendraient à toi. Mais dans toute cette misérable affaire je ne comprends rien au Capitaine[3], c'est lui avec son usage du monde qui devrait réparer tout cela. — Enfin tâche de te raccommoder avec eux. Il ne faut pas se brouiller avec d'anciens amis et pour des *piques*. On a si peu de gens à fréquenter ! si peu à qui l'on puisse dire trois mots ! qu'il faut bien se ménager un peu de vases à expansion, quelque petits que soient les vases, et quelque rare que ce besoin d'expansion vous arrive. C'est là une de nos grandes misères. Dire

qu'on cause quelquefois avec son domestique, sans
s'ennuyer ! et de quoi cause-t-on, mon Dieu ! C'est que
les petites nécessités sont peut-être plus impérieuses que
les grandes. On musèle bien les grandes passions,
comme des dogues, mais toutes les petites, on les laisse
libres comme des roquets. Aussi du matin au soir,
elles sont à vous mordre les jambes. Conclusion :
réconcilie-toi avec eux, puisque tu avais quelque plaisir
à les fréquenter. Suis-je un monstre (dans ma morale) ?

Ah ! causons de *La Paysanne*[1]. Mon opinion n'a point
changé quant à l'ensemble. Cela est fait. — Aussi je
m'en vais t'éreinter. — Je vais noter tout ce qui ne me
paraît pas irréprochable et, je t'en prie, sois patiente dans
les corrections, songe que c'est une très bonne chose, et
qu'il serait fâcheux d'y laisser des taches. J'insisterai sur
celles qui me paraîtront les plus considérables.

Et d'abord

Tout embrasé d'une chaleur torride

vers commun. — *chaleur torride* expression consacrée,
et le mot *embrasé* la re-encommunise encore. C'est lourd.
Je sais bien que la rime, là, t'embête, j'en suis fâché :

La rime est une esclave et ne doit qu'obéir[2].

(Voir tous les traités de rhétorique possibles.)

Dans ce premier mouvement nous avons trois *comme*,
ce qui donne un peu de monotonie à la tournure de
la phrase : *comme après la moisson, comme un charnier* et
comme un berceau (celui-là indispensable). Pourquoi ne
pas supprimer le *comme* après la moisson, et dire que
c'était après la moisson en effet, sans ton *comme* qui est
lourd et fait tomber la phrase dès le second vers. Le
commencement par là y perd de l'ampleur, les *sujets* y
sont trop fréquents et ça coupe trop : 1º *c'était...* 2º *tout...*
3º *embrasé...* 4º *Le ciel...* 5º *de grands rochers...* Il faut
laisser tout cela tel que c'est, *mais en pallier le défaut* par
le retranchement du *comme* (qui du reste est négligé).
Je n'aime pas la nature comparée à un *charnier ;* ici ta
nature est blanche-grise, or l'idée de charnier est couleur
de terreau, il y a dans le mot *charnier* des humidités
brunes. Et puis c'est exagéré, car ta campagne est aride,

mais elle n'est pas dégoûtante comme le comporte en soi le mot *charnier*. Je tâcherais donc de faire ainsi :

1er vers : *Sans prés ni fleurs, sans arbres ni verdure*
2e —   . . . . . . morne *était la nature*

Emplis-moi ce second vers-là par toute cette idée. Il faut un grand vers simple et tout d'une pièce.

———

Est-ce *tirait vers elle* qui est la correction ? Il y a *se saisissait* en dessus. C'est une erreur. *Tirait vers elle* est bon.

———

Et le soleil plombait *ses cheveux blancs*

Mauvais ; on ne dit plomber, métaphoriquement, qu'au prétérit : teint plombé pour couleur de plomb, livide, et si tu l'emploies dans ce sens, c'est alors un verbe neutre, et il y a faute évidente de français, les v[erbes] neutres n'ayant pas de régime. — *C'est une faute de français,* sois-en sûre. Outre que le mot ne fait aucune image, et est de mauvais style — (pourquoi pas chauffer ? ? ?)

Et le soleil chauffait ses cheveux blancs

Un meilleur mot que chauffer, ou bien quelque chose du vent, car nous avons déjà soleil.

———

Où s'amassait sa sueur

Assemblage d'expressions incompatibles : la sueur ne s'amasse pas. *Un amas de sueur*. Puisque tu as égout, pourquoi pas *s'écouler ?* L'idée exacte était tamis pour la peau, et la sueur en sortant par tous les trous, mais enfin avec le mot d'égout il y a davantage et par conséquent, il faut suivre dans la comparaison l'idée de mouvement, laquelle est plus juste d'ailleurs que celle d'amas. Qui dit amas dit immobilité. Or la sueur coule, c'est-à-dire apparaît, et s'en va.

> *Ce vers sortait de sa bouche édentée*
> *Note plaintive et mille fois chantée*
> *Rythme nerveux réglant le mouvement,* etc.

C'est trop de deux appositions qualificatives à *ce vers*.
— *Ce vers, note plaintive, rythme nerveux,* réglant le mouvement. Comprends-tu ce que je veux dire, l'idée est :

> ... *sortait de sa bouche édentée*
> *(en une)*   *Note plaintive et mille fois chantée*
> *(et d'un)*   *Rythme nerveux réglant le mouvement*
> *Qui,* etc.

Mais toutes ces abréviations enlèvent la clarté. Car *ce
vers* n'est pas à la fois note plaintive et rythme nerveux.
— Soyons exacts. La précision c'est la force.

> *Elle fut jeune, elle aima ! cette femme !*

Laissons cette tournure aux mânes de la mère Dorval[1].
De tout ce couplet jusqu'à « Sa mère était morte, etc. »,
il n'y a de bon que

> *Comme un beau fruit sur lequel on piétine*

le reste est *détestable*.

> *Donc je la plains,* car elle avait une âme !

Mais on en a une sans ça. Tout le monde a une âme.
Qu'est-ce que ça veut dire? Faible, faible, et puis voilà
une âme qu'on tarit comme (on tarit) un fruit sur
lequel on piétine. On ne tarit pas un fruit. — Du reste
tout m'irrite dans ce couplet.

> *Mais elle était d'une essence divine*
> *Elle a rejoint l'universel esprit.*

Faux. Mais non, elle n'était pas d'une essence divine,
et c'est parce qu'elle était d'une essence humaine qu'elle
m'intéresse. — Si rejoindre *l'universel esprit* veut dire
mourir, cela a des prétentions philosophiques hors de
place. Si c'est au contraire une spécialité de cette essence
divine, de cette âme-là, c'est bête. Voilà mon avis sur
ce passage. Je tiens fort à cette remarque, tout ça est

à refaire. Observe en passant, chère Louise, quelle
connexion il y a entre le style et l'idée ! Compare-moi,
en soi-même, un de ces vers-là tout seul et indépendamment des autres, au premier venu de ceux qui suivent,
où l'idée se trouve nette, juste, à sa place.

> *Elle l'aidait à sécher ses filets*
>
> . . . .
>
> *Sans un poisson souvent fuyait rapide*
> *Alors l'enfant ployait le filet vide*
> *Et sans souper se couchait en pleurant,* etc., etc.

Quels charmants vers ! mais nous ne sommes ici en
quête que des mauvais.

> *Qu'un Turcaret du récent Directoire*

ne me paraît [pas] très bon. Turcaret du reste vaut mieux
que *fournisseur.* Si tu trouves un autre vers, change-le.
C'est *récent Directoire* qui m'a semblé, à la première
lecture, un peu gauche.

J'avais oublié :

> *Elle chantait triste, et d'une voix lente,*

triste tombe là après l'hémistiche, lourdement. Pourquoi
pas :

> *Elle chantait, d'une voix triste et lente*

d'autant que ces deux similitudes d'apposition, *triste*
pour elle et *lente* pour la voix sont un peu prétentieuses ?

> *Là-bas, là-bas, aux pieds de ces collines*

trop lyrique, et tu as besoin, *plus tard,* de cette tournure,
garde un seul *là-bas.*

La correction de la danseuse est bonne. Mais *chastement*
admirée n'est pas le mot propre (outre qu'il donne des
idées qu'une femme peut en regarder une autre non
chastement, hé, hé, ça c'est vu), ce serait *naïvement,* s'il
se pouvait, *bêtement,* s'il n'était trop fort.

Remémorant atroce. Une *cambrure*, mais la gazelle n'a rien de cambré, ni de gracieux dans la taille. Quant à ce *remémorant* il est infâme. Il y a d'ailleurs quelque chose de peu correct et surtout de peu écrit dans la tournure même de la phrase dont tous les vers sont bons (si ce n'est

> *La gravité d'un précoce labeur*

vers non imagé au milieu de tous ces vers pleins d'images).

> *Elle n'était qu'une petite fille*
> *Montrant,* etc.

Très bien.

> *douze ans*

(à quoi se rapporte-t-il ? il n'y a pas de verbe).

> *La gravité d'un précoce,* etc.

et tu reprends par les *de*

> des *yeux*
> un *air*
> des *dents*
> un *joli cou*

il n'y a pas de raison pour que ça finisse. Il faut faire un portrait par une forme moins énumérative. J'avais une phrase toute pareille dans *Bovary,* où faisant un portrait qui commençait par *il,* se trouvait au milieu « presque pas de sourcils, un air »[1]. B[ouilhet] s'est récrié et m'a fait changer, avec raison.

> *Ont éveillé l'amour qui les attire*

bon, ainsi que la correction

> *Sur l'herbe en fleurs, on s'assied mollement*

Tout est vraiment beau, sans compter le sublime par moments.

Mais je critique exclusivement, et continue :

> *À la douceur se fond*
> *À leur bonté...*

un peu trop fréquent ces tournures-là. Ça a quelque
chose d'un peu voulu, de trop arrêté, de dur. Ainsi,
plus bas :

> *Plus de rameurs*
> *Plus de faucheurs,* etc.

> *Qu'on s'en empreint rien qu'à les voir passer*

charmant, mais si au lieu de l'expression (habituelle)
respirer le bonheur sèche, et ne préparant pas la métaphore
qui suit, tu me mettrais : tant de bonheur *de leur être,
sort, s'émane, transpire,* quelque chose comme ça, ce
serait mieux, et *empreint* deviendrait encore meilleur,
puisqu'il continuerait l'idée.

> En devançant l'amour du mariage
> Le libre amour le rend plus savoureux

pas clair. Est-ce le libre amour qui devançant l'amour
du mariage rend cet amour plus savoureux ou bien le
mariage lui-même. Charabia. À changer, certainement.

L'épisode des conscrits est bien troussé. Mais je ne
sais (ceci est un doute) si les quatre vers

> *Qui donc les frappe*

n'enlève pas l'imprévu à

> *Les jeunes gens,* etc.

d'ailleurs

> Oh c'est la loi du sang, la loi barbare

est un vers faible.

II

avec pitié devisent de l'amour

amour ne dit pas assez. Elles devisent de l'événement,
et non pas de l'amour (comme feraient des philosophes
ou des artistes). Cela restreint l'idée, prends-y garde. La
situation est ici plus large que le mot. —

Elles vont languir seules

un peu trop franc. Sois plus chaste, ici, pour attendrir.
— Et d'ailleurs ça ne se formulait pas comme ça dans
leurs têtes.
    Les coupes de tout ce dialogue sont bonnes.
    Jeune enfant serait mieux que *faible*. Ce serait *jeune
garçon* qu'il faudrait, mais la rime ! ! Tâche de me trouver
quelque chose autre que *faible ;* on ne sait pas si ça
s'applique au moral ou au physique.
    Stupide est trop fort. Il a une intention de blâme sur
l'idée patriotique. Du reste la phrase est mal faite.

Mourir est beau. C'est la patrie, etc.

Mourir c'est la patrie, non, mal fait. Tout cela ce sont
des chicanes qui vont peut-être t'irriter, ou du moins,
moi, qui m'irriteraient, mais quelque minime qu'elle
soit, je ne te fais aucune observation que je n'y aie bien
réfléchi d'avance. — Il ne faut laisser aucune prise aux
pédants.

Ils ont tous bu pour prendre un air de fête

mais non, ils n'ont pas *tous* bu, intentionnellement, *pour
prendre* un air de fête, ils ont bu dans un petit moment
d'entraînement, d'exaltation, moitié factice, moitié vraie.
Ils ont bu, donc ils ont un air de fête, ils ont bu dans
la fête, si tu veux ; il y a une différence, il me semble.

LEUR *poing brandit*

ces quatres rimes à même assonance, et qui ne riment

différemment qu'en vertu des règles, et de l'orthographe, sont d'un mauvais effet pour l'oreille (qui ne diſtingue nullement ici la différence des féminines et des masculines), mauvais effet, dis-je, au milieu de l'entrecroisement qui précède. Je sais que tu es autorisée par quantité d'exemples, mais je persiſte (malgré *les bons auteurs*) à soutenir que ça ne vaut rien.

Comparaison *des coquelicots et bleuets*, charmante.

> *Conscrits en marche et vive l'empereur*

c'eſt *soldats* qu'il faut dire. Un conscrit ne s'appelle pas lui-même conscrit, mais eſt tout fier d'être soldat. Cela eſt une petite étourderie psychologique. —

> Adieu vieux *père* adieu jardin si *cher*

la rime rimant avec l'hémiſtiche ?

————

Ici je me cabre, quoi que tu en dises, pour *d'airain*. Du moment que la métaphore eſt venue, c'eſt elle, la métaphore, qui remplace l'expression métaphysique et qu'il faut suivre ensuite autant que possible par des expressions moyennes convenant et à l'idée et à la comparaison. *Une chose d'airain ne mène pas.* Je ne sors pas de là. Avec ces concessions-là, il n'y a plus de ſtyle. On excuse : « La roue de la Fortune ne sourit pas aux vieillards » ; sourit se rapporte à fortune, peut-on dire ; « Le timon de l'État ballotte sur une mer orageuse » : mer orageuse se rapporte à État.

> *Quand la capacité de son eſprit se hausse*
> *À connaître un pourpoint d'avec un haut-de-chausse*

(Molière[1]) : beaucoup d'imbéciles citent ces deux vers, à propos de bas-bleus, et contre elles, croyant montrer qu'eux-mêmes sont lettrés. Eh bien, une capacité ne *se hausse pas.* Mais hausse se rapporte à esprit ? du tout, à capacité *et* rien qu'à cela.

Ces fautes-là sont non seulement des fautes de ſtyle, mais de poésie. Rien n'indique plus la force du sang littéraire qu'une métaphore bien suivie.

De la *maison sortit*, etc.

prends garde ? Tu as bien souvent de ces commence-
ments-là, pris par le milieu de la phrase. D'autant qu'un
[peu] plus haut

De *tout ce qu'elle aimait*
Rien ne reſtait

et [un] peu plus bas

Dans *le château*

et encore un peu plus [bas]

Dans sa terreur
Ils sont partis… pas un cœur à toucher

un peu plus loin

Pas un ami

même idée, même tournure. Et cette tournure, très
courte, n'eſt pas très élégante. Plus bas nous aurons

Rien qui la plaigne, etc.

C'eſt comme monotonie de tournure, et parce que ça
revient quelquefois.

Magnétique réponse

archimauvais, quoi que tu en dises. Sois sûr[e] d'ailleurs
que tu ne t'en tireras pas si tu persiſtes à lier ces deux
idées. Sépare-les ; nous avons l'ombre, et puis ce tressaillement dans le ventre, qui répond à Jeanneton,
comme de la part de Jean. C'eſt trop de choses en trop
peu de place. Tâche d'emplir le premier vers avec
l'idée de tout à coup, de surprise, et [de] faire un vers lent
Magnétique, non, non.

III

Vous que le Chriſt doit élire pour sœurs

pourquoi le Christ là ? Tu me les rétrécis, ces femmes,
après les avoir comparées aux portions inconnues du
monde, aux encens se perdant en Dieu, etc. Sois-en
sûre, ça étrangle par la fin ce que tout cela avait de
large. — Et le bourgeois, et surtout la bourgeoise
seraient choqués que le Christ prenne exprès pour
sœurs ces filles-là. Or ta paysanne est surtout destinée à
avoir un succès de famille, populaire. Ne fais rien pour
le gâter.

> *L'enivrement de la maternité*
> *Hausse son cœur*

l'enivrement ne hausse pas, il gonfle, détend, amollit,
fait tomber, l'idée d'enivrement va de droite et de
gauche, et non de bas en haut.

> *Au* pauvre et tendre cœur
> *Au* sentiment l'enfant commence à naître

trop souvent de ces tournures-là. *Naître au sentiment*,
prétentieux et commun à la fois. Ici d'ailleurs, ces deux
au sont bien près l'un de l'autre.

> Brune, et le ciel rouge et bleu derrière elle,

amas de couleurs. *Brune* d'ailleurs est bien loin du sujet
(lequel même est sous-entendu).

> Avec son bel enfant à la mamelle

est un bon vers, mais nous avons déjà vu deux fois cet
effet : plus haut avec les femmes attendant les conscrits,
et dans la même page « avec son fils au sein ».

> De la Madone on eût dit un tableau

pas raide en soi. Et puis ce petit tableau de quatre vers
sent l'artiste, et termine trop les grandes choses sentimentales qui précèdent. Cela les immobilise par une
pose physique. Je finirais sur le vague de cet excellent
vers :

Ses vœux perdus s'égarent incertains...
Tant de labeur, tant de peine soufferte,

Je n'aime pas *labeur* (qui je crois, du reste, est déjà
employé plusieurs fois ?).

Jouis-tu...
amours...
―――――――
―――――――

la matière surprend dans l'âme douleurs, amours, vertus,
félicités qui sont en ruines, et attache aux ailes divines
de l'âme les fers honteux, qu'elle-même, la matière, a
portés. — Voilà l'idée. Eh bien, une partie qui se trouve
en ruines dans un tout quelconque, une chose *en ruines*
dans une autre chose, enfin, fait que cette seconde chose
ne peut avoir des ailes. Du moment que le mot *ruines*
est venu, j'ai eu l'idée de décombres, de pierres, de
blocs, d'une confusion lourde et immobile, et tout de
suite tu n'attaches à l'enceinte vague, qui contient des
ruines, des *ailes.* Sois sûr[e] que c'est mauvais et peu
clair surtout.

IV

Pour bien dîner blasphémé tous les dieux

qui n'en ferait autant ! C'est un pauvre trait, après le
précédent. Garde-moi le premier comme il était :

Pour bien dîner il eût battu sa mère

qui vient bien après celui de

Comme le sont tous les voluptueux

et restes-en là. Tu ne trouveras rien de mieux. — Et
au lieu du second vers actuel, mets-en un de description,
de préparation à : *elle dormait une nuit...,* étendue, dans
telle posture, *elle dormait une nuit.*

Son bel enfant *fait ange*

raison de plus pour enlever

Avec son bel enfant

plus haut. Un peu plus loin

Vois ! comme moi mère, Dieu te *fait ange*

Le viol est bien rarrangé.

Sous ses pieds la foulait

n'est pas mauvais. Peut-on mettre : sous son *corps* la foulait ? Ce serait plus clair ? ? ? ? hum ?

Le lendemain se mourait Jeanneton

se mourait me semble banal pour dire être affaissée, se sentir mal.

Quel dommage qu'on ne puisse commencer par

Le lendemain . . . .
On fit venir le curé du village

(en passant par-dessus Jeanneton). Comme ça y est maintenant il y a deux mouvements : 1° le lendemain, etc. ; 2° on fit venir... Et le premier ôte l'imprévu, et la solennité d'entrée du second.

cette chair fraîche *à mordre*

Gros-Pierre était un homme qui ne mordait pas. C'est bon pour nous, les romantiques, et d'une nature de passion qui est plus âcre que ne l'était la sienne. Exagéré, donc. D'ailleurs *mordre* rime avec *démordre,* son composé, faute que se permet M. E. Augier[1]. C'est comme le mot *cocu*. Depuis que ces messieurs de la prétendue école française ont voulu le remettre à la mode (quoi qu'il soit excellent), je me pendrais plutôt que de l'employer. Profitons des faiblesses des autres pour n'y pas tomber. Voilà comment on se venge des médiocres : en ne les **imitant pas.**

l'impudique animal

un peu grossier ? l'affriandaient d'un désir bestial,
quelque chose comme ça.

v

> Mais s'il arrive aux plages désolées
> Où les vaisseaux sombrent dans les écueils

si tu pouvais dès le début préciser un peu plus l'endroit ?
Franklin[1] disait trop, ceci pas assez. Car les vaisseaux
sombrent dans les écueils, ailleurs que dans les mers
glaciales.

> De ses tableaux, toute couleur s'efface

tableaux pour dire des récits, quoique relevé par couleur,
ne m'enchante pas. C'est faible et de la même école que
pinceaux pour dire plume : « Je saisis mes pinceaux et
inspiré, etc. »

> Le souvenir de ses belles amours
> C'était pour elle . . . . . .

mets *était,* tout simplement. Tu as déjà beaucoup de
c'est, c'était. Et plus bas, une phrase entière qui en est
pleine. *C'est dès le jour,* etc. — Rappelle-toi que, plus haut,
nous avons déjà

> *C'est elle encore, c'est toujours Jeanneton*
> *Toujours ! toujours !*
> *Toujours ! toujours !*

C'est trop de quatre. C'est le second qu'il faut ôter.
Loin de donner du mouvement, c'est lourd. Les tournures lyriques lorsqu'elles sont trop chargées sont
comme l'eau-de-vie. « On dit que de boire un petit verre
ça renforcit, j'en ai bu vingt-trois et je ne me tiens pas
sur mes jambes », disait un ivrogne. Il y a bien des

phrases qui pourraient en dire autant. J'ai pris beaucoup de mouvements et je reste en place.

> au *prix d'un dur servage*
> On *laisse* à *peine* à la *veuve* un *grabat*

dur, il me semble ?

———

J'ai oublié les morts pareilles du vieillard et de l'enfant qui ont l'air tous deux de *dormir*. Retranche-le pour le vieillard et garde-le pour l'enfant, comme image, qui étant plus douce lui convient mieux.

> *Où mille oiseaux gazouillaient leur chanson*

c'est dommage ! mais nous avons déjà un peu [plus] haut et au propre cette fois

> Cette chanson *au refrain monotone*

et

> *Parce qu'elle aime à* chanter *tout le jour.*

> . . . . . . *des parfums en sortaient*

mais non, *il lui semble* que des parfums en sortent... elle ouvre les narines, s'il y avait : des parfums venaient, je ne dirais rien ? Mais remarque que le détail de la serre est ici tout à fait objectif, froid, et que des parfums *en* sortaient, l'est de même, c'est de la description précise que tu fais. Or, il n'est [pas] possible que ce soit, et qu'à cette distance-là les parfums arrivent.

> *Elle s'élance* . . . . .
> *La lèvre* . . . . .
> *Les bras* . . . . .

Je voudrais quelque chose de moins dramatique comme action personnelle de son corps, quelque chose de plus faible, de plus éteint, qui fût mou. Ce doit presque être de l'idiotisme, un vague souvenir, quelque chose dont elle ne se rendît pas compte à elle-même, et ce qui est me semble trop net et mouvementé. D'ailleurs *rive embrasée, mirage des eaux, tombe épuisée,* sont mauvais.

VI

Puisqu'il faut être franc, je n'aime pas cette fin. *Il y a trop.* Toute la vie du soldat est inutile, nous oublions Jeanneton. L'intérêt est éparpillé maintenant entre deux personnages. Note que je ne trouve pas du tout cette partie mauvaise en elle-[même], mais, par rapport à la composition générale, elle tient trop de place. Je vais m'expliquer par les détails.

> Adieu la France, adieu son doux espoir

nous avons déjà eu un mouvement semblable à son départ pour l'armée. Vouloir me réattendrir là-dessus, de nouveau...

> *Peut-être il faut mourir sans se revoir*

est impossible.

> Napoléon ce désespoir des mères
> Vapeurs du vin, du sang, de la débauche
> Pour le soldat vous êtes l'air vital

tout cela est inutile, froid (outre que ça insulte un corps respectable, l'armée, et une grande gloire nationale ! Napoléon !).

> Jean s'enflammait au souffle des victoires

mais ça va sans dire, on le devine. Il fallait dire tout cela, en une phrase (il n'y a pas de raison, comme ça est maintenant, pour que la vie de Jean, à l'armée, ne soit tout aussi développée que celle de Jeanneton dans son village). — Et à la fin de la période me le montrer revenant à son village. Là tout est oublié, il y a si longtemps ! — L'idée même de demander des nouvelles de Jeanneton ne lui vient pas tout de suite ? Ce souvenir du pays natal lui arrivant au cœur avec un parfum

agreste, est trop poétique. Jean revient dans son pays,
tout bonnement parce que c'est le pays et qu'il ne sait
pas où aller. En faisant tout cela bêtement, naïvement,
tu prépares l'effet de la fin. D'ailleurs nous avons déjà eu ces
parfums, ces effets de nature plus haut. Je les développerais plutôt dans la mort de Jeanneton, que je ferais
plus ample, avec les sonnettes des chèvres... le bruit
des eaux du Rhône, les bruyères roussies, un paysage
immense et calme, et au milieu une pauvre vieille
femme crevant tout doucement.

Je sais bien que quant à la vérité *réelle,* tu as peut-être
raison. Mais quant à la vérité artistique, idéale, pour
employer le mot, sois sûre que cette poésie sur Jean,
cette ampleur dont tu l'entoures (comme abondance de
détails plus haut, et ici comme sentiment) m'enlève par
l'effet de sa répétition le charme que j'ai déjà éprouvé
plus haut, quand ces choses se trouvaient là pour la
première fois.

Depuis quinze ans vit au fond du charnier

est d'une *maladresse insigne.* Alors la première chose que
Jean doit faire, c'est de chercher sa tombe, et la trouvaille
arrive, (comme le coup de poignard de la tragédie),
tout[e] prévue d'avance.

Dans les jardins où souriait la serre

trop fort, une serre qui sourit.

Court la vapeur sur le chemin de fer

il s'en fiche bien, Jean, et moi aussi.

Il fallait mettre que, une fois revenu, n'étant plus bon
à rien, il se mit fossoyeur. (Le métier n'était pas dur et
il avait vu des cadavres. Cette besogne ne lui répugnait
pas... ?)

Et puis je ferais beaucoup *plus longue la scène de la
trouvaille.* (Il faut qu'on voie, dans la terre grasse, des
cheveux sur lesquels le soleil passe ? de la viande autour
des vertèbres.) Que ce soit enfin shakespearien, hideux
de vérité et de froid. — Tu peux mettre là les détails
de pipe qu'il tient à la bouche, etc., et enfin sa bêche
heurte quelque chose,

> *autour de trois vertèbres*
> *Quelques fils noirs où pendait un cœur d'or.*

description du cœur d'or, bosselé, cassé, qu'on voie des taches dessus.

Un papier jaune empreint de moisissure

il le déplie, ça ne tient plus. L'écriture a comme des macules de sang : c'est la rouille. Il reconnut sa lettre à Jeanneton. Et surtout pas de *pris d'un frisson*. — Le fait *seul...* et laisse tomber sa pipe dans la fosse si tu veux.

———

Sois sûre, pauvre chère Louise, que j'embête, que tous ces mouvements « musique en tête », « beaux souvenirs des heures » et même celui de *Mais ô mémoire,* dont les deux derniers vers sont admirables,

> *Et l'homme accourt*
> *Les bras . . . .*

que tout cela est inutile. — Il faut avoir le courage de se couper des bras à l'estomac, quand il vous y en pousse. C'est une monstruosité, quand même le bras serait beau.

Ne te désespère pas. Médite bien ces derniers avis sur ce paragraphe vi. — Ils me semblent à moi très sensés. — C'est trop long. Jean ne doit servir que *de fin* et dans cette fin on doit pouvoir n'y voir que les vertèbres et le cœur d'or, — seulement assez distancés de la mort de Jeanneton pour qu'on ne s'y attende pas. —

———

Si B[ouilhet] fût venu aujourd'hui nous eussions fait toutes ces observations ensemble. Mais elles n'auraient pas été si détaillées peut-être. Voilà six heures consécutives que j'y suis, sans bouger. *Tout ce que je n'ai pas remarqué me paraît bon ou excellent.* Ainsi ne t'effraie pas. Les corrections que tu as faites sont généralement bonnes. — Réfléchis une grande huitaine sur cette fin-là, avant de t'y mettre. — Et dans l'intervalle lis

quelque chose pour te diſtraire de l'inspiration que tu as maintenant et qui va te gêner pour saisir les indications assez vagues que je te donne pour la conclusion.
— Mais ça me semble pourtant clair.

Tu as là une belle œuvre et qu'il faut rendre irréprochable. *Classique.* Tu le peux. Patience seulement, ma fougueuse. — J'ai passé quatre jours entiers de l'autre semaine à faire une très belle page que je retire (maintenant que je me suis échigné à l'écrire), parce qu'elle n'eſt pas à sa place. — Il faut toujours songer à l'ensemble.

Je viens de lire *La Chartreuse de Parme.* — Lis-la. Nous en causerons après.

Demain, devant dîner chez mon frère, je porterai à B[ouilhet] ta *Paysanne,* et je parie d'avance qu'il sera de mon avis pour la fin. Je lui dirai de t'écrire cette semaine[1].

Je vais relire mon interminable lettre[2].

———

Adieu. Il eſt maintenant 1 h 1/2 du matin ; j'ai laissé éteindre mon feu. — Et vais me coucher. Je t'embrasse sur ton front de Muse. — Mille baisers, tendre amour.

À toi, ton G.

À LOUISE COLET

[Croisset,] dimanche soir. [5 décembre 1852.]

Nous nous sommes occupés aujourd'hui de ta *Paysanne.* Tu recevras mardi une lettre de B[ouilhet] dans laquelle tu trouveras quelques indications pour la fin[3].

Demain je t'écrirai *nos* observations en marge, et les correftions tiennes que nous avons adoptées.

Rien de nouveau. Je lis l'*Oncle Tom*[4]. À propos d'Amérique que deviennent les Anglais[5] ?

À bientôt donc une lettre plus longue, chère Louise. Je t'embrasse. À toi.

Ton G.

À LOUISE COLET

[Croisset,] jeudi, 1 h[eure] d'après-midi.
[9 décembre 1852.]

Je vais envoyer au chemin de fer tout à l'heure (en
même temps que cette lettre à la poste) un paquet
contenant tes deux *mss* de *La Paysanne,* le *Richard
III*[1] que je n'ai pas eu le temps de lire et un vol[ume]
de gravures antiques (afin de donner un peu de poids
au paquet), et qui te sera peut-être utile[2]. Sois sans
crainte ; le plan que B[ouilhet] t'a envoyé lundi[3] avait été
la veille arrêté par nous deux, de même que les corrections
que tu trouveras en marge de ton *ms.* sont *nos* corrections. Quand je dis corrections, c'est plutôt observations, car nous n'avons rien corrigé. Mais enfin nous
avons bien passé à ce travail trois bonnes heures dimanche soir. — Et je n'ai rien omis d'important, j'en suis
sûr. Quant à ce qui t'arrête pour la fin, pourquoi donc
t'embarrasses-tu ? Tu n'as pas besoin de préciser
l'époque. Peins *vaguement* la vie de Jean à l'armée et
le temps qu'il y reste. L'idée des Invalides est mauvaise.
D'ailleurs, si les pontons, à cause de la date, te gênent,
tu peux le faire prisonnier en Sibérie et revenant à
pied à travers l'Europe au bout de longues années[4]
(mais ne t'avise pas alors de me peindre son voyage,
et surtout pas d'effet de neige ! cela gâterait ta comparaison des vaisseaux dans les mers de glace, qui est plus
haut). Ne te dépêche pas pour les corrections, et attends
que les bonnes te viennent. Si je ne t'ai pas écrit ces
jours-ci, c'est que moi-même j'attendais chaque matin
une lettre de toi, me disant cet événement dont le
retard me cause des inquiétudes atroces[5]. Tu ne sais
pas l'état où tu me mets ! Je ne comprends pas que je
puisse travailler au milieu de ce souci. Je n'y dépense
pas. Soigne-toi bien. Tiens-moi au courant. J'aurai
dimanche prochain 31 ans. Quel anniversaire de malédiction cela peut être. Oh ! pauvre chère Louise, ta
force de la nature[6] est bien troublée. — J'ai lu *Le Livre
posthume*[7] : est-ce pitoyable, hein ? Je ne sais ce que tu
en dis à B[ouilhet], mais il me semble que notre ami se

coule. Il y a loin de là à *Tagahor*[1]. On y sent un épuisement radical. Il joue de son reste et souffle sa dernière
note. Ce qui m'a particulièrement fait rire, c'est que lui,
qui me reproche tant de me mettre en scène dans tout
ce que je fais, parle sans cesse de lui, et se complaît
jusqu'à son portrait physique[2]. Ce livre est odieux de
personnalité et de prétentions de toute nature. S'il me
demande jamais ce que j'en pense, je te promets bien
que je lui dirai ma façon de penser entière, et qui ne
sera pas douce. Comme il ne m'a pas épargné du tout
les avis quand je ne le priais nullement de m'en donner,
ce ne sera que rendu[3]. Il y a dedans une petite phrase
à mon intention et faite exprès pour moi : « La solitude
qui porte à ses deux sinistres mamelles l'Égoïsme et
la Vanité[4]. » Je t'assure que ça m'a bien fait rire.
Égoïsme, soit ; mais Vanité, non. L'Orgueil est une
bête féroce qui vit dans les cavernes et dans les déserts.
La Vanité au contraire, comme un perroquet, saute de
branche en branche et bavarde en pleine lumière[a]. Je
ne sais si je m'abuse (et ici ce serait de la vanité), mais
il me semble que dans tout *Le Livre posthume* il y a une
vague réminiscence de *Novembre,* et un brouillard de
moi, qui pèse sur le tout ; ne serait-ce que le désir de
Chine à la fin : « Dans un canot allongé, un canot de
bois de cèdre, dont les avirons minces ont l'air de
plumes, sous une voile faite de bambous tressés, au
bruit du tam-tam et des tambourins, j'irai dans le pays
jaune que l'on appelle la Chine »[5], etc. Du Camp ne
sera pas le seul sur qui j'aurai laissé mon empreinte.
Le tort qu'il a eu c'est de la recevoir. Je crois qu'il a
agi très *naturellement* en tâchant de se dégager de moi.
Il suit maintenant sa voie. Mais en littérature il se
souviendra de moi longtemps. J'ai été funeste aussi à
ce malheureux Hamard[6]. Je suis communiquant et
débordant (je l'étais est plus vrai) et, quoique doué
d'une grande faculté d'imitation, toutes les rides qui
me viennent en grimaçant ne m'altèrent pas la figure.
B[ouilhet] est le seul homme au monde qui nous ait
rendu justice là-dessus, à Alfred[7] et à moi. Il a reconnu
nos deux natures distinctes et vu l'abîme qui les séparait.
(S'il avait continué de vivre, il eût été s'agrandissant
toujours, lui par sa netteté d'esprit et moi par mes extravagances. Il n'y avait [pas] de danger que nous ne

nous réunissions de trop près.) Quant à lui, B[ouilhet],
il faut que tous deux nous valions quelque chose,
puisque, depuis 7 ans[1] que nous nous communiquons
nos plans et nos phrases, nous avons gardé respectivement notre physionomie individuelle. —

Voilà le sieur Augier employé à la police[2] ! Quelle
charmante place pour un poète, et quelle noble et
intelligente fonction que celle de lire les livres destinés
au colportage ! Mais est-ce que ça a quelque chose dans
le ventre, ces gaillards-là ! C'est plus bourgeois que les
marchands de chandelle. — Voilà donc toute la littérature
qui passe sous le bon vouloir de ce monsieur ! Mais on
a une place, de l'importance, on dîne chez le ministre,
etc. ! Et puis, il faut dire le vrai. Il y a de par le monde
une conjuration générale et permanente contre deux
choses, à savoir, la poésie et la liberté. Les gens de goût
se chargent d'exterminer l'une, comme les gens d'ordre
de poursuivre l'autre. Rien ne plaît davantage à certains
esprits français, raisonnables, peu ailés, esprits poitri-
naires à gilet de flanelle, que cette régularité tout
extérieur qui indigne si fort les gens d'imagination.
Le bourgeois se rassure à la vue d'un gendarme, et
l'*homme d'esprit* se délecte à celle d'un critique. Les
chevaux hongres sont applaudis par les mulets. Donc,
de quelle puissance d'embêtement pour nous n'est-il
pas armé, le double entraveur qui a, tout à la fois,
dans ses attributions, le sabre du gendarme[a] et les
ciseaux du critique ! Augier, sans doute, croit faire
quelque chose de très bien, acte de goût, rendre des
services. — La censure, quelle qu'elle soit, me paraît
une monstruosité, une chose pire que l'homicide.
L'attentat contre la pensée est un crime de lèse-âme.
La mort de Socrate pèse encore sur la conscience du
genre humain, et la malédiction des Juifs n'a peut-être
pas d'autre signification : ils ont crucifié l'homme-
Parole, voulu tuer Dieu. Les républicains, là-dessus,
m'ont toujours révolté. Pendant dix-huit ans, sous
L[ouis]-P[hilippe], de quelles déclamations vertueuses
n'a-t-on pas [été] étourdi ! Qu'est-ce qui a jeté les plus
lourds sarcasmes à toute l'école romantique, qui ne
réclamait en définitive, comme on dirait maintenant,
que *le libre-échange* ! Ce qu'il y a de comique ensuite,
ce sont les grands mots : « Mais que deviendrait la

société ? » et les comparaisons : « Laissez-vous jouer les
enfants avec des armes à feu ? » Il semble à ces braves
gens que la société tout entière tienne à deux ou trois
chevilles pourries, et que, si on les retire, tout va crouler.
Ils la jugent (et cela d'après de vieilles idées) comme un
produit factice de l'homme, comme une œuvre exécutée
d'après un plan. De là les récriminations, malédictions
et précautions. La volonté individuelle de qui que ce
soit n'a pas plus d'influence sur l'existence ou la destruc-
tion de la civilisation, qu'elle n'en a sur la pousse des
arbres ou la composition de l'atmosphère. Vous appor-
terez, ô grand homme, un peu de fumier ici, un peu de
sang là, mais la forêt[1] humaine, une fois que vous serez
passé, continuera de s'agiter sans vous. — Elle roulera
votre souvenir avec toutes ses autres feuilles mortes.
Votre coin de culture disparaîtra sous l'herbe, votre
peuple[a] sous d'autres invasions, votre religion sous
d'autres philosophies. Et toujours, toujours, hiver, printemps, été, automne, hiver, printemps, sans que les
fleurs cessent de pousser, et la sève de monter. —

C'est pourquoi l'*Oncle Tom* me paraît un livre étroit.
Il est fait à un point de vue moral et religieux. Il fallait
le faire à un point de vue *humain*. Je n'ai pas besoin
pour m'attendrir sur un esclave que l'on torture, que
cet esclave soit brave homme, bon père, bon époux et
chante des hymnes et lise l'Évangile, et pardonne à ses
bourreaux, ce qui devient du sublime, de l'exception,
et dès lors une chose spéciale, fausse. Les qualités de
sentiment, et il y [en] a de grandes dans ce livre, eussent
été mieux employées si le but eût été moins restreint.
Quand il n'y aura plus d'esclaves en Amérique, ce
roman ne sera pas plus vrai que toutes les anciennes
histoires où l'on représentait invariablement[b] les Maho-
métans comme des monstres. — Pas de haine ! pas de
haine ! Et c'est là du reste ce qui fait le succès de ce
livre, il est *actuel*. La vérité seule, l'éternel, le Beau pur
ne passionne pas les masses à ce degré-là. — Le parti
pris de donner aux noirs[c] le bon côté moral arrive à
l'absurde dans le personnage de Georges[2] par exemple,
lequel panse son meurtrier, tandis qu'il devrait piétiner
dessus, etc., et qui rêve une civilisation nègre, un
empire africain, etc. La mort de la jeune Saint-Clair
est celle d'une sainte[3]. Pourquoi cela ? Je pleurerais plus

si c'était un enfant ordinaire. Le caractère de sa mère
est forcé, malgré l'apparente demi-teinte que l'auteur y
a mise. Au moment de la mort de sa fille, elle ne doit
plus penser à ses migraines[1]. Mais il fallait [faire] rire
le parterre, comme dit Rousseau[2]. — Il y a du reste
de jolies choses dans ce livre : le caractère de Haley,
la scène entre le sénateur et sa femme, Miss Ophelia,
l'intérieur de la maison Legree, une tirade de miss Cassy,
tout cela est bien fait[3]. — Puisque Tom est un mystique,
je lui aurais voulu plus de lyrisme (il eût été peut-être
moins vrai comme nature). Les répétitions de mères
avec leurs enfants sont archirépétées, c'est comme le
journal du sieur Saint-Clair[4] qui revient à toute minute.
— Les réflexions de l'auteur m'ont irrité tout le temps.
Est-ce qu'on a besoin de faire des réflexions sur l'esclavage ? Montrez-le, voilà tout. — C'est là ce qui m'a
toujours semblé fort dans *Le Dernier Jour d'un condamné*[5],
pas une réflexion sur la peine de mort (il est vrai que la
préface échigne le livre, si le livre pouvait être échigné).
— Regarde dans *Le Marchand de Venise*[6], si l'on déclame
contre l'usure. Mais la forme dramatique a cela de bon,
elle annule l'auteur. — Balzac n'a pas échappé à ce défaut,
il est légitimiste, catholique, aristocrate. — L'auteur,
dans son œuvre, doit être comme Dieu dans l'univers,
présent partout, et visible nulle part. L'art étant une
seconde nature, le créateur de cette nature-là doit agir
par des procédés analogues : que l'on sente dans tous
les atomes, à tous les aspects, une impassibilité cachée
et infinie[a]. L'effet, pour le spectateur, doit être une
espèce d'ébahissement. Comment tout cela s'est-il fait !
doit-on dire ! et qu'on se sente écrasé sans savoir pourquoi. — L'art grec était dans ce principe-là et, pour y
arriver plus vite, il choisissait ses personnages dans des
conditions sociales exceptionnelles, rois, dieux, demi-
dieux. — On [ne] vous intéressait pas avec vous-mêmes.
— Le Divin était le but. —

Adieu, il est tard. C'est dommage, je suis bien en
train de causer. Je t'embrasse mille et mille fois et fais
que ça[7] arrive, mon Dieu !

À toi, ton G.

À LOUISE COLET

[Croisset,] samedi, 1 h[eure].
[11 décembre 1852.]

Je commence par te dévorer de baisers dans la joie qui me transporte. Ta lettre de ce matin m'a enlevé de dessus le cœur un terrible poids. Il était temps. Hier je n'ai pu travailler de toute la journée. — À chaque mouvement que je faisais (ceci est textuel), la cervelle me sautait dans le crâne et j'ai été obligé de me coucher à 11 h[eures] ; j'avais la fièvre et un accablement général. Voici trois semaines que je souffrais horriblement d'appréhensions : je ne *dépensais* pas à toi d'une minute, mais d'une façon peu agréable. Oh ! oui, cette idée me torturait. J'en ai eu des chandelles devant les yeux deux ou trois fois, jeudi entre autres[1]. Il faudrait tout un livre pour développer d'une manière compréhensible mon sentiment à cet égard. L'idée de donner le jour à quelqu'un *me fait horreur*. Je me maudirais si j'étais père. — Un fils de moi, oh non, non, non ! que toute ma chair périsse, et que je ne transmette à personne l'embêtement et les ignominies de l'existence. — Toutes mes propretés d'âme se révoltaient à cette hypothèse et puis, et puis. Enfin Dieu soit loué, il n'y a rien à craindre. Bénis soient donc les habits rouges[2].

J'avais aussi une idée superstitieuse. C'est demain que j'ai 31 ans. Je viens donc de passer cette fatale année de la trentaine qui classe un homme. C'est l'âge où l'on se dessine pour l'avenir, où l'on se range ; on se marie, on prend un métier. A 30 ans il y a peu de gens qui ne deviennent bourgeois, or cette paternité me faisait rentrer dans les conditions ordinaires de la vie. — Ma virginité par rapport au monde se trouvait anéantie. Et cela m'enfonçait dans le gouffre des misères communes. Eh bien, aujourd'hui, la sérénité déborde de moi. — Je me sens calme et radieux. Voilà toute ma jeunesse passée sans une tache, ni une faiblesse. Depuis mon enfance jusqu'à l'heure présente ce n'est qu'une grande ligne droite. Et comme je n'ai rien sacrifié aux passions, que je n'ai jamais dit : il faut que jeunesse se passe, jeunesse

ne se passera pas ; je suis encore tout plein de fraîcheurs
comme un printemps, j'ai en moi un grand fleuve qui
coule, quelque chose qui bouillonne sans cesse[a] et qui
ne tarit point. Style et muscles, tout est souple encore,
et si les cheveux me tombent du front, je crois que
mes plumes n'ont encore rien perdu de leur crinière.
— Encore un an, ma pauvre chère Louise, ma bonne
femme aimée, et nous passerons de longs jours ensemble.

Pourquoi désirais-tu ce lien ? Oh non, tu n'as [pas]
besoin pour plaire de rentrer dans les conditions de la
femme. Et je t'aime au contraire parce que tu es très
peu une femme, que tu n'en as ni les hypocrisies mondaines, ni la faiblesse d'esprit. — Ne sens-tu pas qu'il
y a entre nous deux une attache supérieure à celle de
la chair, et indépendante même de la tendresse amoureuse ? — Ne me gâte rien à ce qui est. — On est toujours
puni de sortir de sa route. Restons donc dans notre
sentier à part, à nous, pour nous. — Moins les sentiments
tournent au monde, et moins ils ont quelque chose de sa
fragilité ! Le temps ne fera rien sur mon amour parce
que ce n'est pas un amour *comme un amour doit être*. Et
je vais même te dire un mot qui va te sembler étrange,
il ne me semble pas que tu sois ma maîtresse. Jamais
cette appellation banale ne me vient dans la tête quand
je pense à toi. — Tu te trouves en moi à une place spéciale
et qui n'a été occupée par personne. Toi absente, elle
resterait vide. — Et pourtant ma chair aime la tienne, et
quand je me regarde nu, il me semble même que chaque
pore de ma peau baîlle après la tienne. — Et avec quelles
délices je t'embrasse !

Je ne suis pas en train de causer littérature ; je ne fais
que me remettre de ma longue inquiétude et mon cœur
se dilate. Je respire. — Il fait beau. Le soleil brille sur
la rivière. — Un brick passe maintenant toutes voiles
déployées. Ma fenêtre est ouverte et mon feu brûle.
Adieu, je t'aime plus que jamais. — Et je t'embrasse à
t'étouffer pour mon anniversaire.

Adieu, chère amour, mille tendresses. Encore à toi.

                                        Ton G[USTA]VE.

À LOUISE COLET

[Croisset,] nuit de jeudi, 1 heure.
[16 décembre 1852.]

Qu'as-tu donc, pauvre chérie, avec ta santé ?

Qu'est-ce que tous ces vomissements, maux de ventre, etc. Je suis sûr que tu as été tout près de faire quelque sottise. Je voudrais bien te savoir remise, complètement. Mais n'importe, je ne te cache pas que l'arrivée des *Anglais* m'a été une grande joie. Fasse le dieu des coïts que jamais je ne repasse par de pareilles angoisses. Je ne sais pas comment je n'en suis pas *tombé malade,* comme on dit. Je *me mangeais le sang,* en souhaitant le tien. Mais la joie que j'ai eue ensuite m'a été, je crois, profitable[1].

Depuis samedi j'ai travaillé de grand cœur et d'une façon débordante, lyrique. C'est peut-être une atroce ratatouille. Tant pis, ça m'amuse pour le moment, dussé-je plus tard tout effacer, comme cela m'est arrivé maintes fois. Je suis en train d'écrire une visite à une nourrice. On va par un petit sentier et on revient par un autre. Je marche, comme tu le vois, sur les brisées du *Livre posthume ;* mais je crois que le parallèle ne m'écrasera pas. Cela sent un peu mieux la campagne, le fumier et les couchettes que la page de notre ami[2]. Tous les Parisiens voient la nature d'une façon élégiaque et proprette, sans baugée de vaches et sans orties. Ils l'aiment, comme les prisonniers, d'un amour niais et enfantin. Cela se gagne tout jeune sous les arbres des Tuileries. Je me rappelle, à ce propos, une cousine de mon père qui, venant une fois (la seule que je l'aie vue) nous faire visite à Déville, humait, s'extasiait, admirait. « Oh ! mon cousin, me dit-elle, faites-moi donc le plaisir de me mettre un peu de fumier dans mon mouchoir de poche ; j'adore cette odeur-là[3]. » Mais nous que la campagne a toujours embêtés et qui l'avons toujours vue, comme nous en connaissons d'une façon plus rassise toutes les saveurs et toutes les mélancolies !

C'est bien bon, ce que tu me dis de l'histoire R[oger] de Beauvoir, l'écharpe passant de la voiture, etc.[4] Oh ! les *sujets,* comme il y en a !

T'aperçois-tu que je deviens moraliste ! Est-ce un signe de vieillesse ? Mais je tourne certainement à la haute comédie. J'ai quelquefois des prurits atroces d'engueuler les humains et je le ferai à quelque jour, dans dix ans d'ici, dans quelque long roman à cadre large ; en attendant, une vieille idée m'est revenue, à savoir celle de mon *Dictionnaire des idées reçues*[1] (sais-tu ce que c'est ?). La préface[2] surtout m'excite fort, et de la manière dont je la conçois (ce serait tout un livre), aucune loi ne pourrait me mordre quoique j'y attaquerais tout. Ce serait la glorification historique de tout ce qu'on approuve. J'y démontrerais que les majorités ont toujours eu raison, les minorités toujours tort. J'immolerais les grands hommes à tous les imbéciles, les martyrs à tous les bourreaux, et cela dans un style poussé à outrance, à fusées. Ainsi, pour la littérature, j'établirais, ce qui serait facile, que le médiocre, étant à la portée de tous, est le seul légitime et qu'il faut donc honnir toute espèce d'originalité comme dangereuse, sotte, etc. Cette apologie de la canaillerie humaine sur toutes ses faces, ironique et hurlante d'un bout à l'autre, pleine de citations, de preuves (qui prouveraient le contraire) et de textes effrayants (ce serait facile), est dans le but, dirais-je, d'en finir une fois pour toutes avec les excentricités, quelles qu'elles soient. Je rentrerais par là dans l'idée démocratique moderne d'égalité, dans le mot de Fourier que les grands hommes deviendront inutiles ; et c'est dans ce but, dirais-je, que ce livre est fait. On y trouverait donc, par ordre alphabétique, sur tous les sujets possibles, *tout ce qu'il faut dire en société pour être un homme convenable et aimable.*

Ainsi on trouverait :

ARTISTES : sont tous désintéressés.
LANGOUSTE : femelle du homard.
FRANCE : veut un bras de fer pour être régie.
BOSSUET : est l'aigle de Meaux.
FÉNELON : est le cygne de Cambrai.
NÉGRESSES : sont plus chaudes que les blanches.
ÉRECTION : ne se dit qu'en parlant des monuments, etc.[3]

Je crois que l'ensemble serait formidable comme *plomb*. Il faudrait que, dans tout le cours du livre, il n'y eût pas un mot de mon cru, et qu'une fois qu'on

l'aurait lu on n'osât plus parler, de peur de dire naturellement une des phrases qui s'y trouvent. Quelques
articles, du reste, pourraient prêter à des développements
splendides, comme ceux de HOMME, FEMME, AMI,
POLITIQUE, MŒURS, MAGISTRAT[1]. On pourrait d'ailleurs,
en quelques lignes, faire des types et montrer non
seulement ce qu'il faut *dire,* mais ce qu'il faut *paraître.*

J'ai lu ces jours-ci les contes de fées de Perrault ;
c'est charmant, charmant. Que dis-tu de cette phrase :
« La chambre était si petite que la queue de cette belle
robe ne pouvait s'étendre. » Est-ce énorme d'effet, hein ?
Et celle-ci : « Il vint des rois de tous les pays ; les uns
en chaises à porteurs, d'autres en cabriolets et les plus
éloignés montés sur des éléphants, sur des tigres, sur
des aigles[2]. » Et dire que, tant que les Français vivront,
Boileau passera pour être un plus grand poète que cet
homme-là. Il faut *déguiser la poésie* en France ; on la
déteste et, de tous ses écrivains, il n'y a peut-être que
Ronsard qui ait été tout simplement un poète, comme
on l'était dans l'antiquité et comme on l'est dans les
autres pays.

Peut-être les formes plastiques ont-elles été toutes
décrites, redites ; c'était la part des premiers. Ce qui
nous reste, c'est l'extérieur *[sic]* de l'homme, plus
complexe, mais qui échappe bien davantage aux conditions de la *forme.* Aussi je crois que le roman ne fait
que de naître, il attend son Homère. Quel homme eût
été Balzac, s'il eût su écrire ! Mais il ne lui a manqué
que cela. Un artiste, après tout, n'aurait pas tant fait,
n'aurait pas eu cette ampleur.

Ah ! ce qui manque à la société moderne, ce n'est
pas un Christ, ni un Washington, ni un Socrate, ni un
Voltaire même ; c'est un Aristophane, mais il serait
lapidé par le public ; et puis à quoi bon nous inquiéter
de tout cela, toujours raisonner, bavarder ? Peignons,
peignons, sans faire de théorie, sans nous inquiéter de
la composition des couleurs, ni de la dimension de nos
toiles, ni de la durée de nos œuvres.

Il fait maintenant un épouvantable vent, les arbres
et la rivière mugissent. J'étais en train, ce soir, d'écrire
une scène d'été avec des moucherons, des herbes au
soleil, etc.[3] Plus je suis dans un milieu contraire et mieux
je vois l'autre. Ce grand vent m'a charmé toute la

soirée ; cela berce et étourdit tout ensemble. J'avais
les nerfs si vibrants que ma mère, qui est entrée à dix
heures dans mon cabinet pour me dire adieu, m'a fait
pousser un cri de terreur épouvantable, qui l'a effrayée
elle-même. Le cœur m'en a longtemps battu et il m'a
fallu un quart d'heure à me remettre. Voilà de mes
absorptions, quand je travaille. J'ai senti là, à cette
surprise, comme la sensation aiguë d'un coup de poignard qui m'aurait traversé l'âme. Quelle pauvre machine
que la nôtre ! Et tout cela parce que le petit bonhomme
était à tourner une phrase ! Edma[1] et Bouilhet s'écrivent
toujours ; les lettres sont superbes de *pose* et de *pôhësie*.
Lui, ça l'amuse comme tableau ; mais au fond, il aurait
fort envie de faire avec elle un tronçon de chière-lie,
comme dit maître Rabelays[2]. Là-dessus pas un mot ; nous
croyons qu'elle se méfie de toi, quoiqu'elle n'ait rien
articulé à cet égard. Leur première entrevue sera farce.

Pioche bien *La Paysanne ;* passes-y encore une semaine,
ne te dépêche pas, revois tout, épluche-toi ; apprends
à te critiquer toi-même, ma chère sauvage. Adieu, il
est bien tard, mille baisers, porte-toi mieux. À toi, cher
amour.

À LOUISE COLET

[Croisset,] dimanche, 4 h[eures] du soir.
[19 décembre 1852.]

Ah ! Musette, musette, quelle légèreté ! Habitue-toi
donc à *méditer* avant d'écrire. Si je n'avais la conviction
qu'on peut faire de *La Paysanne* une excellente chose et
si je ne portais à tes œuvres dans l'examen que j'en fais
autant de conscience qu'aux miennes, je t'assure que je
déclarerais celle-là bonne et parachevée, pour ne plus
en entendre parler. Car tu y mets un entêtement de
négligence révoltant. J'en suis agacé superlativement.
— Et d'abord je me soucie fort peu que Babinet[3] approuve
ce que nous blâmons. J'ai la prétention outrecuidante
de m'y connaître autant que lui. — Consulte-le, ou ne
me consulte pas, et surtout ne viens pas, comme argument, me citer son opinion qui ébranle peu la mienne.

— Je répète encore une fois que douleur d'airain qui
mène au cimetière est stupide, comme le soleil *qui plombe,*
etc.[1] Maintenant garde-les si ça te fait plaisir. Il ne
manquera pas de gens qui trouveront cela charmant.
À quoi bon me renvoyer ton *ms.* avant d'avoir fait les
corrections que tu approuves toi-même, et avec le mot
chercher en marge.

J'en reprends donc une fois pour toutes quelques-unes.
Suinter est de deux syllabes comme tablier de trois[2].
Babinet ne sait ce qu'il dit. — Qu'il regarde les astres.
Il y a loin entre avoir le sentiment d'une chose et sa
connaissance. On peut s'émouvoir plus ou moins à des
œuvres d'art et ne pas s'y entendre. — En tout ayons
confiance aux gens du métier.

Sous les débris (ou contours) de ce corps de squelette

c'est *corps* de squelette qui est à reprendre. Un squelette
n'a pas de corps.

Faisant songer à la biche qui court

meilleur. La correction :

Le temps a fui notre cœur est le même
Et mariés...

est bonne.

L'enivrement encore une fois ne *hausse* pas. — Et le
Christ rétrécit tout ce qui précède. Cette religiosité
atténue *l'humanité* du mouvement. C'est comme dans
l'*Oncle Tom*. Les nègres seraient plus apitoyants s'ils ne
chantaient pas des hymnes. S'ils étaient tout simplement
des esclaves[3].

Il en fit tant qu'un jour la pauvre femme

qu'est-ce que c'est qu'une *mère* qui *s'éteint* et ensuite qui
rend *l'âme,* et un hibou qui s'agite dans son *nid.* Ce qui
était avant était du mauvais, plat. Ceci est du mauvais,
recherché.

Éclatant de luxure n'est pas corrigé, ni *suppléait*.

> *Dans sa misère on la vit s'endurcir*
> *Tant de malheur finit par l'endurcir*

également plat.

———

Fin

Le mouvement lyrique :

> *Comme l'on voit quand,* etc.

coupe l'action, le tableau, arrête; il est à enlever *complètement* malgré les deux admirables vers :

> *Et l'homme accourt malgré sa lassitude*
> *Les bras tendus aux ombres d'autrefois*

Je lierais donc :

> *Quelque doux cri de merle ou de fauvette*

à :

> *Son corps éteint se dresse ranimé.*

Tu n'as pas besoin de :

> *Lui rappelant un jour* lointain pareil

c'est de *l'explication,* ça ; il faut que nous voyons l'explication, et qu'on ne nous la dise pas.

———

> *Elle revit, elle ne souffre pas*

elle revit, atroce, surtout au moment où elle va mourir.

Après le tintement des sonnettes et le Rhône au loin fuyant, il faut *qu'on voie* Jeannette mourir, et non se contenter d'un vers, appuyer davantage sur la situation et faire une description de son agonie encadrée dans le paysage.

Tout le nᵒ VI est lâchement écrit et plein de vers à la Casimir Delavigne.

Pourquoi ne t'es-tu pas pénétrée du scénario de
B[ouilhet][1] ? Il fallait commencer par montrer Jean
montant les rues de son village et s'arrêtant aux portes.
Les explications auraient pu venir après, mais courtes.
Car ce procédé plus dramatique les aurait rendues
presqu'inutiles. Ne te décourage pas. Reste tout le
temps qu'il faut et récris-moi presque tous les vers.
La composition est meilleure. Mais pense, pense, médite
donc, tâche de voir *ton objectif* plus nettement avant de
commencer à écrire. Voilà *6 ans* que B[ouilhet] est en
train de rêver à une pièce de vers[2] qu'il fait maintenant.
Et depuis un grand mois qu'il y travaille sans relâche,
il en a écrit 40 vers à peu près. Mais c'est d'aplomb.

Ah ! il faut s'embêter et passer de longs après-midis
couché sur le dos et les mains sur les yeux.

Je te renvoie les Lamartine[3]. Qu'est-ce que tu veux
que je fasse de toutes ces ordures-là ? Je n'ai pas le
temps de lire les grands[a], à plus forte raison les petits.
Qu'apprend-on dans ce ramassis de publications quotidiennes ? — C'est comme les feuilletons de l'ami Théo[4],
je ne le croyais pas tombé si bas. Il ne se gênerait pas,
lui, pour mettre des douleurs d'airain qui marchent et
des enivrements qui haussent. J'ai jeté les yeux sur ses
deux feuilletons, j'y ai vu *des échantillons qui fourmillent,*
une quantité de pittoresques, d'admirablement, etc. Il
râle, ce pauvre garçon. Personne ne peut résister à
l'exutoire de la publication quotidienne. Toute force
s'épuise quand on ne la ménage pas. Pour faire du
beurre on bat la crème à tour de bras, et pour avoir
la crème, on laisse au lait le temps de se prendre. —

Alors, pas de chagrin, pas de découragement, ma
vieille. Tu es dans notre compagnie. Il faut se soumettre
à notre régime. C'est-à-dire avoir une rage froide et
permanente.

Je ne t'envoie pas mon voyage[5]. — Pense plutôt à
L'Acropole[6], il en est temps. Tu ne mets pas assez
d'intervalles entre ta conception et ta plume. Je t'enverrai
ton buvard la première fois que j'irai à Rouen. — Soigne-
toi bien, attends pour travailler que tu sois complètement
guérie. Mais tu ferais bien de consulter quelqu'un, voilà

longtemps que tu te plains de douleur au cœur. As-tu
encore des vomissements ?

Adieu, je t'embrasse bien.

                                        Ton G[usta]ve.

————————

B[ouilhet] garde les Lamartine, il a les nerfs plus
solides que les miens.

À LOUISE COLET

[Croisset,] mercredi, 1 h[eure].
[22 décembre 1852.]

Je vais aller à Rouen pour ton buvard et je le ferai
porter par le marchand au chemin de fer.

Ne donne pas *la note*[1]. Ce serait une imprudence inutile.
Surtout après les avances de R.[2], auxquelles tu n'es pas
tenue de répondre d'une autre façon. Mais enfin, puisqu'on te laisse tranquille, ne leur donne aucune prise.
Suis la maxime d'Épictète : « abstiens-toi » et « cache
ta vie[3] ».

Qu'il ne soit plus question de l'airain. Soit. Mais
c'est une faute énorme. Non de langage, mais de *sens
poétique*[4]. Sois sûre, du reste, que peu de gens la remar-
queront. B[ouilhet] m'a fait corriger dernièrement cette
expression « et dans ce mélange de sentiments où il
s'embarrassait[5] », parce qu'on ne s'embarrasse pas dans
un liquide. Il faut que les métaphores soient rigoureuses
et justes d'un bout à l'autre. — Enfin, arrange-toi comme
tu l'entends. Nous t'avons dit, et nous te le répétons,
qu'on pouvait faire de *La Paysanne* une chose achevée,
qu'il y avait là l'étoffe d'un chef-d'œuvre. Sans doute,
publiée telle qu'elle est (ou était), ce sera toujours très
remarquable, par fragments, surtout. Mais est-ce qu'il
faut s'arrêter dans le mieux ? Et il me semble qu'il y
a une moralité de l'esprit consistant à vouloir constamment la perfection. — Il ne faut pas le dire, voilà tout,
parce que les faibles crient à l'orgueil. — Mais quand
on n'a pas la conviction qu'on peut atteindre au premier
rang, on rate le second. — Allons, nom de Dieu,
relève-toi donc. — Reprends-moi cette fin à plein bras
et renvoie-nous le tout, complet.

Adieu, je t'embrasse, chère sauvage. À toi, ton

G.

À LOUIS BOUILHET

[Croisset,] ce jourd'huy, 26 décembre 1852.

En recepvant, à ce matin, la tant vostre gente épistre, i'ay esté marry, vrayment ; car ès érèbes où pérégrine ma vie songeresse, ces jours dominicaux, par ma soif, sont comme oasis libyques où ie me rafraischys à vostre ombraige et en suis-ie demouré méchanique toute la vesprée, ie vous assure. Oyez pourtant. Par affinité d'esperits animaulx et secrète coniunction d'humeurs absconses, ie me suys treuvé estre ceste septmaine hallebrené de mesme fascherie, à la teste aussy, au dedans, voyre ; pour ce que toutes sortes grouillantes de papulles, acmyes, phurunques et carbons (allégories innombrables et métaphores incongrues, ie veux dire) tousiours poussoyent emmy mes phrases, contaminant par leur luxuriance intempestive, la nice contexture d'icelles ; ou mieux, comme il advint à Lucius Cornelius Sylla, dictateur romain, des poulx et vermine qui issoyent de son derme à si grand foyson que quant et quant qu'il en escharbouylloit, plus en venoyt, et estoyt proprement comme ung pourceau et verrat leperoseux, tousiours engendrant corruption de soy-même, et si en mourut finalement[1].

Ains vous, tant docte scripteur, qui d'un font caballin espanchez à goulot mirifique vos ondes susurantes, de ce souci ne vous poinctant, ceste tant robuste pucelle qui ha nom Muse, comme bon compaignon et paillard lyrique que estes, tousiours la tabourinez avec engin roide, tousiours la hacquebutez, la gitonnez, la biscotez, la glossotez, par devant, par derrière, en tous accou-tremens et langaiges, à la Francoyse, à la Sinnoyse, à la Latine, à l'Alexandrine, à la Saphique, à l'Adonique, à la Dithyrambique, à la Persique, à l'Egyptiacque, en cornette, en camail, sur le coing d'ung tonneau, sur les fleurs d'ung pré, sur les coquilles du rivaige, en plain amphithéâtre ou en camère privée, brief en toutes postures et occasions.

Ie me suys bien délecté ce jourd'huy à vos distiques
Catulliens. Ie vouldroys en faire tels, si pouvois, ie le
dys. Comme Julius Caesar Scaliger[1] (ung consommé ès
lettres anctiques, cestuy-là) qui souloyt répéter par
enthousiasme, luy plus aimer avoir faict l'ode melpo-
mènéenne du bon Flaccus[2] que estre roy d'Arragon
(ce est une province de Hespaigne, delà les monts
Pyrénéans, près Bagnères en Bigorre, où vérolés vont
prendre bains pour eux guarryr ; allez, si en estes), i'ay
donc curiosité véhémente de voir du tout finy votre
carmen fossiléen[3] qui estalera la pourtraicture des
antiques périodes de la terre et chaos (y devoit estre un
aage à rire, par la confusion qu'y estoit) et ie cuyde
desia, par le loppin que i'en connoys, que sera viande
de mardy-gras, régallade de monseigneur[4], et y fauldra
estre moult riche en entendement poétique, pour en
guster à lourdoys la souève saveur, comme de Chalibon
de Assyrie, de Johannisberg de Germanie, de Chiras
ès mers Indiques, que magnats seuls hument quand ils
veulent entregaudyr aux grandes festes et esbattements
dépenciers.
    Ains n'avez-vous paour, amy, que tousiours couché
comme ung veau et roulant la vastitude de ces choses
en la sphéréité de vostre entendement, elles ne cata-
glyptent une façon de microsme[5] en votre personne et
ne vous appréhendent vous-même ? Ce advient aux
femmes engroissées, vous savez, qui appètent mangier
un connil, ie suppose ; à leur fruict qu'elles font poussent
des oreilles de connil sur l'estomach ; ou comme enfan-
telets qui cogitant, dans leur bers, eux pysser contre un
mur, compyssent de vray leurs linceuls ; tant le cerveau
ha force, ie vous dys, et met tous atosmes en branle !
Adonc, vos roignons deviendroyent rochiers et les poils
du cul palmiers, et la semence demeurant stagnante ès
vases spermatiques (comme laictages, l'été, dans les
jarres d'argile) se tourneroit en crème, et bientôt en
beurre, voyre bitume plustôt, ou lave volcanique dont
on feroyt après des pumices[6], pour bellement polir les
marbres des palais et sépulchres. Lors, mousse croystroit
au fondement (lequel tousiours est eschauffé par vents
tiédis comme ès régions équatoriales), fange serait ès
dents, or en aureilles, nacres ès ongles, fucus sur la
merde et uystres à l'escalle dans le gozier ; yeux aggrandis

et tousiours stillants en place seroient comme des lunes mortes, et perpétuelle exhalaëson poëtique, comme l'on voit de l'Etna en Sicile, issoyroit de votre bouche ! Voyageurs lors viendroient par milliers specter ce poëte-nature, cet homme-monde et ce rapporteroit moult argent au portier. Je m'esgare, ie croys, et mon devis sent la phrénésie Delphique et transport hyperbolique. Si pourtant ne vay-ie tourner mon style, car vous sais-ie compaignon aymant aulcune phantaisie et phantastiquerie, et conchiez de dédain et contemnation (ès continents Apolloniques) ces tant coincts jardinets, à ifs taillés et gazons courts, où l'on n'a place pour ses coudes ne ombre pour sa teste. Ains dilectez contrairement les horrificques forêts caverneuses et spelunqueuses, avec grands chênes, larges courants d'aër embalsamés, fleurs coulourés, ombres flottantes, et tousiours, au loing, quelque hurlement mélancholique, en le dessous des feuilles, comme d'un loup affamé ; et déjà, delà, esbattements spittacéens sur les hautes branches, et singes à queue recourbe, claquant des badigoinces et montrant leur cul.

Or donc, puisque n'avons jà bronché (estant ferrés à glace, ie suppose) ni jà courbé nostre eschine sous le linteau d'aulcune boutique, ecclise, confrayrie, servition quelconque, guardons (ce est mon souhait de nouvel an pour tous deux) ceste sempiternelle superbe amour de Beaulté, et soyons, de par toute la bande des grands que ie invoque, ainsy tousiours labourant, tousiours barytonnant, tousiours rythmant, tousiours calophonisant et nous chéryssant.

À Dieu, mon bon, adieu mon peton, adieu mon couillon (gausche).

GUSTAVUS FLAUBERTUS,
Bourgeoisophobus.

À LOUISE COLET

[Croisset,] lundi, 5 h[eures].
[27 décembre 1852.]

Je suis, dans ce moment, comme tout épouvanté, et
si je t'écris c'est peut-être pour ne pas rester seul avec
moi, comme on allume sa lampe la nuit quand on a
peur. Je ne sais si tu vas me comprendre, mais c'est
bien drôle. As-tu lu un livre de Balzac qui s'appelle
Louis Lambert[1] ? Je viens de l'achever il y a cinq minutes ;
il me foudroie. C'est l'histoire d'un homme qui devient
fou à force de penser aux choses intangibles. Cela s'est
cramponné à moi par mille hameçons. Ce Lambert, à
peu de choses près, est mon pauvre Alfred[2]. J'ai trouvé
là de *nos* phrases (dans le temps) presque textuelles :
les causeries des deux camarades au collège sont celles
que nous avions, ou analogues. Il y a une histoire de
manuscrit dérobé par les camarades et avec des réflexions
du maître d'études *qui m'est arrivée*, etc., etc.[3] Te rappelles-
tu que je t'ai parlé d'un roman métaphysique[4] (en plan),
où un homme, à force de penser, arrive à avoir des
hallucinations au bout desquelles le fantôme de son ami
lui apparaît, pour tirer la conclusion (idéale, absolue)
des prémisses (mondaines, tangibles) ? Eh bien, cette
idée est là indiquée, et tout ce roman de *Louis Lambert*
en est la préface. À la fin le héros veut se châtrer, par
une espèce de manie mystique[5]. J'ai eu, au milieu de
mes ennuis de Paris, à dix-neuf ans, cette envie (je te
montrerai dans la rue Vivienne une boutique devant
laquelle je me suis arrêté un soir, pris par cette idée avec
une intensité impérieuse), alors que je suis resté deux
ans entiers sans voir de femme[6]. (L'année dernière,
lorsque je vous parlais de l'idée d'entrer dans un couvent,
c'était mon vieux levain qui me remontait.) Il arrive un
moment où *l'on a besoin de se faire souffrir*, de haïr sa
chair, de lui jeter de la boue au visage, tant elle vous
semble hideuse. Sans l'amour de la forme, j'eusse été
peut-être un grand mystique. Ajoute à cela mes attaques
de nerfs, lesquelles ne sont que des déclivités involon-
taires d'idées, d'images[7]. L'élément psychique alors saute

par-dessus moi, et la conscience disparaît avec le sentiment de la vie. Je suis sûr que je sais ce que c'est que mourir. J'ai souvent senti nettement mon âme qui m'échappait, comme on sent le sang qui coule par l'ouverture d'une saignée. Ce diable de livre m'a fait rêver Alfred toute la nuit. À neuf heures je me suis réveillé et rendormi. Alors j'ai rêvé le château de La Roche-Guyon[1] ; il se trouvait situé derrière Croisset, et je m'étonnais de m'en apercevoir pour la première fois. On m'a réveillé en m'apportant ta lettre. Est-ce cette lettre, cheminant dans la boîte du facteur sur la route, qui m'envoyait de loin l'idée de La Roche-Guyon ? Tu venais à moi sur elle. Est-ce *Louis Lambert* qui a appelé Alfred cette nuit (il y a huit mois j'ai rêvé des lions et, au moment où je les rêvais, un bateau portant une ménagerie passait sous mes fenêtres). Oh ! comme on se sent près de la folie quelquefois, moi surtout ! Tu sais mon influence sur les fous et comme ils m'aiment ! Je t'assure que j'ai peur maintenant. Pourtant, en me mettant à ma table pour t'écrire, la vue du papier blanc m'a calmé. Depuis un mois, du reste, depuis le jour du débarquement[2], je suis dans un singulier état d'exaltation ou plutôt de vibration. À la moindre idée qui va me venir, j'éprouve quelque chose de cet effet singulier que l'on ressent aux ongles en passant auprès d'une harpe.

Quel sacré livre ! Il me fait mal ; comme je le sens !

Autre rapprochement : ma mère m'a montré (elle l'a découvert hier) dans *Le Médecin de campagne* de Balzac, une *même scène* de ma *Bovary* : une visite chez une nourrice[3] (je n'avais jamais lu ce livre, pas plus que *L[ouis] L[ambert]*). Ce sont *mêmes détails,* mêmes effets, même intention, à croire que j'ai copié, si ma page n'était infiniment mieux écrite, sans me vanter. Si Du Camp savait tout cela, il dirait que je me compare à Balzac, comme à Goethe[4]. Autrefois, j'étais ennuyé des gens qui trouvaient que je ressemblais à M. un tel, à M. un tel, etc. ; maintenant c'est pis, c'est mon âme. Je la retrouve partout, tout me la renvoie. Pourquoi donc ?

Louis Lambert commence, comme *Bovary*, par une entrée au collège, et il y a une phrase qui *est la même* : c'est là que sont contés des ennuis de collège surpassant ceux du *Livre posthume*[5] !

Bouilhet n'est pas venu hier. Il est resté couché avec

un clou et m'a envoyé à ce sujet une pièce de vers latins charmante ; à quoi j'ai répondu par une lettre en langage du xvie siècle, dont je suis assez content[1].

Il m'est égal que Hugo m'envoie tes lettres[2], si elles viennent de Londres ; mais de Jersey ce serait peut-être trop clair. Je te recommande encore une fois de ne pas envoyer de note écrite[3]. Je garde ta lettre pour la montrer à Bouilhet dimanche, si tu le permets. Lis-tu enfin *L'Âne d'or* ? À la fin de cette semaine je t'écrirai en te donnant la réponse des variantes que tu me soumets pour *La Paysanne*. Bon courage, pauvre chère muse. Je crois que ma *Bovary* va aller ; mais je suis gêné par le sens métaphorique qui décidément me domine trop. Je suis dévoré de comparaisons, comme on l'est de poux, et je ne passe mon temps qu'à les écraser ; mes phrases en grouillent[4]. Adieu, je t'embrasse bien tendrement. À toi, mille bons baisers.

À LOUISE COLET

[Croisset,] mercredi, 3 h[eures].
[29 décembre 1852.]

Ah ! enfin ! voilà ta *Paysanne*[5] bonne. Sois-en sûre. J'avais bien raison d'être sévère. J'étais convaincu que tu y arriverais. C'est maintenant irréprochable de dessin, et virilement mené. (Je *me* représente M. de Fontanes, et toi, Chateaubriand lors de la confection du discours du père Aubry[6] ; mais nous y arriverons aussi, chère Muse.) Il ne me reste plus que quelques critiques de détail. — Et, je t'en conjure, fais-les. Ne laisse rien passer. Ce sera une œuvre. Rappelle-toi toujours ce grand mot de Vauvenargues : « La correction est le vernis des maîtres[7]. » Mais avant d'aller plus loin, que je t'embrasse bien fort. Je suis bien content.

Tout ce début est excellent, les chiens au mistral, magnifique, le fanal, les hommes, etc. Mais la confection de l'huile est trop longue, trop didactique ; quand nous allons venir aux petits détails, je te dirai où il faudrait l'arrêter.

L'invocation au moulin, charmante ; la description de Jean, bonne, mais gâtée par un tronçon de lyrisme intempestif et qui coupe l'action, ou plutôt la narration. Quelques petites longueurs encore vers la fin de ce mouvement. — L'épidémie et l'occasion de le faire fossoyeur bonnes, sauf quelques expressions. — La fin, parfaite, ou à peu de choses près. — Venons maintenant à la critique de mots. Et je vais être, selon ma coutume, impitoyable. Cela me réussit trop bien pour que je change de système. Sais-tu que tu me donnes de l'orgueil, pauvre cœur aimé, en te voyant d'après mes conseils faire de belles choses. — Voyons, travaillons et pas de tendresse. J'ai envoyé promener le grec[1] pour être tout à toi cet après-midi. —

1, 2. il faut choisir. C'est trop de deux *sur*. C'est peut-être le premier qui est à enlever ? *Sur la paroi du fond* est peut-être un peu commun ? Vois. En tout cas ces deux *sur* font un mauvais effet, rapprochés.

3. charmant, charmant.

4. *à la forte ;* dans le vers précédent, *au cylindre* de pierre. Ces répétitions donnent toujours l'air mal écrit et c'est ici que commencent les longueurs ; cette description fort bien faite d'ailleurs, si ce n'est le dernier vers qui est dur et lourd : *Aux visiteurs,* etc., est didactique en diable. On voit que l'auteur a voulu nous apprendre comment on faisait l'olive. Il n'y a pas de raison pour que ça s'arrête. Pourtant comme il y a dedans d'excellents vers-images, tâche de les conserver (je vais les marquer par des lettres) en resserrant tout. Et n'aie souci, dans ce travail, de la vérité chronologique de la fabrication, saute sur des détails, peu importe. Le lecteur ici ne te demande pas d'être exact. Les lacunes de faits lui sont indifférentes. C'est trop long, pour sûr. On ne sait où tu veux en venir, et ton mouvement lyrique « ô moulin » est d'ailleurs une description en soi et c'est là ce qu'il a de bon.

5. flammes *de* tes grands feux *de* branches d'olivier. Des régimes qui se régissent, mauvais, et lent. (Si tu savais en ce moment le mal que j'ai pour arranger cette phrase : la vignette d'*un* prospectus *de* parfumerie[2] !)

6. trop de *leurs ;* choisis la place pour mettre des *le*
ou des *un.*

7. bon vers ; mais il y a là une chute dont je ne me
rends pas compte, et comme un trou où l'on tombe.
Cela vient-il de la rime à épaulette (peu bonne d'ailleurs)
qui est trop haut, ou de ce que la description s'arrête
court sur un petit détail ? Mais il y a certainement, là,
une défectuosité quelconque. C'est délicat, mais ça est.

8.   *Il est si las qu'il tombe de faiblesse,*

banal. — Du reste ce *il* entre les deux *on* est bien lent de
coupe. De ces quatre vers n° 8, il faut tâcher de lier
davantage les deux premiers.

———————

9.   *Jean n'avait pas péri dans Saragosse.*

C'est évident, puisque nous le voyons là (on y pense
plus, à Saragosse, sois-en sûre), et ce vers fait presque rire,
par sa naïveté. Et puis qu'est-ce que c'est que ce commencement de mouvement lyrique qui n'aboutit à rien ? Dans
le premier *ms.* au moins, il avait une suite et ça se comprenait. Fais-en le sacrifice complet, crois-moi, et vois
avec quelle ampleur ton récit reprendrait si tu arriverais
[*sic*] de suite, beaucoup plus bas, ainsi

... Qui reconnaîtrait Jean ?
Il revenait du fond de la Russie

et, au lieu du mouvement lyrique *revoir,* etc., je parlerais de son voyage, couchant dans les granges, marchant, passant parmi des populations qu'il ne comprend
pas...... quelque chose d'assez funèbre, cette marche
sur les steppes neigeuses, avec le soleil de Provence dans
le cœur, une analyse donc et non pas un mouvement. Mais
pas bien long. Et j'arriverais à (10) : « Il arriva. »

11. le terme d'un voyage qui voit un vieillard, tournure trop pohétique, et recherchée.

12. bon ; mais prends garde, tu as plusieurs de ces
comme, ainsi employés après un verbe.

13. *plus un ami, plus un toit familier ; pas* de toit familier ?
pour éviter la répétition de mots. Celle d'idée et de coupe
subsisterait ; ainsi c'est ne rien retirer.

14. *il erre,* détestable ; les 4 vers qui suivent, vulgaires d'expression. *Un peu de* bon tabac, *le vieux* grognard, *conduire le bétail ;* nous avons *troupier* plus haut, c'est bien assez. Il faut être délicat en tout.

15. bons.

16. tout *ce* hameau, tout *le* hameau.

17. *morne,* mauvais.

18. au lieu de *suc,* je mettrais :

> *Le vin manquait aux grappes de la vigne ? ?*

Ce serait peut-être outré de poésie, mais à coup sûr moins sec ? Ne dit-on pas du reste : du vin en pilules ?

19. ceci rentre dans mon domaine et M. Homais, pharmacien à Yonville-l'Abbaye, ne dirait pas mieux. Ce n'est pas la peine d'être poète, pour parler le langage d'un donneur de lavements.

20. pompeux, voltairien, et qui ferait claquer d'applaudissements une salle de spectacle. C'est un vers de tragédie, parmi de bons vers de poésie. Retranche-moi donc ce carton-là, où la vie n'est pas.

21. *pauvre engeance,* atroce.

22. quel dommage qu'on ne puisse mettre

> *L'avaient rompu à ce sombre métier*

En tout cas il faut un plus-que-parfait. Le présent, qui revient là pour un vers, ralentit, puisque le commencement de la phrase est à l'imparfait, de même qu'il faut enlever *Jean,* mot dit plus haut : « Jean vint s'offrir. » Ces répétitions du sujet par le même mot alanguissent le style.

23. ce *comme* là, dont je comprends l'intention, est *lourd* néanmoins. Si tu pouvais mettre quelque chose qui brille, exprimer un éclat quelconque en rapport avec *luire ?* Tout ce qui suit est bon.

––––––––

Ainsi, il n'y a donc d'important que l'*exposition narrative* du voyage de Jean, avec ce qu'il *pensait* pendant ce voyage, et tu arrives naturellement (passant du désir à la réalisation) à son arrivée.

––––––––

Arrange donc bien la mort de Jeanneton. Refais toutes les corrections indiquées précédemment et celles-ci, et renvoie-nous un ms. bien lisible. Il est probable que nous y trouverons encore à redire. Mais ce sera la dernière révision. Tu auras au moins une bonne chose, une œuvre écrite et émouvante, durable, et *tienne*. Ce conte est d'une originalité saisissante. Je le crois destiné à un succès populaire et artistique. Il a les deux côtés. — Patience donc, patience, et espoir ! — Qu'importent nos ennuis, nos défaillances, la lenteur d'exécution, et le dégoût de l'œuvre ensuite, si nous sommes toujours en progrès ; si nous montons, qu'importe le but ? Si nous galopons, qu'importe l'auberge ! Ce perpétuel malaise n'est-il pas une garantie de délicatesse, une preuve de Foi ! — Quand on a seulement exécuté la *moitié* de son idéal[a], on a fait du beau, pour les autres du moins, si ce n'est pour soi-même. —

Nous ne nous verrons pas, ma pauvre chérie, avant la fin de janvier au plus tôt[1] ; ma *B[ovary]* va si lentement ! Je ne fais pas 4 pages dans la semaine et j'ai encore du chemin avant d'arriver au point que je me suis fixé, quoique j'anticipe toujours dessus. Ainsi j'en suis maintenant à l'endroit que je m'étais fixé au mois d'août pour notre première rencontre, qui a eu lieu au mois de novembre. Vois ! Et je veux pourtant avancer et ne pas encore y passer tout l'hiver prochain. — Quelles pyramides à remuer, pour moi, qu'un livre de 500 pages !

Adieu, bon courage, je t'embrasse avec toutes mes tendresses.

Ton GUSTAVE.

À LOUISE PRADIER

1er janvier [1853].

Chère Madame,

J'ai appris le mariage de Mlle Charlotte[2], je sais qu'il comble vos souhaits. Recevez-en donc, je vous prie, mes félicitations sincères. M. Levillain[3], qui devait me donner des détails sur cette union n'étant pas venu me voir,

j'ignore avec qui votre chère fille se marie, où elle vivra,
comment, etc. Mais l'important, c'est que vous paraissez
tous satisfaits. Que cet espoir ne soit pas déçu ! C'est là
ce qu'il faut souhaiter. Le mariage étant un vaste jeu
d'oie (renouvelé des Grecs) on tombe souvent dans le
puits ou dans les fers. La comparaison n'en est pas moins
juste malgré le calembour. Il y en a pourtant qui s'y
trouvent bien ; j'en ai connu.

À quand le mariage de Charlotte ? La voilà une
femme maintenant. Je l'ai vue, la première fois, quand
elle commençait à marcher. Comme cela nous vieillit,
chère Madame ! *Comme ça nous pousse !* ainsi que disent
les vieux. Ce n'est donc pas d'hier que nous nous connaissons. Mais les vieilles affections sont comme les vieux
arbres, plus larges, et leurs racines plus profondes.

J'aimerais à me trouver à cette cérémonie, et à vous
voir ce jour-là. J'irai à Paris, vers le 15 du mois prochain[1].
Sera-t-il temps encore ?

Présentez, je vous prie, à Mme d'Arcet[2] tous mes
meilleurs souvenirs, et acceptant tous mes souhaits
de nouvelle année (puisque c'est aujourd'hui, le jour
d'en faire) recevez, je vous prie, chère Madame, l'hommage du profond attachement de votre tout dévoué et
ami.

À SON ONCLE PARAIN

[Croisset, vers le 1er janvier 1853.]

Mon brave père Parain,

Ma mère va faire porter immédiatement une caisse
aux Messageries, qui est à votre adresse et doit vous
arriver, en même temps que cet avertissement.

Dites-moi donc, vieux solide, quand est-ce que l'on
vous verra ? malgré les récriminations d'Olympe[3] et de
sa fille, qui m'ont déclaré, aux vacances, vouloir cette
année vous garder plus longtemps que les autres,
j'espère pourtant qu'elles vont bientôt vous lâcher et
qu'on va vous ravoir.

Rien de nouveau ici, qu'un temps des plus doux.
Le jardin a beaucoup de primevères, et les tulipes

poussent. Je travaille toujours passablement, mais fort
lentement. Le jeune Bouilhet a le cou garni de clous,
ce qui l'empêche quelquefois de venir me voir. Nous
causons de vous, bien souvent, mon bon vieux.

La mère Lormier[1], dit-on, *s'épaissit*, elle *se fatigue,* ce
sont là ses expressions. Non contente d'avoir été bête
toute sa vie, elle devient imbécile, ou approchant ; ses
enfants même commencent à s'en inquiéter. Il est temps !
et quelle perspicacité ! Comme elle va devenir encore
bien plus respectable ! Vous me retrouverez toujours le
même, mon vieux, ma *haine du bourgeois* ne baisse pas.
J'en suis arrivé à avoir une rage sereine contre mon
espèce, et puisqu'on n'est entouré que de canailles ou
d'imbéciles dans ce bas monde (il y en a qui cumulent),
que ceux qui ne se croient être ni des uns ni des autres,
se rejoignent et s'embrassent. C'est ce que je fais en vous
envoyant à tous mille amitiés et souhaits pour cette
année et les subséquentes (selon la formule).

Adieu, mon vieux et cher brave oncle.

Tout à vous.

À LOUISE COLET

[Croisset,] lundi soir. [3 janvier 1853.]

Tu m'éblouis par ta facilité. Comment en si peu de
temps peux-tu faire des corrections[2] si importantes ! et
bonnes ! Courage, courage, te voilà arrivée tout à l'heure
à avoir fait une *œuvre.* Bouilhet a été enchanté du moulin
d'huile qui était bien difficile. C'est merveilleux de
précision et de netteté. Il ne reste à corriger que « au
fond », parce que nous avons plus haut « au flanc », et
ce vers tout entier :

Aux visiteurs *offrent des bancs* au *bord*

qui est radicalement mauvais. T'aperçois-tu, maintenant, que grâce aux suppressions lyriques toute la fin
de Jean marche. Je t'assure que nous avons été, hier,
tous deux bien contents. Et je m'applaudis d'avoir été
chien, comme on dit au collège. — Il reste quelques

verrues encore qu'il faut enlever au plus vite. — Quand
on a de si beaux yeux que vous, belle Muse, on n'y doit
pas garder de chassie.

A. Vers faible, et plat.

B. *Vert* choque, avec l'aspiration fort vraie pour un
homme qui est au milieu des neiges de « respirer l'air
en feu ». Quand je crevais de soif dans le désert de
Kosséir[1], je voyais devant moi des carafes d'eau glacée,
sur des tables de restaurant, et non, mon fauteuil au
coin du feu. — Cette correction est bien facile, tu peux
mettre *doux paysages,* mais alors il faudra retirer *beau,*
parce que ce serait deux épithètes de même nature l'une
près de l'autre. *Vieux ? ?* etc., ou si tu pouvais supprimer
toute épithète à château (qui est dans sa pensée *le*
château) ce serait encore mieux.

C. Je persiste à soutenir que ces deux vers, d'une
inversion forcée, ne sont pas satisfaisants. S'il y avait (?) :

> *Vous attirez nos atomes vers vous*
> *Pour les saisir, poussière de nos pères*

ce serait plus clair. Mais si mou ! — Et d'ailleurs cette
poussière qui attire des atomes ! La poussière (chose
physique et visible), les atomes (conception métaphysique, hypothétique et qui se prend poétiquement
aussi dans le sens de poussière) mis tous les deux face à
face, en opposition, c'est bien subtil, et amphigourique
d'expression, seulement. Car l'intention est bonne. —
C'est là la remarque la plus grave de toute cette fin.

D. *Le terme,* voir ma dernière lettre.

E. Banal.

F. *Folle couvée,* en apposition, n'est pas raide. Ta
variante :

> *De petits gueux une folle couvée,*

vaut mieux. Mais j'aime petits garçons. Remets-moi sur
le ms. ces deux vers. Nous consulterons.

G. *Paissant.* Paître pour dire faire paître est l'expression poétique voulue. Ça rentre dans le système de
la poésie *toute faite d'avance par le mot.* C'est comme
fleurir (actif) que j'ai en haine, *fleurir* ses amours ! fleurir
sa boutonnière ! mauvaise école ! Pourquoi pas le mot
franc, et imagé :

Le pauvre Jean va menant le bétail

H. *Labeur,* mot lourd, et prétentieux ici; il n'y a de
façon de relever ces mots communs-là (et qui ne sont
pas les simples) qu'au figuré : « Le labeur de son inquiétude, je suppose, etc. — L'idée est : quand cet ouvrage,
cette occupation lui manque », cherche là-dedans.
Labeur veut dire travail par excellence, travail avec
l'idée de *douleur. Laborare* (en latin) : travailler, souffrir.

I. *Un peu de bon* tabac, mal écrit.

J. Ce vers est poncif.

K. Tu viens de nous dire que le fossoyeur un jour
leur fait défaut : c'est fini, c'est net, c'est expliqué. Le
fossoyeur est mort, et puis voilà deux vers qui nous
font un petit drame de ce qui vient d'être exprimé
narrativement. Si tu pouvais (?), au lieu de ton premier
fossoyeur, employer une périphrase *courte* et bien nette,
comme ... celui qui les gardait... (mais c'est difficile),
évitant par là la répétition du mot *fossoyeur,* ton second :

Qu'on cherche en vain un autre fossoyeur

ferait un effet bien plus grand. C'est infaillible.

L. Enlève-moi donc *sinistre* et mets *tranquille.* Quand
on peint d'une façon si magistrale, est-ce qu'on est
participant du tableau ? Ce seul mot de sentiment et
d'appréciation morale me gâte mon impression. Je
voyais les vers, et ici, avec *sinistre,* j'*entends* qu'on parle
d'eux. *Sinistre* me rappelle l'auteur, il me remet dans la
littérature, quand j'étais dans la nature.

D'autant que tu as *funèbres* qu'il ne faut pas changer,
parce que là il est pris *au propre.* Mais *funèbres* et *sinistre*
sont presque synonymes. — À la porte, *sinistre !* —

Voilà tout, c'est fort beau, nous allons causer tout à
l'heure de la fin de Jeanneton, mais prends encore un peu
de courage et de temps, et tu verras que lorsque tout
sera fini, recopié, et imprimé, tu t'éblouiras du côté
artistique (seulement, je ne parle pas de l'autre) de ce
poème. — Et quand tu compareras ta version définitive avec ce que c'était avant, tu trouveras un abîme. —
Il ne faut arrêter la manie du mieux et du regrattage,

que lorsqu'on s'aperçoit que l'*idée générale* y perd ;
j'aime mieux le mauvais goût que la sécheresse. Or il
y avait, dès les premiers jets, dans *La Paysanne*, quelque
chose de vivace et de vrai, de *couillu*, pour employer une
métaphore indécente, qui m'a ravi. Ça avait le souffle. —
Qu'importaient les défauts quant à la *valeur* intrinsèque,
mais quant à la *durée* et à la *Beauté* de l'œuvre il impor-
tait. — La matière est quelque chose de si lourd à porter
par l'idée (et de si embêtant en soi[a]), qu'on n'en allège
le poids que par sa perfection même. Rappelons-nous
ce grand mot de Goethe qui est attristant, mais consolant
pour nous autres, les petits : « J'aurais peut-être été un
poète, si la langue ne se fût montrée indomptable »[1],
et il parlait de l'allemand, qui a la quantité et la rime à la
fois, la faculté de composer des mots et d'en faire comme
dans le grec !...

Tu n'étais pas habituée, dis-tu, à ce dur métier. Oui,
il est rude. Il y a des jours où il m'apparaît comme plus
qu'humain. Il m'est maintenant impossible d'écrire une
phrase de suite, bonne ou mauvaise. Je suis aussi gêné
pour la place, dans ma phrase, que si je faisais des vers et
ce sont les assonances à éviter, les répétitions de mots,
les coupes à varier. Et enfin, dire proprement et simplement des choses vulgaires, ce qui est peut-être le comble
de l'art, en tant que difficulté. — Mais patience, chère
Muse, courage, mon pauvre cœur aimé, encore cinq ou
six ans de cette férocité-là, et tu verras où tu en seras. —
Après ton *Acropole,* il faudra faire un plan écrit (et
scène par scène avec tous les mouvements indiqués
d'avance) de ton drame[2]. — Quand il sera bien arrêté,
marche, et sois sûre du reste. Quant au style, s'il est
comme celui de *La Paysanne,* il enfoncera tout ce qui a
paru depuis douze ans[3] y compris le gars Augier. —
N'aie pas peur, nous leur grimperons sur le dos à tous ces
merdaillons-là ! Est-ce que ça vibre ? est-ce que le cœur
leur palpite ? y a-t-il dans leurs yeux des larmes de joie
devant le Beau ? leurs mains tremblent-elles en lisant les
maîtres ? est-ce qu'ils ont la *foi* ? Cette foi dont parlait
Jésus, qui suffit à remuer des montagnes, est la même
qui fait les grandes choses partout. La Sainteté n'est
qu'une croyance ; et la Poésie, qui est *une manière de voir,*
n'arrive à ses résultats extérieurs que par une conviction
enthousiaste du Vrai. On s'étonne de la perfection de

certaines chansons populaires. Celui qui les a faites
n'était souvent qu'un imbécile, mais, ce jour-là, l'imbécile a senti plus fort que les gens d'esprit[a]. *Il faut
sentir*. — Eh bien, est-ce que tu n'as pas, au plus profond
de toi (car ce n'est ni dans le cœur, ni dans la tête,
mais plus loin, plus haut), comme un grand lac où tout
se reflète, où tout miroite, un murmure perpétuel qui
veut s'épandre, une fluidité qui veut sortir. Ah oui ! Ah
oui ! Car je ne t'aimerais pas, comme je t'aime. —

Puisque j'en suis aux conseils, encore un. Encore deux
plutôt. — Je serais fâché que tu eusses envoyé la note[1].
Ne te mêle de rien, reste dans ton trou, le plus tranquillement possible, à faire de l'Art. — Et puisqu'on ne
t'attaque pas, n'attaque pas. Ne donne *prise à rien* :
« Cache ta vie », dit Épictète[2]. — Autre conseil : je suis
aussi athée que toi en médecine, et plus. Mais non pas
en médecins. Je ne crois pas à la science, qui est (dans
son état moderne) toute d'analogie et d'instinct. Mais je
crois au *sens* spécial de certains bonshommes qui sont
nés pour ça, et ont pioché. J'ai vu mon père guérir bien
des gens où d'autres avaient manqué, et dire qu'il ne
savait pas pourquoi, que ce qui sauvait l'un, tuait
l'autre, etc. Tes souffrances au cœur m'inquiètent. Il
ne faut pas badiner avec les affections de ces organes-là.
Si on s'y prend à temps, ce n'est rien. Va donc voir
quelque homme sérieux, comme Andral, je suppose,
Bouillaud, ou Chomel[3]. Et fais-toi bien visiter. Qu'est-ce
que ça coûte ?

Abordons maintenant la fin de *La Paysanne*. J'ai bien
fait de m'y prendre de bonne heure à t'écrire, car ma
lettre n'est pas encore prête d'être finie.

Mort de Jeanneton

Je crois que le mouvement lyrique, venant après un
commencement de tableau (lequel est repris ensuite),
arrête l'effet de ce tableau, le suspend. Mais à cause des
deux derniers vers, et dans le cas où tu veuilles le garder,
voici toujours quelques remarques :

1. en *relief* dans *un champ*

mal écrit.

2. *Au souvenir quand l'âme se rallume
   Luit le...*

embarrassé, lourdaud.

3. *oiseau* de *feu* de *tes cendres,*

mal écrit, mal écrit.

————————

Vient ensuite une remarque embêtante et qui m'embête moi-même, ce sont les *chansons* des oiseaux ; nous
avons plus haut Jeanneton qui *chante,* et plus bas, Jean
qui fredonne une *chanson guerrière ?* Vois si quelque part
tu ne peux pas enlever le *mot* chanson.

————————

4. Dans tout ce qui est entre

Les souvenirs par degrés remontaient

et

Quelques moutons, etc.

je trouve que le style baisse. Là, le tissu est plus lâche.
Elle *revit,* d'abord, est *fort mauvais.* Tu as beau me dire
que c'est par *l'âme,* ceci est un commentaire.

C'est le bonheur qui l'appelle là-bas

vulgaire, expression de la Grande Opéra. — *Son corps
s'étend, sa tête, l'oreiller brûlant de durs cailloux,* tout cela
est pénible.

Or voici ce que je propose. Continue après

Les souvenirs par degrés remontaient

les moutons qui passaient, le tintement des chèvres, le
gargouillis de l'eau du Rhône, des flocons de laine ou
mieux des brins de bruyère, rasant le sol au vent du soir,
et puis Jeanneton s'affaisse, s'affaisse, son œil se ferme,
elle veut parler, — montrer par sa physionomie ce que

tu as voulu mettre dans le mouvement : « Oh c'est
l'amour », et parbleu on le devine bien son sentiment,
donc il ne faut pas le dire, mais le *montrer* —, ses
vieux cheveux blancs tombent sur les romarins, un
sourire passe sur sa bouche, de petites convulsions de
ses membres maigris, et elle expire doucement au
bruit... (un détail très spécial, très provençal, qui soit
en nature ce que ton moulin est en mœurs). — Il faut
faire cette fin en queue de rat, que ce soit aminci, éteint,
un tableau calme, de grandes ombres bleues, et contrastant[a] avec le raide de la scène du cimetière qui est
coupée carrément. — (Si ça se passait ici, je mettrais le
cri intermittent du coucou, pendant que cette femme
meurt par terre.) — Si tu as besoin de détails d'oiseaux,
d'odeurs, ne te gêne pas (?) pour les prendre plus haut
(quitte à y revenir), mais tâche de tout concevoir d'un
jet[1], et ne te presse pas. Je *ne veux pas* recevoir le tout
avant de dimanche prochain en huit.

———

Nous avons lu hier la 2e partie du *Livre posthume*[2]. C'est
d'un piteux rare ! et quel langage ! quel mauvais arrangement de phrases ! Lis-le. Le pis, c'est qu'en somme
c'est fort vide. — Il y a une chose fort gentille de
Champfleury[3]. — Et deux pièces de vers de B[ouilhet]
que tu connais[4]. Nous avons été surpris qu'elles y
fussent. Au reste tu vas pouvoir nous donner des détails
sur la R[evue] de P[aris]. — C'est la *Librairie nouvelle* qui
l'édite maintenant. Lecou s'est retiré, il faut qu'il y ait
quelque chose là-dessous. — Et le grand homme
Houssaye paraît aussi avoir abandonné les trois autres.
Il y avait un nouveau signataire comme Directeur[5].
Tâche donc aussi, quand tu verras Antony[6], de savoir
qui sont ces deux amis de D[u Camp] qui l'ont quitté
(c'est du réchauffé ? Duplan et Gleyre ?). Bouilhet
commence à s'ennuyer des poses d'Edma[7]. — En effet
quelles grimaces ! avec sa dévotion, etc. Mais lis *Le
Livre posthume*, et tu en verras là des poses, imitées
d'après divers modèles. *Melaenis* lui a servi aussi, au
jeune homme[8]. Adieu, bonne chère femme. Je t'embrasse sur tes plumes et poils.

À toi, à toi, ton
G.

À LOUISE COLET

[Croisset, 6 janvier 1853 ?]

[...] Voilà[1], je crois, tout. Et il me semble n'oublier
rien. — Tu vois que c'est bien peu de chose, pauvre chère
Muse. Aussi je m'attends à avoir dimanche un ms.
irréprochable. Quand je dis dimanche, j'ai tort. Tu
devrais encore être une quinzaine. Ou plutôt je me
mettrais à rêver *L'Acropole*[2] de suite, et je ferais ces
corrections tout à mon aise. C'est un travail si ennuyeux
que de corriger ainsi tout en bloc !

Je t'engage à te dépêcher de commencer *L'Acropole,*
pour avoir du temps à nous pour les corrections. Tu as
l'habitude d'attendre toujours au dernier moment. Alors
on se hâte, on s'essouffle. On ne fait rien de bien.
Rappelle-toi le charivari où nous étions pour les corrections de ton volume[3]. Il faut laisser cette manière de
travailler aux journalistes. — J'ai reçu, à propos de
journaliste, une lettre de D[u Camp] fort aimable[4].
Houssaye est parti de la *R[evue]*[5]. D[u Camp], du reste,
m'a l'air fort content; si c'est de ses œuvres, il n'est pas
difficile. La *R[evue]*, dit-il, va bien ; Dieu le sait. Mais
j'ai peu envie de contribuer à cette gloire.

Lis aussi dans ce dernier n° le conte de Champfleury[6].
Je suis curieux d'avoir ton avis. As-tu lu la scène de
l'écurie dans *L'Âne d'or* et la prière à Isis ? Je te recommande dans *Les États du Soleil*[7] le combat de l'animal
glaçon et le royaume des arbres. Je trouve cela énorme
de poésie.

Sais-tu ce que tu devrais faire, ma vieille ? C'est de
prendre l'habitude religieuse, *tous* les jours, de lire un
classique pendant au moins une bonne heure. En fait de
vers français, il n'y [en] a qu'un, comme facture. C'est La
Fontaine. Hugo vient après, tout plus grand poète
qu'il est. Et comme prose, il faudrait pouvoir faire un
mélange de Rabelais et de La Bruyère. — Ah ! si je
t'avais connue dix ans plus tôt et que j'eusse eu, moi,
dix ans de plus ! Mais marche, bon courage ! Tu es dans
une bonne voie, et il faut profiter du vent arrière, tant
qu'il souffle dans la voile.

Adieu, chère cœur, il est bien tard.
Je t'embrasse tendrement.

À toi. Ton G.

À LOUISE COLET

[Croisset,] mercredi, 1 h[eure].
[12 janvier 1853.]

Je suis d'une tristesse de cadavre, d'un embêtement
démesuré. Ma sacrée *Bovary* me tourmente et m'assomme.
Bouilhet m'a fait dimanche dernier des objections sur
un de mes caractères et sur le plan, auxquelles je ne
peux rien. Et quoiqu'il y ait, dans ce qu'il m'a dit, du
vrai, je sens pourtant que le contraire est vrai aussi.
Ah ! je suis bien las et bien découragé ! Tu m'appelles
maître. Quel triste maître ! — Non, tout cela n'a pas
été assez creusé peut-être. Car ces distinctions de la
pensée et du style sont un sophisme. Tout dépend de la
conception[1]. — Tant pis ! je vais continuer, et le plus
vite possible, afin de faire un ensemble. Il y a des moments où tout cela me donne envie de crever. Ah ! je
les aurai connues, les *affres* de l'art. —
Enfin, je m'en vais secouer un peu ce manteau d'angoisses qui m'accable et te répondre. Ma lettre ne sera
pas longue, je profite d'une occasion pour Rouen, afin
que tu aies ceci demain matin, à ton réveil. — J'ai reçu
Les Fantômes[2]. La première partie est bonne, mais la
dernière est plus faible. J'aurais voulu quelque chose de
plus *roide*. — Si tu n'en es pas pressée, ce sera une autre
fois que je te la renverrai avec des remarques.

———————

1[3]. Il faut mettre *perce* dans le vers de squelette.
Ailleurs, au lieu de : ses os *perçaient* (*creusaient* est complètement faux), c'est l'idée de : *on voyait* ses os sous...
Plomber, dans le sens que tu lui donnes, ne s'emploie,
selon le dict[ionnaire] de l'Académie, qu'au participe
passé : *teint plombé,* pour dire livide, c'est-à-dire vert et
noir, couleur de plomb. — Sois sûre que ce n'est pas
pur de dire : le soleil plombait ses cheveux.

2. Oui, mais il me semble qu'il y avait un autre mot que *contour,* et qui valait mieux ?

4. C'est l'idée même que je trouvais trop chargée et *exclusive.* « Vont languir seules », parce que les jeunes gens sont partis, est trop cru. J'aimerais mieux que le sentiment fût plus général, qu'elles fussent tristes du départ des conscrits par plus de sentiments que celui seulement de l'apitoyement d'amour.

5. Sur le *ms.* mets-nous ces variantes, la 2ᵉ en note et la première dans le texte même.

7. *Parmi* est peut-être prétentieux, et il arrête. Pourquoi (au risque de la césure passée) ne pas trouver un verbe plus long que *ployé* et alors tu mettrais *sur.*

8. Mets « feu ranimé de tes cendres tu sors » ou « ravivé » peut-être ? il faut voir tout le couplet.

11. *On va l'interrogeant* est fort lourd. Et puis on ne va pas l'interrogeant, on l'interroge fort simplement et très brutalement. D'ailleurs c'est inutile. Si tu pouvais suivre l'idée jusqu'au bout du vers et mettre *argent ?*

12. *Débris aimés* ne vaut rien. J'aime mieux *fantômes.* Tu peux mettre aussi *ombres,* mais tu l'as, je crois, plus bas. Ce qui excuserait *débris,* ce serait *poussière* que tu as plus bas ?

13. Tant pis, *en présence* n'est pas heureux. *Il se présente* n'est pas heureux, quoique ce soit l'idée, c'est *il s'en va, il se traîne...*

———

Qu'empreint la mort sous son râle étouffant.

Ce vers-là n'est pas bon. Mais restes-y (et je te ferai observer en passant, chère Muse, que souvent tu changes, plus que tu ne corriges). *Empreint* est mauvais, c'est qu'*y fixe,* et puis *sur sous.* L'idée est : erre un calme sourire que la mort balance, fait flotter, sur son visage. Si tu parles du râle cela contrariera, comme idée, celle du sourire. — On ne peut matériellement sourire quand on râle, ce sont deux gestes de figure opposés. Simplifie ton idée, et tu en viendras à bout facilement.

Ses cris aigus dispersés dans la nuit. —

Il faut à toute force un singulier, *son cri ; dispersés*
est bien mou. — Voici comme je ferais :

> *Puis tout se tait, les champs deviennent pâles,*
> *Et l'on n'entend que le Rhône qui fuit*
> *Et le coucou jetant par intervalles,*
> *Son cri sonore[1] au milieu de la nuit (?)*

Va maintenant. Et sois sûre que ta *Paysanne* est faite.
Adieu, mon pauvre cher cœur. Moi je suis bien
accablé ; ma tête pèse 300 livres. Voilà plusieurs jours
que j'en ai abandonné Sophocle et Shakespeare. Comme
c'est beau les histoires de l'ami[2] ! Elles m'ont bien amusé.
Encore adieu, mille baisers.

À toi. Ton G.

À LOUISE COLET

[Croisset,] samedi soir, 3 h[eures].
[15 janvier 1853.]

Il est temps que tu t'arrêtes en tes corrections de *La
Paysanne*[3]. Finis celles-là, c'est assez. Tu ne ferais plus
que la gâcher.

1. *Pointaient* n'est pas bien fameux parce qu'il vient
tout de suite à la pensée le mot *perçaient* qui est le propre.
Mais enfin c'est une tache. Ce serait *saillissaient* si l'on
pouvait.

2. }
3. } Bon.

4. *Hercule,* atroce, *épiant sa torture,* mauvais. Mais il
me semble que ce qui était là précédemment valait
mieux.

5. Bon.

5 *bis.* Oui, *songes* vaut mieux, mais « le doux paysage
du vieux château » ? Nous avons bien des fois ce château.
Mets donc *son pays.*

6. Fais donc attention que *renaît* est une métaphore,
et quelque renaissance de sentiment qu'il y ait dans le
cœur de quelqu'un, on ne peut jamais dire qu'*il* renaît,

que ta Jeanneton *renaît,* au moment même où elle meurt.

Tout le couplet de la mort de J[eanneton] me paraît maintenant *irréprochable,* si ce n'est le fameux vers du sourire. Voici la version que j'aime le mieux :

> *À ces doux bruits dont son cœur fut bercé,*
> *Sur son visage erre un calme sourire*
> Qui dans la mort y demeure fixé.

Ce vers est mauvais, mais il est clair. Il faut en garder presque tout. Si tu pouvais le faire ainsi :

> *... un calme sourire*
> *Qui... y flotte... et demeure fixé.*

En mettant ton *y* plus haut, tu retranches de la dureté à *y demeure* qui est bien lourd, mais propre. Et ne t'embarrasse pas *de la mort,* on le *[sic]* devine très bien. — C'est de même que pour le Rhône, ton *plus* n'est pas utile. Et j'aime bien mieux la tournure :

> *Et l'on n'entend que le Rhône qui fuit,* etc.

7. C'est peu important. — Mets les 2 variantes en marge du *ms.* au net. On ne peut pas toujours juger bien l'effet d'un vers isolé.

8. Sois sûre que : quel est cet *indigent,* est farce. C'est *le mot* (en soi) que je blâme, et non pas la tournure, l'intention. Je le blâme comme vilain.

———

Pour tes morts, il faut garder à la fin la tournure du présent, parce que :

> *... et telle est la frayeur*
> *Qu'en vain on cherche un autre fossoyeur*

est excellent.

C'était en *présence de* que j'avais repris, comme peu élégant en soi. Au reste mets-nous ces deux variantes en marge du *ms.,* sur la page blanche. — Quant à *présence,* c'est une bien légère tache.

Tu vois donc qu'il ne te reste presque plus rien à

faire. Mets-toi à *L'Acropole*[1]. Il est temps. Grandement
temps.

J'ai passé un commencement de semaine affreux,
mais depuis jeudi je vais mieux. J'ai encore 6 à 8 pages
pour être arrivé à un point, après quoi je t'irai voir. Je
pense que ce sera dans une quinzaine. B[ouilhet], je
crois, viendra avec moi[2]. S'il ne t'écrit pas plus souvent,
c'est qu'il n'a rien à te dire ou qu'il n'a pas le temps.
Sais-tu, le pauvre diable, qu'il est occupé 8 h[eures] par
jour à ses leçons. Il a reçu l'autre jour d'Edma[3] une
lettre charmante. Je crois que la conjonction aura lieu
à la première rencontre. —

J'ai été[a] *cinq jours à faire une page !* la semaine dernière,
et j'avais tout laissé pour cela, grec, anglais. Je ne
faisais que cela. Ce qui me tourmente dans mon livre
c'est l'élément *amusant,* qui y est médiocre. Les faits
manquent. Moi, je soutiens que les *idées* sont des faits.
Il est plus difficile d'intéresser avec, je le sais, mais alors
c'est la faute du style. J'ai ainsi maintenant 50 pages
d'affilée, où il n'y a pas un événement. C'est le tableau
continu d'une vie bourgeoise et d'un amour[4] inactif ;
amour d'autant plus difficile à peindre, qu'il est à la fois
timide, et profond, mais hélas ! sans échevellements
internes, parce que mon monsieur est d'une nature
tempérée. — J'ai déjà eu dans la première partie quelque
chose d'analogue. Mon mari aime sa femme un peu
de la même manière que mon amant. Ce sont deux
médiocrités, dans le même milieu, et qu'il faut dif-
férencier pourtant[5]. Si c'est réussi, ce sera, je crois, très
fort, car c'est peindre couleur sur couleur et sans tons
tranchés (ce qui est plus aisé). — Mais j'ai peur que
toutes ces subtilités n'ennuient, et que le lecteur n'aime
autant voir plus de mouvement. — Enfin il faut faire
comme on a conçu. Si je voulais mettre là-dedans de
l'action, j'agirais en vertu d'un système, et gâterais
tout. — Il faut chanter dans sa voix, or la mienne ne
sera jamais dramatique ni attachante. — Je suis convaincu d'ailleurs que tout est affaire de style, ou plutôt
de tournure, d'aspect.

Nouvelle ! Le jeune Du Camp est officier de la Légion
d'honneur[6] ! Comme ça doit lui faire plaisir ! Quand
il se compare à moi, et considère le chemin qu'il a fait
depuis qu'il m'a quitté, il est certain qu'il doit me trouver

bien loin de lui en arrière[a], et qu'il a fait de la route
(extérieure). Tu le verras, à quelque jour, attraper une
place et laisser là cette bonne littérature. Tout se confond
dans sa tête, femmes[1], croix, art, bottes, tout cela tourbillonne au même niveau[b], et pourvu que *ça le pousse,* c'est
l'important. Admirable époque (curieux symbolisme !
comme dirait le père Michelet) que celle où l'on décore
les photographes et où l'on exile les poètes[2] (vois-tu
la quantité de bons tableaux qu'il faudrait avoir faits
avant d'arriver à cette croix d'officier ?). De tous les
gens de lettres décorés, il n'y a qu'un seul de commandeur,
c'est M. Scribe ! Quelle immense ironie que tout cela !
et comme les honneurs foisonnent[c] quand l'honneur
manque !

Adieu, ma pauvre chère vieille féroce,

Tout à toi,
Ton GUSTAVE.

Je ne te renvoie pas la page que tu m'as envoyée
avant-hier. Le contenu s'en trouve dans les pages ci-
incluses[3].

À LOUISE COLET

[Croisset,] dimanche, 2 h[eures].
[23 janvier 1853.]

Pourquoi, chère Muse, m'as-tu de suite renvoyé
La Paysanne sans y avoir fait les dernières corrections ?
Je ne me plains pas de tout le temps que j'y ai passé,
mais tu m'as fait te répéter plusieurs fois les mêmes
choses, auxquelles il eût été plus simple de remédier dès
l'abord.

Quoi qu'il en soit, ton œuvre est bonne. Je l'ai lue
à ma mère qui en a été tout attendrie. À l'avenir seulement ne choisis plus ce mètre[4]. C'est peut-être un goût
particulier, mais je le trouve peu musical, de soi-même.
Tout ce que j'en pense de bien je te l'ai déjà dit et te le
redirai : c'est parfaitement composé, simple et poétique
à la fois, deux qualités presque contradictoires. Il y a
là-dedans un grand fond, quantité de vers naïfs et une
inspiration soutenue d'un bout à l'autre. Où est la force,

c'est d'avoir tiré d'un sujet commun une histoire touchante, et *pas canaille*[1]. Seulement, pour l'amour de Dieu, ou plutôt pour l'amour de l'art, fais encore attention, et change-moi quelqu'un de ces passages ; les seuls auxquels je trouve à redire (voir mes avis précédents) :

1º *Plombait,* qui j'en suis sûr est mauvais.

2º *La douleur est d'airain.*

3º *Les fers qui s'attachent à des ailes,* au milieu des ruines de l'âme. — Le passage peut du reste se passer de ces quatre vers, et s'arrêter à : « Perdue en toi commence à se « tarir. »

4º Enfin, et SURTOUT, *le Christ* qu'il faut retrancher. Cela donne un caractère couillon néo-catholique à ton œuvre, et *abîme tes parfums.* Pas de Christ, pas de religion, pas de patrie, soyons humains. — Et puis c'est peut-être le *seul endroit de ton œuvre qui choquera.* Je sais bien qu'il y a *âme du pauvre,* mais le lecteur n'y verra pas moins que le Christ doit recueillir surtout les âmes des filles qui font des enfants. Le reste passera.

5º *De tes grands feux de* branches d'olivier.

Quant à vouloir publier ce conte comme étant d'un homme, *c'est impossible,* puisque, à deux places, parlant des femmes, tu dis *nous.* Passages très bons, très à leur place et auxquels il ne faut rien changer. Publie donc cela franchement et avec ton nom, puisque c'est de beaucoup ta meilleure œuvre. Quant à la R*[evue] des* D*[eux] Mondes,* à part l'avantage immédiat d'être lu, je n'en vois pas d'autre, n'ayant pas, en réserve, d'autres publications qui puissent suivre celle-là, de suite. Au reste, peu importe ; publie-le séparément[2], après qu'il sera paru dans un journal, et je serais fort étonné si ce conte n'avait un grand succès. On en fera des illustrations. Ça deviendra populaire, tu verras. *C'est bon,* et ça restera. C'est pourquoi, je t'en supplie encore une fois, enlève les quelques taches qui subsistent, *afin qu'on n'ait rien à y reprendre.*

À la fin de la semaine prochaine je serai avec toi. Ma prochaine lettre, chère amie, te dira le jour précis de mon arrivée. B[ouilhet], je pense, viendra avec moi[3]. — Je ne l'ai pas vu aujourd'hui, et je l'attends en ce moment. Je ne clorai ma lettre qu'après que nous aurons

relu ensemble ton *ms.* et te dirai ses dernières observations, si elles sont différentes des miennes.

———————

Au commencement, au lieu de *pointaient, perçaient,* et
à *squelette* tu peux mettre *saillit*[1].

———————

Machinal et *machinalement,* près l'un de l'autre.

> *Le vieux château baigné* dans *le soleil*
> *Illuminant ses deux tours* dans *la nue*

———————

Voilà. Ma prochaine lettre sera plus longue. Adieu,
pauvre chère Muse aimée, je t'embrasse partout. À toi.

Ton G.

P.-S. — Bouilhet est au contraire d'avis que tu dois faire
tout ton possible pour rentrer à la R[evue] des D[eux]
M[ondes]. Quant à signer d'un nom d'homme, c'est
impossible à cause du motif ci-dessus. Mais tu peux en
trouver un de femme, ou hermaphrodite, comme
Laurence[2], ce qui vaudrait mieux. Nous allons chercher
l'épigraphe. — Nous n'avons trouvé aucune épigraphe.
B[ouilhet] t'en cherchera et te l'enverra, s'il en trouve.

À LOUISE COLET

[Croisset,] lundi, 1 h[eure] de nuit.
[24 janvier 1853.]

B[ouilhet] venait d'emporter ce matin ta *Paysanne*
pour la mettre au chemin de fer, quand ton mot est
venu. Il part tous les lundis à 9 h 1/2, et la poste n'arrive
jamais avant 10. Ainsi toutes les fois que tu veux me
charger d'une commission pour le lundi, c'est le dimanche
qu'il faut que je reçoive ta lettre.

———————

Enfin ! tu t'es décidée pour *tablier*[3] ! Ce qui me semble drôle, c'est que tu aies eu besoin de preuves. *Je te défie* de prononcer ce mot en deux syllabes. Sois sûre, pauvre chérie, que nos autres remarques sont aussi fondées et que tu reviendras tôt ou tard sur les deux ou trois contre lesquelles tu restes achoppée, « si l'on peut s'exprimer ainsi ».

1. Bon[1].

2. J'efface « et lui comptant » et je rétablis comme précédemment, qui est infiniment mieux.

Troussé n'est que le mot à peu près ; c'est *retroussé* le vrai. Mais la quantité de *le* qu'il y a dans ces trois vers est insoutenable :

Le but riant c'était le gai château,

Le cuisinier ;

en voilà déjà bien assez ! Tâche donc de mettre... *bras nus sur ses hanches* et *tablier (troussé ?) sous son couteau*, sans article autant que possible. Mais, tel que c'est, cela fait une quantité de petits sujets qui empiètent sur ton principal. *Le* tablier, *les* bras nus, *le* cuisinier, tout cela a autant de place l'un que l'autre.

Il y a aussi un vers bien dur :

On laisse à peine à la veuve un grabat

que je voudrais voir changer.

Nous avons lu ensemble tout. Console-toi, c'est bon. Encore un dernier effort.

J'arriverai à la fin de la semaine prochaine, le samedi 5. Comme B[ouilhet] a des congés, il en profitera. Son intention est de passer dimanche, lundi et mardi gras à Paris. Il faut qu'il soit de retour le mercredi des Cendres. Ainsi, pauvre amie, dans 12 jours. — Travaille bien ton *Acropole*. — Connaissant tes allures, je ne serais pas surpris quand il y en aurait beaucoup de fait. Mais ne te dépêche pas. Tu vas toujours trop vite, et puis, quel besoin de re-travailler maintenant à ta comédie[2], quand les dernières corrections de *La Paysanne* ne sont pas finies, et quand il ne faut pas perdre une minute à cause du prix ! C'est comme B[ouilhet] qui, au lieu de faire son drame[3], fait tout autre chose ! Oh les poètes !

Adieu, bonne chère muse, je t'embrasse bien fort. À bientôt.

Ton G.

À LOUISE COLET

[Croisset,] samedi, minuit.
[29 janvier 1853.]

Oui, chère Muse, je devais t'écrire une longue lettre
mais j'ai été si triste et embêté que je n'en ai pas eu le
cœur. Est-ce l'air ambiant qui me pénètre ? mais de plus
en plus je me sens funèbre. Mon sacré nom de Dieu de
roman me donne des sueurs froides. En cinq mois,
depuis la fin d'août, sais-tu combien j'en ai écrit ?
Soixante-cinq pages ! dont trente-six depuis Mantes[1] !
J'ai relu tout cela avant-hier, et j'ai été effrayé du peu que
ça est et du temps que ça m'a coûté (je ne compte pas le
mal). Chaque paragraphe est bon en soi, et il y a des
pages, j'en suis sûr, parfaites. Mais précisément à cause
de cela, *ça ne marche pas*. C'est une série de paragraphes
tournés, arrêtés, et qui ne dévalent pas les uns sur les
autres. Il va falloir les dévisser, lâcher les joints, comme
on fait aux mâts de navire quand on veut que les voiles
prennent plus de vent. Je m'épuise à réaliser un idéal
peut-être absurde en soi. Mon sujet peut-être ne comporte pas ce style. Oh ! heureux temps de *Saint Antoine*,
où êtes-vous[2] ? J'écrivais là avec mon moi tout entier !
C'est sans doute la faute de la place ; le fond était si
ténu ! Et puis, le milieu des œuvres longues est toujours
atroce (mon bouquin aura environ 450 à 480 pages ;
j'en suis maintenant à la page 204). Quand je serai
revenu de Paris, je m'en vais ne pas écrire pendant quinze
jours et faire le plan de toute cette fin jusqu'à la baisade[3],
qui sera le terme de la première partie de la deuxième.
Je n'en suis pas encore au point où je croyais arriver
pour l'époque de notre entrevue à Mantes. Vois quel
amusement ! Enfin, à la grâce de Dieu ! Dans huit jours
nous serons ensemble ; cette idée me dilate la poitrine.

Je ne t'engage pas à inviter Villemain[4] et, avec ma
vieille psychologie de romancier, voici mes motifs :
1º tu as besoin de lui pour ton prix ; 2º nous sommes
jeunes ; 3º il est vieux. Qui te dit qu'il ne sera pas embêté
du petit prônage de Bouilhet ? Ces gens sur le déclin sont
jaloux ; ici pas d'objection, *c'est une règle*. De plus, comme

il te fait la cour et que c'est un homme fin, il s'apercevra (ou on lui dira, ou il le supposera, ou il finira par le savoir) que la place désirée est prise, et par moi, second motif pour l'indisposer. Garde toutes ses bonnes volontés et, sans faire la coquette, laisse toujours du vague. *Il ne faut pas s'endormir sur le fricot,* comme eût dit ce bon Pradier[1]. Je crois donc que ce serait maladroit que de l'inviter à ta soirée[2]. Tu penses bien que, pour moi *personnellement,* sa connaissance me serait plutôt agréable. Mais comme, en cette circonstance, elle n'est utile à aucun de nous trois[3], et qu'il pourrait au contraire sortir de là avec un peu de mauvais vouloir à ton endroit, il vaut mieux s'abstenir.

C'est comme pour Jourdan[4] : nous n'avons besoin d'aucune relation (indirecte) avec Du Camp. Il irait clabauder chez lui ce qui s'est fait et dit chez toi. Je peux l'y revoir le lendemain ; ce seraient des questions. Non, non. Enfin, mon troisième refus est relatif à Béranger[5]. Bouilhet ne demande pas mieux que d'y aller avec toi ; mais moi, qui *n'ai aucun titre,* je ne puis vous accompagner. Quant à tout le reste, j'adhère à tes plans. Pour en finir des affaires du monde, mon dernier avis relativement à B[ouilhet] : ne fais pas lire de ses vers devant un public *nombreux.* Il t'en supplie et moi aussi. Tu comprends que ce garçon finirait par avoir l'air de sortir de dessous ton cotillon. Dans le commencement c'était bon ; mais maintenant qu'il a déjà publié plusieurs fois, *ça le restreint.* Quand les intimes resteront, à la bonne heure !

Quel imbécile que ce Buloz[6] ! Quelle brute ! quelle brute ! Tout cela vous donne des envies de crever. Je comprends depuis un an cette vieille croyance en la fin du monde que l'on avait au moyen âge, lors des époques sombres. Où se tourner pour trouver quelque chose de propre ? De quelque côté qu'on pose les pieds on marche sur la merde. Nous allons encore descendre longtemps dans cette latrine. On deviendra si bête d'ici à quelques années que, dans vingt ans, je suppose, les bourgeois du temps de Louis-Philippe sembleront élégants et talons rouges. On vantera la liberté, l'art et les manières de cette époque, car ils réhabiliteront l'immonde à force de le dépasser. Quand on est harassé de soucis, quand on se sent dans la tête la vieillesse de toutes les formes connues, quand enfin on se pèse à

soi-même, si de mettre la tête à la fenêtre au moins vous
rafraîchissait ! Mais non, rien du dehors ne vous ras-
sérène. Au contraire, au contraire !

Mes lectures de Rabelais se mêlent à ma bile sociale,
et il s'en forme un besoin de flux auquel je ne donne
aucun cours et qui me gêne même, puisque ma *Bovary*
est tirée au cordeau, lacée, corsée et ficelée à étrangler.
Les poètes sont heureux ; on se soulage dans un sonnet !
Mais les malheureux prosateurs, comme moi, sont
obligés de tout rentrer. Pour dire quelque chose d'eux-
mêmes, il leur faut des volumes, et le cadre, l'occasion.
S'ils ont du goût, ils s'en abstiennent même, car c'est
là ce qu'il y a de moins fort au monde, parler de soi.

Pourtant j'ai peur qu'à force d'avoir de ce fameux
goût, je n'en arrive à ne plus pouvoir écrire. Tous les
mots maintenant me semblent à côté de la pensée, et
toutes les phrases dissonantes. Je ne suis pas plus
indulgent pour les autres. J'ai relu, il y a quelques jours,
l'entrée d'Eudore à Rome (des *Martyrs*), qui passe pour
un des morceaux de la littérature française et qui en
est un[1]. Eh bien, c'est fort pédant à dire, mais j'ai trouvé
là cinq ou six libertés que je ne me permettrais pas. Où
est donc le style ? En quoi consiste-t-il ? Je ne sais plus
du tout ce que ça veut dire. Mais si, mais si pourtant !
Je me le sens dans le ventre.

Nous allons encore bien causer dans huit jours, bien
nous embrasser, bien nous chérir. L'idée de ton contentement, si mon œuvre est réussie plus tard, n'est pas un
de mes moindres soutiens, bonne Muse. Je rêve ton
admiration comme une volupté. Cette pensée est mon
petit bagage de route, et je la passe sur mon cerveau en
sueur comme une chemise blanche. Toi, tu as fait une
bonne chose ; ta *Paysanne* va réussir si *Le Pays* en veut
(mais ces *messieurs* aussi doivent être pudiques[2]). Tu vas
avoir de suite plus de lecteurs que tu n'en aurais eu à la
Revue[3].

Bouilhet a un clou au cou. Il est en dispositions éner-
giques pour Edma[4] et se fait des résolutions. Moi, je
crois qu'il va m'en venir au nez. Enfin, nous t'arriverons
toujours samedi vers six ou sept heures du soir. La Seine
est débordée. Je ne sais comment j'irai à Rouen. Il me
faudra prendre le bateau, et les heures ne coïncideront
peut-être pas avec le chemin de fer. En tout cas nous

irons dîner avec toi, et si d'ici à samedi tu ne recevais aucune lettre, c'est qu'il n'y aurait rien de changé dans nos plans. Peut-être mercredi ou jeudi t'enverrai-je un simple mot pour te dire : j'arrive. Adieu donc, à bientôt, dans huit jours à cette heure-ci. À toi, à toi.

Ton GUSTAVE.

Tiens-tu absolument à mes *Notes de voyage*[1] ? Moi je crois que *maintenant* il vaudrait mieux que tu ne les lises pas. Tout ce qui est étranger au travail en distrait.

À LOUISE COLET

[Croisset,] jeudi, minuit.
[17 février 1853.]

Je n'ai rien fait depuis que je t'ai quittée, chère et bonne Muse, si ce n'est penser à toi et m'ennuyer. Mon rhume continue. Je me chauffe à outrance et je regarde la neige tomber, mon feu brûler. Aujourd'hui[2] pourtant je me suis remis à la *Bovary ;* je rêvasse à l'esquisse, j'arrange l'ordre, car tout dépend [de] là : la méthode. Mais ça vient bien lentement, ou plutôt ça ne vient pas. Il faut que je fasse immédiatement quelque chose de fort difficile en soi : à savoir cette haine qui vous prend tout à coup à regarder certaines gens que l'on ne déteste pas encore[3]. Pour écrire passablement ces choses-là, il faut surtout les sentir et j'ai du mal à *me faire sentir.* Les érections de la pensée sont comme celles du corps ; elles ne viennent pas à volonté ! Et puis je suis une si lourde machine à remuer ! Il me faut tant de préparations et de temps pour me remettre en train !

Comme nous avons été heureux à ce voyage ! Comme nous nous sommes aimés ! Mais la prochaine entrevue sera meilleure encore. Ce sera à Mantes, au printemps[4]. Là, nous sommes plus à nous, et rien qu'à nous. J'aurai une bonne tartine encore de faite ; toi, ton *Acropole* terminée, le prix décidé[5] ? espérons-le, le plan de ton drame écrit. Après cette fois-là, encore deux ou trois autres, et puis mon installation à Paris et l'inauguration de mon logement par cinq ou six bonnes séances passées à lire la *Bovary*. Allons, du courage, pauvre amie. Pioche *L'Acropole,* fais-nous de grands vers cornéliens, cela est dans ta corde. Tu as naturellement le vers tendu et pompeux (quand il n'est pas flasque, banal[1]). Veille surtout à la correction, pour ces messieurs[1]. Tu sais quels pédants, et ils ont raison de l'être. Si on leur ôtait cela, que leur resterait-il ?

J'ai envoyé ta lettre à Bouilhet et j'ai reçu de lui ce matin, par la poste, un mot où il me dit qu'il travaille ferme. Pas un mot de la Diva[2]. Mais je crois qu'il en a reçu une lettre, car il me dit : « Je t'apporterai un morceau de prose que j'ai reçu. » Je serais étonné, au ton de son billet, si [il] lui avait écrit. Nous viderons cette affaire-là définitivement dimanche.

Tantôt j'ai fait un peu de grec et de latin, mais pas raide. Je vais reprendre, pour mes lectures du soir, les *Morales*[3] de Plutarque. C'est une mine d'érudition et de pensées intarissable. Comme l'on serait savant, si l'on connaissait bien seulement cinq à six livres !

J'avais depuis quelque temps, sur ma table de nuit, *Gil Blas*[4] ; je le quitte. C'est léger en somme (comme psychologie et poésie, j'entends). Après Rabelais d'ailleurs, tout semble maigre. Et puis c'est un coin de la vérité, rien qu'un coin. Mais comme c'est fait ! N'importe, j'aime les viandes plus juteuses, les eaux plus profondes, les styles où l'on en a plein la bouche, les pensées où l'on s'égare.

Adieu, je n'ai rien à te dire ; je n'ai pas l'énergie de t'écrire. Avant de reprendre mon travail, j'éprouve toujours ainsi des hébétements de tristesse. Ton souvenir vient par-dessus et m'achève. Je sais que cela passera, c'est ce qui me console. Il faut donner quelque peu à la faiblesse humaine et lâcher la bride à la mélancolie ; c'est le moyen qu'elle soit plus calme.

Adieu encore, mille baisers partout. Ma prochaine sera plus longue ; et toi, écris-moi de longues lettres.

À toi, à toi. Ton G.

À LOUISE COLET

[Croisset,] mercredi, minuit.
[23 février 1853.]

Enfin ! me revoilà à peu près dans mon assiette ! J'ai griffonné dix pages, d'où il en est résulté deux et demie. J'en ai préparé quelques autres. Ça va aller, j'espère, et toi, pauvre bonne Muse, où en es-tu ? Je te vois piochant ton *Acropole* avec rage et j'en attends le premier jet d'ici à peu de jours. Soigne bien les vers. Au point où tu en es maintenant tu ne dois pas te permettre *un seul* vers faible. Je ne sais ce qu'il en sera de ma *Bovary,* mais il me semble qu'il n'y aura pas *une* phrase molle. C'est déjà beaucoup. Le génie, c'est Dieu qui le donne. Mais le talent nous regarde. Avec un esprit droit, l'amour de la chose, et une patience soutenue, on arrive à en avoir. La correction (je l'entends dans le plus haut sens du mot) fait à la pensée ce que l'eau du Styx faisait au corps d'Achille. Elle la rend invulnérable, et indestructible.

Plus je pense à cette *Acropole,* et plus il me semble qu'il y aurait à la fin *une engueulade aux Barbares,* superbe[1]. Cela rentrerait dans l'esprit de ta pièce, et m'en paraît même le complément. Je vais tâcher d'être clair. Après tes Panathénées, ton tableau de la Grèce, vivant, animé, et avoir bien marqué que cela n'existe plus, je dirais... « et puis les Barbares sont venus (pas de description de l'invasion, mais plutôt l'effet en résultant). Ils ont cassé, profité, fait des meules de moulin avec les piédestaux de tes statues[a]... ils ont chauffé leurs pieds nus à ton olivier qui brûlait, ô Minerve, et dans des langues barbares accusé tes dieux, ô Homère... ». Il faudrait faire la confusion soutenue *des deux espèces de Barbares,* et cela très large, à la fois lyrique et satirique. Ça ne sortirait pas du lieu même de l'Acropole, les diverses ruines et constructions modernes te serviraient de comparaisons, et de points de rappel. — Et ce mouvement t'amènerait naturellement à ton trait final : nous, cherchons maintenant parmi ces débris les vestiges du beau. Réfléchis à cela, il me semble qu'il y a là beaucoup. Cette idée

plairait au côté classique de l'Académie et pourrait
d'ailleurs être en elle-même une fort belle chose.

———

La Sylphide[1], comme dit Babinet, a écrit deux lettres,
châmantes. B[ouilhet] a répondu quelques lignes à la
dernière, pour lui dire qu'elle le laisse tranquille et
qu'il ne veut plus entendre parler d'elle. — Il m'a l'air
très calme, et décidé. Mais un vieux psychologue,
comme moi, pense que ce n'est pas là une fin. Ils se
reverront d'une façon ou d'une autre et se baiseront[2], ou
je serais fort étonné. Elle a dû être vexée de son dernier
billet. Y répondra-t-elle ? Elle garderait le silence, si
elle avait un peu d'orgueil. Mais c'est une infâme
coquette, et elle voudra l'astiquer encore. Alors, la
correspondance se rengagerait sur un pied purement
littéraire ? Mais la littérature mène loin, et les transitions
vous font glisser, sans qu'on s'en doute, des hauteurs
du ciel aux profondeurs du cul. Problème ! pensée !
comme dirait le grand Hugo !

Nous avons ici, depuis lundi, une vieille dame, amie
de ma mère (femme d'un ancien consul en Orient),
avec sa fille[3]. Leur fils[4], qui est un de mes camarades de
collège, est dans ce moment à Sainte-Pélagie *pour un an*
(et de plus 500 fr[ancs] d'amende) pour avoir distribué
des exemplaires de *N[apoléon] le Petit*. — Avis ! et
personne n'en sait rien. — J'ai demain, à déjeuner, un
jeune homme[5] que B[ouilhet] m'a amené dimanche. Je
l'avais connu enfant, lorsqu'il avait 7 à 10 ans. Son père,
magistrat, inepte, en faisait un perroquet et le poussait
aux bonnes études, mais malgré tous ses soins, il n'est
point devenu un crétin (ce qui désole le père) et il a
pris en goût sérieux la littérature. Il est hugotique,
rouge, etc. De là désolation de la famille, blâme de tous
les concitoyens, mépris du bourgeois. Il désirait depuis
longtemps faire ma connaissance ; je l'ai reçu carrément,
et dans tout le déshabillé franc de ma pensée. C'est ce
qu'il faut faire aux gens qui viennent nous flairer par
curiosité. — S'ils sont choqués, ils ne reviennent plus,
et s'ils vous aiment, c'est qu'ils vous connaissent.

Quant à lui, il m'a paru être un assez intelligent
garçon, mais sans *âpreté*, mais cette suite dans les idées
qui seule mène à un but et fait faire des œuvres. — Il
donne dans les théories, les symbolismes, Michelet-

teries, Quinetteries[1] (j'y ai été aussi, je les connais),
études comparées des langues, plans gigantesques et
charabias un peu vides. — Mais en somme on peut
causer avec lui pendant quelques heures, or la graine
est rare de ceux-là. Il habite Paris, a une vingtaine de
mille francs de rente, et va s'en aller en Amérique et de
là aux Indes, pour son plaisir. — Il veut aussi écrire une
histoire grecque, voir la Grèce. Voilà bien des volontés,
qui marquent peut-être absence de volonté. Dans quelle
époque de diffusion nous sommes ! L'Esprit, autrefois,
était un soleil solitaire ; tout autour de lui il y avait le
ciel, vide. Son disque maintenant, comme par un soir
d'hiver, semble avoir pâli, et il illumine toute la brume
humaine de sa clarté[a] confuse.

Je m'en vais relire Montaigne, en entier. C'est une
bonne causerie le soir avant de s'endormir.

Comment vas-tu ? Il me semble qu'il y a six mois que
je t'ai quittée. — Comme nous serons à nous à Mantes[2],
mais ne pensons pas à cela. — Travaillons. — Moi je ne
veux plus regarder en avant, la longueur de ma B[ovary]
m'épouvante à me décourager. « Qu'est-ce que ton
devoir ? dit Goethe : l'exigence de chaque jour[3]. » Ne
sortons pas de là.

Adieu, mille baisers sur tes lèvres de Muse.

À toi, ton G.

À LOUISE COLET

[Croisset,] nuit de dimanche, 1 h[eure] et demie.
[27 février 1853.]

Il est bien tard et je devrais me coucher. Mais c'est
demain dimanche, je me reposerai. Je veux te dire tout
de suite, chère Muse (combien je t'aime d'abord),
et comme tes deux dernières courtes lettres m'ont fait
plaisir. Elles ont un souffle qui m'a gonflé, je crois,
car je suis dans le même état lyrique que toi. J'y ai vu
que tu étais emportée dans l'art, et que tu roulais dans la
houle intellectuelle, ballottée à tous les grands vents
apolloniques. C'est bien, c'est bien, c'est bon. Nous ne
valons quelque chose que parce que Dieu souffle en
nous. — C'est là ce qui fait même les médiocres forts,

ce qui rend les peuples si beaux aux jours de fièvre, ce qui embellit les laids, ce qui purifie les infâmes : la Foi, l'Amour. « Si vous aviez la foi, vous remueriez les montagnes[1]. » Celui qui a dit cela a changé le monde, parce qu'il n'a pas douté.

Garde-moi toujours cette rage-là. Tout cède et tout pète à la fin devant les obstinations suivies. J'en reviens toujours à mon vieil exemple de Boileau. Ce gredin-là vivra autant que Molière, autant que la langue française. Et c'était pourtant un des moins poètes des poètes ; qu'a-t-il fait ? Il a suivi sa ligne jusqu'au bout, et donné à son sentiment si restreint du Beau, toute la perfection plastique qu'il comportait.

Ta *Paysanne* a du mal à paraître. C'est justice. Voilà une preuve que c'est beau. Pour les œuvres et pour les hommes médiocres, le hasard est bon enfant. Mais ce qui a de la valeur est comme le porc-épic[a], on s'en écarte. — Une des preuves qui m'auraient convaincu de la vocation de Bouilhet, si j'en eusse douté, c'est qu'à Rouen, dans son pays, et où il est connu, pas un journaliste n'a même cité son nom[2]. — On objectera qu'ils ne peuvent le comprendre, et j'accepte l'objection qui me donne raison. Ou bien c'est qu'ils l'envient, et qu'ils font bien alors ! De même l'ami Gautier fait des réclames pour E. Delessert[3], qu'il connaît à peine, et ne souffle mot de l'ami B[ouilhet]. Est-ce clair ? Envoie demain à n'importe quel journal ta *Paysanne* éreintée, fais-y une fin sentimentale, une nature factice, des paysans vertueux, quelques lieux communs sur la moralité, avec un peu de clair de lune parmi les ruines à l'usage des âmes sensibles, le tout entremêlé d'expressions banales, de comparaisons usées, d'idées bêtes, — et que je sois pendu si on ne l'accepte. Mais patience ! la Vérité a son tour. Elle possède en soi-même une force divine et quoiqu'on l'exècre, on la proclame. On a de tout temps crié contre l'originalité. Elle finit, pourtant, par entrer dans le domaine commun, et bien que l'on déclame contre les supériorités, contre les aristocrates, contre les riches, on vit néanmoins de leurs pensées, de leur pain. Le génie, comme un fort cheval, traîne au cul l'humanité sur les routes de l'idée. Elle a beau tirer les rênes, et par sa bêtise, lui faire saigner les dents, en hocquesonnant[4] tant qu'elle peut, le mors dans sa bouche, l'autre, qui a les jarrets robustes, continue toujours au grand galop, par les précipices et les vertiges. —

J'attends lundi matin *L'Acropole,* et comme il faut se dépêcher[1], je la lirai, je la porterai de suite à Rouen à B[ouilhet], nous la lirons et, chez lui, je t'écrirai en te renvoyant le tout.

Pour un autre travail, ce procédé de composition ne serait pas bon. Il faut écrire plus *froidement.* Méfions-nous de cette espèce d'échauffement, qu'on appelle l'inspiration, et où il entre souvent plus d'émotion nerveuse que de force musculaire. — Dans ce moment-ci, par exemple, je me sens fort en train, mon front brûle, les phrases m'arrivent, voilà deux heures que je voulais t'écrire et que de moment en moment le travail me reprend. Au lieu d'une idée j'en ai six, et où il faudrait l'exposition la plus simple, il me surgit une comparaison. J'irais, je suis sûr, jusqu'à demain midi, sans fatigue. Mais je connais ces bals masqués de l'imagination, d'où l'on revient avec la mort au cœur, épuisé, ennuyé, n'ayant vu que des faux, et débité que des sottises.

Tout doit se faire à froid, posément. Quand Louvel a voulu tuer le duc de Berry, il a pris une carafe d'orgeat, et n'a pas manqué son coup[2]. C'était une comparaison de ce pauvre Pradier[3] et qui m'a toujours frappé. — Elle est d'un haut enseignement pour qui sait la comprendre.

Ayant du reste peu de temps à toi, il eût été impossible de faire autrement, et ce n'est pas encore donné à tout le monde de posséder en soi-même une boîte à cantharides, d'où l'on tire le moyen de se faire bander à volonté.

J'ai revu jeudi mon jeune homme[4], et qui m'a plus intéressé que la première fois. Il m'a conté beaucoup de choses de *son cœur* intéressantes. Il cherche (mais naïvement et sans pose, conséquemment, c'est respectable) un *idéal,* une femme à aimer *toute sa vie,* avec qui passer une existence intelligente, entourée d'enfants et dénuée de soucis, etc. J'ai été grand ! Je me suis montré pontifical et olympien ! Je l'ai prêché avec une envergure chevelue. « Jeune homme », lui ai-je dit, etc.

Ma préface du *Dictionnaire des idées reçues*[5] me tourmente. J'en ai fait le plan, par écrit. J'ai passé l'autre

jour deux heures de suite à rêver (à propos de Juvénal
que je lisais) un grand roman romain. Mon livre
XVIIIe siècle m'est revenu hier[1]. La *Bovary* marche son
petit train, et se dessine dans l'avenir. Il n'est pas jusqu'à ce malheureux grec qui ne me semble se débrouiller.
Je crois que le ramollissement de cervelle diagnostiqué^a
par Du Camp[2] n'arrive pas encore. Ah ! ah ! mais je les
casserais sur elle, tous ces petits braves compagnons-là,
comme les commis voyageurs brisent, sur leur front, les
assiettes d'auberge, par facétie.

Si je cherche un peu d'où vient mon bon état (présent),
c'est peut-être à deux causes : 1º d'avoir vu l'autre
jour ce brave garçon[3], qui enfin parle notre langue ;
on a plaisir à trouver des compatriotes dans la vie ;
2º à la société de Mme Vasse[4] (tu sais, cette dame qui
est ici). Elle a longtemps habité l'Orient ; nous en causons
à table. Cela me ranime et me fait passer dans la tête de
grands coups de vent qui m'emportent. Si fort que l'on
ait l'orgueil de se croire, l'élément extérieur est bon
quelquefois. Mais c'est si rare de trouver un lit pour ses
fatigues !

Adieu, toi qui es l'édredon où mon cœur se pose, et
le pupitre commode, où mon esprit s'entrouvre.

Adieu encore, et mille toutes sortes de tendresses.
À toi, ton

À LOUISE COLET

Rouen, jeudi. [3 mars 1853.]

Voici ce que nous venons de décider.

Bouilhet va, ce soir, demain et après-demain, travailler
à ton *Acropole,* il me l'apportera dimanche, et lundi soir
tu recevras le paquet.

Le défaut général est la *longueur.* Cela résulte des
répétitions d'idées. Il faut supprimer plusieurs vers et
faire quelques-uns. Voilà ce que c'est que d'attendre
toujours au dernier moment ! Enfin !

Ton commencement sera renvoyé superbe. Il y a
fort peu de choses à y retoucher[5], ainsi que dans les
Panathénées. Mais l'idée de Minerve est développée à

satiété et avec des redites. C'est à toi de refaire toute cette
partie, depuis :

Dans le temple du Dieu qu'elle s'était choisi

jusqu'au mouvement :

Pour Min[erve], ta mère, ainsi tu fis, Athènes !

Mais enlève la longue comparaison de la mère qui
précède. C'est trop long ! trop long ! — Ainsi tu n'as
à [t']occuper que *de Minerve*. Mets-moi les mêmes
pensées, mais plus vives, *en moins de vers* et d'un tour
moins monotone ; tel que ça est, c'est d'une lenteur
fatigante. Songe qu'il y a près de 50 vers. Une vingtaine
tout au plus suffiront.

Bouilhet va t'arranger le reste, te recoller les attaches,
changer les vers faibles. Il aime beaucoup le commencement du n° IV. Sois tranquille. Il y a du bon. Mais on
voit seulement que les notes[1] n'ont pas été assez digérées.
— Mais il me semble qu'il faut peu de chose pour que
ta pièce marche. J'ai bon espoir. Allons du courage.

Mille baisers.

À toi, ton[2]

4 h[eures] du soir.

Pour ta distraction, tu peux lire le dernier numéro de
la *R[evue] de P[aris]*. — Tu y verras, dans la fin du *Livre
posthume,* une phrase à mon adresse[3], verte, et des
réengueulades de l'ami à Béranger, avec allusions à
Cousin, Mérimée, Rémusat. Cela devient fort réjouissant.

À LOUISE COLET

[Croisset,] nuit de samedi, 1 h[eure].
[5 mars 1853.]

Nous causerons demain de *L'Acropole*. Parlons donc,
ce soir, de nous et des autres. Et d'abord : quitte pour
toujours ce système de travail hâtif, qui use la santé et la

pensée. On gâche ainsi toutes ses forces nerveuses et intellectuelles. — Habitue-toi à t'y prendre d'avance, à travailler plus lentement. Quand je me suis trouvé avec toi, lorsque tu faisais des corrections, tu ne saurais croire, bonne Muse, combien souvent tu m'irritais, nerveusement, par ta précipitation à passer d'une idée à l'autre, à adopter un synonyme, à le rejeter, etc. — Il faut se cramponner à une chose et y rester jusqu'à ce qu'on l'ait décrochée complètement. Tu admires la facture de Bouilhet. — Il a passé dernièrement *dix* jours pour changer *deux* vers[1]. — Il est vrai que c'est la plus belle méthode pour crever de faim ! et pour avoir envie, dans des moments, de se casser la gueule (si l'on peut s'exprimer ainsi), comme il m'est advenu hier toute la soirée. — Quelle désespérante chose qu'un long travail, quand on y met de la conscience ! J'ai fait, depuis que nous nous sommes quittés, 8 pages ; et quand je pense que j'en ai encore 250 ! que dans un an je n'aurai pas fini ! — et puis les doutes sur l'ensemble qui vous empoignent au milieu de tout ça ! Quel foutu métier ! quelle sacrée manie ! Bénissons-le pourtant ce cher tourment. Sans lui, il faudrait mourir. La vie n'est tolérable qu'à la condition de n'y jamais être.

Tu donnes en plein dans les *embûches* de la Sylphide[2], ô muse naïve ! La lettre envoyée à Énault lui faisait entendre que la protection pouvait bien être demandée pour B[ouilhet]. — Et sa réponse, à lui Én[ault], a été écrite *pour être montrée* (premier but atteint). La ficelle « vous voyez bien qu'elle n'est pas tendre » est donc une corde à puits. — Le mot « les hommes sont bêtes et drôles », dit pour être rapporté ! (second but atteint). Puis un peu de poésie, les arbres, la neige. — Et enfin ce bon Capitaine, qui arrive à la fin, à propos de rien du tout, mais pour pallier l'allusion, et sucer la blessure après l'avoir faite. — J'oubliais *la blanche main* (voir *L'Hallali*[3]). — Ah ! si j'avais affaire seulement pendant un mois à une créature semblable, je la ferais écumer de rage ! Comme c'est bête les finesses ! et que les malins sont faibles !

Je ne t'adresserai pas mon jeune homme (Crépet[4]), d'abord parce qu'il est à Paris maintenant. Il viendra me dire adieu dans un mois, où il doit partir pour l'Angleterre, et de là voyager pendant trois ou quatre

ans. Tu l'as embelli (comme tu fais de toutes choses et de
toutes gens). Il est de notre monde, mais pas de *notre
sang*. Il rêve et n'écrit point. Les idées sociales le pré-
occupent. Il a fait sortir du bordel une fille qu'il voulait
régénérer, etc. Cela creuse un abîme entre moi et lui.
Un seul fait, comme un seul mot, vous ouvre des
horizons. Mes enthousiasmes à moi ont eu une autre
pente, et toutes mes extravagances n'ont jamais été que
des arabesques qui s'enlaçaient sur la ligne droite d'une
seule idée. L'*âpreté* lui manque. Sa mère est morte de la
poitrine et son frère aussi. C'est peut-être là la cause. —
Physiquement, c'est un grand diable assez laid ; mais je
le crois une nature fort tendre, féminine et, en somme,
un pauvre cœur assez souffrant, un esprit sans direction,
une vie sans but. —

En fait de nouvelles, Mme Vasse et sa fille[1] sont parties
aujourd'hui. En voilà encore deux qui ne bénissent pas
la Providence ! (et elles ont raison). Partout où l'on
regarde, on ne voit que pleurs, malheurs, misère, ou
bien bêtise, infâmie ! lâchetés ! canailleries et autres
menus suffrages comme dirait Rabelays.

Et les vers de Poncy[2] ? Qu'en dirons-nous ? Est-ce
suffisamment lourd ! Quelle invention que celle des
poètes ouvriers ! Et quels cocos sans muscles que tous
ces bons garçons-là, avec leurs mains sales !

Quant au *Livre p[osthume]*, la fin répond au commencement. J'ai admiré comme toi la croix[3], Porcia[4], le
couvre-pieds[5], etc. — Il a fourré là jusqu'à un rêve qu'il
a fait en voyage que je l'ai vu écrire ; il n'en a pas
changé trois phrases[6]. — Pour lui, ce bon Maxime, je
suis maintenant incapable à son endroit d'un sentiment
quelconque. La partie de mon cœur où il était est tombée
sous une gangrène lente ; et il n'en reste plus rien. Bons
ou mauvais procédés, louanges ou calomnies, tout
m'est égal. Et il n'y a pas, là, de dédain. Ce n'est point
une affaire d'orgueil. Mais j'éprouve une impossibilité
radicale de sentir à cause de lui, pour lui, quoi que ce
soit, amitié, haine, estime ou colère. — Il est parti,
comme un mort, et sans même me laisser un regret.
Dieu l'a voulu ! Dieu soit béni ! La douceur que j'ai
éprouvée dans cette affection (et que je me rappelle
avec charme) atténue, sans doute, l'humiliation où je
pourrais être de l'avoir eue. — Une chose m'a fait

sourire dans sa phrase de « la large épaule »[1]. Il aurait pu
choisir une comparaison plus heureuse[a]. C'est sur cette
épaule, pourtant, qu'à la mort de sa grand-mère[2] je
l'ai porté comme un enfant, lorsque, l'arrachant de son
cadavre où il pleurait, criait, *appelait les anges,* parlait
de *là-haut,* etc., je l'ai pris d'un bras, et l'ai enlevé tout
d'un bond jusque sur sa terrasse. — Je me rappelle aussi
que je lui ai *arrangé* un duel[3], à cet homme si brave, etc.,
etc. Ah ! les hommes d'action ! les actifs ! comme ils se
fatiguent et nous fatiguent pour ne rien faire. Et quelle
bête de vanité que celle que l'on tire d'une turbulence
stérile !

L'action m'a toujours dégoûté au suprême degré.
Elle me semble appartenir au côté animal de l'existence
(qui n'a senti la fatigue de son corps ! combien la chair
lui pèse !). Mais quand il l'a fallu, ou quand il m'a plu,
je l'ai menée, l'action, et raide, et vite, et bien. Pour sa
croix d'honneur, à D[u Camp][4], j'ai fait, en une seule
matinée, ce qu'à cinq ou six gens d'action qu'ils étaient
là, ils n'avaient pu accomplir en six semaines. — Il en a
été de même pour mon frère, quand je lui ai fait avoir sa
place[5]. — De Paris, où j'étais, j'ai enfoncé toute l'École
de médecine de Rouen, et fait écrire *par le Roi* au préfet,
pour lui forcer la main. — Les amis qui me considé-
raient étaient épouvantés de mon toupet et de mes
ressources. Le père Degasc[6] (ancien pair de France,
ami de mon père) en était si ébahi qu'il voulait *sérieusement* me faire entrer dans la diplomatie, prétendant
que j'avais de grandes dispositions pour l'intrigue. Ah !
quand on sait rouler une métaphore on peut bien peloter
des imbéciles ! L'incapacité des gens de pensée, aux
affaires, n'est qu'un excès de capacité. — Dans les grands
vases, une goutte d'eau n'est rien. Et elle emplit les
petites bouteilles.

Mais la durée est là qui nous console. Que reste-t-il
de tous les Actifs, Alexandre, Louis XIV, etc., et
Napoléon même, si voisin de nous ? La pensée est comme
l'âme, éternelle, et l'action comme le corps, mortelle. —
J'étais en train de philosopher ce soir. Mais je n'ai plus
une seule feuille de papier à lettres et il est temps d'aller
se coucher. Adieu donc, mille baisers sur tes beaux
yeux.

Ton G.

Le Constitutionnel ne voudra pas de ta *Paysanne*, comme immorale, tu verras. Pourquoi par Azevedo[1] ne la ferais-tu pas présenter à Jourdan[2] ? Quand tu reverras Babinet, n'oublie [pas], je te prie, de lui demander par écrit la pièce de Lebrun[3]. J'éprouve le besoin de me la regueuler avec les intonations lyriques qu'il y mettait[4].

À LOUISE COLET

[Croisset,] mercredi, 11 h[eures] du matin.
[9 mars 1853.]

Je ne prétends pas, chère Muse, vouloir défendre *nos* corrections[5] quand même, il doit y avoir dans le grand nombre bien des taches, mais l'esprit général en est bon. Corrige ces corrections quant *aux répétitions*, mais dans *leur sens* autant que possible, comme nous avons fait nous-mêmes relativement à tes vers[a]. — En fait de répétitions je me rappelle, en effet, à deux places voisines :

> *On dirait qu'ils sont nus*

et

> *On eût dit...*

(à propos des vêtements).

> *Nous n'avons pas omis de choses nécessaires.*

Ne décris pas les Propylées. Songe donc qu'on en a déjà par-dessus les oreilles, de l'architecture. Personne ne te saura gré d'une fidélité aussi scrupuleuse. L'art est avant l'archéologie, et tu as déjà tant de colonnes ! etc. ! Passe, passe hardiment. Il faut à *toute force* que tes petits vers arrivent après ces deux magnifiques :

> *[...] pour tailler de sa main*
> *Les blocs du Pentélique[6] aussi durs que l'airain.*

Arrête-toi là, au nom de Dieu ! Tu me dis : « Ils *[sic]* ne restent indiqués que dans les Ruines et on ne les voit

pas debout, neuves et formant vestibule. » Mais qu'est-ce
que ça fait ! C'est déjà bien assez. Je suis de cela sûr.

Ton Poème ne pèche pas par la sécheresse, n'aie pas
peur. C'est l'abondance au contraire qui peut causer
de la fatigue. — Tous ces détails « formant des ailes,
servant de vestibule », etc., sont *fastidieux*. C'est trop
didactique, et enfin j'en reviens toujours là, il faut
s'arrêter infailliblement aux vers cités que je trouve
sublimes de raide et de net. Voilà une facture au moins !

———

Adopte donc nos coupures[1] ; seulement si nous avons
laissé des répétitions, corrige-les. Il y en avait dans le
premier morceau (les hexamètres du commencement)
que nous n'avons pas eu le temps de changer ; ainsi :

> *Diadème éthéré*

et plus bas :

> *Corinthe couronnée*
> [...] *sa tête illuminée.*

C'est à peu près la même idée, mais n'importe.

Causons maintenant des Barbares[2] : c'est grave.

Pour faire complètement bien ce morceau, il eût fallu
ne pas ménager deux classes de citoyens auxquels il
nous est interdit de toucher : 1º les prêtres, 2º les académiciens eux-mêmes. Ce sont ces deux genres d'animaux
féroces qui, quant à l'idée du Beau (l'idée antique), ont
fait plus de mal que les Attila, et les Alaric. — Nous ne
pouvons donc rendre notre Pensée qu'avec des adou-
cissements sans nombre et une atténuation originale,
qui l'affaiblit de soi-même ; et il faut aller auprès du
but et non au but.

Ton morceau n'était pas bon. Il était même mal
écrit, mou, trop long d'ailleurs, et ne disait rien des
autres Barbares (ou trop peu). Celui de B[ouilhet], et
dont toute la seconde partie a été faite par nous deux,
me semble plus approchant. Si tu crois que l'on y verra
une main différente et que cela pourra compromettre
le succès, je ne dis plus rien. Mais tu n'y as pas compris
des choses pourtant fort compréhensibles. Ainsi :

Opposiez des seins nus aux boucliers d'airain

C'est *vous* qui opposiez des seins nus, vos seins nus *aux*
boucliers d'airain (des Grecs). Les B[arbares], en effet,
étaient sans armes défensives. Tu me dis « que ça laisse
à peine deviner le viol des Grecques ». Mais à quoi bon
parler du viol des Grecques ? Ce n'est pas là ce qu'on a
voulu dire. C'est seulement un détail pittoresque pour
peindre les Barbares.

L'observation sur les répétitions de *flancs nus* est plus
fondée. Tâche d'y obvier.

Fleuve où le grand Homère emplit son urne d'or

Il y a en effet déjà l'Ilissus et bien des flots.
    La première version était :

Ils ont dit : que la source était empoisonnée
D'où jaillit l'Iliade ainsi qu'un flot sacré.

mais les deux premiers de la stance n'ont pu être trouvés.
Vois, cherche.
    Si tu as peur que l'on ne croie que ce fleuve est
l'*Ilissus,* change plus haut (je cite de mémoire) :

Des sommets de l'Hymette aux bords de l'Ilissus ?

Mais le dernier de cette stance-là est bon, bon :

Ont écrasé la gloire en passant par-dessus[1].

Ce morceau des Barbares me paraît d'ensemble très
pompeux, lyrique et *gueulard.* C'est pour cela qu'il me
plaît.

————

Des pôles du Nord, du fond de l'Asie[2]

est lourd comme tout, et commun de forme ; fais donc
plus d'attention à la *pâte* générale du style.

————

Si nos Barbares ne te vont pas (moi je tâcherais

seulement d'en enlever les taches (= répétitions) dont nous convenons ensemble), refais-les dans ce *mouvement,* et dans ce *rythme* (par stances de 4) qui est très ferme, et en suivant le plan (puisque nous y avons les entournures gênées). Eh bien ! tu n'y as pas relevé ce qui est incontestablement le plus mauvais et même la *seule* vraie faute, à savoir : *le passé glorieux.*

Tu ne me dis pas si tu approuves l'allusion finale ?

Sois sûre que toutes nos corrections ont été mûrement délibérées. — Nous y avions d'abord passé tout l'après-midi du jeudi. B[ouilhet] y a travaillé vendredi et samedi, et dimanche nous avons encore revu le tout, et nous sommes mis au travail le soir. Pour moi, il me semble que j'y vois clair. Si nous avions pu de suite avoir le poème recopié, je te jure bien qu'on te l'aurait renvoyé propre tout à fait.

Pour notre *plaisir personnel,* aie l'obligeance, dans la copie que je recevrai vendredi, de me mettre en marge *nos* corrections parmi celles que tu n'adoptes pas, afin que nous voyions clairement lequel est a [*sic*] raison. Tu comprends ?

———

Vandales et Germains ; tâche de trouver quelque chose de synthétique, si tu veux.

———

J'attends donc vendredi une copie comme je te l'indique. Nous te la renverrons immédiatement. J'irai à Rouen exprès, et nous y passerons ensemble tout l'après-midi.

———

Adieu, bonne chance, mille caresses.

À toi. Ton G.

———

Pour *te désagacer,* sache que la Sylph[ide][1] et B[ouilhet] ne s'écrivent plus. Tout me semble tombé à l'eau. Il l'a décidément envoyée faire foutre...[2] par d'autres.

———

Je ne vois pas pourquoi il faut qu'Athènes soit

nommée avant d'en venir au mouvement de Vénus. Tu
as peut-être raison ; je n'en sais rien. Mais « ce n'était
pas Vénus » suit parfaitement comme nous l'avions fait.
Voilà ce dont je me rappelle. — On sait bien que c'est
d'Ath[ènes] que tu parles, et tout à l'heure tu as :

> ... *oui, Athènes, Minerve fut ta mère*[1]...

À LOUISE COLET

[Croisset, 11 mars 1853.]

Mon premier mouvement a été de te renvoyer ton
ms.[2] sans t'en dire un mot, puisque nos observations ne
te servent à rien, et que tu ne veux (ou ne peux) y voir
clair. — À quoi bon nous demander notre avis, et nous
échiner le tempérament, si tout cela ne doit aboutir
qu'à du temps perdu et des récriminations de part et
d'autre ? Je t'avoue que, si je ne me retenais, je t'en
dirais bien plus. — Et qu'il me vient à ce propos une
tristesse grande : quel cas dois-je faire de ta critique
louangeuse à mon endroit, quand je considère[a] que dans
tes propres œuvres tu te méprends si étrangement ? Et
si c'était encore pour soutenir des *excentricités* ! des traits
originaux ! passe encore, mais non ! ce sont toujours des
banalités que tu défends, des niaiseries qui noient ta
pensée, de mauvaises assonances, des tournures banales.
Tu t'acharnes à des misères. Quand je te dis que *sar-
doine* est le mot français de *sardonix*, qui est latin, tu me
réponds que ça ressemble à *sardine* ! et pour cela tu fais
deux vers durs :

> Un *Sardonix*...
> Un *autre*...

ornés d'un mot pédantesque[3]. Ah ! si tu avais fait *Melaenis*[4]
nous aurions eu de la science ! Dans ta rage de corriger
nos corrections, tu ajoutes des fautes : le *soyeux* parasol.
Les Grecs ne connaissaient pas la soie, ou elle était
tellement rare que c'était tout comme.

Enfin n'est-ce pas un parti pris, lorsqu'on t'avertit de vers désagréables comme :

> *Il semble qu'il ondule en sa marche* légère
> *Ainsi que sur la* mer *il glisse sur la* terre

de remettre *mer* au lieu de *flots,* etc., etc.

Que veux-tu que je te dise ? Il me semble que tu te mets complètement dans la blouse ? Où nous avions lié les phrases, tu les dénoues ! Garde donc tes *à droite,* tes *à gauche,* tes *puis viennent* à satiété, etc.

Tes objections techniques n'ont aucun sens. — Je crois que ton idéal, en faisant *L'Acropole,* était de faire une *description d'architecte.* Cela me paraît t'avoir étrangement préoccupée.

Je devrais m'arrêter là. Une seule considération me fait continuer : je sais combien, lorsqu'on sort d'une œuvre, on en est plein. Je te conseille donc de tâcher de revoir, à froid, ce que nous te disons.

———

Cette re-lecture du *ms.* me donne mal aux nerfs. Quel entêtement à garder des monstruosités !

> *Devant le Parthénon aboutissant* enfin !

Mais ton mouvement n'a plus de sens, après ta tournure de l'imparfait. — Des colonnes ne ressemblent pas à des cols de cygne ! d'ailleurs. *Enfin,* sois sûre que c'est la dernière fois que je m'en mêle. Ceci est trop fort ! Il fallait s'arrêter après la construction du Parthénon, et le mouvement arrivait tout naturellement :

> *Le voilà ce temple sans tache*[1]

Nous avions là fondu deux strophes, mais toi, tu aimes à redire les mêmes idées et en quels vers !

> *Qui seul devine la beauté*
> *Des dieux dont la voix de son frère*
> *Rend seule l'immortalité !*

Une voix qui rend l'immortalité des dieux dont un

autre devine la Beauté ! Et Phidias (jumeau d'Homère, charmante expression !) répété deux fois.

> L'*aperçoivent* dressant

mais non ! Aperçoivent son aigrette *dressée*. Ça a l'air qu'elle dresse en ce seul moment où ils l'aperçoivent.

IV[1]. Même objection que pour la construction du Parthénon. Après avoir dit : on y va (aux Panathénées), montre-moi *de suite* les Panathénées comme après avoir dit : on construit cela, tu me montres cela construit.

Ce paragraphe intermédiaire ralentit le mouvement, et ôte du lyrisme à ce qui suit ; et d'ailleurs : fête aux *divins ébats,* ce que nous avions mis le valait, conviens-en.

> Des têtes et des corps qui se groupent !
> *Couvrent leurs* chastes *corps de* chastes *draperies*[2].

C'est du Delille ! et du pire.

> Figurant des Titans...,

mais non, *figurent*, qui finit bien mieux ta phrase, et veut exactement dire la même chose.

———

La strophe « théâtre [de] Bacchus » est, à cause des 2e et 3e vers, d'une lenteur et d'un mal écrit désespérant, outre qu'elle était fort inutile, puisque nous commencions :

> Dans les théâtres pleins...

Mais non ! Tu tiens à ton théâtre de Bacchus[3] ! Et puis pourquoi l'imparfait, puisque c'est la *même action* qui se continue, le même tableau ? Achève-le donc !

Peut-on rien devoir [*sic*] de plus sec et de plus plat que la strophe :

> *Sous chaque forme l'art était une prière*
> . . . .
> *Dieu,* suprême Beauté[4] !

V[5]. Quant aux B[arbares], à propos de quoi viennent-

ils maintenant ? Il fallait surtout des B[arbares]
intellectuels !

> ... et d'armes bizarres !
> *Sur les trépieds d'or servant aux offrandes*
> *Ils ont fait griller de sanglantes viandes.*

Eh bien ? et les Grecs aussi ! faisaient rôtir de sanglantes
viandes sur les trépieds d'or !

> Qui, folles d'horreur, mouraient dans leurs bras

Mais on ne dit pas ça ! C'est inconvenant et indécent !
mouraient ! D'ailleurs, où est la femme violée qui en soit
morte ?

Qu'est-ce que vient faire là la Judée ! À quoi bon ?
Quel fouillis !

Je trouve tout ce morceau des B[arbares] détestable.[1] —

Je vais aller à R[ouen] porter à B[ouilhet] ton *ms*.

Je ne sais ni ce qu'il dira, ni ce qu'il fera. — Quant à
moi, mon dernier avis se résume en ceci (si tu ne veux
pas suivre les autres) : *garde les coupures que nous avons*
faites. Je ne te donne pas quinze jours pour être
convaincue que nous avons en cela raison. Mais il sera
en cela trop tard.

Adieu, indomptable sauvage. À toi, ton G.

P.-S. — 2 h[eures] de l'après-midi.

B[ouilhet] est *complètement* de mon avis quant aux
B[arbares]. Retranche-les, si tu ne prends pas les nôtres.
Et fais *une* strophe pour dire : les Barbares sont venus.

———

B[ouilhet] n'a pas encore reçu ta lettre.

4 h[eures]. — Dernière imprécation.

Par tous les dieux ! écoute-nous donc ! pour tous les
vers corrigés et les coupures !

À LOUISE COLET

[Croisset,] lundi matin, 4 h[eures] 1/2.
[14 mars 1853.]

Enfin voilà l'ouvrage fini[1]. Nous y sommes depuis 2 h[eures] de l'après-midi sans désemparer, sauf une heure pour dîner. — J'ai bon espoir. Ça ira. Nous t'avons singulièrement simplifié la besogne, car je crois qu'elle est complètement terminée. B[ouilhet] cherche en ce moment le dernier vers. Il a été sublime.

Tout le morceau a été refait en entier par lui. Et il a eu une idée que j'ose qualifier de Dantesque et obéliscale. C'est, à propos des Barbares, de parler *délicatement* de l'abbé Gaume. Le ver rongeur trouve là un asticot qui lui mord la queue[2]. B[ouilhet] pense que ce sujet de *L'Acropole* pourrait bien avoir été donné en haine des attaques aux idées classiques, aux études antiques. Ces messieurs alors seront chatouillés à leur endroit sensible.

Admire le dernier vers, qui est d'un Casimir Delavigne achevé :

Et Midas aujourd'hui juge encore Apollon[3].

(Midas eut des oreilles d'âne pour avoir préféré Pan à Apollon.)

Maintenant, pour nous récompenser de notre pioche, qui n'a [pas] été médiocre, fais de suite (pour toi et pour nous) recopier le tout, comme nous l'avons corrigé ou refait, et envoie-le-moi de suite. Je le porterai à B[ouilhet] et nous verrons s'il reste encore quelque chose à redire. L'ensemble nous apparaîtra plus clairement. — Mais je serais bien étonné si ce poème, maintenant, n'avait toutes les chances. Les vers excellents y abondaient, nous les avons fait saillir. Ceux qui avaient la figure sale, ont été débarbouillés, et la tourbe des médiocres expulsée sans pitié.

À toi, mille baisers et bon espoir.

Ton G.

NOTA

Vandales et Germains. — Nous ne sommes pas sûrs si les V[andales] et les G[ermains] ont réellement été à Athènes[1]. — Informe-t'en. En tout cas il nous y faut, à cause des femmes blondes, des barbares du Nord, tels que Huns (bien dur), Scythes, Goths, etc.

Vandale, au reste, ne serait peut-être pas relevé (dans l'hypothèse même d'une inexactitude historique), à cause de son double sens ? Au reste il faut s'en assurer.

————

Au vers :

Et la France a compris cette grande parole

mets en note : « École d'Athènes[2]. »

[À la fin de cette lettre Bouilhet a écrit les lignes suivantes :]

Chère Muse, vous avez bien raison, nous formons à nous trois un faisceau que nul ne brisera ; je suis en retard avec vous, de deux lettres, mais je viens de vous faire plus de quarante mauvais vers ; nous sommes presque quittes.

Adieu, je tombe de sommeil, et vous embrasse du fond du cœur.

L. BOUILHET.

P.-S. — L'amour ne me martyrise pas trop[3], et je suis bien plus inquiet de mes *Fossiles.* — Je ne peux m'empêcher de constater avec quelle intensité complaisante vous parlez des Éphèbes. Ça n'est pas rassurant pour nous autres, qui commençons à perdre notre duvet.

Adieu, adieu.

À LOUISE COLET

[Croisset,] lundi soir. [14 mars 1853.]

J'éprouve le besoin non de m'excuser (qui n'a failli n'a besoin d'excuse) mais de m'expliquer.

Et d'abord je te dirai comme César à Brutus : « Toi
aussi ! mon fils Brutus ! » Toi aussi, chère Muse, tu
m'accuses d'orgueil. Autant qu'on peut descendre en
soi, cependant, j'y descends, et ne trouve en moi (à
propos de tout cela), rien qui y ressemble. Ma mauvaise
humeur est venue d'un autre côté de l'âme, que celui où
gît l'orgueil. — Et avant d'accuser ma présomption,
examine un peu s'il n'y a point eu de ta part quelqu'amour-propre blessé. — Ce qui m'a irrité vendredi[1],
et rendu furieux, je l'avoue, mais en dedans, tu n'en as eu
que les derniers éclats, c'est ton entêtement (ou ce qui
me semblait tel). Ta cervelle est de plus en plus pour
moi un sujet d'ébahissement, et presque de vertiges, car
il y a dans cette pièce de *L'Acropole* des choses superbes,
hors ligne tout à fait, d'excellents vers, plusieurs pensées
fort difficiles admirablement rendues. — Puis à côté de
cela des faiblesses inouïes, des vides, des répétitions.
Ce disparate est inconcevable[a]. Et là, plus que jamais, tu
as été inégale. C'est *très beau* et *très mauvais* tout ensemble.
Avec le quart du talent, et de l'excessif talent même qu'on
y trouve, par place, quelqu'un de bien moins *né [sic]*,
mais de plus *habile,* eût pu faire de ce poème une chose
digne d'être comparée à n'importe quoi. — Et je vais
plus loin, ce quelqu'un-là eût vu clair à nos observations, lesquelles étaient criantes de justesse.

Nous y avions mis si peu de nous, nous nous étions
pour ce travail dégagés tellement de toute envie de
vouloir *faire du nôtre,* que nous avions suivi *pas à pas* tes
vers. Nous ne nous étions permis aucune addition,
aucun retranchement *d'idées.* — Quand un vers était
mauvais, nous nous torturions à l'améliorer, mais sans
le changer, afin qu'il s'emboîtât avec le second, que nous
conservions. Les répétitions que nous avons faites par
mégarde sont même la preuve que nous étions pleins de
ton œuvre, de ton style, de tes mots. — Nous nous
étions acharnés à enlever les mauvaises assonances, à
faire des liaisons (chose qui ne te préoccupe pas assez),
enfin nous ne donnions point tout cela comme *bon,* mais
comme *indication*. Nous appelions ton attention sur des
passages évidemment mauvais. Ainsi quand, à la place de
ce vers :

La colonnade encor debout *des Propylées*

nous mettions :

> *L'éternelle blancheur des longues Propylées*[1]

il me semble que nous n'avions pas tort, etc. ! etc. !

Il y a plusieurs passages où B[ouilhet] et moi avons été en désaccord, mais nous avons passé dessus, et n'en avions rien dit, de peur de nous tromper. Quant à tous les autres, ça [a] toujours été la même spontanéité qui nous faisait nous écrier ensemble : « Non ! non ! ne lui passons pas ça. »

Ce qui était le plus à nous : *Les Barbares*[2], a été ce à quoi nous avons le moins tenu (et à quoi nous tenons encore, le moins). Mais ce à quoi nous tenions, c'était *à ton œuvre même,* qui se trouve gâtée en mille endroits comme à plaisir.

Si ces corrections eussent été faites à la légère et par un seul de l'un de nous *[sic],* passe encore, mais songe donc que nous avons une telle habitude de travailler lentement et de nous éplucher que nous devons (si tu nous concèdes quelque innéité) arriver à avoir une précision mathématique en fait de goût ! Pour soi-même, on se trompe, mais pour les autres c'est plus facile. Hier par exemple, j'ai montré à B[ouilhet] le plan de 2 pages de mon bouquin, qui me satisfaisaient médiocrement sans que je puisse trouver quoi y reprendre. En cinq minutes il m'a fait voir clair. Et d'un bond, les yeux fermés, il a trouvé le défaut. — Si tu savais ce que nous nous faisons retrancher à nous autres ! et avec quelle férocité nous nous déchirons : ainsi cette page sur les *Keepsakes* qui est dans ton *Album*[3] ? eh bien il est probable qu'elle sautera. Comme auraient dû sauter bien des vers de *L'Acropole,* parce *qu'ils n'étaient pas à leur place.*

Je sais bien que lorsque l'œuvre est finie, on en est si plein qu'on n'y voit goutte. C'est pour cela qu'il faut s'en rapporter un peu aux amis. (Crois-tu que pour te faire avoir ton prix[4] je n'aurais pas traversé la Seine à la nage, toute froide qu'elle soit ?) Non, ma fureur n'était pas l'orgueil d'un imbécile, piqué de ce qu'on n'adopte pas ses idées. Mais c'était plus une conviction outragée. Il me semblait que le diable s'en mêlait, comme si on t'avait *jeté un sort* pour te perdre ; et j'étais ! et suis

encore ! si convaincu d'avoir raison ! car il [y] a des choses
en art aussi positives que deux et deux font quatre. On
m'écorcherait vif, et toute la terre me donnerait tort,
avant que de céder là-dessus. — Quand on croit ferme-
ment à quelque chose, d'ailleurs, la négation qui vous
en arrive ressemble à une blessure que l'on vous fait.
L'exaltation de l'indulgence est la ruine de la Foi ; qui
aime ne tolère pas que l'on raille[a], et qui voit, qu'on ne
voie pas.

Cela fait dans ma vie la 3e bonne fureur esthético-
sentimentale. La première il y a six ans pour une édition
expurgée de Molière faite par un prêtre[1]. On m'avait
donné le vol[ume] par farce. J'avais commencé par en
rire, puis peu à peu j'ai fini par me monter, me *griser* et
en suis arrivé enfin à un accès de colère réelle et expan-
sive. Je jurais toutes les malédictions possibles et
rêvais des vengeances physiques personnelles sur
l'auteur de la chose. Ma mère a fini par avoir peur, a
pleuré, a crié pour m'apaiser. Ça a fait une scène. *Un
tâbleau.* La 2e a été lors des *mss* d'Alfred[2] que l'on m'a
refusés, ou plutôt repris. Et enfin la 3e l'autre jour.
Mais je dois déclarer que cette dernière-là a été moins
forte. Si nous avions eu du temps devant nous j'aurais
espéré te faire revenir, mais je savais que c'était sans
remède. — Que malgré mes dernières prières tu allais
lâcher tout ! La conviction artistique, la peur de manquer
le prix, la peine de nous voir en dissidence, tout me
grouillait à la fois. — En revoyant le ms. veuf de la
plupart de nos corrections, j'ai été pris d'un accès de
désespoir. Je n'en ai pas moins été à Rouen exprès pour
le porter à B[ouilhet] espérant que ce qu'il t'écrirait
aurait peut-être plus d'influence[3]. Mais non ! le sort en
était jeté. Il était écrit qu'elle ne voudrait pas. — Quant à
lui, du reste, il s'en était presque douté[b]. Je t'avais
défendue d'avance, pensant bien néanmoins que tu
ferais quelques petites résistances, cela est fort naturel,
mais pas si absolues, si radicales, si systématiques. Je
ne sais le parti dernier que tu auras pris. Ni dans quelle
mesure nous avions raison *quant au prix.* Mais je t'assure
bien que si tu l'obtiens[4], mon orgueil n'en sera pas blessé,
quoiqu'il persistera à soutenir, que lors de l'impression
dans un volume, des corrections sont nécessaires.

Un dernier mot encore. Car il faut, de tout, *profiter.*

Étudions la psychologie de la chose maintenant : ce poème a été fait sur un plan que je t'avais donné, c'est-à-dire sur des idées générales (le mot plan est trop ambitieux), communiquées par moi. Tu avais lu mes notes[1], des livres, etc. Voilà donc une source étrangère qui t'arrive, et que tu t'assimiles, assez vite et *guidée,* ce qui est pis. J'avais insisté sur l'idée de Minerve, or Minerve t'a énormément préoccupée dans ce travail. Elle et les détails architectoniques dévorent une bonne partie de la place. — L'élément *réaliste* t'a blousé dans cette œuvre. Je sais ce que c'est, va ! et je l'ai payé cher. J'en puis parler. Les notes de *Saint Antoine* m'ont bouché saint Antoine[2]. — Enfin tu fais ton poème, écrivant comme cela t'arrive toujours, en vrai sauvage, sans savoir t'admirer quand tu es admirable et te corriger quand tu es détestable : ainsi toutes les stances, la strophe qui finit par :

> *et les voilà partis*

le commencement des petits vers quand les foules arrivent pour les Panathénées, tout cela est très beau, très beau.

> [...] *Accourut pour tailler de sa main*
> *Les blocs du Pentélique aussi durs que l'airain[3] !*

Sais-tu que c'est de la famille de :

> *Certes je suis de bronze et taillé de façon*
> *À passer les vigueurs d'Hercule et de Samson !*

(Mais quel revers à la médaille !)

Enfin ton ms. nous arrive avec énormément de poésie *par places,* beaucoup de très bon vers, tout autant (ou à peu de choses près) de très médiocres. — Un plan général bien conduit, mais noyé par des répétitions de détails *secs* et dès lors inutiles, et enfin une méthode de style hachée. Nous recalons tout cela, nous serrons les écrous, et mettons un peu de mastic dans les fissures, — et l'œuvre renvoyée tu ne la reconnais plus. Donc il y a

eu étonnement d'abord, mortification ensuite, et mauvais
vouloir après.

Oui ! ne nie pas, ô Muse ! ô femme ! que *sur le moment,*
tu aurais été impressionnée d'une manière moins désagréable, si je t'eusse simplement renvoyé le *ms.* en
t'écrivant : que je n'avais pas eu le temps de m'en
occuper. — Est-ce vrai ?

Quant à moi je me suis raconté plus haut. Voilà donc
la liquidation faite.

À propos de liquidation, as-tu lu dans le dernier
n[umér]o de la *R[evue] de P[aris]* un article de Ulbach :
« liquid[ation] littéraire »[1] ! Musset y est traité légèrement. C'est charmant ! Ces petits messieurs-là ! On lui
reproche de n'être pas humanitaire. Il n'entend rien à
l'époque. Il n'a pas vu… etc. Comme ils y voient bien,
eux ! et quel charmant métier que d'être toujours à
chercher des poux dans la crinière des lions ! Mais
qu'est-ce qui m'assommera donc tous les critiques
jusqu'au dernier ! Quand est-ce qu'on ne parlera plus
d'art, du beau, de la société, de l'humanité ! N'arrivera-
t-il pas un temps où les gens nés bottiers feront des
bottes. Tout cela vous donne des envies de crever.
Quelle canaille de pays que la France !

Nous avons hier passé trois heures à lire les hymnes de
Ronsard. Notre conclusion a été celle-ci : « Béranger sera
toujours plus lu. » Elle est amère. C'est pour cela qu'il
faut en écrivant ne penser qu'à écrire, et pas même pour
la Postérité ! Mais que c'est beau Ronsard ! Il y a pourtant, encore, des gens sérieux ou qui essaient de l'être,
ce qui est peut-être là même chose. J'ai lu hier dans
l'*Athenaeum* le compte rendu d'un livre *Poèmes antiques*
d'un M. Leconte de Lisle, qui me paraît avoir du talent
à un fragment cité[2].

Et l'ami Maxime ? Ton dialogue avec lui a été fort
bon, reçois-en mes sincères compliments[3]. Mais je ne
t'engage pas à le recevoir, lui, de nouveau. Au reste il
ne viendra peut-être pas, quoiqu'il l'a[it] dit ? Si vous vous
revoyez, qui sait s'il ne jetterait pas encore des cailloux
dans ton lac ?… Le mieux pour toi est de faire comme
moi, t'abstenir. Et éviter toute relation, toute explication. Qu'il aille à sa fortune et nous à la nôtre.

As-tu remarqué le décousu et le revirement de ses
opinions. B[ouilhet] qui, il y a 3 semaines, se ferait du

tort parce qu'il est trop timide, est maintenant un garçon habile pratiquement parlant. Il se perd à Rouen et il y fait des progrès néanmoins. La solitude ne vaut rien pour faire du drame (et B[ouilhet] ne fait pas son drame[1]). Mais pour faire du Roman aussi. Or je fais un roman. Entendons-nous.

C'est admirable les admirations de la librairie Jacottet pour *Le Livre posthume*[2], édité par la librairie Jacottet. — Non, il n'est pas lourd de quartier ce pauvre garçon ! Il a, là, donné le fond de son sac. Et quel fonds ! et quel sac ! D[u Camp] sera éreinté, perdu, coulé définitivement que je n'aurai pas encore imprimé ma première ligne. Il aura été plus vite que moi.

Mais si je vais lentement, je vais péniblement aussi ! *Je suis torturé*. Et je ne te parle pas de cela en détail, parce que c'est toujours la même litanie de lamentations ! — Mais je souffre atrocement quelquefois du mal que je me donne, et des doutes qui me viennent. — Les éblouissements que j'ai, en de certains jours, quand je me figure le livre fait tel que je le sens, réalisé enfin, ne rendent ensuite que plus sombres, les ténèbres qui surviennent.

J'ai vu le mot sur Carpentigny[3]. Si tu veux lui en dire un aimable de ma part, et qui le réconciliera avec mes manières de paysan du Danube, le voici : «Des deux qualités, qu'Al. D.[4] reconnaît à M. d'Arp[entigny] je ne doute pas de l'une, mais je suis sûre *[sic]* de l'autre. » (Il parle de son courage *à toute épreuve* et de son esprit *merveilleux*.)

Ta jeune Anglaise[5] est assez drôle. Mais elle doit poser moult ? c'est si embêtant les femmes poseuses ! N'importe, la médiocrité est tellement pesante et universelle, que partout où l'on rencontre son contraire, il faut se réjouir et admirer. J'ai encore sur l'estomac la figure de ma belle-sœur[6] qui est restée ici hier tout l'après-midi !

———

As-tu songé quelquefois combien devait être embêtante Mme Stowe[7], l'auteur de l'*Oncle Tom !* Quelle sermonneuse et puritaine personne cela doit faire, et qui doit avoir un livre de messe revêtu de calicot ! Je me la figure une très fastidieuse volaille. — L'admiration de

ta jeune personne[1] pour Lamartine calme un peu
l'enthousiasme que me cause sa tunique de pourpre,
et ses allures *h*excentriques.

Allons, adieu. Voilà bien longtemps que je t'écris. Le
jour commence à tomber. Il est temps de se mettre au
travail. Mais si je ne t'avais écrit cet après-midi, je
n'aurais pas pensé en paix ce soir. — Et sois sûre,
pauvre femme, que ma colère contre toi est venue de
deux bons sentiments, des deux meilleurs que je porte :
le respect que j'ai pour tout ce que je crois juste, bon
beau, qu'il vienne de moi ou des autres, et la tendresse,
que t'envoie avec mille baisers ton

G.

À LOUISE COLET

[Croisset,] dimanche soir. [20 mars 1853.]

Deux mots seulement ce soir, chère Muse. B[ouilhet]
a reçu ta lettre relative à *L'Acropole*. Voici les résultats :

1º Il écrira demain à Azevedo[2].

2º Quant au préfet[3], je m'en charge. B[ouilhet] n'a
aucune accointance avec lui, ni directe ni indirecte. Moi
non plus. Mais j'ai songé à un mien ami dont le cousin
est le médecin du préfet[4]. Je le crois bien avec ce cousin.
Demain, nous commencerons à tâter la chose, et j'ai
bon espoir de ce côté. Ainsi de deux.

3º Quant à écrire à D[u Camp], B[ouilhet] y était tout
disposé, mais, à moins que tu n'y tiennes absolument
et ce serait, je crois, une gaucherie, il n'en fera rien.
Voici *mes* raisons. La première de toutes est qu'il se
douterait que c'est toi. Cela est sûr et la conclusion n'a pas
besoin d'être exprimée. Il sait fort bien que B[ouilhet]
ne connaît personne autre que toi en disposition de
concourir à l'Académie et qu'eût-il une de ses connaissances qui en fût capable, il ne se donnerait pas la peine
de lui écrire pour cela, ne lui écrivant pas depuis fort
longtemps[5].

Ce serait d'ailleurs (car tôt ou tard la vérité serait

sue) renouveler un tas de cancans inextricable. — Pourquoi n'aurait-ce pas été moi qui aurais écrit ? La mère Delessert[1] se retrouverait mêlée là-dedans, avec tous les embrouillements de maîtresse, amis et nos trois personnalités toujours confondues. — Du Camp, furieux d'avoir été joué, recommencerait cette série de *rapports,* comme disent les cuisinières, de blagues et contre-blagues dont je suis fort las. Pour Dieu, laissons-le tranquille, afin qu'il nous rende la pareille. —

Fais-toi (toujours sous l'anonyme) recommander au Philosophe[2] par Béranger. Il doit être assez honnête homme pour te garder le secret. — Est-ce que ce bon Babinet ne peut pas te servir ? J'oubliais, pour Saulcy[3], que Du Camp, au fond, ainsi que Mérimée, est son ennemi intime. Non, je t'assure que c'est une mauvaise idée et, comme on dit, un pas de clerc.

Si D[u Camp] revient chez toi, et il reviendra[4], tâche de t'arranger pour qu'il reste peu et qu'il n'y revienne que fort rarement. Avec des connaissances renouées, tôt ou tard on en arrive aux récriminations et alors !...

Tu devrais, par le père Chéron[5], te faire recommander à d'Arpentigny pour Musset ? Qu'en dis-tu ?

———————

J'avais oublié de te rendre réponse pour les 2 vers de la tour vénitienne[6]. Laisse le *ms.* tel qu'il a été envoyé. Ta 2ᵉ correction est moins heureuse.

Adieu, chère et bonne Muse, mille baisers et tendresses. À toi. Ton G.

B[ouilhet] te remercie bien pour Jacottet[7]. — Ce n'est peut-être pas de refus, mais il faut savoir avant où en est Azevedo de ses démarches, ce qui va faire naturellement le prétexte de la lettre qu'il lui écrira demain.

À LOUISE COLET

[Croisset, 21 mars 1853.]

Il est 2 h[eures] du matin. Je croyais qu'il était minuit. Je suis exténué d'avoir *gueulé* toute la soirée en écrivant.

— C'est une page qui sera bonne, mais qui ne l'est pas. —

Voici la lettre de Mme X que je t'envoie[1]. Un mot de réponse pour me dire si tu l'as reçue. J'aurai, je pense, après-demain, la réponse pour *L'Acropole*[2].

Adieu, mille tendresses.

À toi, ton G.

Nuit de lundi.

À LOUISE COLET

[Croisset,] jeudi matin, midi.
[24 mars 1853.]

Je vais aller à Rouen pour avoir la réponse de ton *Acropole*[3]. Je t'écrirai dimanche une longue lettre ; ce sera le jour de Pâques. Je passerai à cela l'après-midi... ce sera ma fête.

Ce n'était pas par *délicatesse* que je t'ai envoyé cachetée la lettre[4]. Mais il me semble qu'elle a dû te faire plus de plaisir ainsi : il y a dans l'action matérielle de décacheter une lettre un certain charme, un plaisir des nerfs que je n'ai pas voulu t'enlever. Si j'avais à te transmettre un fruit, ce ne serait pas par délicatesse que je tâcherais de n'en pas enlever la *fleur*. Mais pour qu'il restât plus propre. —

Comprends-tu ? Quelle drôle de chose que les femmes ! Toujours l'esprit tendu vers l'article ! « Puisque tu savais bien, me dis-tu, qu'il[5] ne m'a jamais fait la cour. » Je t'assure que je n'avais nullement pensé à cette question. — Quelles sont donc ces deux ou trois choses du genre de celles-là, et que tu veux me dire en riant et en m'embrassant ? Je me perds en conjectures et rêve dans le vide[6].

J'ai bien compris ton sentiment relativement à mes Notes de voyage. Je te répondrai sur tout cela[7]. Mais c'est toi qui as *voulu* cette lecture. Je m'y étais longtemps refusé, souviens-t'en. — Mais tu es bien enfant.

Je ne te renverrai pas la Lettre. Je crois *plus sage* de la garder. Elle était accompagnée d'un petit mot à mon adresse fort poli. Tu peux, en lui répondant, lui exprimer que je suis tout à son service et trop heureux de lui être agréable. — Il a, vraiment, une belle figure là-bas, dans son île. Si je le pouvais, j'irais le voir[1]. J'en éprouve le besoin, mais la *Bovary* qui me tient, et l'argent que je ne tiens pas, m'en empêchent.

Quand tu feras le plan de ton drame[2], détaille le plus possible et scène par scène, avec tous les mouvements. C'est le seul moyen d'y voir clair.

Voilà quatre jours que je suis à une page ! Et peut-être faudra-t-il la déchirer. Quelle scie !

Adieu, tout à toi, à dimanche, je t'embrasse.

Ton G.

Ne lui écris pas pour Vill[emain]. Tu as raison[3] ?

À LOUISE COLET

[Croisset,] nuit de vendredi, 1 h[eure].
[25 mars 1853.]

Pourquoi, chère bonne Muse, ai-je une sorte de pressentiment que tu es malade ? Qu'est-ce donc que cette perte de sang dont tu me parles dans ta dernière lettre ? Les Anglais te sont-ils venus ? L'époque en doit être arrivée et même passée ? Réponds-moi là-dessus. — Quand donc auras-tu passé l'âge ! *L'Acropole* doit t'avoir bien fatiguée. Ça ne vaut rien, ni pour l'œuvre ni pour l'auteur, de composer ainsi. Si après nos corrections nous eussions eu encore trois semaines devant nous, et que tu nous eusses renvoyé le ms. recopié comme nous l'avions refait, et avec tes observations à toi, nous te l'aurions renvoyé. Tu l'aurais retravaillé. — Et, après une seconde revision de notre part, je t'assure que c'eût été une crâne chose. L'étoffe y était. Mais nous n'avons pas eu seulement le temps de nous entendre. — Ainsi, quand je te disais que le Parthénon est couleur bitume et terre de Sienne, c'est vrai. — Mais les Propylées, je ne sais pourquoi, sont fort blanches ; ainsi l'on pouvait dire :

L'éternelle blancheur des longues Propylées[4],
Etc., etc.

Tu as oublié de parler de *Pandrose*[1]. Mais sois sûre que l'Académie, toute pédante qu'elle soit, tient plus aux vers en eux-mêmes qu'à une description technique. Le sujet : *L'Acropole* était d'ailleurs tellement vague que chacun peut le traiter à sa fantaisie. Si tu as fait, comme tu me le dis, des coupures, et nos corrections les plus importantes, j'ai bon espoir. — Mais agis comme l'an passé. Ne néglige pas les petites recommandations indirectes. Après la peau du lion, un lopin de celle du renard : soyons prudents.

D'ici à quelques jours, je vais avoir dans ma maison des tableaux à la Greuze (scènes d'intérieur). Ma mère a depuis 25 ans une femme de chambre qu'elle croyait lui être fort dévouée, etc. Or elle s'est aperçue qu'elle *abusait,* comme on dit, et entre autres qu'elle nourrissait à peu près complètement un sien frère (drôle fort peu drôle et des plus bêtes et des plus canailles), à nos dépens. — Elle va la renvoyer. L'autre ne va pas vouloir. Tout cela est assommant. — Quelle basse crapule aussi que tous ces paysans ! Oh ! la race, comme j'y crois ! Mais il n'y a plus de race[2] ! Le sang aristocratique est épuisé ; ses derniers globules, sans doute, se sont coagulés dans quelques âmes. Si rien ne change (et c'est possible) avant un demi-siècle, peut-être l'Europe languira dans de grandes ténèbres, et ces sombres époques de l'histoire, où rien ne luit, reviendront. Alors quelques-uns, les purs ceux-là, garderont entre eux, à l'abri du vent, et cachée, l'impérissable petite chandelle, le feu sacré, où toutes les illuminations et explosions viennent prendre flamme.

Ta jeune Anglaise[3], sans que je la connaisse, me cause une grande pitié, à cause de toutes les déceptions qui doivent l'attendre, si elle n'est pas stupide. Elle finira par s'énamourer de quelque intrigant porteur d'une figure pâle, et adressant des vers aux étoiles comparées aux femmes, lequel lui mangera son argent et la laissera ensuite avec ses beaux yeux pour pleurer, et son cœur pour souffrir. — Ah ! comme on perd de trésors dans la jeunesse ! Et dire que le vent, seul, ramasse et emporte les plus beaux soupirs des âmes ! Mais y a-t-il quelque chose de meilleur que le vent, et de plus doux ? Moi aussi, j'ai été d'une architecture pareille. J'étais comme les cathédrales du XVe siècle, lancéolé, fulgurant. Je buvais du cidre dans une coupe en vermeil. J'avais une tête de mort dans ma chambre, sur laquelle j'avais écrit : « Pauvre crâne vide, que veux-tu me dire avec ta grimace ? » Entre le monde et moi existait je ne sais quel vitrail peint en jaune, avec des raies de feu, et des arabesques d'or, si bien que tout se réfléchissait sur mon âme, comme sur les dalles d'un sanctuaire embelli, transfiguré et mélancolique cependant. — Et rien que de beau n'y marchait. C'étaient des rêves plus majestueux et plus vêtus que des cardinaux à manteau de pourpre. Ah ! quels frémissements d'orgue ! quels hymnes ! et quelle douce odeur d'encens, qui s'exhalait de mille cassolettes toujours ouvertes ! — Quand je serai vieux, écrire tout cela me réchauffera. Je ferai comme ceux qui avant de partir pour un long voyage vont dire adieu à des tombeaux chers, moi avant de mourir je revisiterai mes rêves. —

Eh bien, c'est fort heureux d'avoir une jeunesse pareille et que personne ne vous en sache gré. Ah ! à 17 ans si j'avais été aimé[1], quel crétin je ferais maintenant ! Le bonheur est comme la vérole : pris trop tôt, il peut gâter complètement la constitution. —

La *Bovary* traînotte toujours, mais enfin avance. J'espère d'ici à 15 jours avoir fait un grand pas. J'en ai beaucoup relu. Le style est inégal et trop méthodique. — On aperçoit trop les écrous qui serrent les planches de la carène. Il faudra donner du jeu. Mais comment ? Quel chien de métier ! Belle balle que celle de P. Chasles, mais pourquoi « vieux ennemis »[2] ?

Adieu ! mille tendresses, bonne Muse.

À toi, ton G.

À LOUISE COLET

[Croisset,] dimanche, 4 heures. [27 mars 1853.]
Jour de Pâques.

Pas de nouvelle de *L'Acropole* ! et je devais en recevoir ce matin ! Voici, au reste, l'état des choses tel que je le connais. Jeudi dernier j'ai été à Rouen relancer à la

douane, où il est employé, le jeune Baudry (frère d'un
de mes camarades qui habite Versailles)[1]. Il avait vu
Pylore, son cousin, médecin du préfet, et lui avait fait
la commission[2]. Le susdit docteur n'avait pas mieux
demandé que de s'en charger, mais avait répondu qu'il
croyait que le préfet ne ferait rien parce que c'était son
habitude. Il ne recommande jamais personne afin qu'on
ne lui rende pas la pareille. Était-ce une défaite, ou est-ce
la vérité ? J'ai réchauffé le zèle de mon jeune homme qui
m'avait promis que Pylore, nonobstant, irait exprès chez
le préfet et lui demanderait cette recommandation. Je
devais avoir la réponse telle quelle ce matin. Peut-être
sera-ce pour demain ? Si j'en ai une, je rouvrirai ma lettre,
pour t'en faire part.

Tu recevras dans la prochaine celle du grand homme[3]
(qui est vraiment charmante), puisque tu y tiens. Mais
ces voyages de papiers semblables sont bien inutiles et
de telles choses ne devraient pas rester longtemps dans
tes mains. Songes-y donc un peu. Je crois aussi qu'il
serait plus prudent que je reçusse ses lettres de Londres
directement. Encore cinq ou six envois et le timbre seul
mettra sur la piste ; on les ouvrira ; elles seront gobées.
De Londres, au contraire, c'est trop vague, heureusement.
Il faudrait donc, je crois, qu'il les y envoyât, comme tu
peux les y envoyer. Il y aurait une double enveloppe[4].
La lettre même, partant de lui, serait à mon adresse et
enveloppée dans une autre à la désignation de Mme Farmer[5], laquelle l'ouvrirait et remettrait une seconde enveloppe à moi adressée ; de même que pour toi, tu m'enverrais tes lettres, je *les* enfermerais à l'adresse de Mme Farmer qui, à Londres *l'*ouvrirait et *la* jetterait à la poste. Il
me semble que, de cette façon, vous ne devez avoir rien
à craindre. Tu comprends que pour moi ça m'est parfaitement égal. Mais, pour toi, cela peut être important.
J'aime mieux avoir recours à Mme Farmer qu'à tout
autre. Qui sait si les connaissances de l'institutrice[6] ne
peuvent pas bavarder ? J'avais pensé aussi aux Miss Collier, mais elles sont de la connaissance de Nieuwerkerke[7].
Dans la conversation un mot peut échapper. Ces braves
gens, au contraire, ne voient personne et sont complètement confinés dans leur commerce. Autant qu'on peut
être sûr d'autrui, je le suis d'eux. Quant à la transmission
de volumes, ça me paraît plus difficile. Tout paquet

envoyé par la poste est décacheté à la douane. Il faut donc attendre une occasion, une personne sûre, pour le passer en fraude. L'envoyer ainsi, franchement, par la voie ordinaire et avec l'adresse dessus c'est se désigner naïvement à la surveillance de la police. Voilà, chère sauvage, mes réflexions politiques. Explique-lui bien la marche à suivre pour les lettres ; il n'y a rien de plus simple. Quand est-ce que l'on saura la décision de *L'Acropole ?* Tu me parais du reste être en bon train pour les recommandations par M. Béchard[1], etc. Je suis bien impatient du résultat.

L'impression que te font mes *Notes de voyage*[2] m'a fait faire d'étranges réflexions, chère Muse, sur le cœur des hommes et sur celui des femmes. Décidément ce n'est pas le même, on a beau dire.

De notre côté est la franchise, sinon la délicatesse ; et nous avons tort pourtant, car cette franchise est une dureté. Si j'avais omis d'écrire mes impressions féminines, rien ne t'eût blessée ! Les femmes gardent tout dans leur sac, elles. On n'en tire jamais une confidence entière. Le plus qu'elles font, c'est de laisser deviner et, quand elles vous racontent les choses, c'est avec une telle sauce que la viande en disparaît. Mais nous, pour deux ou trois méchants coups tirés[3] et où le cœur même n'était pas, voilà le leur qui gémit ! Étrange ! étrange ! Moi je me casse la tête à comprendre tout cela ; et j'y ai pourtant bien réfléchi dans ma vie. Enfin (je parle ici à ton cerveau, chère et bonne femme), pourquoi ce petit monopole du sentiment ? Tu es jalouse du sable où j'ai posé mes pieds, sans qu'il m'en soit entré un grain dans la peau, tandis que le porte au cœur une large entaille que tu y as faite ? Tu aurais voulu que ton nom revînt plus souvent sous ma plume. Mais remarque que je n'ai pas écrit une seule réflexion. Je formulais seulement de la façon la plus courte l'indispensable, c'est-à-dire la sensation, et non le rêve, ni la pensée. Eh bien, rassure-toi, j'ai pensé souvent à toi, souvent, très souvent. Si, avant de partir, je n'ai pas été te dire adieu[4], c'est que j'avais déjà du sentiment par-dessus les oreilles ! Il m'était resté de toi une grande aigreur ; tu m'avais longuement irrité, j'aimais mieux ne pas te revoir, quoique j'en eusse eu maintes fois envie. La chair m'appelait, mais les nerfs me retenaient.

Et il sortait de tout cela une tendresse qui, s'alimentant
par le souvenir, n'avait pas besoin d'épanchement. Je
m'étais promis de m'abstenir de toi, tant j'avais éprouvé
à ton endroit de sentiments violents et incompatibles
entre eux. La bataille était trop bruyante. J'avais déserté
la place, c'est-à-dire j'avais enfermé sous clef tout cela,
pour ne plus en entendre parler, et je regardais seulement
de temps à autre ta chère image, ta belle et bonne
figure, par une lucarne de mon cœur restée ouverte.
Et puis, j'ai toujours détesté les choses solennelles. Nos
adieux l'eussent été. Je suis superstitieux là-dessus.
Jamais avant d'aller en duel, si j'y vais, je ne ferai
mon testament ; tous ces actes sérieux portent malheur[1].
Ils sentent d'ailleurs la draperie. J'en ai eu à la fois
peur et ennui. Donc, quand j'ai eu quitté ma mère,
j'ai pris de suite mon rôle de voyageur. Tout était quitté,
j'étais parti. Alors, pendant quatre à cinq jours à Paris,
je me suis foutu une bosse comme un matelot. Et quand
la France a disparu à mes yeux, derrière les îles d'Hyères,
j'étais moins ému et moins pensant que les planches du
bateau qui me portait. Voilà la psychologie de mon
départ. Je ne l'excuse pas, je l'explique.

Pour Kuchiouk-Hânem[2], ah ! rassure-toi et rectifie
en même temps tes idées orientales. Sois convaincue
qu'elle n'a rien éprouvé du tout ; au moral, j'en réponds,
et au physique même, j'en doute fort. Elle nous a trouvés
de fort bons cawadja (seigneurs) parce que nous avons
laissé là pas mal de piastres, voilà tout. La pièce de
B[ouilhet] est fort belle, mais c'est de la poésie et pas
autre chose[3]. La femme orientale est une machine, et
rien de plus ; elle ne fait aucune différence entre un
homme et un autre homme. Fumer, aller au bain, se
peindre les paupières et boire du café, tel est le cercle
d'occupations où tourne son existence. Quant à la
jouissance physique, elle-même doit être fort légère
puisqu'on leur coupe de bonne heure ce fameux bouton,
siège d'icelle. Et c'est là ce qui la rend, cette femme,
si poétique à un certain point de vue, c'est qu'elle
rentre absolument dans la nature.

J'ai vu des danseuses dont le corps se balançait avec
la régularité ou la furie insensible d'un palmier. Cet
œil si plein de profondeur, et où il y a des épaisseurs
de teintes comme à la mer, n'exprime rien que le calme,

le calme et le vide, comme le désert. Les hommes sont
de même. Que d'admirables têtes ! et qui semblent
rouler, en dedans, les plus grandes pensées du monde !
Mais frappez dessus et il n'en sortira pas plus que d'un
cruchon sans bière ou d'un sépulcre vide.

À quoi tient donc la majesté de leurs formes, d'où
résulte-t-elle ? De l'absence peut-être de toute passion.
Ils ont cette beauté des taureaux qui ruminent, des
lévriers qui courent, des aigles qui planent. Le sentiment
de la fatalité qui les remplit, la conviction du néant de
l'homme donne ainsi à leurs actions, à leurs poses, à
leurs regards, un caractère grandiose et résigné. Les
vêtements lâches et se prêtant à tous les gestes sont
toujours en rapport avec les fonctions de l'individu par
la ligne, avec le ciel par la couleur, etc., et puis le soleil !
le soleil ! Et un immense ennui qui dévore tout ! Quand
je ferai de la poésie orientale (car moi aussi j'en ferai,
puisque c'est de mode et que tout le monde en fait),
c'est là ce que je tâcherai de mettre en relief. On a
compris jusqu'à présent l'Orient comme quelque chose
de miroitant, de hurlant, de passionné, de heurté. On
n'y a vu que des bayadères et des sabres recourbés, le
fanatisme, la volupté, etc. En un mot, on en reste encore
à Byron[1]. Moi je l'ai senti différemment. Ce que j'aime
au contraire dans l'Orient, c'est cette grandeur qui
s'ignore, et cette harmonie de choses disparates. Je
me rappelle un baigneur qui avait au bras gauche un
bracelet d'argent, et à l'autre un vésicatoire. Voilà
l'Orient vrai et, partant, poétique : des gredins en
haillons galonnés et tout couverts de vermine. Laissez
donc la vermine, elle fait au soleil des arabesques d'or.
Tu me dis que les punaises de Kuchiouk-Hânem te la
dégradent ; c'est là, moi, ce qui m'enchantait. Leur
odeur nauséabonde se mêlait au parfum de sa peau
ruisselante de santal. Je veux qu'il y ait une amertume
à tout, un éternel coup de sifflet au milieu de nos
triomphes, et que la désolation même soit dans l'enthousiasme. Cela me rappelle Jaffa où, en entrant, je humais
à la fois l'odeur des citronniers et celle des cadavres ;
le cimetière défoncé laissait voir les squelettes à demi
pourris, tandis que les arbustes verts balançaient au-
dessus de nos têtes leurs fruits dorés[2]. Ne sens-tu pas
combien cette poésie est complète, et que c'est la grande

synthèse ? Tous les appétits de l'imagination et de la
pensée y sont assouvis à la fois ; elle ne laisse rien
derrière elle. Mais les gens de goût, les gens à enjolive-
vements, à purifications, à *illusions,* ceux qui font des
manuels d'anatomie pour les dames, de la science à la
portée de tous, du sentiment coquet et de l'art aimable,
changent, grattent, enlèvent, et ils se prétendent classiques, les malheureux ! Ah ! que je voudrais être savant !
et que je ferais un beau livre sous ce titre : *De l'interprétation de l'antiquité !* Car je suis sûr d'être dans la
tradition ; ce que j'y mets de plus, c'est le sentiment
moderne. Mais encore une fois, les anciens ne connaissaient pas ce prétendu genre noble ; il n'y avait pas pour
eux de chose que l'on ne puisse dire. Dans Aristophane,
on chie sur la scène. Dans l'*Ajax* de Sophocle, le sang
des animaux égorgés ruisselle autour d'Ajax qui pleure[1].
Et quand je songe qu'on a regardé Racine comme hardi
pour avoir mis des *chiens !* Il est vrai qu'il les avait relevés
par *dévorants*[2] !... Donc cherchons à voir les choses
comme elles sont et ne voulons pas avoir plus d'esprit
que le bon Dieu. Autrefois on croyait que la canne à
sucre seule donnait le sucre. On en tire à peu près
de tout maintenant ; il en est de même de la poésie.
Extrayons-la de n'importe quoi, car elle gît en tout et
partout : pas un atome de matière qui ne contienne la
pensée ; et habituons-nous à considérer le monde comme
une œuvre d'art dont il faut reproduire les procédés dans
nos œuvres.

J'en reviens à Kuchiouk. C'est nous qui pensons à
elle, mais elle ne pense guère à nous. Nous faisons de
l'esthétique sur son compte, tandis que ce fameux voyageur si intéressant, qui a eu les honneurs de sa couche,
est complètement parti de son souvenir, comme bien
d'autres. Ah ! cela rend modeste de voyager ; on voit
quelle petite place on occupe dans le monde.

Encore une légère considération sur les femmes, avant
de causer d'autre chose (à propos des femmes orientales).
La femme est un produit de l'homme. *Dieu a créé la
femelle, et l'homme a fait la femme ;* elle est le résultat de
la civilisation, une œuvre factice. Dans les pays où toute
culture intellectuelle est nulle, elle n'existe (car c'est
une œuvre d'art, au sens humanitaire ; est-ce pour cela
que toutes les grandes idées générales se sont symbolisées

au féminin ?). Quelles femmes c'étaient que les courtisanes grecques ! Mais quel art c'était que l'art grec ! Que devait être une créature élevée pour contribuer aux plaisirs *complets* d'un Platon ou d'un Phidias ?

Toi, tu n'es pas une femme, et si je t'ai plus et surtout plus *profondément aimée* (tâche de comprendre ce mot *profondément*) que toute autre, c'est qu'il m'a semblé que tu étais moins femme qu'une autre. Toutes nos dissidences ne sont jamais venues que de ce côté *féminin*. Rêve là-dessus, tu verras si je me trompe. Je voudrais que nous gardassions nos deux corps et n'être qu'un même esprit. Je ne veux de toi, comme femme, que la chair. Que tout le reste donc soit à moi, ou mieux soit moi, de même pâte et la même pâte. Comprends-tu que ceci n'est pas de l'amour, mais quelque chose de plus haut, il me semble, puisque ce désir de l'âme est pour elle presque un besoin même de vivre, de se dilater, d'être plus grande. Tout sentiment est une extension. C'est pour cela que la liberté est la plus noble des passions.

Nous relisons du Ronsard et nous nous enthousiasmons de plus belle. À quelque jour nous en ferons une édition ; cette idée, qui est de B[ouilhet], me sourit fort. Il y a cent belles choses, mille, cent mille, dans les poésies complètes de Ronsard, qu'il faut faire connaître. — Et puis j'éprouve le besoin de le lire et relire dans une édition commode. J'y ferais une préface. Avec celle que j'écrirai pour la *Melaenis* et le conte chinois, réunis en un volume, et de plus celle de mon *Dictionnaire des idées reçues,* je pourrai à peu près dégoiser là ce que j'ai sur la conscience d'idées critiques[1]. Cela me fera du bien et m'empêchera vis-à-vis de moi-même de jamais saisir aucun prétexte pour faire de la polémique. — Dans la préface du R[onsard] je dirai l'histoire du *sentiment poétique* en France, avec l'exposé de ce que l'on entend par là dans notre pays, la mesure qu'il lui en faut, la petite monnaie dont il a besoin. On n'a nulle imagination en France. Si l'on veut faire passer la poésie, il faut être assez habile pour la déguiser. Puis dans la préface du livre de B[ouilhet] je reprendrais cette idée, ou plutôt je la continuerais, et je montrerais comment un poème épique est encore possible, si l'on veut se débarrasser de toute intention d'en faire un. Le tout

terminé par quelques considérations sur ce que peut
être la littérature de l'avenir.

La *Bovary* ne va pas raide. — En une semaine *deux
pages !!!* Il y a de quoi quelquefois se casser la gueule
de découragement, si l'on peut s'exprimer ainsi. Ah !
j'y arriverai, j'y arriverai ! mais ce sera dur. Ce que sera
le livre, je n'en sais rien ? Mais je réponds qu'il sera
écrit, à moins que je ne sois complètement dans l'erreur,
ce qui se peut.

Ma torture à écrire certaines parties vient du fond
(comme toujours). C'est quelquefois si subtil que j'ai
du mal moi-même à me comprendre. Mais ce sont ces
idées-là qu'il faut rendre, à cause de cela même, plus
nettes. Et puis, dire à la fois proprement et simplement
des choses vulgaires ! c'est atroce.

Médite bien le plan de ton drame[1] ; tout est là, dans
la conception. Si le plan est bon, je te réponds du reste,
car pour les vers, je te rendrai l'existence tellement
insupportable qu'ils seront bons, ou finiront par l'être,
et *tous* encore.

J'ai lu ce matin quelques fragments de la comédie
d'Augier[2]. Quel anti-poète que ce garçon-là ! À quoi
bon employer les vers pour des idées semblables ?
Quel art factice ! et quelle absence de véritable forme
que cette prétendue forme extérieure ! Ah ! c'est que
ces gaillards-là s'en tiennent à la vieille comparaison :
la forme est un manteau. Mais non ! La forme est la
chair même de la pensée, comme la pensée en est l'âme,
la vie. Plus les muscles de votre poitrine seront larges,
plus vous respirerez à l'aise.

Tu serais bien aimable de nous envoyer pour samedi
prochain le vol[ume] de Leconte[3], nous le lirions
dimanche prochain. J'ai de la sympathie pour ce garçon. Il y a donc encore des honnêtes gens ! des cœurs
convaincus ! Et tout part de là, la conviction. Si la
littérature moderne était seulement morale, elle deviendrait forte. Avec de la moralité disparaîtraient le plagiat,
le pastiche, l'ignorance, les prétentions exorbitantes. La
critique serait utile et l'art naïf, puisque ce serait alors
un besoin et non une spéculation.

Tu me parais, pauvre chère âme, triste, lasse, découragée. Oh ! la vie pèse lourd sur ceux qui ont des ailes ;
plus les ailes sont grandes, plus l'envergure est doulou-

reuse. Les serins en cage sautillent, sont joyeux ; mais les aigles ont l'air sombre, parce qu'ils brisent leurs plumes contre les barreaux. Or nous sommes tous plus ou moins aigles ou serins, perroquets ou vautours. La dimension d'une âme peut se mesurer à sa souffrance, comme on calcule *la* profondeur des fleuves à leur courant.

Ce sont des mots tout cela ; comparaison n'est pas raison, je le sais. Mais avec quoi donc se consolerait-on si ce n'est avec des mots ? Non, raffermis-toi, songe aux étonnants progrès que tu fais, aux transformations de ton vers qui devient si souvent plein et grand. Tu as écrit cette année une fort belle chose complète, *La Paysanne,* et une autre pleine de beautés, *L'Acropole.* Médite ton drame. J'ai un pressentiment que tu le réussiras. Il sera joué et applaudi, tu verras. Marche, va, ne regarde ni en arrière ni en avant, casse du caillou, comme un ouvrier, la tête baissée, le cœur battant, et toujours, toujours ! Si l'on s'arrête, d'incroyables fatigues et les vertiges et les découragements vous feraient mourir. L'année prochaine nous aurons de bons loisirs ensemble, de bonnes causeries mêlées de toutes caresses.

Moi, plus je sens de difficultés à écrire et plus mon audace grandit (c'est là ce qui me préserve du pédantisme, où je tomberais sans doute). J'ai des plans d'œuvres pour jusqu'au bout de ma vie, et s'il m'arrive quelquefois des moments âcres qui me font presque crier de rage, tant je sens mon impuissance et ma faiblesse, il y en a d'autres aussi où j'ai peine à me contenir de joie. Quelque chose de profond et d'extra-voluptueux déborde de moi à jets précipités, comme une éjaculation de l'âme. Je me sens transporté et tout enivré de ma propre pensée, comme s'il m'arrivait, par un soupirail intérieur, une bouffée de parfums chauds. Je n'irai jamais bien loin, je sais tout ce qui [me] manque. Mais la tâche que j'entreprends sera exécutée par un autre. J'aurai mis sur la voie quelqu'un de mieux doué et de plus *né.* Vouloir donner à la prose le rythme du vers (en la laissant prose et très prose) et écrire la vie ordinaire comme on écrit l'histoire ou l'épopée (sans dénaturer le sujet) est peut-être une absurdité. Voilà ce que je me demande parfois. Mais c'est peut-être aussi une grande tentative et très originale ! Je sens bien en

quoi je faille. (Ah ! si j'avais quinze ans !) N'importe,
j'aurai toujours valu quelque chose par mon entêtement.
Et puis, qui sait ? peut-être trouverai-je un jour un bon
motif, un air complètement dans ma voix, ni au-dessus
ni au-dessous. Enfin, j'aurai toujours passé ma vie d'une
noble manière et souvent délicieuse.

Il y a un mot de La Bruyère auquel je me tiens :
« Un bon auteur croit écrire raisonnablement[1]. » C'est
là ce que je demande, écrire raisonnablement et c'est
déjà bien de l'ambition. Néanmoins il y a une chose
triste, c'est de voir combien les grands hommes arrivent
aisément à l'effet en dehors de l'Art même. Quoi de plus
mal bâti que bien des choses de Rabelais, Cervantès,
Molière et d'Hugo ? Mais quels coups de poing subits !
Quelle puissance dans un seul mot ! Nous, il faut
entasser l'un sur l'autre un tas de petits cailloux pour
faire nos pyramides qui ne vont pas à la centième
partie des leurs, lesquelles sont d'un seul bloc. Mais
vouloir imiter les procédés de ces génies-là, ce serait
se perdre. Ils sont grands, au contraire, parce qu'ils
n'ont pas de procédés. Hugo en a beaucoup, c'est là
ce qui le diminue. Il n'est pas varié, il est constitué plus
en hauteur qu'en étendue.

Comme je bavarde ce soir ! Il faut que je m'arrête
pourtant, et puis j'ai peur de t'assommer, car il me
semble que je répète toujours les mêmes choses (moi
aussi je ne suis pas varié). Mais de quoi causer, si ce
n'est de notre cher souci ?

Tu me parles des chauves-souris d'Égypte, qui, à
travers leurs ailes grises, laissent voir l'azur du ciel[2].
Faisons donc comme je faisais ; à travers les *hideurs* de
l'existence, contemplons toujours le grand bleu de la
poésie, qui est au-dessus et qui reste en place, tandis
que tout change et tout passe.

Tu commences à trouver un peu vide l'Anglaise[3].
Oui, il y a, je crois, plus de vanité mondaine qu'autre
chose là-dedans. Je n'aime pas les gens poétiques
d'ailleurs, mais les gens poètes. Et puis cet hébreu,
ce grec, ces vers en deux langues, c'est beaucoup tout
cela. Voilà le défaut général du siècle : la diffusion.
Les petits ruisseaux débordés prennent des airs d'océan.
Il ne leur manque qu'une chose pour l'être : la dimension.
Restons donc rivière et faisons tourner le moulin. Non,

ce Villemin d'Égypte n'est pas celui dont tu parles[1]. Le mien est de Strasbourg et fort pâle et maigre. Codrika[2] est consul à Manille. Qu'en disait-on dans *La Presse* ? C'est un garçon qui m'a laissé un souvenir assez profond par sa nervosité. Je crois chez lui l'élément passionnel excessif. Moi qui l'ai peu (malgré mon occiput énorme), cela m'impressionne toujours. Mais qui sait ? Je l'ai peut-être[3] ? J'ai donné tant de coups de talon de botte à mes passions, jadis, qu'elles ont pris l'habitude de rester l'échine courbée. J'en ai eu peur. C'est pour cela que j'ai été dur à leur endroit. Il me semble que j'avais encore cent mille choses à te dire ; je cherche et ne trouve plus rien. Ah ! tes *Fantômes*[4] que tu me redemandes ; ils sont probablement sur ma table ou dans le tiroir à côté où je mets tes lettres, mais ça me demanderait pas mal de temps à chercher. Si tu ne les as pas, je suis pourtant sûr de les retrouver, ne brûlant jamais rien.

Adieu, mille bons baisers.

À toi, et encore à toi :

Ton G.

À LOUISE COLET

[Croisset,] jeudi, 4 h[eures] et demie.
[31 mars 1853.]

J'arrive de Rouen où j'avais été pour me faire arracher une dent (qui n'est pas arrachée). Mon dentiste m'a engagé à attendre. Je crois néanmoins que d'ici à peu de jours il faudra me désorner d'un de mes dominos. Je vieillis, voilà les dents qui s'en vont, et les cheveux qui bientôt seront en allés. Enfin ! pourvu que la cervelle reste, c'est le principal. Comme le néant nous envahit ! À peine nés, la pourriture commence sur vous, de sorte que toute la vie n'est qu'un long combat qu'elle nous livre, et toujours de plus en plus triomphant de sa part jusqu'à la conclusion, la mort. Là, elle règne exclusive. Je n'ai eu que deux ou trois années où j'ai été entier (de dix-sept à dix-neuf ans environ). J'étais splendide, je peux le dire maintenant, et assez pour

attirer les yeux d'une salle de spectacle entière, comme
cela m'est arrivé à Rouen, à la première représentation
de *Ruy Blas*[1]. Mais depuis, je me suis furieusement dété-
rioré. Il y a des matins où je me fais peur à moi-même,
tant j'ai de rides et l'air usé. Ah ! c'est dans ce temps-là,
pauvre Muse, qu'il fallait venir. Mais un tel amour m'eût
rendu fou, plus même, imbécile d'orgueil. Si même je
garde en moi un foyer chaud, c'est que j'ai tenu longtemps mes bouches de chaleur fermées. Tout ce que
je n'ai pas employé peut servir. Il me reste assez de cœur
pour alimenter toutes mes œuvres. Non, je ne regrette
rien de ma jeunesse. Je m'ennuyais atrocement ! Je
rêvais le suicide ! Je me dévorais de toutes espèces de
mélancolies possibles. Ma maladie de nerfs[2] m'a bien
fait ; elle a reporté tout cela sur l'élément physique et
m'a laissé la tête plus froide, et puis elle m'a fait connaître de curieux phénomènes psychologiques, dont
personne n'a l'idée, ou plutôt que personne n'a sentis.
Je m'en vengerai à quelque jour, en l'utilisant dans un
livre (ce roman métaphysique et à apparitions, dont je
t'ai parlé[3]). Mais comme c'est un sujet *qui me fait peur,*
sanitairement parlant, il faut attendre, et que je sois loin
de ces impressions-là pour pouvoir me les donner facticement, idéalement, et dès lors sans danger pour moi
ni pour l'œuvre !

Voici mon opinion sur ton idée de Revue[4] : toutes les
Revues du monde ont eu l'intention d'être vertueuses ;
aucune ne l'a été. La *Revue de Paris* elle-même (en projet)
avait les idées que tu émets et était très décidée à les
suivre. On se jure d'être chaste, on l'est un jour, deux
jours, et puis... et puis... la nature ! les considérations
secondaires ! les amis ! les ennemis ! Ne faut-il pas *faire
mousser* les uns, *échigner* les autres ? J'admets même que
pendant quelque temps l'on reste dans le programme ;
alors le public s'embête, l'abonnement n'arrive pas. Puis
on vous donne des conseils en dehors de votre voie ;
on les suit par essai et l'on continue par habitude. Enfin,
il n'y a rien de pernicieux comme de pouvoir tout dire
et d'avoir un déversoir commode. On devient fort indulgent pour soi-même, et les amis, afin que vous le soyez
pour eux, le sont pour vous. Et voilà comme on s'enfonce
dans le trou, avec la plus grande naïveté du monde.
Une Revue modèle serait une belle œuvre et qui ne

demanderait pas moins que tout le temps d'un homme
de génie. Directeur d'une revue devrait être la place
d'un patriarche ; il faudrait qu'il y fût dictateur, avec
une grande autorité *morale,* acquise par des œuvres.
Mais la communauté n'est pas possible, parce qu'on
tombe de suite dans le gâchis. On bavarde beaucoup,
on dépense tout son talent à faire des ricochets sur la
rivière avec de la menue monnaie, tandis qu'avec plus
d'économie on aurait pu par la suite acheter de belles
fermes et de bons châteaux.

Ce que tu me dis, Du Camp le disait ; vois ce qu'ils
ont fait[1]. Ne nous croyons pas plus forts qu'eux, car ils
ont failli, comme nous faillirions, par l'*entraînement* et en
vertu de la pente même de la chose. Un journal enfin
est une boutique. Du moment que c'est une boutique,
le *livre* l'emporte sur les *livres,* et la question d'achalan-
dage finit tôt ou tard par dominer toutes les autres. Je
sais bien qu'on ne peut publier nulle part, à l'heure qu'il
est, et que toutes les revues existantes sont d'infâmes
putains, qui font les coquettes. Pleines de véroles
jusqu'à la moelle des os, elles rechignent à ouvrir leurs
cuisses devant les saines créations que le besoin y presse.
Eh bien ! il faut faire comme tu fais, publier en volume,
c'est plus crâne, et être seul[2]. Qu'est-ce qu'on a besoin
de s'atteler au même timon que les autres et d'entrer
dans une compagnie d'omnibus, quand on peut rester
cheval de tilbury ? Quant à *moi,* je serais fort content
si cette idée se réalise. Mais quant à faire partie *effectivement* de quoi que ce soit en ce bas monde, non ! non !
et mille fois non ! Je ne veux pas plus être membre
d'une revue, d'une société, d'un cercle ou d'une académie, que je ne veux être conseiller municipal ou officier de la garde nationale. Et puis il faudrait *juger,* être
critique ; or je trouve cela ignoble en soi et une besogne
qu'il faut laisser faire à ceux qui n'en ont pas d'autre.
Du reste, vois. Ce serait une bonne affaire et je souhaite
qu'elle réussisse. Tu penses bien que j'y pourrais trouver
mon profit, et que ce n'est donc pas le côté personnel
qui me fait parler, mais plutôt le côté esthétique et
instinctif, moral.

Le sieur Delisle[3] me plaît, d'après ce que tu m'en dis.
J'aime les gens tranchants et énergumènes. On ne fait
rien de grand sans le fanatisme. Le *fanatisme est la reli-*

gion ; et les philosophes du XVIIIe siècle, en criant après
l'un, renversaient l'autre. Le fanatisme est la foi, la foi
même, la foi ardente, celle qui fait des œuvres et agit.
La religion est une conception variable, une affaire
d'invention humaine, une idée enfin ; l'autre un sentiment. Ce qui a changé sur la terre, ce sont les dogmes,
les *histoires* des Vischnou, Ormuzd, Jupiter, Jésus-Christ.
Mais ce qui n'a pas changé, ce sont les amulettes, les
fontaines sacrées, les ex-voto, etc., les brahmanes, les
santons, les ermites, la croyance enfin à quelque chose
de supérieur à la vie et le besoin de se mettre sous la
protection de cette force. Dans l'Art aussi, c'est le fanatisme de l'Art qui est le sentiment artistique. La poésie
n'est qu'une manière de percevoir les objets extérieurs,
un organe spécial qui tamise la matière et qui, sans la
changer, la transfigure. Eh bien, si vous voyez exclusivement le monde avec cette lunette-là, le monde sera
teint de sa teinte et les mots pour exprimer votre sentiment se trouveront donc dans un rapport fatal avec les
faits qui l'auront causé. Il faut, pour bien faire une chose,
que cette chose-là rentre dans votre constitution. Un
botaniste ne doit avoir ni les mains, ni les yeux, ni la
tête faits comme un astronome, et ne voir les astres que
par rapport aux herbes. De cette combinaison de l'innéité
et de l'éducation résulte le *tact,* le *trait,* le *goût,* le *jet,*
enfin l'illumination. Que de fois ai-je entendu dire à mon
père qu'il devinait des maladies sans savoir à quoi ni
en vertu de quelles raisons ! Ainsi le même sentiment
qui lui faisait d'instinct conclure le remède, doit nous
faire tomber sur le *mot.* On n'arrive à ce degré-là que
quand on est né pour le métier d'abord, et ensuite qu'on
l'a exercé avec acharnement pendant longtemps.

Nous nous étonnons des bonshommes du siècle de
Louis XIV, mais ils n'étaient pas des hommes d'énorme
génie. On n'a aucun de ces ébahissements, en les lisant,
qui vous fassent croire en eux à une nature plus qu'humaine, comme à la lecture d'Homère, de Rabelais, de
Shakespeare surtout ; non ! Mais quelle conscience !
Comme ils se sont efforcés de trouver pour leurs pensées
les expressions justes ! Quel travail ! quelles ratures !
Comme ils se consultaient les uns les autres. Comme ils
savaient le latin ! Comme ils lisaient lentement ! Aussi
toute leur idée y est, la forme est pleine, bourrée et

garnie de choses jusqu'à la faire craquer. Or *il n'y a pas de degrés : ce qui est bon vaut ce qui est bon.* La Fontaine vivra tout autant que le Dante[1], et Boileau que Bossuet ou même qu'Hugo.

Sais-tu que tu finis par m'exciter avec ton Anglaise[2] ? Mais c'est une charmante fille ! Ces déclamations dramatiques furibondes me plaisent fort. Tu me dis qu'elle est aristocrate. Tant mieux, cela n'est pas donné à tout le monde. Est-ce que nous ne sommes pas aussi des aristocrates, nous autres, et de la pire ou de la meilleure espèce ? La seule sottise c'est de vouloir l'être. Moi, j'ai la haine de la foule, du *troupeau*. Il me semble toujours ou stupide ou infâme d'atrocité. C'est pour cela que les générosités collectives, les charités philanthropiques, souscriptions, etc., me sont antipathiques. Elles dénaturent l'aumône, c'est-à-dire l'attendrissement d'homme à homme, la communion spontanée qui s'établit entre le suppliant et vous. La foule ne m'a jamais plu que les jours d'émeute, et encore ! Si l'on voyait le fond des choses ! Il y a bien des meneurs là-dedans, des chauffeurs. C'est peut-être plus factice que l'on ne pense. N'importe, ces jours-là il y a un grand souffle dans l'air. On se sent enivré par une poésie humaine, aussi *large* que celle de la nature, et plus ardente.

Ce pauvre père Babinet[3], avec sa panne, m'attendrit !

Il faut renoncer à Pylore[4] ; l'affaire a complètement manqué. La mère Roger[5] sera-t-elle plus heureuse ?

Elle est bien médiocre cette bonne Mme Didier[6]. Cela suinte, comme la sueur le fait aux pores de la peau, de toutes les syllabes de son style.

Je te renverrai dans la prochaine la lettre du grand homme[7]. Je la garde pour la montrer dimanche à Bouilhet, que je n'ai pas vu depuis longtemps. Je lui parlerai de ton projet de Revue et te dirai ce que nous en aurons dit.

J'ai appris que mon ami J. Cloquet était décidément cocu, très fort[8]. Cela me fait beaucoup rire et ne m'étonne guère. Sa petite moitié a l'œil double. Pourquoi donc ce mauvais sentiment qui nous porte toujours à nous réjouir des infortunes conjugales d'autrui ? Y a-t-il là une jalousie déguisée ? Je crois, en effet, que chaque homme voudrait avoir à lui toutes les femmes, même celles qu'il ne désire pas.

Autre fait. Nous avons eu jadis un pauvre diable pour domestique, lequel est maintenant cocher de fiacre (il avait épousé la fille de ce portier dont je t'ai parlé[1], qui a eu le prix Montyon, tandis que sa femme avait été condamnée aux galères pour vol, et c'était lui qui était le voleur, etc.) ; bref ce malheureux Louis a ou croit avoir le ver solitaire. Il en parle comme d'une personne animée qui lui communique et lui exprime sa volonté et, dans sa bouche, *il* désigne toujours cet être intérieur. Quelquefois des lubies le prennent tout à coup et il les attribue au ver solitaire : « *Il veut cela* » et de suite Louis obéit. Dernièrement *il* a voulu manger pour trente sols de brioche ; une autre fois il *lui* faut du vin blanc, et le lendemain *il* se révolterait si on lui donnait du vin rouge (textuel). Ce pauvre homme a fini par s'abaisser, dans sa propre opinion, au rang même du ver solitaire ; ils sont égaux et se livrent un combat acharné. « Madame (disait-il à ma belle-sœur[2] dernièrement), ce gredin-là m'en veut ; c'est un duel, voyez-vous, il me fait marcher ; mais je me vengerai. Il faudra qu'un de nous deux reste sur la place. » Eh bien c'est lui, l'homme, qui restera sur la place ou plutôt qui la cédera au ver, car, *pour le tuer et en finir avec lui*, il a dernièrement avalé une *bouteille de vitriol*, et en ce moment se crève par conséquent. Je ne sais pas si tu sens tout ce qu'il y a de profond dans cette histoire. Vois-tu cet homme finissant par croire à l'existence presque *humaine*, consciencieuse, de ce qui n'est chez lui peut-être qu'une idée, et devenu l'esclave de son ver solitaire ? Moi je trouve cela vertigineux. Quelle drôle de chose que les cervelles humaines !

J'en reviens à la Revue. Si j'avais beaucoup de temps et d'argent à perdre, je ne demanderais pas mieux que de me mêler d'une Revue pendant quelque temps. Mais voici comme je comprendrais la chose : ce serait d'être surtout hardi et d'une indépendance outrée ; je voudrais n'avoir pas un ami, ni un service à rendre. Je répondrais par l'épée à toutes les attaques de ma plume ; mon journal serait une guillotine. Je voudrais épouvanter tous les gens de lettres par la vérité même. Mais à quoi bon ? Il vaut mieux reporter tout cela dans une œuvre longue ; et puis, s'établir arbitre du beau et du laid me semble un rôle odieux. À quoi ça mène-t-il, si ce n'est à *poser* ?

Je lis en ce moment pour ma *Bovary* un livre qui a eu
au commencement de ce siècle assez de réputation, *Des
erreurs et des préjugés répandus dans la société,* par Salgues[1].
Ancien rédacteur du *Mercure,* ce Salgues avait été à Sens
le proviseur du collège de mon père. Celui-ci l'aimait
beaucoup et fréquentait à Paris son salon où l'on recevait les grands hommes et les grandes garces d'alors.
Je lui avais toujours entendu vanter ce bouquin. Ayant
besoin de quelques préjugés pour le quart d'heure, je
me suis mis à le feuilleter. Mon Dieu, que c'est faible et
léger ! léger surtout ! Nous sommes devenus très graves,
nous autres, et comme ça nous semble bête, l'esprit ! ! !
Ce livre en est plein (d'esprit) ! Mais en des sujets semblables nous avons maintenant des instincts historiques
qui ne s'accommodent pas des plaisanteries, et un fait
curieux nous intéresse plus qu'un raisonnement ou une
jovialité. Cela nous semble fort enfantin que de déclamer contre les sorciers ou la baguette divinatoire.
L'absurde ne nous choque pas du tout ; nous voulons
seulement qu'on *l'expose,* et quant à le combattre, pourquoi ne pas combattre son contraire, qui est aussi bête
que lui ou tout autant ?
    Il y a ainsi une foule de sujets qui m'embêtent égale-
ment par n'importe quel bout on les prend. (C'est qu'il
ne faut pas sans doute prendre une idée par un bout,
mais par son milieu.) Ainsi Voltaire, le magnétisme,
Napoléon, la révolution, le catholicisme, etc., qu'on en
dise du bien ou du mal, j'en suis mêmement irrité. La
conclusion, la plupart du temps, me semble acte de
bêtise. C'est là ce qu'ont de beau les sciences naturelles :
elles ne veulent rien prouver. Aussi quelle largeur de
faits et quelle immensité pour la pensée ! Il faut traiter
les hommes comme des mastodontes et des crocodiles.
Est-ce qu'on s'emporte à propos de la corne des uns et
de la mâchoire des autres ? Montrez-les, empaillez-les,
bocalisez-les, voilà tout ; mais les *apprécier,* non. Et qui
êtes-vous donc vous-mêmes, petits crapauds ?
    Il me semble que je t'ai donné mes *Notes* d'Italie[2].
Je ne tenais pas de journal. J'ai seulement pris des notes
sur les musées et quelques monuments ; tu dois avoir
tout. Tu dis que D[u Camp] me croyait mort[3] ; d'autres
l'auraient pu croire. J'ai des recoquillements si profonds
que j'y disparais, et tout ce qui essaie de m'en faire sortir

me fait souffrir. Cela me prend surtout devant la nature,
et alors je ne pense à rien ; je suis pétrifié, muet et fort
bête. En allant à La Roche-Guyon[1] j'étais ainsi, et ta
voix qui m'interpellait à chaque minute et surtout tes
attouchements sur l'épaule pour solliciter mon attention
me causaient une douleur réelle. Comme je me suis retenu
pour ne pas t'envoyer promener de la façon la plus
brutale ! J'ai souvent été dans cet état en voyage.

Adieu, bonne et chère amie. Je ne voulais t'écrire
qu'un mot et je me suis laissé aller à une longue lettre.
Dans la prochaine je te parlerai du *logement*[2], etc. Encore
adieu ; mille baisers et tendresses.

Ton G.

À LOUISE COLET

[Croisset,] mercredi soir, minuit.
[6 avril 1853.]

Voilà trois jours que je suis à me vautrer sur tous mes
meubles et dans toutes les positions possibles pour trouver *quoi dire !* Il y a de cruels moments où le fil casse, où
la bobine semble dévidée. Ce soir pourtant, je commence
à y voir clair. Mais que de temps perdu ! Comme je vais
lentement ! Et qui est-ce qui s'apercevra jamais des profondes combinaisons que m'aura demandées un livre
si simple ? Quelle mécanique que le naturel, et comme il
faut de ruses pour être vrai ! Sais-tu, chère Muse, depuis
le jour de l'an combien j'ai fait de pages ? Trente-neuf.
Et depuis que je t'ai quittée ? vingt-deux. Je voudrais
bien avoir enfin terminé ce satané mouvement, auquel
je suis depuis le mois de septembre, avant que de me
déranger (ce sera la fin de la première partie de ma
seconde). Il me reste pour cela une quinzaine de pages
environ. Ah ! je te désire bien, va, et il me tarde d'être
à la conclusion de ce livre, qui pourrait bien à la longue
amener la mienne. J'ai envie de te voir souvent, d'être
avec toi. Je perds souvent du temps à rêver mon logement de Paris, et la lecture que je t'y ferai de la *Bovary*,
et les soirées que nous passerons. Mais c'est une raison
pour continuer, comme je fais, à ne perdre pas une minute

et à me hâter avec une ardeur patiente. Ce qui fait que je vais si lentement, c'est que rien dans ce livre n'est tiré de moi ; jamais ma personnalité ne m'aura été plus inutile. Je pourrai peut-être par la suite faire des choses plus fortes (et je l'espère bien), mais il me paraît difficile que j'en compose de plus habiles. Tout est de *tête*. Si c'est raté, ça m'aura toujours été un bon exercice. Ce qui m'est naturel à moi, c'est le non-naturel pour les autres, l'extraordinaire, le fantastique, la hurlade métaphysique, mythologique. *Saint Antoine* ne m'a pas demandé le quart de la tension d'esprit que la *Bovary* me cause. C'était un déversoir ; je n'ai eu que plaisir à écrire, et les dix-huit mois[1] que j'ai passés à en écrire les 500 pages ont été les plus profondément voluptueux de toute ma vie. Juge donc, il faut que j'entre à toute minute dans des *peaux* qui me sont antipathiques. Voilà six mois que je fais de l'amour platonique, et en ce moment je m'exalte catholiquement au son des cloches[2], et j'ai envie d'aller en confesse !

Tu me demandes où je logerai. Je n'en sais rien. Je suis là-dessus fort difficile. Cela dépendra tout à fait de l'occasion, de l'appartement. Mais je ne logerai pas plus bas que la rue de Rivoli, ni plus haut que le boulevard. Je tiens à du soleil, à une belle rue et à un escalier large[3]. Je tâcherai de n'être pas loin de toi ni de B[ouilhet], qui part définitivement au mois de septembre. Il fera son drame[4] à Paris ; je ne peux donc à ce sujet te donner aucune réponse nette. Je sais très bien les rues et quartiers dont je ne veux pas, voilà tout. Hier j'ai reçu *Le Livre posthume* avec cette inscription « Souvenir d'amitié ». Je lui ai de suite répondu un mot[5] pour le remercier en lui disant que, quant à porter un jugement dessus, je m'en abstenais, parce que j'avais peur qu'il ne se méprît sur ma pensée, ne pouvant en quelques lignes lui faire comprendre nettement mon opinion et que le dialogue serait plus commode pour cela. Donc, je lui ai ainsi rendu sa politesse sans me compromettre, ni mentir. S'il veut mon avis, et qu'il me *le demande,* je le lui donnerai net et *sincèrement,* je t'en jure bien ma parole ; mais il se gardera de l'aventure.

As-tu le dernier numéro de la *Revue ?* Il y a une note de lui qui vaut cinquante francs, comme dirait Rabelais. La *Revue de Paris* est comparée au soleil[6]. C'est de la

démence ! Et au bas du *Livre posthume,* sur la page du
titre même : « L'auteur se réserve le droit de traduire cet
ouvrage en *toutes* les langues. » Il y a un article d'Hippolyte Castille sur Guizot, *ignoble*[1]. Ne sachant comment
l'éreinter, il lui reproche d'aller à pied dans les rues de
Londres. Il l'appelle *marcassin.* C'est aussi bête que
canaille. Quel joli métier ! Et des vers de M. Nadaud[2] !
Ah ! quelle fange intellectuelle et morale !

J'ai lu Leconte[3]. Eh bien, j'aime beaucoup ce gars-là :
il a un grand souffle, *c'est un pur*. Sa préface aurait demandé
cent pages de développement, et je la crois fausse
d'intention. Il ne faut pas revenir à l'antiquité, mais
prendre ses procédés[4]. Que nous soyons tous des sauvages
tatoués depuis Sophocle, cela se peut. Mais il y a autre
chose dans l'Art que la rectitude des lignes et le poli
des surfaces. La plastique du style n'est pas si large que
l'idée entière, je le sais bien. Mais à qui la faute ? À la
langue. Nous avons trop de choses et pas assez de formes.
De là vient la torture des consciencieux. Il faut pourtant
tout accepter et tout imprimer, et prendre surtout son
point d'appui dans le présent. C'est pour cela que je
crois *Les Fossiles* de B[ouilhet] une chose très forte[5]. Il
marche dans les voies de la poésie de l'avenir. La littérature prendra de plus en plus les allures de la science ;
elle sera surtout *exposante,* ce qui ne veut pas dire didactique. Il faut faire des tableaux, montrer la nature telle
qu'elle est, mais des tableaux complets, peindre le dessous
et le dessus.

Il y a une belle engueulade aux artistes modernes,
dans cette préface et, dans le volume, deux magnifiques
pièces (à part des taches) : *Dies irae* et *Midi*[6]. Il sait ce
que c'est qu'un bon vers ; mais le bon vers est dissé-
miné, le tissu généralement lâche, la composition des
pièces peu serrée. Il y a plus d'élévation dans l'esprit
que de suite et de profondeur. Il est plus *idéaliste* que
philosophe, plus poète qu'artiste. Mais c'est un vrai
poète et de noble race. Ce qui lui manque, c'est d'avoir
bien étudié le français, j'entends de connaître à fond les
dimensions de son outil et toutes ses ressources. Il n'a
pas assez lu de classiques en sa langue. Pas de rapidité
ni de netteté, et il lui manque la faculté de *faire voir ;*
le relief est absent, la couleur même a une sorte de teinte
grise. Mais de la grandeur ! de la grandeur ! et ce qui

vaut mieux que tout, de l'aspiration ! Son hymne védique
à Sourya est bien belle. Quel âge a-t-il[1] ?

Lamartine se crève, dit-on[2]. Je ne le pleure pas (je
ne connais rien chez lui qui vaille le *Midi* de Leconte).
Non, je n'ai aucune sympathie pour cet écrivain sans
rythme, pour cet homme d'État sans initiative. C'est à
lui que nous devons tous les embêtements bleuâtres du
lyrisme poitrinaire, et lui que nous devons remercier
de l'Empire : homme qui va aux médiocres et qui les
aime. B[ouilhet] lui avait envoyé *Melaenis* à peu près en
même temps qu'un de ses élèves, à lui B[ouilhet], lui
avait adressé *une pièce* de vers détestable, stupide (pleine
de fautes de prosodie), mais à la louange du susdit
grand homme, lequel a répondu au moutard une lettre
splendide, tandis qu'à Bouilhet pas un mot. Tu vois
pour ton numéro ce qu'il a fait ! Et puis, un homme qui
compare Fénelon à Homère, qui n'aime pas les vers de
La Fontaine, est jugé comme littérateur[3]. Il ne restera
pas de Lamartine de quoi faire un demi-volume de
pièces détachées. C'est un esprit eunuque, la couille lui
manque, il n'a jamais pissé que de l'eau claire.

Dans mon contentement du vol[ume] de Leconte,
j'ai hésité à lui écrire. Cela fait tant de bien de trouver
quelqu'un qui aime l'Art et pour l'Art ! Mais je me suis
dit : À quoi bon ? On est toujours dupe de tous ces bons
mouvements-là. Et puis je ne partage pas entièrement
ses idées théoriques, bien que ce soient les miennes,
mais exagérées. C'est comme pour le père Hugo, j'ai
hésité à lui écrire, à propos de rien, par besoin. Il me
semble très beau là-bas. Il m'avait mis son adresse au
bout de son petit mot[4]. Était-ce une manière de dire :
« Écrivez-moi, ça me flattera » ? Mais cela m'attirerait
tant de style pompeux en remerciement que tu me feras
seulement le plaisir dans ta lettre de lui dire que je suis
tout à son service, etc., qu'il envoie ses lettres à Londres.
Je ne suis pas sûr si *elle* venait de D***[5]. J'ai perdu
l'enveloppe, mais je le crois.

Adieu, bonne, chère, tendre et bien-aimée Muse.
Mille tendresses, caresses et amour. Je te baise tout le
long du corps, bonne nuit.

Ton G.

À LOUISE COLET

[Croisset,] dimanche, 6 h[eures] du soir.
[10 avril 1853.]

Comme tu m'as l'air triste ! pauvre chère Muse ; ta
lettre m'a navré. Je t'ai suivie dans toutes tes courses
et la boue de Paris qui t'a trempé les pieds m'a fait froid
au cœur. Quelle amère et grotesque chose que le monde !
Il y a quelques années, quand tu faisais des choses
lâchées, molles, tu ne manquais pas d'éditeurs et maintenant que tu viens de faire une *œuvre*, car *La Paysanne*
en est une, tu ne peux trouver avec, ni argent, ni publication même. Si je doutais*a* de sa valeur, tous ces déboires-
là me confirmeraient encore plus dans l'opinion que
c'est bon, excellent. Tu as vu ce que Villemain en a dit :
pas une femme n'en serait capable. Ça a en effet un grand
caractère de virilité, de force. Sois tranquille, ça fera
son trou.

On se moque de toi indignement ; la lettre de Jacottet[1]
est menteuse depuis la première ligne jusqu'à la dernière.
Quoique je sois peu au fait de la librairie, il me paraît
absurde que 700 et quelques vers coûtent à imprimer
400 francs, quand un in-8º n'en coûte guère que 7 à
8 tout au plus. C'est une défaite, et avant que tu ne m'aies
exprimé l'opinion de Pagnerre[2] là-dessus, j'avais pensé
comme lui. — Bouilhet a beaucoup vanté *La Paysanne*
à M[3]. Peut-être est-ce un tour pour que tu la leur donnes ?
Mais cette supposition est bien cherchée. M. a-t-il une
si grande influence sur J.[4] ? Quels foutus drôles que tous
ces gens-là ! — Il paraît que les quais sont chargés de
numéros de la R[evue] de P[aris] non coupés et que l'on
vend au rabais. Tu as raison, ne donne rien dans cette
boutique. Mais puisque tu es bien avec Jourdan et
Pelletan, pourquoi ne prendraient-ils pas *La Pay[sanne]*
pour la mettre en feuilleton[5] ? Au reste, à l'heure qu'il
est, tu dois avoir conclu avec Perrotin[6]. —

Non, pauvre muse, nous n'avons rien pu du côté
du préfet[7]. La seule voie que nous ayons vue, nous
l'avons tentée, et le résultat tu le connais. — Mon frère
n'est nullement en relation avec lui. Il ne va pas même

à ses soirées (où tout le monde va). Quant à connaître quelqu'un au Havre, j'ai beau me retourner ? Néant. Figure-toi, du reste, que je connais bien peu de monde, ayant, depuis 15 ans, fait tout ce que j'ai pu pour laisser tomber dans l'eau toute espèce de relation avec mes compatriotes. — Et j'ai réussi. Beaucoup de Rouennais ignorent parfaitement mon existence. J'ai si bien suivi la maxime d'Épictète « Cache ta vie »[1] que c'est comme si j'étais enterré. La seule chance que j'aie de me faire re-connaître ce sera quand *Bovary* sera publiée. Et mes compatriotes rugiront, car la *couleur normande* du livre sera si vraie qu'elle les scandalisera.

J'attends le résultat du concours avec bien de l'impatience[2].

B[ouilhet] est dans mon cabinet. On cause à mes côtés. Je ne sais pas trop bien ce que je te dis. Mais j'ai voulu t'embrasser de suite. Je vois de là ta pauvre et belle figure si dolente.

Dieu ! que ma B[*ovary*] m'embête ! J'en arrive à la conviction quelquefois qu'il est *impossible d'écrire*. J'ai à faire un dialogue de ma petite femme avec un curé[3]. — Dialogue canaille ! et épais. — Et, parce que le fonds est commun, il faut que le langage soit d'autant plus propre. L'idée et les mots me manquent. Je n'ai que le *sentiment*. B[ouilhet] prétend pourtant que mon plan est bon, mais moi je me sens écrasé. — Après chaque passage, j'espère que le reste ira plus vite et de nouveaux obstacles m'arrivent ! Enfin ça se finira un jour ou l'autre.

Va trouver Mignet[4]. Qu'est-ce que tu risques ?

Adieu, mille baisers. Je t'écrirai au milieu de la semaine. Encore bien des caresses sur le cœur, sur le corps.

Ton G.

À LOUISE COLET

[Croisset,] mercredi, minuit 1/2.
[13 avril 1853.]

Comme je suis content que ta *Paysanne* paraisse enfin[5] ! Tu verras, ce sera un succès ; je l'ai toujours dit. — Il

en a tous les éléments. C'est une œuvre. Marche donc,
et lève haut la tête, ô Muse ! Vois comme tu as bien
fait d'en retrancher tout le lyrisme inutile. Ainsi la
tartine déclamatoire contre la guerre :

> *Pour le soldat vous êtes l'air vital*

aurait empêché Perrotin[1] d'être ému. Elle eût contrarié sa fibre *troupière*. — Et il ne faut contrarier aucune
fibre humaine, mais en faire naître s'il se peut. — Ne
blâmons rien ! chantons tout ! Soyons *exposants* et non
discutants. Quant au *plombait*[2] que Villemain trouve
original, moi je le trouve trop original, et si original
que ce n'est pas français, quoi qu'*il en die*. S'il eût été
un bonhomme de couleur, au lieu d'être un critique, il
n'aurait pas d'ailleurs trouvé que du soleil frappant sur
du blanc[a] faisait une couleur de plomb, c'est-à-dire
quelque chose de plus terne que n'est le blanc lui-même
sans le soleil. — Cette couleur plombée peut s'appliquer, je suppose, à l'eau du Nil, à de l'eau d'un bleu
épais, sombre, et dont une excessive lumière clarifie la
teinte. Alors il peut y avoir, en dessus, comme un glacis
de plomb, c'est vrai. Enfin *plombait*, là, est mauvais.
Je l'ai dit et je le maintiens jusqu'à la guillotine.

Laisse donc ton vers comme il est ! « Tout cotillon, etc. » Qu'est-ce que cela fait que ça ressemble à du
Béranger ? Il est dans *la couleur* du morceau où il se
trouve et tout est là : faire rentrer le détail dans l'ensemble.
Ta correction « avait *la tête* en feu » est mauvaise, car
ce n'était pas la tête qu'il avait en feu. Et d'ailleurs
comme :

> *Tout cotillon mettait Gros-Pierre en feu*

est bien mieux rythmé, excellent, garde-le. C'est drôle
comme ton discernement a des berlues quelquefois !
De même que :

> *Il eut la soif qu'on puise dans l'ivresse.*

est très plat, quoique tu prétendes que ça *fasse une image*.
Comment ne t'aperçois-tu pas que c'est une phrase
banale, toute faite : « la soif qu'on puise dans l'ivresse ! »
la soif qu'on *puise*, métaphore usée et qui n'en est pas

une ! On va puisant la soif dans l'ivresse ? Non, non,
mille fois non ! Sacrée Muse, va, que tu es drôle ! Garde
donc ton vers tout simple, sans prétention et d'une
grande âpreté lubrique cachée : « il souhaitait d'y revenir
sans cesse ». Je crois seulement que « il souhaitait y
revenir sans cesse » serait plus élégant. Au reste, c'est
bien peu important.

Non, tu ne me dois pas tous les remerciements que tu
me fais. Si tu savais *user* de tes moyens, tu pourrais faire
des choses merveilleuses. Tu es une nature vierge et tes
arbres de haute futaie sont encombrés de broussailles.
Dans cette *Pay[sanne]* par exemple, il n'y a pas *une* intention qui soit de moi. Mais comment se fait-il que j'y
aie développé beaucoup d'effets nouveaux ? C'est en
enlevant tout ce qui empêchait qu'on ne les vît. Moi,
je les y voyais ; ils y étaient. Ce qui fait la force d'une
œuvre, c'est la *vesée*[1], comme on dit vulgairement, c'est-à-
dire une longue énergie qui court d'un bout à l'autre
et ne faiblit pas.

C'est là ce qu'a voulu dire Villemain en trouvant que
ce n'étaient pas des vers de femme. Ah ! fie-toi à moi,
va. — Et je te jure bien qu'il n'y aura pas un hémistiche
faible dans tout ton drame[2], et que nous pouvons pour
le style les ébahir, tous ces mâles-là, dont la culotte est
si légère.

Comment, en supposant seulement que l'on soit né
avec une vocation médiocre (et si l'on admet avec cela
du *jugement*), ne pas penser : que l'on doit arriver enfin,
à force *d'étude,* de temps, de rage, de sacrifices de toute
espèce, à faire bon ? Allons donc ! Ce serait trop bête !
La littérature (comme nous l'entendons) serait alors une
occupation d'idiot. Autant caresser une bûche et couver
des cailloux. Car lorsqu'on travaille dans nos idées,
dans les miennes du moins, on n'a pour se soutenir *rien,*
oui, rien, c'est-à-dire aucun espoir d'argent, aucun espoir
de célébrité, ni même d'immortalité (quoiqu'il faille y
croire pour y atteindre, je le sais). Mais ces lueurs-là
vous rendent trop sombres ensuite, et je m'en abstiens.
— Non, ce qui me soutient, *c'est la conviction que je suis*
dans le vrai, et si je suis dans le vrai, je suis dans le bien.
J'accomplis un devoir, j'exécute la justice. — Est-ce
que j'ai choisi ? Est-ce que c'est ma faute ? Qui me
pousse ? Est-ce que je n'ai pas été puni cruellement

d'avoir lutté contre cet entraînement ? Il faut donc écrire comme on sent, être sûr qu'on sent bien, et se foutre de tout le reſte sur la terre.

Va, Muse, espère, espère, tu n'as pas fait ton œuvre. — Et sais-tu que je t'aime bien de ce nom de Muse où je confonds deux idées ? C'eſt comme dans la phrase d'H[ugo] (dans sa lettre[1]) : « Le soleil me sourit et je souris au soleil. » La Poésie me fait songer à toi, toi à la Poésie. J'ai passé une bonne partie de la journée à rêver de toi[a] et de ta *Paysanne*. La certitude d'avoir contribué à rendre très bon ce qui l'était à peu près, m'a donné de la joie ; j'ai pensé beaucoup à ce que tu ferais. Écoute bien ceci et médite-le. Tu as en toi deux cordes : un sentiment dramatique, non de coups de théâtre, mais d'effets, ce qui eſt supérieur, et une entente inſtinctive de la couleur, du relief (c'eſt ce qui [ne] se donne pas, cela). Ces deux qualités ont été entravées et le sont encore par deux défauts, dont on [t']a donné l'un, et dont l'autre tient à ton sexe. — Le premier, c'eſt le philosophisme, la maxime, la boutade politique, sociale, démocratique, etc., toute cette bavure qui vient de Voltaire et dont le père Hugo lui-même n'eſt pas exempt. — La seconde faiblesse, c'eſt le vague, la tendro-manie féminine. — Il ne faut pas, quand on eſt arrivé à ton degré, que le linge sente le lait. Coupe donc moi la Verrue montagnarde, et rentre, resserre, comprime les seins de ton cœur, qu'on y voie des muscles et non une glande. — Toutes tes œuvres jusqu'à présent, à la manière de Mélusine (femme par en haut et serpent par en bas), n'étaient belles que jusqu'à certaine place, et puis le reſte traînait en replis mous[b]. — Comme c'eſt bon, hein, pauvre Muse, de se dire ainsi tout ce qu'on pense ! Oui, comme c'eſt bon d'avoir toi, car tu es la seule femme à qui un homme puisse écrire de telles choses.

Enfin je commence à y voir un peu dans mon sacré dialogue du curé[2]. Mais franchement il y a des moments où j'en ai presque envie de vomir, *physiquement,* tant le fond eſt bas. Je veux exprimer la situation suivante. Ma petite femme, dans un accès de religion, va à l'église. Elle trouve à la porte le curé qui, dans un dialogue (sans sujet déterminé), se montre tellement bête, plat, inepte, crasseux, qu'elle s'en retourne dégoûtée et in-dévote. Et mon curé eſt très brave homme, excellent même. Mais il ne songe qu'au physique (aux souffrances des pauvres, manque de pain, ou de bois), et ne devine pas les défaillances morales, les vagues aspirations mystiques. — Il est très chaste, et pratique tous ses devoirs. — Cela doit avoir 6 à 7 pages au plus, et sans *une réflexion* ni *une analyse* (tout en dialogue direct). De plus, comme je trouve très canaille de faire du dialogue en remplaçant les « il dit, il répondit » par des barres, tu juges que les répétitions des mêmes tournures ne sont pas commodes à éviter. — Te voilà initiée au supplice que je subis depuis quinze jours. — À la fin de la semaine prochaine, cependant, j'en serai complètement débarrassé, je l'espère. — Il me restera ensuite une dizaine de pages (deux grands mouvements) et j'aurai fini le premier ensemble de ma seconde partie[1]. L'adultère est mûr, on va s'y livrer (et moi aussi, j'espère, alors).

Pourquoi donc m'envoie[s-tu] les billets de Mme Didier[2] ? Ils n'ont rien de bien curieux ? Cette Lagrange actrice des Italiens, dont elle parle, est la petite-fille d'un bonhomme de Rouen, M. Bordier, dont mon père était le médecin. Il y a 6 ou 7 ans ma mère l'a entendue chanter dans un salon, à Rouen. — Elle est ensuite venue jouer sur le théâtre, mais sans succès. Elle était d'ailleurs, à ce moment, dans un état intéressant. Quelle est donc cette dame de R[ouen] avec laquelle tu t'es trouvée chez les Chéron[3], il y a quelques semaines ?

Comme je suis impatient de savoir le résultat du concours !

J'imagine que les articles d'Hippolyte Castille[4] sont *payés* par les intéressés. Il doit y avoir là-dessous quelque petit commerce canaille. Quelle charmante littérature !

Dans le dernier n° de *L'Athenaeum,* il y avait un article de Dufaï contre *Émaux et camées*[5] ! Ces imbéciles-là finiraient presque par vous faire trouver bon ce qu'on trouve mauvais, tant ils blâment le mauvais sottement[6]. — Mais cet article doit être une réponse indirecte à la note de notre ami[7]. Ah ! comme tout cela est intéressant, instructif et moral ! Quelle bête d'invention que l'imprimerie, au fond !

Adieu, chère Muse bien-aimée, à toi.

Ton G.

Avec mille baisers.

J'approuve l'idée de Pelletan de publier d'abord
sans nom d'auteur. Mais ce titre de *Poème de la femme*[1]
est bien prétentieux pour une chose si franche du collier.
Ça sent *l'école* fouriériste, etc. Tâche donc de t'en priver,
si ça se peut. J'ai ce portrait que tu dis[2].

À LOUISE COLET

[Croisset,] samedi, 1 h[eure].
[16 avril 1853.]

C'est donc pour cela que j'ai été, hier, d'une tristesse
funèbre, atroce, démesurée et dont j'étais stupéfait moi-
même. Nous ressentons à distance nos contre-coups
moraux. Avant-hier, dans la soirée, j'ai été pris d'une
douleur aiguë à la tête, à en crier ; et je n'ai pu rien
faire. Je me suis couché à minuit. Je sentais le cervelet
qui me battait dans le crâne, comme on se sent sauter
le cœur quand on a des palpitations. Si le système de
Gall[3] est vrai et que le cervelet soit le siège des affections
et des passions, quelle singulière concordance ! Voilà
trois jours que j'en ai lâché le grec et le reste. Je ne
m'occupe plus que de ma *Bovary*, désespéré que ça aille
si mal.
    Pauvre amie, comme ta lettre de ce matin est pleine
de sanglots ! Voilà longtemps que tu me sembles dans
un triste état, mais tu prends les choses trop ardemment. Eh bien ! quand tu échouerais au concours, tant
pis ! Si c'est l'argent qui te gêne, demande-m'en. Quoique
je n'en aie guère, le peu que je t'enverrai te fera toujours
du bien. Pas de façons ! Qu'est-ce que ça fait ? Je n'en
dînerai ni m'en chaufferai moins. Et quant à l'Académie,
je médite (en cas d'insuccès) une vengeance raide qui
leur tapera sur les doigts et *les* fera lire, à l'avenir,
les pièces à juger, avec plus d'attention. Mais je crois que
Villemain va faire les cinq cents coups. C'est comme la
bataille de Marengo. Tu la gagneras peut-être au moment

où tu crois tout perdu[1]. En tout cas, il sera inutile, *lui*[2], de l'envoyer promener. À quoi bon se faire un ennemi ! *Il ne faut jamais obéir aux passions infructueuses.* Tu t'es déjà attiré bien des chagrins par tes emportements, chère sauvage bien-aimée.

Croyez un vieux, gardez un peu de gentilshommes[3]

Si tu échoues, voici ce que je ferais à ta place (toutes les pièces refusées sont brûlées, n'est-ce pas, et il n'en reste rien ?). Je reprendrais mon *Acropole* (que tu m'apporterais à Mantes[4]) ; nous reverrions tout, ne laissant rien passer comme à *La Paysanne ;* nous en ferions une chose parfaite, ce qui ne serait pas difficile. Le morceau des Barbares serait exécuté *comme je l'ai conçu,* c'est-à-dire on y taperait légèrement sur ceux qui échignent l'antique sous prétexte de le conserver, badigeonneurs, faiseurs d'*expurgata,* professeurs, etc. On pourrait faire, là-dessus, un mouvement crâne et où l'Académie ne serait pas ménagée, sans la nommer. Puis, le lendemain du prix[5] je publierais mon *Acropole* avec une note : « Ce poème n'a pas eu le prix. » L'insertion de ce poème se ferait dans un journal gouvernemental (puisque l'Académie est mal vue du gouvernement) et on y ajouterait un article où l'on se foutrait de l'Académie et de toi qui as eu la candeur de croire, etc. « Pourquoi Mme Colet concourt-elle ? Est-ce pour se faire juger ? » On raillerait tes autres prix aux détriments de celui-là. « L'Académie a fait son temps… c'est une chose jugée… puisqu'on parle d'économie pourquoi ne pas faire celle de supprimer ce corps caduc, etc. » Qu'en penses-tu ? Ainsi, de toute façon, silence absolu. Mais j'ai encore bon espoir.

Je viens de relire deux fois *La Paysanne.* C'est superbe (sans exagération). Ça marche comme un chemin de fer, et c'est plein de couleur. Quoique je la susse presque par cœur, j'ai été attendri encore. Si je ne te renvoie pas l'épreuve aujourd'hui, c'est que je veux la faire lire à Bouilhet demain. Tu l'auras lundi soir. J'y ferais des corrections si je connaissais les signes. Mais j'appellerai ton attention sur quelques fautes de ponctuation. Il n'y a guère que celles-là et puis quelques espaces à observer entre les mouvements. Mais c'est bien dommage de n'avoir pas fait un volume diamant, comme *Émaux et camées*[1]. Ainsi, ça a l'air brochure. *Il faut à toute force changer l'impression du titre.* Tel que c'est, avec *Poème de la femme* plus gros, on croit qu'on va lire : *Le Poème de la femme* (et d'abord l'œuvre semble avoir des dimensions bien petites pour un titre si lourd), tandis que c'est *La Paysanne,* faisant partie du *Poème de la femme.* LA PAYSANNE doit donc être en plus gros caractères et attirer toute l'attention. Sois sûre que ce titre de *Poème de la femme* écarte les gens de goût (moi, par exemple[2]) et bien des bourgeois. Il faut mettre :

LE POÈME DE LA FEMME

PREMIER RÉCIT

LA PAYSANNE

en très gros caractères, car, encore une fois, c'est *La Paysanne* et, de la manière dont je dis, il y a moins de charlatanisme. Je crois cela très important. Supprime aussi, aux annonces des autres récits, *la femme intelligente,* qui a l'air de faire une classe à part[3]. La femme intelligente n'est pas un rang dans la société. Mets : *la lionne*[4], *la bas-bleu,* n'importe quoi, mais pas d'épithète qualificative. *La femme intelligente,* ainsi annoncée après *la princesse, la servante,* est d'un effet godiche, ou tout au moins naïf.

Je suis brisé de fatigues et de fatigue et d'ennui. Ce livre me tue ; je n'en ferai plus de pareils. Les difficultés d'exécution sont telles que j'en perds la tête dans des moments. On ne m'y reprendra plus, à écrire des choses bourgeoises. La fétidité du fonds me fait mal au cœur. Les choses les plus vulgaires sont, par cela même, atroces à dire et, quand je considère toutes les pages blanches qui me restent encore à écrire, j'en demeure épouvanté. À la fin de la semaine prochaine j'espère te dire pourtant quand est-ce qu'enfin nous nous verrons. Tu n'en as pas plus envie que moi. Ce sera dans trois semaines, je pense[5]. Si un bon vent me soufflait, je n'en aurais pas pour longtemps.

Que c'est bête de se donner tout ce mal-là et que personne n'appréciera jamais ! Mais je me plains, quand c'est toi qu'il faut plaindre. Peut-être m'envoies-tu ta tristesse. Eh bien, prends donc toute ma force et mes baisers les plus tendres. Je mets ma bouche sur tes lèvres, mon cœur sur ton cœur.

Adieu, pauvre bonne muse, adieu, adieu.

Ton G.

À LOUISE COLET

[Croisset,] nuit de mercredi, 2 h[eures].
[20 avril 1853.]

Puisqu'il te faut une réponse immédiate, chère Muse, j'enverrai demain, à 6 h[eures], mon domestique à cheval porter à Rouen ce petit mot. Autrement, il ne m'est jamais possible de te répondre poste pour poste. Tu dois avoir ceci demain vers 5 h[eures] ? Voilà mon opinion sur les corrections[1] proposées par le gars Pelletan : merde !

Quand on s'est échigné à faire son œuvre, en conscience, qu'on s'est donné bénévolement d'atroces ennuis à la corriger, recorriger, peser, et critiquer et refondre et rechanger, etc., s'il fallait obéir ensuite à tous les imbéciles[a] qui vous disent : recommencez, autant vaudrait se jeter la tête la première par-dessus le Pont-Neuf.

Garde :

Trottant comme hanneton

S'il faut changer à toute force par condescendance, mets :

Trottant sous son petit jupon

qui ne le vaut pas. —

Oh ! les gens de goût qui n'ont pas remarqué les deux seules métaphores inexactes du poème : « la douleur d'airain qui marche » et « les ailes qui ont des ruines »[2] ! et qui s'attachent à celles-ci.

Quant à :

Avec délice il faisait un enfant,

je me révolte. Ce vers-là est tout bonnement de la
famille de Molière :

> *Si les enfants qu'on fait, se faisaient par l'oreille*[1]

Il n'offre pas une image libertine, il n'a aucune expression basse ou obscène, il est franc et dit la chose simplement, carrément, sans malice. — Il fait rire ? Eh bien
après ? Il vaut mieux faire rire que faire pitié, effet que
la critique du critique Pelletan me procure.

Ah ! voilà bien mes couillons de l'école de Lamartine !
Tas de canailles sans vergogne ni entrailles. Leur poésie
est une bavachure d'eau sucrée. Sacré nom de Dieu !
j'écume ! — Je les crois bien ! quand ils me disent qu'ils
n'aiment pas l'antique ni les anciens. Mais ceux qui ont
sucé le lait de la louve (j'entends le suc des vieux) ont
un autre sang dans la veine. — Et ils considèrent comme
des fleurs blanches de l'esprit toutes ces mièvreries pudibondes, où toute naïveté doit périr.

« Puisque vous écrivez le poème de la femme », toujours des grands mots ! toujours la prétention, toujours
la grosse caisse mise sur l'estomac ! et sur laquelle il
faut taper à tour de bras en disant : « ceci, ô mes frères,
est mon cœur. » — Mais non. Tu as écrit l'histoire de
Jean et de Jeanneton, tout bonnement. — Et il s'est
trouvé qu'en écrivant l'histoire de J[ean] et de Jeanneton
tu as écrit l'histoire de LA PAYSANNE, parce que toute
individualité idéale, fortement rendue, résume[a]. — Mais
il ne faut pas vouloir résumer.

Et puis, je commence à m'indigner de tes titres :
*Poème de la femme ; Ce qui est dans le cœur des femmes ;
Deux femmes célèbres ; Deux mois d'émotion*[2]. Mais sapre-
lotte, tu vaux mieux que ça ! Tu te dégrades par
l'enseigne.

———

Dans quelle fange morale ! dans quel abîme de bêtise
l'époque patauge ! Il me semble que l'idiotisme de
l'humanité arrive à son paroxysme. Le genre humain,
comme un tériaki[3] saoul d'opium, hoche la tête en rica-
nant, et se frappe le ventre, les yeux fixés par terre. — Ah !
je hurlerai à quelque jour une vérité si vieille qu'elle
scandalisera comme une monstruosité. Il y a des jours

où la main me démange d'écrire cette préface des *Idées reçues,* et mon *Essai sur le génie poétique françois*[1]. —

Enfin, Pelletan ne fait pas de la correction de ce vers une condition *sine qua non* de ses articles. Dis-lui donc que tu as essayé de refaire ce vers, que c'est impossible, qu'on t'a rassurée, etc. (le malheureux, s'il avait vu tout ce qui n'est plus !).

Ah ! charmant mérite de M. de Lamartine : « avoir purifié les mœurs des femmes ! » D'abord je nie, et ensuite je m'en fous. Ce qu'il y a de sûr, c'est qu'il n'a pas purifié le langage françoys. — Est-il peu shakespearien, rabelaisien, dantesque, et fulgurant, ce bon barde-là ! Et je le déclare même *sale,* quand il veut faire de l'amour éthéré. Les déguisements virils de Laurence dans la grotte (dans *Jocelyn*[2]), les filets avec quoi on se garrotte dans *Raphaël*[3], cette chasteté par ordre du médecin[4] ! tout cela me dégoûte par tous mes instincts. —

M. de Lisle[5] est bien bon enfant de s'assombrir des éloges décernés à Lamartine. — Ça prouve son ingénuité. — Il restera de Lamartine encore moins que de Béranger, car Béranger écrit mieux *dans sa mesure.* Au reste, je les livre tous les deux aux libéraux et aux femmes sensibles.

Quant à moi, je finis par être aussi embêté de moi-même que d'autrui. Voilà 3 semaines que je suis à écrire *dix* pages ! Je passe des journées entières à changer des répétitions de mots, à éviter des assonances ! Et quand j'ai bien travaillé, je suis moins avancé à la fin de la journée qu'au commencement. — Enfin ! Allah est miséricordieux et le temps est un grand maigre *[sic].* —

Adieu, je voudrais bien un de ces jours être un peu mieux disposé pour t'écrire une longue lettre, mais franchement, je suis bas. Encore mille bons baisers, chère amie. À toi.

Ton.

À LOUISE COLET

[Croisset,] vendredi, 1 h[eure].
[22 avril 1853.]

Je t'écris à la hâte. Ma lettre partira par une occasion que j'ai pour Rouen et tu la recevras demain à ton réveil. C'est étrange ! mais hier au soir j'avais bon espoir[1]. J'étais dans un bon état. — Nos communications d'effluves ont été en défaut. Ou bien étais-tu peut-être très calme (car ta lettre de ce matin est stoïque, chère sauvage) et m'envoyais-tu ta sérénité ? ou est-ce moi qui t'ai envoyé la mienne ? Villemain a fait là-dedans une bonne figure ! Allons, en voilà encore un que j'avais toujours bien jugé. Quand il reviendra (et je le souhaite) tu n'as qu'une chose à faire, c'est de le *remercier avec effusion* de ce qu'il a fait pour toi. Il n'y a pas de pire vengeance que ces politesses-là. — Elles sont hautes comme orgueil, et fortes comme esprit. S'il veut faire des excuses, donner des explications, c'est de l'arrêter court, du premier mot, avant de l'entendre, et de lui dire : « Causons d'autre chose. » Voilà tout. — Et ce Musset aussi ! qui ne dit rien ! Tous ! tous ! Enfin, mes vieilles haines sont donc justes. Mais j'aurais voulu que le ciel, cette fois, ne me donnât pas si bien raison. — Tu vois que je n'avais pas mal deviné quand je te disais qu'on ne te tiendrait pas compte de tant de détails archéologiques, et qu'il y en avait trop (à leur goût). *Pas un* des académiciens (si ce n'est peut-être Mérimée) n'en savait autant que ton *Acropole* en dit, et on garde toujours une petite rancune à qui nous instruit, rappelle-toi cela, surtout quand on a la prétention d'instruire les autres.

Moi, à ta place, je lèverais le masque (le jour de la distribution des prix) et je publierais mon *Acropole retouchée,* puisqu'on n'en a lu que des fragments ; ce serait une bonne farce[2]. Mais par exemple je ne laisserais pas *un* vers qui ne fût bon, et l'année prochaine, au mois de janvier, je renverrais une autre *Acropole* (il y a manière de faire le sujet tout à l'inverse et sans que rien y ressemble). Cette fois-ci je m'arrangerais pour avoir le prix,

en m'y prenant (politiquement) mieux, et qui est-ce qui
aurait un pied de nez? Ce serait assez coquet de souffle-
ter deux fois ces messieurs avec la même idée, une fois
devant le public et par le public, et la seconde par eux-
mêmes. — Tu verrais quelle politesse on aurait pour toi
après, et les amabilités, les traits d'esprit de M. le rapporteur! Si tu t'en rapportes à moi complètement, je crois
que nous y pouvons arriver.

Qu'est-ce que ça fout, tout cela! Il n'y a de défaites
que celles que l'on a tout seul, devant sa glace, dans sa
conscience. — J'aurais eu mardi et mercredi cent mille
sifflets aux oreilles que je n'aurais pas été plus abattu.
— Il ne faut penser qu'aux triomphes que l'on se décerne,
être soi-même son public, son critique, sa propre
récompense[a]. —

Le seul moyen de vivre en paix, c'est de se placer
tout d'un bond au-dessus de l'humanité entière, et de
n'avoir avec elle rien de commun, qu'un rapport d'œil.
Cela scandaliserait les Pelletan, les Lamartine et toute
la race stérile et *sèche* (inactive dans le bien comme dans
l'idéal) des humanitaires, républicains, etc. — Tant pis!
Qu'ils commencent par payer leurs dettes avant de
prêcher la charité. — Par être seulement honnêtes, avant
de vouloir être vertueux. La Fraternité est une des plus
belles inventions de l'hypocrisie sociale. — On crie
contre les Jésuites. Ô candeur! nous en sommes tous! —
Enfin, si cette défaite du concours te *gêne* comme argent,
tu sais que j'ai encore un petit magot de 500 francs. Ils
sont à ta disposition comme si tu les tenais dans la main.
— Et j'espère que tu *m'estimes* assez (je ne dis pas:
aimes) pour agir sans cérémonie.

———————

Il a donc fallu en passer par la correction[1] de l'*enfant*.
Certainement ton vers nouveau n'est pas mauvais. Mais
l'autre était bon! Que penses-tu si, au lieu de:

> *Et chaque année il avait un enfant*

tu mettais:

> *Et chaque année lui donnait un enfant.*

Ça me semble moins plat ? et ça relève mieux « il en fit tant », qui suit. — Mais quoi qu'on s'arrange [*sic*], on ne remplacera pas la première version. — Ils étaient si carrés, ces deux vers ! À ta place je les laisserais en blanc, je mettrais des points seulement. Ça aurait l'air d'avoir été supprimé par ordre[1] ? Supprimez le bon, d'accord, mais ne le corrigez pas. — Dans la suppression complète vous obéissez à la force matérielle, mais en corrigeant vous êtes complice. — Les iconoclastes sont pires que les barbares. —

« Sous son petit jupon » peut aller à cause des deux *ainsi*. Non ! il *avait* vaut mieux ! Ah ! mon Dieu, tu ne t'imagines pas la haine, le mal aux nerfs que ça me fait de voir des bêtises semblables ! Envoie-le faire foutre ! Puisqu'ils avaient trouvé bon, tout d'abord, le poème, qu'est-ce que ça signifie, ces revirements-là ? Eh bien, qu'ils en fassent, eux, de la Poésie ! — Encore une fois, s'il faut leur obéir, je laisserais deux vers en blanc. — En tout cas, à une 2ᵉ édition, refourre-moi-les.

―――――

Le commencement de la semaine a été mauvais. Mais maintenant ça re-va, pour retomber bientôt sans doute. J'ai toujours ainsi des hauts et des bas. La fétidité du fond jointe aux difficultés de la forme m'accable quelquefois. — Mais ce livre, quelque mauvais qu'il puisse être, sera toujours une œuvre d'une rude volonté. — Et une fois fini, corrigé, achevé d'un bout à l'autre, je crois qu'il aura une mine hautaine et classique. — Ce sont de ces œuvres dont parle Perse, qui veulent que l'on se morde les ongles jusqu'au sang[2]. — À défaut d'autre mérite, c'en est un que la patience. Le mot de Buffon est impie[3]. — Mais quand le génie manque, la Volonté, dans une certaine limite, le remplace. Napoléon III n'en est pas moins empereur tout comme son oncle. — Après ce trait de modestie (de ma part), je te dis adieu ; bon courage, à bientôt. Le soleil ne meurt jamais ! l'art est immortel comme lui ! et il y a des mondes lumineux où les âmes des poètes vont habiter après la mort. — Elles roulent avec les astres dans l'infini sans mesure.

Un long baiser sur les lèvres. À toi, à toi.

Ton G.

À LOUISE COLET

[Croisset,] mardi soir, 1 h[eure] après minuit.
[26 avril 1853.]

Il est bien tard. — Je suis très las. J'ai la gorge éraillée d'avoir crié tout ce soir en écrivant, selon ma coutume exagérée. — Qu'on ne dise pas que je ne fais point d'exercice, je me démène tellement dans certains moments que ça me vaut bien, quand je me couche, deux ou trois lieues faites à pied. — Quelle singulière mécanique que l'homme ! Quoique je n'aie rien à te dire, je voudrais bien pourtant t'emplir ces quatre pages, pauvre Muse, bonne et belle amie. — Ah ! si ! J'ai quelque chose à te dire, c'est que ma *Bovary* n'avançant qu'à pas de tortue, je renonce à remettre à la fin du mouvement qui m'occupe, notre entrevue à Mantes. Nous nous verrons dans quinze jours au plus tard. Je veux seulement écrire encore trois pages, au plus, en finir cinq que j'écris depuis l'autre semaine, et trouver quatre ou cinq phrases que je cherche depuis bientôt un mois. — Mais quant à attendre que j'en sois à la fin de cette 1re partie de la 2e, j'en aurais, en travaillant bien, pour jusqu'à la fin du mois de mai. C'est trop long. — Ainsi la lettre que je t'écrirai à la fin de la semaine prochaine te dira positivement le jour de notre rendez-vous[1]. Tâche de te bien porter et m'apporter ce que tu as fais du plan de ton drame[2], ainsi que le poème de *L'Acropole* tel qu'il a été envoyé à l'Académie.

J'ai passé tantôt presque une heure à fouiller partout pour retrouver la lettre du Gagne[3] (peine perdue). Mais j'ai retrouvé *Les Fantômes*[4]. Je suis sûr de l'avoir (la lettre de Gagne), mais j'ai un tel encombrement de lettres dans mes tiroirs et de paperasses dans mes cartons, que c'est le diable quand il faut chercher quelque chose que je n'ai point classé. — Si tu veux, je recommencerai et je suis sûr que je la retrouverai. Jamais je ne jette aucun papier. C'est de ma part une manie. L'année prochaine, quand B[ouilhet] ne sera pas là[5], je consacrerai mes dimanches à ce grand rangement qui sera, à la fois, très triste et très amusant, très pénible et assez sot. — À propos de lettre, j'en ai reçu une de D[u Camp] (à l'occasion d'une chose égarée, de voyage, que je lui demandais) des plus aimables, cordiale, dans le ton de l'amitié. Il m'annonce que les vers de B[ouilhet] doivent paraître dans le prochain nº, seuls pour les mieux faire valoir, etc.[1] ! ? Comme je ne tiens aucun compte de ses sentiments, favorables ou malveillants, je ne me creuserai pas la tête à chercher d'où vient ce revirement momentané.

Et toi ? es-tu remise ? comment vas-tu ? Je m'attends demain ou après-demain à avoir *La Paysanne*. — Combien ton avoué demande-t-il de dommages-intérêts dans l'affaire Barba[2] ? Es-tu sûre de gagner et que ce ne soit des frais perdus ?

Ce bon père Béranger ! Je crois que *La Paysanne* le syncopera un peu. Voilà de la poésie-peuple comme ce bourgeois n'en a guère fait. — Il a les pattes sales, Béranger ! Et c'est un grand mérite en littérature que d'avoir les mains propres. Il y a des gens (comme Musset par exemple) dont ç'a été presque le seul mérite, ou la moitié de leur mérite pour le moins. Les poètes sont d'ailleurs jugés par leurs admirateurs et tout ce qu'il y a de plus bas, en France, comme instinct poétique depuis 30 ans, s'est pâmé à Béranger. Lui et Lamartine m'ont causé bien des colères, par tous leurs admirateurs. Je me souviens qu'il y a longtemps, en 1840, à Ajaccio, j'osai soutenir seul, devant une quinzaine de personnes (c'était [chez] le préfet[3]) que Béranger était un poète commun et de troisième ordre. J'ai paru à toute la société, j'en suis sûr, un petit collégien fort mal élevé. Ah ! *Les gueux ! les gueux*[4] ! Quel horizon !... Cela donnait le cauchemar à mon pauvre Alfred[5]. — La postérité, du reste, ne tarde pas à cruellement délaisser ces gens-là qui ont voulu *être utiles* et qui ont chanté pour une Cause. Elle n'a souci déjà ni de Chateaubriand avec son Christianisme renouvelé, ni de Béranger avec son philosophisme libertin[a], ni même, bientôt, de Lamartine avec son humanitarisme religieux ; le vrai n'est jamais dans le présent. Si l'on s'y attache, on y périt. —

À l'heure qu'il est, je crois même qu'un penseur (et qu'est-ce que l'artiste ? si ce n'est un triple penseur ?) ne doit avoir ni religion, ni patrie, ni même aucune conviction sociale. — Le doute absolu maintenant me paraît être si nettement démontré*a* que vouloir le formuler serait presque une niaiserie. B[ouilhet] me disait, l'autre jour, qu'il éprouvait le besoin de faire l'apostasie *publique*, écrite, motivée, de ses deux qualités de chrétien et de français. — Et de foutre après son camp de l'Europe pour ne plus jamais en entendre parler, si c'était possible. Oui, cela soulagerait de dégueuler tout l'immense mépris qui vous emplit le cœur jusqu'à la gorge. Quelle est la cause honnête, je ne dis pas à vous enthousiasmer, mais même à vous intéresser, par le temps qui court ? Comme tu as, toi, dépensé du temps, de l'énergie dans toutes ces bêtises-là ! Que d'amour inutile ! Je t'ai connue démocrate pure, admiratrice de G. Sand et Lamartine. Tu ne faisais pas *La Paysanne* dans ce temps-là ! Soyons *nous* et rien que nous. « Qu'est-ce que ton devoir ? » — cette pensée est de Goethe[1]. — « L'exigence de chaque jour. » Faisons notre devoir, qui est de tâcher d'écrire bien. Et quelle société de saints serait celle, où seulement chacun ferait son devoir !

Je lis du Montaigne maintenant dans mon lit. Je ne connais pas de livre plus calme et qui vous dispose à plus de sérénité. Comme cela est sain et *piété* ! Si tu en as un chez toi, lis de suite le chapitre de Démocrite et Héraclite. Et médite le dernier paragraphe[2]. Il faut devenir stoïque, quand on vit dans les tristes époques où nous sommes. —

Pourquoi l'autre nuit, celle d'hier, ai-je rêvé que j'étais à Thèbes (en Égypte) avec Babinet[3] ? et que nous galopions tous les deux comme deux lapins pour fuir trois énormes lions que Babinet élevait par curiosité ? Au moment où il me disait : « Il n'y a que moi à Paris pour avoir de ces idées-là », les trois grosses bêtes se sont mises à nous poursuivre. Je vois encore les basques de l'habit du père Babinet volant au vent, dans notre fuite, et la couleur du sable, où nous filions, comme sur des patins.

J'ai une tirade de Homais sur l'éducation des enfants[4] (que j'écris maintenant) et qui, je crois, pourra faire rire. — Mais moi qui la trouve très grotesque, je serai sans doute fort attrapé, car pour les bourgeois c'est profondément raisonnable. —

Adieu, bonne Muse, à bientôt. Nous aurons là deux ou trois bons jours. J'en ai besoin. Je ne sais combien

de millions il faudrait me donner pour recommencer ce
sacré roman ! C'est trop long pour un homme que
500 pages à écrire comme ça ; et quand on en est à la
240e, et que l'action commence à peine ! Encore adieu,
mille baisers sur toutes les lèvres.

À toi. Ton G.

À LOUISE COLET

[Croisset,] nuit de samedi, 1 h[eure].
[30 avril 1853.]

Tu me reverras avec une dent de moins, chère amie.
Il a fallu hier en passer par là. Je m'étais réveillé avec
des douleurs atroces. À 4 h[eures], ma molaire qui n'était
pas « d'une entière blancheur », comme dit Bilboquet[1],
était sautée. — Mais la pareille, de l'autre côté, m'a fait
encore plus souffrir après, et il s'est déclaré un abcès,
qui m'a donné toute cette nuit une fièvre atroce. J'en
ai encore les genoux en bouillie. À 9 h[eures] du matin
je suis donc retourné à Rouen pour me faire ouvrir cet
abcès. Tout cet après-midi j'ai dormi sur mon divan. —
Ce soir je vais mieux, mais j'ai grand-peine à manger. —
Le pis de tout cela, c'est que voilà deux jours d'entièrement perdus pour le travail. Car hier au soir je n'ai pu
guère travailler (quoique j'aie fait une phrase sur les
étoiles), et ce soir, j'ai eu la surprise de la visite de
B[ouilhet] qui avait appris *mes douleurs* et est venu me voir
d'un jour plus tôt. Il m'a apporté ta *Paysanne*. — Cette
publication est plus jolie *extérieurement* que je ne m'y
attendais. Elle a une bonne figure. Tu verras, ça réussira.

B[ouilhet] m'a aussi apporté les vers de l'Anglaise[2],
un autre vol[ume] du sieur Baillet[3], et les autographes
que tu lui as envoyés. — Tout cela est monstrueusement
pitoyable ! C'est plus que médiocre ! ta jeune Anglaise !
quel vide ! et quelle pose ! ces épigraphes en hébreu !
en grec ! et quels vers plats ! plats, et avec de faux chics
de Casimir Delavigne ! — Vois comme tout ce qu'il y
a de médiocre en littérature par les deux bouts, soit la
Canaille ou bien le *Vide,* se tourne invariablement vers
Béranger ou Lamartine. — Dieu ! comme je suis dégoûté
des poètes ouvriers ! et des ouvriers ! Dans la lettre de

ce bon Baillet, il s'emporte justement contre la seule
chose qui rachète l'ouvrier et le colore, le cynisme, et
il est malgré cela content d'être ouvrier ! Quel amour
de la crasse pour la crasse !

Reçois mes compliments pour la manière dont tu as
reçu le sieur Villemain. Tu t'es bien conduite. Il n'y
avait que cela à dire. Et sois sûre que tu l'as humilié
de toutes façons. C'est ce qu'il fallait faire. Il y a une
chose qui m'a semblé très farce dans tout ce qu'il t'a
dit, à savoir, l'aveu qu'il travaillait pour la postérité (il
est temps qu'il s'y prenne). Ah ! la postérité n'est pas
faite pour ceux qui ont été ministres, grands maîtres de
l'Université, pairs de France, députés, professeurs, etc.,
etc. La postérité ! Ce pauvre vieux ! Est-ce son *Cours
de littérature*[1] ? son *Lascaris*[2] ? ses *Portraits*[3] ? ses *Discours*[4] ?
Mais lis-en donc, du Villemain. Ses plus *belles pages*[5] (!)
ne dépassent pas la portée d'un article de journal, et à
part une certaine correction grammaticale (et qui n'a
rien à démêler avec la vraie correction esthétique), la
forme est complètement *nulle,* oui, nulle. — Quant à
de l'érudition, aucune. Mais d'*ingénieux aperçus,* en masse,
comme ceux-ci : à propos de l'accusation de fratricide
portée contre M.-J. Chénier : « Non, c'est une calomnie,
j'en jure par le cœur de leur mère[6] » ; ou bien, en parlant
de *La Pucelle :* « Le Poème qu'il ne faut pas nommer[7] » ;
ou encore de Gibbon : « Et il resta muet et ministériel[8]. »
Toutes ces belles phrases sont accompagnées, dans les
volumes où on les trouve, d'autres phrases imprimées
en italique et ainsi conçues : « Longs applaudissements
dans l'auditoire, vive émotion », etc.

J'ai passé ma jeunesse à lire tous ces drôles, je les
connais. J'ai frappé depuis longtemps sur les poitrines
en tôle de tous ces bustes, et je sais à la place du cœur
le vide qu'il y a. — Tout ce que j'apprends de leurs
actions me paraît donc le corollaire de leurs œuvres.
— À la fin de ma 3e, à 15 ans, j'ai lu son *Cours de littérature du m[oyen] âge*[9]. J'étais à cet âge en état de l'écrire
moi-même, ayant lu les ouvrages de Sismondi[10] et de
Fauriel[11] sur les littératures du midi de l'Europe, qui sont
les deux sources uniques où ce bon Villemain ait puisé.
— Les extraits cités dans ces livres sont les mêmes
extraits cités dans le sien, etc. ! Et voilà les crétins qu'on
nous pose toujours devant les yeux comme des gens

forts ! Mais forts en quoi ? Il n'y a du reste que dans
notre siècle où l'on soit arrivé ainsi à se faire des réputations avec des œuvres nulles ou absentes. Le chef de
tous ces grands hommes-là était le père Royer-Collard[1],
qui n'avait jamais *écrit* que 80 pages en toute sa vie, la
préface des œuvres de Reid. — Je crois que Villemain
sait bien le latin, si tant est qu'on puisse comprendre
toute la portée d'un mot quand on n'a pas le *sens poétique,* et qu'il sait faire des vers latins. — Du grec, médiocrement, un tout petit peu d'histoire, beaucoup d'anecdotes, avec cela de l'esprit de société, et la réputation
d'habile homme : voilà son bagage. — Quant à être, je
ne dis pas des écrivains, mais même des littérateurs,
non, non ! Il leur manque la première condition : le
goût, ou l'amour, ce qui est tout un.

Tu me dis : « Nous finirons par valoir mieux qu'eux
comme talent. » Ah ! ceci m'ébouriffe. — Car je crois
que c'est déjà fait, et je pense que Villemain peut s'atteler
le reste de ses jours avant d'écrire une seule page de la
Bovary, une seule strophe de *Melaenis,* un seul paragraphe de *La Paysanne.* « Que je sois jamais de l'Académie (comme dit Marcillac, l'artiste romantique de
Gerfaut[2]), si j'arrive au diapason de pareils ânes ! » —
C'est bien beau, l'idée qui a *frappé* l'Académie dans le
nº 26[3] : « Le poète *sur les ruines d'Athènes !* et *évoquant le
passé,* le faisant revivre ! » Est-ce Volney[4] ! et rococo !
Comment un homme peut-il rapporter de semblables
bêtises, sans en rire le premier ? Comment ne pas sentir
que c'était là la manière la plus vulgaire, la plus usée
(et la moins vraie) de prendre le sujet ? Si mon pharmacien[5] avait concouru pour *L'Acropole,* il est certain que
c'eût été là son plan.

Et l'aplomb de ces messieurs-là ! Sont-ils *piétés,*
contents d'eux, sûrs de leur jugement ! Ce pauvre
Delisle qui va leur présenter son livre[6] ! Non, tout cela
m'indigne trop. Je suis gorgé de l'humanité en général,
et des gens de lettres en particulier, comme si j'avais
avalé cent livres de suif.

J'aurais bien voulu être là, quand le philosophe[7]
a dit : « Les Ronsards qui vous conseillent », pour voir
son ton. À qui ça s'adressait-il ? À propos de quoi ?
Comment ? Il a dit cela sans doute comme une injure,
ce bon Cousin ! Les Ronsards qui vous conseillent ! les

Homères de vos amis ! Charmant ! charmant ! Et en
voilà un aussi qui passe pour un homme de goût, un
classique.

J'ai eu aujourd'hui un grand enseignement donné par
ma cuisinière. Cette fille, qui a 25 ans et est Française, ne
savait pas que Louis-Philippe n'était *plus roi de France,*
qu'il y avait eu une république, etc. Tout cela ne l'intéresse pas (textuel). Et je me regarde comme un homme
intelligent ! Mais je ne suis qu'un triple imbécile. C'est
comme cette femme qu'il faut être.

———

Hier, en allant me faire arracher ma dent, j'ai passé
sur la place du Vieux-Marché, où l'on exécutait autrefois, et en analysant l'émotion caponne que j'avais au
fond de moi, je me disais que d'autres à la même place
en avaient eu de pire, et de même nature pourtant :
l'attente d'un événement qui vous fait peur ! Cela m'a
rappelé que, tout enfant, à 6 ou 7 ans, en revenant de
l'école, j'avais vu là une fois la guillotine qui venait de
servir. Il y avait du sang frais sur les pavés, et on défai-
sait le panier : j'ai rêvé cette nuit la guillotine. — Chose
étrange, ma petite nièce a rêvé aussi la guillotine cette
nuit. La pensée est donc un fluide ? et qui découle des
pentes plus hautes sur les plus basses ?... Qui est-ce qui
a jamais étudié tout cela scientifiquement, posément ? Il
faudrait un grand poète, ayant à son service une grande
science, et tout cela en la possession d'un très honnête
homme. —

Ma prochaine te dira le jour certain de notre entrevue, ce sera probablement de mardi prochain en huit
jours[1] ; mais s'il me survient de la fluxion, ou quelque
reprise de mal de dents, ce à quoi je m'attends, notre
voyage se trouverait peut-être retardé deux ou trois
jours. Quoi qu'il en soit, je serais bien étonné si l'autre
semaine se passait sans que nous ne nous vissions. —
Adieu, bonne chère Muse, merci de ta dédicace ; elle
n'est pas vraie pourtant. Adieu, mille baisers, à toi.

Ton G[2].

B[ouilhet] m'a chargé de te dire avant de s'aller
coucher qu'il avait été pressé par le temps et n'avait pu
t'écrire plus longuement[3].

À LOUISE COLET

[Croisset,] nuit de mardi, 1 heure.
[3 mai 1853.]

Oui, chère Muse, nous nous verrons jeudi prochain[1] comme tu le désires, et nous resterons ensemble jusqu'à samedi (ma prochaine t'indiquera les heures de départ). C'est du moins mon intention et mon espoir, à moins que je ne sois malade d'ici là, ou que mes dents ne me reprennent trop fort. Dans l'état présent, ma bouche n'est pas présentable. Il m'a poussé des glandes sous le cou et un peu de fluxion. Je ne peux manger que de la mie de pain, et encore me fait-elle mal. J'ai eu depuis quatre jours une fièvre continue et hier violente. Voilà plusieurs semaines qu'il me prend de temps à autre au cervelet (siège des passions, selon Gall[2]) des douleurs à crier, qui m'ont repris dimanche. Mais aussi quel dimanche et quelle société j'ai eus ! Je ne te parle jamais de mes ennuis domestiques, mais j'en suis comblé parfois : mon frère ! ma belle-sœur ! mon beau-frère[3] ! Ah ! ah ! ah ! La santé de ma mère commence aussi à m'inquiéter profondément et plus que je ne le dis. Tout ce qu'il lui faudrait d'effectif est impraticable. Enfin, je viens d'être assez secoué, et il me résulte de tout cela une torpeur invincible. Hier et aujourd'hui j'ai passé tout l'après-midi à dormir comme un homme ivre. J'avais (nerveusement parlant) la sensation interne d'un homme qui aurait bu six bouteilles d'eau-de-vie. J'étais brûlé et étourdi. Mais ce soir (j'ai fait diète toute la journée) la revigueur m'est revenue, et j'ai écrit presque d'une seule haleine toute une page, et de psychologie fort serrée, où il y aura, je crois, peu à reprendre. N'importe, je voudrais bien que ces défaillances et ces enthousiasmes me quittassent un peu, et demeurer dans un milieu plus olympien, le seul bon pour faire du beau.

L'échec de *Melaenis* chez Charpentier[4] a assez embêté B[ouilhet]. Il n'était pas non plus gai dimanche. Entre lui et Edma[5], il ne se passe rien ; ils s'écrivent toutes les six semaines un billet de six lignes. Tu feras bien de pas lui en parler quand tu le verras ; c'est un sujet qui l'embête. Rappelle-toi l'avertissement ou laisse-le venir.

Pour te dire mon avis sur la lettre de Béranger, il faudrait que je connusse le bonhomme, mais il a été remué seulement d'une façon qu'il n'approuve pas. Ce qui étonne dans ce conte[1], c'est la couleur unie à l'émotion. Il t'a du reste donné un bon avis en te disant de prende garde que les autres récits ne ressemblent à celui-là. Garde-toi aussi de ce mètre de cinq pieds, qui est le plus laid de tous[2]. Nous causerons de tout cela en détail la semaine prochaine, je l'espère. Réponds-moi poste par poste si tu veux que je t'apporte les 500 francs, afin que j'aie la lettre samedi au plus tard. Tu en auras une de moi dimanche.

Comme c'est faible, outre que c'est fort canaille, les articles de Castille[3] ! Ne trouver rien de pis à dire sur Thiers que de l'appeler *nain parvenu !* etc., et dans la rage de tout dénigrer, attaquer jusqu'à Danton parce que Thiers l'a justifié ! Quelle enfilade de turpitudes morales et intellectuelles ! Mais tout cela est payé, ou implore de l'être.

Le scrupule du Philosophe sur l'épigraphe de Goethe[4] dévoile l'homme. Voilà bien mes hypocrites. Ah ! comme il y en a qui voilent le sein de Dorine, et qui veulent cocufier Orgon[5] !

Adieu. As-tu remarqué le nouveau prospectus de la *Revue*[6], « la phalange décidée à vaincre » ? Non, sacré nom de Dieu ! non ! je n'essaierai jamais de publier dans aucune revue. Il me semble que, par le temps qui court, faire *partie de n'importe quoi,* entrer dans un corps quelconque, dans n'importe quelle confrérie ou boutique, et même prendre un titre quel qu'il soit, c'est se déshonorer, c'est s'avilir, tant tout est bas[7].

À LOUISE COLET

[Croisset,] samedi, 1 heure. [7 mai 1853.]

Chère amie, il y a, partant de Paris, des trains qui partent à 11 heures, midi et 4 h 25 du soir et qui arrivent à 1 heure, 1 h 50 et 6 h 15, et ceux partant de Rouen sont à 10 h 35, 1 h 25 et 4 h 15. Celui qui me convien-

drait le plus serait celui de 1 h 25 (express). Mais,
comme il arrive à 3 h 39 à Mantes, cela te ferait attendre
deux heures (en prenant, toi, celui qui part à midi). Il
vaut mieux que je parte à 10 heures et demie et toi à
11 heures précises. Tu seras arrivée à 1 heure juste et
moi à 1 h 15. Ainsi c'est convenu, prends le train de
11 heures. Tu auras seulement un quart d'heure à
m'attendre.

Mes dents vont mieux ; j'ai plusieurs choses à t'apporter. Dans 48 heures nous serons ensemble. Mille bons
baisers en attendant les vrais. À toi, à toi.

Ton G.

À LOUISE COLET

Dimanche, 5 h[eures] du soir.
[15 mai 1853.]

En arrivant ici, hier au soir, bonne et chère amie,
j'ai trouvé cette lettre du père Hugo[1] (encore le crocodile !), escortée d'un re-discours. Qu'en dois-je faire ?
T'est-il destiné ? Je vais définitivement lui répondre et
dans le sens que j'ai arrêté en dernier lieu[2].

Bouilhet a une nouvelle prouesse de D[u Camp] à
te raconter, et qui est splendide[3]. — Le temps aujourd'hui
est lourd. — Il commence à pleuvoir, j'étouffe un peu.
Je suis fatigué et je pense à toi. Voilà bientôt déjà
24 h[eures] que nous sommes séparés ! Je t'écrirai
demain, ou après-demain, quand je serai remis.

À toi, cher amour, à toi de toutes mes profondeurs.

Ton G.

À LOUISE COLET

Croisset, mardi, 11 heures.
[17 mai 1853.]

J'ai reçu ce matin ta bonne lettre, triste et douce,
pauvre chère amie. Je vais faire comme tu as fait, te

raconter tout mon départ. Quand j'ai vu ton dos disparaître, j'ai été me mettre sur le pont afin de revoir le
train passer. Je n'ai vu que cela. Tu étais là-dedans ;
j'ai suivi de l'œil le convoi tant que j'ai pu et j'ai tendu
l'oreille. Du côté de Rouen, le ciel était rouge avec de
grandes barres pourpres inégales. J'ai allumé un autre
cigare, je me suis promené de long en large. Par bêtise
et ennui, j'ai été boire un verre de kirsch dans un cabaret,
et puis le train de Paris est arrivé. J'ai rencontré là,
allant à Elbeuf, un ancien camarade à moi, clerc de
notaire[1], grand séide de Du Camp (c'est son groom,
etc.), avec qui j'ai eu une longue conversation. Je te
la rapporterai plus tard. À Rouen j'ai trouvé B[ouilhet] ;
mais ma voiture, par un malentendu, n'y était pas.
Nous l'avons attendue, puis, au clair de lune, nous
avons traversé à pied le pont et le port, été chez deux
loueurs de voitures afin d'avoir un fiacre. Au second
(dont le logis est dans une ancienne église) la femme
s'est réveillée en bonnet de coton (intérieur de nuit,
mâchoires qui bâillent, chandelle qui brûle, bretelles
tombant sur les hanches, etc.). Là il a fallu atteler la
voiture. Enfin nous sommes arrivés à Croisset à 1 heure
du matin et nous nous sommes couchés à 2, après que
j'ai eu rangé ma table. Le dimanche a été triste. Les
Achille[2] ne sont pas venus, Dieu merci ! L'après-midi
nous avons été voir un embarcadère en bois, que l'on
fait à quelque distance d'ici pour les bateaux à vapeur.
Le soir nous avons lu du *Jocelyn* et *La Courtisane amoureuse*
de La Fontaine[3]. Hier matin B[ouilhet] est parti à une
heure. J'ai dormi une bonne partie de l'après-midi et,
le soir, je me suis remis à mon travail avec grand ennui.
J'ai recommencé aujourd'hui mon train ordinaire,
leçon à ma nièce, Sophocle, Juvénal et la *Bovary,* dont
je suis arrivé, je crois, à terminer trois pages qui étaient
sur le chantier dès huit jours avant mon absence. J'ai
assez bien travaillé ce soir, ou du moins avec du plaisir.
Voilà, et les mêmes jours vont suivre.

Comme ils ont été bons, pauvre Muse, ceux que nous
avons passés ensemble ! Je n'ai plus bien nettement
dans la tête ce que j'entendais jadis par *rêves d'amour ;*
mais ce que je sais, c'est que je ne souhaite maintenant
rien au-delà de ce que tu me donnes et qu'il me paraît
impossible de mieux aimer que nous nous aimons. Ah !

comme nous nous fondions bien ! comme je te regardais !
comme je te vois encore ! quelles étreintes des bras et
quelle pénétration mutuelle de toute la pensée ! Ta
bonne et belle figure est encore là, devant moi. J'ai
encore sous mes yeux tes yeux et l'impression de ta
bouche sur mes lèvres. Ce sera plus tard, pour nos
vieillesses, un souvenir réchauffant que cette promenade
de Vétheuil[1] à La Roche, avec ce bon soleil qu'il y avait,
ces gens qui fouissaient au pied des vignes, le grand
air, le mouvement, nos paroles échangées, etc. Pauvre
Mantes ! comme je l'aime. Il faudra y revenir pas trop
tard et avant que les feuilles ne soient tombées. Bouilhet
m'a beaucoup reparlé de *La Paysanne*. Trois de ses
élèves vont l'acheter. Qu'on en parle ou non, je te dis
que *ça percera,* tu verras.

Anecdote : tu sais, ou ne sais pas, que Reyer[2] (musicien) avait écrit à B[ouilhet], pour lui demander la
permission de mettre en musique sa pièce à Rachel :
« Je ne suis pas le Christ », permission qui fut accordée.
Samedi, B[ouilhet] a reçu cela, qui a pour titre *Rédemption*
(invention nouvelle de l'éditeur ou du compositeur,
lesquels du reste ont écrit tous les deux une lettre fort
polie à B[ouilhet]). Mais devine son ébahissement en
voyant au plus haut de la feuille, au-dessus de la vignette,
au-dessous du titre, cette dédicace : « À M. Maxime
Du Camp. » Est-ce fort ? C'est si fort que ça n'a pas
même aucun sens, puisque la pièce, d'un bout à l'autre,
est adressée à quelqu'un et qu'elle portait, originairement,
une dédicace qui en était tout le titre (celui de *Rédemption*
la dénature même[3]). Moi, cela me semble démesuré
(même en mettant à part le sans-gêne du procédé).
Cet homme qui, pour se pousser par tous les moyens
possibles, pour se voir étaler à une vitre de marchand,
va se fourrer, de lui-même, entre des notes et des vers
auxquels il n'a en rien contribué, s'intercaler ainsi dans
l'œuvre d'un autre et mettre son nom à la place d'une
lettre, laquelle lettre représentait un souvenir, un cri de
l'âme ! accaparer une chose si personnelle et si intime !
pour se faire mousser ! Cela m'a d'abord fait beaucoup
rire. Après quoi, j'ai compris l'odieux de la chose.

Cet ami dont je te parlais, que j'ai rencontré en
chemin de fer[4], m'a dit que les articles de Castille[5]
faisaient le plus mauvais effet. Quant à celui de l'*Athe-*

naeum[1], j'ai compris que le père Vivien de Saint-Martin
avait eu le dessus, car il a répondu aux témoins de D[u
Camp] que c'était une discussion littéraire et qu'il ne
donnerait aucune excuse. D[u Camp] a écrit qu'il le
méprisait, à quoi l'autre a répondu qu'il l'engageait
« à modérer ses expressions et à ne pas entrer sur le
terrain de la calomnie », ou qu'il aurait recours aux
tribunaux. — Et tout cela est rapporté par un dévoué !
Grand mépris de Fouard pour Turgan et Cormenin[2].
La bande se détraque, à ce qu'il paraît. Cormenin, au
Moniteur, travaille sous « un conseil de rédaction » dont
font partie Sainte-Beuve, Rolle[3], etc. « C'est une place
de commis que celle du rédacteur, et une place de com-
missionnaire que celle du directeur. » Voilà comme on
est arrangé par les amis. À tout cela je ne répondais
mot. M[axime] a loué une maison de campagne à
Chaville, près Versailles, pour y passer l'été. Il va
écrire *Le Nil*[4]. Encore des voyages ! Quel triste genre !
Il n'a pas écrit une ligne de *Reiz Abdallah* ni du *Cœur
saignant*[5], annoncés depuis plusieurs mois.

Autre aspect humain : ce Fouard allait à Elbeuf pour
demander à son père la permission de changer de nom.
Ce nom de Fouard (foire) l'empêche de se marier et
il a besoin d'un riche mariage pour payer sa future
étude. Mais je crois[6] que le bourgeois, qui a fait sa
fortune *lui-même,* va être indigné et refusera son consen-
tement. Qu'est-ce qui est le plus fort, du fils ou du père ?

As-tu le troisième volume de l'*Archéologie* de Muller[7] ?
Il m'est impossible de le retrouver. J'ai oublié de te
remettre (je l'avais dans mon carton) *Les Fantômes*[8]. Les
veux-tu ? Mais j'aimerais mieux te les redonner en te
faisant de vive voix des observations.

Comme c'est mauvais, *Jocelyn !* Relis-en. La quantité
d'hémistiches tout faits, de vers à périphrases vides, est
incroyable. Quand il a à peindre les choses vulgaires
de la vie, il est au-dessous du commun. C'est une
détestable poésie, *inane,* sans souffle intérieur. Ces
phrases-là n'ont ni muscles ni sang. Et quel singulier
aperçu de l'existence humaine ! Quelles lunettes embrouil-
lées ! Mais comme nous nous sommes délectés ensuite
dans La Fontaine ! C'est à apprendre par cœur d'un
bout à l'autre. *La Courtisane amoureuse,* quels vers ! quels
vers ! que de tournure et de style ! Il n'y a pas dans tout

Lamartine un seul trait humain, sensible, au sens ordinaire du mot, comme celui de Constance baisant les
pieds de son amant[1]. Voilà du cœur au moins ! et de
la poésie ! car toutes ces distinctions, après tout, ne sont
que des subtilités à l'usage de ceux qui n'ont ni de l'un
ni de l'autre. Relis ce conte et appesantis-toi sur chaque
mot, sur chaque phrase. Quelle admirable narration et
quel enchaînement ! ! ! Songer pourtant que les contes
de La Fontaine passent encore pour un mauvais livre !
un *livre cochon !* Ah ! les tyrannies ont cela de bon
qu'elles réalisent au moins bien des vengeances impuis-
santes. Je suis si harassé par la bêtise de la multitude
que je trouve justes tous les coups qui tombent sur elle.

L'œuvre de la critique moderne est de remettre l'Art
sur son piédestal. On ne vulgarise pas le Beau ; on le
dégrade, voilà tout. Qu'a-t-on fait de l'antiquité en
voulant la rendre accessible aux enfants ? Quelque chose
de profondément stupide ! Mais il est si commode pour
tous de se servir d'*expurgata,* de résumés, de traductions,
d'atténuations ! Il est si doux pour les nains de contempler les géants raccourcis ! Ce qu'il y a de meilleur dans
l'Art échappera toujours aux natures médiocres, c'est-à-
dire aux trois quarts et demi du genre humain. Pourquoi
dès lors dénaturer la vérité au profit de la bassesse ?
Adieu, toi qui tressailles aux belles choses et que j'aime
tant pour les enthousiasmes que tu as, et pour tout le
reste aussi.

Mille baisers partout. À toi, à toi.

Ton G.

À LOUISE COLET

[Croisset,] nuit de samedi, 1 heure.
[21 mai 1853.]

Sais-tu que tu m'as écrit deux lettres charmantes,
superbes et avec qui j'ai eu (comme le père Babinet[2]
avec sa femme *délicieuse*) « le plus grand plaisir » ? ? ?
Je vais les reprendre et t'en parler (c'est une habitude
que nous devrions avoir plus souvent). J'aime bien ta
mine chez Mme Didier[3], défendant la bonne cause contre

les Lamartiniens, et toute la manière dont tu me parles
de cette grande source de fleurs blanches[1]. Le portrait
du sénateur Beauvau[2], ton chic raide chez les Chevreau[3] :
tout cela est crânement troussé. Quel immense mot que
celui d'Houssaye[4] : « Auriez-vous le style de M. de
Lamartine ! » Âh ! oui, ce sont de pauvres gens, un
pauvre monde, et petit, et faible. Leur réputation ne
dure même pas tout le temps qu'ils vivent. Ce sont des
célébrités qui ne dépassent point la longueur d'un loyer ;
elles sont à terme. On est reconnu grand homme pendant
cinq ans, dix ans, quinze ans (c'est déjà beaucoup) ; puis
tout sombre, homme et livres, avec le souvenir même
de tant de tapage inutile. Mais ce qu'il y a de dur, c'est
l'aplomb de ces braves gens-là, leur sécurité dans la
bêtise ! Ils sont bruissants à la manière des grosses
caisses dont ils se servent ; leur sonorité vient de leur
viduité. La surface est une peau d'âne et le fond, néant !
Tout cela tendu par beaucoup de ficelles. Voilà un
calembour !

Tu me parles des tristesses de ce bon Delisle qui n'a
personne autour de lui ! Moi, j'ai été en cela protégé du
ciel, j'ai toujours eu de bonnes oreilles pour m'entendre
et même d'excellentes bouches pour me conseiller.
Comment ferai-je l'hiver prochain, quand mon B[ouilhet]
ne sera plus là[5] ? Je crois du reste qu'il sera comme moi,
un peu désarçonné un moment. Nous nous sommes
l'un à l'autre, en nos travaux respectifs, une espèce
d'indicateur de chemin de fer, qui, le bras étendu,
avertit que la route est bonne et qu'on peut suivre.

J'aime beaucoup Delisle pour son volume[6], pour son
talent et aussi pour sa préface, pour ses aspirations.
Car c'est par là que nous valons quelque chose, l'*aspiration*. Une âme se mesure à la dimension de son désir,
comme l'on juge d'avance des cathédrales à la hauteur
de leurs clochers. Et c'est pour cela que je hais la poésie
bourgeoise, l'art domestique, quoique j'en fasse. Mais
c'est bien la dernière fois ; au fond cela me dégoûte.
Ce livre, tout en calcul et en ruses de style, n'est pas
de mon sang, je ne le porte point en mes entrailles, je
sens que c'est de ma part une chose voulue, factice.
Ce sera peut-être un tour de force qu'admireront certaines gens (et encore en petit nombre) ; d'autres y
trouveront quelque vérité de détail et d'observation.

Mais de l'air ! de l'air ! Les grandes tournures, les
larges et pleines périodes se déroulant comme des
fleuves, la multiplicité des métaphores, les grands
éclats du style, tout ce que j'aime enfin, n'y sera pas.
Seulement, j'en sortirai peut-être préparé à écrire
ensuite quelque bonne chose. Je suis bien désireux d'être
dans une quinzaine de jours, afin de lire à B[ouilhet]
tout ce commencement de ma deuxième partie (ce qui
fera 120 pages, l'œuvre de dix mois). J'ai peur qu'il n'y
ait pas grande proportion, car pour le corps même du
roman, pour l'action, pour la passion agissante, il ne
me restera guère que 120 à 140 pages, tandis que les
préliminaires en auront plus du double. J'ai suivi, j'en
suis sûr, l'ordre *vrai*, l'ordre naturel. On porte vingt
ans une passion sommeillante qui n'agit qu'un seul jour
et meurt. Mais la proportion esthétique n'est pas la
physiologique. Mouler la vie, est-ce l'idéaliser ? Tant pis,
si le moule est de bronze ! C'est déjà quelque chose ;
tâchons qu'il soit de bronze.

Je me suis gaudy profondément aux récits de
Mme Biard[1] ; je la connais cette petite femme. J'ai
joué avec elle à *l'oie*, chez Pradier[2], dans le temps des
galanteries du grand homme. Elle me paraissait un peu
grisette. Ce ne doit pas être un mets de haute cuisine ;
elle m'a été peu sympathique. Voilà tout ce que je
m'en rappelle.

Mais sais-tu qu'il se dessine comme un très bon
homme, le père Hugo ? Cette longue tendresse pour sa
vieille Juliette[3] m'attendrit. J'aime les passions longues
et qui traversent patiemment et en droite ligne tous les
courants de la vie, comme de bons nageurs, sans dévier.
Il n'y a pas de meilleur père de famille, puisqu'il écrit
à la maîtresse de son fils de venir habiter avec eux ! C'est
bien humain cela ! et peu posé. (J'aurais eu un fils, que
j'aurais pris grand plaisir à lui procurer des femmes et
celles qu'il eût aimées surtout.) Pourquoi a-t-il affiché
parfois une morale si bête et qui l'a tant rétréci ? Pourquoi la politique ? Pourquoi l'Académie ? Les idées
reçues ! l'imitation, etc.

Les réflexions que tu m'envoies sur tout cela sont
justes et j'en tire la conclusion que ce grand homme
doit être très seul dans sa famille. Tout se groupe
toujours autour de l'officiel ; les faibles vont au conve-

nable, ils se sentent appuyés vaguement par une majorité
innombrable. Il doit avoir de bonnes tristesses là-bas,
avec sa femme qui l'embête, Vacquerie qui l'admire
(comme le Wagner[1] de Faust) et ses fils, petits lionçon-
neaux qui regrettent le boulevard. Ah ! pourquoi se
marier ? pourquoi accepter la vie quand on est créé par
Dieu pour la juger, c'est-à-dire pour la peindre ?

Oui, c'est bien étrange, ces deux coïncidences, notre
double lecture de Lamartine, et moi lisant *La Courtisane
amoureuse* tandis que Mme Biard te contait les baisements
de pieds de Juliette[2].

Tu me dis des choses bien tendres, chère Muse. Eh
bien, reçois en échange toutes celles, plus tendres encore,
que tu pourras imaginer. Ton amour, à la fin, me
pénètre comme une pluie tiède, et je m'en sens imbibé
jusqu'au fond de tout mon cœur. N'as-tu pas tout ce
qu'il faut pour que je t'aime, corps, esprit, tendresse ?
Tu es simple d'âme et forte de tête, très peu « pohétique » et extrêmement poète. Il n'y a rien en toi que
de bon, et tu es tout entière comme ta poitrine, blanche et
douce au toucher. Celles que j'ai eues, va, ne te valaient
pas, et je doute que celles que j'ai désirées te valussent.
Je tâche quelquefois de m'imaginer ton visage quand
tu seras vieille, et il me semble que je t'aimerai encore
tout autant, plus peut-être. Je suis, dans mes actions
du corps et de l'esprit, comme les dromadaires que
l'on a grand mal également à faire marcher et s'arrêter :
la continuité du repos et du mouvement est ce qui me
va. Au fond, rien de moins diapré que ma personne et
tu seras toujours la seule *maîtresse* de ton amant. Sais-tu
seulement que j'ai peur de devenir bête ! Tu m'estimes
tellement que tu dois te tromper et finir par m'éblouir.
Il y a peu de gens qui aient été *chantés* comme moi.
Ah ! Muse, si je t'avouais toutes mes faiblesses, si je
te disais tout le temps que je perds *à rêver* mon petit
appartement de l'année prochaine ! Comme je nous y
vois ! Mais il ne faut jamais penser au bonheur ; cela
attire le diable, car c'est lui qui a inventé cette idée-là
pour faire enrager le genre humain. La conception du
paradis est au fond plus infernale que celle de l'enfer.
L'hypothèse d'une félicité parfaite est plus désespérante
que celle d'un tourment sans relâche, puisque nous
sommes destinés à n'y jamais atteindre. Heureusement

qu'on ne peut guère se l'imaginer ; c'est là ce qui console.
L'impossibilité où l'on est de goûter au nectar fait
trouver bon le chambertin. Adieu ! Quel dommage qu'il
soit si tard ! Je n'ai guère envie de dormir, et j'avais
encore bien des choses à te dire, à te parler de ton
drame, etc. Mardi, ne parle pas de Du Camp à Gautier ;
laisse-le venir, si tu veux t'en faire un ami. Je crois que
le Bouilhet est un sujet qui l'amuse peu. Est-ce se reconnaître médiocre que d'envier quelqu'un ! Mille baisers
et tendresses.

J'embrasse tes lèvres.

Ton G.

À LOUISE COLET

[Croisset,] nuit de jeudi, 1 h[eure].
[26 mai 1853.]

Je ferais mieux de continuer à travailler et de t'écrire
demain, car je suis ce soir fort animé, et dans un grand
rut littéraire. Mais comme demain il peut revenir*a*, cela
me remettrait trop loin (au plaisir que me font tes lettres,
je pense que tu dois bien fort, aimer les miennes). Et
puis il faut se méfier de ces grands échauffements. Si
l'on a, alors, la vue longue, on l'a souvent trouble. —
Le bon de ces états-là, c'est qu'ils retrempent, et vous
infusent dans la plume un sang plus jeune. — On a
dans la tête toutes sortes de floraisons printanières, qui
ne durent pas plus que les lilas, qu'une nuit flétrit,
mais qui sentent si bon ! — As-tu senti quelquefois
comme un grand soleil qui venait du fond de toi-même
et t'éblouissait ? — Oui, cela a bien marché aujourd'hui,
je me suis à peu près débarrassé d'un dialogue archi-
coupé fort difficile, j'ai écrit aux deux tiers une phrase
pohétique[1], et esquissé trois mouvements de mon pharmacien, qui me faisaient à la fois beaucoup rire, et grand
dégoût, tant ce sera fétide d'idée et de tournure. — J'en
ai pour jusqu'à la fin du mois de juin, de cette 1re partie.

J'ai relu presque *tout*. Le commencement sera à récrire,
ou du moins à corriger fortement, c'est lâche et plein
de répétitions, je cherchais *la manière* qui, plus loin,

eſt trouvée. — Ça ne m'a pas semblé long, et il y a de
bonnes choses, mais par-ci, par-là certains chics pittoresques inutiles ; manie de peindre quand même, qui
coupe le mouvement et quelquefois la description elle-
même, et qui donne ainsi parfois un caraƈtère étroit à
la phrase. Il ne faut pas être gentil. — Il me semble du
reſte que les parties les plus nouvellement faites sont
les meilleures. — C'eſt peut-être une illusion. Mais ça
n'en eſt peut-être pas une, puisqu'à mesure que j'avance,
j'ai plus de mal. — Si j'ai plus de mal, c'eſt que j'y vois
plus loin ? On peut juger du poids d'un fardeau aux
gouttes de sueur qu'il vous cause ?

Et ton drame ? Resserre bien ton plan[1]. — Que chaque
scène avance, pas de traits inutiles. — Mets de la poésie
dans *l'aƈtion*. — Motive bien chaque entrée et chaque
sortie. — Et que les vers soient *roides*. Pourquoi ai-je
bonne opinion de ce drame ? Pourquoi ai-je le pressentiment qu'il sera reçu, applaudi ; que ce sera un succès ?
Envoie-moi un plan bien détaillé. Je suis curieux de le
voir. Mais comme nous nous disputerons probablement !

Je crois le conseil du grand homme[2] bon. — 2 mille
francs, après tout, sont à considérer, et en s'y prenant
bien, il y a moyen de les avoir l'année prochaine[3]. La
vengeance les vaut-elle ? Note que tu ne peux publier
L'Acropole tout à fait *bien* corrigée : ce serait différent
du poème envoyé, et ils pourraient réclamer. — D'ailleurs
pour que la farce leur fût amère (et je persiſte là-dedans),
il faudrait, l'année prochaine, gagner le prix avec une
autre *Acropole*. Mais je comprends parfaitement que ça
t'ennuie. Suis donc ta première idée. — Finis tes corrections puisque tu y es. — Puis laisse tout ça de côté,
pour l'en tirer cet hiver quand il sera temps. On inté-
ress[er]a le Philosophe[4], etc. !

Quelles charmantes manières que celles de l'ami
Gautier ! Quel savoir-vivre ! Je doute fort que les deux
premières représentations de mardi fussent vraies.
Informe-t'en donc[5]. N'y a-t-il pas là-dessous quelque
blague ? On ne se soucie peut-être pas beaucoup du
rapprochement ? J'ai reçu aujourd'hui du jeune homme[6]
une plaisanterie (l'annonce, dans le journal, de la mort
d'un brave homme inconnu sur lequel nous avions fait
des charges, en voyage, un entrefilet qu'il m'envoie dans
une enveloppe de deuil et avec cachet noir). Voilà déjà

deux ou trois amabilités, en peu de temps. — Qu'est-ce
que tout cela veut dire ? rien du tout. — Légèreté, vanité,
inconsistance d'idées, d'amour ou de haine ; et en quoi
que ce soit, impuissance à suivre la ligne droite. — À
propos de l'ami Théo, il me revient en tête cette phrase
de *Candide* (c'est Martin qui parle, et de Paris) : « Je
connus la canaille écrivante, la canaille cabalante, et la
canaille convulsionnaire. On dit qu'il y a des gens fort
polis dans cette ville-là, je le veux croire[1]. »

Cela me fait songer aux tables tournantes (les convulsionnaires). Est-elle bête cette Edma[2] ! Avoue que c'est
fort, les tables tournantes. Ô lumières ! Ô Progrès ! Ô
humanité ! Et on se moque du m[oyen] âge, de l'antiquité, du diacre Paris[3], de Marie Alacoque[4], et de la
Pythonisse[5] ! Quelle éternelle horloge de bêtises que le
cours des âges ! Les sauvages qui croient dissiper les
éclipses de soleil en tapant sur des chaudrons valent
bien les Parisiens qui pensent faire tourner des tables
en appuyant leur petit doigt sur le petit doigt de leur
voisin. — C'est une chose curieuse comme l'humanité,
à mesure qu'elle se fait autolâtre, devient stupide. Les
inepties qui excitent maintenant son enthousiasme com-
pensent par leur quantité, le peu d'inepties, mais plus
sérieuses, devant lesquelles elle se prosternait jadis. Ô
socialistes, c'est là votre ulcère ; l'idéal vous manque.
Et cette matière même, que vous poursuivez, vous
échappe des mains comme une onde. L'adoration de
l'humanité pour elle-même et par elle-même (ce qui
conduit à la doctrine de l'utile dans l'art, aux théories
de salut public et de raison d'État, à toutes les injustices
et à tous les rétrécissements, à l'immolation du droit,
au nivellement du Beau), ce culte du ventre, dis-je,
engendre du vent (passez-moi le calembour). Et il n'y
a sorte de sottises que ne fasse et qui ne charme cette
époque si sage. — « Ah ! moi, je ne donne pas dans le
creux, dit-elle ; pauvres gens que ceux qui ont cru à
l'apothéose ou au Paradis ! On est plus *positif* maintenant,
on, etc. » Et quelle longueur de carotte pourtant avale
ce bon bourgeois de siècle ! Quel nigaud ! Quel jobard !
Car la canaillerie n'empêche pas le crétinisme. — J'ai
déjà assisté, pour ma part, au choléra qui dévorait les
gigots que l'on envoyait dans les nuages sur des cerfs-
volants, au serpent de mer, à Gaspar Hauser[6], au chou

colossal, orgueil de la Chine, aux escargots sympathiques, à la sublime devise « liberté, égalité, fraternité », inscrite au fronton des hôpitaux, des prisons et des mairies. — À la peur des Rouges, au grand parti de l'ordre. — Maintenant nous avons « le principe d'autorité qu'il faut rétablir ». J'oubliais « les travailleurs », le savon Ponce, les rasoirs Foubert, la girafe, etc., et mettons dans le même sac tous les littérateurs qui n'ont rien écrit (et qui ont des réputations solides, sérieuses) et que le public admire d'autant plus, c'est-à-dire la moitié au moins de l'école doctrinaire, à savoir les hommes qui ont réellement gouverné la France pendant 20 ans.

Si l'on veut prendre la mesure de ce que vaut l'estime publique, et quelle belle chose c'est que « d'être montré au doigt », comme dit le poète latin, il faut sortir à Paris dans les rues le jour du Mardi Gras. Shakespeare, Goethe, Michel-Ange n'ont jamais eu 400 mille spectateurs à la fois, comme ce bœuf ! Ce qui le rapproche, du reste, du génie, c'est qu'on le met ensuite en morceaux.

Eh bien, oui, je deviens aristocrate, aristocrate enragé, sans que j'aie, Dieu merci, jamais souffert des hommes et que la vie pour moi n'ait pas manqué de coussins, où je me calais dans des coins, en oubliant les autres. Je déteste fort mes semblables et ne me sens pas leur semblable. — C'est peut-être un monstrueux orgueil, mais diable m'emporte si je ne me sens pas aussi sympathique pour les poux qui rongent un gueux que pour le gueux. Je suis sûr d'ailleurs que les hommes ne sont pas plus frères les uns aux autres que les feuilles des bois ne sont pareilles. — Elles se tourmentent ensemble, voilà tout. Ne sommes-nous pas faits avec les émanations de l'univers ? La lumière qui brille dans mon œil a peut-être [été] prise au foyer de quelque planète encore inconnue, distante d'un milliard de lieues du ventre où le fœtus de mon père s'est formé, et si les atomes sont infinis, et qu'ils passent ainsi dans les Formes comme un fleuve perpétuel roulant entre ses rives, les Pensées, qui donc les retient, qui les lie ? — À force quelquefois de regarder un caillou, un animal, un tableau, je me suis senti y entrer. Les communications entr'humaines ne sont pas plus intenses. —

D'où viennent les mélancolies historiques, les sympathies à travers siècle, etc. ? Accrochement de molécules

qui tournent, diraient les épicuriens[1]. — Oui, mais les
molécules de mon corps vivant ne tournent guère, et
enfin ce n'est pas parce qu'un imbécile a deux pieds
comme moi, au lieu d'en avoir quatre comme un âne,
que je me crois obligé de l'aimer, ou tout au moins de
dire que je l'aime, et qu'il m'intéresse.

Il fut un temps où le patriotisme s'étendait à la cité.
Puis le sentiment, peu à peu, s'est élargi avec le territoire
(à l'inverse des culottes. C'est d'abord le ventre qui
grossit). Maintenant l'idée de patrie est, Dieu merci, à
peu près morte et on en est au socialisme, à l'humanitarisme (si l'on peut [s']exprimer ainsi). Je crois que,
plus tard, on reconnaîtra que l'amour de l'humanité est
quelque chose d'aussi piètre que l'amour de Dieu. On
aimera le Juste en soi, pour soi, le Beau pour le Beau.
Le comble de la civilisation sera de n'avoir besoin
d'aucun bon sentiment, ce qui s'appelle *[sic]*. Les sacrifices seront inutiles, mais il faudra pourtant, toujours un
peu de gendarmes ! Je dis là de grandes bêtises, mais
pourtant le seul enseignement à tirer du régime actuel
(basé sur le joli mot *vox populi, vox Dei*) est que l'idée
du Peuple est aussi usée que celle du roi[a]. Que l'on
mette donc ensemble la blouse du travailleur avec la
pourpre du monarque, et qu'on me les jette de compagnie
toutes deux aux latrines, pour y cacher conjointement
leurs taches de sang et de boue. Elles en sont raides.

Adieu, comme il est tard ! Je t'embrasse partout du
cœur et du corps. — Toi avec qui je me fonds et confonds.
Aussi je signe toujours de ce seul mot

　　　　　　　　　　　　　　　　　　　　　　Ton.

À LOUISE COLET

[Croisset,] mercredi, minuit. [1er juin 1853.]

Je viens d'écrire au grand homme (la lettre partira
après-demain au plus tard[2]), ce qui n'était pas aisé à
cause de la mesure que je voulais tenir. Il a fait trop de
canailleries pour que je puisse lui exprimer une admiration sans réserve (ses encouragements à des médio-

crités, l'Académie, son ambition politique, etc.). Et d'autre part il m'a causé tant de bonnes heures d'enthousiasme, il m'a si bien fait bander (si l'on peut s'exprimer ainsi[1]), qu'il m'était fort difficile de me tenir juste entre la raideur et l'adulation. Je crois cependant avoir été à la fois poli et sincère (chose rare).

J'ai relu, et attentivement, tout *L'Acropole*[2] *trois fois.* À part beaucoup de *lumières,* de lumineux, de rayons, d'auréoles qu'il y a dans le commencement, et le morceau des Barbares que je persiste à trouver mauvais et même inutile, *c'est une forte chose,* dont il n'y a pas six vers faibles. Les Panathénées m'ont *ébloui ;* c'est abondant et précis tout ensemble. Sois sûre que c'est bon, très bon, et qu'avec encore une semaine de travail tu fais de cela une chose *achevée.* Le vers est parfois superbe et il y a là un talent merveilleux à exprimer nettement, et en vers essentiellement poétiques, des idées historico-philosophiques. Écoute bien ce qui suit. Il faut prendre *de suite,* à ce propos, un parti et n'y plus revenir.

Veux-tu, oui ou non, reconcourir l'année prochaine[3] ? Ta réponse : « Je verrai au mois de janvier » m'exaspère ; je t'en préviens. C'est maintenant qu'il faut se décider et prendre ses mesures d'avance, lentement et bien. Ainsi, première décision. Seconde : est-ce ce poème-là que tu veux redonner ? (l'idée du Philosophe[4], de redemander le manuscrit à Villemain, est *excellente,* et c'est ce qu'il faut faire, de quelque façon que tu te décides). Si tu veux exécuter ta vengeance (une fois le *manuscrit* de l'Académie détruit), il sera facile de faire *L'Acropole* irréprochable, je t'en réponds. Mais alors, dès que ton plan de drame[5] sera fait, au mois de septembre je suppose, nous reverrons donc à bâtir un plan de 2e *Acropole.* Bouilhet, qui sera alors à Paris, t'aiderait à la confection. Réfléchis à tout cela et tâche de comprendre, chère Muse, qu'il faut toujours avoir du temps devant soi et *faire de suite* afin de pouvoir *faire à l'aise.* Ne m'objecte pas l'inspiration. Les gens comme nous, Dieu merci, doivent savoir s'en passer.

Oui, je crois au succès de ton drame. Mais, si tu le fais dans des idées *heurtantes,* non. Fais-le en vue du public éternel, sans allusion, sans époque, dans la plus grande généralité et il ne heurtera rien et sera plus large. Après une première réussite, tu pourras déployer

tes ailes en liberté. Bouilhet est dans la même position.
Les conditions de son drame[1] le dégoûtent assez, à
cause de toutes les privations qu'il faudra qu'il s'y
impose. Mais il ne l'exécutera pas moins au point de
vue théâtral, et pour réussir. La condition d'honnêteté,
c'est le style, voilà tout. Et il faut[2] réussir, bonne Muse,
il le faut, c'est facile, ne fût-ce que pour s'imposer
ensuite impérieusement.

Le rire a empêché l'indignation ; la pitié a presque
attendri ma colère. Je regarde cet article de Vill[em]ain[3]
comme un hommage involontaire de la bêtise au génie.
J'eusse douté de *La Paysanne,* que je suis maintenant
convaincu de son excellence, car il n'a *pu* lui rien reprocher. Les vers qu'il cite comme mauvais sont des meilleurs, et le blâme d'immoralité, d'irréligion, couronne
le tout ! C'est splendide. Ma mère a lu ces deux articles
et en a été indignée ou plutôt scandalisée. Elle admire
ce stoïcisme des poètes à se laisser déchirer et la force
qu'il faut pour supporter tout cela. Du reste ces articles
ne sont pas *convaincus ;* on y sent un parti pris, un dessous
de cartes qui vous échappe. Plus une œuvre est bonne,
plus elle attire la critique. C'est comme les puces qui se
précipitent sur le linge blanc.

Voilà trois jours que je passe à faire deux corrections
qui ne veulent pas venir. Toute la journée de lundi et
de mardi a été prise par la recherche de deux lignes !
Je relis du Montesquieu, je viens de repasser tout
Candide ; rien ne m'effraie.

Pourquoi, à mesure qu'il me semble me rapprocher
des maîtres, l'art d'écrire, en soi-même, me paraît-il
plus impraticable et suis-je de plus en plus dégoûté
de tout ce que je produis ? Oh ! le mot de Goethe :
« J'eusse peut-être été un grand poète, si la langue ne
se fût montrée indomptable[4] ! » Et c'était Goethe !

B[ouilhet] m'a lu tout ce que tu lui dis de Leconte[5] !
Eh bien, cela m'a attristé. À part cette séparation au
chemin de fer, que je sens et comprends, je n'admets
pas le reste de l'histoire ni du bonhomme. Ces deux
ans passés dans l'absorption complète d'un amour
heureux[6] me paraissent une chose médiocre. Les estomacs
qui trouvent en la ratatouille humaine leur assouvissance
ne sont pas larges. Si c'était le chagrin encore, bien !
Mais la joie ? Non ! non ! C'est long, deux ans passés

sans le besoin de sortir d'ici, sans faire une phrase, sans se tourner vers la Muse. À quoi donc employer ses heures, quand les lèvres sont oisives ? À aimer ? à aimer ? Ces ivresses me surpassent et il y a là une capacité de bonheur et de paresse, quelque chose de *satisfait* qui me dégoûte. Ah ! poète, vous vous consolez dans la littérature. Les chastes sœurs viennent après madame et votre lyrisme n'est qu'un échauffement d'amour détourné. Mais il en est puni, ce brave garçon, la *vie* lui manque un peu dans ses vers, son cœur ne dépasse pas son gilet de flanelle et, restant tout entier dans sa poitrine, il n'échauffe point son style.

Et puis se plaindre, crier à la trahison, ne pas comprendre (et quand on est poète) cette suprême poésie du *néant-vivant,* de l'habit qui s'use, ou du sentiment qui fuit ! Tout cela est bien simple, pourtant. Je ne déclame pas contre ce bon Delisle, mais je dis qu'il me semble un peu *ordinaire* dans ses passions. Le vrai poète, pour moi, est un prêtre. Dès qu'il passe la soutane, il doit quitter sa famille.

Pour tenir la plume d'un bras vaillant, il faut faire comme les amazones, se brûler tout un côté du cœur.

Toi, tu es bien la meilleure femme du monde, et la plus candide nature. Ta proposition d'aller faire visite à cette dame[1] n'avait pas le sens commun, tu me permettras de te dire. N'allais-tu pas plaider pour lui ? Et qu'aurais-tu répondu au premier mot, quand elle t'aurait répliqué : « De quoi vous mêlez-vous ? »

Il y a encore une chose qui m'a semblé légèrement bourgeoise dans ce même individu : « Je n'ai jamais pu *voir* une fille. »

Eh bien, je déclare que j'ai souvent pu, moi ! Et en fait de dégoût, tous ces gens dégoûtés me dégoûtent fort. Est-ce qu'il croyait qu'il ne pataugeait pas en plein dans la prostitution, quand il allait essuyer de son corps les restes du mari ? La petite dame, sans doute, en avait un troisième et, dans les bras de chacun des trois, pensait à un quatrième. Ô ironie des étreintes ! Mais n'importe ! comme elle n'avait pas de *carte,* ce bon Delisle pouvait *la voir.*

Je déclare que cette théorie-là me suffoque. Il y a de ces choses qui me font juger les hommes à première vue : 1º l'admiration de Béranger ; 2º la haine des

parfums ; 3° l'amour des grosses étoffes ; 4° la barbe
portée en collier ; 5° l'antipathie du bordel. Que j'en
ai connu, de ces bons jeunes gens, nourrissant une sainte
horreur des maisons publiques, et qui vous attrapaient,
avec leurs soi-disant maîtresses, les plus belles chaudes-
pisses[1] du monde ! Le quartier latin est plein de cette
doctrine et de ces accidents. C'est peut-être un goût
pervers, mais j'aime la prostitution et pour elle-même,
indépendamment de ce qu'il y a en dessous. Je n'ai
jamais pu voir passer aux feux du gaz une de ces femmes
décolletées, sous la pluie, sans un battement de cœur,
de même que les robes des moines avec leur cordelière
à nœuds me chatouillent l'âme en je ne sais quels coins
ascétiques et profonds. Il se trouve, en cette idée de
la prostitution, un point d'intersection si complexe,
luxure, amertume, néant des rapports humains, frénésie
du muscle et sonnement d'or, qu'en y regardant au fond
le vertige vient, et on apprend là tant de choses ! Et
on est si triste ! Et on rêve si bien d'amour ! Ah ! faiseurs
d'élégies, ce n'est pas sur des ruines qu'il faut aller
appuyer votre coude, mais sur le sein de ces femmes
gaies.

Oui, il manque quelque chose à celui qui ne s'est
jamais réveillé dans un lit sans nom, qui n'a pas vu
dormir sur son oreiller une tête qu'il ne reverra plus,
et qui, sortant de là au soleil levant, n'a pas passé les
ponts avec l'envie de se jeter à l'eau, tant la vie lui
remontait en rots du fond du cœur à la tête. Et quand
ce ne serait que le costume impudent, la tentation de
la chimère, l'inconnu, le *caractère maudit,* la vieille poésie
de la corruption et de la vénalité ! Dans les premières
années que j'étais à Paris, l'été, par les grands soirs de
chaleur, j'allais m'asseoir devant Tortoni et, en regardant
se coucher le soleil, je regardais les filles passer. Je me
dévorais, là, de poésie biblique. Je pensais à Isaïe, à
la « fornication des hauts lieux »[2] et je remontais la rue
de La Harpe, en me répétant cette fin de verset : « Et
son gosier est plus doux que de l'huile[3]. » Diable
m'emporte si j'ai jamais été plus chaste ! Je ne fais qu'un
reproche à la prostitution, c'est que c'est un mythe. La
femme entretenue a envahi la débauche, comme le
journaliste la poésie ; nous nous noyons dans les demi-
teintes. La courtisane n'existe pas plus que le saint ; il

y a des soupeuses et des lorettes, ce qui même est encore plus fétide que la grisette.

Il m'arrive dans mon intérieur une chose triste et qui me chagrine : le père Parain[1] tombe en enfance et par moment déraisonne complètement. Ce brave homme, dont un entrain un peu fou et juvénile faisait tout le charme, est maintenant un vieillard. Son bon naturel perce ; il pleure en parlant de nous, de moi surtout et, dans ses rabâchages c'est notre fortune, mes succès futurs, le moyen de me faire ma part, et mon éloge qui reviennent sans cesse. Cela me navre. Il croit que je vais publier dans six semaines, et dix-huit volumes d'un seul coup ! etc.

Nous n'avons pas de chance ma mère et moi. La tête finit par tourner aux gens qui nous entourent. En voilà deux (Hamard[2] et lui) qui en pètent néanmoins, que ce soit cela ou autre chose ; sans compter Du Camp, qui n'est pas revenu de son voyage avec moi très sain non plus. Qu'ai-je donc ? Je sens bien en moi de grands tourbillons, mais je les comprime. Transpire-t-il quelque chose de tout ce qu'on ne dit pas ? Suis-je un peu fou moi-même ? Je le crois. Les affections nerveuses d'ailleurs sont contagieuses et il m'a peut-être fallu une constitution d'âme robuste, pour résister à la charge que mes nerfs battaient sur la peau d'âne de mon entendement[3].

Pour moi, j'ai un exutoire (comme on dit en médecine). Le papier est là, et je me soulage. Mais l'humidité de mes humeurs peut filtrer au-dehors et, à la longue, faire mal. Il faut qu'il y ait quelque chose de vrai là-dedans.

Pourquoi un phrénologue m'a-t-il dit que j'étais fait pour être un dompteur de bêtes féroces ? et un autre, que je devais magnétiser ? Pourquoi tous les fous et tous les crétins me suivent-ils sur les talons, comme des chiens (expérience que j'ai renouvelée plusieurs fois), etc. « Il ne vous arrivera rien de fâcheux, me dit M. Jorche (drogman du consulat) à la première visite que je lui fis en arrivant à Alexandrie. — Pourquoi ? — Parce que vous avez l'œil oriental. — Comment ? — Oui, le regard drôle, ils aiment ces figures-là[4]. »

Adieu, toi qui as le goût des fous, des crétins, des bêtes féroces et des Arabes, et qui m'aimes. Ce mot d'Arabes me fait penser au *trésor des houris*[5]. Je t'embrasse. Allons, ranime-toi. Tu m'as l'air bien sombre depuis

quelque temps. Établis carrément le plan de ton drame[1]
et envoie-le-moi. Mille baisers encore.

Edma[2], dimanche dernier, n'avait pas encore répondu
à la lettre des tables tournantes dont tu as lu la copie.
T'aperçois-tu qu'il y a un vent de folie générale ? L'idée
du Philosophe[3] à Charenton m'a bien fait rire. Quelle
jolie fin à l'éclectisme !

À VICTOR HUGO

Croisset, 2 juin 1853.

Je crois, Monsieur, devoir vous avertir de ceci :
Votre envoi, à la date du 27 avril[4], m'est arrivé fort
endommagé ; l'enveloppe avait été déchirée en plusieurs
places, et quelques mots de votre écriture se trouvaient
à découvert. La seconde enveloppe (à l'adresse de
Mme C.[5]) avait été arrachée sur les bords, et l'on pouvait
apercevoir de son contenu, à savoir deux autres lettres
et une feuille d'impression.

Est-ce la douane qui a ouvert le paquet pour y surprendre quelque dentelle ? Mais cette hypothèse me
paraissant un peu niaise, il faut donc reporter l'indiscrétion sur le compte des sauveurs de la société. Or, si
vous avez, Monsieur, quelque chose d'important à me
transmettre, le moyen suivant serait, je crois, le plus
sûr : je connais à Londres une famille de bons marchands[6], auxquels vous pourriez, de Jersey même,
adresser vos lettres. Ils décachetteraient cette première
enveloppe (à leur nom), puis couvriraient la seconde
(au mien) d'une autre qui porterait ainsi leur écriture
anglaise et le timbre de Londres. Les envois de Mme C.
suivraient par mon intermédiaire le même chemin.

Le second paquet, du mois de mai (voie du Havre),
m'est arrivé intact.

Cependant vous me permettrez, Monsieur, de vous
remercier pour tous vos remerciements et de n'en
accepter aucun. L'homme qui, dans ma vie restreinte,
a tenu la plus large place, et la meilleure, peut bien
attendre de moi quelque service, puisque vous appelez
cela des services !

La pudeur que l'on a à exposer soi-même toute passion vraie m'empêche, malgré l'exil, de vous dire ce qui m'attache à vous. C'est la reconnaissance de tout l'enthousiasme que vous m'avez causé. Mais je ne veux pas m'empêtrer dans des phrases qui en préciseraient mal l'étendue.

Personnellement, déjà, je vous ai vu ; nous nous sommes rencontrés quelquefois, vous m'ignorant, et moi vous considérant. C'était dans l'hiver de 1844[1], chez ce pauvre Pradier, de si gracieuse mémoire[2] ! On était là cinq ou six, on buvait du thé, et l'on jouait au jeu de l'oie ; je me rappelle même votre grosse bague d'or[3], sur laquelle est gravé un lion rampant, et qui servait d'enjeu.

Vous avez depuis compromis d'autres enjeux, en des facéties plus terribles. Mais la patte du lion y était toujours. *Il*[4] en porte au front la cicatrice, et les siècles le reconnaîtront à cette marque rouge, quand il défilera dans l'histoire.

Pour vous, du reste, qui sait ? Les faiseurs d'esthétique, dans l'avenir, remercieront peut-être la Providence de cette monstruosité, de cette consécration. Car ce qui complète la Vertu, n'est-ce pas le martyre ? Ce qui grandit encore la grandeur, n'est-ce pas l'outrage ? Et il ne vous aura rien manqué, ni du dedans, ni du dehors.

Recevez donc, Monsieur, avec l'hommage de toute mon admiration pour votre génie, l'assurance de tout mon dévouement pour votre personne.

GUST[AVE] FLAUBERT.

(Mme Farmer, Upper Holloway Manor road, nᵒ 5.
London.)

À LOUISE COLET

[Croisset,] jeudi soir, minuit.
[2 juin 1853.]

Mille pardons, bonne Muse, j'ai oublié hier de te parler et de te remercier de ta pièce sur Vétheuil[5]. Quand je prends le papier avec toi, le premier mot entraîne l'autre et j'oublie souvent le plus important de ce que je voulais te dire. Merci donc du cadeau ; il m'a fait

bien plaisir. Je ne l'ai pas montré à Bouilhet dimanche.
J'ai égoïstement gardé tout pour moi, et puis tu m'y
dis de ces choses dont ma pudeur a à rougir. Ce milieu,
il faudra le changer pour rendre la pièce *présentable* aux
autres. Les vers, du reste, y sont moins bons. Mais il
faudrait bien peu de chose pour rendre le début superbe.
J'aime beaucoup ces vers-là :

> *Les peupliers dans l'air*, etc.[1]
> *Une senteur d'encens tombait du mur glacé !*

Fais-moi donc une pièce toute en vers de cette
force-là ! ! ! et tu pourras aller avec *n'importe qui* !
Quelle drôle d'organisation tu as ! Tu parles « de force
de la nature », mais ta force intellectuelle, à toi, opère
par les mêmes procédés, et tu produis des navets et
des oranges avec la même naïveté !

Quand tu voudras, lorsque nous nous reverrons, nous
examinerons cette pièce, qui est d'un sentiment large et
qu'on peut rendre belle.

Pour ton forçat, puisque tu n'y peux rien, il n'y a
rien à répondre.

Quant au sieur Pascal Augé[2], auteur du type du jour,
il m'a l'air bon. Je peux, ces vacances, si je vais à Trouville, prendre des informations sur lui, si ça t'amuse et
si j'y pense.

La semaine a été mauvaise ; je suis d'un sombre
funèbre, harassé, ennuyé. Ces corrections, que j'ai enfin
faites, mais mal faites, m'embêtent. Il n'y a rien de pis
pour moi que de corriger. J'écris si lentement que tout
se tient et, quand je dérange un mot, il faut quelquefois
détraquer plusieurs pages. Les répétitions sont un cauchemar. Et puis tout ce qui me reste encore à faire
m'épouvante, quand je songe que j'en ai encore pour
des mois ! Comme c'est long, c'est long !

Pour en être arrivé au point où je croyais être lors
de notre dernière entrevue, il me faut encore un bon
mois. Juge du reste !

Bouilhet va bien, lui. Ses *Fossiles*[3] seront une grande
chose. Il est en progrès évident. Jamais il n'a été si
crâne de forme, ni si élevé d'idées. Mais moi je ne suis
pas brillant. Ce sujet bourgeois m'abrutit. Je me sens
de mon Homais. Ce sera un joli tour de force, je le sais,

mais j'ai peur quelquefois de m'y casser les reins, ou,
du moins, il me semble qu'ils faiblissent.

Ah ! quand donc pourrai-je écrire en toute liberté un
sujet *Pohétique ?* Car le style à moi, qui m'est naturel,
c'est le style dithyrambique et enflé :

> *Je suis un des gueulards au désert de la vie*[1].

Adieu, *ma* poète chérie. Mille bons baisers et courage.

À toi. Ton G.

À LOUISE COLET

[Croisset,] nuit de lundi, minuit et demi.
[6 juin 1853.]

Je porterai moi-même, demain matin, cette lettre à
la poste. Il faut que j'aille à Rouen pour un enterrement,
celui de Mme Pouchet, la femme d'un médecin[2],
morte avant-hier dans la rue, où elle est tombée de
cheval, près de son mari, frappée d'apoplexie. Quoique
je ne sois guère sensible aux malheurs d'autrui, je le
suis à celui-là. Ce Pouchet est un brave garçon, qui ne
fait aucune clientèle et s'occupe exclusivement de zoolo-
gie où il est très savant. Sa femme, Anglaise fort jolie
et d'excellentes façons, l'aidait beaucoup dans ses travaux.
Elle dessinait pour lui, corrigeait ses épreuves, etc. Ils
avaient fait des voyages ensemble, c'était un compagnon.
Le pauvre homme est complètement sourd et peu gai
naturellement. Il aimait beaucoup cette femme. L'abandon qu'il va avoir, comme le déchirement qu'il a eu,
sera atroce. Bouilhet, qui demeure en face d'eux, a vu
son cadavre ramené en fiacre et le fils qui descendait
la mère, un mouchoir sur la figure. Au même moment
où elle entrait ainsi chez elle, les pieds devant, un com-
missionnaire apportait une botte de fleurs qu'elle avait
commandée le matin. Ô Shakespeare !

Il y a de l'égoïsme dans le fond de toutes nos com-
misérations et ce que je sens pour ce pauvre mari, brave
homme du reste, et qui portait à mon père une vraie
vénération de discipline *[sic]*, vient d'un retour que je
fais sur moi. Je pense à ce que j'éprouverais si tu mou-

rais, pauvre Muse, si je ne t'avais plus. Non, nous ne
sommes pas bons ; mais cette faculté de s'assimiler à
toutes les misères et de se supposer les ayant est peut-
être la vraie charité humaine. Se faire ainsi le centre de
l'humanité, tâcher enfin d'être son cœur général où
toutes les veines éparses se réunissent, ... ce serait à
la fois l'effort du plus grand homme et du meilleur
homme ? Je n'en sais rien. Comme il faut du reste
profiter de tout, je suis sûr que ce sera demain d'un dramatique très sombre et que ce pauvre savant sera
lamentable. Je trouverai là peut-être des choses pour
ma *Bovary.* Cette exploitation à laquelle je vais me livrer,
et qui semblerait odieuse si on en faisait la confidence,
qu'a-t-elle donc de mauvais ? J'espère faire couler des
larmes aux autres avec ces larmes d'un seul, passer[1]
ensuite à la chimie du style. Mais les miennes seront
d'un ordre de sentiment supérieur. Aucun *intérêt* ne
les provoquera et il faut que mon bonhomme (c'est
un médecin[2] aussi) vous émeuve pour tous les veufs.
Ces petites gentillesses-là, du reste, ne sont pas besogne
neuve pour moi et j'ai de la méthode en ces études. Je
me suis moi-même franchement disséqué au vif en des
moments peu drôles. Je garde dans des tiroirs des fragments de style cachetés à triple cachet et qui contiennent
de si atroces procès-verbaux que *j'ai peur* de les rouvrir,
ce qui est fort sot du reste, car je les sais par cœur.

Mais parlons de nous. Donc encore un échec[3], pauvre
amie ! Cela m'a assez vexé, mais moins que pour *L'Acropole,* je l'avoue, car j'avais moins d'espoir. La première
lecture n'est pas si loin qu'ils ne s'en soient rappelés
et, ayant refusé une première fois, *ils se devaient* (toujours
en vertu du respect qu'on se doit à soi-même) de refuser
une seconde fois. Patience, tu auras ton jour et, après
ton drame[4], tu feras ce que tu voudras. Mais, encore
une fois, fais ton drame *jouable,* et tu sais ce que j'entends
par là. J'aurais bien voulu être à Paris, le soir de cet
insuccès, pour t'embrasser tendrement et prendre dans
mes mains ta belle et bonne tête dont je sais apprécier,
moi, les lignes et les casiers.

Non ! ce qui embête[5] le plus profondément, ce n'est
pas de ne pas être applaudi, ni compris, mais de voir
les imbéciles applaudis, exaltés. Il y a dans le numéro
d'hier de l'*Athenaeum,* une pièce de vers de Dufaï à

la louange de Jasmin et de Monsieur et Madame
Ancelot[1] ! Quels vers ! Ils rappellent tout à fait les vers-
charge de Molière. Ce bon Dufaï ! qui fait des épîtres
en l'honneur de Jasmin et faisait des satires contre
Hugo[2] ! À propos d'Hugo, la *Revue de Paris* se signale.
L'article de Pichat sur lui[3] est de fond honnête, quoiqu'il
y eût mieux à dire ; mais enfin l'intention est bonne.
Cet article est probablement pour racheter ceux de
Castille (dans le prochain numéro le Philosophe y
passera[4]). Ces gaillards-là nagent en eau trouble. Pourquoi est-ce que je crois que dans cet article sur le Philosophe il y aura des petites allusions offensives à ton
endroit ? Ça m'étonnerait que ça n'y fût pas et, au fond,
si ça ne va pas trop loin, j'en serai presque content. Ce
sera ça de plus ! et un élargissement au fossé qui n'est
pas prêt de se reboucher du reste. Je suis long à prendre
des déterminations, à quitter des habitudes. Mais quand
les pierres, à la fin, me tombent du cœur, elles restent
pour toujours à mes pieds et aucune force humaine
ensuite, aucun levier n'en peut plus remuer les ruines.
Je suis comme le temple de Salomon, on ne peut plus
me rebâtir.

Bouilhet avait recommandé à D[u Camp] *La Paysanne*
et Delisle dans la même lettre, l'un et l'autre ensemble,
« pour n'avoir pas l'air », comme on dit[5].

Vois-tu, si c'est moi qui suis chargé prochainement
de transmettre à Pichat les remerciements du grand
homme, ce sera étrange. Une chose m'a ennuyé, c'est
que cet article lui dit (et plus longuement) ce que je
lui dis moi-même. Voilà ce que c'est d'écrire n'importe
quoi, quand on n'a pas *les coudées franches*. On est également faibles. La politique a retenu Pichat, comme moi
la peur d'être grossier ou adulateur. Quelles bien
meilleures choses j'eusse dites dans un livre !

Tu me parles de lire je ne sais quel numéro de la
Revue des Deux Mondes. « Je n'ai pas le temps de me tenir
au courant » (phrase de mon brave professeur d'histoire
Chéruel[6]). Deux heures aux langues, huit au style, et
le soir, dans mon lit, une heure encore à lire un classique
quelconque. Je trouve que c'est raisonnable. Ah ! que
je voudrais avoir le temps de lire ! Que je voudrais
faire un peu d'histoire, que je dévore si bien, et un peu
de philosophie, qui m'amuse tant ! Mais la lecture est

un gouffre ; on n'en sort pas. Je deviens ignorant comme un pot. Qu'importe ! Il faut racler la guitare et c'est dur, c'est long.

C'est une chose, toi, dont il faut que tu prennes l'habitude, que de lire *tous les jours* (comme un bréviaire) quelque chose de bon. Cela s'infiltre à la longue. Moi je me suis bourré à outrance de La Bruyère, de Voltaire (les contes) et de Montaigne. Ce qui a amené B[ouilhet] à son vers de *Melaenis*[1], c'est le latin, sois-en sûre. Personne n'est original au sens strict du mot. Le talent, comme la vie, se transmet par infusion et il faut vivre dans un milieu noble, prendre l'*esprit de société* des maîtres. Il n'y a pas de mal à étudier à fond un génie complètement différent de celui qu'on a, parce qu'on ne peut le copier. La Bruyère, qui est très sec, a mieux valu pour moi que Bossuet dont les emportements m'allaient mieux. Tu as le vers souvent philosophique ou vide, coloré à outrance et un peu empêtré. Lis, relis, dissèque, creuse La Fontaine qui n'a aucune de ces qualités ni de ces défauts. Je n'ai pardieu pas peur que tu fasses des fables.

Oh ! comme il me tarde que nous ayons ensemble de bons loisirs ! Quelles lectures nous ferons ! Quelles bosses d'Art ? Ne me dis plus que je mets à notre séparation un entêtement sauvage, un parti pris acharné. Crois-tu que je m'amuserais à nous faire souffrir, si je n'en sentais pas le besoin, la nécessité ? Il faut que mon livre se fasse, et bien, ou que j'en crève. Après, je prendrai un genre de vie autre. Mais ce n'est pas au milieu d'une œuvre si longue qu'on peut se déranger. Je n'écrirai jamais bien à Paris, je le sais. Mais j'y peux préparer mon travail, et c'est ce que je ferai les mois d'hiver que j'y passerai. Il me faut, pour écrire, l'*impossibilité* (même quand je le voudrais) d'être dérangé.

Cet Énault[2] qui va en Orient ! C'est à dégoûter de l'Orient. Quand je pense qu'un pareil monsieur va pisser sur le sable du désert ! et à coup sûr (lui aussi) publier un voyage d'Orient ! Eh bien, moi aussi, j'en ferai, de l'Orient (dans dix-huit mois), mais sans turban, pipes ni odalisques, de l'Orient antique. Et il faudra que celui de tous ces barbouilleurs-là soit comme une gravure à côté d'une peinture. Voilà en effet le conte égyptien[3] qui me trotte dans la tête. J'ai peur seulement qu'une fois dans les notes je ne m'arrête plus et que la chose ne s'enfle. J'en aurais encore pour des années ! Eh bien, après, qu'est-ce que ça fait, si ça m'amuse et que ce soit bon plus tard ? Au fond, c'est fort bête de publier.

Bouilhet m'a apporté hier le volume de La Caussade[1]. C'est une canaille (d'après sa préface), et je plains Leconte, — car je ne veux pas l'appeler Delisle, ce brave garçon-là[2] ! — Une réflexion esthétique m'est surgie de ce vol[ume] : combien peu l'élément extérieur sert ! Ces vers-là ont été faits sous l'équateur et l'on n'y sent pas plus de chaleur ni de lumière que dans un brouillard d'Écosse. C'est en Hollande seulement et à Venise, patrie des brumes, qu'il y a eu de grands coloristes ! Il faut que l'âme se replie.

Voilà ce qui fait de l'observation artistique une chose bien différente de l'observation scientifique : elle doit surtout être instinctive et procéder par l'imagination, d'abord. Vous concevez un sujet, une couleur, et vous l'affermissez ensuite par des secours étrangers. Le subjectif débute. Mais ce La Caussade est bête comme tout ; et ce qui n'est pas peu dire, car tout est bien bête.

La pièce de Leconte à Me C*** est la redite, et moins bonne, de *Dies irae*[3]. Ce que j'en aime, c'est le commencement et la fin. Le milieu est noyé. Ses plans généralement sont trop *ensellés*[4], comme on dirait en termes de maquignons ; l'échine de l'idée fléchit au milieu, ce qui fait que la tête porte au vent. Il donne aussi, je trouve, un peu trop dans l'*idée forte,* dans la grande pensée. Pour un homme qui aime les Grecs, je le trouve peu humain, au sens psychologique. Voilà pour le moral. Quant au plastique, pas assez de relief. Mais en somme je l'aime beaucoup ; ça m'a l'air d'une haute nature. Je ne pense pas du reste que nous [nous] liions beaucoup ensemble, j'entends B[ouilhet] et moi. Il nous trouvera *trop canailles,* c'est-à-dire pas assez en quête de l'*idée,* et nous lâchera là, comme mon jeune Crépet[5] qui n'est pas revenu nous voir. Je l'avais du reste reçu franchement, d'une façon déboutonnée et entière, afin de ne pas le tromper.

Il y a une chose que j'aime beaucoup en M. Leconte, c'est son indifférence du succès. Cela est fort et prouve en sa faveur plus que bien des triomphes. Comme Mme Didier[6] est médiocre ! Quel gâteau de Savoie que

son style ! C'est lourd et prétentieux tout ensemble.
Quelle petite cuisine ! Bonne histoire que celle des
Anglaises[1] avec Lamartine ! « Encore une illusion ! »,
comme dirait iceluy barde.

Je viens de relire *Grandeur et décadence des R[omains]*,
de Montesquieu. Joli langage ! joli langage. Il y a par-ci
par-là des phrases qui sont tendues comme des biceps
d'athlète, et quelle profondeur de critique ! Mais je
répète encore une fois que jusqu'à nous, jusqu'aux très
modernes, on n'avait pas l'idée de l'harmonie soutenue
du style. Les *qui*, les *que* enchevêtrés les uns dans les
autres reviennent incessamment dans ces grands écrivains-
là. Ils ne faisaient nulle attention aux assonances, leur
style très souvent manque de mouvement, et ceux qui
ont du mouvement (comme Voltaire) sont secs comme
du bois. Voilà mon opinion. Plus je vais, moins je
trouve les autres, et moi aussi, bons.

Adieu, il est deux heures passées ; il faut que je me
lève à sept. Mille tendres baisers partout.

À toi. Ton G.

À LOUISE COLET

[Croisset,] nuit de samedi, 1 h[eure].
[11 juin 1853.]

Qu'arrive-t-il donc, bonne Muse ? Pas *une seule* lettre
de toi, cette semaine ! Se sont-elles égarées ? Es-tu
malade ? Je ne sais que penser. Ces douleurs au cœur,
dont tu te plains de temps à autre, m'inquiètent.

J'ai reçu ce matin un vol[ume] de la *R[evue] Britan-
nique* et un n° du *Journal des affiches* de Londres, avec
l'adresse mise par toi. Je m'attendais à une lettre, rien.
Je serai bien dupe demain si la journée se passe ainsi,
et il me tarde que la nuit soit passée, et d'être à dix heures.

Nous avons jeudi dit adieu au père Parain. Son gendre[2]
est venu le chercher. Ce jour du départ, il était plus mal
que les autres et tout à fait perdu. La nuit, il s'était relevé
à deux heures, avait ouvert les portes, s'était promené
sur le quai, etc. Pauvre bonhomme ! c'est peut-être la

dernière fois que je l'ai vu. — Il m'aimait d'une façon *canine* et exclusive ! Si j'ai jamais quelque succès, je le regretterai bien. — Un article de journal l'aurait suffoqué, et les applaudissements même d'un salon fait crever de joie.

La semaine a été assez funèbre : ce départ, l'enterrement de Mme Pouchet[1], et pas de lettre de toi.

Malgré cela j'ai travaillé passablement. Je viens de sortir d'une *comparaison soutenue* qui a d'étendue près de deux pages. C'est un morceau, comme on dit, ou du moins je le crois. Mais peut-être est-ce trop pompeux pour la couleur générale du livre et me faudra-t-il plus tard la retrancher. Mais, physiquement parlant, pour ma santé, j'avais besoin de me retremper dans de bonnes phrases pohétiques. L'envie d'une forte nourriture se faisait sentir, après toutes ces finasseries de dialogues, style haché, etc., et autres malices françoises dont je ne fais pas, quant à moi, un très grand cas, qui me sont fort difficiles à écrire, et qui tiennent une grande place dans ce livre. Ma comparaison, du reste, est une ficelle, elle me sert de transition, et par là rentre donc dans le plan.

J'ai reçu hier une lettre de Paris. Elle m'est adressée par un médecin français[2] qui m'a reçu dans la Haute-Égypte, à Siout. Il vient à Paris passer sa thèse, et me demande, d'un ton très cérémonieux, ma protection, c'est-à-dire des recommandations. Je crois que ce brave homme, qui nous a traités là-bas cordialement, a eu le nez cassé chez Maxime[3]. — Il se plaint à moi de n'avoir pas trouvé son adresse et il m'écrit la bonne adresse. Voilà bien là le gentleman ! Force protestations ! Et à l'heure du service, serviteur ! — Je me rappellerai toujours qu'il avait promis de but en blanc à Joseph[4] de lui acheter un fonds de gargote en Toscane.

Ces deux articles que tu m'envoies sont le commencement[5]. — Fais ton drame[6], n'aie pas peur, courage, tu verras.

———

Quant à moi il n'y a qu'une seule chose qui m'effraye, c'est ma lenteur. Je crèverai que je n'aurai pas balbutié la moitié de ma pensée.

Adieu, je t'embrasse, écris-moi donc. Tout à toi, encore mille tendresses. Ton.

À LOUISE COLET

[Croisset,] dimanche soir, 1 h[eure].
[12 juin 1853.]

Deux mots seulement, quoiqu'il soit bien tard et que
je sois bien fatigué. Je t'écrirai demain ou après-demain
soir. J'ai dévoré ton énorme paquet de ce matin et, si
je t'eusse eue là, je t'eusse aussi, toi-même, dévorée de
caresses. Qui m'expliquera pourquoi cette lettre m'a
causé[a] au cœur une sorte de priapisme sentimental ?
L'exhibition de la plus luxueuse nudité ne procure pas
à la chair plus d'attirement que le récit de tout cela n'en
a fait à ma pensée. — J'ai senti ce matin que je t'aimais
plus pour toutes ces misères. — Quel dommage que
je n'aie pas été à Paris ! Je te l'aurais mené ton
M. Lacroix[1]. Il faut que Delisle le bâtonne, et rien
de plus. — Toutes ces punaises-là doivent être écrasées
du pied et non de la main. J'espère bien à quelque jour
me donner ce plaisir, quand je les rencontrerai sur mon
chemin.

B[ouilhet] a été presque malade, cet après-midi, de la
tristesse, du découragement, du dégoût que ce récit lui
a causé.

Comme Ferrat[2] y est beau ! et le Capitaine[3] toujours
gentilhomme ! Mais vous êtes en bon chemin. Il faut
avoir une rétractation franche, complète, explicite.

Par une singulière coïncidence, B[ouilhet], cette
semaine, a sous sa porte, à l'entrée de sa rue, foutu ce
qui s'appelle une pile à un porteur d'eau. Tout le quartier
était en rumeur.

P.-S. — Le porteur d'eau avait même ses crochets.
Adieu, bonne chère Muse, tâche de te raffermir,
imite ce bon Delisle qui m'a l'air d'un stoïque. Ce
garçon-là me va tout à fait par ce que je sais de son
caractère, de sa conduite, de ses intentions, de ses
aspirations — et de ses œuvres.
Encore mille baisers. À toi, tout ton.

À LOUISE COLET

Me sentant ce matin en grande humeur de style, j'ai, après ma leçon de géographie à ma nièce[1], empoigné ma *Bovary* et j'ai esquissé trois pages dans mon après-midi, que je viens de récrire ce soir. Le mouvement en est furieux et plein. J'y découvrirai sans doute mille répétitions de mots qu'il faudra ôter. À l'heure qu'il est, j'en vois peu. Quel miracle ce serait pour moi d'écrire maintenant seulement deux pages dans une journée, moi qui en fais à peine trois par semaine ! Lors du *Saint Antoine*[2], c'est pourtant comme cela que j'allais ; mais je ne me contente plus de ce vin. Je le veux à la fois plus épais et plus coulant. N'importe, je crois que cette semaine m'avancera et que, dans quinze jours à peu près, je pourrai lire à Bouilhet tout ce commencement (cent vingt pages). S'il marche bien, ce sera un grand encouragement et j'aurai passé sinon le plus difficile, du moins le plus ennuyeux. Mais que de retards ! Je n'en suis pas encore au point où je croyais être pour notre dernière entrevue à Mantes[3].

Quels sots et violents tracas tu as eus cette semaine passée, pauvre chère amie ! Sur de pareilles merdes qui nous viennent se déposer à nos pieds, le mieux qu'il y a à faire, c'est de passer de suite l'éponge et de n'y plus songer. Mais si tu tiens le moins du monde à ce que le sieur Lacroix[4] ou le grand Sainte-Beuve reçoivent quelque chose sur la figure ou autre part, tu n'as qu'à me le dire. C'est une commission dont je m'acquitterais avec empressement à mon prochain voyage à Paris, par manière de passe-temps, entre deux courses. Mais ne pouvais-tu, du premier mot, mettre ce Lacroix à la porte ? À quoi bon discuter, répliquer, se passionner ? Tout cela est bien facile à dire de sang-froid, n'est-ce pas ? C'est que c'est toujours ce maudit élément passionnel qui nous cause tous nos ennuis. Quel grand mot que celui de La Rochefoucauld : « L'honnête homme est celui qui ne s'étonne de rien[5]. » Oui, il faut se brider le cœur, le tenir en laisse comme un bouledogue enragé et ensuite le lâcher tout d'un bond dans le style, au moment opportun. Cours, mon vieux, cours, aboie fort et prends au ventre. Ce que ces drôles-là ont de supérieur sur nous, c'est la patience. Ainsi dans cette histoire, Lacroix, par sa ténacité de couardise, va lasser Delisle. Celui-ci finira par s'embêter de tout cela et quittera la partie, et *le Jeune irrité* (tout Sainte-Beuve est dans ce mot) n'aura eu en définitive ni épée dans la bedaine, ni coup de pied au cul, et il recommencera en sourdine ses machinations, comme dirait Homais.

Tu t'étonnes d'être en butte à tant de calomnies, d'attaques, d'indifférence, de mauvais vouloir. *Plus tu feras bien, plus tu en auras.* C'est là la récompense du bon et du beau. On peut calculer la valeur d'un homme d'après le nombre de ses ennemis et l'importance d'une œuvre au mal qu'on en dit. Les critiques sont comme les puces, qui vont toujours sauter sur le linge blanc et adorent les dentelles. Ce blâme envoyé par Sainte-Beuve à *La Paysanne* me confirmerait plus dans l'excellence de *La Paysanne* que les éloges du grand Hugo. On donne des éloges à tout le monde, mais le blâme, non. Qu'est-ce qui a jamais fait la parodie du médiocre ?

À propos de Hugo, je ne crois pas qu'il soit temps de lui écrire. Tu as mis à lui répondre un mois. Notre paquet est parti il n'y a pas quinze jours. Il faut au moins encore attendre autant. Pourvu qu'on ne l'ait pas saisi ! Toutes les précautions ont été prises pourtant. Ma mère a écrit l'adresse elle-même.

Qu'est-ce que veut donc dire cette phrase dans ta lettre de ce matin, en parlant de Delisle : « Je crois que je m'étais trompée sur mon impression d'hier » ? Les mots des bourgeois de Chartres à Préault[1] sont bons. T'ai-je dit celui d'un curé de Trouville, auprès de qui je dînais un jour ? Comme je refusais du champagne (j'avais déjà bu et mangé à tomber sous la table, mais mon curé entonnait toujours), alors il se tourna vers moi et, avec un œil ! quel œil ! un œil où il y avait de l'envie, de l'admiration et du dédain tout ensemble, il me dit en levant les épaules : « Allons donc ! vous autres jeunes gens de Paris qui, dans vos soupers fins, *sablez le champagne,* quand vous venez ensuite en province, vous faites les petites bouches[2]. » Et comme il y

avait de sous-entendus, entre le mot *soupers fins* et celui
de *sablez*, ceux-ci : *avec des actrices !* Quels horizons !
Et dire que je l'excitais, ce brave homme. Et, à ce
propos, je vais me permettre une petite citation :

« Allons donc ! fit le pharmacien en levant les épaules,
les parties fines chez le traiteur ! les bals masqués ! le
champagne ! tout cela va rouler, je vous assure.

— Moi, je ne crois pas qu'il se dérange, objecta
Bovary.

— Ni moi non plus, répliqua vivement M. Homais,
quoiqu'il lui faudra pourtant suivre les autres, au risque
de passer pour un jésuite. Et vous ne savez pas la vie
que mènent ces farceurs-là, dans le quartier latin, avec
des actrices ! Du reste, les étudiants sont fort bien vus à
Paris. Pour peu qu'ils aient quelque talent d'agrément,
on les reçoit dans les meilleures sociétés, et il y a même
des dames du faubourg Saint-Germain qui en deviennent
amoureuses, ce qui leur fournit, par la suite, les occasions
quelquefois de faire de très beaux mariages[1]. »

En deux pages j'ai réuni, je crois, toutes les bêtises
que l'on dit en province sur Paris, la vie d'étudiant, les
actrices, les filous qui vous abordent dans les jardins
publics, et la cuisine de restaurant « *toujours* plus mal-
saine que la cuisine bourgeoise ».

Cette raideur dont m'accuse Préault m'étonne. Il
paraît du reste que, quand j'ai un habit noir, je ne suis
plus le même. Il est certain que je porte alors un dégui-
sement. La physionomie et les manières doivent s'en
ressentir. L'extérieur fait tant sur l'intérieur ! C'est le
casque qui moule la tête ; tous les troupiers ont en eux
la raideur imbécile de l'alignement. Bouilhet prétend
que j'ai, dans le monde, l'air d'un officier habillé en
bourgeois. Foutu air ! Est-ce pour cela que l'illustre
Turgan[2] m'avait surnommé « le major » ? Il soutenait
aussi que j'avais l'air militaire. On ne peut pas me faire
de compliment qui me soit moins agréable. Si Préault
me connaissait, probablement au contraire qu'il me
trouverait trop débraillé, comme ce bon Capitaine[3].
Mais que Ferrat[4] a dû être beau, avec sa « bonne furie
méridionale » ! Je le vois de la gasconnate ; c'est énorme !
Tu parles de grotesque ; j'en ai été accablé à l'enterrement de Mme Pouchet[5]. Décidément le bon Dieu est
romantique ; il mêle continuellement les deux genres.

Pendant que je regardais ce pauvre Pouchet qui se tordait debout comme un roseau au vent, sais-tu ce que j'avais à côté de moi ? Un monsieur qui m'interrogeait sur mon voyage : « Y a-t-il des musées en Égypte ? *Quel est l'état des bibliothèques publiques ?* » (textuel). Et comme je démolissais *ses illusions,* il était désolé. « Est-il possible ! Quel malheureux pays ! Comment la civilisation ! » etc. L'enterrement étant protestant, le prêtre a parlé en français sur le bord du trou. Mon monsieur aimait mieux ça... « Et puis, le catholicisme est dénué de ces fleurs de rhétorique. » Ô humains, ô mortels ! Et dire qu'on est toujours dupe, qu'on a beau se croire inventif, que la réalité vous écrase toujours. J'allais à cette cérémonie avec l'intention de m'y guinder l'esprit à faire des finesses, à tâcher de découvrir de petits graviers, et ce sont des blocs qui me sont tombés sur la tête ! Le grotesque m'assourdissait les oreilles et le pathétique se convulsionnait devant mes yeux. D'où je tire (ou retire plutôt) cette conclusion : *Il ne faut jamais craindre d'être exagéré.* Tous les très grands l'ont été, Michel-Ange, Rabelais, Shakespeare, Molière. Il s'agit de faire prendre un lavement à un homme (dans *Pourceaugnac*) ; on n'apporte pas une seringue ; non, on emplit le théâtre de seringues et d'apothicaires[1]. Cela est tout bonnement le génie dans son vrai centre, qui est l'énorme. Mais pour que l'exagération ne paraisse pas, il faut qu'elle soit partout continue, proportionnée, harmonique à elle-même. Si vos bonshommes ont cent pieds, il faut que les montagnes en aient vingt mille. Et qu'est-ce donc que l'idéal, si ce n'est ce grossissement-là ?

Adieu, mille bons baisers, travaille bien ; vois seulement les amis, monte dans la tour d'ivoire et advienne que pourra.

Encore un baiser. À toi.

À LOUISE COLET

[Croisset,] lundi, minuit. [20 juin 1853.]

Tu as donc encore eu des ennuis cette semaine, pauvre chère Muse, encore ! « Encore le Crocodile[2]. »

Mais laisserons-nous donc toujours notre manteau se déchirer par les rats ! Les punaises s'insinuent à la longue dans les joints du cœur. Prends garde, il en retient le goût et les petites misères rapetissent. Laisse là les Énault[1] et autres ! Qu'est-ce que ça te fait son salut, après tout ? Fous-moi toutes ces canailles-là à la porte quand ils se présentent, très bien ! Mais ils ne méritent de toi pas même un battement de cœur de colère, car pas un seul brin de leur barbe ne vaut un seul de tes cheveux, sois-en sûre, et les contractions de leur vengeance, faisant saillie en petits articles, en petites calomnies, etc., n'auront jamais la consistance et la persistance de ta musculature poétique. La tour d'ivoire, la tour d'ivoire ! et le nez vers les étoiles ! Cela m'est bien facile à dire, n'est-ce pas ? Aussi, dans toutes ces questions-là, j'ose à peine parler. On peut me répondre : Ah ! vous, vous avez vos petits revenus, mon gros bonhomme, et n'avez besoin de personne. Je le sais, et j'admire ceux qui valent autant que moi et mieux que moi, et qui souffrent et sur qui on piétine. Il y a des jours où l'idée de tout ce mal qui s'attaque aux bons m'exaspère. La haine que je vois partout, portée à la poésie, à l'Art pur, cette négation complexe[2] du Vrai me donne des envies de suicide. On voudrait crever, puisqu'on ne peut faire crever les autres, et tout suicide est peut-être un assassinat rentré. Cette histoire d'Énault, d'Edma et la misère de ce pauvre Leconte[3] (surtout) nous ont beaucoup attristés hier. Pauvre et noble garçon ! Le succès, les compliments, la considération, l'argent, l'amour des femmes et l'admiration des hommes, tout ce que l'on souhaite enfin est, à des degrés différents, pour les médiocres (depuis Scribe jusqu'à Énault). Ce sont les Arsène Houssaye et les Du Camp qui trouvent le moyen de faire parler d'eux. Ce que j'admire, c'est que ceux-là même (Houssaye par exemple) sont, au point de vue de l'amusement, bassement embêtants. Les *Symboles et paradoxes*[4] sont aussi fastidieux pour un bourgeois que le serait *Saint Antoine*[5]. Eh bien n'importe ! Ils ont tant crié, imprimé, réclamé, que le bourgeois les connaît et les achète. Pauvre Leconte ! C'est de toi l'idée qu'il viendrait à Rouen ? Qu'il ne fasse pas cela ! Il n'y resterait pas huit jours. Mieux vaut s'expatrier en Californie. Quand on est à Paris, il faut y rester,

je crois, sous peine de n'y jamais revenir. En sortir est
s'avouer vaincu.

Je crois que les souffrances de l'artiste moderne sont,
à celles de l'artiste des autres temps, ce que l'industrie est
à la mécanique manuelle. Elles se compliquent maintenant de vapeurs condensées, de fer, de rouages. Patience,
quand le socialisme sera établi, on arrivera en ce genre
au sublime. Dans le règne de l'égalité, et il approche,
on écorchera vif tout ce qui ne sera pas couvert de
verrues. Qu'est-ce que ça fout à la masse, l'Art, la poésie,
le style ? Elle n'a pas besoin de tout ça. Faites-lui des
vaudevilles, des traités sur le travail des prisons, sur les
cités ouvrières et les intérêts matériels *du moment,* encore.
Il y a conjuration permanente contre l'original, voilà
ce qu'il faut se fourrer dans la cervelle. Plus vous aurez
de couleur, de relief, plus vous heurterez. D'où vient
le prodigieux succès des romans de Dumas ? C'est qu'il
ne faut pour les lire aucune initiation, l'action en est
amusante. On se distrait donc pendant qu'on les lit.
Puis, le livre fermé, comme aucune impression ne vous
reste et que tout cela a passé comme de l'eau claire,
on retourne à ses affaires. Charmant ! La même critique
est applicable à l'opéra-comique (genre françois) et
à la peinture de genre, comme l'entend M. Biard[1],
et aux délicieuses *Revues de la semaine* de Môsieur Eugène
Guinot[2]. Voilà un gaillard qui a six mille francs d'ap-
pointements par an pour parler au bout de la semaine de
tout ce qu'on a lu dans le courant de la semaine. De
temps en temps, je m'en repasse la fantaisie. Je lui ai
découvert ce matin, en parlant de la Suisse, des phrases
textuelles, à peu de chose près, de mon monsieur et de
ma dame parlant de la Suisse (dans *Bovary*)[3]. Ô bêtise
humaine, te connais-je donc ? Il y a en effet si longtemps
que je te contemple ! Et note que ces mêmes gens qui
disent « poésie des lacs », etc., détestent fort toute cette
poésie, toute espèce de nature, toute espèce de lac,
si ce n'est leur pot de chambre qu'ils prennent pour un
océan. J'ai été assez dérangé ces jours-ci : mardi par la
construction d'un mur, sur lequel il a fallu que je donne
mon avis ; jeudi par du vin, qu'il a fallu que j'aille
acheter ; vendredi par une visite que j'ai reçue et un
dîner que j'ai pris, et aujourd'hui enfin par le re-vin qu'il
a fallu classer. Bouilhet m'a accompagné jeudi dans ces

courses vinicoles. J'ai été splendide et j'avais une bonne
balle chez le marchand de vins, dans son comptoir,
derrière les grilles, dégustant les crus dans la petite
tasse d'argent, roulant mes joues et tournant les yeux.
Vendredi j'ai dîné à Rouen chez Baudry avec le père
Senard[1], son beau-père. C'est ce Baudry qui a traduit un
morceau indien dans le dernier numéro de la *Revue de
Paris*[2]. Il m'a dit que tous les articles y étaient payés
à raison de 100 francs la feuille. Il y a de plus un prix
supérieur pour les grands hommes. On a fait le calcul
et donné à Baudry 40 francs. Rougissant de les empocher
(ou d'empocher si peu), il a pris un abonnement, voilà.
Mais comme Bouilhet est un ami, on ne le paie pas et
Melaenis lui a coûté 250 francs[3]. C'est juste, *Melaenis* est
bon. Il faut toujours prendre, dans les choses de ce
monde, la vérité et la morale à rebours. Tu verras que
Énault et Du Camp vont finir par *se lier*. J'ai beaucoup
ri, dans un temps, de la conjuration d'*Holbachique,* dont
Jean-Jacques se plaint tant dans ses *Confessions*[4]. Le tort
qu'il avait, je crois, c'était de voir là un parti pris. Non,
la multitude, ou le monde, n'a jamais de parti pris. Ça
agit comme un organisme, en vertu de lois naturelles.
Et comme Rousseau devait bien heurter tout ce
XVIIIe siècle de beaux messieurs, de beaux esprits, de
belles dames et de belles manières ! Quel ours lâché en
plein salon ! Chaque mouvement qu'il faisait lui faisait
tomber un meuble sur la tête, *il dérangeait.* Or tout ce
qui dérange est meurtri par les angles des choses qu'il
déplace. Et je ne compte pas les coups de pied au cul
donnés au pauvre ours, ni les chaînes, ni la bastonnade,
et les sifflets, et le rire des enfants. « Ô ours, mes frères,
j'ai compris votre douleur, etc. » Quel beau mouvement à
continuer pendant dix pages !

Je lis maintenant les contes d'enfant de Mme d'Aulnoy[5],
dans une vieille édition dont j'ai colorié les images à
l'âge de six ou sept ans. Les dragons sont roses et les
arbres bleus ; il y a une image où tout est peint en rouge,
même la mer. Ça m'amuse beaucoup, ces contes. Tu
sais que c'est un de mes vieux rêves que d'écrire un
roman de chevalerie. Je crois cela faisable, même après
l'Arioste[6], en introduisant un élément de terreur et de
poésie large qui lui manque. Mais qu'est-ce que je n'ai
pas envie d'écrire ? Quelle est la luxure de plume qui

ne m'excite ! Adieu, bon courage ; à la fin de juillet
je t'irai voir[1] ; encore six semaines ; d'ici là travaille bien,
mille bons baisers partout, et surtout à l'âme.

À LOUIS BOUILHET

[Croisset,] mercredi, nuit, 1 h[eure].
[22 juin 1853.]

My dear,

Je me suis suremmerdé ces trois jours-ci d'une façon
truculente. Il m'était impossible tout l'après-midi de
secouer une torpeur de mastodonte qui m'accablait.
J'avais 75 kilogr[ammes] de merde, au cœur.

J'ai fait ou à peu près mon trio d'imbéciles[2]. — Il
m'est impossible de l'écrire court. Il me ronge. N'oublie
pas de m'apporter les renseignements suivants :

1° « Si c'est... nous en donnerons de ferrugineux ;
si au contraire nous avons affaire à... on pourrait en
essayer d'oléagineux. »

2° Comment appelle-t-on médicalement le cauchemar ?
Il me faut un bon nom grec, à toute force.

3° Ma phrase de la chaux : « car si la chaux par
malheur eût été vive, il eût à cause de... perdu les deux
pieds infailliblement[3] ».

————

Je viens de passer une heure à me chantonner *Les
Fossiles, Le Printemps* et *Le Combat*[4]. Tu peux te polluer
en sécurité. C'est bon ! Vous devez avoir... Si tu
savais, moi, dans quelles *bassesses* je suis.

————

No news from the Muse, comme dirait Don Dick[5].
J'ai lu avant-hier *L'Oiseau bleu*[6]. Comme c'est joli !
Quel dommage qu'on ne puisse pas empogner tout
cela ! Ce serait plus amusant à écrire que des discours du
pharmacien. Les fétidités bourgeoises où je patauge
m'assombrissent. À force de peindre les chemineaux[7]
j'en deviens un, moi-même.

J'âpre-difficultés de style. Mauvais temps. Tout ça, aussi, que nous avons dit l'autre jour, m'embête.

Adieu, cher vieux bon.

À dimanche, 11 heures.

À toi.

À LOUISE COLET

[Croisset,] nuit de samedi, 1 h[eure].
[25 juin 1853.]

Enfin, je viens de finir ma première partie (de la seconde). J'en suis au point que je m'étais fixé pour notre dernière entrevue à Mantes[1]. Tu vois quels retards ! Je passerai la semaine encore à relire tout cela et à le recopier et, de demain en huit, je dégueulerai tout au sieur Bouilhet. Si ça marche, ce sera une grande inquiétude de moins et une bonne chose, j'en réponds, car le fonds était bien *ténu*. Mais je pense pourtant que ce livre aura un grand défaut, à savoir : le défaut de proportion *matérielle*. J'ai déjà deux cent soixante pages et qui ne contiennent que des préparations d'action, des expositions plus ou moins déguisées de caractère (il est vrai qu'elles sont graduées), de paysages, de lieux. Ma conclusion, qui sera le récit de la mort de ma petite femme, son enterrement et les tristesses du mari qui suivent, aura soixante pages au moins[2]. Restent donc, pour le corps même de l'action, cent vingt à cent soixante pages tout au plus. N'est-ce pas une grande défectuosité ? Ce qui me rassure (médiocrement cependant), c'est que ce livre est une biographie plutôt qu'une péripétie développée. Le drame y a peu de part et, si cet élément dramatique est bien noyé dans le ton général du livre, peut-être ne s'apercevra-t-on pas de ce manque d'harmonie entre les différentes phases, quant à leur développement. Et puis il me semble que la vie en elle-même est un peu ça. Un coup dure une minute et a été souhaité pendant des mois ! Nos passions sont comme les volcans : elles grondent toujours, mais l'éruption n'est qu'intermittente.

Malheureusement l'esprit françois a une telle rage *d'amusement !* il lui faut si bien des choses voyantes !

Il se plaît si peu à ce qui est pour moi la poésie même,
à savoir l'*exposition,* soit qu'on la fasse pittoresquement
par le tableau, ou moralement par l'analyse psychologique, qu'il se pourrait fort bien que je sois dans la
blouse ou que j'aie l'air d'y être. Ce n'est pas d'aujour-
d'hui que je souffre d'écrire en ce langage et d'y penser !
Au fond, je suis Allemand ! C'est à force d'étude que
je me suis décrassé de toutes mes brumes septentrionales.
Je voudrais faire des livres où il n'y eût qu'à *écrire* des
phrases (si l'on peut dire cela), comme pour vivre il n'y
a qu'à respirer de l'air. Ce qui m'embête, ce sont les
malices de plan, les combinaisons d'effets, tous les
calculs du dessous et qui sont de l'Art pourtant, car
l'effet du style en dépend, et exclusivement. Et toi,
bonne Muse, chère collègue en tout (collègue vient de
colligere, lier ensemble), as-tu bien travaillé cette semaine ?
Je suis curieux de voir ce second récit[1]. Je n'ai qu'à te
faire deux recommandations : 1° observe de suivre les
métaphores, et 2° pas de détails en dehors du sujet,
la ligne droite. Parbleu, nous ferons bien des arabesques
quand nous voudrons, et mieux que personne. Il faut
montrer aux classiques qu'on est plus classique qu'eux,
et faire pâlir les romantiques de rage en dépassant leurs
intentions. Je crois la chose faisable, car c'est tout un.
Quand un vers est bon, il perd son école. Un bon vers de
Boileau est un bon vers d'Hugo. La perfection a partout
le même caractère, qui est la précision, la justesse.

Si le livre que j'écris avec tant de mal arrive à bien,
j'aurai établi par le fait seul de son exécution ces deux
vérités, qui sont pour moi des axiomes, à savoir :
d'abord que la poésie est purement subjective, qu'il n'y
a pas en littérature de beaux sujets d'art, et qu'Yvetot
donc vaut Constantinople ; et qu'en conséquence l'on
peut écrire n'importe quoi aussi bien que quoi que ce
soit. *L'artiste doit tout élever ;* il est comme une pompe,
il a en lui un grand tuyau qui descend aux entrailles des
choses, dans les couches profondes. Il aspire et fait
jaillir au soleil en gerbes géantes ce qui était plat sous
terre et ce qu'on ne voyait pas.

Aurai-je une lettre de toi demain à mon réveil ? Ta
correspondance n'a pas été nombreuse cette semaine,
chère amie ? Mais je suppose que c'est le travail qui t'a
retenue. Quelle admirable figure aura le père Babinet,

membre du comité de lecture à l'Odéon[1] ! Je vois de là
son *facies,* comme dirait mon pharmacien, écoutant les
pièces qu'on lit.

Mais il faut aussi que d'Arpentigny[2] en soit. Serait-il
aimable pour les petites actrices ! Il a deux bonnes
choses, ce bon Capitaine, l'énormité de ses cravates
blanches et le renflement interne de ses bottes.

Tu me demandes mon impression sur toutes les
histoires d'Edma et d'Énault[3]. Que veux-tu que je te
dise ? Tout cela me paraît profondément ordinaire et
bête. Mais la Société n'est-elle pas l'infini tissu de toutes
ces petitesses, de ces finasseries, de ces hypocrisies, de
ces misères ? L'humanité pullule ainsi sur le globe,
comme une sale poignée de morpions sur une vaste
motte. Jolie comparaison. Je la dédie à Messieurs de
l'Académie française. À communiquer à MM. Guizot, Cousin, Montalembert, Villemain, Sainte-Beuve, etc.

À propos de gens *respectés,* officiels, comme tu dis, il
se passe en ce moment, ici, une bonne charge. On juge
aux assises un brave homme accusé d'avoir tué sa
femme, de l'avoir ensuite cousue dans un sac et jetée
à l'eau[4]. Cette pauvre femme avait plusieurs amants,
et l'on a découvert chez elle (c'était une ouvrière de
bas étage) le portrait et des lettres d'un sieur Delaborde-
Duthil, chevalier de la Légion d'honneur, légitimiste
rallié, membre du conseil général, du conseil de fabrique,
du conseil etc., de tous les conseils, bien vu dans les
sacristies, membre de la société de Saint-Vincent de Paul,
de la société de Saint-Régis, de la société des crèches,
membre de toutes les blagues possibles, haut placé dans
la considération de la belle société de l'endroit, une
tête, un buste, un de ces gens qui honorent un pays et
dont on dit : « Nous sommes heureux de posséder
monsieur un tel. » Et voilà tout à coup qu'on découvre
que ce gaillard *entretenait des relations* (c'est le *mot !*) avec
une gaillarde de la plus vile espèce, oui, madame ! Ah !
mon Dieu ! Moi je me gaudys comme un gredin, quand
je vois tous ces braves gens-là avoir des renfoncements.
Les humiliations que reçoivent ces bons messieurs qui
cherchent partout des honneurs (et quels honneurs !)
me semblent être le juste châtiment de leur défaut d'orgueil.
C'est s'avilir que de vouloir toujours ainsi briller ; c'est
s'abaisser que de monter sur des bornes. Rentre dans la

crotte, canaille ! Tu seras à ton niveau. Il n'y a pas, dans mon fait, d'envie démocratique. Cependant j'aime tout ce qui n'est pas le commun, et même l'ignoble, quand il est sincère. Mais ce qui ment, ce qui pose, ce qui est à la fois [la] condamnation de la Passion et la grimace de la Vertu me révolte par tous les bouts. Je me sens maintenant pour mes semblables une haine sereine, ou une pitié tellement inactive que c'est tout comme. J'ai fait, depuis deux ans, de grands progrès. L'état politique des choses a confirmé mes vieilles théories *a priori* sur le bipède sans plumes, que j'estime être tout ensemble un[1] dinde et un vautour.

Adieu, chère colombe. Mille bécottements sur la bouche.

À toi. Ton G.

À LOUISE COLET

[Croisset,] mardi, 1 h[eure] de nuit.
[28 juin 1853.]

Je suis accablé. La cervelle me danse dans le crâne. Je viens, depuis hier dix heures du soir jusqu'à maintenant, de recopier 77 pages de suite qui n'en font plus que 53. C'est abrutissant. J'ai mon rameau de vertèbres au cou, comme remarquerait M. Énault, brisé d'avoir eu la tête penchée longtemps. Que de répétitions de mots je viens de surprendre ! Que de *tout,* de *mais,* de *car,* de *cependant !* Voilà ce que la prose a de diabolique, c'est qu'elle n'est jamais finie. — J'ai pourtant de bonnes pages et je crois que l'ensemble roule, mais je doute que je sois prêt pour dimanche à lire tout cela à B[ouilhet]. Ainsi, depuis la fin de février, j'ai écrit 53 pages ! Quel charmant métier, quelle crème fouettée à battre, qui vaut des marbres à rouler.

Je suis bien fatigué. J'ai pourtant bien des choses à te dire.

J'ai écrit *quatre* lignes tout à l'heure à Du Camp. — Non pour toi, c'eût été une raison qu'il y mît plus de malveillance, je connais l'homme. Voici pourquoi je lui ai écrit : j'ai reçu aujourd'hui la dernière livr[aison] de ses photographies, dont jamais je ne lui avais parlé[1]. — Le billet que je lui envoie est pour l'en remercier. — C'est tout, je ne lui dis pas plus. Si vendredi, dans l'article du phil[osophe][2], il y a ton nom, accompagné d'injures ou d'allusion, je ferai ce que tu voudras. Mais quant à moi, je me propose de rompre net et dans une belle lettre motivée. Je t'engage parfaitement à faire venir ton beau-frère[3], etc. Mais enfin, ne nous tourmentons pas, puisque la chose n'aura sans doute pas lieu. C'est l'avis de B[ouilhet]. — Mon billet d'aujourd'hui est en prévision de l'hypothèse contraire, afin d'être en de bons termes, quand la rupture viendrait, et de pouvoir lui dire : voilà ce que tu me fais encore pour me désobliger ; bonsoir et jamais au revoir. Comprends-tu ?

Quant à l'article Énault[4], il me semble, bonne Muse, que tu te l'es exagéré. C'est bête et folâtre, voilà tout. Les petites *feminotteries* comme « femme sensible », « plus jeune », etc., qui t'ont indignée, viennent de la Edma, laquelle est jalouse de toi sous tous les rapports ; de cela j'en parie ma tête. C'est notre opinion à tous deux, B[ouilhet] et moi. Cela sue dans ses petits billets mensuels, sans qu'il y ait jamais rien d'articulé. B[ouilhet] en est profondément dégoûté et se propose de ne pas même lui faire savoir quand est-ce qu'il sera à Paris. Et puis, qu'est-ce que ça nous fout, l'opinion du sieur Énault, écrite ou dite ? C'est comme le mot de Du Camp à Ferrat[5]. Veux-tu qu'au milieu du tourbillon où il vit, avec l'infatuation de sa personne, la croix d'officier, les réceptions chez M. de Persigny[6], etc., il puisse garder assez de netteté pour sentir une chose neuve, originale, nouvelle ? — Et il y a d'ailleurs, en cela, calcul, peut-être c'est un parti pris. Nous ne blanchirons jamais les nègres. Nous n'empêcherons jamais les médiocres d'être médiocres. Je t'assure bien que lorsqu'il m'a dit « que j'avais une maladie de la moelle épinière, un ramollissement du cerveau[7] », cela m'a fait beaucoup rire.

Sais-tu ce que j'ai vu aujourd'hui dans ses photographies ? La seule qui ne soit pas publiée est une représentant notre hôtel au Caire, le jardin devant nos fenêtres et au milieu duquel *j'étais* en costume de Nubien[8] ! C'est une petite malice de sa part. Il voudrait que je n'existasse pas. Je *lui pèse* et toi aussi, tout le

monde. L'ouvrage est dédié à Cormenin, avec une
dédicace-épigraphe latine. Et le texte a une épigraphe
tirée d'Homère : toujours du grec ! « Encore le crocodile[1] ! » Ce bon Maxime ne sait pas une déclinaison,
n'importe. Il s'est fait traduire de l'allemand l'ouvrage
de Lepsius[2] et il le pille impudemment (dans ce texte
que j'ai parcouru) sans le citer une fois. J'ai su cela par
Fouard, que j'ai rencontré en chemin de fer, tu sais[3]. —
Je dis : il le pille, car il y a toute sorte d'inscriptions
qu'*il* n'a nullement prises, qui ne sont pas non plus
dans les livres dont nous nous sommes servis en voyage,
et qu'il rapporte comme ayant été prises par lui. Il en est
de même de tout le reste, etc. Quant à *La Pay[sanne]*,
l'éloge que B[ouilhet] lui en a écrit (en même temps que
pour Delisle, lettre qui n'a pas eu de réponse[4]) est la
cause, sois sûre, du mot à Ferrat. — Au reste, tout cela
est bien peu important. — Nous en avons encore été
dimanche fort bêtes tout l'après-midi. Ces histoires
démoralisent un peu le sieur B[ouilhet], en quoi je le
trouve faible, et moi aussi qui en tiens. Mais franchement
ça devient stupide que de permettre que des gaillards
comme ça vous troublent.

En fait d'injures, de sottises, de bêtises, etc., je trouve
qu'il ne faut se fâcher que lorsqu'on vous les dit *en face*.
Faites-moi des grimaces dans le dos tant que vous
voudrez : mon cul vous contemple. —

Je t'aime tant quand je te vois calme, et que je te sais
travaillant bien. Je t'aime plus encore peut-être quand je
te sais souffrante. Et puis, tu m'écris des lettres superbes
de verve. Mais, pauvre chère âme, ménage-toi. Tâche de
modérer « ta furie méridionale », comme tu dis en
parlant de Ferrat.

Les conseils de Delisle relativement à *L'Acr[opole]*
sont bons. — [1º] Rends à Vill[emain] le *ms.* comme tu
l'as envoyé à J[ersey] (je n'en reçois pas de lettres, cela
me semble drôle. Ma mère écrira un de ces jours à
Mme Farmer[5], si je ne reçois rien). Tu peux même faire
quelques corrections encore si tu en trouves. Mais moi
il me semble que c'est bon, sauf les Barbares que je
persiste à trouver la partie la plus faible, et de beaucoup. — Puis 2º tâcher de faire paraître dans *La Presse*.
3º Nous trouverons un plan, sois-en sûre. B[ouilhet]
sera là cet hiver, il t'aidera[6].

Son dernier *Fossile,* 3ᵉ pièce, *Le Printemps,* est superbe.
Il y a à la fin une baisade d'oiseaux[1] près de nids gigantesques, qui est gigantesque elle-même. Mais il devient
trop triste, mon pauvre B[ouilhet]. Sacré nom de Dieu !
il faut se raidir et emmerder l'humanité qui nous
emmerde ! Oh ! je me vengerai ! je me vengerai ! Dans
15 ans d'ici, j'entreprendrai un grand roman moderne
où j'en passerai en Revue ! Je crois que *Gil Blas* peut
être refait. Balzac a été plus loin. Mais le défaut de style
fera que son œuvre restera plutôt curieuse que belle
et plutôt forte qu'éclatante. — Ce sont de ces projets
dont il ne faut pas parler, ceux-là. Tous mes livres ne
sont que la préparation de deux, que je ferai si Dieu
me prête vie, 1⁰ celui-là, et le conte oriental[2].

———

Vois-tu le voyage qu'Énault publiera à son retour
d'Italie[3] ? ! C'est un polisson et un drôle que de faire un
article aussi cavalier que celui-là sur quelqu'un chez qui
l'on a dîné, sans le lui avoir rendu. Quant à l'article,
il est tout simplement bête. Celui qu'il avait fait sur
B[ouilhet] n'était pas plus fort. Il souligne *sein, guenille !*
L'exclamation « huit enfants ! ô Poésie ! » peint l'école[4].
Probablement qu'il y a un certain nombre d'enfants
qui est convenable en littérature ? Non, si l'on s'arrête
à tout cela, *et je le dis sérieusement,* il y a danger de devenir
idiot.

Mon père répétait toujours qu'il n'aurait jamais
voulu être médecin d'un hôpital de fous, parce que si
l'on travaille sérieusement la folie, on finit parfaitement
bien par la gagner. — Il en est de même de tout cela.
À force de nous inquiéter des imbéciles, il y a danger de
le devenir soi-même.

Mon Dieu, que j'ai mal à la tête ! Il faut que je me
couche ! J'ai le pouce creusé par ma plume et le cou
tordu.

Le père Parain[5] va toujours de même. Il radote, à ce
que nous écrit sa fille. Mais voilà une dizaine de jours
que nous n'en avons eu de nouvelles.

Je trouve l'observation de Musset sur *Hamlet* celle
d'un profond bourgeois, et voici en quoi. Il reproche
cette inconséquence, Hamlet sceptique, lorsqu'il a vu
par ses yeux l'âme de son père. Mais d'abord, ce n'est

pas l'âme qu'il a vue. Il a vu un fantôme, une ombre, *une chose,* une chose matérielle vivante, et qui n'a aucun lien dans les idées populaires et poétiques, reportons-[nous] à l'époque, avec l'idée abstraite de l'âme. C'est nous, métaphysiciens et modernes, qui parlons ce langage. Et puis Hamlet ne *doute* pas du tout, au sens philosophique. *Il rêve.*

Je crois que cette observation de M[usset] n'est pas de lui, mais de Mallefille, dans la préface de son *D[on] Juan*[1]. C'est superficiel, selon moi.

Un paysan de nos jours peut encore parfaitement voir un fantôme et, revenu au grand jour, le lendemain, réfléchir à froid sur la Vie et la Mort, mais non sur la Chair et l'Âme. Hamlet ne réfléchit pas sur des subtilités d'école, mais sur des pensers humains. C'est, au contraire, ce perpétuel état de fluctuation d'Hamlet, ce vague où il se tient[a], ce manque de décision dans la volonté et de solution dans la pensée qui en fait tout le sublime. Mais *les gens d'esprit* veulent des caractères tout d'une pièce et *conséquents* (comme il y en a seulement dans les livres). Il n'y a pas au contraire un bout de l'âme humaine qui ne se retrouve dans cette conception. Ulysse est peut-être le plus fort type de toute la littérature ancienne, et Hamlet de toute la moderne.

Si je n'étais si las, je t'exprimerais ma pensée plus au long. C'est si facile de bavarder sur le beau. Mais pour dire en style propre « fermez la porte » ou « il avait envie de dormir », il faut plus de génie que pour faire tous les cours de littérature du monde.

La critique est au dernier échelon de la littérature, comme forme, presque toujours, et comme *valeur morale,* incontestablement. Elle passe après le bout rimé et l'acrostiche, lesquels demandent au moins un travail d'invention quelconque.

Allons, adieu, mille bons baisers. À toi, cœur sur cœur.

Ton G.

À LOUISE COLET

Croisset, samedi minuit. [2 juillet 1853.]

Enfin ! une lettre du Grand Crocodile[1] ! Mais j'ai mille choses à te dire et je vais les énumérer de suite pour me les rappeler : 1° lui, le suprême alligator, qui est là-bas dans ses ondes amères ; puis la *Revue de Paris* où il n'y a rien, Dieu merci[2] ; cet article de Castille, le jeune Maxime[3], Pelletan, ma *Bovary,* et enfin toi, chère amie, que je réserve pour la fin comme étant le meilleur sujet à *s'étendre ;* passe-moi le calembour.

Je commençais à être inquiet de cet envoi qui n'arrivait pas ; mais je l'ai reçu intact et avec le bon timbre. Y était inclus à mon adresse un billet charmant et point poseur, ce qui m'a étonné, avec son portrait vu de profil. Je crois que le fils a une rage de portraits et que c'est là un moyen de les placer. N'ayant pas de modèles, il fait son père à satiété (comme Edma va être heureuse[4] !). N'importe, c'est bien gracieux pour moi et je le garde précieusement. Comme cela m'aurait rendu fou, jadis ! J'ai lu *ta* lettre ; je vois qu'il ne rêve qu'à *ça.* C'est un tort ; il devrait faire autre chose. Il va finir par s'ankyloser dans cette haine ! Les satires personnelles passent, comme les personnes. Pour durer, il faut s'attaquer au durable. Tu feras bien de m'envoyer la réponse de suite. J'ai une occasion prochaine et sûre avant la fin de la semaine.

J'ai ouvert ce matin, je l'avoue, la *Revue de Paris* d'abord et j'ai feuilleté avidement cet article de Castille[5]. Ce qu'il dit du Philosophe[6] est même modéré en comparaison de la manière dont il a traité les autres. Mais quel imbécile, quel médiocre et envieux coco ! Toujours les faibles préférés aux forts. À propos de Thiers, il lui reprochait d'aimer mieux Danton que Robespierre. À propos de Carrel, il grandit Girardin et reproche au premier d'avoir fait travailler les ouvriers du *National* à des heures indues. Aujourd'hui, c'est Chateaubriand insulté et Lamennais vanté. M. Auguste Comte (auteur de *La Philosophie positive,* lequel est un ouvrage profondément farce, et qu'il faut même lire pour cela, l'introduction

seulement, qui en est le résumé ; il y a, pour quelqu'un
qui voudrait faire des charges au théâtre, dans le goût
aristophanesque, sur les théories sociales, des californies
de rire[1]), pour Auguste Comte, dis-je, il est tout miel
et tout sucre, tandis que le Philosophe est malmené.
De son analyse de Locke pas un mot, ni de ses travaux
sur la philosophie ancienne, rien, etc.[2] Tout est du même
tonneau. Un coup de patte en passant à Jouffroy, parce
que Jouffroy est mal vu du *Constitutionnel* pour avoir été
bien vu de Mignet, lequel l'est mal du gouvernement.
C'est charmant, cette série de ricochets ! Et enfin, comme
couronnement de l'œuvre, Proudhon, un *très grand écrivain* et plus fort que Voltaire ! Oh ! que le père Babinet
a raison de souhaiter la fin du monde ! Comme il est
bien ce billet du bon père Babinet avec tout son débraillé,
ses phrases rajoutées aux angles, ce gros mot *triste* suivi
de trois points d'exclamation ! Ce petit bout d'écrit mal
écrit, mais plein de fond et de caractère, m'a charmé. Les
mignardises d'Edma[3] et son beau langage ne m'impressionnent pas autant.

L'introduction aux photographies a 25 à 26 pages in-
folio, dont il n'y en a pas *trois* de Du Camp. Tout est
extrait de Champollion-Figeac[4] (volume de *L'Univers
pittoresque*) et de Lepsius[5], mais cité entre guillemets ;
réparation. Cela sent un peu trop la commande, le livre
bâclé. C'est Gide[6] sans doute qui aura exigé un texte ;
il lui en aura fourré un tel quel. Voilà comme ce malheureux garçon se respecte. En revanche, il craint de
se compromettre en entrant dans un café à minuit. Tu
sais l'anecdote qui m'est arrivée à ce sujet avec lui et
Turgan[7], autre grand homme. N'importe, je suis content
que ton nom et même aucune allusion n'aient paru.
Ce dernier numéro[8] est d'un faible complet. Il y a un
poème du marquis du Belloy[9] que je n'ai pu achever, et
pourtant je suis un intrépide lecteur. Quand on a avalé
du saint Augustin autant que moi, et analysé scène par
scène tout le théâtre de Voltaire, et qu'on n'en est pas
crevé, on a la constitution robuste à l'endroit des lectures
embêtantes. Il signe *marquis,* ce monsieur ! Marquis, c'est
possible ; mais ce sont des vers de perruquier !

Comme l'article de Pelletan[10] est bête ! J'en ai été
(ceci n'est pas une façon de parler) *plus indigné* que de
celui d'Énault. Que nos ennemis disent du mal de nous,

c'est leur métier ; mais que les amis en disent du bien
sottement, c'est pis. Il avait à faire un article sur un
poème et c'est de cela d'abord qu'il s'inquiète le moins.
Il se prélasse à faire des phrases, prend toute la place
pour lui, copie deux passages, bavache un éloge et signe.
Ô critiques ! éternelle médiocrité qui vit sur le génie
pour le dénigrer ou pour l'exploiter ! race de hannetons
qui déchiquetez les belles feuilles de l'Art ! Si l'Empereur demain supprimait l'imprimerie, je ferais un voyage
à Paris sur les genoux et j'irais lui baiser le cul en signe
de reconnaissance, tant je suis las de la typographie et
de l'abus qu'on en fait. Échignez-vous donc à faire un
paysage ; mettez « cette hirondelle qui vient battre de
son vol le front de Jeanneton mourante, etc.[1] » Tout
cela, traduit et *vanté* par un ami, s'appellera « la Parque
implacable » ; la Parque pour dire la mort ! Et c'est un
gaillard du progrès qui s'exprime ainsi, un citoyen qui
dénigre l'antiquité ! Comme c'est peu senti, cet article !
Pas un mot de l'*Art,* de la forme en soi, des procédés
d'effet. Quelle sacrée canaille ! J'écume ! Tous ces gens
forts (voilà encore un mot : homme fort !), ces farceurs
à idées donnent bien leur mesure lorsqu'ils se trouvent
en face de quelque chose de sain, de robuste, de net,
d'humain. Ils battent la campagne et ne trouvent rien
à dire. Ah ! ce sont bien là les hommes de la poésie de
Lamartine en littérature et du gouvernement provisoire
en politique : phraseurs, poseurs, avaleurs de clair de
lune, aussi incapables de saisir l'action par les cornes
que le sentiment par la plastique. Ce ne sont ni des
mathématiciens, ni des poètes, ni des observateurs, ni
des faiseurs, ni même des exposeurs, des analysateurs.
Leur activité cérébrale, sans but ni direction fixe, se
porte, avec un égal tempérament, sur l'économie politique, les belles-lettres, l'agriculture, la loi sur les bois-
sons, l'industrie linière, la philosophie, la Chine,
l'Algérie, etc., et tout cela au même niveau d'intérêt.
« C'est de l'art aussi », disent-ils, et tout est art. Mais à
force de voir tant d'art, je demande où sont les Beaux-
Arts ? Et voilà les gaillards qui nous jugent ! Ce n'est
rien d'être sifflé, mais je trouve être applaudi plus amer.
   Continue, bonne, chère et grande Muse, sans t'inquiéter des Énault ni des Pelletan. Si cet article fait du bien
à la vente[2], tant mieux. Mais n'y a-t-il donc pas un coin

sur la terre où l'on aime le Vrai pour le Vrai, le Beau
pour le Beau, où l'enthousiasme s'accepte sans honte
et pour le seul plaisir d'en jouir, comme d'une volupté
où l'idée vous convie ?

Tu verras, si Jourdan[1] tient sa promesse, que la *rengaine de la femme* s'y trouvera. C'est matière à Saint-
Simonisme. D'abord j'en veux à Pelletan, pour ce titre
si prétentieux[2]. C'est passer à tes vers une robe de pédagogue. Cela sent l'école, la doctrine, le parti ; et ce qu'il
y a précisément de fort dans *La Paysanne,* c'est que c'est
l'histoire du « caporal et de sa payse », rappelle-toi cela.
Je ne sais si j'aurais eu le toupet de mettre un pareil
titre (plus ambitieux selon moi que l'autre), mais c'était
le vrai. Tu as condensé et réalisé, sous une forme *aristocratique,* une histoire commune et dont le fond est à tout
le monde. Et c'est là, pour moi, la vraie marque de la
force en littérature. Le lieu commun n'est manié que
par les imbéciles ou par les très grands. Les natures
médiocres l'évitent ; elles recherchent l'ingénieux, l'acci-
denté. Sais-tu que si tes autres contes sont à la hauteur
de celui-là, réunis en volume *ça fera un bouquin ?* Quel
exemplaire doré sur tranche je me promets ! Il me tarde
bien de voir ta *Servante*[3] ! Tu me dis que tu dois aller
à la Salpêtrière pour cela. Prends garde que cette visite
n'influe trop. Ce n'est pas une bonne méthode que de
voir ainsi tout de suite, pour écrire immédiatement
après. On se préoccupe trop des détails, de la couleur,
et pas assez de son esprit, car la couleur dans la nature
a un *esprit,* une sorte de vapeur subtile qui se dégage
d'elle, et c'est cela qui doit animer en *dessous* le style.
Que de fois, préoccupé ainsi de ce que j'avais sous les
yeux, ne me suis-je pas dépêché de l'intercaler de suite
dans une œuvre et de m'apercevoir enfin qu'il fallait
l'ôter ! La couleur, comme les aliments, doit être digé-
rée et mêlée au sang des pensées.

Demain je lis à B[ouilhet] 114 p[ages] de la *B[ovary]*,
depuis 139 jusqu'à 251. Voilà ce que j'ai fait depuis
le mois de septembre dernier, en 10 mois ! J'ai fini cet
après-midi par laisser là les corrections, je n'y comprenais plus rien ; à force de s'appesantir sur un travail, il
vous éblouit ; ce qui semble être une faute maintenant,
cinq minutes après ne le semble plus ; c'est une série
de corrections et de recorrections des corrections à n'en

plus finir. On en arrive à battre la breloque et c'est là
le moment où il est sain de s'arrêter. Toute la semaine a
été donc[1] assez ennuyeuse et, aujourd'hui, j'éprouve un
grand soulagement en songeant que voilà quelque chose
de fini, ou approchant ; mais j'ai eu bien du ciment à
enlever, qui bavachait entre les pierres, et il a fallu retas-
ser les pierres pour que les joints ne parussent pas. La
prose doit se tenir droite d'un bout à l'autre, comme un
mur portant son ornementation jusque dans ses fonde-
ments et que, dans la perspective, ça fasse une grande
ligne unie. Oh ! si j'écrivais comme je sais qu'il faut
écrire, que j'écrirais bien ! Il me semble pourtant que
dans ces 114 pages il y en a beaucoup de roides et que
l'ensemble, quoique non dramatique, a l'allure vive.

J'ai aussi rêvassé à la suite. J'ai une baisade[2] qui
m'inquiète fort et qu'il ne faudra pas biaiser, quoique
je veuille la faire chaste, c'est-à-dire littéraire, sans détails
lestes, ni images licencieuses ; il faudra que le luxurieux
soit dans l'émotion.

Je ne sais hier par quelle fantaisie, venant d'achever
le *Troïle et Cresside* de Shakespeare, j'ai pris son article
dans la *Biographie universelle*[3], quoique je susse parfaitement que je n'y trouverais rien de neuf, attente qui n'a
pas été trompée. L'article est de Villemain. Il faut lire
ça pour s'édifier sur la hauteur de vues littéraires du
monsieur, *quoiqu'il admire Shakespeare ;* mais c'est là le
déplorable, ces admirations-là ! Il lui préfère Sophocle
et les *consacrés*. Sais-tu comment il parle de Ronsard ?
« La diction grotesque de Ronsard[4] » ; allez donc !
« Ô triste ! », comme dit Babinet. « Triste ! excepté la
belle poésie. » Oui, mais pourquoi ces gaillards-là s'en
mêlent-ils ? Que c'est beau *Troïle et Cresside !*

Sais-tu que tu m'as écrit jeudi une lettre *brûlante* et
qui m'a porté sur les sens ? Ô cher volcan, que je t'aime
et comme je pense à toi, va ! Si tu savais combien de
fois je te regarde travaillant sur ta petite table, dans ton
cabinet, et avec quelle impatience j'aspire à l'époque où
nous serons réunis ! À cause de toi, Paris, comme à dix-
huit ans, me semble un lieu enviable. Comme mon jeune
homme de mon roman, « je me meuble dans ma tête
mon appartement »[5]. Je n'y rêve pas, comme lui, une
guitare accrochée au mur. Mais à sa manière, et d'une
façon plus nette, j'y entrevois une figure souriante qui

se penche sur mon épaule. Patience, pauvre chérie ! Ce n'est plus maintenant qu'une question de mois et non d'années. C'est encore un hiver à passer, deux ou trois rendez-vous à Mantes, quelques pages à écrire. Comme je vais être seul cette année, quand tu m'auras pris mon pauvre Bouilhet[1] ! Tu peux penser comme j'aurai envie d'aller vous rejoindre !

Je ne t'entretiens jamais des affaires domestiques, mais c'est bien bête en effet. C'est bon du reste sous le rapport du grotesque. 1º Ma mère vient de découvrir que son jardinier la vole comme dans un bois. Nous seuls n'avons pas de légumes dans le village, parce que le village vit un peu à nos dépens. On vend les fleurs à Rouen, on en embarque des bouquets par le vapeur. Vois-tu la balle du jardinier « faisant son beurre » chez le bourgeois et le bourgeois pas content ? 2º L'institutrice était d'un caractère si rogue, fantasque et brutal, elle malmenait tellement l'enfant qu'on la remercie ; elle s'en va. 3º Nous avons découvert, par hasard, que mon frère, cet hiver, avait donné une soirée à des *têtes* sans nous en parler, pour ne pas nous inviter (ils viennent ici tous les dimanches). Est-ce bon, ça ? Tu peux juger par là de l'empressement qui nous entoure, ma mère et moi. Mais ces braves gens (peu braves gens), qui sont la banalité même, ne comprennent guère et n'aiment guère conséquemment les non-ordinaires. N'importe comment, jouis-je de peu de considération dans mon pays et dans ma famille ! Ça rentre au reste dans toutes les biographies voulues, dans la règle. Adieu, mille tendresses et caresses. Baisers partout.

Ton G.

À LOUISE COLET

[Croisset,] nuit de jeudi, 1 heure.
[7 juillet 1853.]

Hier 6 et aujourd'hui 7 juillet 1853 seront célèbres comme embêtement dans les fastes de mon existence. Deux jours d'Azevedo[3] ! Deux après-midi ! Deux dîners ! Quel crocodile ! ou plutôt quel lézard ! Et ce qu'il y a de bon, c'est que ce cher garçon m'adore. Il m'a

embrassé ce soir en partant ! Hier à onze heures il arrive,
et je l'ai *fait* partir à sept heures par le bateau. Ne sachant
à quoi employer le temps, je lui ai proposé une promenade dans le bois. Il faisait un temps splendide, la
vue de la forêt me calmait la sienne, et en somme je
ne me suis pas *trop* ennuyé. Mais c'est quand on est en
tête à tête et qu'on le regarde ! Aujourd'hui à 4 heures il
est revenu avec Bouilhet qu'il ne quitte pas et qui en
est *malade*. Quelle chose étrange ! Car au fond ce pauvre
garçon n'est pas sot. Il a même quelquefois de l'esprit,
à travers ses grosses blagues, et il possède une qualité
fort rare, à savoir l'enthousiasme (qualité qui tient du
reste plus au sang, à sa race espagnole, qu'à son esprit
en soi-même). Mais il est si commun, si répulsif, nerveusement parlant, que, vous eût-il rendu tous les services
du monde, on ne peut l'aimer. En quoi gît donc l'agrément ? Qu'est-ce que c'est que cette buée mauvaise et
subtile qui s'exhale d'un individu et fait qu'il vous
déplaît, alors même qu'il ne vous déplaît pas ? Quelle
est la raison de ça ? Je me creuse à la chercher. Et puis
quel costume ! quels habits ! un noir râpé partout, des
souliers-bottes, des bas gris, une chemise de couleur
disparaissant sous les dessins compliqués, un collier de
barbe ! Oh ! c'est fort, le collier ! *Le collier est tout un
monde ;* rappelle-toi ce grand mot que je trouve à l'instant
même ! Ah ! mon Dieu ! mon Dieu ! N'avons-nous pas
assez de crasses morales sans les crasses physiques ?
Comme ça fait aimer la beauté, ces êtres-là ! Ah ! oui,
c'est beau une belle figure, une belle étoffe, un beau
marbre ; c'est beau l'éclat de l'or et les moires du satin,
un rameau vert qui se balance au vent, un gros bœuf
ruminant dans l'herbe, un oiseau qui vole… Il n'y a
que l'homme de laid. Comme tout cela est triste ! Ça m'en
tourne sur la cervelle. Et dire que, si j'étais aveugle,
je l'aimerais peut-être beaucoup ! Je crois que ces répul-
sions sont des avertissements de la Providence. C'est un
instinct conservateur qui nous avertit de se mettre en garde,
et je me tue à chercher en quoi Azevedo pourra me nuire.

À propos de gens désagréables, pourquoi t'acharnes-
tu, chère Muse, à me cadotter des billets de Mme Didier[1] ?
Je t'assure qu'ils ne me divertissent pas du tout. Je sais
tout cela par cœur (quelle médiocre individue !). C'est
comme les feuilletons de l'ami Théo[2] ; est-ce plat !

Aujourd'hui il a fait une journée indienne, un temps lourd, et mon hôte ajoutait 25 degrés à l'atmosphère. Mais l'Art est une si bonne chose, cela vous remet si bien d'aplomb, le travail, que ce soir je suis tout rassé[ré]né, calmé, purgé. Je ne sais si Bouilhet t'a écrit[1]. Il a dû te dire qu'il était content de ce que je lui avais lu ; et moi aussi, franchement. Comme difficulté vaincue, ça me paraît fort ; mais c'est tout. Le sujet par lui-même (jusqu'à présent du moins) exclut ces grands éclats de style qui me ravissent chez les autres, et auxquels je me crois propre. Le bon de la *Bovary,* c'est que ça aura été une rude gymnastique. J'aurai fait du réel écrit, ce qui est rare. Mais je prendrai ma revanche. Que je trouve un sujet dans *ma voix,* et j'irai loin. Qu'est-ce donc que les contes d'enfant[2] dont tu parles ? Est-ce que tu vas écrire des contes de fées ? Voilà encore une de mes ambitions ! Écrire un conte de fées.

Je suis fâché que la Salpêtrière ne soit pas plus raide en couleur. Les philanthropes échignent tout. Quelles canailles ! Les bagnes, les prisons et les hôpitaux, tout cela est bête maintenant comme un séminaire. La première fois que j'ai vu des fous, c'était ici, à l'hospice général, avec ce pauvre père Parain[3]. Dans les cellules, assises et attachées par le milieu du corps, nues jusqu'à la ceinture et tout échevelées, une douzaine de femmes hurlaient et se déchiraient la figure avec leurs ongles. J'avais peut-être à cette époque six à sept ans. Ce sont de bonnes impressions à avoir jeune ; elles virilisent. Quels étranges souvenirs j'ai en ce genre ! L'amphithéâtre de l'Hôtel-Dieu donnait sur notre jardin. Que de fois, avec ma sœur, n'avons-nous pas grimpé au treillage et, suspendus entre la vigne, regardé curieusement les cadavres étalés ! Le soleil donnait dessus ; les mêmes mouches qui voltigeaient sur nous et sur les fleurs allaient s'abattre là, revenaient, bourdonnaient ! Comme j'ai pensé à tout cela, en la veillant pendant deux nuits, cette pauvre et chère belle fille ! Je vois encore mon père levant la tête de dessus sa dissection et nous disant de nous en aller. Autre cadavre aussi, lui[4].

Je n'approuve pas Delisle de n'avoir pas voulu entrer[5] et ne m'en étonne [pas]. L'homme qui n'a jamais été au bordel doit avoir peur de l'hôpital. Ce sont poésies de même ordre. L'élément romantique lui manque, à ce

bon Delisle. Il doit goûter médiocrement Shakespeare.
Il ne voit pas la *densité morale* qu'il y a dans certaines
laideurs. Aussi la vie lui défaille et même, quoiqu'il ait
de la couleur, *le relief*. Le relief vient d'une vue profonde, d'une *pénétration, de l'objectif ;* car il faut que la
réalité extérieure entre en nous, à nous en faire presque
crier, pour la bien reproduire. Quand on a son modèle
net, devant les yeux, on écrit toujours bien, et où donc
le vrai est-il plus clairement visible que dans ces belles
expositions de la misère humaine ? Elles ont quelque
chose de si cru que cela donne à l'esprit des appétits de
cannibale. Il se précipite dessus pour les dévorer, se les
assimiler. Avec quelles rêveries je suis resté souvent dans
un lit de putain[1], regardant les éraillures de sa couche !

   Comme j'ai bâti des drames féroces à la Morgue, où
j'avais la rage d'aller autrefois, etc. ! Je crois du reste
qu'à cet endroit j'ai une faculté de perception particulière ; en fait de malsain, je m'y connais. Tu sais quelle
influence j'ai sur les fous et les singulières aventures qui
me sont arrivées. Je serais curieux de voir si j'ai gardé
ma puissance.

   Ah ! tu ne deviendras pas folle ! Il avait raison ! Tu
as la tête d'aplomb, toi, et je crois que lui, ce pauvre
garçon[2], il a plus de dispositions que nous. La folie et
la luxure sont deux choses que j'ai tellement sondées,
où j'ai si bien navigué par ma volonté, que je ne serai
jamais (je l'espère) ni un aliéné ni un de Sade[3]. Mais il
m'en a cuit, par exemple. Ma maladie de nerfs a été
l'écume de ces petites facéties intellectuelles. Chaque
attaque était comme une sorte d'hémorragie de l'inner-
vation. C'était des pertes séminales de la faculté pittoresque du cerveau, cent mille images sautant à la fois,
en feux d'artifices. Il y avait un arrachement de l'âme
d'avec le corps, atroce (j'ai la conviction d'être mort
plusieurs fois). Mais ce qui constitue la personnalité,
l'être-raison, allait jusqu'au bout ; sans cela la souffrance
eût été nulle, car j'aurais été purement passif et j'avais
toujours *conscience,* même quand je ne pouvais plus
parler. Alors l'âme tout entière repliée sur elle-
même, comme un hérisson qui se ferait mal avec ses
propres pointes[4].

   Personne n'a étudié tout cela et les médecins sont des
imbéciles d'une espèce, comme les philosophes le sont

d'une autre. Les matérialistes et les spiritualistes empêchent également de connaître la matière et l'esprit, parce qu'ils scindent l'un de l'autre. Les uns font de l'homme un ange et les autres un porc. Mais avant d'en arriver à ces sciences-là (qui seront des sciences), avant d'étudier bien l'homme, n'y a-t-il pas à étudier ses produits, à connaître les effets pour remonter à la cause ? Qui est-ce qui a, jusqu'à présent, fait de l'histoire en naturaliste ? A-t-on classé les instincts de l'humanité et vu comment, sous telle latitude, ils se sont développés et *doivent* se développer ? Qui est-ce qui a établi scientifiquement comment, pour tel besoin de l'esprit, telle forme doit apparaître, et suivi cette forme partout, dans les divers règnes humains ? Qui est-ce qui a généralisé les religions ? Geoffroy Saint-Hilaire a dit : le crâne est une vertèbre aplatie. Qui est-ce qui a prouvé, par exemple, que la religion est une philosophie devenue art, et que la cervelle qui bat dedans, à savoir la superstition, le sentiment religieux en soi, est de même matière partout, malgré ses différences extérieures, correspond aux mêmes besoins, répond aux mêmes fibres, meurt par les mêmes accidents, etc. ? Si bien qu'un Cuvier de la Pensée n'aurait qu'à retrouver plus tard un vers ou une paire de bottes pour reconstituer toute une société et que, les lois en étant données, on pourrait prédire à jour fixe, à heure fixe, comme on fait pour les planètes, le retour des mêmes apparitions. Et l'on dirait : nous aurons dans cent ans un Shakespeare, dans vingt-cinq ans telle architecture. Pourquoi les peuples qui n'ont pas de soleil ont-ils des littératures mal faites ? Pourquoi y a-t-il, et y a-t-il toujours eu, des harems en Orient, etc. ?

On a beaucoup battu la campagne sur tout cela, on a été plus ou moins ingénieux ; mais la base a toujours manqué. La première pierre est à trouver. La critique des œuvres de la Pensée a toujours été faite à un point de vue étroit, rhéteur, et la critique de l'histoire faite à un point de vue politique, moral, religieux, tandis qu'il faudrait se placer au-dessus de tout cela, dès le premier pas. Mais on a eu des sympathies, des haines ; puis l'imagination s'en est mêlée, la phrase, l'amour des descriptions et enfin la rage de vouloir prouver, l'orgueil de vouloir mesurer l'infini et d'en donner une solution. Si les sciences morales avaient, comme les mathéma-

tiques, deux ou trois lois primordiales à leur disposition,
elles pourraient marcher de l'avant. Mais elles tâtonnent
dans les ténèbres, se heurtent à des contingents et
veulent les ériger en principes. Ce mot, l'âme, a fait
dire presque autant de bêtises qu'il y a d'âmes ! Quelle
découverte ce serait par exemple qu'un axiome comme
celui-ci : tel peuple étant donné, la vertu y est à la force
comme trois est à quatre ; donc tant que vous en serez
là vous n'irez pas là. Autre loi mathématique à découvrir : combien faut-il connaître d'imbéciles au monde
pour vous donner envie de se casser la gueule ? etc.

Il est bien tard, je déraisonne passablement, le jour
va bientôt paraître ; il est temps d'aller se coucher.
L'institutrice[1] part la semaine prochaine. J'attends un
paquet[2]. Si tu veux, nous nous verrons, je pense, de
lundi prochain en quinze[3]. Quels bons jours nous passerons, bonne chère Muse ! D'ici là, mille tendres baisers
partout. À toi et tout à toi.

                                        Ton G.

[Croisset,] mardi, 1 h[eure].
[12 juillet 1853.]

Toujours sauvage ! toujours féroce ! toujours indomptable et passionnée ! Quelle étrange Muse tu fais, et
comme tu es injuste dans tes *mouvements !* Je mets cela
sur le compte du lyrisme, mais je t'assure que ça a un
côté bien étroit et même heurtant quelquefois, chère
bonne Louise. Parce que cet imbécile d'Âzevedo[4] m'a
embêté deux jours, tu m'envoies une espèce de diatribe
vague contre lui, contre moi, contre tout. Mais je t'assure
que je suis bien innocent de tout cela. — Et d'abord je
ne l'ai pas *du tout* invité. C'est lui, *de son chef,* qui est
revenu le second jour. À moins de le prendre par les
épaules, il n'était pas possible de le mettre à la porte.
Il est revenu avec B[ouilhet], et celui-ci n'a pas mieux
demandé que de venir pour avoir *un soulagement.* Quant à
lui, B[ouilhet], après ce qu'A[zevedo] avait fait (ou
disait avoir fait) pour la publication de *Melaenis,* il ne
pouvait non plus l'envoyer promener brutalement. —

Enfin, le soir même, j'exhale mon embêtement en dix lignes, pour n'en plus parler, n'y plus penser. Puis je te parlais d'autres choses, d'un tas de choses meilleures et plus hautes (dont tu ne me dis pas même un mot[1]). Et toi, tu m'envoies, pour réponse, une espèce de fulmination, en quatre pages, comme si j'*adorais* ce monsieur, que je le *choyasse,* etc., et t'abandonnasse pour lui ! — Tu conviendras que c'est drôle, bonne Muse, et voilà deux fois que ça se renouvelle ! Que tu es enfant !

Je crois que ce que nous avons de mieux à faire, c'est de clore ce chapitre irrévocablement, et à l'avenir de n'en parler ni l'un ni l'autre. — Je le souhaite du moins. Du reste, sois tranquille. Je suis peu disposé à poursuivre cette connaissance. Je la laisserai *tomber dans l'eau.* Mais quant à faire des grossièretés gratuites à ce malheureux homme, uniquement parce qu'il est *laid,* et qu'il manque de bonnes façons, non. Ce serait d'une goujaterie imbécile. Seulement, on peut faire des retraites honorables et c'est ce que je ferai.

Cela dit, concluons la paix par un baiser, et songeons plutôt que dans 15 jours nous serons ensemble[2].

———

J'attends demain matin une lettre de toi. J'ai hésité à remettre la mienne à demain soir, pour y répondre, car, remarques-tu, chère Muse, que nous ne nous répondons guère ? Mais j'ai pensé qu'il y avait longtemps que je ne t'avais écrit et que tu ne serais pas fâchée d'avoir la mienne un jour plus tôt. Je te juge d'après moi. Cela me fait de bons réveils quand je reçois tes lettres.

Tu auras appris par les journaux (sans doute) la soignée grêle qui est tombée sur Rouen et *alentours,* samedi dernier. — Désastre général, récoltes manquées, tous les carreaux des bourgeois cassés. Il y en a ici pour une centaine de francs au moins, et les vitriers de Rouen ont de suite profité de l'occasion (on se les arrache, les vitriers) pour hausser leur marchandise de 30 pour cent. Ô humanité ! C'était très drôle comme ça tombait ! et ce qu'il y a eu de lamentations et de gueulades était fort aussi. Ç'a été une symphonie de jérémiades pendant deux jours à rendre sec comme un caillou le cœur le plus sensible. On a cru à Rouen à la fin du monde (textuel). Il y a eu des scènes d'un grotesque démesuré, et l'autorité mêlée là-dedans ! M. le préfet, etc.

Je suis peu sensible à ces infortunes collectives. Personne ne plaint mes misères. Que celles des autres s'arrangent ! Je rends à l'humanité ce qu'elle me donne : *indifférence*. Va te faire foutre, troupeau, je ne suis pas de la bergerie ! Que chacun d'ailleurs se contente d'être *honnête*, j'entends de faire son devoir et de ne pas empiéter sur le prochain, et alors toutes les utopies vertueuses se trouveront vite dépassées. L'idéal d'une société serait celle en effet où tout individu fonctionnerait dans sa mesure. Or je fonctionne dans la mienne ; je suis quitte. Quant à toutes ces belles blagues de dévouement, sacrifice, abnégation, fraternité et autres, abstractions stériles et dont la généralité humaine ne peut tirer parti, je les laisse aux charlatans, aux phraseurs, aux farceurs, aux *gens à idées*, comme le sieur Pelletan[1].

Ce n'est pas sans un certain plaisir que j'ai contemplé mes espaliers détruits, toutes les fleurs hachées en morceaux, le potager sens dessus dessous. En contemplant tous ces petits arrangements factices de l'homme que cinq minutes de la Nature ont suffi pour bousculer, j'admirais le Vrai Ordre se rétablissant dans le faux ordre. — Ces choses tourmentées par nous, arbres taillés, fleurs qui poussent où elles ne veulent, légumes d'autres pays, ont eu dans cette rebiffade atmosphérique une sorte de revanche. — Il y a là un caractère *de grande farce* qui nous enfonce. Y a-t-il rien de plus bête que des cloches à melon ? Aussi ces pauvres cloches à melon en ont vu de belles ! Ah ! ah ! cette nature sur le dos de laquelle on monte et qu'on exploite si impitoyablement, qu'on enlaidit avec tant d'aplomb, que l'on méprise par de si beaux discours, à quelles fantaisies peu utilitaires elle s'abandonne[a] quand la tentation lui en prend ! Cela est bon, on croit un peu trop généralement que le soleil n'a d'autre but ici-bas que de faire pousser les choux. Il faut replacer de temps à autres le bon Dieu sur son piédestal. Aussi se charge-t-il de nous le rappeler, en nous envoyant par-ci par-là quelques pestes, choléra, bouleversement inattendu, et autres manifestations de la Règle. — À savoir le Mal-contingent qui n'est peut-être pas le Bien-nécessaire, mais qui est l'Être, enfin, chose que les hommes voués au néant comprennent peu.

Toute ma semaine passée a été mauvaise (ça va mieux depuis jours [*sic*]). Je me suis tordu dans un ennui et un dégoût de moi corsé. Cela m'arrive régulièrement quand j'ai fini quelque chose et qu'il faut continuer. La vulgarité de mon sujet me donne parfois des nausées et la difficulté de bien écrire tant de choses si communes encore en perspective m'épouvante. Je suis maintenant achoppé à une scène des plus simples : une saignée et un évanouissement[1]. Cela est fort difficile. Et ce qu'il y a de désolant, c'est de penser que, même réussi dans la perfection, cela ne peut être que passable et ne sera jamais beau, à cause du fond même. Je fais un ouvrage de clown. Mais qu'est-ce qu'un tour de force prouve, après tout ? N'importe : « Aide-toi, le ciel t'aidera. » Pourtant la charrette quelquefois est bien lourde à désembourber.

Adieu, chère bonne Muse, mille tendres baisers partout. — À bientôt les vrais.

Ton.

À VICTOR HUGO

Croisset, 15 juillet [1853].

Comment vous remercierai-je, Monsieur, de votre magnifique présent[2] ? Et qu'ai-je à dire ? si ce n'est le mot de Talleyrand à Louis-Philippe qui venait le visiter dans son agonie : « C'est le plus grand honneur qu'ait reçu ma maison ! » Mais ici se termine le parallèle, pour toutes sortes de raisons.

Donc, je ne vous cacherai pas, Monsieur, que vous avez fortement

Chatouillé de mon cœur l'orgueilleuse faiblesse

comme eût écrit ce bon Racine[3] ! Honnête poète ! et quelle quantité de *monstres* il trouverait maintenant à *peindre,* autres et pires cent fois que son dragon-taureau[4] !

L'exil, du moins, vous en épargne la vue. Ah ! si vous saviez dans quelles immondices nous nous enfonçons ! Les infamies particulières découlent de la turpitude politique et l'on ne peut faire un pas sans marcher sur quelque chose de sale. L'atmosphère est lourde de vapeurs nauséabondes. De l'air ! de l'air ! Aussi j'ouvre la fenêtre et je me tourne vers vous. J'écoute passer les grands coups d'ailes de votre Muse et j'aspire, comme le parfum des bois, ce qui s'exhale des profondeurs de votre style.

Et d'ailleurs, Monsieur, vous avez été dans ma vie une obsession charmante, un long amour ; il ne faiblit pas. Je vous ai lu durant des veillées sinistres et, au bord de la mer, sur des plages douces, en plein soleil d'été. Je vous ai emporté en Palestine, et c'est vous encore qui me consoliez, il y a dix ans, quand je mourais d'ennui dans le Quartier Latin[1]. Votre poésie est entrée dans ma constitution comme le lait de ma nourrice. Tel de vos vers reste à jamais dans mon souvenir, avec toute l'importance d'une aventure.

Je m'arrête. Si quelque chose est sincère pourtant, c'est cela. Désormais donc, je ne vous importunerai plus de ma personne et vous pourrez user du correspondant sans craindre la correspondance.

Cependant, puisque vous me tendez votre main par-dessus l'Océan, je la saisis et je la serre. Je la serre avec orgueil, cette main qui a écrit *Notre-Dame* et *Napoléon le Petit* , cette main qui a taillé des colosses et ciselé pour les traîtres des coupes amères, qui a cueilli dans les hauteurs intellectuelles les plus splendides délectations et qui, maintenant, comme celle de l'Hercule biblique, reste seule levée parmi les doubles ruines de l'Art et de la Liberté !

À vous donc, Monsieur, et avec mille remerciements encore une fois.

Ex imo[3].

À LOUISE COLET

[Croisset,] vendredi soir, 1 heure.
[15 juillet 1853.]

Tandis que je te reprochais ta lettre[4], bonne chère Muse, tu te la reprochais à toi-même. Tu ne saurais

croire combien cela m'a attendri, non à cause du fait
en lui-même (j'étais sûr que, considérant la chose à
froid, tu ne tarderais pas à la regarder du même œil que
moi), mais à cause de la simultanéité d'impression. Nous
pensons à l'unisson. Remarques-tu cela ? Si nos corps
sont loin, nos âmes se touchent. La mienne est souvent
avec la tienne, va. Il n'y a que dans les vieilles affections
que cette pénétration arrive. On entre ainsi l'un dans
l'autre, à force de se presser l'un contre l'autre. As-tu
observé que le physique même s'en ressent ? Les vieux
époux finissent par se ressembler. Tous les gens de la
même profession n'ont-ils pas le même air ? On nous
prend souvent, Bouilhet et moi, pour frères. Je suis sûr
qu'il y a dix ans cela eût été impossible. L'esprit est
comme une argile intérieure. Il repousse du dedans la
forme et la façonne selon lui. Si tu t'es levée quelquefois
pendant que tu écrivais, dans les bons moments de
verve, quand l'idée t'emplissait, et que tu te sois alors
regardée dans la glace, n'as-tu pas été tout à coup ébahie
de ta beauté ? Il y avait comme une auréole autour de
ta tête, et tes yeux agrandis lançaient des flammes. C'était
l'âme qui sortait. L'électricité est ce qui se rapproche le
plus de la pensée. Elle demeure comme elle, jusqu'à
présent, une force assez fantastique. Ces étincelles qui
se dégagent de la chevelure, lors des grands froids, dans
la nuit, ont peut-être un rapport plus étroit que celui
d'un pur symbole avec la vieille fable des nimbes, des
auréoles, des transfigurations. Où en étais-je donc ?
À l'influence d'une habitude intellectuelle. Rapportons
cela au métier ! Quel artiste donc on serait si l'on n'avait
jamais lu que du beau, vu que du beau, aimé que le
beau ; si quelque ange gardien de la pureté de notre
plume avait écarté de nous, dès l'abord, toutes les mauvaises connaissances, qu'on n'eût jamais fréquenté
d'imbéciles ni lu de journaux ! Les Grecs avaient tout
cela. Ils étaient, comme *plastique,* dans des conditions
que rien ne redonnera. Mais vouloir se chausser de leurs
bottes est démence. Ce ne sont pas des chlamydes qu'il
faut au Nord, mais des pelisses de fourrures. La forme
antique est insuffisante à nos besoins et notre voix n'est
pas faite pour chanter ces airs simples. Soyons aussi
artistes qu'eux, si nous le pouvons, mais autrement
qu'eux. La conscience du genre humain s'est élargie

depuis Homère. Le ventre de Sancho Pança fait craquer
la ceinture de Vénus. Au lieu de nous acharner à reproduire de vieux chics, il faut s'évertuer à en inventer de
nouveaux. Je crois que Delisle[1] est peu dans ces idées.
Il n'a pas l'instinct de la vie moderne, le *cœur* lui manque ;
je ne veux pas dire par là la sensibilité individuelle
ou même humanitaire, non, mais le cœur, au sens presque
médical du mot. Son encre est pâle. C'est une muse qui
n'a pas assez pris l'air. Les chevaux et les styles de race
ont du sang plein les veines, et on le voit battre sous la
peau et les mots, depuis l'oreille jusqu'aux sabots. La
vie ! la vie ! bander[2], tout est là ! C'est pour cela que
j'aime tant le lyrisme. Il me semble la forme la plus
naturelle de la poésie. Elle est là toute nue et en liberté.
Toute la force d'une œuvre gît dans ce mystère, et c'est
cette qualité primordiale, ce *motus animi continuus* (vibration, mouvement continuel de l'esprit, définition de
l'éloquence par Cicéron[3]) qui donne la concision, le
relief, les tournures, les élans, le rythme, la diversité.
Il ne faut pas grande malice pour faire de la critique ! On
peut juger de la bonté d'un livre à la vigueur des coups
de poing qu'il vous a donnés et à la longueur de temps
qu'on est ensuite à en revenir. Aussi, comme les grands
maîtres sont excessifs ! Ils vont jusqu'à la dernière limite
de l'idée. Il s'agit, dans *Pourceaugnac,* de faire prendre
un lavement à un homme. Ce n'est pas un lavement qu'on
apporte, non ! mais toute la salle sera envahie de
seringues[4] ! Les bonshommes de Michel-Ange ont des
câbles plutôt que des muscles. Dans les bacchanales de
Rubens on pisse par terre. Voir tout Shakespeare, etc.,
etc., et le dernier des gens de la famille, ce vieux père
Hugo. Quelle belle chose que *Notre-Dame !* J'en ai relu
dernièrement trois chapitres, le sac des Truands entre
autres[5]. C'est cela qui *est fort !* Je crois que le plus grand
caractère du génie est, avant tout, *la force.* Donc ce que
je déteste le plus dans les arts, ce qui me crispe, c'est
l'*ingénieux,* l'esprit. Quelle différence d'avec le mauvais
goût qui, lui, est une bonne qualité dévoyée. Car pour
avoir ce qui s'appelle du mauvais goût, il faut avoir de
la poésie dans la cervelle. Mais l'esprit, au contraire,
est incompatible avec la vraie poésie. Qui a eu plus
d'esprit que Voltaire et qui a été moins poète ? Or, dans
ce charmant pays de France, le public n'admet la poésie

que déguisée. Si on la lui donne toute crue, il rechigne. Il faut donc le traiter comme les chevaux d'Abbas-Pacha[1] auxquels, pour les rendre vigoureux, on sert des boulettes de viande enveloppées de farine. Ça c'est de l'Art ! Savoir faire l'enveloppe ! N'ayez peur pourtant, offrez de cette farine-là aux lions, aux fortes gueules, ils sauteront dessus à vingt pas au loin, reconnaissant l'odeur.

Je lui ai écrit une lettre monumentale, au Grand Crocodile[2]. Je ne cache pas qu'elle m'a donné du mal (mais je la crois montée, trop, peut-être), si bien que je la sais maintenant par cœur. Si je me la rappelle, je te la dirai. Le paquet part demain[3]. J'ai été fort en train cette semaine. J'ai écrit huit pages qui, je crois, sont toutes à peu près faites. Ce soir, je viens d'esquisser toute ma grande scène des Comices agricoles[4]. Elle sera énorme ; ça aura bien trente pages. Il faut que, dans le récit de cette fête rustico-municipale et parmi ses détails (où *tous* les personnages secondaires du livre paraissent, parlent et agissent), je poursuive, et au premier plan, le dialogue continu d'un monsieur *chauffant* une dame. J'ai de plus, au milieu, le discours solennel d'un conseiller de préfecture, et à la fin (tout terminé) un article de journal fait par mon pharmacien, qui rend compte de la fête en bon style philosophique, poétique et progressif. Tu vois que ce n'est pas une petite besogne. Je suis sûr de ma couleur et de bien des effets ; mais pour que tout cela ne soit pas trop long, c'est le diable ! Et cependant ce sont de ces choses qui doivent être abondantes et pleines. Une fois ce pas-là franchi, j'arriverai vite à ma baisade dans les bois par un temps d'automne (avec leurs chevaux à côté qui broutent les feuilles[5]), et alors je crois que j'y verrai clair, et que j'aurai passé du moins Charybde, si Scylla me reste. Quand je serai revenu de Paris, j'irai à Trouville[6]. Ma mère veut y aller et je la suis. Au fond je n'en suis pas fâché : voir un peu d'eau salée me fera [du] bien. Voilà deux ans que je n'ai pris l'air et vu la campagne (si ce n'est avec toi, lors de notre promenade à Vétheuil[7]). Je m'étendrai avec plaisir sur le sable, comme jadis. Depuis sept ans je n'ai été dans ce pays[8]. J'en ai des souvenirs profonds : quelles mélancolies et quelles rêveries, et quels verres de rhum ! Je n'emporterai pas la *Bovary*, mais j'y pen-

serai ; je ruminerai ces deux longs passages, dont je te
parle, sans écrire. Je ne perdrai pas mon temps. Je monterai à cheval sur la plage ; j'en ai si souvent envie ! J'ai
comme cela un tas de petits goûts dont je me prive ;
mais il faut se priver de tout quand on veut faire quelque
chose. Ah ! quels vices j'aurais si je n'écrivais ! La pipe
et la plume sont les deux sauvegardes de ma moralité,
vertu qui se résout en fumée par les deux tubes. Allons,
adieu, encore au milieu de la semaine prochaine une
lettre, puis à la fin un petit billet, et ensuite ! ! !

À LOUISE COLET

[Croisset,] nuit de vendredi, 1 h[eure].
[22 juillet 1853.]

Oui, j'arriverai lundi prochain chez toi, vers 6 h[eures].
Comme il faut que j'aille deux jours à Nogent[1], je
préfère partir dès le lendemain mardi et revenir le mercredi soir. Je resterai avec toi jusqu'au mardi de l'autre
semaine : ma mère sera partie seule à Trouville. Je l'irai
rejoindre.
Bouilhet ne viendra pas. Je l'ai vu hier. Il était un
peu malade. Ses bacheliers à la fin de l'année l'occupent
plus que jamais. — Comme il a voulu se supprimer le
tabac, il est dans une grande démoralisation et agacé
nerveusement au suprême degré. — Hier il se purgeait,
et avait un œil tout enflé. — Toutes les fois qu'il lui a
fallu se mettre en train à un *Fossile*[2], il a été indisposé.

———————

J'ai eu aujourd'hui un grand succès. Tu sais que *nous*
avons eu hier le *bonheur* d'avoir M. Saint-Arnaud[3]. — Eh
bien, j'ai trouvé ce matin, dans le *J[ournal] de R[ouen]*,
une phrase du maire lui faisant un discours, laquelle
phrase j'avais, la veille, écrite *textuellement* dans ma
B[ovary] (dans un discours de préfet, à des Comices agricoles). Non seulement c'était la même idée, les mêmes
mots, mais les mêmes *assonances* de style. Je ne cache
pas que ce sont de ces choses qui me font plaisir. —
Quand la littérature arrive à la précision de résultat

d'une science exacte, c'est roide. — Je t'apporterai, du reste, ce discours gouvernemental et tu verras si je m'entends à faire de l'administratif et du Crocodile.

J'ai mis de côté Delisle, *Les Fantômes,* la pièce sur Vétheuil[1], etc.

Ne compte pas sur les photographies[2]. La collection n'est pas complète. Il me manque encore 7 ou 8 livraisons qui ne sont pas parues (je m'étais trompé, parce qu'ils publient sans suivre l'ordre des numéros). Lorsque j'aurai tout, je t'apporterai tout ; ça vaudra mieux.

Adieu donc, pauvre tendrement chérie. — À bientôt, dans quelques heures *ton* t'embrassera.

À LOUISE COLET

Trouville, mardi soir, 9 h[eures].
[9 août 1853.]

Je suis arrivé ici hier au soir à 7 heures 1/2, très fatigué des diligences et carrioles qui m'y ont amené. — Pour prendre le paquebot, il eût fallu partir de Rouen dans la nuit, à 3 h[eures].

Quel volume je pourrais écrire ce soir (si l'expression était aussi rapide que la pensée). Depuis 36 heures je navigue dans les plus vieux souvenirs de ma vie. — Et j'en éprouve une lassitude presque physique. Quand je suis arrivé hier, le soleil se couchait sur la mer. Il était comme un grand disque de confiture de groseille. — Voilà six ans qu'à la même époque de l'année j'y suis arrivé à 2 h[eures] du matin à pied, avec Maxime, sac au dos, en revenant de Bretagne[3]. Que de choses depuis ! Mais *l'entrée* qui domine toutes les autres est celle que je fis en 1843[4]. C'était la fin de ma première année de droit. J'arrivais de Paris, seul. J'avais quitté la diligence à Pont-l'Évêque, à trois lieues d'ici, et j'arrivai, à pied, par un beau clair de lune, vers trois heures du matin. Je me rappelle encore la veste de toile et le bâton blanc que je portais[a], et quelle dilatation j'ai eue en aspirant de loin l'odeur salée de la mer. — Il n'y a que cela que je retrouve, l'odeur. Tout le reſte eſt changé. Paris a envahi ce pauvre pays, plein maintenant de chalets dans le goût de ceux d'Enghien. Tout eſt plein de culottes de peau, de livrées, de beaux messieurs, de belles dames. Cette plage, où je me promenais jadis sans caleçon, eſt maintenant décorée de sergents de ville, et il y a des lignes de démarcation[a] pour les deux sexes.

> *Nature au front serein, comme vous oubliez !*
> *Et comme vous brisez dans vos métamorphoses*
> *Les fils myſtérieux où nos cœurs sont liés*[1] *!*

Il faut que la vie de l'homme soit bien longue, puisque les maisons, les pierres, la terre, tout cela a le temps de changer entre deux états de l'âme !

J'ai vu à notre ancienne maison, celle que nous avons habitée pendant 4 ans de suite, des *rochers faſtices* : le rire m'a empêché les pleurs. C'eſt devenu la propriété d'un agent de change de Paris, et tout le monde s'accorde à trouver cela très beau.

Je crois que je deviens fort en philosophie, car ce speſtacle m'eût navré[b] il y a quelque temps. Peut-être eſt-ce parce que je ne me suis pas encore trouvé suffisamment seul ? ou bien parce que ton impression eſt encore trop forte ? Je suis plein de toi. Mon linge sent ton odeur. Le souvenir de ta personne, demi-nue, un flambeau à la main, et m'embrassant dans le corridor, m'a poursuivi hier toute la journée, à travers mes autres souvenirs, qui s'envolaient de tous les buissons de la route, au balancement de la diligence.

Au chemin de fer j'ai trouvé B[ouilhet]. Nous avons déjeuné et dîné seuls, à Croisset. Nous nous sommes couchés de bonne heure, je tombais de sommeil. Nous nous sommes quittés hier à 11 h[eures] du matin. Qu'as-tu fait toute la journée pendant que je regardais les blés qu'on sciait, et la poussière, et les arbres verts ? Comment s'eſt passée la journée de dimanche ?

Je voudrais t'écrire une bonne et longue lettre, mais j'ai fort envie de dormir, quoiqu'il ne soit pas 10 heures. J'ai apporté ici quelques livres que je lirai peu, mes scénarios de la *Bovary* auxquels je travaillerai médiocrement ? Je vais manger, fumer, bâiller au soleil, dormir surtout. — J'ai parfois de grands besoins de sommeil, pendant plusieurs jours. — Et j'aime mieux une jachère complète qu'un demi-labour.

Adieu, pauvre chère Muse, je pense beaucoup à toi, et je t'embrasse. Mille baisers et tendresses.

Ton G.

Un de ces jours j'espère être plus prolixe.

———

Ci-joint 100 francs.

———

À LOUISE COLET

[Trouville,] dimanche 14, 4 heures.
[14 août 1853.]

La pluie tombe, les voiles des barques sous mes fenêtres sont noires, des paysannes en parapluie passent, des marins crient, je m'ennuie ! Il me semble qu'il y a dix ans que je t'ai quittée. Mon existence, comme un marais dormant, est si tranquille que le moindre événement y tombant y cause des cercles innombrables, et la surface ainsi que le fond est longtemps avant de reprendre sa sérénité ! Les souvenirs que je rencontre ici à chaque pas sont comme des cailloux qui déboulent, par une pente douce, vers un grand gouffre d'amertume que je porte en moi. La vase est remuée ; toutes sortes de mélancolies, comme des crapauds interrompus dans leur sommeil, passent la tête hors de l'eau et forment une étrange musique ; j'écoute. Ah ! comme je suis vieux, comme je suis vieux, pauvre chère Louise !

Je retrouve ici les bonnes gens que j'ai connues il y a dix ans. Ils portent les mêmes habits, les mêmes mines ; les femmes seulement sont engraissées et les hommes un peu blanchis. Cela me stupéfiait, l'immobilité de tous ces êtres ! D'autre part, on a bâti des maisons, élargi le quai, fait des rues, etc. Je viens de rentrer par une pluie battante et un ciel gris, au son de la cloche qui sonnait les vêpres. Nous avions été à Deauville (une ferme de ma mère). Comme les paysans m'embêtent, et que je

suis peu fait pour être propriétaire ! Au bout de trois
minutes la société de ces sauvages m'assomme. Je sens
un ennui idiot m'envahir comme une marée. La chape
de plomb que le Dante promet aux hypocrites n'est rien
en comparaison de la lourdeur qui me pèse alors sur le
crâne. Mon frère, sa femme et sa fille[1] sont venus passer
le dimanche avec nous ! Ils ramassent maintenant des
coquilles, entourés de caoutchoucs, et s'amusent beaucoup. Moi aussi je m'amuse beaucoup, à l'heure des
repas, car je mange énormément de matelote. Je dors
une douzaine d'heures assez régulièrement toutes les
nuits et dans le jour je fume passablement. Le peu de
travail que je fais est de préparer le programme du cours
d'histoire que je commencerai ma nièce, une fois rentré à
Croisset[2]. Quant à la *Bovary,* impossible même d'y songer.
Il faut que je sois *chez moi* pour écrire. Ma liberté d'esprit
tient à mille circonstances accessoires, fort misérables,
mais fort importantes. Je suis bien content de te savoir
en train pour *La Servante*[3]. Qu'il me tarde de voir cela !

J'ai passé hier une grande heure à regarder se *baigner
les dames.* Quel tableau ! Quel hideux tableau ! Jadis, on
se baignait ici sans distinction de sexes. Mais maintenant
il y a des séparations, des poteaux, des filets pour empêcher, un inspecteur en livrée (quelle atroce chose lugubre
que le grotesque !). Donc hier, de la place où j'étais,
debout, lorgnon sur le nez, et par un grand soleil, j'ai
longuement considéré les baigneuses. Il faut que le genre
humain soit devenu complètement imbécile pour perdre
jusqu'à ce point toute notion d'élégance. Rien n'est plus
pitoyable que ces sacs où les femmes se fourrent le corps,
que ces serre-tête en toile cirée ! Quelle mines ! quelles
démarches ! Et les pieds ! rouges, maigres, avec des
oignons, des durillons, déformés par la bottine, longs
comme des navettes ou larges comme des battoirs. Et
au milieu de tout cela des moutards à humeurs froides,
pleurant, criant. Plus loin, des grand-mamans tricotant
et des *môsieurs* à lunettes d'or, lisant le journal et, de
temps à autre, entre deux lignes, savourant l'immensité
avec un air d'approbation. Cela m'a donné envie tout
le soir de m'enfuir de l'Europe et d'aller vivre aux îles
Sandwich ou dans les forêts du Brésil. Là, du moins,
les plages ne sont pas souillées par des pieds si mal faits,
par des individualités aussi fétides.

Avant-hier, dans la forêt de Touques, à un charmant endroit près d'une fontaine, j'ai trouvé des bouts de cigares éteints avec des bribes de pâtés. On avait été là *en partie* ! J'ai écrit cela dans *Novembre* il y a onze ans[1] ! C'était alors purement imaginé, et l'autre jour ç'a été éprouvé. Tout ce qu'on invente est vrai, sois-en sûre. La poésie est une chose aussi précise que la géométrie. L'induction vaut la déduction, et puis, arrivé à un certain point, on ne se trompe plus quant à tout ce qui est de l'âme. Ma pauvre *Bovary,* sans doute, souffre et pleure dans vingt villages de France à la fois, à cette heure même.

J'ai vu une chose qui m'a ému, l'autre jour, et où je n'étais pour rien. Nous avions été à une lieue d'ici, aux ruines du château de Lassay (ce château a été bâti en six semaines pour Mme Dubarry qui avait eu l'idée de venir prendre des bains de mer dans ce pays). Il n'en reste plus qu'un escalier, un grand escalier Louis XV, quelques fenêtres sans vitres, un mur, et du vent, du vent ! C'est sur un plateau en vue de la mer. À côté est une masure de paysan. Nous y sommes entrés pour faire boire du lait à Liline[2] qui avait soif. Le jardinet avait de belles passe-roses qui montaient jusqu'au toit, des haricots, un chaudron plein d'eau sale. Dans les environs un cochon grognait (comme dans ta *Jeanneton*[3]) et plus loin, au-delà de la clôture, des poulains en liberté broutaient et hennissaient avec leurs grandes crinières flottantes qui remuaient au vent de la mer. Sur les murs intérieurs de la chaumière, une image de l'Empereur et une autre de Badinguet[4] ! J'allais sans doute faire quelque plaisanterie quand, dans un coin près de la cheminée, et à demi paralytique, se tenait assis un vieillard maigre, avec une barbe de quinze jours. Au-dessus de son fauteuil, accrochées au mur, il y avait deux épaulettes d'or ! Le pauvre vieux était si infirme qu'il avait du mal à prendre sa prise. Personne ne faisait attention à lui. Il était là ruminant, geignant, mangeant à même une jatte pleine de fèves. Le soleil donnait sur les cercles de fer qui entourent les seaux et lui faisait cligner des yeux. Le chat lapait du lait dans une terrine à terre. Et puis c'était tout. Au loin, le bruit vague de la mer. J'ai songé que, dans ce demi-sommeil perpétuel de la vieillesse (qui précède l'autre et qui est comme la transition de la vie au néant), le bonhomme sans doute revoyait les neiges de la Russie ou les sables de l'Égypte. Quelles visions flottaient devant ces yeux hébétés ? et quel habit ! quelle veste rapiécée et propre ! La femme qui nous servait (sa fille, je crois) était une commère de cinquante ans, court vêtue, avec des mollets comme les balustres de la place Louis XV, et coiffée d'un bonnet de coton. Elle allait, venait, avec ses bas bleus et son gros jupon, et Badinguet, splendide au milieu de tout cela, cabré sur un cheval jaune, tricorne à la main, saluant une cohorte d'invalides dont toutes les jambes de bois étaient bien alignées. La dernière fois que j'étais venu au château de Lassay, c'était avec Alfred[1]. Je me ressouvenais encore de la conversation que nous avions eue et des vers que nous disions, des projets que nous faisions...

Comme ça se fout de nous, la nature ! et quelle balle impassible ont les arbres, l'herbe, les flots ! La cloche du paquebot du Havre sonne avec tant d'acharnement que je m'interromps. Quel boucan l'industrie cause dans le monde ! Comme la *machine* est une chose tapageuse ! À propos de l'industrie, as-tu réfléchi quelquefois à la quantité de professions bêtes qu'elle engendre et à la masse de stupidité qui, à la longue, doit en provenir ? Ce serait une effrayante statistique à faire ! Qu'attendre d'une population comme celle de Manchester, qui passe sa vie à faire des épingles ? Et la confection d'une épingle exige cinq à six spécialités différentes ! Le travail se subdivisant, il se fait donc, à côté des machines, quantité d'hommes-machines. Quelle fonction que celle de placeur à un chemin de fer ! de metteur en bande dans une imprimerie ! etc., etc. Oui, l'humanité tourne au bête. Leconte a raison ; il nous a formulé cela d'une façon que je n'oublierai jamais[2]. Les *rêveurs* du moyen âge étaient d'autres hommes que les *actifs* des temps modernes.

L'humanité nous hait, nous ne la servons pas et nous la haïssons, car elle nous blesse. Aimons-nous donc *en l'Art,* comme les mystiques s'aiment *en Dieu,* et que tout pâlisse devant cet amour ! Que toutes les autres chandelles de la vie (qui toutes puent) disparaissent devant ce grand soleil ! Aux époques où tout lien commun est brisé, et où la Société n'est qu'un vaste banditisme (mot gouvernemental) plus ou moins bien organisé, quand les intérêts de la chair et de l'esprit, comme des loups, se retirent les uns des autres et hurlent à l'écart, il faut donc comme tout le monde se faire un égoïsme (plus beau seulement) et vivre dans sa tanière. Moi, de jour en jour, je sens s'opérer dans mon cœur un écartement de mes semblables qui va s'élargissant et j'en suis content, car ma faculté d'appréhension à l'endroit de ce qui m'est sympathique va grandissant, et à cause de cet écartement même. Je me suis rué sur ce bon Leconte avec soif[1]. Au bout de trois paroles que je lui ai entendu dire, je l'aimais d'une affection toute fraternelle. Amants du Beau, nous sommes tous des bannis. Et quelle joie quand on rencontre un compatriote sur cette terre d'exil ! Voilà une phrase qui sent un peu le Lamartine, chère Madame. Mais, vous savez, ce que je dis le mieux est ce que je dis le plus mal (que de *que* !). Dites-lui donc, à l'ami Leconte, que je l'aime beaucoup, que j'ai déjà pensé à lui mille fois. J'attends son grand poème celtique avec impatience[2]. La sympathie d'hommes comme lui est bonne à se rappeler dans les jours de découragement. Si la mienne lui a causé le même bien-être, je suis content. Je lui écrirais volontiers, mais je n'ai rien du tout à lui dire. Une fois revenu à Croisset, je vais creuser la *Bovary* tête baissée. Donnez-lui donc de ma part la meilleure poignée de main possible[3].

Je n'ai pas encore écrit à Bouilhet depuis tantôt huit jours que je suis ici, et n'en ai pas reçu de nouvelles. J'ai peur, pauvre chère Louise, de te blesser (mais notre système est beau, de ne nous rien cacher), eh bien ! ne m'envoie pas ton portrait photographié. Je déteste les photographies à proportion que j'aime les originaux. Jamais je ne trouve cela *vrai*. C'est la photographie d'après ta gravure ? J'ai la gravure qui est dans ma chambre à coucher. C'est une chose bien faite, bien dessinée, bien gravée, et qui me suffit. Ce procédé *mécanique,* appliqué à toi surtout, m'irriterait plus qu'il ne me ferait plaisir. Comprends-tu ? Je porte cette délicatesse loin, car moi je ne consentirais jamais à ce que l'on fît mon portrait en photographie. Max l'avait fait, mais j'étais en costume nubien, en pied, et vu de très loin, dans un jardin[4].

Les lectures, que je fais le soir, des détails de mœurs sur les divers peuples de la terre (dans un des livres que

j'ai achetés à Paris) m'occasionnent de singulières envies.
J'ai envie de voir les Lapons, l'Inde, l'Australie. Ah c'est
beau, la terre ! Et mourir sans en avoir vu la moitié !
sans avoir été traîné par des rennes, porté par des éléphants, balancé en palanquin ! Je remettrai tout dans mon
Conte oriental. Là je placerai mes amours, comme,
dans la préface du *Dictionnaire,* mes haines[1].

Sais-tu que je n'ai jamais fait un si long séjour à
Paris et que jamais je ne m'y suis tant plu[2] ? Il y a aujour-
d'hui quinze jours à cette heure, je revenais de Chaville[3]
et j'arrivais chez toi. Comme c'est loin déjà ! Il y a
quelque chose derrière nous qui tire vers le lointain les
objets disparus, avec la rapidité d'un torrent qui passe.
La difficulté que j'ai à me recueillir maintenant vient
sans doute de ces deux dérangements successsifs. Le
mouvement est arrêté. Loin de ma table, je suis stupide.
L'encre est mon élément naturel. Beau liquide, du reste,
que ce liquide sombre ! et dangereux ! Comme on s'y
noie ! comme il attire !

Allons, adieu, chère bonne Muse, bon courage, travaille bien ! Tu me parais en dispositions crânes. Mille
compliments à *La Servante*[4], mille baisers à la maîtresse.
À toi tout. Ton G.

À LOUISE COLET

[Trouville,] mardi, midi.
[16 août 1853.]

Je t'écrirai ce soir, bonne chère Muse, et verrai ta
correction. N'ayant aucun dict[ionnaire] sous la main,
je ne sais à quelle époque est mort Giotto[5] ? J'essaierai
de t'arranger cela ce soir.

Je n'ai pas reçu de paquet, comme il me semble que
tu me l'annonces dans ta lettre de ce matin.

Voilà deux jours que je suis *fort occupé* et drôlement.
Je n'ai pas dormi cette nuit. Je suis sur pied depuis
4 h[eures] du matin, je te conterai cela[6].

Adieu, mille baisers et tendresses.

À toi. Ton G.

À LOUISE COLET

[Trouville,] mardi soir, 9 h[eures].
[16 août 1853.]

Je t'assure que ta correction est fort difficile. Voilà
une demi-heure que j'y rêve, sans pouvoir trouver de
solution immédiate. Ton récit[1], qui se passe en 1420,
est une *date précise,* ton Lippi est un personnage *historique.*
Je ne sais ni l'époque de la mort et de la naissance du
Giotto, ni l'année où *Le Triomphe de la mort* d'Orcagna
a été peint, ni aucune date de la vie d'Orcagna[2]. Comment
veux-tu que je t'arrange tout cela ? seul, *ici,* sans un
dictionnaire biographique, même le plus élémentaire,
ni aucun livre enfin qui puisse me mettre sur la voie ?
Il fut un temps où je savais tout cela par cœur. Mais
depuis dix ans que je n'ai fait d'histoire, comment veux-
tu que je m'y prenne ! Il m'est donc *impossible* d'arranger
cela *de suite* comme tu le désires, pauvre chère amie.

Envoie-moi des notes précises. Les renseignements
ne te manquent pas à Paris. Delisle peut t'en donner, ou
toi-même dans la *Biographie universelle* ou dans Vasari (?)[3],
ce qui serait mieux, tu trouveras des renseignements
suffisants. Envoie-les-moi et, poste pour poste, c'est-à-
dire en un jour, j'arrangerai la chose.

Je crois que Giotto vivait à la fin du XIVe siècle ?
que le *Campo Santo* est à peu près du même temps. Mais
je ne sais ce que Giotto a fait au *Campo Santo,* que j'ai
du reste mal vu[4], ni s'il y a même travaillé. J'y ai passé
deux heures. — Il faudrait deux semaines, et je n'ai
considéré que la grande fresque d'Orcagna. Je ne veux
pas corriger tes bévues par d'autres bévues plus considérables et c'est ce que je ferais infailliblement, flottant
dans l'incertitude où je suis.

D'autre part : l'admiration de ton brigand pour
Michel-Ange était possible. M[ichel]-A[nge] était, de
son temps, reconnu pour un grand homme. Il frayait
[avec] les puissants. Sa réputation avait pu parvenir
jusqu'à Buonavita[5], et de là je comprends sa curiosité,
et son admiration ensuite pour l'homme « qui avait eu
le pouvoir de l'épouvanter »[6]. Mais en substituant à

M[ichel]-A[nge] Giotto ou Orcagna, tout change. Ici nous sommes au moyen âge. Les peintres étaient de purs ouvriers, sans popularité ni retentissement. L'artiste disparaissait dans l'art. Du bruit pouvait se faire autour de l'œuvre. — Mais autour du nom (et à ce point), je ne le crois pas.

Et puis, si je fais la description du *Triomphe de la mort,* ce sera une description *artistique,* et fausse conséquemment, dans la bouche de ton personnage. Si elle est *naïve,* si elle n'exprime que l'étonnement de la chose, je veux dire l'effet brutal produit par le dramatique du sujet, quel rapport cela aura-t-il à la vocation de peintre ? L'effet que cette fresque a dû produire sur un homme comme Buonavita et dans son temps, c'est de le faire aller en confesse, ou entrer dans un couvent, en sortant de là. — Nous ne pouvons pas faire de cet homme un amant du pittoresque, ce serait sot.

Envoie-moi donc le nom et les dates d'un grand peintre contemporain de Lippi, et l'indication de ses œuvres, ou de son œuvre la plus capitale, ce qui vaudrait mieux. Et je tâcherai de te ravauder ce passage. Quant au *Triomphe de la mort,* je la crois une idée malencontreuse. Rien n'est moins esthétique en soi. — Et l'admiration *pour l'artiste* qui a fait cela, ne doit venir qu'à un esprit dégagé de toute tradition religieuse et habitué à comparer des formes, abstraction faite du but où elles poussent, ou veulent pousser. Et c'est parce que ces formes sont incorrectes qu'elles font tant d'effet. Elles poussent à l'épouvante de la mort et non à un sentiment d'admiration, ce que M[ichel]-Ange procure à tout le monde à peu près. Là c'est de l'Art pur[1].

Réfléchis à tout cela. — Si tu trouves un autre joint, dis-le et renvoie les pages imprimées ci-incluses.

Je suis bien fâché, chère Louise, de ne pouvoir de suite te rendre ce petit service. Mais tu vois tous les empêchements. — Rêves-y un peu. — Envoie-moi des notes, et je t'obéirai.

———

Voilà deux jours entiers passés avec mon frère et sa femme[2]. Il a eu l'idée d'aller voir, à une demi-lieue d'ici, une fort belle habitation en vente. L'idée de l'acheter l'a pris, l'enthousiasme les a saisis. — Puis le désen-

thousiasme, puis le renthousiasme et les considérations
et les objections. De peur de *se laisser gagner*, il est parti
ce matin en manquant le rendez-vous donné au vendeur.
C'est moi qui y ai été à sa place. Je me suis couché à
une heure et levé avant quatre. Que de verres de rhum
j'ai bus depuis hier ! Et quelle étude que celle des bourgeois ! Ah ! voilà un fossile[1] que je commence à bien
connaître (le bourgeois) ! Quels demi-caractères, quelles
demi-volontés, quelles demi-passions ! Comme tout est
flottant, incertain, faible, dans ces cervelles ! Ô hommes
pratiques, hommes d'action, hommes sensés, que je vous
trouve malhabiles, endormis, bornés ! —

J'ai eu ce matin une conférence de près de
4 h[eures] avec un môsieu, restant debout, contemplant
des blés, parlant baux, *engrais,* et amélioration possible
des terres. Vois-tu ma tête ! Après quoi j'ai écrit à
Achille[2], en quatre pages, un *modèle* de lettres d'affaires,
et un petit mot pour toi[3]. J'ai un peu dormi cet après-
midi. — Mais je suis encore fatigué à cause de l'ennui et
du froid que j'ai eus. — Je grelottais dans les *guérets*[a], et
mon cigare tremblait au bout de mes dents. J'aurais
bien voulu ce soir t'écrire cette correction, cela m'aurait
remis. Mais je n'y vois que du feu en vérité.

[...][4]

À LOUISE COLET

[Trouville,] mercredi matin, 10 h[eures].
[17 août 1853.]

On vient de me remettre : 1º ton paquet ; 2º ta lettre
de lundi soir, et mardi. Mon lit était jonché de toi (ç'a
été [un] bon réveil) et je me lève pour t'envoyer ce petit
mot.

Merci du portrait[5]. Je ne sais ce qu'en *[sic]* ferai à
Croisset ; mais ici il m'a fait plaisir. N'importe, la photographie est une vilaine chose ! — Je vais corriger tes
contes[6]. Tu auras tout cela avant le 25. Comptes-y.
J'ai lu celui d'*Imprudence*[7], dans lequel il y a de bien bons
vers ! Que de talent perdu ! Quel dommage que de pareils
vers soient là ! Celui de *Cécile*[8] me semble impossible à

retoucher tant il y a d'anges, de chérubins. L'idée des écheveaux d'or est bien jolie. C'est cela surtout qu'il faut mettre en relief. M'autorises-tu à faire beaucoup de coupures, si je le juge nécessaire ?

Je lisais les *Souvenirs de Jeunesse*[1] quand on m'a apporté ta lettre. Elle me fut remise par les mains du pharmacien lui-même.

J'attends avec *anxiété* la suite de l'histoire Girardin-Concours[2]. De n'importe quelle façon qu'elle tourne, c'est bon et il faudra faire savoir à Limayrac[3] que tu es l'auteur. — Courage ! Courage ! Sacré nom de Dieu ! L'avenir est aux forts, aux patients, aux purs. Dans quelque temps d'ici nous serons des géants, notre taille se rehaussera de tout l'abaissement des autres. Nous serons *les seuls*. Tout cède à la ligne droite, sois-en sûre, et nous la suivons. — Mais il ne faut regarder ni en avant, ni en arrière. Restons le nez collé sur notre ouvrage.

Si *L'Acropole* paraît dans *La Presse,* je crois *que tu te dois à toi-même,* pour achever l'œuvre, de refaire une *Acropole et qui ait le prix.* — Ce serait éclatant. Tu ferais suivre la publication de cette seconde *Acropole* d'un petit morceau de remerciement à l'Académie, dont je me charge, et qui enterrerait les concours de poésie, définitivement ; je te reparlerai de cela, plus longuement.

Renvoie *de suite* à Villemain le ms.[4], coûte que coûte. À côté d'une grande leçon virile, il ne faut pas de petite taquinerie féminine. — Mais si Girardin publie, tu pourras recevoir le bossu[5] convenablement, et te mettre *à ton rang.*

———

Pas de lettre de Bouilhet. Je le suppose à Dieppe ou à Fécamp.

———

Le temps est affreux. Il pleut à verse. Je vais rester toute la journée avec tes contes. Ce sera m'occuper de toi, penser à toi.

Mille tendresses. Ton G. qui t'embrasse.

À LOUISE COLET

[Trouville,] samedi, 10 h[eures] du matin.
[20 août 1853.]

Il faut rendre *de suite* à Villemain le *ms. corrigé*[1], le primitif ne devant plus exister. Voilà trop longtemps même que tu le gardes. Villemain peut avoir quelques soupçons. Notre probité doit être comme la femme de César. — Rends donc le ms. *corrigé*. — Puis *il faut* que cet hiver, toi, Bouilhet et Delisle fassiez une *Acropole*. Celle-là, on s'arrangera pour avoir le prix. Si tu l'as, il faudra publier en brochure les deux *Acropoles* et avec une préface que je te ferai. — Elle serait de remerciements envers l'Académie[2]. Si non, tu publieras en brochure la 1ʳᵉ, le jour du prix. Dans ce cas-là, si un autre avait le prix, je parie ma tête d'avance que son poème ne vaudrait pas le tien et tu aurais donc encore le dessus en publiant[3]. Et la seconde serait regardée comme non avenue. Suis mon avis ; il est bon. — En tout cas il faut rendre le ms. corrigé, afin que les vers bons restent à l'Académie, et que tu puisses toujours, par la suite, t'en prévaloir, comprends-tu ?

Tu m'écris à ce sujet de grandes vérités. N'importe, continuons tête baissée. Fais ce que dois, advienne que pourra ! Qu'il me tarde de lire *La Servante*[4] ! Quand penses-tu que je l'aie ?

J'ai corrigé tous tes contes[5]. — Il n'y en a qu'un auquel je n'ai pas touché et qui ne me semble pas retouchable, c'est *Richesse oblige*. Franchement, il est détestable, de fond et de forme. — Et le pis c'est qu'il est très ennuyeux. — Mille choses y blessent la *délicatesse*. Je crois que le meilleur avis est de l'enterrer. —

Tu as publié dans *Folles et saintes* [?] deux choses très amusantes : 1º l'histoire de ton avocat Démosthène ; 2º *La Provinciale à Paris*[6]. Tâche d'en tirer parti, plutôt que de donner une œuvre compromettante, et je juge cette nouvelle comme telle. Les autres, au moins, ne sont pas atroces d'intention. Mais cette vision angélique, amenant à des visites dans la rue Saint-Denis !...

Il y a, du reste, une supériorité inouïe des vers sur

la prose. — Garde le vers, polis-le, perfectionne-le. B[ouilhet] m'a envoyé le commencement de son *Masto-donte*[1]. C'est bien beau.

Il est matin : je suis à peine éveillé. Je dors encore. Je voulais t'écrire une bonne lettre d'encouragement, mais franchement les mots me manquent. Mon cœur seul a les yeux ouverts, le cerveau pas encore.

Je t'enverrai demain ou après-demain le paquet. Adieu, toutes sortes de tendresses, pauvre chère Muse. Ne vas-tu pas bientôt à la campagne avec Henriette[2] ?

Je t'embrasse ; encore à toi.

Ton G.

À LOUISE COLET

[Trouville,] dimanche, 11 h[eures].
[21 août 1853.]

J'expédierai demain un petit paquet contenant tes contes et deux écrans chinois que j'ai trouvés ici dans une boutique. Je souhaite qu'ils te fassent plaisir, bonne chère Muse. Quant aux contes, je n'ai pas touché à *Richesse oblige,* comme je te l'ai dit dans ma dernière lettre. Cette œuvre me semble complètement à refaire ou plutôt à laisser.

Tu t'es étrangement méprise sur ce que je disais relativement à Leconte[3]. — Pourquoi veux-tu que dans toutes ces matières je ne sois pas franc ? Je ne peux pourtant, (et avec toi surtout), au risque des déductions forcées et allusions lointaines que tu en tires, déguiser ma pensée. J'exprime en ces choses ce qui me semble, à moi, *la Règle.* Pourquoi veux-tu toujours t'y faire rentrer ? Quand je parle des femmes, tu te mets au nombre. Tu as tort ; cela me gêne. J'avais dit que Leconte me paraissait avoir besoin de *l'élément gai* dans sa vie. Je n'avais pas entendu qu'il lui fallait une grisette. Me prends-tu pour un partisan des amours légères, comme J.-P. de Béranger ? La chasteté absolue me semble, comme à toi, préférable (moralement) à la débauche. Mais la débauche pourtant (si elle n'était un mensonge) serait une chose belle. Et il est bon, sinon de la pratiquer, du moins de la rêver ? Qu'on s'en lasse vite, d'accord ! Et les conditionnels que tu me poses à ce sujet ne peuvent même s'appliquer, car ces pauvres créatures, dont tu parles toujours avec un mépris un peu bourgeois, exhalent pour moi un tel parfum d'ennui que j'aurais beau me forcer maintenant, les sens s'y refusent. Mais tout le monde n'a pas passé *par toi* (ne t'inquiète pas de l'avenir, va, tu resteras toujours la légitime), et je persiste à soutenir que si tu pouvais offrir à Leconte quelque chose *de beau et de violent,* charnellement parlant, cela lui ferait [du] bien. — Il faudrait qu'un vent chaud dissipât les brumes de son cœur. Ne vois-tu pas que ce pauvre poète est fatigué de passions[1], de rêves, de misères. Il a eu un grand excès de cœur[1]. Un petit amour lui ferait pitié, les excessifs sont dangereux. Un *peu de farce* ne nuirait pas. Je lui souhaite une maîtresse simple de cœur et bornée de tête, très bonne fille, très lascive, très belle, qui l'aime peu et qu'il aime peu. — Il a besoin de prendre la vie par les moyens termes, afin que son idéal reste haut. Quand Goethe épousa sa servante, il venait de passer par *Werther*[2]. Et c'était un maître homme et qui raisonnait tout.

Oui, je soutiens (et ceci, pour moi, doit être un dogme pratique dans la vie d'artiste) qu'il faut faire dans son existence deux parts : vivre en bourgeois et penser en demi-dieu. Les satisfactions du corps et de la tête n'ont rien de commun. S'ils *[sic]* se rencontrent mêlés, prenez-les et gardez-les. Mais *ne les cherchez pas réunis,* car ce serait *factice* et cette idée de *bonheur,* du reste, est la cause presque exclusive de toutes les infortunes humaines : réservons la moelle de notre cœur pour la doser en tartines, le jus intime des passions pour le mettre en bouteilles. Faisons de tout notre nous-mêmes un résidu sublime pour nourrir les postérités. Sait-on ce qui se perd chaque jour par les écoulements du sentiment ? On s'étonne des mystiques. Mais le secret est là ; leur amour, à la manière des torrents, n'avait qu'un seul lit, étroit, profond, en pente, et c'est pour cela qu'il emportait tout.

Si vous voulez à la fois chercher le Bonheur et le Beau, vous n'atteindrez ni à l'un, ni à l'autre. Car le second n'arrive que par le Sacrifice. L'art, comme le dieu des Juifs, se repaît d'holocaustes. Allons ! déchire-toi, flagelle-toi, roule-toi dans la cendre, avilis la ma-

tière, crache sur ton corps, arrache ton cœur ; tu seras
seul, tes pieds saigneront. — Un dégoût infernal accom-
pagnera tout ton voyage. — Rien de ce qui fait la joie
des autres ne causera la tienne. — Ce qui est piqûre pour
eux sera déchirure pour toi, et tu rouleras perdu dans
l'ouragan avec cette petite lueur à l'horizon.

Mais elle grandira, elle grandira comme un soleil, les
rayons d'or t'en couvriront la figure. Ils passeront en
toi. Tu seras éclairé du dedans. — Tu te sentiras
léger et tout esprit. Et après chaque saignée la chair
pèsera moins.

Ne cherchons donc que la tranquillité ; ne demandons
à la vie qu'un fauteuil et non des trônes, que de la
satisfaction et non de l'ivresse. — La Passion s'arrange
mal de cette longue patience que demande le Métier.
L'art est assez vaste pour occuper tout un homme. En
distraire quelque chose est presque un crime. C'est un
vol fait à l'idée, un manque au Devoir.

Mais on est faible. La chair est molle, et le cœur,
comme un rameau chargé de pluie, tremble aux secousses
du sol. On a des besoins d'air comme un prisonnier, des
défaillances infinies vous saisissent, on se sent mourir.

La sagesse consiste à jeter par-dessus le bord la plus
petite partie possible de la cargaison, pour que le
vaisseau flotte à l'aise.

Toi, je t'aime comme je n'ai jamais aimé et comme je
n'aimerai pas. Tu es, et resteras *seule,* et sans comparaison
avec nulle autre. C'est quelque chose de mélangé et de
profond, quelque chose qui me tient par tous les bouts,
qui flatte tous mes appétits et caresse toutes mes vanités.
Ta *réalité* y disparaît presque. Pourquoi est-ce que,
quand je pense à toi, je te vois souvent avec d'autres
costumes que les tiens ? L'idée que tu es *ma maîtresse*
me vient rarement, ou du moins tu ne te formules pas
devant moi par *cela.* Je contemple (comme si je la
voyais) ta figure toute éclairée de joie, quand je lis tes
vers en t'admirant. — Alors qu'elle prend une expression
radieuse d'idéal, d'orgueil, et d'attendrissement. Si je
pense à toi au lit, c'est étendue, un bras replié, toute
nue, une boucle plus haute que l'autre, et regardant le
plafond. — Il me semble que tu peux vieillir, enlaidir
même et que rien ne te changera. — Il y a un pacte entre
nous deux, et indépendant de nous. N'ai-je pas fait

tout pour te quitter ? N'as-tu pas fait tout pour en aimer d'autres ? Nous sommes revenus l'un à l'autre, parce que nous étions faits l'un pour l'autre.

Je t'aime avec tout ce qui me reste de cœur. — Avec les lambeaux que j'en ai gardés. Je voudrais seulement t'aimer davantage afin de te rendre plus heureuse, puisque je te fais souffrir ! moi qui voudrais te voir en l'accomplissement de tous tes *désirs*.

Tu as accusé ces jours-ci les fantômes de Trouville[1] ! Mais je t'ai beaucoup écrit depuis que je suis à Trouville ! — Et le plus long retard dont j'aie été coupable a été de 6 jours (ordinairement je ne t'écris que toutes les semaines). Tu ne t'es donc pas aperçue qu'ici justement, j'avais recours à toi ? au milieu de la solitude intime qui m'environne. — Tous mes souvenirs de ma jeunesse crient sous mes pas, comme les coquilles de la plage. Chaque lame de la mer que je regarde tomber éveille en moi des retentissements lointains. J'entends gronder les jours passés, et se presser comme des flots toute l'interminable série des passions disparues. Je me rappelle les spasmes que j'avais, des tristesses, des convoitises qui sifflaient par rafales comme le vent dans les cordages, et de larges envies vagues tourbillonnant dans du noir[a], comme un troupeau de mouettes sauvages dans une nuée orageuse. — Et sur qui veux-tu que je me repose ? si ce n'est sur toi ? Ma pensée fatiguée de toute cette poussière se couche ainsi sur ton souvenir plus mollement que sur un banc de gazon.

L'autre jour, en plein soleil, et tout seul, j'ai fait six lieues à pied, au bord de la mer. — Cela m'a demandé tout l'après-midi. Je suis revenu ivre. — Tant j'avais humé d'odeurs et pris de grand air. J'ai arraché des varechs et ramassé des coquilles. — Je me suis couché à plat dos sur le sable et sur l'herbe. — J'ai croisé les mains sur mes yeux et j'ai regardé les nuages. Je me suis ennuyé. J'ai fumé. J'ai regardé les coquelicots. Je me suis endormi cinq minutes sur la dune. Une petite pluie qui tombait, m'a réveillé. Quelquefois j'entendais un chant d'oiseau coupant par intermittences le bruit de la mer. — Quelquefois un ruisselet filtrant à travers la falaise mêlait son clapotement doux au grand battement des flots. — Je suis rentré comme le soleil couchant dorait les vitres du village. — Il était marée basse. Les

marteaux des charpentiers résonnaient sur la carcasse
des barques à sec. On sentait le goudron avec l'odeur
des huîtres.

———

Observation de morale et d'esthétique

Un brave homme d'ici, qui a été maire pendant *40 ans*[1],
me disait que, dans cet espace de temps, il n'avait vu
que *deux* condamnations pour vol, sur la population qui
est de plus de 3 mille habitants. Cela me semble lumineux.
Les matelots sont-ils d'une autre pâte que les ouvriers ?
Quelle est la raison de cela ? Je crois qu'il faut l'attribuer
au *contact du Grand*. Un homme qui a toujours sous les
yeux autant d'étendue que l'œil humain en peut parcourir, doit retirer de cette fréquentation une sérénité
dédaigneuse (voir le gaspillage des marins de tout
grade, insouci de la vie et de l'argent). — Je crois que
c'est dans ce sens-là qu'il faut chercher *la moralité de
l'art* ; comme la nature, il sera donc moralisant par son
élévation virtuelle et utile par le Sublime. La vue d'un
champ de blé est quelque chose qui réjouit plus le
philanthrope que celle de l'Océan. Car il est convenu que
l'agriculture pousse aux bonnes mœurs. Mais quel
piètre homme qu'un charretier près d'un matelot[a] !
L'idéal est comme le soleil ; il pompe à lui toutes les
crasses de la Terre.

———

On n'est quelque chose qu'en vertu seulement de
l'élément où l'on respire. Tu me sais gré des conseils
que je t'ai donnés depuis deux ans, parce que tu as fait
depuis deux ans de grands progrès. Mais mes conseils
ne valent pas quatre sous. Tu as acquis seulement *la
Religion,* et comme tu gravites là-dedans, tu es montée.
Je crois que si l'on regardait toujours les cieux, on
finirait par avoir des ailes.

———

À propos d'ailes, que de dindons sont ici-bas ! dindons
qui passent pour des aigles et qui font la roue comme des
paons.

J'ai renoué connaissance (en le rencontrant sur le quai)
avec M. Cordier[2], gentleman de ces contrées, ancien

sous-préfet de Pont-l'Évêque sous L[ouis]-Philippe,
ancien député-réac, ex-membre de la parlotte d'Orsay,
ex-auditeur au Conseil d'État, jeune homme tout à fait
bien, docteur en droit, belle fortune (fils d'un ancien
marchand de bœufs), fréquentant à Paris la haute
société, ami de M. Guizot et jouant, dit-on, *fort joliment
du violon.* — Je l'avais connu autrefois, ici, et à Paris,
chez Toirac[1] (tu peux juger l'esprit).

Lundi.

Il s'est fait bâtir un chalet charmant et qui fait rumeur
dans le pays. L'extérieur est vraiment d'un homme de
goût, mais c'est tellement *cossu* à l'intérieur que c'en est
atroce. — Il a imaginé de décorer son salon de *marines,*
peintes à fresque (des marines en vue de la mer !). Tout
est peinturluré, doré, candélabré. — C'est pompeux et
mastoc. La grosse patte du bouvier fait craquer le gant
blanc du *monsieur bien.* — Il vit là, enrageant de n'être
pas préfet, s'embêtant fort, prétendant qu'il s'amuse, et
aspirant à l'héritière, comme le nez du père Aubry à la
tombe[2]. — Et des mots : « J'ai renoncé aux vanités, je
méprise le monde. Je ne m'occupe plus que d'art. »
S'occuper d'art ! = c'est avoir des vitraux de couleur
dans son escalier, avec des meubles en chêne, façon
Louis XIII ! — Dans sa chambre à coucher j'ai vu des
volumes de Fourier : « Il est bon (disait-il) de lire tout,
il faut tout admettre, ne fût-ce que pour réfuter ces
garçons-là ! Aussi vous avez pu voir à la Chambre
comme je m'en acquittais ! » À la Chambre il s'est
beaucoup occupé *de la question de la Viande,* et a fait même,
à ses propres frais et en compagnie d'autres fortes
têtes (ou fortes gueules), un voyage en Allemagne
afin d'étudier *le bœuf.* —

Quand il a été habillé (il allait dîner en ville), nous
sommes sortis ensemble. Comme je demandais du feu
pour allumer un cigare, il m'a fait entrer dans la cuisine.
« J'ai soif, va me chercher un verre de cidre », a-t-il
commandé à une façon de petit vacher qui était là ;
l'enfant est monté dans la belle salle à manger et en a
rapporté deux verres et une carafe de cristal : « Sacré
nom de Dieu, foutu imbécile, je t'ai dit *dans un verre de
cuisine[3].* » Il était exaspéré ! Et me montrant lui-même les

deux verres (qui valaient bien de 3 à 4 francs pièce) :
« Ce serait fâcheux de les casser ; voyez le filet ! J'ai
commandé des *verres artiſtiques*. Je tiens à ce que tout,
chez moi, ait un *cachet particulier*. »

Il devait aller après son dîner faire des visites, danser
au Salon des Bains, et jouer le whiſt chez M. Pasquier[1], et
pendant dix minutes il n'avait cessé de me parler de la
solitude !

Voilà la race commune des gens qui sont à *la tête de
la société*. Dans quel gâchis nous pataugeons ! Quel
niveau ! Quelle anarchie ! La médiocrité se couvre
d'intelligence. Il y a des recettes pour tout, des mobiliers
voulus et qui disent : « Mon maître aime les arts. Ici on
a l'âme sensible. Vous êtes chez un homme grave ! » Et
quels discours ! quel langage ! quel commun ! Où aller
vivre, miséricorde ! Saint Polycarpe avait coutume de
répéter, en se bouchant les oreilles et s'enfuyant du lieu
où il était : « Dans quel siècle, mon Dieu ! m'avez-vous
fait naître ! » Je deviens comme saint Polycarpe[2].

La bêtise de tout ce qui m'entoure s'ajoute à la triſtesse
de ce que je rêve. Peu de gaieté, en somme. J'ai besoin
d'être rentré chez moi et de reprendre la *Bovary furieusement*. Je n'y peux songer. Tout travail ici m'eſt impossible.

Je relis beaucoup de Rabelais ; je fume considérablement. Quel homme que ce Rabelais ! Chaque jour on y
découvre du neuf. Prends donc, toi, pauvre Muse,
l'habitude de lire *tous les jours un classique*. Tu ne lis pas
assez. Si je te prêche cela sans cesse, chère amie, c'eſt
que je crois cette hygiène salutaire.

Je suis dans ce moment fort empêché par un rhumatisme dans le cou, que j'avais hier un peu, mais qui
aujourd'hui, m'eſt revenu plus fort. Ce sont les pluies
de la Grèce qui me remontent. J'en ai tant eu pendant
trois semaines. — Je viens néanmoins de clouer ta
petite boîte. Je l'expédierai demain et fermerai cette
lettre, en même temps. Je pense que tu recevras la boîte
jeudi au plus tard. N'eſt-ce pas le jour de ta fête[3] ? Je n'en
sais rien, n'ayant point de calendrier. — Nous nous en
allons d'ici, de mercredi prochain (après-demain) en
huit. Nous irons un jour à Pont-l'Évêque, un au Havre,
et nous serons rentrés à Croisset samedi, qui doit être
le 3. — Envoie-moi l'adresse exaƈte de ce bon Babinet[4],
pour que je le cadotte de son caneton dès que je serai

rentré. Comme il rehausse dans mon estime, depuis que
je sais que son désordre vient de ses désordres ! C'est
un tempérament herculéen ! une riche nature, un Sage
(*sapiens,* le sage, de *sapere,* goûter. Le sage est l'homme
qui *goûte*). Et Babinet goûte ce qui est beau et bon.

Allons, adieu, pauvre chère Muse. Pioche bien ta
Servante[1]. Mille tendres baisers sur les yeux.

À toi tout ton G.

À LOUISE COLET

[Trouville,] mardi matin, 10 h[eures].
[23 août 1853.]

Ton étonnement relativement à *Rich[esse] obl[ige]*[2]
m'étonne tellement moi-même que j'en ai presque des
remords. Me suis-je trompé ? Je déclouerais la boîte, si
tout cela ne devait amener du retard dans mon envoi. —
Relis-le donc et si tu crois que ça puisse aller, donne-le.
— Moi, ça m'a semblé ennuyeux. Mais ce n'est pas une
raison. Ce qui m'a choqué, c'est le mélange de tant de
surnaturel avec tant d'ordinaire. Comme détail je n'ai
rien remarqué de bon ni de mauvais. Ainsi tu peux livrer
la chose telle qu'elle est, il n'y a point de disparate, mais
c'est le ton général que je n'aime pas, la pâte même du
style. — La première page m'avait beaucoup plu, cette
neige qui tombe et jusqu'à l'évanouissement de la jeune
fille, qui parle d'ailleurs un étrange langage. — Le
cimetière d'Allemagne aussi avait du bon. Mais à partir
de la vision, quel macaroni !

———

Tu as bien tort de *causer littérature* avec des gens qui
ne parlent pas notre langue. Il faut avec ces poissons
d'eau douce leur fermer l'océan, c'est-à-dire notre cœur,
et rester avec eux dans les ruisseaux communs. Si, à
l'avenir (ceci doit être un serment que tu te feras),
l'occasion s'en représente, comme pour Béranger par
exemple, c'est d'exprimer son opinion de la manière la
plus *crâne*. S'ils persistent, on fait une *leçon* de dix minutes,

livre en main, et calme, puis on n'y revient plus. Tu sais que je suis toujours à ton service pour une *engueulade solennelle*, et je te serai même très reconnaissant de m'en fournir le moyen. Jamais de la vie on ne leur a dit le quart des vérités qui m'étouffent.

Rends donc *L'Acropole*[1], *sans rien dire,* et puis nous verrons. « Vous verrez ! vous verrez ! », comme dit Purgon[2].

Les bateaux pour Le Havre partent de R[ouen] dans le mois d'octobre tous les jours impairs, 1er, 3, 5, 7, etc., jusqu'au 15. J'enverrai l'indication des heures à M. B...[3] lui-même, avec *prière* de m'avertir de son arrivée. — Il me ferait le plus grand plaisir de descendre chez moi. Je l'ai déjà invité et je compte qu'il acceptera.

Allons, adieu, chère Louise, chère Muse ; mille baisers pour ta fête et des meilleurs. À toi, sur tout ton toi et tout en toi.

                                             Ton G.

Le mauvais vouloir contre Leconte à la R[evue][4], superbe ! Quels misérables ! *Oderunt poetas*[5]. Le mot d'Horace est toujours vrai. Bouilhet m'écrit que ses vers n'y sont pas. — Évidemment nos actions sont en baisse. Tant mieux ! La bienveillance de semblables canailles, n'est-ce pas un outrage ?

À LOUIS BOUILHET

[Trouville,] mercredi, 1 h[eure].
[24 août 1853.]

Quelle sacrée pluie ! comme ça tombe ! Tout se fond en eau ! Je vois passer sous mes fenêtres des bonnets de coton abrités par des parapluies rouges, les barques vont partir à la mer. — J'entends les chaînes des ancres qu'on lève, avec des imprécations générales à l'adresse du mauvais temps. — S'il dure encore trois ou quatre jours, ce qui me paraît probable, nous plions bagage et revenons. Nous devons au plus tard partir mercredi prochain (d'aujourd'hui en huit) pour Pont-l'Évêque, où nous resterons le jeudi. Vendredi nous irons au Havre, et

samedi nous serons à Croisset, je ne sais à quelle heure,
mais pour dîner certainement. Si tu étais un homme, tu
lâcherais ton cleub *[sic]* et viendrais. Songe, pauvre
vieux, que nous n'avons plus beaucoup de temps à
passer ensemble. — En tout cas je t'attends le dimanche
à 11 h[eures]. — J'attends, aussi, la fin de ce vieux
Mammouth[1], qui est un mâtin autrement mâtin que le
chat-tigre du Garçon[2]! Ne dois-tu pas aller à Dieppe?
Dépêche-toi donc de faire ce dit voyage, afin d'avoir à
nous ce qui nous reste de dimanches.

Tu as calomnié la Muse. Les six contes qu'elle m'a
envoyés sont vieux[3]. Ils faisaient partie d'un volume
qu'elle revend à Hachette. Ce n'est pas raide, j'ai recallé
le mieux que j'ai pu quelques phrases. — Bien m'en a
pris, mon cher monsieur, que lord Palmerston, comme
tu dis, fût arrivé[4], car elle a eu, *depuis,* des vomissements.
Vois-tu la transe que j'aurais eue si c'eût été *avant.* Je
remarque qu'après toutes nos entrevues cette pauvre
Muse est indisposée. Sans doute que j'ai *trop de tempérament.* Ce n'est pas avec Ludovica[5] toutefois, et il me
reste, à ce propos, une grande honte. J'aurais voulu m'en
racheter, mais cette estimable bougresse n'est pas venue;
je m'y attendais du reste. — Je suis bien aise que tu te sois
arrangé avec ta mère, quoique tout ne m'ait pas l'air terminé. Enfin! si tu es sûr de ton monaco[6], c'est le principal.

Admire encore ici une de ces politesses de la Providence qui y feraient croire (à la Providence). Chez qui
suis-je logé? Chez un pharmacien! Oui, bonhomme,
mais de qui est-il l'élève, ce pharmacien? — *De Dupré!*
n'est-ce pas énorme? Il fait comme lui beaucoup d'eau
de Seltz. « Je suis le seul à Trouville qui fasse de l'eau de
Seltz. » En effet dès huit heures du matin je suis souvent
réveillé par le bruit des bouchons qui foutent le camp,
inopinément : paf, pif ! ccccrcrrrrout. — La cuisine est
en même temps le laboratoire[7]. Un alambic monstrueux
y courbe parmi les casseroles

L'effrayante longueur de son cuivre qui fume[8]

et souvent on ne peut mettre le pot au feu, à cause des
préparations pharmaceutiques. Pour aller aux kiques dans
la cour, il faut passer par-dessus des paniers pleins de
bouteilles. Là, crache une pompe, qui vous mouille les

jambes. Les deux garçons rincent des bocaux. Un perroquet répète du matin au soir : « As-tu déjeuné, Jako ? » ou bien : « Cocu, mon petit coco. » Et enfin un môme de dix ans environ, le fils de la maison, l'espoir de la pharmacie, s'exerce à des tours de force, en soulevant des poids avec ses dents. — Par une précaution qui me touche il y a toujours du papier aux lieux, lequel est du *papier gommé,* ou plutôt ciré. Ce sont les enveloppes des ballots, dont on ne sait que faire. — Les latrines du pharmacien sont tellement étroites et ténébreuses qu'on est obligé d'en laisser[a] la porte ouverte quand on chie, et à peine si l'on peut remuer les coudes pour se torcher le cul. — La salle à manger familiale est là tout près. — On entend le bruit des merdes tombant dans le *seau,* mêlé à celui des morceaux retournés[b] sur les assiettes. Les rots s'alternent avec les pets etc. c'est charmant. — Et toujours le perroquet ! il siffle en ce moment : « J'ai du bon tabac ! »

Mon propriétaire te connaît. Il m'a demandé de tes nouvelles, et t'aime beaucoup parce qu'il te trouve *très gai.* Lietout[1] m'a parlé avec admiration d'une pièce de toi intitulée *La Chaise du foyer*[2] et a paru fort étonné lorsque je lui ai dit que je ne la connaissais pas.

Ce voyage de Trouville m'a fait repasser mon cours d'histoire intime[3]. J'y ai beaucoup rêvassé à moi, sur ce *théâtre de mes passions.* Je prends congé d'elles, et pour toujours, je l'espère. Me voilà à moitié de la vie (si tu savais, pauvre vieux, la quantité de poils blancs que je me suis découvert ce matin sur la poitrine !). Il est temps de dire adieu aux tristesses juvéniles. Je ne cache pas, pourtant, qu'elles me sont depuis trois semaines revenues *à flots.* — J'ai eu deux ou trois bons après-midi ! en plein soleil, tout seul, sur le sable, et où je retournais tristement autre chose[c] que des coquilles brisées. — J'en ai fini avec tout cela, Dieu merci ! « Cultivons notre jardin »[4] et ne levons plus la tête pour entendre crier les corneilles.

Comme il me tarde d'avoir fini la *Bovary, Anubis*[d] et mes trois préfaces[5] pour entrer dans une période nouvelle, pour me foutre une bosse *de beau pur.* L'oisiveté où je vis depuis quelque temps me donne un

désir cuisant de transformer par l'art tout ce qui est
de moi, tout ce que j'ai senti. Je n'éprouve nullement
le besoin d'écrire mes mémoires. Ma personnalité, même,
me répugne tant j'en suis gorgé, et les *objets* immédiats
me semblent hideux ou bêtes. Je me reporte avec
désespoir sur *l'idée.* J'arrange les barques en tartanes,
je déshabille les matelots qui passent[a] pour en faire des
sauvages, marchant tout nus sur des plages vermeilles.
Je pense à l'Inde, à ta Chine, à mon conte oriental
(dont il me vient des fragments)[1], j'éprouve le besoin
d'épopées gigantesques. C'est toi qui me souffles ça au cul,
de loin, cher bougre.

Mais la vie est si courte ! — Il me prend envie de me
casser la gueule quand je songe que je n'écrirai jamais
comme je veux, ni le quart de ce que je rêve. Toute cette
force que l'on se sent, et qui vous étouffe, il faudra
mourir avec elle et sans l'avoir[b] fait déborder. C'est
comme les envies de foutre. On soulève en idée tous les
cotillons qui passent. Mais dès le cinquième coup, tout
sperme manque. Alors le sang vient au gland, mais la
concupiscence reste au cœur.

Voilà six ans[2] que je n'étais venu ici ! — Où serai-je
donc dans six ans ? et qu'aurai-je fait ?

J'ai revu hier à 2 heures d'ici un village où j'avais
été il y a onze ans avec ce bon Orlowski[3]. — Rien n'était
changé aux maisons, ni à la falaise, ni aux barques. Les
femmes, au lavoir, étaient agenouillées dans la même
pose[c], en même nombre [?], et battaient leur linge sale
dans la même eau bleue. — Il pleuvait un peu, comme
l'autre fois. — Il semble, à certains moments, que
l'univers s'est immobilisé, que tout est devenu statue[d]
et que nous seuls, vivons. — Et est-ce insolent la nature !
Quel polisson de visage impudent, à cette putain-là !
On se torture l'esprit à vouloir comprendre l'abîme[e]
qui nous sépare d'elle. — Mais quelque chose de plus
farce encore, c'est l'abîme qui nous sépare de nous-
mêmes. Quand je songe qu'ici, à cette place, en regardant ce mur blanc à rechamps verts, j'avais des battements
de cœur, et qu'alors j'étais plein de *Pohësie,* je m'ébahis,
je m'y perds, j'en ai le vertige, comme si je découvrais,
tout à coup, un mur à pic, de deux mille pieds, au-
dessous de moi.

Ce petit travail que je fais, je vais le compléter cet hiver, quand tu ne seras plus là, pauvre vieux[1], les dimanches, en rangeant, brûlant, classant toutes mes paperasses. Avec la *Bovary* finie, c'est l'âge de Raison qui commence. — Et puis à quoi bon s'encombrer de tant de souvenirs ? Le passé nous mange trop. Nous ne sommes jamais au Présent qui seul est important dans la vie. — Comme je philosophise, comme je suis bête ! J'aurais bien besoin que tu fusses là ! Il me coûte d'écrire ; les mots me manquent. Je voudrais être étendu sur ma peau d'ours, près de toi, et devisant mélan*cho*liquement ensemble.

————

Sais-tu que, dans le dernier numéro de la R*[evue]*, notre ami Leconte était assez mal traité[2], à ce que m'a dit la Muse[3], du moins ? Ce sont définitivement de plates canailles, « la phalange »[4] est un chenil. Tous ces animaux-là sont encore beaucoup plus bêtes que féroces ! Toi qui aimes le mot *piètre,* c'est tout cela qui l'est !

Écris-moi une démesurée lettre, le plus tôt que tu pourras. Envoie-moi la fin du *Mammouth*[5] et embrasse-toi de ma part.

Adieu, mon pauvre vieux, à bientôt.

Fume donc !

À LOUIS BOUILHET

[Trouville,] jeudi matin, 10 h[eures].
[25 août 1853.]

Je reçois la fin du *Mammouth*[6]. Voilà une demi-heure que j'y réfléchis. Elle m'a fait passer par des états différents, mais rassure-toi, le mouvement est bon. Voici donc mon avis :

1° Je trouve mauvais ce vers :

Et comme dans un rêve où toute forme change,

de même que *vision étrange* et *ô prodige, ô terreur*. Garde *elle vient, elle vient*[7] (comme mouvement) ou quelque chose d'analogue : *elle passe, elle court,* etc., et refais, inclusivement, depuis la *vision étrange* jusqu'au *noir défilé* qui est bon. *Vision* est trop naïf, et *rêve où toute forme,* etc., foncièrement mauvais ;

2° *Mais voilà qu'ondulant* est peut-être bon, je n'en sais rien. Tu as plus haut : *Mais parmi les roseaux.* C'est peut-être le mot *puis* ou *bientôt.* — Au reste laisse, cela est bien peu important.

À la première lecture j'ai trouvé que tu avais eu tort de ne pas indiquer nettement que ce sont les mastodontes qui marchent, mais je trouve que tu as eu raison. Il faut laisser dans le vague, c'est plus imposant. Seulement refais depuis la *vision* jusqu'au *noir défilé,* en tâchant de préciser le trot, l'accord de toutes ces bêtes, et conserve précieusement le dernier qui est excellent : *Chaque cime,* etc. Voici de bien bons vers : *L'horizon montueux... Se suivent lentement*[1]..., et tout, du reste, jusqu'à cette foutue *vision.*

Adieu, vieux. Je crois que la correction ne sera pas facile, et que présentement je t'emmerde. — Mais il me semble que je n'ai pas tort. Adieu, je t'embrasse, vieux bon bougre.

À toi.

Je viens de relire encore le tout, ne t'inquiète pas. Ce sera *crâne.* C'est d'une tristesse atroce et ton bonhomme de mammouth fait peur.

P.-S. — Si tu veux que je te dise quelque chose qui va te flatter et qui est vrai, c'est que hier à minuit j'ai cru qu'il avait neigé sur la plage : ce n'était que le clair de lune. J'ai été obligé de prendre mon lorgnon pour m'en assurer, et la chaleur qu'il faisait m'a seule convaincu que je me trompais. La comparaison est mathématique[2].

À LOUISE COLET

[Trouville,] vendredi soir, 11 heures.
[26 août 1853.]

Ceci est probablement ma dernière lettre de Trouville. Nous serons dans huit jours au Havre et le samedi à

Croisset. Au milieu de la semaine prochaine je t'enverrai un petit mot. Le samedi soir, à Croisset, si Bouilhet n'y est pas, je t'écrirai[1]. Tâche que j'aie une lettre de toi en rentrant pour le samedi, ou le dimanche matin plutôt. Cela me fera un bon retour. Quelle *bosse* de travail je vais me donner une fois rentré ! Cette vacance ne m'aura pas été inutile ; elle m'a rafraîchi. Depuis deux ans je n'avais guère pris l'air ; j'en avais besoin. Et puis je me suis un peu retrempé dans la contemplation des flots, de l'herbe et du feuillage. Écrivains que nous sommes et toujours courbés sur l'Art, nous n'avons guère avec la nature que des communications imaginatives. Il faut quelquefois regarder la lune ou le soleil en face. La sève des arbres vous entre au cœur par les longs regards stupides que l'on tient sur eux. Comme les moutons qui broutent du thym parmi les prés ont ensuite la chair plus savoureuse, quelque chose des saveurs de la nature doit pénétrer notre esprit s'il s'est bien roulé sur elle. Voilà seulement huit jours, tout au plus, que je commence à être tranquille et à savourer avec simplicité les spectacles que je vois. Au commencement j'étais ahuri ; puis j'ai été triste, je m'ennuyais. À peine si je m'y fais qu'il faut partir. Je marche beaucoup, je m'éreinte avec délices. Moi qui ne peux souffrir la pluie, j'ai été tantôt trempé jusqu'aux os, sans presque m'en apercevoir. Et quand je m'en irai d'ici, je serai chagrin. C'est toujours la même histoire ! Oui, je commence à être débarrassé de moi et de mes souvenirs. Les joncs qui, le soir, fouettent mes souliers en passant sur la dune, m'amusent plus que mes songeries (je suis aussi loin de la *Bovary* que si je n'en avais écrit de ma vie une ligne).

Je me suis ici beaucoup *résumé* et voilà la conclusion de ces quatre semaines fainéantes : adieu, c'est-à-dire adieu et pour toujours au *personnel,* à l'intime, au relatif. Le vieux projet que j'avais d'écrire plus tard mes mémoires[2] m'a quitté. Rien de ce qui est de ma personne ne me tente. Les attachements de la jeunesse (si beaux que puisse les faire la perspective du souvenir, et entrevus même d'avance sous les feux de Bengale du style) ne me semblent plus beaux. Que tout cela soit mort et que rien n'en ressuscite ! À quoi bon ? Un homme n'est pas plus qu'une puce. Nos joies, comme nos douleurs, doivent s'absorber dans notre œuvre. On ne reconnaît pas dans les nuages les gouttes d'eau de la rosée que le soleil y a fait monter ! Évaporez-vous, pluie terrestre, larmes des jours anciens, et formez dans les cieux de gigantesques volutes, toutes pénétrées de soleil.

Je suis dévoré maintenant par un besoin de métamorphoses. Je voudrais écrire tout ce que je vois, non tel qu'il est, mais transfiguré. La narration exacte du fait réel le plus magnifique me serait impossible. Il me faudrait le *broder* encore.

Les choses que j'ai le mieux senties s'offrent à moi transposées dans d'autres pays et éprouvées par d'autres personnes. Je change ainsi les maisons, les costumes, le ciel, etc. Ah ! qu'il me tarde d'être débarrassé de la *Bovary,* d'*Anubis* et de mes trois préfaces[1] (c'est-à-dire des trois seules fois, qui n'en feront qu'une, où j'écrirai de la critique) ! Que j'ai hâte donc d'avoir fini tout cela pour me lancer à corps perdu dans un sujet *vaste et propre.* J'ai des prurits d'épopée. Je voudrais de grandes histoires à pic, et peintes du haut en bas. Mon conte oriental[2] me revient par bouffées ; j'en ai des odeurs vagues qui m'arrivent et qui me mettent l'âme en dilatation.

Ne rien écrire et rêver de belles œuvres (comme je fais maintenant) est une charmante chose. Mais comme on paie cher plus tard ces voluptueuses ambitions-là ! *Quels renfoncements !* Je devrais être sage (mais rien ne me corrigera). La *Bovary,* qui aura été pour moi un exercice excellent, me sera peut-être funeste ensuite comme *réaction,* car j'en aurai pris (ceci est faible et imbécile) un dégoût extrême des sujets à milieu commun. C'est pour cela que j'ai tant de mal à l'écrire, ce livre. Il me faut de grands efforts pour m'imaginer mes personnages et puis pour les faire parler, car ils me répugnent profondément. Mais quand j'écris quelque chose de mes *entrailles,* ça va vite. Cependant voilà le péril. Lorsqu'on écrit quelque chose de *soi,* la phrase peut être bonne par *jets* (et les esprits lyriques arrivent à l'effet facilement et en suivant leur pente naturelle), mais l'*ensemble manque,* les répétitions abondent, les redites, les lieux communs, les locutions banales. Quand on écrit au contraire une chose *imaginée,* comme tout doit alors découler de la conception et que la moindre virgule dépend du plan général, l'attention se bifurque. Il faut à la fois ne pas perdre l'horizon de vue et regarder à ses pieds. Le détail est atroce, surtout lorsqu'on aime le détail comme moi. Les perles composent le collier, mais c'est le fil qui fait le collier[1]. Or, enfiler les perles sans en perdre une seule et toujours tenir son fil de l'autre main, voilà la malice. On s'extasie devant la correspondance de Voltaire. Mais il n'a jamais été capable que de *cela,* le grand homme ! c'est-à-dire *d'exposer son opinion personnelle ;* et tout chez lui a été cela. Aussi fut-il pitoyable au théâtre, dans la poésie pure. De roman il en a fait un, lequel est le résumé de toutes ses œuvres, et le meilleur chapitre de *Candide* est la visite chez le seigneur *Pococurante*[2], où Voltaire exprime encore son opinion personnelle sur à peu près tout. Ces quatre pages sont une des merveilles de la prose. Elles étaient la condensation de soixante volumes écrits et d'un demi-siècle d'efforts. Mais j'aurais bien défié Voltaire de faire la description seulement d'un de ces tableaux de Raphaël dont il se moque[3]. Ce qui me semble, à moi, le plus haut dans l'Art (et le plus difficile), ce n'est ni de faire rire, ni de faire pleurer, ni de vous mettre en rut ou en fureur, mais d'agir à la façon de la nature, c'est-à-dire de *faire rêver.* Aussi les très belles œuvres ont ce caractère. Elles sont sereines d'aspect et incompréhensibles. Quant au procédé, elles sont immobiles comme des falaises, houleuses comme l'Océan, pleines de frondaisons, de verdures et de murmures comme des bois, tristes comme le désert, bleues comme le ciel. Homère, Rabelais, Michel-Ange, Shakespeare, Goethe m'apparaissent *impitoyables.* Cela est sans fond, infini, multiple. Par de petites ouvertures on aperçoit des précipices ; il y a du noir en bas, du vertige. Et cependant quelque chose de singulièrement doux plane sur l'ensemble ! C'est l'éclat de la lumière, le sourire du soleil, et c'est calme ! c'est calme ! et c'est fort, ça a des fanons comme *le bœuf* de Leconte[4].

Quelle pauvre création, par exemple, que Figaro à côté de Sancho[5] ! Comme on se le figure sur son âne, mangeant des oignons crus et talonnant le roussin, tout en causant avec son maître. Comme on voit ces routes d'Espagne, qui ne sont nulle part décrites. Mais Figaro où est-il ? À la Comédie-Française. *Littérature de société.*

Or je crois qu'il faut détester celle-là. Moi je la hais,
maintenant. J'aime les œuvres qui *sentent la sueur,* celles
où l'on voit les muscles à travers le linge et qui marchent
pieds nus, ce qui est plus difficile que de porter des
bottes, lesquelles bottes sont des moules à usage de
podagre : on y cache ses ongles tors avec toutes sortes
de difformités. Entre les pieds du Capitaine[1] ou ceux
de Villemain[2] et les pieds des pêcheurs de Naples, il y a
toute la différence des deux littératures. L'une n'a plus
de sang dans les veines. Les oignons semblent y remplacer les os. Elle est le résultat de l'âge, de l'éreintement, de l'abâtardissement. Elle se cache sous une
certaine forme cirée et convenue, rapiécée et prenant
eau. Elle est, cette forme, pleine de ficelles et d'empois.
C'est monotone, incommode, embêtant. On ne peut avec
elle ni grimper sur les hauteurs, ni descendre dans les
profondeurs, ni traverser les difficultés (ne la laisse-t-on
pas en effet à l'entrée de la science, où il faut prendre des
sabots ?). Elle est bonne seulement à marcher sur le
trottoir, dans les chemins battus et sur le parquet des
salons, où elle exécute de petits craquements fort coquets
qui irritent les gens nerveux. Ils auront beau la vernir, les
goutteux, ce ne sera jamais que de la peau de veau tannée.
Mais l'autre ! l'autre, celle du bon Dieu, elle est bistrée
d'eau de mer et elle a les ongles blancs comme l'ivoire.
Elle est dure, à force de marcher sur les rochers. Elle
est belle à force de marcher sur le sable. Par l'habitude
en effet de s'y enfoncer mollement, le galbe du pied
peu à peu s'est développé selon son *type ;* il a vécu selon
sa forme, grandi dans son milieu le plus propice. Aussi,
comme ça s'appuie sur la terre, comme ça écarte les
doigts, comme ça court, comme c'est beau !

Quel dommage que je ne sois pas professeur au
Collège de France ! J'y ferais tout un cours sur cette
grande question des Bottes comparées aux littératures.
« Oui, la *Botte est un monde* », dirais-je, etc. Quels jolis
rapprochements ne pourrait-on pas faire sur le *Cothurne,*
la *Sandale !* etc.[3]

Quel beau mot, que *Sandale !* et comme il est impres-
sionnant, n'est-ce pas ? Celles qui ont des bouts retroussés
en pointe, comme des croissants de lune, et qui sont
couvertes de paillettes étincelantes, tout écrasées d'ornements magnifiques, ressemblent à des poèmes indiens.

Elles viennent du Gange. Avec elles on marche dans des pagodes, sur des planchers d'aloès noircis par la fumée des cassolettes, et, sentant le musc, elles traînent dans les harems sur des tapis à arabesques désordonnées. Cela fait penser à des hymnes sans fin, à des amours repus... La *Marcoub* du fellah, ronde comme un pied de chameau, jaune comme l'or, à grosses coutures et serrant les chevilles, chaussure de patriarche et de pâtre, la poussière lui va bien. Toute la Chine n'est-elle point dans un soulier de Chinoise garni de damas rose et portant des chats brodés sur son empeigne ?

Dans l'entrelacement des bandelettes aux pieds de l'Apollon du Belvédère, le génie plastique des Grecs a étalé toutes ses grâces. Quelles combinaisons de l'ornement et du nu ! Quelle harmonie du fond et de la forme ! comme le pied est bien fait pour la chaussure ou la chaussure pour le pied !

N'y a-t-il pas un rapport *évident* entre les durs poèmes du moyen âge (monorimes souvent) et les souliers de fer, tout d'une pièce, que les gens d'armes portaient alors, éperons de six pouces de longueur à molettes formidables, périodes embarrassantes et hérissées.

Les souliers de Gargantua étaient faits avec « quatre cent six aulnes de velours bleu cramoysi, deschiquetez mignonnement par lignes parallèles jointes en cylindres uniformes »[1]. Je vois là l'architecture de la Renaissance. Les bottes Louis XIII, évasées et pleines de rubans et de pompons comme un pot rempli de fleurs, me rappellent l'hôtel de Rambouillet[2], Scudéry[3], Marini[4]. Mais il y a tout à côté une longue rapière espagnole à poignée romaine = Corneille.

Du temps de Louis XIV, la littérature avait les bas bien tirés ! ils étaient de couleur brune. On voyait le mollet. Les souliers étaient carrés du bout (La Bruyère, Boileau), et il y avait aussi quelques fortes bottes à l'écuyère, robustes chaussures dont la coupe était grandiose (Bossuet, Molière). Puis on arrange en pointe le bout du pied, littérature de la Régence *(Gil Blas)*. On économise le cuir et la *forme* (encore un calembour !) est poussée à une telle exagération d'*antinaturalisme* qu'on en arrive presque à la Chine (sauf la fantaisie du moins). C'est mièvre, léger, contourné. Le talon est si haut que l'aplomb manque ; plus de base. Et d'autre part on

rembourre le mollet, emplissage philosophique flasque
(Raynal[1], Marmontel[2], etc.). L'académique chasse le
poétique ; règne des *boucles* (pontificat de Monseigneur
de La Harpe[3]). Et maintenant nous sommes livrés à
l'anarchie des *gnaffs*[4]. Nous avons eu les jambarts, les
mocassins et les souliers à la poulaine. J'entends dans
les lourdes phrases de MM. Pitre-Chevalier[5] et Émile
Souvestre[6], Bretons, l'assommant bruit des galoches
celtiques. Béranger a usé jusqu'au lacet la bottine de
la grisette, et Eugène Sue montre outre mesure les
ignobles bottes éculées du chourineur[7]. L'un sent le
graillon et l'autre l'égout. Il y a des taches de suif sur les
phrases de l'un, des traînées de merde tout le long du
style de l'autre. On a été chercher du neuf à l'étranger,
mais ce neuf est vieux (nous travaillons en vieux). Échec
des rebottes à la Russe et des littératures laponnes,
valaques, norvégiennes (Ampère[8], Marmier[9] et autres curiosités de la *Revue des Deux Mondes*). Sainte-Beuve ramasse
les défroques les plus nulles, ravaude ces guenilles,
dédaigne le connu et, ajoutant du fil et de la colle, continue son petit commerce (renaissance des talons rouges,
genre Pompadour et Arsène Houssaye, etc.). Il faut donc
jeter toutes ces ordures à l'eau, en revenir aux fortes
bottes ou aux pieds nus, et surtout arrêter là ma digression de cordonnier. D'où diable vient-elle ? D'un horrifique verre de rhum que j'ai bu ce soir, sans doute. Bonsoir.

À LOUISE COLET

[Trouville,] samedi soir, minuit.
[27 août 1853.]

Il est difficile d'entasser plus de bêtises que je ne l'ai
fait hier au soir. — Enfin, puisque c'est écrit, que ça
parte ! Tu verras au moins par là que je ne ménage avec
toi ni le temps ni le papier. Il était près de trois heures,
quand je me suis couché ce matin.

Rien de neuf. La mer a été très forte aujourd'hui, la
marée de cette nuit sera dure encore. Comme c'est beau
la mer !

L'histoire de ma lettre que le vent envole et porte sur

la fenêtre du curé m'a beaucoup amusé. Cela est très
drôle.

Tiens-moi au courant de tes affaires, chère Louise.
Crois-tu réussir à l'Odéon[1] ? As-tu vendu tes autres
contes[2] ? Qu'as-tu décidé pour eux ?

Crois-tu que Babinet[3] vienne me voir si je le réinvite ?
Tu peux lui dire qu'il sera le bien reçu.

Mon frère a tout à fait renoncé à l'acquisition de son
château[4]. Son beau-père n'a pas voulu lui prêter d'argent
(car il n'était pas assez riche pour faire maintenant cette
acquisition : 300 mille francs). Mais quinze jours à
réfléchir là-dessus me semblent monstrueux. Tous ces
gens d'action sont si peu habitués à penser, que cela les
dérange comme un événement. Quant à moi du reste, je
n'aurai guère cet embarras. J'achèterai peu de propriétés !

───────

J'ai été bien heureux que ma dernière lettre t'ait fait
tant de plaisir[5] ! Tu as enfin compris et approuvé même
ce qui d'abord t'avait blessée. La Nature, va, s'est trompée
en faisant de toi une femme. Tu es *du côté des mâles*. Il
faut te souvenir de cela toujours, quand quelque chose
te heurte, et voir en toi si l'élément féminin ne l'emporte
pas. *Poésie oblige*[6]. Elle oblige à nous regarder toujours
comme sur un trône et à ne jamais songer que nous
sommes de la foule, et nous y trouvons compris. —
T'indignerais-tu si l'on disait du mal des Français, des
Chrétiens, des Provençaux ? Laisse donc là ton sexe
comme ta patrie, ta religion et ta province. On doit être
âme le plus possible, et c'est par ce détachement que
l'immense sympathie des choses et des êtres nous arrivera plus abondante. La France a été constituée du jour
que les provinces sont mortes. Et le sentiment humanitaire commence à naître sur les ruines des patries. Il
arrivera un temps où quelque chose de plus large et de
plus haut le remplacera. — Et l'homme alors aimera le
néant même, tant il s'en sentira participant : « J'ai dit
aux vers du tombeau, vous êtes mes frères », etc.

C'était beau, le bénissement des ânes et des vaches au
m[oyen] âge. Mais ce qui était humilité deviendra intelligence. La science, en cela, marche en avant. Pourquoi
la Poésie n'irait-elle pas plus vite encore ? — Il faut la
porter toujours au-delà de nous-mêmes.

Et quand je traite les femmes de haut, tu protestes en ton cœur contre cette insolence. Il te semble que c'est injuste. À coup sûr, si je t'y comptais ! Allons donc !

Adieu, bon courage ! travaille bien. J'ai épuisé toute ma provision de papier à lettres. — De Pont-l'Évêque sans doute je t'écrirai un petit mot jeudi[1]. Mille baisers sur le cœur. À toi.

Ton G.

D'ici à Mantes, je rêverai au plan de *L'Acropole*[2]. Penses-y de ton côté. Nous l'arrêterons là.

À LOUISE COLET

[Croisset,] vendredi soir,
2 septembre [1853], 9 h[eures].

Nous voilà revenus un jour plus tôt. Comme il n'y avait point de vapeur du Havre pour Rouen le 3, nous avons cette nuit couché à Honfleur. Dès 6 h[eures] il a fallu se lever et à midi et demi nous étions rentrés.

Ce n'est pas sans un certain plaisir que je me retrouve à ma table. Quoique j'aie été fort triste à Trouville, la veille de mon départ. Il me semblait (et à raison, je crois) que j'y avais été médiocre, que je n'avais pas assez reniflé, aspiré, regardé. La mer, ce jour-là, était plus belle encore, toute bleue, et le ciel, aussi. — Enfin ! —

J'ai rangé mes affaires avec cette activité de sauvage qui me distingue. Tout, pendant mon absence, avait été brossé, ciré, verni (jusqu'à mes pieds de momie que mon domestique a jugé convenable de badigeonner avec de la gomme), et j'avoue que j'ai retrouvé mon tapis, mon grand fauteuil et mon divan avec charme. Ma lampe brûle. Mes plumes sont là. Ainsi recommence une autre série de jours, pareils aux autres jours. Ainsi vont recommencer les mêmes mélancolies et les mêmes enthousiasmes isolés.

Je me suis précipité sur les deux n[os] de la R[evue][3]. Rien de Bouilhet dans aucun. Je crois que ses prévisions étaient justes et qu'il y a brouille, ou du moins grand refroidissement. Rien sur *La Paysanne*. J'en étais sûr.

Ç'aura dû être pour l'article de Jourdan, comme ç'a été pour celui de *Melaenis*[1]. Quant à ce qu'on dit de Leconte[2], c'est tellement insignifiant, en bien ou en mal, tellement banal et *bête* que je ne sais s'il y a mauvaise intention ? Au reste, j'ai lu l'article fort légèrement. Je le reverrai. Ils ont fait cependant une bonne citation.

La vue d'un journal maintenant, et de celui-là entre autres, me cause presque un *dégoût physique*. Je m'y réabonne encore pour un an parce qu'ils ont augmenté leur prix[3] et pour n'avoir pas l'air de... Mais je jure bien, par le Styx, que c'est la dernière fois.

La dernière fois que j'étais venu de Honfleur à Rouen par bateau, c'était en 47, en revenant de Bretagne avec Maxime. Nous avions couché aussi à Honfleur. Il faisait un temps pareil, pluie et froid. — Sur la vapeur il y avait deux musiciennes qui chantaient du Loïsa Puget[4]. Aujourd'hui un maigre guitariste miaulait une chanson où il y avait :

> ... *bâtard More*
> ... *rives du Bosphore.*

Est-ce drôle ? Et en regardant défiler les coteaux, au son des cordes qui grinçaient, de la voix qui chevrotait et des roues battant l'eau, je remontais dans ma pensée tout ce qui a coulé, coulé[5].

Hier, nous sommes partis de Pont-l'Évêque à 8 h 1/2 du soir, par un temps si noir qu'on ne voyait pas les oreilles du cheval. La dernière fois que j'étais passé par là, c'était avec mon frère, en janvier 44, quand je suis tombé, comme frappé d'apoplexie, au fond du cabriolet que je conduisais, et qu'il m'a cru mort pendant dix minutes. — C'était une nuit à peu près pareille. J'ai reconnu la maison où il m'a saigné, les arbres en face (et, merveilleuse harmonie des choses et des idées) à ce moment-là, même, un roulier a passé aussi à ma droite, comme lorsqu'il y a dix ans bientôt, à 9 h[eures] du soir, je me suis senti emporté tout à coup dans un torrent de flammes[6]...

Rien ne prouve mieux le *caractère borné* de notre vie humaine que *le déplacement*. Plus on la secoue, plus elle sonne creux. Puisqu'après s'être remué, il faut se reposer, puisque notre activité n'est qu'une répétition continuelle, quelque diversifiée qu'elle ait l'air, jamais nous ne sommes mieux convaincus de l'étroitesse de notre âme que lorsque notre corps se répand. On se dit : « Il y a dix ans j'étais là », et on est là. Et on pense les mêmes choses et tout l'intervalle est oublié. Puis il vous apparaît, cet intervalle, comme un immense précipice où le néant tournoie. Quelque chose d'indéfini vous sépare de votre propre personne et vous rive au non-être.

Ce qui prouve peut-être que l'on vieillit, c'est que le temps, à mesure qu'il y en a derrière vous, vous semble moins long. Autrefois, un voyage de six heures en bateau à vapeur (ou pyroscaphe, comme dirait le pharmacien[1]) me paraissait démesuré. J'y avais des ennuis abondants. Aujourd'hui, ça a passé en un clin d'œil. J'ai des souvenirs de mélancolie et de soleil qui me brûlaient, tout accoudé sur ces bastingages de cuivre et regardant l'eau. Celui qui domine tous les autres est un voyage de Rouen aux Andelys avec Alfred[2] (j'avais seize ans). Nous avions envie de crever, à la lettre. Alors, ne sachant que faire et par ce besoin de sottises qui vous prend, dans les états de démoralisation radicale, nous bûmes de l'eau-de-vie, du rhum, du kirsch, et du potage (c'était un riz au gras !). Il y avait sur ce bateau toutes sortes de beaux messieurs et de belles dames de Paris. Je vois, encore, un voile vert que le vent arracha d'un chapeau de paille et qui vint s'embarrasser dans mes jambes. Un monsieur en pantalon blanc le ramassa... Elle était à Trouville, la femme d'Alfred, avec son nouveau mari. Je ne l'ai pas vue.

Dès lundi je me livre à une *Bovary* furibonde. Il faut que ça marche. — Et bien, ce sera.

Et toi, bonne chère Muse, où en est *La Servante*[3] ? Tu as bien raison d'y être longtemps. Parle-moi de ta santé ? Tes vomissements t'ont-ils repris ? Et permets-moi à ce propos un petit conseil que je *te supplie* de suivre. Je crois ton habitude de ne boire que de l'eau, détestable. Mon frère[4] m'a soutenu, il y a quelque temps, que *dans notre pays* c'était une cause souvent de cancers à l'estomac. Cela peut être exagéré, mais tout ce que je sais, c'est que mon père, qui était un maître homme dans son métier,

préconisait fort la purée septembrale, comme disait ce
vieux Rabelais[1]. Sois sûre que dans un climat où l'on
absorbe tant d'humidité, s'en fourrer toujours dans
l'estomac, sans rien qui la corrige, est une mauvaise
chose. — Essaie pendant quelques mois de boire de
l'eau rougie ou, si tu trouves ce mélange trop mauvais,
bois à la fin de tes repas un verre de vin pur.

———

J'ai lu avant-hier, dans mon lit, presque tout un
vol[ume] de l'*Histoire de la Restauration* de Lamartine[2]
(la bataille de Waterloo). Quel homme médiocre que ce
Lamartine ! Il n'a pas compris la beauté de Napoléon
décadent, cette rage de géant contre les myrmidons[3] qui
l'écrasent. — Rien d'ému, rien d'élevé, rien de pittoresque. Même Alex[andre] Dumas eût été sublime à
côté. Chateaubriand, plus injuste ou plutôt plus injurieux,
est bien au-dessus, à ce propos[4]. — Quel misérable
langage !
Pourquoi cette phrase de Rabelais me trotte-t-elle
dans la tête (c'est comme les Barmessides) : « L'Afrique
apporte tousiours quelque chose de nouveau »[5] ? Je la
trouve pleine d'autruches, de girafes, d'hippopotames,
de nègres et de poudre d'or.
Adieu, mille bonnes tendresses, mille bons baisers.
À toi, à toi.

                                        Ton G.

Point de lettres du Crocodile[6]. — La dernière fois,
il a été cinq semaines à nous répondre. En voilà six
ou sept ?

À LOUISE COLET

                        [Croisset,] mercredi soir, minuit.
                              [7 septembre 1853.]

J'attendais toujours une lettre de toi, cher amour,
pour savoir où t'adresser celle-ci. Si je n'en ai pas
demain, je te l'enverrai néanmoins rue de Sèvres.
Comme je te plains de tes douleurs de dents et que
j'admire ton courage de m'avoir écrit tranquillement

chez Toirac[1], en attendant l'opération ! Du reste, puisque
c'est une du fond, il n'y a que demi-mal. Je trouve
qu'en toutes ces décadences physiques les moindres sont
les dissimulées. Aussi la perte de mes cheveux m'a-t-elle
réellement *embêté*. Mon parti en est pris maintenant,
Dieu merci, et je fais bien ! car d'ici à deux ans je ne
sais s'il m'en restera de quoi même avoir un *crâne*. Mais
parlons de choses plus graves, à savoir ton régime. Je
t'assure que tu n'as pas raison. Les viandes substantielles
ne remplacent pas le vin. Bois de la bière plutôt ; mais
l'eau continuellement est une mauvaise chose. Les maux
d'estomac que tu as quelquefois viennent de là. Je suis
très sceptique en médecine mais très croyant en hygiène.
Or, ceci est une vérité : dans les climats où l'eau est
bonne il n'y a que *cela*. Partout où pousse la vigne, le
houblon ou la pomme, il faut s'en alimenter. Et ne me
dis pas que tu ne peux te soigner, car cela, je t'assure,
pauvre Louise, me semble un mot cruel. Moi qui
voudrais te donner tout, si j'avais quelque chose
(quand je pense à *tes besoins,* cher amour, et que je me
dis que je n'y peux rien, je rougis en secret comme si
c'était de ma faute) ! Est-ce que tu ne peux t'*infliger* une
dépense de 3 ou 4 francs par semaine pour ta santé ?
Essaie pendant quelque temps, durant l'hiver, à l'époque
de ces froids qui te navrent, et tu verras.

J'ai repris la *Bovary.* Voilà depuis lundi cinq pages
d'à peu près faites ; *à peu près* est le mot, il faut s'y
remettre. Comme c'est difficile ! J'ai bien peur que mes
comices[2] ne soient trop longs. C'est un dur endroit. J'y
ai *tous* mes personnages de mon livre en action et en
dialogue, les uns mêlés aux autres, et par là-dessus un
grand paysage qui les enveloppe. Mais, si je réussis,
ce sera bien symphonique.

Bouilhet a fini de ses *Fossiles* la partie descriptive.
Son mastodonte ruminant au clair de lune, dans une
prairie, est énorme de poésie. Ce sera peut-être de toutes
ses pièces celle qui fera le plus d'*effet* à la généralité !
Il ne lui reste plus que la partie philosophique, la
dernière[3]. Au milieu du mois prochain, il ira à Paris se
choisir un logement pour s'y installer au commencement
de novembre. Que ne suis-je à sa place !

Décidément, l'article de Verdun[4] (que je crois de
Jourdan ; c'est une idée que j'ai) sur Leconte est plus

bête qu'hostile. J'ai fort ri de la comparaison que l'on
fait avec les *beaux morceaux* de *La Chute d'un ange*[1]. Quelle
politesse d'ours ! Quant aux *Poèmes indiens* et à la pièce
de *Dies irae*[2], pas un mot. Il y a aussi une bonne naïveté :
pourquoi appeler le Sperchius, *Sperkhios*[3] ? Cela me semble
une vraie janoterie. Que devient-il, ce bon Leconte ?
Est-il avancé dans son poème celtique[4] ? Voit-il une occasion quelconque de publier ses *Runoïas*[5] ? J'ai une extrême
envie de les relire. Et *La Servante*[6], quand la verra-t-on ?

Je relis maintenant du Boileau, ou plutôt tout Boileau,
et avec moult coups de crayon aux marges. Cela me
semble vraiment fort. On ne se lasse point de ce qui
est bien écrit. Le style c'est la vie ! c'est le sang même
de la pensée ! Boileau était une petite rivière, étroite,
peu profonde, mais admirablement limpide et bien
encaissée. C'est pourquoi cette onde ne se tarit pas. Rien
ne se perd de ce qu'il veut dire. Mais que d'Art il a
fallu pour faire cela, et avec si peu ! Je m'en vais ainsi,
d'ici deux ou trois ans, relire attentivement *tous* les
classiques français et les annoter, travail qui me servira
pour mes *Préfaces*[7] (mon ouvrage de critique littéraire,
tu sais). J'y veux prouver l'insuffisance des écoles, quelles
qu'elles soient, et bien déclarer que nous n'avons pas la
prétention, nous autres, d'en faire une et qu'il n'en faut
pas faire. Nous sommes au contraire *dans la tradition.*
Cela me semble, à moi, strictement exact. Cela me rassure
et m'encourage. Ce que j'admire dans Boileau, c'est ce
que j'admire dans Hugo, et où l'un a été bon, l'autre
est excellent. Il n'y a *qu'un Beau.* C'est le même partout,
mais il a des aspects différents ; il est plus ou moins
coloré par les reflets qui dominent. Voltaire et Chateaubriand, par exemple, ont été médiocres par les mêmes
causes, etc. Je tâcherai de faire voir pourquoi la critique
esthétique est restée si en retard de la critique historique
et scientifique : on n'*avait point de base.* La connaissance
qui leur manque à tous, c'est l'*anatomie du style,* savoir
comment une phrase se membre et par où elle s'attache.
On étudie sur des mannequins, sur des traductions,
d'après des professeurs, des imbéciles incapables de
tenir l'instrument de la science qu'ils enseignent, une
plume, je veux dire, et la vie manque ! l'amour ! l'amour
ce qui ne se donne pas, le secret du bon Dieu, l'âme,
sans quoi rien ne se comprend.

Quand j'aurai fini cela — ce sera un travail d'une grande année, pas plus (mais au moins je me serai *vengé* littérairement, comme dans le *Dictionnaire des idées reçues*[1] je me vengerai moralement) — quand j'aurai fini cela (après la *Bovary* et l'*Anubis*[2] toutefois), j'entrerai sans doute dans une phase nouvelle et il me tarde d'y être. Moi qui écris si lentement, je me ronge de plans. Je veux faire deux ou trois longs bouquins épiques, des romans dans un milieu grandiose où l'action soit forcément féconde et les détails riches d'eux-mêmes, luxueux et tragiques tout à la fois, des livres à grandes murailles et peintes du haut en bas[3].

Il y avait dans la *Revue de Paris* (fragment de Michelet sur Danton[4]) un jugement sur Robespierre qui m'a plu. Il le signale comme étant, de sa personne, un *gouvernement ;* et c'est pour cela que tous les gouvernementomanes républicains l'ont aimé. La médiocrité chérit la Règle ; moi je la hais. Je me sens contre elle et contre toute restriction, corporation, caste, hiérarchie, niveau, troupeau, une exécration qui m'emplit l'âme, et c'est par ce côté-là peut-être que je comprends le martyre.

Adieu, belle ex-démocrate. Mille baisers. À toi.

Ton G.

Jeudi soir. Je n'ai pas envoyé ma lettre ce matin, ne sachant où tu étais. Demain je te l'envoie *quand même*. Merci du petit portrait.

À LOUISE COLET

[Croisset,] lundi soir, minuit et demi.
[12 septembre 1853.]

La tête me tourne d'embêtement, de découragement, de fatigue ! J'ai passé quatre heures sans pouvoir faire *une* phrase. Je n'ai pas aujourd'hui écrit une ligne, ou plutôt j'en ai bien griffonné cent ! Quel atroce travail ! Quel ennui ! Oh ! l'Art ! l'Art ! Qu'est-ce donc que cette chimère enragée qui nous mord le cœur, et pourquoi ?

Cela est fou de se donner tant de mal ! Ah ! la *Bovary*,
il m'en souviendra ! J'éprouve maintenant comme si
j'avais des lames de canif sous les ongles, et j'ai envie
de grincer des dents. Est-ce bête ! Voilà donc où mène
ce doux passe-temps de la littérature, cette crème
fouettée. Ce à quoi je me heurte, c'est à des situations
communes et un dialogue trivial. Bien écrire *le médiocre*
et faire qu'il garde en même temps son aspect, sa coupe,
ses mots même, cela est vraiment diabolique, et je vois
se défiler maintenant devant moi de ces gentillesses en
perspective pendant trente pages au moins. Ça s'achète
cher, le style ! Je recommence ce que j'ai fait l'autre
semaine. Deux ou trois effets ont été jugés hier par
Bouilhet ratés, et avec raison. Il faut que je redémolisse
presque toutes mes phrases.

Tu n'as pas songé, bonne chère Muse, à la distance
et au temps, quant au voyage de Gisors. Nous passerions[1]
notre journée en chemin de fer et en diligence. Il faut,
quand on a quitté le chemin de fer, de Gaillon aux
Andelys une heure, et certainement des Andelys à Gisors
au moins deux, ce qui fait 3, plus 2 du chemin de fer, 5.
Autant pour revenir : 10. Et cela pour se voir deux
heures. Non ! non ! Dans six semaines, à Mantes[2], nous
serons *seuls* et plus longtemps (pour si peu d'ailleurs
je n'aime point les amis) et ça ne vaut pas la peine de
se voir pour n'avoir que la peine de se dire adieu.

Je sais ce que les dérangements me coûtent, mon
impuissance maintenant me vient de Trouville[3]. Quinze
jours avant de m'absenter, ça me trouble. Il faut à toute
force que je me réchauffe et que ça marche ! — ou que
j'en crève. Je suis humilié, nom de Dieu, et humilié par-
devers moi de la rétivité de ma plume. Il faut la gouverner
comme les mauvais chevaux qui refusent. On les serre
de toute sa force, à les étouffer, et ils cèdent.

Nous avons reçu vendredi la nouvelle que le père
Parain était mort[4]. Ma mère devait partir pour Nogent,
mais elle a été reprise un peu à la poitrine. Elle s'est
mise des sangsues aujourd'hui. J'ai toujours un fonds
d'inquiétude de ce côté. Cette mort, je m'y attendais.
Elle me fera plus de peine plus tard, je me connais. Il
faut que les choses s'incrustent en moi. Elle a seulement
ajouté à la prodigieuse irritabilité que j'ai maintenant et
que je ferais bien de calmer, du reste, car elle me déborde

quelquefois. Mais [c'est] cette rosse de *Bovary* qui en est
cause. Ce sujet bourgeois me dégoûte [...][1].

En voilà encore un de parti ! Ce pauvre père Parain,
je le vois maintenant dans son suaire comme si j'avais
le cercueil, où il pourrit, sur ma table, devant mes yeux.
L'idée des asticots qui lui mangent les joues ne me quitte
pas. Je lui avais fait du reste des adieux éternels, en le
quittant la dernière fois[2]. Quand je suis arrivé de Nogent
chez toi, j'avais été seul tout le temps dans le wagon,
par un beau soleil. Je revoyais en passant les villages
que nous traversions autrefois en chaise de poste, aux
vacances, tous en famille avec les autres, morts aussi[3].
Les vignes étaient les mêmes et les maisons blanches,
la longue route poudreuse, les ormes ébranchés sur le
bord...

Cette promenade de Pontoise dont tu me parles, je
la connais. Il me souvient d'y avoir vu la plus admirable
petite fille du monde. Elle jouait avec sa bonne. Mon
père l'a beaucoup examinée et a prédit qu'elle serait
superbe. Qu'est-ce qu'elle est devenue ?... Comme tout
cela est farce !

Bonne histoire, Madame la directrice de la poste
t'appelle Loïsa. Il n'y manque qu'un y, et un K au
Colet ! Ainsi écrit, « Loysa Kolet »[4], ça ne manquerait
pas de galbe.

J'ai lu, avant-hier, tout un volume du père Michelet,
le sixième de la *Révolution*, qui vient de paraître. Il y
a des jets exquis, de grands mots, des choses justes ;
presque toutes sont neuves. Mais point de plan, point
d'art. Ce n'est pas clair, c'est encore moins calme, et
le calme est le caractère de la beauté, comme la sérénité
l'est de l'innocence, de la vertu. Le repos est attitude de
Dieu. Quelle curieuse époque ! Quelle curieuse époque !
Comme le grotesque y est fondu au terrible ! Je le répète,
c'est là que le Shakespeare de l'avenir pourra puiser à
seaux. Y a-t-il rien de plus énorme que ceci, du citoyen
Roland[5] ? Avant de se tuer il avait écrit ce billet que
l'on trouva sur lui : « Respectez le corps d'un homme
vertueux ! »

Adieu, il est tard. Je n'ai pas de feu, j'ai froid. Je me
presse contre toi pour me réchauffer. Mille baisers, à
toi.

Ton G.

À LOUISE COLET

[Croisset,] vendredi, minuit.
[16 septembre 1853.]

Il m'est *impossible* de retrouver la citation de Montaigne sur Pic de La Mirandole (ceci prouve que je ne connais pas assez mon Montaigne). Il me faudrait pour cela relire et non feuilleter (car je l'ai feuilleté) tout Montaigne[1].

Sapho s'est jetée à l'eau du haut du promontoire de Leucade, île de la mer Égée, ou autrement dit Archipel. Leucade est une petite île entre celle de Lesbos et la terre d'Asie Mineure (au bord du golfe de Smyrne). Leucade se trouve maintenant dans un golfe qu'on appelle golfe d'Adramite (j'ignore le nom antique). Pour ce qui est de Sapho, il y en a deux, la poétesse et la courtisane. La première était de Mitylène en Lesbos, vivait dans le VIIᵉ siècle avant Jésus-Christ, a poussé la tribadie à un grand degré de perfection, et fut exilée de Mitylène avec Alcée. La seconde, née dans la même île, mais à Éresos, paraît être celle qui aima Phaon. Cette opinion (moderne du reste, car ordinairement on confond les deux) s'appuie sur un passage de l'historien Nymphis : « Sapho d'Éresos aima passionnément Phaon. » On remarque aussi que Hérodote, qui a écrit tout au long l'histoire de Sapho de Mitylène, ne parle ni de cet amour, ni de ce suicide[2].

Enfin me revoilà en train ! ça marche ! la machine retourne ! Ne blâme pas mes roidissements, bonne chère Muse, j'ai l'expérience qu'ils servent. Rien ne s'obtient qu'avec effort ; tout a son sacrifice. La perle est une maladie de l'huître et le style, peut-être, l'écoulement d'une douleur plus profonde. N'en est-il pas de la vie d'artiste, ou plutôt d'une œuvre d'Art à accomplir, comme d'une grande montagne à escalader ? Dur voyage, et qui demande une volonté acharnée ! D'abord on aperçoit d'en bas une haute cime. Dans les cieux, elle est étincelante de pureté, elle est effrayante de hauteur, et elle vous sollicite cependant à cause de cela même. On part. Mais à chaque plateau de la route, le sommet grandit, l'horizon se recule, on va par les précipices, les vertiges et les découragements. Il fait froid et l'éternel ouragan des hautes régions vous enlève en passant jusqu'au dernier lambeau de votre vêtement. La terre est perdue pour toujours, et le but sans doute ne s'atteindra pas. C'est l'heure où l'on compte ses fatigues, où l'on regarde avec épouvante les *gerçures de sa peau*. L'on n'a rien qu'une indomptable envie de monter plus haut, d'en finir, de mourir. Quelquefois, pourtant, un coup des vents du ciel arrive et dévoile à votre éblouissement des perspectives innombrables, infinies, merveilleuses ! À vingt mille pieds sous soi on aperçoit les hommes, une brise olympienne emplit vos poumons géants, et l'on se considère comme un colosse ayant le monde entier pour piédestal. Puis, le brouillard retombe et l'on continue à tâtons, à tâtons, s'écorchant les ongles aux rochers et pleurant dans la solitude. N'importe ! Mourons dans la neige, périssons dans la blanche douleur de notre désir, au murmure des torrents de l'Esprit, et la figure tournée vers le soleil !

J'ai travaillé ce soir avec émotion, mes bonnes sueurs sont revenues et j'ai regueulé, comme par le passé.

Oui, c'est beau *Candide*[1] ! fort beau ! *Quelle justesse !* Y a-t-il moyen d'être plus large, tout en restant aussi net ? Peut-être non. Le merveilleux effet de ce livre tient sans doute à la nature des idées qu'il exprime. C'est aussi bien *cela* [*sic*] *que cela* qu'il faut écrire, mais pas *comme cela.*

Pourquoi perds-tu ton temps à relire *Graziella*[2] quand on a tant de choses à relire ? Voilà une distraction sans excuse, par exemple ! Il n'y a rien à prendre à de pareilles œuvres. Il faut s'en tenir *aux sources,* or Lamartine est un robinet. Ce qu'il y a de fort dans *Manon Lescaut,* c'est le souffle *sentimental,* la naïveté de la passion qui rend les deux héros[3] si vrais, si sympathiques, si *honorables,* quoiqu'ils soient des fripons. C'est un grand cri du cœur, ce livre ; la composition en est fort habile. Quel ton d'excellente compagnie ! Mais moi, j'aime mieux les choses plus épicées, plus en relief, et je vois que tous les livres de premier ordre sont à outrance. Ils sont criants de vérité, archidéveloppés et plus abondants de détails intrinsèques au sujet. *Manon Lescaut* est peut-être le premier des livres secondaires. Je crois, contrairement à ton avis de ce matin, que l'on peut intéresser avec tous les sujets. Quant à faire du Beau avec eux, je le pense aussi, théoriquement du moins, mais j'en suis moins sûr. La mort de Virginie est fort belle, mais que d'autres morts aussi émouvantes (parce que celle de Virginie est exceptionnelle) ! Ce qu'il y a d'*admirable,* c'est sa lettre à Paul, écrite de Paris. Elle m'a toujours arraché le cœur quand je l'ai lue[1]. Que l'on pleure moins à la mort de ma mère Bovary qu'à celle de Virginie, j'en suis sûr d'avance. Mais l'on pleurera plus sur le mari de l'une que sur l'amant de l'autre, et ce dont je ne doute pas, c'est du cadavre. Il faudra qu'il vous poursuive. La première qualité de l'Art et son but est l'*illusion*. L'émotion, laquelle s'obtient souvent par certains sacrifices de détails poétiques, est une tout autre chose et d'un ordre inférieur. J'ai pleuré à des mélodrames qui ne valaient pas quatre sous et Goethe ne m'a jamais mouillé l'œil, si ce n'est d'admiration.

Tu me parais là-bas, à ta campagne[2], en bon train. Je ne comprends pas que tu puisses travailler aussi bien à Paris, car enfin tu as tout ton temps à toi. J'ai envoyé les canetons à Babinet[3] et n'en ai point reçu de réponse. Dans le numéro d'aujourd'hui, les vers de Bouilhet y sont, et seuls[4] ! Ces gars-là sont comme les ânes : ils baissent les oreilles quand on les étrille. Adieu, j'ai envie de dormir. Fasse Morphée que je te rêve ! Mille baisers partout.

À toi. Ton G.

À LOUISE COLET

[Croisset,] mercredi, 1 h[eure] du matin.
[21 septembre 1853.]

Non ! « tout mon bonheur n'est pas dans mon travail et je plane peu sur les ailes de l'inspiration ». Mon travail au contraire fait mon chagrin. La littérature est un vésicatoire[a] qui me démange. Je me gratte par là, jusqu'au sang. Cette volonté qui m'emplit n'empêche pas les découragements, ni les lassitudes. — Ah ! tu crois que je vis en brahmane, dans une absorption suprême, et humant, les yeux clos, le parfum de mes

songes. — Que ne le puis-je ! — Plus que toi j'ai envie de
sortir de là, de cette œuvre, j'entends. Voilà deux ans
que j'y suis ! C'est long. Deux ans ! toujours avec les
mêmes personnages et à patauger dans un milieu aussi
fétide ! — Ce qui m'assomme, ce n'est ni le mot, ni la composition, mais mon *objectif* ! je n'y ai rien qui soit
excitant. Quand j'aborde une situation, elle me dégoûte
d'avance par sa vulgarité. — Je ne fais autre chose que
de doser de la merde. — À la fin de la semaine prochaine,
j'espère être au milieu de mes comices[1]. — Ce sera ou
ignoble, ou fort beau. L'envergure surtout m'en plaît.
Mais ce n'est point facile à décrocher. Voilà trois fois
que B[ouilhet] me fait refaire un paragraphe (lequel
n'est point encore venu. Il s'agit de décrire l'effet d'un
homme qui allume des lampions[2]. — Il faut que ça
fasse rire et jusqu'à présent c'est très froid). Tu vois,
bonne chère Muse, que nous ne nous ménageons guère.
— Et quand nous te traitons si durement pour les
corrections, c'est que nous te traitons comme nous-
mêmes.

Il a dû partir, hier, pour Cany, B[ouilhet][3]. Je ne sais
si je le verrai dimanche. Dans une quinzaine, il part à
Paris pour s'aller chercher un logement. Puis il reviendra
pendant huit jours, et puis adieu. Cela m'attriste grandement. Voilà huit ans que j'ai l'habitude de l'avoir tous
les dimanches. — Ce commerce si intime va se trouver
rompu. La seule oreille humaine à qui parler ne sera
plus là. — Encore quelque chose de parti, de jeté en
arrière, de dévoré sans retour. —

Quand donc ferai-je comme lui ? Quand me décro-
cherai-je de mon rocher ? Mais j'entends mes plumes
qui me disent, comme les oiseaux voyageurs à René :
« Homme, la saison de ta migration n'est point encore
venue[4]... »

———

Ah ! je pense à toi souvent, va, plus souvent que je
ne le voudrais. Cela m'amollit, m'attriste, *me retarde*.

Puisque j'ai commencé ici, et dans un système lent,
il faut finir de même. — Pour une installation à Paris,
et le temps que ça me demanderait avant d'y être habitué,
il faudrait des mois, et en quatre ou cinq mois on fait
de la besogne.

———

Tu m'as envoyé un bien bon aperçu de ton auberge[1], avec les rouliers courant après les filles dans les corridors : tu m'y parais être assez mal. Quand retournes-tu rue de Sèvres ? et les dents ? les maux de cœur ? pauvre chère amie, qu'as-tu donc, tu me sembles bien sombre ? Ah ! la vie n'est pas gaie, sacré nom de Dieu !

———

Delisle tient-il à ce que je fasse une insigne malhonnêteté à l'*Athenaeum* ? J'y suis tout disposé. Je peux leur écrire que je les supplie de ne plus m'envoyer leur journal. — Qu'il tienne bon contre le gars Planche[2] ! *Il faut être Cannibale !*

Dans le dernier nº de la *Revue,* il y a un conte de Pichat[3] qui m'a fait rire pour plus de 50 francs, comme dit Rabelays. Lis-moi ça un peu ! Du reste ça sert beaucoup, le mauvais, quand il arrive à être de ce tonneau-là. La lecture de ce conte m'a fait enlever[a] dans la *B[ovary]* une expression commune, dont je n'avais pas eu conscience, et que j'ai remarquée là.

———

Je ne suis pas sans inquiétude sur le grand Crocodile[4]. Notre paquet a-t-il été perdu ? Il me semble qu'il était dans le caractère de l'homme, de répondre de suite à ma lettre. Tu ferais bien de lui en écrire une (que j'enverrais seule) où tu lui dirais que tu ne sais que penser de ce retard ? Qu'en dis-tu ?

———

Je viens de relire tout Boileau. — En somme c'est raide. Ah ! quand je serai à Paris près de toi, quels bons petits cours de littérature nous ferons ! —

Les affaires d'Orient[5] m'inquiètent. Quelle belle charge, s'il y allait avoir la guerre, et que tout l'Orient fanatisé se révoltât ! Qui sait ? Il ne faut qu'un homme comme Abd el-Kader lâché à point et qui amènerait à Constantinople tous les Bédouins d'Asie ? Vois-tu les Russes bousculés, et cet empire crevant d'un coup de lance comme un ballon gonflé. — Ô Europe, quel émétique je te souhaite !

Je n'en peux plus de fatigue. — Adieu. Un de ces

jours je me mettrai à t'écrire de meilleure heure et
causerai plus longuement. Mille baisers sur tes yeux si
souvent pleins de larmes.

À toi. Ton G.

À LOUISE COLET

[Croisset,] mercredi, minuit 1/2.
[Jeudi 22 septembre 1853.]

Voici enfin un envoi du Grand Crocodile ! (Je garde
une lettre à Mme d'Aunet que je t'enverrai, la première
fois[1] ; le paquet serait trop gros.) Tu verras un discours[2]
dont j'ai le double et qui me paraît peu raide. J'ai peur
que le grand homme ne finisse par s'abêtir là-bas, dans
sa haine. — L'attention qu'il a eue de t'envoyer ce
journal de J[ersey] me semble très délicate. Dans sa
lettre à moi, il me dit qu'il *exige* la correspondance[3],
et il qualifie mes lettres des « plus spirituelles et des
plus nobles du monde ». J'ai envie maintenant de lui
écrire tout ce que je pense. Le blesserai-je ? Mais je ne
peux pourtant lui laisser croire que je suis républicain,
que j'admire le peuple, etc. — Il y a une mesure à
prendre entre la grossièreté et la franchise que je trouve
difficile. Qu'en dis-tu ?

Par un hasard singulier, on m'a apporté avant-hier
un pamphlet en vers, contre lui, stupide, calomniant,
baveux. Il est d'un citoyen d'ici, ancien directeur de
théâtre, drôle qui a épousé pour sa fortune une femme
sortant des Madelonnettes, et qui, veuf maintenant, se
retrouve sur le pavé, ne sachant comment vivre. —
Cela est *payé* bien sûr, mais n'aura guère de succès,
car c'est *illisible*. Ce Soubiranne[4] a jadis *calé* en duel
devant un de mes amis, le frère d'Ernest Delamarre[5]
(qui m'a donné cette petite statue dorée que tu as vue
rue du Helder). Il lui a fait écrire *sur le terrain* des
rétractations. — Et ce gredin-là, dans son pamphlet,
accuse H[ugo] de lâcheté, d'avoir poussé à l'assassinat,
etc. Et il le menace de sa vengeance ! — Ah ! quelles
canailleries s'étalent sur le monde ! Quand donc cela
finira-t-il ? Quelque chose à tous, tant que nous sommes,

nous pèse sur le cœur. Quand donc viendra l'ouragan pour nous soulager de ce fardeau ?

Ce bon Leconte[1] rêve les Indes ! aller là-bas et y mourir. — Oui, c'est un beau rêve. Mais c'est un rêve ! car on est si pitoyablement organisé qu'on en voudrait revenir. — On crèverait de langueur, on regretterait la patrie, la mine des maisons et les indifférents même.

Il faut se renfermer, et continuer tête baissée dans son œuvre, comme une taupe. Si rien ne change, d'ici à quelques années, il se formera entre les intelligences libérales un compagnonnage plus étroit que celui de toutes les sociétés clandestines. À l'écart de la foule, un mysticisme nouveau grandira. Les hautes idées[a] poussent à l'ombre, et au bord des précipices, comme les sapins.

Mais une vérité me semble être sortie de tout cela. C'est qu'on n'a nul besoin du vulgaire, de l'élément nombreux, des majorités, de l'approbation, de la consécration. 89 a démoli la royauté[b] et la noblesse, 48 la bourgeoisie et 51 *le peuple.* Il n'y a plus *rien,* qu'une tourbe canaille et imbécile. — Nous sommes tous enfoncés au même niveau dans une médiocrité commune. L'égalité sociale a passé dans l'Esprit[c]. On fait des livres pour tout le monde, de l'art pour tout le monde, de la science pour tout le monde, comme on construit des chemins de fer et des chauffoirs publics. L'humanité a la rage de l'abaissement moral. — Et je lui en veux, de ce que je fais partie d'elle.

J'ai bien travaillé aujourd'hui. Dans une huitaine, je serai au milieu de mes Comices[2] que je commence maintenant à comprendre. J'ai un fouillis de bêtes et de gens beuglant et bavardant, avec mes amoureux en dessus, qui sera bon, je crois.

Et cette *Servante*[3], quand donc la caresse-t-on ?

Sais-tu que ce pauvre père Parain[4], en mourant, ne pensait qu'à moi, qu'à Bouilhet, qu'à la littérature enfin ? Il croyait qu'on lisait des vers de lui ! (B[ouilhet]). Comme je le regretterai, cet excellent cœur qui me chérissait si aveuglément, si jamais j'ai un succès ! Quel plaisir j'aurais eu à voir sa mine au drame de

B[ouilhet] ou au tien[1] ! Quel est le sens de tout cela, le but de tout ce grotesque et de tout cet horrible ?

Voilà l'hiver qui vient. Les feuilles jaunissent, beaucoup tombent déjà. J'ai du feu maintenant et je travaille à ma lampe, les rideaux fermés, comme en décembre. Pourquoi les premiers jours d'automne[a] me plaisent-ils plus que les premiers du printemps ? Je n'en suis plus, cependant, aux poésies pâles de chutes de feuilles et de brumes sous la lune ! Mais cette couleur dorée m'enchante. Tout a je ne sais quel parfum triste qui enivre. Je pense à de grandes chasses féodales, à des vies de château sous de larges cheminées. On entend bramer les cerfs au bord des lacs[b], et les bois frémir...

Quand reviens-tu à Paris[2] ? Adieu, bonne chère Louise, mille baisers. À toi.

Ton G.

Prends garde de perdre, ou d'égarer même, le *discours*[3]. — Où tu es, ça pourrait avoir des inconvénients. Faut-il t'envoyer la lettre de Mme d'A[unet][4] ici, ou attendre que tu sois à P[aris] ?

À LOUISE COLET

[Croisset,] lundi soir, minuit.
[26 septembre 1853.]

Ci-inclus une lettre du Crocodile pour sa Dulcinée[5].

Pourquoi donc n'as-tu pas été franche avec moi, bonne chère Louise ? C'est mal ! Si Babinet[6] ou Leconte[7] étaient en position de t'aider, n'aurais-tu pas recours à eux ? Pourquoi cette exception à l'encontre d'un plus-ami ? Je n'avais pas d'argent. J'en eusse eu[8]. Pour toi je vendrais jusqu'à ma chemise, tu le sais bien, ou plutôt, nous nous mettrions sous la même.

En ces matières, du reste, j'ai toujours l'air d'un plat bourgeois et d'une canaille. Je suis tranquillement à me chauffer les pieds à un grand feu, dans une robe de soie et en ce que l'on peut appeler (à la rigueur) un château,

tandis que tant de braves gens qui me valent et plus,
sont à tirer le diable par la queue, avec leurs pauvres
mains d'anges ! J'ai enfin de quoi ne pas m'inquiéter
de mon dîner, chose immense et que j'appréciais peu
jadis, alors que plein de fantaisies luxueuses j'en voulais
jouir, dans la vie. — Mais je leur ai à toutes donné
congé. Je fuis ces idées-là, comme malsaines. Elles sont
au fond petites et partent dn plus bas de l'imagination.
— Il faut se faire des harems dans la tête, des palais
avec du style, et draper son âme dans la pourpre[a] des
grandes périodes. — Ah ! si j'étais riche ! quelles rentes
je ferais à toi, à Bouilhet, à Leconte[1], et à ce bon père
Babinet ! Ce serait beau, une vie *piétée* et fort aérée,
dans une grande demeure pleine de marbres et de
tableaux, avec des paons sur des pelouses, des cygnes
dans des bassins, une serre chaude et un suprême
cuisinier. — A cinq ou six, là, ou trois ou quatre, même,
quelle bénédiction !

Elle est charmante la lettre du père Babinet[2], j'en
raffole. J'adore ce bonhomme : c'est fouillu, touffu,
nourri. Il y a là plus de naïveté, d'esprit et de lecture
que dans vingt journaux en dix ans. Et je ne parle pas
du cœur qui y palpite à chaque ligne. *Viendra-t-il me
voir ?* J'en suis anxieux. J'aurais grand plaisir à le
recevoir.

Quant à Leconte, je n'ai rien à lui dire, si ce n'est que
je l'aime beaucoup. — Il le sait ; tout ce que [je] pourrais
lui écrire, il le pense. Je partage son indignation contre
ce misérable Planche[3]. Je garde à ce drôle une vieille
rancune qui date de 1837, à propos d'un article contre
Hugo[4]. — Il y a des choses qui vous blessent si profondément aux plus purs endroits de l'âme que la cicatrice
est éternelle, et il est certain que je verrais le gars
Planche crever sous mes yeux avec une certaine satisfaction. — Qu'il ne le ménage pas ! C'est un homme
qui passera par tout et qu'il faut faire passer par tout.
La générosité à l'encontre des gredins est presque une
indélicatesse l'encontre du bien.

Dans le refus de son article à l'*Athenaeum,* et dans
la malveillance de la R*[evue]*[5] à son endroit, il y a du
Du Camp. Quant à Saulcy[6], le mot était peut-être
donné depuis longtemps pour refuser net tout ce qui
se présenterait là touchant Mme C[olet] ? Car ils doivent

être maintenant mal ensemble (Saulcy ne fait point son éloge). — Mais il faut ajouter encore deux autres éléments : 1º influence bigote, système de moralité impérialiste et amie de l'ordre ; 2º haine de la poésie.

Récapitulons pour voir comme les amis sont bien servis par les amis :

1º Article de moi pour B[ouilhet] arrêté à *La Presse* ; 2º promesse de Jourdan vaine ; 3º refus à l'*Athenaeum* ; 4º refus des réclamations de Leconte à la R*[evue] de Paris,* et ici contre une autre Revue ! contre leur rival, contre leur ennemi[1] ! Mais cela ne fait que quatre ! Attendons la douzaine.

Quelle bêtise pourtant ! Quels pauvres gens ! Quelle misère ! Comme si tout cela empêchait rien ! (quand tu auras fini ton *Poème de la femme*[2], tu verras si, réuni en vol[ume], ça se vend !) Est-ce que les Poésies de Leconte, par exemple, n'ont pas été plus remarquées que *Le Livre posthume*[3], dont l'auteur pourtant avait à sa disposition une belle réclame ! — Mais ces gamins-là n'entendent pas même la réclame. Ils ont la bonne volonté d'être des charlatans, quant à la capacité, non. Car il faut des poumons pour crier sur la place publique pendant deux heures de suite, et pour faire assembler le monde avec des blagues connues.

Les héros pervers de Balzac ont, je crois, tourné la tête à bien des gens. La grêle génération qui s'agite maintenant à Paris, autour du pouvoir et de la renommée, a puisé dans ces lectures l'admiration bête d'une certaine immoralité bourgeoise[a], à quoi elle s'efforce d'atteindre. J'ai eu des confidences à ce sujet. Ce n'est plus Werther ou Saint-Preux que l'on veut être, mais Rastignac[4], ou Lucien de Rubempré.

D'ailleurs tous ces fameux gaillards, pratiques, actifs, qui connaissent les hommes, admirent peu l'admiration, visent au solide, font du bruit, se démènent comme des galériens, etc., tous ces malins, dis-je, me font pitié, et au point de vue même de leur malice. Car je les vois sans cesse tendre la gueule après l'ombre et lâcher la viande. Ils s'enferrent dans leurs mensonges, ils se dupent eux-mêmes avec aplomb (c'est l'histoire de Badinguet[5] se payant à lui-même des enthousiasmes). Quand j'en aurai vu un seul, un seul de ceux-là, avoir gagné par tous les moyens qu'ils emploient seulement *un million,* alors je mettrai chapeau bas. D'ici là qu'il me soit permis de les considérer comme des épiciers fourvoyés.

Le plus grand de la bande, n'était-ce pas Girardin[1]? Or le voilà maintenant avec la cinquantaine passée, une fortune des plus restreintes, et une considération nulle. En fait d'habileté, je préfère donc les cotonniers de ma belle patrie.

(J'en ai connu un ; ce n'était pas un cotonnier, mais un indigotier. Voilà un homme, celui-là ! Il avait trouvé moyen, dans l'espace de vingt ans, d'acquérir[a] deux cent mille livres de rentes *[en terre]* en mouillant ses indigos, lesquels il descendait dans sa cave, nuitamment ! et *lui-même !* Mais quelle canaille ! quelle modestie ! quel bon père de famille ! quelle mise de caissier ! La probité se hérissait jusque sur les poils de sa redingote. Il ne cherchait pas à briller, celui-là. — À éblouir les sots ! mais à les flouer, ce qui est bien plus magistral.)

Oh Jésus ! Jésus ! redescends donc pour chasser les vendeurs du temple ! Et que les lanières dont tu les cingleras[2] soient faites de boyaux de tigre ! Qu'on les ait trempées dans le vitriol, dans de l'arsenic ! Qu'elles les brûlent comme des fers rouges ! Qu'elles les hachent comme des sabres, et qu'elles les écrasent comme ferait le poids de toutes tes cathédrales, accumulées sur ces infâmes !

Enchanté du fiasco du citoyen Méry[3] ! — Encore un habile, celui-là, un malin, un homme d'esprit, un gaillard *qui ne se fiche pas mal de ça !* Quand on fait de sa plume un alambic à ordures pour gagner de l'argent, et qu'on ne gagne pas même d'argent, on n'est en définitive qu'un idiot, doublé d'un misérable.

Je ne pardonne point aux hommes d'action de ne pas réussir, puisque le succès est la seule mesure de leur mérite. Napoléon a été *trompé* à Waterloo : sophisme, mon vieux ! Je ne suis pas du métier. Je n'y connais goutte. *Il fallait vaincre,* or j'admire le vainqueur, quel qu'il soit.

Le père Hugo avait perdu l'adresse de L[ondres][4],

c'est pour cela qu'il a été longtemps à me répondre,
dit-il. Sa lettre était impudemment de J[ersey]. — Par
bonheur il n'est arrivé aucun mal. — Je suis curieux
du vol[ume][1], mais comment l'aurais-je ? J'essaierai de
lui répondre une *bonne* lettre. Tant pis si le fond le
choque, la forme sera convenable. Je ne peux pas
mentir pour lui être agréable. — Et je ne lui cacherai
pas que je me souhaite ses illusions, mais ne les partage
point. Je dis illusions et non convictions. Non, sacré
nom de Dieu ! non ! je ne peux admirer le peuple et
j'ai pour lui, en masse, fort peu d'entrailles, parce qu'il
en est, lui, totalement dépourvu. Il y a un cœur *dans
l'humanité,* mais il n'y en a point *dans le peuple,* car le
peuple, comme la patrie, est une chose morte. Où bat-il
donc maintenant, le cœur synthétique de toutes les
forces nobles de l'être humain ? à Constantinople ! dans
la poitrine d'un derviche chevelu qui hurle contre les
Moscoves. — C'est là que s'est réfugiée à cette heure
la seule *Protestation morale* qui soit encore. —

Pauvre flamme de la liberté et de l'enthousiasme, tu
brûles là-bas, entre des œufs d'autruche et sous des
coupoles de porcelaine, dans une lampe musulmane,
au fond d'une mosquée !

Ah ! ces bons Turcs[a] ! ces vieux *Bakaloum*[2] ! comme
je les aime ! Quels souhaits je fais pour eux ! J'y pense
sans cesse. Que ne puis-je reprendre mon tarbouch,
quitter mon prépuce, et courir par tout Stamboul en
criant : « Allah ! Allah ! Emsik el Daroud ! (au nom de
Dieu ! au nom de Dieu ! prenez vos armes !) » Je sens
à ces pensées comme une brise du désert qui m'arriverait
sur la figure. S'il se soulevait, tout l'Orient ! si les
Bédouins du Hauran allaient venir ! et toute la Perse !
et l'Arabie, l'inconnu ? Il ne faut qu'un homme, non, un
prophète, un homme-idée, Abd el-Kader qu'on lâche-
rait ; mais il a fait son temps[3].

———

Il paraît que l'on redoute pour cet hiver une misère
soignée. Est-il possible ! Des gens si forts ! Après avoir
tant soigné les *intérêts matériels !* et après avoir tant
donné *d'ouvrage !* tant fait travailler le peuple, il se trouve
que le peuple n'a pas un sou ! Charmant ! — As-tu vu
dans *La Presse* la joie de Blanqui à propos de l'entrée

de la Viande étrangère[1] ! Il était malade, mais il n'a pas pu *retenir son émotion* à cette nouvelle, il s'est tellement senti déborder d'enthousiasme qu'il a pris la plume pour communiquer au public son bonheur, et *au risque même de compromettre sa santé !* Sainte Thérèse n'était pas plus contente d'avoir vu le Christ dans sa chambre que ce gars-là[a] n'est content de voir venir les bœufs d'Amérique en France ! Ô Aristophane et Molière, quels galopins vous fûtes !

C'est parce que je suis au bout de mon papier[2] et qu'il est une heure et demie passée que je te quitte, car je suis fort en train de causer.

Adieu donc, toutes sortes de tendresses.

À toi, Ton G.[3]

À LOUISE COLET

[Croisset,] vendredi, minuit.
[30 septembre 1853.]

As-tu encore ta dent ? Fais-toi donc enlever cela, tout de suite, malgré les avis de Toirac[4]. C'est une manie moderne de ces drôles. Il y a dix ans même chose m'est arrivée. Je préparais mon deuxième examen[5] (autre dent), quand je fus pris d'une rage telle que je montai dans un fiacre en recommandant au cocher de m'arrêter à la première enseigne venue. Puis, une fois ma dent arrachée, Toirac, à qui je contai la chose, m'approuva. Et depuis quinze jours il me lanternait ainsi et m'embêtait avec un tas de drogues[6] ! Rien n'est pis au monde que la douleur physique, et c'est bien plus d'elle que de la mort, que je suis homme, comme dit Montaigne, « à me mettre sous la peau d'ung veau pour l'éviter »[7]. Elle a cela de mauvais, la douleur, qu'elle nous fait trop sentir la vie. Elle nous donne à nous-même comme la preuve d'une malédiction qui pèse sur nous. *Elle humilie,* et cela est triste pour des gens qui ne se soutiennent que par l'orgueil.

Certaines natures ne souffrent pas, les gens sans nerfs. Heureux sont-ils ! Mais de combien de choses aussi ne sont-ils pas privés ! Chose étrange, à mesure qu'on s'élève dans l'échelle des êtres, la faculté nerveuse augmente, c'est-à-dire la faculté de souffrir. Souffrir et penser seraient-ils donc même chose ? Le génie, après tout, n'est peut-être qu'un raffinement de la douleur, c'est-à-dire une plus complète et intense pénétration de l'objectif à travers notre âme. La tristesse de Molière, sans doute, venait de toute la bêtise de l'Humanité qu'il sentait comprise en lui. Il souffrait des Diafoirus et des Tartuffes qui lui entraient par les yeux dans la cervelle. Est-ce que l'âme d'un Véronèse, je suppose, ne s'imbibait pas de couleurs continuellement, comme un morceau d'étoffe sans cesse plongé dans la cuve bouillante d'un teinturier ? Tout lui apparaissait avec des *grossissements de ton* qui devaient lui tirer l'œil hors de la tête. Michel-Ange disait que les marbres frémissaient à son approche. Ce qu'il y a de sûr, c'est qu'il frémissait, lui, à l'approche des marbres. Les montagnes, pour cet homme, avaient donc une âme. Elles étaient de nature correspondante ; c'était comme la sympathie de deux éléments analogues. Mais cela devait établir, de l'une à l'autre, je ne sais où ni comment, des espèces de traînées volcaniques d'un ordre inconcevable, à faire péter la pauvre boutique humaine.

Me voilà à peu près au milieu de mes comices[1] (j'ai fait quinze pages ce mois, mais non finies). Est-ce bon ou mauvais ? Je n'en sais rien. Quelle difficulté que le dialogue, quand on veut surtout que le dialogue ait du *caractère* ! Peindre par le dialogue et qu'il n'en soit pas moins vif, précis et toujours distingué en restant même banal, cela est monstrueux et je ne sache personne qui l'ait fait dans un livre. Il faut écrire les dialogues dans le style de la comédie et les narrations avec le style de l'épopée.

Ce soir, j'ai encore recommencé sur un nouveau plan ma maudite page des lampions que j'ai déjà écrite quatre fois[2]. Il y a de quoi se casser la tête contre le mur ! Il s'agit (en une page) de peindre les gradations d'enthousiasme d'une multitude à propos d'un bonhomme qui, sur la façade d'une mairie, place successivement plusieurs lampions. Il faut qu'on voie la foule gueuler d'étonnement et de joie ; et *cela sans charge* ni réflexions de l'auteur. Tu t'étonnes quelquefois de mes lettres, me

dis-tu. Tu trouves qu'elles sont bien écrites. Belle
malice ! Là, j'écris ce que je pense. Mais penser pour
d'autres comme ils eussent pensé, et les faire parler,
quelle différence ! Dans ce moment-ci, par exemple,
je viens de montrer, dans un dialogue qui roule sur
la pluie et le beau temps, un particulier[1] qui doit être
à la fois bon enfant, commun, un peu canaille et prétentieux ! Et à travers tout cela, il faut qu'on voie qu'il
pousse sa pointe. Au reste, toutes les difficultés que l'on
éprouve en écrivant viennent du *manque d'ordre.* C'est
une conviction que j'ai maintenant. Si vous vous acharnez
à une tournure ou à une expression qui n'arrive pas, *c'est
que vous n'avez pas l'idée.* L'image, ou le sentiment bien
net dans la tête, amène le mot sur le papier. L'un coule
de l'autre. « Ce que l'on conçoit bien, etc.[2] » Je le relis
maintenant, ce vieux père Boileau, ou plutôt je l'ai relu
en entier (je suis à présent à ses œuvres en prose).
C'était un maître homme et un grand écrivain surtout,
bien plus qu'un poète. Mais comme on l'a rendu bête !
Quels piètres explicateurs et prôneurs il a eus ! La race
des professeurs de collège, pédants d'encre pâle, a vécu
sur lui et l'a aminci, déchiqueté comme une horde de
hannetons fait à un arbre. Il n'était déjà pas si touffu !
N'importe, il était solide de racine et bien piété, droit,
campé.

La critique littéraire me semble une chose toute
neuve à faire (et j'y converge, ce qui m'effraie). Ceux
qui s'en sont mêlés jusqu'ici n'étaient pas du métier.
Ils pouvaient peut-être connaître l'anatomie d'une phrase,
mais certes ils n'entendaient goutte à la physiologie du
style. Ah ! la littérature ! Quelle démangeaison permanente ! C'est comme un vésicatoire[3] que j'ai au cœur. Il
me fait mal sans cesse, et je me le gratte avec délices.

Et *La Servante*[4] ? Pourquoi ai-je peur que ce ne soit
trop long ? C'est une bêtise, cela tient sans doute à ce
que le temps de la composition me trompe sur la
dimension de l'œuvre. Au reste, il vaut mieux être trop
long que trop court. Mais le défaut général des poètes
est la longueur, comme le défaut des prosateurs est le
commun, ce qui fait que les premiers sont ennuyeux
et les seconds dégoûtants : Lamartine, Eugène Sue.
Combien de pièces dans le père Hugo sont trop longues
de moitié ! Et déjà le vers, par lui-même, est si commode

à déguiser l'absence d'idées ! Analyse une belle tirade de vers et une autre de prose, tu verras laquelle est la plus pleine. La prose, art plus immatériel (qui s'adresse moins aux sens, à qui tout manque de ce qui fait plaisir), a besoin d'être bourrée de choses et sans *qu'on les aperçoive*. Mais en vers les *moindres paraissent*. Ainsi la comparaison la plus inaperçue dans une phrase de prose peut fournir tout un sonnet. Il y a beaucoup de troisièmes et de quatrièmes plans en prose[1]. Doit-il y en avoir en poésie ?

J'ai dans ce moment une forte rage de Juvénal. Quel style ! quel style ! Et quel langage que le latin ! Je commence aussi à entendre Sophocle un peu, ce qui me flatte. Quant à Juvénal, ça va assez rondement, sauf un contresens par-ci par-là et dont je m'aperçois vite. Je voudrais bien savoir, et avec moult détails, *pourquoi* Saulcy a refusé l'article de Leconte[2], quels sont les motifs qu'on lui a allégués ? Cela peut nous être curieux à connaître. Tâche d'avoir le fin mot de l'histoire.

Tâche de te mieux porter et de travailler à Paris comme tu travaillais à la campagne. Tu as pourtant tout ton temps à toi. Je plains bien ce pauvre Leconte de sa leçon[3]. Pour avoir fait ce métier comme Bouilhet l'a fait pendant quatorze ans, à huit et dix heures par jour (et il avait, de plus que Leconte, les maîtres de pensions sur le dos), je crois qu'il fallait être né avec une constitution enragée de force, un tempérament cérébral titanique. Il aura bien mérité la gloire aussi, celui-là ! Mais on ne va au ciel que par le martyre. On y monte avec une couronne d'épines, le cœur percé, les mains en sang et la figure radieuse.

Adieu, mille baisers sur la tienne. À toi, ton vieux G.

À LOUISE COLET

[Croisset,] vendredi, minuit.
[7 octobre 1853.]

Je ne t'en écrirai pas long, ce soir, bonne chère Louise, tant je suis mal à mon aise. J'ai plus besoin de me coucher que d'écrire encore. J'ai eu toute la soirée des maux

d'estomac et de ventre, à m'évanouir si j'en étais
capable. Je crois que c'est une indigestion. J'ai aussi
fort mal à la tête. Je suis brisé. Voilà trop de nuits
que je me couche tard ! Depuis que nous sommes
revenus de Trouville[1], je me suis rarement mis au lit
avant 3 h[eures]. C'est une bêtise, on s'épuise. Mais je
voudrais tant avoir fini ce roman ! Ah ! quels découragements quelquefois, quel rocher de Sisyphe à rouler
que le style, et la prose surtout ! *Ça n'est jamais fini.*

Cette semaine pourtant, et surtout ce soir (malgré
mes douleurs physiques) j'ai fait un grand pas. J'ai
arrêté le plan du milieu de mes comices (c'est du dialogue à deux, coupé par un discours, des mots de la foule
et du paysage[2]). Mais quand les aurai-je faits ? Comme
cela m'ennuie ! Que je voudrais en être débarrassé pour
t'aller voir ! J'en ai tant besoin et je te désire beaucoup.

B[ouilhet], je pense, te verra la semaine prochaine.
— N'allez pas vous *voir* et me faire des traits, hé, dites
donc ! Il était dimanche dernier dans l'intention de
partir mardi prochain. Je ne pense pas qu'il ait changé
d'avis. Au reste il a dû t'écrire[3].

Je ne t'avais pas dit *ces vacances,* chère Louise (cela
n'aurait pas eu de sens), mais *cet hiver,* ma mère devant
aller à Paris. Je te réitère la promesse de mon engagement : *je ferai tout mon possible* pour que vous vous
voyiez, pour que vous vous connaissiez[4]. — Après cela,
vous vous arrangerez comme vous l'entendrez. Je me
casse la tête à comprendre l'importance que tu y mets.
Mais enfin *c'est convenu,* n'en parlons plus.

Comme Leconte a eu raison de montrer les dents à
Planche[5] ! Ces canailles-là ! c'est toujours la même chose,

> *Oignez vilain, il vous poindra :*
> *Poignez vilain, il vous oindra.*

Avance-t-il dans son poème celtique[6], ce bon Leconte ?
Vous allez être là-bas, cet hiver, un trio superbe[7]. —
Moi, ma solitude commence, et ma vie va se dessiner
comme je la passerai peut-être pendant 30 ou quarante
ans encore ? (J'aurai beau avoir un logement à Paris,
je n'y resterai jamais que quelques mois de l'année,
mon plus grand temps se passera ici !...) Enfin ! Dieu
est grand !

Oui, je vieillis, et cela me vieillit beaucoup, ce départ de B[ouilhet], quoique je ne le retienne guère, quoique je le pousse à partir.

Comme mes cheveux tombent ! Un perruquier qui me les coupait lundi dernier en a été effrayé, comme le Capitaine[1] de la laideur de Villemain.

Ce qui m'attriste, c'est que je deviens triste, et bêtement, d'une façon sombre et rentrée. Oh ! la *Bovary,* quelle meule usante c'est pour moi !

L'ami Max a commencé à publier son voyage en Égypte : *Le Nil* pour faire pendant à *Le Rhin*[2] ! C'est curieux de nullité. Je ne parle pas du style, qui est archiplat et cent fois pire encore que dans *Le Livre posthume*[3]. Mais comme fond, comme faits, il n'y a rien ! Les détails qu'il a le mieux vus, et les plus caractéristiques dans la nature, il les oublie. Toi qui as lu mes notes[4], tu seras frappée de cela. Quelle dégringolade rapide ! Je te recommande surtout son passage des Pyramides, où brille, par parenthèse, un éloge de M. de Persigny.

————

As-tu répondu au Crocodile[5] ? Vas-tu lui répondre ? Faut-il que je lui écrive ?

Adieu, je fume une pipe et vais me coucher. Mille baisers sur le cœur. À toi, ton G.

À LOUISE COLET

[Croisset,] mercredi, minuit.
[12 octobre 1853.]

J'ai *la tête en feu,* comme il me souvient de l'avoir eue après de longs jours passés à cheval. C'est que j'ai aujourd'hui rudement chevauché ma plume. J'écris depuis midi et demi sans désemparer (sauf de temps à autre pendant cinq minutes pour fumer une pipe, et une heure tantôt pour dîner). Mes comices[6] m'embêtaient tellement que j'ai lâché là, pour jusqu'à ce qu'ils soient finis, grec et latin. Et je ne fais plus que ça à partir d'aujourd'hui. Ça dure trop ! Il y a de quoi crever, et puis je veux t'aller voir.

Bouilhet prétend que ce sera la plus belle scène[1] du livre. Ce dont je suis sûr, c'est qu'elle sera neuve et que l'intention en est bonne. Si jamais les effets d'une symphonie ont été reportés dans un livre, ce sera là. *Il faut que ça hurle par l'ensemble,* qu'on entende à la fois des beuglements de taureaux, des soupirs d'amour et des phrases d'administrateurs. Il y a du soleil sur tout cela, et des coups de vent qui font remuer les grands bonnets. Mais les passages les plus difficiles de *Saint Antoine*[2] étaient jeux d'enfant en comparaison. J'arrive au dramatique rien que par l'entrelacement du dialogue et les oppositions de caractère. Je suis maintenant en plein. Avant huit jours, j'aurai passé le nœud d'où tout dépend. Ma cervelle me semble petite pour embrasser d'un seul coup d'œil cette situation complexe. J'écris dix pages à la fois, sautant d'une phrase à l'autre. Il faut pourtant qu'un de ces jours j'écrive au Crocodile. Il a perdu l'adresse de Mme Farmer[3] et ne pourrait nous adresser de lettres que de Jersey directement, ce qui est à éviter autant que possible.

Je suis presque sûr que Gautier ne t'a pas vue dans la rue lorsqu'il ne t'a pas saluée. Il est fort myope, comme moi, à qui pareilles choses sont coutumières. C'eût été une insolence gratuite, qui n'est pas du reste dans ses allures ; c'est un gros bonhomme fort pacifique et très putain. Quant à épouser les animosités de l'ami, j'en doute fort, à la manière dont il m'en a parlé *le premier*. La dédicace[4], malgré ton opinion, ne prouve rien du tout : *pose* et *repose*. Le pauvre garçon se raccroche à tout, accole son nom à tout. Quelle *descente* que ce *Nil* ! Si quelque chose pouvait me raffermir dans mes théories littéraires, ce serait bien lui. Plus le temps s'éloigne où Du Camp suivait mes avis et plus il dégringole, car il y a de *Tagahor*[5] au *Nil* une décadence effrayante et, en passant par *Le Livre posthume* qui est leur intermédiaire, le voilà maintenant au plus bas, et de la force du jeune Delessert[6] ; ça ne vaut pas mieux. La proposition de Jacottet[7] m'a étrangement révolté, et tu as eu bien raison. Toi, aller faire des politesses à un galopin pareil ! Ah ! non, non, ah ! non.

Quelle étrange créature tu fais, chère Louise, pour m'envoyer encore des *diatribes,* comme dirait mon pharmacien[8] ! Tu me demandes une chose, je te dis oui, je

te la repromets, et tu grondes encore ! Eh bien, puisque
tu ne me caches rien (ce dont je t'approuve), moi je
ne te cache pas que cette idée me paraît un tic chez toi.
Tu veux établir entre des affections de nature différente
une liaison dont je ne vois pas le sens, et encore moins
l'utilité. Je ne comprends pas du tout comment les
politesses que tu me fais à Paris engagent ma mère en
rien[1]. Ainsi j'ai été pendant trois ans chez Schlésinger
où elle n'a jamais mis les pieds[2]. De même que voilà
huit ans que Bouilhet vient coucher, dîner et déjeuner
tous les dimanches ici, sans que nous ayons eu *une fois*
révélation de sa mère[3], qui vient à Rouen à peu près
tous les mois. Et je t'assure bien que la mienne n'en
est nullement choquée. Enfin, il sera fait selon ton désir.
Je te promets, je te jure, que je lui exposerai tes raisons
et que je la prierai de faire que vous vous voyiez.
Quant au reste, avec la meilleure volonté du monde,
je n'y peux rien. Peut-être vous conviendrez-vous
beaucoup, peut-être vous déplairez-vous énormément.
La bonne femme est peu liante et elle a cessé de voir
non seulement toutes ses anciennes connaissances, mais
ses amies même. Je ne lui en connais plus qu'une, et
celle-là n'habite pas le pays[4].

Je viens de finir la *Correspondance* de Boileau[5]. Il était
moins étroit dans l'intimité qu'en Apollon. J'ai vu là
bien des confidences qui corrigent ses jugements. *Télémaque* est assez durement jugé[6], etc., et il avoue que
Malherbe n'était pas né poète. N'as-tu pas remarqué
combien ça a peu de volée, les correspondances des
bonshommes de cette époque-là ? On était terre à terre,
en somme. Le lyrisme, en France, est une faculté toute
nouvelle. Je crois que l'éducation des jésuites a fait un
mal inconcevable aux lettres. Ils ont enlevé de l'Art la
nature. Depuis la fin du XVIe siècle jusqu'à Hugo, tous
les livres, quelque beaux qu'ils soient, sentent la poussière du collège. Je m'en vais relire ainsi *tout mon français* et préparer de longue main mon *Histoire du sentiment
poétique en France*[7]. Il faut faire de la critique comme on
fait de l'histoire naturelle, *avec absence d'idée morale*. Il
ne s'agit pas de déclamer sur telle ou telle forme, mais
bien d'exposer en quoi elle consiste, comment elle se
rattache à une autre et *par quoi* elle vit (l'esthétique
attend son Geoffroy Saint-Hilaire, ce grand homme qui

a montré la légitimité des monstres[1]). Quand on aura, pendant quelque temps, traité l'âme humaine avec l'impartialité que l'on met dans les sciences physiques à étudier la matière, on aura fait un pas immense. C'est le seul moyen à l'humanité de se mettre un peu au-dessus d'elle-même. Elle se considérera alors franchement, purement, dans le miroir de ses œuvres. Elle sera comme Dieu, elle se jugera d'en haut. Eh bien, je crois cela faisable. C'est peut-être, comme pour les mathématiques, rien qu'une *méthode* à trouver. Elle sera applicable avant tout à l'Art et à la Religion, ces deux grandes manifestations de l'idée. Que l'on commence ainsi je suppose : la première idée de Dieu étant donnée (la plus faible possible), le premier sentiment poétique naissant (le plus mince qu'il soit), trouver d'abord sa manifestation, et on la trouvera aisément chez l'enfant, le sauvage, etc. Voilà donc un premier point. Là, vous établissez déjà des rapports. Puis, que l'on continue, et en tenant compte de tous les contingents relatifs, climat, langue, etc. Donc, de degré en degré, on peut s'élever ainsi jusqu'à l'Art de l'avenir, et à l'hypothèse du Beau, à la conception claire de sa réalité, à ce type idéal enfin où tout notre effort doit tendre. Mais ce n'est pas moi qui me chargerai de la besogne, j'ai d'autres plumes à tailler.

Adieu. Je t'embrasse sur les yeux.

À toi. Ton G.

À LOUISE COLET

[Croisset,] samedi, 11 h[eures] du soir.
[15 octobre 1853.]

Qu'as-tu donc, pauvre chère Louise ? B[ouilhet] m'a montré une lettre de toi qui me navre. Que veux-tu dire avec mon silence ? C'est du tien, au contraire, que je me plains. Écris-moi, écris-moi ! Es-tu triste ? Dis-moi de t'écrire tous les jours et quand je ne t'enverrais que les premières lignes venues, quand je n'y saurais que te dire, je t'y enverrai tant de baisers qu'elles te feront

du bien, car je te juge comme moi : pourvu que je
reçoive de ton écriture, je suis content. Allons, sèche tes
larmes. Comment peux-tu croire que j'oublie? D'où vient
cette idée saugrenue que tu te fourres dans la cervelle? Je
fais tout mon possible pour hâter mes maudits comices[1],
afin de t'aller voir plus vite. Mais je suis désespéré. Tout
mon travail de cette semaine est à refaire. Nous venons,
nous deux B[ouilhet], d'avoir une discussion *de trois
heures* à propos de cinq pages. J'ai fini par me rendre à
ses raisons! Mais quelle galère! J'en perds la tête. — Il y
a de quoi se pendre.

Allons, adieu, mille bons baisers. J'attends demain
matin une lettre de toi. Je t'écrirai dans les premiers jours
de la semaine prochaine.

À toi, à toi. Ton G.

Tu verras B[ouilhet] jeudi, à 1 h[eure]. —

À LOUISE COLET

[Croisset,] 1 heure, nuit de lundi.
[17 octobre 1853.]

J'ai fait ce matin mes adieux à Bouilhet. Le voilà
parti pour moi. Il reviendra samedi ; je le reverrai peut-
être encore deux autres fois. Mais c'est fini, les vieux
dimanches[2] sont rompus. Je vais être seul, maintenant,
seul, seul. Je suis navré d'ennui et humilié d'impuissance. Le fond de mes *comices*[3] est à refaire, c'est-à-dire
tout mon dialogue d'amour dont je ne suis qu'à la
moitié. Les idées me manquent. J'ai beau me creuser
la tête, le cœur et les sens, il n'en jaillit rien. J'ai passé
aujourd'hui toute la journée, et jusqu'à maintenant, à
me vautrer à toutes les places de mon cabinet, sans
pouvoir non seulement écrire *une* ligne, mais trouver
une pensée, un mouvement! Vide, vide complet.

Ce livre, au point où j'en suis, me torture tellement
(et si je trouvais un mot plus fort, je l'emploierais) que
j'en suis parfois malade *physiquement*. Voilà trois semaines
que j'ai souvent des souleurs à défaillir. D'autres fois,
ce sont des oppressions ou bien des envies de vomir à
table. Tout me dégoûte. Je crois qu'aujourd'hui je me

serais pendu avec délices, si l'orgueil ne m'en empêchait. Il eſt certain que je suis tenté parfois de foutre tout
là, et la *Bovary* d'abord. Quelle sacrée maudite idée j'ai
eue de prendre un sujet pareil ! Ah ! je les aurai connues,
les *affres* de l'Art !

Je me donne encore quinze jours pour en finir. Au
bout de ce temps-là, si rien de bon n'eſt venu, je lâche
le roman indéfiniment et jusqu'à ce que je ressente le
besoin d'écrire. Je t'irais bien voir tout de suite, mais
je suis tellement irrité, irritant, maussade, que ce serait
un triſte cadeau à te faire que ma visite. Sacré nom de
Dieu, comme je rage !

Je veux toujours écrire au Crocodile[1] ; mais, franchement, je n'en ai toujours ni l'énergie, ni l'esprit.

Tu vas avoir un beau jeudi, toi. Je vous envie. Quelle
bosse de *Servante* et de *Fossiles*[2] !

J'ai grand-hâte que Bouilhet soit revenu, pour qu'il
me parle de cette fameuse *Servante*. Un tel sujet en vers,
quand j'y réfléchis, me paraît une grande chose comme
difficulté vaincue. Je sais ce que c'eſt que de mettre en
ſtyle des sujets communs. Cette scène que je recommence
était froide comme glace. Je vais faire du P[aul] de
Kock[3]. On va toujours du guindé au canaille. Pour éviter
le commun on tombe dans l'emphase et, d'autre part,
la simplicité eſt si voisine de la platitude !

J'ai relu avant-hier soir *Han d'Islande*. C'eſt bien
farce ! Mais il y a un grand souffle là-dedans et c'eſt
curieux comme esquisse (d'intention de *Notre-Dame*[4]).

Adieu ; je ne sais que te dire, sinon que je t'embrasse.
Tâche de m'envoyer de l'inspiration. C'eſt une denrée
dont j'ai grand besoin pour le quart d'heure. Pensez à
moi jeudi. Ma pensée sera avec vous toute la soirée.
Quelle pluie !

Le temps n'eſt pas plus pur que le fond de mon cœur[5].

Encore adieu ; mille baisers tendres ; à toi, à toi.

Ton G.

À LOUISE COLET

[Croisset,] dimanche, 5 h[eures].
[23 octobre 1853.]

B[ouilhet] m'est revenu fort assombri. Il paraît que
vous n'avez pas été gais, là-bas. Ce qu'il m'a dit de toi
me navre, pauvre chère Louise. Qu'as-tu donc? Allons,
sacré nom de Dieu! relève-toi. Tu as fait une fort belle
chose, à ce qu'il paraît. De l'orgueil! de l'orgueil! et
toujours! Il n'y a que ça de bon. — Tu me verras avec
B[ouilhet] quand il va aller te rejoindre[1]. Que ne puis-
je y rester! Mais je sens, je suis sûr que ce serait une
insigne folie. Et quand même cette conviction ne serait
qu'une idée, comme on dit, ne suffit-il pas que j'aie cette
idée pour qu'elle m'empêche, et me trouble? Si l'on
pouvait se donner des *fois [sic]* et en vingt-quatre heures,
au milieu d'une œuvre, changer des habitudes de quinze
ans, sans que cette œuvre s'en ressente, tu me verrais
dès la fin de la semaine installé à Paris, quoi qu'il en
coûte.

B[ouilhet] est pénétré de ta *Servante.* Il en trouve le
plan très émouvant, la conduite bonne, et le vers continuellement *ferme.* Il ne te reproche qu'une chose, c'est
d'avoir fait une allusion trop claire à Musset[2]. Sans me
prononcer encore, je penche à être de son avis. Mais il
faut voir; d'ici là, je m'abstiens. Il m'a dit de très belles
choses de cette œuvre; la représentation au spectacle,
la servante servant les actrices, etc., il paraît que tout
cela est raide, et a une haute tournure. — En somme,
B[ouilhet] a une grande opinion de ta *Servante.* Qu'il me
tarde de la voir!

Le plaisir que cette nouvelle m'a causé est contrarié
par l'idée que tu souffres. Qu'a donc ta santé depuis
quelque temps? Tu te ronges, tu t'agites. Ménage tes
pauvres nerfs, soigne-toi mieux. — Ce conseil bourgeois
est plus facile à donner qu'à suivre. — Une chose cependant doit nous faire l'accepter: remarque que plus tu
as bridé en toi l'élément sensible, plus l'intellectuel a
grandi. À mesure que la passion a tenu moins de place
dans ta vie, l'art s'est développé[a]. Compare dans ton

souvenir ce que tu faisais, il y a quelques années, au milieu des orages, et ce que tu as écrit depuis deux ans[1], et tu remercieras, peut-être, le hasard, de toutes ces larmes versées qui te paraissaient si stériles.

Dans 50 ou 60 pages, j'aurai fait un pas, et l'époque de mon séjour[a] à Paris se rapprochera. — Un peu de patience, pauvre Muse, encore quelques mois. Croyez-vous donc qu'il ne m'en coûte rien, et que je vais m'amuser tout seul ? Ovide chez les Scythes[2] n'était pas plus abandonné que je vais l'être.

Comment se fait-il que j'aie fait de bonne besogne cette semaine ? B[ouilhet] a été très content de mes comices[3] (je n'ai plus qu'un point qui m'embarrasse). Il trouve maintenant que c'est ardent, que ça marche. — Franchement, je me suis roidi, et fouetté jusqu'au sang. Pour que mon héroïne soupire d'amour, j'ai presque pleuré de rage. — Enfin, encore un défilé de passé, ou à peu près !

Allons, à bientôt maintenant. Tâche d'avoir fini *La Servante*. Prends courage, et si la vie est mauvaise, si le soleil est pâle, est-ce que l'idéal n'est pas bon, et l'Art resplendissant ? C'est là, c'est là qu'il faut aller, comme dit la Mignon[4] de Goethe[b].

Mille baisers ; tout à toi.

Ton G.

À LOUISE COLET

[Croisset,] mardi soir, minuit.
[25 octobre 1853.]

Bouilhet ne m'a parlé que de toi toute la journée de dimanche, ou du moins presque toute la journée. Il n'était pas gai, ce pauvre garçon ! Eh bien, il oubliait ses chagrins pour ne penser qu'aux tiens. Dans quel diable d'état vous êtes-vous donc mis ? Voilà de jolies dispositions à vous voir souvent ! Ah ! aime-le ce pauvre Bouilhet, car il t'aime d'une façon touchante et qui m'a touché, navré ; ou plutôt c'est ce qu'il m'a dit de toi qui m'a navré. J'ai passé un dimanche rude, et hier aussi. Il faut même que je sois bien attaché à ce gredin-

là, pour ne pas lui garder rancune (au fond du cœur)
de tout ce qu'il m'a prêché. Cela m'a au contraire émerveillé. Il m'a ouvert en lui des horizons de sentiment
qu'à coup sûr je ne lui connaissais pas et qu'il n'avait
pas il y a un an. Est-ce lui qui change, ou moi ? Je crois
que c'est lui. Son concubinage avec Léonie l'a attendri-
fié[1]. Moi, je me suis recuit dans ma solitude. Ma mère
prétend que je deviens sec, hargneux et malveillant. Ça
se peut ! Il me semble pourtant que j'ai encore du jus
au cœur. L'analyse que je fais continuellement sur moi
me rend peut-être injuste à mon égard.

Et puis, on ne pardonne pas assez à mes nerfs[2]. Cela
m'a ravagé la sensibilité pour le reste de mes jours. Elle
s'émousse à tout bout de champ, s'use sur les moindres
niaiseries et, pour ne pas crever, je la roule ainsi sur
elle-même et me contracte en boule, comme le hérisson
qui montre toutes ses pointes. Je te fais souffrir, pauvre
chère Louise. Mais penses-tu que ce soit par parti pris,
par plaisir, et que je ne souffre pas de savoir que je te
fais souffrir ? Ce ne sont pas des larmes qui me viennent
à cette idée, mais des cris de rage plutôt, de rage contre
moi-même, contre mon travail, contre ma lenteur, contre
la destinée qui veut que cela soit. Destinée, c'est un
grand mot ; non, contre l'arrangement des choses. Et
si je les dérange maintenant, je sens que tout croule.
Si je savais que le chagrin te submergeât (et tu en as
beaucoup depuis quelque temps, je le devine au ton
contraint de tes lettres ; l'encre porte une odeur pour qui
a du nez. Il y a tant de pensée entre une ligne et l'autre !
et ce que l'on sent le mieux reste flottant sur le blanc du
papier), si j'apprenais enfin, ou que tu me disses que tu
n'y tiens plus de tristesse, je quitterais tout et j'irais
m'installer à Paris, comme si la *Bovary* était finie, et
sans plus penser à la *Bovary* que si elle n'existait pas.
Je la reprendrais plus tard. Car de déménager ma pensée avec ma personne, c'est une tâche au-dessus de mes
forces. Comme elle n'est jamais avec moi-même et nullement à ma disposition, que je ne fais pas du tout ce que
je veux, mais ce qu'elle veut, un pli de rideau mis de
travers, une mouche qui vole, le bruit d'une charrette, bonsoir, la voilà partie ! J'ai peu la faculté de
Napoléon Ier. Je ne travaillerais pas au bruit du canon.
Celui de mon bois qui pète suffit à me donner quelque-

fois des soubresauts d'effroi. Je sais bien que tout cela est d'un enfant gâté et d'un piètre homme, en somme. Mais enfin, quand les poires sont gâtées on ne les rend pas vertes. Ô jeunesse ! jeunesse ! que je te regrette ! Mais t'ai-je jamais connue ? Je me suis élevé tout seul, un peu par la méthode Baucher[1], par le système de l'équitation à l'écurie et de la pile en place. Cela m'a peut-être cassé les reins de bonne heure. Ce n'est pas moi qui dis tout cela, ce sont les autres.

Vous êtes heureux, vous autres, les poètes, vous avez un déversoir dans vos vers. Quand quelque chose vous gêne, vous crachez un sonnet et cela soulage le cœur. Mais nous autres, pauvres diables de prosateurs, à qui toute personnalité est interdite (et à moi surtout), songe donc à toutes les amertumes qui nous retombent sur l'âme, à toutes les *glaires* morales qui nous prennent à la gorge !

Il y a quelque chose de faux dans ma personne et dans ma vocation. Je suis né lyrique, et je n'écris pas de vers. Je voudrais combler ceux que j'aime et je les fais pleurer. Voilà un homme, ce Bouilhet ! Quelle nature complète ! Si j'étais capable d'être jaloux de quelqu'un, je le serais de lui. Avec la vie abrutissante qu'il a menée et les bouillons qu'il a bus, je serais certainement un imbécile maintenant, ou bien au bagne, ou pendu par mes propres mains. Les souffrances du dehors l'ont rendu meilleur. Cela est le fait des bois de haute futaie : ils grandissent dans le vent et poussent à travers le silex et le granit, tandis que les espaliers, avec tout leur fumier et leurs paillassons, crèvent alignés sur un mur et en plein soleil. Enfin, aime-le bien, voilà tout ce que je peux t'en dire, et ne doute jamais de lui.

Sais-tu de quoi j'ai causé hier toute la soirée avec ma mère ? De toi. Je lui ai dit beaucoup de choses qu'elle ne savait pas, ou du moins qu'elle devinait à demi. Elle t'apprécie, et je suis sûr que cet hiver elle te verra avec plaisir[2]. Cette question est donc vidée.

La *Bovary* remarche. Bouilhet a été content dimanche. Mais il était dans un tel état d'esprit, et si disposé au tendre (pas à mon endroit cependant) qu'il l'a peut-être jugée trop bien. J'attends une seconde lecture pour être convaincu que je suis dans le bon chemin. Je ne dois pas en être loin, cependant. Ces comices[3] me deman-

deront bien encore six belles semaines (un bon mois
après mon retour de Paris). Mais je n'ai plus guère que
des difficultés d'exécution. Puis il faudra récrire le tout,
car c'est un peu gâché comme style. Plusieurs passages
auront besoin d'être reécrits, et d'autres déscrits.
Ainsi, j'aurai été depuis le mois de juillet jusqu'a la fin
de novembre à écrire *une scène !* Et si elle m'amusait
encore ! Mais ce livre, quelque bien réussi qu'il puisse
être, ne me plaira jamais. Maintenant que je le comprends bien dans tout son ensemble, il me dégoûte.
Tant pis, ç'aura été une bonne école. J'aurai appris à
faire du dialogue et du portrait. J'en écrirai d'autres !
Le plaisir de la critique a bien aussi son charme et, si
un défaut que l'on découvre dans son œuvre vous fait
concevoir une beauté supérieure, cette conception seule
n'est-elle pas en soi-même une volupté, presque une
promesse ?

   Adieu, à bientôt. Mille baisers.

                                            Ton G.

À LOUISE COLET

[Croisset,] vendredi soir, minuit et demi.
                    [28 octobre 1853.]

   J'ai passé une triste semaine, non pour le travail,
mais par rapport à toi, à cause de toi, de ton idée. — Je
te dirai plus bas les réflexions personnelles qui en sont
sorties. Tu crois que je ne t'aime pas, pauvre chère
Louise, et tu te dis que tu es dans ma vie une affection
secondaire. Je n'ai, pourtant, guère d'affection humaine
au-dessus de celle-là. Et quant à des affections de femme,
je te jure bien que tu es la première, la seule, et j'affirme
plus : que je n'en ai pas eu de pareille, ni de si longue,
et de si douce, ni de si profonde surtout. — Quant à
cette question de mon installation immédiate à Paris,
il faut la remettre, ou plutôt la résoudre tout de suite.
Cela m'est *impossible maintenant* (et je ne compte pas
l'argent, que je n'ai pas et qu'il faut avoir). — Je me
connais bien, ce serait un hiver de perdu, et peut-être
tout le livre. B[ouilhet] en parle à son aise, lui qui heu-

reusement a l'habitude d'écrire partout, qui, depuis douze ans, travaille en étant continuellement dérangé ; mais moi, c'est toute une vie nouvelle à prendre. Je suis comme les jattes de lait : pour que la crème se forme, il faut les laisser immobiles. Cependant je te le répète : si tu *veux* que je vienne, maintenant, tout de suite, pendant un mois, deux mois, quatre mois, coûte que coûte, j'irai. Tant pis ! Sinon, voici mes plans, et ce que j'ai fait. D'ici à la fin de la *Bovary* je t'irai voir plus souvent. 8 jours tous les deux mois, sans manquer d'une semaine. Sauf cette fois où tu ne me reverras qu'à la fin de janvier (époque où j'espère enfin avoir fini ma baisade[1]). Ainsi nous nous verrons ensuite au mois d'avril, de juin, de septembre, et dans un an je serai bien près de la fin.

J'ai causé de tout cela avec ma mère. Ne l'accuse pas (même en ton cœur), car elle est plutôt *de ton bord.* J'ai pris avec elle mes arrangements d'argent, et elle va faire cette année ses dispositions pour mes meubles, mon linge, etc. J'ai déjà avisé un domestique que j'emmènerai à Paris. — Tu vois donc que c'est *une résolution inébranlable,* et à moins que je ne sois crevé d'ici à 300 pages environ, tu me verras *installé dans la Capitale.* Je ne déménagerai rien de mon cabinet parce que ce sera toujours là que j'écrirai le mieux, et qu'en définitive je passerai le plus de temps, à cause de ma mère, qui se fait vieille. — Mais rassure-toi. Je serai *piété* là-bas, et bien.

Sais-tu où m'a mené la mélancolie de tout cela, et quelle envie elle m'a donnée ? Celle de foutre là, à tout jamais, la littérature, de ne plus rien faire du tout, et d'aller vivre avec toi, en toi, et de reposer ma tête entre tes seins au lieu de me la masturber sans cesse, pour en faire éjaculer des phrases. Je me disais : l'art vaut-il tant de tracas, d'ennui pour moi, de larmes pour elle ? À quoi bon tant de refoulements douloureux pour aboutir en définitive au médiocre ? Car je t'avouerai que je ne suis pas gai. J'ai de tristes doutes par moments, et sur l'homme, et sur l'œuvre, sur celle-ci, comme sur les autres. J'ai relu *Novembre*[2], mercredi, par curiosité. J'étais bien le même particulier il y a onze ans qu'aujourd'hui ! (à peu de chose près du moins ; ainsi j'en excepte, d'abord, une grande admiration pour les putains, que je n'ai plus que théorique et qui jadis était pratique).

Cela m'a paru tout nouveau, tant je l'avais oublié. Mais ce n'est pas bon. Il y a des monstruosités de mauvais goût, et en somme l'ensemble n'est pas satisfaisant. Je ne vois aucun moyen de le récrire, il faudrait tout refaire. — Par-ci, par-là une bonne phrase, une belle comparaison. Mais *pas de tissu de style*. Conclusion : *Novembre* suivra le chemin de *L'Éducation sentimentale*[1], et restera avec elle dans mon carton indéfiniment. Ah ! quel nez fin j'ai eu dans ma jeunesse de ne pas le publier ! Comme j'en rougirais maintenant !

Je suis en train d'écrire une lettre monumentale au Crocodile[2]. Dépêche-toi de m'envoyer la tienne. Car voilà plusieurs jours que ma mère a écrit la sienne à Mme F[armer][3] et me persécute pour que je lui donne la mienne, afin de la faire partir.

Je relis du Montaigne. C'est singulier comme je suis plein de ce bonhomme-là ! Est-ce une coïncidence, ou bien est-ce parce que je m'en suis bourré toute une année à 18 ans, où je ne lisais *que lui*[4] ? Mais je suis ébahi, souvent, de trouver l'analyse très déliée de mes moindres sentiments ! Nous avons mêmes goûts, mêmes opinions, même manière de vivre, mêmes manies. — Il y a des gens que j'admire plus que lui, mais il n'y [en] a pas que j'évoquerais plus volontiers, et avec qui je causerais mieux.

L'amour de Mlle Chéron[5] m'émeut médiocrement. Elle est trop laide, cette chère fille ! Quand on a un nez comme le sien, on ne devrait penser qu'à avoir des rhumes de cerveau et non des amants. Et puis cette mère qui *l'engage à aimer* me paraît stupide[a]. C'est charmant, cela ! mais après ? Est-ce que Leconte peut l'épouser ? Et si enfin, excédé d'elle, il a la faiblesse de la baiser, crois-tu qu'il ne la plantera pas là, très parfaitement ? Quelle atroce existence il se préparerait le malheureux ! Mais je l'estime trop pour ne pas le préjuger insensible aux charmes de cette infortunée.

Quant au père Babinet[6] (« tu vois bien que c'est le premier besoin de l'humanité, etc. », m'écris-tu) c'est tout bonnement de la paillardise, lui. Quand il dit : il me faut une femme, il entend une *belle femme,* et si un brave garçon voulait bien lui payer une partie chez les *Puces* ou chez la mère Guérin[7], cette âme en peine retirerait immédiatement sa culotte. — Voilà, ne con-

fondons pas les genres. Les hommes de son âge et de
son époque ne sont point délicats, et s'ils recherchent
autre chose que les filles, c'est parce que les filles sont
peu complaisantes pour les vieux. Mets-toi bien cela
dans l'esprit. Les sentimentalités des vieux (Villemain[1], etc.) n'ont d'autre cause que la mine rechignée
de la putain, à leur aspect. — Tu crois qu'ils cherchent
l'amour ? Nenni, ils évitent seulement[a] une humiliation,
et tâchent de faire fuir loin d'eux la preuve évidente
de leur vieillesse ou de leur laideur.

Leconte a donné à B[ouilhet] une idée qui me plaît
(celle de publier toutes ses poésies en un seul vol[ume][2]).
Cela m'agrée par sa franchise et sa crânerie. — Il est
grand, ce garçon-là (Leconte) et je le crois aussi incapable d'une bassesse que d'une banalité.

Adieu, mille tendres baisers. Dans 5 ou 6 jours je
serai arrivé à mon point. J'attendrai ensuite B[ouilhet]
pour partir. Je crois que c'est au milieu de l'autre
semaine. *Je couve un rhume,* le nez me pique. Encore à
toi.

                                        Ton G.

À LOUISE COLET

                              [Croisset,] midi.
                              [3 novembre 1853.]

Quel galant que ce Crocodile ! Je commence à être
inquiet. Heureusement que l'Océan nous sépare ! Badinguet me rassure. Comme son hymne est piètre[3] ! La
mienne a dû lui arriver aujourd'hui.

Tu as dû recevoir une lettre de B[ouilhet][4] t'annonçant
notre arrivée pour dans huit jours. Jeudi prochain, à
cette heure-ci, je [me] mettrai en marche pour aller vers
toi. — Avec quel plaisir je te reverrai, pauvre chère
Louise !

Je refais, et rabote mes comices[5], que je laisse à leur
point. Depuis lundi je crois leur avoir donné beaucoup
de mouvement, et je ne suis peut-être pas loin de l'effet.
Mais quelles tortures ce polisson de passage m'aura fait

subir ! Je fais des sacrifices de détail qui me font pleurer.
Mais enfin il le faut ! Quand on aime trop le style, on
risque à perdre de vue le but même de ce qu'on écrit !
— Et puis les transitions, le *suivi,* quel empêtrement !

Tâche d'avoir ce que tu auras fait de *La S[ervante]*[1]
recopié nettement afin que je puisse le lire. B[ouilhet]
a eu du mal à suivre ta lecture, et c'est le lendemain, en
chemin de fer, que tout lui est revenu, s'est classé.

À propos de copie, il me semble que tu en uses lestement avec Leconte[2]. Je ne sais comment les choses se
sont passées. Mais je trouve cela cavalier envers un
homme de pareille valeur.

Tu dis, chère Louise, que mes lettres sont pour toi
une toile de Pénélope. Je t'assure aussi que les tiennes
à ce propos me causent parfois de grands étonnements.
Je te vois un jour fort contente de moi. Puis, le lendemain, c'est autre chose. Mais il me semble que je suis
toujours le même. Ces différences que tu trouves dans
mes lettres ne viennent que des dispositions différentes
dans lesquelles tu les lis. L'une te dilate le cœur, l'autre
te l'assombrit, de sorte que souvent je suis tout surpris
de ta joie ou de ta tristesse. Je ne varie pas cependant
à ton endroit et mon affection pour toi est toujours à
Fixe.

Je vais aujourd'hui à Rouen dîner avec B[ouilhet]. —
Nous avions l'habitude de dîner ainsi tous les ans, à la
foire Saint-Romain. Aujourd'hui c'est la dernière fois.
Dîner d'adieu et de ressouvenir.

J'aurais bien voulu t'écrire plus longuement ces jours
passés, mais je me hâte de donner une figure à mes
comices avant le départ de B[ouilhet], et j'ai tant à faire
encore d'ici à huit jours ! Enfin tout   une fin ! et nous
nous verrons bientôt, Dieu merci. Ce sera une bouffée
d'air et j'en ai besoin.

Adieu, mille tendres baisers.

À toi.

Ton G.

À LOUISE COLET

[Croisset,] dimanche, 10 h[eures].
[6 novembre 1853.]

Quelle gentille et bonne lettre j'ai reçue de toi, ce matin, pauvre chère Muse ! Quoique tu m'y dises de te répondre longuement, je ne le ferai pas, parce que B[ouilhet] est là. Je profite même de ce moment où il est à faire ses adieux à ma mère pour t'envoyer ce mot. C'est son dernier dimanche. J'ai le cœur tout gros de tristesses. Quelle pitoyable chose que nous ! Nous avons relu cet après-midi du *Melaenis*[1]. — Nous venons de parler de Du Camp, de Paris, de la politique, etc. — Mille douceurs et mille amertumes me reviennent ensemble.

Et là, maintenant, seul, face à face avec ta pensée, l'idée du chagrin continuel que je te cause se mêle à ces autres faiblesses. C'est comme si mon âme avait envie de vomir ses anciennes digestions.

L'idée de tes mémoires[2] écrits plus tard, dans une solitude, à nous deux, m'a attendri. — Moi aussi, j'ai eu souvent ce projet vague. Mais il faut réserver cela pour la vieillesse, quand l'imagination est tarie. Rappelons-nous toujours que l'impersonnalité est le signe de la Force. Absorbons l'objectif et qu'il circule en nous, qu'il se reproduise au-dehors, sans qu'on puisse rien comprendre à cette chimie merveilleuse. Notre cœur ne doit être bon qu'à sentir celui des autres. — Soyons des miroirs grossissants de la vérité externe.

Non, n'invite pas Delisle pour jeudi[3]. Le vendredi si tu veux. Soyons seuls le premier jour.

Quoique cela va encore t'indigner, je continuerai à descendre rue du Helder. B[ouilhet] a été assez mal à l'hôtel du Bon La Fontaine. J'ai d'ailleurs assez vécu dans ce quartier ! Et puis, au lieu de m'épargner des courses, cela m'en causerait plus. J'expédierai comme de coutume les miennes le matin ; puis je viendrai chez toi pour tout le reste du jour (sauf un ou deux peut-être où je n'y dînerai pas ?). Je t'assure enfin que cela me dérangerait beaucoup de descendre *si loin du centre* (expression provinciale).

B[ouilhet] a été content de mes comices[1], refaits, raccourcis et définitivement arrêtés. Moi, ça me paraît un peu *sanglé,* un peu trop cassé, et rude. Je n'ai plus que 5 à 7 pages pour que toute cette scène soit finie. — Quand je t'ai quittée la dernière fois, je croyais être bien avancé à notre prochaine entrevue ! Quel décompte ! J'ai écrit seulement 20 pages en 2 mois. Mais elles en représentent bien cent !

Je te promets bien qu'à l'avenir, c'est-à-dire cette année, je ne serai jamais si longtemps sans venir.

Adieu, chère amie. Tu me dis que tu tressailles d'attente. Et moi !

Mille baisers. À jeudi. Ne nous fais pas dîner avant 7 h[eures]. Je t'embrasse.

À toi. Ton G.

À LOUISE COLET

[Croisset,] mardi soir, 10 heures.
[22 novembre 1853.]

J'avais ici depuis deux jours un *énorme* paquet du Crocodile[2] que j'ai décacheté, et dont je ne t'envoie qu'une partie. L'autre consistait en un re-paquet (inclus dans le tien) à l'adresse de Mme B.[3] Pour t'épargner la peine de le transmettre et un port de lettres excessif, je l'envoie par la poste, directement. Est-ce bien ? N'y a-t-il pas indiscrétion ?

Quel mauvais adieu nous avons eu hier ! Pourquoi ? pourquoi ? Le retour sera meilleur ! Allons, courage ! espoir ! J'embrasse tes beaux yeux que j'ai tant fait pleurer.

À la fin de la semaine une longue lettre. À toi. Ton

G.

À MAURICE SCHLÉSINGER

[Croisset, 24 novembre 1853.]

Que vous êtes bon, mon cher Maurice, d'avoir pensé à moi ! Je ne vous oubliais pas de mon côté, croyez-le bien, et depuis ce soir où nous nous sommes séparés sous les arcades Rivoli[1], je n'ai pas été une seule fois à Paris sans entrer chez Brandus[2] pour savoir de vos nouvelles. Votre exil volontaire est-il définitif ? Avez-vous quitté la France pour toujours ? Vous reverrai-je, et quand ? Dites-le-moi donc ! Ne venez-vous jamais à Paris ? Contez-moi votre vie et vos projets. Rien de ce qui vous touche ne m'est indifférent, vous le savez. Tout est ici pour le plus mal dans le plus exécrable des mondes possibles, et la décrépitude universelle, qui m'entoure de loin, m'atteint au cœur. Je deviens d'un sombre qui me fait peur et d'une tristesse qui m'attriste. On ne peut malheureusement s'abstraire de son époque. Or, je trouve la mienne stupide, canaille, etc., et je m'enfonce chaque jour dans une *ourserie* qui prouve plus en faveur de ma moralité que de mon intelligence. L'année prochaine, je change de vie et je vais m'installer quatre mois à Paris pour y faire de la littérature militante. La nausée m'en vient déjà ! Tout cela est tombé si bas ! Il est temps néanmoins que je me décide : j'ai bientôt 32 ans et les cheveux me tombent.

J'ai été cet été à Trouville[3] avec ma mère. J'y ai beaucoup pensé à vous en revoyant votre maison. Que n'y étiez-vous, pour nous promener ensemble à cheval au bord de la mer, comme autrefois, et pour fumer des cigares au clair de lune ! Vous rappelez-vous cette belle soirée sur la Touques, où Panofka nous jouait des variations sur la romance du Saule ? Il y a de cela dix-sept ans, environ[4] ! Que devient Mlle Maria ? Elle doit être grande maintenant. La mariez-vous[5] ?

Quant à ma famille, à moi, rien de nouveau n'y est survenu. Je m'occupe beaucoup de l'éducation de ma petite nièce[6]. Elle commence à parler assez couramment l'anglais et à lire quelques mots d'allemand[7]. Je vous remercie bien de votre invitation. J'en profiterai peut-

être à quelque jour. Où est le temps où je n'en refusais
aucune, et qu'est devenu ce bon cabinet de *La Gazette
musicale*[1], où l'on disait de si fortes choses entre quatre
et six heures du soir ?

Quelle étrange chose que la vue des lieux ! Chaque
fois que je passe par Vernon[2], je me penche à la portière
machinalement pour vous voir sous le débarcadère !
J'ai déjà perdu tant d'affections, cher ami, je compte
tant de morts, en terre et sur terre, que je tiens au peu
qui me reste, et je me raccroche à mes souvenirs comme
d'autres à leurs espérances.

Allons, adieu, songez à moi. Écrivez-moi. Ma mère
a été bien sensible à votre souvenir. Présentez à
Mme Maurice toutes mes civilités affectueuses. Embrassez votre fils pour moi et donnez-vous une poignée de
main de ma part.

Tout à vous.

À LOUISE COLET

[Croisset,] nuit de vendredi, 1 h[eure].
[25 novembre 1853.]

Oui, tu as raison, nous n'avons point été assez seuls
à ce voyage. Nos malentendus viennent de là, peut-être,
car si nos corps se sont touchés nos cœurs n'ont guère
eu le temps de s'étreindre ; et si quelque chose pouvait
me faire désirer, encore plus, la fin de ces éternels dérangements, de ces perpétuels bonjours et adieux, ce serait
cela même ; j'entends la douleur toujours renouvelée de
nos séparations. — Ah ! pauvre Muse ! pauvre Muse,
tu me juges mal ; mais je ne veux pas me livrer à des
récriminations qui te paraîtraient odieuses — et qui le
seraient peut-être ? je n'en sais rien. J'ai toujours peur
de te blesser, et je te blesse sans cesse. Cela m'humilie
dans mes prétentions les plus délicates. — Tu t'arrêtes
à des mots en l'air, à des gestes insignifiants, à des manies
indifférentes ! Combien t'a choquée ma phrase sur mon
logement dans la même rue que Du Camp[3] ! et de quelle
médiocre importance cela est, pourtant ! — Allons, n'y
pensons-plus, embrassons-nous plus tendrement même

que mardi à 2 h[eures] du matin. Essuie tes pauvres
yeux, et garde-les non pour pleurer, mais pour voir.
Car tout est là : voir. Tout est là pour comprendre et
c'est de comprendre surtout qu'il s'agit. Si tu voyais
mieux, tu souffrirais moins et tu travaillerais plus.

Faut-il te parler d'art ? Ne vas-tu pas m'accuser en
dedans de passer vite par-dessus les choses du cœur ?
Mais c'est que tout se tient et ce qui tourmente ta vie
tourmente aussi ton style. Car tu fais entre tes conceptions et tes passions un perpétuel alliage qui affaiblit les
unes et t'empêche de jouir des autres. Oh si je pouvais
faire de toi ce que j'en rêve, quelle femme, quel être
tu serais ! Et quel être heureux ! d'abord.

La lecture de *La Servante*[1] a été pour moi tout un cours
de morale et d'esthétique. Je vais te paraître pédant sans
doute, mais j'abrégerai et je te prie, je te supplie de
bien t'examiner, toi et tes œuvres et de voir combien
l'élément extérieur t'a troublée ! — Résumons : 1° Une
comédie, où je suis. Et parce que j'y suis, parce que c'est
un *fait vrai*, l'action manque, et elle est refusée[2]. Deux
inconvénients, l'un artistique et l'autre commercial.
Sans doute il y a dedans de bons vers et presque tous
les vers même sont excellents, mais il fallait faire du
lyrique pur, et rien d'intrinsèque en soi ne ressort du
drame. 2° Rappelle-toi la comédie de d'Herbin, de
Nolin [?][3], même inconvénient, même faute : tu as
satisfait des haines. Tu as fait des portraits sur nature,
et en somme ce n'est pas bon. 3° Crois-tu que ton drame
politique[4] n'eût pas gagné à être écrit à un point de
vue moins passionnel, moins républicain. 4° *La Servante.*
Musset t'a caché tous les bourgeois et sa bonne toutes
les servantes[5]. En étant sympathique à *une* tu as perdu
de vue *toutes,* et cela devient presque une injustice à
force de charité. Détail : « la vieille impudique » part
du même procédé. — Il ne fallait pas écouter ta femme
de ménage, mais inventer un épisode.

Relis dans ton vol[ume] Charpentier toutes tes pièces
personnelles : *À ma mère, À ma fille,* etc. Ce sont les
plus médiocres. — Et si la meilleure de ton dernier
recueil[6] est *Le Deuil* c'est que l'objectif était loin. — Tu
es un poète entravé d'une femme, comme Hugo est
un poète entravé d'un orateur.

Et ne crois pas (j'en ai fait l'expérience) qu'en donnant issue dans l'art à ce qui t'oppresse dans la vie, tu t'en débarrasseras, non. Les écumes du cœur ne se répandent pas sur le papier. On n'y verse que de l'encre, et à peine sortie de notre bouche la tristesse criée[a] nous rentre à l'âme par les oreilles et plus ronflante, plus profonde. — On n'y gagne rien. Vois dans quel bon état tu étais après *La Paysanne*[1] et pendant, et compare. — On n'est bien que dans l'Absolu. Tenons-nous-y. Grimpons-y.

Dors donc en paix ; sur moi, d'abord. Persuade-toi que tu es et seras la meilleure et plus complète affection de femme que j'aie eue. Mais je suis usé par trente-six bouts et il faut quelque pitié pour mes manies, pour mon éducation, et pour mes nerfs. L'année prochaine, la *Bovary* ne fût-elle pas faite, je viendrai. Je prendrai un logement. Je resterai au moins quatre mois de suite par an, et de temps à autre, le reste de l'année, je viendrai à Paris plus souvent que je n'y suis jamais venu. D'ici là, j'irai comme je te l'ai promis tous les deux mois.

Quant à ton travail, tu ferais du Beau, du très Beau, et *tu réussiras matériellement,* si tu veux t'astreindre à tes sujets, si tu veux faire un plan, si tu offres au public des choses qu'il puisse accepter. Je ne te dis pas de te mettre à sa remorque. Mais dans notre chère France il faut déguiser sa force. Or la tienne est fanfaronne. Ta *Servante* t'eût fait poursuivre, emprisonner, et peut-être assommer par les actrices.

Quoique cette lettre ne soit pas longue je te demande pour l'amour de toi d'en méditer chaque ligne. Elle est grosse de vérités. Ne t'irrite pas. Les douceurs que j'aurais pu te dire eussent contenu[b] moins de tendresse.

———————

J'ai eu ce soir un événement ridicule. Le feu a manqué prendre à la maison. J'ai aidé à charrier des seaux d'eau dans une cheminée qui brûlait. Remuement, ahurissement des domestiques, cris des femmes, impassibilité de ma mère. — Activité physique de moi. Tâbleau !

Adieu, mille baisers.

À toi, ton

G.

À LOUISE COLET

[Croisset,] nuit de mardi, 1 h[eure].
[29 novembre 1853.]

Sais-tu que tu m'éblouis par ta facilité ? En dix jours tu vas avoir écrit six contes[1] ! Je n'y comprends rien (bons ou mauvais, je les admire). Moi, je suis comme les vieux aqueducs. Il y a tant de détritus aux bords de ma pensée qu'elle circule lentement, et ne tombe que goutte à goutte du bout de ma plume. Quand tu vas être débarrassée de cette besogne, reprends vite ta *Servante* : soigne la fin. Il faut que la folie de Mariette soit hideuse. — La *hideur* dans les sujets bourgeois doit remplacer le *tragique* qui leur est incompatible. Quant aux corrections, avant d'en faire une seule, re-médite l'ensemble. — Et tâche surtout d'améliorer, non par des coupures[a], mais par une création nouvelle. Toute correction doit être faite en ce sens. Il faut bien ruminer son objectif avant de songer à la forme, car elle n'arrive bonne, que si l'illusion du sujet nous obsède. — Serre tout ce qui est de Mariette et ne crains pas de développer (en action, bien entendu) tout ce qui est de la Servante. Si ta généralité est puissante, elle emportera, ou du moins palliera beaucoup la particularité de l'anecdote. — Pense le plus possible à toutes les servantes.

Et maintenant, causons de nous. — Tu es triste, et moi aussi. Depuis mardi matin jusqu'à jeudi soir, c'était à en crever. J'ai senti (comme ce jour dans la baie de Naples, où j'allais me noyer, et où ma peur, me faisant peur, cessa de suite[2]) que mon sentiment me submergeait. J'avais une fureur sans cause. Mais j'ai lâché dessus des robinets d'eau glacée, et me revoilà debout. — L'absence de Bouilhet[3] m'est dure. Joins-y les idées que je me fais de ta solitude, de ton chagrin, les monologues que je me tiens au coin de mon feu et où je me dis : « Elle m'accuse, elle pleure ! »... et les phrases à faire, le mot qu'on cherche !... Quelle saleté que la vie ! Quel maigre potage couvert de cheveux !

Ne nous plaignons pas. — Nous sommes des privilégiés. Nous avons dans la cervelle des éclairages au

gaz ! Et il y a tant de gens qui grelottent dans une mansarde sans chandelle !

Tu pleures quand tu es seule, pauvre amie ! Non, ne
pleure pas, évoque la compagnie des œuvres à faire,
appelle des figures éternelles. — Au-dessus de la Vie,
au-dessus du Bonheur, il y a quelque chose de bleu et
d'incandescent, un grand ciel immuable et subtil, dont
les rayonnements qui nous arrivent suffisent à animer
des mondes. La splendeur du génie n'est que le reflet
pâle de ce Verbe caché. Mais si ces manifestations nous
sont, à nous autres, impossibles, à cause de la faiblesse
de nos natures, l'Amour, l'amour, l'aspiration nous y
envoie. Elle nous pousse vers lui, nous y confond, nous
y mêle. — On peut y vivre ; des peuples entiers n'en
sont pas sortis. — Et il y a des siècles qui ont ainsi passé
dans l'humanité comme des comètes dans l'espace, tout
échevelés et sublimes.

Tu te plains de ce que nous ne sommes pas dans les
conditions ordinaires. Mais c'est là le mal, de vouloir
s'étendre sur la Vie*a*, comme faisait Élisée sur le cadavre
du petit enfant[1]. — On a beau se ratatiner, on est trop
grand, et la putréfaction ne palpite pas sous nous.
L'immense désir ne soulève même pas la patte d'une
mouche, et nos meilleures voluptés nous font pleurer
comme nos pires deuils.

Si j'étais cet égoïste dont on parle, je te tiendrais
d'autres discours. Avec quel soin, au contraire, dans
l'intérêt de ma vanité ou de mes plaisirs, ne déclamerais-
je pas sur les doux trésors de ce bas monde ! Les hommes,
en effet, veulent toujours se faire aimer ! même quand
ils n'aiment point. — Et moi, si j'ai souhaité quelquefois que tu m'aimasses moins, c'était dans les moments
où je t'aimais le plus, quand je te voyais souffrir à cause
de moi. — Dans ces moments-là, j'aurais voulu être
crevé. — Tu n'as qu'à demander à B[ouilhet] si lundi
soir, alors que tu me jugeais si irrité contre toi, demande-
lui, dis-je, si ce n'était pas plutôt contre moi-même que
toute cette irritation se tournait.

Comment se fait-il que depuis huit jours j'aie bien
travaillé ? quand il me semble que je ne pense pas du tout
à mon travail ? J'ai écrit cinq pages. J'aurai définitivement fini les comices[2] à la fin de la semaine prochaine.
Si tout continuait à marcher comme cela, j'aurais fini

cet été. Mais sans doute que je m'abuse. Pourtant il
me semble que c'est bon. — Peut-être est-ce l'envie que
j'ai d'avoir fini, et de nous rejoindre enfin d'une manière
plus continue, qui me chauffe en dessous sans que je
m'en doute.

À propos de chauffage, cette pauvre mère Roger est-
elle définitivement *embrochée*[1]*?* Bouilhet s'oublie à
Capoue ! et Mme Blanchecotte[2] aussi, bientôt ! Ah mon
Dieu. As-tu réfléchi quelquefois à toute l'importance
qu'a le Vi[3] dans l'existence parisienne ? Quel commerce
de billets, de rendez-vous, de fiacres stationnant au
coin des rues, stores baissés ! Le Phallus[4] est la pierre
d'aimant qui dirige toutes ces navigations. — Il y a de
quoi devenir chaste, par contraste. Je ne hais pas Vénus,
mais quel abus ! J'aime dans ce monde-là deux choses :
la chose d'abord, en elle-même, la chair ; puis la Passion,
violente, haute, rare, la grande corde pour les grands
jours. C'est pourquoi le cynisme me plaît tout comme
l'ascétisme. Mais j'exècre la galanterie. On peut bien
vivre sans cela, parbleu ! Cette perpétuelle confusion
de la culotte et du cœur me fait vomir. — Quand il se
rencontre des affections complexes et qui s'entrelacent
par tous les bouts de l'Être, comme la nôtre, cela sort
de l'amour, et rentre dans une physiologie supérieure,
à laquelle, contre laquelle et pour laquelle rien ne fait.
Elle est réglée comme le battement de votre sang, et
co-éternelle à vous, comme votre conscience.

Enfin cette Edma[5] *me dégoûte,* même de loin. Tu excuses
B[ouilhet] et tu plains Léonie[6] : le premier parce qu'il
est loin de sa maîtresse et l'autre parce qu'elle est trompée (c'est le mot consacré). Quant à moi je l'excuse aussi
parfaitement (et même je l'approuve, si ça l'amuse).
Mais ma raison est toute contraire à la tienne. Quand on
sort des bras de quelqu'un, on a un arrière-goût à
l'âme qui empêche de goûter les saveurs nouvelles ?
Après ça, les contrastes ! C'est aussi une loi culinaire.
Moi, je vis au bain-marie.

Adieu, je t'embrasse dans tout mon jus. Mille baisers.
À toi.

                                        Ton G.

Mon cousin[7] et sa longue épouse sont arrivés ce soir.
Ils débarquent de Paris. Ils sont « *fatigués* de la cuisine

de reſtaurant ». Ils ont été aux Français, à l'Opéra, et
à l'Opéra-Comique ! les trois théâtres voulus, les seuls
théâtres bien. Ils ont vu à l'Opéra-Comique *Le Chalet* :
« C'eſt charmant, quoique ce soit ancien. »

Ô les bourgeois ! Je voudrais avec la peau du dernier
des bourgeois, etc. ; voir Des Barreaux[1].

À LOUIS BOUILHET

[Croisset,] jeudi, 11 h[eures].
[8 décembre 1853.]

Tu as dû dîner, ce soir, avec ma mère ; et Lilinne[2]
t'aura embrassé de ma part, pauvre cher bougre ! Il me
fait plaisir que ta première visite rouennaise ait été
celle-là.

Moi, me voilà donc*a* reſté ici, seul, comme un
roquentin[3], comme un ours, comme un meschant[4] ! Je
fais un feu atroce et je n'entends que le murmure de la
flamme avec les palpitations régulières de ma pendule.
Le seul bruit humain que j'aie perçu depuis tantôt, a
été une gueulade d'hommes saouls qui ont passé tout à
l'heure, en chantant. — Il en va être ainsi pendant trois
semaines. Je suis curieux de voir la mine que je vais
avoir. J'éprouverai si l'homme, décidément, eſt un
animal sociable.

J'espère d'ici à ton arrivée avancer ferme la *Bovary*.
Si ma Baisade[5] n'eſt pas faite, elle le sera aux trois quarts.
Sais-tu combien les comices (recopiés) tiennent de
pages ? 23[6]. — Et j'y suis depuis le commencement de
septembre ! Quels piètres primesautiers nous faisons !
avouons-le !

J'ai relu, hier, toute la seconde partie[7]. Cela m'a
semblé *maigre*. Mais ça marche (?). Le pire de la chose
eſt : que les préparatifs psychologiques, pittoresques,
grotesques, etc., qui précèdent, étant fort longs, *exigent*,
je crois, un développement*b* d'action qui soit en rapport
avec eux. Il ne faut pas que le Prologue emporte le
Récit (quelque déguisé et fondu que soit le Récit),
et j'aurai fort à faire, pour établir une proportion à peu
près égale entre les Aventures et les Pensées. En

délayant tout le dramatique je peux y arriver, à peu près ? Mais il aura donc 75 mille pages, ce bougre de roman-là ! Et quand finira-t-il ?

Je ne suis pas mécontent de mon article de Homais[1] (indirect et avec citations). Il rehausse les comices, et les fait paraître plus courts, parce qu'il les résume.

Et toi, vieux, ton *Homme*[2] avance-t-il ? Envoie-moi donc quelque chose. Je ne suis pas difficile *sur la quantité*, tu le sais.

Pourquoi *crois-je* que d'ici à peu nous aurons du sieur Théo[3] des fossiles quelconques ? comme nous avons eu du latin après *Melaenis* ! Était-il bête, l'autre jour, ce brave garçon ! (Son acharnement sur *écarte*, sa théorie qu'il ne faut pas être harmonieux, etc.) Allons ! pas fort ! pas fort du tout ! Si tu savais comme je t'ai aimé *frénétiquement* ! quand, au coin de sa rue, après l'avoir quitté, tu m'as dit : « Non ! non... solide comme la colonne ! comme la colonne ! sacré nom de Dieu ! »

Oui, Hâh, il ne faut pas nous démonter ! Emmerde-moi tout ça ! Tu les fais vesser dans leurs culottes, sois-en sûr. Je remarque, en passant, que mon style est peu académique, mais « laissons cette vaine superstition de paroles aux femmes » et causons plutôt des gars Texier[4] et Du Camp. C'était charmant ! très coquet ! Et l'excuse « il était *si jeune* » est un mot, *un mot,* historique (c'est peut-être par là que Du Camp passera à la postérité ! qui sait ?). Comme basse bêtise, ineptie, maladresse, et grossièreté, il est de la famille de « je crois que tu as un ramollissement au cerveau »[5]. Voilà de ces choses qu'il faut colporter et ne point se gêner de redire, vieux.

J'ai trouvé la Muse[6] peu forte en cette circonstance. À ta place, dit-elle, elle eût fait une explosion. Oh ! non ! non ! C'eût été une sottise. Car tout homme médiocre[a] considérant le blâme comme quelque chose de désagréable, il s'ensuit que l'on doit[b] prendre pour baume toute la merde qu'on nous prodigue.

Quand on descend dans la rue[c] et que vient à souffler sur nous, la poussière des passions et des bêtises humaines, il faut courber la tête, se rouler dans son manteau et passer droit. Puis à la porte du Sanctuaire on rejette toute cette ordure avec un grand mouvement d'épaule.

———

Tu serais un fameux couillon de leur[1] donner *Les Fossiles* pour rien. Dans ce cas-là, il vaudrait mieux les donner à n'importe quel journal, *Le Pays* (?), *La Presse* (?), qui te les prendrait comme variétés. Mais pousse le père Babinet pour la *Revue des Deux Mondes*[2].

———

Sais-tu que tes lettres sont bien courtes, mon pauvre vieux ! Je ne sais pas comment tu es installé, comment tu vis. De quelle façon arranges-tu tes heures ? Tu dois te trouver avoir beaucoup de temps à toi. Que cogites-tu entre les vers ? Mes compliments à Pétrus Borel[3] et apporte-le-moi, quand tu viendras. — Quel jour viens-tu, afin que je fasse une marque sur mon calendrier. Un des jours de la semaine prochaine j'irai dîner chez Achille[4], et j'irai voir cette bonne Léonie[5].

Enfin as-tu dérouillé ton monstrueux engin ? (engin = machine de guerre, instrument de plaisir). Est-ce sur la Edma ou sur la Blanchecotte ou sur toutes les *deusses*[6]. — N'importe, vieux, tu n'as point *des beautés* dans ton harem (il est vrai qu'elles sont chacune un peu *piquantes,* cependant). Je me range à l'avis du père Babinet. La B[lanchecotte] sera une teigne. Cette femme est passionnée, prends garde ! (*cavendum est*, comme dirait Jules Janin[7]), « du tempérament, de l'imagination, beaucoup de sensibilité » (style de Sade[8]), et il serait peut-être plus sage d'avoir recours à cette vieille masturbation.

Tu te rappelles que je t'ai souvent conté mon rêve de Gênes, sur la mère Lormier[9] et la manière dont elle frottait mes *roupettes* contre *ses tétons*[a] ! Eh bien j'ai eu cette nuit le pendant, sur sa sœur : la mère L'huintre ! (toute la famille y passe, est-ce drôle !). Nous étions ensemble dans un jardin. Elle avait une espèce de marmotte[10] comme les portières de Paris, et elle me répétait avec une voix d'une lasciveté inouïe : « Veux-tu baiser, veux-tu *me* baiser... »

Autre rêve (arrivé il y a quatre ou 5 jours) : j'avais des boutons partout le corps. Ils ont poussé, poussé en long et ils sont devenus des serpents, verts. Mais ils ne me faisaient pas de mal. Puis, en les regardant de très près, ils se sont changés en cactus, et la crête des serpents[b] était en même temps une fleur rouge. Tout cela se balançait sur mon corps, comme des varechs sur un rocher.

——————

Il me semble que tu oublies $\begin{cases} \text{Duplan} \\ \text{Chéruel, rue Royer-} \\ \quad \text{Collard, 24} \\ \text{Ulric} \\ \text{Ludovica}^1. \text{— Tu aurais} \end{cases}$

tort de ne pas fréquenter cette dernière qui peut te faire tirer de plus beaux coups que la Muse[2], inter nos. Et à ce propos parlons d'elle.

Sais-tu que dans son avant-dernière lettre *elle m'in-sinuait* et même me disait[a] que tu pourrais bien d'ici à peu me lâcher là, ou du moins « un jour préférer d'autres amis » et elle chantait un grand éloge de Guérard[3] que tu aimais « de plus en plus » parce qu'il s'occupe, au moins, « du matériel de la vie » ? (pour Dieu, n'ouvre pas la bouche de tout cela !). J'étais si Hindingué que je me suis retenu *d'écrire*. J'aurais répondu trop d'injures. J'ai trouvé la ruse de rhétorique trop forte ! Peut-être, était-ce de bonne foi, qu'elle disait tout cela, la pauvre femme ? — Je l'ai seulement un peu remise à sa place, en riant, voilà tout. Mais que dis-tu de ce cul de femme venant s'épatrer[4] entre nous deux ? et de cette petite menace : « Ah ! tu vois bien, tu nous abandonnes... eh bien Bouilhet, lui aussi... ta ti ta ta... » C'est comme pour ma correspondance, je ne sais si je dois de temps en temps t'écrire une lettre montrable. Cela me semble une lâcheté qui n'est plus de notre âge ? Ces choses se pratiquent vis-à-vis des grands-parents, quand on a quatorze ans. Qu'en dis-tu ? Moi, ça me choque fort, cette curiosité ! — Il y a des coïts où la présence d'un tiers vous gêne pour jouir. Les accouplements des éléphants se font dans l'ombre. Les grandes vulves ont de la pudeur.

Elle m'attriste beaucoup, cette pauvre Muse. Je ne sais qu'en faire. Je t'assure que cela me chagrine de toutes les façons. Comment penses-tu que ça finisse ? Je la flaire très lassée de moi. — Et pour sa tranquillité intime, il est à souhaiter qu'elle me lâche là. Elle a vingt ans sous le rapport du sentiment et j'en ai soixante (tu dois faire là de bonnes études, toi). Dans sa lettre d'aujourd'hui elle me dit qu'elle est malade. Si

elle était *vraiment* malade, je compte sur toi pour me le
dire, j'accourrais. — Ma mère dans quinze jours va
repasser par Paris[1]. J'hésite à la faire aller chez la Muse.
Ce serait, je crois, une bonne action, et il faut tâcher
d'être bon, autant que possible. Mais... mais... quid ?
Ne lui parle de rien, bien entendu.

Adieu, pauvre vieux, ne t'embête pas trop. Pioche
ferme, et aime ton vieux vélocipède.

[Croisset,] vendredi, 2 h[eures] de nuit.
[9 décembre 1853.]

Sais-tu que tu finis par m'inquiéter avec tes maladies
physiques ? Qu'est-ce que veulent dire ces vomisse-
ments-là ? Voilà plusieurs mois qu'ils te sont fréquents.
Tu devrais consulter quelqu'un d'intelligent. Les
ganaches qui te soignent, tels que les sieurs Vallerand et
Appert[2], ne peuvent que te donner de mauvais conseils.
Je ne crois nullement à la médecine, mais à de certains
médecins, à des innéités spéciales, de même que je ne
crois pas aux poétiques mais aux poètes. — Et il est si
ennuyeux d'être malade. Car il faut se soigner. — Et
c'est là qu'on sent le fardeau de l'existence vous peser
sur les épaules. Écris-moi donc de suite pour me dire
comment tu vas.

Je suis très fatigué ce soir. (Voilà deux jours que je
fais *du plan,* car enfin, Dieu merci, mes comices[3] sont
faits, ou du moins ils passeront pour tels, jusqu'à
nouvelle révision.) Aussi je ne t'écrirai que brièvement.
Tu en auras plus long la première fois.

J'attendais tes contes[4]. Ne me les enverras-tu pas à
recaler ?

Je n'ai lu de d'Aubigné que le *Baron de Fœneste*[5], il y
a longtemps. Ce que j'en ai compris m'a plu. Mais c'est
difficile à entendre à cause du patois poitevin, qui y est
intercalé. J'ai lu de plus une vie de d'Aubigné par lui-
même, fort belle[6]. Je dois même avoir des notes de cela
au fond de quelque carton ; mais où ? Je suis encombré
par tant de notes, de lettres et de papiers que je ne m'y

reconnais plus. Aussi c'est après-demain, sans faute, que je me mets à remuer tout ce fumier de ma vie. Quelles ordures je vais retrouver ! (car je n'ai jusqu'à présent brûlé aucun papier). Ce sera une longue besogne ! Mais j'y apprendrai sans doute des choses dont je ne me doute plus.

Adieu, je t'embrasse. Porte-toi donc mieux. Mille baisers. À toi.

Ton G.

À LOUISE COLET

[Croisset,] nuit de mercredi, 2 h[eures].
[14 décembre 1853.]

Voilà sept jours que je vis d'une drôle de manière et charmante. C'est d'une régularité si continue qu'il m'est impossible de m'en rien rappeler, si ce n'est l'impression. Je me couche fort tard, me lève de même, le jour tombe de bonne heure, j'existe *à la lueur des flambeaux,* ou plutôt de ma lampe. — Je n'entends ni un pas, ni une voix humaine. Je ne sais ce que font les domestiques, ils me servent comme des ombres. Je dîne avec mon chien. Je fume beaucoup, me chauffe raide, et travaille fort. — C'est superbe ! Quoique ma mère ne me dérange guère, d'habitude, je sens pourtant une différence, et je peux du matin au soir, et sans qu'aucun incident, si léger qu'il soit, me dérange, suivre la même idée, et retourner la même phrase.

Pourquoi sens-je cet allégement dans la solitude[1] ? Pourquoi étais-je si gai et si bien portant (physiquement) dès que j'entrais dans le désert[2] ? Pourquoi tout enfant m'enfermais-je seul pendant des heures dans un appartement ? La civilisation n'a point usé chez moi la bosse du sauvage. — Et malgré le sang de mes ancêtres (que j'ignore complètement et qui sans doute étaient de fort honnêtes gens ?), je crois qu'il y a en moi du Tartare, et du Scythe, du Bédouin, de la Peau-Rouge. Ce qu'il y a de sûr, c'est qu'il y a du moine. J'ai toujours beaucoup admiré ces bons gaillards, qui vivaient solitairement, soit dans l'ivrognerie ou dans le mysticisme. Cela

était un joli soufflet donné à la race humaine, à la vie
sociale, à l'utile, au Bien-être commun. Mais maintenant
l'individualité est un crime ! Le XVIIIᵉ siècle a nié
l'*âme,* et le travail du XIXᵉ sera peut-être de tuer l'*homme ?*
Tant mieux de crever avant la fin ! car je crois qu'ils
réussiront. Quand je pense que presque tous les gens
de ma connaissance s'étonnent de la manière dont je
vis, laquelle, à moi, me semble être la plus naturelle et
la plus normale, cela me fait faire des réflexions tristes
sur la corruption de mon espèce ! Car c'est une corruption que de ne pas se suffire à soi-même. L'âme doit
être complète en soi. — Il n'y a pas besoin de gravir les
montagnes ou de descendre au fleuve pour chercher de
l'eau. — Dans un espace grand comme la main, enfoncez
la sonde, et frappez dessus, il jaillira des fontaines.

Le puits artésien est un symbole, et les Chinois, qui
l'ont connu de tout temps, un grand peuple.

Si tu étais dans ces principes-là, chère Muse, tu pleurerais moins, et tu ne serais pas maintenant à recorriger
La Servante[1]. Mais non, tu t'acharnes à la Vie, tu veux
faire résonner ce sot tambour qui vous crève sous le
poing, à tout moment, et dont la musique n'est belle
qu'en sourdine, quand on lâche les cordes au lieu de les
tendre. — Tu aimes l'existence, toi ; tu es une païenne
et une méridionale ; tu respectes les passions et tu
aspires au bonheur. Ah ! cela était bon quand on portait
la pourpre au dos, quand on vivait sous un ciel bleu,
et quand, dans une atmosphère sereine, les idées, jeunes
écloses, chantaient sous des formes neuves, comme sous
un feuillage d'avril des moineaux joyeux. Mais moi je la
déteste, la Vie. Je suis un catholique. J'ai au cœur
quelque chose du suintement vert des cathédrales
normandes. Mes tendresses d'esprit sont pour les
inactifs, pour les ascètes, pour les rêveurs. — Je suis
embêté de m'habiller, de me déshabiller, de manger, etc.
Si je n'avais peur du hachisch, je m'en bourrerais au lieu
de pain, et si j'ai encore trente ans à vivre, je les passerais
ainsi, couché sur le dos, inerte, et à l'état de bûche.

J'avais cru que tu me tiendrais compagnie dans mon
âme, et qu'il y aurait autour de nous deux un grand
cercle qui nous séparerait des autres. Mais non, il te
faut, à toi, les choses normales et voulues. Je ne suis pas
« comme un amant doit être ». En effet, peu de gens me

trouvent « comme un jeune homme doit être »[1]. Il te
faut des preuves, des faits. Tu m'aimes énormément,
beaucoup, plus qu'on ne m'a jamais aimé, et qu'on ne
m'aimera. Mais tu m'aimes comme une autre m'aimerait,
avec la même préoccupation des plans secondaires et les
mêmes misères incessantes. Tu t'irrites pour un logement, pour un départ ! pour une connaissance que je
vais voir, et si tu crois que ça me fâche ? non, non !
Mais cela me chagrine et me désole *pour toi,* comprends-
le donc ! Tu me fais l'effet d'un enfant qui prend toujours
les couteaux de sa poupée pour se hacher les doigts, et qui
se plaint des couteaux. L'enfant a raison, car ses pauvres
doigts saignent. Mais est-ce la faute des couteaux ?
Ne faut-il plus qu'il y ait de fer au monde ? Il faut alors
prendre des soldats de plomb. Cela est facile à tordre.

Ah ! Louise, Louise, chère et vieille amie, car voilà huit
ans bientôt que nous nous connaissons[2], tu m'accuses !
Mais t'ai-je jamais menti ? Où sont les serments que j'ai
violés, et les phrases que j'ai dites que je redise point ?
Qu'y a-t-il de changé en moi, si ce n'est toi ? Ne sais-tu
pas que je ne suis plus un adolescent, et que je l'ai
toujours regretté pour toi. — Et pour moi. Comment
veux-tu qu'un homme abruti d'art comme je le suis,
continuellement affamé d'un idéal qu'il n'atteint jamais,
dont la sensibilité est plus aiguisée qu'une lame de rasoir,
et qui passe sa vie à battre le briquet dessus pour en faire
jaillir des étincelles (exercice qui fait des brèches à
ladite lame), etc., etc., comment veux-tu que celui-là
aime avec un cœur de vingt ans, et qu'il ait cette *ingé-
niosité* des passions qu'on est la fleur ?

Tu me parles « de tes derniers beaux jours ». Il y a
longtemps que les miens sont partis. — Et je ne les
regrette pas. Tout cela était fini à 18 ans[3]. Mais des gens
comme nous devraient prendre un autre langage pour
parler d'eux-mêmes. Nous ne devons avoir ni beaux ni
vilains jours. — Héraclite s'est crevé les yeux pour
mieux voir ce soleil dont je parle[4].

Allons, adieu. Écoute Bouilhet. C'est un maître
homme et qui non seulement sait faire des vers, mais
a *du jugement,* comme disent les bourgeois, chose qui
manque généralement aux bourgeois. — Et aussi aux
poètes.

Adieu, encore mille baisers au cœur ; à toi, ton.

À LOUISE COLET

[Croisset,] dimanche soir, 1 h[eure].
[18 décembre 1853.]

J'ai mille excuses à te faire, pauvre chère Muse. — (Commençons par nous embrasser.) Quand je dis[a] excuses, ce sont plutôt des explications.

Je ne *méprise* nullement *La Servante*[1]. Qui t'a fourré ça dans la tête ? Au contraire ! au contraire ! Si j'avais jugé la chose mauvaise, je te l'eusse déclaré, comme j'ai fait pour ta *Princesse,* pour ta comédie de *L'Institutrice*[2]. — Mais non ! Tu ne comprends jamais les demi-teintes. Je pense comme toi que tu n'as peut-être jamais écrit *de plus beaux vers* et en plus grande quantité dans la même œuvre ; mais — et ici commencent les réticences.

D'abord, je ne te sais nul gré de faire de beaux vers. Tu les ponds comme une poule les œufs, sans en avoir conscience (c'est dans ta nature, c'est le bon Dieu qui t'a faite comme ça). Rappelle-toi encore une fois que les perles ne font pas le collier, c'est *le fil*[3], et c'est parce que j'avais admiré dans *La Paysanne*[4] un fil transcendant, que j'ai été choqué de ne plus l'apercevoir si *net* dans *La Servante.* Tu avais été, dans *La Paysanne,* shakespearienne, impersonnelle. — Ici, tu t'es un peu ressentie de l'homme que tu voulais peindre[5]. Le lyrisme, la fantaisie, l'individualité, le parti pris, les passions de l'auteur s'entortillent trop autour de ton sujet. *Cela est plus jeune,* et s'il y a une supériorité de forme incontestable, des morceaux superbes, l'ensemble ne vaudra jamais l'autre (?) parce que *La Paysanne* a été *imaginée,* que c'est un sujet de *toi,* et en imaginant on reproduit la généralité, tandis qu'en s'attachant à un fait *vrai,* il ne sort[b] de votre œuvre que quelque chose de contingent, de relatif, de restreint. Tu m'objectes n'avoir pas voulu faire de *didactique.* Qui te parle de didactique ? Si ! il fallait faire *La Servante* ! Maintenant, il est trop tard, et au reste peu importe. Une fois le titre mis de côté, ce sera une fort belle œuvre et émouvante. — Mais élague tout ce qui n'est pas *nécessaire à l'idée même de ton sujet.* Ainsi, pourquoi ta grande artiste, à la fin, qui vient parler à Mariette ? À

quoi bon ce personnage complètement inutile dans le
drame, et fort incolore par lui-même ? Soigne les dialogues et évite surtout de dire vulgairement des choses
vulgaires. — Il faut *que tous les vers soient des vers.*

La continuité constitue le style, comme la Constance
fait la Vertu. — Pour remonter les courants, pour être
bon nageur, il faut que, de l'occiput jusqu'au talon, le
corps soit couché sur la même ligne. — On se ramasse
comme un crapaud et l'on se déploie sur toute sa
surface, en mesure, de tous les membres, tête basse et
serrant les dents. L'idée doit faire de même à travers les
mots. — Et ne point clapoter, en tapant de droite et de
gauche, ce qui n'avance à rien, et fatigue.

Mais comment pouvais-tu me juger assez borné pour
méconnaître la valeur de *La Servante ?*

———

Dis-moi donc et n'oublie pas : si je n'ai point commis
une grande sottise[a] en décachetant le dernier paquet du
Crocodile et en envoyant directement la lettre à Mme B.[1]
C'était pour t'épargner un port de lettres considérable,
voilà tout. — Lui réponds-tu, au Crocodile ? Encore un
mot sur les lettres. Nous causerons de nous, ensuite.

C'est à propos de ta comédie que l'on va insérer dans
Le Pays. Tu t'étonnes de la pudibonderie de Cohen[2].
Eh bien ! il est dans l'opinion générale. Sois sûre que ce
qu'il dit, d'autres le pensent et ne le disent pas. Voilà où
nous en sommes. Tu as vu le scandale de Sainte-Beuve
qui trouvait que tu manquais de *délicatesse*[3] !

Ce sont de ces choses dont il faut profiter, ou plutôt
qu'il faut *exploiter* au profit même de son œuvre ; soyons
donc contenus, chastes, sans rien nous interdire *comme
intention.* Mais surveillons-nous sur les mots. Toi, tu te
lâches un peu trop en ces matières et tu y mets une
candeur qui peut passer pour impudeur (je parle en
général, témoin : « C'est le dernier amour, etc. ! »).
Dans ce conte de *La Servante* il n'est question que
d'impureté, de débauche ! de courtisane ! Interdis-toi à
l'avenir tout cela. Ton œuvre y gagnera, d'abord. —
Et ensuite tu auras plus de lecteurs, et moins de critiques.

Ces sujets-là te troublent. Je voudrais qu'il te fût
interdit d'en parler, et j'attends pour t'admirer sans
réserve que tu nous aies écrit un conte, où il ne soit pas

question d'amour. — Une œuvre in-sexuelle, *in-passion-nelle*. Médite bien ta *Religieuse*[1], et surtout point d'amour et point de déclamation contre les prêtres ni la religion. Il faut que ton héroïne soit *médiocre*. Ce que je reproche à Mariette[2], c'est que c'est une femme supérieure.

Quant à publier, je ne suis pas de ton avis. Cela sert. Que savons-nous s'il n'y a pas à cette heure, dans quelque coin des Pyrénées ou de la Basse-Bretagne, un pauvre être qui nous comprenne ? On publie pour les amis inconnus. L'imprimerie n'a que cela de beau. C'est un déversoir plus large, un instrument de sympathie qui va frapper à distance. Quant à publier maintenant, je n'en sais rien. Lancer à la fois *La Servante* et *La Religieuse* serait peut-être plus imposant, comme masse et contraste.

Non ! je n'ai pas pour tout un *détachement sépulcral*, car rien que d'apprendre tes petites réussites de librairie m'a fait plaisir. Je suis bien peu détaché de toi, va ! pauvre Muse ! moi qui voudrais te voir riche, heureuse, reconnue, fêtée, enviée ! Mais je veux par-dessus tout te voir Grande.

Ce qui [te] fait te méprendre, c'est que j'en veux à ceci : l'*aspiration au bonheur par les faits,* par l'action. Je hais cette recherche de la Béatitude terrestre ; elle me semble une manie médiocre et dangereuse. Vivent l'amour, l'argent, le Vin, la Famille, la Joie et le Sentiment ! Prenons de tout cela le plus que nous pourrons, mais n'y croyons point. Soyons persuadés que le Bonheur est un mythe inventé par le Diable pour nous désespérer. Ce sont les peuples persuadés d'un Paradis[a] qui ont des imaginations tristes. Dans l'antiquité, où l'on n'espérait (et encore !) que des Champs-Élysées fort plats, la Vie était aimable. Je ne te blâme que de cela, toi, pauvre chère Muse, de demander des oranges aux pommiers.

Oranger ou pommier, j'étends mes rameaux vers toi et je me couche sur tout ton être.

À toi, mille baisers partout.

Ton G.

Je t'eusse écrit plus longuement sans la résolution que j'ai de me coucher un peu de meilleure heure. Voilà plusieurs nuits que je n'entre au lit qu'à 4 h[eures] du matin. C'est stupide.

À LOUISE COLET

[Croisset,] nuit de vendredi, 2 h[eures].
[23 décembre 1853.]

Il faut t'aimer pour t'écrire ce soir, car je suis *épuisé*. J'ai un casque de fer sur le crâne. Depuis 2 h[eures] de l'après-midi (sauf 25 minutes à peu près pour dîner), j'écris de la *Bovary*. Je suis à leur Baisade[1], en plein, au milieu. On sue et on a la gorge serrée. Voilà une des rares journées de ma vie que j'ai passée dans l'Illusion, complètement, et depuis un bout jusqu'à l'autre. Tantôt, à six heures, au moment où j'écrivais le mot *attaque de nerfs*[2], j'étais si emporté, je gueulais si fort, et sentais si profondément ce que ma petite femme éprouvait, que j'ai eu peur moi-même d'en avoir une. Je me suis levé de ma table et j'ai ouvert la fenêtre pour me calmer. La tête me tournait. J'ai à présent de grandes douleurs dans les genoux, dans le dos et à la tête. Je suis comme un homme qui a trop foutu[3] (pardon de l'expression), c'est-à-dire en une sorte de lassitude pleine d'enivrement. — Et puisque je suis *dans l'amour,* il est bien juste que je ne m'endorme pas sans t'envoyer une caresse, un baiser, et toutes les pensées qui me restent.

Cela sera-t-il bon ? Je n'en sais rien (je me hâte un peu pour montrer à B[ouilhet] un ensemble quand il va venir). Ce qu'il y a de sûr, c'est que ça marche vivement depuis une huitaine. Que cela continue ! car je suis fatigué de mes lenteurs ! Mais je redoute le réveil, les désillusions des pages recopiées ! N'importe, bien ou mal, c'est une délicieuse chose que d'écrire ! que de ne plus être *soi,* mais de circuler dans toute la création dont on parle. Aujourd'hui par exemple, homme et femme tout ensemble, amant et maîtresse à la fois, je me suis promené à cheval dans une forêt, par un après-midi d'automne, sous des feuilles jaunes, et j'étais les chevaux, les feuilles, le vent, les paroles qu'ils se disaient et le soleil rouge qui faisait s'entre-fermer leurs paupières noyées d'amour[1].

Est-ce orgueil ? ou piété ? est-ce le débordement niais d'une satisfaction de soi-même exagérée, ou bien un vague et noble instinct de Religion, mais quand je rumine, après les avoir subies, ces jouissances-là, je serais tenté de faire une prière de remerciement au Bon Dieu, si je savais qu'il pût m'entendre. — Qu'il soit donc béni pour ne pas m'avoir fait naître marchand de coton, vaudevilliste, homme d'esprit, etc. ! Chantons Apollon comme aux premiers jours ! aspirons à pleins poumons le grand air froid du Parnasse, frappons sur nos guitares et nos cymbales, et tournons comme des derviches dans l'éternel brouhaha des Formes et des Idées :

Qu'importe à mon orgueil qu'un vain peuple m'encense...

Ceci doit être un vers de M. de Voltaire, quelque part, je ne sais où[2]. Mais voilà ce qu'il faut se dire. J'attends *La Servante*[3] avec impatience. — Ah oui ! va, pauvre Muse, tu as bien raison : « Si j'étais riche, tous ces gens-là baiseraient mes souliers[4]. » Pas même tes souliers, mais la trace, l'ombre ! Tel est le courant des choses. Pour faire de la littérature étant femme, il faut avoir été passée dans l'eau du Styx. — Quant aux offres de Du C[amp] relativement à Mme Biard[5], il y a entre les hommes une sorte de pacte fraternel et tacite qui les oblige à être maquereaux les uns des autres. Pour ma part je n'y ai jamais manqué. On reconnaît à cela la bonne éducation, le gentleman. — Mais si j'étais directeur d'une Revue, je serais peu gentleman. Au reste les articles de la mère B[iard] ne sont pas pires que d'autres. Tout se vaut au-dessous d'un certain niveau comme au-dessus. Quant à toi, si tu leur[6] envoyais quelque chose, je suis sûr qu'ils l'accepteraient, à moins que ce ne soit un parti pris de t'écarter complètement, ce qui se peut ? Il faudrait pour cela renouer avec le D[u Camp]. — Et c'est un homme *à ne pas voir,* je crois. Cette locution que j'emploie ouvre la porte à *toutes* les hypothèses. Ce malheureux garçon est un de ces sujets auxquels je ne veux pas penser. Je l'aime encore au fond, mais il m'a tellement irrité, repoussé, nié, et fait de si odieuses

crasses que c'est pour moi « comme s'il était déjà mort »,
ainsi que dit le duc Alphonse à Mme Lucrezia[1].

———

Je ne sais aucun détail lubrique touchant la Sylphide
qui, à ce qu'il paraît, a été fortement *touchée* (et branlée
peut-être ?)[2]. B[ouilhet] ne m'a écrit dans ces derniers
temps que des lettres fort courtes. J'avais toujours jugé
ladite une gaillarde chaude, et je ne me suis pas trompé.
Mais elle a l'air de mener ça bien, rondement, cava-
lièrement. Tant mieux ! Cette femme est rouée. Elle
connaît le monde, elle pourra ouvrir à B[ouilhet] *des*
horizons nouveaux. Piètres horizons ! il est vrai, mais enfin
ne faut-il pas connaître tous les appartements du cœur
et du corps social, depuis la cave jusqu'au grenier. —
Et même ne pas oublier les latrines, et surtout ne pas
oublier les latrines ! Il s'y élabore une chimie merveilleuse, il s'y fait des décompositions fécondantes. —
Qui sait à quels sucs d'excréments nous devons le
parfum des roses et la saveur des melons ? A-t-on compté
tout ce qu'il faut de bassesses contemplées pour constituer une grandeur d'âme ? tout ce qu'il faut avoir avalé
de miasmes écœurants, subi de chagrins, enduré de
supplices, pour écrire une bonne page ? Nous sommes
cela, nous autres, des vidangeurs et des jardiniers. Nous
tirons des putréfactions de l'humanité des délectations
pour elle-même. Nous faisons pousser[a] des bannettes[3]
de fleurs sur ses misères étalées. Le Fait se distille dans la
Forme et monte en haut, comme un pur encens de
l'Esprit vers l'Éternel, l'immuable, l'absolu, l'idéal.
J'ai bien vu le père Roger[4] passer dans la rue avec sa
redingote et son chien. Pauvre bonhomme, comme il
se doute peu ! As-tu songé quelquefois à cette quantité
de femmes qui ont des amants, à ces quantités d'hommes
qui ont des maîtresses, à tous ces ménages sous les
autres ménages ? Que de mensonges cela suppose, que
de manœuvres et de trahisons et de larmes et d'angoisses !
— C'est de tout cela que ressort le grotesque ; et le
tragique aussi ! L'un et l'autre ne sont que le même
masque qui recouvre le même néant, et la Fantaisie rit
au milieu, comme une rangée de dents blanches, au-
dessus du bavolet noir. —
Adieu, chère bonne Muse ; de t'écrire m'a [fait] passer

mon mal au front. Je le mets sous tes lèvres et vais me coucher.

Encore adieu, et mille caresses. À toi.

Ton G.

À LOUIS BOUILHET

[Croisset,] dimanche, 3 h[eures] de l'après-midi.
[25 décembre 1853.]

Je ne sais si tes deux collaborateurs s'en sont doutés ni si toi-même en as conscience, mais tu as fait, sur Mlle Chéron, quatre vers[1] sublimes ! *de génie !* J'en ai été ébloui. Ce billet n'a d'autre but que de t'en faire part. — Cela est d'une fantaisie transcendante. Cet amour dans une poitrine maigre comme un oiseau dans une cage ! Superbe ! *superbe !*

Quant à tout le reste de ta bonne, longue et triste lettre, tu es un *couilllon* avec toutes sortes d'ailes mouillées. Mais j'espère la semaine prochaine refoutre un bâton dans le cul de ton énergie pour la faire se tenir belle et droite comme une poupée de Nuremberg.

———

Sais-tu qu'on vient de découvrir à Madagascar un oiseau gigantesque qu'on appelle l'*Épiornis* ? — Tu verras que ce sera Dinornis et qu'il aura les ailes rouges[2].

———

Fais-moi le plaisir aussitôt ton arrivée à Rouen de me faire parvenir un mot qui me dise le jour où je te verrai positivement. — Car, de mardi soir à vendredi, j'en serai tellement troublé et impatient que *je n'en vivrai pas.* Tu connais mes manies.

Ma Bovary est sur le point immédiat d'être baisée et je cherche le mouvement[a] dont j'ai la fin.

Je vais ce soir dîner chez Achille, dîner de sheik, le père Lormier, son épouse, Lormier fils et son épouse, champagne ! anniversaire *de* la naissance *de* la maîtresse *de* la maison[3] ! Fête de famille ! tableau.

Revenu ce soir à 10 heures, et un peu excité par les fumées du vin, j'espère trouver mon coït[4].

Adieu, pauvre vieux chéri, à bientôt. Je t'embrasse.

À toi.

À LOUIS BOUILHET

[Croisset, 26 décembre 1853.]

Journée pleine ! et que je m'en vais te narrer. J'ai vu Léonie[1], j'ai vu des sauvages[2], j'ai vu Dubuget[3], Védie[4], etc. Commençons par le plus beau, les sauvages.

Ce sont les Cafres dont, moyennant la somme de cinq sols, on se procure l'exhibition, Grande-Rue, 11. Eux et leur cornac m'ont l'air de mourir de faim, et la haute société rouennaise n'y abonde pas. Il n'y avait comme spectateurs que sept à huit blouses, dans un méchant appartement enfumé où j'ai attendu quelque temps. Après quoi une espèce de bête fauve, portant une peau de tigre sur le dos et poussant des cris inarticulés, a paru, puis d'autres. Ils sont montés sur leur estrade et se sont accroupis comme des singes autour d'un pot de braise. Hideux, splendides, couverts d'amulettes, de tatouages, maigres comme des squelettes, couleur de vieilles pipes culottées, face aplatie, dents blanches, œil démesuré, regards éperdus de tristesse, d'étonnement, d'abrutissement, ils étaient quatre et ils grouillaient autour de ces charbons allumés, comme une nichée de lapins. Le crépuscule et la neige qui blanchissait les toits d'en face les couvraient d'un ton pâle. Il me semblait voir les premiers hommes de la terre. Cela venait de naître et rampait encore avec les crapauds et les crocodiles. J'ai vu un paysage de je ne sais où. Le ciel est bas, les nuages couleur d'ardoise. Une fumée d'herbes sèches sort d'une cabane en bambous jaunes, et un instrument de musique, qui n'a qu'une corde, répète toujours la même note grêle, pour endormir et charmer la mélancolie bégayante d'un peuple idiot. Parmi eux est une vieille femme de 50 ans qui m'a fait des avances *lubriques ;* elle voulait m'embrasser. La société était ébouriffée. Durant un quart d'heure que je suis resté là, ce n'a été qu'une longue déclaration

d'amour de la sauvagesse à mon endroit. Malheureusement le cornac ne les entend guère et il n'a pu me rien
traduire. Quoiqu'ils prétendent qu'ils sachent un peu
l'anglais, ils n'en comprennent pas un mot, car je leur
ai adressé quelques questions qui sont restées sans
réponse. J'ai pu dire comme Montaigne : « Mais je fus
bien empesché par la bêtise de mon interprète », lorsqu'il voyait, lui aussi, et à Rouen, des Brésiliens, lors
du sacre de Charles IX[1].

Qu'ai-je donc en moi pour me faire chérir à première
vue par tout ce qui est crétin, fou, idiot, sauvage ?
Ces pauvres natures-là comprennent-elles que je suis
de leur monde ? Devinent-elles que je suis de leur
monde ? Devinent-elles une sympathie ? Sentent-elles,
d'elles à moi, un lien quelconque ? Mais cela est *infaillible*.
Les crétins du Valais, les fous du Caire, les santons de la
haute Égypte m'ont persécuté de leurs protestations !
Pourquoi ? Cela me charme à la fois et m'effraie. Aujour-
d'hui, tout le temps de cette visite, le cœur me battait
à me casser les côtes. J'y retournerai. Je veux épuiser
cela.

J'ai une envie démesurée d'inviter les sauvages à
déjeuner à Croisset. Si tu étais là, ce serait une très belle
charge à faire. Une seule chose me retient et me retiendra,
c'est la peur de paraître vouloir poser. Que de concessions ne fait-on pas à la crainte de l'originalité apparente !

Comme contraste, en sortant, j'ai rencontré Védie.
Voilà les deux bouts de l'humanité ! Cela a complété
mon plaisir. J'ai fait des rapprochements. Il m'a salué,
en passant, d'un air dégagé.

Puis je trouvai Léonie grelottant de froid et charmante, excellente et bonne femme. Elle s'embête,
m'a-t-elle dit, énormément. Elle n'a pas mis le pied
dehors depuis trois semaines. J'y suis resté deux heures.
Nous avons beaucoup devisé de l'existence. C'est une
créature d'un rare bon sens et qui la connaît, l'existence.
Elle me paraît avoir peu d'illusions ; tant mieux. Les
illusions tombent, mais les âmes-cyprès sont toujours
vertes. Ensuite visite à la bibliothèque, neige épouvantable, perdition des bottes, coupe de cheveux chez
Dubuget. Il porte maintenant des cols rabattus comme
un barde de salon. Il m'a demandé si « j'éprouvais
beaucoup d'intempéries au bord de l'eau », voulant

apparemment savoir s'il faisait très froid à la campagne. Quant à la calvitie, pas un mot, point le moindre trait. Je suis sorti soulagé d'un poids de 75 kilogrammes.

Au bas de la rue Grand-Pont, j'ai songé qu'il fallait me réchauffer par quelque chose de violent et, pensant fort à toi, et je dirai presque à ton intention, je suis entré chez Thillard où j'ai pris un « cahoé »[1] avec un *horrifique* verre de fil en quatre, ce qui ne m'a pas empêché de parfaitement dîner chez Achille[2]. Joli ordinaire chez ce garçon-là ! joli ! joli ! Pourquoi s'informe-t-il de toi avec un intérêt tel que j'en suis attendri ?

Je suis revenu à dix heures, couvert de mon tarbouch, enfoncé dans ma pelisse, toutes glaces ouvertes et fumant. La plaine de Bapeaume était comme une steppe de Russie. La rivière toute noire, les arbres noirs. La lune était sur la neige des moires de satin. Les maisons avaient un air d'ours blanc qui dort. Quel calme ! Comme ça se fiche de nous, la nature ! J'ai pensé à des courses en traîneau, aux rennes soufflant dans le brouillard et aux bandes de loups qui jappent derrière vous en courant. Leurs prunelles brillent à droite et à gauche comme des charbons, de place en place, au bord de la route.

Et ces pauvres Cafres, maintenant, à quoi rêvent-ils ?

Dans le numéro de la *Revue de Paris* du 15, à la chronique littéraire, diatribe contre « l'Art pour l'art ». « Le temps en est passé »[3], etc. « On a compris », etc. Je te recommande, du sieur Castille, de jolis dialogues dans la dernière nouvelle : « Aspiration au pouvoir[4]. » Quel langage ! quels mots !

Comment va cette pauvre Muse[5] ? Qu'en fais-tu ? Que dit-elle ? Elle m'écrit moins souvent. Je crois qu'au fond elle est lasse de moi. À qui la faute ? À la destinée. Car moi, dans tout cela, je me sens la conscience parfaitement en repos et trouve que je n'ai rien à me reprocher. Toute autre à sa place serait lasse aussi. Je n'ai rien d'*aimable* et je le dis là au sens profond du mot. Elle est bien la seule qui m'ait aimé. Est-ce là une malédiction que le ciel lui a envoyée ? Si elle l'osait, elle affirmerait que je ne l'aime pas. Elle se trompe pourtant.

À LOUISE COLET

[Croisset,] mercredi, 11 h[eures] du soir.
[28 décembre 1853.]

Sais-tu ce que je viens de faire, depuis 2 h[eures] de
l'après-midi, sans désemparer ? De classer, de ranger
toute ma correspondance depuis quinze ans. J'en avais
plein trois énormes boîtes et quatre cartons ! Je n'ai lu
que les écritures qui m'étaient inconnues. Que de gens
morts ! Combien il y en a aussi, d'oubliés ! J'ai fait là
des découvertes très tristes, et d'autres très farces. Les
yeux me piquent à force d'avoir feuilleté et j'ai les reins
fatigués d'être resté si longtemps courbé. Mais voilà un
bon débarras de moins ! Je pourrai maintenant commencer l'épuration avec méthode. J'ai brûlé beaucoup
de lettres de Mme Didier et de la Sylphide[1] à ton adresse.
Je n'ai point retrouvé celle de Gagne[2]. Où est-elle ?
Il est vrai que je ne l'ai pas cherchée. — Les tiennes, cher
amour, emplissent tout un carton. Elles sont à part avec
les petits objets qui viennent de toi. J'ai revu la branche
verte qui était sur ton chapeau, à notre premier voyage
de Mantes, les pantoufles du premier soir, et un mouchoir à moi plein de ton sang[3]. — J'ai bien envie de
t'embrasser ce soir, je mets mes lèvres sur les tiennes,
et je t'étreins du plus profond de moi-même, et partout.
À la fin du mois prochain nous nous reverrons[4] ! Voici
une année qui vient. À l'autre jour de l'an, si je ne suis
pas encore à Paris, j'y aurai du moins mon logement,
car je vois qu'il faudra s'y prendre de bonne heure à
cause de l'Exposition. Du reste, la *Bovary* avance. La
baisade est faite[5]. — Et je la laisse, parce que je commence
à faire des bêtises. Il faut savoir s'arrêter dans les corrections, d'autant qu'on ne voit pas bien les proportions
d'un passage quand on est resté dessus trop longtemps. —
J'attends B[ouilhet] avec anxiété pour lui lire ce qu'il
ne connaît pas. — Sa dernière lettre était des plus tristes.
Ce que j'avais prévu arrive, Paris *l'assombrit*. Mais je
m'en vais tâcher de lui *remonter le moral,* comme dirait
mon pharmacien[6]. À l'heure qu'il est, il doit être arrivé
à Rouen et se livrer avec Léonie à des coïts[7] violents et

réitérés, à moins que la Sylphide ne lui ait pris tout son suc.

Rien n'est plus vrai que tout ce que tu dis dans ta dernière lettre sur les femmes qui viennent chez toi. Sois sûre qu'elles sont toutes jalouses de ta personne et qu'au fond la Sylphide t'exècre. Cela est dans l'ordre. Elle fera tout son possible pour te brouiller avec B[ouilhet]. Les femmes ne veulent le partage de rien, et qui n'est pas *à* elles, complètement, est *contre* elles. Tu as tout ce qu'il faut pour te faire détester de ce sexe : beauté, esprit, franchise, etc. Pourquoi donc prends-tu toujours sa défense ? Il faut être du côté des forts.

Sois sans inquiétude, pauvre amie. Ma santé est meilleure que jamais. Rien de ce qui vient de moi ne me fait de mal. C'est l'élément externe qui me blesse, m'agite, et m'use. Je pourrais travailler dix ans de suite, dans la plus austère solitude, sans avoir un mal de tête ; tandis qu'une porte qui grince, la mine d'un bourgeois, une proposition saugrenue, etc., me font battre le cœur, me *révolutionnent*. Je suis comme ces lacs des Alpes qui s'agitent aux brises des vallées (à ce qui souffle d'en bas à ras du sol) ; mais les grands vents des sommets passent par-dessus sans rider leur surface, et ne servent au contraire qu'à chasser la brume. — Et puis, ce qui plaît fait-il jamais de mal ? La vocation suivie patiemment et naïvement devient une fonction presque physique[a], une manière d'exister qui embrasse tout l'individu. Les dangers de l'excès sont impossibles pour les natures exagérées.

———

J'ai reçu avec infiniment de plaisir la nouvelle de la chute de MM. Augier et Sandeau[1]. Que ces deux canailles-là aient un raplatissement congru, tant mieux, charmant ! Je suis toujours charmé de voir les gens d'argent enfoncés. Ah ! gens d'esprit[b], qui vous moquez de l'art par amour des petits sous, gagnez-en donc, de l'argent ! Quand je songe que quantité de gens de lettres maintenant jouent à la Bourse ! Si cela n'est pas à faire vomir ! Quoique la Seine à cette heure soit froide, j'y prendrais de suite un bain pour avoir le plaisir de les voir crever de faim dans le ruisseau, tous ces misérables-là ! Rien ne m'indigne plus dans la vie réelle que *la con-*

fusion des genres. Comme tous ces poètes-là eussent été de bons épiciers, il y a cent ans ! quand il était impossible de gagner de l'argent avec sa plume, quand ce n'était pas un métier (la colère qui m'étouffe m'empêche de pouvoir écrire — littéral). La mine de Badinguet[1], indigné de la pièce, ou plutôt de l'accueil fait à la pièce ! Hénaurme ! splendide ! Ce bon Badinguet ! qui désire des chefs-d'œuvre, en cinq actes encore, et pour relever les Français ! Comme si ce n'était pas assez d'avoir relevé l'ordre, la Religion, la famille, la propriété, etc., sans vouloir relever les Français ! Quelle nécessité ? Mais quelle rage de restauration ! Laissez donc crever ce qui a envie de mourir. Un peu de ruines, de grâce. C'est une des conditions du paysage historique, et social. Ce pauvre Augier, qui dîne si bien, qui a tant d'esprit, et qui me déclarait, *à moi*, « n'avoir jamais fourré le nez dans ce bouquin-là » (en parlant de la Bible) !

As-tu jamais remarqué comme tout ce qui est *pouvoir* est stupide en fait d'art ? Ces excellents gouvernements (rois ou républiques) s'imaginent qu'il n'y a qu'à commander la besogne et qu'on va la leur fournir[a]. Ils instituent des prix, des encouragements, des académies, et ils n'oublient qu'une seule chose, une toute petite chose, sans laquelle rien ne vit : l'*atmosphère*.

Il y a deux espèces de littérature, celle que j'appellerai la Nationale (et la meilleure) ; puis la Lettrée, l'individuelle. Pour la réalisation de la première[b], il faut dans la masse un fonds d'idées communes, une solidarité (qui n'existe pas), un lien ; et pour l'entière expansion de l'autre, il faut la *Liberté !* Mais quoi dire ? et sur quoi parler maintenant ? Cela ira en empirant. — Je le souhaite et je l'espère. J'aime mieux le néant que le mal, et la poussière que la pourriture.

Et puis l'on se relèvera ! l'aurore reviendra ! Nous n'y serons plus ? Qu'importe ?

————

Je suis navré de ce que tu me dis de ce pauvre et excellent Delisle[2] ! Personne ne plaint plus que moi la gêne (il faudrait écrire gehenne) matérielle. — Et devant ces misères j'ai l'air d'une canaille, moi qui suis à me chauffer devant un bon feu, le ventre plein, et dans une robe de soie ! Mais je ne suis pas riche. Oh si je l'étais, rien ne souffrirait autour de moi. J'aime que tout ce que je vois, tout ce qui m'entoure de près ou de loin, tout ce qui me *touche* enfin, soit bien et beau. Que n'ai-je cent mille francs de rentes ! Dans quel château nous vivrions tous ! — J'ai tout juste ce qu'il faut pour vivre honorablement, comme dit le monde (qui n'est pas difficile en fait d'honneur). Enfin c'est déjà beaucoup ! — Et je remercie le ciel, ou plutôt l'âge, de n'avoir plus les besoins de luxe que j'avais jadis. Mais je voudrais aider ceux que j'aime. Va, pauvre Muse, si quelqu'un a désiré pour sa maîtresse *de l'argent,* c'est bien moi. Que ne puis-je en avoir pour Delisle aussi, et pour Bouilhet, pour lui faire imprimer son volume[1], etc. Que puis-je faire pour Delisle ? Lui prendre de ses exemplaires ? Cela est impossible. Il saura que c'est nous. — Si tu trouves quelqu'un de *sûr,* et d'un secret *inviolable,* dis-le-moi !

Je ne t'ai point parlé de son *Tigre*[2] ; j'ai oublié l'autre jour. — Eh bien, j'aime mieux *Le Bœuf*[3], et de beaucoup. Voici mes raisons. Je trouve la pièce inégale, et faite comme en deux parties. Toute la seconde, à partir de « Lui, baigné par la flamme... » est *superbe.* Mais il y a bien des choses dans ce qui précède que je n'aime pas. D'abord, la position de la bête qui s'endort *le ventre en l'air,* ne me semble pas naturelle. Jamais un quadrupède *ne s'endort* le ventre en l'air.

La langue rude et rose va pendant

dur, et *va pendant* est exagéré de tournure. Ce vers :

Toute rumeur s'éteint autour de son repos,

est disparate de ton avec tout ce qui précède et tout ce qui suit. Ces deux mots *rumeur* et *repos,* qui sont presque métaphysiques, qui sont non imaginés, me semblent d'un effet mou et lâche, ainsi intercalés dans une description très précise. Je vois bien qu'il a voulu mettre un vers de transition très calme et simple. Eh bien, alors, *s'éteint* est chargé, car c'est une métaphore, par soi-même. Ensuite, nous perdons trop le tigre de vue, avec la panthère, les pythons, la cantharide (ou bien alors il n'y en a *pas assez,* le plan secondaire n'étant pas

assez long, se mêle un peu au principal et l'encombre).
Musculeux, à pythons, ne me semble pas heureux ? sur
les serpents, voit-on *saillir* les muscles ? *le roi rayé*, voilà
un accolement de mots disparates : *le roi* (métaphore)
rayé (technique). Si c'est *roi* qui est l'idée principale, il
faut une épithète *dérivant de l'idée de roi*. Si c'est *rayé*, au
contraire, sur qui doit se porter l'attention, il faut un
substantif en rapport avec *rayé*, et il faut appeler le tigre
d'un nom qui, dans la *nature*, ait des *raies*. Or un roi
n'est pas rayé.

À partir de là, la pièce me semble fort belle.

> *Mais l'ombre en nappe noire à l'horizon descend*

est bien ample, bien calme.

> *Le vent passe au sommet des bambous, il s'éveille*
> *Et* . . . .

Superbe. Je n'aime pas à cette place, dans un milieu si
raide, les *nocturnes gazelles*, pour dire : qui viennent
pendant la nuit. C'est une expression latine ; n'importe,
c'est trop pohétique à côté d'un vers aussi *vrai* que
celui-ci :

> *Le frisson de la* faim *fait palpiter son* flanc.

Quant aux quatre derniers, ils sont sublimes.

Je *te prie* de ne point lui faire part de mes impressions.
Ce bon garçon est assez malheureux maintenant sans
que mes critiques s'y joignent.

Et toi ? J'attends *La Servante*[1]. Je te la renverrai *épluchée*.

C'est au mois de février, tu sais, enfin à mon prochain
voyage[2], que je te ferai mon petit cadeau de jour de
l'an ! Je t'envoie mille baisers.

Adieu, chère Louise. À toi.

Ton G.

P.-S. — Énault[3] doit être splendide, depuis qu'il est
revenu d'Orient. Nous allons avoir encore un Voyage
d'Orient ! impressions de Jérusalem ! Ah ! mon Dieu !
descriptions de pipes et de turbans. On va nous apprendre
encore ce que c'est qu'un bain, etc.

Mes compliments sur le sonnet. Mais quel eſt l'in-décent ou l'indécente qui a composé le dernier vers ? On n'eſt *jamais* trop long. On ne peut être que trop gros.

À ERNEST CHEVALIER

[Croisset,] mercredi soir [1853].

Pauvre bougre et cher ami, je te croyais parfaitement à Grenoble en train de faire respeſter Thémis, et non aux Andelys, souffrant et cacochyme (si l'on peut s'exprimer ainsi). Voilà ce que c'eſt, mon bon, que de prendre les choses sublunaires trop à cœur. Si tu eusses été philosophe, tu eusses épargné du mouvement à ta bile, du chagrin à ta famille, et beaucoup de désagré-ment à toi-même.

Et moi aussi, j'ai su ce que c'était que les nerfs. Si la sensibilité eſt une sorte de guitare que nous avons en nous-mêmes, et que les objets extérieurs font vibrer, on a tant raclé sur cette pauvre mienne guimbarde, que quantité de cordes en sont cassées depuis longtemps, et je suis devenu sage, parce que je suis devenu vieux. — Beaucoup de cheveux de moins vous refroidissent la cervelle : or, me voilà chauve.

Grand moutard ! fous-toi donc un peu plus doſtorale-ment d'autrui, de ses opinions, de ses discours, — et de son eſtime même. Le seul moyen de reſter tranquille dans son assiette, c'eſt de regarder le genre humain comme une vaſte association de crétins et de canailles. Plaire à tout le monde eſt trop difficile. Pourvu qu'on se plaise à soi, c'eſt l'important, et la tâche bien souvent n'eſt déjà pas si aisée.

Quand te verra-t-on ? Quand viendras-tu ? toi, ta femme et Mme Leclerc[1], que ma mère sera fort aise de recevoir de nouveau ? Quant à t'aller voir, je ne peux te le promettre prochainement. Mais si tu ne *pouvais* venir (ce que je ne crois pas), j'irais un de ces jours, aux Andelys, m'assurer moi-même de ta parfaite convales-cence, dont j'attends des nouvelles.

Adieu, vieux, mille amitiés à toi et pour tous les tiens. Je t'embrasse.

À LOUISE COLET

[Croisset,] lundi soir, 1 h[eure].
[2 janvier 1854.]

J'attends demain une lettre de toi, qui me dise que tu as reçu le volumineux paquet du Crocodile[1], qui a dû t'arriver hier matin. — Quant à *La Servante*[2], je ne sais si elle est à Rouen ? On y va assez difficilement maintenant à cause de la neige qui emplit les chemins, et comme la Seine est gelée et que les bateaux ne peuvent naviguer, nous sommes un peu à l'état de Robinsons. N'importe, j'espère bien mercredi au plus tard avoir ton paquet. Je le lirai avec soin, d'abord en masse, pour voir l'ensemble, puis en détail, puis en masse et je te ferai de longs commentaires, *le plus expliqués* possible. J'y mettrai, pauvre chère Muse, tout mon cœur et tout mon esprit, n'aie aucune crainte.

J'ai eu B[ouilhet] vendredi soir, samedi et hier matin. Il reviendra mercredi pour jusqu'à la fin de la semaine. Nous n'avons guère jusqu'à présent eu le temps de causer de nous. Tout a presque été employé aux *Fossiles*[3] et à la *Bovary*. — Il a été content de ma baisade[4]. Mais, avant le dit passage, j'en ai un de transition qui contient 8 lignes, qui m'a demandé 3 jours, où il n'y a pas un mot de trop, et qu'il faut, pourtant, refaire ! encore ! parce que c'est trop lent. — C'est un dialogue direct qu'il faut remettre à l'indirect[5], et où je n'ai pas la place nécessaire de dire ce qu'il faut dire, tout cela doit être rapide et lointain comme plan ! tant il faut que ce soit perdu et peu visible dans le livre ! — Après quoi, j'ai encore trois ou quatre autres corrections, infiniment minimes, mais qui me demanderont bien toute l'autre semaine ! Quelle lenteur ! quelle lenteur ! N'importe, j'avance. J'ai fait un grand pas, et je sens en moi un allégement intérieur qui me rend tout gaillard, quoique ce soir j'aie littéralement sué de peine. C'est si difficile de défaire ce qui est fait et bien fait, pour fourrer du neuf à la place sans qu'on voie l'encastrement.

Quant aux *Fossiles,* je trouve cela fort beau, et continue à soutenir qu'il fallait s'y prendre de cette façon. *Tout*

le monde, après *Les Fossiles,* eût fait une grande tartine
lyrique sur l'homme ; mais l'homme a changé, et pour
le prendre complètement, il faut suivre son histoire, le
monsieur en habit noir étant aussi naturel que le sauvage
tatoué, il faut donc présenter les deux états et tout ce
qu'il y a d'intermédiaire entre eux. Je crois que cette
méthode était la plus forte, et la plus *difficile* surtout. — On
eût pu sauter par-dessus l'homme complètement. Mais
cela eût été une ficelle, une pose, un moyen très commode
de faire de l'effet, et par une négation !

J'ai lu *Les Abeilles*[1] que tu m'as envoyées. — C'est
raide, d'idée surtout. — Et je trouve les mouches de
Montfaucon splendides[2]. Quant à *L'Expiation*[3], quel
dommage que ce soit bâclé ! Tout le *Waterloo* est stupide,
mais *La Retraite de Russie* et *Sainte-Hélène* (à part des
taches, nombreuses) m'ont plu et extrêmement. On
eût pu faire de cela quelque chose d'aussi beau que *Le
Feu du ciel*[4]. — N'importe, ce bonhomme est un grand
homme et un très grand homme. — Je suis maintenant
dans des lectures bien diverses. D'abord, je me gaudys
avec Pétrus Borel[5] qui est Hénaurme. Je retrouve là mes
vieilles phrénésies de jeunesse ! Cela valait mieux que la
monnaie courante d'à présent. On était monté à un tel
ton que l'on rencontrait quelquefois un bon mot, une
bonne expression. — Il y aurait, du reste, sur ce malheureux livre, une belle leçon à faire. Comme le socialisme perçait déjà ! Comme la préoccupation de la morale
rend toute œuvre d'imagination fausse et embêtante ! etc. !
Je tourne beaucoup à la critique. Le roman que j'écris
m'aiguise cette faculté. — Car c'est une œuvre surtout de
critique, ou plutôt d'anatomie. Le lecteur ne s'apercevra
pas (je l'espère) de tout le travail psychologique caché
sous la Forme, mais il en ressentira l'effet. — Et d'une
autre part je suis entraîné à écrire de grandes choses
somptueuses, des batailles, des sièges, des descriptions
du vieil Orient fabuleux. J'ai passé jeudi soir deux belles
heures, la tête dans mes mains, songeant aux enceintes
bariolées d'Ecbatane[6]. — On n'a rien écrit sur tout cela !
Que de choses flottent encore dans les limbes de la pensée
humaine ! — Ce ne sont pas les sujets qui manquent,
mais les hommes.

À propos des hommes, permets-moi de te citer de
suite, de peur que je ne les oublie, deux petites aimables

anecdotes. Premier fait : on a exposé à la morgue, à
Rouen, un homme qui s'eſt noyé avec ses deux enfants
attachés à la ceinture. La misère ici eſt atroce, des bandes
de pauvres commencent à courir la campagne, les nuits.
On a tué à Saint-Georges, à une lieue d'ici, un gendarme.
Les bons paysans commencent à trembler dans leur
peau. S'ils sont un peu secoués, cela ne me fera pas
pleurer. Cette caſte ne mérite aucune pitié ; tous les
vices et toutes les férocités l'empliſſent. Mais passons.

2e fait, et qui démontre comme quoi les hommes sont
frères. On a exécuté ces jours-ci, à Provins, un jeune
homme qui avait assassiné un bourgeois, et une bourgeoise, puis violé la servante sur place, et bu toute la
cave[1]. Or, pour voir guillotiner cet excentrique, il eſt
arrivé dans Provins, dès la veille, plus *de dix mille* gens
de la campagne. Comme les auberges n'étaient pas
suffisantes, beaucoup ont passé la nuit dehors et *ont
couché dans la neige.* L'affluence était telle que *le pain a
manqué.* Ô suffrage universel ! Ô sophiſtes ! Ô charlatans !
Déclamez donc contre les gladiateurs et parlez-moi du
Progrès ! Moralisez ! Faites des lois, des plans ! Réfor-
mez-moi la bête féroce. Quand même vous auriez
arraché les canines du tigre, et qu'il ne pourrait plus
manger que de la bouillie, il lui reſtera toujours son
cœur de carnassier ! Et ainsi le cannibale perce sous le
bourgeron populaire, comme le crâne du Caraïbe sous
le bonnet de soie noire du bourgeois. Qu'eſt-ce que tout
cela nous fout ? Faisons notre devoir, nous autres ; que
la Providence fasse le sien !

Tu me dis que rien bientôt ne pourra plus t'arracher
de larmes. Tant mieux, car rien n'en mérite, si ce n'eſt
des larmes de rire, « pour ce que le rire eſt le propre de
l'homme »[2].

B[ouilhet] me paraît très content de la Sylphide. Ils
s'accouplent avec véhémence[3]. Il eſt du reſte peu exalté,
c'eſt comme ça qu'il faut être. Laissez l'exaltation
à l'élément musculaire et charnel, afin que l'intelleſtuel
soit toujours serein. Les passions, pour l'artiſte, doivent
être *l'accompagnement* de la vie. L'art en eſt *le chant*[a]. Mais

si les notes d'en bas montent sur la mélodie, tout s'embrouille.

Aussi moi, gardant chaque chose à sa place, je vis par casiers, j'ai des tiroirs, je suis plein de compartiments comme une bonne malle de voyage, et ficelé en dessus, sanglé à triple étrivière. —

Maintenant je pose ton doigt à une place secrète, ta pensée sur un coin caché, et qui est plein de toi-même, et je vais m'endormir avec ton image et en t'envoyant mille baisers.

À toi. Ton G.

À LOUISE COLET

[Croisset,] mercredi soir. [4 janvier 1854.]

Qu'est-ce que B[ouilhet] me conte ? Je n'y comprends goutte ! Il me dit que tu te plains de n'avoir pas de lettres de moi, que je t'oublie, etc.[1] Si je n'avais la tête vissée d'aplomb sur les épaules, voilà de ces choses qui me la feraient tourner. — En fait de lettres, celle-ci est la troisième, depuis vendredi[2]. Or, à moins que de s'écrire tous les jours, je ne vois guère moyen de s'écrire plus souvent. Tu as dû avoir une lettre de moi samedi. — Dimanche le paquet du Crocodile[3], dont tu ne m'as pas même fait la gracieuseté de m'accuser réception. — Et ce matin tu as dû avoir encore une lettre écrite avant-hier. Si je n'ai rien mis dans le paquet de H[ugo], c'est qu'il était déjà fort gros. Cependant, pour ne point me borner au simple rôle de facteur, j'y avais intercalé un petit bout de papier sur lequel je t'embrassais. Muse ! Muse ! qu'as-tu donc ? Quel vent te souffle en tête ? Qu'est-ce qui t'agite si fort ? pourquoi ? Qu'y a-t-il de changé entre nous deux ?

À propos du Crocodile, je te préviens qu'il m'avertit *lui-même* de prendre garde. Un homme de Saint-Malo, dont il me cite le nom (Aubain), a été condamné à 3 ans de prison pour avoir été surpris ayant un volume des Poésies dans sa poche[4]. Aussi je t'engage fort à n'en colporter aucune et à les garder pour toi. Je me doute

parfaitement que tu ne suivras pas l'avis. Réfléchis-y
cependant. On peut tout par le temps qui court et on
n'a d'égard à rien, ni pour rien.

Je viens de passer ces trois jours-ci à faire quatre à
cinq corrections qui m'ont beaucoup embêté. B[ouilhet]
les juge finies. Mais il faut revoir tout cela à froid.

Samedi et dimanche se passeront pour moi à piocher
La Servante[1]. Tu auras mardi soir un volume de
commentaires.

Rien de neuf ; dégel, pluie, brouillard. Le mois de
janvier se passe pour moi sans visites, ce dont je bénis la
Providence.

Adieu, je t'embrasse.

À toi. Ton G.

LOUISE COLET À GUSTAVE FLAUBERT

[Paris, 6 janvier 1854.]

Espérons qu'une affaire plus considérable me permettra de t'envoyer la somme que je te dois[2] avant ton retour à Paris ; tu me
répètes si souvent que tu n'as pas d'argent, quoique tu saches ma
misère, que tu me fais bien comprendre que cette dette prolongée
te gêne ; et ceci joint à ce qui s'est passé au sujet de la question de ta
mère suffirait, conviens-en, pour former le nuage dont tu parles
dans ta dernière lettre[3]. Il serait bien difficile, ne fussions-nous que
camarades, que de semblables choses n'altérassent pas l'affection
et la confiance ; à plus forte raison en songeant à ce que je te suis.

Ce nuage donc, ce n'est point seulement ton absence qui la cause,
quoiqu'elle m'épuise le corps et l'âme, mais une foule de motifs
douloureux que tu ne sembles même pas comprendre. Au sujet de
ta mère[4], quand Bouilhet...

... l'ont remué après ton voyage à Paris, tu m'écrivis : j'ai parlé
toute la soirée de toi avec ma mère, elle t'apprécie, elle t'aime, elle
veut te voir certainement à son premier voyage à Paris, c'est une
question vidée. Puis quand j'ai voulu te parler à ce sujet la veille de
ton départ tu m'as envoyée paître [?]. Et même anomalie au sujet
des questions d'argent : dans la soirée que nous avons passée seuls,
quand je t'ai parlé de mes soucis et de mes embarras à propos de
ma chère enfant[5], tu m'as fait une offre de service et depuis lors,
tu n'as cessé de me répéter que tu n'avais pas d'argent. Conviens que
ce sont d'étranges contradictions. Toute ma chair et toute mon

intelligence sont attirées et dominées par toi. Mais j'avoue que de semblables indélicatesses de procédés et de sentiments refoulent mon cœur et me font me demander ce qu'il y a dans le tien ? Ose le dire : ceci, que d'autres pensent peut-être sans te le dire, est encore une preuve d'amour. Si je ne t'aimais plus...

ces griefs... que... et que dédain...

à la place... ta seule crainte que Bouilhet n'en... à... aimer autant un autre ami[1].

(fin) Et maintenant je te donne bien ma parole d'honneur que je ne reviendrai pas plus sur ces questions-là que sur celle de ton...

Et[2] j'apprends par B[ouilhet] qu'elle vient de passer à Paris[3] sans même songer à me faire cette visite qu'elle me devait (officiellement) à cause de l'hommage que je lui ai fait de mes livres et que son cœur devait la pousser à me faire à cause de l'amour plein d'abnégation que j'ai pour toi depuis trois ans, t'ouvrant ma maison, avec ma fille, mes amis que je te donne.

Quoique tu me susses malade au moment de son départ[4]... souvent, quand tu dis certaines choses sur l'infériorité de la nature des femmes, tu ajoutes que cela ne peut m'atteindre et que je suis un homme. Il faut être conséquent et ne pas me faire alors des [?] qu'un ami ne souffrirait...

À LOUISE COLET

[Croisset,] nuit de lundi à mardi, 2 h[eures].
[9-10 janvier 1854.]

Je suis bien content, bonne Muse, de ce qui t'arrive. Nous en reparlerons plus au long et tu me donneras des détails. (Mais je suis ce soir harassé, je viens de finir mes remarques sur *La Servante*[5]. J'y travaille depuis 1 h[eure], et j'y ai passé toute la journée et presque toute la nuit de samedi.)

Je te conjure seulement d'une seule chose, c'est, maintenant que tu vas avoir un journal[6], de *te bien tenir* quant à tes amitiés et à tes haines. Pour la satisfaction d'un moment, ne te fais point d'ennemis. Cela m'amène à te parler de *La Servante*. J'ai résumé en une page mes impressions générales. (Et mon commentaire[7] est fait de façon que tu peux le montrer, pour demander conseil à quelque autre, si je te semble injuste.) Mais ici, en tête à tête, j'ai à te dire des choses intimes. *Tu vas te révolter*. Mais je serais une canaille si je dissimulais ma pensée. — La voici, ma pensée :

Cette œuvre n'est pas publiable, *telle qu'elle est*. Et je te *supplie* de ne pas la publier.

Pourquoi insulter Musset ? que t'a-t-il fait ? Qu'est-ce que ça te regarde ? Qui donc nous a sacrés censeurs ? Tu lui reproches des Fantômes ; mais rappelle-toi ta pièce des *Fantômes*[1] (première version !). Soyons indulgents, gardons nos fautes pour nous. — Espères-tu le corriger ? Ce pauvre garçon n'a jamais cherché à te nuire ? pourquoi veux-tu lui rendre un mal plus grand que celui qu'il t'a fait ?

Pense à la postérité et contemple la piètre mine qu'y font tous les insulteurs de grands hommes. Quand Musset sera mort, qui saura qu'il s'est saoulé, qu'il battait sa chambrière ? La postérité est très indulgente pour ces crimes-là. Elle pardonne presque à J[ean]-Jacques d'avoir mis ses enfants à l'hôpital[-] ! Et puis en quoi cela nous regarde-t-il ? *De quel droit ?*

Ce poème est une mauvaise action, et tu en as été punie, car c'est une mauvaise œuvre. Tâche de lire mes notes, froidement. Si elles t'indignent trop, garde ces pages et relis-les dans 6 mois, un an (attends pour publier), et tu verras que je ne suis que juste. L'élément particulier, relatif, le petit fait qui t'avait frappée, a nui à la conception du caractère de Mariette[3] elle-même. En acceptant *les caractères tels que tu les donnes,* ils sont faits sans art ! Tu as écrit tout cela avec une passion *personnelle* qui t'a troublé la vue sur les conditions fondamentales de toute œuvre imaginée. L'esthétique est absente. — Je t'assure qu'à part des morceaux lyriques et quelques descriptions ce poème est faible, et *ennuyeux* surtout.

Tu as fait de l'art un déversoir à passions, une espèce de pot de chambre où le trop-plein de je ne sais quoi a coulé. — Cela ne sent pas bon. Cela sent la haine.

Ainsi je trouve cette œuvre mauvaise d'intention, méchante, et mal exécutée.

Quant au côté du public, *il sera révolté,* et bien plus que moi. Il y a là-dedans une éternelle préoccupation de la chair, de l'amour, tant de fois « débauche, impur, courtisane, orgies ! », que cela passera pour un *mauvais livre,* malgré la prétention à intentions vertueuses.

Tu auras des engueulades gratuites, on te dira des grossièretés, des personnalités (si *La Servante* était un chef-d'œuvre, ah ! très bien ! mais tant s'en faut !). Et *tu auras le dessous.* Car tu t'attaques à plus fort que toi. Quand même il ne répondrait rien, il aura pour lui et avec lui toutes les femmes de théâtre que tu injuries grossièrement et les amants de ces dames qui tiennent les journaux.

Et s'il répondait par hasard ? s'il se réveillait ? s'il faisait rien qu'une chanson qui te couvrît de ridicule ? Rappelle-toi la malheureuse histoire du couteau[1], et combien cela t'a nui ! — Il faut bien te dire toutes ces choses, quoique à l'heure qu'il est, je doive en être rouge[a] ! Mais tu ne profites de rien ! Tu prends le monde à rebours ! Et tu fais des confusions perpétuelles de la vie et de l'art, de tes passions et de ton imagination, qui nuisent à l'un et à l'autre.

Sois sûre que ce que je pense d'autres le pensent et *n'osent te le dire.*

Supplie Babinet[2] ou Delisle[3], ou plutôt tous les deux, de lire *chez eux* ton poème (ne leur donne pas mon commentaire, si tu veux) et de te dire ensuite bien franchement, et sur leur honneur, ce qu'ils en pensent sous le rapport de *la convenance* et de *l'exécution.* Fais cela sincèrement, et sans quêter d'éloges : tu verras ce qu'ils répondront. — Et qu'ils me remercieront ensuite pour t'avoir donné ce conseil.

Voici ce que je ferais à ta place :

Comme il y a dans *La Servante* des choses très bonnes, excellentes même, des endroits *de génie,* qu'il ne faut pas jeter au néant, je reprendrais tout pas à pas. Je supprimerais les longueurs, je changerais le caractère de Lionel[4] de façon qu'il ne ressemblât pas à Musset, et pour cela j'en ferais un poète catholique. — J'aurais soin de faire *progresser* les caractères de Lionel et de Mariette. Car c'est là *un défaut capital,* et d'où vient la monotonie du livre. La situation y est toujours la même ! Et je raccourcirais, je raccourcirais ! Songe donc ce que c'est qu'un poème de 2 mille vers ! Il faut *re-penser* cela d'un bout à l'autre.

———

J'ai maintenant rempli mon devoir. Comprends-tu qu'il m'ait été pénible ? Rappelle-toi avec quelle joie j'ai salué *La Paysanne,* pour me pardonner et pour comprendre ces 40 pages[1] que je t'envoie.

Adieu. Mille tristes tendresses.

À toi, ton G.

À LOUISE COLET

[Croisset,] vendredi soir, 1 h[eure].
[13 janvier 1854.]

Tu ne me parles pas dans ton petit mot de ce matin, chère Louise, de la résolution que tu as prise relativement à *La Servante*[2]. J'attendais pourtant ta réponse avec anxiété. Voici pourquoi : c'est que, quoique ayant bien réfléchi avant de t'écrire une aussi dure lettre, j'ai encore réfléchi après, et j'ai presque balancé à te l'envoyer. Je me demandais : « Me suis-je trompé ? Cela se peut ? » Non, non, pourtant. Je crois que mes notes et ma lettre ont été dictées par le bon sens le plus grossier qui ait jamais arrangé des mots. Et au risque de te blesser (il y avait de quoi), j'ai cru *faire mon devoir,* de toutes façons, en te déclarant ces choses. — Si ton avis est autre que le mien, nous n'avons pas besoin d'y revenir. Nous ne nous convaincrons pas. Dans le cas contraire, je ne pourrai que t'admirer du sacrifice. Mais je voudrais que tu *comprisses* bien mes raisons. Elles sont bonnes, je crois. En tout cas, s'il te reste quelque doute, d'une manière ou d'une autre, ne t'en rapporte ni à toi, ni à moi, ni à Bouilhet. — Consulte Leconte, Babinet, Antony Deschamps[3], etc., et expose-leur *mes motifs.*

Tu me pries, dans le billet de ce matin, de répondre à ta lettre de vendredi dernier[4]. Je viens de la relire. Elle est là tout ouverte sur ma table. Comment veux-tu que j'y réponde ? Tu dois me connaître aussi bien que moi-même, et tu me parles de choses que nous avons traitées cent fois et qui n'en sont pas plus avancées, pour cela. Tu me reproches, comme *bizarres,* jusqu'aux mots de tendresse que je t'envoie dans mes lettres (il me semble pourtant que je ne fais pas grand abus de sentimentalités). Je m'en priverai donc encore davantage, puisque « cela te serre la gorge ». — Revenons ; recommençons. Je vais être catégorique, explicite.

1º De ma mère. Eh bien, oui ! c'est cela. Tu l'as deviné. C'est parce que *j'ai la persuasion* que, si elle te voyait, elle serait très froide avec toi, peu convenable, comme tu dis, que je ne veux pas que vous vous voyiez. D'ailleurs, je n'aime pas cette confusion, cette alliance de deux affections d'une source différente (quant à elle, tu peux t'imaginer la femme d'après ce trait. Elle n'irait pas *sans invitation* chez son fils aîné). Et puis, d'ailleurs, à quel titre irait-elle chez toi ? Quand je t'avais dit qu'elle y viendrait, j'avais surmonté pour te plaire un grand obstacle, et parlementé pendant plusieurs jours. — Tu n'en as tenu compte, et tu es venue, sans propos, réentamer une chose irritante, une chose qui m'est antipathique, qui m'avait demandé de la peine. — C'est toi, la première, qui as rompu[1]. Tant pis. — Et puis, je t'en supplie encore une fois, ne te mêle pas de cela. *Quand le temps et l'opportunité* se présenteront, je saurai ce que j'aurai à faire. — Je trouve ta persistance, dans cette question, étrange. Me demander toujours à connaître ma mère, à me [*sic*] présenter chez elle, à ce qu'elle vienne chez toi, me paraît aussi drôle que si celle-ci voulait à son tour que je n'allasse pas chez toi, que je cessasse de te fréquenter, parce que, parce que, etc. Et je te jure bien que si elle s'avisait, elle, d'ouvrir la bouche sur ces matières, elle ne serait pas longue à la refermer, sa bouche. Autre question : à savoir la financière. Je ne boude pas du tout, je ne *cale* pas, je ne cache nullement mes gros sous (quand j'en ai), et il est peu de gens aussi maigrement rentés que moi qui aient l'air si riche (j'ai l'air riche, c'est vrai) — et c'est un malheur, car je peux passer pour avare. Tu sembles me considérer comme un ladre, parce que je *n'offre pas, quand on ne me demande pas*. Mais quand est-ce que j'ai refusé ? (On ne sait pas quelquefois tous les embêtements que j'ai subis, pour obliger les autres !) Je n'ai pas ces « élans de générosité qu'on aurait soi-même », dis-tu ? Eh bien, moi, je dis que ce n'est pas vrai, et que j'en suis capable. — Mais je m'illusionne étrangement, sans doute ? Du Camp n'affirmait-il pas[a], aussi, que j'avais les cordons de la bourse rouillés ?

Je me résume. Je t'ai dit : que je t'obligerais *toujours,* puis je répète que je n'ai pas le sou. Cela te semble louche. Mais je ne nie rien, et je répète encore en m'expliquant : c'est vrai, je n'ai pas le liard (ainsi, pour aller jusqu'au mois de février, j'ai 20 fr[ancs]. Crois-tu que, si je pouvais, je n'achèterais pas 100 ex[emplaires] du vol[ume] de Leconte[1], etc. ?). Mais il faut avant tout payer ses dettes. Or, sur 2 mille fr[ancs] que j'ai à toucher cette année, j'en dois déjà près de 1 200. — Compte en plus les voyages à Paris ! L'année prochaine, pour habiter Paris, j'entamerai largement mon capital. *Il le faudra.* Je me suis fixé une somme. — Une fois cette somme mangée, il me faudra re-vivre comme maintenant, à moins que je ne gagne quelque chose, supposition qui me paraît absurde.

Mais, mais ! note bien ce mais, *s'il t'en fallait,* je t'en trouverais *tout de même,* dussé-je mettre l'argenterie de la maison au Mont-de-Piété. Comprends-tu maintenant ?

Quant à la fin de la *Bovary,* je me suis déjà fixé tant d'époques, et trompé tant de fois, que je renonce non seulement à en parler, mais à y penser. — À la grâce de Dieu ! Je n'y comprends plus rien ! Cela se finira quand cela voudra, dussé-je mourir dessus d'ennui et d'impatience, ce qui m'arriverait peut-être, *sans la rage* qui me soutient. D'ici là, j'irai te voir tous les deux mois, comme je te l'ai promis[2].

Enfin, pauvre chère Louise, veux-tu que je t'ouvre le fond de ma pensée, ou plutôt que j'ouvre le fond de ton cœur ? Je crois que ton amour chancelle. Les mécontentements, les souffrances que je te donne n'ont point d'autre cause. Car tel je suis, tel j'ai été, toujours ! Mais maintenant, *tu m'aperçois mieux,* et tu me juges, raisonnablement, peut-être, je n'en sais rien. Cependant, quand on aime complètement, on aime ce que l'on aime, tel qu'il est, avec ses défauts et ses monstruosités. On adore jusqu'à la gale, on chérit la bosse, et l'on aspire avec délices l'haleine qui vous empoisonne. Il en est de même au moral. Or je suis difforme, infâme, égoïste, etc. (Sais-tu qu'on finira par me rendre insupportable d'orgueil, à toujours me blâmer comme on fait ? Je crois qu'il

n'y a pas un mortel sur la terre qui soit moins *approuvé*
que moi.) Mais je ne changerai pas. Je ne me réformerai
pas. J'ai déjà tant gratté, corrigé, annihilé ou bâillonné
de choses en moi que j'en suis las. — Tout a un terme,
et je me trouve assez grand garçon maintenant pour me
considérer comme éduqué. Il faut songer à autre chose.
J'étais né avec tous les vices, j'en ai supprimé radicalement plusieurs, et je n'ai donné aux autres qu'une pâture
légère. — Les martyres que j'ai subis dans ce manège
psychologique, Dieu seul le sait, mais actuellement j'y
renonce. C'est le chemin de la mort, et je veux vivre
encore pendant trois ou quatre livres. Ainsi je suis
cristallisé, immobile. Tu m'appelles granit, mes sentiments sont de granit. — Et si j'ai le cœur dur, il est solide
au moins, et n'enfonce sous rien. Les abandons et les
injustices n'altèrent pas ce qui est gravé dessus. Tout y
reste, et ta pensée, quoi que tu fasses et que je fasse, ne
s'en effacera pas.

Adieu, un long baiser sur ton front que j'aime !

À toi. Ton G.

À LOUISE COLET

[Croisset,] dimanche soir.
[15 janvier 1854.]

Je suis très peiné. Je te fais *des excuses,* et des plus
sincères, puisque tu as trouvé ce que je te disais de *La
Servante* acerbe et *injurieux*[1]. Mon intention a été tout
autre. Il est vrai (comme tu me l'écris) que j'étais, dans
ce travail, irrité. Il m'avait considérablement agacé les
nerfs. Et tu peux te convaincre toi-même que j'ai travaillé au microscope. — Ce qui m'y a révolté, c'est de
voir gaspiller tant de dons du ciel, par un tel parti pris
de morale. — Crois bien que je ne suis nullement insensible aux malheurs des classes pauvres, etc. Mais il n'y
a pas en littérature de bonnes intentions : *le style est tout.*
Et je me plains de ce que, dans *La Servante,* tu n'as pas

exprimé tes idées par des *faits* ou des *tableaux*. Il faut
avant tout, dans une narration, être dramatique, toujours
peindre ou émouvoir, et *jamais déclamer*. Or le poète,
dans ce poème, déclame trop souvent. Voilà ma plus
grande critique. J'y joins la non-gradation des
caractères.

Quant aux critiques de détails, je te les abandonne si
tu veux. Mais pour les deux que tu relèves, comme
roc lu pour *roi*, et *impures* pour *impie*, tu avoueras que
le grief est léger. (Je n'ai pourtant pas lu, à la hâte.)
Quant à *impur*, il y en a franchement un tel abus, que
je ne voyais plus que cela.

Je n'ai point du tout oublié la conduite du sieur
Musset[1], et les sentiments que je lui porte sont loin d'être
bienveillants. J'ai voulu seulement dire que le châtiment dépassait l'outrage. Il est certain qu'à sa place
j'aimerais mieux recevoir un soufflet dans la rue que de
tels vers à mon adresse.

Comme tu as mal pris, pauvre chère Muse, ce que je
te disais de Karr[2] ! Me supposes-tu donc assez *goujat*
pour te rappeler ces choses dans une intention blessante ? Non ! Si tu avais toujours eu pour conseillers
des gens d'un sens pratique aussi bourgeois que moi,
et que tu les eusses écoutés, il y a bien des choses qui
t'arrivent et qui ne t'arriveraient pas ? Puis tu t'étonnes
de ce mot *ridicule*[3]. C'est pourtant le seul exact. On est
toujours ridicule quand les rieurs sont contre vous.
Voilà ce que j'entendais, et les rieurs sont toujours du
côté des forts, de la mode, des idées reçues, etc. — Pour
vivre en paix, il ne faut se mettre ni du côté de ceux dont
on rit, ni du côté de ceux qui rient. Restons à côté, en
dehors, mais pour cela il faut *renoncer à l'action*. Rappelons-nous toujours ces trois maximes : les deux premières sont d'Épictète (homme peu accusé d'avoir eu
une morale relâchée) et la troisième de La Rochefoucauld : « Cache ta vie. — *Abstiens-toi*. — L'honnête
homme est celui qui ne s'étonne [de] rien[4]. » (Ce n'est pas
moi qui suis l'honnête homme, car je m'étonne de bien
des choses !) En suivant ces idées-là, on est ferme dans
la Vie et dans l'art. Ne sens-tu pas que tout se dissout,
maintenant, par le *relâchement*, par l'élément humide, par
les larmes, par le bavardage, par le laitage. La littérature contemporaine est noyée dans les règles de femme[5].

Il nous faut à tous *prendre du fer* pour nous faire passer les chloroses gothiques que Rousseau, Chateaubriand et Lamartine nous ont transmises.

Le succès de Badinguet[1] s'explique par là. Il s'est *résumé,* celui-là. Il n'a pas perdu ses forces en petites actions divergentes de son but. Il a été comme un boulet de canon, pesant et roulé en boule. Puis il a éclaté tout d'un coup et l'on a tremblé. — Si le père H[ugo] l'eût imité, il eût pu faire en poésie, ce que l'autre avait fait en politique, une chose des plus originales. Mais non, il s'est emporté en criailleries. La Passion nous perd tous.

À propos, il me semble que je t'ai remis, à mon dernier voyage, ses lettres ? Je te rapporterai celles de Musset[2]. Mais il m'est *impossible* de retrouver celle de Gagne[3] ! Je te renvoie le billet de Béranger et les vers de V[igny][4], de peur de les perdre. Quel style de bottier que celui de l'Horace français[5] ! Votre *demoiselle,* pour dire votre fille ! Comme ces gaillards-là sont nativement canailles !

Tu m'as envoyé ce matin une très belle pensée : « ô humanité, que tu me dégoûtes ! » Je vois que tu fais des progrès en philosophie. Je ne saurais que t'en applaudir.

Adieu, je t'embrasse.

À toi. G.

Lundi matin.

Je rouvre ma lettre pour y mettre celle du Crocodile. La lettre à Mme B[iard] étant trop grosse, je te l'enverrai la prochaine fois[6].

Stella[7] m'a semblé beau ? Il m'envoie une autre pièce *stupide.*

Prends garde à toi ; la surveillance est sévère.

À L'ADMINISTRATEUR DU THÉÂTRE-FRANÇAIS

Paris, 17 janvier 1854.

Monsieur,

Vous avez eu l'obligeance de nous accorder nos entrées au Théâtre-Français, autorisation dont le terme était le premier janvier. Nous venons vous prier, Monsieur, de vouloir bien nous continuer cette faveur, inappréciable pour nous qui nous occupons activement de poésie dramatique.

Recevez d'avance, Monsieur, nos plus vifs remerciements et nos salutations empressées.

LECONTE DE LISLE.   L. BOUILHET.

Mille cordialités.

GUSTAVE FLAUBERT.

À LOUISE COLET

[Croisset,] mercredi, minuit.
[18 janvier 1854.]

Quel mal le père Hugo me donne avec la bizarrerie et la non-régularité de ses enveloppes ! Je suis toujours embarrassé pour les lettres de Mme d'A[unet][1]. Sans la suscription au crayon j'aurais mis celle-ci à la poste ? Mais je crois qu'il vaut mieux qu'elle les reçoive *par toi*. Cela est plus dans les convenances et les intentions du Crocodile ?

Tu ne me parles pas en détail de ton affaire de Journal[2]. Où en est-ce ? La chose est-elle sûre, conclue ? Quant au poème de *L'A[cropole]*, il me semble qu'il y a peu de chose à y refaire. Les deux collaborateurs[3] ont-ils été d'avis de retrancher ton morceau des Barbares qui, autant qu'il m'en souvient, est moins bien écrit que le reste et qui ferait gueuler les immortels à cause des femmes mourant dans les bras des vainqueurs[4] (cela aurait l'air d'un rapprochement injurieux ?). C'est une bonne chose, cette *Acropole,* et toute pleine de vers splendides.

Je ne t'ai pas, à ce propos, félicité de la phrase suivante dans ta lettre de vendredi : « sois tranquille, il y a encore dans mon cœur plus d'une œuvre qui te démentira. Tout est réparable dans le domaine de l'art. » Crois-tu que j'en aie douté une minute, chère Muse ? C'est au contraire parce que je te jugeais comme tu te juges, que je t'ai traitée sans pitié. Si j'eusse cru le mal irréparable, *je n'en aurais pas parlé*. Tu es naturellement pleine d'inspiration. Mais tu t'engorges et tu la dénatures trop souvent, par des idées *personnelles*. *La Paysanne*[1] était une œuvre de maître, rappelle-toi cela. Il ne t'est plus permis de descendre. — Pas de faiblesse, pas un vers faible ! pas une métaphore qui ne soit suivie ! — Il faut être correct comme Boileau et échevelé comme Shakespeare. — J'ai relu cette semaine le 1er acte du *Roi Lear*. Je suis effrayé de ce bonhomme-là, plus j'y pense... L'ensemble de ses œuvres me fait un effet de stupéfaction, et d'exaltation, comme l'idée du système sidéral. Je n'y vois qu'une immensité où mon regard se perd, avec des éblouissements.

Eh ! je le sais bien, pauvre chère amie, qu'on ne peut pas toujours vivre le nez levé vers les astres ! Personne ne souffre plus que moi des nécessités, des pauvretés de la vie. Ma chair pèse sur mon âme 75 mille kilogrammes. Mais quand je te prêche le renoncement à l'action, je ne veux pas dire qu'il faut que tu vives en brahmane. J'entends seulement que nous ne devons entrer dans la Vie réelle, que jusqu'au nombril. Laissons le mouvement dans la région des jambes. — Ne nous passionnons point pour le petit, pour l'éphémère, pour le laid, pour le mortel. S'il *faut avoir l'air* d'être ému par tout cela, prenons cet air, mais ne prenons que l'air. Quelque chose de plus subtil qu'une nuée et de plus consistant qu'une cuirasse, doit envelopper ces natures qu'un rien déchire, et qui vibrent de toute leur longueur au moindre frottement qui se fait sur eux. — Nous avons à porter (rappelons-nous cela) *toutes* les passions des autres[a]. Et comment voulez-vous que le vase reste plein, si vous le secouez par les deux anses ?

On donne dans les bordels des capotes anglaises pour ne point attraper la vérole au contact des vagins pestiférés. Ayons toujours à l'intérieur[b] une vaste capote anglaise, afin de ménager[c] la santé de notre âme, parmi les immondices où elle se plonge. — On jouit moins, c'est vrai, et quelquefois la précaution se déchire ?...

———

Je vais être dérangé, et embêté pas mal par les affaires de mon beau-frère[2]. On va rassembler un conseil de famille, etc., etc., etc., et je vais *m'en mêler* parce qu'il est

temps que cela finisse (ce brave garçon mettrait tout
bonnement son enfant sur la paille). — Et du moment
que je m'en mêlerai, ce sera avec suite et férocité. Je
vais, à tous, leur pousser l'épée dans les reins d'une
belle façon. — Que dis-tu de cela ? Il est resté quinze
jours à R[ouen], n'est pas venu une fois voir sa fille et
a bu régulièrement pour *32* francs de vin fin par jour.
Il se fait acheter des chevreuils *entiers* pour lui *tout seul*.
S'il en profitait encore ! Mais ce malheureux ne peut
même guère manger, et il a l'habitude romaine de vomir
quotidiennement. Nous allons nous retrouver à ce
conseil de famille 4, et la dernière fois qu'il fut assemblé
(il y a huit ans) nous étions 7. Deux sont morts, et le juge
de paix, par-dessus le marché, ce qui fait trois. Je me
rappelle que chez ce juge de paix, il y avait, dans la salle
d'audience, peint au plafond comme gentillesse, symbole et enseignement, un œil démesuré entre deux
balances. — Et au-dessus, une main sortait d'un nuage.

J'ai encore 5 à 6 pages avant d'aller te voir. Il faut que
je finisse la lune de miel de mes amants[1]. J'écris présentement des choses fort amoureuses et extra-pohétiques.
Le difficile c'est de ne pas être *trop ardent,* en ayant peur
de tomber dans le bleuâtre.

Adieu, je t'embrasse.

À toi. Ton G.

N[ota]. — Je suis *sûr* de t'avoir apporté la dernière
fois à Paris 3 ou 4 lettres du Crododile[2]. Je les avais
mises dans une enveloppe à ton adresse. Elles sont peut-
être restées chez Bouilhet ? ? Mais cherche chez toi. Je
crois qu'on ouvre beaucoup de lettres à la poste. En
voilà deux coup sur coup, adressées à ma mère, qui sont
perdues[3].

À LOUISE COLET

[Croisset,] nuit de lundi, 1 h[eure].
[23 janvier 1854.]

J'espère bien, dans une quinzaine, que je te verrai,
bonne chère Louise ! Quant à te dire le jour précis de

mon arrivée, je n'en sais rien. J'ai encore trois petits tableaux à faire, c'est-à-dire 5 à 6 pages environ.

Il faut d'ailleurs que je sache deux choses, avant de t'annoncer rien de positif : 1° le jour où s'assemblera le conseil de famille d'Hamard[1] et 2°, si ma cousine (de Nogent) se marie[2]. Comme je devais faire un voyage à Nogent au mois de février et que, si ce mariage a lieu, il faudra bien que j'y aille, je n'ai point envie d'y aller deux fois. Conséquemment je n'irai pas à ce voyage, ce qui me ferait un très grand plaisir. — J'attends donc et je saurai tout cela dans quelques jours.

À propos de voyage, j'ai oublié déjà deux fois de t'affirmer que cette bonne institutrice Adeline[3] s'est complètement trompée en croyant m'apercevoir sur le Carrousel. Probablement que je lui remplis l'imagination. Cela me flatte. Mais elle a menti par la gorge (manière proverbiale de parler, car la susdite en a peu, de gorge). Si j'avais fait une telle escapade, tu en eusses été avertie, et par moi. En doutes-tu ?

Je m'attendais à avoir hier quelque détail, soit dans ta lettre ou dans celle de B[ouilhet], sur cette actrice[4] qui s'est *monté la tête* à l'endroit de notre ami. Mais rien ! J'en désire ; *cela m'excite.* — Il paraît que M. le Secrétaire perpétuel[5] a été bien bon, mercredi, chez toi, humant les blanches épaules, et reniflant le fumet des aisselles. Je m'imagine le tableau ! — Et cette pauvre petite Chéron, cette âme si pure, ce nez si grand, rêvait sans doute à son insensible poète[6] *qui aime ailleurs* (?). Combien y en a-t-il de ces infortunées qui portent ainsi écrit sur leur front ce que l'on voit gravé en majuscules sur les portes : *Tournez le bouton, s.v.p. !*

Quant à Delisle, puisque le bossu[7] lui a fait de belles promesses qu'il n'a nullement tenues, je comprends sa répugnance à le revoir. Il est malheureux, ce pauvre Delisle ! Il faut pardonner beaucoup à l'orgueil souffrant. Et ce garçon m'en a l'air rongé, c'est pour cela qu'il me plaît. Mais je lui retire ma sympathie, s'il est envieux, comme tu le crois (et tu as peut-être raison. Leconte a passé par la démocratie *active*[8]. — Or, c'est un sale passage !). Tu t'es un peu révoltée contre moi, il y a quelques mois, quand je t'ai dit qu'il faudrait à ce jeune homme-là (car c'est un jeune homme) une bonne bougresse, une gaillarde gaie, amusante, une femme à

scintillements. J'en reviens à mon idée. Cela mettrait
un peu de soleil dans sa vie. Ce qui manque à son talent,
comme à son caractère, c'est le côté moderne, *la couleur
en mouvement*. Avec son idéal de passions *nobles*, il ne
s'aperçoit pas qu'il se dessèche, pratiquement, et qu'il
se stérilise, littérairement. L'idéal n'est fécond que
lorsqu'on y fait *tout* rentrer. C'est un travail d'amour et
non d'exclusion. — Voilà deux siècles que la France
marche suffisamment dans cette voie de *négation* ascen-
dante. On a de plus en plus éliminé des lettres[a] la nature,
la franchise, le caprice, la personnalité, et même l'érudition, comme étant grossière, immorale, bizarre, pédantesque. Et dans les mœurs, on a pourchassé, honni et
presque anéanti la gaillardise et l'aménité, les grandes
manières, et les genres de vie *libres,* lesquelles sont les
fécondes *[sic].* On s'est guindé vers la Décence ! Pour
cacher ses écrouelles, on a haussé sa cravate ! L'idéal
jacobin et l'idéal marmontellien[1] peuvent se donner la
main. Notre délicieuse époque est encore encombrée par
cette double poussière. Robespierre et M. de La Harpe[2]
nous régentent du fond de leur tombe. Mais je crois qu'il
y a quelque chose au-dessus de tout cela, à savoir : l'acceptation ironique de l'existence, et sa *refonte* plastique et
complète par l'art. Quant à nous, *vivre ne nous regarde pas.*
Ce qu'il faut chercher, c'est ne point souffrir.

   J'ai passé deux exécrables journées, samedi et hier.
Il m'a été impossible d'écrire *une* ligne. Ce que j'ai juré,
gâché de papier et trépigné de rage, est impossible à
savoir. J'avais à faire un passage psychologico-nerveux
des plus déliés[3], et je me perdais continuellement dans
les métaphores, au lieu de préciser les faits. Ce livre,
qui n'est qu'en style, a pour danger continuel le style
même. La phrase me grise et je perds de vue l'idée.
L'univers entier me sifflerait aux oreilles, que je ne serais
pas plus abîmé de honte que je ne le suis, quelquefois.
Qui n'a senti de ces impuissances, où il semble que votre
cervelle se dissout comme un paquet de linges pourris ?
Et puis le vent resouffle, la voile s'enfle. Ce soir, en une
heure, j'ai écrit toute une demi-page. Je l'aurais peut-
être achevée, si je n'eusse entendu sonner l'heure et
pensé à toi.

   Quant à ton Journal[4], je n'ai nullement *défendu* à
B[ouilhet] d'y collaborer. Mais je crois seulement : que

lui, inconnu, débutant, ayant sa réputation à ménager, *son nom à faire valoir,* et mousser, il aurait tort de donner *maintenant* des vers à un petit journal. Cela ne lui rapporterait ni honneur, ni profit. Et je ne vois pas *en quoi cela te rendrait service,* puisque vous avez le droit de prendre de droite et de gauche ce qui vous plaît. — Pour ce qui est de moi : tu comprends que je n'écrirai pas plus dans celui-là que dans un autre. *À quoi bon ?* et en quoi cela m'avancerait-il ? S'il faut (quand je serai à Paris) t'expédier des articles pour t'obliger, de grand cœur. Mais quant à signer, non. Voilà vingt ans que je garde mon pucelage. — Le public l'aura tout entier et d'un seul coup, ou pas. D'ici là, je le soigne. Je suis bien décidé d'ailleurs à n'écrire par la suite *dans aucun journal,* fût-ce même la R[evue] des Deux M[ondes], si on me le proposait. Je veux ne faire partie de rien, n'être membre d'aucune académie, d'aucune corporation, ni association quelconque. Je hais le troupeau, la règle et le niveau. Bédouin, tant qu'il vous plaira ; citoyen, jamais. J'aurai même grand soin, dût-il m'en coûter *cher,* de mettre à la première page de mes livres que « la reproduction en est permise », afin qu'on voie que je ne suis pas de la Société des gens de lettres, car j'en renie le titre, d'avance, et je prendrais vis-à-vis de mon concierge plutôt celui de négociant ou de chasublier. — Ah ! ah ! je n'aurai pas tourné dans ma cage pendant un quart de siècle, et avec plus d'aspirations à la liberté que les tigres du Jardin des Plantes, pour m'atteler ensuite à un omnibus et trottiner[a] d'un pas tranquille sur le macadam commun. Non, non. Je crèverai dans mon coin, comme un ours galeux. — Ou bien l'on se dérangera pour voir l'ours. — Il y a une chose *toute nouvelle* et charmante à faire dans ton J[ournal], une chose qui peut être presque une création littéraire, et à quoi tu ne penses pas, c'est *l'article mode.* Je t'expliquerai ce que je veux dire dans ma prochaine[1]. Il me reste à peine assez de place pour te dire que ton G. t'embrasse.

À LOUISE COLET

[Croisset,] dimanche soir. [29 janvier 1854.]

J'espère bien qu'au milieu de la semaine prochaine, bonne chère Louise, nous nous verrons, enfin ! ! ! J'ai bon pressentiment de ce voyage. Je serai logé plus près de toi. — J'aurai peu de courses, et d'ailleurs, afin de n'être pas tiraillé par les heures, je prendrai deux ou trois jours pleins, afin d'être le reste du temps plus complètement à toi et à B[ouilhet]. — Je crois que je vais définitivement envoyer promener à un autre voyage l'excursion à Nogent[1]. Cela me demanderait 2 jours pleins, et c'est de l'argent dépensé sans profit, ni plaisir !

Sais-tu combien j'ai fait de pages cette semaine ? *Une*, et encore je ne dis pas qu'elle soit bonne ! Il fallait un passage rapide, léger ; or j'étais dans des dispositions de lourdeur et de développement ! Quel mal j'ai ! C'est donc quelque chose de bien atrocement délicieux que d'écrire, pour qu'on reste à s'acharner ainsi en des tortures pareilles, et qu'on n'en veuille pas d'autres. Il y a là-dessous un mystère qui m'échappe ? La Vocation est peut-être comme l'amour du pays natal (que j'ai peu, du reste), un certain lien fatal des hommes aux choses. Le Sibérien dans ses neiges, et le Hottentot dans sa hutte vivent contents, sans rêver soleil ni palais. Quelque chose de plus fort qu'eux les attache à leur misère. — Et nous, nous [nous] débattons dans les Formes ; poètes, sculpteurs, peintres et musiciens, nous respirons l'existence à travers la phrase, le contour, la couleur ou l'harmonie, et nous trouvons tout cela le plus beau du monde ! — Et puis j'ai été *écrasé* pendant deux jours par une scène de Shakespeare (la 1re de l'acte III du *Roi Lear*[2]). Ce bonhomme-là me rendra fou. Plus que jamais tous les autres me semblent des enfants à côté. Dans cette scène, tout le monde, à bout de misère, et dans un paroxysme complet de l'être, perd la tête et déraisonne. Il y a là 3 folies différentes qui hurlent à la fois, tandis que le bouffon fait des plaisanteries, que la pluie tombe et que le tonnerre brille. Un jeune seigneur[3], que l'on a vu riche et beau au commen-

cement, dit ceci : « Ah ! j'ai connu les femmes, etc.
(j'ai été ruiné par elles), méfiez-vous du bruit léger de
leur robe, et du craquement de leurs souliers de
satin, etc.[1] » Ah ! Poésie françoyse, quelle eau claire tu
fais en comparaison ! Quand je pense qu'on s'en tient
encore aux bustes ! à Racine ! à Corneille ! et autres gens
d'esprit embêtants à crever ! Cela me fait rugir ! Je voudrais (encore une citation du Vieux[2]) « les broyer dans
un pilon, pour peindre ensuite avec ce résidu les murailles
des latrines ».

Oui, cela m'a bouleversé. Je ne faisais que penser à
cette scène dans la forêt, où l'on entend les loups hurler
et où le vieux Lear pleure sous la pluie et s'arrache la
barbe dans le vent. — C'est quand on contemple ces
sommets-là que l'on se sent petit : « Nés pour la médiocrité, nous sommes écrasés par les esprits sublimes[3]. »
Mais causons d'autre chose que de Shakespeare, parlons
de ton Journal.

Eh bien, je crois que partout et à *propos de tout,* on
peut faire de l'art. Qui s'est jusqu'à présent mêlé des
articles modes ? des couturières ! De même que les
tapissiers n'entendent rien à l'ameublement, les cuisi-
niers peu de chose à la cuisine, et les tailleurs rien au
costume, les couturières non plus n'entendent rien à
l'atour. La raison est la même, qui fait : que les peintres
de portraits font de mauvais portraits (les bons sont
peints par des penseurs, par des créateurs, les seuls qui
sachent *reproduire*). L'étroite spécialité dans laquelle ils
vivent, leur enlève *le sens même* de cette spécialité, et
ils confondent toujours l'accessoire et le principal, le
galon avec la coupe. Un grand tailleur serait un artiste,
comme au XVIe siècle les orfèvres étaient artistes. Mais la
médiocrité s'infiltre partout, les pierres même deviennent
bêtes, et les grandes routes sont stupides. — Dussions-
nous y périr (et nous y périrons, n'importe), il faut par
tous les moyens possibles faire barre au flot de merde
qui nous envahit. — Élançons-nous dans l'idéal !
Puisque nous n'avons pas le moyen de loger dans le
marbre et dans la pourpre, d'avoir des divans en plumes
de colibris, des tapis en peaux de cygne, des fauteuils
d'ébène, des parquets d'écaille, des candélabres d'or

massif, ou bien des lampes creusées dans l'émeraude, *gueulons* donc contre les gants de bourre de soie, contre les fauteuils de bureau, contre les mackintosh[1], contre les caléfacteurs économiques, contre les fausses étoffes, contre le faux luxe, contre le faux orgueil ! L'industrialisme a développé le Laid dans des proportions gigantesques ! Combien de braves gens qui, il y a un siècle, eussent parfaitement vécu sans Beaux-Arts, et à qui il faut maintenant de petites statuettes, de petite musique et de petite littérature ! (Que l'on réfléchisse seulement quelle effroyable propagation de mauvais dessin ne doit pas faire la Lithographie ! — Et quelles belles notions un peuple en retire, quant aux formes humaines !) Le bon marché, d'autre part, a rendu le vrai luxe, fabuleux. — Qui est-ce qui consent maintenant à acheter une bonne montre (cela coûte 1 200 fr[ancs]) ? Nous sommes tous des farceurs, et des charlatans ; pose, pose ! et blague partout ! La crinoline a dévoré les fesses, notre siècle est un siècle de putains, et ce qu'il y a de moins prostitué, jusqu'à présent, ce sont les prostituées.

Mais, comme il ne s'agit pas de déclamer contre le bourgeois (lequel bourgeois *n'est même plus bourgeois,* car depuis l'invention des omnibus la bourgeoisie est morte ! oui, elle s'est assise là, sur la banquette populaire, et elle y reste, toute pareille maintenant à la canaille, d'âme, d'aspect et même d'habit ! voir le chic des grosses étoffes, la création du paletot, les costumes de canotiers, les blouses bleues pour la chasse, etc.), comme il ne s'agit pas cependant de déclamer, voici ce que je ferais.

J'accepterais tout cela. — Et une fois parti de ce point de vue démocratique : à savoir que tout est à tous, et que la plus grande confusion existe pour le bien du plus grand nombre, je tâcherais d'établir *a posteriori* qu'il n'y a pas par conséquent *de modes,* puisqu'il n'y a pas d'autorité, de règle. On savait autrefois *qui* faisait la mode, et elles avaient toutes *un sens* (je reviendrai là-dessus, ceci rentrerait dans l'histoire du costume qui serait une bien belle chose à faire, et toute neuve[2]). Mais maintenant il y a anarchie et chacun est livré à son caprice. Un ordre nouveau en sortira peut-être. Ce sont encore *deux points* que je développerais. Cette anarchie est le résultat (entre mille autres) de la tendance historique de notre époque (le XIXe siècle repasse son cours d'histoire). Ainsi nous avons eu le Romain, le Gothique, le Pompadour, la Renaissance, le tout en moins de 30 ans, et *quelque chose de tout cela subsiste.* — Comment donc tirer profit de tout cela, *pour la Beauté ?* (le calembour y est, je le prends dans ce sens) : en étudiant quelle forme, quelle couleur convient à telle personne *dans telle circonstance donnée.* Il y a là un rapport de tons, et de lignes qu'il faut saisir. Les grandes coquettes s'y entendent, et pas plus que les vrais dandys, elles ne s'habillent d'après le journal de modes ! — Eh bien, c'est de cet art-là qu'un journal de modes, pour être neuf et *vrai,* doit parler. (Étudiez, par exemple, comment Véronèse habille ses blondes, quels ornements il met au cou de ses négresses, etc.) N'y a-t-il pas des toilettes décentes, n'y en a-t-il pas de libidineuses, comme d'élégiaques et d'émoustillantes ? De quoi cet effet-là dépend-il ? *d'un rapport exact,* qui vous échappe, entre les traits ou l'expression du visage et l'accoutrement.

Autre considération, le *rapport* du costume à l'action, et de cette idée d'utilité souvent même dérive le beau. Exemple : majesté des costumes sacerdotaux. (Le geste de la bénédiction est stupide sans manches larges.) L'Orient se démusulmanise par la redingote. Ils ne peuvent plus faire leurs ablutions, les malheureux, avec leurs parements boutonnés, de même que l'introduction du sous-pied leur fera abandonner, tôt ou tard, l'usage du divan (et peut-être celui du harem, car lesdits pantalons ont aussi des braguettes *boutonnées*. À propos de l'importance des Braguettes, voir le grand Rabelays[1]). Quant au sous-pied, il est chassé de France, maintenant, par suite de l'extension et de la rapidité des affaires commerciales. Remarquez que ce sont les Boursiers qui ont les premiers porté la guêtre et le soulier. — Le sous-pied les gênait pour monter en courant les marches de la Bourse, etc., etc. Enfin y a-t-il rien de plus stupide que ce bulletin de modes disant les costumes que *l'on a portés,* la semaine dernière, *afin* qu'on les porte la semaine qui va suivre, et donnant une règle pour tout le monde, sans tenir compte que chacun, pour être bien habillé, doit s'habiller *quant à lui !* C'est toujours la même question, celle des Poétiques. Chaque œuvre à faire a sa poétique en soi, *qu'il faut trouver.*

Je démolirais donc cette idée d'une mode générale.

Je m'acharnerais aux chapeaux tuyaux de poêle, aux robes de chambre à palmes, aux bonnets grecs à fleurs. J'effraierais le bourgeois et la bourgeoise.

Il faut faire passer la mode des corsets, lesquels sont une chose hideuse, d'une lubricité révoltante, et d'une incommodité excessive, en de certains moments. J'en ai quelquefois bien souffert ! ! !

Oui, j'ai souffert beaucoup de ces riens, dont un homme *ne doit pas parler* (car cela sort de ce type viril, d'après lequel il faut être, sous peine de passer pour un eunuque). Ainsi il y a des ameublements, des costumes, des couleurs d'habits, des profils de chaises, des bordures de rideaux, qui me font vraiment mal. — Je n'ai jamais vu dans un théâtre les coiffures des femmes dites *en toilette,* sans avoir envie de vomir, à cause de toute la colle de poisson qui plaque leurs bandeaux, etc. ! — Et la vue des acteurs, qui ont *quand même* (même en jouant *Guillaume Tell*[1]) des gants Jouvin[2], suffit à me faire détester l'Opéra ! — Quels imbéciles ! Et l'expression de la main, que devient-elle avec un gant ? imaginez donc une statue gantée ! — Tout doit parler dans les Formes, et il faut qu'on voie toujours le plus possible *d'âme.*

Comme voilà parlé de chiffons, n'est-ce pas ?

Ah ! c'est que j'ai passé bien des heures de ma vie, au coin de mon feu, à me meubler des palais ! et à rêver des livrées, *pour quand* j'aurais un million de rentes ! Je me suis vu aux pieds des cothurnes, sur lesquels il y avait des étoiles de diamant ! J'ai entendu hennir sous des perrons imaginaires des attelages qui feraient crever l'Angleterre de jalousie. — Quels festins ! Quel service de table ! Comme c'était servi ! et bon ! Les fruits des pays de toute la terre débordaient dans des corbeilles faites de leurs feuilles ! On servait les huîtres[3] avec le varech, et il y avait tout autour de la salle à manger un espalier de jasmins en fleurs où s'ébattaient des bengalis.

Oh les tours d'ivoire ! Montons-y donc par le rêve, puisque les clous de nos bottes nous retiennent ici-bas !

Je n'ai *jamais vu* dans ma vie *rien* de luxueux, si ce n'est en Orient. On trouve là des gens couverts de poux et de haillons et qui ont au bras des bracelets d'or. Voilà des gens pour qui le beau est plus utile que le bon. Ils se couvrent avec de la couleur, et non avec de l'étoffe.

Ils ont plus besoin de fumer que de manger. — Belle
prédominance de l'idée, quoi qu'on en dise.

Allons, adieu, il est bien tard. Je t'embrasse ; à toi.
Ton G.

À LOUISE COLET

[Croisset,] vendredi soir.
[3 février 1854.]

Tu me verras mardi. — Je pourrais même parfaitement partir dès demain matin si j'avais des chemises
de repassées. Mais, comme je ne me suis décidé que
tantôt, on n'a pas eu le temps.

Je croyais arriver à bout de finir mon morceau. Je le
laisse, car j'en vomis de fatigue. J'ai écrit ce mois-ci
3 pages, et en travaillant bien, je t'assure, sans distraction.
Ces 3 pages en représentent à peu près une trentaine, si
ce n'est plus. C'est que tout cela probablement n'avait
pas été bien conçu ? J'ai tâtonné et je me suis perdu. —
Plût à Dieu que le mot impie de Buffon fût vrai[1] ! car je
crois que personne n'a de patience comme moi !

Jusqu'à présent j'avais à peindre des états tristes, des
pensées amères. J'en suis maintenant à un passage
joyeux[2]. J'échoue. Les cordes lamentables me sont faciles.
Mais je ne peux pas m'imaginer le bonheur, et je reste
là devant, froid comme un marbre et bête comme une
bûche.

Il en est, du reste, toujours ainsi. Les prétendus beaux
endroits (en plan) sont ceux qu'on rate. Méfions-nous
des solennités ! Quoique j'aie dans ce moment une
profonde conviction de ma faiblesse, je n'en pleure pas.
— Mais j'en grince des dents. Si je n'avais l'envie,
assez sotte, *d'avoir fini,* je prendrais mon mal plus en
patience. Mais c'est tout le temps perdu qui me désole.

Je vais employer ces trois jours-ci à me calmer afin
d'apparaître aimable. — Et je le serai. Puis je vais faire
un peu de plan, pour travailler de suite à mon retour.

Ce que tu me dis de Delisle[3] me fait pitié. Cela me
paraît très médiocre d'avoir, à son âge, *des passions,* et
embêtement pour embêtement, j'aime encore mieux

m'arracher mon peu de cheveux en pensant à des phrases
qu'à des regards.

La Sylphide[1] a bien tort de me redouter. Pourquoi ?
Est-ce bête ? Crois-tu donc que je vais lui faire *des allusions*, comme un goujat ?

À bientôt donc, bonne chère Louise. J'arriverai pour
dîner, à 6 h 1/2 au plus tard.

Mille baisers. À toi.

Ton.

À LOUISE COLET

[Croisset,] dimanche soir.
[19 février 1854.]

Je m'attendais à avoir ce matin une lettre de toi qui
me conterait l'importante visite du Philosophe[2], et j'ai
été fort désappointé. Mais je réfléchis maintenant que
le samedi est ton jour de rédaction et que tu n'as pas eu
sans doute le temps de m'écrire. À propos de ton Journal, sais-tu ce que j'ai lu ce matin, à mon réveil, dans le
J[ournal] de Rouen ? Ton article de dimanche dernier.
On m'apporte ladite feuille, pliée de telle façon que la
première chose qui frappe ma vue est le nom de ce bon
Léonard[3]. Je jette les yeux sur le reste et je reconnais la
chose. Tout y est, depuis Mme Récamier jusqu'aux
fleurs d'eau, froides au toucher, comme les nénuphars.
Est-ce singulier ? Et combien les braves rédacteurs du
Journal de Rouen, pillant de droite et de gauche, se doutent
peu qu'ils m'envoient mes phrases[4] ! — Cela m'a fait
repasser devant moi tout dimanche dernier. Je me sentais encore écrivant au coin de ton feu, gêné par mon
pantalon, par mon rhume et mon habit, tout en devisant
avec cette estimable Lageolais[5], qui a décidément une
boule de vieille garce fort excitante.

En chemin de fer, je me suis trouvé avec trois gaillards qui allaient à la campagne, pêcher, boire et s'amuser. — J'ai envié ces drôles, car je sens un grand besoin
d'amusement. Me voilà devenu assez vieux pour envier
la gaieté des autres. — Harassé de style et de combinaisons échouées, il me faudrait par moments des distrac-

tions violentes. Mais celles qui me seraient bonnes sont
trop chères, et trop loin. —

C'est surtout dans les moments où je saigne par l'orgueil, que je me sens grouiller en moi, comme une compagnie de crapauds[1], un tas de convoitises vivaces. — Je
viens de passer deux mois atroces, et dont je garderai
longtemps le souvenir.

Avant-hier soir et hier toute l'après-midi je n'ai fait
que dormir. Aujourd'hui j'ai repris la besogne. Il me
semble que ça va marcher. J'aurai fait demain une page.
Il faut que je change de manière d'écrire si je veux continuer à vivre, et de façon de style si je veux rendre ce
livre lisible.

Au mois de mai, j'espère avoir fait un grand pas, et
dès juillet ou août, je me mettrai sans doute à chercher
un logement (grave affaire), afin que tout soit prêt au
mois d'octobre. Il faudra bien 3 mois pour meubler
3 pièces, puisqu'on en a mis deux à m'en meubler, ici,
une seule. Je tiens beaucoup à ces futilités *indignes d'un
homme*. Futilités soit, mais commodités, « et qui adoucissent l'amertume de la vie », comme dit M. de Voltaire.
Nous ne vivons que par l'extérieur des choses. Il le faut
donc soigner. Je déclare quant à moi que le physique
l'emporte sur le moral. — Il n'y a pas de désillusion qui
fasse souffrir comme une dent gâtée, ni de propos
inepte qui m'agace autant qu'une porte grinçante. Et c'est
pour cela que la phrase de la meilleure intention rate
son effet, dès qu'il s'y trouve une assonance, ou un pli
grammatical.

Adieu, je t'embrasse.

À toi. Ton G.

Rien du Crocodile[2].

C'est *polos*[3], certainement. Je t'enverrai là-dessus une
note.

Envoie les 4 prospectus *à la fois*. Ce sera pour moi le
moyen de faire qu'ils ne se ressemblent pas. — Et dis-
moi quand est-ce qu'il faut que cela soit prêt[4].

À JULES DUPLAN

[Croisset, 24 février 1854.]

J'ai bien des excuses à vous faire, mon cher Duplan. Voilà deux fois que je viens à Paris et que je ne vais pas vous voir. J'ai peur que vous ne croyiez que je vous oublie. Rien n'est moins vrai pourtant.

La première fois, au mois de novembre[1], j'ai eu beaucoup d'affaires embêtantes, et la dernière il y a huit jours[2], j'ai passé presque tout mon temps avec un tel rhume et un tel embêtement que je n'ai pas voulu vous voir, de peur de vous communiquer l'un et l'autre.

Je sors à peine d'un état moral[a] des plus *piètres* qui m'a duré deux mois. Le citoyen Bouilhet a eu également un bon accès de spleen qui s'est ajouté[b] aux embarras de son installation. Il n'a pas été chez vous, ne sachant où vous demeurez, et *ayant peur de se perdre dans les rues [sic],* — enfin, par bêtise. Tel est le caractère du jeune homme. — Allez le voir, vous lui ferez du bien. Il demeure rue de Grenelle-Saint-Germain, 71. Au reste vous recevrez probablement sa visite, d'ici à peu.

Dites-moi comment vous allez, ce que vous devenez. Ne devez-vous pas bientôt lâcher le métier ? et aller en Italie ? ? ?

Quant à moi, mon gueusard[3] de roman commence à me peser. J'ai eu de grands renfoncements intérieurs, et des désespoirs solitaires, féroces.

Vous savez bien que vous m'avez promis de venir me voir un dimanche quelconque ? sera-ce au printemps ?

Adieu, mon vieux, portez-vous et tenez-vous en joie si c'est possible, par ce bon temps où nous vivons.

Tout à vous. Je vous embrasse.

Vendredi soir.
Croisset.

À LOUISE COLET

[Croisset,] nuit de samedi, 1 heure.
[25 février 1854.]

Je crois que me voilà renfourché sur mon dada. Fera-
t-il encore des faux pas à me casser le nez ? A-t-il les
reins plus solides ? Est-ce pour longtemps ? Dieu le
veuille ! Mais il me semble que je suis remis. J'ai fait
cette semaine trois pages et qui, à défaut d'autre mérite,
ont au moins de la rapidité. Il faut que ça marche, que
ça coure, que ça fulgure, ou que j'en crève ; et je n'en
crèverai pas. Mon rhume m'a peut-être *purgé le cerveau,*
car je me sens plus léger et plus rajeuni. J'ai pourtant
tantôt perdu une partie de mon après-midi, ayant reçu
la visite d'un oncle de Liline[1] qui m'a tenu trois heures.
Il m'a, du reste, dit deux beaux mots de bourgeois
que je n'oublierai pas et que je n'eusse pas trouvés.
Ainsi, béni soit-il ! Premier mot, à propos de poisson :
« Le poisson est exorbitamment cher ; on ne peut pas
en approcher. » Approcher du poisson ! Énorme ! ! !
Deuxième mot, à propos de la Suisse, que ce monsieur a
vue ; c'était à l'occasion d'une masse de glace se déta-
chant d'un glacier : « C'était magnifique et notre guide
nous disait que nous étions bien heureux de nous trouver là, et qu'un Anglais *aurait payé 1 000 francs pour voir
ça.* » L'éternel Anglais payant, encore plus énorme[2] !
Qui te fait penser que je me souciais peu de savoir
l'issue de la visite du Philosophe (tu as bien fait ; reste
inflexible pour la pension[3]) parce que je n'avais pas pu
venir mercredi soir, harassé que j'étais de courses et
d'affaires ? Ah ! Louise, Louise, sais-tu que, moi, je ne
t'ai jamais dit le quart des choses dures que tu m'écris,
moi qui suis si dur, à ce que tu prétends, et « qui n'ai
pas l'ombre d'une apparence de tendresse pour toi »[4] ?
Cela te navre *profondément,* et moi aussi, et plus que je
ne le dis et ne le dirai jamais. Mais quand on écrit de
pareilles choses, de deux choses l'une : ou on les pense,
ou on ne les pense pas. Si on ne les pense pas, si c'est
une figure de rhétorique, elle est atroce, et si l'on ne
fait qu'exprimer littéralement sa conviction, ne vau-

drait-il pas mieux fermer sa porte aux gens tout net ? Tu
te plains tant de ma *personnalité maladive* (ô Du Camp,
grand homme ! et combien nous t'avons tous calomnié[1] !) et de mon manque de dévouement, que je finis
par trouver cela d'un grotesque amer. Mon égoïsme
tant reproché redouble, à force de me l'étaler sans cesse
sous les yeux. Qu'est-ce que cela veut dire, égoïsme ? Je
voudrais bien savoir si tu ne l'es pas non plus, toi
(égoïste), et d'une belle manière encore ! Mais mon
égoïsme à moi n'est même pas *intelligent*. De sorte que
je suis non seulement un monstre, mais un imbécile !
Charmants propos d'amour ! Si depuis un an (un an,
non ! six mois) le cercle de notre affection, comme tu
l'observes, se rétrécit, à qui la faute ? Je n'ai changé
envers toi ni de conduite ni de langage. Jamais (repasse
dans ta mémoire mes autres voyages) je ne suis plus
resté chez toi qu'à ces deux derniers. Autrefois, quand
j'étais à Paris, j'allais encore dîner chez les autres de
temps en temps. Mais, au mois de novembre, et il y a
quinze jours, j'ai tout refusé pour être plus complètement ensemble et, dans toutes les courses que j'ai faites,
il n'y en a pas eu une seule pour mon plaisir, etc.

   Je crois que nous vieillissons, rancissons ; nous aigris-
sons et confondons mutuellement nos vinaigres ! Moi,
quand je me sonde, voici ce que j'éprouve pour toi :
un grand attrait physique d'abord, puis un attachement
d'esprit, une affection virile et rassise, une estime émue.
Je mets l'amour au-dessus de la vie *possible* et je n'en
parle jamais à mon usage. Tu as bafoué devant moi, le
dernier soir, et bafoué comme une bourgeoise, mon
pauvre rêve de quinze ans[2] en l'accusant encore une
fois de *n'être pas intelligent !* Ah ! j'en suis sûr, va ! N'as-
tu donc jamais rien compris à tout ce que j'écris ? N'as-
tu pas vu que toute l'ironie dont j'assaille le sentiment
dans mes œuvres n'était qu'un cri de vaincu, à moins
que ce ne soit un chant de victoire ? Tu demandes de
l'amour, tu te plains de ce que je ne t'envoie pas de
fleurs ? Ah ! j'y pense bien, aux fleurs ! Prends donc
quelque brave garçon tout frais éclos, un homme à
belles manières et à idées reçues. Moi, je suis comme
les tigres qui ont au bout du gland des poils agglutinés
avec quoi ils déchirent la femelle. L'extrémité de tous
mes sentiments a une pointe aiguë qui blesse les autres,

et moi-même aussi quelquefois. Je n'avais chargé Bouilhet[1] de rien du tout. C'est une supposition de ta part. Il ne t'a dit au reste que la vérité, puisque tu la demandes. Je n'aime pas à ce que mes sentiments soient connus du public et qu'on me jette ainsi à la tête, dans les visites, mes passions, en manière de conversation. J'ai été jusqu'à plus de vingt ans où je rougissais comme une carotte quand on me disait : « N'écrivez-vous pas ? » Tu peux juger par là de ma pudeur vis-à-vis des autres sentiments. Je sens que je t'aimerais d'une façon plus ardente si personne ne savait que je t'aimasse. J'en veux à Delisle[2] de ce que tu m'as tutoyé devant lui, et sa vue m'est maintenant désagréable. Voilà comme je suis fait, et j'ai assez de besogne sur le chantier sans prendre celle de ma réformation sentimentale. Toi aussi tu *comprendras, en vieillissant,* que les bois les plus durs sont ceux qui pourrissent le moins vite. Et il y a une chose que tu seras forcée de me garder à travers tout : à savoir, ton estime. Or j'y tiens beaucoup.

Tu ne m'en témoignes guère cependant en revenant encore, et si souvent, sur les huit cent francs que je t'ai prêtés[3]. On dirait vraiment que je te poursuis par huissier ! T'en ai-je jamais parlé ? Je n'en ai nul besoin. Garde-les ou rends-les-moi, ça m'est égal. Mais tu as l'air de vouloir me faire comprendre ceci : « Patientez, brave homme, ne soyez pas inquiet : on vous rendra votre pauvre argent ; ne pleurez pas. » J'en donnerais seize cents pour ne plus en entendre parler du tout !

Mais n'est-ce pas toi qui aimes moins ? Examine ton cœur et réponds-toi à toi-même. Quant à me le dire à moi, non ; ces choses-là ne se disent pas, parce qu'il faut *toujours* avoir du sentiment, et du fort et du criard ! Mais le mien, qui est minime, imperceptible et muet, reste toujours le même aussi ! Ton sauvage de l'Aveyron t'embrasse.

À LOUISE COLET

[Croisset,] nuit de jeudi.
[2 mars 1854.]

Oui ! tu as raison, bonne Muse. Cessons de nous quereller, embrassons-nous, passons l'éponge sur tout cela. Aimons-nous, chacun à notre manière, selon notre nature. Tâchons de ne pas nous faire souffrir réciproquement. Une affection quelconque est toujours un fardeau qu'on porte à deux. Que celui qui est plus petit se hausse pour que tout le poids ne lui tombe pas sur le nez ! Que celui qui est plus grand se baisse pour ne pas écraser son compagnon ! Je ne te dis plus *rien* que ceci : tu m'apprécieras plus tard. Quant à toi, c'est tout apprécié, aussi je te garde.

————

J'ai reçu ce matin tes trois catalogues[1]. Il y avait sur celui de Perrotin quelque chose d'écrit par toi qui a été enlevé. — Qu'était-ce ? Je ferai ces trois articles simultanément, afin qu'ils ne se ressemblent pas. Quel est celui qu'il faut le plus *faire mousser* ? (Ô critique, voilà tout ton but maintenant : faire mousser, ou bien échigner ; deux très jolies métaphores et qui donnent une idée de la besogne ! ! !) Dis-moi aussi quand est-ce qu'il faut que ces articles soient faits, au plus tôt et au plus tard. As-tu admiré, dans le catalogue de la *Librairie nouvelle,* les réclames qui suivent les titres des ouvrages ? C'est énorme ! Est-ce Jacottet qui a rédigé ces belles choses ? La *Revue de Paris* a une fière page. Quelle phalange ! Quels lurons ! Tout cela est à vomir. La littérature maintenant ressemble à une vaste entreprise[a] d'*inodores.* C'est à qui empestera le plus le public ! Je suis toujours tenté de m'écrier comme saint Polycarpe[2] : « Ah ! mon Dieu ! mon Dieu ! dans quel siècle m'avez-vous fait naître ? » et de m'enfuir en me bouchant les oreilles, ainsi que faisait ce saint homme, lorsqu'on tenait, devant lui, quelque proposition malséante.

La besogne remarche. J'ai fait depuis 14 jours juste autant de pages que j'en avais fait en six semaines.

Elles sont, je crois, meilleures, ou du moins plus rapides.
Je commence à m'amuser. Mais quel sujet ! quel sujet !
Voilà bien la dernière fois de ma vie que je me frotte
aux bourgeois. Plutôt peindre des crocodiles, l'affaire
est plus aisée. À propos de crocodile, point de nouvelles
du Grand Alligator[1]. — Pourquoi ? Je n'en sais rien.

Tu me parles de la mine triste de Delisle[2] et de la
mine triomphante de Bouilhet. Effet différent de causes
pareilles, à savoir : l'amour, le tendre amour, etc.,
comme dit Pangloss[3]. — Si Delisle prenait la vie (ou
pouvait la prendre) par le même bout que l'autre, il
aurait ce teint frais et cet aimable aspect qui t'ébahit.
Mais je lui crois l'esprit empêtré de graisse. Il est gêné
par des superfluités sentimentales, bonnes ou mauvaises,
inutiles à son métier. Je l'ai vu s'indigner contre des
œuvres à cause des mœurs de l'auteur. Il en est encore
à rêver l'amour, la Vertu, etc., ou tout au moins la
Vengeance. Une chose lui manque : *le sens comique*. Je
défie ce garçon de me faire rire. — Et c'est quelque
chose, le rire : c'est le dédain et la compréhension mêlés,
et en somme la plus haute manière de voir la vie, « le
propre de l'homme », comme dit Rabelays[4]. Car les
chiens, les loups, les chats et généralement toutes les
bêtes à poils, pleurent. Je suis de l'avis [de] Montaigne,
mon père nourricier : « il me semble que nous ne
pouvons jamais être assez méprisés selon notre mérite. »
J'aime à voir l'humanité (et tout ce qu'elle respecte)
ravalé, bafoué, honni, sifflé ! C'est par là que j'ai quelque
tendresse pour les ascétiques.

La torpeur moderne vient du respect illimité que
l'homme a pour lui-même. Quand je dis respect, non,
culte, fétichisme. Le rêve du socialisme, n'est-ce pas
de pouvoir faire asseoir l'humanité, monstrueuse d'obésité, dans une niche toute peinte en jaune, comme les
gares de chemin de fer, et qu'elle soit là à se dandiner
sur ses couilles, ivre, béate, les yeux clos, digérant son
déjeuner, attendant le dîner, et faisant sous elle ? — Ah !
je ne crèverai pas sans lui avoir craché à la figure de
toute la force de mon gosier. Je remercie Badinguet[5].
Béni soit-il ! Il m'a ramené au mépris de la masse, et
à la haine du populaire. C'est une sauvegarde contre
la bassesse, par ce temps de canaillerie qui court. —
Qui sait ? Ce sera peut-être là ce que j'écrirai de plus

net, et de plus tranchant ; et peut-être la seule protestation morale de mon époque[1].

Quelle parenthèse ! Je reviens à Delisle ou plutôt à B[ouilhet]. C'est bien beau son histoire avec la Sylphide[2] ! Voilà au moins une manière de prendre le sentiment qui ne vous ruine pas l'estomac. Cette Sylphide est une grande femme ! Je l'estime. Je la trouve très forte, pleine d'un bon petit chic, tout à fait Pompadour, talon rouge, Fort-l'Évêque, etc. Je suis effrayé quand je pense à la quantité de coups illégitimes qu'elle a dû tirer[3] ! Si à chaque amant nouveau il pousse un andouiller aux cornes du mari, ce brave homme doit être non un cerf dix cors, mais un cerf cent cors ! Pendant qu'il lui pousse des andouillers, sa femme se repasse des andouilles ! — Farce, calembour ! Ne faut-il pas avoir le petit mot pour rire ?

———————

À propos d'histoire galante, j'ai été dimanche dernier au Jardin des Plantes. Ce lieu, que l'on appelle Trianon, était autrefois habité par un drôle appelé Calvaire, qui avait une fille qui baisait[4] beaucoup avec un nommé Barbelet, qui s'est tué pour l'amour d'elle. C'était un de mes camarades de collège. Il s'est tué à 17 ans, d'un coup de pistolet[5]. Dans une plaine sablonneuse que je traversais par un grand vent, j'ai revu la maison où j'avais vu jadis la fillette, partie maintenant on ne sait où ? — Il y a là maintenant des palmiers en serre chaude, et un amphithéâtre où tous les jardiniers *qui veulent s'instruire* viennent prendre des leçons pour la taille des arbres ! Qu'est-ce qui pense à Barbelet, à ses dettes, à son amour ? Qu'est-ce qui rêve à Mlle Calvaire... ? ... ? C'était comme ça que nous étions, nous autres, dans notre jeunesse ! Nous avions *des têtes,* comme on dit !

Adieu, il est bien tard. Je tombe de sommeil et t'embrasse sur les oreillers que je me souhaite.

Ton.

À LOUIS BOUILHET

Mon bonhomme,

Ma mère part demain soir pour Paris[1] et t'attend à déjeuner dimanche vers 11 h[eures] rue du Dauphin, hôtel Sully. Ainsi passe tes bôttes (pour dire souliers) et vas-y. Si tu ne peux, à cause de tes nombreuses occupations de femme, car le dimanche doit être ton jour de Sylphide[2], tu la trouveras lundi à la même heure. Elle ne repartira que mardi.

La besogne va assez rondement. J'ai fait cette semaine quatre pages dont deux depuis hier, ce qui est beaucoup pour un bradype[3] comme moi. J'ai peur qu'il n'y ait des répétitions, mais ma foi, tu les enlèveras si tu en trouves.

Rien de neuf d'ailleurs.

Adieu, porte-toi bien, ne t'épuise pas trop et rappelle-toi « qu'une once de...[4] » etc.

Je t'embrasse, mon vieux, ton vieux.

À LOUISE COLET

Il m'est arrivé aujourd'hui ce qui ne m'est pas advenu depuis bien des années : c'est de faire toute une page, dans ma journée. — Je l'ai écrite depuis huit heures jusqu'à maintenant minuit. Décidément je prends le parti de me coucher plus tôt. J'ai besoin de temps à autre de *bosses* de sommeil. — Et aujourd'hui, que j'avais dormi, la nuit dernière, douze heures d'aplomb, je me suis senti frais et gaillard, jeune enfin. C'est tout dire. — Ça va marcher, j'espère, quitte à retomber après dans la morte-eau, comme disent les marins. Car je ne vais jamais d'un train égal[5] en rien. Ma volonté seule suit une ligne droite, mais tout le reste de mon individu se perd en arabesques infinies. C'est un mal du diable pour redresser toutes ces courbes, amincir ce qui est trop gros, et grossir ce qui est trop grêle.

Dis-moi donc et au plus vite quand est-ce que l'on saura le résultat du concours[1]. Tu sais combien cela m'intéresse, bonne Muse. — Envoie-moi aussi des détails sur la publication de Perrotin, *Les Vierges de Raphaël*[2]. En fouillant mes notes je trouverai moyen, peut-être, avec ce que je me rappellerai en sus, de te faire un article passable[3]. Je m'y mettrai dans une quinzaine de jours (?). J'attends d'être à un point de repos de la *B[ovary]*. — J'ai vu dans le catalogue de la Delahaye un bon titre d'ouvrage : *De l'onanisme chez les personnes du sexe*[4]. Cela ne coûte que 1 fr. 75. Je le demande comme récompense de mon travail. À propos de sexe, il paraît que notre ami[5] s'y livre fort. Je l'ai toujours connu tel, du reste. Mais maintenant la diversité des plats ajoute à son appétit. Il s'excite à l'une sur l'autre, à l'autre [sur] l'une, etc. Car tout n'est qu'action et réaction, « branle perpétuel », comme dit le père Montaigne[6]. Branle ! un calembour. —

Tu crois que les toilettes de la D[iva][7] sont le fruit d'un boursicot multiple. Cela se peut, cela est même probable. Et tu t'ébahis qu'on puisse boire avec plaisir où tant de lèvres se posent. C'est s'étonner que l'on se grise au restaurant. — Est-ce qu'on pense, en humant le sauternes, à toutes les sales gueules qui se sont mises là un quart d'heure avant, et qui vont s'y remettre un quart d'heure après ? Où y a-t-il d'ailleurs une virginité quelconque ? quelle est la femme, l'idée, le pays, l'océan que l'on puisse posséder à soi, pour soi, tout seul ? Il y a toujours quelqu'un qui a passé avant vous sur cette surface ou dans cette profondeur dont vous vous croyez le maître. Si ce n'a été le corps, ç'a été l'ombre, l'image. Mille adultères rêvés s'entrecroisent sous le baiser qui vous fait jouir. Je crois un peu aux pucelages physiques, mais aux moraux non. Et dans la vraie acception du mot tout le monde est cocu. — Et archi-cocu. Le grand mal après tout. Je suis certain que le sieur B[ouilhet], quoiqu'il ne m'en ait nullement fait la confidence, s'en soucie fort médiocrement, pourvu qu'il ait sa part.

— Il préfère le co-partage avec du velours, de la batiste

et de la dentelle, car tout cela aussi fait jouir, « le train, et la dépense et la brocatelle, y font », comme dit ce même Michel[1] qui se connaissait en femmes et les aimait fort. —

Qu'importe que Gautier ne fasse rien pour B[ouilhet] ? Si B[ouilhet] le fréquentait pour cela, ce serait un sot et mal connaître son homme. Il faut prendre les gens tels qu'ils sont. Or G[autier] est un charmant homme — en conversation. Il aime tout ce que nous aimons, déteste ce que nous détestons, a notre langage et notre genre. N'en voilà-t-il pas cent fois plus qu'il ne faut pour le rechercher, et je dirai plus, l'aimer ? Car on doit être reconnaissant envers les gens *avec qui l'on peut causer*. Moi, c'est me rendre un très grand service que de me donner la réplique (dans ma voix) pendant seulement une heure. Cela m'est rarement arrivé. Aussi je bénis ceux qui m'ont procuré, ou me procurent encore cette volupté sociale.

Je suis bien content, à ce propos, que tu aies déniché de Vigny[2]. Puissent les accents de ce vieux rossignol te distraire ! — Tu ne me parles jamais de tes lectures. Tu as tort. Tu t'épuises. Il faut lire incessamment (de l'histoire, et des classiques). Tu m'objecteras que tu n'as pas le temps, non. Cela est plus utile que d'écrire, puisque c'est avec ce que les autres ont écrit que nous écrivons, hélas ! — Qu'est-ce que tu veux dire en disant que c'est « triste de ne pas s'étayer les uns sur les autres » ? Il faut s'étayer sur les Forts et sur l'Éternel, et non sur nos petites passions chatoyantes et changeantes. Depuis que je viens de relire tout Montaigne je me sens plus raide. Car j'en suis plein. — Et il ne faut pas non plus douter des amis et s'effaroucher et vous faire des sommations de gendarmes : « Réponds-moi au plus vite, net... sécurité trompeuse, etc. » — Tout cela parce que B[ouilhet] étant forcé, à cause des vacances de sa mère, de venir à Pâques (et ne pouvant venir qu'à Pâques), je juge fort bête de m'en aller d'ici, juste à ce moment-là. — Voilà tout ; je retarderai mon voyage d'une quinzaine[3]. En attendant je t'embrasse, vieille sauvage toujours en état d'ivresse.

À toi. Ton.

À LOUIS BOUILHET

[Croisset,] dimanche. [19 mars 1854.]

Peki ! Taïeb ! antiqua[1] ! mameluk ! tu es dans une *très
bonne voie*[2]. Continue et ne te désespère pas, vieux melon !
Je su is enchanté de la correction :

> Sentent *courir la sève, en friss[onnant d'] amour*[3].

Voilà donc déjà une strophe irréprochable.

———

Bon :

> *Les troupeaux répandus dans les grands pâturages*[4]
> . . . .
>
> *Fait tomber les fruits mûrs aux gazons du chemin.*

Tu verras seulement si *gazon* n'est [pas] trop près plus
haut, *ce que je ne crois pas.*

———

Les strophes *L'escarboucle*[5], etc., *Le fleuve diaphane*[6],
excellentes.

> *Ô splendide univers qu'ont rêvé les vieux âges*[7] !
> . . . .
>
> . . . .

Ah ! à la bonne heure ! maintenant on a pu rêver
cela ! Garde aussi ton oiseau. Pourquoi seulement ne
laisses-tu pas comme c'était précédemment *jette à l'écho
des cieux ?* en *battant de l'aile* est un peu trop poussé de
métaphore ?
Quant à :

> *Sur le monde enivré glisse une h[aleine] chaude ;*
> *La forêt qui s'agite au souffle matinal,*
> *Faisant vibrer dans l'air ses feuilles d'émer[aude,]*
> *Jette au soleil levant des notes de cristal*[8].

Le dernier vers est peut-être (???) un peu trop
cassant de précision. Si tu pouvais mettre : *fait* comme

un bruit de cristal, comme un murmure cristallin, plutôt que de dire que ça fait positivement des notes de cristal*[a]*. Il y a là une nuance très délicate. Je me trompe peut-être ? me comprends-tu ? Ceci est fort peu important[1].

Voilà tout. Tu vois donc que ce n'est rien, ne te désole pas, mon pauvre vieux.

Songe que ta pièce avait 33 strophes[2]. Mes observations n'ont jamais porté sur plus de 6 ou 8 tout au plus. Tu as fait cela en six semaines ! et tu gueules comme un âne ! tu es un misérable ! et un enfant gâté du Pinde !

Remémore-toi mes infortunés Comices[3] qui m'ont demandé trois mois : 25 pages ! et que de corrections ! que de changements !

Si tu es pressé par ta promesse, envoie faire foutre ladite promesse[4]. Je trouve ton tourment à cet égard pas roide.

Enfin si tu t'emmerdes trop, donne congé à tes amours et au lieu de venir ici à Pasques, viens-y dès maintenant. Tu te piéteras comme tu l'entendras, coucheras dans ma chambre, et travailleras au coin du feu. Après quoi à Pasques tu irais voir les flancs qui t'ont porté, et t'en retournerais à Paris. Cela vaudrait mieux que de se désespérer.

Ma mère te remercie beaucoup de t'être dérangé pour aller au Conseil de famille[5]. Cette affaire prend du reste une bonne tournure.

Je vais écrire à la Muse[6], ce soir.

Continue toujours dans la donnée de cette correct-t[ion] : *Sentent courir la sève,* c'est-à-dire : animé[7]. Sois sûr que ce sera plus amusant. Quant à la fin, avec la meilleure bonne volonté*[b]* de blâmer je ne vois qu'à admirer.

Adieu vieux. Allons sacré nom de Dieu !

Je t'embrasse tendrement.

À LOUISE COLET

[Croisset,] dimanche, après-midi.
[19 mars 1854.]

Je voulais t'écrire hier au soir, bonne Muse, mais j'ai entendu sonner 1 heure et demie, quand je croyais

qu'il n'était encore que minuit. Il était trop tard. —
J'ai été ces jours-ci (et le suis encore un peu) tourmenté par un rhumatisme dans l'épaule gauche et dans
le cou. Ce sont les anciennes pluies du Péloponnèse qui
se font sentir. Je suis comme les vieux murs. L'humidité sort, au printemps. Le mal de cela, c'est que ça
me fait beaucoup penser aux voyages, à des voyages,
pensées fort sottes et stériles puisque je n'y peux rien...
— N'importe, mon travail, quoique allant lentement et
à force de corrections et de refontes, avance. Au mois
de juillet j'apercevrai la fin, tout d'une enfilade, j'espère.
— Mais c'est atroce ! L'ordre des idées, voilà le difficile.
— Et puis, comme mon sujet est toujours le même,
qu'il se passe dans le même milieu, et que j'en suis
maintenant aux deux tiers, je ne sais plus comment
m'y prendre pour éviter les répétitions. La phrase la
plus simple comme « il ferma la porte », « il sortit »,
etc., exige des ruses d'art incroyables ! Il s'agit de varier
la sauce continuellement et avec les mêmes ingrédients.
— Je ne puis me sauver par la Fantaisie[a], puisqu'il n'y
a pas dans ce livre *un* mouvement en mon nom, et que
la personnalité de l'auteur est *complètement* absente. — Je
tremble que B[ouilhet] ne *m'engueule* à Pâques ! Il m'a
l'air, lui, assez embêté des corrections de son *Homme
futur*[1]. Le mal n'est pas si grand qu'il croit, et ce qu'il
m'a envoyé ce matin est très bon. — Enfin, tout cela
finira dans quelques mois. Nous serons plus souvent
réunis, et si notre travail n'en va pas mieux, nos personnes du moins en seront plus aises. — Le domestique
que je dois prendre, à Paris, sort d'ici à l'instant. —
Nous avons fait nos conventions. Je lui ai dit de se
tenir prêt pour le mois d'octobre prochain[2].

———

Je m'ennuie cet après-midi horriblement. Il fait un
temps gris stupide, et je ne suis pas en train de travailler !

———

Sais-tu que tu m'as écrit une bien charmante et
gentille lettre, bonne chère Louise ? Je suis content
que tu aies de l'espoir. J'en ai aussi[3]. Je compte sur de
Vigny qui m'a l'air d'un brave homme (quoiqu'il
s'intitule *esclave,* ce qui m'a paru d'un goût un peu

empire) et, s'il eſt tel que le croit Préault, ma jalousie dort tranquille[1]. — J'allais oublier le plus important de ma lettre, à savoir qu'il faut que je me lave de ce que tu m'attribues. Je ne t'ai nullement reniée chez Mme Cl[o-quet][2], et voici le dialogue *tel* qu'il s'eſt passé :

« On m'a dit que vous veniez souvent à Paris.

— Non, pas du tout, pourquoi ?

— On m'a, même, assuré que vous aviez une passion.

— Moi ! madame, j'en suis bien incapable, et pour qui ?

— Pour Mme C[olet]. On m'a dit que vous étiez du dernier mieux ensemble.

— Ah ! ah ! ah ! c'eſt vrai. Je l'aime beaucoup, je la vois très souvent. Mais je vous prie de croire que le reſte eſt une calomnie. »

Et j'ai continué en blaguant *sur moi* et m'accusant d'être *physiquement* incapable d'aimer, ce qui excitait beaucoup l'hilarité de M. et de Madame. — Sois sûre que j'ai tenu le milieu entre la reculade et l'impudence. Ils en auront cru ce qu'ils auront voulu, ce qui m'importe peu. Pourvu qu'on ne m'embête [pas] *en face,* voilà tout ce que je demande dans ces matières-là. Je crois même qu'ils sont plus certains de la chose maintenant. Mais ce sont des queſtions auxquelles on ne répond jamais « oui », à moins que d'être un goujat ou un fat. Car c'eſt (toujours dans les idées du monde) *déshonorer la femme,* ou s'en targuer. — Non, mille dieux, non, je ne t'ai pas reniée. Si tu connaissais le fond de l'orgueil *d'un homme comme moi,* tu n'aurais pas eu ce soup-çon. Je ne fais au monde que des concessions *de silence,* mais aucune de discours. Je baisse bien la tête devant ses sottises, mais je ne leur retire pas mon chapeau. —

Merci de tes offres pour M. de Saint-Marc[3]. Ses services nous seraient inutiles. L'affaire[4] eſt en bon train et a 99 chances sur cent de réussir. — On a découvert un tas de choses farces et ignobles, entre autres celle-ci : son oncle, un brave homme, établi, piété, considéré, portant breloques et favoris, chauve comme il convient à un penseur et ventru comme il sied à un sage, *une tête,* enfin ! eh bien, cet excellent monsieur vole son neveu de la manière la plus canaille. Il a fait souscrire à ce malheureux pour 75 mille fr[ancs] de billets. — Et l'avoué eſt arrivé juſte à temps pour empêcher la fabri-cation d'un acte qui allait le ruiner net. — Il l'eſt déjà

aux trois quarts, et après avoir eu douze mille livres de
rentes à lui (sans compter la fortune de sa femme), il
ne lui restera peut-être pas, d'ici à six mois, mille écus
de rente. Voilà où mène l'amour de l'alcool exagéré.
— Planche[1] ne reparaît plus chez lui, car il n'y a plus
rien à manger et peu à boire.

————

Ce que tu me dis de la lecture des *Fossiles* à Pichat
et à Max[2] ne m'a nullement surpris. (B[ouilhet] ne m'en
a pas parlé ; il ne m'écrit que de simples billets.) Ils
sont, tous ces braves gens-là, dans un milieu tellement
bruyant qu'il leur est impossible de se recueillir pour
écouter, d'abord. Puis, quand même ils eussent écouté,
c'est là une de ces œuvres originales qui ne sont pas
faites pour tout le monde. L'observation de D[u Camp] :
« Quel malheur que les bêtes ne soient pas nommées ! »
prouve qu'il a perdu toute notion de style. La « supériorité de l'idée sur la description » est de même architecture. — On en est arrivé maintenant à une telle
faiblesse de goût, par suite du régime débilitant[a] que
nous suivons, que la moindre boisson forte stupéfait
et étourdit. Voilà deux cents ans que la littérature
française n'a pris l'air. Elle a fermé sa fenêtre à la
Nature. Aussi le vent des grands horizons oppresse-t-il
d'étouffements *les gens d'esprit* (!). Il m'a été dit, il y a
cinq ou six ans, un mot profond par un Polonais[3], à
propos de la Russie : « Son esprit nous envahit déjà. »
Il entendait par là l'absolutisme, l'espionnage, l'hypocrisie religieuse, enfin l'anti-libéralisme sous toutes ses
formes. — Or nous en sommes là, en littérature aussi.
Rien que du Vernis, et puis le barbare, en dessous :
barbarie en gants blancs ! pattes de Cosaques aux ongles
décrassés ! pommade à la rose, qui sent la chandelle !
Ah ! nous sommes bas ! — Et il est triste de faire de la
littérature au XIX[e] siècle ! On n'a ni base, ni écho. — On
se trouve[b] plus seul qu'un Bédouin dans le désert. Car
le Bédouin, au moins, connaît les sources cachées sous
le sable. Il a l'immensité tout autour de lui et les aigles
volant au-dessus. Mais nous ! nous sommes comme un
homme qui tomberait dans le charnier de Montfaucon,
sans bottes fortes ! on est *dévoré par les rats*. C'est pour
cela qu'il faut avoir des bottes fortes ! et à talon haut,

à clous pointus et à semelle de fer, pour pouvoir, rien qu'en marchant, *écraser*.

Adieu, mille bons baisers, je t'embrasse encore. À toi tout.

Ton G.

À LOUISE COLET

[Croisset,] jeudi, 2 h[eures].
[23 mars 1854.]

Je n'ai que le temps de t'envoyer une partie de l'envoi du Crocodile[1]. — Car je viens d'égarer sur ma table 2 pièces de vers détachées de son volume. Je me hâte à cause de la lettre à Villemain[2]. Je pense qu'il te sera agréable de l'avoir demain vendredi, jour de l'Académie.

J'ai une lettre pour Mme d'Aunet[3], énorme. On voit des imprimés à travers. Il faut que je fasse une enveloppe. Car le grand homme a un système des plus incommodes pour une correspondance de cette nature. Aucune enveloppe ordinaire ne peut recouvrir ses lettres. — Il me cadotte de deux discours politiques fort piètres de fond et de forme. Décidément, il tourne au ganachisme avec ses rabâchages perpétuels. Je te les enverrai. —

Il y avait aussi un discours de Ribeyrolles[4] que je n'ai pas lu. — Mon lit était semé de papiers (j'avais en outre une longue [lettre] de B[ouilhet][5]). Je crois que ce discours a été balayé aux ordures. Je le fais rechercher. Je viens de dénicher les vers. — Il se fout de moi, le grand homme : il m'appelle « cher et honorable *concitoyen* »[6].

Je voulais t'écrire ce soir ou demain. — Envoie-moi un mot de réponse à ceci. Je t'écrirai un de ces jours, dimanche ou lundi ; mais souvent je me trouve pris le soir.

Adieu, rien de neuf, mille tendresses.

À toi. Ton G.

À LOUISE COLET

[Croisset,] nuit de samedi, 1 h[eure].
[25 mars 1854.]

La tête me tourne, et la gorge me brûle, d'avoir
cherché, bûché, creusé, retourné, farfouillé et hurlé de
cent mille façons différentes, une phrase qui vient *enfin*
de se finir. — Elle est bonne. J'en réponds ; mais ce
n'a pas été sans mal ! —

Mais avant de parler de moi, parlons de toi, pauvre
chère Louise. Je t'assure que personne ne compatit plus
à ton rhume. Ce sont là de vraies maladies. Car qu'est-ce
qu'une maladie qui ne fait pas souffrir ? un mot dans un
livre, puisqu'on guérit des plus dangereuses et qu'on
meurt des plus bénignes. La douleur, voilà le vrai mal !
— Et c'est bien plutôt d'elle que de la mort que je suis
un homme « à me mettre sous la peau d'ung veau pour
l'éviter », comme disait le vieux[1]. — C'est atroce un
rhume ! Cela vous démoralise ! L'humidité du nez
semble tremper[a] les pensées dans je ne sais quel mucus
mélancolique. Ô science humaine, à quoi sers-tu ?
C'est pourquoi les gens prétendus *utiles* me semblent
être d'un grotesque qui dépasse les autres. — Dans
quel bel état j'étais il y a cinq semaines, à Paris ! Quel
hargneux et maussade individu je faisais ! C'est qu'en
vérité j'y souffrais cruellement. J'étais prodigieusement
irrité et triste. Et puis je suis comme l'Égypte. — Il
me faut pour vivre la régulière inondation du style.
Quand elle manque, je me trouve anéanti comme si
toutes les sources fécondantes étaient rentrées en terre[b],
je ne sais où, et je sens, par-dessus moi, passer d'innombrables aridités qui me soufflent, au visage, le désespoir. —

Pourquoi donc voulais-tu avoir fini ta *Servante* pour
le 1er avril[2] ? Voilà de ces choses que tu me permettras
de blâmer ? Il ne faut se rien fixer en ces matières, car
on se dépêche alors, avec la meilleure bonne foi du
monde et sans s'en douter. — On doit toujours s'embarquer dans une œuvre, comme un corsaire dans son
navire ; avec l'intention d'y faire fortune, des provisions
pour vingt campagnes et un courage intrépide. On part,

mais on ne sait pas quand on reviendra ! On peut faire
le tour du monde ? —

Tu travailles *encore trop vite*. Rappelle-toi le vieux
précepte du père Boileau : « écrire difficilement*ᵃ* des
vers faciles ». — Songe donc ce que c'eſt qu'une œuvre
de deux mille vers à corriger ! — Il faut retourner tous
les mots, sous tous leurs côtés, et faire comme les pères
Spartiates, jeter impitoyablement au néant ceux qui ont
les pieds boiteux ou la poitrine étroite.

Ce brave B[ouilhet] vient de passer quinze triſtes jours
à re-corriger son *Homme futur*[1]. Mais enfin c'eſt fini, et
bien fini. J'ai été enchanté de ce qu'il m'a envoyé avant-
hier. Il me tarde, comme à lui, de voir la chose imprimée.
Quoique l'impression pour moi ne change rien, ordinairement. Ainsi la lecture de *Melaenis* dans la R[evue][2]
ne m'a pas fait changer d'opinion sur une seule virgule.
C'eſt une œuvre, *Les Fossiles* ! mais combien y a-t-il de
gens en France capables de la comprendre ? Triſte, triſte !
Eh non, pourtant, car c'eſt là ce qui nous console, au
fond ! — Et puis, qui sait ? Chaque voix trouve son
écho ! — Je pense souvent avec attendrissement aux
êtres inconnus, à naître, étrangers, etc., qui s'émeuvent
ou s'émouvront des mêmes choses que moi. Un livre,
cela vous crée une famille éternelle dans l'humanité.
Tous ceux qui vivront de votre pensée, ce sont comme
des enfants attablés à votre foyer. — Aussi quelle
reconnaissance j'ai, moi, pour ces pauvres vieux braves,
dont on se bourre à si large gueule, qu'il semble que
l'on a connus, et auxquels on rêve, comme à des amis
morts !

Il m'eſt impossible de retrouver cette bande de journal où il y avait, je crois, un discours de Ribeyrolles[3].
— Elle eſt perdue, probablement ? Mon domeſtique (un
nouveau, qui eſt plus bête que ses bottes) dit qu'il ne
sait pas s'il ne l'a pas jetée, *par hasard,* dans le seau aux
eaux sales, et de là aux lieux. Ô démocratie, où serais-tu
allée ? Ce papier était, probablement, tombé de mon lit
sur le tapis, et il l'aura chassé avec les ordures. Curieux
symbolisme ! mais ça m'embête. — L'autre au moins,
qui nous volait comme dans une forêt de Bondy, ne
m'a jamais fait de ces bêtises, tant il eſt vrai qu'on n'eſt

bien servi que par des canailles ! Ce brave garçon s'est
déjà fait chasser de chez trois bourgeois, un peu plus
regardants (c'est le mot) que nous, à ce qu'il paraît. Et
l'un d'eux a même trouvé dans sa chambre quantité de
mouchoirs de batiste à ton honorable concitoyen, comme
dit le père Hugo[1], et *douze* paires de gants *neufs* dérobés
furtivement, et avec quoi j'eusse fait belle patte, car je
les avais pris sur mesure. Mais mon serviteur avait une
maîtresse !

J'ai su depuis qui payait sa toilette[2]

Ô les femmes ! Exemple de moralité à citer aux enfants.

_____

Pourquoi la découverte d'un méfait quelconque
excite-t-elle toujours ma gaieté ?

_____

J'ai envoyé immédiatement la lettre à Mme d'Aunet[3].

_____

Je lis maintenant un livre latin du temps de Louis XIV,
qui est d'une gaillardise profonde. Il y a des femmes qui
s'*instruisent,* et des séances où les sexes sont entremêlés[4].
C'est charmant ! Je ris tout seul, comme une compagnie
de vagins altérés devant un régiment de phallus. À
propos de phallus, ce bon Babinet et Lageolais[5] m'intéressent infiniment. — Elle a un grand air de corruption,
cette fille. Ce doit être une *femme à passions.* Tu te feras
expliquer ce mot par B[ouilhet].

En résumé, je me trouve maintenant dans un assez
bon état. La *B[ovary]* màrche, quitte à retomber bientôt,
car je vais toujours par bonds et par sauts, d'un train
inégal[a], et avec une continuité disloquée, à la manière,
un peu, des lièvres, étant un animal de tempérament
songeur[6] et de plume craintive.

Adieu. Je t'embrasse, malgré ton rhume, ou plus fort
à cause de cela ? —

À toi, ton.

À LOUISE COLET

[Croisset,] mardi soir.
[4 avril 1854.]

Celle-ci ne compte pas. C'est pour savoir seulement comment tu vas. B[ouilhet], au reste, m'a donné de tes nouvelles. Il m'a dit que tu étais très souffrante, mais que tu n'avais rien *de sérieux*. Je ne sais si c'est une sympathie de nos organes, mais il me pousse, au même endroit que toi, un clou qui, s'il ne rentre pas, sera monstre ! Chou colossal ! Orgueil de la Chine ! *Arbor sancta*[1] ! J'ai été depuis vendredi dans un état affreux d'ennui, et d'affaissement, résultat d'un passage dont je ne pouvais venir à bout. — Il est, Dieu merci, passé depuis ce soir. Ce livre m'éreinte, j'y use le reste de ma jeunesse. Tant pis ! il faut qu'il se fasse. La Vocation, grotesque ou sublime, doit se suivre. Tu parles de ma quiétude. On n'a jamais parlé de rien de plus fantastique. Moi, de la quiétude ! Hélas non ! Personne n'est plus troublé, tourmenté, agité, ravagé. Je ne passe pas deux jours ni deux heures de suite dans le même état. Je me ronge de projets, de désirs, de chimères, sans compter la grande et incessante chimère de l'Art ! qui bombe son dos et montre ses dents d'une façon de plus en plus formidable, et impossible. D'ailleurs, ces premiers beaux jours me navrent. Je suis malade de la maladie de l'Espagne. Il me prend des mélancolies sanguines et *physiques* de m'en aller, botté et éperonné, par des bonnes vieilles routes toutes pleines de soleil, et de senteurs marines. Quand est-ce que j'entendrai mon cheval marcher sur des blocs de marbre blanc, comme autrefois ? Quand reverrai-je de grandes étoiles ? Quand est-ce que je monterai sur des éléphants, après avoir monté sur des chameaux ?......

L'inaction musculaire où je vis me pousse à des besoins d'action furibonde. — Il en est toujours ainsi. *La privation radicale d'une chose en crée l'excès.* — Et il n'y a de salut pour les gens comme nous que dans l'excès. Ce ne sont pas les Napolitains qui entendent la couleur, mais les Hollandais et les Vénitiens. Comme ils étaient toujours dans le brouillard, ils ont aimé le soleil.

As-tu un Plutarque ? Lis la vie d'Aristomène. C'est ce que je lis maintenant[1]. C'est bien beau.

Adieu, écris-moi pour me donner des nouvelles de ta santé et du concours[2]. Je t'embrasse. Je t'écrirai samedi. À toi, ton.

À LOUISE COLET

[Croisset,] vendredi soir, minuit.
[7 avril 1854.]

Je viens de recopier au net tout ce que j'ai fait depuis le jour de l'an, ou pour mieux dire depuis le milieu de février, puisqu'à mon retour de Paris j'ai tout brûlé. Cela fait treize pages, ni plus ni moins, treize pages en sept semaines. Enfin, elles sont faites, je crois, et aussi parfaites qu'il m'est possible. Je n'ai plus que deux ou trois répétitions du même mot à enlever et deux coupes trop pareilles à casser. Voilà enfin quelque chose de fini. C'était un dur passage : il fallait amener insensiblement le lecteur de la psychologie à l'action, sans qu'il s'en aperçoive. Je vais entrer maintenant dans la partie dramatique et mouvementée. Encore deux ou trois grands mouvements et j'apercevrai la fin. Au mois de juillet ou d'août, j'espère entamer le dénouement. Que de mal j'aurai eu, mon Dieu ! Que de mal ! Que d'échignements et de découragements ! J'ai hier passé toute ma soirée à me livrer à une chirurgie furieuse. J'étudie la théorie des pieds bots[3]. J'ai dévoré en trois heures tout un volume de cette intéressante littérature et pris des notes. Il y avait là de bien belles phrases : « Le sein de la mère est un sanctuaire impénétrable et mystérieux où », etc. Belle étude du reste ! Que ne suis-je jeune ! Comme je travaillerais ! Il faudrait tout connaître pour écrire. Tous tant que nous sommes, écrivassiers, nous avons une ignorance monstrueuse, et pourtant comme tout cela fournirait des idées, des comparaisons ! La *moelle* nous manque généralement ! Les livres d'où ont découlé les littératures entières, comme Homère, Rabelais, sont des encyclopédies de leur époque. Ils savaient tout, ces bonnes gens-là ; et nous, nous ne savons rien. Il y a dans la poétique de Ronsard un curieux précepte : il recommande au poète de s'instruire dans les arts et métiers, forgerons, orfèvres, serruriers, etc., pour y puiser des *métaphores*[1]. C'est là ce qui vous fait, en effet, une langue riche et variée. Il faut que les phrases s'agitent dans un livre comme les feuilles dans une forêt, toutes dissemblables en leur ressemblance.

Mais causons de toi et, à propos de médecine, je ne comprends rien à tes maux. Qu'as-tu, en définitive ? Qui est-ce qui te soigne, et te soignes-tu ? Si c'est un des deux êtres que j'ai vus chez toi, Vallerand ou Appert[2], je te plains. Ces messieurs m'ont l'air de franches buses. Tu as beau être athée en médecine, je t'assure qu'elle peut faire beaucoup de mal. On vous tue parfaitement, si on ne vous guérit pas. Je t'avais toujours conseillé d'aller consulter pour tes palpitations *quelqu'un*[3]. Tu persistes à n'en rien faire et à souffrir. C'est très beau au point de vue du *sec*[4], mais moins beau au point de vue du raisonnable.

J'ai reçu la lettre où tu me disais que de Vigny t'avait lue (et assez mal) à l'Académie[5]. Ainsi rassure-toi, elle n'a pas été perdue. Ça m'a l'air d'un excellent homme, ce bon de Vigny. C'est du reste une des rares honnêtes plumes de l'époque : grand éloge ! Je lui suis reconnaissant de l'enthousiasme que j'ai eu autrefois en lisant *Chatterton*[6]. (Le sujet y était pour beaucoup. N'importe.) Dans *Stello* et dans *Cinq-Mars* il y a aussi de jolies pages. Enfin c'est un talent plaisant et distingué, et puis il était de la bonne époque, il avait la Foi ! Il traduisait du Shakespeare[7], engueulait le bourgeois, *faisait de l'historique*. On a eu beau se moquer de tous ces gens-là, ils domineront pour longtemps encore tout ce qui les suivra. Et tous finissent par être académiciens, ô ironie ! Le dédain pour la Poésie que l'on a en ce lieu, et dont il te parlait, m'a remis en tête aujourd'hui que voilà de ces choses qu'il faut expliquer, et ce sera moi qui les expliquerai. *Le besoin se fait sentir* de deux livres moraux, un sur la littérature et un autre sur la sociabilité. J'ai des prurits de m'y mettre. (Malheureusement je ne pourrai pas commencer avant trois ans au plus tôt.) Et je te réponds bien que si quelque chose

peut casser les vitres, ce sera *cela*. Les honnêtes gens
respireront. Je veux donner un peu d'air à la conscience
humaine qui en manque. Je sens que c'est le moment.
Un tas d'idées critiques m'encombrent. Il faut que je
m'en débarrasse quelque part, et sous la forme la plus
artiste possible, pour me mettre ensuite commodément
et longuement à deux ou trois grandes œuvres que je
porte depuis longtemps dans le ventre[1].

Non, je n'ai pas été trop loin à l'encontre de Delisle,
car après tout je n'ai pas dit de *mal* de lui ; mais j'ai
dit et je maintiens que son *action* au piano m'a indigné.
J'ai reconnu là un *poseur taciturne*. Ce garçon ne fait
point de l'art exclusivement pour lui, sois-en sûre. Il
voudrait que toutes ses pièces de vers pussent être
mises en musique et chantées, et gueulées, et roucoulées
dans les salons (puis il se donnera pour excuse à lui-même
que les poésies d'Homère étaient chantées, etc.). Cela
m'exaspère ; je ne lui ai pas pardonné cette prostitution.
Tu n'as vu dans ma férocité qu'une lubie excentrique.
Je t'assure qu'il m'a *blessé* en la poésie, en la musique
et en *lui* que j'aimais, car, quoique tu me déclares :
« n'avoir jamais eu un élan de cœur de ma vie », je suis
au contraire un gobe-mouches qui n'admire jamais par
parties. Quand je trouve la main belle, j'adore le bras.
Si un homme a fait un bon sonnet, le voilà mon ami
et puis, après, je lutte contre moi-même et je ne veux
pas me croire encore lorsque j'ai découvert la vérité.
Leconte peut être un excellent garçon, je n'en sais rien ;
mais je lui ai vu faire une chose (insignifiante en soi,
d'accord) qui m'a semblé, dans l'ordre artistique, être
ce que la sueur des pieds est au physique. *Cela puait* et
les trilles, gammes et octaves qui dominaient sa voix[2]
faisaient comme les mailles de cette sale chaussette
harmonique, par où s'écoulait béatement ce flux de
vanité nauséabonde. Et la pauvre poésie au milieu de
tout cela ! Mais il y avait des dames ! Ne fallait-il pas
être aimable ? L'esprit de société, saperlotte ! ! !

Tu me dis de bien belles choses sur la Sylphide[3] et
son activité. Le remuement que certaines gens se donnent
vous occasionne le vertige, n'est-ce pas ? Voilà à quoi
se passe la vie, à un tas d'actions imbéciles qui font
hausser les épaules au voisin. Rien n'est sérieux en ce
bas monde, que le rire !

Penses-tu à la *tribouillée* qu'il va falloir que Bouilhet administre à cette pauvre Léonie ? Elle l'attend comme la manne. Pourvu qu'elle ne lui dise pas — comme Cymodocée à Eudore : « Ah ! les femmes de Rome t'ont trop aimé ! Ah ! les garces de Paris t'ont trop sucé, etc.[1] »

Adieu, pauvre chère Muse ; rétablis-toi donc ! je t'embrasse.

Ton MONSTRE.

Je relis de l'histoire grecque pour le cours que je fais à ma nièce. Hier le combat des Thermopyles, dans Hérodote[2], m'a transporté comme à douze ans, ce qui prouve la candeur de mon âme, quoi qu'on en dise.

À LOUISE COLET

[Croisset,] mercredi soir, minuit.
[12 avril 1854.]

J'attends B[ouilhet] demain ou après-demain (peut-être même, est-il en ce moment à Rouen dans les bras de sa dulcinée n° 3[3] ?). Aussi, je t'écris de suite de peur de n'y pas penser demain, et que ma lettre ne soit en retard. — Comme tu es triste, pauvre Muse ! Quelles funèbres lettres tu m'envoies depuis quelque temps ! Tu *t'exaspères contre la vie.* Mais elle est plus forte que nous, il faut la suivre. D'ailleurs ta conduite à l'encontre de ta santé n'a pas de sens. C'est la dernière fois que je te le dis. Quand tu te seras procuré, grâce à ton entêtement, quelque bonne maladie organique, où il n'y aura rien à faire *qu'à souffrir indéfiniment,* tu trouveras peut-être que j'avais raison ? Mais il ne sera plus temps ! Crois-en donc un homme, qui a été élevé dans la haine de la médecine, et qui la toise à sa hauteur. Il n'y a *pas d'art,* mais il y a des *innéités,* de même qu'en critique, il n'y a point de poétique, mais le goût, c'est-à-dire certains hommes-à-instinct qui devinent, hommes nés *pour cela* et qui ont travaillé *cela.*

Mais parlons du moral, puisque, selon toi, c'est là

la cause de ton mal. Tu me dis que les idées de volupté
ne te tourmentent guère. J'ai la même confidence à te
faire. Car je t'avoue que je n'ai plus de sexe, Dieu merci !
Je le retrouverai au besoin et c'est ce qu'il faut. — À
ce propos où as-tu vu que je t'aie fait des *anti-déclarations* ?
Quand t'ai-je dit que je n'avais « pas d'amour pour toi » ?
Non, non, pas plus que je n'ai jamais dit le contraire.
Laissons les mots *auxquels on tient,* et dont on se paye
en se croyant quitte du reste. Qu'importe de s'inquiéter
perpétuellement de l'étiquette et de la phrase ? Mets un
peu la tête dans tes mains, ne pense pas à toi, mais à
moi, tel que je suis, ayant 33 ans bientôt. — Usé par
quinze à dix-huit ans de travail acharné, plus plein
d'expérience que toutes les académies morales du monde,
quant à tout ce qui touche les passions, etc., *goudronné,*
enfin, à l'encontre des sentiments pour y avoir beaucoup
navigué, et demande-toi s'il est possible qu'un tel être
ait ce qui s'appelle de l'Hâmour. — Et puis, qu'est-ce
que ça veut dire ? Je m'y perds. Si je ne t'aimais pas,
pourquoi t'écrirais-je d'abord, et pourquoi te verrais-je ?
et pourquoi te — ? Qui donc m'y force ? Quel est l'attrait
qui me pousse et me ramène vers toi, ou plutôt qui m'y
laisse ? Ce n'est pas l'habitude. Car nous ne nous voyons
pas assez souvent pour que le plaisir de la veille excite
à celui du lendemain. Pourquoi, quand je suis à Paris,
est-ce que je passe tout mon temps chez toi (quoi que
tu en dises) si bien que j'ai cessé à cause de cela de voir
bien du monde ? Je pourrais trouver d'autres maisons
qui me recevraient, et d'autres femmes. D'où vient que
je te préfère à elles ?

Ne sens-tu pas qu'il y a dans la vie quelque chose de
plus élevé que le bonheur ? que l'amour et que la
Religion, parce qu'il prend sa source dans un ordre
plus impersonnel ? — Quelque chose qui chante à travers
tout, soit qu'on se bouche les oreilles ou qu'on se
délecte à l'entendre, à qui les *contingents* ne font rien,
et qui est de la nature des Anges, lesquels ne mangent
pas ? Je veux dire l'idée ? C'est par là qu'on s'aime,
quand on vit par là. J'ai toujours essayé (mais il me
semble que j'échoue) de faire de toi un hermaphrodite
sublime. Je te veux homme jusqu'à la hauteur du ventre
(en descendant). Tu m'encombres et me troubles et
t'abîmes avec l'élément femelle. — Il y a en toi (et souvent

visibles dans la même action) deux principes plus nets
l'un de l'autre et plus opposés[a] que le sont Ormuzd et
Ahriman[1] dans la cosmogonie persane. Repasse ta vie,
tes aventures intérieures et les événements externes. Relis
même tes œuvres, et tu t'apercevras que tu as en toi un
ennemi, un je ne sais quoi qui, en dépit des plus excellentes qualités, du meilleur sentiment, et de la plus parfaite conception, t'a rendue ou fait paraître le contraire
juste de ce qu'il fallait.

Le Bon Dieu t'avait destinée à égaler, si ce n'est à
surpasser, ce qu'il y a de plus fort, maintenant. Personne
n'est né comme toi, et il t'arrive avec la meilleure bonne
foi du monde de pondre quelquefois des vers détestables ! Même histoire dans l'ordre sentimental. *Tu ne
vois pas.* — Et tu as des injustices sur lesquelles on se
tait, mais qui font mal.

Ce ne sont pas des reproches tout cela, pauvre chère
Muse. Non, et si tu pleures, que mes lèvres essuient
tes larmes ! Je voudrais qu'elles te balayent le cœur
pour en chasser toutes les vieilles poussières.

J'ai voulu t'aimer, et je t'aime d'une façon qui n'est
pas celle des amants. Nous eussions mis tout sexe, toute
décence, toute jalousie, toute politesse (tout ce qui est
comme ce serait avec un autre), à nos pieds, bien en bas,
pour nous faire un socle, et, montés sur cette base[b],
nous eussions, ensemble, plané au-dessus de nous-mêmes.
Les grandes passions, je ne dis pas les turbulentes, mais
les hautes, les larges, sont celles à qui *rien ne peut nuire,*
et dans lesquelles plusieurs autres peuvent se mouvoir.
— Aucun accident ne peut déranger une Harmonie qui
comprend en soi tous les cas particuliers. Dans un tel
amour, d'autres amours même auraient pu venir ? Il
eût été *tout le cœur !*

Voilà ce qui rend dans la jeunesse les attachements
d'hommes si féconds, ce qui fait qu'ils sont si poétiques,
en même temps, et que les anciens avaient rangé l'amitié
presque à la hauteur d'une Vertu.

Avec le culte de la Vierge, l'adoration des larmes est
arrivée dans le monde. Voilà dix-huit siècles que l'humanité poursuit un idéal rococo. Mais l'homme s'insurge
encore une fois, et il quitte les genoux amoureux qui
l'ont bercé dans sa tristesse. Une réaction terrible se
fait dans la conscience moderne contre ce qu'on appelle

l'amour. Cela a commencé par des rugissements d'ironie
(Byron, etc.), et le siècle tout entier regarde à la loupe
et dissèque sur sa table la petite fleur du Sentiment, qui
sentait si bon ! jadis !

Il faut avoir, je ne dis pas les idées de son temps,
mais les comprendre. — Eh bien, je maintiens qu'on
ne peut vivre *passablement* qu'en se refusant le plus possible à l'élément qui se trouve être le plus faible. — La
civilisation où nous sommes est un triomphe opéré
(guerre incessante et toujours victorieuse) sur tous les
instincts dits primordiaux. — Si vous voulez vous livrer
à la colère, à la vengeance, à la cruauté, au plaisir effréné
ou à l'amour lunatique, le désert est là-bas, et les plumes
de sauvage un peu plus loin, allez-y ! — Voilà pourquoi,
par exemple, je regarde un homme qui n'a pas cent
mille livres de rente et qui se marie, *comme un misérable,*
comme un gredin à bâtonner. Le fils du Hottentot n'a
rien à demander à son père que son père ne lui puisse
donner. Mais ici, chaque fils de portier peut vouloir un
palais, et il a raison ! C'est le mariage qui a tort, et la
misère ! ou plutôt la Vie elle-même, donc il ne fallait
pas vivre, et c'est là ce qu'il fallait démontrer, comme
on dit en géométrie.

Adieu, je t'enlace, À toi, ton.

À LOUISE COLET

[Croisset,] mardi, minuit.
[18 avril 1854.]

Si je ne t'ai pas reparlé de l'affaire du Philosophe[1],
c'est que je croyais que c'était entièrement fini, quant à
présent du moins, et fini par un refus formel de sa
part ? Malgré l'avis contraire de Béranger, je persiste
à penser que le mien était bon, si toutefois tu continues
à le tenir *ferme.* Je t'ai donné ce conseil d'après les
données de son caractère, que tu m'as dit être faible.
— Et, cela admis, j'avais raison ! Donc, attends. — Et
tiens bon, et ne crois plus, chère Muse, que je ne m'intéresse pas à tes affaires. Rien de ce qui te touche, au
contraire, ne m'est indifférent. Je voudrais te voir avant

tout, *heureuse,* heureuse de toute façon, de toute manière, heureuse d'argent, de position, de gloire, de santé, etc., et si je savais quelqu'un qui pût te donner tout cela, je l'irais chercher pieds nus. Le bonheur, ou ce qui en approche, est un composé de petits bien-être, de même que le non-malheur ne s'obtient que par la plénitude d'un sentiment unique, qui nous bouche les ouvertures de l'âme à tous les accidents de la Vie.

N'est-ce pas vendredi prochain que l'on décide le prix[1] ? J'attends dimanche matin avec anxiété.

Tu me verras dans trois semaines au plus tard[2]. Je n'ai plus, d'ici à mon départ, que cinq ou six pages à faire et, de plus, sept ou huit à moitié ou aux deux tiers faites. Je patauge en plein dans la chirurgie. J'ai été aujourd'hui à Rouen, exprès, chez mon frère, avec qui j'ai longuement causé anatomie du pied et pathologie des pieds bots[3]. Je me suis aperçu que je me foutais dans la blouse[4] (si l'on peut s'exprimer ainsi). Ma science acquise de fraîche date n'était pas solide de base. J'avais fait une chose très comique (le plus joli mouvement de style qu'il fût possible de voir, et que j'ai pleuré pendant deux heures), mais c'était de la fantaisie pure, et j'inventais des choses inouïes. — Il en faut donc rabattre, changer, refondre ! Cela n'est pas facile, que de rendre littéraires et *gais* des détails techniques, tout en les gardant précis[a]. Ah ! les aurai-je connus les affres du style ! Au reste, tout, maintenant, m'est montagne ! — Bouilhet n'a pas été mécontent de ce que je lui ai lu. — J'ai fait, je crois, un grand pas, à savoir la transition *insensible* de la partie psychologique à la dramatique. Maintenant, je vais entrer dans l'action et mes passions vont être effectives. Je n'aurai plus autant de demi-teintes à ménager. Cela sera plus amusant, pour le lecteur du moins. Il faut qu'au mois de juillet, quand je reviendrai à Paris[5], j'aie commencé la fin. Puis j'y reviendrai au mois d'octobre[6], pour prendre un logement. — Quand arrivera-t-il donc ce bienheureux jour où j'écrirai le mot : *fin ?* Il y aura, en septembre prochain, trois ans que je suis sur ce livre. Cela est long, trois ans passés sur la même idée, à écrire du même style (de ce style-là surtout, où ma personnalité est aussi absente que celle de l'empereur de la Chine), à vivre toujours avec les mêmes personnages, dans le même milieu, à se battre les flancs toujours pour la même illusion.

J'ai lu, relu (et je les ai là sous les yeux) tes deux dernières pièces de vers[1], sur lesquelles il y a beaucoup à dire. — Les bons vers abondent. Mais, encore une fois, je ne t'en sais aucun gré. Les bons vers ne font pas les bonnes pièces. — Ce qui fait l'excellence d'une œuvre, c'est sa *conception*, son *intensité*. — Et, en vers surtout, qui est l'instrument précis par excellence, il faut que la pensée soit tassée sur elle-même. Or je trouve la pièce *À ma fille*[2], lâche de sentiment. C'est là ce que toutes les mères eussent dit, et à peu près de la même manière, poésie à part, bien entendu. Commençons :

La 1re strophe, sauf le 1er vers, me semble très bonne, surtout le dernier vers qui est excellent. Mais remarque : que de répétitions dans les cinq strophes qui suivent. C'est toujours *sur* ou *sous*. La pensée est divisée en petites phrases pareilles. Et c'est sans cesse la même tournure de style.

La 2e strophe, du reste, me plaît assez, quoique moins bonne que l'autre.

> *Tes cheveux dorés* caresse *ton front*

caressent, expression consacrée.

> *Sur ta joue* il luit

désagréable à l'oreille.

Les deux vers qui suivent, charmants, mais il eût fallu les mieux amener par quelque chose *de plus large,* à propos des cils, et qui aurait fait un pendant plus exact à « un pli de la nuit » :

> *Sur ta bouche rose...*

Voilà trois strophes qui commencent de même :

> *Sur ton oreiller...*
> *Sur tes longs cils...*
> *Sur ta bouche...*

Ils sont du reſte très bons ces deux vers :

> *Sur ta bouche...*
> *Ton souffle...*

Mais, dans les deux qui suivent, l'inversion eſt trop forte. Sois sûre que la pensée ne gagne rien à ces tournures poétiques.

Quant à la ſtrophe « De ton joli... », je la trouve ATROCE ! de toute façon.

> *De ton* joli *corps sous* ta couverture

eſt obscène, et *hors* du sentiment de la pièce. « Couverture » eſt ignoble de réalité, outre que le mot eſt laid en soi. Le sentiment était :

> *Ton visage rit sur la toile blanche,*

mais cela eſt tout bonnement cochon, surtout avec la suite :

> *Plus souple apparaît le contour charmant ;*

Et puis, qu'eſt-ce que vient faire là le Parthénon, l'antiquité et la « frise pure » si près de la « couverture » ? — Et d'abord un enfant n'a pas les *formes* si saillantes qu'on les voie ainsi sous une couverture, et comme les filles du Parthénon dont les seins font bosse. — Cela eſt complètement faux de sentiment et d'expression. Il y a ici *une chair* qui n'eſt pas du tout à sa place.

> *Et, pour les rouvrir tu baises mes yeux,*   Superbe !
>
> *Nous* mêlons nos soins, *tendre, tu m'habilles,*

que signifie « mêler des soins » ? et cette tournure archi-prétentieuse « tendre, tu m'habilles » ? et quelle vulgarité dans ce « tu m'habilles » ! Notez que nous avons plus bas « ta tête d'ange ».

> *Et des frais tissus chers aux jeunes filles,*

école de Delille[1]. Au reſte, il y a beaucoup de rococo dans cette pièce :

> *Tu t'assieds parfois rêveuse au piano...*
> *Je pose une fleur sur ta tête d'ange.*

Nous allons au bal, un ange qui va au bal et qui a un *port virginal* (port comporte par lui-même une idée de maturité). Je trouve toute cette seconde page fort plate :

> *Auprès du foyer tu brodes, je couds...*
> *Tu danses, tu ris,*

est-ce de la poésie cela ? À quoi bon faire des vers pour de pareilles trivialités ? Les morts qui reviennent sont fort embêtants. *Cela n'est pas ému*, parce que ça tient trop peu de place dans l'économie de la pièce. Il ne faut pas ménager la sensibilité du lecteur quand on la touche. — Et puis voilà encore des détails de beauté qui reviennent :

> *Avec ton front poli comme un marbre...*
> *Une jeune fille est comme un arbre...*

c'est trop. Si elle a le front *comme un marbre*, elle ne peut être, elle, comme un arbre.

> *À tous ses rameaux des fruits sont promis,*

fort ingénieux ; mais, encore une fois, cela [est] trop dans un ordre d'idées étrangères à celle de maternité, de virginité.

> *Et les blanches fleurs...*
> *Et les nids joyeux...*

quel dommage que deux si bons vers soient perdus !

L'orage, pour dire le malheur, a été dit par tout le monde, et puis, le pire de tout cela et ce qui m'irrite, ce qui fait que je ne suis peut-être pas impartial, c'est le sujet. Je hais les pièces de vers à ma fille, à mon père, à ma mère, à ma sœur. Ce sont des prostitutions qui me scandalisent (voir *Le Livre posthume*[a1]). Laissez donc

votre cœur et votre famille de côté et ne les détaillez
pas au public ! — Qu'est-ce que cela dit tout cela ?
qu'est-ce que ça a de beau, de bon, d'utile et, je dirai
même, de vrai ? Il faut couper court avec la queue
lamartinienne, et faire de l'art *impersonnel*. Ou bien,
quand on fait du lyrisme individuel, il faut qu'il soit
étrange, désordonné, tellement *intense* enfin que cela
devienne *une création*. Mais quant à dire faiblement ce
que tout le monde sent faiblement, non.

Pourquoi donc reviens-tu toujours à *toi* ? Tu te portes
malheur. Tu as fait dans ta vie une œuvre de génie
(une œuvre *qui fait pleurer*, note-le) parce que tu t'es
oubliée, que tu t'es souciée des passions des autres et
non des tiennes[1].

Il faut s'inspirer de l'âme de l'humanité et non de
la sienne. C'est comme le sonnet *À la gloire*[2]. Cela n'est
pas lisible et le lecteur s'indignera toujours de la supériorité que l'auteur se reconnaît.

La première strophe est superbe. Mais ensuite cela
dégringole : la Poésie, personnifiée et parlant, mauvais
goût ; « l'étendard de la poésie », *idem*.

> *Une route* étoilée *et sereine,*

que l'on poursuit un étendard à la main et que l'idéal...
traçait,

> *De la cime où je plane,*

tout cela est forcé, cherché, encombré.

> *La gloire sur ma tombe a sonné son réveil,*

de qui le réveil ? De la gloire ou de la royauté ? Nous
avons déjà *reine* et, plus bas, encore *reine*.

> *La fleur de l'aloès* éclate épanouie,

non, la fleur éclate *en s'épanouissant*, mais elle n'éclate
pas épanouie. Quand elle éclate, elle n'a pas pour qualité,
pour attribut d'être épanouie. Elle est, au contraire,
s'épanouissant.

Si tu as ton prix, travaille ta *Servante*[1] tranquillement.
— Et mets-toi de suite, sans t'inquiéter de rien, à tes
autres contes[2] et publie tout *en masse*. Il faut toujours
employer les grosses artilleries. — Il ne faut pas donner
ainsi son sang goutte à goutte. Songe à ce que serait
la publication de six bons contes en vers, bien différents
de forme et de fond, et reliés par une pensée et un titre
commun. Cela serait imposant *d'aspect*, à part la valeur
du contenu.

———

B[ouilhet] m'a dit que Philipon t'avait défendu *(formellement)* de rien recevoir. Dois-je faire néanmoins
l'article pour la Librairie nouvelle[3] ? En cas qu'oui,
dis-le-moi, je te l'apporterai.

À toi, je t'embrasse.

Ton G.

À LOUISE COLET

[Croisset,] nuit de samedi, 1 h[eure].
[22 avril 1854.]

Je viens de rêvasser pendant une heure à ton article
de la *Librairie nouvelle*, ou plutôt sur la *Librairie nouvelle*[4].
Je crois qu'il y a moyen d'en faire un, tel quel. Je te
bâclerai ça, ces jours-ci, pendant que B[ouilhet] sera là ;
il te l'apportera, ou je te l'apporterai peu de jours après.
Le principal, et la seule chose difficile, c'est d'avoir un
plan quelconque, et que ces bêtes de lignes ne se bornent
pas à être une sèche nomenclature.

Je suis toujours empêtré dans les pieds bots[5]. Mon cher
frère m'a manqué cette semaine deux rendez-vous, et
s'il ne vient pas demain, je serai encore forcé d'aller à
Rouen. N'importe, cela avance. J'ai eu beaucoup de
mal ces jours-ci relativement à un discours *religieux*[6]. Ce
que j'ai écrit, est (dans ma conscience) d'une impiété
rare. — Ce que c'est que la différence d'époques ! Si
j'eusse vécu cent ans plus tôt, quelle déclamation j'aurais
mise là ! — Au lieu que je n'ai écrit qu'une exposition
pure, et presque littérale de *ce qui a dû être*. — Nous

sommes avant tout dans un siècle historique. Aussi
faut-il raconter tout bonnement, mais raconter jusque
dans l'âme. — On ne dira jamais de moi ce qu'on dit de
toi dans le sublime prospectus de la *Librairie nouvelle* :
« Tous ses travaux concourent à ce but élevé » (l'aspiration d'un meilleur avenir). Non, il ne faut chanter que
pour chanter. Pourquoi l'Océan remue-t-il ? Quel est
le but de la nature ? Eh bien ! je crois le but de l'humanité exactement le même. Cela est *parce que cela est*, et
vous n'y ferez rien, braves gens. Nous tournons toujours
dans le même cercle, nous roulons toujours le même
rocher ! — N'était-on pas plus libre et plus intelligent du
temps de Périclès que du temps de Napoléon III ?

Où as-tu vu que je perds « le sens de certains sentiments que je n'éprouve pas »[1] ? Et d'abord je te ferai
observer que je les éprouve. J'ai le cœur *humain*, et si
je ne veux pas d'enfant *à moi*, c'est que je sens que je
l'aurais trop *paternel*. J'aime ma petite nièce comme si
elle était ma fille, et je m'en occupe assez *(activement)*
pour prouver que ce ne sont point des phrases[2]. Mais
que je sois écorché vif, plutôt que d'*exploiter cela* en
style ! Je ne veux pas considérer l'art comme un déversoir
à passion, comme un pot de chambre un peu plus propre
qu'une simple causerie, qu'une confidence. Non ! non !
la Poésie ne doit pas être l'écume du cœur. Cela n'est
ni sérieux, ni *bien*. Ton enfant mérite mieux que d'être
montrée en vers *sous sa couverture*[3], que d'être appelée
ange, etc. Tout cela est de la littérature de romance plus
ou moins bien écrite, mais qui pèche par la même base,
faible. Quand on a fait *La Paysanne*[4] et quelques pièces
de ton recueil : « *Ce qui est [dans le cœur des femmes]*[5] »,
on ne [peut] plus se permettre ces fantaisies-là, même
pour rire. *La personnalité sentimentale* sera ce qui plus
tard fera passer pour puérile et un peu niaise, une bonne
partie de la littérature contemporaine. Que de sentiment,
que de sentiment, que de tendresse, que de larmes ! Il
n'y aura jamais eu de si braves gens. Il faut avoir, avant
tout, *du sang* dans les phrases, et non de la lymphe, et
quand je dis du sang, c'est du *cœur*. Il faut que cela batte,
que cela palpite, que cela émeuve. Il faut faire s'aimer
les arbres et tressaillir les granits. On peut mettre un
immense amour dans l'histoire d'un brin d'herbe. La
fable des deux pigeons m'a toujours plus ému que tout

Lamartine. *Et ce n'est que le sujet.* Mais si La Fontaine avait
eu dépensé d'abord sa faculté aimante dans l'exposition
de ses sentiments personnels, lui en serait-il resté suffisamment pour peindre l'amitié de deux oiseaux[1]?
Prenons garde de dépenser en petites monnaies nos
pièces d'or.

Ton reproche est d'autant plus singulier que je fais
un livre uniquement consacré à la peinture de ces sentiments que tu m'accuses de ne pas comprendre. — Et
j'ai lu ta pièce de vers trois jours après avoir achevé un
petit tableau où je représentais une mère caressant son
enfant[2]. Tout cela n'est pas pour défendre mes critiques,
auxquelles je tiens fort peu. Mais je ne démords pas de
l'idée qui me les a dictées.

————

Il me semble que le Prix[3] s'annonce bien; j'ai bon
espoir.

————

Je n'ai eu aucune nouvelle de B[ouilhet] depuis qu'il
est parti. Je l'attends mardi ou mercredi.

Peux-tu m'envoyer cette pièce de Leconte: *Les Chiens
au clair de lune*[4]? J'ai grande envie de la connaître.

Puisque tu es décidée à publier *La Servante*[5], de suite,
je n'en dis plus rien (de la publication), mais j'attendrais.
— Quelle rage vous avez tous là-bas, à Paris, de vous faire
connaître, de vous hâter, d'appeler les locataires avant
que le toit ne soit achevé d'être bâti! Où sont les gens
qui suivent le précepte d'Horace «qu'il faut tenir
pendant neuf ans son œuvre secrète avant de se décider
à la montrer»[6]? On n'est en rien assez magistral, par le
temps qui court.

Adieu, je t'embrasse, non magistralement. À toi, ton.

À LOUISE COLET

[Croisset,] samedi soir. [29 avril 1854.]

Je me suis mis définitivement ce soir à ton article[7]. Ce
sera un chef-d'œuvre de mauvais goût et de chic! La

Librairie nouvelle en tressaillera jusque dans les entrailles de sa mauvaise littérature. Bouilhet revient demain. — Mais il retournera mercredi à Rouen. Je le continuerai, l'achèverai, et te le porterai moi-même vers la fin de la semaine, vendredi ou samedi, je ne sais encore le jour. Je voudrais faire aussi une ou deux corrections à la *Bovary,* dont la moindre phrase me semble plus malaisée que tous les articles Pompadour du monde. — Je te préviendrai de mon arrivée[1].

J'attends mercredi avec impatience pour avoir un mot de toi.

Adieu, à bientôt donc. Je t'embrasse et signe

EUGÈNE GUINOT[2],

car je rivalise avec lui de bêtise et de gentillesse. Il se peut même que je l'enfonce.

À LOUIS BOUILHET

[Croisset,] dimanche soir.
[Mai-juin 1854.]

Mon cher Monsieur, j'arrive mercredi prochain par le convoi de midi 15 m*ª*. Nous déjeunerons, *longuement,* ensemble, et passerons la soirée. Apporte le Kachhieh ! (orthographe arabe[3]). Je compte le voir au chemin de fer. — Si tu n'as pas très faim nous pourrons même lire de suite, à mon hôtel, le premier acte, si tu veux. Quoiqu'il vaudrait mieux réserver cela pour le dessert. —

En conséquence, fais-moi le plaisir d'aller, dès aujourd'hui, rue du Helder (succursale) et de demander à Joseph *un appartement* pour moi. *Je ne veux pas* qu'il me loge au-dessus du second. Ainsi il peut me donner le rez-de-chaussée, le premier ou le second. Si ces appartements sont pris, il me logera en face dans le grand hôtel ou chez Perrichon (où nous avons été ensemble au mois de novembre[4]). Adieu vieux, fais bien ma commission. J'aurais pu venir plus tard, mais cela m'aurait remis trop loin pour mon travail, et je ne serais pas venu du tout ? — Quand tu viendras ici au mois de septembre j'espère te lire une bonne tartine. Merci du pourtrait de la mère Jourdain. Quelle ignominie !

———

C'est la jeune Kaire qui va mettre ce mot à la poste,
à qui (pas à la poste ni au mot, mais à elle) je viens de
relâcher le lacet[a] de sa bottine. Toujours lubrique !
Elle va se marier : événement[1] !

Adieu, bon vieux. Nous allons en dégoiser, j'espère.
Pas un mot de mon arrivée à personne, bien entendu, de
peur des rapports et des relançades[2].

Je t'embrasse.

À toi.

À LOUIS BOUILHET

Croisset, mercredi soir. [5 juillet 1854.]

Je tombe sur les bottes ! Je crève d'envie de dormir.
J'ai conduit aujourd'hui à Caumont mon nouveau
cousin le sieur Laurent, qui est ici depuis samedi avec
sa belle-mère et sa *june épouse,* et qui repart demain[3]. Nous
sommes revenus à pied. — Je suis un peu échigné ;
joins à cela un fort dîner chez Achille[4]. — Comme j'ai
pensé à toi, tantôt, sacrée canaille, en traversant le bois
de Canteleu ! Sais-tu de quoi l'on causait ? locomotives,
et chemins de fer ! !

Ta lettre m'a fait de la peine, pauvre vieux. Pourquoi
donc es-tu si triste ? est-ce que tu vas faiblir, toi que
j'admire et qui me réconfortes ? Je te prie sincèrement
de cesser, par *bas égoïsme.* Que me restera-t-il, si tu cales ?
— Heureusement que je connais mon bonhomme et
je te dirai qu'au fond je suis peu inquiet de ton découragement. Les désillusions ne sont faites que pour les
gens sans imagination. Or je t'estime[b] assez pour croire
que tu n'en auras jamais de sérieuses et surtout de persis-
tantes. — Note que voilà la première année de ta vie que
tu te trouves *seul* et avec le loisir de t'emmerder pendant
24 heures, de suite. Il y a encore, à ton état présent, d'autres causes que je t'expliquerai doctoralement,

Seul à seul chez Barbin[5],

c'est-à-dire piétés dans quelque taberne méritoire. Au reste, c'est bon. Il faut s'emmerder à Paris. C'est le seul moyen de n'y pas devenir bête. Tout océan doit pousser à la dégueulade.

Tu as tort de regretter Rouen. Il ne faut *rien regretter,* car n'est-ce pas reconnaître[a] qu'il y a au monde quelque chose de bon ?

Tu peux avoir raison en ceci : qu'il eût mieux valu arriver là-bas avec ton drame tout fait[1]. C'est possible comme *pompe ;* mais autrement, non. Tu es arrivé à Paris avec une grande œuvre publiée[2] et déjà connue des artistes. — On ignorait ta mine que l'on savait tes vers. Je ne débuterai pas dans d'aussi bonnes conditions que toi. Je serai beaucoup plus vieux, et beaucoup plus banal (comme homme). Cette année-ci, tu peux ! et *tu dois* l'employer à faire des connaissances. Si j'étais *de toi,* je me *lancerais dans le monde* plus que ne le fais. Traite-moi de bourgeois, tant que tu voudras, d'accord ; mais réfléchis profondément à l'objectif des choses et tu verras que j'ai raison. Tu m'objecteras que ça t'embête, je m'en fous. — Allons donc, sacré nom de Dieu ! ne sommes-nous pas deux vieux roquentins[3] ? Tu m'écris qu'il n'y a pas de place à Paris pour un brave homme. — On ne trouve pas sa place, *on se la fait,* et à coups de bâtons encore, comme un pacha, quand il se montre. Veux-tu donner raison aux imbéciles ? veux-tu qu'ils ricanent : « J'avais toujours dit que la littérature, etc. » ? Voyons ! nom d'un petit bonhomme, ferme la porte, et gueule tout seul quelques bonnes rimes, quelques bonnes phrases un peu corsées, pense à la Chine, à Vitellius[4], etc., et fous-toi du reste. — Encore un an, et nous serons piétés là-bas, ensemble, comme deux rhinocéros de bronze. — Nous ferons le *Ballet astronomique,* une féerie, des pantomimes, le *Dictionnaire des idées reçues,* des scénarios, des bouts rimés, etc.[5] — Nous serons beaux, je te le promets. — Je suis maintenant *monté,* et j'espère pour longtemps[6]. Pas de nouvelles de la Muse[7]. — ? — Tu sais que Caudron t'a pris 200 fr[ancs], qu'il n'a pas rendus, à Léonie[8] ?

Adieu, je t'embrasse fort[9].

Nouvelle *convention postale !* mon cher monsieur. On affranchit les lettres parce que ça coûte deux sous de moins ! Est-ce ignoble ! Quelles mœurs ! Enfin[10] !

À LOUIS BOUILHET

[Croisset,] mercredi soir. [2 août 1854.]

Laxatifs, purgatifs, dérivatifs, sangsues, fièvre, salivation, foirades, trois nuits passées sans sommeil,
embêtement gigantesque du bourgeois, etc., etc., voilà
ma semaine, mon cher monsieur. — Depuis samedi soir
je n'ai rien mangé, et je ne fais que commencer à pouvoir
parler.

Bref, j'ai été pris samedi, au soir, d'une telle inflammation à la langue que j'ai cru qu'elle se transmutait
en celle d'ung bœuf. — Elle me sortait hors la gueule[a],
que j'étais obligé de tenir ouverte. J'ai durement souffert ! Enfin, depuis hier, ça va mieux, grâce à des sangsues et à de la glace. — Il est probable que je suis tellement saturé de mercure que je n'en peux plus porter ? —
On va avoir recours à une autre confiture.

Au milieu de mes douleurs physiques et comme facétie
pour m'en distraire, il m'est tombé une lettre *éperdue*
de Paris. La Pers[on][1] perdait la tête. Tout était découvert, sa position compromise, etc. Il fallait que j'écrivisse,
il fallait que je… etc. (et tout cela à un pauvre bonhomme
qui bavachait, qui suait, qui empestait, et qui, pour
essayer de dormir un peu, se tenait debout, la nuit, la
tête appuyée contre la croisée, à cause de la véhémente
chaleur interne qui luy ardoit le sang !). Je te conterai
l'histoire, quand tu viendras. — Elle est complexe comme
psychologie. J'en ignore le dénouement. —

Sais-tu que j'ai le gland couleur *ardoise ?* — quelle
farce !

———

Au milieu de mes souffrances j'étais poursuivi par
l'image de la jeune fille (dans Rozier[2]) assise sur son
fauteuil (positif). Ah ! que je ne me suis-je *[sic]* constamment livré au crime de la solitude !

———

J'ai lu cinq feuilletons du roman de Champfleury[3].
Franchement cela n'est pas effrayant. — Il y a parité
d'intentions, plutôt que de sujet et de caractères. Ceux du

mari, de sa femme et de l'amant me semblent être très différents des miens. La femme m'a l'air d'être *un ange,* et puis, quand il tombe dans la poésie, cela est fort restreint, sans développement, et passablement rococo d'expression. La seule chose embêtante, c'est un caractère de vieille fille dévote, ennemie de l'héroïne (sa belle-sœur), comme, dans la *Bovary,* Mme B[ovary] mère ennemie de sa bru, et ce caractère dans Champfleury s'annonce très bien[1]. — Là est pour moi jusqu'à présent la plus grande ressemblance, et ce caractère de vieille fille est bien mieux fait que celui de ma bonne femme, personnage fort secondaire, du reste, dans mon livre.

Quant au style, pas fort, pas fort. N'importe, il est fâcheux que la B[ovary] ne puisse se publier maintenant ! enfin ! qu'y faire ?

J'ai relu *Eugénie Grandet*[2]. Cela est réellement beau[a]. — Quelle différence avec le gars Champfleury ! — Je me livre aussi au W. Scott et je viens d'avaler le n[uméro] d'hier de la *Revue*[3].

Il m'est venu des comparaisons po-hé-tiques sur ma salivation dont tu me feras penser à te faire part.

Adieu, vieux cher bougre. Aime-moi bien.

À toi.

Il y a quinze jours, à cette heure-ci, j'étais plus gaillard. — Nous étions piétés à Madrid[4].

———————

J'ai vu vendredi Léonie[5] que j'ai trouvée dans son nouveau logement, avec son môme et la tortue de son môme. — Elle était sans corset, et m'excita.

À LOUIS BOUILHET

[Croisset,] lundi matin. [7 août 1854.]

Mon bon Vieux,

Tu aurais dû recevoir une lettre de moi, samedi matin[6]. Il faut qu'elle ait été perdue. J'ai été malade assez vertement pendant huit jours. Salivation mercurielle des plus corsées, mon cher monsieur. Il m'était

impossible de parler et de manger. Fièvre atroce, etc.
Enfin, *à force de purgations,* de sangsues, de lavements (! ! !)
et grâce aussi à *ma forte constitution,* m'en voilà quitte. Je
ne serais même pas étonné quand mon tubercule
foutrait le camp par suite de cette inflammation, car il a
déjà diminué de moitié. Au reste, merde, mon parti en
est pris. Je suis las de passer tant de temps à soigner
mon individu ou à y penser. — Nous partons vers le
20 septembre[1]. D'ici là il faut que j'aie fini ma 2e partie[2].
Je n'ai guère de temps. En conséquence je n'irai pas
voir le grand homme Ricord[3] avant six belles semaines
d'ici. — Et je vais continuer à me bourrer d'iodure.

———

Tu penses bien qu'au milieu de tous ces maux, je n'ai
rien fait. —

———

M. Cloquet[4] est venu hier voir ma mère, il est fortement d'avis qu'elle passe l'hiver dans le Midi. — Nous
ne savons encore où, au juste, ce sera probablement
Perpignan.
Puisque tu dois venir à Rouen, en propriétaire, et en
gentleman, je vous[5] engage à prendre la route *d'en bas,*
c'est-à-dire à venir par Saint-Germain, Mantes, Rolle-
boise, Vernon et le Pont-de-l'Arche. — La route *d'en
haut,* plus courte, est stupide. — Une fois à Gaillon, vous
ferez même bien de prendre par Les Andelys, à cause du
Château-Gaillard, que tu ne connais pas, et qui est une
chose superbe. — Quand vous serez à Saint-Germain,
pour aller à Mantes, prenez par *la Route de Quarante
Sols*[6]. Cela vous abrégera. J'ai fait autrefois ce voyage
fort souvent et de cette manière, à petites journées.

———

J'ai lu dans mes sueurs et salives *Le Pirate* de W. Scott.
C'est fort joli, mais trop long. — Cela néanmoins *m'a
excité l'imagination,* et je pensais énormément au conte
oriental[7], tout en bavachant.

———

Si tu n'as pas rendu à Gautier les *Poésies* de Piorry[8],

apporte-les-moi. Mets-les de côté, *de suite,* pour y penser.

Le drame de la rue Montyon paraît se calmer[1].

Enfin dans 15 jours, tu seras là. Cela me console de tout.

Adieu, pauvre vieux chéri, je t'embrasse. À toi.

Lilinne[2] vient de prendre *deux* hérissons !

À LOUIS BOUILHET

[Croisset,] Ieudy matin. [10 août 1854.]

Tu dois, cher bonhomme, être assailli de ma correspondance, mais ma lettre de lundi était en sus, puisque tu me disais n'avoir pas reçu celle de la semaine dernière. Au reste tu n'en recevras plus qu'une après celle-ci. Car dans quinze jours je compte envisager ton incomparable balle. — Quel voyage d'artistes vous allez faire, vous deux Guérard[3] ! Combien peu vous étudierez les monuments ! quelles minces notes vous prendrez ! comme Chéruel[4] serait indigné ! et même Du Camp[5]. Ce sera un voyage œnophile : tout à fait Chapelle et Bachaumont[6], on ne peut plus XVIIᵉ siècle, et dans les traditions. — Un financier voyageant dans la compagnie d'un poète, et tous deux se saoulant conjointement, à la gauloise, dans les cabarets de la route.

Je te recommande à Poissy, chez le sieur Fient aubergiste, une cuisine où il y a, peint sur la porte, un gastronome s'empiffrant. Cela réjouit le voyageur.

Il est maintenant 3 heures 3/4 du matin. J'ai passé la nuit à la *Bovary* et je m'en vais réveiller ma mère qui part à 5 heures, par le paquebot, pour Trouville, où elle doit rester cinq à six jours. — Je serai seul tout ce temps-là, et j'essaierai d'en profiter pour accélérer l'ouvrage. — Il faut que j'avance, *quand même,* car je suis las de ma lenteur. — Voilà cependant deux jours que je recommence un peu à travailler.

Je n'irai pas à Paris voir Ricord[7] parce que 1° je n'ai pas d'argent et 2° que je juge la chose peu utile. — Cela me prendrait trop de temps. — Farce, mon cher monsieur : mon polisson de tubercule qui avait enflé

prodigieusement pendant toute la semaine que j'ai pris
des remèdes, depuis que je ne fais rien du tout (sauf ne
pas fumer) diminue d'heure en heure, et je ne serais pas
étonné si, dans trois ou quatre jours d'ici, il avait
complètement disparu ?

J'ai lu onze chapitres du roman de Champfleury[1].
Cela me rassure de plus en plus ; la conception et le
ton sont fort différents. Personne autre que toi ou moi
ne fera, je crois, le rapprochement. La seule chose
pareille dans les deux livres, c'est *le milieu,* et encore !

Je t'annonce, afin que tu te mettes en mesure, la
visite du jeune Baudry[2]. Il est venu me voir hier, et
m'a déclaré son intention d'*aller passer les fêtes* chez toi,
ce qui ne sera point fête pour toi. À ta place, je lui
répondrais tout net que je ne peux le recevoir. — L'expression de *grigou,* que tu lui as appliquée, est superbe de
justesse, surtout quand on connaît son costume d'été.
Il s'est acheté une sorte de paletot en coutil, moyennant
la somme de vingt-cinq fr[ancs], qui ressemble à du
papier à sucre. Cela est monstrueux d'ignoble, et bien
que l'étoffe soit légère, je t'assure qu'elle pèse à l'œil
plus qu'un paletot de bronze ! Ô esprit français ! ô
goût ! ô économie !

Rouen résonne de discours. C'est l'époque des distributions de prix et des solennités académiques[a]. Aussi
nos feuilles quotidiennes sont-elles bourrées de littérature. Pouchet[3] s'est signalé par un discours *religieux*
où il célèbre les magnificences de la nature, et prouve
l'existence de Dieu par le tableau varié de la création. —
Ce bon zoologue[b] tourne au mysticisme, à moins qu'il
n'aspire à la croix d'officier de l'ordre impérial de la
légion d'honneur.

Hier, séance publique de l'Académie[4] : réception de
M. Jolibois, avocat général, lequel a pris pour texte :
« De la loi sur le travail des enfants dans les manufactures ». — Puis M. Deschamps[5] a lu un dialogue en
vers, où il fait l'éloge de la propriété et de la *Gabrielle*
du gars Augier[6], etc. ! etc. ! etc. ! et partout éloge de
l'Empereur ! — Ah ! saint Polycarpe ! Tu vois que s'il
y a des cochonneries à Paris, la province n'en chôme pas.

Triste nouvelle : j'ai vu que la pension Deshayes
était enfoncée par la pension Guernet ! Le collège *a
brillé*. Quelle intrigue[7] !

Adieu, pauvre vieux. — Apporte-moi le plus de second acte possible[1]. Ne laisse pas Rozier[2] aux mains de Durey[3]. C'est une arme dangereuse pour elle. — Et au bout de six semaines de solitude tu ne la retrouveras plus. — M. Cloquet m'a fait un bon portrait de l'*homme à la chope*[4].

Je t'embrasse, à toi.

À LOUIS BOUILHET

[Croisset,] jeudi soir. [17 août 1854.]

J'attends, dimanche matin, l'annonce de ton arrivée, c'est-à-dire, ô vieux, que tu vas m'écrire le jour et l'heure de ton apparition en ces lieux.

———————

N'as-tu pas, par hasard, *mon sac de nuit ?* (je ne le trouve pas ici dans mes armoires). Je te serais, en ce cas, fort obligé de me le rapporter.

———————

N'oublie pas, avant de t'en aller de Paris, la préface-Sainte-Beuve, quoi qu'en dise Jacottet (s'il en dit quelque chose)[5]. Tu n'es pas en position, encore, de faire le magnanime ; et pourquoi ne pas embêter les gens qui nous embêtent ? Il faut que son petit jugement inepte le poursuive dans la postérité, mosieur ! Et remettre la chose à une seconde édition, ce serait avoir l'air d'avoir attendu le succès, d'avoir douté de soi (pardon de tous ces avoirs).

Je viens de passer une bonne semaine, seul comme un ermite et tranquille comme un dieu. Je me suis livré à une littérature phrénétique. Je me levais à midi, je me couchais à 4 heures du matin. Je dînais avec Dakno[6]. Je fumais quinze pipes par jour. Je me suis pollué trois fois. J'ai écrit huit pages.

Ai-je gueulé ! J'ai relu tout haut *Melaenis* presque entièrement, à propos de la scène du jardin dans laquelle je ne suis pas bien sûr encore de n'être point tombé[7]. —

Il va sans dire que ce régime a fait le plus grand bien à ma langue, ce qui achève de me donner pour la médecine une mince considération, car je me suis guarry en dépit des règles et recommandations.

Lis-tu nos feuilles publiques (départementales) ? Le *navire* qui portait ma famille il y a aujourd'hui huit jours a manqué faire naufrage à Quillebeuf. — Ma mère (qui revient demain de Trouville) a encore de fortes contusions à la figure. Les sabords étaient défoncés, le bateau sombrait, les lames entraient partout. C'est toute une histoire. Je vais être pendant six mois assassiné de narrations maritimes[1].

———

Avant-hier, à Rouen (non, c'était lundi), j'ai rencontré Gompertz[2] ! Quel œil !

Je n'ai pas pu dormir la nuit dernière à cause d'un article que j'avais lu le soir dans la *Revue de Paris.* J'en étais malade de dégoût, de tristesse et de désespoir, *humanitaire.* C'était un extrait d'un roman américain intitulé *Hot-Corn,* qui se tire à des centaines de mille d'exemplaires, qui enfonce l'*Oncle Tom,* qui... qui... etc. Sais-tu quelle est l'idée du livre ? l'établissement sur une plus grande échelle des sociétés de tempérance, l'extirpation de l'ivrognerie, le bannissement du gin, le tout en style lyrique à la Jules Janin dans ses grands moments, et avec des anecdotes[3] ! ! !

L'humanité tourne à tout cela, nous aurons beau dire. — Il faut se boucher les yeux, et continuer son œuvre. — Oui, triste ! triste ! On ne devrait jamais rien lire de tout ce qui se publie. À quoi bon ?

N'oublie pas de m'apporter le cahier de pièces détachées[4].

Je te régalerai des statuts d'une société religieuse dont on m'a proposé de faire partie. C'est joli. On doit dénoncer l'immoralité de ses collègues, et on est forcé d'assister à leur enterrement sous peine d'une amende de 50 centimes. — Tu me feras penser aussi à te montrer deux bonnes lettres de femme, comme psychologie.

Adieu, pauvre cher vieux. Ne t'intoxique pas trop avec les alcools en route et arrive vite à ton.

À ÉLISA SCHLÉSINGER

[Croisset, mardi 26 septembre 1854.]

Voici, chère Madame, deux petites boîtes pour Mlle Maria...

À LOUIS BOUILHET

[Croisset,] lundi. [16 octobre 1854.]

Pauvre vieux, tu es donc malade ! ma mère *a des remords* de t'avoir fait lever hier, et elle te remercie beaucoup[1].

Elle arrivera à Paris de demain en huit, et moi, une huitaine de jours après. J'ai retenu mon logement rue de Londres pour le 1er novembre.

Mais si tu es réellement mal, que tu t'embêtes par trop, ou que tu n'aies personne pour te soigner, écris-moi, pauvre bougre, et j'accours.

Tu es ung veau. Je savais l'histoire des non-lectures au Théâtre-Français. Loin d'être une mauvaise affaire pour toi, c'en est une bonne. Gautier, qui m'a conté l'histoire le dernier jour que je l'ai vu, se passera de toute espèce de comité. — Tu feras de même. J'ai plusieurs plans de conduite. L'un d'eux réussira. — Et enfin, quand tu serais rejeté à l'année prochaine (pire hypothèse de toutes), cela vaudrait encore mieux que d'aller à l'Odéon ou à la Porte-Saint-Martin, où l'on écorcherait ta pièce[2].

Finis-la donc (je me charge des démarches), après quoi, *Melaenis* étant publié, occupe-toi de ton volume de poésies[3]. Si Jacottet voulait même le publier de suite, cela n'en vaudrait que mieux comme balle[a].

Allons, Caraphon[4], relevez-vous, mon bon ami. Qui que c'est que cet homme-là, c'est pas un homme.

Je suis dans *le feu* des déménagements. Je travaille malgré cela, et j'ai fait quatre pages depuis jeudi. C'est je crois un fier pathos, mais je vais de l'avant, quitte à enlever après.

Tâche, pour notre gouverne ultérieure, de savoir un peu comment Préault et Ferrat[1] se sont conduits dans les affaires de la Muse, ou plutôt ce qu'ils ont dit. Quant à elle, la Muse, c'est fini[2]. — Nous pouvons dormir là-dessus.

Tu m'as l'air en train de couver ou d'avoir une jaunisse. Si tu ne souffrais actuellement, je te foutrais à ce propos un fier sermon. Car ce sont *les passions* qui t'ont amené là ! Je m'expliquerai plus au long quand nous nous verrons, et tu avoueras tes turpitudes, homme curvus[3].

Adieu, vieux. — Écris-moi de suite pour me dire comment tu vas.

Je t'embrasse.

À toi.

J'ai remporté deux lettres de Durey[4] que je rapporterai.

À ALFRED BAUDRY

[Paris,] samedi soir, 17.
[Février ou mars 1855.]

Vous êtes le plus charmant homme et meilleur zig du monde. J'ai dévoré votre lettre[5] qui me sert énormément depuis dix jours. Je ne fais que *l'arranger,* et vous retrouverez même plusieurs de vos phrases. Cela est superbe ! Vous m'avez envoyé des détails excellents. Je vous aurais remercié de suite si je n'avais attendu la fin de mon esquisse pour voir la tournure que ça prendrait et vous adresser derechef d'autres questions :

1° Ce qui indique sur le pavé la circonférence de la cloche d'Amboise, est-ce un disque ou un cercle ? J'ai écrit disque[6].

2° De quel pays était Clodion[7] (le peintre) ? J'aurais besoin de savoir s'il était champenois, normand, provençal, etc., avec la date de sa naissance et celle de sa mort.

3º Faites-moi une petite description de la chapelle où est la statue de Richard Cœur de Lion[1].

4º *Idem* de la tombe de l'archevêque Maurice. Où est-elle placée au juste ? et comment est-elle[2] ?

5º (grave) Des deux tombeaux de Brézé, l'un, n'est-ce pas, est à cheval (en dessus), et l'autre couché au-dessous, cadavre tout nu et superbe ?

    1. Lequel est le père ? lequel est le fils ?

    2. Il y a des armoiries sur la housse du cheval, quelles sont-elles ?

    3. Les noms et les titres avec dates de la naissance et de la mort de ces deux messieurs.

    4. *Idem* pour la mère qui pleure.

    5. La nourrice ne doit pas avoir de nom[3] ? ? ? ?

6º Les d'Amboise.

Pouvez-vous me donner des dates précises de leur naissance et de leur mort avec les noms, titres, prénoms, etc., et quelques détails sur les sculptures ? Il y a autour des personnages allégoriques, ne sont-ce pas des vertus théologales[4] ?

7º Dans la cour des libraires, sur le portail (à droite quand on entre par la rue Saint-Romain), n'y a-t-il pas un *cochon jouant de la cornemuse* ou quelque drôlerie pareille[5] ?

8º À propos des vitraux[6] des corporations de métiers : vous me dites « trois vitraux bleus », l'un donné par les drapiers, l'autre par les marchands de poisson — où est le troisième ?

« Regardez dans le bas : voici leurs emblèmes de corporation[7] »...

Quels sont ces emblèmes ?

Voilà, je crois, à peu près tout ce que j'ai à vous demander, cher vieux. Je vous remercie mille fois de votre obligeance et si bien que j'en abuse comme vous voyez. Si vous pouviez me répondre promptement, vous mettriez *le comble à vos bienfaits* (phrase de Prudhomme[8]).

J'ai vu votre frère[9] dimanche dernier, il a déjeuné chez moi d'un excellent appétit et d'une facétieuse humeur.

Le drame de l'ami Bouilhet[10] va passer d'ici peu aux Français, mais c'est dur à décrocher ! que de canailleries et de canailles !

Quant au *Pierrot*[1], vous ne savez donc pas qu'il a été reçu *à condition*, mais ce [ne] sera que pour cet été si nous voulons y faire des changements, ce dont je ne me soucie guère.

Vous me reverrez dans un mois. Ma mère part demain pour Croisset[2].

Adieu, mon bon. Tout à vous.

P.-S. — Pouvez-vous me donner des nouvelles de Sébastopol[3] ?

LOUISE COLET À GUSTAVE FLAUBERT

[Paris,] samedi matin. [3 mars 1855 ?]

Je pars demain pour un voyage à l'étranger. J'ai pris mon passeport et mes paquets sont prêts. Je ferai peut-être une longue absence. Il faut absolument que nous nous revoyons et que nous causions avant mon départ.

Il serait puéril de consulter quelqu'un, et grossier de me refuser.

J'attendrai donc avec confiance ce soir chez moi de huit heures à minuit.

LOUISE C.

À LOUISE COLET

[Paris, 6 mars 1855.]

Madame,

J'ai appris que vous vous étiez donné la peine de venir, hier, dans la soirée, trois fois, chez moi.

Je n'y étais pas. Et dans la crainte des avanies qu'une telle persistance de votre part, pourrait vous attirer de la mienne, le savoir-vivre m'engage à vous prévenir : *que je n'y serai* jamais.

J'ai l'honneur de vous saluer.

G. F.
Mardi matin.

À LOUIS BOUILHET

[Croisset,] mercredi. [9 mai 1855.]

Monstre !

Pourquoi ne m'as-tu pas écrit ? pourquoi n'ai-je pas reçu, dimanche, à mon réveil une sacro-sainte lettre ? Dans quels délices ou emmerdements es-tu plongé pour oublier ton pauvre Caraphon[1] ? — As-tu vu Sandeau, etc. ?

Je me suis emmerdé (pardon de la répétition) assez crânement pendant les deux ou trois jours qui ont suivi ton départ. Puis j'ai rempoigné la *Bovary* avec rage. Bref, depuis que tu es parti j'ai fait six pages, dans lesquelles je me suis livré alternativement à l'élégie et à la narration. Je persécute les métaphores, et bannis à outrance les analyses morales. Es-tu content ? Suis-je beau ?

J'ai bien peur, en ce moment, de friser le genre crapuleux. Il se pourrait aussi que mon jeune homme[2] ne tarde pas à devenir odieux au lecteur, à force de lâcheté ? La limite à observer, dans ce caractère couillon, n'est point facile, je t'assure. Enfin dans une huitaine j'en serai aux grandes fouteries de Rouen. C'est là qu'il faudra se déployer ! ! ! Il me reste encore, peut-être cent vingt ou cent quarante pages. N'aurait-il pas mieux valu que ça en ait quatre cents, et que tout ce qui précède eût été plus court ? J'ai peur que la fin (qui, dans la réalité, a été la plus remplie) ne soit, dans mon livre, étriquée, comme dimension matérielle, du moins — ce qui est beaucoup[3].

Et toi, vieux bougre, as-tu fini ton acte[4] ?

Et le voyage d'Italie[5] ? quid ? ne lâche pas ça, nom de Dieu ! Et fais tout ce qu'il te sera possible pour que ça réussisse.

J'ai vu ce matin le ieune Bauldry[6] qui *m'a affirmé* « que tu n'étais pas venu chez lui, et que Bouilhet était un blagueur ». Toujours le même petit bonhomme ! Aucune nouvelle rouennaise, d'ailleurs.

Tantôt, après dîner, en regardant une bannette[7] de

tulipes, j'ai songé à ta pièce sur les tulipes de ton grand-père[1], et j'ai vu, nettement, un bonhomme en culotte courte et poudré, arrangeant des tulipes pareilles dans un jardin vague, au soleil, le matin. — Il y avait à côté un môme de quatre à cinq ans (dont la petite culotte était boutonnée *à* la veſte), joufflu, tranquille, et les yeux écarquillés devant les fleurs, c'était toi. Tu étais habillé d'une espèce de couleur chocolat. Dans les plis de la petite culotte se cachait une broquette *déjà très bien formée*, qui devait un jour effrayer sa mère, et promettait de devenir *ung* V...

Depuis que je t'ai vu excité par (et pour) l'inſtitutrice[2] je le suis (excité). À table, mes yeux suivent volontiers la pente douce de sa gorge. Je crois qu'elle s'en aperçoit, car elle pique des coups de soleil, cinq ou six fois par repas.

Quelle jolie comparaison on ferait avec cette pente de gorge comparée aux glacis d'une forteresse. Les amours dégringolent là-dessus en montant à l'assaut. — « (En sheik[3]) : je sais bien, moi, quelle pièce d'artillerie j'y traînerais. »

Je lis maintenant les observations de l'Académie françoise sur *Le Cid*. Je viens de lire celles du sieur Scudéry[4]. C'eſt énorme ! Ça console, du reſte. — As-tu quelques nouvelles de *Pierrot*[5] ?

Adieu, vieux bougre. Je t'embrasse. Tiens-toi en joie, si c'eſt possible.

À toi, ton.

À LOUIS BOUILHET

[Croisset,] mercredi soir. [23 mai 1855.]

Ô homme,

Je chante les lieux qui furent le « théâtre aimé des jeux de ton enfance », c'eſt-à-dire : les cahfuehs, eſtaminets, bouchons et bordels qui émaillent *le bas de la rue des Charrettes*[6] (je suis en plein Rouen). Et je viens même de quitter, pour t'écrire, les lupanars à grilles, les arbuſtes verts, l'odeur de l'absinthe, du cigare et des

huîtres, etc. Le mot est lâché : *Babylone*[1] y est. Tant pis !
Tout cela, je crois, frise bougrement le ridicule. C'est
trop fort. Enfin tu verras. Rassure-toi, d'ailleurs, je me
prive de métaphores, je jeûne de comparaisons, et
dégueule fort peu de psychologie. Il m'est venu ce soir
un remords. Il faut à toute force que les *cheminots*[2]
trouvent leur place dans le *Bovary*. Mon livre serait
incomplet sans lesdits turbans alimentaires, puisque
j'ai la prétention de *peindre* Rouen (c'est bien le cas de
dire :

> *D'un pinceau délicat l'artifice agréable*
> *Du plus hideux objet,* etc.[3])

Je m'arrangerai pour qu'Homais raffole de cheminots[4].
Ce sera un des motifs secrets de son voyage à Rouen,
et d'ailleurs sa seule faiblesse[a] humaine ; il s'en foutra une
bosse, chez un ami de la rue Saint-Gervais. N'aie pas
peur ! ils seront de la rue Massacre et on les fera cuire
dans un poêle, dont on ouvrira la porte avec une
règle.

Je vais lentement, très lentement même. Mais cette
semaine je me suis amusé à cause du fond. Il faut qu'au
mois de juillet j'en sois à peu près au commencement de
la fin, c'est-à-dire aux dégoûts de ma jeune femme pour
son petit monsieur[5].

Avances-tu dans ton second acte ? Je suis curieux de
voir ta grande scène complexe. Parle-moi des changements de plan (entrées et sorties) que tu as faits depuis
que tu es à Paris, si, toutefois, je peux les comprendre
par lettres[6].

Je suis fâché de n'être pas de ton avis relativement à
la *Bucolique*. Mais tu as pris la chose pour pire que je ne
la donne. Je te répète : que je peux parfaitement me
tromper. C'est comme pour *Les Raisins au clair de lune*[7].
À force de vouloir détailler et raffiner[b], il arrive souvent
que je ne comprends plus goutte aux choses. L'excès
de critique engendre l'inintelligence.

Si mes observations sur ta pièce sont bêtes, voilà
une phrase qui ne l'est pas.

À propos du voyage d'Italie, crois-moi, *reviens dessus,
souvent,* si tu veux qu'il ne rate, tâche d'avoir *sa* parole,
fais qu'il s'engage, et prenez une date fixe pour partir[8].

C'est une occase (style Breda street[1]) que tu ne retrouveras jamais, mon bon. Il sera trop tard, plus tard. Rien de ce que tu peux laisser à Paris ne vaut une heure passée au Vatican, fous-toi ça dans la boule. — Et d'ailleurs *tu ne te doutes pas* des pièces détachées que tu rapporteras. Ce qui a fait faire les élégies romaines n'est pas épuisé, sois-en sûr. Il n'y a que les lieux communs et les pays connus qui soient d'une intarissable beauté.

Je lis maintenant l'*Émile* du nommé Rousseau. Quel baroque bouquin, comme idées, mais *c'est écrit,* il faut en convenir et ça n'était pas facile !

Combien je regrette de n'avoir pas vu nos deux Anges[2] jouant ensemble. Sérieusement, j'en ai été attendri. Pauvres petites cocottes ! Vois-tu quelles balles de financiers nous aurions eu côte à côte, chacun dans notre stalle ! Nous serions-nous rengorgés[3] ? Il n'y avait peut-être pas lieu de se rengorger. Au reste, je suis, je crois, un peu oublié pour le quart d'heure. L'exposition (*univeurseul exhibicheun*) me nuit peut-être ? J'ai reçu, il y a trois semaines, une lettre écrite par *elles deux* et qui était ornée de *dessins.* J'en ai répondu une non moins bonne, et puis c'est tout[4]. Ah ! l'amour ne m'obstrue pas l'estomac s'il empâte mon papier.

Adieu, cher vieux. Il est tard. Je vais me coucher. À toi.

À LOUIS BOUILHET

[Croisset,] mercredi soir. [30 mai 1855.]

Je suis trop l'homme des faiblesses et des découragements, pauvre cher vieux, pour ne pas comprendre les tiens (et les tiennes). Tu as donc tort de me faire des excuses à ce sujet. Dis-moi tout ce que tu voudras de tes peines, je me flatte d'avance d'y compatir[a]. Oui ! c'est un foutu siècle, en somme. Et nous sommes dans une fière merde ! Ce qui m'indigne c'est [le] *bourgeoisme* de nos confrères ! Quels marchands ! quels plats crétins ! Tous les jours, je lis du G. Sand[5] et je m'indigne régulièrement pendant un bon quart d'heure. Aujourd'hui, pour changer, j'ai eu (toujours dans *La Presse*) du Paulin Limayrac[1]. Autre guitare, ou plutôt autre guimbarde[2]. C'était l'éloge de ladite mère St Sand[3]. Mardi dernier j'ai admiré du même vidangeur (les expressions me manquent) un panégyrique de *Péranger*[4] ! nom de Dieu !

Console-toi du reste ; ou plutôt afflige-toi. Sais-tu ce que j'ai appris, pas plus tard que dimanche ? *On a fermé la rue Coupe-gorge*[5]. « Ici nous renonçons à peindre[6]. »

———

J'ai, vieux, quelque chose sur le cœur qu'il faut, une dernière fois, que je te dise, et bien, si je peux. Tu me prendras pour un donneur de sermons, un pédant, « un homme qui en parle à son aise », tant pis ! J'aurai fait ce qui me semble être (ma foi, je lâche le mot) mon devoir. —

Je ne veux seulement que paraphraser cette ligne : « Rien ne me réussit, tout me rate au nez, merde[7]. »

Question : quel mal t'es-tu donné pour que *la moindre chose* te réussisse ?

Proposition : si tu continues de ce train-là, et que tu réussisses, n'en remercie que le ciel.

J'entre dans les développements et je tourne la page[8].

Tu es arrivé à Paris, dans des conditions favorables, *exceptionnelles* et comme *pas un* homme de lettres n'y arrive. Tu avais déjà, et avant seulement d'avoir montré ta boule, une œuvre considérable publiée dans une revue[9]. C'était un passeport, tu n'étais pas un inconnu, tu pouvais enfin *te présenter,* comme on dit. Grâce à cela tu as eu, de suite, et sans démarches, tes entrées aux Français[10].

Je te demande : si *depuis* tu as fait une visite, une démarche, un geste, pour t'acquérir[a] je ne dis pas des protecteurs, mais seulement des connaissances. Tu voulais travailler pour les Français et tu n'y as pas mis les pieds ! Le bon sens le plus bourgeois exigeait : qu'avant la présentation de ton *ms.,* tu fusses lié déjà avec tous ces messieurs, et ayant couché avec ces dames. Te l'ai-je assez dit, sacré nom de Dieu. — Et cette bonne Durey[11], aussi.

Je sais parfaitement que tu as été voir les gens quand

tu en as eu un besoin *immédiat*. Crois-tu que c'était là la bonne façon ?

Tu sais d'ailleurs, tout aussi bien que moi, ce que je t'entends [dire]. Mais tu te payes des grands mots « C'est plus fort que moi, ça m'embête, je ne peux pas », et ensuite tu te plains de gens, à qui tu es complètement étranger.

As-tu été par exemple chez ce bon Saint-Victor, qui, sans te connaître, t'avait fait un article[1], chez ce brave Ulric[2] qui avait embouché une trompette respectable en ton honneur ? Brosse (je t'en citerais bien d'autres). Crois-tu qu'ils soient disposés à te rendre service (si l'occasion se représente), et qu'ils ne te gardent pas rancune de ta grossièreté ?

Enfin, je dis que tu as *une paresse musculaire* dont il faut te débarrasser à tout prix, voilà. Si tu avais des rentes, à la bonne heure. — Tu as fait quelque chose qui me semble bien plus difficile que tout cela, mon pauvre vieux, oui, plus malin, et plus lourd. C'était de gagner de l'argent à Rouen[3], de te faire bien voir des parents, des insti[tu]teurs, des sheiks[4] de toute façon et de toute farine, et de travailler, en même temps, comme tu as fait. Tu ressembles à un homme qui a apprivoisé des ours blancs et qui tremble devant des caniches. — Dépense seulement la moitié des talents diplomatiques que tu employais ici, et avant un an, tu seras le premier homme de lettres de la capitale. — Il faut d'abord connaître le terrain, fais donc ce qu'il faut pour le connaître. — Tâche de comprendre ce qui t'indigne et d'imiter ce qui te répugne (physiquement, tout cela, bien entendu).

Tu as le sort *commun*. Tous ont passé par là. Songe au père Hugo, qui a débuté au théâtre, ayant pour collaborateur M. Ancelot ! et qui fut sifflé[5].

Quant à ta pièce, si on la refuse encore, fais-en une autre, une seconde, une troisième ; *il faut embêter le monde*, ne lâche pas, ne démords pas. Obéis *à la Vocation*. Tu vas me dire que tu n'es pas *né pour le théâtre* : ceci est un mot, rien de plus. D'ailleurs qu'en sais-tu ? Molière n'en était pas à son début quand il a fait sa première bonne pièce. — Objection : « Mais vivre en attendant ? » En effet, c'est une petite nécessité. Tu sais parfaitement ma réponse, et je sais aussi ta réplique que je n'admets pas. Réserves-tu ton argent pour te faire construire un mausolée ? Ta mère « n'en mourrait pas de chagrin », comme tu le prétends. On ne meurt pas de chagrin, sois-en sûr. Avoue plutôt *que tu n'oses pas*. Tu te payes à toi-même, d'une bonne raison, ton couillonisme. — Et d'ailleurs, quand même tu aurais raison, il vaut mieux qu'elle meure *que toi*. L'assassinat est un moindre crime que le suicide. Tu es assez moral pour me concéder cet axiome.

Enfin le problème est celui-ci : *vivre à Paris*. Car quant à le quitter (pardon de *Car quant — carcan*, un calembour), cela me paraît tout bonnement absurde. (Quand il n'y aurait que Grassot[1], nom de Dieu !) Or tu as le moyen matériel de vivre à Paris, plusieurs années. Lorsque tu en seras à ta dernière pièce de cent sous, et qu'ayant fait (*socialement* parlant) tout ce qu'il fallait faire pour réussir, tu n'auras pas réussi, alors gueule, avise, et retourne chez Leudet[2], si tu veux. D'ici là, tu te manques à toi-même.

Voilà ce que j'avais à te dire. Médite-le. Tâche de t'abstraire, pose-toi devant les yeux le sieur Bouilhet, et avoue que j'ai raison. Enfin, pauvre vieux, si tu te trouves blessé en quoi que ce soit, pardonne-le-moi, je l'ai fait avec une bonne intention, excuse de tous les sots.

Une comparaison te sera venue, c'est celle de moi à Du Camp. Il me reprochait il y a quatre ans à peu près les mêmes choses que je te reproche. (Ses sermons ont été plus longs, et d'un autre ton, hélas[3] !) Mais les points de vue sont différents. Il me prenait alors pour ce que je ne voulais pas être. Je n'entrais nullement dans la vie pratique et il me cornait aux oreilles que je m'égarais dans une route, où je n'avais seulement pas, les pieds[a].

Fermons ce chapitre. J'y ajoute pourtant cette simple phrase : je te suspecte : de devoir manquer encore ton voyage d'Italie, par *veulerie*. — Tu t'en mordras les pouces, si tu le rates, mon vieux, quoi qu'il arrive plus tard, sois-en sûr[4].

————

La *Bovary* va *pianissimo*. Tu devrais bien me dire quelle espèce de *monstre* il faut mettre dans la côte du Bois-Guillaume. Faut-il que mon homme ait une dartre au visage, des yeux rouges, une bosse, un nez de moins ? que ce soit un idiot ou un bancal ? Je suis très perplexe. Cochon de père Hugo avec ses culs-de-jatte qui ressemblent à des limaces dans la pluie ! C'eſt embêtant[1] !

Adieu, mon pauvre vieux bougre. — Aime-moi toujours. « Y a pus que nous », va ; mais sois plus crâne, nom d'un nom, plus pompadour et françoys.

Ie t'embrasse moult. À toi ton.

P.-S. — Ma lettre eſt des plus piètrement écrite qu'il soit possible de voir. Si je te jugeais *désespéré*, je la recommencerais et je ferais *un morceau*. Il y avait matière.

À LOUIS BOUILHET

[Croisset,] mercredi (nuit de).
[6 juin 1855.]

Ah ! J'âpre-casse atmosphère, quoique dans la nuit, légèrement vêtu et fenêtres ouvertes-sue[2] ! Il fait depuis deux jours un polisson de temps agréable. Tu as raison, pauvre cher vieux, de m'envier les arbres, le bord de l'eau et le jardin, c'eſt splendide ! J'avais, hier, les poumons fatigués à force de humer les lilas et ce soir, sur la rivière, les poissons sautaient avec des folâtreries incroyables, et comme des bourgeois invités à prendre un thé à la préfecture.

Je suis moult aise de te savoir un peu remonté sur ton drame[3]. Voici je crois ce qu'il faut faire : 1o aller d'abord chez Blanche[4] ; 2o lui dire : vous voyez que je ne suis pas un entêté ; j'ai corrigé *dans vos données*, suivi vos avis, vous m'aviez dit telle et telle chose (inventes-en si tu ne te les rappelles pas) que j'ai tenue en considération, etc. ; 3o il faut avoir pour examinateur Laugier[5], et *en même temps* faire marcher Sandeau. Au reſte, si Blanche eſt bon enfant (et il le sera), fais ce qu'il te conseille. Tâche d'avoir[a] une lecture *quand même*. Je persiste dans cette opinion. — Tu ne dois te présenter à l'Odéon que si tout eſt raté définitivement aux Français. Mais il eſt bon d'aller vite en besogne, pour que l'insuccès, s'il y en a un (de rechef[6]), ne s'ébruite pas, et ne te nuise pas, auprès du comité de l'Odéon ? Aie plusieurs manuscrits s'il le faut. Merde ! trémousse-toi ! copie-les plutôt, toi-même !

La Porte-Saint-Martin vaudrait peut-être mieux (à cause de Ligier[1]) que l'Odéon ? mais nous n'en sommes pas là. Occupe-toi des Français, comme si c'était la seule porte possible.

———

Je vais bien lentement. Je me fous un mal de chien. Il m'arrive de supprimer, au bout de cinq ou six pages, des phrases qui m'ont demandé *des* journées entières. Il m'est impossible de voir l'effet d'aucune avant qu'elle ne soit finie, parachevée, limée. C'est une manière de travailler inepte[a], mais comment faire ? J'ai la conviction que les meilleures choses *en soi* sont celles que je biffe[b]. On n'arrive à faire de l'effet, que par la négation de l'exubérance. — Et c'est là ce qui me charme, l'exubérance.

Si tu veux lire quelque chose de violent et d'opaque comme galimatias, prends une description du Vésuve par le sieur Marc Monnier dans le dernier numéro de la *Revue de Paris*. — Il y a un Jéhovah qui finit un paysage, d'une manière un peu remarquable[2]. Cette phrase mérite un encadrement en or. *C'est un type,* comme on dit.

Le nommé About dont tu me parles est violemment accusé dans ce même numéro (et avec des preuves qui m'ont paru assez concluantes) d'avoir tout bonnement traduit un livre italien[3], *supprimé* depuis l'impression et qu'il a donné comme étant une œuvre de lui[c].

Je voudrais bien lire le Planche sur Du Camp. — Hier, grand éloge des *Chants modernes*[4] par môsieu Paulin Limayrac, mais éloge qui sentait l'ami, peu enthousiasmé au fond. On vantait surtout les intentions et la Préface. — Enfin !

———

J'ai été ces jours derniers assez inquiet de mon pauvre Narcisse[5] qui a cuydé avoir une attaque d'apoplexie. On l'a saigné et il va bien maintenant. J'ai été le voir, une fois, dans sa chambre et je l'ai trouvé lisant *Les Rayons et les ombres*[6] ; il ne devait pas y comprendre grand-chose. N'importe, ça m'a attendri.

Ce soir sont arrivés ici M. et Mme Allais[1] et leur héritière, dans les bras de la bonne. Tâbleau. Est-ce beau ou bête de prendre la vie au sérieux ? je n'en sais rien. C'est robuste, en tout cas, et je ne m'en sens pas la force. J'en ai à peine assez pour tenir une plume.

Adieu, pauvre vieux bougre chéri. Je t'embrasse.

———

Je serais bien aise que Durey entrât à l'Odéon. A-t-elle des chances un peu sérieuses[2] ?

AU DOCTEUR JULES CLOQUET

[Croisset,] dimanche soir. [17 ou 24 juin 1855.]

Cher Monsieur Cloquet,

J'ai appris aujourd'hui, seulement et par mon frère, votre nomination à l'Institut[3]. Que les boules blanches soient bénies!!!

Vous voilà donc débarrassé de cette inquiétude! plus de visites à faire! et moins d'exhibitions de cravate blanche! genre d'ornementation faciale qui ne vous est pas moins désagréable qu'à votre serviteur.

Bien que vous eussiez supporté l'échec, stoïquement, c'est toujours une chose plaisante que de réussir dans ses entreprises, aussi puis-je vous assurer que nous avons eu, tantôt, ma mère et moi, une véritable joie. L'Institut a eu bien raison de vous prendre. Les corps savants ne sauraient trop se fournir de médecins. S'ils pouvaient les guérir de la lenteur qu'ils mettent à recevoir les gens de talent, ce serait une belle cure!

Dites à Mme Cloquet, je vous prie, que je suis très furieux contre elle. Pas le moindre petit mot pour m'annoncer cette bonne nouvelle [....] et je dormais comme Montaigne sur l'oreiller du doute, *La Presse,* seul journal que je feuillette, n'ayant pas annoncé votre nomination.

Au reste, je compte d'ici à trois semaines lui porter mes félicitations[4] [...]

[Voir la suite de la lettre au Supplément, p. 1517.]

À LOUIS BOUILHET

[Croisset,] mercredi. [27 juin 1855.]

Tu ne m'as pas l'air gai, mon pauvre bonhomme. Tes lettres sont de plus en plus mélan*ch*oliques et tu me parais devenir de plus en plus mé*ch*anique. C'est un tort, nom de Dieu, c'est un tort ! Il faut se *roi*dir contre les difficultés, comme Thomas[1]. Il n'y a peut-être que les Thomas qui se roidissent bien ?

Je commence à le croire, puisque je vois un homme tel que toi, déroidissant... Tu ne prends pas les choses en quantité raisonnable. Tu as trop les pieds dans Paris, pour n'en être pas dégoûté, et d'autre part tu n'y entres pas assez, pour qu'il te plaise. Tu avais ici l'estomac assez solide pour digérer tous les Pichat[2] de la terre. D'où vient ta faiblesse maintenant ? Serait-ce parce que tu connais l'homme ? Qu'importe !

Ne peux-tu, par ta pensée, établir cette superbe ligne de défense intérieure qui vous sépare plus du voisin, qu'un océan ?

Et puis, sacré nom de Dieu ! que me chantes-tu avec des phrases pareilles : « Je m'effacerai ainsi du monde graduellement » ? Merde, j'ai envie de te foutre des coups de pied au cul. Que veux-tu que je devienne, misérable, si tu bronches, si tu m'ôtes ma croyance ? Tu es le seul mortel en qui j'aie foi et tu fais tout ce que tu peux, pour me desceller du cœur cette pauvre niche de marbre, placée haut, et où tu rayonnes !

Fais-moi le plaisir *pour toi,* et dans l'intérêt même de cet avenir dont l'idée permanente te préoccupe maintenant, exclusivement, de tâcher de t'abstraire un peu et de travailler. Tant que tu seras à te branler la cervelle sur ta personnalité, sois sûr que ta personnalité souffrira. Et d'ailleurs à quoi bon ? Si ça servait *pratiquement* à quelque chose, très bien. Mais au contraire, et cela est démontrable par A + B.

Au reste nous causerons de tout cela, dans quinze jours, si tu veux. Nous pourrons vider le fond du sac.

————

J'ai été hier à Rouen, dîner chez Achille[1] et ayant une heure devant moi, je me dirigeais vers le logis de ta Dulcinée[2], lorsque le môme d'Abbayr[3] a couru après moi, pour me dire que Mme Philippe était à Caen. En descendant la rue, j'ai contemplé Abbayr sur sa porte : « Elle est à Caen pour des affaires de famille. » Le savais-tu ?

Sacré nom de Dieu, quel aspect que celui de Rouen. Est-ce mastoc ! et emmerdant ! Hier, au soleil couchant, l'ennui suintait des murs d'une façon subtile et fantastique à vous asphyxier sur place. J'ai revu toutes les rues que je prenais pour aller au collège... eh bien, non ! rien de tout cela ne m'attendrit plus. Le temps en est passé ! je conchie sur mes souvenirs. « J'ai ça de bon », comme ce conducteur de diligence qui puait des pieds.

Sais-tu que ma mère, il y a six semaines environ, m'a dit un mot sublime (un mot à faire que la Muse[4] se pendrait de jalousie pour ne l'avoir point inventé). Le voici, ce mot : « La rage des phrases t'a desséché le cœur. — » Au fond, tu es de son avis. — Et tu trouves qu'à propos de Rouen, par exemple, je manque tout à fait de *sensibilité ;* car toi, bien que « curvus et complex »[5], tu es sensible. C'est par là que tu te rapproches de Rousseau, quoi que tu en dises. Tu aimes les champs, tu as des goûts simples. Il te faut, pour être heureux, une compagne[a] (un de ces jours tu vas étudier la botanique) et tu regrettes de « ne pas savoir un état ». Veux-tu que je t'indique un maître menuisier ? Allons, mon bonhomme, rabote, scie, allonge-toi sur la varlope « comme un nageur ». — Sophie t'ira voir, avec sa mère, et moi, ton précepteur, je sourirai dans un coin[6]. — Une chose me rassure pourtant, c'est que tu ne seras jamais qu'un pitoyable menuisier (parce que tu sais te passer de chevilles, plaisanterie galante, euh !). Comme on te foutrait à la porte de l'atelier, mon pauvre vieux ! —

Un trait manque[b] encore au parallèle (entre toi et Émile), à savoir les voyages. Car il voyage pour connaître *la politique des nations,* et toi, tu m'as l'air de rester. Je te ferai cadeau, au jour de l'an, du *Voyage autour de ma chambre* par M. de Maistre[7], suivi de *Symboles et paradoxes* de Houssaye[8]. Ah ! nom de Dieu, il doit pourtant faire beau ce soir, sur la terrasse de la Villa

Médicis ! Le Tibre est d'argent, et le Janicule tout noir
comme une tunique d'esclave[1].

À propos d'argent, je suis empêtré dans des explications de billets, d'escompte, etc., que je ne comprends
pas trop[2]. J'arrange tout cela en dialogue rythmé, miséricorde ! — Aussi je te demanderai la permission de ne
t'apporter rien de la *Bovary*. J'éprouve le besoin de n'y
plus penser pendant quinze jours. — Je me livrerai à la
peinture, aux Beaux-arts, *cela pose un homme*. Adieu, je
t'embrasse, monstre. À toi.

Blanche ? moult détails[3].

À LOUIS BOUILHET

[Croisset,] mercredi soir. [1er août 1855.]

Me revoilà dans la sempiternelle *Bovary !* « Encore une
fois sur les mers », disait Byron[4]. « Encore une fois dans
l'encre », puis-je dire.

Je suis en train de faire exposer à Homais des théories
gaillardes sur les Femmes[5]. J'ai peur que ça ne paraisse
un peu trop *voulu*. Au reste il n'y a que d'aujourd'hui
seulement que j'ai travaillé avec un peu de suite.

Je viens de lire *La Grèce contemporaine* du sieur About[6].
C'est un gentil petit livre, très exact, plein de vérités, et
fort spirituel. Quant aux calomnies et canailleries dont
on m'avait parlé, je n'en discerne aucune. Son talent
n'est pas assez grand pour expliquer l'acharnement dont
on le poursuit ? Il y a quelque chose là-dessous qui nous
échappe et dont je me fous.

J'ai eu à dîner avant-hier ton ancien professeur
Bourlet[7]. Quelle grosseur ! quelles sueurs ! quelle rou-
geur ! C'est un hippopotame habillé en bourgeois. Il
n'a pas faibli du reste, car il est toujours de l'opposition,
quand même, furieux contre le gouvernement, ennemi
des prêtres, et extra-grotesque.

Sais-tu que mon cher frère[8] lit avec rage Régnier,
qu'il en a trois éditions, qu'il m'en a récité des tartines par
cœur ? Il a dit devant moi à Bourlet à propos de *Melaenis*[9] :
« Si tu n'as pas lu ça, tu n'as rien lu. » Que je sois pendu
si je porte jamais un jugement sur qui que ce soit !

La bêtise n'est pas d'un côté, et l'Esprit de l'autre.

C'est comme le Vice et la Vertu. Malin qui les distingue.

Axiome : le synthétisme est la grande loi de l'ontologie.

Nouvelle : *Narcisse Lormier*[1] est conseiller municipal de *Darnétal*. « Ici, nous renonçons à peindre » (Victor Hugo[2]). Ses parents sont *dans le ravissement* (exact). — Il va régir Marikalh[3] !… Je t'assure que, quand je pense à cela, je me sens emporté dans un océan de rêveries, dans un grand torrent de merde. . . . . .

Quand viens-tu, pauvre vieux ? Tu dois avoir fixé à peu près l'époque de tes vacances. As-tu vu Rouvière[4] ? Laffitte[5] ? Judith[6] ? Tâche de te remuer un peu. As-tu reçu un mot de Durey[7] ?

Adieu, je n'ai absolument rien à te dire, si ce n'est que je t'aime. À toi.

Je te réserve un discours du président Tougard qui est *chouette,* comme dirait Homais[8].

À LOUIS BOUILHET

[Croisset,] mercredi. [15 août 1855.]

Je te prie, mon bon vieux, d'aller trouver, dès [que] tu passeras tes bottes (expression hyperbolique, car tu ne portes que des souliers), le sieur Fovart et de lui remettre la petite note ci-jointe[9]. J'attends après ces renseignements.

Tu lui diras, d'abord : que je suis fort bête, et ensuite que je lui aurais écrit moi-même (ce qui eût été plus convenable) si je m'étais rappelé son numéro. Je lui serais fort obligé s'il pouvait te faire cela, séance tenante, ou m'envoyer la réponse très prochainement. Tu sauras son logement à la *Revue*[10].

———

Quant aux Folies-Nouvelles[11], oui j'y tiens, et beaucoup !

Qu'est-ce que ça te fait d'y aller ?

Vas-y. — Et *intelligemment*.

———

Si j'avais seulement 50 fr[ancs], j'irais moi-même, d'autant plus (tournure élégante) que j'ai reçu une lettre de cette pauvre Person[12], laquelle m'invite, d'après la promesse que je lui en avais faite, à venir la voir dans son nouveau rôle. La pièce est atroce, mais elle y a réussi. On l'a rappelée, triomphe. Tâbleau. Mais je n'ai pas un rouge-liard pour faire ce voyage. Ma mère est d'une humeur de dogue, par suite des embêtements-Hamard[1] (ce n'est pas le moment de s'adresser à son escarcelle). Elle a été malade, ces jours-ci. Elle s'en va demain passer quelques jours à Fécamp chez Mme Lepoittevin[2]. Je vais être seul un peu, ce qui me remettra les nerfs. Je suis embêté de couillonner ainsi devant ma parole, et j'aurais été bien aise de voir cette pauvre fille applaudie. Enfin ! — Donc je me rejette sur la *Bovary* avec plus de frénésie. Aussi voilà-t-il trois jours que je travaille férocement, j'entends avec plaisir.

J'ai vu, l'autre semaine, Léonie[3] qui me paraît guérie de ses névralgies (observe la gentillesse de ces *ies*). Penses-tu que Durey[4] sera dimanche ou lundi prochain en Amérique ? quelle chose énorme qu'un atlas, comme ça fait rêver ! et que la terre est petite, cependant !

Tu m'as écrit une sacrée lettre qui ne dénote pas un homme gai, mon pauvre vieux. Que veux-tu que j'y réponde, sinon par deux aphorismes de l'Homme dont on célèbre aujourd'hui la fête[5] : 1º « Les grandes entreprises réussissent rarement du premier coup »; 2º « Le succès appartient aux apathiques ». Pas si apathique, pourtant ! Il faut un peu se désembourber soi-même[6].

Quand viens-tu ? j'ai bien besoin de ta compagnie pour arrêter ma Fin, ou plutôt mon avant-Fin[7].

Je t'embrasse fort. À toi.

Et Rouvière ? Etc. ! Etc.[8] !

À FRÉDÉRIC FOVARD

[Croisset, 15 août 1855.]

1º Peut-on, lorsqu'on est possesseur de plusieurs billets, et que les échéances diverses de ces billets sont passées, garder tous ces billets, puis les présenter en bloc d'un seul coup ?

2º Après combien de jours, lorsqu'on a refusé de payer, vous envoie-t-on un protêt ? Comment est-ce fait, un protêt ? Quels en sont les premiers mots ? Quelle en est la formule ? Par qui signée ?

3º « Quand *il* (l'homme à qui on a souscrit les billets) veut faire le croulage, il fait faire les poursuites par un

autre, et intervient comme tireur du billet et par suite
engagé solidaire *pour prendre toute l'affaire.* »

A. Comment s'y prend-on pour faire faire des poursuites par un autre ?

B. Quelles formalités y a-t-il à remplir et quelles
démarches à faire, pour qu'*il* puisse *prendre toute* l'affaire ?

À LOUIS BOUILHET

[Croisset,] nuit de vendredi.
[17 août 1855.]

Tu es un gentil bougre de m'avoir envoyé cette bonne
nouvelle. Et d'abord, et avant tout : *croiras-tu désormais
au présage des bottes ?* Te rappelles-tu que le jour où j'ai
porté ta pièce chez Laffitte[1], je t'ai dit dans la rue Sainte-
Anne : « Ça ira bien, je viens de voir des Bottes » ? Et
elles étaient neuves ! et on les tenait par les tirants.

Oui, vieux, je suis moult satisfait. Ta lecture me paraît
à peu près certaine maintenant. Fais que Blanche[2] dise
un petit mot à Laugier[3]. Ça ne peut pas nuire. Quant à
lui[4], je le trouve en somme un drôle d'être. Il n'a dans
tout cela servi à rien, n'a fait que changer d'avis, dire
tantôt blanc et tantôt noir. Je n'ai pas de sa caboche une
opinion considérable.

Voici, sauf meilleur avis, ce qu'il faudrait faire, je
crois :

1º Connaître exactement tous les noms du Comité.

2º Informe-toi si Laugier ne serait pas par hasard
parent du Laugier médecin (agréé à l'école[5]). Par Cloquet[6]
ou tout autre, on pèserait dessus.

3º As-tu une lettre de Durey pour Judith[7] ? Peux-tu
te présenter chez elle ? *Vas-y.* Ne néglige rien. Trémousse-
toi. Profite de la bonne veine.

4º Je t'engage à aller chez Person[8] qui demeure rue
Montyon, 17. (Tu auras soin de ne pas dire au portier
ni à la femme de chambre que tu es mon ami, ce serait
le moyen de te faire fermer la porte au nez[9]. Évite même
mon nom[a] s'il y a un tiers avec vous.) Elle connaît
Samson[10] qui a été son professeur et qu'elle aime beaucoup. Elle pourra aisément te donner des renseignements
sur Beauvallet[11] qui est très influent et qu'on gagne avec
des petits verres. Par Ternaux[12] on peut peser sur Beau-

vallet. Ne te gêne pas avec Person. C'est une *excellente* femme et tu la connais assez pour te présenter chez elle. — Elle fera certainement tout ce qu'elle pourra.

5⁰ Il y a Got qui est un camarade de Maxime[1]. Mais ?...

6⁰ Édouard Delessert doit connaître assez intimement Provost[2]. Ils sont du même cercle. Quant à Provost, c'est par les peintres qu'on l'aurait. Il en connaît beaucoup. Demande ces renseignements-là (merde pour ma plume) à Préault[3].

———

Je crois que M. Cloquet connaît Samson ?

———

Important. Retourne immédiatement chez Sandeau. Expose-lui la chose. Qu'il marche maintenant, puisque c'est enrayé.

———

Ne néglige rien, sacré nom de Dieu, fais plutôt quinze démarches qu'une seule.

Allons, remonte-toi, mon pauvre vieux. — Et n'en sois pas moins persuadé que tu n'es pas encore au bout, mais que tu y arriveras, que tu seras, un jour ou l'autre, joué et applaudi. — Nous aurons notre tour, n'aie pas peur. Quand ce ne serait *qu'en vertu de notre Entêtement*. Il le faut.

Passe toutes tes vacances à Paris (merde, tant pis), si tu vois que tu puisses t'y être le moindrement utile.

Delamarre[4] connaît peut-être, ou peut connaître des gens qui connaissent des membres du Comité ? ? ? Vas-y, il demeure près de Laffitte[5], une ou deux maisons avant.

Tu ne me dis rien de Rouvière[6] ?

J'attends prochainement les renseignements que Fovart[7] a dû te donner.

———

N'oublie pas les *Folies*[8]. *Déploie* une activité napoléonienne.

Je suis au milieu des affaires financières de la *Bovary*[9]. C'est d'une difficulté atroce. Il est temps que ça finisse, je succombe sous le faix.

Adieu, je t'embrasse de toute la force de trente tirades. À toi, pauvre vieux.

Tiens-moi au courant.

Écris-moi souvent[10].

À LOUIS BOUILHET

[Croisset,] jeudi. [30 août 1855.]

J'attends toujours impatiemment des nouvelles de Laugier[1]. Restes-tu à Paris jusqu'à ce que tu aies une réponse définitive des Français ?

Je crois que tu as eu tort de ne pas aller voir Rouvière. Qui sait ? Informe-toi si Samson est du Comité. C'est un mauvais bougre. Mais c'est une bonne chose si tu as Régnier[2] dans ta manche.

Va donc aux *Folies-Nouvelles*[3], sacré bougre de couillon, et sache ce qu'a voulu dire ce *revirement*. Je donnerais cent francs pour le savoir.

Embêté de ne pas avoir la réponse du sieur Fovard, fils de M. Fouard[4], j'ai été aujourd'hui à Rouen *consulter un avocat*, à savoir le jeune Nion[5] qui m'a donné toutes les explications désirables ; il viendra demain ici ; nous aurons encore une séance d'affaires.

Quand je serai quitte de ce passage financier et procédurier, c'est-à-dire dans une quinzaine, j'arriverai vite à la Catastrophe. J'ai beaucoup travaillé ce mois-ci, mais je crains bien que ce ne soit trop long, que tout cela ne soit un rabâchage perpétuel. La venette ne me quitte pas. Ce n'est point comme cela qu'il faut composer !

J'ai été émerveillé dernièrement de trouver dans les « préceptes du style » du sieur Buffon[6] nos pures et simples théories sur le susdit art. Comme on est loin de tout cela ! Dans quelle absence d'esthétique repose ce brave XIXe siècle !

Et la reine d'Angleterre ? et le prince Albert[7] ?...

———

J'ai rencontré tantôt sur le port le second fils à Mme Baudry, et je suis revenu par le bateau avec Mme Écorcheville la jeune ! Creuse cette phrase, mon bonhomme. — Et tu y trouveras tout l'abîme de la turpitude humaine[8].

Nion m'a montré le maquereau de Stéphane[9]. C'est un jeune cabotin gras, laid et imberbe. J'ai rugi de jalousie en pensant à toi.

À propos qui baises-tu ? car tu n'es pas un homme *à te passer de femmes*. Vas-tu au broc, ou cherches-tu à te faire « une petite maîtresse » ? — Que diable, un jeune homme ! — et un artiste !

Croisset devient un pays très immoral. Je n'entends parler que de horions[a] que l'on s'administre à cause du cul. La maîtresse de M. Deschamps[1], Monsieur, mène une conduite véritablement scandaleuse, etc.

Catastrophe parmi les potentats de Rouen : M. Lainé, gendre du sieur Barbet, est sans le sol[2]. — Ruiné, net, et ses deux fils obligés d'entrer comme commis dans une maison de commerce. Ce qui est sorti de la boutique y retourne. Ô Fortune, voilà de tes coups ! Quel renfoncement ! et comme je m'en archi-fous !

Nous avons reçu aujourd'hui des nouvelles d'Angleterre. Mlle Sophie[3] pondra[b] au commencement d'octobre. Elle est pleine. Sens-tu le grotesque de ce petit bedon où s'agite un petit Anglais ?... Miss Harriet Collier vient de se conjoindre à sir Thomas Campbell, baron de je ne sais quoi ! et son portrait que j'ai là ne m'en avait rien dit[4] ! Encore une sylphide[5] de moins ! Mon empyrée féminin se vide tout à fait. Les anges de ma jeunesse deviennent des ménagères. Toutes mes anciennes étoiles se tournent en chandelles, et ces beaux seins où se berçait mon âme vont bientôt ressembler à des citrouilles.

Adieu, pauvre vieux bougre chéri. Je n'ose te dire que je t'attends ardemment, mais c'est bien vrai. À toi.

G[USTA]VE.

À LOUIS BOUILHET

[Croisset,] jeudi soir. [13 septembre 1855.]

Je suis revenu hier au soir de Trouville éreinté. J'étais parti d'ici dimanche matin avec ma mère. C'était pour surveiller un peu le sieur Allais[6], dont la conduite est pleine *de raisonnement* quant à ses intérêts personnels. Ce vénérable bourgeois frise le grinche[7], tout cela n'est pas fini. Je remercie la Providence de cette politesse à mon endroit.

Mon voyage en somme a été stupide. À peine si j'ai vu la mer. Mais je me suis vigoureusement empiffré de crevettes et de poisson. J'ai passé toute la nuit dernière et cet après-midi à dormir. J'ai la tête fort creuse. Il pleut. Je suis tout halluciné par mes anciens souvenirs de Trouville que la *vue des lieux* a réveillés[1].

J'ai été niaisement étonné dimanche matin, en lisant ta lettre[2], tout botté et prêt à partir.

Refuser un article[3] dans un journal, c'est déclarer net que l'on regarde cet article comme inférieur au plus mauvais de tous ceux que l'on y a insérés. Or ces messieurs écrivant eux-mêmes dans la *Revue,* c'est d'une naïveté et d'un ridicule babyloniens. Mais si bêtes qu'ils soient, je ne puis croire à cette bêtise. — Il y a là-dessous quelque chose, une vengeance, ou une revanche, sois-en sûr.

Ne te prive pas de conter cela partout et de dire qu'on te refuse à la *Revue de Paris.* Tu peux être sûr, quant à moi, que je leur ferai un compliment en face. Tâche de mettre *Le Cœur à droite* dans *La Revue* (de Crépet) et le plus vite possible, quand même ce serait pour rien[4].

Il faut en finir avec eux, et n'avoir plus de relation littéraire avec cette boutique.

J'ai l'intime conviction qu'il y a eu une saleté, à nous inconnue, dans l'histoire de *Pierrot*[5], que tu ne te tires pas *[sic]* à clair, je ne sais pourquoi, malgré mes prières réitérées. Tout cela se lie avec l'article *Melaenis* de *La Presse*[6], dont j'aurai la solution dès mon arrivée à Paris, car *j'irai* la demander à Cormenin[7], et je te réponds qu'il s'expliquera. Je suis agacé de leurs façons. — Il faut qu'ils en prennent d'autres, se brouiller tout à fait, ou en arriver à se foutre des calottes. Voilà mon opinion.

———

Tu me dis que le style t'emmerde. Pas plus que moi, je t'assure.

Je ne sais ce que je vais faire avec les embarras financiers de la *Bovary.* J'ai un dialogue et des explications qui me paraissent insurmontables[8]. Depuis quinze jours je n'ai pas avancé d'une ligne. Quand tu verras Fovart, tu le remercieras de ma part[9].

———

Que risques-tu encore une fois d'aller voir Rouvière[1] ?

———

Enfin dans six semaines je serai à Paris. Nous pourrons, au moins, écumer de compagnie. Il faut comme Thomas[2] *se roidir* contre les difficultés. Le hasard finit par être pour vous. Je ne croyais jamais avoir l'occasion de malmener M. Allais ; elle est venue, et je t'assure que je lui ai été désagréable pendant un moment, et que désormais il surveillera ses paroles et actions.

Adieu, pauvre cher vieux.

Spera, Spira.

Je t'embrasse.

Et des nouvelles !

À LOUIS BOUILHET

[Croisset,] dimanche. [16 septembre 1855.]

Tâche de m'envoyer, mon bonhomme, pour dimanche prochain, ou plus tôt si tu peux, les renseignements médicaux suivants.

On monte la côte, Homais contemple l'aveugle[a] aux yeux sanglants (tu connais le masque) et il lui fait un discours ; il emploie des mots scientifiques, croit qu'il peut le guérir, et lui donne son adresse[3]. Il faut qu'Homais, bien entendu, *se trompe,* car le pauvre bougre est incurable[b].

Si tu n'as pas assez, dans ton sac médical, pour me fournir de quoi écrire cinq ou six lignes corsées, *puise* auprès de Follin[4] et expédie-moi cela.

J'irais bien à Rouen[5], mais ça me ferait perdre une journée, et il faudrait entrer dans des explications trop longues.

J'ai été depuis trois jours extrêmement abruti par un *coryza* des plus soignés ; d'ailleurs mon voyage de Trouville m'a dérangé. Mais aujourd'hui pourtant, j'ai passablement travaillé. J'espère que dans un mois la Bovary aura son arsenic dans le ventre. Te l'apporterai-je enterrée ? J'en doute.

———

Je crois décidément que tu passeras à la Lecture[1]. Premier point. (Ainsi, mon pauvre vieux, note bien que tu n'en es *qu'au premier point,* douce perspective.) C'est maintenant qu'il va falloir déployer des jambes et de la diplomatie. (Il est parfaitement inutile de dire aux amis que tu passes à la Lecture ?) Je crois qu'ici, Blanche[2] *doit se montrer.* Il faut à toute force que tu aies un tour de faveur. Car on peut te faire droguer encore des années ! Je compte assez sur Mme Stroehlin avec laquelle j'irai chez le d[oc]teur Conneau[3], etc. Enfin, nous verrons, nous nous trémousserons.

À ta place, j'irais de suite, chez Janin[4]. C'est un excellent homme, putain, complaisant : il a fait de toi de grands éloges. Je lui conterais tout. — Il te servirait, ou tout au moins, ce serait pour plus tard un jalon.

Puisque tu n'écris pas maintenant, *marche.*

———

Tu as peut-être raison, il vaut mieux attendre. Je parle de notre conduite à tenir envers ces messieurs de là-bas. Quant à l'article *Melaenis,* je *prendrai plaisir* à en demander compte à l'inoffensif Cormenin[5]. — Et j'en apprendrai là, plus, peut-être que je n'en veux savoir.

Quel besoin d'invectives j'éprouve ! J'en suis gorgé ! Je tourne au Rousseau. Double effet de la solitude et de la masturbation. Nous finirons par croire à une conjuration d'Holbachique, tu verras[6].

Patience. Nous aurons notre jour. Nous ferons notre trou. Mais il n'est pas fait. Il faut entasser œuvres sur œuvres, travailler comme des machines et ne pas sortir de la ligne droite. Tout cède à l'entêtement.

J'éprouve le besoin, maintenant, *d'aller vite.*

Remarque : Voilà deux fois dans cette demi-page que j'écris : « j'éprouve le besoin ». Je suis en effet un homme qui éprouve beaucoup de besoins.

Nous avons eu, aujourd'hui, la visite de Mme Ange Félix-Ferry, née Hectorine Caire[7]. Elle est un peu maigrie, cette pauvre cocotte, mais *très heureuse,* dit-elle, et m'a l'air de s'arranger parfaitement du Vi. — En sheik[8] : « Il n'y a que ça pour les jeunes filles, mon-bon-ami. »

J'ai appris avec enthousiasme la prise de Sébastopol[9], et avec indignation le nouvel attentat dont un monstre s'est rendu coupable sur la personne de l'Empereur[10].

Remercions Dieu qui nous l'a encore conservé, pour le bonheur de la France. Ce qu'il y a de déplorable c'eſt que ce misérable eſt de Rouen. C'eſt un déshonneur pour la ville. On n'osera plus dire qu'on eſt de Rouen.

——————

Mercredi dernier, en revenant ici, par le bateau de [la] Bouille, j'ai joui de la conversation de deux chasseurs (blouse blanche, fusil, fortes guêtres et casquette à double visière) qui faisaient des *plaisanteries sur les Russes*. Ils disaient : gros shacho, etc. J'en étais malade ! Et je revenais continuellement près d'eux, en vertu de cet inſtinĉt dépravé*a*, qui nous fait parfois mettre le nez sous le drap pour sentir l'odeur d'un pet. —

Adieu, pauvre cher vieux, tu m'as l'air *d'un homme*. Tu te fais raboger[1] et n'as point de maîtresse ! Taïeb[2] ! Sacré nom de Dieu ! Il faut s'en tenir à la Proſtitution, quoi qu'en disent les socialiſtes et autres cagots de même farine.

Sur ce ie t'embrasse. À toi.

À LOUIS BOUILHET

[Croisset,] mercredi.
[19 septembre 1855.]

1º Tu es un excellent bougre de m'avoir répondu vite. L'idée *du bon régime* à suivre eſt excellente, et je l'accepte avec enthousiasme[3] (quant à une opération quelconque, impossible. À cause du pied bot, et d'ailleurs comme c'eſt Homais lui-même qui veut se mêler de la cure, toute chirurgie doit être écartée).

2º J'aurais besoin des *mots scientifiques* désignant les différentes parties de l'œil[4] (ou des paupières) endommagé. Tout eſt endommagé, et c'eſt une compote où l'on ne diſtingue plus rien. N'importe, Homais emploie de beaux mots et discerne quelque chose pour éblouir*b* la galerie.

3º Enfin il faudrait qu'il parlât d'une pommade (de son invention ?) bonne pour les affeĉtions scrofuleuses et dont il veut user sur le mendiant[5]. Je le fais inviter

le pauvre à venir le trouver à Yonville[a] pour avoir mon
pauvre à la mort d'Emma[1] ? Voilà, vieux. Réfléchis un
peu à tout cela, et envoie-moi quelque chose pour
dimanche.

Je travaille médiocrement et *sans goût,* ou plutôt avec
dégoût. Je suis profondément las de ce travail. C'est un
véritable *pensum* pour moi, maintenant.

Nous aurons probablement bien à corriger : j'ai cinq
dialogues l'un à la suite de l'autre, et qui disent la même
chose ! ! !

————

Tu verras qu'on finira par nous voler *Pierrot.* Il faudrait ravoir le *ms.* ainsi que celui d'*Agénor*[2]. C'est facile.

————

Je te recommande le dernier numéro de la *Revue.* Il
y a une appréciation de l'école allemande — romantique — après laquelle il faut tirer l'échelle. On accuse
Goethe d'égoïsme (nouveau !) et H[enri] Heine de nullité, ou de nihilisme, je ne sais plus[3]. Je ne donne pas
trois ans à notre ami Max, s'il continue ainsi, pour devenir complètement imbécile. Tu verras !

Je n'ai absolument rien à te dire. Tiens-moi au courant. Il faut secouer Blanche[4]. C'est le moment ?

Adieu, pauvre vieux chéri, je t'embrasse et voudrais
bien être dans un mois, car je commence à m'embêter
furieusement de toi.

Va-t'en, de ma part, fumer une pipe, mélancoliquement, to the British tavern, Rivoli street, en pensant à
L'Âne d'or[5].

P.-S. — Fovart m'a enfin envoyé les notes demandées[6]. Si tu le vois, remercie-le pour moi.

À LOUIS BOUILHET

[Croisset,] dimanche, 3 h[eures].
[30 septembre 1855.]

Causons un peu, mon pauvre vieux. La pluie tombe

à torrents, l'air est lourd, les arbres mouillés et déjà
jaunes sentent le cadavre. Voilà deux jours que je ne
fais que penser à toi et ta désolation ne me sort pas de
la tête[1]. —

Je me permettrai d'abord de te dire (contrairement
à ton opinion) que si jamais j'avais douté de toi, je n'en
douterais plus aujourd'hui. Les obstacles que tu rencontres me confirment dans mes idées. Toutes les portes
s'ouvriraient[a], si tu étais un homme médiocre. Au lieu
d'un drame en cinq actes, à grands effets, et à style corsé[2],
présente une petite comédie — Pompadour — agent de
change, et tu verras quelles facilités, quels sourires !
quelles complaisances pour l'œuvre et pour l'auteur !
Ne sais-tu donc pas, que dans ce charmant pays de
France, on exècre l'originalité ! Nous vivons dans un
monde où l'on s'habille d'habits tout confectionnés.
Donc tant pis pour vous si vous êtes trop grand ; il y
a une certaine mesure commune ; vous resterez nu.
Ouvre l'histoire et si la tienne (ton histoire) n'est pas celle
de tous les gens de génie, je consens à être écartelé vif.
On ne reconnaît le talent que quand il vous passe sur
le ventre et il faut des milliers d'obus pour faire son
trou dans la Fortune. J'en appelle à ton Orgueil. Remets-
toi en tête ce que tu as fait, ce que tu rêves, ce que tu
peux faire, ce que tu feras, et relève-toi, nom de Dieu,
considère-toi avec plus de respect ! — Et ne me manque
pas d'égards (dans ton for intérieur) en doutant d'une
Intelligence, qui n'est pas discutable.

Tu me diras que voilà deux ans[3] que tu es à Paris et
que tu as fait tout ce que tu as pu, et que rien de bon
ne t'est encore arrivé. Premièrement, non. *Tu n'as rien
fait pour ton avancement matériel,* et je me permettrai de
te dire *au contraire. Melaenis* réussit, on en parle, on te
fait des articles. Tu n'imprimes pas *Melaenis* en volume[4],
tu ne vas pas voir les gens qui ont écrit pour toi. On te
donne tes entrées aux Français[5]. Tu n'y fous pas les
pieds et en deux ans, tu ne trouves pas le moyen de t'y
faire, je ne dis pas un ami, mais une simple connaissance.
Tu as refusé de fréquenter un tas de gens, Janin, Dumas,
Guttinguer[6], etc., chez lesquels tu aurais pu nouer des
camaraderies. — Et quant à ceux que tu fréquentes, il
vaudrait peut-être mieux ne les pas voir. Ex[emple] :
Gautier. Crois-tu qu'il ne sente pas à tes façons que tu

le chéris fort peu. — Et (ceci est une supposition, mais
je n'en doute point), qu'il ne te garde pas rancune, par
exemple, de n'avoir pas pris un billet au concert
d'Ernesta[1] ? Tu lui as fait pour cent sous une cochonnerie de 25 fr[ancs]. — Je me suis permis souvent de
t'avertir de tout cela. Mais je ne peux pas être un éternel
pédagogue, et t'embêter du matin au soir par mes
conseils. Tu me prendrais en haine et tu ferais bien.
Le pédantisme dans les petites choses est intolérable.
Mais toi, tu ne vois pas assez l'importance des petites
choses dans le pays des petites gens.

À Paris, le char d'Apollon est un fiacre. La célébrité
s'y obtient à force de courses.

En voilà assez sur ce chapitre. Le quart d'heure n'est
pas très opportun pour te sermonner.

Maintenant quant à la question du *vivre*. Je te promets
que Mme Str[oehlin] pourra très bien demander pour toi
à l'empereur en personne *la place* que tu voudras[2].
Guignes-en une, d'ici à trois semaines, cherche. Fais
venir en tapinois les états de service de ton père. Nous
verrons. On pourrait demander une pension, mais il te
faudrait payer cela en monnaie de ton métier, c'est-à-dire
en cantate, épithalames, etc., non, non.

En tout cas, ne retourne *jamais* en province.

Je t'envie de regretter quelque chose dans ton passé.
Quant à moi (c'est qu'apparemment je n'ai jamais été
ni heureux ni malheureux), j'ignore ce sentiment-là. Et
d'abord j'en serais honteux. C'est reconnaître qu'il y a
quelque chose de bon dans la vie. — Et je ne rendrai
jamais cet hommage à la condition humaine.

Tu vas lâcher là les Français[3]. C'est convenu. Mais si
tu avais vu Régnier[4] *avant,* penses-tu qu'il n'eût pas pu
influencer Laugier[5] ? Je n'ai jamais vu d'homme plus
ménager la semelle de ses souliers. — Ton incompréhensible timidité est ton plus grand ennemi, mon bon.
Sois-en sûr.

Si tu quittes les Français, porte-le à l'Odéon de préférence[6]. Mais sacré nom de Dieu, informe-toi d'abord
de qui ça dépend. Et fais ta mine, avant de donner l'assaut.

Est-ce sérieusement que Reyer t'a parlé d'un opéra-
comique[7] ? Fais-le. — C'est le moment de plus travailler
que tu n'as jamais fait. Puis, quand tu m'auras écrit encore
cinq ou six pièces et qu'aucune n'aura pu être jouée, je

commencerai à être ébranlé, non sur ton mérite littéraire, mais dans mes espérances matérielles. — Il faut que tu me fasses cet hiver une Tragédie romantique en trois actes, avec une action très simple, deux ou trois coups de théâtre, et de grands bougres de vers comme il t'est facile.

Je ne crois pas que les amis[1] soient assez puissants pour rien empêcher *de fait*. Nous leur prêtons là une importance qu'ils n'ont pas. Mais nous sommes leurs ennemis *d'idées*, note-le bien. On t'a refusé *Le Cœur à droite* à la *Revue*[2], parce qu'on n'y a pas vu d'idée *morale*. Si tu suis un peu attentivement leur manœuvre, tu verras qu'ils naviguent vers le vieux Socialisme de 1833, *National* pur, haine de l'art pour l'art, déclamations contre la Forme. Maxime tonnait l'autre jour contre H. Heine, et surtout les Schlegel, ces pères du romantisme qu'il appelait des réactionnaires (sic)[3]. Je n'excuse pas, mais j'explique. — Il a *déploré* devant moi *Les Fossiles*. Si la fin eût été *consolante*, tu aurais été un grand homme. Mais comme elle était *amèrement sceptique*, tu n'as plus été qu'un fantaisiste[4]. Or nous n'avons plus besoin de fantaisiste. À bas les rêveurs ! À l'œuvre ! Fabriquons la régénération sociale ! l'écrivain a charge d'âmes, etc.

Et il y a là-dedans un calcul habile. Quand on ne peut pas traîner la société à son cul, on se met à sa remorque, comme les chevaux de roulier lorsqu'il s'agit de descendre une côte ; alors la machine en mouvement vous entraîne, et c'est un moyen d'avancer. On est servi par les passions du jour, et par la sympathie des envieux. C'est là le secret des grands succès, et des petits aussi. Arsène Houssaye a profité de la manie-rococo, qui a succédé à la manie-moyen âge, comme Mme [Beecher-] Stowe[5] a exploité la manie-égalitaire. Notre ami Maxime, lui, profite des chemins de fer, de la rage industrielle[a], etc.[6]

Mais nous qui ne profitons de rien, nous sommes seuls, *seuls*, comme le Bédouin dans le désert. Il faut nous couvrir la figure, nous serrer dans nos manteaux, et donner tête baissée dans l'ouragan. — Et toujours, incessamment, jusqu'à notre dernière goutte d'eau, jusqu'à la dernière palpitation de notre cœur.

Quand nous crèverons, nous aurons cette consolation d'avoir fait du chemin, et d'avoir navigué dans le Grand.

Je sens contre la bêtise de mon époque des flots de haine qui m'étouffent. Il me monte de la merde à la bouche, comme dans les hernies étranglées. Mais je veux le garder, la figer, la durcir. J'en veux faire une pâte dont je barbouillerais le xIx[e] siècle, comme on dore de bougée[1] de vache les pagodes indiennes ; et qui sait ? cela durera peut-être ? Il ne faut qu'un rayon de soleil ? l'inspiration d'un moment, la chance d'un sujet ?

Allons, Philippe, éveille-toi[2] ! De par *L'Odyssée,* de par Shakespeare et Rabelais je te rappelle à l'ordre, c'est-à-dire à la conviction de ta valeur. Allons, mon pauvre vieux, mon roquentin[3], mon seul confident, mon seul ami, mon seul déversoir, reprends courage, aime-nous mieux que cela. Tâche de traiter les hommes et la vie avec la maestria (style parisien) que tu as en traitant les idées et les phrases.

Veux-tu que j'apporte tous nos anciens plans, nos scénarios. Nous fouillerons cela. Il y a peut-être quelque chose à en tirer.

Adieu. Écris-moi tous les jours, si tu es triste. Je te répondrai. Fous-toi bien vite pendant que tu y es une bosse de désespoir. Et puis finis-en. Sors-en. Remonte sur ton dada et mène-le à grands coups d'éperon. « Les grandes entreprises[a] réussissent rarement du premier coup » (Œuvres de Napoléon III[4]).

Je t'embrasse de toute mon amitié et de toute ma littérature ; à toi, à toi.

À LOUIS BOUILHET

[Croisset,] vendredi, midi. [5 octobre 1855.]

Va pour l'Odéon (« Va pour le champagne », d'Arpentigny[5]), mais ce n'est [pas] assez d'avoir les deux directeurs. Il y a un comité de lecture à l'Odéon. Il faut[6] d'avance en connaître les membres. — Et qu'on les chauffe. Il faut saoûler Ricourt[7], etc. Quant au sieur Blanche[8], je le regarde comme un farceur. La terre est pleine de ces bons enfants, excellents en parole et qui ne dépensent pour vous ni un sou de leur poche ni une minute de leur temps. J'ai la conviction que, s'il avait *voulu,* tu aurais eu une lecture[1]. Son père m'a fait une crasse pareille au milieu des démarches que je faisais pour la place d'Achille[2], il a mis tout à coup des bâtons dans les roues. Je lui ai passé par-dessus le corps à lui et à d'autres, mais il m'en a coûté. Revenons à toi.

Rappelle-toi d'abord qu'il faut toujours espérer quand on désespère, et douter quand on espère. Il se peut que tu réussisses à l'Odéon par cette seule raison que tu ne t'attends plus à rien. Mais fais comme si tu t'attendais à beaucoup. Et encore une fois *trémousse-toi.* Grand poète, mais mince diplomate.

Je t'en prie et supplie, puisque tu es ami avec Sandeau, va le voir, ne le perds pas de vue, et demande-lui ce que tout cela veut dire. Ou autrement, d'où tenait-il cette certitude de ta réception ? Va également chez Laffitte[3] (comme pour le remercier de l'intérêt qu'il a pris à toi) et tu sauras peut-être quelque chose. Laugier[4] a-t-il fait un rapport ? l'as-tu lu ? as-tu vu enfin Houssaye[5] ? Tu crois que tout cela est inutile puisque tu as renoncé aux Français. *Non ! non ! au contraire.*

Dès que je serai à Paris, dans une quinzaine, environ vers le 20, ou plutôt dès que Mme S[troehlin][6] y sera, c'est-à-dire vers le 1er novembre, nous nous occuperons de toi. D'ici là tiens-toi tranquille, mais vois un peu ce que tu veux, car on ne peut pas comme des imbéciles aller demander vaguement une place, et quand on vous répliquera « laquelle », dire : « Ah ! je ne sais pas. » Informe-toi. Il me semble que c'est le moins que tu puisses faire pour ta personne. Il y aurait encore autre chose, ce serait de demander une pension pour ta mère, qui te la donnerait ? Mais il y aurait à cela beaucoup d'inconvénients que je te dirai.

Quant à elle, ta mère, je lui en veux. Elle aurait pu s'épargner les conseils qu'elle t'a donnés et rester à Cany[7]. C'était bien le moment de te décourager encore plus ! de te dire « renonce », quand tu ne reculais que déjà trop.

Malédiction sur la famille qui amollit le cœur des braves, qui pousse à toutes les lâchetés, à toutes les concessions, et qui vous détrempe dans un océan de laitage et de larmes !

Voyons, sacré nom de Dieu, doutes-tu que tu sois né pour faire des vers, et exclusivement pour cela ? Il faut donc s'y résigner. Doutes-tu, au fond même de ton découragement, qu'un jour ou l'autre tu ne sois joué et aux Français, et que tu réussisses ? Il faut donc attendre. C'est une affaire de temps, une affaire de patience, de courage, et d'intrigue aussi. Tu as un talent que je ne reconnais qu'à toi. Il te manque ce qu'ont tous les autres, à savoir : l'aplomb, le petit manège du monde, l'art de donner des poignées de main, et d'appeler « mon cher ami » des gens dont on ne voudrait pas pour domestiques. Cela ne me paraît pas monstrueux à acquérir, quand surtout, *il le faut*.

J'irai voir Léonie[1] vers la fin de la semaine prochaine ou le commencement de l'autre. J'ai besoin d'aller à Rouen pour prendre des renseignements sur les empoisonnements par arsenic[2]. De toute façon j'irais toujours pour lui dire adieu.

Adieu, pauvre cher vieux. Je t'embrasse tendrement, et tâche de te remettre à travailler. À toi.

Je demande des lettres fréquentes et longues. Si tu ne travailles pas, dégueule-moi sur le papier tout ce qui t'étouffe[3].

À LOUIS BOUILHET

[Croisset,] mercredi. [10 octobre 1855.]

Qu'as-tu ? pourquoi n'ai-je pas reçu la sacro-sainte lettre du dimanche[4] ? es-tu malade ? que signifie cet enflement que tu avais à la jambe ?

Il est probable que d'aujourd'hui en quinze j'arriverai à Paris. Mais j'ai encore bien des choses à faire d'ici là.

J'aurais voulu t'apporter la Bovary empoisonnée, et je n'aurai pas fait la scène qui doit déterminer son empoisonnement[5] ! Tu vois que je n'ai guère été vite. — Mon malheureux roman ne sera pas fini avant le mois de février. Cela devient ridicule. Je n'ose plus en parler.

J'irai voir Léonie[6] dans une huitaine de jours. As-tu des nouvelles de Durey[7] ?

Je ne vois absolument rien à te narrer. Si ce n'est que

je lis et que j'ai bientôt fini (Dieu merci !) *La Nouvelle Héloïse*[1]. C'est une rude lecture !

Si tu n'es pas malade, tu es un gredin de ne pas m'écrire.

Les feuilles tombent. Les allées sont, quand on y marche, pleines de bruits lamartiniens que j'aime extrêmement. Dackno reste toute la journée au coin de mon feu, et j'entends de temps à autre les remorqueurs. Voilà les nouvelles.

Je serai parti avant la foire Saint-Romain. Il est probable que je ne verrai pas les baraques. Pauvre foire Saint-Romain !

Ah ! sacré nom d'un nom ! j'oubliais. Devine quel est l'homme qui habite à Dieppedalle ? cherche dans tes souvenirs une des plus grotesques balles que tu aies connues et des plus splendides :

Dainez[2] !

Oui, il est là, *retiré,* ce pauvre vieux ! Il vit à la campagne en bon bourgeois, loin des mathématiques et de l'université, et ne pensant plus à l'école... quique...[3].

Énorme ! Juge de ma joie quand j'appris cette nouvelle. Quelle visite nous lui ferions si tu venais ! — Et quel petit verre, ou plutôt quel cidre doux...! car je suis sûr qu'il brasse lui-même *pour s'occuper.*

Écoute le plus beau. Il s'est trouvé en chemin de fer avec l'institutrice[4], et a été *très* aimable. Jusqu'à lui porter ses paquets, et courir lui chercher un fiacre. Ils étaient vis-à-vis et il lui faisait le genou (sic). Ils ont eu (à propos de moi) une conversation littéraire. — Opinion de Dainez : « Tout le monde écrit bien maintenant. Les journaux sont pleins de talent ! »

Oh ! mon Dieu ! mon Dieu !

———

N. la première fois que ma mère a vu Dainez (prononcez Daïl-gnez) c'était à côté *d'un poêle* (dans le parloir du collège) et il était recouvert *d'un carrick*[5] à triple collet, vert.

Si tu étais un gaillard, nous porterions cet hiver, tous les deux, un carrick ?

Adieu, je t'embrasse bien fort. À toi.

À JULES DUPLAN

[Paris,] jeudi, 4 h[eures]. [1er novembre 1855 ?]

Comme il y a longtemps, mon cher vieux, que je ne vous ai vu !

Venez donc passer la soirée avec nous. Voilà deux dimanches que Bouilhet vous attend.

À tantôt.

Tout à vous.

Comme je suis emmerdé par mon déménagement[1] ! ! !

À LOUIS BOUILHET

[Paris, 12 novembre 1855.]

Mon Bon,

Tu as dû recevoir une lettre de La Rounat[2] ?

Reyer[3] t'appelle à grands cris. Tu devais, m'a-t-il dit, aller chez lui.

Nous avons oublié dimanche de parler de Mme Stroehlin[4]. Veux-tu que j'y aille *de suite ?* Viens me trouver, le plus tôt que tu pourras. — Et j'irais mercredi. Je serai demain chez moi jusqu'à 4 h[eures], et puis le soir.

À toi.

Lundi, 4 h[eures].

À JULES DUPLAN

[Paris, 4 janvier 1856 ?]

Mon Bon,

Au lieu de venir dimanche à 1 h[eure], serez-vous assez gentil pour arriver à 11 ?

Vous déjeunerez avec le philosophe Baudry[1] qui s'en ira, je pense, vers 2 ou 3 heures. Bouilhet arrive à 2 heures et demie, — et nous lirons *Le Coq-Héron*[2].

À vous.

Vendredi soir.

P.-S. — Qui ne dit mot, consent (tournure Homais[3]).

À LOUIS BOUILHET

[Paris, 8 janvier 1856.]

Je ne sais si tu es revenu, nous t'avons attendu dimanche.

Ne viens pas jeudi, mais vendredi à 6 h[eures] très juste. Tu dîneras avec un diplomate[4].

Adieu. À toi.

Mardi soir.

À JULES DUPLAN

[Paris, fin janvier 1856 ?]

Ne venez pas dimanche. Je suis obligé de sortir avec ma mère. Mais je vous attends, l'autre dimanche, cher ami.

Tout à vous.

Je sais maintenant *Le Coq-Héron*[5] par cœur.

Samedi matin.

À AGLAÉ SABATIER

[Paris, 1er mars 1856.]

Chère et belle Présidente[6],

Le Bouilhet loge provisoirement à l'hôtel — ne sais lequel.

Je verrai ledit demain, dans l'après-midi, mais nous ne pourrons venir dîner chez vous. Nous dînons chez ma mère.

J'ai un mal de gorge affreux et aujourd'hui je suis complètement muet.

À demain au soir cependant, si je ne suis mort.

J'ai tout au plus la force de me précipiter sur vos bottines pour les couvrir de baisers.

Votre esclave indigne.

RÊVE : VIEILLE, CHAPEAU, PRÉSIDENTE

[3 mars 1856.]

J'étais couché dans un grand lit Louis XIV à balustres d'or et garni aux quatre coins de plumes d'autruche[1]. Quoiqu'il n'y eût pas de vent, les plumes se balançaient.

Les ornements se sont en allés et je suis resté à plat sur un simple matelas. Près de moi s'est trouvée, je ne sais comment, une vieille femme hideuse, les paupières rouges, sans cils ni sourcils. Un voile de larmes couvrait ses pupilles flamboyantes passant et repassant devant comme une gaze qui eût été montée sur des ressorts. Par un acte de sa volonté, elle me tenait comme cloué dans le lit.

À mes pieds, en dehors du lit et couchée en travers comme les chiens qui sont sur les tombeaux, était (ou plutôt je le sentais) ma mère dont la présence me protégeait. Je ne la voyais pas, mais je la pressentais.

Et la vieille me regardait. Je me retenais de dormir, j'étais accablé et je sentais que si le sommeil me prenait, c'était ma fin ; la vieille se précipiterait sur moi. Pour éviter son contact (quoique le lit fût très large), je me ratatinais couché sur le flanc et les genoux au menton. Néanmoins je sentais l'extrémité de son ongle, l'ongle pointu de son gros orteil, avec la callosité de son autre talon. C'était affreux ! Et toujours devant moi les yeux rouges, terribles, archilubriques.

Elle marmottait ces mots de Saint-Amant que Gautier

avait répétés la veille (dans la pièce au fromage) :
« Cadenas, Cambouis, Coufignon[1]. »

Je me sentais vaguement entraîné, comme lorsqu'on
sommeille en chemin de fer ou en chaise de poste ; ça
allait très vite d'un mouvement égal, doux, et je n'apercevais aucun *locomoteur,* ni rien au monde que la vieille
et les draps dans lesquels j'étais couché et qui étaient
indéterminés, qui ne finissaient point.

Je me suis endormi, puis réveillé, et la vieille (poitrine
nue !) m'a dit : « J'ai vu pendant que tu dormais ton
sein gauche, ton téton gauche, ton petit téton », et elle
a piqué vers moi et sur moi son doigt pointu comme une
aiguille, en répétant : « Cadenas, Cambouis, Coufignon. »

Je crevais ! et je n'ai jamais eu si grand-peur de ma
vie. Puis elle m'a tiré une langue démesurée (pour en
faire une), la langue se recourbait comme un serpent :
elle était verte et couverte d'écailles.

La présence de la vieille à mes côtés me faisait la
sensation que vous fait le soupirail d'une cave humide.
Il s'émanait de toute sa personne un grand air glacial
et je grelottais autant de froid que d'épouvante.

———

Que s'en est-il suivi ?

Nous étions dans le salon de la Présidente, aux places
respectives que nous avions la veille au soir, hier 2 mars.
On ne parlait pas, on était triste, on étouffait. « Ouvrez
les fenêtres », a dit quelqu'un[2].

Et les lumières du salon se sont transportées dans
l'air, en dehors, sans qu'aucun bras n'y touchât et
cependant nous continuions d'être éclairés quoiqu'on
n'en eût pas apporté d'autres. Ces lumières des candélabres disparus se tenaient dans la nuit comme de petites
étoiles sur les sommets de la verdure. Car il y avait en
bas sous les fenêtres ouvertes un très grand jardin et
fort ombreux.

Mais la chaleur est devenue accablante, celle d'un bain
turc. On haletait. On sentait le seringa et l'oranger,
puis d'autres odeurs successivement que je ne connais
pas, qui arrivaient sur nous par grosses rafales molles.
Et la tristesse de chacun redoublait, surtout celle de la
Présidente.

Elle avait la même robe violette qu'hier soir et elle

baissait la tête d'un air accablé en regardant la cheminée sans feu.

« Qu'a-t-elle donc, cette pauvre Présidente ? »

Ici, quelque chose de confus et qui, je crois, l'était même dans le rêve. C'était entre « Elle va se marier » et « Elle va faire un très long voyage, nous ne la reverrons plus » et puis, peu à peu, insensiblement, sa robe violette est devenue noire (une robe de deuil) ; cela nous a semblé drôle, car elle n'avait pas bougé de place. Alors, nous nous sommes regardés, nous avions tous des habits de croque-morts qui nous étaient poussés — poussés est exact — car le velours des parements *végétait* sur nos manches.

L'odeur des orangers a redoublé si fort que nous avons manqué en mourir tous. De grosses gouttes de sueur coulaient sur les murs ; la dorure des candélabres tombait par terre comme des flocons de neige.

La Présidente nous regardait d'un singulier air, sentimental, immense. Du Camp s'est mis à rire[1]. Elle lui en a demandé l'explication, mais il a poussé un cri parce qu'un clou du parquet lui est entré dans le pied, à travers sa botte.

J'ai voulu m'en aller et j'ai été pour prendre mon chapeau, posé sur la deuxième tablette de la console, qui est entre les deux portes ; mais je ne l'ai pas trouvé, j'en ai pris un autre.

J'allais le mettre, quand je me suis aperçu qu'il n'avait plus de coiffe et qu'il était rogné par-derrière en dedans et comme mangé par les rats.

———

Alors, grand bouleversement de chapeaux, cris, contestations. Chacun a trouvé son chapeau ainsi déchiqueté. Nous étions à ce moment plus de monde qu'au commencement de la soirée. Enfin j'ai retrouvé mon chapeau qui était à la place où je l'avais mis (en vérité, la veille au soir), mais il y avait dessus un petit chapeau de paille — en paille noire — qui nous a servi à jouer des charades. Je les ai tirés tous les deux de la tablette pour avoir le mien plus commodément.

Mais il m'a été impossible de déplacer, de décoller le chapeau de paille du mien. Je n'avais pas la force, il pesait cinq cent mille livres.

Alors, chacun a essayé, a fait des efforts. Impossible. Et quand tous eurent essayé, on a été consterné et épouvanté, très épouvanté. Alors nous sommes restés en silence.

La porte de la salle à manger du salon s'est ouverte à deux battants et La Rounat[1] en deuil, un crêpe au bras, est entré en disant : « Je vous amène quelqu'un. » C'était son père. Je ne me le rappelle pas. Et ensuite sont entrés successivement et par ordre *chronologique* toutes les personnes (parents morts) de chacun qui essayaient et qui renonçaient. Quand le salon était trop plein les ombres se tassaient et entraient les unes *dans* les autres comme les cartes que l'on bat.

A suivi quelque chose dont je n'ai pas souvenir, mais je me suis réveillé dans des dispositions mortuaires et avec un grand mal de cœur.

Il y a huit ans à cette époque-ci, 3 avril au lieu de 3 mars, je faisais un rêve pareil (si non, pourquoi le souvenir m'en vient-il ?) à Croisset, couché sur ma peau d'ours, quand on est venu m'annoncer la mort d'Alfred, ou en revenant de son enterrement, plutôt[2].

Je ne suis pas sans m'inquiéter sur la journée.

Lundi matin, 3 mars, 8 h 30, 1856.

P.-S. — Mardi.

C'était l'anniversaire du mariage de ma sœur[3]. Ce soir, Hamard[4].

GUSTAVE FLAUBERT.

À AGLAÉ SABATIER

[Paris,] lundi matin. [3 mars 1856.]

Chère Présidente,

Excusez-moi.

Mais je suis bouleversé par un rêve atroce que j'ai fait cette nuit et où vous figuriez.

Si vous avez aujourd'hui quelque démarche importante à faire, ne la faites pas. Remettez-la.

Je suis dans des transes vagues que ce maudit rêve m'a données.

Si je n'étais *complètement* enroué, j'irais vous le conter.
Mais j'ai une extinction de voix qui menace de prendre
des proportions gigantesques.

Je vous *supplie* de me pardonner mon enfantillage.
Je cède en vous écrivant à un mouvement invincible[1].

Prenez garde à vous aujourd'hui.

Je vous baise les mains.

À vous.

À LOUIS BOUILHET

[Paris,] lundi matin. [3 mars 1856.]

Ne va pas chez Du Camp avant que je ne t'aie vu. J'ai
beaucoup de choses à te dire. À jeudi. —

Je suis complètement sans voix. Un mal de gorge
atroce. — Néanmoins gaillard !

À toi.

J'ai fait cette nuit un singulier rêve que je viens
d'écrire[2].

Décidément la Sylphide[3] m'a lancé du fluide.

Tu sais qu'on dit (?) que *La Bourse* va aux Français[4].

À LOUIS BOUILHET

[Paris,] mardi. [11 mars 1856.]

Mon Bon,

N'oublie pas de venir jeudi de *bonne heure*. Si tu veux
venir déjeuner, je t'attendrai jusqu'à midi ? Nous aurons
une longue besogne.

Rien de neuf. À toi.

En cas de non-réponse, je t'attends à midi.

———

J'ai deux ou trois corrections dont je ne sais venir
(Edmond) About[5].

———

Arrange-toi pour que nous puissions passer toute la journée de samedi ensemble ; re-séance[1] !

À SON COUSIN LOUIS BONENFANT

[Paris,] mercredi. [9 avril 1856.]

Je te remercie bien, mon cher ami, de l'empressement que tu as mis à m'envoyer les 700 francs, que Laurent[2] m'a apportés dimanche dernier. Je roulerai peut-être équipage plus tard, mais pour le quart d'heure j'ai du mal à payer mon bottier. — Cependant je t'apprendrai que je deviens bottier moi-même, que je m'établis, que je trafique, que je fais des *affaires,* enfin !

Et je m'en suis bien tiré, nom d'un petit bonhomme ! Car sache, ô cousin que hier j'ai vendu un livre[3] (terme ambitieux) moyennant la somme de deux mille francs. — Et je vais continuer ! J'en ai d'autres qui suivront. L'année 1857 pliera sous le poids de trois volumes[4] composés par ton serviteur — qu'il a « pris plaisir à composer lui-même », comme le lavement de Diafoirus[5].

Le marché est fini. Je paraîtrai dans la *Revue de Paris* pendant six numéros de suite, à partir de juillet[6]. — Après quoi je revendrai mon affaire à un éditeur qui la mettra en volume. Ainsi, avant le jour de l'an, j'aurai l'honneur de t'offrir un produit de ma Muse.

Je suis tellement assommé maintenant par ledit produit, à force de le relire, gratter et regratter, que je n'ai pas deux idées debout dans la cervelle. Mon copiste[7] me fait des fautes superbes : il m'écrit « garçon de glace » pour « garçon de classe » et « légumes de l'Adriatique » pour « lagunes »[8]. Bref, je deviens idiot — première condition pour avoir de la chance. Ça me rassure. Il ne me manque plus qu'« une paire de sabots et un écu de six francs » pour que je fasse fortune. [...]

[Voir la suite de la lettre au Supplément, p. 1518.]

À SA NIÈCE CAROLINE

[Paris, 25 avril 1856.]

Je ne me suis pas trop bien conduit avec toi, mon pauvre bibi, en ne répondant pas à la gentille lettre que

tu m'as écrite, il y a déjà longtemps. — Reçois mes
excuses. J'ai été fort occupé.

Mais ce n'était pas une raison pour cesser la correspondance. Tu aurais bien pu m'écrire tout de même. Tu
m'aurais dit si tu t'amusais bien et tu m'aurais donné des
nouvelles de ta bonne maman qui a été souffrante.

L'as-tu bien soignée ? as-tu été bien gentille pour elle ?
— Il faut que tu remplaces ta pauvre mère qui était
si bonne, si intelligente et si belle. Fais tous tes efforts
pour contenter ta bonne maman et lui faire oublier ses
chagrins. L'année prochaine, tu feras ta première communion[1]. C'est la fin de l'enfance. Tu vas devenir une
jeune personne. Songes-y ! C'est le moment d'avoir
toutes tes vertus.

Le curé de Canteleu a-t-il trouvé que tu étais forte
en cathécisme[2] ?

Comment se porte ton lapin ?

Ton chapeau de paille a-t-il eu du succès ?

Écris-moi une lettre la semaine prochaine. Mon
intention est toujours de revenir samedi. Et dès le
lundi suivant, nous reprendrons nos leçons. J'espère
que ta petite caboche est bien reposée, et que nous
ferons de grands progrès. Il faut d'ailleurs que nous
finissions l'histoire romaine cet été.

Adieu, mon pauvre chat, embrasse bien ta bonne
maman pour moi. Et continue à aimer

ton vieux.

Vendredi 25 avril.

À LOUIS BOUILHET

[Paris,] lundi matin. [28 avril 1856.]

J'ai passé hier chez toi pour avoir l'honneur de te
présenter mes respects. Mais j'ai trouvé visage de bois
(jolie locution). Quelle sacrée nom de Dieu d'existence
vagabonde mènes-tu ?

J'ai lu hier dans *L'Entracte* et aujourd'hui dans *Le
Figaro* que la pièce de Ponsard allait passer d'ici à peu
de jours[3].

Réponds-moi si tu peux venir encore une fois dîner chez moi (ce sera la dernière, hélas !) *mercredi prochain* après-demain. Tous mes autres soirs sont pris, tant je suis un homme occupé ! connu ! fêté par la population et recherché par le grand monde.

J'ai (et j'aurai) du neuf à te dire. — Ma soirée d'hier a été folichonne[1].

Décidément les deux volumes du père Hugo m'embêtent : « c'est plus que du délire[2]. »

Arrive de bonne heure. Vers 4 heures ?

À toi, monstre.

À LOUIS BOUILHET

[Croisset,] dimanche après-midi.
[1er juin 1856.]

J'ai enfin expédié hier à Du Camp *le ms.* de la *Bovary,* allégé de *trente* pages environ, sans compter, par-ci par-là, beaucoup de lignes d'enlevées. J'ai supprimé trois grandes tartines d'Homais, un paysage en entier, les conversations des bourgeois dans le bal[3], un article d'Homais, etc., etc. Tu vois, vieux, si j'ai été héroïque. Le livre y a-t-il gagné ? — Ce qu'il y a de sûr, c'est que l'ensemble a maintenant plus de mouvement.

Si tu retournes chez Du Camp, je serais curieux de savoir ce qu'il en pense. Pourvu *(inter nos)* que ces gaillards-là ne me reculent pas[4] ! Car je ne te cache point, cher vieux, que j'ai *maintenant* grande envie de me voir imprimé et le plus promptement possible.

Autre envie : ton drame ! J'en casse-pète de curiosité ! ! Fais-moi le plaisir d'abord de me dire le titre[5]. Viendras-tu, à Rouen, immédiatement après l'avoir fini ? Quant à moi je n'irai à Paris que vers le commencement d'août, après que j'aurai été publié, après mon premier numéro[6].

Tu me demandes ce que je fais, voici : je prépare ma légende[7] et je corrige *Saint Antoine.*

J'ai dans *Saint Antoine* élagué tout ce qui me semble intempestif. — Travail qui n'était pas mince puisque la première partie, qui avait 160 pages, n'en a plus maintenant (recopiée) que 74. — J'espère être quitte de cette première partie dans une huitaine de jours. — Il y a plus à faire dans la 2e, où j'ai fini par découvrir un lien, piètre, peut-être, mais enfin un lien, un enchaînement possible. Le personnage de saint Antoine va être renflé de deux ou trois monologues qui amèneront fatalement les tentations. — Quant à la 3e, le milieu est à refaire en entier. En somme une vingtaine de pages, ou trentaine de pages peut-être, à écrire. — Je biffe les mouvements (extra)-lyriques. J'efface beaucoup d'inversions et je persécute les *tournures,* lesquelles vous déroutent de l'idée principale. — Enfin j'espère rendre cela lisible et pas *trop* embêtant[1].

Nous en causerons très sérieusement ces vacances, car c'est une chose qui me pèse sur la conscience. — Et je n'aurai un peu de tranquillité *que qu*and je serai débarrassé de cette obsession.

Je lis des bouquins sur la vie domestique au M[oyen] Â[ge] et la vénerie. Je trouve des détails superbes, et neufs ; je crois pouvoir faire une couleur[a] amusante. — Que dis-tu « d'un pâté de hérissons et d'une froumentée[2] d'écureuils » ? Au reste, ne t'effraye pas. Je ne vais point me noyer dans les notes. Dans un mois j'aurai fini mes lectures, tout en travaillant au *Saint Antoine*. Si j'étais un gars, je m'en retournerais à Paris au mois d'octobre avec le *Saint Antoine* fini et le *Julien l'Hospitalier* écrit. — Je pourrais donc en 1857 fournir du Moderne, du Moyen Âge et de l'Antiquité. — J'ai relu *Pécopin*[3]. — Je n'ai aucune peur de la ressemblance.

J'ai été hier à Rouen, à la Bibliothèque. Toujours Le Breton[4], toujours le père Frisard. Le Breton a d'*énormes* lunettes vertes ! Il ressemble à un crapaud. Le sieur Pottier[5] s'est informé de toi très longuement.

J'ai trouvé Léonie[6] dans un bouleversement de mobilier à croire que les Cosaques avaient passé par sa chambre. — Elle aidait au déménagement d'une voisine et me paraissait dans un tohu-bohu complet. — Au milieu de la conversation, elle m'a dit tout à coup : « Et Olga ? — Qu'est-ce qu'Olga ? — Vous savez. — Non. » Contestations, affirmations, imprudences de ma part, mensonges que je me serais épargnés si j'avais su que c'était toi qui lui avais conté l'histoire.

J'ai persisté à soutenir que tu ne m'avais rien dit — et là-dessus : « Ah ! ne lui dites rien, parce qu'il m'accuse de vous conter tout. » Voilà l'anecdote, tu en feras ton profit.

Quant à Durey[1], (bien qu'au fond je désire que tu la lâches afin de pouvoir la baiser sans remords, ou plutôt me faire polluer par elle vu que ses mains m'excitent), je te conseille de faire en sorte qu'elle entre à l'Odéon pour jouer la Maintenon, rôle dont elle s'acquittera bien mieux que cette grosse volaille de Toscan[2]. Il faut que ce soit une tragédienne qui te joue cela. J'entends une femelle qui ait les *traditions* tragiques, *de la pompe*. Les autres te disloqueront suffisamment tes malheureux vers ! N'aie pas peur, ils seront en bel état dans leur bouche ! Il faut, dans la Maintenon, du Cornélien de la Haute École.

Ta résolution de te passer d'actrices, lubriquement parlant, est d'un homme vertueux. Mais prends garde de tomber dans l'excès contraire, et de te *méfier de ton cœur*. Quant à ma pauvre Person[3], je suis sûr qu'elle remplirait ce rôle très bien, tu feras ce que tu voudras. Et je te supplie même *de faire ce que tu voudras*. — Et non ce qu'on voudra. Tu as fait assez de concessions à l'Odéon pour qu'il te soit bien permis de faire passer une femme, et un rôle de vieille, encore[4] ! Ne faiblis point, nom de Dieu ! Affirme-toi. On ne considère les gens que lorsqu'ils se considèrent eux-mêmes beaucoup.

Adieu, vieux, pioche raide. Je t'embrasse.

À toi.

Puisque Guérard est maintenant à Paris, pense à mes gravures[5]. Je te laisse le choix. Je tiens plus à la quantité, qu'*au fini*. Prends-en pour une trentaine de francs. Si tu n'as pas d'argent, prie Guérard de les payer (s'il n'y a pas d'indiscrétion toutefois[6]).

À LOUIS BOUILHET

[Croisset,] lundi soir. [16 juin 1856.]

Ta lettre de samedi[7], cher vieux, ne m'est arrivée que

ce matin. Voilà pourquoi je suis en retard d'un jour.

Je demande pour mon dimanche prochain une narration du déjeuner chez Royer[1]. — Il me semble que tu as passé à Auteuil un vrai dimanche *d'auteur,* tant par l'entourage des gens que par les lieux en eux-mêmes. L'ombre de Boileau[2] planait à l'entour[a]. Les anneaux de sa perruque moutonnaient sur le paysage et les feuilles, dans le jardin, s'entre-choquaient comme des mains qui applaudissent.

Est-ce fini, sacré nom de Dieu, est-ce conclu, et arrêté ? Quand met-on à l'étude ? À quand les répétitions ?

Je t'assure que j'attends ta première représentation avec une grande soif. Car je compte sur un beau succès et j'ai besoin (physiquement parlant) d'un événement heureux qui me dilate la poitrine. Je vis cerclé comme une barrique. — Et quand je tape sur moi, ça sonne creux.

Tu as bien raison de m'appeler hypocondriaque. Et j'ai même peur que je ne finisse, un jour, par *tourner mal.* Mais comment veux-tu que [je] garde quelque sérénité et quelque confiance après tous les renfoncements intérieurs (ce sont les pires) qui m'arrivent l'un par-dessus l'autre. Chaque livre que j'écris n'est-il pas comme une vérole que je gobe ? Je me retire d'un coït[b] long et pénible, avec un beau chancre à l'orgueil, lequel s'indure et ainsi de suite.

Les corrections de la *Bovary* m'ont achevé[3]. — Et j'avoue que j'ai presque regret de les avoir faites. — Tu vois que le sieur Du Camp trouve que je n'en ai pas fait assez. On sera peut-être de son avis ? D'autres trouveront peut-être qu'il y en a trop ? Ah ! merde !

Je me suis conduit comme un sot en faisant *comme les autres,* en allant habiter Paris, en voulant publier. J'ai vécu dans une sérénité d'art parfaite, tant que j'ai écrit pour moi seul. Maintenant je suis plein de doutes et de trouble. Et j'éprouve une chose nouvelle : écrire m'embête ! Je sens contre la littérature la Haine de l'impuissance.

Je dois te scier le dos, mon pauvre vieux. — Mais je te supplie à genoux de me pardonner, car je n'ai personne à qui ouvrir la bouche de tout cela. — Le seul mortel que j'ai vu depuis six semaines est le sieur Nion[4] qui est venu me faire une visite avant-hier, et qui m'a engagé « à travailler, à utiliser mon intelligence, mes lectures, mes voyages » !

———————

J'ai su, à propos de Préault[1] (mais ne crois pas que j'aie rien pris en *mauvaise part,* je suis d'ailleurs tellement aplati qu'on me cracherait maintenant à la figure, je ne m'en apercevrais pas) ; j'ai su, *dis-je,* que notre grand sculpteur était venu à Rouen avec Dumesnil[2], le curieux symbolisme, et ils ont dîné chez Delzeuzes[3]. Dîner d'artistes.

Adieu, vieux, je t'embrasse.

Que devient ce brave Crépet[4] ?

À LOUIS BOUILHET

[Croisset,] lundi. [7 juillet 1856.]

Tu m'as l'air présentement quelque peu sodomisé, mon pauvre vieux. Mais je crois que tu t'exagères le mal. S'il y a même du mal ? Tu as devant toi deux grands mois et demi pour les démarches, en cas qu'il y ait des démarches à faire. — Et puis je compte beaucoup sur Tisserant qui *a intérêt* à jouer ton rôle[5]. Il faut le chauffer ferme. Et dès maintenant, tout de suite, aussitôt que tu sauras quel est le nouveau directeur de l'Odéon[6], tâcher de le voir, faire agir par Blanche[7], et avoir un *renouvellement* de parole positif. C'est embêtant, mais je ne vois au fond (jusqu'à présent) rien de bien grave. C'est plutôt une inquiétude qu'autre chose.

J'irai demain à Rouen, car je me débauche. Je dîne en ville. — Et j'irai par la même occasion voir Léonie[8] à qui tu as dû écrire samedi une lettre désespérée ? je la remonterai, et ne la *monterai pas.*

J'aurai bien besoin moi-même de quelqu'un pour reguinder la manivelle. — Chapitre long (celui de mes découragements et de mes ennuis) dont je te prive.

Je re-suis dans *Saint Antoine,* je lime et gratte des phrases avec acharnement. — Et je vais bientôt me mettre à faire du neuf si j'en ai le cœur. Je crois qu'il y a peut-être moyen de rendre cela lisible ; il me semble que j'entrevois, par moments, un plan fort net, et presque mathématique. Je me trompe sans doute, et en cas que je ne me trompe pas, l'y verra-t-on ?

En tout cas, je veux amener la chose à un diapason de style le plus congru possible. J'ai bien à faire. Mais franchement, c'était piètrement écrit. — Et quant à l'ensemble, je conçois que vous n'y ayez rien compris[1]. Les intentions seules étaient bonnes. J'en ai pour tout l'été.

Je casse-pète d'envie de voir *L'Aveu*[2] ? est-ce fini ? Je demande des détails relativement à la promesse que Blanche t'avait faite de le faire recevoir aux Français cet été ?

————

Aujourd'hui a eu lieu le baptême *de* l'enfant adultérin *de* notre cuisinière. Ce brave Anthime[3] est d'un grotesque transcendant, ou transcendantal. Lilinne[4] à ce propos délire d'accouchements et fait sur la génération des demandes les plus inconvenantes. Elle commence à soupçonner que l'on peut avoir des enfants hors de l'état conjugal. Tout cela est fort grave. J'ai des inquiétudes pour plus tard.

À propos de cul, tu me feras penser à te narrer une forte histoire de Rouen, dont on pourrait à peu de frais faire un drame ou plutôt un roman. — Raide d'immoralité.

————

Je lis maintenant quelque chose *qui n'a rien d'humain*, l'*Histoire du manichéisme* par Beausobre, 2 vol[umes] in-quarto[5] de 500 pages, chacun. — Toujours pour le *Saint Antoine ! !* Dans les intermittences de mon idiotisme, je crois que je suis fou. — Enfin il faut suivre sa pente. Pourquoi toujours se gêner ?

Adieu, mon pauvre vieux. Ne t'endors pas et ne te désespère pas.

À toi.

À LOUIS BOUILHET

[Croisset, 12 juillet 1856.]

Je viens d'apprendre, dans le *Journal de Rouen*[1], une crâne nouvelle. La Rounat nommé Directeur de l'Odéon ! est-ce bien vrai ! je n'ose y croire, je m'en vais lui écrire un petit mot de félicitation.

Es-tu remonté, grand veau ? cela va marcher, maintenant. Narcisse[2] a eu un mot superbe : « Enfin ! voilà la chance qui commence, il est temps ! » Que Dieu l'entende.

Réponds-moi, de suite, et dis-moi longuement tout ce qui en est. J'enrage de n'être pas à Paris.

Adieu, cher vieux, il me semble que l'horizon politique s'éclaircit.

À toi.

Samedi.

À JULES DUPLAN

[Paris,] samedi. [19 juillet 1856.]

Mon Bon,

Je suis ici pour deux ou trois jours. Voulez-vous me venir voir demain, dimanche, dans l'après-midi, vers 3 h[eures]. J'ai, le matin, un rendez-vous avec le grand homme Pichat qui menace d'être long (le rendez-vous[3]).

À demain.

À LOUIS BOUILHET

[Paris,] mardi, 7 h[eures] du soir.
[22 juillet 1856.]

Ne viens pas demain (mercredi) avant six heures. (J'aurai une cocotte[4] en mon domicile.)

J'éprouve le besoin d'être avec toi[a] seul autour de ma modeste table à résumer un peu la semaine qui a été forte.

C'est fini. Pichat vient de me dire *oui*. Mais il y a eu du tirage et il a fallu comme on dit lui mettre l'épée dans les reins. Il est formellement convenu que je ne change *rien*[1]. J'ai fait de bonnes études !

À toi.

À LOUIS BOUILHET

[Croisset,] lundi soir. [28 juillet 1856.]

Mon bon,

Ma mère te prie de lui rendre le service suivant. Le sieur Hamard[2] prétend qu'il a été entendu de Royer[3], lequel « a été enthousiasmé de lui ». De plus qu'il aura une audition au Théâtre-Français, dans le mois d'août. Ces deux faits sont évidemment faux. Mais il faudrait en avoir *la preuve*. Conséquemment aie l'obligeance de te transporter près de Royer, et d'avoir de sa bouche une négation. — Quant aux Français, tu pourras le savoir au secrétariat, ou par le père Empis[4] lui-même. Cela te fournira un prétexte pour faire sa connaissance.

———

C'était, mon cher monsieur, une terreur vaine. Pas de chancre. Je suis arrivé à Rouen, samedi matin, cicatrisé et mon respectable frère[5] n'a rien découvert. Il croit que c'était tout simplement une écorchure et qu'un chancre ne se serait pas guéri si vite. Ce n'est plus maintenant qu'un petit point rouge. — Remercions les Dieux !

———

Me revoilà à Croisset pour deux mois et dans le re-*Saint Antoine*. Il commence à m'embêter et j'ai hâte d'en être quitte. J'aurai beau faire, ce sera toujours plus étrange que beau. La pâte du style est molle. Quant à l'ensemble, je masturbe ma pauvre cervelle pour tâcher d'en faire un. Mais...

———

Quelle belle soirée j'ai passée vendredi dans les cou-

lisses du Cirque[1], en compagnie du coiffeur de ces dames !
Frédérick Lemaître[2] l'avait saoulé, et Person[3] l'avait
achevé. — Il était plus rouge que les boîtes de fard
étalées sur la table de toilette, il ruisselait de cold-cream,
de sueur et de vin. Les deux quinquets casse-pétaient
de chaleur. La fenêtre ouverte laissait voir un coin de
ciel noir. Des costumes de théâtre *jonchaient* le parquet.
Person gueulait dans les mains de l'artiste aviné qui lui
tirait les cheveux. J'entendais les danses de la scène et
l'orchestre. Je humais toutes sortes d'odeurs de femmes
et de décors, le tout mêlé aux rots du perruquier. —
Énorme, énorme ! Et mon inconvénient de culotte
ajoutait à mon excitation.

À propos de théâtre, j'ai peur que La Roûn (prononciation Grassot[4]) ne se laisse enfoncer par la Menier-
Fleury[5] *(inter nos)*. Ce serait embêtant. Car c'est une
grande volaille très bête et très mollasse. La Maintenon
doit être dans ses rôles. Avis[6].

Bûche *L'Aveu*[7]. Ça ira. Je t'en réponds. Je crois que
l'horizon politique commence à s'éclaircir. Il y a assez
longtemps que nous sommes ballottés sur une mer
orageuse pour que nous ayons un peu de bonace.

Adieu, pauvre cher vieux bougre.

Amitiés à d'Osmoy[8] qui m'a vraiment l'air d'un
roquentin[9].

Je t'embrasse. À toi, ton.

Tu serais un bien brave homme de m'envoyer la
pièce de *L'Incendie*[10]. Car j'éprouve un grand besoin de
l'apprendre par cœur, afin de la chantonner tout seul
dans le silence du cabinet.

À LOUIS BOUILHET

[Croisset,] dimanche soir. [3 août 1856.]

Ma mère te remercie des démarches que tu as faites
pour elle. Mais si tu pouvais lui donner une réponse
précise, *positive,* elle t'en saurait grand gré. Écris un
mot à Royer où tu lui demanderas s'il connaît Hamard,
etc. ? (s'il l'a entendu). Quant aux Français, tâche aussi
de savoir quelque chose[11].

————

Le Double Incendie[1], joint à la haute température qu'il fait, m'ont mis aujourd'hui en gayeté. Je n'étais pas hors de mon lit que je savais le susdit sonnet par cœur. Et je l'ai tant gueulé que j'en suis harassé ! C'est fort beau. Car il m'obsède. Quel rythme ! J'en ai travaillé tout l'après-midi, comme un homme. J'ai écrit une page, je fais du neuf[2]. — Et il faut avoir une grande vertu ou un bel entêtement pour poursuivre et parachever une semblable machine, contre laquelle tout le monde se mettra, à commencer par toi, mon vieux. — J'aurais bien besoin de tes conseils pour le moment, car je suis dans de grandes perplexités *de plan.* Enfin !...

Tu feras bien de ne pas perdre de vue le jeune La Rounat[3]. Tu sais comme les hommes se métamorphosent dans les changements de fortune. Je ne doute pas de lui, mais... n'importe. *Bref,* tâche de le voir de temps à autre sans qu'il y paraisse.

La *Revue de Paris* du 1er août m'a annoncé. Mais incomplètement, en écrivant mon nom sans L (je le laisse à faire le calembour) : « *Madame Bovary (mœurs de province),* par Gustave *Faubet.* » C'est le nom d'un épicier de la rue Richelieu, en face le Théâtre-Français. Ce début ne me paraît pas heureux ! *Quid dicis ?* Je ne suis pas encore paru que l'on m'écorche.

Je t'avertirai quand il faudra que tu ailles chez le jeune Du Camp, ce sera vers le 16 ou le 18. — Je ne suis pas dénué de tout pressentiment ? Ce sacré « Faubert » m'embête beaucoup plus qu'il ne me révolte.

Je t'envoie un *morceau* dans le genre léger, que je prie de humer délicatement. Tu ne le perdras pas. Ça peut servir comme modèle, quelque part. Je trouve qu'un semblable fragment peint à la fois l'homme, le pays, la race, et tout un siècle ! Comment la bêtise peut-elle arriver à ce point de délire et le Vide à tant de pesanteur ?

Je suis gêné en ce moment par la quantité de moustiques[4] et de papillons qui tournent autour de ma lampe, et *l'horizon retentit* sous les trombones et la grosse caisse, bien qu'il soit une heure de nuit. C'est un bastringue à Quevilly. On danse avec acharnement. Comme on doit suer !

J'ai fait (vu le beau temps) descendre dans le jardin les affaires que j'ai rapportées de Nubie. Mon crocodile embaumé se rafraîchit maintenant sur le gazon. Il a

revu tantôt le soleil[a] pour la première fois peut-être
depuis trois mille ans ? pauvre vieux !

La musique qui sonne et crie de l'autre côté de la
rivière lui rappelle-t-elle les fêtes de Bubastis[1] ? Il y rêve
peut-être, dans son bitume ?...

Voilà tout ce que j'ai à te dire, mon cher Monsieur.
Adieu, je t'embrasse. À toi.

Mes respects à Mmes Bernard et Malard (quel dialogue d'Eucrate et de Sylla on ferait entre Stéphane et
la mère Malard[2]).

À LOUIS BOUILHET

[Croisset,] lundi soir. [11 août 1856.]

Mon cher bon,

Merci de t'être occupé de l'affaire Hamard. Quand tu
pourras savoir par Royer quelque chose de *précis* tu
nous obligeras[3].

Va chez le jeune Du Camp à la fin de cette semaine,
soit samedi ou même lundi prochain (mais au plus tard),
car c'est mardi prochain 18, que doit avoir lieu (m'a-t-il
dit) le grand combat pour l'insertion de la *Bovary*. Tu
lui diras tout ce que tu jugeras convenable (je me fie
à toi), et que je compte être inséré le 1er septembre,
selon sa promesse[4].

Je lui ai écrit, il y a deux ou trois jours, pour le prier
de ne plus m'appeler Faubert[5] sur la première page de
la *Revue* où sont imprimés les futurs chefs-d'œuvre avec
le nom des grands hommes en regard. Je n'en ai pas
reçu de réponse.

?

. . . . .

_____

Je travaille comme un bœuf à *Saint Antoine*. La chaleur
m'excite. Et il y a longtemps que je n'ai été aussi gaillard.
Je passe mes après-midi avec les volets fermés, les
rideaux tirés, et sans chemise ; en costume de charpentier. — Je gueule ! je sue ! c'est superbe. Il y a des

moments où « décidément, c'est plus que du délire » !
Blague à part, je crois toucher le joint, je finirai par
rendre la chose potable, à moins que je n'aie complètement la berlue, ce qui est possible ?

Et toi, vieux bardache, *L'Aveu*[1] marche-t-il ? quand
commencent les répétitions de la *Montarcy*[2] ? Viendras-tu
dans *nos foyers* au commencement de septembre ?

À propos de voyage, ma mère part jeudi pour Dieppe,
elle y sera quelques jours. Je vais rester seul[a] avec
l'institutrice[3]. — Si j'étais comme un jeune homme doit
être !... mais —

J'ai eu hier la visite du sieur Baudry (junior[4]), qui
nous a imité successivement, avec sa bouche, le cor de
chasse, le cor d'harmonie, la basse, la contrebasse, le
serpent et le trombone. C'est merveilleux ! Ce garçon-là
est fort. Et aujourd'hui j'ai reçu la visite du sieur
Orlowski[5]. — Complètement avachi par la chaleur,
tenue des plus négligées. Il porte des souliers de castor
comme un bourgeois affecté d'oignons. Il m'a avoué que
sa seule passion, maintenant, était le *cayeu*[6]. Il va l'acheter,
lui-même, au marché et il le mange cru. Énorme ! Cet
excès de simplicité m'écrase.

Je n'aurais pas été fâché que tu me *donnasses* quelques
détails sur ta rupture avec Durey[7]. « Aucun des écarts
de la lubricité ne m'est indifférent », dit Brissac[8]. Mais
tu as adopté un genre de correspondance si expéditif,
que te demander des détails sur n'importe quoi, c'est
se casser le nez contre un mur. Je te ferai seulement
observer que voilà *trois fois* que la présence du poète
Philoxène[9] te sert de prétexte. — Cherche maintenant
d'autres moyens dramatiques, ne serait-ce que par
amour-propre !

Ô vieux ! vieux ! Il fut un temps où nous passions,
chaque semaine, vingt-quatre heures ensemble. Puis – non,
je m'arrête ; j'aurais l'air d'une garce délaissée qui gémit.

Adieu. Amuse-toi bien, si tu peux. Pioche quand
même. Réjouis ton incommensurable vit, emplis ton
inconcevable estomac, étale ta monstrueuse personnalité ! C'est là ce qui fait ton charme. Tu es beau ! Je
t'aime ! Appelle-moi beurre frais !

À toi.

À LOUIS BOUILHET

[Croisset,] dimanche. [24 août 1856.]

Je te remercie bien, mon cher vieux, d'avoir parlé à Du Camp de la *Bovary*. — Mais je n'en suis pas plus avancé puisque tu ne m'as pas envoyé une solution *définitive*. Tout ce que je vois, c'est que je ne paraîtrai pas le 1er septembre[1]. Je soupçonne le sieur Pichat[2] d'attendre mon retour au mois d'octobre, afin d'essayer encore de me pousser ses corrections. J'ai pourtant *sa parole* et je la lui rendrai, avec un joli remerciement, s'ils continuent longtemps de ce train-là. — Je vais attendre jusqu'au 2 ou 3 septembre. C'est-à-dire qu'au milieu de l'autre semaine j'écrirai au jeune Du Camp pour savoir, oui ou non, si l'on m'imprime. *Je suis harassé de la Bovary.* — Et il me tarde d'en être quitte.

Mon ardeur littéraire a considérablement baissé avec la température. Je n'ai rien foutu cette semaine. *Saint Antoine,* qui m'avait amusé pendant un mois, m'embête maintenant. Me revoilà n'y comprenant plus rien. Ah ! sacré nom de Dieu ! que j'aurais besoin de toi ! Fais-moi donc le plaisir de me dire si tu viendras à Rouen au mois de septembre. — Et vers quelle époque ? Réponds à cette question. Une fois n'est pas coutume.

Avances-tu dans *L'Aveu*[3] ?

J'ai fait aujourd'hui une grande promenade dans le bois de Canteleu. Promenade *délicieuse,* mon cher monsieur, à cause du beau temps qu'il faisait, mais *atroce* à cause des souvenirs qui m'obsédaient. J'avais au cœur plus de mélancolies qu'il n'y avait de feuilles aux arbres. J'ai été jusqu'à Montigny. — Je suis entré dans l'église. On disait les vêpres. — Douze fidèles tout au plus. — De grandes orties dans le cimetière et un calme ! un calme ! Des dindons piaulaient sur les tombes et l'horloge râlait !

Il y a dans cette église des vitraux du xvie siècle représentant les travaux de la campagne aux divers mois de l'année. — Chaque vitrail est tout bonnement un *chef-d'œuvre*. J'en ai été émerveillé. Je te ferai voir cela, si tu viens[4].

En m'en revenant, j'ai senti un grand besoin de manger d'un pâté de venaison et de boire du vin blanc; mes lèvres en frémissaient et mon gosier s'en séchait. — Oui. J'en étais malade. C'est une chose étrange comme *le spectacle de la nature* (loin d'élever mon âme vers le Créateur) excite mon estomac. L'océan me fait rêver *huîtres* et la dernière fois que j'ai passé les Alpes, un certain gigot de chamois que j'avais mangé quatre ans auparavant au Simplon, me donnait des hallucinations[1]. C'est ignoble, mais c'est ainsi.

Aurai-je eu des envies, moi! et de piètres!

———

Je lis dans ce moment, un ouvrage du D[oc]teur Pouchet sur Albert le Grand[2], où il y a ce mot : « Le burin de l'histoire est muet sur, etc. », et bien d'autres.

———

Ris : je fais de l'anglais *avec l'institutrice*[3].

———

Adieu, mon cher vieux bougre. Ie t'embrasse.
À toi.

À EDMA ROGER DES GENETTES

[Paris, été 1856 ?]

Madame,

Le copiste dont je me suis servi est : Mme Dubois, rue Saint-Marc, 30. Je conseille à Monsieur votre frère[4] de faire son prix d'avance et de choisir l'écriture. Celle qui est préférable est l'écriture que l'on emploie pour les rôles de théâtre.

Je suis heureux, Madame, de vous *rendre ce petit service,* et vous prie d'agréer l'hommage de mes sentiments les plus respectueux et les plus dévoués.

Samedi soir.

À LOUIS BOUILHET

[Croisset,] dimanche. — Soir. [31 août 1856.]

J'ai d'abord à te dire, mon cher vieux, que tu es un fort gentil bougre pour m'avoir écrit deux lettres[1] cette semaine. Enfin ! je sais ce que tu fais et cogites ! Tu ne t'imagines pas combien je suis seul sans toi ! et comme je pense..., chaque dimanche, à nos pauvres dimanches d'autrefois. . . . . .

Voyons ! sacré nom de Dieu ! es-tu un roquentin[2] ? Viens passer quinze jours ici. Ma mère t'y invite *formellement*. Nous finirons *L'Aveu*[3] et *Saint Antoine*. — Il *faut* qu'il y ait de *L'Aveu* fabriqué à Croisset. Tu n'as pas une seule de tes œuvres un peu longue (*Le Cœur à droite*[4] excepté) qui n'ait passé, dans sa confection, par l'avenue des tilleuls. — Arrive. — Le pavillon au bord de l'eau t'attend, et tu auras un jeune chat pour t'y tenir compagnie. Tu coucheras dans ma chambre, je verrai ton : « Vous devez avoir ung... ! »

Quoi que tu en *die,* je crois que tu comprendras quelque chose à *Saint Antoine*. — Tu verras au moins mes *intentions*. Tu m'aideras à boucher les trous du plan, à torcher les phrases merdeuses, et à ressemeler les périodes mollasses, qui bâillent par leur milieu, comme une botte décousue.

Je bûche comme un ours. — Il y a des jours où je crois avoir trouvé le joint et d'autres, bien entendu, où je perds la boule.

No news from the Reviewers[5] ! J'écrirai après-demain au jeune Maxime de manière à avoir une réponse *formelle* et tout de suite, avant la fin de la semaine.

Tes ordres, seigneur, ont été exécutés : j'ai gueulé par trois fois tes vingt-quatre alexandrins à une Femelle perfide. C'est rythmé, sois tranquille, et ça tonne ! Je n'ai qu'à te faire deux observations extrêmement légères (et encore ?) ; en voici une (afin de te tirer d'inquiétude) : il me déplaît qu'un monsieur *comme toi* mette des mots pour la rime. (Ah ! gueule ! tant pis ! je m'en fous.) En conséquence, je blâme « archet *vainqueur* ». Quant aux deux vers qui suivent, ils sont tout bonnement *sublimes,* ainsi que le trait final « le banquet est fini », etc. En somme, c'est une très bonne chose[1].

Tu m'as envoyé aussi une bien belle phrase de prose en parlant de Durey[2] : « Cette femme était de la pire espèce. » Que c'est large et précis en même temps ! rumine ça ! — « J'avais un épagneul, un épagneul superbe ! un chien de la forte espèce ! » (v. les tribades).

Quelle espèce que celle qui est la pire !

Mais, malheureux, tu m'excites horriblement ! Je casse-pète. . . . . Blague à part, tu as fait parfaitement de l'envoyer se faire foutre... par d'autres. — Et sans savoir tes raisons je t'approuve. On ne saurait trop se dépêtrer de l'élément maîtresse[a].

Le mythe de *La Côte des deux amants* est éternel. Tant que l'homme vivra, il aura de la femme plein le dos !

———————

J'ai eu mercredi la visite du Philosophe Baudry[3]. Quel homme ! Il devient tout à fait sheik[4]. Il avait apporté, dans sa poche, son *bonnet grec* dont il a recouvert son chef au déjeuner, parce que « quand il a la tête nue, ça lui donne des étourdissements ». Très beau, du reste ! Il admire sincèrement *La Bouche d'ombre*[5].

———————

Nous attendons demain le professeur Cloquet avec sa moitié[6]. Ils passeront un jour ou deux, ici.

———————

Je fais toujours de l'anglais avec l'institutrice[7] ; nous lisons *Macbeth.* C'est là que les Images dévorent la Pensée ! Quel monsieur ! Quel abus de métaphores ! Il n'y a pas une ligne, et je crois un mot, qui n'en porte au moins deux ou trois. — Si je continue encore quelque temps, j'arriverai à bien entendre ledit Shakespeare.

———————

Ce que tu me racontes de ta visite à l'hôpital Saint-Antoine m'a bien ému. — Je t'ai vu au milieu des salles. Et un moment j'ai frissonné sous ta peau. Est-ce drôle et déplorable de regretter ainsi continuellement les ennuis d'autrefois !

Adieu, pauvre cher vieux bougre. Je t'embrasse. À toi.

Cet excellent monsieur d'Osmoy[1] n'est donc pas guéri de son écorchure de jeune homme ?

C'est La Rounat qui a fait annoncer la *Montarcy*[2] ? Es-tu toujours content de lui ?

À LOUIS BOUILHET

[Croisset,] lundi. [8 septembre 1856.]

Si j'ai compris ta lettre, cher vieux, les répétitions de la *Montarcy* doivent commencer ? C'est pour le coup que tu vas entrer dans la *Tablature*[3] *des auteurs* : tiens-moi au courant de tout, et si tu as besoin de moi, j'arrive quand même, cela va sans dire.

Je t'avouerai que je ne suis nullement fâché *de la chute de la pièce d'ouverture*[a]. Si on siffle la reprise de *La Bourse*[4], tant mieux ! Je n'exprimerais pas cette opinion à La Rounat[5]. Mais je crois que, puisqu'il y a cabale contre lui, le flot aura le temps de passer et que tu n'en sentiras plus les éclaboussures. — *On se lassera*. Rien ne dure ici-bas, et c'est une raison pour qu'il fasse beau demain, s'il a plu aujourd'hui.

J'ai peur seulement que notre ami le Directeur *ne se hâte trop*, et qu'on ne monte ta pièce à la diable ! C'est une œuvre soignée qu'on ne peut apprendre en huit jours, et faire apparaître au bout de quinze. Il y faut du temps et je crois, *de la recherche*, afin de n'en rien perdre. J'entends par là quantité d'effets scéniques dont toi-même ne te doutes pas ?

———

Je casse-pète tellement d'envie de voir ta Première représentation que je passe bien à y rêver, tous les jours, une grande heure pour le moins. Je vois ta mine pâle et gonflée, sous un quinquet... La Rounat effaré... Narcisse[6] au XVe plan !... J'entends gronder les vers et les applaudissements partir. Tâbleau. Serai-je rouge, moi ! quelle coloration ! et comme ma cravate me gênera !...

———

Quant à la *Bovary* (que j'oublie quelque peu, grâce
au ciel, entre ta pièce qui s'avance et *Saint Antoine* qui se
termine), j'ai reçu de Maxime un mot où il me prévient
que ça paraîtra « le 1er octobre sans faute, j'espère »[1].
Ce *j'espère* m'a l'air gros de réticences ? En tout cas
son billet est un acte de politesse, il m'est arrivé juste le
1er septembre, jour où je devais paraître. — Je vais lui
répondre cette semaine, en lui rappelant modestement
que voilà déjà cinq mois de retard. — Rien que ça !
Depuis cinq mois je fais antichambre dans la boutique
de ces messieurs. — Je suis sûr que l'ami Pichat[2] voudrait me pousser encore quelques-unes de ces intelli-
gentes corrections. Mais j'ai *sa* parole. — Et je le mènerai
raide, s'il y manque. Je t'en réponds.

J'ai reçu hier une lettre de mon vénérable père Maurice
où il m'annonce le mariage de sa fille (avec un architecte de Stuttgart, grand artiste, fort riche, superbe
affaire, joie générale) et il m'invite à la noce qui aura lieu
le 8 du mois prochain[3].

Ma pénurie me forcera à inventer une blague quelconque. — Ce que je regrette fort. Le sentimental et le
grotesque me conviaient à ce petit voyage. — Aurais-je
bu ! et aurais-je rêvé à ma jeunesse ! Ce mariage d'un
enfant[a] que j'ai connu à 4 ans[4], m'a mis hier un siècle
sur les épaules. J'en ai été si triste que je n'ai pu rien
faire de la journée. Le manque d'argent y était aussi
pour beaucoup. J'ai déjà refusé d'aller passer un mois
à Toulon chez Cloquet[5] pour les mêmes motifs. Depuis
le mois de juillet j'ai payé quatre mille francs de dettes,
et j'aime mieux ne pas entamer maintenant mes modiques
revenus, afin de ne pas trop tirer le diable par la queue,
cet hiver. — Et on dira que je ne suis pas un homme
raisonnable ! — N'importe, cette noce à Bade[b] me passe
près du cœur !

Motus là-dessus, comme dirait Homais[6]. Ce sont de ces
saletés dont on prive le public avec plaisir. Il faut toujours faire belle contenance dans ce cher Paris. Il est
permis de crever de faim, mais on doit porter des gants.
— Et c'est pour avoir des gants que je m'abstiens d'une

distraction qui me ferait du bien à l'estomac, au cœur, et conséquemment à la tête.

––––––––––

Quant au *Saint Antoine,* je l'arrête provisoirement et, tandis que je suis à analyser 2 énormes vol[umes] sur les Hérésies[1], je rêve comment faire pour y mettre des choses *plus fortes.* Je suis agacé de la déclamation qu'il y a dans ce livre. Je cherche des effets brutaux. Pour ce qui est du plan, *je* n'y vois plus rien à faire. J'aurais bien besoin de tes conseils, des dramatiques, surtout.

Adieu, cher vieux. Je m'ennuie de toi à crever depuis que tu m'as dit que peut-être tu viendrais. Je t'embrasse.

À LOUIS BOUILHET

[Croisset,] dimanche. [14 septembre 1856.]

Tu as donc eu aujourd'hui, pauvre vieux, *ta première journée d'auteur dramatique*[2] ! Enfin !

J'ai bien pensé à toi, tout l'après-midi, et ce soir surtout. Il me déplaisait de ne pas connaître les *lieux.* J'ai eu une aperception très nette de ta figure écoutant, et de celle de La Rounat[3]. Quant aux autres, elles étaient fort vagues, ne connaissant point le personnel de l'Odéon.

Comment la chose s'est-elle passée ? détails ! archi-détails ! *si tu as le temps,* car je vais commencer à te respecter, et je suis le premier à te dire qu'il ne faut pas démordre de la place. Surveille tout *impitoyablement,* jusqu'aux ouvreuses de loge, comme M. Meyerbeer[4].

C'est donc dans deux mois. Sacré nom de Dieu ! j'en ai la gorge sèche d'avance ! — Nous avons passé la soirée, ma mère et moi, à causer de la Première...

Le temps a été très beau aujourd'hui — bon signe — et maintenant la lune brille en plein dans le ciel tout bleu. Je pense à nos anciens dimanches déjà si loin. Ce but dont nous parlions, le voilà bientôt atteint, pour toi, du moins... Quand tu reviendras dans ce cabinet de Croisset où ton ombre plane toujours, tu seras un homme consacré, connu, célèbre. La tête m'en tourne.

J'arriverai à Paris dans cinq semaines, vers le 20 octobre. Tu seras en pleine répétition. Avec quelle frénésie je me précipiterai du boulevard à l'Odéon ! L'ami La Rounat fait bien les choses, à ce qu'il paraît. Puisque *Le Siècle* te revendique pour la *Revue de Paris,* ce qui veut dire que la *Revue de Paris* te revendique *par Le Siècle*[1], il me semble, jeune homme, quoi que tu en dies, qu'il ne serait pas mal de refourrer dans ladite *Revue,* des Vers.

Soyons larges ou, si tu aimes mieux, soyons fins ; tant que nous n'aurons pas un carrosse, faisons semblant de ne point remarquer les éclaboussures. *Mais* dès que nous aurons le cul assis dans le berlingot de la gloire, écrasons sans pitié les drôles qui, etc.

Allons ! tout va peut-être partir. « La Bombe éclate », comme dit ce vieux de Sade. — Il y aura eu des préparatifs suffisants. Que de patience ! que de postures ! et de tortures !

Que devient *L'Aveu*[2], au milieu de tout cela ?

Et la pièce du sieur d'Osmoy[3] ?

Je ne t'ai pas dit qu'il y aura mardi prochain quinze jours, en conduisant M. Cloquet[4] au chemin de fer, j'ai aperçu sur sa porte, nez au vent, corsée raide, et enharnachée de breloques et de lorgnon, cette vénérable Mme Grosvel. J'ay ri à part moi, me remémorant les paillardises de cette tant pute tavernière.

————

Décidément, la journée était aujourd'hui au théâtre. J'ai eu la visite de Baudry (junior)[5], qui allait chez Deschamps pour lui vendre des costumes. — On joue la comédie chez M. Deschamps. — Et des comédies de lui ; ça doit être fort !

————

Adieu, mon cher monsieur. Je n'ai absolument rien à te dire, si ce n'est que je t'embrasse, et qu'il m'ennuie démesurément de ta personne. — Mais ne bouge pas de Paris, maintenant. Il faut *être au poste.*

À toi, ton vieux.

À LOUIS BOUILHET

[Croisset,] dimanche. [21 septembre 1856.]

Il me semble, mon cher monsieur, que tu es en *ébullition*. Ça commence à marcher ! Nom d'un bonhomme, que je voudrais être aux répétitions ! Je compte les jours ! Dans un mois je serai à Paris et *je ne te quitte plus*. Merci du billet de répétition. Quoique je n'y aie rien compris, il m'a fait un grand plaisir. Les signes « cabalistiques » dont il est orné ont ajouté à mon respect.

Janin m'épate. « Fait trop vite » est charmant dans la bouche d'un tel monsieur, dont les âneries empliraient un volume[1]. Ah ! nous en avons vu de belles, et nous en verrons encore. Il m'a l'air tout à fait fossile, maintenant, ce bon Janin.

Porte des vers à la *Revue de Paris*[2] ; il faut faire *feu des quatre pieds*.

J'ai reçu jeudi une lettre de Maxime qui m'annonce que je parais le 1er octobre[3]. Toute la 1re partie est envoyée à l'imprimerie. Je ne recevrai pas les épreuves. Il se charge de tout et me jure de tout respecter. Devant une pareille promesse, je me suis tu, bien entendu. Il était temps ! je commençais à être passablement agacé.

Si tu trouves le moyen, quelques jours après le 1er numéro, d'en faire dire un mot quelque part, ça m'obligera, *à cause d'eux*[4].

Voilà ! il me semble que l'hiver s'annonce assez bien.

Je ne te parle pas de *Saint Antoine* et je ne te le montrerai *qu'après* la *Montarcy* jouée. — J'y travaille toujours et je développe le personnage principal de plus en plus. Il est certain que maintenant on voit un plan. Mais bien des choses y manquent. — Quant au style, tu étais bien bon d'appeler cela une foirade de perles. Foirade, c'est possible. Mais pour des perles, elles étaient rares. J'ai tout récrit, à part peut-être deux ou trois pages.

Quand en serai-je quitte ? je l'ignore. Je suis homme à passer dessus, tout l'hiver. Je ne lâcherai la chose *que* lorsque je n'y verrai plus rien à faire. Tout, du reste, dépendra de ce que nous réglerons ensemble.

Vers quelle époque du mois de novembre penses-tu être joué ?

Tu as oublié de m'envoyer le titre du livre de l'abbé *Constant* sur la magie[1]. Je l'attends dimanche prochain.

Je fais tous les jours de l'anglais avec l'institutrice[2] (qui m'excite démesurément. Je me retiens dans les escaliers pour ne pas lui prendre le cul). Dans six mois, si je continue, je lirai Shakespeare à livre ouvert.

Lilinne[3] raffole de *Don Quichotte*.

Adieu, mon pauvre cher vieux. Je ne vois absolument rien à te dire si ce n'est que je t'embrasse fort.

À toi.

J'ai été toute la semaine en proie à une sorte d'hallucination. Je vois continuellement devant moi Tisserant dans le rôle de Lauzun[4]. C'est la première image qui m'arrive à mon réveil. Je le rêve la nuit. — Et j'y pense dans le jour, à travers tout. J'en suis obsédé, assommé ! Est-ce drôle !

À ERNEST CHEVALIER

Croisset, lundi soir. [22 septembre 1856.]

Mon cher Vieux,

Je me rendrais avec bien du plaisir à ton invitation si je n'étais maintenant un homme fort *affairé*. Car tu sauras que je suis présentement sous la presse. Je perds ma virginité d'homme inédit de jeudi en huit, le 1er octobre[5]. Que la *Fortune-Virile* (celle qui dissimulait aux maris les défauts de leur femme[6]) me soit favorable ! et que le bon public n'aperçoive en moi aucun vice, tel que gibbosité trop forte ou infection d'haleine !

Je vais pendant trois mois consécutifs emplir une bonne partie de la *Revue de Paris*. Quand la chose aura paru en volume, il va sans dire que le premier exemplaire te sera adressé.

Je veux de plus avoir fini avant trois semaines (vers le 15, époque où je m'en retourne à Paris) une ancienne ratatouille que j'ai quittée, reprise et qui me trouble beaucoup. — Et dont je veux également *doter mon pays* cet hiver. C'est une œuvre théologique, cabalistique, mythologique et fort assommante, je crois, car j'en suis assommé. — Et j'ai hâte d'en être quitte[7].

Voilà pourquoi, pauvre cher vieux, je n'irai pas (et à mon regret) humer l'air au Château-Gaillard. — Et passer quelques jours dans ton excellente famille, que je ne vois jamais, à laquelle je pense souvent, et dont ma mère et moi nous causons maintes fois, au coin du feu, tout en remuant les anciens souvenirs[1].

Mais toi, mon bon, ne peux-tu venir avec Mme Chevalier « un tantinet céans », comme dirait le Garçon[2] ? Ma mère m'a bien chargé de te rappeler que nous avons deux lits dans une chambre. — Tu sais si tu nous ferais plaisir. Donc je n'insiste pas davantage.

Il me semble que Metz est moins loin de Paris que Lyon[3]. Mets bien cette adresse dans la gibecière de ta mémoire, comme disait le père Montaigne : *boulevard du Temple, 42*[4].

Adieu, vieux, amitiés, et embrassades à tous les tiens. — Respect aux dames, et à toi la meilleure poignée de main de ton vieux camarade.

À LÉON LAURENT-PICHAT

Croisset, jeudi soir, [2 octobre] 1856.

Cher Ami,

Je viens de recevoir la *Bovary*. Et j'éprouve tout d'abord le besoin de vous en remercier (si je suis grossier, je ne suis pas ingrat). C'est un service que vous m'avez rendu en l'acceptant telle qu'elle est, et je ne l'oublierai pas.

Avouez que vous m'avez trouvé et que vous me trouvez encore (plus que jamais ?) d'un ridicule véhément ? J'arriverai un jour[a] à reconnaître que vous avez eu raison ? Je vous jure bien[b] qu'alors je vous ferai les plus basses excuses. — Mais comprenez, cher ami, que c'était avant tout un *essai* que je voulais tenter. — Pourvu que l'apprentissage ne soit pas trop rude[c] !

Croyez-vous donc que cette ignoble réalité, dont la reproduction vous dégoûte, ne me fasse tout autant qu'à vous sauter le cœur ? Si vous me connaissiez davantage, vous sauriez que j'ai la vie ordinaire en exécration. Je m'en suis toujours, personnellement, écarté autant que j'ai pu. — Mais esthétiquement[d] j'ai voulu, cette fois et rien que cette fois, la pratiquer à fond. Aussi ai-je pris la chose d'une manière héroïque, j'entends minutieuse, en acceptant tout, en disant tout, en peignant tout (expression ambitieuse[a]).

Je m'explique mal. — Mais c'en est assez[b] pour que vous compreniez quel était le *sens* de ma résistance à vos critiques, si judicieuses qu'elles soient[1]. Vous me refaisiez un *autre* livre. Vous heurtiez la Poétique interne d'où il découlait, le type (comme dirait un philosophe) sur lequel il fut conçu[c].

Nous recauserons de tout cela longuement.

Enfin, j'aurais cru manquer à ce que je me dois, et à ce que je vous devais, en faisant un acte de déférence et non de conviction. L'art ne réclame [ni] complaisance ni politesses. Rien que la Foi, la Foi toujours, et la liberté[d]. Et là-dessus, je vous serre cordialement les mains,

Sous l'arbre improductif aux rameaux toujours verts[2].

Tout à vous.

                                        G[USTA]VE.

Je vois depuis une éternité une P.[3] annoncée qui ne paraît pas ? — Vous laissez donc toute la place aux autres. — On demande le m[aî]tre de la maison.

Amitiés à M[ax]ime[4].

À ÉLISA SCHLÉSINGER

                                    Croisset, 2 octobre [1856].

Chère Madame,

Pardonnez-moi d'abord un mouvement d'égoisme : votre charmante et si affectueuse lettre m'est arrivée hier, le *jour même* et juste au moment de mon *début*[5].

Cette coïncidence m'a étrangement remué. N'y a-t-il pas là un « curieux symbolisme », comme on dirait en Allemagne ?

Voilà même pourquoi je ne puis (comme je l'avais d'abord espéré) me rendre aux noces de Mlle Maria[6]. Je vais être fort occupé jusqu'à la fin de décembre, époque où j'en serai quitte avec la *Revue de Paris*[7]. Mais comme avec vous j'ai toutes mes faiblesses, je ne veux

pas que vous me lisiez dans un journal, par fragments et
avec quantité de fautes d'impression.

Vous ne recevrez donc la chose qu'en volume. Mais
le premier exemplaire sera pour vous. — Causons de
choses plus sérieuses. — Je m'associe *du plus profond
de l'âme* aux souhaits de bonheur que vous faites pour
votre chère enfant, moi qui suis certainement sa plus
vieille connaissance. Car je me la rappelle à trois mois
sur le quai de Trouville, au bras de sa bonne, et tam-
bourinant contre les carreaux pendant que vous étiez
à table dans le coin, à gauche[1]. Il y avait eu un bal par
souscription et une couronne en feuilles de chêne
était restée suspendue au plafond... Vous rappelez-vous
ce soir de septembre où nous devions tous nous promener sur la Touques quand, la marée survenant, les
câbles se sont rompus, les barques entrechoquées, etc.
Ce fut un vacarme affreux et Maurice qui avait rapporté
de Honfleur, et *à pied,* un melon gigantesque[2] sur son
épaule, retrouva de l'énergie pour crier plus fort que les
autres. J'entends encore sa voix vous appelant dans
la foule : « Za !... za !... »

Jamais non plus je n'oublierai votre maison de la
rue de Grammont, l'exquise hospitalité que j'y trouvais,
ces dîners du mercredi, qui étaient une vraie fête dans
ma semaine[3].

Pourquoi donc faut-il qu'habitant maintenant Paris,
j'y sois privé de vous ? Souvent je passe chez Brandus[4]
pour avoir de vos nouvelles et l'on me répond invariablement : « Toujours à Bade ! »

Avez-vous donc quitté la France tout à fait ? N'y
reviendrez-vous pas ?

Elle n'est guère aimable, maintenant, cette pauvre
France, c'est vrai, ni noble surtout, ni spirituelle ; mais
enfin !... c'est la France !

Quant à moi, l'année ne se passera pas sans que je
vous voie[5], car je trouve stupide de vivre constamment
loin de ceux qui nous plaisent. N'a-t-on pas autour de
soi assez de crétins et de gredins ? — Vous me pré-
viendrez, n'est-ce pas, chère Madame, quand il faudra
que je vous expédie (si je ne vous l'apporte auparavant)
l'eau du Jourdain. Il y a des gens (ceci pour vous donner
une idée des *bourgeois actuels*) qui m'avaient conseillé de
l'envoyer à S. M. l'empereur Napoléon III pour en

baptiser le prince impérial[1]. Mais je la gardais toujours
sans trop savoir pourquoi, sans doute dans le vague
pressentiment d'un meilleur usage ; en effet, votre petit-
fils me sera plus cher qu'un enfant de roi.

À propos de vieillesse (c'est ce mot de petit-fils qui
me l'amène), vous me parlez de vos cheveux[2] ! Je ne
puis, moi, vous rien dire des miens, car me voilà bientôt
privé de cet appendice. J'ai considérablement vieilli,
sans avoir trop rien fait pour cela cependant. Ma vie a
été fort plate — et sage — d'actions du moins. Quant au
dedans, c'est autre chose ! Je me suis *usé sur place,* comme
les chevaux qu'on dresse à l'écurie ; ce qui leur casse les
reins. Système Baucher[3].

Allons ! adieu. Encore mille vœux pour Maria !
Qu'elle rencontre dans cette union une sympathie solide
et inaltérable ! Que sa vie soit pleine de joies calmes et
continues, qu'elle en trouve à tous ses pas comme
des violettes sous l'herbe et qu'elle les ramasse toutes !
Qu'elle n'en perde aucune ! Qu'il n'y ait autour d'elle
que bonnes pensées et bons visages ! Que tout soit
bien-être, respect, caresses, amour ! Que le devoir lui
soit facile, l'existence légère, l'avenir toujours beau !
Donnez-lui, de ma part, sur la joue droite, *un baiser de
mère ;* que Maurice lui donne, sur la gauche, *un baiser de
père.* Et croyez bien, chère Madame, à l'inaltérable
attachement de votre tout dévoué qui vous baise affectueusement les mains.

Ma mère se joint à moi pour vous féliciter et remercie
bien M. Schlésinger de son souvenir.

Du 18 octobre au mois de mai à Paris, boulevard du
Temple, 42.

À LOUIS BOUILHET

[Croisset,] dimanche, 1 h[eure].
[5 octobre 1856.]

Mon cher Vieux,

Donne-moi un conseil, et tout de suite.

J'ai reçu ce matin une lettre de F[rédéric] Baudry, qui
me prie, dans les termes *les plus convenables,* de changer
dans la *Bovary* le *Journal de Rouen* en : *Le Progressif de*

Rouen, ou tel autre titre pareil. Ce bougre-là est un bavard. Il a conté la chose au père Senard et à ces messieurs du *Journal* eux-mêmes[1].

Mon premier mouvement a été de l'envoyer chier. D'autre part, la susdite feuille a fait hier pour la *B[ovary]* une réclame très obligeante[2]. Je suis donc pris entre : ma vieille haine pour le *Journal de R[ouen]*[3] d'une part, et la gentilhommerie de l'autre. Je vais avoir l'air d'un gredin.

Mais c'est si beau « le *Journal de Rouen* » dans la *B[ovary]*. — Après ça c'est moins beau à Paris et le *Progressif* fera peut-être autant d'effet ?

Je suis dévoré d'incertitude. Je ne sais que faire. Il me semble qu'en cédant je fais une couillade atroce. — Réfléchis.

Ça va casser le rythme de mes pauvres phrases !

C'est grave.

Respectons l'intégrité *du premier jet.* Cependant... Ah ! merde !

Prends ta tête dans tes deux mains.

Quant à moi, la vue de mon œuvre imprimée a achevé de m'abrutir. Elle m'a paru des plus plates. — Je n'y vois rien que du noir. *Ceci est textuel.* Ç'a été un grand mécompte. — Et il faudrait que le succès fût bien étourdissant pour couvrir la voix de ma conscience qui me crie : « Raté ! »

Il n'y a qu'une chose qui me console, c'est la Pensée de ton succès[4], et puis l'espoir (mais j'en ai déjà tant eu, d'espoirs !) que *Saint Antoine* a maintenant un plan. Cela me semble beaucoup plus sur ses pieds que la *Bovary.*

Non ! sacré nom de Dieu ! ce n'est pas pour que tu me renvoies des compliments. Mais je ne suis pas gai là-dessus. Ça me semble petit et « fait pour être médité dans le silence du cabinet ». Rien qui enlève et brille de loin. Je me fais l'effet d'être *fort en thème.* Ce livre indique beaucoup plus de patience que de génie, bien plus de travail que de talent. Sans compter que le style n'est déjà pas si raide. Il y a bien des phrases à recaler. Plusieurs pages sont irréprochables, je le crois. Mais *ça ne fait rien à l'affaire.*

Songe à cette histoire du *Journal de Rouen.* — Mets-toi à ma place.

N'en dis rien à Du Camp, jusqu'à ce que nous ayons pris un parti. — Il serait d'avis de céder, probablement ? Mets-toi au point de vue de l'Absolu, et de l'art.

Tu dois rire de pitié sur mon compte. Mais je suis complètement imbécile.

Adieu, réponds-moi immédiatement.

J'arriverai à Paris vers le 15.

Je t'embrasse.

À toi, ton vieux.

À JULES DUPLAN

[Croisset,] samedi soir. [11 octobre 1856.]

Mon cher vieux,

Votre bonne lettre, que j'ai reçue ce matin, m'a causé un grand plaisir. Vous savez le cas que je fais de votre goût ; c'est vous dire que « votre suffrage m'est précieux » (style Homais[1]). — Homais à part, je suis enchanté que la chose vous botte. Je voudrais bien que tous mes lecteurs vous ressemblassent !

Nous causerons de tout cela à la fin de la semaine prochaine. Venez chez moi, dimanche 19, à 11 heures selon la vieille coutume. Vous déjeunerez avec le philosophe Baudry[2].

La première lecture de mon œuvre imprimée m'a été, contrairement à mon attente, extrêmement désagréable. Je n'y ai remarqué que les fautes d'impression, trois ou quatre répétitions de mots qui m'ont choqué, et une page où les *qui* abondaient. — Quant au reste, c'était *du noir* et rien de plus.

Je me remets peu à peu, mais *ça m'avait porté un coup !* Pichat[3] m'a écrit pour me dire qu'il comptait sur un succès. On revient, mon bon, on revient, — on change un tantinet de langage.

———

J'ai cet automne beaucoup travaillé à ma vieille toquade de *Saint Antoine ;* c'est récrit à neuf d'un bout à l'autre, considérablement diminué, refondu. J'en ai

peut-être encore pour un mois de travail. Je n'aurai le
cœur léger *que* lors*que* je n'aurai plus sur les épaules
cette satanée œuvre, qui pourrait bien me traîner en
cour d'assises, et qui à coup sûr me fera passer pour fou.
— N'importe ! une si légère considération ne m'arrêtera
pas.

Je ne sais trop ce que j'écrirai cet hiver (le drame de
Bouilhet va d'abord me prendre du temps[1]). Je suis
plein de projets[2], mais l'enfer et les mauvais livres sont
pavés de belles intentions.

Adieu, mon cher vieux. J'arrive jeudi soir, et je
compte sur vous dimanche.

En attendant je vous embrasse.

À LOUIS BOUILHET

[Croisset, 13 octobre 1856.]

J'arriverai jeudi, à 4 h[eures] et demie. Je ne t'attends
pas au chemin de fer, parce que tu seras sans doute à
ta répétition[3]. Mais sois chez moi entre 6 et 7 heures.

La réclame du *Figaro*[4] n'était pas forte. As-tu remarqué
« sobre et ennemi de l'emphrase *[sic]* » ? Cela m'a fait
bien rire.

About écrit dans *Le Figaro* sous le pseudonyme de
« Valentin de Quevilly » et l'on blague les jeunes gens
de Quevilly qui viennent faire de la littérature à Paris.
Allons ! ça commence ! taïeb ! taïeb[5] ! L'article est
intitulé : « Lettre d'un bon jeune homme »[6].

Je t'assure, néanmoins, que si les choses allaient trop
loin, et que si l'on m'embête, je suis disposé à casser la
gueule au premier venu. Très bien ! — *L'école de Rouen*[7]
se signalerait alors par sa brutalité.

Nous allons donc nous voir ! sacré nom de Dieu,
comme j'en ai envie depuis longtemps !

Adieu, vieux. À jeudi.

Je t'embrasse.

À SA MÈRE

[Paris,] nuit de mercredi, 3 h[eures].
[22 octobre 1856?]

Envoie-moi, je te prie, *tout de suite,* dans un paquet :
1º Mon habaz de Jérusalem = (le grand manteau à bordure d'or)
2º Une chemise de Nubien et
3º Une petite robe d'une étoffe un peu plus rude, qui a des soutaches sur les côtés.

———

Je ne sais pas encore le jour de la 1ʳᵉ[1]. Je t'embrasse, ma pauvre chère vieille.

Ton fieux qui tombe sur les BOTTES.

À MAURICE SCHLÉSINGER

[Paris, 2ᵉ quinzaine d'octobre 1856.]

Excusez-moi, mon cher Maurice, il m'est *impossible* — archi-impossible, complètement impossible, d'être jeudi à Baden[2], ni de m'absenter de Paris pendant une journée, d'ici un grand mois.

J'ai d'abord considérablement d'épreuves à corriger, puis *tous les jours* je passe les après-midi à l'Odéon, pour surveiller les répétitions d'un grand drame en cinq actes et en vers qui n'est malheureusement pas de moi, mais qui m'intéresse plus que s'il était de moi — l'auteur est mon ami Bouilhet que vous avez vu chez ma mère[3]. C'est une œuvre considérable, une question de vie ou de mort pour lui ; — la direction fonde dessus de grandes espérances, et nous aurons, je crois, un très beau succès. Mais il y a bien à faire encore, et quantité de choses à trouver comme mise en scène.

Quant à moi, cher ami, vous apprendrez avec plaisir que mon affaire marche *très bien.* J'ai de toutes façons lieu d'être extrêmement satisfait — jusqu'ici du moins.

Les deux premiers numéros de mon roman ont déjà fait quelque sensation parmi la gent de lettres — et un éditeur m'est venu faire des propositions... qui ne sont pas indécentes[1].

Je vais donc gagner de l'argent ; grande chose ! chose fantastique ! — et qui ne me sera pas désagréable par le temps de misère (et de misères) qui court.

Est-ce que Mme X*** (car je ne sais pas le nom de dame de Maria[2]) ne viendra pas faire un petit voyage à Paris avec son époux ? les accompagnerez-vous ?

J'aurais bien du plaisir à vous recevoir dans mon petit appartement du boulevard du Temple, et à deviser avec vous, coudes sur la table. J'ai deux fauteuils dans mon cabinet. Je ne puis vous en offrir qu'un au coin du feu ; c'est bien le moins qu'on partage avec ses amis.

Adieu, mon cher Maurice. J'espère que mon souvenir vous arrivera à temps, et que vous recevrez mon dernier souhait sur le seuil de votre maison, au moment où vous le franchirez pour conduire votre chère fille à l'église.

Mille cordialités ; tout à vous.

Votre ancien ami, Janin[3], est très satisfait du commencement de mon bouquin, et m'a envoyé, par un tiers, des mots fort aimables.

À EDMA ROGER DES GENETTES

[Paris,] jeudi matin. [30 octobre 1856.]

Chère Madame,

Je viens de recevoir votre charmante lettre[4] qui a bien couru avant de m'arriver. Enfin je l'ai, et elle me réjouit fort. Vous savez le cas que je fais de votre goût. C'est vous dire, chère Madame, que vous avez

Chatouillé de mon cœur l'orgueilleuse faiblesse[5].

Ai-je été vrai ? Est-ce *ça ?*

J'ai bien envie de causer longuement avec vous (mais quand et — où ?) sur la *théorie* de la chose. On me croit épris du réel, tandis que je l'exècre. Car c'est en haine du réalisme que j'ai entrepris ce roman. Mais je n'en déteste pas moins la fausse idéalité, dont nous sommes bernés par le temps qui court. Haine aux Almanzor comme aux Jean-Couteaudier[1] ! Fi des Auvergnats et des coiffeurs !

En choquerai-je *d'autres* ? Espérons-le ! Une dame fort légère m'a déjà déclaré qu'elle ne laisserait pas sa fille lire mon livre. D'où j'ai conclu que j'étais extrêmement moral.

La plus terrible *farce* à me jouer, ce serait de me décerner le prix Montyon. Quand vous aurez lu la fin, vous verrez que je le mérite.

Je vous prie, néanmoins, de ne pas me juger là-dessus. La *B[ovary]* a été pour moi une affaire de parti pris, un thème. Tout ce que j'aime n'y est pas. — Je vous donnerai dans quelque temps quelque chose de plus relevé, dans un milieu plus propre.

Vous aurez *une* ou *des* places pour la *Montarcy*[2]. — Je crois cela certain.

Adieu, ou plutôt, à bientôt. Permettez-moi de baiser vos mains qui m'écrivent de si jolies choses — et de si flatteuses.

Et de vous assurer que je suis (sans aucune formule de politesse) tout à vous.

G.

Boulevard du Temple, 42.

À JEAN CLOGENSON

[Paris, 31 octobre 1856.]

Monsieur,

Je suis chargé par Bouilhet, accablé de fatigues, de vous prévenir que la 1re représentation n'est que pour le jeudi 6[3]. Il serait *bien heureux* de vous voir dès le 5, si cela vous est possible.

Je suis heureux, Monsieur, d'avoir cette occasion de vous serrer la main, et de faire votre connaissance, depuis si longtemps désirée.

J'ai bien l'honneur de vous saluer.

À EDMA ROGER DES GENETTES

[Paris, 4 novembre 1856.]

Chère Madame,

Voici, selon la promesse que je vous ai faite l'autre jour, 2 places pour la *Montarcy*. — Dans 48 heures notre sort sera décidé ! — Je compte les minutes. Ce sera, je crois, fort beau. — Le succès est dans l'air.

Je vous baise les mains.

Votre tout dévoué.

Mes souvenirs affectueux à M. Roger, s'il vous plaît.

À ALFRED BAUDRY

[Paris,] 1 h[eure] du matin.
[Nuit du 6 au 7 novembre 1856.]

Je sors de l'Odéon. La tête me tourne encore du bruit des applaudissements, et la main me tremble de joie, car voilà notre ami *posé* comme grand poète dramatique. Ce que nous pensions tous vient d'être crié par une salle entière, pendant vingt minutes on a rappelé « Bouilhet, Bouilhet », qui a eu le bon goût ou la coquetterie, comme vous voudrez, de ne pas paraître.

Quant à vous donner une analyse de *Madame de Montarcy*[1], c'est une tâche que je laisse aux feuilletons de lundi prochain. — Et je vous affirme qu'ils seront élogieux. Ce qu'on appelle *Tout-Paris* battait des mains. J'étais à côté de Janin[2] qui n'a cessé de crier bravo pendant le cinquième acte. Gozlan[3] applaudissait, Saint-Victor[4], Théophile Gautier, Fiorentino[5], etc. ! etc. ! On était revenu au bon temps des enthousiasmes romantiques. Je mets de côté le style qui est splendide ; mais je tiens à vous faire savoir que c'est un succès théâtral. Les belles pleureuses des premières loges, comme dit Jean-Jacques[6], n'ont pas manqué, et vers la fin, il y avait un étalage de mouchoirs de poche à se croire dans un établissement de blanchisseuse.

Tisserant (= Montarcy) a été à la fois grand comédien et grand tragédien[1]. Thiron[2] (= d'Aubigné) a su donner à son rôle une physionomie gauloise, et rabelaisienne, du meilleur goût et de la verve la plus piquante. Quant à Mme Thuillier[3], elle est à partir de ce soir la *première comédienne de Paris*. Depuis Dorval[4] on n'avait pas entendu de pareils accents. C'est tout dire. Les autres ont été bons, et les derniers convenables.

En un mot, c'est un succès et un très grand succès. Venez donc pendant que les habits sont frais et que les décors sont neufs. — Au reste vous avez du temps. *Madame de Montarcy* n'est pas près de disparaître de l'affiche. Quelle soirée ! cher ami.

[Nuit du 8 au 9 novembre.]

P.-S. — Je n'ai pu vous faire parvenir ma lettre hier. J'y ajoute ceci : le succès se confirme, ou pour mieux dire s'accroît.

Voulez-vous quelques vers ? Je vous envoie ceux qui ont été le MOINS applaudis. C'est la première scène du second acte. À vous.

Voici tout ce que j'ai *pu* faire. Je suis exténué. Je sors de la 3e. Ça chauffe ! ça chauffe ! *l'affaire est faite*.

Remerciez bien M. Beuzeville et excusez-moi auprès de lui[5]. Je lui écrirai la semaine prochaine. Mais voilà trois nuits que je ne me suis couché. Je n'ai pas eu *une* minute à moi[6].

Tout à vous. Je vous embrasse.

À JEAN CLOGENSON

[Paris,] dimanche. [9 novembre 1856.]

Monsieur et cher ami,

Je ne veux pas me coucher avant de vous remercier bien cordialement pour votre visite, pour votre lettre, et pour les vers[7]. Ils sont arrivés à leur adresse, c'est-à-dire,

au cœur. Tous m'ont charmé, et les quatre derniers
m'ont fait pleurer. Voilà ma critique.

Le banquet aura lieu, je crois, dimanche prochain. Je
vous avertirai[1].

Nous aurons demain des feuilletons superbes. J'ai
déjà lu *La Patrie* et *La Presse,* où Saint-Victor et Prémaray se sont montrés *solides*[2].

Le succès se confirme, s'accroît. La pièce sera imprimée dans deux jours[3] — etc., etc. !

Pardonnez-moi mon laconisme, et permettez que je
vous serre les mains bien affectueusement dans l'épanchement de notre joie commune.

Votre tout dévoué.

Boulev[ard] du Temple, 42.

À EDMA ROGER DES GENETTES

[Paris,] nuit de dim[anche]. [9 novembre 1856.]

Ayez la bonté, chère Madame, de me dire ce que vous
désirez cette semaine, pour vous et vos amis. Nous
serons trop heureux de vous envoyer les places que
vous désirez. — Et surtout n'y mettez aucune discrétion.

Le succès grandit, grandit. La pièce sera imprimée
dans deux jours[4].

Je n'ai pu vous trouver à la 1re. Mais faites-moi
demander au Foyer, un de ces soirs.

On vous envoie mille remerciements. Nous sommes
tous exténués, bien entendu, et je n'ai le temps que de
vous baiser les mains.

Votre dévoué.

À JULES DUPLAN

[Paris,] nuit de vendredi. [14 novembre 1856.]

Vous filez toujours après le spectacle *qu'on* n'a pas le
temps de vous voir.

Votre reçu (= billet d'entrée) est chez M. Follin[1], président du banquet[2], rue Bonaparte, 17.

En tout cas soyez demain au Café Tabourey vers 9 h[eures]. Je tâcherai d'y être. Et demandez M. Lecoupeur, secrétaire[3].

B[ouilhet] se conduit stupidement et, grâce à lui, il y a eu ce soir une baisse de 200 fr[ancs] sur la recette. Quant à moi je continue à me couvrir de ridicule et je me fais détester par tout le monde.

Enfin !

À vous.

À JEAN CLOGENSON

[Paris,] nuit de vendredi. [14 novembre 1856.]

Monsieur et cher ami,

J'ai à peine le temps de vous prévenir que le banquet des Montarcystes aura lieu dimanche après-demain à 5 h 1/2 aux *Frères provençaux*[4]. S'il ne peut avoir lieu aux trois *Frères,* vous serez averti du lieu de réunion par M. Lecoupeur, qui attend, je crois, par votre intermédiaire, de l'argent de sa famille.

Je vous serre les mains bien affectueusement.

Tout à vous.

À LOUIS BOUILHET

[Paris,] lundi soir. [1er décembre 1856.]

N'oublie pas que tu dînes mercredi après-demain, chez moi, avec Théo[5] et Saint-Victor[6].

Je te préviens que *l'on* (tout le monde) trouve que tu es longtemps à donner des *Montarcy*[7].

Il me paraît (à ce que je vois) que c'est l'usage de faire une large distribution. Occupe-t'en vite.

J'irai demain à l'Odéon. J'y serai à 9 h[eures] au plus tard. — Assiste à quelques représentations, dans la

salle, cela est bon pour les acteurs. Je te dirai de qui je
tiens cette opinion.

Adieu, vieux. À demain.

À toi.

À THÉOPHILE GAUTIER

[Paris,] mardi. [2 décembre 1856.]

Souviens-toi, ô maître et ami, que c'est demain,
mercredi, que tu dînes chez

G[USTA]VE FLAUBERT.

42, boulevard du Temple.

À LÉON LAURENT-PICHAT

[Paris,] dimanche. [7 décembre 1856.]

Mon cher Ami,

Je vous remercie d'abord de vous mettre hors de
cause ; ce n'est donc pas au poète Laurent-Pichat que je
parle, mais à la *Revue,* personnage abstrait, dont vous
êtes l'interprète. Or, voici ce que j'ai à répondre à la
Revue de Paris :

1º Elle a gardé pendant trois mois *Madame Bovary,*
en manuscrit[1], et, avant d'en imprimer la première
ligne, elle devait savoir à quoi s'en tenir sur ladite œuvre.
C'était à prendre ou à laisser. Elle a pris, tant pis pour
elle ;

2º Une fois l'affaire conclue et acceptée, j'ai consenti
à la suppression[a] d'un passage fort important[2], selon
moi, parce que la *Revue* m'affirmait qu'il y avait danger
pour elle. Je me suis exécuté de bonne grâce ; mais je
ne vous cache pas (c'est à mon ami Pichat que je parle)
que ce jour-là, j'ai regretté amèrement[b] d'avoir eu l'idée
d'imprimer.

Disons notre pensée entière ou ne disons rien ;

3⁰ Je trouve que j'ai déjà fait beaucoup et la *Revue* trouve qu'il faut que je fasse encore plus. Or *je ne ferai rien,* pas une correction, pas un retranchement, pas une virgule de moins, rien, rien !... Mais si la *Revue de Paris* trouve que je la compromets, si elle a peur, il y a quelque chose de bien simple[a], c'est d'arrêter là *Madame Bovary* tout court. Je m'en moque parfaitement[b].

Maintenant que j'ai fini de parler à la *Revue,* je me permettrai cette observation, ô ami :

En supprimant le passage du fiacre, vous n'avez rien ôté de ce qui scandalise, et en supprimant, dans le sixième numéro, ce qu'on me demande, vous n'ôterez rien encore[1].

Vous vous attaquez à des détails, c'est à l'ensemble qu'il faut s'en prendre. L'élément brutal est au fond et non à la surface. On ne blanchit pas les nègres et on ne change pas le *sang* d'un livre. On peut l'appauvrir, voilà tout[c].

Il va sans dire que si je me brouille avec la *Revue de Paris,* je n'en reste pas moins l'ami de ses rédacteurs.

Je sais faire, dans la littérature, la part de l'administration[d].

Tout à vous.

G.

À JULES SENARD

[Paris, entre le 7 et le 11 décembre 1856.]

Mon cher monsieur Senard[2],

Seriez-vous assez bon pour m'accorder demain un quart d'heure d'audience. Il m'incombe une affaire fort désagréable dans laquelle je ne voudrais pas faire de sottises. Et l'on m'en fait beaucoup.

Je vous serais bien obligé.

Recevez l'hommage de toute ma considération et permettez-moi de vous serrer les mains.

Votre tout dévoué.

À LOUIS BOUILHET

[Paris, 12 décembre 1856.]

Mon cher Vieux,

Il m'est impossible d'être demain samedi à Rouen (j'y serai lundi soir). J'ai eu de graves affaires avec la *Revue*. La menace du papier timbré, et la crainte d'un procès qu'ils auraient perdu et où ils auraient été *bafoués*, les a engagés à accepter une note[1] de moi, dans laquelle je déclare dénier toute la responsabilité de mon œuvre mutilée. — Ça paraît lundi. Jusque-là je reste, parce que, si la note n'est pas littéralement la mienne, je les poursuis à boulet rouge.

Je prépare au Pichat[2] des agréments auxquels il ne s'attend guère.

Les *Cigognes et turbots*[3] sont probablement parus maintenant, ce matin même.

Vendredi prochain paraît de moi dans *L'Artiste Nabuchodonosor* et *La Reine de Saba*. Gautier m'a l'air *enchanté* de *Saint Antoine*. Je donnerai aussi en fragments *Apollonius, Les Animaux,* et *Les Dieux*[4].

Ai-je besoin d'être seul avec toi pendant quelques jours !

Melaenis paraît jeudi prochain[5]. J'ai fini les épreuves, arrangé la dédicace, etc.

Montarcy continue à se vendre bien[6].

Quant à l'Odéon, j'ignore ce qui s'y passe. Tu sais qu'on ne met pas facilement la main sur d'Osmoy[7]. Et puis j'ai été bougrement occupé par mon affaire.

Adieu, vieux. Tu verras Narcisse[8] dimanche dans l'après-midi, qui te dira juste l'heure de mon arrivée.

Embrasse Léonie[9] pour moi et qu'elle te baise de ma part.

À toi, ton vieux.

Aujourd'hui, mon cher Monsieur, je prends 35 ans !

À LOUIS BONENFANT

Paris, vendredi soir. [12 décembre 1856.]

Vous êtes parfaitement en droit de me considérer comme un polisson, puisque je n'ai pas encore, cher cousin, répondu à ton aimable lettre[1]. Mais j'ai été fort affairé depuis un mois. L'emploi de chef de claque n'est pas un métier de *feignant*[2] ! Enfin ! c'est une affaire terminée, et vaillamment. Notre ami Bouilhet est maintenant considéré comme un poète de haute volée parmi les gens de lettres, et quelque peu dans le public aussi. Toute la presse a chanté son éloge à qui mieux mieux. Sa pièce en est maintenant à la trentième représentation, et l'Empereur ira la semaine prochaine.

Quant à moi, mes chers amis, je n'ai pas non plus lieu de me plaindre. La *Bovary* marche au-delà de mes espérances. Les femmes seulement me regardent comme « une horreur d'homme ». On trouve que je suis trop vrai. Voilà le fond de l'indignation. Je trouve, moi, que je suis très moral et que je mérite le prix Montyon, car il découle de ce roman un enseignement clair, et si « la mère ne peut en permettre la lecture à sa fille »[3], je crois bien que des maris ne feraient pas mal d'en permettre la lecture à leur épouse.

Je t'avouerai, du reste, que tout cela m'est parfaitement indifférent. La morale de l'Art consiste dans sa beauté même, et j'estime par-dessus tout d'abord le style, et ensuite le Vrai. Je crois avoir mis dans la peinture des mœurs bourgeoises et dans l'exposition d'un caractère de femme naturellement corrompu, autant de littérature et de *convenances* que possible, une fois le sujet donné, bien entendu.

Je ne suis pas près de recommencer une pareille besogne. Les milieux communs me répugnent et c'est parce qu'ils me répugnent que j'ai pris celui-là, lequel était archi-commun et anti-plastique. Ce travail aura servi à m'assouplir la patte ; à d'autres exercices maintenant.

Je ne vois rien du tout de neuf à vous dire. Il fait un temps atroce. On patauge dans le macadam et les nez commencent à bleuir.

À LA « REVUE DE PARIS »

[15 décembre 1856.]

Des considérations que je n'ai pas à apprécier ont
contraint la *Revue de Paris* à faire une suppression dans
le numéro du 1er décembre. Ses scrupules s'étant
renouvelés à l'occasion du présent numéro, elle a jugé
convenable d'enlever encore plusieurs passages. En
conséquence, je déclare dénier la responsabilité des lignes
qui suivent; le lecteur est donc prié de n'y voir que des
fragments et non pas un ensemble.

GUSTAVE FLAUBERT.

À DUCESSOIS

[Croisset, le 17 décembre 1856.]

Monsieur,

Voici les épreuves de *Saint Antoine*. Je crois avoir
laissé passer peu de fautes. — J'ai marqué quelques
virgules oubliées. Faire attention s'il vous plaît à :

J'ai faim	écrits
armées	à la marge

J'ai l'honneur, Monsieur, de vous saluer.

Croisset, mercredi.

N[ota]. Il y a une ligne d'enlevée à la dernière page.

À THÉOPHILE GAUTIER

[Croisset,] mercredi. [17 décembre 1856.]

Cher vieux Maître,

Je viens de renvoyer les épreuves à Ducessois[1]. Tu les liras, nonobstant. J'ai effacé *le bouquet de poils entre les seins,* qui horripile l'homme de goût nommé Bouilhet[2]. Ai-je bien fait ?

Si tu avais quelque observation grave à me communiquer, mon adresse est à Croisset près Rouen.

Adieu, cher vieux, mille poignées de main et de la part du sieur Bouilhet aussi, qui maintenant partage ma solitude. Honni soit qui mal y pense !

À toi.

MADEMOISELLE LEROYER DE CHANTEPIE
À GUSTAVE FLAUBERT

Angers, ce 18 décembre 1856.

À Monsieur Gustave Flaubert.

Monsieur,

Abonnée et lectrice assidue de la *Revue de Paris,* j'y lis depuis sa première publication votre drame si saisissant de vérité, intitulé *Madame Bovary*[3]. J'ai vu d'abord que vous aviez écrit un chef-d'œuvre de naturel et de vérité. Oui, ce sont bien là les mœurs de cette province où je suis née, où j'ai passé ma vie. C'est vous dont assez, Monsieur, combien j'ai compris les tristesses, les ennuis, les misères de cette pauvre dame Bovary. Dès l'abord je l'ai reconnue, aimée, comme une amie que j'aurais connue. Je me suis identifiée à son existence au point qu'il me semblait que c'était elle et que c'était moi ! Non, cette histoire n'est point une fiction, c'est une vérité, cette femme a existé, vous avez dû assister à sa vie, à sa mort, à ses souffrances. Pour moi, monsieur, vous m'avez fait voir, je dirais presque souffrir tout cela. Il y a trente ans que je lis, toutes les productions écrites dans cet espace de temps par les meilleurs auteurs me sont connues. Eh ! bien, je ne crains pas d'affirmer qu'aucun livre ne m'a laissé une impression aussi profonde que celle que je viens d'éprouver à la lecture de *Madame*

Bovary. J'ai moi-même écrit plusieurs romans, je vous en enverrai un exemplaire si vous voulez, je lis beaucoup ; et j'ai trop souffert en ma vie pour ne pas pleurer difficilement, et seulement dans les cas extrêmes. Eh ! bien, depuis hier je n'ai cessé de pleurer sur cette pauvre dame Bovary, de la nuit je n'ai fermé l'œil, je la voyais toujours, et je ne puis me consoler, ni me remettre de la commotion violente que m'a causée votre drame. Ceci est peut-être le plus bel éloge que je puisse vous faire, nul auteur ne m'a fait tant de mal, et je regrette d'avoir achevé cette lecture, je crois que j'en deviendrai folle. Ah ! monsieur, où donc avez-vous pris cette parfaite connaissance de la nature humaine, c'est le scalpel appliqué au cœur, à l'âme, c'est, hélas ! le monde dans toute sa hideur. Les caractères sont vrais, trop vrais, car aucun d'eux ne relève l'âme, rien ne console dans ce drame qui ne laisse qu'un immense désespoir, mais aussi un sévère avertissement. Voici la morale qui ressort de ceci : les femmes doivent rester attachées à leurs devoirs quoi qu'il leur en coûte. Mais il est si naturel de chercher à être heureux ! Dieu lui-même veut le bonheur de ses créatures, les hommes seuls s'y opposent. Enfin souffrances pour souffrances il vaut mieux mille fois souffrir en accomplissant son devoir.

J'avais besoin, monsieur, de vous exprimer ce que j'ai ressenti en vous lisant ; recevez donc le faible tribut de mon admiration, et croyez à la profonde sympathie avec laquelle je suis, monsieur, votre dévouée

MARIE-S. LEROYER DE CHANTEPIE
(auteur de *Cécile*, des *Duranti*,
d'*Angélique Lagier*).

Adresse : Mademoiselle Leroyer de Chantepie, Tertre-Saint-Laurent, 20, Angers.

À ÉMILE AUGIER

[Paris,] mercredi, 10 heures du soir.
[31 décembre 1856.]

Mon cher Ami,

Vous vous êtes donné la peine de passer chez moi, tantôt. Je vous en remercie. Voici ce dont il s'agit. Je suis accusé par le procureur impérial d'avoir par mes œuvres (la *Bovary*) attenté aux bonnes mœurs et à la religion. Si je passe en police correctionnelle, je serai condamné, cela est sûr, car on ne cherche que l'occasion d'en finir avec la *Revue de Paris*[1].

Quant à moi, on ne m'en veut nullement ni à ma personne ni à mon livre[1]. Mais je paierai pour la *Revue*.
Toute la question est celle-ci : la sauverai-je ou m'en-
traînera-t-elle dans sa ruine ? *On*[2] est embarrassé.

Comprenez-vous l'embêtement d'être condamné pour
immoralité ?

On me reproche surtout une description de l'extrême-
onction qui est la paraphrase du Rituel[3]. Tout cela est
absurde et je m'y perds.

J'ai remué pas mal de monde, mais je doute fort du
succès. Si demain aux Tuileries votre père[4] trouvait
l'occasion d'en parler, vous m'obligeriez infiniment.

J'ai besoin surtout d'avoir des gens considérables par
leur fonction qui affirment que je n'ai pas pour industrie
de faire des livres à l'usage des cuisinières hystériques.

Je viendrai demain à tout hasard dans la matinée.
Mais comment se rencontrer par ce maudit temps de
jour de l'an ?

Tout à vous.

[En marge :] C'est vendredi après-demain que je dois
être mis en accusation. Si d'ici là l'affaire n'est pas arrêtée,
je suis flambé[5].

À EDMOND PAGNERRE

[Paris, 31 décembre 1856.]

Mon cher Pagnerre,

Tu sais mieux que personne que j'ai publié un roman
dans la *Revue de Paris,* puisque tu m'as adressé, à ce propos, par ton journal[6], des choses fort aimables. Or, l'on
m'accuse pour ce même livre « d'avoir attenté aux bonnes
mœurs, et à la religion ». J'ai passé devant le juge d'instruction et il est fort probable que je vais figurer en
police correctionnelle. Je serai condamné quand même,
et voici pourquoi :

Je suis un prétexte. On veut démolir la *Revue de Paris,*
et on me prend pour cogner dessus. Toute la question

est celle-ci : je vais sauver la *Revue de Paris* (si on étouffe
l'affaire) ; elle va me perdre, si on ne l'arrête pas.

Notre ami Cormenin[1], chez lequel je t'écris, me dit que
tu connais intimement M. Abbatucci[2]. Fais-moi le plaisir de lui écrire et de lui présenter la chose telle qu'elle
est.

Je crois avoir fait un livre moral par son effet, par son
ensemble. Quant aux détails, on me reproche une
extrême-onction qui est copiée presque littéralement du
Rituel[3]. Le personnage ridicule de mon roman est un
voltairien, philosophe matérialiste (comme le Garçon[4] !).
— Je ne pense nullement à l'adultère, ni à l'irréligion,
puisque je montre, comme tout bon auteur doit faire,
la punition de l'inconduite.

Si je suis condamné, il m'est impossible désormais
d'écrire une ligne. On aura l'œil sur moi, et la récidive
me mènerait à cinq ans de prison. Sans compter qu'il
n'est pas agréable d'avoir été condamné pour immoralité. On est compris dans la catégorie des Alexis Dupont
et des Hervé[5].

Fais donc, mon vieux, tout ce que tu jugeras convenable pour me tirer d'un pareil guêpier.

Écris au ministre qui je suis comme homme et quelle
œuvre j'ai faite. Si on veut pincer la *Revue,* les occasions
ne manqueront pas. Mais qu'on me laisse exercer tranquillement ma petite littérature.

Adieu, merci d'avance, car je compte sur toi.

Ton vieux camarade.

À SON FRÈRE ACHILLE

[Paris,] 1ᵉʳ janvier [1857], 10 h[eures] du soir.

Merci de ta lettre, mon cher ami. Voici où j'en suis.

On a remué ciel et terre ou, pour mieux dire, toutes
les hautes fanges de la Capitale. J'ai fait de belles études
de mœurs ! ! !

Mon affaire est une *affaire politique,* parce qu'on veut
à toute force exterminer la *Revue de Paris,* qui agace le
pouvoir. Elle a déjà eu deux avertissements[6] et il est
très habile de la supprimer à son troisième délit pour

attentat à la Religion, car ce qu'on me reproche surtout, c'est une extrême-onction *copiée* dans le *Rituel de Paris*[1]. Mais ces bons magistrats sont tellement ânes qu'ils ignorent complètement cette Religion dont ils sont les défenseurs. Mon juge d'instruction, M. Treilhard[2], est un *juif* et c'est lui qui me poursuit! Tout cela est d'un grotesque sublime.

Quant à lui, Treilhard, je te prie et au besoin *te défends,* cher frère, de rien lui écrire. Tu me *compromettrais.* Tiens-toi pour averti.

J'ai été, jusqu'à présent, très beau. Ne nous dégradons pas.

Mon affaire va être arrêtée probablement cette nuit, par une dépêche télégraphique venue de la province[3]. Cela va tomber sur ces messieurs sans qu'ils sachent d'où. Ils sont tous capables de mettre leurs cartes chez moi demain soir.

Je vais devenir le Lion de la semaine. Toutes les hautes garces s'arrachent la *Bovary* pour y trouver des obscénités qui n'y sont pas.

Je dois demain voir M. Rouland[4] et le directeur général de la police[5].

On me fait de très belles propositions au *Moniteur*[6] en même temps. Comprends-tu?

Mon affaire est très compliquée — , et ce qu'il y a de plus étranger à la persécution que l'on me fait subir, c'est moi, et mon livre. Je suis un prétexte. Il s'agit pour moi de sauver (cette fois) la *Revue de Paris,* à moins que la R*[evue]* ne m'entraîne avec elle.

Blanche[7], Florimont[8], etc., etc., s'occupent de moi. Je ne rencontre partout qu'une extrême bienveillance.

À l'heure où tu recevras ceci, mon affaire sera probablement finie. Mais comme elle peut, cependant, traîner, fais écrire de Rouen, à Paris, par qui tu jugeras convenable, mais n'écris rien, toi.

Je t'embrasse.

Ton frère.

À ÉDOUARD HOUSSAYE

[Début janvier 1857.]

Mon cher Ami,

Je vous ai apporté les épreuves. J'aurais désiré que
Théo[1] les lût.

Il y a une phrase *peut-être* indécente??? Problème!
question!

C'est à la 3ᵉ page, le mot *phallus* s'y trouve. Il est bien
à sa place. Si vous avez peur, voici comment il faut
arranger la chose : « On a trouvé qu'ils ressemblaient... »
à bien des choses. Ô chaste impudeur! etc. Je supprime
un mot et une phrase d'une ligne. Faites comme il vous
plaira[2].

À vous.

À SON FRÈRE ACHILLE

[Paris,] 2 [janvier 1857.] 9 h[eures] du soir.

Je rentre après 21 francs de coupé. Je crois que tout va
s'arranger. La seule chose réellement influente sera le
nom du père Flaubert, et la peur qu'une condamnation
n'indispose les Rouennais dans les futures élections. On
commence à se repentir au Ministère de l'Intérieur de
m'avoir attaqué inconsidérément.

Bref, il faut que le préfet, M. Leroy, et M. Franck-
Carré[3] écrivent directement au Directeur de la Sûreté
générale quelle influence nous avons et combien ce
serait irriter la moralité du pays.

C'est une affaire purement politique dans laquelle je
me trouve engrené. Ce qui arrêtera, c'est de faire voir
les inconvénients politiques de la chose.

Ne menace pas, bien entendu. Mais dis seulement et
tâche que les plus hauts fonctionnaires du département
écrivent, directement et le plus vite possible.

M. Treilhard y met (je crois) de la complaisance[4].
Mais enfin tout a un terme; il approche! Et le jour de
l'an m'a bien gêné dans mes démarches!

J'ai été chez M. Cibiel, qui ne savait rien du tout. Que Mme Cibiel et M. Barbet se hâtent[1].

J'ai vu le père Ledier[2], qui se remue; bref, tout le monde.

Je te le répète, c'est du Ministère de l'Intérieur que le coup part, et c'est là qu'il [faut] frapper, vite et fort.

On a dû écrire au préfet pour le consulter. Sa réponse sera donc du *plus grand poids*.

Adieu, adresse tes lettres chez notre mère[3]. Car moi, je suis en course du matin au soir.

Encore adieu.

Tout à toi.

À SON FRÈRE ACHILLE

[Paris,] samedi matin, 10 h[eures].
[3 janvier 1857.]

Merci, d'abord, de ta proposition, mais il est complètement inutile que tu te déranges. Et puis pardonne-moi l'incohérence de mes lettres. Je suis tellement ahuri, harcelé, fatigué, que je dois souvent dire des bêtises. Voilà trois jours que je n'arrête pas, je dîne à 9 h[eures] du soir et j'ai régulièrement pour une vingtaine de francs de voiture.

Tout ce que tu as fait est bien. L'important était et est encore de faire peser sur Paris par Rouen. Les renseignements sur la position influente que notre père et que toi a eue et as à Rouen sont tout ce qu'il y a de meilleur. On avait cru s'attaquer à un pauvre bougre. Et quand on a vu d'abord que j'avais de quoi vivre, on a commencé à ouvrir les yeux. Il faut qu'on sache au Ministère de l'Intérieur que nous sommes à Rouen ce qui s'appelle *une famille*, c'est-à-dire que nous avons des racines profondes dans le pays, et qu'en m'attaquant, pour immoralité surtout, on blessera beaucoup de monde. J'attends de grands effets de la lettre du préfet[4] au Ministère de l'Intérieur.

Je te dis que c'est une affaire politique.

On a voulu deux choses : me couler net, et *m'acheter*,

je te le confie dans le tuyau de l'oreille. Mais les propositions que l'on m'a faites au *Moniteur*[1] coïncident trop avec ma persécution, pour qu'il n'y ait pas là-dessous une intention, un plan.

Il était fort habile de supprimer un journal politique pour attaque aux Bonnes Mœurs et à la Religion; on a pris le premier prétexte venu et on a cru que l'homme à qui on s'attaquait n'avait aucunes relations. Or ces messieurs de la justice sont tellement embêtés des *grandes dames* (sic)[2] que nous leur avons expédiées qu'ils n'y comprennent plus rien[3]; que les recommandations de R[ouen] viennent par-dessus. Le directeur des Beaux-Arts[4], chamarré de croix et en uniforme, m'a hier abordé devant deux cents personnes au Ministère d'État, pour me congratuler sur la *Bovary*. C'a été la scène des comices entre Tuvache et Lieuvain[5], etc., etc! Sois sûr, cher frère, que je suis maintenant considéré comme un *mosieur,* de toutes façons. Si je m'en tire (ce qui me paraît très probable), mon livre va se vendre, terriblement bien!

C'est probablement ce soir qu'il sera décidé, oui ou non, si je passe en justice. N'importe! soigne le préfet et ne t'arrête que quand je te le dirai.

Pense à M. Levavasseur (député), Franck-Carré, Barbet, Mme Cibiel[6].

Tout cela pour le Ministre de l'Intérieur[7] (Sûreté générale, dont le directeur est Collet-Maigret). On a fait bien suffisamment pour le Ministère de la Justice.

Adieu. Ai-je été clair? Tout à toi, je t'embrasse.

Ton frère.

Tâche de faire dire *habilement* qu'il y aurait quelque danger à m'attaquer, à *nous* attaquer, à cause des élections qui vont venir.

À ALFRED BLANCHE

[Paris,] samedi 6 h 30. [3 janvier 1857.]

... On nous reproche des attaques aux bonnes mœurs et à la Religion... J'ai répondu que je croyais au

contraire avoir écrit un livre moral et que j'étais prêt à
le démontrer...

À SON FRÈRE ACHILLE

[Paris,] mardi soir, 10 h[eures.]
[6 janvier 1857.]

Je crois que mon affaire se calme et qu'elle réussira[1].
Le directeur de la Sûreté générale a dit (devant témoins)
à M. Treilhard[2] d'arrêter les poursuites. Mais un revirement peut avoir lieu. J'avais contre moi deux ministè-
res, celui de la Justice et celui de l'Intérieur.

On a travaillé, et j'ai marché[3]. Mais j'ai cela pour moi
que je n'ai pas fait *une* visite à un magistrat.

Ce soir, je viens de recevoir de M. Rouland[4] une
lettre fort polie qui m'invite à passer chez lui, demain.

Si Wall[5] a écrit, c'est bien, et je compte là-dessus;
sinon qu'il écrive, je n'ai pas eu le temps de lui écrire
moi-même. Ce que le préfet[6] a écrit a fait le plus grand
bien, j'en suis sûr.

L'important était d'établir l'opinion publique. C'est
chose terminée maintenant, et désormais, de quelque
façon que cela tourne, on comptera avec moi.

Les dames se sont fortement mêlées de ton serviteur et
frère, ou plutôt de son livre, surtout la princesse de
Beauvau[7], qui est une Bovaryste enragée et qui a été
deux fois chez l'Impératrice pour faire arrêter les poursuites. — (Garde tout cela pour toi, bien entendu.) Mais
on voulait à toute force en finir avec la *Revue de Paris,*
et il était très malin de la supprimer pour délit d'immoralité et d'irréligion; malheureusement mon livre n'est
ni immoral ni irréligieux.

La mort de l'archevêque de Paris[8] me sert, je crois. —
Quelle chance que l'assassinat soit commis par un autre
prêtre! on va peut-être finir par ouvrir les yeux.

Voilà, mon cher Achille, tout ce que j'ai à te dire. Je
ne sais rien de plus. Je suis ahuri et rompu. — Quel
métier! quel monde! quelles canailles! etc.!

Adieu, je t'embrasse.
À toi, ton frère.

Je saurai à quoi m'en tenir définitivement vers la fin de la semaine.

À DUCESSOIS

[Paris, 8 janvier 1857.]
42, boulevard du Temple.

Monsieur,

M. Gautier m'a dit qu'il y avait dans mes épreuves trois phrases incompréhensibles.

Veuillez me renvoyer des épreuves. Mon *Apollonius*[1] est plein de géographie ancienne et de noms propres. Je tiens à ne pas laisser passer de sottises.

Je vous renverrai les épreuves ce soir même. Je serai chez moi jusqu'à 8 heures.

J'ai l'honneur de vous saluer.

Jeudi, 1 h[eure].

À DUCESSOIS

[Paris, 8 janvier 1857.]

La faute que M. Gautier ne comprenait [pas] se trouve p. 5, 1re colonne au milieu.

Il y avait « Dames aux Demetrius », c'est *Damis avec Demetrius*[2].

Je n'ai pas trouvé les deux autres. — ? — M. Gautier s'est peut-être trompé.

Quelquefois les mises en scène en petit texte se rapportent immédiatement à ce qui suit et alors il ne faudrait point mettre de parenthèses car j'ai voulu *lier* autant que possible[3]. Ainsi au bas de la page 5 : « Silence. D[amis] considère Antoine. Mais tout à coup Apollonius, se rapprochant, etc. »

C'est le seul endroit où cette observation, du reste, soit importante.

J'ai rétabli *l'ordre des pages* par des chiffres. Elles avaient été mal marquées. — Et elles me sont arrivées dans une disposition qui m'a donné des inquiétudes.

Je prie monsieur Ducessois d'agréer mes salutations.

8 h[eures] du soir, jeudi.

Faire attention à mettre en petit texte les 5 premières lignes[1].

À MICHEL LÉVY

[Paris,] samedi, 11 h[eures] du soir.
[10 janvier 1857.]

Je crois qu'il ne serait pas mal que vous disiez que l'on imprime sur une seule colonne...

À ÉLISA SCHLÉSINGER

Paris, 14 janvier 1857.

Comme j'ai été attendri, chère Madame, de votre bonne lettre[2] ! Les questions que vous m'y faites sur l'auteur et sur le livre sont arrivées droit à leur adresse, n'en doutez pas : voici donc toute l'histoire. La *Revue de Paris* où j'ai publié mon roman (du 1er octobre au 15 décembre) avait déjà, en sa qualité de journal hostile au gouvernement, été *avertie* deux fois[3]. Or, on a trouvé qu'il serait fort habile de la supprimer d'un seul coup, pour fait d'immoralité et d'irréligion ; si bien qu'on a relevé dans mon livre, au hasard, des passages licencieux et impies. J'ai eu à comparaître devant M. le juge d'instruction, et la procédure a commencé. Mais j'ai fait remuer vigoureusement les amis, qui pour moi ont un peu pataugé dans les hautes fanges de la capitale. Bref, tout est arrêté, m'assure-t-on, bien que je n'aie encore aucune réponse officielle. Je ne doute pas de la réussite, cela était trop bête. Je vais donc pouvoir publier mon roman en volume. Vous le recevrez dans six semaines environ[1], je pense, et je vous marquerai, pour votre divertissement, les passages incriminés. L'un d'eux, une description d'Extrême-Onction[2], n'est qu'une page du *Rituel de Paris,* remise en français ; mais les braves gens qui veillent au maintien de la religion ne sont pas forts en catéchisme.

Quoi qu'il en soit, j'aurais été condamné, condamné quand même, — à un an de prison, sans compter mille francs d'amende. De plus, chaque nouveau volume de votre ami eût été cruellement surveillé et épluché par MM. de la police, et la récidive m'aurait conduit derechef sur « la paille humide des cachots » pour cinq ans : en un mot, il m'eût été impossible d'imprimer une ligne. Je viens donc d'apprendre : 1º qu'il est fort désagréable d'être pris dans une affaire politique ; 2º que l'hypocrisie sociale est une chose grave. Mais elle a été si stupide, cette fois, qu'elle a eu honte d'elle-même, a lâché prise et est rentrée dans son trou.

Quant au livre en soi, qui est moral, archi-moral, et à qui l'on donnerait le prix Montyon s'il avait des allures moins franches (honneur que j'ambitionne peu), il a obtenu tout le succès qu'un roman peut avoir dans une Revue.

J'ai reçu des confrères de fort jolis compliments, vrais ou faux, je l'ignore. On m'assure même que M. de Lamartine chante mon éloge très haut[3] — ce qui m'étonne beaucoup, car tout, dans mon œuvre, doit l'irriter ! — *La Presse* et *Le Moniteur* m'ont fait des propositions fort honnêtes. — On m'a demandé un opéra-comique (comique ! comique !) et l'on a parlé de ma *Bovary* dans différentes feuilles grandes et petites. Voilà, chère Madame, et sans aucune modestie, le bilan de ma gloire. Rassurez-vous sur les critiques, ils me ménageront, car ils savent bien que jamais je ne marcherai dans leur ombre pour prendre leur place : ils seront, au contraire, charmants ; il est si doux de casser les vieux pots avec les nouvelles cruches !

Je vais donc reprendre ma pauvre vie si plate et tranquille, où les phrases sont des aventures et où je ne recueille d'autres fleurs que des métaphores. J'écrirai comme par le passé, pour le seul plaisir d'écrire, pour moi seul, sans aucune arrière-pensée d'argent ou de tapage. Apollon, sans doute, m'en tiendra compte, et j'arriverai peut-être un jour à produire une belle chose ! car tout cède, n'est-ce pas, à la continuité d'un sentiment énergique. Chaque rêve finit par trouver sa forme ; il y a des ondes pour toutes les soifs, de l'amour pour tous les cœurs. Et puis rien ne fait mieux *passer là vie* que la préoccupation incessante d'une idée, qu'un idéal, comme disent les grisettes… Folie pour folie, prenons les plus nobles. Puisque nous ne pouvons décrocher le soleil, il faut boucher toutes nos fenêtres et allumer des lustres dans notre chambre.

Je passe quelquefois rue Richelieu pour avoir de vos nouvelles. Mais la dernière fois, je n'y ai plus trouvé personne de connaissance. M. de Laval en est parti ; et au nom de Brandus, il s'est présenté à mes yeux un mortel complètement inconnu[1]. — Vous ne viendrez donc jamais à Paris ! votre exil est donc éternel ! On lui en veut donc à cette pauvre France ! et Maurice, que devient-il ! Que fait-il ? Comme vous devez vous trouver seule depuis le départ de Maria[2] ! Si j'ai compris la joie dont vous m'avez parlé, j'ai compris aussi les tristesses que vous m'avez tues. Quand les journées seront trop longues ou trop vides, pensez un peu à celui qui vous baise les mains bien affectueusement.

Tout à vous.

À SON FRÈRE ACHILLE

[Paris,] vendredi, 8 h[eures] et demie du soir.
[16 janvier 1857.]

Je ne t'écrivais plus, mon cher Achille, parce que je croyais l'affaire complètement terminée ; le Prince Napoléon[3] l'avait par trois fois affirmé et à trois personnes différentes. M. Rouland[4] a été lui-même parler au Ministère de l'Intérieur, etc., etc., Édouard Delessert avait été chargé par l'Impératrice (chez laquelle il dînait mardi) de dire à sa mère[5] que c'était une affaire finie.

C'est hier matin que j'ai su, par le père Senard[6], que

j'étais renvoyé en police correctionnelle. Treilhard[1] le lui avait dit la veille au soir, au Palais.

J'en ai fait prévenir immédiatement le Prince, lequel a répondu que ce n'était pas vrai. Mais c'est lui qui se trompe.

Voilà tout ce que je sais. C'est un tourbillon de mensonges et d'infamies dans lequel je me perds. Il y a là-dessous *quelque chose,* quelqu'un d'invisible et d'acharné. Je n'ai d'abord été qu'un prétexte, et je crois maintenant que la *Revue de Paris* elle-même n'est qu'un prétexte. Peut-être en veut-on à quelqu'un de mes protecteurs? ils ont été considérables encore plus par la *qualité* que par la quantité.

Tout le monde se renvoie la balle et chacun dit : « Ce n'est pas moi, ce n'est pas moi. »

Ce qu'il y a de *sûr,* c'est que les poursuites on été arrêtées, puis reprises. D'où vient ce revirement?

Tout est parti du Ministère de l'Intérieur, la magistrature a obéi; elle était libre, parfaitement libre, mais...

Je n'attends aucune justice. Je ferai ma prison. Je ne demanderai bien entendu aucune grâce. C'est là ce qui me déshonorerait.

Si tu peux arriver *à savoir* quelque chose, à voir clair là-dedans, dis-le moi.

Je t'assure que je ne suis nullement troublé. C'est trop bête! trop bête!

Et on ne me clorera pas le bec, du tout! Je travaillerai comme par le passé, c'est-à-dire avec autant de conscience et d'indépendance. Ah! je leur en foutrai des romans! et des *vrais!* J'ai fait de belles études, mes notes sont prises. Seulement j'attendrai, pour publier, que des temps meilleurs luisent sur le Parnasse.

Dans tout cela, la *Bovary* continue son succès. Il devient *corsé.* Tout le monde l'a lue, la lit ou veut la lire. — Ma persécution m'a ouvert mille sympathies. Si mon livre est mauvais, elle servira à le faire paraître meilleur; s'il doit au contraire demeurer, c'est un piédestal pour lui.

Voilà!

J'attends de minute en minute le papier timbré qui m'indiquera le jour où je dois aller m'asseoir (pour crime d'avoir écrit en français) sur le banc des filous et des pédérastes.

Adieu, cher frère. Je t'embrasse.
À toi.

À JULES DUPLAN

[Paris, 19 janvier 1857.]

Mon cher Bon,

Je viens d'apprendre que le P[rince][1] commence à
entrer en rage, c'est ce qu'on m'écrit, — que Mme X.[2] l'y
incite et l'excite.

N'oubliez pas de me trouver le plus que vous pourrez
de bons passages tirés des classiques pour mettre sur
mes marges[3]. Vous qui êtes fort en Balzac[4], apportez-
m'en. — Les plus connus (des auteurs) sont les meilleurs. — Ça presse, mon pauvre vieux, et je n'ai guère
le temps de m'occuper de ce travail. Pour me trouver
venez (au hasard) chez ma mère de 7 à 8.

Tout à vous.

Lundi soir, 1 h[eure] du matin.

À EUGÈNE DELATTRE

[Paris,] mardi matin. [20 janvier 1857.]

Où demeure la divine ˙Mme de Sezzi (Esther)[5] ?
Il faut f... et se taire ! = (Esther).

Sa pièce sera lue dans une huitaine de jours, et, en
cas d'admission, ne pourrait être jouée avant 2 ans ! ! !
Tel est le mot du sublime d'Aiglemont[6].

Adieu, mon cher vieux. Tu sauras que je suis toujours
sous la menace de la police correctionnelle comme auteur
impur.

À toi.

À EDMA ROGER DES GENETTES

[Paris,] mardi matin. [20 janvier 1857.]

Je suis bien sensible, chère Madame, à votre bon souvenir, et je vous avouerai que j'y comptais, ce qui n'est pas une marque de fatuité mais une preuve que je crois à votre bonne affection.

Voici en deux mots (car les explications seraient longues) où j'en suis de mon affaire.

Les poursuites ont été arrêtées puis on les a reprises, malgré des protections *très* puissantes que j'avais[1]. Pourquoi ? Ici commence le mystère. C'est un *maëlstrom* de platitudes, de mensonges et de bêtises !

Actuellement, je suis renvoyé en police correctionnelle. Mais je n'ai pas encore reçu d'assignation, peut-être hésite-t-on ?

Il y a là-dessous *quelque chose ?* quelque chose d'inexplicable, un acharnement occulte.

Je crois avoir par mon roman, irrité beaucoup de gens. La franchise déplaît. Il y a de l'immoralité à bien écrire. Vous voyez que je ne me donne pas de coups de pied. Mais il faut bien que je m'applaudisse, puisque le gouvernement me siffle.

Ne trouvez-vous pas que je fais un joli pendant à Verger[2] ?

Quant au *Saint Antoine* je croyais pouvoir le publier vers Pâques. Mais j'avais compté sans la *Montarcy*[3], sans ma querelle avec la *Revue*[4] et sans mon procès qui m'occupe depuis un mois, et qui n'est pas fini ! Ce sera donc pour l'hiver prochain[5].

[Il n'y a pas de suite.]

À MICHEL LÉVY

[Paris,] nuit de mardi. [20 janvier 1857.]

Dans quel volume de Mérimée se trouve *La Double Méprise*[6] ?...

À SON FRÈRE ACHILLE

[Paris, vers le 20 janvier 1857.]

Mon cher Achille,

Je suis tout étonné de ne pas avoir encore reçu de papier timbré; on est en retard. Peut-être hésite-t-on[1]? Je le crois. Les gens qui ont parlé pour moi sont furieux, et un de mes protecteurs, qui est un *très* haut personnage, « entre en rage », à ce que l'on m'écrit. Il va casser les vitres aux Tuileries[2]. Tout cela finira *bien,* j'en suis sûr, soit qu'on arrête l'affaire, ou que je passe en justice.

Les démarches que j'ai faites m'ont beaucoup servi en ce sens que j'ai maintenant pour moi *l'opinion.*

Il n'est pas un homme de lettres dans Paris qui ne m'ait lu et qui ne me défende. Tous s'abritent derrière moi. Ils sentent que ma cause est la leur.

La Police s'est méprise. Elle croyait s'en prendre au premier roman venu, et à un petit grimaud littéraire. Or il se trouve que mon roman passe maintenant (et en partie grâce à la persécution) pour un chef-d'œuvre. — Quant à l'auteur, il a pour défenseur pas mal de ce qu'on appelait autrefois des grandes dames. L'Impératrice (entre autres) a parlé pour moi deux fois; l'Empereur avait dit une première fois « qu'on me laisse tranquille! »

Et, malgré tout cela, on est revenu à la charge. — Pourquoi? ici commence le mystère?

Je prépare en attendant mon mémoire[3], qui n'est autre que mon roman. Mais je fourrerai sur les marges, en regard des pages incriminées, des citations embêtantes, tirées des *classiques,* afin de démontrer par ce simple rapprochement que, depuis trois siècles, il n'est pas une ligne de la littérature française qui ne soit aussi attentatoire aux Bonnes Mœurs et à la Religion. — Ne crains rien. Je serai calme. Quant à ne pas comparaître à l'audience, ce serait une reculade. Je n'y dirai rien. Mais je serai assis à côté du père Senard, qui aura besoin de moi, et puis je ne puis me dispenser de montrer ma boule de criminel aux populations.

Je vous remercie, toi et Pottier[4], de votre future

visite. Et je l'accepte. Je vous invite à dîner dans les puits de Venise!

J'achèterai une botte de paille et des chaînes. Et je ferai faire mon portrait « assis sur la paille humide des cachots et avec des fers » !!!!

Tout cela est tellement bête que je finis par m'en amuser beaucoup.

Tu vois qu'en résumé rien n'est encore certain. — Attendons.

Tu recevras, au milieu de la semaine prochaine, ce qui a paru de moi dans *L'Artiste*. Il y aura quatre numéros. Ce sont des fragments de *La Tentation de saint Antoine*. Si j'oubliais de te les envoyer, rappelle-le-moi. — C'est dimanche prochain que le dernier fragment paraît[1].

Adieu, cher frère.

Je t'embrasse.

À toi.

À ALFRED DUMESNIL

[Paris, vers le 20] janvier 1857.

Monsieur,

Je suis venu chez M. de Lamartine pour avoir un éclaircissement personnel qui m'importe beaucoup.

J'ai lu dans *Le Nord,* que M. de Lamartine avait en quelque sorte pris sous son patronage un roman de moi[2] pour lequel je suis cité à comparaître en police correctionnelle samedi prochain. Ce cancan de journal coïncide avec une parole (vraie ou fausse?) de M. de Lamartine que l'on m'a rapportée.

Quel est le fondement de tout cela?

Le Nord parle d'une lettre écrite à la *Revue de Paris* qui n'a rien reçu, que je sache.

Vous comprenez combien une telle approbation me serait utile — sans compter qu'elle m'honore, bien entendu, infiniment.

Permettez-moi, Monsieur, de vous serrer les mains et de vous offrir l'hommage de toute ma considération.

boulevard du Temple, 42.

À SON FRÈRE ACHILLE

[Paris,] vendredi. [23 janvier 1857.]

Je passe demain en police correctionnelle, 6e chambre, à 10 h[eures] du matin.

Mais je serai très probablement remis à quinzaine, parce que Me Senard ne peut plaider pour moi ce jour-là, ni samedi prochain[1].

Je m'attends à une condamnation. Car je ne la mérite pas. — Rien à faire, ne bouge pas, reste tranquille.

> *Ah! qu'on est fier d'être Français,*
> *Quand on regarde la colonne[2]!*

À toi, mon cher Achille; je te prends par ta longue barbe et t'embrasse sur les deux joues.

À toi.

Ton frère.

À ALFRED BLANCHE

[Paris, 23 janvier 1857.]

Mon cher Ami,

Je vous annonce que demain, samedi 24 janvier, j'honore de ma présence le banc des escrocs, sixième chambre de police correctionnelle, dix heures du matin. Les dames sont admises. Une tenue décente et de bon goût est de rigueur.

Je ne compte sur aucune justice. Je serai condamné et au maximum peut-être : douce récompense de mes travaux, noble encouragement donné à la littérature !

Je n'ose même espérer que l'on m'accordera la remise des débats à quinzaine. Car Me Senard ne peut plaider pour moi ni demain, ni dans huit jours[3].

Mais une chose me console de ces stupidités. C'est

d'avoir rencontré pour ma personne et pour mon livre tant de sympathies. Je compte la vôtre, au premier rang, mon cher ami[1]. L'approbation de certains esprits est plus flatteuse que les poursuites de la police ne sont déshonorantes. — Or je défie toute la magistrature française avec ses gendarmes et toute la Sûreté générale, y compris ses mouchards, d'écrire un roman qui vous plaise autant que le mien.

Voilà les pensées orgueilleuses que je vais nourrir dans mon cachot.

Si mon œuvre a une valeur réelle, si vous ne vous êtes pas trompé enfin, je plains les gens qui la poursuivent. Ce livre, qu'ils cherchent à détruire, n'en vivra que mieux plus tard et par leurs blessures mêmes[a]. De cette bouche qu'ils voudraient clore, il leur restera un crachat sur le visage.

Vous aurez peut-être, un jour ou l'autre, l'occasion d'entretenir l'Empereur de ces matières. Vous pourrez, en manière d'exemple, citer mon procès comme une des turpitudes les plus ineptes[b] qui se passent sous son règne.

Ce qui ne veut pas dire que je devienne furieux et que vous soyez obligé prochainement de me tirer de Cayenne. Non, non ! pas si bête[c] ! Je reste seul dans ma profonde immoralité, sans amour pour aucun parti et boutique[d], sans alliance même avec aucune coterie, et n'étant soutenu, naturellement, par aucun. Je déplais aux Jésuites de robe courte[2], comme aux Jésuites de robes longues. Mes métaphores irritent les premiers, ma franchise[e] scandalise les seconds.

Voilà tout ce que j'avais à vous dire, et que je vous remercie encore une fois de vos bons services inutiles, car la sottise[f] anonyme a été plus puissante que votre dévouement.

Mille poignées de main. Tout à vous.

G.

À SON FRÈRE ACHILLE

[Paris,] dimanche, 6 h[eures] du soir.
[25 janvier 1857.]

C'est jeudi prochain que je passe. — Définitivement.
Il y a des chances pour, des chances contre. — On ne
parle que de cela dans le monde des lettres.

J'ai été aujourd'hui une grande heure seul avec
Lamartine[1], qui m'a fait des compliments par-dessus les
moulins. Ma modestie m'empêche de rapporter les compliments *archi*-flatteurs qu'il m'a adressés. Ce qu'il y a
de sûr, c'est qu'il sait mon livre par cœur, qu'il en comprend toutes les intentions, il me connaît à fond. —
J'aurai de lui, pour la présenter au tribunal, une lettre
élogieuse[2]. Je vais aussi me faire donner des certificats
sur la moralité de mon livre par les littérateurs les plus
posés. Cela est important, à ce que prétend le Père
Senard[3].

Mes actions montent, et l'on me propose d'écrire
dans *Le Moniteur* à raison de 10 sols la ligne, ce qui
ferait, pour un roman comme la *Bovary,* environ 10 000
francs. Voilà où me mène la justice.

Que je sois condamné oui ou non, mon trou, maintenant, n'en est pas moins fait.

C'était le père Lamartine qui avait commencé les politesses. Cela me surprend beaucoup. Je n'aurais jamais
cru que le chantre d'Elvire se passionnât pour Homais!

Il ne serait peut-être pas mal à propos que Wall ré-
écrivît à Rouland[4], pour que ce dernier dît un mot (en
sous-main) à mes juges qui sont : Dubarle, président,
Nacquart, Dupaty, Pinard, ministère public.

On parlera aux deux premiers. Restent Dupaty et
Pinard. Si, par le père Lizot[5] ou autres, on peut leur
faire tenir un mot, qu'on le fasse.

Adieu. Je n'arrête pas. Le jour je fais des courses et
la nuit, j'écris et je corrige des épreuves.

Adieu, je t'embrasse.

Ton frère.

À MICHEL LÉVY

[Paris,] nuit de dimanche. [25 janvier 1857.]

Mon cher éditeur futur ?

Tâchez de m'avoir des *lettres*...

À ALFRED BLANCHE

[Paris,] lundi, 11 h[eures] du matin.
[26 janvier 1857.]

[Flaubert informe Alfred Blanche de la remise du procès au ieudi 29 janvier 1857.]

À X

[Paris,] mardi, 1 h[eure] du matin.
[27 janvier 1857.]

Mon cher Maître,

J'ai bien regretté que vous n'ayez pu attendre cinq minutes, car j'étais à côté chez ma mère.

Procurez-moi (cela vous est facile) *Les Grands Jours d'Auvergne* en me marquant les endroits les plus gaillards[1].

Si vous avez sous la main le *Sermon de la pécheresse* de Massillon[2], je vous serais obligé.

C'est demain jeudi à 11 heures que je passe en correctionnelle. Je serai condamné, il y a acharnement manifeste. On vient (ce soir) d'arrêter mon mémoire, et dimanche *L'Indépendance belge* n'est pas parvenue à Paris, parce qu'il y avait un article à la louange de votre serviteur[3]. Tout à vous.

À EUGÈNE CRÉPET

[Paris, 28 janvier 1857.]

Mon cher Ami,

Vous connaissez l'abbé Constant[1], il doit pouvoir vous fournir des notes sur ceci, qu'il me faut ce soir :

Le plus de lubricités possible tirées des auteurs ecclésiastiques, particulièrement des modernes.

À vous !

On vient d'interdire mon mémoire et on a arrêté, dimanche, *L'Indépendance belge,* parce qu'il y avait un article à la louange de votre serviteur[2].

À THÉOPHILE GAUTIER

[Paris], 6 heures du soir. [28 janvier 1857.]

M. Abbatucci fils[3], qui *t'aime beaucoup,* est extrêmement prévenu en ma faveur. Un mot de toi, ce soir, aura le plus grand poids. Tu trouveras là beaucoup de Bovarystes. Joins-toi à eux et sauve-moi, homme puissant[4] !

L'affaire est en bon train.

À toi.

Je suis sur chargé *[sic]* de te le dire.

À SON FRÈRE ACHILLE

[Paris, 30 janvier 1857.]

Mon cher Achille,

Tu as dû recevoir ce matin une dépêche télégraphique à toi adressée, de ma part, par un de mes amis. C'est de demain en huit que je serai jugé. La Justice hésite encore. D'autre part, on me propose d'écrire au *Moniteur* à raison de 10 sols la ligne, ce qui pour un roman comme la *Bovary* ferait une affaire de 8 à 10 mille francs[5].

La plaidoirie de M. Senard a été splendide. Il *a écrasé* le Ministère public[1], qui se tordait sur son siège et a déclaré qu'il ne répondrait pas. Nous l'avons accablé sous des citations de Bossuet et de Massillon, sous des passages graveleux de Montesquieu, etc.! La salle était comble. — C'était chouette et j'avais une fière balle. Je me suis permis une fois de donner en personne *un démenti* à l'avocat général qui, séance tenante, a été convaincu de mauvaise foi, et s'est rétracté. Tu verras du reste tous les débats mot pour mot parce que j'avais à moi (à raison de 60 fr[ancs] l'heure) un sténographe qui a tout pris. Le père Senard a parlé pendant quatre heures de suite. Ç'a été un triomphe pour lui et pour moi.

Il a d'abord commencé par parler du père Flaubert, puis de toi, et ensuite de moi[2]. Après quoi, analyse complète du roman, réfutation du réquisitoire et des passages incriminés. C'est là-dessus qu'il a été *fort*. — L'avocat général a dû recevoir, le soir, un fier galop! Mais le plus beau a été le passage de l'extrême-onction[3]. L'avocat général a été couvert de confusion quand M. Senard a tiré de sous son banc un *Rituel* qu'il a lu. Le passage de mon roman n'est que la reproduction *adoucie* de ce qu'il y a dans le *Rituel*. — Nous leur avons foutu une fière littérature!

Tout le temps de la plaidoirie, le père Senard m'a posé comme un grand homme, et a traité mon livre de chef-d'œuvre. On en a lu le tiers à peu près. — Il a joliment fait valoir l'approbation de Lamartine! Voici une de ses phrases : « Vous lui devez non seulement un acquittement, mais des excuses[4]! »

Autre passage : « Ah! vous venez vous attaquer au second fils de M. Flaubert!... Personne, M. l'avocat général, et pas même vous, ne pourrait lui donner des leçons de moralité[5]... » Et quand il avait blagué sur un passage : « Je n'accuse pas votre intelligence, mais votre préoccupation[6]. »

En somme, ç'a été une crâne journée et tu te serais amusé si tu avais été là.

Ne dis rien, tais-toi. Après le jugement, si je perds, j'en appellerai en cour d'appel, et si je perds en cour d'appel, en Cassation[7].

Adieu, cher frère, je t'embrasse.

À CHAMPFLEURY

[Paris,] mercredi matin. [4 février 1857.]
42, boulevard du Temple.

J'ai bien tardé, Monsieur et cher confrère, à vous faire ma visite. Mais votre lettre ne m'a été remise qu'hier, chez M. Lévy. Indiquez-moi un jour et une heure où je puisse aller vous serrer la main et vous dire en face combien je suis sensible à votre marque d'intérêt.

Vous avez compris que ma cause était celle de la littérature contemporaine tout entière. Ce n'est pas mon roman qu'on attaque, mais tous les romans, et avec eux le droit d'en faire.

J'ai rencontré dans cette circonstance beaucoup de sympathies qui m'ont honoré. Je compte la vôtre pour une des plus flatteuses et vous prie de me croire

Votre tout dévoué.

À ALFRED BLANCHE

[Samedi 7 février 1857.]

Acquitté[1].

À LOUISE PRADIER

[Paris,] mardi au soir. [10 février 1857.]

Chère Madame,

Je ne sais quand j'aurai le plaisir de vous aller faire une petite visite, tant je suis fatigué, abruti et enrhumé ; il m'est resté de mon procès une courbature physique et morale qui ne me permet de remuer ni pied ni plume.

Ce tapage fait autour de mon premier livre me semble tellement étranger à l'Art, qu'il me dégoûte et m'étourdit. Combien je regrette le mutisme de poisson où je m'étais tenu jusqu'alors.

Et puis l'avenir m'inquiète : quoi écrire qui soit plus inoffensif que ma pauvre *Bovary,* traînée par les cheveux comme une catin en pleine police correctionnelle ? Si l'on était franc, on avouerait au contraire que j'ai été bien dur pour elle, n'est-ce pas ?

Quoi qu'il en soit, et malgré l'acquittement, je n'en reste pas moins à l'état d'auteur suspect. — Médiocre gloire !

J'avais l'intention de publier immédiatement un autre bouquin qui m'a demandé plusieurs années de travail, un livre fait avec les Pères de l'Église tout plein de mythologie et d'antiquité[1]. — Il faut que je me prive de ce plaisir, car il m'entraînerait en cour d'assises net. — Deux ou trois autres plans que j'avais se trouvent ajournés pour les mêmes raisons[2].

Quelle force que l'hypocrisie sociale ! Par le temps qui court, tout portrait devient une satire et l'histoire est une accusation.

Voilà pourquoi je suis fort triste et très fatigué. Je passe mon temps à dormir et à me moucher. Feu Du Cantal n'était rien auprès de moi. La comparaison est d'autant plus juste que je viens, comme lui, de fréquenter les saltimbanques. Je réclamais aussi mon enfant, ma fille. « On n'y a pas touché », c'est vrai. — Mais sa réputation en a souffert[3].

Je ne vais pas tarder à m'en retourner dans ma maison des champs, loin des *humains,* — comme on dit en tragédie, — et là je tâcherai de mettre de nouvelles cordes à ma pauvre guitare, sur laquelle on a jeté de la boue avant même que son premier air ne soit chanté ! !

Et vous, chère Madame, comment supportez-vous, pour le moment, cette *gueuse d'existence ?* Écrivez-moi un petit mot si vous avez le temps. Promenez-vous, il fait un beau soleil.

N. B. — Regardez-vous dans la glace par-dessus les Chinois de votre pendule, et envoyez-vous de ma part un baiser du bout des doigts.

Je le dépose à vos pieds, avec l'homme tout entier.

À FRÉDÉRIC BAUDRY

[Paris,] mardi,
[nuit du 10 au] 11 février [1857].

Je vous attends dimanche à 11 heures, ô brave homme,
et ne manquez pas de m'apporter le renseignement en
question.

Il se pourrait que je m'en retourne avec vous, le soir,
à Versailles, où je resterais jusqu'à mercredi à l'hôtel de
La Fontaine, afin de fuir les cornes à bouquin qui me
mettent les nerfs en morceaux. J'en ai horriblement
souffert pendant le carnaval dernier.

Je suis d'ailleurs dans un état sombre. La *Bovary*
m'assomme ! Comme je regrette maintenant de l'avoir
publiée[1] ! Tout le monde me conseille d'y faire quelques
légères corrections, *par prudence, par bon goût,* etc. Or,
cette action me paraît, à moi, une lâcheté insigne puisque,
dans ma conscience, je ne vois dans mon livre rien de
blâmable (au point de vue de la morale la plus stricte).
Voilà pourquoi j'ai dit à Lévy de tout arrêter. Je suis
encore indécis[2].

Ah ! je sais bien tout ce que vous allez me répondre !
Avouez au fond que vous pensez comme moi, cependant.

Et puis ? l'avenir ! Quoi écrire qui soit moins inoffensif
que ce roman[3] ? On s'est révolté d'une peinture impar-
tiale. Que faire ? biaiser, blaguer ? non ! non ! mille fois
non !

J'ai donc fort envie de m'en retourner et pour toujours dans *ma campagne* et dans mon silence, et là, de
continuer à écrire pour moi, pour moi seul. Je ferai des
livres *vrais* et corsés, je vous en réponds. L'insouci de la
renommée me donnera une roideur salutaire. J'ai beaucoup perdu cet hiver, je valais mieux il y a un an. Je me
fais l'effet d'une prostituée.

En un mot, le tapage qui s'est fait autour de mon
premier livre me semble tellement étranger à l'art, que
je suis *dégoûté de moi.* De plus, comme je tiens infiniment à mon estime, je voudrais bien la garder et je suis
en train de la perdre. Vous savez que je n'ai point le
prurit de la typographie. Je vivrai très bien sans elle.

Car il me paraît impossible d'écrire une ligne en pensant
à autre chose qu'à mon œuvre. Mes contemporains se
passeront de mes phrases, et moi je me passerai de leurs
applaudissements, — et de leurs tribunaux.

L'hypocrisie sociale étant la plus forte, je fuis bravement la bataille, résigné à vivre désormais comme le
plus humble des bourgeois.

Voilà où j'en suis, mon cher vieux, et il y a fort à
parier que je vais me décider pour la négative[1]. Il me
semble que *je me dois cela*.

À dimanche.

Mille poignées de main.

À MAURICE SCHLÉSINGER

[Paris, vers le 11 février 1857.]

Mon cher Maurice,

Merci de votre lettre[2]. J'y répondrai brièvement, car
il m'est resté de tout cela un tel épuisement de corps et
d'esprit que je n'ai pas la force de faire un pas ni de tenir
une plume. L'affaire a été dure à enlever, mais enfin j'ai
eu[3] la victoire.

J'ai reçu de tous mes confrères des compliments très
flatteurs et mon livre va se vendre d'une façon inusitée,
pour un début. Mais je suis fâché de ce procès ; en
somme cela dévie[4] le succès et je n'aime pas, autour de
l'art, les choses qui lui sont étrangères[5]. C'est à tel
point que tout ce tapage me dégoûte profondément et
j'hésite à mettre mon roman en volume. J'ai envie de
rentrer et, pour toujours, dans la solitude et le mutisme
dont je suis sorti, de ne rien publier, pour ne plus faire
parler de moi. Car il me paraît impossible par le temps
qui court de rien dire. L'hypocrisie sociale est tellement
féroce ! ! !

Les gens du monde les mieux disposés pour moi me
trouvent immoral ! impie ! Je ferais bien à l'avenir de
ne pas dire ceci, cela, de prendre garde, etc., etc. !
Ah ! comme je suis embêté, cher ami !

On ne veut même plus de portraits ! le daguerréotype
est une insulte ! et l'histoire une satire ! Voilà où j'en

suis ! Je ne vois rien en fouillant mon malheureux cerveau qui ne soit répréhensible. Ce que j'allais publier après mon roman, à savoir un livre[1] qui m'a demandé plusieurs années de recherches et d'études arides, me ferait aller au bagne ! et tous mes autres plans ont des inconvénients pareils. Comprenez-vous maintenant l'état facétieux où je me trouve ?

Je suis depuis quatre jours couché sur mon divan à ruminer ma position qui n'est pas gaie, bien qu'on commence à me tresser des couronnes, où l'on mêle, il est vrai, des chardons.

Je réponds à toutes vos questions : si le livre ne paraît pas, je vous enverrai les numéros de la *Revue*[2] qui le contiennent. Ce sera décidé d'ici à quelques jours. M. de Lamartine n'a pas écrit à la *Revue de Paris,* il prône le mérite littéraire de mon roman, tout en le déclarant cynique. Il me compare à lord Byron, etc. ! C'est très beau ; mais j'aimerais mieux un peu moins d'hyperboles et en même temps moins de réticences. Il m'a envoyé de but en blanc des félicitations, puis il m'a lâché au moment décisif. Bref, il ne s'est point conduit avec moi en galant homme, et même il a manqué à une parole qu'il m'avait donnée. Néanmoins nous sommes restés en de bons termes[3].

À EDMOND PAGNERRE

[Paris, vers le 11 février 1857.]

Mon cher vieux,

Si je n'ai pas répondu plus tôt à tes congratulations, c'est que je suis resté plusieurs jours tellement éreinté par suite de mes secousses politiques, que je ne pouvais remuer pied ni plume. Je suis aplati, ahuri. — Et j'ai une forte venette pour mes bouquins subséquents. Quel livre écrire qui soit plus inoffensif que mon pauvre roman ?

J'hésite même à le mettre en volume. Car je veux rétablir les passages supprimés par la *Revue de Paris,* lesquels passages sont anodins, selon moi toutefois[4]. Les coupures que l'on m'a faites sont idiotes, et il en résulte des effets lubriques qui ne sont nullement dans l'œuvre.

Le ministère public a encore deux mois pour en rappeler. Pourrais-tu savoir *pertinemment* par Abbatucci s'il en rappellera[1]? Faut-il attendre les deux mois? Comment suis-je *vu? Qui* m'en veut? Je finirais, comme Rousseau, par croire à une conjuration holbachique[2]. Car tous les gens que j'ai vus en face étaient pleins de bon vouloir, et il y avait en dessous un acharnement incompréhensible.

D'un autre côté, Lévy me talonne pour publier. — Je ne sais que faire.

On me conseille d'effacer quelques-uns des endroits désignés par l'accusation. Mais cela m'est *impossible*. Je ne mettrai pas, pour plaire à l'autorité, des absurdités — sans compter que le procédé me paraît une vraie couillonnade, si l'on peut s'exprimer ainsi.

Voilà la triste position où est réduit ton malheureux ami.

Tu sais que je t'attends un de ces jours, à dîner, sur le boulevard du Crime. En attendant, mille poignées de main.

À toi.

À JULES DUPLAN

[Paris,] vendredi, 3 h[eures]. [13 février 1857.]

Mon brave, je suis le plus enrhumé de tous les mortels : voilà deux jours que je reste dans mon lit le matin jusqu'à 2 h[eures] à tousser et à cracher ; feu Du Cantal n'était pire[3]. Il résulte de tout cela que je perds un peu de temps. Venez donc dimanche (ce jour-là vous êtes libre d'habitude), d'aussi matin que vous voudrez, nous prendrons une côtelette ensemble, et resterons à causer au coin du feu tout l'après-midi.

Adieu, je compte sur vous (demain je dîne en ville, et ce soir j'ai différentes courses). À vous.

Ex imo.

À MADEMOISELLE LEROYER DE CHANTEPIE

Paris, 19 février [1857].

Je suis bien en retard avec vous, Madame. Ce n'est
cependant ni dédain de votre charmante lettre[1], ni oubli,
mais j'ai été surchargé des affaires les plus désagréables,
car j'ai comparu (pour ce même livre sur lequel vous
m'avez écrit des choses si obligeantes) en police correctionnelle sous la prévention d'outrage aux bonnes
mœurs et au culte catholique. Cette *Bovary,* que vous
aimez, a été traînée comme la dernière des femmes perdues sur le banc des escrocs. On l'a acquittée, il est vrai,
les considérants de mon jugement sont honorables,
mais je n'en reste pas moins à l'état d'auteur *suspect,* ce
qui est une médiocre gloire. Il me sera impossible de
publier mon roman en volume avant le commencement
du mois d'avril[2]. Me permettez-vous, Madame, de vous
en envoyer un exemplaire ?

Il va sans dire que j'attends impatiemment l'envoi de
quelques-unes de vos œuvres. Je serai fort honoré,
Madame, de les recevoir.

MADEMOISELLE LEROYER DE CHANTEPIE
À GUSTAVE FLAUBERT

[Angers,] le 26 février 1857.

Monsieur,

Votre lettre m'a causé un extrême plaisir. Le jour où je l'ai
reçue sera compté dans ma vie comme heureux ! Je pensais que
celle que je vous avais adressée, était passée inaperçue. J'ai cru
d'abord que votre lettre me venait de George Sand, car votre
manière d'écrire se ressemble en certains caractères à s'y méprendre,
l'auteur de *Lélia* m'a fait quelquefois l'honneur de m'écrire. J'ai
donc été heureuse de votre lettre. J'avais appris avec autant de
surprise que d'indignation le procès intenté à *Madame Bovary,* il
faut être absurde ou bien mal intentionné pour faire un reproche
d'immoralité antireligieuse à une œuvre qui *surtout* est *éminemment*

morale et qui doit empêcher plus de femmes de faillir, que le sermon le plus éloquent et le plus catholique. J'ai lu le résultat du procès et les *considérants,* je me suis réjouie de votre gain de cause comme d'un triomphe personnel. Loin de vous nuire, ce procès ajoutera non pas au mérite de votre œuvre (car cela est impossible), mais il prêtera un nouvel attrait et une plus immense célébrité au roman que je juge un véritable chef-d'œuvre. Au reste, voyez la *Revue de Paris* suspendue pour un article sur Frédéric-Guillaume[1] ! Je venais de renouveler mon abonnement et elle me manque bien. J'ai heureusement la *Revue philosophique et religieuse*[2]. Mais puisque nous nous comprenons si bien, j'ai besoin de vous dire ce que m'a fait éprouver votre roman. Dès le début, les caractères y sont tracés de main de maître, Charles Bovary est ce qu'il sera, le caractère de l'homme est dans celui de l'enfant. Lorsqu'il se marie pour la seconde fois, on prévoit que la pauvre Emma ne sera pas heureuse ! La noce est un admirable tableau, dans les descriptions vous laissez bien loin en arrière Balzac qui pourtant excellait en ce genre. La tristesse d'Emma en arrivant chez son mari est prophétique, rien de plus vrai que ces promenades où rien n'amène de changements, si ce n'est l'état du ciel et la saison. Oh ! j'ai éprouvé mille fois cet ennui qui vient de la vue des mêmes lieux et des mêmes personnes ! Enfin, elle mit le pied dans un monde dont elle n'aperçoit que le bonheur superficiel ! alors elle se dit : toutes ces femmes comblées des jouissances du luxe, rassasiées d'adulations, de plaisirs, abritant leurs goûts, leurs passions à l'ombre du rang et des richesses, qu'ont-elles fait plus à Dieu que moi, qui végète, et souffre obscure, malheureuse, déshéritée de tous les bonheurs de ce monde ! N'ai-je pas autant d'esprit, de vertu, de talent qu'elles ? Pourquoi n'ai-je pas ma place au soleil ! Mon Dieu ! que de fois j'en ai pensé autant ! Oh ! Monsieur, cela est bien amer, je vous le jure ! Revenue chez elle, Mme Bovary est poursuivie par le souvenir de cette joie d'un jour ! Plus tard, elle aime un jeune homme, mais cet amour encore innocent et pur aurait pu la sauver s'il eût subsisté ! Elle a le malheur de rencontrer un homme égoïste et corrompu entre les bras duquel son mari la pousse, car le dévouement inerte de ce dernier ressemble à de l'indifférence. Emma s'attache de bonne foi, elle veut fuir avec sa fille, alors une effroyable déception la conduit aux portes du tombeau, et l'affection de son mari devrait, en se révélant, la rattacher à lui, ne fût-ce que par la reconnaissance, mais on est plus éloigné de ceux qui ne vous donnent pas le bonheur que touché du bien qu'ils vous font. Emma cherche en vain un refuge dans la religion ; là, encore personne ne la comprend ; sa religion, d'ailleurs, consiste en pratiques extérieures et ne s'appuie ni sur le cœur, ni sur la conscience. Mme Bovary poursuit donc de nouveau son idéal, elle assiste à une représentation de *Lucie*[3], là quelle admirable vérité, on dirait que vous avez lu dans l'âme et la pensée de toute femme en pareil cas ! Le caractère du ténor[4] est aussi vrai que tous les autres ! Celui de Rodolphe est odieux, mais vrai. Léon revient sur la scène, et une seconde fois le mari pousse sa femme à sa perte. Alors Mme Bovary tombe de chute en chute jusqu'au dernier degré de la honte et du malheur ! et pourtant ce n'est pas sa faute. La ruine arrive, l'abandon, la lâcheté, la trahison de tout ce qu'elle a aimé la relève par le malheur. Il lui faut devenir courtisane ou mourir, elle rachète ses torts par le martyre qu'elle choisit. Le caractère du pharmacien est odieux, celui du curé très vrai, tous les jours on coudoie ces gens-là. La mort de Mme Bovary est pleine de détails vrais, trop vrais ; que vous dirai-je, j'ai vécu de sa vie, j'ai souffert, je suis morte avec elle, car il me semblait que j'avais vécu en elle et qu'elle mourait en moi ! son mari a le beau caractère, il se relève par le dévouement ! tant il est vrai qu'un amour dévoué, un cœur aimant, l'emporte sur les qualités de l'intelligence et le prestige du talent. Il y a surtout dans votre roman un mot sublime et admirable, c'est lorsque M. Bovary, après la mort de sa femme, dit à Rodolphe : « Je ne vous en veux plus ! », et qu'il croit retrouver quelque chose d'Emma dans le visage de Rodolphe qu'elle a tant aimé[1] ! Oui, Monsieur, c'est là l'extrême limite de l'amour, arrivé à l'état sublime de religion et de martyre ! La douleur du père d'Emma, ses pressentiments pendant la route, la veillée mortuaire, les bruits de la rivière, les gémissements du chien, la discussion du curé et du pharmacien, tout cela est vrai ! Pauvre femme livrée à des mains ignorantes et rudes ! va, tu méritais mieux ! Son mari, sa fille, ont souffert de ses peines, elle a dû en ressentir le contre-coup au-delà du tombeau ! mais en ce monde où elle n'avait pas demandé à venir, a-t-elle trouvé une éducation vraiment morale, religieuse et forte ! a-t-elle trouvé un ami, un guide, un appui dans son mari ? sans conseil, sans mère, sans un cœur vraiment sympathique, elle s'est tournée vers Dieu qui l'a repoussée par l'organe de son interprète. Incomprise, rejetée par tous et par chacun, elle s'est réhabilitée dans la mort ! Ses jours ont été courts, ses joies fausses et amères ! Je crois que l'expiation a dépassé la faute ! Je demande pour elle au ciel la justice qu'on lui refuse sur la terre ! J'ai besoin de croire au bonheur de cette pauvre âme dans un monde meilleur ! S'il en était autrement, je me sentirais accablée sous le poids d'une réalité si désespérante ! Oui, Monsieur, j'ai lu beaucoup tout ce qui a été écrit de remarquable depuis trente ans, j'ai lu George Sand qui est mon auteur préféré, mais rien, non jamais rien ne m'a paru aussi vrai, aussi admirable que *Madame Bovary*. J'ai trop souffert pour pleurer facilement, eh bien, j'ai pleuré trois jours au dénouement de *Madame Bovary*. J'y pense sans cesse, toutes les localités sont identifiées avec ce récit dont l'héroïne a existé pour moi. Je l'ai aimée comme une sœur, j'aurais voulu me jeter entre elle et son malheur, la conseiller, la consoler, la sauver ! Je ne l'oublierai jamais ! Je suis persuadée que cette histoire est vraie ! Oui, il faut avoir été acteur ou témoin intéressé d'un pareil drame pour l'écrire avec cette vérité ! Quel que soit le talent d'un auteur, il est impossible de créer rien d'aussi vrai, d'aussi parfait ! voilà ma conviction, c'est vous dire assez, Monsieur, à quel point j'admire votre œuvre. Je recevrai avec une vive reconnaissance *Madame Bovary,* je l'ai dans la *Revue,* mais me venant de vous, elle aura un double prix. Je vous adresse mon premier ouvrage, *Cécile,* et le dernier, *Angélique Lagier.* Je n'ai plus d'exemplaires du second, *Les Duranti*[1]. L'éditeur d'*Angélique* a été expulsé au 2 Xbre en sorte que j'ai perdu le prix de mon ouvrage. J'ai un roman en manuscrit, mais pour le faire paraître, il faudrait bien des coupures, et puisqu'on fait un procès à *Madame Bovary,* on m'en ferait bien d'autres. Je m'abstiendrai pour le moment. Je vis à la campagne au fond de l'Anjou au milieu des préjugés absurdes, des injustices de toute espèce. Je vis en dehors du monde extérieur, mon seul plaisir est le théâtre. Là seulement je vis, car, comme Mme Bovary, je voudrais dormir sans cesse ou ne pas exister. Notre théâtre est bien mauvais et pourtant je m'y sens chez moi, ces créations du compositeur et du poète, ce sont mes amis, mes frères, mes sœurs, ma famille, c'est mon univers à moi, je n'en ai pas d'autre. Je ne suis jamais sortie de ma province, je ne connais pas Paris, mon médecin veut m'y envoyer comme diversion au spleen, ma maladie habituelle. Je crains d'habiter Paris à cause de ma santé déplorable. Pardonnez cette longue lettre, mais j'étais si heureuse de rencontrer un ami, et je vous donne ce nom si vous le permettez, que je me suis laissée aller au plaisir de dire ma pensée ! Je ne le puis guère ailleurs !

Adieu, Monsieur, j'attendrai de vos nouvelles avec impatience, croyez à ma vive sympathie et à la profonde estime avec laquelle je suis

MARIE-S. LEROYER DE CHANTEPIE.

Angers, tertre S[ain]t-Laurent, 20.

À CHARLES DE LA ROUNAT

[Paris, février-mars 1857.]

Mon bon,

Comme je ne suis pas près de te voir, sans doute, et *que* quand je te verrai, il se pourrait faire *que* je ne te parle (ou parlasse) pas de ton volume[2], silence *que* dans ta modestie, tu pourrais attribuer à du dédain, voici donc mon opinion sur le susdit volume. Fais-en ce qu'il te plaira.

Eh bien, je trouve cela un charmant, plaisant et très coquet livre. Les négligences de style que j'y ai remar-

quées s'enlèveraient en deux heures. Elles sont du reste
peu nombreuses. Ce qui me plaît par-dessus tout et ce que
je trouve un chef-d'œuvre, monsieur, c'est *La Bûche de
Noël*. Cela est neuf, et bien fait. — Très empoignant,
très vrai — original en un mot, ce qui est l'important.
Quel coup ils ont dû tirer, ces deux pauvres vieux[1] !

Ce que j'aime le moins, c'est *M[onsieu]r de Chamilly*
(malgré la description de la cuisine et du cuisinier qui
est superbe[2]). Il me semble qu'il y a, parfois, des incon-
séquences de couleur, et un ton de dialogue trop
moderne[3]. Peut-être dis-je une bêtise ? Où vais-je ? Où
cours-je ?

J'aime beaucoup le *Narah*[4], sans aucune restriction.
Je ne comprends pas qu'on t'ait refusé cela dans la
Revue de Paris ?...

Je connaissais le *Drame dans une boutique*. Je ne l'en
ai pas moins relu. Je n'y blâme qu'un peu trop de poésie
peut-être dans le caractère du professeur de mathématiques qui pleure en entendant du Beethoven[5] ? N'est-ce
pas être trop artiste ?

Il y a dans *L'Abbé Berthelot* des passages charmants.
Et comme ça commence bien ! Les pages 27-30 m'ont
ravi. Mais la fin est-elle, humainement parlant, bien
vraie[6] ?

Voilà très sommairement ce que je pense. Si je t'avais
là sous la main, j'aurais de quoi causer pendant deux
heures sur ton volume. Car il y a beaucoup à en dire.
Ce qu'il y a de sûr c'est que ce n'est pas banal. — Prends
tout cela comme je te l'envoie. Je sais par expérience
combien la critique est, *de soi,* stupide. On reproche
toujours à un écrivain de n'avoir pas fait blanc quand
il a fait noir, et a voulu faire noir.

N'importe, j'ai éprouvé le besoin de te dire que ton
livre m'avait *extrêmement* plu. Voilà, merde si tu n'es pas
content.

                                        Je t'embrasse.

À CHARLES LAMBERT

[Paris,] vendredi matin.
[6 mars 1857.]

Mon cher Ami,

Pouvez-vous me procurer le sieur Rochas[1] ? Du Camp m'écrit que vous savez son adresse[2]. J'aurais besoin de ce mortel qui a pris des vues photographiques de Tunis et des environs[3]. Où repose-t-il sa tête ?

Tout à vous.

À FÉLICIEN DE SAULCY

[Paris, début de mars 1857 ?]

J'aurais besoin de renseignements relatifs à Carthage. Cela *concerne votre état*. Quel jour (jeudi et vendredi exceptés), pouvez-vous, sans vous gêner, me recevoir ?
Que ce ne soit pas trop matin, hein ?
Je vous serre les mains.

Tout à vous.
Boulevard du Temple, 42.

MADEMOISELLE LEROYER DE CHANTEPIE À GUSTAVE FLAUBERT

[Angers,] ce dimanche 15 mars 1857.

Monsieur,

J'apprends avec une vive contrariété qu'un paquet contenant trois volumes de mes ouvrages[4] que je vous adressais, ne vous est point parvenu. Le Directeur du chemin de fer m'écrit que vous êtes inconnu au n° 49, boulevard du Temple. En relisant votre lettre, j'ai pensé que j'avais mis un 9 pour un 2 et que c'était au

nº 42 que je devais adresser. Je me hâte de rectifier cette erreur au
chemin de fer. Je pense que vous devez recevoir le paquet intact.
Ce qui me contrarie beaucoup, c'est que, quelques jours avant
l'envoi de mes ouvrages, je vous avais écrit une longue lettre par
la poste, c'était à la date du 25 ou 27 février[1], je crains qu'elle ne
vous soit pas davantage parvenue que le paquet, étant adressée
au nº 49. Veuillez, je vous prie, Monsieur, réclamer cette lettre.
Je serais bien fâchée qu'elle fût perdue. Quand j'écris, je dis ma
pensée et ne voudrais pas la confier à des indifférents. Je vous
prierai de me dire si vous avez reçu ma lettre égarée et le paquet.
Je suis toujours sous l'influence de votre roman et le souvenir
de Mme Bovary est vivant en mon âme. Je me propose de rendre
compte de votre admirable composition dans *Le Phare de la Loire*[2],
lorsque vous le publierez en volume. Je voudrais pouvoir en parler
dans un journal plus important, quoique le *Phare* soit très répandu
et bien rédigé par un de mes meilleurs amis, V. Mangin, qui a
publié plusieurs volumes de poésies et des romans[3]. Quoique je ne
vous connaisse pas personnellement, Monsieur, votre œuvre m'a
été tellement sympathique, que je ne puis penser à vous comme à
un étranger. Un auteur met ordinairement son cœur et son âme
dans son œuvre, car cette œuvre c'est lui. Pour moi, c'est toujours
ainsi que j'ai écrit, sous l'inspiration de mes sentiments ; autrement, je n'aurais rien trouvé sous ma plume. Le travail, l'amour
de la littérature et de l'art, voilà ce qui me fait encore vivre ! C'est
mon unique refuge contre les chagrins et l'ennui ! Par malheur, le
milieu où je vis ne m'offre pas de ressources. Presque pas de
théâtre, personne qui comprenne mes goûts et les partage. J'habite
la campagne de préférence à la ville d'Angers très triste et pleine
de préjugés. Ma ferme est à deux pas des faubourgs, le site est beau,
mais voir toujours les mêmes personnes, les mêmes objets, tous
empreints des mêmes ennuis, n'avoir d'autre accident dans sa vie
que le changement des saisons, cela ressemble à ces existences
claustrales qui finissaient par enfermer la pensée dans un cercle
fatal, et posaient sur l'intelligence le sceau de la pierre du tombeau.
À cette heure, la campagne est triste et désolée, à la vérité les
violettes, les primevères commencent à fleurir ! mais si ce n'est
plus la mort, ce n'est pas encore la vie ! Je ne sais, mais cette
époque de transition, ces symptômes de résurrection qui combattent
le néant, tout cela m'attriste profondément et ne parle que de
ténèbres et de mort ! C'est peut-être parce que je ne me sens plus
le courage de revivre ! Adieu, Monsieur, je désire que mes lettres
et mes volumes vous parviennent ; en attendant un mot de vous,
je suis toujours avec les sentiments sympathiques et dévoués

M.-S. LEROYER DE CHANTEPIE.

Route de Nantes, commune d'Angers.

À MADEMOISELLE LEROYER DE CHANTEPIE

Paris, 18 mars [1857].

Madame,

Je m'empresse de vous remercier, j'ai reçu tous vos envois. Merci de la lettre, des livres et du portrait[1] surtout ! C'est une attention délicate qui me touche.

Je vais lire vos trois volumes lentement[2], attentivement, c'est-à-dire comme ils le méritent, j'en suis sûr d'avance.

Mais je suis bien empêché pour le moment, car je m'occupe, avant de m'en retourner à la campagne, d'un travail archéologique sur une des époques les plus inconnues de l'antiquité, travail qui est la préparation d'un autre. Je vais écrire un roman[3] dont l'action se passera trois siècles avant Jésus-Christ, car j'éprouve le besoin de sortir du monde moderne, où ma plume s'est trop trempée et qui d'ailleurs me fatigue autant à reproduire qu'il me dégoûte à voir.

Avec une lectrice telle que vous, Madame, et aussi sympathique, la franchise est un devoir. Je vais donc répondre à vos questions : *Madame Bovary* n'a rien de vrai. C'est une histoire *totalement inventée* ; je n'y ai rien mis ni de mes sentiments ni de mon existence[4]. L'illusion (s'il y en a une) vient au contraire de *l'impersonnalité* de l'œuvre. C'est un de mes principes, qu'il ne faut pas *s'écrire*. L'artiste doit être dans son œuvre comme Dieu dans la création, invisible et tout-puissant ; qu'on le sente partout, mais qu'on ne le voie pas.

Et puis, l'Art doit s'élever au-dessus des affections personnelles et des susceptibilités nerveuses ! Il est temps de lui donner, par une méthode impitoyable, la précision des sciences physiques ! La difficulté capitale, pour moi, n'en reste pas moins le style, la forme, le Beau indéfinissable *résultant de la conception même* et qui est la splendeur du Vrai, comme disait Platon[5].

J'ai longtemps, Madame, vécu de votre vie. Moi aussi, j'ai passé plusieurs années complètement *seul* à la campagne, n'ayant d'autre bruit l'hiver que le murmure du vent dans les arbres avec le craquement de la glace, quand la Seine *charriait* sous mes fenêtres. Si je suis arrivé à quelque connaissance de la vie, c'est à force d'avoir peu vécu dans le sens ordinaire du mot, car j'ai peu mangé, mais considérablement ruminé ; j'ai fréquenté des compagnies diverses et vu des pays différents. J'ai voyagé à pied et à dromadaire. Je connais les boursiers de Paris et les juifs de Damas, les rufians d'Italie et les jongleurs nègres. Je suis un pèlerin de la Terre Sainte et je me suis perdu dans les neiges du Parnasse, ce qui peut passer pour un symbolisme.

Ne vous plaignez pas ; j'ai un peu couru le monde et je connais à fond ce Paris que vous rêvez ; rien ne vaut une bonne lecture au coin du feu... lire *Hamlet* ou *Faust*[1]... par un jour d'enthousiasme. Mon rêve (à moi) est d'acheter un petit palais à Venise sur le grand canal.

Voilà, Madame, une de vos curiosités assouvie. Ajoutez ceci pour mon portrait et ma biographie complètes : que j'ai trente-cinq ans, je suis haut de cinq pieds huit pouces, j'ai des épaules de portefaix et une irritabilité nerveuse de petite maîtresse. Je suis célibataire et solitaire.

Permettez-moi, en finissant, de vous remercier encore une fois pour l'envoi de « l'Image ». Elle sera encadrée et suspendue entre des figures chéries. J'arrête un compliment qui me vient au bout de la plume et je vous prie de me croire votre collègue affectionné.

À JEAN CLOGENSON

Paris, 25 mars [1857].

Vous êtes le plus aimable et le plus excellent des hommes. Je vous demande des renseignements sur Tunis et vous y allez vous-même, vous me les rapporterez ! Voici donc sans préambule et avec mille remerciements sous-entendus ce que je réclame de votre bienveillance :

1° Je désirerais me faire une idée nette du paysage de Tunis. C'est à vous qui êtes à la fois un poète et un observateur à bien regarder tout pour ensuite me l'étaler de vive voix : couleurs des terrains et du ciel, galbe des montagnes, limites de l'horizon quand on est à tel ou tel point, etc.

2º Le plus de détails topographiques possibles sur la route de Tunis à Constantine = Cirta[1].

3º On a découvert, il y a quelques mois, une mosaïque à Carthage. Si c'est une mosaïque romaine je n'ai pas besoin d'en entendre parler. Car c'est la Carthage *punique* qu'il me faudrait.

4º D'après un plan (publié dans l'ouvrage de Falbe[2] que j'ai lu et relu) on peut conjecturer que les maisons puniques étaient voûtées, couvertes de coupoles. Cela est-il vrai ? Trouve-t-on d'autres ruines de maisons d'après lesquelles on peut avancer cette opinion ?

————

M. Rousseau[3], du consulat de Tunis, est sans doute le même qui a envoyé à la *Revue archéologique* le dessin d'une mosaïque. Mais elle est romaine. On a réuni dans la chapelle Saint-Louis des fragments de ruines. Voilà surtout, mon cher ami, ce que je vous recommande.

Je cherche à retrouver l'*architecture punique,* qui devait être un mélange de la phénicienne et de la grecque ? — Mais quels étaient les ornements ? Quel était le *goût* punique ?

5º Y a-t-il une bonne carte de la régence de Tunis ?

6º Je vous recommande le cours de la Medjerda (qui du reste a dû changer) et le défilé de la Hache[4].

Maintenant que les photographies sont répandues partout, si vous m'en trouviez sur Carthage ou Tunis, vous mettriez « le comble à vos bienfaits ».

Comme je vous envie d'être où vous êtes et de vous en revenir par l'Italie. Mais au nom de tous les Dieux, descendez à Naples ! — Et restez-y quinze jours au moins. Songez que Pompéïa vaut à elle seule, en fait d'antiquités, tout ce qu'il y a à Rome. Rien au monde, d'ailleurs, n'est gai, ni beau, comme Naples !

Comme j'aurai de plaisir cet été à vous entendre parler de votre voyage ! — Si rien ne vous force à revenir vite, faites-le le plus long possible. C'est un conseil désintéressé, car il me tarde de vous serrer les mains, cher Monsieur.

En attendant croyez à la sincérité de mon affection.

Tout à vous.

Bouilhet est dans tous les embarras de la paternité[1] et me charge de vous envoyer mille et mille tendresses.

Je fais en ce moment *gémir les presses,* et vous trouverez mon volume chez vous à votre retour[2].

Bonne traversée, bon soleil, bonne brise, bonne santé et pas trop de puces ! Je les connais, ces Orientales !

MADEMOISELLE LEROYER DE CHANTEPIE
À GUSTAVE FLAUBERT

Angers, ce 28 mars 1857,
route de Nantes, commune d'Angers.

Monsieur,

Vous êtes un savant, moi je ne suis qu'une pauvre ignorante ; vous avez tout vu, tout appris, parcouru le monde entier, moi je ne sais rien et j'ai vécu constamment dans le même coin de terre. Je ne sais plus si je dois oser vous écrire, je viens à vous comme à quelqu'un de bien meilleur, de bien plus élevé en intelligence et en science que moi. La lithographie que je vous ai adressée est un souvenir d'estime et de profonde sympathie qui vous rappellera une personne qui admire votre inimitable talent et qui, du moins, sait apprécier et comprendre vos œuvres. Je suis une vieille fille, une espèce de tante Aurore, j'ai vingt ans de plus que vous, je marche avec le siècle. Il y a un an que j'ai consenti à laisser faire mon portrait, depuis, il est enveloppé, je n'ai pas voulu le revoir. On a pris des lithographies d'après ce portrait, qu'on dit ressemblant ; pour moi qui me vois trop, je n'en fais aucun cas. À mon tour, Monsieur, je vais vous faire ma biographie, avec toute la franchise que je mettrais à me la raconter à moi-même. Je suis fille unique d'un second mariage de père et de mère et j'ai apporté en naissant une disposition nerveuse, une excessive sensibilité, résultat des frayeurs de ma mère pendant la révolution. Mon enfance fut très malheureuse, notre intérieur ressemblait à celui que Balzac a si bien dépeint dans *Eugénie Grandet.* Quoique appartenant à une antique noblesse, mon père était pauvre, il acquit sa fortune en travaillant. Je reçus une éducation nulle chez des religieuses, on m'apprit à lire, à écrire un peu de français, là s'est bornée toute mon instruction. On confia le soin de ma santé à un médecin ignorant, celui de mon âme à un prêtre fanatique, aidé d'une vieille fille plus fanatique encore. Ces personnes me firent un mal irréparable ; à l'âge de treize ans, je faillis mourir, je n'échappai que par miracle, mais depuis je n'ai pas eu un jour de santé ! À cette époque, je fus presque folle de scrupules religieux.

Enfin, je recouvrai un peu de mieux, je rencontrai un prêtre éclairé qui me rendit le calme et la raison. Ma jeunesse s'écoula à soigner ma mère, malade pendant 20 ans, je l'aimais plus que tout au monde, jamais personne ne l'a remplacée dans mon cœur. Nous avions perdu mon père, j'étais seule, sans soutien, sans conseil. J'eus alors bien des illusions : j'aimais, je fus aimée, mais je poursuivais un idéal de perfection impossible à réaliser. Le mariage me semblait établi sur des bases injustes, incompatibles avec la loyauté de mon caractère. Ensuite, appartenir à quelqu'un, n'importe à quel titre, m'inspirait une répugnance instinctive et insurmontable. Je combattis mes sentiments, mes inclinations les plus naturelles, je souffris cruellement, Dieu seul sait combien je fus malheureuse. Vivant dans une province, dans un milieu antipathique, j'eus à souffrir encore la calomnie et l'injustice. Mes chagrins, mes ennuis, mes aspirations, furent celles que vous avez si bien dépeintes dans *Madame Bovary,* moins les fautes matérielles, car je suis spiritualiste avant tout, et mon excessive sensibilité, mon ardente imagination, m'ont toujours fait désirer l'impossible. Ma mère me restait, je la perdis et faillis succomber à ce malheur ; ne voulant pas me marier, j'avais adopté la famille d'une femme qui m'avait élevée. Elle s'était mariée à la maison, j'élevai ses enfants ; l'aîné, mon filleul, a 32 ans, il a mes opinions et nous avons eu bien du chagrin après le 2 Décembre. Sa sœur est auprès de moi, j'ai aussi plusieurs personnes que la nécessité a forcé à chercher chez moi l'hospitalité ! Une de mes parentes, un de mes parents, un orphelin que j'ai élevé, un réfugié polonais, une dame de mes amies et son enfant[1]. Cela compose un phalanstère, une espèce de communauté, à laquelle je distribue ce que je possède, en me comptant toujours la dernière. Eh bien ! je me sens isolée et rangée dans ce milieu où je ne trouve ni sympathie de cœur, ni ressemblance de pensées et de sentiments. Dans la solitude de ma chambre, je suis chez moi. L'amour de l'art et de la littérature sont ma seule consolation. Après avoir renoncé à tout ce qui fait vivre les autres, je ne me suis plus occupée que de chercher la vie future. Là j'ai rencontré l'inconnu et quoique je sente dans mon cœur et ma conscience, qu'il est impossible que Dieu ne me donne pas une vie meilleure, je tremble en présence de la mort qui m'ouvre un avenir plein de ténèbres, car, on a beau dire, nous ne savons rien de certain de la vie future. J'ai lu avez grand plaisir *Terre et ciel* de J. Reynaud[2]. Je lis la *Revue philosophique et religieuse*[3] avec intérêt, mais tout cela n'amène aucune solution réelle. Je suis encore affligée d'une cruelle maladie de l'âme. Je ne sais si je dois vous le dire ! Peut-être sourirez-vous, mais non, je crois trop à l'excellence de votre cœur pour ne pas penser que vous me plaindrez et me consolerez. Je n'ose dire à personne ce mal étrange qu'on traite de folie. J'ai été élevée dans le catholicisme que j'ai continué à suivre, la confession est obligatoire dans cette religion. Eh bien, il m'est devenu impossible d'accomplir ce devoir. Il me semble que non seulement je ressens toutes les douleurs de l'humanité, mais encore je crois être chargée de toutes ses fautes. Lorsque je me confesse, il me vient à la pensée les fautes les plus impossibles, les plus étranges, les plus ridicules. Je n'y crois pas d'abord, je doute ensuite, et puis, je me persuade que j'en suis coupable. Ce que je souffre alors est atroce. Je me dis que ne pouvant remplir un devoir imposé : celui de la confession qui me devient impossible, je suis un être perdu, sans Dieu, sans espoir, que personne ne doit m'aimer, que je ne dois aimer personne, puisque même le souvenir que je laisserai après ma mort, ne s'adressera qu'à un être perdu ! Oh ! cela est horrible ! Je me suis souvent étonnée qu'on pût tant souffrir sans mourir. Souvent mon désespoir était si profond que j'ai été tentée de recourir au suicide. Le prêtre que j'ai ici ne me dit rien. J'avais écrit à Paris à deux prêtres qui ne m'ont pas répondu. Je ne sais à qui avoir recours ! Je ne trouve nul remède, nulle consolation à mes maux ! Mon médecin veut que je fasse le voyage de Paris pour essayer des distractions que donnent les arts, surtout la musique, l'art lyrique que j'aime avec passion. Ma santé est si mauvaise, je serais obligée d'emmener tant de monde avec moi, que j'hésite à suivre ce conseil. Je vis à la campagne à un quart de lieue d'Angers où j'ai une maison que je n'habite jamais. Si vos pérégrinations vous amenaient en Anjou, je serais heureuse de vous recevoir chez moi. Pardonnez cette longue lettre ; lorsque vous le pourrez, consolez-moi, conseillez-moi, et croyez à ma reconnaissance dévouée.

M.-S. LEROYER DE CHANTEPIE.

À MADEMOISELLE LEROYER DE CHANTEPIE

[Paris,] lundi. [30 mars 1857.]

Mademoiselle et cher Confrère,

Votre lettre est si honnête, si vraie et *si intense ;* elle m'a enfin tellement ému, que je ne puis me retenir d'y répondre immédiatement. Je vous remercie d'abord de m'avoir dit votre âge. Cela me met plus à l'aise. Nous causerons ensemble comme *deux* hommes. La confiance que vous me témoignez m'honore ; je ne crois pas en être indigne ; — mais ne me raillez point, ne m'appelez plus *un savant !* moi que mon ignorance confond.

Et puis ne vous comparez pas à la Bovary. Vous n'y ressemblez guère ! Elle valait moins que vous comme tête et comme cœur ; car c'est une nature quelque peu perverse, une femme de fausse poésie et de faux sentiments. Mais l'idée première que j'avais eue était d'en faire une vierge, vivant au milieu de la province, vieillissant dans le chagrin et arrivant ainsi aux derniers états du mysticisme et de la passion *rêvée*. J'ai gardé de ce premier plan tout l'entourage (paysages et personnages assez noirs), la couleur enfin. Seulement, pour rendre l'histoire plus compréhensible et plus amusante, au bon sens du mot, j'ai inventé une héroïne plus humaine, une femme comme on en voit davantage. J'entrevoyais d'ailleurs dans l'exécution de ce premier plan de telles difficultés que je n'ai pas osé[1].

Écrivez-moi tout ce que vous voudrez, longuement et souvent, quand même je serais quelque temps sans vous répondre, car, à partir d'hier, nous sommes de vieux amis. Je vous connais maintenant et je vous aime. Ce que vous avez éprouvé, je l'ai senti personnellement. Moi aussi, je me suis volontairement refusé à l'amour, au bonheur... Pourquoi ? je n'en sais rien. C'était peut-être par orgueil, — ou par épouvante ? Moi aussi, j'ai considérablement aimé, en silence[2], — et puis à vingt et un ans, j'ai manqué mourir d'une maladie nerveuse, amenée par une série d'irritations et de chagrins, à force de veilles et de colères. Cette maladie m'a duré dix ans[3]. (Tout ce qu'il y a dans sainte Thérèse, dans Hoffmann et dans Edgar Poe[4], je l'ai senti, je l'ai *vu*, les hallucinés me sont fort compréhensibles.) Mais j'en suis sorti *bronzé* et très expérimenté tout à coup sur un tas de choses que j'avais à peine effleurées dans la vie. Je m'y suis cependant mêlé quelquefois ; mais par fougue, par *crises,* — et bien vite je suis revenu (et je reviens) à ma nature réelle qui est contemplative. Ce qui m'a gardé de la débauche, ce n'est pas la vertu, mais *l'ironie.* La bêtise du vice me fait encore plus rire de pitié que la turpitude ne me dégoûte.

Je suis né à l'hôpital (de Rouen — dont mon père était le chirurgien en chef ; il a laissé un nom illustre dans son art) et j'ai grandi au milieu de toutes les misères humaines — dont un mur me séparait. Tout enfant, j'ai joué dans un amphithéâtre[5]. Voilà pourquoi, peut-être, j'ai les allures à la fois funèbres et cyniques. Je n'aime point la vie et je n'ai point peur de la mort. L'hypothèse du néant absolu n'a même rien qui me terrifie. Je suis prêt à me jeter dans le grand trou noir avec placidité.

Et cependant, ce qui m'attire par-dessus tout, c'est la religion. Je veux dire toutes les religions, pas plus l'une que l'autre. Chaque dogme en particulier m'est répulsif, mais je considère le sentiment qui les a inventés comme le plus naturel et le plus poétique de l'humanité. Je n'aime point les philosophes qui n'ont vu là que jonglerie et sottise. J'y découvre, moi, nécessité et instinct ; aussi je respecte le nègre baisant son fétiche autant que le catholique aux pieds du Sacré-Cœur.

Continuons les confidences : je n'ai de sympathie pour aucun parti politique ou pour mieux dire je les exècre tous, parce qu'ils me semblent également bornés, faux, puérils, s'attaquant à l'éphémère, sans vues d'ensemble et ne s'élevant jamais au-dessus de l'*utile*. J'ai en haine tout despotisme. Je suis un libéral enragé. C'est pourquoi le socialisme me semble une horreur pédantesque qui sera la mort de tout art et de toute moralité[1]. J'ai assisté, en spectateur, à presque toutes les émeutes de mon temps[2].

Vous voyez bien que je suis plus vieux que vous — par l'âme — et que malgré vos vingt ans de plus, vous êtes ma cadette.

Mais il m'est resté de ce que j'ai vu — senti — et lu, une inextinguible soif de vérité. Goethe s'écriait en mourant : «De la lumière ! de la lumière[3] !» Oh ! oui, de la lumière ! dût-elle nous brûler jusqu'aux entrailles. C'est une grande volupté que d'apprendre, que de s'assimiler le Vrai par l'intermédiaire du Beau. *L'état idéal* résultant de cette joie me semble une espèce de sainteté, qui est peut-être plus haute que l'autre, parce qu'elle est plus désintéressée.

J'arrive à vous — et à l'étrange obsession sur laquelle vous me consultez[4]. Voici ce que j'ai pensé : il faut tâcher d'être plus catholique ou plus philosophe. Vous avez trop de lecture pour croire sincèrement. Ne vous récriez point ! vous voudriez bien croire. Voilà tout. La maigre pitance que l'on sert aux autres ne peut vous rassasier, vous qui avez bu à des coupes trop larges et trop savoureuses. Les prêtres nous ont ont pas répondu. Je le crois sans peine. La vie moderne les déborde, notre âme leur est un livre clos. Soyez donc franche avec vous-même. Faites un effort suprême, un effort qui vous sauvera. C'est tout l'*un* ou tout l'*autre* qu'il faut prendre. Au nom du Christ, ne restez pas dans le sacrilège par peur de l'irréligion ! Au nom de la philosophie, ne vous dégradez point au nom de cette lâcheté qu'on appelle l'habitude. Jetez tout à la mer, puisque le navire sombre.

Mais au milieu de cette douleur, ou plutôt quand elle commence, n'éprouvez-vous pas une sorte de plaisir ?... un plaisir trouble et effrayant. Vous n'avez jamais péché ; mais alors quelque chose dit en vous : « Si j'avais péché... » et le rêve du péché commence, ne fût-ce que dans la durée d'un éclair, il passe. — Et puis l'hallucination vient, et la conviction, la certitude et le remords — avec le besoin de crier : « J'ai fait. »

C'est parce que vous avez vécu en dehors des *conditions de la femme,* que vous souffrez plus qu'une femme et pour elles toutes. L'imagination poétique s'en mêle et vous roulez dans les abîmes de douleur. Ah ! comme je vous aime pour tout cela !

Jetez-vous à corps perdu, ou plutôt à âme perdue, dans les lettres. Prenez un *long travail* et jurez-vous de l'accomplir. Lisez les maîtres profondément, non pour vous amuser, mais pour vous en pénétrer, et peu à peu vous sentirez tous les nuages qui sont en vous se dissoudre. Vous vous aimerez davantage, parce que vous contiendrez en votre esprit plus de choses.

Votre médecin a raison, il faut voyager, voir beaucoup de ciel et beaucoup de mer. La musique est une excellente chose, elle vous apaisera. Quant à Paris, vous pouvez en faire l'essai. Mais je doute que vous y trouviez la paix. C'est le pays le plus irritant du monde pour les honnêtes natures, et il faut avoir une fière constitution et bien robuste pour y vivre sans y devenir un crétin ou un filou.

Je vous remercie mille fois de votre aimable invitation ; mais d'ici à longtemps, je ne puis bouger. Je ne pourrai même cet été faire un tour sur la côte d'Afrique (à Tunis), que j'aurais besoin de visiter pour le travail dont je m'occupe[1]. Je veux me débarrasser au plus vite de plusieurs vieilles idées et je n'ai pas une minute à moi[2]. Ajoutez à cela le sot tourbillon de la vie ordinaire.

Vous recevrez mon volume dans la semaine de Pâques (je suis maintenant au milieu de mes épreuves et je n'ai pas eu le temps de lire vos livres). Vers la

fin du mois prochain, je m'en retourne à la campagne
avec votre portrait. Je ne puis malheureusement vous
faire connaître ma figure par les mêmes moyens, car
jamais on ne m'a peint ni dessiné[1]. Mais acceptez, ce
qui vaut mieux, l'hommage bien cordial de toute ma
sympathie.

  À vous.

  Je viens de relire votre lettre que je sais maintenant
par cœur. Est-il besoin de vous dire que je suis flatté
jusqu'au plus profond de l'âme d'être estimé par un être
tel que vous. Vous me semblez la plus excellente et belle
nature du monde, et je vous baise les mains avec
attendrissement.

À MAURICE SCHLÉSINGER

[Paris, fin mars-début avril 1857.]

  Ne croyez pas que je vous oublie, mon cher Maurice.
Voilà un grand mois et plus que je remets chaque jour
à vous écrire. Mais je suis réellement (passez-moi le
ridicule de l'aveu) un homme fort occupé. Voilà la
première année depuis que j'existe que je mène une vie
matériellement active, et j'en suis harassé.

  Jamais je ne vous oublierai. Vous pourrez, quelquefois, être longtemps sans entendre parler de moi, mais
je n'en penserai pas moins à vous. Je suis de la nature
des dromadaires, que l'on ne peut faire marcher que
lorsqu'ils sont au repos et l'on ne peut arrêter lorsqu'ils
sont en marche ; mais mon cœur est comme leur dos
bossu : il supporte de lourdes charges aisément et ne
plie jamais. Croyez-le. Je sais bien que je suis un drôle,
de ne pas aller vous voir, de ne pas faire avec vous un
petit tour sur le Rhin, etc. Me croyez-vous donc assez
sot et assez peu égoïste pour me priver bénévolement
de ce plaisir ? Mais, mon cher ami, voici ma situation
présente :

  1º J'ai un volume qui va paraître dans quinze jours[2]
(vous le recevrez avant qu'il ne soit en vente à Paris),
il faut que je surveille la publication du susdit bouquin ;
  2º j'en avais un autre tout prêt à paraître, mais la rigueur

des temps me force à en ajourner indéfiniment la publication[1] ; 3° pour soutenir mon début (dont l'éclat, comme on dit en style de réclame, a dépassé mes espérances), il faut que je me hâte d'en faire un autre, et *se hâter* c'est pour moi, en littérature, *se tuer*. Je suis donc occupé en ce moment à prendre des notes pour une étude antique que j'écrirai cet été, fort lentement[2]. Or, comme je veux m'y mettre à la fin du mois prochain et qu'à Rouen il m'est impossible de me procurer les livres qu'il me faut, je lis et j'annote aux Bibliothèques du matin au soir, et chez moi, dans la nuit, fort tard. Voilà, mon bon, ma situation. Je suis fort malheureux, car je me lève tous les matins à huit heures, ce qui est un supplice pour votre serviteur.

Comme j'ai été embêté cet hiver ! mon procès ! mes querelles avec la *Revue de Paris*[3] ! et les conseils ! et les amis ! et les politesses ! On commence même à me démolir et j'ai présentement sur ma table un bel éreintement de mon roman, publié par un monsieur dont j'ignorais complètement l'existence[4]. Vous ne vous imaginez pas les infamies qui règnent et ce qu'est maintenant la petite presse. Tout cela du reste est fort légitime, car le public se trouve à la hauteur de toutes les canailleries dont on le régale. Mais ce qui m'attriste profondément, c'est la bêtise générale. L'Océan n'est pas plus profond ni plus large. Il faut avoir une fière santé morale, je vous assure, pour vivre à Paris, maintenant. Qu'importe, après tout ! Il faut fermer sa porte et ses fenêtres, se ratatiner sur soi, comme un hérisson, allumer dans sa cheminée un large feu, puisqu'il fait froid, évoquer dans son cœur une grande idée (souvenir ou rêve) et remercier Dieu quand elle arrive.

Vous êtes lié fatalement aux meilleurs souvenirs de ma jeunesse. Savez-vous que voilà plus de vingt ans que nous nous connaissons[5] ? Tout cela me plonge dans des abîmes de rêverie qui sentent le vieillard. On dit que le présent est trop rapide. Je trouve, moi, que c'est le passé qui nous dévore.

À EUGÈNE CRÉPET

[Paris,] [mars-avril 1857.]

Mon cher Ami,

J'ai acquis la conviction que tout ce qu'il reste de documents sur Carthage se trouve dans l'ouvrage de Munter[1]. Tâchez de le lire, de par les Dieux.

De par le Pinde et par Cythère! il en résultera quelque instruction pour vous et *surtout* un grand profit pour moi — considération qui ne m'est pas indifférente. — Vous me rendriez par là un vrai service.

Adieu, à vendredi de la semaine prochaine.

Je vous serre les mains.

Jeudi

À ERNEST FEYDEAU

[Paris,] dimanche, 11 heures. [5 avril 1857.]

Vieux Naboukoudouroussour[2] !

C'est tout bonnement superbe! ce printemps[3]. J'ai pâli dès la première colonne et *mouillé* deux ou trois fois! comme ça se voit! nom de Dieu! et le plus étonnant, c'est que les deux héros sont extra-amusants, et nullement noyés dans cette grande nature. Le paragraphe XVIII sur le pied est quelque chose de délicieux[4]. Enfin je ne sais comment vous exprimer mon enthousiasme, — et dis *m*… Voilà! c'est foutu! et je m'y connais.

Donnez-vous une crâne poignée de main de ma part et croyez à l'attachement de Gustave Flaubert,

dit « l'idiot des Salons »[5] (Th. Gautier).

MADEMOISELLE LEROYER DE CHANTEPIE
À GUSTAVE FLAUBERT

[Angers,] ce 10 avril 1857.

Monsieur et ami,

Je suis heureuse et fière de pouvoir vous donner ce titre que vous
voulez bien accepter. Je suis reconnaissante de l'amitié que vous
m'accordez, la mienne vous a été acquise tout d'abord en lisant
votre roman. Vos lettres me prouvent que votre cœur égale votre
intelligence, et la profonde estime, l'admiration que j'ai éprouvée
pour l'auteur s'augmente de celle que m'inspire l'homme bon et
sensible par excellence. Songez, Monsieur, que j'ai appris seulement à lire, à écrire un peu d'orthographe, et voyez si je n'ai pas
raison de dire que vous êtes savant et moi une pauvre ignorante.
Ce que vous me dites des souffrances morales que vous avez
ressenties pendant dix ans, m'a vivement frappée. Moi aussi, je
souffre d'hallucinations intellectuelles qui sont d'autant plus terribles
que là tout échappe à la réalité, ma raison se débat contre des
fantômes dont elle a conscience, sans avoir la force de les vaincre.
Dites-moi comment et par quel moyen vous avez guéri, car, si
vous avez recouvré la santé, pourquoi, à mon tour, désespérer de
ma guérison ? Je n'ai jamais commis de fautes graves, selon le
sens que le monde attache à ce mot ; si j'avais la conviction que je
m'en suis rendue coupable, jamais je ne me le pardonnerais, je
me sentirais tombée, déchue et ni mon repentir, ni l'absolution du
prêtre ne pourraient me réhabiliter à mes propres yeux. Toutes
mes terreurs portent sur l'accomplissement de devoirs religieux,
puis j'imagine mille fautes étranges, ridicules, sans raison. Que vous
dirai-je, Monsieur, j'ai craint souvent de devenir folle et la pensée
de l'abandon où resteraient tous ceux qui ont besoin de moi, a
retenu ma raison par un effort de volonté sur les limites qu'elle
était prête à franchir. Vous comprenez qu'ayant suicidé ma vie
en ce monde, j'ai dû en chercher la réalisation dans l'autre. Mais je
n'ai pas votre assurance, rien ne m'épouvante comme l'inconnu.
Comme vous, je n'aime pas la vie, mais je crains la mort, c'est-à-
dire la vie que j'ignore. La religion vous attire, me dites-vous,
pour moi, hors de là, je ne trouve que le néant, il me faut une religion, et j'avoue que mes sympathies seraient pour le protestan-
tisme unitaire, mais j'ai été élevée dans le catholicisme, c'était la
religion de ma mère, je ne veux pas être infidèle à cette pieuse
tradition. Cependant, si j'étais persuadée que ma religion ne fût
pas vraie, j'en changerais sans hésiter. Si je ne croyais la confession

obligatoire, nul pouvoir humain ne pourrait m'y forcer. Je sais, je sens, qu'en dehors et au-dessus de toute religion, il y a Dieu qui domine. Les mauvais prêtres en religion, comme les transfuges en politique, ne doivent pas altérer les convictions et les croyances. Je lis les philosophes, j'y trouve des choses que j'ignore, quelques parcelles de vérité parmi beaucoup d'erreurs. Je vois que nous ne comprenons pas le mot socialisme de la même manière, pour moi c'est la morale dans toute son austérité et la glorification de l'art. Hélas ! l'une et l'autre sont au plus bas degré et pourtant nous n'avons pas le socialisme. Tant s'en faut au contraire ! Voilà ce que je voudrais : le pain du corps et de l'âme pour tous, le travail obligatoire, l'emploi de toutes les facultés, suivant la capacité des individus. Je voudrais, en un mot, que chacun eût sa place au soleil. Je voudrais que le père mourût tranquille en pensant qu'après lui ses enfants ne manqueront de rien, en travaillant. Je ne voudrais pas que l'existence du père et celle du fils fussent en antagonisme odieux, que le fils ne vît pas dans la mort du père une occasion de bien-être, la réalisation de ce que le monde appelle des espérances. J'entends de très bonnes gens dire : lorsque mon père sera mort, j'aurai une fortune ! cela est affreux. Je ne voudrais pas que celui qui a eu le malheur de faire un mauvais choix ne pût en faire un second. Je dis *un seulement*. Je trouve odieux de forcer deux êtres devenus ennemis, de vivre et de mourir ensemble. Je suis convaincue qu'en pensant ainsi, je suis dans le juste et le vrai, et rien au monde ne pourrait me faire renier à cet égard ma croyance. J'y mettrais ma vie, mon cœur, mon âme. Je suis obligée d'accepter suivant la loi civile la peine de mort, et suivant les lois religieuses les peines éternelles. Eh bien ! Monsieur, je le dis emportée par la vérité, mon cœur et ma conscience se révoltent également contre la peine de mort et les peines éternelles. Quant à l'obsession que j'éprouve, elle est étrange, il me semble que je vis ailleurs, que l'être n'est plus dans son enveloppe, je me vois vivre, agir, parler, comme je verrais un autre, le *moi* n'y est plus, il regarde l'autre. Souvent aussi dans mes crises, je sens qu'un autre prend ma place, une vie méchante s'empare de ma vie paisible, on dirait qu'un noir génie s'empare de mon âme, pour la torturer. Personne ne comprend ce genre de tourment, c'est affreux ! Une dame avec laquelle j'ai eu des relations littéraires, Mme Niboyet[1], m'a adressée à l'abbé Bessières, vicaire de la Madeleine à Paris ; je lui ai écrit, il m'a répondu qu'il recevrait ma confession écrite, j'hésite encore, je crains de rencontrer quelqu'un qui ne me comprenne pas et aggrave le mal. Que me conseillez-vous ? Je sais bien, je sens bien que j'ai vécu en dehors de la destinée des autres femmes, et que ma sensibilité n'a pas trouvé à s'exercer. Vous me conseillez d'étudier, j'ai la passion de l'étude, du savoir, mais dites-moi ce qu'il faut que j'étudie, ce que je dois lire, quel travail je dois entreprendre. J'ai encore le cœur et l'âme pleins de sentiments et de pensées à vous dire. Je vous écrirai puisque vous y consentez.

Adieu, je pense toujours à *Madame Bovary* que j'aime comme son auteur de cœur et d'âme. Votre amie dévouée.

M.-S. LEROYER DE CHANTEPIE.

MADEMOISELLE LEROYER DE CHANTEPIE
À GUSTAVE FLAUBERT

[Angers,] ce 23 avril 1857.

Monsieur et ami,

Je pense que vous êtes sur le point de quitter Paris et je ne veux pas vous laisser partir sans vous remercier de l'envoi de votre ouvrage. Il m'est doublement précieux me venant de vous et je le trouve encore mieux en volume, parce que l'intérêt n'est pas interrompu. Je veux encore vous féliciter des quelques lignes, si bien pensées, si bien écrites, adressées à Senard[1]. Il est impossible de dire davantage et mieux en si peu de mots. Je viens de faire un compte rendu de *Madame Bovary* pour *Le Phare de la Loire,* c'est une feuille très répandue en Anjou et en Bretagne[2]. Toutefois, je regrette de n'avoir pas à vous offrir une publicité plus digne de vous ; au reste, une œuvre comme la vôtre peut se passer d'annonces, son mérite est tel, qu'elle se recommande elle-même. Je crois que vous êtes indifférent au succès, parce que vous êtes au-dessus de ce genre de satisfaction. Je n'en prédis pas moins le plus grand succès à *Madame Bovary,* car, je le répète, c'est un véritable et parfait chef-d'œuvre. Je n'ai pas eu besoin de relire, je le sais ; mot à mot, il est imprimé dans mon âme. J'ai écrit au courant de la plume mon compte rendu, sans avoir besoin de rien corriger. Je l'ai envoyé tel que l'inspiration me l'avait dicté, cela m'a fait du bien, je me suis sentie revivre en disant ma pensée. Je vous enverrai le n° contenant ce compte rendu, lorsque je l'aurai. Je profiterai de la permission que vous me donnez, je vous écrirai souvent, vous me répondrez quand vous voudrez. Je suis si triste, si découragée, que c'est un besoin pour moi de parler à un cœur ami. Je viens de lire dans la *Revue de Paris L' Âme du bourreau* par Maxime Du Camp[3]. Savez-vous que je trouve avec surprise, dans la peinture des angoisses de ce bourreau, une grande partie des symptômes dont je souffre tant et dont je vous parlais dans ma dernière lettre. Oui, souvent, je sens mon âme qui fait effort pour sortir de son enveloppe, puis je crois être ailleurs, je vois un autre agir à ma place, ou plutôt je crois penser et agir à la place d'un autre. Je me vois double, cela est très réel, il y a longtemps que je le dis à mon médecin. Puis je tombe sans m'en apercevoir dans une espèce de sommeil qui n'est point naturel, plein de sensations, d'images confuses qui

arrivent à l'état d'idées, que je sens qui m'impressionnent avant
de se formuler. Combien n'ai-je pas rêvé que je voyais mourir et
que je suivais un condamné sur l'échafaud ! Eh bien ! je souffrais
la mort et les angoisses du supplicié, quoique témoin, comme si
c'eût été moi qui les aurais réellement subies. Le pauvre bourreau
dont je viens de lire l'histoire avait cette maladie nerveuse. J'ai
envoyé des confessions détaillées de toute ma vie, sans en excepter
tous les rêves de mon imagination, à l'abbé Bessières, vicaire de
la Madeleine à Paris. Je ne le connais point, il ne me connaît pas
davantage ; à présent, je regrette de lui avoir demandé conseil et
secours, car de deux choses l'une : ou il ne me comprendra pas et
m'affligera encore, ou il me consolera par des lieux communs
inutiles. L'idée de la confession me poursuit sans cesse et je ne puis
me confesser, car alors mes idées deviennent si folles, si confuses,
que je tombe dans les ténèbres d'une angoisse dont rien ne peut
donner l'idée. Il me semble que j'ai toujours sur la conscience une
faute inconnue, ignorée, laquelle, je n'en sais rien, j'ai beau chercher, je ne trouve pas. Je me dis parfois que si nous croyons à une
existence antérieure qui me semble assez probable, j'ai peut-être
commis une faute dont je porte la peine. Sans cela mes souffrances
sont une injustice, ce ne peut être qu'une expiation ou un travail
méritoire. Dans mon enfance, on me racontait l'histoire d'une religieuse qui après une vie de pénitence fut condamnée à l'enfer pour
avoir caché une faute en confession. Cette histoire m'impressionna
vivement, depuis je me suis demandé s'il était possible qu'une
femme assez forte pour sacrifier sa vie à la pénitence, fût assez
faible pour ne pas avouer une faute. Dieu lui refusait donc la force
nécessaire. Enfin il m'a semblé parfois que j'étais cette religieuse,
je me mettais dans sa place, sacrifiant sa vie, voulant faire son
devoir, ne pouvant l'accomplir, mourant et souffrant inutilement,
puis condamnée. Je me demande si dans une vie antérieure, je n'ai
pas manqué à avouer toutes mes fautes et si en expiation, je ne
suis pas condamnée à présent à me confesser de mille fautes que
je n'ai pas commises. Se croire coupable d'une faute qui fait horreur,
sans le vouloir, sans le savoir, cela est affreux, se sentir coupable
sans en avoir conscience ! Oh, c'est terrible, je veux tout croire,
excepté cela. Ah ! je vous le dis, quelque malheureux qu'on soit,
personne ne l'est autant que moi ! J'envie le sort de la brute, de
la pierre insensible, qui n'a ni sentiment, ni pensées, quand je
vois les gens les plus affligés se consoler, reprendre des goûts, des
intérêts dans la vie, et que je me sens incapable de désir, d'intérêt,
de but en ce monde, et sans espérance dans l'autre. Ah ! pourquoi
donc Dieu m'a-t-il donné l'existence. Je voudrais mourir, car
ailleurs je ne puis trouver plus mal que ce que je quitte. Suis-je
déjà dans l'enfer, oui, si c'est l'horreur du mal et le regret poussé
jusqu'au désespoir ! J'aurais encore mille choses à vous dire, je
vous écrirai lorsque vous serez à la campagne les premiers jours de
mai; tout refleurit et renaît sur la terre, cela redouble ma tristesse.

Adieu, Monsieur et ami, pensez un peu à moi et croyez à mon amitié dévouée.

M.-S. LEROYER DE CHANTEPIE.

À SA NIÈCE CAROLINE

·[Paris,] vendredi. [24 avril 1857.]

Ma chère Lilinne,

Je te remercie bien de m'avoir écrit une si gentille lettre. L'orthographe est meilleure que dans celles que tu m'envoyais aux précédents voyages, et le style est également bon. À force de t'asseoir dans mon fauteuil, de poser les coudes sur ma table et de te prendre la tête dans les deux mains, tu finiras, peut-être, par devenir un écrivain.

J'ai une dame chez moi que j'ai rencontrée sur le boulevard et qui loge dans mon cabinet, où elle est couchée mollement sur une planchette de ma bibliothèque. Son costume est fort léger, car il consiste en une feuille de papier qui l'enveloppe du haut en bas. La pauvre jeune fille n'a seulement que sa chevelure, sa chemise, des bas et des souliers. Elle attend mon départ avec impatience, parce qu'elle sait qu'elle trouvera à Croisset des vêtements plus conformes à la pudeur que son sexe exige.

Remercie de ma part Mme Robert[1] qui a bien voulu se rappeler de moi. Présente-lui mes respects et conseille-lui un régime fortifiant, car elle me paraît un peu pâle et je ne suis pas sans inquiétude sur sa santé.

J'ai été hier à l'exposition des Tableaux, et j'ai beaucoup pensé à toi, pauvre chérie. Il y a beaucoup de sujets de tableaux que tu aurais reconnus, grâce à ton érudition, et quelques portraits de grands hommes que tu connais aussi. J'y ai même vu plusieurs portraits de lapins. — Et j'ai cherché dans le catalogue si je ne trouverais pas le nom de *Rabbit*[2], propriétaire à Croisset. Mais il n'y était pas.

Dis à maman que je vais aller bientôt chez Mme Laurent, et qu'elle recevra, de moi, une lettre dimanche. — Je viens de recevoir la sienne à l'instant[3].

Adieu, mon pauvre loulou. Embrasse bien ta grand-
mère pour moi.

> Ton oncle qui t'aime.

Donne une poignée de main de ma part à Miss Green[1],
et sois polie avec elle, si tu veux me faire plaisir.

À MICHEL LÉVY

> [Paris, 18 ou 25 ? avril 1857.]

Ci-joint la liste, mon cher Michel, des gens de lettres
que j'ai gratifiés d'un exemplaire de la *Bovary*...

À MADEMOISELLE LEROYER DE CHANTEPIE

> Paris, 26 avril 1857.

Je suis bien en retard avec vous, ma chère confrère.
N'en accusez que cette *Bovary* que vous aimez et les
embarras du déplacement. Car dans deux ou trois jours[2]
je m'en retourne à la campagne. Je vous écrirai de là une
longue lettre en réponse à vos deux dernières[3]. J'ai lu
au milieu de tout mon ahurissement le volume de *Cécile*
et lu très attentivement avec des coups de crayon en
marge. Je vous communiquerai mes observations[4].
Vous seriez bien aimable de m'envoyer votre compte
rendu dans *Le Phare de la Loire*[5]. Je n'ai que le temps de
vous dire adieu.
Ma foi, je vous embrasse ! Suis-je inconvenant ?

À PAUL MEURICE

> [Paris, fin avril ? 1857.]

Monsieur,

Quoique je n'aie pas l'honneur de vous connaître
personnellement, je prends la liberté de vous remettre

l'exemplaire d'un roman que je vous prie de faire parvenir à M. Hugo[1].

Soyez assez bon, aussi, pour en accepter un autre ci-joint. Et daignez agréer l'hommage de toute ma considération.

À ERNEST FEYDEAU

[Paris, fin avril 1857].

Mon cher Naboukoudouroussour[2],

Remerciez bien Mme Feydeau de sa très gracieuse invitation. Je l'accepte et vous me verrez vendredi avant onze heures tomber chez vous. Mais ne me faites pas trop manger. La nourriture ne me vaut rien ; quand elle est prise dès l'aurore cela me saoule pour le reste de la journée.

Tâchez de me trouver dans la *Revue archéologique* un article de Maury sur Eschmoun et un autre de M. Delamarre sur Announah[3] ! J'ai bien du mal avec Carthage ! Ce qui m'inquiète le plus, c'est le fonds, je veux dire la partie psychologique. J'ai besoin de me recueillir profondément dans « le silence du cabinet » au milieu de « la solitude des champs ». Là peut-être, à force de masturber mon pauvre esprit, parviendrai-je à en faire jaillir quelque chose ?

Certainement qu'on les y gueulera[4], vos métaphores !

Je suis en train d'avaler la *Politique* d'Aristote, plus du Procope[5], plus un poème latin en six chants sur la guerre de Numidie, par le sieur Corippus[6], lequel poème m'embête fort ! Mais enfin il le faut !

Adieu, mon vieux, tout à vous.

À FRÉDÉRIC BAUDRY [?]

[Paris,] samedi. [2 mai 1857.]

M. Rochas[7] demeure autant qu'il m'en souvient rue Saint-Jacques, 305. Si ce n'était pas son adresse, Lambert

vous la donnera, ce grand homme demeure rue de
Tournon, 29.

Je n'ai que le temps de vous dire adieu. Je pars dans
une demi-heure pour Croisset.

À vous.

À SAINTE-BEUVE

Mardi soir. [5 mai 1857.]
Croisset près Rouen.

Monsieur et cher maître,

Je suis bien embarrassé : je viens de lire votre article
dans *Le Moniteur*[1]. Comment vous dire tout ce qu'il a
remué en moi, et le plaisir qu'il m'a fait ? Vous déclarer
que je le trouve fort beau, serait presque de la sottise
puisque vous me traitez en ami, c'est-à-dire avec la
plus grande attention et les plus grands éloges.

Vous m'avez, en quatre colonnes de journal, payé de
toutes mes peines passées. J'ai ma récompense maintenant. Merci, Monsieur, merci.

Comme il m'est doux, à moi, qui lisais au Collège,
Volupté et *Les Consolations*[2], de voir un de ces hommes
que l'on regarde d'en bas, descendre jusqu'à ma pensée
et me prendre par la main.

Je voudrais bien cependant vous éclairer sur un point
tout *personnel*. Ne me jugez pas d'après ce roman. Je ne
suis pas de la génération dont vous parlez — par le
cœur du moins. — Je tiens à être de la vôtre, j'entends
de la bonne[a], celle de 1830. Tous mes amours sont là.
Je suis un vieux romantique enragé, ou encroûté,
comme vous voudrez[3].

Ce livre est pour moi une affaire d'art pur et de parti
pris. Rien de plus. D'ici à longtemps je n'en referai de
pareils. Il m'a été *physiquement* pénible à écrire. Je veux
maintenant vivre (ou plutôt revivre) dans des milieux
moins nauséabonds.

Me permettrez-vous, l'hiver prochain, de venir un
soir poser mes pieds sur vos chenets, pour causer un
peu longuement de cette chère littérature que si peu de
monde aime par le temps qui court. Je vous demanderai

à propos de la *Bovary* quelques-uns de ces conseils pratiques qui valent mieux que toutes les théories et esthétiques du monde. Ce sera un plaisir et une leçon.

En attendant cet honneur, croyez, Monsieur, à l'assurance de la gratitude de

Votre tout dévoué.

À LOUIS BOUILHET

[Croisset, 7 mai 1857.]

Mon Vieux,

Je te préviens de ceci pour ta gouverne. Léonie[1] que j'ai vue lundi dernier a profité d'un moment où son môme n'était pas là pour me dire « que tu *avais eu des relations* avec Ramelli et avec Darty »[2]. J'ai répondu que j'ignorais complètement ce détail. Mais je suis sûr qu'elle me regarde au fond comme un farceur, et un hypocrite. Elle m'a répété plusieurs fois qu'elle en était *convaincue,* qu'on lui *a dit.* J'ai voulu savoir *qui.* Elle est restée impénétrable.

Je te préviens de même que tout le monde à Rouen sait que tu as loué un logement à Mantes pour y passer l'été. — Renseignement qui ne tardera pas à parvenir dans la capitale, aux oreilles de la senora Durey[3].

Voilà tout ce que j'avais à te dire. Quant aux conseils, je m'en abstiens.

Je commence à retravailler, j'ai bien à lire encore avant de me mettre à écrire.

Je suis arrivé ici brisé de corps et d'esprit. — Il fait un froid de chien et je me chauffe à outrance.

Léonie doit partir de Rouen samedi après-demain.

La *Bovary* se vend superbement. Le jeune Baudry va s'arranger pour que l'on joue *Montarcy* cet été[4]. Il faut que la demande vienne naïvement, comme de la part[a] des jeunes gens de la ville. — Il y aurait peut-être aussi quelques ouvertures à faire du côté de l'Odéon. Que les acteurs de l'Odéon s'informent auprès du directeur. Tu es sûr d'une fière soirée.

Il paraît que j'ai été éreinté dans *La Chronique*. As-tu
vu cela ? Tâche de me l'envoyer[1].

Écris-moi, vieux. — Me revoilà bien seul ! — Donne-
moi des nouvelles de tout et de tous — mais de toi, surtout, que j'embrasse.

À MICHEL LÉVY

Croisset près Rouen. [9 mai 1857.]

Mon cher Michel,

Voici ce dont il s'agit :

On confectionne sous mes yeux une traduction
anglaise de la *Bovary*[2]...

À JULES DUPLAN

[Croisset,] samedi. [9 mai 1857.]

Vous êtes le plus gentil bougre que je connaisse,
mon cher Duplan ! Comme c'est aimable à vous de
m'envoyer ainsi tout ce qui paraît sur mon compte.
Continuez ! Vous me rendez un vrai service. Cela
m'amuse beaucoup et je ne saurais ici me procurer
toutes ces feuilles.

L'article de Sainte-Beuve[3] a été bien bon pour les
bourgeois. Il a fait à Rouen (m'a-t-on dit) grand effet.
Quant à celui de *La Chronique*[4], je le trouve innocent.
Mais celui du *Courrier franco-italien*[5] est foncièrement malveillant, ce dont je me fous et archi-fous complètement.

Je ne comprends pas maintenant comment un article
de journal peut vous choquer. C'est sans doute un excès
d'orgueil de ma part, mais je vous assure que je ne me
sens contre le sieur Claveau aucune haine. Le malheureux,
qui croit que je ne m'occupe nullement *du style* !

Je suis perdu dans les bouquins — et je m'embête,
car je n'y trouve pas grand-chose. — J'ai déjà, depuis
une semaine, abattu pas mal de besogne. Mais il y a

des fois où ce sujet de *Carthage* m'effraie tellement (par son vuide) que je suis sur le point d'y renoncer. —

Adieu, mon cher vieux. Quand viendrez-vous nous voir ? Vous savez que vous êtes invité et attendu.

Ma lettre serait plus longue, mais ce soir je n'ai plus à Croisset une seule feuille de papier à lettre.

Je vous embrasse.

À JULES DUPLAN

[Croisset, 10 ? mai 1857.]

Merci, mon cher vieux, je me procurerai à Rouen *L'Illustration*[1] et la *Revue des Deux Mondes*[2].

J'ai ce matin reçu un numéro du *Journal du Loiret* où il y a un article de Cormenin très bienveillant[3]. Mais vous l'avouerai-je, je n'en ai pas encore trouvé *un* qui me gratte à l'endroit sensible, c'est-à-dire qui me loue par les côtés que je trouve louables et qui me blâme par ceux que je sais défectueux. Peu importe du reste, la *Bovary* est maintenant bien loin de moi.

Ma table est tellement encombrée de livres que je m'y perds. — Je les expédie rapidement et sans y trouver grand-chose. Je tiens cependant à *Carthage,* et coûte que coûte, j'écrirai cette truculente facétie. Je voudrais bien commencer dans un mois ou deux. Mais il faut auparavant que je me livre par l'induction à un travail archéologique formidable. Je suis en train de lire un mémoire de 400 pages in-quarto sur le cyprès pyramidal, parce qu'il y avait des cyprès dans la cour du temple d'Astarté. Cela peut vous donner une idée du reste.

Voilà la pluie qui se met à tomber. Je suis seul comme au fond du désert où je pense avec une certaine mélancolie[a] à nos dimanches de cet hiver.

Adieu, mon cher vieux, je vous embrasse.

À LOUIS DE CORMENIN

[Croisset,] 14 [mai 1857].

Je ne sais si c'est vous ou Pagnerre[1], mon cher ami, qui m'avez envoyé un maître numéro du *Loiret* où resplendit un article sur votre serviteur. Il est à coup sûr celui qui me satisfait le plus et je le trouve naïvement très beau, puisqu'il chante mon éloge. Le livre est analysé ou plutôt chéri d'un bout à l'autre. Cela m'a fait bien plaisir et je vous en remercie cordialement.

Pourquoi donc ne vous en mêlez-vous pas aussi ? Pourquoi vous bornez-vous à avoir de l'esprit pour vos amis ? Quand aurons-nous un livre ?

Quant à moi, celui que je prépare n'est pas sur le point d'être fait, ni même commencé[2]. Je suis plein de doutes et de terreurs. Plus je vais, et plus je deviens timide, — contrairement aux grands capitaines, et à M. de Turenne en particulier. Un encrier pour beaucoup ne contient que quelques gouttes d'un liquide noir. Mais pour d'autres, c'est un océan, et moi je m'y noie. J'ai le vertige du papier blanc, et l'amas de mes plumes taillées sur ma table me semble parfois un buisson de formidables épines. J'ai déjà bien saigné sur ces petites broussailles-là.

Adieu, mon cher vieux. Quand vous écrirez à Pagnerre, dites-lui mille gentillesses de ma part. Présentez mes respects à vos parents, et recevez de moi une forte poignée de main.

À JULES DUPLAN

[Croisset, vers le 16 mai 1857.]

Vous êtes un brave de m'envoyer ainsi ce que l'on publie sur moi. Mais je demande que vos envois soient accompagnés de lettres plus longues, mon cher vieux.

Avez-vous lu le ré-éreintement de la *Revue des Deux*

Mondes, n° du 15 courant, signé Deschamps[1] ?. Ils y tiennent, ils écument. Est-ce bête ! Pourquoi tout cela ? Que dit le grand pontife Planche[2] ? D'où vient l'acharnement de Buloz[3] contre votre ami ?

Pontmartin et Limayrac[4] n'ont-ils pas écrit sur et contre moi ?

Je suis présentement échiné par des lectures puniques. Je viens de m'ingurgiter *de suite* les XVII chants de Silius Italicus[5], pour y découvrir quelques *traits* de mœurs ! Ouf ! j'en ai bien encore pour deux jolis mois de préparation. Je suis bien inquiet, mon bon, et mon supplice n'est pas encore commencé ! !

On m'a promis un fier cadeau, à savoir *la Peau de Chollet*[6]. On a conservé la culotte. Un serpent s'enroule autour des reins, en replis tortueux, et vient allonger sa gueule ouverte sur le vi, comme au bout d'une branche d'arbre, pour lui dévorer le gland. Je passerai la culotte, et l'hiver prochain, je vous recevrai le dimanche dans cet accoutrement.

« Quelle curiosité propre à suspendre au plafond d'un cabinet ! » Comme Gleyre[7] sera indigné !

———————

La Bourse va-t-elle ? et cette pauvre Octave ? quand est-ce qu'en vous présentant son *Plateau,* elle vous dira : « servi ! voilà[8] ! »

Cela vous dérangerait-il de : passer rue de Lille, 79, chez la fille de la comtesse *Elgin* et de réclamer de ma part un vol[ume] de poésies anglaises à moi envoyées par M. Hamilton Aïdé[9]. Ce jeune insulaire croit que je suis encore à Paris et m'a écrit pour me dire d'aller les chercher. — Mettez le livre à la poste, car par le chemin de fer il ne m'arriverait pas.

Adieu, mon cher vieux, je vous embrasse. Continuez à m'envoyer tout ce qui paraît. Cela me divertit.

Tout à vous, *ex imo.*

À MADEMOISELLE LEROYER DE CHANTEPIE

Croisset, 18 mai [1857].

Je suis bien en retard avec vous, mon cher confrère et chère lectrice. Ne mesurez pas mon affection à la rareté de mes lettres ; n'accusez que les encombrements de la vie parisienne, la publication de mon volume et les études archéologiques auxquelles je me livre maintenant[1]. Mais me voilà revenu à la campagne, j'ai plus de temps à moi et nous allons aujourd'hui passer la soirée ensemble ; parlons de nous d'abord, puis de vos volumes et ensuite de quelques idées sociales et politiques sur lesquelles nous différons.

Vous me demandez comment je me suis guéri des hallucinations nerveuses que je subissais autrefois[2] ? Par deux moyens : 1º en les étudiant scientifiquement, c'est-à-dire en tâchant de m'en rendre compte, et, 2º par *la force de la volonté*. J'ai souvent senti la folie me venir. C'était dans ma pauvre cervelle un tourbillon d'idées et d'images où il me semblait que ma conscience, que mon *moi* sombrait comme un vaisseau sous la tempête. Mais je me cramponnais à ma raison. Elle dominait tout, quoique assiégée et battue. En d'autres fois, je tâchais, par l'imagination, de me donner facticement ces horribles souffrances. J'ai joué avec la démence et le fantastique comme Mithridate avec les poisons. Un grand orgueil me soutenait et j'ai vaincu le mal à force de l'étreindre corps à corps. Il y a un sentiment ou plutôt une habitude dont vous me semblez manquer, à savoir l'*amour de la contemplation*. Prenez la vie, les passions et vous-même comme un *sujet* à exercices intellectuels. Vous vous révoltez contre l'injustice du monde, contre sa bassesse, sa tyrannie et toutes les turpitudes et fétidités de l'existence. Mais les connaissez-vous bien ? Avez-vous tout étudié ? Êtes-vous Dieu ? Qui vous dit que votre jugement humain soit infaillible ? que votre sentiment ne vous abuse pas ? Comment pouvons-nous, avec nos sens bornés et notre intelligence finie, arriver à la connaissance absolue du vrai et du bien ? Saisirons-nous jamais l'absolu ? Il faut, si l'on

veut vivre, renoncer à avoir une idée nette de quoi que
ce soit. L'*humanité est ainsi*, il ne s'agit pas de la changer,
mais de la connaître. Pensez *moins à vous*. Abandonnez
l'espoir d'une solution. Elle est au sein du Père ; lui
seul la possède et ne la communique pas. Mais il y a
dans l'*ardeur de l'étude* des joies idéales faites pour les
nobles âmes. Associez-vous par la pensée à vos frères
d'il y a trois mille ans ; reprenez toutes leurs souffrances,
tous leurs rêves, et vous sentirez s'élargir à la fois
votre cœur et votre intelligence ; une sympathie profonde et démesurée enveloppera, comme un manteau,
tous les fantômes et tous les êtres. Tâchez donc de ne
plus *vivre en vous*. Faites de grandes lectures. Prenez un
plan d'études, qu'il soit rigoureux et suivi. Lisez de
l'histoire, l'ancienne surtout. *Astreignez-vous à un travail
régulier et fatigant.* La vie est une chose tellement hideuse
que le seul moyen de la supporter, c'est de l'éviter. Et
on l'évite en vivant dans l'Art, dans la recherche incessante du Vrai rendu par le Beau. Lisez les grands maîtres
en tâchant de saisir leur procédé, de vous rapprocher de
leur âme, et vous sortirez de cette étude avec des
éblouissements qui vous rendront joyeuse. Vous serez
comme Moïse en descendant du Sinaï. Il avait des
rayons autour de la face, pour avoir contemplé Dieu.
    Que parlez-vous de remords, de faute, d'appréhensions
vagues et de confession ? Laissez tout cela, pauvre âme !
par amour de vous. Puisque vous vous sentez la conscience entièrement pure, vous pouvez vous poser devant
l'Éternel et dire : « Me voilà. » Que craint-on quand on
n'est pas coupable ? Et de quoi les hommes peuvent-ils
être coupables ? insuffisants que nous sommes, pour le
mal comme pour le bien ! Toutes vos douleurs viennent
de l'excès de la pensée oisive. Elle était vorace et,
n'ayant point de pâture extérieure, elle s'est rejetée sur
elle-même et s'est dévorée jusqu'à la moelle. Il faut la
refaire, l'engraisser et empêcher surtout qu'elle ne vagabonde. Je prends un exemple : vous vous préoccupez
beaucoup des injustices de ce monde, de socialisme et
de politique. Soit. Eh ! bien, lisez d'abord *tous ceux* qui
ont eu les mêmes aspirations que vous. Fouillez les
utopistes et les rêveurs secs. — Et puis, avant de vous
permettre une opinion définitive, il vous faudra étudier
une science assez nouvelle, dont on parle beaucoup et

que l'on cultive peu, je veux dire l'Économie politique[1]. Vous serez tout étonnée de vous voir changer d'avis, de jour en jour, comme on change de chemise. N'importe, le scepticisme n'aura rien d'amer, car vous serez comme à la comédie de l'humanité et il vous semblera que l'Histoire a passé sur le monde pour vous seule.

Les gens légers, bornés, les esprits présomptueux et enthousiastes veulent en toute chose une conclusion ; ils cherchent le but de la vie et la dimension de l'infini. Ils prennent dans leur pauvre petite main une poignée de sable et ils disent à l'Océan : « Je vais compter les grains de tes rivages. » Mais comme les grains leur coulent entre les doigts et que le calcul est long, ils trépignent et ils pleurent. Savez-vous ce qu'il faut faire sur la grève ? Il faut s'agenouiller ou se promener. Promenez-vous.

Aucun grand génie n'a conclu et aucun grand livre ne conclut, parce que l'humanité elle-même est toujours en marche et qu'elle ne conclut pas. Homère ne conclut pas, ni Shakespeare, ni Goethe, ni la Bible elle-même. Aussi ce mot fort à la mode, *le Problème social,* me révolte profondément. Le jour où il sera trouvé, ce sera le dernier de la planète. La vie est un éternel problème, et l'histoire aussi, et tout. Il s'ajoute sans cesse des chiffres à l'addition. D'une roue qui tourne, comment pouvez-vous compter les rayons ? Le XIXe siècle, dans son orgueil d'affranchi, s'imagine avoir découvert le soleil. On dit par exemple que la Réforme a été la préparation de la Révolution française. Cela serait vrai si tout devait en rester là, mais cette Révolution est elle-même la préparation d'un autre état. Et ainsi de suite, ainsi de suite. Nos idées les plus avancées sembleront bien ridicules et bien arriérées quand on les regardera par-dessus l'épaule. Je parie que dans cinquante ans seulement, les mots : « Problème social, moralisation des masses, progrès et démocratie » seront passés à l'état de « rengaine » et apparaîtront aussi grotesques que ceux de : « Sensibilité, nature, préjugés et doux liens du cœur » si fort à la mode vers la fin du XVIIIe siècle.

C'est parce que je crois à l'évolution perpétuelle de l'humanité et à ses formes incessantes, que je hais tous les cadres où on veut la fourrer de vive force, toutes

les formalités dont on la définit, tous les plans que l'on
rêve pour elle. La démocratie n'est pas plus son dernier
mot que l'esclavage ne l'a été, que la féodalité ne l'a
été, que la monarchie ne l'a été. L'horizon perçu par
les yeux humains n'est jamais le rivage, parce qu'au-
delà de cet horizon, il y en a un autre, et toujours !
Ainsi chercher la meilleure des religions, ou le meilleur
des gouvernements, me semble une folie niaise. Le
meilleur, pour moi, c'est celui qui agonise, parce qu'il
va faire place à un autre.

Je vous en veux un peu pour m'avoir dit, dans une
de vos précédentes lettres, que vous désiriez pour tous
« l'instruction *obligatoire* »[1]. — Moi, j'exècre tout ce qui
est obligatoire, toute loi, tout gouvernement, toute
règle. Qui êtes-vous donc, ô société, pour me *forcer* à
quoi que ce soit ? Quel Dieu vous a fait mon maître ?
Remarquez que vous retombez dans les vieilles injustices
du passé. Ce ne sera plus un despote qui primera
l'individu, mais la foule, le salut public, l'éternelle
raison d'État, le mot de tous les peuples, la maxime
de Robespierre. J'aime mieux le désert, je retourne chez
les Bédouins qui sont libres.

Comme le papier s'allonge, chère lectrice, en causant
avec vous. Il faut pourtant, avant de clore ma lettre,
que je vous parle de vos deux livres.

Ce qui m'a surpris et ce qui pour moi domine dans
votre talent, c'est la faculté poétique et l'idée philosophique, quand elle se forme à la grande morale éternelle,
je veux dire quand vous ne parlez pas en votre nom
propre. Il y a un homme dont vous devriez vous
nourrir, et qui vous calmerait, c'est Montaigne. Étudiez-
le *à fond*, je vous l'ordonne, comme médecin. Ainsi,
dans *Cécile* (page 18), voici une phrase que j'aime :
« C'est en vain qu'on ose donner le change », etc. La
page 45 : « Le ciel me semblait plus bleu, le soleil plus
brillant » est charmante. Un effet de soleil sur la mer
à Dieppe (page 103) m'a ravi ; vous excellez dans ces
effets-là. La grande lettre de Cécile est une bonne chose.
Il en est de même du caractère de Julia et de la passion
désordonnée qu'elle inspire. Mais je blâme souvent le
lâche du style, des expressions toutes faites, comme les
notabilités de la société (page 85) ; « Le destin jeta une
nouvelle pomme de discorde » (page 87) ; « M'abreuver

de son sang » (page 91). Cela se dit en tragédie, et ne doit plus se dire, parce que jamais cela ne fut pensé. Ce sont de légères fautes, il est vrai ; mais un esprit aussi distingué que le vôtre devrait s'en abstenir. Travaillez ! travaillez !

Voici un trait que je trouve excellent (page 114) : « Avec autant de terreur que si elle eût ignoré les faits qu'elle contenait » ; et cette phrase jetée en passant (page 124) : « Il faut avoir vécu dans une ville de province pour savoir », etc. Les pages 132-133 : fort beau. *L'oubli, cette grande misère du cœur humain, qui les complète toutes,* 146, sublime ! La longue lettre de Julia, écrite de son couvent, est un petit chef-d'œuvre et, de tout ce que je connais de vous, c'est incontestablement ce que j'aime le mieux. Tout ce roman de *Cécile,* du reste, me plaît beaucoup. Je n'en blâme que le cadre. L'ami qui écoute l'histoire ne sert pas à grand-chose. Vos dialogues, en général, ne valent pas vos narrations, ni surtout vos expositions de sentiment. Vous croyez que je vous traite en ami, c'est-à-dire sévèrement. C'est parce que je suis sûr que vous pouvez faire des choses charmantes, exquises, que je me montre si pédant. Rabattez la moitié de mes critiques et centuplez mes éloges. Ma première lettre sera remplie par mes observations sur *Angélique*[1].

À JULES DUPLAN

[Croisset, vers le 20 mai 1857.]

Non, mon bon vieux, malgré votre conseil[2] je ne vais pas abandonner *Carthage* pour reprendre *Saint Antoine,* parce que : je ne suis plus dans ce cercle d'idées et qu'il faudrait m'y remettre, ce qui n'est pas pour moi une petite besogne. Je sais bien qu'au point de vue de la critique (mais de la critique seulement) ce serait habile, pour la dérouter. Mais, du moment que j'écrirais en pensant à ces drôles, je ne ferais plus rien qui vaille. Il me faudrait *rentrer* dans la peau de saint Antoine, laquelle est plus tatouée et plus profonde que celle de Chollet[3]. Je suis dans *Carthage* et je vais tâcher au contraire de m'y enfoncer le plus possible, et de m'ex-halter.

Saint Antoine est d'ailleurs un livre qu'il ne faut pas rater. Je sais maintenant ce qui lui manque. À savoir deux choses : 1º le plan ; 2º la personnalité de saint Antoine. J'y arriverai. Mais il me faut du temps, du temps ! D'ailleurs, merde pour la critique ! Je me fous de *on* et c'est parce que je m'en suis foutu que la *Bovary* mord un tantinet. Que l'on me confonde tant que l'on voudra avec Barrière et le jeune Dumas[1]. Cela ne me blesse nullement, pas plus que les prétendues fautes de français relevées par ce bon M. Deschamps[2]. Seulement, je prie Gleyre[3] d'*inonder* Buloz de *traits* piquants.

Bouilhet, qui pense trop au public et qui voudrait plaire à *tout le monde* tout en restant lui, fait si bien qu'il ne fait rien du tout. Il oscille, il flotte, il se ronge. Il m'écrit de sa retraite[4] des lettres désespérées. Tout cela vient de son irrémédiable jeanfoutrerie. Il ne faut *jamais* penser au public, pour moi, du moins. — Or je sens que si je me mettais à *Saint Antoine* maintenant, je l'accommoderai selon les besoins de la circonstance, ce qui est un vrai moyen de chute.

Réfléchissez à cela, mon bon, et vous verrez que je ne suis pas si entêté que j'en ai l'air. *Carthage* sera d'ailleurs plus amusant, plus compréhensible et me donnera, j'espère, une autorité qui me permettra de me lâcher dans *Saint Antoine*.

Pensez-vous à couper *Candide* en tableaux pour une féerie ? Tâchez d'avoir fait cette besogne quand vous viendrez ici.

Et Siraudin[5] ? *Quid ?*

Je compatis d'autant mieux à vos embêtements financiers que je suis pour le moment dans une *dèche* profonde. J'ai dépensé depuis le 1er janvier plus de 10 000 francs, ce qui est trop pour un mince rentier comme moi, et j'ai encore mille écus de dettes. Aussi vais-je rester à la campagne le plus longtemps possible ; raison d'économie ! monsieur ! raison de travail aussi ! Je me ficherais de ça complètement si les phrases roulaient bien ! Espérons que ça va venir.

J'ai reçu l'article Limayrac. Quel crétin avec son grand écrivain sur le trône[6] !

Adieu, vieux, je vous embrasse.

Lévy m'a écrit qu'il allait faire un second tirage :

voilà 15 000 ex[emplaires] de vendus ; *aliter :* 30 000
francs qui me passent sous le nez[1] !

MADEMOISELLE LEROYER DE CHANTEPIE
À GUSTAVE FLAUBERT

[Angers,] ce 23 mai 1857.

Non, Monsieur et ami, je ne mesure pas votre affection, au plus
ou moins de fréquence de vos lettres. Je suis heureuse et fière de
l'estime, de l'amitié que vous m'accordez, mais quoique vos lettres
me fassent un extrême plaisir, je sais trop que des occupations
plus utiles réclament votre temps. Je vous écrirai quand même,
car si après avoir lu *Madame Bovary*, je pensais à l'auteur à cause
de l'œuvre, maintenant je confonds dans mon admiration et dans
ma pensée, l'œuvre et l'écrivain. J'attendais moi aussi pour vous
écrire les numéros du *Phare* contenant mon *compte rendu*, il devait
paraître cette semaine, je vous l'enverrai aussitôt qu'il me parviendra[2]. Non, je ne manque pas de la faculté d'examen, ma vie
est une continuelle analyse de mes sentiments et de mes pensées,
mais ce que j'éprouve ce sont des hallucinations intérieures, des
illusions morales, qui ne s'exercent que dans le monde intellectuel,
là tout échappe à la perception. Que dire contre les doutes de la
conscience ? Je suis certaine que lorsque je vous parle de confession,
vous me croyez de l'autre siècle, ou plutôt d'un monde anéanti,
mais j'ai été élevée dans ces croyances. Placez-vous un instant à
mon point de vue, vraie ou fausse je crois à la confession, à la
présence de Dieu dans la communion, jugez de mes terreurs !
Non, je n'ai point à me reprocher de faute réelle selon le monde,
toutes mes terreurs partent de l'accomplissement de ces deux
devoirs terribles : confession et communion. Depuis plusieurs
années, je ne me suis pas sentie l'âme assez calme pour communier ; il y a près d'un an que je n'ai pu me confesser, je me le
reproche, mais mes idées se troublent et je deviens presque folle.
Depuis que j'ai commencé cette lettre, j'ai eu une crise assez forte
pendant la nuit, alors, rien ne peut donner l'idée de ce que je
souffre, je me crois perdue, et la compression du cœur est telle
qu'à chaque instant je succombe, le tout par suite d'idées et d'impressions morales. Quelque malheureux qu'on puisse être, croyez que
personne ne l'est davantage que moi ! Oui, je déplore l'injustice,
la turpitude de ce monde, j'en ai trop souffert, je vois tous et
chacun en souffrir trop pour ne pas me révolter contre ce qui
existe. Vous me dites que si nous voulons vivre, il faut renoncer
à avoir une idée nette de quoi que ce soit ; ainsi, nous sommes
condamnés à errer dans les ténèbres. Comme vous, je comprends,

je partage la passion de l'étude, l'amour de la science et de l'art, le seul qui me donne encore le courage de vivre. Vous me dites de renoncer à me tourmenter de confession, par amour de moi ; vous pourriez bien dire par pitié pour moi-même et dans l'intérêt de ma conservation intellectuelle, mais il y a quelque chose de plus fort que l'intérêt de l'existence même de la raison et c'est l'accomplissement du devoir ! Quand il devient impossible, il ne reste plus que le suprême désespoir. Il y a longtemps qu'on me dit que c'est l'excès d'imagination et de pensées inoccupées qui me fait tant souffrir. Oui, vous avez raison, ma pensée se dévore elle-même, voilà peut-être l'origine de mon mal. Vous me dites de faire des études, donnez-m'en le plan ? de travailler beaucoup, mais à quoi ? Donnez-moi, je vous prie, des prescriptions à ce sujet, et puis je suis d'une santé déplorable avec une activité d'âme extrême. J'ai pu me remettre à lire depuis peu de temps et à écrire, je le fais avec délices, mais on me défend de lire ou d'écrire plus d'une heure par jour. Les défauts que vous trouvez dans mes ouvrages doivent être innombrables, je ne sais rien, à peine l'orthographe, j'ai appris l'histoire en extraits, et je vous avoue que ce genre de lecture m'ennuie. J'ai commencé l'*Astronomie populaire* d'Arago[1] que je ne comprends pas. J'ai lu beaucoup de romans pendant mes longues années de maladie : Mme de Staël, A. Karr[2], August Lafontaine[3], des traductions anglaises qui me charment, puis G. Sand, Charles Reybaud[4] ; maintenant, tout ce qui se publie en fait de romans me paraît illisible pour tout le monde en général, et pour moi, en particulier. J'ai là Lamennais, *Terre et ciel* de Jean Reynaud[5] répond à toutes mes sympathies. J'ai là des fragments de P. Leroux[6] ; la *Revue philosophique,* parmi bien des choses que je trouve déraisonnables, m'offre des aperçus lumineux. J'ai là Byron, Lamartine, Victor Hugo ! Pour l'économie politique et sociale, j'aimerais autant lire du latin que je ne comprends pas. Évidemment, l'humanité n'est pas dans les conditions d'existence qui lui sont propres, que ce soit par la faute du premier homme, ou autrement ; il est certain que la souffrance et la mort, le mal surtout, est contraire à la nature originelle, ou finale de l'homme. Je crois comme vous au progrès[7], mais toujours il faudra se séparer, souffrir, mourir et cette prévision seule suffira pour empêcher d'être heureux. Alors, il faut chercher ailleurs l'immortalité, l'union indissoluble, le bonheur. Je vais plus loin que vous, je crois à une réhabilitation finale, non seulement de l'homme, mais encore de tous les êtres, c'était l'opinion d'Origène[8] qui m'était infiniment sympathique. Ne pas savoir d'où je viens, ni où je vais, ignorer l'origine, et le but, sans certitude à cet égard, n'est-ce pas affreux ! Vous me dites que sans cesse des chiffres s'ajoutent à des chiffres, cela est vrai. Je crois comme vous à l'évolution perpétuelle de l'humanité sur notre globe, mais voilà pour le temps, mais au-delà, mais ailleurs ! que se passe-t-il et que trouverons-nous ? Voilà le grand, l'éternel problème, auprès duquel le problème social disparaît, oui, tout ce qui s'est passé, même depuis 20 ans, est déjà de l'histoire ancienne comme si des siècles s'étaient écoulés. Je dis avec vous que la démocratie est déjà usée, il faut plus et mieux, mais on peut, on doit toujours être à la recherche du mieux et tâcher de le réaliser ; oui, le meilleur gouvernement est celui qui finit, parce qu'il fait place à un autre. Le monde marche et pourtant on se demande parfois s'il marche en arrière ou en avant ! Vous m'en voulez de demander l'instruction obligatoire[1], je me suis souvent demandé si l'ignorance et la vie sauvage n'étaient pas préférables à l'instruction et à la vie civilisée. Pourtant savoir est aussi nécessaire à l'âme que le pain au corps, oui, comme vous, je voudrais une liberté absolue, que chacun fût son maître, son prêtre, son roi à lui-même et ne suivît que les inspirations de Dieu et de sa conscience. Pour *Cécile*[2] j'ai écrit ce que je pensais, ce que j'éprouvais, voilà tout, ne cherchez jamais autre chose dans ce que j'écrirai. À présent, je vais vous parler de l'état de mon âme, ne croyez pas que je m'occupe de moi, ma vie s'est passée et se passe dans un dévouement continuel, souvent à des indifférents. Je n'ai aucune affection exclusive. J'aime ceux qui m'entourent par reconnaissance de l'amitié qu'ils me témoignent, par le sentiment du bien que je leur fais, et par l'habitude je les aime et ne voudrais pas les quitter, mais je n'ai aucune sympathie de cœur et d'âme bien profonde. N'attendant, n'espérant rien sur la terre, j'ai dû nécessairement rejeter tous mes sentiments, toutes mes pensées vers l'autre ; souvent au milieu de la nuit à la clarté de ma bougie, je veille en proie à une immense tristesse, il me semble que je suis délaissée de Dieu, ce dernier refuge des malheureux, et je me dis : je suis donc sans religion, sans Dieu. Il n'est rien au ciel et sur la terre qui m'aime et me protège, rien, pas un amour, un sentiment, une idée à laquelle je puisse me dévouer et dont je puisse vivre, pour laquelle je puisse mourir et donner avec joie ma vie ! alors, j'éprouve un sentiment d'isolement si horrible que rien n'en peut donner l'idée, mon âme seule, tremblante ne trouve de refuge ni sur la terre, ni au ciel ! alors, pourquoi travailler, pourquoi vivre si je suis sans but, et si je lutte inutilement contre l'impossible. Je sens bien que je ne vis pas de la vie des autres êtres, la réalité m'est insupportable, je voudrais une existence purement spirituelle, une innocence parfaite depuis la naissance jusqu'à la mort ; je souffre de la vie matérielle, elle m'est antipathique en moi et chez les autres. Je voudrais vivre d'air, de parfums et d'harmonie. Si j'ai parlé des ennuis de la vie de province dans *Cécile*, c'est que j'en ai souffert toute la vie et que j'en souffre tous les jours ; que de relations insupportables et d'occupations monotones qui tuent la pensée ! Je vous écrirai en détail mon genre de vie et ma position matérielle dans une prochaine lettre[3]. Je termine en vous disant que tout le monde lit et relit *Madame Bovary* et répète que c'est un chef-d'œuvre. Je vous enverrai mon compte rendu[4]. Je me sens mieux depuis que je vous ai dit toutes mes souffrances.

Adieu, Monsieur et ami, votre pensée est inséparable de la mienne. Croyez toujours à l'inaltérable et profonde amitié avec laquelle je suis votre toute dévouée

M.-S. LEROYER DE CHANTEPIE.

À MICHEL LÉVY

[Croisset, 24 ou 31 mai 1857.]

Mon cher Michel,

Vous recevrez en même temps que ce petit mot un exemplaire de la *Bovary* corrigé[1]...

À ERNEST FEYDEAU

[Croisset, vers le 25 mai 1857.]

Aimable Nabouchoudouroussour[2],

On vous attend lundi 8 juin[3], train de 7 h 1/2, à la gare de la Rue Verte. J'ai écrit à S[aint]-Victor[4] pour l'inviter et j'écrirai à Théo un de ces jours[5]. Mais j'espère bien que c'est une affaire convenue depuis longtemps.

Je bûche comme un nègre. J'entasse bouquins sur bouquins, notes sur notes. Mais c'est bien difficile, mon pauvre vieux!

Envoyez donc promener tous les conseils *que* l'on vous donne! Les incertitudes *que* l'on a ne viennent jamais *que* d'autrui!

J'espère bien, immonde neveu, que tu ne vas pas me faire mener une vie de galérien, ni me forcer, moi et mes hôtes, à me lever à des heures indues. On laissera les portes ouvertes et tu pourras dès l'aurore vagabonder dans la campagne.

Je vous lirai une

TRAGÉDIE!!!!

de moi, oui Monsieur, une tragédie que je croyais perdue et que j'ai retrouvée[6].

[Voir la suite de la lettre au Supplément, p. 1519.]

À JULES DUPLAN

[Croisset, après le 28 mai 1857.]

Mon cher vieux,

Veuillez dire à l'énergumène Crépet[1] de m'envoyer incontinent les renseignements sur Carthage. Je les attends avec curiosité et impatience. Donnez-moi en même temps des nouvelles de ce mortel. Les soirées ont-elles toujours lieu ? et le docteur *allemand ?* etc. Vos lettres sont courtes, mon vieux. Mais je vous vitupère surtout de laisser là Siraudin[2]. Allons, *caleux !* un peu de couilles au cul ! Fa ! — outre !!! (prononciation énergique du mot Foutre[a]).

Quant à moi, j'ai une indigestion de bouquins. Je rote l'in-folio. Voilà *53* ouvrages différents sur lesquels j'ai pris des notes depuis le mois de mars ; j'étudie maintenant *l'art militaire,* je me livre aux délices de la contrescarpe et du cavalier, je pioche les balistes et les catapultes. Je crois enfin pouvoir tirer des effets neufs du tourlourou antique. Quant au paysage, c'est encore bien vague. Je ne *sens* pas encore le côté religieux. La psychologie se cuit tout doucement. Mais c'est une lourde machine à monter, mon cher vieux. Je me suis jeté là dans une besogne bougrement difficile. Je ne sais quand j'aurai fini, ni même quand je commencerai.

Ai-je bien fait d'envoyer ma carte au père Dumas ? il me semble que oui ; car son article, à tout prendre, était favorable, bien qu'il ait lu mon livre légèrement[3].

Lévy m'a envoyé le *Rabelais*[4] ; ainsi s'il vous tombe sous la main, ne me l'envoyez pas.

Je sais pertinemment qu'il y aura un article sur moi dans *L'Univers*[5]. Je vous le recommande.

Quand viendrez-vous me voir ? n'attendez pas que les « Beaux jours » soient passés.

Adieu, mon vieux. Mille remerciements pour tous vos envois.

Je vous embrasse.

J'ai reçu le Cuvillier. C'est d'une insigne mauvaise foi. Remarquez-vous qu'on affecte de me confondre avec le jeune Alex. ? Ma *Bovary* eſt une *Dame aux camélias,* maintenant[1] ! Boûnn !

Quant au Balzac, j'en ai décidément les oreilles cornées. Je vais tâcher de leur triple-ficeler quelque chose de rutilant et de gueulard où le rapprochement ne sera plus facile[2]. Sont-ils bêtes avec leur observation de mœurs ! Je me fous bien de ça !

À THÉOPHILE GAUTIER

[Croisset,] samedi. [30 mai 1857.]

Cher vieux Maître,

Je t'attends dans huit jours avec Feydeau et Saint-Victor. Tu laisseras ces deux jeunes boursiers[3] s'en retourner à leurs ignobles occupations et tu reſteras avec moi, seul. Voilà ce que j'espère.

Arrive. Je t'attends. Je m'arrangerai pour procurer à mes hôtes un *De Sade* complet ! Il y en aura *des* volumes sur les tables de nuit[4] !

Adieu, ne manque pas à ta parole ! Sacré nom de Dieu !

À toi.

Mille amitiés à Erneſta[5].

À MICHEL LÉVY

[Croisset,] mercredi, 8 h[eures] du soir.
[Mai ou juin 1857.]

Mon cher Michel,

Il paraît que le nom de M. Sénart s'écrit avec D et non avec un *T*[6]. Dans les ex[emplaires] qui reſtent à tirer y a-t-il moyen de corriger cette erreur ?

Je vous enverrai les exemplaires dont je ne sais pas les adresses. Aurez-vous l'obligeance de les mettre — et de faire diſtribuer les susdits volumes.

Auriez-vous, à vous, encore une douzaine d'exem-

plaires de l'édition en un vol[ume] ? Je suis à court,
comme une bête.

Tout à vous.

À EMILE CAILLETEAUX

[Croisset, près Rouen, 4 juin 1857.]

Monsieur,

La lettre flatteuse que vous m'avez écrite me fait un
devoir de répondre franchement à votre question.

Non, Monsieur, aucun modèle n'a posé devant moi.
Madame Bovary est une pure invention. Tous les personnages de ce livre sont complètement imaginés, et
Yonville-l'Abbaye lui-même est un pays *qui n'existe pas,*
ainsi que la Rieulle, etc. Ce qui n'empêche pas qu'ici,
en Normandie, on n'ait voulu découvrir dans mon
roman une foule d'allusions. Si j'en avais fait, mes
portraits seraient moins ressemblants, parce que j'aurais
eu en vue des personnalités et que j'ai voulu, au contraire,
reproduire des types[1].

C'est une des plus douces joies de la littérature,
Monsieur, que d'éveiller ainsi des sympathies inconnues.
Recevez donc toute l'expression de la mienne.

Avec mes salutations.

À HAMILTON AÏDÉ

Croisset, 4 juin [1857].

Je viens de lire votre volume[2], impatiemment attendu ;
car on a été plusieurs jours à me l'envoyer de Paris. Il
m'a charmé, mon cher ami, vous êtes un vrai poète,
dans la plus haute et la plus spiritualiste acception du
mot.

Dans le poème d'*Éléonore,* la description du vieux
château et l'enfance de votre héroïne m'ont ravi.

J'ai retrouvé dans vos pièces italiennes les propres
impressions que j'ai eues moi-même sur les lieux.

Je trouve, parmi vos pièces détachées, celle des deux maîtresses (p. 222) d'une originalité transcendante, et la chanson *I sat with my,* etc., m'a semblé un pur chef-d'œuvre.

Tout ce volume est plein d'un souffle doux, qui vous caresse et sent bon comme une brise d'été. Continuez, mon cher ami, aimons toujours les lettres ! cet amour-là console de tous les autres et les remplace. Les misères de la vie sont peu de chose quand on se tient sur un sommet. Tout est petit du haut des Alpes.

Je vous remercie donc bien cordialement du plaisir que vous m'avez fait, et je ne demande qu'une chose, c'est à vous revoir l'hiver prochain, à Paris.

Je n'ai pas reçu de lettres de Gertrude[1], cela me ferait grand plaisir d'en recevoir. Dites-le-lui.

Je voudrais bien aller à Manchester[2], mais un travail fort compliqué me retient ici. Il faut que je soigne ma seconde publication, pour laquelle on sera difficile, car votre amitié apprendra avec plaisir que mon roman a réussi au-delà de toutes mes espérances. La presse s'en est vraiment occupée, j'ai été très critiqué et très loué. J'avais un autre livre tout prêt, un ouvrage plein de théologie et d'histoire, sur lequel je comptais beaucoup comme contraste[3] ; mais j'ai peur d'un nouveau procès, et j'en ajourne la publication. Aussi me faut-il faire du nouveau. Il est même probable que je resterai seul à la campagne une partie de l'hiver.

J'espère bien que notre correspondance n'en restera pas là. Au revoir donc !

À MADEMOISELLE LEROYER DE CHANTEPIE

[Croisset,] 6 juin [1857].

Cette lettre sera courte, mais il y a longtemps que je ne vous ai écrit, ce me semble ? et comme je vais être dérangé tous ces jours-ci (j'attends trois amis[1] de Paris qui viennent passer[a] quelque temps chez moi) je ne veux pas remettre à plus longtemps, le plaisir de causer avec vous.

Non, détrompez-vous ! je ne raille nullement (et pas même dans le plus profond de ma conscience) vos sentiments religieux. Toute piété m'attire. Et la catholique par-dessus toutes les autres. Mais je ne comprends pas *la nature* de vos doutes. Ont-ils rapport au dogme ou à vous-même ? Si je comprends ce que vous m'écrivez, il me semble que vous vous sentez *indigne ?* Alors rassurez-vous. Car vous péchez par excès d'humilité, ce qui eſt une grande vertu. Indigne ! pourquoi ? pourquoi, pauvre chère âme endolorie que vous êtes ? Rassurez-vous. Votre Dieu eſt bon et vous avez assez souffert pour qu'il vous aime. Mais si vous avez des doutes sur le fond même de la religion (ce que je crois, quoi que vous en disiez), pourquoi vous affliger de manquer à des devoirs, qui dès lors ne sont plus des devoirs ? Qu'un catholique sincère se fasse musulman (pour un motif ou pour un autre), cela eſt un crime aux yeux de la religion comme à ceux de la philosophie. Mais si ce catholique n'eſt pas un croyant, son changement de religion n'a pas plus d'importance qu'un changement d'habit. Tout dépend de la valeur que nous donnons aux choses. C'eſt nous qui faisons la moralité et la vertu. Le cannibale qui mange son semblable eſt aussi innocent que l'enfant qui suce son sucre d'orge. Pourquoi donc vous désespérer de ne pouvoir[b] ni vous confesser, ni communier, puisque vous ne le *pouvez* pas ? Du moment que ce devoir vous eſt impraticable, ce n'eſt plus un devoir. — Mais non ! L'admiration que vous me témoignez pour Jean Reynaud[2] me prouve que vous êtes en plein dans le courant de la critique contemporaine et cependant vous tenez par l'éducation, par l'habitude et par votre nature personnelle aux croyances du passé. Si vous voulez sortir de là, je vous le répète,

il faut *prendre un parti,* vous enfoncer résolument dans
l'un ou dans l'autre. Soyez avec sainte Thérèse ou avec
Voltaire[a]. Il n'y a pas de milieu, quoi qu'on dise.

L'humanité maintenant est exactement comme vous.
Le sang du moyen âge palpite encore dans ses veines et
elle aspire le grand vent des siècles futurs, qui ne lui
apporte que des tempêtes.

Et tout cela, parce qu'on veut une *solution.* Oh !
orgueil humain. Une solution ! le but, la cause ! Mais
nous serions Dieu, si nous tenions la cause. — Et à
mesure que nous irons, elle se reculera indéfiniment,
parce que notre horizon s'élargira. Plus les télescopes
seront parfaits et plus les étoiles seront nombreuses.
Nous sommes condamnés à rouler dans les ténèbres et
dans les larmes.

Quand je regarde une des petites étoiles de la voie
lactée, je me dis que la terre n'est pas plus grande que
l'une de ces étincelles. — Et moi qui gravite une minute
sur cette étincelle, que suis-je donc, que sommes-nous ?
Ce sentiment de mon infimité, de mon néant, me rassure.
Il me semble être devenu un grain de poussière perdu
dans l'espace, et pourtant je fais partie de cette grandeur
illimitée qui m'enveloppe. Je n'ai jamais compris que
cela fût désespérant. Car il se pourrait bien qu'il n'y
eût rien du tout, derrière le rideau noir. L'infini, d'ailleurs,
submerge toutes nos conceptions. Et du moment qu'*il*
est, pourquoi y aurait-il *un but* à une chose aussi relative
que *nous ?*

Imaginez un homme qui, avec des balances de mille
coudées voudrait peser le sable de la mer. Quand il
aurait empli ses deux plateaux, ils déborderaient et son
travail ne serait pas plus avancé qu'au commencement.
Toutes les philosophies en sont là. Elles ont beau se dire :
« Il y a un poids cependant, il y a un certain chiffre qu'il
faut savoir. Essayons » ; on élargit les balances, la corde
casse, et toujours ainsi, toujours ! Soyez donc *plus
chrétienne.* Et résignez-vous à l'ignorance. Vous me
demandez quels livres lire. Lisez Montaigne, lisez-le
lentement, posément ! *Il vous calmera.* Et n'écoutez pas
les gens qui parlent de son égoïsme. Vous l'aimerez,
vous verrez. Mais ne lisez pas, comme les enfants lisent,
pour vous amuser, ni comme les ambitieux lisent, pour
vous instruire. Non. Lisez *pour vivre.* Faites à votre âme

une atmosphère intellectuelle qui sera composée par l'émanation de tous les grands esprits. Étudiez, à fond, Shakespeare et Goethe[1]. Lisez des traductions des auteurs grecs et romains, Homère, Pétrone, Plaute, Apulée, etc., et quand quelque chose vous ennuiera, acharnez-vous dessus. Vous le comprendrez bientôt, ce sera une satisfaction pour vous. Il s'agit *de travailler,* me comprenez-vous ? Je n'aime pas à voir une aussi belle nature que la vôtre s'abîmer dans le chagrin et le désœuvrement. Élargissez votre horizon et vous respirerez plus à l'aise. Si vous étiez un homme et que vous eussiez vingt ans, je vous dirais de vous embarquer pour faire *le tour du monde.* Eh bien ! faites le tour du monde dans votre chambre. Étudiez ce dont vous ne vous doutez pas : la Terre. Mais je vous recommande d'abord Montaigne. Lisez-le d'un bout à l'autre et quand vous aurez fini, recommencez. Les conseils (de médecins, sans doute) que l'on vous donne me paraissent peu intelligents. Il faut, au contraire, fatiguer votre pensée. Ne croyez pas qu'elle soit usée. Ce n'est point une courbature qu'elle a, mais des convulsions. Ces gens-là, d'ailleurs, n'entendent rien à l'âme. Je les connais, allez !

Je ne vous parle pas aujourd'hui d'*Angélique*[2], parce que je n'ai ni le temps ni la place. Je vous en ferai une critique détaillée dans ma prochaine lettre.

Adieu, et comptez toujours sur mon affection. Je pense très souvent à vous, et j'ai grande envie de vous voir. Cela viendra, espérons-le [...].

À OLYMPE BONENFANT

[Croisset,] 14 juin [1857.]

Ma chère Olympe,

Je n'ai pas, je crois, répondu à ta dernière lettre qui m'est arrivée il y a déjà plus d'un mois, dans le coup de feu de ma publication. Elle marche sur des roulettes et si je n'avais été un sot j'aurais maintenant la bourse ronde, puisque mon éditeur a déjà vendu 15 mille exemplaires, ce qui, à deux francs le vol[ume], fait 30 mille francs[3]. — Et la vente ne fait qu'augmenter. C'est en somme une *somme* de quarante à cinquante mille francs que j'aurais pu gagner cette année, et qui me passe sous le nez. Voilà! Je suis, il est vrai, comblé d'honneurs. On m'éreinte et l'on me vante, on me dénigre et on m'exalte. Mais je n'aurais pas été fâché d'avoir quelques monacos. — Quelle joie c'eût été pour ton pauvre père[1] s'il avait vécu, que de voir son neveu ainsi devenu un homme célèbre! Dans le cours de tous mes tracas, j'y ai pensé sans cesse. Les articles de journaux l'auraient fait se pâmer d'aise ou d'indignation.

Qu'est-ce donc que cette toux dont Caroline ne se débarrasse pas? Elle a passé l'âge où cela peut donner des inquiétudes, soit dit sans galanterie. Je t'assure pourtant que ce n'est pas notre faute et que nous l'avons, tout le long de l'hiver, blâmée quand elle apparaissait trop légèrement vêtue. Gardez-la « au sein de la famille », et venez tous aux vacances à Croisset. Ma mère ne t'en parle pas, pour ne point rabâcher continuellement la même chose. Mais elle compte sur vous tous, elle vous *espère,* comme on dit ici, et serait très désappointée si vous ne veniez point.

Elle[2] ne te parle pas non plus, autant qu'elle le voudrait, de Dupont, sachant le mal que s'y donne Bonenfant[3], et pour ne pas vous ennuyer. Mais je t'assure sans la moindre exagération que ces incertitudes d'argent continuelles lui rendent la vie désagréable. Elle ne sait jamais sur quoi compter et la moindre dette la tourmente. Afin de pouvoir payer comptant, elle s'impose de grandes privations. Je souligne le mot et je le répète. Ainsi elle va vendre sa voiture. Mlle Juliette[4] s'en va au mois de septembre et elle ne reprendra pas d'institutrice. Je sais bien qu'il y a un peu d'excès dans ses inquiétudes, mais où veux-tu qu'elle trouve de l'argent quand ses fermiers ne lui en donnent pas. (Compare d'ailleurs sa position présente à celle d'autrefois!) Elle passerait encore par-dessus les retards, si, au moins, elle savait à *quoi s'en tenir,* si elle avait la certitude d'être payée à une époque *fixe.* Dupont, m'a-t-elle dit, lui doit environ 6 mille francs. Les termes s'accumulent les uns par-dessus les autres. Cela n'en finit pas. Il faudrait qu'il s'acquitte une bonne fois pour toutes afin de se mettre au pair. Autrement il n'en sortira pas. Je crois que Bonenfant ferait bien d'aviser à le remplacer. C'est là le parti le plus sage. Enfin je t'assure, ma chère Olympe, que par contrecoup je suis très malheureux de tout cela.

Je commence toujours par trouver que ma mère n'a pas
le sens commun, qu'elle exagère et se tourmente sans
motif, puis quand elle m'a exposé les faits, je trouve
qu'elle a parfaitement raison. — Et je ne sais pas (avec les
charges qu'elle a) comment elle fait pour parvenir à
nouer les deux bouts. Tâchez, toi et Bonenfant, de nous
sortir de là. Moi, je suis excédé d'entendre continuellement geindre après l'argent, et d'autant plus excédé que
ces gémissements sont justes. Cela fait un point noir dans
notre vie. — Et nous donne quotidiennement un tas de
petits désagréments que l'on pourrait éviter. Il faut, en
un mot, que Dupont en finisse. Je t'avouerai d'ailleurs
que la manière agréable dont j'ai été exploité par mon
éditeur[1] m'a rendu peu tendre. [...]

[Voir la suite de la lettre au Supplément, p. 1520.]

À ERNEST FEYDEAU

[Croisset, 15 ou 18 juin 1857.]

Amant de la nature et des arts,

Aucune plume, pas même la tienne ne pourrait
exprimer l'état d'emmerdement profond où je me suis
trouvé après votre départ. Je regrettais le gamianiste
Saint-Victor, le Dolmancé Théo, et le chevalier Feydeau[2].
Nom de Dieu ! me suis-je embêté ! me suis-je embêté !
Vous pouvez vous vanter de cela, mes bichons.

Et maintenant, je ne m'amuse pas non plus. Je bûche
et sur-bûche, mais !... mais !... Mon plan est fait et
arrêté. Ne sais-je, néanmoins, quand je me mettrai aux
phrases. Il me manque encore bien des choses sur
lesquelles je veux avoir des idées nettes. Et puis je
deviens si timide ! Tout me fait peur maintenant.

Ce qui s'est passé à la *Revue des Deux Mondes* relativement à moi m'est fort indifférent. Ce qui avait *piqué*
ma curiosité était de savoir pourquoi on était revenu
à deux fois[3] sur mon dos. Voilà tout. Ah ! ce ne sont pas
les critiques des autres qui m'embêtent, mais les miennes !
Je défie à qui que ce soit de me dire la centième partie
des choses désagréables que je m'adresse quotidiennement. J'en ai quelquefois envie de pleurer.

Quand les populations jouiront-elles de la suite des *Cérémonies funèbres*[1] ? J'en aurais besoin. Et *L'Été* ? est-ce pour lundi[2] ?

Mille amitiés à Aubryet[3] qui recherche toutes les occasions de m'être agréable.

J'ai découvert dans *le livre*[4] deux ou trois passages bien gentils, que je vous réserve pour votre prochaine visite.

Si tu veux, ô lubrique amant de la nature et des arts, voir derechef l'institutrice[5], il faudra venir avant le 1er septembre, car à cette époque, la jeune fille regagne Albion.

Adieu, mon vieux, amuse-toi bien aux Pyrénées. Parcours les vallons ! Monte sur les pics et sur les garces. Grimpe toutes les beautés, plonge-toi dans tous les précipices et pense parfois à ton.

À FRÉDÉRIC BAUDRY

[Croisset,] mercredi. [24 juin 1857.]

Mon cher Vieux,

Votre frère (M. Baudry junior[6]) m'a dit hier que vous arriviez à Rouen mardi prochain, en conséquence : je vous attends mercredi par le bateau de 10 heures. Nous avons à causer de mille choses et entre autres de Carthage qui me tracasse énormément. Vous ne trouverez pas en moi un homme gai ! Je crois que je me suis embarqué dans une sale besogne ! Quelquefois cela me paraît superbe. Mais il est des jours où il me semble que je navigue en pleine merde — si l'on peut s'exprimer ainsi.

Comme je suis déjà éreinté, mon ami ! comme je suis las ! comme il y a longtemps que je trime dans cette galère de l'art ! En un mot voici où j'en suis — de Carthage.

Mon plan est fait — et je crois bien fait. J'en sais suffisamment quant à l'Histoire, à l'art militaire, à la politique, etc., le côté religieux se fera. Mais j'ai bien peur de patauger dans le côté topographique et local. J'ai d'ailleurs en ces choses un besoin naturel de précision qui me ronge.

En attendant que nous devisions de tout cela,

faites-moi le plaisir de demander à notre ami Maury[1] :

1º Quand paraît son autre et ses autres volumes que j'attends ardemment ? J'ai dévoré le premier[2]. Est-il heureux cet homme-là de faire de pareils livres et d'être si savant !

2º Le colonel Pellissier, ancien colonel de Sous[se][3], a publié un tas de choses sur la régence de Tunis. J'ai lu de lui deux ou trois dissertations dans la *Revue archéologique* qui ne m'ont servi à rien. Mais il a, je crois, réuni tous ses travaux en un ouvrage et il a publié une carte de Tunis ; peut-on l'avoir à part ? (Tout ce que j'ai là-dessus ne me satisfait pas.) Dans ce cas-là, mon bon, vous l'achèteriez et me l'apporteriez[4].

3º M. Maury croit-il qu'il y aurait absurdité à dire que : la légende de Pasiphaé est phénicienne ? Cette idée m'a été fournie par la page 507-508 de son volume ou du moins semble en ressortir[5].

4º Où se procurer la dissertation de Rossignol sur l'orichalque (Paris, 1850)[6] ?

Enfin s'il connaissait quelque bonne description du susdit pays, cela me conviendrait fort.

J'ai lu quantité de choses — et beaucoup d'inutiles ! Je suis enfin trop avancé dans ce travail pour le lâcher. Car j'entrevois la possibilité d'arriver à des effets extrêmement originaux comme détails et à des mouvements de style folichons. Mais !… mais !…

Et tout cela, pourquoi ? pour qui ? pour le Bourgeois ! pour amuser cet infâme Bourgeois !

« Ah ! qué folie », comme dit Grassot[7] !

Adieu, vieux — à mercredi. À vous.

À JULES DUPLAN

[Croisset,] dimanche. [28 juin 1857.]

Mon Bon,

Pouvez-vous ou Crépet peut-il m'envoyer ce vol[ume] de l'*Encyclopédie catholique*[8] ?

L'adresser à *Rouen chez M. Achille Flaubert à l'Hôtel-Dieu.* Cela m'obligerait fort.

J'avance dans les notes, mais chaque jour il s'en

présente de nouvelles. C'est un travail sans fin, et dont
je commence à être las.

J'attends Bouilhet dans une huitaine, il a commencé
un grand drame moderne en cinq actes et en vers[1].

Je voudrais bien, moi, commencer au mois d'août[2].

Adieu, cher vieux, écrivez-moi. Quand vous viendrez
ici je vous montrerai à Rouen, chez M. Clogenson[3], des
Antiquités voltairiennes qui vous amuseront.

À vous.

À JEAN CLOGENSON

[Croisset, 28 juin 1857.]

Monsieur et cher ami,

Voici une petite liste de questions sur Carthage.

Pouvez-vous les envoyer à vos amis de Tunis?
Croyez-vous que je puisse avoir des réponses précises?

J'attends notre ami Bouilhet dans une dizaine de
jours. Aussitôt qu'il sera survenu, je vous prierai de
venir partager avec lui un maigre déjeuner, afin que nous
puissions philosopher tranquillement.

En attendant ce plaisir, je vous serre les mains bien
affectueusement.

Tout à vous.

Dimanche.

MADEMOISELLE LEROYER DE CHANTEPIE
À GUSTAVE FLAUBERT

[Angers,] ce 30 juin 1857.

Quoique j'aie bien tardé à vous remercier de l'aimable attention
que vous avez eue de m'écrire, je n'ai pas passé un jour sans penser
à vous, avec gratitude. Je me suis trouvée en songe chez vous, je
ne sais à quel propos, je ne vous voyais pas, mais j'entendais des
chants joyeux, et je me disais que c'étaient sans doute les amis que
vous attendiez de Paris, qui se réjouissaient avec vous[4]. Ce songe,
tout absurde qu'il est, vous prouve que je ne vous oubliais pas.

Je vous dirai que j'ai reçu plusieurs réponses de l'abbé Bessières[1], qui s'étonne qu'on puisse être aussi malheureux que je le suis au service de Dieu. Il me dit ensuite que je m'exagère la plupart de mes fautes et que les autres n'ont jamais existé que dans mon imagination. Il dit encore que la confiance a des bornes, là où elle est impossible, ce qui signifie sans doute que je puis m'abstenir de dire bien des choses explicatives. Voilà le mal, je le connais, je le sens, mieux que personne, mais où donc est le remède ? Mettez-vous à ma place, supposer qu'on est coupable de mille fautes imaginaires toutes plus pénibles à s'avouer à soi-même les unes que les autres, de ces choses sans nom, inconnues et détestables à soi-même, et pourtant dans le doute, se croire obligé à les dire lorsqu'on se refuse même à les penser, ne savoir comment exprimer tout cela, n'est-ce pas un martyre ? Si j'avais commis de ces fautes bien prononcées que tout le monde peut apprécier, je ne serais pas si en peine, mais mon ignorance des choses de ce monde est pour moi un mortel embarras. Vous me demandez si c'est le doute à l'égard des dogmes qui m'inquiète, non vraiment, on me les a enseignés, je les accepte sans examen. Celui des peines éternelles seul révolte mon cœur et ma conscience et je suis bien convaincue que Dieu ne veut perdre aucun de ses enfants. Je crains donc toujours que mes confessions et mes communions ne soient pas bonnes, et c'est le sujet de toutes mes terreurs. Il en résulte que je n'ose plus communier, et que la confession me devient impossible. Comme vous le dites, à l'impossible nul n'est tenu, mais enfin ma volonté lutte contre cette impossibilité que je crois obligatoire, et cet état est affreux. Comme vous le voyez, je n'en suis guère plus avancée, cependant je crois que si je m'entretenais avec l'abbé Bessières, je serais mieux. Il me semble intelligent et sa raison calme aurait peut-être le pouvoir de calmer et de raffermir la mienne. En effet, j'admire Jean Reynaud[2] et ses croyances sont les miennes relativement à la vie future, je n'ai jamais lu un livre si consolant. Sa doctrine ne me semble pas incompatible avec le catholicisme et si je suis hérétique à mon insu, j'en suis fâchée, mais je ne puis penser autrement. Je ne serai jamais ni avec s[ain]te Thérèse, ni avec Voltaire[3], tous deux en religion me sont également antipathiques. L'une me ferait haïr la religion, l'autre l'impiété. Ils n'étaient à coup sûr ni *l'un*, ni *l'autre* dans le vrai. Mon cher Monsieur et ami, n'ayez jamais la pensée désespérante du néant, vous me dites que peut-être il n'y a rien derrière le rideau, non, cela me fait de la peine, je vous aime trop pour vous laisser un pareil doute ! Croyez-moi, croyez en votre conscience et votre cœur, la vie est immortelle, nous existerons toujours, et j'espère bien vous retrouver un jour dans un monde meilleur. J'ai été élevée dans le catholicisme, je ne puis vivre sans religion, si celle-là me manquait, j'en voudrais une autre. Je crois que l'avenir amènera des transformations, des réformes successives en politique, en religion, parce qu'il y a des abus, des impossibilités, des injustices, qui ne

peuvent subsister. J'ignore quel sera l'avenir politique et religieux
de l'humanité, mais je l'entrevois, je l'espère, et *surtout* j'y *crois*.
Quoi qu'il en soit, il faudra toujours une manifestation, une forme
à la pensée religieuse. Je cherche souvent dans ma tête à quelle
formule on pourra s'arrêter, je n'ai pas encore trouvé. Il me faut
l'abri d'une religion, celle de ma mère a été la mienne. Je crois
devoir la suivre dans cette voie et j'espère la retrouver au but,
voilà tout. Je vais lire Montaigne que vous me prescrivez. Je
souffre moins en ce moment parce que je suis anéantie. Je ne pense
pas, mais je m'aperçois que je suis devenue insensible pour les
personnes et les choses que j'ai le plus aimées. Je ne me trouve pas
un désir, pas une espérance, rien qu'une résignation inerte qui
accepte tout, même mon malheur éternel si il le faut. Je n'ai pas
la volonté de me défendre de rien, je végète. Je me suis toute ma
vie tellement annihilée au profit des autres que j'ai fini par perdre
le sentiment de ma personnalité. Je me sens morte, quoique encore
restée sur la terre ; le seul bien que je demande à Dieu, c'est une
heure de lucidité et de calme avant ma mort. J'ai relu ces jours
quelques-uns des romans de G. Sand. *Lélia* surtout est un second
moi-même. Enfin, je sors de lire *André*, puis *La Marquise*[1], quel
chef-d'œuvre, on dirait que l'auteur a lu dans le cœur et l'âme
comme dans un livre. Si j'ai conservé un amour en ce monde, c'est
celui de l'art ; je n'ai entendu l'opéra qu'à Nantes, eh bien ! j'étais
si heureuse que je n'aurais pas désiré un autre paradis que celui-là ;
en ce moment je crains de perdre aussi cet amour de l'art qui me
faisait vivre au moins quelques heures. Je voulais aujourd'hui vous
parler avec détail de ma position matérielle et sociale, de ma vie
habituelle, ce sera pour la prochaine fois[2]. Vous avez reçu mon
compte rendu, 4 journaux.

Adieu, Monsieur et ami, toute à vous, votre dévouée

M.-S. LEROYER DE CHANTEPIE.

À ERNEST FEYDEAU

[Croisset, fin juin ou début juillet 1857.]

Non, mon cher monsieur, je n'ai commis aucune
lâcheté, même de geste, relative à votre endroit ; et avant
de traiter un homme de couillon, il faut avoir des
preuves qu'il l'est. Je trouve cette supposition gratuite
et du plus détestable goût, mon bonhomme ! Je ne
laisse jamais personne échigner, devant moi, mes amis
(c'est un privilège que je me réserve). Ils m'appar-
tiennent, je ne permets pas qu'on y touche. Rassure-toi

du reste ; ton ami Aubryet[1] ne m'a dit aucun mal de ta Seigneurie. Je l'ai vu, seul, pendant 20 minutes à peu près. Sitôt le dîner fini, il s'est embarqué. — Voilà ; et tu es un insolent !

Ta mauvaise opinion sur moi vient de ce qu'un jour je ne me suis pas mis de ton bord dans une discussion. — Le vrai est que je vous trouvais tous les deux également absurdes. — Et la lâcheté eût été de soutenir des théories qui n'étaient point miennes.

Tu me payeras toutes ces injures dans la critique que je te ferai de ton *Été,* grand enragé ! En l'attendant, tu peux te vanter d'avoir fait certain § XVII qui est un Morceau[2].

Si tu crois que tu m'amèneras au culte du simple et du carré de choux, détrompe-toi, mon vieux ! détrompe-toi ! Je sors d'Yonville, j'en ai assez ! Je demande d'autres guitares maintenant ! Chaussons le cothurne. — Et entamons les grandes gueulades ! Ça fait du bien à la santé.

As-tu lu mon éreintement dans *L'Univers*[3] ? J'attire la Haine du *Parti-prêtre,* c'est trop juste. Les mânes d'Homais se vengent.

Je déclare, du reste, que tous ces braves gens-là (de *L'Univers,* de la *Revue des Deux Mondes,* des *Débats*[4], etc.) sont des imbéciles *qui ne savent pas leur métier.* Il y avait à dire, contre mon livre, bien mieux, et plus. — Un jour que nous serons seuls chez moi, et les portes barricadées, je te coulerai dans le tuyau de l'oreille mes opinions secrètes sur la *Bovary.* — J'en connais mieux que personne les défauts et les *vraies* fautes. Ainsi il y avait tout au commencement une monstruosité grammaticale dont aucun, bien entendu, ne s'est aperçu[5].

Mais tout cela importe fort peu.

J'entamerai probablement *Carthage* dans un mois. Je laboure *La Bible* de Cahen[6], *Les Origines* d'Isidore[7], Selden[8] et Braunius[9]. Voilà ! J'ai bientôt lu tout ce qui se rapporte à mon sujet de près ou de loin. — Et bien que tu m'accuses d'ignorance crasse en botanique, je te foutrai une flore tunisienne et méditerranéenne très exacte, mon vieux. — Mais il faut, auparavant, l'apprendre.

Sache, d'ailleurs, que j'ai eu un prix en botanique. Le sujet de la composition était l'histoire des champignons. J'avais conchié, sur ce mets des dieux, vingt-

cinq pages tirées de Bomare[1] qui excitèrent l'enthousiasme de mes professeurs, et j'obtins la « juste récompense de mes labeurs assidus ».

Ce qui m'embête à trouver dans mon roman, c'est
l'élément psychologique, à savoir la façon de sentir.
Quant à la couleur, personne ne me *prouvera* qu'elle est
fausse.

Ci-inclus une petite note pour Théo[2]. S'il peut dire du
bien du susdit peintre[3], il me ferait plaisir. Je lui ai
déjà recommandé quelqu'un, j'ai peur de l'embêter avec
toutes mes recommandations. Tâche néanmoins qu'il
s'exécute, lui ou Saint-Victor.

Que vas-tu faire à Luchon, grand lubrique ? Ranimer
dans une atmosphère pure ta santé épuisée par les
débauches de la Capitale ! Tu vas porter, au sein des
populations rustiques, les vices et l'or de la civilisation !
Tu vas séduire les servantes ! *briller dans les tables
d'hôtes* par ton esprit ! semer des maximes incendiaires,
chausser de grandes guêtres et recueillir des métaphores ! rien que des métaphores et des paysages !
matérialiste que tu es !

Adieu. Tâche de bien te conduire et que ta famille
ne soit pas obligée d'aller recueillir les morceaux épars
de ton cadavre, déchiré en pièces dans quelque lupanar.
Ne *moleste* personne, il y a maintenant des gendarmes ;
prends garde ! Et surtout, sacré nom de Dieu ! abandonne l'habitude des pilules aphrodisiaques ; ça ne
vaut rien ! Tu te ruines le tempérament ! on te le répète,
mais tu ne veux croire personne. Le libertinage t'emporte ! Tâche aussi qu'on ne saisisse pas dans tes malles
tes *instruments* de débauche. Cela nous compromettrait
tous et ferait le plus grand tort à *L'Artiste*[4] !

Adieu, mon vieux, bon voyage ! on t'embrasse sur
le marchepied. À toi.

À JULES DUPLAN

[Croisset, début juillet 1857.]

Je viens d'écrire à E[dmond] About[5] et à Feydeau
pour votre ami Maisiat[6]. À Feydeau, afin qu'il se charge

de la commission, c'est-à-dire qu'il surveille Théo[1].
Je lui ai recommandé de repasser la note à Saint-Victor.
— Ce qui ne peut pas nuire. Si j'avais écrit à Gautier,
je n'aurais pas eu de réponse, parce qu'il est fort peu
épistolaire. Mais de cette façon je saurai ce qui en
adviendra. Je lui ai (à Théo), il y a quelques jours, écrit
pour lui recommander Foulongne[2]. Si vous voyez ce
dernier chez Gleyre, vous pourrez le lui dire. Je souhaite que tout cela serve à quelque chose.

J'ai reçu Le Figaro, et L'Univers[3]. Est-ce beau ! Je
suis en exécration dans le parti-prêtre. Cela doit attendrir
Gleyre à l'endroit de la Bovary.

Vous me faites l'effet, mon cher ami, vous qui m'en-
gueulez sur mes couillonnades, d'un fier caleux[4] ! Et
Siraudin[5] ? sacré nom de Dieu ! il ne s'agit pas de rester
assis sur vos couilles, comme ung veau pleurard ! Allons,
à l'ouvrage ! nom d'un petit bonhomme ! Le meilleur
de la vie se passe à dire : « Il est trop tôt », puis : « Il est
trop tard. » — Moi, dès le commencement d'août, je
me mets à Carthage ; j'ai bientôt tout lu. On ne pourra pas,
je crois, me prouver que j'ai dit, en fait d'archéologie, des
sottises. — C'est déjà beaucoup.

Je n'ai pas reçu le livre de Crépet[6] ; qu'il l'adresse
chez mon frère, à l'Hôtel-Dieu, à Rouen. Si Crépet était
un brave, il passerait à l'Institut ou rue de Seine, 2, et
ferait de ma part une révérence et mille remerciements
à M. Alfred Maury, bibliothécaire de l'Institut, lequel
tient à ma disposition un Mémoire sur l'Orichalque, de
Rossignol[7]. Il ne sait comment me faire parvenir la
chose. Crépet mettrait cette brochure dans le paquet du
susdit livre.

Lisez l'anecdote suivante. Vous m'avez entendu
parler d'un certain Anthime, ancien domestique de ma
mère et mari de la cuisinière que nous avons. Ce respectable serviteur, haut de cinq pieds huit pouces, porteur
de boucles d'oreilles, de bagues et de chaînes d'or,
tournure de chantre, air idiot, ami des prêtres et coo-
pérant, l'été, à l'édification des reposoirs, avait voulu,
ici, à Croisset, sodomiser le jardinier sous un hêtre, et
de plus, une autre fois, un douanier dans le corps de
garde.

Puis il a trouvé, en sortant de notre service, un ancien
distillateur enrichi que l'on appelle familièrement le

père Poussin. Ledit père Poussin était plutôt l'ami que
le maître d'Anthime. — Ils sortaient bras dessus bras
dessous et faisaient le soir la petite partie de cartes. —
Eh bien ! tout à coup, le père Poussin s'est fâché et a
foutu Anthime à la porte, car Anthime *avait voulu le
déshonorer !* et Anthime en est « tombé malade ». Sa
femme a reçu de lui, ce soir, une lettre où il la prie de
venir lui fermer les yeux. Il se crève d'une envie rentrée.
Le père Poussin a dit à la femme de ce misérable un
bien beau mot : « C'est un homme, Madame, qui aime
son semblable ! »

N.-B. — Le père Poussin est âgé de 72 ans ! et
hideux ! Il a un tremblement continuel et bavachotte
agréablement[a] ! —

Voilà, Monsieur, où nous ont conduits les Révolutions. Les couches inférieures n'ont plus aucune considération pour les supérieures. Les domestiques, à présent,
ne respectent plus leurs maîtres. Cependant on ne peut
nier qu'ils les aiment.

Est-ce joli ? Je termine comme *Lucrèce Borgia* :
« Hein ? qu'en pensez-vous ?... pour *la campagne !*[1] »
Adieu, cher vieux, tout à vous.
J'attends demain Bouilhet.

À MADEMOISELLE LEROYER DE CHANTEPIE

Croisset, 3 juillet 1857.

Merci mille fois de l'article[2] et mille fois encore !
J'ai reçu tout le paquet.

L'approbation, la sympathie d'un esprit comme le
vôtre m'est plus agréable mille fois que les injures de
L'Univers[3] ne me sont odieuses. Car vous saurez, chère
lectrice, que j'ai été fortement *injurié* par ce journal et
par beaucoup d'autres, — ce qui m'est complètement
égal, je vous assure.

Tous ces gens-là sont des sots. Aucun n'a dit *contre*
mon livre ce qu'il y avait à en dire. J'en sais plus long
qu'eux tous là-dessus. Ainsi, on m'a reproché (dans la
Revue des Deux Mondes, entre autres[4]) des fautes de

français qui n'en sont point, tandis qu'il y en avait une, une grossière, palpable, évidente, une vraie faute de grammaire, et qui se trouvait au début, dans la dédicace[1]. *Pas un* ne l'a vue. On ne la verra plus, du reste, car je l'ai fait enlever au second tirage qui a eu lieu il y a un mois. Tout cela, du reste, est fort peu important et très misérable. Il faut, quand on veut faire de l'Art, se mettre au-dessus de tous les éloges et de toutes les critiques. Quand on a un idéal net, on tâche d'y monter en droite ligne, sans regarder à ce qui se trouve en route.

J'ai une très longue lettre à vous écrire, j'attends la vôtre pour cela[2]; j'ai voulu seulement ce soir vous dire merci.

Un mot sur vous cependant. Puisque la musique vous fait tant de bien, pourquoi ne venez-vous pas l'hiver, à Paris, en entendre ? C'est une mauvaise chose que de vivre toujours aux mêmes endroits ; les vieux murs laissent retomber sur notre cœur, comme la poussière de notre passé, l'écho de nos soupirs oubliés et le souvenir des vieilles tristesses, ce qui fait une tristesse de plus.

Vous étouffez, il vous faut de l'air.

Mille tendres bonnes choses. Tout à vous.

À CHARLES BAUDELAIRE

Croisset, 13 juillet [1857].

Mon cher Ami,

J'ai d'abord dévoré votre volume[3] d'un bout à l'autre, comme une cuisinière fait d'un feuilleton, et maintenant, depuis huit jours, je le relis, vers à vers, mot à mot et, franchement, cela me plaît et m'enchante.

Vous avez trouvé le moyen de rajeunir le romantisme. Vous ne ressemblez à personne (ce qui est la première de toutes les qualités). L'originalité du style découle de la conception. La phrase est toute bourrée par l'idée, à en craquer.

J'aime votre âpreté, avec ses délicatesses de langage qui la font valoir, comme des damasquinures sur une lame fine.

Voici les pièces qui m'ont le plus frappé : le sonnet XVIII : *La Beauté*[1] ; c'est pour moi une œuvre de la plus haute valeur ; — et puis les pièces suivantes : *L'Idéal*, *La Géante* (que je connaissais déjà), la pièce XXV :

> *Avec ses vêtements ondoyants et nacrés,*

Une charogne, *Le Chat* (p. 79), *Le Beau Navire*, *À une dame créole*, *Spleen* (p. 140), qui m'a navré, tant c'est juste de couleur ! Ah ! vous comprenez l'embêtement de l'existence, vous ! Vous pouvez vous vanter de cela, sans orgueil. Je m'arrête dans mon énumération, car j'aurais l'air de copier la table de votre volume. Il faut que je vous dise pourtant que je raffole de la pièce LXXV, *Tristesses de la lune* :

> [...] *Qui d'une main distraite et légère caresse*
> *Avant de s'endormir, le contour de ses seins*[2] [...]

et j'admire profondément le *Voyage à Cythère*, etc., etc.

Quant aux critiques, je ne vous en fais aucune, parce que je ne suis pas sûr de les penser moi-même dans un quart d'heure. J'ai, en un mot, peur de dire des inepties dont j'aurais un remords immédiat. Quand je vous reverrai[3], cet hiver, à Paris, je vous poserai seulement, sous forme dubitative et modeste, quelques questions.

En résumé, ce qui me plaît avant tout dans votre livre, c'est que l'art y prédomine. Et puis vous chantez la chair sans l'aimer, d'une façon triste et détachée qui m'est sympathique. Vous êtes résistant comme le marbre et pénétrant comme un brouillard d'Angleterre.

Encore une fois, mille remerciements du cadeau. Je vous serre la main très fort.

À vous.

À CHARLES D'OSMOY [?]

[Croisset,] mercredi 22 juillet [1857].

Mon cher Monsieur,

J'accorde, je vous accorde, je t'accorde, je leur

accorde toutes les permissions d'arranger la *Bovary* à
n'importe quelle sauce. Mais la permission vient trop
tard puisque vous y avez renoncé, et franchement, mon
bon, je crois que vous avez bien fait. La chose me
semble, à moi, impossible[1]. Mais je n'entends goutte
au théâtre, bien que j'y rêvasse de temps à autre. C'est
une méchanique qui me fait grand-peur, — et pourtant,
c'est beau, nom d'un petit bonhomme ! C'est beau !
Quel maître art !

Le citoyen Bouilhet est venu dernièrement ici passer
une dizaine de jours. Il avait été à Paris et s'était transporté quatre fois à l'Odéon pour te parler de son drame[2]
qu'il pense avoir fini à la fin de décembre. Nous avons
employé tout notre temps à nous désoler conjointement, lui de son drame et moi du roman que je vais
faire. Notre occupation principale a été de trembler
comme des foirards. Nous étions tristes comme des
tombeaux et plus bêtes que des cruches. Tel fut l'état
de tes deux amis.

Je vais, dans une quinzaine, me mettre à *du neuf*. C'est
une histoire qui se passe 240 ans avant Jésus-Christ[3].
J'en ai une angoisse terrible et vague, comme lorsqu'on
s'embarque pour un long voyage. En reviendra-t-on ?
Qu'arrivera-t-il ? On a peur de s'en aller, et pourtant on
brûle de partir. La littérature, d'ailleurs, n'est plus pour
moi qu'un supplice [.....]. Cette métaphore, peut-être
indécente, est uniquement pour te faire comprendre que
je suis em..., voilà ! Écrire me semble de plus en plus
impossible. « Bienheureux Scudéry, etc.[4] »

Et toi ? Humes-tu bien l'air « pur et vivifiant » des
montagnes ? Fais-tu *des rencontres ?* T'arrive-t-il *des
histoires de jeune homme ?*

J'espère toujours avoir l'honneur de ta visite dans
ma maison des champs cet été ou cet automne.

Adieu, cher vieux, mille poignées de mains.

Sais-tu que j'ai été éreinté, pulvérisé par *L'Univers*[5] ?
Cinq colonnes ! Le « parti-prêtre », ce vieux parti-
prêtre qui n'est nullement mort, m'en veut beaucoup.
Je suis désigné au poignard des Jésuites. Ces messieurs,
dans leur article, déplorent mon acquittement !

À JULES DUPLAN

[Croisset, 26 juillet 1857.]

Mon cher Duplan,

J'ai reçu 1º le bouquin de Crépet[1] ; 2º le mémoire sur l'orichalque[2].

Après-demain je mettrai au chemin de fer ledit bouquin. Quant au mémoire, Baudry le rapportera à son propriétaire, au mois de septembre. Il n'y a rien du tout dans cette Encyclopédie catholique. Je sais tout cela par peur *[sic]*. C'est indignement pillé dans Heeren[3]. — Érudition de troisième main, mosieu !

Savez-vous combien, maintenant, je me suis ingurgité de volumes sur Carthage ? environ 100 ! et je viens, en quinze jours, d'avaler les 18 tomes de *La Bible* de Cahen[4] ! avec les notes et en prenant des notes.

J'ai encore pour une quinzaine de jours à faire des recherches ; et puis, après une belle semaine de forte rêverie, vogue la galère ! (ou plutôt la trirème !). Je m'y mets. Ce n'est pas que je sois *inspiré* le moins du monde, mais j'ai envie de voir ça. C'est une sorte de curiosité[a] et comme qui dirait un désir lubrique sans érection.

À propos de lubricité, ce pauvre Anthime est à l'Hospice général avec « l'anus endommagé »[5]. Je n'en sais pas plus long.

Bouilhet est venu, il y a trois semaines, passer quelques jours ici. — Nous avons employé notre temps à trembler comme deux foirards. Il a peur pour son drame[6] et moi j'ai peur pour mon roman. — Nous étions tristes comme des tombeaux et bêtes comme des pots.

Quand vous verra-t-on, vous ? quand faut-il que j'aille au chemin de fer vous chercher ?

Saint-Victor a-t-il parlé de votre ami Maisiat[7] ? Je n'ai de Paris aucune nouvelle. — Un article de Baudelaire sur la *Bovary*, fait depuis longtemps et qui devait paraître dans *L'Artiste*, n'apparaît pas[8]. Il en est de même de celui de Saint-Victor à *La Presse*[9]. Mais de cela, je m'en moque profondément. Ah ! Carthage ! si j'étais sûr de te tenir !

Il me paraît impossible que j'aie fini cet hiver, bien que la chose doive être écrite d'un style large et *enlevé*, qui sera peut-être plus facile qu'un roman psychologique. Mais... mais... Oh ! bienheureux Scudéry[1] !

Adieu, cher vieux. — Vous êtes l'homme le plus gentil de la terre ; aussi, quand vous viendrez à Rouen, je vous ferai voir, chez le père Clogenson, un portrait de votre ami Voltaire qui vous amusera[2].

Re-adieu, ou plutôt à bientôt, je vous embrasse.

À ERNEST FEYDEAU

[Croisset, 26 juillet ? 1857.]

Mon Bon,

Je crois qu'il est toujours convenable de laver son linge sale. Or je lave le mien tout de suite. « Je t'en ai voulu » et t'en veux encore un peu d'avoir supposé que j'avais, avec Aubryet, dit du mal de ta personne ou de tes œuvres[3]. Je parle ici très sérieusement. Cela m'a choqué, blessé. C'est ainsi que je suis fait. Sache que cette lâcheté-là m'est complètement antipathique. Je ne permets à personne de dire devant moi plus de mal de mes amis que je ne leur en dis en face. Et quand un inconnu ouvre la bouche pour médire d'eux, je la lui clos immédiatement. Le procédé contraire est très admis, je le sais, mais il n'est nullement à mon usage. Qu'il n'en soit plus question ! et tant pis pour toi si tu ne me comprends pas. Causons de choses moins sérieuses et fais-moi l'honneur, à l'avenir, de ne pas me juger comme le premier venu.

Sache d'ailleurs, ô Feydeau, que « jamais je ne blague ». Il n'y a pas d'animal au monde plus sérieux que moi ! Je ris quelquefois, mais plaisante fort peu, et moins maintenant que jamais. Je suis *malade* par suite de peur, toutes sortes d'angoisses m'emplissent : je vais me mettre à écrire.

Non ! mon bon ! Pas si bête ! Je ne te montrerai rien de *Carthage* avant que la dernière ligne n'en soit écrite, parce que j'ai bien assez de mes doutes sans avoir par-dessus ceux que tu me donnerais. Tes observations me feraient perdre la boule. Quant à l'archéologie, elle sera « probable »[1]. Voilà tout. Pourvu que l'on ne puisse pas me *prouver* que j'ai dit des absurdités, c'est tout ce que je demande. Pour ce qui est de la botanique, je m'en moque complètement. J'ai vu de mes propres yeux toutes les plantes et tous les arbres dont j'ai besoin.

Et puis, cela importe fort peu, c'est le côté secondaire. Un livre peut être plein d'énormités et de bévues, et n'en être pas moins fort beau. Une pareille doctrine, si elle était admise, serait déplorable, je le sais, en France surtout, où l'on a le pédantisme de l'ignorance. Mais je vois dans la tendance contraire (qui est la mienne, hélas !) un grand danger. L'étude de l'habit nous fait oublier l'âme. Je donnerais la demi-rame de notes que j'ai écrites depuis cinq mois et les 98 volumes que j'ai lus, pour être, pendant trois secondes seulement, *réellement* émotionné par la passion de mes héros. Prenons garde de tomber dans le brimborion, on reviendrait ainsi tout doucement à la *Cafetière* de l'abbé Delille[2]. Il y a toute une école de peinture maintenant qui, à force d'aimer Pompéi, en est arrivée à faire plus rococo que Girodet. Je crois donc qu'il ne faut « rien aimer », c'est-à-dire qu'il faut planer impartialement au-dessus de tous les objectifs.

Pourquoi tiens-tu à m'agacer les nerfs en me soutenant qu'un carré de choux est *plus* beau que le désert[3] ? Tu me permettras d'abord de te prier d'« aller voir » le désert avant d'en parler ! Au moins, s'il y avait *aussi* beau, passe encore. Mais, dans cette préférence donnée au légume bourgeois, je ne puis voir que le désir de me faire enrager. Ce à quoi tu réussis. Tu n'auras de ma Seigneurie aucune critique écrite sur *L'Été* parce que : 1º Ça me demanderait trop de temps ; 2º Il se pourrait que je dise des inepties, ce que faire ne veux. Oui ! j'ai peur de me compromettre, car je ne suis sûr de rien (et ce qui me déplaît est peut-être ce qu'il y a de meilleur). J'attends, pour avoir une opinion inébranlable et brutale, que *L'Automne* soit paru. *Le Printemps* m'a plu, m'a enchanté, sans aucune restriction. Quant à *L'Été*, j'en fais (des restrictions)[4].

Maintenant, ... mais je me tais, parce que mes observations porteraient sur un « parti pris » qui est peut-être bon, je n'en sais rien. Et comme il n'y a rien au monde de plus désobligeant et plus stupide qu'une critique injuste, je me prive de la mienne, qui pourrait bien l'être. Voilà, mon cher vieux. Tu vas dans ta conscience me traiter encore de lâche. Cette fois, tu auras raison, mais cette lâcheté n'est que de la prudence.

T'amuses-tu ? Emploies-tu tes préservatifs, homme immonde ! Quel gaillard que mon ami Feydeau et comme je l'envie ! Moi je m'embête démesurément. Je me sens vieux, éreinté, flétri. Je suis sombre comme un tombeau et rébarbatif comme un hérisson.

Je viens de lire d'un bout à l'autre le livre de Cahen[1]. Je sais bien que c'est très fidèle, très bon, très savant : n'importe ! Je préfère cette vieille *Vulgate,* à cause du latin ! Comme ça ronfle, à côté de ce pauvre petit français malingre et pulmonique ! Je te montrerai même deux ou trois contresens (ou enjolivements) de ladite *Vulgate* qui sont beaucoup plus beaux que le sens vrai.

Allons, divertis-toi, et prie Apollon qu'il m'inspire, car je suis prodigieusement aplati. À toi.

À EUGÈNE CRÉPET

[Croisset, 28 juillet ? 1857.]

Mon cher Ami,

Vous recevrez, à peu près en même temps que ma lettre, votre volume de l'*Encyclopédie catholique*[2], dans lequel je n'ai rien trouvé. Je ne vous en remercie pas moins très fort. Cela est pris partout et trop élémentaire ; j'en sais, Dieu merci, plus long, ce qui n'est pas dire que j'en sache beaucoup.

Si vous découvriez autre chose comme gravures, dessins, etc., envoyez-les-moi. Je payerais je ne sais quoi pour avoir la reproduction d'une simple mosaïque *réellement* punique ! Je crois néanmoins être arrivé à des *probabilités*. On ne pourra pas me *prouver* que j'aie dit des absurdités. Si vous connaissiez aussi quelque bouquin *spécial* sur les mercenaires, faites-m'en part.

J'ai de temps à autre de vos nouvelles par Duplan[3]. Resterez-vous à Paris tout l'été ? Je ne sais, quant à moi, l'époque où l'on m'y reverra. Dans quinze jours je vais me mettre à écrire. Priez pour moi toutes les garces du Pinde !

Adieu, mille bons souvenirs au père Gide[1] et à vous trente-six mille poignées de main.

À JULES DUPLAN

[Croisset,] mercredi. [5 août 1857.]

Mon Bon,

Tâchez de venir le plus tôt que vous pourrez (j'entends d'ici à une quinzaine), parce que :

1º J'aurai probablement à la fin du mois des parents de Champagne[2] qui viendront ici pour un mois et qui prendront votre chambre ;

2º Je vais me mettre bientôt à écrire !

Quand je dis bientôt, c'est une manière de parler, car la matière s'allonge considérablement. À chaque lecture nouvelle, mille autres surgissent ! je suis, Monsieur, *dans un dédale !* Mon plan, avec tout cela, n'avance nullement, il se peut faire qu'il se cuise intérieurement ? Je suis dans ce moment perdu dans Pline, que je relis en entier. J'ai encore à feuilleter Athénée[3] et Plutarque, à lire le *Traité de la cavalerie* de Xénophon et sa *Retraite*[4]. — Plus cinq ou six mémoires de l'Académie des Inscriptions, et puis ce ne sera pas tout ! sans doute ? Je commence à être bien harassé de notes ! Il y a au fond de tout cela une horrible venette, je tremble de m'y mettre. C'est comme pour se faire arracher une dent.

Puisque vous vous intéressez à l'anus d'Anthime, je vous annonce avec plaisir qu'il se rétablit. — Il est tout prêt à recommencer (l'anus)[5].

Écrivez-moi un mot pour me dire le jour et l'heure de votre arrivée. J'irai vous chercher au chemin de fer ; il y a un train qui part de Paris à 5 h[eures] et qui arrive à 7 h[eures] 1/2.

Adieu, vieux, à bientôt.

À ERNEST FEYDEAU

[Croisset,] jeudi soir. [6 août 1857.]

Mon Vieux,

Tu es le plus charmant mortel que je connaisse ; et
j'ai eu bien raison de t'aimer à première vue. Voilà ce
que j'ai à te dire d'abord, et puis que je suis un serin,
un chien hargneux, un individu désagréable et rébarbatif, etc., etc.

Oui, la littérature m'embête au suprême degré ! Mais
ce n'est pas ma faute. Elle est devenue chez moi une
vérole constitutionnelle ; il n'y a pas moyen de s'en débarrasser ! Je suis abruti d'art et d'esthétique et il m'est
impossible de vivre un jour sans gratter cette incurable
plaie, qui me ronge.

Je n'ai (si tu veux savoir mon opinion intime et
franche) rien écrit qui me satisfasse pleinement. J'ai en
moi, et très net, il me semble, un idéal (pardon du mot),
un idéal de style, dont la poursuite me fait haleter sans
trêve. — Aussi le désespoir est mon état normal. Il faut
une violente distraction pour m'en sortir. Et puis, je ne
suis pas naturellement gai. Bas-bouffon[1] et obscène tant
que tu voudras, mais lugubre nonobstant. Bref, la vie
m'emmerde cordialement, voilà ma profession de foi.

Depuis six semaines, je recule comme un lâche devant
Carthage. J'accumule notes sur notes, livres sur livres,
car je ne me sens pas en train. Je ne vois pas nettement
mon objectif. Pour qu'un livre « sue » la vérité, il faut
être bourré de son sujet jusque par-dessus les oreilles.
Alors la couleur vient tout naturellement, comme un
résultat fatal et comme une floraison de l'idée même.

Actuellement, je suis perdu dans Pline[2] que je relis pour
la seconde fois de ma vie d'un bout à l'autre. J'ai encore
diverses recherches à faire dans Athénée et dans Xénophon[3], de plus cinq ou six mémoires dans l'Académie des
Inscriptions. Et puis, ma foi, je crois que ce sera tout !
Alors, je ruminerai mon plan qui est fait et je m'y mettrai !
Et les affres de la phrase commenceront, les supplices de
l'assonance, les tortures de la période ! Je suerai et me

retournerai (comme Guatimozin[1]) sur mes métaphores.

Les métaphores m'inquiètent peu, à vrai dire (il n'y en aura que trop), mais ce qui me turlupine, c'est le côté psychologique de mon histoire.

Mais parlons de ta Seigneurie. Viens ici, mon vieux, quand tu voudras, tu me feras toujours *grand* plaisir. Seulement, je te préviens que : 1º tout le mois de septembre, nous aurons des parents de Champagne ; 2º j'attends dans ce mois-ci un jouvencel que tu ne connais pas[2] ; mais il sera venu et parti d'ici avant le 22, époque où tu te proposes d'embrasser ton oncle. Voilà. Et puis, mon jeune homme, j'espère que tu me laisseras dormir *le matin,* et tu ne me feras pas trop promener, hein ?

Je trouve (*inter nos,* bien entendu) que : 1º le journal *L'Artiste* est bien long à insérer l'article de Baudelaire sur ton ami[3] et 2º que le jeune Saint-Victor m'oublie complètement. Relirait-il *Gamiani*[4] trop fréquemment ?.

Amène Théo[5], s'il peut venir, à moins que tu ne préfères venir seul.

Tout ce que je pense de mal sur *L'Été* (dont je pense en même temps beaucoup de bien) se résume en ceci : il me semble qu'on y voit trop le parti pris, l'intention, l'artiste se sent derrière la toile[6]. Je dis peut-être une bêtise ? Mais je t'expliquerai carrément ce que je sens, sur le papier lui-même. Console-toi cependant. La chose (dans mon idée) est très réparable et le volume n'y perdra rien.

Quand tu verras Paul Meurice, demande-lui s'il a envoyé mon volume au père Hugo[7]? As-tu converti Alex[andre] Dumas fils au culte de l'Art pur? Si cela est, je te déclare un grand orateur. Et surtout un grand magicien.

Adieu, mon vieux[8]. Je t'embrasse.

MADEMOISELLE LEROYER DE CHANTEPIE
À GUSTAVE FLAUBERT

Angers, ce 11 août 1857.

Je n'ai pas besoin, Monsieur et ami, de relire la date de votre dernière lettre[9] pous savoir, et plus encore pour sentir, qu'il s'est écoulé un temps bien long depuis que je n'ai eu le plaisir de vous écrire. Ne croyez pas, néanmoins, que j'aie cessé de penser à vous, non, cette pensée est inhérente à mon âme, c'est-à-dire à ce qui existe, à ce qui pense en moi, ou plutôt au moi lui-même. J'étais plus que jamais obsédée du noir spleen religieux qui me torture depuis si longtemps. Lorsque je vous écrivis la dernière fois, j'ai eu encore plusieurs crises. L'arrivée d'un ami que je n'avais vu que deux jours depuis trente ans, en me reportant vers un passé plus heureux, a du moins, pour un moment, rompu le fil de mes sombres obsessions. Cette diversion, en occupant mon imagination, m'a fait plus de bien que les recettes des médecins et des prêtres. Je crains beaucoup cependant de retomber dans les tourments qui me laissent une trêve peut-être bien courte. J'ai pu travailler, écrire avec courage pendant ces heures de répit ; loin de vous oublier, j'ai fait lire *Madame Bovary* qui a vivement impressionné ses lecteurs. J'entends par tous, chanter vos louanges, et la presse s'est trop occupée de votre ouvrage pour ne pas vous prouver que j'avais raison en vous disant que c'était un chef-d'œuvre. Les journaux annoncent de vous un autre ouvrage[1]. Je l'attends avec impatience. Vous avez été si bon pour moi que je suis sûre que vous lirez avec intérêt les détails que je vous ai promis sur ma position matérielle. Il y eut hier 22 ans que je vis expirer ma mère sous mes yeux ; je verrai toute ma vie son visage pâle, ses yeux fermés, je sentirai toujours la douleur de cette perte irréparable. Je me trouvai bien seule en voyant disparaître mon unique affection. Une femme qui s'était mariée à la maison, et que nous regardions comme une amie plutôt qu'une domestique, resta avec moi ; j'élevai ses enfants ; l'aîné, mon filleul, a 32 ans, il a de l'intelligence, un bon cœur, mais une excessive paresse ; je n'ai jamais pu le décider à prendre un état quelconque ; nécessairement il a fait et dû faire bien des folies que je réparais toujours ; du reste, je ne le voyais guère que pour me demander de l'argent, et maintenant encore je le vois à peine tous les matins, il rentre trop tard pour que je le voie avant le lendemain. Depuis un an, il veut travailler parce qu'il désire se marier ; je lui ai jusqu'ici vainement cherché une occupation quelconque, cela n'est pas facile lorsqu'on commence à 32 ans. La jeune fille qu'il veut épouser est ouvrière, ne sait ni lire, ni écrire, elle ne peut donc être une société pour moi. La sœur de mon filleul est aussi avec moi, c'est une bonne fille qui a profité de la modeste éducation que je lui ai fait donner. De plus, mon filleul avait dans le temps un professeur de latin qui a longtemps rempli près de moi les fonctions d'homme d'affaires, et quoiqu'il n'ait jamais habité ma maison, il s'est fixé près de nous, il passe une partie du jour chez moi, me lit les journaux, et se trouve toujours là quand j'ai besoin de quelque service extérieur ; il est le seul sur lequel je puisse compter, c'est un honnête homme. Néanmoins, il a ses goûts, ses intérêts particuliers, et sous bien des rapports, je ne puis compter sur lui entièrement. J'ai encore chez moi un garçon de 22 ans, orphelin, resté dans une de mes fermes, que j'ai élevé depuis l'âge de 3 ans, et auquel j'ai fait apprendre l'état de passementier. Enfin, j'ai depuis six ans une dame et son fils qui a maintenant 10 ans. Cette dame est de Paris, son mari a une place à la banque, ses affaires avaient mal tourné, je la connaissais avant qu'elle fût mariée, je l'avais perdue de vue depuis plusieurs années, elle m'écrivit ses embarras, je lui offris de venir chez moi avec son enfant. Elle a de l'esprit, elle est musicienne, mais je me défends de m'y attacher, parce que je vois qu'elle me quittera sitôt qu'elle le pourra ; c'est assez naturel, ayant son mari à Paris. J'en encore chez moi un réfugié polonais sans emploi depuis 7 ans, enfin, un de mes parents qui était notaire et qui se trouve sans moyen d'existence. De plus, une parente qui sera riche, mais qui dans ce moment n'a qu'une petite rente de son père[1]. Cela fait 14 personnes en comptant deux servantes ; toutes ces personnes n'ont aucun moyen d'existence et ne comptent que sur moi pour tout ce dont elles ont besoin. Mon père m'a laissé dix mille fr[anc]s de revenu en terres, cela serait beaucoup pour moi qui habite une ferme à la campagne, mais c'est insuffisant pour tout ce monde qui consomme et ne gagne rien. Je suis obligée de recourir aux expédients, et de me passer de tout pour moi. Déjà, il m'a fallu vendre quelques propriétés pour en dépenser le prix de vente ; on me conseillerait de vendre pour placer, cela produit presque le double ; vous connaissez à présent mon intérieur, ma situation matérielle. Je vous ai dit avec une confiance sans bornes l'état de mon âme, j'aime tous ceux qui m'entourent et pourtant ils me sont étrangers, je reste isolée au milieu d'eux. Je suis seule. J'ai grand besoin de penser à vous, à l'amitié que j'ai pour vous, à celle que vous voulez bien m'accorder.

Adieu, Monsieur et ami, ne m'oubliez pas, j'attends un mot de vous, votre amie dévouée

M.-S. LEROYER DE CHANTEPIE.

À LOUIS BOUILHET

[Croisset, 12 août 1857.]

Enfin ! je vais en finir avec mes satanées notes ! J'ai sur ma table encore trois volumes à lire ; et puis c'est tout. C'est bien tout ! Au milieu, ou à la fin de la semaine prochaine, je m'y mets. Je n'en éprouve aucune envie intellectuelle, mais une sorte de besoin physique. Il me faut changer d'air. — Et puis, je n'apprends plus rien du tout. J'ai épuisé, je crois, la matière complètement.

C'est maintenant qu'il va falloir *se monter* et gueuler, dans le silence du cabinet !

Réponds-moi, tout de suite, pour me dire si tu me permets d'envoyer ton adresse à La Rounat[1]. Le susdit me la demande *à grands cris*. Il s'informe de toi, considérablement, et m'apprend que ta pièce est annoncée dans les feuilles publiques sous le titre de *Une fille naturelle*[2].

Le public, à ce qu'il paraît, s'occupe de nos seigneuries, car on a annoncé dans trois journaux que je faisais un roman carthaginois intitulé *Les Mercenaires*. Cela est très flatteur, mais m'embête fort. On a l'air d'un charlatan. — Et puis le public vous en veut de l'avoir tant fait attendre. Bien entendu que je ne m'en hâterai pas, d'une minute de plus.

J'ai rencontré, tantôt, à Rouen (car je ne sors plus de la Bibliothèque depuis quelque temps !) Colas d'Elbeuf, lequel m'a appris que le gigantesque Huart[3] était à Moulins (Allier), non pas qu'il soit *à lier,* plaisanterie ! Colas ne sait trop ce qu'il y fait, ou n'a pas voulu me dire ce qu'il y fait ? Huart a été très malade, cet hiver.

Caudron[4] doit aller te faire une visite prochainement.

Je brûle du désir de voir le paysage chinois composé par ce brave Idiot d'Amsterdam[5]. N'y a-t-il pas moyen de me l'expédier ?

————

Apprends que ton ami Napoléon Gallet a été décoré par S[a] M[ajesté] ! comme chef du conseil des Prudhommes. — De plus, d'autres filateurs et industriels sont mêmement décorés de l'étoile des braves[6].

J'ai eu, avant-hier, un spectacle triste. Ayant une grande demi-heure à perdre avant de pouvoir entrer à la Bibliothèque, j'ai été faire une visite au collège, où l'on distribuait les prix. — Quelle décadence ! quels pauvres petits bougres ! plus d'enthousiasme, plus de gueulades ! rien ! rien ! On a *complètement* séparé la cour des Grands de la cour des Moyens, mesure anti-masturbatrice, qui m'a révolté. Et on a retiré, dans la cour des Grands, devine quoi ? devine qui ?... Les Lieux ! Oui ! ces braves Latrines où l'urine par flaques énormes aurait pu noyer le Cheval de Préault[7]« nourri, cependant, *des marais de la Gaule* », ces pauvres kiques où l'on fumait des cigarettes de maryland[1], et où l'on se branlait si poétiquement avec des doigts abîmés d'engelures ! — Et à la place, à la Sacro-Sainte place où elles étaient, se tenaient assises, sur deux chaises, deux piètres Bonnes Sœurs qui quêtaient pour les pauvres. — Et la tente ! une manière de tente *algérienne,* avec des escalopures arabes, chic Alhambra !... J'étais indigné ! — Voix du père Houé, où es-tu, me disais-je, où es-tu ?... en entendant à peine le grêle organe d'un maigre couillon qui lisait le palmarès. Et les mômes arrivaient sur l'estrade, tout doucettement, au petit pas, comme des jeunes personnes dans un boarding-school, et faisaient la révérence. — Ah ! tout y manquait, depuis la trogne du père Dai-gnez[2] jusqu'au non-nez de Bastide, le tambour-maître... Ils économisaient jusqu'aux fanfares !

J'ai cherché sur les murs des noms *d'autrefois* et je n'en ai pas vu un seul. J'ai regardé dans le parloir si je ne retrouverais pas les bonnes « têtes d'après l'antique » qui s'y moisissaient depuis 1815, et sous la porte[a] du père Pelletier, s'il y avait encore ces trois pouces de vide, par où l'on voyait apparaître les bottes de M. le proviseur et de M. le censeur... Tout cela est changé, réparé, enlevé, bouché, gratté, disparu. Il m'a même semblé que la loge du portier ne sentait plus le Neufchâtel. — Et j'ai tourné les talons, très triste.

Je t'assure que je n'ai pas eu, en voyage, devant n'importe quelle ruine, un sentiment *d'antiquité* plus profond. Ma jeunesse est aussi loin de moi que Romulus.

Je t'engage à lire (comme chose bien fétide) une lettre de *P*éranger à Legouvé, où il lui donne des conseils sur la carrière d'homme de lettres ! C'est un morceau, sérieusement[3] !

Et toi, vieux bardache, ça va-t-il ? Tâche, quand tu viendras ici dans un bon mois, de m'apporter le 2e acte fait[4]. Bon courage ! marche !

Je t'embrasse. À toi, ton.

À CHARLES BAUDELAIRE

[Croisset,] vendredi, 14 août [1857].

Je viens d'apprendre que vous êtes poursuivi à cause de votre volume[1] ? La chose est déjà un peu ancienne, me dit-on. Je ne sais rien du tout car je vis ici comme à cent mille lieues de Paris.

Pourquoi ? Contre quoi avez-vous *attenté* ? Est-ce la religion ? Sont-ce les mœurs ? Avez-vous *passé en justice* ? Quand sera-ce ? etc.

Ceci est du nouveau : poursuivre un livre de vers ! Jusqu'à présent la magistrature laissait la poésie fort tranquille.

Je suis grandement indigné. Donnez-moi des détails sur votre affaire, si cela ne vous embête pas trop et recevez mille poignées de main des plus cordiales.

À vous.

À LOUIS BOUILHET

[Croisset, 17 août 1857.]

Mon Vieux,

Deux mots seulement, parce que : le jeune Duplan[2] est ici.

Je viens d'envoyer ton adresse à La Roun[at] en *lui recommandant* de ne la communiquer à personne[3].

Tu le verras à Paris. *Je t'en supplie,* mon vieux, ne promets rien, ne conclus rien. Ta pièce, j'en suis convaincu, est faite, de soi, pour les Français. Si tu n'étais même pas un couillon, tu le dirais tout net à La Roun[at], tout en lui promettant et en lui donnant pour cet hiver *Le Cœur à droite*[4]. — Je sais bien qu'il va remonter sa troupe splendidement. Mais *l'ensemble* y manquera. Or ta pièce a surtout besoin d'ensemble et de mise en scène[5].

Je regarde cet avis comme très grave : 1º sous le rapport de la réussite, 2º sous celui de l'Argent. Penses-y sérieusement. — Et surtout ne promets rien. — Et ne t'effarouche pas des conseils qu'il pourra te donner, à moins qu'ils ne te semblent lumineux. — Tu tiens ton affaire maintenant. Marche.

À toi, mon vieux, écris-moi. Combien restes-tu de temps à Paris ?

Je t'embrasse.

À CHARLES BAUDELAIRE

[Croisset, 23 août 1857.]

Mon cher Ami,

J'ai reçu les articles sur votre volume. Celui d'Asselineau m'a fait grand plaisir. Il est, par parenthèse, bien aimable pour moi[1]. Dites-lui de ma part un petit mot de remerciement. Tenez-moi au courant de votre affaire, si ça ne vous ennuie pas trop. Je m'y intéresse comme si elle me regardait personnellement. Cette poursuite n'a aucun sens. Elle me révolte.

Et on vient de rendre des honneurs *nationaux* à Béranger[2] ! à ce sale bourgeois qui a chanté les amours faciles et les habits râpés ! J'imagine que, dans l'effervescence d'enthousiasme où l'on est à l'encontre de cette glorieuse binette, quelques fragments de ses chansons (« qui ne sont pas des chansons, mais des odes » Prudhomme), lus à l'audience seraient d'un bel effet. Je vous recommande *Ma Jeanneton, La Bacchante, La Grand-mère*, etc.[3] Tout cela est aussi riche de poésie que de morale. — Et puisqu'on vous accuse, sans doute, d'outrages aux mœurs et à la religion, je crois qu'un parallèle entre vous deux ne serait pas maladroit. Communiquez cette idée (pour ce qu'elle vaut ?) à votre avocat[4].

Voilà tout ce que j'avais à vous dire. — Et que je vous serre les mains.

À vous.

23 août [18]57

À MADEMOISELLE LEROYER DE CHANTEPIE

[Croisset, 23 août 1857.]

Dites-moi avant tout si je vous ai parlé d'*Angélique Lagier*[1] que j'ai lu depuis longtemps et annoté en marge. Car je crains de vous récrire ce que je vous aurais déjà écrit ? Notre amitié commence à vieillir et il se pourrait faire que je rabâche. D'autre part, je serais désolé de ne pas vous dire sincèrement et très longuement le bien et le mal que je pense de ce remarquable livre. Vous croiriez peut-être qu'il m'a ennuyé et que je veux le passer sous silence.

Mais parlons de vous aujourd'hui et de vous seule. Vous voyez bien que j'avais raison quand je vous disais qu'il fallait vous distraire. La visite d'un vieil ami[2] a fait diversion à votre spleen. Au nom du ciel et de la raison surtout, laissez donc là tous les médecins et tous les prêtres du monde et ne vivez plus tant *dans votre âme* et par elle. Sortez ! Voyagez ! Régalez-vous de musique, de tableaux et d'horizons. Humez l'air du bon Dieu et laissez tout souci derrière vous. J'ai été bien édifié et bien attendri, je vous jure, par l'exposition que vous me faites de votre vie. Ce dévouement à des étrangers m'emplit d'admiration ! Le mot est lâché. Je ne l'efface pas. Je vous aime beaucoup, vous êtes un noble cœur. Je voudrais vous serrer les deux mains et vous baiser sur le front ! Mais permettez à ma franchise brutale un conseil qui ne sera pas suivi, je le sais. — N'importe !

Vous succombez d'ennui (et d'ennuis), sous le poids des chaînes dont vous avez embarrassé, surchargé votre vie. Aux amertumes intérieures vous ajoutez chaque jour mille dégoûts du dehors qui pourraient être écartés. Autant vaudrait avoir un mari et douze enfants. Je ne vous conseille pas pour vous mettre *plus à l'aise*, de toutes manières, de flanquer tous vos hôtes à la porte (bien que dans le nombre beaucoup méritent d'y être, j'en suis sûr). Non ! cela n'est pas faisable pour vous. Vous auriez des remords ! mais vous devriez faire deux parts inégales (ou égales, peu importe) : laisser la première aux autres et prendre la seconde pour vous, mais

pour vous *seule*. En un mot, assurez le strict nécessaire
à ceux dont vous vous êtes chargée et puis ? et puis
partez ! Quittez votre maison. C'est là le seul moyen.
On va vivre ailleurs pendant quelque temps et ensuite
on revient. Vous allez faire à cela mille objections. Pas
une seule n'est aussi sérieuse que la considération de
votre tranquillité et de votre avenir. Soyez-en sûre ! ne
souffrez pas pour les autres. Allez ! c'est une folie. Nous
avons tous notre croix. Portons-la le plus noblement
possible et le plus légèrement. Toute la vertu est là.
Ce conseil d'égoïste a sa raison en ceci : à savoir que *les
autres sont rarement dignes de nous.* Les gens d'une certaine
nature n'ont point la sotte prétention de n'être jamais
dupes, je le sais. On fait le bien par respect pour soi-
même encore plus que par amour des autres. « Tant pis
pour eux », se dit-on et la conscience, plus fière, respire
plus à l'aise. Mais il y a loin de là à une véritable immolation quotidienne, à un sacrifice permanent. Permettez-
moi encore une simple question que vous vous poserez
à vous-même : n'y a-t-il pas dans ce dévouement un peu
de faiblesse, de *laisser-aller* (comme disent les bourgeoises), de découragement enfin ? Vous n'êtes pas une
bourgeoise, vous, et moi qui crois tant aux races, je
trouve la cause de cette grandeur nonchalante dans votre
sang patricien. Vous pratiquez la vertu la plus rare du
siècle, celle qui est la plus antipathique à son génie :
l'hospitalité ! Vous avez encore une maison (dans toute
la rigueur du sens moral), tandis qu'on n'a plus que des
logements.

Je ne vous ai jamais parlé de ma vie matérielle à moi,
et comme vous ne m'adressez nulle question à cet égard,
je vous soupçonne d'y mettre de la délicatesse ; mais
confiance oblige.

Je vis avec ma mère et avec une nièce (la fille d'une
sœur, morte à vingt ans[1]), dont je fais l'éducation. Quant à
l'argent, j'en ai ce qu'il faut pour vivre *à peu près,* car
j'ai de grands goûts de dépenses, dit-on, bien que j'aie
une conduite fort régulière. Beaucoup de gens me
trouvent riche, mais je me trouve gêné continuellement,
ayant par-devers moi les désirs les plus extravagants que
je ne satisfais pas, bien entendu. Je rêve, quand le travail
va mal, des palais de Venise et des kiosques sur le
Bosphore, *et caetera.* — Et puis je ne sais nullement

compter, je n'entends goutte aux affaires d'intérêt. J'ai
horreur des dettes et je ne me fais pas payer des sommes
qu'on me doit. Quand je suis en train d'écrire, tout cela
n'existe plus pour moi. Je n'ai aucune envie. Mais quand
je tombe dans mes découragements, *l'homme* se réveille
avec tous ses appétits et tous ses vices. On a tant besoin
de se détendre l'âme !

Puisque vous vous intéressez à ce que je fais, je vous
apprendrai que je vais cette semaine me mettre à écrire
quelque chose de nouveau. C'est l'ouvrage annoncé par
La Presse et que je lui ai promis[1]. Voilà déjà cinq mois
que j'en prépare les matériaux. Quand sera-t-il fini ? Je
l'ignore. C'est une œuvre fort difficile et qui me remplit
d'angoisses. Je suis vexé qu'on en parle. Tout cela
m'ennuie ; mais vous connaissez les journaux, ils ne
savent comment remplir leur pauvre papier.

On a aussi annoncé de moi un drame reçu à l'Odéon.
Ce bruit n'a aucun fondement. Je me suis autrefois fort
occupé de théâtre. J'y reviendrai dans quelques semaines.
Je veux mettre fin à deux ou trois idées qui me tourmentent[2]. Il y a de grandes choses à faire de ce côté ;
mais c'est une affreuse galère que le théâtre ! Il faut pour
cela des qualités toutes spéciales que je n'ai pas peut-
être.

Écrivez-moi. Vos lettres font plus que de me plaire,
elles me touchent. Adieu, à bientôt, n'est-ce pas ? Et
croyez à tout mon attachement.

À ERNEST FEYDEAU

[Croisset, fin août 1857.]

Oui ! samedi prochain, à 7 h 50, rue Verte ! Je serai
là samedi, mais pas plus tard. Est-ce bien sûr ?

J'en ai fini avec mes notes et je vais m'y mettre cette
semaine, ou dès que tu seras parti de céans ! Il faut bien
se résigner à écrire.

Je suis un peu remonté, à la surface du moins. Car au
fond, je suis bougrement inquiet. Plus je vais et plus je
deviens poltron. *Je n'ose plus.* (Et tout est là : oser !)
Ce qui n'empêche pas que le susdit roman ne soit la

preuve d'un toupet exorbitant. Et puis, comme le sujet est très beau, je m'en méfie énormément, vu que l'on rate généralement les beaux sujets. Ce mot, d'ailleurs, ne veut rien dire, tout dépend de l'exécution. L'histoire d'un pou peut être plus belle que celle d'Alexandre. Enfin ! nous verrons.

Adieu, cher vieux, à samedi. Nous taillerons, j'imagine, une fière bavette. Mais je ne parlerai nullement de *Carthage,* parce que parler de mes plans me trouble. Je les expose toujours mal. On me fait des objections et je perds la boule.

Je t'embrasse.

À EDMA ROGER DES GENETTES

Croisset, 5 heures. [Août-septembre 1857.]

Chère Madame,

Je reçois à *l'instant seulement* votre aimable billet daté d'hier, au soir.

Pouvez-vous m'attendre demain jeudi jusqu'à 2 heures et demie ? Par ce temps de pluie vous ne serez pas, tous les jours, en villégiature !

Comme je suis un vieux Rouennais, « je prendrais plaisir » à vous montrer quelques coins de la *localité* que ne doivent pas connaître vos cicerones ?

S'il y avait encore des roses dans mon jardin je vous inviterais à venir en prendre un bouquet. Est-ce inconvenant ?

Vous devez faire « la partie de la Bouille », cela est aussi sacré que la visite à Bonsecours[1]. — Or ma porte se trouve sur ce chemin, et ma mère, Madame, serait très heureuse de vous recevoir.

Donc, à demain, si vous le permettez.

Je prends la liberté, Madame, de vous baiser la main, et vous prie de croire que je suis

Votre très respectueux et affectionné.

À JULES DUPLAN

[Croisset, après le 20 septembre 1857.]

Vieux Bandole[1],

J'ai compris par un article d'Aubryet que Pontmartin m'avait pulvérisé dans *Le Spectateur*[2]. Pouvez-vous m'envoyer cette ordure ? Je suis comme Gernande[3], j'aime à être injurié. Ça m'excite.

Lisez-vous *L'Homme*[4] à Gleyre ? J'ai écrit environ 15 p[ages] de *Carthage*. C'est-à-dire à peu près la moitié du 1er chapitre. J'ai peur que ce ne soit bien *embêtant,* franchement. — Il me semble que je tourne à la tragédie et que j'écris dans un style académique déplorable ! Adieu, vieux, écrivez-moi moult souvent et très longuement. — Quant à moi, il est très tard et je suis éreinté.

Je vous embrasse.

MADEMOISELLE LEROYER DE CHANTEPIE
À GUSTAVE FLAUBERT

Angers, le 26 septembre 1857.

Il y a bien longtemps, Monsieur et ami, que je n'ai eu le plaisir de causer avec vous, c'est-à-dire par écrit, car souvent je vous parle intérieurement et suis près de vous par la pensée. J'ai appris avec plaisir que vous aviez avec vous Madame votre Mère[5] ! On n'est jamais malheureux lorsqu'on a sa mère. Oh ! si j'avais encore la mienne ! et pourtant elle existe quoique je ne la voie pas, elle m'aime et me protège toujours, j'en suis certaine. Je vous plains bien de la perte d'une sœur qui devait être selon votre cœur, puisque vous aviez fait son éducation. Vous deviez l'aimer non seulement en frère, mais encore paternellement. Vous vous étonnez de ce que je fais pour des étrangers ! mais je ne puis vivre sans m'attacher à tout ce qui m'entoure, et je voudrais pouvoir donner aux autres un peu de ce bonheur qui m'a toujours manqué. J'ai trop peut-être renoncé à vivre de la vie commune pour me vouer au spiritualisme ascétique, je me trouve ainsi entre ciel et terre, ne pouvant prendre pied en ce monde ni en l'autre ! La présence de l'ami dont je vous ai parlé[6] avait conjuré mes idées noires, en me rattachant à la vie, car ce détachement complet de tout et de tous, est mon

plus grand mal, mais mon affreux cauchemar est revenu plus
violent que jamais ! Je me suis pourtant confessée ! Il y avait
14 mois que je ne pouvais trouver le courage ou plutôt la possibilité de le faire. Il m'a fallu une force surhumaine pour dire une
infinité de choses impossibles à dire, inimaginables. Lorsqu'on a
fait une chose, on le sait, on peut le dire, mais les choses dont on
doute, qu'on ne connaît pas, qui sont informes, innomées dans
votre pensée, et qu'il faut dire, cela est horrible ! et je ne crois
pas qu'il existe une torture semblable. Enfin, je me suis confessée,
mais je n'en suis pas mieux, ni plus tranquille. Il me semble que je
suis seule partout, sans Dieu, sans protecteur, ni au ciel, ni sur la
terre ! Si j'étais sûre d'avoir seulement une heure de paix avant
ma mort, mais Dieu fera-t-il descendre dans mon âme un rayon
consolant pour prix de tant de souffrances ! Je me persuade parfois
que dans une vie antérieure, je me suis rendue coupable d'une
faute inconnue dont j'ai perdu le souvenir et que je cherche en
vain ! Vous me dites de voyager, je crois que cela me serait bon,
mais avec une santé si mauvaise, comment ferai-je ? J'ai passé ma
vie à la même place, je ressemble aux oiseaux habitués à la captivité qui refusent de sortir de leur cage. J'ai éprouvé une telle
impression à me confesser que la compression au cœur dont je
souffre s'est augmentée, j'ai un saisissement continuel, l'effet
subsiste après la cause. Je pense bien à vous, si bon pour moi, si
sympathique à mon âme, j'attends votre nouvel ouvrage avec
impatience, je le lirai dans *La Presse*[1], il me sera doublement précieux venant de vous que j'aime bien. J'avais écrit aussi depuis
quelque temps et cela me faisait du bien, je ne puis en ce moment,
mes idées sont trop confuses. Je suis mieux lorsque j'écris, je vis
hors de moi. Voyez ce pauvre Auguste Comte, mort la plume à la
main, c'est ce qui s'appelle mourir sur la brèche[2]. Je crois que je
vais renoncer à la *Revue philosophique,* à la vérité j'y trouve quelques
idées lumineuses parmi des systèmes extravagants et obscurs, mais
cela ne me satisfait pas. Je ne sais si vous avez lu les deux excellents
articles sur Eugène Sue et Béranger dans la *Revue de Paris.* Je viens
de lire avec grand plaisir celui de Mme Clarisse Coignet sur le
panthéisme de Spinoza[3] ; le caractère de ce dernier m'est tout à
fait sympathique, lui aussi était ascétique à sa manière. Il est si
naturel de chercher la vie au-delà de ce monde, où nous sommes si
malheureux, mais, j'en conviens, ce détachement absolu conduit
à l'état du brahmane qui se couche et reste indifférent, cela n'est
pas vivre et s'il en était ainsi, rien ne se ferait, tout dans ce monde
serait abandonné ! heureux qui peut se passionner pour un sentiment ou une idée ! heureux qui peut en vivre et mourir pour elle !
pour moi, je m'efforce de garder une illusion quelconque, je ne
veux pas y toucher, tant je crains de la voir s'évanouir. Vous allez
peut-être bientôt quitter la campagne si belle, si mélancolique à
cette heure ! Que de poésie dans cette saison où tout finit et nous
dit adieu. Je ne puis vous exprimer l'immense tristesse qui remplit

mon cœur, lorsqu'à la tombée de la nuit j'entends le chant du gorge rouge[1] perché sur le feuillage parmi des tilleuls qui ombragent ma fenêtre ! J'envie le sort de cet oiseau et bien plus encore celui des hirondelles qui s'en sont allées sous le ciel du midi, que ne puis-je les suivre ? Je crains tout l'hiver, il me semble que je ne pourrai jamais le traverser ! Voilà cependant notre théâtre qui ouvre ; c'est pour moi un champ d'asile, il me semble que là rien des maux que je redoute ne viendront me chercher. Je suis à l'abri sous ce toit artistique, je suis sauvée ! et pourtant, c'est une pauvre troupe d'opéra-comique. Vous me dites d'aller à Paris, mais comment y vivrai-je, malade comme je le suis ? et que deviendraient les 15 personnes de ma maison ? Mon filleul me quitte, il part demain pour Nantes où il compte entrer dans une usine. Cette séparation me fait beaucoup de peine, je ne le voyais guère, mais enfin je le savais ici, et c'est une séparation sans terme, il est triste aussi de me quitter, j'espère aller le voir si je le puis, car avec ma santé on ne fait pas de projets. Adieu, mon excellent ami, pensez un peu à moi et croyez à mon amitié dévouée.

M.-S. LEROYER DE CHANTEPIE.

J'ai obtenu le 1er prix au concours de style épistolaire, deux beaux volumes, ma lettre a été insérée au *Courrier de la mode* du 1er 7bre dernier.

À JULES DUPLAN

[Croisset, 3 ou 4 octobre 1857.]

Mon Bon,

Envoyez-moi l'article de Mme Sand[2]. Voilà déjà quelque temps qu'il est paru. Et n'est-il pas *convenable* que j'écrive un petit mot de remerciement à cette autre Dorothée[3]. La comparaison est peut-être très irrévérencieuse, mais cependant ne dit-on pas de par le monde qu'« elle décharge comme un homme »[4]. Car, elle aussi, a « de la philosophie ».

Pontmartin[5] m'a fort amusé. Mille remerciements.

Apprenez ceci pour votre joie. Le curé de Canteleu *tonne* contre la *Bovary* et *défend* à ses paroissiennes de me lire. Vous allez me trouver bien bête, mais je vous assure que ç'a été, pour moi, une grande joie de vanité. Cela m'a plus flatté, comme succès, que n'importe quel éloge.

Que serait-ce, me suis-je dit, si je faisais de vrais livres, c'est-à-dire si j'étalais des *Principes*! si j'avais voulu peindre des tableaux lascifs, narrer des anecdotes piquantes.

Enfin j'ai été attaqué par le gouvernement, par les prêtres, et par les journaux. C'est complet. Rien ne manque à mon triomphe. Ah! quels foutus crétins, nom de Dieu! *ecr l'inf*! et l'Infâme, pour moi, est plus large que pour M. de Voltaire. Il a grandi et grossi, ce vieil Infâme! on lui a donné, il est vrai, de telles nourritures! La ligne de l'Équateur ne ferait pas, maintenant, le cordon de sa culotte!

––––––––––

J'en suis arrivé, dans mon 1er chapitre, à ma petite femme[1]. J'astique son costume, ce qui m'amuse : cela m'a remis un peu d'aplomb. Je me vautre comme un cochon sur les pierreries dont je l'entoure. Je crois que le mot pourpre ou diamant est à chaque phrase de mon livre. Quel galon! mais j'en retirerai.

J'aurai certainement fini mon 1er chapitre quand vous me reverrez (ce ne sera pas avant le mois de décembre), et je serai peut-être avancé dans le second. Car il est impossible d'écrire cela d'un coup. C'est surtout une affaire d'ensemble. Les procédés de roman que j'emploie ne sont pas bons. Mais il faut bien commencer par là pour faire *voir*. Il y aura ensuite de la graisse et des scories à enlever, afin de donner à la chose une tournure plus simple et plus haute. Le jeune Bouilhet commence son 4e acte[2].

Adieu, cher vieux, je vous embrasse.

Avez-vous suffisamment ri au jeûne ordonné par S. M. Victoria[3]? Voilà une des plus magistrales bouffonneries que je sache. Est-ce énorme! Ô Rabelais, où est ta vaste gueule?

––––––––––

Aubryet a des cartes pour les peintures de M. Cornu[4]. Il m'a promis de s'en occuper. Je lui ai écrit deux fois à ce sujet. Mais vous connaissez les journaux. Voilà six mois que je dois avoir un article dans *L'Artiste* et l'article est encore à faire[5]. Ce n'est pas là « cette politesse » des banquiers italiens, dont se louait Jérôme[6].

À LOUIS BOUILHET

[Croisset,] jeudi soir. [8 octobre 1857.]

Mon Vieux,

Puisque tu as vu La Rounat, dimanche[1], n'oublie pas
de me dire : 1º si la comédie d'Augier n'amènera pas
quelque retard à ta Marceline[2], 2º quand on doit
reprendre *Montarcy*. Ne néglige pas les répétitions de la
reprise. C'est très important. On juge définitivement les
pièces quand on les reprend. Je suis sûr qu'il y a moyen,
par exemple, de faire avec la Maintenon des effets complètement neufs. Le meilleur rôle de la pièce a été horriblement gâché, par cette bonne Ramelli[3].

Tu t'étonnes des admirations de Limayrac pour S. M.
Napoléon III. Mais dans un article sur moi, il avait dit
mieux, à savoir : qu'il n'était pas permis d'écrire aussi
mal (que moi) quand on avait sur le trône le plus grand
écrivain du siècle (textuel)[4] ; aussi a-t-il été décoré au
15 août.

Je me suis repassé une diatribe de Pontmartin, fort
longue, où il me reproche de « respirer la démocratie »,
je passe alternativement « de la platitude à l'emphase »,
etc., etc.[5] Tout cela est tellement bête que ça m'est fort
indifférent. Je n'ai, littérairement parlant, de rancune
personnelle que contre deux individus, le sieur Jacottet[6]
d'abord, et M. Allais[7] ensuite, qui m'a demandé « si
c'était fondé sur un raisonnement ». Je ne peux pas
oublier ce mot-là. C'est plus fort que moi.

T'ai-je dit, à propos de succès, que le curé de Canteleu[8] *tonne* contre moi. Il *arrache* mon livre des mains de
ses paroissiennes. J'avoue que cela m'a fait bien plaisir.
Aucun éloge ne m'a chatouillé plus profondément. Ainsi
rien ne m'aura manqué : attaque du gouvernement,
engueulades des journaux, et HAINE des prêtres ! Taïeb !
buono ! Antika ! Mameluk ! « Appelle-moi Mamelouk »,
« dis-moi que le turban me va bien ! » « appelle-moi vil
incirconcis ! » « appelle-moi Giaour ! » etc.

———

Je commence, je crois, à voir clair dans mon sacré

roman. Il n'y a pas un seul paragraphe de bon, peut-
être, et nous aurons ensemble bien des changements à
faire. Il faudra, j'en ai peur, disloquer quantité de pages[a].
Mais enfin — enfin ! — il me semble que je commence à
comprendre ce que je veux dire (suis-je bouché, nom de
Dieu !). J'ai introduit ma petite femme au milieu des
soldats[1]. À force de lui fourrer sur le corps des pierres
précieuses et de la pourpre, on ne la voit plus du tout.
Je passe ainsi, tour à tour, d'un excès de détails à une
sécheresse d'effets, déplorable. Il faudrait traiter ce sujet
d'une manière simple, enlevée. Ce serait plus épique et
plus noble. Mais comment *faire voir* les choses au bourgeois avec ce procédé ? L'important avant tout est d'avoir
des images nettes, de donner une illusion. Or, pour y
arriver, il faut une abondance de plans secondaires dans
lesquels je m'embourbe. — Au reste, je n'aurai d'idée
nette là-dessus qu'à la fin du 1er chapitre qui est un
ensemble complet. Il sera fini, j'espère, dans un mois.
C'est de lui que tout dépend, comme ton général. Aussi
quelle venette n'ai-je pas !

———

Préault a manqué à la parole qu'il m'avait donnée. —
Pas de Préault. Peut-être aura-t-il eu peur de la Muse[2] ?
Ou bien est-ce un calcul ? Comment s'y prendre quand
on est invité à déjeuner, pour faire de cela une réclame ?
Je ne comprends pas ! Problème.

Je n'ai, non plus, joui de la présence du sieur Mulot[3].
Pendant trois jours chaque coup de sonnette m'a fait
tressaillir d'un vain espoir.

M. Bonenfant[4], ici présent, m'a chargé de te présenter ses amitiés. Je le soupçonne secrètement d'admirer
Casimir Delavigne. Je n'ai pas voulu vider la question,
par crainte de dissentiment, mais j'en suis à peu près
sûr. Quel beau mot que celui du père Royer-Collard :
« Jeune homme, plus vous irez, plus vous saurez qu'il
est impossible de causer de quoi que ce soit avec qui
que ce soit[5] ! »

Rogier[6] qui m'a écrit un petit mot d'adieu m'a prié
de te dire combien il était fâché de n'avoir pu faire la
connaissance de ton vit. Il tenait à te montrer le sien,
afin de l'humilier et de te bien convaincre que tu n'avais
qu'une simple broquette. Il t'invite à m'accompagner la

première fois que je retournerai en Syrie. Je suis sûr que d'ici-là, mon bonhomme va se masturber continuellement pour faire grossir encore son monstrueux engin. Les cèdres du Liban lui font envie.

Théo doit partir pour la Russie à la fin du mois[1]. Nous ne le verrons pas cet hiver, ce qui m'embête un peu.

Avances-tu ? *Quid* ? *Quid* ?

Ton vieux.

Je ne t'ai pas écrit hier au soir parce que nous avons eu une algarade terrible à propos de ma mère. Elle a été *empoisonnée* par des huîtres (ce mollusque est à ce qu'il paraît dangereux maintenant). Elle va bien aujourd'hui.

À JULES DUPLAN

[Croisset, vers le 20 octobre 1857.]

1° Ne pas m'envoyer l'article du d'Aurevilly[2]. Je l'ai. Merci, mon vieux.

2° Ne pas croire, mon cher Monsieur, *que* je supposais *que* vous m'oubliiez. Non ! Mais je me disais : « Ce bougre-là a tellement lu le *Manuel* qu'il s'est manuclisé à outrance, et il se crève ! Alemani l'a fait claquer comme un volcan, il s'est perdu dans le lac de Bandole, ou bien asphyxié dans les lieux de Gernande ? Il a été assassiné par Bras-de-fer ? On l'a enlevé pour le mettre au couvent, dans la classe des fouteurs de vingt-cinq ans ? Il est entré comme maître d'études dans la pension de Rodin (boarding school for young pédérastes) ? Bressac et Jasmin l'on lié au pied d'un chêne ? Roland lui fait faire de la fausse monnaie ? Râlant, beuglant, pâle, épouvanté, la merde au cul, la bave aux lèvres et la gueule cassée, il décharge dans son agonie, sous le clitoris rubicond de Dorothée furieuse. Je voyais le pistolet ! (quelle auberge ! comme on y trouvait des chambres à prix modérés et ayant vue sur la place !) »[3].

Je suis ce soir d'une gaieté folle. L'article de cet excellent Tony Révillon, dans la *Gazette de Paris*, m'a mis, depuis ce matin, dans une humeur *impossible à décrire*, comme un enthousiaste politique : moi, un *viveur de province*. Ah ! c'est trop beau ! et l'histoire de mes nombreux colis, en voyage ! Ce portrait de moi en gentleman revenu des erreurs de la jeunesse et qui a écrit un roman par désillusion, pour chasser l'ennui ! *Hénaurme !* quinze mille fois Hénaurme, avec trente milliards d'H ! « Je me suis mis à travailler ! » Le malheureux ! Quand est-ce donc que j'ai commencé ! Et mon air *sévère* ! Mon sourire *sans bienveillance* ! Je vous assure que tout cela m'a flatté[1]. J'ai donc cette apparence rébarbative des héros de l'*Homme*[2] ? Cet aspect de toute la personne qui faisait dire à première vue, dans un salon : « Vous devez avoir ung v. . . . . . ! »

N'est-ce pas que je ressemble assez à Bandole ? J'ai comme lui une bibliothèque. Je vis à la campagne. Et je possède du tempérament et des principes[3].

Ah ! Duplan, comme je t'aime, mon bon, pour comprendre ainsi le grand Homme[4]. Tu es *le seul* mortel de la création qui le sente comme moi. Cet « affreux livre, cet abominable ouvrage », etc., a été le plus grand élément de grotesque dans ma vie. J'ai maintes fois cuydé en crever de rire ! Goethe disait à propos de la Révolution de 1830 : « Encore une noix que la Providence m'envoie à casser. » V[ictor] Hugo a écrit : « Que les cieux étoilés ne brillaient que pour lui. » Moi, je pense, parfois, que l'existence de ce pauvre vieux a été uniquement faite pour me divertir. Quelles créations ! quels types ! et quelle observation de mœurs ! Comme c'est vrai ! Quelle élévation de caractères (dans les vits !), que de lyrisme et quelles bonnes intentions ! Voyez-vous ce que serait sur lui une « causerie familière » de M. de Lamartine[5] ?

————

Quelle est cette affaire de Lyon ? vieux Cardoville que tu es ; on sait que c'est toi qui fais renchérir les grains. Plus de soixante mille familles, etc. !

————

Je commence à aller dans *Carthage*. Je n'ai plus qu'un mouvement pour avoir fini le 1er chapitre. Je vous assure que c'est *monté*. Trop, peut-être ? Le difficile est de rendre, en même temps, la chose mouvementée. Si mon pre-

mier chapitre marche, le reste ira, j'en suis sûr. J'ai eu
à y introduire *tous* les personnages du livre, sauf deux[1].
Enfin, je me mets à bander[2]. C'est l'important. Mais que
de mal j'ai eu pour y arriver ! Resterai-je en cet état ?

Adieu, vieux, mille tendresses.

À CHARLES BAUDELAIRE

Croisset, mercredi soir. [21 octobre 1857.]

Je vous remercie bien, mon cher ami. Votre article[3]
m'a fait le plus *grand* plaisir. Vous êtes entré dans les
arcanes de l'œuvre, comme si ma cervelle était la vôtre.
Cela est compris et senti *à fond*.

Si vous trouvez mon livre suggestif, ce que vous avez
écrit dessus ne l'est pas moins, et nous causerons de tout
cela dans six semaines, quand je vous reverrai[4].

En attendant, mille bonnes poignées de main, encore
une fois.

Tout à vous.

À MADEMOISELLE LEROYER DE CHANTEPIE

[Croisset, 4 novembre 1857.]

Comme je suis honteux envers vous, ma chère correspondante ! Aussi, pour me prouver que vous ne me
gardez aucune rancune, répondez-moi tout de suite.
N'imitez pas mon long silence, le motif n'en a pas été
gai, je vous assure. Si vous saviez comme je me suis
ennuyé, rongé, dépité ! Il faut que j'aie un tempérament herculéen pour résister aux atroces tortures où
mon travail me condamne. Qu'ils sont heureux, ceux qui
ne rêvent pas l'impossible ! On se croit sage parce qu'on
a renoncé aux passions actives. Quelle vanité ! Il est
plus facile de devenir millionnaire et d'habiter des
palais vénitiens pleins de chefs-d'œuvre que d'écrire une
bonne page et d'être content de soi. J'ai commencé un
roman antique[5], il y a deux mois, dont je viens de finir

le premier chapitre ; or je n'y trouve *rien de bon,* et je me désespère là-dessus jour et nuit sans arriver à une solution. Plus j'acquiers d'expérience dans mon art, et plus cet art devient pour moi un supplice : l'imagination reste stationnaire et le goût grandit. Voilà le malheur. Peu d'hommes, je crois, auront autant souffert que moi par la littérature. Je vais rester, encore pendant deux mois à peu près, dans une solitude complète, sans autre compagnie que celle des feuilles jaunes qui tombent et de la rivière qui coule. Le grand silence me fera du bien, espérons-le ! Mais si vous saviez comme je suis fatigué par moments ! Car moi qui vous prêche si bien la sagesse, j'ai comme vous un spleen incessant, que je tâche d'apaiser avec la grande voix de l'Art ; et quand cette voix de sirène vient à défaillir, c'est un accablement, une irritation, un ennui indicibles. Quelle pauvre chose que l'humanité, n'est-ce pas ? Il y a des jours où tout m'apparaît lamentable, et d'autres où tout me semble grotesque. La vie, la mort, la joie et les larmes, tout cela se vaut, en définitive. Du haut de la planète Saturne, notre Univers est une petite étincelle. Il faut tâcher, je le sais bien, d'être par l'esprit aussi haut placé que les étoiles. Mais cela n'est pas facile, continuellement.

Avez-vous remarqué comme nous aimons nos douleurs ? Vous vous cramponnez à vos idées religieuses qui vous font tant souffrir, et moi à ma chimère de style qui m'use le corps et l'âme. Mais nous ne valons peut-être quelque chose que par nos souffrances, car elles sont toutes des aspirations. Il y a tant de gens dont la joie est immonde et l'idéal si borné, que nous devons bénir notre malheur, s'il nous fait plus dignes.

Je vous conseille de voyager et vous m'objectez votre santé. C'est à cause d'elle précisément qu'il faudrait changer de vie. Ayez ce courage, brisez avec tout, pour un moment. Donnez un peu d'air à votre poitrine. Votre âme respirera plus à l'aise. Que vous coûterait un déplacement d'un mois pour essayer ? Il ne faut pas réfléchir en ces choses-là. On met deux chemises dans un sac de nuit et on part. Il faudra pourtant que nous nous connaissions *de vue*[1], que nous nous serrions la main autrement que par lettres. Lequel de nous deux ira vers l'autre ? pourquoi ne viendriez-vous pas cet hiver à Paris entendre un peu de musique ?

Si je vivais avec vous, je vous rendrais l'existence rude et vous vous en trouveriez mieux, j'en suis sûr.

Vous me parlez de Béranger dans votre dernière lettre[1]. L'immense gloire de cet homme est, selon moi, une des preuves les plus criantes de la bêtise du public. Ni Shakespeare, ni Goethe, ni Byron, aucun grand homme enfin n'a été si universellement admiré. Ce poète n'a pas eu jusqu'à présent un seul contradicteur et sa réputation n'a pas même les taches du soleil. Astre bourgeois, il pâlira dans la postérité, j'en suis sûr. Je n'aime pas ce chansonnier grivois et militaire. Je lui trouve partout un goût médiocre, quelque chose de terre à terre qui me répugne. De quelle façon il parle de Dieu ! et de l'amour ! Mais la France est un piètre pays, quoi qu'on dise. Béranger lui a fourni tout ce qu'elle peut supporter de poésie. Un lyrisme plus haut lui passe par-dessus la tête. C'était juste ce qu'il fallait à son tempérament. Voilà la raison de cette prodigieuse popularité. Et puis, l'habileté pratique du bonhomme ! Ses gros souliers faisaient valoir sa grosse gaieté. Le peuple se mirait en lui depuis l'âme jusqu'au costume.

À propos de Spinoza (un fort grand homme, celui-là), tâchez de vous procurer sa biographie par Boulainvilliers[2]. Elle est dans l'édition latine de Leipsick[3]. Émile Saisset a traduit, je crois, *L'Éthique*[4]. Il faut lire cela. L'article de Mme Coignet, dans la *Revue de Paris*, était bien insuffisant[5]. Oui, il faut lire Spinoza. Les gens qui l'accusent d'athéisme sont des ânes. Goethe disait : « Quand je me sens troublé, je relis *L'Éthique*. » Il vous arrivera peut-être, comme à Goethe, d'être calmée par cette grande lecture[6]. J'ai perdu, il y a dix ans, l'homme que j'ai le plus aimé au monde, Alfred Le Poittevin. Dans sa maladie dernière, il passait ses nuits à lire Spinoza[7].

Je n'ai jamais connu personne (et je connais bien du monde) d'un esprit aussi transcendantal que cet ami dont je vous parle. Nous passions quelquefois six heures de suite à causer métaphysique. Nous avons été *haut*, quelquefois, je vous assure. Depuis qu'il est mort, je ne cause plus guère avec qui que ce soit, je bavarde ou je me tais. Ah ! quelle nécropole que le cœur humain ! Pourquoi aller aux cimetières ? Ouvrons nos souvenirs, que de tombeaux !

Comment s'est passée votre jeunesse ? La mienne a été fort belle *intérieurement*. J'avais des enthousiasmes que je ne retrouve plus, hélas ! des amis qui sont morts ou métamorphosés. Une grande confiance en moi, des bonds d'âme superbes, quelque chose d'impétueux dans toute la personne. Je rêvais l'amour, la gloire, le Beau. J'avais le cœur large comme le monde et j'aspirais tous les vents du ciel. Et puis, peu à peu, je me suis racorni, usé, flétri. Ah ! je n'accuse personne que moi-même ! Je me suis abîmé dans des gymnastiques sentimentales insensées. J'ai pris plaisir à combattre mes sens et à me torturer le cœur. J'ai repoussé les ivresses humaines qui s'offraient. Acharné contre moi-même, je déracinais l'homme à deux mains, deux mains pleines de force et d'orgueil. De cet arbre au feuillage verdoyant je voulais faire une colonne toute nue pour y poser tout en haut, comme sur un autel, je ne sais quelle flamme céleste... Voilà pourquoi je me trouve à trente-six ans si vide et parfois si fatigué ! Cette mienne histoire que je vous conte, n'est-elle pas un peu la vôtre ?

Écrivez-moi de très longues lettres. Elles sont toutes charmantes, au sens le plus intime du mot. Je ne m'étonne pas que vous ayez obtenu un prix de style épistolaire. Mais le public ne connaît pas ce que vous m'écrivez. Que dirait-il ? Gardez-moi toujours une bonne place dans votre cœur et croyez bien à l'affection très vive de celui qui vous baise les mains.

MADEMOISELLE LEROYER DE CHANTEPIE
À GUSTAVE FLAUBERT

[Angers,] ce 10 novembre 1857.

Lorsque vous m'écriviez, je songeais à vous écrire ; non, Monsieur et ami, votre long silence peut me faire de la peine, mais jamais me priver du plaisir de m'entretenir avec vous. Je sais combien vous êtes occupé et puis vous êtes si supérieur à moi sous tous les rapports que je suis loin d'exiger une réciprocité de correspondance ; c'est déjà beaucoup que vous veuilliez me lire. Avec une intelligence si puissante, trop puissante peut-être, vous n'êtes pas heureux ! heureux du moins par les jouissances intérieures que donne la création d'une œuvre dans laquelle on vit, tandis que

les autres admirent votre talent, vous seul n'êtes pas content ! cela
est triste, car alors rien ne doit vous satisfaire. Vous me dites :
heureux qui ne veut pas l'impossible, c'est le plus cruel tourment !
et pourtant c'est justement parce qu'une chose est impossible que
vous la voulez, s'il en était autrement, vous la dédaigneriez. Je
suis persuadée que votre premier chapitre de roman est bon,
laissez un peu reposer votre imagination, relisez-le et vous serez
content. Il y a chez vous fatigue de tête, vous ne pouvez en ce
moment vous juger vous-même. Vous appartenez tout entier à
l'art, comment n'en souffririez-vous pas ! à qui se donne n'importe
à qui ou à quoi, ce sort est réservé, car on perd son indépendance,
on ne s'appartient plus ! Je vous aurais écrit depuis longtemps,
mais je ne savais si vous étiez encore à la campagne, vous y êtes
seul, je ne sais si cela convient à la disposition de votre âme, quoique
cette solitude vous plaise. Oui, cette saison m'impressionne toujours vivement, j'éprouve des tristesses infinies, en voyant mourir
la nature, je souffre et je meurs avec elle. Je serais étonnée que vous
n'ayez pas le spleen, votre âme est une de celles qui non seulement
ne peuvent accepter l'état social, mais encore que rien en cette vie
ne peut satisfaire. Il est naturel de désirer sortir de ce monde où
tout nous blesse, où rien ne peut nous rendre heureux ! Voilà
pourquoi je tourne mes regards vers une autre existence, puisque
j'ai renoncé à tout en celle-ci. Là encore il y a bien des déceptions,
des craintes, des doutes, et comme vous le dites, il n'est pas facile
de rester toujours si haut placé. Enfin, il est bien établi qu'ici-bas,
rien ne nous suffit, alors où irons-nous chercher ce plus, ce mieux
que nous désirons. Je crois en Dieu, en l'immortalité de l'âme,
mais quelle sera cette existence future ! La foi, la raison, le sentiment me donnent à cet égard des convictions inébranlables, mais
la certitude je ne l'ai pas, ni moi, ni personne, car la certitude repose
sur un fait accompli, et je ne puis l'avoir sans mourir. Vous dites
que nous aimons nos douleurs, dites plutôt que nous sommes faits
de telle sorte que nous ne pouvons vivre sans elles, il nous faut
souffrir n'importe comment, les mieux doués souffrent le plus. Ces
souffrances doivent pourtant avoir un but, est-ce une expiation
ou une épreuve ! En lisant le procès Lemaire, je pensais à J. Reynaud qui prétend que les âmes arrivent sur la terre plus ou moins
coupables. Ce Lemaire, de nature si sanguinaire, vient à l'appui
du système de J. Reynaud[1]. On va condamner sans doute cet homme
à la peine capitale et peut-être que s'il eût été élevé et placé dans un
milieu différent, ses instincts mauvais eussent été corrigés. Je ne
puis accepter ni la peine de mort, ni les peines éternelles, je me
soumets, mais je n'adhère pas. J'ai vu Béranger à Tours, c'était
un homme de bien. Je suis de votre avis[2], ses chansons grivoises
ne peuvent être mises aux mains de personne. Les autres sont
remplies de bonnes pensées, mais écrivant pour le peuple il a dû
emprunter une forme vulgaire pour en être compris. Les hommes
rendus à sa manière ne sont que l'expression de souvenirs, de

regrets du passé, en haine du présent. On a besoin d'admirer quelqu'un ou quelque chose, on se prend à tout parce que tout manque.
Je crois comme vous que la postérité oubliera bien vite Béranger,
on y pense maintenant un peu par désœuvrement. En lisant ce
qu'en dit Lamartine, j'ai été frappée du peu de convictions politiques de ces deux hommes, surtout Lamartine[1] ! Je tâcherai d'avoir
la biographie de Spinoza dont le caractère m'est sympathique ! Lui
aussi souffrait, mais du moins il était tranquille dans ses convictions !
Heureux qui peut vivre et mourir pour un sentiment ou une idée !
Ce que vous me dites de votre amitié pour un homme[2] que vous
avez perdu il y a dix ans, m'a vivement touchée. Je vous comprends,
je trouve là votre cœur, ce n'est plus le littérateur, c'est l'homme
sensible et aimant, mais cet ami qui vit toujours en vous, croyez-
vous qu'il ne comprend plus, qu'il ignore, qu'il ne partage pas
vos souffrances ; non, deux âmes ne peuvent être désunies même
par la mort, interrogez votre cœur et il vous répondra, votre ami
sait maintenant ce que nous ignorons, il a la solution du grand
mystère, il est plus avancé que nous sur la route qui conduit à
Dieu. Oui, notre cœur est plein de souvenirs qui s'adressent non
seulement à des personnes, mais à des sentiments morts, c'est là
le plus triste de tout ! Ma jeunesse s'est passée en illusions et en
déceptions. J'avais et j'ai encore le caractère romanesque, le plus
malheureux de tous, dit, avec raison, G. Sand. Je pense encore avec
Rousseau que le pays des chimères est le seul digne d'être habité !
Je tâche de garder quelques illusions et pour cela je ne vois les
personnes et les choses que de loin ! Je vous retrouve encore dans
ce mot sorti de votre cœur : Oh, je n'aime personne ! et c'est là
votre malheur, car on ne peut s'aimer soi-même que par rapport
aux autres, et pourtant vu, sans illusion, personne ne mérite d'être
aimé ! cela est vrai, trop vrai ! et je crains bien que vous n'ayez
avant moi reconnu cette vérité ! Que faire alors ? Se tromper soi-
même, ou aimer les gens tels qu'ils sont ! Cela peut-il bien suffire
à une âme comme la vôtre ? Quoi qu'il en soit, aimez quelqu'un
ou quelque chose, cela vous fera du bien. Oui, votre histoire est
un peu la mienne, mais moi, je ne sais rien, on ne m'a rien appris,
je voudrais apprendre, je suis passionnée pour l'art, mais lorsque
j'écris, je suis mon idée, mon impression, et le savoir me manque.
Écrire des romans ne serait pas de mon goût, je voudrais écrire
des ouvrages sérieux, philosophiques et je ne sais rien, le pouvoir
et la volonté se combattent. Je ne sais pas si vous ferez mieux que
Madame Bovary, cela me semble impossible ; il y a un an que j'ai
lu ce livre et je me sens aussi triste à cet anniversaire qu'à celui
d'une femme aimée que j'aurais vu mourir. Les éloges de la presse
entière et ceux de G. Sand[3] ont dû vous satisfaire. Je suis heureuse
d'avoir été une des premières à comprendre et à admirer votre
roman. J'attends celui que vous écrivez, suivez votre inspiration,
allez toujours, ne vous occupez pas tant de la forme puisque vous
avez l'idée. Je désire bien vous voir, mais je voudrais que vous ne

me vissiez pas. Je suis très vieille, j'eus 57 ans la veille de la Tous-
saint. Je suis dix fois plus vieille que mon âge et malade et triste,
maussade, déplaisante de caractère. Vous parlez des gros souliers
de Béranger, que diriez-vous donc avec vos goûts aristocratiques,
si vous me voyiez mal vêtue, plus mal qu'une servante, habitant
une ferme sale, en désordre, puis ma communauté toujours en
guerre, la part trop petite pour chacun, vous trouveriez bien de
l'ennui. J'aurais encore mille choses à vous dire, combien vous
êtes bon de m'aimer un peu. Ah! que j'en suis reconnaissante. Je
vous aime bien aussi, mon fils! Votre lettre m'a fait bien grand bien.
Adieu, je vous écrirai bientôt, votre amie dévouée

M.-S. LEROYER DE CHANTEPIE.

À ERNEST FEYDEAU

[Croisset, début novembre 1857.]

Es-tu mort? ou malade? Si je ne reçois pas un mot
de ta Seigneurie cette semaine je te fais afficher! un
neveu perdu!

Théo part-il pour la Russie[1]? Dis-le-moi que je lui
envoie un petit mot d'adieu.

Quant à toi tu n'en auras pas plus long. Tu es un
monstre indigne de la tendresse de ton oncle.

À CHARLES-EDMOND

Croisset, mardi soir. [17 novembre 1857.]

Mon cher Ami,

Mon affaire aura (je crois?) pour titre *Salammbô,
roman carthaginois*. C'est le nom de la fille d'Hamilcar,
fille inventée par votre serviteur.

Mais je ne sais pas quand je vous donnerai le *numéro
un*. Ça ne va pas du tout. Je suis malade, moralement
surtout, et si vous voulez me rendre un *éminent service*,
ce serait de ne pas plus parler de ce roman que s'il ne
devait pas exister.

Si je le fais, il sera pour vous, puisque je vous l'ai
promis[2]. Il y en a un chapitre d'écrit. C'est détestable.

Je me suis engagé, j'en ai peur, dans une œuvre impossible... Est-il indispensable que vous l'annonciez ? En ne disant rien, songez, cher ami, que vous m'épargnerez un ridicule, si je renonce à cette œuvre par impossibilité de l'exécuter, ce qui est bien possible.

Voyons, soyez généreux ; ne parlez pas du Flaubert.

En tout cas, je serai à Paris vers le 20 du mois prochain[1]. Attendez jusque-là, je vous en prie. Qui vous talonne ?

À bientôt donc, et croyez-moi, nonobstant mes embêtements, le vôtre qui vous serre la main très fort.

À ERNEST FEYDEAU

[Croisset, vers le 20 novembre 1857.]

Ah! je suis foutu, mon cher ami, foutu!

Je t'avais envoyé un petit mot[2] parce qu'il m'ennuyait de ton aimable individu. Mais quant à t'écrire longuement je n'en ai pas la force. Je suis sérieusement malade. — Au moral. (Ce n'est pas la première fois que pareille chose m'arrive.) Si on te parle de moi, tu peux même dire que je vais bien. Il est inutile de divulguer mes infirmités.

Sache donc que depuis un mois je suis dans une impossibilité complète d'écrire. Je ne peux pas trouver un mot. Je m'embête horriblement. — Et je regarde mon feu brûler. Voilà.

Je suis puni, de m'être mis comme un imbécile à vouloir tout de suite écrire un livre, avant de l'avoir suffisamment porté dans le ventre.

Je t'assure que je ne suis pas gai.

Théo part-il pour la Russie[3]? Tu auras l'honneur de me voir dans un mois. — Et ne me parle pas de *Carthage*. *Ça me désole*.

Tu es un heureux bougre, toi, et je t'envie

et t'embrasse.

Ecris-moi de longuissimes épîtres si tu en as le temps. Ça me distraira.

À SA NIÈCE CAROLINE

[Croisset,] mardi soir. [24 novembre 1857.]

Ma chère petite Caroline,

J'ai beaucoup de compliments à t'adresser. Il n'y avait pas dans ta dernière lettre une seule faute d'orthographe. Et je l'ai trouvée *rédigée* comme par un notaire. Écris-m'en toujours de pareilles. Tu me feras grand plaisir.

Comment vas-tu, mon pauvre loulou ? Qu'il y a longtemps que nous ne nous sommes vus ! Mes joues, depuis que tu n'es plus là, augmentent et durcissent. Car elles n'ont plus personne pour les pétrir et les amollir à force de bécots.

Je ne manquerais pourtant pas d'occasions si je voulais, car M. Huault[1] est, depuis que vous êtes parties, venu deux fois. La dernière était hier. Il est arrivé à onze heures du matin, dans l'intention de passer toute la journée. Il venait exprès « pour me distraire ». On lui a dit que j'étais parti à Paris, alors il s'est rabattu sur Baptiste[2] qui ne lui a pas même offert un verre de cidre. — Il est parti à jeun et, je crois, peu content de l'hospitalité.

Il s'est beaucoup informé de toi.

Je n'ai vu aucune de tes amies, ni ces demoiselles Raymond, ni Palmyre, ni Hortense[3]. Mais je sais qu'elles vont bien. Mme Fiphareaux[4], qui s'obstine à rester sous les arbres, est un peu enrhumée à cause des feuilles jaunes[a] qui lui tombent sur la tête. Elle toussote. Je crains pour sa poitrine.

On n'a pas retiré les inscriptions sur papier bleu que tu avais mises au coin des allées. Et quand je me promène après mon déjeuner, je vois la rue Verte sous le figuier et les Champs-Élysées contre le mur du père Defodon[5].

Le père Jean[6] a demandé à Narcisse[7] de lui donner un bouquet de fleurs pour en faire cadeau aux commis de la barrière, afin de s'attirer leur bienveillance. Narcisse, qui déteste l'autorité, a refusé.

Il prétend que Julie[8] *lui fait perdre la tête*. Elle se fait

tant servir qu'il en deviendra fou. Ce qu'il y a de certain, c'est que l'autre jour, pour partir par le bateau à
9 heures, elle l'avait réveillé dès cinq pour lui faire son
café au lait, et surveiller le passage de la vapeur.

Tu diras à ta bonne maman que dans ma prochaine
lettre je lui parlerai du ménage.

Te conduis-tu bien ? es-tu bonne et obéissante ?

Adieu, mon pauvre Carolo, embrasse bien ta grand-
mère pour moi et embrasse-toi toi-même de ma part.

                 Ton vieux bonhomme d'oncle.

À ERNEST FEYDEAU

             [Croisset,] mardi soir. [24 ? novembre 1857.]

Aimable Neveu,

Tu es bien gentil de m'avoir envoyé de bonnes paroles
dans ma détresse. Ça ne va pas encore très raide, mais
ça va mieux, les douleurs névralgiques que j'avais dans
la tête sont parties, l'intellect va (espérons-le) s'en
ressentir.

Enfin, j'ai fini tant bien que mal mon premier chapitre, je prépare le second. J'ai entrepris une fière chose,
ô mon bon, une fière chose, et il y a de quoi se casser
la gueule avant d'arriver au bout. N'aie pas peur, je
ne calerai pas. Sombre, farouche, désespéré, mais pas
couillon. Mais pense un peu, intelligent neveu, à ce que
j'ai entrepris : vouloir ressusciter toute une civilisation
sur laquelle on n'a rien !

Comme c'est difficile de faire *à la fois gras et rapide !*
il le faut pourtant. Dans chaque page, il doit y avoir à
boire et à manger, de l'action et de la couleur.

Daigne m'entendre un peu. Voici mes plans : Bouilhet
doit être ici le 10, nous avons à travailler ensemble
pendant une huitaine ; j'orne la capitale de ma présence[1].
Patience, impétueux jeune homme !

Et, sacré nom de Dieu, envoie-moi les articles que tu
publies maintenant dans *La Presse*. J'attends tout en
masse dimanche prochain ; n'est-ce pas le jour où le
dernier numéro doit paraître[2] ?

À bientôt. Travaille raide et invoque Apollon (ou plutôt Eschmoûn[1]) en ma faveur ! Comme ça embêtera le public ! j'en tremble d'avance, car il a quelquefois raison de s'embêter.

Théo ne s'en va pas en Russie, j'en étais à peu près sûr ; j'en suis content pour moi (qui aurai sa compagnie cet hiver), mais fâché pour lui.

Adieu, cher vieux.

À ERNEST FEYDEAU

[Croisset, fin novembre 1857.]

Grand Homme,

Attends-tu que je te fasse une critique détaillée de tes trois articles ? Ce serait trop long, mon bon. Qu'il te suffise de savoir qu'ils m'ont extrêmement botté. Je me permettrai seulement, de vive voix, de te faire observer quelques légères taches comme « piquant détail », etc.[2] Mais comme je suis le seul mortel à qui ces choses déplaisent, c'est peu important. Je crois que tu as tiré de la chose tout ce qu'elle comportait. Voilà l'essentiel. Et puis tu soutiens les principes, tu es un brave. Merci, mon cher monsieur.

Ne te flatte pas, aimable neveu, de l'espoir d'entendre les aventures de mademoiselle Salammbô. Non, mon bichon, *cela me troublerait ;* tu me ferais des critiques qui m'embêteraient d'autant plus qu'elles seraient justes. Bref, tu ne verras cela que plus tard, quand il y en aura un bon bout de fait ! À quoi bon d'ailleurs te lire des choses qui probablement ne resteront pas ? Quel chien de sujet ! je passe alternativement de l'emphase la plus extravagante à la platitude la plus académique. Cela sent tour à tour le Pétrus Borel et le Jacques Delille[3]. Parole d'honneur ! j'ai peur que ce ne soit poncif et rococo en diable. D'un autre côté, comme il faut faire *violent,* je tombe dans le mélodrame. C'est à se casser la gueule, nom d'un petit bonhomme !

La difficulté est de trouver la note *juste.* Cela s'obtient par une *condensation* excessive de l'idée, que ce soit naturellement, ou à force de volonté, mais il n'est pas aisé

de s'imaginer une vérité constante, à savoir une série
de détails saillants et probables dans un milieu qui est
à deux mille ans d'ici. Pour être entendu, d'ailleurs, il
faut faire une sorte de traduction permanente, et quel
abîme cela creuse entre l'absolu et l'œuvre !

Et puis, comme le bon lecteur « Françoys » qui « veut
être respecté »[1] a une idée toute faite sur l'antiquité,
il m'en voudra de lui donner quelque chose qui ne lui
ressemblera pas, selon lui. Car ma drogue ne sera ni
romaine, ni latine, ni juive. Que sera-ce ? Je l'ignore.
Mais je te jure bien, de par les prostitutions du temple de
Tanit, que ce sera « d'un dessin farouche et extravagant »,
comme dit notre père Montaigne. C'est bien vrai, ce
que tu écris sur lui.

Adieu, mon cher vieux. Relis et rebûche ton conte[2].
Laisse-le reposer et reprends-le, les livres ne se font pas
comme les enfants, mais comme les pyramides, avec
un dessin prémédité, et en apportant des grands blocs
l'un par-dessus l'autre, à force de reins, de temps et de
sueur, et ça ne sert à rien ! et ça reste dans le désert ! mais
en le dominant prodigieusement. Les chacals pissent au
bas et les bourgeois montent dessus, etc. ; continue la
comparaison.

Mille tendresses.

La première chose que je ferai à Paris sera d'entendre
ton histoire. À peine débarqué je me ruerai dans ton
domicile avant même de me livrer à aucun de ces actes
obscènes que l'indécence ordonne de nommer et la
nature d'accomplir.

À MADEMOISELLE LEROYER DE CHANTEPIE

[Croisset,] samedi, 12 décembre 1857.

Je ne veux pas partir pour Paris avant de vous écrire,
chère Demoiselle. Car ne croyez pas que votre correspondance ne me soit très précieuse. J'y tiens essentiellement et ne voudrais point qu'elle fût interrompue.

J'ai été assez mal depuis ma dernière lettre. J'ai entrepris un maudit travail où je ne vois que du feu et qui

me désespère. Je *sens* que je suis dans le faux, comprenez-vous ? et que mes personnages n'ont pas dû parler comme cela. Ce n'est pas une petite ambition que de vouloir entrer dans le cœur des hommes, quand ces hommes vivaient il y a plus de deux mille ans et dans une civilisation qui n'a rien d'analogue avec la nôtre. J'entrevois la vérité, mais elle ne me pénètre pas, l'émotion me manque. La vie, le mouvement, sont ce qui fait qu'on s'écrie : « C'est cela », bien qu'on n'ait jamais vu les modèles ; et je bâille, j'attends, je rêvasse dans le vide et je me dépite. J'ai ainsi passé par de tristes périodes dans ma vie, par des moments où je n'avais pas une brise dans ma voile. L'esprit se repose dans ces moments-là ! Mais voilà bien longtemps que ça dure. N'importe, il faut prendre son mal en patience, se rappeler les bons jours et les espérer encore.

Ce que vous me dites de Béranger est bien ce que j'en pense[1] ! Mais, à ce propos, pour qui me prenez-vous ? Croyez-vous que je regarde plutôt à la chaussure qu'au pied, et au vêtement qu'à l'âme ? « Mes goûts aristocratiques » me font sentir et aimer tout ce qui est beau, *à travers* tout, soyez-en sûre[2]. Il y a une locution latine qui dit à peu près : « Ramasser un denier dans l'ordure avec ses dents. » On appliquait cette figure de rhétorique aux avares. Je suis comme eux, je ne m'arrête à rien pour trouver l'or. Et d'abord, *je ne crois pas* à tout ce que vous m'écrivez de défavorable sur votre compte. D'ailleurs, quand ce serait, je ne vous en aime pas moins.

Ne me placez pas non plus si haut (dans la sphère impassible des esprits). J'ai au contraire beaucoup aimé dans ma vie et on ne m'a jamais trahi ; je n'ai à importuner la Providence d'aucune plainte. Mais les choses se sont usées d'elles-mêmes. Les gens ont changé, et moi je ne changeais pas ! Mais à présent, je fais comme les choses. Je vais chaque jour me détériorant, et la confiance en moi, l'orgueil de l'idée, le sentiment d'une force vague et immense que l'on respire avec l'air, tout cela décline peu à peu.

C'est ce soir que je prends 36 ans. Je me rappelle plusieurs de mes anniversaires. Il y a aujourd'hui huit ans, je revenais de Memphis au Caire, après avoir couché aux Pyramides. J'entends encore d'ici hurler les chacals et les coups du vent qui secouait ma tente[3].

J'ai l'idée que je retournerai plus tard en Orient, que j'y resterai et que j'y mourrai. J'ai d'ailleurs, à Beyrouth, une maison toute prête à me recevoir[1]. Mais je n'en finirais plus si je me mettais à vous parler des pays du soleil. Ce serait trop long. Causons d'autre chose.

Voilà plusieurs fois que vous me parlez de Jean Reynaud ; je trouve, comme vous, son livre un fort beau livre. Seulement, il a fait son théologien bien complaisant. La forme dialoguée est mauvaise[2]. Elle était peut-être même impossible. Je trouve le tout un peu long. Quant à son explication des peines et des récompenses, c'est une explication comme une autre, c'est-à-dire qu'elle n'explique rien. Qu'est-ce qu'un châtiment dont n'a pas conscience l'être châtié ? Si nous ne nous rappelons rien des existences antérieures, à quoi bon nous en punir ? Quelle moralité peut-il sortir d'une peine dont nous ne voyons pas le sens ?

Avez-vous lu les *Études d'histoire religieuse* de Renan[3] ? Procurez-vous ce livre, il vous intéressera.

Pourquoi ne donnez-vous pas cours, sur le papier, à vos idées ? Écrivez donc ! quand ce ne serait que pour votre *santé physique*.

Vous me dites que je fais trop attention à la forme. Hélas ! c'est comme le corps et l'âme ; la forme et l'idée, pour moi, c'est tout un et je ne sais pas ce qu'est l'un sans l'autre. Plus une idée est belle, plus la phrase est sonore ; soyez-en sûre. La précision de la pensée fait (et est elle-même) celle du mot.

Si je ne peux rien aligner maintenant, si tout ce que j'écris est vide et plat, c'est que je ne palpite pas du sentiment de mes héros, voilà. Les mots sublimes (que l'on rapporte dans les histoires) ont été dits souvent par des simples. Ce qui n'est nullement un argument contre l'Art, au contraire, car ils avaient ce qui fait l'Art même, à savoir la pensée concrétée, un sentiment quelconque, *violent,* et arrivé à son dernier état d'idéal. « Si vous aviez la foi, vous remueriez des montagnes » est aussi le principe du Beau. Ce qui peut se traduire plus prosaïquement : « Si vous saviez *précisément* ce que vous voulez dire, vous le diriez bien. » Aussi n'est-il pas très difficile de parler de soi, mais des autres !

Eh bien ! je crois que jusqu'à présent on a fort peu parlé des autres. Le roman n'a été que l'exposition de la personnalité de l'auteur et, je dirais plus, toute la littérature en général, sauf deux ou trois hommes peut-être. Il faut pourtant que les sciences morales prennent une autre route et qu'elles procèdent comme les sciences physiques, par l'impartialité. Le poète est tenu maintenant d'avoir de la sympathie pour *tout* et pour *tous,* afin de les comprendre et de les décrire. Nous manquons de science, avant tout ; nous pataugeons dans une barbarie de sauvages : la philosophie telle qu'on la fait et la religion telle qu'elle subsiste sont des verres de couleur qui empêchent de voir clair parce que : 1° on a d'avance un parti pris ; 2° parce qu'on s'inquiète du pourquoi avant de connaître le comment ; et 3° parce que l'homme rapporte tout à soi. « Le soleil est fait pour éclairer la terre. » On en est encore là.

Je n'ai que la place de vous serrer les mains bien affectueusement.

À ERNEST FEYDEAU

[Croisset,] samedi. [12 décembre 1857.]

Toi aussi ! cher neveu, embêté par la littérature ! Je te plains, si tu es dans les mêmes états que ton oncle. Je ne fais plus rien, ce qui vaut mieux que de faire mal. Je me suis arrêté parce que je sentais que j'étais dans le faux. La psychologie de mes bonshommes me manque, j'attends, et je soupire.

Je serai à Paris mardi ou mercredi de l'autre semaine, la veille de Noël au plus tard[1]. Va te délasser dans ton château préalablement, ou après. Dès que je serai à Paris, je serai complètement à ta disposition, tu me liras ton histoire, en plusieurs fois ou tout d'un coup, ça m'est égal, dussions-nous faire une séance de xv heures, ce qui serait plus solennel[2].

J'attends Bouilhet demain[3]. Nous allons, je crois, passablement gueuler pendant huit jours, ça me remontera peut-être, j'en ai besoin.

Quelle sacrée idée j'ai eue de vouloir écrire un livre sur Carthage ! les descriptions passent encore[4] ; mais le dialogue, quelle foirade !

Pour me remonter le moral, je vais me livrer, dans le sein de la capitale, à des débauches monſtrueuses, ma parole d'honneur ! j'en ai envie. Peut-être qu'en me fourrant quelque chose dans le c..., ça me ferait b... le cerveau. J'hésite entre la colonne Vendôme et l'obélisque. Je ris, mais je ne suis pas gai. J'ai déjà, il eſt vrai, passé par des époques pareilles, et je ne m'en trouvais que plus vert ensuite. Mais ça dure trop ! ça dure trop !

Adieu, vieux, bon courage !

À JULES DUPLAN

[Paris, 19 décembre 1857.]

Mon Bon,

Je suis ici. La Capitale eſt derechef embellie par ma présence.

Venez demain, dimanche, comme de coutume, embrasser

Votre vieux.

Samedi 19 décembre.

MADEMOISELLE LEROYER DE CHANTEPIE
À GUSTAVE FLAUBERT

[Angers,] ce 21 décembre 1857.

Vous êtes bien aimable, cher Monsieur et ami, de m'avoir donné un souvenir avant votre départ ; combien je suis reconnaissante de cette preuve d'amitié de vous à moi, qui me sens si inférieure sous le rapport de l'intelligence et du savoir ! Non sous celui du cœur, car je vous aime bien et suis très sensible à l'eſtime que vous voulez bien m'accorder. Je voulais vous écrire lorsque j'ai reçu votre lettre, je pensais que vous étiez souffrant, et je vois que je ne me trompais pas. Je crois que la solitude et l'excès de la pensée ont dû amener cette fatigue que je comprends et dont vous vous plaignez. Je suis sûre que vous êtes mieux à cette heure, vous aviez besoin de revoir Paris. Sans doute, il eſt difficile de vivre dans le cœur et l'âme d'hommes placés dans un milieu si étranger

au nôtre. Il y a pourtant des hommes morts depuis deux mille ans
dont le caractère nous est aussi sympathique que si nous les avions
connus ! Ainsi, Origène a toutes mes idées. Mais faire agir, parler,
sentir, créer des êtres qui ont vécu, mais qu'il faut ressusciter, c'est
plus difficile que de les créer entièrement. Les romans empruntés
à l'antiquité ont quelque chose qui nous reste étranger, voyez
Évenor de G. Sand. J'ai pourtant copié la prière de Leucippe que
je dis tous les jours[1]. Vous avez raison, sentir vivement inspire !
J'ai vu des gens simples sachant à peine écrire qui dans leurs
grandes douleurs m'écrivaient des lettres éloquentes. Je crois que
vous ferez aussi bien, mais jamais mieux que *Madame Bovary,* tous
ceux qui l'ont lue ne cessent de m'en parler comme d'une personne
vivante et d'un événement vrai ! C'est là le sublime de l'auteur, et
pour moi, de ma vie, je n'ai rien lu de pareil. Je me réjouis de lire
votre œuvre nouvelle ! Vous n'avez pas eu à vous plaindre, dites-
vous, les choses se sont usées d'elles-mêmes. Hélas ! c'est là le
grand malheur de tout en ce monde ! Je me demande, en attendant que le progrès fasse de la terre un Éden, que la misère, l'ignorance, n'existent plus, et je l'espère. Mais enfin, parvenus à ce degré
de perfection et de bonheur, ne faudra-t-il pas toujours changer,
souffrir, vieillir, se séparer, mourir ! et si nous ne pouvons attendre
avec certitude une vie meilleure, la création n'est-elle pas un acte
de barbarie ! eh quoi ! créer des êtres pour les vouer à la souffrance
et à la mort, et dans quel but ! nécessairement, ceci n'est qu'une
phase de l'existence ! mais l'incertitude de ce qui doit succéder
suffit à rendre à jamais inquiet et malheureux ! eh quoi, vivre pour
travailler, se nourrir, avoir des enfants qui continueront vos
misères, penser, écrire pour laisser de son âme une trace bien vite
effacée, mais à quoi tout cela sert-il ? et si tout est inutile pourquoi
naître, n'avons-nous donc qu'à nous coucher et mourir ! Je vois
ma vie perdue, je n'ai fait que souffrir depuis que j'existe et que
vais-je trouver après ! où est mon salaire pour un si rude labeur !
Je ne crains pas les peines éternelles, mais la souffrance, l'absence
de Dieu ; sans mes croyances catholiques, je serais bien en repos,
je me sens en paix devant Dieu, mais les observances de la confession, de la communion m'épouvantent et sont un incessant sujet
de crainte et de terreur. Je suis de votre avis, la forme dialoguée
du livre de J. Reynaud ne vaut rien[2], mais quelle admirable peinture de Dieu, quelle hypothèse consolante, car là, du moins, le
travail trouve salaire, et la régénération est le but final, comme dans
Origène. Je suis, comme vous, choquée de l'interruption d'existence, c'est-à-dire de ce qui a précédé, on dirait que ces existences
sont coupées par le néant, mais aussi cela explique les différences
de natures et de positions en ce monde. J'ai souvent cherché la
raison de mes maux immérités, et je me suis demandée avec effroi
si je n'avais pas commis quelque faute inconnue dans une existence antérieure. J. Reynaud a bien senti le défaut de son système,
aussi dit-il qu'au but final, nous aurons la vue claire et consciente

de toutes nos existences et que nous serons tous réunis dans un bonheur incessant et progressif ; au reste, rien ne me satisfait pleinement. Je trouve les philosophes absurdes ; au milieu de quelques idées lumineuses, ils abdiquent trop le sentiment et ne lui laissent aucune place. Tout cela est désespérant ! Vous étiez au Caire pour votre anniversaire ! hélas, tous les miens m'apportent une peine de plus, mes regrets ne s'adressent qu'à un temps moins mauvais dans le passé, comparé au présent ! Vous me paraissez regretter l'Orient, mais ne regrette-t-on pas toujours ce qu'on perd, n'a-t-on pas toujours le dégoût et l'ennui de ce qu'on possède. Vous me dites qu'il ne sort aucune moralité d'une peine dont on ignore le motif, mais connaissons-nous la cause de celles qui nous sont affligées ! et des peines éternelles sans but final ne sont-elles pas encore bien plus injustes ! Je n'ai point lu les *Études* de Renan[1], je les lirai ! Vous me dites que pour vous la forme et le fond ne sont qu'un en littérature, mais je préfère l'idée, comme l'âme au corps. On peut tout comprendre, mais avoir de la sympathie pour tout et pour tous est impossible, et pourtant l'écrivain doit vivre dans ses personnages. Que dites-vous des entretiens de Lamartine[2] ? sauf quelques pages, je les trouve bien vides de sentiments et d'idées ! Vous me dites d'écrire, oui, j'écris de petites nouvelles pour de petits journaux, tout cela m'intéresse peu. Je voudrais savoir et pouvoir ! Je vous dirai que mon filleul que j'ai élevé comme mon fils a fait un mariage déplorable ; il a épousé une ouvrière sans esprit, ni éducation, ne sachant même pas lire. Elle est près d'accoucher, ils n'ont rien tous deux, ni domicile, ni mobilier, j'ai été obligée d'acheter jusqu'aux vêtements de la mariée. Mon filleul est à Nantes où il gagne 50 *[sic]* par mois et encore il va être renvoyé. Mon revenu qui déjà ne suffisait pas ! J'avais élevé Édouard comme mon fils, je ne puis pourtant pas le laisser mourir de faim, ni sa femme et son enfant ! c'est un ennui de plus ! J'habite toujours la campagne, voilà ma vie, je dors peu, je m'éveille avant jour, je prie Dieu, je pense, puis on se lève dans la maison, je lis au jour, on m'apporte mon thé, on me lit les journaux jusqu'à onze heures, je me lève, j'écris, je fais des prières, puis je quitte ma chambre ; on dîne tous ensemble, après on me lit encore un journal, ensuite on me fait une heure de musique, puis on joue une heure ou deux au boston, les autres soupent, je file de la laine pendant ce temps-là, je donne la nourriture à mes chiens. À 9 heures, je prends du thé, je reviens dans ma chambre, je prie Dieu, on me lit encore jusque vers onze heures. Cette vie monotone n'est variée que par de rares visites et quelques promenades dans la campagne ou à la ville. Dans tout cela, je me sens bien seule. L'absence de jouissances artistiques est ma grande peine, c'est presque mon seul intérêt dans la vie. Au moment où je vous écris, je commence une migraine nerveuse, j'en ai souvent pendant plusieurs jours qui me mettent à la mort. J'en suis d'autant plus tourmentée qu'on attend Mme Ugalde[3], et j'ai tant le désir de l'entendre que j'en ai rêvé et depuis hier j'en suis malade de peur de manquer ce rare plaisir ! Je suis si malheureuse en tout. Il y a deux ans que je manquai ainsi une représentation de l'Alboni[1]. Cela vous étonne, mais songez que je n'ai jamais rien vu, rien entendu, que je vis solitaire et que le théâtre est ma vie, mon champ d'asile, mon palladium contre les maux de la vie. Adieu, Monsieur et ami, pensez un peu à moi, et croyez que vous êtes présent à ma pensée et que mon amitié pour vous est inaltérable. Je n'ai que la force de me dire votre amie dévouée

MARIE-S. LEROYER DE CHANTEPIE.

À EUGÈNE CRÉPET [?]

[Paris,] mardi matin. [22 décembre 1857?]

Je vous remercie bien, mon cher ami, de vous être dérangé pour moi. Mais ne vous tourmentez pas pour M. Baudelaire. Je l'ai vu hier au soir moi-même.

Michel Lévy doit aller trouver M. Dennery[2] — et une autre histoire va peut-être s'engager à la Porte-Saint-Martin[3].

À dimanche, n'est-ce pas ? En attendant, mille poignées de main, de votre.

Néanmoins, informez-vous auprès de Boyer[4] — dont je ne me rappelle plus l'adresse.

Apportez-moi le livre de Taine[5], je vous prie.

À AGLAÉ SABATIER

[Paris,] samedi, 6 heures. [1857-1858?]

Chère Présidente,

Vous êtes bonne comme le Petit Manteau Bleu, charmante comme Cypris et cordiale comme le meilleur des amis.

Donc, je me regarde désormais comme étant convié à vos festins dominicaux!

Mais je ne pourrai venir demain. J'ai un tas d'embêtements ou, pour employer un mot moins lourd, d'occupations suscitées par le prochain mariage de ma nièce[1].

J'espère vous aller faire une petite visite un des jours de cette semaine.

Mille tendresses et deux baisers sur vos beaux bras.

À JEANNE DE TOURBEY

[Paris, fin 1857-début 1858?]

Chère Madame,

Je viens réclamer les deux places de balcon que vous m'avez fait espérer hier.

C'est pour demain ou tel jour de la semaine prochaine qu'il vous plaira. Mais je dois les porter demain matin.

Donnez-les-moi et gardez-moi dans votre cœur une loge grillée.

À vous, en vous baisant les mains.

À JEANNE DE TOURBEY

[Paris, fin 1857-début 1858?]

Il ne suffit pas que vous soyez *belle comme une étoile*, il faut que vous soyez bonne comme un ange! Merci mille fois. On vous adore. Quelle indulgence vous avez.

À vous.

MADEMOISELLE LEROYER DE CHANTEPIE
À GUSTAVE FLAUBERT

[Angers,] ce 22 janvier 1858.

Bien des jours se sont écoulés, cher Monsieur et ami, depuis que je n'ai eu le plaisir de recevoir de vos nouvelles. Souvent, presque chaque jour j'ai pensé à vous, en me demandant si vous étiez heureux. C'est mon désir sincère, ardent, puisse-t-il être exaucé ! Je ne l'espère guère avec une nature exceptionnelle comme la vôtre, c'est presque impossible. Vous avez changé de milieu et je crois que vous devez en être mieux, la solitude ne convient pas à une imagination aussi puissante ! J'ai vu dernièrement quelqu'un qui s'occupe de littérature et qui habite Paris. Après avoir fait un commun éloge de votre talent comme auteur, on ajouta que vous étiez un des élégants du boulevard et l'homme à la mode le plus recherché de Paris. Cela ne m'étonna point, mais je pensais en moi-même que vous deviez être assez indifférent à la célébrité et aux succès. Vous voulez plus, et mieux, mais ce mieux que les âmes comme la vôtre veulent, cet impossible qui les attire, parce que le possible ne leur suffit pas, où le trouver ? et ne faut-il pas aller le chercher au-delà de cette existence si remplie de misères et d'angoisses. J'ai relu quelque peu *Madame Bovary* et l'impression a été plus vive encore. Ce livre est d'une vérité saisissante, je suis malade après l'avoir lu, comme si je venais de voir ce drame se passer sous mes yeux ! Ah ! c'est trop bien, le portrait ressemble trop, c'est trop vrai ! et votre roman en composition[1], où en est-il ? Je l'attends avec impatience ! nous sommes hélas, bien pauvres en littérature, cela est pour moi une véritable famine intellectuelle. Songez qu'un livre est dans ma solitude un événement, et la lecture mon seul plaisir. Je relis *Lélia*[2] que je sais par cœur et qui me cause toujours une admiration enthousiaste, mon âme s'y voit toute entière, comme on retrouve dans un miroir les traits de son visage. Oui, voilà mes pensées, mes souffrances, ce livre est tout moi-même et il semble que l'auteur ait lu dans mon âme pour me révéler tous les maux dont je souffrais instinctivement, sans pouvoir m'en rendre compte. Je suis toujours sous la funeste influence de mes terreurs religieuses, de mes impossibilités morales. J'en viens parfois à accepter même la souffrance éternelle des angoisses que j'éprouve et qui ne peuvent s'augmenter au-delà de cette vie, que trouverai-je alors, ou plutôt que pourrai-je trouver de plus terrible que ce que j'éprouve ! Craindre la mort, c'est beaucoup, et cependant ce n'est rien comparé à la crainte d'être à jamais rejeté loin de Dieu. C'est pourtant en présence de ce supplice que je vis !

J'habite encore la campagne que je trouve encore moins triste que la ville ; le jour je lis, j'écris, j'oublie et me trouve bien tout le temps que je suis entourée de livres, de paperasses, mais la nuit je souffre beaucoup, les heures de ténèbres, de silence, exercent sur moi une funeste influence. Lorsque je vois briller la dernière étoile, je reprends un peu d'espoir, il me semble que ma mère habite peut-être cette étoile, qu'elle me regarde et me prend en pitié ! elle m'aimait trop sur cette terre pour ne pas m'aimer encore ailleurs. Ah ! lors même que nous aurions le bonheur et la perfection en ce monde, ne faudrait-il pas mourir, se séparer de ceux qu'on aime, et qui pourrait faire oublier cette sentence de mort portée en naissant contre tout ce qui existe. Ah ! si le bonheur final n'était pas le but de la création, elle ne serait qu'un acte de barbarie, une injustice inexplicable. Je suis toujours souffrante et ne quitte pas ma maison. J'ai pourtant entendu deux fois Mme Ugalde[1] et j'en ai été ravie. Songez que le théâtre est mon champ d'asile, je n'existe que là ; on attend Roger qui doit chanter *Lucie*[2], mon opéra de prédilection. Je tremble de peur d'être malade, j'en serais désolée et j'ai tant de malheur en tout, que cela m'arrivera peut-être ! mon filleul est marié, il n'a rien, point d'emploi, le voilà tout à l'heure père et sans moyen d'existence. Ce ménage est encore une nouvelle charge pour moi, et pourtant, lorsque je peux donner un peu de bonheur aux autres, j'oublie un peu mes souffrances. Je vous dirai qu'on a mis au concours l'*Histoire de la Guerre de Trente Ans,* c'est-à-dire un précis. J'ai bien recueilli quelques notes qui me semblent insuffisantes. Ici les libraires n'ont rien de la Guerre de Trente Ans et à la bibliothèque, ils n'ont que l'*Histoire* de Schiller en 8 volumes[3], je voudrais un ou 2 volumes au plus. C'est un essai que je fais pour mon plaisir et je ne veux pas me donner trop de peine. Vous qui savez tout, dites-moi dans quel ouvrage je pourrai trouver le précis de cette Guerre de Trente Ans.

Adieu, Monsieur et excellent ami, que pourrais-je faire ici pour vous être agréable. Disposez de moi, je n'ai que la place de me dire votre amie dévouée

M.-S. LEROYER DE CHANTEPIE.

Mon médecin, M. Daviers, croit avoir étudié la médecine avec un de vos frères[4] ?

À MADEMOISELLE LEROYER DE CHANTEPIE

Paris, 23 janvier 1858.

Si j'ai tant tardé à vous répondre[1], chère correspondante, c'est que j'ai été pendant trois semaines fortement indisposé. Moi qui avais jusqu'à présent une constitution d'airain et à qui rien ne faisait, je viens d'attraper une grippe des plus violentes avec accompagnement de maux d'estomac, etc., mais, Dieu merci ! cela est terminé.

J'avais été dans les premiers temps de mon arrivée à Paris sottement occupé par des affaires de théâtre. On voulait faire une pièce avec la *Bovary*[2]. La Porte-Saint-Martin m'offrait des conditions extrêmement avantageuses, pécuniairement parlant. Il s'agissait de donner mon titre seulement et je touchais la moitié des droits d'auteur. On eût fait bâcler la chose par un faiseur en renom, Dennery[3] ou quelque autre. Mais ce tripotage d'Art et d'écus m'a semblé peu convenable. J'ai tout refusé net et je suis rentré dans ma tanière. Quand je ferai du théâtre, j'y entrerai par la grande porte, autrement non. Et puis, on a assez parlé de la *Bovary,* je commence à en être las. D'ailleurs elle est déjà sur deux théâtres. Elle figure dans la *Revue des Variétés*[4] et dans la *Revue du Palais-Royal*[5] ; deux turpitudes, c'est bien suffisant ! Loin de vouloir exploiter mon succès comme on me le conseillait, je fais tout au monde pour qu'il ne recommence pas ! Le livre que j'écris maintenant[6] sera tellement loin des mœurs modernes qu'aucune ressemblance entre mes héros et les lecteurs n'étant possible, il intéressera fort peu. On n'y verra aucune observation, rien de ce qu'on aime généralement. Ce sera de l'Art, de l'Art pur et pas autre chose.

Je ne sais rien d'une exécution plus difficile. Les gens du métier qui connaissent mes intentions sont effrayés de la tentative. Je puis me couvrir de ridicule pour le reste de mes jours. Quand sera-ce fini ? Je l'ignore. J'ai été depuis cinq mois dans un état moral déplorable, et si j'allais toujours de ce train-là, la chose ne serait pas terminée dans vingt ans.

Il faut absolument que je fasse un voyage en Afrique. Aussi, vers la fin de mars, je retournerai au pays des dattes[1]. J'en suis tout heureux ! Je vais de nouveau vivre à cheval et dormir sous la tente. Quelle bonne bouffée d'air je humerai en montant, à Marseille, sur le bateau à vapeur ! Ce voyage du reſte sera court. J'ai seulement besoin d'aller à Kheff[2] (à trente lieues de Tunis) et de me promener aux environs de Carthage dans un rayon d'une vingtaine de lieues pour connaître à fond les paysages que je prétends décrire. Mon plan eſt fait et je suis au tiers du second chapitre. Le livre en aura quinze[3]. Vous voyez que je suis bien peu avancé. En admettant toutes les chances, je ne puis avoir fini avant deux ans.

Permettez-moi de vous dire que j'ai eu un moment de gaieté ce matin, en lisant une phrase de votre lettre. Moi, « un homme du boulevard, un homme à la mode, recherché »[4] ! Je vous jure qu'il n'en eſt rien du tout, et si vous me voyiez, vous en seriez bien vite convaincue. Je suis au contraire ce qu'on appelle *un ours*. Je vis comme un moine ; quelquefois (même à Paris) je reſte huit jours sans sortir. Je suis en bonnes relations avec beaucoup d'artiſtes, mais je n'en fréquente qu'un petit nombre. Voilà *quatre ans* que je n'ai mis le pied à l'Opéra. J'avais l'année dernière mes entrées à l'Opéra-Comique où je n'ai pas été une fois. La même faveur m'eſt accordée cet hiver à la Porte-Saint-Martin, et je n'ai pas encore usé de la permission. Quant à ce qu'on nomme le *monde,* jamais je n'y vais. *Je ne sais* ni danser, ni valser, ni jouer à aucun jeu de cartes, ni même faire la conversation dans un salon, car tout ce qu'on y débite me semble inepte ! Qui diable a pu vous renseigner si mal ?

Je ne connais sur la guerre de Trente Ans que l'hiſtoire de Schiller[5]. Mais je verrai cette semaine mon ami Chéruel[6], qui eſt professeur d'hiſtoire à la Sorbonne ; je ferai votre commission. On a publié dans les *Manuels Roret* le *Manuel du bibliophile*[7]. Il eſt probable que vous trouverez là une liſte de livres. Dans Sismondi, *Hiſtoire des Français,* aux volumes sur Louis XIII et Louis XIV[8], vous trouverez dans les notes des indications bibliographiques. Car la grande hiſtoire de Sismondi n'eſt que le résumé de *tout* ce qui a été *publié*. Il ne s'eſt pas servi des sources manuscrites.

Comme j'ai été attendri de ce que vous me dites sur

cette dernière étoile que vous regardez dans la nuit[1] ! Je
crois vous comprendre et vous aime bien affectueusement.
Je vous baise les deux mains.

À LOUIS BOUILHET

[Paris, 24 janvier 1858.]

[...] Je n'admets aucune observation sur le Desprez[2],
c'est idiot. Ne change pas un mot, pas une virgule. J'ai
été indigné quand tu m'as écrit cela... J'aurais bien
besoin de toi — et j'attends avec impatience... *Carthage*[3]
va déplorablement. Je me casse la tête pour trouver les
détails et n'en trouve pas. Que devenir ? Je deviens
triste comme un tombeau. Quelle sacrée idée j'ai eue
là !...

À MICHEL LÉVY

[Paris,] jeudi, 3 h[eures].
[28 janvier 1858.]

Mon cher Michel,
Pouvez-vous (et quand même vous ne le pourriez pas,
faites-le !) insérer dans *L'Entracte* l'entrefilet suivant...

À ÉMILE AUGIER

[Paris, début février 1858.]

Mon cher Augier,
J'ai *des excuses à vous faire*. Bouilhet vient de m'apprendre une chose qui me chagrine. La réclame que
j'avais fait insérer dans *L'Entracte* par Lévy n'avait d'autre
but que : de démentir ce bruit : « La pièce de Bouilhet ne
sera pas jouée cette année[4]. » Si j'avais su qu'elle eût pu
vous nuire en quoi que ce soit, je m'en serais abstenu,
croyez-le bien. Mon ignorance des choses théâtrales en
est la cause. Je réparerai ma faute en applaudissant à
votre Première[5], avec la force de dix blanchisseuses et
je réclame pour ce une stalle d'orchestre, en vous
réitérant mes excuses et en vous serrant les mains bien
cordialement.

À ALFRED BAUDRY

[Paris,] 10 février [1858].

Mon bon,

Vous êtes bien gentil de penser à moi et je commençais à trouver que vous m'oubliez un peu. Notre excuse commune est, à ce qu'il paraît, l'emmerdement, le mien n'a pas été mince. En voici le détail dans l'ordre chronologique.

1º J'ai été occupé à mon arrivée par des affaires de théâtre ; on voulait (c'était une tocade universelle) mettre la *Bovary* sur les planches. Or, comme j'ai l'habitude d'entrer dans les choses par la grande porte, il m'a semblé honteux de commencer ma *carrière dramatique* par une collaboration quelconque. Il est vrai que mon nom n'eût pas été sur l'affiche. On me demandait seulement *mon titre*. Et je touchais des droits assez considérables. Dennery devait faire cette ordure, etc., etc. Bref j'ai tout refusé. C'est un gain de *[sic] trentaine de mille francs* dont je me prive. Merde, voilà comme je suis, pauvre mais honnête. J'entrais dans la catégorie des faiseurs, je me suis cabré d'orgueil. Telle est l'histoire. La chose devait se passer à la Porte-Saint-Martin. C'est ce qui vous explique ma présence dans cet établissement où l'on m'a vu pendant un bal masqué. Je venais pour parler à Fournier[1] et j'y suis resté une demi-heure. Oh ! non, mon pauvre vieux, je batifole bien peu, pour ne pas dire point du tout. Jamais je n'ai moins encensé les autels de Vénus.

2e histoire : une grippe formidable pendant trois semaines.

3e embêtement. Les aventures du drame de Bouilhet[2] dont je suis maintenant le maître absolu, puisqu'il m'a donné une procuration pour tout faire. Que deviendra tout cela ? je l'ignore. Nous allons peut-être avoir un procès avec l'Odéon ?

4e et dernier emmerdement majeur ! Narcisse, mon fidèle Mameluk, est au lit depuis bientôt quinze jours. Il a eu un commencement de fièvre muqueuse qui menaçait de devenir grave. J'ai eu pendant deux jours assez d'inquiétude, il entre maintenant en convalescence.

Enfin, croyez-vous que ce ne soit rien que d'avoir entendu parler du procès Jeuffosse[1] ! puis de l'attentat[2] ! sans compter les suppressions de journaux[3] ! et les bourgeois ! et le gouvernement !... etc. ! — etc. !...

Vous pensez bien qu'au milieu de tout cela mon pauvre roman antique n'a pas marché raide. Au commencement d'avril, je m'esbigne pour la régence de Tunis[4]. Vous me reverrez au retour, vers le milieu ou la fin de mai. J'ai franchement besoin de prendre l'air, ne serait-ce que dans un but hygiénique, monsieur !

J'ai été fort peu au spectacle. J'en avais bien assez, des théâtres ! quel monde ! Miséricorde ! quelle société de crapules et quel enchevêtrement de canailleries ! J'ai cependant assisté à deux Revues (celles du Palais-Royal et des Variétés) où il y avait des dames Bovary, l'une habillée en débardeur et l'autre en amazone[5]. Mais c'était triste, ô mon ami.

Bref je ne suis pas beaucoup plus gai que je ne l'étais cet automne. L'idée de Tunis, il est vrai, me ragaillardit un peu. Mais les inquiétudes de ma mère commencent déjà.

Ah ! une nouvelle qui vous fera rire. Je suis l'ami intime d'Henry Monnier. *Il m'adore.* C'était un de ceux qui voulaient travailler avec moi[6].

Je vois votre frère[7] de temps à autre. Il doit déjeuner chez moi de dimanche en huit. Mulot[8] est à Mantes où il compose.

Bouilhet est bien embêté par toutes ces sacrées affaires du théâtre. Il va s'en retourner dans sa maison de campagne et se livrer à la confection d'une autre pièce pour l'hiver prochain[9]. Je ne crois plus maintenant avoir rien à vous dire.

Si ce n'est, mon pauvre vieux, que je vous embrasse très fort.

Mes souvenirs à Mme Baudry, et même respects pour être plus convenable.

Amitiés au père Pottier[10], dites-lui qu'il vienne me faire une visite à son prochain voyage *dans la capitale.*

P.-S. — Autre nouvelle pour exciter votre hilarité.

Je suis l'ami de la mère Thierret (du Palais-Royal, la connaissez-vous ?). Nous nous tutoyons et nous nous embrassons[1].

Elle connaît Montaigne, à fond. Ce qui est quelque chose.

À MADEMOISELLE LEROYER DE CHANTEPIE

[Paris,] 1er mars 1858.

Voici, chère Demoiselle, l'indication de quelques livres relatifs à la guerre de Trente Ans. Je vous demande bien pardon de ne pas vous l'avoir envoyée plus vite.

Mémoires de Richelieu.

Mémoires de Montglat.

Mémoires du maréchal de Gramont.

Mémoires du maréchal d'Estrées.

Mémoires de Montrésor.

LELABOUREUR. *Histoire du maréchal de Guébriant.*

SARRASIN. *Histoire de Waldstein.*

AUBERY. *Histoire de Richelieu.*

AUBERY. *Histoire de Mazarin.*

BOUGEANT. *Histoire des guerres et des négociations qui ont précédé la paix de Westphalie sous le ministère de Richelieu et de Mazarin,* 4 vol. in-12, 1740.

PONS. *Résumé de la guerre de Trente Ans,* 1 vol.

Papiers de Richelieu, 2 vol. in-4°, publication du gouvernement[2].

Les sources allemandes sont nombreuses, mais en voilà assez pour vous occuper pendant quelque temps. Lancez-vous dans ce travail à corps perdu, lisez et annotez le plus qu'il vous sera possible. Vous vous en trouverez mieux, moralement parlant. Notre âme est une bête féroce ; toujours affamée, il faut la gorger jusqu'à la gueule pour qu'elle ne se jette pas sur nous. Rien n'apaise plus qu'un long travail. L'érudition est chose rafraîchissante. Combien je regrette souvent de n'être pas un savant, et comme j'envie ces calmes existences passées à étudier des pattes de mouches, des étoiles ou des fleurs !

Faites de grandes lectures, tout est là. Je vous le répète encore.

Quant à moi, je ne fais rien du tout. Mon hiver a été horriblement gâché et de la plus sotte façon. J'ai eu des affaires, j'ai eu la grippe, j'ai eu des malades autour de moi[1]. Je me suis mêlé des embarras d'un ami que j'ai tirés à clair. Voilà bientôt deux mois que je m'occupe d'une pièce acceptée à trois théâtres, refusée, reprise, etc.[2] J'ai navigué, en un mot, dans une foule de turpitudes et d'ennuis. Mais enfin, depuis jeudi dernier, tout est terminé. Le roman sur Carthage a bien peu avancé pendant tout ce temps-là, et je vais encore l'interrompre, car les préparatifs de mon voyage vont commencer. Je vous écrirai avant de m'embarquer et au retour.

J'ai entrepris une chose bien difficile, mais il n'y a plus à reculer, il faut la continuer ! J'ai peur d'avoir eu les yeux plus grands que le ventre !

Lisez donc un livre qui vous plaira beaucoup : l'*Essai sur la Révolution française,* de Lanfrey[3]. Il y a aussi du même auteur : *L'Église et les philosophes au XVIIIe siècle*[4] dont je vous engage à prendre connaissance. Cela est fait dans un esprit très large et très juste.

Voilà le printemps qui va revenir ! Vous vous trouverez mieux aux premiers rayons de soleil, pauvre chère âme endolorie ! Je penserai à vous sur la plage d'Afrique. Mais en attendant je vous envoie mille bonnes tendresses.

MADEMOISELLE LEROYER DE CHANTEPIE
À GUSTAVE FLAUBERT

[Angers,] ce samedi 13 mars 1858.

Cher Monsieur et ami,

Combien vous êtes bon de vous souvenir de moi, que je suis reconnaissante de cette preuve d'amitié ! Votre départ pour l'Afrique m'attriste ; quoique je ne vous aie jamais vu, je vous aime comme un ancien ami, et il me semble que je vais être encore plus seule, plus abandonnée, sans appui, lorsque vous serez parti ! et puis si loin ! J'espère que vous attendrez l'équinoxe à passer, car la mer doit être bien mauvaise à cette époque. Que je vous trouve heureux de pouvoir voyager, jamais je n'ai vu partir personne, même pour l'autre monde, sans désirer les suivre. Je me disais avec regret, ils partent et moi je reste ! Ici attachée à la même place,

sans espoir, eux du moins vont vers l'inconnu, ils ont chance de
rencontrer mieux ! Cela ne prouve pas en faveur de ma situation,
puisque j'ai tant le désir d'en sortir ! Je vous remercie mille et
mille fois des renseignements que vous avez eu l'extrême complaisance de me donner sur la Guerre de Trente Ans[1]. J'étais dans
l'état moral déplorable que vous savez, lorsque mes affaires m'ont
forcée à aller chez un avocat, où j'ai trouvé justement le précis de
la Guerre de Trente Ans. Il fallait ce travail pour le 15 mars, j'ai
travaillé avec ardeur, je me suis passionnée pour ce récit si dramatique et cela m'a rendue à moi-même ! Vous avez raison, le travail
seul peut me sauver, mais il me faudrait un travail forcé, avec un
but; ici j'en avais un, et maintenant que j'ai fini, tout me manque,
je regrette ce labeur forcé qui souvent me semblait au-dessus de
mes forces. Je ne sais plus à quoi me prendre ; nous sommes ici
en plein jubilé ! en plein carême, avec sermons et processions.
Quoique catholique, et religieuse de conviction, j'ai cru devoir
oublier la confession pour un temps illimité ! à l'impossible nul
n'est tenu, et je crois qu'il est de mon devoir de conserver ma raison
avant tout. Néanmoins, je suis tourmentée de ne pas remplir
mes obligations, mais enfin ce sera pour plus tard, et puis le prêtre
me manque, je voudrais avoir un homme qui m'inspirât confiance
entière et bien motivée, où le trouver ? surtout lorsqu'on veut y
joindre l'intelligence et des idées larges et élevées ! Tout cela est
désolant et me jette dans un monde d'anxiétés ! J'habite toujours
la campagne et jamais elle n'eut un aspect si triste, pas de végéta-
tion, la verdure même est grise ! Il y a quelques jours, je voyais de
ma fenêtre se dérouler le cortège d'un convoi, les prêtres, la grande
croix, le cercueil, les parents éplorés, des tourbillons de poussière
s'élevaient autour et agitaient les draperies, le vent m'apportait
par bouffées le chant funèbre des prêtres, un ciel noir couvrait le
tout et des troupes de corbeaux complétaient ce tableau saisissant
de sombre tristesse, j'en ai encore le cœur serré ! J'ai eu pourtant
un grand plaisir, j'ai entendu Roger, puis Poultier avec Bussine
dans *La Favorite, La Dame blanche* et *Lucie*[2]. J'ai entendu 20 fois
ces opéras et je ne m'en lasse pas, *Lucie* surtout ; j'ai bu cette
mélodie goutte à goutte, oh alors, je ne doutais plus de la bonté
de Dieu ! J'espérais ! Je ne demanderais pas au ciel une autre
félicité et si j'étais assurée d'entendre une fois par mois un opéra
bien chanté, je ne demanderais plus rien en ce monde. Il faut vous
dire que j'ai l'amour inné du théâtre, c'est ma vie, hors de là je
n'existe pas ! Oh ! si seulement je pouvais un jour avoir un théâtre
à moi, à diriger ! Mais non, je veux voir tout cela sur la scène,
garder mes illusions, car ce sont mes frères, ma famille, mon bien,
toutes ces créations du poète et du compositeur, c'est mon monde
à moi, ma patrie où je rentre, hors de là, c'est l'exil. Oui, le monde
des chimères est le seul digne d'être habité, je n'ai jamais pu vivre
ailleurs et je veux y mourir. Lorsque j'entendais chanter cette
cantatrice, il me semblait que mon âme quittait mon corps pour

entrer en elle, que je ressentais ce qu'elle exprimait, que je vivais de sa vie assimilée à la mienne, et cela me rendait heureuse, je me sentais moi-même. Ah ! qui sait si dans une vie antérieure, je n'ai pas été artiste ! que Dieu pour ma récompense me renvoie en ce monde comme disciple de l'art ! L'opéra nous quitte pour 6 mois, que vais-je devenir en l'absence de cet ami ! auprès de cela j'ai des idées bien profondément tristes, en revenant du théâtre, je passe devant des églises fermées et silencieuses, c'est la nuit à minuit, alors je pense à tous les morts qui sont passés par cette porte, à ma mère dont le cercueil a été porté là, puis à moi-même qui, à mon tour, serai bientôt apportée là ! mais je me dis que du moins je n'y serai plus, ils ne tiendront que mon corps enfermé, mon âme sera libre, enfin ! je n'aurai plus d'autre loi, d'autre maître que Dieu, et cet espoir me donne le désir de mourir, de quitter cet affreux monde que je hais et qui m'oppresse. À présent, cher Monsieur, dites-moi quel travail je pourrais faire, mais il me faudrait un but, ne pourrais-je trouver un journal littéraire qui me charge d'un travail spécial long, n'importe lequel, un travail mensuel, régulier; vous qui êtes un des rois de la littérature, vous pourriez facilement me trouver cela, ce serait, je crois, un remède à mes maux. Je ne puis trouver ici aucun livre sérieux chez les libraires qui n'en connaissent pas même les titres. Je n'ai rien à lire absolument. Indiquez-moi un journal littéraire sérieux que je puisse lire avec intérêt. Je relis *Consuelo*[1], c'est admirable. Je lis le feuilleton de Champfleury, *Les Amoureux de Sainte-Périne*[2], mais enfin je n'ai plus d'aliments littéraires. À quand votre roman ? Vous penserez à moi sur la terre d'Afrique ! merci, mille fois merci, et moi j'y penserai sans cesse, et je prierai pour vous du fond du cœur, et pourquoi ne me donneriez-vous pas de vos nouvelles d'Afrique ! j'espère à votre retour que j'aurai le plaisir de vous voir. Adieu, cher Monsieur, en attendant de vos nouvelles. Votre amie dévouée

MARIE-S. LEROYER DE CHANTEPIE.

À JULES DUPLAN

[Paris,] lundi au soir. [22 mars 1858.]

Voici le Berbiguier[3]. Mais prends-en soin car Saint-Victor a l'air d'y tenir beaucoup.

Baudry[4] qui viendra dimanche chez moi désire y voir Lanfrey[5]. Fais en sorte qu'il vienne.

À toi, vieux, et rapporte-moi Berbiguier.

À ALFRED BAUDRY

[Paris, 23 mars 1858.]

Mon Bon,

Faites-moi le plaisir de demander au père Pottier[1] si la bibliothèque possède le traité de Juste Lipse intitulé *De militia romana*[2]. Les œuvres complètes de Juste Lipse forment 3 vol. in-fol.

Je m'esbigne « pour le rivage du Maure », où j'espère ne pas rester « captif » de demain en quinze, mercredi 7 avril[3]. Je me suis fait bâtir une paire de bottes à l'écuyère qui me cause une grande volupté. Bref, votre ami est satisfait de revoir des flots et des palmiers. Je vais un peu prendre l'air pendant six semaines, et, franchement, j'en ai besoin. J'ai passé un hiver idiot, maladies, affaires de théâtre, découragements, etc.[4]

Ma mère m'a assez inquiété dans ces derniers temps par une pleurésie qui, heureusement, a été arrêtée à temps. Achille[5] est même venu la voir dimanche. La convalescence commence maintenant.

Votre frère[6] viendra déjeuner chez moi dimanche.

J'attends Bouilhet dans une huitaine.

Adieu, mon bon ; répondez-moi, et croyez que je vous embrasse.

À MADEMOISELLE LEROYER DE CHANTEPIE

[Paris,] 6 avril 1858.

Je ne veux pas m'embarquer avant de vous dire un petit adieu, chère correspondante. Dans huit jours je serai à Marseille, dans quinze à Constantine et trois jours après à Tunis. Malgré le plaisir profond que me donne l'idée de prendre l'air, j'ai le cœur un peu gros, mais il faut avant tout faire son métier, suivre la vocation, remplir son devoir en un mot. Je n'ai jusqu'à ce moment aucune faiblesse à me reprocher et je ne me passe rien. Or il faut que je parte ; j'ai même trop tardé, tout mon

hiver a été perdu par les plus sottes affaires du monde,
sans compter les maladies que j'ai eues autour de moi.
La plus grave a été celle de ma mère, assez sérieusement
atteinte d'une pleurésie qui m'a donné des inquiétudes.
Mais elle va mieux, Dieu merci ! Comme nous souffrons
par nos affections ! Il n'est pas d'amour qui ne soit
parfois aussi lourd à porter qu'une haine ! On sent cela
quand on va se mettre en voyage surtout !

Voilà la quatrième fois que je vais me retrouver à
Marseille[1] et, cette fois-ci, je serai seul, absolument seul.
Le cercle s'est rétréci. Les réflexions que je faisais en
1849, lorsque je me suis embarqué pour l'Égypte, je
vais les refaire dans quelques jours en foulant les mêmes
pavés. Notre vie tourne ainsi continuellement dans la
même série de misères, comme un écureuil dans une
cage, et nous haletons à chaque degré.

N'importe ; il ne faut pas rétrécir sa vie, ni son cœur
non plus. Acceptons tout ! Absorbons tout !

Ce que vous me dites de vos sensations en revenant
du théâtre, la nuit, dans les rues de votre ville, m'a
pénétré comme une pluie fine[2]. Je crois vous comprendre,
chère âme endolorie ! et il me semble que si je vivais
avec vous je vous guérirais. C'est sans doute de l'amour-
propre. Mais *je sens* que je vous serais utile.

Quant à vous trouver dans un journal un travail
régulier, c'est impossible, par la raison qu'ils n'en
publient aucun. Si vous saviez les *masses* d'articles
enfouis dans les cartons et qu'on ne lit même pas ! Tout,
hélas ! se fait comme des bottes, sur commande ! Il y a
seulement, dans les journaux prétendus sérieux, un
homme qui fait à la brassée et tant bien que mal la
critique des livres : 1° pour les éreinter si les susdits
ouvrages sont antipathiques au journal ou à quelqu'un
des rédacteurs ; et 2° pour les pousser, toujours sur la
recommandation de quelqu'un. Voilà la règle, le reste est
l'exception. Restent les traductions et la cuisine des
nouvelles et des réclames.

Mais pour écrire dans un journal de Paris, il faut être
à Paris. On peut cependant, et cela se fait tous les jours,
envoyer des nouvelles ou des romans. Il y a maintenant
grande disette de cette denrée ; faites-en, on vous les
placera. Je les présenterai si vous voulez à *La Presse* ou
au *Moniteur*.

À ALFRED BAUDRY

[Paris, avril 1858, du 5 au 9.]

Mon cher Petiot,

Je fous mon camp lundi prochain. Dans les derniers jours de mai, vous me reverrez, et nous taillerons une bavette.

Votre frère m'a raconté vos déplorables histoires de douane ; envoyez promener l'administration, plutôt que de nous quitter. Restez à Rouen — ou venez à Paris.

Bouilhet est maintenant à Cany[1] ; il se pourrait que vous le vissiez lundi prochain. Quant à ses travaux, il cherche un grand drame[2].

Je tâcherai de vous envoyer de là-bas un mot ; mais n'y comptez pas trop. Cela est si difficile d'écrire des lettres en voyage !

Ma mère sera, je pense, à Croisset dans trois semaines ou un mois. Elle s'en va présentement en Champagne. Elle m'a bien inquiété dans ces derniers temps ! Quel hiver imbécile j'ai passé, mon pauvre bonhomme !

J'aurai une belle histoire à vous conter. Faites-moi penser à vous parler de ma *cave*. C'est d'un genre neuf.

Adieu, vieux. En vous embrassant, j'ai l'honneur de me dire tout à vous.

À MONSIEUR***

[Paris, avril 1858, du 5 au 9.]

Mon cher Confrère,

J'ai bien peu de temps à vous consacrer car je pars lundi prochain pour la régence de Tunis, — et je suis fort ahuri par mille courses et mille préparatifs.

Je voudrais vous écrire une très longue lettre relativement à votre résolution d'être tout à fait un homme de lettres.

Si vous vous sentez un irrésistible besoin d'écrire, et

que vous ayez un tempérament d'Hercule, vous avez
bien fait. Sinon, non !

Je connais le métier. Il n'est pas doux ! Mais c'est
parce qu'il n'est pas doux qu'il est beau ! Le journalisme
ne vous mènera à rien — qu'à vous empêcher de faire
de longues œuvres et de longues études. Prenez garde
à lui. C'est un abîme qui a dévoré les plus fortes organisations. Je connais des gens de génie devenus, en
quelque sorte, des bêtes de somme.

Pardon du conseil, si je froisse, par là, une sympathie.
Mais j'ai raison cependant.

Faites de grandes lectures, suivies et prenez un sujet
long et complexe. Relisez *tous* les classiques, non plus
comme au collège, mais *pour vous,* et jugez-les dans votre
conscience comme vous jugeriez des modernes, largement et scrupuleusement.

Puisque vous vous intéressez à ce qui me regarde, je
vous dirai que si mon roman n'a pas été mis sur la scène,
c'est que je m'y suis opposé formellement. J'ai trouvé la
spéculation (et elle était fort bonne) peu digne de moi[1].
Plusieurs théâtres en voulaient. Ça a été une manie pendant
un instant. Mais tout est fini maintenant.

Le livre de moi annoncé dans *La Presse* est bien loin
d'être fait, puisque c'est pour le faire que je me transporte à Carthage[2]. J'espère pourtant cet été l'avancer
considérablement. Mais je trouve à la chose des difficultés prodigieuses. — Soyez bien sûr que je vous
enverrai un des premiers exemplaires.

Au revoir donc, travaillez de toutes vos forces. —
De toute votre âme et croyez que je vous serre les mains
très cordialement.

À MICHEL LÉVY

[Paris, avant le 10 avril 1858.]

Mon cher Michel,

Voulez-vous me donner derechef *six Bovary* que je
vais répandre sur la plage africaine...

À LOUIS BOUILHET

Minuit. [Nuit du 23 au 24 avril 1858.]

Nuit de Vendredi à Samedi, à bord de l'*Hermus,* par le travers du cap Nègre et du cap Sérat. Latit[ude] 37° 10 m, longitude 6° 40 m (prends la carte et tu trouveras où je suis ! ! !).

!!!!

————

Mon Vieux,

La nuit est belle, la mer plate comme un lac d'huile, cette vieille Tanit[1] brille, la machine souffle, le capitaine à côté de moi fume sur un divan et le pont est encombré d'Arabes qui vont à La Mecque. Couchés dans leurs burnous blancs, la figure voilée et les pieds nus, ils ressemblent à des cadavres dans leurs linceuls. — Nous avons aussi des femmes avec leurs enfants. Tout cela, pêle-mêle, dort ou dégueule mélancoliquement, et le rivage de la Tunisie que nous côtoyons apparaît dans la brume. Nous serons demain matin à Tunis, je ne vais pas me coucher afin de posséder une belle nuit complète. D'ailleurs l'impatience que j'ai de voir Carthage m'empêcherait de dormir.

Depuis Paris jusqu'à Constantine, c'est-à-dire depuis lundi jusqu'à dimanche, je n'ai pas échangé quatre paroles. Mais nous avons pris à Philippeville des compagnons assez aimables, et je me livre à bord à des conversations passablement philosophiques et très indécentes. J'initie un jeune seigneur russe aux arcanes de la pédérastie (système Cordier), bien que je le soupçonne d'être plus fort que moi, en sa qualité de Scythe.

J'ai revu à Marseille la fameuse maison où, il y a 18 ans ! j'ai baisé Mme Foucaud née Eulalie de Langlade[2]. Tout y est changé ! Le rez-de-chaussée[a], qui était le salon, est maintenant un bazar et il y a au 1er un perruquier-coiffeur. J'ai été par deux fois m'y faire faire la barbe. Je t'épargne les commentaires et les réflexions

chateaubrianesques sur la fuite des jours, la chute des
feuilles et celle des cheveux. — N'importe, il y avait
longtemps que je n'avais si profondément pensé ou
senti, je ne sais[a]. Philoxène[1] dirait : « J'ai relu les pierres
de l'escalier et les murs de la maison. »

Je me suis trouvé extrêmement seul à Marseille
pendant deux jours. J'ai été au Musée, au spectacle.
J'ai visité les quartiers infâmes. J'ai fumé dans des
cabarets écartés, au milieu des matelots, en regardant
la mer.

La seule chose importante que j'aie vue jusqu'à
présent, c'est Constantine, le pays de Jugurtha. Il y a un
ravin démesuré qui entoure la ville. C'est une chose
formidable et qui donne le vertige. Je me suis promené
au-dessus à pied et dedans à cheval. — C'était l'heure où,
sur le boulevard du Temple, la queue des petits théâtres
commence à se former. Des gypaètes[2] tournoyaient dans
le ciel, etc.

En fait d'ignoble, je n'ai jamais rien vu d'aussi beau
que trois Maltais et un Italien (sur la banquette de la
diligence de Constantine) qui étaient saouls comme des
Polonais, puaient comme des charognes et hurlaient
comme des tigres. Ces messieurs faisaient des plaisanteries et des gestes obscènes, le tout accompagné de
pets, de rots et de gousses d'ail qu'ils croquaient dans
les ténèbres à la lueur de leurs pipes. Quel voyage ! et
quelle société ! C'était du Plaute à [la] douzième puissance, une crapule de 75 atmosphères.

J'ai vu à Philippeville, dans un jardin tout plein de
rosiers en fleurs, sur le bord de la mer, une belle mosaïque romaine représentant deux femmes, l'une assise
sur un cheval et l'autre sur un monstre marin[3]. Il
faisait un silence exquis dans ce jardin. On n'entendait
que le bruit de la mer. Le jardinier, qui était un nègre,
a été prendre de l'eau dans un vieil arrosoir et il l'a
répandue devant moi pour faire revivre les belles
couleurs de la mosaïque. — Et puis je me suis en allé.

Et toi, vieux, que fais-tu ? Ça commence-t-il ? Mes
compliments à Léonie[4] et à ton vieux pont de Mantes dont
le moulin grince. Ma prochaine lettre sera plus longue.
J'en attends une de toi à la fin de cette semaine et je
t'embrasse bien tendrement, mon pauvre vieux.

À ERNEST FEYDEAU

Carthage, samedi 1ᵉʳ mai [1858].

Mon très cher Vieux,

Pardonne-moi l'exiguïté de cette lettre, mais je suis fort talonné par le temps. N'importe ; je veux te dire combien ta lettre m'a fait plaisir. Merci, vieux ! Il m'est impossible de te rien écrire d'intéressant, cela m'entraînerait dans des descriptions qu'il faudrait travailler ; or, il faut être déjà bien vertueux pour prendre ses notes tous les soirs ! Je me couche tard et je me lève de grand matin. Je dors comme un caillou, je mange comme un ogre et je bois comme une éponge. Tu n'as jamais vu ton *oncle* en voyage, c'est là qu'il est *beau*[1] ! La table d'hôtes, où je mange, est bouleversée depuis ma venue et les gens qui ne me connaissent pas me prennent certainement pour un commis voyageur.

Je pars dans deux heures pour Utique[2] où je resterai deux jours, après quoi j'irai m'installer pendant trois jours à Carthage même, où il y a beaucoup à voir, quoi qu'on dise. Ma troisième course sera pour El-Jem, Sousse et Sfax[3], expédition de huit jours, et la quatrième pour Kef[4]. Ah ! mon pauvre vieux, comme je te regrette et comme tu t'amuserais !

Tu as bien fait de dédier ton livre au père Sainte-Beuve[5].

Non ! sacré nom de Dieu, non ! il ne faut jamais écrire de phrases toutes faites. On m'écorchera vif plutôt que de me faire admettre une pareille théorie. Elle est très commode, j'en conviens, mais voilà tout. Il faut que les endroits faibles d'un livre soient mieux écrits que les autres.

Adieu, vieux, je n'ai que le temps de t'embrasser.

À LOUIS BOUILHET

[Tunis,] samedi 8 [mai 1858].

Te fous-tu du monde ?

Qu'est-ce que ça veut dire ? Pas un traître mot de ta Seigneurie depuis que je suis parti. Pourquoi ? Les lettres se sont-elles perdues ? je t'avais pourtant donné tous les renseignements nécessaires[1] ?

Ne t'attends à rien d'intéressant. Je n'ai ni le temps ni la force de t'envoyer des descriptions. — À peine si je peux (tant je suis éreinté, le soir), prendre quelques notes.

Je ne pense nullement à mon roman. Je regarde le pays, voilà tout, et je m'amuse énormément.

Je ne me suis livré à aucune lubricité ! mais je connais Carthage *à fond* et à toutes les heures du jour et de la nuit. — J'ai ramassé sur le bord de la mer des coquilles pour toi, je passe la journée à courir aux environs. Je suis souvent trois ou quatre jours absent.

La semaine dernière j'ai visité Utique et je suis resté trois grands jours seul à Carthage. Ce soir, je pars en caravane et à mulet pour Bizerte.

J'ai à mon service un nègre *hideux*. Le drogman que j'avais auparavant était tellement poltron qu'il aurait fini par me faire peur.

Je n'ai vu jusqu'à présent aucune bête féroce (je ne compte pas les chacals), mais j'ai tué, à coups de fouet, un serpent assez raisonnable qui courait en plein soleil, sur la poussière.

Je dîne tous les jours avec un ancien élève du père Carrel[2], M. Dubois, ingénieur[3]. Il connaît les Roquigny[4], qui sont venus jusqu'à Tunis, ô ironie !

J'ai rencontré deux ou trois balles de bourgeois, bien bonnes et dont je me servirai plus tard.

Voici la manière dont les Arabes de Tunis s'y prennent pour se guérir de la vérole : *ils enculent un âne.*

On se livre ici à une bestialité enragée. C'est l'effet du climat, dirait Montesquieu.

Feydeau m'a écrit pour savoir ton adresse, afin de t'envoyer un livre qu'il va publier[5].

Écris-moi à Philippeville. Où en est le drame[1] ?
Adieu, vieux. Je compte sur toi, vers la seconde semaine
de juin et t'embrasse bien tendrement.

Ton.

À ERNEST FEYDEAU

Tunis, samedi 8 mai 1858.

Tu es bien aimable de m'écrire, mais je suis *éreinté*
et franchement, si tu ne veux pas ma mort, n'exige pas
de lettres. J'ai cette semaine été à Utique, et j'ai passé
quatre jours entiers à Carthage, pendant lesquels jours
je suis resté quotidiennement entre huit et quatorze
heures à cheval. Je pars ce soir à cinq heures pour
Bizerte, en caravane et à mulet ; à peine si j'ai le temps de
prendre des notes. Ne t'inquiète pas pour moi, mon
bon vieux. Il n'y a rien à craindre dans la Tunisie ; ce
qu'il y a de pire comme habitants se trouve aux portes de
la ville, il ne fait pas bon y rôder le soir, mais je crois
les Européens résidant ici d'une couardise pommée ;
j'ai pour cette raison renvoyé mon drogman qui tremblait à chaque buisson, ce qui ne l'empêchait point de
me filouter à chaque pas. Son successeur est, à partir
d'aujourd'hui, un nègre hideux, un homme noir[2].

Je te regrette bien, tu t'amuserais, nous nous amu-
serions ! Le ciel est splendide. Le lac de Tunis est couvert
le soir et le matin par des bandes de flamants qui,
lorsqu'ils s'envolent, ressemblent à quantité de petits
nuages roses et noirs.

Je passe mes soirs dans des cabarets maures à entendre
chanter des juifs et à voir les obscénités de Caragheuz[3].

J'ai, l'autre jour (en allant à Utique), couché dans un
douar de Bédouins, entre deux murs faits en bouse de
vache, au milieu des chiens et de la volaille ; j'ai entendu
toute la nuit les chacals hurler[4]. Le matin, j'ai été à la
chasse aux scorpions avec un gentleman adonné à ce
genre de sport. J'ai tué à coups de fouet un serpent
(long d'un mètre environ) qui s'enroulait aux jambes de
mon cheval. Voilà tous mes exploits.

Il est probable que je m'en irai d'ici à Constantine *par terre*[1], cela est faisable, avec deux cavaliers du Bey. Arrivé sur la frontière, à quatre jours d'ici, le commandant de Souk'ara me donnera des hommes qui me mèneront jusqu'à Constantine. Ce voyage est plus facile de Tunis à Constantine que de Constantine à Tunis, et cependant peu d'Européens l'ont encore fait. De cette façon, j'aurai vu *tous* les pays dont j'ai à parler dans mon bouquin.

Quant à la côte Est et Sfax, je n'ai ni le temps ni l'argent, hélas ! Il fait cher voyager dans la Tunisie, à cause des chevaux et des escortes.

Je suis enchanté que tu aies bien vendu *Fanny ;* il me tarde de la voir en volume[2]. Ceci fort probablement est ma dernière lettre ; écris-moi maintenant à Philippeville.

Je ne serai pas à Paris avant le 5, le 6 ou le 7 juin. Je me précipiterai rue de Berlin, dès que je serai débarqué. Tu pourras humer sur ma personne les senteurs peu douces de la Libye.

Adieu, vieux, je t'embrasse.

Amitiés au Théo[3], cent milliards de choses à Mme Feydeau.

À SA NIÈCE CAROLINE

[Tunis, 8 mai 1858.]

Ma chère petite Lilinne,

Tu es bien gentille de m'écrire régulièrement et de me donner des nouvelles de ta bonne maman ; elles m'ont fait le plus grand plaisir.

As-tu été contente de revoir Croisset ? et Mmes Phipharô et Henry[4] ?

À propos d'Anglaises, si tu étais ici avec moi, tu me serais d'un grand secours parce que je suis obligé *de parler anglais*. Et je le parle, tant bien que mal. Il y a à Carthage un ministre anglais qui fait des fouilles[5]. J'ai été chez lui plusieurs fois. Ni lui, ni personne de sa famille ne dit un mot de français, ce qui n'empêche pas que nous nous entendions très bien. Ils m'avaient invité pour aujourd'hui à dîner et à coucher chez eux. Mais j'ai une autre excursion plus intéressante à faire.

Je n'ai pas encore tiré un seul coup de fusil ni de pistolet. Mais un de mes compagnons a tué trois grands flamants, sur le lac de Tunis. Ce sont des oiseaux semblables à des cygnes et qui ont les ailes roses et noires. Il y en a ici par *milliers,* et rien n'est plus joli que de les voir s'envoler au soleil, quand on tire un coup de fusil sur eux.

Dans un mois, je serai de retour auprès de vous et nous causerons de tout cela.

Ta bonne maman m'écrit que tu ne fais pas grand-chose. Tâche cependant d'avoir recopié sur un beau cahier tes rédactions d'histoire du Moyen Âge et d'avoir un peu appris des dates.

Avec quel plaisir je reverrai ta bonne petite mine, dont je m'ennuie beaucoup, quoique mon voyage m'amuse extrêmement.

Embrasse ta bonne maman pour moi et soigne-la bien.

Ton vieux bonhomme d'oncle.

Surveille *le ménage.*
Ordonne que l'on nettoie bien mon cabinet. A-t-on retourné le tapis et arrangé mes portières ?

———

Fais mes amitiés à Narcisse[1].

———

Dis à ta bonne maman qu'elle m'écrive maintenant à Philippeville, car sa réponse à cette présente lettre ne peut pas partir de Marseille avant le 21. Elle arriverait à Tunis le 27 et il est probable que je n'y serai plus.

À JEANNE DE TOURBEY

Tunis, 15 mai [18]58.

Ce n'est pas pour tenir à ma promesse que je vous écris, chère et belle voisine[2], mais parce que je songe à vous presque continuellement ! Et je n'ai que cela à vous dire, pas autre chose ! Je le jure par vos beaux yeux et vos belles mains. — Que vous conter d'ailleurs ? Voilà

un mois que je suis ici, à humer le grand air chaud, à
regarder le ciel et à me brunir la peau. Dans huit jours
je repars et dans trois semaines je vous reverrai. C'est là
l'important. — Avec quelle joie je me précipiterai vers
votre maison et comme mon cœur battra en tirant votre
sonnette!

Quand je serai à vos pieds, sur votre tapis, nous
causerons de mon voyage, si cela vous amuse. Mais
aujourd'hui, non, n'est-ce pas? Parlons de vous.

Comment va l'humeur, et cette chère santé? êtes-vous
gaie? êtes-vous triste? vous promenez-vous toujours de
trois à six? que fait-on le soir chez vous? etc! Si vous
saviez comme je pense à votre appartement, qui vous
contient, et jusqu'aux meubles qui vous entourent!
N'avez-vous pas depuis mon départ senti, quelquefois,
comme un souffle qui passait sur vous. C'était quelque
chose de moi, qui, s'échappant de mon cœur, traversait
l'espace, invisiblement, et arrivait jusque là-bas! J'ai
vécu depuis cinq semaines avec ce souvenir (qui est un
désir aussi). Votre image m'a tenu compagnie dans la
solitude, incessamment. J'ai entendu votre voix à travers le bruit des flots et votre charmant visage voltige
autour de moi, sur les haies de nopals, à l'ombre des
palmiers et dans l'horizon des montagnes. Il me semble
que j'ai emporté de votre chère personne une sorte
d'émanation qui me pénètre, un parfum dont je suis
embaumé, qui m'assoupit et qui m'enivre. Je vous en
veux d'occuper tant de place dans ma pensée. Quand je
veux rêver à Carthage, c'est la rue de Vendôme qui se
représente. [...]

[Voir la suite de la lettre au Supplément, p. 1521.]

À JULES DUPLAN

                                        [Tunis,] 20 mai [1858]

Infect Cardoville[2],

J'espère être à Paris du 5 au 7 juin.

Tâche de venir me voir dimanche 6, de bonne heure.
Je ne resterai que deux jours à Paris et je voudrais bien
embrasser ta binette. Mais je serai, perpétuellement, en
course.

Je pars d'ici après-demain, et je m'en retourne en Algérie *par terre,* ce qui est un voyage que peu d'Européens ont exécuté. Je verrai de cette façon *tout* ce qu'il me faut pour *Salammbô.* — Je connais maintenant Carthage et les environs *à fond.* Je me suis informé aussi de Jérôme, mais personne n'a pu me dire ce qu'étaient devenus les lambeaux du mousse, claqué en mer[1].

J'ai été très chaste dans mon voyage[2]. Mais très gai, et d'une santé marmoréenne et rutilante.

Adieu, vieux, je t'embrasse. À toi.

Un mot, poste restante, à Marseille, s. v. p. *(tout de suite).*

À ERNEST FEYDEAU

Tunis, 20 mai 1858.

Mon vieux,

Si les dieux le permettent, je serai à Paris samedi (à 6 h 1/2), le 5 juin. Attends-moi pour dîner dans ton aimable logis, jusqu'à 8 heures du soir[3]. Sinon, tu me verras le lendemain à 11 heures, ou bien tu aurais de mes nouvelles.

Je pars d'ici après-demain, armé jusqu'à la gueule, et escorté de trois solides gaillards. Que ne puis-je faire mon entrée chez toi dans un tel équipage ! Quel chic !

Je m'en vais de Tunis avec une certaine tristesse, étant de la nature des dromadaires, qu'on ne peut ni mettre en route, ni arrêter.

Tu as été bien aimable de m'écrire souvent.

Les mains me brûlent d'impatience relativement à *Fanny*[4]. Il me tarde de lui couper les pages.

Ne t'inquiète de l'avis de personne et continue.

Voilà un principe.

Je te plains bien sincèrement de tes pertes à la Bourse ! Quel embêtement, nom d'un chien !

Adieu, vieux. Je suis au milieu des paquets à faire ! La route de Tunis à Constantine est sûre, mais peu fréquentée. Je vais traverser en plein le pays des lions. Mais je désire peu en rencontrer, de près, du moins.

Adieu, vieux, mille poignées de main.

À LOUIS BOUILHET

[En mer, 3 juin 1858.]

Mon Vieux,

Nous sommes aujourd'hui le 3 juin, jeudi, et je t'écris ce petit mot, en mer, accroupi sur le pont comme un singe, et entouré de MM. les officiers de l'armée d'Afrique qui se rendent dans leurs foyers.

Je compte être à Paris dimanche prochain 6[1], où je mettrai immédiatement ces quelques lignes à la poste. — J'en repartirai mercredi. — Je t'attends vers la fin de la semaine, car je n'ai rien à faire et vais me trouver un peu désœuvré. Ce serait vers le 12 ou le 13. C'est l'époque que j'avais dit.

Quel grand homme tu fais ! Merci de l'épopée. Elle m'a réjoui démesurément. Comme c'est beau, nom de Dieu[2] !

Je suis un peu gêné par le vent. Sinon, je t'en écrirais plus long. Adieu, cher vieux, à bientôt, je t'embrasse.

Je m'attends à recevoir vers jeudi ou vendredi une lettre de toi à Croisset qui me dise le jour et l'heure de ton arrivée. Amitiés à Léonie[3] et à Mulot[4].

L'adresse de Feydeau est rue de Berlin, 14[5].

[Sur la quatrième page, au crayon :]

J'arrive un peu eschauffé. Voilà quinze jours que je ne me suis déshabillé que trois fois.

Samedi soir.

J'ai reçu ta lettre hier à Marseille[6]. Merci, mon vieux. Je t'attends le 15. Écris-moi à Croisset.

Je t'embrasse.

À MADAME JULES SANDEAU

Croisset, près Rouen.
[Vers le 12 juin 1858.]

Chère Madame,

Voici tout ce que j'ai pu obtenir de renseignements sur Grandcamp[1]. Je me dépêche de vous les envoyer.

Depuis que je suis ici, je n'ai fait que dormir, mais aujourd'hui je commence à me réveiller, et je vais me mettre aux *Pénarvan*[2]. Je suis étourdi par le calme et le silence qui m'entourent. Au milieu de tout cela, j'ai pensé à vous, comme vous voyez.

Je vous demande la permission de vous baiser les mains et de me dire, chère Madame,

Votre tout dévoué (formule à part)[3].

N. B. — Il faut voir Rouen en allant à Caen.

À ERNEST FEYDEAU

Croisset, dimanche soir. [20 juin 1858.]

Que deviens-tu? Moi, j'ai d'abord passé quatre jours à dormir, tant j'étais éreinté; puis, j'ai repassé à l'encre mes notes de voyage[4], et le sieur Bouilhet m'est arrivé[5].

Depuis huit jours qu'il est ici, nous nous livrons à une pioche féroce. Je t'apprendrai que *Carthage* est complètement à refaire, ou plutôt à faire. *Je démolis tout.* C'était absurde! impossible! faux[6]!

Je crois que je vais arriver au ton juste. Je commence à comprendre mes personnages et à m'y intéresser. C'est déjà beaucoup. Je ne sais quand j'aurai fini ce colossal travail. Peut-être pas avant deux ou trois ans. D'ici là, je supplie tous les gens qui m'aborderont de ne pas m'en ouvrir la bouche. J'ai même envie d'envoyer des billets de faire part, pour annoncer ma mort.

Mon parti est pris. Le public, l'impression et le temps n'existent plus ; en marche !

J'ai relu, d'un seul trait, *Fanny*[1], que je savais par
cœur. Mon impression n'a pas changé, l'ensemble même
m'a semblé plus rapide. C'eſt bon. Ne t'inquiète de rien
et n'y pense plus. Quand tu seras ici, je me permettrai
seulement deux ou trois petites observations de détail,
insignifiantes.

Nous allons avoir à Rouen des fêtes énormes et
ſtupides[2], les bourgeois en perdent la boule. Ça me
paraît d'avance le comble de la démence. Après les-
dites fêtes, au milieu de la semaine prochaine, on jouera
la *Montarcy*[3]. Puis, au commencement du mois, Bouilhet
s'en retourne à Mantes ; à cette époque, ma mère fera
à Trouville un petit voyage d'une huitaine ; après quoi,
mon cher monsieur, nous *vous* attendons[4].

Eſt-ce convenu ? arrêté ? Pourquoi, grand couillon,
ne m'as-tu pas donné de tes nouvelles ? Qu'écris-tu ?
Que fais-tu ? Houssaye[5] ? etc.

Moi, je prends des bains tous les jours. Je nage comme
un triton. Jamais je ne me suis mieux porté. L'humeur
eſt bonne et j'ai de l'espoir. Il faut, quand on eſt en
bonne santé, amasser du courage pour les défaillances
futures. Elles viendront, hélas !

En attendant cet emmerdement, je t'embrasse,

Amitiés au Théo[6].

Il y a, dans la rue Richer, je crois, un photographe qui
vend des vues de l'Algérie. Si tu peux me trouver une
vue de Medracen[7] (le tombeau des rois Numides), près
Alger, et me l'apporter, tu me feras plaisir.

À ERNEST FEYDEAU

[Croisset, 24 juin 1858.]

Mon Bon,

Tu me parais pressé d'avoir des renseignements sur
mon amie Clémence[8]… Je crois même que tu la presses,
homme lubrique et qui dissimules, sous les dehors d'un
gentleman, les passions d'un sauvage. Mais quels détails
veux-tu que je te donne ? C'eſt une excellente créature,
voilà tout ce que je sais. J'ignore présentement sa

position. Si tu pousses ta pointe par là, cache tes manœuvres à notre ami, qui ne te le pardonnerait pas. Dis-lui, à la ★★★[1], mille tendresses de ma part ; je l'aime beaucoup. Note sur le caractère : il est folâtre et sentimental tout à la fois ; elle rit dans les larmes. Enfin, mon cher monsieur, bonne chance, si tu t'y embarques.

C'est aujourd'hui que l'on joue à Rouen la première de la *Montarcy*[2] ; ce sera pitoyablement joué. (Tu parles des canailleries de journaux ? si tu avais mis le pied dans un théâtre !) Il faut que je me hâte de m'habiller pour aller dans ce sale pays ! Il perd maintenant complètement la boule à cause des fameuses fêtes de dimanche[3]. C'est énorme de bêtise ! Ô les Bourgeois !

Il me semble, mon neveu, que « tu fais attention à ce qu'on dit ». Grave erreur ! Vis dans ta dignité et dans tes phrases. Moi, me voilà, Dieu merci, sorti de tout cela. Je suis rentré (et moralement encore plus que physiquement) dans ma caverne ; d'ici deux ou trois ans peut-être, rien de ce qui se passe ici-bas en littérature ne va m'atteindre. Je vais, comme par le passé, écrire pour moi, pour moi seul. Quant à *La Presse* et au Charles-Edmond[4], merde, contre-merde et remerde ! Avant tout il ne faut pas crever d'ennui. Je suis sûr que ce que je fais n'aura aucun succès, tant mieux ! je m'en triple-fous ! S'il faut, pour en obtenir, peindre des bourgeois, j'aime mieux m'en passer, car je trouve cette besogne ignoble et dégoûtante, outre que j'en admire peu les résultats. Je ne veux plus faire une concession, je vais écrire des horreurs, je mettrai des bordels d'hommes et des matelotes de serpent, etc. Car, nom d'un petit bonhomme ! il faut bien s'amuser un peu avant de crever, c'est là l'important, et c'est ce que je te souhaite en t'embrassant.

À JULES DUPLAN

[Croisset,] jeudi soir. [1er juillet 1858.]

Oui ! je suis un cochon ! j'aurais dû, mon pauvre vieux, te remercier plus tôt du *Figaro* que tu m'as envoyé. Mais j'ai eu Bouilhet, et la *Montarcy* à Rouen. Nos

scénarios particuliers[1] et les répétitions au Théâtre des
Arts (!)[2] m'ont enlevé tout loisir, il y a quelques jours.

À propos de *Figaro,* celui de dimanche dernier
dépassait tous les autres[3]. Je finirai par être une *guitare*
si ça continue. Quand on n'aura rien à écrire on jouera[a]
un peu de Flaubert.

Me revoilà à *Carthage.* Et j'y travaille depuis trois
jours comme un enragé. Je fais un chapitre d'explications que j'intercalerai, pour la plus grande commodité
du lecteur, entre le second et le troisième chapitre[4].
Je taille donc *un morceau* qui sera la description topographique et pittoresque de la susdite ville avec exposition du peuple qui l'habitait, y compris le costume,
le gouvernement, la religion, les finances et le commerce, etc. *Je suis dans un dédale.* Voilà !

Ce bougre de chapitre va bien me demander deux
mois. Quant au 3e dont j'avais une vingtaine de pages
d'écrites, il n'y en a pas trois à conserver, et songe, ô
Cardoville[5], que le bouquin entier aura une douzaine
de chapitres pour le moins. J'ai fait peut-être une forte
sottise en abordant un tel sujet. Il est trop tard maintenant ! Je dois donner dedans tête baissée, et croire en lui.

Et toi, vieux pédéraste, comment vas-tu ? t'enrichis-
tu ? Ma mère vers la fin du mois ira à Trouville pour une
huitaine. Si tu étais un gentil gars, tu viendrais me voir,
quand ce ne serait qu'un dimanche.

Il y a eu à Rouen des fêtes superbes[6] — comme
dépense d'argent et de bêtises ! Tous les bourgeois
étaient habillés en Louis XIV. — Un jeune môme
faisait Louis XIV, et tous les tourlourous de la ligne
étaient aussi habillés en troupiers *du temps* de Louis XIV !
Un vieux comédien nommé Cudot[7] a exécuté le rôle de
Pierre Corneille, qui a été présenté à Louis XIV, lequel a
été félicité par M. le Maire, en écharpe tricolore. Deux
garces de l'Hippodrome représentaient les Reines de la
Cour, dans une voiture fournie par Godillot. — C'était le
comble du délire — froid. — Il y avait là beaucoup
d'extravagance et un manque complet d'imagination.

Rien ne prouve mieux la stérilité plastique de notre
époque. Elle ne fournit même pas de quoi faire une
fête populaire. Quelle piètre chose que ces éternels mâts
vénitiens, ces éternels lampions, et ces éternelles ban-
nières ! sans compter messieurs les agents de police

suant dans leurs bottes, pour maintenir l'ordre. « Histoire de l'esprit humain, histoire de la sottise humaine », disait M. de Voltaire.

Adieu, vieux, viens nous voir ! Écris-moi, longuement et souvent.

Et je t'embrasse.

Je te promets une belle lecture.

À MADEMOISELLE LEROYER DE CHANTEPIE

Croisset, 11 juillet [1858].

J'ai trouvé en arrivant ici votre dernière lettre, chère correspondante. Vous me demandez des consolations ; ne vous ai-je pas assez rabâché les mêmes choses. *Travaillez* excessivement à un travail dur et long. Tout amuse quand on y met de la persévérance : l'homme qui apprendrait par cœur un dictionnaire finirait par y trouver du plaisir ; et puis voyagez, quittez tout, imitez les oiseaux. C'est une des tristesses de la civilisation que d'habiter dans des maisons. Je crois que nous sommes faits pour nous endormir sur le dos en regardant les étoiles. Dans quelques années, l'humanité (par le développement nouveau de locomotion) va revenir à son état nomade. On voyagera d'un bout du monde à l'autre, comme on faisait autrefois, de la prairie à la montagne : cela remettra du calme dans les esprits et de l'air dans les poumons.

Enfin, mon conseil permanent est celui-ci : *voulez !*

En avez-vous essayé ? Prenez donc un parti ! Ne soyez pas lâche envers vous ! Mais non, vous caressez votre douleur comme un petit enfant chéri que l'on allaite et qui vous mord la mamelle.

J'ai passé par là et j'ai manqué en mourir. Je suis un grand docteur en mélancolie. Vous pouvez me croire. Encore maintenant j'ai mes jours d'affaissement et même de désespérance. Mais je me secoue comme un homme mouillé et je m'approche de mon art qui me réchauffe. Faites comme moi, lisez, écrivez et surtout ne pensez pas à votre guenille[1].

Si je vous parle tant de *volonté*, c'est que je suis sûr que cela seul vous manque. Ayez un idéal de vous-même et conformez-y votre personne.

J'ai songé à vous quelquefois, là-bas, sur la plage d'Afrique, où je me suis diverti dans un tas de songeries historiques et dans la méditation du livre que je vais faire. J'ai bien humé le vent, bien contemplé le ciel, les montagnes et les flots. J'en avais besoin ! j'étouffais, depuis six ans que je suis revenu d'Orient.

J'ai visité à fond la campagne de Tunis et les ruines de Carthage, j'ai traversé la Régence de l'est à l'ouest pour rentrer en Algérie par la frontière de Keff, et j'ai traversé la partie orientale de la province de Constantine jusqu'à Philippeville, où je me suis rembarqué. J'ai toujours été seul, bien portant, à cheval, et d'humeur gaie.

Et maintenant, tout ce que j'avais fait de mon roman est à refaire ; je m'étais complètement trompé. Ainsi, voilà un peu plus d'un an que cette idée m'a pris. J'y ai travaillé depuis presque sans relâche et j'en suis encore au début. C'est quelque chose de lourd à exécuter, je vous en réponds ! pour moi du moins. Il est vrai que mes prétentions ne sont pas médiocres ! Je suis las des choses laides et des vilains milieux. La *Bovary* m'a dégoûté pour longtemps des mœurs bourgeoises. Je vais, pendant quelques années peut-être, vivre dans un sujet splendide et loin du monde moderne dont j'ai plein le dos. Ce que j'entreprends est insensé et n'aura aucun succès dans le public. N'importe ! il faut écrire pour soi, avant tout. C'est la seule chance de faire beau.

Vous devriez (si aucun sujet ne vous vient) écrire vos mémoires[1]. Nous reparlerons de cela. Il me semble que dans une de mes dernières lettres je vous avais indiqué plusieurs lectures. Les avez-vous faites ?

Adieu, à bientôt. Je vous serre les mains bien cordialement et je vous baise au front.

MADEMOISELLE LEROYER DE CHANTEPIE À GUSTAVE FLAUBERT

[Angers,] ce samedi 17 juillet 1858.

En reconnaissant votre écriture, mon cher correspondant, j'ai éprouvé un sentiment consolant et doux, comme celui qu'inspire le retour d'un ami qui vous soutient et vous protège. J'ai bien souffert pendant votre absence, et non de rêveries, mais d'un malheur réel. Je vous ai dit, je crois, que mon père et ma mère étant veufs, quoique je fusse leur unique enfant, il y avait des deux côtés d'autres enfants bien plus âgés. Lorsque nous eûmes perdu mon père, ma mère prit, pour l'élever, une de ses petites-filles, qu'on disait peu aimée de ses parents, parce qu'elle annonçait une déviation de la taille. Elle se nommait Agathe et n'avait que 7 ans, elle perdit peu après sa mère et s'attacha à nous. Agathe reçut une bonne éducation avec une de ses sœurs qui était aussi chez nous. À l'âge de 16 ans la pauvre Agathe devint malade, et malgré tous nos soins, très contrefaite. Son père, son frère et ses sœurs ne lui témoignaient qu'indifférence et antipathie. Le chagrin de se voir contrefaite lui troubla la raison, joint à son état de santé, elle voulut se laisser mourir de faim et repoussant nos prières, elle fut huit jours sans consentir à prendre de nourriture. Enfin, elle se remit, mais ses idées, ses volontés étaient souvent impossibles à réaliser et déraisonnables, nous en souffrîmes beaucoup, surtout ma mère malade depuis de longues années ; jugez de la vie que je passais. Je soignai ma mère vingt ans et Agathe plusieurs années. Lorsque je perdis ma mère, la pauvre fille eut une rechute et malgré ma surveillance descendit par une fenêtre où elle pouvait se tuer; ma frayeur fut telle que je forçai son père qui habitait Angers à la reprendre. Il paraît qu'elle fut très malheureuse chez lui, moins patient que nous il la battait, et elle voulut aller en pension dans un couvent voisin de ma maison d'Angers. Un jour elle m'arriva mourante, n'ayant pas de chaussures aux pieds ; je lui donnai ce que je pus et lui envoyai à manger, elle ne prenait rien au couvent. Elle voulait rester chez moi, et cela me fit une grande peine d'être obligée de la renvoyer, mais son père ne me saluait même pas dans la rue et disait que nous avions gâté sa fille par excès d'affection. Agathe se voyant privée du nécessaire trouva la force d'aller consulter un homme de loi, qui la fit sortir du couvent et adressa à son père une demande de sa part d'héritage de sa mère morte depuis 14 ans. Agathe en avait alors 22. Le père lui offrit une rente viagère qu'elle ne voulut pas accepter et il la déclara folle et provoqua son interdiction. Il s'agissait de sa liberté, de sa fortune, de sa vie ; grâce à moi, et à son homme de loi, elle obtint justice, et 48 mille fr[anc]s de la succession de sa mère. J'avais consenti à la reprendre chez moi ; je l'aimais, et instruite par son séjour ailleurs, elle était devenue plus traitable. Elle était douce, mais d'une volonté de fer ; à tort ou à raison il fallait lui obéir. Sa figure était bien, mais sa tête énorme sur un corps d'enfant horriblement contourné. Elle me faisait tant de pitié que je n'aurais jamais eu le courage de la contrarier. Elle resta chez moi et voulut y payer une pension que je fixai à 500 [francs] par an; le reste de son revenu était employé à ses caprices. Son père ne m'a jamais par-

donné de l'avoir recueillie, sans cela elle eût été forcée de prendre
une rente viagère. Il y a maintenant 10 ans, un artiste que vous
avez eu à Paris à l'Opéra, Rousseau-Lagrave, qui commençait sa
carrière théâtrale, vint à Angers chanter l'opéra. Il a une voix
sympathique, une figure poétique et il est mon compatriote ; nous
sommes nés dans la petite ville de Château-Gontier. Tout le
monde, les femmes surtout, en étaient enthousiastes, depuis les
dames de la haute noblesse jusqu'aux marchandes de poisson,
toutes admiraient, adoraient le ténor Lagrave. Il me fit demander
la permission de m'être présenté par une dame de ma connaissance. J'y consentis, nous le trouvâmes très aimable, et la pauvre
Agathe l'adora plus que toute autre. Il partit et revint avec la
troupe nomade, il me fit visite et promit de venir chanter dans une
petite soirée chez moi ; le matin même de ce jour, il m'écrivit
pour me demander un emprunt, je trouvai ce procédé peu convenable, je ne pouvais, ni ne voulais lui prêter d'argent. Alors Agathe
dit qu'elle lui prêterait et le fit, malgré mes observations. M. Lagrave
partit le lendemain, mais il s'établit une correspondance entre
Agathe et lui ; il revint en allant à Paris ; enfin, que vous dirai-je,
en dépit de mes prières, de mes menaces et des lettres que j'adressai
à M. Rousseau, la pauvre Agathe lui donna tout ce qu'elle possédait.
A lors M. Rousseau, voyant combien j'étais indignée, la demanda
en mariage, elle accepta, puis refusa en y réfléchissant ; de ce
moment, elle n'eut qu'un désir, celui de se rapprocher de M. Rousseau, elle voulut aller à Paris avec la mère de M. Rousseau, chez lui,
et je fus obligée de m'adresser à la mère de M. Rousseau pour
empêcher Agathe de partir. Elle m'en voulut beaucoup pendant
longtemps de l'avoir retenue chez moi, et pourtant je ne pouvais
lui laisser faire une telle folie. La pauvre fille était aussi innocente
qu'un enfant, elle aimait M. Rousseau comme on aime Dieu,
c'était son idéal, elle l'appelait son frère. Il lui écrivait tous les
huit jours et lui témoignait une vive amitié. Agathe me disait :
j'ai voulu tout lui donner de mon vivant dans la crainte que mes
mauvais parents n'aient après moi ; si je savais qu'ils ont un fil de
moi, je reviendrais de l'autre monde pour le leur ôter. En 1851,
Agathe ne possédait plus rien, je pourvus à tout, elle fut nourrie,
soignée, entretenue comme par le passé, je lui prêtai de l'argent
pour ses besoins, elle me disait : je m'acquitterai lorsque j'héri-
terai de mon père. Ce dernier a 84 ans et 20 mille fr[anc]s de revenu
partagé entre deux enfants. Enfin, le père d'Agathe prévenu qu'elle
donnait tout, ne s'y opposa pas, et en fut charmé, espérant qu'elle
renoncerait à la succession et forcée par la nécessité accepterait
un viager. Elle s'y refusa, voulant hériter pour laisser à M. Rousseau.
Alors le père obtint que sa fille eût un conseil judiciaire, il y eut
procès et plaidoirie, Agathe perdit ; au même moment M. Rousseau
partait pour la Nouvelle-Orléans ; c'était trop pour la pauvre
Agathe que ces deux malheurs, sans mes soins et mes consolations,
elle eût succombé. Elle a dit jusqu'à son dernier soupir que son

père était cause de sa mort. Ce dernier consentit à lui faire une pension de 800 fr[anc]s, non seulement elle ne me payait rien, mais j'étais obligée de lui prêter de l'argent. Sa santé, ses caprices exigeaient mille choses, je lui donnai tout à mes frais. Cependant les lettres étaient longues et rares à venir d'Amérique. Agathe se désolait, cela dura deux ans ; l'hiver dernier se passa sans nouvelle, Agathe ne dormait plus, dès l'aube, elle entrait en pleurant dans ma chambre et commençait ses plaintes. Enfin, le printemps revint, nous avions été malades tout l'hiver, je repris espoir un matin, c'était le 15 mars, Agathe vint se jeter à mon cou en pleurant. Ah ! me dit-elle, il revient, il a été malade, au mois de juillet il sera ici. Je vais faire mettre des fleurs dans mon parterre, acheter une robe, un chapeau pour son retour, je vais être heureuse. Pauvre fille, trois jours après elle commençait à être malade, le médecin dit que c'était l'estomac, elle vivait à l'ordinaire et ne paraissait qu'indisposée ; cela dura 3 semaines, puis, elle devint faible, ses jambes enflèrent, sa respiration était gênée, je fus effrayée de ces symptômes, le médecin eut la barbarie de me dire qu'elle allait mourir peut-être dans 24 heures, j'étais folle de douleur. Enfin, pendant un mois je n'ai pas quitté sa chambre, même pour manger, je lui cachai ma douleur en lui persuadant qu'elle allait guérir. Ah ! que j'étais triste le soir dans cette chambre où déjà j'avais vu mourir ma mère ; à chaque plainte d'Agathe, je croyais la voir et l'entendre. Agathe désira que j'écrivisse au père de M. Rousseau, je le fis, et si cela eût été possible, j'aurais fait venir d'Amérique M. Lagrave pour donner à Agathe la consolation de le voir avant sa mort. Elle attendait une lettre qui n'arrivait pas, sans cesse elle me disait : ce sera le 1er, puis le 25 ; elle ajoutait : vivrai-je jusque-là ? Oh ! si je pouvais vivre jusqu'à son retour ! Elle avait deux de ses portraits à son chevet. Tout cela me déchirait le cœur, je croyais la voir expirer à chaque instant, ce supplice a duré plus d'un mois ; ensuite j'étais bien inquiète pour le prêtre, Agathe était si impressionnable que depuis bien des années elle ne pouvait se confesser ; lors même qu'elle fût morte ainsi, je n'en aurais pas été inquiète, sa vie était aussi innocente que celle d'un enfant, mais je me disais : peut-être aurait-elle le désir de se confesser si elle voyait un prêtre ? J'en fis venir un de mes amis qu'elle aimait, il fut admirable de prudence et de bonté, il la laissa libre de se confesser plusieurs fois, et Dieu permit qu'elle le fît sans peine. Cependant on m'avait obligée à laisser avertir la famille d'Agathe à son insu et contre sa volonté ! son frère vint, mais je ne le vis point. Agathe me disait : ah ! je vous en prie, que ma famille ignore ma maladie, ils seraient trop contents d'hériter. Le médecin lui dit que son frère était allé chez lui savoir de ses nouvelles, cela la mit dans un état affreux. Enfin son père n'offrit pas un centime pour la soigner, mais il envoya le curé, le vicaire, et le grand vicaire jusque chez le confesseur d'Agathe pour savoir pourquoi il ne lui donnait pas les sacrements et si elle avait fait un testament. Ils voulaient venir

avec tout leur attirail pour lui donner l'extrême-onction, la pauvre
fille en fût morte de peur. Heureusement que le prêtre que j'avais
fait venir lui épargna cette agonie, car c'était une véritable inqui-
sition, sans moi, elle eût été torturée. Enfin, elle expira le 17 mai
par une belle soirée au crépuscule, j'étais là, on ne l'aurait pas dite
malade, ses yeux étaient brillants, son teint animé, elle ne me
répondait plus, on me fit sortir, on m'emmena à ma maison de
ville, j'y entrai à minuit, il y avait deux ans qu'elle n'avait été
habitée, le jardin était abandonné, inculte, là, je retrouvai mille
souvenirs de ma mère et d'Agathe, de mon père, de toute ma vie
passée, je suis restée là un mois et demi pleurant, lorsque je le
pouvais ; trois semaines après la mort d'Agathe, un de mes parents,
un ami d'enfance qui venait de m'écrire, est mort en 5 jours, ce
chagrin a ajouté à celui que j'avais déjà. Enfin, une dame qui
habitait chez moi depuis huit ans avec son enfant est partie pour
Paris tout à coup, sans amitié, sans reconnaissance, car depuis
huit ans, j'avais pourvu à tous ses besoins, à ceux de son fils dont
je payais la pension. Elle me jouait une heure de piano de temps en
temps, c'est le seul service qu'elle m'ait jamais rendu. Son départ,
dans un moment où j'avais tant de chagrins, m'a fait beaucoup de
peine. Je suis revenue à la campagne depuis 15 jours, hier seulement
je suis rentrée dans la chambre d'Agathe, j'ai beaucoup pleuré,
son lit vide, sa broderie commencée, elle me disait : demain j'y
travaillerai ! demain ! ce lendemain n'est jamais venu ; enfin tous
les détails de sa triste vie, moins elle ! J'ai vu par la pensée le
cercueil où on l'a emportée de chez moi pour n'y plus revenir. Ma
maison me semble déserte, toutes mes habitudes sont changées,
elle me suivait comme mon ombre. On m'a dit qu'il fallait faire un
inventaire des pauvres hardes d'Agathe, le tout à mes frais ; elle
me devait 4 mille fr[anc]s sans compter le médecin et les soins que
j'ai généreusement récompensés, des personnes amies seules l'ont
veillée et approchée, même après sa mort, de tels services sont
impayables. Son père a déclaré qu'il ne voulait rien payer, pas
même de petites dettes. Il a deux fois plus de fortune que moi,
j'aurais tout donné pour ma pauvre Agathe. Toute ma demi-
année de revenus y a passé, cela m'est égal, je vais emprunter.
Agathe a laissé un testament, elle donnait tout à M. Rousseau, je
lui remettrai les objets qu'elle possédait, dussé-je les racheter, je le
lui avais promis. Après sa mort, on a ôté les lettres et les portraits de M. Rousseau, selon son désir. J'ai trouvé dans ses livres
de piété des notes et un mémoire qui prouvent combien elle était
malheureuse. Pour moi, j'ai été si frappée, qu'il m'a semblé que je
n'aimais plus rien sur la terre, que tout ce que j'avais aimé n'était
qu'illusion, un songe, et que n'aimant rien, je ne devais rien
retrouver de ceux que j'avais aimés au-delà. Enfin, j'ai été insensible à l'affection de ceux que j'avais le plus aimés et rien encore
ne m'avait autant désespérée. On m'offre à Paris une maison
meublée aux Champs-Élysées pour 900 fr[anc]s par mois, des

amis m'invitent à y aller, j'ai choisi Nantes, c'est plus près, mais je n'ai pas encore de maison et n'en trouve pas où je voudrais. Je n'ai ni désir, ni volonté, tout m'est égal. Je ne puis écrire, ni travailler. Avez-vous reçu *La Légende de Pâquerette*[1] que je vous avais adressée avant votre départ à Paris pour mettre dans *La Presse ?*

Adieu, mon cher correspondant, ne m'oubliez pas. Votre amie dévouée

M.-S. LEROYER DE CHANTEPIE.

À SA NIÈCE CAROLINE

[Croisset, 31 juillet 1858.]

Chère Carolo,

J'espère avoir demain une lettre de toi ou de ta bonne maman un peu plus claire que celle qui m'arrive, car je ne sais pas si vous arrivez demain à la Bouille, oui ou non, ni à quelle heure[2]. Et je suis fort embarrassé, ayant peur de faire un voyage inutile, ou bien d'aller là-bas et de ne trouver personne. En cas de silence je n'irai point et je ne vous attendrai que lundi. Mais écrivez-moi l'heure où il faut que mon individu soit planté sur le quai, prêt à vous recevoir.

Zélie Croix-Marre[3] et sa sœur arrivent à l'instant pour déjeuner, et affamées.

Adieu, mon pauvre bibi. Tu m'as écrit l'autre jour une gentille lettre à laquelle je ne réponds pas trop bien. N'importe, il me reste encore le temps de te bécoter.

Ton vieux.

À EUGÈNE DELATTRE

[Croisset,] 1er août [1858].

Grand Juriste !

J'ai reçu les numéros de *L'Audience* et je me *délecte* dans les *Voyageurs et expéditeurs en chemin de fer*[4]. J'admire surtout le bourgeois qui avait fait du cadavre de sa femme un colis[5] ! ! ! Mais dans la liste des objets que

M. *** emporte en vacances[1], tu aurais dû mettre parmi les objets de première nécessité plusieurs g... pour ses cousines, et parmi les bons auteurs, de Sade, Delattre, etc.

Plaisanterie à part, c'est instructif et amusant ; *utile dulci*[2] me paraît être ta devise. J'attends la suite, ou plutôt le volume entier pour juger de l'ensemble. Ne crains pas de faire revenir Prudhomme et soigne-le ! il a de bonnes choses à dire à propos des *accidents ;* il doit croire qu'en cas d'explosion, on serait moins exposé aux premières qu'aux secondes, etc.[3] !

J'ai trouvé ici, à mon retour, une mirifique épître de ta Seigneurie (qui m'a été je crois renvoyée de Tunis). Je t'en remercie bien. Elle était ornée de la signature de Foulongne[4]. Serre-lui les pattes de ma part.

Si tu pouvais me trouver le Code civil des Carthaginois, tu serais bien aimable. C'est là ce qui me manque ; et puis bien d'autres choses, encore !

Adieu, mon vieux, porte-toi bien, amuse-toi bien ! Tu vas sans doute aller dans ta patrie[5], te reposer de tes travaux judiciaires, déposer un peu ta toque pour le panama et dépouiller la robe noire de l'orateur pour endosser la veste en velours du Nemrod départemental. Eh bien, sème partout les bons principes ! éduque la province, nom de Dieu ! Élève ton voyage à la hauteur d'une mission sociale ! Terrifie les bourgeois par tes extravagances, et désole ta famille par tes discours ! Si on t'invite à dîner en ville, empiffre-toi ! et rote au dessert ! On se fâchera peut-être ? N'importe ! Tu répondras : « C'est le genre de Paris. » Caresse les servantes, prends le c... aux dames, excite les adolescents [...] et les villageois à la bestialité ! En un mot, sois canaille, c'est le moyen de plaire !

Sur ce, on se donne rendez-vous au mois de novembre, à *Hélène Peyron*[6].

À toi.

À ERNEST FEYDEAU

[Croisset,] lundi, 4 h[eures].
[9 août 1858.]

Qu'est-ce que ça veut dire ? es-tu malade ? as-tu reçu ma lettre ?

Je t'avais écrit, mercredi dernier, de la part de ma mère pour te dire que : elle vous attendait l'un et l'autre et vous réitérait son invitation. N'était-ce pas une chose convenue ? Qu'y a-t-il donc ? — Il fait beau, maintenant. Arrivez !

Si samedi prochain, au plus tard, je n'ai pas, chez moi, M. et Mme Feydeau à dîner, je prends un pseudonyme et je déblatère contre *Fanny*[1] et son auteur dans les feuilles.

En attendant, je t'embrasse, mon cher neveu.

À ERNEST FEYDEAU

[Croisset,] mercredi matin. [11 août 1858.]

Mon bon,

Voici l'heure des trains. Lequel prendrez-vous ? Dis-le-moi afin que je sois là à mon petit poste, à vous attendre.

Enfin ! nom d'un petit bonhomme, nous allons nous voir !

Ton billet de ce matin nous a rassurés. Mais c'était de ma faute, j'en conviens. Ma mère avait peur que Mme Feydeau ne fût malade.

À samedi, chère épouse !

Votre oncle.

À ERNEST FEYDEAU

[Croisset,] samedi soir. [28 août 1858.]

Mon vieux Brrrrûlant,

Si je ne t'ai pas écrit, c'est que je n'avais absolument rien à te dire.

Je travaille comme quinze bœufs. J'ai bientôt, depuis que je ne t'ai vu[1], fait un chapitre, ce qui est énorme pour moi. Mais que j'ai de mal ! Me saura-t-on gré de tout ce que je mets là-dedans ? J'en doute, car le bouquin ne sera pas divertissant, et il faudra que le lecteur ait un fier tempérament pour subir 400 pages (au moins) d'une pareille architecture.

Au milieu de tout cela, je ne suis pas gai. J'ai une mauvaise humeur continue. Mon âme, quand je me penche dessus, m'envoie des bouffées nauséabondes. Je me sens quelquefois triste à crever. Voilà !

Ce qui n'empêche pas de hurler du matin au soir à me casser la poitrine. Puis le lendemain, quand je relis ma besogne, souvent j'efface tout et je recommence ! Et ainsi de suite ! L'avenir ne me présente qu'une série indéfinie de ratures, horizon peu facétieux.

Tu féliciteras de ma part ce bon Théo sur sa croix d'officier[2] ; je ne lui ai pas écrit par bêtise ; et tu lui diras que je pense souvent à lui et que je m'ennuie de ne pas le voir. Ce qui est vrai.

Tu m'envoies des nouvelles des arts, je vais en revanche t'envoyer des nouvelles de la campagne.

Le boulanger de Croisset a pour l'aider dans la confection de ses pains un garçon de forte corpulence. Or le maître et le domestique s'... Ils se pétrissent à la chaleur du four. Mais (et ici le beau commence) le susdit boulanger possède une épouse et ces deux messieurs non contents de se..., foutent des piles à la malheureuse femme. On bûche dessus par partie de plaisir et en haine du c... (système Jérôme[3]) si bien que la dame en reste quelquefois plusieurs jours couchée. Hier cependant, elle a commencé à leur riposter à coups de couteau et ils ont aux bras des effilades effroyables. Telles sont les

mœurs des bonnes gens de la campagne. C'est extrêmement joli.

Répète-moi ce que la Présidente[1] t'a dit sur mon
compte, je tiens à le savoir.

J'ai reçu l'article de *La Presse*[2], il y avait mieux à dire.
Si je ne connais guère de livre qui me plaise, il en est de
même des critiques. Comme tout est bête, miséricorde !

Tu me demandes ce que je fais : j'ai lu depuis quinze
jours, sans interrompre mon travail et pour lui, six
mémoires de l'Académie des Inscriptions, deux volumes
de Ritter[3], le *Chanaan* de Samuel Bochart[4] et divers
passages dans Diodore[5]. Mais il est impossible que j'aie
fini avant deux ans au plus tôt, et encore on se foutra de
moi, n'importe ! Je crois que ce sera une tentative élevée
et, comme nous valons plus par nos aspirations que par
nos œuvres, et par nos désirs que par nos actions, j'aurai
peut-être beaucoup de mérite ; qui sait ?

À MADEMOISELLE LEROYER DE CHANTEPIE

[Croisset, 4 septembre 1858.]

Vous devez me trouver bien oublieux, chère Demoiselle. Excusez-moi, je travaille en ce moment-ci énormément. Je me couche tous les soirs exténué comme un
manœuvre qui a cassé du caillou sur les grandes routes.
Voilà trois mois que je n'ai bougé de mon fauteuil que
pour me plonger dans la Seine, quand il faisait chaud.
Et le résultat de tout cela consiste en un chapitre ! pas
plus ! Encore n'est-il pas fini. J'en ai encore au moins
une dizaine à faire, je ne sais rien du dehors et ne lis
rien d'étranger à mon travail. Il est même probable que
je n'irai guère à Paris cet hiver. Je laisserai ma mère y
aller seule. Il faudra pourtant que je m'absente au mois
de novembre une quinzaine de jours, à cause des répétitions d'*Hélène Peyron,* un nouveau drame de mon ami
Bouilhet, qui sera joué à l'Odéon[6]. À propos de mes
amis, avez-vous lu *Fanny,* par E. Feydeau[7] ? Je serais
curieux de savoir ce que vous en pensez.

Maintenant que j'ai parlé de moi, parlons de vous.

Vous m'avez envoyé une bien belle lettre la dernière

fois. L'histoire de Mlle Agathe m'a navré[1] ! Pauvre âme ! comme elle a dû souffrir ! *Vous devriez écrire cela,* vous qui cherchez des sujets de travail. Vous verriez quel soulagement se ferait en votre cœur, si vous tâchiez de peindre celui des autres.

Le conte[2] que j'ai reçu de vous au mois d'avril n'a pas été remis à *La Presse,* parce qu'il m'est arrivé la veille ou l'avant-veille de mon départ. Il est resté à Paris dans mon tiroir ; je sais d'ailleurs qu'on le refuserait *à cause du sujet,* qui ne convient pas aux exigences du journal. J'essayerai, cependant.

Pourquoi ne travaillez-vous pas davantage ? Le seul moyen de supporter l'existence, c'est de s'étourdir dans la littérature comme dans une orgie perpétuelle. Le vin de l'Art cause une longue ivresse et il est inépuisable. C'est de penser à soi qui rend malheureux.

J'ai été bien impressionné par le massacre de Djedda[3] et je le suis encore par tout ce qui [se] passe en Orient. Cela me paraît extrêmement grave. C'est le commencement de la guerre religieuse. Car il faut que cette question se vide ; on la passe sous silence et au fond c'est la seule dont on se soucie. La philosophie ne peut pas continuer à se taire ou à faire des périphrases. Tout cela se videra par l'épée, vous verrez.

Il me semble que les gouvernements sont idiots en cette matière. On va envoyer contre les musulmans des soldats et du canon. C'est un Voltaire qu'il leur faudrait ! Et l'on criera de plus belle au fanatisme ! À qui la faute ? Et puis, tout doucement, la lutte va venir en Europe. Dans cent ans d'ici, elle ne contiendra plus que deux peuples, les catholiques d'un côté et les philosophes de l'autre.

Vous êtes comme elle, vous, comme l'Europe, — déchirée par deux principes contradictoires, et c'est pour cela que vous êtes malade.

MADEMOISELLE LEROYER DE CHANTEPIE
À GUSTAVE FLAUBERT

[Angers,] ce 5 septembre 1858.

Il y a bien longtemps, mon cher correspondant, que je n'ai

reçu un mot de souvenir, de votre part. Je pense que vous êtes si occupé de votre roman, que je me reprocherais de vous faire perdre un instant à m'écrire, malgré tout le désir que j'ai d'avoir de vos nouvelles. Pour moi, je ne vous oublie point, ma pensée se reporte sur vous bien souvent dans mes peines et dans mes angoisses. Tout semble combiné pour me faire du mal, j'ai vu mourir encore l'enfant de mon filleul, c'était celui (le filleul) de ma pauvre Agathe[1] ; cet enfant avait 5 mois déjà, je l'aimais, il me souriait et commençait déjà à me connaître. Le désespoir de la mère et du père m'a fait bien de la peine. Je ne puis accepter la vie dans un monde où il faut souffrir et mourir ; on a beau dire que la souffrance et la mort sont un bien, conformément aux lois générales, ces deux choses me semblent un acte de cruauté, qui ferait douter de la bonté de Dieu. Je suis plus que jamais incertaine et tourmentée de vertiges, relativement aux observances du catholicisme. Je puis à peine prier, je me sens morte de cœur et d'âme, insensible à tout, sans désir, sans volonté, indifférente envers ceux que j'aimais le mieux. Je suis malade aussi de corps. Je ne sais plus ce qui pourrait me secourir, je ne l'espère plus. J'ai commencé l'*Essai sur l'entendement humain* de Leibnitz, cela m'intéresse beaucoup, mais souvent je ne le comprends pas. Je veux lire sa *Théodicée*[2]. J'ai là *L'Oiseau* et *L'Insecte*[3], ces deux livres ont toute ma sympathie. Quand lirai-je quelque chose de vous ? et quand vous verrai-je ? J'ai reçu une lettre de M. Rousseau-Lagrave[4] qui est aux États-Unis, il paraît regretter beaucoup ma pauvre Agathe, j'ai bien pleuré en lisant l'expression de ses regrets. Le père d'Agathe ne lui a survécu qu'un mois ; si Agathe eut hérité, 24 heures après son testament, M. Rousseau héritait d'elle de 150 mille francs. Avez-vous reçu *La Légende de Pâquerette*[5] ? que je vous avais adressée d'après l'offre obligeante que vous m'aviez faite de publier cette légende ?

Adieu, mon cher correspondant et ami, votre dévouée

M.-S. LEROYER DE CHANTEPIE.

MADEMOISELLE LEROYER DE CHANTEPIE
À GUSTAVE FLAUBERT

[Angers,] dimanche 12 septembre 1858.

Vous n'avez pas besoin d'excuses auprès de moi, cher Monsieur, votre silence est sans doute une privation pour moi, mais jamais je ne songerai à vous faire un reproche. Votre temps est trop précieux pour que je veuille en distraire quelque peu à mon profit. Vous avez raison, se plonger dans la littérature, c'est la vie, car c'est une de ces passions innocentes qui peuvent tourmenter, mais

qui, du moins, ne laissent jamais de remords. Je me fais une fête
de lire votre œuvre si Dieu me prête vie, je crains que ce ne soit
bien long à paraître, vous êtes trop difficile, laissez votre inspiration
[*sic*], et ce sera beau et bon. Je ne puis oublier *Madame Bovary,* elle
a laissé dans mon âme une ineffaçable empreinte, la vérité seule peut
causer de telles impressions. Nos lettres se sont croisées. Vous me
dites d'écrire, c'est bien, mais il me faut un but. Je ne puis travailler sans avoir le débit de mon travail. Je voudrais avoir un
journal littéraire qui prît au moins chaque mois un de mes articles.
J'écris pour de malheureux petits journaux de mode, cela ne me
convient point. J'avais fait pour un concours historique un précis
de la Guerre de Trente Ans[1] très court et qui devait être inséré au
Journal, le concours n'a pas eu lieu, le journal a été vendu, le
nouveau directeur m'a demandé de nouveau ma collaboration, il
a inséré une de mes biographies, mais il a refusé ma *Guerre de
Trente Ans* comme travail trop sérieux et cela m'avait donné tant de
peines et coûté tant de recherches ! Jugez de mon ennui ! Vous
croyez que *La Légende de Pâquerette* ne convient point à *La Presse,*
mais souvent j'y lis de petites nouvelles qui ne valent pas mieux
et même moins que ma légende. Au reste, je ne tiens pas plus à *La
Presse* qu'à un autre journal. Je préférerais un journal littéraire.
Puisque vous avez été assez bon pour vouloir me rendre service
en me plaçant quelques articles, dites-moi si vous pouvez me placer
la légende que je vous ai envoyée à une feuille quelconque, autrement je la placerai ailleurs. Si vous croyez qu'une nouvelle ou
roman de 72 pages que j'ai en ce moment puisse se placer, je vous
l'enverrai, ou même mon précis historique. Je sais qu'on ne vous
refusera rien, votre nom est un sûr garant de toute acceptation ;
quand on a votre talent, votre célébrité, tout est possible. Cependant, je voudrais être certaine d'une insertion prompte et savoir que
je n'éprouverais pas de refus, cela me serait très désagréable, je
préférerais m'abstenir. Je viens de demander *Fanny*[2], nos libraires
ne l'ont point encore. Je le lirai et vous dirai mes impressions après
cette lecture. Je lis toujours Leibnitz, j'ai là *L'Oiseau* et *L'Insecte*
de Michelet, c'est charmant[3]. J'écris d'inspiration, mais ne puis
prendre un sujet qui me touche de près. La souffrance, la mort,
cela peut s'accepter idéalisé, mais lorsqu'on arrive à la réalité,
c'est horrible, c'est affreux ! Ma pauvre Agathe[4], je la vois toujours,
chaque matin j'ouvre sa chambre, j'y fais ma prière, je pense à ma
mère morte aussi dans cette même chambre, il me semble que
quelque chose d'elles deux me parle intérieurement. Elles m'aimaient trop pour ne pas m'aimer et me secourir encore, et moi je
les aime trop pour ne pas encore communiquer de cœur et d'âme
avec elles. Je ne crois pas non seulement à une séparation éternelle, mais je pense qu'elle ne peut être absolue, même quand la
transformation de notre être semble nous séparer et nous sépare
sur cette terre. Je soigne les fleurs du jardin à ma pauvre Agathe,
je mets à manger aux oiseaux qu'elle nourrissait sur sa fenêtre,

comme si elle était là. Les hirondelles sont parties, elle les avait
vues arriver, moi je vois leur départ, les verrai-je revenir? Les
feuilles des tilleuls qui ombragent sa fenêtre étaient en bourgeons
lorsqu'elle entrait pour n'en plus sortir dans cette chambre mortuaire, elles vont tomber et mourir, ses fleurs lui ont survécu!
Je vois par la pensée le cercueil l'emportant de chez moi pour
jamais! Ah, cela est bien triste! Je suis restée sans désir, sans volonté,
j'ai perdu la puissance d'aimer, de m'intéresser à quoi que ce soit.
La pauvre Agathe est morte avec ses illusions, elle aimait avec une
foi inébranlable, sans douter un instant ni d'elle, ni des autres!
j'envie son sort. Comme vous, je crois aux guerres de religion!
et je les abhorre, je crois que le catholicisme se transformera, il
ne peut rester ce qu'il est, je crois à une religion nouvelle, à l'évangile en action, là seulement ma conscience serait tranquille. Je
réprouve la peine de mort, et je ne puis, ni ne veux croire aux
peines éternelles, cela m'est impossible, mais je crois que le sentiment de la culpabilité est un enfer, si j'en juge par moi-même;
la confession, la présence réelle dans la communion, me causent un
effroi invincible; lorsque je doute si j'ai rempli toutes les conditions voulues à cet égard, cela me désespère, il me semble que je
suis à jamais séparée de Dieu ou trop coupable pour aller à lui,
cette pensée est horrible. J'admire, j'aime l'idée religieuse, et je
crois qu'elle existe à un plus haut degré de vérité chez les philosophes que chez certains catholiques. Je n'aime pas les dévots, mais
les cœurs vraiment religieux. Je suis toujours à la même
place, mon médecin veut m'envoyer à Nantes, c'est le plus près.
J'attends depuis deux mois une réponse pour une maison d'habitation; je ne sais si je l'aurai, cela m'est égal, je suis si souffrante,
si malade, que j'aimerais mieux ne pas me déplacer.

Adieu, cher Monsieur, je compte sur votre amitié, c'est un bien
précieux pour moi qui vous estime et vous aime profondément.
Votre dévouée

M.-S. LEROYER DE CHANTEPIE.

À JULES DUPLAN

[Croisset, 15 (?) septembre 1858.]

Que deviens-tu, immonde Cardoville[1]? tu es parti à
Lyon, je suis sûr, à Lyon!...

Réponds-moi si j'aurai l'honneur de te voir bientôt.
Si tu ne peux me procurer la volupté de recevoir ta
personne[a], dis-moi comment tu veux que je te fasse
parvenir les 300 francs que tu m'as prêtés au mois de

juin dernier. Comme je désespère de pouvoir te les remettre en mains propres, je te les envoie. —?—

Je bûche mon *Carthage* comme un nègre ! J'ai un mal de chien ! N'importe, ça commence à m'amuser.

Me voilà au milieu de mon second chapitre qui sera peut-être le premier[1] ? Je l'aurai fini dans un mois, et j'espère avant de rentrer à Paris avoir écrit le 3e.

Le sieur Bouilhet est toujours à Mantes où il compose une comédie-farce en prose[2].

Voilà, mon vieux, toutes les nouvelles, et puis je t'embrasse très fort.

Ton.

Mercredi soir.

À ERNEST FEYDEAU

[Croisset, première quinzaine d'octobre 1858.]

Ne crois pas que je t'oublie ; si je ne t'écris point c'est au contraire par amitié pour toi et pour ne pas te salir avec le dégobillage de mon embêtement.

Carthage ne va pas raide. Je suis d'ailleurs pris d'idées noires. Je finirai enragé d'ennui, l'existence me pèse démesurément.

Les lectures auxquelles je me livre ne sont pas faites pour me distraire : Mosander[3], l'empereur Léon[4], Végèce[5] et Juste-Lipse[6].

Je n'ai absolument rien à te dire.

Tu me verras à Paris dans le courant du mois de novembre, époque à laquelle on jouera la pièce de Bouilhet dont les répétitions commencent[7].

Comment va *Daniel*[8] ? *Fanny* s'est lu à Mantes, beaucoup, ce qui est un fier signe. Quand un livre est connu à six lieues de Paris il a déjà fait le tour du monde.

Pour moi la littérature commence à m'être désagréable fortement. Je trouve cela tout bonnement impossible et comme avec l'âge le goût augmente et que l'imagination décroît, *c'est atroce*. À mesure qu'on perd de ses plumes on veut voler plus haut.

Adieu, tâche d'être plus gai que moi.

À ERNEST FEYDEAU

[Croisset, milieu d'octobre 1858.]

Tu es bien gentil de songer à moi, et si je ne t'écris point, c'est pour ne point t'ennuyer de mes plaintes. J'ai été tous ces temps-ci assez malade, physiquement ; il me prend des douleurs d'estomac atroces. Je suis obligé de me coucher et j'éprouve en même temps des courbatures dans tous les membres, avec des pincements au cervelet. C'est le résultat des agréables pensées qui embellissent mon existence.

À quoi bon t'embêter avec tout cela ? Ayons la pudeur des animaux blessés. Ils se f... dans un coin et se taisent. Le monde est plein de gens qui gueulent contre la Providence ; il faut (ne serait-ce que par bonne manière) ne pas faire comme eux. Bref, j'ai *la maladie noire*. Je l'ai déjà eue, au plus fort de ma jeunesse, pendant dix-huit mois, et j'ai manqué en crever ; elle s'est passée, elle se passera, espérons-le[1].

J'ai à peu près écrit trois chapitres de *Carthage*[2], j'en ai encore une dizaine, tu vois où j'en suis. Il est vrai que le commencement était le plus rude. Mais il faut que j'en aie encore fait deux pour que je voie la mine que ça aura. Ça peut être bien beau, mais ça peut être aussi très bête. Depuis que la littérature existe, on n'a pas entrepris quelque chose d'aussi insensé. C'est une œuvre hérissée de difficultés. Donner aux gens un langage *dans lequel ils n'ont pas pensé !* On ne sait rien de Carthage. (Mes conjectures sont je crois sensées, et j'en suis même sûr d'après deux ou trois choses que j'ai *vues*.) N'importe, il faudra que ça réponde à une *certaine idée* vague que l'on s'en fait. Il faut que je trouve le milieu entre la boursouflure et le réel. Si je crève dessus, ce sera au moins une mort. Et je suis convaincu que les bons livres ne se font pas de cette façon. Celui-là ne sera pas un bon livre. Qu'importe, s'il fait rêver à de grandes choses ! Nous valons plus par nos aspirations que par nos œuvres.

J'ai eu, néanmoins, et j'ai encore un fier poids de moins sur la conscience, depuis que je sais que le sieur Charles-Edmond n'est plus à *La Presse*[3]. L'idée de la publicité me paralyse et il est certain que mon livre serait maintenant fini, si je n'avais eu la bêtise d'en parler.

Dans quinze jours, tu me verras tout prêt à dévorer *Daniel*[1] de mes deux oreilles. Je te consacrerai une ou deux nuits si tu veux, car, pour mes journées, elles seront prises par la pièce de Bouilhet qui doit être jouée le 12 novembre[2].

Pourquoi tiens-tu à avoir fini pour la fin de cette année ? Qui te presse ? Tu as tort, mon bon. On fait clair, quand on fait vite.

Adieu, mon vieux, je t'embrasse et à bientôt.

À MADEMOISELLE LEROYER DE CHANTEPIE

[Croisset, 31 octobre 1858.]

Vous devez me croire mort, chère Demoiselle. J'ai été, il est vrai, si souffrant tous ces temps-ci, que je remettais de jour en jour à vous écrire. *La maladie noire*[3] m'avait repris ; j'éprouvais des maux d'estomac atroces qui m'ôtaient toute énergie ; c'est ce maudit *Carthage* qui en était cause. Enfin, à force d'y songer et de me désespérer, je commence à entrevoir *le vrai,* et j'ai maintenant bon espoir, jusqu'à un découragement nouveau. Personne, depuis qu'il existe des plumes, n'a tant souffert que moi par elles. Quels poignards ! et comme on se laboure le cœur avec ces petits outils-là !

J'ai eu une fausse joie. J'avais cru que Charles-Edmond, le directeur du feuilleton de *La Presse,* nommé bibliothécaire du ministère de l'Algérie, était sorti du journal ; je me regardais comme dégagé de ma parole, et la publication indéfiniment ajournée ; car l'idée de l'impression *m'est odieuse* et me paralyse[4]. Pour que je travaille bien, il faut que personne ne me regarde ; du moment que je pense au public, je suis perdu. La littérature m'a amusé, m'a charmé, tant que j'en ai fait pour moi seul.

Je m'en vais à Paris à la fin de cette semaine pour la pièce de mon ami Bouilhet, *Hélène Peyron.* J'y resterai une quinzaine ; je m'occuperai de votre *Légende*[5] ; mais je suis sûr, à peu près, qu'on la refusera. Je vous dis franchement les choses, parce que *ce genre-là* (comprenez-vous) est vieux et que la chose en elle-même n'a rien de bien neuf. Enfin je ferai tout mon possible.

Vous ignorez complètement la presse parisienne, si vous croyez qu'on y fait ce qu'on veut et qu'on y écoute quelqu'un. On a des amis très dévoués, tant qu'on ne leur demande rien du tout, voilà. Depuis un an je sollicite, *à La Presse,* l'insertion d'un *chef-d'œuvre* (il n'est pas de moi), une chose extrêmement originale intitulée *Le Cœur à droite*[1]. On me leurra de belles paroles, mais je suis convaincu que jamais aucun journal ne l'imprimera. Qu'y voulez-vous faire ? Tout cela est trouvé très bien par certaines gens.

Parlez-moi de vous ; moi, j'ai été dans des états déplorables, physiquement, moralement et intellectuellement parlant. À quoi bon vous ennuyer avec le récit de tout cela ? Chacun a sa croix ; il est inutile d'en surcharger les autres ; mais quelle chose incomplète que la vie ! et pourtant quelle complication ! Je passe alternativement par de grands abattements et par de grands enthousiasmes ; cela est une double folie. Rien ne vaut la peine d'être triste ni d'être joyeux.

Adieu ; mille cordialités et croyez-moi tout à vous.

À ERNEST FEYDEAU

[Croisset, 31 octobre 1858.]

Mon bon,

Tu me verras dans huit jours.

Non ! ne fais pas mettre ton portrait en tête de tes œuvres. Réservons ces chics aux faiseurs de romances[2].

L'artiste *ne doit pas exister*. Sa personnalité est nulle. Les œuvres ! les œuvres ! et pas autre chose.

Ça va mieux. Je crois que je vais attraper le ton[3].

Adieu. Mille embrassades.

Dimanche matin.

À ERNEST FEYDEAU

[Croisset, 24 novembre 1858.]

Combien je suis peiné de ce que tu m'écris sur
Mme Feydeau[1] ! Donne-m'en des nouvelles le plus
souvent que tu pourras. Ma mère part après-demain
pour Paris, elle se présentera chez toi pour la voir, sera-
t-elle reçue ?

Quant à moi, mon cher vieux, me revoilà à *Carthage,
again on the sea*[2] ! Quelle besogne ! quelle besogne ! Tu
m'édifies avec le plaisir que tu prends à des sujets difficiles ; moi, je déclare qu'ils m'embêtent. Néanmoins je
crois que ça va aller ; j'ai à peu près écrit, depuis mon
retour, six pages, ce qui est beaucoup pour ton serviteur.

Rien ne donne une idée plus nette de l'abaissement
esthétique où nous rampons, que les critiques sur *Hélène
Peyron*. Le jugement définitif de ces abrutis du lundi est :
1º que les vers sont trop beaux, et 2º qu'il ne faut plus
faire de vers. Je trouve cela énorme[3] !

Quand m'enverras-tu le paquet de *Daniel*[4] ? Attendras-
tu que tout soit fini ? c'est peut-être meilleur, je lirai
tout d'une haleine et verrai l'ensemble.

Sais-tu l'époque où le Théo revient[5] ?

Quel polisson de froid ! Je me carbonise les tibias.
Il y a loin du paysage qui m'entoure et de la température
où je grelotte à ce qui se passait dans la plaine du Rieff,
247 ans avant Notre-Seigneur[6], et pour remonter là, il
faut quelque effort, avec lequel je t'embrasse.

Ton collègue.

À ALFRED BAUDRY

[Croisset,] nuit de vendredi.
[26-27 novembre 1858.]

Mon bon,

Au reçu de la *présente* vous vous transporterez chez

Georges Pouchet[1] et le prierez de vous accompagner à
Croisset dimanche prochain (après-demain) afin d'y
déjeuner. N'y manquez pas. *Il le faut.*

À vous.

Répondez-moi de manière à ce que j'aie un mot de
vous samedi matin — ou *au* matin pour parler françoys.

À SA NIÈCE CAROLINE

[Croisset,] samedi soir. [27 novembre 1858.]

Mon pauvre Chat,

Je m'ennuie beaucoup de ta petite personne. Aussi
ta lettre m'a fait grand plaisir. Écris-moi le plus souvent
que tu pourras. — Et le plus longuement possible. Je te
recommanderai seulement de faire attention à l'orthographe. Tu vous lâches des fautes impardonnables, mon
bibi. C'est manque de réflexion[a], j'en suis sûr. En
revanche je te félicite d'avoir quitté ta mauvaise écriture fine.

Dis-moi si l'Anglaise qui te donne des leçons te plaît.
Fais-moi son portrait[2].

Je compte que l'on me régalera à mon arrivée d'un trio
piano, violon et cor de chasse. J'aimerais à te voir te
débattant entre deux musiciens.

Maman t'a-t-elle conduite à une gymnastique ?

Je n'ai aucune nouvelle à t'apprendre, car je ne vois
pas un chat. — On a découvert, dans le jardin, un lapin
sauvage qui s'est réfugié là[b]. J'ai empêché qu'on ne le tuât.

Voilà quatre jours que Narcisse et Édouard s'occupent
à abattre et à fendre du bois. Aussi vais-je avoir un bûcher
bien garni.

Au milieu de ma solitude, j'ai eu, ce matin, un événement bien agréable. À savoir la visite de l'horloger[3].
Il m'a encore parlé du temps — (qu'il trouve toujours
beau). Mais comme je dormais encore à moitié, je crois
avoir perdu deux ou trois rognonnements de la fin.
Quel dommage ! — En voilà maintenant pour quinze
jours ! C'est long à attendre.

Je suis bien aise que les *Récits mérovingiens*[1] t'amusent.
Relis-les quand tu auras fini. *Apprends des dates,* tu as tes
programmes. Et passe tous les jours quelque temps à
regarder une carte de géographie.

Ma lettre t'arrivera demain soir au moment où vous
vous mettrez à table. — Je boirai, de mon côté, tout seul
à votre santé.

Adieu, mon pauvre Karo. Sois bien gentille et pense
à ton

Vieux qui t'embrasse.

À ERNEST FEYDEAU

[Croisset, 3 décembre 1858.]

Vieux vésicatoire, distillateur d'impuretés, etc.

L'article Rigault[2] que je viens de lire m'a fait rugir
au commencement, puis éclater de rire à la fin. C'est
bon, mon vieux, c'est bon, ne t'inquiète de rien. Pioche le
Daniel[3], voilà tout... et *serre,* n... de D..., *serre !* Sois
concis et toujours *brûûlhant ! entendè vô ! bhhrrrrrûlant !!!*

Comme c'est beau la critique, toujours se f... le doigt
dans l'œil et blâmant justement ce qu'il y a de meilleur
dans un livre. Au fond le gros Rigault a été peut-être
excité ? Je t'assure que cet article-là te fait une très
belle balle ! Il en ressort pour le public que tu es un grand
homme et que tu dois avoir..., ma parole d'honneur !
ça donne envie de te connaître ! et il n'est pas une marquise qui, en t'abordant, ne te coulera dans le tuyau de
l'oreille :

Bien, mon p'tit homme
Tu vas voir comme..., etc.

Quels imbéciles ! Enfin, continuons, mon vieux. Écrivons, nom d'un pétard ! Ficelons nos phrases, serrons-
les comme des andouilles et des carottes de tabac.
Masturbons le vieil art jusque dans le plus profond de
ses jointures. Il faut que tout en pète, monsieur.

Voilà huit jours que je suis complètement seul. Je travaille raide, jusqu'à 4 heures du matin toutes les nuits. Ça commence à marcher, c'est-à-dire à m'amuser, ce qui est bon signe. La solitude me grise comme de l'alcool. Je suis d'une gaieté folle, sans motifs, et je gueule tout seul de par les appartements de mon logis, à me casser la poitrine. Tel est mon caractère.

À ERNEST FEYDEAU

[Croisset,] mercredi. [8 ou 15 décembre 1858.]

Je commence à être inquiet de ce que tu m'écris, mon pauvre vieux. Ma mère s'est présentée chez toi, dimanche, et m'a donné de tristes nouvelles[1] (ta lettre de ce matin les confirme). Samedi matin je saurai ce que Cloquet[2] en pense sérieusement, elle aura dû le voir aujourd'hui. Si tu étais gentil, tu pousserais une pointe jusqu'au boulevard du Temple un de ces soirs.

Nom d'un nom ! ça m'embête. Et je n'ai pu malgré moi m'empêcher d'y songer tout cet après-midi. Envoie-moi un petit mot le plus souvent que tu pourras pour me tenir au courant.

Karth-Adda[3] commence à marcher. Mais quand je pense à la longueur de l'œuvre et à ses difficultés, les bras me tombent de découragement.

Tu ne peux t'imaginer les engueulades et critiques dont on m'accablera. Tu verras que ce sera beau ! Qu'importe ! Il faut chier sur la tête du genre humain — toujours ! ! !

Adieu, mon vieux, bon courage.

À ALFRED BAUDRY

[Croisset,] jeudi. [16 décembre 1858.]

Mon cher Petiot,

Pouvez-vous me donner à dîner samedi prochain afin d'aller voir ensemble l'*Hélène Peyron*[4] ? ça m'arrangerait.

Sera-t-il temps pour avoir des places convenables ? en cas contraire, ayez l'obligeance de m'en retenir demain, car il est trop tard maintenant pour que Narcisse aille en louer. Nous ferions peut-être bien de prendre une loge, qui serait la loge des amis. Nous nous y mettrions, vous, Caudron[1], etc. ; arrangez tout cela pour le mieux, cher bon.

Si la pièce ne passait que lundi, il va sans dire que l'invitation que je me fais serait remise à lundi.

Je ne pourrai être chez vous qu'à six heures juste ; est-ce trop tard ?

Veuillez me répondre sur tout cela. À vous.

À ALFRED BAUDRY

[Croisset, 17 décembre 1858.]

J'irai au théâtre[2], mais non dîner chez vous. — À demain soir. Le bateau[3] me presse.

À vous.

À ERNEST FEYDEAU

Croisset, dimanche. [19 décembre 1858.]

Je commençais à m'embêter de n'avoir pas de nouvelles de ta femme et j'allais t'écrire aujourd'hui. Tant mieux si la maladie traîne. Cela est signe que ce n'est pas très grave. M. Cloquet[4] a également dit à ma mère qu'il trouvait de l'amélioration. Elle a dû aller chez toi hier. Tiens-moi au courant de tout ce qui arrive en bien ou en mal.

Mille compliments, mon cher monsieur, de la manière dont tu as vendu *Daniel*[5]. Que ne suis-je aussi habile ! La littérature, jusqu'à présent, m'a coûté 200 francs. Voilà les gains, et au train dont je vais, il est peu probable que j'en fasse d'autres.

Tu me demandes ce que je deviens ? Voici : je me lève à midi et me couche entre 3 et 4 heures du matin.

Je m'endors vers 5. À peine si je vois la lumière des
cieux. Chose odieuse en hiver. Aussi je ne sais plus distinguer les jours de la semaine, ni le jour d'avec la nuit.
Je vis d'une façon farouche et extravagante qui me plaît
fort, sans un événement, sans un bruit. C'est le néant
objectif, complet. Et je ne travaille pas trop mal, pour
moi du moins. Depuis dix-huit jours j'ai écrit dix pages,
lu en entier *La Retraite des Dix Mille*[1], et analysé six
traités de Plutarque, le grand hymne à Cérès (dans les
Poésies homériques en grec[2]), de plus l'*Encomium moriae*
d'Érasme[3], et Tabarin[4] le soir, ou plutôt le matin, dans
mon lit, pour me divertir. Voilà. Et dans deux jours
j'entame le chapitre III. Ce qui ferait le chapitre IV si je
garde la préface[5] ; mais non, pas de préface, pas d'explication. Le chapitre 1er m'a occupé deux mois cet été.
Je ne balance pas néanmoins à le f... au feu, quoique
en soi il me plaise fort.

Je suis dans une venette atroce parce que je vais
répéter comme effet, dans le chapitre III, ce qui a été
dit dans le chapitre II. Des malins emploieraient des
ficelles pour escamoter la difficulté. Je vais lourdement
m'épater tout au milieu, comme un bœuf. Tel est mon
système. Mais je vais suer par exemple ! et me désespérer dans la confection dudit passage ! Sérieusement,
je crois que *jamais* on n'a entrepris un sujet aussi difficile
de style. À chaque ligne, à chaque mot, la langue me
manque et l'insuffisance du vocabulaire est telle, que je
suis forcé à changer les détails très souvent. J'y crèverai,
mon vieux, j'y crèverai. N'importe, ça commence à
m'amuser bougrement.

Enfin l'érection est arrivée, monsieur, à force de me
fouetter et de me manustirper. Espérons qu'il y aura
fête.

Je me précipiterai sur le *Daniel*[6] et te le renverrai le
plus promptement possible. J'emploierai à cet examen
toute ma critique, n'aie pas peur. Préviens-moi, afin que
j'envoie chercher le paquet à Rouen.

Mille tendresses.

À MADEMOISELLE LEROYER DE CHANTEPIE

[Croisset,] 26 décembre 1858.

J'ai l'air de vous oublier, il n'en est rien ! Souvent ma pensée se porte vers vous et j'adresse au Dieu inconnu, dont parlait saint Paul[1], des prières pour l'apaisement et la satisfaction de votre cœur. Vous tenez dans mon âme une place très haute et très pure, une large part, car vous ne sauriez croire l'émerveillement sentimental que m'ont causé vos premières lettres. Je vous dois de m'être senti, à cause de vous, à la fois meilleur et plus intelligent. Il faudra pourtant que nous nous serrions la main et que je vous baise au front !

Voici ce qui s'est passé depuis ma dernière lettre :

J'ai été à Paris pendant dix jours, j'ai assisté et coopéré aux dernières répétitions d'*Hélène Peyron*[2]. C'est à la fois une très belle œuvre et un grand succès. Les visites, les journaux, etc., tout cela m'a fort occupé, et je suis revenu ici, comme à mon ordinaire, brisé physiquement ; et quant au moral, dégoûté de toute cette cuisine. Je me suis remis à *Salammbô* avec fureur.

Ma mère est partie pour Paris[3], et, depuis un mois, je suis complètement seul. Je commence le troisième chapitre, le livre en aura douze ! Vous voyez ce qui me reste à faire ! J'ai jeté au feu la préface, à laquelle j'avais travaillé pendant deux mois cet été[4]. Je commence *enfin* à m'amuser dans mon œuvre. Tous les jours je me lève à midi et je me couche à quatre heures du matin. Un ours blanc n'est pas plus solitaire et un dieu n'est pas plus calme. Il était temps ! Je ne pense plus qu'à *Carthage* et c'est ce qu'il faut. Un livre n'a jamais été pour moi qu'une *manière de vivre* dans un milieu quelconque. Voilà ce qui explique mes hésitations, mes angoisses et ma lenteur. Je ne retournerai à Paris que vers la fin de février. D'ici là, vous verrez dans la *Revue contemporaine* un roman de mon ami Feydeau qui m'est dédié et que je vous engage à lire[5].

Vous tenez-vous au courant des ouvrages de Renan ? Cela vous intéresserait, ainsi que le nouveau livre de Flourens, sur le *Siège de l'âme*[6].

Savez-vous ce qui présentement m'occupe ! les maladies des serpents (toujours pour *Carthage*). Je vais aujourd'hui même écrire à Tunis à ce sujet[1]. Quand on veut faire *vrai*, il en coûte !

Tout cela est bien puéril et au fond considérablement sot ! Mais à quoi passer la vie, si ce n'est à des rêves !

Adieu. Mille tendresses. Écrivez-moi tant que vous voudrez et le plus longuement que vous pourrez.

AU COMTE DE SAINT-FOIX

Croisset, près Rouen, 26 décembre [1858].

Mon cher Ami,

Je pense souvent à Tunis et à vous, et vous seriez bien gentil, si vous m'envoyiez un peu de vos nouvelles. Ce voyage m'a laissé de charmants souvenirs, grâce surtout à votre compagnie. Jamais je n'oublierai les bonnes heures que nous avons passées ensemble.

Or, que devenez-vous ? L'étude de l'arabe avance-t-elle ? La chasse aux pélicans, etc., etc.

Que devient le baron de Krafft[2] ? Est-il enfin parti pour Tombouctou ou Timborctou ? Et le père Cavalier[3] ? Et Dubois[4] ? Taverne[5] ? Bacquerie ?

Avez-vous revu la splendide Rosemberg[6] ?

Je me suis enfin mis à mon livre sur Carthage, après beaucoup d'hésitations et d'angoisses. C'est une affaire de deux ans. Aussi, pour avancer, je reste seul à la campagne jusqu'au milieu du mois de février. Je vis comme un ours et je travaille comme un nègre.

Rien de neuf à Paris. Cet immense village est toujours embelli par des filles de joie funèbres, par des coquins honorables et par des idiots triomphants. On replante les arbres du boulevard et on porte des chapeaux pointus. On s'est arraché cet été un livre de mon ami Feydeau intitulé *Fanny*. On se pousse maintenant à l'*Hélène Peyron* de Bouilhet et au *Roman d'un jeune homme pauvre* de Feuillet[7] ; la première est un chef-d'œuvre et le second une platitude. Voilà.

Il fait une pluie atroce, incessante, lugubre. Le soleil devient un mythe. Seul, au coin de mon feu, j'écoute le bruit du vent et, tout en fumant et en crachant sur mes cendres, pendant que ma lampe brûle, je rêvasse à la fille d'Hamilcar et aux paysages où vous vivez.

J'ai à vous apprendre que votre ami Grassot[1] n'est plus qu'une ombre et sa voix à peine un soupir. Votre autre ami, Philoxène Boyer[2], va devenir le père d'un re-enfant.

M. Rousseau[3] s'en va-t-il à Djeddah, comme je l'ai lu dans les journaux ? Présentez mes respects, mes souvenirs et mes amitiés à tout ce monde-là.

Gardez pour vous la meilleure part. Songez à moi quelquefois. Mille poignées de main très fortes.

Si vous pouviez m'envoyer quelque chose de spécial comme couleur sur les mœurs des Psylles, vous seriez bien aimable. J'aurais besoin de savoir comment ces bonshommes-là s'y prennent pour prendre et éduquer les serpents, et surtout quels remèdes ils leur donnent, lorsque ceux-ci sont malades[4]. Si vous savez d'autres particularités cocasses, je vous en serais très reconnaissant. Dans vos excursions, avez-vous trouvé un endroit pouvant être le défilé de la Hache, à savoir un endroit complètement fermé, au milieu des montagnes et ayant plus ou moins la forme d'une hache[5] ? Voilà surtout ce que je voudrais savoir. Ça doit être aux environs de Tunis, peut-être dans les montagnes de l'Ariana[6].

Moynier[7] est-il encore à Tunis ?

À ERNEST FEYDEAU

[Croisset, 26 décembre 1858.]

Mon bon,

J'ai déjà lu deux cents pages du *Daniel*[8]. J'aurai fini la lecture complète ce soir. J'en pense *beaucoup de bien*. Mais je suis révolté très souvent par les redites et les négligences de style qui sont nombreuses. Quel sauvage tu fais ! À côté de choses *superbes* tu me fourres des vulgarités impardonnables. La première partie m'a charmé, sans restriction, et toute la moitié de la deuxième

(il y a fatigue dans la troisième). Je ne te pardonne pas
les *dialogues calmes ;* ton docteur[1] m'embête et embêtera.
C'est elle seulement qui est à re-travailler. Mais c'est à
serrer, crois-moi. J'ai été d'autant plus irrité des fautes
que j'avais été empoigné par les beautés.

Je vois très bien tes intentions, mais tu me permettras
dans ma critique d'avoir toujours en vue *l'intention
générale,* l'effet d'ensemble à produire et non telle petite
intention particulière et locale qui souvent y nuit,
comprends-tu ? Tout ce qui est essentiellement du livre
est irréprochable, caractère, paysages, etc. Mais c'est
quand tu veux *faire le monsieur* que tu me déplais.

Puis-je faire des notes au crayon sur les marges ? tu
en serais quitte pour les faire couper, lorsque tu donneras
ton manuscrit à l'imprimerie. Réponds-moi là-dessus
et ne te presse pas pour la fin. À quoi bon ? Songe que
c'est ton second livre[2], mon vieux, et que l'on te souhaite,
généreusement, un four. Or il faut que ce soit un volcan.
C'est facile si tu veux t'en donner la peine.

La IVe partie est superbe, superbe ! comme ça se
relève[3].

Tu es décidément un monsieur sans la moindre intelligence, c'est à croire que deux bonshommes ont travaillé à ce roman.

Je le répète, je suis enthousiasmé de la IVe partie. Le
grand dialogue de Daniel et de Louise, magnifique.
L'épisode de la fermière m'a fait froid dans le dos[4].
Et mon indignation ne fait que se renforcer pour les
choses plates et vulgaires. Je commence demain mon
travail, j'espère te renvoyer le manuscrit à la fin de la
semaine.

Adieu, je t'embrasse très fort.

À ERNEST FEYDEAU

[Croisset,] mardi matin. [28 décembre 1858.]

Voici l'aurore. Depuis *20 heures* je suis sur *Daniel* et
j'ai passé dans sa société vendredi soir, samedi et dimanche en entier.

Tu trouveras une longue note[5] générale sur l'ensemble; les observations de détail sont aux marges. Je n'ai marqué que le mauvais.

Je crois avoir été clair?

Mais fais-moi *le plaisir* de porter le tout chez le père Sainte-Beuve et de le lui montrer (quand tu seras en désaccord avec moi ou même sans cela[1]).

Tu m'as l'air d'avoir une envie de publier, *tout de suite,* que je ne comprends pas. Pourquoi? Qui te presse?

———

Quant à mes observations, je n'ai pas besoin *de tes raisons,* comme tu dis. Je ne veux pas les entendre, tes raisons. Es-tu drôle? Est-ce que les bonnes choses ont besoin d'être défendues? Sommes-nous en contestation? Je te dis ce que je pense. Voilà tout. — Seulement *pense,* toi-même, à ce que je te dis.

Si tu ne comprends pas ce que je t'écris, si quelque chose te paraît obscur dans mes critiques, enfin si tu crois que *tu as besoin de venir,* viens! On te recevra et t'embrassera avec plaisir.

Mais je t'assure que j'ai *profondément* réfléchi à tout ce que je te dis. Rien n'a été mis à la légère. — Si quelqu'un a envie de te voir produire, pour ta seconde publication, *un grand livre,* sois sûr que c'est moi, et que je t'aime, mes injures en sont la preuve.

Il ne faut jamais donner raison aux imbéciles, quand on est dans le vrai; or, comme ici, tu es dans le Vrai et dans le Beau, les trois quarts du temps, prends la petite peine d'y entrer complètement. Ne laisse pas une tache sur ton manteau de pourpre.

Adieu, mon vieux. Je tombe de fatigue. Je t'assure que j'ai travaillé raide depuis trois jours. Il est six heures du matin. — Je suis à ma table depuis hier midi. [...]

[Voir la suite de la lettre au Supplément, p. 1522.]

À ERNEST FEYDEAU

[Croisset, 28 décembre 1858.]

Observations générales sur *Daniel :*

J'ai marqué en marge les phrases que je trouvais vicieuses, les tournures lourdes, les expressions toutes faites et convenues, je n'y reviendrai plus. Mais parlons d'abord des beautés.

Ce qu'on se rappelle, ce qui reste *palpitant* et net dans l'esprit, après cette lecture, ce sont :

1º *Toute la première partie,* la demeure de Daniel, sa femme, le grattage de l'hôtel et la scène dans l'hôtel garni. Tout cela est superbe. Le duel est très bien, mais moins *rare*[1] ;

2º Dans la seconde, l'apparition de la jeune fille sur le rocher, le portrait du vieux comte, les dames sous la tente ; Georget, quoique moins décrit, est une figure réussie. Celle de Cabâss est parfaite[2] ;

3º Dans la troisième, l'incendie[3] ;

4º La quatrième partie[4] est (avec la première), *la plus forte*. Le dialogue de Louise et de Daniel, quand Daniel l'engage à épouser Cabâss, est une chose *parfaite* et réussie. Très beau ! très beau !

Ce livre-là s'avale d'une haleine. Il y a peut-être un peu de *complaisance,* de la part de l'auteur, envers les paysages ; ils sont prodigués. Mais, comme ils sont *tous* bien faits, je m'en moque. Cela est ardent et exalté d'un bout à l'autre. Cependant l'auteur se voit trop sous Daniel ; on ne sent pas la supériorité de l'écrivain sur son héros. Peu importe, puisque c'est le *héros qui parle.* Il a fallu un grand art pour ne pas rendre Louise insipide, car au fond, c'est l' « Ange ». Quant à Daniel, qui est de la famille des Oberman et des Roger[5], je lui reproche uniquement de *trop parler ;* il a des tournures de style emphatiques. Il s'adresse au ciel[6], il crie à tous les vents, il *blasphème.* Je n'attaque nullement le *fond* de ce caractère, mais je dis qu'on peut en enlever les *côtés connus,* en changeant certaines tournures de style qui reviennent sans cesse : « m'écriai-je ! », « ô ciel ! » ; ça lui donne un air théâtral, tandis que c'est un personnage concentré et rêveur.

L'auteur insiste trop sur l'esprit du comte et ne le montre pas assez. Il aurait fallu, puisque c'était un monsieur si spirituel, lui faire dire des mots. Mais j'aimerais mieux retrancher un peu de ces phrases où on nous répète : « C'était un esprit fin, *railleur,* etc. » Il est beaucoup question des railleries de ce vieux drôle ; or, on n'en voit guère[1].

Il y a, suivant moi, une suspension dans l'intérêt et une *baisse* de style vers la fin de la deuxième partie. Ça se traîne jusqu'à l'incendie ; après l'incendie, ça rebaisse. Quant à la quatrième partie, c'est vigoureux, superbe, intéressant, émouvant, réussi en un mot.

La partie faible de style, c'est le dialogue, *quand il n'est pas important de fond.* Tu ignores l'art de mettre dans une conversation les choses nécessaires en *relief,* en passant lestement sur ce qui les amène. Je trouve cette observation très importante. Un dialogue, dans un livre, ne représente pas plus la *vérité vraie* (absolue) que tout le reste ; il faut choisir et y mettre des plans successifs, des gradations et des demi-teintes, comme dans une description. Voilà ce qui fait que les belles choses de tes dialogues (et il y en a) sont perdues, ne font pas l'effet qu'elles feront, une fois débarrassées de leur entourage.

Je ne dis pas de retrancher les idées, mais *d'adoucir comme ton* celles qui sont secondaires. Pour cela, il faut les reculer, c'est-à-dire les rendre plus courtes et les écrire au style indirect[2].

Voilà donc, quant à la question de forme (qui est aussi une question d'effet et d'amusement), ce qu'il y a de plus *grave,* et même la seule chose grave. Tu enlèveras par là de la monotonie. Serre, serre les dialogues, on parle trop, et tes personnages parlent un peu tous de la même façon ; leur discours manque de *caractère* (j'en excepte Georget). Ainsi Louise dit quelque part qu'elle « *l'identifie* » (p. 182) ; ce n'est pas là un mot de jeune fille[3].

Mais si l'observation manque un peu dans les discours, on la retrouve (et flamboyante) dans les peintures. Les dames travaillant sous la tente et les baigneuses[4] sont des morceaux achevés. Il y a là une certaine veine gouailleuse et contenue qu'il faudra plus tard exploiter et qui fera ouvrir les yeux, j'en suis sûr. Quant aux choses de la nature, les aspects de mer et de ciel, elles sont rendues aussi habilement que possible.

Bref, quant au caractère et au style, à l'ensemble enfin, *Daniel* a selon moi une grande supériorité sur *Fanny*.

Mais (voilà le *mais* qui revient) la situation languit à partir de la seconde partie, c'est cela qu'il faut revoir sérieusement et serrer. Ça n'avance pas assez et je trouve, comme *longueur matérielle,* que c'est en disproportion avec le reste. Telle digression tient plus de place qu'une scène capitale.

Maintenant j'arrive à deux changements, ou plutôt deux suppressions :

1⁰ Page 120. *La tartine de Daniel à propos des pêcheuses.*

Que vois-tu là de bon ? c'est écrit en phrases toutes faites d'un bout à l'autre, et commun de fond au suprême degré. Quel est le bourgeois qui n'a pas pensé cela et dit cela ? Je relève au hasard ce qui me tombe sous les yeux, en reparcourant les malencontreuses pages : les *poings de fer* du besoin, les *ardents feux* du jour, *sordides* haillons, la saison où *la nature sourit* à l'homme, le *spectacle* de leurs travaux, le *spectacle* de ces misères, les lignes harmonieuses de son profil (genre artiste !), une *manie* imperceptible de sentiment *qui touche* un cœur, les plus malheureux ne sont pas les malheureux du travail ! ! !, faisant un *pénible* effort, une OBOLE à la pauvreté, etc., etc., ternir *l'image qui vivra,* etc.[1]

Tout cela est d'un piètre langage, parce que le fond est banal. Telle idée, tel style ! Si tu as besoin que Louise s'émeuve, montre de la pitié, tâche de trouver quelque chose de plus *saisissant* et de plus court.

2⁰ *L'incroyable docteur*[2] !

Ah ! celui-là est folichon ! Où diable as-tu vu qu'il en existât de pareils ? tu vas me répondre par un nom propre ; je connais ton modèle physiquement, n'est-ce pas ? mais là s'arrête la vérité. Un *médecin de campagne* ainsi bâti, miséricorde ! un *docteur,* à Trouville ! un docteur fin, un peu gouailleur, philanthrope, agronome, et revenu du fracas des cités ! voilà de la fantaisie ou je ne m'y connais pas. Jamais un pareil mortel n'a existé, d'abord ; et en second lieu, jamais il n'a existé dans un village. *La vérité* vraie est que ton médecin, celui-là, dans ce milieu-là, doit admirer *les gens riches* avec qui il cause, et être de leur avis. Il est d'ailleurs trop doux, trop poli, il marche sur la pointe des pieds (p. 145) dans la chambre d'un malade (attention que je n'ai jamais vu pratiquer par aucun de ces messieurs). Enfin il m'embête au suprême degré, ton docteur, c'est l'éternel docteur de tous les livres et de toutes les pièces. À quoi est-il utile ? qu'amène-t-il ?

Comment ? tu ne sens pas qu'à partir de la page 181, tous ces personnages-là sont légers comme des rhinocéros, qu'ils parlent pour ne rien dire et que c'est *trop nature ?* « Je vous attends aux preuves. » — « Il ne s'agit pas de cela. » — « Pauvre maman ! comme on l'attaque ! » — « Très bien, merci et passons. » — « Cette discussion n'est pas possible. » — « Halte-là ! »

Et quelle sermonneuse que cette Louise ! tu me la gâtes à plaisir. C'est ici une bas-bleu corsée. Quelles expressions : « La mélancolie indéfinissable de la solitude. » « Je ne demande même pas à la nature des sujets d'étude. » « Je t'adore comme la révélation de Dieu » ! et du haut de ces échasses nous tombons, tout à plat, sur des berquineries ratées[1].

Oh ! non, tout cela n'est pas heureux. La comparaison de Dieu au chien, ou plutôt du chien à Dieu m'a révolté[2], et il fallait que le docteur (présent à ces belles choses) fût bien brave homme puisqu'il pleurait, car ils pleuraient *tous* à un pareil récit.

Si tu tiens à cela, *c'est à refaire en entier* (mais on connaissait Louise tout aussi bien auparavant).

Je reviens au fameux docteur (dont le contact a gâté cette pauvre Louise). Il appelle des chasseurs « des Nemrod ! », cela est du Prudhomme tout pur, « la foule ignorante qui végète », « il est plus sain de vivre ici (à la campagne) qu'à Paris ». Ton docteur est un âne. Il y a tout autant de maladies à la campagne qu'à Paris (la Normandie est pleine de cancers, il doit savoir cela). Puis le voilà qui *blague* les salons et les clubs. La tournure « qu'il coure aux champs surveiller les laboureurs » aurait un accessit d'amplification française au collège, c'est vrai, mais ce n'est pas mon ami Feydeau qui doit se servir de ces choses-là. « Il est défendu de déposer le long de ce mur, etc. » ; tu me gâtes ton édifice, misérable ! tu pollues ton roman ! tu souilles ta plume ! Le tableau de *l'homme des champs* est du Delille[1]. Non ! ma parole ! j'écume de colère ! « Retourner *au gîte* », *la cloche du village !* et rien n'y manque, c'est complet ! Les émotions tendres succèdent aux considérations économiques. Voilà les vieux serviteurs qui viennent après les usines. *Les* serviteurs d'un médecin de campagne !

Si le « comte était *touché* », il était sensible, franchement !

Bref, je trouve tout ce passage exécrable. Tu flattes les plus basses manies de la roture intellectuelle, toute la nauséabonde tribu des soi-disant penseurs, philanthropes, socialistes, etc., les gars du *Siècle,* que sais-je ?

Si tu as voulu faire de ton docteur un personnage ridicule (que Daniel, par la suite, doit contredire) tu as réussi ; mais la plaisanterie dure trop longtemps et je ne vois pas *l'effet* que Daniel plus tard pourra en tirer. Il nous est fort indifférent de savoir les opinions de ce monsieur, qui n'ont rien de drôle. On ne s'intéresse qu'à son histoire, penses-y donc, à tes amoureux.

Enfin, je te supplie à deux genoux, à mains jointes, par tout ce qu'il y a de plus sacré, de me supprimer ce chapitre-là, héroïquement[2].

Tu ne t'es pas mis *le doigt dans l'œil* à moitié, non ! mais si en plein que tu t'es rendu aveugle ; tu n'y vois goutte là-dessus. Et tu me dis que c'est afin de ne plus passer pour un bas réaliste ? je déclare ne rien comprendre à l'argument et je ne vois pas le spiritualisme d'un pareil lieu commun.

Maintenant que j'ai fini je me résume :

1º Et avant tout, enlève-moi ça ;

2º Refais, rarrange ou supprime (ce qui vaudra mieux) le discours de Daniel sur la pauvreté. Quant au docteur, je te demande sa mort comme un service personnel ;

3º Revois tous les dialogues, dans le sens indiqué ;

4º Tâche d'être plus rapide vers la fin de la deuxième partie, et dans toute la troisième qui est la plus faible ;

5º Et fais attention aux observations que j'ai mises en marge, il y en a quelques-unes d'importantes.

Dernier conseil :

Prends, au hasard, une des pages que j'indique comme lentes ou mal écrites ; lis-la, indépendamment du reste, en elle-même, en ne considérant que le style. Puis, quand tu l'auras amenée à toute la perfection possible, vois si elle se lie avec les autres et si elle est utile. Demande-toi à chaque phrase ce qu'il y *a dedans*. Tu n'es pas assez convaincu de cet axiome : « Qui se contient, s'accroît. » Le sujet t'emporte et tu n'as pas l'œil assez ouvert sur l'ensemble ; les paliers, dans ta maison, sont trop larges et trop nombreux.

Tu tiens à établir tes idées, et tu prêches souvent. Tu me diras que c'est *exprès,* tu as tort, voilà tout; tu gâtes l'harmonie de ton livre, tu rentres dans la manie de presque tous les écrivains français, Jean-Jacques, G. Sand ; tu manques aux principes, tu n'as plus en vue le Beau et l'éternel Vrai. Enfin, tâche d'apprendre l'Art des sacrifices.

FIN

Maintenant, rêve sur cette page blanche tout ce que tu imagineras de plus élogieux ; emplis-la, en pensée, d'encens et de cinnamome[1], tu n'auras que ce qui t'est dû.

Ton bouquin de *Daniel* fera fureur, tu verras. Et je vois le moyen (je te l'ai indiqué) de le rendre PARFAIT, entends-tu ! Ne néglige rien, ne te presse pas, reste un mois de plus s'il le faut.

Et crois, mon cher monsieur, que, pour envoyer à un être humain huit pages comme celles-ci, il faut l'aimer et l'*estimer,* lui et son œuvre.

P.-S. — Je ne relève pas quantité de mots exquis : Cabâss l'avare, la fermière qui dit « votre femme »[2], etc., etc.

APPENDICES

EXTRAITS DE LETTRES DE MAXIME DU CAMP
À GUSTAVE FLAUBERT[1]

Mercredi soir, 23 juillet [1851][2].

[...] Que fais-tu ? que décides-tu ? que travailles-tu ? qu'écris-tu ?
as-tu pris un parti ? est-ce toujours *Don Juan*[3] ? est-ce l'histoire de
Mme Delamare[4], qui est bien belle ? Comment te sens-tu ? *[B II,
f⁰ 220 r⁰.]*

*

Samedi matin, 2 août [1851][5].

Oui, je vais faire un bon voyage[6], et je pars dans de bonnes
dispositions, avec la mort dans l'âme et l'envie de me foutre par-
dessus tous les ponts sur lesquels je passe. Enfin, ce peut être
curieux, et je vais prendre ça comme un *sujet de notes* : je te donnerai
pour ta *Bovary* tout ce que j'ai eu dans le corps à cet endroit, ça
pourra peut-être te servir.
Je suis fort enchanté que Bouilhet ait un scénario[7] ; apporte-le-
moi donc et voyez ensemble s'il n'y a pas moyen de supprimer le
prologue ; c'est un moyen très usé et qui vous classe de prime
saut [...] *[B II, f⁰ 221 r⁰.]*
[...]
Voici l'éphéméride :
Vendredi 2 août 1850 : à 4 heures précises partis de Sour (Tyr) ;
déjeuné et dormi à Aïn Mischesky. À 5 heures 1/2 arrivés à Saint-
Jean-d'Acre ; descendus au Khan[8].
Demain, quand tu recevras cette lettre, il y aura juste un an que
nous entrions au couvent du mont Carmel, et que la grande figure
du docteur Poyet s'estompait sur l'horizon[9].
Oh ! oh !
Peux-tu songer sans arrachements que jamais tu ne retourneras
là-bas ? Je me sens plus délabré qu'un vieux mur. [...] *[B II,
f⁰ 221 v⁰.]*

*

[Bordeaux, 8 août 1851, cachet de la poste[1].]

Un mot, mon pauvre vieux, et pardonne-moi si je te manque presque de parole. Je ne serai à Paris que le vendredi 15 à 9 h[eures] du soir. Je t'attends chez moi[2]. Tu ne saurais croire ce que je retrouve et le mal que j'ai à partir. Je sacrifie l'amitié, mais je le lui rendrai.

Je suis désolé à un point que tu ne saurais croire : j'ai perdu ta bague[3] en venant, à Poitiers sans doute. J'ai fait promettre 200 fr[ancs] de récompense, j'attends la réponse.

Adieu, et tout à toi.

                                                             MAXIME.

Si tu m'écris ici, pas un mot : une lettre peut traîner, et Dieu sait ce qui arriverait. Ah ! tu veux des scènes de roman : tu en auras ! [*B II, f⁰ 223 r⁰.*]

                              ⋆

                    Mardi soir. [Fin août-début septembre 1851[4].]

Tout s'est passé ainsi que nous le pensions, mon cher vieux, et la Valentine[5] appartient à ton ami. Cette histoire à la Ninon a quelque chose qui me plaît beaucoup. La chose s'est faite avec une simplicité charmante, qui prouve une assez longue expérience : ça a été fort convenable. Je suis arrivé vers 1 h 1/2 ; elle était chez sa sœur, j'ai attendu au salon pendant qu'on allait la chercher : elle est arrivée en courant dans le jardin[6] (je la voyais par la fenêtre). Sur le seuil, elle a hésité à me faire monter dans sa chambre, puis, comme toujours on recule avant de sauter, elle s'est décidée à me recevoir où nous étions.

Conversation : je vous aime, sur toutes les gammes. À un moment où je m'étais penché pour lui baiser les mains, elle m'embrasse sur les cheveux, puis au front, et enfin, tout en me disant : « Oh ! ne me regardez pas ainsi, vous m'arrachez le cœur », elle m'embrasse sur les lèvres. Bien vite, j'ai fait une langue. Puis, je lui ai demandé de se donner franchement, sans arrière-pensée. Elle a mis ses mains sur mes yeux[7], puis a pris mon bras et nous sommes montés dans sa chambre. Là, debout, nous sommes restés quelques secondes dans le bilingué manifesto. Elle a des lèvres d'une singulière flexibilité, et qui promettent de jolies suçades. Elle s'est assise, je me suis agenouillé, j'ai exhibé Thomas, elle l'a pris et l'a introduit. J'ai mouillé, et elle a reçu mon éjaculation dans son mouchoir, qu'elle a baisé après. Ses cheveux s'étaient dénoués et lui couvraient les épaules. Elle a beaucoup joui, elle était fort émue, et moi aussi.

— Fragment historique :

Maxime debout, tenant Valentine dans ses bras et lui faisant une langue. Elle est appuyée sur son épaule. Il prend la main de la

dame et la posant sur son vit il dit sans rire et sans conscience de
ses paroles :

« Vois comme mon cœur bat ! »

Valentine, pressant le vit :

« Oh ! je sens que tu m'aimes, jusque dans la moelle de mes os. »

Voilà ce qu'il y a eu de plus saillant. J'ai été fort ému, de même
après le coup qu'avant. Ce sera un amour de grand-mère, avec des
moments très frénétiques. Elle dodelinera ma tête dans ses bras en
m'appelant : mon petit enfant ! — Benjamin Delessert[1] qui est
arrivé a rompu l'entretien.

N.-B. — Elle était garnie pour ses règles : cela tombe trop bien
à point pour ne pas être un rajeunissement factice. Elle ne marque
certainement plus.

Je suis sorti avec le sentiment d'un homme qui vient de remplir
son devoir[2]… *[B II, ff⁰⁸ 230-231 r⁰.]*

[…] Si la vérole te retourmente, n'hésite point à revenir : ta chambre sera toujours prête en 10 minutes […]. Je vais régler définitivement les comptes du voyage et te les expédier. Quand tu iras à
Londres[3] […]. *[B II, f⁰ 231 r⁰-v⁰.]*

*

[17 septembre 1851, cachet de la poste[4].]

Mon cher vieux,

J'ai bien reçu les branches de palmiers, mais pas le plus léger
tombacq[5] : est-ce oubli ? A-t-il été saisi à l'octroi ? Voilà la question.
Réponds-moi à ce sujet et si tu veux faire copier *Novembre*[6],
expédie-le-moi après l'avoir préalablement numéroté. *[B II,
f⁰ 225 r⁰.]*

*

Lundi matin. [22 septembre 1851[7].]

Je viens d'envoyer chez Guy, mon cher vieux, j'étais trop
souffrant pour y aller moi-même. Tes chemises partiront demain
pour Rouen.

J'ai écrit à Bouilhet une assez longue lettre qu'il te montrera.
Son poème[8] passera tout entier, j'en jure par mes testicules.

Ici ma Dulcinée[9] est bonne ; ça prend de crânes proportions ;
voici qui te la fera juger bien mieux que toute une description,
c'est une lettre qu'elle m'a envoyée avec sa *main en plâtre*. Lis-la
attentivement, c'est vraiment curieux et le mérite. Tu me l'expé-
dieras avant de partir pour Londres : tu sais que je collectionne.

Amuse-toi fort à Londres et écris-moi.

Vale et me ama. *[B II, f⁰ 232 r⁰.]*

*

Mardi soir 30 septembre [1851][1].

Le cœur me bat un peu : demain ou après-demain soir je serai, pour la gent de lettres, un crétin ou un bougre. Tout le monde attend cette revue[2] avec fureur. Je suis éreinté : j'ai depuis 3 jours passé 2 nuits et je suis resté aujourd'hui 7 heures debout à l'imprimerie, à corriger du Balzac[3], et c'est effrayant. Je ne sais comment nous ferons pour *Melaenis* : Houssaye s'y oppose comme trop long. Ah ! mon cher monsieur ! je ne me tiendrai pour battu qu'en dernier lieu [...]. *[B II, fᵒ 226 rᵒ.]*

Voici l'indication que tu me demandes : *A Collection of Vases, Altars, Paterae, Tripods,* etc., etc., by Henry Moses, *with Historical Essays*[4]. [...] *[B II, fᵒ 226 vᵒ.]*

Je suis trop éreinté pour te parler de Valentine : c'est superbe. Elle m'écrit de petits chefs-d'œuvre, et c'est bon comme tendresse fondue. Elle m'a demandé quand tu serais à Paris ; elle a l'intention de t'inviter à dîner. Tu jouiras de son aspect. Si mon nez flaire juste, il se prépare des complications qui seront farce : sa fille est maintenant avec elle, il serait fort d'arriver à enculer le père en passant par la femme et la fille.

Adieu, cher Quaraphon[5], présente mes hommages à ceux qui t'entourent et crois-moi ton vieux Maxime. *[B II, fᵒ 227 rᵒ.]*

Fous Gertrude
Fous Henriette
Fous ton hôtesse[6]
Et prends garde aux Écossaises. *[B II, fᵒ 227 vᵒ.]*

*

Lundi 6 octobre [1851][7].

À cette heure tu as dû recevoir la *Revue*[8] [...]. Je t'attends vers la fin de celle-ci [cette semaine] ou au commencement de l'autre.

Rien de nouveau ici. Il fait un temps stupide : le ciel pleure comme un veau du soir au matin et ça n'embellit pas l'existence. Il y a un an nous étions au lazaret de Rhodes, où tes chancres couvaient sourdement sous le manteau de ton prépuce[9]. Le mien va bien et fout la femme d'âge[10] avec beaucoup de plaisir. Elle n'y tient plus : la tête lui en pète. Elle me débagoule des lettres qui, à force d'être charmantes, finissent par n'avoir plus ni queue ni tête. Je vais rarement chez elle, elle vient chez moi. Elle a peur que je n'aime sa fille, que sa fille ne m'aime[11], elle a peur ! elle a peur ! elle ouvre les cuisses, elle fait des langues, elle pousse des cris ! elle jute, elle jouit ! elle se pâme, elle me fait juter, jouir et pâmer. « Oh ! dis-moi que tu m'aimes ! vois-tu ! si tu ne m'aimais plus ! » Elle ne dort plus, elle ne mange plus, elle ne fait plus ses besoins, elle a la fièvre, je suis enrhumé, elle met dans sa poitrine son mouchoir plein de mes décharges, elle a des yeux qui me remuent les entrailles, son pied est charmant, sa main est délicieuse, elle s'agite avec adresse, introduit avec habileté, pousse de petits grognements de cochon qui sont pleins de charmes, et me crache dans la bouche pour me prouver sa tendresse. Voilà mon bilan. *[B II, f⁰ 228 r⁰-v⁰.]*

[...]

J'irai très probablement à Croisset après le second numéro[1]. *[B II, f⁰ 229 r⁰.]*

[...]

Adieu, cher vieux.[...] Embrasse tes compagnons de voyage[2] de ma part et crois-moi toujours ton tout dévoué Maxime.

J'ai vu la Muse qui n'a pas failli mourir en sortant de chez Phidias[3], mais qui a gagné un coup d'air, ce qui lui a enflé le grouin. Elle est vraiment bonne femme. *[B II, f⁰ 229 v⁰.]*

*

[24 octobre 1851, cachet de la poste (Rouen)[4].]

Ne t'inquiète pas si je ne réponds pas séance tenante à ta lettre[5]. Je suis vraiment pris d'une façon absurde : la fin du numéro et 4 femmes ! sans compter le reste.

Je te répondrai longuement.

Ce ne sont pas des échanges que je demande aux journaux de Rouen[6], mais des réclames chaque mois, et un tout petit rendu-compte à la mousse. Pour cela je servirai l'abonnement.

Tâche par toi ou Bezet[7] de tirer cette affaire au clair, afin qu'à la délibération du 5 j'agisse en conséquence. Tu m'écrirais pour me mettre au courant.

À toi, Maxime. *[B II, f⁰ 235 r⁰.]*

*

Mercredi 29 octobre 1851[8].

Pour répondre à toute ta lettre, mon cher vieux, je te demanderais six mois, et je t'enverrais un volume d'analyses. Je ne m'occuperai donc que de quelques phrases et du dernier paragraphe. Pour le reste, il faudrait t'adresser un traité complet de ta propre anatomie, sur laquelle, je crois, tu t'abuses souvent, et je ne veux pas le faire : cette œuvre de dissection et d'équarrissage me répugne profondément, et puis à quoi cela servirait-il ?

La question de *publication* est très complexe, malgré son excessive simplicité apparente. Veux-tu uniquement publier ? c'est facile. Veux-tu *arriver* en publiant ? ceci est plus malaisé. Tu sais aussi bien que moi, que nous ne vivons plus à l'époque où, du jour au lendemain, on était un homme célèbre, parce qu'on avait fait *Les Truands* ou *L'Écolier de Cluny*[9]. Le mouvement, ou plutôt l'engouement littéraire, est passé, les temps sont mauvais pour l'art ; la philosophie et la politique ont pris toute [la] place, il faut se réduire à

de longs jours d'obscurité avant d'en venir à la lumière. Le théâtre
seul fait encore quelques-unes de ces réputations subites qui
rayonnent tout d'un coup sans surnumériat préalable. — Si l'on
veut arriver (j'entends à la réputation), il faut creuser son couloir
sans bruit, comme un mineur, et faire sauter la citadelle au moment
où l'on y pense le moins. Pour cela, il faut un travail préliminaire ;
le feras-tu ? j'en doute. Il en est de ceci, comme de tout un peu
pour toi : tu désires très violemment les choses quand elles sont
impossibles ou impraticables, et dès que tu les as, tu en es dégoûté,
par cela même que tu les as. Autrefois tu rêvais fort à tes débuts,
tu voulais jouer ton rôle, tu désirais te faire un succès instantané en
ralliant autour de toi les artistes et les hommes de la Presse — c'était
bien là ton idée, il me semble. Ce que tu comptais faire avec beaucoup d'argent, je le fais maintenant avec rien, et, au fond, tu en es
choqué contre moi. Il te semble que ma conduite manque de
dignité, il te semble que j'aurais dû jeter ma prose, et attendre
tranquillement, les bras croisés, que les admirateurs me vinssent.
Non ! Puisque j'ai commencé, puisque je veux arriver, je ne
faillirai pas à mon but, je suis parti, bon voyage ! Mes pistolets
sont dans mes poches, j'ai longtemps étudié la carte de la route, et
malheur à qui m'arrête ! Je sais que c'est un jeu terrible que je
joue, ma vie est sur la table, c'est à moi de la gagner. Tu t'es étonné
à ton retour d'Angleterre du mouvement inusité qui se faisait
en moi, et tu as été confier tes surprises à Gautier. Il t'a fait une
réponse fort sotte, et, si tu me connaissais à fond, tu m'aurais
compris sans aller recourir à d'autres. Te souviens-tu du mot de
Rastignac dans *Le Père Goriot* ? ce qu'il a dit *en grand,* je l'ai dit *en
petit :* « À nous deux, maintenant[1]. » Je tiens enfin quelque chose,
j'ai un centre d'activité sur lequel je puis m'user, je peux répandre
à mon aise le flot de vivacité qui me déborde, j'ai une lutte sérieuse
à soutenir, une victoire de vie ou de mort à remporter. Il faut, dans
le renouvellement littéraire qui se prépare, que je sois capitaine,
et non pas soldat. Il y a un mois, j'étais inquiet, tourmenté ; j'avais
peur enfin ! Aujourd'hui je suis ferme et rassuré, j'ai gagné ma
première bataille. J'ai travaillé, j'ai surtout fait travailler sous mes
ordres, et j'ai réussi à faire *sauter* du premier coup *cette citadelle*
dont je fais le siège lentement et silencieusement depuis 1847. — Es-tu
prêt à tout cela ? Tu pousses toujours les choses aux extrémités les
plus folles, et tu me dis, presque sans rire : je ne suis pas fait pour
être un valseur[2] ! Eh ! mon Dieu ! qui te parle de cela ! — Mais ce
qu'il te faut, avant tout, c'est d'apprendre la science de la vie que
tu ignores radicalement, ignorance qui t'a déjà fait un tort que tu
ne peux calculer, et qui, dans le monde, te fera souvent l'inférieur
d'un crétin sans talent.

   Tu me dis : fais de moi ce qu'il te plaira, décide de moi. Cela ne
se peut, je refuse, je ne puis pas prendre charge d'âmes. Dussé-je
être mal compris et mal traité par toi, je te laisserais ton incertitude,
je te pourrai [*sic*] montrer les deux côtés, mais, vis-à-vis de toi

surtout, jamais je n'indiquerai un parti à prendre. Seulement, quelque décision que tu prennes, à quoi que tu t'arrêtes, je suis là, et, crois-moi, je t'éviterai le plus dur de la besogne. Le jour où tu voudras publier, tu trouveras, ce qui n'arrive à personne, ta place prête et réservée. Pas une seconde je ne t'ai séparé de moi dans ma pensée : j'ai travaillé pour trois, Bouilhet, toi et moi. Voilà long-temps que ça dure, et vous ne vous en êtes jamais doutés.

Si tu publies, que publieras-tu ? Tes fragments de *Saint Antoine*, sauf peut-être un ou deux, sont de nature à ennuyer le *public*, et c'est avant tout ce qu'il faut éviter ; et puis, ce ne sont que des fragments. Le mot de ta mère est juste : si tu as fait quelque chose de bon, publie-le ! — Je ne puis, comme elle, te dire que cela. J'ai fait mon succès, je vais faire celui de Bouilhet[1], envoie-moi une bonne chose, et je fais le tien. Tout cela est bien grave et bien sérieux, je le sais, et je ne puis te donner même un conseil.

Tu me dis que c'est par goût et après délibération que tu as choisi la vie que tu mènes, mais tu t'abuses au possible. Tu l'as subie, cette existence, et c'est devenu seconde nature pour toi que de la supporter. Tu l'as subie, d'abord, par nécessité, à cause de la maladie ; ensuite par devoir, à cause de la mort des tiens ; enfin, surtout, par cette haine aveugle de tout changement que tu portes en toi, et parce que tu redoutais les reproches tacites de ta mère. Vis-à-vis d'elle tu n'as plus osé rompre ce qui était devenu une habitude. Ce qui le prouve, c'est la joie que tu t'es donnée toutes les fois que tu as pu en sortir. Tu aimes à t'amuser, ne t'y trompe pas, et tu m'as écrit une grande vérité en me disant que tu n'avais d'activité que lorsque tu y trouvais du plaisir : ceci est très vrai.

Cette vie a deux très grands inconvénients pour toi :

1º Elle t'a remis pieds et poings liés entre les mains de ta mère. Elle t'a donné la terrible habitude de vivre par les autres et de ne pouvoir t'occuper que de ton *toi subjectif*, et jamais de ton *moi objectif*.

2º Elle t'a enfermé uniquement dans ta personnalité. Tu sais comment tu vis, mais tu ne sais pas comment vivent les autres. Tu as beau regarder autour de toi, tu ne vois que toi, et dans toutes tes œuvres, tu n'as jamais fait que toi.

Voilà les deux grands défauts de cette existence qui, au fond, te pèse, t'ennuie, et te fait croire que tu as *la* vie en haine, tandis que c'est simplement *ta* vie que tu détestes.

Tout cela n'est pas sans remède, tant s'en faut. Nous sommes à une époque où, sans dangers graves, on ne peut s'isoler du mouve-ment des intelligences. Cet hiver, je suivrai les cours du Conser-vatoire ; si j'étais plus jeune, je ferais des sciences, afin de comprendre ce qui se fait. Ne serait-ce que comme vocabulaire, c'est utile. La solitude n'est profitable qu'aux *très forts*, et encore quand ils s'y astreignent pour faire une œuvre. Sommes-nous *très forts*, je ne le crois pas, et nous n'avons pas de trop de l'enseignement des autres. Si tu veux réussir, si tu veux arriver, je dirai plus, si tu veux être *vrai*, sors de ta tanière, où personne n'ira te chercher, et viens au jour. Frotte-toi au monde ; méprise-le assez pour être au-dessus de lui, mais au travers de ce mépris, apprends à voir en le fréquentant. — Si tu es plus fort que lui, tires-en parti. Écoute bien ce qu'il dit afin de le connaître, et parle-lui de haut pour qu'il t'écoute.

Qui de nous se trouvait dans une position meilleure que la tienne ! — personne ! — Tu n'avais point souci de ton existence, tu avais de l'argent et une réputation de fortune, tu avais l'abri de la maison maternelle, la certitude de grands sacrifices pour te soutenir, un nom illustré par ton père, et auquel le public était accoutumé déjà. Qu'as-tu fait de tout cela ? rien, et tu as trente ans ! — Si tu n'as pas commencé avant deux ans, je ne sais comment tout cela finira.

Maintenant, on ne croit plus aux grands hommes inconnus. On réclame impitoyablement son œuvre à celui qui se dit fort, et, s'il ne la donne pas, on doute de lui. Prends garde de faire comme ces femmes enceintes qui se serrent pour paraître minces, et qui font une fausse couche : c'est mortel.

Rien ne *te presse* de publier encore ; mais si tu veux publier, *presse-toi* de te préparer. Je te l'ai dit : ta place sera gardée, j'ai mis mon gant dessus, et le jour où tu viendras, tu feras comme moi, tu te jetteras avec une belle ardeur et un air si terrible sur la marmite où les autres mangent timidement, que tous te l'abandonneront sans coup férir.

Maintenant, si ta vie te suffit et ne te laisse aucun regret, si ton travail te rend heureux, si tu es satisfait de ton œuvre et qu'il ne te soit pas nécessaire d'avoir autre chose, si ta personnalité te remplit assez pour que tu sois content d'être un grand homme pour toi seul, je n'ai rien à dire : sinon que, le bonheur passant avant tout, tu feras bien de continuer.

Donc, comme conseil, je ne t'en donne pas et ne puis t'en donner. Ceci est trop grave pour que j'en aie le droit. Je ne peux pas t'entraîner dans une route qui n'est peut-être pas la tienne, et je ne veux pas être ton tentateur. Une fois, déjà, je l'ai été, et c'est assez[1]. Tout ce que je puis te dire, c'est que si tu te résous à publier, je t'aiderai de toutes mes forces, de tout mon cœur, de toute mon intelligence, de tout ce que je sais de la vie, de toutes mes relations, de tous mes amis, de tout mon pouvoir, de toute mon influence — dans six mois j'ajouterai peut-être : de tout mon crédit. Enfin, compte sur moi pour tout, mais non pas pour te tracer une décision.

Ne doute pas de toi, tu aurais tort, mais tiens-toi seulement en grande méfiance. La confiance n'est belle que légitimée par le succès ; autrement elle n'est que nuisible, et fait rire les autres en les rendant modestes pour eux-mêmes.

Enfin, mieux que tout autre, quand tu es seul avec ta conscience, tu dois savoir ce qu'il te faut faire. Tu dois surtout savoir ce que tu as envie de faire, et c'est là ce qui doit te guider.

Vois donc, cher vieux, et décide-toi. Tu es actuellement entre deux choses :

— d'une part : ton enterrement radical dans ta propre personnalité ;

— de l'autre : l'urgence de publier une *bonne chose* d'ici à deux
ans.

Voilà, je crois, ta position très brutalement résumée. Fais un
choix, et dès que tu auras un but, marches-y sans regarder en arrière
et sans te déranger de ta route.

Encore un mot, et j'en ai fini avec cette longue lettre qu'il m'a
été très pénible de t'écrire, et à laquelle je ne me serais jamais
résolu, si tu ne m'avais mis au pied du mur.

Mes duretés t'ont été pénibles, dis-tu, et tu les attribues à tes
normandismes. — Tu t'es trompé. Plus tard, quand nous serons de
véritables sheiks[1], nous causerons de tout cela. Tout ce que je puis
te dire maintenant est que je t'avais aimé sous une forme que tu
n'as pas. Lorsque je m'en suis aperçu, il m'a fallu replier mon
amitié à cette nouvelle nature que je découvrais en toi ; et, je te le
dis du fond de l'âme, ça a été dans ma vie une douleur qui m'a
remué pour longtemps. C'est alors que m'échappaient ces duretés
que tu me reproches et que je regrettais lorsqu'elles étaient parties ;
c'est alors que je sentais remonter aux lèvres des aigreurs qui,
grâce à l'impétuosité de ma nature, se faisaient souvent jour à
travers les obstacles que je tâchais sans cesse à élever devant
elles.

Adieu, cher enfant. Réfléchis bien à tout ceci, penses-y froidement, c'est presque une consultation ; et, quoi qu'il arrive, n'oublie
jamais que je suis

À toi.

MAXIME DU CAMP.

Jeudi soir. [30 octobre 1851.]
[B II, ff⁰ˢ 237-241.]

*

16 avril [1852][2].

Rien de bien nouveau à t'apprendre, mon cher vieux, et j'ai
été trop pris par le *Salon* pour te répondre immédiatement.

Salvator, qui est occupé depuis un mois à je ne sais quels grands
moulages commandés par le gouvernement, te prie de l'excuser si
tu n'as pas encore ton *Leno* ; il te l'enverra le plus tôt qu'il pourra.

Je fais le *Salon* dans la *Revue*[3], ce qui me prend tout mon temps.
J'ai passé tout le mois dernier ou à peu près à mettre en train ma
grande boutique photographique, dont la première livraison-
spécimen va, je crois, paraître la semaine prochaine[4]. Ce sera fort
beau. Je te ferai expédier ton exemplaire par livraison au fur et à
mesure qu'elles seront mises en vente.

[...]

Théo[5] partira pour la Grèce vers le milieu de mai sans doute, à moins que d'ici-là, il ne s'élève des empêchements que nous ne prévoyons pas. Il va comme un charme et se dispose à son *Salon*.

Avant son départ, il écrira probablement à Bouilhet dont l'avenir nous préoccupe beaucoup ; nous pensons qu'il s'aventurerait singulièrement en restant longtemps encore à Rouen et même en partant pour Naples, comme tu m'as dit qu'il en faisait le projet ; il faut avant tout, surtout à Bouilhet, le boulevard depuis la rue du Helder jusqu'au passage de l'Opéra, et de plus la fréquentation constante des artistes et des gens de lettres. Je ferai le numéro de juin : quels sont les vers qu'il désire que je fasse passer[1] ? dis-lui de me l'écrire d'avance.

Je te remercie de ce que tu as pu faire auprès de Duplan ; en tout cas, je n'aurai été ni surpris, ni choqué de savoir que vous vous fréquentez[2].

Gleyre[3] m'a fait tâter dernièrement pour, je crois, revenir chez moi et j'ai répondu *un non* fort accentué ; je trouve inutile de se rapatrier avec des gens qui ont donné une preuve telle de faiblesse et de bêtise. En thèse générale il ne faut guère fréquenter que les forts et repousser les faibles ; j'admets très bien le *Væ victis*.

Surtout ne fais pas d'enfant à cette jeune institutrice[4], dont *l'amour* paraît te flatter beaucoup. Tu sais que Maurice et sa femme quittent la France et vont habiter Bade définitivement[5].

Adieu, cher vieux, mes tendresses à la *Bovary* et ma meilleure accolade. À toi, Maxime. [*B II, ff^os 244-245.*]

*

[Début janvier 1853[6] ?]

Je suis comme toi resté fort longtemps sans t'écrire, mon cher Gustave, parce que, comme toi aussi, je n'avais rien à te dire[7]. Tout a été assez calme depuis que je t'ai donné de mes nouvelles. Cependant j'ai été malade et forcé de m'absenter de Paris pendant quelques jours ; j'ai été à Boulogne-sur-Mer, où j'ai fait toute sorte de bonnes promenades sur les plages.

J'ai enfin, après 14 mois de travail, réussi à mettre Houssaye à la porte de la *Revue*[8] ; il y est remplacé par Laurent-Pichat et la direction dictatoriale m'est confiée ; au reste elle va bien et les abonnés arrivent ferme et fort ; je pense que dans un an nous pourrons paraître deux fois par mois. Tout cela m'occupe et m'empêchera, avec un travail que j'ai à faire, de voyager cette année. Frédéric[9] a été très souffrant [...]. *Le Livre posthume*[10] tiendra encore le numéro de février et de mars. On le remanie en volume Charpentier immédiatement ; ça aura la force de l'*Italia* de Gautier[11]. On m'a dit ici que Bouilhet, dont je n'entends pas parler, faisait un drame sur Richelieu[12] ; je n'y puis croire — après ceux de Hugo, d'Augier et celui de l'Odéon[13], il serait presque certain d'un refus dans les comités. Si tu le vois, dis-lui qu'il m'adresse, par provision, les pièces qu'il destine à la *Revue de Paris*. A-t-il l'intention de publier bientôt *Melaenis* en volume[1] ? S'il y pense, dis-lui de m'écrire, afin que je m'en occupe dès à présent. Les éditeurs me font un peu la cour et je pourrais peut-être obtenir qu'aucun frais ne retombât sur ce jeune Hyacinthe[2].

[...]

Présente tous mes respects à Mme Flaubert, une cordiale poignée de main à M. Parain[3] et à toi, mon cher Gustave, mon meilleur souvenir. Ton dévoué

MAXIME DU CAMP.
[B II, ff⁰ˢ 242-243.]

*

14 juillet [1856][4].

Cher vieux,

Laurent[5] a lu ton roman, et il m'en envoie l'appréciation que je t'adresse. Tu verras en la lisant combien je dois la partager, puisqu'elle reproduit presque toutes les observations que je t'avais faites avant ton départ. J'ai remis ton livre à Laurent sans faire autre chose que de le lui recommander chaudement, nous ne nous sommes donc nullement entendus pour te scier avec la même scie. Le conseil qu'il te donne est bon, et je dirai même qu'il est le seul que tu doives suivre. Laisse-nous *maîtres* de ton roman pour le publier dans la *Revue* ; nous y ferons faire les coupures que nous jugeons indispensables ; tu le publieras ensuite en volume comme tu l'entendras, cela te regarde. Ma pensée très intime est que, si tu ne fais pas cela, tu te compromets absolument, et tu débutes par une œuvre embrouillée et à laquelle le style ne suffit pas pour donner de l'intérêt. Sois courageux, ferme les yeux pendant l'opération et fie-t-en, sinon à notre talent, du moins à notre expérience acquise de ces sortes de choses et aussi à notre affection pour toi. Tu as enfoui ton roman sous un tas de choses, bien faites, mais inutiles ; on ne le voit pas assez ; il s'agit de le dégager, c'est un travail facile. Nous le ferons faire sous nos yeux par une personne exercée et habile[6], on n'ajoutera pas un mot à ta copie, on ne fera qu'élaguer ; ça te coûtera une centaine de francs qu'on réservera sur tes droits, et tu auras publié une bonne chose, vraiment bonne, au lieu d'une œuvre incomplète et trop rembourrée. — Tu dois me maudire de toutes tes forces, mais songe bien que dans tout ceci je n'ai en vue que ton seul intérêt.

Adieu, cher vieux, réponds-moi et sache-moi bien

Tout à toi.

MAXIME DU CAMP.

Rappelle-moi au précieux souvenir de Mme Flaubert et embrasse Liline[7] de ma part. *[B II, ff⁰ˢ 250-251.]*

Gigantesque[8].

*

Samedi 30 août [1856][1].

Cher vieux,

La nouvelle de M. Dupeyré[2] nous a entraînés plus loin que nous ne pensions; nous ne commençons jamais rien de long avant un renouvellement. Tu es donc remis au 1er octobre, mais sans faute, j'espère[3]. Je t'écris ces deux mots pour te rassurer au cas que tu sois inquiet. Je pars demain, je vais passer dix jours à Vineuil pour ouvrir les chasses et me reposer un peu.

Mille tendresses à ta mère et à Liline[4].

Tout à toi.

MAXIME DU CAMP.

Alexis Dupont, Hervé des *Folies-Nouvelles,* un curé, et Dartois, vaudevilliste de 76 ans[5], ont été arrêtés pour attentat à la pudeur sur enfants des deux sexes, *au-dessous* de 8 ans. Alexis Dupont s'est pendu aujourd'hui à Mazas. *[B II, f°s 252-253.]*

*

17 septembre [1856][6].

J'ai trouvé ta lettre hier en revenant à Paris, cher vieux[7] ; ceci t'explique pourquoi tu n'as pas encore reçu de réponse. J'ai envoyé la 1re partie de la *Bovary* à l'imprimerie, tu paraîtras le 1er octobre ; je corrigerai moi-même les épreuves jusqu'à ton retour ; tu peux t'en rapporter à moi pour qu'aucun changement ne soit fait. Je ferai mon possible pour ne pas laisser échapper de fautes d'impression.

La nouvelle de M. Dupeyré[8] n'étant pas terminée le 1er septembre, on n'a pu te commencer : te mettre en train le 15 était bête, puisque c'était le dernier numéro d'un volume, le dernier aussi de l'année. Nous te commençons avec notre renouvellement, comme un grand homme que tu es.

Dors donc sur les deux oreilles. Je suis très content que *L'Enclos*[9] t'ait fait plaisir.

Mille bonnes choses à ta mère et à toi.

MAX.

[B II, ff^os 254-255.]

*

Mardi soir. [23 septembre 1856[10].]

Cher vieux,

Je viens de corriger tes épreuves, j'estime que cela fera 3 feuilles. La première partie y passe. J'espère n'avoir pas oublié trop de

balourdises. J'ai constamment consulté la copie et nul changement
n'a été fait. Que le Diable t'emporte avec tes bottes, il n'est question
que de cela, 5 ou 6 fois au moins : c'est une maladie.

N.-B. — Personne ici ne comprendra « les pattes rouges des
coquillages », c'est un mot de terroir inconnu à Paris ; si je n'avais
redouté tes vengeances, j'aurais mis *homards,* mais j'ai craint d'être
étranglé pendant mon sommeil[1].

Rien de nouveau ; la pièce de Bezet[2] est en répétition ; *all right !*
Quand tu auras reçu la *Revue,* tu feras bien d'écrire un mot de
remerciement à Laurent[3] qui, entre nous, te garde une dent.

Adieu, cher vieux, mille amitiés.

MAXIME DU CAMP.

*[B II, ff*os *257-258.]*

*

[Fin septembre-début octobre 1856[4].]

Jaccottet, qui était en Suisse, est revenu ce matin. Je viens de le
voir pour ton affaire ; il prend la *Bovary* aux conditions suivantes :

— Toute propriété pendant trois ans à partir du jour de la mise
en vente du volume.

— 800 francs en billets, probablement 3 et 6 mois.

Je pense que ça te va. Les conditions sont bonnes. Avec eux tu
peux compter sur une vente de 10 000 au bas mot. Je crois qu'ils
ne te feront pas attendre trop longtemps pour la publication ; mais
je sais qu'ils sont réellement accablés ; j'attends depuis six mois
et je ne me plains pas[5].

Bezet est venu me voir à 4 heures. Il allait bien ; son affaire marche
et sera jouée vers les premiers jours de novembre. Enfin voilà
donc toute l'*École de Rouen* qui arrive[6] !

Adieu, vieux, et à toi.

MAX.

Samedi soir.

*[B II, ff*os *271-272.]*

*

Mercredi matin, [8 octobre 1856[7].]

J'ai bien l'intention, cher vieux, de donner d'un seul coup la
fin de la seconde partie, mais imprimer d'une fois toute la troisième
me paraît bien difficile pour ne pas dire impossible. Cela fera près
de cinq feuilles, et nous avons des exigences de rédaction qui ne
s'accommoderaient point avec cela. Enfin nous ferons pour le
mieux, sois-en bien certain.

Je vais faire la correction que tu m'indiques ; je mettrai le *Fanal
de Rouen ; mais,* si tu m'en croyais, nous mettrions : « Le Fanal
progressif (journal du département). » C'est suffisamment idiot et

assez vague pour ne choquer personne. Il est bien entendu que la parenthèse « (journal du département) » ne serait mise que la première fois ; pour les autres nous mettrions des italiques. Réponds-moi séance tenante, il est important que j'aie ta réponse tout de suite[1].

Parmi les personnes qui m'ont parlé de ton bouquin, Gautier est *ravi*, Christophe[2] très content. Deux jeunes gens du Quartier Latin qui sont venus me voir hier, m'en ont fait grand éloge. On m'a dit que La Rounat[3] en était très satisfait, mais je ne l'ai pas vu moi-même.

À bientôt, cher vieux et tout à toi.

MAX.

Je vais aller voir Codrika[4], qui est nommé Consul général à Batavia ; encore en Amérique, dirait de la Porte !

Le Brument a fait reprendre 12-13 exemplaires. *[B II, ffos 259-260.]*

*

[Avant le 14 octobre 1856[5].]

J'envoie le bon à tirer de tes épreuves ; tout est bien, sans corrections, et j'espère sans faute. J'ai mis *Fanal ;* au reste le mot n'y est qu'une seule fois[6].

Vingt-cinq francs de citrons en un mois ! Les citrons les plus magnifiques coûtent 5 sous : cent citrons pour des ongles, c'est peut-être exagéré, même pour Yonville[7].

Tu n'avais pas indiqué la coupure VII ; je l'ai mise après le départ de Léon. La phrase qui *re*-commence est : « Le lendemain pour Emma fut, etc. » J'ai hésité pour la mettre avant le marché où Rodolphe apparaît ; je ne sais trop pourquoi je me suis décidé ; c'est au reste très insignifiant. Ça fera à peu près la même quantité que la 1re partie.

J'ai vu hier M. Walckenaer[8] qui m'a chargé de mille bons souvenirs pour toi.

Rien en sus.

Je t'attends vendredi à déjeuner.

À toi.

MAX.

[B II, ffos 261-262.]

*

Mercredi, 18. [19 novembre 1856[9].]

Mon vieux,

Il ne s'agit pas de plaisanter. Ta scène du fiacre est *impossible*[10], non pour nous qui nous en moquons, non pour moi qui signe le

numéro, mais pour la police correctionnelle qui nous condamne-
rait net, comme elle a condamné Montépin[1] pour moins que cela
Nous avons deux avertissements[2], on nous guette et on ne nous
raterait pas à l'occasion. On monte en fiacre et plus tard on en
descend, cela peut parfaitement passer, mais le détail est réellement
dangereux, et nous reculons par simple peur du Procureur impérial.
Quand tu auras le temps, tu feras bien de passer à la *Revue* pour nous
entendre sur la suppression.

Tout à toi.

MAXIME DU CAMP.
[B II, ff^os 263-264.]

*

Samedi matin. [14 décembre 1856[3].]

Mon vieux,

Viens déjeuner demain ; à 11 heures nous serons à table. J'ai
rendez-vous avec un jeune homme, mais cela ne me tiendra pas
plus de dix minutes. Le journal *Le Nord,* qui paraît en Belgique,
je crois, a annoncé que nous allions en référé[4] ; il te prend pour un
médecin et te nomme Thaubert, encore un nom nouveau[5] ! Cela
me paraît très insignifiant ; peut-être quelque journal à court de
copie reproduira-t-il cette nouvelle dans les faits divers ? Je n'y
verrais pas encore grand inconvénient, pour toi s'entend, car cela
prouverait que tu as lutté comme un beau diable.

À demain donc, et tout à toi.

MAXIME DU CAMP.
[B II, ff^os 269-270.]

*

Samedi soir. [27 décembre 1856[6].]

Mon vieux,

N'ébruite pas cette affaire[7] et *cependant* décarcasse-toi pour tâcher
qu'elle n'ait pas de trop mauvais résultats. Pour nous, c'est la suppression[8] et c'est ce qu'il faudrait éviter.

Tout à toi.

MAXIME DU CAMP.
[B II, ff^os 265-266.]

*

Lundi matin. [29 décembre 1856[9].]

Mon vieux,

Ne crois-tu pas qu'il est de ton devoir d'écrire à Claudin, du

Nouvelliste de Rouen, qui publie la *Bovary,* afin de le prévenir de ce qui l'attend s'il continue[1] ?

Si cela t'ennuie de faire cette démarche, dis-le-moi, j'écrirai.

J'ai vu Cavaignac[2] tout à l'heure, il ira ce soir voir Senard pour lui parler de la défense[3].

Tout à toi.

MAXIME.

[B II, ff⁰⁸ 267-268.]

*

1ᵉʳ janvier [1857][4].

Mon cher ami,

Avant-hier, je t'ai écrit, au plus vite, ce bout de lettre, pour te dire où en étaient les choses, en comptant bien te venir voir, hier. Mais la journée d'hier, je l'ai passée dans mon lit, avec une terrible migraine.

Je veux mieux m'expliquer, par ce billet.

Je t'ai dit que les poursuites provenaient du Ministère de l'Intérieur. C'est donc au Ministère de l'Intérieur qu'il faut agir et faire agir, et par M. Blanche[5], qui y est, toujours, le bien accueilli, et par l'influence de M. Rouland[6], que je sais très bienveillant pour les Rouennais. Ma conviction est qu'un mot revenant, de l'Intérieur, au Palais, y produirait le meilleur effet. J'ai eu, avec M. Treilhard[7], un long entretien. Je lui ai répété tout ce que tu m'avais chargé d'expliquer. Je suis certain que M. Treilhard serait aise que tu te tirasses, au mieux, de cette ennuyeuse affaire ; et que s'il faut qu'il rende son ordonnance, il la fera le moins vivement possible. Ce ne serait pas, en tout cas, avant samedi. D'ici là, fais tout ton possible par MM. Rouland et Blanche. Je vais revoir, tantôt, M. Treilhard, et je voudrais obtenir — en attendant mieux — que l'ordonnance ne fût rendue qu'à son extrême délai, pour gagner du temps ; ce qui serait beaucoup, puisque cela te donnerait le moyen de voir utilement tes amis.

À toi.

M. DU CAMP.

[B II, ff⁰⁸ 273-274.]

*

[Vers le 20 janvier 1857[8].]

Ce que tu me dis ne me surprend point, et nous avons toujours eu tort de chercher midi à quatorze heures. Ces gars-là sont naïfs, ton livre les a choqués, ils veulent le supprimer et le condamner, c'est fort simple[9].

Si tu touches aux auteurs religieux tels que Fléchier, Massillon et *surtout la Bible,* tu outrageras l'admiration et le respect traditionnels, et tu seras condamné au maximum. Fais-y bien attention : ce moyen de défense te sera très préjudiciable. Voici néanmoins *Les Grands Jours*[1], c'est tout ce que j'ai ; je n'ai pas même Massillon. Mais si tu m'en crois, tu ne te serviras pas de tout cela.

Ton livre est brutal ; sa brutalité même a servi à faire ressortir la brutalité plus grande de certains passages. Ils sont comme la plupart des bourgeois qui en parlent, ils prennent la brutalité pour l'immoralité ; il faut leur prouver qu'ils se trompent, voilà tout. Tu as tort de chercher des analogies, il n'y en a pas ; tu trouveras des *phrases* plus vives que les tiennes, ceci n'est point douteux, mais non pas un *ensemble* aussi violent ; c'est là où est le vrai mal.

Tout ceci est fort inutile sans doute, mais tes préparatifs de défense m'effrayent pour toi ; tu es comme Jean Couteaudier : *tu aggraves la question ;* laisse faire Senard[2], il en sait plus long que nous sur ce qu'il faut dire.

À moins que tu n'aies à nous dire des choses importantes, ne viens pas à la *Revue* aujourd'hui, nous y serons absurdement occupés.

Tout à toi, cher vieux.

MAXIME DU CAMP.

[B II, f°s 275-276.]

Appendice II

MEMENTOS DE LOUISE COLET[1]

[Voyage d'Angleterre, juillet 1851.]

Arrivée à Londres le jeudi 10 juillet 1851.
[...]
Lundi [14 juillet] parc, ambassade, Windsor. Beauté de la grande tour entourée de lierre. [...] Cueilli un liseron pour Gustave.
[...]
Samedi [26 juillet] *Colosseum* (Colysée). *L'Inde* ; pensé à Gustave, qui ne me répond point, tout le temps.
[...]
Mardi 30 [29] juillet. Lettre de Gustave le matin[2], serrement de cœur. Contre-coup sur le Polonais.
[...]

Memento du 9 septembre 1851.

Hier singulière conjonction magnétique entre ceux qui m'ont approchée ! Je devais passer une journée de délices avec Gustave. Cela avait été convenu ce samedi. À mon réveil je reçois cette lettre d'Octave[3]. Comme j'allais sortir pour conduire ma fille à la pension, dans la maison de l'ami d'Auguste[4], le Polonais[5] de Londres arrive. En revenant de la pension chargée des provisions pour le dîner de Gustave, je rencontre le Polonais Chrétien ; à peine suis-je rentrée qu'on me remet un billet du Philosophe[6] qui me propose une promenade. Enfin Gustave arrive, beau, charmant. Nous faisons une promenade au Bois, nous dînons ensemble chez moi, etc.
La tristesse subsiste, je ne me sens pas aimée comme je l'aime.

Memento du lundi 15 septembre 1851.

Il [Gustave] est reparti hier à dix heures du matin (m'a-t-il dit). La veille, samedi, il est venu me prendre à 4 heures. Nous sommes allés à Fleury et à Meudon par les Bois. Nous avons dîné chez Michel, de là allés à Saint-Cloud à pied (souvenir de Franz[7] dans

le Bois de Meudon, parlé de Compiègne, pensé à lui en passant
devant la manufacture de Sèvres).

Entière expansion ; en lui douceur, bonté, mais profonde sensibilité, pas. Revenus en calèche de Saint-Cloud chez moi. Toujours
les mêmes émotions, même en voiture, violentes, mais toujours
aussi maître de lui, même entier abandonnement de tout ce qui
lui plaît. Le soir chez moi ; mais toujours tristesse amère de le
posséder si peu et d'influer si peu sur sa nature. Il me dit adieu
sans me reparler de ma situation, quoique je n'eusse rien accepté
de lui. Ceci a son côté navrant, car je comprends, au peu de souci
qu'il prend de ma misère, la ténuité de son amour. Ô Christien,
Franc, Franz et Auguste[1], ce n'est point ainsi que j'ai été pour vous !
Et cependant il est bon, généreux, ou plutôt prodigue, et il ne
s'inquiète pas des humiliations qui torturent la femme qu'il a
pressée avec passion dans ses bras. J'ai dix francs chez moi pour
atteindre mon trimestre d'octobre. Hier soir, causé de tout cela
avec Villevieille[2]. Le travail, le travail à force jusqu'à ce que je
le revoie, et pour lui et son ami continue et toujours dans l'expec-
tative : c'est triste [*sic*].

Memento du lundi 22 septembre 1851.

Enfin ce mot de Gustave[3]. Quelle personnalité ! Rien à attendre
dans les misères de ma pauvre vie de cette affection.

Nécessité d'un travail assidu, d'une force d'âme inébranlable.
Après tout mieux vaut l'avoir retrouvé ; c'est un rayon bien pâle
préférable à de complètes ténèbres. [...]

Memento du 25 septembre 1851.

[...] hier, [...] rencontre de Du Camp. Ce qu'il me dit de Gustave,
de son égoïsme ; il viendra me voir. Passé rue Bergère. [...]

Memento du mercredi 1er octobre 1851.

Lundi soir, Villevieille, sa tristesse ! Est-il épris ? Peut-être. Cela
me ferait de la peine. Réflexions sur Gustave... n'importe, lui seul
me convient. [...] Hier matin, 1re lettre de Gustave de Londres ;
aujourd'hui ce billet[4]. Pas une pensée pour l'album[5] ! étrange
personnalité !

Dans l'après-midi, encore le Polonais avec un bouquet de
violettes. Il m'ennuie. Vulgaire, médiocre et pas assez fier et
généreux pour que le cœur compense l'esprit ; demandant toujours
ou acceptant toujours. Bien à plaindre peut-être. Après tout,
comme valeur morale, ils se valent. Gustave peut-être ne vaut
pas mieux. Moi-même, seulement, j'ai de plus qu'eux l'élan qui
me pousse toujours à partager avec l'être aimé. [...]

Memento du samedi 4 octobre 1851.

[...] Le soir visite de Du Camp ; ce qu'il me dit de Gustave, il en est las et croit qu'il n'y a rien dans son cœur et son intelligence ; pas d'avenir littéraire, pas de foyer ; il a peut-être raison ! Cette personnalité énorme aura sa punition ; et pourtant je crois encore qu'il a de la valeur. Sont-ce les souvenirs de mon amour qui me trompent, son imagination me semble magnétique comme ses yeux. Enfin il faut le voir à sa première œuvre littéraire. J'ai lu tantôt dans la *Revue de Paris* le conte de Du Camp[1] ; c'est bien ennuyeux ; il y a pourtant là un vrai talent de style et d'archéologie indoue ! mais que le moindre brin de sensibilité ferait bien mieux l'affaire du lecteur ! [...]

Memento du samedi 18 octobre 1851.

Pas un mot de l'ami depuis sa visite. Petite nature (peut-être) vantarde, ayant peut-être quelque intérêt à ce que Gustave ne soit pas bien avec moi. Je travaillais et j'étais toute triste de ce silence quand on m'a monté ce billet de Gustave[2].

Surprise, joie, mais en même temps soupçon qu'il était depuis plusieurs jours ici. Il est venu à huit heures et demie. Il [n']était arrivé, m'a-t-il dit, que la veille au soir. Je l'ai trouvé changé, enlaidi. Il était enrhumé du cerveau, il m'a dit qu'il était plus que jamais ennuyé de la vie, que Gautier et Du Camp lui conseillaient de publier des fragments de son *Saint Antoine* et que cette idée le fatiguait. Est-ce lui ou Du Camp qui n'est pas sincère[3] ? Ce dernier m'a dit que l'ouvrage ne valait rien et qu'il serait désolé si Gustave voulait le faire paraître dans la *Revue*. Celui-ci m'a dit que son ami était enchanté du plan du roman auquel il va travailler, et Du Camp, lui, m'avait dit en propres termes : ce sera un *fameux four*[4]. Qui donc est vrai ? Moi, je ne suis pas en situation de dire la vérité à G[ustave]. Il ne m'aime pas assez. Il a été bon, mais comme toujours sans sensibilité, sans intérêt pour ma situation. Il a voulu être dans mes bras. Je n'ai eu aucun plaisir, je n'en ai plus. J'ai du bonheur, de l'attendrissement, je l'ai tant aimé. Me retrouver ainsi me rajeunit ; puis, malgré ce qu'en dit Du Camp, je ne trouve pas que son imagination soit engourdie ; il a un sens littéraire très exercé et très sûr. Après tout, je le vois peut-être à travers de mon amour ; je ne veux pas perdre cette optique, j'ai besoin de l'admirer pour l'intelligence, car pour le cœur je trouve des lacunes navrantes. Pas un mot de cet album ! pas la pensée ingénieuse et touchante de me secourir dans ma détresse. Il est parti à minuit, la nuit j'ai eu une perte de sang ; vais-je être plus malade ou guérir ? Hier le Philosophe[5] est arrivé à deux heures et a emmené ma fille. Je n'ai pu rejoindre G[ustave] que vers quatre heures à son hôtel du Helder, au 4e, no 11. Je l'ai trouvé regardant des chinoiseries[6]. Nous avons causé amicalement une

heure et demie. Il est d'une personnalité inébranlable. Il m'a dit :
« Je voudrais vous paraître déplaisant, pour que vous ne m'aimiez
plus, car je vois bien que cela vous fait souffrir. » J'ai répondu que
ces paroles prouvaient l'absence de tout amour, et des larmes me
sont venues aux yeux. Alors il a voulu m'embrasser et voulu
baiser mes yeux qu'il faisait pleurer, m'a-t-il dit. — Il m'a conduite
chez Mme Didier vers 6 heures ; il m'a dit à la porte qu'il reviendrait dans trois semaines, pour 2 jours[1]. Mon Dieu, que c'est peu,
mon Dieu, que c'est triste ma vie ! Pas un cœur vrai, pas un
dévouement ! et pourtant G[ustave] vaut mieux que tout ce que
j'ai connu. Au moins il ne ment pas comme cet infâme B[ancel][2]. [...]

Memento du 24 octobre 1851.

Hier jeudi, sortie dès le matin ; allée chez La Guéronnière[3] ; sa
promesse positive de faire passer mes articles. Allée au cimetière.
Navrée devant cette tombe. Pauvres enfants, lui ! et eux plus rien,
et *elle*, ma fille, là en pleurs.
[...]
Rien de Gustave, rien de son ami[4]. Oh ! ce n'est pas là où je
trouverai le dévouement. Je ne dois rien attendre, rien demander.
[...] Je n'ai plus que 10 F[rancs] chez moi. Être à la merci du Ph[ilo-
sophe][5] me révolte ! oh ! quelle vie, quelle vie, et pas un sentiment
vrai ! le travail, la solitude. Rien ne vaut la peine de rien. Ce soir
reçu de la préfecture la lettre qui m'autorise à réunir dans la même
sépulture, *les trois corps*[6]. Tout aboutit là. Nos passions, nos
douleurs, nos joies, quel néant !...
Ma défaillance est extrême ; aurai-je demain plus de ressort ?

Memento du 5 novembre 1851.

Hier l'ouverture de la Chambre ; je n'ai pas voulu y aller pour
ne pas revoir B[ancel]. Ce matin allée chez Maxime. Il m'a lu la
lettre de Gustave et celle qu'il lui a écrite et dont il a gardé copie[7].
Dans tout cela, rien pour moi. Quelles monstrueuses préoccupations
de ses douleurs ; comme si, tous, nous ne traînions pas ce lourd
fardeau de l'humanité et de plus la misère.
[...]
Écrit à Gustave une lettre bien découragée. C'est peut-être un
malheur que je l'aie retrouvé. Il n'y a rien dans cet homme.
Maxime a raison ; il tarit ceux qui l'approchent et pourtant je
l'aime ! [...]

Memento du 18 novembre 1851.

Je suis frappée au cœur, et ma défaillance est telle qu'il me
semble que la mort me serait douce. Que veut dire cette lettre
reçue hier[8] ! Fatales confidences que celles de Maxime, elles m'ont
poussée à des observations et des reproches ; pourquoi, à quoi bon,

puisque je l'aime quand même ? D'ailleurs, suis-je bien sûre de la supériorité morale de Maxime (sur Gustave) ? N'est-il pas vain au point d'être enivré de la publication de *Tagahor*[1] ! Pour la supériorité intellectuelle, elle me semble du côté de Gustave. Toutes les critiques de Maxime corroborées de celles de Gautier n'y peuvent rien. S'il veut, il sera un homme supérieur. Mais que s'est-il passé, mon Dieu, quel est ce parti qu'il veut prendre pour ne plus y revenir ? J'ai eu tort d'écrire, de répondre, dans l'élan de ma douleur, et d'écrire à l'ami surtout. Pourvu que ma lettre ne le décide pas à me répondre au lieu de venir lundi. Il faut que je le revoie, il n'est pas vraiment bon, puisqu'il me torture ainsi quand il pourrait, avec si peu, me rendre heureuse ? Quelle est l'influence de Maxime sur lui, que puis-je en penser ? Avant qu'il fût là-bas, Gustave m'écrivait de douces lettres : je suis en proie à tous les doutes, quelle angoisse ! Et cela joint à la souffrance physique de cet œil ensanglanté depuis le matin où je suis allée chez Maxime pour entendre la lecture de la fameuse lettre écrite à Gustave[2]. Dans toutes ces combinaisons d'avenir je ne suis rien, rien, moi qui ne pense qu'à lui, moi qui demain, si je gagnais le lingot, irais lui dire : « Voilà ! Laisse-moi vivre près de toi, avec ma fille et ta mère ! » Oh ! je suis folle !

[...]

Mme Valazé[3] enchantée de ma petite comédie[4] écrite dans un mois dans l'espoir de plaire à Gustave, d'en être aimée. [...]

Memento du vendredi soir 21 novembre 1851.

Horrible nuit du dimanche au lundi, l'idée de le tuer plutôt que de le voir passer à une autre femme. Jusqu'à quatre heures du matin roulé dans mon lit les plus sinistres projets. Demeurée seule pour le recevoir, le soir envoyé ma fille chez sa maîtresse. Parée en robe de velours ; le poignard. Enfin à 9 heures il sonne. Je me compose ; à quoi bon ? Du Camp a raison, c'est un être à part et peut-être un *non être ;* j'avais deviné instinctivement : il ne s'agissait dans ce parti solennel à prendre que de savoir s'il publierait ou non et s'il viendrait à Paris.

Ce parti est remis à un an. D'ici là, il va travailler. Il a été pour moi bon et tendre, mais de sollicitude et dévoué, non ; il ne le sera jamais.

Il est revenu mardi soir ; mercredi nous sommes allés nous promener au Bois. Vers 4 heures (pâle rayon du soleil couchant sur le mont Valérien), il était abattu, souffrant. A fait remonter la lie de son cœur, cette lie que la vie dépose au fond de tous, qu'il faut refouler et durcir, lui ai-je dit, pour l'empêcher de nous donner des nausées et dont lui agite sans cesse la puanteur. Je lui ai dit des choses profondes et tendres qui l'ont ému... Chacun a ses douleurs, croyez-le, et de plus celle de la misère, etc., etc.
« Si vous n'êtes pas décidé à mourir, ayez la force de vivre et de ne

pas trop souffrir ni faire souffrir ceux qui vous aiment. » Il s'est attendri : « Oh ! bonne Louise, m'a-t-il dit, si tu savais quelles bénédictions je te donne devant Dieu ! » Nous nous sommes embrassés.

En me quittant, il semblait ranimé. Hier, nous avons passé une dernière soirée ensemble ; il était plus passionné que jamais ; il m'a dit qu'il ne m'avait jamais mieux aimée, qu'il reviendrait dans 3 semaines[1]. Ses idées sur le bonheur d'être prêtre ; (carrière) ; cerveau stationnaire. Il me tarde de lire de lui un ouvrage complet. Il m'a dit qu'il m'enverrait ses manuscrits. Il m'a apporté le poème et une lettre de son ami Bouilhet[2]. Enfin le sentiment, tel qu'il est, vaut mieux que les autres ; il me fera travailler. Dans 8 jours, je lui enverrai ma comédie *(Les Lettres d'amour)*. Toujours sans ressources ! Il me faudrait 500 fr[anc]s. À qui m'adresser ? Il va écrire en Angleterre pour cet album[3] ! Qu'il n'ait pas la pensée de m'aider, par cette occasion, avec délicatesse, sans que je le sache, c'est étrange ! Moi, si j'avais un million, je le lui donnerais ! [...]

Memento du mercredi 26 novembre 1851.

Hier terminé ma comédie ; le soir vu Du Camp. Il m'a apporté le manuscrit de Gustave[4]. Ce qu'il m'a dit de sa nature, molle, couarde, égoïste, et de sa mère, et d'un oncle[5] qu'on faisait souffrir, et du mot de Gustave (à propos de moi) : à quoi bon cet amour ? C'est sans doute dans ce moment que son affreuse lettre est partie. « Je l'ai ressaisi, étonné par l'intelligence », m'a dit Du Camp. Oh ! que tout cela est amer ! Ce n'est pas l'amour !

Du Camp me donne des armes contre lui, mais à quoi bon ? Je l'aime ; tel qu'il est, il me plaît et me fait travailler. J'ai relu son *Novembre*[6], faible, médiocre, excepté la partie dramatique, le récit de la femme ; je lui ai écrit 12 pages sur cela aujourd'hui. [...]

Memento du mercredi 24 décembre 1851.

[...] Gustave m'aime exclusivement pour lui, en profond égoïste, pour satisfaire ses sens et pour me lire ses ouvrages. Mais de mon plaisir, mais de ma satisfaction, peu lui importe ! Se met-il en souci de mes larmes ? Il ne se met pas en souci de ma misère ; pas un mot venant du cœur sur ma comédie. Il m'a fait l'offre de me prêter 500 francs, mais de quelle façon ! Il savait bien que je n'accepterais pas. Il avait un moyen bien simple de m'y forcer en me disant que cette somme lui était envoyée d'Angleterre. Avant-hier (lundi soir) quand je lui ai emprunté 10 F[rancs] il ne m'a plus même reparlé des 500. Étrange, étrange, ô mon Dieu ! est-ce ainsi que j'obligerai ceux que j'aime ? S'il n'a pas l'idée d'amener sa nièce à ma fille[7], je lui ferai voir la blessure de mon cœur avant son départ. À quoi bon ? n'a-t-il pas vu mes larmes l'autre soir, et ma lettre de hier soir ne devrait-elle pas l'éclairer sur ma souffrance ? Il m'aime de la sorte et mes plaintes ne feront pas qu'il m'aime

autrement. Tel qu'il est, je ne puis m'en détacher, en le comparant
aux autres. Le nom d'Auguste V[etter][1] l'a frappé l'autre jour,
quand Villevieille[2] a dit qu'il devait arriver. Si Gustave vient
aujourd'hui je lui rendrai ses dix francs. [...]

Memento du 15 janvier 1852.

Voilà longtemps que je n'ai écrit de jalons pour mes souvenirs ;
pendant le séjour de Gustave ici, à quoi bon ? ma vie se passait
à l'attendre, à l'aimer, à m'occuper d'art avec lui, à souffrir physiquement de ces horribles clous, moralement de son absence de
dévouement pour moi qui donnerais ma vie pour lui. Vendredi
passé, la veille de son départ, il a dîné chez moi avec le Capitaine[3].
Ma toilette, malgré ma souffrance, mon dîner recherché, malgré
ma misère. Le soir, Auguste [Vetter] à qui la veille j'avais tout dit.
Étrange quiétude d'âme quand on [n']aime plus, facile quand on
[n']a pas aimé avec passion et qui m'a fait comprendre ce que les
hommes disent et sentent. Le mélange du corps n'est presque
rien, mais si l'âme s'est donnée, si elle a souffert, elle reste toujours
attachée par un lambeau à ceux par qui elle a souffert. Le soir
donc, Auguste, le jeune Simon, Mme Roger[4], Antony Deschamps.
Gustave est descendu avec eux, puis est remonté. Sa passion
physique. Quelques mots attendris, mais rares. Promesse de m'écrire
une lettre où il me dirait ce qu'il a éprouvé pour moi durant
ces six semaines d'intimité. Rien reçu encore. Je lui ai écrit, moi,
après avoir fini de lire *L'Éducation sentimentale*[5]. Pages admirables
sur l'art. C'est un grand artiste. Je lui ai écrit ce soir ; je lui parle
de la bague égyptienne[6] qu'il est parti sans me donner. Est-ce
distraction ? c'est étrange. Je l'aime tant, je crains tellement de
le perdre en lui disant un peu de mes griefs sur Du Camp, qui se
conduit si mal envers moi pour mes vers[7], et pourtant je n'ai pas
osé lui reprocher autre chose, à lui, que de ne pas m'avoir amené
sa nièce[8] !... Mon Dieu ! mon Dieu ! que je suis peu étayée par
son amour ! [...]

Memento du mercredi 21 janvier 1852.

[...]
La pensée m'est venue d'aller surprendre Franz[9] : à quoi bon !
on ne réveille pas les cadavres, surtout ceux qui n'ont jamais eu
qu'une apparence de vie. Je vais rêver à Gustave, finir les vers
commencés pour lui. Bouilhet m'a écrit une charmante lettre[10].
Lui du moins [Gustave], est le talent, et partant plus de cœur.
Mais ce n'est pas encore, hélas ! le vrai cœur !

Memento du 4 février 1852.

Depuis que je n'ai écrit de memento, mes vers ont paru dans
La Presse[11]. Je n'ai plus entendu parler de Maxime[12] ; j'ai reçu deux

bonnes lettres de Gustave[1] ; son *Saint Antoine* m'a causé une grande admiration et une vive surprise. C'est un génie. [...] J'ai retrouvé le calme en retrouvant l'affection de Gustave ; elle n'est pas tout, mais elle me soutient ; elle me fait travailler et si le travail peut tout à fait m'affranchir du Philosophe[2] pour ma fille, je serai presque heureuse. Voici les étranges billets qu'il m'écrit. L'avarice aveugle cet homme. Je vais me mettre au travail et oublier.

Memento du jeudi 12 février 1852.

J'avais écrit un mot hier à Auguste [Vetter][3], qui m'avait fait ses adieux (et quels adieux !), pour lui dire de venir. Cet être-là me semble si fou, si léger, que je répugnais à laisser entre ses mains certaines lettres. Il est venu vers deux heures, je ne lui aurais pourtant pas fait cette réclamation s'il avait été bon. [...] Il en est venu à me dire que j'étais fort malveillante, je lui ai rappelé sa conduite et malgré cela mon amitié persistante et la confiance que je lui avais témoignée au sujet de G[ustave][4]. Il m'a dit qu'à cette confidence se mêlait l'espérance de le tourmenter, de le rendre jaloux ou plus épris. Ceci m'a semblé si bas que je n'ai pas ménagé mes termes pour le lui reprocher. Dieu m'est témoin, et il faut que sa nature soit bien tortueuse et bien envieuse pour ne pas l'avoir compris, qu'aucune arrière-pensée ne s'est mêlée à ma confidence, et il semblait l'avoir senti dans le moment. Mon désir était d'être franche et loyale avec lui et de lui donner ainsi une dernière preuve d'affection. Les hommes ont un amour-propre qui ne pardonne pas qu'on ne les aime plus et qu'on le leur dise. Ils aiment encore mieux rester dans l'incertitude. Je l'ai trouvé si grossier et si indélicat que je lui ai rendu la bague de sa mère que je n'avais cessé de porter. Il l'a prise sans hésiter. [...]

Oh ! quel bonheur d'avoir retrouvé G[ustave]. Quelle que soit l'insuffisance de son affection, je m'en tiendrai là. Je l'aime plus qu'aucun et lui-même m'apprécie : puis toutes ces liaisons rompues font du mal et humilient ! [...] Villevieille[5] est arrivé, singulier magnétisme ! [...] Nous avons ensuite parlé de G[ustave], de son talent, etc. Je refais mon Poème pour le concours; le Philosophe a dit aujourd'hui à ma fille : « Ta maman aura le prix[6] ! » Dieu le veuille !

Memento du dimanche soir 14 mars 1852.

Quel ennui m'ont causé aujourd'hui tous ceux que j'ai vus après la belle et bonne journée passée hier avec lui ! Sa venue à 2 h 1/2 ; nos lectures de mes vers, de ceux de Mme Valmore[7] ; le plan de son roman *Bovaris [sic]* qu'il m'a dit ; nos baisers, sa passion, ses tendres paroles ; notre dîner à ce restaurant Durant de la place de la Madeleine, des premiers jours d'autrefois ! Notre retour en voiture après avoir passé par la place de la Concorde et par les Champs-Élysées jusqu'au Rond-point, notre lecture du *Dialogue de*

Sylla[1], nos deux heures d'ivresse. J'ai retrouvé ce matin son mouchoir dans mon lit ! Il m'a laissé sa bague égyptienne[2] ! Quelle
bonne semaine ! lundi, mardi, mercredi une courte visite, mais
jeudi quelle fête complète, l'arrivée de Bouilhet, le dîner, la soirée,
Babinet[3], le Capitaine[4] : Gustave a emmené Bouilhet, ils ont passé
la nuit au Café Anglais à parler art et sentiment ; à six heures ils
sont allés voir se lever le jour sur la place de la Concorde, puis
Bouilhet est reparti. Le lendemain Gustave me parlait de la veille
avec bonheur, il me remerciait, il m'embrassait ; il m'aime, je crois
qu'il ne pourra plus se passer de moi comme je ne peux plus me
passer de lui. Nous sommes à une hauteur où nous devons nous
rencontrer et assez seuls pour sentir que nous nous sommes
nécessaires l'un à l'autre. Il s'était profondément ennuyé mercredi
chez le docteur Cloquet en compagnie de Toirac[5]. [...] Il n'y a
que Gustave et le travail. Je voudrais bien fermer ma maison et
me murer dans le travail comme lui. Avec ma fille c'est bien difficile. Puis la complication de la gêne ; qu'il n'ait pas songé à me
dire un mot à ce sujet, à user du prétexte de l'album[6] pour m'obliger,
cela me paraît toujours bien étrange. Il a toutes les quintessences
de l'esprit, il devrait avoir celles du cœur. Tel qu'il est, il vaut mieux
que tout ce que j'ai connu ; je l'aime, il me relève. Je vais me remettre ardemment au travail.

Je suis ce soir accablée de lassitude et aussi de tristesse ; la
fuite du temps est navrante. Jamais, jamais, nous n'arrêtons les
heures, les heureuses fuient si rapides qu'elles nous rappellent
notre néant. Hier dans ses bras, aujourd'hui parti loin ! maintenant
deux mois d'absence !

Enfin ! au travail, au travail ; je vais d'abord faire l'article pour
Bouilhet[7].

Memento du mardi 13 avril 1852.

Hier Mme Roger est venue lire mon *Institutrice* : cette femme a
un esprit charmant, et un cœur, je crois. J'ai regretté d'avoir écrit
l'histoire d'Énault[8] à Gustave qui, à tout prendre, est *inamusable*.
Ses deux dernières lettres[9] me sont arrivées pendant que j'étais
au lit avec la fièvre. Elles n'ont pas été propres à me guérir. Quel
cœur sans expansions, sans étincelle. Pas un mot jamais sur ma
situation, rien sur cet album. Ah ! je suis sombre, sombre. [...]

Il y a quinze jours je rencontrai cette Emma dont j'ai tant
amusé la fantaisie de Gustave dans le temps[10].

Memento du mercredi 21 avril 1852.

[...] depuis quelque temps la maladie et les soucis d'argent
m'accablent. Gustave reste silencieux à ce sujet. Comment n'a-t-il
pas eu la pensée d'acheter (sans me le dire) en partie cet album !
Du Camp aurait-il raison ? Pour ce qui est du talent, non ! mais

pour ce qui est de certaines éclipses du cœur, oui !... peut-être.
Je lui ai écrit combien j'étais malade et triste et ma lettre d'il y
a huit jours est encore sans réponse. [...]

Vendredi matin [...] le caractère de ma fille me navre ; c'est
l'esprit envieux, malveillant et léger d'Hippolyte[1]. Le cœur n'est
pas mauvais, mais il est impossible d'obtenir une heure de travail
et de repos. Puis Gustave qui ne m'écrit pas ! Ma dernière lettre
était triste, je poussais une plainte vers lui ; au lieu d'être ému
il s'est raidi ; il craint d'être importuné, dérangé. Son ami m'a
écrit une bonne lettre[2] ! Je sais qu'il [Gustave] se porte bien et
qu'il travaille. Je lui ai écrit hier soir. [...]

Memento du 6 mai 1852.

[...] Ah ! si Gustave m'aimait mieux, comme je lui ouvrirais
tout mon cœur, comme pleurer avec lui et être plainte par lui
me ferait du bien ! Mais à quoi bon, ce serait perdre de l'attrait
qui l'attire à moi et rien de plus. Toutes les douleurs que je pourrais lui dire, si elles avaient dû le toucher, il les aurait devinées !
[...]

Memento du samedi 22 mai 1852.

[...] Écrit à Gustave. Plus d'argent. Passé le reste de la journée
seule. Henriette[3] chez sa maîtresse. Tantôt on sonne ; j'ai cru que
c'était le Philosophe[4] ; point. [...]

Le positif, toujours le positif. Il est vrai que la nécessité nous
étreint. N'importe, elle ne me liera jamais à cet homme. À l'heure
qu'il est il sait que je suis dans la misère ! Que fait-il ? rien. Et
Gustave lui-même ! oh ! mon Dieu ! mon Dieu ! que je plains et
que j'aime les femmes ! Quel drame je pourrais écrire et j'écrirai
sur leur destinée ! [...]

Lui, Gustave, ne me disait-il pas lui-même d'abord d'épouser
cet homme, puis dernièrement encore de le ménager à cause de
l'avenir et d'Henriette[5] ? N'est-ce pas me dire que son avenir et
le mien ne sont pas liés ! que je ne dois pas compter sur lui. Oh !
malheureuse, malheureuse ! Si j'avais pour moi et ma fille un refuge
tranquille quelque part ! Mais je l'aime, la blessure me suivrait
partout ; jamais aimée, jamais complètement aimée !

Memento du mardi 22 juin 1852.

Visite ; il [Alfred de Musset] arrive à une heure, essoufflé,
toussant, crachant, ayant l'air gris ; je lui offre un verre d'eau
sucrée, il demande un verre de vin. Je lui dis que n'en ai que de
très médiocre, il me répond que le vin qu'il préfère est le vin
bleu. Il avale un grand verre du vin que j'ai pour Henriette à
12 sous le litre. Il me dit qu'il ne lira pas mon poème[6] à cause
des petits journaux, *La Chronique*, *Le Charivari* et *Le Corsaire* qui

depuis sa réception ne cessent de le harceler et de l'insulter et
qui ne manqueraient pas de mêler nos noms et de dire que nous
sommes au mieux; qu'il voudrait bien que ce fût, mais qu'il
couperait le visage à ceux qui le diraient; que ça me nuirait, etc.,
etc. Il me dit qu'il a beaucoup pensé à moi depuis l'autre jour,
qu'il a fait des vers en dormant, qu'il ne se rappelle que les deux
derniers; il me les a dictés, puis il en a écrit deux autres au-dessus :

> *Conseil d'ami, conseil à vous !*
> *Conseil d'un jour, et pour la vie,*
> *Où l'amitié parle au génie*
> *Comme une belle épouse à son trop jeune époux*[1].

ALFRED DE MUSSET.

Mardi 22 juin 1852.

Il a dit : « Si vous me préoccupez ainsi, ce ne sera pas long,
je vous écrirai : voulez-vous ou ne voulez-vous pas ? » Je lui ai
répondu que nous avions d'autres questions à vider (sur le Villemain, le Philosophe[2]) et je lui ai répété : « Lirez-vous ? » Il m'a
répondu : « Nous verrons cela, je vais au Jardin des Plantes voir les
lions, venez avec moi, nous déciderons cela en face du grand lion. »
J'accepte. Pendant que je me prépare, il lit *Melaenis* et mes vers
sur Pradier[3]. Charmant en route, bon enfant, littéraire, galant. Il
demande du vin dans un café où nous empruntons un parapluie.
Ses plaisanteries vis-à-vis la cage du lion; nous repassons devant
les ours. Il me répète pour la seconde fois : « Comme ça pue, ces
bêtes-là. — D'où vient ? lui dis-je. — C'est que leur manger est la
charogne, elles s'en empreignent. — Voilà, lui dis-je, on suinte et
on sent toujours ce qu'on prend d'habitude. » Le mot m'échappe
sans intention, et ce n'est que rentrée chez moi et en cherchant
le motif de son revirement que ce mot m'est revenu et que j'ai
compris qu'il avait porté. J'ai touché à sa croix d'honneur en
touchant à son habit, il s'est écrié avec colère : « Ceci est sacré ;
pas plus d'une femme que d'un homme je ne souffrirai une plaisanterie à ce sujet. » Silence, repartis. Il a rebu de l'absinthe ;
plus un mot de galanterie. Parlé de Hugo et des tours [de] Notre-
Dame en homme gris, avec volubilité, et avec une langue si pâteuse
que je saisissais à peine les paroles. Attendu au café de la Régence.
Je l'ai laissé à côté. En me quittant, il m'a répondu que la lecture
était impossible : je lui ai dit de venir me voir. Il m'a dit que oui,
mais je crois qu'il ne viendra pas et qu'il renverra mon manuscrit.

< Voyage avec sa cousine, ivresse avec un de ses amis. Son mot :
j'ai lassé des Italiennes[4]. Consulter au besoin la lettre écrite à
Gustave. Pour une femme du monde, démarche inconsidérée ;
pour une femme artiste, démarche toute naturelle. Curiosité et
intérêt du personnage. >

Memento sur Musset du lundi 28 juin 1852.

Chez lui pour mon poème-comédie. Promenade au Jardin des
Plantes. Il est très bien, très bien durant le dîner ! Le soir sa
sensation[1]. Ce jour-là seulement bon et aimable, sans boutade. Le
mardi, dîner chez moi. Sa fureur ivre dans le Bois à propos du mot :
« Vous êtes drôle. » Décrit mes impressions à ce sujet à Gustave.
En me quittant, il me dit qu'il ira voir des filles : « Allez ! » Plus
de nouvelles jusqu'au vendredi. Le vendredi 2 juillet un mot. Je
lui réponds de venir. Tristesse, vertige et désir de la solitude. Il
vient. Nous retournons au Jardin des Plantes. Dîner : improvisation sur l'Académie[2], fou rire, il me fait sa déclaration avec
émotion. Je suis moi-même émue : stupide mouvement de vanité
furieuse à propos de l'application du vers de M. Thiers (des vers
sur l'Académie[3]), que je lui fais en riant ; il me redemande impérieusement ses vers. Je les lui rends et l'envoie promener. Il me
dit qu'il viendra le lendemain. Il vient. Impuissant[4] ! Il voit
M. Blanche[5], puis au Bois ; gris tout à fait, sa fureur grossière,
sa rage quand je lui dis qu'il est impossible qu'il vienne chez moi
le soir. Je lui dis que je quitterai la voiture, il m'en défie : « Menace
folle, comédie de saltimbanque, s'écrie-t-il, comme votre coup de
couteau à Alphonse Karr[6] ! Essayez donc, essayez donc, la voiture
court trop vite ! » Il m'indignait et me faisait peur. J'ouvre la portière et je saute. Je tombe à la renverse sur le pavé : je me blesse aux
genoux, je crains de l'être plus grièvement, car je ressens comme
une commotion dans les entrailles. Pourtant, je ne sourcille pas, je
me relève et vais me cacher dans les travaux de construction.
C'était sur la place de la Concorde, presque en face le pont de la
Chambre. La voiture s'arrête, le cocher vient à moi. Il me dit :
« Ce monsieur m'envoie savoir si vous vous êtes blessée. » Je lui
réponds : « Dites que vous ne m'avez pas retrouvée. » Il me dit :
« C'est un misérable et vous une brave femme, je le vois bien.
Voulez-vous que je le campe là et que je vous ramène chez vous ?
oh ! les pauvres femmes, les pauvres femmes ! » Je lui dis : « Non,
allez le rejoindre, dites que vous ne m'avez pas vue. »

Suite de la scène du samedi 3 juillet 1852.

La voiture repart ! quel lâche ! ou plutôt quelle brute ! Il était
ivre mort. Beauté de [la] nuit, splendeur de la lune ! En ce moment,
minuit et demie, Gustave m'écrivait. Je pense à lui, à ma fille, je
prends la résolution de ne plus revoir cet homme, de ne plus
répondre à ses lettres. J'aurais pu mourir là sur le coup. Et ma
pauvre enfant ! et Gustave !... Je tente de rentrer chez moi en
marchant. J'étais brisée, un coupé passe, j'y monte. Je rentre. Je
dors. Hier beaucoup de monde. Sérénité, retour au vrai et au bon.
Le matin son billet, où il me dit qu'il a une inquiétude mortelle ;
il me demande un mot de réponse en grâce[7]. La bonne répond que

je suis souffrante et que je ne puis répondre — il m'avait écrit
du café de la Régence à 10 heures du matin. À 5 heures, en venant
dîner chez moi, d'Arpentigny[1] l'y trouve encore ivre mort. Depuis
lors pas signe de vie à moi.

Ce matin lundi (5 juillet) la lettre de Gustave[2]. Quel baume pour
mon cœur !

Memento du mardi 6 juillet 1852.

Hier soir longue lettre à Gustave sur M[usset]. Supprimé le
moment d'oubli[3] ; envoyé les deux billets de M[usset][4], les vers
sur l'Académie et les autres ; jeté la lettre à la poste rue de *[illisible]*.
Allée chez Lebrun[5], relu mon poème. Chez Villemain ; je le rencontre dans la cour, il veut remonter chez lui ; il traverse trois
pièces pour me faire asseoir dans sa chambre prétendant qu'il y
fera plus frais ; son air excité, il me baise le bras, puis la joue, je
me lève[6]. Je n'y retournerai qu'avec ma fille. Pingard me dit que
Musset vient de lui écrire pour s'excuser de ne pouvoir assister
à la séance, étant malade. Je passe chez moi et je trouve un billet
de lui[7] où il me demande pardon et me supplie de le recevoir
demain, ayant absolument à me parler. Je n'ai pas répondu et
j'ai envoyé le billet à Gustave. [...]

Memento sur quelques jours de juillet 1852.

Samedi 10 : lu le *Satyricon*, le sonnet fait le vendredi soir[8].
Émotion, une larme [sur ?] lui. Allée ! Ses confidences sur Mme Sand ;
les billets du duc d'Orléans ; la lettre de l'ami de Trouville. Sortis,
dîner, Gaîté, mélodrame, sa joie d'enfant au théâtre. Souper. Le
lendemain dimanche, rien. Le lundi, le petit billet. Hier, malade ;
ce qu'il me dit sur Louis XV, sur la mort. Sa tête très belle. Ses
crises nerveuses la nuit. Sortes d'hallucinations. L'idée qu'il me dit sur
bientôt me frappe douloureusement. Je l'écris à Bouilhet le soir.
Dans la journée du mardi, pas de nouvelles. Ma surprise en le
voyant arriver à six heures et demie. Il dîne, il est charmant de
bonté, de distinction et d'esprit. Mme Roger[9] en est dans l'enchantement. Ils passent tous ensemble à dix heures. Je lui écris hier
matin mercredi un petit mot[10] : pas de réponse. Serait-il plus malade ?
Lettre de G[ustave]. Pas un mot au sujet du paragraphe sur Croisset
et sa mère[11]. Il a des coins inaccessibles ; pourquoi lui livrerais-je,
moi, tous ceux de mon cœur ? Je voulais partir. Je ne pars pas.
Malade comme l'est l'autre, nous pourrons nous en tenir à l'amitié.
Il faut que les choses se dessinent mieux avant de me décider dans
ma misère à faire ce voyage coûteux. [...]

[...]

[...] Il me semble qu'aujourd'hui *samedi* il doit écrire ; il s'est
toujours passé quelque chose le samedi. Singulier rapprochement :
c'est le samedi 19 juin que je suis allée chez lui pour lui demander
de lire, le samedi suivant 26, jugement du concours des cantates,

j'ai passé chez lui le soir pour m'informer de ses nouvelles (nous nous étions promenés le mardi pour la première fois ; son billet du jeudi). Le dimanche 27, ses trois billets, tout cela envoyé à Gustave. Le lundi allée pour retirer mon poème, retournés au Jardin des Plantes dîner ensemble. Le mardi dîner chez moi. Première scène le soir. Le vendredi dîner, improvisé les vers. Le samedi, dîner chez moi, scène de la voiture. Écrit le dimanche et le 27 mardi, venu le mercredi, écrit le jeudi, venu tout joyeux le vendredi. Réconciliation le samedi 10. Aujourd'hui samedi 17, attente.

Memento du jeudi 22 juillet 1852.

Venu dimanche soir. Grand enfant. G[ustave] a raison[1]. [...]

Memento du lundi 26 juillet 1852.

[...]

À cinq heures et demie M[usset] n'avait pas paru ; je ne l'attendais plus. Il est arrivé avec le Philosophe[2]. Ils ont dîné ensemble : charmants et très intéressants tous les deux. Parlé de Goethe, de ses habitudes, de sa manière de travailler ; le Philosophe l'a vu deux fois (il m'avait donné sa médaille, donnée par lui ; je l'ai donnée à Gustave[3]. Celui-là est toujours la plus absorbante, la plus dominante de mes sensations). Après, nous avons parlé de Byron, belles citations qu'en a faites M[usset], qui en sait par cœur de grands fragments. Vers 9 heures nous sommes montés en voiture pour aller reconduire Henriette[4] et nous avons déposé M[usset] au café de la Régence. Le Philosophe m'a ramenée chez moi ; il a voulu être tendre et m'a demandé en grâce de nous promener un peu. J'ai refusé. J'ai eu la très mauvaise inspiration de ressortir et de faire appeler M[usset] au café pour nous promener un peu. Il était gris ; d'abord il a été assez maître de lui-même et m'a raconté avec lucidité ce qui s'était passé à l'Académie à propos du sujet de prix de Poésie *L'Acropole d'Athènes*[5], la discussion de Salvandy[6] et du Philosophe, mais à peine au Bois il a rebu et ses divagations ont recommencé. Comme je riais et le fuyais ou voulais le ramener à la voiture, les même[s] injures. Je lui ai dit : « Canaille », alors fureur ; je voulais descendre, faire arrêter ; il m'a tenue fortement de son bras raidi par la colère, il m'a appelée bas bleu, etc., m'a menacée si je parlais contre lui. Je lui ai dit qu'il était un misérable, un lâche, il a voulu de force me déposer à ma porte. Je me suis couchée brisée, le plaignant beaucoup. Plus de pitié que d'amertume ; quel abaissement, mon Dieu ! [...] C'est étrange, j'en aime deux[7], mais bien différemment. Aujourd'hui à midi je suis sortie pour aller chez un libraire et à *La Presse* pour l'article de G[ustave] sur Boui[lhet][8] ; en rentrant j'ai trouvé la carte de M[usset]. Il était venu à une heure. À 7 heures et demie ce soir, on m'a apporté ce billet écrit d'un restaurant. J'ai eu la faiblesse de

répondre que j'y étais, que j'étais bien souffrante. À huit heures et
demie il est arrivé, charmant de physionomie, rajeuni, bien mis [...].
Il m'a dit : « Nous ne nous brouillerons jamais plus; les caresses
nous réconcilieront quand vous serez tout à fait mon amie » et il
s'est mis à m'embrasser en me disant : « Ah ! je suis bien vieux. »
J'ai parlé de la bonne qui allait rentrer. Il m'a dit : « Oui, je crois
que j'entends une porte. » À mon retour (une seconde), il m'a dit
l'éternel : « Je me trouve mal, le sang m'étouffe, je m'en vais »; et il
a voulu s'en aller (c'est la seconde fois[1]). Certitude qu'il est presque
impuissant ou qu'il n'a que [des] sensations passagères et douloureuses. Osera-t-il écrire ou venir demain ? Tout cela est bien étrange.

Memento du dimanche 1er août 1852.

« Vous vous moquez de Villemain avec Cousin, de Cousin avec
moi et probablement de moi avec un autre »; voilà ce que M[usset]
m'a dit hier chez lui et ce qui a failli me faire rire beaucoup, parce
qu'il y avait une certaine vérité, je dis certaine. Vendredi matin
(avant-hier) Villemain est venu à midi; étrange scène de ce secrétaire perpétuel[2], se jetant sur mes bras, sur mon cou et sur mes
cheveux, les baisant, l'air en chaleur comme [*mot illisible* : un cocho-
net ?]; horrible de laideur, me faisant des offres de services, etc.,
quelle étrange bête que l'homme ! Il a lu et très bien lu mes *Résidences royales*[3], deux fois les strophes sur les bois et la mousse, puis
il m'a dit des vers d'amour de lui faits à trois heures du matin,
heure à laquelle il se lève toujours. Il m'a suppliée de ne pas parler
de ses déclarations à ses confrères. [...] Dîné chez M[usset]. Ses
nouvelles; promenade à pied dans les Champs-Élysées. Il me
ramène chez moi à dix heures; son aveu complet sur son manque
d'argent. Convenu que je lui ferai prêter, si je puis, mille francs.
Ce qu'il me dit avant sur l'impuissance; je souris. Oh ! G[ustave],
G[ustave], quel contraste ! Il doit venir ce soir.

Memento du 15 août 1852.

[...] Le mardi 3 août G[ustave] arriva le soir; j'avais vu M[usset]
dans la journée et m'étais occupée de l'emprunt (chez Chatrain,
qu'il désirait). Bonne soirée avec G[ustave]. Le lendemain il est
venu avec l'ami Louis [Bouilhet] et nous avons passé toute l'après-
midi du mercredi à faire le triage de mon volume de poésies[4].
Ils m'ont ensuite conduite à la porte Maillot chez ma cousine et
m'y ont repris à leur retour de chez Maxime[5] où ils avaient dîné.
Le lendemain jeudi vu Villemain et allée à la Sorbonne avec ma
fille pour engager le Philosophe[6]. Sa fureur quand je lui ai dit que
j'avais revu Monsieur de Rouen [...][7].
    Le lendemain Gustave a dîné avec moi. Le samedi il n'a pu venir.
Le dimanche il est venu à 2 heures jusqu'au soir [...]. Le lundi nous
avons dîné ensemble chez Mme Sasportas. Sa crise à l'hôtel, mon
effroi. Il me supplie de n'appeler personne; ses efforts, son râle,

l'écume sort de sa bouche, mon bras meurtri par ses ongles crispés. Dans à peu près dix minutes il revient à lui, vomissements. Je l'assure que son mal n'a duré que quelques secondes et que sa bouche n'a pas écumé. Profond attendrissement et profonde tendresse que je me sens pour lui. Je rentre chez moi à une heure, accablée de fatigue et de tristesse. Il vient passer toute la journée du lendemain, plus amoureux, plus passionné que jamais, brisé, mais en apparence très bien. Mercredi, je ne le vois que deux heures. Je m'occupe exclusivement de mon volume de poésies. [...] Le jeudi G[ustave] vient me dire adieu le matin. M[usset] ne paraît pas. [...]

Memento du mardi 17 août 1852.

« Êtes-vous chez vous ce soir après-dîner ? » : voilà son mot de hier soir. Je l'ai reçu à 5 heures avec ma comédie[1] et le porte-billet en coquillage pour ma fille. J'ai répondu que j'y serais. Il est arrivé à huit heures et demie. [...]

M[usset] est donc arrivé. Il m'a dit qu'il avait lu la comédie. Je ne le crois pas. Nous n'avons pas pu en causer. Ce n'est plus qu'un enfant puéril, un vieillard sénile. Il m'a dit encore qu'il m'aimait. Il ne pouvait plus se soutenir ; il a prétendu qu'il était tombé la veille dans la foule, il avait une marque au front et une autre au nez et les deux genoux horriblement meurtris, m'a-t-il dit. Je crois bien que sa chute est la suite de l'ivrognerie. J'en ai la conviction ; il m'a dit qu'il avait été très amoureux de moi, qu'il [l']était encore, mais qu'il ne voulait pas souffrir, etc., etc. Cela s'est prolongé jusqu'à onze heure[s], mon pied surtout le charmait. Quel affaissement ! Il n'a plus que des ressouvenirs de sensations, comme il n'a plus que des ressouvenirs de génie. J'en ai une sorte de pitié, mais cela finira probablement par le dégoût. Il se le dit instinctivement, car il ne cesse de me répéter : « J'ai peur de vous dégoûter. » Il est venu ce matin à midi en allant à l'Académie. Son nez est très marqué de noir. Si cela dure, il n'assistera pas, dit-il, à la séance de jeudi. Il ne songe qu'à lui en tout, il ne se préoccupe jamais d'être utile ou agréable. [...]

J'attends G[ustave] pour dîner ; lui m'aime ! Mais il songe plus à lui qu'à moi. Oh ! le dévouement, la passion ! jamais, jamais ! C'est donc un songe. Voilà mon volume fini, j'en ai reçu tantôt la dernière feuille[2]. Rien, excepté ma fille (qui ne se doute pas de ce que je fais pour elle et qui me poignarde parfois le cœur), ne me remue plus bien profondément.

Est-il donc vrai que les émotions s'usent ? oui, à mesure que l'intelligence se fortifie et devient plus sereine.

Après-demain, la séance[3]. Qu'y éprouverai-je ? Je n'écrirai plus de memento que dimanche soir après le départ de Gustave. Oh ! pourquoi ne m'engage-t-il pas avec ma fille ! les hommes n'ont *pas de cœur.*

Memento du mardi 24 août 1852.

Il y a aujourd'hui huit jours, G[ustave] arrivait ; il a dîné avec moi, il a été plus ému, plus passionné que jamais. M[usset] m'a envoyé des billets d'Académie le soir. Le lendemain mercredi nous sommes allés ensemble à Saint-Maur[1] ; j'ai pris le coupé dès une heure, j'ai fait toutes mes courses de journaux et de libraires. J'ai vu le gros Véron[2]. La pluie n'a pas cessé sur la route de Saint-Maur. G[ustave] était tendre, mais triste. Nous avons trouvé Mme Roger, son mari, sa mère. Il a été convenu qu'ils viendraient tous le lendemain à la séance. Nous ne sommes arrivés que vers huit heures au Café Anglais pour dîner ; il a demandé le numéro 14 : étrange rapprochement, c'était le même du soir de M[usset][3]. Je n'ai rien dit, mais j'ai éprouvé un saisissement en me trouvant assise avec G[ustave] sur ce même canapé. J'ai parlé de mon bracelet. À 9 heures nous avons dû nous séparer. Il avait un rendez-vous d'affaires à son hôtel. Je suis rentrée ; je craignais un peu la visite de M[usset] à qui j'avais écrit. À dix heures on a sonné, j'ai cru que c'était lui. C'était le bracelet d'ambre que G[ustave] m'envoyait. J'ai été émue jusqu'aux larmes ; le jeudi matin M. Roger est arrivé avec des fleurs et successivement tout le monde. J'avais la même toilette qu'Henriette. Nous sommes allés à l'Institut. Je suis montée seule dans une petite tribune après avoir vu entrer tout le monde ; G[ustave] avec son ami et le Capitaine[4]. Ennui de la séance. Tiédeur de l'éloge que me donne Villemain. Je découvre Octave[5] là-haut en face, en bas le Philosophe[6], G[ustave] en face de M[usset], M[usset] au bureau comme chancelier ; il lorgne dans toute la salle pour me découvrir. Lecture de mes vers. Succès. Patin[7] les lit bien ; applaudissement. Chasles et de Fresne[8] me parlent en sortant. M[usset] nous rejoint ; il me dit qu'il viendra le soir. Dîner. Soirée. M[usset] ne vient pas, [...] Mme Roger part avec le petit Énault[9] ; désappointement de l'ami de G[ustave]. Il avait fait de beaux vers pour elle[10]. Nous restons tous les trois à causer jusqu'à trois heures du matin. G[ustave] de plus en plus aimant pour moi. Il vient le vendredi dîner avec moi ; nous nous séparons de bonne heure ; il revient le samedi dans l'après-midi, me quitte à 5 heures pour revenir à six et demie. M[usset] arrive comme il vient de sortir. Je lui dis que je dîne en ville ; je lui fais des reproches de n'être pas venu le jeudi. Il m'avoue qu'il est allé dîner et boire avec des amis. Il me dit : « Vous ne m'aimez plus » ; il me dit de lui écrire quand je voudrai le voir [...]. Cette visite de M[usset] m'a troublée. G[ustave] est revenu, nous avons dîné, puis nous nous sommes couchés malgré les Anglais. Il a emporté mon livre et les journaux pour sa mère. Son idée d'acheter de mes volumes. Jamais il n'a été meilleur, jamais il ne m'a mieux aimée. Il m'a dit : dans un an nous serons réunis ; patience, courage, orgueil. Je suivrai ses conseils. Je ferai du beau, du grand ; je vais me retremper dans le silence et la solitude.

Le dimanche matin, j'ai reçu sa lettre. [...]
Aujourd'hui veille de ma fête. [...]

Écrit ce matin à G[ustave] et ce soir à M[usset] une lettre affectueuse[1], mais qui lui fera comprendre que je ne veux que de l'amitié.

Memento du samedi soir 4 septembre 1852.

Il y a quinze jours aujourd'hui que G[ustave] est reparti : il
m'a bien aimée, il s'est attendri plus que de coutume, c'est lui que
j'estime, lui qui m'attache, lui pour qui j'ai le plus vif, le plus profond attrait, et cependant mon cœur était toujours traversé par
la pensée de M[usset] qui était venu ce jour-là même vers 5 heures
(le samedi) s'excuser de n'avoir pas assisté à ma soirée le jour de
mon prix et que j'avais éconduit en lui disant que j'allais dîner en
ville, de crainte qu'il ne se rencontrât avec G[ustave][2]. Il était parti
blessé au fond, car son amour-propre (seule fibre vivante en lui)
est des plus irritables. Trois jours s'écoulèrent sans que j'enten-
disse parler de lui ; le mardi soir, je me décidai à lui écrire. Je lui
disais qu'il fallait bien de m'oublier, car je ne pouvais rien pour son
bonheur, que ses funestes habitudes avaient coupé les ailes au
sentiment que j'avais d'abord eu pour lui, mais que je lui resterais
toujours attachée et que je le priais de me donner des nouvelles
de sa santé. Il ne me répondit point, il ne parut pas le lendemain,
jour de ma fête. Le lendemain jeudi soir (juste huit jours après le
prix, G[ustave] et ma soirée) je me décidai, n'y tenant plus, à sortir
pour avoir de ses nouvelles. Chose étrange, cet homme, quand je
ne le vois pas, exerce sur moi une fascination de pensée qui tient du
vertige, je suis pour ainsi dire amoureuse de son génie, ce que je
lis de lui m'enivre. Aussitôt que je le vois, le dégoût et presque le
mépris me gagnent. Je partis donc, je montai dans l'omnibus qui
conduit place du Palais-Royal et me fis descendre près du café.
J'envoyai un cocher demander s'il y était ; on répondit qu'il n'y
avait pas paru depuis trois jours.

Je montai dans la voiture de ce même cocher et me fis conduire
chez lui ; il était dix heures. Je le trouvai assis sur son grand fauteuil, lisant des romans de Dumas auprès de [sa] table où était une
lampe sur laquelle se trouvait aussi le dé, les ciseaux de travail de
la servante qui lui refaisait un gilet de flanelle, assise auprès ; elle
s'était levée pour venir m'ouvrir, elle me dit qu'il allait mieux, mais
qu'il avait été fort malade. Il était encore couvert d'une sueur froide
et était d'une faiblesse extrême. Je lui baisai le front, il me dit de
n'en rien faire, qu'il sentait la fièvre. Il paraissait gêné de ma visite ;
je ne restai que quelques minutes et le priai de me donner de ses
nouvelles. La servante me dit sur l'escalier que ses crises se renou-
velaient toujours pour la même cause : l'ivrognerie, et qu'il finirait par y succomber. Malade, sa tête était fort belle. C'est ainsi
qu'il faudrait le peindre, mais il y a des heures (et ce soir je l'ai vu

de la sorte), où il a un regard fourbe et pervers et un sourire corrompu qui repoussent et portent l'empreinte de toutes les basses
et mauvaises passions. Le samedi, n'ayant pas reçu de ses nouvelles,
je passai avec ma fille pour en savoir, craignant qu'il ne fût plus
mal : il était sorti pour se promener aux Champs-Élysées, nous
dit la servante, il allait mieux. [...] Le lendemain, j'étais tout à fait
souffrante, triste, ennuyée ; je sortis de chez moi pour aller à Saint-
Maur[1] avec ma fille ; le courage me manqua, je remontai. Ennui de
la journée ; personne ne vint, pas de lettre de G[ustave], pas un
mot de M[usset]. Il devenait évident qu'il ne voulait plus m'écrire
ni venir. Je lui écrivis pour l'engager à dîner avec ma fille qui le
distrairait, mon concierge ne le trouva pas chez lui. Le lendemain
matin, je reçus le billet ci-joint[2]. Je ne bougeai plus et lui écrivis
seulement le mardi pour le prier de me donner de ses nouvelles,
ne voulant pas le déranger (disais-je) en allant en savoir. J'avais
pris la ferme résolution de travailler, mais la force me fit défaut,
mon cerveau fatigué ne fonctionna plus, je sentis qu'il me fallait
la campagne durant quelque temps ; je l'écrivis à G[ustave]. Cette
pièce des *Fantômes*[3], dont la seule première partie est bonne,
m'avait rassurée.

Le jeudi à 5 heures un quart M[usset] arriva après l'Académie.
Je l'embrassai pour lui témoigner ma joie de le revoir, et aussi
pour le forcer à se dessiner un peu. Il fut très froid comme il l'est
du reste toujours quand il n'est pas gris et que ses velléités de sens
ne se réveillent pas. [...] La veille j'avais écrit à G[ustave] toutes
mes tristes affaires [...]. Nous marchions dans les Champs-Élysées
près de la grande avenue et nous approchions de la place de la
Concorde ; je ne sais pas à quel propos le mot « mariage » fut prononcé. Je dis, je crois : « Quelle folie que le mariage ! » Il répliqua :
« Et tout le monde finit par là. » Je lui dis en riant : « Y avez-vous
jamais pensé ? — Mais pourquoi pas, dit-il, dernièrement encore on
m'a proposé un très beau parti, une très belle personne. » Je lui dis
d'un ton très doux : « Oh ! mon ami, est-ce qu'on se marie avec votre
santé ! » — Il sentit le coup, il y vit une offense, il se souvint et il
répliqua avec une fureur concentrée : « Ma santé ! ma santé !...
Est-ce que vous croyez que je ne suis pas capable d'être marié ! —
Je dis seulement que vous souffrez souvent, qu'il y a 8 jours vous
me disiez encore que vous n'en pouviez plus. — Je me porte très
bien quand je *veux*, a-t-il répliqué en appuyant sur le mot, et ce
matin encore, j'ai piqué deux coups. Quand ça ne va pas, c'est que
la femme même ne m'inspire rien. » À ce propos grossier, qui m'a
soulevé le cœur d'indignation, j'ai répondu : « Assez de grossièretés,
Monsieur, exercez-vous sur qui vous voudrez, mais n'oubliez pas
que vous m'avez demandé pitié et dit en me remerciant que vous
deviez m'inspirer du dégoût. Je suis persuadée que je ne vous
inspire rien et je ne désire rien vous inspirer ; seulement un peu
de délicatesse devrait vous empêcher de parler comme vous le
faites. » Il a répliqué que j'avais voulu l'insulter en lui disant qu'il

était malade et qu'à son tour il avait le droit de me répondre comme il le faisait. Quoiqu'il ne fût pas gris, j'ai compris que la fureur de l'amour-propre le pousserait à une scène du genre des anciennes (le souvenir du quatrain sur Thiers[1]) ; j'ai compris aussi que mon indignation (indignation que je vais motiver) m'emporterait ; j'ai quitté son bras, je lui ai dit : « C'est assez, je ne m'exposerai plus à vos propos outrageants. — Vous allez rester, m'a-t-il dit. Vous allez prendre mon bras. » Je lui suis échappée, j'ai traversé la grande avenue au risque de me heurter aux voitures et de crotter ma mince chaussure. Il était neuf heures un quart ; je suis rentrée chez moi à pied par le pont de la Chambre, le même pont où j'avais passé après la chute de voiture. J'ai réfléchi à l'infamie, au mauvais cœur, à l'indélicatesse de cet homme et la colère m'a gonflé le cœur. D'abord cette idée de me dire à moi, après son amour prétendu, après ses vers, après tout ce qu'il a fait, qu'il se marierait bien, puis cet oubli de son état, puis (et Dieu m'est témoin que, n'aimerais-je pas G[ustave], je n'en voudrais pas pour compagnon de vie, il n'a été pour moi qu'une curiosité ravivée par l'admiration de sa poésie), puis, dis-je, cet aplomb de l'homme ! de l'homme qui pourtant m'a montré à moi toutes ses décrépitudes, son ivrognerie, sa décomposition, le gaspillage de ses finances, sa vie tiraillée ! cet aplomb inouï d'oser [dire] à une femme de ma valeur qui le juge, le toise et peut dire aux malheureuses et aveugles héritières qu'il convoite, ce qu'il est, cet aplomb, cette insolence, après m'avoir parlé d'amour, de vie à deux, de la puissance que je pouvais exercer sur lui, de venir me dire qu'il pourrait bien songer à se marier : cela m'a paru si révoltant et plus encore à l'égard de la pauvre jeune fille qu'il oserait tromper sur toute sa personne, que je l'ai jugé un grand misérable et tout en marchant je pensais que tous les hommes à des degrés près lui ressemblaient, que G[ustave] en viendrait peut-être là un jour ! [...]

Mme Sand et moi mêlerons nos indignations. Elle aura été le juge des commencements de M[usset] et moi de la fin. Ce soir, je n'en puis plus. Babinet[2] est venu. Il pleut. Je ne pourrai partir demain ! aurai-je *une bonne* lettre de G[ustave] ?

Memento du dimanche 12 septembre 1852.

Hier samedi onze, quoique j'eusse un peu travaillé dans la journée, accablement et malaise le soir, douleur de la solitude dans cette atmosphère noire en plein été. Quelle semaine : toujours de la pluie ! Le soir, les hommes s'étant éclairci, la pensée me vint de sortir, de voir quelqu'un, d'entendre une voix humaine. Jeudi soir, j'avais jeté à la poste des vers pour M[usset] : *Ingénéreux*[3], *Les Fantômes* et ces quatre vers :

Vous l'aimez, ne le voyez pas,
Lisez ces vers, rêvez son âme,

Mais n'approchez pas, pauvre femme
De ce spectre qui tend les bras.

La veille en sortant j'avais visité l'appartement qu'il a loué rue Mont-Thabor et fait le soir deux sonnets sur cet appartement vide. Pensant qu'il avait reçu mes vers, étonnée qu'il n'en eût pas été ému, et ne m'eût pas écrit, tiraillée, poussée vers lui par le vertige que me donne sa poésie, malgré mes résolutions de la dernière fois que je l'ai vu, je voulais le revoir, mais j'avais surtout le besoin de voir quelqu'un.

Gustave me fait bien du mal en me laissant seule ainsi. Oh ! si encore j'arrivais au théâtre à quelque chose de grand ! Enfin hier j'avais besoin de parler à un être humain. Je résolus de passer chez Franz[1], dont voilà bien des mois je ne m'étais pas informée. Pour prétexte, je pris mon volume de poésies ; Franz n'était pas rentré. Je pris l'omnibus, je fis demander M[usset] au café, on répondit que depuis une heure et demie il en était sorti. J'eus l'idée d'aller chez lui, j'y allai à pied, je fis demander par un homme qui passait s'il y était. On répondit qu'il n'était pas rentré. Je montai en voiture et repassai par le café ; il était plus de onze heures. Cette fois-ci il y était ; on lui remit mon billet ne renfermant que ce mot :

« Je voudrais vous parler un moment. »

[...] Il vint au bout d'un quart d'heure tout souriant ; il était à moitié gris ; il monta en voiture [...]. La voiture atteignait les Champs-Élysées. Tout à coup il dit : « Mais il doit être bien tard, je meurs de faim et rien n'est ouvert ici pour souper : depuis deux heures je n'ai rien pris. J'ai passé la journée à jouer aux échecs au café ; il faut que je mange (il était minuit et demie). « Au café Anglais », dit-il au cocher. Je lui dis que j'allais le quitter, que maintenant je l'avais vu et étais rassurée sur sa santé, que c'était assez. Il me dit : « Pourquoi ne monteriez-vous pas, j'aime beaucoup votre compagnie. » J'acceptai malgré ma répugnance, son état de demi-ivresse et la pensée de G[ustave]. Je voulais à tout prix me débarrasser de mon obsession et tuer ce qui me restait d'attrait pour lui. Il se fit donner un cabinet où il y avait un piano et il se mit à préluder et à fredonner plusieurs airs ; il répétait : « Je n'ai plus de voix, c'est fini, je n'ai plus de voix. » Je m'établis sur un canapé placé devant une glace et je le regardai dans la glace où se reflétait sa tête. Vue ainsi, elle était fort belle, quoique pâle et ravagée. Belle encore de forme et d'expression et à cette distance encore jeune. Il avait commandé de l'hello, des écrevisses et une fameuse omelette aux crevettes dont il avait mangé avec Ancelot dans leur fameux voyage au Havre[2]. Il dévora *con gusto* cette omelette répétant : « En vieillissant je me vois un gros gourmand. » Je le considérais tristement ; c'était assez dégradant ; je pensais à Casanova et à Louis XV vieillissant, cet homme suintait la corruption et la décrépitude de ces deux

hommes. Et pourtant son intelligence survivait par éclair. [...] Il
ferma les yeux; je lui dis : « Je vais vous ramener chez vous » ; il me
dit : « Nous sommes bien ici », il passait sa main dans mes boucles.
Il s'assit sur le canapé et m'embrassa. Je me mis à fondre en larmes.
Ah ! le poëte, le poëte, pensais-je, en être tombé là ! Ses dents
grinçaient, il toussait, il avait mangé douze huîtres d'Ostende
saupoudrées de gros poivre et bu encore de l'eau-de-vie. En voyant
mes larmes il me dit : « *Je n'ai plus de cette monnaie ;* que diable, le sentiment est ennuyeux. » Le garçon rentra et fit desservir. [...] Il répétait : « C'est drôle, je m'endors » ; et il s'appuyait sur mon épaule ; il
était deux heures et demi[e] du matin. Il m'embrassait en disant :
« Quel malheur de ne pouvoir aller coucher avec toi », et il se mit à
faire une sorte d'élégie voluptueuse et tendre sur le bonheur des
alternatives de sommeil, de causerie et de caresses d'une nuit
passée à deux. Il me dit : « Je vais monter chez toi. » Je dis : « C'est
impossible. — Ah ! très bien, très bien ; ce *non* m'arrange », et il se
retira brusquement. La voiture touchait à ma porte ; je descendis, il
ne voulut pas même me presser la main. Je me suis retrouvée seule,
dégoûtée de lui, et l'esprit débarrassé de son obsession. Dieu
veuille qu'elle ne revienne pas ! Comment cet homme, avec son
égoïsme, ses vices, a-t-il pu se mettre à la traverse de ma passion
pour Gustave, si grande, si vraie, la seule de ma vie ?

Ah ! c'est que G[ustave] me délaisse trop, c'est que la maison de
sa mère ne s'est pas ouverte pour moi[1], c'est qu'il manque la certitude
de l'avenir à son amour. N'importe ! cet amour me domine et
prime encore sur tout autre. M[usset] me dégoûte. Amoureuse de
son talent, toujours ; mais lui, plus de désir de le voir. Quelle
étude ! elle est complète. Il n'a pas écrit aujourd'hui dimanche ;
sera-t-il rentré chez lui ? aura-t-il trouvé mes vers ?

Memento du lundi 4 octobre 1852.

Lundi passé cet extravagant (et peut-être intrigant) Gagne[2] est
venu le soir. Sa scène de testament. Je l'ai prié de ne plus revenir
et j'ai écrit le tout à G[ustave]. [...] Hier beaucoup de monde ;
nouvelles politiques ; lettre de G[ustave][3] ; aujourd'hui temps
horrible. [...]

Memento du samedi 16 octobre 1852.

Ce matin encore point de lettre de G[ustave]. J'en suis bien en
peine. Aurait-il eu quelque attaque ? C'est étrange qu'il ne m'ait
pas écrit après avoir lu le pamphlet de Victor Hugo[4]. [...] Le courage
me manque pour écrire. Le silence de G[ustave] me navre.

Memento du samedi 1er janvier 1853.

Cette année écoulée a été la plus douce, la meilleure de ma vie.

Gustave m'a bien aimée et j'ai goûté par lui l'art et l'amour mieux
que je ne l'avais jamais fait. Cet épisode d'Alf[red] de M[usset] m'a
troublée et laissé longtemps une impression triste et émue, irritée ;
à présent le calme s'est fait. Ces longs mois surtout durant l'été,
durant lesquels Gustave me laisse seule, sont bien durs à passer.
Le travail seul m'est bon. Voir le monde, aller à l'Opéra et aux
Italiens ravive trop mes sens. Penser que durant quelques minutes
la vue de ce jeune Turc m'a émue ! Mais la discipline du travail
m'a remise bien vite dans une disposition sereine. J'en ai été
récompensée par la fin de ma *Paysanne*[1] qui a réussi et dont Gustave
est bien content. Quelle bonne lettre il m'a écrite hier matin[2] :
j'ai pleuré de joie en la lisant. [...] Henriette[3], à qui j'avais parlé de
cette idée d'envoyer à M[usset] un camélia blanc pour tâcher de
donner une secousse morale et bienfaisante à son abrutissement,
n'a pas voulu y renoncer ; nous avons choisi un bel arbuste couvert
de boutons et de camélias rosés. On m'en a demandé 10 fr[anc]s,
je l'ai eu pour 5 fr[anc]s. [...]

Memento du vendredi 14 janvier 1853.

[...]
Profond ennui de ma journée de dimanche. Ma fille serait mieux
en pension et moi toute à l'art et à G[ustave]. C'est ce que je vais
faire au mois de février. Lundi, j'ai vu Antony D[eschamps].
Toutes les histoires qu'il m'a racontées sur Maxime. Mardi, Edma[4] ;
je suis partie après sa visite pour respirer l'air. Passé rue Mont-
Thabor devant la porte de M[usset]. Ce souvenir m'a laissé quelque
chose. Mais aussi quelle vie triste et sérieuse je mène, cet amour
à distance a quelque chose de cruel, mon Dieu ! [...] Il y a deux ou
trois jours Edma m'a appris la mort du Lion ; j'ai fait ce sonnet[5].
[...] Ce fou de Gagne[6] est venu. Qu'il est bête ! Puis Jacquèmes ce
soir pour m'achever, mais du moins celui-ci, s'il est bête, est naïf. Je
lui ai lu des fragments de *La Paysanne*. Il a pleuré. Ce succès m'a
fait plaisir. La vérité de la campagne du Midi l'a frappé. J'ai beaucoup retravaillé et grâce à la sévérité de G[ustave] je crois que j'ai
fait quelque chose de bon. Je lui ai écrit encore ce soir. Quelle vie
nous menons, quand nous pourrions nous rendre si heureux ! Ce
soir je trouve la nomination de Maxime à la croix d'officier de la
Légion d'Honneur dans *La Presse*. Quelle charge ! Cela vient à
propos après son *Roman posthume*[7] ! [...]
Je n'ai pu travailler ce soir ; il faut pourtant que je refasse cette
scène de ma comédie avant de me mettre à *L'Acropole*. Le temps
fuit !... enfin j'aime mieux avoir fait *La Paysanne* que si j'avais la
croix de Maxime.

Memento du mardi 15 mars 1853.

Voilà bien longtemps que je n'ai écrit de *Memento*. À quoi bon ?
Ma vie s'est passée dans un travail assidu avec une seule pensée :

Gustave. Aujourd'hui envoi de *L'Acropole*. Dissidence avec Gustave (au sujet du morceau des Barbares) qui m'a navrée[1]. [...] Pas de lettre de Gustave depuis trois jours : je viens de lui écrire. J'ai vu Villemain dans la journée pour lui recommander ce poète Lacaussade[2]. Ses déclarations, ses tendresses ! que les hommes sont vils, et dire que si je lui disais que je concours, il me nuirait ! Je suis navrée; ma gêne est extrême; le misérable[3] qui me laissait déjà presque la moitié de la pension de ma fille à ma charge va me laisser le tout parce que je ne veux pas qu'il la voie seul sans moi ! Gustave ne se met jamais en peine de ma situation. Je n'ai que moi, mon Dieu ! [...]

Memento du 7 avril 1853.

Que je suis accablée depuis quelques jours ! Il me semble que je porte déjà le poids de la vieillesse et des soucis rongeurs qui s'avancent. Rien ne me soutient. Gustave dans ses lettres ne me parle jamais que de *l'art* ou de lui. Sur les *gênes* de ma pauvre vie, rien. N'importe ! tel qu'il est, il m'est encore une douceur. Voilà près de huit jours que je n'ai pas eu de ses lettres ; et jamais elles ne m'auraient été plus nécessaires. Pas un mot du Philosophe[4]. Il s'est montré au couvent le jour de Pâques, y a joué sa comédie et ne m'envoie même pas la pension de ma fille. Comment ferai-je, grand Dieu ! mon loyer augmenté et tant de dettes. Pourvu que j'aie ce prix ! [...]

Memento du 25 avril 1853.

Que de choses depuis le jeudi 14 de ce mois où Villemain vint dans la soirée, où j'appris de lui les mauvaises nouvelles du concours[5], où je lui confiai tout. Sa flamme, ses paroles folles, ses promesses; le lendemain, malade. Le samedi, [...] envoi de deux sonnets, *La Mort du lion*[6], *On croit ne plus s'aimer* et de l'épreuve de *La Paysanne* à M[usset]. C'est fou, je l'ai aimé un peu ; son souvenir, son talent m'émeuvent et pourtant c'est G[ustave] que j'aime ! [...]

À l'issue de la séance [de l'Académie], il [Victor Cousin] m'écrit un billet que j'ai transmis à G[ustave][7]. Il m'y disait que personne ne m'a défendue, mais qu'il n'y a pas de prix. De Villemain pas un mot. [...]

Aujourd'hui Henriette[8], courses, lettres ce soir. Comme j'écrivais à Hugo tout ce qui s'est passé à l'Académie, on sonne vers dix heures : c'était Villemain. Il m'a dit qu'il avait fait tout ce qu'il avait pu. Son but à présent serait de me séduire par l'espoir du prix l'année prochaine : vile canaille ! Il m'a dit que le Philosophe[9] avait noté le prix pour le n° 26. Je crois qu'il ment, quoique le Philosophe mente aussi.

Quel aimable monde nous formons ! Il a voulu recommencer à se mettre à genoux. Je l'ai traité raide, il est parti tôt, il reviendra.

Memento du mercredi 8 juin 1853.

[...] Lundi l'apparition de ce petit Lacroix ; tout ce qui s'en est suivi raconté à Gustave avec un grand détail, et vérité, excepté pour la lettre qu'il m'a écrite et que j'ai omise, craignant que Gustave n'en fût blessé[1]. Son amour est ma dernière joie ; je ne veux pas la gâter.

Tantôt, sur mon lit, tristesse profonde en pensant à la misère de nos sentiments. Ce petit être est mauvais, avorton d'âme et de corps, mais de sang-froid et me dégageant des vanités du monde, il me fait plus de pitié qu'il ne m'indigne, quoique, chose étrange, pas le moindre souvenir ni le moindre attendrissement ne s'agitent en moi pour lui. Quand les cœurs ne se sont pas mêlés, quand les idées (les hautes régions) vous séparent, comme on se retrouve *franchement* et *sèchement* étrangers avec les années... Tout cela a fini par la visite de Sainte-Beuve à Delisle et une lettre de ce drôle que je transcris ce soir 11 juin et envoie à Gustave. Dieu me donne la paix !

Memento du 1er juillet 1853.

En étant arrivée au portrait de Lionel dans le récit de *La Servante,* portrait qui rappellera M[usset][2], j'ai voulu ravoir les lettres que je lui ai écrites durant trois mois. Sa démoralisation, son égoïsme profond, qui ont fait que non seulement il ne s'est jamais rappelé à moi, mais que, lorsqu'il a pu me servir pour le concours, il n'en a rien fait, ont éteint dans mon cœur toute sympathie pour lui. Je suis *convaincue* que cet homme ne vaut rien ; je puis donc consciencieusement le juger et le peindre... Ses vices ne sont même pas de l'entraînement. Il sait s'en sevrer pour satisfaire ses vanités et ses intérêts. Me sentant très affermie par mon travail qui va bien, par ma *Paysanne* qui est goûtée, par l'amour de Gustave, par l'amitié de Leconte de Lisle, j'ai compris que le moment de faire cette démarche était venue. Aujourd'hui donc [...], j'ai passé chez lui [...]. J'ai dit : « J'ai la conviction que je vous suis absolument étrangère, donc vous ne pouvez tenir à mes lettres et si vous voulez bien me les rendre, vous m'obligerez. » Il s'est levé, a ouvert un tiroir de son grand bureau, y a pris une clef, en a ouvert un autre tiroir d'un petit secrétaire et en a sorti mes lettres mêlées à quelques autres qu'il élaguait à mesure (ce qui n'empêche pas qu'il a laissé par mégarde un billet de Mme Allan[3] avec les miens). J'ai pris mes lettres ; il m'a dit : « Peut-être n'y sont-elles pas toutes ? » J'ai répondu : « Peu importe ; si vous y aviez tenu par un reste d'amitié, je vous les aurais laissées. » Il m'a dit : « Si jamais je puis vous être bon à quelque chose, je le ferai. » J'ai répliqué : « Je ne demande rien. » Je me suis approchée du grand bureau pour prendre dessus une grosse enveloppe dans laquelle j'ai mis les lettres. Dans le tiroir entrouvert j'ai vu *Le Songe d'Auguste*[4]. On lui a annoncé qu'il était servi pour déjeuner, il a passé dans la salle à manger, je l'y ai suivi pour sortir. Deux œufs frais, un artichaut cuit au beurre, une sauce, du vin, de l'eau de Selz étaient sur la table. Il a avalé ses deux œufs, tandis que, pour le quitter en bons termes, je lui disais debout quelques mots sur la *Revue de Paris,* que je venais de prendre, et sur son *Songe d'Auguste,* lui demandant s'il serait joué aux *Français ;* il m'a répondu *non.* « Aux Tuileries alors ? — On ne sait pas encore », a-t-il répliqué. Ses mains tremblaient affreusement en mangeant ses œufs : « Ah ! j'ai bien mal aux nerfs, m'a-t-il dit. — Je vous laisse, ai-je répliqué, ne vous levez pas. Je fais des vœux pour votre santé. — Si je puis vous être bon à quelque chose, m'a-t-il répété, je le ferai avec plaisir. — Merci. » Je ne lui ai pas tendu la main, je ne l'estime pas et ne peux même pas le plaindre ; ses souffrances sont la suite de son abaissement. Je suis sortie de chez lui allégée d'un grand poids. J'ai relu les lettres en rentrant. Je crois qu'elles y sont toutes. Il y a un an, il m'a troublée ; maintenant tout est fini, il ne reste qu'une étude profonde.

Memento du dimanche 4 décembre 1853.

Le courage me manque pour écrire. Quelle triste impression m'a laissée le dernier voyage de Gustave[1]. Je me sens malade ! Le travail dont je me grise me ruine la santé ! Enfin !... Bouilhet m'a fait mal en constatant trop bien ce que j'avais observé moi-même, et à quoi bon ? Il valait mieux, hélas ! me laisser m'étourdir, puisqu'il ne peut changer et que je ne puis en aimer un autre. Et d'ailleurs à quoi servent les réflexions et les conseils des amis ? Oh ! l'amant, l'amant, d'un baiser et d'une étreinte, nous fait plus de bien ! Je suis comme une âme en peine depuis son départ ! Le quitter, rompre avec lui, je n'y songe même pas malgré les tortures de tout genre qu'il me fait subir, et d'ailleurs qui aimer ? pour qui me passionner ? je suis si lasse ! si lasse, si fatiguée d'avoir pleuré, cherché ! aspiré ! Je voudrais m'endormir en lui comme il dit, mais que d'aspérités ! comme il me blesse ou m'outrage naïvement ! Puis cette vie à deux toujours[2] ; je suis à bout de courage !
[...]
Bouilhet n'y tenait plus ; il avait besoin d'une femme ; la Blanchecotte[3] même l'agitait. Si je n'avais pas aimé Gustave, me serais-je liée à lui ? Je n'en sais rien ! Ce n'est pas bien lucide dans ma pensée.
Jeudi rencontré Musset à l'administration du *Théâtre-Français.* Je le saluais, seulement il m'a tendu la main ; cela m'a contrariée.
Vendredi *aux Français,* vu ce Lacroix[4] !...
Hier travaillé. Aujourd'hui Bouilhet en retard pour dîner. Sa mine ravagée. La dame Roger[5] s'est donnée à lui hier samedi de trois à cinq heures (trois décembre). Il m'a conté tous les détails : son attendrissement, les lettres d'Énault qu'elle lui a portées, leurs ébats sur le tapis, sa défaillance, les vers qu'il a faits sur cela. Il en

eſt charmé ; il eſt fort agité, la pensée de Léonie[1] le tiraille ; il pense pouvoir faire marcher ce double amour. Oui, mais l'esprit et le cœur sont tiraillés. Ce récit m'a amusée et intéressée, puis je suis retombée dans ma morne triſtesse. Les jours s'en vont ainsi sans amour, sans intimité.

Il m'a fait promettre de ne rien dire à Guſtave. Cela me gêne un peu, mais je tiendrai parole. Je suis lasse et fatiguée de vivre.

Memento du 9 décembre 1853.

Je renonce à lui rien écrire. Delisle[2] a raison : il n'eſt pas de ma dignité de me plaindre. Le silence ou de courtes lettres. S'il doit se modifier, il le fera de lui-même. La plainte m'enlève ma force. Oh ! mon Dieu, que je souffre ! jamais un grand et noble cœur[3] !

LETTRES DE MAXIME DU CAMP
À LOUISE COLET[1]

Dimanche 24 août [1851].

Chère madame,

Je vous remercie d'avoir bien voulu m'envoyer les lettres de B. Constant[2] que je lis avec curiosité. Je vous demanderai la permission de les garder quelque temps ; je désirerais les faire lire à une personne[3] qui actuellement est à la campagne et qui n'en reviendra pas avant 15 jours; soyez certaine que j'en aurai le plus grand soin.

Croyez, je vous prie, à toute mon amitié.

MAXIME.

[6408, f° 3196.]

*

Jeudi matin. [11 septembre 1851[4].]

Ma chère Louise,

Je suis fort à votre disposition pour tout ce que vous désirez. Voici le livre[5] ; pour éviter tout commentaire je n'y ai mis que du respect.

Choisissez vous-même le jour où vous désirez venir dîner, dites-le à Gustave, et tout sera prêt. Soyez sans inquiétude. Vous ne rencontrerez ni Mlle Ozy[6], que je n'ai pas vue depuis 1842, ni Mlle Page[7], que je n'ai vue qu'aux *Variétés* à ses représentations. La recommandation était inutile.

Quant à votre dîner de dimanche, je suivrai Gustave.

Vous ne m'en voulez *qu'à demi* de n'être pas venu mardi. Dites donc que vous m'en auriez voulu beaucoup si j'étais venu.

Vous savez que je suis votre tout dévoué.

MAXIME D.

[6408, f° 3190.]

*

Lundi matin, 15 septembre 1851.

Chère madame,

Je vous renvoie avec toutes sortes de remerciements les lettres de B. Constant[1], les *Presse* et trois numéros du *Siècle* que Gustave m'a laissés pour vous ; il a emporté le volume de Diderot, je n'en suis donc pas responsable.

Je ne vous répète pas que je suis à votre disposition, vous le savez.

Je vous baise les mains et suis tout à vous.

MAXIME.

[6408, f° 3134.]

*

Mardi matin. [16 septembre 1851.]

Chère madame,

J'ai eu l'honneur de vous envoyer hier, dans la même enveloppe, les trois numéros du *Siècle*, les numéros de *La Presse* et les lettres de B. Constant. On a déposé le tout chez votre concierge.

Mme Didier[2] m'a inquiété ; veuillez donc, je vous prie, m'écrire un mot pour me dire si vous avez reçu toutes ces paperasses que je vous remercie fort de m'avoir prêtées.

Vous savez que je suis votre tout dévoué.

MAXIME D.

[6408, f° 3194.]

*

[1er octobre 1851.]

Je suis très désolé, ma chère amie, de vous savoir malade et je compte bien aller vous tenir compagnie vendredi soir, si vous voulez de moi sans façons. Nous causerons de vous et de votre infirmité (il s'agit de Gustave). Voici son adresse :

> Chez Mistress Farmer
> 5 Manor Road
> Upper Halloway
> London

Je vais au reste lui écrire un mot ce soir. Guérissez-vous vite et croyez-moi sincèrement votre tout dévoué[3].

MAXIME.

[6408, f° 3192.]

*

[27 octobre 1851.]

Vous êtes furieuse, chère amie, il y a de quoi, mais j'ai été ce soir encore tellement occupé qu'il m'a été impossible d'aller vous voir.

Votre tableau est à moi, le reste paraît une plaisanterie. Voulez-vous me l'envoyer demain vers 11 heures du matin, je remettrai au porteur un pli cacheté qui contiendra un billet de 100 francs. Je ne vous l'envoie pas aujourd'hui, parce que je ne l'aurai que ce soir.

J'irai certainement vous voir d'ici à peu. Croyez-moi bien toujours votre tout dévoué[1].

MAXIME D.

[6408, f° 3136.]

✻

Mardi 4 novembre [1851].

Gustave va bien. Soyez donc calme !

Demain je suis pris à 1 heure jusqu'au soir, mais je vous attendrai à partir de 11 heures, et je compte sur vous[2].

À vous.

MAXIME.

[6408, f° 3138.]

✻

[Vers le 15 novembre 1851.]

Ma chère amie,

Je viens d'écrire à Saint-Victor[3]. Ce soir je le verrai à l'Opéra national, je lui en parlerai très sérieusement, vous pouvez en être certaine.

Si je ne vous écris rien d'ici mardi, j'irai vous voir mardi soir, nous taillerons une bavette.

Hier j'ai passé ma soirée avec le Philosophe[4] chez M. Gabriel Delessert[5] ; il va bien.

Vous savez que je suis tout à vous.

MAXIME.

[6408, f° 3187.]

✻

[24 novembre 1851.]

Ma chère amie,

Je ne puis dîner chez vous demain ; mais vers 4 heures j'irai vous voir. Écrivez donc directement à Saint-Victor, 29, rue de

Grenelle-S[ain]t-Germain, et soyez certaine qu'il fera de son plus vite.

À demain et tout à vous.

MAXIME.

[6408, f⁰ 3185.]

*

[Fin novembre 1851.]

Ma chère amie,

Avec la meilleure volonté du monde il ne m'est pas possible de dîner chez vous lundi; lundi, c'est le 1er du mois, et de *Revue*[1] ! ! ! Pour Dieu envoyez-moi votre pièce[2], je la lirai dix fois mieux. Vous êtes fort aimable de m'envoyer de si *belles pièces* de gibier; cent fois merci.

Tout à vous.

MAXIME.

[6408, f⁰ 3189.]

*

[Début décembre 1851.]

Ma chère amie,

J'ai lu avec grand soin votre petite comédie[3], elle est fort bonne comme vers et je crois que vous en ferez quelque chose de fort joli, comme pièce, en y pratiquant quelques changements insignifiants.

Les deux scènes où Lucie et Octave relisent leurs lettres se ressemblent trop : peut-être cette similitude est-elle intentionnelle chez vous, mais je ne la crois pas de bon effet au théâtre.

Il y a aussi des longueurs dans la 1re scène du 1er tableau. Et aussi dans la 1re du second.

Je vous engagerai aussi à retrancher les *Nubiennes qui sont plates* et la *belle poitrine* de Lucie ; ces choses-là sont choquantes à la scène, même dans la bouche d'un domestique.

Vous m'excuserez de vous donner aussi franchement mon opinion ; on n'est franc qu'avec ses bons amis.

Je ne vais pas vous voir, parce que je suis tenu ici à faire de la copie. Dès que j'aurai fini, j'irai vous serrer la main, et me mettre à votre disposition.

Vous savez que je suis tout à vous.

MAXIME.

[6408, f⁰ 3195]

*

[1852 ?]

Ma chère amie,

Voici ce dont il est convenu. Ma collection d'épreuves[1] est actuellement *à coller*. Dès qu'elle sera prête, nous prendrons jour pour les voir. Je serai fort heureux de vous y servir de cicerone. Je vais m'arranger de façon à vous aller voir vendredi soir, en attendant.

Tout à vous.

MAXIME.
[6411, f⁰ 4878.]

*

Lundi soir. [1853 ?]

Madame,

J'ai toujours eu la ferme intention de vous envoyer un exemplaire de mon livre[2] ; mais comme je ne l'avais donné qu'à quelques amis, j'attendais pour vous le faire remettre qu'il fût *officiellement* paru et mis en vente.

J'ai appris par hasard ce matin que vous désiriez le connaître et j'ai l'honneur de vous l'adresser ci-joint, en vous priant de croire à mes sentiments respectueux.

Votre serviteur
MAXIME DU CAMP[3].
[6408, f⁰ 3198.]

CORRESPONDANCE DE LOUISE COLET
ET D'ALFRED DE MUSSET[1]

LOUISE COLET À ALFRED DE MUSSET

[24 juin 1852.]

Impossible aujourd'hui. Je pars dans une heure pour la campagne, où je passe la journée avec ma fille, M. Babinet, Mme Roger-Valazé[2]. Demain vous me trouverez de midi à cinq heures.

Votre dévouée.

[*Signé :* illisible.]

LOUISE COLET À ALFRED DE MUSSET

Vendredi matin. [25 juin 1852.]

Hier soir à minuit, en arrivant de la campagne, où j'avais passé la journée avec ma fille, j'ai trouvé votre billet. Merci de cet élan de bonté, il m'a été bien doux. On est si heureux de trouver du cœur là où il y a du génie. J'apprends avec peine que vous êtes malade et je serais allée savoir de vos nouvelles, si je n'étais moi-même atteinte d'une espèce de fluxion. Je crois que j'ai pris mal l'autre jour durant notre excursion au Jardin des Plantes[3]. Mais si j'en ai rapporté un peu de souffrance, j'y ai trouvé aussi une inspiration dont je vous envoie le fruit éclos le soir même[4].

Soyez indulgent et croyez à mes sentiments reconnaissants et dévoués.

[*Signé :* illisible.]

Donnez-moi de vos nouvelles. Puisque vous êtes en veine de bonté, permettez-moi de vous envoyer ma comédie reçue à correction aux Français[5], et dont je serais heureuse d'avoir plus tard votre avis, quand vous aurez le loisir de la lire.

ALFRED DE MUSSET À LOUISE COLET

[26 juin 1852.]

Madame,

Vous allez vous fâcher contre moi, mais je me suis levé à sept
heures, il en est huit et demie, je me suis récité quatre fois votre
poème[1], — et — malgré ma lettre écrite avec la fièvre, — et toute
de cœur — il faut en revenir sur ce que je vous ai dit mardi dernier.

Il y a dans votre poème des choses très belles, il y en a de très
pures, d'exquises, que je dirais, que je me suis dites avec le plus
grand plaisir. — Il y en a d'*impossibles pour moi*. Ces vers :

> *Barbare antiquité, garde tes faux* grands *hommes*[2] etc.

très bons dans la bouche d'un autre, jureraient tellement dans la
mienne que je ne pourrais pas m'empêcher de leur faire tort en les
prononçant. Ce n'est pas un vers, c'est un passage et il y en a
d'autres encore :

> *La force expire,* etc.[3]

Je serais au désespoir de vous blesser, car, je vous le répète, il
y a d'autres morceaux (le travail, par exemple), et surtout :

> *Leurs labeurs sont réglés,* etc.[4]

qui sont de la plus grande et de la plus franche beauté, et celui-ci :

> *L'évangile divin, le*[5]...

Tâchez de me pardonner. Si vous avez le temps, donnez-moi
un jour et un instant où je puisse causer avec vous.

ALF[RE]D DE MUSSET.

Votre comédie[6] est charmante et je ne suis pas chargé de la dire.

Je dois voir M. Villemain aujourd'hui, peut-être, et j'aurais pu
lui parler des difficultés que je vous soumets — mais, au risque de
vous déplaire, j'aime mieux vous parler franchement, et je ne
voudrais rien dire qu'à vous et à Antony[7], à moins qu'on ne m'y
force[8].

ALFRED DE MUSSET À LOUISE COLET

[4 juillet 1852.]

Vous êtes-vous blessée hier[1] ? Je suis d'une mortelle inquiétude. Puis-je aller vous voir aujourd'hui ?

                                        ALF[RE]D [DE] M[USSE]T.

Un mot de réponse en grâce.

ALFRED DE MUSSET À LOUISE COLET

[5 juillet 1852.]

Je suis encore malade aujourd'hui et je ne peux pas bouger. J'aurais pourtant bien voulu vous voir. J'espère demain pouvoir passer chez vous.
    À vous.

                                        ALF[RE]D [DE] M[USSE]T.
                                               Lundi.

ALFRED DE MUSSET À LOUISE COLET

[6 juillet 1852.]

J'ai été bien fou et bien cruel. Je suis malade, bien malheureux et bien désolé. Je tâcherai de vous voir non pas aujourd'hui, je suis trop accablé, mais demain si je puis sortir — et je vous supplie de me recevoir car j'ai absolument à vous parler.
    À vous.

                                        ALFRED [DE] MUSSET.

Je puis encore à peine écrire.

LOUISE COLET À ALFRED DE MUSSET

[9 juillet 1852.]

J'ai beaucoup réfléchi et je me suis rangée à l'opinion de M. votre oncle ; après ce qui s'est passé samedi[2], toute bonne relation est désormais impossible entre nous. Ni les soins de l'homme du monde, ni même l'empressement du poète ne sauraient effacer le retentissement de paroles insultantes. Elles s'interposeraient toujours entre tout ce que vous tenteriez de faire d'aimable. Rien, je le crains bien, ne pourra déraciner en vous de funestes habitudes sur lesquelles il ne m'appartient pas d'insister, et rien ne pourra faire plier en moi une fierté de caractère que la mauvaise fortune et les douleurs de la vie ont laissée entière. Je ne vous garde pas de rancune, mais je vous demande de ne plus m'écrire et de ne plus revenir.

Je fais des vœux pour votre bonheur et pour votre santé.

[*Signé* : illisible.]
Vendredi matin.

LOUISE COLET À ALFRED DE MUSSET

[11 juillet 1852.]

Les lettres que j'ai trouvées en rentrant m'obligent, mon ami, à sortir demain dans l'après-midi pour voir des libraires et pour retirer de l'argent au ministère. Je viens donc vous prier de ne pas venir à deux heures mais le soir à 7 heures après votre dîner. Vous fumerez, nous causerons et nous irons ensuite au cirque ou nous promener, comme il vous plaira. Vous passerez les heures chaudes de la journée à vous reposer, et je l'espère à penser un peu à moi. Si le doux souvenir de la loge vous inspire, donnez un frère au premier sonnet qui est charmant[1]. Je l'ai relu bien souvent, il me va au cœur.

À demain, mon ami, un mot de réponse pour me dire que vous viendrez *et sempre tenera*.

[*Signé* : illisible.]
Dimanche.

Je passerai demain rue de Tour [?]. Je ne vous dis pas de venir dîner avec moi parce que je crains de n'être rentrée qu'après six heures. Mais mardi, à l'issue de l'Académie, je compte bien que vous viendrez manger mon éternel poulet en compagnie d'Antony[2] et d'Arpentigny[3].

LOUISE COLET À ALFRED DE MUSSET

[14 juillet 1852.]

J'ai été bien touchée de vous voir venir hier[4] malgré votre état

de souffrance. J'espère, mon ami, que vous ne vous en serez pas
trouvé plus mal.

Je crains que vous n'envoyiez ou que vous ne veniez aujourd'hui.
Je sors dans la matinée, mais je serai rentrée à trois heures et demie.
S'il vous plaisait une promenade au Jardin des Plantes, de 4 à 6,
nous pouvons la faire, mais je crains que sortir par cette chaleur ne
vous fatigue ! Voyez et décidez et ne faites que ce qui vous sera
salutaire. Ma soirée n'est pas libre, je dîne à 6 heures chez les
personnes qui élèvent ma fille[1], et le soir je ramène l'enfant. En
tout cas, vous pourrez me faire une petite visite jeudi à l'issue de
l'Académie. Donnez-moi de vos nouvelles.

Votre affectionnée.

> [*Signé* : illisible.]
> Mercredi très matin.

> Dimanche 4 heures. [18 juillet 1852.]

Cet horrible orage me fait craindre, mon ami, que vous ne
renonciez à la bonne pensée que vous aviez de venir ce soir[2]. Je
vous en prie, faites un petit effort si cela ne doit ni vous rendre
malade ni vous troubler dans votre travail. J'aurai l'*Arpentigny*,
Antony, Babinet[3]. Vous pourrez fumer à l'aise dans mon cabinet.
Les profanes, c'est-à-dire les ennuyeux, resteront dans le salon.
Ce qui serait tout à fait aimable ce serait de venir manger mon
gigot, mes pommes de terre et mon omelette à la Provençale. Ah !
vous ne savez pas ce que c'est qu'une telle omelette, et je crois que
vous ne connaissez guère mieux le cœur qui vous parle ? Vous y
avez mis une racine qui poussera et portera d'heureux fruits,
affectueux, dévoués sans importunité, vous verrez bien.

Allons, mon ami, gardez-moi un bon souvenir et venez si cela
ne vous dérange point. Nous vous attendrons jusqu'à six heures
et demie, ou bien ce soir.

À vous.

> L. C.

Il m'arrive un petit bonheur pour mon poème de concours[4]
dont je vous ferai part et sur lequel je vous consulterai.

> [18 juillet 1852.]

Je suis en ce moment, mon amie, sur le point de dîner moi-même,

attendu que je meurs de faim et Mlle Colin[1] vient de me prendre
une feuille de papier, que j'aurais sans doute rendue immortelle,
pour envelopper une côtelette. Mais j'irai vous voir très certainement après l'avoir avalée, et si vous vous imaginez qu'il n'y a que
vous de méridional au monde, sachez que j'ai un grand plat de
macaroni.

À vous de toute mon âme.

ALF[RE]D [DE] M[USSE]T.

LOUISE COLET À ALFRED DE MUSSET

Lundi matin. [19 juillet 1852.]

Je veux vous dire, mon ami, la disposition de ma semaine, afin
que, si vous avez la pensée de venir me voir, vous ne perdiez pas
en courses inutiles votre temps, que je suis si heureuse de savoir
occupé au travail. Aujourd'hui je sors pour voir plusieurs libraires
et je dînerai probablement hors de chez moi. Mardi, je reste au
logis sans désemparer. Mercredi je ne sortirai que le soir pour
aller chercher ma fille place Royale. Jeudi vous me trouverez à
l'issue de l'Académie et si vous le voulez bien nous relirions mon
poème[2], ce sera l'affaire d'un quart d'heure. Vous me rendrez
service. Vendredi et samedi, comme demain, j'y serai toute la
journée et le soir.

Votre santé m'a paru bonne hier, ménagez-vous, travaillez bien
et donnez une pensée à votre affectionnée.

[*Signé :* illisible.]

ALFRED DE MUSSET À LOUISE COLET

[26 juillet 1852.]

Votre sonnet[3] est exquis, bon et charmant comme vous. Je suis
allé ce matin chez vous. Y êtes-vous ce soir ?

À vous.

ALF[RE]D [DE] M[USSE]T.
Lundi.

ALFRED DE MUSSET À LOUISE COLET

[29 juillet 1852.]

Je me porte mieux, et même très bien. J'avais l'intention ce

matin d'essayer de vous faire une petite visite avant l'Académie,
ne fût-ce que pour vous remercier du dîner d'hier[1] qui m'a rendu
la santé et la gaîté. — Est-ce que vous ne pourriez pas partir un
peu plus tard.

À vous.

ALF[RE]D [DE] M[USSE]T.

Je vous écris franchement, pensant bien qu'entre amis on ne se
gêne pas.

LOUISE COLET À ALFRED DE MUSSET

Mercredi soir. [4 août 1852.]

Mes projets de demain sont un peu dérangés ; des amis et des
amies de province[2] viennent chez moi le soir et en partie dîner.
D'autre part j'attends Mme Roger[3] à dîner. Ce qui n'empêche pas
que je vous attende à l'issue de l'Académie pour vous remettre la
lettre convenue qui m'a été promise pour trois heures et j'espère
que, l'affaire conclue[4], vous reviendrez soit pour dîner soit le
soir si vous n'avez rien de mieux à faire ? J'écris dans le même
sens au Philosophe[5]. J'ai travaillé sans désemparer toute la journée
à revoir mon volume de poésies[6] que je viens d'envoyer à l'impression. Demain c'est jour de vacances, et vendredi je pars à la
recherche de l'argent qui m'est nécessaire. Vous partez vous-même
samedi[7] ; je ne vous verrai donc que demain, puis à votre retour.
Gardez-moi un bon souvenir et croyez-moi votre bien affectionnée.

L. C.

Je vais à une heure chez M. Villemain[8], à 3 heures et demie je
serai rentrée chez moi.
Je vous écris de chez les personnes où je dîne.

LOUISE COLET À ALFRED DE MUSSET

Jeudi 6 heures. [5 août 1852.]

Je suis tout attristée que vous soyez parti de la sorte[9] ; vous ne
comprenez pas ce qu'il y a de bon et de dévoué dans mon cœur.
Je suis moi-même accablée de tristes affaires et obligée de songer
à travailler. Si vous ne comptez pas revenir après votre voyage
au Havre écrivez-moi pour m'en avertir afin que M. Feuillet de
Conches ne vous attende pas jeudi prochain[10]. Enfin si vous pensez
être longtemps absent, écrivez-moi demain matin pour me dire

adieu et renvoyez-moi ma chère petite comédie[1] qu'il faut que je retravaille. Je vous écris tandis que mon monde arrive.

Comptez sur mon bon souvenir, sur mon absolue discrétion et sur mon amitié.

[*Signé :* illisible.]

LOUISE COLET À ALFRED DE MUSSET

[5 août 1852.]

Monsieur,

Vous pouvez causer en toute confidence et confiance avec la personne que je vous adresse et qui passera chez vous demain matin. J'espère que la petite affaire dont vous m'avez parlé se conclura[2].

Croyez à mes sentiments distingués et dévoués.

L[OUI]SE COLET.

Jeudi soir.

LOUISE COLET À ALFRED DE MUSSET

Jeudi, 9 heures du soir. [5 août 1852.]

L'affaire que vous désiriez est conclue. La personne, excellente et sûre, passera chez vous demain vers midi. Je vous ai écrit tantôt par la poste. Si vous voulez me répondre que ce soit demain avant 2 heures, ou venez ce soir.

Votre dévouée.

L. C.

Je vous écris au milieu de 20 personnes.

LOUISE COLET À ALFRED DE MUSSET

Jeudi soir. [12 août 1852.]

Il y a huit jours je vous ai écrit dans la soirée trois billets[3] ; non seulement vous ne m'avez point répondu, mais vous avez oublié que nous étions attendus aujourd'hui chez M. Feuillet de Conches pour les autographes de Mme de Pompadour. J'espère pourtant que vous êtes en bonne santé ; j'ai eu de vos nouvelles du Havre par les journaux, et j'ai appris aujourd'hui que vous aviez été à l'Académie. Ne voulant pas vous causer aucun dérangement *[sic]*, je vous engage à voir M. Feuillet, 17, rue de la Ferme-des-Mathurins, le jour où vous désirerez ses autographes. Je vous prierai aussi, quand vous le pourrez, de me rendre ma comédie[1], que je veux retravailler le plus tôt possible. Si vous avez à m'écrire demain que ce soit avant une heure. À une heure je sors pour aller chez l'imprimeur et le libraire qui publient mon volume ; il paraîtra dans huit jours[2]. J'aurai le plaisir de vous l'offrir.

J'espère que la petite affaire pour laquelle je vous ai écrit il y a huit jours s'est terminée à votre satisfaction[3] ? Depuis lors je me suis cloîtrée pour corriger mes vers et mes épreuves. Je suis bien lasse d'esprit.

En attendant de vos nouvelles, je vous assure de mes sentiments bien dévoués.

[*Signé :* illisible.]

LOUISE COLET À ALFRED DE MUSSET

[13 août 1852.]

J'ai à vous parler quelques instants, Monsieur, et je passe chez vous bien qu'il m'en coûte extrêmement de vous déranger durant quelques minutes. Mais si je vous avais prié ou de venir chez moi ou de me répondre, sans doute vos occupations vous en auraient empêché. Je me vois donc forcée de venir vous dire ce que je souhaite ; je n'abuserai pas de votre temps, croyez-le bien et recevez ici l'expression de mes sentiments très distingués.

L[OUI]SE COLET.
Vendredi matin.

ALFRED DE MUSSET À LOUISE COLET

[14 août 1852.]

Je suis allé deux fois hier chez vous et nous nous sommes croisés en route. Êtes-vous visible aujourd'hui ?

ALF[RE]D DE M[USSE]T.

LOUISE COLET À ALFRED DE MUSSET

[14 août 1852.]

Je sors toute la matinée pour mon volume qui paraît dans six jours[1], mais à trois heures je serai rentrée pour ne plus sortir. Soyez assez bon pour m'apporter en venant ma comédie[2] et si vous n'avez pas disposé de vos billets pour la séance de jeudi[3], accordez-m'en une partie. Villemain malgré toute sa galanterie[4] m'en a donné si peu que je vais me brouiller avec mes amis à qui j'en ai promis. À bientôt et votre dévouée.

L[OUI]SE COLET.

LOUISE COLET À ALFRED DE MUSSET

[16 août 1852.]

Je serai chez moi à dater de 7 heures et demie. Je suis accablée de fatigue et d'ennui, j'ai couru tout le jour pour avoir 75 francs pour la publication de mon poème dans *Le Pays*. Voilà le revers de la poésie.

Merci de votre souvenir pour l'enfant[5].

[Non signée.]

Je vous dirais bien de venir dîner, mais je mange à l'instant un morceau pour aller de 5 à 6 chez un rédacteur des *Débats*.

LOUISE COLET À ALFRED DE MUSSET

Mardi soir. [17 août 1852.]

Je vous remercie beaucoup des billets, ils m'ont fait bien plaisir. Comment va votre santé ? Donnez-moi de vos nouvelles, je vous en prie, et dites-moi que vous assisterez à la séance de jeudi. Demain mercredi je ne sors qu'à une heure, je ferai d'abord des courses d'affaires, puis j'irai dîner à Saint-Maur[6]. Je rentrerai le soir vers 9 heures. Écrivez-moi un mot pour me dire si je vous verrai et si jeudi vous pourrez assister à la séance et à ma soirée. *Mignet*[7] m'a-t-il bien traitée dans son discours ?

Bon soir et croyez-moi votre affectionnée.

[Signé : illisible.]

Mardi soir. [24 août 1852.]

Vous m'oubliez tout à fait et je ne vous en veux pas pourvu que je sache que vous êtes heureux et en bonne santé. Ne pouvant rien pour votre bonheur, l'important pour moi est que je ne vous sois pas un sujet de souffrance, et que je ne vous laisse pas un souvenir pénible. Je vous en garde, moi, un très doux, très amical et très dévoué. Vous pouvez y faire appel quand vous voudrez et pour ce que vous voudrez et fût-ce dans vingt ans d'ici ma main se tendra toujours à votre approche et j'aurai toujours pour vous un sourire de bienvenue. Oui, je vous l'ai dit et je vous l'écris avec sincérité. J'avais espéré que vous renonceriez à des habitudes que je crois nuisibles à votre santé et à votre génie ; je ne l'espère plus et cela a coupé les ailes au sentiment que j'avais pour vous ; mais tel qu'il est ce sentiment est encore des meilleurs ; croyez-moi, vous le jugerez dans les mauvais jours. J'avais espéré aussi que vous me montreriez un peu de dévouement au sujet de ma comédie et de ma pauvre vie littéraire bien éprouvée et bien précaire, je vous assure ; mais je me suis bien vite aperçue que tout cela ne vous causait qu'un ennui profond et je me suis décidée à ne plus vous en parler. Après avoir lu les poésies que je viens de publier[1], il me semblait que vous auriez quelque chose à m'en dire. Ces réflexions ne me sont point suggérées par l'amour-propre, croyez-le bien. La première, c'est par la *nécessité ;* la seconde, c'est par le sentiment qui m'a dicté plusieurs pièces de mes derniers vers.

J'ai repris depuis trois jours ma vie de solitude et de travail. Je veux faire d'ici un ouvrage qui assure mon pain et mon indépendance. Je dis à tout le monde que je vais à la campagne et que je ne reprendrai mes dimanches qu'au mois d'octobre. Je me prépare ainsi de longues journées et de longues veilles qui seront entièrement données au travail. Quoi qu'en dise M. Sainte-Beuve je n'ai pas revu depuis plus de trois semaines la personne à qui il fait allusion[2]. Je vis pour l'art, pour ma fille et pour quelques doux sentiments. En fait de fortune, je n'attends et je ne veux rien de personne. En fait de sympathie, je suis heureuse d'en inspirer et d'en ressentir. Celle que j'éprouvais pour votre talent depuis bien des années était très vive. Ceci doit vous expliquer bien des choses. À l'heure qu'il est cesser tout à fait de vous voir me ferait beaucoup de peine. Venez de temps en temps à l'issue de l'Académie ou quand vous aurez quelque ennui ; vous me trouverez presque toujours ; vous n'avez pas à m'avertir, je suis seule. J'ai repris ma vie sérieuse, libre, idéale, affermie. Quand ces courants vous attireront, venez, nous causerons de bonne amitié comme de vieux camarades. Je veux rester pour vous quelque chose comme votre ami de Fontainebleau[1].

L. C.

Que vous désiriez ou non les lettres de Mme de Pompadour, écrivez, je vous prie, ou envoyez votre carte à M. Feuillet (17, rue de la Ferme[2]). Il s'était montré très empressé à vous être agréable.

ALFRED DE MUSSET À LOUISE COLET

[29 août 1852.]

J'ai été désolé, mon amie, que vous soyez venue hier en mon absence et que vous m'ayez écrit trop tard aujourd'hui[3]. Du reste je n'aurais pas pu accepter votre aimable invitation. Ma santé, vous le savez, a été très éprouvée depuis quelque temps. Je suis obligé, pour en finir, de suivre un régime et un mélange d'exercice et de repos dont je ne puis me départir. Il faut donc que je demande à mes amis le temps nécessaire pour me guérir, après quoi je serai tout à vous.

Mille amitiés.

ALF[RE]D [DE] M[USSE]T.

Dimanche soir.

LOUISE COLET À ALFRED DE MUSSET

16 septembre 1852.

Ainsi donc, même plus une petite visite à l'issue de l'Académie ? Cela me semble étrange et j'ai beau chercher, je n'en comprends pas le motif. Je n'ai dans le cœur que de bons sentiments pour vous et je crois que mes procédés ont toujours été l'expression de ces sentiments. À ce qui a pu m'affliger ou me blesser, je n'ai laissé échapper qu'une fois (dans ces vers : *Ingénéreux*[4]) une plainte, un reproche. Or vous savez l'adage latin : *facit indignatio versum*[5]. Mais ce qu'on se dit en poésie est sans conséquence : témoin le sonnet si tendre, si ému, que vous m'adressiez il n'y a pas un mois et dont vous avez si bien perdu le souvenir[6]. Moi, je garde toujours celui de nos bonnes heures d'improvisation si gaie et si franche.

J'ai rencontré aujourd'hui *Riquet*[7]. Il m'a dit que tout ce que je lui inspirais l'avait empêché de me louer en public ; il m'a annoncé sa visite ; ce sera amusant.

J'ai vu aussi M. Feuillet de Conches (17, rue de la Ferme).

Il tient toujours à votre disposition ses *trésors* Louis XV et Pompadour. Vous n'aurez qu'à lui écrire le jour et l'heure où vous voudrez aller chez lui.

Adieu, ou plutôt au revoir, car l'inimitié et même l'oubli me semblent impossibles de votre part ; pour moi, je reste votre dévouée et affectionnée.

L. C.

ALFRED DE MUSSET À LOUISE COLET

[12 mars 1854.]

Je viens de lire vos vers[1], chère Madame, ils sont, à mon avis, des meilleurs que vous ayez faits. Mais ils sont cause que je m'en suis rappelé d'autres, écrits et imprimés contre moi[2]. Je comprends très bien le motif qui vous a fait vous adresser maintenant à une personne que vous aviez voulu offenser. Cela n'influera en aucune façon ni sur mon jugement ni sur ma conduite. Je crois que vous pouvez réussir et je vous y aiderai autant que je le puis. Je distingue la femme de l'écrivain, mais, pour cette raison même, le mieux serait, je pense, de ne pas revenir à des relations personnelles, pénibles pour vous comme pour moi, et qui n'amèneraient tôt ou tard que des récriminations inutiles.

ALFRED DE MUSSET.

M. de Vigny, que j'ai vu hier, est très bien disposé pour vous.

Dimanche 12.

LOUISE COLET À ALFRED DE MUSSET

[12 mars 1854.]

Si je n'avais reçu votre carte le jour de l'an, si vous ne m'aviez pas dit vous-même la dernière fois que je vous ai vu il y a six ou huit mois : « Si je puis vous être utile j'en serai charmé et je le ferai avec empressement », je ne serais point allée certainement vous demander de vous intéresser à ce concours. Vous me faites comprendre que j'ai eu tort, et comme la femme en moi ne se sépare point [de] l'écrivain, l'écrivain n'accepte pas l'intérêt que vous n'accordez pas à la femme. Quant à l'accusation d'avoir *publié* des vers contre vous, cela m'étonne étrangement. Depuis mon recueil *Ce qui est dans le cœur des femmes*, renfermant mon poème sur *La Colonie de Mettray*, je n'ai publié d'autres vers qu'un poème

ayant pour titre *La Paysanne*, qui certes ne renferme de vers ni
contre vous ni contre personne[1].

Dans mon recueil *Ce qui eſt dans le cœur des femmes* se trouvent les
petits vers adressés à un ami et qui furent faits pour vous. Puis *Le
Lion captif*, qui vous eſt aussi adressé. Si c'eſt à ce dernier sonnet
que vous faites allusion en disant que j'ai imprimé des vers contre
vous ma surprise eſt plus grande encore, car ces vers, vous les
avez vus imprimés pendant que vous veniez chez moi et je vous les
ai offerts moi-même.

Non, Monsieur, vous avez mal compris le motif qui m'a fait
m'adresser à vous en le supposant intéressé. J'ai cru que je pouvais
compter sur votre cordialité, que le temps avait effacé des souvenirs
qui devaient surtout être amers et offensants pour moi. Je l'ai cru,
je le répète, en recevant votre carte. Mais puisque vous ne vous
souvenez que des impressions pénibles et non de celles qu'aurait
dû vous laisser la sincère affection que je vous ai témoignée dans
plusieurs circonſtances, oubliez ma démarche, je la regrette, et je
suis trop fière, malgré ma situation qui me fait attacher une grande
importance à la réussite de ce concours, pour accepter votre
protection dans les termes où vous me l'offrez.

Dimanche 2 heures.

ALFRED DE MUSSET À LOUISE COLET

[Après le 12 mars 1854.]

Je me suis, sans doute, mal expliqué, Madame. J'ai dit que je
comprenais, et je dis que je respecte le motif que vous avez eu.
Vous vous êtes trompée, par ma faute, sur l'interprétation d'un
mot[2]. Je dis encore que je ferai ce que je pourrai, sans compromettre votre nom ; mon amitié pour vous eſt toute simple, et je
voudrais que rien ne pût la troubler.

AL[FRE]D [DE] M[USSE]T.

POÉSIES DE LOUISE COLET[1]

LES RÉSIDENCES ROYALES

Avec leurs longues avenues,
Leurs silencieuses statues
Se mirant dans les bassins ronds ;
Leurs grands parcs ombreux et profonds,
Leurs serres de fleurs des tropiques,
Et leurs fossés aux ponts rustiques !
Ils sont pour nous, ces vieux palais,
Ils sont pour nous ; habitons-les !

Bras enlacés, âmes rêveuses,
Promenons nos heures heureuses
Sous les tonnelles des jardins,
Dans les bois où passent les daims ;
Traversons les courants d'eau vive
Sur la nef qui dort à la rive.
Ils sont pour nous, ces vieux palais,
Ils sont pour nous, habitons-les !

Allons voir, dans les vastes salles,
Les portraits aux cadres ovales,
Morts radieux toujours vivants :
Grandes dames aux seins mouvants,
Cavaliers aux tailles cambrées,
Exhalant des senteurs ambrées.
Ils sont pour nous, ces vieux palais,
Ils sont pour nous, habitons-les.

Sur le banc des orangeries,
Dans l'étable des métairies
Où les reines buvaient du lait,
Dans le kiosque et le chalet,
Aux terrasses des galeries,

Allons asseoir nos causeries.
Ils sont pour nous, ces vieux palais,
Ils sont pour nous, habitons-les !

Sous le fronton de jaspe rose,
Où l'amour sourit et repose,
Cherchons le bain mystérieux,
Le bain antique aimé des dieux :
Diane et ses nymphes surprises
Courent sur le marbre des frises !
Ils sont pour nous, ces vieux palais,
Ils sont pour nous, habitons-les !

Lisons dans les forêts discrètes
Les gais conteurs et les poètes :
Le murmure des rameaux verts
S'harmonise à celui des vers,
Et les amoureuses paroles
S'épanchent en notes plus molles.
Ils sont pour nous, ces vieux palais,
Ils sont pour nous, habitons-les !

Dans les ravins aux pentes douces,
Sur les pervenches, sur les mousses,
Doux lit où se voile le jour,
À la lèvre monte l'amour ;
L'ombre enivre, l'air a des flammes,
En une âme Dieu fond deux âmes.
Ils sont pour nous, ces vieux palais,
Ils sont pour nous, habitons-les !

L'horizon déroule à la vue
Le lac à la calme étendue,
Où par couples harmonieux
Les cygnes fendent les flots bleus ;
Plages, collines et vallées
Sous nos regards sont étalées.
Ils sont pour nous, ces vieux palais,
Ils sont pour nous, habitons-les !

Chantilly dort sous ses grands chênes,
Rosny, Chambord n'ont plus de reines ;
Leurs maîtres, ce sont les amants
Savourant leurs enchantements ;
Où les royautés disparaissent,
Les riantes amours renaissent.
Ils sont pour nous, ces vieux palais,
Ils sont pour nous, habitons-les !

15 juin 1852[1].

PRADIER

I

Pourquoi ce funèbre cortège
De chars de deuil, d'amis en pleurs ?
Ton cercueil, que la foule assiège,
Sous des voiles aux plis de neige
Eût été mieux parmi les fleurs.

Ce sont de blanches Théories,
Le front chaste, la lyre en main,
Qui sous leurs longues draperies
Devaient, calmes, quoique attendries,
Escorter ton dernier chemin.

N'es-tu pas le fils de la Grèce,
Un des plus grands, un des plus beaux ?
De cette antique Enchanteresse
Chaque Nymphe et chaque Déesse
Par toi sortirent des tombeaux.

Quand ces blondes Ombres d'Homère
Revivaient vierges dans tes bras,
Palpitantes sous ta paupière,
Elles croyaient revoir leur père,
Ou Praxitèle, ou Phidias !

L'âme errante de leur génie,
Suspendue au bleu firmament,
Pour renaître à la tienne unie,
Glissa de la mer d'Ionie
Sur les bords de ton lac Léman.

II

Ô peuple immortel de statues !
Femmes, héros qu'il anima ;
Anges voilés, Déités nues,
Des temples et des avenues,
Accourez ! ô vous qu'il aima !

Venez tous, enfants de ses rêves,
Qu'il créait divins sans effort !

Dianes effleurant les grèves !
Tendres Vénus, pudiques Èves !
Venez glorifier sa mort !

Et toi, dernier né de son âme,
Symbole si triste et si beau,
Poésie, Amour, double flamme !
Marbre où la lyre se fait femme !
Viens ! et marche en tête, ô Sapho !

À celui qui te fit renaître,
Souffle ardent de l'antiquité,
Au fier créateur, au doux maître,
Chante l'hymne qui nous rend l'Être,
L'hymne de l'Immortalité !

III

Les vers d'Anacréon, les accents de Tibulle,
Ont transmis d'âge en âge un souffle qui circule
Comme une tiède haleine en des seins frémissants ;
L'Arioste et Pétrarque, en stances cadencées,
Ont prolongé le chœur de ces molles pensées
    Où l'âme flotte dans les sens.

Tant que l'amour et l'art garderont leur jeunesse,
Leur jeunesse éternelle et qui fleurit sans cesse,
Se riant du néant des empires tombés !
Comme ces chants divins, tes œuvres recueillies
Triompheront du Temps sans en être pâlies
    Ainsi que de fraîches Hébés !

Caressant du regard tes filles radieuses,
Les jeunes amoureux aux belles amoureuses
Murmureront ton nom euphonique et vibrant ;
Puis ils diront ta vie, onde large et tranquille,
Quiétude du cœur où l'art trouve un asile,
    Sérénité qui t'a fait grand !

Puis ils diront ta mort, si douce et si rapide,
Qu'elle a glacé ton front sans y creuser de ride :
Dans un frais paysage, au bord du fleuve assis,
Sous un ciel chaud et bleu comme un ciel de l'Attique,
Tu tombas foudroyé, tel qu'un génie antique
    Exempt des vieux jours obscurcis.

Aux femmes, aux enfants qui t'aimaient dans la vie,
Aux disciples élus, ils porteront envie :

Riante apothéose où leurs cœurs salueront,
Par le bruit des baisers, par l'éclat des sourires,
Ton fantôme foulant la poudre des empires,
    Un bandeau de roses au front !

                              Juin 1851[1].

LA COLONIE DE METTRAY

Poème couronné par l'Académie française

> *Dieu fait part au pêcheur de sa grâce infinie.*
> . . . .
> *Ce Dieu touche les cœurs !...*
>   CORNEILLE, *Polyeucte.*

I

Comme la lèvre ardente aspire à l'onde pure,
L'œil au rayon du jour après la nuit obscure,
L'odorat au parfum et l'oreille au doux bruit,
Et tous les sens de l'homme à ce qui les séduit ;
Oh ! d'où vient qu'aussitôt que notre âme est frappée
D'une sublime idée au génie échappée,
Nous ne tendons pas tous avec ravissement
Vers ce pôle divin dont nos cœurs sont l'aimant ?
Au lieu d'être en un jour à l'envi fécondée,
Des siècles passeront sans mûrir cette idée,
Car tout germe sorti de la divinité
Souffre en toi pour éclore, ô faible humanité !

        Fleuve éternel qui désaltère,
        Le Christ apporta sur la terre
        La loi d'amour et de pardon,
        Et l'ancien monde à l'agonie
        Fut vaincu dans sa tyrannie
        Sous la figure du démon.

        Mais, comme le tronc du reptile
        Résiste au bras qui le mutile
        Et survit même dans la mort,
        Vieux levain de la race humaine,
        La loi de vengeance et de haine
        Survécut au Dieu du Thabor.

        Malgré l'immortel sacrifice,
        Longtemps la rigueur du supplice

Sur le coupable s'imprima,
Et l'Agneau de mansuétude
Vit sécher sur un sol trop rude
Le grain méconnu qu'il sema.

Mais l'âge est arrivé de recueillir féconde
Cette moisson d'un Dieu qui racheta le monde.
Que l'Évangile règne, et qu'il pénètre en nous ;
Ayons de ces grands cœurs où bat le cœur de tous ;
Et de l'humanité poussant sa plainte immense,
Déplorons chaque erreur, plaignons chaque souffrance.
Du coupable abattu ne marquons pas le front :
L'âme s'ouvre au remords et se ferme à l'affront.
Que le châtiment même, alors qu'il le réprime,
Pour le purifier laisse l'espoir au crime.
Dans les bras que le Christ sur la terre étendit
Tous furent appelés, pas un ne fut maudit.

II

Ô touchants bienfaiteurs, De Metz et Brétignères,
Vous que la charité par l'âme a rendus frères,
Insoucieux de gloire et d'applaudissements,
Vous avez confondu vos secrets dévouements.
Comme le bon Pasteur, qui portait sur l'épaule
La brebis égarée, ou saint Vincent de Paule
Chargeant ses mains des fers d'un forçat racheté,
Et recueillant l'enfant sur la pierre jeté,
Vous allez arracher au vice héréditaire
De jeunes malheureux, fruits d'un sang adultère,
Conçus dans l'abandon, grandis dans les douleurs,
En haillons, affamés, mendiants et voleurs,
Flétris avant d'avoir compris qu'ils ont une âme,
Privés de mère ou fils de quelque mère infâme,
Corps grossiers enchaînés aux appétits charnels,
Esprit déshérités de désirs éternels,
Mais où survit divine, et dans la honte même,
L'étincelle qui brille aussitôt qu'on les aime !

Le monde repoussait leur opprobre... Mais vous,
Vous leur avez crié : « Venez, venez à nous ! »

III

Barbare antiquité, garde tes faux grands hommes !
Leur gloire pèserait sur le siècle où nous sommes ;

Fille de l'égoïsme et de la cruauté,
Trop d'impures vapeurs ternissaient sa beauté !
Les âpres passions des choses de la terre
Des plus nobles héros souillaient le caractère :
Mépris d'autrui, pleurs, sang, répandus pour eux seuls,
Pourpre qu'ils se taillaient dans de rouges linceuls,
Sceptres que façonnait la guerre ou l'esclavage ;
Non, non, vous n'êtes plus la gloire de notre âge :
Dieu même, en balayant votre sombre splendeur,
Nous en a découvert le vide et la laideur.
Dans le monde chrétien une autre âme palpite.
Vers des courants plus purs elle se précipite ;
De la mansuétude embrassant l'idéal,
Elle sent que le mal ne dompte pas le mal ;
Mais qu'imposer le frein des vertus qu'on pratique,
C'est rayonner en toi, conscience publique ;
C'est te soumettre mieux que ces rudes vainqueurs
Qui courbèrent les fronts sans atteindre les cœurs.

                              IV

Où vont-ils, où vont-ils à travers la Touraine,
Ces jeunes prisonniers qu'aucun lien n'enchaîne ?
Ils courent étonnés sous les ombrages verts,
Des lèpres des cités ils arrivent couverts,
Mais le contact heureux et sain de la nature
Fond l'endurcissement, lave la flétrissure,
Leur sang est apaisé, leur cœur s'épanouit,
Ils revivent… un jour nouveau les éblouit.

            Regardez ce naissant village,
            Au sommet d'un tertre, où s'étage
            La vigne au-dessus des moissons,
            Déjà s'arrondit en enceinte,
            Autour de la chapelle sainte,
            Un réseau de blanches maisons !

            Sitôt que la nuit se replie,
            Quand l'aube avec mélancolie
            Verse sa première lueur ;
            Quand la terre, qui se réveille,
            Calme, reprend, comme la veille,
            Sa tâche d'éternel labeur ;

            De Mettray la cloche résonne,
            Et l'immense ruche bourdonne

Aux accents de l'airain bénit ;
L'appel vole de bouche en bouche,
Les enfants sortent de leur couche,
Les oiseaux sortent de leur nid.

La prière qui les rassemble,
Les chants qu'ils entonnent ensemble,
Relèvent leur cœur courageux ;
Puis, empressés, riants, agiles,
Ils volent aux travaux utiles
Comme ils voleraient à des jeux.

Berçant leur jeunesse captive
Aux parfums, aux bruits de la rive,
Aux flots calmes ou soulevés,
Au jour qui meurt ou recommence,
Du monde ils sentent l'ordonnance,
Ils sont émus, ils sont sauvés !

Par-delà la plage écumante,
Par-delà la nature aimante,
Qui leur prodigue ses beautés,
Par-delà les plis de la nue,
Ils voient une main inconnue,
Dieu leur parle, ils sont rachetés !

Il leur parle par l'harmonie
Qui marque son œuvre infinie
Dans l'ensemble et dans le détail,
Par la tâche échue à tout être,
Par les grands préceptes du Maître,
Par le devoir, par le travail.

Travail ! fidèle ami de l'homme, joie austère,
Que Dieu place à côté des douleurs de la terre ;
Mâle consolateur, dont le double pouvoir
Sait arracher au crime une âme qui s'égare,
Ou verse au cœur brisé le baume qui répare
            Sa détresse et son désespoir.

Lorsque des passions vers nous la vapeur monte,
Que deux spectres cruels, la misère et la honte,
Nous poussent chancelants vers un mirage impur,
De notre âme évoquant la native noblesse,
Qui donc par sa fierté soutient notre faiblesse ?
            C'est toi, guide sévère et sûr !

À la vierge qui place en toi son espérance,
Tu promets un amour chaste pour récompense ;

À l'artiste, au penseur, tu montres l'idéal ;
Au pauvre courageux tu donnes le bien-être,
Tu rends l'indépendance à ceux qui t'ont pour maître,
    Au coupable le sens moral !

Par toi, tout ici-bas se féconde et s'élève !
Par toi, la terre et l'âme enrichissent leur sève ;
Toutes deux, ô travail ! te doivent leurs trésors :
La terre a ses vergers, ses blés, ses vignes mûres,
L'âme a ses dévouements, sa foi, ses grandeurs pures,
    Beaux fruits qui sans toi seraient morts.

C'est à toi, pour orner nos places et nos rues,
Que le peuple devrait élever des statues ;
Ah ! ce ne serait point un symbole imposteur !...
Soutien du faible, amour du fort, rachat du crime,
Des générations enseignement sublime,
    Travail, éternel bienfaiteur !

v

Radieuses, voyez passer ces jeunes têtes,
Ces regards bons et francs, reflets de cœurs honnêtes,
Tous ces libres captifs, qu'un mot règle et conduit,
Soumis sans châtiment, laborieux sans bruit,
Le travail prend pour eux les traits de l'espérance,
C'est la juste rançon, la sainte délivrance,
C'est la sérénité qui mène à la vertu
Et retrempe le cœur lorsqu'il a combattu.
Leurs labeurs sont réglés suivant la force et l'âge :
Les uns des lourds charrois gourmandent l'attelage ;
Les autres, doux pasteurs, guident de longs troupeaux ;
Tous s'empressent, voyez ! de la plaine aux coteaux,
Labour, engrais, semaille, en bande les divisent ;
Là-bas la sape éclate, ici les rocs se brisent,
Au loin le fer s'embrase, et, comme des démons,
Dans l'antre rouge et noir passent les forgerons ;
La scie et le rabot grincent près de l'enclume,
Les bois, les moellons, se fendent, la chaux fume ;
À ces bruits du dehors répondent au-dedans
La rauque mécanique et les métiers stridents ;
Partout la noble ardeur d'une tâche suivie,
Partout l'activité, le mouvement, la vie,
Partout de gais refrains en échos déroulés,
Comme les chants joyeux des moineaux dans les blés.

VI

Du devoir accompli goûtant la sainte joie,
Ouverte au sentiment, leur âme se déploie ;
      Elle embrasse un autre horizon !
Des inſtincts d'infini se réveillent en elle,
Sous les liens du corps elle agite son aile,
      Des voix chantent dans sa prison !

C'eſt la religion ! c'eſt l'amour de la France !...
Leurs tendres bienfaiteurs au pain de l'exiſtence
      Ont mêlé le pain des esprits :
Deux livres sont offerts à leurs jeunes mémoires,
L'Évangile divin, le récit de nos gloires,
      L'amour du ciel et du pays !

L'amitié les unit et complète leur être ;
Renonçant aux noms froids et d'élève et de maître,
      Ils échangent, présage heureux !
Les noms de père, frère et fils. — C'eſt la famille,
La famille perdue ! Oh ! doux phare qui brille !...
      La famille renaît pour eux.

Puis à l'humanité la famille les lie.
Écoutez ! c'eſt la nuit : — leur tâche eſt accomplie,
      L'espoir sourit dans leur repos :
Quel péril tout à coup vient frapper à leur porte ?
Qui donc entraîne au loin cette jeune cohorte
      Dont les cris troublent les échos ?

      Entendez-vous gronder les flots ?
      Entendez-vous les matelots ?
      Entendez-vous pleurs et sanglots ?
      Entendez-vous ?... La Loire monte !
      Lente au regard, rapide au pas,
      Elle avance, siniſtre et prompte,
      Rien ne l'arrête et ne la dompte,
      Fuyez, ne la défiez pas !

      Entendez-vous ce bruit sauvage
      Qui siffle le long du rivage,
      Rampe de village en village,
      Liquide et sonore serpent,
      Dont chaque anneau qui se déroule,
      Vague immense, implacable houle,
      Sur les hauteurs où fuit la foule
      Comme un océan se répand ?

Entendez-vous ces voix de femmes,
Ces plaintes à travers les lames,
Funèbres déchirements d'âmes
Qu'étouffent les flots triomphants ?
Entendez-vous passer, plus sombre
Que le gémissement d'une ombre,
L'adieu de ce vieillard qui sombre ?
Entendez-vous ces cris d'enfants ?

Qui donc fouille les eaux pour sauver les victimes ?
Ce sont eux ! ce sont eux !... luttant d'efforts sublimes,
Vingt fois sous leurs fardeaux ils s'élancent au bord...
L'héroïsme vainqueur fait reculer la mort !

Relevez-vous enfin, âmes humiliées,
Ce jour anéantit vos fautes oubliées,
C'est l'épreuve dernière : — hommes régénérés,
Vous êtes à l'honneur remontés par degrés.

VII

Quand l'été, visitant ces terres ravagées,
Nous les rendra de pampre et de moissons chargées,
Revenez ! sur ces bords de vous bénir jaloux,
Les seuils hospitaliers seront ouverts pour vous ;
Franchissez en amis la cour de la chaumière,
Où la treille aux jours chauds tempère la lumière ;
Approchez sans rougir, saluez du regard
Quelque tableau riant groupé par le hasard :
Ces femmes, jeune mère ou jeune fiancée,
Ne sont plus un sarcasme à votre âme blessée.
Espérez, espérez ! vous fûtes généreux !
Dieu vous a pardonné, vous pouvez être heureux.

VIII

Loi du pardon ! partout ton esprit se révèle,
Tu promets de régner sur une ère nouvelle ;
D'un pôle à l'autre, on sent tant d'orages gronder,
Que la terre t'invoque et voudrait te fonder,
Loi divine !... Attendris tout cœur qui te renie !
La force expire, l'homme a changé de génie ;
Ne mettons pas de borne au bien dont il s'éprend.
S'il se montre plus doux, c'est qu'il devient plus grand !
La science a soumis le globe à son empire,
Des champs de l'inconnu le voile se déchire,
Les cieux sont parcourus, les éléments domptés.

Pour l'homme, l'univers n'a plus d'obscurités ;
Sentant qu'à son ardeur vont manquer les problèmes,
Ses penchants inquiets s'interrogent eux-mêmes :
Il médite, il compare ; il se recueille, il voit
Que la haine le perd, que le mal le déçoit,
Et, ne s'arrêtant plus dans cette route ouverte,
Un jour il trouvera, suprême découverte,
Une règle immuable aux instincts de son cœur,
Qui prendra Dieu pour base et pour fin le bonheur ;
Plus rien du culte alors des antiques Furies,
Plus de corps torturés et plus d'âmes flétries ;
Les chaînes tomberont sur l'échafaud brisé,
Et le Christ sourira sur le monde apaisé !

1851[1].

MA FILLE

T'avoir là toujours, c'est mon plus doux rêve ;
Du bruit de tes pas la maison s'emplit ;
Et lorsque tu dors la nuit je me lève
Pour te voir dormir dans ton petit lit.

Sur ton oreiller ton cou frais se penche,
Du drap rabattu tu sors ton bras rond,
Ton visage rit sur la toile blanche,
Tes cheveux dorés caressent ton front.

Sous tes longs cils bruns ton œil bleu se voile,
Parfois entrouvert sur ta joue il luit ;
Ainsi doucement scintille l'étoile
Que recouvre au ciel un pli de la nuit.

Sur ta bouche rose aux belles dents claires
Ton souffle d'enfant court suave et doux,
Comme du printemps les brises légères
Effleurent les flots sur de blancs cailloux.

De ton joli corps sous ta couverture
Plus souple apparaît le contour charmant ;
Telle au Parthénon quelque frise pure
Nous montre une vierge au long vêtement.

Quand vient le matin c'est toi qui m'éveilles
Avec ton doux rire et tes chants joyeux ;
Je sens sur mon front tes lèvres vermeilles,
Et pour les rouvrir tu baises mes yeux.

Nous mêlons nos soins : tendre, tu m'habilles,
J'entoure ton front de tes longs cheveux,
Et des frais tissus chers aux jeunes filles
J'ajuste sur toi les plis onduleux.

Bientôt le travail te charme et t'invite,
Tu me lis tout haut tes livres choisis,
Et ta voix s'arrête ou se précipite
Comme fait ton cœur suivant les récits.

Sans souci de plaire et d'être applaudie
Tu t'assieds parfois, rêveuse, au piano,
Et sous tes doigts blancs court la mélodie,
Ainsi qu'au printemps gazouille un oiseau.

Je pose une fleur sur ta tête d'ange.
Tu danses, tu ris, nous allons au bal;
Et je suis heureuse à chaque louange
Qu'attire en passant ton air virginal.

Mais nos meilleurs soirs, ceux que je préfère,
Ce sont les longs soirs qui sont tout à nous :
Les volets sont clos, la lampe t'éclaire,
Auprès du foyer tu brodes, tu couds.

Et nous nous mettons à parler ensemble
Des êtres aimés qui ne sont plus là ;
Notre souvenir ranime et rassemble
Leur cœur qui battit, leur voix qui parla.

Et nous leur prêtons la joie ou la peine
Qui s'agite en nous, et nous nous disons
Que là-haut leur âme erre plus sereine,
Et sent notre amour quand d'eux nous causons.

Comme te voilà grande et sérieuse !
Chacun te sourit et t'envie à moi :
Je rêve et je dis : Sera-t-elle heureuse ?
Et, me souvenant, je pleure sur toi !

L'œil émerveillé, les lèvres émues,
Une jeune fille aux fraîches couleurs
Est comme un bel arbre aux branches touffues
Qui brille au printemps tout chargé de fleurs.

Le soleil y luit, les nids y murmurent,
À tous ses rameaux des fruits sont promis ;
Tièdes et cléments les cieux le rassurent :
Les vents furieux se sont endormis.

Mais voici qu'un soir gronde le nuage,
L'ouragan du nord roule menaçant,
Et les blanches fleurs et le vert feuillage
Et les nids joyeux vont se dispersant.

Ah ! quand soufflera la tourmente amère,
L'orage caché dont rien ne défend,
Faites-le, mon Dieu, tomber sur la mère,
Et sous votre main abritez l'enfant[1] !

LES FANTÔMES

I

Que faites-vous des anciennes amours ?
Les chassez-vous comme des ombres vaines ?
En y pensant, n'avez-vous pas toujours
Comme un frisson qui vous court dans les veines ?

Ils ont été, ces fantômes glacés,
Cœur contre cœur, une part de vous-même,
Ils ont frémi dans vos bras enlacés,
Ils vous ont dit ce mot sacré : Je t'aime !

Ils ont senti, ne fût-ce qu'une nuit,
Leur être ému se confondre à votre être ;
Et Dieu lui-même a recueilli le bruit
De vos baisers dont une âme a pu naître.

Que faites-vous de chaque souvenir,
Spectres moqueurs, ou larves désolées ?
Évoquez-vous ces ivresses mêlées
Pour les pleurer, les plaindre ou les bénir ?

II

Avec dédain souriant, mais l'œil sombre,
Écho de tous un homme répondit :
« Dans un désert quel lion sait le nombre
Des grains de sable où son flanc s'étendit ?

Depuis l'Éphèbe aux formes déliées,
Jusqu'au vieillard que la mort vient courber,
Qui de nous sait les femmes oubliées
Que dans nos bras le hasard fit tomber ? »

Larmes, dégoûts des caresses vendues,
Voix des douleurs dans le plaisir criant,
Remords, pitiés, des âmes éperdues
On vous étouffe en vous multipliant.

L'arbre jauni que le vent découronne
Voit s'effeuiller ses rameaux sans douleur,
Et l'homme ainsi vous chasse de son cœur,
Pauvres amours, tristes feuilles d'automne.

III

Elle était pâle et morne un soir d'été ;
Les cœurs de femme ont aussi leurs fantômes ;
Entre l'éther à la molle clarté
Et la campagne aux enivrants arômes,

Elle voyait passer silencieux
Le défilé des images aimées,
Marchant vers elle et les yeux sur ses yeux,
Lui rappelant les heures enflammées.

Leurs bras tendus semblaient la ressaisir ;
Ce n'étaient point ces ombres effacées
Que l'homme entasse et confond à plaisir ;
C'étaient des voix, des regards, des pensées.

C'était l'amour ! ce fantôme espéré
Qu'attend la vierge et qui déçoit l'épouse,
Toujours, toujours sa vision jalouse
A fui son cœur après l'avoir navré.

Mais elle aima ; sa douleur véhémente
Devint pardon ; l'amour s'est transformé ;
Dans sa pitié, qui change en sœur l'amante,
Elle les plaint de n'avoir pas aimé.

Comme une eau vive à la lèvre altérée
S'offre tranquille et sans troubler son cours,
Dans sa douceur sa tendresse épurée
Voudrait s'offrir pour rafraîchir leurs jours.

Comme un beau chant répand son harmonie,
Comme un calice exhale son parfum,
Elle voudrait de sa paix infinie
Faire monter le calme vers chacun,

Être la rive ombreuse des vallées
Qui nous charma, vers laquelle on revient,
Et recueillir ces âmes envolées
Au doux abri d'un cœur qui se souvient[1].

LA GLOIRE

Je ne te cherche plus, gloire contemporaine,
Blême prostituée aux baisers de hasard,
Qui tends tes bras à tous, et, sein nu, dans l'arène
Prodigues ton étreinte aux bateleurs de l'art.

La Poésie un jour m'a dit : « Tu seras reine ! »
Et dans ma frêle main j'ai pris son étendard,
Et je poursuis la route étoilée et sereine
Que l'idéal altier me traçait au départ.

J'entrevois, sur ma tombe, une foule soumise,
Un immortel vieillard me dit : « Tu t'es promise ! »
Et mon front couronné s'appuie au front du temps.

Reine par son hymen, je renais éblouie ;
La fleur de l'aloès, qui fut close cent ans,
Aux baisers du soleil éclate épanouie[2].

L'ACROPOLE

À M. le Comte Alfred de Vigny.

I

Quand de la mer Égée où glisse le navire,
Aux clartés du matin le voyageur voit luire
Les golfes de l'Attique en cirques arrondis,
Il découvre, éclairé comme il était jadis,
Le calme paysage où rayonnait Athènes !
Au fond le Pentélique aux lignes incertaines,
Plus près le mont Hymette au lumineux contour,
Et dans le vif azur où ruisselle le jour,
Comme un trépied géant un roc à large cime
Qui porte avec fierté le Parthénon sublime !
Aux baisers du soleil son fronton s'est doré.
Les siècles en fuyant l'ont à peine altéré,
Et, des temples tombés dominant les décombres,
Il est demeuré seul, phare parmi les ombres.

À sa base, il a vu s'entasser, écroulés,
Volutes, chapiteaux, bas-reliefs mutilés ;
Sortant de leurs débris la Tour vénitienne
Heurte de sa lourdeur la grâce athénienne ;
Elle passe du front le portique éclatant,
De sa beauté tranquille il l'écrase pourtant,
Et la forme ineffable, éternellement pure
Découpe au bleu du ciel sa sereine structure.
Du sommet radieux lorsque l'œil redescend
Sur la croupe du roc, il admire en passant
Les colonnes debout des longues Propylées
Qui montent dans l'éther, blanches et cannelées ;
Et, comme un champ de mort des grands restes de l'art,
Les trois temples détruits à droite du rempart ;
Là, près des piédestaux qui n'ont plus de statues,
Se pressent les fragments des frises abattues.
Dans les parvis déserts les chèvres vont paissant
Aux marbres renversés le lichen jaunissant.
Le soir, quelque vieux pâtre à la stature antique
Erre parmi les blocs du grand mur pélasgique !
Et de cette hauteur il voit fuir l'Ilissus,
Il aperçoit au pied du mont Lycabethus
L'Athènes renaissante et le bois séculaire
Des oliviers sacrés. — Au rivage, Phalère,
Le Pirée. — Au-delà, belle encore de son nom,
Salamine ! et là-bas, à l'extrême horizon,
Par les feux du couchant Corinthe couronnée,
Dressant sur les deux mers sa tête illuminée !

Alors, comme des flots qu'on entendait venir,
Sur le passé muet monte le souvenir !
Secouant le linceul de sa blonde poussière,
La Grèce d'autrefois se dresse tout entière !
Ses ports sont repeuplés, ses cités sont debout,
Ses héros et ses dieux se dressent tout à coup !
Athènes ressuscite avec son Acropole,
Dont le blanc Parthénon forme encore l'auréole ;
Le ciel est sur la terre, et l'homme, radieux,
Sent en lui le génie et la force des dieux !

II

Pour ce peuple inspiré des beaux jours de la Grèce,
Qui vivait dans sa foi, sa beauté, sa jeunesse,
L'apothéose était une échelle de feu
À l'Olympe immortel joignant la race humaine :
Terre et cieux se touchaient, et l'on savait à peine
Où l'homme finissait, où commençait le dieu !

L'héroïsme, l'amour, la grâce, le génie,
Formaient des déités une chaîne infinie ;
Et par quelque splendeur tout être s'élevant,
Comme un terne bûcher que la flamme illumine,
Participait soudain de l'essence divine,
Et devenait le dieu qu'il s'en allait rêvant !

À chaque pas c'étaient de célestes histoires.
Les forêts, les échos, les mers, les promontoires,
Les sources, les buissons, en mythes abondaient ;
Du grand antre inconnu sur la terre féconde
Des légions d'esprits s'épanchaient comme l'onde,
Les voix de la nature à l'homme répondaient.

Des peuples primitifs le culte était l'emblème,
Dans leur religion passait leur esprit même ;
Leur foi déifiait l'idéal adoré.
Quand le peuple était grand, c'était un grand symbole ;
L'âme d'Athène ainsi plana sur l'Acropole
Dans le temple du dieu qu'elle avait préféré.

Ce n'était pas Vénus au sourire impudique,
Entre ses bras ouverts berçant le monde antique,
Et vers l'homme abaissant la dignité des cieux...
C'était l'âme du beau, c'était la foi guerrière,
C'était la pudeur sainte et l'amour sérieux,
      C'était Minerve, vierge altière !
[...]

III

Athènes ! tu naissais à peine quand Pallas
T'anima de son cœur, te soutint de son bras.
D'un souffle olympien elle t'a fécondée,
Elle te fit grandir par la force et l'idée ;
Et vers tes hauts destins tandis que tu montais,
Comme l'on sent son âme, en toi tu la sentais !
Ton premier hymne au ciel, ta première prière,
Furent pour ta déesse à la fois chaste et fière ;
Son nom fut le premier que tu balbutias,
Dans l'art par son image un jour tu t'essayas :
Avec le tronc grossier d'un arbre de l'Hymette
Tu la sculptas, naïve, un boisseau sur la tête.
Mais, lorsque son esprit, qui rayonnait en toi,
Dans l'art et dans la guerre eut fait ton peuple roi,
Ta déesse de bois devint d'or et d'ivoire ;
Tu lui voulus un temple à l'égal de ta gloire ;
Sur l'Acropole, autour de l'olivier sacré,

Qui, planté par Minerve, a grandi vénéré,
Sous le dôme d'un ciel souriant à toute heure,
De ta Divinité s'éleva la demeure !
Tout un peuple accourut pour tailler de sa main
Les blocs du Pentélique aussi durs que l'airain.

Le voilà ce temple sans tache
Blanc comme un vêtement sacré !
Comme la neige qui s'attache
Au front du Parnasse éthéré !
Éblouissante colonnade
Que Zéphire va caressant ;
Le voilà tournant sa façade
Aux feux du matin rougissant.
Son fronton monte et se décore
De tout l'Olympe radieux.
Minerve, qu'éclaire l'aurore,
Apparaît au milieu des dieux
Et de l'autre côté du temple
Par le couchant illuminé
Victorieuse elle contemple
Neptune à ses pieds enchaîné.

Sur la frise où le jour palpite
Semblent hennir les coursiers blancs.
Un char vainqueur se précipite,
Suivi de chars étincelants ;
Des vierges aux longues tuniques
Portent des amphores de miel,
Et les pains que leurs doigts pudiques
Viennent de pétrir pour l'autel.
[...]

IV

C'est la procession de la fière déesse !
En tête on voit marcher les vieillards de la Grèce,
Calmes, majestueux et beaux comme Nestor :
Sur leurs cheveux d'argent rayonne un cercle d'or ;
Leurs longs manteaux sont blancs, et, jusqu'à la ceinture,
Leur barbe tombe à flots comme une neige pure ;
Dans leur droite étendue à l'Orient vermeil
Des rameaux d'oliviers s'inclinent au soleil ;
Puis viennent les guerriers aux formidables tailles
Qui portent la cuirasse et la cotte de mailles ;
L'image de Pallas jaillit de leurs cimiers.
Ils frappent en chantant l'orbe des boucliers,
Et le peuple applaudit leurs poses intrépides.
Beaux comme Éros, couverts de légères chlamydes,

Les Éphèbes, en rangs, sur leur cou velouté
Laissent voir le duvet, fleur de la puberté.
De tout petits enfants, les mains entrelacées,
Agitent gravement de frêles caducées,
La rose, en gais festons, ceint leurs fronts ingénus,
Et sous leur robe claire on dirait qu'ils sont nus.
Les vierges, s'avançant en longues théories,
Couvrent leurs chastes corps de chastes draperies ;
Il semble à voir flotter leurs souples vêtements
Qu'un rythme intérieur règle leur mouvement.
[...]

V

Des peuples sans nom, des peuples barbares,
Tout couverts de peaux et d'armes bizarres,
Grands et chevelus, apportent la mort.
Ils sont accourus des forêts du nord
Ils sont accourus du fond de l'Asie !
Se précipitant, dans leur frénésie,
Sombre tourbillon qui va grossissant,
Extermine et passe en roulant du sang.
[...]

VI

Comme la bouche sèche et morne d'un cratère
Dont la cendre sans feu retombe sur la terre,
Foyer du monde antique, es-tu donc refroidi ?
Le corps s'est profané, — l'esprit s'est engourdi !
Le Bien, âme du Beau, tel qu'un soleil qui baisse
Aux bords de l'horizon va déclinant sans cesse !
La forme dégradée, et l'idéal détruit,
Laissent l'art et le cœur dans une égale nuit !
Mais à cette heure sombre où l'humanité doute,
Quand l'artiste inquiet ne connaît plus sa route,
Les hommes de pensée et les hommes de foi,
Ô mère des grandeurs, se sont tournés vers toi !
Oui, l'exemple peut plus que ne peut la parole :
Partez, mineurs de l'art ! explorez l'Acropole !
Fouillez ce roc fécond, pesez dans votre main
Ces vieux marbres où court un souffle surhumain ;
De l'immortalité par leurs débris gardée
Interprétez le sens et retrouvez l'idée ;
Prosternez-vous devant l'immuable beauté,
Dérobez son mystère à son éternité;
Et, de tant de splendeurs reconquérant l'essence,
Rapportez parmi nous une autre Renaissance !

1853[1].

LA PAYSANNE

I

C'était le champ d'une campagne aride,
Désert et nu comme après la moisson ;
Tout embrasé d'une chaleur torride,
Le ciel était blanc jusqu'à l'horizon
Où le soleil de sa lumière jaune
Dorait la plage et teignait l'eau du Rhône ;
De grands rochers cachaient dans leurs flancs creux
Les toits fumants d'un village poudreux ;
Silencieuse et morne, la nature
Dormait sans fleurs, sans arbres, sans verdure :
Dans le champ fauve une vieille en haillons
Allait glanant (la glane, c'est l'aumône
Qu'on laisse au pauvre alors que l'on moissonne).
Effarouchant les lézards, les grillons,
Elle marchait... et sa main décharnée
Tirait vers elle ainsi qu'une araignée
Dans les sillons les épis oubliés ;
Ronces, cailloux, ensanglantaient ses pieds ;
Comme un cerceau se courbait son échine,
Ses os perçaient sous sa noire poitrine,
Son chef battait ses genoux chancelants,
Et le soleil plombait ses cheveux blancs.
Tel qu'une lampe au fond d'une caverne
Sous son front bas, plissé, rugueux et terne,
Son œil brillait dans l'orbite enfoncé ;
À son menton, sur son sein affaissé,
Poussaient des poils comme à celui des chèvres ;
Deux ou trois dents longues, des dents de loup,
Blanches encor, luisaient entre ses lèvres ;
Sa peau ridée était comme un égout
Où s'amassait sa sueur ruisselante.
Elle chantait, triste et d'une voix lente :
« Il est parti mon galant cavalier !
Crois qu'il est mort, mais ne puis l'oublier ! »
Et, poursuivant toujours sa tâche ardente,
Elle emplissait d'épis son tablier
Rebondissant sous sa gorge pendante.
« Crois qu'il est mort, mais ne puis l'oublier ! »
Ce vers sortait de sa bouche édentée,
Note plaintive et mille fois chantée,

Rythme nerveux réglant le mouvement
Qui dans sa main amenait le froment.

Sous ces contours où saillit le squelette,
Grâce et fraîcheur vous devinerait-on ?
Ce fut jadis l'accorte Jeanneton,
Mais aujourd'hui c'est la vieille Jeannette.
Cette pauvre âme eut toutes les douleurs :
On l'écrasa dans sa douceur divine
Comme un beau fruit sur lequel on piétine ;
Mais Dieu sans doute a recueilli ses pleurs !
Sa mère était morte jeune, son père
Était pêcheur ; enfant, sur les galets,
Elle l'aidait à sécher ses filets ;
Il la battait. Grande était leur misère.
De leur labeur le Rhône indifférent
Sans un poisson souvent fuyait rapide ;
Alors l'enfant ployait le filet vide,
Et sans souper se couchait en pleurant.
Dans un panier, quand la pêche était bonne,
Elle entassait le butin frétillant ;
Puis sur sa tête, ainsi qu'une couronne,
Fière posait son fardeau vacillant.
Dans le village, ou bien de ferme en ferme,
Pieds nus, trottant sous son petit jupon,
Par les rochers elle allait d'un pas ferme.
Tout le pays connaissait Jeanneton ;
Et chaque fois que le grand fleuve avare
Leur envoyait dans le menu fretin
Quelque brochet ou quelque alose rare,
L'enfant partait pour le château lointain :
Un beau château célèbre dans l'histoire,
Séjour aimé de quelque prince enfui,
Qu'un Turcaret du récent Directoire,
Hôte joyeux, habitait aujourd'hui.
Là-bas, aux pieds de ces vertes collines,
À l'horizon se dessinaient ses tours.
Pour ses jardins et ses eaux cristallines
On le citait dans tous les alentours.
Suivant les rocs ou traversant la lande,
Hiver, été, faisant le long chemin,
Elle chantait, soutenant d'une main
Son lourd panier recouvert de lavande.
Le but riant c'était le gai château,
Le cuisinier les bras nus sur les hanches,
Le tablier troussé sous son couteau,
Et lui comptant de belles pièces blanches ;
C'était aussi, près du maître au balcon,

Quelque danseuse à la grecque parée,
Par l'humble enfant chastement admirée,
Et qui faisait l'aumône à Jeanneton ;
C'étaient surtout les jardins et la serre
Où Jean Brunaut, le fils du jardinier,
En la tenant par la main comme un frère,
La conduisait pour fleurir son panier.
Charmants tous deux. Sous sa jupe en guenille
Elle n'était qu'une petite fille
Montrant son sein tout prêt à se former ;
Douze ans à peine, on n'eût osé l'aimer !
Des traits d'enfant et des grâces de femme,
La gravité d'un précoce labeur,
Des yeux si vifs qu'on en sentait la flamme,
Un air si doux qu'il vous prenait le cœur,
Des dents de nacre, un flot de chevelure
Noir s'échappant sous son bonnet trop court,
Et quelque chose en toute son allure
Faisant songer à la biche qui court.
Lui, rose et blond, l'œil bleu, la mine franche,
Comme ses fleurs toujours brillant et net,
Avait quinze ans. Sous sa chemise blanche,
Sain et robuste, il sentait le muguet.
Quel bon regard, quel pénétrant sourire,
Quels doux propos de leurs lèvres sortis,
Ont éveillé l'amour qui les attire ?
Ils se cherchaient, ils s'aimaient tout petits.
Jean lui faisait et bouquet et couronne,
Et Jeanneton, en retour de ses fleurs,
Triait pour lui, sur les grèves du Rhône,
Les cailloux ronds aux luisantes couleurs.
Jean en formait, dans les chalets rustiques,
Sous la tonnelle, à l'entour des bassins,
Un beau pavé d'agrestes mosaïques
Dont Jeanneton admirait les dessins.

Tels que des flots au courant qui les pousse,
Les jours, les mois, les ans fuyaient pour eux ;
De se revoir l'habitude si douce
Berçait leur cœur comme un refrain heureux.
La pauvre fille y puisait le courage,
Et sous son toit, quand elle avait vu Jean,
Elle rentrait plus vaillante à l'ouvrage,
Cachant ses fleurs et livrant son argent.
Rapace et dur, son père sans vergogne
Laissait à peine une obole à sa faim ;
Au cabaret couchait le vieil ivrogne ;
Il en sortait plus brutal le matin.

Comme il tendait ses filets dans le Rhône,
Un jour le pied lui glisse, il était gris ;
Le flot l'étreint, l'écume tourbillonne ;
De Jeanneton on entendit les cris :
Mais vainement dans le grand fleuve on plonge,
L'onde en fuyant ensevelit le corps.
Ce fut si prompt qu'elle croit faire un songe.
Toute la nuit elle erre sur les bords,
Elle gémit, pleure et se désespère :
« Ô Rhône ingrat ! ô Rhône déloyal !
Non ! non ! jamais je ne te fis de mal.
Oh ! sois clément, Rhône ! rends-moi mon père ! »
Le jour parut. Aux flots tendant les bras,
Elle resta longtemps comme insensée ;
Mais tout à coup Jean lui vint en pensée :
« Ah ! oui ! c'est toi qui me consoleras ! »
Murmure-t-elle ; et sa main machinale
Prend son panier vide... La mort au cœur,
Elle courait ; la brise matinale
Semblait prêter son aile à sa douleur.
Jean la trouva livide, évanouie
Dans le jardin, seins nus, cheveux flottants ;
Par ses baisers il lui rendit la vie,
Baisers d'amour : il avait dix-huit ans.
Il la conduit résolu vers son père,
Qui la regarde et lui dit attendri :
« Elle tiendra la place de ta mère,
Et dans trois ans tu seras son mari ;
Jusqu'à ce jour sois travailleuse et sage,
Ma fille, et toi, Jean, respecte-la bien... »
Il ajouta tous les discours d'usage,
Discours prudents, mais qui n'empêchent rien.

Riante, alerte, à toute heure occupée,
Dans le logis, au jardin, au lavoir,
En noirs sabots, propre, mieux équipée,
L'heureuse enfant faisait plaisir à voir.
Jean l'agaçait de l'œil et de la lèvre :
Pour son désir ce n'était pas assez ;
Vous irritiez son amoureuse fièvre,
Taille, contours furtivement pressés !
De leur jeunesse ils suivirent la pente.
Jean s'éveillait plus ardent chaque jour,
Et Jeanneton, plus belle et plus pimpante,
Sans le savoir l'entraînait à l'amour.

Bras enlacés, le dimanche au village
On va parfois danser au tambourin ;

On en revient le soir, on suit l'ombrage
Du parc, on sent l'odeur du romarin ;
Trois ans, trois ans, c'est bien long pour attendre,
Quand même ardeur vous pousse incessamment.
Le sang est chaud, l'esprit vif, le cœur tendre,
Sur l'herbe en fleurs on s'assied mollement :
Le bois frémit, là-haut les astres planent,
Tout est fraîcheur, repos, sécurité.
Ils sont heureux ! Oh ! ceux qui les condamnent
Ne le sont plus, ou ne l'ont pas été !

Regardez-les : plus vive est leur jeunesse,
Leur cœur meilleur, leur travail plus joyeux.
À leur douceur se fond toute rudesse,
À leur bonté s'attendrit l'envieux.
Un tel rayon jaillit de leur sourire,
Leurs yeux si bien semblent tout caresser,
Tant de bonheur dans leur être respire,
Qu'on s'en empreint rien qu'à les voir passer.
« Vois-tu ! vois-tu, que le bon Dieu nous aime ! »
S'écriait Jean après trois ans heureux.
« Le temps a fui, notre cœur est le même,
Et, mariés, nous serons amoureux ! »

Son père, enfin, va tenir sa promesse.
Il est bonhomme, il a fermé les yeux.
Le gros curé, le dimanche, à la messe
Lira les bans du couple radieux.
Le samedi, Jean se rend à la ville
Pour les joyaux... Il reviendra le soir.
Il s'éloigna l'œil gai, le front tranquille ;
Il reparut pâle de désespoir.
Qui leur eût dit que ce jour de liesse,
Que ce beau jour des apprêts de l'hymen
Serait suivi par des ans de détresse,
Et qu'il faudrait se dire adieu demain ?

II

Les jeunes gars ont quitté la charrue,
Les vieux bergers ont laissé leurs troupeaux,
Tout le hameau dans son unique rue
S'agite et sort comme aux jours de repos.
Sur chaque seuil les femmes sont groupées,
Quenouille en main, nourrissons dans leurs bras ;
À leur travail les filles échappées
Marchent par bande et se parlent tout bas.

En les voyant, les mères, les aïeules,
Avec pitié devisent de l'amour :
— « Pauvres enfants, elles vont languir seules ;
Pour la jeunesse, oh ! c'est un mauvais jour ! »
— « Pour la vieillesse aussi, dit une veuve ;
On nous a pris la fleur de nos garçons :
Plus de rameurs pour remonter le fleuve !
Plus de faucheurs pour faire les moissons ! »
— « On en revient ! » s'écrie un invalide.
— « Je les envie », ajoute un faible enfant.
— « Mourir est beau ! dit un bourgeois placide ;
C'est la patrie et l'honneur qu'on défend ! »
Une clameur à ces propos fait trêve.
De porte en porte on se dit : « Ce sont eux ! »
De la vallée un chant lointain s'élève ;
Il se rapproche et devient moins joyeux.
Sur les rochers, fifre et tambour en tête,
Paraît enfin la troupe des conscrits :
Ils ont tous bu pour prendre un air de fête,
Et leur chagrin s'étouffe dans leurs cris.
Leur poing brandit quelque longue rapière,
La fourche en bois, ou la pique de fer,
De vieux fusils sont déchargés en l'air ;
Cocardes, fleurs, ornent leurs boutonnières ;
À leurs chapeaux des rubans enroulés,
Bleus, rouges, blancs, flottent à l'aventure ;
Ainsi l'on voit, quand la moisson est mûre,
Coquelicots et bleuets dans les blés.
On les embrasse, on les fête au passage,
Et jusqu'au soir, à travers le village,
Ils vont criant, pour se donner du cœur :
« Soldats, en marche ! et vive l'Empereur ! »

C'est dans ce gouffre, ouvert aux funérailles,
Que Jean tomba des hauteurs de l'amour.
Napoléon et ses grandes batailles
En jour de deuil changent son plus beau jour.
L'heure est venue (il l'avait oubliée)
Où le canon a réclamé sa chair.
Adieu ! pauvre âme à la sienne liée,
Adieu ! vieux père, adieu ! jardin si cher ;
Tout est perdu ! — Sa douleur égarée
Reste insensible ; il n'a ni cris ni pleurs.
Vers Jeanneton, qu'il voit désespérée,
Il court joyeux ; son esprit semble ailleurs.
Il lui remet l'anneau de mariage
Et le cœur d'or qui pend au velours noir.
« Garde à jamais ces deux gages d'espoir.

Je reviendrai, dit-il, c'est un voyage. »
Puis il sourit, et machinalement,
Comme un fantôme il embrasse son père.
Le doux vieillard semble devenu pierre,
Et le regarde avec étonnement !
Quel désespoir dans cette dernière heure !
Il est parti !... — L'on dirait que la mort
A visité leur muette demeure,
Elle est ouverte, et pas un bruit n'en sort.
C'est Jeanneton qui pleura la première ;
Jeune, l'on a des pleurs pour le chagrin ;
En vieillissant la douleur est d'airain,
Elle se tait et mène au cimetière.
Un mois après, sur le seuil de la serre
Jeanneton vit le vieillard étendu.
Il était mort... — Elle avait tout perdu.
Que devenir ? — Voisine est la misère.
Elle arriva. Le nouveau jardinier
Avait des fils, des brus, une famille.
De la maison sortit la pauvre fille ;
Tout son trousseau tenait dans son panier.
Dans le château ni maître ni maîtresse ;
Ils sont partis ; pas un cœur à toucher...
Elle s'enfuit, croyant fuir sa détresse.
Un vague instinct la pousse à se cacher.
Elle revient dans la pauvre cabane
Qu'elle quitta quand son père fut mort.
Au seuil disjoint a séché la liane,
Son dur grabat dans un angle est encor.
Elle s'y jette et de ses pleurs l'inonde.
Pas un ami ; malade, sans argent,
Dans son angoisse, hélas ! plus rien au monde.
Jean est-il mort ? — Point de lettre de Jean !
Comme un appel son nom qu'elle répète
Semble évoquer l'ombre de son amant ;
Son sein bondit sous un tressaillement,
Et tout à coup elle courbe la tête :
Un grand mystère en elle s'accomplit.
Dans sa terreur s'éteint sa plainte amère.
Elle s'écrie, à genoux sur son lit :
« Pitié ! Jésus. » Elle se sentait mère.

Ce que le cœur peut porter de mépris,
Ce que le corps peut subir de tortures,
Vous le savez, ô pauvres créatures,
Filles en pleurs ! mères aux flancs meurtris !
Vous le savez, tristes âmes brisées,
Pour qui l'amant ne sera pas l'époux !

Dans vos douleurs, d'implacables risées
Comme des fouets sifflent autour de vous.
Le débauché de vos larmes s'irrite,
Il vous reproche un reste de pudeur ;
Votre beauté déchaîne la laideur ;
De vos remords s'indigne l'hypocrite :
L'appel du mal et le défi du bien,
Tout vous flétrit, vous accable et vous raille ;
Mais dans vos bras aussitôt que tressaille
Le nouveau-né, le monde n'est plus rien.

III

Pour le désert la nature a des fêtes,
Des lieux choisis que l'homme n'a point vus,
Sur les hauts monts des floraisons secrètes,
De gais sentiers, des lacs, des bois touffus.
Fraîcheur des eaux, aménité des mousses,
Senteurs montant de la terre au ciel bleu,
Combien ainsi vous devez être douces,
Vous dévoilant, vierges, à l'œil de Dieu !
Dans vos splendeurs la cité vous ignore ;
Le voyageur ne parle pas de vous.
Mais Dieu vous voit ; votre beauté l'adore,
Et vous plaisez à son regard jaloux.
Il est ainsi des âmes inconnues,
Dont les vertus fleurissent en secret ;
Tout le parfum de ces urnes élues
Se perd en Dieu comme un encens discret :
Leur sacrifice est offert en silence ;
Leur dévouement découle calme et fort,
Leur héroïsme attend sa récompense
Du saint repos que leur promet la mort.
Souffrir l'affront sans qu'aucun bras nous venge,
Subir la faim avec sérénité,
Être martyr sans espoir de louange,
Et s'ignorer dans sa sublimité !
Âmes du pauvre, incessantes offrandes
Versant en Dieu vos naïves douceurs,
C'est là, c'est là ce qui vous fait si grandes,
Vous que le Christ doit élire pour sœurs !

Telle on la vit s'élever dans sa chute :
L'enivrement de la maternité
Hausse son cœur ; humble et fière, elle lutte
Contre l'affront, contre la pauvreté.
Dès l'aube aux champs qui donc est la première

Pour la vendange ou bien pour la moisson ?
Quelle est là-bas l'active lavandière ?
C'est elle encor ! c'est toujours Jeanneton !
Comme autrefois sur les branches du saule
Elle suspend des filets de pêcheur,
Avec son fils au sein ou sur l'épaule :
Rien ne répugne au pauvre et tendre cœur.
Déjà l'enfant commence à la connaître,
Il lui sourit, bientôt il parlera...
Il sera grand lorsque Jean reviendra,
Jean reviendra !... c'est écrit dans sa lettre !
Un soir d'hiver voilà bientôt un an
Qu'à Jeanneton cette lettre est venue ;
L'entendant lire elle l'a retenue,
Dans cette lettre elle a retrouvé Jean :
« Ma Jeanneton, nous partons pour la guerre,
Je reviendrai, je serai ton mari ;
Porte le deuil de la mort de mon père,
Apprends mon nom à notre enfant chéri. »
C'est tout. — Bientôt il récrira sans doute ?...
Et chaque soir, quand le messager vient,
Elle s'en va le guetter sur la route.
Jamais, hélas ! il n'apporte plus rien !...
Elle gravit alors la grande roche
Dont le sommet domine le canton.
Jean s'en revient et peut-être il est proche :
C'est chaque jour l'espoir de Jeanneton.
S'il n'écrit pas, c'est qu'il ne peut écrire.
Où sont-ils donc ces pays si lointains ?...
Quelle douleur de ne pas savoir lire !...
Ses vœux perdus s'égarent incertains...
Tant de labeur, tant de peine soufferte,
Tarit son lait et consume son sang ;
Son nourrisson est pâle et languissant,
Contre son sein un soir il reste inerte.
Il devient froid, mais on dirait qu'il dort.
Elle l'étreint, lui parle, le caresse,
Tantôt encore il sentait sa tendresse !
Il a passé du sourire à la mort.

Tout imprégnés des larmes maternelles,
Petits enfants, vous fuyez loin de nous !
Anges, pourquoi déployez-vous vos ailes ?
N'étions-nous pas le paradis pour vous ?
C'est quand déjà vous semblez nous comprendre,
C'est quand déjà vous êtes ressemblants
À l'être aimé qui vous mit dans nos flancs,
Que l'âpre mort dans nos bras vient vous prendre ;

Elle a fermé votre bouche et vos yeux
Que le sommeil souriant venait clore.
Hier vous viviez, hier vous pressiez joyeux
Notre mamelle où le lait coule encore !...
Jeanneton mit en terre son enfant,
Et survécut à cette angoisse atroce :
Chaque matin sur la petite fosse
On la trouvait à genoux et pleurant.
Comment fais-tu, dégradante matière,
Pour résister quand il faudrait mourir ?
Jouis-tu donc quand l'âme la première,
Perdue en toi, commence à se tarir,
Jouis-tu donc d'y surprendre en ruines
Amour, vertus, douleurs, félicités,
Et d'attacher à ses ailes divines
Les fers honteux que toi-même as portés ?

IV

Suintant la graisse et la concupiscence,
Tout bourgeonné des tempes au menton,
Gros-Pierre était un pêcheur d'importance,
Ancien ami du père à Jeanneton.
Si le défunt de boire fut avide,
De bien manger l'était le survivant ;
Trois fois par jour sa bedaine splendide,
Repue à fond, bondissait plus avant.
Piments, anchois, piquette, aigre fromage,
En appétit le mettaient le matin ;
Puis à midi c'était un lourd potage,
Du lard bien gras cerclé de noir boudin ;
Pour le souper, bouillabaisse au gingembre,
À l'huile, au vin, à l'ail, au poivre gris ;
Quelquefois même, aux chasses de décembre,
Il dévorait le lièvre et la perdrix.
Et quand Gros-Pierre avait pris sa pâture,
Plongeant au lit son ventre d'éléphant
Il complaisait à la mère Nature...
Et chaque année il avait un enfant.
Il en fit tant qu'enfin sa pauvre femme
Mère dix fois, un jour s'en fut à Dieu.
Depuis un mois qu'elle avait rendu l'âme,
Tout cotillon mettait Gros-Pierre en feu.
Des dix enfants il n'en restait que quatre ;
L'un au berceau, qui pleurait tout le jour,
Et trois plus grands que l'on voyait s'ébattre
Avec trois porcs barbotant dans la cour.

Compatissante avait été leur mère
Pour Jeanneton, qui le devint pour eux ;
Chaque matin elle allait chez Gros-Pierre
Faire la soupe aux petits malheureux ;
Elle lavait leur linge et leur visage,
Elle apaisait leurs sanglots dans ses bras,
Et remplaçait la défunte au ménage ;
Mais, son fils mort, elle ne revint pas...
Gros-Pierre alla chercher l'infortunée
Au cimetière (il avait son dessein) ;
Elle le suit comme la Destinée :
Son âme, hélas ! n'était plus dans son sein,
Elle restait errante au cimetière
Avec son fils parmi les jeunes morts ;
Dans son logis ce qui suivit Gros-Pierre,
De Jeanneton ce n'était que le corps.
Sans murmurer du travail le plus rude,
Servant le père et les quatre petits,
Ses pieds, ses bras faisaient par habitude
Ce qu'avec cœur elle aurait fait jadis.
Gros-Pierre en vain la conviait à table ;
Elle mangeait à l'écart son pain noir,
Et sur la paille en un coin de l'étable
Se retirait pour dormir chaque soir.
Quoique Gros-Pierre, épiant sa torture,
La convoitât de son œil aviné,
Le fier regard de l'humble créature
Jusqu'à ce jour l'avait comme enchaîné.
Mais la voyant si morne et si défaite,
Il s'affermit dans son emportement ;
De sa détresse il avait l'âme en fête,
Son espérance allait s'en enflammant.
Il était lâche, implacable et colère,
Comme le sont tous les voluptueux ;
Pour bien dîner il eût battu sa mère.

Calme, le cou ployé sur ses cheveux,
Elle dormait une nuit : autour d'elle
Montaient des flots d'azur et de rubis,
Son bel enfant, fait ange, d'un coup d'aile
La revêtait d'éblouissants habits...
La soulevant plein d'une force étrange,
Il lui disait : « J'ai brisé tes liens.
Vois ! comme moi, mère, Dieu te fait ange !
Viens ! enlaçons nos ailes ; suis-moi, viens ! »
Et tous les deux enlevés dans l'espace
Fendaient le ciel tout ruisselant d'éclat ;
Lorsque soudain un souffle la terrasse,

Roidit son corps et l'enchaîne au grabat.
Il lui sembla qu'une bête de somme
Qui dormait là sous son corps la foulait.
Avec terreur en vain elle appelait,
Dans le logis n'habitait que cet homme !...

Le lendemain se mourait Jeanneton.
On fit venir le curé du village.
Gros-Pierre avait d'un énorme poisson,
Le matin même, au curé fait hommage,
Lui confiant avec quelque détour
Que pour la fille il était tout de flamme,
Mais qu'il voulait, la prenant pour sa femme,
Légitimer devant Dieu son amour.
Ces dix-huit ans ! cette fraîche jeunesse
Affriandaient son appétit brutal.
Après avoir goûté de ce régal
Il souhaitait d'y revenir sans cesse.
D'ailleurs le prêtre approuva son dessein :
C'était de Jean réparer le scandale ;
Chacun louerait cette action morale ;
Enfin, Gros-Pierre était un petit saint !
Lorsque le soir s'apaisa son délire
Jeanneton vit près d'elle le curé :
Au nom de Jean qu'elle avait murmuré,
Il devina ce qu'elle n'osait dire ;
« Pourquoi toujours ce vœu désespéré ? »
Répondit-il. Aux murs de Saragosse
Son régiment vient d'être massacré !... »
— « Mort, lui !... Non, non, cette nouvelle est fausse. »
Mais l'accablant, sans pitié ni merci,
Dans la gazette il lui lut le massacre.
Comme le fer résonnait sa voix âcre :
Tous étaient morts, Jean devait l'être aussi !

V

Le voyageur au retour du navire
Aime à parler des pays visités,
Et tour à tour il se plaît à décrire
Leurs fiers aspects, leurs riantes beautés.
Avec lenteur il erre et s'extasie
De bords en bords, de la Grèce au Liban ;
Dans les vallons embaumés de l'Asie
Il nous fait voir le paradis d'Adam.
Il nous redit les contours de la rive,
L'éclat des monts, les ténèbres des bois,

Chaque horizon et chaque perspective
Sont devant nous déroulés par sa voix ;
Mais s'il arrive aux plages désolées
Où les vaisseaux sombrent dans les écueils,
Où cieux et mers, montagnes et vallées,
Sont recouverts du drap blanc des cercueils,
De ses tableaux toute couleur s'efface,
Rien ne rit plus à notre œil attristé,
Et notre cœur de l'Océan de glace
Ressent le froid et l'immobilité !
Ainsi la vie a des steppes funèbres :
L'esprit s'éteint, le sentiment est mort,
Pas un rayon ne perce ces ténèbres,
Pas une fleur de ces neiges ne sort.
Quels sons rendraient et quels mots pourraient peindre
Ce désespoir qui cesse de souffrir,
Cette détresse impuissante à se plaindre
Et cette mort qui ne sait pas mourir ?
Le cœur dissous flotte dans la matière ;
Où le chercher ? comment le ressaisir ?
Jeanneton fut la femme de Gros-Pierre ;
Dans sa misère on la vit s'endurcir.
Avec son cœur sombra dans sa mémoire
Le souvenir de ses belles amours ;
C'était pour elle une lointaine histoire
Qui lui semblait étrangère à ses jours.
Elle eut des fils, des filles. Mais la mère
Devient moins tendre où l'amante a péri :
Plus de baisers sur cette lèvre amère
Et plus de pleurs dans ce regard flétri.
Comment aimer et s'attendrir ? chaque heure
Rive sa chair à la nécessité ;
Le pauvre chien qui garde sa demeure
A moins de peine et plus de liberté :
C'est dès le jour souffrance ou tyrannie
Des derniers nés vagissant et bramant ;
C'est par huit fois la nouvelle agonie
De la grossesse et de l'enfantement ;
C'est au logis le linge qu'on rapièce,
C'est la lessive à laver aux jours froids ;
C'est le pain bis à pétrir ; c'est sans cesse
L'eau que l'on puise et les fardeaux de bois.
Quand vient l'été, c'est la moisson brûlante,
Gerbe à lier et blé qu'on va battant ;
C'est en hiver l'olive ruisselante,
Qu'on cueille à l'arbre et que la meule attend.
Toujours, toujours le travail et la gêne !
Toujours, toujours le corps à torturer !

Si bien, hélas ! que pour tuer sa peine,
On aime à boire, on se plaît à jurer !
On en arrive à ce point de misère
Où toute ivresse est attrayante aux sens ;
On trouve bons les baisers de Gros-Pierre,
On a plaisir à battre ses enfants !

Puis on vieillit, les forces s'affaiblissent,
L'adversité dépeuple la maison,
Le mari meurt, fils et filles grandissent,
La guerre prend chaque année un garçon ;
Le mariage, hélas ! ou la débauche
Prennent les sœurs ; tout manque à ses vieux jours.
Lorsque craintive elle fait un reproche,
On lui répond qu'on connaît ses amours ;
On la dépouille, on veut tout l'héritage
Du père mort ; on se pille, on se bat ;
Dans sa maison, au prix d'un dur servage,
On laisse à peine à la veuve un grabat.
Gendres et brus accablent sa vieillesse,
Elle est sans pain, sans feu, sans vêtement,
Et ses petits-enfants, qu'elle caresse,
Avec dédain la battent méchamment.
Rien qui la plaigne et rien qui la console ;
Dans le village on la traite de folle,
Parce qu'elle aime à chanter tout le jour,
En travaillant, son vieux refrain d'amour.
Une bohême, à la fin d'un automne,
Un jour de foire au village passant,
Guitare en main s'en allait glapissant
Cette chanson au refrain monotone :
« Il est parti mon galant cavalier ;
Crois qu'il est mort, mais ne puis l'oublier ! »
Et Jeanneton retint la ritournelle,
Dernier écho qui chante et pleure en elle,
Mots dont son âme a désappris le sens...
Pourtant ce jour où nous la rencontrâmes
Serrant la glane en ses bras frémissants,
Et se traînant dans la campagne en flammes,
Tout en chantant son air accoutumé,
Un feu subit courut sous sa paupière,
Son cœur glacé cessa d'être de pierre.
Son corps éteint se dressa ranimé !

Comme l'on voit, quand se dissout la brume,
Les eaux, les bois s'éclairer dans un champ,
Au souvenir quand l'âme se rallume,

Le passé brille et va se rapprochant :
Tout s'éclipsait et tout était poussière ;
Mais, ô mémoire, avec tes hôtes morts,
Le jour arrive où renaît ta lumière !
Oiseau de feu, de tes cendres tu sors ;
Tu viens du cœur peupler la solitude,
Y ranimant des regards et des voix,
Et l'homme accourt, malgré sa lassitude,
Les bras tendus aux ombres d'autrefois.

L'embrasement de la plage muette
Lui rappelant un jour lointain pareil,
Quelques doux cris de merle ou de fauvette
Dans la pauvre âme ont produit ce réveil.
À l'horizon elle étendit la vue :
Le vieux château que baignait le soleil,
Illuminant ses deux tours dans la nue,
Lui paraissait d'or sur un fond vermeil.
Il lui sembla courir dans l'avenue
Où mille oiseaux gazouillaient leur chanson ;
Le cuisinier à la face charnue
Lui souriait debout sur le perron ;
Sous les rameaux le vitrail de la serre
S'illuminait ; des parfums en sortaient,
Et dans ce cœur submergé de misères
Les souvenirs par degrés remontaient.
Oh ! c'est l'amour, c'est encor la jeunesse,
C'est le bonheur !... Elle lui tend les bras ;
En laissant choir sa gerbe elle s'affaisse,
Elle repose, elle ne souffre pas.
La vision qu'embrasse sa pensée
Remplit ses yeux, ils regardent sans voir...
Sur les cailloux sa tête est renversée ;
Ses cheveux blancs flottent au vent du soir
Qui la caresse et soulève autour d'elle
Le chaud parfum des genêts à fleurs d'or ;
D'un vol rapide une noire hirondelle
Rase son front, plane et revient encor.
Broutant au loin le thym et la roquette,
Les grands troupeaux poussent leur bêlement.
Et des béliers la petite clochette
Répand dans l'air son léger tintement.
Le jour s'éteint... La pauvre vieille expire
À ces doux bruits qui la berçaient en ant ;
Sur son visage erre un calme sourire
Qui dans la mort y survit triomphant.
Puis tout se tait : les champs deviennent pâles ;
L'on n'entend plus que le Rhône qui fuit

Et le coucou jetant par intervalles
Son cri sonore au milieu de la nuit.

VI

Un soir d'hiver, dans le pauvre village
Les chiens de garde aboyaient au mistral ;
Tout était noir des rochers à la plage,
Hors une porte où pendait un fanal :
C'était le seuil d'une salle creusée
Aux flancs d'un roc ; l'œil en y regardant
Sur la paroi du fond tout embrasée
Aurait pu voir des ombres se tordant.
Dans l'âtre rouge une énorme chaudière
Fait retentir comme un bruit de sanglots,
Et des mulets agitant leurs grelots
Tournent la meule au cylindre de pierre.
La verte olive, à la forte senteur,
Comme un blé mûr en poussière est broyée ;
Puis va s'étendre en pâte délayée
Dans des cabas où filtre sa liqueur.
Des hommes noirs, huilés, souples, bizarres,
Nus jusqu'aux reins et dressant leurs bras forts,
Sur un pressoir croisent de longues barres
Qu'ils font tourner en y pendant leurs corps.
Dans l'eau qui bout d'autres plongent des cruches
Qu'ils vont vider au pressoir mugissant,
Et, s'échappant comme le miel des ruches,
L'huile à flots d'or en rigoles descend.
Le long des murs le marc chaud des olives
Fume étalé : c'est le lit où l'on dort.
Des troncs rugueux, ou de vieilles solives,
Forment des bancs et des tables au bord.
Ô moulin d'huile, avec les douces flammes
De tes grands feux de branches d'olivier
Chauffant en rond les vieillards et les femmes,
Comme l'on t'aime aux jours froids de janvier !
C'est toi qui mets tout le village en fête,
Dans ton enceinte, on danse tous les soirs ;
En jupon court l'oliveuse coquette
Vient y sourire à tes mouliniers noirs ;
Ton clair fanal la nuit montre un asile
Aux mendiants dans leur route égarés,
Et grâce à toi, bon et chaud moulin d'huile,
Ils ont la soupe et le gîte assurés.

Or, ce soir-là plus froide était la bise,
Et vers minuit les chiens jappaient plus fort,

Lorsqu'un vieillard à longue barbe grise
Parut traînant sa marche avec effort :
Un vieux schako vacille sur sa tête ;
Sous un caban troué, son pantalon
Laisse entrevoir la pourpre d'un galon ;
Sa veste porte un débris d'épaulette ;
Ses pieds sont nus. Quel est cet indigent ?
Près du foyer, insensible il s'affaisse ;
On le secourt, on l'entoure, on s'empresse.
Dans ce vieillard, qui reconnaîtrait Jean ?

Il revenait du fond de la Russie,
Où prisonnier la France l'oublia.
En traversant l'Europe il mendia,
Sa route était par le but adoucie.
Parmi la neige et les steppes sans fin,
Riante au loin il voyait la frontière ;
Et, fredonnant quelque marche guerrière,
Il secouait sa fatigue et sa faim.
Aller mourir dans son pauvre village,
Revoir le Rhône, aspirer l'air en feu,
Se retrouver dans le doux paysage
Du vieux château, c'était son dernier vœu.
Songes lointains, spectres des jours prospères,
Vous vous levez quand la mort vient à nous !
Pour nous saisir, poussières de nos pères,
Vous attirez nos atomes vers vous.
Il arriva. Le terme du voyage
Vit le vieillard pâlir et chanceler ;
Et jusqu'au jour, comme épuisé par l'âge,
Dans le moulin il dormit sans parler.
Mais avec l'aube il s'éveille, il s'élance,
Il va frapper à chaque seuil connu ;
Il crie à tous : « Dieu me ramène en France,
C'est moi ! c'est Jean qui vous suis revenu ! »
Nul n'accourait fêter son arrivée ;
Plus un ami, pas un toit familier ;
Des enfants seuls la bruyante couvée
Dans le village escorte le troupier.
Il marche ainsi, triste, de porte en porte,
Sans éveiller l'écho d'un souvenir.
Depuis longtemps sa Jeanneton est morte ;
Mort est leur fils. — À quoi bon revenir ? —
Quelques vieillards se rappellent à peine
Le petit Jean, comme eux devenu vieux,
Et le château qui dominait la plaine
Ne dresse plus ses deux tours dans les cieux :
Serre et jardin sont de blanches usines.

Comment donc vivre ? Il cherche du travail.
Durant l'été, sur les hautes collines
Le pauvre Jean va menant le bétail ;
Durant l'hiver, parfois il vit d'aumône.
Si l'on remplit sa pipe il est joyeux ;
Il va fumer sur les grèves du Rhône,
Et sans penser suit le courant des yeux.

Mais une année il sentit sa détresse ;
Tout le hameau fut pauvre à l'unisson.
Dans la contrée une âpre sécheresse
Tarit les fruits et brûla la moisson.
Le vin manquait, partout l'herbe était jaune ;
Des grands marais l'exhalaison montait.
La fièvre enfin, lorsque arriva l'automne,
Porta la mort où la misère était.

Les trépassés, dans l'étroit cimetière,
Ne trouvent plus la place qu'il leur faut.
Un jour, celui qui les mettait en terre,
Frappé comme eux, soudain leur fait défaut.
Les pauvres morts pourrissent en présence
Des survivants, et, telle est la frayeur,
Qu'en vain on cherche un autre fossoyeur.

En racontant ses exploits d'ambulance,
Jean vint s'offrir pour fouiller le charnier.
Il avait faim, il se mit à l'ouvrage.
Durant quinze ans, la guerre et le carnage
L'avaient trempé pour ce rude métier.

L'aube un matin blanchissait la vallée,
L'enveloppant du suaire des morts ;
Un brouillard gris montait de la saulée
Au cimetière, étagé sur ces bords.
Avec effort Jean faisait une brèche
Au pied d'un mur qu'il fallait démolir ;
Et l'on voyait, à l'entour de sa bêche,
Du trou béant des squelettes saillir :
Crânes rongés et faces aux yeux vides,
Côtes, fémurs, cartilages rompus,
Où tout gluants rampaient des vers livides.
Dans leur repas tranquille interrompus.
Jean, tout à coup, dans la terre a vu luire
Comme un bijou parmi les ossements ;
Il le convoite avec un joyeux rire ;
Son œil en a des éblouissements.
Le bras plongé dans les débris funèbres,

Avidement il saisit le trésor :
C'était autour d'un rameau de vertèbres,
Quelques fils noirs où pendait un cœur d'or !
Un papier jaune, empreint de moisissure,
Était dedans !... Jean fut pris d'un frisson.
Quoique le temps eût rongé l'écriture,
Il reconnut sa lettre à Jeanneton !

1853[1].

EXTRAITS DE LETTRES DE LOUIS BOUILHET
À GUSTAVE FLAUBERT

[Rouen (?), mai-juin 1852[1].]

Posons en principe qu'il eſt plus facile de critiquer que de faire : c'eſt ce que je reconnais depuis hier au soir. J'ai gueulé contre le mot du marquis[2]. Je peux ne pas avoir tort, mais je ne sais comment le remplacer. Il m'eſt poussé dans la tête un amas de bêtises, à propos de cette maudite conversation, et j'ai été étonné moi-même de ce que la tête de ton ami pouvait contenir d'inepties.

Donc, ne change rien. Pourtant voilà des idées, parmi vingt autres :

— c'eſt une véritable guirlande de *roses !*
— avec *des tuteurs* (allusion aux hommes mûrs de la société). Et alors, retrouver un second mot pour le conseiller, en réponse à *tuteur* (pas fort !).

Autre exemple :

— C'eſt une véritable guirlande de fleurs, monsieur le marquis !
— Ah ! charmant ! vous êtes poète, monsieur le conseiller.
— Et j'ajoute que votre salon eſt une véritable serre-chaude !
— Coup sur coup !... *bis in idem !*
— Avec les dames, monsieur le marquis, avec les dames !...
(petite intention cochono-galante; le *non bis in idem* eſt, comme tu sais mieux que moi, un axiome de droit).

Voilà, Môsieur [...].

*

[Rouen (?), septembre-octobre 1852[3].]

Mon cher Guſtave,

Voici la consultation chimique. Je doute qu'elle remplisse tes vues[4] :

1º La terre très sèche ne dégage absolument rien.

Si elle eſt grasse, elle dégage un peu d'humus, lequel peut se décomposer en eau-acide carbonique-ammoniaque.

Si elle eſt humide, elle dégage de la vapeur d'eau.

Bien entendu que si elle contient des éléments spéciaux, il y a dégagement spécial. Exemple : un terrain où il y a du soufre dégage de l'*acide sulfureux*.

———

2° Les rivières ne dégagent que de la vapeur d'eau.

Exception : le rio Janeiro dégage de l'acide sulfurique, les lacs de Toscane, de l'acide borique.

———

3° Les troupeaux dégagent de l'ammoniaque, c'est-à-dire de l'azote et de l'hydrogène. En plus, ils dégagent de l'acide carbonique, résultat général de la respiration ; plus des miasmes, et de la vapeur d'eau.

———

Réunis, ces différents dégagements peuvent produire tous les gaz organiques que l'on voudra.

Exemples : humus, vapeur d'eau, ammoniaque : ces 3 corps contiennent de l'oxygène, de l'hydrogène, du carbone, de l'azote. En les combinant, dans des circonstances particulières, souvent à l'aide de l'électricité (laquelle peut se former naturellement en temps d'orage), on peut obtenir :

1° Avec l'oxygène et l'azote, de l'acide azotique, et de l'acide hypo-azotique (très délétère), mais en petite quantité ;

2° Avec l'oxygène et le carbone, de l'oxyde de carbone (très délétère) et de l'acide acétique (ou vinaigre).

———

Voilà, mon ami, tâche d'y comprendre quelque chose, et surtout fais en sorte d'en tirer un bon profit. Le mot *hypo-azotique* me semble mirobolant et magistral[1]. Adieu, à vendredi ; viens me voir à Rouen, je pars pour Cany[2], dans un instant.

Tout à toi.

Jeudi.

*

[Mantes, 19 août 1854[3].]

Je suis à Mantes. J'ai couché dans ton lit, et j'ai chié dans tes latrines (curieux symbolisme !)[4].

Je suis encore tout allumé par les fortes écrevisses que j'ai ingurgitées, vu le choléra-morbus. J'ai visité la cathédrale de Mantes. J'ai lu avec avidité les noms des hauts personnages inscrits sur le dos des chaises. Il y a Mme Tripet, Mme Fricotte, Mlle Grosse-œuvre (c'est mon affaire, si elle est nubile).

Nous[1] avons cherché des rapprochements et des certitudes. La chaise de Mme Fricotte était profondément foulée, le prie-Dieu présentait deux renfoncements énormes. C'est une femme corpulente ; ceci est, pour moi, un fait acquis à l'histoire. Est-elle veuve ? je le suppose, à moins que son époux ne soit voltairien, car il n'y a point de chaise pour M. Fricotte. Je la crois sur le retour, car elle se peint les cheveux, le dos de la chaise est très gras. Mme Fricotte est la veuve ou la femme d'un notaire ; il y a du velours épinglé, sur le prie-Dieu.

Mais ce qui m'a profondément indigné, c'est l'outrecuidance de la famille *Fourneau*[2]. Ils ont à eux seuls *cinq chaises*, à l'entrée de la sacristie : Monsieur, Madame, Mademoiselle et deux jeunes enfants !... Quelles haines ils doivent exciter ! quels potentats que ces Fourneaux ! Je suis sûr qu'ils ne sont pas bien avec Mme Fricotte. On n'a pas le droit de s'étaler ainsi, en pleine sacristie, quand on n'est que M. Fourneau !

Hier j'ai dîné à Poissy, j'avais déjeuné à Paris, et j'ai soupé à Mantes. Je jouis d'un assez brillant appétit, mais je me ménage un peu, vu le choléra-morbus. Je ne prends que du rhum ; l'eau-de-vie est expressément défendue. Nous serons ce soir à Vernon, pays du père Morisse[3] ! ...(autre curieux symbolisme !).

Je compte m'y empiffrer comme chez Heurtevent[4], pendant quinze ans !

Adieu, vieux bardache, à lundi. Ton vieux

L. BOUILHET.

Mantes, samedi.

P.-S. — Je viens de voir à Mantes le fameux phoque qui parle, et que tu connais. Je suis à prendre un verre de kirsch, au café, vis-à-vis les chemins de fer, où nous déposons la maîtresse de Guérard.

Deux mouches indécentes se sont violées sur ma lettre, pendant que je la relisais. J'ai circonscrit la place[5].

★

[Mantes, septembre 1854[6].]

Mon vieux,

Comme tu te l'imagineras sans peine, ta lettre m'a inondé de joie, et m'expose même au plus grand lyrisme. Tant pis pour le drame ! Ainsi donc, nous nous piéterons cet hiver, comme deux rocantins, dans la capitale du monde civilisé[7] ! Les restes n'y seront pas[8], mais nous les porterons dans notre âme, nous taillerons nos idées et notre conduite d'une façon rude et normande. Nous serons rocailleux, comme disait le père Giffard[9] !

Bravo pour les six pages[10] ! J'en suis heureux et confus. Je n'ai pas été aussi raide. [...]

Ta mère doit être bien tranquille maintenant, et les affaires de famille ont tourné comme vous vouliez[1]. Félicite-la de ma part, en lui présentant mon respect.

Nous recauserons à loisir de tes publications ; je crois avoir raison matériellement, c'est peut-être aussi la soif que j'ai de boire tes phrases dans un vase pompeux.

Je ne pourrai probablement pas me procurer ici *La Presse*. Dans Cany, on ne lit que *Le Constitutionnel*, on est littéraire avant tout, et l'on a un profond et légitime mépris pour un utopiste aussi dangereux que M. Émile de Girardin[2] !

Je savais, du reste, que le roman de Champfleury finissait en queue de poisson[3]. C'est une chose qui lui arrivera toujours. Je ne le crois pas complet, ni carré par la base.

Ce que tu me dis pour les délires *motivés* me paraît juste. Oui, c'est rococo, toutes réflexions faites ; c'est trop dramatique, dans le mauvais sens du mot, et tu as bien fait d'y regarder à deux fois.

J'ai eu peu d'ovations, à Cany. Je crois même que j'ai été sur le point d'en être exilé. Voilà comme : j'ai rencontré à Yvetot le docteur Lévêque (quelle rencontre ! ! !) ; et comme il allait à Cany, nous avons pris le coupé à nous deux ; et, entre une foule de pipes et de petits verres, sur la route, je lui ai conté comme quoi j'avais eu un commencement de cholérine à Rouen. Le docteur qui se rendait chez le maire Fouët dont la sœur est malade, a raconté le cas dans cette maison ; une demi-heure après, tout Cany le savait. Mais, comme l'œuf de la fable, le mal se multipliait en passant de bouche en bouche : le fils Bouilhet a eu la cholérine ! a eu le choléra ! ! a le choléra-morbus ! ! ! Terreur de la population, sage anxiété des édiles, délibération municipale. Le soir, on entend la caisse de la mairie, et, par édit public, on invite les citoyens à prendre les plus grandes précautions contre le terrible fléau : ne pas manger de fruits verts, tenir les fumiers à 200 pieds au moins des habitations, arroser le devant des portes, etc., etc.

Voilà l'effet que j'ai produit ; mon retour a soulevé la question des fumiers. Ceci ne me sent rien de bon. Si c'était au moins le fumier d'Ennius, et si j'y pouvais trouver des perles[4] !

[...]

Adieu, vieux et bon solide ! je-te-maison-en-construction-casse-la-gueule-embrasse-tendrement.

Ton Architophel [*sic*] (*for ever,* style Sylphide[5]).

P.-S. — Rosier a-t-il anéanti Hermione[6] ? — Il est probable que vendredi tu auras quelque chose. La Muse[7] m'accable de lettres, de questions stupides, et de vers *idem*. J'ai reçu, par la poste, sa *Servante* et son volume[8]. Quelle rage ! ! !...

*

[Paris, 9 juin 1855[1].]

Mon vieux,

J'ai fini, avant-hier, la fameuse scène ; elle m'a donné bien du mal. Je crains qu'elle ne fasse pas grand effet, peut-être est-ce une erreur, après tout. Je n'ai plus d'opinions droites dans la tête. On recopie, et je recopie ledit drame[2]. J'irai lundi voir M. Blanche[3]. J'irai aussi voir Laugier[4] ou l'autre, selon ce que M. Blanche me conseillera, puis je reverrai Sandeau[5]. Je ne pouvais pas le faire avant ; quoi lui lire ? il faut la copie. J'irai aussi voir Arsène Houssaye, si c'est utile, et je le pense, bien qu'il n'ait point été fameux avec moi. Mais il faut bien passer quelque chose aux grands hommes. Ça me fait donc cinq actes, maintenant, j'ai ajouté, je n'ai rien retranché ; j'ai peur de trouver les mêmes difficultés. Enfin, nous verrons bien.

À propos de théâtre, je te dirai que je suis fort triste de ce qui arrive à Durey[6]. Par une ironie du destin, après avoir été plus d'un an sur le pavé, il lui incombe à la fois l'engagement avec Rachel, qui part décidément le 20 juillet, pour neuf mois[7], et l'engagement à l'Odéon, qu'elle cherchait depuis si longtemps ! Il n'y a pas moyen de se dépêtrer de Rachel, il y aurait un dédit énorme. C'est bien pénible que cette rosse-là parte ainsi, quand j'espérais si bien qu'elle resterait, et je dis cela, non pas au point de vue sentimental, mais pour l'intérêt de Marie[8], qui pouvait se poser là, en travaillant sérieusement. L'engagement d'Amérique est bien plus avantageux, mais il n'est que momentané. Retrouve-t-elle, au retour, les mêmes occasions ? Oui, si j'ai réussi à quelque chose, mais je n'ose plus faire d'hypothèses, elles me crèvent toutes sous les yeux, comme des bulles de savon.

Ce qu'il y a de particulier, c'est que la nuit d'avant cette belle nouvelle j'avais fait le rêve le plus bizarre du monde. J'étais en pleine mer, je nageais tranquillement, tout à coup je rencontrais, nageant aussi, le vieil ami Lerond, médecin de marine, avec son petit chapeau de matelot. Puis Durey toute nue arrivait là, je la prenais, je la soulevais, et je la livrais à Lerond, qui en profitait sous mes yeux, malgré mon atroce jalousie. Puis arrivait aussi Léonie[9], dans le même état, et avec les mêmes conséquences, et nous nous trouvions transportés dans le cabinet de mon grand-père, où il y avait des polypiers et des coquillages.

Vois-tu un peu ça ? tous ces rêves de marine, mêlés, à mes amours ? cette goutte d'eau de mer dans mon foutre ? tout ça voulait dire que Durey s'embarque ; ça veut-il dire que je serai cocu ? *Di, talem avertite casum !* Rencontrera-t-elle cet infâme Lerond sur l'humide Empire ? Je suis atrocement jaloux de Lerond, mais que vient faire là Léonie ? C'est plus grave de sa part, il n'y a point d'excuses. — J'écume !

Et ce pauvre Narcisse qui a eu une attaque[10] ! (remarque le *qui a eu,* ça a l'air chinois : ki-ha-hu). Dis-lui bien des choses de ma part ; peut-être ne baise-t-il plus assez là-bas ? Tout le monde n'est pas fait à tes férocités de tempérament.

Présente mon respect à Mme Flaubert, et embrasse Caroline[1] de ma part. Je vois, d'après ce que tu me dis, que tu travailles toujours dans le même système. Je crois que tu exagères un peu les choses, et que tu pourrais aller plus vite, sans faire moins bien. Mais je ne veux pas appuyer sur cet endroit délicat. Ton cousin Allais doit être magnifique en père[2] !

J'ai vu l'autre jour *Lanfrey*[3] chez Crépet[4]. La Muse, à ce que m'a dit Ferrat[5], lui a écrit une lettre enflammée au sujet de son livre anticatholique, et il va chez elle. Ferrat tient cela de Syloie, employé au ministère de l'Instruction publique. Quant à Crépet, il est passé à une autre idée : plus de mariage, plus d'acclimatation, plus de revue, mais les travaux agricoles, les fermes modèles, les bons engrais, les concours. Il part de Paris aujourd'hui et se confine pour 6 mois à Montauban dans une école d'agriculture ; il se remet en pension. Je l'ai blagué à outrance, ainsi que Lanfrey. C'est, du reste, un bien drôle de corps, et amusant.

Adieu, courage, je te serre la main.

*

[Paris, 25 août 1855[*].]

Mon cher Gustave,

Si je ne t'ai point écrit plus tôt, c'est que j'avais la persuasion que tu avais une réponse directe de Fovard. J'ai été deux fois le trouver, et il a pris tes notes et questions. Je m'étonne de ce retard, mais tu auras certainement une réponse[7].

Rien de bien neuf dans la situation du drame[8]. Pourtant j'ai fait de nouvelles démarches. Je vais me trouver en rapport avec Régnier[9] grâce à une dame qui est l'amie intime de sa mère. On ne m'a pas voulu donner, aux Français, l'adresse de Laugier[10] (on prétend ne pas la connaître, au fond c'est un ordre général du ministre). Mais à force de mal, j'ai découvert son gîte, hier soir. Il demeure dans la maison même de Guérard[11], rue des Saints-Pères, 30. J'irai aujourd'hui. J'espère que, de son côté, Blanche[12] lui fera parler. Préault[13] doit me mettre en rapport avec Doucet[14]. Quant à Sandeau, j'ai déjeuné l'autre jour chez lui avec Du Camp. Ce dernier m'avait donné rendez-vous jeudi, chez Pichat[15], pour lire enfin la comédie du *Cœur à droite*[16], mais le Pichat ayant manqué de parole, nous avons été dire bonjour à Sandeau, en passant, et il nous a retenus à déjeuner. C'est un excellent bougre, nous avons siroté et fumé la bouffarde. Il m'a promis d'aller le jour même secouer Houssaye et le sieur Laugier ; quant à moi, j'ai remis ma carte chez Houssaye. Tu vois que je suis d'une activité dévorante !

Je n'ai point vu Rouvière[17], je crois même que je ne le verrai pas. Il me croit en Normandie. C'est, hors du théâtre, un cabotin sans grande intelligence, dit-on. Il sera épouvanté du sujet, sans en voir les bonnes choses, et, en somme, il pourrait aller dire que je lui ai soumis une pièce non jouable, ce qui est inutile. Cette pièce ne sera pas jouée en France. Je repenserai à ton idée d'Angleterre, c'est la seule praticable.

Adieu, vieux. Quelle vie que d'attendre ainsi toujours ! Je te serre la main, et t'embrasse cent fois. Ton vieux.

Samedi.

[Paris, 18 septembre 1855[1].]

Mon cher Gustave,

Follin[2] n'est point à Paris pour le moment, ce qui m'a même empêché de lui lire dernièrement ma comédie du *Cœur à droite ;* il revient la semaine prochaine, mais ce passage bien long pour toi, d'autant plus qu'on peut s'en passer, je pense.

En premier chef : l'affection de ton mendiant étant à coup sûr *chronique,* il est absurde tout d'abord d'avoir l'idée de l'en débarrasser ; donc c'est superbe pour le caractère d'Hommais *[sic]*. Je ne me rappelle pas bien les détails de la figure : il avait les yeux sanguinolents, c'est-à-dire, je crois, les paupières retournées, boursouflées et rouges ? Eh bien, Hommais *[sic]* peut avoir l'idée chirurgicale d'enlever la muqueuse par une incision oblique, et de ramener ainsi, de retourner la paupière dans son sens normal.

Je ne me rappelle plus comment est le nez de ton monsieur. Si par hasard il n'avait plus de nez, tu pourrais songer à la *rinoplastie,* au nez factice, tiré de la peau du front (tu chercherais : *rinoplastie,* et je crois que tu aurais des détails). Ce serait une opération parallèle à celle du pied bot, à seule fin d'embellir la race humaine.

Il peut aussi songer à cautériser fortement ces paupières rouges.

Et dans tous les cas : comme toutes ces affections partent d'un vice scrofuleux, il lui conseillera, avec bonté, le bon régime, le bon vin, la bonne bière, les viandes rôties, tout cela avec volubilité, comme une leçon qu'on répète (il se souvient des ordonnances qu'il reçoit quotidiennement, et qui se terminent invariablement par ces mots : s'abstenir de *farineux,* de *laitage,* et s'exposer *de temps à autre à la fumée des baies de genièvre.* Je crois que ces conseils donnés par un gros homme à ce misérable qui crève de faim, seraient d'un effet assez poignant.

Rien de nouveau, ici. J'irai jeudi aux Français, puisque nous serons au 20 septembre ! Comme tu le dis, ce n'est que le premier pas. Mais il ne faut point que je songe à cela, il y a de quoi envoyer tout au diable. Je suis dans un état intellectuel pitoyable. Je me creuse la tête du matin au soir pour trouver un sujet, en prose, en trois actes, jouable partout, en attendant que je me mette à chercher la pièce en vers qui doit succéder à la *Montarcy,* mais je ne trouve rien de satisfaisant. Et pas un ami, pas un conseil ! Je me souviendrai de ces vacances-là.

Pour en revenir à l'Exposition, il paraît certain qu'elle se prolongera au-delà du mois d'octobre ; c'est l'avis général. Si je suis admis à lecture, je ne le dirai pas à mes amis, mais ils le sauront par Sandeau. J'espère qu'on ne me fera pas attendre longtemps la lecture. Dans tous les cas, je n'y puis rien. Il faut réserver les démarches pour l'époque où elle serait reçue. Alors je peux droguer longtemps, et Mme Stroehlin[1] peut me sauver, dans cette circonstance, puisque le *Maître Wolfram* de Reyer[2] a été joué ainsi, à la demande de la cour. D'ici à la réception (si elle a lieu), j'irai voir Blanche[3], afin qu'il chauffe un peu le comité, s'il veut. Ensuite je m'aboucherai avec Régnier[4], et lui demanderai de vouloir bien *lire ma pièce devant les juges*. Je tâcherai d'obtenir cela.

Adieu, vieux. Présente mon respect à Mme Flaubert, et embrasse Caroline[5] pour moi. Je te serre la patte.

Mardi.

*

[Paris, 22 septembre 1855[6].]

Rien de neuf, cher vieux. Pas de réponse de Laugier[7]. Verteuil[8] m'avait dit le 20 septembre ; il faut attendre encore. Ce sera dans la semaine qui vient. Ces alternatives m'usent peu à peu. C'est atroce. Sandeau est à la campagne. Blanche voyage. Je n'ai aucune démarche à faire présentement. Il faut que je sois admis à la lecture, avant que d'aller voir Régnier.

Voici maintenant la composition de l'œil, autant que je me la rappelle : 1º paupières ; 2º sclérotique, ou cornée opaque (c'est le blanc) ; 3º cornée proprement dite, ou cornée transparente (c'est le rond brun du milieu) ; 4º la pupille, au centre de la cornée ; 5º en dedans, derrière, le cristallin ; 6º le nerf optique, etc. En voilà, je crois, bien assez, prends garde d'en trop dire. Hommais [*sic*] n'est qu'un pharmacien de campagne, il ne connaît pas l'anatomie, il a seulement retenu quelques mots[9].

Je m'ennuie raide, ici. J'ai vu l'autre jour, au café, place de l'Odéon, le jeune Reyer, musicien, lequel m'a donné rendez-vous pour causer d'un opéra en 3 actes, qu'il veut faire avec moi. À ce qu'il paraît, il en a assez de Méry[10].

J'irai m'informer de Durey[11] chez Mme Laurent, quand j'aurai une réponse pour ma pièce à lui faire connaître. En attendant, je suis censé être à la campagne.

Je me suis remis à lire les *Propos de table* de Plutarque[12]. Ça me fait grand plaisir. Quel calme ils avaient, ces vieux, et comme ils se foutaient de la question sociale ! Pas de nouvelles de Crépet[13]. Je crois qu'il n'est pas content de moi. Néanmoins, tous les mois, je reçois un numéro gratis de la *Revue*[14]. Au moins, ils savent vivre. J'ai rencontré Maxime[15] dans la rue de la Paix. Il est venu à moi, et s'est informé de ta santé, puis de ma pièce. Sandeau lui avait tout

dit. Il n'y a pas moyen de lui rien cacher. Il m'a offert et promis ses
services, pour faire demander un tour de faveur, en haut lieu.
(Nous réfléchirons à tout cela.) Chauffe un peu Mme Stroehlin[1], à
l'avance. C'est une très bonne chose. Blanche[2] est absent, Malenfant
me l'a dit. Si je suis reçu la semaine prochaine, il m'a promis de
l'en prévenir aussitôt. Il est temps qu'il fasse quelque chose. J'ai
vu, aux Français, l'*actrice* en question : c'était dans une pièce et un
rôle médiocres ; elle est assez belle femme, et distinguée, mais pas
de comparaison avec M. Brohan[3]. Ce sera une véritable concession
que je ferai. Mais, au moins, qu'il se déclare franchement.

Adieu, vieux solide, bonne santé, bon courage, et à bientôt,
maintenant. Ton vieux.

Samedi.

*

[Paris, 4 octobre 1855[4].]

Mon cher vieux,

D'abord merci pour ta bonne lettre, nous allons en reparler. Il
faut que je te dise d'abord que j'arrive de chez Blanche, lequel est
revenu à Paris d'hier. Il a paru fort surpris de mon échec. Mais
voilà tout, pas d'initiative, pas d'espérance : « Allez à la Porte-Saint-
Martin, mais ils vous refuseront, ayant déjà joué une Maintenon.
Allez à l'Odéon, mais ils ne peuvent monter cette pièce, c'est impossible, et il ne faut pas compter sur eux. Ce sont des gens à Eau
bénite de cour, etc., etc. »

Il a fini par me dire qu'il était en admiration de me voir si
raisonnable ; que bien d'autres auraient tout envoyé promener.
Enfin il m'a donné une lettre pour Vaëz, l'un des directeurs de
l'Odéon. J'aurai l'autre, qui est Royer, par Préault, et enfin j'aurai
Ricourt[5], s'il veut marcher cette fois. Mais, vois-tu, c'est une affaire
foutue, je n'agis que pour éviter tes reproches[6].

Je crois que la question de *la place* est la seule importante. Je
cherche, mais moi, je ne connais rien. Je vais avoir, en règle,
les états de service de mon père[7]. Si on fait la demande pour moi,
on pourra s'appuyer du nom de M. Blanche. Il peut donner des
renseignements personnels. Je verrai pour cela Malenfant, je ne
l'ai pas trouvé aujourd'hui.

Si cela rate, tout est fini ; car ma pièce, je n'y compte plus.
Léonie[8] me dit qu'elle voudrait bien te voir, si par hasard tu venais
à Rouen, je ne sais pourquoi. Dans tous les cas, ne t'en gêne d'aucune façon. Adieu, j'en reviens à mon dire, que je voudrais pour
beaucoup, crever tranquillement, sans esclandre et sans bruit,
quand ce ne serait que pour ne plus voir toutes ces canailles-là.
Ma mère est venue à Paris, à cette nouvelle. Si je l'avais crue,
j'aurais tout abandonné de suite. Depuis huit jours, j'ai souffert
dans mon cœur, dans ma tête, dans mon amour-propre, et jusque

dans ma peau. Ma jambe gauche s'est enflée tout à coup, je ne sais par quelle cause. Adieu.

Je n'ai revu personne de la *Revue*[1]. Ton vieux.

Jeudi.

*

[Mantes, début mars 1857[2].]

Falbe — Recherches sur l'emplacement de Carthage, suivies de renseignements sur plusieurs insciptions puniques inédites, de notices historiques, géographiques. 8 vol. and *[sic]* atlas in-folio[3].

———————

Ce bon Crépet[4] a été exact et rapide ; je fais comme lui. Je t'écrirai une autre fois. Léonie[5] t'embrasse. Si tu écris à Mme Flaubert, dis-lui qu'elle recevra, à la fin de la semaine, les pantoufles de Mlle Juliette[6].

À ta place, j'écrirais un mot à Beuzeville[7], pour tirer la chose au clair. À défaut d'indignation, on peut avoir de la curiosité.

Adieu, je t'embrasse fort.

Mercredi matin.

Écris-moi vite ce que Feydeau[8] t'a répondu.

*

[Mantes, 28 mai 1857[9].]

Mon cher vieux,

Ai-je trouvé un sujet ? suis-je réellement sur la trace d'une idée ? Je n'en sais rien, mais la vérité est que ta lettre[10] m'a *fouetté* le sang ; et le jour même j'ai trouvé la pièce telle quelle, dont je te soumets l'analyse rapide[11]. Vois si le point de départ te plaît ? est-ce drame ou mélodrame ? je m'y perds. Je crois cette idée d'adoption féconde en effets postérieurs, et cette fille élevée par son père, sans qu'ils se connaissent, et près d'épouser l'amant de sa mère réelle. Je crois qu'il y a quelque chose dans ces combinaisons. Le vieux marin, sois tranquille, ne dira jamais « mille sabords » ! c'est simplement un homme que l'océan a fait plus large et plus libre que les autres. Il faudra d'ailleurs lui trouver une part plus active dans le drame.

Mon scénario, tel qu'il est, me donne deux actes dont je suis sûr : le 1er et le 5e. Les 3 actes du milieu, dans l'état actuel, sont vides d'action. Il faut trouver des incidents, des rencontres. Je cherche, et toi-même, en fumant ta pipe, vois ce qu'on peut imaginer. Tout cela dans l'hypothèse que le sujet ne te paraîtra pas absurde. Dans ce sujet, j'embrasse à peu près toutes les classes de la société : les bourgeois de finance, les dandys, les femmes du monde, la lorette (et quoique la mienne ne soit qu'épisodique, je veux en faire la contrepartie des *Filles de marbre* et du *Demi-monde*[1]). Je veux emmerder un peu les messieurs qui font de la morale, après avoir séduit, et engueulent les femmes, en sortant de tirer leur coup.

Une fois l'idée d'adoption admise, peut-être y a-t-il moyen de tirer des conséquences plus féroces ? Ainsi, par exemple, si la jeune fille aimait réellement l'amant de sa mère, au lieu de le subir par contrainte. Il y aurait, lorsqu'on découvrirait le pot aux roses, des palpitations psychologiques assez chouettes.

[…]

Adieu, vieux. Réponds-moi dès que tu pourras, et sans aucun égard pour la susdite idée de drame. As-tu lu l'article de Boyer, dans *La Voix des écoles*[2] ? Dans tous les cas, je l'ai ici. C'est superbe de lyrisme. Je t'embrasse mille fois, et j'attends ta lettre avec moult impatience.

(Jeudi.)

*

[Mantes, début juin 1857[3].]

Mon cher Gustave,

Je viens encore t'embêter avec ma pièce. Comme moi, tu as pensé qu'il était plus raide de faire la jeune fille amoureuse de l'amant de sa mère. Mais comment finir théâtralement ? c'est impossible. La fin que tu proposes est fort belle pour un roman, mais l'infériorité du drame, c'est qu'il doit conclure, et conclure sous les yeux du spectateur.

[…]

Adieu, vieux solide, je vais me remettre à la pioche, et aux combinaisons. Si, d'ici à huit jours, j'ai arrêté définitivement mon affaire, j'irai trois jours à Paris, afin de lire le plan à Gautier, chose qu'il m'a fait promettre. Puis j'irai voir la Présidente[4], un dimanche soir. Après quoi je reviendrai pour me mettre aux vers.

Présente mon respect à Mme Flaubert, et embrasse Caroline[5] de ma part. Il y a, dans notre ville de Mantes, le café FLAMBERT ! J'ai cru devoir y prendre un petit verre, en passant. Adieu encore, et bonne santé, et bonne pioche de même. Il va te falloir en découdre aussi, de ton côté. Pour ce que tu me dis des critiques, c'est pitoyable. Mais je crois que la main d'un de nos amis n'est point étrangère à l'éreintement Cuvillier-Fleury[6]. Il y a un rapprochement positif entre ces deux honorables citoyens. Tout à toi.

*

[Mantes, 12 juin 1857[1].]

Mon cher vieux,

[...]

Je vais à Paris jeudi. J'aurai beau faire, je ne trouverai point
autre chose qu'une division en cinq actes, je la crois même nécessaire à l'économie générale du drame. Si un conseil peut m'être
de quelque utilité, c'est maintenant. J'irai voir La Rounat[2] comme
nous en étions convenus ensemble. Je ne sais pas si je trouverai
d'Osmoy[3]. Quant à Gautier, je le verrai donc sans lui communiquer
mon sujet. Il me l'avait cependant bien fait promettre, mais enfin,
je m'en rapporte à ta haute sapience des hommes.

Je t'envoie, sous bande, les deux numéros de *La Voix des écoles*,
où sont les articles de Philoxène sur *Bovary*[4]. Cette pauvre *Voix des
écoles* est morte la semaine dernière.

J'ai lu, hier, dans le journal, que L[aurent]-Pichat se pose en
homme politique, il fait partie du haut comité d'opposition pour
les Élections qui vont avoir lieu ces jours-ci, je pense.

Si ma mère t'écrit, tu peux lui dire que je suis à Mantes, seul,
avec Mulot[5] (je ne fais que devancer la chose, Mulot venant me
rejoindre ici, dans un petit mois). Elle sait que je suis à Mantes,
et je lui écris, comme d'habitude, tous les samedis.

Quand j'aurai été à Paris — c'est une affaire de 3 ou 4 jours —
je me disposerai à venir te voir à Croisset.

Nom d'un chien, que je suis perplexe et anxieux. Il y a des
heures où mon sujet m'enthousiasme, et d'autres où je crois nager
en pleine merde, et puis, par-dessus tout, l'éternelle question : Est-
ce scénique ?

Mais tu vas dire que je deviens idiot, ce qui m'a l'air de se
mitonner dans les cavités de mon crâne. Aussi je te serre la
main. Je pars jeudi pour Paris. Je pense être revenu lundi, dans la
journée, à Mantes.

Adieu, vieux, mon respect, je te prie, à Mme Flaubert.

                                            Tout à toi.

P.-S. — Si tu as le temps, griffonne-moi deux mots pour jeudi,
avant mon départ. Pourquoi Théo et Saint-Victor n'ont-ils pas plu
à ces dames ? Se sont-ils livrés à des œuvres sadiques sur la
cuisinière[6] ?

*

[Mantes, 25 juin 1857[7].]

Mon cher vieux,

[...]

J'ai été à l'Exposition, assez médiocre en somme, sauf quelques
brillantes exceptions. Je n'ai rencontré là personne de connaissance, à l'exception de ce brave Crépet, que du reste j'aurais été voir

le soir même ! Il arrivait précisément ce jour-là de la campagne. Lui qui sait tout dans tout, il est enthousiasmé de mon sujet. Il y voit l'amélioration des classes pauvres[1]. Aussi nous n'avons pu éviter, moi, Delattre[2] et d'Osmoy[3], d'accepter un dîner aux *Frères provençaux,* beau dîner d'ailleurs, samedi, le soir de l'orage. J'ai beaucoup de choses à te dire de la part dudit Crépet : 1° il a des renseignements de *source catholique*[4], mais très exacts, qu'il t'enverra ; 2° il a un livre allemand[5] qu'il portera à Baudry, à Versailles, lequel Baudry pourrait çà et là t'en envoyer des fragments traduits (je ne sais, au fond, ce que valent ces documents) ; 3° Crépet, qui va toujours chez la Muse, m'a dit que cette dernière qui a su, je ne sais comment, le voyage à Croisset de Théo et de Saint-Victor, répète à qui veut l'entendre une prétendue phrase de ta lettre d'invitation, ainsi conçue : « Viens vite, j'ai sur ma table de nuit les œuvres complètes du marquis de Sade[6]. » Est-ce vrai ? peu importe, mais il m'a dit de te communiquer cela. Autre nouvelle, que tu sais sans doute : Sainte-Beuve, à propos de ton article, a eu maille à partir, ou plutôt il a trouvé indécent qu'on permît à Limayrac une telle attaque, dans un journal semi-officiel, et il a donné sa démission au *Moniteur.* Voilà ce qu'on m'a dit[7]. J'ai remercié pour toi Philoxène Boyer[8]. Du reste, il demeure 111, rue du Bac.

À propos de salon, c'est une rage curieuse que ce débordement d'imbéciles, à propos de peinture. C'est impossible de grotesque et de bêtise pommée. About peinturlure au *Moniteur,* Du Camp à la *Revue de Paris,* Planche à la *Revue des Deux Mondes ;* chaque journal a son salon, sans compter Théo[9] à *L'Artiste* et Saint-Victor à *La Presse.* Il n'y a d'égal à ce débordement de gaillards que la fureur avec laquelle on cherche partout un faiseur de chroniques parisiennes, une plume primesautière, quelque chose de léger et de fort. C'est toute une affaire !...

Tu as dû voir la piteuse déconfiture de l'opposition[10] ? Tu ne saurais croire la joie que j'en éprouve, en songeant aux idiots du siècle, à ces balles sublimes de bêtise ! à Jourdai., à Pelletan, puis aux messieurs comme J. Simon et Reynaud[11] : des gens de pensée ! des régénérateurs, quoi !

Maintenant, quand nous verrons-nous ? À moins que je *ne te sois immédiatement utile pour ton plan,* et je te prie de me *le dire sans gêne aucune,* je voudrais bien me tirer de ma grande scène du prologue, car j'en ai fait le scénario, et je m'y sens poussé actuellement. Sinon, *je serai à Croisset le jour que tu voudras.* Dans tous les cas, ça ne serait jamais plus long que huit à 10 jours à attendre. Mais je le répète, consulte uniquement ton plan de Carthage.

Adieu, vieux, mon respect à Mme Flaubert. Je crois décidément que ça va marcher. Dieu sait que ça n'aura point été sans peine ! Léonie[12] se rappelle à ton bon souvenir. Ton vieux.

                                                                    Jeudi.

*

[Mantes, 18 juillet 1857[1] ?]

Mon vieux,

Ou tu n'as pas bien compris, ou j'ai mal exprimé mon sentiment
à l'endroit de ton livre futur[2]. Comme toi, je le crois non seulement
possible, mais j'espère qu'il sera très beau. Seulement c'est d'une
difficulté qui m'épouvante, et j'ai été surpris tout d'abord de te
voir te jeter de gaieté de cœur dans un sujet aussi scabreux. Voilà
tout. Maintenant, ce qui a bien moins d'importance, ce qui n'en a
pas même l'ombre, vis-à-vis de l'Art, c'est, à mon avis, l'inoppor-
tunité de ce livre, dans la crise de réputation où tu es. Je peux me
tromper, mais je crois qu'il était plus malin (quoi que tu en dises)
de faire encore une fois des choses d'observation, quitte à n'y plus
revenir dans la suite. Ceci est positif pour l'argent, et c'est vrai aussi
pour la réputation. Du moins, c'est mon avis sincère. Maintenant,
je désire me tromper. Je n'ai pas peur que tu fasses un four, mais,
à mérite égal, ce livre ne fera jamais le bruit de l'autre, à cause du
sujet même, et je voulais que tu tirasses deux coups de canon de
suite, à boulets rouges.

Tout ce que je te dis est fort sot et fort inutile, mais je voulais
bien t'expliquer mon peu d'enthousiasme. *Ça ne tient pas au livre
qui sera très beau*. Ça tient *au moment* du livre.

Désormais, il n'y a plus à reculer, et d'ailleurs, je puis fort bien
me fourrer le doigt dans l'œil. On ne connaît jamais le public.
Donc travaille, écris le plus tôt possible ? Ne te fatigue pas dans les
notes nouvelles, digère les anciennes, prends la plume, et si quelque
chose se rencontre à chercher, cherche. Moi, depuis mon retour,
j'ai fait cent vers, dont je suis content. Mais je n'ai pas encore fini
mon premier acte[3]. Ça sera pour ce soir, j'espère. La trame s'allonge
sous la main. Je craignais de faire cet acte trop court, il ira à près de
400 vers. C'est la longueur légale. J'en suis enchanté, surtout pour
un prologue, et je suis certain de ne pas avoir mis de longueurs.
Je suis un peu plus gaillard, quoique toujours enrhumé. Notre
tristesse réciproque de la dernière fois m'avait noué l'aiguillette.
Les vers ne mordaient pas, je crois que c'est revenu.

J'ai eu la visite de Foulongne[4], Bardoux[5] et Delattre[6], au jour
indiqué. Bardoux t'a laissé un volume que je t'expédie aujourd'hui
même[7].

Adieu, vieux ; bonne santé, et bonne pioche. Tout à toi.

                                                    Samedi.

                              *

[Mantes, 23 juillet 1857[8].]

Mon vieux,

[...]

À propos du livre de Bardoux[9], je pense exactement comme toi.

Mais moi qui le connais, je te jure que c'est l'expression de sa personnalité. Après cela, tu diras qu'on doit avoir une personnalité plus amusante ; je te le concède.

On dit que le livre de vers de Baudelaire a été arrêté par la police[1]. C'est Boyer[2] qui m'a dit cela, comme un bruit courant, car j'ai vu Boyer chez moi, dimanche.

Mulot[3] n'est point encore ici, donc il pourra aller te voir avant son départ. Je ne l'attends que samedi prochain, c'est-à-dire dans trois jours.

Si je t'ai rassuré sur ton poème carthaginois[4], j'aurais bien besoin que tu m'en fasses autant pour mon drame[5]. Comme tu le dis dans ta lettre, je crois que je deviens trop vertueux, et pourtant je crois être dans le vrai en soi. Au fond, je n'y vois que du feu, mais le genre théâtral, soumis à l'éteignoir immédiat, et n'ayant même pas pour lui la consolation du procès, exige une réserve stupide qu'il faut bien pardonner à ceux qui n'ont pas le sou.

Léonie[6] me charge de mille choses aimables à ton endroit. Voilà tout ce que j'ai de neuf, pour le moment. Je serai obligé d'aller à Paris vers le 10 août. Je n'y resterai qu'un jour, et je ne descendrai pas même chez moi.

Adieu, vieux, je voudrais bien avoir, dans ce que je fais, la confiance que tu montres aujourd'hui pour ton roman futur. J'ai peur de faire une affreuse cacade, mais il est vraiment trop tard pour reculer.

Mon rhume est à peu près disparu, mais je me prive des bains froids qui me ramèneraient le *coriza* ! Appelle-moi *conservateur ;* dis-moi que *le temps fait passer l'amour* ! Dis-moi que *je suis du grand parti de l'ordre* ! Appelle-moi comité Taillet ! appelle-moi *bateau de Bouille*, appelle-moi *poète national* ! appelle-moi *Bérat* !... dis : *mais, qui que c'est que c't homme-là, c'est pas un homme, c'est une futaille, pourquoi ? parce qu'il a bonde* !

Adieu, adieu. Ton vieux.

Jeudi.

*

[Mantes, 8 août 1857[7].]

Mon brave

Merci mille fois de ta haute complaisance. Me voilà tout à fait à cheval. D'Osmoy, d'Amsterdam, est ici d'hier. Je lui ai lu tout le 1er acte, et tout le scénario[8]. Il ne fait pas de doute de la réussite, et il me paraît enchanté du 1er acte. Seulement, il trouve que le commencement de la scène entre les deux femmes est accroché trop lentement, que Marceline monte trop sur la tête de l'épouse légitime ; c'est 10 vers à ajouter. La fin de cette scène et de l'acte, que tu ne connais pas, lui paraît fort bonne. Au fond, je suis moi-même content de mon acte, et je brûle de manger à même le second. Ce sera pour *lundi*. Je veux y réfléchir, et puisque l'Idiot[9] est ici, en causer aujourd'hui et demain.

Je suis très content que tu sois satisfait de *Chatterie*. En effet, *escogriffes* est drôle; je l'avais mis, moi, tout *naturellement*. C'est ta remarque qui m'y a fait jeter les yeux. Or, j'ouvre mon dictionnaire de rimes, pas moyen : il n'y a qu'*apocryphe* ou *calife* (foutue rime). Pas possible de changer, car je tiens beaucoup au vers technique :

> *Dans un gant paille avait rentré ses griffes.*

Donc il faut le laisser forcément. Quant à *rose soupirail*, je l'aimais, nous en recauserons, c'est d'ailleurs facile à changer[1]

Merci encore de ta bonne et rapide lettre[2]. Mon respect à Mme Flaubert. Je suis enchanté que tu sois arrivé au terme de tes recherches. Nourris cela, rumine, et marche. Tâche d'avoir quelque chose pour le 15 ou le 16 septembre, quand ce ne serait que quelques pages. Je verrai toujours la couleur, j'en suis bien curieux.

Adieu, et que Tanit[3] te protège ! Le livre de Baudelaire est décidément arrêté, et ledit Baudelaire a comparu devant le juge d'instruction[4]. Est-ce beau !

Enfin, appelle-moi salicoque[5] ! appelle-moi facteur rural, dis-moi que j'ai une cheminée à la prussienne !

D'Osmoy d'Amsterdam te dit mille choses aimables. Il vient de me lire une pièce de vers, un paysage chinois, qui est troussée supérieurement.

Tout à toi.

Samedi.

*

[Mantes, 14 août 1857[6].]

Mon vieux,

Je ne vois aucun journal, je ne vais jamais au café. Hier, par hasard, je m'y suis arrêté avec Mulot, et j'ai vu, numéro du jour, 13 août, l'annonce de ma pièce[7] (*à laquelle je mets la dernière main, pour l'Odéon*). J'ai été bien surpris, je ne sais d'où vient cela. D'un autre côté, puisque La Rounat[8] t'en parle, c'est que d'autres journaux m'ont annoncé, sous ce titre : *La Fille naturelle*, qui n'est aucunement le mien. Je ne vois guère que l'Idiot d'Amsterdam[9] qui ait pu révéler cela. Lui seul, toi et Mulot connaissez le scénario. Donc c'est l'Idiot, et bien que je ne sois pas content de cette précipitation, la chose est bonne en ce sens que ça me fait prendre rang, dès aujourd'hui. Car on annonce en même temps *Le Fils naturel* de Dumas fils[10], et *L'Enfant de l'amour* de Dupeuty[11]. Quelle avalanche ! Et moi qui, sans m'en douter, dans mon petit coin de Seine-et-Oise, avale une portion de l'épidémie parisienne ! Par exemple, ça m'est bien égal. La pièce de Dumas est, dit-on, l'histoire dramatisée de Girardin[12] ; quant à *L'Enfant de l'amour*, c'est pour le Vaudeville.

La Rounat, qui pousse des cris, aurait pu savoir mon adresse par *Conſtant,* auquel je l'ai laissée *pour lui seul La Rounat*[1]. Il se réveille, parce qu'il entend parler de moi. Tu peux lui donner mon adresse. Je veux le laisser venir. Mais recommande-lui de ne communiquer cette adresse *à âme qui vive, dans son théâtre.* Du reſte, j'irai *à Paris mardi prochain, je repartirai le soir même.* Je peux voir La Rounat chez lui, de 11 h[eures] à midi, ou *à midi précis* à son théâtre, mais voilà tout. Du reſte, il peut m'écrire. Cette queſtion ne laisse pas que de m'embarrasser. Le public de l'Odéon me plaît fort, mais les acteurs, bon Dieu, les acteurs ! Il faudrait que La Rounat fît les choses grandement. Nous verrons tout cela.

J'ai lu, dans *Le Figaro,* qu'il y avait *à Hambourg* des voitures spécialement inſtituées pour les courses lubriques, et qu'on appelait des *Bovary.*

Tes souvenirs de collège, et cette piteuse jeunesse qui nous succède, m'ont vivement ému, d'autant plus que j'étais plein des mêmes amertumes[2] ; j'ai assiſté hier à la diſtribution du collège de Mantes, pension du jeune Philippe[3], peu couronné d'ailleurs, ce qui eſt une supériorité. Figure-toi qu'on a joué une comédie dans le goût discret et vertueux, sans femmes, sans amour. Un professeur remplissait le rôle important. On n'a pas d'idée de la sottise de ce malheureux bougre, et des balles candides des élèves, criant à tous les tons, et jouant les traîtres avec des figures d'anges bouffis.

Adieu, vieux, les Dieux s'en vont, sois-en bien persuadé. Mulot me charge de te dire mille choses aimables, ainsi que Léonie[4], fort vexée, au fond, du peu de gloire de son fils, et cachant son dépit sous des railleries philosophiques à l'endroit des succès de collège, etc., etc.

Je te serre la main. Évohé ! Tu vas t'y mettre ! tu vas broyer de l'encre !... Bon courage ; dans un mois, nous aurons, je crois, du neuf tous deux à dégoiser.

Tout à toi.

Vendredi.

*

[Mantes, 5 septembre 1857[5].]

Mon vieux,

[...]

Adieu, vieux. As-tu commencé ton affaire[6] ? Ça vient-il ? Ça part-il ? Quelle rude piochade pour nous deux, d'ici au mois de janvier !

Rien de neuf du côté de Paris, du moins à ma connaissance. Présente mon respect à Mme Flaubert, et bonne santé à toi, vieux. À samedi. Tout à toi.

Samedi.

[Mantes, 8 septembre 1857[1].]

Mon brave homme,

J'ai fini hier, lundi, mon second acte, il a 514 vers. Nous reverrons tout cela ensemble ; je vais me mettre de suite au 3e[2]. Il est probable que je partirai *lundi prochain* pour Cany. Du reste je t'avertirai avant mon départ de Mantes.

Mulot est revenu ici. Il m'a dit que tu lui avais lu une description de palais splendide[3] ; te voilà en train. Marche, et que nous ayons à dégoiser pour la fin du mois.

Rien autre chose de neuf ici. Le départ de l'institutrice me chiffonne aussi un peu. C'était une charmante fille, et j'ai peur qu'elle ne laisse un grand vide à ta mère. Elles paraissaient s'arranger très bien ensemble[4].

Présente mon respect à Mme Laurent, et donne à son mari une bonne poignée de main de ma part. C'est aujourd'hui que l'Odéon rouvre. S'ils ont le temps qu'il fait à Mantes, je plains fort la recette de ce soir !

Je t'envoie, comme distraction, une pièce de vers à un crapaud, qui chante toutes les nuits dans l'île en face[5].

[...]

Sur ce, je te salue. Pioche, et bon courage. Présente mon respect à Mme Flaubert. Ton vieux.

Mardi.

*

[Mantes, 12 septembre 1857[6].]

Mon vieux,

[...]

Appelle-moi : pot à fleurs !

dis-moi : que noblesse oblige !

dis-moi : j'en passe et des meilleurs !

appelle-moi fils de la Neustrie !

appelle-moi suppôt de Bacchus !

appelle-moi un beau caractère !

dis-moi : mais, qui que c'est que c't homme-là ? c'est pas un homme, c'est une culotte. Pourquoi ? parce qu'il a des boutons.

dis-moi : mais, qui que c'est que c't homme-là ? c'est pas un homme, c'est un monarque. Pourquoi ? parce qu'il a des favoris !

appelle-moi : chroniqueur !

appelle-moi : Eugène Guinot[7] !

dis-moi : Ἀνάγκη !

dis-moi : demi-tour à droite... droite !

dis-moi : croisez et !

appelle-moi : troupier fini !

appelle-moi : onguent mercuriel !

dis-moi que je te dégoûte !...

dis-moi : *homo sum !*

dis-moi : mais, qui que c'est que c't homme-là ? c'est pas un homme, c'est une bibliothèque précieuse. Pourquoi ? parce qu'il a un vitlong !

dis-moi : je comprends ça !

dis-moi : deux quantités égales à une troisième sont égales entre elles.

appelle-moi : le plus fécond de nos romanciers !

appelle-moi vert galant !

appelle-moi soupe à la citrouille !

dis-moi : oh !... les ris de veau !...

*

[Mantes, 19 septembre 1857[1].]

Allons donc ! Allons donc ! sapristole ! as-tu oublié les affres de *Madame Bovary* ? Plus l'enfant est fort, plus les tranchées sont douloureuses ; je te dis que ton œuvre[2] se présente bien, je vois sa tête, elle est née viable. Nom d'un chien ! crois-tu que le moutard peut parler entre les cuisses de sa mère ? Crois-tu qu'un poème hurle dès les premières pages ? Crois-tu que la gradation ne soit pas une bonne et éternelle loi ? J'y ai manqué dans ma nouvelle pièce[3], mon 1er acte gueule trop. Je n'en suis pas plus fier pour cela, et il n'y aura pas un critique qui ne me le reprochera !

Je n'ai point encore fini mon 3e acte. C'est l'endroit scabreux de la pièce, c'est rudement difficile. Je ne suis pas gai non plus, va. Il faudra que tu l'écoutes vers à vers, et que rien ne passe qu'à coup sûr.

Quel sacré métier, du reste ! Si j'avais terminé cet acte, il me semble que le 4e marcherait vite et que le 5e serait un jeu, étant d'ailleurs fort court, matériellement. J'ai un grand désir d'aller rondement et je serais enchanté d'avoir fini lors de mon voyage à Croisset. *Je peux avoir fini tout pour le 1er décembre.* Or, à cette époque, je n'aurai absolument à m'occuper que des vers du volume, à rarranger par-ci par-là, de façon qué nous n'aurons que *Les Mercenaires*[4] comme chose grave, et je resterai avec toi tant que tu voudras.

Voilà ce que je désirerais. Maintenant, si tu es par trop emmerdé, je viendrai avant, ou tu viendras, si tu peux.

Adieu, vieux. Garde-toi de détruire ton commencement. Va toujours de l'avant, si c'est possible. Et réfléchis surtout que d'après le milieu même et l'époque que tu prends, le livre ne peut pas être aussi vivant que *Bovary*. C'est impossible ; je dirai plus : ce serait une faute. Sur les sujets lointains, il faut une brume, l'estompe est meilleure que le crayon dur, et la vie réelle ne doit apparaître que par intervalles rapides, et comme des éclairs dans un horizon à perte de vue. C'est le danger, c'est aussi la beauté et l'originalité de ton sujet. Du moins je le pense, car en fait d'art, ma parole d'honneur, plus je vais et plus je doute.

Adieu donc. Mulot[1] te dit mille choses aimables, et Léonie[2] aussi. Je n'ai aucune nouvelle directe de La Rounat[3]. Ils marchent toujours avec leur pièce traduite de l'allemand ; j'ignore tout à fait quand on commencera les nouvelles répétitions de *Montarcy*. Ça ne sera pas gai, car il faudra bien que j'y aille. Que de temps perdu pour l'autre pièce !

Ton vieux.

P.-S. — Présente mon respect à Mme Flaubert, et embrasse Caroline[4] pour moi.

Samedi.

*

[Mantes, 26 septembre 1857[5].]

Non, mon vieux, mille fois non, *Les Mercenaires*[6] ne ressemblent point à *Saint Antoine,* sois sans crainte. D'abord il y a un plan solide, et vraisemblable historiquement, autant que possible, en pareille matière. Ensuite ça n'aura jamais la couleur indécise de l'autre bouquin, indécision que tu avais voulue toi-même, en multipliant et variant les couleurs, en mêlant toutes les poésies et toutes les époques. Ici, au contraire, rien de *mythique,* rien qui vise à l'idée forte, *point d'anguille sous roche* (appelle-moi : « anguille sous roche ! »).

Ton livre ne peut avoir un intérêt palpitant que du moment où le drame s'engage, c'est-à-dire à l'arrivée de la fille[7]. Auparavant, vieux, contente-toi d'être un grand écrivain et un grand peintre, et bran pour ceux qui ne seront point satisfaits ! Tu ne fais pas un roman-feuilleton, tu n'es pas M. Paul Féval[8]. Vas donc, dis *plus que moins,* on peut toujours couper, bien que ça fasse du mal à l'auteur.

Que si réellement — mais je ne le crois pas au ton même de ta lettre, elle est trop gaillarde pour émaner d'un gros emmerdement —, que si, dis-je, tu te crois réellement dans une mauvaise passe, viens ici, nous discuterons la chose. Mais viens de suite, il ne faut pas perdre du temps autour d'une difficulté qu'on peut lever à deux, en une demi-heure. Tu sais comme un jour nouveau change la face des choses, et comme, avec un mot, on découvre des horizons ; enfin, fais ce que tu jugeras à propos.

Je viendrai te voir en octobre. J'aurais pu attendre novembre, l'époque où tu seras seul, et où nous aurions pioché comme deux Savoyards. Mais je suis à ta disposition. Je voudrais seulement avoir fini le 3e acte, et commencé le 4e[9]. Car les voyages sont terribles, quand on est à peu près en train d'aller.

[...]

Adieu, vieux. Ton histoire de douanier est fort belle[1]. Oui, je connais le passeur, et je te dirai même que je suis enchanté de son infortune, vu qu'il me paraissait un mauvais bougre (si c'est bien celui-là, ô mon Dieu !). J'ai toujours dit que les pays qui longent les fleuves sont des pays lubriques et portés au plaisir de la fornication. La vertu et la pédérastie habitent les hauteurs, et les contrées sèches.

Tout à toi de cœur.
Samedi.

★

[Mantes, 2 octobre 1857[2].]

Mon cher ami,

Tu auras un de ces jours la visite du sieur Mulot[3], peut-être demain samedi : voilà pourquoi je devance le jour de la lettre. J'ai reçu hier deux mots de La Rounat, qui m'annonce sa visite, avec Fechter, pour dimanche prochain[4]. Il me parle d'un travail qu'il aurait à me proposer, mais il ne s'explique pas. Il doit bien penser que je suis tout entier à ma pièce, maintenant. Je le verrai venir.

J'ai fini mon 3e acte, j'aborde aujourd'hui le 4e[5]. Le commencement est difficile, mais c'est, je crois, la seule place ardue de tout l'acte. Le reste me paraît amusant. *Trompeur mirage !* comme on dit dans les compositions académiques.

Je suis bien inquiet sur l'acte que je viens d'achever. Je n'ai pas d'opinion nette sur son compte ; je le crois amusant, mais peut-être un peu révoltant. Le parterre est si lunatique. Merde, après tout, c'est là le dernier mot de l'art !

> *J'aime surtout la merde ! une chose immortelle !*
> *Peut-être c'est un tort, et je le dis tout bas,*
> *Je l'aime à la folie !... Elle a cela pour elle,*
> *Que les sots d'aucun temps n'en ont su faire cas,*
> *Qu'elle nous vient du cul, qu'elle est limpide et belle,*
> *Que le monde la sent et ne la mange pas !*

Bref, je vais de l'avant. Fais comme moi. Tu verras que tout s'arrangera à la fin.

Bien des choses à Préault, ou plutôt, non[6]. J'aurais peur qu'il ne vînt à Mantes, et franchement, c'est pour le travail une pure perte. S'il ne sait pas mon adresse, ne la lui donne pas.

Th. Gautier est-il parti ? mais je saurai cela par La Rounat après-demain.

Rien autre chose de neuf, mon vieux. Comme toi, je me pâme d'aise devant la guerre indienne. Nul ne désire plus que moi une pile soignée à la perfide Albion. Ces indigènes me paraissent de bons bougres, et c'est justice. Quant au jour de jeûne[7], il m'avait fait pousser des gueulades à ébranler le pont de Mantes ; quelle comédie que l'humanité !

Adieu, bonne santé. Tu vois que tes 12 pages[1] te paraissent plus vives ; elles seront vivantes quand il y en aura 12 autres. Et puis tu gueules pour 12 pages ? depuis quand as-tu été beaucoup plus vite ? veux-tu devenir primesautier !

G. Planche est mort[2]. Tu as dû lire cela dans les feuilles publiques. Il y a eu, à cette occasion, dans *Le Constitutionnel,* un article de Limayrac : honneur à Planche et à Béranger ! exemples à suivre ! etc., etc., et cette phrase : « Planche a conquis le plus beau des suffrages, *nul ne se connaît mieux en prose que Napoléon III*», ceci en italiques. Dans le même *Constitutionnel,* on publiait 400 vers de Barthélemy, *Au bois de Boulogne*[3] ; tu n'as pas d'idée de cela : du Delille, comme description. C'était un morceau de roi ; tu me manquais à chaque hémistiche. Pour t'en donner un exemple entre mille, au lieu de dire *l'école primaire* il dit : *le Gymnase primaire* ! Gymnase est beau, en vers !

Dans une *revue* intitulée *Le Présent* (où l'on me demande des vers, par parenthèse) Leconte de Lisle a publié un poème intitulé *Ipathie [sic]*[4] ! C'est la fameuse tragédie que tu sais ! c'est en dialogue, c'est joli comme entente du théâtre ! et comme vers rococo ! Décidément, c'est un couillon maintenant. C'est à mettre avec son *Chemin de la Croix*[5]. Il a eu encore un encouragement à l'Académie. Delisle est un homme que *Laprade*[6] empêche de dormir.

Mais, adieu, car le papier me manque.

Ton vieux.

*

[Mantes, 10 octobre 1857[7].]

Mon vieux,

J'ai vu La Rounat et Fechter, ils m'ont parlé de la reprise[8] avec Thuillier[9], qui est engagée définitivement ; mais on n'a pas fixé l'époque ; moi, je n'ai rien demandé, désirant avant tout finir ma pièce actuelle. Cette reprise ne peut tarder, cependant.

Quant à la représentation de *Hélène Peyron,* l'autre fois, ils m'avaient dit le mois de mars, que je leur avais demandé moi-même. Ils m'ont parlé de la pièce d'Augier[10] comme d'une chose assez étroite. Cependant, tu as raison, il faut que je sache les époques, d'autant plus que l'on parle d'une tragédie de Ponsard, pour l'Odéon[11].

Je vais écrire à La Rounat, et lui demander cela positivement.

L'Idiot d'Amsterdam[12] est ici. Il va venir passer à Mantes une partie de l'hiver, par économie. Il te dit mille choses aimables.

À propos de La Rounat, je lui ai lu les 3 actes de mon drame. Lui et Fechter ont paru contents, mais ils trouvaient cela trop bien écrit *(sic)*[13]. Fechter m'a donné, du reste, un avis que j'ai pris en considération, c'est d'allonger le commencement d'une scène au 2e acte, et la fin d'une autre au 3e. J'ai passé toute ma sacrée semaine sur le 2ᵉ acte, c'est fait. Reste le 3ᵉ ; affaire de deux ou trois jours.

Mais cela me retarde pour le 4ᵉ acte. J'en avais fait une vingtaine de vers. Malgré cela, comme temps, je suis bien à mon affaire, car nous ne sommes qu'en octobre.

Je suis bien heureux que tu nages maintenant dans de meilleures eaux. Te voilà parti, et ce sera fort beau, j'en réponds. Quant au sieur Mulot[1], il m'a écrit qu'il n'avait pu aller à Croisset, mais tu le verras avant son départ de Rouen.

Adieu, vieux. Ces *ajoutements* me fatiguent, et puis j'en suis arrivé à ce point où l'œuvre vous emmerde, et puis ces affaires de l'Odéon, tout cela ne me rend pas gai. Si La Rounat me manque, il me fournira l'occasion d'enlever la pièce à son théâtre. Je ne céderai point à Ponsard, d'autant plus que ce serait une cochonnerie qu'on me ferait.

Adieu. Présente mon respect à Mme Flaubert. J'espère bien que son indisposition est passée. Du reste, cette maladie des coquillages paraît générale ; empoisonnements par les crevettes, les moules, les huîtres ! C'est la mer qui se venge[2] !

Ton vieux.

Appelle-moi : emmerdé !

★

[Mantes, 17 octobre 1857[3].]

Mon cher et bon vieux,

Mulot, qui est arrivé hier au soir, m'a donné des nouvelles de ton œuvre, et je te dirai que je suis dans la jubilation. Il trouve cela splendide et ruisselant. Va, marche. Les quelques observations qu'il m'a faites, qu'il a dû te communiquer d'ailleurs, portent sur la partie *active, dramatique,* qu'il trouve inférieure à la partie descriptive. Il demanderait aussi plus de gradation dans les effets. Il voudrait que cela marchât un peu plus en *crescendo.* Moi, je ne puis savoir jusqu'à quel point il a raison. Dans tous les cas, va de l'avant. C'est facile comme bonjour à rarranger, en supposant que ça cloche. Il m'a parlé comme d'une merveille de l'entrée de Sallamboh (pardonne-moi l'orthographe !)[4].

Bref, je suis fort heureux, parce que moi qui te connais, et qui n'étais effrayé que de tes hésitations, je te vois définitivement lancé à fond de train.

[...]

Adieu, vieux, bonne santé, bonne continuation. Tu seras joliment avancé quand je te verrai en décembre. Ça aura une forme définitive.

Présente mon respect à Mme Flaubert et embrasse Caroline[5] pour moi.

Ton vieux.

P.-S. — Mulot et Léonie[1] te disent mille choses aimables, ainsi que l'Idiot d'Amsterdam[2].

★

[Mantes, fin octobre 1857[3].]

Mon cher Gustave,

Ce que tu me dis de ton état moral me surprend, car tu me semblais rassuré complètement. Tu auras, sans doute, trouvé quelque difficulté de style, dans ces corrections? Mais tout va devenir bon, sois tranquille. Moi, je n'ai guère marché cette semaine. Je traîne comme un malheureux sur ce 4e acte[4], et le temps marche d'une manière formidable. Ce qui m'a dérangé, c'est ma mère, avec ses lettres, conseils et taquineries. Je lui avais vertement répondu, elle m'a récrit hier, et j'ai perdu ma journée. C'est fort bête à moi de me troubler de pareilles sottises, mais que veux-tu? c'est comme ça. Oh! la famille! la famille!...

Rien autre chose de neuf. Mulot est revenu ici. Il a déjà fait quelques vers de son acte.

Mon chat s'est encore précipité, hier, du 3e étage, sur le pavé. On l'avait battu dans la journée. Je crois *sérieusement* que c'est un suicide. Il ne s'est pas tué, mais il a la patte droite de devant fortement enflée. Il ne marche plus.

J'ai enfin des nouvelles d'Huart[5]! Je les tiens de Mulot qui les *croit positives;* seulement elles sont si extraordinaires, si fantastiques, que je n'ose les affirmer. Ce serait trop beau.

D'après les *on-dit,* Huart serait à Caen. Cela est possible, je le croyais moi-même à Caen ou à Moulins. Il est donc à Caen. Mais que fait-il là? Mulot m'a laissé chercher pendant une heure. Je serai moins cruel envers toi. Il n'est ni journaliste, ni pion, ni balayeur de rues, ni souteneur du sexe faible, ni au séminaire, ni au Bordel, pas épicier, pas soldat, pas acteur, pas préfet, pas bedeau, il est COMMISSAIRE DE POLICE!

Je ne sais pas si, comme moi, tu resteras 10 minutes pétrifié, à cette communication. J'ai perdu, d'abord, l'usage de mes sens, puis, maître de moi, j'ai été ébloui. Huart dans son bureau, Huart officier public! Huart en habit d'ordonnance! Huart commandant aux appariteurs, et interrogeant les perturbateurs nocturnes. Huart préfet des mœurs! Huart dictateur des maisons de tolérance! Huart un des piliers de l'ordre! Pedro commissaire!

Je t'en supplie, *n'en parle à personne de chez ton frère.* Ça ne doit pas être vrai, mais, dans tous les cas, celui qui a inventé cela (si c'est inventé) me paraît un bon gaillard. Je m'en vais le savoir d'ici à peu, par un frère de Léonie[6], qui est dans le commerce à Caen. Est-ce fort?...

Adieu, vieux. Je vais me remettre à la tâche, mais c'est dur cette fin du 4e acte, moi qui espérais marcher comme sur des roulettes. Comme on voit peu d'avance, dans les choses d'art.

Toi, remets-toi vite ; ce que tu as fait est fort beau. Quand ça sera complété, ce 1er chapitre sera splendide[1]. Il faudra passer aux autres. Je ne doute plus maintenant du bouquin.

Adieu, et bonne santé !

Ton vieux.

Samedi.

*

[Mantes, début novembre 1857[2].]

Mon cher ami,

J'ai ici Bardoux, Delattre et le digne Foulongne[3]. Il est inutile de te dire que tout ce monde-là t'envoie des baisers et des compliments. Nous venons de lire les 3 actes et demi d'*Hélène Peyron*. J'en suis encore tout écumant de fatigue ; je beuglais dans la vieille méthode, et à déraciner le pont de Mantes.

J'arrive de Paris, pour toi du moins, car je n'y ai passé que la journée de lundi. J'y allais pour des affaires graves, voici : d'abord, je ne soumets pas du tout mon œuvre au jeune La Rounat, je ne lui en ai pas même parlé, *littérairement*. Mais, d'après une [de] tes dernières lettres, je voulais avoir le cœur net au sujet de la reprise de *Montarcy* et de l'époque de ma nouvelle pièce. Or, voici ce qui en est : ils veulent donner la reprise de *Montarcy* après le mois de janvier, et ma pièce vers le 15 mars, pour recommencer avec elle, l'année suivante. Du reste, ils joueront jusqu'au premier juillet, au lieu du premier juin.

La Rounat m'a donné sa parole d'honneur. Je ne fais aucun doute sur ce point. La pièce d'Augier passe en décembre. La mienne n'aurait pas été prête, il faut aussi être juste[4].

Ils ont engagé Thuillier[5] et rengagé Mme La Cressonnière[6] ; voilà deux de mes rôles assurés. Pour Marceline, j'aurai Durey ou Périga[7], ou une autre que j'exigerai, à leur défaut. Je crois que ma pièce sera bien montée.

Une autre affaire qui motivait mon voyage, c'est que La Rounat m'avait demandé un acte en vers, pour le 15 janvier, anniversaire de Molière. Je ne pouvais raisonnablement y songer. L'Idiot d'*Amsterdam*[8] et Mulot ont fait un scénario, et vont se mettre aux vers. L'acte est accepté par La Rounat, mais il m'a fallu me débattre. C'est une bonne chose pour Mulot. Quant à Durey, elle ne paraît pas en odeur de sainteté là-bas. *Le Figaro* l'a attrapée, puis elle s'est trouvée mal en scène, puis, tu sais, La Rounat, je crois, en tient pour Périga. J'ai cru voir cela.

Mulot a fait deux actes de sa pièce, mais j'aime assez qu'il s'interrompe. Ça lui redonnera de l'élan et de la confiance. L'Idiot restera ici tout l'hiver, et tout l'été ; il a loué pour un an. J'ai peur que cette location-là ne me retombe sur le dos !

Ah ! la foire Saint-Romain ! tu m'as fait pleurer avec tes sacrés souvenirs[1] ! L'autre jour, j'ai mangé des harengs frais, en commémoration, mais ce n'est plus cela !… Sois tranquille, d'ici au 1er décembre je t'écrirai de bonnes grosses lettres. J'ai bougrement hâte de voir ton affaire et de te montrer la mienne. Adieu, vieux, adieu. Bonne santé, bon courage. Je vais envoyer le *Crapaud* et *Chatterie*[2] à *L'Artiste*, par Foulongne[3]. L'autre jour, j'étais en voiture, j'ai aperçu de loin Gautier, sur le Pont-aux-Arts, il ne m'a pas vu.

Dans une revue nouvelle, *très bonne, Le Présent*[4], je donne pour le 15 novembre *La Lune* et *Le Poète aux étoiles*[5], à raison de dix sous le vers.

Adieu, encore, à samedi.

Ton vieux.
Samedi.

*

[Mantes, 21 novembre 1857[4].]

Mon brave,

Tu me parais bien emmerdé, je crois qu'il y a décidément quelque chose dans l'air. Figure-toi que j'ai pitoyablement traîné sur la fin de mon quatrième acte[7], jusqu'à mercredi dernier. J'ai terminé la chose vendredi à 4 heures du matin. J'en suis content, mais sacré nom de Dieu, ça n'a pas été sans peine.

Pour toi, je ne comprends pas d'où peut venir ton achoppement, à moins que, comme tu le dis, ça ne soit une cause plus signée. Quant à tes craintes de maladie de la colonne vertébrale, tes pincements au cervelet n'en sont pas un symptôme probant. D'ailleurs voilà bien des années que tu as cette névralgie. Moi, j'en ai autant à ton service dans l'œil droit. Si c'était la moelle épinière, tu aurais souffert dans un endroit quelconque du dos, il me semble toujours. Mais sois tranquille, tout partira, avec la première bonne phrase que tu pondras. Peut-être même as-tu, actuellement, franchi la difficulté, et dénoué ton aiguillette.

Je te connais assez pour ne pas craindre de te voir abandonner ton œuvre[8]. Si je t'ai conseillé de ne pas l'entreprendre, parce que j'en devinais les difficultés énormes, je suis le premier, aujourd'hui que j'en connais le ton et les allures, à te pousser à l'achèvement. Donc ce que tu me dis à ce sujet n'est point praticable. Ton livre d'ailleurs est annoncé. Et puis franchement ce serait une folie ! Ton premier chapitre est magnifique, et les autres vont venir de même !

As-tu vu, dans *L'Artiste*, le *Crapaud* (ma pièce de vers) ? Je ne sais pas s'ils l'ont mise. On ne m'a pas non plus expédié mes vers du *Présent*. L'Idiot d'Amsterdam[9] est guéri et se met à ses vers ; Mulot pioche aussi, mais il est atteint d'un rhumatisme à la cuisse gauche. Ce qui m'a fait lui dire avec autant d'esprit que

d'à-propos : « Tu as été charpentier à Athènes ! — Pourquoi ? —
Parce que tu as une scie attique ! »…

Rien de neuf, autre que la terminaison de mon 4ᵉ acte. Je vais
me mettre au 5ᵉ dès demain, si je puis. Aujourd'hui, je me repose,
et vais aller faire un tour jusqu'à Rosny, si le temps le permet.

Je viendrai te voir le 10 décembre ; peut-être n'aurai-je pas fini
mon 5ᵉ, car je suis en retard de 15 jours sur mes calculs de temps.
Du reste, je ne retournerai à Paris qu'avec la pièce terminée. Ce
serait une folie que d'agir différemment.

Adieu, mon pauvre vieux. Du courage, sacré nom de Dieu !
foutre, docteur ! sac à papier ! nom d'un petit bonhomme ! Adieu,
et à samedi.

À toi.

Samedi.

★

[Mantes, 28 novembre 1857[1].]

Évohé ! ton chapitre est fini[2]. Tu vois que tout n'était pas si
perdu que tu semblais le dire. S'il y a quelques petites machines
à rarranger, nous les verrons mot à mot. Sois tranquille, et marche
bravement dans ton 2ᵉ chapitre.

Moi, j'ai commencé le 5ᵉ acte[3]. J'ai maintenant une centaine de
vers, et comme il ne sera pas très long, je suis, à peu près, au tiers
de mon affaire. À moins, ce qui est fort possible, que la trame ne
s'allonge sous ma main. Mais je crois, par exemple, que ce dernier
acte sera mouvementé et véhément.

[…]

Donc je crois que nous sommes en bon chemin tous les deux.
Je tâcherai d'être chez toi le 10, mais rien au monde ne nous
empêchera de dîner ensemble le 12[4], comme deux vieux philosophes !
Du reste nous nous récrirons d'ici là.

Ce sacré Gautier est un fameux couillon de rater cette occasion
de Russie[5], si toutefois les avantages sont bien réels, car on blague
assez, dans ce bon Paris.

[…]

Adieu, vieux pédéraste. J'ai revu le père Clogenson[6] ; quelle
tête ! Il me semble avoir vécu, dans ses existences antérieures, au
sein de ce peuple de follets qui ne tenaient point en place et dont
j'ai lu la description je ne sais où. Moralement et physiquement,
il me fait l'effet d'un beau vieillard en baudruche, condamné, par
sa nature, à une éternelle oscillation.

Au demeurant, le meilleur fils du monde !

Donc, à samedi. J'aurai 120 vers de plus, si la muse me souffle
au cul. Léonie[7] te dit mille choses aimables. Mme Fontaine pense
à toi, et Mulot[8] gueule dans son lit, torturé par une névralgie

sciatique qui lui dure depuis 8 jours, sans trêve ; ça ne me paraît point doux.

Ton vieux.

P.-S. — Appelle-moi : trompeur mirage !
dis-moi : « tel est Hippolyte ! »
dis-moi : réservons notre énergie morale !
dis-moi : tout beau !
dis-moi : trêve de railleries !

*

[Mantes, 1er décembre 1857[1].]

Mon cher Gustave,

Deux mots sur un incident grotesque. Dumas fils prétend que je lui *ai volé son sujet*[2], et que c'est La Rounat auquel il l'aurait raconté à Luchon, qui s'est empressé de me le communiquer (le tout parce que les journaux ont annoncé ma pièce qu'il ne connaît pas, sous le titre de *La Fille naturelle*, qui n'est même pas le mien).

Tâche, si tu as un moment, de retrouver mes lettres du mois de mai et juin, où mon scénario est expliqué scène à scène, avec tous les détails de l'accouchement[3].

Ce qu'il y a de bon, c'est qu'à cette époque *je ne voulais pas donner ma pièce à l'Odéon*, et que La Rounat n'est venu à Mantes que parce qu'il avait la puce à l'oreille.

Tout cela est bien misérable. Quelle canaille que ce Dumas fils ! Ça m'aurait embêté il y a deux mois. Maintenant, je m'en moque. Me voilà presque à la moitié de mon 5e acte.

Adieu, vieux. Je viens de répondre à La Rounat qui me demandait une lettre de lui, qu'il croit m'avoir écrite, et dans laquelle il me demandait ce que je faisais. Mais il se trompe, il est venu à Mantes, directement, et m'a surpris *au lit* un matin, sans s'être annoncé. C'est peut-être toi qui aurais des lettres de lui, dans ce sens-là (il ne savait même pas mon adresse, puisqu'il te la demandait sans cesse[4]).

Si tu ne les a pas brûlées ou perdues, elles pourraient lui être agréables à tenir dans ses mains, si toutefois il y est question de moi.

Adieu, vieux. J'espère que la présente te trouvera en bonne santé et en bonne besogne.

Quels animaux que ces gens de lettres !

Tout à toi.
Mardi.

P.-S. — Si tu trouves ces lettres de La Rounat, et si tu as le temps de mettre les miennes de côté, *ne me les envoie pas*. Je les prendrai chez toi, si la question dure encore dans 12 jours.

*

[Mantes, 5 décembre 1857[1].]

Merci, mon vieux, tes deux lettres[2] me paraissent concluantes. Je les ai immédiatement expédiées à La Rounat (si tu n'as pas détruit les enveloppes des deux lettres, tant mieux. Le Dumas est si canaille qu'il pourrait maintenant nier l'authenticité de ces pièces).
[...]
Peut-être aurai-je fini le tout [le 5ᵉ acte d'*Hélène Peyron*] pour mon voyage. Je le souhaite. Mais, quoi qu'il en soit, je viendrai *le samedi 12 décembre*. Je t'écrirai, cette semaine, *l'heure précise*[3].
[...]
Adieu, vieux bardache. Léonie[4] te dit mille choses aimables. Si je pouvais avoir fini l'acte pour samedi, nous pourrions passer une huitaine tranquilles, sur ton bouquin carthaginois.

Adieu, à bientôt maintenant. Tu auras une lettre de moi pour *vendredi matin,* au plus tard.

Ton vieux.

Samedi.

*

[Mantes, 9 décembre 1857[5].]

Mon cher Gustave,

Je serai à Croisset, ou plutôt, à Rouen, samedi 12 décembre, à 3 h 40 m. Je partirai de Mantes à 1 h 25 m de l'après-midi; d'après ta lettre, j'aurai le plaisir de voir poindre ta balle à l'horizon de la gare, j'y compte donc, si toutefois tu ne travailles pas ce jour-là.
[...]
Tout ce vacarme [il s'agit des affaires de d'Osmoy[6]] m'a échauffé la bile. Fâhouthre, Docteur ! J'ai été deux jours et deux nuits sans travail et sans sommeil. Je souffrais partout. L'indication était de se faire chier et de vuider le fond du sac.

Ce que j'ai fait ce jourd'hui mercredi : selles abondantes, mieux sensible, mais pas un mot du drame. Trois jours perdus ! J'en suis furieux contre l'humanité en général. Du reste, sur les 5 scènes dont se compose mon 5ᵉ acte[7], j'en ai fait quatre, définitivement, je crois. Ça me fait juste 250 vers. Je compte 100 vers pour la dernière scène : total, 350. C'est suffisant pour un dernier acte. Et d'ailleurs, il n'y a rien de plus à dire.

Je voudrais bien avoir fait une cinquantaine de vers d'ici à samedi. Quant à *la fin,* se sera certainement un bonheur pour moi de la faire couver sous tes ailes. Vu qu'elle a besoin d'être pompeuse et ample, et que ce sont là des qualités qu'on gagne toujours près de vous, cher monsieur FOLBERT.

Adieu. Prie le Dieu Crépitus[8] de suspendre, sur moi, sa protection puissante. La nuit dernière, j'aurais payé, cinq francs, chaque pet. J'étais gonflé comme un ballon. Adieu, à samedi 3 h 40 m. Tâche de savoir à quelle gare. Je ne comprends jamais rien à leur double débarcadère.

Ton vieux.

Mercredi.

*

[Mantes, 4 février 1858[1].]

Mon pauvre vieux,

D'après ta lettre, et une autre de Delattre[2], rien n'est possible avant huitaine, du côté de Fournier[3] ; d'autre part, l'Odéon, pour se décider à quelque chose, a besoin d'avoir vu le vrai public, encore une huitaine. Qu'ai-je à faire à Paris, sinon m'emmerder, me crotter, et dépenser de l'argent ? Je ne reviendrai que mercredi. Je jouis ici d'un tel calme, que j'y regarde à deux fois pour me replonger là-bas.

Je n'entendrai pas les affreux cornets des boulevards. C'est toujours ça de gagné. Présente mon respect à Mme Flaubert. Je serai à dîner chez toi, jeudi prochain. J'aurai évité les joies du Carnaval. Bien des choses de ma part à Gautier et à Du Camp. Mon respect à la Présidente[4].

Je vais très bien de santé. Je me bourre de Shakespeare et d'Hugo. Si tu sais quelque chose de neuf, touchant *La Jeunesse*[5], écris-moi. Travailles-tu un peu ? Ça vient-il ? Ce que tu as fait du second chapitre est fort beau, et à la hauteur du 1er[6]. Marche donc.

Delattre m'apprend que Narcisse[7] va mieux.

Adieu, à jeudi, au plus tard, et bonne santé.

Ton vieux.

*

[Mantes, début mars 1858[8].]

Mon vieux Folbert,

Je ne t'ai point écrit plus tôt, n'ayant absolument rien à te narrer qui soit intéressant. Je me suis d'abord largement reposé, je me suis promené, et j'ai lu. Puis j'ai commencé mes recherches, mais je sens que la tête n'y est pas encore. Ça va venir, j'espère.

Foulongne[9] a dû porter chez toi *Le Poète aux étoiles* ; le manuscrit de *Clair de lune* est égaré ; je l'apporterai à mon prochain voyage[10].

Travailles-tu ? n'oublie pas de me rappeler au souvenir de la Présidente[11], et de Gautier. Mon respect à Mme de Tourbey[12] si tu la vois.

Maxime vient de m'écrire. Je lui répondrai lundi. As-tu parcouru son volume[13] ?

Moi, j'ai lu un roman de Balzac, *La Maison Nucingen* ; *La Dame de Montsoreau* du père Dumas ; plus *Le Monastère* et *Les Eaux de Saint-Ronan,* de Walter Scott. C'est bon, *Les Eaux de Saint-Ronan,* je ne connaissais pas ça.

J'ai lu, en outre, *Zulime,* tragédie de Voltaire. C'est bon aussi, dans un autre genre.

Tandis que je t'écris, le ciel est en révolution. Il tonne, il grêle, il vente. La maison tremble, et Léonie[1] hurle. C'est une trombe, c'est la fin du monde !...

Il fait ici un froid de loup. Je ressemble à Ovide exilé, mais je ne ferai pas *Les Tristes.*

Adieu, vieux bardache. Mon respect à Mme Flaubert. Ma mère est enthousiasmée de ton intervention dans mes affaires. Elle craignait un procès comme le tonnerre. Elle doit t'épancher sa reconnaissance[2].

Embrasse Lilinne[3] pour moi, s'il m'est permis de qualifier ainsi une jeune personne de son âge et de sa gravité. Bien des choses à cette brave et sublime Person[4]. Adieu.

Tout à toi.

P.-S. — Parle-moi de M[ario] Uchard. Sa pièce est triste, dit-on[5]. Et *La Jeunesse ?* et *Le Fils naturel*[6] ? 85

*

[Mantes, milieu de mars 1858[7].]

Mon vieux,

Je conçois et partage tes ennuis. Voilà une indisposition qui ne vient guère à temps ; je dis indisposition, car j'espère encore qu'il ne peut y avoir rien de grave ; l'inquiétude de ton départ peut avoir causé une irritation momentanée[8]. Tout cela va se calmer ; tu as bien fait de faire venir Achille[9].

Je comprends très bien qu'au milieu de tous ces embarras, tu n'aies guère la tête aux phrases ; aussi je te suis doublement reconnaissant du mal que tu te donnes avec mes épreuves et manuscrits[10]. Moi, je ne fais pas grand-chose ; je me fais l'effet d'être un tant soit peu abruti.

[...]

Rien de neuf ici. Léonie[11] et Mulot[12] te disent mille choses aimables. Rappelle-moi au souvenir de la Présidente[13] et de Gautier.

Adieu, vieux, bon courage. Cette sacrée année est maudite pour nous deux[14], mais espérons que l'autre sera meilleure.

Tout à toi de cœur.

P.-S. — Présente à Mme Flaubert mon respect et mes vœux pour son prompt rétablissement.

[Mantes, 23 mars 1858[1].]

Mon vieux,

Je suis très heureux d'apprendre que Mme Flaubert est en pleine convalescence. J'étais loin de croire que les choses fussent si graves, et je comprends tous tes embarras.

Je te serrerai la main *samedi prochain,* dans la soirée. Je viendrai à Paris pour *trois jours.* J'ai reçu, pour *Le Poète aux étoiles*[2], les félicitations de Laurent-Pichat[3] !... Comme ton histoire de cave est belle[4] ! Je me réserve cette narration fine pour samedi.

Je ne travaille pas plus que toi, mon pauvre vieux. Je suis abruti ; mais je m'échauffe comme un lézard au soleil du printemps. Ça partira à quelque jour, comme un bourgeon.

Je n'ai donc rien de bien neuf à te dire, si ce n'est que je serai chez toi *samedi soir.* Tu me parais de plus en plus beau en société ; ta rencontre avec la Muse est bonne aussi[5].

[...]

Adieu, vieux bardache, à samedi, à samedi.

Mon respect et mes félicitations à Mme Flaubert, et tout à toi.

Mardi.

*

[Mantes, 18 mai 1858[6].]

Mon cher vieux,

Je t'ai positivement écrit, à Tunis. Tâche de trouver ma lettre. Le seul renseignement que tu m'avais donné, c'est que le départ des lettres avait lieu tous les vendredis. Ici, à la poste, on m'a dit que mon adresse suffisait.

Je vois avec plaisir que tu te gorges de couleur locale. C'est ce que tu as de mieux à faire, pour le moment. Le livre[7] viendra tout seul, après. Je comprends bougrement que tu n'as pas le temps de me donner des détails. Aussi, je me revengerai par mes questions, au mois de juin, ce qui ne va pas tarder maintenant.

Quant à moi, je n'ai, hélas ! rien de neuf à t'apprendre. Je me creuse la tête dans tous les sens. Je ne m'arrête à rien. Je suis peut-être trop difficile, mais à coup sûr, rien de ce que j'ai rêvé ne m'a pris tout à coup, comme l'idée d'*Hélène Peyron.* Donc, il faut chercher encore, et attendre la lumière ; du reste, on a beau s'agiter, on ne va pas plus vite, en fait de composition, que ne le comporte votre nature. Il y a un an, mon sujet m'est venu brusquement, comme une envie de pisser, après de longs tourments inutiles, et je ne l'ai trouvé que dans les derniers jours de mai. Je n'ai commencé à l'écrire que le 15 juin, sans avoir encore mon second acte.

Donc, j'espère encore, mais franchement c'est long. Rien de *La Presse,* pour *Le Cœur à droite*[1]. Si Feydeau m'envoie son livre[2] à Mantes, je ne me rappelle plus *au juste* son adresse. Je n'y ai été qu'une fois, en voiture, avec toi. Dans ta prochaine lettre, *donne-moi cette adresse*[3]. Si tu oublies, j'écrirai au bureau de *L'Artiste,* pour le remercier. Mais je n'ai pas encore le livre en question.

Je viens de lire *Les Aventures burlesques* de C. D'Assoucy, et ses voyages par le monde, avec ses deux pages de musique, aux chausses retroussées[4]. Ça me paraît charmant, on est en plein XVIIe siècle. Du reste, c'est le pendant du voyage de *Chapelle*[5]. Je te conseille de lire cela, à ton retour. Je connais beaucoup de nom le Dubois[6] dont tu me parles, c'est un brillant sujet de l'école Poltnikh!... J'ai été, à Rouen, professeur de son frère ; c'est moi qui l'ai fait recevoir bachelier. Il donne actuellement des leçons de mathématiques à Paris. Quant aux Roquigny, ils ont dû être bien bons, à Tunis. Mais je ne crois pas que ce soient les Roquigny que je connais ; la famille est très nombreuse[7].

Je voudrais avoir quelque chose d'intéressant à te dire, sur notre belle patrie, mais je ne sais rien, et je suis, moi-même, d'une humeur noire permanente. C'est un peu la faute de cet incroyable printemps, où l'on gèle, comme en hiver.

La Jeunesse a vécu, *Le Fils naturel* a fait son temps. Rien à l'horizon, si ce n'est une pièce de Barrière et Capendu, *L'Héritage de M. Plumet,* qu'on a dû donner hier au Gymnase[8]. Mais je n'ai pas de nouvelles, naturellement.

J'ai grand besoin de te revoir ; du reste le temps marche. Dans un mois, nous y serons. J'irai à Croisset dès que tu me le diras.

Mme Flaubert va bien, sauf les forces qui ne sont pas tout à fait revenues, mais il faut le temps à tout. Je lui ai recommandé force précautions par le triste temps qui court ; elle doit être définitivement à Croisset, d'ici à quelques jours.

Adieu, vieux touriste ! Tâche de répéter avec le poète :

> *Plus je vis d'étrangers, plus j'aimai ma Patrie*[9].

J'attends la lettre que tu m'annonces[10]. Si la mienne est courte, c'est que je vois bien peu de choses. Tu n'as pas le droit d'être si laconique.

Ton vieux, ab imo corde.

Léonie[11] te dit mille choses aimables, ainsi que Mulot.

*

[Mantes, 11 juin 1858[12].]

Mon cher vieux,

J'attendais une lettre de toi, pour aujourd'hui, et je n'ai point été trompé. Je serai chez toi avant le 15, j'y serai lundi 14 ! Je serai à Rouen *dès samedi soir, demain.* Il faut que je m'entende avec tout le monde là-bas. La *Montarcy* va être montée, dit-on, sans faute, or j'aime bien mieux consacrer la journée de dimanche à cela, que d'être obligé d'aller et venir de Croisset à Rouen. Ce sera ce que je ferai tout au plus quand ils auront commencé les répétitions. Il en faudra toujours quelques-unes[1].

J'ai, en effet, dîné mardi avec Dumas, déjeuné même, car il est arrivé à Mantes à 9 heures du matin. Nous sommes amis comme cochons, je te conterai tout cela. Je comprends ton *cave canem*, mais sois tranquille, je suis sur mes gardes. Je crois que, dans le fond, il n'a, pour son fils, qu'une médiocre estime. Il en parle peu, et toujours assez froidement[2]. Il arrivait de son fameux four de Marseille, mais on n'a point fait allusion à cet épisode[3].

Hier dimanche[4], les mêmes convives dînaient, à Saint-Mandé, chez *Allais*. J'ai également refusé l'invitation, aussi bien que celle des nombreux admirateurs de *Philoxène Boyer,* qui, à la clôture de son cours[5], lui offrent, *aujourd'hui même,* un banquet d'honneur. Ne trouves-tu pas que les littérateurs passent leur vie à manger ? c'est vraiment superbe.

Mais en voilà bien assez, sur toutes ces bêtises-là. J'ai grande envie de savoir si la vue du pays[6] te pousse un peu en avant. Je n'en doute pas, pour ma part. Tu ne verras rien, et tu comprendras tout.

Tisserant et Guichard[7] m'ont écrit à Cany. Je leur ai caché mon séjour à Mantes, pour bien des raisons. Donc, ce qui n'est pas probable, mais il faut tout prévoir, donc, dis-je (d'Arrah[8] !) si tu rencontres, par hasard, quelqu'un ou quelqu'une de la troupe, je suis à Cany, ou à Dieppe, je dois arriver de Dieppe ; mais tu ne verras personne, puisque tu es si fatigué. Je soupçonne que tu as commis des horreurs dans la capitale[9]. Tu me régaleras de tout cela. Quant à moi, je te raconterai mes perplexités dramatiques ; j'en ai de toutes les couleurs. Actuellement, je crois être dans une meilleure position.

Adieu, à lundi, 14. Mon respect à Mme Flaubert, et embrasse Caroline[10] pour moi.

Ton vieux.

★

[Mantes, 3 juillet 1858[11].]

Mon vieux Gustave,

Me revoilà installé dans le fauteuil, avec du papier blanc et des plumes neuves. Que va-t-il sortir de là ? problème ! questions !... C'est le cas de le dire.

J'ai écrit deux pages du 1er acte, une scène et la moitié de l'autre ; mais je ne me sens pas encore échauffé[12]. D'ailleurs le froid et la pluie me paralysent le cerveau. Et toi ? as-tu poursuivi *Carthage*[13] ? tu vas voir que ça va marcher rondement.

Je n'ai pas beaucoup de nouvelles à te conter, depuis dimanche. Quand je me suis trouvé seul dans le wagon, je me suis senti submergé sous les idées sombres. Il faut avouer que nous avons, pour notre agrément personnel, une gamme de facéties passablement lugubres !

Embrasse Caroline[1] pour moi, et présente mon respect à Mme Flaubert.

J'attends une lettre de toi, qui m'annoncera que tu marches, et que ça va bien, j'en suis sûr[2].

Adieu, vieux. À samedi prochain. Je t'embrasse.

                                                        Samedi.

P.-S. — Je le veux brûlant, entendez vô ? — brruhûlant !!!... Mille choses de la part de Léonie[3].

★

[Mantes, 10 juillet 1858[4].]

Sacré nom d'un chien ! tu m'as fourré, dans la tête, une image qui va m'empêcher de travailler toute la journée : Lepley combattra nu, en criant : Magdebourg[5] !... J'en suis malade, tu n'as pas l'idée de toute la beauté du tableau. Quel guerrier grec ! quel torse ! sujet de concours !...

[...]

Je vois que, de ton côté, tu marches avec courage. Ces visites ont dû bien te déranger, mais les 8 jours de solitude peuvent joliment avancer les choses[6]. Ça peut être très beau, tes rues de Carthage. Ça le sera, Monsieur, je vous en donne ma parole d'honneur ! Je n'ai aucune nouvelle du jeune Mulot[7]. Quel singulier pistolet ! Il perd son temps à Rouen, au lieu de revenir ici donner à sa pièce un vigoureux coup de rabot.

Les histoires de ta lettre sont *délicieuses !* Tu m'as l'air du farouche Hippolyte, et les femmes te laissent calme, à ce qu'il paraît. Il n'en est point de même ici. Mes nuits sont grosses de rêves obscènes. C'est le voisinage du fleuve. Je bande comme un ours. L[éonie][8] s'est réveillée l'autre nuit, en poussant des cris inhumains ; elle rêvait que *tu violais un poisson,* en pleine rivière ! Ma parole, c'est exact. Il y avait de gros bouillons autour de ce groupe cynique, et tu glissais toujours sur les écailles gluantes, comme un couvreur en état d'ivresse, au long d'un toit d'ardoises !... Voilà notre état moral.

Adieu, vieux brûlant !... quand nous aurons publié quelque chose, il faudra nous envoyer réciproquement des *caraphons* d'honneur, avec des devises sur le goulot : « Honneur et Patrie », ou bien : « Vous devez avoir un V[9] !... »

[...]

Adieu, appelle-moi canotier de la Seine, appelle-moi l'espoir de la Neustrie, dis-moi que je remplacerai Lebreton à la Bibliothèque de Rouen[1], appelle-moi père Fessart[2] !... dis-moi : mais, qui que c'est que c't' homme-là ? c'est pas un homme, c'est un tabellion ! pourquoi ? parce qu'il dresse des actes !...

Tout à toi.

P.-S. — Sacré nom !... quelle forte promenade nous avons faite, sur les boulevards de Rouen !...

*

[Mantes, 31 juillet 1858[3].]

Mon cher vieux,

Tu me parais être en plein dans les affres du style. Mulot, qui est ici depuis deux jours, m'a dit que ce que tu lui avais lu était splendide de force et de couleur. Ne te plains donc pas d'aller lentement ; je ne sais trop quels sont les plus malheureux, de ceux qui traînent ou de ceux qui courent. J'en suis là, ça m'épouvante, et quand le diable y serait, je ne peux pas aller plus lentement, je ne ferais pas mieux. J'ai, par instants, des peurs atroces de faire du style de Savoyard. D'un autre côté, peut-être le théâtre demande-t-il moins de rythme et plus de vivacité que le roman. Il faut bien se consoler comme on peut. Quoi qu'il en soit, je *brûle* d'avoir ton opinion. J'en suis à ma dernière scène du 1er acte[4]. Je la finirai peut-être aujourd'hui, dernier jour de juillet. Ça me ferait plaisir. L'acte est peut-être un peu long, 45 à 46 pages du cahier, mais je ne vois pas où sont les longueurs ; c'est assez court, à la lecture. [...]

Sur ce, je t'embrasse, et te prie de présenter mon respect à Mme Flaubert. J'ai fait deux beaux vers, l'autre jour :

Faire, autour des balcons, grimper les capucines !

et cet autre, au soleil couchant :

Quand le soleil mourant saigne sur les collines !

Appelle-moi : primesautier !...
appelle-moi : peigne à la girafe !
appelle-moi : potentat !
appelle-moi : entrepreneur de bâtisses !
appelle-moi : nourrisson des neuf sœurs !
appelle-moi : silence du cabinet !
dis-moi que j'ai bu 200 chopes à la brasserie !
dis-moi que la vie est un voyage !
dis-moi : merde !
Adieu, car je le veux brûlant, entendez-vous ? brrrrûhlhanth !

Ton vieux caraphon[5].

Samedi.

P.-S. — Ma lettre était cachetée; je l'ouvre sous l'impression d'une douloureuse nouvelle : un monsieur de 41 ans vient d'être condamné aux galères pour avoir violé sa maman, âgée de 70 hivers ! Ce monsieur est de mes environs !

★

[Mantes, 6 août 1858[1].]

Mon vieux,

Je suis un imbécile. J'avais réellement compris que Saint-Victor et Toto[2] foutaient le camp en Afrique !… Cette nuit, j'ai fait un rêve splendide. Je me trouvais avec toi, à Pékin, arrivés là je ne sais comment, chez une petite dame chinoise, mariée à un Anglais. Je vois les appartements, à compter les clous ! Un enterrement a passé ; c'était une jeune femme qu'on portait, le visage découvert, et tout habillée, sur un catafalque. Elle était blanche et superbe ; nous regardions cela, à travers un treillis doré ; puis un homme de l'escorte nous a regardés et il a dit, en te montrant : « C'est un lettré. » Après quoi, je me suis échappé tout seul, par une rue étroite, sous le clair de lune, et je suis arrivé sur une place immense, pleine de mâts et drapeaux et de clochettes. J'apercevais dans le blanc du ciel une trentaine de tours découpées comme de la dentelle. La lune passait au travers. C'était magnifique ; j'en suis encore tout bouleversé !

Mais en voilà assez pour le fantastique. Je vois que tu marches comme un gaillard. Bravo ! Moi, j'ai fini mon premier acte, 47 pages, mais pages du cahier. J'élabore le scénario du second[3]. Je suis en train de chercher un tas de bêtises et de procédés hygiéniques, des inventions exhilarantes, des traitements. J'en ai une bonne pacotille ; mais tu serais un bon bougre de mettre, quelques minutes, ta forte tête dans ta large main d'homme, et de m'envoyer le résultat de tes méditations : tout ce qui te passera par la cervelle, *faisable ou non*. Si tu me donnes de mes idées, ça m'engagera plus fort à les garder, et je serai bien heureux, si tu découvres quelque charge nouvelle. Écris-moi donc cela, le plus tôt possible ; j'attends après. C'est ce qui m'a fait devancer ma lettre d'un jour.

J'ai également reçu le feuilleton du sieur Delattre[4]. C'est fort de style, et d'intention.

Adieu, vieux. Je suis bien perplexe, à l'endroit de mon 1er acte, ou, pour parler plus franchement, à l'endroit de mon style. Suis-je dans le vrai, ou dans la cochonnerie ? J'ai parcouru *Les Faux Bonshommes*[5]. Ma parole d'honneur, je ne trouve pas ce que je fais mieux écrit ; seulement, j'ai plus de tartines, plus de morceaux, mais *Barrière est plus leste,* ce qui vaut peut-être mieux au théâtre. Je suis emmerdé passablement.

Quelle fatalité de ne pas être plus rapprochés l'un de l'autre !

Adieu encore. Écris-moi vite. Je me mets au 2ᵉ acte.

Ton vieux.
Vendredi.

Appelle-moi : tournebroche !
appelle-moi : entendez-vô ?
appelle-moi : brûlant !
appelle-moi : wagon de 3ᵉ classe !
appelle-moi : lampe Carcel !
appelle-moi : Giffard[1] !

*

[Mantes, 14 août 1858[2].]
Brûlant ! ! !

Mon vieux,

Ta lettre m'a fait venir l'eau aux yeux. Il est certain que c'est absurde de vivre si loin l'un de l'autre, mais il y a comme cela des fatalités, momentanées, je l'espère. D'ailleurs si on avait tous ses désirs accomplis sur la terre, on aurait trop peur de mourir, ce qui est toujours une sottise : brûlant, entendez-vô ?

Je vois avec bonheur que tu as franchi ton premier mouvement[3]. Je ne suis nullement inquiet de ce chapitre, pas plus que du 3ᵉ. Quant au 4ᵉ, nous verrons cela en temps et lieu. La bonne ! !... M'sieur !...

Moi, j'ai fait deux scènes, c'est-à-dire : huit pages[4]. Je suis dans les tortures de la prose ; c'est quelque chose d'effrayant ; à un tel point que je n'ai aucune opinion sur ce que j'ai fait. Est-ce bon ? est-ce exécrable ? néant, je suis aveugle.

Tu dois avoir dans tes lares l'auteur de *Fanny*[5]. Serre-lui vigoureusement la main de ma part, et fais-moi le plaisir de présenter mon respect à Mme Feydeau. Dis à Feydeau de ma part :
u   u u u u u —
Vous devez avoir un vig...

Voilà tout ce que j'ai de neuf à te dire. J'attends ce soir la visite de Delattre[6] et de Foulongne[7]. Léonie[8], à laquelle j'ai fait ta commission, te souhaite les rêves les plus plantureux.

Et que la nuit, avec ses doigts d'ébène,
Frise, en jouant, les poils noirs de ton cul !

Adieu, caraphon[9] ! Bravo, Bérat[10], bravo !... mais le lion !... le lion ? Eh bien !... n'en trouve-t-on pas la forrrrce... etc. Si Boullet avait les moyens d'Hauvel !... brûlant, entendez-vous ?... Brû-hûlant ! je voudrais être aigle... ou lion !... Les postures s'ar-
u   u u u u u —
rangent !... la garde meurt !... vous devez avoir un vit !... Qu'il mourût !... Moi, dis-je, et c'est assez ! Vaillance est beau, en vers !...

Adieu !... la dernière feuille qui tombe a signalé son dernier

jour !... un site, ah ! quel tableau !... elles se roulaient sur les tapis
et demandaient les nègres !... mais il n'était plus temps, les chants
avaient cessé !... Adieu, mon vieux, décidément c'est plus que du
délire !... Heureux l'homme d'étude !...

Je t'en prie, Caraphon, renvoie-moi ! Oui poulettes, oui
coquettes, bien heureux sont les chapons !... C'est plus fort que
moi !... ciel vaste et pur daigne encore me sourire !... un nègre
d'ailleurs, un homme noir !... Je le veux brûlant, entendez-vous ?

brrruûhûûûûûlant !

Samedi. Brûlant !

P.-S. — Présente mon respect à Mme Flaubert, et embrasse
Caroline[1] pour moi.

Brûlant, entendez-vô ?

*

[Mantes, semaine du 14 au 21 août 1858[2].]

Mon vieux,

[...]

Pourquoi es-tu repris de tes inquiétudes ? Tu paraissais content
la dernière fois ? Tu ne peux savoir la valeur réelle de ton chapitre
que quand il sera terminé. Quant à la place où tu dois le mettre,
le 1er ou le 2e, ça te regarde[3]. Moi, je n'ai pas changé d'opinion,
ce qui ne prouve pas que j'aie raison, docteur !...

Mon respect à Mme Flaubert. J'attends avec impatience l'histoire
de Narcisse Lormier[4] !...

Rien autre chose de neuf à te dire. Je vais déjeuner, et immédiatement après, me remettre au travail. Adieu. Je peux avoir terminé
ma comédie pour le 15 septembre, c'est-à-dire avant mon départ
pour Paris ; ce qui serait une bien heureuse chose, pour l'ensemble,
le ton général, le mouvement et le style[5].

Je t'embrasse, et à samedi.

P.-S. — Appelle-moi : appelle-moi
appelle-moi : appelle-moi jeûne
appelle-moi : appelle-moi et Cie
appelle-moi : appelle-moi Père et Fils
appelle-moi : appelle-moi Succeur d'appelle-moi
appelle-moi : appelle-moi et marronnier.

*

[Mantes, 21 août 1858[6].]

Mon vieux,

[...]

Voilà que, de ton côté, tu arrives à la fin du fameux chapitre.

Il faut que le mouvement final soit brrûlant[1]. Tu m'écrivais, dans ta dernière, que tu attendais Nion[2] et Ernest Le Marié[3]. Ce dernier t'a-t-il parlé de

La Païva[4] *couchée au pied des sycomores ?...*

Donne-moi quelques détails, s'il y a lieu, sur ledit Ernest. Je le vois encore, au collège, en petite veste à pointe, avec des manchettes plissées et un col à la Henri IV.

Foutre, docteur, voilà le froid qui revient !...

Rien de neuf à te raconter, cette semaine. Pas de nouvelles de l'Odéon. Seulement on annonce, comme pièce de début : *Macbeth, traduction d'Émile Deschamps*[5] ; puis *une autre pièce,* après, dont on n'a pas pu me dire le titre.

Sacré nom de Dieu, que je voudrais bien être au mois de mai prochain ! un rude hiver qui s'apprête !... Que de verres de bière, au café Tabouret. J'en suis écœuré d'avance !...

Tu sais que Théo[6] est nommé officier de la Légion d'honneur, et Barrière[7] chevalier, sans compter notre brave ami Florimont[8], qui a aussi l'étoile ; Théo a été vu, par un mien ami, à Cherbourg, pendant les fêtes.

Adieu, mon vieux. Je t'envoie une lettre assez peu brrûlante aujourd'hui. Je fais un piètre chroniqueur !... Malgré cela, appelle-moi : *Pomaré,* si tu en as le courage. Moi, je tombe sur la plume, et sur les bottes !...

Je t'embrasse.

Samedi.

*

[Mantes, 28 août 1858[9].]

Ma foi, mon vieux, l'hydrothérapeutie — ou *hydrothérapie*[10] ! arrive bien tard. Mon 3e acte est à moitié, et je ne pouvais guère placer cela qu'au 2e. Toutefois, je profiterai du mot, à la fin du 3e acte[11]. Ça me servira d'entrée pour Mme Budois qui arrive de Lyon, et qui a entendu parler de ce traitement-là.

Ce qu'il y a d'ennuyeux au théâtre, c'est qu'on ne peut guère montrer ces développements-là de face et en plein (à cause de l'unité de lieu, entre autres choses). On les donne forcément de profil, on les raconte, et ça perd. Voilà en quoi le roman est plus heureux, comme locomotion. Décidément, malgré ses difficultés, le théâtre est un genre secondaire, en littérature.

Pour en revenir à ton chapitre de *Carthage,* il me semblait, au contraire, que tu voyais très bien le mouvement final. Je ne crois pas que ça soit si difficile à faire que le *Commerce*[12]. Puisque tu crois devoir recommencer ce dernier passage, songe que tu ne t'embrouilles peut-être que par trop de détails, mis au même plan. Je dis cela à tout hasard. Tu devrais *choisir* les meilleurs, les mettre en vue, et grouper les autres dans le lointain. Mais, encore une fois, il faudrait avoir vu le morceau.

Je n'ai aucune nouvelle de l'Odéon. Je serai probablement appelé vers le 15 septembre[1]. J'y compte, et je m'arrange pour avoir fini ma pièce, à cette époque. Car une fois à Paris, ce serait désastreux; plus de travail régulier, plus de tenue dans le ton général. Mais j'espère que ça va marcher, d'ici là.

[...]

Appelle-moi : figure sinistre !

appelle-moi : rebut de la nature !

appelle-moi : tour de David !

Je n'ai pas grand-chose à te conter, cette fois-ci. Je ne sors pas du tout. Depuis samedi dernier, je n'ai pas mis le pied sur le sol des vivants. Le temps, d'ailleurs, n'est point des plus aimables, et je trouve qu'il fait un froid absurde.

Je t'embrasse, mon vieux. Présente mon respect à Mme Flaubert et à Caroline[2].

Tout à toi.

Samedi.

*

[Mantes, 4 septembre 1858[3].]

Mon vieux,

[...]

[...] quand j'aurai fini ma pièce actuelle dans une quinzaine de jours, si l'on ne m'appelle pas à Paris, je viendrai trois jours à Croisset, dans le plus grand silence[4]. J'aurai le temps, d'ici là, de me retourner pour la question métallique. Tu devrais voir que je n'y mets aucune mauvaise volonté, et que je ne te rappelle même pas ta quasi-promesse de venir à Mantes, dans la fin du mois d'août.

Je vois que tu es à la fin du fameux chapitre[5]. J'ai grande hâte de lire cela d'ensemble. Je suis certain que c'est bon. Je ne suis pas sans foirade dans la culotte, quand je songe à la façon dont tu vas juger ma prose. Auprès du style de *Salammbô*[6], tu vas trouver le mien un peu léger de café. Mais il ne faut pas oublier que c'est une comédie peu carthaginoise. Tu vois que je prends mes précautions d'avance !

[...]

Moi, je n'en lis plus, de journaux. Je pioche comme un ours, deux heures avant le déjeuner, cinq heures avant le dîner. Le soir, je fais des calembours, ou je prends l'air au bord de la Seine. Voilà ma vie. La nuit je rêvasse à mon travail du lendemain. Je deviens hideux de graisse, et dégoûtant d'égoïsme ; je suis comme un brochet, je ne peux pas trouver de comparaison plus juste !...

Appelle-moi : carpe au bleu !

appelle-moi : les sauces anglaises !…
appelle-moi : garçon, deux madères !…
Tes deux *appelle-moi* sont gigantesques ; je t'en remercie sincèrement[1].

Ton vieux.
Samedi.

*

[Mantes, 11 septembre 1858[2].]

Mon vieux,

Ira, furor brevis[3] ! Si la colère est une folie courte, la littérature est une folie lente. Êtes-vous arrêté ? vous devenez lugubre. Marchez-vous un peu ? la tête déménage. J'en suis là, mon cher Monsieur. Je ne dors plus, je ne mange plus, je suis dans une effrayante *exaltation ;* ma parole d'honneur, je ne suis pas trop rassuré ; je travaille en rêvant, je rêve en travaillant. Qu'est-ce que tu vas dire de tout cela ! J'en ai une peur atroce.

J'aborde ce soir, ou demain, la dernière scène du dernier acte. J'aurai peut-être fini lundi. Je peux être à Croisset *mardi* pour dîner. Nous lirons, avant de nous coucher, le chapitre et la pièce[4]. Le mercredi, s'il fait beau, je demande, à travers les bois, une horrifique promenade qui te fera du bien, ainsi qu'à moi ; le jeudi, nous piocherons *Carthage. Le vendredi* je repartirai. Il m'est impossible de faire autrement ; il faut que j'aille à Paris.

Mulot[5] m'a prêté quelque monnaie pour mon voyage. Je me hâte d'en profiter. Si je finis demain, je t'arrive *lundi, après-demain ;* mais ce n'est guère probable. Si *lundi* je suis arriéré, je t'écrirai, et tu recevras une *lettre mardi matin,* afin que tu n'aies pas le bec dans l'eau, toute la journée.

Adieu. Je me remets à la pioche. Quand je regarde le cahier[6], je me dis : « Mon bonhomme, prends-y garde de payer durement l'insolence de la rapidité ! » Mais c'est plus fort que moi.

Adieu, je t'embrasse.

Samedi.

*

[Paris, 25 septembre 1858[7].]

Mon cher vieux,

La lecture[8] n'est point encore faite. Mardi dernier, au moment de partir, j'ai reçu une lettre de Tisserant me remettant à dimanche, c'est-à-dire à demain, à cause de l'absence de Thuillier[9]. Je suis arrivé aujourd'hui à Paris. Je t'écrirai le résultat de la lecture, ou plutôt, mon entrevue de ce soir, avec La Rounat[10].

Rien de neuf, depuis mon départ de Croisset. Je suis encore dans l'admiration de ton *coup de rame !*... J'ai laissé M. Cloquet[1] à Mantes, fort inquiet de son dîner du soir, à Paris.

Tu recevras une lettre de moi un de ces jours. Je vais faire annoncer ma comédie, pour assurer mon titre, et constater sa naissance.

Charles-Edmond n'est plus à *La Presse*[2]. J'irai lui réclamer mon manuscrit du *Cœur à droite*[3]. C'est décidément un farceur, comme tous les autres. Quand je songe que j'ai 8 mois de Paris à avaler, j'en ai d'horribles frissons !...

Adieu. Mon respect à Mme Flaubert et à Caroline[4], que j'ai quittées bien brusquement, emporté dans le mouvement lyrique du père Cloquet.

Je t'embrasse.

Paris, samedi.

*

[Mantes, 30 septembre 1858[5].]

Mon cher vieux,

Me revoilà à Mantes, jusqu'à dimanche. Je suis un peu malade, j'avais besoin de me reposer. J'ai obtenu congé, car les répétitions sont commencées de lundi dernier. Quand je dis répétitions, j'entends la collation des rôles, la récitation ; je n'ai pas besoin [d'être] là. On commencera, au théâtre, lundi ou mardi. La lecture a eu lieu dimanche dernier, par mon organe. Succès pyramidal : larmes, rires, attaques de nerfs, applaudissements, émotion du personnel, enthousiasme du caissier Huard !... Enfin, j'ai un immense espoir, depuis dimanche ; mon entrevue avec La Rounat a été ce qu'elle devait être, nous n'avons fait aucune allusion au passé. Il déblatère contre Fechter[6] ; moi, je n'ai rien à répondre ; poignée de mains, etc.

Tisserant[7] me paraît magnifique de bonnes intentions.

Moi, comme je te l'ai dit, je suis brisé, moulu. Mon travail de l'été, avec l'émotion de l'autre jour, tout cela m'a secoué vivement. Je me repose, je dors, je fume, je prends l'air. Je serai joué dans le milieu de novembre, au plus tard. On va marcher fêtes et dimanches. Une fois que nous serons au théâtre, je ne m'éloignerai plus d'une heure.

Adieu, vieux. Tu as dû recevoir une lettre de moi, datée de Paris[8]. Réponds-moi à Mantes, si tu m'écris avant dimanche prochain ; donne-moi des nouvelles de ton travail et présente mon respect à Mme Flaubert.

Je t'embrasse mille fois.

Mantes, jeudi.

*

[Paris, 7 octobre 1858[1].]

Mon cher vieux,

Nous répétons au foyer *Hélène Peyron,* et au théâtre *Madame de Montarcy.* Ce dernier point m'embête assez. Tout le monde me persuade qu'il est de mon intérêt qu'on rappelle mon nom au public de l'Odéon quelque temps avant la 2ᵉ pièce, mais ce ne sera qu'une courte reprise. Ils me paraissent tous enthousiasmés d'*Hélène Peyron.* On me demande *très poliment* de changer quelques mots un peu vifs, je ne sais pas lesquels, je verrai ce que j'aurai à faire.

Hier, j'ai vu à l'Odéon le jeune Du Camp. On donnait un petit acte en prose de Monnier (Marc)[2] pas fort, mais qui a réussi honnêtement, puis un acte en vers de Jules Viard[3], très spirituel, et fort bien fait. Cet acte m'a un peu calotté sur le moment; l'idée est à peu près la même que dans ma comédie *Sous peine de mort* (que c'est drôle, les courants psychologiques !). C'est un valet qui persuade à son maître, par un horoscope, que ses jours sont liés aux siens. Donc le maître dorlote le valet, a peur de ses rhumes, de ses indigestions, etc. Ce n'est pas développé, en un acte, mais c'est indiqué. Heureusement qu'il y a autre chose dans ma pièce ! Malgré cela, je vais me hâter de la placer quelque part. Je l'ai fait annoncer, il y a huit jours, dans deux journaux.

Je serais dans une position superbe, si je ne me trouvais radicalement sans le sou. J'ai des crédits magnifiques, mais ça m'embête toujours.

Et toi, vieux, tu ne me parais pas tout à fait content. Malgré ce que tu dis, je suis heureux de te voir passer au 3ᵉ chapitre[4]. Le 1ᵉʳ est bon, le second aussi. Si tu trouves le mouvement final trop chargé, finis, comme tu dis, par les idées mystiques. C'est peut-être plus grand[5].

Présente mon respect à Mme Flaubert. Je t'écrirai prochainement pour te tenir au courant des choses. Je passe de six à huit heures par jour à l'Odéon. C'est beau !

Préault[6] est toujours énorme. Crépet fait une pièce en collaboration pour le Vaudeville[7]. Tisserant[8] se conduit fort bien avec moi. J'ai parlé à Janin[9], hier au soir, et La Rounat[10] est tombé au troisième dessous, en fait de moral et d'intelligence. Ces derniers mécomptes l'ont achevé. Ce n'est plus un homme. Il demande à Tisserant la permission d'aller aux lieux.

Adieu, nous qui voulons chier librement !

Tout à toi, *ab alto.*

Jeudi.

*

[Paris, 8 octobre 1858[1].]

Mon cher ami,

J'ai été hier, mercredi, 3 fois chez le docteur Follin, *21, rue Bonaparte,* sans pouvoir le rencontrer. Il était en consultation hors Paris. Maintenant, tu peux te tranquilliser, ainsi que Mme Flaubert. Je sors de chez Follin ; il m'a assuré qu'il n'y avait *aucun danger.* C'est un petit abcès utérin, accompagné ou causé par une légère ulcération du col de l'utérus ; si Caro[2] pouvait rester un mois à Paris, elle serait guérie, au bout, mais même en ne venant que tous les huit jours, ça ira bien. Follin me charge de mille choses pour toi, et *surtout de te rassurer* complètement. *C'est la pure et simple vérité.*

Je te prie de présenter mon respect à Mme Flaubert. Follin lui a écrit, et il a même reçu une nouvelle d'elle. (Tu me feras penser à donner *deux bonnes places* à Follin, pour ma première[3].)

[...]

Appelle-moi : « les lieux des maîtres ! », est tout simplement sublime. Ma tête se perd dans des rêveries sans bornes ! « lieux des maîtres !... l'endroit où Madame se soulage !... le trou où Mademoiselle chie ! le conduit qui a l'honneur de recevoir des excréments riches, et une merde sérieuse !... » Très beau, caraphon[4] !... Je bande comme un ours !... ou plutôt comme un cierge, puisque nous sommes à l'archevêché.

Je t'embrasse, *vieux lieu des maîtres !*

MONSEIGNEUR[5].

Vendredi.

P.-S. — Pas besoin de seconde lettre.

*

[Paris, 16 octobre 1858[6].]

D'abord, mon vieux, j'ai été chez Person[7], sans la trouver. Une seconde fois, j'ai remis *pour elle seule,* avec ma carte, ces mots : « Dites-moi en détail ce qui s'est passé aux Eaux. » Mais je n'ai aucune réponse. Je n'ai pas encore vu Durey[8]. Je retournerai chez Person.

2. La reprise[9] a eu lieu : jeu pitoyable comme toujours, mais l'honneur est sauf. Nombreux applaudissements, assez de monde, c'est un simple rappel de nom. Nous marchons avec *Hélène Peyron.* Nous voilà au théâtre. Les rôles sont sus. Inutile de te dire que je suis sur les dents. Sois tranquille, je surveillerai les détails et les accessoires.

3. Adresse de *Guérard, Alfred,* à *Ingouville-sur-Mer, près Saint-Valery, Seine-Inférieure*[10].

J'éprouve, comme toi, des douleurs d'estomac qui m'embêtent

fort. Ma manière de vivre est tellement changée depuis 3 semaines. Quelle sacrée chose que la vie pratique !

Je ne sais pas ce que tu veux dire avec ta foirade, à propos du 1er chapitre[1]. Tu as beau croire, je le trouve bon, et, de plus, indispensable *pour le lecteur*. Oh ! si tu peux, dans la suite, mettre dans ton œuvre assez de lumière historique pour te passer de ce morceau, très bien, très bien. Mais, au cas contraire, il faut absolument le garder.

J'ai rencontré Camille Doucet[2] au théâtre ; il s'est vivement informé de toi. Du Camp est venu à ma reprise ; il a été superbe. La Présidente[3] est venue aussi, et Fovard[4]. Je n'ai pas d'autres nouvelles à te donner. J'ai fait dire à Beaufort du *Vaudeville*, pour lui mettre la puce à l'oreille, que j'avais terminé une comédie en prose[5]. J'attends.

Je serai joué à l'*Odéon* vers le 12 novembre[6]. C'est une bonne époque. On a joué hier *La Vénus de Milo*[7] : belle tartine !... succès. La Muse[8] écrit, dans la presse, des articles sur son voyage en Angleterre, et ses *intimités* avec la noblesse dudit lieu. Est-ce fort ? Elle rencontre, en chemin de fer, une jeune Anglaise de 15 ans. Mme Colet prononce son propre nom, par hasard. Alors, la blonde insulaire tremble, émue, charmée : « Quoi, madame ! c'est vous ! vous dont j'ai lu les beaux vers dans les journaux allemands !... etc. »

Pas de nouvelles de Charles-Edmond[9]. À mon avis c'est ung drôle !

Adieu, vieux camarade, à bientôt. Je suis échigné comme une rosse. Je n'en peux plus !...

Mon respect à Mme Flaubert et embrasse Caroline[10] pour moi.

Ton vieux.

Samedi.

P.-S. — Écris-moi donc régulièrement, comme autrefois. Reprenons nos allures, foutre ! docteur !...

*

[Paris, 4 décembre 1858[11].]

Mon vieux caraphon[12],

Je te remercie de ta bonne lettre[13], et des consolations dont elle était pleine. Tu as bien raison, tout cela ne vaut pas la peine de se décourager. Seulement, ce que je trouve monstrueux, c'est l'enthousiasme de tout un peuple pour un homme comme Octave Feuillet, pour une œuvre comme celle qu'il a produite[14]. Voilà pourquoi je rêve un asile écarté où, etc.

Je vois que tu es dans une pioche formidable. Tout n'est pas rose, dans la période du travail, mais ça vaut encore cent fois mieux que l'inaction intellectuelle forcée par une activité stupide, n'aboutissant qu'à vous faire connaître plus de sots qu'auparavant.

Je pars pour Mantes, jeudi prochain, vendredi au plus tard.

Donc, écris-moi pour *samedi seulement*, à Mantes ; j'y serai sans faute. Je vais, avec un bonheur extrême, me jeter sur les corrections du volume de vers[1]. Quant à l'ordre et au titre, nous en causerons, je prendrai tes conseils. J'irai à Croisset vers le 8 janvier[2], car, pour le volume, il faudra qu'il paraisse absolument le 1er février[3]. Or, tu comprends, le temps de corriger les épreuves, les visites à faire, etc., je serai forcé d'être à Paris vers le 16 ou 17 janvier.

Je roule toujours dans un tourbillon de dîners qui me fatigue et me brise, moralement surtout. Demain encore, je *dîne* avec les acteurs qui ont l'obstination de me rendre mon banquet de l'autre dimanche. Me voilà encore forcé de manquer le dîner de Mme Flaubert, et la soirée de la Présidente[4]. Je vais, du reste, écrire dans un instant à ta mère, pour la prévenir et m'excuser. Aide-moi un peu, quand tu lui écriras.

Mme Flaubert a été à la pièce. J'ai encore envoyé une belle loge, ce matin, à Mme Pradier[5].

Adieu, cher vieux. Je tombe sur les bottes. Là-bas, je t'écrirai, de souvenir, de longs détails plus amusants. J'ai encore six lettres à écrire avant mon déjeuner. Je fais un métier stupide.

C'est le 18 qu'on joue ma pièce à Rouen[6]. Je n'irai pas, c'est impossible. Adieu encore, et bon courage.

Tout à toi.
Samedi.

★

[Mantes, 18 décembre 1858[7].]

Mon cher vieux,

Me voilà à Mantes, brisé, moulu, avec un coup d'air dans l'œil gauche. Le silence qui m'entoure me fait renaître par degrés. Demain, je serai vigoureusement au travail.

C'est donc ce soir, samedi, qu'on me joue à Rouen[8]. Je ne te remercie pas de ton dévouement, les termes me manquent. C'est héroïque, d'abandonner Croisset et la pioche, pour venir sur le Vieux Marché ! Pousse la complaisance jusqu'à me jeter deux mots à la poste, touchant le résultat de cette soirée.

Comme tu le dis fort bien, peu importe, pour le volume de vers, qu'il paraisse le 1er ou le 8 février[9]. Sois certain que je resterai avec toi, tout le temps que tu jugeras nécessaire. Fatalement, j'ai fort peu vu Mme Flaubert. Elle va recevoir, demain ou après-demain, mon volume, 2e édition, la seule présentable[10]. C'est ce qui explique mon retard. Feydeau[11] recevra aussi le sien, ainsi que Sainte-Beuve, et la Présidente[12].

Je vais d'abord m'occuper de mon volume : des pièces à retoucher, puis, l'inspiration venant, je tâcherai d'en faire quelques nouvelles. Tu as raison, pour le titre ; mais ce n'est point chose facile à trouver[1]. Nous en causerons à Croisset, si tu veux. L'important, aujourd'hui, est de bourrer le volume.

Je n'ai pas la force de t'envoyer des : appelle-moi !... « Je tombe sur les bottes ! » Au prochain numéro. Les tiens sont énormes ! Ce soir, à Paris, on joue *Andromaque* pour des débuts indispensables. Le samedi, d'ailleurs, est le jour de tragédie, à ce digne théâtre[2]. On me donne après-demain dimanche, par compensation, et les choses reprendront leur train ordinaire. La pièce fait toujours son effet. Il y a parfois de très fortes chambrées, et jusqu'à présent, je n'ai pas à me plaindre. Mais nous arrivons à la quinzaine fatale, pour tous les théâtres ; il faut la franchir avec résignation.

Courage, toi. Tu es dans une rude besogne, mais tu en sortiras à ton honneur. Cela n'est pas un moment douteux. Seulement, tu as pris le chemin le plus difficile. *Audaces fortuna juvat*[3] ! Appelle-moi : *Audaces fortuna !...*

Mulot est chez moi, à Paris. Il va présenter sa pièce au Gymnase ou au Vaudeville : il hésite encore[4]. J'ai rencontré Chéruel[5] ; j'ai rencontré le père Magnier[6] ; j'ai pris le thé chez Doucet, où, par parenthèse, j'étais chargé de t'amener, en cas de présence à Paris. Je lui ai fait tes remerciements en lui promettant de t'instruire de la chose[7].

J'ai vu, là, Sainte-Beuve, Augier, Mérimée, Octave Feuillet, dont la figure me déplaît assez, et quelques autres grands hommes.

Je n'ai pas été joué à Compiègne, parce que l'on a dit que ma pièce était immorale. L'ordonnateur des fêtes a trouvé cela, sans doute. J'espère, néanmoins, que l'on[8] viendra à l'Odéon.

Adieu, cher Karraaphong[9] ! À bientôt une lettre. Faoûtre, docteur !... brrrûlant !... adieu !...

Samedi.

*

[Mantes, vers le 20 décembre 1858[10].]

Mon vieux,

Merci et merci encore pour tes deux bonnes lettres[11]. Je n'ai guère d'incidents dans mon existence, depuis que je suis ici, et, franchement, j'en rends grâces aux Dieux. Je suis loin d'être *dans mon assiette ordinaire*. J'ai mal aux yeux, mal à la gorge, mal partout. Nonobstant, je suis occupé autour de mes poésies. Je corrige, je coupe, j'ajoute. Tu verras. Quant au titre[12], ça me paraît à la fois idiot et spirituel, indispensable et impossible. Nous en causerons, dans le silence du cabinet.

L'histoire du jeune avocat Lecœur[13] m'a rendu malade de rire, et dire que ce crétin-là est un ancien élève à moi !... *proh ! pudor !...* J'ai des démangeaisons de lui envoyer un fort *pensum !...* Ô retours imprévus ! dans cette même cour où... dans ces mêmes chambres où !... mon Dieu ! c'est là que j'ai fait la Satire aux

Jésuites[1] ! Le mot du père Daïnèze[2] est splendide ; par quels imbéciles nous avons été élevés, et dans quels sales biberons nous avons tété nos principes !...

Ça va bien à Paris, la jeune *Hélène*[3]. Les recettes sont honorables, malgré la terrible époque théâtrale, où nous nous trouvons. On a joué ladite pièce dimanche dernier ; recette officielle : 2 873 F 25 c.

Le jeune Charles-Edmond n'ayant pas voulu accoucher du *Cœur à droite,* je lui ai fait redemander le manuscrit par l'avocat Delattre, lequel avocat Delattre est copropriétaire, depuis huit jours, du journal *L'Audience,* lequel journal *L'Audience* m'achète *Le Cœur à droite,* pour simple publication, la somme de 400 francs, payables fin janvier[4]. C'est fort beau, comme tu vois.

J'ai fait reprendre mon manuscrit[5] resté chez Beaufort du *Vaudeville.* Ce Beaufort est une brute. Je te raconterai tout cela, en causant, avec des détails qui ne peuvent me venir que dans le *feu* de la conversation.

J'ai des *raisons* pour ne pas pousser, cette année, ma comédie en prose. Je te les dirai.

Tu m'épouvantes d'avance, avec tes terribles veillées. Je suis homme à durer jusqu'à une heure ; le ciel m'a refusé le reste. Mais sois tranquille, ça se passera convenablement.

J'écrirai un de ces jours à Beuzeville[6], pour le remercier de ses articles, bien que je ne les connaisse que de ouï-dire.

Quand je t'ai dit que j'avais des charges à te raconter, je me les rappelais, sans doute. Ça reviendra, à Croisset, quand je te ferai ma confession générale.

L'Odéon attend, *ces jours-ci,* la visite de l'Empereur[7]. Le télégraphe me préviendrait, et j'irais passer quelques heures à Paris.

Je retouche d'anciennes pièces de vers. Peut-être pourrai-je m'en servir. J'ai adopté, sauf meilleur avis, l'ordre suivant, dans le volume :

1re partie : 20 pièces de la première manière, y compris *Le Cèdre ;*

2e partie : Études : pièces romaines, grecques, chinoises, égyptiennes, etc.

3e partie : toutes mes pièces récentes, une trentaine environ, terminées par *Le Poète aux étoiles.*

4e partie : le poème des *Fossiles.*

Comme cela, j'aurai quatre tons bien marqués. Tu verras. Je crois être dans le vrai[8].

Du reste, en tout, trois mille et quelques vers, pas plus. C'est honnête déjà pour l'estomac des bourgeois.

Mais je veux avoir, f234tre docteur !... la place de t'embrasser, Karaphon[9] !

L'Idiot[10] m'a écrit ; il est chez ses parents. Réenthousiasme du père d'Osmoy à mon égard. Quelle vieille canaille !... Mulot est à Paris, chez moi[11].

★

[Paris (?), après le 25 décembre 1858[1].]

Trop tard, sacré nom de Dieu ! trop tard !... *Le Cœur à droite* est *annoncé* par *L'Audience*, le marché *est conclu*. Trop tard[2] ! D'ailleurs, quand il n'y aurait que ma simple promesse, je ne pourrais pas transiger. Ce sont de bons et braves camarades, qui mettent là leur argent, qui ont été charmants, lors de ma pièce, et auxquels un nom littéraire peut être fort utile, en débutant.

D'ailleurs rien n'est sûr avec la *Revue contemporaine*. Si tu entendais Delisle en parler[3] !... Ça ferait peut-être comme avec la *Revue des Deux Mondes ;* de Calonne est un gaillard qui coupe, allonge, corrige. *Le Cœur à droite* l'aurait horripilé. D'ailleurs, le journal *L'Audience*, bien que jeune encore, est un des quatre journaux dont le tirage est le plus considérable. *Le Figaro* le constatait encore, l'autre jour. Et puis, pas moyen ! Je sais que la *Revue contemporaine* serait enchantée de nous avoir. On m'a fait faire des avances, par deux fois. L'article critique d'Émile Chasles a été superbe pour moi. Aussi tu peux dire à Feydeau que je regrette de m'être *positivement* engagé avec *L'Audience* (il peut dire cela à de Calonne), mais que je serai fort heureux de donner à la *Revue contemporaine*, un autre travail, à l'occasion, et *des vers* quand ils voudront. Je leur tiens à disposition *Clair de lune*[4], avec un *sonnet* et une pièce de *vingt vers*, que tu ne connais pas encore : en tout, 130 vers. Que Feydeau sache combien on paie le vers.

Je suis assez embêté pour le moment. Thuillier[5] est de nouveau indisposée. L'Empereur a promis de venir, et il ne vient guère. En revanche il se précipite au *Gymnase*, dès la 3e de *Cendrillon*[6]. La Rounat me dit que Thuillier reparaîtra pour le 1er janvier. Que Dieu l'entende ! Mais je n'ai pas de chance. Tu parles d'argent, et de notre inexpérience. Ma parole d'honneur, je commence à renoncer à l'espoir d'en gagner. Ce n'est pas, du reste, à cette fin que nous faisons de l'art. Je crois que désormais, bon an mal an, je vivrai sans peine. Mais quant à gagner des écus, c'est un leurre agréable !

Je vais un peu mieux, physiquement. Prends donc la peine d'écrire vite à Feydeau, en le remerciant pour moi. J'y tiens, afin de conserver les bonnes grâces de la *Revue contemporaine*. Ils sont charmants pour moi.

Adieu, cher Karaphon[7]. Malgré l'absence de Thuillier, *Hélène* a fait *samedi* 2 300 francs de recette, et 1 700 francs dimanche, par un temps affreux. Mais quelle triste semaine nous avons à passer !...

[...]

Adieu encore. Mon respect et mes excuses à Mme Flaubert. Fais-lui comprendre dans quel pétrin je me trouvais, et combien il m'était impossible de la voir autant que je l'eusse désiré.

(*Tu me parleras du projet de Feydeau.*)

Tu as parfaitement le droit d'envoyer chier un monsieur de la valeur morale et intellectuelle de Charles-Edmond[1]. C'est un drôle, d'après moi.

Ton vieux.

★

[Mantes, 30 décembre 1858[2].]

Cher vieux,

Merci de ta lettre. J'ai immédiatement écrit à Feydeau, pour le prévenir que ma pièce[3] était définitivement vendue à *L'Audience*. Bien entendu que j'exprime tous mes regrets, avec mes compliments à la *Revue contemporaine*. Le fait est que ladite revue a été charmante pour moi. J'annonce à Feydeau que je donnerai des vers, et que je suis en train de les recopier. Je leur livrerai la pièce que tu dis : *À une Dieppoise,* plus *Clair de lune* et une 3e que je t'expédie ci-contre[4], afin d'avoir promptement ton avis. Je dis à Feydeau que je les lui porterai moi-même, le 6 ou le 7 janvier. En effet, j'ai besoin d'être à Paris le 8 du prochain mois. Je reviendrai le 9 à Mantes, et je serai chez toi le 10 ou le 11 janvier, au plus tard[5]. Du reste je te fixerai le jour et l'heure. Je resterai 10 jours chez toi, comme tu me le demandes. Nous aurons d'ailleurs lourde besogne, de part et d'autre.

[...]

Je t'envoie aussi mes vœux et souhaits pour l'an 59. Présente mon respect et mes souhaits à Mme Flaubert.

Je suis pris d'une ophtalmie, ou plutôt d'une inflammation des paupières, ou plutôt d'une affection palpébrale, ou plutôt d'une blépharite ! C'est la suite d'un coup d'air, docteur ! Au demeurant, le coffre est bon !...

Voici la pièce que tu ne connais pas, je crois. Deux mots à la poste, pour me dire si je puis la livrer à la publicité : *Les Larmes de la vigne* [...].

Voilà, jeune homme. Puis-je donner cela ? À toi de cœur ; je te récrirai d'ici à peu. Deux mots de réponse pour la pièce de vers.

Ton vieux Karaphon.
Jeudi.

P.-S. — Si, par hasard, ma mère t'écrit, pour savoir où je suis, réponds que tu n'en sais rien, au juste, que je t'ai annoncé un petit voyage, chez un ami.

NOTES ET VARIANTES

NOTES ET VARIANTES

NOTE SUR L'APPAREIL CRITIQUE
DE CETTE ÉDITION

Les notes appelées par une lettre mentionnent les principales corrections de Flaubert figurant sur l'autographe. Les suppressions sont entre crochets droits [...], les additions entre crochets obliques <...>. Ce relevé de variantes ne concerne que les lettres dont l'autographe ou la photocopie ont pu être consultés.

Abréviations :

AFl.	*Bulletin des Amis de Flaubert.*
B.H.V.P.	Bibliothèque historique de la ville de Paris.
B.M. Rouen	Bibliothèque municipale de la ville de Rouen.
B.N.	Bibliothèque nationale.
Conard	*Correspondance.* Nouvelle édition augmentée. 9 vol. in-8º (1926-1933), in *Œuvres complètes de Gustave Flaubert.*
C.P.	Cachet de la poste.
Lovenjoul	Bibliothèque Spoelberch de Lovenjoul, Chantilly. Le fonds Flaubert légué à l'Institut de France par Caroline Franklin-Grout, nièce de Flaubert, y a été déposé.
musée Calvet	Bibliothèque du musée Calvet, Avignon (Paul Mariéton lui a légué le fonds Louise Colet).
R.H.L.F.	*Revue d'histoire littéraire de la France.*
R.L.C.	*Revue de littérature comparée.*
Supplément	*Correspondance. Supplément.* Recueillie, classée et annotée par René Dumesnil, Jean Pommier et Claude Digeon. 4 vol. in-8º (1954), in *Œuvres complètes de Gustave Flaubert* (éd. Louis Conard, Jacques Lambert, libraire-éditeur).

Page 3.

À LOUISE COLET
26 juillet [1851]

Autographe J. Lambert; Conard, t. II, p. 313-315.

a. une hypocrisie infâme, <et comme> un outrage

1. Passage d'une lettre non retrouvée que Louise Colet a envoyée à Flaubert d'Angleterre ?

2. Voir le memento de Louise Colet du 27 juin 1851 (t. I, p. 811-815).

Page 4.

1. Le sculpteur James Pradier. Flaubert semble vouloir dire : entreprendre deux projets à la fois.

2. Louise Colet arrive à Londres le 10 juillet 1851. Elle y retrouve le savant Babinet, le « Polonais de Londres », y rencontre Louis Blanc, Mazzini, Ledru-Rollin et la comtesse Guiccioli, l'amie de Byron, qu'elle retrouvera à Paris et avec laquelle elle échangera une longue correspondance (musée Calvet, fonds Colet, 6404 et 6409). Elle est de retour à Paris le 3 août 1851. Voir à l'Appendice II (p. 877) les extraits du récit de son voyage concernant Flaubert. À propos de ce voyage, on lit dans *La Patrie* du 22 septembre 1851, qui reprend un *Courrier de Paris* de *L'Indépendance belge*, un article très virulent contre Louise Colet. En voici les dernières lignes : « Comment veut-on nous faire croire, enfin, qu'une femme, un esprit élevé, un cœur délicat, une nature d'exception, s'en irait faire à Londres un voyage payé par la générosité de l'État, pour insulter à l'exil des uns, en flagornant celui des autres, et rêver à Mazzini, *inflexible,* etc., ayant au cou la montre et la chaîne que lui donna naguère la reine Marie-Amélie ! Allons donc !

ce canard est inadmissible, et Mme Louise Colet en sera révoltée. Attendons sa réclamation. » Voir le brouillon de la réponse de Louise Colet dans le fonds Colet (musée Calvet, 6418, ff⁰ˢ 553-556).

J'ignore si le voyage de Louise Colet à Londres a été financé par l'État ; mais il est certain que son but principal était de vendre l'*Album* (voir la lettre de Flaubert à Louise Colet du [28 septembre 1851], p. 6, n. 1). Elle écrit à Honoré Clair le 15 décembre [1851] : « J'ai fait un voyage en Angleterre avec ma fille. J'avais pour but une affaire littéraire qui, j'espère, se conclura et me rapportera 2 000 francs. Aussitôt je m'acquitterai envers vous... » (musée Calvet, 6418, f⁰ 170). De même Auguste Vetter écrit à Louise Colet en juillet 1851 : « Vous allez faire une affaire à Londres, rien de plus simple. Et vous me parlez *de vie errante, de joie sauvage,* d'un immense désir de pays chaud... auriez-vous depuis peu été métamorphosée en lionne ? On dirait presque que vous attendiez pour avoir l'occasion d'une rupture une parole tendre qui vous donnât l'avantage de l'initiative » (*ibid.,* 6413, f⁰ 5992 r⁰). Sur A. Vetter, voir t. I, p. 810 et n. 11

3. En fait, Flaubert n'ira à Paris, semble-t-il, que le 6 septembre 1851. Voir à l'Appendice II le memento de Louise Colet du 9 septembre 1851, p. 877.

4. Flaubert partira pour l'Angleterre le jeudi 25 septembre 1851. Voir sa lettre à Louise Colet du [20 septembre 1851], p. 5.

5. Le drame de *Madeleine* et une comédie que je n'ai pu identifier. Voir t. I, p. 815 et n. 1.

6. Peut-être la médaille donnée par Louise Colet à Flaubert dans les premiers temps de leur liaison (voir la lettre de Flaubert à Louise Colet du [21-22 août 1846], t. I, p. 306 et la note 2).

À LOUISE COLET

[8 août 1851]

Autographe non retrouvé ; copie Bissieu, musée Calvet, fonds Colet, 6409, f⁰ 3716 ; Conard, t. II, p. 315-316. D'après R. Descharmes (B.N., N.A.F. 23836, fiche 307), la lettre serait timbrée du 9 août 1851.

7. Voir la note 5 de cette page.
8. Voir la note 6 de cette page.
9. Flaubert pense sans doute à la première version de *L'Éducation sentimentale* et à *La Tentation de saint Antoine.* En tout cas, il lui enverra ces deux œuvres cinq mois plus tard (voir p. 27, 29, 35, 36, 40-43).

Page 5.

À LOUISE COLET

[20 septembre 1851]

Autographe non retrouvé ; copie R. Descharmes, B.N., N.A.F.

23831, f⁰ 3 ; Conard, t. II, p. 316-317. D'après R. Descharmes
(23836, fiche 308), la lettre serait timbrée du 21 septembre 1851.

1. Sur les rapports de Louise Colet et de Mazzini, voir l'excellent
article de Raffaele De Cesare, « Lettere inedite di Giuseppe Mazzini
a Louise Colet », *Bollettino Domus Mazziniana*, n⁰ 2/1977, Pisa, Pacini,
p. 187-218.

2. *Madame Bovary.* Pour une bibliographie succincte sur *Madame
Bovary,* voir la lettre de Maxime Du Camp à Flaubert du 23 juillet
[1851], Appendice I, p. 859, n. 4.

3. Il s'agit sans doute du déballage et de la répartition des objets
que Flaubert et Maxime Du Camp avaient rapportés d'Orient. Voir
la lettre de Du Camp à Flaubert du [17 septembre 1851] (Appendice I, p. 861).

À LOUISE COLET
[28 septembre 1851]

Autographe J. Lambert; Conard, t. II, p. 317-318. Enveloppe :
Madame Colet, rue de Sèvres, 21, Paris, France. C.P. Calais,
30 septembre 1851.

Page 6.

1. Louise Colet s'efforçait de vendre en Angleterre son *Album*
d'autographes, et l'avait mis en dépôt chez le libraire Sams (voir
la lettre de Flaubert à Louise Colet du 26 juillet [1851], p. 4, n. 2,
les lettres suivantes et celles de Flaubert à Henriette Collier des
23 novembre et 8 décembre [1851], p. 18 et 19). Béranger avait
déconseillé cette entreprise à Louise Colet : « À propos d'économie,
croiriez-vous que je ne reviens pas de votre folie d'*album* ? Mais,
ma chère, il va vous en coûter les yeux de la tête pour cette niaiserie
qui, dans dix ans, n'aura peut-être plus aucune valeur. Ce sont des
billets de 1 000 francs qu'il faut économiser pour votre fille, et non
les signatures des prétendus grands hommes d'une époque de transition... » (*Quarante-cinq lettres de Béranger et détails sur sa vie*, par
Louise Colet, Paris, Librairie nouvelle, 1857, p. 21). L'*Album*
n'était pas encore vendu en 1860, comme le montre une lettre à
Louise Colet du baron F. Perrone, secrétaire des commandements
de S.A.R. Monseigneur le prince Eugène (palais Pitti, 18 juillet
1860), lui disant que le prince ne pouvait faire l'achat de ses autographes (musée Calvet, fonds Colet, 6412, f⁰ 5226). Louise Colet n'a
jamais pardonné à Flaubert de n'avoir pas acheté lui-même cet
Album, sans le dire, comme le montrent les mementos de Louise
Colet des 18 octobre, 21 novembre, 24 décembre 1851, 14 mars et
21 avril 1852 (Appendice II, p. 879, 882 et 885). Elle s'en est vengée
dans *Lui* (paru dans le *Messager de Paris* d'août à septembre 1859, et
annoncé dans la *Bibliographie de la France* le 15 octobre 1859) : Albert
(Alfred de Musset) donne à Stéphanie (Louise Colet) deux preuves
du manque de cœur de Léonce (Flaubert) d'après ses lettres ; la
première concerne la malheureuse phrase de Louise Colet : « que

tu ne donnerais pas ton bonheur pour la gloire de Corneille »
(lettre de Flaubert à Louise Colet du [7 novembre 1847] et réponse
de Louise Colet le 9 novembre 1847, t. I, p. 481 et 482-483). La
seconde se rapporte à l'*Album* : Albert dit : « Il [Léonce] jette négli-
gemment ces mots dans un post-scriptum : "À propos, l'album n'est
pas vendu ; c'était illusoire d'imaginer que dans ce tas de lords et de
marchands qui n'ont pas compris Byron, il se trouverait un acqué-
reur pour ces pages de génie" » (*Lui*, p. 343) et estime que Léonce
aurait dû mentir et envoyer l'argent. Les frères Goncourt écrivent
le 21 février 1862 : « Nous dînons avec Flaubert chez les Charles-
Edmond. La conversation tombe sur ses amours avec Mme Colet.
L'histoire de l'album, dans son fameux roman, *Lui*, est absolument
fausse : Flaubert a le reçu des huit cents francs » (*Journal, Mémoires de
la vie littéraire*, éd. R. Ricatte, Paris, Fasquelle-Flammarion, 1956,
t. I, p. 1022). Joseph H. Jackson commente fort justement : « Mais
pourquoi cette quittance ne revint-elle pas à qui de droit, à Louise
Colet ? Ne serait-ce pas plutôt le reçu des 800 francs que Flaubert
prêta à la Muse vers 1853 ? » (*Louise Colet et ses amis littéraires*,
p. 248). Les Goncourt doivent confondre, car Flaubert savait
parfaitement qu'il n'avait pas réussi à vendre l'*Album* en Angleterre.
D'après des documents que possède M. Henri Chavet, et qu'il m'a
aimablement communiqués, le fameux *Album* aurait été vendu au
banquier Isaac Pereire, de Londres, en 1863, pour 1 500 francs.
Flaubert a prêté de l'argent à Louise Colet à deux reprises :
500 francs en août 1852 (voir la lettre de Flaubert à Louis Bouilhet
du [10 août 1852], p. 143 et n. 4) et 800 francs dans l'hiver de 1853-
1854 (voir la lettre de Flaubert à Louise Colet du [25 février
1854], p. 527 et n. 3).

2. J'ignore de quel « volume de Diderot » il s'agit. Dans une lettre
à Maxime Du Camp du [8 septembre 1851], Louise Colet écrivait :
« Je veux dîner en garçon chez vous vendredi, samedi, ou lundi :
vous choisirez parmi ces trois jours celui où vous n'aurez aucun
de vos mauvais garnements d'amis ou d'amies (les Ozy et les Page).
C'est un sourire de Gustave qui me fait aventurer la parenthèse
[…]. En tout cas, comprenez-moi bien et soyez *bon : il* va partir, je
serai peut-être bien longtemps sans le voir, je veux me remplir le
cœur d'heureux souvenirs afin d'avoir courage et fermeté durant
l'absence : faites donc que je le voie le plus possible, vous en tiers
quelques fois. […] Le volume de Diderot est pour Gustave »
(bibliothèque de l'Institut, fonds Du Camp, 3751, pièce 111 ;
Auriant, *Lettres inédites…*, p. 148-149 ; lettre datée : *Lundi matin,*
donc du 8 septembre 1851). Flaubert est à Paris du 6 au 14 septembre
1851 (mementos de Louise Colet des 9 et 15 septembre 1851,
Appendice II, p. 877-878).

Le fonds Du Camp de la bibliothèque de l'Institut contient
sept lettres de Louise Colet à Maxime Du Camp (3751, pièces 106
à 112). Auriant les a publiées — avec beaucoup de fautes — dans un
ordre totalement arbitraire et sans les dater. Je propose les datations

suivantes : lettre I, « Mercredi. Seriez-vous absent… », [3ᵉ semaine
d'octobre 1851] ; lettre II, « Il faut convenir… », [25-26 octobre
1851] ; lettre III, « J'ai passé… », [1ᵉʳ novembre 1851] ; lettre IV,
« Lundi matin. Je viens vous faire… », [8 septembre 1851] ;
lettre V, « Dès le lendemain… », [30 septembre 1851] ; lettre VI,
« J'ai reçu ce matin… », [4 octobre 1851 ; au lieu de « vous décrivez
les pas de la jeune fille », lire : « vous décrivez l'empreinte des seins
de la jeune fille »] ; lettre VII, « Le diable s'en mêle… », [2ᵉ semaine
d'octobre 1851]. L'ordre des lettres devrait donc être, à mon avis,
IV, V, VI, VII, I, II et III.

3. Flaubert et Maxime Du Camp étaient passés par Trouville
au retour de leur voyage pédestre en Bretagne (mai-août 1847).
Dans le récit de leur voyage, intitulé *Par les champs et par les grèves,*
Flaubert a rédigé les chapitres impairs (I à XI), et Du Camp les
chapitres pairs (II à XII). Voici le passage concernant Trouville
du sommaire de Flaubert pour le chapitre XII : « Il y avait cinq ans
à la même époque, par une nuit chaude aussi, j'allais à pied pour
gagner Trouville tout seul. Le jour venait et j'y allais maintenant ;
mais je ne devais pas cette fois y trouver une famille et en remporter une affection ; je devais n'y trouver que des souvenirs et
n'en remporter pour le pays lui-même qu'une sorte de haine
mouillée » (*Par les champs et par les grèves,* éd. Conard, p. 336).
L'affection remportée concerne la famille Collier, rencontrée à
Trouville durant l'été de 1842 (voir t. I, p. 114 et n. 2). Sur l'arrivée
de Flaubert à Trouville durant l'été de 1842, voir sa lettre à Louise
Colet du [9 août 1853], p. 388-389.

Page 7.

1. Depuis : « Envoyez-moi… » jusqu'à « porterai » : addition
au crayon sur la première page de la lettre, ce qui explique le
passage du *tu* au *vous*. Pour Mazzini, voir p. 5, n. 1.

À LOUISE COLET

[30 septembre 1851]

Autographe Gordon N. Ray ; Conard, t. II, p. 319. D'après
R. Descharmes, cette lettre serait du 30 septembre (éd. du Centenaire, t. I, p. 409). La date est vraisemblable. La lettre est paraphée.

2. Il s'agit de l'*Album* de Louise Colet. Voir la lettre précédente,
p. 6 et n. 1.

3. Voir Jean Seznec, *Flaubert à l'Exposition de 1851,* Oxford,
The Clarendon Press, 1951, 39 p. M. Seznec y publie les notes prises
par Flaubert, qu'a achetées à la vente Franklin-Grout (Antibes,
28-30 avril 1931, nᵒ 36, 17 pages format 30 × 22) M. Desmond
Flower.

À LOUISE COLET

[16 octobre 1851]

Autographe musée Calvet, 6409, ff^os 3598-3599; lettre publiée par Maurice Levaillant et Marc Varenne dans « La dernière lettre de Gustave Flaubert à Louise Colet », _Revue des Deux Mondes,_ 1er juillet 1954, p. 142. Enveloppe (6409, f° 3600) : Madame Colet, rue de Sèvres, 21. C.P. Paris, 1 ? octobre 1851. D'après le memento de Louise Colet daté du samedi 18 octobre 1851 (Appendice II, p. 879), il pourrait s'agir du billet qu'elle reçoit de Flaubert le jeudi 16; elle aurait préféré aller le voir elle-même à son hôtel.

À AMÉDÉE MÉREAUX

[19 octobre 1851]

Autographe B.N., fonds Rothschild, XIXe, pièce 1172; lettre publiée dans les _Œuvres complètes illustrées de Gustave Flaubert,_ éd. du Club de l'Honnête Homme, t. XVI, p. 365. Jean-Amédée Lefroid de Méreaux, né à Paris en 1802, mort à Rouen — où il habitait depuis 1835 — en 1874. Compositeur et musicologue, il était professeur de composition et le critique musical du _Journal de Rouen._ Il habitait 10, rue de Fontenelle (Le Breton, _Biographie normande,_ supplément manuscrit). Flaubert lui enverra _Madame Bovary_ avec la dédicace suivante : « À mon ami A. Méreaux, Puissent mes phrases être aussi mélodieuses que sa musique et aussi spiri-tuelles que sa conversation. Gve Flaubert. » Je remercie M. Victor Brombert pour m'avoir aimablement communiqué la photocopie de cette dédicace.

Page 8.

1. _Melaenis_ allait paraître dans le second numéro de la _Revue de Paris_ (1er novembre 1851, p. 85-168).

À MAXIME DU CAMP

21 octobre [1851]

Autographe bibliothèque de l'Institut, fonds Du Camp, 3751, pièce 20; extraits publiés par Maxime Du Camp dans ses _Souvenirs littéraires,_ t. II, p. 13-19; incomplète dans Conard, t. II, p. 319-324, et _Supplément,_ t. I, p. 140-142; Auriant, _Lettres inédites...,_ p. 35-42.

2. Henriette Collier désirait l'adresse de M. de Rambuteau (voir la lettre de Flaubert du 23 novembre [1851], p. 17). Claude-Philibert Barthelot, comte de Rambuteau, né à Mâcon en 1781, mort en 1869, avait été préfet de la Seine de juin 1833 à juin 1848.

3. Voir la lettre précédente et sa note bibliographique.

4. Il s'agit du peintre Villevieille, ami de George Sand, et qui avait envoyé des tableaux à l'Exposition de Rouen. Louise Colet le recommande à Maxime Du Camp dans une lettre de la seconde

semaine d'octobre 1851 (bibliothèque de l'Institut, fonds Du Camp, 3751, pièce 109 ; Auriant, *Lettres inédites...*, p. 151-152). Voir aussi la lettre de Flaubert à Louise Colet du [23 octobre 1851], p. 14 et n. 1, et t. I, p. 811 et n. 1.

5. André Pottier (1799-1867), conservateur de la Bibliothèque publique de Rouen. C'est à lui que Louis Bouilhet succédera en août 1867.

6. Les bureaux de la *Revue de Paris* se trouvaient alors à la librairie de Victor Lecou, 10, rue du Bouloi, Paris (*Supplément*, p. 141, n. 3).

Page 9.

1. *Tagahor, conte indou,* par Maxime Du Camp, publié dans le premier numéro (1er octobre 1851) de la *Revue de Paris*. Ce conte, divisé en un prologue et quatre épisodes (p. 12-59), relate les aventures d'un batelier, Tagahor Adjigharpa, qui se plaint de son sort. La déesse Gangâ apparaît et lui donne un talisman grâce auquel il peut découvrir les trésors enfouis. Devenu riche, il s'ennuie, essaie de la science, tombe amoureux de Mammoëli, et, s'ennuyant toujours, va trouver le Hyati Tchandragoupta, qui lui conseille de détruire son talisman. Il recommence sa vie, devient misérable et meurt mendiant. Du Camp abuse, dans son conte, de la couleur locale la plus superficielle.

2. « Nous » : c'est-à-dire Bouilhet et Flaubert. Sur la première lecture de *La Tentation de saint Antoine* à Louis Bouilhet et Maxime Du Camp, avant le départ pour l'Orient, voir t. I, p. 562, n. 1.

Page 10.

a. très tranquillement [de peur d'être tué] — Oui
b. tous les <invisibles> filets [invis] d'inaction

Page 11.

1. Théophile Gautier.

2. Flaubert s'est toujours flatté d'avoir aidé son frère Achille à obtenir la succession de leur père à l'Hôtel-Dieu de Rouen (voir par exemple la lettre de Flaubert à Ernest Chevalier de [fin janvier 1846], t. I, p. 255). Pour Maxime Du Camp, s'agirait-il des problèmes d'argent liés à son séjour à Étretat ? Voir sa lettre à Flaubert du 26 novembre 1844, t. I, p. 797, et la lettre de Flaubert à Louise Colet du [25 janvier 1852], p. 37 et n. 3.

3. Par « corrections », Flaubert entend : suppressions. Ce passage prouve que Du Camp avait lu à Flaubert le manuscrit de *Tagahor*. La réaction de Flaubert sera la même quand Du Camp et Laurent-Pichat voudront apporter des corrections au manuscrit de *Madame Bovary*. Voir la querelle déclenchée par la lettre de Maxime Du Camp à Flaubert du 14 juillet [1856], Appendice I, p. 869.

4. Louise Colet.

Page 12.

a. à ton tact <de la vie> qui me

1. Mme Flaubert avait rejoint son fils à Rome en avril 1851 (voir t. I, p. 771).

2. Émile Hamard et Mme Achille Flaubert, née Julie Lormier. Voir t. I, p. 213, n. 1 et 2, p. 44, n. 2 et *passim*.

3. Voir le commentaire de Maxime Du Camp sur ce « mot » de Mme Flaubert dans sa lettre à Flaubert du 29 octobre 1851, Appendice I, p. 865.

4. « Comme il reste toujours, même dans les confidences les plus sincères, quelque chose qu'on ne dit pas, il est probable qu'elle [Mme Renaud] avait plus éprouvé dans la vie qu'elle n'en avait raconté [...] » (*Œuvres de jeunesse*, t. III, p. 154). Cf. *Madame Bovary, Nouvelle version précédée des scénarios inédits*, textes établis sur les manuscrits de Rouen avec une introduction et des notes par Jean Pommier et Gabrielle Leleu, Paris, Corti, 1949, p. 481 : « Mais ils [Emma et Léon] ne se disaient pas tout, car il y a dans les confidences les plus intimes toujours quelque chose que l'on ne se dit pas. »

5. Voir le memento du 18 octobre 1851, Appendice II, p. 879 et n. 6.

6. Voir les lettres de Maxime Du Camp à Flaubert des [24] et 29 octobre 1851 (Appendice I, p. 863-867).

À LOUISE COLET

[23 octobre 1851]

Autographe non retrouvé; Conard, t. II, p. 324-326. D'après R. Descharmes (B.N., N.A.F. 23836, fiche 313), Louise Colet aurait écrit sur cette lettre : Croisset, octobre. La lettre est du jeudi 23 octobre, car Louise Colet la mentionne dans sa lettre à Maxime Du Camp du [25-26 octobre] (bibliothèque de l'Institut, fonds Du Camp, 3751, pièce 107), publiée par Auriant (*Lettres inédites...*, p. 146-147), à laquelle Du Camp répond le 27 octobre (musée Calvet, fonds Colet, 6408, f⁰ 3136; enveloppe [f⁰ 3137] : Madame Louise Colet, 21, rue de Sèvres, Paris; C.P. Paris, 27 octobre 1851).

Page 13.

1. « Jamais le nom de Goethe ne réapparaît si fréquemment dans [les] lettres [de Flaubert] qu'en 1852 et en 1853 » (Léon Degoumois, *Flaubert à l'école de Goethe*, Genève, impr. Sonor, 1925, p. 27). Cette maxime se trouve dans le *Choix de pensées*, que la baronne de Carlowitz a joint à sa traduction des *Affinités électives* de Goethe (Paris, Charpentier, 1844, p. 361).

Page 14.

1. Le peintre Villevieille. Voir la lettre de Flaubert à Maxime Du Camp du 21 octobre [1851], p. 8 et n. 4.

À LOUISE COLET

[3 novembre 1851]

Autographe Gordon N. Ray ; Conard, t. II, p. 327-330. Louise Colet a lu *Melaenis* dès sa publication dans la *Revue de Paris* du 1er novembre 1851. Elle écrit immédiatement son admiration à Maxime Du Camp (bibliothèque de l'Institut, fonds Du Camp, pièce 108 ; Auriant, *Lettres inédites...*, p. 147-148 ; lettre datée de : « samedi matin » [1er novembre 1851]). Notre lettre est donc du 3 novembre 1851.

2. Poème de Louis Bouilhet, publié dans la *Revue de Paris* du 1er novembre 1851, p. 85-168, entre un conte de Léon Gozlan intitulé *Le Niagara* et un article de Théophile Gautier sur *Les Aïssaoua ou les Khouan de Sidi Mhammet-Ben-Aïssa*.

Page 15.

1. Flaubert écrira une belle page sur ce sujet dans la Préface aux *Dernières Chansons* de Louis Bouilhet (1872). En voici le début : « J'ignore quels étaient les rêves des collégiens, mais les nôtres étaient superbes d'extravagance, — expansions dernières du romantisme arrivant jusqu'à nous, et qui, comprimées par le milieu provincial, faisaient dans nos cervelles d'étranges bouillonnements » (Conard, t. VI, p. 474-475).

2. Alfred Le Poittevin, mort le 3 avril 1848 (voir la lettre de Flaubert à Maxime Du Camp du [7 avril 1848], t. I, p. 493).

3. Maxime Du Camp, dont Flaubert a fait la connaissance en mars 1843 (voir la lettre de Flaubert à sa sœur Caroline du [11 mars 1843], t. I, p. 145).

4. Maxime Du Camp, *Souvenirs et paysages d'Orient, Smyrne, Éphèse, Magnésie, Constantinople, Scio*, Paris, Arthus Bertrand, 1848, in-8°, VIII-380 p. Ouvrage dédié à Flaubert : « à G. F., s. ad s. » (*solus ad solum*). Non pas « quatre ans », donc, mais trois.

Page 16.

1. Allusion au célèbre mot de Malherbe, recueilli dans les *Mémoires* de Racan : « À un poète de cour, Bordier, qui se plaignait une fois devant lui de l'ingratitude qu'on montre à l'égard des écrivains, il répondit " que c'était sottise de faire des vers pour en espérer autre récompense que son divertissement, et qu'un bon poète n'était pas plus utile à l'État qu'un bon joueur de quilles ". »

2. Isabelle Hutton, institutrice anglaise de Caroline Hamard, la nièce de Flaubert. L'édition Conard porte : « [...] l'institutrice dévote est arrivée depuis 10 jours » ; « dévote » est une mauvaise lecture pour « du reste », que Flaubert a ajouté dans l'interligne. D'après Caroline Franklin-Grout, Isabelle Hutton était « une brune assez jolie, quoique gravée de petite vérole » (*Heures d'autrefois*).

À LOUISE COLET

[11 novembre 1851]

Autographe J. Lambert; Conard, t. II, p. 330-331. Enveloppe: Madame Colet, rue de Sèvres, 21, Paris. C.P. Rouen, 13 novembre 1851. La lettre est paraphée.

Page 17.

1. Louise Colet avait écrit à Flaubert une lettre contenant « des observations et des reproches » (memento du 18 novembre 1851, Appendice II, p. 880-881).

2. « [...] il ne s'agissait dans ce parti solennel à prendre que de savoir s'il publierait ou non et s'il viendrait à Paris. / Ce parti est remis à un an... » (memento du 21 novembre 1851, Appendice II, p. 881). Voir aussi la lettre de Flaubert à Henriette Collier du [24 février 1852], p. 48.

3. Flaubert est en effet venu voir Louise Colet le lundi 17 novembre 1851 ; il a quitté Paris le jeudi 20. Voir le memento du 21 novembre 1851, Appendice II, p. 881-882.

4. L'expression semble due à Maxime Du Camp, qui écrit à Louise Colet le [1er octobre 1851] : « Nous causerons de vous et de votre infirmité (il s'agit de Gustave) » (Appendice III, p. 906).

À HENRIETTE COLLIER

23 novembre [1851]

Autographe Gabrielle Leleu; *Supplément*, t. I, p. 142-144. Lettre publiée pour la première fois dans le *Mercure de France* du 1er novembre 1953, p. 386-387. Flaubert donne ses adresses à Henriette sur un feuillet séparé : Gustave Flaubert, Croisset près Rouen, Seine-Inférieure; à Paris, rue Saint-Lazare, 36, cour d'Orléans, chez M. Maxime Du Camp, ou rue du Helder, hôtel du Helder. Les lettres de Flaubert à Henriette Collier, plus tard Lady Campbell, ont été retrouvées par Miss C. B. West (voir son article intitulé « G. Flaubert et Harriet Collier, première rencontre à Trouville (documents inédits) » dans la *R.H.L.F.* de janvier-mars 1957, p. 1-9). Sur la famille Collier, voir t. I, p. 114, n. 2 et *passim*.

5. Voir la lettre de Flaubert à Maxime Du Camp du 21 octobre [1851], p. 8 et n. 2.

Page 18.

a. à une dame de [mes] <nos> amies

1. Louise Colet. Voir, au sujet de l'*Album*, la lettre de Flaubert à Louise Colet du [28 septembre 1851], p. 6, n. 1.

2. *Melaenis*, poème de Louis Bouilhet.

3. La famille Collier habitait au Rond-Point des Champs-Élysées, quand Flaubert faisait ses études de droit à Paris (voir t. I, p. 146 et *passim*).

4. Il pourrait s'agir de Hamilton Aïdé, fils de Georgiana, sœur de M. Collier (note du *Supplément*, t. I, p. 143). Charles Hamilton Aïdé (1826-1906), né à Paris le 4 novembre 1826, était le fils de Georges Aïdâ, un marchand arménien établi à Constantinople, et de Georgiana, deuxième fille de l'amiral Sir George Collier. Son père est tué en duel en 1830. Il s'engage dans l'armée anglaise, devient capitaine et quitte l'armée en 1853. Dans sa campagne de Lindhurst et son hôtel de Londres, il reçoit le monde artistique et littéraire de l'Angleterre et du continent. Il publie des poèmes (*Eleonore, and other poems,* 1856 — qu'il enverra à Flaubert ; voir la lettre de Flaubert à Aïdé du 4 juin [1857], p. 731-732), suivi de trois autres recueils de vers, dont certains poèmes sont mis en musique par lui-même, dix-neuf romans, dont *Rita* (1856), et des pièces de théâtre. Il dessinait également fort bien (*The Dictionary of National Biography, Supplement,* Jan. 1, 1901-Dec. 1911). Voir t. I, p. 114, n. 3.

Page 19.

1. Clemy : la plus jeune sœur de Gertrude et Henriette Collier (voir t. I, p. 114, n. 2).

À HENRIETTE COLLIER

8 décembre [1851]

Autographe Gabrielle Leleu; *Supplément,* t. I, p. 145-147.

2. Au sujet de l'*Album,* voir la lettre de Flaubert à Louise Colet du [28 septembre 1851], p. 6, n. 1.

3. Flaubert logeait, semble-t-il, à l'hôtel du Helder, quand il était seul à Paris, et à l'hôtel Sully, 6, rue du Dauphin, lorsque sa mère et sa nièce l'accompagnaient.

4. Flaubert était à Paris lors du coup d'État du 2 décembre. Voir sa lettre à son oncle Parain de [vers le 15 janvier 1852], p. 28-29.

Page 20.

a. c'est un ennui [plat] aigre
b. nous sommes [fous] sots

1. *Tableaux de la nature,* par Alexandre de Humboldt, dernière édition, publiée à Berlin en 1849, traduits par Ferd. Hœfer, Paris, Firmin-Didot frères, t. I, 1850 ; t. II, 1851, in-8°. Même titre, édition nouvelle avec changements et additions importantes, et accompagnée de cartes, trad. par Ch. Galuski, Paris, Gide et Baudry, 1851, 2 tomes in-18 (*Supplément,* t. I, p. 146, n. 1).

2. Flaubert égrène ici ses éphémérides. « Vendredi prochain », ce sera le 12 décembre, anniversaire de sa naissance. Le 12 décembre 1849, il revenait en effet des Pyramides (voir la rencontre du scarabée, *Voyages,* éd. R. Dumesnil, t. II, p. 57). « . — 12 décembre 1850, course sur la neige en Turquie » (*ibid.,* t. II, p. 346-347).

Page 21.

À OSCAR MARINITCH
14 décembre [1851]

Autographe non retrouvé; copie dans la collection Lovenjoul, C 501, f⁰ 38; sur la copie, au crayon: lettre à Oscar Marinitch, à Smyrne; lettre publiée dans les *Œuvres complètes illustrées de Gustave Flaubert*, éd. du Club de l'Honnête Homme, *Correspondance*, t. V, p. 388, sans date. Oscar Marinitch est mentionné dans les notes de voyage de Flaubert (*Voyages*, éd. R. Dumesnil, t. II, p. 347 : lire *Oscar Marinitch* et non *Oscar, Marinitch*). — Ernesta Grisi vivait avec Théophile Gautier et leurs deux filles, Judith et Estelle. Ernesta est en effet partie pour Pera, où Gautier la rejoint en juin 1852 (*Catalogue de l'Exposition Théophile Gautier*, B.N., 1961, chronologie établie par Madeleine Cottin, p. 5). Je n'ai trouvé aucune trace de la présence d'Ernesta Grisi dans le *Journal de Constantinople*. Peut-être avait-elle adopté un pseudonyme?

Page 22.

1. Voir *Voyages*, éd. R. Dumesnil, t. II, p. 342 et suiv. Flaubert ne donne aucune précision sur ce personnage.

2. Sur Kosielski, voir la lettre de Flaubert à sa mère du 15 décembre 1850 (t. I, p. 721 et suiv.) et *Voyages*, éd. R. Dumesnil, t. II, p. 334 et suiv.

À LOUISE COLET
[17 décembre 1851]

Autographe J. Lambert; Conard, t. II, p. 333-334. Enveloppe : Madame Colet, rue de Sèvres, 21, Paris. C.P. illisible; R. Descharmes avait lu [17 décembre 1851] (B.N., N.A.F. 23836, fiche 318).

3. « Le voluptueux thaleb, homme de Dieu pour le monde, qui vit dans la pensée contemplative, [...] vous dira les yeux baissés :

> *Le Paradis de la terre se trouve sur le dos des chevaux,*
> *Dans le fouillement des livres,*
> *Ou bien entre les deux seins d'une femme. »*

(général Eugène Daumas, *Les Chevaux du Sahara ou les Mœurs du désert*, 5ᵉ éd., Paris, Michel Lévy, 1858, p. 41 [1ʳᵉ éd., 1851]). Théodore de Banville donne un compte rendu de cet ouvrage dans la *Revue de Paris* du 1ᵉʳ janvier 1852 (p. 102-121).

4. Melchior-Joseph-*Eugène* Daumas, né le 4 septembre 1803, mort le 29 avril 1871, officier de carrière, a pris une part prépondérante à la création des bureaux arabes. Il sera nommé sénateur en 1857. Outre *Les Chevaux du Sahara*, il a écrit de nombreux ouvrages sur l'Algérie, dont *Mœurs et coutumes de l'Algérie*, 1853 (*Dictionnaire de biographie française*).

Page 23.

À LOUISE COLET

[21 décembre 1851 ?]

Autographe non retrouvé; copie Bissieu, musée Calvet, fonds Colet, 6409, f⁰ 3720; Conard, t. II, p. 332. D'après R. Descharmes, la lettre serait timbrée de décembre 1851 (B.N., N.A.F. 23836, fiche 316). Les débuts de Maria Martinez, surnommée « la Malibran noire », ont lieu le 27 décembre 1851, dans *La Négresse et le Pacha,* parade en un acte représentée aux Variétés. D'autre part, Flaubert rend visite à Louise Colet le lundi 22 décembre (memento du 24 décembre 1851, Appendice II, p. 882). Cette lettre pourrait donc être du dimanche 21 décembre 1851.

1. Voir la note bibliographique de cette lettre.

À LOUISE COLET

[27 décembre 1851 ?]

Autographe docteur Jean (Rouen); Conard, t. II, p. 331. Pas d'enveloppe. Il ne semble pas que Bouilhet et Flaubert aient rendu visite à Louise Colet le dimanche 28 décembre, car Bouilhet ne sera présenté à la Muse que dans la semaine du lundi 12 janvier 1852 (voir la lettre de Bouilhet à Louise Colet du samedi 17 janvier 1852 [date de la poste], B.M. Rouen, 6129, publiée par le chanoine Léon Letellier dans la *Revue de Paris* du 1ᵉʳ novembre 1908, puis par Mme Marie-Claire Bancquart et un groupe d'étudiants, *Lettres de Louis Bouilhet à Louise Colet,* Publications de l'université de Rouen, s. d., p. 63-64). C'est le 27 décembre que Maria Martinez faisait ses débuts, patronnés, semble-t-il, par Théophile Gautier (voir la lettre précédente). D'autre part, Flaubert vouvoie Louise Colet dans cette lettre, comme dans les lettres précédentes et la lettre suivante, qui est datée sûrement. Le tutoiement reprend dans les lettres que je date du début de janvier 1852. L'argument du « tu » et du « vous » est très délicat à utiliser pour la datation, car, à cette époque, les amants font brouille sur brouille.

2. Flaubert, Bouilhet, Gautier et Maxime Du Camp ?

À LOUISE COLET

[31 décembre 1851]

Autographe J. Lambert; Conard, t. II, p. 334-336. Enveloppe : Madame Colet, rue de Sèvres, 21, Paris. C.P. Paris, 31 décembre 1851, 1ᵉʳ janvier 1852. La lettre n'est pas signée.

Page 24.

a. la vermine. [ne sentez] n'avez-vous donc

Page 25.

1. Je ne sais si Flaubert a réellement pensé à la Chine le 31 décembre 1848, mais la remontée du Nil n'a commencé que le 5 février 1850 (voir t. I, p. 586).

À JULES DUPLAN
[31 décembre 1851 ?]

Autographe Lovenjoul, A V, ff^os 327-328 ; lettre publiée dans les *Œuvres complètes illustrées de Gustave Flaubert*, éd. du Club de l'Honnête Homme, t. V, p. 366, avec la date de [décembre 1851 ?]. Cette lettre pourrait être du 31 décembre 1851, car Flaubert doit aller voir Louise Colet dans la journée du jeudi 1er janvier 1852 (voir la lettre précédente). Jules Duplan aurait proposé un rendez-vous pour le samedi 3 janvier (voir la lettre suivante).

« Anne-Marie-*Jules* Duplan, né à Lyon le 21 février 1822, mort à Paris le 1er mars 1870. Esprit très cultivé, nature d'artiste, il commença par étudier la peinture dans les ateliers de sa ville natale, et plus tard, à Paris, il se lia intimement avec Sébastien Cornu ; c'est chez ce dernier, probablement, qu'il rencontra Flaubert [de fait, Flaubert a dû connaître les Duplan par Maxime Du Camp ; voir la lettre de Du Camp à Flaubert du 16 avril [1852], Appendice I, p. 868 ; ce serait, au contraire, par Jules Duplan que Flaubert aurait fait la connaissance des Cornu]. Puis Duplan se tourna vers le commerce. Il devint associé de la maison Marronnier et Duplan (François), soieries et tapis d'Orient, 75, rue de Richelieu. Les affaires l'obligèrent alors à plusieurs grands voyages dans le bassin de la Méditerranée, en Syrie, en Palestine, et peut-être en Éthiopie. Au cours de l'un d'eux, il rencontra Cernuschi, dont il devint l'ami et le secrétaire bénévole. Cernuschi l'emmena en Égypte en 1867, quand il y alla négocier un emprunt. Jules Duplan était, au moment de sa mort, caissier des titres de la Banque de Paris. Il avait quelque peu écrit, notamment des comédies et des vaudevilles, mais il ne fut jamais joué, ni même imprimé, que je sache. Son frère, Ernest Duplan, fut le notaire de Flaubert, avant de devenir celui des Goncourt » (R. Descharmes, éd. du Centenaire, t. II, p. 245, n. 1). La collection Lovenjoul conserve dix-sept lettres de Jules Duplan à Flaubert (B III, ff^os 28-60), dont on trouvera des extraits dans les notes. Ernest Duplan, notaire à Paris (successeur de Me Raveau, 163, rue Saint-Honoré), s'est occupé des contrats de Flaubert ; je citerai dans les notes des extraits des treize lettres qu'il a écrites à Flaubert (Lovenjoul, B III, ff^os 3-27).

2. S'agit-il de placer les poèmes de Louis Bouilhet (voir la lettre suivante) ? La « lettre affligeante » serait de Bouilhet lui-même.

Page 26.

À LOUISE COLET
[3 janvier 1852 ?]

Autographe J. Lambert ; Conard, t. II, p. 332. Enveloppe non timbrée : Madame Colet, rue de Sèvres, 21. Pour la datation, voir la lettre précédente.

1. Flaubert tentait de faire publier des poèmes de Louis Bouilhet à la *Revue des Deux Mondes.* Voir la lettre de Flaubert à Jules Duplan du [7 septembre 1852], p. 154.

À LOUISE COLET
[Début de janvier 1852]

Autographe non retrouvé; copie R. Descharmes, B.N., N.A.F. 23831, fᵒ 12; Conard, t. II, p. 333. R. Descharmes date cette lettre de décembre 1851 (B.N., N.A.F. 23836, fiche 317). Je la crois plutôt du début de janvier 1852, car elle est postérieure à celle du 17 décembre 1851 (l'héritage est acquis), elle est datée du début d'un mois (« Ci-joint la Revue... »), et Flaubert y tutoie Louise Colet.

2. Je donne la leçon de R. Descharmes ; l'édition Conard porte : « J'en suis bien content. Surtout, quand tu auras reçu l'argent, ne t'avise pas [...]. »

3. La *Revue de Paris,* qui paraissait le 1ᵉʳ du mois.

4. Leçon R. Descharmes ; éd. Conard : « Il était inclus dans une lettre [...] », exemple parfait du type de retouches apportées par les Franklin-Grout.

5. Leçon R. Descharmes ; éd. Conard : « Il faut en passer par là. » Le « charmant beau-frère » est Émile Hamard.

À LOUISE COLET
[9 janvier 1852]

Autographe non retrouvé; copie Bissieu, musée Calvet, fonds Colet, 6409, fᵒ 3722; Conard, t. II, p. 337. La lettre peut être datée du 9 janvier 1852 par le memento de Louise Colet du 15 janvier, qui précise que Flaubert est reparti un samedi (Appendice II, p. 883).

6. *Banque :* « Terme de jeu : somme qu'a devant lui le joueur qui tient contre tous les autres » (Littré).

Page 27.

À LOUISE COLET
[12 janvier 1852]

Autographe J. Lambert; Conard, t. I, p. 398-399 (mal datée, d'où l'erreur de l'édition des *Œuvres complètes illustrées de Gustave Flaubert,* Club de l'Honnête Homme, *Correspondance,* t. II, p. 145, nᵒ 383 : « Lundi matin, midi. Cette lettre est signalée sur les fiches rédigées par René Descharmes d'après les lettres autographes de Flaubert à Louise Colet [B.N., ms. 23836, fiche 311]. La fiche renvoie à l'autographe que René Descharmes a eu sous les yeux. Or aucune lettre connue de Flaubert à Louise Colet n'est datée ainsi »). La date du 12 janvier 1852, qui s'impose, est proposée par Joseph H. Jackson, « Flaubert's Correspondence with Louise Colet, Chronology and Notes », *Romanic Review,* 1937, p. 346, et par Gérard-Gailly, « Datation de lettres de Flaubert », *Bulletin du bibliophile,* juillet 1947, p. 320-321.

1. Louise Colet a déjà reçu et lu une copie de *Novembre* (memento du 26 novembre 1851, Appendice II, p. 882). Flaubert ne lui enverra *La Tentation de saint Antoine* que quelques jours plus tard (lettre à Louise Colet du [25 janvier 1852], p. 35). L'un des manuscrits est celui de *L'Éducation sentimentale ;* l'autre, ou les autres, je ne sais.

2. Flaubert n'ira à Paris que le lundi 8 mars (voir le memento de Louise Colet du 14 mars 1852, Appendice II, p. 885).

3. Ce passage pose un problème. Louis Bouilhet a certainement été présenté à Louise Colet dans la semaine du lundi 12 janvier (voir sa lettre de remerciement à Louise Colet du 17 janvier 1852 [Marie-Claire Bancquart et un groupe d'étudiants, *Lettres de Louis Bouilhet à Louise Colet,* p. 63-64] et la note bibliographique de la lettre de Flaubert à Louise Colet du [27 décembre 1851], p. 23). Il semble que la lettre de Louise Colet, qu'il venait de recevoir, ait décidé Louis Bouilhet à aller lui rendre visite, le mercredi 14 ou le jeudi 15 janvier 1852.

4. *L'Éducation sentimentale,* version de 1845, in *Œuvres de jeunesse,* t. III, p. 1-317. Le manuscrit de ce roman se trouve dans la collection Martin Bodmer, à Cologny-Genève. Pour une description du manuscrit, voir Jean Bruneau, *Les Débuts littéraires de Gustave Flaubert,* p. 395 ; pour une comparaison des deux versions de *L'Éducation sentimentale,* voir *ibid.,* p. 541-552.

Page 28.

À SON ONCLE PARAIN

[Vers le 15 janvier 1852]

Autographe non retrouvé ; Conard, t. II, p. 337-339. « Rien ne permet de dater exactement cette lettre, qui me paraît du début de janvier 1852, peu de temps après le retour de Flaubert à Croisset » (note de R. Descharmes, éd. du Centenaire, t. I, p. 414). Flaubert rentre à Croisset le 10 janvier (voir sa lettre à Louise Colet du [9 janvier 1852], p. 27). Sur l'oncle Parain, voir t. I, p. 3, n. 1 et *passim.*

1. Isabelle Hutton, l'institutrice anglaise de Caroline Hamard, la nièce de Flaubert.

2. Caroline, la nièce de Flaubert.

3. Olympe Bonenfant, de Nogent-sur-Seine, fille de l'oncle Parain et cousine de Gustave Flaubert.

4. Le *Dictionnaire de patois normand* d'Henri Moisy ne mentionne que le participe passé *duit :* dressé, terme de chasse. Flaubert aurait-il emprunté le mot à Montaigne ?

5. Le docteur Achille Flaubert, frère de Gustave.

6. Théophile Gautier avait été plus actif, si l'on en croit Charles-Louis Chassin, l'ami de Jules Vallès, appelé Matoussaint dans *Jacques Vingtras :* le jour du coup d'État, Félicien Brevet se rend aux bureaux de *La Presse* et y rédige une proclamation. « Survient

un gros monsieur aux cheveux flottants. Nous lui relisons l'œuvre, qu'il approuve en y faisant une correction très énergique. Je lui demande son nom. " Théophile Gautier ! me répond-il. — Le poète !... le premier des feuilletonistes de théâtre et d'art !... Ah ! citoyen ! m'écrié-je, pardonnez à des étudiants de ne vous connaître que de nom ! " Il profère contre le coup d'État, contre son auteur et ses complices, des injures véhémentes. Il se met à notre service pour chercher dans les mansardes s'il n'y a pas de caractères ou de typographies, échappés à la surveillance des gendarmes qui détiennent le bas de l'imprimerie » (Charles-Louis Chassin, *Félicien, Souvenirs d'un étudiant de 48*, Paris, Cornély, 1904, p. 287 ; l'ouvrage avait paru dans *Le Rappel* en 1885).

Page 29.

1. *Melaenis,* paru dans la *Revue de Paris* du 1er novembre 1851, p. 85-168.

2. Louis Bouilhet s'installera à Paris à l'automne 1853 (voir la lettre de Flaubert à Louise Colet du [17 octobre 1853], p. 452, et les lettres suivantes).

À LOUISE COLET
[16 janvier 1852]

Autographe non retrouvé ; Conard, t. II, p. 342-348. D'après R. Descharmes (B.N., N.A.F. 23836, fiche 325), Louise Colet aurait noté sur cette lettre : 16 janvier 1852.

3. On songe au titre du conte de Guy de Maupassant, *Miss Harriet* (*Contes et nouvelles,* Bibl. de la Pléiade, t. I, p. 876-895). Le conte avait paru dans *Le Gaulois* du 9 juillet 1883 sous le titre de *Miss Hastings*. Dans une lettre à l'éditeur Havard du 15 mars 1884, Maupassant écrit : « Voici cependant un autre mot aussi anglais que Hastings et plus joli de composition. C'est : Miss Harriet [...] » (*ibid.,* p. 1545).

4. Lettre de Flaubert à Henriette Collier du 8 décembre [1851], p. 19-21. Pour l'*Album,* voir la lettre de Flaubert à Louise Colet du [28 septembre 1851] p. 6 et n. 1.

5. Louise Colet semble avoir désiré cette bague égyptienne (voir le memento du 15 janvier 1852, Appendice II, p. 883). Flaubert la lui donnera à son prochain voyage à Paris (memento du 14 mars 1852, Appendice II, p. 885).

6. Pour une discussion sur l'intérêt de ce passage, voir Jean Bruneau, *Les Débuts littéraires de Gustave Flaubert,* p. 390 et suiv.

Page 30.

1. Henry Gosselin et Mme Renaud partent pour New York. Là, Henry sent diminuer, malgré lui, son amour pour sa maîtresse. J'ai émis l'hypothèse que le chapitre XXIV de *L'Éducation senti-*

mentale (version de 1845) était fondé sur l'expérience même de Flaubert, lorsqu'il retrouve, à Paris, Élisa Schlésinger. Voir Jean Bruneau, *Les Débuts littéraires de Gustave Flaubert*, p. 368-374 et 409-411.

2. À la fin de *L'Éducation sentimentale* (version de 1845), Henry et Jules font un voyage de quatre mois en Italie. Ce voyage leur révèle les profondes différences qui les séparent : « N'eurent-ils pas la sotte idée de faire ensemble un voyage et d'aller visiter l'Italie ? Hélas ! leur amitié en revint aussi triste et aussi malade que les phtisiques qui reviennent des eaux » (*Œuvres de jeunesse*, t. III, p. 299). La « réflexion » de Louise Colet serait que Flaubert et Maxime Du Camp ont éprouvé la même expérience lors de leur voyage en Orient de 1849-1851. L'analyse du romancier aurait été prophétique.

3. « Le chapitre qui manque se serait sans doute situé après le retour d'Henry en France, car alors rien n'est encore perdu pour lui, rien ne l'empêche, après l'échec de son amour, échec parallèle à celui de Jules, de devenir, lui aussi, un artiste [...]. En revenant d'Amérique, Henry aurait donc pu " se sauver ". Or il se perd, dès le chapitre suivant, où il rencontre M. Renaud dans la rue. Là réside la faiblesse du livre. C'est arbitrairement que l'auteur prend parti pour Jules contre Henry ; il les avait nourris tous deux, également, de sa propre substance. Il a dû faire un choix, mais il n'a pas su justifier les raisons de son choix » (Jean Bruneau, *Les Débuts littéraires de Gustave Flaubert*, p. 412-413).

Page 31.

1. Flaubert reprendra cette image à plusieurs reprises : lettres à Louise Colet du [31 janvier 1852], p. 40, du [26 août 1853], p. 417, et du [18 décembre 1853], p. 480 ; lettre à George Sand du 11 décembre 1875 (Conard, t. VII, p. 279), etc. Cette image provient peut-être des lectures orientales de Flaubert. Elle se trouve dans la *Bhagavat-Gita* : « In me [c'est Krishna qui parle] Universum hoc est suspensum, sicuti in filo margaritarum lineae » (trad. A.-W. Schlegel, 1823, p. 153 ; cité dans Jean Bruneau, *Le Conte oriental de Gustave Flaubert...*, p. 75). Ou encore : « Les Orientaux appellent la poésie, *l'art* d'enfiler les perles » (Langlès, *Fables et contes indiens...*, 1790, p. 138, n. *a ;* cité dans Jean Bruneau, *op. cit.*, p. 127, n. 1).

Page 32.

1. Louis Bouilhet était originaire de Cany, dans le pays de Caux. Le « livre » en question est *Melaenis,* poème publié par la *Revue de Paris* le 1er novembre 1851, p. 85-168.

2. J'adopte la ponctuation de R. Descharmes (B.N., N.A.F. 23831, f⁰ 17). L'édition Conard porte : « (Ah ! il est joli celui-là), au sens élevé du mot, à ce sens merveilleux et rêvé qui rend les cœurs béants après cette manne impossible. Eh bien, non, ce n'est

pas de l'amour » (t. II, p. 346-347). *il,* c'est-à-dire un calembour,
porterait sur les mots *liquidation* et *faillite.*

Page 33.

À ERNEST CHEVALIER

17 janvier [1852]

Autographe Lovenjoul, A V, ff^os 267-268; Conard, t. II, p. 354-
356.

1. Ernest Chevalier s'était marié en 1850 (voir t. I, p. 719, n. 1).
2. Mot barré illisible.

Page 34.

a. cette [caducité] sénilité
b. de suite <parmi les artistes> au premier rang

1. *Nous avons tous les deux au front une couronne*
Où nul ne doit lever de regards insolents,
Vous, de fleurs-de-lys d'or, et moi, de cheveux blancs.

(M. de Saint-Vallier à François Ier, Victor Hugo, *Le Roi s'amuse,*
acte I, sc. v, *Théâtre complet,* Bibl. de la Pléiade, t. I, p. 1371).
2. Voir la lettre de Flaubert à sa mère du 7 octobre 1850, t. I,
p. 692. Sur le « Garçon », voir t. I, p. 23 et n. 2.
3. Caroline Hamard, la nièce de Flaubert, née en 1846.
4. Beau-frère de Flaubert et père de Caroline (voir t. I, p. 213,
n. 1, et p. 259, n. 1).
5. Numéro du 1er novembre 1851, p. 85-168. Flaubert écrit :
Meloenis.
6. La *Revue de Paris* avait été fondée par Théophile Gautier,
Arsène Houssaye, Maxime Du Camp et Louis de Cormenin. Le
premier numéro avait paru le 1er octobre 1851. Voir la lettre de
Maxime Du Camp à Flaubert du 30 septembre [1851], Appendice I,
p. 862.

Page 35.

1. Sur Mme Motte, voir t. I, p. 5 et n. 2.

À LOUISE COLET

[25 janvier 1852]

Autographe J. Lambert; Conard, t. II, p. 357-360.
2. Voir la lettre de Flaubert à Louise Colet du [12 janvier 1852],
p. 27.

Page 36.

a. je ne peux [lui faire qu'elle] <lui dire> de se faire

1. Allusion au jugement défavorable qu'avaient porté Louis

Bouilhet et Maxime Du Camp, quand Flaubert leur avait lu *La Tentation de saint Antoine*, avant le départ pour l'Orient. Voir la lettre de Flaubert à sa mère du 5 janvier 1850, t. I, p. 562, n. 2.

2. Félicien Mallefille, *Mémoires de Don Juan*, Paris, Souverain, 1852, 4 vol. in-8°. Mallefille voyage en Espagne et rencontre à Séville Fray Agoſtin Duque, qui lui parle des deux Don Juan, Don Juan Tenorio et Don Juan de Marana. Duque prête ses documents à Mallefille pour les publier. Le quatrième volume des *Mémoires* se termine sur le départ de Don Juan pour l'université de Salamanque. Ces quatre volumes sont d'une insigne médiocrité.

3. *Les Lettres d'amour ?* voir la lettre de Flaubert à Louise Colet du [27 mars 1852], p. 62 et n. 1.

4. Sur l'*Album*, voir la lettre suivante et la lettre de Flaubert à Louise Colet du [28 septembre 1851], p. 6 et n. 1.

Page 37.

a. rien. — [sur ce p] à ce propos

1. Ce poème, dont le titre a été changé en *Veillée*, est recueilli dans *Ce qui est dans le cœur des femmes*, p. 115-118. En voici le début :

> *La pente où toujours mon cœur glisse et s'oublie*
> *En me retrouvant seule durant la nuit,*
> *C'est toi, mon amour, toi que rien ne délie ;*
> *Tu restes, tu vis, quand tout meurt, quand tout fuit !*
>
> *Les astres n'étaient que des fantômes pâles,*
> *Repoussant mon cœur d'un cœur épouvanté ;*
> *Mais toi, fier amant des choses idéales,*
> *De ma passion t'émut l'immensité.*
>
> *Tu la sentis vraie et tu compris qu'en elle,*
> *Ainsi que dans l'art, ta passion, à toi,*
> *Était contenue une essence éternelle ;*
> *Ton cœur s'attendrit, et tu revins à moi !*
>
> *Dans tes visions et d'homme et de poète*
> *Passa l'idéal, et vers lui tu marchas ;*
> *Moi, de sa beauté pauvre image incomplète,*
> *Que ne suis-je un songe animé dans tes bras !*
>
> *Ô fraîcheur du sang ! ô nacre de la joue !*
> *Ô bouche d'enfant, front de vierge, œil de feu,*
> *Longs cheveux traînants où le baiser se joue...*
> *Ma jeunesse, à moi, n'a fleuri que pour Dieu !*
>
> *Mon désert a vu cette fleur qui s'ignore,*
> *Dont le vent du soir caressa la beauté...*
> *De l'éclat lointain ce qui me reste encore*
> *Reçoit ton amour avec humilité.* [...]

Est-ce auprès de Marceline Desbordes-Valmore, son amie, que Louise Colet a pris le goût des vers de onze syllabes ? Louise Colet avait fait sa connaissance chez Mme Récamier. Le musée Calvet conserve de très nombreuses lettres de Marceline à Louise (6407, ff⁰ˢ 2843-2990).

2. Ce vers ne se retrouve pas dans le poème publié (*Ce qui eſt dans le cœur des femmes*, p. 115-118).

3. Ce n'eſt pas dans *Les Guêpes*, mais dans un récit intitulé *Hiſtoire de Rose et de Jean Duchemin*, qu'Alphonse Karr met Maxime Du Camp en cause (*Romans populaires*, illuſtrés par Bertall, Paris, Barba, 1850, p. 1-11). Le récit eſt mis dans la bouche de Rose, femme de pêcheur et mère de seize enfants : « Notre bateau était presque fini, il y avait dans notre endroit un Parisien qui séjourna plusieurs mois et se disait fils de baron. Il disait : "Je vis encore sous la garde de mon tuteur, dans quelques mois je vais prendre possession de mes biens, je possède un grand revenu" ; — enfin bien des choses qu'il voulut dire. » [« M. Maxime » veut être le parrain du nouveau bateau.] « Le chef de douanes, étant à jauger le bateau, lui demanda quel nom il lui donnerait pour faire le certificat de jauge : il lui dit : *le Lisa Boïgontier* [...]. Une fois qu'il eut bien soupé, il commença à chanter des chansons affreuses, le ciel en rougiſsait. Je revins bien vite chez nous ; il y eut des marins qui partirent de table aussi. Il leur conta que le nom qu'il avait donné au bateau était le nom d'une femme qui prenait 10 000 francs à la soirée, à force qu'elle était belle. Nous nous regardâmes tous en disant : Voilà un joli nom pour notre bateau, nous qui ne donnons que des noms de saints ou de saintes [...]. » Le récit d'Alphonse Karr se termine par deux témoignages le certifiant exaſt : ceux de Gentil, maire d'Étretat (4 oſtobre 1844), et de Fauvel (ex-maire d'Étretat). Le nom porte malheur au bateau, bien entendu. Du Camp écrit à Flaubert le 18 juillet 1844 : « Je me repose maintenant du temps de cette Boisgontier » (Lovenjoul, B II, f⁰ 146 v⁰).

4. *Novembre, fragments de ſtyle quelconque* (*Œuvres de jeunesse inédites*, t. II, p. 162-256). Flaubert venait de le prêter à nouveau à Louise Colet (memento du 26 novembre 1851, Appendice II, p. 882), après l'avoir fait copier (lettre de Maxime Du Camp à Flaubert du [17 septembre 1851], Appendice I, p. 861). Louise Colet avait déjà lu *Novembre* en 1846 (voir les lettres de Flaubert du [15 novembre 1846], t. I, p. 405, et du [2 décembre 1846], *ibid.*, p. 410).

5. Frédéric Baſtiat a publié en 1850 une série de petites brochures sur l'économie, par exemple : *Ce qu'on voit et ce qu'on ignore, ou l'Économie politique en une leçon,* Paris, Guillaumin, 1850, in-32, 79 p.

Page 38.

1. Casimir-Stanislas d'Arpentigny, né à Yvetot le 13 mars 1791. Saint-cyrien, mais renvoyé de l'École, il prit du service comme simple soldat, devint sous-officier, fut fait prisonnier à Dantzig et libéré en 1814. Il fit la campagne d'Espagne, devint garde du

corps du roi, rentra dans l'armée en 1830 et prit sa retraite en 1844 (Marie-Claire Bancquart et un groupe d'étudiants, *Lettres de Louis Bouilhet à Louise Colet*, p. 72, n. 5). Il était l'auteur de *La Chirognomonie ou l'Art de reconnaître les tendances de l'intelligence d'après les formes de la main*, Paris, Le Clère, 1843, in-8°, 352 p. Cet ouvrage très curieux constitue une sorte d'histoire de l'humanité, où la main joue le rôle que les bosses du crâne tiennent chez Gall ou la race dans l'œuvre de Gobineau. D'Arpentigny distingue sept types de main : la main élémentaire, la main en spatule, la main artistique, la main utile, la main philosophique, la main psychique, la main mixte (p. 12). Voici quelques citations caractéristiques : « Ainsi, aux doigts en spatule et carrés, Dieu a donné la matière et la réalité, c'est-à-dire l'industrie, les arts *utiles et nécessaires*, l'action, la théorie des choses, l'intelligence des *faits*, les hautes sciences ; — ainsi, aux doigts coniques et pointus, Dieu a ouvert le champ sans limites de l'idéalité : aux doigts coniques, en leur donnant l'intuition du beau, *selon le sens extérieur ;* — aux doigts pointus, en leur donnant l'intuition du vrai et du beau, *selon le sens intérieur*, la haute poésie, la philosophie *idéaliste*, le lyrisme » (p. 27-28). Plus loin, d'Arpentigny s'élève à la philosophie de l'histoire : « C'est de l'Asie méridionale que sont sorties toutes les grandes religions qui ont régné et qui règnent encore sur la terre. On a dit qu'il y avait de l'affinité entre la langue allemande et le *sanscrit :* il existe aussi quelques rapports entre le génie rêveur des nations germaniques, et le génie contemplatif des enfants de Brahma. Enfin, l'Allemagne est le pays de l'Europe, de même que l'Inde est le pays de l'Asie, où l'on voit le plus de mains psychiques » (p. 288-289). Sur la « main normande », voir p. 312-316. Le fonds Colet du musée Calvet, à Avignon, conserve trois lettres du capitaine d'Arpentigny à Louise Colet (6403, ff^os 107-112), dont la première concerne les rapports de Louise Colet et de Musset. Louis Bouilhet verra dans le personnage du capitaine d'Arpentigny un sujet de comédie : « Voici ce que je voudrais faire : montrer qu'à l'aide de deux ou trois principes, c'est-à-dire de deux ou trois mots de convention, tout marche sur des roulettes, dans le meilleur des mondes possible : probité, religion, honneur. [...] *C'est l'hypocrisie sociale moderne.* [...] Je ferais passer, au milieu de l'action, le *Capitaine,* toujours raide dans son col, avec ses cheveux verts, et son habit bleu à boutons d'or — *l'homme qui a le plus d'esprit de Paris* — parasite partout, dans tous les camps, sautant d'un faubourg à l'autre, avec des langages différents, sans crotter ses bottes vernies. Et je le montrerais fatalement attaché à la *vie de Paris,* quand il pourrait vivre plus à l'aise, avec sa retraite, dans une petite ville de province. Le Capitaine serait le martyr volontaire de la société parisienne. J'aurais son *intérieur* à peindre, au retour des grandes soirées (j'élargirais sa sphère d'action), sa petite chambre, avec la croix d'honneur cachant un trou du papier le long de son mur [...]. Il se trouverait forcé [...] à se battre en duel, pour la querelle de deux dames du monde, querelle absurde, et où il donne tort à sa partie (ça a failli arriver chez la Muse) et il revient, dans sa mansarde, grièvement blessé. [...] Il crève, et demande à crever dans son habit à boutons d'or, avec sa cravate, et ses bottes vernies, au milieu de son taudis [...]» (lettre à Flaubert de juin ? 1859, Lovenjoul, C, f°s 191-192 ; citée en partie par Léon Letellier, *Louis Bouilhet (1821-1869)...*, p. 336-337). « Ça a failli arriver chez la Muse [Louise Colet] » : serait-ce une allusion au duel manqué entre Octave Lacroix et Leconte de Lisle ? Voir la lettre de Flaubert à Louise Colet du [12 juin 1853], p. 352 et n. 1.

2. Le père Aubry est le missionnaire mis en scène dans *Atala* ; il aide Chactas à veiller et à enterrer Atala et meurt sous les tortures des Indiens. « Immobile, ses yeux modestement baissés, son nez aquilin, sa longue barbe, avaient quelque chose de sublime dans leur quiétude, et comme d'aspirant à la tombe, par leur direction naturelle vers la terre ; quiconque a vu, comme moi, le père Aubry cheminant seul avec son bâton et son bréviaire dans le désert, a une véritable idée du voyageur chrétien sur la terre » (Chateaubriand, *Œuvres romanesques et voyages,* Bibl. de la Pléiade, t. I, p. 65 et n. *a*). Ce passage, qui avait fait sourire, ne se retrouve pas dans les *Œuvres complètes* de Chateaubriand publiées par Ladvocat en 1826. Je ne sais qui est le jeune Simon.

3. Maxime Du Camp.

À HENRIETTE COLLIER

1er février [nuit du 31 janvier au 1er février 1852]

Autographe Gabrielle Leleu ; *Supplément*, t. I, p. 148-149. Cette lettre est antérieure à la suivante, datée de « nuit de samedi » [31 janvier 1852].

a. simplement. [à l'adresse de mon frère Achille à l'Hôtel-Dieu] <Je vous recommande la chose bien précieusement —> par suite

4. La plus jeune des sœurs Collier.

5. Voir la lettre suivante, p. 39, et celle de Flaubert à Louise Colet du [28 septembre 1851], p. 6, n. 1.

Page 39.

1. *Madame Bovary* ne sera terminé que quatre ans plus tard. Flaubert n'avait pas encore pris totalement conscience des conséquences de sa nouvelle manière d'écrire, des « affres du style ».

2. Voir la lettre de Flaubert à Henriette Collier du 23 novembre [1851], p. 18 et n. 3.

À LOUISE COLET

[31 janvier 1852]

Autographe non retrouvé ; Conard, t. II, p. 360-364. D'après

R. Descharmes (B.N., N.A.F. 23836, fiche 328), la lettre serait timbrée du 1er février 1852.

3. Voir la lettre précédente, p. 38-39.

Page 40.

1. La lettre du [25 janvier 1852], p. 35 et suiv.

2. *Ressouvenir païen*, à M. Octave ★★★, après son voyage d'Orient, *La Presse*, mardi 27 janvier 1852. Épigraphe : « Les Grecs désignaient par ce seul mot : KALON, le *bien*, l'*honnête* et le *beau*, et le mot AGATHON, qui signifiait autrefois le *beau*, signifie maintenant le *bien*. » En note : « Madame Louise Colet va publier prochainement un nouveau recueil de poésies ; nous croyons être agréable aux lecteurs de *La Presse* en leur offrant les vers suivants qui feront partie de ce volume. » *Ressouvenir païen* prendra place en effet dans *Ce qui est dans le cœur des femmes, poésies nouvelles...*, Paris, Librairie nouvelle, 1852, p. 33-39. Je note que les journaux de cette période ne contiennent que très rarement des poèmes ; il a fallu à Louise Colet beaucoup d'efforts et d'entregent pour arriver à des publications de ce genre.

3. Dans son memento du 15 janvier 1852, Louise Colet parle de ses « griefs sur Du Camp, qui se conduit si mal envers moi pour mes vers » (Appendice II, p. 883). C'est pourquoi *Ressouvenir païen* n'est plus dédié à Maxime Du Camp, mais à M. Octave ★★★. Louise Colet écrit en effet à Victor Cousin : « Depuis plus de sept ans je suis liée de simple et bonne amitié avec un des directeurs de la *Revue de Paris*. Je lui avais donné et dédié les vers publiés dans *La Presse*, je pensais qu'il s'empresserait de les faire paraître dans la *Revue*, il ne l'a point fait et pour lui donner une leçon j'ai mis un nom en l'air et j'ai publié ces vers, que tous ceux qui les avaient vus avaient trouvés beaux, dans *La Presse*. Voilà toute l'histoire... » (musée Calvet, fonds Colet, 6418, f° 472).

4. Nous conservons la leçon de l'édition Conard : La Prose Duchemin. Il faut lire en réalité : La Rose Duchemin. Il s'agit de l'*Histoire de Rose et de Jean Duchemin*, d'Alphonse Karr (voir la lettre de Flaubert à Louise Colet du [25 janvier 1852], p. 37, n. 3).

5. Voir la lettre de Flaubert à Louise Colet du [16 janvier 1852], p. 31 et n. 1.

Page 41.

1. Alfred Le Poittevin. Voir la lettre de Flaubert à Ernest Chevalier du [24 mars 1837], t. I, p. 22, n. 2 et *passim*.

Page 42.

1. Flaubert avait alors l'intention de passer l'hiver 1852-1853 à Paris (voir sa lettre à Louise Colet du [11 novembre 1851], p. 17 et n. 2). Il ne s'installera 42, boulevard du Temple que pour l'hiver 1855-1856.

2. *Par les champs et par les grèves*, récit par Du Camp (chapitres pairs) et Flaubert (chapitres impairs) de leur randonnée en Bretagne

durant l'été 1847. Flaubert n'en publiera de son vivant qu'un seul chapitre : « Les pierres de Carnac et l'archéologie celtique » (*L'Artiste,* 18 avril 1858). Du Camp, lui, fera paraître successivement, dans la *Revue de Paris,* « Souvenirs de Bretagne (Finistère) » (1er avril 1852, p. 27-58), « Souvenirs de Bretagne (Morlaix, Huelgoat, Carhaix, Guingamp, Saint-Brieuc, Lamballe, Dinan) » (1er septembre 1852, p. 47-71) et « Souvenirs de Bretagne (Croisic, Guérande, Piriac, Mesquer, Herbignac, Sarzeau, Gavr'innis, Lok' Mariak'er » (1er août 1853, p. 457-473). Flaubert n'y est jamais nommé, mais Du Camp emploie toujours le pronom *nous ;* par exemple : « Seuls, ils peuvent apprécier la valeur d'un repas, ceux qui, comme nous, ont voyagé dans les déserts de la Bretagne et de la Nubie » (*Revue de Paris,* 1er avril 1852, p. 45 ; l'allusion au voyage en Orient avec Flaubert est claire). Les chapitres de Du Camp ont été publiés pour la première fois dans les *Œuvres complètes de Gustave Flaubert,* édition du Club de l'Honnête Homme, t. X, p. 27-274. Peut-être Du Camp avait-il suggéré à Flaubert de publier conjointement *Par les champs et par les grèves* dans la *Revue de Paris ?*

À LOUISE COLET

[8 février 1852]

Autographe J. Lambert ; Conard, t. II, p. 364-367. Enveloppe : Madame Colet, rue de Sèvres, 21, Paris. C.P. Rouen, 8 février 1852. La lettre n'est pas signée.

3. Louis Bouilhet et Maxime Du Camp, lors de la lecture de *La Tentation de saint Antoine,* qui a précédé le voyage en Orient (voir t. I, p. 562, n. 2).

Page 43.

a. je lirai [comme] [<couramment mon>] Shakespeare tout couramment

b. la pâture des imbéciles. [le talent] l'hygiène

1. Flaubert se mettra à « refaire [son] Saint » après avoir fini *Madame Bovary.* Voir sa lettre à Louis Bouilhet du [1er juin 1856], p. 613, et les lettres suivantes.

2. Flaubert arrivera à Paris le 8 mars (voir le memento de Louise Colet du 14 mars 1852, Appendice II, p. 885).

3. Sans doute dans la traduction de Xavier Marmier, Paris, Charpentier, 1848 (1re édition : 1839), in-8°, XI-567 p., car cet ouvrage figure dans l'inventaire de la bibliothèque de Flaubert (René Rouault de La Vigne, « L'inventaire après décès de la bibliothèque de Flaubert », *Revue des Sociétés savantes de Haute-Normandie,* 3e trimestre 1957, p. 77). Cette réédition ne figure pas au Catalogue des imprimés de la Bibliothèque nationale.

4. Montalembert prononça le 5 février 1852 son discours de réception à l'Académie française, où il fut reçu par Fr. Guizot (note de l'édition Conard, t. II, p. 366).

Page 44.

1. Le numéro du 1ᵉʳ février 1852 de la *Revue de Paris* avait publié des poèmes d'Antony Deschamps, de Paul Blier et d'Auguste Desplaces (p. 80-89).

2. Des vers de Louise Colet sur la Chine ? Voir la lettre de Flaubert à Louise Colet du [31 décembre 1851], p. 25 et n. 1 ; et le memento du 21 janvier 1852, Appendice II, p. 883.

À LOUISE COLET
[16 février 1852]

Autographe J. Lambert ; Conard, t. II, p. 367-369. Enveloppe : Madame Colet, rue de Sèvres, 21, Paris. C.P. Rouen, 17 février 1852. La lettre n'est pas signée.

3. L'*Album* d'autographes de Louise Colet (voir la lettre de Flaubert à Louise Colet du [28 septembre 1851], p. 6, n. 1).

4. *Théâtre de Schiller,* traduction nouvelle par X. Marmier, Paris, Charpentier, 1840, 2 vol. in-16 ; *Théâtre de Goethe, ibid.,* 1839, 1 vol. in-16. Nombreuses rééditions.

5. Flaubert venait de recevoir une lettre de Louis Bouilhet, où celui-ci écrit : « Ce matin encore, j'ai lu dans *Le Constitutionnel,* article de Sainte-Beuve, quelques lignes à mon adresse, qui sont loin d'être flatteuses. J'étais plus content des injures de Cuvillier-Fleury. Sainte-Beuve a presque pour moi une compassion généreuse, après avoir fait entendre au préalable que je ramasse les bouts de cigare d'Alfred de Musset. Il me déclare avec bonté un copiste de *Mardoche* en tout et pour tout. Du reste, il ne cite pas un seul vers et loue indistinctement une série de poètes qui ont publié cette année et dont il donne des extraits. [...] On loue la *Revue de Paris* et tous les charmants poètes, à la tête desquels marche l'illustre Arsène Houssaye. [...] Il n'y a pas jusqu'à Mme de Girardin qui n'ait son éloge pour sa pièce de l'avant-dernier numéro ; mais j'arrive à la queue, pour mémoire et comme pour m'encourager à cirer des bottes » (lettre citée par Antoine Albalat, *Gustave Flaubert et ses amis,* Paris, Plon, 1927, p. 20-21 ; le poème de Mme de Girardin est intitulé *La Nuit, Revue de Paris,* 1ᵉʳ décembre 1851, p. 110-112). Cette lettre de Louis Bouilhet à Flaubert, citée par Albalat comme figurant dans les dossiers Tanit — le nom de la villa de Mme Franklin-Grout à Antibes —, ne se retrouve pas dans la collection Lovenjoul parmi les lettres de Bouilhet à Flaubert (série C). Ce n'est pas un cas unique ; Mme Franklin-Grout aurait-elle fait cadeau à Albalat de quelques lettres intéressantes des correspondants de Flaubert, pour le remercier de son travail ?

L'article de Sainte-Beuve a paru dans *Le Constitutionnel* du 9 février 1852, et a été recueilli dans le tome V des *Causeries du lundi.* Il suffit de lire les poésies de Sainte-Beuve pour comprendre que le sujet, le ton et la technique de *Melaenis* n'avaient rien pour lui plaire. Victor Hugo, en revanche, écrira une belle lettre élogieuse

sur *Melaenis* à Louis Bouilhet (voir Léon Letellier, *Louis Bouilhet...,*
p. 170 ; lettre datée du 1ᵉʳ décembre 1852).

Page 45.

1. Voir la lettre de Flaubert à Louis de Cormenin du 7 juin
[1844] : « Je suis flatté de voir que vous vous unissez à moi dans
la haine du Sainte-Beuve et de toute sa boutique. J'aime par-dessus
tout la phrase nerveuse, substantielle, claire, au muscle saillant [...] »
(t. I, p. 210). Maxime Du Camp fera écho à Flaubert l'année
suivante : « *Axiome :* le veau est au filet de bœuf, ce que Sainte-
Beuve est à Victor Hugo » (« Souvenirs de Bretagne », *Revue de
Paris,* 1ᵉʳ août 1853, p. 457). Flaubert s'exprimera tout autrement
quand il aura fait la connaissance de Sainte-Beuve, en 1857 ;
aura-t-il changé d'avis en ce qui concerne l'œuvre de Sainte-Beuve ?

2. Les rapports entre Louise Colet et Sainte-Beuve n'ont jamais
été bien cordiaux, si l'on en juge par la *Correspondance générale* de
Sainte-Beuve (éd. Jean et Alain Bonnerot). Voir par exemple la
lettre de Sainte-Beuve à Louise Colet du 7 juin 1853 (t. IX, p. 296).
L'autographe se trouve à la bibliothèque Lovenjoul, B VI, fˡᵒˢ 450-
451.

3. Je n'ai pas retrouvé ces deux lettres.

4. La seule édition des *Œuvres* de Ronsard en deux volumes
in-folio est, je crois, celle de 1623 (Paris, N. Buon). Sur Ronsard
et Flaubert, voir la mise au point de Miss Alison Fairlie dans *The
French Renaissance and its Heritage,* essays presented to Alan
W. Boase, London, Methuen, 1968, p. 43-62.

Page 46.

1. Flaubert arrivera à Paris le 8 mars 1852.

À LOUISE COLET
[22 février 1852]

Autographe J. Lambert ; Conard, t. II, p. 382-383 (non datée).
Cette lettre ne peut être que des dimanches 22 ou 29 février, car
Flaubert y mentionne sa « pioche », et celle de Louis Bouilhet,
sur le poème de Louise Colet, *La Colonie de Mettray,* alors qu'il lui
demande d'arrêter ses corrections dans sa lettre à Louise Colet
du [3 mars 1852], p. 55, lettre sûrement datée d'après R. Descharmes
(voir la note bibliographique de cette lettre). Je propose le dimanche 22 février, parce que la lettre suivante doit s'intercaler
entre celle-ci et les lettres à la même des 1ᵉʳ et 3 mars. La lettre
n'est pas signée.

a. avant [d'] <d'être> arrivé à [une limite q] un temps d'arrêt.

2. Voir la lettre de Flaubert à Louise Colet de [fin février 1852],
p. 49-54.

3. Louise Colet avait sans doute proposé d'écrire ou de faire
écrire un article sur *Melaenis* dans *La Presse.* Elle y connaissait
A. Nefftzer, secrétaire du comité de rédaction — plus tard rédacteur

en chef du *Temps* —, et Eugène Pelletan. Théophile Gautier y tenait la chronique des théâtres.

4. Les mots : « Je plains... » jusqu'à « nocturnes » manquent dans l'édition Conard (t. II, p. 383). Je n'ai pu identifier le « pauvre petit Simon », un familier du salon de Louise Colet (voir aussi p. 38).

Page 47.

1. Allusion à l'insuccès de *Diane,* drame en cinq actes, en vers, représenté pour la première fois sur le Théâtre-Français le 19 février 1852. Cette médiocre pièce raconte l'histoire d'une conspiration manquée sous Louis XIII. Pour sauver son frère Paul, Diane de Mirmande révèle le complot à Richelieu, et pour sauver celui qu'elle aime, le marquis de Pienne, lui fait croire qu'elle en aime un autre.

À HENRIETTE COLLIER

[24 février 1852]

Autographe Gabrielle Leleu ; *Supplément,* t. I, p. 150-152.

2. Le Rond-Point des Champs-Élysées. Voir la lettre de Flaubert à Henriette Collier du 23 novembre [1851], p. 18, n. 3.

Page 48.

1. Voir la lettre de Flaubert à Louise Colet du [11 novembre 1851], p. 17, n. 2.

2. Pour l'*Album* d'autographes de Louise Colet, voir la lettre de Flaubert à la même du [28 septembre 1851], p. 6, n. 1.

3. Flaubert recevra ce portrait quelques semaines plus tard (voir sa lettre à Henriette Collier du [18 avril 1852], p. 73). Il est dû au peintre Rossi et se trouve actuellement au musée Picasso d'Antibes. On en trouvera la reproduction dans l'*Album Flaubert,* éd. de la Pléiade, p. 43.

4. Caroline Hamard.

5. La plus jeune des sœurs Collier.

Page 49.

À LOUISE COLET

[Fin février 1852]

Inédite. Autographe B.N., N.A.F. 23825, ffos 9-12. Serait-ce la lettre annoncée dans la lettre de Flaubert à Louise Colet du [22 février 1852], p. 46 ? Le début de la lettre peut avoir disparu. Le poème en question de Louise Colet est *La Colonie de Mettray,* qui obtiendra le prix de l'Académie. Voir ce poème à l'Appendice V, p. 929-936. Il s'agit d'une maison de correction pour jeunes garçons transformée en colonie agricole, en Touraine. Pour ne pas multiplier les notes, je renvoie une fois pour toutes à l'Appendice V. Les corrections de Flaubert sont extrêmement importantes pour l'étude de ses idées sur le style et la versification.

Page 52.

1. Louise Colet avait donc consulté Alfred de Musset pour son poème. Je ne sais quand leurs relations ont commencé, et comment. Voir dans le fonds Colet du musée Calvet une enveloppe vide, adressée par Louise Colet à : Monsieur, Monsieur Alfred de Musset, 11, rue Rumford *[sic]*, Paris, et timbrée du 22 janvier 1852 (6418, f⁰ 498).

Page 53.

a. « entrez [attendez] <approchez-> vous...

1. Victor Cousin.

Page 54.

1. « Pourpre qu'ils se taillaient dans de rouges linceuls... » (Appendice V, p. 931) : ce vers est-il de Louise Colet ou de Victor Cousin ?

À LOUISE COLET
[1ᵉʳ mars 1852]

Autographe non retrouvé; Conard, t. II, p. 369-370; copie R. Descharmes, B.N., N.A.F. 23831, f⁰ˢ 36-37. D'après R. Descharmes (N.A.F. 23836, fiche 332), la lettre serait timbrée du 2 mars 1852.

2. Flaubert arrivera à Paris le lundi 8 mars. Voir le memento de Louise Colet du 14 mars 1852, Appendice II, p. 885. Il repartira le dimanche 14 *(ibid.)*.

3. Camille Pelletan, ami de Louise Colet, était l'un des rédacteurs du journal *La Presse*.

4. Voir la lettre de Flaubert à Louise Colet du [16 février 1852], p. 44, n. 5.

5. Le numéro de mars de la *Revue de Paris* contenait des vers d'Alexis de Vallon, de Louis Bouilhet, d'Alphonse Karr et d'Eugène Bercioux ; les poèmes de Bouilhet sont : *À Pradier, Sur un Bacchus de Lydie placé en face d'une statue de Flore, À un voyageur* et *Vesper* (p. 103-106).

Page 55.

À LOUISE COLET
[3 mars 1852]

Autographe non retrouvé; Conard, t. II, p. 370-371. D'après R. Descharmes (B.N., N.A.F. 23836, fiche 333), la lettre serait timbrée du 4 mars 1852, et Louise Colet aurait noté sur l'autographe : 4 mars.

1. Les corrections de *La Colonie de Mettray*. Voir la note bibliographique de la lettre de Flaubert à Louise Colet de [fin février 1852], p. 49.

Page 56.

1. Jean-Nicolas Bouilly, *Les Jeunes Femmes*, Paris, Janet, 1852, in-18, 394 p.
2. Voir *Madame Bovary*, éd. Claudine Gothot-Mersch, Garnier, 1971, p. 36-40 ; et *Madame Bovary, Ébauches et fragments inédits recueillis...*, par Gabrielle Leleu, Paris, Conard, t. I, p. 155-161.

À JULES DUPLAN
[11 mars 1852]

Autographe Lovenjoul, A V, ffos 313-314; *Supplément*, t. I, p. 152. Enveloppe: Monsieur Jules Duplan, rue des Saints-Pères, 1 *ter*, Paris. C.P. Paris, 12 mars 1852.

3. Non pas le mardi 9, mais le lundi 8 mars (voir le memento de Louise Colet du 14 mars 1852, Appendice II, p. 885).

À LOUISE COLET
[20 mars 1852]

En partie inédite. Autographe Gordon N. Ray; incomplète dans Conard, t. II, p. 372-377. Enveloppe: Madame Colet, rue de Sèvres, 21, Paris. C.P. Rouen, 22 mars 1852. De la main de Louise Colet: « (Après le voyage de mars). »

Page 57.

1. Marie Cappelle, veuve Lafarge, *Mémoires [...] écrits par elle-même*, Paris, René, 1841-1842, 4 vol. in-8o. *Les Heures de prison*, éd. par Maurice Collard, ne paraîtront qu'en 1854 (Paris, Librairie nouvelle, 3 vol. in-8o). Voir t. I, p. 70, n. 3.
2. « Le génie n'est autre chose qu'une grande aptitude à la patience » (Buffon, *Discours sur le style*, discours de réception à l'Académie française, prononcé le 25 août 1753).
3. Soirée du jeudi 11 mars 1852, chez Louise Colet. Edma Roger des Genettes y avait lu le quatrième chant de *Melaenis* (voir Edma Roger des Genettes, *Quelques lettres...*, p. 6 et suiv. : « [...] on me demanda le quatrième chant de *Melaenis*. J'étais un peu émue à l'idée de lire devant l'auteur un poème dont je ne connaissais pas un seul vers. Je m'y jetai cependant tête baissée et le succès légitima mon audace » (lettre à Edmond P. [Pagnerre ?] du 15 mai 1876). La publication de *Quelques lettres...* est annoncée dans *Le Figaro* du samedi 14 octobre 1893 sous le titre : « Une correspondante de Flaubert : Mme Roger des Genettes (lettres et fragments inédits) ». Edma-Aimée Letellier de Valazé, née à Argentan en 1818, était la petite-fille du girondin Valazé. Son frère, qui était

dans l'armée, sera affecté à Rouen, où il deviendra l'ami de Flaubert. Elle avait épousé Charles-Marie-Joseph Roger des Genettes, percepteur à Saint-Maur. René Descharmes écrit : « Mme Roger des Genettes a reçu de Flaubert, jusqu'en 1880, un grand nombre de lettres ; malheureusement il ne m'a pas été possible de retrouver un seul autographe, et je tiens de M. Pol Neveux, inspecteur général des Bibliothèques, très amicalement lié avec Mme des Genettes, qu'à la mort de celle-ci, survenue subitement en 1891, à Villenauxe, contrairement à toute attente, on n'avait retrouvé chez elle aucuns papiers » (éd. du Centenaire, t. II, p. 247, n. 1). La collection Lovenjoul conserve deux lettres d'Edma Roger des Genettes à Flaubert (B V, ffᵒˢ 368-371) ; voir aussi sa correspondance avec Caroline Commanville au sujet de la mort de Flaubert (B VI, ffᵒˢ 441-447). On trouve au musée Calvet (fonds Colet, 6412, ffᵒˢ 5436-5529) quarante-six lettres d'Edma Roger à Louise Colet, dont j'aurai l'occasion de citer quelques extraits. Douze lettres de Louise Colet à Edma Roger se trouvent au musée Paul-Arbaud, dossier 1160, A 1, Aix-en-Provence. Enfin G. d'Heylli [pseudonyme de Georges Poinsot] a publié dans la *Gazette anecdotique* du 15 mai 1881 (p. 264-285) quinze lettres ou fragments de lettres de Louise Colet à une amie, non identifiée, mais qui est certainement Edma Roger. Je les utilise dans les notes. Edma Roger des Genettes était très liée avec ses « chers Poinsot », à qui elle lègue « un souvenir » dans le codicille de son testament. Je remercie M. Siméon Kass, de Villenauxe (Aube), de m'avoir aimablement communiqué la photocopie de ce document.

Cette soirée, où l'assistance était nombreuse, avait posé à Louise Colet quelques problèmes matériels. Elle écrit à sa fille Henriette le mercredi 10 mars : « Je prie Mme Chéron de vouloir bien te faire conduire demain matin à dix heures et d'être assez bonne pour m'envoyer en même temps 6 couverts et 6 petites cuillers si cela ne la dérange pas. [...] Ces messieurs de Rouen sont arrivés. M. Bouilhet repart vendredi, ce qui m'oblige à hâter ma soirée » (musée Calvet, 6418, fᵒ 354 rᵒ).

Page 58.

1. L'écriture était bien celle d'Henriette Collier (voir la lettre de Flaubert à la même du 3 avril [1852], p. 64). Sur l'expression : « aucune nouvelle » [de l'*Album* d'autographes de Louise Colet], voir la lettre de Flaubert à Henriette Collier du [24 février 1852], p. 48.

2. Mme Aglaé Didier, amie de Louise Colet, qui avait servi, je crois, de boîte aux lettres aux deux amants, du vivant d'Hippolyte Colet (voir t. I, p. 409, note bibliographique de la lettre de Flaubert à Louise Colet du [2 décembre 1846]).

3. *Caroline de Lichtfield, ou Mémoires d'une famille prussienne*, par la baronne Isabelle de Montolieu, 1ʳᵉ éd., Paris, Buisson, 1786, 2 tomes en 1 vol. in-12. C'est l'histoire d'une jeune fille de

quinze ans, que son père force à épouser le comte de Walſtein,
favori du roi de Prusse Frédéric II. On y trouve d'excellentes
pages sur la psychologie d'une jeune fille. Caroline rencontre le
baron de Lindorf, qui s'eſt épris de Louise, une paysanne, laquelle
épouse un nommé Juſtin (cf. *Madame Bovary ?*). Caroline finit
par aimer son mari, et Lindorf épousera Mathilde, sœur du comte
de Walſtein. *Caroline [de] Lichtfield* eſt mentionné dans *Madame
Bovary, Ébauches et fragments inédits*, recueillis... par Gabrielle
Leleu, t. I, p. 156. Flaubert écrit : *Lichfield*.
   4. Sur le capitaine d'Arpentigny, voir la lettre de Flaubert à
Louise Colet du [25 janvier 1852], p. 38, n. 1.
   5. Edma Roger des Genettes (voir la note 3 de la page 57).

Page 59.

   1. Il s'agit peut-être du sonnet de Louis Bouilhet intitulé
À ma belle lectrice, écrit pour remercier Edma Roger des Genettes
d'avoir lu le quatrième chant de *Melaenis* le 11 mars 1852 (voir
p. 57, n. 3). Il l'avait envoyé à Louise Colet dans sa lettre du 16 mars
1852 (voir Marie-Claire Bancquart et un groupe d'étudiants,
Lettres de Louis Bouilhet à Louise Colet, p. 71).

À MA BELLE LECTRICE

> *Oh ! votre voix sonnait, brève, lente ou pressée,*
> *Suivant les passions et les rythmes divers,*
> *Puis, s'échappant soudain légère et cadencée,*
> *Sautait, comme un oiseau, sur les branches du vers.*
>
> *Moi — j'écoutais — perdu dans de lointains concerts,*
> *Ma pauvre poésie à vos lèvres bercée :*
> *Heureux de voir glisser mon âme et ma pensée*
> *Dans votre souffle ardent qui remuait les airs !*
>
> *Et j'oubliai bientôt — pardonnez mon délire !*
> *Paulus et Melaenis, Commodus et l'Empire,*
> *Pour regarder les plis de votre vêtement,*
>
> *Votre front doux et fier, votre prunelle noire,*
> *Songeant que j'étais fou de réveiller l'histoire,*
> *Quand j'avais sous les yeux un poème charmant !*

Edma Roger des Genettes « répondit immédiatement à cet aimable
envoi par le billet que voici : " Monsieur, votre poème eſt un chef-
d'œuvre et votre sonnet eſt charmant ; seulement vous m'avez plus
écoutée que regardée, car ma prunelle eſt du bleu le plus positif.
Mais comme mon ramage vaut mieux que mon plumage, mes
yeux vous pardonnent et ma voix vous remercie." Ce billet me
valut le quatrain suivant, que Louis Bouilhet m'envoya quelques
heures après :

> *Donc il est bleu comme les violettes*
> *Ce long regard qui m'a rendu l'espoir ;*
> *Il est si doux que j'en perdais la tête,*
> *Et si profond qu'il m'a semblé tout noir !* »
>
> (Quelques lettres, p. 6 et suiv.)

Le sonnet *À ma belle lectrice* et le quatrain *Erreur des yeux* ont été reproduits dans Louis Bouilhet, *Œuvres...*, Paris, Lemerre, 1880, p. 340 et 420.

Il peut s'agir aussi du sonnet que Louise Colet a dédié à Louis Bouilhet, et qui est daté du jeudi 11 mars 1852 :

UN BEAU JOUR

Sonnet

> *N'est-ce pas que c'est bon de m'avoir vue heureuse !*
> *Lui charmé, souriant à l'amante, à l'ami,*
> *Vous ému, surprenant mon âme radieuse*
> *Que le bonheur faisait se trahir à demi.*
>
> *Lui, splendide nature, immense, harmonieuse,*
> *Enchaînait tout mon cœur après l'avoir rempli ;*
> *Et son beau front pensif qui médite et se creuse,*
> *Éclairé près du mien n'avait plus un seul pli.*
>
> *Tout semblait nous aimer, et tout nous faisait fête.*
> *Mon élégante amie et vous, mon grand poète,*
> *Ma belle et pure enfant, fleur qui croît pour l'amour,*
>
> *Jusqu'à ces deux vieillards, l'un le savant aimable,*
> *L'autre le gai conteur, tout était délectable.*
> *Vous qui chantez si bien, ami, chantez ce jour !*
>
> (Quelques lettres, p. 10.)

Je connais deux manuscrits de ce poème, tous deux de la main de Louise Colet : musée Calvet, fonds Colet, 6416, f° 0108, et Lovenjoul, B VI, f° 381. Joseph F. Jackson commente très justement (« Deux notes sur Louise Colet », *R.H.L.F.*, juillet-septembre 1935, p. 422-428) : le savant aimable est Jacques Babinet, né en 1794, polytechnicien, membre de l'Académie des sciences (1840) et collaborateur scientifique du *Journal des débats...* Le « gai conteur » est le capitaine d'Arpentigny, l'amie élégante Edma Roger, et « Lui » : Gustave Flaubert.

2. Article que Louise Colet voulait écrire ou faire écrire sur *Melaenis* (voir la lettre de Flaubert à Louise Colet du [22 février 1852], p. 46, n. 3).

3. *Par les champs et par les grèves ;* voir la lettre de Flaubert à Louise Colet du [31 janvier 1852], p. 42, n. 2.

4. Il s'agit de *L'Institutrice*, comédie en trois actes, que Louise Colet lit à Edma Roger des Genettes le 12 avril 1852 (voir le memento du 13 avril 1852, Appendice II, p. 885), et qui sera publiée dans les *Modes parisiennes* de 1854, puis dans les *Romans populaires*

illustrés par Bertall (Paris, Barba, s.d., p. 35-48) : Léonie Devil (trente ans), actrice, et son frère Mathieu cherchent à sortir de la gêne. Elle accepte d'être l'institutrice de Cécile de Lauris, qui est la fille de son ancien soupirant Paul Farval, qui a changé de nom. La vieille marquise de Lauris fait semblant d'être sourde pour épier les menées de Léonie et de Mathieu. Pour finir, Léonie épouse M. de Lauris. Léonie dit de son frère : « Bonne, mais frivole nature qui ne comprend pas que la douleur fait dévier le cœur, mais que le torrent qui ravage devient une source bienfaisante, si on lui creuse un lit sur une pente douce » (p. 48). Louise Colet serait-elle la « pente douce » de Flaubert ?

Louise Colet a consulté Léon Gozlan, un expert, pour sa pièce. Il lui répond : « Il faudrait donner plus d'étendue au troisième acte, ou mieux encore le fondre dans le second ; faire comprendre un peu plus tôt (mettons beaucoup plus tôt) que l'institutrice et son frère ne sont pas, celle-ci une intrigante, celui-là un escroc [même critique dans la lettre de Flaubert à Louise Colet du *[8 avril 1852]*, p. 69]. Leur réhabilitation arrive bien tard, trop tard ; ne pas immobiliser aussi longtemps en scène la vieille dame qui feint la surdité ; l'effet est bon ; prolongé il perd de sa valeur *[id., ibid]*. » Finalement, Gozlan refuse de collaborer à la comédie, car son ami Léon de Wailly lui « a confié une comédie en cinq actes bâtie sur la même idée que porte la vôtre, et où l'on trouve et le mari rival du neveu, et la jeune fille élevée par l'institutrice, avec cette seule différence que dans la pièce de M. de Wailly l'institutrice est chassée, et que dans la vôtre, elle épouse. La comédie dont je vous parle a pour titre *Le Démon de la famille* » (musée Calvet, fonds Colet, 6409, ffos 3934-3935). Je n'ai pas trouvé trace de cette comédie dans les catalogues.

5. *La Colonie de Mettray* (voir Appendice V, p. 929-936), poème présenté par Louise Colet pour le prix de poésie de l'Académie française. Le poème sera couronné (voir la lettre de Flaubert à Louise Colet du *[24 avril 1852]*, p. 75). Le prix sera remis à Louise Colet lors de la séance annuelle de l'Académie française, le jeudi 19 août 1852. Flaubert assistera à la cérémonie.

6. Antoine-Marie-*Jules* Senard (Flaubert orthographie généralement Sénard ou Sénar*t* ; voir sa lettre à Michel Lévy de *[mai ou juin 1857]*, p. 727), né le 9 avril 1800 de Jean-Pierre Senard, maître maçon à Canteleu, et de Sophie Du Tertre. Après des études de droit à Paris, il se fixe à Rouen comme avocat, et sera élu bâtonnier (1835-1846). Libéral, il publie en 1835 une célèbre *Défense du barreau de Rouen,* et préside le 25 décembre 1847 le banquet réformiste de Rouen, auquel Flaubert a assisté (voir sa lettre à Louise Colet de *[fin décembre 1847]*, t. I, p. 491 et n. 1). Il est considéré comme le chef de l'opposition libérale et des républicains modérés de la Seine-Inférieure. Le Gouvernement provisoire le nomme procureur général à Rouen le 4 mars 1848. Il est élu à l'Assemblée nationale le 23 avril 1848, devient vice-président, puis président de l'Assemblée et, le 29 juin, ministre de l'Intérieur

du gouvernement Cavaignac. Non réélu en 1849, il s'inscrit au
barreau de Paris, où, entre autres causes, il défendra Flaubert lors
du procès de *Madame Bovary*. Thiers l'envoie en septembre 1870 en
Italie comme ambassadeur extraordinaire. Maire de Saint-Cloud, il
est élu député le 18 octobre 1874, et meurt le 28 octobre 1885.
L'une de ses filles, Lucile, avait épousé Frédéric Baudry (voir t. I,
p. 230, n. 6). De ce mariage sont issues les familles Bergier, Joubert, Macqueron et Brière. Voir la notice de Maître Max Brière
dans l'*Histoire du palais de justice de Rouen*, et surtout Jean Joubert,
*Jules Senard, de la défense de Flaubert à la défense de la République,
1800-1885*, Paris, Les Presses du Palais-Royal, 1984.

   7. Lucile avait épousé Frédéric Baudry, et Anna M. Loysel :
renseignements aimablement fournis par MM. Brière et Joubert.

   8. Article de Louise Colet ; voir la lettre de Flaubert à Louise
Colet du [22 février 1852], p. 46, n. 3.

Page 60.

   1. Théophile Gautier tenait alors la chronique théâtrale à
La Presse.

   2. La *Revue de Paris*.

   3. L'article que Louise Colet se proposait d'écrire pour *La
Presse ?* Voir la lettre de Flaubert à Louise Colet du [22 février
1852], p. 46 et n. 3.

   4. Maxime Du Camp.

À LOUISE COLET

[27 mars 1852]

   Autographe J. Lambert ; Conard, t. II, p. 377-382. Enveloppe :
Madame Colet, rue de Sèvres, 21, Paris. C.P. Rouen, 28 mars ?
La lettre est donc du samedi 27 mars 1852.

   5. Voir la lettre précédente, p. 58.

Page 61.

   a. au-dessus de soi <-même>, j'entends la liberté de [l'esprit]
<l'idée> — dont

   b. si ce<tte> long<ue> [commentaire] <glose> pédantesque

   c. chaque [nuan] synonyme de mot

   d. nettement [sous les] <faute des> détails précis qui lui
manquent [<nécessairement>] toujours

Page 62.

   a. d'anti-poétique par conséquent [tout en voulant l'être]
quelque talent

   b. je vois <de dos seulement> un vieillard

   1. *Les Lettres d'amour*, comédie de Louise Colet, admise à
corrections au Théâtre-Français le 22 mai 1852, et refusée défini-

tivement le 2 juin 1853 (voir Marie-Claire Bancquart et un groupe d'étudiants, *Lettres de Louis Bouilhet à Louise Colet*, p. 86, n. 1). Cette comédie ne semble pas avoir été publiée. Elle mettait en scène, semble-t-il, Louise Colet, Victor Cousin et Flaubert. Voir les lettres de Flaubert à Louise Colet des [2 mai 1852], p. 82, n. 1, et [8 mai 1852], p. 84, n. 4. Sur Edma Roger des Genettes, voir la lettre de Flaubert à Louise Colet du [20 mars 1852], p. 57, n. 3.

2. L'opposition entre littérature personnelle et impersonnelle, entre Byron et Shakespeare, est fondamentale pour Flaubert. Voir t. I, p. 396-397.

3. Voir la lettre de Flaubert à Louise Colet du [20 mars 1852], p. 59, n. 4.

Page 63.

1. Henriette Collier avait envoyé un « tricot » à Flaubert (voir la lettre suivante, p. 64). « Ce que je disais des sentiments qui ne passent pas... » : voir la lettre précédente, p. 57.

2. Flaubert résume ici le plan de la première partie de *Madame Bovary*. Le bal est celui de la Vaubyessard.

3. Jean-Delphin Alard, né à Bayonne le 8 mars 1815, mort à Paris le 22 février 1888. Violoniste et compositeur, professeur au Conservatoire depuis 1843, il était considéré comme le chef de l'école française du violon. Flaubert écrit : *Allard*.

4. *Par les champs et par les grèves.*

5. Voir la lettre précédente, p. 57, n. 1.

Page 64.

À HENRIETTE COLLIER

3 avril [1852]

Autographe Gabrielle Leleu; *Supplément*, t. I, p. 152-155.

1. Ce tricot fait penser à la broderie du porte-cigares (*Madame Bovary*, éd. Claudine Gothot-Mersch, p. 57-58). Voir aussi *Madame Bovary, ébauches et fragments inédits...*, recueillis par Gabrielle Leleu, t. I, p. 243 et 249-250. « M. Gérard-Gailly fait remarquer que dans *Une histoire de soldat* de Louise Colet, Léonce (Flaubert) reçoit de Caroline (Louise Colet) un porte-cigares de soie » (*Les Véhémences de Louise Colet*, Paris, Mercure de France, 1934, p. 133 ; cité par Claudine Gothot-Mersch, *Madame Bovary*, p. 455, n. 32).

2. Sur le portrait d'Henriette Collier, voir les lettres de Flaubert à la même du [24 février 1852], p. 48, n. 3, et du [18 avril 1852], p. 73, n. 3.

3. Gertrude Collier avait épousé Charles Tennant le 11 septembre 1847.

4. Voir t. I, p. 128 et *passim*.

5. Flaubert pense sans doute à Maxime Du Camp.

Page 65.

1. Flaubert écrit ce mot avec un accent circonflexe qui va de

l'*a* à l'*u*. Le mot saouleur ou soûleur, dérivé de saoul/soûl, semble bien être un néologisme. Il ne figure ni dans Littré (*souleur,* sans accent circonflexe, veut dire frayeur subite), ni dans le *Dictionnaire de patois normand* d'Henri Moisy.

2. Herbert Collier, frère de Gertrude et d'Henriette. Il avait l'habitude d'appeler Flaubert « papa » (voir t. I, p. 177 et n. 7).

3. La plus jeune des sœurs Collier.

À LOUISE COLET

[3 avril 1852]

En partie inédite. Autographe J. Lambert; incomplète dans Conard, t. II, p. 383-386. Enveloppe : Madame Colet, rue de Sèvres, 21, Paris. C.P. Rouen, 5 avril 1852.

Page 66.

1. Flaubert publiera ce chapitre de *Par les champs et par les grèves* dans *L'Artiste* du 18 avril 1858. Voir sa lettre à Louise Colet du [31 janvier 1852], p. 42, n. 2.

2. Voir la lettre de Flaubert à Louise Colet du [20 mars 1852], p. 59.

3. Les mots « son cul » jusqu'à « jouir » sont omis dans l'édition Conard (t. II, p. 384).

Page 67.

a. où les piétons <ordinaires> restent embourbés

1. Voir la lettre de Flaubert à Louise Colet du [20 mars 1852], p. 59, n. 4.

2. *La Chirognomonie ou l'Art de reconnaître les tendances de l'intelligence d'après les formes de la main,* Paris, Le Clère, 1843, in-8°, 352 p. (voir la lettre de Flaubert à Louise Colet du [25 janvier 1852], p. 38, n. 1).

3. Maxime Du Camp avait écrit les chapitres pairs de *Par les champs et par les grèves.* Une page de Du Camp s'était glissée par erreur dans le manuscrit envoyé par Flaubert à Louise Colet.

4. Pour *Tagahor* (*Revue de Paris,* 1er octobre 1851, p. 12-59), voir la lettre de Flaubert à Maxime Du Camp du 21 octobre [1851], p. 9, n. 1. Le chapitre de Du Camp paru dans la *Revue de Paris* du 1er avril 1852 est intitulé : *Souvenirs de Bretagne (Finistère)* (p. 27-58). Du Camp y raconte la randonnée en Bretagne que Flaubert et lui avaient faite durant l'été 1847. Flaubert est bien généreux pour le style de son compagnon de route. Un exemple : les deux amis mangent un poulet chez l'aubergiste Bataille, à Plouvan : « Il était prêt ; mais ce ne fut point un dîner, ce fut un combat. Il fallut découper le poulet ; sa défense fut héroïque, il lutta avec toute la férocité du désespoir ; à chaque coup de couteau, il se relevait plus superbe et plus menaçant. Longtemps nous le crûmes impre-

nable. Il poussait, sous nos fourchettes, le cri de Cambronne à Waterloo. Devenus ivres de fureur en face de cette résistance, nous nous précipitâmes tous deux, ensemble, à la fois, sur cette volaille homérique et nous la déchirâmes de nos mains ; puis, à la façon des sauvages de l'Océanie, nous dansâmes, en poussant notre cri de guerre, autour du cadavre de notre ennemi vaincu » (p. 35).

5. Roman de Lamartine, qui venait de paraître. Voir les commentaires de Flaubert dans sa lettre à Louise Colet du [24 avril 1852], p. 77-78.

Page 68.

À LOUISE COLET
[8 avril 1852]

Autographe J. Lambert ; Conard, t. II, p. 386-389. Enveloppe : Madame Colet, rue de Sèvres, 21, Paris. Pas de C.P. Cette lettre est du jeudi 8 avril, puisque Flaubert l'annonce dans sa lettre précédente du [3 avril] : « Au reste, je t'écrirai cette semaine plus au long tout ce que j'en pense… »

1. *L'Institutrice* (voir la lettre de Flaubert à Louise Colet du [20 mars 1852], p. 59, n. 4).
2. Le 1er acte de *L'Institutrice* est situé à Paris, dans l'appartement de Léonie ; elle a invité à déjeuner le baron Julien de Montcal. Les 2e et 3e actes se passent au château de Lauris. La critique de Flaubert est bien fondée.

Page 69.

1. Sur Robert Macaire, le héros de *L'Auberge des Adrets*, voir t. I, p. 227, n. 3.
2. La vieille marquise de Lauris.

Page 70.

1. *L'Éducation sentimentale*, version de 1845, que Louise Colet avait lue en janvier (voir la lettre de Flaubert à Louise Colet du [16 janvier 1852], p. 29-30).
2. Edma Roger des Genettes (voir p. 57, n. 3).
3. Sur le livre du capitaine d'Arpentigny, *La Chirognomancie…*, voir p. 38, n. 1. Le portrait du parvenu se trouve p. 44-45. En voici la conclusion : « Main à paume *dure*, large et épaisse, doigts en spatules. »
4. Pour une critique plus détaillée de *Graziella*, voir la lettre de Flaubert à Louise Colet du [24 avril 1852], p. 77-78.
5. Flaubert n'a pas changé d'avis depuis 1844 ; voir sa lettre à Louis de Cormenin du 7 juin [1844] : « […] j'aime les phrases mâles et non les phrases femelles comme celles de Lamartine fort souvent […] » (t. I, p. 210).

À LOUISE COLET
[15 avril 1852]

Autographe J. Lambert; Conard, t. II, p. 390-393. Enveloppe : Madame Colet, rue de Sèvres, 21, Paris. C.P. Rouen, 15 avril 1852.

6. *L'Institutrice ;* voir la lettre de Flaubert à Louise Colet du [20 mars 1852], p. 59, n. 4.

Page 71.

1. La marquise de Lauris (voir la lettre de Flaubert à Louise Colet du [20 mars 1852], p. 59, n. 4).

2. Certains de ces scénarios se trouvent à la Bibliothèque nationale (N.A.F. 14155-14156 et 14249-14254).

3. Louis Bouilhet était plus ou moins amoureux d'Edma Roger des Genettes : elle vient de prendre Louis Énault pour amant. Louis Énault (1824-1900), avocat, journaliste et polygraphe (pseudonyme : Louis de Vermont), originaire d'Isigny, avait été inquiété en 1848 pour ses opinions légitimistes. Il collabore, avec A. Houssaye et Th. Gautier, à *Paris et les Parisiens,* traduit *Werther* (1855) et *La Case de l'oncle Tom* (1859), publie des romans, dont *Christine* (1858), et des récits de voyage comme *Promenades en Belgique et sur les bords du Rhin* (1852). Il a écrit plus de quarante ouvrages (P. Larousse).

Page 72.

1. Flaubert semble ici confondre le vers célèbre d'Alfred de Musset dans la *Dédicace à M. Alfred T [attet]* de *La Coupe et les lèvres* (*Poésies complètes,* Bibl. de la Pléiade, 1976, p. 157) :

> Qu'importe le flacon, pourvu qu'on ait l'ivresse ?

avec un vers de construction semblable dans le chant I de *Melaenis :*

> Qu'importe le berceau, quand l'Olympe est vermeille !

2. Voir p. 71, n. 3.

3. Voir la lettre de Flaubert à Louise Colet du [25 janvier 1852], p. 38 et n. 2.

Page 73.

1. Le prix de poésie de l'Académie française, que Louise Colet remportera avec *La Colonie de Mettray.* Voir la lettre de Flaubert à Louise Colet du [24 avril 1852], p. 75.

2. Le mot est féminin ; Flaubert a sans doute pensé au *quinquina,* d'où la quinine est extraite.

À HENRIETTE COLLIER
[18 avril 1852]

Autographe Gabrielle Leleu; *Supplément,* t. I, p. 155-157.

3. Voir la lettre de Flaubert à Henriette Collier du [24 février 1852], p. 48, n. 3.

4. Le buste de Caroline Flaubert, la sœur de Gustave, par Pradier. Il se trouve aujourd'hui au musée Picasso d'Antibes, à côté du portrait d'Henriette Collier, comme jadis à Croisset. Il est reproduit dans l'*Album Flaubert*, Bibl. de la Pléiade, 1972, p. 48.

5. Je n'ai pu identifier ce peintre. Bénézit mentionne plusieurs peintres de ce nom, vivant en Italie, en France ou en Angleterre, à cette époque.

6. Isabelle Hutton, l'institutrice anglaise de Caroline Hamard, la nièce de Flaubert.

7. D'après sa lettre à Louise Colet du [26 juillet 1852], p. 139, Flaubert devait se rendre à Trouville avec sa mère vers le 15 août. Il semble qu'il y soit allé, car il quitte Paris le jeudi 12 août pour revenir le mardi 17 (voir les mementos de Louise Colet des 15 et 17 août 1852, Appendice II, p. 891-892).

8. Au retour de son voyage en Bretagne avec Maxime Du Camp, durant l'été 1847. Voir la lettre de Flaubert à Louise Colet du [28 septembre 1851], p. 6 et n. 3.

Page 74.

1. La plus jeune des trois sœurs Collier.

2. Le capitaine Collier, qui s'était marié en 1816, avait perdu sa femme le 22 octobre 1850, et, depuis, il se sentait très seul (*Supplément*, t. I, p. 157, n. 1).

3. Flaubert se trompait : il subira une grave crise le 9 août 1852, à Paris. Voir le memento de Louise Colet du 15 août 1852, Appendice II, p. 891-892.

Page 75.

À LOUISE COLET
[24 avril 1852]

Autographe colonel Sickles ; Conard, t. II, p. 393-403. Enveloppe : Madame Colet, rue de Sèvres, 21, Paris. C.P. Paris, 25 ou 26 avril 1852.

1. Le prix de poésie de l'Académie française, pour *La Colonie de Mettray* (voir ce poème à l'Appendice V, p. 929-936).

2. Victor Cousin. Tout le monde savait qu'il avait été l'amant de Louise Colet et qu'il était son principal soutien à l'Académie. Sur les rapports de Victor Cousin et de Louise Colet, voir surtout la lettre de Flaubert à Louise Colet du [2 mai 1852], p. 82, n. 2.

3. Edma Roger des Genettes écrit à Louise Colet le 17 avril 1852 : « Je suis bien triste de vous savoir toujours souffrante et je suis plus qu'étonnée de la mauvaise volonté persistante de l'ami de Rouen. — Il a une gastralgie, j'en suis certaine : la tête et l'estomac souffrent, le cœur sommeille, le goût est moins sûr, et

il est capable dans ce moment d'aimer les tragédies de Voltaire. N'ayez ni découragement, ni faiblesse, on ne vaut que par la lutte, on ne grandit que par l'obstacle, et on ne se connaît un peu que lorsqu'on a bien souffert » (musée Calvet, fonds Colet, 6412, f⁰ 5443). Flaubert avait étudié, en effet, les tragédies de Voltaire (voir sa lettre à Louise Colet du [8 mai 1852], p. 86, n. 6). L'allusion au vers célèbre d'Alfred de Musset, « Et nul ne se connaît tant qu'il n'a pas souffert », est curieuse. Edma Roger des Genettes tentait-elle de pousser Louise Colet dans les bras d'Alfred de Musset ?

4. Le bal de la Vaubyessard (*Madame Bovary,* éd. Claudine Gothot-Mersch, p. 47-58).

Page 76.

a. et de la [joie] satisfaction
b. dans un [état hygièn] régime sain,
c. de toute une race <du pays même>. Les montagnes

1. Comparer ce passage de la Préface des *Poèmes antiques* de Leconte de Lisle (ouvrage annoncé dans la *Bibliographie de la France* du 4 décembre 1852) : « Et maintenant la science et l'art se retournent vers les origines communes… » (Leconte de Lisle, *Articles, préfaces, discours…,* éd. Edgar Pich, Paris, Les Belles-Lettres, 1971, p. 114).

Page 77.

a. j'obéis à une [volonté] fatalité <supérieure>, [et] que je fais le Bien,

1. « Le père était étendu sur le dos, les bras en croix, en plein soleil. Les hirondelles rasaient ses cheveux gris dans leur vol » (*Graziella,* Paris, Garnier, 1927, p. 40). Pour l'amulette de Graziella, *ibid.,* p. 70 ; Graziella travaillant au corail, *ibid.,* p. 74-75.
2. Voir la lettre de Flaubert à Louis Bouilhet du 4 mai [1851], t. I, p. 780. Lamartine consacre à Saint-Pierre de Rome une page dithyrambique, qui commence ainsi : « Saint-Pierre est l'œuvre d'une pensée, d'une religion, de l'humanité tout entière à une époque du monde… » (*Graziella,* éd. citée, p. 9-10).

Page 78.

1. Cecco, cousin de Graziella, « jeune homme de vingt ans, sage, modeste, rangé, ouvrier d'élite, mais simple d'esprit, rachitique et un peu contrefait dans sa taille » (*ibid.,* p. 74).
2. « Je déroulai les souvenirs qui sont retracés dans cette longue note, et j'écrivis d'une seule haleine et en pleurant les vers intitulés *Le Premier Regret* » (*ibid.,* p. 132).
3. Victor Cousin. *Émaux et camées* paraîtront trois mois plus tard (*Bibliographie de la France,* 17 juillet 1852) ; mais la plupart des poèmes avaient été publiés dans des journaux et revues. S'agirait-il de *Nostalgies d'obélisques,* paru dans *La Presse* le 4 août 1851 ?

4. *Melaenis*, poème de Louis Bouilhet, publié dans la *Revue de Paris* du 1ᵉʳ novembre 1851, p. 85-168. Voir des extraits de *Melaenis*, t. I, p. 1075-1076, 1094-1095 et *passim*.

Page 79.

1. Victor Cousin.

2. « Nous éveiller au cri des hirondelles… » (*Graziella*, éd. citée, p. 45-46). La phrase remplit en effet une bonne page.

3. Comparer : « J'aime par-dessus tout la phrase nerveuse, substantielle, claire, au muscle saillant, à la peau bistrée… » (lettre de Flaubert à Louis de Cormenin du 7 juin [1844], t. I, p. 210).

4. Edma Roger des Genettes était alors la maîtresse de Louis Énault (voir p. 71 et n. 3).

5. Le capitaine d'Arpentigny (voir p. 38, n. 1).

6. Louis Énault.

7. Voir la lettre de Flaubert à Louise Colet du [27 mars 1852], p. 61-62.

Page 80.

1. Voir la lettre de Flaubert à Louise Colet du [15 avril 1852], p. 71-72.

2. Allusion au vers célèbre que Rodrigue adresse à don Gormas (*Le Cid*, acte II, sc. II) :

> *Ton bras est invaincu, mais non pas invincible.*

Page 81.

1. Il s'agit du récit du voyage en Bretagne de Flaubert et Maxime Du Camp, durant l'été 1847, intitulé *Par les champs et par les grèves*. Pour le jugement de Louise Colet, voir la lettre de Flaubert à Louise Colet du [3 avril 1852], p. 66.

2. De fait, Flaubert et Louise Colet se reverront à Mantes, et non à Paris, et pour vingt-quatre heures seulement, le 3 juin 1852. Voir sa lettre à Louise Colet du [29 mai 1852], p. 100.

3. Henriette Colet, fille aînée d'Hippolyte et Louise Colet, qui épousera le docteur Bissieu. Elle n'était pas la fille de Victor Cousin (voir p. 82, n. 2). Louise Colet a eu deux fils plus jeunes, morts en bas âge (voir le memento du 12 juin 1851, t. I, p. 810). Je reproduis le poème de Louise Colet, intitulé *Ma fille*, à l'Appendice V, p. 936-938.

Page 82.

À LOUISE COLET
[2 mai 1852]

Autographe Houghton Library, Harvard University ; Conard, t. II, p. 404-406. Enveloppe : Madame Colet, rue de Sèvres, 21, Paris. C.P. Rouen, 3 mai 1852. Flaubert avait d'abord écrit « samedi », qu'il a ensuite barré et remplacé par « dimanche ».

1. Comédie intitulée *Les Lettres d'amour,* et qui n'a pas été conservée. Voir la lettre de Flaubert à Louise Colet du [27 mars 1852], p. 62, n. 1, et, pour la rime en *in,* celle du [8 mai 1852], p. 84 et n. 4.

2. Le *Philosophe* est Victor Cousin. Il avait été l'amant de Louise Colet et passait pour le père d'Henriette. J'avais exprimé un doute sur cette paternité, à l'occasion d'une phrase de Louise Colet dans son memento du 21 avril 1852 : « [...] le caractère de ma fille me navre ; c'est l'esprit envieux, malveillant et léger d'Hippolyte » (Appendice II, p. 886 ; cité t. I, p. 814, n. 3). Victor Cousin avait d'abord cru qu'Henriette était sa fille : « Celle qui samedi dernier a tant souffert à mon occasion aura toujours des droits sacrés sur moi » (lettre de Victor Cousin à Louise Colet, non datée, mais évidemment écrite au lendemain de la naissance d'Henriette ; musée Calvet, fonds Colet, 4605, f⁰ 1506 v⁰). Mais très vite un doute avait germé dans son esprit : « Jamais vous ne m'avez dit certainement qu'Henriette fût ma fille. Vous m'avez toujours exprimé à cet égard un doute qui quelquefois vous était douloureux. Ce doute je l'ai partagé. Vous le dirai-je ? À mesure que son caractère se développe, ce doute en moi diminue, et je retrouve en elle à certains égards le portrait moral de M. Colet » (lettre à Louise Colet, non datée, 6406, f⁰ 1775). Plus tard, Cousin s'est convaincu qu'Henriette n'est pas sa fille : « J'aime Henriette, non qu'elle soit ma fille, elle ne l'est pas, et Dieu m'est témoin que je ne la crois pas, mais je l'aime parce qu'elle est à vous, parce que je l'ai vue naître, parce que je l'ai sentie remuer dans ce sein que j'ai si souvent recouvert de mes baisers » (6406, f⁰ 2172 r⁰) ; ou encore : « J'aime Henriette parce qu'elle est sortie de votre sein, de ce sein que j'ai tant aimé, et aussi, je l'avoue, parce qu'elle est la fille d'un homme envers qui j'ai eu de grands torts, et que je crois réparer ces torts, autant qu'il est en moi, en faisant du bien à sa fille » (6406, f⁰ 2257 r⁰). Victor Cousin sera fidèle à ses engagements, fera une pension à Henriette jusqu'à sa mort et la couchera sur son testament.

À son retour d'Orient, Flaubert disait à Louise Colet (memento du 27 juin 1851, t. I, p. 815) : « Épousez le Philosophe... » Louise Colet s'y est efforcée, mais sans succès, après son retour d'Angleterre. Victor Cousin lui répond : « Je ne veux pas vous faire de peine, cependant je dois vous rappeler ce qui arriva l'hiver de 1849. Vous prîtes un amant [sans doute le député Bancel, en février 1850, t. I, p. 808, n. 6]. Dites-moi si cela ne rendait pas impossible un mariage entre nous. [...] J'ai donc été surpris de votre proposition » (6406, f⁰ 1774 v⁰). Après le départ d'Auguste Vetter pour Lyon en juin 1851 (voir t. I, p. 810, n. 11), Victor Cousin propose à Louise Colet de vivre ensemble, mais non de l'épouser : « Quand j'ai su que votre liaison avec ce jeune homme était finie [...], je vous dis : aimons-nous de nouveau et passons nos derniers jours ensemble. Je vous proposais de vous traiter comme ma femme, et Henriette comme ma fille » (6406, f⁰ 2048 r⁰) ; ou encore :

« Non, ma chère amie, je ne veux pas me marier » (6406, f⁰ 2149 r⁰).
C'est Victor Cousin lui-même qui suggère à Louise Colet d'épouser
Flaubert, après leurs retrouvailles en 1851 : « Je ne veux vous
revoir que mariée à celui que vous aimez en ce moment. Croyez-moi :
si vous êtes sûre de lui, de son caractère, de son honnêteté, de sa
probité, épousez-le, mettez un terme à cette triste vie qui retombera
sur vous, quand vous vieillirez, et sur l'innocente Henriette »
(lettre du 4 septembre 1852, date de la poste, 6405, f⁰ 1304 r⁰).
L'année suivante, Victor Cousin encouragera Louise Colet à
demander de l'argent à Flaubert : « Vous voulez que je vous parle
avec franchise ? Je ne comprends pas votre ami. À sa place, vous
pouvez juger de ce que je ferais par ce que j'ai fait quand je le
devais. Quoi ! il sait vos charges, il sait vos dettes, il sait votre
détresse, et il ne vous envoie pas quelques billets comme je le
faisais jadis ! Il le peut ; j'ai connu indirectement son père, et je
sais qu'il a laissé du bien. Combien de fois n'ai-je pas emprunté
pour vous être utile ! Qu'il fasse de même ! » (lettre du 3 juin 1853,
date de la poste, 6405, f⁰ 1327 r⁰).

Ces quelques citations ne font qu'effleurer le sujet ; il faudrait
écrire à nouveau la biographie de Louise Colet, et tenter celle de
Victor Cousin. Voir Félix Chambon, « Deux passions d'un philosophe, documents inédits, I. Victor Cousin et Louise Colet »,
Annales romantiques, 1904, p. 38-65 ; P. Bonnefon, « Lettres inédites
de Béranger à Victor Cousin », *Revue bleue*, 29 avril-6 mai 1911,
p. 513-518 et 554-558 ; J. de Mestral-Combremont, *La Belle
Mme Colet, une déesse des romantiques (d'après des documents inédits)*,
Paris, s.d. (1913), qui utilise certaines lettres de Victor Cousin à
Louise Colet du musée Calvet ; voir un échange de lettres assez
acerbe de l'auteur avec Paul Mariéton (musée Calvet, fonds Colet,
6423). Et surtout les quelques 1 200 lettres de Victor Cousin à
Louise Colet (musée Calvet, 6405, ff⁰ˢ 1062-1772 ; 6406, ff⁰ˢ 1773-
2384 ; et 6407). Voir aussi les lettres de Louise Colet à Victor Cousin
(6418, ff⁰ˢ 356 et suiv.), les lettres de Victor Cousin à Hippolyte
Colet (6421, ff⁰ˢ 70-127) et les lettres de Victor Cousin à Henriette
(6421, ff⁰ˢ 261-326). Mme Lucienne de Wieclawik a publié récemment les dix premières lettres de Cousin à Louise Colet : « Victor
Cousin, amoureux et critique littéraire, lettres inédites (juillet-
décembre 1839) » (*Revue des sciences humaines*, octobre-décembre
1970, p. 531-540).

3. *Revue de Paris*. « L'ami » est sans doute Maxime Du Camp.

4. « Le grand homme futur » est Gustave Flaubert lui-même.
Expression de Louise Colet ?

Page 83.

1. Victor Cousin, qui appartenait en effet à la famille d'esprits
des « doctrinaires ».

2. Les rapports de Louise Colet et d'Alfred de Musset datent
de janvier 1852, bien que la première lettre conservée de leur corres-

pondance soit du [24 juin 1852] (Appendice IV, p. 911). Le fonds
Colet du musée Calvet possède une enveloppe vide, dont l'adresse
est de la main de Louise Colet : Monsieur, Monsieur Alfred de
Musset, 11, rue Rumford *[sic]*, Paris. Cette enveloppe est timbrée
du 22 janvier 1852 (6418, fᵒ 498). Serait-ce la première lettre de
Louise Colet à Alfred de Musset, et lui demandait-elle de voter
pour *La Colonie de Mettray* et de lire son poème lors de la séance
solennelle de l'Académie ?

Louise Colet utilisera les souvenirs d'Alfred de Musset sur sa
liaison avec George Sand dans son roman intitulé *Lui,* paru en
1859. Voir la note bibliographique de la lettre de Flaubert à Louise
Colet du [6 mars 1855], p. 572.

3. Le capitaine d'Arpentigny ; le volume en question est intitulé : *La Chirognomonie ou l'Art de reconnaître les tendances de l'intelligence d'après les formes de la main,* Paris, Le Clère, 1843, in-8ᵒ,
352 p. (voir p. 38, n. 1).

4. Voir cette lettre de Maxime Du Camp à Flaubert, datée du
16 avril [1852], à l'Appendice I, p. 867-868. Voici le passage qui, me
semble-t-il, a attiré les foudres de Flaubert : « En thèse générale
il ne faut guère fréquenter que les forts et repousser les faibles ;
j'admets très bien le *Vae victis* » (p. 868).

5. Maxime Du Camp et Charles Lambert se retrouvaient peut-
être dans le salon de Mme Didier (voir la lettre de Flaubert à
Louise Colet du [20 mars 1852], p. 58 et n. 2). Maxime Du Camp
avait rencontré Lambert-Bey en Égypte (voir t. I, p. 622 et n. 5).

6. Mme Achille Flaubert, née Julie Lormier (voir t. I, p. 44,
n. 2).

7. Charles Baudelaire, « Edgar Allan Poe, sa vie et ses ouvrages »,
Revue de Paris, 1ᵉʳ mars 1852, p. 138-156, et 1ᵉʳ avril 1852, p. 90-110 ;
voir *Œuvres complètes,* Bibl. de la Pléiade, t. II, p. 249-288 et notes.

8. *Raphaël,* le roman où Lamartine raconte ses amours avec
Julie Charles, a paru le 20 janvier 1849. *Graziella* sera publiée la
même année.

9. Le bal de la Vaubyessard (*Madame Bovary,* éd. Claudine
Gothot-Mersch, p. 47-58).

Page 84.

À LOUISE COLET
[8 mai 1852]

Autographe J. Lambert ; Conard, t. II, p. 406-412. Enveloppe :
Madame Colet, rue de Sèvres, 21, Paris. C.P. Rouen, 9 mai 1852.
La lettre n'est pas signée.

a. questions d'art. [tout se lie] Je n'adopte pas,
b. compassion [de tout ce qui] <de bien des choses où ne>
n'attendrit *[refait en]* n'attendrissaient pas

1. Voici le sonnet entier :

LE PRINTEMPS

> *Quel beau soir ! Quel air pur ! Quel suave bien-être !*
> *Dans son limpide azur la lune me sourit ;*
> *Lilas et marronniers, que le printemps fleurit,*
> *Élèvent leurs rameaux jusques à ma fenêtre.*
>
> *Dans ce petit jardin, de hauts murs circonscrit,*
> *Pour m'offrir son parfum chaque fleur semble naître ;*
> *Chaque oiseau de son chant m'agite et me pénètre.*
> *Ô nature ! Je sens ton souffle et ton esprit !*
>
> *En toi la sève court, en moi monte la flamme !*
> *Mes bras cherchent des bras ; mon âme appelle une âme !*
> *En face, à ce balcon qui vient de s'éclairer,*
>
> *Je crois le voir. C'est lui ! tout mon être s'élance.*
> *Non, il est loin ; partout solitude et silence.*
> *Passés dans l'abandon, les beaux soirs font pleurer.*

> 1852 *(Ce qui est dans le cœur*
> *des femmes,* p. 31-32).

2. Il s'agit peut-être du plan ou d'une première esquisse du drame qu'écrivait Louise Colet. Voir la lettre de Flaubert à Louise Colet du [23 mai 1852], p. 93. J'ignore le sujet de ce drame.

3. La fille de Louise Colet.

4. Il s'agit de corrections apportées à la comédie de Louise Colet intitulée *Les Lettres d'amour,* et qui n'a pas été conservée. Les terminaisons en *in* et en *ave* riment avec Victor Cous*in* et Gus*tave* Flaubert. Louise Colet a repris ce procédé dans *Lui* (1859), roman qui met en scène, par exemple, Sainte-Rive (Sainte-Beuve), Mme de Vernoult (Mme d'Agoult), Duchemin (Villemain), etc. Pour George Sand, Louise Colet a été plus ingénieuse en la baptisant Antonia Back (Dudevant traduit en anglais et inversé).

5. *Le Nouvelliste* du 6 mai annonçait : « Il est aussi question du mariage de M. Cousin avec Mme veuve Louise Colet, dont la tête est ceinte de nombreuses palmes académiques » (R. Descharmes, éd. du Centenaire, t. I, p. 438, n. 3).

Page 85.

a. le lyrisme dans la blague [me semble] est pr moi

1. Sur la vocation d'acteur de Flaubert, voir t. I, p. 278 et n. 1.

2. La citation du *Malade imaginaire* de Molière ne paraît pas littérale ; cf. « Voyez-vous, j'ai sur le cœur toutes ces maladies-là que je ne connais point... » (Argan à Béralde, acte III, sc. IX). À la question posée par Julie à propos du jeune Horace : « Que vouliez-vous qu'il fît contre trois ? » le vieil Horace répond : « Qu'il mourût... » (Corneille, *Horace,* acte III, sc. VI).

3. Ce « grand roman métaphysique, fantastique et gueulard » est sans doute *La Spirale*, dont le scénario a été étudié par E. W. Fischer dans *Études sur Flaubert inédit*, Leipzig, Zeitler, 1908, p. 119-137, puis publié par le même critique dans *La Table ronde,* avril 1958, p. 96-98. Je n'ai pu retrouver le manuscrit, donné par Caroline Franklin-Grout à E. W. Fischer ; le texte publié par Fischer me paraît peu sûr. Flaubert y imagine un héros qui mène une vie double, heureuse dans le rêve, malheureuse dans la réalité. Conclusion : « Il [le héros] est donc dans le Vrai et la Morale est que le bonheur est dans *l'imagination* » (p. 98). Voir aussi le commentaire d'E. W. Fischer, art. cité, p. 99-124, et l'article de Paul Dimoff, « Autour d'un projet de roman de Flaubert : *La Spirale* », *R.H.L.F.,* octobre-décembre 1948, p. 309-335, qui propose à tort, je crois, de dater le projet de Flaubert des années 1860-1861, à cause d'une influence peu convaincante des *Paradis artificiels* de Baudelaire. La meilleure étude de *La Spirale* est celle de M. Giorgetto Giorgi, « Un progetto flaubertiano : *La Spirale* », *Belfagor,* janvier 1969, p. 19-40, qui date l'essentiel du projet de Flaubert, comme E. W. Fischer et moi-même, des années 1852-1853. Voir les lettres de Flaubert à Louise Colet des [1er-2 octobre 1852], p. 165-166, [27 décembre 1852], p. 218, [31 mars 1853], p. 290, et la lettre à Ernest Feydeau du [29-30 novembre 1859], Conard, t. IV, p. 349. Sur les rapports de *La Spirale* et de l'Orient, voir Jean Bruneau, *Le Conte oriental de Gustave Flaubert,* Paris, Denoël, 1973, p. 200-203. Consulter aussi le beau livre de Luzius Keller, *Piranèse et les romantiques français. Le mythe des escaliers à spirale,* Paris, Corti, 1966.

Quant aux « idées de théâtre », elles concernent peut-être une féerie dont Flaubert écrira deux longs scénarios, intitulés *Le Rêve et la vie.* Le manuscrit se trouve à la Houghton Library (Harvard University) et va être prochainement publié par Mme Katherine Kovács.

4. J'ignore dans quelle traduction Flaubert a lu l'*Enfer* de Dante. L'une des plus souvent rééditées est celle de Rivarol (Paris, 1785, 2 vol. in-8°).

5. Même jugement dans la lettre de Flaubert à Louis Bouilhet du [4 mai 1851], t. I, p. 780.

Page 86.

a. le [pire] <mauvais> et le sublime,

1. *Les Mémoires d'outre-tombe* ont été publiés en feuilleton dans *La Presse* à partir du 21 octobre 1848, et en douze volumes, par l'éditeur Penaud, du 6 janvier 1849 au 5 octobre 1850.

2. Flaubert a lu *Werther* et *Faust* dès 1838 (voir Jean Bruneau, *Les Débuts littéraires de Gustave Flaubert,* p. 31 et *passim*). La première version de L'*Éducation sentimentale* (1845) prouve qu'il connaissait *Poésie et vérité* (*ibid.*, p. 400-401). Mais c'est surtout dans les années 1851-1853 qu'il se met « à l'école de Goethe » (voir p. 13, n. 1, et *passim*).

3. Le titre du roman de Chateaubriand eſt *Les Martyrs* (1809). On voit que Flaubert préférait la druidesse à l'héroïne du roman, Cymodocée. L'épisode de Velléda figure aux livres IX et X des *Martyrs*.

4. Sur l'académicien Pongerville, voir t. I, p. 484, n. 1.

5. *La Découverte de la vaccine*, in *Œuvres de jeunesse*, t. III, p. 339-365. Le manuscrit, incomplet, se trouve à la Bibliothèque nationale (N.A.F. 14148) ; il eſt tantôt de la main de Flaubert, tantôt de celle de Louis Bouilhet. Il date des années 1845-1847. Voir Jean Bruneau, *Les Débuts littéraires de Guſtave Flaubert*, p. 577, n. 14.

6. Voir la lettre de Flaubert à Alfred Le Poittevin de [juillet 1845], t. I, p. 247, et Theodore Beſterman, *Voltaire jugé par Flaubert*, in *Travaux sur Voltaire et le dix-huitième siècle…*, Inſtitut et musée Voltaire, Les Délices, Genève, 1955, t. I, p. 133-158.

7. Outre des tragédies lyriques, Marmontel a fait jouer quatre tragédies par les Comédiens du Roi : *Denys le Tyran* (février-mars 1748), *Ariſtomène* (30 avril 1749), *Cléopâtre* (20 mai 1750) et *Les Héraclides* (mai-juin 1752).

8. C'eſt Hermance qui parle de son fiancé Elfrid. Flaubert cite de mémoire ; le texte du manuscrit porte : « fière » (*Œuvres de jeunesse*, t. III, p. 348).

9. Le mot *écumoire* ou *écumoir* ne figure pas dans le *Dictionnaire de patois normand* d'Henri Moisy. D'après Littré, qui cite un texte du XVIIe siècle : « On a dit *écumoir* au masculin. »

Page 87.

1. Le dernier vers eſt faux ; le manuscrit porte « bouillonnante » (*Œuvres de jeunesse*, t. III, p. 340). C'eſt Jenner qui parle.

2. C'eſt Hermance qui parle (*Œuvres de jeunesse*, p. 349).

3. C'eſt Ismène, la confidente d'Hermance, qui parle (*ibid.*).

4. Je n'ai retrouvé qu'une lettre de Mme Victor Hugo à Louise Colet, mais qui date des années suivantes, peut-être après le voyage de Louise Colet en Angleterre de 1856. En voici le début : « Chère Madame, je suis à Paris pour trois ou quatre jours. Je ne voudrais pas repartir sans vous avoir embrassée. Dites-moi l'heure où je pourrais vous rencontrer ? Je suis descendue 20, rue de Navarin […] » (Lovenjoul, B VI, ffos 413-414 ; la lettre eſt datée du samedi 18, peut-être octobre 1856).

5. Louis Boulanger, né à Vercelli (Piémont) le 11 mai 1806, mort à Dijon le 5 mars 1867. Le portrait d'Adèle Hugo (1839) se trouve actuellement à la maison Victor-Hugo, à Paris.

6. Au retour du voyage d'Italie (avril-mai 1845), accompli en compagnie du docteur, de Mme Flaubert, d'Émile et de Caroline Hamard. Voir *Voyages*, éd. R. Dumesnil, t. I, p. 154-155.

7. Hippolyte Lucas, né à Rennes le 20 décembre 1807, auteur de romans, de poésies, d'études hiſtoriques, de biographies et d'une vingtaine de pièces de théâtre (voir Vapereau, 1870).

Page 88.

1. *Madame de Montarcy*, dont les premières auront lieu, à Paris, à l'Odéon, le 6 novembre 1856, et à Rouen, le 24 juin 1858. L'ouvrage sera dédié à Alfred Guérard (Paris, Michel Lévy, 1856, in-18, 140 p.).

2. Louis Bouilhet ne quittera Rouen pour Paris qu'à l'automne de 1853. Voir la lettre de Flaubert à Louise Colet du [6 novembre 1853], p. 463.

3. « Il fault avoir femmes, enfans, biens, et sur tout de la santé, qui peult ; mais non pas s'y attacher en manière que nostre heur en despende. Il se fault reserver une arriere boutique toute nostre, toute franche, en laquelle nous establissions nostre vraye liberté et principale retraicte et solitude » (Montaigne, *Essais*, liv. I, chap. XXXVIII, « De la solitude » ; *Œuvres complètes*, Bibl. de la Pléiade, p. 235).

À LOUISE COLET
[15-16 mai 1852]

Autographe J. Lambert ; Conard, t. II, p. 412-417. Enveloppe : Madame Colet, rue de Sèvres, 21, Paris. C.P. Rouen, 16 mai 1852. La lettre n'est pas signée.

Page 89.

1. Je ne vois pas à quelle page de l'œuvre imprimée peut se rapporter cette phrase. Peut-être s'agit-il d'une description de coucher de soleil : « Le ciel d'un bleu pâle était du côté du couchant tout pommelé de petits nuages roses... » (*Madame Bovary, Ébauches et fragments inédits...*, recueillis par Gabrielle Leleu, t. I, p. 179).

2. Je n'ai pas pu identifier ces « parentes de Champagne ». Il s'agit certainement de parentes par alliance, puisque Flaubert ne les connaît pas encore. La sœur du docteur Flaubert avait épousé le 27 février 1810 François Parain, orfèvre à Nogent-sur-Seine. Leur fille Olympe s'était mariée le 15 mars 1830 avec Louis Bonenfant, avoué à Nogent-sur-Seine (voir t. I, p. 3, n. 1 et *passim*).

3. Isabelle Hutton, l'institutrice de Caroline Hamard. Flaubert souligne, car Louise Colet était de nature jalouse.

4. Juliette Flaubert, née en 1840.

5. En 1764, Voltaire avait publié une édition des *Œuvres* de Corneille en douze volumes in-8°, destinée à payer la dot d'une demoiselle Corneille, descendante d'un oncle du dramaturge. Jusqu'à la fin du XIXᵉ siècle, les éditions du théâtre de Corneille reproduisent, en tout ou en partie, les commentaires de Voltaire. Ces commentaires sont du plus grand intérêt pour l'étude du goût de Voltaire, et de la littérature classique en général.

Page 90.

a. il n'est pas de [bêtises] <sottises>

b. au droit divin, [au despotisme] <à la suprématie> de l'Esprit.

1. « Ceulx qui accusent les hommes d'aller tousjours béant aprez les choses futures, [...] touchent la plus commune des humaines erreurs [...] » (Montaigne, *Essais*, liv. I, chap. III, « Nos affections s'emportent au delà de nous » ; *Œuvres complètes*, Bibl. de la Pléiade, p. 18).

Page 91.

1. Flaubert assimilera toujours catholicisme et socialisme. Voir Eugen Haas, *Flaubert und die Politik*, Biella, G. Amosso, 1931 (Inaugural-Dissertation, Leipzig), *passim*. La pensée politique de Flaubert mériterait d'être étudiée à nouveau.

2. Sur l'esthétique de Flaubert, voir surtout Sergio Cigada, *Il pensiero estetico di Flaubert*, Contributi dell'Istituto di filologia moderna, Serie Francese, vol. terzo, Società Editrice Vita e Pensiero, Milano, 1964, in-8°, 186-456 p.

3. La lecture du mot *épouse* ne fait aucun doute. Flaubert a-t-il voulu dire : *époque ?*

4. Flaubert ne prêterait-il pas à Victor Hugo ses propres idées ? Les œuvres de l'exil seront remplies de « tirades sur l'humanité, le progrès, la marche de l'idée ».

Page 92.

1. Par exemple *Mathilde, mémoires d'une jeune femme*, Paris, Gosselin, 1844-1845, 2 vol. gd in-8°. Sur ce roman d'Eugène Sue, voir t. I, p. 126, n. 4.

2. *Les Mystères de Paris*, Paris, Gosselin, 1842-1843, 10 tomes en 5 vol. in-8°.

3. Alexandre Dumas fils, *La Dame aux camélias* [roman], Paris, Cado, 1848 ; *La Dame aux camélias*, pièce en cinq actes, mêlée de chants, jouée à Paris, au théâtre du Vaudeville, le 2 février 1852. Sur le thème romantique de la courtisane au grand cœur, voir Jean Bruneau, *Les Débuts littéraires de Gustave Flaubert*, p. 323-325.

4. L'académicien Villemain commençait à s'intéresser vivement à Louise Colet. Voir la lettre de Flaubert à Louise Colet du [23 janvier 1854], p. 513 et n. 5. Mme Hugo était venue rendre visite à Louise Colet avec sa fille (passage non cité à l'Appendice II du memento de Louise Colet du 6 mai 1852).

5. En effet, Louis Bouilhet ne viendra s'établir à Paris qu'en automne 1853. Voir p. 463.

6. Flaubert a vécu à l'Hôtel-Dieu de Rouen jusqu'à la mort de son père, sauf les années d'internat au Collège royal de Rouen et d'études à la Faculté de droit de Paris. La partie de l'Hôtel-Dieu où avaient habité les Flaubert a été convertie en musée ; on peut y visiter la « petite chambre » de Gustave.

7. Flaubert s'installa 19, rue de l'Est en novembre 1842 (voir t. I, p. 126-127 et *passim*). Il y restera jusqu'à sa seconde crise nerveuse à la fin de janvier 1844 (voir t. I, p. 202-203).

À LOUISE COLET

[23 mai 1852]

Autographe non retrouvé; copie R. Descharmes, B.N., N.A.F. 23831, ff^os 62-64; Conard, t. II, p. 418-420. D'après R. Descharmes (N.A.F. 23836, fiche 343), la lettre est timbrée du 24 mai 1852.

8. *Les Lettres d'amour,* comédie de Louise Colet, n'avait été admise qu'à corrections au Théâtre-Français. Elle sera refusée définitivement le 2 juin 1853 (voir p. 62, n. 1).

Page 93.

1. J'ignore tout de ce drame (voir aussi p. 84 et n. 2).

2. Louise Colet avait-elle lu le scénario de son drame à Flaubert lors de son séjour à Paris au début de mars 1852 ?

3. Sur l'hôtel de Mantes, voir la lettre de Flaubert à Louise Colet du [10 septembre 1846] (t. I, p. 333-334) et les notes.

Page 94.

1. Flaubert n'écrira jamais ce *Conte égyptien,* qui semble être le même projet qu'*Anubis,* mentionné dans sa lettre à Louis Bouilhet du 14 novembre 1850 : « [...] l'histoire d'*Anubis,* la femme qui veut se faire baiser par le Dieu » (t. I, p. 708). Jamais Flaubert ne cite ensemble ces deux titres ; il précise d'autre part que le *Conte égyptien* se situera dans l' « Orient antique » (lettre de Flaubert à Louise Colet du [6 juin 1853], p. 348). *Anubis* est mentionné à nouveau dans la lettre de Flaubert à Louis Bouilhet du [24 août 1853], p. 411, et dans les lettres à Louise Colet des [26 août 1853] et [7 septembre 1853], p. 416 et 428. Sur le *Conte égyptien,* voir t. I, p. 708, n. 3, et Jean Bruneau, *Les Débuts littéraires de Gustave Flaubert,* p. 476-477.

2. Il s'agit sans doute de projets de féeries (voir Marie-Jeanne Durry, *Flaubert et ses projets inédits,* p. 53 et suiv.). Pour *Le Rêve et la vie,* voir p. 85, n. 3. Le plan de *Pierrot au sérail* a été reproduit dans les *Œuvres de jeunesse,* t. III, p. 326-338 ; le manuscrit se trouve à la Bibliothèque nationale, N.A.F. 14153. Quant au *Château des cœurs,* il sera publié dans *La Vie moderne* (24 janvier-8 mai 1880), avec des illustrations, au grand désespoir de Flaubert. Mais Flaubert songeait peut-être alors à faire jouer *La Tentation de saint Antoine* (voir p. 149 et n. 6).

3. Flaubert fera jouer *Le Candidat,* au théâtre du Vaudeville, le 11 mars 1874. Ce sera un four et Flaubert retirera sa pièce après quatre représentations.

4. Voir p. 65 et n. 1.

À LOUISE COLET

[29 mai 1852]

Autographe J. Lambert; Conard, t. II, p. 420-439. Enveloppe : Madame Colet, rue de Sèvres, 21, Paris. C.P. Rouen, 31 mai 1852.

a. admiration du [grand] beau,

5. Discours de réception à l'Académie française, prononcé le 27 mai 1852 (*Œuvres d'Alfred de Musset...*, Paris, Charpentier, s.d., gd in-8°, p. 728-734). Musset succédait à Emmanuel Dupaty, né à Bordeaux en 1775, mort à Paris en 1851. Il était entré à l'Académie française en 1835, et avait été nommé administrateur de la bibliothèque de l'Arsenal en 1842. Il était l'auteur d'opéras-comiques et d'une satire dirigée contre la Terreur blanche, *Les Délateurs* (1816). Flaubert n'est pas le seul à avoir été révolté par la pusillanimité de Musset : dans *Le Pays* du 2 juin 1852, L. de Loménie écrit : « Ce n'est pas ainsi que les novateurs de la même école que M. de Musset, entrés successivement à l'Académie, ce n'est pas ainsi que MM. Victor Hugo, de Vigny, Sainte-Beuve, avaient compris leur rôle de récipiendaire. Tous, en abandonnant plus ou moins les exagérations de leur jeunesse, avaient maintenu le drapeau de l'innovation ; M. de Musset l'a mis dans sa poche. »

Page 95.

a. de la laisser <crever> vierge

1. « S'il t'arrive de te répandre au-dehors, pour plaire à quelqu'un, sache que tu as perdu ta place » (Épictète, *Manuel,* avec une traduction française par Lefebvre-Villebrune, Paris, an III, p. 131, § 30). J'ignore de quelle édition Flaubert s'est servi.

2. *Gabrielle,* comédie d'Émile Augier (1849). Voir la lettre de Flaubert à Louis Bouilhet du 2 juin [1850], t. I, p. 628 et n. 1.

3. « Mais c'est par cette raison même *que* je ne saurais toucher un pareil sujet sans une bien grande hésitation ; non *que* je recule devant la tâche précieuse *que* vos suffrages m'ont imposée : celui *qu'*honorent de tels suffrages doit avoir autant de courage *que* vous avez eu d'indulgence, et si peu digne *qu'*il se puisse croire de cette bienveillance *qui* l'accueille, s'efforcer du moins d'y répondre » (*ibid.,* p. 728 ; c'est moi qui souligne).

4. « Venez, s'écrie à ce sujet M. Emmanuel Dupaty, dans son poème des *Délateurs,* venez, défenseurs des Calas ! et toi surtout, mon père :

J'ai prononcé ton nom : que l'innocence espère !

Puis il ajoute ce vers, qui est si bien de lui :

Un beau trait nous honore encor plus qu'un beau livre

(*ibid.,* p. 728).

Le président Dupaty, du parlement de Bordeaux, père d'Emmanuel, avait été l'un des premiers à réclamer l'abolition de la torture.

Page 96.

a. comment se [refuser] <priver> de pareilles joies

1. *Omne tulit punctum qui miscuit utile dulci* (Horace, *Art poétique*, v. 343).

2. Dupaty entre un soir à l'Opéra-Comique : « Aussitôt s'effacèrent les rêves lointains, la curiosité de suivre La Pérouse : le murmure de l'Océan, qui troublait encore cette tête ardente, se confondit dans la musique, et un coup d'archet l'emporta » (*ibid.*, p. 730).

3. « Ici se présente, pour moi, une difficulté. On ne veut pas qu'ayant appartenu à ce qu'on appelait l'école romantique, j'aie le droit d'aimer ce qui est aimable, et l'on m'en fait une école opposée, décidant, par mes premiers pas, d'une route que je n'ai point suivie. Ce n'est pas que je veuille faire une inutile palinodie, ni renier mes anciens maîtres, qui sont encore mes amis ; car je ne me suis jamais brouillé qu'avec moi-même. Mais je proteste de toutes mes forces contre ces condamnations inexorables, contre ces jugements formulés d'avance, qui font expier à l'homme les fautes de l'enfant, qui vous défendent, au nom du passé, d'avoir jamais le sens commun, et qui profitent des torts que vous n'avez plus pour vous punir de ceux que vous n'avez pas eus » (*ibid.*, p. 730).

4. Victor Hugo était en exil, dans l'île de Jersey.

5. « Casimir Delavigne, fils du même temps, et avec qui M. Dupaty a plus d'un rapport, quand ce ne serait que l'amour de la beauté, de la gloire et de la patrie, laisse à peu près dans l'âme le même sentiment, et doué de plus de force, et d'autant de grâce, il savait que l'estime vaut mieux que le bruit » (*ibid.*, p. 731).

6. Casimir Delavigne, *Trois Messéniennes, élégies sur les malheurs de la France* (1818) ; *Le Paria*, tragédie en cinq actes avec des chœurs, Paris, Second Théâtre-Français, 1er décembre 1821 ; *Marino Faliero*, tragédie en cinq actes, Paris, Porte-Saint-Martin, 30 mai 1829 ; *Les Enfants d'Édouard*, tragédie en trois actes et en vers, Paris, Théâtre-Français, 18 mai 1833. Flaubert a lu très tôt des œuvres de Casimir Delavigne, qui a toujours été l'une de ses bêtes noires (voir t. I, p. 19, n. 13).

Page 97.

1. « Dans *Le Poète et le musicien*, il y a des vers qui sont restés célèbres. Ceux, par exemple, où le poète, défendant contre l'orgueil du Grand Opéra les prétentions plus humbles de l'Opéra-Comique, plaide cette cause si aisément gagnée :

> *J'aime auprès d'un palais une simple cabane ;*
> *En quittant Raphaël, je souris à l'Albane.*
> *De pampre couronné, l'aimable Anacréon*
> *Sur l'airain, près d'Homère, a consacré son nom.*
> *Sans être au premier rang, on peut prétendre à plaire.* »

(*Ibid.*, p. 731).

2. Flaubert a vu ces « copies de l'Albane » dans le salon de Voltaire, à Ferney, en 1845 (*Voyages,* éd. R. Dumesnil, t. I, p. 153).

3. Allusion à la célèbre tirade qui commence ainsi : « Dors-tu content, Voltaire, et ton hideux sourire... » (Alfred de Musset, *Poésies complètes,* Bibl. de la Pléiade, 1976, p. 283).

4. Arsène Houssaye avait publié deux recueils de vers : *Les Sentiers perdus* (1841) et *La Poésie dans les bois* (1845). Ils venaient d'être réédités sous le titre de *Poésies complètes* (1850).

5. Sur Adolphe Chéruel, professeur d'histoire de Flaubert au Collège royal de Rouen, voir t. I, p. 29, n. 6. Comparer le jugement de Boileau sur *Les Fourberies de Scapin* (*Art poétique,* ch. III, v. 399-400) :

> *Dans ce sac ridicule où Scapin s'enveloppe,*
> *Je ne reconnais plus l'auteur du Misanthrope.*

6. « Et si l'amour de la vérité, de la beauté, le guide et l'éclaire, avec quel soin, ou parfois même avec quel emportement irrésistible ne se livre-t-il pas à ce travail, qui, bon ou mauvais, quel qu'en soit le résultat, n'en est pas moins, quoi qu'on en puisse dire, l'un des plus nobles des exercices de l'esprit ! [...] Il y a sans doute, pour l'esprit, des routes plus grandes et plus sévères, il y en a d'incomparables, celles où Fénelon et Bossuet ont passé. — Mais celle-ci n'en reste pas moins belle, et à coup sûr elle doit être honorée, quand elle est suivie par un honnête homme... » (*ibid.,* p. 732).

7. Il s'agit de la Terreur blanche (voir la note 5 de la page 94) :

> *Les forfaits sont comblés par d'exécrables jeux ;*
> *Et reculant d'horreur à ce spectacle affreux,*
> *Le fleuve qui, la veille, apportait à la ville*
> *Les doux tributs des champs sur son onde tranquille,*
> *Après l'assassinat d'un père ou d'un enfant,*
> *Ramène dans Lyon l'échafaud triomphant.*

> (*Les Délateurs* [1816], *ibid.,* p. 734).

Page 98.

1. Alfred de Musset commente une tragédie inédite de Dupaty, *Isabelle de Palestine :* « Ce poème dramatique... respire d'un bout à l'autre les plus nobles sentiments, et cette grandeur héroïque, cette bravoure des croisades, si fière devant les hommes, si humble devant Dieu, cette poésie chevaleresque, dont le *Tancrède* de Voltaire reste le type inimitable » (*ibid.,* p. 734).

2. Franck : le héros de *La Coupe et les lèvres, poème dramatique* (*Poésies complètes,* Bibl. de la Pléiade, 1976, p. 162-206). *Frédéric et Bernerette,* nouvelle parue en 1838 (*Œuvres complètes en prose,* Bibl. de la Pléiade, 1971, p. 454-498).

3. Il s'agit d'événements contemporains : les Osages sont une peuplade de la famille des Sioux. L'astronome Leverrier avait

découvert la planète Neptune en 1846. Poitevin est, avec Robertson, Green, Margat, Godard, Petin et Nadar, l'un des aéronautes les plus célèbres de l'époque. Flaubert assistera à l'une de ses ascensions (voir sa lettre à Louise Colet du [26 juillet 1852], p. 139).

Page 99.

1. Le point d'interrogation est de Flaubert.

2. Allusion à ces deux vers de *La Nuit de mai* (Alfred de Musset, *Poésies complètes*, éd. citée, p. 318 ; c'est la Muse qui parle) :

> *De ton cœur ou de toi lequel est le poète ?*
> *C'est ton cœur, et ton cœur ne te répondra pas.*

3. Le baron de Montyon (1733-1820) a fondé le prix de vertu de l'Académie française en 1783.

4. La fille de Louise Colet.

5. Louis Énault (voir la lettre de Flaubert à Louise Colet du [15 avril 1852], p. 71, n. 3).

Page 100.

1. Sur Valentine Delessert et Maxime Du Camp, voir la lettre de Maxime du Camp à Flaubert de [fin août-début septembre 1851], Appendice I, p. 860 et n. 5.

2. Il semble pourtant que Mme Flaubert et Louise Colet se soient une fois rencontrées (voir t. I, p. 811 et n. 4).

3. De « Dimanche soir » à « G. » : passage ajouté par Flaubert à sa lettre en haut du premier feuillet.

Page 101.

À LOUISE COLET
[9 juin 1852]

Autographe non retrouvé ; Conard, t. II, p. 429-431. D'après R. Descharmes (B.N., N.A.F. 23836, fiche 345), la lettre est timbrée du 10 juin 1852.

1. Le sculpteur James Pradier est mort le vendredi 4 juin 1852. Sur la famille Pradier, voir t. I, p. 101, n. 6. M. Douglas Siler m'a signalé une erreur dans cette note. Alfred Le Poittevin écrit à Flaubert le 18 avril 1843 : « Lorsque j'ai été dire adieu à ta mère, elle a bien voulu me faire une offre que j'ai acceptée, à savoir de demander à Mme Darcet, qui doit lui tenir par les liens du sang, toute espèce de renseignement sur Choron. » J'avais déduit à tort de cette phrase que Mme Flaubert et Mme Darcet étaient parentes. La proposition relative concerne Mme Darcet, née Choron, la sœur du musicien. M. Siler a renouvelé nos connaissances sur les rapports Flaubert-Pradier : voir *Flaubert et Louise Pradier ; le texte intégral des* Mémoires de Madame Ludovica (Paris, Minard, 1973, 86 p.) ; « Autour de Flaubert et de Louise Pradier : lettres et docu-

ments inédits », *Studi Francesi,* janvier-août 1977 ; et « Du nouveau sur les *Mémoires de Madame Ludovica* » (*R.H.L.F.,* janvier-février 1978, p. 36-46 ; M. Siler a réussi à identifier l'auteur des *Mémoires :* Louise-Françoise Boyé, née Janelle). M. Siler prépare un ouvrage important sur James et Louise Pradier.

2. Fauvel, cousin d'Émile Hamard. Dans ses souvenirs intitulés *Heures d'autrefois,* Caroline Franklin-Grout écrit : « C'est ma tante Fauvel que j'ai le plus connue. Elle avait épousé un commerçant, mariage sans amour. Elle fut une femme de devoir, pleine de vertus ; nature assez artiste et tendre, elle reporta sur un fils unique toutes ses aspirations et eut le malheur de perdre cet enfant bien-aimé à l'âge de vingt-cinq ans dans un voyage qu'il faisait en Afrique » (passage inédit communiqué par Mme Lucie Chevalley-Sabatier).

3. Je n'ai pu identifier l'amie de Caroline Flaubert.

4. Rosny, village situé à 6 kilomètres en aval de Mantes. Allusion aux séjours des deux amants dans une auberge de Mantes. Voir la lettre précédente, p. 100, et t. I, p. 331 et suiv.

5. Flaubert a fait la connaissance de Louise Colet dans l'atelier de Pradier. Voir sa lettre à Louise Colet du [6 ou 7 août 1846], t. I, p. 274.

6. Caroline Flaubert avait épousé Émile Hamard le 3 mars 1845 (voir t. I, p. 218, n. 5) ; elle est morte le 22 mars 1846 (voir t. I, p. 256 et suiv.). Sur Émile Hamard, voir t. I, p. 259, n. 1 et *passim*.

Page 102.

1. Flaubert et Louise Colet s'étaient retrouvés à Mantes les 3 et 4 juin 1852 (voir p. 100).

2. Flaubert ira à Paris le 3 août 1852 (voir sa lettre à Louise Colet du [1er août 1852], p. 141).

3. Flaubert et Louise Colet se retrouveront à Mantes le 9 novembre 1852 (voir la lettre de Flaubert à Louise Colet du [2 novembre 1852], p. 174).

À LOUISE PRADIER

[12 juin 1852]

Autographe O. Liétard-Pradier; incomplète dans Pierre Lièvre, *Les Nouvelles littéraires,* 31 décembre 1932, p. 8; publiée par M. Douglas Siler, *Flaubert et Louise Pradier…,* Paris, Minard, 1973, p. 81. Enveloppe : Madame Pradier, rue de la Paix, 2, Paris. C.P. Rouen, 13 juin 1852.

4. Flaubert avait été l'amant de Louise Pradier (voir la lettre de Flaubert à Louise Colet du [7 mars 1847], t. I, p. 444 et n. 3). Il le sera de nouveau en 1853 (voir sa lettre à Louis Bouilhet du [24 août 1853], p. 410 et n. 5). La présente lettre, ainsi que celle du 1er janvier [1853], p. 224, a sans doute été écrite de manière à ce qu'elle puisse être communiquée à la famille.

Page 103.

1. John Pradier, le fils du sculpteur, né le 21 mai 1836.

2. Thérèse Pradier, née le 3 juillet 1839 ; Charlotte, née le 29 juillet 1834. La Maison impériale d'éducation pour les filles des membres de la Légion d'honneur avait été fondée en 1809 par Napoléon Ier. Elle était logée dans les bâtiments de l'ancienne abbaye de Saint-Denis.

À LOUISE COLET

[13 juin 1852]

Autographe J. Lambert; Conard, t. II, p. 431-437. Enveloppe : Madame Colet, rue de Sèvres, 21, Paris. C.P. Rouen, 14 juin 1852.

3. Voir l'Appendice V, p. 927-929.

Page 104.

1. Je n'ai pu identifier cet Arménien, ou « Turc », qui fréquentait le salon de Louise Colet. Il est souvent mentionné dans les mementos de cette période ; je n'ai pas cru devoir reproduire tous ces passages. Voir musée Calvet, fonds Calvet, 6416, f° 185 et *passim*.

2. Allusion à un célèbre passage de *René* : « Homme, la saison de ta migration n'est pas encore venue... » (Chateaubriand, *René*, in *Œuvres romanesques et voyages*, Bibl. de la Pléiade, t. I, p. 130).

3. Caroline Hamard.

4. Le capitaine d'Arpentigny (voir p. 38, n. 1).

5. Victor Cousin.

6. Pour la Fête-Dieu. La dernière partie d'*Un cœur simple* fait revivre cette cérémonie (*Trois contes,* éd. Conard, p. 61-64).

Page 105.

a. des goûts plus [élégants] <propres> que Madame

1. Edma Roger des Genettes venait de prendre Louis Énault pour amant. Voir la lettre de Flaubert à Louise Colet du [15 avril 1852], p. 71, n. 3.

2. Louis Bouilhet et Flaubert. La famille compte moins que l'amitié.

3. L'article de Lamartine sur Homère avait paru dans *Le Civilisateur ou Histoire de l'Humanité par les grands hommes,* Paris, bureau d'abonnement; rue Richelieu, 92, 1re année (1852). Outre Homère, Lamartine traitait de Jeanne d'Arc, Palissy, Christophe Colomb, Cicéron et Gutenberg.

4. Il s'agit de « La Jeunesse de Mme de Longueville », qui paraissait dans la *Revue des Deux Mondes* (1er mai 1852, p. 609-640 ; 1er juin 1852, p. 1017-1062). L'ouvrage complet paraîtra l'année suivante sous le titre : *Mme de Longueville. Nouvelles études sur les femmes illustres et la société du XVIIe siècle,* Paris, Didier, 1853, XII-484 p.). Victor Cousin se complaît à imiter les longues

phrases d'un Saint-Simon, par exemple : « [...] je voudrais peindre
la jeunesse de Mme de Longueville, montrer Mlle de Bourbon dans
ses jours d'innocent éclat, mais portant en elle toutes les semences
d'un avenir orageux, naissant dans une prison et en sortant pour
monter presque sur les marches d'un trône, entourée de bonne
heure des spectacles les plus sombres et de toutes les félicités de la
vie, belle et spirituelle, fière et tendre, ardente et mélancolique, se
voulant ensevelir à quinze ans dans un cloître... » etc. (*Revue des
Deux Mondes*, 1er mai 1852, p. 609-610).

5. Fauvel, cousin d'Émile Hamard (voir la lettre de Flaubert à
Louise Colet du [9 juin 1852], p. 101, n. 2).

Page 106.

1. Voir l'Appendice V, p. 927-929.

Page 108.

À LOUISE COLET
[19 juin 1852]

Autographe J. Lambert; Conard, t. II, p. 438-442 (mal datée
du 12 juin 1852). Enveloppe : Madame Colet, rue de Sèvres, 21,
Paris. C.P. Rouen, 20 juin 1852. La lettre n'est pas signée.

Page 109.

1. *Les Résidences royales*. Voir l'Appendice V, p. 925-926.
2. Louise Colet avait remporté le prix de poésie de l'Académie
française pour *La Colonie de Mettray*. Voir la lettre de Flaubert à
Louise Colet du [24 avril 1852], p. 75 et n. 1.
3. Alfred de Musset, sans doute (voir le memento de Louise
Colet du 22 juin 1852, Appendice II, p. 886-887 ; Louise Colet mentionne son poème sur *Pradier,* mais non *Les Résidences royales*).
4. Sabine-Casimir-*Amable* Voïart, dame Tastu, née à Metz en
1798, morte en 1885. Son mari, Joseph Tastu, était imprimeur.
Elle est surtout célèbre pour deux idylles : *Le Réséda* et *Le Narcisse.*
Valmore : la grande poétesse Marceline Desbordes-Valmore (1786-
1859).

Page 110.

1. Maxime Du Camp, *Égypte, Nubie, Palestine et Syrie,* dessins
photographiques recueillis pendant les années 1849, 1850 et 1851,
accompagnés d'un texte explicatif et précédés d'une introduction,
Paris, Gide et Baudry, 1852-1853, 2 vol. in-fol., pl. Voir quelques-
unes de ces photographies dans l'*Album Flaubert,* iconographie
réunie et commentée par Jean Bruneau et Jean-A. Ducourneau,
Bibl. de la Pléiade, p. 82 et suiv.
2. Mlle Julie. Voir t. I, p. 86, n. 7.

Page 111.

1. Voir la lettre précédente, p. 104, n. 1.

2. Voir la lettre de Flaubert à Ernest Chevalier du [15 janvier 1832], t. I, p. 5 et n. 3 et 4.

Page 112.

À HENRIETTE COLLIER
26 juin [1852]

Autographe Gabrielle Leleu; *Supplément*, t. I, p. 158-160.

1. Henriette Collier avait envoyé son portrait à Flaubert. Voir la lettre de Flaubert à Henriette Collier du [24 février 1852], p. 48, n. 3.

2. Voir *Par les champs et par les grèves,* éd. Conard, p. 335-337.

3. À Trouville, à la fin de l'été de 1842. Voir la lettre de Caroline Flaubert à son frère Gustave du [14 juillet 1842], t. I, p. 114.

4. *Madame Bovary.*

5. Au mois d'octobre 1851 (voir la lettre de Flaubert à Henriette Collier du 23 novembre [1851], p. 18).

6. Sur cet *Album* d'autographes, voir la lettre de Flaubert à Louise Colet du [28 septembre 1851], p. 6, n. 1.

Page 113.

1. Caroline Hamard.

2. Juliette Flaubert, la fille du docteur Achille Flaubert, née en 1840.

3. Gertrude Collier avait épousé Charles Tennant, de vingt ans plus âgé qu'elle ; j'ignore quelle est cette « grande entreprise ».

4. James Pradier est mort le 5 juin 1852. Les Collier semblent avoir rencontré les Pradier par les Flaubert ; en tout cas, ils se connaissaient (voir t. I, p. 195).

5. La plus jeune des sœurs Collier.

À MAXIME DU CAMP
26 juin [1852]

Autographe Lovenjoul, A V, f⁰ 305 ; Conard, t. II, p. 442-445. Cette lettre comporte très peu de ratures, contrairement à la lettre au même du [début juillet 1852], p. 120. Elle a sans doute été recopiée (voir la lettre suivante, p. 116). Gérard-Gailly a suggéré la date du 19 juin 1852 (*Les Véhémences de Louise Colet,* p. 221-222; voir aussi le *Bulletin du bibliophile,* art. cité, p. 325). L'autographe est daté par Flaubert lui-même (f⁰ 305 v⁰; p. 115).

a. [se poser] être connu

6. La lettre de Maxime Du Camp à Flaubert n'a pas été retrouvée.

7. Henri Murger (1822-1861), surtout connu pour ses *Scènes de la vie de Bohême* (1848) ; Octave Feuillet, né en 1821, était très lancé dans le monde, mais le grand succès viendra pour lui avec

Le Roman d'un jeune homme pauvre (1858) ; Charles Monselet — Flaubert écrit : *Moncelet* —, né en 1825, poète, dramaturge, historien, a touché à tout ; Arsène Houssaye (1815-1896), poète, dramaturge, essayiste, chroniqueur, critique d'art, est une figure très importante de l'histoire littéraire de l'époque ; il a été administrateur du Théâtre-Français de 1849 à 1856, directeur de *L'Artiste,* inspecteur général des Musées de province... (voir E. Lemaître, *Arsène Houssaye. Notes et souvenirs. Bibliographie,* Reims, Michaud, 1897, IX-206 p.) ; Taxile Delord (1815-1877), rédacteur en chef du *Charivari* (1842-1858), républicain, sera élu en juillet 1871 à l'Assemblée nationale ; il a écrit une importante *Histoire du Second Empire* en 6 volumes (1869-1875). Pour Hippolyte Lucas, voir p. 87, n. 7.

Page 114.

1. Maxime Du Camp n'aura pas changé d'avis, quand il écrira ses *Souvenirs littéraires,* trente ans plus tard : « Flaubert et Bouilhet ont commis tous les deux la même erreur... Ils ne se sont pas assez mêlés aux hommes... À tous deux..., il a manqué aux heures de la jeunesse, entre vingt et trente ans, d'être ballottés dans la houle humaine. Flaubert retenu par sa santé, Bouilhet enchaîné par la nécessité, n'ont pu acquérir la souplesse que donne l'escrime de la vie... » (*Souvenirs littéraires,* 3ᵉ éd., 1906, t. II, p. 332-334).

Page 115.

    a. si amèrement [comme tu le fais] ma vie
    b. et [faire] <écrire> un roman

1. Flaubert se trompe ; cette réplique ne se trouve pas dans *La Comtesse d'Escarbagnas* — bien qu'y figure, à la scène XI, une phrase du même sens — mais dans *Les Précieuses ridicules,* scène IX, où Molière fait dire à Mascarille : « Pour moi, je tiens que hors de Paris il n'y a point de salut pour les honnêtes gens. »

2. Émile Augier (1820-1889) connaîtra la gloire avec *Le Gendre de Monsieur Poirier,* pièce écrite en collaboration avec Jules Sandeau (Paris, Gymnase, 8 avril 1854) ; Auguste Vacquerie, né à Villequier en 1819, beau-frère de Léopoldine Hugo, mort en 1895, dramaturge et critique (*Tragaldabas,* Porte-Saint-Martin, 1848) ; François Ponsard (1814-1867) venait de faire jouer au Théâtre-Français *Ulysse,* tragédie en vers avec chœurs, musique de Gounod (18 juin 1852). Flaubert avait aimé sa *Lucrèce* (voir t. I, p. 160 et n. 6).

3. Surnom donné à Flaubert par Maxime Du Camp, lors de leur voyage en Orient. Voir la lettre de Flaubert à sa mère du 24 juin 1850 (t. I, p. 641) : « Ici il s'est développé chez Maxime un grand talent mimique. Il a un neveu qui est substitut, une bonne qui s'appelle Marianne, etc. Je l'appelle père Étienne ; moi, il m'appelle Quarafon. Ce nom de Quarafon est sublime. »

Page 116.

À LOUISE COLET

[26 juin 1852]

Autographe non retrouvé; Conard, t. II, p. 445-449. D'après
R. Descharmes (B.N., N.A.F. 23836, fiche 349), la lettre est timbrée
du 27 juin 1852. Gérard-Gailly la date à tort du 19 juin 1852
(*Bulletin du bibliophile*, art. cité, p. 325); elle est du même jour que
les lettres à Henriette Collier et à Maxime Du Camp, datées par
Flaubert du 26 juin.

1. Sans doute l'un des deux capitaines Barbey (voir t. I, p. 107,
n. 5).

2. Sur l'*Album*, voir la lettre de Flaubert à Louise Colet du
[28 septembre 1851], p. 6, n. 1.

3. Voir la lettre précédente, p. 113-115.

4. François Ponsard, *Ulysse*, tragédie mêlée de chœurs, en trois
actes, avec prologue et épilogue [Paris, Théâtre-Français, 18 juin
1852], Paris, Michel Lévy, 1852, in-16, iii-112 p. Voir la lettre
précédente, p. 115.

5. Voir la lettre précédente, p. 114-115.

6. Voir le memento de Louise Colet du 22 juin 1852, Appendice II, p. 886-887.

7. « Vive le mélodrame où Margot a pleuré ! » (Alfred de Musset,
Après une lecture, in *Poésies complètes*, Bibl. de la Pléiade, 1976,
p. 423).

Page 117.

1. Allusion aux vers célèbres de *La Nuit de mai* (*Poésies complètes*,
Bibl. de la Pléiade, 1976, p. 308) :

> *Les plus désespérés sont les chants les plus beaux,*
> *Et j'en sais d'immortels qui sont de purs sanglots.*

2. La croix d'honneur d'Alfred de Musset. Voir le memento de
Louise Colet du 22 juin 1852, Appendice II, p. 887.

3. « Voulez-vous ou ne voulez-vous pas ? » (memento de Louise
Colet du 22 juin 1852, Appendice II, p. 887).

4. *La Colonie de Mettray*, poème de Louise Colet, avait été couronné par l'Académie française (voir la lettre de Flaubert à Louise
Colet du [24 avril 1852], p. 75). Il devait être lu, selon la coutume,
à la séance solennelle de l'Académie, qui aura lieu le 19 août 1852.
Louise Colet s'efforçait de convaincre Alfred de Musset de faire
cette lecture. Il refusera dans sa lettre à Louise Colet du [26 juin
1852], Appendice IV, p. 912. L'académicien Patin lira les vers de
Louise Colet (memento du 24 août 1852, Appendice II, p. 893).

5. Leçon R. Descharmes (B.N., N.A.F. 23831, f° 76) ; l'édition
Conard porte : *taire* (t. II, p. 447).

6. Cette lettre n'a pas été retrouvée : c'est la « lettre écrite avec
la fièvre, — et toute de cœur » mentionnée par Musset dans sa
lettre à Louise Colet du [26 juin 1852], Appendice IV, p. 912.

7. Louise Colet avait proposé de faire ou de faire faire un article sur le poème *Melaenis* de Louis Bouilhet (voir p. 46, n. 3). Nefftzer était alors secrétaire du comité de rédaction de *La Presse*.

8. Voir ce poème à l'Appendice V, p. 925-926.

9. S'agit-il du sonnet intitulé *Le Lion captif*, envoyé par Louise Colet à Alfred de Musset dans sa lettre du [25 juin 1852] (Appendice IV, p. 911 et n. 4) ? Je reproduis ce sonnet dans la note 5 de la page 899 du memento de Louise Colet du 14 janvier 1853. Je n'ai trouvé le verbe *réintroniser*, ni dans *Les Résidences royales*, ni dans *Le Lion captif*.

10. Voir ce poème p. 118, n. 5.

Page 118.

1. Le Catalogue des imprimés de la Bibliothèque nationale ne mentionne pas d'éditions récentes — en 1852 — des *Œuvres* de Cyrano de Bergerac. Peut-être Flaubert a-t-il utilisé les *Voyages de Cyrano de Bergerac dans les empires de la lune et du soleil, et l'histoire des Oiseaux*, in *Voyages imaginaires*, Amsterdam, 1787, t. XIII ?

2. Voir p. 117, n. 4.

3. Sur le voyage de Flaubert à Trouville, voir p. 73, n. 7. La séance de l'Académie française l'obligera à faire deux voyages à Paris au mois d'août.

4. Voir le memento de Louise Colet du 22 juin 1852, Appendice II, p. 886-887.

À LOUISE COLET

[27 juin 1852]

Autographe J. Lambert; Conard, t. II, p. 449-451. Enveloppe : Madame Colet, rue de Sèvres, 21, Paris. C.P. Rouen, 28 juin 1852.

5. Louise Colet a en effet réussi à placer ce poème dans *Le Pays* du 23 juillet 1852 ; le voici :

PRADIER

I

Pradier, ta tombe est close, et la foule écoulée
A quitté le gazon des morts silencieux ;
La muse maintenant, de sa douleur voilée,
Va commencer pour toi l'hymne religieux !

D'autres ont mis leur nom sur la strophe légère,
D'autres ont la couleur, ou la note au son pur,
Mais ta pensée, ô maître, est de bronze et de pierre,
Et, comme un corps vivant, jette son ombre au mur.

Le bloc âpre et rugueux, sous ta main souveraine,
Ondulait comme un dos de léopard dompté ;
Et la forme, à ta voix, touchant le socle à peine,
S'élançait dans sa grâce et sa virginité.

Quand les marteaux sonnaient en cadence rapide,
Quand l'atelier vivait, fourmillant et joyeux,
Et que, couvrant les murs de sa neige solide,
La poussière du marbre étincelait aux yeux ;

C'était ton heure à toi ! — ta passion ! — ta vie !
À ton front élargi le sang battait plus fort,
Et ton âme flottait, dans l'idéal ravie,
Comme un vaisseau qui chante en s'éloignant du port !

Tu t'exilais du monde au milieu des déesses,
Chœur immobile et blanc qui souriait toujours,
Bacchantes au sein nu, — Dianes chasseresses,
Et nymphes dans le bain tordant leurs cheveux lourds !

La beauté qui périt, — le sentiment qui passe,
S'arrêtaient dans ton œuvre immortels, radieux...
Car tu sors, ô Pradier, de cette forte race
Qui peupla le ciel vide et nous tailla des dieux !

II

Amis, ne pleurons pas ! — au pays bleu des âmes,
Il est, il est peut-être un asile écarté
Où les maîtres divins qu'ici-bas nous aimâmes
Vivent pleins de jeunesse et de sérénité.

Leur front calme est orné de guirlandes fleuries,
Le soleil de l'idée inonde leur regard.
Ils suivent lentement de longues galeries,
Et vont causant, entre eux, de la forme et de l'art !

Sculpteurs, musiciens, et peintres et poètes,
Ils sont là tous, rêvant au passé glorieux ;
L'œuvre de leur génie a peuplé ces retraites,
Et leurs créations s'agitent autour d'eux.

Polyclète y sourit près de Junon la belle ;
À tes pieds, ô Vénus ! Cléomène est assis ;
Le satyre, échappé des mains de Praxitèle,
Ouvre sa bouche avide aux raisins de Zeuxis ;

Stasicrate, en sueur, sculpte au loin sa montagne,
Miron suit, dans les prés, ses génisses d'airain,
Et le vieil Amphion, chantant par la campagne,
Fait danser les rochers sur le mode thébain !

— C'est là qu'il est monté parmi les statuaires ;
Il habite un beau temple, aux murs étincelants,
Et, timides encor, près des déesses fières,
Missia, puis Sapho, s'avancent à pas lents !

Entrez !... vous qui mêlez aux lignes solennelles
Les langueurs du contour et le pli gracieux,
Filles des temps nouveaux, vous êtes immortelles,
À côté de Vénus, Pradier vous place aux cieux !

Le poème de Bouilhet est inclus dans le douzième article, non signé, du *Salon* de 1852. Dans la dernière strophe, deux fautes d'impression : *mêlés* pour *mêlez*, et *conteur* pour *contour*. Ne pas confondre ce poème avec une autre œuvre de Bouilhet : *À Pradier. Sur un Bacchus de Lydie placé en face d'une statue de Flore,* in *Revue de Paris,* 1er mars 1852, p. 103-104, écrit avant la mort du sculpteur.

Page 119.

a. et <vieille guenille maintenant> s'y effiloque

1. Voir le poème de Louise Colet intitulé *Pradier,* Appendice V, p. 927-929.

2. Voir le memento de Louise Colet du 22 juin 1852, Appendice II, p. 886-887.

3. Alfred de Musset avait promis de lire *La Colonie de Mettray* à la séance solennelle de l'Académie française ; Louise Colet l'en remercie dans sa lettre du [25 juin 1852] (Appendice IV, p. 911). Il reviendra sur sa promesse (voir sa lettre à Louise Colet du [26 juin 1852], Appendice IV, p. 912).

4. L'autographe porte bien : *turpide.* Flaubert a-t-il songé au substantif *turpitude,* mêlé *turpis* et *turbidus* ?

5. Flaubert confond le duc de Gloucester — le futur Richard III —, avec le duc de Clarence, frère d'Édouard IV, qui s'est noyé dans un tonneau de Malvoisie en 1478.

6. Victor Cousin.

Page 120.

1. *Pradier,* poème de Louis Bouilhet (voir p. 118, n. 5).

À MAXIME DU CAMP

[Début juillet 1852]

En partie inédite. Autographe Lovenjoul, A V, ffos 306-307 ; Conard, t. II, p. 451-454. Cette lettre est datée par Gérard-Gailly du 25 ou 26 juin 1852 (*Bulletin du bibliophile,* art. cité, p. 325); cette date est impossible (voir la note bibliographique de la lettre de Flaubert à Maxime Du Camp du [26 juin 1852], p. 113). Cette lettre serait du début de juillet 1852. Les très nombreuses ratures montrent bien qu'il s'agit d'un brouillon que Flaubert a conservé.

a. Je suis [fâché] <peiné>

b. je m'y étais renfermé <tant que je l'avais pu> dans les *limites du sujet,* [tant que je l'avais pu] <comme on dit en rhétorique> [— et si je te réponds encore une fois c'est pour te montrer que je ne suis pas piqué]

c. ta rengaine ? [pr quoi] et viens-tu toujours [tâter le pouls] <prêcher le régime>

d. comique — [et rien de plus] <voilà tout>. — [tu es d'une intolérance exorbitante tu as des *types* d'existences d'hommes etc. Hors desquels tu ne veux rien admettre.]

e. ma vie <et voulu mener ton ingenium à la lisière, lui disant :
« Mon petit ami, il ne faut pas manger de ça, s'habiller de cette
manière, venir ici, etc. »> [J'admets que tu sois une excellente
bonne d'enfants] à chacun

f. culture. — et [puis n'y a-t-il pas une fatalité supérieure ?]
<d'ailleurs> toi

g. tout ce que tu ajouteras <là-dessus> ne sera <donc> que
la redite

2. Voir la lettre de Flaubert à Maxime Du Camp du [26 juin
1852], p. 113-115.

3. Le beau-frère de Flaubert, Émile Hamard, avait vécu quelque
temps à Croisset, après la mort de sa femme, dans une maison
voisine de celle de Flaubert (voir la lettre de Flaubert à Maxime
Du Camp du [25 mars 1846], t. I, p. 259, n. 1).

Page 121.

a. que tu annonces je [n'y crois pas] <le nie>

b. lumières [(jusqu'à ce que je les juge suffisantes du moins)]
Je leur demande

c. précoce, [sur ma carrière brisée,] sur mon irrémédiable
encroûtement

1. Louis de Cormenin (voir la note bibliographique de la lettre
de Flaubert à Louis de Cormenin du 7 juin [1844], t. I, p. 208). Je
ne sais si Louis de Cormenin partageait les idées de Maxime Du
Camp sur la carrière de Flaubert, mais il n'était certainement pas
d'accord avec les principes d'art de ce dernier. Il publiera dans la
Revue de Paris, le 1er mars 1854, un très violent article contre le
« réalisme », intitulé « Du vrai dans l'art » (p. 826-834), qui est son
catéchisme littéraire. Voir aussi sa lettre à Louis Bouilhet du mardi
9 mars 1852 (Lovenjoul, B VI, ffos 388-389), où il s'en prend à
« l'art pour l'art ».

2. Théophile Gautier.

Page 122.

1. Flaubert avait signé sa lettre à Maxime Du Camp du [26 juin
1852] : « Ton Quarafon » (voir p. 115 et n. 3).

À LOUISE COLET
[3 juillet 1852]

Autographe non retrouvé; Conard, t. II, p. 454-458. D'après
R. Descharmes (B.N., N.A.F. 23836, fiche 352), la lettre serait timbrée du 5 juillet (?) 1852. Gérard-Gailly propose à tort la date du
26-27 juin (voir la note bibliographique de la lettre de Flaubert à
Louise Colet du [26 juin 1852], p. 116).

2. La lettre précédente, p. 120-122.

Page 123.

1. Article de Louise Colet sur *Melaenis* (voir les lettres de Flaubert à Louise Colet du [22 février 1852], p. 46 et n. 3, et du [26 juin 1852], p. 117 et n. 7).

2. *Pradier,* poème de Louis Bouilhet, paraîtra dans *Le Pays* du 23 juillet 1852 (voir la lettre de Flaubert à Louise Colet du [27 juin 1852], p. 118, n. 5).

3. Voir le memento de Louise Colet du 22 juin 1852, Appendice II, p. 887.

Page 124.

1. Flaubert possédait une édition de Spinoza en latin : *Opera quae supersunt omnia.* Ed. Henr. Eberh. Gottlob. Paulus. Iena, in Bibliopolo Academico, 1802-1803, 2 vol. in-8°. Sur Spinoza et Flaubert, voir Jean Bruneau, *Les Débuts littéraires de Gustave Flaubert,* p. 444-454.

2. Leçon R. Descharmes (B.N., N.A.F. 23831, f° 81) ; l'édition Conard porte : *sol.*

3. R. Descharmes lit : « Les jeunesses à prétentions fortes... » *(ibid.).*

Page 125.

1. Roger des Genettes était grand amateur de roses (voir la lettre de Flaubert à Louise Colet du [13 juin 1852], p. 105). Il avait peut-être baptisé une de ses roses du nom de Louis Énault, l'amant de sa femme.

À LOUISE COLET
[5-6 juillet 1852]

Autographe J. Lambert; Conard, t. II, p. 458-464. Pas d'enveloppe. La date du [5-6 juillet 1852] est très vraisemblable.

a. <Tu le feras recopier par la mère Hamelin.>

2. Cet article de Flaubert sur *Melaenis* ne verra jamais le jour. Flaubert en reparlera à Louise Colet dans sa lettre du [1er septembre 1852], p. 146, et dans celle du [27 mars 1853], p. 285. Il aurait été arrêté à *La Presse* (lettres de Flaubert à Jules Duplan du [7 septembre 1852], p. 154, et à Louise Colet du [26 septembre 1853], p. 439-440). En mars 1853, Flaubert projette une publication plus vaste, comprenant trois préfaces (voir aussi sa lettre à Louise Colet du [26 août 1853], p. 416). Ces trois préfaces étaient destinées, la première à un volume de Louis Bouilhet composé de *Melaenis* et du *Conte chinois,* la seconde à une édition des *Œuvres de Ronsard,* idée de Louis Bouilhet, et qui aurait eu pour titre : « Histoire du sentiment poétique en France » (lettre de Flaubert à Louise Colet du [27 mars 1853], p. 285 et *passim*), et la troisième au *Dictionnaire des*

idées reçues (ibid.). Je ne sais quand Flaubert a abandonné ce projet ; en tout cas, il ne figure pas dans la lettre à Louis Bouilhet du [5 juillet 1854], p. 561, où Flaubert énumère les œuvres qu'il envisage d'écrire avec son ami. Bien plus tard, après la mort de Louis Bouilhet, Flaubert exprimera ses idées sur son œuvre dans la Préface aux *Dernières chansons* (1872). Le *Dictionnaire des idées reçues* devait prendre place dans le second volume de *Bouvard et Pécuchet,* que Flaubert n'a pas eu le temps de mettre au point.

Page 126.

a. que j'ai cités [sont] <étant> bien choisis <donnent une idée approximative hélas du poëme>. — Arrange

1. Vers la fin de son article sur le *Salon* de 1852, Maxime Du Camp place une courte notice nécrologique sur Pradier. Il y écrit : « Lorsqu'au mois d'octobre 1849 nous partions pour un nouveau et long voyage en Orient, ce fut sa main, qui, la dernière, serra la nôtre... » (*Revue de Paris,* 1er juillet 1852, p. 36). Flatterie « indirecte » envers Flaubert, car le « nous » de Maxime Du Camp est volontairement ambigu : il peut être de majesté — pour Du Camp il s'agit d'un « nouveau » voyage en Orient, pour Flaubert du premier — ou indiquer la présence d'un ami aux côtés du narrateur, ami qui n'est d'ailleurs pas nommé. L'article de Du Camp se termine ainsi, à propos du tableau de Cordier intitulé *Les Époux chinois :* « *Les Époux chinois* sont aussi d'une merveilleuse exactitude, et nous pouvons dire, comme notre ami Louis Bouilhet, dont nos lecteurs ont admiré les vers magnifiques :

> *Le long du fleuve Jaune on ferait bien des lieues*
> *Avant de rencontrer un mandarin pareil !* »

Ce sont les premiers vers du poème de Bouilhet intitulé *Tou-tsong,* qui paraîtra dans la *Revue de Paris* du 1er mai 1853, p. 282-283. L'allusion aux « vers magnifiques » concerne *Melaenis* (*Revue de Paris,* 1er novembre 1851, p. 85-168) et les poèmes *À Pradier, À un voyageur* et *Vesper* (*Revue de Paris,* 1er mars 1852, p. 103-106).

2. Voir p. 120-122. J'ignore si Flaubert a jamais reçu une réponse de Maxime Du Camp.

3. Voir le memento de Louise Colet commencé le 28 juin 1852 (Appendice II, p. 888). La « promenade au clair de lune » a eu lieu le mardi 29 juin.

Page 127.

a. des airs [par cœur] <à la première audition>, s'exaltent
b. il n'en résulte ni [de gds artistes] génie, ni santé
c. à la place de St Antoine <par exemple> c'est moi

1. Flaubert fait allusion à ses crises nerveuses. Voir la lettre de Caroline Flaubert à son frère Gustave du [17 janvier 1844], t. I, p. 202 et n. 2, et les lettres suivantes.

Page 128.

a. des enfants, [rêvent sur les ruines], se pâment
b. mon époque nerveuse [et] <mon époque sentimentale>, et j'en porte

1. La femme du docteur Jules Cloquet (voir t. I, p. 21, n. 2, et p. 565, n. 2).
2. Sur la main brûlée de Flaubert, voir t. I, p. 202, n. 7.

Page 129.

1. L'article de Flaubert sur *Melaenis* ; voir p. 125, n. 2.
2. Le poème de Louis Bouilhet intitulé *Pradier* ne sera publié dans *Le Pays* que le 23 juillet 1852. Voir ce poème p. 118, n. 5.

À LOUISE COLET
[7 juillet 1852]

Autographe J. Lambert; Conard, t. II, p. 464-466. Enveloppe Madame Colet, rue de Sèvres, 21, Paris. C.P. Rouen, 8 juillet 1852

3. La lettre où Louise Colet racontait à Flaubert sa troisième promenade avec Alfred de Musset, le 3 juillet 1852. Voir les mementos des 28 juin et 3 juillet 1852, Appendice II, p. 888 et 889. Louise Colet n'y mentionne pas qu'Alfred de Musset l'a tutoyée.

Page 130.

a. — un *cors* [au cœur] fort sensible

1. Voir la correspondance de Louise Colet et d'Alfred de Musset, Appendice IV, p. 913-914, et les mementos mentionnés dans la note 3 de la page 129.
2. Il s'agit de quatrains satiriques sur les *Quarante,* qui seront publiés, après la mort de Musset, dans la *Revue anecdotique des lettres et des arts* (1er-15 juin 1857, p. 245-254, et 15 juin-1er juillet 1857, p. 269-272). Voir Joseph F. Jackson, « Deux notes sur Louise Colet », *R.H.L.F., juillet-septembre 1935, p. 428-434. Le musée Calvet possède un manuscrit de ces vers (6416, ffos 130-133) : « L'Académie française. Vers improvisés par Alfred de Musset et L. C. le vendredi 2 juillet 1852. Tous les vers marqués d'une croix sont de moi et toutes les strophes marquées d'un numéro ont été faites par moi seule après le départ de Musset. » En voici trois échantillons :

> *Sur ton dos Riquet à la houppe*
> *+ Quelle loupe !*
> *Tu ne vas pas droit ton chemin*
> *Villemain !*
>
> *Tu te crois gendre de Dosne*
> *Long d'une aune ?*

> *Tu ne l'es pas même d'un tiers*
> *Monsieur Thiers !*
>
> + *Quand finit avec bienséance*
> *La séance*
> *On vit s'éloigner à pas lents,*
> *Nonchalant,*
>
> *Cousin cherchant d'un air tragique*
> *Sa logique ;*
> *En quel lieu dit-on qu'il allait ?*
> *Chez Colet.*

Louise Colet avait recopié ces vers pour les envoyer à Flaubert. Le manuscrit est passé en vente à la mort de Caroline Franklin-Grout (Paris, hôtel Drouot, 18 et 19 novembre 1931, n⁰ 141) ; je n'ai pu le retrouver. Voir aussi, au musée Calvet, un exemplaire annoté par Louise Colet des articles de la *Revue anecdotique* (6411, ff⁰ˢ 5048-5051).

3. Mélanie Villenave, épouse Waldor (1796-1871), a écrit un recueil de poèmes, *Poésies du cœur* (1835), et de nombreux romans. Elle était liée avec la famille impériale.

4. L'article de Flaubert sur *Melaenis* (voir p. 125, n. 2 et *passim*). Flaubert ne voulait pas le signer, ni qu'il le fût par Louise Colet (sur ce dernier point, voir p. 123).

5. Ces vers peuvent être ceux de Louis Bouilhet, *Pradier* (voir p. 118, n. 5), ou ceux de Louise Colet et d'Alfred de Musset sur l'Académie française (voir ci-dessus, n. 2).

Page 131.

À LOUISE COLET
[12 juillet 1852]

Autographe B.N., N.A.F. 23825, ff⁰ˢ 13-14 ; lettre publiée par M. Jacques Suffel dans *Le Figaro* du 11 août 1962 ; *Œuvres complètes illustrées de Gustave Flaubert*, éd. du Club de l'Honnête Homme, *Correspondance*, t. II, p. 219-220.

a. de mon impuissance <de mon inanité>, (je n'étais pas là, me disais-je)

1. Voir les mementos de Louise Colet des 28 juin et 3 juillet 1852, Appendice II, p. 888 et 889.

2. « Il eût été plus fort de ta part de souscrire à sa condition et puis, le soir de la lecture, de lui répondre par ses maximes "qu'il faut qu'une femme mente", et de lui dire "mon cher monsieur, allez à d'autres, je vous ai joué" » (lettre de Flaubert à Louise Colet du [26 juin 1852], p. 117).

3. Voir pourtant la lettre de Flaubert à Louise Colet du [7 juillet 1852], p. 130 : « Mais il est certain que je le bâtonnerais avec délices [...]. » Louise Colet, je crois, aurait assez aimé un duel entre Alfred de Musset et Flaubert.

Page 132.

1. Allusions à Alfred de Musset : 1) il a « renié [ses] maîtres » dans son *Discours de réception* à l'Académie française (voir p. 94, n. 5, et p. 96, n. 3) ; 2) il a « cherché à amuser le prince-président » en se moquant de l'Académie française (voir p. 130) ; 3) il a défié Louise Colet de se tuer en sautant d'une voiture en marche (voir les mementos de Louise Colet des 28 juin et 3 juillet 1852, Appendice II, p. 888 et 889).

2. Flaubert arrivera à Paris le 3 août 1852 (voir sa lettre à Louise Colet du [1ᵉʳ août 1852], p. 141).

3. Après son retour d'Orient, Flaubert avait dû se préoccuper de ses finances, car son voyage lui avait coûté près de 30 000 francs (voir le memento de Mme Flaubert, t. I, p. 766). Ces 22 000 francs provenaient de la vente par Gustave Flaubert d'une ferme, sise à Saint-Sulpice-le-Pierre, achetée par le docteur Flaubert le 5 décembre 1828, et dont il avait hérité. Elle avait été vendue en 1839 au baron de Quatrebarbes, mais n'avait pas été payée en totalité à la mort du docteur Flaubert en 1846. Gustave la cède à Frédéric-Adolphe Roulland le 12 mars 1847 pour 22 976 francs 11 centimes, payables immédiatement (G. de Beaurepaire, « La fortune patrimoniale de Flaubert », *Travaux de l'Académie de Rouen*, 1930, p. 396-398). La majeure partie de cette somme avait financé le voyage en Orient de Flaubert.

Page 133.

1. Le capitaine d'Arpentigny (voir p. 38, n. 1). J'ignore le sens de ce surnom. Commençait-il ses phrases par *car* ? ressemblait-il à une *carpe* ?

2. L'article de Flaubert sur *Melaenis* (voir p. 125, n. 2) et le poème de Louis Bouilhet intitulé *Pradier,* qui paraît dans *Le Pays* le 23 juillet 1852 (voir p. 118, n. 5).

3. Sur Hippolyte Ferrat, voir t. I, p. 809, n. 1. Il avait sans doute servi d'intermédiaire entre Louise Colet et *Le Pays ;* peut-être même avait-il accepté de signer l'article de Flaubert sur *Melaenis* ?

4. Les *Œuvres* de Cyrano de Bergerac (voir p. 118, n. 1).

À LOUIS BOUILHET
[17-18 juillet 1852]

Autographe Lovenjoul, A V, ffᵒˢ 70-71 ; *Supplément,* t. I, p. 160-161. Jean Pommier avait déjà publié cette lettre dans le *Bulletin du bibliophile,* avril 1949, p. 166. Elle est datée par l'allusion au Comice agricole que Flaubert verra le dimanche 18 juillet 1852. Le début de cette lettre implique une lettre précédente au même Louis Bouilhet, qui n'a pas été retrouvée.

5. Le Comice agricole que Flaubert verra le 18 juillet 1852 est celui de Grand-Couronne, en aval de Croisset et sur l'autre rive de la Seine. Voir la scène des Comices dans *Madame Bovary,* éd. Claudine Gothot-Mersch, p. 135 et suiv., et n. 66.

6.   *Illi robur et aes triplex*
                Circa pectus erat, qui fragilem truci
                     Commisit pelago ratem
          Primus…

                                   Horace, *Odes,* liv. I, ode III, v. 9-12.

Page 134.

À LOUISE COLET
[18 juillet 1852]

Autographe non retrouvé; copie R. Descharmes (B.N., N.A.F. 23831, ffos 93-95); copie Bissieu (musée Calvet, fonds Colet, 6409, fo 3730); Conard, t. II, p. 466-468. D'après R. Descharmes (B.N., N.A.F. 23836, fiche 356), la lettre est timbrée du 19 juillet 1852.

1. Les Fauvel possédaient un domaine à Pissy-Poville, dont Caroline Hamard héritera. Faudrait-il lire : « ce cousin de ma *sœur* » ? Sur la famille Fauvel, voir p. 101, n. 2.

2. Voir la lettre précédente, p. 133 et n. 5.

Page 135.

1. Voir les lettres d'Alfred de Musset à Louise Colet des [4, 5 et 6 juillet 1852], Appendice IV, p. 913.

2. « Réconciliation le samedi 10 [juillet] » (memento de Louise Colet sur quelques jours de juillet, Appendice II, p. 890).

3. Le 3 août 1852 (voir la lettre de Flaubert à Louise Colet du [1er août 1852], p. 141).

4. Le *Satiricon* de Pétrone. Louise Colet le lisait sans doute dans les *Œuvres complètes de Pétrone, Apulée, Aulu-Gelle,* avec la traduction française, publiées sous la direction de M. Nisard, Paris, J.-J. Dubochet, 1842.

À LOUISE COLET
[22 juillet 1852]

Autographe non retrouvé; Conard, t. II, p. 468-472 (non datée). D'après R. Descharmes (B.N., N.A.F. 23836, fiche 358), le timbre de la poste serait : 22 juillet 1852. C'est la date que propose Gérard-Gailly (*Bulletin du bibliophile,* art. cité, p. 325). R. Descharmes, au contraire, opte pour le 28 juillet, parce que le poème de Louis Bouilhet, *Pradier,* a paru le 23 juillet dans *Le Pays.* Mais le 28 est un mercredi. La lettre est bien du jeudi 22 juillet 1852, et Descharmes s'est mépris sur le sens de la phrase : « [Du Camp] a découvert les vers au *Pays* » (p. 138). C'est le 22 juillet que le poème de Bouilhet a été composé dans les bureaux du *Pays,* et c'est là que Du Camp les a « découverts ». Sinon, il les aurait *lus* dans *Le Pays.* Toute autre date pour cette lettre ruinerait la chronologie du voyage de Flaubert à Paris au début du mois d'août, comme l'a bien vu Gérard-Gailly.

Page 136.

1. Ce poème de Louise Colet, intitulé *Hugo,* avait été inspiré par la vente de Victor Hugo : « En juin 1852 on avait vendu le mobilier et la bibliothèque d'Hugo, ce qui donnait à son exil un air de permanence. Émue, Louise composa le 10 juillet une pièce dédiée au proscrit, qu'elle lui envoya » (Joseph F. Jackson, *Louise Colet et ses amis litttéraires,* p. 195). Ce poème n'est pas recueilli dans *Ce qui est dans le cœur des femmes.*

Page 137.

1. Non pas Boileau, mais Molière : « De telles naïvetés qui succèdent à la belle scène de l'entrevue de Pompée et de Sertorius, justifient ce que Molière disait de Corneille, qu'il y avait un lutin qui tantôt lui faisait ses vers admirables, et tantôt le laissait travailler lui-même » (Voltaire, *Commentaire sur le théâtre de Corneille,* à propos de *Sertorius*).

Page 138.

1. Le poème de Louis Bouilhet, intitulé *Pradier,* allait paraître dans *Le Pays* le lendemain 23 juillet (voir la note bibliographique de cette lettre).

2. La *Revue de Paris* publiera en effet le 1er août 1852 *Les Rois du monde* (p. 146-149) ; le 1er octobre, *À R[achel]* (p. 136). En revanche, le numéro du 1er novembre publie des poèmes de Maxime Du Camp et de Méry, mais non de Bouilhet.

3. Émile Hamard, qui se ruinait à Paris, et qui mourra en 1877. Mme Flaubert écrit le 11 juillet 1860 à son notaire de Paris, Frédéric Fovard (voir p. 326, n. 4) : « M. Bloemans, que j'ai vu hier, m'a dit que sa procuration était toute prête, mais il m'a fortement conseillée d'assembler le conseil de famille de ma petite-fille avant de mettre en vente les biens de son père. Cet avis m'a paru fort sage, car la famille Dupont s'offenserait certainement de n'avoir pas été consultée, et nous avons le plus grand intérêt à la ménager [à cause de la future dot de Caroline. J. B.]. Ce ne sera d'ailleurs qu'un petit retard, parce que les MM. Dupont sont à Pissy, et viendront facilement à Rouen » (Institut de France, fonds Du Camp, 3751, pièce 75). Le notaire Fovard était très lié avec Maxime Du Camp, qui héritera de certains de ses papiers à sa mort. Le fonds Du Camp conserve cinq autres lettres de Mme Flaubert au notaire Fovard, que je publierai dans les notes du troisième volume. Elles concernent le mariage de Caroline, la vente de la ferme de Courtavant, près de Nogent-sur-Seine, et les inquiétudes de Mme Flaubert sur les dépenses de Gustave, à Paris (*ibid.,* 3751, pièces 76 à 80). Je ne peux combler la lacune de l'édition Conard, car ni Mme Bissieu ni René Descharmes n'ont copié cette lettre.

4. Louis Énault était donc l'auteur anonyme du *Salon* publié dans *Le Pays.* Voici sa présentation du poème de Louis Bouilhet intitulé *Pradier* (23 juillet 1852) : « Nous ne pouvons résister au désir

de transcrire les vers que M. Louis Bouilhet nous fait parvenir…
Nos lecteurs nous sauront gré, nous n'en doutons pas, d'avoir
accueilli cette simple et harmonieuse poésie qui dit si bien et en si
beaux vers les regrets éprouvés par tous les véritables amis de
l'art… » (voir Marie-Claire Bancquart et un groupe d'étudiants,
Lettres de Louis Bouilhet à Louise Colet…, p. 100-101 et n. 4).

À LOUISE COLET
[26 juillet 1852]

Autographe non retrouvé; Conard, t. III, p. 1-5. D'après
R. Descharmes (B.N., N.A.F. 23836, fiche 357), la lettre serait
timbrée du 28 juillet 1852.

5. La première partie de *Madame Bovary.*

Page 139.

1. Flaubert arrivera à Paris le mardi 3 août 1852 (voir sa lettre
à Louise Colet du [1ᵉʳ août 1852], p. 141).

2. Flaubert reviendra à Paris pour la séance solennelle de l'Académie française, où Louise Colet recevra le prix de poésie pour
La Colonie de Mettray (voir le récit de la séance dans le memento
de Louise Colet du 24 août 1852, Appendice II, p. 893).

3. L'article de Flaubert sur *Melaenis* (voir p. 125, n. 2)?

4. *Pradier,* poème de Louis Bouilhet, paru dans *Le Pays* du
23 juillet 1852. Voir ce poème, p. 118, n. 5.

5. *Pradier,* de Louis Bouilhet, a paru dans le *Nouvelliste de
Rouen* le 25 juillet 1852. Les deux principaux journaux de Rouen
étaient alors le *Journal de Rouen,* d'orientation libérale et qui recevra
des avertissements du ministère (rédacteur en chef: Beuzeville),
et le *Nouvelliste de Rouen,* organe gouvernemental, que dirigeait
alors Gustave Claudin. Ce dernier a publié ses mémoires: *Mes
souvenirs. Les Boulevards de 1840-1870*, Paris, Calmann-Lévy, 1884,
in-8º, 349 p. Il avait succédé à Louis Veuillot et Edmond Texier
à la rédaction du *Mémorial de Rouen,* devenu après le coup d'État
le *Nouvelliste de Rouen,* en 1851 (p. 115 et suiv.). Il ne rencontrera
Flaubert qu'en 1858: « C'est à Rouen que je connus Gustave
Flaubert, au retour du grand voyage qu'il était allé faire en Tunisie… » (p. 141). Il sera remplacé par Charles Lapierre en 1857
(p. 158). Sur Flaubert, voir les pages 141 à 145 et 181 à 183; sur
Clogenson, les pages 123-124. Il n'est pas impossible que Hussonnet,
net, le journaliste de *L'Éducation sentimentale,* doive quelques traits
à Gustave Claudin.

6. *La Place Royale* sera recueillie dans *Ce qui est dans le cœur des
femmes,* Paris, Librairie nouvelle, 1852, p. 25-27.

Page 140.

1. *Émaux et camées,* Paris, Didier, 1852, 106 p. L'ouvrage est
annoncé dans la *Bibliographie de la France* le 17 juillet 1852.

2. Je ne sais qui est « le jeune homme ». Maxime Du Camp?

Page 141.

1. Flaubert allait à la banque, à Rouen, pour retirer 500 francs qu'il allait prêter à Louise Colet (voir p. 132 et 143).

2. Les mots : « À toi. Ton Gustave » manquent dans l'édition Conard (t. III, p. 4). Ils figurent dans le fragment copié par R. Descharmes (B.N., N.A.F. 23831, f⁰ 96).

À LOUISE COLET
[1ᵉʳ août 1852]

Autographe non retrouvé ; Conard, t. III, p. 5. La lettre semble bien datée.

3. Serait-ce *Le Rayon intérieur,* qui paraîtra dans *Ce qui est dans le cœur des femmes,* Paris, Librairie nouvelle, 1852, p. 1-3 ?

À JULES DUPLAN
[5 août 1852 ?]

Autographe Lovenjoul, A V, ff⁰ˢ 321-322 ; lettre publiée dans les *Œuvres complètes illustrées de Gustave Flaubert,* éd. du Club de l'Honnête Homme, *Correspondance,* t. V, p. 366, avec la date [juin ou juillet 1854]. Je crois que cette lettre, ainsi que les trois autres lettres à Jules Duplan que je date des [6 août 1852 ?], [7 août 1852 ?] et [11 août 1852 ?] concernent le séjour de Flaubert à Paris du 3 au 12 août 1852. La raison en est, outre la vraisemblance, que ces quatre lettres sont écrites sur le même papier et de la même écriture que la lettre à Jules Duplan, sûrement datée, celle-là, du [7 septembre 1852]. Mais certaines de ces lettres peuvent avoir été écrites durant un ou plusieurs autres séjours de Flaubert à Paris.

Cette lettre pose un problème particulier, car d'après R. Descharmes, la lettre suivante, adressée à Louise Colet, serait timbrée du 4 août 1852 (B.N., N.A.F. 23836, fiche 360). Or celle-ci, écrite un jeudi, lui est certainement antérieure (« Duplan vient à 10 heures »). Le cachet postal aurait-il été mal lu ? Je propose donc pour cette lettre et la suivante la date du [5 août 1852 ?].

Page 142.

À LOUISE COLET
[5 août 1852 ?]

Autographe non retrouvé ; Conard, t. III, p. 5. D'après R. Descharmes (B.N., N.A.F. 23836, fiche 360), la lettre serait timbrée du 4 août 1852. Je la crois du [5 août] (voir la note bibliographique de la lettre précédente). Jules Duplan serait accouru à l'hôtel du Helder à la réception du billet de Flaubert, et Flaubert aurait continué toute la journée du jeudi 5 août le travail de révision de *Ce qui est dans le cœur des femmes,* commencé la veille (voir le memento du 15 août 1852, Appendice II, p. 891-892, et la lettre de Louise Colet à Alfred de Musset du 4 août 1852, Appendice IV, p. 917).

1. Ce travail « si mauvais » serait la révision et la mise en ordre par Flaubert des poèmes de Louise Colet pour le recueil *Ce qui*

eſt dans le cœur des femmes, annoncé dans la *Bibliographie de la France* le 28 août 1852. Voir la note bibliographique précédente.

À JULES DUPLAN
[6 août 1852 ?]

Autographe Lovenjoul, A V, ffᵒˢ 319-320; lettre publiée dans les *Œuvres complètes illuſtrées de Guſtave Flaubert,* éd. du Club de l'Honnête Homme, *Correspondance,* t. V, p. 394, sans date. La date du [6 août 1852] me paraît vraisemblable, mais, comme la lettre au même du [5 août 1852 ?], elle pourrait se rapporter à un autre séjour de Flaubert à Paris. Voir la note bibliographique de la lettre de Flaubert à Jules Duplan du [5 août 1852 ?], p. 141.

2. Le « philosophe Baudry » eſt Frédéric Baudry (voir t. I, p. 230, n. 6). Trompé par l'orthographe de Flaubert, qui écrit tantôt *Sénart,* tantôt *Sénard,* j'ai eu le tort, dans le premier volume de cette édition, d'orner d'un accent aigu le nom du beau-père de Frédéric Baudry et du futur défenseur de Flaubert : Mᵉ Jules *Senard.* Voir la lettre de Flaubert à Mᵉ Senard d'[entre le 7 et le 11 décembre 1856], p. 650, et celle de Flaubert à Michel Lévy de [mai ou juin 1857], p. 727.

À JULES DUPLAN
[7 août 1852 ?]

Autographe Lovenjoul, A V, ffᵒˢ 315-316; *Supplément,* t. I, p. 162-163, avec la date : [août 1852 ?]. Cette lettre pourrait être du 7 août 1852.

3. Il s'agit de poèmes de Louis Bouilhet que Jules Duplan devait proposer à la *Revue des Deux Mondes* (voir la lettre de Flaubert à Jules Duplan du [7 septembre 1852], p. 153-155). « L'autre côté » serait la *Revue de Paris* et Maxime du Camp.

Page 143.

1. Voir la lettre de Flaubert à Louis Bouilhet du 4 mai [1851], t. I, p. 778, n. 3. Flaubert n'a pas changé d'avis sur la dernière ſtrophe du poème.

À LOUIS BOUILHET
[10 août 1852]

Autographe Lovenjoul, A V, ffᵒˢ 72-74; *Supplément,* t. I, p. 161-162. Enveloppe : Monsieur Bouilhet, rue Beauvoisine, 131, Rouen, Seine-Inférieure. C.P. Paris, 11 août 1852; Rouen, 12 août ? La lettre a été publiée par Jean Pommier dans *Quelques lettres de Flaubert et de Bouilhet* (1846-1856), *Bulletin du bibliophile,* avril 1949, p. 167-168.

2. C'eſt-à-dire la gare principale de Rouen, alors comme de nos jours.

3. Ce poème intitulé *Veillée* fait en effet partie du recueil *Ce qui eſt dans le cœur des femmes* (Paris, Librairie nouvelle, 1852, p. 115),

où il précède la pièce intitulée *À ma fille*. Le recueil est annoncé dans la *Bibliographie de la France* le 28 août 1852. Voir l'article d'Édouard Maynial, « *Ce qui est dans le cœur des femmes*, ou les Confidences de la belle Mme Colet », *R.H.L.F.,* 1923, p. 490-506, reproduit dans *Flaubert et son milieu,* Paris, Éditions de la Nouvelle Revue critique, 1927, p. 33-65. Je cite ce poème dans la note 1 de la lettre de Flaubert à Louise Colet du [25 janvier 1852], p. 37.

4. « Je t'apporterai 500 francs [...] » (lettre de Flaubert à Louise Colet du [18 juillet 1852], p. 135). « On » désigne ici Mme Flaubert. « Le reste » serait une allusion au retour de Flaubert à Paris pour le prix de Louise Colet. Mme Flaubert aurait sans doute préféré que son fils restât avec elle à Trouville (voir la lettre de Flaubert à Louise Colet du [26 juillet 1852], p. 139).

5. Sur Félicien ou Félix de Saulcy, voir t. I, p. 717, n. 2. Le premier numéro de *L'Athenaeum français, Journal universel de la littérature, de la science et des beaux-arts,* fondé et dirigé par MM. L. Vivien de Saint-Martin, Félix de Saulcy, Adrien de Long-périer, Édouard Delessert et Noël Desvergers, avait paru le samedi 3 juillet 1852 ; il était hebdomadaire. On trouve parmi ses collaborateurs Philarète et Émile Chasles, Louis Énault, Alfred Maury, Mérimée, etc. La rubrique des théâtres était tenue par Alexandre Dufaï. C'est en fait Émile Chasles qui fera l'article concernant Bouilhet ; il loue *Melaenis,* mais trouve que Bouilhet imite trop Byron et Musset (*L'Athenaeum,* 9 octobre 1852, p. 225-226). Flaubert écrit : *Athaeneum.*

À JULES DUPLAN
[11 août 1852 ?]

Autographe Lovenjoul, A V, ffos 323-324 ; lettre publiée dans les *Œuvres complètes illustrées de Gustave Flaubert,* éd. du Club de l'Honnête Homme, *Correspondance,* t. V, p. 366. Cette lettre pourrait être du mercredi [11 août 1852], car Flaubert, dans sa lettre à Jules Duplan du [7 août 1852 ?], p. 142, écrit qu'il espère voir son ami mercredi soir. Flaubert quitte Paris le lendemain jeudi (voir la lettre précédente). Voir aussi la note bibliographique de la lettre de Flaubert à Jules Duplan du [5 août 1852 ?], p. 141.

Page 144.

À LOUISE COLET
[1er septembre 1852]

En partie inédite. Autographe J. Lambert ; incomplète dans Conard, t. III, p. 6-12. Enveloppe : Madame Colet, rue de Sèvres, 21, Paris. C.P. Rouen, 2 septembre 1852. De la main de Louise Colet : 1er septembre 1852.

a. et riait seulement de [la chose] <ta résolution>

1. Grande famille d'érudits des XVIe et XVIIe siècles. Charles Nisard venait de publier un livre intitulé *Le Triumvirat littéraire*

au XVIᵉ siècle : Juſte-Lipſe, Joseph Scaliger et Isaac Casaubon (Paris, Amyot, 1852, in-8°, 464 p.). Il pourrait s'agir de l'édition des *Satires* de Perse par Isaac Casaubon (*Persii Satyrae cum notis*, 1605 ; ouvrage souvent réédité). Voir p. 180 et n. 1.

2. Il s'agit d'un poème de Louis Bouilhet adressé à Louise Colet et envoyé dans une lettre datée par Marie-Claire Bancquart et un groupe d'étudiants du vendredi [13 août ? 1852], *Lettres de Louis Bouilhet à Louise Colet...*, p. 106 et n. 1 : « Pardonnez-moi ces vers faits à la hâte, et qui n'ont de mérite que la sincérité. *C'eſt à vous ſeule que je les adresse.* Je doute que la 2ᵉ ſtrophe plaise infiniment à ma belle lectrice et autres » (p. 106). La belle lectrice eſt Edma Roger des Genettes (voir la lettre de Flaubert à Louise Colet du [20 mars 1852], p. 57, n. 3). Avec son sens habituel de la réclame, Louise Colet avait immédiatement envoyé ces vers à *L'Artiſte*. Devant la réaction de Flaubert, elle écrit à la direction de *L'Artiſte*, le jeudi [2 septembre 1852] : « Monsieur, je reçois à l'inſtant une lettre de M. L. Bouilhet qui me demande de ne pas publier les vers qu'il m'a donnés ; il ne les juge pas dignes de ceux que le public connaît de lui. Je viens donc vous prier d'être assez bon pour me les renvoyer et pour donner à la place dans *L'Artiſte* un fragment de mon volume [*Ce qui eſt dans le cœur des femmes*, annoncé dans la *Bibliographie de la France* le 28 août 1852], ainsi que vous avez bien voulu me le promettre » (Archives de la Comédie-Française, passage cité dans *Lettres de Louis Bouilhet à Louise Colet...*, p. 108, n. 3). C'eſt Flaubert et non Bouilhet qui s'opposait à cette publication, comme le montre la lettre de Louis Bouilhet à Louise Colet du samedi [4 septembre 1852] : « Vous me dites de me tranquilliser sur mes vers. Je ne craignais nullement leur publication, seulement j'ai reçu un sermon, en quatre points, de la part de Guſtave — sermon auquel j'ai compris peu de chose, et qu'il a dû vous communiquer. Il *ne trouvait pas ma pièce bonne.* Je vous en ferai une autre, et ma foi, nous prendrons notre parti, comme bon vous semblera. Je reconnais avec lui, toutefois, que mes vers pouvaient être meilleurs. Je prendrai ma revanche » (*op. cit.*, p. 107). Voici ce poème :

Quoi ! vous vous étonnez, Madame,
Que ma muse n'ait point encor
Célébré vos regards de flamme,
Vos bras blancs et vos cheveux d'or ?

Sans qu'elle craigne ou qu'elle doute,
Ma muse peut donner son chant
À ces femmes que, sur la route,
Vous passez du front en marchant !

Mais votre tête couronnée
Par le génie et la beauté,
Porte sa fière deſtinée
Comme une double royauté !

Sœur des Muses et sœur des Grâces
Dans les rythmes mélodieux
Vous glissez, laissant sur vos traces
Ce parfum qui trahit les dieux !

Et devant l'image sereine,
Retenant l'hymne qui sortait,
Le poète admire et se tait !
On ne touche pas à la reine !

Le poème paraîtra pourtant dans le numéro du 1er novembre
1852 de la *Revue de Paris* (voir la lettre de Flaubert à Louise Colet
du [2 novembre 1852], p. 174). Il est cité dans *Le Monde et le
Théâtre, chronique familière du mois,* signée Cyrano, c'est-à-dire
Arsène Houssaye. Dans sa lettre à Louise Colet du mercredi
[3 novembre 1852], Bouilhet écrit : « À propos, avez-vous lu le
dernier numéro de la *Revue de Paris* ? Houssaye-Cyrano a cité ma
pièce, cette fameuse pièce des cheveux d'or... il ne nomme ni la
dame ni le monsieur » (Marie-Claire Bancquart et un groupe
d'étudiants, *Lettres de Louis Bouilhet à Louise Colet...,* p. 118). C'est
Arsène Houssaye, codirecteur de la *Revue de Paris* et directeur de
L'Artiste, qui signe le numéro de novembre. Il a dû conserver les
vers envoyés par Louise Colet. Je ne serais pas surpris que Louise
Colet soit à l'origine de cette publication dans la *Revue de Paris.*

3. Il s'agit sans doute d'un vers de Louise Colet.

Page 145.

a. si qq [t'insulte] <t'outrage> là-dessus

1. Voir ce poème à l'Appendice V, p. 938-940. Il semble que les
critiques de Flaubert concernent une première version (voir sa
lettre à Louise Colet du [9-10 janvier 1854], p. 502). L'idée de ce
poème a été suggérée, je crois, par les réminiscences d'Alfred de
Musset : « Ses fantômes le paralysent », écrit Louise Colet dans un
passage non reproduit à l'Appendice II des mementos de Louise
Colet, qui suit immédiatement la scène du fiacre du 3 juillet 1852
(musée Calvet, fonds Colet, 6416, f° 127).

Page 146.

1. Sur les journaux de Rouen, voir la lettre de Flaubert à Louise
Colet du [26 juillet 1852], p. 139 et n. 5.

2. Sur cette préface, voir la lettre de Flaubert à Louise Colet du
[5-6 juillet 1852], p. 125, n. 2.

3. Il s'agit du recueil de Louise Colet, *Ce qui est dans le cœur des
femmes,* qui est annoncé dans la *Bibliographie de la France* du 28 août
1852.

4. Jacques Babinet, né en 1794 à Lusignan, entré à l'École
polytechnique en 1812, quitta l'armée en 1815 pour se faire professeur et chercheur. Il popularisait dans la *Revue des Deux Mondes,*

le *Journal des débats, Le Magasin pittoresque,* les actualités scientifiques et techniques. En 1852, il était examinateur de sortie à
l'École polytechnique, suppléant au Collège de France et à la
Faculté des sciences. Il appartenait à l'Académie des sciences depuis
le 17 février 1840 (Marie-Claire Bancquart et un groupe d'étudiants,
Lettres de Louis Bouilhet à Louise Colet..., p. 87, n. 7). Il est mort en
1872. Le fonds Louise Colet du musée Calvet possède de nombreuses lettres de Babinet à Louise Colet (6403, ffos 129-183). Il
fréquentait aussi le salon de « Glaé » (Aglaé Didier ; voir par
exemple fo 146 ro). Voir la note 4 de la page 147.

5. Le passage qui va de « Ses rêves parlants » à « farce » manque
dans l'édition Conard (t. III, p. 10).

Page 147.

a. et [roulant sur] <concernant> l'article

1. Allusion à Victor Cousin, Villemain, Pongerville. Le salon
de Louise Colet pouvait passer pour un salon académique.

2. Le roman d'Apulée, que Flaubert aimait beaucoup. Voir sa
lettre à Louise Colet du [13 juin 1852], p. 104 et *passim.*

3. Le capitaine d'Arpentigny ; voir p. 38, n. 1.

4. Aglaé Didier tenait un salon littéraire rival de celui de Louise
Colet. Les deux dames étaient très liées et, du vivant d'Hippolyte
Colet, certaines lettres de Flaubert à Louise passaient par son
intermédiaire (voir sa lettre à Louise Colet du [6 août 1847],
t. I, p. 463, note bibliographique, et les lettres suivantes). Dans le
memento du 15 mars 1853, Louise Colet écrit : « Que cette Mme Di-
dier est vaine ! Je ne lui conduirai pas l'Anglaise [Emily Solmer
Blake], je me souviens trop bien de ce qu'elle a fait pour Mme de
Saint-Prignan et Michel de Bourges » (musée Calvet, fonds Colet,
6416, fo 188). Sur le salon de Louise Colet, voir Joseph F. Jackson,
Louise Colet et ses amis littéraires, New Haven, Yale University
Press, 1937, chap. xv « Aspasie », p. 261-272.

5. Le compositeur Félicien David (1810-1876), dont la symphonie *Le Désert* avait eu un grand succès (Conservatoire de Paris,
8 novembre 1844) ? Le sculpteur David d'Angers (1788-1856),
dont la vie avait été très tumultueuse ?

6. Phrase prophétique ; voir la lettre de Mlle Leroyer de Chantepie à Flaubert du 18 décembre 1856, p. 654-655.

Page 148.

a. moi, [par derrière] <en deçà de> toi

1. L'édition Conard lit « antre » (t. III, p. 12). Les deux lectures
sont possibles.

2. Voir l'Appendice V, p. 938-940. L'allusion était sans doute
plus précise dans la première version du poème (voir p. 145, n. 1).

3. Voir la note 1 de la page 145. Flaubert reprendra cette expression dans sa lettre à Louise Colet du [21 août 1853] : « Tu as accusé

ces jours-ci les fantômes de Trouville [...] » (p. 404). Allusion à
Élisa Schlésinger et aux sœurs Collier (voir t. I, p. 101, n. 3,
p. 114, n. 2 et *passim*).

À LOUISE COLET

[4 septembre 1852]

Autographe J. Lambert; Conard, t. III, p. 12-19. Enveloppe :
Madame Colet, rue de Sèvres, 21, Paris. C.P. Rouen, 5 septembre 1852; Paris, 6 ? 1852. De la main de Louise Colet : 4 septembre 1852. Sur le dos de l'enveloppe, de la main de Louise
Colet : « 44 + 80 = 124, sur les 4 billets (?) payer, l'article, l'album,
l'argent. » Ces notes concernent le contenu de la lettre.

Page 149.

1. Voir les lettres de Flaubert à Maxime Du Camp des [26 juin
1852], p. 113-115, et [début juillet 1852], p. 120-122.

2. Mme Bonenfant et ses filles, de Nogent-sur-Seine. Voir la
lettre suivante, p. 153, et t. I, p. 66, n. 1, et p. 171, n. 2.

3. Je n'ai pu identifier ce vers.

4. Le docteur Flaubert avait placé sa fortune en biens immobiliers (Croisset, Nogent-sur-Seine, Pont-l'Évêque, Trouville).
Voir Georges de Beaurepaire, « La fortune patrimoniale de Flaubert », *Travaux de l'Académie de Rouen*, 1930, p. 396-399, et Jean-
Pierre Chaline, « À la recherche de la bourgeoisie rouennaise
du xixe siècle », *AFl.*, no 35 (décembre 1969), p. 22-23. À cette
époque, semble-t-il, les biens immobiliers rapportaient moins que
les placements : cf. la lettre de Mlle Leroyer de Chantepie à Flaubert
du 11 août 1857, p. 755 : « Déjà, il m'a fallu vendre quelques propriétés pour en dépenser le prix de vente ; on me conseillerait de
vendre pour placer, cela produit presque le double [...]. »

5. Flaubert avait prêté 500 francs à Louise Colet lors de son
dernier voyage à Paris (voir p. 135 et 143).

6. Flaubert avait-il alors l'intention de faire jouer *La Tentation
de saint Antoine ?* Voir sa lettre à Louise Colet du [23 mai 1852],
p. 94 et n. 2 : « [...] j'ai deux ou trois idées de théâtre [...]. »

7. Flaubert veut dire : un article sur les œuvres de Louise Colet
(voir la lettre précédente, p. 146).

8. Edma Roger des Genettes, appelée aussi la dame de
Saint-Maur, où elle habitait, la Sylphide et la Diva. Louis Bouilhet
deviendra son amant le 3 décembre 1853 (memento de Louise
Colet du 4 décembre 1853, Appendice II, p. 902-903).

9. *Madame de Montarcy.*

10. Louis Bouilhet et ses anciens condisciples au Collège royal
de Rouen, Vincent, Émonin et Vieillot, avaient fondé le 12 mars
1849 un cours préparatoire au baccalauréat ès lettres. Voir Léon
Letellier, *Louis Bouilhet...*, p. 153 et n. 1 ; Marie-Claire Bancquart et
un groupe d'étudiants, *Lettres de Louis Bouilhet à Louise Colet...*, p. 19.
C'est le 11 novembre 1853 que Bouilhet s'installera à Paris, 71,
rue de Grenelle-Saint-Germain (voir la lettre de Flaubert à

Louise Colet du [6 novembre 1853], p. 463, et l'ouvrage cité du chanoine Letellier, p. 176).

11. Voir la lettre précédente, p. 145-146.

Page 150.

1. Louis Jourdan, *Revue de Paris*, 1er septembre 1852, p. 138-140 : « Il m'a semblé parfois que, malgré son tact exquis, elle [Louise Colet] n'avait pas toujours rencontré le point imperceptible où doit s'arrêter, dans ses expansions, l'individualité du poète. »

2. En effet, le numéro n'est signé que de Théophile Gautier, Arsène Houssaye et Louis de Cormenin. Mais la raison en est que les quatre directeurs de la *Revue de Paris* avaient décidé de confier à chacun d'entre eux, à tour de rôle, la direction d'un numéro. Maxime Du Camp signe seul le numéro d'octobre, Houssaye celui de novembre, Théophile Gautier celui de décembre. Du Camp n'est pas si machiavélique que le croit Flaubert.

3. Victor Cousin.

4. *Le Lilas de Perse*, de Léon Gozlan (*Revue de Paris*, 1er juin 1852, p. 5-48 ; 1er septembre 1852, p. 5-28 ; 1er octobre 1852, p. 48-98). *Le Lilas de Perse* est le titre d'un journal ; la nouvelle de Gozlan, très médiocre en effet, se passe dans les coulisses des petits théâtres.

5. *Chronique familière du mois*, in *Revue de Paris*, 1er septembre 1852, p. 149-159, signée Cyrano, pseudonyme d'Arsène Houssaye, ainsi que l'apprendra Flaubert. Le numéro du 1er septembre 1852 de la *Revue de Paris* contient la première contribution des frères Goncourt à ce périodique : *Monsieur Chut*, p. 91-95.

6. Sur l'*Album* de Louise Colet, voir p. 6, n. 1. Flaubert écrira de nouveau à Henriette Collier le 13 septembre [1852], p. 155.

7. Ce « jeune homme » pourrait bien être Isabelle Hutton, l'institutrice de Caroline Hamard ; Flaubert n'aurait pas voulu éveiller la jalousie de Louise Colet. C'est Isabelle Hutton, en tout cas, qui sera chargée de la commission (voir la lettre de Flaubert à Henriette Collier du 13 septembre [1852], p. 155, et celle à Louise Colet, même date, p. 156).

8. La description d'Yonville-l'Abbaye (*Madame Bovary*, éd. Claudine Gothot-Mersch, p. 71-75).

9. Serait-ce la phrase : « [...] soyons-nous notre dernier fantôme, notre dernier mensonge, qu'il soit béni [...] » (p. 148) ?

Page 151.

a. ne vous vient [du dehors] <des autres>
b. de cet enthousiasme [manqué] <qui s'ignore>
c. la prose [...] [peut devenir] <pourra jouer> un<e> [instrument] symphonie formidable

1. Le *Satiricon* de Pétrone et *L'Âne d'or* d'Apulée, dont Flaubert recommandait la lecture à Louise Colet. La phrase de Flaubert est prophétique : *À rebours*, de J.-K. Huysmans, paraîtra en 1884.

Page 152.

a. je ne la vois [pas] <guères qui sait ?>. La Beauté

1. L'empereur Néron a toujours été l'une des grandes admirations de Flaubert (voir t. I, p. 47 et *passim*).

Page 153.

1. Flaubert avait rêvé aux comédies de Plaute dans les Arènes de Nîmes, lors de ses deux voyages dans le Midi de la France en 1840 et en 1845 (voir t. I, p. 71 et n. 7, et p. 223-224).

À ERNEST CHEVALIER
[7 septembre 1852]

Autographe Lovenjoul, A V, ffos 269-270; *Supplément,* t. I, p. 166. Comme la suivante, cette lettre est datée par le voyage de Flaubert aux Andelys les vendredi et samedi 10 et 11 septembre 1852, lui-même daté par la lettre de Flaubert à Louise Colet du [13 septembre 1852], p. 155.

2. Voir la lettre précédente, p. 149, n. 2.

3. Caroline Hamard; Mme Flaubert avait une autre petite-fille, Juliette, fille du docteur Achille Flaubert, née en 1840.

À JULES DUPLAN
[7 septembre 1852]

Autographe Lovenjoul, A V, ffos 317-318; *Supplément,* t. I, p. 163-165. Pour la datation, voir la note bibliographique de la lettre précédente.

4. Maxime ou Max : Maxime Du Camp.

Page 154.

1. La réponse de Louis Bouilhet à Maxime Du Camp se trouve dans le fonds Du Camp de la bibliothèque de l'Institut (3763, pièce 139) : il lui demande de ne pas publier *Tou-tsong,* de peur que Gautier ne s'en « offusque ». La lettre continue ainsi : « J'ai lu ton chapitre de *La Bretagne* que je connaissais déjà. C'est fort bon. Moi, je regrette les haras. C'était dans ce chapitre-là, je crois. » Il s'agit des chapitres écrits par Du Camp de *Par les champs et par les grèves,* qu'il publiait dans la *Revue de Paris* depuis le 1er avril 1852. Le fonds Du Camp de l'Institut contient treize lettres de Bouilhet à Du Camp (pièces 134 à 147) et trois manuscrits de poésies : *L'Étoile de l'honneur, ode au citoyen Maxime Du Camp* (pièce 148), *Le Bonnet de coton* (pièces 149-150) et *Lorsque tu sortiras...* (pièce 151).

    Tou-tsong paraîtra dans le numéro de la *Revue de Paris* du 1er mai 1853, p. 282-283, avec *La Louve* (p. 283-284), *Kuchiuk-Hanem* (p. 284-285) et *Corydon* (p. 285). Il sera recueilli dans *Festons et astragales,* Paris, Librairie nouvelle, 1859, p. 121-123.

2. S'agit-il de *Chinoiserie (Hommage aux dames pour 1835)* ? Voir *Poésies complètes* publiées par René Jasinski (Paris, Firmin-Didot, 1932), t. II, p. 193 (*Supplément*, t. I, p. 163, n. 2).

3. *Beaux-Arts, Salon de 1852*, par Maxime Du Camp ; *Revue de Paris*, 1er mai 1852, p. 53-84 (Du Camp y attaque vigoureusement Gustave Courbet pour son « laid idéal », p. 83) ; 1er juin 1852, p. 125-149 ; et 1er juillet 1852, p. 18-46. *Tou-tsong* est cité à la fin du troisième article, p. 46. Voir p. 126, n. 1.

4. Théophile Gautier n'était pas encore de retour, puisqu'il quitte Constantinople le 28 août 1852, et n'arrivera à Paris qu'en octobre (voir la chronologie établie par Madeleine Cottin dans le *Catalogue de l'exposition Théophile Gautier* à la Bibliothèque nationale, 1961, p. 5).

5. *Les Rois du monde,* poème de Louis Bouilhet, paru dans la *Revue de Paris* du 1er août 1852, p. 146-149. Ce poème, l'un des plus beaux de son auteur, à mon goût, est divisé en trois parties : le Cèdre, l'Homme, le Ver. Il est recueilli dans *Festons et astragales,* p. 16-18.

6. *Qui sera roi ?* poésie de Gautier. Voir *Poésies complètes,* éd. R. Jasinski (1932), t. II, p. 185-190. Ce poème, qui chante la victoire de l'homme, a une structure semblable à celle des *Rois du monde :* I. Béhémot, II. Léviathan, III. L'oiseau Rock, IV. L'Homme.

7. Flaubert écrit : *Maelenis.*

8. Voir la lettre de Flaubert à Louise Colet du [5-6 juillet 1852], p. 125, n. 2.

9. Voir la lettre de Flaubert à Louise Colet du [4 septembre 1852], p. 150, n. 2.

10. François Buloz, le directeur de la *Revue des Deux Mondes.* Jules Duplan s'occupait de placer des poèmes de Louis Bouilhet dans cette revue prestigieuse. Voir la lettre de Flaubert à Jules Duplan du [7 août 1852 ?], p. 142, n. 3.

11. La *Revue de Paris,* fondée l'année précédente par Théophile Gautier, Arsène Houssaye, Maxime Du Camp et Louis de Cormenin.

12. Pour la réponse de Louis Bouilhet à Maxime Du Camp, voir n. 1 ci-dessus.

Page 155.

1. Flaubert allait rendre visite à son ami Ernest Chevalier, aux Andelys. Voir la lettre précédente, p. 153. Sur Ernest Chevalier, voir t. I, p. 3 et *passim.*

À HENRIETTE COLLIER
13 septembre [1852]

Autographe Gabrielle Leleu ; *Supplément,* t. I, p. 167.

2. Voir la lettre de Flaubert à Louise Colet du [28 septembre 1851], p. 6, n. 1, et celles à Henriette Collier des 23 novembre [1851], p. 18, et 8 décembre [1851], p. 19.

3. Herbert Collier, l'un des frères d'Henriette. Voir la lettre de Caroline Flaubert à son frère Gustave du [14 juillet 1842], t. I, p. 114, n. 2 et *passim*.

4. Flaubert ne retournera en Angleterre qu'en juin 1865, à ma connaissance.

5. Par cette phrase, Flaubert implique qu'il aura terminé *Madame Bovary* vers le mois de mars 1854. Songerait-il déjà à des recherches dans les bibliothèques et les musées de Londres pour *Salammbô* ; ou s'agirait-il de *La Tentation de saint Antoine*, de *La Légende de saint Julien*, de *La Spirale* ?

6. Clemy [Clementine] Collier, la plus jeune des trois sœurs Collier.

À LOUISE COLET

[13 septembre 1852]

Autographe non retrouvé ; Conard, t. III, p. 19-22. D'après R. Descharmes (B.N., N.A.F. 23836, fiche 363), la lettre ne comporte pas de cachet postal, et Louise Colet y a noté de sa main : 13 septembre. J'ai collationné le texte Conard avec la copie dactylographiée établie par R. Descharmes (N.A.F. 23831, ff^os 115-116).

Page 156.

1. Ernest Chevalier. Voir t. I, p. 3, et la lettre de Flaubert à Ernest Chevalier du [7 septembre 1852], p. 153.

2. Charles-*Paul* de Kock a écrit plus d'une centaine de romans populaires, humoristiques et sentimentaux. Son œuvre est l'un des grands succès de librairie de l'époque.

3. Émile Hamard (voir t. I, p. 259, n. 1 et *passim*).

4. Isabelle Hutton, institutrice de Caroline Hamard.

5. Voir la lettre précédente, p. 155.

6. Edma Roger des Genettes.

7. Louis Bouilhet deviendra l'amant d'Edma Roger des Genettes le 3 décembre 1853, à Paris (voir le memento de Louise Colet du 4 décembre 1853, Appendice II, p. 902-903).

Page 157.

1. Il s'agit sans doute du *Poème de la Femme,* ensemble de récits en vers que projetait Louise Colet : *La Paysanne, La Princesse, La Prostituée, La Femme supérieure, La Servante* et *La Bourgeoise.* C'est dans cet ordre que Louis Bouilhet énumère ces œuvres dans sa lettre à Louise Colet du mardi [16 novembre 1852] (Marie-Claire Bancquart et un groupe d'étudiants, *Lettres de Louis Bouilhet à Louise Colet...,* p. 119-120). À cette date, Louise Colet avait écrit le premier jet de *La Paysanne* et de *La Princesse* (*ibid.*, p. 119). Seules, *La Paysanne, La Servante* et *La Religieuse* verront le jour (Paris, Perrotin, 1853, in-8⁰, 32 p. ; 1854, in-8⁰, I-VIII-35-99 p. ; 1856, in-8⁰, 101-135 p.).

2. J'ignore quel est ce drame, auquel Louise Colet travaillait depuis le mois de mai 1852 (voir p. 84 et 93).

3. Comme l'a montré Léon Degoumois (*Flaubert à l'école de Goethe,* Genève, impr. Sonor S. A., 1925, p. 29), cet axiome se trouve dans les *Pensées de Goethe,* que la baronne de Carlowicz a recueillies à la suite de sa traduction des *Affinités électives,* Paris, Charpentier, 1844, p. 397 : « Dans une œuvre d'art, tout dépend de la conception. »

4. Voir p. 95, n. 1.

Page 158.

1. Les mots « À toi » et la signature « G. » sont omis dans l'édition Conard (t. III, p. 22).

2. Louis Jourdan avait loué le recueil de Louise Colet, *Ce qui est dans le cœur des femmes,* dans sa *Revue bibliographique* (*Revue de Paris,* 1er septembre 1852, p. 138-140). Voir la lettre de Flaubert à Louise Colet du [4 septembre 1852], p. 150 et n. 1.

À LOUISE COLET

[19 septembre 1852]

Autographe non retrouvé; Conard, t. III, p. 22-28. D'après R. Descharmes (B.N., N.A.F. 23836, fiche 364), la lettre serait timbrée du 20 septembre et Louise Colet y aurait noté : 19 septembre. J'ai collationné le texte Conard avec les fragments copiés par R. Descharmes (N.A.F. 23831, ffos 117-118).

3. Edma Roger des Genettes (voir la lettre précédente, p. 156).

4. Louis Énault, l'amant en titre d'Edma Roger des Genettes. Voir la lettre de Flaubert à Louise Colet du [15 avril 1852], p. 71 et n. 3.

Page 159.

1. Le prix de poésie de l'Académie française, remis à Louise Colet pour *La Colonie de Mettray* le 19 août 1852. Voir le memento de Louise Colet du 24 août 1852, Appendice II, p. 893.

2. L'édition Conard omet les mots : « et au 72e coup sonné » (t. III, p. 24 ; N.A.F. 23831, fo 118).

3. *Madame Bovary,* éd. Claudine Gothot-Mersch, p. 81-87. Le « monsieur » et la « dame » sont Léon et Emma.

Page 160.

1. Alexis Piron, *Voyage de Piron à Beaune écrit par lui-même,* accompagné de pièces satiriques accessoires et de sa biographie anecdotique, Paris, Ledoyen, 1847, p. 33.

2. À sa mort, Virgile laissait une soixantaine de vers de *L'Énéide* inachevés et n'avait pu mettre la dernière main à son œuvre. La tradition veut qu'il ait demandé à ce qu'elle soit brûlée.

3. Flaubert possédait la *Biographie universelle* de Michaud (René Rouault de La Vigne, « L'inventaire après décès de la bibliothèque de Flaubert », *Revue des Sociétés savantes de Haute-Normandie*, 1957, 3ᵉ trimestre, nᵒ 7, p. 82).

Page 161.

1. « Le charbon nous tue, disait souvent Carême ; mais qu'importe ? Moins d'années et plus de gloire ! » (*Biographie Michaud*, p. 669) ; « Je sentais si bien ma vocation que je ne voulais pas la manquer en m'arrêtant à manger » (*ibid.*, p. 670).

2. A. Nefftzer, secrétaire du comité de rédaction de *La Presse* ; il s'agit de l'article de Flaubert sur le poème *Melaenis* de Louis Bouilhet. Voir la lettre de Flaubert à Louise Colet du [5-6 juillet 1852], p. 125, n. 2. C'est Nefftzer qui avait signé, dans *La Presse* du 20 août 1852, le compte rendu de la séance publique annuelle de l'Académie française : « Le prix de poésie — une médaille d'or de 2 000 francs — a été décerné à Mme Louise Colet. C'est le 3ᵉ prix de poésie que remporte Mme Louise Colet [...]. Le sujet était [...] *La Colonie de Mettray*, c'est-à-dire la réhabilitation et la moralisation par le travail, programme admirable dont Mme Louise Colet a su comprendre toute l'étendue et sonder toutes les profondeurs. Son inspiration généreuse et virile ne s'est pas enfermée dans la limite étroite et littérale du sujet. Après avoir rendu hommage aux fondateurs de la Colonie, après avoir célébré en beaux vers les bienfaits de l'institution, elle a élargi son cadre, elle a chanté le travail, elle a prédit l'avenir que nous espérons tous et que verront nos descendants : l'affranchissement absolu du genre humain par le travail accumulé des générations. Ce n'était plus un poème académique, c'était un poème social. » Voir ce poème à l'Appendice V, p. 929-936.

3. Voir p. 146 et n. 1.

4. « Modérez les bouillons de cette violence » (Corneille, *Médée*, acte I, sc. v ; Nérine, la nourrice, s'adresse à Médée).

Page 162.

1. L'une de ces pièces était *La Chanson du marchand de mouron* (voir t. I, p. 778, n. 3) ; pour l'autre, voir les hypothèses de Marie-Claire Bancquart et un groupe d'étudiants, *Lettres de Louis Bouilhet à Louise Colet...*, p. 109, n. 4. Louis Bouilhet les envoie à Louise Colet dans sa lettre du samedi [4 septembre 1852] (*ibid.*, p. 107-108). Le musicien était A.-J. Azevedo (1813-1875), compositeur et musicologue, qui avait fondé en 1846 *La Critique musicale*. Il fréquentait le salon de Louise Colet. Il se rend à Croisset à deux reprises : d'abord en octobre 1852, comme le raconte Bouilhet dans sa lettre à Louise Colet du [26 octobre 1852, date de la poste] : « Je crois que vous avez pris trop vivement la réception à Rouen d'Azevedo, et je suis tombé de mon haut, quand Gustave m'a parlé de votre lettre. J'ai accueilli M. Azevedo comme un de vos amis, c'est-à-dire le mieux

que j'ai pu. Je ne croyais pas vous contrarier si fort. Et si je l'ai mené à Croisset, c'est qu'il désirait vivement voir Gustave. Les choses se sont passées de la façon la plus naturelle ; M. Azevedo me semble un charmant homme, plein d'enthousiasme et de bonne volonté ; je ne l'ai connu que par vous, chère Muse, vous ne devez donc pas m'en vouloir » (*ibid.*, p. 116). La seconde visite d'Azevedo à Croisset aura lieu les 6 et 7 juillet 1853 (voir les lettres de Flaubert à Louise Colet des [7] et [12 juillet 1853], p. 374 et 379), provoquant à nouveau la colère de Louise Colet (voir la lettre de Flaubert à Louise Colet du [12 juillet 1853], p. 380). La cause de ces deux accès de colère est évidente : Azevedo était reçu à Croisset, et non Louise Colet.

2. L'enterrement d'un oncle de la belle-sœur de Flaubert, la femme du docteur Achille Flaubert, née Julie Lormier (voir p. 166).

3. Louise Colet et Flaubert se retrouveront à Mantes le mardi 9 novembre 1852 (voir p. 175).

À LOUISE COLET

[25 septembre 1852]

Autographe J. Lambert ; Conard, t. III, p. 28-32. Enveloppe : Madame Colet, rue de Sèvres, 21, Paris. C.P. Rouen, 26 septembre 1852. De la main de Louise Colet : 25 septembre 1852. La lettre n'est pas signée.

4. *Madame Bovary.*

Page 163.

1. Il s'agit de Paulin Gagne, né en 1806, dont Louise Colet écrit dans son memento du vendredi soir 24 septembre 1852 (non reproduit dans l'Appendice II) : « Lundi, visite de ce Gagne ; mardi, sa lettre que j'envoie à G[ustave]. Peut-être y a-t-il une émotion réelle et sentie chez cet homme qui me paraît fou. [...] Il veut, dit-il, faire un testament en ma faveur, à condition que je ne me remarierai jamais, *il a épousé* mon âme. Le libraire Ledoyen et sa femme, qui le connaissent depuis dix ans, disent que c'est un très honnête homme » (musée Calvet, fonds Colet, 6416, f⁰ 156). Voir aussi l'Appendice II, memento du lundi 4 octobre 1852, p. 898. « Pipon » serait un surnom de Gagne. La propriété de Montélimar se nommait *Le Bouton d'or* (fonds Colet, 6416, f⁰ 171). Paulin Gagne était un « écrivain que l'excentricité de ses ouvrages, comme le *Gagne monopanglotte*, méthode de linguistique, *L'Unitéide ou la Femme Messie*, poème en douze chants, les *Deux luxes des hommes et des femmes*, drame "prostituscioniste", etc., avait fait connaître, autant que son obstination à se présenter à toutes les élections législatives, avec les programmes les plus abracadabrants » (R. Descharmes, éd. du Centenaire, t. I, p. 473, n. 3). Voir aussi Vapereau (1861), etc.

2. Émile Hamard, le père de Caroline (voir t. I, p. 259, n. 1, et la lettre de Flaubert à Louise Colet du [22 juillet 1852], p. 138 et n. 3).

3. Peut-être *Napoléon le Petit*, de Victor Hugo, qui avait paru à Bruxelles le 5 août 1852 ? Dans un passage, non reproduit dans l'Appendice II, du memento de Louise Colet du 4 octobre 1852, celle-ci écrit : « J'avais passé cette journée à lire le livre de *Napoléon le Petit*, et trois autres pamphlets [de Victor Hugo]… » (musée Calvet, fonds Colet, 6416, f° 171).

4. *Saint-Christophe d'Ecija*, in *Poésies complètes de Théophile Gautier*, éd. René Jasinski, Paris, Firmin-Didot, 1932, t. II, p. 314-315.

5. *Le Trou du serpent*, *ibid*., p. 104.

6. Théophile Gautier n'a pas écrit de poème intitulé *Don Juan* ; mais le héros joue un rôle important dans *La Comédie de la mort* (1838) :

> *Ses mains pâles tremblaient, — ainsi tremblent les vagues*
> *Sous les baisers du Nord, — et laissaient fuir leurs bagues,*
> *Trop larges pour ses doigts.*

> *Poésies complètes*, éd. citée, t. II, p. 35.

Le portrait de Don Juan dans *Namouna* est en effet tout moral (Alfred de Musset, *Poésies complètes,* Bibl. de la Pléiade, 1976, p. 239-270) :

> *Tu perdis ta beauté, ta gloire et ton génie*
> *Pour un être impossible, et qui n'existait pas.*

Page 164.

1. Sur Musset et Flaubert, voir Lewis Gardner Miller, *Index de la Correspondance de Gustave Flaubert. Précédé d'une étude sur Flaubert et les grands poètes romantiques*, Strasbourg, impr. des *Dernières Nouvelles de Strasbourg*, 1934, p. 25-40 ; et Jean Bruneau, *Les Débuts littéraires de Gustave Flaubert*, p. 18, n. 6, p. 324, n. 78 et *passim*. Cette admiration pour Musset était rare à l'époque, à ce qu'en dit Maxime Du Camp : « Les hommes de la génération actuelle, qui tous savent les poésies d'Alfred de Musset, les citent et les répètent, croiront-ils qu'il était inconnu au temps de ma jeunesse ? Inconnu, je m'explique. Il était célèbre parmi les jeunes gens des lettres et des arts, dans quelques salons féminins, mais sa réputation flottait au milieu de groupes privilégiés et n'en émergeait pas » (*Souvenirs littéraires*, 3ᵉ éd., Paris, Hachette, 1906, t. II, p. 250).

Sur Théophile Gautier et Flaubert, voir Antoine Albalat, « Gustave Flaubert et Théophile Gautier (lettres inédites) », *Revue bleue*, 1ᵉʳ octobre 1927, p. 586-592, et Lewis Gardner Miller, ouvr. cité, p. 83-105. Je suis d'accord avec Miller sur le destinataire des deux derniers billets de Flaubert publiés par Albalat dans l'article cité ci-dessus : Théophile Gautier fils, dit *Toto*, et non son père ; d'accord aussi sur la découverte relativement tardive que le jeune Flaubert fait de l'œuvre de Gautier (voir *Les Débuts littéraires de Gustave Flaubert*, p. 208, n. 69, pour une discussion sur ce sujet).

Flaubert reprendra sa comparaison entre Musset et Gautier à la mort de ce dernier, dans une lettre à Ernest Feydeau du 28 octobre 1872 (Conard, t. VI, p. 437) : « Pauvre, pauvre cher Théo ! c'est de cela qu'il est mort [du dégoût de l'infection moderne !]. C'était un grand lettré et un grand poète. Oui, monsieur, et plus fort que le jeune Alfred de Musset ! n'eût-il écrit que *Le Trou du serpent.* » Quelle étonnante mémoire que celle de Flaubert !

Page 165.

À LOUISE COLET
[1ᵉʳ-2 octobre 1852]

Autographe J. Lambert; Conard, t. III, p. 32-35. Enveloppe : Madame Colet, rue de Sèvres, 21, Paris. C.P. Rouen, 2 octobre 1852. De la main de Louise Colet : 1ᵉʳ octobre 1852.

1. *La Paysanne* (voir la lettre de Flaubert à Louise Colet du [7 novembre 1852], p. 175) ?

2. Cuvillier-Fleury, « De quelques poésies nouvelles (1ᵉʳ article) : Poésies sensualistes : Mme Louise Colet, M. Théophile Gautier, M. Charles Victor, M. Paul Avenel, etc. », *Journal des débats politiques et littéraires,* 19 septembre 1852. L'article est en effet assez élogieux, bien que Cuvillier-Fleury y attaque le « sensualisme » du recueil de Louise Colet : « Cette exaltation toute matérialiste, ce poème du corps humain, tout cela est faux en poésie », à propos du poème intitulé *L'Art et l'Amour, après avoir vu les tableaux vivants.* Ce poème consiste en une sorte de dialogue entre « Tu » (Flaubert) et « Je » (Louise Colet) ; il résume assez bien leurs divergences :

> *Tu me dis : Aime l'art, il vaut mieux que l'amour.*
> *[...]*
> *Et moi je te réponds : la langue du poète*
> *Ne rend du sentiment qu'une image incomplète.*
> *[...]*
> *Ce n'est que simuler la vie : aimer, c'est vivre.*

Le poème, daté de 1846, se termine sur ce vers :

> *La beauté seule est belle, et l'amour seul est grand.*

> *Ce qui est dans le cœur des femmes,*
> Paris, Librairie nouvelle, 1852,
> p. 5-7.

Alfred-Auguste Cuvillier-Fleury (1802-1887) tenait la chronique littéraire du *Journal des débats* depuis 1834.

3. Marc Girardin, dit Saint-Marc Girardin (1801-1873), professeur à la Sorbonne, auteur en particulier du *Cours de littérature dramatique* (1843, 5 vol. in-12).

4. Désiré Nisard (1806-1888), professeur au Collège de France et à la Sorbonne, dont l'*Histoire de la littérature française* (1844-1861, 4 vol. in-8°) a fait autorité jusqu'à celle de Gustave Lanson.

5. Cuvillier-Fleury n'emploie jamais dans son article le mot : *immoralité*.

6. « La pièce *[Les Résidences royales]* est datée de 1852. La date est bien choisie ! Elle finit bien ce chant de triomphe, d'égoïsme et de volupté entonné sur les ruines ! » Voir ce poème à l'Appendice V, p. 925-926. Cuvillier-Fleury était orléaniste.

7. « Nous apprendre ce qu'il y a "dans le cœur des femmes" est une prétention sans égale » (Cuvillier-Fleury, art. cité).

8. Article de Louis Jourdan dans la *Revue de Paris* du 1er septembre 1852. Voir la lettre de Flaubert à Louise Colet du [4 septembre 1852], p. 150 et n. 1.

9. Voir la lettre précédente, p. 163, n. 1.

10. Je n'ai pu identifier ce jeune poète rouennais.

Page 166.

a. que j'ai aimé, [si ce n'est] <mais seulement> les restes de deux cadavres que j'ai [vus] <contemplés> pendant

1. Le sujet de ce « livre » est proche de celui de *La Spirale* (voir la lettre de Flaubert à Louise Colet du [8 mai 1852], p. 85, n. 3), ainsi que du projet de féerie intitulé *Le Rêve et la vie*, dont les scénarios vont être prochainement publiés par Mme Katherine Kovács. Ils se trouvent à la Houghton Library de l'université Harvard.

2. Edma Roger des Genettes.

3. « Il » : Louis Bouilhet.

4. Je n'ai pas retrouvé ce passage dans *Napoléon le Petit* ; mais Victor Hugo a écrit bien d'autres pamphlets à cette époque (voir p. 163, n. 3).

5. Plutôt que de l'*Album* de Louise Colet, dont devait s'occuper Isabelle Hutton, l'institutrice de Caroline Hamard (voir la lettre de Flaubert à Henriette Collier du 13 septembre [1852], p. 155), ne s'agirait-il pas d'une « commission » concernant Victor Hugo ? La lecture du mot « toi » n'est pas certaine.

6. Les *Voyages* de Cyrano de Bergerac, que Flaubert avait apportés à Louise Colet. Voir sa lettre à Louise Colet du [26 juillet 1852], p. 140.

7. Sans doute dans la traduction de Xavier Marmier (*Théâtre de Goethe*, Paris, 1848 ; cf. p. 43 et n. 3). Pour la première lecture de *Faust* par Flaubert, aux Pâques de 1838, voir Jean Bruneau, *Les Débuts littéraires de Gustave Flaubert*, p. 21 et les notes. L'influence de *Faust* est importante sur le mystère intitulé *Smarh* (voir t. I, p. 39-40), qui annonce de loin *La Tentation de saint Antoine* (*Les Débuts littéraires...*, p. 506-512).

8. Après son second monologue, Faust va boire la fiole de poison,

quand sonnent les cloches de Pâques et retentissent les chœurs des anges.

9. *L'Hallali* et *À R****, in *Revue de Paris*, 1ᵉʳ octobre 1852, p. 135-136. R*** est une prostituée nommée Rachel (voir la lettre suivante, p. 171).

10. Sur cet enterrement, voir la lettre de Flaubert à Louise Colet du [19 septembre 1852], p. 162, n. 2.

Page 167.

À LOUISE COLET

[7 octobre 1852]

Autographe J. Lambert; Conard, t. III, p. 36-41. Enveloppe : Madame Colet, rue de Sèvres, 21, Paris. C.P. Rouen, 8 octobre 1852. De la main de Louise Colet : 7 octobre 1852.

1. Il s'agit de la lettre de Victor Hugo à Louise Colet datée de « Jersey, mercredi 29 septembre 1852 » (Gustave Simon, « Victor Hugo et Louise Colet », *Revue de France,* 15 mai 1926, p. 208). La lettre de Victor Hugo à Louise Colet datée de « Marine Terrace, 12 octobre », publiée par Antoine Albalat dans *Gustave Flaubert et ses amis*, Paris, Plon, 1927, p. 207-208, est inconnue de Gustave Simon. C'est dans sa lettre à Hugo du 17 novembre 1852 que Louise Colet mentionne pour la première fois Flaubert et Bouilhet (*Revue de France,* 15 mai 1926, p. 210-211). Sur la première rencontre de Flaubert et de Victor Hugo, voir la lettre de Flaubert à sa sœur Caroline du [3 décembre 1843], t. I, p. 195-196. Pour l'influence de Victor Hugo sur l'œuvre de Flaubert, voir Lewis Gardner Miller, *Index de la Correspondance de Flaubert. Précédé d'une étude sur Flaubert et les grands poètes romantiques*, p. 51-82, et Jean Bruneau, *Les Débuts littéraires de Gustave Flaubert, passim*. On trouvera plus loin (p. 277, n. 1) la liste des documents concernant la correspondance entre Victor Hugo et Flaubert que conserve la bibliothèque Lovenjoul.

Page 168.

1. Sur Mme Didier, voir la lettre de Flaubert à Louise Colet du [1ᵉʳ septembre 1852], p. 147, n. 4.

2. *Le National,* journal d'opposition républicaine, avait été fondé en 1829 par Armand Carrel.

3. « Une obésité précoce le [Napoléon Iᵉʳ] chargeait de chair. Ses joues autrefois veinées de muscles et creusées par la consomption du génie étaient pleines, larges, débordaient comme celles d'Othon dans les médailles romaines de l'Empire » (Lamartine, *Histoire de la Restauration,* Bruxelles, Méline, 1851, t. I, p. 17).

4. Edma Roger des Genettes, qui habitait Saint-Maur.

5. L'amant d'Edma Roger des Genettes. Voir la lettre de Flaubert à Louise Colet du [15 avril 1852], p. 71, n. 3.

Page 169.

    a. peut arriver à [vous] <sa maîtresse>

    1. Il s'agit des voyages du président Louis-Napoléon Bonaparte dans les principales villes du centre et de l'ouest de la France, durant les mois de septembre et d'octobre 1852, par lesquels le chef de l'État préparait le plébiscite du 20 novembre 1852, qui rétablira l'Empire.

Page 170.

    1. Flaubert avait été l'élève de Pierre-Adolphe Chéruel au Collège royal de Rouen (voir t. I, p. 29, n. 6). Chéruel était alors maître de conférences d'histoire à l'École normale supérieure. Flaubert lui avait prêté les notes de son voyage en Grèce. Ce jeune normalien venait sans doute de les lui rapporter (voir p. 173).

    2. La scène située à l'auberge du *Lion d'or* d'Yonville-l'Abbaye (*Madame Bovary*, éd. Claudine Gothot-Mersch, p. 75-87).

Page 171.

    1. Flaubert et Louise Colet se retrouveront à Mantes le 9 novembre 1852 (voir p. 175).

    2. Le sujet proposé par l'Académie française pour le prix de poésie de l'année 1853 était : *L'Acropole d'Athènes*. Le prix sera remporté par Louise Colet, mais seulement en 1854. Voir la lettre de Flaubert à Louise Colet du [22 avril 1853], p. 312 et n. 1.

    3. *À R****, in *Revue de Paris*, 1er octobre 1852, p. 136.

    4. Edma Roger des Genettes. Pour sa « misanthropie », voir p. 168.

À LOUISE COLET
[9 octobre 1852]

Autographe J. Lambert; Conard, t. III, p. 41-43. Enveloppe : Madame Colet, rue de Sèvres, 21, Paris. C.P. Rouen, 10 octobre 1852. De la main de Louise Colet : 9 octobre 1852. En tête de la lettre : « Samedi [soir] 1 h. du matin. »

    5. Je n'ai pu identifier cet ouvrage ; serait-ce un poème de Louise Colet ?

    6. Le libraire Barba. Dans un passage, non reproduit dans l'Appendice II, du memento du 8 octobre 1852, Louise Colet écrit : « Aujourd'hui [...] passé un traité avec Barba pour tous mes ouvrages dans ses éditions à 4 sous » (musée Calvet, fonds Colet, 6416, f⁰ 175). Un second traité, daté du 21 avril 1856, rendra tous ses droits à Louise Colet (*ibid.*, 6403, f⁰ 253). Flaubert avait vu juste.

Page 172.

    1. Pour les œuvres de Louise Colet, voir t. I, n. 1, p. 272. *Deux*

Femmes célèbres (1843) : c'est-à-dire Charlotte Corday et Madame Roland.

2. Conversation d'Emma Bovary et de Léon Dupuis à l'auberge de la mère Lefrançois (*Madame Bovary,* éd. Claudine Gothot-Mersch, p. 82-86).

3. Voir la lettre précédente, p. 167.

4. Voir p. 171, n. 6.

5. Edma Roger des Genettes. « Le cher poète » est Louis Bouilhet.

À LOUISE COLET

[26 octobre 1852]

Autographe non retrouvé; Conard, t. III, p. 43-46. D'après R. Descharmes (B.N., N.A.F. 23836, fiche 369), la lettre est timbrée du 27 octobre 1852; elle serait donc du mardi 26 octobre 1852. Louise Colet se plaint du silence de Flaubert depuis sa lettre du 9 octobre (p. 171-172) dans son memento du 16 octobre 1852 (Appendice II, p. 898).

Page 173.

1. Pour les « notes sur la Grèce », voir *Voyages,* éd. René Dumesnil, Paris, Les Belles-Lettres, 1948, p. 349-441. Pour Adolphe Chéruel, dont Flaubert avait suivi les cours d'histoire au Collège royal de Rouen, voir t. I, p. 29, n. 6.

2. *L'Acropole d'Athènes,* sujet proposé par l'Académie française pour le prix de poésie de l'année 1853 (voir la lettre de Flaubert à Louise Colet du [7 octobre 1852], p. 171 et n. 2).

3. *Pericles, Prince of Tyre ;* les scènes III et VI de l'acte IV sont situées dans un bordel de Mitylène.

Page 174.

1. « Seigneur, lui dis-je [Eucrate à Sylla], il est heureux que le Ciel ait épargné au genre humain le nombre des hommes tels que vous. Nés pour la médiocrité, nous sommes accablés par les esprits sublimes » (Montesquieu, *Dialogue de Sylla et d'Eucrate,* in *Œuvres complètes,* Bibl. de la Pléiade, t. I, p. 505).

2. La chambre de l'hôtel de Mantes où Louise Colet et Flaubert se retrouveront le 9 novembre 1852 (voir p. 175).

À LOUISE COLET

[2 novembre 1852]

Autographe J. Lambert; Conard, t. III, p. 46-47. Enveloppe : Madame Colet, rue de Sèvres, 21, Paris. C.P. Rouen, 3 novembre ? De la main de Louise Colet : 2 novembre 1852. La lettre n'est pas signée.

3. Allusion au poème de Louis Bouilhet adressé à Louise Colet

et publié par Arsène Houssaye dans la *Revue de Paris* du 1er novembre 1852 ; voir la lettre de Flaubert à Louise Colet du [1er septembre 1852], p. 144, n. 2.

4. Le prix de poésie de l'Académie française pour l'année 1853. Louise Colet l'obtiendra en 1854, le prix n'ayant pas été décerné en 1853. Voir la lettre de Flaubert à Louise Colet du [22 avril 1853], p. 312 et n. 1.

Page 175.

1. Le numéro de la *Revue de Paris* du 1er novembre 1852 contient : un article de Paul d'Ambly sur Mathurin Régnier (p. 5-37) ; la suite du *Voyage aux villes maudites (Sodome et Gomorrhe)* d'Édouard Delessert (p. 38-82) ; une comédie parfaitement imbécile d'Édouard Plouvier, intitulée *La République des femmes* (p. 83-114) ; un article de Julien Lemer, assez amusant, *Paris au gaz* (p. 115-130) ; un compte rendu de la représentation solennelle donnée par le Théâtre-Français pour le prince Louis-Napoléon Bonaparte, le 22 octobre 1852, où les Comédiens-français avaient joué *Cinna* et *Il ne faut jurer de rien*, et où Rachel avait récité un poème d'Arsène Houssaye intitulé *L'Empire, c'est la paix* ; en voici la dernière strophe :

> *Bientôt s'accomplira le rêve*
> *Qu'avait formé Napoléon :*
> *Le Louvre qui par toi s'achève,*
> *Prince, sera ton Panthéon.*

D'où la réaction de Flaubert : « et canaille par-dessus le marché ». Suivent des poèmes de Maxime Du Camp et de Méry, *La Danse des Djinns, scènes d'Afrique*, de Th. Gautier (p. 137-147), et la *Chronique familière du mois*, de Cyrano [Arsène Houssaye ; voir p. 144, n. 2, et p. 150, n. 5] (p. 148-159).

À LOUISE COLET

[7 novembre 1852]

Autographe docteur Jean (Rouen) ; Conard, t. III, p. 47-48. Enveloppe : Madame Colet, rue de Sèvres, 21, Paris. C.P. Rouen, 8 novembre 1852. De la main de Louise Colet : 7 novembre 1852.

2. *Richelieu*, de Félix Peillon [Flaubert orthographie *Pelhion*], drame en cinq actes et en vers. Né en 1823, Peillon s'était destiné fort jeune à la littérature (le *Journal de Rouen* du 13 décembre 1852 cite une pièce qu'il écrivit lorsqu'il avait dix-sept ans). Il fut dès le collège l'ami et le confident littéraire de Bouilhet. Son drame fut créé à l'Odéon le mercredi 20 octobre, et favorablement accueilli, quoiqu'on lui reprochât une architecture assez molle et une réhabilitation arbitraire de Richelieu, lequel prononçait notamment ce vers :

> *J'étais né généreux, ils m'ont fait sanguinaire.*

(Marie-Claire Bancquart et un groupe d'étudiants, *Lettres de Louis Bouilhet à Louise Colet...,* p. 117, n. 5). Bouilhet écrivait à Louise Colet le [26 octobre 1852] : « Avez-vous vu *Richelieu* à l'Odéon ; c'est par un de mes anciens camarades » (*ibid.,* p. 117).

3. Voir la lettre de Flaubert à Louise Colet du [13 septembre 1852], p. 157, n. 1, et l'Appendice V, p. 945-963.

Page 176.

À LOUISE COLET
[16 novembre 1852]

Autographe J. Lambert ; Conard, t. III, p. 48-51. Enveloppe : Madame Colet, rue de Sèvres, 21, Paris. C.P. Rouen, 17 novembre 1852. De la main de Louise Colet : 16 novembre 1852.

1. D'après la lettre précédente, Flaubert est arrivé à Mantes le mardi 9 novembre, dans l'après-midi. Il serait donc resté avec sa maîtresse jusqu'au dimanche 14 novembre.

2. Compte rendu de *Ce qui est dans le cœur des femmes,* par Julien Lemer, dans *L'Athenaeum* du samedi 13 novembre 1852, p. 306-308.

3. L'article de Julien Lemer est en effet disposé sur trois colonnes (p. 306, une colonne et demie ; p. 307, trois colonnes ; p. 308, une demi-colonne). Voici quelques citations qui éclairent le jugement de Flaubert : « L'Académie ne demanderait pas mieux assurément que de récompenser des hommes de talent et même des poètes de génie, si elle en rencontrait parmi ses justiciables » (p. 306) ; « [...] Quoi qu'il en soit, disons que la pièce de Mme Colet, couronnée par l'Institut, est sans contredit la meilleure du volume auquel elle a servi de prétexte » (p. 306) ; « [...] Dès les premières pages, nous trouvons une pièce contre laquelle nous ne saurions trop vivement protester, tant au nom du sentiment chrétien, qu'au nom de l'art lui-même ; cette pièce, qui ne comprend guère qu'une quarantaine de vers, est intitulée : *L'Art et l'Amour, après avoir vu des tableaux vivants.* Sous prétexte que l'Amour et la Nature sont supérieurs à la poésie et à l'art, le poète prétend nous faire admettre aussi la supériorité de ces ignobles étalages de chair humaine, — descendus de théâtres en théâtres jusqu'aux tréteaux forains, — sur les grands et immortels modèles de Raphaël, de Titien, de Corrège, de Rubens, de Poussin » (p. 307). Comparer le jugement de Cuvillier-Fleury sur *L'Art et l'Amour,* cité p. 165, n. 2.

4. Louis Énault n'a pas contribué d'article au numéro du 13 novembre 1852 de *L'Athenaeum.*

5. Dès 1838, Flaubert écrivait un article sur Rabelais. Voir Jean Bruneau, *Les Débuts littéraires de Gustave Flaubert,* p. 261-265.

Page 177.

a. en revenir [à la veine féconde] <à cette veine-là>, [et] aux robustes *outrances* [afin] — La [société] littérature [et] <comme la société> [ont également] <a> besoin

1. Voir ce poème à l'Appendice V, p. 945-963.

2. Louise Colet et Flaubert se sont retrouvés à Mantes le 9 novembre 1852 (voir p. 175).

Page 178.

À LOUISE COLET
[22 novembre 1852]

Autographe non retrouvé; Conard, t. III, p. 51-55. D'après R. Descharmes (B.N., N.A.F. 23836, fiche 373), la lettre serait timbrée du 24 ou du 25 novembre 1852, et Louise Colet y aurait noté : 22 novembre 1852. La lettre serait donc du lundi 22 novembre 1852.

1. Il s'agit de deux vers du début de *La Paysanne* (Appendice V, p. 945). La faute de français relevée par Flaubert a été corrigée :

> *Elle marchait... et sa main décharnée*
> *Tirait vers elle ainsi qu'une araignée*
> *Dans les sillons les épis oubliés ; [...]*

2. *La Pente de la rêverie*, le poème XXIX des *Feuilles d'automne* de Victor Hugo (*Œuvres poétiques*, Bibl. de la Pléiade, t. I, p. 770-774).

Page 179.

1. *Uncle's Tom Cabin*, roman de Mrs. Harriet Beecher-Stowe, paru en 1852, et traduit la même année en français, avec le plus grand succès. Je ne compte pas moins de neuf traductions différentes en 1852 et 1853. Le titre est tantôt *La Cabane de l'oncle Tom*, tantôt *La Case de l'oncle Tom*. Louis Énault, l'ami d'Edma Roger des Genettes, traduira l'œuvre à son tour en 1859.

2. *Les Amours de Faublas*, de Louvet de Couvray (1764-1797), ont paru en 1787. *L'Amour conjugal*, du docteur Nicolas Venette (1632-1698), a paru en 1686 ; Justin se fait prendre par M. Homais avec ce livre dans la poche (*Madame Bovary*, éd. Claudine Gothot-Mersch, p. 255).

3. Voir la lettre de Flaubert à Alfred Le Poittevin de [juillet 1845], t. I, p. 248.

4. Allusion au célèbre article que Balzac a consacré à *La Chartreuse de Parme* dans la *Revue parisienne* du 25 septembre 1840.

Page 180.

1. Flaubert citera une satire de Perse dans sa lettre à Louise Colet du [22 avril 1853], p. 314, n. 2. Voir aussi p. 144, n. 1.

2. Edma Roger des Genettes.

3. *Madame de Montarcy.*

4. Flaubert a raison ; voir René Dumesnil, *Le Réalisme*, Paris, de Gigord, 1936, p. 44-45, pour une courte biographie d'Arsène Houssaye.

Page 181.

À LOUISE COLET

[28 novembre 1852]

Autographe R. Descharmes, B.N., N.A.F. 23825, ff⁰ˢ 15-24;
lettre publiée dans les *Œuvres complètes illustrées de Gustave Flaubert,*
Club de l'Honnête Homme, t. XIII (*Correspondance,* t. II), p. 252-
262. C.P. Rouen, 29 novembre 1852. De la main de Louise Colet :
28 novembre 1852.

1. Je n'ai pu identifier ce Leguillou. Nous n'avons pas de
mementos de Louise Colet entre le 16 octobre 1852 et le 1ᵉʳ janvier 1853.

2. Flaubert orthographie toujours *Azvedo* ou *Asvedo.* Sur
Azevedo, voir p. 162, n. 1 ; pour Villevieille, voir p. 8, n. 4.

3. Le capitaine d'Arpentigny ; voir p. 38, n. 1.

Page 182.

1. Voir le poème de *La Paysanne* à l'Appendice V, p. 945-963.
Pour ne pas multiplier les notes, je renvoie une fois pour toutes
au texte imprimé.

2. Boileau, *Art poétique,* ch. I, v. 30.

Page 184.

1. Allusion aux rôles romantiques de la grande actrice Marie
Dorval ; par exemple Kitty Bell dans *Chatterton,* d'Alfred de Vigny
(1835).

Page 186.

1. S'agirait-il de la description de Binet : « Il était vêtu d'une
redingote bleue... » (*Madame Bovary,* éd. Claudine Gothot-Mersch,
p. 77) ? Ni le texte imprimé, ni les ébauches publiées par Gabrielle
Leleu ne mentionnent « presque pas de sourcils, un air » (*Madame
Bovary, Ébauches et fragments inédits...,* t. I, p 297-298).

Page 189.

1. Molière, *Les Femmes savantes,* acte II, sc. VII. C'est Chrysale
qui parle.

Page 193.

1. Je n'ai pas retrouvé cette rime incorrecte — *démordre* étant
un composé de *mordre* — dans la dernière pièce en vers d'Émile
Augier, *Diane* (voir p. 47, n. 1). Émile Augier ne passait pas pour
bon versificateur auprès de ses contemporains.

Page 194.

1. Le capitaine sir John Franklin (1786-1847), parti le 18 mai
1845 à la recherche du passage du Nord-Ouest, et dont on n'avait

plus de nouvelles. Ce n'est qu'en 1859 que l'on apprendra la date et les circonstances de sa mort.

Page 199.

1. Voir cette lettre, datée du 6 décembre 1852, dans Marie-Claire Bancquart et un groupe d'étudiants, *Lettres de Louis Bouilhet à Louise Colet...*, p. 122-124 : « Mon avis [sur *La Paysanne*] s'est rencontré assez exactement avec le sien [celui de Flaubert]. *La Paysanne,* qui est déjà une très belle chose, doit être et sera un petit chef-d'œuvre » (p. 122).

2. C'était l'habitude de Flaubert. Bien des suppressions et additions mentionnées dans les notes de cette édition proviennent d'une relecture.

À LOUISE COLET
[5 décembre 1852]

En partie inédite. Autographe J. Lambert; Conard, t. III, p. 55. Enveloppe : Madame Colet, rue de Sèvres, 21, Paris. C.P. Rouen, 6 décembre 1852.

3. Voir la lettre précédente, ci-dessus n. 1.

4. Pour le jugement de Flaubert sur le roman de Harriet Beecher-Stowe, voir p. 203-204.

5. Les mots « À propos d'Amérique que deviennent les Anglais ? » manquent dans l'édition Conard (t. III, p. 55). Allusion aux règles de Louise Colet.

Page 200.

À LOUISE COLET
[9 décembre 1852]

En partie inédite. Autographe J. Lambert; Conard, t. III, p. 55-62. Enveloppe : Madame Colet, rue de Sèvres, 21, Paris. C.P. Rouen, 9 décembre ? De la main de Louise Colet : 9 décembre 1852.

1. Victor Séjour, *Richard III,* drame en cinq actes, en prose, joué pour la première fois au théâtre de la Porte-Saint-Martin le 28 septembre 1852.

2. « Utile » pour la préparation de *L'Acropole d'Athènes.* Voir la lettre de Flaubert à Louise Colet du [7 octobre 1852], p. 171, n. 2.

3. Le plan de la fin de *La Paysanne* : « Je crois que cette disposition de la fin prêtera mieux à la poésie : l'arrivée du grognard au village ; le peu de gens qui le reconnaissent ; les enfants pour qui il est une bête curieuse ; sa misère, son désespoir, son abrutissement de vieille ganache ; puis l'épidémie ; son entrée au cimetière, qui ne réveille même plus, en lui, le souvenir du passé ; fonction brute et machinale ; et enfin, le réveil, le cœur d'or, la lettre » (Marie-

Claire Bancquart et un groupe d'étudiants, *Lettres de Louis Bouilhet à Louise Colet...*, p. 123 ; lettre du 6 décembre 1852).

4. C'est la solution à laquelle s'arrêtera Louise Colet (voir Appendice V, p. 961).

5. Les règles de Louise Colet (voir la lettre précédente, p. 199 et n. 5).

6. Expression de Louise Colet (voir p. 176) ?

7. *Le Livre posthume,* de Maxime Du Camp, dont la Ire partie venait de paraître dans le numéro du 1er décembre 1852 de la *Revue de Paris* (p. 5-70). La suite du roman paraîtra dans les numéros du 1er janvier 1853 (p. 61-117), 1er février 1853 (p. 273-306) et 1er mars 1853 (p. 402-431), et l'ensemble du roman en 1853 sous le titre *Le Livre posthume, Mémoires d'un suicidé,* chez Lecou. Maxime Du Camp et son drogman rencontrent, sur les bords de la mer Rouge, un Français nommé Jean-Marc. Suivent les « mémoires » de Jean-Marc (p. 20 et suiv.), où il raconte ses années de collège, puis de dissipation, son voyage en Orient, et sa liaison avec Hadrienne. La première livraison du roman s'achève sur Jean-Marc rêvant à la Chine.

Page 201.

a. de branche en branche et [se montre] bavarde en pleine lumière

1. *Tagabor,* conte de Maxime Du Camp paru dans la *Revue de Paris* du 1er octobre 1851 (p. 12-59). Voir la lettre de Flaubert à Maxime Du Camp du 21 octobre [1851], p. 9, n. 1.

2. *Le Livre posthume* est en effet très autobiographique : Jean-Marc a l'âge de l'auteur (« 28 septembre 1852. Hier j'ai eu trente ans », p. 20), et comme lui, après des années de débauche (voir la lettre de Flaubert à Louise Colet du [25 janvier 1852], p. 37, n. 3), il accomplit une longue randonnée en Orient, revient en France, prend une maîtresse, et tente de s'empoisonner avec de l'opium (« J'avais pris une dose d'opium telle que mon estomac la rejeta », p. 32 ; cf. la lettre de Maxime Du Camp à Louise Colet du [13 février 1847], t. I, p. 823 : « Je suis *gardé* à vue à la suite d'un empoisonnement par l'opium, et involontaire, que j'ai failli consommer sur ma grêle personne. » Involontaire ?

3. Voir les lettres de Flaubert à Maxime Du Camp du [26 juin 1852], p. 113-115, et de [début juillet 1852], p. 120-122.

4. Après avoir longuement analysé les états d'âme de Jean-Marc, « fils naturel de René, élevé par Antony et Chatterton » (p. 15), Maxime Du Camp conclut : « Il avait fait de longs voyages pour fuir ces alanguissements terribles des âmes rêveuses ; mais, comme Hercule, il ne put arracher la tunique dévorante qui brûlait sa chair. Il revint, refusant de voir un monde dont l'infériorité l'irritait, il vécut dans la solitude absolue, cette mauvaise conseillère qui porte pendus aux mamelles ses deux sinistres enfants : l'Égoïsme et la Vanité. Il prit en mépris les intérêts de l'existence ;

tout lui parut misérable et indigne d'un effort ; il nia l'humanité,
parce qu'il ne la comprit pas ; il repoussa le divin précepte : Aimez-
vous les uns les autres ! [...] et enfin dégoûté, énervé, sans courage
et sans foi, pour échapper à cet impitoyable ennemi qui était lui-
même, il se tua, et chercha dans la mort un repos que peut-être
il n'y trouvera pas » (p. 18).

5. Citation de *Novembre* (*Œuvres de jeunesse*, t. II, p. 241, avec
quelques légères variantes). Regardant un écran chinois chez sa
tante, Jean-Marc eut « envie de partir pour la Chine et d'aller
baigner [son] visage dans les eaux du Fleuve Jaune. Salut ! salut !
terre antique de la Chine ! pays de la porcelaine, des lanternes et
des mandragores ! Salut ! patrie des magots, des mandarins et des
lettrés ! Je viens fumer l'opium à l'ombre de tes mimosas et chercher
des jeunes filles sur les grands radeaux de tes fleuves » (p. 68-69).
Longtemps après, dans ses *Souvenirs littéraires* (3ᵉ éd., 1906, t. I,
p. 167), Maxime Du Camp cite de mémoire le passage de *Novembre* :
« Dans un canot allongé, un canot en bois de cèdre, sous un voile
de bambous tressés, au son des flûtes et des tambours, j'irai dans
le pays jaune qu'on appelle la Chine. »

6. Émile Hamard, le beau-frère de Flaubert (voir t. I, p. 259,
n. 1 et *passim*).

7. Alfred Le Poittevin (voir t. I, p. 22, n. 2 et *passim*).

Page 202.

a. dans ses attributions [la force prohibitive] <le sabre> du
gendarme

1. Louis Bouilhet et Flaubert avaient été condisciples au Collège
royal de Rouen (voir t. I, p. 57), mais ils ne deviendront amis
intimes qu'en février 1846 (voir t. I, p. 256, n. 7).

2. Je n'ai pu documenter cette nouvelle annoncée à Flaubert
par Louise Colet.

Page 203.

a. sous l'herbe, [vos travaux sous d'autres,] votre peuple
b. où l'on représentait [toujours] <invariablement>
c. le parti pris de [représenter les] <donner aux> noirs

1. L'édition Conard porte : *force* (t. III, p. 60).

2. George Harris, l'esclave évadé qui représente la révolte, à
l'opposé de l'oncle Tom, qui symbolise la résignation. Ce n'est
pas lui qui panse Tom Loker, mais le quaker Phinéas (*La Cabane
de l'oncle Tom,* trad. Léon de Wailly et Edmond Texier, 4ᵉ éd.,
Paris, Delahays, 1856, p. 197 ; la première édition est de 1852).
Sur le départ de George au Libéria, voir p. 434-437.

3. « On ne remarquait cependant sur la figure d'Éva aucun
symptôme effrayant ; au contraire ses traits avaient pris une expression de grandeur et de majesté. On aurait cru voir sur son front

l'ombre des esprits célestes, ou le premier reflet d'immortalité qui brillait pour l'âme de cette enfant » (éd. citée, p. 294).

Page 204.

   a. une impassibilité <cachée et> infinie

   1. *La Cabane de l'oncle Tom,* éd. citée, p. 291.

   2. Voir Jean-Jacques Rousseau, *Lettre à d'Alembert :* « Molière a mal saisi le Misanthrope. Pense-t-on que ce soit par erreur? Non, sans doute. Mais voilà par où le désir de faire rire aux dépens du personnage l'a forcé de le dégrader contre la vérité du caractère [...]. »

   3. Haley (et non *Halley,* comme l'écrit Flaubert) : le marchand d'esclaves qui achète Tom. C'est un bon commerçant : une jeune femme à qui on a enlevé son enfant meurt en une semaine : « Mille dollars jetés par la fenêtre, Monsieur [Shelby]... Il vaut toujours mieux être humain, Monsieur ; j'en ai fait l'expérience » (*La Cabane de l'oncle Tom,* éd. citée, p. 6). — Pour la scène entre le sénateur Bird et sa femme, voir p. 73 et suiv. — Miss Ophelia Saint-Clair, cousine d'Augustin, le nouveau maître de Tom : c'est une puritaine au grand cœur, venue de la Nouvelle-Angleterre (voir p. 151 et *passim*). — L'intérieur de la maison de Simon Legree, le planteur sadique, est décrite p. 370. — Miss Cassy, une mûlatresse esclave de Simon Legree, parle beaucoup dans le roman ; Flaubert fait peut-être allusion à la tirade qui commence ainsi : « [...] votre foi [elle s'adresse à Tom] est ridicule... Voilà cinq ans que je suis corps et âme sous les pieds de cet homme, et je le hais comme je hais le démon... » (p. 360).

   4. Saint-Clair ou Saint-Clare, suivant les traductions. Augustin Saint-Clair, père d'Évangéline et le second maître de l'oncle Tom : aristocrate sceptique, mais qui a bon cœur. Pour esquiver les grands problèmes, il lit son journal *Le Picayune* (p. 178, 179 et *passim*).

   5. *Le Dernier Jour d'un condamné* (1829), de Victor Hugo. La longue préface a été ajoutée par Hugo à la réédition de 1832. Flaubert le savait-il ?

   6. *Le Marchand de Venise* de Shakespeare.

   7. Les règles de Louise Colet.

Page 205.

À LOUISE COLET

[11 décembre 1852]

En partie inédite. Autographe J. Lambert; Conard, t. III, p. 62-65. Enveloppe : Madame Colet, rue de Sèvres, 21, Paris. C.P. Rouen, 11 décembre 1852. De la main de Louise Colet : 11 décembre 1852.

   1. Une crise nerveuse (voir t. I, p. 202, n. 2, et le memento de Louise Colet du 15 août 1852, Appendice II, p. 891-892) ?

2. Les soldats anglais portaient des uniformes rouges ; allusion aux règles de Louise Colet.

Page 206.

a. qui bouillonne [toujours] <sans cesse>

Page 207.

À LOUISE COLET
[16 décembre 1852]

Autographe non retrouvé; copie par R. Descharmes du début de la lettre (B.N., N.A.F. 23831, f⁰ 162); Conard, t. III, p. 65-69. D'après R. Descharmes (N.A.F. 23836, fiche 378), la lettre serait timbrée du 17 décembre 1852, et Louise Colet y aurait noté : 16 décembre 1852.

1. Tout le début de la lettre, jusqu'à « profitable », manque dans l'édition Conard (t. III, p. 65). Je le restitue d'après la copie de R. Descharmes (N.A.F., f⁰ 162).

2. Jean-Marc rend visite à sa nourrice, à Châtillon : « Tout alors me revint à la mémoire : l'escalier de bois, les chaises de paille, l'image du Juif errant accrochée à la cheminée, et jusqu'aux chenets tordus qui soutenaient le feu. À travers la fenêtre ternie, je revis la mare où j'avais sans doute barboté bien souvent, et j'aperçus le platane où, pendant les jours de soleil, ma nourrice s'asseyait pour me donner le sein » (Maxime Du Camp, *Le Livre posthume,* in *Revue de Paris,* décembre 1852, p. 64-65). Comparer *Madame Bovary,* éd. Claudine Gothot-Mersch, p. 93-98.

3. J'ignore qui est cette cousine du docteur Flaubert. Avant d'acheter Croisset, le docteur Flaubert possédait une propriété à Déville (voir la lettre de Flaubert à Ernest Chevalier du [20 janvier 1840], t. I, p. 60, n. 2).

4. Je ne sais quelle est « l'histoire R[oger] de Beauvoir » ; serait-ce une source de la scène du fiacre de *Madame Bovary* (éd. Claudine Gothot-Mersch, p. 249-251) ? Roger de Beauvoir était séparé, depuis 1850, de sa femme, l'actrice Léocadie Doze (voir *Le Figaro,* 27 octobre 1859). Mme A.-R. de Beauvoir (est-ce Léocadie Doze ?) a quelque temps collaboré à la *Revue de Paris,* où elle tenait la rubrique *Le Monde et le Théâtre, chronique familière du mois.* Flaubert s'est peut-être souvenu de cette page de Mme de Beauvoir pour *L'Éducation sentimentale :* « Au plus fort de la mêlée et de l'inquiétude publique, nous connaissons une espèce d'amoureux *pur-sang* qui n'en marche pas moins à bride abattue sur la route de la déclaration et du sentiment. Que les idées s'entre-choquent, que les opinions se livrent bataille, que le sang coule, peu leur importe. [...] S'il arrive à ces messieurs de s'occuper des événements politiques, c'est parce que leurs intérêts particuliers peuvent en souffrir. Pour eux les barricades représentent des rendez-vous manqués, des Mercures arrêtés

en route, des lettres passionnées, retardées ou interceptées »
(Mme A.-R. de Beauvoir, *Revue de Paris*, 1ᵉʳ janvier 1852, p. 159).

Page 208.

1. Le *Dictionnaire des idées reçues* est mentionné pour la première
fois dans la lettre de Flaubert à Louis Bouilhet du 4 septembre 1850
(t. I, p. 678). Il semble que l'idée du *Dictionnaire* remonte aux années
1845-1846 (voir Jean Bruneau, *Les Débuts littéraires de Gustave
Flaubert*, p. 576-578, et surtout Lea Caminiti, *Dictionnaire des idées
reçues*, édition diplomatique des trois manuscrits de Rouen [en
appendice : Les « idées reçues » dans l'œuvre de Flaubert], Paris,
Nizet, 1966, p. 9-11). Le *Dictionnaire* devait figurer dans le « deuxième
volume » de *Bouvard et Pécuchet*, que Flaubert n'a pas eu le temps de
mettre au point (voir Alberto Cento, *Bouvard et Pécuchet*, édition
critique, Paris, Nizet, 1964, p. XLIX et suiv.).

2. Sur la préface au *Dictionnaire des idées reçues*, voir p. 125, n. 2.

3. *Dictionnaire des idées reçues*, éd. Lea Caminiti : « Artistes »
(p. 53 et 147) ; « Langouste » (p. 96 et 193) ; « France », à l'article
« Bras » (p. 57 et 153) ; « Négresses » (p. 102, 137 et 199) ; « érection » (p. 77 et 170). « Bossuet » et « Fénelon » ne figurent dans
aucun des trois manuscrits du *Dictionnaire*.

Page 209.

1. Flaubert semble avoir renoncé à ce type d'articles, sauf pour
« Femme » (éd. citée, p. 126, sans définition, et p. 173-174).

2. Ces deux phrases proviennent non du conte de Perrault,
mais d'une adaptation en prose, anonyme, publiée en 1781 par le
libraire Lamy. Gilbert Rouger commente : « Il est piquant de constater que les préférences de Flaubert, lorsqu'il découvre les *Contes*
de Perrault, sont allées à cette " Peau d'Âne " en prose » (*Contes
de Perrault*, Paris, Garnier, 1967, p. 55). Je remercie Miss Jeanne
Morgan pour ce renseignement.

3. La visite d'Emma Bovary, accompagnée de Léon, chez la
nourrice de sa fille (*Madame Bovary*, éd. Claudine Gothot-Mersch,
p. 93-98).

Page 210.

1. Edma Roger des Genettes.

2. Le « tronçon de chière-lie » commencera le 3 décembre 1853
(Appendice II, p. 902). Pour l'expression empruntée à Rabelais,
voir par exemple *Pantagruel*, chap. XXX : « [...] faisons un transon
de bonne chière, et beuvons, je vous prie, enfans [...] » (*Œuvres
complètes*, Bibl. de la Pléiade, p. 302).

À LOUISE COLET

[19 décembre 1852]

Autographe R. Descharmes, B.N., N.A.F. 23825, ffᵒˢ 25-27 ;
publiée dans les *Œuvres complètes illustrées de Gustave Flaubert*, éd.

du Club de l'Honnête Homme, *Correspondance*, t. II, p. 269-271. De la main de Louise Colet : 19 décembre 1852.

3. Si Louise Colet comptait avant tout sur l'aide de Flaubert et de Louis Bouilhet, elle consultait aussi les membres de son salon : Victor Cousin, Babinet, Villemain peut-être, Musset... (voir *passim*). Babinet était membre de l'Académie des sciences ; d'où l'expression : « Qu'il regarde les astres », à la page suivante.

Page 211.

1. Voir le texte de *La Paysanne* à l'Appendice V, p. 945-963, et la lettre de Flaubert à Louise Colet du [28 novembre 1852], p. 189 et 183.

2. Voir la lettre de Louis Bouilhet à Louise Colet du 6 décembre 1852 : « Quant à moi, je suis exaspéré contre le mot *tablier* formant 2 syllabes. Vous avez pour vous tout le monde, toutes les poétiques, même La Fontaine, et les vieux poètes qui disaient *sanglier* de la même façon. Mais vous avez, contre vous, mon oreille que je crois fine — ce qui ne l'empêche peut-être pas d'être longue — mais enfin, rien ne m'en fera démordre. La poésie, c'est de la musique » (Marie-Claire Bancquart et un groupe d'étudiants, *Lettres de Louis Bouilhet à Louise Colet...*, p. 122).

3. Flaubert a développé cette idée dans sa lettre à Louise Colet du [9 décembre 1852], p. 203-204.

Page 213.

a. lire les [maîtres] <grands>

1. Voir la lettre de Flaubert à Louise Colet du [9 décembre 1852], p. 200 et n. 3.

2. Il s'agit des *Fossiles,* poème que Louis Bouilhet publiera dans la *Revue de Paris* du 15 avril 1854, p. 229-247.

3. Peut-être *Le Civilisateur ou Histoire de l'Humanité par les grands hommes ?* Voir la lettre de Flaubert à Louise Colet du [13 juin 1852], p. 105, n. 3.

4. Théophile Gautier tenait alors le feuilleton dramatique et artistique de *La Presse.*

5. Les notes prises par Flaubert durant son voyage en Grèce (*Voyages,* éd. R. Dumesnil, t. II, p. 349-441). Flaubert les avait redemandées à Adolphe Chéruel pour les prêter à Louise Colet (voir p. 173).

6. *L'Acropole d'Athènes,* sujet mis au concours du prix de poésie de l'Académie française pour l'année 1853. Voir l'Appendice V, p. 940-944.

Page 214.

À LOUISE COLET

[22 décembre 1852]

Autographe J. Lambert; Conard, t. III, p. 69-70. Enveloppe :

Madame Colet, rue de Sèvres, 21, Paris. C.P. Rouen, 22 décembre 1852. De la main de Louise Colet : 22 décembre 1852.

1. Sur *la note,* voir aussi p. 220 et 230. Il s'agit sans doute d'une attaque des petits journaux contre Louise Colet et à laquelle elle voulait répondre.

2. Peut-être R[iquet à la houppe], le surnom donné à Villemain par Alfred de Musset et Louise Colet (voir la lettre de Flaubert à Louise Colet du [7 juillet 1852], p. 130, n. 2).

3. La première citation est d'Epictète, la seconde d'Epicure.

4. Voir la lettre précédente, p. 211 : « Je répète encore une fois que douleur d'airain qui *mène* au cimetière est stupide [...]. » Il s'agit de *La Paysanne.*

5. Je n'ai retrouvé ce passage ni dans *Madame Bovary,* ni dans les *Ébauches et fragments inédits* recueillis par Gabrielle Leleu. Il peut se rapporter à Léon (*Madame Bovary,* IIe partie, chap. II à IV).

Page 215.

À LOUIS BOUILHET
[26 décembre 1852]

Autographe non retrouvé; Conard, t. III, p. 72-75. La date est confirmée par la lettre suivante : « Bouilhet n'est pas venu hier. [...] Il [...] m'a envoyé [...] une pièce de vers latins charmante; à quoi j'ai répondu par une lettre en langage du XVIe siècle, dont je suis assez content » (p. 219-220). Je ne garantis pas le texte, surtout l'orthographe. Les auteurs dont Flaubert s'inspire le plus sont Rabelais, Amyot et Montaigne.

1. « Cette vie dissolue fut cause de lui augmenter sa maladie [...] il avait un apostume dans le corps, lequel, par succession de temps, vint à corrompre sa chair, de sorte qu'il la tourna toute en poux, tellement que, combien qu'il y eût plusieurs personnes après à l'épouiller nuit et jour, ce n'était encore rien de ce que l'on ôtait au prix de ce qui revenait [...] » (Plutarque, *Les Vies des hommes illustres,* Bibl. de la Pléiade, t. I, p. 1067). Sylla était atteint de phtiriasis.

Page 216.

1. Jules-César Scaliger (1484-1558), célèbre surtout pour ses *Poetices Libri* VII (1561).

2. Quintus Horatius Flaccus : Horace.

3. *Les Fossiles* (voir la lettre de Flaubert à Louise Colet du [19 décembre 1852], p. 213, n. 2).

4. Serait-ce l'origine du surnom donné à Louis Bouilhet par ses amis (voir plus loin, *passim*) ?

5. Lire : *microcosme ?*

6. Le mot latin *pumex* signifie pierre ponce (au pluriel *pumices*).

À LOUISE COLET

[27 décembre 1852]

Autographe non retrouvé; Conard, t. III, p. 76-79. D'après R. Descharmes (B.N., N.A.F. 23836, fiche 383), cette lettre serait timbrée du 28 décembre 1852, et Louise Colet y aurait noté : 27 décembre 1852.

1. *Louis Lambert* (1832 ; *Œuvres* d'Honoré de Balzac, éd. dite du Furne corrigé, t. XVI, p. 109-207).

2. Alfred Le Poittevin (voir t. I, p. 22, n. 2 et *passim*).

3. Les deux camarades sont « Le Poète-et-Pythagore » (*Louis Lambert*, éd. dite du Furne corrigé, t. XVI, p. 141). Le manuscrit en question est le *Traité de la volonté* : « Voilà donc les bêtises pour lesquelles vous négligez vos devoirs », dit le maître d'études (éd. cit., p. 141).

4. *La Spirale* (voir la lettre de Flaubert à Louise Colet du [8 mai 1852], p. 85 et n. 3).

5. Voir *Louis Lambert,* éd. cit., p. 192.

6. Sur cette période d'inactivité amoureuse, que je laisse aux médecins le soin d'expliquer, voir Jean Bruneau, *Les Débuts littéraires de Gustave Flaubert,* p. 381, n. 96.

7. Sur les crises nerveuses de Flaubert, voir t. I, p. 202, n. 2.

1. Le château de La Roche-Guyon, sur la Seine, à quelques kilomètres en aval de Mantes, où se retrouvaient Louise Colet et Flaubert.

2. « Débarquement » des Anglais : allusion aux règles de Louise Colet (voir p. 205 et *passim*).

3. La scène du *Médecin de campagne* n'est pas si semblable à celle de *Madame Bovary* que le dit Flaubert. Dans le roman de Balzac, le commandant Genestas rend visite à une nourrice qui élève quatre enfants de l'hospice (éd. du Furne corrigé, t. XIII, p. 311-315).

4. « Souvent il [Flaubert] nous relisait des passages de *L'Éducation sentimentale* [...]. Un jour, je l'interrompis pour lui dire : "Prends garde, ce que tu viens de lire se trouve presque textuellement dans le *Wilhelm Meister* de Goethe." Il releva la tête et riposta : "Cela prouve que le Beau n'a qu'une forme" » (Maxime Du Camp, *Souvenirs littéraires,* 3e éd., 1906, t. I, p. 221). De fait, Flaubert ne connaissait pas encore le roman de Goethe, que Du Camp avait lu. Voir Jean Bruneau, *Les Débuts littéraires de Gustave Flaubert,* p. 396-401.

5. Je n'ai pu retrouver cette phrase dans *Madame Bovary ;* peut-être Flaubert l'a-t-il supprimée, si elle était vraiment « la même ». Sur les années de collège de Jean-Marc, voir *Le Livre posthume,* in *Revue de Paris,* 1er décembre 1852, p. 24 et 35 et suiv.

Page 220.

1. Voir la lettre précédente, p. 215-217.

2. Faut-il lire : *ses* lettres ? ou Flaubert veut-il dire : les lettres de Victor Hugo adressées à Louise Colet ? Voir la lettre de Flaubert à Louise Colet du [27 mars 1853], p. 280-281.

3. Voir la lettre de Flaubert à Louise Colet du [22 décembre 1852], p. 214, n. 1.

4. La comparaison est inspirée à Flaubert par le texte de Plutarque concernant Sylla qu'il utilise dans sa lettre à Louis Bouilhet du [26 décembre 1852], p. 215 et n. 1.

À LOUISE COLET
[29 décembre 1852]

Autographe J. Lambert; Conard, t. III, p. 69-70. Enveloppe : Madame Colet, rue de Sèvres, 21, Paris. C.P. Rouen, 30 décembre 1852. De la main de Louise Colet : 29 décembre 1852.

5. Voir ce poème à l'Appendice V, p. 945-963.

6. Le père Aubry prononce plusieurs discours dans *Atala* ; Flaubert songe peut-être à celui qu'il adresse à l'héroïne et où il lui dit, entre autres : « Remerciez donc la Bonté divine, ma chère fille, qui vous retire si vite de cette vallée de misère » (*Atala-René*, éd. Fernand Letessier, p. 134).

7. « La netteté est le vernis des maîtres » (Vauvenargues, *Réflexions et maximes*, éd. J. Roger-Charbonnel, Paris, Croville, 1934, p. 122). Cette maxime, qui figurait dans la première édition (1746), est supprimée dans la seconde (1747).

Page 221.

1. Flaubert lisait alors Sophocle, semble-t-il (voir p. 174).

2. Ce membre de phrase, auquel Flaubert a renoncé, était destiné sans doute à la description des soirées du pharmacien Homais (*Madame Bovary*, éd. Claudine Gothot-Mersch, p. 101-102).

Page 224.

a. la *moitié* de son [œuvre] <idéal>

1. Flaubert arrivera à Paris le samedi 5 février 1853 (voir p. 242).

À LOUISE PRADIER
1er janvier [1853]

Autographe O. Liétard-Pradier; lettre publiée incomplètement par Pierre Lièvre dans *Les Nouvelles littéraires* du 31 décembre 1932, p. 8 ; puis par M. Douglas Siler dans « Autour de Flaubert et de Louise Pradier : lettres et documents inédits », *Studi francesi*, janvier-août 1977, p. 142-143. Enveloppe : Madame Pradier, rue de la Paix, 2, Paris. C.P. Rouen, 2 janvier 1853.

2. Charlotte, fille aînée de James et Louise Pradier, née en 1834,

se marie le 23 janvier 1853, et mourra le 11 novembre 1855 (renseignement dû à M. Douglas Siler).

3. Le cafetier de la rue de Carville (t. I, p. 151, n. 1)? Ce n'est guère vraisemblable.

Page 225.

1. Flaubert est-il sincère? Il arrivera à Paris le 5 février.

2. Mme d'Arcet, née Claire Choron, la mère de Louise Pradier.

À SON ONCLE PARAIN
[Vers le 1er janvier 1853]

Autographe non retrouvé; *Supplément*, t. I, p. 168-169. Cette lettre est passée en vente le 7 février 1933 (catalogue Cornuau, nº 71). Elle ne peut dater que de janvier 1853, puisque l'oncle Parain meurt en septembre de cette année (voir la lettre de Flaubert à Louise Colet du [12 septembre 1853], p. 429) et que la lettre de Flaubert à son oncle pour le Nouvel An 1852 est sûrement datée de janvier 1852, (voir p. 28-29 et les notes).

3. Olympe Bonenfant, la fille de l'oncle Parain (voir t. I, p. 3, n. 1). Les Bonenfant avaient passé les vacances à Croisset (voir p. 153).

Page 226.

1. La belle-mère d'Achille Flaubert (voir t. I, p. 43, n. 3).

À LOUISE COLET
[3 janvier 1853]

Autographe R. Descharmes, B.N., N.A.F. 23825, ffos 28-32; publiée en partie par Jacques Suffel dans *AFl.*, nº 36 (mai 1970), p. 33-36; elle n'est donc pas totalement inédite, comme le croit l'éditeur des *Œuvres complètes illustrées de Gustave Flaubert* (Club de l'Honnête Homme, *Correspondance*, t. II, p. 277). De la main de Louise Colet : 3 janvier 1853.

2. Il s'agit des corrections apportées à *La Paysanne*. Voir ce poème à l'Appendice V, p. 945-963, et les lettres précédentes.

Page 227.

1. Flaubert écrit : *Cosséir*. Voir t. I, p. 635 et n. 3.

Page 229.

a. si embêtant [de sa nature] <en soi>

1. « Il n'est qu'un seul talent, où je sois devenu presque maître : à écrire en allemand, et je perds de la sorte, infortuné poète, mon temps et ma peine dans la plus ingrate des étoffes » (*Épigrammes vénitiennes*, XXVIII, dans *Poésies de Goethe*, trad. par Henri Blaze de Bury, 2e éd., Paris, Charpentier, 1863, p. 233). La première édition de cet ouvrage manque à la Bibliothèque nationale.

2. Sur ce projet de drame de Louise Colet, voir p. 84, n. 2 et *passim*.

3. Faudrait-il lire : *deux ans ?*

Page 230.

a. celui qui les a fait *[sic]* <n'> était souvent [une bête] <qu'un imbécile>, mais ce jour-là, [la bête] <l'imbécile> a senti plus fort <que les gens d'esprit>

1. Une note répliquant à des attaques contre Louise Colet (voir les lettres de Flaubert à Louise Colet des [22 décembre 1852] et [27 décembre 1852], p. 214 et 220) ?

2. Epicure, et non Epictète (voir n. 3, p. 214).

3. Gabriel Andral (1797-1876), membre de l'Institut et de l'Académie de médecine, auteur d'une *Clinique médicale* (5 vol. in-8°, 4ᵉ éd. en 1840) ; Jean-Baptiste Bouillaud (1796-1881), membre de l'Institut et de l'Académie de médecine, auteur d'un *Traité de nosographie médicale* (1846, 5 vol. in-8°) ; Auguste-François Chomel (1788-1858), membre de l'Académie de médecine, auteur de *Leçons de clinique médicale* (1834-1840, 3 vol. in-8°). Il s'agit de trois sommités médicales.

Page 232.

a. éteint <un tableau calme — de gdes ombres bleues et> contrastant

1. Ici s'arrête le fragment publié par Jacques Suffel (*AFl.,* n° 36 [mai 1970], p. 36).

2. *Revue de Paris,* 1ᵉʳ janvier 1853, p. 61-117. Jean-Marc va dans une maison close, y rencontre Laurence et décide de se chercher une maîtresse. Il devient l'amant de Suzanne B***, mais M. B*** intercepte une lettre et oblige Jean-Marc à quitter la France. Il part pour l'Orient avec son lévrier Boabdil et achète à Beyrouth une Circassienne, Setti-Zaynèb. Après la mort de son petit garçon, Suzanne vient le rejoindre ; Setti-Zaynèb l'empoisonne par jalousie — d'où le rapprochement fait par Flaubert avec *Melaenis* de Louis Bouilhet. Jean-Marc fait cadeau de Setti-Zaynèb à un *saïs* nègre.

3. *Les Souffrances du professeur Delteil,* in *Revue de Paris,* 1ᵉʳ janvier 1853, p. 5-32. Voir la suite dans les numéros du 1ᵉʳ février (p. 243-272), du 1ᵉʳ mars (p. 442-478) et du 1ᵉʳ avril (p. 104-138). Ce roman est en effet l'un des meilleurs de Champfleury, pour l'observation et l'émotion mêlées.

4. *Le Galet* et *Puberté* (*Revue de Paris,* 1ᵉʳ janvier 1853, p. 119-120).

5. Voir les deux lettres d'Arsène Houssaye à Maxime Du Camp (bibliothèque de l'Institut, fonds Du Camp, 3764, pièces 379 et 380) : « [...] Je suis fatigué d'être une cinquième roue au carrosse. Aimez-vous mieux garder la *Revue de Paris* à vos risques et périls ? Je suis pour le gouvernement absolu en toutes choses. Je n'ai vraiment pas le temps qu'il me faudrait pour être un bon codirecteur [...] »

(pièce 379). « [...] J'achète ou je vends à votre choix 25 mille francs la *Revue de Paris*. La *Revue de Paris* me coûte deux fois 20 mille francs : 1º pour l'avoir achetée à ce prix à Buloz (elle avait cessé de paraître) ; 2º j'ai en la faisant reparaître détachée de *L'Artiste* fait un tort de 20 mille francs à *L'Artiste*. Voyez et décidez. À vous. Arsène Houssaye. Il va sans dire que si vous me laissez la *Revue*, elle demeurera votre maison » (pièce 380). Voir aussi la lettre de Maxime Du Camp à Flaubert de [début janvier 1853], Appendice I, p. 868. Le numéro du 1ᵉʳ janvier 1853 de la *Revue de Paris* est signé : Théophile Gautier, Maxime Du Camp, Laurent-Pichat, L. de Cormenin (p. 176).

6. Le poète Antony Deschamps, qui fréquentait le salon de Louise Colet.

7. Edma Roger des Genettes.

8. Maxime Du Camp, « the young » (voir t. I, p. 528). Sur les rapports de *Melaenis* et du *Livre posthume,* voir ci-dessus n. 2.

Page 233.

À LOUISE COLET
[6 janvier 1853 ?]

Autographe Lambert ; Conard, t. II, p. 352-353. Ce fragment de lettre — le début manque — a été publié, par erreur, je crois, à la suite de la lettre de Flaubert à Louise Colet du [15 janvier 1853]. Flaubert ne signe jamais deux fois une même lettre ; d'autre part, il est au courant des changements apportés à la direction de la *Revue de Paris*. Cette lettre est donc postérieure à celle du [3 janvier 1853] (voir p. 232) et antérieure à celle du [12 janvier 1853] (voir p. 236). Le fragment commence en haut du feuillet.

1. Le début de la lettre était sans doute uniquement composé de corrections apportées à *La Paysanne,* d'où sa disparition.

2. Voir l'Appendice V, p. 940-944.

3. Le recueil de poèmes de Louise Colet intitulé *Ce qui est dans le cœur des femmes,* annoncé dans la *Bibliographie de la France* le 28 août 1852. Voir par exemple la lettre de Flaubert à Louis Bouilhet du [10 août 1852], p. 143.

4. Voir la lettre de Maxime Du Camp à Flaubert du [début janvier 1853], Appendice I, p. 868-869.

5. Voir p. 232, n. 5.

6. *Les Souffrances du professeur Delteil.* Voir la lettre précédente, p. 232, n. 3.

7. *Les États et empires du Soleil,* de Cyrano de Bergerac.

Page 234.

À LOUISE COLET
[12 janvier 1853]

Autographe Gordon Ray ; Conard, t. II, p. 339-342, mal datée du [14 janvier 1852]. De la main de Louise Colet : 12 janvier 1852 *(sic)*, ce qui explique l'erreur de Conard (comparer la note bibliographique de la lettre suivante). La date du [12 janvier 1853], qui est la bonne, est proposée par Gérard-Gailly (*Bulletin du bibliophile*, art. cité, p. 324). Voir aussi R. Descharmes (B.N., N.A.F. 23836, fiche 387) : « J'ai lu sur le timbre 12 janvier 1851. C'est une erreur. Il faut lire 12 janvier 1853. »

1. Citation de Goethe (voir p. 157 et n. 3).
2. Voir ce poème à l'Appendice V, p. 938-940.
3. Il s'agit de nouvelles corrections pour *La Paysanne* (Appendice V, p. 945-963).

Page 236.

1. Au-dessus de « sonore », « plaintif », de la main de Louise Colet.
2. Maxime Du Camp (voir la lettre précédente, p. 233).

À LOUISE COLET
[15 janvier 1853]

Autographe J. Lambert; Conard, t. II, p. 348-353, mal datée du [17 janvier 1852], et t. III, p. 85-87 (fragment commençant à : « J'ai passé un commencement... » [p. 238] et finissant par : « Tout à toi » [p. 239], bien daté du [15 janvier 1853]). De la main de Louise Colet : 15 janvier 1852 *(sic)*, d'où l'erreur de l'édition Conard (comparer la note bibliographique de la lettre précédente). La lettre est de toute évidence du samedi [15 janvier 1853], comme l'a bien vu Gérard-Gailly (*Bulletin du bibliophile*, art. cité, p. 324).

3. Voir ce poème à l'Appendice V, p. 945-963.

Page 238.

a. rencontre. — [Sais-tu que] J'ai été

1. Voir ce poème à l'Appendice V, p. 940-944.
2. Louis Bouilhet et Flaubert arriveront à Paris le 5 février 1853.
3. Edma Roger des Genettes. La « conjonction » se fera le 3 décembre 1853. Voir le memento de Louise Colet du 4 décembre 1853, Appendice II, p. 902-903.
4. L'amour de Léon Dupuis pour Emma Bovary dans la IIe partie du roman (*Madame Bovary*, éd. Claudine Gothot-Mersch, p. 99 et suiv.).
5. Charles Bovary et Léon Dupuis.
6. Maxime Du Camp est nommé officier de la Légion d'honneur le 14 janvier 1853.

Page 239.

a. bien loin de lui <en arrière>
b. tout cela [est] <tourbillonne> au même niveau
c. les honneurs [se sont rapidement] <foisonnent>

1. Valentine Delessert, surtout. Voir la lettre de Maxime Du Camp à Flaubert de [fin août-début septembre 1851], Appendice I, p. 860-861, et les lettres suivantes.
2. Allusion aux photographies d'Orient de Maxime Du Camp

(voir la lettre de Flaubert à Louise Colet du [19 juin 1852], p. 110, n. 1) et à l'exil de Victor Hugo.

3. Ce paragraphe se trouve dans la marge de gauche du premier feuillet de la lettre.

À LOUISE COLET
[23 janvier 1853]

Autographe J. Lambert; Conard, t. III, p. 87-90. De la main de Louise Colet : 23 janvier 1853.

4. *La Paysanne* est en vers décasyllabes. Voir ce poème à l'Appendice V, p. 945-963.

Page 240.

1. Flaubert veut dire que *La Paysanne* ne fait pas de concessions à la démagogie, à l'idéalisation des classes pauvres. Comparer son jugement sur le numéro de la *Revue de Paris* du 1er novembre 1852, p. 175 et n. 1.

2. C'est ce que fera Louise Colet, en désespoir de cause. *La Paysanne* paraîtra chez Perrotin en 1853 (ouvrage annoncé dans la *Bibliographie de la France* le 7 mai 1853).

3. Louis Bouilhet et Flaubert arriveront à Paris le 5 février 1853.

Page 241.

1. Il s'agit de corrections pour *La Paysanne* (voir l'Appendice V, p. 945-963).

2. « comme Laurence » : addition de Flaubert amenée par le sigle X. Flaubert pense sans doute à Laurence, l'héroïne du *Jocelyn* de Lamartine, d'abord déguisée en jeune garçon. Il écrit : *Lawrence,* à l'anglaise.

À LOUISE COLET
[24 janvier 1853]

Autographe J. Lambert; Conard, t. III, p. 90-91. Enveloppe : Madame Colet, rue de Sèvres, 21, Paris. C.P. Rouen, 25 janvier ?

3. Voir la lettre de Flaubert à Louise Colet du [19 décembre 1852], p. 211 et n. 2.

Page 242.

1. Il s'agit de corrections à *La Paysanne* (voir l'Appendice V, p. 945-963).

2. La comédie de Louise Colet intitulée *Les Lettres d'amour,* qui sera refusée au Théâtre-Français le 2 juin 1853 (voir p. 82, n. 1 et *passim*).

3. *Madame de Montarcy,* drame historique. Dans une lettre à Maxime Du Camp du jeudi [20 janvier 1853], après l'avoir félicité pour sa croix d'officier de la Légion d'honneur, Bouilhet écrit : « Où as-tu pêché que je faisais un drame sur Richelieu ? — C'est

une erreur grave ; je traite, où plutôt maltraite la Maintenon [...] »
(bibliothèque de l'Institut, fonds Du Camp, 3763, pièce 140). Voir
aussi la lettre de Maxime Du Camp à Flaubert du [début de janvier
1853], Appendice I, p. 868. Au lieu d'écrire son drame, Bouilhet
travaillait à son poème *Les Fossiles*.

Page 243.

À LOUISE COLET

[29 janvier 1853]

Autographe non retrouvé ; Conard, t. III, p. 92-96. D'après
R. Descharmes (B.N., N.A.F. 23836, fiche 392), la lettre serait
timbrée du 30 janvier 1853, et Louise Colet y aurait noté : 29 janvier 1853.

1. Louise Colet et Flaubert se sont revus à Mantes du 9 au
14 novembre 1852 (voir les lettres de Flaubert à Louise Colet des
[7] et [16 novembre 1852], p. 175 et 176).

2. *La Tentation de saint Antoine,* première version, écrite de
mai 1848 à septembre 1849 (éd. Conard, p. 205).

3. La « baisade » d'Emma et de Rodolphe (*Madame Bovary,*
éd. Claudine Gothot-Mersch, p. 161-166).

4. Sur les rapports de Louise Colet et de Villemain, voir surtout
la lettre de Flaubert à Louise Colet du [23 janvier 1854], p. 513,
n. 5.

Page 244.

1. Le sculpteur James Pradier (voir t. I, p. 101, n. 6).

2. Louise Colet pensait donner une soirée en l'honneur de Louis
Bouilhet et de Flaubert.

3. Louise Colet, Louis Bouilhet et Flaubert.

4. Louis Jourdan, auteur d'un article sur *Ce qui est dans le cœur
des femmes,* recueil de vers de Louise Colet, dans la *Revue de Paris*
du 1er septembre 1852. Voir la lettre de Flaubert à Louise Colet du
[4 septembre 1852], p. 150, n. 1.

5. Louise Colet était liée avec Béranger depuis son arrivée à
Paris. Il l'avait toujours aidée pour les prix de l'Académie française (voir t. I, p. 272, n. 1). Après la mort du chansonnier, elle
publiera *Quarante-cinq lettres de Béranger et détails sur sa vie,* Paris,
Librairie nouvelle, 1857, in-16, 92 p.

6. Louise Colet avait tenté de placer *La Paysanne* à la *Revue des
Deux Mondes,* dont Buloz était directeur (voir la lettre de Flaubert
à Louise Colet du [23 janvier 1853], p. 240).

Page 245.

1. Chateaubriand, *Les Martyrs* (1809), liv. IV.

2. *Le Pays* ne voudra pas de *La Paysanne* et le poème paraîtra
en volume chez Perrotin, en mai 1853.

3. *Revue des Deux Mondes* (voir p. 244, n. 6).

4. Edma Roger des Genettes.

Page 246.

1. Les notes prises par Flaubert durant son séjour en Grèce (*Voyages,* éd. R. Dumesnil, t. II, p. 349-441) ; Louise Colet désirait les lire pour son poème *L'Acropole d'Athènes* (voir p. 173 et 213).

À LOUISE COLET
[17 février 1853]

Autographe non retrouvé ; copie R. Descharmes, B.N., N.A.F. 23831, f°s 202-204 ; Conard, t. III, p. 96-98. D'après R. Descharmes (N.A.F. 23836, fiche 393), cette lettre serait timbrée du 18 février 1853, et Louise Colet y aurait noté : 17 février 1853.

2. Flaubert est arrivé à Paris le samedi 5 février 1853, d'après la lettre précédente, p. 245. Il y serait donc resté une semaine environ.

3. S'agirait-il de Rodolphe Boulanger, le premier amant d'Emma Bovary ?

4. Louise Colet et Flaubert se retrouveront à Mantes le 9 mai 1853 (voir la lettre de Flaubert à Louise Colet du [7 mai 1853], p. 323-324).

5. Le prix de poésie de l'Académie française sera remis à l'année suivante. Voir la lettre de Flaubert à Louise Colet du [22 avril 1853], p. 312, n. 1.

Page 247.

1. Les membres de l'Académie française.

2. Edma Roger des Genettes.

3. Les *Œuvres morales,* ou *Moralia,* de Plutarque.

4. Le roman de Le Sage. En 1844, Flaubert mentionnait l'œuvre de Le Sage comme l'un de ses « livres de chevet » (t. I, p. 210). Mais il pensait peut-être alors au *Diable boiteux.*

Page 248.

À LOUISE COLET
[23 février 1853]

Autographe J. Lambert ; Conard, t. III, p. 99-102. Enveloppe : Madame Colet, rue de Sèvres, 21, Paris. C.P. Rouen, 24 février 1853. De la main de Louise Colet : 23 février 1853. Sur l'enveloppe, notes de Louise Colet à peu près illisibles ; on devine : « Beauté des yeux bleus ? l'histoire de Planche — la capeline. Un jeune homme pour Henriette ? Musset ? jalousie. »

a. les piédestaux [des dieux] <de tes statues>

1. Cette idée de Flaubert n'a guère plu à Louise Colet. Voir le memento du 15 mars 1853, Appendice II, p. 900.

Page 249.

1. Edma Roger des Genettes.

2. Edma Roger des Genettes et Louis Bouilhet deviendront amants le 3 décembre 1853. Voir le memento de Louise Colet du 4 décembre 1853, Appendice II, p. 902-903.

3. Mme Vasse de Saint-Ouen et sa fille Flavie. Voir t. I, p. 23, n. 3, et p. 160, n. 5. Dans ses *Heures d'autrefois*, Caroline Franklin-Grout écrit : « Flavie avait près de 25 ans, douze années de plus que moi [Caroline est née en 1846], lorsqu'elle cessa de me regarder comme une enfant et commença à me considérer comme une amie. C'était une nature romanesque, extrêmement religieuse, d'une religion exaltée et cependant très tolérante. À cette époque-là elle aimait mon oncle d'un amour sans espoir, car elle comprenait tout ce qui les séparait l'un de l'autre. Bien des années plus tard, lorsqu'elle me raconta sa passion, j'en pénétrai tout le désintéressement fou. Elle avait offert à Dieu le sacrifice de sa vie, demandant dans les larmes à être enterrée vivante pour obtenir la conversion de celui qu'elle aimait et qui jamais ne devait soupçonner ce dévouement » (passage inédit communiqué par Mme Lucie Chevalley-Sabatier). Flaubert a-t-il deviné le secret de Flavie ? Quelles en seraient alors les traces dans les romans de Flaubert ?

4. Emmanuel Vasse de Saint-Ouen (voir t. I, p. 23, n. 3).

5. Eugène Crépet. Étienne-*Eugène* Crépet était né à Dieppe le 5 mars 1827 et mourra à Paris le 8 janvier 1892. Il était d'une famille de magistrats, de banquiers et de négociants normands [contrairement à ce que j'avance dans le tome I de cette édition (p. 74, n. 6), il n'était pas l'un des « enfants bouchés » du filateur Crépet fils aîné, mais leur cousin]. Monté à Paris, il fonde *La Revue* (avril 1855-janvier 1858) et collabore à la *Revue moderne* et à la *Revue nationale et étrangère*. Il publie en 1861-1862 une *Anthologie des poètes français*, en 4 volumes, dont Sainte-Beuve écrit l'introduction ; un *Trésor épistolaire de la France ou Choix des lettres les plus remarquables au point de vue littéraire depuis le XVIᵉ siècle jusqu'à nos jours* (1865, 2 vol.); et laisse à sa mort le manuscrit incomplet d'un roman à clef, *Sabine,* où l'on reconnaît la Païva et Gustave Flaubert, et que terminera et publiera en 1922 son fils Georges. Il avait épousé le 15 décembre 1860 Maria Rodriguez Garcia, nièce de la Malibran et de Pauline Viardot, morte le 24 avril 1867. Il se remarie le 9 octobre 1871 avec Fanny Levrat, dont il aura trois enfants, dont Georges et Jacques (1874-1952), l'éditeur de Baudelaire. Tous ces renseignements proviennent de l'article « Eugène Crépet », dû à Claude Pichois, dans le *Dictionnaire de biographie française.*

Jacques Crépet a légué à la bibliothèque Lovenjoul un dossier concernant ses rapports avec Louis Bouilhet et Gustave Flaubert. En voici les éléments principaux : 1° lettre d'Eugène Crépet à Flaubert à propos de la mort de Louis Bouilhet (26 juillet 1869) ; 2° un feuillet marqué T, intitulé : « Mes rapports personnels avec Flaubert, et ce que je sais de lui *de visu*. Présentation par Bouilhet, à Croisset. Déjeuner chez Flaubert quelques jours après, ou le même jour. Relations assez suivies à Paris, visites au boulevard du

Temple (1856-1857) [...] cabinet tendu d'étoffe ou de papier brun [...] idole hindoue sur la cheminée [...] déjeuner au *Café Turc* (Duplan). Dîner avec Bouilhet et Maxime Du Camp dans ce temps-là, déjeuners assez fréquents avec Bouilhet. Déjeuner où je lui raconte mon projet de drame sur Richelieu. Renseignements que je leur prends pour *Salammbô*. Correspondance. [...] Visite à Flaubert. Lecture d'un passage de *Salammbô* (les lions déchirant des cadavres). Très déclamatoire, peu d'effet. Je reste froid. Tristesse de Flaubert : "Je ne peux pas faire mieux", disait-il, en tendant les bras vers le ciel. [...]. Avril-mai 1871 : séjour à Croisset, dans la maisonnette que je lui ai louée [...]. » C'est en effet par Louis Bouilhet que Flaubert a connu Eugène Crépet. Voir la lettre de Bouilhet à Flaubert du samedi [19 février 1853] : « [...] M. Crépet de Paris, dont je t'ai parlé, et qui désire vivement te connaître, est venu me voir, il y a un instant, et je n'ai pu refuser de l'accompagner à Croisset, et de lui servir d'introduction, auprès de ta seigneurie » (Lovenjoul, C, f° 987).

Page 250.

a. par un [temps] <soir> d'hiver, semble avoir pâli, et il illumine toute la brume [de ses ray] <humaine de> sa clarté

1. Flaubert a lu Michelet dès ses années de collège (voir sa lettre à Michelet du 26 janvier 1861, *Correspondance*, éd. Conard, t. IV, p. 416). L'une des œuvres de jeunesse de Flaubert, *Smarh, vieux mystère* (1839), doit beaucoup au mystère d'Edgar Quinet intitulé *Ahasvérus* (voir Jean Bruneau, *Les Débuts littéraires de Gustave Flaubert*, p. 206-213).

2. Louise Colet et Flaubert se retrouveront à Mantes le 9 mai 1853 (voir p. 324).

3. Maxime de Goethe déjà citée dans la lettre de Flaubert à Louise Colet du [23 octobre 1851], p. 13.

À LOUISE COLET

[27 février 1853]

Autographe Houghton Library, Harvard University ; Conard, t. III, p. 102-106. Enveloppe : Madame Colet, rue de Sèvres, 21, Paris. C.P. Rouen, 27 février 1853 ; Ligne du Havre, ?? 1853 ; Paris, 28 février ? De la main de Louise Colet : 27 février 1853. La lettre est paraphée.

Page 251.

a. que c'est [bon] <beau>. Pr les œuvres [comme] <et> pr les hommes médiocres, le hasard est bon enfant. <Mais> ce qui [est bon] <a de la valeur> est comme le porc-épic

1. Évangile de saint Matthieu, xxi, 21 ; évangile de saint Marc, xi, 23.

2. Flaubert veut dire que la publication de *Melaenis* n'a eu aucun écho dans les journaux de Rouen, en 1851.

3. Édouard Delessert, ami de Félicien de Saulcy, que Flaubert et Maxime Du Camp avaient rencontré à Constantinople (t. I, p. 717 et 718). Théophile Gautier avait sans doute aidé à la publication du *Voyage aux villes maudites*, d'Édouard Delessert, dans la *Revue de Paris* des 1er octobre 1852 (p. 5-47) et 1er novembre 1852 (p. 38-82), récit que je trouve très faible à tous points de vue. Il était le fils de Valentine Delessert, la maîtresse de Maxime Du Camp. Sur les Delessert, voir Maurice Parturier, *Lettres de Mérimée à la famille Delessert...*, Paris, Plon, 1931, LII-235 p.

4. Je n'ai trouvé ce mot dans aucun dictionnaire.

Page 252.

1. Louise Colet présentait son poème au concours de poésie de l'Académie française.

2. Louis-Pierre Louvel (1783-1820) avait tué le duc de Berry d'un coup de couteau le 13 février 1820, à la sortie de l'Opéra.

3. Le sculpteur James Pradier (voir t. I, p. 101, n. 6).

4. Eugène Crépet (voir la lettre précédente, p. 249, n. 5).

5. Sur le *Dictionnaire des idées reçues,* voir la lettre de Flaubert à Louise Colet du [16 décembre 1852], p. 208, n. 1 et *passim*.

Page 253.

a. le ramollissement du cerveau [prédit] <diagnostiqué>

1. S'agirait-il de *La Spirale* (voir la lettre de Flaubert à Louise Colet du [8 mai 1852], p. 85, n. 3) ?

2. Allusion aux lettres de Maxime Du Camp, auxquelles Flaubert répond le [26 juin] et au [début juillet 1852] (p. 113-115 et 120-122).

3. Eugène Crépet (voir p. 249, n. 5).

4. Voir la lettre précédente, p. 249 et n. 3.

À LOUISE COLET
[3 mars 1853]

Autographe J. Lambert; Conard, t. III, p. 111-112. Enveloppe : Madame Colet, rue de Sèvres, 21, Paris. C.P. Rouen, 3 mars 1853.

5. *L'Acropole d'Athènes* est divisé en six parties, les deux dernières très courtes : I. Description de l'Acropole ; II. Hymne à Minerve; III. Le Parthénon; IV. Les Panathénées; V. Les Barbares; VI. La leçon de l'Acropole (les sous-titres sont de moi). On trouvera à l'Appendice V, p. 940-944, les parties I et VI en totalité, et des extraits des parties II, III, IV et V.

Page 254.

1. Les notes du voyage en Grèce de Flaubert et celles prises par Louise Colet elle-même (voir p. 173, 213 et 246).

2. Flaubert avait signé : *Gustave Flaubert*, qu'il a barré.

3. La fin du *Livre posthume* raconte le suicide de Jean-Marc : « Si j'étais un grand sculpteur, je prendrais un bloc de marbre et j'y taillerais une statue [...]. Je l'appellerais *La Mort consolatrice* » (*Revue de Paris,* 1er mars 1853, p. 403). Le roman se termine sur une épitaphe, due à Jean-Marc lui-même, sur la transmigration des âmes (p. 430-431). Sur cette foi nouvelle de Maxime Du Camp, voir sa grande lettre à Lambert-Bey du 24 avril 1854 (bibliothèque de l'Institut, 3765, pièce 19). Flaubert a sans doute en vue la phrase sur la « large épaule » (voir p. 257 et n. 1).

À LOUISE COLET

[5 mars 1853]

En partie inédite. Autographe J. Lambert; Conard, t. III, p. 106-111. Enveloppe : Madame Colet, rue de Sèvres, 21, Paris. C.P. Rouen, 6 mars 1853. Dans l'édition Conard, cette lettre, datée du [5-6 mars 1853], est placée avant la lettre suivante (t. III, p. 111-112), pourtant datée du [3 mars 1853].

Page 255.

1. Louis Bouilhet travaillait à son poème *Les Fossiles*.

2. Edma Roger des Genettes. Louis Énault était son amant (voir la lettre de Flaubert à Louise Colet du [15 avril 1852], p. 71 et n. 3).

3. Poème de Louis Bouilhet paru dans la *Revue de Paris* du 1er octobre 1852 (p. 135-136) :

Viens ! de ta blanche main je veux le coup de grâce.

4. Voir la lettre de Flaubert à Louise Colet du [23 février 1853], p. 249, n. 5.

Page 256.

1. Sur Mme Vasse de Saint-Ouen et sa fille Flavie, voir la lettre de Flaubert à Louise Colet du [23 février 1853], p. 249, n. 3, et t. I, p. 23, n. 3.

2. Charles Poncy, ouvrier maçon, venait de publier dans la *Revue de Paris* du 1er mars 1853 un poème intitulé *Les Cariatides de Puget* (p. 479-491). Voir Dorrya Fahmi, *Charles Poncy, poète-maçon, 1821-1891*, Paris, P.U.F., 1934, gd in-8º, 136 p.

3. « la Croix » fait allusion à cette phrase du *Livre posthume* : « Où est Simon de Cyrène pour m'aider à porter ma croix ? » (*Revue de Paris,* 1er mars 1853, p. 403).

4. Porcia est la dernière amie du héros, Jean-Marc, avant son suicide. Le chapitre XVIII du *Livre posthume* lui est dédié (*Revue de Paris,* 1er mars 1853, p. 428).

5. « On m'enveloppera tout entier, les bras placés le long du corps, dans ce merveilleux couvre-pieds que Porcia m'a donné » (*Revue de Paris*, 1ᵉʳ mars 1853, p. 427).

6. Il y a en réalité deux rêves dans la dernière partie du *Livre posthume* ; tous deux se rapportent à la mère du héros (*Revue de Paris*, 1ᵉʳ mars 1853, p. 410-412 et 412-415).

Page 257.

a. une [métaphore] <comparaison> plus heureuse

1. Voici le passage auquel Flaubert fait allusion : « Quant à mes amis, je me suis convaincu qu'il ne fallait pas les fréquenter trop assidûment, si je ne voulais apprendre à les mésestimer. Cela est triste, mais cela est vrai. L'homme n'admet guère la solidarité qu'à son profit ; il ne la pratique que rarement pour les autres. J'en ai vu qui me disaient : "Je suis fort, énergique, à l'épreuve de tout." Quand j'ai été à même de les étudier de près, je les ai trouvés débiles, faiblissants, découragés à la seule idée de l'action. Lorsque j'ai voulu m'appuyer sur leur épaule, qu'ils disaient si large, je n'ai plus mis la main que sur une ombre qui fuyait. Ceux-là, je les ai délaissés, car ils avaient trahi plus que ma confiance, ils avaient trahi ma bonne foi ; cela est pire qu'un vol domestique » (*Le Livre posthume*, in *Revue de Paris*, 1ᵉʳ mars 1853, p. 404-405).

2. Mme Chéronnet, la grand-mère de Maxime Du Camp, était morte en septembre 1849, quelques semaines avant le départ des deux amis pour l'Orient. Voir t. I, p. 512, n. 5.

3. Faut-il songer au duel de Frédéric Moreau et de Cisy, dans *L'Éducation sentimentale* ?

4. Il s'agit de la nomination de Maxime Du Camp comme chevalier de la Légion d'honneur, à cause de son rôle et de sa blessure pendant les journées de juin 1848 (voir t. I, p. 500, n. 3).

5. Voir la lettre de Flaubert à Ernest Chevalier de [fin janvier 1846], t. I, p. 255 et n. 3 et 4.

6. Pierre-Blaise-Bernard de Gascq, président de la Cour des comptes, Pair de France (25 décembre 1841).

Page 258.

1. Azevedo (Flaubert écrit : *Azvedo*), critique musical. Voir la lettre de Flaubert à Louise Colet du [19 septembre 1852], p. 162, n. 1 et *passim*.

2. Louis Jourdan (1810-1881), journaliste au *Siècle* depuis 1849.

3. S'agit-il d'Écouchard-Lebrun, dit Lebrun-Pindare (1729-1807), l'auteur de l'*Ode au vaisseau Le Vengeur,* ou de Pierre Lebrun (1785-1873) ? Sans doute de ce dernier, car il fréquentait depuis longtemps le salon de Louise Colet. Membre de l'Académie française, il avait été l'un des rapporteurs, avec Béranger, du poème *Le Monument de Molière,* pour lequel Louise Colet avait remporté le prix de poésie en 1843.

4. Depuis « *Le Constitutionnel* » jusqu'à « mettait » : addition dans la marge du folio 1. Passage omis dans l'édition Conard, t. III, p. 111.

À LOUISE COLET

[9 mars 1853]

Autographe J. Lambert; Conard, t. III, p. 112-117. Enveloppe : Madame Colet, rue de Sèvres, 21, Paris. C.P. Rouen, 9 mars ? Sur l'enveloppe, de la main de Louise Colet : « Vuillermod p^r oui ? »

a. dans *leur sens* <autant que possible>, comme nous avons fait [le plus possible] <nous-mêmes relativement> à tes vers

5. Il s'agit de corrections pour le poème de Louise Colet, *L'Acropole d'Athènes* ; voir l'Appendice V, p. 940-944.

6. Flaubert écrit : *Penthelique*. Voir ces vers à l'Appendice V, p. 943.

Page 259.

1. Il s'agit de coupures proposées par Louis Bouilhet et Flaubert concernant *L'Acropole d'Athènes*.

2. La cinquième partie de *L'Acropole d'Athènes* ; voir un extrait à l'Appendice V, p. 944.

Page 260.

1. Aucun des vers cités dans cette page ne se retrouve dans le poème imprimé.

2. Louise Colet a refait ces vers. Voir l'Appendice V, p. 944.

Page 261.

1. Edma Roger des Genettes.

2. « foutre », mot omis dans l'édition Conard, t. III, p. 117. Les points de suspension sont de Flaubert.

Page 262.

1. Depuis : « Je ne vois pas... » (p. 261, dernière ligne) jusqu'à « *ta mère...* » : addition tête-bêche au folio 4 v°. Ce vers a disparu du poème imprimé.

À LOUISE COLET

[11 mars 1853]

Autographe J. Lambert; Conard, t. III, p. 117-121. Enveloppe : Madame Colet, rue de Sèvres, 21, Paris. C.P. ? (deux chiffres) mars 1853. Flaubert dit, à la fin de la lettre, qu'il a vu Louis Bouilhet dans la journée. Or, dans sa lettre à Louise Colet du 11 mars 1853 (date de la poste), Bouilhet écrit : « Gustave vient d'arriver... » (Marie-Claire Bancquart et un groupe d'étudiants, *Lettres de Louis Bouilhet à Louise Colet...*, p. 135). La lettre est donc du vendredi [11 mars 1853].

a. quand je [réfléchis] <considère>

2. Le manuscrit de *L'Acropole d'Athènes.*

3. Louise Colet a tenu compte de la critique de Flaubert :

> *En tête du vaisseau les Archontes s'avancent...*
> *Une sardoine brille à l'anneau de leur doigt,*
> *Une autre de leur front ferme le bandeau droit.*
>
> (Louise Colet, *Quatre poèmes,*
> Paris, Librairie nouvelle, 1855,
> p. 112).

4. *Melaenis,* poème de Louis Bouilhet, paru dans la *Revue de Paris* du 1er novembre 1851.

Page 263.

1. Il s'agit de la troisième partie de *L'Acropole d'Athènes :* la description du Parthénon. Voir ce vers à l'Appendice V, p. 943. Les autres vers cités ici n'ont pas été conservés.

Page 264.

1. La quatrième partie de *L'Acropole d'Athènes* (voir l'Appendice V, p. 943-944).
2. Voir l'Appendice V, p. 944.
3. Cette strophe ne se trouve plus dans le poème imprimé.
4. Louise Colet a renoncé à cette strophe.
5. La cinquième partie de *L'Acropole d'Athènes,* qui raconte l'invasion des Barbares (voir l'Appendice V, p. 944).

Page 265.

1. Le morceau des Barbares a été entièrement refait par Louise Colet.

Page 266.

À LOUISE COLET
[14 mars 1853]

Autographe J. Lambert; Conard, t. III, p. 121-123 (mal datée du [15 mars 1853]). Enveloppe : Madame Colet, rue de Sèvres, 21, Paris. C.P. Rouen, 15 mars 1853.

1. La révision de *L'Acropole d'Athènes* (voir l'Appendice V, p. 940-944).
2. *Le Ver rongeur des sociétés modernes, ou le Paganisme dans l'éducation,* par l'abbé J. Gaume, Paris, Gaume frères, 1851, in-8°, 416 p. Flaubert relira cet ouvrage pour *Bouvard et Pécuchet* en mars 1873 (voir Marie-Jeanne Durry et Jean Bruneau, « Lectures de Flaubert et de *Bouvard et Pécuchet* », *Rivista di Letterature moderne e comparate,* mars 1962, p. 26). Dans cet ouvrage, l'abbé Jean-Joseph Gaume (1802-1879) proposait de substituer l'étude des Pères de l'Église à celle des classiques païens dans l'enseignement secondaire.
3. Rien du morceau des Barbares « refait » par Louis Bouilhet n'a été conservé.

Page 267.

1. La Grèce a été envahie par les Visigoths (395-398), les Vandales (466), les Ostrogoths (475) et les Bulgares (500).

2. L'École française d'Athènes a été fondée par un décret du 11 septembre 1846. Le vers et la note ne se trouvent pas dans le poème imprimé.

3. Allusion à Edma Roger des Genettes.

À LOUISE COLET

[14 mars 1853]

Autographe R. Descharmes, B.N., N.A.F. 23825, ff^os 33-36; lettre publiée par Jacques Suffel dans *Le Figaro littéraire* du 11 août 1962. D'après R. Descharmes (N.A.F. 23836, fiche 401), la lettre serait timbrée du 15 mars 1853; je n'ai pas retrouvé l'enveloppe.

Page 268.

a. Ce disparate est [inouï] <inconcevable>

1. Voir la note bibliographique de la lettre de Flaubert à Louise Colet du [11 mars 1853], p. 262.

Page 269.

1. Louise Colet choisira un compromis :

Les colonnes debout des longues Propylées [...]
(Appendice V, p. 941).

2. Voir la lettre de Flaubert à Louise Colet du [23 février 1853], p. 248 et n. 1, et celle du [9 mars 1853], p. 259 et 260.

3. Voir Gabrielle Leleu, *Madame Bovary, Ébauches et fragments inédits*, t. I, p. 155-161 ; il s'agit des livres prêtés par la Dumesnil à Emma, au couvent. Pour le roman publié, voir *Madame Bovary*, éd. Claudine Gothot-Mersch, p. 38-40. Je ne sais si le texte définitif était au point, à cette date. Louise Colet avait-elle recommencé un autre *Album* d'autographes, ou récupéré celui qu'elle avait emporté en Angleterre (voir la lettre de Flaubert à Louise Colet du [28 septembre 1851], p. 6, n. 1) ? M. Henri Chavet possède un *Album* d'autographes commencé par Louise Colet en 18** (les deux autres chiffres ont été grattés ; f° 1) et continué par sa fille Henriette. La page de Flaubert n'y figure pas.

4. Le prix de poésie de l'Académie française, pour lequel Louise Colet concourait avec *L'Acropole d'Athènes*.

Page 270.

a. ne tolère pas [qu'on] <que l'on> raille
b. il s'en était <presque> douté [à peu près]

1. *Molière, Œuvres choisies*, édition épurée [par l'abbé Lejeune], Paris, Lehuby, 1846, in-18, x-543 p.

2. Alfred Le Poittevin (voir t. I, p. 22, n. 2).

3. Voir la lettre de Flaubert à Louise Colet du [11 mars 1853], p. 265, et la lettre de Louis Bouilhet à Louise Colet du même jour (Marie-Claire Bancquart et un groupe d'étudiants, *Lettres de Louis Bouilhet à Louise Colet...*, p. 135-136).

4. Le prix de poésie de l'Académie française ne sera pas décerné en 1853. Le même sujet, *L'Acropole d'Athènes,* sera proposé à nouveau aux candidats, et Louise Colet obtiendra le prix en 1854.

Page 271.

1. Les notes prises par Flaubert durant son voyage en Grèce. Voir p. 173, 213, 246 et 254.

2. *La Tentation de saint Antoine* (voir t. I, p. 562, n. 1).

3. Voir p. 258 et n. 6.

Page 272.

1. Louis Ulbach, « La liquidation littéraire », *Revue de Paris,* 1er mars 1853, p. 377-401. Ulbach y fait un grand éloge de Balzac (p. 379).

2. Émile Chasles, compte rendu des *Poèmes antiques* de Leconte de Lisle, *L'Athenaeum,* 12 mars 1853, p. 233-235. L'article est assez élogieux, bien que Chasles n'aime guère l'« hellénisme outré » de l'auteur. Conclusion : « Un talent que nous croyons énergique et original. » Flaubert écrit : *Leconte Delisle.*

3. Maxime Du Camp. Autant que je sache, Maxime Du Camp n'est jamais retourné chez Louise Colet après l'automne et l'hiver 1851-1852. Voir l'Appendice III, p. 905 et suiv.

Page 273.

1. *Madame de Montarcy,* drame historique de Louis Bouilhet, qui sera joué à l'Odéon le 12 novembre 1856.

2. *Le Livre posthume* est annoncé dans la *Bibliographie de la France* le 2 avril 1853. Flaubert écrit : *Jacotet.* Jacottet et Bourdilliat étaient les deux directeurs de la Librairie nouvelle, 15, boulevard des Italiens, Paris.

3. Surnom du capitaine d'Arpentigny. Sur le capitaine, voir p. 38, n. 1.

4. Alexandre Dumas père.

5. Emily Julia Solmer Black : dans un fragment non reproduit à l'Appendice II du memento du 15 mars 1853 (musée Calvet, fonds Colet, 6416, f° 188), Louise Colet parle de « cette brillante soirée des Italiens où j'étais samedi avec la jeune Anglaise Emilie Solmer Blake [*sic*]; tous les yeux se fixaient sur nous. L'empereur, l'impératrice étaient là ». Emily Black avait publié en 1853 les *Chants d'une étrangère* (Librairie nouvelle) et en 1859 *Nouveaux Chants d'une étrangère* (Hachette); voir Charles Coligny, « Les Muses parisiennes », *Revue fantaisiste,* 1er mars 1861, p. 113 (article

consacré à Malvina Blanchecotte). Je remercie M. Georges Lubin pour l'identification de la poétesse.

6. Mme Achille Flaubert, née Lormier (voir t. I, p. 44, n. 2).

7. Sur *La Case de l'oncle Tom*, de Harriet Beecher-Stowe, voir surtout la lettre de Flaubert à Louise Colet du [9 décembre 1852], p. 203-204. Flaubert écrit : *Stove*.

Page 274.

1. Emily Julia Solmer Black (voir p. 273, n. 5).

À LOUISE COLET

[20 mars 1853]

Autographe J. Lambert ; Conard, t. III, p. 124-126. Enveloppe : Madame Colet, rue de Sèvres, 21, Paris. C.P. Rouen, 21 mars 1853.

2. Voir les lettres de Flaubert à Louise Colet des [19 septembre 1852], p. 162, n. 1, et [5 mars 1853], p. 258. Flaubert écrit *Azvedo*.

3. Le préfet Ernest Le Roy, plus tard baron Le Roy, qui sera le grand amour de Caroline Commanville dans les années 1860. Leur liaison se termine ainsi : « Je commis toutes les imprudences et ne tombai point. Ma jeunesse, le grand amour du baron L..., son respect de ma sincérité furent ma sauvegarde. S'il en avait été autrement, je ne serais pas rentrée chez moi et la pensée d'être la cause du désespoir de ceux auxquels je me jugeais appartenir m'empêcha de fuir avec celui que j'aimais » (*Heures d'autrefois*, cité par Lucie Chevalley-Sabatier, *Gustave Flaubert et sa nièce Caroline*, Paris, La Presse universelle, 1971, p. 65).

4. Alfred Baudry et son cousin le docteur Pylore (voir la lettre de Flaubert à Louise Colet du [27 mars 1853], p. 280 et n. 1).

5. Ce n'est pas tout à fait exact. Louis Bouilhet avait écrit le 20 janvier 1853 à Maxime Du Camp pour le féliciter de sa croix d'officier de la Légion d'honneur (bibliothèque de l'Institut, 3763, pièce 140). Les relations amicales de Louis Bouilhet et de Maxime Du Camp ne cesseront qu'à la mort de Bouilhet (1869).

Page 275.

1. Valentine Delessert, la maîtresse de Maxime Du Camp. Voir les lettres de Maxime Du Camp à Flaubert de [fin août-début septembre 1851] et suiv. (Appendice I, p. 860 et suiv.).

2. Victor Cousin. Les relations entre Louise Colet et Victor Cousin étaient alors très tendues : « Hier, ces indignes billets du philosophe ; quel hypocrite, quel avare ! Ah ! ces lettres, je les commenterai un jour [...] » (passage non reproduit dans l'Appendice II du memento du 15 mars 1853, musée Calvet, fonds Colet, 6416, f° 188).

3. Félicien de Saulcy, que Flaubert avait rencontré durant son voyage en Orient (voir t. I, p. 717 et n. 2). J'ignore si Mérimée et Du Camp étaient vraiment les ennemis de Saulcy.

4. Je ne crois pas que Maxime Du Camp soit jamais revenu chez Louise Colet (voir p. 272, n. 3).

5. « Le père Chéron » tenait une institution place Royale, où Henriette Colet faisait ses études. J'ignore ses rapports avec le capitaine d'Arpentigny. Louise Colet et Alfred de Musset étaient brouillés (voir l'Appendice IV, p. 923).

6. Il s'agit de deux vers de *L'Acropole d'Athènes* :

> *Sortant de leurs débris, la Tour vénitienne*
> *Heurte de sa lourdeur la grâce athénienne ;*

(Appendice V, p. 941).

7. Louis Bouilhet cherchait à publier *Melaenis* en volume, comme Louise Colet *La Paysanne*. L'éditeur Jacottet ne publiera ni l'un, ni l'autre.

À LOUISE COLET

[21 mars 1853]

Autographe J. Lambert ; Conard, t. III, p. 126. Enveloppe : Madame Colet, rue de Sèvres, 21, Paris. C.P. Rouen, 22 mars 1853. La lettre est paraphée.

Page 276.

1. Il s'agit d'une lettre de Victor Hugo. Voir la lettre suivante, n. 4.

2. « La réponse » du préfet de la Seine-Inférieure, Ernest Le Roy (voir p. 274). Elle sera négative (voir p. 300).

À LOUISE COLET

[24 mars 1853]

Autographe J. Lambert ; Conard, t. III, p. 126-128. Enveloppe : Madame Colet, rue de Sèvres, 21, Paris. C.P. 25 ? ? Au dos de l'enveloppe, de la main de Louise Colet : « Kuchiouk-Hanem, Menephta. » Flaubert répondra à Louise Colet sur le sujet de Kuchiouk-Hanem dans la lettre suivante (p. 282-284). Menephta (Amenophis) est le nom de plusieurs pharaons d'Égypte.

3. Voir ci-dessus, n. 2.

4. Voir ci-dessus, n. 1.

5. Victor Hugo.

6. Louise Colet voulait-elle révéler à Flaubert « deux ou trois » liaisons qu'il ignorait ? L'a-t-elle jamais fait ? L'une concerne sans aucun doute Alfred de Musset ; voir le memento de Louise Colet du 6 juillet 1852 : « Supprimé le moment d'oubli [...] » (Appendice II, p. 889). Pour les deux autres, on peut penser à l'Arménien, ou Turc (memento du 1er janvier 1853, Appendice II, p. 899 et *passim*), peut-être à Franz (memento du 21 janvier 1852, Appendice II, p. 883).

7. Les notes du voyage d'Orient de Flaubert, où figurait l'épisode de Kuchuk-Hanem (voir la note bibliographique de la lettre).

Page 277.

1. Flaubert n'ira jamais voir Victor Hugo dans son île, mais leur correspondance vient de commencer. La collection Lovenjoul conserve douze lettres de Victor Hugo à Flaubert, pour la période 1853-1854, contre deux lettres de Flaubert à Victor Hugo. Antoine Albalat (*Gustave Flaubert et ses amis,* p. 202-207) a publié, mais avec des erreurs de lecture ou des lacunes, certaines de ces lettres. D'autre part, Victor Hugo a envoyé à Flaubert de nombreux poèmes ou discours, destinés à être diffusés en France. Plutôt que d'éparpiller ces notes tous ces documents, je les transcris ici :

— La lettre de Mme X, non décachetée par Flaubert, est, je crois, celle que Hugo envoie le 17 mars [1853] : « Marine Terrace, Jersey. Seriez-vous, Monsieur, assez bon pour faire tenir cette lettre à Madame Collet [*sic*] ? Elle me dit que vous voudrez bien prendre cette peine. C'est là ce qui excuse mon indiscrétion. Recevez, je vous prie, d'avance tous mes remerciements les plus distingués. Victor Hugo » (Lovenjoul, B IV, ff^{os} 12-13, inédite) ; feuille annexe : « Prière de transmettre à notre amie mes remerciements empressés » (f° 11).

— « 26 avril [1853]. Il faut, Monsieur, que Marine Terrace compte bien sur les bonnes grâces de Croisset pour se permettre cette avalanche de missives et ce billet sur petit papier. — Ce qui n'est pas petit, c'est ma reconnaissance pour tant de cordialité. V. H. » (B IV, ff^{os} 14-15 ; lettre publiée par Antoine Albalat, *op. cit.,* p. 206 ; voir la réponse de Flaubert du [2 juin 1853], p. 342-343).

— « Marine Terrace, 28 juin [1853]. Puisque vous ne voulez pas de remerciements, Monsieur, savez-vous comment je vous prouverai ma reconnaissance ? par mon indiscrétion. Voici le nouveau paquet pour Mme C. [et non Mme G., comme lit Albalat ; il s'agit de Louise Colet]. Permettez-moi d'y joindre, *pour vous,* mon portrait. C'est un ouvrage de mon fils, fait en collaboration avec le soleil. Il doit être ressemblant. *Solem quis dicere falsum audeat ?* Vous y retrouverez la bague dont vous me parlez dans votre gracieuse lettre [voir la lettre à Victor Hugo du *[2 juin 1853],* p. 343]. J'ai gardé le souvenir de cet hiver de 1844 et de ces soirées chez Pradier. Une partie de tout cela est mort, mais vit au fond de mon âme ; je suis heureux que votre souvenir y soit mêlé ; car vous êtes maintenant pour moi un ami. Je ne puis m'expliquer quelle est l'intention du bon Dieu en nous ôtant, à nous, exilés, le soleil cet été ; peut-être fera-t-il compensation en nous ôtant le Bonaparte cet hiver. Si cela est, que le mystérieux tout-puissant soit loué ! Je vous serre cordialement la main, Monsieur. Victor Hugo » (B IV, ff^{os} 1-2 ; enveloppe f° 3 : Monsieur Flaubert, au Croisset [*sic*], par Rouen, Seine-Inférieure, France ; C.P. Holloway, 30 juin 1853 ; Calais, 1er juillet 1853 ; Rouen, 2 juillet 1853. Publiée, sauf l'enveloppe, par A. Albalat, *op. cit.,* p. 202-203).

— « M[arine] T[errace], 8 juillet [1853]. Je vous envoie, mon honorable et digne concitoyen, le bulletin de notre radeau de *La Méduse*. Communiquez-le, je vous prie, autour de vous, aux cœurs restés fidèles, s'il y en a. Hélas ! les hommes comme vous sont rares, l'exil le sait. — Aussi l'exil s'en souviendra. Voulez-vous faire passer cette lettre à notre amie ? Merci toujours. *Ex imo corde*. V. » (B IV, ff^os 55-56, inédite).

— « Marine Terrace, 18 septembre [1853]. Je veux la correspondance, j'exige la correspondance. Tant pis pour vous, Monsieur, c'est votre faute. Pourquoi m'écrivez-vous les plus spirituelles et les plus nobles lettres du monde ? [voir la lettre de Flaubert du 15 juillet *[1853]*, p. 382-383.] Prenez-vous-en à vous-même. Désormais il faut que vous m'écriviez. Figurez-vous que j'ai sottement égaré l'adresse que vous m'aviez donnée à Londres [celle de Mrs. Farmer ; voir la lettre de Flaubert du *[2 juin 1853]*, p. 343]. De là le retard de cette réponse. — De là l'envoi tardif du discours que vous trouverez sous ce pli. Nous sommes pleins d'espoir et de foi ici. Tout va bien en ce moment. Je donne deux ans à l'homme [et non : « encore deux ans à l'homme », A. Albalat, *op. cit.*, p. 207]. Après quoi l'éternité sera au peuple. Je vous serre les deux mains. Victor Hugo. Est-ce que vous voulez bien vous charger de transmettre *sûrement* ce paquet à notre amie ? » (B IV, ff^os 57-58 ; enveloppe : Monsieur Flaubert, au Croisset *[sic]*, près et par Rouen, Seine-Inférieure, France ; C.P. Calais, 21 septembre 1853 ; Rouen, 22 septembre 1853 [B IV, f° 4] ; Albalat, *Gustave Flaubert et ses amis*, p. 206-207).

— « Marine-Terrace, 30 octobre [1853]. Vous voyez, Monsieur, que j'abuse de vos bons offices. Prouvez-moi que vous me le pardonnez, en m'écrivant une de ces gracieuses lettres que je compte parmi les rares rayons de soleil de mon exil. Est-ce que vous seriez assez bon pour faire parvenir cette lettre à notre amie ? Nos transportés m'ont demandé un chant ; je leur ai fait ces vers [B IV, f° 51]. À l'heure qu'il est cela se chante dans les solitudes en présence de l'adversité et de Dieu. Je vous serre la main. V. » (B IV, ff^os 5-6) ; adresse (d'une autre main que celle de Hugo) : Monsieur Flaubert, au Croisset *[sic]*, près et par Rouen, Seine-Inférieure, France ; C.P. ? 1er novembre 1853 ; Rouen, 3 novembre 1853 (f° 6 v°). Cette lettre est inédite.

— « Marine-Terrace, 15 novembre [1853]. Comment vous remercier, Monsieur ? en abusant. Que voulez-vous ? c'est M. Bonap[arte] qui vous vaut cette peine. Ajoutez ce grief aux autres. Voici notre hiver commencé, le brouillard est sur la mer. Je regarde les voiles qui passent à l'horizon et je songe aux choses charmantes que vous m'en dites. Ce sont les oiseaux de l'eau ; je leur souris comme Pétrarque aux colombes ; Pétrarque disait : parlez de moi à ma maîtresse. Je leur dis : parlez de moi à ma patrie. Excusez cette forme sauva[ge] [déchirure du papier]. Je fais de ma lettre l'[en]-veloppe pour que le [paquet] ne soit pas trop gros. Est-ce que vous voulez toujours bien transmettre cette lettre à Paris ? Je vous envoie cette *Chanson,* encore inédite, extraite du volume, maintenant imminent. Cela sera intitulé : *Châtiments.* Et puis, comme Luther mourant, je dis : *gigas fio,* et j'en profite pour vous serrer la main par-dessus la mer » [pas de signature] (B IV, ff^os 7-8) ; adresse : Monsieur Flaubert, au Croisset *[sic],* près Rouen, Seine-Inférieure, France ; C.P. Calais, 18 novembre 1853. Upp[er] Holloway [l'adresse de Mrs. Farmer] (extraits dans Albalat, *op. cit.,* p. 203-204).

— « 24 décembre [1853]. Je ne m'excuse plus, Monsieur, je me borne à vous envoyer du fond du cœur mes plus affectueux remerciements. Voici le moment d'échanger des vœux de bonne année ; il est probable que nous nous souhaitons l'un à l'autre la même chose ; je dis la même chose, car ce qui sera pour nous le retour sera pour vous la délivrance. Je vous envoie quelques vers encore. Je voudrais bien vous envoyer le livre... mais le moyen ? La surveillance est féroce. On vient de condamner à trois ans de prison, à Saint-Malo, un pauvre homme appelé Aubin pris avec un exemplaire du livre caché dans la doublure de sa veste. La France souffre ces choses, hélas ! Est-ce que vous seriez assez bon pour faire tenir cette lettre à notre amie ? Je serre vos mains bien cordialement. V. H. » (B IV, ff^os 59-60 ; Albalat, *op. cit.,* p. 204-205).

— « Marine Terrace, 12 janvier [1854]. Je voudrais bien, Monsieur, trouver le moyen de vous envoyer le volume entier *[Les Châtiments].* Ne le pouvant, je vous l'adresse page à page. Notre amie [Louise Colet] m'écrit qu'elle vous a transmis *L'Expiation.* Je vous envoie ceci pour elle. Quand pourrai-je reconnaître toutes vos bonnes grâces autrement que par de stériles remerciements. Je vous serre cordialement la main. V. H. » (B IV, ff^os 9-10 ; Albalat, *op. cit.,* p. 205).

— « Marine-Terrace, 19 mars [1854]. Excusez, mon honorable et cher concitoyen, la petitesse du papier et la brièveté de la lettre. Ne mesurez pas, je vous prie, à cette brièveté et à cette petitesse aucun de mes sentiments pour vous. Je vous envoie ci-inclus deux petits speeches prononcés ici, — et un paquet pour notre amie. *Ex imo corde* [et non *ex uno corde,* ainsi que lit Albalat, *op. cit.,* p. 206). V. » (B IV, ff^os 16-17 ; Albalat, *op. cit.,* p. 205-206).

— « 1er juin [1854]. Avec ce nouveau petit service que je vous demande, Monsieur, je vous envoie mon plus affectueux souvenir de Mar[ine Terrace]. V. H. » (B IV, ff^os 53-54 ; adresse : Monsieur Flaubert, puis, d'une autre écriture, Monsieur Gve Flaubert, au Croisset *[sic],* près Rouen, Seine-Inférieure, France ; C.P. Calais, 4 juin 1854). Cette lettre est inédite.

— Documents : texte imprimé, paginé 233-240, sur la mort de Charlet (B IV, ff^os 18-21) ; *Nox* (ff^os 22-29) ; discours de Victor Hugo pour le vingt-troisième anniversaire de la Révolution polonaise (Jersey, 29 novembre 1853 ; ff^os 30-33) ; *Les Châtiments,* p. 171-172, poème daté de Bruxelles, mai 1852 (f° 34) ; poème :

« Oh ! je sais qu'il ferait … », *Les Châtiments,* p. 51-52 (f⁰ 35) ;
Chanson, poème des *Châtiments,* p. 49-50 (f⁰ 36) ; *Carte d'Europe,*
poème des *Châtiments,* p. 52-53 (f⁰ 37) ; *Le Peuple russe,* poème des
Châtiments, p. 55-56 (f⁰ 38) ; discours de Victor Hugo au Banquet
anniversaire du 24 février 1848, Jersey, le 24 février 1854 (ffᵒˢ 39-
42) ; discours de Victor Hugo sur la tombe du citoyen Jean
Bousquet, proscrit, mort à Jersey, prononcé le 20 avril 1853, au
cimetière de Saint-Jean (ffᵒˢ 43-46) ; discours de Victor Hugo sur
la tombe de la citoyenne Louise Julien, proscrite, morte à Jersey,
prononcé le 26 juillet 1853, au cimetière de Saint-Jean (ffᵒˢ 47-
50) ; *Hymne des transportés,* épreuves avec variantes (f⁰ 51) ; *Aux
républicains* (f⁰ 52).

Pour la correspondance de Victor Hugo et de Louise Colet, voir
voir Gustave Simon, « Victor Hugo et Louise Colet », *Revue de
France,* 1ᵉʳ mai-1ᵉʳ juin 1926, p. 201-242 et 401-440.

2. Sur ce projet de drame de Louise Colet, voir p. 84, n. 2 et
passim.

3. Il s'agit de recommandations auprès de l'Académie française
pour *L'Acropole d'Athènes* (voir p. 274-275). J'ignore qui est « lui ».

À LOUISE COLET

[25 mars 1853]

En partie inédite. Autographe J. Lambert ; Conard, t. III, p. 118-
121. Enveloppe : Madame Colet, rue de Sèvres, 21, Paris. C.P.
Rouen ? mars 1853 ; Paris, 28 mars ? Sur le dos de l'enveloppe, de
la main de Louise Colet : « Chasles pourquoi de vieux ennemis ?
[voir p. 279], Lacaussade [le poète Auguste Lacaussade], Villemain,
Béchard [voir p. 281, n. 1] ; [en tête-bêche] Codrika [voir p. 289,
n. 2].»

4. Voir p. 268-269.

Page 278.

1. Pandrosos, fille de Cécrops, honorée dans un sanctuaire qui
faisait partie de l'Érechthéion, sur l'Acropole d'Athènes.

2. Flaubert aurait-il eu connaissance des théories de Gobineau ?
Le premier volume de l'*Essai sur l'origine de l'inégalité des races*
paraît en 1853. Dès les premières pages, le pessimisme de Gobineau
se fait sentir, mais nul texte n'illustre mieux sa vision tragique de
l'humanité que la conclusion de l'*Essai* (parue en 1855) : « La
prévision attristante, ce n'est pas la mort, c'est la certitude de n'y
arriver que dégradés ; et peut-être cette honte réservée à nos
descendants nous pourrait-elle laisser impassibles si nous n'éprou-
vions, par une secrète horreur, que les mains de la destinée sont
déjà posées sur nous. » Jamais Flaubert, à ma connaissance, ne
mentionne Gobineau dans sa correspondance. La phrase : « Le
sang aristocratique est épuisé » pourrait servir d'épigraphe aux
Pléiades de Gobineau (1874).

3. Emily Julia Solmer Black (voir la lettre de Flaubert à Louise
Collet du [14 mars 1853], p. 273, n. 5.

Page 279.

1. « Aimé » par Élisa Schlésinger (voir t. I, p. 101, n. 3) ?

2. Je ne sais à quoi se rapporte cette expression : « vieux ennemis ». Philarète Chasles n'était pas membre de l'Académie française ; il ne peut s'agir du prix de poésie. Voir aussi la note bibliographique de cette lettre.

À LOUISE COLET

[27 mars 1853]

Autographe non retrouvé ; fragments copiés par R. Descharmes
(B.N., N.A.F. 23831, ffos 241-243) ; Conard, t. III, p. 131-145.
D'après R. Descharmes (N.A.F. 23836, fiche 406), la lettre serait
timbrée du 28 mars 1853, et Louise Colet y aurait noté : « 27 mars
1853, jour de Pâques. »

Page 280.

1. Alfred Baudry (1828-1884) et son frère aîné Frédéric Baudry
(1818-1885) ; voir t. I, p. 230, n. 6. Si Alfred Baudry s'occupait
d'archéologie, il gagnait sa vie comme employé aux services des
Douanes, comme le montre cette lettre. La bibliothèque Lovenjoul
conserve douze lettres d'Alfred Baudry à Flaubert (B I, ffos 95-
117), dont on trouvera plus loin des extraits. Flaubert a envoyé
un exemplaire de *Madame Bovary* à Alfred Baudry avec la dédicace
suivante : « À mon ami très cher, le seul qui vienne me voir dans
ma solitude rustique, l'auteur indigne, Gve Flaubert » ; de même
Salammbô : « À mon petit père, son vieux Flaubert. » À la mort
d'Alfred Baudry, ces exemplaires ont appartenu au conseiller à la
Cour Bergier, qui avait épousé la fille de Frédéric Baudry, et qui se
suicide en 1891. Voir le *Nouvelliste de Rouen* du 22 novembre 1891
et Auguste Lambiotte, *AFl.*, no 13 (1958), p. 36.

2. Voir la lettre de Flaubert à Louise Colet du [20 mars 1853],
p. 274.

3. La lettre de Victor Hugo. Voir la lettre de Flaubert à Louise
Colet du [24 mars 1853], p. 277 et n. 1.

4. J'adopte la ponctuation de R. Descharmes (B.N., N.A.F.
23831, fo 241). L'édition Conard porte : « Il faudrait donc, je crois,
qu'il les y envoyât. Comme tu peux les y envoyer, il y aurait [...] »
(t. III, p. 132).

5. Mrs. Farmer n'est autre que l'ancienne institutrice de Caroline
Flaubert, Miss Jane (voir t. I, p. 101 et suiv.), ainsi que le montrent
Miss Hermia Oliver et Miss Katharine Duff dans *Flaubert and an
English Governess. The Quest for Juliet Herbert*, Oxford, Clarendon
Press, 1980. Cet ouvrage a renouvelé complètement le sujet des
institutrices anglaises de la famille Flaubert. Mrs. Farmer habitait
5, Manor Road, Upper Holloway, London. C'est chez elle que les
Flaubert étaient descendus dans leur voyage en Angleterre de l'au-
tomne 1851 (voir la lettre de Maxime Du Camp à Louise Colet du

[1er octobre 1851], Appendice III, p. 906). Flaubert proposera cet arrangement à Victor Hugo dans sa lettre du 2 juin 1853 (p. 342).

6. Isabelle Hutton, l'institutrice de Caroline Hamard.

7. Le comte de Nieuwerkerke, surintendant des Beaux-Arts et l'ami de la princesse Mathilde.

Page 281.

1. Ferdinand Béchard (1799-1870), né à Nîmes et ancien député (1837-1846).

2. Les notes prises par Flaubert durant son voyage en Orient (*Voyages*, éd. R. Dumesnil, t. II, p. 7-536 ; voir p. 276).

3. Les mots : « coups tirés » (R. Descharmes, éd. du Centenaire, *Correspondance*, t. II, p. 14) manquent dans l'édition Conard (t. III, p. 133).

4. Flaubert n'avait pas été dire adieu à Louise Colet avant son départ pour l'Orient, en octobre 1849 (voir t. I, p. 514-518).

Page 282.

1. Ni Frédéric Moreau, ni le baron de Cisy ne font leur testament avant leur duel (*L'Éducation sentimentale*, éd. Conard, p. 319-330).

2. Sur Kuchuk-Hanem, voir t. I, p. 605, n. 2.

3. Le poème *Kuchuk-Hanem*, de Louis Bouilhet, est reproduit t. I, p. 777, n. 3.

Page 283.

1. Voir la lettre de Flaubert à Louis Bouilhet du 14 novembre 1850 (t. I, p. 709) : « En passant devant Abydos, j'ai beaucoup pensé à Byron. C'est là son Orient, l'Orient turc [...]. » Voir aussi Jean Bruneau, *Le Conte oriental de Flaubert*, p. 190-195.

2. Flaubert n'a pas noté ce beau contraste dans ses notes de voyage : « Cimetière en pente [...]. Plus haut, à gauche, des jardins [...] », et c'est tout (*Voyages*, éd. R. Dumesnil, t. II, p. 193).

Page 284.

1. Voir le récit de Tecmesse, précédant l'entrée en scène d'Ajax (Sophocle, *Théâtre*, éd. Alphonse Dain, Paris, Les Belles-Lettres, 1958, t. II, p. 20-21).

2. « Que des chiens dévorants se disputaient entre eux » (*Athalie*, acte II, sc. v).

Page 285.

1. Sur ces projets de Flaubert, voir sa lettre à Louise Colet du [5-6 juillet 1852], p. 125, n. 2 et *passim*.

Page 286.

1. Sur ce projet de drame de Louise Colet, voir p. 84, n. 2 et *passim*.

2. *Philiberte,* comédie en trois actes, en vers, représentée pour la première fois, à Paris, sur le théâtre du Gymnase, le 19 mars 1853. Philiberte, que tous croient laide, y compris elle-même, découvre sa beauté le jour du mariage de sa sœur Julie. Elle est courtisée par le vieux duc de Chamaraule, son neveu le chevalier de Talmay et Raymond de Taulignan, qu'elle épouse malgré sa pauvreté. La scène se passe vers 1775, au château de Grandchamp, en Dauphiné.

3. *Poèmes antiques.* Sur cette œuvre, voir surtout Edgar Pich, *Leconte de Lisle et sa création poétique,* impr. Chirat, 1975, p. 5-174.

Page 288.

1. « Un esprit médiocre croit écrire divinement ; un bon esprit croit écrire raisonnablement » (La Bruyère, *Les Caractères,* Des ouvrages de l'esprit, 18, *Œuvres complètes,* Bibl. de la Pléiade, p. 69).

2. Louise Colet était en train de lire les notes du voyage de Flaubert en Orient : « Quand elles partent par la porte d'entrée, on voit l'air bleu à travers les minces ailes grises des chauves-souris » (*Voyages,* éd. R. Dumesnil, t. II, p. 119).

3. Émilie Solmer Blake (voir la lettre de Flaubert à Louise Colet du [14 mars 1853], p. 273, n. 5).

Page 289.

1. Flaubert écrit : Villemain ; voir t. I, p. 530, n. 1.

2. Flaubert avait rencontré Codrika sur le paquebot *Le Nil,* en partant pour l'Orient (voir t. I, p. 522).

3. Leçon R. Descharmes (B.N., N.A.F. 23831, f⁰ 243). L'édition Conard porte : « Je ne l'ai pas peut-être » (t. III, p. 144).

4. Voir ce poème à l'Appendice V, p. 938-940, et p. 148, n. 2.

À LOUISE COLET

[31 mars 1853]

Autographe non retrouvé ; Conard, t. III, p. 145-154. D'après R. Descharmes (B.N., N.A.F. 23836, fiche 407), la lettre serait timbrée du 2 avril 1853, et Louise Colet y aurait noté : 31 mars.

Page 290.

1. Le 8 novembre 1838 (voir t. I, p. 33 et n. 4).

2. Sur la maladie de nerfs de Flaubert, voir t. I, p. 202, n. 2.

3. *La Spirale* (voir la lettre de Flaubert à Louise Colet du [8 mai 1852], p. 85 et n. 3).

4. Louise Colet avait envisagé de créer une revue intitulée *La Revue française,* dont Eugène Crépet aurait été le bailleur de fonds et le collaborateur. Elle prévoyait, comme « secrétaires littéraires », Champfleury, Bouilhet, Flaubert, Leconte de Lisle, elle-même et

Lacaussade ; pour la musique, Félicien David et Azevedo ; pour la peinture, Villevieille (musée Calvet, fonds Colet, 6420, ffos 41-42).

Page 291.

1. « ils », c'est-à-dire les quatre fondateurs de la *Revue de Paris*, Théophile Gautier, Arsène Houssaye, Maxime Du Camp et Louis de Cormenin. Le premier numéro avait paru le 1er octobre 1851.

2. Flaubert fait allusion au poème de Louise Colet, *La Paysanne*, qui allait paraître chez l'éditeur Perrotin.

3. Leconte de Lisle. Le fonds Colet du musée Calvet conserve trente-cinq lettres inédites de Leconte de Lisle à Louise Colet (6410, ffos 4543-4600), dont trente-trois datent de la période 1853-1855. Elles ont été datées sur le manuscrit par M. Edgar Pich. Je les utilise dans les notes de cette édition.

Page 293.

1. Flaubert savait très mal l'italien ; il faut dire *Dante* (prénom) ou *l'Aliighieri* (nom de famille.)

2. Émilie Solmer Blake. Voir la lettre de Flaubert à Louise Colet du [14 mars 1853], p. 273, n. 5.

3. Sur Jacques Babinet, voir p. 146, n. 4.

4. Le docteur Pylore, cousin des Baudry et médecin du préfet Le Roy. Voir les lettres de Flaubert à Louise Colet des [20 mars 1853] et [27 mars 1853], p. 274 et 280.

5. Edma Roger des Genettes. Il s'agit de démarches entreprises par Louise Colet et ses amis pour recommander *L'Acropole d'Athènes* à l'Académie française.

6. Sur Mme Aglaé Didier, voir p. 147, n. 4.

7. Il s'agit d'une lettre de Victor Hugo. Voir la lettre de Flaubert à Louise Colet du [24 mars 1853], p. 277, n. 1.

8. Le professeur Jules Cloquet (voir t. I, p. 565, n. 2).

Page 294.

1. Sans doute oralement, car aucune lettre conservée de Flaubert à Louise Colet ne mentionne ce domestique devenu cocher de fiacre. Flaubert écrit : Monthyon.

2. Mme Achille Flaubert (voir t. I, p. 44, n. 2).

Page 295.

1. *Des erreurs et des préjugés répandus dans la société,* par J.-B. Salgues, 3e éd., Paris, Vve Lepetit, 1818, 3 vol. in-8o (1re éd., 1810-1813). Flaubert relira cet ouvrage pour *Bouvard et Pécuchet* en juin 1873 (Marie-Jeanne Durry et Jean Bruneau, « Lectures de Flaubert et de *Bouvard et Pécuchet* », *Rivista di Letteratura moderne e comparate,* mars 1962, p. 28). Jean-Baptiste Salgues (1760 ?-1830), né à Sens avait été professeur d'éloquence au collège de Sens.

2. *Voyages,* éd. R. Dumesnil, t. II, p. 443-536.

3. Louise Colet avait rencontré Maxime Du Camp quinze jours auparavant (voir p. 272).

Page 296.

1. Lors d'un séjour des deux amants à Mantes, sans doute le dernier (9-14 novembre 1852). Voir la lettre de Flaubert à Louise Colet du [27 décembre 1852], p. 219 et n. 1.

2. Voir la lettre suivante, p. 297.

À LOUISE COLET

[6 avril 1853]

Autographe non retrouvé; Conard, t. III, p. 155-160. D'après R. Descharmes (B.N., N.A.F. 23836, fiche 408), la lettre serait timbrée du 7 avril 1853.

Page 297.

1. Mai 1848-septembre 1849 (*La Tentation de saint Antoine,* éd. Conard, p. 205).

2. « Un soir que la fenêtre était ouverte, [...] elle entendit tout à coup sonner l'angélus » (*Madame Bovary,* éd. Claudine Gothot-Mersch, p. 112). Souvenir du *Faust* de Goethe? Voir la lettre de Flaubert à Louise Colet du [1er-2 octobre 1852], p. 166 et n. 8.

3. Flaubert s'installera à Paris, 42, boulevard du Temple.

4. *Madame de Montarcy.*

5. Cette lettre de Flaubert à Maxime Du Camp n'a pas été retrouvée ; sans doute Du Camp l'a-t-il brûlée (voir t. I, p. x, n. 1).

6. Note de Maxime Du Camp dirigée contre Vivien de Saint-Martin, l'un des directeurs de *L'Athenaeum* (*Revue de Paris,* 1er avril 1853, p. 148). R. Descharmes commente : « Vivien, dans le n° du 12 mars 1853, sous la rubrique : Les revues et les journaux, s'était attaqué assez vivement à la *Revue de Paris,* et en particulier avait critiqué *Le Livre posthume* de Du Camp. Celui-ci répliqua dans le numéro d'avril de la *Revue.* Il écrivit, entre autres choses, cette phrase : "Nous savons que, de tout temps, le soleil levant a fait coasser les grenouilles" [p. 148]. Vivien, dans le n° du 7 mai de *L'Athenaeum,* répondit en qualifiant de "vilenie dont une plume qui se respecte répugne à se salir" l'article de Du Camp, et concluait sur ces mots : "Cela dit, pour n'y plus revenir, repoussons du pied ces turpitudes de littérature fantaisiste, et revenons à la littérature sérieuse et honorable." D'où échange de témoins entre Vivien de Saint-Martin et Maxime Du Camp » (éd. du Centenaire, t. II, p. 45, n. 1).

Page 298.

1. Hippolyte Castille, « Les Hommes et les mœurs sous Louis-Philippe, Guizot », *Revue de Paris*, 1er avril 1853, p. 39-54. Guizot était allé rejoindre Louis-Philippe à Londres le 1er mars 1848. Il est resté en Angleterre environ un an.

2. Gustave Nadaud, *L'Histoire du mendiant*, in *Revue de Paris*, 1er avril 1853, p. 101-102. Gustave Nadaud (1820-1893), musicien et poète, était surtout célèbre pour ses chansons : *Les Deux Notaires, Pandore ou les deux gendarmes, Le Voyage aérien*, etc.

3. Les *Poèmes antiques* de Leconte de Lisle.

4. Cf. le début de la préface des *Poèmes antiques* : « Ce livre est un recueil d'études, un retour réfléchi à des formes négligées ou peu connues. Les émotions personnelles n'y ont laissé que peu de traces ; les passions et les faits contemporains n'y apparaissent point » (Leconte de Lisle, *Articles, préfaces, discours*, éd. Edgar Pich, Paris, Les Belles-Lettres, 1971, p. 108-109).

5. La cinquième partie des *Fossiles* chante la naissance, l'évolution et la mort de la race humaine (Louis Bouilhet, *Œuvres*, Paris, Lemerre, 1891, p. 128-138 ; sur les Temps modernes, voir p. 137-138). Le poème de Bouilhet est assez proche par l'inspiration du *Dies irae* de Leconte de Lisle.

6. *Dies irae* est la dernière pièce des *Poèmes antiques*. *Midi* fait partie d'un ensemble de trois poèmes : *Juin, Midi* et *Nox*.

Page 299.

1. Leconte de Lisle est né à la Réunion en 1818. L'hymne à Sourya est le poème XXVIII du recueil de 1852.

2. Lamartine mourra le 28 février 1869.

3. « Il [Fénelon] tient une lyre comme Homère [...]. » « On croit lire une traduction d'Homère ou une continuation de *L'Odyssée*, par un disciple égal au maître » (*Vies de quelques hommes illustres, Fénelon*, in *Œuvres complètes de Lamartine*, Paris, chez l'auteur, 1863, t. III, p. 247 et 275-276). Sur l'*Homère* de Lamartine, voir p. 105 et n. 3. Lamartine a attaqué La Fontaine à plusieurs reprises ; voir par exemple *Les Confidences* (éd. Michel Lévy, 1856, p. 73 ; 1re éd., 1847) : « [...] les fables de La Fontaine, qui me paraissaient à la fois puériles, fausses et cruelles [...]. »

4. Voir la lettre de Flaubert à Louise Colet du [24 mars 1853], p. 277, n. 1. L'adresse est en tête de la lettre de Victor Hugo.

5. Faut-il lire *J****, pour Jersey ?

Page 300.

À LOUISE COLET
[10 avril 1853]

Autographe docteur Jean Heitz (Nice); Conard, t. III, p. 160-162. D'après R. Descharmes (B.N., N.A.F. 23836, fiche 409), la

lettre serait timbrée d'« avril 1853, peut-être 11 ». L'enveloppe n'a
pas été retrouvée.

a. Si [j'eusse douté] <je doutais>

1. L'un des deux éditeurs de la Librairie nouvelle ; l'autre était
Bourdilliat.

2. Sur Edmond Pagnerre, ami d'enfance de Flaubert, voir
t. I, p. 29, n. 2, et plus loin, p. 656.

3. *M.* pourrait être Maxime Du Camp.

4. *J.* pourrait être l'éditeur Jacottet, qui avait publié *Le Livre
posthume* de Maxime Du Camp.

5. Dans le journal *Le Siècle.* Louis Jourdan (1810-1881) était
entré au *Siècle* en 1849. Eugène Pelletan (1813-1884) avait été
journaliste à *La Presse* de 1851 à 1853 ; il était passé au *Siècle* en
1853 et reviendra à *La Presse* en 1855. Il sera élu député en 1863
et jouera un rôle politique important sous la Troisième République.

6. C'est en effet Perrotin qui publiera *La Paysanne* (1853, in-8°,
32 p.).

7. Voir la lettre de Flaubert à Louise Colet du [20 mars 1853],
p. 274 et n. 3.

Page 301.

1. Voir p. 230, n. 2.

2. Le concours pour le prix de poésie de l'Académie française ;
Louise Colet apprendra le 14 avril que le prix ne sera pas décerné.
Voir la lettre de Flaubert à Louise Colet du [16 avril 1853], p. 306,
et la note 1 de la page 312.

3. *Madame Bovary,* éd. Claudine Gothot-Mersch, p. 113-117.

4. François-Auguste-Marie Mignet (1796-1884), célèbre surtout
pour son *Histoire de la Révolution française* (1824), était membre de
l'Académie française depuis 1837.

À LOUISE COLET

[13 avril 1853]

Autographe J. Lambert ; Conard, t. III, p. 162-168. Enveloppe :
Madame Colet, rue de Sèvres, 21, Paris. C.P. ? avril 1853. La lettre
est sûrement datée.

5. *La Paysanne* est annoncée dans la *Bibliographie de la France*
du 7 mai 1853.

Page 302.

a. du soleil <frappant> sur du blanc

1. L'éditeur de *La Paysanne.*

2. Voir *La Paysanne* (Appendice V, p. 945), la lettre de Flaubert
à Louise Colet du [12 janvier 1853], p. 234, et les lettres suivantes.

Page 303.

1. Expression normande signifiant : virilité (éd. du Centenaire, t. II, p. 31, note).

2. Sur ce projet de drame de Louise Colet, voir p. 84, n. 2 et *passim*.

Page 304.

a. à [penser] rêver de toi

b. en replis [mollasses] moux *[sic]*

1. Lettre de Victor Hugo à Louise Colet du 17 mars 1853 (Gustave Simon, « Victor Hugo et Louise Colet », *Revue de France*, 15 mai 1926, p. 215).

2. *Madame Bovary,* éd. Claudine Gothot-Mersch, p. 113-117.

Page 305.

1. La fin du chapitre VI et le chapitre VII de la seconde partie de *Madame Bovary.*

2. Sur Mme Didier, voir p. 147, n. 4, p. 293, n. 6 et *passim*.

3. Voir la lettre de Flaubert à Louise Colet du [20 mars 1853], p. 275, n. 5.

4. Hippolyte Castille, « De la propriété intellectuelle » (*Revue de Paris* des 1ᵉʳ décembre 1852, p. 71-95, et 1ᵉʳ janvier 1853, p. 33-60) ; « Des lettres et des arts au point de vue industriel » (*ibid.,* 1ᵉʳ février 1853, p. 228-242) ; « Les hommes et les mœurs sous le règne de Louis-Philippe » (*ibid.,* 1ᵉʳ avril 1853, p. 1-38). Pour le jugement de Flaubert sur ce dernier article, voir p. 298 et n. 1.

5. Alexandre Dufaï, compte rendu des *Émaux et camées* de Théophile Gautier, *L'Athenaeum,* 9 avril 1853, p. 331-333 : « Tout est du même style, tout atteste l'effort de l'épuisement, les convulsions de l'impuissance » (p. 333).

6. Flaubert n'avait guère aimé *Émaux et camées* (voir sa lettre à Louise Colet du [26 juillet 1852], p. 140).

7. La note de Maxime Du Camp dans le numéro du 1ᵉʳ avril 1853 de la *Revue de Paris* (p. 148). Voir la lettre de Flaubert à Louise Colet du [6 avril 1853], p. 297, n. 6.

Page 306.

1. Louise Colet gardera ce titre : *Le Poème de la femme, premier récit, La Paysanne* (Paris, Perrotin, 1853, in-8⁰, 32 p.). L'ouvrage paraîtra sans nom d'auteur.

2. S'agit-il d'un portrait de Victor Hugo ? Flaubert recevra son exemplaire de la photographie avec la lettre de Victor Hugo du 28 juin [1853] ; voir p. 277, n. 1.

À LOUISE COLET
[16 avril 1853]

Autographe non retrouvé; copie R. Descharmes, B.N., N.A.F.
23831, f⁰ˢ 251-254; Conard, t. III, p. 169-172. D'après R. Descharmes (N.A.F. 23836, fiche 411), la lettre serait timbrée du 17 avril
1853.

3. Le docteur Franz-Joseph Gall (1758-1828); son ouvrage le
plus célèbre est *Sur les fonctions du cerveau et sur celles de chacune de ses
parties...,* Paris, Baillière, 1825, 6 vol. in-8⁰.

Page 307.

1. La bataille de Marengo a eu lieu le 14 juin 1800. L'armée
française battait en retraite quand arrive, à 4 heures de l'après-midi,
la division Desaix. Le général Desaix dit à Napoléon Bonaparte :
« La bataille est perdue, mais il reste encore le temps d'en gagner
une autre. »

2. Villemain.

3. Ce vers est certainement mal lu : *du gentilhomme ?*

4. Louise Colet et Flaubert se retrouveront à Mantes le lundi
9 mai 1853 (voir les lettres de Flaubert à Louise Colet des [3] et
[7 mai 1853], p. 322 et 323-324).

5. Flaubert veut dire : le lendemain de la séance solennelle de
l'Académie, au mois d'août. Voir sa lettre à Louise Colet du [22 avril
1853], p. 312.

Page 308.

1. Ce recueil de poèmes de Théophile Gautier avait paru l'année
précédente (*Bibliographie de la France,* 17 juillet 1852).

2. Voir la lettre précédente, p. 306 et n. 1.

3. Sur les autres *récits* qui devaient composer *Le Poème de la
femme,* voir la lettre de Flaubert à Louise Colet du [13 septembre
1852], p. 157, n. 1.

4. Leçon R. Descharmes (B.N., N.A.F. 23831, f⁰ 253) ; l'édition
Conard porte : *la bonne* (t. III, p. 172).

5. Voir les lettres de Flaubert à Louise Colet des [3] et [7 mai
1853], p. 322 et 323-324.

Page 309.

À LOUISE COLET
[20 avril 1853]

Autographe J. Lambert; Conard, t. III, p. 173-176. Enveloppe :
Madame Colet, rue de Sèvres, 21, Paris. C.P. Rouen, 21 avril 1853.
De la main de Louise Colet : 20 avril 1853. La lettre est paraphée.

a. s'il fallait [plaire] <obéir ensuite> à tous les imbéciles

1. Corrections à *La Paysanne* (voir l'Appendice V, p. 945-963).
Eugène Pelletan avait sans doute proposé de faire un compte rendu

de *La Paysanne* dans *Le Siècle,* dont il était alors l'un des rédacteurs. Voir la suite de la lettre.

2. Voir la lettre de Flaubert à Louise Colet du [23 janvier 1853], p. 240 et *passim.*

Page 310.

a. parce que toute individualité [artiste esthétique] <idéale, fortement rendue> résume

1. Molière, *L'École des femmes,* acte I, sc. I.

2. Pour un jugement semblable, voir la lettre de Flaubert à Louise Colet du [9 octobre 1852], p. 172 et n. I.

3. Thériaque, électuaire où il entre de l'opium. *Teriaki,* en arabe, signifie « celui qui prend habituellement des thériaques » et, par extension, « celui qui fait usage de l'opium » (note de l'édition Conard, t. III, p. 175).

Page 311.

1. Voir la lettre de Flaubert à Louise Colet du [5-6 juillet 1852], p. 125 et n. 2.

2. Laurence est déguisée en garçon, lorsque Jocelyn la rencontre et l'emmène dans la grotte des Aigles (*Jocelyn,* in Lamartine, *Œuvres poétiques complètes,* Bibl. de la Pléiade, 1963, IIIᵉ époque, p. 616). Jocelyn découvre qu'il s'agit d'une jeune fille à la suite d'un accident (IVᵉ époque, p. 656).

3. « J'enlaçai huit fois autour de son corps et du mien, étroitement unis comme une linceul, les cordes du filet des pêcheurs qui se trouvèrent sous ma main dans le bateau » (il s'agit de Raphaël et de Julie ; *Raphaël, pages de la vingtième année,* éd. Jean Des Cognets, Paris, Garnier, 1927, p. 212).

4. Le médecin est le docteur Alain : « Il dénoua ainsi, pour nous sauver tous deux, une étreinte qui allait nous étouffer dans une même mort » (*ibid.,* p. 183).

5. Leconte de Lisle.

Page 312.

À LOUISE COLET
[22 avril 1853]

Autographe J. Lambert ; Conard, t. III, p. 176-180. Enveloppe : Madame Colet, rue de Sèvres, 21, Paris. C.P. Rouen, 22 avril 1853. De la main de Louise Colet : 22 avril 1853. Au dos de l'enveloppe, de la main de Louise Colet : « Villemain — hier de l'Égypte [?] — Musset gris — le philosophe prudent — volant [?] pour le prix à ce que dit [?] — Ronsard — la Paysanne — courage — travail — le premier poème publié. »

1. *L'Acropole d'Athènes* de Louise Colet n'obtint pas le prix de poésie de l'Académie, mais, à la suite des manœuvres des amis de

Louise Colet, le sujet fut reconduit pour l'année 1854, et le poème de Louise Colet fut alors couronné. Victor Cousin lui écrit le 26 avril 1853 (date de la poste) : « C'est moi qui ai fait maintenir le sujet au concours, pour que vous puissiez vous y représenter, et qui ai, soutenu en cela par ma confiance, empêché qu'on ne donnât le prix au n° 26, comme le voulaient tous mes amis et des gens sur lesquels vous comptiez » (musée Calvet, fonds Colet, 6405, f° 1324 v°). Dans une lettre antérieure, Cousin écrivait : « Votre talent s'est égaré dans des détails archéologiques, exprimés souvent en grec. Ah ! mon enfant, suivez votre cœur, exprimez vos sentiments [...] » (*ibid.*, f° 1322 r°).

2. Voir la lettre de Flaubert à Louise Colet du [16 avril 1853], p. 307.

Page 313.

a. son public [et] son critique <sa propre récompense>. —

1. Il s'agit de corrections à *La Paysanne* suggérées par Eugène Pelletan (voir la lettre de Flaubert à Louise Colet du [20 avril 1853], p. 309-310).

Page 314.

1. Depuis : « Ça aurait » jusqu'à : « ordre », addition en bas et à droite du folio, amenée par le sigle ×.

2. La mémoire de Flaubert l'induit ici en erreur, car le contexte de ce mot de Perse est tout différent : « Davus, crois-moi, je le veux, je songe à finir de suite mes douleurs passées (c'est Chérestrate qui parle, se rongeant l'ongle jusqu'au vif) » ; *crudum... unguem | Abrodens* (Satire V, *De la vraie liberté*, in *Œuvres complètes de Horace, Juvénal, Perse...*, Paris, Dubochet, 1845, p. 332).

3. « Le génie n'est autre chose qu'une grande aptitude à la patience » (Buffon, *Discours sur le style ;* voir aussi la lettre de Flaubert à Louise Colet du [20 mars 1852], p. 57).

Page 315.

À LOUISE COLET
[26 avril 1853]

Autographe colonel Sickles; Conard, t. III, p. 180-185. Enveloppe : Madame Colet, rue de Sèvres, 21, Paris. C.P. Rouen, 27 avril 1853 ; ligne du Havre, 28 avril 1853. De la main de Louise Colet : 26 avril 1853. Au dos de l'enveloppe, de la main de Louise Colet : « la journée de jeudi — courses — le philosophe les ronsards [voir la lettre de Flaubert à Louise Colet du *[30 avril 1853]*, p. 320] — [?] — sur la *Melaenis* — [?] » En tête-bêche : « sur le revirement de Du Camp sur *Les Fossiles* — revu le plan de mon drame : calme du lundi au samedi. » L'écriture de Louise Colet est très difficile à lire au dos des enveloppes des lettres de Flaubert.

1. Voir les lettres de Flaubert à Louise Colet des [3 mai 1853], p. 322, et [7 mai 1853], p. 323-324.

2. Sur ce projet de drame de Louise Colet, voir p. 84, n. 2.

3. Flaubert écrit *Gaigne,* par deux fois. Sur Paulin Gagne, voir la lettre de Flaubert à Louise Colet du [25 septembre 1852], p. 163, n. 1.

4. Voir l'Appendice V, p. 938-940.

5. Louis Bouilhet s'installera à Paris le 11 novembre 1853. Voir la lettre de Flaubert à Louise Colet du [6 novembre 1853], p. 463.

Page 316.

a. avec [sa philosophie] <son philosophisme> libertin

1. Du Camp tiendra parole : quatre poèmes de Bouilhet paraissent seuls dans le numéro du 1ᵉʳ mai de la *Revue de Paris* (p. 282-285) : *Tou-tsong, La Louve, Kuchiuk-Hanem* et *Corydon.* Cette lettre de Maxime Du Camp à Flaubert n'a pas été retrouvée.

2. Voir la lettre de Flaubert à Louise Colet du [9 octobre 1852], p. 171 et n. 6.

3. M. Jourdan, préfet de la Corse (*Voyages,* éd. R. Dumesnil, t. I, p. 63-64).

4. Voir un extrait de cette chanson de Béranger, t. I, p. 609, n. 1.

5. Alfred Le Poittevin (voir t. I, p. 22, n. 2).

Page 317.

a. Le doute [radical] <absolu maintenant> me paraît <être> si nettement démontré

1. Maxime de Goethe déjà citée dans les lettres de Flaubert à Louise Colet des [23 octobre 1851], p. 13 et n. 1, et [23 février 1853], p. 250 et n. 3.

2. Montaigne, *Essais,* liv. I, chap. L, « De Democritus et Heraclitus ». Voici le début de l'avant-dernier paragraphe : « De mesme marque fut la responce de Statilius, auquel Brutus parla pour le joindre à la conspiration contre Cæsar ; il trouva l'entreprinse juste ; mais il ne trouva pas les hommes dignes pour lesquels on se mit aucunement en peine [...] » (*Œuvres complètes,* Bibl. de la Pléiade, p. 292).

3. Sur Jacques Babinet, voir p. 146, n. 4.

4. *Madame Bovary,* éd. Claudine Gothot-Mersch, p. 119.

Page 318.

À LOUISE COLET

[30 avril 1853]

Autographe J. Lambert ; Conard, t. III, p. 185-190. Enveloppe : Madame Colet, rue de Sèvres, 21, Paris. C.P. Rouen, 1ᵉʳ mai ? De la main de Louise Colet : 30 avril 1853. Sur l'enveloppe, de la main de Louise Colet : « Delisle — le jour — B. »

1. Bilboquet : le personnage principal du vaudeville de Dumersan et Varin intitulé *Les Saltimbanques* (Paris, théâtre des Variétés, 25 novembre 1838). Il était le chef d'une troupe de saltimbanques dont faisaient partie Gringalet, Sosthène, Zéphyrine et Atala. Le rôle avait été créé par Odry. Voir aussi les *Mémoires de Bilboquet*, parodie des *Mémoires d'un bourgeois de Paris* du docteur Véron (Paris, 1853-1854, 3 vol. in-12).

2. Émilie Solmer Blake, *Chants d'une étrangère*. Voir la lettre de Flaubert à Louise Colet du [14 mars 1853] p. 273, n. 5.

3. Eugène Baillet, chansonnier (1831-1901 ?). Il s'était fait connaître par des chansons politiques : *Au citoyen Guizot*, 2 mars 1848 ; *Proudhon*, 1849. Il publie en 1853 un recueil de chansons intitulé *Pleurs et sourires*, qui reparaîtra en 1856 sous le titre : *La Muse des ateliers*. Il était ouvrier bijoutier.

Page 319.

1. Villemain, *Cours de littérature française*, Bruxelles, Hauman, 1834-1838, 4 tomes en 5 vol. in-16 ; 2ᵉ éd., Paris, Didier, 1840, 4 vol. in-8º.

2. *Lascaris ou les Grecs du XVᵉ siècle. Suivi d'un essai historique sur l'état des Grecs depuis la conquête musulmane jusqu'à nos jours*, Paris, Ladvocat, 1825, in-8º. Bouvard et Pécuchet y relèveront une énorme bévue (éd. Conard, p. 165).

3. Villemain n'a pas publié de *Portraits*, à ma connaissance.

4. *Discours et mélanges littéraires*, Paris, Didier, 1846, in-8º, 399 p.

5. Aucun ouvrage de Villemain ne porte le titre : *Les plus belles pages...*

6. « Chénier s'est trompé comme poète ; mais il est irréprochable comme fils et comme frère : j'en suis sûr ; j'en jure par le cœur de cette mère *(applaudissements)* » (Villemain, *Tableau de la littérature au XVIIIᵉ siècle*, Bruxelles, Hauman, 1840, t. V, p. 238).

7. « C'est alors qu'il [Voltaire] écrivit les derniers chants du poème frivole et licencieux, dont il était, depuis vingt ans, obsédé comme d'une tentation » *(ibid.*, t. I, p. 322). Villemain ne donne pas le titre du poème, en effet.

8. « Que fit Gibbon ? Il resta silencieux et ministériel... *(On rit)* » *(ibid.*, t. III, p. 141).

9. *Cours de littérature du Moyen Âge*, Paris, Crapelet, 1830, 2 vol. in-8º.

10. J.-C.-L. Simonde de Sismondi, *De la littérature du midi de l'Europe*, Paris, Treuttel et Würtz, 1813, 4 vol. in-8º.

11. Flaubert fait erreur. Le seul ouvrage publié de Fauriel avant 1830 (voir n. 9) est *Chants populaires de la Grèce moderne* (Paris, Didot, 1824-1825, 2 vol. in-8º). L'*Histoire de la Gaule méridionale sous la domination des conquérants germains* ne paraîtra qu'en 1836, chez Paulin, en 4 vol. in-8º.

Page 320.

1. Royer-Collard (1763-1845), philosophe et homme politique. En effet, il n'a laissé que des fragments philosophiques qui ont été joints à la traduction des *Œuvres complètes* de Th. Reid, par Jouffroy (1828-1836, 6 vol. in-8°).

2. Le peintre romantique Marillac, et non Marcillac, personnage de *Gerfaut*, roman de Charles de Bernard paru en 1838 (voir t. I, p. 51 et n. 6). Plutôt que d'une citation, il s'agit d'une rengaine de Marillac, par exemple : « Je veux être académicien si je puis imaginer ce qu'il [Gerfaut] est devenu » (*Gerfaut*, Paris, Michel Lévy, 1867, p. 65).

3. Les poèmes envoyés pour le prix de poésie de l'Académie française étaient anonymes et numérotés. Le numéro 26 avait failli remporter le prix (voir la lettre de Flaubert à Louise Colet du [22 avril 1853], p. 312, n. 1).

4. Flaubert pense ici au livre célèbre de Volney : *Les Ruines, ou Méditation sur les révolutions des empires* (1791), ouvrage très souvent réédité au XIXᵉ siècle.

5. M. Homais, le pharmacien de *Madame Bovary.*

6. Les *Poèmes antiques* de Leconte de Lisle remporteront en 1853 le prix Maillé-Latour-Landry.

7. Victor Cousin (voir la note bibliographique de la lettre de Flaubert à Louise Colet du [26 avril 1853], p. 315).

Page 321.

1. En fait, le lundi 9 mai 1853 (voir les lettres suivantes).

2. De « peut-être » jusqu'à « ton G. » : dans la marge de gauche du premier folio.

3. De « B[ouilhet] » jusqu'à « longuement » : dans la marge de gauche du dernier folio.

Page 322.

À LOUISE COLET
[3 mai 1853]

Autographe non retrouvé ; Conard, t. III, p. 190-192. D'après R. Descharmes (B.N., N.A.F. 23836, fiche 416), la lettre est timbrée du 4 mai 1853.

1. Il faut lire *lundi,* et non *jeudi.* Voir la lettre suivante, p. 324.

2. Sur le docteur Gall, voir p. 306, n. 3.

3. Le docteur Achille Flaubert, sa femme, Émile Hamard. Voir t. I, p. 44, n. 2, p. 259, n. 1 et *passim.*

4. *Melaenis* ne sera publiée en volume qu'en 1857, chez Michel Lévy.

5. Edma Roger des Genettes.

Page 323.

1. *La Paysanne,* de Louise Colet. Voir l'Appendice V, p. 945-963.

2. *La Paysanne* est en vers décasyllabes.

3. Voir Hippolyte Castille, « Les hommes et les mœurs sous Louis-Philippe », deuxième article, *Revue de Paris,* 1ᵉʳ mai 1853, p. 232-267.

4. Voici l'épigraphe de *La Paysanne :* « Vous n'êtes pas dignes des femmes : nous portons l'enfant dans notre sein ! Nous y portons aussi la foi ! Mais vous, hommes, avec votre force et vos désirs, vous secouez l'amour même dans vos embrassements. » Le « Philosophe » est Victor Cousin.

5. Allusion au *Tartuffe* de Molière.

6. La *Revue de Paris :* elle polémiquait alors avec *L'Athenaeum* (voir la lettre de Flaubert à Louise Colet du [6 avril 1853], p. 297, n. 6).

7. La lettre est évidemment incomplète.

À LOUISE COLET

[7 mai 1853]

Autographe non retrouvé; Conard, t. III, p. 193. D'après R. Descharmes (B.N., N.A.F. 23836, fiche 417), la lettre est timbrée du 7 mai 1853.

Page 324.

À LOUISE COLET

[15 mai 1853]

Autographe J. Lambert; Conard, t. III, p. 193-194. Enveloppe : Madame Colet, rue de Sèvres, 21, Paris. C.P. Rouen, 16 mai 1853; ?? mai 1853. Au dos de l'enveloppe, de la main de Louise Colet : « hier soir vente de *La Paysanne* — ce soir herbe folle — Lamartine [?] — ministère — général — Gautier — Houssaye — d'Aunet [voir p. 330, n. 1] — Brindeau — [?] — Du Camp — Pelletan — les Anglais — [en travers] style de Lamartine. »

1. Sans doute la lettre de Victor Hugo du 26 avril [1853], publiée dans la note 1 de la lettre de Flaubert à Louise Colet du [24 mars 1853], p. 277.

2. Voir la lettre de Flaubert à Victor Hugo du 2 juin 1853, p. 342.

3. Voir la lettre suivante, p. 326.

À LOUISE COLET

[17 mai 1853]

Autographe non retrouvé; fragments copiés par R. Descharmes (B.N., N.A.F. 23831, ffᵒˢ 264-265); Conard, t. III, p. 194-200. D'après R. Descharmes (N.A.F. 23836, fiche 419), la lettre serait timbrée du 18 mai 1853.

Page 325.

1. Il s'agit de Frédéric Fovard (voir p. 326, n. 4).

2. Le docteur Achille Flaubert et sa femme. Ils venaient déjeuner à Croisset tous les dimanches.

3. *Jocelyn,* de Lamartine ; *La Courtisane amoureuse,* conte en vers de La Fontaine (*Contes et nouvelles,* éd. Georges Couton, Paris, Garnier, 1961, p. 192-199). Voir aussi, pour le conte de La Fontaine, p. 328 et n. 1.

Page 326.

1. Vétheuil, village situé sur la Seine en aval de Mantes, entre Mantes et La Roche-Guyon. Louise Colet composera un poème sur cette journée, intitulé *Paysage et amour,* qui paraîtra dans le recueil *Ce qu'on rêve en aimant, poésies nouvelles...,* Paris, Librairie nouvelle, 1854, p. 63-66.

2. Ernest Rey, dit Reyer (1823-1909), qui fera la musique de l'opéra *Salammbô.* Il était le critique musical de la *Revue de Paris,* ce qui explique la dédicace à Maxime Du Camp. La pièce de Louis Bouilhet : *À R***,* avait paru dans cette revue le 1er octobre 1852, p. 136. Louis Bouilhet et Ernest Reyer se lieront étroitement à la fin de l'année 1853.

3. Le titre de *Rédemption* est en effet mal choisi ; le poète sympathise avec la prostituée et se garde bien de lui faire de la morale. Voir la dernière strophe de *À R***,* p. 345, n. 1. En voici la première :

> *Je ne suis pas le Christ, ô pâle Madeleine,*
> *Pour que tes longs cheveux caressent mes pieds nus ;*
> *Je marche, ainsi que toi, dans le doute et la peine,*
> *Voyageur égaré par les chemins perdus.*

Louis Bouilhet, *Œuvres,* Paris, Lemerre, 1891, p. 92.

4. Frédéric Hamaret-Fouard, ou Foüard, clerc de notaire, puis notaire à Paris sous le nom de Fovard (voir la suite de cette lettre et t. I, p. 155, n. 1, où j'hésite à tort sur l'identité de Fouard-Fovard, camarade de Flaubert et non, comme je le croyais, de Maxime Du Camp). Les rapports de Maxime Du Camp et de M. et Mme Frédéric Fovard sont très complexes; voir Giovanni Bonaccorso et Rosa Maria Di Stefano, *Lettres inédites de Maxime Du Camp à Gustave Flaubert,* Messina, Edas, 1978, p. 109 et *passim* ; et Jacques Suffel et Jean Ziegler, « Gustave Flaubert, Maxime Du Camp et Adèle Husson », *Bulletin du bibliophile,* 1978, t. III, p. 397.

Dans le *Nouvelliste de Rouen* du 23 août 1882 (le monument de Louis Bouilhet sera inauguré le lendemain), E. Souchières cite une lettre de Louis Bouilhet à Lepesqueur (de Dieppe), son condisciple au collège royal de Rouen, sans date : « J'en ai peu rencontré, des anciens, quelques-uns seulement : Dumont, médecin

à Paris, et décoré ; les deux Lemarié, dont l'un est perclus par la
goutte ; Dupont-Delporte, qui a été député ; Flaubert ; Hamaret-
Fouard, notaire à Paris ; Luce, avocat à Rouen ; et ce bon et brave
Foulongne, peintre d'un véritable talent qui lutte encore dans la
mêlée [...] » (*Notes sur Louis Bouilhet*).

5. Sur les articles d'Hippolyte Castille dans la *Revue de Paris,*
voir p. 305, n. 4.

Page 327.

1. L. Vivien de Saint-Martin tenait la revue mensuelle des revues
et journaux à *L'Athenaeum.* Il avait attaqué la *Revue de Paris,* assez
vigoureusement, dans le numéro du 12 mars 1853, p. 246-247.
Maxime Du Camp avait riposté par une note dans la *Revue de
Paris* du 1er avril 1853 (voir p. 297, n. 6), où il traitait les rédacteurs
de *L'Athenaeum* de grenouilles. Vivien de Saint-Martin lui répond
dans le numéro de *L'Athenaeum* du 7 mai 1853 : « Des grenouilles
qui coassent au soleil levant, cela est nouveau en histoire naturelle » (p. 434).

2. Sur Louis de Cormenin, voir t. I, p. 947. Il venait d'entrer
à la rédaction du *Moniteur universel,* le journal officiel du Second
Empire, à laquelle appartenait aussi Julien Turgan (voir p. 355,
n. 2).

3. Jacques-Hippolyte Rolle, né en 1804, ancien élève de l'École
des chartes, était alors le critique dramatique du *Moniteur universel.*

4. *Le Nil, Lettres sur l'Égypte et la Nubie,* dédié à Théophile
Gautier (« Chaville, 6 juin 1853 »), commencera à paraître dans la
Revue de Paris le 1er octobre 1853 (p. 1-54). L'œuvre se présente
comme une suite de lettres à Théophile Gautier, un peu à la manière
du *Voyage en Orient* de Gérard de Nerval.

5. *Reiz Ibrahim,* et non *Abdallah,* paraîtra dans le recueil de
nouvelles de Maxime Du Camp intitulé *Les Six Aventures,* Paris,
Librairie nouvelle, 1857 : c'est l'histoire d'un Égyptien venu à
Paris, qui devient l'amant d'une Parisienne et s'en retourne dans
son pays. *Le Chevalier du Cœur saignant* sera publié dans le recueil
de nouvelles du même titre, Paris, Michel Lévy, 1862, p. 1-108 :
le chevalier Fabio a le pouvoir de lire dans les cœurs, dont celui
de sa maîtresse Annunziata ; il devient fou.

6. Leçon R. Descharmes (B.N., N.A.F. 23831, f° 265). L'édition
Conard porte : « je vois » (t. III, p. 198).

7. Ottfried Müller, *Nouveau manuel complet d'archéologie ou Traité
sur les antiquités grecques, étrusques, romaines, égyptiennes, indiennes, etc.,*
traduit de l'allemand... par M.-P. Nicord, Paris, Roret, 1841-
1842, 2 tomes en 3 vol. in-18.

8. Voir ce poème à l'Appendice V, p. 938-940.

Page 328.

1.   *Elle va donc en travers se placer*
Aux pieds du sire ; et d'abord les lui baise,
Mais point trop fort, de peur de le blesser.

> La Fontaine, *Contes et nouvelles,*
> éd. Georges Couton, Paris,
> Garnier, 1961, p. 197.

Camille veut s'assurer de l'amour de la courtisane Constance.

À LOUISE COLET

[21 mai 1853]

Autographe non retrouvé; fragment copié par R. Descharmes (B.N., N.A.F. 23831, f⁰ 266); Conard, t. III, p. 200-205. D'après R. Descharmes (N.A.F. 23836, fiche 420), la lettre serait timbrée du 22 mai 1853.

2. Sur Jacques Babinet, voir p. 146, n. 4 et *passim*.
3. Sur Mme Didier, voir p. 147, n. 4 et *passim*.

Page 329.

1. Comparer : « Et ils [les disciples de Lamartine] considèrent comme des fleurs blanches de l'esprit toutes ces mièvreries pudibondes [...] » (lettre de Flaubert à Louise Colet du [20 avril 1853], p. 310).
2. Charles-Juste-François-Victurnien, prince de Beauvau (1793-1864). Il avait été nommé sénateur en 1852. Son fils, Marc-René-Antoine-Victurnien (1816-1883), était membre du Corps législatif depuis 1852, en tant que député de la Sarthe. Il s'agit de personnalités ralliées à l'Empire. Le héros du *Cabinet des Antiques,* de Balzac, s'appelle Victurnien d'Esgrignon.
3. Les Chevreau étaient des fidèles de l'Empereur. Jean-Henri Chevreau (1794-1854) était député de l'Ardèche. Son fils Julien-Théophile-Henri (1823-1903), après avoir été préfet de l'Ardèche, secrétaire général du ministère de l'Intérieur et conseiller d'État en service extraordinaire, deviendra préfet de la Loire-Inférieure, puis du Rhône, et sera nommé sénateur en 1865. Il avait publié un volume de vers en collaboration avec Laurent-Pichat : *Les Voyageuses,* Paris, Dauvin et Fontaine, 1844, in-8⁰, 348 p.
4. Arsène Houssaye, auteur de poèmes rustiques (voir p. 97, n. 4).
5. Louis Bouilhet s'installera à Paris le 11 novembre 1853.
6. Les *Poèmes antiques* (voir la lettre de Flaubert à Louise Colet du [6 avril 1853], p. 298).

Page 330.

1. Léonie Thévenot d'Aunet (1820-1879), épouse séparée du peintre Auguste Biard, amie de Victor Hugo, signait ses articles

de son nom de jeune fille : Léonie d'Aunet. Elle sera la cause d'un échange de lettres très acerbe entre Louise Colet et Charles Philipon, directeur du *Journal amusant*, du *Musée franco-anglais*, du *Petit journal pour rire*, des *Modes parisiennes* (dont Louise Colet était collaboratrice) et du *Musée des costumes* (20, rue Bergère). Dans une lettre du 24 décembre 1856 (musée Calvet, fonds Colet, 6412, ff^os 5242-5243), Philipon annonçait à Louise Colet : « Nos relations au sujet des *Modes parisiennes* finissent avec l'année 1856. » Louise Colet répond (6418, ff^os 561-562 ; il s'agit d'un brouillon) : « Plusieurs des marchands, avec lesquels j'avais mis en relation votre journal et qui ont pour moi toute la considération que je mérite, m'ont communiqué l'espèce de circulaire insultante que vous leur avez adressée à mon égard. Elle est digne d'un pamphlétaire qui s'est mille fois joué de l'honneur et de la réputation des gens ; seulement, en parlant ainsi d'une femme, vous saviez pouvoir compter sur l'impunité. Quant à la créature qui me remplace, femme entretenue, femme du demi-monde [...] qui s'était introduite chez moi à l'aide d'une recommandation de M. Victor Hugo qui assure qu'il la connaît bien, vous pouvez recommander son caractère honorable, mais chacun connaît et juge Mme Biard et avant peu de temps vous la jugerez vous-même et vous apprendrez sa conduite vis-à-vis des marchands et vous verrez où elle mènera votre journal [...]. » La polémique s'envenime ; le 27 décembre, Philipon écrit à Louise Colet : « Je n'ai pas besoin de professer pour votre talent toute l'admiration qu'il vous inspire à vous-même, ni de croire, comme vous, chère Madame, que les génies de notre temps vous tiennent pour leur égale. Ma bienveillance a résisté à vos mauvais procédés et je vous en donne une preuve évidente en mettant dans mon portefeuille votre dernière lettre qui serait si bien placée dans le *Journal pour rire*. Je fais plus ; je vous abandonne les cent francs que vous avez... demandés en mon absence. Ils vont grossir le chiffre des gains illicites que vous avez su tirer des fonctions à vous confiées par votre très humble serviteur » (6412, ff^os 5244-5245). Dernière lettre de Philipon le 15 janvier 1857 : « Allons donc ! vous êtes républicaine, je le sais bien, vous me l'avez dit et je le disais encore tout à l'heure à un drôle qui prétendait vous avoir rencontrée dans les salons du prince Jérôme, *auquel vous présentiez Mademoiselle votre fille* » (6412, f° 5246). Ce à quoi Louise Colet répond (6418, ff^os 563-564 ; brouillon) : « Il faut être un lâche et un fou, ou il faut être l'un et l'autre pour oser écrire sur ma fille la phrase ignoble que vous soulignez au bas de votre lettre. Cette enfant si pure et si belle inspire à chacun le respect et l'admiration. Vos railleries sur mes opinions républicaines ont la même valeur que vos insinuations morales. J'ai osé publier depuis le 2 décembre des pages tellement hardies qu'un imprimeur a refusé de s'en charger, et que mes amis m'ont suppliée de les garder manuscrites, ce que je n'ai point fait. Plus prudent que moi, vous vous êtes toujours abrité dans vos entreprises de presse sous la protection [?] de M. Plon, imprimeur de l'Empereur. Quant au prince Napoléon, c'est comme républicain que je l'ai connu quand il est venu chez moi en 1848 avec Michel de Bourges. Sous le règne de Louis-Philippe, sa sœur, alors Mme Demidoff, est aussi venue chez moi, pour me remercier des vers patriotiques que j'avais publiés sur les cendres de l'Empereur. Voilà ma servilité auprès d'eux. Du reste que m'importent vos calomnies ; mon désintéressement et ma fierté sont bien connus de toutes les personnes illustres qui, je vous l'ai déjà dit, me composent une famille. Si vous n'aviez pas perdu le sens du bien et du mal, quels que soient les griefs que vous vous imaginiez avoir envers moi, la conduite de cette Biard à mon égard vous aurait fait horreur ; elle s'est insinuée chez moi sous son nom d'emprunt [d'Aunet], et j'ignorais si parfaitement son identité, qu'un jour où elle me parlait de Victor Hugo, je lui ai demandé ce que devenait Mme Biard ! Elle se fit alors connaître, et persista dans ses visites malgré ma froideur et ma répulsion. Elle demandait des services à mes amis et me répétait souvent qu'elle voudrait bien avoir une position comme celle que j'avais aux *Modes parisiennes* [...]. L'oncle de ma fille, qui est un brave officier, punirait [...]. » Pauvre Louise ! Sur Charles Colet, voir p. 365, n. 3.

2. Le sculpteur James Pradier (voir t. I, p. 101, n. 6).

3. Juliette Drouet, qui avait accompagné Victor Hugo et sa famille en exil.

Page 331.

1. Leçon R. Descharmes (B.N., N.A.F. 23831, f⁰ 266). L'édition Conard porte : « comme M. Wagner » (t. III, p. 203). Wagner est le disciple du docteur Faust, dans la tragédie de Goethe.

2. Juliette Drouet, l'amie de Victor Hugo (voir p. 328 et n. 1).

Page 332.

À LOUISE COLET
[26 mai 1853]

Autographe J. Lambert ; Conard, t. III, p. 205-211. Enveloppe : Madame Colet, rue de Sèvres, 21, Paris. C.P. Rouen, 27 mai 1853. Au dos de l'enveloppe, de la main de Louise Colet : « Delisle les deux vers de Lamartine — Les dieux en exil — [en marge] l'Inde et Ninive — ce Journet [?] domestique — chercher moyen. » La lettre n'est pas signée (voir la dernière phrase).

a. il peut [continuer] revenir

1. « Mme Bovary avait ouvert sa fenêtre... » (éd. Claudine Gothot-Mersch, p. 123-124) ?

Page 333.

1. Sur ce projet de drame de Louise Colet, voir p. 84, n. 2.

2. Victor Hugo. Le prix de poésie de l'Académie française était de 2 000 francs.

3. Louise Colet obtiendra le prix de poésie de l'Académie française en 1854.

4. Victor Cousin, membre de l'Académie française.

5. « Informe-t'en donc » : addition dans la marge de gauche du folio 3, amenée par le sigle ✕.

6. Maxime Du Camp (voir t. I, p. 528).

Page 334.

1. *Candide,* chap. XXI (Voltaire, *Romans et contes,* Bibl. de la Pléiade, p. 199). « l'ami Théo » : Théophile Gautier.

2. Edma Roger des Genettes. Mme de Girardin avait mis les tables tournantes à la mode.

3. Le diacre janséniste François de Paris (1690-1727), enterré dans le cimetière de l'église Saint-Médard. Sa tombe passait pour miraculeuse aux yeux de ses fidèles, les « convulsionnaires de Saint-Médard ».

4. Marguerite, dite Marie Alacoque (1647-1690), religieuse visitandine, béatifiée en 1864. Son livre, *La Dévotion au cœur de Jésus,* publié par le père Croiset en 1698, est à l'origine de la fête du Sacré-Cœur.

5. Pythonisse : devineresse. Le mot dérive du nom du serpent Python, qu'Apollon avait tué à Delphes.

6. Gaspard Hauser, fils putatif de Stéphanie de Beauharnais et d'un prince de Bade, né vers 1812, mort assassiné en 1833. Voir le beau poème de Verlaine (*Sagesse,* IIIe partie, poème n° 4).

Page 336.

a. est aussi [morte] <usée> que celle du roi

1. Il s'agit de la physique atomiste d'Épicure et de ses disciples, que Flaubert connaissait sans doute par le *De natura rerum* de Lucrèce.

À LOUISE COLET
[1er juin 1853]

Autographe non retrouvé; fragments copiés par R. Descharmes, B.N., N.A.F. 23831, ffos 268-269; Conard, t. III, p. 211-219. D'après R. Descharmes (N.A.F. 23836, fiche 422), la lettre est timbrée du 2 juin 1853.

2. Voir la lettre suivante, à Victor Hugo, p. 342.

Page 337.

1. Les mots « m'a si bien fait » jusqu'à « ainsi) » manquent dans l'édition Conard (t. III, p. 212). Voir copie R. Descharmes (B.N., N.A.F. 23831, fo 268).

2. Voir des extraits de ce poème à l'Appendice V, p. 940-944.

3. Louise Colet concourra de nouveau en 1854, et remportera le prix de poésie de l'Académie française pour son poème *L'Acropole*.

4. Victor Cousin.

5. Sur ce projet de drame de Louise Colet, voir p. 84, n. 2.

Page 338.

1. *Madame de Montarcy.*

2. Leçon R. Descharmes (B.N., N.A.F. 23831, f⁰ 269). L'édition Conard porte : « c'est le style. Voilà tout, et il faut [...] » (t. III, p. 213).

3. Je n'ai pu retrouver cet article, ou ces articles de Villemain sur *La Paysanne* de Louise Colet.

4. Voir la lettre de Flaubert à Louise Colet du [3 janvier 1853], p. 229 et n. 1.

5. Leconte de Lisle.

6. Il s'agit sans doute de la liaison de Leconte de Lisle avec Mme Jobbé-Duval. Voir les lettres inédites de Leconte de Lisle à Louise Colet (Avignon, musée Calvet, fonds Colet, 6410, f⁰ˢ 4543-4600), et la discussion de M. Edgar Pich dans *Leconte de Lisle et sa création poétique*, p. 104-105.

Page 339.

1. Mme Jobbé-Duval (voir p. 338, n. 6) ?

Page 340.

1. Le mot « chaudes-pisses » manque dans l'édition Conard (t. III, p. 216). Les initiales du mot sont données par R. Descharmes dans l'édition du Centenaire (t. II, p. 55).

2. *Ézéchiel*, XVI, 23 et suiv. ?

3. *Proverbes*, V, 3 ?

Page 341.

1. Le père Parain, oncle de Flaubert, mourra en septembre 1853 (voir la lettre de Flaubert à Louise Colet du [12 septembre 1853], p. 429, et t. I, p. 3, n. 1).

2. Émile Hamard, le beau-frère de Flaubert. Voir t. I, p. 259, n. 1 et *passim*.

3. Sur les crises nerveuses de Flaubert, voir t. I, p. 202, n. 2.

4. Aucune trace de cette anecdote, à ma connaissance, dans les lettres ou les notes de voyage de Flaubert.

5. Pour le sens de cette expression, voir la lettre de Flaubert à Louise Colet du [1ᵉʳ septembre 1852], p. 146.

Page 342.

1. Sur ce projet de drame de Louise Colet, voir p. 84, n. 2.

2. Edma Roger des Genettes (voir la lettre de Flaubert à Louise Colet du [26 mai 1853], p. 334).

3. Victor Cousin.

À VICTOR HUGO

2 juin 1853

Autographe non retrouvé; Conard, t. III, p. 219-221.

4. Voir la lettre de Flaubert à Louise Colet du [24 mars 1853], p. 277, n. 1.

5. Louise Colet.

6. La famille Farmer (voir leur adresse à la fin de la lettre). Mrs. Farmer n'est autre que l'institutrice anglaise de Caroline Flaubert, Miss Jane (voir t. I, p. 101 et *passim*). Je dois ce renseignement à Miss Hermia Oliver, qui consacre un chapitre à la famille Farmer dans son ouvrage, à paraître, *Flaubert and Juliet Herbert* (Oxford University Press).

Page 343.

1. Voir la lettre de Flaubert à sa sœur Caroline du [3 décembre 1843], t. I, p. 195-196, et la réponse de Victor Hugo à Flaubert, t. II, p. 277, n. 1.

2. Le sculpteur James Pradier, mort le 4 juin 1852.

3. Cette bague figure sur la photographie que Victor Hugo enverra à Flaubert dans sa lettre du 28 juin [1853] (voir p. 277, n. 1).

4. *Il :* Napoléon III. Flaubert fait allusion à *Napoléon le Petit* et aux *Châtiments* (voir p. 277, n. 1).

À LOUISE COLET

[2 juin 1853]

Autographe non retrouvé; copie R. Descharmes (B.N., N.A.F. 23831, ff^os 270-271); Conard, t. III, p. 222-224. D'après R. Descharmes (N.A.F. 23836, fiche 423), la lettre est timbrée du 3 juin 1853.

5. *Paysage et amour,* poème publié dans le recueil de vers de Louise Colet intitulé *Ce qu'on rêve en aimant,* p. 63-66. Voir p. 326, n. 1.

Page 344.

1.   *Les peupliers dans l'air frissonnaient mollement*
         Et miraient dans les eaux leur long balancement.
         Sur les grands prés fleuris en pente jusqu'aux rives,
         Les bœufs paissaient le long des ondes fugitives.

                                   (*Paysage et amour,* voir p. 343, n. 5.)

2. Je n'ai pu identifier ce personnage.

3. *Les Fossiles,* poème de Louis Bouilhet, paraîtront dans la *Revue de Paris* du 15 avril 1854, p. 229-247.

Page 345.

1. Flaubert parodie un vers de la dernière strophe du poème de Louis Bouilhet intitulé *À R**** [Rachel], paru dans la *Revue de Paris* du 1ᵉʳ octobre 1852 (voir p. 171 et n. 3). Voici cette strophe :

> *Je suis un des derniers au désert de la vie ;*
> *Sous ma tente d'un jour s'est assis le malheur ;*
> *Mais je t'ai, comme Christ, pardonné ta folie,*
> *Et demain, si tu veux, je t'ouvrirai mon cœur !*

À LOUISE COLET

[6 juin 1853]

Autographe non retrouvé; fragments copiés par R. Descharmes (B.N., N.A.F. 23831, ffᵒˢ 272-273); Conard, t. III, p. 224-231. La lettre est datée par la suivante (enterrement de Mme Pouchet).

2. Sur Félix-Archimède Pouchet et son fils Georges, voir t. I, p. 148, n. 3. La collection Spoelberch de Lovenjoul possède trois lettre de Félix-Archimède Pouchet à Flaubert (B V, ffᵒˢ 223-228) et quatorze lettres de Georges Pouchet à Flaubert (B V, ffᵒˢ 229-255), que j'utiliserai pour l'annotation des volumes suivants. L'œuvre de F.-A. Pouchet a été lue par Michelet et Lautréamont (voir Marguerite Bonnet, « Lautréamont et Michelet », *R.H.L.F.,* octobre-décembre 1964, p. 614 et suiv.).

Page 346.

1. Faut-il lire : « passées » ?
2. Charles Bovary.
3. *Les Lettres d'amour,* pièce non retrouvée de Louise Colet, avait été définitivement refusée au Théâtre-Français le 2 juin 1853. Voir la lettre de Flaubert à Louise Colet du [27 mars 1852], p. 62, n. 1 et *passim.*
4. Sur ce projet de drame de Louise Colet, voir p. 84, n. 2.
5. Je reproduis la leçon de R. Descharmes (B.N., N.A.F. 23831, fᵒ 272). L'édition Conard porte : « ce qui m'embête » (t. III, p. 226).

Page 347.

1. Alexandre Dufaï, « Une soirée de Jasmin à Paris », *L'Athenaeum,* 4 juin 1853, p. 544. Voici la première et la dernière strophe de ce poème (la scène se passe dans le salon des Ancelot) :

> *Belle et nombreuse compagnie*
> *L'autre soir, était réunie*
> > *Chez une dame de renom,*
> > *Qui toujours porte en son salon*
> *L'esprit, le goût, la fine causerie,*
> > *Dont elle a doté sa Marie.*

> [...]
> *Salut à toi, Jasmin ! C'est du fond de mon cœur,*
>   *Et laissant là ma sotte raillerie,*
> *Que je te célèbre et te crie :*
>   *Salut, ô poète vainqueur,*
> *Qui consacras ta Muse à chanter ta patrie,*
> *Et dont l'âme respire et la foi du chrétien*
>   *Et les vertus du citoyen.*
> *Honneur à ton talent ! Je l'admire et je l'aime,*
>   *Et je mourrais content de moi,*
> *Si le ciel m'accordait, dans sa bonté suprême,*
> *De vivre, de penser, de chanter comme toi.*

2. *La Tristesse du grand Victor*, in *L'Illustration*, 30 décembre 1848.

3. Laurent-Pichat, « Victor Hugo à 4 sous », *Revue de Paris*, 1er juin 1853, p. 321-335. Cet article est très élogieux.

4. En effet : une partie de l'article d'Hippolyte Castille, « Les hommes et les mœurs sous Louis-Philippe » (*Revue de Paris*, 1er juillet 1853, p. 28-68), est dirigée contre Victor Cousin. Mais l'on n'y trouve aucune allusion à Louise Colet.

5. Cette lettre de Louis Bouilhet à Maxime Du Camp ne se trouve pas dans le fonds Du Camp de la bibliothèque de l'Institut.

6. Sur Adolphe Chéruel, voir t. I, p. 29, n. 6.

Page 348.

1. *Melaenis*, poème de Louis Bouilhet publié dans la *Revue de Paris* du 1er novembre 1851, p. 85-168.

2. Louis Énault, l'amant d'Edma Roger des Genettes (voir la lettre de Flaubert à Louise Colet du [15 avril 1852], p. 71, n. 3). Il publiera, en effet, un livre sur l'Orient : *Constantinople et la Turquie, tableau... de l'Empire ottoman*, Paris, Hachette, 1855, in-18, VII-455 p.

3. Sur le *Conte égyptien*, voir la lettre de Flaubert à Louise Colet du [23 mai 1852], p. 94, n. 1.

Page 349.

1. Auguste Lacaussade (1817-1897), né, comme Leconte de Lisle, à l'île Bourbon, dont les *Poèmes et paysages* avaient paru l'année précédente, chez Ducloux et Garnier (*Bibliographie de la France*, 2 octobre 1852). Dans la préface, Lacaussade défend la poésie morale et utile : « Quant à ce qu'on a nommé, en ces dernières années, *l'art pour l'art*, nous avouons n'y avoir jamais rien compris [...]. Au poète, comme au moraliste, à l'historien, au philosophe, le lecteur est en droit de demander une pensée qui éclaire son intelligence, un sentiment qui retrempe son âme [...] » (passage cité par Raphaël Barquissau, *Le Poète Lacaussade et l'exotisme tropical*, Paris, 1952, p. 69-70).

2. Flaubert fait-il allusion à ces vers de *L'École des femmes* de Molière (acte I, sc. II) :

> *Je sais un paysan qu'on appelait Gros-Pierre,*
> *Qui n'ayant pour tout bien qu'un seul quartier de terre,*
> *Y fit tout à l'entour faire un fossé bourbeux*
> *Et de monsieur de l'Isle en prit le nom pompeux.*

3. D'après M. Edgar Pich, il s'agirait de *L'Anathème,* qui
paraîtra dans *Poèmes et poésies* en 1855, avec une dédicace à Eugène
Maron (*Leconte de Lisle et sa création poétique*, p. 179).

4. Ensellé : dont le dos et les reins, en parlant du cheval, présentent une concavité marquée semblable à une selle. Les chevaux
qui vivent très vieux deviennent souvent ensellés dans leurs dernières années (Littré).

5. Eugène Crépet. Voir la lettre de Flaubert à Louise Colet du
[23 février 1853], p. 249, n. 5.

6. Sur Mme Didier, voir p. 147, n. 4 et *passim*.

Page 350.

1. S'agit-il d'Émilie Solmer Blake (voir la lettre de Flaubert
à Louise Colet du [14 mars 1853], p. 273, n. 5) ?

À LOUISE COLET
[11 juin 1853]

Autographe J. Lambert; Conard, t. III, p. 232-233. Enveloppe :
Madame Colet, rue de Sèvres, 21, Paris. C.P. Rouen, 12 juin 1853.
De la main de Louise Colet : samedi 11 juin 1853. La lettre est
paraphée.

2. Louis Bonenfant (voir t. I, p. 3, n. 1 et *passim*).

Page 351.

1. Voir la lettre précédente, p. 345 et n. 2.
2. Sur le docteur Cuny, voir t. I, p. 593, n. 2.
3. Maxime Du Camp.
4. Joseph : le drogman de Flaubert et de Maxime Du Camp
durant leur voyage sur le Nil (*Voyages,* éd. R. Dumesnil, t. II,
p. 17 et *passim*).
5. S'agit-il d'articles sur *La Paysanne* ?
6. Sur ce projet de drame de Louise Colet, voir p. 84, n. 2.

Page 352.

À LOUISE COLET
[12 juin 1853]

Autographe J. Lambert; Conard, t. III, p. 234-235. Enveloppe :
Madame Colet, rue de Sèvres, 21, Paris. C.P. Paris, 13 juin 1853.
Au dos de l'enveloppe, de la main de Louise Colet : « elle resta
longtemps la tête [?] comme n'ayant [?] puis dans son petit lit
s'endormit et les voix de son cœur lui parlant endormis [?]. » La
lettre est paraphée.

a. cette lettre [m'a fait à ton endroit] m'a causé

1. Il s'agit d'Octave Lacroix (voir t. I, p. 808, n. 9), qui était alors l'un des secrétaires de Sainte-Beuve. Il avait été l'amant de Louise Colet en 1850. Le fonds Colet du musée Calvet d'Avignon possède quatre lettres d'Octave Lacroix à Louise Colet. Dans la première (6410, ff^os 4348-4349), datée du 18 décembre 1851, il redemande à Louise Colet ses lettres d'amour. La seconde, datée du 24 août 1852, est une tentative de réconciliation. La troisième est datée du 7 juin 1853, et fait suite à une visite d'Octave Lacroix à Louise Colet ; la voici (6410, ff^os 4346-4347) : « Madame, Je ne soupçonnais pas et je ne pouvais croire que vous seriez tentée de poursuivre et de continuer une explication qui n'était agréable ni pour vous ni pour moi. Je me trompais. Je venais avec des intentions fort bonnes ; vous n'avez pas su les comprendre, et vous m'avez injurié. J'ai répondu par des choses que personne n'a plus que moi le droit de vous dire. À travers cela vous avez jeté à plusieurs reprises et avec une persistance qui me semblait, pour le moins, déplacée et singulière, le nom de M. Leconte de Lisle. J'ai éludé sans cesse, et sans cesse vous avez recommencé. J'ai eu pour ce monsieur toute la déférence possible, soit qu'il s'agît de l'homme, soit qu'il fût question de l'auteur, et aucune de mes paroles, j'en appelle à vos souvenirs même rassis, n'a été blessante pour lui. Quand j'ai dit qu'il était devenu pour moi un inconnu et un indifférent, vous avez curieusement insisté pour savoir la raison. J'ai refusé de parler ; mais vous avez repris, et alors j'ai lâché un mot qui est celui-ci : *Laissez donc ! il y a eu en tout cela presque une affaire de duel.* Vous vous en êtes aussitôt emparée, et l'envenimant grossièrement, le déformant à plaisir et de manière à ce qu'il devînt un mensonge de votre part, vous avez été le redire à M. Leconte de Lisle. Je ne me plains pas. Dans notre liaison très intime, Madame, j'ai éprouvé sans cesse votre mauvaise foi, et vous l'avez continuée à la fin en me refusant des lettres que vous aviez promis de me rendre sur votre parole d'honneur, et quand j'avais remis loyalement les vôtres. Je vous connais très bien ; non pas que je m'en flatte, tant d'autres vous connaissent comme moi et vous jugent comme moi. Vous avez donc menti. Mais il faut *réparer* ce que je vous ai dit de juste et de dur hier soir, et vous avez choisi M. Leconte de Lisle pour cet office. Je l'accepte. M. de Lisle n'est rien vis-à-vis de moi que le champion et le chevalier de Mme Colet ; c'est ainsi que je le reçois et que je le désigne à mes témoins. Car il n'a, lui, à ne demander réparation de rien, je ne l'ai point offensé. Et maintenant, Madame, l'article que vous sollicitez depuis si longtemps [de Sainte-Beuve] sera fait. Je me suis joint à vous pour l'obtenir. Je garde copie de cette lettre pour la communiquer à la fois à M. Leconte de Lisle et à mes amis et témoins. » Le 8 juin, nouvelle lettre de Lacroix : « Madame, J'apprends que quelques phrases de ma lettre, à vous adressée dans la journée d'hier et sous l'inspiration un peu irritante de notre dernier entretien, vous ont paru

renfermer des insinuations qui blessent votre honneur de femme. Mon devoir d'honnête homme et d'homme délicat m'oblige de vous affirmer que mon respect pour vous et je dirai même mon ancienne amitié doivent vous être un garant que ce n'a pu être mon intention et qu'aucune idée offensante n'existe dans mon esprit » (6410, ff⁰ˢ 4344-4345). Le dossier Lacroix du fonds Colet contient aussi trois poèmes de Lacroix adressés à Louise Colet et un sonnet de Louise Colet, adressé à Lacroix et daté de Paris, 26 juillet 1850.

De son côté, Leconte de Lisle écrit à Louise Colet le jeudi [9 juin 1853] : « Chère Madame, rien de nouveau. Ce misérable et ses témoins n'ont pas donné signe de vie ; c'est à n'y rien comprendre. Demain matin, de 7 à 8 heures, je soufflette ce drôle, s'il ne se décide pas à me signer de très nettes excuses. Je vous rapporterai dans l'après-midi tous les papiers que vous m'avez confiés. Croyez, chère Madame, à mes meilleurs sentiments. » L'affaire n'eut pas de suite. Voir le memento de Louise Colet du 8 juin 1853, Appendice II, p. 901.

2. Le sculpteur Hippolyte Ferrat (voir t. I, p. 809, n. 1). Il avait été l'élève de James Pradier, comme le montrent ces vers de Louise Colet :

> *En toi l'art grec semble renaître*
> *Et de Pradier, qui fut ton maître,*
> *Le souffle a passé dans le tien.*
>
> À M. Hippolyte Ferrat, statuaire,
> sur le médaillon de ma fille,
> *Ce qu'on rêve en aimant,* Paris,
> Librairie nouvelle, 1854, p. 112.

3. Le capitaine d'Arpentigny (voir p. 38, n. 1).

Page 353.

À LOUISE COLET
[14 juin 1853]

Autographe non retrouvé ; Conard, t. III, p. 235-240. D'après R. Descharmes (B.N., N.A.F. 23836, fiche 427), la lettre serait timbrée du 15 juin 1853.

1. « Mon oncle voulut de suite commencer mon éducation. La gouvernante ne devait m'enseigner que l'anglais ; ma grand-mère m'avait appris à lire, à écrire ; lui se réservait l'histoire et la géographie » (Caroline Commanville, *Souvenirs intimes,* in *Correspondance,* éd. Conard, t. I, p. xxiv).

2. *La Tentation de saint Antoine,* que Flaubert a écrite du 24 mai 1848 au 12 septembre 1849.

3. Le 9 mai précédent (voir p. 323-324).

4. Voir la lettre précédente, p. 352, n. 1.

5. « Le vrai honnête homme est celui qui ne se pique de rien »
(La Rochefoucauld, *Réflexions ou sentences et maximes morales*,
éd. Dominique Secretan, Paris, Droz, 1967, p. 78).

Page 354.

1. Le sculpteur Auguste Préault (1809-1879), élève de David.
Il fréquentait le salon de Louise Colet.

2. Il s'agit du curé de Toucques, avec qui Flaubert avait dîné
lorsqu'il était étudiant : « En revenant sur la route je reconnais le
curé de Toucques : " Vous autres, jeunes de Paris, dans vos soupers
fins " » (*Par les champs et par les grèves*, éd. Conard, p. 337). Flaubert
et Maxime Du Camp étaient passés par Trouville au retour de leur
voyage en Bretagne de 1847.

Page 355.

1. Cf. *Madame Bovary, Ébauches et fragments inédits...*, publiés
par Gabrielle Leleu, t. I, p. 481-482, et *Madame Bovary,* éd. Claudine
Gothot-Mersch, p. 124-125 et n. 62.

2. Julien Turgan, né en 1824, ami d'Ernest Feydeau, qui lui a
dédié *Fanny.* Journaliste spécialisé dans les questions scientifiques,
il est connu surtout par son ouvrage de vulgarisation : *Les Grandes
Usines de France, tableau de l'industrie française au XIXᵉ siècle,* Paris,
1861-1868, 6 vol. in-4⁰.

3. Le capitaine d'Arpentigny (voir p. 38, n. 1).

4. Hippolyte Ferrat (voir t. I, p. 809, n. 1).

5. Voir la lettre de Flaubert à Louise Colet du [6 juin 1853],
p. 345 et n. 2.

Page 356.

1. Molière, *Monsieur de Pourceaugnac,* acte II, sc. xv et xvi.

À LOUISE COLET
[20 juin 1853]

Autographe non retrouvé ; Conard, t. III, p. 241-245. D'après
R. Descharmes (B.N., N.A.F. 23836, fiche 428), la lettre serait
timbrée du 21 juin 1853.

2. Le « Crocodile » est probablement un surnom générique donné
aux critiques comme Énault. Hugo est le *grand* Crocodile (R. Descharmes, B.N., N.A.F. 23836, fiche 428). L'expression pourrait provenir d'une satire de Charles Monselet ; Antoine Albalat écrit :
« Charles Monselet, dans une amusante satire qui s'appelait le *Vaudeville du crocodile,* met plaisamment en scène Flaubert et Gautier, qui
déclarent vouloir supprimer l'humanité au profit de la description :
" Dans un vaudeville égyptien, dit Gautier, il ne doit y avoir ni
hommes ni femmes ; l'être humain gâte le paysage, il coupe désa-
gréablement les lignes, il altère la suavité des horizons. L'homme

est de trop dans la nature. — Parbleu ! ” dit Flaubert. Et Gautier ajoute : “ Au théâtre, également, il empêche de voir le décor ” » (en note : Dusolier, *Nos gens de lettres,* p. 54) [*Flaubert et ses amis,* p. 43]. Je n'ai pu retrouver ce poème ou vaudeville de Monselet, et j'en ignore la date. Dans ce passage, le terme « Crocodile » semble bien s'appliquer à Énault, et donc avoir une valeur péjorative, qu'il n'a certainement plus dans l'expression : « le grand Crocodile », pour désigner Victor Hugo.

Page 357.

1. Louis Énault, l'amant d'Edma Roger des Genettes.
2. Devrait-on lire : « complète » ?
3. Leconte de Lisle.
4. Arsène Houssaye, « Symboles et paradoxes », *Revue de Paris,* 1er octobre 1851, p. 60-75. Il s'agit d'une sorte de divagation à propos de tout et de rien.
5. *La Tentation de saint Antoine,* que Flaubert avait écrite en 1848-1849.

Page 358.

1. Le peintre Auguste Biard, époux séparé de Léonie Biard-d'Aunet (sur Mme d'Aunet, voir la lettre de Flaubert à Louise Colet du [21 mai 1853], p. 330, n. 1).
2. Eugène Guinot, journaliste et conteur, collaborait à plusieurs journaux et revues dont *Les Modes parisiennes illustrées, journal de la bonne compagnie,* où Louise Colet tiendra la chronique de la mode, et *Le Pays,* où, tous les dimanches, il écrivait un feuilleton intitulé *Revue de Paris.*
3. « Deux de ces intrépides amazones parisiennes ont formé le projet [...] de faire le mois prochain l'ascension du Mont-Blanc. Une seule femme, on le sait, Mlle d'Angeville, a gravi ce sommet, le plus élevé d'Europe. Bien peu d'hommes ont réalisé cette entreprise, depuis Balmat et M. de Saussure, qui firent les premières ascensions, jusqu'à nos jours. Il y a là de grandes fatigues à supporter, des hasards à courir, des dangers sans cesse menaçants, qui ne peuvent être évités qu'à force de courage, d'adresse et de présence d'esprit. — Et bien souvent, avec tout cela, on s'arrête à moitié chemin et on bat en retraite devant les obstacles » (Eugène Guinot, *Le Pays,* 19 juin 1853). Cf. *Madame Bovary,* éd. Claudine Gothot-Mersch, p. 84 : « J'ai un cousin qui a voyagé en Suisse l'année dernière, et qui me disait qu'on ne peut se figurer la poésie des lacs, le charme des cascades, l'effet gigantesque des glaciers, etc. » Le rapport des deux textes demeure bien vague.

Page 359.

1. Flaubert écrit *Sénard.* Sur Jules Senard, voir p. 59, n. 6.
2. Frédéric Baudry, « Études sur la poésie indienne : la mort

d'Yajnadatta », *Revue de Paris,* 1er juin 1853, p. 469-475. Sur Frédéric Baudry, voir t. I, p. 230, n. 6.

3. *Melaenis,* poème de Louis Bouilhet, avait paru dans la *Revue de Paris* du 1er novembre 1851.

4. L'expression de Jean-Jacques Rousseau est : « coterie holbachique » (*Les Confessions,* Bibl. de la Pléiade, 1959, p. 493).

5. Les *Contes des fées* de Mme d'Aulnoy (1698 et suiv.) sont très souvent réédités au XIXe siècle.

6. La traduction la plus courante du *Roland furieux* de l'Arioste est à l'époque celle du comte de Tressan (1780).

Page 360.

1. Flaubert arrivera à Paris le 25 juillet 1853 (voir p. 387).

À LOUIS BOUILHET
[22 juin 1853]

Autographe Lovenjoul, A V, ffos 75-77; incomplète dans Conard, t. III, p. 245-247 (mal datée du 23 juin 1853). Enveloppe : Mr. Bouilhet, rue Beauvoisine, 131, Rouen. C.P. Rouen, 23 juin 1853.

2. Emma, Charles et Homais (*Madame Bovary,* éd. Claudine Gothot-Mersch, p. 124-126) ?

3. Gabrielle Leleu, *Madame Bovary, Ébauches et fragments inédits...,* p. 401. La phrase ne se trouve plus dans le texte définitif (éd. Claudine Gothot-Mersch, p. 104).

4. *Le Printemps* sera recueilli dans *Festons et astragales* (*Œuvres de Louis Bouilhet,* Paris, Lemerre, 1891, p. 24-25) ; *Le Combat* est un fragment des *Fossiles* (*ibid.,* p. 115-144).

5. Don Dick d'Arrah (voir t. I, p. 626, n. 3) : surnom de Richard, ami de Flaubert et de Bouilhet.

6. L'un des *Contes des fées* de Mme d'Aulnoy (voir p. 359 et n. 5).

7. Chemineau : gâteau de fleur de farine (Henri Moisy, *Dictionnaire de patois normand*). Flaubert écrit : *cheminaux.* « Il [M. Homais] tenait à sa main, dans un foulard, six *cheminots* pour son épouse. Mme Homais aimait beaucoup ces petits pains lourds, en forme de turban, que l'on mange dans le carême avec du beurre salé [...] » (*Madame Bovary,* éd. Claudine Gothot-Mersch, p. 305).

Page 361.

À LOUISE COLET
[25 juin 1853]

Autographe non retrouvé; Conard, t. III, p. 247-251. D'après R. Descharmes (B.N., N.A.F. 23836, fiche 430), la lettre ne porterait pas de cachet de la poste. Elle est datée par l'affaire Zurcher, que Flaubert mentionne dans le corps de la lettre (p. 363).

1. Du lundi 9 au samedi 14 mai 1853 (voir p. 323-324).

2. *Madame Bovary*, éd. Claudine Gothot-Mersch, p. 321-356.

Page 362.

1. Le second récit du *Poème de la femme, La Servante,* paraîtra chez Perrotin en 1854.

Page 363.

1. Sur Jacques Babinet, de l'Académie des sciences, et grand ami de Louise Colet, voir p. 146, n. 4 et *passim*.

2. Le capitaine d'Arpentigny (voir p. 38, n. 1 et *passim*).

3. Edma Roger des Genettes était la maîtresse de Louis Énault (voir p. 71, n. 3 et *passim*).

4. Affaire Zurcher. Audiences des 24 et 25 juin 1853 (R. Descharmes, éd. du Centenaire, t. II, p. 73, n. 1). Comme l'a montré M. Max Aprile, Flaubert avait songé à utiliser cette affaire pour *Madame Bovary* : Delalonde du Thil devient M. Des Oserays. Dans la version primitive du roman, M. Des Oserays, « membre du conseil municipal et du conseil général », etc., venait rendre visite à Emma (Bibliothèque municipale de Rouen, mss g 223⁴, f⁰ 120 ; texte cité par M. Max Aprile, qui renvoie aussi à Gabrielle Leleu, *Madame Bovary, Ébauches et fragments inédits...,* t. II, p. 117-119) [Max Aprile, « Les répercussions d'un fait divers dans la composition de *Madame Bovary* », *AFl.,* mai 1974, n⁰ 44, p. 31-32]. Une note de la rédaction (*ibid.,* p. 32) donne sur Delalonde du Thil (et non Delaborde du Thil) les renseignements suivants : Charles Delalonde du Thil, conseiller général pour le canton de Goderville, demeurant à Tocqueville-Bénarville et place de l'Hôtel-de-Ville, n⁰ 39, à Rouen. Zurcher avait tué sa femme le 13 février, et l'avait ensuite cousue dans un sac et jetée dans la Seine, où le corps fut retrouvé le 7 avril. Défendu par Vaucquier du Traversain, ami de Flaubert, Zurcher obtint les circonstances atténuantes et fut condamné à quatre ans de prison et 300 francs d'amende.

Page 364.

1. Dinde : s. m., dindon mâle ou femelle (Henri Moisy, *Dictionnaire de patois normand,* qui cite *Madame Bovary :* « C'était l'époque où le père Rouault envoyait son dinde [...] » » (éd. Claudine Gothot-Mersch, p. 175). Littré y voit un « abus ».

À LOUISE COLET

[28 juin 1853]

Autographe J. Lambert; Conard, t. III, p. 251-258. De la main de Louise Colet : 28 juin 1853. L'enveloppe est perdue.

Page 365.

1. Voir pourtant la lettre de Flaubert à Louise Colet du [19 juin 1852], p. 110 et n. 1.

2. L'article d'Hippolyte Castille, « Les hommes et les mœurs sous le règne de Louis-Philippe », qui paraîtra le vendredi 1er juillet 1853 dans la *Revue de Paris* (p. 28-68), attaque vivement Victor Cousin, mais le nom de Louise Colet n'y figure pas.

3. Charles Colet, le frère d'Hippolyte, était officier de carrière. Il avait été tenu au courant, treize ans auparavant, des démêlés de Louise Colet avec Alphonse Karr. Voici le récit d'Hippolyte à son frère : « [...] je m'écriai que j'allais tuer le diffamateur [Karr avait accusé Louise Colet, dans *Les Guêpes*, en juin 1840, d'être la maîtresse de Victor Cousin]. Ma résolution était prise. Louise m'entendit. Et pendant que je donnais une leçon au Conservatoire, elle prit la résolution de se venger elle-même. Car, disait-elle, c'est moi qu'on outrage, et personne ne doit s'exposer pour moi. Et cette pauvre femme, souffrante, sur le point d'accoucher, forte comme une Romaine, plus forte encore, car c'était une mère outragée, qui allait venger l'honneur d'un enfant qui n'était point encore né ; cette pauvre femme a le courage d'aller seule vers le calomniateur. Mais hélas ! la faiblesse de son bras ne peut seconder l'énergie de son âme, et l'arme, que Dieu devait guider, ne fit qu'effleurer la peau du diable. Si tu avais vu la pâleur, la peur de cet homme, tu aurais dit : déjà l'enfer est dans son âme [...] » (musée Calvet, fonds Colet, 6421, f° 13 v°). Voir aussi la lettre de Charles Colet à Honoré Clair (6421, f⁰ˢ 329-330 ; « c'est le 16 [juillet 1840] que la chose a eu lieu », f° 330 v°) et la copie, de la main de Charles Colet, de l'article des *Guêpes* (*ibid.*, f⁰ˢ 331-332).

4. Je n'ai pas retrouvé cet article de Louis Énault. Voir plus loin, p. 367.

5. Sur Hippolyte Ferrat, voir p. 352, n. 2.

6. Victor Fialin, duc de Persigny (1808-1872), l'un des grands dignitaires du Second Empire.

7. Voir les lettres de Flaubert à Maxime Du Camp des [26 juin] et [début juillet 1852], p. 113-115 et 120-122.

8. Voir l'article de Mlle Madeleine Cottin, qui a retrouvé cette photographie dans le fonds Du Camp de l'Institut (« Une image méconnue : la photographie de Flaubert prise en 1850 au Caire par son ami Maxime Du Camp », *Gazette des Beaux-Arts*, octobre 1965, p. 235-239 ; la photographie est reproduite p. 237). Elle est reprise dans l'*Album Flaubert* (Bibl. de la Pléiade, p. 83).

Page 366.

1. Voir la lettre de Flaubert à Louise Colet du [20 juin 1853], p. 356 et n. 2.

2. Flaubert écrit : *Leïpsius ;* Richard Lepsius, *Briefe aus Aegypten, Aethiopien und der Halbinsel des Sinaï geschrieben in den Jahren 1842-1845,* Berlin, W. Hertz, 1852, in-8°, XII-456 p. L'ouvrage est

traduit en anglais la même année par Kenneth Mackenzie (London, R. Bentley, 1852, in-8°, XVI-455 p.).

3. Voir la lettre de Flaubert à Louise Colet du [17 mai 1853], p. 326 et n. 4.

4. Voir la lettre de Flaubert à Louise Colet du [6 juin 1853], p. 347 et n. 5.

5. Mrs. Farmer servait d'intermédiaire entre Victor Hugo et Louise Colet (voir p. 342 et n. 6).

6. Sur ces projets concernant *L'Acropole,* voir la lettre de Flaubert à Louise Colet du [22 avril 1853], p. 312 et *passim.*

Page 367.

1.   *Leurs yeux ronds semblent d'or ; mille frissons joyeux*
        Font sur le sable fin palpiter leurs pieds bleus,
        Et dans le tourbillon des ailes qui frémissent,
        Leurs becs impatients se cherchent et s'unissent.
        L'air est chaud, le ciel lourd, de moment en moment
        Les buissons autour d'eux s'écartent lentement,
        Et l'on voit flamboyer leurs plumages superbes,
        Comme un rouge incendie, entre les hautes herbes...

                        Louis Bouilhet, *Les Fossiles,* vers
                           cités dans l'éd. Conard, t. III,
                              p. 255 et n. 1.

2. *Bouvard et Pécuchet ?* Pour le conte oriental, voir t. I, p. 230 et n. 2. J'ai publié le manuscrit de Flaubert dans *Le « Conte oriental » de Flaubert,* Paris, Denoël, 1973, p. 95-118.

3. Sur le récit de voyage en Orient — et non en Italie — de Louis Énault, voir p. 348 et n. 2.

4. Il s'agit des critiques de Louis Énault concernant *La Paysanne* de Louise Colet. Voir ce poème à l'Appendice V, p. 945-963.

5. L'oncle de Flaubert (voir t. I, p. 3 et n. 1).

Page 368.

a. ce vague où il [flotte] <se tient>

1. Sur le *Don Juan* de Mallefille, voir la lettre de Flaubert à Louise Colet du [25 janvier 1852], p. 36 et n. 2.

Page 369.

À LOUISE COLET
[2 juillet 1853]

Autographe non retrouvé; fragments copiés par R. Descharmes (B.N., N.A.F. 23831, ff^os 278-279); Conard, t. III, p. 258-266. D'après R. Descharmes (N.A.F. 23836, fiche 432), la lettre ne porte pas de cachet de la poste. Elle est datée par la publication du numéro du 1er juillet de la *Revue de Paris.*

1. Victor Hugo. Je reproduis cette lettre dans la note 1 de la lettre de Flaubert à Louise Colet du [24 mars 1853], p. 277. Elle est datée du 28 juin 1853.

2. C'est-à-dire : aucune mention de Louise Colet dans l'article d'Hippolyte Castille sur Cousin, Comte et Proudhon (voir la lettre précédente, p. 365 et n. 2).

3. Maxime Du Camp.

4. Edma Roger des Genettes se disait amoureuse de Victor Hugo (voir la lettre de Flaubert à Louise Colet du [19 septembre 1852], p. 158).

5. Voir la lettre précédente, p. 365 et n. 2. Le résumé de Flaubert est parfaitement exact.

6. Victor Cousin.

Page 370.

1. « J'ai lu à Jérusalem un livre socialiste (*Essai de Philosophie positive,* par Aug[uste] Comte). [...] Il y a là-dedans des mines de comique immenses, des Californies de grotesque » (lettre de Flaubert à Louis Bouilhet du 4 septembre 1850, t. I, p. 679).

2. Pour l'analyse de Locke par Victor Cousin, voir son *Cours de philosophie,* Paris, Pichon et Didier, 1828-1829, t. II ; pour ses travaux sur la philosophie ancienne, voir ses *Fragments philosophiques* (1833). Voir aussi Jean Bruneau, *Les Débuts littéraires de Gustave Flaubert,* p. 270-274.

3. Edma Roger des Genettes. Voir la lettre précédente, p. 365.

4. J.-J. Champollion-Figeac, *Égypte ancienne...,* Paris, Firmin-Didot, 1839, in-8°, 500 p. et 92 pl. (*L'Univers pittoresque, Afrique,* t. I).

5. Pour Lepsius, voir la lettre précédente, p. 366 et n. 2.

6. Casimir Gide (1804-1868), musicien et libraire. Il reprend en 1847 la librairie artistique de son père, qu'il dirige jusqu'en août 1857, en société avec M. Baudry. Il fut l'un des premiers, en 1854, à mettre à la mode les opérettes de salon et les soirées artistiques (Vapereau). Flaubert le connaissait personnellement. Gide et Baudry étaient les éditeurs des photographies de Maxime Du Camp.

7. Sur Julien Turgan, voir p. 355 et n. 2.

8. *Revue de Paris,* 1er juillet 1853. À partir de cette date, la *Revue* paraît deux fois par mois.

9. *Revue de Paris,* 1er juillet 1853, p. 130-139. Le poème est intitulé *Orpha.*

10. Article d'Eugène Pelletan sur *La Paysanne* de Louise Colet, comme celui de Louis Énault mentionné plus loin. Voir aussi la lettre précédente, p. 367.

Page 371.

1. Jeanneton est l'héroïne de *La Paysanne* de Louise Colet (voir l'Appendice V, p. 945-963).

2. La vente de *La Paysanne ;* le volume avait été annoncé dans la *Bibliographie de la France* le 7 mai 1853.

Page 372.

1. Louis Jourdan, rédacteur au *Siècle* (voir p. 300 et n. 5).

2. Eugène Pelletan aurait suggéré à Louise Colet de donner à ses récits en vers le titre général de *Poème de la femme* ?

3. *La Servante,* le deuxième récit du *Poème de la femme,* paraîtra l'année suivante chez Perrotin.

Page 373.

1. Leçon R. Descharmes (B.N., N.A.F. 23831, f⁰ 278) ; le mot *donc* manque dans l'édition Conard (t. III, p. 263).

2. La scène d'amour dans la forêt entre Emma et Rodolphe (*Madame Bovary,* éd. Claudine Gothot-Mersch, p. 162-167).

3. Villemain est l'auteur de l'article « Shakespeare » de la *Biographie universelle ancienne et moderne* (Michaud), t. XXXIX.

4. « Spenser [...] avait écrit un long poème d'un style savant, ingénieux, et dans un goût d'élégance et quelquefois affecté, mais prodigieusement supérieur à la diction grotesque de notre Ronsard, qui vivait à la même époque » (ouvr. cité, p. 233).

5. Il s'agit de Léon : « Il se meubla, dans sa tête, un appartement » (*Madame Bovary,* éd. Claudine Gothot-Mersch, p. 121).

Page 374.

1. Louis Bouilhet allait quitter Rouen pour vivre à Paris. Il s'y installe le 11 novembre 1853.

2. Isabelle Hutton, l'institutrice de Caroline Hamard. Elle était chez les Flaubert depuis octobre 1851 (voir la lettre de Flaubert à Louise Colet du [3 novembre 1851], p. 16 et n. 2).

À LOUISE COLET

[7 juillet 1853]

Autographe non retrouvé ; Conard, t. III, p. 266-273. D'après R. Descharmes (B.N., N.A.F. 23836, fiche 433), la lettre est timbrée du 8 juillet 1853.

3. Azevedo, critique musical, ami de Louise Colet et de Louis Bouilhet. Voir la lettre de Flaubert à Louise Colet du [19 septembre 1852], p. 162, n. 1 et *passim.* Flaubert écrit : *Azvedo.* Il était déjà venu à Croisset en octobre 1852. Il n'y a pas trace de cette première visite dans les lettres conservées de Flaubert.

Page 375.

1. Sur Mme Didier, voir p. 147, n. 4 et *passim.*

2. Théophile Gautier tenait le feuilleton théâtral de *La Presse.*

Page 376.

1. Je ne connais pas de lettre de Louis Bouilhet à Louise Colet à cette date.

2. Non pas « contes d'enfant », mais contes *pour* enfants (Louise Colet, *Enfances célèbres,* Paris, Hachette, 1854, in-16, III-172 p.).

3. François Parain, l'oncle de Flaubert (voir t. I, p. 3 et n. 1).

4. Sur ce passage et son utilisation dans l'œuvre de Flaubert, voir Jean Bruneau, *Les Débuts littéraires de Gustave Flaubert,* p. 485-486.

5. Voir la lettre précédente, p. 372. Leconte de Lisle avait accompagné Louise Colet à l'hôpital de la Salpêtrière.

Page 377.

1. Le mot manque dans l'édition Conard (t. III, p. 270) ; R. Descharmes écrit : *p...* (éd. du Centenaire, t. II, p. 85).

2. Leconte de Lisle.

3. Sur Flaubert et le marquis de Sade, voir t. I, p. 47 et n. 7.

4. Sur les crises nerveuses de Flaubert, voir t. I, p. 202 et n. 2.

Page 379.

1. Isabelle Hutton (voir p. 374 et n. 2).

2. Un paquet destiné à Victor Hugo (voir p. 386).

3. Flaubert arrivera à Paris le 25 juillet 1853 (voir p. 387).

À LOUISE COLET
[12 juillet 1853]

Autographe J. Lambert ; Conard, t. III, p. 273-277. Enveloppe : Madame Colet, rue de Sèvres, 21, Paris. C.P. Rouen, 13 juillet 1853. La lettre est paraphée.

4. Voir la lettre précédente, p. 374-375.

Page 380.

1. Voir la lettre précédente, p. 374-379.

2. Le lundi 25 juillet 1853.

Page 381.

a. elle [se livre] <s'abandonne>

1. Sur Eugène Pelletan, voir p. 300, n. 5 et *passim.*

Page 382.

1. *Madame Bovary,* éd. Claudine Gothot-Mersch, p. 131-133.

À VICTOR HUGO
15 juillet [1853]

Autographe non retrouvé; fac-similé dans l'édition Conard de la *Correspondance* en 5 volumes (1910), t. III, p. 3-5; Conard, t. III, p. 277-279.

2. La photographie de Victor Hugo par son fils, envoyée à Flaubert le 28 juin 1853 (voir la lettre de Hugo dans la note 1 de la lettre de Flaubert à Louise Colet du [24 mars 1853], p. 277).

3.   *Ces noms de Roy des Rois, et de Chef de la Grèce,*
           Chatouillaient de mon cœur l'orgueilleuse faiblesse.

                              Iphigénie, acte I, sc. I.

4.   *L'onde approche, se brise, et vomit à nos yeux,*
           Parmi des flots d'écume, un monstre furieux...
           Indomptable taureau, dragon impétueux...

                              Phèdre, acte V, sc. VI.

Page 383.

1. Noter que Flaubert ne suit pas l'ordre chronologique. Il semble bien qu'il fasse un peu de « littérature » dans ses lettres à Victor Hugo. Voir la lettre suivante, p. 386.
2. Le choix de Flaubert est assez curieux. Pour *Notre-Dame de Paris*, voir la lettre suivante, p. 385.
3. Formule empruntée au vocabulaire de Victor Hugo et que Flaubert n'emploie jamais. Jusqu'à un certain point, cette lettre constitue une sorte de pastiche du style hugolien.

À LOUISE COLET
[15 juillet 1853]

Autographe non retrouvé; Conard, t. III, p. 280-284. D'après R. Descharmes (B.N., N.A.F. 23836, fiche 436), la lettre serait timbrée du 16 juillet 1853.

4. Voir la lettre de Flaubert à Louise Colet du [12 juillet 1853], p. 379-380.

Page 385.

1. Leconte de Lisle.
2. Le mot manque dans l'édition Conard (t. III, p. 282); R. Descharmes écrit : *b*... (éd. du Centenaire, t. II, p. 92).
3. J'ai vainement cherché cette citation dans les œuvres de Cicéron.
4. Flaubert utilise le même exemple dans sa lettre à Louise Colet du [14 juin 1853], p. 356.
5. Il s'agit du sac de Notre-Dame par les truands (*Notre-Dame de Paris*, Bibl. de la Pléiade, liv. X, chap. IV, p. 405-423, et chap. VII, p. 454-456).

Page 386.

1. Abbas-Pacha, vice-roi d'Égypte à l'époque du voyage de Flaubert en Orient (voir t. I, p. 525, n. 1 et *passim*).

2. Voir la lettre précédente, p. 382-383.

3. Un paquet destiné à Victor Hugo (voir p. 379).

4. *Madame Bovary,* éd. Claudine Gothot-Mersch, p. 135-159.

5. « Mais ils [Emma et Rodolphe] entendirent les deux chevaux qui broutaient le feuillage » (*Madame Bovary,* éd. Claudine Gothot-Mersch, p. 165).

6. Flaubert arrivera à Trouville le 8 août (voir sa lettre à Louise Colet du [9 août 1853], p. 388).

7. Voir la lettre de Flaubert à Louise Colet du [17 mai 1853], p. 326, n. 1 et *passim*.

8. Flaubert avait revu Trouville pour la dernière fois au retour de son voyage en Bretagne avec Maxime Du Camp durant l'été de 1847.

Page 387.

À LOUISE COLET

[22 juillet 1853]

Autographe J. Lambert; Conard, t. III, p. 285-286. Enveloppe : Madame Colet, rue de Sèvres, 21, Paris. C.P. Rouen, 2 ? juillet 1853; Paris, ? juillet 1853. De la main de Louise Colet : 22 juillet 1853. Au dos de l'enveloppe, de la main de Louise Colet : « sur Edma — les vers de Brizeux — la *Revue de Paris.* » La lettre est paraphée.

1. Flaubert allait rendre visite à son oncle François Parain et à ses cousins Bonenfant, qui habitaient Nogent-sur-Seine (Aube). Voir t. I, p. 3, n. 1, et p. 8, n. 5.

2. Le long poème intitulé *Les Fossiles,* de Louis Bouilhet, paraîtra dans la *Revue de Paris* du 15 avril 1854, p. 229-247.

3. Le maréchal de Saint-Arnaud, ministre de la Guerre. Répondant au discours du préfet, il assura les Rouennais que l'Empereur se faisait un devoir de restaurer l'agriculture de ses désastres (éd. Conard, t. III, p. 285 et n. 1).

Page 388.

1. Voir la lettre de Flaubert à Louise Colet du [17 mai 1853], p. 326 et n. 1. Flaubert écrit : *Véteil.*

2. Les photographies d'Orient de Maxime Du Camp (voir la lettre de Flaubert à Louise Colet du [19 juin 1852], p. 110 et n. 1, et celle du [28 juin 1853], p. 364-366).

À LOUISE COLET

[9 août 1853]

Autographe Lovenjoul (don de M. Shigvéhiko Hasumi); Conard, t. III, p. 286-288. De la main de Louise Colet : 9 août 1853.

a. le bâton blanc que [j'avais] <je portais>

3. Voir *Par les champs et par les grèves,* éd. Conard, p. 336-337.

4. De fait en *1842.* Flaubert écrit en 1847 : « Il y avait cinq ans à même époque, par une nuit chaude aussi, j'allais à pied pour gagner Trouville tout seul » (*Par les champs et par les grèves,* p. 336). Flaubert connaît alors sa deuxième extase panthéiste — la première a eu lieu à Aleria, en Corse, en 1840 (*ibid.,* p. 424-425) ; il l'utilisera dans *Novembre,* terminé le 25 octobre 1842. Voir Jean Bruneau, *Les Débuts littéraires de Gustave Flaubert,* p. 333-334 et 521-529.

Page 389.

a. des lignes de [séparation] <démarcation>
b. car [tout cela] <ce spectacle> m'eût nâvré *[sic]*

1. Victor Hugo, *Les Rayons et les ombres,* « Tristesse d'Olympio », dixième strophe (*Œuvres poétiques,* Bibl. de la Pléiade, t. I, p. 1095) ; vers déjà cités dans la lettre de Flaubert à sa mère du 7 octobre 1850, t. I, p. 695-696.

Page 390.

À LOUISE COLET

[14 août 1853]

Autographe non retrouvé ; Conard, t. III, p. 289-296. La lettre semble bien datée.

Page 391.

1. Le docteur Achille Flaubert, sa femme Julie, née Lormier, et leur fille Juliette.

2. Sur les leçons d'histoire et de géographie de Flaubert à sa nièce Caroline, voir les *Souvenirs intimes* de Caroline Commanville, *Correspondance,* éd. Conard, t. I, p. XXIV et XXVIII-XXX.

3. *La Servante* est le deuxième récit en vers du *Poème de la femme* de Louise Colet. Il paraîtra chez Perrotin en 1854.

Page 392.

1. Le héros de *Novembre* revient au village de X et cherche « un petit endroit dans la gorge d'un rocher, où souvent il avait été s'asseoir et avait passé de bonnes heures à ne rien faire ». « Il y retourna, il le retrouva ; mais d'autres en avaient pris possession, car, en fouillant le sol, machinalement, avec son pied, il fit la trouvaille d'un cul de bouteille et d'un couteau. Des gens y avaient fait une partie, sans doute, on était venu là avec des dames, on y avait déjeuné, on avait ri, on avait fait des plaisanteries » (*Œuvres de jeunesse,* t. II, p. 254).

2. Sa nièce Caroline.

3.   *Des dix enfants il n'en restait que quatre ;*
        L'un au berceau, qui pleurait tout le jour,

> *Et trois plus grands que l'on voyait s'ébattre*
> *Avec trois porcs barbotant dans la cour.*

La Paysanne, Appendice V, p. 954.

Noter que le mot *cochon* n'entre pas dans le vocabulaire poétique de Louise Colet.

4. Napoléon III. *L'Empereur* : Napoléon Ier.

Page 393.

1. Alfred Le Poittevin. Aucune trace de cette promenade dans la *Correspondance*. Sur Alfred Le Poittevin, voir t. I, p. 22, n. 2 et *passim*.

2. « Depuis Homère, Eschyle et Sophocle, qui représentent la Poésie dans sa vitalité, dans sa plénitude et dans son unité harmonique, la décadence et la barbarie ont envahi l'esprit humain » (Préface des *Poèmes antiques* (1852), in *Leconte de Lisle. Articles. Préfaces. Discours,* éd. Edgar Pich, p. 113). Mais Flaubert fait sans doute allusion à des paroles prononcées par Leconte de Lisle, dont il venait de faire la connaissance chez Louise Colet.

Page 394.

1. Leconte de Lisle et Flaubert se sont rencontrés à Paris, le 31 juillet 1853, dans le salon de Louise Colet. Ce dimanche, Leconte de Lisle lit *Le Runoïa* devant Flaubert (voir la lettre de Louise Colet à Louis Bouilhet du 1er août 1853 [date de la poste; Lovenjoul, B VI, f° 384] publiée par Marie-Claire Bancquart et un groupe d'étudiants dans *Lettres de Louis Bouilhet à Louise Colet...,* p. 146-147). *Le Runoïa* paraîtra dans la *Revue de Paris* du 15 août 1854, puis dans *Poèmes et poésies,* Paris, Dentu, 1855, poème XII. De son côté, Leconte de Lisle écrit à Louise Colet le mardi [2 août 1853] : «[...] Je suis très heureux et très touché, croyez-le, que mes *Runes* vous aient plu, bien que l'amitié vous rende peut-être un peu plus indulgente que je ne le mérite. Mais pourquoi gâterais-je à plaisir l'impression qui m'est restée de la soirée de Dimanche ! J'accepte donc la bonne parole que vous me dites et je vous en remercie avec effusion. La sympathie que m'a témoignée M. Flaubert m'a été aussi d'autant plus précieuse que je me suis senti attiré vers lui dès que je l'ai vu. C'est une très haute et très noble nature ; il me semble que je l'aime depuis dix ans déjà. Je dois le voir aujourd'hui chez lui à une heure, et j'espère bien qu'il ne quittera Paris qu'avec la certitude d'y laisser un ami de plus [...]» (musée Calvet, 6410, f°s 4555-4556 ; citée en partie par Edgar Pich, *Leconte de Lisle et sa création poétique,* p. 178). Voir aussi l'article de Robert J. Cardew, « Un romancier juge d'un poète : Flaubert et Leconte de Lisle », *Modern Language Journal,* mai 1953, p. 235-239.

2. *Le Massacre de Mona,* qui paraîtra dans la *Revue contemporaine* du 15 septembre 1860 et dans les *Poèmes barbares* (Paris, Poulet-Malassis, 1862, poème XV) ?

3. Dans ce paragraphe (de « L'humanité nous hait... » [p. 393] à « poignée de main possible » [p. 394]), Flaubert vouvoie Louise Colet et l'appelle « chère Madame ». Ce paragraphe était destiné à être lu à Leconte de Lisle.

4. Sur cette photographie de Flaubert par Maxime Du Camp, voir l'article de Mlle Madeleine Cottin cité p. 365 et n. 8.

Page 395.

1. Sur le conte oriental, voir Jean Bruneau, *Le « Conte oriental » de Flaubert*, Paris, Denoël, 1973, in-8°, 228 p. Sur le *Dictionnaire des idées reçues*, voir la lettre de Flaubert à Louise Colet du [16 décembre 1852], p. 208 et n. 1.

2. Flaubert est arrivé à Paris le 25 juillet 1853 (voir p. 387). Il devait repartir le mardi 2 août *(ibid.)*. Il est à Trouville le lundi 8 août (voir p. 388). Il semble bien qu'il n'ait quitté Paris que le samedi ou le dimanche 6 ou 7 août.

3. Maxime Du Camp possédait une maison à Chaville. C'est là qu'il aurait un jour découvert un nouvel amour de Louise Colet. Le fonds Du Camp de la bibliothèque de l'Institut possède l'article d'*Ignotus* (Platel) sur Louise Colet, intitulé « Une Muse » et publié dans *Le Figaro* du 14 septembre 1882 (3751, pièces 99-105). En marge, Du Camp a noté : « Louise Colet et Fleury, dit Champfleury, furent arrêtés, en 1853, dans les blés de Chaville par un garde champêtre. J'habitais Chaville alors et je fus appelé à la mairie pour certifier son identité. M. D. » (pièce 102). Plus loin, Du Camp note : « En 1847 je l'ai vue se traîner aux genoux de G. Flaubert. Elle avait alors 32 ans » (pièce 104).

4. *La Servante* : le second récit en vers du *Poème de la femme*, de Louise Colet, qui paraîtra en 1854.

À LOUISE COLET

[16 août 1853]

Autographe J. Lambert ; Conard, t. III, p. 296. Enveloppe : Madame Colet, rue de Sèvres, 21, Paris. C.P. Trouville-sur-Mer, 16 août 1853 ; Paris, 17 août ? De la main de Louise Colet : 16 août 1853. Au dos de l'enveloppe, de la main de Louise Colet : « Goethe à Weimar. »

5. Il s'agit du troisième conte des *Enfances célèbres,* intitulé *La Rançon du génie,* dont le héros est Filippo Lippi (1412-1466). Filippo et sa sœur Stella sont faits prisonniers par des bandits ; il fait le portrait de l'un d'entre eux : la *rançon du génie.* Cette comédie en un acte de Louise Colet avait déjà paru dans ses *Historiettes morales* (Paris, Royer, 1845), première mouture des *Enfances célèbres* (voir t. I, p. 317, n. 3). Giotto est mort en 1336.

6. Flaubert est occupé à acheter une maison pour son frère Achille (voir la lettre suivante, p. 397-398).

Page 396.

À LOUISE COLET

[16 août 1853]

Autographe J. Lambert; Conard, t. III, p. 297-300. De la main de Louise Colet : 16 août 1853. L'autographe est manifestement incomplet.

1. *La Rançon du génie,* comédie qui met en scène le peintre Filippo Lippi. Voir la lettre précédente, p. 395 et n. 5.

2. Giotto (1270?-1336) ; Andrea di Cione, dit Orcagna (1308?-1368) : Vasari lui attribuait à tort la fresque du Campo Santo de Pise intitulée *Le Triomphe de la mort ;* elle serait due aux frères Lorenzetti de Sienne.

3. Michaud, *Biographie universelle ancienne et moderne* ; Giorgio Vasari, *Vies des peintres, sculpteurs et architectes illustres,* Florence, 1550.

4. Les notes de voyage de Flaubert en Italie (février-mai 1851) ne mentionnent pas ce séjour à Pise.

5. Buonavita est le nom du brigand qui admire Michel-Ange. L'anachronisme est évident.

6. Le brigand Buonavita raconte à Filippo Lippi, dans la comédie de Louise Colet, qu'il a vu un jour Masaccio à l'œuvre, à l'église des Carmes de Florence : « Cependant la foule criait autour de moi : " Vive Masaccio ! " et, plein d'admiration pour cet homme qui avait la puissance de m'épouvanter, je criai à mon tour : " Vive Masaccio ! " » (Louise Colet, *Enfances célèbres,* 3ᵉ éd., Paris, Hachette, 1876, p. 58).

Page 397.

1. Depuis « Et c'est parce que... » jusqu'à « l'Art pur » : addition dans la marge de gauche du folio.

2. Le docteur Achille Flaubert et sa femme Julie, née Lormier.

Page 398.

a. dans les [champs] <*guérets*>

1. Allusion au poème de Louis Bouilhet, *Les Fossiles,* qui paraîtra dans la *Revue de Paris* du 15 avril 1854.

2. Le docteur Achille Flaubert (voir p. 397-398).

3. La lettre précédente, p. 395.

4. Cette dernière phrase se trouve au bas d'un feuillet. Il manque visiblement un ou plusieurs feuillets à cette lettre.

À LOUISE COLET
[17 août 1853]

Autographe J. Lambert; Conard, t. III, p. 300-302. La lettre
paraît bien datée.

5. Louise Colet avait envoyé sa photographie à Flaubert (voir
p. 394).

6. Il s'agit des contes réunis dans *Historiettes morales* (Paris,
Roye, 1845) que Louise Colet voulait rééditer. Ce recueil comprenait des contes en prose : *Pic de La Mirandole, Le Dévouement filial,
La Rançon du génie, Les Orphelins, Les Premiers Exploits d'un
grand capitaine* (Du Guesclin), *Jacqueline Pascal, Sabine de Villemare ;*
et des poèmes ou contes en vers : *L'Imprudence, La Voix d'une
mère, Cécile ou les deux sœurs, Souvenirs de jeunesse* et *À ma fille.* Les
Enfances célèbres ne comprendront que des contes en prose. Louise
Colet y reprendra *Pic de La Mirandole, Du Guesclin, La Rançon du
génie* (Lippi) et *Pascal et ses sœurs.* Elle ajoutera *Amyot, Agrippa
d'Aubigné, Gassendi, Turenne, Jean Bart, Deux enfants de Charles Ier,
Rameau, Pope, Benjamin Franklin, Charles Linné, Mozart* et *Winckel-
mann.* Le fonds Colet du musée Calvet possède une lettre de Louis
Hachette à Louise Colet, datée du 8 août 1853, dans laquelle il
lui suggère des changements de titres et d'ajouter de nouveaux
contes, par exemple *Mozart.* À propos du conte sur *Pascal,* il
recommande de supprimer l'épisode de la sorcière (qui a en effet
disparu) : « Ne prenons que les beaux côtés dans les grandes
figures que nous présentons à nos lecteurs... » (6410, f°s 4175-
4176).

7. Voir la note 6 précédente.

8. Voir la note 6.

Page 399.

1. Voir p. 398, n. 6.

2. Émile de Girardin était le directeur de *La Presse,* où Louise
Colet songeait à publier *L'Acropole d'Athènes,* qui n'avait pas
obtenu le prix de poésie au concours de l'Académie française de
l'année 1853. Le sujet avait été remis au concours de l'année 1854
et Louise Colet sera alors couronnée.

3. Paulin Limayrac, rédacteur à *La Presse* de 1852 à 1855
(Vapereau, 1870).

4. Le manuscrit de *L'Acropole.*

5. Villemain était difforme ; voir le quatrain de Louise Colet et
d'Alfred de Musset (p. 130 et n. 2).

Page 400.

À LOUISE COLET
[20 août 1853]

Autographe J. Lambert; Conard, t. III, p. 302-304. Enveloppe :
Madame Colet, rue de Sèvres, 21, Paris. De la main de Louise

Colet : 20 août 1853. C.P. Trouville, ? août ? La lettre semble bien datée.

1. Le manuscrit corrigé de *L'Acropole d'Athènes*. Voir la lettre de Flaubert à Louise Colet du [22 avril 1853], p. 312, n. 1 et *passim*.

2. « Elle serait [...] Académie » : addition dans la marge du folio 1 amenée par le sigle A.

3. « Dans ce cas-là [...] publiant » : addition dans la marge du folio 1 amenée par le sigle B.

4. Le second récit du *Poème de la femme,* qui paraîtra en 1854.

5. Le conte de Louise Colet intitulé *Richesse oblige* ne figure pas dans *Enfances célèbres* (voir p. 398, n. 6).

6. *Saintes et folles* (Paris, Pétion, 1844, 2 vol. in-8º). Le jugement de Flaubert n'a pas varié depuis 1846 (voit t. I, p. 291 et les notes).

Page 401.

1. Il s'agit d'un fragment des *Fossiles* (Louis Bouilhet, *Œuvres,* Paris, Lemerre, 1891, p. 126-128).

2. La fille de Louise Colet, qui épousera le docteur Bissieu.

À LOUISE COLET
[21 août 1853]

Autographe Gordon N. Ray ; Conard, t. III, p. 304-313. L'enveloppe n'a pas été retrouvée. De la main de Louise Colet : 21 août 1853.

3. Leconte de Lisle. Voir la lettre de Flaubert à Louise Colet du [7 juillet 1853], p. 376-377.

Page 402.

1. Il s'agit de la liaison de Leconte de Lisle et de Mme Jobbé-Duval. Voir la lettre de Flaubert à Louise Colet du [1er juin 1853], p. 338 et n. 6.

2. Christiana Vulpius (1765-1816) n'était pas la servante de Goethe ; son frère était écrivain, et ils sortaient d'un milieu modeste. Elle a été la gouvernante de Goethe de 1788 à 1806, avant qu'ils ne se marient.

Page 404.

a. des convoitises [...] qui [chantaient comme des pipeaux] <sifflaient par raffales *[sic]* comme le vent dans les cordages> et de longues envies [qui] vagues [qui] tourbillonnaient *refait en* tourbillonnant dans du noir

1. Sur cette formule, voir la lettre de Flaubert à Louise Colet du [1er septembre 1852], p. 145 et n. 1, et p. 148 et n. 3.

Page 405.

a. près d'un [pêcheur] matelot

1. D'après le regretté Gérard-Gailly, Louis Guettier avait été maire de Trouville de 1831 à 1837, et Florentin Couyère de 1837 à 1845 (*Flaubert et les « Fantômes de Trouville »*, p. 30-31). S'agirait-il du maire d'une autre commune que Trouville ?

2. Sur Alphonse Cordier, voir t. I, p. 132 et n. 1.

Page 406.

1. Sur le dentiste Toirac, voir t. I, p. 132, n. 1 et *passim.*

2. Pour l'allusion au père Aubry, voir la lettre de Flaubert à Louise Colet du [25 janvier 1852], p. 38 et n. 2.

3. Comparer : « Les verres à patte ! ! ! souffla Homais » (*Madame Bovary,* éd. Claudine Gothot-Mersch, p. 328).

Page 407.

1. Étienne Pasquier (1767-1862), baron d'Empire (1809), créé duc par Louis-Philippe en 1842, membre de l'Académie française (1842), a joué un rôle politique important et laissé des *Mémoires* intéressants.

2. Première mention de ce saint évêque de Smyrne, martyrisé vers 167, qui deviendra le patron de Flaubert. Ses amis Lapierre fêteront avec lui la Saint-Polycarpe les 27 avril 1879 et 1880. Le dossier de la Saint-Polycarpe du 27 avril 1880 est passé en vente en 1931 (vente Franklin-Grout, hôtel Drouot, 18-19 novembre 1931, n° 219).

3. Le jour de la Saint-Louis, le 25 août.

4. Sur Jacques Babinet, voir p. 146 et n. 4.

Page 408.

1. Le second récit du *Poème de la femme,* qui paraîtra en 1854.

À LOUISE COLET
[23 août 1853]

Autographe Giovanni Bonaccorso; Conard, t. III, p. 313-315. De la main de Louise Colet : 23 août 1853.

2. Sur ce conte de Louise Colet, voir la lettre de Flaubert à Louise Colet du [20 août 1853], p. 400 et n. 5.

Page 409.

1. *L'Acropole d'Athènes,* poème de Louise Colet. Voir la lettre de Flaubert à Louise Colet du [22 avril 1853], p. 312 et n. 1. Voir aussi p. 400.

2. Je n'ai pas retrouvé cette citation dans *Le Malade imaginaire* de Molière.

3. Le physicien Jacques Babinet (voir p. 146, n. 4 ; et la lettre de Flaubert à Louise Colet du [27 août 1853], p. 421).

4. La *Revue de Paris.* Le premier poème de Leconte de Lisle publié dans la *Revue de Paris* est *Le Runoïa* (numéro du 15 août

1854). Flaubert se montre injuste envers la *Revue de Paris,* qui publie des poèmes dans chaque numéro, et souvent excellents, de Théophile Gautier et Baudelaire notamment, sans parler de nombreuses pièces de Louis Bouilhet.

5. *Omnes hi metuunt versus, odere poetas* (Horace, *Satires,* éd. François Villeneuve, Paris, Les Belles-Lettres, 1932, p. 61; *Satire IV* du livre I, v. 33).

À LOUIS BOUILHET
[24 août 1853]

Autographe Lovenjoul, A V, ffᵒˢ 79-80; incomplète dans Conard, t. III, p. 315-318. Enveloppe : Monsieur Bouilhet, rue Beauvoisine, 131, Rouen. C.P. Trouville, 25 ? 1853.

Page 410.

1. Il s'agit d'un fragment des *Fossiles* (Louis Bouilhet, *Œuvres,* éd. citée, p. 126-128). Voir p. 401 et n. 1.

2. Sur le Garçon, voir t. I, p. 23, n. 1 et *passim.*

3. Sur ces contes, voir la lettre de Flaubert à Louise Colet du [17 août 1853], p. 398 et n. 6. *Enfances célèbres* paraîtra en effet chez Hachette l'année suivante (1854).

4. Il s'agit des règles de Louise Colet, l'uniforme des soldats anglais étant rouge.

5. Louise Pradier. Flaubert avait donc compté la revoir durant son séjour à Paris du 25 juillet au 6 ou 7 août 1853.

6. Monaco : nom donné à des espèces de sous fabriqués dans la Principauté de Monaco. Familièrement : avoir des monacos, être riche (Littré).

7. Voir *Madame Bovary,* éd. Claudine Gothot-Mersch, p. 252-254.

8. Parodie d'un vers des *Fossiles* de Louis Bouilhet (*Œuvres,* éd. citée, p. 127) :

> *Le monſtre se remue et roidit, dans la brume,*
> *L'effrayante longueur de sa trompe qui fume...*

Page 411.

a. étroites <et ténébreuses> qu'[il] <on> eſt obligé [de] <d'en> laisser

b. des morceaux [hachés] <retournés>

c. je retournais [du pied] <triſtement> autre chose

d. d'avoir fini [l'anub] la *Bovary, Anubis*

1. Lietout eſt sans doute le propriétaire mentionné dans la phrase précédente.

2. Ce poème de Louis Bouilhet n'eſt pas recueilli dans ses *Œuvres* (Paris, Lemerre, 1891).

3. L'amour pour Élisa Schlésinger (voir t. I, p. 101 et n. 3) et la rencontre des sœurs Collier (voir t. I, p. 114 et n. 2). Voir Jean Bruneau, *Les Débuts littéraires de Gustave Flaubert,* p. 365-378. Voir aussi p. 404.

4. « Cela est bien dit, répondit Candide, mais il faut cultiver notre jardin » (Voltaire, *Candide,* éd. André Morize, Paris, Hachette, 1913, p. 223).

5. Sur *Anubis,* voir la lettre de Flaubert à Louise Colet du [23 mai 1852], p. 94 et n. 1 ; pour les trois préfaces, la lettre de Flaubert à Louise Colet du [5-6 juillet 1852], p. 125 et n. 2.

Page 412.

   a. qui passent *(addition marginale)*
   b. mourir [sans avoir] <avec elle et> sans l'avoir
   c. agenouillées [comme autrefois,] dans la même pose
   d. que tout est <devenu> statue
   e. à vouloir [franchir] <comprendre> l'abîme

1. Ces « fragments » n'ont pas été retrouvés. Voir Jean Bruneau, *Le « Conte oriental » de Flaubert,* p. 93 et n. 5.

2. Flaubert était passé par Trouville au retour de son voyage en Bretagne avec Maxime Du Camp, durant l'été 1847 (voir *Par les champs et par les grèves,* éd. Conard, p. 336-337).

3. Sur Orlowski, voir t. I, p. 22, n. 5 et *passim.*

Page 413.

1. Louis Bouilhet s'installera à Paris le 11 novembre 1853.

2. L'article de Jean Verdun était assez élogieux, sans plus (*Revue de Paris,* 15 août 1853, p. 626 et suiv.). Flaubert a pu trouver dans le numéro précédent le nom du fossoyeur de *Madame Bovary* . Charles Emmanuel y rend compte de la *Phylotaxie anatomique* du botaniste Lestiboudois (1er août 1853, p. 484-485).

3. La Muse : Louise Colet.

4. Voir la lettre de Flaubert à Louise Colet du [3 mai 1853], p. 323.

5. Épisode des *Fossiles* de Louis Bouilhet (*Œuvres,* éd. citée, p. 126-128).

À LOUIS BOUILHET
[25 août 1853]

Autographe Lovenjoul, A V, f⁰ 82 ; *Supplément,* t. I, p. 169-171. Enveloppe : Monsieur Bouilhet, rue Beauvoisine, 131. Pas de C.P. La lettre ne peut être que du jeudi 25 août 1853.

6. Voir la note 5 ci-dessus.

7.   *Elle vient ! elle vient ! la troupe des montagnes !...*

Dans le texte définitif, ce vers est immédiatement suivi par ceux-ci :

> *Et dans les longs détours du sombre défilé,*
> *Chaque cime est vivante ! et les monts ont beuglé !*

Louis Bouilhet a donc renoncé à ce vers assez mauvais sur le conseil de son ami.

Page 414.

1.　　*L'horizon montueux tremble par intervalles ;*
　　Et les mornes coteaux, de leur base arrachés,
　　Se suivent lentement parmi les joncs penchés...

(éd. cit., p. 128).

2. Allusion à ces vers de Louis Bouilhet (éd. cit., p. 126) :

　　Et la lune d'argent...
　　Faisant neiger au loin, comme des flocons blancs,
　　Sa lumière glacée aux reflets vacillants...

À LOUISE COLET

[26 août 1853]

Autographe non retrouvé ; Conard, t. III, p. 319-327. D'après R. Descharmes (B.N., N.A.F. 23836, fiche 447), la lettre serait timbrée du 29 août 1853 (voir la note bibliographique de la lettre suivante, p. 420).

Page 415.

1. Voir la lettre de Flaubert à Louise Colet du vendredi 2 septembre [1853], p. 422.
2. Voir la lettre de Flaubert à Louis Bouilhet du [24 août 1853], p. 412.

Page 416.

1. Sur *Anubis,* voir la lettre de Flaubert à Louise Colet du [23 mai 1852], p. 94 et n. 1 ; pour les trois préfaces, la lettre de Flaubert à Louise Colet du [5-6 juillet 1852], p. 125 et n. 2.
2. Pour le *Conte oriental,* voir la lettre de Flaubert à Louis Bouilhet du [24 août 1853], p. 412 et n. 1.

Page 417.

1. Pour cette image, souvent reprise par Flaubert, voir sa lettre à Louise Colet du [16 janvier 1852], p. 31 et n. 1.
2. Voltaire, *Candide,* chap. xxv : « Visite chez le Seigneur Pococurante, Noble Vénitien » (éd. André Morize, Paris, Hachette, 1913, p. 183-196).
3. Ces tableaux de Raphaël « ne me plaisent point du tout ; la couleur en est très rembrunie, les figures ne sont pas assez arrondies, et ne sortent point assez ; les draperies ne ressemblent en rien à une étoffe » (Voltaire, *Candide,* éd. cit., p. 184). Voltaire ferait ici

écho aux jugements du peintre Cochin (*Voyage en Italie*, 1758, 3 vol. in-8°). Voir éd. cit., p. 184 et n. 1.

4. *Fultus Hyacinto*, dont le titre premier était *Le Bœuf ;* le poème sera publié dans la *Revue des Deux Mondes* du 15 février 1855, puis dans *Poèmes et poésies* (1855, poème VI).

5. Figaro : le héros de la trilogie de Beaumarchais (*Le Barbier de Séville, Le Mariage de Figaro, La Mère coupable*) ; Sancho Pança, le compagnon de don Quichotte, dans le roman de Cervantès.

Page 418.

1. Le capitaine d'Arpentigny; voir p. 38 et n. 1.

2. Villemain, membre de l'Académie française ; Flaubert symbolise ici les familiers de salons littéraires, comme celui de Louise Colet.

3. Cf. « Que le Diable t'emporte avec tes bottes, il n'est question que de cela, 5 ou 6 fois au moins : c'est une maladie » (lettre de Maxime Du Camp à Flaubert du [23 septembre 1856] à propos de *Madame Bovary*, Appendice I, p. 871).

Page 419.

1. « Pour ses souliers furent levez quatre cent six aulnes de velours bleu cramoysi. Et furent deschicquettez mignonnement par lignes parallèles joinctes en cylindres uniformes » (Rabelais, *Gargantua*, chap. VIII : « Comment on vestit Gargantua » ; *Œuvres complètes*, Bibl. de la Pléiade, p. 28). La citation de Flaubert est trop correcte pour ne pas avoir été vérifiée.

2. L'hôtel de Rambouillet était situé rue Saint-Thomas-du-Louvre. Catherine de Vivonne, marquise de Rambouillet (1588-1655), y a réuni dans son salon, de 1610 à 1650, toutes les célébrités politiques et littéraires.

3. Georges de Scudéry (1601-1667), auteur de comédies, de tragédies et d'une épopée : *Alaric ou Rome vaincue* (1654) ; il est surtout célèbre pour ses *Observations sur le Cid* (1637). Sa sœur, Madeleine de Scudéry (1607-1701), est l'une des figures les plus importantes de la « préciosité » au XVIIe siècle (*Artamène ou le Grand Cyrus*, 1649-1653 ; *Clélie*, 1654-1661).

4. Giovanbattista Marini ou Marino a fréquenté l'hôtel de Rambouillet de 1612 à 1623. Son poème le plus important : *Adone* (1623), chante les amours de Vénus et d'Adonis.

Page 420.

1. L'abbé Raynal (1713-1796) est l'auteur de *L'Histoire philosophique et politique des établissements et du commerce des Européens dans les deux Indes* (Amsterdam, 1770, 4 vol. in-8° ; plusieurs rééditions ; Diderot a largement contribué à cet ouvrage). Ce livre remarquable est l'une des grandes machines de guerre de la croisade « philosophique ».

2. Jean-François Marmontel (1723-1799) a écrit des tragédies,

des opéras et des romans. Son œuvre la plus remarquable, à mon avis, est ses *Contes moraux* (1765, 3 vol. in-8°).

3. Jean-François de La Harpe (1739-1803), célèbre surtout pour son *Cours de littérature* (1799-1805, 16 vol. in-8°).

4. *Gniaf* : populairement, savetier ambulant, et par extension, un mauvais cordonnier ou bottier (Littré). Flaubert continue sa métaphore. Pétrus Borel est l'auteur de l'article *Le Gniaffe* dans *Les Français peints par eux-mêmes*, Paris, Curmer, 1841, t. IV, p. 373-385.

5. Pierre Chevalier, dit Pitre-Chevalier (1812-1863), journaliste et polygraphe. Il dirigeait *Le Musée des familles* depuis 1845.

6. Émile Souvestre (1806-1854), né à Morlaix, a écrit plus de soixante volumes : romans, histoires, pièces de théâtre, écrits moraux et philosophiques. Parmi ses romans sur la Bretagne, je choisirais *Les Derniers Bretons* (1833-1837, 4 vol. in-8°).

7. Le « chourineur » (l'homme au couteau) est l'un des héros des *Mystères de Paris* d'Eugène Sue (voir t. I, p. 171 et n. 4).

8. Jean-Jacques Ampère (1800-1864), fils du physicien, est l'un des grands voyageurs de son temps : Allemagne et Scandinavie en 1827, Égypte, Grèce et Italie en 1841, États-Unis, Canada et Antilles en 1851. Professeur au Collège de France depuis 1833, il était alors surtout connu par son livre *De l'histoire de la poésie* (1830), où il traitait des *Eddas* et des *Niebelungen*.

9. Xavier Marmier (1809-1892) a, lui aussi, beaucoup voyagé et beaucoup raconté ses voyages, en Suisse, Hollande, Allemagne, Suède, Norvège, Russie, Proche-Orient et Amérique. Flaubert connaissait ses traductions des *Théâtres* de Goethe (1839) et de Schiller (1841).

À LOUISE COLET
[27 août 1853]

Autographe J. Lambert ; Conard, t. III, p. 327-329. En haut du premier feuillet, à droite, de la main de Flaubert : *5*. Cette lettre est donc la suite de la lettre précédente et a dû être envoyée en même temps, ce qui explique le timbre (29 août) de l'ensemble.

Page 421.

1. Il s'agit sans doute du projet de drame de Louise Colet. Voir p. 84, n. 2 et *passim*.

2. Sur le recueil de contes de Louise Colet, voir p. 398 et n. 6.

3. Flaubert avait invité à Croisset Jacques Babinet, membre de l'Académie des sciences et familier du salon de Louise Colet (voir la lettre de Flaubert à Louise Colet du [23 août 1853], p. 409). Sur Jacques Babinet, voir p. 146 et n. 4.

4. Sur le projet d'acquisition du docteur Achille Flaubert, voir la lettre de Flaubert à Louise Colet du [16 août 1853], p. 397-398.

5. Sans doute l'avant-dernière lettre de Flaubert à Louise Colet, datée du [21 août 1853], p. 401-408.

6. Allusion au titre d'un des contes de Louise Colet, *Richesse oblige*. Voir p. 400 et 408.

Page 422.

1. De fait, le vendredi 2 septembre [1853]. Voir la lettre suivante.
2. Voir ce poème à l'Appendice V, p. 940-944. Il s'agit de la deuxième version (voir la lettre de Flaubert à Louise Colet du [22 avril 1853], p. 312 et *passim*). Flaubert et Louise Colet ne se reverront pas à Mantes, mais à Paris, le jeudi 10 novembre 1853 (voir la lettre de Flaubert à Louise Colet du [6 novembre 1853], p. 463).

À LOUISE COLET

2 septembre [1853]

Autographe Gordon N. Ray ; Conard, t. III, p. 329-333. Enveloppe : Madame Colet, rue de Sèvres, 21, Paris. C.P. Rouen, 3 septembre 1853.

3. Les numéros du 15 août et du 1er septembre 1853 de la *Revue de Paris*. L'on n'y trouve en effet aucun poème de Louis Bouilhet. Louis Jourdan semble avoir promis à Louise Colet un article sur *La Paysanne ;* voir la lettre de Flaubert à Louise Colet du [2 juillet 1853], p. 372.

Page 423.

1. Il s'agit d'un article de Flaubert sur le poème de Louis Bouilhet, qui aurait été arrêté à *La Presse*. Voir surtout la lettre de Flaubert à Louise Colet du [26 septembre 1853], p. 440 et n. 1.
2. L'article de Jean Verdun sur les *Poèmes antiques* (*Revue de Paris* du 15 août 1853, p. 626 et suiv.). Voir p. 413, n. 2, et p. 440.
3. Depuis le 1er juillet 1853, la *Revue de Paris* paraissait deux fois par mois.
4. « Dans le canot, curé avec son papier ciré sur son chapeau, froid, malaise ; en vain je tâche de me réchauffer à la chaudière. [...] La joueuse de harpe et la joueuse de guitare : laideur violente et empoignante de la première ; tout ce que j'ai discerné dans leurs chansons, c'est amour, bonheur, etc. » (*Par les champs et par les grèves,* éd. Conard, p. 338).
5. Comparer : « Enfin le harpiste rejeta ses longs cheveux derrière ses épaules, étendit les bras et se mit à jouer. C'était une romance orientale, où il était question de poignards, de fleurs et d'étoiles. L'homme en haillons chantait cela d'une voix mordante ; les battements de la machine coupaient la mélodie à fausse mesure ; il pinçait plus fort : les cordes vibraient, et leurs sons mécaniques semblaient exhaler des sanglots et comme la plainte d'un amour orgueilleux et vaincu. Des deux côtés de la rivière, des bois s'inclinaient jusqu'au bord de l'eau [...] » (*L'Éducation sentimentale,* éd. Conard, p. 8).
6. Il s'agit de la première crise d'épilepsie de Flaubert (voir t. I, p. 202 et n. 2).

Page 424.

1. Le pharmacien Homais ; cf. par exemple : « Qu'a donc notre intéressant stréphopode ? » (*Madame Bovary*, éd. Claudine Gothot-Mersch, p. 183).

2. Alfred Le Poittevin (voir t. I, p. 22 et n. 2). Flaubert et son ami allaient sans doute rendre visite à Ernest Chevalier, qui habitait Les Andelys (voir t. I, *passim*).

3. *La Servante* est le deuxième récit du *Poème de la femme* de Louise Colet. Il paraîtra en 1854.

4. Le docteur Achille Flaubert.

Page 425.

1. « [...] car il estoit merveilleusement phlegmaticque des fesses, tant de sa complexion naturelle que de la disposition accidentale qui luy estoit advenue par trop humer de purée septembrale » (Rabelais, *Gargantua,* chap. VII ; *Œuvres complètes,* Bibl. de la Pléiade, p. 25-26).

2. L'*Histoire de la Restauration* de Lamartine avait paru à Bruxelles en 1851 (8 vol. in-12). Le récit de la bataille de Waterloo se trouve au tome IV (liv. XXV), p. 99-201. Il est en effet très peu favorable à Napoléon.

3. Flaubert écrit : *mirmidons.*

4. Sur le récit par Chateaubriand de la bataille de Waterloo, voir *Mémoires d'outre-tombe,* éd. Maurice Levaillant, Paris, Flammarion, 1949, t. II, p. 605-610 : « Bien qu'un succès de Napoléon m'ouvrît un exil éternel, la patrie l'emportait dans ce moment dans mon cœur ; mes vœux étaient pour l'oppresseur de la France, s'il devait, en sauvant notre honneur, nous arracher à la domination étrangère. [...] ...l'homme des batailles écoutait, l'œil fixe, le dernier coup de canon qu'il devait entendre de sa vie » (p. 606 et 608-609).

5. « Aphricque (dist Pantagruel) est coustumière de produire choses nouvelles et monstrueuses » (Rabelais, *Le Cinquiesme Livre,* chap. III ; *Œuvres complètes,* Bibl. de la Pléiade, p. 757).

6. Victor Hugo.

À LOUISE COLET

[7 septembre 1853]

Autographe non retrouvé ; fragments copiés par R. Descharmes (B.N., N.A.F. 23831, f° 295) ; Conard, t. III, p. 334-338. D'après R. Descharmes (B.N., N.A.F. 23836, fiche 450), la lettre est timbrée du 9 septembre 1853.

Page 426.

1. Sur le dentiste Toirac, voir t. I, p. 132 et n. 1.

2. Le chapitre des comices fait vingt-sept pages sur trois cent cinquante-six dans l'édition Garnier de *Madame Bovary* (1971).

3. Après la quatrième partie des *Fossiles,* consacrée à la description du mastodonte (Louis Bouilhet, *Œuvres,* Paris, Lemerre, 1891, p. 126-128), le poème change de ton pour les cinquième et sixième parties (*ibid.,* p. 128-144) :

> Ô mondes disparus ! ô siècles ! ô ruines...
> Science universelle, immuable pensée,
> À vos plus fiers sommets mon âme s'est bercée...

> (*Ibid.,* p. 128-129.)

4. Pour cet article de Jean Verdun sur les *Poèmes antiques* de Leconte de Lisle, voir p. 413, n. 2, et p. 423, n. 2.

Page 427.

1. *La Chute d'un ange,* de Lamartine (1838).
2. Les poèmes indiens sont *Sourya* et *Baghavat* (*Poèmes antiques,* XXVIII et XXX) ; *Dies irae,* le dernier poème du recueil.
3. Le Sperchius est un fleuve de Thessalie.
4. *Le Massacre de Mona.* Voir la lettre de Flaubert à Louise Colet du [14 août 1853], p. 394 et n. 2.
5. *Le Runoïa* paraîtra dans la *Revue de Paris* du 15 août 1854.
6. *La Servante,* le second récit du *Poème de la femme* de Louise Colet, paraîtra en 1854.
7. Sur ces préfaces, voir la lettre de Flaubert à Louise Colet du [5-6 juillet 1852], p. 125 et n. 2.

Page 428.

1. Sur le *Dictionnaire des idées reçues,* voir la lettre de Flaubert à Louise Colet du [16 décembre 1852], p. 208 et n. 1.
2. Sur *Anubis,* voir la lettre de Flaubert à Louise Colet du [23 mai 1852], p. 94 et n. 1.
3. Flaubert n'écrira qu'un seul « long bouquin épique » : *Salammbô* (1862).
4. Jules Michelet, « La mort de Danton », *Revue de Paris,* 15 août 1853, p. 497-522.

À LOUISE COLET
[12 septembre 1853]

Autographe non retrouvé ; fragments copiés par R. Descharmes, B.N., N.A.F. 23831, ff⁰ˢ 296-297 ; Conard, t. III, p. 338-341. D'après R. Descharmes (B.N., N.A.F. 23836, fiche 451), la lettre est timbrée du 14 septembre 1853.

Page 429.

1. J'adopte la ponctuation de R. Descharmes (B.N., N.A.F. 23831, f⁰ 296). La leçon Conard est moins satisfaisante (t. III,

p. 338-339) : « ...à la distance et au temps. Quant au voyage de Gisors, nous passerions... »

2. En fait, Flaubert reverra Louise Colet à Paris le jeudi 10 novembre 1853. Voir sa lettre à Louise Colet du [6 novembre 1853], p. 463.

3. Flaubert avait passé près d'un mois à Trouville, du 8 août (voir p. 388) au 2 septembre 1853 (voir p. 422).

4. François Parain, oncle de Flaubert, qui habitait Nogent-sur-Seine (voir t. I, p. 3 et n. 1).

Page 430.

1. Coupure de l'édition Conard (t. III, p. 339) ; R. Descharmes n'a malheureusement pas recopié ce passage.

2. Flaubert était allé à Nogent les 26 et 27 juillet 1853 (voir sa lettre à Louise Colet du [22 juillet 1853], p. 387).

3. Voir par exemple la lettre de Flaubert à Ernest Chevalier du [3 septembre 1833], t. I, p. 10-11.

4. Allusion à la poétesse Loïsa Puget. Voir la lettre de Flaubert à Louise Colet du 2 septembre [1853], p. 423.

5. J'adopte la leçon de R. Descharmes (B.N., N.A.F. 23831, f⁰ 297) ; celle de Conard n'a pas de sens : « ... que celui du citoyen Roland ? » (t. III, p. 341). « ...il [Roland] s'arrêta au pied d'un chêne, tira sa canne à dard et se perça d'outre en outre. On trouva sur lui son nom, et ce mot : "Respectez les restes d'un homme vertueux." L'avenir ne l'a pas démenti » (Jules Michelet, *Histoire de la Révolution française,* Paris, Chamerot, 1853, t. VI, p. 348).

Page 431.

À LOUISE COLET
[16 septembre 1853]

Autographe non retrouvé ; Conard, t. III, p. 341-344. D'après R. Descharmes (B.N., N.A.F. 23836, fiche 452), la lettre est timbrée du 18 septembre 1853.

1. Je n'ai trouvé aucune trace de Pic de La Mirandole dans les *Essais* de Montaigne.

2. La poétesse Sapho, ou plutôt Sappho, née à Éresos ou à Mitylène dans l'île de Lesbos, a « fleuri » entre le septième et le sixième siècle avant Jésus-Christ. Les érudits ne croient plus guère, aujourd'hui, à l'existence de deux Sappho. L'historien grec Nymphis, né à Héraclée du Pont, a vécu au milieu du IIᵉ siècle après Jésus-Christ. Il est surtout connu pour un ouvrage sur Alexandre et une histoire de sa ville natale. Flaubert s'est évidemment servi d'une encyclopédie.

Page 432.

1. *Candide,* le conte de Voltaire (1759). Voir *passim.*

2. Flaubert avait déjà longuement développé à Louise Colet son jugement sur le roman de Lamartine. Voir sa lettre à Louise Colet du [24 avril 1852], p. 77-78.

3. Manon Lescaut et le chevalier Des Grieux, les héros du récit inclus par l'abbé Prévost dans *Les Mémoires et aventures d'un homme de qualité qui s'est retiré du monde* (1728-1732). Ce récit a été très souvent publié séparément.

Page 433.

1. La lettre de Virginie est adressée à sa mère, comme il se doit ; mais le post-scriptum est destiné à Paul ; elle lui recommande deux espèces de graines : de violettes et de scabieuses : « La lettre de cette sensible et vertueuse demoiselle fit verser des larmes à toute la famille » (Bernardin de Saint-Pierre, *Paul et Virginie...*, Paris, Masson et Duprey, 1834, p. 98-103).

2. Louise Colet était allée passer quelques jours à Marines, dans le Vexin, à quelques kilomètres de Pontoise. Voir la note de la lettre suivante.

3. Sur Jacques Babinet, voir p. 146 et n. 4.

4. *Printemps, Chanson d'amour, Flux et reflux* et *Savez-vous pas quelque douce retraite...* (*Revue de Paris,* 15 septembre 1853, p. 966-968). « Seuls », pour les mieux mettre en vedette ?

À LOUISE COLET
[21 septembre 1853]

Autographe J. Lambert ; Conard, t. III, p. 345-347. Enveloppe : Madame Colet, Hôtel de la Ville de Rouen, Marines (Seine-et-Oise). C.P. Rouen, 22 septembre 1853 ; Ligne du Havre, 23 septembre 1853 ; Paris, 23 septembre 1853. Au dos de l'enveloppe, de la main de Louise Colet : « sur Hugo — Delisle — les dents — sur Bouilh[et] — l'argent — [?] — René — Bijoux — Meredional [*sic*]. »

a. chagrin. [C'est] <La littérature est> un vésicatoire

Page 434.

1. *Madame Bovary,* éd. Claudine Gothot-Mersch, p. 135-159.

2. Flaubert a renoncé à cet épisode ; voir Gabrielle Leleu, *Madame Bovary, Ébauches et fragments inédits...,* t. I, p. 532-535.

3. La mère et les sœurs de Louis Bouilhet habitaient le village de Cany. Voir t. I, p. 256 et n. 7.

4. « Un secret instinct me tourmentait ; je sentais que je n'étais moi-même qu'un voyageur ; mais une voix du ciel semblait me dire : " Homme, la saison de ta migration n'est pas encore venue..." » (Chateaubriand, *René,* éd. Armand Weil, Paris, Droz, 1935, p. 45).

Page 435.

a. [corriger] <enlever>

1. L'hôtel de la Ville de Rouen, à Marines (Seine-et-Oise), où Louise Colet était venue passer quelques jours.

2. Gustave Planche avait critiqué l'érudition de Leconte de Lisle dans son article « La Poésie en 1853 » (*Revue des Deux Mondes,* 15 septembre 1853, p. 1192-1215) ; il se rétractera dans un second article (« Le Théâtre en 1853 », *ibid.,* 1er octobre 1853, p. 23). Voir Edgar Pich, *Leconte de Lisle et sa création poétique...,* p. 248.

3. Laurent-Pichat, « Un conte de fée » (*Revue de Paris,* 15 septembre 1853, p. 817-868). Ce conte très médiocre relate les amours de Frédéric Floquet et de Brunissende.

4. Victor Hugo.

5. L'armée russe avait envahi la Moldavie et la Valachie en juillet 1853. La Turquie déclarera la guerre à la Russie en octobre. Jusqu'en décembre les Turcs ont plutôt l'avantage sur le front du Danube, mais leur flotte est détruite par les Russes, à Sinope, le 30 novembre. La France et l'Angleterre déclareront la guerre au Tsar le 27 janvier 1854. Le siège de Sébastopol (octobre 1854-septembre 1855) mettra fin à la guerre de Crimée par la victoire des Alliés, victoire consacrée par le traité de Paris, le 30 mars 1856.

Page 436.

À LOUISE COLET
[22 septembre 1853]

Autographe J. Lambert ; Conard, t. III, p. 348-351. Enveloppe : Madame Colet, Hôtel de la Ville de Rouen, Marines (Seine-et-Oise). C.P. Rouen, 23 septembre 1853. La lettre de Victor Hugo que Flaubert vient de recevoir est timbrée de Rouen, 22 septembre 1853 (voir la lettre de Flaubert à Louise Colet du [24 mars 1853], p. 277, n. 1). Cette lettre est donc du *jeudi minuit 1/2,* et non de *mercredi,* comme l'écrit Flaubert.

1. Le « Grand Crocodile » : Victor Hugo. Flaubert enverra la lettre de Victor Hugo à « sa Dulcinée », Mme d'Aunet, dans sa lettre suivante (voir p. 438). Sur Léonie d'Aunet, voir p. 330 et n. 1.

2. Serait-ce le *Discours* de Victor Hugo sur la tombe de la citoyenne Louise Julien, proscrite, morte à Jersey, prononcé le 26 juillet 1853, au cimetière de Saint-Jean ? (Voir p. 277, n. 1.)

3. « Je veux la correspondance, j'exige la correspondance [...]. » Voir la lettre de Victor Hugo à Flaubert du 18 septembre 1853 (p. 277, n. 1).

4. Joseph-François Soubiranne, *Le Chaos, réponse au plus grand des Hugolins,* Paris, chez tous les libraires, 1853, in-12, 284 p.

5. Sur Jules Delamarre, voir t. I, p. 27 et n. 4 ; sur Ernest Delamarre, voir t. I, p. 108, n. 3. Flaubert s'est-il souvenu de ce duel

manqué, quand il a créé celui de Frédéric Moreau et du baron de Cisy (*L'Éducation sentimentale,* éd. Conard, p. 326-330) ?

Page 437.

    a. Les [gdes] <hautes> idées
    b. a démoli [l'idée] la royauté
    c. dans [l'intelligence] <l'Esprit>
    1. Leconte de Lisle.
    2. Le chapitre VIII de la deuxième partie de *Madame Bovary* (éd. Claudine Gothot-Mersch, p. 135-159).
    3. *La Servante,* le second récit du *Poème de la femme* de Louise Colet, paraîtra en 1854.
    4. Sur la mort de François Parain, voir la lettre de Flaubert à Louise Colet du [12 septembre 1853], p. 429.

Page 438.

    a. les premiers [mauvais] jours <d'automne>
    b. les cerfs [dans les bois] <au bord des lacs>

    1. *Madame de Montarcy,* drame de Louis Bouilhet, qui sera joué à Paris le 6 novembre 1856 (voir plus loin la lettre de Flaubert à Alfred Baudry du [6-7 novembre 1856], p. 645-646). Quant au drame projeté par Louise Colet (voir p. 84, n. 2 et *passim*), il ne sera jamais terminé, à ma connaissance.
    2. Louise Colet s'était mise au vert, pour quelques jours, à l'hôtel de la Ville de Rouen, à Marines (Seine-et-Oise). Voir p. 433.
    3. Voir p. 436 et n. 2.
    4. Voir la lettre précédente, p. 436.

À LOUISE COLET
[26 septembre 1853]

    Autographe Gordon N. Ray; Conard, t. III, p. 351-357. Enveloppe : Madame Colet, rue de Sèvres, 21, Paris. C.P. Rouen, ? septembre 1853; Paris, 28 septembre 1853. Sur la lettre, de la main de Louise Colet : 26 [octobre] septembre 1853. Au dos de l'enveloppe, de la main de Louise Colet : « L. C. [Leconte de Lisle ?] et Musset, la Diva [Edma Roger des Genettes], Gautier, Villemain. »

    5. Mme d'Aunet (voir p. 330 et n. 1).
    6. Sur Jacques Babinet, voir p. 146 et n. 4.
    7. Leconte de Lisle.
    8. Vers cette époque, Victor Cousin poussait Louise Colet à emprunter de l'argent à Flaubert. Voir la lettre de Flaubert à Louise Colet du [2 mai 1852], p. 82 et n. 2.

Page 439.

    a. et [se rouler] <draper son âme> dans la pourpre

1. Leconte de Lisle.

2. Il s'agit sans doute d'une lettre de Jacques Babinet (voir p. 146 et n. 4) à Louise Colet ; je n'ai retrouvé aucune lettre de Babinet à Flaubert.

3. Sur les articles de Gustave Planche concernant Leconte de Lisle, voir la lettre de Flaubert à Louise Colet du [21 septembre 1853], p. 435 et n. 2.

4. Gustave Planche a publié deux articles très critiques sur Victor Hugo dans la *Revue des Deux Mondes,* en 1837 : « Du théâtre moderne en France », 15 février 1837, p. 449-453, et « Les " Voix intérieures " de M. Victor Hugo », 1er juillet 1837, p. 161-184.

5. La malveillance de la *Revue de Paris* à l'endroit de Leconte de Lisle.

6. Félicien de Saulcy était l'un des fondateurs de *L'Athenaeum.* Voir la lettre de Flaubert à Louis Bouilhet du [10 août 1852], p. 143 et n. 5.

Page 440.

a. l'admiration <bête> *(addition marginale)* d'une [perversité] <certaine immoralité> bourgeoise

1. Pour l'article de Flaubert sur *Melaenis,* voir sa lettre à Louise Colet du [5-6 juillet 1852], p. 125 et n. 2 ; pour la « promesse de Jourdan » d'un article sur *La Paysanne,* voir sa lettre à Louise Colet du 2 septembre [1853], p. 422-423. À propos de l'« autre revue », Edgar Pich pense à une revue normande (*Leconte de Lisle et sa création poétique,* p. 179) ; je crois qu'il s'agit de la *Revue des Deux Mondes,* où Gustave Planche avait attaqué Leconte de Lisle (voir la lettre de Flaubert à Louise Colet du [21 septembre 1853], p. 435 et n. 2). Leconte de Lisle aurait voulu « réclamer » dans les colonnes de la *Revue de Paris* « contre » la *Revue des Deux Mondes.*

2. Le *Poème de la femme,* de Louise Colet, ne sera jamais réuni en volume : *La Paysanne, La Servante* et *La Religieuse* paraîtront séparément (voir p. 157, n. 1).

3. *Poèmes antiques,* de Leconte de Lisle (1852) ; *Le Livre posthume,* roman de Maxime Du Camp, qui venait de paraître en volume, chez Lecou (*Bibliographie de la France,* 2 avril 1853).

4. Cf. la lettre de Maxime Du Camp à Flaubert du 29 octobre 1851 (Appendice I, p. 864) : « Te souviens-tu du mot de Rastignac dans *Le Père Goriot ?* ce qu'il a dit *en grand,* je l'ai dit *en petit :* " à nous deux maintenant ". »

5. Badinguet : surnom de Napoléon III.

Page 441.

a. Voilà un homme <celui-là>. Il a<vait> trouvé moyen [en] <dans l'espace de> vingt ans, [de devenir] d'acquérir

1. Émile de Girardin (1806-1881), fils naturel (voir son émou-

vante autobiographie, *Émile,* parue en 1827), est le grand fondateur de la presse quotidienne moderne (*La Presse,* 1er juillet 1836). Il a aussi joué un rôle politique important dans l'opposition libérale sous le Second Empire.

2. Flaubert écrit : « sangleras ».

3. Flaubert fait allusion aux *Mélodies poétiques,* que Méry venait de publier chez Leure et qui furent mal accueillies par la presse (éd. Conard, t. III, p. 355 et n. 1). Joseph Méry (1798-1865), poète, romancier, journaliste, pamphlétaire, l'une des figures les plus attachantes de cette période et qui mériterait une étude approfondie.

4. Voir la lettre de Victor Hugo à Flaubert du 18 septembre 1853 (lettre de Flaubert à Louise Colet du [24 mars 1853], p. 277 et n. 1).

Page 442.

a. Ah ! ces [pauvres] <bons> Turcs !

1. S'agit-il des *Châtiments* de Victor Hugo ?

2. *Bakaloum* signifie en turc « voyons ». Le mot revenant souvent dans la conversation a servi aux Européens pour désigner les Ottomans. Aujourd'hui on emploie plutôt, avec une nuance de mépris, *banabak,* « regarde-moi », qui sert à interpeller les inférieurs (éd. Conard, t. III, p. 356, n. 1).

3. Flaubert pense à la guerre imminente entre la Turquie et la Russie. Voir sa lettre à Louise Colet du [21 septembre 1853], p. 435 et n. 5.

Page 443.

a. Ste Thérèse [ne parlait pas en d'autres termes de ses visions] <n'était pas plus contente d'avoir vu le Christ dans sa chambre> que ce gars-là

1. Adolphe Blanqui (1798-1854), économiste, membre de l'Institut, ami du prince Jérôme Bonaparte, écrit dans *La Presse* du 22 septembre 1853 : « Château de Grandmont (Eure-et-Loir), 15 septembre 1853. Je suis à la campagne depuis un mois, à quinze lieues de Paris, pour rétablir ma santé, altérée par de longues souffrances, avec défense expresse de me permettre aucune émotion, sous peine de rechute ; mais je n'y tiens plus depuis que je viens de trouver dans *Le Moniteur* une nouvelle qui me comble de satisfaction et de joie. Cette nouvelle, c'est celle de la plus grande victoire que les économistes aient remportée depuis le commencement de la Restauration jusqu'à la chute de la révolution de Février ; c'est le décret d'avant-hier, qui réduit de 55 F à 3 F par tête, tel qu'il était sous l'Empire, le droit d'entrée, et d'une manière proportionnelle, tous les droits sur la viande vivante de bœuf, de mouton [...] »

2. Flaubert arrive effectivement au bas du folio 2 v°.

3. Depuis « C'est parce que je suis... » jusqu'à « ton G. » : marge de gauche du folio 1 r°.

À LOUISE COLET
[30 septembre 1853]

Autographe non retrouvé; Conard, t. III, p. 357-362. D'après
R. Descharmes (B.N., N.A.F. 23836, fiche 456), la lettre serait
timbrée du 2 octobre 1853, et Louise Colet y aurait noté : 30 septembre 1853.

4. Sur le dentiste Toirac, voir t. I, p. 132 et n. 1.
5. Il s'agit du deuxième examen de droit. Voir t. I, p. 95 et
n. 2.
6. Voir la lettre de Flaubert à sa sœur Caroline du [26 novembre
1842], t. I, p. 132, et les lettres suivantes.
7. « [...] en quelque manière qu'on se puisse mettre à l'abri des
coups, feust ce soubs la peau d'un veau, je ne suis pas homme qui
y reculast; car il me suffit de passer à mon ayse; et le meilleur jeu
que je me puisse donner, je le prends, si peu glorieux au reste et
exemplaire que vous voudrez. » (*Essais*, t. I, chap. XIX, éd. J.-V.
Leclerc, Paris, Garnier, s.d., t. I, p. 54; 1ʳᵉ édition, Paris, Lefèvre,
1826.)

Page 444.

1. Le chapitre VIII de la IIᵉ partie de *Madame Bovary* (éd. Claudine
Gothot-Mersch, p. 135-159).
2. Cette page ne figure pas dans le texte imprimé de *Madame
Bovary*. Voir la lettre de Flaubert à Louise Colet du [21 septembre
1853], p. 434 et n. 2.

Page 445.

1. Rodolphe Boulanger, qui « pousse sa pointe » auprès d'Emma
Bovary (*Madame Bovary*, éd. Claudine Gothot-Mersch, p. 140-
157).
2.   *Ce que l'on conçoit bien s'énonce clairement.*

Boileau, *Art poétique*, ch. I, v. 153.

3. Même image dans la lettre de Flaubert à Louise Colet du
[21 septembre 1853], p. 433.
4. *La Servante*, le second récit du *Poème de la femme* de Louise
Colet, qui paraîtra en 1854.

Page 446.

1. Sur le goût de Flaubert pour les termes techniques de peinture,
voir Jean Bruneau, « Les deux voyages de Gustave Flaubert en
Italie », *Connaissance de l'étranger*, Mélanges offerts à la mémoire de
Jean-Marie Carré, Paris, Didier, 1964, p. 176-179.
2. Voir la lettre précédente, p. 439, n. 6.
3. Comme le montre le contexte, Leconte de Lisle donnait des
leçons — de grec, de latin ? — pour vivre, comme Louis Bouilhet.

À LOUISE COLET

[7 octobre 1853]

Autographe J. Lambert; Conard, t. III, p. 362-364. La lettre est datée par l'allusion à la publication du *Nil* de Maxime Du Camp dans la *Revue de Paris* du samedi 1ᵉʳ octobre 1853.

Page 447.

1. Flaubert est revenu de Trouville le 2 septembre 1853. Voir p. 422.

2. *Madame Bovary,* éd. Claudine Gothot-Mersch, p. 145-156.

3. Voir cette lettre, datée du 7 octobre 1853, dans l'ouvrage de Marie-Claire Bancquart et un groupe d'étudiants, *Lettres de Louis Bouilhet à Louise Colet...,* p. 154-155. Bouilhet annonce à Louise Colet qu'il retarde son arrivée à Paris, et n'y sera que le 20 octobre 1853.

4. Louise Colet tenait beaucoup à être présentée à Mme Flaubert. Voir le brouillon de sa lettre à Flaubert du [6 janvier 1854], p. 500-501. Cette présentation n'aura jamais lieu.

5. Voir la lettre de Flaubert à Louise Colet du [21 septembre 1853], p. 435 et n. 2.

6. *Le Massacre de Mona.*

7. Dans la lettre mentionnée n. 3, Bouilhet écrit à Louise Colet : « J'aurai grand plaisir à connaître Delisle. Autant que je puis en juger d'avance, nous formerons là-bas une bonne trinité, puisque le grand crocodile de Croisset ne veut pas se laisser amollir [...] » (ouvr. cité, p. 154).

Page 448.

1. Le capitaine d'Arpentigny (voir p. 38 et n. 1).

2. Maxime Du Camp, *Le Nil, Lettres sur l'Égypte et la Nubie,* in *Revue de Paris,* 1ᵉʳ octobre 1853, p. 1-54. L'ouvrage est dédié à Théophile Gautier (p. 5-6) et se présente sous la forme de lettres. Du Camp y mêle curieusement les *nous* et les *je.* Par exemple : « Nous suivons... » (p. 15) ; « je lançai mon cheval au galop... » (p. 43). La première lettre se termine sur la description du Caire. La deuxième (*ibid.,* 15 octobre 1853, p. 204-235) raconte la remontée du Nil jusqu'à Ouadi-Halfa ; les *nous* et les *je* sont de nouveau entremêlés : « En haut des degrés, Koutchouk-Hânem m'attendait. Je la vis en levant la tête ; ce fut comme une apparition » (p. 224 ; comparer *L'Éducation sentimentale,* p. 6 ; Frédéric Moreau aperçoit Mme Arnoux sur *La Ville-de-Montereau :* « Ce fut comme une apparition... »). La troisième lettre (*ibid.,* 1ᵉʳ novembre 1853, p. 425-456) et la quatrième (*ibid.,* 15 novembre 1853, p. 593-626) relatent le voyage en Haute-Égypte, et la cinquième (*ibid.,* 1ᵉʳ décembre 1853, p. 767-801), le retour de Thèbes jusqu'au Caire. *Le Rhin* de Victor Hugo avait paru en 1842.

3. *Le Livre posthume,* roman de Maxime Du Camp, venait de paraître en volume, après avoir été publié dans la *Revue de Paris* du 1er décembre 1852 au 1er mars 1853.

4. Les notes prises par Flaubert durant son voyage en Orient. Il les avait prêtées à Louise Colet, qui préparait alors *L'Acropole.* Voir la lettre de Flaubert à Louise Colet du [27 mars 1853], p. 281.

5. Victor Hugo.

À LOUISE COLET

[12 octobre 1853]

Autographe non retrouvé; Conard, t. III, p. 364-368. D'après R. Descharmes (B.N., N.A.F. 23836, fiche 458), la lettre est timbrée du « 13 octobre, probablement » et Louise Colet y aurait noté : 12 octobre 1853.

6. Le chapitre VIII de la deuxième partie de *Madame Bovary* (éd. Claudine Gothot-Mersch, p. 135-159).

Page 449.

1. La scène des comices (*Madame Bovary,* éd. Claudine Gothot-Mersch, p. 135-159).

2. *La Tentation de saint Antoine,* rédigée par Flaubert du 24 mai 1848 au 12 septembre 1849.

3. Voir la lettre de Victor Hugo à Flaubert du 18 septembre 1853 (lettre de Flaubert à Louise Colet du [24 mars 1853], p. 277 et n. 1).

4. *Le Nil* était dédié à Théophile Gautier (voir la lettre précédente, p. 448 et n. 2).

5. Sur *Tagahor, conte indou,* de Maxime Du Camp, voir la lettre de Flaubert à Maxime Du Camp du 21 octobre [1851], p. 9, n. 1 et *passim.* Le conte avait paru dans le premier numéro de la *Revue de Paris,* le 1er octobre 1851 (p. 12-59).

6. Allusion aux deux articles d'Édouard Delessert intitulés « Voyage aux villes maudites » (*Revue de Paris,* 1er octobre 1852, p. 5-47, et 1er novembre 1852, p. 38-82). Le récit de Delessert se présentait, comme *Le Nil* de Maxime Du Camp, sous la forme d'une lettre à Mme ★★★.

7. Jacottet était l'un des éditeurs de la Librairie nouvelle.

8. M. Homais, le pharmacien de *Madame Bovary.*

Page 450.

1. Louise Colet tenait beaucoup à rencontrer Mme Flaubert, à Paris ou à Croisset. Voir la lettre de Louise Colet à Flaubert du [6 janvier 1854], p. 500-501.

2. Flaubert avait retrouvé les Schlésinger à Paris, lorsqu'il y faisait ses études à la Faculté de droit. Il allait dîner chez eux tous les mercredis (voir la lettre de Caroline Flaubert à son frère du

[3 avril 1843], t. I, p. 154). Sur les rapports entre Flaubert et les Schlésinger, voir t. I, p. 101 et n. 3, et, pour une discussion plus complète, Jean Bruneau, *Les Débuts littéraires de Gustave Flaubert,* p. 365-374.

3. Je ne crois pas qu'aucun membre de la famille Flaubert ait jamais rencontré Mme Bouilhet mère.

4. Il s'agit, je crois, de Mme Vasse de Saint-Ouen (voir t. I, p. 23 et n. 3)..

5. La *Correspondance* conservée de Boileau comprend un peu plus d'une centaine de lettres, dont les principales sont adressées à Racine et à Brossette. Elle figure dans toutes les éditions des *Œuvres complètes* de Boileau. J'ignore de quelle édition s'est servi Flaubert.

6. « Il y a de l'agrément dans ce livre [*Télémaque* de Fénelon], et une imitation de *L'Odyssée* que j'approuve fort […]. Je souhaiterais que M. de Cambrai eût rendu son Mentor un peu moins prédicateur, et que la morale fût répandue dans son ouvrage un peu plus imperceptiblement et avec plus d'art » (lettre de Boileau à Brossette du 10 novembre 1699).

7. Cette *Histoire du sentiment poétique en France* devait servir de préface à une édition des *Œuvres de Ronsard* (voir la lettre de Flaubert à Louise Colet du [5-6 juillet 1852], p. 125, n. 2).

Page 451.

1. Étienne Geoffroy Saint-Hilaire (1772-1844), l'un des ancêtres de l'évolutionnisme (*Philosophie anatomique...,* 1818-1822, 2 vol. in-8°).

À LOUISE COLET
[15 octobre 1853]

Autographe collection particulière; Conard, t. III, p. 279-280 (mal classée parmi les lettres de juillet 1853). D'après R. Descharmes (B.N., N.A.F. 23836, fiche 495), la lettre est timbrée du 16 octobre 1853. Gérard-Gailly suggère aussi la date du 15 octobre 1853 (*Bulletin du bibliophile,* art. cité, p. 326).

Page 452.

1. La scène des comices de *Madame Bovary* (éd. Claudine Gothot-Mersch, p. 135-159).

À LOUISE COLET
[17 octobre 1853]

Autographe non retrouvé; Conard, t. III, p. 369-370. D'après R. Descharmes (B.N., N.A.F. 23836, fiche 460), la lettre est timbrée du 18 octobre 1853.

2. Voir la lettre de Flaubert à Louise Colet du [12 octobre 1853], p. 450.

3. La scène des comices de *Madame Bovary* (éd. Claudine Gothot-Mersch, p. 135-159).

Page 453.

1. Victor Hugo.

2. Cf. la lettre de Leconte de Lisle à Louise Colet du « jeudi matin » [20 octobre 1853] : « Je regrette que Bouilhet ne soit pas arrivé hier, *comme vous l'espériez* ; nous aurions pu dîner ensemble aujourd'hui [...]. J'irai vous voir ce soir vers 9 heures, mais sans mon poème. Outre que je ne suis nullement en disposition de me lire, j'aurai un bien autre plaisir à écouter *Les Fossiles*. Si le Derviche avait l'intelligente idée de venir aujourd'hui, ma soirée serait complète [...] » (musée Calvet, 6410, f⁰ 4559 r⁰). *La Servante* est le second récit du *Poème de la femme* de Louise Colet ; il paraîtra en 1854. *Les Fossiles*, de Louis Bouilhet, seront publiés dans la *Revue de Paris* du 15 avril 1854, p. 229-247. « Le Derviche » : Flaubert.

3. Charles-Paul de Kock (1794-1871), auteur d'une centaine de romans où il peint les mœurs de la petite bourgeoisie et du commerce parisien de son temps.

4. *Han d'Islande*, roman de Victor Hugo (1823) ; *Notre-Dame de Paris* (1831).

5. Parodie du vers célèbre de Racine (*Phèdre*, acte IV, sc. II) :

Le jour n'est pas plus pur que le fond de mon cœur.

Page 454.

À LOUISE COLET

[23 octobre 1853]

Autographe J. Lambert ; Conard, t. III, p. 371-373. Enveloppe : Madame Colet, rue de Sèvres, 21, Paris. C.P. Rouen, 24 octobre 1853 ; Paris, 24 octobre 1853. De la main de Louise Colet : 23 octobre 1853. Au dos de l'enveloppe, de la main de Louise Colet : « Ce n'est pas à l'amour à tourner le correspondu [?] psychie [?] qu'un indifférent parlant [?] de la sorte bien [?] — Mlle Chéron — Delisle — Babinet — Fortoul. »

a. [l'idée] l'art s'est développé

1. Flaubert arrivera à Paris le 10 novembre 1853. Voir sa lettre à Louise Colet du [6 novembre 1853], p. 464.

2. Le personnage de Lionel de Vernon, dans *La Servante*, est calqué sur Alfred de Musset : « En étant arrivée au portrait de Lionel dans le récit de *La Servante*, portrait qui rappellera M[usset] [...] » (memento de Louise Colet du 1ᵉʳ juillet 1853, Appendice II, p. 901).

Page 455.

a. et [le temps] <l'époque> de mon séjour
b. la [romance] Mignon de Goethe

1. Flaubert pense sans doute surtout à *La Paysanne,* poème qu'il aimait beaucoup.

2. Ovide (43 av. J.-C.-18 apr. J.-C.) a été exilé à Tomes, en Mésie, sur les bords de la mer Noire, en 8 apr. J.-C., où il est mort. C'est durant son exil qu'il a composé les cinq livres des *Tristes* et les quatre livres des *Pontiques.*

3. La scène des comices de *Madame Bovary* (éd. Claudine Gothot-Mersch, p. 135-159).

4. Allusion à la célèbre chanson de Mignon (Goethe, *Les Années d'apprentissage de Wilhelm Meister,* liv. III, chap. 1) :

> *Connais-tu le pays des citronniers en fleurs ?*
> *Dans le feuillage noir rougeoient les pommes d'or,*
> *Du haut du ciel d'azur souffle une brise douce,*
> *Près du myrthe discret le fier laurier se dresse*
> *Connais-tu ce pays ?*
>   *Là-bas, là-bas,*
> *Je voudrais avec toi, mon bien-aimé, m'enfuir...*

À LOUISE COLET
[25 octobre 1853]

Autographe non retrouvé; Conard, t. III, p. 373-377. D'après R. Descharmes (B.N., N.A.F. 23836, fiche 462), la lettre est timbrée du 26 octobre 1853, et Louise Colet y aurait inscrit : 25 octobre 1853.

Page 456.

1. Louis Bouilhet vivait avec Léonie Leparfait et son fils Philippe, qu'il avait adopté, « depuis le voyage de Maxime [Du Camp] et de Gustave [Flaubert] en Orient » (passage inédit des *Notes autobiographiques* de Louis Bouilhet cité par le chanoine Léon Letellier dans son ouvrage intitulé *Louis Bouilhet...,* p. 171). Donc, depuis 1851.

2. Sur la maladie nerveuse de Flaubert, voir t. I, p. 202 et n. 2.

Page 457.

1. Baucher, l'un des écuyers les plus célèbres de l'époque, avec le vicomte d'Aure et Franconi, a publié une *Méthode d'équitation* et un *Dictionnaire d'équitation* (1849).

2. En fait, la réunion prévue n'aura pas lieu. Voir le brouillon de la lettre de Louise Colet à Flaubert du [6 janvier 1854], p. 500-501.

3. La scène des comices de *Madame Bovary* (éd. Claudine Gothot-Mersch, p. 135-159).

Page *458.*

À LOUISE COLET

[28 octobre 1853]

Autographe J. Lambert; Conard, t. III, p. 377-381. Enveloppe :
Madame Colet, rue de Sèvres, 21, Paris. C.P. Rouen, 29 octobre
1853; Ligne du Havre, 30 octobre 1853; Paris, 30 octobre 1853.
Au dos de l'enveloppe, de la main de Louise Colet : « [?] je travaillerai et le cœur deviendra ce qu'il pourra — encore un an ! Je
le vois bien, tu feras toujours céder le sentiment à l'art et ce n'est
peut-être pas le moyen de mettre du sentiment dans l'art —
Delis[le] : de glace pour Chéron — Pas assez idiote pour croire que
B[abinet] et Vi[llemain] sont émus; éternelle question de chair
et non d'amour — Toujours toi dans tous ces arrangements qui [?]
que si [?] » Mlle Chéron était amoureuse de Leconte de Lisle
(voir p. 460).

Page *459.*

1. Les mots : « (époque où j'espère enfin avoir fini ma baisade) »
manquent dans l'édition Conard (t. III, p. 378). Il s'agit des amours
de Rodolphe Boulanger et d'Emma Bovary dans la forêt (*Madame
Bovary*, éd. Claudine Gothot-Mersch, p. 162-166).
2. *Novembre,* que Flaubert écrit de 1840 à 1842 (voir Jean
Bruneau, *Les Débuts littéraires de Gustave Flaubert,* p. 306-343).
Louise Colet connaissait *Novembre* (voir t. I, p. 410).

Page *460.*

a. *l'engage à aimer* <me paraît stupide>

1. *L'Éducation sentimentale,* dite *version de 1845,* a été écrite par
Flaubert de février 1843 au 7 janvier 1845. Flaubert l'avait fait lire
à Louise Colet (voir sa lettre du [16 janvier 1852], p. 29-30). Sur
ce premier grand roman de Flaubert, voir Jean Bruneau, *Les
Débuts littéraires de Gustave Flaubert,* p. 391-471.
2. *Victor Hugo.* Je n'ai pas retrouvé cette lettre, si elle a été
envoyée.
3. *Mrs. Farmer* servait de boîte aux lettres pour la correspondance
entre Victor Hugo, Flaubert et Louise Colet. Voir la lettre de Flaubert à Victor Hugo du 2 juin 1853, p. 342-343.
4. Voir t. I, p. 52 et n. 6 et *passim.*
5. Il s'agit de l'amour de Fanny Chéron pour Leconte de Lisle ;
elle écrit à Louise Colet le 3 septembre 1854, de Villenauxe : « Le
soir, seule dans ma chambre, j'oublie les ennuis de la province et
je songe à ma dernière journée passée à Paris ; je redis vos beaux
vers, applaudis de cœur à votre triomphe ; je lis le *Runoïa,* c'est
de la noble et saine poésie qui ranime et fortifie ; quand on n'a
pas le bonheur, on devrait au moins jouir un peu de celui qu'on
donne ; dites cela à M. de Lisle, chère Madame, consolez et soutenez
cette grande âme si affligée, votre amitié peut soulager de cruelles

douleurs. Après les tourments, votre bienveillant accueil m'a rendu le courage et m'a fait entrevoir des jours meilleurs, je m'en souviendrai toujours » (musée Calvet, 6404, f⁰ 1035 *ter* r⁰). Les Chéron tenaient une pension place Royale, à Paris, que fréquentait Henriette Colet. Villenauxe, la petite ville de l'Aube où se retireront les Roger des Genettes.

6. Voir la note bibliographique de cette lettre. Sur Jacques Babinet, voir p. 146 et n. 4.

7. La Guérin tenait une maison close rue des Moulins, à Paris (voir la lettre d'Alfred Le Poittevin à Flaubert du [26 novembre 1843], t. I, Appendice IV, p. 832).

Page 461.

a. ils [fuient] <évitent seulement>

1. Voir la note bibliographique de cette lettre.

2. Louis Bouilhet mourra avant d'avoir réalisé ce projet. L'éditeur Lemerre publiera en 1891 les *Œuvres* de Louis Bouilhet.

À LOUISE COLET

[3 novembre 1853]

Autographe J. Lambert; Conard, t. III, p. 381-383. De la main de Louise Colet : jeudi 3 novembre 1853.

3. S'agit-il de l'*Hymne des transportés* de Victor Hugo, qui se trouve à la collection Lovenjoul, B IV, f⁰ 51 (voir p. 277 et n. 1). Badinguet : Napoléon III.

4. Voir cette lettre dans Louis Bouilhet, *Lettres à Louise Colet,* éd. Marie-Claire Bancquart et un groupe d'étudiants, p. 160-161 (p. 162, lire 9 *novembre,* et non octobre).

5. La scène des comices de *Madame Bovary* (éd. Claudine Gothot-Mersch, p. 135-159).

Page 462.

1. *La Servante,* le second récit du *Poème de la femme* de Louise Colet, sera publié en 1854.

2. Leconte de Lisle.

Page 463.

À LOUISE COLET

[6 novembre 1853]

Autographe J. Lambert; Conard, t. III, p. 383-384. Enveloppe : Madame Colet, rue de Sèvres, 21, Paris. C.P. illisible. De la main de Louise Colet : 6 novembre 1853.

1. *Melaenis,* poème de Louis Bouilhet publié dans la *Revue de Paris* du 1ᵉʳ novembre 1851, p. 85-168.

2. Il semble que Louise Colet ait écrit ses *Mémoires* ; ils auraient fait partie du fonds Louise Colet que Marc Varenne, l'un des exécuteurs testamentaires de Paul Mariéton, avait emporté à Bruxelles (voir t. I, p. XVII-XVIII). Ils auraient été détruits dans l'incendie d'une villa aux environs de Paris, durant la dernière guerre. Ce n'est pas impossible.

3. Le jeudi 10 novembre, le jour même de l'arrivée à Paris de Flaubert et de Louis Bouilhet.

Page 464.

1. La scène des comices de *Madame Bovary* (éd. Claudine Gothot-Mersch, p. 135-159).

À LOUISE COLET

[22 novembre 1853]

Autographe docteur Jean, Rouen ; Conard, t. III, p. 385. Enveloppe : Madame Colet, rue de Sèvres, 21, Paris. C.P. Rouen, 23 novembre 1853. Sur le feuillet 4, de la main de Louise Colet : « Première lettre après son voyage séjour à Paris du 10 au 22. Tristes jours. Bouilhet à l'Opéra. Mes irritations, leurs causes, amertumes, dégoût de tout ! Ce n'est pas être aimée ! ! »

2. Victor Hugo.
3. Mme B[iard], et non « M. Bouilhet », comme l'imprime l'édition Conard (t. III, p. 385). Sur Mme Biard, née d'Aunet, voir p. 330 et n. 1.

Page 465.

À MAURICE SCHLÉSINGER

[24 novembre 1853]

Autographe non retrouvé ; Conard, t. III, p. 385-387. La lettre est passée en vente en juin 1937 ; le catalogue Pierre Bérès en reproduit quelques phrases dont l'une, au moins, ne se retrouve pas dans la lettre imprimée : Émile Hamard, le beau-frère de Flaubert, s'abîmait dans des « séances vignicoles » avec Gustave Planche et laissait « tout s'en aller non pas dans l'eau, mais dans l'alcool » (Auriant, *Gustave Flaubert, Lettres inédites à Maxime Du Camp...*, Sceaux, Palimugre, p. 76, n. 1).

1. Cette dernière entrevue a dû avoir lieu au cours de l'année 1852. Maxime Du Camp écrit à Flaubert le 16 avril [1852] : « Tu sais que Maurice et sa femme quittent la France et vont habiter Bade définitivement » (Appendice I, p. 868).

2. Éditeur de musique, rue de Richelieu, 103, successeur de Maurice Schlésinger (R. Descharmes, éd. du Centenaire, t. II, p 148 et n. 2).

3. Flaubert avait séjourné à Trouville du 8 août au 2 septembre 1853 (voir p. 388 et 422).

4. Flaubert avait fait la connaissance de la famille Schlésinger à Trouville, durant l'été 1836. Voir les *Mémoires d'un fou* (1838) et Jean Bruneau, *Les Débuts littéraires de Gustave Flaubert*, p. 222, n. 3, et p. 239-259. Sur les rapports de Flaubert et des Schlésinger, voir t. I, p. 101 et n. 3, et sur Panofka, p. 102 et n. 6.

5. Maria Schlésinger se mariera en octobre 1856. Voir la lettre de Flaubert à Louis Bouilhet du [8 septembre 1856], p. 630, et les lettres suivantes aux époux Schlésinger, p. 636-638 et 642-643.

6. Caroline Hamard. C'est ici sans doute que se situe le passage omis dans l'édition Conard (t. III, p. 387), et cité dans la note bibliographique de cette lettre. Sur Émile Hamard, voir t. I, p. 259 et n. 1.

7. Je ne sais qui enseignait l'allemand à la nièce de Flaubert. Elle saura très bien cette langue, puisqu'elle traduira elle-même une partie de l'ouvrage de E. W. Fischer, *Études sur Flaubert inédit*, Leipzig, Julius Zeitler, 1908, p. 21-118.

Page 466.

1. Maurice Schlésinger était l'éditeur de *La Gazette musicale,* avant son départ pour Baden-Baden. Voir t. I, p. 199 et n. 6.

2. Mme Élisa Schlésinger était originaire de Vernon (voir t. I, p. 101 et n. 3).

À LOUISE COLET
[25 novembre 1853]

Autographe R. Descharmes, B.N., N.A.F. 23825, ff^os 37-38; lettre publiée dans les *Œuvres complètes illustrées de Gustave Flaubert* (éd. du Club de l'Honnête Homme), *Correspondance,* t. II, p. 431-432. De la main de Louise Colet : 25 novembre 1853.

3. Voir la lettre de Flaubert à Louise Colet du [6 novembre 1853], p. 463.

Page 467.

1. Le second récit du *Poème de la femme* de Louise Colet ; elle y faisait le portrait d'Alfred de Musset. Voir p. 480, n. 5.

2. *Les Lettres d'amour,* comédie de Louise Colet qui mettait en scène Victor Cousin et Gustave Flaubert (voir surtout la lettre de Flaubert à Louise Colet du [8 mai 1852], p. 84 et n. 4). Alphonse Royer venait de refuser cette pièce dans une lettre à Louise Colet du 8 novembre 1853 : « J'ai lu votre ouvrage intitulé *Lettres d'amour.* C'est un charmant proverbe, élégamment versifié, mais ce n'est pas une pièce de théâtre » (Avignon, musée Calvet, 6412, f° 5549 r°).

3. *D'Herbin* semble bien désigner Victor Cousin dans *Les Lettres*

d'amour de Louise Colet (voir p. 84). *Nolin* serait Villemain. La pièce de Louise Colet est perdue. Aurait-elle écrit *deux* comédies à clef, ou Flaubert se trompe-t-il ?

4. Ce drame politique de Louise Colet ne semble pas avoir été jamais joué (voir p. 84, n. 2 et *passim*).

5. Voir le memento de Louise Colet du 1er juillet 1853 : « En étant arrivée au portrait de Lionel dans le récit de *La Servante*, portrait qui rappellera M[usset] [...] » (Appendice II, p. 901).

6. *Ce qui est dans le cœur des femmes, poésies nouvelles*, Paris, Librairie nouvelle, 1852. Le titre du poème est *Deuil*, non *Le Deuil*.

Page 468.

a. la tristesse <criée>

b. Les douceurs que [j'eusse] <j'aurais> pu te dire [auraient] <eussent> contenu

1. Poème de Louise Colet (Appendice II, p. 945-963).

Page 469.

À LOUISE COLET
[29 novembre 1853]

Autographe J. Lambert ; Conard, t. III, p. 387-392. Enveloppe : Madame Colet, rue de Sèvres, 21, Paris. C.P. Rouen, 30 novembre ? ; Ligne du Havre, 1er décembre 1853 ; Paris, 1er décembre 1853. De la main de Louise Colet : 29 novembre 1853. Au dos de l'enveloppe, de la main de Louise Colet : « La Rounat et non [?] — la Sylphide — Villemain — les tragiques — Musset — Gleyre — le phi[losophe] [Victor Cousin] — Bonsoir d[?] — et Béranger — Texier et Du Camp pour *Melaenis* — Ce soir Blanchecotte. »

a. tâche surtout [d'affermir] <d'améliorer> non par [des traits de plume] <des coupures>

1. Pour le recueil *Enfances célèbres*, qui paraîtra chez Hachette en 1854, voir la lettre de Flaubert à Louise Colet du [17 août 1853], p. 398 et n. 6.

2. Aucune allusion à cet incident dans les *Notes de voyage* ou la correspondance de Flaubert.

3. Louis Bouilhet résidait à Paris depuis le 11 novembre 1853.

Page 470.

a. dans les conditions ordinaires <.> [de la Vie]. Mais c'est là le mal, de vouloir s'étendre sur la Vie

1. *II Rois*, IV, 33-37.

2. La scène des comices de *Madame Bovary* (éd. Claudine Gothot-Mersch, p. 135-159).

Page 471.

1. Edma Roger des Genettes deviendra la maîtresse de Louis Bouilhet le 3 décembre 1853 (voir le memento de Louise Colet du

4 décembre 1853, Appendice II, p. 902-903). Le mot « *embrochée* » manque dans l'édition Conard (t. III, p. 390).

2. Malvina Blanchecotte, née Augustine Souville, en 1830, publiera en 1855 chez Ledoyen un recueil de vers intitulé *Rêves et réalités,* par Mme B., ouvrière et poète. Sur Malvina Blanchecotte, voir l'article de Sainte-Beuve dans *L'Athenaeum* du 22 décembre 1855, p. 1102-1103 ; et Charles Coligny, « Les Muses parisiennes », *Revue fantaisiste,* 1er mars 1861, p. 112-113.

3. Le mot « Vi » est omis dans l'édition Conard (t. III, p. 390).

4. Le mot « Phallus » manque dans l'édition Conard (t. III, p. 390).

5. Edma Roger des Genettes (voir n. 1 ci-dessus).

6. Léonie Leparfait, la compagne de Louis Bouilhet depuis 1851.

7. Armand Allais.

Page 472.

1. Le célèbre libertin Jacques Vallée Des Barreaux (1599-1673) ? un surnom du *Garçon ?*

À LOUIS BOUILHET

[8 décembre 1853]

Autographe Lovenjoul, A V, ffos 83-84 ; incomplète dans Conard, t. III, p. 393-395 (mal datée du 10 décembre [?] 1853). Mme Flaubert et Caroline quittent Rouen pour Paris « sept jours » avant la lettre de Flaubert à Louise Colet du mercredi [14 décembre 1853], p. 477 (C.P. 15 décembre). La lettre est donc du jeudi 8 décembre 1853.

a. Moi, [je suis] <me voilà donc>

b. que les [développements] <préparatifs> psychologiques [...] *exigent* [donc] <je crois> un développement

2. Caroline Hamard, la nièce de Flaubert, était sans doute dans l'obligation légale de voir son père Émile Hamard qui habitait alors Paris.

3. *Roquentin :* nom donné à de vieux militaires en retraite qui jouissaient d'une demi-paie dans les châteaux, les citadelles, les lieux forts. Les roquentins furent installés par François Ier. Terme familier : vieillard ridicule et qui veut faire le jeune homme (Littré).

4. Flaubert songe-t-il à cette phrase de Constance à Dorval dans *Le Fils naturel* de Diderot (acte IV, sc. III) : « J'en appelle à votre cœur, interrogez-le ; et il vous dira que l'homme de bien est dans la société, et qu'il n'y a que le méchant qui soit seul » ? On sait que Jean-Jacques Rousseau s'est senti visé par cette phrase.

5. La scène d'amour dans la forêt entre Emma Bovary et Rodolphe Boulanger (*Madame Bovary,* éd. Claudine Gothot-Mersch, p. 163-166).

6. La scène des comices (*Madame Bovary,* éd. Claudine Gothot-Mersch, p. 135-159) fait vingt-quatre pages imprimées.

7. La seconde partie de *Madame Bovary*.

Page 473.

a. une sottise [je crois]. Car tout <homme> médiocre
b. il s'ensuit [qu'] <que l'> on doit
c. Quand on [sort] <descend> dans la rue

1. L'article du pharmacien Homais dans *Le Fanal de Rouen*
(*Madame Bovary*, éd. Claudine Gothot-Mersch, p. 157-159).

2. Il s'agit des cinquième et sixième parties des *Fossiles* de Louis
Bouilhet, qui racontent l'aventure de l'humanité.

3. Théophile Gautier.

4. Edmond Texier (1816-1887) tenait la « Chronique du monde »
dans la *Revue de Paris*.

5. Cette phrase a pu figurer dans les lettres de Maxime Du Camp
auxquelles Flaubert répond les [26 juin] et [début juillet 1852],
p. 113-115 et 120-122. Elles n'ont pas été retrouvées.

6. Louise Colet.

Page 474.

a. mes *roupettes* [sur] <contre> *ses tétons*
b. et la crête [rouge] des serpents

1. « leur » : les directeurs de la *Revue de Paris*. Louis Bouilhet
cherchait à placer *Les Fossiles* au meilleur prix. Ils paraîtront dans
la *Revue de Paris* (numéro du 15 avril 1854, p. 229-247), faute de
mieux ?

2. Jacques Babinet (voir p. 146, n. 4) tenait la rubrique scientifique de la *Revue des Deux Mondes*. Il venait de publier « Les
comètes du XIXe siècle » dans le numéro du 1er novembre 1853
(p. 827-833).

3. Pierre, dit Pétrus Borel, le Lycanthrope, auteur des *Rhapso-
dies* (1832), de *Champavert, contes immoraux* (1833) et de *Madame
Putiphar* (1839), était alors inspecteur de la colonisation en Algérie.
Il sera licencié en 1855 et mourra en 1859. Je ne connais aucune
réédition de son œuvre en 1853. Faut-il admettre qu'il était alors
à Paris pour se défendre auprès de l'administration coloniale ?
Aucune trace de ce voyage dans les ouvrages d'Aristide Marie
(*Pétrus Borel...*, Paris, La Force française, 1922, 208 p.) et d'Enid
Starkie (*Petrus Borel the Lycanthrope...*, Londres, New Directions,
1954, 220 p.). Flaubert mentionne Pétrus Borel dans sa lettre à
Léon Hennique du [2-3 février 1880] (Conard, t. VIII, p. 369).

4. Le docteur Achille Flaubert.

5. Léonie Leparfait, la compagne de Louis Bouilhet.

6. Edma Roger des Genettes deviendra la maîtresse de Louis
Bouilhet le 3 décembre 1853 (voir le memento de Louise Colet
du 4 décembre 1853, Appendice II, p. 902-903). Sur Malvina
Blanchecotte, voir p. 471 et n. 2.

7. Jules Janin (1804-1874), le critique dramatique du *Journal des débats* depuis 1829, célèbre surtout pour son roman *L'Âne mort et la Femme guillotinée* (1829).

8. Le marquis de Sade, grande admiration de Flaubert (voir t. I, p. 47 et n. 7).

9. « La mère Lormier » est la belle-mère du docteur Achille Flaubert (voir t. I, p. 43 et n. 1).

10. *Marmotte :* coiffure de femme qui consiste dans un morceau d'étoffe placé sur la tête, la pointe en arrière et les bouts noués sous le menton ; dénomination qui vient de ce que les petites Savoyardes, montreuses de marmottes au siècle dernier, étaient ainsi coiffées (Littré).

Page 475.

a. son avant-dernière <lettre> *elle m'insinuait* <et même me disait>

1. Sur Jules Duplan, voir la note bibliographique de la lettre de Flaubert à lui adressée du [31 décembre 1851 ?], p. 25. Sur Adolphe Chéruel, voir t. I, p. 29 et n. 6. Ulric Guttinguer, né à Rouen (1785-1866), auteur de poèmes (*Elégies,* 1829) et d'un roman, *Arthur* (1836), avait écrit un article élogieux sur *Melaenis* dans *Le Corsaire du* 7 septembre 1852. Ludovica : Louise Pradier (voir t. I, p. 101, n. 6 et *passim*).

2. « La Muse » : Louise Colet.

3. Alfred Guérard, financier, ami intime de Louis Bouilhet, qui lui a dédié *Les Rois du monde* et *Madame de Montarcy.* Guérard habitait Neuilly, mais était originaire des environs de Cany, le village natal de Bouilhet.

4. Je n'ai trouvé ce mot dans aucun dictionnaire. Serait-ce une création de Flaubert ?

Page 476.

1. Mme Flaubert était allée rendre visite à ses cousins de Nogent-sur-Seine (voir t. I, p. 3, n. 1 et *passim*).

À LOUISE COLET
[9 décembre 1853]

Autographe J. Lambert ; Conard, t. III, p. 392-393. Enveloppe : Madame Colet, rue de Sèvres, 21, Paris. C.P. Rouen, 10 décembre 1853. De la main de Louise Colet : 9 décembre 1853.

2. Contrairement aux grands médecins que Flaubert recommandait à Louise Colet (voir sa lettre du [3 janvier 1853], p. 230), « les sieurs Vallerand et Appert » ne figurent pas dans les *Dictionnaires des contemporains.* Flaubert ne s'est jamais vraiment rendu compte, semble-t-il, de la pauvreté de Louise Colet.

3. La scène des comices de *Madame Bovary* (éd. Claudine Gothot-Mersch, p. 135-159).

4. Les contes de Louise Colet destinés à *Enfances célèbres*. Voir la lettre de Flaubert à Louise Colet du [17 août 1853], p. 398 et n. 6.

5. Agrippa d'Aubigné, *Les Aventures du baron de Fœnefte* (1617) ; l'un des contes de Louise Colet avait pour sujet l'enfance de d'Aubigné (*Enfances célèbres*, éd. citée, p. 93-110). Les notes de Flaubert sur les œuvres d'Agrippa d'Aubigné sont passées en vente en 1931 (catalogue de la vente Franklin-Grout, Antibes, 28 avril 1931, nᵒ 31).

6. Les *Mémoires* d'Agrippa d'Aubigné avaient été publiés pour la première fois en 1731. Ils seront réédités en 1854 par Ludovic Lalanne.

Page 477.

À LOUISE COLET
[14 décembre 1853]

Autographe J. Lambert ; Conard, t. III, p. 396-399. Enveloppe : Madame Colet, rue de Sèvres, 21, Paris. C.P. Rouen, 15 décembre 1853. La lettre est paraphée.

1. Mme Flaubert et sa petite-fille Caroline étaient parties pour Nogent-sur-Seine et Paris.

2. Flaubert adorait le désert : « Une caravane nous croise [...]. Je sens quelque chose comme un sentiment de terreur et d'admiration furieux me couler le long des vertèbres, je ricane nerveusement, je devais être très pâle et je jouissais d'une façon inouïe » (*Voyages*, éd. R. Dumesnil, t. II, p. 156-157). Sur Flaubert et le désert, voir Jean Bruneau, *Le Conte oriental de Flaubert*, Paris, Denoël, 1973, p. 45-49 et 122-126.

Page 478.

1. *La Servante* : le second récit du *Poème de la femme* de Louise Colet, qui paraîtra en 1854.

Page 479.

1. Flaubert cite une expression de la lettre de Louise Colet qu'il vient de recevoir. Voir aussi plus bas : « de tes derniers beaux jours ».

2. Flaubert et Louise Colet s'étaient rencontrés dans l'atelier du sculpteur James Pradier à la fin de juillet 1846 (voir t. I, p. 272 et suiv.).

3. Pour une discussion sur l'âge de la crise, « dix-huit ans », voir Jean Bruneau, *Les Débuts littéraires de Guftave Flaubert*, p. 359-383, et plus particulièrement p. 381, n. 96.

4. Flaubert fait erreur ; cette anecdote ne concerne pas Héraclite, mais Démocrite (460?-360? avant J.-C.) ; disciple de Leucippe, le fondateur de l'atomisme, il fut le maître d'Épicure.

Page 480.

À LOUISE COLET
[18 décembre 1853]

Autographe J. Lambert; Conard, t. III, p. 400-403. Enveloppe : Madame Colet, rue de Sèvres, 21, Paris. C.P. Rouen, 19 décembre 1853. De la main de Louise Colet : 18 décembre 1853.

a. nous embrasser) [et je m'en vais te les faire]. Quand je dis
b. un fait *vrai*, [ce n'est que ce fait] il ne sort

1. Le second récit du *Poème de la femme* de Louise Colet ; voir des extraits n. 5 ci-dessous.

2. *La Princesse* devait être l'un des récits du *Poème de la femme ;* il ne sera jamais écrit. Sur *Le Poème de la femme,* voir la lettre de Flaubert à Louise Colet du [13 septembre 1852], p. 157 et n. 1. Quant à *L'Institutrice,* comédie de Louise Colet, voir sa lettre du [20 mars 1852], p. 59 et n. 4.

3. Sur cette image, voir la lettre de Flaubert à Louise Colet du [16 janvier 1852], p. 31, n. 1.

4. *La Paysanne,* poème de Louise Colet ; voir l'Appendice V, p. 945-963.

5. Alfred de Musset. Voici quelques passages de *La Servante* concernant Musset :

> *Dieu créa, dans un jour de prodigalité,*
> *Lionel de Vernon, frère de la Marquise.*
> [...]
> *Il était né sanguin, positif, sensuel.*
> *Il chanta la candeur, et les amours du ciel*
> *Et déroba pour tous les nocturnes orgies*
> *Sous l'éclat vaporeux des chastes élégies.*
> *Était-ce hypocrisie ou calcul ? Je ne sais.*
> [...]
> *Lionel s'en tirait en acrobate habile :*
> *Don Juan par ses mœurs, apôtre par son style.*
> [...]
> *De son abjection quand il se rendait compte*
> *Il accusait le sort par quelque mot amer.*
> *Puis courait dans le vin ensevelir sa honte*
> *Comme on jette la nuit un cadavre à la mer.*
> [...]
> *Sa gloire sonnait creux et ne le servait guère.*
> *De ses jours de splendeur rêvant l'éternité*
> *Il avait lestement mangé son patrimoine,*
> *Épuisé son crédit, ruiné sa santé ;*
> *Ce n'était plus le siècle où l'on se faisait moine.*
> *Il resta dans le monde en son délabrement*
> *Poursuivant ses amours pour narguer ses tristesses,*
> *Courant aux frétillons quand manquaient les duchesses,*

> *Et dans l'égout charnel plongeait éperdument,*
> *Tel on voit d'un beau lac quand l'eau vive est tarie*
> *Sur la vase monter les vapeurs des bas-fonds,*
> *Et sa rive autrefois verdoyante et fleurie*
> *Étale l'herbe sèche aux squelettes des joncs.*

> *Poème de la femme : La Servante*, Paris,
> Perrotin, 1854, p. 48-52.

Page 481.

a. je n'ai point [fait] <commis> une grande sottise

1. Mme Biard (Léonie d'Aunet), l'amie de Victor Hugo (voir p. 330 et n. 1). Le « Crocodile » est Victor Hugo lui-même.
2. J. Cohen, rédacteur en chef du *Pays* : s'agit-il de *L'Institutrice ?* Cette comédie de Louise Colet paraîtra dans *Les Modes parisiennes* en 1854.
3. Louise Colet avait envoyé *La Paysanne* à Sainte-Beuve en lui demandant un article. Il refuse dans une lettre du 4 juin 1853 (*Correspondance générale...*, éd. Jean Bonnerot, t. IX, p. 294-295). Elle revient à la charge et s'attire une réponse très désagréable (lettre du 7 juin 1853, *ibid.*, p. 296). Sainte-Beuve n'a écrit qu'un seul article, d'ailleurs non signé, sur une œuvre de Louise Colet, *Les Fleurs du Midi*, dans la *Revue des Deux Mondes* du 1er mai 1836, p. 383-384 (*ibid.*, p. 297 et n. 2).

Page 482.

a. les peuples [qui croient au] [<croyant à>] <persuadés d'un> Paradis

1. *La Religieuse,* le troisième récit du *Poème de la femme* de Louise Colet, paraîtra en 1856 (Paris, Perrotin, in-8°, paginé 101-135).
2. L'héroïne de *La Servante,* le second récit du *Poème de la femme.*

Page 483.

À LOUISE COLET
[23 décembre 1853]

Autographe J. Lambert; Conard, t. III, p. 404-408. Enveloppe : Madame Colet, rue de Sèvres, 21, Paris. C.P. Rouen, 24 (?) décembre 1853; Paris, 25 (?) décembre 1853. De la main de Louise Colet : 23 1853 *[sic].* Au dos de l'enveloppe, de la main de Louise Colet, ces deux vers :

> *Dans les acacias la fauvette chantait*
> *Et toujours leur parfum comme un encens montait.*

1. Les amours d'Emma et de Rodolphe (*Madame Bovary*, éd. Claudine Gothot-Mersch, p. 162-166). Les mots « à leur Baisade » sont omis dans l'édition Conard (t. III, p. 404).

2. « Ce n'était pas la marche, ou le poids de son vêtement qui la faisait haleter, mais une étrange inquiétude, une angoisse de tout son être, comme si une attaque de nerfs allait lui venir » (Gabrielle Leleu, *Madame Bovary, Ébauches et fragments inédits...,* t. II, p. 14).

3. Le mot « foutu » manque dans l'édition Conard (t. III, p. 404).

Page 484.

1. Voir *Madame Bovary,* éd. Claudine Gothot-Mersch, p. 162-166.

2. Je n'ai pu identifier ce vers.

3. Le second récit du *Poème de la femme* de Louise Colet.

4. Flaubert cite un passage de la lettre de Louise Colet qu'il vient de recevoir.

5. Mme Biard (Léonie d'Aunet), l'amie de Victor Hugo, cherchait à placer sa copie dans la *Revue de Paris.* Sur ses rapports avec Louise Colet, voir la lettre de Flaubert à Louise Colet du [21 mai 1853], p. 330 et n. 1.

6. « leur » : les directeurs de la *Revue de Paris :* Théophile Gautier, Léon Laurent-Pichat, Maxime Du Camp, Louis de Cormenin et, depuis le 1er octobre 1853, Louis Ulbach.

Page 485.

a. Nous [distillons dans] faisons pousser

1. Don Alphonse à Doña Lucrezia : « Si vous pouviez lire la ferme résolution qui est dans mon âme, vous n'en parleriez pas plus que s'il était déjà mort » (Victor Hugo, *Lucrèce Borgia,* acte II, sc. IV ; *Théâtre complet,* Bibl. de la Pléiade, t. II, p. 356). Il s'agit de Gennaro, que le duc croit l'amant de Lucrèce, et qui est en réalité son fils.

2. Edma Roger des Genettes était la maîtresse de Bouilhet depuis le 3 décembre, mais, écrit Louise Colet, « Il m'a fait promettre de ne rien dire à Gustave. Cela me gêne un peu, mais je tiendrai parole » (memento du 4 décembre 1853, Appendice II, p. 903).

3. Bannette : petite banne, corbeille en osier (Littré).

4. Le mari d'Edma Roger des Genettes.

Page 486.

À LOUIS BOUILHET

[25 décembre 1853]

Autographe Lovenjoul, A V, ffos 86-87 ; incomplète dans Conard, t. III, p. 71-72 (mal datée du 25 décembre 1852). Enveloppe : Monsieur Louis Bouilhet, rue de Grenelle-Saint-Germain, 71, Paris. C.P. Rouen, 25 décembre 1853.

a. je cherche le [commencement] <mouvement>

1.   *Qu'importe ton sein maigre, ô mon objet aimé !*
       On est plus près du cœur quand la poitrine est plate,

> *Et je vois, comme un merle en sa cage enfermé,*
> *L'Amour entre tes os rêvant sur une patte !*

Les collaborateurs pourraient être Louise Colet et Leconte de Lisle (voir la lettre de Flaubert à Louise Colet du [28 octobre 1853], p. 460-461).

2. L'Épiornis ou Æpiornis, sorte d'autruche dont les ossements et les œufs — six fois grands comme des œufs d'autruche — avaient été découverts à Madagascar. Flaubert pense sans doute aux « oiseaux d'écarlate » des *Fossiles* (Louis Bouilhet, *Œuvres,* Paris, Lemerre, 1891, p. 125).

3. Julie-Anathalie Lormier était née le 25 décembre 1818.

4. Le « coït » d'Emma Bovary et de Rodolphe Boulanger (*Madame Bovary,* éd. Claudine Gothot-Mersch, p. 165).

Page 487.

À LOUIS BOUILHET
[26 décembre 1853]

Autographe non retrouvé ; Conard, t. III, p. 408-412. La lettre est datée par le dîner d'anniversaire de Mme Achille Flaubert ; la lettre précédente ayant été écrite le soir même du 25 décembre, celle-ci ne peut-être que du lendemain. Elle est certainement incomplète.

1. Léonie Leparfait, la compagne de Louis Bouilhet.

2. Exhibition africaine : troupe de sauvages Bosjemans, venue du Havre, d'abord installée salle Commin, boulevard Beauvoisine (5 novembre 1853), puis, à partir du 24 novembre, Grande-Rue, n° 11, où ils restèrent jusqu'au 27 décembre. À cette date, les pauvres nègres, abandonnés par leur manager, M. Allen, dans un petit hôtel de la rue de la Vicomté, n'eurent d'autre ressource que de porter plainte au consul d'Angleterre, qui paya leurs dettes, 400 francs, à l'hôtelier, et les fit envoyer à Paris où ils débutèrent le 3 janvier 1854 (R. Descharmes, éd. du Centenaire, t. II, p. 162 et n. 3).

3. Dubuget, coiffeur et parfumeur, habitait 4, rue aux Ours (R. Descharmes, éd. du Centenaire, t. II, p. 162 et n. 1).

4. Sur le docteur Védie, voir t. I, p. 144 et n. 2.

Page 488.

1. « Je parlay à l'un d'eulx fort long temps ; mais j'avois un truchement qui me suyvoit si mal, et qui estoit si empesché à recevoir mes imaginations par sa bestise, que je n'en peus tirer guiere de plaisir » (Montaigne, *Essais,* livre I, chap. XXXI, « Des cannibales » ; *Œuvres complètes,* Bibl. de la Pléiade, p. 213).

Page 489.

1. Je n'ai trouvé ce mot dans aucun dictionnaire ; café, en arabe : *cahwa* (Littré).

2. Le docteur Achille Flaubert. Voir la lettre précédente, p. 486.

3. Jean Verdun, « Revue littéraire », *Revue de Paris,* 15 décembre 1853, p. 996-1014. L'article commence par ces mots : « Le temps de l'Art pour l'Art est à jamais disparu. »

4. Hippolyte Castille, « Aspiration au pouvoir » (*Revue de Paris* des 1er et 15 décembre 1853, p. 673-708 et 862-896). La nouvelle a pour sous-titre, à la Balzac : « Scènes de la vie publique » ; ces scènes sont situées en 1830.

5. Louise Colet.

Page 490.

À LOUISE COLET

[28 décembre 1853]

Autographe J. Lambert; Conard, t. III, p. 412-419. De la main de Louise Colet : 28 décembre 1853.

1. Pour Mme Didier, voir p. 147, n. 4 et *passim.* « La Sylphide » — terme emprunté aux *Mémoires d'outre-tombe* de Chateaubriand — est Edma Roger des Genettes. Le fonds Colet du musée Calvet d'Avignon possède quarante-six lettres d'Edma Roger à Louise Colet (6412, ffos 5436-5529.) Douze lettres de Louise Colet à Edma Roger sont conservées au musée Paul-Arbaud à Aix-en-Provence. En outre, la *Gazette anecdotique* du 15 mai 1881 publie quinze lettres de Louise Colet à une amie non identifiée, mais qui ne peut-être qu'Edma Roger (p. 264-285). Voir p. 57, n. 3.

2. Sur Paulin Gagne, voir la lettre de Flaubert à Louise Colet du [25 septembre 1852], p. 163 et n. 1.

3. Voir la lettre de Flaubert à Louise Colet du [4-5 août 1846], t. I, p. 273. Les mots « plein de ton sang » sont omis dans l'édition Conard (t. III, p. 413).

4. Flaubert n'ira à Paris que le 7 février 1854 (voir p. 521).

5. Les amours d'Emma Bovary et de Rodolphe Boulanger (*Madame Bovary,* éd. Claudine Gothot-Mersch, p. 162-166). Le mot « baisade » manque dans l'édition Conard (t. III, p. 413).

6. M. Homais, le pharmacien de *Madame Bovary.*

7. Le mot « coït » est omis dans l'édition Conard (t. III, p. 413).

Page 491.

a. une fonction presque [animale] <physique>
b. Ah ! [imbécilles] <gens d'esprit>

1. Émile Augier et Jules Sandeau, *La Pierre de touche,* Théâtre-Français, 23 décembre 1853.

Page 492.

a. la [faire] <leur fournir>
b. Pour [l'existence] <la réalisation> de la première

1. Napoléon III.
2. Leconte de Lisle.

Page 493.

1. *Melaenis*, qui paraîtra en 1857, chez Michel Lévy.

2. *Le Tigre*, qui paraîtra dans la *Revue des Deux Mondes* du
15 février 1855 sous le titre *La Jungle*, et dans *Poèmes et poésies*
avec le titre définitif de *Les Jungles*. Voici ce poème, dédicacé à
Louis Ménard :

> *Sous l'herbe haute et sèche où le naja vermeil*
> *Dans sa spirale d'or se déroule au soleil,*
> *La bête formidable, habitante des jungles,*
> *S'endort, le ventre en l'air, et dilate ses ongles.*
> *De son mufle marbré qui s'ouvre, un souffle ardent*
> *Fume ; la langue rude et rose va pendant ;*
> *Et sur l'épais poitrail chaud comme une fournaise,*
> *Passe par intervalle un frémissement d'aise.*
> *Toute rumeur s'éteint autour de son repos.*
> *La panthère aux aguets rampe en arquant le dos ;*
> *Le python musculeux aux écailles d'agate*
> *Sous les nopals aigus glisse sa tête plate,*
> *Et dans l'air où son vol en cercle a flamboyé,*
> *La cantharide vibre autour du roi rayé.*
> *Lui, baigné par la flamme et remuant la queue,*
> *Il dort tout un soleil sous l'immensité bleue.*
>
> *Mais l'ombre en nappe noire à l'horizon descend ;*
> *La fraîcheur de la nuit a refroidi son sang ;*
> *Le vent passe au sommet des herbes ; il s'éveille,*
> *Jette un morne regard au loin, et tend l'oreille.*
> *Le désert est muet. Vers le cours d'eau cachés,*
> *Où fleurit le lotus sous les bambous penchés,*
> *Il n'entend point bondir les daims aux jambes grêles,*
> *Ni le troupeau léger des nocturnes gazelles.*
> *Le frisson de la faim creuse son maigre flanc :*
> *Hérissé, sur soi-même il tourne en grommelant ;*
> *Contre le sol rugueux il s'étire et se traîne,*
> *Flaire l'étroit sentier qui conduit à la plaine,*
> *Et se levant dans l'herbe avec un bâillement,*
> *Au travers de la nuit miaule tristement.*
>
> > Leconte de Lisle, *Poésies com-
> > plètes,* Paris, Poulet-Malassis,
> > 1858, p. 247-248.

3. *Le Bœuf*, premier titre de *Fultus Hyacinto*. Voir la lettre de
Flaubert à Louise Colet du [26 août 1853], p. 417 et n. 4.

Page 494.

1. *La Servante*, le second récit du *Poème de la femme* de Louise
Colet, paraîtra en 1854.

2. Flaubert arrivera à Paris le 7 février 1854 (voir p. 521).

3. Louis Énault, l'amant d'Edma Roger des Genettes, a en effet publié son *Voyage en Orient*. Voir la lettre de Flaubert à Louise Colet du [6 juin 1853], p. 348 et n. 2.

Page 495.

À ERNEST CHEVALIER

[1853]

Autographe Lovenjoul, A V, ff^os 271-272; Conard, t. III, p. 419-420. Sur l'autographe, de la main d'Ernest Chevalier : 1853. Ernest Chevalier avait été nommé substitut à Grenoble le 26 octobre 1849. Il sera muté à Lyon le 24 août 1854. Cette lettre ne peut être datée avec plus de précision.

1. Mme Leclerc-Thoüin, belle-mère d'Ernest Chevalier (voir t. I, p. 719 et n. 1).

Page 496.

À LOUISE COLET

[2 janvier 1854]

Autographe J. Lambert; Conard, t. IV, p. 1-5 (datée de janvier 1854). La lettre est bien datée par Gérard-Gailly du [2 janvier 1854] (*Bulletin du bibliophile*, art. cit., p. 326). Voir la lettre de Louis Bouilhet à Louise Colet du samedi [31 décembre 1853], publiée par Marie-Claire Bancquart et un groupe d'étudiants, *Lettres de Louis Bouilhet à Louise Colet...*, p. 163-164. Bouilhet est arrivé à Croisset le vendredi 30 décembre.

1. Victor Hugo. Voir la lettre de Hugo à Flaubert datée du 24 décembre 1853 (lettre de Flaubert à Louise Colet du [24 mars 1853], p. 277 et n. 1).
2. Le second récit du *Poème de la femme* de Louise Colet.
3. Ce poème de Louis Bouilhet sera publié dans la *Revue de Paris* du 15 avril 1854, p. 229-247.
4. Les amours d'Emma Bovary et de Rodolphe Boulanger (*Madame Bovary*, éd. Claudine Gothot-Mersch, p. 162-166).
5. Allusion à la conversation qui précède la promenade des deux amants ? Flaubert a renoncé à cette phrase de Rodolphe : « Allons ! quand vous voudrez, dit Rodolphe » (Gabrielle Leleu, *Madame Bovary, Ébauches et fragments inédits...*, t. II, p. 9).

Page 497.

1. Il s'agit du poème intitulé *Le Manteau impérial* (*Les Châtiments,* éd. Paul Berret, Paris, Hachette, 1932, p. 379-381).

2.   *Va ! sur ta pourpre il faut qu'on mette,*
       Non les abeilles de l'Hymette,
       Mais les mouches de Montfaucon.

Victor Hugo remplacera le dernier vers par celui-ci :

> *Mais l'essaim noir de Montfaucon.*
>
> *Les Châtiments,* éd. cit., p. 381.

3. Comme *Le Manteau impérial, L'Expiation* se trouve au livre V des *Châtiments*. Ce poème ne comporte pas de sous-titres : pour la retraite de Russie, voir l'édition Paul Berret, p. 443-448 ; pour Waterloo, p. 449-453 ; et pour Sainte-Hélène, p. 453-457.

4. *Le Feu du ciel* est le premier poème des *Orientales* (éd. E. Barineau, Paris, Didier, 1952, t. I, p. 25-45).

5. Voir la lettre de Flaubert à Louis Bouilhet du [8 décembre 1853], p. 474 et n. 3.

6. Ecbatane était la capitale de l'Empire médique. Voir la description d'Hérodote (I, 98).

Page 498.

a. *l'accompagnement* de la vie. [mais l'art] L'art <en> est *le chant*

1. Bony, assassin de M. et Mme Moreau, condamné à mort le 21 novembre 1853, fut exécuté à Provins le 22 décembre.

2.
> *Mieulx est de ris que de larmes escrire*
> *Pource que rire est le propre de l'homme.*
>
> Rabelais, *Gargantua,* « Aux lecteurs »,
> éd. Marty-Laveaux, Paris, Lemerre, 1868, t. I, p. 2.

3. La Sylphide : Edma Roger des Genettes ; les mots : « Ils s'accouplent avec véhémence » manquent dans l'édition Conard (t. IV, p. 5). Voir le memento de Louise Colet du 4 décembre 1853, Appendice II, p. 902-903.

Page 499.

À LOUISE COLET
[4 janvier 1854]

Autographe J. Lambert ; Conard, t. III, p. 420-421 (datée de janvier 1854, mal placée avant la lettre précédente). La lettre est bien datée du [4 janvier 1854] par Joseph F. Jackson, *Louise Colet et ses amis littéraires,* p. 210.

1. Louis Bouilhet venait de recevoir une lettre de Louise Colet, où elle se plaignait du mutisme de Flaubert ; il lui répond le mercredi [4 janvier 1854] : « Chère sœur, je viens d'ouvrir votre lettre, et je n'y comprends rien. Vous me faites des reproches amers, que je ne croyais pas mériter. Je ne devais vous écrire que dans le cas spécial où j'aurais eu quelque chose d'intéressant à vous dire, touchant Gustave. Or, je l'ai trouvé plongé dans les phrases de son roman, et ce mutisme dont vous parlez, me semble, à moi, plein

d'éloquence » (Marie-Claire Bancquart et un groupe d'étudiants, *Lettres de Louis Bouilhet à Louise Colet...*, p. 167).

2. La lettre du [28 décembre 1853], p. 490-495, et celle du [2 janvier 1854], p. 496-499.

3. Victor Hugo. Voir p. 277 et n. 1, et p. 356 et n. 2.

4. « On vient de condamner à trois ans de prison, à Saint-Malo, un pauvre homme appelé Aubin pris avec un exemplaire du livre *[Les Châtiments]* caché dans la doublure de sa veste » (lettre de Victor Hugo à Flaubert du 24 décembre [1853], p. 277 et n. 1).

Page 500.

1. Le deuxième récit du *Poème de la femme* de Louise Colet, qui paraîtra cette année même.

LOUISE COLET À GUSTAVE FLAUBERT
[6 janvier 1854]

Autographe musée Calvet, 6418, f⁰ 486. Ce brouillon de lettre est daté du vendredi 6 janvier 1854 par la lettre de Flaubert à Louise Colet du [13 janvier] : « Tu me pries, dans le billet de ce matin, de répondre à ta lettre de vendredi dernier » (p. 504). Les points de suspension représentent des mots illisibles ou des passages manquants. Il faut peut-être ajouter à ce brouillon un fragment copié par Paul Mariéton (6417, ff⁰ˢ 202-203), dont je n'ai pu retrouver l'original dans le fonds Colet. Je le donne à la suite du brouillon. Enfin Paul Mariéton avait joint à ces textes une lettre mystérieuse d'une main qui m'est inconnue ; la voici (6418, f⁰ 485) : « Paris, 9 décembre. Avez-vous gardé le souvenir de ce Bal des Italiens où il y a bientôt un an vous rencontrâtes une femme du monde intelligente qui durant plus d'une heure causa avec vous et qui vous envoya quelques jours après un livre que vous désiriez lire ? En la remerciant de ce livre vous lui exprimiez le désir de la connaître. Ce désir a-t-il subsisté et quelquefois préoccupé et seriez-vous heureux de le réaliser ? La pensée vous est-elle venue que cette femme pouvait être belle comme elle était intelligente ? Enfin vous l'êtes-vous imaginée quelquefois dans les rêveries de votre solitude ? Quant à elle, en passant aujourd'hui par hasard dans la rue de l'hôtel que vous habitiez, elle s'est souvenue tout à coup de ce que vous lui aviez dit sur la tristesse de la vie de province, où le cœur se resserre, où l'espoir s'étiole. Elle a pensé que votre nature était peut-être faite pour un autre horizon ; elle a demandé si vous étiez à Paris, on lui a répondu que vous viendriez au commencement de janvier, elle a demandé votre adresse pour vous écrire. Répondez-lui quand vous viendrez et si vous lui faites un serment d'homme d'honneur [?] dans votre réponse de ne pas chercher à savoir qui elle est, la raison vous paraîtra un jour quand vous serez [?] Rouen. Souvenir. Augusta. » S'agit-il d'Augusta Rampal, née de Cabuel, comtesse de Grigneuseville ? Flaubert la connaissait de vue ; voir *Voyages,* éd. R. Dumesnil, t. II, p. 338 : « Samedi 23 [novembre 1850] [...]. Bain à Péra ; petit masseur à figure de cheval (Maurepas, Mme de Radepont, Mme Rampal),

yeux noirs, vifs, impudents [...] ». Sur la comtesse de Grigneuseville et Flaubert, voir la Préface, p. IX et n. I.

2. Flaubert avait prêté 500 francs à Louise Colet (voir la lettre
de Flaubert à Louis Bouilhet du [10 août 1852], p. 143) et de
nouveau 100 francs l'année suivante (voir sa lettre à Louise Colet
du [9 août 1853], p. 390).

3. Voir la lettre précédente : « Muse ! Muse ! qu'as-tu donc ?
Quel vent te souffle en tête ? Qu'est-ce qui t'agite si fort ? pourquoi ?
Qu'y a-t-il de changé entre nous deux ? » (p. 499).

4. Voir les lettres de Flaubert à Louise Colet du [7 octobre 1853],
p. 447, du [12 octobre 1853], p. 449-450, et du [25 octobre 1853],
p. 457.

5. Henriette Colet, le seul enfant vivant de Louise Colet.

Page 501.

1. Il s'agit d'Alfred Guérard. Voir la lettre de Flaubert à Louis
Bouilhet du [8 décembre 1853], p. 475.

2. Fragment copié par Paul Mariéton (voir la note bibliographique de cette lettre).

3. Mme Flaubert et Caroline avaient passé trois semaines à
Paris et à Nogent-sur-Seine, en décembre 1853. Voir la lettre de
Flaubert à Louis Bouilhet du [8 décembre 1853], p. 472. C'est en
effet Louis Bouilhet qui a révélé à Louise Colet la présence de
Mme Flaubert à Paris. Dans une lettre à Flaubert publiée par
Antoine Albalat (*Gustave Flaubert et ses amis*, p. 31-33), Bouilhet
écrit : « Je viens d'avoir avec elle [Louise Colet] des dialogues
impossibles et d'une longueur désespérante. "Tu es un égoïste,
tu es un monstre, tu es un tas de choses." Outre l'ennui mortel
de pareilles confidences, je finirai par jouer malgré moi le rôle
d'un sot. Les intentions de la Muse ne me paraissent ni franches
ni désintéressées. Cet étalage de sentiments couvre un grand
égoïsme qui me dégoûte. Elle a compromis, pour une jouissance
physique, l'avenir de sa fille, de sa tendre fille, de sa charmante
fille, etc. Veux-tu que je te dise mon sentiment ? Veux-tu que je
te déclare net où elle veut en venir, avec ses visites à ta mère, avec
la comédie en vers, avec ses cris, ses larmes, ses invitations et ses
dîners ? Elle veut, elle croit devenir ton *épouse !* (Le vers y est,
ma foi !) Je le pensais sans oser me le formuler à moi-même, mais
le mot m'a été bravement dit, non par elle, mais comme venant
d'elle positivement. [...] Elle a su par moi que ta mère était à Paris.
Elle est venue m'inviter à dîner ce jour-là. Je n'ai pas vu d'utilité
à lui cacher la présence de ta famille. Alors elle m'a proposé, elle
m'a écrit, une demi-heure après, de parler d'elle à ta mère, de lui
dire comme elle t'aime, etc. Je lui ai déclaré net que je n'en ferais
rien et que je ne voulais pas de semblables commissions. [...] »
Cette lettre se trouvait dans les dossiers Tanit (*ibid.*, p. 33, n. I) ;
elle ne figure plus dans le fonds Franklin-Grout de la collection
Lovenjoul ; ce n'est pas un cas unique. Peut-être Mme Franklin-

Grout en a-t-elle fait cadeau à Antoine Albalat, pour le remercier de son travail ?

4. Voir la lettre de Flaubert à Louise Colet du [9 décembre 1853], p. 476. « Son départ » : s'agit-il du départ de Mme Flaubert pour Paris (voir la note 3 ci-dessus) ? ou faudrait-il lire : « ton départ » ?

à LOUISE COLET

[9-10 janvier 1854]

Autographe R. Descharmes, B.N., N.A.F. 23825, f°s 39-40 ; *Supplément,* t. I, p. 171-175. Enveloppe : Madame Colet, rue de Sèvres, 21, Paris. Pas de C.P. Cette lettre est citée en partie par René Dumesnil dans *Flaubert, l'homme et l'œuvre,* Paris, Desclée de Brouwer, 1933, p. 133-135, et bien datée par Joseph F. Jackson, *Louise Colet et ses amis littéraires,* p. 211-212, n. 35. Joseph F. Jackson a raison de signaler que le commentaire de Flaubert sur *La Servante* de Louise Colet manque à la fin de la lettre.

5. Le second récit du *Poème de la femme* de Louise Colet.

6. S'agit-il des *Modes parisiennes ?* Voir la lettre de Flaubert à Louise Colet du [21 mai 1853], p. 330 et n. 1.

7. Voir la note bibliographique de la lettre.

Page 502.

1. Sur *Les Fantômes* de Louise Colet, voir l'Appendice V, p. 938-940, et la lettre de Flaubert à Louise Colet du [1er septembre 1852], p. 145, n. 1.

2. Pour l'abandon de ses cinq enfants par Jean-Jacques Rousseau, voir *Confessions,* liv. VIII, *Œuvres complètes,* Bibl. de la Pléiade, t. I, p. 356-358.

3. L'héroïne de *La Servante,* le second récit du *Poème de la femme* (Paris, Perrotin, 1854, I-VIII + 35-99 p. ; l'ouvrage est annoncé dans la *Bibliographie de la France* le 26 août 1854).

Page 503.

a. je doive [en] <en être> rougir *(refait en)* rouge

1. Voir t. I, p. 272 et n. 1 ; et la lettre de Flaubert à Louise Colet du [28 juin 1853], p. 365 et n. 3.

2. Sur Jacques Babinet, voir p. 146 et n. 4.

3. Leconte de Lisle.

4. Lionel de Vernon, le maître de la « Servante ». Flaubert écrit : *Lyonnel,* par deux fois.

Page 504.

1. Ces « 40 pages » constituent le commentaire de Flaubert sur *La Servante ;* elles n'ont pas été retrouvées. Voir le poème de Louise Colet intitulé *La Paysanne* à l'Appendice V, p. 945-963.

À LOUISE COLET
[13 janvier 1854]

Autographe J. Lambert; Conard, t. IV, p. 5-10. Enveloppe :
Madame Colet, rue de Sèvres, 21, Paris. C.P. Rouen, 14 janvier
1853. De la main de Louise Colet : 13 janvier 1853.

2. Flaubert adjurait Louise Colet de ne pas publier *La Servante*
(voir la lettre précédente, p. 502-503).

3. Leconte de Lisle ; Jacques Babinet (voir p. 146 et n. 4) ;
Antony Deschamps, le poète : tous des familiers du salon de Louise
Colet.

4. Voir le brouillon de lettre de Louise Colet à Flaubert du
[6 janvier 1854], p. 500-501.

Page 505.

1. Voir le brouillon de lettre de Louise Colet à Flaubert du
[6 janvier 1854], p. 501 : « ... je ne reviendrai [...] plus sur ces
questions [...]. »

Page 506.

a. Du Camp [ne te soutenait-il] <n'affirmait-il> pas

1. Les *Poèmes antiques* de Leconte de Lisle, qui avaient paru en
1852.

2. Voir la lettre de Flaubert à Louise Colet du [28 octobre 1853],
p. 459 et *passim.*

Page 507.

À LOUISE COLET
[15 janvier 1854]

Autographe J. Lambert; Conard, t. IV, p. 10-13, non datée.
Enveloppe : Madame Colet, rue de Sèvres, 21, Paris. C.P. Rouen,
16 janvier 1854.

1. Voir la note bibliographique de la lettre de Flaubert à Louise
Colet du [9-10 janvier 1854], sans doute incomplète, p. 501 et 504,
n. 1.

Page 508.

1. Voir la lettre de Flaubert à Louise Colet du [26 juin 1852],
p. 116, et les lettres suivantes. Voir aussi les mementos de Louise
Colet à partir du 22 juin 1852, Appendice II, p. 886 et suiv. L'expression : « de tels vers » concerne *La Servante,* le second récit du
Poème de la femme de Louise Colet (voir p. 480, n. 5).

2. Voir t. I, p. 272 et n. 1, et les lettres de Flaubert à Louise
Colet des [28 juin 1853], p. 365 et n. 3, et [9-10 janvier 1854],
p. 503 et n. 1.

3. « S'il [Musset] faisait rien qu'une chanson qui te couvrît de
ridicule ? » (lettre de Flaubert à Louise Colet du [9-10 janvier 1854],
p. 503).

4. Flaubert a recours ici à trois de ses maximes favorites ; voir, par exemple, p. 214 et n. 3, et p. 353 et n. 5.

5. Les mots « dans les règles de femme » manquent dans l'édition Conard (t. IV, p. 12).

Page 509.

1. Napoléon III.

2. Les lettres d'Alfred de Musset à Louise Colet que cette dernière avait communiquées à Flaubert.

3. Voir la lettre de Flaubert à Louise Colet du [25 septembre 1852], p. 163 et n. 1.

4. C'est la première mention d'Alfred de Vigny dans la correspondance de Flaubert, depuis l'année 1846 (voir t. I, p. 414, n. 1). Les 95 lettres de Vigny à Louise Colet sont toujours en grande partie inédites ; quelques lettres et extraits ont été publiés par Maurice Levaillant et Marc Varenne dans la *Revue des Deux Mondes* (« Les amours d'Alfred de Vigny et de Louise Colet », 15 avril 1956, p. 253-264 ; sans suite). Ces lettres se trouvent au fonds Colet du musée Calvet (6414, ff^os 6035-6472). Vigny poussait sa pointe, de nouveau, auprès de Louise Colet. Il lui écrit le dimanche 15 janvier 1854 : « Voilà bien la vraie Paysanne, la voilà telle que je viens de la voir. Vous avez eu, Madame, le courage de ne rien cacher de ses perpétuelles dégradations. Hélas ! ces pauvres filles des champs ont, en effet, presque toujours, en toute rencontre, le sort de Lucrèce et elles ont le tort de ne pas assez haïr leurs Tarquins et de ne se jamais tuer. Le *Gros-Pierre* les dompte et selon le terrible mot de Goethe que vous avez cité, il écrase l'amour en elles. Mais, à leur honneur, il ne l'étouffe pas entièrement sous le poids odieux de son despotisme. Le cœur d'or et la lettre restent au fond de leur conscience et dans le fond de leur cercueil. Vous m'avez forcé, Madame, d'y laisser tomber une larme. / Il est bien vrai que les hommes sont trop souvent rudes et grossiers jusques dans la passion et qu'ils profanent sans cesse les pauvres anges que nous rendons méchans [*sic*] :

> On aime à boire, on se plaît à jurer...
> On a plaisir à battre ses enfans [sic].

Que le tableau de toute cette vie dégradée est d'une profonde vérité ! La misère produit tout cela. Une grande dame a quelquefois son Gros-Pierre à subir, mais elle ne bat personne, elle monte en voiture et va se consoler dans un asile ignoré. Mais la pauvre Jeanneton a son dîner à faire :

> C'est ce pain bis à pétrir ; c'est sans cesse
> L'eau que l'on puise et les fardeaux de bois...

J'aime le ton simple et naturel de tout ce récit fait sur le rythme d'un conte de La Fontaine, mais sérieux et touchant. | C'est une belle vengeance à une femme que de nous arracher ainsi la plume des mains pour nous écrire nos vérités et vous faites bien, Madame. C'est de bonne guerre avec un si vrai talent. Vous ne dites pas, vous : *si mes confrères savaient peindre !* c'est bon pour les lions, mais les lionnes savent peindre et se peindre. *Les plus forts ont fait la loi,* mais les plus belles la défont. En vérité je trouve qu'elles ont presque toujours raison et je passe ma vie à leur pardonner de bien bon cœur. | Excuserez-vous la continuation de ma sauvagerie, en plein Paris ! Je vous prie de me donner l'absolution au nom d'une femme que je ne puis quitter parce qu'elle est encore bien malade et que mon absence lui enlève tout. | Mais j'irai un matin, Madame, vous remercier de m'avoir conservé quelque chose de votre bonne amitié dont je fus si touché et vous demander de me présenter à mademoiselle votre fille, à qui je vous prie de témoigner d'avance mes sentiments héréditaires de respect et de dévouement. Alfred de Vigny » (musée Calvet, ffos 6039-6040 et 6055 vo ; enveloppe : Madame Louise Colet, 21, rue de Sèvres. C.P. Paris, 16 janvier 1854 (fo 6402). MM. Levaillant et Varenne mêlent deux lettres différentes (art. cité, p. 260). Voir *La Paysanne* de Louise Colet à l'Appendice V, p. 945-963. D'après cette lettre d'Alfred de Vigny, Louise Colet aurait donc fait les premiers pas.

5. « L'Horace français » : Béranger.

6. Voir la lettre de Victor Hugo à Flaubert du 12 janvier [1854], p. 277 et n. 1. *Mme B.* : Mme Biard (voir p. 330 et n. 1).

7. *Stella,* poème des *Châtiments* (*Œuvres poétiques,* Bibl. de la Pléiade, t. II, liv. VI, xv, p. 178-179). Je ne sais quelle est l'autre pièce, que Flaubert juge « stupide » (voir les envois de Victor Hugo à Flaubert, p. 277 et n. 1).

À L'ADMINISTRATEUR DU THÉÂTRE-FRANÇAIS
17 janvier 1854

Autographe Comédie-Française ; lettre publiée par Marie-Claire Bancquart et un groupe d'étudiants, *Lettres de Louis Bouilhet à Louise Colet...,* p. 157, n. 3, mais sans la phrase de Flaubert, qui figure sur un bout de papier collé à la lettre. Celle-ci est écrite de la main de Leconte de Lisle. Je remercie Mme Sylvie Chevalley de son obligeance.

Page 510.

À LOUISE COLET
[18 janvier 1854]

En partie inédite. Autographe J. Lambert ; incomplète dans Conard, t. IV, p. 45-48 (non datée). Bien datée par Gérard-Gailly du [18 janvier 1854] (*Bulletin du bibliophile,* art. cité, p. 327).

1. Mme d'Aunet : Léonie Biard (voir la lettre de Flaubert à Louise Colet du [21 mai 1853], p. 330 et n. 1).

2. *Les Modes parisiennes* (voir la lettre de Flaubert à Louise Colet du [9-10 janvier 1854], p. 501 et *passim*) ?

3. Bouilhet et Leconte de Lisle ?

4. Ce passage se lit ainsi dans la version imprimée de *L'Acropole* (Louise Colet, *Quatre poèmes,* Paris, Librairie nouvelle, 1855, p. 118) :

> *Et le sanctuaire, où les vierges seules*
> *Auprès de Pallas veillaient nuit et jour,*
> *Les a vus souiller les filles d'Athènes,*
> *Et du sang des Grecs leurs mains encor pleines,*
> *Mêler à la mort leur horrible amour !*

Voir aussi la lettre de Flaubert à Louise Colet du [9 mars 1853], p. 259-261.

Page 511.

a. les passions de *(refait en)* des [l'histoire] autres
b. [dans l'âme] <à l'intérieur>
c. [pour garder] <afin de ménager>

1. Voir ce poème de Louise Colet à l'Appendice V, p. 945-963.

2. Émile Hamard, le père de Caroline. Voir t. I, p. 259, n. 1 et *passim*.

Page 512.

1. « La lune de miel » d'Emma Bovary et de Rodolphe Boulanger (*Madame Bovary,* éd. Claudine Gothot-Mersch, p. 166 et suiv.).

2. Voir la lettre de Flaubert à Louise Colet du [15 janvier 1854], p. 509.

3. Depuis « Je suis *sûr...* » jusqu'à « perdues » : addition précédée du sigle *N.* dans la marge de gauche du folio 1 r°.

À LOUISE COLET
[23 janvier 1854]

Autographe J. Lambert; Conard, t. IV, p. 13-17 (datée de [janvier 1854]). Enveloppe : Madame Colet, rue de Sèvres, 21, Paris. C.P. Rouen, 24 janvier 1854; Ligne du Havre ? ? ?; Paris, 25 janvier 1854. Au dos de l'enveloppe, de la main de Louise Colet : « [?] — ennui, fatigue — Musset — l'actrice — la Sylphide — Babinet — Vigny — [?]. »

Page 513.

1. Émile Hamard, le beau-frère de Flaubert, père de Caroline.

2. Caroline Bonenfant épousera le 16 mai 1854 André-Jules Laurent, ingénieur civil (voir Claude Chevreul, « Nogent-sur-Seine dans la vie et l'œuvre de Flaubert », *AFl.,* n° 28 [mai 1966], p. 9).

3. J'ignore qui est Adeline, peut-être l'une des institutrices de la pension Chéron, dont Henriette Colet suivait les cours ? Ou bien l'institutrice de Thérèse Pradier (voir t. I, p. 382) ? Elle s'appelait

Françoise-Marie-Adélaïde Chômat (voir Douglas Siler, « James Pradier et ses amis genevois les Marin », *Genava*, t. XXVII (1979), p. 136). Il n'est pas du tout impossible que Flaubert ait fait un voyage à Paris en cachette de Louise Colet.

4. Marie Durey, sans doute. Voir la lettre de Flaubert à Louis Bouilhet du [10 août 1854], p. 567, n. 3.

5. Villemain était amoureux de Louise Colet (voir les mementos des 6 juillet 1852, 1er août 1852 et 25 avril 1853, Appendice II, p. 889, 891 et 900). Louise Colet le mettra en scène, sous le nom de Duchemin, dans *Lui* : « Si j'avais le bonheur d'être aimé, ou seulement souffert par vous, vous disposeriez de ma fortune et de ma vie ; et le vieux fou, en prononçant ces mots, se précipita à mes pieds ; il saisit les plis flottants de ma robe entre ses deux genoux comme dans un étau, et, prenant dans la poche intérieure de son habit un portefeuille crasseux, il l'ouvrit et en tira à demi plusieurs billets de banque ; " Laissez donc faire à un ami, me dit-il en les tendant vers moi, et aimez un peu celui qui sent tant de flamme pour vous ! " Il avait les allures d'un Tartuffe grotesque… » (*Lui*, Paris, Michel Lévy, 4e éd., 1863, p. 27). Caroline de Lerme [Louise Colet] refuse cet argent avec mépris et écrit la scène à Léonce [Flaubert]. Maxime Du Camp cite ce passage de *Lui* dans ses *Souvenirs littéraires* (Paris, Hachette, 1906, 3e éd., t. II, p. 261) et commente : « Elle [Louise Colet] omet de dire que deux de ses amis cachés par elle derrière une porte vitrée garnie de rideaux assistaient invisiblement à l'entrevue et que leur présence ne fut peut-être pas sans déterminer le geste superbe qui repoussa les billets de banque, dont le nombre s'élevait à un billet de 500 francs. L'un des témoins m'a raconté l'anecdote et était assez penaud du rôle qu'on lui avait fait jouer. » Pour F. Calmettes (*Leconte de Lisle et ses amis*, p. 71-75) il s'agirait de Flaubert et de Leconte de Lisle. Rien n'est moins sûr, et la scène peut avoir eu lieu après la rupture de Flaubert et de Louise Colet. Seule indication : d'après *Lui*, Villemain-Duchemin a 66 ans (p. 27) ; or Villemain est né en 1790. Voir aussi la lettre de Louise Colet à Victor Hugo du 4 novembre 1853 (Gustave Simon, « Victor Hugo et Louise Colet », *Revue de France*, 15 janvier 1926, p. 406-412, et Joseph F. Jackson, *Louise Colet et ses amis littéraires*, p. 253-254). D'après une lettre de Jacques Babinet à Louise Colet du 18 avril 1853 (date de la poste), l'amour de Villemain n'aurait pas desservi Louise : « Évidemment tout dépend de M. V[illemain]. Mais comme un abandon de sa part serait un *à la porte* de votre côté avec crainte de révélation qu'il redoute (sans compter ce qu'il espère), je crois qu'il fera tout pour vous » (musée Calvet, 6403, fo 129 vo). *L'Acropole d'Athènes* n'obtiendra le prix de poésie que l'année suivante, mais les protecteurs de Louise Colet ont eu le crédit de ne pas le laisser décerner en 1853.

6. Leconte de Lisle. Allusion à Mme Jobbé-Duval ?

7. Villemain. Voir le quatrain de Musset et Louise Colet (lettre

de Flaubert à Louise Colet du [7 juillet 1852], p. 130 et n. 2).

8. Leconte de Lisle a collaboré de 1845 à 1849 à *La Démocratie pacifique*, journal de l'école fouriériste. Voir par exemple Pierre Flottes, *Leconte de Lisle, l'homme et l'œuvre*, Paris, Boivin-Hatier, 1954, p. 23-30.

Page 514.

a. On a [tour à tour] <de plus en plus> éliminé [de la Poésie] <des lettres>

1. Sur Marmontel, voir p. 420 et n. 2.

2. Sur La Harpe, voir p. 420 et n. 3.

3. Le début du chapitre x de la IIᵉ partie de *Madame Bovary* : « Peu à peu, ces craintes de Rodolphe la gagnèrent » (éd. Claudine Gothot-Mersch, p. 169) ?

4. *Les Modes parisiennes.* Voir la lettre de Flaubert à Louise Colet du [9-10 janvier 1854], p. 501 et n. 6, et celle du [21 mai 1853], p. 330 et n. 1.

Page 515.

a. et [marcher] <trottiner>

1. Voir la lettre de Flaubert à Louise Colet du [29 janvier 1854], p. 517-521.

Page 516.

À LOUISE COLET
[29 janvier 1854]

Autographe Gordon N. Ray ; Conard, t. IV, p. 17-24. Enveloppe : Madame Colet, rue de Sèvres, 21, Paris. C.P. Rouen, 30 janvier 1854.

1. Pour le mariage de Caroline Bonenfant, cousine de Flaubert, dont la famille habitait Nogent-sur-Seine, voir p. 513, n. 2.

2. La scène 1 de l'acte III se passe sur la lande : le comte de Kent et un gentilhomme parlent du roi. Il semble que Flaubert fasse plutôt allusion aux scènes suivantes.

3. Il s'agit d'Edgar (acte III, sc. IV).

Page 517.

1. Seule la seconde partie de la citation est de Shakespeare : « Let not the creaking of shoes nor the rustling of silks betray thy poor heart to woman » (*King Lear,* acte III, sc. IV).

2. « ...I will tread this unbolted villain into mortar, and daub the wall of a jakes with him » (*King Lear,* acte II, sc. II ; le comte de Kent parle d'Oswald).

3. Citation du *Dialogue de Sylla et d'Eucrate* de Montesquieu (voir p. 174 et n. 1 ; *Œuvres complètes*, Bibl. de la Pléiade, t. I, p. 505). Montesquieu écrit : *accablés*, et non *écrasés*.

Page 518.

1. Flaubert écrit : *mackinsloch.*

2. De « ceci rentrerait » jusqu'à « toute neuve » : addition marginale au folio 2 v°, amenée par le sigle ×.

Page 519.

1. Allusion au Prologue de l'auteur, au début du *Gargantua* : « [...] vous, mes bons disciples, [...] lisant les joyeulx tiltres d'aulcuns livres de nostre invention, comme *Gargantua, Pantagruel, Fessepinte, La Dignité des Braguettes, Des Poys au lard cum commento* [...] » (*Œuvres complètes,* Bibl. de la Pléiade, p. 3-4).

Page 520.

1. *Guillaume Tell,* opéra de Rossini, joué pour la première fois à l'Opéra de Paris le 3 août 1827 ; l'un des grands succès de l'époque et du chanteur Duprez.

2. Le gantier le plus célèbre de Paris.

3. « Mon oncle aimait énormément recevoir et lui-même s'occupait de tous les détails. Il commandait le menu. Je me souviens qu'il y avait fréquemment des huîtres et des mandarines, deux choses réputées distinguées au milieu du XIXe siècle » (Caroline Franklin-Grout, *Heures d'autrefois,* passage inédit communiqué par la regrettée Lucie Chevalley-Sabatier).

Page 521.

À LOUISE COLET
[3 février 1854]

Autographe J. Lambert ; Conard, t. IV, p. 48-49 (non datée). La lettre est certainement du [3 février] puisque Flaubert annonce à Louise Colet son arrivée à Paris le mardi suivant, et qu'il était à Paris le dimanche 12 (voir la lettre suivante). Elle n'est pas signée.

1. « Le génie n'est autre chose qu'une grande aptitude à la patience » (Buffon, *Discours sur le style*). Voir p. 57 et *passim.*

2. Les rendez-vous sous la tonnelle d'Emma Bovary et Rodolphe Boulanger (*Madame Bovary,* éd. Claudine Gothot-Mersch, p. 173) ?

3. Leconte de Lisle ; s'agit-il de Mme Jobbé-Duval ?

Page 522.

1. Edma Roger des Genettes, la maîtresse de Louis Bouilhet depuis le 3 décembre 1853. Voir le memento de Louise Colet du 4 décembre 1853, Appendice II, p. 902-903.

À LOUISE COLET
[19 février 1854]

Autographe J. Lambert ; Conard, t. IV, p. 24-27. Enveloppe : Madame Colet, rue de Sèvres, 21, Paris. C.P. ? 20 ? 54 ; Ligne du Havre, 20 février ? Au dos de l'enveloppe, de la main de Louise Colet : « [?] de Hugo — Delisle — Notaire — le cadeau — Bouilhet. »

2. *Victor Cousin.* Il s'agit sans doute de la pension que Victor Cousin versait à Louise Colet pour sa fille Henriette (voir la lettre de Flaubert à Louise Colet du [2 mai 1852], p. 82 et n. 2).

3. L'article auquel Flaubert fait allusion a paru dans le *Journal de Rouen* du 19 février 1854, en fin de feuilleton, à la suite d'un compte rendu théâtral. Il est intitulé « Modes de Paris » et n'est pas signé. Il commence par le récit d'un bal d'enfants donné autrefois par Mme Récamier à l'Abbaye-aux-Bois, et auquel assistaient Chateaubriand, le duc de Broglie, Guizot, les enfants de Victor Hugo, de Marceline Desbordes-Valmore, etc. « Léonard » était un tapissier en renom établi dans l'immeuble même qu'occupait jadis Mme Récamier, rue de Sèvres ; l'article fait à Léonard une obligeante réclame. Or Louise Colet habitait alors 21, [et non 20] rue de Sèvres, presque en face de l'Abbaye-au-Bois, et elle avait été reçue jadis chez Mme Récamier. L'article décrit ensuite un bal d'enfants chez la comtesse de G*** [Guiccioli, l'amie de Byron], les costumes des petites filles et des petits garçons, et se termine ainsi : « D'autres coiffures de bal sont une des nouveautés les plus nouvelles. Elles sont formées d'un feuillage emprunté à diverses plantes aquatiques. Ces feuilles se font avec le crêpe. Elles imitent si parfaitement la nature qu'on dirait qu'elles sont froides au toucher comme le nénuphar qui flotte sur nos lacs. » Louise Colet connaissait Mme Récamier depuis 1843, au moins (voir la lettre inédite de Ballanche à Louise Colet du 25 février 1843, musée Calvet, 6403, ffos 203-204). Après la mort de Mme Récamier, Louise Colet avait publié les lettres que Benjamin Constant lui avait adressées, d'où un procès avec la famille Lenormand. Voir Joseph F. Jackson, *Louise Colet et ses amis littéraires*, p. 144-160 ; ajouter à cette étude de nombreux documents conservés au musée Calvet et que n'avait pu consulter Jackson, en particulier les lettres de Marceline Desbordes-Valmore à Louise Colet (6407, ffos 2843-2940), la plaidoirie de Jules Favre (6420, ffos 193 et suiv.) et ses lettres à Louise Colet (6408, ffos 3471-3505).

4. Flaubert était donc l'auteur de cet article, du moins en partie.

5. Je n'ai pu identifier Lageolais : une actrice ?

Page 523.

1. Flaubert écrit : *crapeaux.*

2. *Victor Hugo.*

3. Il y a bien un mot grec πόλος, qui signifie « pivot » ; mais Acropole se dit en grec : Ἀκρόπολις.

4. Depuis « Envoie… » jusqu'à « prêt » : addition sur la marge de gauche du folio 1 r⁰. Il s'agit d'articles de réclame. Voir la lettre de Flaubert à Louise Colet du [2 mars 1954], p. 528 et n. 1.

Page 524.

À JULES DUPLAN
[24 février 1854]

Autographe Lovenjoul, A V, ff^os 325-326; *Supplément*, t. I, p. 175-176.

a. Je sors <à peine> d'un état moral
b. qui [lui a duré] s'est ajouté

1. Flaubert a séjourné à Paris du 10 au 22 novembre 1853 (voir la note bibliographique de sa lettre à Louise Colet du [22 novembre 1853], p. 464).
2. Voir les deux lettres précédentes, p. 521 et 522.
3. Flaubert écrit : *guesard.*

Page 525.

À LOUISE COLET
[25 février 1854]

Autographe non retrouvé; Conard, t. IV, p. 27-31. R. Descharmes note : « Poste 23 février 1854. Le samedi est le 25, j'ai dû mal lire » (B.N., N.A.F. 23836, fiche 489).

1. Caroline Hamard, l'une des nièces de Flaubert. L'oncle est peut-être Auguste Hamard (voir t. I, p. 218 et n. 6). Il s'agit sans doute du conseil de famille réuni pour régler les affaires d'Émile Hamard (voir p. 513).
2. « Anglais : tous riches » (*Dictionnaire des idées reçues,* éd. Lea Caminiti, p. 53).
3. Voir la lettre de Flaubert à Louise Colet du [19 février 1854], p. 522 et n. 2, et celle du [2 mai 1852], p. 82 et n. 2.
4. Flaubert cite un passage de la lettre de Louise Colet qu'il vient de recevoir.

Page 526.

1. Voir les lettres de Flaubert à Maxime Du Camp des 26 juin et [début juillet] 1852 (p. 113-115 et 120-122). À cette époque Louise Colet partageait les idées de Flaubert sur Du Camp.
2. Allusion à l'amour de Flaubert pour Mme Schlésinger, en 1836 ? L'amour ne peut être qu'un « rêve », il est « au-dessus de la vie *possible* ». Voir t. I, p. 101 et n. 3.

Page 527.

1. Louise Colet avait pris Louis Bouilhet comme confident pour ses amours avec Flaubert. Voir ses lettres à Louise Colet des [4 janvier] et [14 ou 21 avril] 1854 (Marie-Claire Bancquart et un groupe d'étudiants, *Lettres de Louis Bouilhet à Louise Colet...,* p. 167 et 168), où il se garde bien d'intervenir.

2. Leconte de Lisle ne devait guère ignorer, pourtant, les amours de Flaubert et de Louise Colet.

3. Voir la lettre de Louise Colet à Flaubert du [6 janvier 1854], p. 500 et n. 2.

Page 528.

À LOUISE COLET
[2 mars 1854]

Autographe J. Lambert; Conard, t. IV, p. 31-35. Enveloppe : Madame Colet, rue de Sèvres, 21, Paris. C.P. Rouen, 3 mars 1854. La lettre est paraphée.

a. La littérature [est] maintenant <ressemble à> une vaste entreprise

1. Ces trois catalogues sont ceux du libraire Perrotin (qui avait publié *La Paysanne* l'année précédente), de la Librairie nouvelle, de Jacottet et Bourdilliat, et de la librairie Delahaye (voir la lettre de Flaubert à Louise Colet du [13 mars 1854], p. 532). Il s'agit sans doute d'articles de réclame destinés aux *Modes parisiennes,* le journal auquel collaborait alors Louise Colet.

2. Voir la lettre de Flaubert à Louise Colet du [21 août 1853], p. 407 et n. 2.

Page 529.

1. Victor Hugo (voir p. 356 et n. 2).

2. Allusion aux amours de Leconte de Lisle et de Mme Jobbé-Duval ?

3. Candide demande « la raison suffisante qui avait mis Pangloss dans un si piteux état » : « Hélas ! dit l'autre, c'est l'amour ; l'amour, le consolateur du genre humain, le conservateur de l'univers, l'âme de tous les êtres sensibles, le tendre amour » (Voltaire, *Candide,* chap. IV ; *Romans et contes,* Bibl. de la Pléiade, p. 153).

4. Voir p. 498 et n. 2.

5. Napoléon III.

Page 530.

1. Voir les pages sévères que Flaubert consacrera au socialisme dans *L'Éducation sentimentale* (1869).

2. Edma Roger des Genettes, la maîtresse de Louis Bouilhet depuis le 3 décembre 1853. Voir le memento de Louise Colet du 4 décembre 1853, Appendice II, p. 902-903.

3. Les mots « de coups illégitimes qu'elle a dû tirer » manquent dans l'édition Conard (t. IV, p. 34).

4. Le mot « baisait » manque dans l'édition Conard (t. IV, p. 34).

5. Voir la Préface aux *Dernières chansons* de Louis Bouilhet (Conard, t. VI, p. 475) : « [...] par dégoût de l'existence, Bar*** se cassa la tête d'un coup de pistolet [...]. »

Page 531.

À LOUIS BOUILHET

[10 mars 1854]

Autographe Lovenjoul, A V, ff⁰ˢ 89-90; *Supplément,* t. I, p. 177.
Enveloppe : Monsieur Bouilhet, rue de Grenelle-Saint-Germain,
71. C.P. Rouen, 11 mars 1854. En haut et à droite de l'enveloppe :
Pressée.

1. Mme Flaubert se rendait à Paris pour le conseil de famille de
sa petite-fille Caroline (voir plus loin, p. 535).
2. Edma Roger des Genettes, la maîtresse de Louis Bouilhet.
3. Bradype : nom de l'animal dit paresseux (Littré).
4. Allusion au célèbre traité du docteur Simon-André Tissot de
Genève intitulé *De l'onanisme,* et traduit dans toutes les langues.
Le docteur y écrivait que « tous s'accordent pour estimer que la
perte d'une once de sperme affaiblit bien plus que celle de quarante
onces de sang » (traduction espagnole, s.l.n.d., p. XXIII). L'ouvrage
avait paru en latin en 1758 sous le titre : *Tentamen de morbis ex
manustrupratione.*

À LOUISE COLET

[13 mars 1854]

Autographe R. Descharmes, B.N., N.A.F. 23825, ff⁰ˢ 42-43;
lettre publiée par Jacques Suffel dans *Les Livres de France,* février
1964 (15ᵉ année, n⁰ 2), p. 11-13. Contrairement à ce qu'écrivent
les éditeurs des *Œuvres complètes illustrées de Gustave Flaubert* (Club de
l'Honnête Homme), *Correspondance,* t. II, p. 471, cette lettre n'est ni
inédite, ni dans la collection Lovenjoul. Enveloppe : Madame
Colet, rue de Sèvres, 21, Paris. C.P. Rouen, 14 mars 1854; Paris,
15 mars 1854. La lettre est paraphée.

5. Flaubert écrit : *égal.*

Page 532.

1. Le concours pour le prix de poésie de l'Académie française ;
Louise Colet le remportera avec *L'Acropole d'Athènes* (voir des
extraits de ce poème dans l'Appendice V, p. 940-944).
2. *Les Vierges de Raphaël,* estampes, Impr. Claye, Paris, Furne
et Perrotin, livraisons 1 à 6, 1854.
3. Sur cet article, que Flaubert n'écrira pas, car il va se brouiller
avec Louise Colet, voir sa lettre à Louise Colet du [2 mars 1854],
p. 528 et n. 1.
4. *Des habitudes secrètes ou De l'onanisme chez les femmes ; lettres
médicales, anecdotiques et morales à une jeune malade et à une mère,
dédiées aux mères de famille, et aux maîtresses de pension,* par le
docteur Rozier, Paris, Béchet, 1822, in-8⁰, XII-312 p. (3ᵉ édition,
Paris, Audin, 1830).

5. Louis Bouilhet et ses deux maîtresses, Léonie Leparfait et Edma Roger des Genettes.

6. « Le monde n'est qu'une branloire perenne. Toutes choses y branlent sans cesse [...] » (Montaigne, *Essais*, liv. III, chap. II, « Du repentir » ; *Œuvres complètes*, Bibl. de la Pléiade, p. 782).

7. « La D[iva] » : surnom d'Edma Roger des Genettes.

Page 533.

1. « Certes les perles et le brocadel y conferent quelque chose, et les tiltres, et le trein » (Montaigne, *Essais*, liv. III, chap. III, « De trois commerces » ; *Œuvres complètes*, Bibl. de la Pléiade, p. 804).

2. Louise Colet faisait mieux que de « dénicher » Vigny ; elle allait devenir sa maîtresse. Vigny lui écrit le jeudi 16 mars [1854] : « Je me souviens, chère belle amie, de deux vers de votre cher Béranger :

> *Il croit avoir une statue*
> *Qui n'aura que le piédestal.*

/ Vous avez la statue et c'est le piédestal qui vous manque. Vous êtes admirée, vous êtes aimée, et l'on ne vous a pas encore élevée assez haut. En attendant, mettez à sa place cette autre beauté moins parfaite que vous et dont le modèle grec n'eût jamais assurément votre cœur ni votre esprit. — J'ai passé de mauvaises nuits et de plus mauvais jours dans l'hôpital de ma maison, que je n'ai quitté que ce matin pour Notre-Dame l'Académie française, où j'ai un peu psalmodié des cantiques. Je ne pourrai pas vous voir ce soir, rappelé bien vite par mille choses tristes qui ne se peuvent raconter. Mais samedi soir, un peu tard, vers neuf heures, après que vous aurez fermé le livre que vous écrivez, j'irai voir si votre porte s'ouvrira pour moi. Il y a bien du temps d'ici-là et j'en ai plus de regrets que je ne puis vous l'exprimer. — Mais il faut bien que je suive ces trois degrés de la vie d'un poète dont vous avez parlé avec tant de sagesse, de grâce et de bonté. » Signé : illisible (musée Calvet, fonds Colet, 6414, ff^{os} 6043-6044 ; lettre publiée par Maurice Levaillant et Marc Varenne dans « Les amours d'Alfred de Vigny et de Louise Colet », *Revue des Deux Mondes*, 15 janvier 1956, p. 260-261).

Alfred de Vigny écrit de nouveau à Louise Colet le 21 mars 1854 (cachet de la poste) : « Jamais, je crois, un mardi n'a été si long à venir que celui-ci. Je n'ai pas mis les pieds dehors depuis samedi soir en te quittant, chère belle amie. Et aujourd'hui je te reverrai enfin un moment, après avoir parlé de toi, Poète grecque que j'aime. Aimer, admirer, étudier, voilà les trois actes des heures passées près de toi. Garde-moi ce triple bonheur, cette triple consolation que tu m'as donnée. — Prie pour moi tous tes Dieux. Élève pour moi vers eux tes beaux bras blancs. Ce sont les bras de Niobé et il me semble toujours, en les couvrant de baisers, qu'ils s'étendent comme les siens pour protéger ta jeune fille et tout ce qui t'est

cher contre les flèches du Deſtin. Songes-tu comme moi que ce
matin et demain soir tu les poseras sur ma tête et mes cheveux ? »
La lettre n'eſt pas signée ; dans les deux lettres, le terme *matin*
désigne l'après-midi (*ibid.,* 6414, ffᵒˢ 6045-6046 ; publiée par Maurice
Levaillant et Marc Varenne, art. cité, p. 261-262). Vigny était le
rapporteur pour le prix de poésie de l'Académie française, dont le
sujet était *L'Acropole d'Athènes.*

Levaillant et Varenne citent encore deux lettres de Vigny à
Louise Colet datées des 6 et 15 avril 1854 (art. cité, p. 262-264) ;
les autres sont inédites. Voici deux passages qui intéressent mon
propos : dans sa lettre du 6 juin 1854 (*ibid.,* fᵒ 6061 vᵒ), Vigny
écrit : « ... J'ai mis ton petit billet à la poſte. Il était bien gentil.
N'en écris pas souvent comme ça, entends-tu ? — Mais j'ai été
magnanime. Il eſt parti... » ; et dans une lettre datée du 22 août
1854 : « ... Il n'y a plus de mardi à l'Académie. Le samedi seul nous
reſte. Je n'ai pas besoin, du reſte, de cette raison d'absence »
(*ibid.,* fᵒ 6084 rᵒ). Les lettres d'Alfred de Vigny à Louise Colet de
janvier et février 1855 mentionnent souvent Leconte de Lisle,
celles de l'été 1856 Edma Roger des Genettes. La dernière lettre eſt
datée du 26 mai 1857 (*ibid.,* ffᵒˢ 6275-6276). Le musée Calvet ne
possède pas de lettres de Louise Colet à Alfred de Vigny. La révélation des amours de Louise Colet et d'Alfred de Vigny eſt due à
Fortunat Strowski, à qui Marc Varenne, l'un des exécuteurs teſta-
mentaires de Paul Mariéton, avait communiqué des fragments de
lettres de Vigny à Louise Colet (« Alfred de Vigny, II », *Revue des
cours et conférences,* 31 mai 1923, p. 1089-1091).

Cette lettre de Flaubert eſt donc prophétique : « Et dans la vraie
acception du mot tout le monde eſt cocu. — Et archi-cocu »
(p. 532).

3. Flaubert ne reverra plus Louise Colet.

Page 534.

À LOUIS BOUILHET

[19 mars 1854]

Autographe Lovenjoul, A V, ffᵒˢ 91-92 ; *Supplément,* t. I, p. 178-
181. Cette lettre semble bien datée.

1. D'après une note de M. Gaſton Wiet, *Pek-Eyi,* en turc, a le
sens de *très bien.* Les Turcs adoucissent beaucoup et il eſt normal
que Flaubert ait entendu *Pek-(Ey)i* (*Supplément,* t. I, p. 178).
Taïeb, en arabe, signifie *bon* (voir t. I, p. 620). Je ne vois pas ce que
Flaubert veut dire par *antiqua.* La lecture eſt certaine.

2. Il s'agit de la sixième et dernière partie des *Fossiles,* poème
qui paraîtra dans la *Revue de Paris* du 15 avril 1854 (p. 229-247).

3. On pourrait lire aussi : « frém[issant] d'amour ». Ce vers ne
figure plus dans le poème imprimé.

4.   *Les troupeaux, répandus dans les grands pâturages,*
       Du maître inassouvi ne craignent plus la faim ;

> *Seul, le souffle du soir, agitant les feuillages,*
> *Fait tomber les fruits mûrs aux gazons du chemin.*
>
> (VI, strophe 22.)

5.   *L'escarboucle flamboie aux crêtes des collines,*
> *De rubis empourprés les vallons sont couverts ;*
> *La brise, en balayant le sable des ravines,*
> *D'or et de diamants poudre les gazons verts.*
>
> (VI, strophe 7.)

6.   *Le fleuve diaphane, où boivent les gazelles,*
> *Comme un souffle subtil effleure les roseaux,*
> *Et son lit de topaze, aux blondes étincelles,*
> *Semble un feu pétillant qui brûle sous les eaux.*
>
> (VI, strophe 8.)

7.   *Ô splendide univers qu'ont rêvé les vieux âges !*
> *Le monde a fait un pas, tout ensemble a monté ;*
> *L'être, comme un oiseau, plus libre dans ses cages,*
> *Jette au soleil levant un cri de volupté !...*
>
> (VI, strophe 9.)

8.   *Sur le monde enivré glisse une haleine chaude ;*
> *On dirait qu'on entend, au réveil matinal,*
> *Quand les bois font vibrer leurs feuilles d'émeraude,*
> *Sonner joyeusement des notes de cristal.*
>
> (VI, strophe 6.)

Page 535.

a. positivement [un bruit] <des notes> de cristal
b. avec la meilleure <bonne> volonté

1. « Ceci est fort peu important » : addition marginale.
2. La sixième et dernière partie des *Fossiles* comporte trente-sept strophes dans le texte imprimé.
3. *Madame Bovary*, éd. Claudine Gothot-Mersch, p. 135-159.
4. Louis Bouilhet avait sans doute promis *Les Fossiles* à la *Revue de Paris*, qui publiera le poème dans son numéro du 15 avril 1854.
5. Le conseil de famille réuni pour Émile Hamard, le beau-frère de Flaubert et le père de la petite Caroline.
6. Louise Colet. Voir la lettre suivante.
7. Voir p. 534.

À LOUISE COLET

[19 mars 1854]

Autographe J. Lambert ; Conard, t. IV, p. 35-39. La lettre semble bien datée, comme la précédente.

Page 536.

a. Je ne puis me [rejeter dans] <sauver par> la Fantaisie

1. Il s'agit de la sixième et dernière partie du poème de Louis Bouilhet intitulé *Les Fossiles* : la race humaine a disparu, la nature se réveille et « l'homme futur » apparaît :

> *Il vient dans la lumière ! il vient dans l'harmonie !*
> *À l'horizon lointain sa grande ombre a passé ;*
> *Et, le sentant venir, la terre rajeunie*
> *Tremble comme la vierge au bruit du fiancé !*
>
> (VI, strophe 13.)

2. Flaubert s'installera rue de Londres le 1er novembre 1854 (voir p. 569), pour passer son premier hiver à Paris.

3. Il s'agit du prix de poésie de l'Académie française, que Louise Colet remportera avec *L'Acropole d'Athènes.*

Page 537.

1. Flaubert avait tort ; voir p. 533 et n. 2. Sur le sculpteur Préault, voir p. 354 et n. 1.

2. Mme Cloquet. Flaubert allait toujours rendre visite au docteur et à Mme Jules Cloquet, lorsqu'il venait à Paris. Sur le docteur Cloquet, voir t. I, p. 21, n. 2.

3. M. de Saint-Marc est sans doute un avocat. Je n'ai pas pu l'identifier de façon sûre.

4. Il s'agit du conseil de famille réuni pour examiner la situation de Caroline Hamard, dont le père se ruinait à Paris. L'oncle serait Auguste Hamard (voir t. I, p. 218 et n. 6).

Page 538.

a. du régime [énervant] <débilitant>

b. écho. — [il faut être] <on se trouve>

1. Gustave Planche (1808-1857). Voir Maurice Regard, *L'Adversaire des romantiques, Gustave Planche* (Paris, Nouvelles Éditions latines, 1956, 2 vol. in-8º).

2. Laurent-Pichat et Maxime Du Camp étaient deux des directeurs de la *Revue de Paris,* qui publiera *Les Fossiles* de Bouilhet dans son numéro du 15 avril 1854 (p. 229-247). À cette époque les deux autres directeurs étaient Théophile Gautier et Louis Ulbach.

3. Serait-ce Orlowski (voir t. I, p. 22 et n. 5), le comte de Kosielski (voir t. I, p. 721-722) ? Sans doute le second.

Page 539.

À LOUISE COLET

[23 mars 1854]

Autographe J. Lambert ; Conard, t. IV, p. 40-41 (non datée).

Enveloppe : Madame Colet, rue de Sèvres, 21, Paris. C.P. Rouen, 23 mars 1854. Flaubert avait d'abord écrit « mercredi », qu'il a barré et remplacé par « jeudi ».

1. Voir la lettre de Victor Hugo à Flaubert du 19 mars [1854], p. 277 et n. 1.

2. Sans doute une lettre de Victor Hugo à Villemain recommandant Louise Colet pour le prix de poésie de l'Académie française.

3. Léonie d'Aunet, Mme Biard (voir p. 330 et n. 1).

4. Charles de Ribeyrolles, publiciste, déporté en 1849 et, après le coup d'État, retiré à Jersey, où il s'était lié avec Victor Hugo (R. Descharmes, éd. du Centenaire, *Correspondance*, t. II, p. 189).

5. Cette lettre n'a pas été retrouvée.

6. « Excusez, mon honorable et cher concitoyen... » (voir la note 1 ci-dessus).

Page 540.

À LOUISE COLET

[25 mars 1854]

Autographe Gordon N. Ray; Conard, t. IV, p. 41-44. Enveloppe : Madame Louise Colet, rue de Sèvres, 21, Paris. C.P. Rouen, 26 mars 1854. Sur le recto de l'enveloppe, de la main de Louise Colet : « Béranger — lettre de Musset — les articles — [?] — Babinet — Boileau [?] — d'Aunet — Librairie nouvelle et Perrotin. » Voir la lettre d'Alfred de Musset à Louise Colet d'[après le 12 mars 1854], Appendice IV, p. 924. La lettre est paraphée.

a. semble [inonder] <tremper>

b. Quand elle [défaille] manque, je [suis] <me trouve> anéanti comme si toutes les sources [de ma vie] <fécondantes> étaient rentrées [sous] <en> terre

1. Cette citation de Montaigne se trouve déjà dans la lettre de Flaubert à Louise Colet du [30 septembre 1853]. Voir p. 443 et n. 7.

2. *La Servante* ne sera annoncée dans la *Bibliographie de la France* que le 26 août 1854.

Page 541.

a. le vieux [mot] <précepte> du père Boileau : « [faire] <écrire> difficilement

1. La sixième et dernière partie des *Fossiles,* poème publié dans la *Revue de Paris* du 15 avril 1854 (p. 229-247).

2. Dans la *Revue de Paris* du 1ᵉʳ novembre 1851 (p. 85-168).

3. Voir la lettre précédente, p. 539 et n. 4.

Page 542.

a. et par sauts [à la manière] d'un train inégal

1. Voir la lettre précédente, p. 539 et n. 6.

2.   *Lisette ici doit surtout apparaître...*
          J'ai su depuis qui payait sa toilette.
          Dans un grenier qu'on est bien à vingt ans.

                   Béranger, *Le Grenier*, 3e strophe.

3. Mme d'Aunet (Léonie Biard). Voir p. 330 et n. 1.

4. Il s'agit sans doute de l'ouvrage de Nicolas Chorier (1609-1692), *Aloïsiae Sigeae satura sotadica...* (Conard, t. IV, p. 44 et n. 1).

5. Sur Jacques Babinet, voir p. 146 et n. 4. J'ignore qui est Lageolais : une actrice.

6. Allusion à la fable de La Fontaine (liv. II, fable xiv) :

         Un lièvre en son gîte songeait,
     (Car que faire en un gîte, à moins que l'on ne songe ?)

Page 543.

À LOUISE COLET
[4 avril 1854]

Autographe J. Lambert ; Conard, t. IV, p. 50-51. Enveloppe : Madame Colet, rue de Sèvres, 21, Paris. C.P. Rouen, 5 avril 1854. Sur le recto de l'enveloppe, de la main de Louise Colet : « Du Camp — Delisle. » La lettre est paraphée.

1. La *Melia azedarach*, dont une espèce, originaire de la Perse et de l'Inde, est appelée en Italie *arbre saint* ou *arbre à chapelet*, parce que ses noyaux cannelés servent à faire des chapelets.

Page 544.

1. Flaubert préparait sans doute son cours d'histoire grecque pour sa nièce (voir la lettre suivante, p. 547). La *Vie d'Aristomène* n'est pas de Plutarque, mais de Thomas Rowe (1687-1715), qui comble les lacunes des *Vies des hommes illustres*. Dans l'édition de Plutarque par Coray (Paris, Dupont, 1826), la *Vie d'Aristomène* de Thomas Rowe, traduite par l'abbé Bellenger, figure au tome X, p. 261-305.

2. Le concours de poésie de l'Académie française, que Louise Colet remportera avec *L'Acropole d'Athènes*.

À LOUISE COLET
[7 avril 1854]

Autographe non retrouvé ; fragments copiés par R. Descharmes, B.N., N.A.F. 23831, ffos 354-355 ; Conard, t. IV, p. 51-55. La lettre semble bien datée ; Louis Bouilhet arrive à Rouen le 12 ou le 13 avril (voir la lettre suivante, p. 547).

3. Dans *Madame Bovary*, Charles entreprend et manque l'opération du pied bot sur Hippolyte, le domestique de Mme Lefrançois.

Comme le prouvent les notes prises par Flaubert (B.M. Rouen, Ms. g. 223⁴ [f⁰ 53], reproduites par Gabrielle Leleu dans *Madame Bovary, Ébauches et fragments inédits...,* t. II, p. 69-70), le romancier s'est surtout servi de l'ouvrage de Vincent Duval, *Traité pratique du pied bot,* Paris, Baillière, 1839 (voir aussi l'article de P.-M. Lambert dans *Le Mercure de France* du 1er juillet 1931, p. 200-202). Or le docteur Flaubert, le père de Gustave, était mentionné dans ce traité, à propos du cas d'une demoiselle Martin : « M. Flaubert voulut essayer ensuite de guérir le pied difforme ; le moyen qu'il employa consistait à tenir la jeune fille au lit, la jambe enfermée dans des attelles de fer, etc. Tout cela dura neuf mois ; mais enfin les parents de Mlle Martin, ne voyant pas d'amélioration dans sa position, se décidèrent à la faire revenir chez eux » (Duval, *op. cit.,* p. 297). « C'est alors que Duval opéra la jeune fille, avec succès » (*Madame Bovary,* éd. Claudine Gothot-Mersch, p. 459-460, n. 75).

Je ne suis pas d'accord avec les conséquences que Mme Gothot-Mersch tire de ce renseignement : « Le docteur Flaubert ne dut pas se couvrir de gloire en cette occasion, et il est révélateur que son fils, désirant ridiculiser Charles par une expérience manquée, ait précisément choisi la cure d'un pied bot. Certes, contrairement au docteur Flaubert, Charles opère son malade ; une cure de plusieurs mois sans résultat n'eût pas convenu dans le cadre du roman [...]. Si l'épisode du pied bot n'est pas la reproduction fidèle de l'échec subi par le docteur Flaubert, il en est la transposition. L'illustre médecin dont on s'accorde à retrouver le portrait dans le personnage du docteur Larivière apparaît donc d'abord sous les traits de Charles Bovary, et d'un Bovary en fâcheuse posture. Le couple Bovary-Larivière trahit sans doute les sentiments mêlés de l'écrivain à l'égard d'un père trop écrasant : respect d'une part, et tremblement devant ce regard de juge olympien, révolte d'autre part, et blasphème libérateur » (*ibid. ;* voir aussi Victor Brombert, *The Novels of Flaubert,* Princeton, Princeton University Press, 1966, p. 73 et n. 32, et p. 255 et n. 10, qui se réfère à Jean Pommier, « Noms et prénoms dans *Madame Bovary* », *Le Mercure de France,* juin 1949, p. 244-264). Cette thèse rejoint celle de Jean-Paul Sartre dans *L'Idiot de la famille* (Paris, Gallimard, 1971, *passim*), sur les rapports entre Achille, Gustave et le docteur Flaubert.

L'utilisation psycho-analytique de cet épisode me paraît aventurée ; tout dépend de l'interprétation que l'on donne de l'« échec » du docteur Flaubert. Dans son livre sur *L'Influence des sciences physiologiques sur la littérature française de 1670 à 1870* (Paris, Les Belles-Lettres, 1929, p. 151-152), Donald L. King écrit : « L'orthopédie moderne aussi doit son origine aux progrès médicaux de ce siècle rénovateur [le xixe]. Avant 1830, on traitait les cas de difformité par l'application de divers appareils et par la gymnastique, sans faire de progrès sensibles dans la guérison. En 1837 l'Académie des sciences s'intéressait à la question et offrait des prix aux lauréats d'un concours portant sur les meilleurs remèdes à apporter aux difformités. Ces prix, de 10 000 et de 6 000 francs, stimulaient l'intérêt du monde médical et, en 1846, Delpech, de Montpellier, réussit, pour la première fois en France, la section du tendon d'Achille sur un pied bot. Quand on se rend compte de la nouveauté d'une telle opération, on comprend combien était téméraire la tentative dans le même genre du malheureux Charles Bovary, simple officier de santé. » En décembre 1840, *Le Musée des familles* écrit, sous la signature Ἑρμῆς (décembre 1840, p. 96) : « Il est encore une innovation chirurgicale qui mérite une mention dans cette note : nous voulons parler du traitement de quelques difformités par la section des muscles qui les produisent. Ainsi les pieds bots [...]. Des hommes instruits, MM. Duval, Bouvier, etc., ont pratiqué un nombre considérable de ces opérations. » Autrement dit, à l'époque où Charles Bovary tente son opération et à celle où Flaubert écrit, l'opération du pied bot est une « innovation chirurgicale », comme le dit d'ailleurs Flaubert : « Il [Homais] avait lu dernièrement l'éloge d'une nouvelle méthode pour la cure des pieds bots... » (éd. Claudine Gothot-Mersch, p. 178). Or le point capital est que le docteur Flaubert n'a pas opéré, mais suivi les méthodes traditionnelles. Le docteur Canivet vociférera contre ces « inventions de Paris » (*ibid.*, p. 186-187). Dira-t-on que le docteur Flaubert était rétrograde, ou bien qu'il n'avait pas trop confiance dans des interventions chirurgicales dont le succès lui paraissait mal assuré ?

Peu satisfait par ses lectures, Flaubert va rendre visite à son frère, le chirurgien Achille Flaubert, qui d'après J.-P. Sartre est une pâle imitation de son père : « J'ai été aujourd'hui à Rouen, exprès, chez mon frère, avec qui j'ai longuement causé anatomie du pied et pathologie des pieds bots » (lettre à Louise Colet du [18 avril 1854], p. 551). Il s'agirait alors d'une conspiration des deux frères contre « le Père » ! Pourquoi ne pas admettre que Flaubert a tout simplement choisi une opération à la mode, relativement facile à réaliser, qui échoue, et que son père n'avait jamais voulu tenter ? J'ajoute que l'exemplaire du *Traité pratique du pied bot* du docteur Vincent Duval dont s'est servi Flaubert, et qui se trouve dans la bibliothèque de son frère le docteur Achille Flaubert, était dédicacé au « Père » : « À mon premier maître, M. Flaubert. Témoignage de reconnaissance. V. Duval » (René-Marie Martin, « À propos du pied bot d'Hippolyte », *AFl.*, 1956, n° 9, p. 27).

Page 545.

1. « Tu pratiqueras bien souvent les artisans de tous métiers, comme de *Marine, Vènerie, Fauconnerie,* et principalement les artisans, *Orfèvres, Fondeurs, Maréchaux, Mineralliers ;* et de là tireras maintes belles et vives comparaisons avecques les noms propres des métiers, pour enrichir ton œuvre et le rendre plus agréable et parfait » (Ronsard, *Abrégé de l'Art poétique,* 1565).

Noter que Ronsard parle de *comparaisons,* et Flaubert de *métaphores.*

2. Je n'ai pu identifier ces deux docteurs, des médecins de quartier, sans doute. Voir p. 476 et n. 2.

3. Voir la lettre de Flaubert à Louise Colet du [3 janvier 1853], p. 230 et les notes.

4. Faudrait-il lire : *sac ?*

5. En tant que rapporteur du prix de poésie de l'Académie française, Alfred de Vigny devait lire les poèmes retenus par la commission, dont celui de Louise Colet. Le sujet était *L'Acropole d'Athènes.* Louise Colet remportera le prix. Elle écrit le 14 mai 1854 à Honoré Clair : « Je ne vois presque jamais M. Cousin ; c'est M. de Vigny qui s'est le plus intéressé à moi dans ce concours, puis MM. Mignet, de Musset et Patin » (musée Calvet, fonds Colet, 6418, f⁰ 184 r⁰).

6. *Chatterton,* avec Marie Dorval dans le rôle de Kitty Bell, avait été l'un des plus grands succès du théâtre romantique (1835).

7. *Othello ou le More de Venise* (Théâtre-Français, 24 octobre 1829). Vigny a aussi traduit *Le Marchand de Venise* (1828) et des fragments de *Roméo et Juliette.*

Page 546.

1. S'agit-il du *Conte oriental,* d'*Anubis,* du *Dictionnaire des idées reçues ?*

2. Flaubert fait ici allusion à une soirée chez Louise Colet, un dimanche sans doute, lors de son séjour à Paris en février 1854. Qui tenait le piano ? Edma Roger des Genettes, Fanny Chéron, l'amoureuse de Leconte de Lisle ?

3. Edma Roger des Genettes. Ce surnom vient bien entendu des *Mémoires d'outre-tombe* de Chateaubriand. Voir l'édition du Centenaire, due à Maurice Levaillant, Paris, Flammarion, 1950, t. I, p. 125-127.

Page 547.

1. Les mots : « Ah ! les garces de Paris t'ont trop sucé, etc. » sont omis dans l'édition Conard (t. IV, p. 55). Copie R. Descharmes (B.N., N.A.F. 23831, f⁰ 355). Eudore et Cymodocée sont les héros des *Martyrs* de Chateaubriand (1809).

2. Hérodote, *Polymnie,* chap. CCI-CCXXXIV.

À LOUISE COLET

[12 avril 1854]

Autographe J. Lambert ; Conard, t. IV, p. 56-60. Enveloppe : Madame Colet, rue de Sèvres, 21, Paris. C.P. Rouen, 14 avril 1854. La lettre est paraphée.

3. Léonie Leparfait, Edma Roger des Genettes et l'actrice Marie Durey. Sur Marie Durey, voir la lettre de Flaubert à Louis Bouilhet du [10 août 1854], p. 567 et n. 3.

Page 549.

a. deux principes plus nets <l'un de l'autre> et plus [ennemis] <opposés>

b. montés [là-dessus] <sur cette base>

1. Flaubert orthographie : *Ormuz* et *Arihmane.*

Page 550.

À LOUISE COLET

[18 avril 1854]

Autographe J. Lambert; Conard, t. III, p. 422-429 (mal datée de janvier 1854). Bien datée par Joseph F. Jackson (*Louise Colet et ses amis littéraires,* p. 214 et n. 43) et Gérard-Gailly (*Bulletin du bibliophile,* art. cité, p. 326).

1. L'« affaire du Philosophe » serait le problème de la pension que Victor Cousin versait à Louise Colet pour Henriette. Voir la lettre de Flaubert à Louise Colet du [2 mai 1852], p. 82 et n. 2, et celle du [19 février 1854], p. 522 et n. 2.

Page 551.

a. des [choses] <détails> techniques, tout en [restant] <les gardant> précis

1. Le prix de poésie de l'Académie française, que Louise Colet remportera avec son poème *L'Acropole d'Athènes* (voir l'Appendice V, p. 940-944).
2. Flaubert et Louise Colet ne se reverront plus.
3. Voir la lettre de Flaubert à Louise Colet du [7 avril 1854], p. 544 et n. 3.
4. Blouse : terme de billard. Chacun des trous en forme de poches qui sont dans un billard (Littré).
5. Flaubert semble être allé deux fois à Paris de mai à juillet 1854. Voir ses lettres à Louis Bouilhet de [mai-juin 1854], p. 559, et du [2 août 1854], p. 563.
6. Flaubert arrivera à Paris le 1er novembre 1854, pour y passer l'hiver. Voir sa lettre à Louis Bouilhet du [16 octobre 1854], p. 569.

Page 552.

1. Il s'agit de *Ma fille* et de *La Gloire.* Voir les notes suivantes.
2. *Ma fille* (voir l'Appendice V, p. 936-938). Louise Colet a très peu tenu compte des suggestions et critiques de Flaubert.

Page 553.

1. Jacques Delille (1738-1813), le dernier des grands poètes classiques. Flaubert écrit : *Delisle.*

Page 554.

1. (Voir *Le Livre posthume*) : *addition marginale.*

Le Livre posthume, roman de Maxime Du Camp, avait été publié dans la *Revue de Paris* à partir du 1er décembre 1852. Voir la lettre de Flaubert à Louise Colet du [9 décembre 1852], p. 201 et *passim.*

Page 555.

1. Flaubert fait allusion à *La Paysanne* (voir l'Appendice V, p. 945-963).

2. *La Gloire* (voir l'Appendice V, p. 940). Louise Colet a tenu compte de la moitié environ des remarques de Flaubert.

Page 556.

1. *La Servante :* le second récit du *Poème de la femme* de Louise Colet.

2. Pour les *Contes* de Louise Colet, voir la lettre de Flaubert à Louise Colet du [17 août 1853], p. 398 et n. 6.

3. Sur cet article, voir la lettre de Flaubert à Louise Colet du [2 mars 1854], p. 528 et n. 1. Philipon était le directeur des *Modes parisiennes* (voir la lettre de Flaubert à Louise Colet du [9-10 janvier 1854], p. 501 et *passim*). Sur les rapports ultérieurs de Louise Colet et de Philipon, voir p. 330 et n. 1. Flaubert écrit : *Philippon.*

À LOUISE COLET

[22 avril 1854]

Autographe Gordon N. Ray ; Conard, t. IV, p. 60-63. Enveloppe : Madame Colet, rue de Sèvres, 21, Paris. C.P. Rouen, 23 avril 1854.

4. Voir la lettre de Flaubert à Louise Colet du [2 mars 1854], p. 528 et n. 1, et la lettre précédente.

5. Sur l'opération par le docteur Bovary du pied bot d'Hippolyte, voir la lettre de Flaubert à Louise Colet du [7 avril 1854], p. 544 et n. 3.

6. Le discours de l'abbé Bournisien à Hippolyte (*Madame Bovary,* éd. Claudine Gothot-Mersch, p. 185).

Page 557.

1. Flaubert cite un passage de la dernière lettre de Louise Colet qu'il a reçue.

2. Flaubert donnait des leçons d'histoire et de géographie à sa nièce Caroline. Voir Caroline Commanville, *Souvenirs intimes,* Conard, t. I, p. XXVIII-XXIX.

3. Il s'agit d'un vers du poème de Louise Colet intitulé *Ma fille.* Voir l'Appendice V, p. 936, et la lettre précédente, p. 553.

4. Voir l'Appendice V, p. 945-963.

5. Ce recueil de vers de Louise Colet avait été publié en 1852 par la Librairie nouvelle.

Page 558.

1. La fable de La Fontaine (IX, 11) commence en effet par le récit, et se termine sur les sentiments personnels du poète :

> *Amants, heureux amants, voulez-vous voyager ?...*

2. *Madame Bovary,* éd. Claudine Gothot-Mersch, p. 177-178.

3. Le prix de poésie de l'Académie française, que remportera Louise Colet avec *L'Acropole d'Athènes.*

4. *Les Hurleurs,* qui seront publiés en février 1855 dans la *Revue des Deux Mondes,* et non pas *Le Vent froid de la nuit,* comme le veut l'édition Conard (t. IV, p. 63 et n. 1). Voir Edgar Pich, *Leconte de Lisle et sa création poétique,* p. 180.

5. Le second récit du *Poème de la femme,* de Louise Colet, qui sera annoncé dans la *Bibliographie de la France* le 26 août 1854.

6.   *Si quid tamen olim*
> *Scripseris, in Maeci descendat judicis auris*
> *Et patris et noftras, nonumque prematur in annum*
> *Membranis intus positis...*

« Cependant, tout ce que tu pourras, quelque jour, écrire, soumets-le aux oreilles du critique Mécius, à celles de ton père, aux nôtres, et garde-le huit ans chez toi, tenant bien enfermées les feuilles de parchemin... » (Horace, *Art poétique, Épîtres,* éd. François Villeneuve, Paris, Les Belles-Lettres, 1934, p. 222, v. 386-389).

À LOUISE COLET

[29 avril 1854]

Autographe musée Calvet, 6409, ff⁰ˢ 3601-3602; lettre publiée par Maurice Levaillant et Marc Varenne dans la *Revue des Deux Mondes* du 1ᵉʳ juillet 1954, p. 141. La lettre est datée par les allusions à l'article sur la Librairie nouvelle et par la présence de Louis Bouilhet à Rouen. Cette lettre est la dernière que Flaubert ait écrite à Louise Colet avant le billet du [6 mars 1855], p. 572, du moins à ma connaissance. La rupture des deux amants est due, probablement, à la liaison de Louise Colet et d'Alfred de Vigny. Peut-être aussi Flaubert était-il déjà l'amant de Béatrix Person, et Louise Colet a-t-elle eu vent de ce nouvel amour de Flaubert (voir la lettre de Flaubert à Louis Bouilhet du [2 août 1854], p. 562) ? En tout cas, Flaubert écrit à Bouilhet le [16 octobre 1854] : « Quant à elle, la Muse, c'est fini. — Nous pouvons dormir là-dessus » (p. 570). Louise Colet essaiera de relancer Flaubert, comme le montre la lettre que Louis Bouilhet lui écrit en septembre 1854 : « Vous m'avez prié de vous dire ce que je verrais là-bas [à Croisset]. [...] Nous avons lu ce que j'avais de mon drame, ce qu'il avait de sa *Bovary,* plus votre volume tout entier que je lui ai ingurgité pièce à pièce, comme je vous l'ai dit [*Ce qu'on rêve en aimant,* ouvrage annoncé le 2 septembre dans la *Bibliographie de la France*]. Plusieurs fois, j'ai prononcé le nom de Stello [Vigny] sans qu'il m'ait répondu. [...] Malgré la lecture de vos vers, il ne m'a en aucune façon

parlé de vous [...]. Il vient demeurer à Paris à la *fin d'octobre*. Il y
sera vers le 1er du même mois pour son logement, vous voyez
qu'il ne perd pas de temps ; et vous pouvez juger de ma surprise,
à ce brusque changement des choses. Je marche donc d'étonnements en étonnements, d'abord, pour ce qui le regarde, et puis un
peu pour vous aussi, chère Madame ; car, en bonne conscience, je
croyais les choses rompues définitivement, de votre côté, et votre
indignation ne paraissait pas vouloir admettre l'idée d'un retour »
(Marie-Claire Bancquart et un groupe d'étudiants, *Lettres de Louis
Bouilhet à Louise Colet...*, p. 171-172). Quelques jours plus tôt, Bouilhet
écrit à Flaubert : « La Muse m'accable de lettres, de questions stupides, et de vers *idem*. J'ai reçu, par la poste, sa *Servante* et son
volume [*Ce qu'on rêve en aimant*]. Quelle rage ! ! !... » (Appendice VI,
p. 968). De son côté, Leconte de Lisle écrit à Louise Colet en septembre 1854 : « Pas la moindre nouvelle de Bouilhet ni de Flaubert.
Décidément ces MM. ont assez de moi et m'enveloppent dans la
même disgrâce. Ce sera absolument comme ils le voudront. Que
Dieu les bénisse ! » (musée Calvet, fonds Colet, 6410, f° 4565 v°).

7. Sur cet article, voir la lettre de Flaubert à Louise Colet du
[2 mars 1854], p. 528, n. 1 et *passim*.

Page 559.

1. Flaubert ne reverra plus Louise Colet.
2. Eugène Guinot, conteur et journaliste, collaborait aux
Modes parisiennes de Philipon, journal auquel Louise Colet venait
d'entrer. Voir la lettre de Flaubert à Louise Colet du [20 juin 1853],
p. 358 et n. 2 et 3.

À LOUIS BOUILHET

[Mai-juin 1854]

Autographe Lovenjoul, A V, ff°s 93-94 ; *Supplément*, t. I, p. 181-
182. La lettre est certainement postérieure à la rupture entre
Flaubert et Louise Colet, et antérieure à la lettre suivante.

a. le convoi [de trois heures comme d'habitude nous dînerons]
de midi 15 m

3. Le *cahier* contenant le manuscrit du drame de Louis Bouilhet,
Madame de Montarcy. Flaubert écrit : *ortographe*.
4. Voir la lettre de Flaubert à Louise Colet du [6 novembre
1853], p. 463.

Page 560.

a. le [cordon] lacet

1. Hectorine Caire épousera Ange Félix-Ferry (voir la lettre de
Flaubert à Louis Bouilhet du [16 septembre 1855], p. 594). S'agit-il
d'une domestique de Mme Flaubert, d'une servante de la ferme
attenant à la maison de Croisset ?
2. Allusion évidente à Louise Colet.

À LOUIS BOUILHET

[5 juillet 1854]

Autographe Lovenjoul, A V, ff^os 95-97; incomplète et mal datée du [6 juillet 1855] dans Conard, t. IV, p. 80-82. Enveloppe : Monsieur Bouilhet, rue de Grenelle-St-Germain, 71, Paris. C.P. Rouen, 6 (?) juillet 1854 (?). La lettre est datée par le mariage de Caroline Bonenfant et les allusions à Louise Colet et à *Madame de Montarcy*.

b. sans imagination. [et] <or> je t'estime

3. Caroline Bonenfant épouse André-Jules Laurent, ingénieur civil, le 16 mai 1854. Voir Claude Chevreul, « Nogent-sur-Seine dans la vie et l'œuvre de Flaubert », *AFl.*, n° 28, mai 1966, p. 9.

4. Le docteur Achille Flaubert, frère de Gustave.

5. Trissotin à Vadius :

> *Eh bien ! nous nous verrons seul à seul chez Barbin*
>
> Molière, *Les Femmes savantes*,
> acte III, sc. v.

Page 561.

a. [dire] <reconnaître>

1. *Madame de Montarcy.*

2. La « grande œuvre publiée » est le poème intitulé *Melaenis*, publié dans la *Revue de Paris* du 1er novembre 1851, p. 85-168.

3. Pour le sens du mot *roquentin*, voir p. 472 et n. 3.

4. Il s'agit de projets poétiques de Louis Bouilhet, qui ne semblent pas avoir été réalisés.

5. Je n'ai pas trouvé trace du *Ballet astronomique*, ni des bouts rimés. Pour les projets de théâtre, féeries, pantomimes (dont *Pierrot au sérail* ; voir la lettre de Flaubert à Louis Bouilhet du [9 mai 1855], p. 574 et n. 5), consulter surtout Marie-Jeanne Durry, *Flaubert et ses projets inédits*, p. 53-78. Pour le *Dictionnaire des idées reçues*, voir la lettre de Flaubert à Louise Colet du [16 décembre 1852], p. 208 et n. 1.

6. De « là-bas… » à « longtemps » : marge de gauche du folio 2 v°.

7. Louise Colet. Flaubert avait donc des inquiétudes de ce côté. Il est très possible que Louise Colet ait cherché à renouer avec Flaubert à cette époque, puisqu'elle était à l'origine de la rupture.

8. Léonie Leparfait, l'amie de Louis Bouilhet ; elle habitait Rouen.

9. De « Pas de nouvelles… » jusqu'à la signature : marge de gauche du folio 2 r°.

10. De « Nouvelle… » jusqu'à « Enfin ! » : marge de gauche du folio 1 r°.

Page 562.

À LOUIS BOUILHET

[2 août 1854]

Autographe Lovenjoul, A V, ff^{os} 99-100 ; incomplète dans Conard, t. IV, p. 64-65. Enveloppe : Monsieur Bouilhet, rue de Grenelle-Saint-Germain, 71. C.P. Rouen, 5 août ? Dans la lettre suivante, Flaubert écrit : « Tu aurais dû recevoir une lettre de moi, samedi matin. Il faut qu'elle ait été perdue » (p. 563). Cette lettre aurait été postée avec retard.

a. hors la [bouche] <gueule>

1. Béatrix Person (1828-1884), et non Louise Colet, comme le veut Conard (t. IV, p. 64 et n. 1).

2. Pour cet ouvrage du docteur Rozier (Flaubert écrit *Rosier*), voir la lettre de Flaubert à Louise Colet du [13 mars 1854], p. 532 et n. 4.

3. Ce roman de Champfleury n'est pas *Madame d'Aigrizelles,* comme le croient les éditions du Centenaire et Conard, mais *Les Bourgeois de Molinchart,* qui paraissaient alors en feuilleton dans *La Presse. Madame d'Aigrizelles* est une très jolie nouvelle, où Champfleury raconte le cas de conscience de Raymond, membre de la Commission des grâces, qui doit requérir contre Henri d'Aigrizelles, alors qu'il est amoureux de sa mère. *Les Bourgeois de Molinchart* — Molinchart est un village de l'Aisne, dans l'arrondissement de Laon — ont pour thème un adultère en province, tout comme *Madame Bovary :* l'héroïne, Louise Creton du Coche, tombe amoureuse de Julien de Vorges. Les deux romans mériteraient d'être attentivement comparés, d'autant plus que Flaubert a pu tenir compte du roman de Champfleury en terminant et en revoyant son œuvre. *Les Bourgeois de Molinchart* sont annoncés dans la *Bibliographie de la France* le 15 avril 1855.

Page 563.

a. réellement [fort] <beau>

1. Mlle Ursule Creton, cinquante-cinq ans, porteuse de bannière à la confrérie de la Vierge. Voir son portrait (*Les Bourgeois de Molinchart,* Paris, Librairie nouvelle, 3e éd., 1856, p. 25-26) et le chapitre v (p. 54-65). C'est Ursule Creton qui surprend les deux amants.

2. Pourquoi Flaubert relit-il à ce moment ce roman de Balzac ? La question mérite d'être posée.

3. Le numéro du 1er août 1854 de la *Revue de Paris.*

4. Flaubert était donc à Paris le 19 juillet 1854. Était-il venu pour Béatrix Person ?

5. Léonie Leparfait, l'amie de Louis Bouilhet ; le « môme » est Philippe Leparfait, le fils adoptif de Bouilhet.

À LOUIS BOUILHET
[7 août 1854]

Autographe Lovenjoul, A V, ff⁰ˢ 102-103; *Supplément*, t. I,
p. 182-184. Enveloppe : Monsieur Bouilhet, rue de Grenelle-
Saint-Germain, 71, Paris. C.P. Rouen, 8 (?) août 1854 (?).

6. La lettre du [2 août 1854], p. 562.

Page 564.

1. Le professeur Jules Cloquet (voir t. I, p. 21 et n. 2) avait
conseillé à Mme Flaubert de passer l'hiver dans le Midi (voir la
suite de la lettre). Ce projet ne se réalisera pas. Louis Bouilhet écrit
à Louise Colet en septembre 1854 : « Enfin il y a trois jours il
[Flaubert] m'a écrit que positivement, il ne ferait pas le voyage du
Midi ; sa mère est guérie » (Marie-Claire Bancquart et un groupe
d'étudiants, *Lettres de Louis Bouilhet à Louise Colet...*, p. 171).

2. La deuxième partie de *Madame Bovary*, qui se termine sur
les retrouvailles d'Emma Bovary et de Léon Dupuis à l'Opéra de
Rouen (*Madame Bovary*, éd. Claudine Gothot-Mersch, p. 225-
237).

3. Le docteur Philippe Ricord (1800-1889) était le grand spécialiste des maladies vénériennes. Son *Traité pratique des maladies
vénériennes*, Paris, J. Rouvier et E. Le Bouvier, avait paru en 1838
(in-8⁰, 808 p.).

4. Voir la note 1 ci-dessus.

5. « Vous » : Louis Bouilhet et Alfred Guérard. Sur Alfred
Guérard, voir la lettre de Flaubert à Louis Bouilhet du [8 décembre
1853], p. 475 et n. 3.

6. La *route de quarante sols*, route menant de Saint-Germain à
Mantes par Chambourcy et Ecquevilly, et qui conserve encore ce
nom parce qu'on y percevait un péage de quarante sols (*Supplément*, t. I, p. 183 et n. 3).

7. On peut se demander quel rapport Flaubert pouvait bien
découvrir entre ce roman de Walter Scott et *Le Conte oriental*.
Les aventures des deux filles de Magnus Troill et du pirate Cleve-
land se passent aux antipodes de l'Orient. Peut-être Flaubert avait-il
été frappé par le caractère éminemment « romanesque » de l'œuvre ?
W. Scott n'a jamais écrit de roman dont l'intrigue et l'atmosphère
soient plus mystérieuses (voir Jean Bruneau, *Le Conte oriental
de Flaubert*, p. 93 et n. 4).

8. Pierre-Adolphe Piorry (1794-1879), médecin français, professeur à la Faculté de médecine, titulaire d'une chaire de clinique
depuis 1851. Il venait de publier un volume de vers : *Dieu, l'âme,
la nature* (Paris, 1854, in-8⁰). *Supplément*, t. I, p. 184 et n. 2.

Page 565.

1. Béatrix Person habitait 17, rue Montyon. Voir la lettre
précédente, p. 562.

2. Caroline Hamard, la nièce de Flaubert.

Autographe Lovenjoul, A V, ffos 105-106; incomplète dans Conard, t. IV, p. 65-67, et mal datée du 9 août 1854. Enveloppe : Monsieur Bouilhet, rue de Grenelle-Saint-Germain, 71, Paris. C.P. Rouen, 10 août 1854.

3. Alfred Guérard et Louis Bouilhet devaient faire ensemble un grand voyage en Italie, qui n'aura pas lieu. Sur Alfred Guérard, voir p. 475 et n. 3.

4. Adolphe Chéruel, l'ancien professeur d'histoire de Flaubert et de Bouilhet au Collège royal de Rouen (voir t. I, p. 29 et n. 6).

5. Du Camp était grand preneur de notes, en voyage, et accusait Flaubert de paresse à cet égard (voir t. I, p. 514 et n. 1).

6. Chapelle et Bachaumont, *Voyage curieux, historique et galant, contenant plusieurs particularités très considérables, et ce qu'il y a de plus beau et de plus remarquable à voir au tour de la France...* (1re éd., 1680).

7. Sur le docteur Ricord, voir la lettre précédente, p. 564 et n. 3.

Page 566.

a. des [séances] <solennités> académiques
b. Ce bon [naturaliste] <zoologue>

1. *Les Bourgeois de Molinchart.* Voir p. 562, n. 3.

2. Alfred Baudry (voir t. I, p. 230 et n. 6) ; il était le frère cadet de Frédéric Baudry.

3. Le docteur Félix-Archimède Pouchet avait été le professeur d'histoire naturelle de Flaubert et de Bouilhet au Collège royal de Rouen (voir t. I, p. 148 et n. 3).

4. La séance publique annuelle de l'Académie de Rouen avait eu lieu le 8 août 1854 : discours de réception de M. Jolibois, avocat général (*Précis analytique des travaux de l'Académie,* 1853-1854, p. 5).

5. *Bohême et Normandie,* scène dialoguée en vers par F. Deschamps (*ibid.,* p. 64 ; R. Descharmes, éd. du Centenaire, *Correspondance,* t. II, p. 199, n. 2).

6. Pour l'opinion de Flaubert sur *Gabrielle,* voir t. I, p. 628 et n. 1.

7. Louis Bouilhet avait été répétiteur à la pension Deshayes. Lors des compositions, les élèves des pensions rivalisaient avec ceux du collège. Voir par exemple t. I, p. 568, n. 3 et *passim.*

Page 567.

1. *Madame de Montarcy.*

2. Sur l'ouvrage du docteur Rozier — et non *Rosier* —, voir p. 532 et n. 4, et p. 562 et n. 2.

3. Marie Durey avait débuté à l'Odéon le 3 mai 1847 dans le rôle d'Andromaque. Sa liaison avec Louis Bouilhet semble avoir commencé en mars ou en avril 1854. Antoine Albalat cite une lettre de Louis Bouilhet à Flaubert qui doit dater du printemps 1854, car elle mentionne à la fois Edma Roger des Genettes, Marie Durey, Alfred de Musset et Alfred de Vigny (*Gustave Flaubert et ses amis*, p. 29-31). Cette lettre, qui figurait dans les dossiers Tanit (*ibid.*, p. 31 et n. 1), ne se retrouve pas dans le fonds Franklin-Grout à Lovenjoul. La voici :

« Hier soir, j'ai dîné chez la Durey, et nous nous sommes rendus à neuf heures chez la Muse, moi dix minutes après. Durey était éblouissante de toilette et de jeunesse. Ses cheveux lui pendaient au-dessous du sein. Il y avait là réunion nombreuse, Musset, Vigny, Patin, Mignet, une foule d'autres plus ou moins académiciens et les habitués, Préault, Antony [et non *Antonin* Deschamps] (qui m'a beaucoup parlé de toi et qui t'adore), le père Babinet, très nul, le capitaine [d'Argentigny], les médecins ordinaires, le père Roger [des Genettes] et son épouse laide à faire peur, une toilette à prétentions pyramidales et fort gauche, les inévitables Chéron, la fille soupirant toujours avec son grand nez, Delisle morne, et une honnête galerie de femelles, atroces et immobiles comme des divinités égyptiennes, moins la dureté des formes, à ce que je crois. Il y avait là glaces, punch, thé, pâtisseries, sucreries, deux domestiques servants et un introducteur, soirée du grand monde, mais peu de paquet en général [?]. Le père Chéron m'a sérieusement excité. / La Muse n'était pas mal, mais furieusement fardée, et avec une si grande maladresse, qu'on suivait la peinture sur la peau. Je crois qu'elle se fait aux grandes manières, ô Démocratie ! Maintenant voici mon tour. Tu comprends ma perplexité avec ces deux femelles en présence, se doutant déjà l'une et l'autre de quelque chose à mon endroit. Tu n'étais pas là pour occuper la Sylphide. Aussi la comédie a été du drame. La Sylphide, à mon entrée, m'a accaparé, comme d'autorité et en critiquant d'une façon indécente la jeune Durey : qu'elle est laide ! quel costume ! (Elle avait deux mille francs de dentelles sur le corps, *inde ira*.) L'époux lui-même m'a dit à l'oreille : "Si je connaissais cette demoiselle, je lui conseillerais d'abandonner la déclamation." (Note qu'elle n'avait encore rien dit.) Enfin on la tourmente, elle récite des vers de Leconte de Lisle ; mais, comme la Sylphide me parlait bas avec affectation, Durey se trouble, perd la mémoire, avec des larmes plein les yeux. À ce moment la Sylphide me disait : "Vous n'osez pas regarder en face vos sentiments." Immédiatement j'ai été à Durey et je me suis assis à côté d'elle. Dix minutes après la Sylphide est venue, après avoir déblatéré avec tout le monde contre Durey et m'a dit : "Vous ne voulez pas être franc ? — Je vous le jure. — M'aimez-vous encore ? — Non." Alors elle a changé de figure, passé dans le petit salon et plaisanté sur la baladine de Montmartre, etc., etc. Elle avait regret de se trouver avec de pareilles femmes !... Elle eſt partie en me donnant la main ; mais je ne lui ai pas dit un mot d'adieu... Je vais l'envoyer... d'une façon congrue. Durey nonobſtant a été superbe d'aplomb, quand elle a vu mon jeu. Elle a déclamé du Vigny, lequel eſt enthousiasmé d'elle. Quant à moi, j'ai formellement refusé de dire des vers, ou d'en laisser dire de moi devant Musset, dont la Sylphide a lu *La Nuit de mai.* Musset m'a paru assez incolore, mais moins déjeté que je ne le croyais. J'ai nécessairement emmené Durey chez moi... et me voilà seul ce matin avec ta lettre, cher vieux... Travaille, travaille... Ton maſtodonte, Polydamas. » *La Muse* : Louise Colet ; *la Sylphide :* Edma Roger des Genettes ; la signature de Louis Bouilhet comporte une allusion aux *Fossiles,* « ton maſtodonte », et à *Melaenis ;* Polydamas eſt le maître d'éloquence de Paulus (chant I).

4. Le doĉteur Cloquet était à Rouen (voir la lettre de Flaubert à Louis Bouilhet du [7 août 1854], p. 564). Je ne sais qui eſt l'*homme à la chope,* un Rouennais sans doute ?

À LOUIS BOUILHET

[17 août 1854]

Autographe Lovenjoul, A V, f^fos 108-109; incomplète dans Conard, t. IV, p. 68-69. Enveloppe : Monsieur Bouilhet, rue de Grenelle-Saint-Germain, 71, Paris. C.P. Rouen, 18 août ? La lettre eſt sûrement de l'année 1854.

5. Louis Bouilhet était en pourparlers avec le libraire Jacottet pour publier *Melaenis*. Dans *Le Conſtitutionnel* du 9 février 1852, Sainte-Beuve avait accusé Bouilhet de « ramasser les bouts de cigare d'Alfred de Musset » (voir la lettre de Flaubert à Louise Colet du [16 février 1852], p. 44 et n. 5). Flaubert désirait que Bouilhet cite l'article de Sainte-Beuve dans la préface de *Melaenis ;* Jacottet devait y voir une maladresse. *Melaenis* sera publié chez Michel Lévy en 1857.

6. Flaubert eſt seul à Croisset ; *Dackno* ou *Dakno* eſt son chien (R. Descharmes, éd. du Centenaire, t. II, p. 200, n. 1).

7. Flaubert doit penser au rendez-vous de Paulus et de Marcia dans les jardins de l'édile, au chant deuxième de *Melaenis.* Il pourrait craindre les ressemblances pour le « clair de lune », où Emma et Rodolphe se parlent d'amour l'avant-veille du jour fixé pour leur départ, passage que Flaubert devait avoir écrit récemment. [Cf. *Melaenis,* « De la gorge pudique il cherchait les chemins », et *Madame Bovary,* le vent qui découvre le haut de la poitrine d'Emma.] On notera que Rodolphe et Emma doivent partir « le 4 septembre, un lundi », et que le 4 septembre tombait précisément un lundi en cette année 1854 (Jean Pommier et Gabrielle Leleu, *Madame Bovary, nouvelle version...,* Paris, Corti, 1949, p. XXIX).

Page 568.

1. Caroline Commanville a raconté cet épisode dans ses *Heures d'autrefois* : « Durant ces années de mon enfance, j'ai le souvenir de plusieurs petits voyages au bord de la mer. L'un d'eux aurait pu avoir une fin tragique, car nous eûmes, ma grand-mère et moi, un terrible accident. Nous avions pris un matin le petit paquebot qui allait de Rouen au Havre et qui passait à Croisset devant notre maison. Le temps était beau, mais c'était l'époque des grandes marées, de celles qui font dire à nos pêcheurs : " Eh ! Vla le flot, faut lâcher les amarres crainte qu'elles ne craquent." En arrivant à Quillebeuf, à l'embouchure de la Seine, le capitaine aurait dû reculer devant les vagues gigantesques pour en atténuer le choc ; au contraire, il alla à toute vapeur à leur rencontre et au lieu de passer dessus, nous passâmes dessous. Par trois fois le navire manqua de s'engloutir. On sait que ce petit phénomène du mascaret n'a que trois lames redoutables, heureusement, car une quatrième eût causé notre fin. La barre du navire s'était cassée, la panique était générale, les bagages pour la plupart emportés. On se relevait contusionné, quelques-uns le visage ensanglanté, les vêtements collés aux membres. Ma bonne grand-mère, pour me faire mieux voir l'arrivée « du flot », m'avait conduite à l'avant. J'étais grimpée sur un tas de cordages et elle me tenait fortement le bras, aussi ne m'avait-elle pas lâchée dans notre chute si violente. Le danger passé, on eût ri des accoutrements ridicules d'un grand nombre d'entre nous ; l'un ayant un paletot, l'autre un châle prêtés par les plus fortunés à ceux dont les malles étaient perdues. Mais des paroles dont je n'oublierai jamais l'accent retentissaient et glaçaient le cœur : " Qu'on mette une chaloupe à la mer, qu'on la retrouve, il me faut mon enfant " et en même temps une femme agitait un grand chapeau de paille dont les rubans flottaient au vent. Ils étaient de couleur rose. En effet, une fillette de six ans avait été enlevée par-dessus le bastingage. Elle ne fut retrouvée que bien des jours après. »

2. Je n'ai pu identifier Gompertz.

3. Solon Robinson, *Hot-Corn*, traduit de l'anglais par A. Letellier, *Revue de Paris*, 15 août 1854, p. 481-497 : « La popularité de *Hot-Corn* a dépassé, en Amérique, celle du célèbre roman de Mme Beecher-Stowe : *La Cabane de l'oncle Tom*. » En voici un passage : un homme ivre vient d'être écrasé : " Il faut qu'il aille à l'hôpital. — Alors je le suivrai, et c'est moi qui le soignerai." Ainsi parle l'épouse ; depuis que le nom sacré de l'épouse est connu [de la foule] c'est son langage, son langage à elle seule. Mais quelque chose s'attache à ses vêtements et la pousse par-derrière. Elle regarde ; c'est un enfant et une jeune fille, — la petite marchande de *hot corn* qui vient d'être chassée du perron de la Banque. " Mais, mère, parlez-nous ; c'est Bill et moi. Est-ce que papa est mort ? Qui l'a tué ? " Le rhum ! elle ne le dit pas, mais elle le pense… » (p. 490).

4. Il s'agit du futur recueil de poèmes de Louis Bouilhet, publié en 1859 sous le titre *Festons et astragales*.

Page 569.

À ÉLISA SCHLÉSINGER

[26 septembre 1854]

Incipit publié dans les *Œuvres complètes illustrées de Gustave Flaubert,* éd. du Club de l'Honnête Homme, *Correspondance,* t. II, p. 606, avec l'indication : « Collection particulière », 1 p. in-8°, et la date erronée du 26 septembre *1857.* C'est en 1854 que le 26 septembre est un mardi ; d'ailleurs, Maria Schlésinger se marie en 1856 (voir la lettre de Flaubert à Louis Bouilhet du [8 septembre 1856], p. 630).

À LOUIS BOUILHET

[16 octobre 1854]

Autographe Lovenjoul, A V, ff°⁵ 110-111 ; lettre publiée par Hélène Frejlich dans *Les Amants de Mantes, Flaubert et Louise Colet...,* Paris, S.F.E.L.T., 1936, p. 142-143 ; *Supplément,* t. I, p. 184-186. La date est vraisemblable ; Bouilhet n'a pas encore fini *Madame de Montarcy, Melaenis* et *Festons et astragales* ne sont pas encore publiés, et la lettre mentionne Louise Colet. D'après cette lettre, Flaubert aurait résidé à Paris durant l'hiver 1854-1855, ce qui explique l'absence de correspondance entre Bouilhet et lui pour cette période.

a. cela n'en vaudrait que mieux [pour le] comme balle

1. Mme Flaubert revenait-elle de Nogent-sur-Seine ? D'après cette lettre il semble qu'elle ait passé l'hiver 1854-1855 à Paris avec sa petite-fille Caroline Hamard, près de son fils Gustave.

2. C'est pourtant à l'Odéon que sera jouée *Madame de Montarcy,* le 6 novembre 1856.

3. *Melaenis* et *Festons et astragales* ne seront publiés qu'en 1857 et 1859, respectivement.

4. Sur le surnom de *Caraphon,* voir p. 115, n. 3.

Page 570.

1. Les sculpteurs Préault (voir p. 354 et n. 1) et Ferrat (voir t. I, p. 809 et n. 1), amis de Louise Colet et familiers de son salon.

2. Flaubert se trompait ; voir les deux lettres de la page 572.

3. Expression obscène, que Flaubert reprendra dans sa lettre à Louis Bouilhet du [27 juin 1855], p. 584.

4. Le nom de Durey est raturé et difficilement lisible. On pourrait aussi lire *Duranty,* mais il semble que Duranty n'ait fréquenté que plus tard le salon de Louise Colet. Le fonds Colet du musée Calvet conserve deux lettres de Duranty à Louise Colet, non datées (4608, ff°⁵ 3374-3376). Dans la seconde, il s'excuse d'avoir tardé « pour aller vous dire à quel point j'ai été touché, madame, de ce que vous avez bien voulu vous ressouvenir d'un

jeune homme pour qui votre salon a été une initiation à la vie
littéraire et qui y a certainement puisé l'encouragement et l'émulation. Vos bonnes paroles sur le livre que j'ai eu l'honneur de
vous envoyer sont une des meilleures récompenses que j'aie pu
souhaiter, et je serai bien heureux d'aller serrer votre main si
loyale et si généreuse qui m'est tendue avec tant de bonté et de
bonne grâce » (f° 3376). C'est vraisemblablement par sa mère,
Émilie Lacoste, que Duranty a été introduit dans le salon de Louise
Colet (voir Marcel Crouzet, *Un méconnu du Réalisme : Duranty
(1833-1880)...*, Paris, Nizet, 1964, p. 41). Enfin on pourrait lire
Darty, le surnom de l'actrice Marie-Pauline Coquart. Voir la lettre
de Flaubert à Louis Bouilhet du [7 mai 1857], p. 711.

                     À ALFRED BAUDRY
                  17 [février ou mars 1855]

   Autographe P. Macqueron ; *Complément* au *Supplément*, t. I,
p. 10-12. La lettre ne peut être que de 1855, vu la référence à la
scène de la cathédrale dans *Madame Bovary* (éd. Claudine Gothot-
Mersch, p. 244-249). Les samedis 17 de l'année 1855 tombent en
février, mars et novembre.

   5. Je n'ai pu retrouver cette lettre, non plus que la réponse
d'Alfred Baudry à la présente de Flaubert. La collection Lovenjoul
conserve douze lettres d'Alfred Baudry à Flaubert (B I, f°⁵ 95-
117 ; 1856-1872), dont on trouvera des extraits dans les notes de
cette édition.
   6. Voir *Madame Bovary,* éd. Claudine Gothot-Mersch, p. 247.
Flaubert écrira : *cercle.*
   7. Clodion, l'auteur de la *Sainte Cécile* qui décore le jubé de
la cathédrale de Rouen, est né à Nancy en 1738 et mort à Paris en
1814. La *Sainte Cécile* est une statue en marbre. Voir *Madame
Bovary, Ébauches et fragments inédits,* éd. Gabrielle Leleu, t. II,
p. 287, n. 1.

Page 571.

   1. Voir *Madame Bovary,* éd. Claudine Gothot-Mersch, p. 245.
   2. Flaubert a renoncé à cette description (voir Gabrielle Leleu,
Madame Bovary, Ébauches et fragments inédits, t. II, p. 289). Noter
que dans ces ébauches, Emma Bovary survient *au milieu* de la visite
de la cathédrale par Léon et le suisse.
   3. Voir *Madame Bovary,* éd. Claudine Gothot-Mersch, p. 247,
et *Madame Bovary, Ébauches et fragments inédits,* éd. Gabrielle Leleu,
t. II, p. 292 : « [...] et celle qui porte un enfant, la sainte Vierge,
à moins que ce ne soit la nourrice, les savants sont partagés. »
   4. Voir *Madame Bovary,* éd. Claudine Gothot-Mersch, p. 247-248.
   5. Le suisse dit à Léon : « [...] sortez par la cour des Libraires,
où vous verrez... un pourceau jouant du violon, sujet satirique »

(*Madame Bovary, Ébauches et fragments inédits,* éd. Gabrielle Leleu, t. II, p. 295).

6. Le suisse dit à Emma et Léon : « J'ai même oublié, reprit-il, de montrer à Monsieur deux vitraux fort remarquables : l'un représentant la vie de saint Julien l'Hospitalier, et l'autre des mariniers… » (*Madame Bovary, Ébauches et fragments inédits,* éd. Gabrielle Leleu, t. II, p. 294). Quand Flaubert aura terminé *Madame Bovary,* il se mettra à « préparer sa légende » (lettre à Louis Bouilhet du [1er juin 1856], p. 613). *La Légende de saint Julien l'Hospitalier* sera publiée dans *Trois contes* en 1877. Sur la genèse de *La Légende…,* voir l'excellente mise au point de Benjamin F. Bart et Robert Francis Cook, *The Legendary sources of Flaubert's saint Julien,* University of Torento Press, 1977, XII-203 p.

7. Ces guillemets indiquent évidemment une phrase de la lettre d'Alfred Baudry.

8. Joseph Prudhomme, le héros des *Scènes populaires…* d'Henry Monnier (Paris, Dumont, 1835-1839, 4 vol. in-8º).

9. Frédéric Baudry (voir t. I, p. 230 et n. 6).

10. *Madame de Montarcy* sera refusée au Théâtre-Français et jouée à l'Odéon le 6 novembre 1856.

Page 572.

1. Sur *Pierrot au sérail,* voir la lettre de Flaubert à Louis Bouilhet du [9 mai 1855], p. 574 et n. 5.

2. Mme Flaubert, Caroline et Flaubert lui-même avaient sans doute passé l'hiver à Paris. Voir la lettre de Flaubert à Louis Bouilhet du [16 octobre 1854], p. 569.

3. Sébastopol sera prise le 8 septembre 1855.

LOUISE COLET À FLAUBERT
[3 mars 1855 ?]

Inédite. Autographe musée Calvet, 6418, ffos 482-483. Louise Colet va pour la première fois en Angleterre en juillet 1851 (voir l'Appendice II, p. 877). Elle y retourne durant l'été 1856 et au printemps 1857, passe l'été 1857 en Belgique et en Hollande et part pour l'Italie en octobre 1859 (voir Joseph F. Jackson, *Louise Colet et ses amis littéraires,* p. 273). J'avais d'abord pensé à dater cette lettre de 1851, mais le ton en est tout différent de celui des lettres qui précèdent et suivent la visite à Croisset du 27 juin 1851 (t. I, p. 811 et suiv.). Il me paraît très invraisemblable, d'autre part, que Louise Colet ait pu écrire cette lettre après le billet de rupture de Flaubert daté sûrement du 6 mars 1855. L'enveloppe jointe à cette lettre : Monsieur Gustave Flaubert (*ibid.,* fº 484) ne comporte ni adresse, ni cachet postal, ce qui prouve que Flaubert était à Paris. Je propose donc l'hypothèse suivante : cette lettre aurait été écrite le samedi 3 mars, et, Flaubert n'étant pas venu, Louise Colet aurait été « relancer » Flaubert chez lui, le lundi suivant. Quant au voyage que Louise projetait, elle y aurait renoncé. Mais la lettre peut être postérieure au billet de rupture de Flaubert. Voir la note bibliographique de la lettre suivante.

À LOUISE COLET

[6 mars 1855]

Autographe musée Calvet, 6409, ff^os 3603-3604 ; lettre publiée par
Maurice Levaillant et Marc Varenne, *Revue des Deux Mondes,*
1er juillet 1954, p. 144. Enveloppe : Madame Colet, rue de Sèvres,
21, Paris. C.P. Paris, 6 mars 1855. Sur le billet lui-même, Louise
Colet a ajouté : « 6 mars 1855 — Allée le 5 mars 1855 — lâche,
couard et canaille. » Au dos de l'enveloppe : « Aujourd'hui vendredi 13 avril 185 [*sic*] appris par Bab[inet] qui le savait par Cloquet
son départ pour Croisset. »

On a beaucoup écrit sur la rupture de Flaubert et de Louise
Colet. J'ai moi-même suggéré comme cause — ou prétexte — de
la rupture la liaison de Louise avec Alfred de Vigny, et celle de
Flaubert avec Béatrix Person (voir la note bibliographique de la
lettre à Louise Colet du [29 avril 1854], p. 558). Mais la raison profonde me paraît être la lassitude de Flaubert, que l'on sent grandir
au fil des lettres de l'hiver et du printemps 1854. Car Louise Colet a
espéré quelque temps ramener Flaubert à elle. Comme Joseph F.
Jackson (*Louise Colet et ses amis littéraires,* p. 229), je crois en effet que
c'est de Flaubert que Louise Colet entretient Victor Hugo lors de la
visite qu'elle lui fait en 1856 à Guernesey. « Je n'oublierai jamais les
dernières heures de mon séjour à Guernesey ; la lecture de vos
admirables vers et la bonté de votre cœur quand le mien s'est
ouvert involontairement avec larmes et angoisses. J'ai beaucoup
réfléchi à ce que vous m'aviez dit, à votre fraternelle intervention
auprès de cet esprit maladif ; d'abord j'aurais voulu, puis le
courage m'a manqué. À quoi bon ? à quoi bon ? Je n'ai plus de foi
en lui ; il l'a brisée : il faut qu'il revienne de lui-même, ou je ne
croirai pas à son retour » (lettre du 19 août 1856, publiée par
Gustave Simon, « Victor Hugo et Louise Colet… », *Revue de
France,* 1er mai 1926, p. 421) ; et, le 1er avril 1857 : « J'aurais pleuré
de ces vraies larmes, que je m'efforce de refouler depuis deux ans.
Savez-vous que j'ai failli mourir à la suite de cette grande douleur
que je vous confiai la veille de mon départ de Guernesey ? »
(*ibid.,* p. 425-426).

Dans ses *Souvenirs littéraires* (3e éd., Paris, Hachette, t. II,
p. 266), Maxime Du Camp écrit : « En 1863, après la publication
de *Salammbô,* un tel applaudissement retentit autour de Flaubert,
qu'elle essaya de le ressaisir et de s'en parer ; il résista et pour
toujours lui tint porte close. » R. Descharmes ajoute : « Mme Bissieu [Henriette Colet] m'a raconté qu'à la même époque à peu
près, un jour qu'elle accompagnait sa mère, elles avaient aperçu
Flaubert au Collège de France ; Louise Colet aurait fait à sa
fille cette réflexion : "Mon Dieu ! qu'il est laid ! mais regarde
donc comme il est laid !" D'après Mme Bissieu ç'aurait été là
leur dernière rencontre » (*Flaubert… avant 1857,* p. 409, n. 4).
Comme toujours Du Camp dit la vérité, mais en l'altérant. La

Gazette anecdotique du 15 mai 1881 publie quinze lettres ou fragments de lettres inédites de Louise Colet à une amie, qui est sans aucun doute Edma Roger des Genettes : dans la lettre 11 (p. 276), Louise Colet avait écrit : « Le grand feu de paille de *Salammbô* est-il déjà éteint ? Ce n'est pas là un feu fait pour durer. Ces éloges outrés dépassent la mesure… » Elle se reprend dans la lettre 12 (p. 276-278) : « Je reçois ce soir votre affectueux billet et je vais vous dire de suite une de mes impressions de la journée. Je n'avais lu, quand je vous ai écrit, qu'un fragment de *Salammbô* qui ne m'avait que médiocrement charmée. J'avais entendu dire beaucoup de mal du livre par des rédacteurs du *Siècle* et du *Constitutionnel* et, d'autre part, je savais les démarches empressées, pour ne pas dire obséquieuses, que l'auteur faisait auprès des journaux dont il s'est le plus moqué autrefois pour qu'on parlât de son livre. De là ce mot de *grand feu de paille* à propos de cet ouvrage. Hier seulement je l'ai pris chez Dentu et comme avant tout je suis juste, je vous dirai que j'en suis ravie. C'est très beau, très grand, d'une fermeté de style inattaquable. [...] Je vous dis tout ceci comme si j'étais morte et comme s'il était mort. Il ne saurait plus me causer aucun élan de cœur, aucun tressaillement de sens. Je le trouve laid, commun, et à mon endroit complètement mauvais. Je ne serrerai jamais cette main de Normand madré. Mais je reconnais le talent très grand, très réel et fier du livre. Comme je sais que vous le voyez, vous pourrez lui dire ceci, non pour lui dont je me soucie peu, mais pour moi-même qui tiens à ne jamais commettre une injustice. » Enfin, dans une troisième lettre (n° 13, p. 278) : « Peu m'importe que *certaines personnes* parlent de moi avec *douceur*. C'est une sorte de charité dont je les dispense, vu que je ne saurais la leur rendre. L'esprit de justice dont je ne me départs jamais, m'a fait reconnaître ce qu'il y a de talent dans *Salammbô,* mais si vous l'avez dit ou écrit à l'auteur, vous deviez à la vérité de lui faire savoir aussi le mépris absolu que m'inspire son caractère et la répulsion incroyable que je ressens pour sa décrépitude anticipée ! Il tient plus à trois lignes d'un journaliste quel qu'il soit qu'à tous les souvenirs et fait bien, car ces souvenirs sont morts. Mon cœur est vide de son image comme Pompéi de ses habitants. Sur une cendre aussi refroidie doit planer la justice, mais une justice inexorable [...]. » Edma Roger des Genettes avait fait part à Flaubert de l'opinion de Louise Colet sur *Salammbô ;* elle écrit à Louise le 5 janvier [1863] : « Bien que je ne voie M. Flaubert que très accidentellement, je me suis empressée de lui faire connaître votre opinion sur son livre, et je crois que votre éloge lui a été beaucoup plus précieux que le lyrisme réuni de MM. Th. Gautier et P. de Saint-Victor » (musée Calvet, 6412, f° 5471 r°).

Louise Colet a romancé sa liaison avec Flaubert dans deux œuvres : *Histoire d'un soldat,* publiée dans *Le Moniteur* des 8, 9, 10, 13 et 14 février 1856, et en volume, chez Cadot, la même année, et *Lui,* publié dans *Le Messager de Paris* en août-septembre 1859, et paru la même année chez Michel Lévy (*Bibliographie de la France*, 15 octobre 1859). Dans *Histoire d'un soldat*, la rupture a lieu ainsi : Léonce est venu rendre visite à Caroline ; elle lui demande de rester un jour de plus : « "Ainsi vous me refusez ? vous ne voulez pas passer avec moi encore un jour ?" — Il répondit : "Je ne le puis !" Et elle, mal prévenue, en place de l'embrasser et de l'amollir par des caresses, lui dit : "Alors vous ne m'aimez pas ! alors tout est fini !" Il sortit sans miséricorde. » Survient l'ami de Léonce, en qui j'ai eu tort, je crois, de voir Maxime Du Camp (t. I, p. 388, n. 1) ; il s'agit bien plutôt de Louis Bouilhet, comme le pense Joseph F. Jackson (*Louise Colet et ses amis littéraires*, p. 222-223), car Du Camp a cessé toute relation avec Louise Colet en 1853. Madeleine, la servante de Caroline qui raconte l'histoire, dit de lui : « Le jour d'après, l'ami arriva tout riant comme s'il voulait la narguer. [...] Je ne me soucie guère de ce qu'il est devenu, mais je vous assure devant Dieu qu'il fut pour beaucoup dans le malheur de Madame. » Caroline se rend à l'auberge du Chevreuil [Mantes], puis chez Léonce, et Louise Colet relate, en la dramatisant, sa visite à Croisset de juin 1851 (voir t. I, p. 811-815). Le roman se termine sur la dernière rencontre de Caroline, Madeleine et Léonce, au théâtre : « En face de moi, tenant leurs bras nus sur une fenêtre ouverte à rebords rouges, je vis deux femmes que beaucoup d'hommes regardaient ; elles paraissaient à moitié déshabillées, tant leur corsage les couvrait peu. L'une était brune à figure plate, l'autre toute rousse à nez retroussé. [...] Je vis M. Léonce avec ces femmes-là !... C'était bien lui, à n'en pas douter, quoiqu'il fût changé : sa face rouge était bouffie comme s'il avait trop bu, et son corps rebondissait dans son gilet blanc ; il n'avait plus ses beaux yeux brillants, mais des yeux épais et sans clarté. » Il s'agit sans doute de Marie Durey et de Béatrix Person.

Le ton est bien différent dans *Lui* ; là Louise Colet devient vengeresse. Deux ans après la scène où Léonce [Flaubert] a failli rencontrer Albert de Lincel [Musset] chez la marquise Stéphanie de Rostan [Louise Colet] (voir le moment de Louise Colet du 24 août 1852, Appendice II, p. 893), Stéphanie écrit : « De cet amour qui avait pris toute mon âme comme par surprise et par sortilège, de cet amour auquel j'avais sacrifié Albert, il ne restait rien. On eût dit que, frappé par le présage fatidique d'Albert, cet amour s'était décomposé de jour en jour. J'avais vu l'orgueilleux et superbe solitaire renier une à une toutes ses doctrines sur l'art et sur l'amour, et faire de ses opinions une monnaie aux convoitises les moins fières » (*Lui*, 4e éd., Paris, Michel Lévy, 1863, p. 403). Albert meurt (Musset est mort le 1er mai 1857) : « Quant à l'autre, je n'y voulais point penser. Mais toujours cet amour en ruines pesait sur mon âme et l'étouffait, pour ainsi dire, sous ses débris ; j'avais été broyée par un bras de pierre inerte, brutal et insoucieux de mon agonie. Les lourds colosses égyptiens que le temps finit par déraciner dans les ruines de Thèbes n'ont pas conscience en s'affaissant du

Nubien qui s'était assis à leur ombre » (*ibid., p.* 408). Le fils de
Stéphanie lui dit : « Maintenant je comprends tout, [...] j'ai deviné
celui qui t'a tuée, et si tu meurs, vois-tu, eh bien ! je le tuerai
[...]. » Voici la dernière phrase du roman : « J'ai vécu pour mon
fils ; et à mesure que la blessure de mon lâche et aveugle amour
s'est fermée, l'image d'Albert a rayonné dans mon cœur ; je l'ai
revu jeune, beau, passionné, et je l'ai aimé dans la mort » (*ibid.,*
p. 409).

Les autres romans que Louise Colet publie durant cette période
n'ont rien à voir avec Flaubert (*Un drame dans la rue de Rivoli,*
Bruxelles, Méline, 1857, in-18, 193 p. ; et *Le Comte de Landèves*
suivi de *La Marquise de Gange,* Bruxelles, Méline, 1858, in-18, 202 p.).
Mais elle revient sur sa liaison avec Flaubert dans une de ses
dernières œuvres, *Les Pays lumineux,* ouvrage paru en feuilleton
dans *Le Siècle* en 1869, et publié posthume en 1879 (Paris, Dentu,
in-16, 327 p.). On trouvera des extraits de ces pages dans
E. Gérard-Gailly, *Les Véhémences* de *Louise Colet* (p. 194-198), et
dans Joseph F. Jackson, *Louise Colet et ses amis littéraires* (p. 252-
253). Mais le texte mérite d'être cité en entier. Louise Colet couvrait
pour *Le Siècle* l'inauguration du canal de Suez. Comme Flaubert,
elle décide de remonter le Nil et s'embarque sur le *Gyzeh*
au port de Boulac. Nuit blanche :

« Je fus pendant plusieurs heures la proie d'une hallucination
étrange et indéfinissable. L'image morte d'un être aimé dans mon
aveugle jeunesse, ensevelie dans mon cœur depuis plus de vingt
ans, s'y ranima tout à coup dominatrice et brutale. Sa stature de
géant se penchait vers moi comme pour me ressaisir, et d'une voix
douce, mais froide, ainsi que l'air qui sort d'une sépulture fermée
durant des siècles, le spectre me disait :

« "Prends garde ! tu n'as plus la force de marcher aujourd'hui
à travers le calvaire que jadis je t'ai fait parcourir. Tu pourrais
bien y laisser ton corps comme tu y laissas ton cœur en lambeaux
dans tes efforts désespérés pour attendrir le mien, dur métal battu
et comprimé entre la double enclume de la science et de la
débauche."

« Ma voix, étouffée par la souffrance, lui répondait indifférente :

« "Que me veux-tu ? que m'importe ce qu'est ton cœur ! tu
n'as plus d'empire sur moi ; ton fantôme s'est englouti dans le
néant des choses révolues."

« Mais, opaque et lourde comme une masse animale, la larve
obstinée s'asseyait sur ma poitrine brûlante. La lucarne ronde à
travers laquelle scintillaient deux grandes étoiles, figurait sa tête
aux yeux effarés, tantôt éclatants et tantôt éteints sous une ombre
noire. Je fermai les yeux pour ne pas la voir ; car depuis longtemps
j'ai maudit ce spectre malsain, dont l'apparition a toujours abattu
ma force vitale et paralysé mes élans généreux.

« Mais ne le voyant plus, je le sentis encore importun et rude :
n'étaient-ce pas ses mains qui étranglaient ma gorge sifflante ? et

sa bouche souillée qui imposait ses morsures à mon corps alangui ?
[Louise Colet est assaillie par des cafards et entrevoit des rats.]

« Je regardai ma montre, il était deux heures du matin [...]. Je
notai fiévreusement les impressions de cette longue nuit. Je trouve
sur une page presque illisible les lignes qu'on va lire :

« "Mais pourquoi donc l'apparition subite de cet être oublié ?
Ah ! c'est bien simple, rien de surnaturel et partant d'idéal dans
l'évocation de ce spectre oublié. Hier, parmi les motifs qui m'ont
déterminée à cette excursion dans la haute Égypte, j'ai pensé
tout à coup qu'il serait curieux d'y retrouver à l'état de momie
vivante une de ces séduisantes almées qui lui servirent à déchirer
et à révolter mon cœur dans ses récits de voyage. De cette idée est
éclos le cauchemar de tantôt, sans trouble, sans attendrissement,
sans réveil possible de sentiments morts et de cendres. À moins
pourtant que le fait seul d'y avoir songé soit une palpitation
persistante au contact d'un sépulcre percé à jour, et qui étale en
public ses pierres disjointes.

« "Voilà vingt ans que cet élu de l'amour a brisé et souillé de
ses mains grossières le piédestal éblouissant abrité dans un temple
ignoré ; aussi beau, aussi pur, aussi rare qu'un de ces temples de la
Grèce antique resté intact et enfoui durant des siècles. Voilà vingt
ans que lui-même a ouvert le temple aux reptiles immondes, aux
ronces envahissantes, aux vents destructeurs, aux poussières des
chemins qui rongent et ternissent les marbres les plus divins.
Lui-même a violé le mystère de la passion sainte, les pudiques
délicatesses de l'intelligence, le respect des choses éternellement
respectées : de l'amour, du génie, de la sincérité. Lui-même s'est
chassé de l'enceinte sacrée en la souillant des débauches du corps,
et ce qui est pis, des débauches de l'âme et des bassesses de la
vanité.

« "— Comment ! toi qui gardes à travers les temps toute ta jeunesse et ta vigueur d'esprit, craindrais-tu l'apparition de ce spectre ?
Il est impossible qu'il t'émeuve encore et qu'il te ressaisisse, donc
impossible qu'il t'épouvante. Oh ! c'est lui qui doit avoir peur
quand tu rayonnes dans sa conscience ! Pourtant, hélas ! regarde-toi
dans ce miroir, comme te voilà pâle, défaite et presque mourante !
Est-ce son souvenir qui t'abat et te revêt de cette apparence spec-
trale ! Non, c'est une tristesse immense de tes plus hautes croyances
perdues, détruites, profanées par lui. Mais quoi ! il n'a pu entamer
ton âme, restée entière comme un bloc de Paros immaniable
attendant son Phidias idéal et refusant de tressaillir sous le souffle
énervant d'un Pygmalion vulgaire. Sois incorruptible ! Tu vis,
tu vivras de ta propre force et non par les galvanisations d'emprunt
qui font son orgueil ! Cet orgueil inquiet, tu le domines par ta
silencieuse tranquillité dans la solitude. Tu le domines par ta
soif de la justice, par ton mépris de ce qui est fourbe et bas, par ta
conviction des candeurs sublimes et ton intarissable attendrissement de toutes les souffrances humaines. La mort morale dont il

t'enveloppa ne t'a pas atteinte. La vie circule en toi et le défie, la mort eſt en lui et le terrasse à travers ses agitations mondaines. Les sympathies qu'il inspire aux journaux putrides n'auront pas d'écho dans l'avenir ; il le sent, il s'en effare ; victime, tu as subi tous les outrages ; bourreau, on lui décerne toutes les glorifications ; mais l'heure de la réparation eſt certaine ; il n'échappera pas au châtiment.

« — *Si un homme a tué en secret, l'herbe des champs le dira.* Souviens-toi de ce grand proverbe arabe. Cette herbe juſticière qu'il a piétinée lâchement dans ce même désert africain où il a traîné ton âme, prend corps à corps l'assassin de ta jeunesse et le montre dans sa hideur barbare.

« — Gravis sans fléchir ce secret calvaire, près de ce larron polluant les voluptés ineffables qu'il t'a dérobées. Du récit attendri de tes longs supplices, la réprobation du malfaiteur sortira. Il triomphe à l'abri de sa triple armure d'emphase, de cynisme et de dureté. Mais une larme eſt parfois plus acérée qu'un glaive ! Émeus ! tu vaincras ! »

« De toute l'œuvre de Walter Scott, fleuve abondant mais infécond, où chaque adolescent s'abreuve, il n'eſt reſté dans mon cœur qu'une figure de femme ; elle flotte dans les froides brumes de l'Écosse qu'embrasent les mélodies brûlantes de Donizetti[1]. Cette musique, auréole empourprée et apothéose d'une âme, eſt sortie d'un cri déchirant du vieux Caleb, lorsque Lucie, accourue au signal de son amant, croyant tomber dans ses bras, tombe s'engloutir dans la trappe assassine. — *Oh ! c'eſt faire bouillir l'agneau dans le lait de sa mère !* s'écrie le vieillard éperdu. Naïf et éloquent sanglot sur une fosse sanglante. La femme eſt perpétuellement cet agneau supplicié par l'amour ; mais l'agneau lâchement poignardé en secret peut guérir de ses blessures, il se ranime et devient lionceau, il mord à son tour le meurtrier impuni, et devient l'inſtrument de la juſtice éternelle.

« "Être éphémère qui seras poussière demain, que parles-tu de ces vengeances bibliques ! endors-toi dans la paix d'une pitié universelle ; la mansuétude eſt à l'âme ce que l'opium eſt au corps."

« Ce furent là les derniers mots que j'écrivis cette nuit. »

Louise Colet, *Les Pays lumineux,*
Paris, Dentu, 1879, p. 204-210.

Louise Colet ira voir les almées, par deux fois : la première impression n'eſt pas bonne : « ... sa colossale personne, ses lèvres lascives, son œil avide et ses contorsions du reſte du corps » (p. 289-290). En revanche elle a beaucoup admiré Badaouïa, « la plus fameuse almée de toute la Haute-Égypte. Elle exécuta

---

1. C'eſt à une représentation de *Lucia di Lammermoor* qu'Emma Bovary retrouve Léon (*Madame Bovary,* éd. Claudine Gothot-Mersch, p. 232).

avec une noblesse et une pureté d'attitudes la danse héroïque de l'épée, et nous révéla ce soir-là ce qu'avaient été les almées antiques » (*ibid.*, p. 296).

Page 573.

À LOUIS BOUILHET

[9 mai 1855]

Autographe Lovenjoul, A V, ffᵒˢ 113-114; incomplète et mal datée du 10 mai 1855 dans Conard, t. IV, p. 70-71. Enveloppe : Monsieur Bouilhet, rue de Grenelle-Saint-Germain, 71, Paris. C.P. Rouen, 10 mai 1855.

1. Voir p. 115, n. 3.
2. Il s'agit de Léon Dupuis, qu'Emma Bovary a retrouvé à l'Opéra de Rouen.
3. Cette phrase prouve de façon irréfutable que l'intrigue de *Madame Bovary* est fondée, en partie du moins, sur la « réalité » : la vie et la mort d'Eugène Delamare, officier de santé, et de Delphine Couturier, son épouse. Mais j'ignore comment et de quoi « la fin [...] dans la réalité a été la plus remplie ».
4. Il s'agit sans doute du dernier acte de *Madame de Montarcy*, où M. de Montarcy s'empoisonne, croyant que sa femme est la maîtresse du roi Louis XIV :

Il fallait bien mourir, j'avais douté de toi.

5. Alfred Guérard et Louis Bouilhet devaient faire ensemble le voyage d'Italie. Voir la lettre de Flaubert à Louis Bouilhet du [10 août 1854], p. 565, et la lettre suivante, p. 575-576.
6. Alfred Baudry, le frère cadet de Frédéric Baudry (voir t. I, p. 230 et n. 6).
7. Bannette : petite banne, corbeille en osier (Littré).

Page 574.

1. *Tulipes et jacinthes,* poème inachevé et inédit de Louis Bouilhet; Léon Letellier en cite quelques vers dans son ouvrage sur *Louis Bouilhet, sa vie et ses œuvres...*, p. 12-13.
2. Il s'agit sans doute déjà de Juliet Herbert, mais il n'est pas impossible qu'une autre institutrice anglaise l'ait précédée au service des Flaubert (cf. B. F. Bart, *Flaubert,* Syracuse University Press, 1967, p. 391-392). La première mention certaine de la présence de Juliet Herbert à Croisset se trouve dans la dédicace à Caroline du *Prisonnier de Chillon* de Byron : « *Le Prisonnier de Chillon,* traduit par Gustave Flaubert et Juliet Herbert, dédié à "leur petite amie Caroline Hamard", Croisset, 1857 » (catalogue de la vente Franklin-Grout, Antibes, 28-30 avril 1931, nᵒ 15). On sait peu de

choses des rapports entre Flaubert et Juliet Herbert, qui ont dû être très intimes, et aucune lettre de leur correspondance n'a été retrouvée. Juliet était retournée en Angleterre en septembre 1857 (voir p. 733-735) ; Caroline écrit dans ses *Heures d'autrefois* : « [En 1870] j'étais descendue chez la mère de mon ancienne institutrice Miss Juliet Herbert. Elle habitait une minuscule maison à Chelsea [...]. À ce moment-là elle [Juliet] faisait l'éducation des Misses Conant. Je fus invitée à aller "en visite" à Lyndon Hall, résidence des Conant » (passage inédit communiqué par Mme Chevalley-Sabatier).

Ces lignes étaient écrites, quand Miss Hermia Oliver m'a aimablement communiqué le manuscrit de son livre, *Flaubert and an English Governess, The Quest for Juliet Herbert*, Oxford, Clarendon Press, 1980. Si Miss Oliver n'a pu retrouver de lettres, elle a en revanche réuni une riche moisson de documents concernant non seulement Juliet Herbert, mais aussi Miss Jane, l'institutrice de la sœur de Flaubert, qui deviendra Mrs. Farmer, et la famille Collier. Miss Oliver estime que l'institutrice mentionnée dans cette lettre est bien Juliet Herbert, et montre de façon convaincante la place importante que Juliet a tenue dans la vie de Flaubert jusqu'à sa mort. L'ouvrage de Miss Oliver éclaire ainsi de façon remarquable le dernier grand mystère de la vie de Flaubert.

3. Sur le sens du mot *sheik,* voir t. I, p. 641 et n. 1.

4. Georges de Scudéry, *Observations sur le Cid,* Paris, 1637 ; Chapelain et Conrart, *Les Sentiments de l'Académie française sur la tragi-comédie du Cid,* Paris, 1638.

5. *Pierrot au sérail,* pantomime en six actes suivie de *L'Apothéose de Pierrot dans le Paradis de Mahomet,* pièce écrite avec la collaboration de Louis Bouilhet. Seul le scénario en a été conservé (B.N., N.A.F. 14153) ; il a été publié dans les *Œuvres de jeunesse inédites,* t. III, p. 326-338. Les deux amis s'étaient adressés, au moins, au théâtre des Folies-Nouvelles, boulevard du Temple. L'un des directeurs, Louis Huard, écrit à Flaubert dans une lettre datée seulement *185* : « Monsieur, je suis désolé du retard apporté à la réponse que vous attendiez. M. Altaroche, mon associé, m'avait promis de vous écrire un mot au sujet de votre pièce, et il a malheureusement oublié de le faire. Il y a en ce moment dans nos cartons trois *manuscrits* portant le titre de *Pierrot au sérail.* Le premier acte de votre pantomime est bon, mais il faudrait changer le reste de la pièce. Si vous voulez avoir l'obligeance de passer un jour au théâtre, vous pourriez vous entendre à ce sujet avec M. Altaroche, qui vous développerait ses idées sur votre pièce... » (Lovenjoul, B III, f° 472). Le théâtre des Folies-Nouvelles deviendra en 1859 le théâtre Déjazet.

À LOUIS BOUILHET

[23 mai 1855]

Autographe Lovenjoul, A V, ff⁰ˢ 115-117; incomplète, et mal datée du 24 mai 1855, dans Conard, t. IV, p. 72-74. Enveloppe : Monsieur Bouilhet, rue de Grenelle-Saint-Germain, 71, Paris. C.P. 24 mai (?) 1855.

6. La rue des Charrettes va de la place Henri-IV à la rue Jeanne-d'Arc, tout près de la Seine.

Page 575.

a. un des motifs <secrets> de son voyage à Rouen, <et d'ailleurs> sa seule faiblesse

b. détailler <et raffiner>

1. « … et la vieille cité normande s'étalait à ses yeux comme une capitale démesurée, comme une Babylone où elle entrait » (*Madame Bovary,* éd. Claudine Gothot-Mersch, p. 269). Voir aussi *Madame Bovary, Nouvelle version…,* textes établis par Jean Pommier et Gabrielle Leleu, p. 525.

2. Cheminots : « ces petits pains lourds, en forme de turban, que l'on mange dans le carême avec du beurre salé » (*Madame Bovary,* éd. Claudine Gothot-Mersch, p. 305). Voir p. 360 et n. 7.

3.   *D'un pinceau délicat l'artifice agréable*
        Du plus affreux objet fait un objet aimable.

                    Boileau, *Art poétique,* chant III, v. 3-4.

4. Dans le roman, c'est Mme Homais, et non son mari, qui aime les cheminots (*Madame Bovary,* éd. Claudine Gothot-Mersch, p. 305).

5. Emma Bovary et Léon Dupuis : « Elle était aussi dégoûtée de lui qu'il était fatigué d'elle. Emma retrouvait dans l'adultère toutes les platitudes du mariage » (*Madame Bovary,* éd. Claudine Gothot-Mersch, p. 296).

6. Il s'agit de *Madame de Montarcy* (voir la lettre de Louis Bouilhet à Flaubert du [9 juin 1855], Appendice VI, p. 969).

7. *Bucolique* et *Les Raisins au clair de lune,* poèmes de Bouilhet recueillis dans *Festons et astragales,* 1859 (*Œuvres de Louis Bouilhet,* Paris, Lemerre, 1891, p. 77 et 88).

8. Alfred Guérard et Louis Bouilhet devaient voyager ensemble en Italie. Voir la lettre précédente, p. 573 et n. 5. Ce voyage n'aura pas lieu.

Page 576.

1. « […] il [M. Homais] parlait argot afin d'éblouir… les bourgeois, disant *turne, bazar, chicard, chicandard, Breda-street,* et *Je me la casse,* pour : Je m'en vais » (*Madame Bovary,* éd. Claudine Gothot-Mersch, p. 284).

2. Il s'agit de Béatrix Person et de Marie Durey, les deux actrices dont Flaubert et Bouilhet étaient alors les amants. Voir la note bibliographique de la lettre de Flaubert à Louise Colet du [6 mars 1855], p. 572 et *passim*.

3. On songe à Étienne Lousteau et Lucien de Rubempré regardant jouer Florine et Coralie au Panorama-Dramatique, dans les *Illusions perdues* de Balzac (*La Comédie humaine,* Bibl. de la Pléiade, t. V, p. 372 et suiv.).

4. Ces deux lettres n'ont pas été retrouvées.

À LOUIS BOUILHET
[30 mai 1855]

Autographe Lovenjoul, A V, ff⁰ˢ 124-125 ; *Supplément,* t. I, p. 186-192, et Conard, t. IV, p. 93-94 (de « Voilà ce que j'avais... » jusqu'à « ... les pieds », p. 579) et p. 96-97 (de « La *Bovary*... » jusqu'à « ... c'est embêtant ! », p. 579-580). L'édition Conard inclut à tort ces deux paragraphes dans la lettre de Flaubert à Louis Bouilhet du [30 septembre 1855] (p. 596), erreur signalée par Jean Pommier dans « Quelques lettres de Flaubert et de Bouilhet », *Bulletin du bibliophile,* avril 1949, p. 182, qui a le premier publié cette lettre (p. 175-181). Elle est datée par la référence à l'article de Paulin Limayrac sur l'*Histoire de ma vie* de George Sand, paru dans *La Presse* du 29 mai 1855.

a. je me flatte [de les comprendre et] <d'avance> d'y compatir

5. L'*Histoire de ma vie* de George Sand a été publiée dans *La Presse* du 5 octobre 1854 au 17 août 1855 (*Supplément,* t. I, p. 187 et n. 1).

Page 577.

a. pour [te faire] <t'acquérir>

1. Paulin Limayrac (1817-1868), journaliste connu pour ses idées libérales. Il était le critique littéraire de *La Presse* depuis 1852 (Vapereau).

2. Guimbarde : familièrement, mauvaise guitare (Littré). *Autre guitare* est le titre d'un poème du recueil de Victor Hugo, *Les Rayons et les ombres* (*Supplément,* t. I, p. 187 et n. 2) ; voir *Œuvres poétiques,* Bibl. de la Pléiade, t. I, p. 1079.

3. Feuilleton de *La Presse* du mardi 29 mai 1855, sur *L'Histoire de ma vie* (*Supplément,* t. I, p. 187 et n. 3).

4. Feuilleton de *La Presse* du 21 mai 1855 : « Béranger est aujourd'hui le glorieux vieillard de notre littérature, comme Chateaubriand l'était avant lui, comme Voltaire l'était avant Chateaubriand », etc. (*Supplément,* t. I, p. 187 et n. 4).

5. Rue mal famée de Rouen. Elle allait de la rue Beauvoisine à la rue des Arsins et à la rue de la Cigogne (*Supplément,* t. I, p. 187 et n. 5).

6. Citation empruntée à *Notre-Dame de Paris* (Bibl. de la Pléiade, liv. XI, chap. 1, p. 473, quand la recluse reconnaît sa fille). On la

rencontre encore ailleurs sous la plume de Flaubert : elle lui servait de *scie* (*Supplément*, t. I, p. 187 et n. 6).

7. Cette ligne appartient à la lettre de Louis Bouilhet à Flaubert du 26 mai 1855, que Jean Pommier a publiée dans l'article cité du *Bulletin du bibliophile*, p. 173-174. Je n'ai pas retrouvé l'autographe de cette lettre.

8. Flaubert tourne effectivement la page (A V, f⁰ 124).

9. Le poème de *Melaenis*, publié dans la *Revue de Paris* du 1ᵉʳ novembre 1851, p. 85-168.

10. Voir la lettre de Leconte de Lisle et de Louis Bouilhet à l'administrateur du Théâtre-Français, p. 509-510.

11. L'actrice Marie Durey, qui était alors la maîtresse de Louis Bouilhet (voir p. 567 et n. 3).

Page 578.

1. Non pas un article proprement dit, mais deux paragraphes à la fin de la *Revue dramatique* du lundi 1ᵉʳ décembre 1851 (veille du coup d'État !) dans le journal *Le Pays* : « …Laissez-moi vous annoncer un poète qui vient de débuter par une éclatante soudaineté de talent et d'inspiration, etc. ». Il s'agit de *Melaenis* (*Supplément*, t. I, p. 189 et n. 1).

2. Ulric Guttinguer avait consacré un article à la *Revue de Paris* dans *Le Corsaire* du 25 novembre 1851 : « … il y a un charmant conte arabe de M. Maxime Du Camp… et un poème romain vraiment adorable, et qui semble vécu aussi : *Melanis* [*sic*]. Ah ! ce poème qui a deux mille vers, nous l'avons lu sans désemparer, comme on lirait un roman de Balzac ou de Frédéric Soulié. C'est une admirable, franche et naturelle peinture des mœurs romaines sur une histoire épisodique du règne de l'empereur Commode, à faire pâmer de rires et de larmes. De l'esprit partout et du génie souvent… Voilà de la vraie jeunesse et de la bonne originalité ! » Guttinguer fera de même l'éloge du poème de Louis Bouilhet, *Les Rois du monde*, dans *Le Corsaire* du 7 septembre 1852. Voir Roger Lépiney, « Flaubert, Guttinguer et Bouilhet… », *AFl.*, 1955, n⁰ 6, p. 21-25.

3. Après avoir été répétiteur aux pensions Lévy et Deshayes, Louis Bouilhet avait fondé en avril 1849, avec Émonin, Vieillot et Vincent, une institution préparatoire au baccalauréat ès lettres, qu'il quittera en 1853 pour se fixer à Paris (voir Marie-Claire Bancquart et un groupe d'étudiants, *Lettres de Louis Bouilhet à Louise Colet…*, p. 16 et 19).

4. Sur le sens du mot *sheik*, voir t. I, p. 641 et n. 1.

5. Ancelot venait de mourir l'année précédente (1794-1854). On croyait en effet que cet auteur dramatique avait travaillé à *Amy Robsart*, alors qu'en réalité le collaborateur de Hugo avait été Alexandre Soumet (*Supplément*, t. I, p. 190 et n. 1).

Page 579.

a. où [*je n'étais point*] je n'avais seulement pas, les pieds.

1. L'acteur comique P.-L.-A. Grassot (1800-1860) avait débuté au Palais-Royal en juillet 1838. Louis Bouilhet et Flaubert le connaissaient personnellement ; ils comptaient sans doute sur son aide pour faire jouer *Madame de Montarcy.*

2. S'agit-il du docteur Émile Leudet (voir t. I, p. 255 et n. 2) ? Louis Bouilhet avait commencé des études médicales à l'École de médecine de Rouen (voir « À propos de Louis Bouilhet, étudiant en médecine », *Revue médicale de Normandie,* 10 avril 1903, p. 162 et suiv.). Louis Bouilhet songeait-il à reprendre ses études de médecine, ou s'agit-il d'un autre Leudet, directeur d'une pension de Rouen ?

3. Voir les lettres de Flaubert à Maxime Du Camp des [26 juin 1852], p. 113-115, et de [début juillet 1852], p. 120-122.

4. Voir la lettre de Flaubert à Louis Bouilhet du [10 août 1854], p. 565 et *passim.*

Page 580.

1. D'après l'édition Conard de *Madame Bovary,* Louis Bouilhet répond : « Quant à la *Bovary,* tu ne peux mettre ni un idiot, ni un cul-de-jatte : 1° à cause de Monnier, *Voyage en diligence ;* 2° à cause de Hugo, les *Limaces,* etc. Il faut un grand gaillard, avec un chancre sous le nez, ou bien un individu avec un moignon nu ou sanguinolent. Vois toi-même » (p. 491). La suite de la lettre citée dans l'édition Conard appartient à la lettre de Louis Bouilhet à Flaubert du [18 septembre 1855], Appendice VI, p. 971. Voir Benjamin F. Bart, « Louis Bouilhet, Flaubert's "accoucheur" », *Symposium,* Fall 1963, p. 187-190. Je n'ai pu retrouver la première des deux lettres.

Le Voyage en diligence d'Henry Monnier avait paru dans les *Scènes populaires, dessinées à la plume...,* Paris, Dumont, 1836-1839. La scène est intitulée *Le Relais :* « (Des boiteux, des aveugles, un crétin et des scrofuleux se précipitent aux portières de la diligence). [...] L'aveugle estropie sur la clarinette la valse de *Robin des Bois.* Le crétin : "Aboûm, aboûm, fâ ! fâ ! aboûm, aboûm. — Ernestine : Ah ! mon père ! quelle horreur !" » (*Scènes populaires,* Paris, Dentu, 1890, t. I, p. 155). Pour les *limaces,* voir Victor Hugo, *Notre-Dame de Paris,* Bibl. de la Pléiade, liv. II, chap. VI, p. 81 : « Et puis, à mesure qu'il [Gringoire] s'enfonçait dans la rue, culs-de-jatte, aveugles, boiteux, pullulaient autour de lui, [...] se ruant vers la lumière, et vautrés dans la fange comme des limaces après la pluie. »

À LOUIS BOUILHET

[6 juin 1855]

Autographe Lovenjoul, A V, ff⁰ˢ 119-120; incomplète dans Conard, t. IV, p. 74-77. Enveloppe : Monsieur Bouilhet, rue de

Grenelle-St-Germain, 71, Paris; C.P. Rouen, 7 juin 1855. Voir la réponse de Bouilhet, le [9 juin 1855], Appendice VI, p. 969-970.

a. [il faut] <tâche d'> avoir

2. *sue,* précédé d'un trait d'union, fait partie de la formation grammaticale *J'âpre-casse atmosphère...*

3. *Madame de Montarcy.*

4. Pierre-*Alfred* Blanche, né à Rouen en 1816, appartenait à une grande famille de médecins rouennais (voir t. I, p. 172, n. 1). Étant donné son âge, il avait dû être le condisciple d'Alfred Le Poittevin. Il était alors secrétaire général du ministère d'État et chevalier de la Légion d'honneur (*Almanach impérial,* 1854). Il jouera un rôle important lors du procès de *Madame Bovary ;* voir plus loin, p. 672 et *passim.* D'après cette lettre, il semble qu'il se soit intéressé au théâtre.

5. Laugier était l'archiviste du Théâtre-Français.

6. Dans sa préface aux *Dernières Chansons* de Louis Bouilhet, Flaubert écrit : « Sa première œuvre, *Madame de Montarcy,* reçue à correction par le Théâtre-Français, puis refusée à une seconde lecture, attendit pendant deux ans... » (Conard, t. VI, p. 478). Voir à l'Appendice VI, p. 973, la lettre de Louis Bouilhet à Flaubert du [4 octobre 1855].

Page 581.

a. C'est [un] <une manière de> travail <ler> inepte
b. je [supprime] <biffe>
c. comme <étant> une œuvre [d'imagination] <de lui>

1. Pierre-Mathieu Ligier (1796-1872). Après avoir été sociétaire de la Comédie-Française de 1831 à 1851, il jouait alors au théâtre de la Porte-Saint-Martin (Lyonnet).

2. *Revue de Paris,* 1er juin 1855 : *Chronique de la Quinzaine ; le Vésuve en mai 1855.* La phrase qui indigne Flaubert est la suivante : « Une moitié de la montagne dans l'ombre, le reste blanc, puis la mer lumineuse ; les hauteurs de Castellamare et de Sorrente bronzées aux flancs, argentées au front ; Capri dans une voie lactée étincelante ; plus loin, transparaissant dans les brumes, Misène, Ischia, la mer lointaine, et l'*au-delà* que voient les rêveurs... Tout cela devant nous, à nos pieds, et Jéhovah flamboyant derrière nous, et Dieu souriant sur nos têtes » (R. Descharmes, éd. du Centenaire, *Correspondance,* t. II, p. 206 et n. 1). Marc Monnier était professeur de littérature étrangère à la Faculté des lettres de Genève.

3. Dans un article intitulé « La seconde édition d'un roman inédit », paru dans la *Revue de Paris* du 1er juin 1855, J. Klaczko accuse Edmond About d'avoir, dans *Tolla,* démarqué le roman italien *Vittoria Savorelli.* Voir Marcel Thiébault, *Edmond About,* Paris, Gallimard, 1936, p. 66-67.

4. Sur Paulin Limayrac, voir p. 577 et n. 1. *Les Chants modernes*

de Maxime Du Camp sont annoncés dans la *Bibliographie de la France* le 31 mars 1855. Voici des extraits de la fin de la préface : « Délaissé par ses maîtres pour qui la littérature ne fut qu'un moyen et jamais un but, l'art littéraire a fait fausse route, il est revenu aux vieux errements du passé. Rien n'est encore perdu, rien même n'est compromis […]. Qu'il oublie le fatras des choses éteintes et qu'il vive avec son temps et pour lui. Trois grands mouvements, le mouvement humanitaire, le mouvement scientifique et le mouvement industriel, se complétant et s'entraidant l'un l'autre, emportent, comme un triple courant, notre époque vers une rénovation certaine […]. Un dernier mot : les poètes antiques, tourmentés déjà par les regrets du passé, ont placé l'âge d'or derrière nous, aux premiers temps de la terre. Ils se sont trompés ; j'en jure par l'éternel progrès, l'âge d'or est devant nous ! […] » (*Les Chants modernes,* Paris, Michel Lévy, 1855, p. 39). La Houghton Library de l'université Harvard possède une édition des *Chants modernes* comportant de nombreuses corrections et additions de la main de Maxime Du Camp, sans doute en vue d'une deuxième édition. Maxime Du Camp était très proche des saint-simoniens (voir t. I, p. 146 et n. 1).

5. Narcisse, le domestique de Flaubert. Voir la lettre de Flaubert à Louise Colet du [19 mars 1854], p. 536.

6. Victor Hugo, *Les Rayons et les ombres* (1840).

Page 582.

1. Armand Allais, de Pont-l'Évêque, cousin de Mme Flaubert (voir t. I, *passim*).

2. Voir la réponse de Louis Bouilhet, du [9 juin 1855], Appendice VI, p. 969.

AU DOCTEUR JULES CLOQUET
[17 ou 24 juin 1855]

Lettre inédite. Photocopie de l'autographe aimablement communiquée par Mme Helen Zagona ; lettre passée en vente à la librairie Pierre Gason (Verviers, Belgique), catalogue n° 92, 1978, p. 13, n° 30. La lettre est datée par l'élection du professeur Jules Cloquet à l'Académie des sciences le lundi 11 juin 1855. Comme Flaubert s'excuse de son retard, il peut s'agir des dimanches 17 ou 24 juin. Le [27 juin 1855], Flaubert écrit à Louis Bouilhet — alors à Paris — qu'il le verra « dans quinze jours » (p. 583). Dans cette lettre, il annonce sa venue à Paris « d'ici à trois semaines ». Les dates du 17 et du 24 juin lui conviennent donc toutes deux.

3. Le professeur Jules Cloquet a été élu membre de l'Académie des sciences (onzième section, Médecine et chirurgie) le 11 juin 1855 (*Dictionnaire de biographie française*). Je saisis cette occasion pour rectifier une erreur concernant le docteur Ernest Cloquet dans le tome I de cette édition (p. 566 et n. 3) : il était le neveu et non le fils de Jules Cloquet. Son père, Hippolyte Cloquet (1787-1843), médecin lui aussi, était le frère aîné de Jules Cloquet.

4. Je ne sais rien de ce voyage de Flaubert à Paris, sinon qu'il comptait visiter l'Exposition universelle : « Je me livrerai à la peinture, aux Beaux-arts [...] » (lettre de Flaubert à Louis Bouilhet du [27 juin 1855], p. 585). Il est de retour à Croisset le dimanche 29 juillet au plus tard : « J'ai eu à dîner avant-hier ton ancien professeur [...] » (lettre de Flaubert à Louis Bouilhet du mercredi [1er août 1855], p. 585).

Page 583.

À LOUIS BOUILHET

[27 juin 1855]

Autographe Lovenjoul, A V, ffos 122-123; incomplète dans Conard, t. IV, p. 77-79. Enveloppe : Monsieur Bouilhet, rue de Grenelle-St-Germain, 71, Paris. C.P. Rouen, 28 juin 1855.

1. Sur le sens de *Thomas,* voir la lettre de Maxime Du Camp à Flaubert de [fin août-début septembre 1851], Appendice I, p. 860.

2. Léon Laurent-Pichat, l'un des directeurs de la *Revue de Paris* depuis le 1er janvier 1853.

Page 584.

a. tu aimes la *(refait en)* les [campagne] <champs>, tu as des goûts simples. Il te faut <pr être heureux> une compagne
b. [Une chose] <Un trait> manque

1. Le docteur Achille Flaubert, frère de Gustave.

2. Léonie Leparfait, la compagne de Louis Bouilhet.

3. Abey, rouenneries, draperies, 86, rue Beauvoisine (R. Descharmes, éd. du Centenaire, *Correspondance,* t. II, p. 207, n. 2).

4. Louise Colet.

5. Voir p. 570 et n. 3. J'ignore le sens que Flaubert donne à *complex.*

6. Flaubert venait de relire l'*Émile* de Jean-Jacques Rousseau (voir sa lettre à Louis Bouilhet du [23 mai 1855], p. 576). Le précepteur d'Émile a choisi pour lui l'« état » de menuisier ; Sophie deviendra la « compagne » d'Émile.

7. Xavier de Maistre, *Voyage autour de ma chambre,* Paris, Dufart, an VII, in-18, 144 p.

8. *Symboles et paradoxes :* il s'agit des dernières pages de l'ouvrage d'Arsène Houssaye, *Voyage à ma fenêtre* (Paris, Lecou, 1851), qui avaient paru sous ce titre dans le premier numéro de la *Revue de Paris* (1er octobre 1851, p. 60-75). Le *Voyage à ma fenêtre* sera repris dans *Voyages humoristiques, Amsterdam, Paris, Venise* (Paris, Hachette, 1856).

Page 585.

1. Pour les impressions romaines de Flaubert, voir *Voyages,* éd. René Dumesnil, t. II, p. 500-519.

2. *Madame Bovary,* IIIe partie, chap. v (éd. Claudine Gothot-Mersch, p. 277-279).

3. Addition dans la marge de gauche du folio 123 r° ; sur Alfred Blanche, voir la lettre de Flaubert à Louis Bouilhet du [6 juin 1855], p. 580 et n. 4.

À LOUIS BOUILHET
[1er août 1855]

Autographe Lovenjoul, A V, ff[os] 127-128; incomplète et mal datée du [2 août 1855] dans Conard, t. IV, p. 82-83. Enveloppe : Monsieur Bouilhet, rue de Grenelle-St-Germain, 71, Paris. C.P. Rouen, 2 août 1855.

4. Lord Byron, *Childe Harold's Pilgrimage,* ch. III, str. II, v. 1 :

> *Once more upon the waters ! yet once more...*

5. *Madame Bovary,* éd. Claudine Gothot-Mersch, p. 285-286. Flaubert a renoncé à une partie de ce développement : « Il ne croyait pas à la vertu, il affichait l'expérience des grands débauchés, se déclarant du reste un vieux roussi, un farceur, un homme sans préjugés ; il avoua même avoir eu jadis pour bonne amie une petite lingère, où il allait souper quelquefois avec Bridoux » (*Madame Bovary, Ébauches et fragments inédits,* éd. Gabrielle Leleu, t. II, p. 411).

6. Edmond About (1828-1885) avait été élève à l'École normale supérieure, puis à l'École française d'Athènes, d'où il rapporta son livre sur *La Grèce contemporaine* (1854). Pour l'allusion aux « calomnies et canailleries », voir la lettre de Flaubert à Louis Bouilhet du [6 juin 1855], p. 581 et n. 3.

7. Sur Alexandre Bourlet de La Vallée, voir t. I, p. 70 et n. 4. Je dois à M. Lucien Andrieu le renseignement suivant : le « marquis de Saint-Andrieux », souvent mentionné dans le premier tome de cette correspondance, et que je n'avais pu identifier, n'est autre que Bourlet de La Vallée. Sa femme était originaire d'Octeville, à deux pas de Saint-Andrieux, au nord du Havre.

8. Le docteur Achille Flaubert. Les *Satyres* de Régnier ont paru en 1614.

9. *Melaenis,* poème de Louis Bouilhet, paru dans *La Revue de Paris* du 1er novembre 1851, p. 85-168.

Page 586.

1. Narcisse Lormier, le beau-frère du docteur Achille Flaubert (voir t. I, p. 43 et n. 1).

2. Pour la citation de *Notre-Dame de Paris,* de Victor Hugo, voir la lettre de Flaubert à Louis Bouilhet du [30 mai 1855], p. 577 et n. 6.

3. *Marikalh :* un nom de lieu ?

4. Philibert-Alphonse Rouvière (1809-1865). Il joue à la Porte-Saint-Martin et à l'Odéon en 1855 et entrera à la Comédie-Française en 1856, pour trois ans (Lyonnet).

5. Serait-ce l'auteur dramatique Pierre Laffitte ou Lafitte (1795-1879)?

6. Judith (Julie Bernat, épouse Derosne, dite) était sociétaire de la Comédie-Française depuis 1852.

7. Sur l'actrice Marie Durey, voir p. 567 et n. 3. Elle était partie pour une tournée en Amérique avec Rachel. La troupe quitte Southampton le 11 août 1855 et sera de retour en janvier 1856. Voir Léon Beauvallet, *Rachel et le Nouveau Monde*, Paris, 1856.

8. Discours prononcé le 29 juillet 1855 à la distribution des récompenses aux lauréats de la Société centrale d'horticulture, par Tougard, président de la société. Voir le *Journal de Rouen* du 30 juillet 1855. Pour l'emploi de l'argot par M. Homais, voir *Madame Bovary*, éd. Claudine Gothot-Mersch, p. 284.

À LOUIS BOUILHET

[15 août 1855]

Autographe Lovenjoul, A V, f⁰ 129; *Supplément*, t. I, p. 192-194. Cette lettre est datée par la précédente et la suivante.

9. Voir la lettre suivante, p. 587-588.

10. Le notaire Frédéric Fovard était l'ami intime de Maxime Du Camp, l'un des directeurs de la *Revue de Paris*, depuis 1843. Voir Jacques Suffel et Jean Ziegler, « Gustave Flaubert, Maxime Du Camp et Adèle Husson », *Bulletin du bibliophile*, 1978, III, p. 397.

11. Flaubert et Bouilhet tentaient de faire jouer leur pantomime *Pierrot au sérail* au théâtre des Folies-Nouvelles. Voir la lettre de Flaubert à Louis Bouilhet du [9 mai 1855], p. 574, n. 5.

12. Aucune lettre de Béatrix Person dans la collection Lovenjoul. Béatrix-Martine Person (1828-1884), élève de Samson, venait d'entrer au théâtre du Cirque. Elle était la sœur de l'acteur Dumaine (Louis-François Person, 1831-1885).

Page 587.

1. Émile Hamard, le beau-frère de Flaubert (voir t. I, p. 259 et n. 1). Il s'agit d'« embêtements » d'argent, comme le montre la parenthèse. Le fonds Du Camp de la bibliothèque de l'Institut conserve six lettres de Mme Flaubert au notaire Frédéric Fovard concernant les affaires de Caroline Hamard (3751, pièces 75 à 80); elles datent des années 1860-1865, et je les citerai dans les notes du troisième volume.

2. Sur Mme Le Poittevin, voir t. I, p. 22 et n. 2. Voici quelques renseignements supplémentaires provenant des *Heures d'autrefois* de Caroline Commanville : « Nous allions quelquefois l'été chez l'amie d'enfance de ma grand-mère, Mme Le Poittevin, l'aïeule de Guy de Maupassant. Ces dames s'étaient connues dès l'âge de

neuf ans, à Honfleur, dans un petit pensionnat tenu par d'anciennes maîtresses de Saint-Cyr [...]. Mme Le Poittevin habitait à Fécamp, un peu en dehors de la ville, une maison située à mi-côte. On la désignait comme « Le Pavillon ». [...] C'était une femme très littéraire que Mme Le Poittevin, voire même un peu bas-bleu [...]. Elle me paraissait très élégante avec des robes de couleurs claires ; un châle de crêpe de Chine jaune tombant sur ses bras lui dégageait la taille [...]. Cette bonne, excellente Mme Le Poittevin qui fut douce à mon enfance [...]. »

3. Léonie Leparfait, la compagne de Louis Bouilhet.

4. L'actrice Marie Durey (voir p. 586 et n. 7).

5. Napoléon Ier, né le 15 août 1769.

6. Depuis « Tu m'as écrit... » jusqu'à « soi-même » : passage publié à tort dans la lettre de Flaubert à Louis Bouilhet du [11 août 1856] (Conard, t. IV, p. 111).

7. L'« avant-Fin » de *Madame Bovary*.

8. « Et Rouvières ? Etc. Etc. » dans la marge de gauche du folio 129 v°. Flaubert orthographie toujours *Rouvières* pour Rouvière (voir p. 586 et n. 4).

À FRÉDÉRIC FOVARD
[15 août 1855]

Autographe Lovenjoul, B III, f° 205 ; lettre publiée dans les *Œuvres complètes illustrées de Gustave Flaubert,* éd. du Club de l'Honnête Homme, *Correspondance,* t. II, p. 507-508. Sur le dos du feuillet, Fovard écrit : « Mon bon Gustave, Excuse-moi si c'est possible. J'ai été en vacances tout le commencement de ce mois, et je comprends combien tu as dû crier après les tabellions. Pardon et bien à toi. Paris, 18 septembre 1855. » Frédéric Fovard, successeur de Me Bagard, avait son étude de notaire 20, rue Gaillon, à Paris. Les réponses de Fovard font peut-être partie des *Notes de documentation* prises par Flaubert pour la composition de *Madame Bovary,* 15 pages in-4°... montées en un volume, qui figuraient dans la vente de la collection du docteur Lucien-Graux (IVe partie, 4 juin 1957).

Page 588.

À LOUIS BOUILHET
[17 août 1855]

Autographe Lovenjoul, A V, ffos 131-132 ; incomplète et mal datée du [18 août 1855] dans Conard, t. IV, p. 84-86. Enveloppe : Monsieur Bouilhet, rue de Grenelle-St-Germain, 71, Paris. C.P. Rouen, 18 août 1855. Voir la réponse de Bouilhet, du [25 août 1855], Appendice VI, p. 970-971.

a. évite <même> mon nom

1. Sur Laffitte, voir p. 586 et n. 5.

2. Sur Alfred Blanche, voir p. 580 et n. 4.

3. Sur Laugier, voir p. 580 et n. 5.

4. Il s'agit d'Alfred Blanche.

5. Le professeur Stanislas Laugier, chirurgien en chef de l'Hôtel-Dieu (1799-1872). Il sera élu à l'Institut en 1868.

6. Le professeur Jules Cloquet (voir t. I, p. 21 et n. 2).

7. Sur Judith, voir p. 586 et n. 6. Marie Durey était partie en tournée aux États-Unis (voir p. 586 et n. 7).

8. L'actrice Béatrix Person, qui était alors la maîtresse de Flaubert. Voir la lettre de Flaubert à Louis Bouilhet du [2 août 1854], p. 562 et n. 1.

9. Béatrix Person avait invité Flaubert à venir l'applaudir dans son nouveau rôle au théâtre du Cirque, mais Flaubert n'avait pas d'argent. Voir la lettre de Flaubert à Louis Bouilhet du [15 août 1855], p. 586-587. *Inde ira !*

10. Isidore Samson (1793-1871), sociétaire de la Comédie-Française de 1818 à 1853 (Lyonnet).

11. Pierre-François Beauvallet (1801-1873), sociétaire de la Comédie-Française de 1832 à 1861 (Lyonnet).

12. Je n'ai pu identifier Ternaux, qui ne figure pas dans Lyonnet.

Page 589.

1. Edmond Got (1822-1901) était sociétaire de la Comédie-Française depuis 1850 (Lyonnet) ; Maxime Du Camp. Flaubert écrit *Gott*.

2. Sur Édouard Delessert, voir t. I, p. 718 et n. 1. Jean-Baptiste-François Provost (1798-1865) était sociétaire de la Comédie-Française depuis 1839 (Lyonnet).

3. Sur le sculpteur Préault, voir p. 354 et n. 1.

4. Jules ou Ernest Delamarre (voir t. I, p. 27 et n. 4).

5. Sur Laffitte, voir p. 586 et n. 5.

6. Sur Rouvière, voir p. 586 et n. 4.

7. Le notaire Frédéric Fovart. Voir la lettre précédente, p. 587-588.

8. Flaubert et Bouilhet cherchaient à faire jouer leur pantomime *Pierrot au sérail* au théâtre des Folies-Nouvelles (voir p. 574, n. 5 et *passim*).

9. Les chapitres v et vi de la troisième partie de *Madame Bovary*.

10. De « Tiens-moi… » à « souvent » : marge de gauche du folio 1 r⁰.

Page 590.

À LOUIS BOUILHET
[30 août 1855]

Autographe Lovenjoul, A V, ffᵒˢ 134-135 ; incomplète et mal datée du [31 août 1855] dans Conard, t. IV, p. 86-87. Enveloppe : Monsieur Bouilhet, rue de Grenelle-Saint-Germain, 71, Paris. C.P. Rouen, 31 août 1855.

1. Sur Laugier, voir p. 580 et n. 5.

2. Philoclès Régnier (1807-1885), sociétaire de la Comédie-Française depuis 1835.

3. Flaubert et Bouilhet tentaient de placer leur pantomime *Pierrot au sérail* au théâtre des Folies-Nouvelles. Voir la lettre de Flaubert à Louis Bouilhet du [9 mai 1855], p. 574, n. 5.

4. Le notaire Frédéric Fovard avait modifié son patronyme *Fouart* (voir p. 327). Pour les questions de Flaubert, voir p. 587-588.

5. Alfred Nion, avocat au barreau de Rouen (voir t. I, p. 501 et n. 2).

6. Il s'agit du Discours de réception de Buffon à l'Académie française, le 25 août 1753, plus connu sous le titre de *Discours sur le style*.

7. La reine Victoria et le prince Albert devaient visiter l'Exposition universelle.

8. Alfred Baudry, le frère cadet de Frédéric Baudry (voir t. I, p. 230 et n. 6) ; Écorcheville, fabricants de rouenneries, rue du Renard, 32 (*Almanach de Rouen*, 1840). La phrase de Flaubert n'est pas dirigée, semble-t-il, contre Alfred Baudry ou Mme Écorcheville, mais contre les dynasties bourgeoises.

9. Stéphane : une prostituée de la connaissance de Louis Bouilhet ?

Page 591.

a. que [de piles] de horions
b. Mlle Sophie [est pleine] pondera *[sic]*

1. Serait-ce l'auteur de *Bohême et Normandie* (voir p. 566, n. 5) ?

2. Henri Barbet (1789-1875) avait été élu maire de Rouen, conseiller général et député en 1830. Il est nommé pair de France en 1846 et sera de nouveau élu député en 1863. Il mourra au château de Valmont, près de Fécamp. On sait que Guy de Maupassant signera ses premières œuvres du pseudonyme : Guy de Valmont.

3. Serait-ce l'une des sœurs Collier ?

4. Le mari de « Miss Harriet » Collier était le baronet sir Alexander, et non sir Thomas, Campbell de Barcaldine (voir Philip Spencer, « Du nouveau sur la jeunesse de Flaubert », *AFl.*, 1955, n⁰ 7, p. 33). Sur le portrait d'Henriette Collier, voir la lettre de Flaubert du [24 février 1852], p. 48 et n. 3.

5. Allusion à un passage célèbre des *Mémoires d'outre-tombe* de Chateaubriand (voir p. 546 et n. 3).

À LOUIS BOUILHET

[13 septembre 1855]

Autographe Lovenjoul, A V, ff⁰ˢ 137-138; *Supplément*, t. I, p. 194-196. Enveloppe : Monsieur Bouilhet, rue de Grenelle-St-Germain, 71, Paris. C.P. Rouen, 14 septembre 1855.

6. Le cousin Armand Allais, de Pont-l'Évêque.

7. Grinche : *voleur* en argot (*Supplément*, p. 194 et n. 1).

Page 592.

1. C'est à Trouville que Flaubert a rencontré Élisa Schlésinger (voir t. I, p. 101 et n. 3) et la famille Collier (voir t. I, p. 114 et n. 2).

2. La lettre de Louis Bouilhet à Flaubert du samedi [25 août 1855], Appendice VI, p. 970-971.

3. Il s'agit de la comédie de Louis Bouilhet *Le Cœur à droite,* comme le montre la suite de la lettre.

4. *Le Cœur à droite* sera finalement publié dans *L'Audience,* le journal d'Eugène Delattre, du 26 janvier au 26 février 1859. Cette comédie n'a jamais été réimprimée. Dans sa lettre à Flaubert du [25 août 1855] (Appendice VI, p. 970), Bouilhet n'avait pas écrit que la *Revue de Paris* refusait *Le Cœur à droite,* mais seulement que Laurent-Pichat avait manqué de parole pour un rendez-vous. Eugène Crépet venait de fonder *La Revue,* qui disparaîtra en janvier 1858. Sur Eugène Crépet, voir p. 249 et n. 5. Louis Bouilhet a publié *Les Flambeaux* dans le numéro du 1er avril 1855 de *La Revue,* p. 44-46.

5. *Pierrot au sérail,* la pantomime que Flaubert et Bouilhet voulaient faire jouer au théâtre des Folies-Nouvelles. Voir p. 574, n. 5 et *passim.*

6. Pour l'article de Flaubert sur *Melaenis* arrêté à *La Presse,* voir surtout les lettres de Flaubert à Louise Colet des [5-6 juillet 1852], p. 125 et n. 2, et [26 septembre 1853], p. 440 et n. 1.

7. Louis de Cormenin, qui avait quitté la direction de la *Revue de Paris* à la fin de janvier 1854. Voir, t. I, la note bibliographique de la lettre de Flaubert à Louis de Cormenin, p. 208.

8. Il s'agit des embarras financiers d'Emma Bovary. Voir p. 585 et suiv.

9. La réponse du notaire Frédéric Fovard ne parviendra à Flaubert que le 18 septembre (voir p. 596) ; il remercie ici Fovard de penser à lui. Voir la note bibliographique de la lettre de Flaubert à Frédéric Fovard du [15 août 1855], p. 587.

Page 593.

1. Sur Rouvière, voir p. 586 et n. 4.

2. Sur le sens de *Thomas,* voir la lettre de Maxime Du Camp à Flaubert de [fin août-début septembre 1851], Appendice I, p. 860.

À LOUIS BOUILHET
[16 septembre 1855]

Autographe Lovenjoul, A V, ffos 140-141 ; incomplète et mal datée du [17 septembre 1855] dans Conard, t. IV, p. 88-90. Enveloppe : Monsieur Bouilhet, rue de Grenelle-St-Germain, 71, Paris.

C.P. Rouen, 17 septembre 1855. Voir la réponse de Louis Bouilhet du [18 septembre 1855], Appendice VI, p. 971-972.

a. On monte la côte, [L'he] Homais [aperçoit] <contemple> l'aveugle

b. [inguériss] incurable

3. Sur Homais et l'Aveugle, voir *Madame Bovary,* éd. Claudine Gothot-Mersch, p. 305-306. Pour une discussion de cet échange de lettres entre Flaubert et Bouilhet, voir B. F. Bart, « Louis Bouilhet, Flaubert's " accoucheur " », *Symposium,* Fall 1963, p. 188-190.

4. Le docteur Follin, né en 1823, était un ami de Louis Bouilhet.

5. Sans doute pour consulter son frère Achille, comme il l'avait déjà fait à propos de l'opération du pied bot (voir la lettre de Flaubert à Louise Colet du [18 avril 1854], p. 551 et n. 3).

Page 594.

1. La lecture de *Madame de Montarcy* à la Comédie-Française. La pièce sera refusée.

2. Alfred Blanche (voir p. 580, n. 4 et *passim*).

3. Mme Stroehlin était une amie intime de Mme Flaubert (voir t. I, p. 121, n. 5 et *passim*). Contrairement à mon hypothèse, Mme Stroehlin n'était pas une compagne de pension, mais une relation de voisinage. M. Philippe Deschamps, de Rouen, descendant des Stroehlin, m'a aimablement communiqué les renseignements qui suivent : née Adrienne Pottgeiser, Mme Stroehlin était venue de Metz à Paris avec sa mère restée veuve. Elle y épousa en 1835 M. Stroehlin, qui avait quitté Strasbourg pour s'établir à Rouen, où il était négociant en coton. Les Stroehlin habitaient rue de Crosne, à deux pas de l'Hôtel-Dieu. M. Deschamps possède le faire-part du décès de Mme Flaubert, adressé à Paris, rue Billaut. Les Stroehlin étaient évidemment bien en cour auprès des autorités impériales. Le docteur Henri Conneau — et non Coneau, comme l'écrit Flaubert —, qui avait partagé la captivité de Louis-Napoléon Bonaparte au fort de Ham, était le premier médecin de l'Empereur. Le docteur Jules Cloquet était l'un des médecins consultants (*Almanach impérial,* 1854). Flaubert écrit : *Stroelin.*

4. Jules Janin (1804-1874), le critique dramatique du *Journal des Débats.*

5. Sur cette affaire, voir p. 592 et les notes.

6. Voir la lettre de Flaubert à Louise Colet du [20 juin 1853], p. 359 et n. 4.

7. Voir la lettre de Flaubert à Louis Bouilhet de [mai-juin 1854], p. 560 et n. 1.

8. Sur le sens du mot *sheik,* voir t. I, p. 641.

9. Sébastopol a été prise le 8 septembre 1855.

10. Le 8 septembre 1855, à la porte des Italiens, un individu nommé Camille-Dieudonné Bellemare, né à Rouen, avait tiré

deux coups de revolver sur l'Empereur, sans l'atteindre (R. Descharmes, éd. du Centenaire, *Correspondance*, t. II, p. 216 et n. 1).

Page 595.

a. en vertu de cet [appétit] <instinct> dépravé

1. Peut-être *raboyer* ? Je n'ai trouvé ces mots dans aucun
dictionnaire.
2. *Taïeb* signifie « bien », « tout va bien » (voir t. I, p. 533).

À LOUIS BOUILHET
[19 septembre 1855]

Autographe Lovenjoul, A V, ff^os 143-144; incomplète et mal
datée du 20 septembre [1855] dans Conard, t. IV, p. 90-91. Enveloppe : Monsieur Bouilhet, rue de Grenelle-St-Germain, 71, Paris.
C.P. Rouen, 20 septembre ?

b. Homais emploie de beaux mots <et discerne qqe chose>
pr éblouir

3. Le pharmacien Homais à l'Aveugle : « [...] tu ferais mieux
de suivre un régime » (*Madame Bovary*, éd. Claudine Gothot-
Mersch, p. 306).
4. Voir la réponse de Louis Bouilhet du [22 septembre 1855],
Appendice VI, p. 972-973 ; et *Madame Bovary*, éd. Claudine Gothot-
Mersch, p. 306.
5. « Mais l'apothicaire certifia qu'il le guérirait lui-même, avec
une pommade anti-phlogistique de sa composition, et il donna son
adresse [...] » (*Madame Bovary*, éd. Claudine Gothot-Mersch, p. 306).

Page 596.

a. Je le fais [engager] <inviter> le pauvre à venir <le trouver>
à Yonville

1. Voir *Madame Bovary*, éd. Claudine Gothot-Mersch, p. 332-333.
2. Pour *Pierrot au sérail*, voir la lettre de Flaubert à Louis Bouilhet
du [9 mai 1855], p. 574 et n. 5 ; pour *Agénor, ou la Découverte de la
Vaccine*, tragédie en cinq actes et en vers, dont le texte complet, s'il
a été écrit, n'a pas été retrouvé, voir *Œuvres de jeunesse inédites*,
t. III, p. 339-365. Je me demande à qui, et dans quel but, Flaubert
et Bouilhet avaient prêté *Agénor*.
3. Maxime Du Camp consacre son huitième article sur l'Exposition universelle (Beaux-Arts) à l'école allemande romantique (*Revue
de Paris*, 15 septembre 1855, p. 562-594). Il y écrit : « Goethe [...]
nature égoïstement et profondément artiste, observateur sans cœur,
ne s'occupant pas du bien et ne sachant que le beau, l'ordonné, le
tranquille, le plastique, lança quelques injures misérables à la
grande révolution [...] » ; plus loin : « La littérature [...] devient
symbolique, allégorique, asiatique. [...] On s'ingénia à trouver
des explications aux nullités les plus manifestes, et chaque niaiserie

fut couverte d'un sens allégorique. En somme, tous ces efforts mal employés eurent pour seul résultat important de plier le langage aux formes poétiques les plus recherchées ; et le *romantisme* allemand aboutit, dans son dernier représentant, M. Henri Heine, au nihilisme absolu. »

4. Alfred Blanche (voir p. 580, n. 4 et *passim*).

5. *L'Âne d'or* d'Apulée, l'une des œuvres favorites de Flaubert.

6. Voir la note bibliographique de la lettre de Flaubert à Frédéric Fovart du [15 août 1855], p. 587. Ces deux phrases se trouvent au folio 2 v°.

À LOUIS BOUILHET
[30 septembre 1855]

Autographe Lovenjoul, A V, f°s 145-146 ; incomplète dans Conard, t. IV, p. 91-97. Deux paragraphes de la lettre de Flaubert à Louis Bouilhet du [30 mai 1855] ont été intégrés par erreur à cette lettre ; voir la note bibliographique de la lettre à Louis Bouilhet du [30 mai 1855], p. 576. La lettre est datée par la précédente et les suivantes. Louis Bouilhet y répond le [4 octobre 1855], Appendice VI, p. 973-974.

Page 597.

a. Toutes les portes [te seraient ouvertes] <s'ouvriraient>

1. *Madame de Montarcy* venait d'être refusée par le comité de lecture du Théâtre-Français. Dans son ouvrage sur *Louis Bouilhet...*, le chanoine L. Letellier cite deux fragments de lettres inédites de Louis Bouilhet à Flaubert, datées des 27 et 28 septembre 1855 (p. 258-259) ; Bouilhet y informait son ami de son échec (voir R. Descharmes, éd. du Centenaire, *Correspondance*, t. II, p. 217, n. 2). Ces lettres de Louis Bouilhet à Flaubert ne se retrouvent pas dans la collection Lovenjoul. Il semble que Mme Franklin-Grout ait prêté ou donné au chanoine Letellier un certain nombre de lettres de Louis Bouilhet à Flaubert. Le statut du fonds Letellier, déposé à la bibliothèque municipale de Rouen, n'est pas encore décidé, et ce fonds ne peut être consulté.

2. *Madame de Montarcy,* drame historique en cinq actes et en vers.

3. Louis Bouilhet s'était installé à Paris en novembre 1853. Voir la lettre de Flaubert à Louise Colet du [17 octobre 1853], p. 452, et les lettres suivantes.

4. *Melaenis* sera publié en volume, par Michel Lévy, en 1857.

5. Voir la lettre de Louis Bouilhet et de Leconte de Lisle à l'administrateur du Théâtre-Français, 17 janvier 1854, p. 509-510.

6. Jules Janin (voir p. 594 et n. 4), Alexandre Dumas père, Ulric Guttinguer (voir p. 578 et n. 2). Flaubert écrit *Guttinger*.

Page 598.

1. Ernesta Grisi, cantatrice, la compagne de Théophile Gautier ;

de leur union étaient nées Judith et Estelle, qui épouseront respectivement Catulle Mendès et Émile Bergerat.

2. Mme Stroehlin, amie intime de Mme Flaubert, était bien en cour, pour des raisons que j'espère un jour découvrir. Louis Bouilhet finira par obtenir, bien plus tard, en 1867, le poste de bibliothécaire de la ville de Rouen. Sur Mme Stroehlin, voir p. 594 et n. 3.

3. *Madame de Montarcy,* drame de Louis Bouilhet, venait d'être refusé au Théâtre-Français.

4. L'acteur Philoclès Régnier (voir p. 590 et n. 2).

5. Sur Laugier, voir p. 580 et n. 5.

6. Le drame de Louis Bouilhet, *Madame de Montarcy,* sera effectivement représenté à l'Odéon le 6 novembre 1856.

7. Le compositeur Ernest Reyer, grand ami de Louis Bouilhet (voir la lettre de Flaubert à Louise Colet du [17 mai 1853], p. 326 et n. 2).

Page 599.

a. des chemins de fer, [des *mouvements*] <de la rage> industrielle

1. « Les amis » : les directeurs de la *Revue de Paris,* et d'abord Maxime Du Camp.

2. Sur ce « refus », voir la lettre de Flaubert à Louis Bouilhet du [13 septembre 1855], p. 592 et n. 4.

3. Voir la lettre précédente, p. 596 et n. 3.

4. *Les Fossiles,* poème de Louis Bouilhet, ne se terminent pas, comme l'aurait aimé Maxime Du Camp, sur l'éternel progrès de l'humanité, mais sur sa disparition. Voir la lettre de Flaubert à Louise Colet du [19 mars 1854], p. 536 et n. 1.

5. Flaubert écrit : *Strove.*

6. Sur les idées politiques et esthétiques de Maxime Du Camp, voir la lettre de Flaubert à Louis Bouilhet du [6 juin 1855], p. 581 et n. 4.

Page 600.

a. « Les gdes [œuvres] entreprises

1. Ce mot, dont la lecture est certaine, ne figure dans aucun dictionnaire. *Bousée :* amas de bouse (Henri Moisy, *Dictionnaire du patois normand*).

2. S'agit-il d'une allusion historique ou littéraire, ou simplement familiale ? Léonie Leparfait était appelée *Mme Philippe* (voir la lettre de Flaubert à Louis Bouilhet du [27 juin 1855], p. 584).

3. Sur le sens du terme *roquentin,* voir p. 472 et n. 3.

4. Même citation dans la lettre de Flaubert à Louis Bouilhet du [15 août 1855], mais attribuée, semble-t-il, à Napoléon Ier (p. 587 et n. 5). Napoléon Ier est né le 15 août 1769, Napoléon III le 20 avril 1808.

[5 octobre 1855]

Autographe Lovenjoul, A V, ff^os 148-149; incomplète et mal datée du 2 octobre 1855 dans Conard, t. IV, p. 97-100. Enveloppe : Monsieur Bouilhet, rue de Grenelle-St-Germain, 71, Paris. C.P. Rouen, ? octobre ? La lettre est datée par celles qui l'entourent.

5. Flaubert accepte l'idée que *Madame de Montarcy,* le drame de Louis Bouilhet, soit jouée à l'Odéon. Sur le capitaine d'Arpentigny, voir p. 38, n. 1 et *passim.*

6. Vaëz et Royer ; voir la lettre de Louis Bouilhet à Flaubert du [4 octobre 1855], Appendice VI, p. 973.

7. Achille Ricourt, curieux type de bohème, qui se fit surtout connaître comme professeur. Il a été le « lanceur » de Ponsard et a découvert l'actrice Agar (Lyonnet).

8. Sur Alfred Blanche, voir p. 580 et n. 4.

Page 601.

1. Flaubert veut sans doute dire que Louis Bouilhet aurait pu obtenir une lecture de *Madame de Montarcy* au Théâtre-Français, ce qui n'impliquait pas, d'ailleurs, que la pièce fût acceptée, avec ou sans corrections. Voir p. 580, n. 6 et *passim.*

2. Le docteur Antoine-Émile-Pascal Blanche (1785-1849), père d'Alfred Blanche (voir t. I, p. 172 et n. 1). Sur la succession du docteur Flaubert, voir t. I, p. 255, n. 3 et 4.

3. Sur Laffitte, voir p. 586 et n. 5.

4. Sur Laugier, voir p. 580 et n. 5.

5. Arsène Houssaye était directeur de la Comédie-Française depuis novembre 1849. Il donnera sa démission en 1856.

6. Sur Mme Stroehlin, voir p. 594 et n. 3.

7. Mme Bouilhet était accourue à Paris, pour supplier son fils de renoncer au théâtre, car elle craignait qu'il ne se suicide (voir Léon Letellier, *Louis Bouilhet...,* p. 261).

Page 602.

1. Léonie Leparfait, la compagne de Louis Bouilhet.

2. Sans doute auprès de son frère, le docteur Achille Flaubert, comme Flaubert l'avait fait pour l'opération du pied bot dans *Madame Bovary* (voir p. 551 et n. 3).

3. De « Je demande » à « t'étouffe » : marge de gauche du folio 1 r⁰.

[10 octobre 1855]

Autographe Lovenjoul, A V, ff^os 151-152; incomplète et mal datée du 12 octobre 1855 dans Conard, t. IV, p. 100-101. Enveloppe : Monsieur Bouilhet, rue de Grenelle-St-Germain, 71, Paris. C.P. Rouen, 11 octobre 1855.

4. En principe, Louis Bouilhet écrivait à Flaubert tous les samedis.

5. Le chapitre VII et le début du chapitre VIII de la troisième partie de *Madame Bovary* (éd. Claudine Gothot-Mersch, p. 301-320).

6. Léonie Leparfait, la compagne de Louis Bouilhet.

7. L'actrice Marie Durey, maîtresse de Louis Bouilhet, était alors en tournée en Amérique (voir p. 586 et n. 7).

Page 603.

1. Pourquoi Flaubert relisait-il *La Nouvelle Héloïse* de Jean-Jacques Rousseau ? à cause de la mort de Julie, en prévision de celle d'Emma Bovary ?

2. Pierre-Joseph Dainez, professeur de mathématiques, proviseur du Collège royal de Rouen à partir de 1835, puis recteur de l'Académie de Montauban et de Privas, né à Mons en 1786, mort aux Damps (Eure) en 1878 (*Journal de Rouen*, 20 et 22 février 1878). Voir la lettre de Flaubert à Dainez d'[entre le 11 et le 14 décembre 1839], t. I, p. 56. Flaubert enverra un exemplaire de *Madame Bovary* à Dainez (voir la note bibliographique de la lettre de Flaubert à Michel Lévy du [18 ou 25 ? avril 1857], p. 708).

3. Après le mot *école*, Flaubert fait quelques jambages se terminant par *quique*, suivi de quatre points.

4. Juliet Herbert sans doute ? (voir la lettre de Flaubert à Louis Bouilhet du [9 mai 1855], p. 574 et n. 2).

5. Carrick : sorte de redingote fort ample qui a plusieurs collets ou un collet très long (Littré).

Page 604.

À JULES DUPLAN
[1er novembre 1855 ?]

Autographe Lovenjoul, A V, ffos 329-330; lettre publiée dans les *Œuvres complètes illustrées de Gustave Flaubert*, éd. du Club de l'Honnête Homme, avec la date de [juin 1856] (*Correspondance*, t. V, p. 367). Au folio 330 vo : *Pressé*, Monsieur Jules Duplan, rue de Londres. En juin 1856, Flaubert est à Croisset. Cette lettre pourrait être du 1er novembre 1855 : dans la lettre précédente, Flaubert annonce à Louis Bouilhet qu'il compte arriver à Paris « d'aujourd'hui en quinze » (p. 602), c'est-à-dire le mercredi 31 octobre. La lettre daterait du lendemain de l'arrivée de Flaubert à Paris; il est en plein déménagement et n'a pas vu Jules Duplan depuis longtemps.

1. Flaubert s'installe dans ses meubles 42, boulevard du Temple. Il avait déjà passé l'hiver 1854-1855 à Paris, mais à l'hôtel ou en meublé (voir la lettre de Flaubert à Louis Bouilhet du [16 octobre 1854], p. 569).

À LOUIS BOUILHET
[12 novembre 1855]

Autographe Lovenjoul, A V, ff⁰ˢ 154-155; *Supplément*, t. I, p. 197. Enveloppe : Monsieur Bouilhet, rue de Grenelle-St-Germain, 71, Paris. C.P. Paris, 12 (?) novembre 1855. Cette lettre a été publiée par Jean Pommier dans « Quelques lettres de Flaubert et de Bouilhet », *Bulletin du bibliophile*, 1949, p. 225. Elle semble bien datée.

2. Charles Rouvenat de La Rounat, alors codirecteur de la *Revue de Paris*, allait être nommé l'année suivante directeur de l'Odéon (voir la lettre de Flaubert à Louis Bouilhet du [12 juillet 1856], p. 619).

3. Ernest Reyer avait proposé à Louis Bouilhet d'écrire le livret d'un opéra en trois actes. Voir la lettre de Louis Bouilhet à Flaubert du [22 septembre 1855], Appendice VI, p. 972. Sur Ernest Reyer, voir p. 326, n. 2.

4. Mme Stroehlin (Flaubert écrit : *Stroelin*) devait aider Louis Bouilhet à trouver « une place » (voir la lettre de Flaubert à Louis Bouilhet du [5 octobre 1855], p. 601). Sur Mme Stroehlin, voir p. 594, n. 3 et *passim*.

À JULES DUPLAN
[4 janvier 1856?]

Autographe Lovenjoul, A V, ff⁰ˢ 331-332; *Supplément*, t. I, p. 199, datée de [1856?]. Cette lettre peut être datée plus précisément, je crois, par la lettre suivante, mais ce n'est qu'une hypothèse.

Page 605.

1. Frédéric Baudry (voir t. I, p. 230, n. 6).

2. *Le Coq-Héron* est sans doute une poésie obscène. A-t-elle un rapport quelconque avec la rue de Paris du même nom, où se trouvaient les bureaux du *Figaro*, et où aboutissait la diligence de Nogent-sur-Seine (*L'Éducation sentimentale*, éd. Conard, p. 149) ?

3. Le pharmacien Homais se plaît à citer des proverbes, cette forme sentencieuse des « idées reçues ». Voir, par exemple : « Il faut marcher avec son siècle » (*Madame Bovary*, éd. Claudine Gothot-Mersch, p. 76) et *passim*.

À LOUIS BOUILHET
[8 janvier 1856]

Autographe Lovenjoul, A V, ff⁰ˢ 157-158; *Supplément*, t. I, p. 197. Enveloppe : Monsieur Bouilhet, rue de Grenelle-St-Germain, 71, Paris. C.P. Paris, 9 janvier 1856.

4. J'ignore qui est ce diplomate. Flaubert en avait rencontré plusieurs durant son voyage en Orient.

À JULES DUPLAN
[Fin janvier 1856 ?]

Autographe Lovenjoul, A V, ff^{os} 333-334; *Supplément*, t. I, p. 199. Les éditeurs du *Supplément* datent ce billet d'[avril 1856]; je le crois plutôt de janvier, à cause de l'allusion au *Coq-Héron* (voir la lettre de Flaubert à Jules Duplan du [4 janvier 1856 ?], p. 604).

5. Voir n. 2 de cette page.

À AGLAÉ SABATIER
[1er mars 1856]

Autographe non retrouvé; lettre publiée sans date par André Billy dans *La Présidente et ses amis,* Paris, Flammarion, 1945, p. 194. Le mal de gorge de Flaubert permet de la dater du samedi 1er mars 1856 (voir le *Rêve*, p. 606, et la lettre du [3 mars 1856], p. 609). Les documents laissés par Aglaé Sabatier ont été légués par son dernier ami, Edmond Richard, à la bibliothèque municipale de Fontainebleau; manquent les lettres de Flaubert et de Baudelaire, qui ont été vendues séparément; je n'ai pu avoir accès aux autographes de Flaubert.

6. Étant donné les légendes qui entourent Aglaé Sabatier, je reproduis son acte de naissance (Archives des Ardennes), dont je dois la photocopie à l'obligeance de M. Henri Manceau : « Aglaé-Joséphine Sabatier. L'an mille huit cent vingt-deux, le huit avril, neuf heures du matin, devant nous Adolphe comte de Jaubert, maire de Mézières, chevalier de l'Ordre royal de la Légion d'honneur, faisant les fonctions d'officier public de l'état civil, est comparue Marie-Jeanne Loitange, épouse Raulin, sage-femme demeurant audit Mézières, laquelle nous a déclaré que Marguerite Martin, âgée de vingt-quatre ans, née audit Mézières, y demeurant, faubourg du Pont de Pierre, fille non mariée des défunts Charles-Théodore Martin et Marie-Jeanne Plumet, est accouchée en son domicile audit Mézières hier sept avril, à une heure du matin, d'un enfant du sexe féminin, qu'elle nous présente et auquel ont été donnés les prénoms de Aglaé-Joséphine. La comparante nous a à l'instant présenté expédition d'un acte reçu par maître Forest, notaire à Charleville, le vingt-sept janvier dernier, enregistré à Charleville le premier février suivant, par lequel le sieur André Sabatier, chevalier de l'Ordre royal de la Légion d'honneur, sergent au quarante-septième rég[iment] d'infanterie, en garnison à Mézières, natif de Beaumont-Pied-de-Bœuf (département de la Sarthe), fils non marié de feu Claude Sabatier et de Marguerite Frain, son épouse, a reconnu que l'enfant dont était alors enceinte ladite Marguerite Martin, provenait de ses œuvres, et a déclaré vouloir qu'il portât son nom et fut ainsi inscrit aux registres de l'état-civil... » En marge de l'acte de naissance : « Par acte de mariage prononcé à la mairie du sixième arrondissement de Paris, le 27 octo-

bre 1825, André Savatier et Marguerite Martin ont reconnu et légitimé l'enfant du sexe féminin dénommée au présent acte sous les prénoms d'Aglaé-Joséphine, fille de André Savatier et de Marguerite Martin, et le père a déclaré que son vrai nom est *Savatier...* » Montée à Paris, Aglaé-Joséphine Sabatier — elle avait préféré cette version moins prosaïque de son patronyme — se lie avec le riche industriel belge Alfred Mosselman, et s'installe 4, rue Frochot, jusqu'en 1861, puis 10, rue de la Faisanderie. Elle mourra à Neuilly le 3 janvier 1890 (acte de décès rédigé au nom d'Apollonie Sabatier, rectifié en Aglaé-Joséphine Savatier). Le prénom d'Apollonie semble avoir pour origine un poème de Théophile Gautier, que voici :

> J'aime ton nom d'Apollonie,
> Écho grec du sacré vallon,
> Qui, dans sa robuste harmonie,
> Te baptise sœur d'Apollon.
>
> Sur la lyre au plectre d'ivoire,
> Ce nom splendide et souverain,
> Beau comme l'amour et la gloire,
> Prend des résonances d'airain.
>
> Classique, il fait plonger les elfes
> Au fond de leur lac allemand,
> Et seule la Pythie de Delphes
> Pourrait le porter dignement,
>
> Quand relevant sa robe antique
> Elle s'assoit au trépied d'or,
> Et dans sa pose fatidique
> Attend le dieu qui tarde encor.

(*Émaux et camées*, in *Poésies complètes de Théophile Gautier*, éd. R. Jasinski, t. III, p. 63.)

Quant au surnom : *la Présidente* (cf. *la Maréchale*, Rosanette Bron, dans *L'Éducation sentimentale, passim*), il proviendrait d'un dîner qui devait être présidé par Henry Monnier, lequel ne vint pas et fut remplacé au dépourvu par Aglaé Sabatier. Sur Aglaé Sabatier, voir surtout André Billy, *La Présidente et ses amis*, Paris, Flammarion, 1945, in-12, 260 p. (sur le salon d'Aglaé Sabatier, chap. VI, p. 77-106 ; sur Flaubert, chap. XIV, p. 191-203). M. Jean Ziegler prépare actuellement une étude approfondie sur Aglaé Sabatier, et je le remercie de son aide. Flaubert enverra *Madame Bovary* à Aglaé Sabatier avec la dédicace suivante : « À l'esprit charmant, à la ravissante femme, à l'excellente amie, à notre belle, bonne et insensible Présidente, Mme Aglaé Sabattier [*sic*], mince hommage de son tout dévoué. Gve Flaubert. » Aglaé Sabatier avait posé, dit-on, pour le beau marbre du sculpteur Clésinger, *La Femme piquée par un serpent*, qui se trouve aujourd'hui au musée Calvet d'Avignon. Voir l'*Album Flaubert*, Bibl. de la Pléiade, p. 116.

Page 606.

RÊVE : VIEILLE, CHAPEAU, PRÉSIDENTE
[3 mars 1856]

Manuscrit non retrouvé. Contrairement à ce que dit Mme Geneviève Bollème (*Mercure de France*, janvier 1964, p. 97), le *Rêve* faisait partie de la vente Franklin-Grout à l'hôtel Drouot, les 18-19 novembre 1931 (n° 220). Il avait été acheté par J.-S. Marchant, qui le publiera dans *Candide*, le 22 septembre 1932. Je donne le texte publié par J.-S. Marchant et Geneviève Bollème (*Mercure de France*, janvier 1964, p. 97-102), qui n'en reproduisent pas le titre. Voici la description du manuscrit : « Dans une enveloppe portant de la main de Flaubert le titre : "Rêve : Vieille, Chapeau, Présidente", un ms. de 4 pages in-4°, daté du 3 mars 1856 » (Catalogue cité, p. 38). Je n'ai pu retrouver l'autographe.

1. Flaubert a utilisé certains éléments de ce rêve pour le bal chez la Maréchale de *L'Éducation sentimentale* : « ... où se dressait, sur une estrade couverte d'une peau de cygne, le grand lit à baldaquin et à plumes d'autruche » (éd. Conard, p. 168). Lit réel d'Aglaé Sabatier, ou rêve exotique de Flaubert ?

Page 607.

1. Non pas dans *Le Fromage*, mais dans *Le Cantal* :

> *Gousset, écafignon, faguenas, camboüis*
> *Qui formez ce présent que mes yeux réjouis...*

(Saint-Amant, *Œuvres*, éd. Jean Lagny, Paris, Didier, 1967, t. II, p. 150). Ces termes désignent tous de mauvaises odeurs ; Jean Lagny renvoie au *Dictionnaire* de Furetière (*ibid.*, p. 150, n. 1).

2. « Enfin tous, n'en pouvant plus, s'arrêtèrent ; et on ouvrit une fenêtre. Le grand jour entra... » (*L'Éducation sentimentale*, p. 181).

Page 608.

1. Sur Maxime Du Camp et la Présidente, voir André Billy, *La Présidente et ses amis*, chap. XIII, p. 171-190. Du Camp avait connu Aglaé Sabatier par Théophile Gautier (p. 171), qui lui-même semble l'avoir rencontrée à l'hôtel Pimodan, dans les années 1840. Une étude sérieuse s'impose des différentes « bohèmes » de l'époque romantique.

Page 609.

1. Charles Rouvenat de La Rounat, né à Paris en 1818, mort à Paris en 1884, après avoir été secrétaire de la commission du travail instituée en 1848 au Luxembourg et présidée par Louis Blanc, et écrit plusieurs vaudevilles en collaboration avec Montjoie et Siraudin, est nommé le 1er juillet 1856 directeur de l'Odéon,

fonction qu'il occupera jusqu'en juin 1867, et de nouveau de 1880 à sa mort.

2. Sur Alfred Le Poittevin, voir t. I, p. 22, n. 2 ; il est mort le 3 avril 1848 à minuit (t. I, p. 493) et a été enterré le 6.

3. Caroline Flaubert a épousé Émile Hamard le 3 mars 1845. Voir t. I, p. 212.

4. Émile Hamard, le beau-frère de Flaubert et père de Caroline.

À AGLAÉ SABATIER
[3 mars 1856]

Autographe non retrouvé ; lettre publiée par André Billy dans *La Présidente et ses amis,* p. 194. La lettre est datée par le *Rêve* qui précède.

Page 610.

1. Flaubert croyait-il à la clef des rêves ? C'est possible. Mais je pense plutôt qu'il fait la cour à Aglaé Sabatier.

À LOUIS BOUILHET
[3 mars 1856]

Autographe Lovenjoul, A V, ffos 160-161 ; *Supplément,* t. I, p. 198. Enveloppe : Monsieur Bouilhet, rue de Grenelle-St-Germain, 71, Paris. C.P. Paris, 3 mars ? La lettre est datée par le *Rêve* de Flaubert. Elle a été publiée par Jean Pommier dans « Quelques lettres de Flaubert et de Bouilhet », *Bulletin du bibliophile,* 1949, p. 226.

2. Voir ce *Rêve,* p. 606-609.

3. Edma Roger des Genettes ; Flaubert l'aurait donc revue à cette époque ? Voir la lettre de Flaubert à Edma Roger des Genettes de l'[été 1856 ?], p. 626. Sur Edma Roger des Genettes, voir p. 57, n. 3.

4. *La Bourse,* pièce en vers de François Ponsard, jouée pour la première fois à l'Odéon le 1er mai 1856, y sera reprise à partir du 14 septembre. Les espoirs de Bouilhet et de Flaubert n'étaient donc pas fondés, et *Madame de Montarcy* ne sera créée à l'Odéon que le 6 novembre 1856. Cette phrase de Flaubert se trouve dans la marge de gauche du premier folio.

À LOUIS BOUILHET
[11 mars 1856]

Autographe Lovenjoul, A V, ffos 163-164 ; *Supplément,* t. I, p. 198. Enveloppe : Monsieur Bouilhet, rue de Grenelle-St-Germain, 71, Paris. C.P. Paris, 11 mars 1856. Cette lettre a été publiée par Jean Pommier dans « Quelques lettres de Flaubert et de Bouilhet », *Bulletin du bibliophile,* 1949, p. 227.

5. Les dernières corrections à apporter à *Madame Bovary* avant de donner le manuscrit à la *Revue de Paris.* La copie pour l'impression

porte la date : avril 1856 (*Supplément*, t. I, p. 198, n. 2). Mais ce
n'est que le 31 mai que Flaubert l'envoie à Maxime Du Camp
(lettre de Flaubert à Louis Bouilhet du [1er juin 1856], p. 613).

Page 611.

1. Il s'agit de séances avec les directeurs de la *Revue de Paris*
concernant la vente de *Madame Bovary*. Voir la lettre suivante.

À SON COUSIN LOUIS BONENFANT
[9 avril 1856]

Autographe collection particulière; extraits dans le catalogue de
la vente Alfred-Dupont, IVe partie, hôtel Drouot, 22 novembre
1962, reproduits dans *AFl.*, n° 23, décembre 1963, p. 33. La lettre
figurait dans le catalogue Cornuau du 7 février 1933 (voir
Supplément, t. I, p. 200).

2. André-Jules Laurent, gendre de Louis Bonenfant.

3. *Madame Bovary*.

4. Les deux autres « volumes » sont *La Légende de saint Julien
l'Hospitalier* et *La Tentation de saint Antoine* (voir la lettre de Flaubert à Louis Bouilhet du [1er juin 1856], p. 613). Flaubert ne
publiera ces œuvres qu'en 1877 et 1874, respectivement.

5. Non pas Diafoirus, mais M. Purgon : « Un clystère que j'avais
pris plaisir à composer moi-même » (Molière, *Le Malade imaginaire*,
acte III, sc. vi).

6. En fait, *Madame Bovary* paraîtra dans la *Revue de Paris* du
1er octobre au 15 décembre 1856. Voir la lettre de Maxime Du
Camp à Flaubert du [30 août 1856], Appendice I, p. 870.

7. L'écrivain public Mme Dubois, 30, rue Saint-Marc, Paris
(voir la lettre de Flaubert à Edma Roger des Genettes de l'[été
1856 ?], p. 626). La copie de *Madame Bovary* se trouve à la bibliothèque municipale de Rouen, mss *g* 222.

8. « glace » pour « classe » (*Madame Bovary*, éd. Claudine Gothot-
Mersch, p. 3) ; « légumes » pour « lagunes » (*ibid.*, p. 39). Si la
lettre est bien datée, Flaubert a commencé à corriger le manuscrit
du copiste au début d'avril 1856.

À SA NIÈCE CAROLINE
[25 avril 1856]

Autographe Lovenjoul, A II, ffos 3-4; mal datée, je crois, du
[24 avril 1857] dans Conard, t. IV, p. 174-175. Le 25 avril tombe
un vendredi en 1856; d'autre part Caroline commence à Paris son
instruction religieuse : « Lorsque j'eus neuf ans, on me fit suivre les
catéchismes de la Madeleine [...] » (voir p. 612, n. 1). Or Caroline
est née le 21 janvier 1846. Cette lettre a dû être intervertie avec la
lettre de Flaubert à Caroline du [24 avril 1857], p. 707.

Page 612.

1. « Lorsque j'eus neuf ans, on me fit suivre les catéchismes de la Madeleine, qui se tenaient alors dans l'église de l'Assomption. L'année suivante ce fut à la paroisse Saint-Martin, rue des Marais, que je reçus l'instruction religieuse. Un abbé, homme d'au moins quarante à cinquante ans, visage énergique et bon, dont les joues étaient bleues par suite d'une barbe sans doute fort épaisse et qu'il rasait soigneusement, dirigeait les petites filles avec un grand zèle. Il se fit très vite aimer de moi, sur laquelle il prit beaucoup d'empire. Il occupa même d'une façon excessive ma pensée, au point qu'il venait se mêler à mes rêveries [...]. Ô puissance déjà si forte de l'élément masculin ! Mystère qui trouble et attire !

« Le moment de ma première communion fut celui d'une grande ferveur. Dans un milieu où la pratique religieuse ne tenait aucune place, j'étais très gênée pour me livrer à toutes celles que mon zèle me suggérait. Je me souviens de pèlerinages de mon invention dans les vergers, j'atteignais pieds nus le haut de la propriété, une allée déserte qui longeait un vieux mur à mi-côte de la colline, et dans ma chambre j'avais une petite chapelle toute garnie de bougies minuscules, que j'allumais pour faire ma prière. Mon oncle [Gustave], très tolérant, ne disait jamais rien de mes sentiments et ne les a jamais blessés. Il y voyait, je crois, une certaine poésie qui convenait à mon âge. Tout autre était mon oncle, le docteur Achille Flaubert. Ma terreur était de le voir venir dîner un vendredi. Quand mes deux œufs apparaissaient, il ne manquait pas de jeter une de ces plaisanteries qui me glaçaient et qui auraient suffi à m'empêcher de m'affectionner à lui, lors même que je n'eusse pas eu plus tard d'autres raisons pour cela » (Caroline Franklin-Grout, *Heures d'autrefois,* passages inédits communiqués par Mme Chevalley-Sabatier).

2. Faute d'orthographe de Caroline, que relève Flaubert ?

À LOUIS BOUILHET

[28 avril 1856]

Autographe Lovenjoul, A V, ffos 166-167; *Supplément,* t. I, p. 200-201. Enveloppe : Monsieur Bouilhet, rue de Grenelle-St-Germain, 71, Paris. C.P. Paris, 28 avril 1856. La lettre a été publiée par Jean Pommier dans « Quelques lettres de Flaubert et de Bouilhet », *Bulletin du bibliophile,* 1949, p. 230-231.

3. *La Bourse,* de François Ponsard, sera jouée à l'Odéon le 1er mai 1856. Voir la lettre de Flaubert à Louis Bouilhet du [3 mars 1856], p. 610 et n. 4.

Page 613.

1. Il s'agit sans doute d'une soirée passée avec Maxime Du Camp, durant laquelle avait été discutée la publication de *Madame Bovary* dans la *Revue de Paris.* Du Camp avait lu le roman de Flaubert

avant le départ de ce dernier pour Croisset vers le 1er mai 1856 (voir la lettre de Maxime Du Camp à Flaubert du 14 juillet [1856], Appendice I, p. 869).

2. *Les Contemplations,* qui avaient paru le 23 avril 1856. Les éditions du *Supplément* écrivent : « Leur succès inquiétait Flaubert pour le lancement de son propre ouvrage... » (t. I, p. 201, n. 1). Cela est très vraisemblable. En 1862, Flaubert connaîtra la même mésaventure avec *Salammbô,* précédée de peu par *Les Misérables.*

À LOUIS BOUILHET
[1er juin 1856]

Autographe Lovenjoul, A V, ffos 169-170 ; incomplète dans Conard, t. IV, p. 103-106. Enveloppe : Monsieur Bouilhet, rue de Grenelle-St-Germain, 71, Paris. C.P. Rouen, 1er juin 1856.

3. Pour les conversations des bourgeois dans le bal de la Vaubyessard, voir *Madame Bovary, Ébauches et fragments inédits,* recueillis par Gabrielle Leleu, t. I, p. 215-227 ; et *Madame Bovary, Nouvelle version...,* par Jean Pommier et Gabrielle Leleu, p. 209-212. Pour l'histoire du texte de *Madame Bovary,* voir l'édition du roman due à Claudine Gothot-Mersch, Paris, Garnier, 1971, p. 359-364.

4. Les directeurs de la *Revue de Paris* reculeront en effet la publication du roman de Flaubert de juillet à octobre 1856. Voir p. 611, n. 5.

5. Il s'agit de *L'Aveu,* un drame en prose de Louis Bouilhet qui ne sera jamais terminé. Voir la lettre de Flaubert à Louis Bouilhet du [7 juillet 1856], p. 618, n. 2.

6. Flaubert ira à Paris au milieu de juillet 1856. Voir sa lettre à Jules Duplan du [19 juillet 1856], p. 619.

7. *La Légende de saint Julien l'Hospitalier.* Flaubert renoncera à ce projet, qu'il ne reprendra qu'en 1875. Voir sa lettre à sa nièce Caroline du [25 septembre 1875], Conard, t. VII, p. 262.

Page 614.

a. pouvoir [donner] <faire> une couleur

1. Il s'agit de la seconde version de *La Tentation de saint Antoine,* d'ailleurs très proche de la première (éd. Conard, p. 497-651). Voir Alfred Lombard, *Flaubert et saint Antoine...,* Paris-Neuchâtel, éd. Victor Attinger, 1934, 108 p. ; Henri Mazel, « Les trois *Tentations de saint Antoine* », *Mercure de France,* 15 décembre 1921, p. 626-643 ; Alfred Pantke, *Gustav Flauberts « Tentation de saint Antoine ». Ein Vergleich der drei Fassungen,* Leipzig, Druck von C. und E. Vogel, 1936, 146 p. ; et René Dumesnil et D.-L. Demorest, « Bibliographie de Gustave Flaubert », *Bulletin du bibliophile,* 1937-1938, *passim.*

2. Fromentée : bouillie de farine de froment (Littré).

3. *La Légende du beau Pécopin et de la belle Bauldour,* dans *Le Rhin* de Victor Hugo (1842).

4. Il s'agit sans doute de Théodore Le Breton, auteur d'une précieuse *Biographie normande* (voir t. I, p. 1162).

5. André Pottier était alors le conservateur de la bibliothèque municipale de Rouen.

6. Léonie Leparfait, la compagne de Louis Bouilhet.

Page 615.

1. Sur l'actrice Marie Durey, dont Louis Bouilhet était l'amant, voir p. 567, n. 3.

2. Mme de Maintenon était l'un des personnages du drame de Louis Bouilhet, *Madame de Montarcy,* qui sera créé à l'Odéon le 6 novembre 1856. Le *Dictionnaire des comédiens* de Lyonnet ne mentionne aucune actrice du nom de Toscan.

3. Béatrix Person, maîtresse de Flaubert (voir la lettre de Flaubert à Louis Bouilhet du [23 mai 1855], p. 576, n. 2).

4. Le rôle de Mme de Maintenon sera tenu par la Ramelli. Voir la lettre de Flaubert à Alfred Baudry de la [nuit du 6 au 7 novembre 1856], p. 646 et les notes.

5. Pour Alfred Guérard, voir p. 475, n. 3. Les gravures étaient sans doute destinées à l'appartement de Flaubert, 42, boulevard du Temple. Mme Flaubert occupait un appartement au second étage, et Flaubert lui-même au troisième. Voir Auriant, « Les logis de Flaubert », in *Koutchouk-Hanem...,* Paris, Mercure de France, 1942, p. 141.

6. Depuis « Puisque Guérard... » jusqu'à « toutefois) » : dans la marge de gauche du premier folio.

À LOUIS BOUILHET
[16 juin 1856]

Autographe Lovenjoul, A V, ff⁰ˢ 172-173; incomplète et mal datée du 17 juin [1856] dans Conard, t. IV, p. 106-108. Enveloppe : Monsieur Bouilhet, rue de Grenelle-St-Germain, 71, Paris. C.P. Rouen, 17 juin 1856. Le passage manquant : « Chaque livre » jusqu'à « ainsi de suite » (p. 616), a été publié par Benjamin F. Bart dans « New Flaubertiana », *Symposium,* printemps 1961, p. 9.

7. Cette lettre de Louis Bouilhet à Flaubert n'a pas été retrouvée. En principe, Louis Bouilhet écrivait à Flaubert le samedi, et Flaubert lui répondait le dimanche.

Page 616.

a. planait [sur toi] <à l'entour>

b. Chaque livre que j'écris <n'> est <-il pas> comme une vérole que je gobe ? Je [sors] <me retire> d'un coït

1. Louis Bouilhet écrit à Flaubert le 14 juin 1856 : « Tisserant vient de me prendre chez moi ; nous allons déjeuner ensemble à Auteuil chez Alphonse Royer, qui m'a invité l'autre jour. Grande

lecture de la *Montarcy* pour les derniers arrangements » (René Descharmes, éd. du Centenaire, *Correspondance*, t. II, p. 227, n. 1). Je n'ai pu retrouver cette lettre. Alphonse Royer (1803-1875), auteur de comédies, de romans et de récits de voyage, était directeur de l'Odéon depuis 1853. Il quitte l'Odéon le 30 juin 1856 pour devenir directeur de l'Opéra (1856-1862). Il sera ensuite nommé inspecteur des Beaux-Arts. Il sera remplacé à l'Odéon par Charles de La Rounat (voir p. 609). L'acteur Tisserant (1809?-1878) tiendra le rôle de M. de Montarcy. Il était l'un des piliers de l'Odéon depuis 1850.

2. Allusion à la maison d'Auteuil, où Boileau a reçu ses amis de 1685 à 1705.

3. Les corrections en vue de la publication de *Madame Bovary* dans la *Revue de Paris*. Voir la lettre de Flaubert à Louis Bouilhet du [1er juin 1856], p. 613.

4. Sur Alfred Nion, voir t. I, p. 501, n. 2. Flaubert écrit : *Nyon*.

Page 617.

1. Sur le sculpteur Préault, voir p. 354, n. 1.

2. Alfred Dumesnil (1821-1884), originaire de Rouen, était critique à *La Chronique artistique et littéraire*, où il rendra compte de *Madame Bovary* le 3 mai 1857 (voir plus loin, p. 712 et n. 4). Il était le gendre de Jules Michelet.

3. Le docteur Delzeuzes, qui habitait 4, place Saint-Ouen à Rouen.

4. Sur Eugène Crépet, qui venait de fonder *La Revue* en avril 1855, voir la lettre de Flaubert à Louise Colet du [23 février 1853], p. 249, n. 5.

À LOUIS BOUILHET

[7 juillet 1856]

Autographe Lovenjoul, A V, ffos 174-175 ; *Supplément*, t. I, p. 202-204. La lettre semble bien datée.

5. Tisserant jouera en effet le rôle de M. de Montarcy dans le drame de Louis Bouilhet (Odéon, 6 novembre 1856).

6. C'est Charles de La Rounat qui remplace Alphonse Royer comme directeur de l'Odéon le 1er juillet 1856. Voir la lettre suivante, p. 619, et p. 609, n. 1.

7. Sur Alfred Blanche, voir p. 580, n. 4.

8. Léonie Leparfait, la compagne de Louis Bouilhet.

Page 618.

1. La première version de *La Tentation de saint Antoine* a été rédigée du mercredi 24 mai 1848 au mercredi 12 septembre 1849 (éd. Conard, p. 496). « Vous » : Louis Bouilhet et Maxime Du Camp (voir t. I, p. 562, n. 1).

2. *L'Aveu*, sujet de drame en prose, « dont le scénario était écrit avec quelques scènes du premier acte » en mai 1856 (L. Letel-

lier, *Louis Bouilhet...*, p. 263). Bouilhet songea à l'utiliser, pour
satisfaire à la demande de son protecteur, le Rouennais Alfred
Blanche, qui lui avait commandé « une pièce à volonté, pour dans
six semaines, aux Français » (*ibid.*, p. 262). « Ni le scénario, ni les
brouillons de cette [...] comédie ne sont venus jusqu'à nous »
(*ibid.*, p. 270, n. 1).

3. Sur Anthime, voir la lettre de Flaubert à Jules Duplan du
[début juillet 1857], p. 742-743.

4. Caroline Hamard, la nièce de Flaubert ; elle avait dix ans.

5. *Histoire critique de Manichée et du manichéisme,* Amsterdam,
2 vol. in-4°, 1734-1739 ; le deuxième volume a été rédigé par
Formey sur les notes de Beausobre, mort en 1738 (*Supplément,*
t. I, p. 204, n. 1).

Page 619.

À LOUIS BOUILHET
[12 juillet 1856]

Autographe Lovenjoul, A V, ff⁰ˢ 177-178 ; *Supplément,* t. I, p. 205.
Enveloppe : Monsieur Bouilhet, rue de Grenelle-St-Germain, 71,
Paris. C.P. Rouen, 12 juillet 1856. La lettre a été publiée par Jean
Pommier dans « Quelques lettres de Flaubert et de Bouilhet »,
Bulletin du bibliophile, 1949, p. 231-232.

1. Numéro du samedi 12 juillet 1856 (*Supplément,* t. I, p. 205,
n. 1). Sur Charles de La Rounat, voir p. 609, n. 1.

2. Le domestique de Flaubert, sans doute.

À JULES DUPLAN
[19 juillet 1856]

Autographe Lovenjoul, A V, ff⁰ˢ 335-336 ; *Supplément,* t. I, p. 205,
datée de [été 1856]. Flaubert apprend par la lettre de Maxime Du
Camp du 14 juillet [1856] (Appendice I, p. 869) que Laurent-Pichat
a des suggestions à faire pour la publication de *Madame Bovary* ;
il est de retour à Croisset le samedi matin 26 juillet (voir sa lettre à
Louis Bouilhet du [28 juillet 1856], p. 620). Cette lettre est donc du
samedi 19 juillet 1856.

3. Ce rendez-vous a pour but de discuter des suppressions et
corrections que Laurent-Pichat voulait apporter au manuscrit de
Madame Bovary. Voir la lettre de Maxime Du Camp à Flaubert du
14 juillet [1856], Appendice I, p. 869.

À LOUIS BOUILHET
[22 juillet 1856]

Autographe Lovenjoul, A V, ff⁰ˢ 180-181 ; *Supplément,* t. I,
p. 206. Enveloppe : Monsieur Bouilhet, rue de Grenelle-St-
Germain, 71, Paris. C.P. Paris, ? 2 juillet 1856. La lettre a été publiée

par Jean Pommier dans « Quelques lettres de Flaubert et de Bouilhet », *Bulletin du bibliophile,* 1949, p. 232-233.

4. Serait-ce l'actrice Béatrix Person ?

Page 620.

a. J'éprouve le besoin [que nous en] d'être avec toi

1. En fait, Flaubert devra consentir à quelques suppressions, mais il obtiendra en échange l'insertion d'une note dans la *Revue de Paris.* Voir la lettre de Flaubert à Laurent-Pichat du [7 décembre 1856], p. 649-650, et la note de Flaubert, p. 653.

À LOUIS BOUILHET

[28 juillet 1856]

Autographe Lovenjoul, A V, ff^os 183-184; incomplète et mal datée de [fin juillet-début août 1856] dans Conard, t. IV, p. 108-109. Enveloppe : Monsieur Bouilhet, rue de Grenelle-St-Germain, 71, Paris. C.P. Rouen, 29 juillet 1856.

2. Émile Hamard, le beau-frère de Flaubert (voir t. I, p. 259, n. 1 et *passim*), voulait faire une carrière d'acteur.

3. Alphonse Royer venait de quitter la direction du théâtre de l'Odéon pour celle de l'Opéra (voir p. 616, n. 1).

4. Joseph Simonis-Empis (1795-1868), auteur de nombreuses comédies, membre de l'Académie française depuis 1847, a été administrateur du Théâtre-Français de 1856 à 1859.

5. Le docteur Achille Flaubert.

Page 621.

1. Béatrix Person jouait alors au théâtre du Cirque. Voir la lettre de Flaubert à Louis Bouilhet du [15 août 1855], p. 586-587.

2. Frédérick Lemaître (1800-1876) ne joue plus, à partir de 1855, que des pièces déterminées et au cachet. Après avoir joué *Henri III et sa cour,* d'Alexandre Dumas père, en reprise, au théâtre de la Gaieté en mars 1856, il devait être alors au théâtre du Cirque, où jouait Béatrix Person. Je n'ai pas trouvé de précisions dans le *Dictionnaire des comédiens* de Lyonnet.

3. Sur Béatrix Person, voir p. 586, n. 12.

4. « La Roûn » : Charles de La Rounat, nouveau directeur de l'Odéon (voir p. 609, n. 1) ; pour l'acteur Grassot, voir p. 579, n. 1.

5. Je n'ai pu identifier cette actrice de façon sûre, parmi les nombreuses comédiennes de nom semblable énumérées par Lyonnet.

6. C'est Ramelli qui jouera le rôle de Mme de Maintenon dans le drame de Louis Bouilhet, *Madame de Montarcy.*

7. Pour le drame de Louis Bouilhet intitulé *L'Aveu,* voir p. 618, n. 2.

8. Première mention, à ma connaissance, du comte Charles d'Osmoy dans la correspondance de Flaubert. Charles-François-Romain Le Bœuf, comte d'Osmoy, est né à Osmoy (Eure) le 29 novembre 1827. Il débute dans les lettres par des ouvrages dramatiques et sera le collaborateur de Louis Bouilhet et de Flaubert pour *Le Château des cœurs*. Il sera élu conseiller général de l'Eure en 1862, député en 1871 et sénateur en 1885. Surnom : l'*Idiot d'Amsterdam*. Voir surtout le fonds Descharmes, B.N., N.A.F. 23842, ff^os 273-274.

9. Sur le sens du mot *roquentin,* voir p. 472, n. 3.

10. *Double incendie :* titre d'un sonnet de Louis Bouilhet qui prendra place dans *Festons et astragales* (1859). Voir *Œuvres de Louis Bouilhet,* Paris, Lemerre, 1891, p. 41. Je ne reproduis pas ce poème, qui me paraît médiocre.

À LOUIS BOUILHET
[3 août 1856]

Autographe Lovenjoul, A V, ff^os 185-186 ; incomplète et datée du [début d'août 1856] dans Conard, t. IV, p. 109-110. Vu l'allusion au numéro du 1er août 1856 de la *Revue de Paris,* cette lettre ne peut être que du dimanche [3 août 1856].

11. Sur l'enquête concernant Émile Hamard, voir la lettre précédente, p. 620.

Page 622.

1. Voir la lettre précédente, p. 621, n. 10.

2. Il s'agit encore de *La Tentation de saint Antoine,* non de *Salammbô,* comme le montre la lettre de Flaubert à Louis Bouilhet du [7 juillet 1856], p. 617.

3. La Rounat venait d'être nommé directeur de l'Odéon ; voir la lettre de Flaubert à Louis Bouilhet du [12 juillet 1856], p. 619. Sur La Rounat, voir p. 609, n.1.

4. Flaubert écrit : *mousties.*

Page 623.

a. [Quand] Il a [requ] <revu> tantôt [à dix heures] le soleil

1. Bubastis : ville de la Basse-Égypte située sur le bras oriental du Nil. Elle a été la résidence royale des souverains de la XXVe dynastie (725-686 av. J.-C.).

2. Allusion au célèbre dialogue de Montesquieu. Stéphane est une prostituée rouennaise, à laquelle Bouilhet s'intéressait (voir la lettre de Flaubert à Louis Bouilhet du [30 août 1855], p. 590 et n. 9). Je ne sais qui sont « Mmes Bernard et Malard ».

À LOUIS BOUILHET
[11 août 1856]

Autographe Lovenjoul, A V, ff^{os} 188-189; incomplète et mal datée du 15 août [1856] dans Conard, t. IV, p. 111-112. Le premier paragraphe de cette lettre, dans l'édition Conard (t. IV, p. 111), depuis « Tu m'as écrit » jusqu'à « soi-même », appartient à la lettre de Flaubert à Louis Bouilhet du [15 août 1855], p. 587. Enveloppe : Monsieur Bouilhet, rue de Grenelle-St-Germain, 71, Paris. C.P. Rouen, 12 août 1856.

3. Voir la lettre de Flaubert à Louis Bouilhet du [28 juillet 1856], p. 620 et n. 2.

4. En fait, la publication de *Madame Bovary* dans la *Revue de Paris* ne commencera que le 1er octobre 1856.

5. Voir la lettre précédente, p. 622.

Page 624.

a. Je vais rester <seul> avec l'institutrice

1. Sur ce drame de Louis Bouilhet, voir p. 618, n. 2.

2. Les répétitions du drame de Louis Bouilhet, *Madame de Montarcy*, commenceront le 14 septembre 1856 (voir p. 631 et n. 2).

3. Juliet Herbert (voir p. 574, n. 2).

4. Alfred Baudry, le frère cadet de Frédéric Baudry (voir t. I, p. 230, n. 6).

5. Sur le musicien Orlowski, voir t. I, p. 22, n. 5.

6. *Cayeu* ou *caïeu* : moules consommées crues ou cuites provenant de Cayeux-sur-Mer (Somme).

7. L'actrice Marie Durey (voir p. 567, n. 3).

8. Le comte de Bressac, et non *Brssac ;* voir les *Œuvres complètes* du marquis de Sade, Paris, Au Cercle du livre précieux, *Justine...,* t. III, p. 103 et suiv., et *La Nouvelle Justine...,* t. VI, p. 173 et suiv.

9. Philoxène Boyer (1827-1867), poète et dramaturge, a connu son heure de gloire avec *Sapho,* jouée à l'Odéon en 1850. Flaubert et Bouilhet l'avaient sans doute rencontré dans le salon de Louise Colet. Le fonds Colet du musée Calvet conserve deux poèmes de Boyer adressés à Louise Colet : *À Madame Louise Colet, humbles versets du cantique perpétuel,* daté du 3 novembre 1852 (6404, ff^{os} 895-896), et *À Penserosa,* daté du 5 novembre 1852 (ff^{os} 893-894). Voici la dernière strophe du premier poème :

> *Mais moi, songeur que l'amour brise,*
> *Enthousiaste et sérieux,*
> *Sous Sapho je cherchais Louise :*
> *Pour tous les vers ; pour moi les yeux !*

Antoine Albalat a publié quatre lettres de Philoxène Boyer à Flaubert dans *Gustave Flaubert et ses amis,* p. 77-81 ; ces lettres ne se retrouvent pas dans le fonds Franklin-Grout de la collection Lovenjoul. Deux d'entre elles concernent un article que Boyer voulait consacrer à *Madame Bovary* ; la première est datée du 5 novembre 1856 : « Mon cher ami, le 1er décembre j'entre en fonctions de critique au *Nord,* qui devient un journal parisien. Il me serait bien doux de consacrer mon premier article à un esprit que j'admire et que j'aime [...] » (p. 79). Boyer consacrera deux articles à *Madame Bovary* dans *La Voix des écoles* des 24 mai et 7 juin 1857. Sur Philoxène Boyer, voir sa biographie dans *Le Gaulois* du 19 septembre 1858 ; voir aussi, outre l'ouvrage d'Albalat, les *Souvenirs* de son grand ami Théodore de Banville et ceux d'Henri-Amédée Leborgne d'Ideville, *Vieilles maisons et jeunes souvenirs,* Paris, Charpentier, 1878, p. 225-229.

Page 625.

À LOUIS BOUILHET
[24 août 1856]

Autographe Lovenjoul, A V, ffos 191-192 ; incomplète et mal datée du 25 août [1856] dans Conard, t. IV, p. 113-114. Enveloppe : Monsieur Bouilhet, rue de Grenelle-St-Germain, 71, Paris. C.P. Rouen, 25 août 1856.

1. *Madame Bovary* devait commencer à paraître dans la *Revue de Paris* le 1er septembre 1856 ; mais la *Revue* publiait depuis le 1er août (p. 45-76) une nouvelle de Maurel-Dupeyré intitulée *Nelly (aventure créole),* publication qui continuera le 15 août et le 1er septembre (p. 231-263 et p. 402-420). Voir la lettre de Maxime Du Camp à Flaubert du 30 août [1856], Appendice I, p. 870 et n. 2.

2. Laurent-Pichat, le rédacteur en chef de la *Revue de Paris,* avait demandé à Flaubert des corrections à *Madame Bovary.* Celui-ci avait refusé (voir la lettre de Maxime Du Camp à Flaubert du 14 juillet [1856], Appendice I, p. 869, et celle de Flaubert à Louis Bouilhet du [22 juillet 1856], p. 620).

3. Sur le drame de Louis Bouilhet intitulé *L'Aveu,* voir p. 618, n. 2.

4. Le village de Montigny est situé, par rapport à Croisset, de l'autre côté du bois de Canteleu : l'une des promenades favorites de Flaubert.

Page 626.

1. Aucune mention de ce gigot de chamois dans les *Notes de voyage* ni dans la *Correspondance.* Flaubert a passé deux fois les Alpes, en mai 1845 et en juin 1851, donc à *six* années de distance, et non quatre.

2. Félix-Archimède Pouchet, *Histoire des sciences naturelles au Moyen Âge, ou Albert le Grand et son époque, considérée comme point de départ de l'école expérimentale,* Paris, Baillière, 1853, in-8o, 656 p. L'ouvrage est écrit, en effet, d'un style académique très ampoulé. Sur le docteur Pouchet, voir t. I, p. 148, n. 3.

3. Juliet Herbert, l'institutrice de Caroline Hamard (voir p. 574, n. 2).

À EDMA ROGER DES GENETTES

[Été 1856 ?]

Autographe Lovenjoul, A VI, ff^os 45-46; *Supplément*, t. I, p. 201-202. Le *Supplément* place cette lettre à la suite de la lettre à Louis Bouilhet du [28 avril 1856], p. 612-613. Je la crois plutôt de l'été, car Flaubert implique que le copiste a fini sa tâche. Or Flaubert envoie la copie de *Madame Bovary* à Maxime Du Camp le 31 mai 1856 (voir sa lettre à Louis Bouilhet du [1er juin 1856], p. 613). D'autre part, comme le font remarquer les éditeurs du *Supplément* (t. I, p. 201, n. 2), « il semble bien, par les formules encore distantes, que ce soit ici le premier des billets à Mme Roger des Genettes ». Enfin cette lettre est antérieure à la publication de *Madame Bovary*, puisque Edma Roger écrit sur la lettre de Flaubert du [30 octobre 1856] : « Cette lettre est la première que j'aie reçue de lui — après la publication de *Madame Bovary* dans la *Revue de Paris*, 1856 » (voir plus loin, p. 643). Cette lettre a été publiée par Jean Pommier dans « Quelques lettres de Flaubert et de Bouilhet », *Bulletin du bibliophile*, 1949, p. 229-230.

Flaubert avait rencontré Edma Roger des Genettes dans le salon de Louise Colet (voir sa lettre à Louise Colet du [20 mars 1852], p. 57, n. 3). Leurs relations avaient pris fin avec la rupture de Flaubert et de Louise. Voir aussi la note bibliographique de la lettre de Flaubert à Louise Colet du [6 mars 1855], p. 572.

4. Charles-Romain Letellier-Valazé (1812-1876), né à Argentan, entre à l'école de Saint-Cyr et fait sa carrière en Algérie (1836-1849). Il participe à la guerre de Crimée, puis à celles d'Italie et du Mexique. Il est nommé général en 1863 et sera élu à l'Assemblée nationale en 1871.

Page 627.

À LOUIS BOUILHET

[31 août 1856]

Autographe Lovenjoul, A V, ff^os 194-195; incomplète et mal datée du 1er septembre 1856 dans Conard, t. IV, p. 114-116. Enveloppe : Monsieur Bouilhet, rue de Grenelle-St-Germain, 71, Paris. C.P. Rouen, 1er septembre 1856.

1. Je n'ai pas pu retrouver ces deux lettres.

2. Sur le sens du mot *roquentin,* voir p. 472, n. 3.

3. Sur *L'Aveu,* drame de Louis Bouilhet, voir la lettre de Flaubert à Louis Bouilhet du [7 juillet 1856], p. 618, n. 2.

4. *Le Cœur à droite* sera publié dans *L'Audience* du 26 janvier au 26 février 1859.

5. Flaubert veut dire : « Pas de nouvelles des directeurs de la *Revue de Paris.* » *Reviewer,* en anglais, signifie : critique, auteur de comptes rendus. Flaubert avait encore besoin de « faire de l'anglais avec l'institutrice » (voir sa lettre à Louis Bouilhet du [24 août 1856], p. 626).

Page 628.

a. On ne saurait trop [rejeter loin de soi] <se dépêtrer de>
l'élément [femelle] <maîtresse>

1. *À une femme,* recueilli dans *Festons et astragales,* 1859 (*Œuvres
de Louis Bouilhet,* Paris, Lemerre, 1891, p. 34-35). Il s'agit de la
quatrième et de la sixième et dernière strophes :

> *Tu n'as jamais été, dans tes jours les plus rares,*
> *Qu'un banal instrument sous mon archet vainqueur,*
> *Et, comme un air qui sonne au bois creux des guitares,*
> *J'ai fait chanter mon rêve au vide de ton cœur.*
> [...]
> *Et maintenant, adieu ! suis ton chemin, je passe !*
> *Poudre d'un blanc discret les rougeurs de ton front.*
> *Le banquet est fini quand j'ai vidé ma tasse ;*
> *S'il reste encor du vin, les laquais le boiront.*

2. L'actrice Marie Durey, avec laquelle Bouilhet venait de rompre
(voir la lettre de Flaubert à Louis Bouilhet du [11 août 1856],
p. 624).
3. Frédéric Baudry (voir t. I, p. 230, n. 6).
4. Sur le sens du mot *sheik,* voir t. I, p. 641.
5. *Ce que dit la Bouche d'ombre,* poème de la dernière section
des *Contemplations* de Victor Hugo, où il chante en d'admirables
vers sa vision de Dieu, de l'univers et de l'homme (*Œuvres poétiques,*
Bibl. de la Pléiade, t. II, p. 801-822).
6. Sur le professeur Jules Cloquet et son épouse anglaise, voir
t. I, p. 21, n. 2, et p. 565, n. 2.
7. Juliet Herbert (voir p. 574, n. 2).

Page 629.

1. Sur le comte Charles d'Osmoy, voir p. 621, n. 8.
2. La Rounat venait d'être nommé directeur de l'Odéon (voir
la lettre de Flaubert à Louis Bouilhet du [12 juillet 1856], p. 619).

À LOUIS BOUILHET
[8 septembre 1856]

Autographe Lovenjoul, A V, ffos 197-198; incomplète et mal
datée du 9 septembre 1856 dans Conard, t. IV, p. 117-119. Enveloppe : Monsieur Bouilhet, rue de Grenelle-St-Germain, 71, Paris.
C.P. Rouen, 9 septembre 1856.

a. la pièce [de début] <d'ouverture>

3. *Tablature :* ce qui sert d'enseignement (sens figuré qui a
vieilli). Littré donne comme exemple :

> *Ne m'importunez plus de votre tablature ;*
> *Sans vos instructions je sais bien mon métier.*

Corneille, *La Suivante,* acte II, sc. IV.

4. *La Bourse,* de François Ponsard, avait été créée à l'Odéon le 1er mai 1856 et sera reprise le 14 septembre (voir la lettre de Flaubert à Louis Bouilhet du [3 mars 1856], p. 610 et n. 4).

5. Le nouveau directeur de l'Odéon (voir p. 619).

6. Le domestique de Flaubert.

Page 630.

a. [cette nouvelle] ce mariage d'un enfant

b. [ce petit voyage] <cette noce> à Bade

1. Voir la lettre de Maxime Du Camp à Flaubert du 30 août [1856], Appendice I, p. 870. *Madame Bovary* commencera à paraître, en effet, le 1er octobre, dans la *Revue de Paris.*

2. Laurent-Pichat, rédacteur en chef de la *Revue de Paris.* Voir la lettre de Flaubert à Louis Bouilhet du [22 juillet 1856], p. 620.

3. Cette lettre ne se retrouve pas dans la collection Lovenjoul, qui conserve seulement trois lettres de Maurice Schlésinger datées des 16 décembre 1862, 21 décembre 1862 et 14 janvier 1863 (B VI, ffos 33-38). Le fiancé de Marie-Adèle Schlésinger s'appelait Christian-Friedrich von Leins ; il était l'architecte du roi du Würtemberg (voir l'article de Heilmut Steinhart-Leins, arrière-petit-fils de Mme Schlésinger, « Gustave Flaubert et Mme Schlésinger » *AFl.,* 1955, nº 7, p. 43-44). Aux renseignements sur les Schlésinger donnés t. I, p. 101, n. 3, j'ajoute les deux indications suivantes : Maurice Schlésinger avait été membre de la Société républicaine centrale ou Club Blanqui durant la Révolution de 1848 ; son nom est cité dans l'ouvrage d'Alphonse Lucas, *Les Clubs et les clubistes, Histoire complète, critique et anecdotique des clubs et des comités électoraux fondés à Paris depuis la Révolution de 1848,* Paris, Dentu, 1851, p. 212 (dans l'index, le nom est mal orthographié : *Schlinsinger*). Peut-être le départ de France des Schlésinger en 1852 s'explique-t-il en partie par cet engagement politique ? En tout cas Flaubert se renseignera auprès de Schlésinger lorsqu'il préparera *L'Éducation sentimentale.*

En second lieu la *Bibliothèque d'un amateur* (hôtel Drouot, 17 avril 1970, nº 18) comprend une lettre autographe signée de Mme Schlésinger à Jules Janin, datée de Bade, 14 mai 1855, 3 p., petit in-8º : « Très jolie lettre pour lui réclamer son ouvrage *La Normandie,* qu'elle ne veut tenir que de lui en souvenir d'une ancienne promesse et pour " une pauvre Normande exilée... Maria vous dira que j'ai un petit jardin planté de fleurs de *France* où je passe le quart de ma vie "... » Maria Schlésinger était donc venue à Paris ; Flaubert l'a-t-il vue à ce moment ?

4. Flaubert a connu Maria Schlésinger à Trouville, durant l'été 1836. Voir Jean Bruneau, *Les Débuts littéraires de Gustave Flaubert,* p. 366, n. 29.

5. Sur le professeur Jules Cloquet, voir t. I, p. 21, n. 2.

6. Sur les habitudes de langage du pharmacien Homais, voir *Madame Bovary,* éd. Claudine Gothot-Mersch, p. 284.

Page 631.

1. Il s'agit sans doute de l'ouvrage de Beausobre et Formey intitulé *Histoire critique de Manichée et du manichéisme*, Amsterdam, 1734-1739, 2 vol. in-4°. Voir p. 618, n. 5.

À LOUIS BOUILHET
[14 septembre 1856]

Autographe Lovenjoul, A V, ff^{os} 200-201; incomplète et mal datée du 16 septembre 1856 dans Conard, t. IV, p. 119-121. Enveloppe : Monsieur Bouilhet, rue de Grenelle-St-Germain, 71, Paris. C.P. Rouen, 16 septembre 1856.

2. La première répétition, à l'Odéon, de *Madame de Montarcy*.

3. Flaubert écrit : *Ranounat*.

4. Le compositeur Giacomo Meyerbeer, né à Berlin en 1794, mort en 1864. Parmi ses grands succès à l'Opéra de Paris : *Robert le Diable* (1831), *Les Huguenots* (1836), *Le Prophète* (1849) et *L'Africaine* (posthume, 1865).

Page 632.

1. F.-D. de Biéville, qui tenait la « Revue des théâtres » au *Siècle*, écrit le 8 septembre 1856 : « Les vacances de l'Odéon sont terminées ; ses laborieux acteurs répétaient déjà depuis un mois. Jeudi, ses portes ont été rouvertes par M. Charles de La Rounat, son nouveau directeur. [...] Il nous promet, pour le commencement de l'hiver, un drame en cinq actes et en vers que l'on dit très remarquable, et qui est le premier ouvrage dramatique d'un poète de la *Revue de Paris*. »

2. Sur *L'Aveu*, voir la lettre de Flaubert à Louis Bouilhet du [7 juillet 1856], p. 618 et n. 2.

3. Sur le comte d'Osmoy, voir la lettre de Flaubert à Louis Bouilhet du [28 juillet 1856], p. 621, n. 8. J'ignore de quelle pièce il s'agit.

4. Voir la lettre de Flaubert à Louis Bouilhet du [31 août 1856], p. 628 et n. 6.

5. Alfred Baudry, le frère cadet de Frédéric Baudry (voir t. I, p. 230, n. 6).

Page 633.

À LOUIS BOUILHET
[21 septembre 1856]

Autographe Lovenjoul, A V, ff^{os} 203-204; incomplète et mal datée du 23 septembre 1856 dans Conard, t. IV, p. 123-124. Enveloppe : Monsieur Bouilhet, rue de Grenelle-St-Germain, 71, Paris. C.P. Rouen, 2 ? septembre 1856. Comme Flaubert a reçu « jeudi » la lettre de Maxime Du Camp du 17 septembre [1856] (Appendice I, p. 870), celle-ci est donc du dimanche 21.

1. « L'accueil qu'il [Janin] m'a fait n'a été ni bon ni mauvais... Janin m'a dit qu'il se rappelait *Melaenis* ; il me l'a montrée avec une belle reliure. Il m'a dit que ç'avait eu du succès, que c'était bon, mais que c'était fait *trop vite*. Je trouve celle-là bonne de la part de Janin, le Cardinal des mers ! Enfin ! » (lettre de Louis Bouilhet à Flaubert, [vers le 20 septembre 1856], citée dans Conard, t. IV, p. 123, n. 1). Je n'ai pas retrouvé cette lettre dans le fonds Franklin-Grout de la collection Lovenjoul.

2. Voir la lettre précédente, p. 632.

3. La lettre de Maxime Du Camp à Flaubert du 17 septembre [1856], Appendice I, p. 870.

4. *À cause d'eux* : Maxime Du Camp et Laurent-Pichat ?

Page 634.

1. Abbé Alphonse-Louis Constant, *Dogme et rituel de la haute magie...*, par Éliphas Lévi, Paris, Baillière, 1856, 2 vol. in-8°, fig.

2. Juliet Herbert (voir p. 574, n. 2).

3. Caroline Hamard, la nièce de Flaubert.

4. L'acteur Tisserant jouera le rôle de M. de Montarcy dans le drame de Louis Bouilhet (Odéon, 6 novembre 1856). Le duc de Lauzun (1633-1723) ne figure pas dans le drame de Louis Bouilhet.

À ERNEST CHEVALIER
[22 septembre 1856]

Autographe Lovenjoul, A V, ff^os 273-274; Conard, t. IV, p. 121-122 (mal datée du 21 septembre 1856). Sur l'autographe, de la main d'Ernest Chevalier, la date exacte du 22 septembre 1856. Le 21 septembre 1856 est un dimanche.

5. *Madame Bovary* commencera en effet à paraître dans la *Revue de Paris* le 1er octobre 1856.

6. La *Fortune virile* ou *barbue* préside au sort des hommes dans le mariage.

7. *La Tentation de saint Antoine.*

Page 635.

1. Ernest Chevalier était venu passer les vacances dans sa famille aux Andelys. Sur la famille Chevalier, voir t. I, p. 3, n. 2, p. 5, n. 2 et *passim*.

2. Sur le *Garçon*, création collective du jeune Flaubert et de ses amis, voir t. I, p. 23, n. 2 et *passim*.

3. Ernest Chevalier avait été nommé procureur impérial à Metz le 28 juillet 1856 (voir Albert Mignot, *Ernest Chevalier et Gustave Flaubert...*, p. 24). Il était auparavant substitut à Lyon.

4. L'adresse de Flaubert à Paris. Il ne s'agit pas de Montaigne, mais de Rabelais (Gargantua, chap. XIII) : Gargantua dit à Grandgousier qu'il a retenu un rondeau « dans la gibbessière de sa mémoire ». (Rabelais, *Œuvres complètes*, Bibl. de la Pléiade, p. 45.)

À LÉON LAURENT-PICHAT

[2 octobre] 1856

Autographe Lovenjoul, A VI, f°s 322-323 ; incomplète dans Conard, t. IV, p. 124-125. À l'évidence, il s'agit d'un brouillon que Flaubert a conservé, comme il le faisait toujours pour les lettres dont il voulait garder copie. La lettre elle-même n'a pas été retrouvée. Elle est datée par la première phrase : « Je viens de recevoir la *Bovary* » (le numéro du 1er octobre de la *Revue de Paris*).

a. (plus que jamais < ? >) [peut-être ?] d'un ridicule véhément ? J'arriverai [<il se peut que>] [peut-être] un jour

b. Je vous <jure> [promets] <bien>

c. que je voulais [faire] <tenter>. — [Fasse le ciel] <Pourvu> que l'apprentissage ne soit pas <trop> rude

d. que j'ai pu. — [et je n'ai pas fait que tremper le bout de mes bottes] mais esthétiquement

Page 636.

a. en disant [<peignant>] tout, en peignant tout [métaphore] (expression ambitieuse)

b. Je m'explique mal. — Mais [je réfléchis] c'en est assez

c. un *autre* livre — [et] vous heurtiez la Poétique interne [d'après] d'où il découlait, le type (comme dirait un philosophe) sur lequel il [était écrit] fut conçu

d. à ce que je me dois — et [qu'] [qu'on doit à un ami] <à ce que je vous devais> [en <vous>] obéissant sans être persuadé] <en faisant un acte de déférence et non de conviction *(addition marginale)*>. L'art ne [veut pas de] réclame complaisance <ni politesses>. — [que la Foi y soit *[* <règne> *]* toujours] — [qu'avant tout] <rien que> la Foi [l'éclaire] — — la Foi toujours — et la liberté

1. Laurent-Pichat avait conseillé des corrections à *Madame Bovary* ; voir la lettre de Maxime Du Camp à Flaubert du 14 juillet [1856], Appendice I, p. 869.

2. Serait-ce un vers de Laurent-Pichat lui-même ? Je n'ai pu l'identifier.

3. Une poésie ? une pièce ?

4. Maxime Du Camp.

À ÉLISA SCHLÉSINGER

2 octobre [1856]

Autographe non retrouvé ; Conard, t. IV, p. 126-129. La lettre est datée par la première phrase : *Madame Bovary* commence à paraître dans la *Revue de Paris* le 1er octobre 1856.

5. Cette lettre d'Élisa Schlésinger à Flaubert n'a pas été retrouvée.

6. Sur le mariage de Maria Schlésinger, voir la lettre de Flaubert à Louis Bouilhet du [8 septembre 1856], p. 630, n. 3.

7. La dernière partie de *Madame Bovary* paraîtra dans la *Revue de Paris* du 15 décembre 1856.

Page 637.

1. Voir la lettre de Flaubert à Louis Bouilhet du [8 septembre 1856], p. 630 et n. 4.

2. Voir *Mémoires d'un fou* (*Œuvres de jeunesse inédites*, t. I, p. 510) : « Son mari [le mari de Maria, l'héroïne] tenait le milieu entre l'artiste et le commis voyageur [...] et je le vis une fois faire trois lieues à pied pour aller chercher un melon à la ville la plus voisine... » Sur les *Mémoires d'un fou*, voir Jean Bruneau, *Les Débuts littéraires de Gustave Flaubert*, p. 239-259.

3. Sur les dîners du mercredi chez les Schlésinger, voir t. I, p. 154, n. 4.

4. Brandus, le successeur de Maurice Schlésinger, éditeur de musique, 103, rue de Richelieu, Paris.

5. Flaubert ne reverra pas Mme Schlésinger, je crois, avant l'année 1871.

Page 638.

1. Le prince impérial, Eugène-Louis-Jean-Joseph, est né le 16 mars 1856. Napoléon III avait épousé Eugénie de Montijo le 29 janvier 1853.

2. Cf. *L'Éducation sentimentale* (éd. Conard, p. 604) : « Quand ils rentrèrent, Mme Arnoux ôta son chapeau. La lampe, posée sur une console, éclaira ses cheveux blancs. Ce fut comme un heurt en pleine poitrine. »

3. Voir la lettre de Flaubert à Louise Colet du [25 octobre 1853], p. 457, n. 1.

À LOUIS BOUILHET
[5 octobre 1856]

Autographe Lovenjoul, A V, ffos 206-207 ; incomplète dans Conard, t. IV, p. 129-130. Enveloppe : Monsieur Bouilhet, rue de Grenelle-St-Germain, 71, Paris. C.P. Rouen, 5 octobre 1856.

Page 639.

1. Voici la lettre de Frédéric Baudry (Lovenjoul, B I, ffos 118-119) : « Saint-Cloud, 4 octobre 1856. Mon cher ami, je vous écris pour un singulier sujet : pour vous demander, s'il en est temps encore, une très légère modification à votre Roman. Il s'agit de changer un titre, de mettre, au lieu du *Journal de Rouen* qui existe, un *Réformateur, Propagateur, Niveleur, Progressif* quelconque qui n'existe pas. / J'ai un peu pressenti les gens du *Journal de Rouen* à cet égard, et je me suis aperçu qu'une citation directe et ridicule de leur feuille les blesserait extrêmement, tandis qu'une plaisanterie

sous le pseudonyme le plus clair serait avalée sans aucune difficulté. Je me demande pourquoi vous ne feriez pas ce petit sacrifice
de la seule, et très peu utile, personnalité qui est dans votre œuvre,
et qui tombe justement sur des gens qui après tout sont les plus
près de votre opinion et ne vous veulent que du bien. Je vous en
prie donc pour vous, un peu aussi pour moi, qui vous en serais
obligé ; Mᵉ Senard à qui j'en dis un mot me charge d'insister et de
vous engager fortement. Je compte donc un peu sur votre amabi-
lité. Tout à vous, respect à votre mère. Nous avons tous lu avec
grand plaisir votre première partie. Le portrait de Bovary père est
un chef-d'œuvre. Je regrette infiniment que vous ayez enlevé les
bourgeois et le magistrat du bal au château. Vous m'écrirez quand
vous serez à Paris. F. Baudry. »

Flaubert substituera *Fanal de Rouen* à *Journal de Rouen,* ce qui
ne « cassera pas le rythme de [ses] pauvres phrases ». Frédéric
Baudry avait donc lu, ou plutôt, sans doute, entendu lire par
Flaubert, le roman entier. Mᵉ Senard, beau-père de Frédéric
Baudry, sera le défenseur de Flaubert lors du procès ; en somme,
Flaubert a fait une bonne affaire, sans le savoir, quand il a accepté
la suggestion de Baudry. Pour la conversation des bourgeois et du
magistrat au bal de la Vaubyessard, voir *Madame Bovary, Ébauches
et fragments inédits,* recueillis par Gabrielle Leleu, t. I, p. 215 et
suiv.

2. Voir le *Journal de Rouen* du 4 octobre 1856, annonçant *Madame
Bovary* comme une « œuvre originale, dessinée d'après nature,
exacte et minutieuse », signé Beuzeville (éd. du Centenaire, t. II,
p. 244, n. 1).

3. La haine de Flaubert pour le *Journal de Rouen* ne l'empêchait
pas d'y être abonné. Ce n'est que bien des années plus tard, quand
il deviendra l'ami de Charles Lapierre, qu'il quittera le *Journal de
Rouen* pour le *Nouvelliste* (voir F.-A. Blossom, *La Composition de
« Salammbô »...,* Baltimore, The Johns Hopkins Press, 1915,
p. 16). Et pourtant, c'est le *Nouvelliste de Rouen* qui publiera *Madame
Bovary,* avec l'accord de la *Revue de Paris* et de Flaubert. Voir la
lettre de Maxime Du Camp à Flaubert du [29 décembre 1856],
Appendice I, p. 873-874 et les notes.

4. Le drame de Louis Bouilhet, *Madame de Montarcy,* aura en
effet un grand succès à l'Odéon, le 6 novembre 1856.

Page 640.

À JULES DUPLAN

[11 octobre 1856]

Autographe Lovenjoul, A V, ffᵒˢ 337-338 ; Conard, t. IV, p. 131-
132. La lettre est datée par Flaubert lui-même : « Venez chez moi,
dimanche 19... » Voici le début de la lettre de Jules Duplan à
Flaubert : « Cher Flaubert, ceci est de bonne amitié et sans compliments, je vous le jure. J'ai lu la première partie de la *Bovary,* c'est
excellent, c'est parfait [...]. Quant à la *Revue de Paris,* elle ne regrettera
pas la place qu'elle vous a faite, votre roman est son meilleur livre ;

notre ami Gleyre me prie de vous dire que c'est là son sentiment ; il est enchanté ; il gouaille l'autre *Revue [des Deux Mondes],* si bien qu'il lui a donné le désir de connaître la *Bovary.* Planche et De Mars vous liront. Planche m'a promis aussi d'assister à la première représentation de Bouilhet *[Madame de Montarcy]* [...] » (Lovenjoul, B III, f° 28).

1. Homais, le pharmacien de *Madame Bovary,* est friand de clichés.
2. Frédéric Baudry (voir t. I, p. 230, n. 6).
3. Laurent-Pichat, le rédacteur en chef de la *Revue de Paris.*

Page 641.

1. *Madame de Montarcy* était en répétition. Voir la lettre de Flaubert à Louis Bouilhet du [14 septembre 1856], p. 631 et n. 2.
2. *La Légende de saint Julien l'Hospitalier,* des féeries ?

À LOUIS BOUILHET
[13 octobre 1856]

Autographe Lovenjoul, A V, f°s 209-210 ; *Supplément,* t. I, p. 206-207. Enveloppe : Monsieur Bouilhet, rue de Grenelle-St-Germain, 71, Paris. C.P. illisible. La lettre est datée par la mention de l'article du *Figaro* du dimanche 12 octobre et par l'arrivée de Flaubert à Paris le jeudi 16. Le 14 ou le 15 octobre, Flaubert aurait écrit : après-demain, ou demain. Elle a été publiée par Jean Pommier dans « Quelques lettres de Flaubert et de Bouilhet », *Bulletin du bibliophile,* 1949, p. 233-234.

3. Il s'agit des répétitions de *Madame de Montarcy,* qui sera jouée le 6 novembre 1856 à l'Odéon.
4. Voir *Le Figaro* du dimanche 12 octobre 1856, p. 5, dans le *Petit Bulletin de la Grande Armée littéraire* : « *Madame Bovary* est une étude de mœurs de province que M. Gustave Flaubert publie à la *Revue de Paris.* — Un officier de santé, nigaud à l'extrême, vrai mannequin de baudruche mal gonflé, tue une première femme par son inertie, et fait tout ce qu'il faut pour être framboisé par la seconde. — L'action est habilement conduite, les caractères pris sur le vif et curieusement observés. À ce mérite s'en joint un autre plus précieux à mon sens, c'est une langue sobre, précise, ennemie de l'emphase. Toutefois, M. Flaubert, qui me paraît jusqu'ici fort épris du *réel,* devra bien se garder de glisser dans le *vulgaire ;* il gâterait ainsi de belles qualités » (Jean Pommier, « Quelques lettres de Flaubert et de Bouilhet », *Bulletin du bibliophile,* 1949, p. 234, n. 1).
5. *Taïeb :* « bien, très bien », en arabe (voir t. I, p. 533).
6. Edmond About, ancien élève de l'École normale supérieure, collaborait alors au *Figaro,* sous le pseudonyme de Valentin de Quevilly. Le Grand- et le Petit-Quevilly sont deux bourgs proches de Croisset. Edmond About quittera *Le Figaro* pour *L'Opinion nationale* trois ans plus tard, et s'attirera les foudres de son ancien journal dans un article dirigé contre « Les vestales de l'École normale [Edmond About et Francisque Sarcey] » (« La Foire aux

feuilletons », *Le Figaro,* 4 octobre 1859). La série d'articles d'Edmond About au *Figaro* avait pour titre : « Lettres d'un bon jeune homme à sa cousine Madeleine. »

7. Maxime Du Camp est peut-être à l'origine de cette expression. Voir sa lettre à Flaubert de [fin septembre-début octobre 1856], Appendice I, p. 871 et n. 6.

Page 642.

À SA MÈRE
[22 octobre 1856 ?]

Inédite. Autographe Lovenjoul, A I, ffos 146-147. Je pense qu'il s'agit de la « première » de *Madame de Montarcy,* dont la date a été fixée au dernier moment (voir la lettre de Flaubert à Jean Clogenson du [31 octobre 1856], p. 644). Flaubert est arrivé à Paris le jeudi 16 octobre; cette lettre serait donc du 22, mais le 29 n'est pas impossible.

1. La première du drame de Louis Bouilhet, *Madame de Montarcy ?* voir la note bibliographique de la lettre.

À MAURICE SCHLÉSINGER
[2e quinzaine d'octobre 1856]

Autographe non retrouvé; Conard, t. IV, p. 132-133. La lettre est datée par l'allusion de Flaubert « aux deux premiers numéros de [son] roman », les 1er et 15 octobre 1856, dans la *Revue de Paris.* Elle est passée en vente chez Christie's le 20 juillet 1977 (no 323 du catalogue).

2. D'après la lettre de Flaubert à Louis Bouilhet du [8 septembre 1856], p. 630, le mariage de Maria Schlésinger devait avoir lieu le 8 octobre 1856. Flaubert écrit à Élisa Schlésinger le 2 octobre [1856] qu'il ne pourra y assister (p. 636). Réception pour les jeunes mariés ?
3. Il s'agit du drame de Louis Bouilhet, *Madame de Montarcy.* Je ne sais quand Maurice Schlésinger a rencontré Louis Bouilhet chez Mme Flaubert. Il semble que ce soit à Paris, durant les deux hivers précédents, plutôt qu'à Croisset. Flaubert a toujours été en rapport avec les Schlésinger, ce qui n'est pas sans importance pour l'interprétation de *L'Éducation sentimentale.*

Page 643.

1. Il s'agit sans doute de l'éditeur Jacottet. Voir la lettre de Maxime Du Camp à Flaubert de [fin septembre-début octobre 1856], Appendice I, p. 871.
2. Mme Christian-Friedrich von Leins (voir p. 630, n. 3).
3. Sur les rapports de Jules Janin et des Schlésinger, voir la lettre de Flaubert à Louis Bouilhet du [8 septembre 1856], p. 630, n. 3.

[30 octobre 1856]

Autographe Lovenjoul, A VI, ff^{os} 39-40; incomplète et mal
datée d'[octobre ou novembre 1856] dans Conard, t. IV, p. 134-
135. Sur le folio 39 r°, en haut et à gauche, de la main d'Edma
Roger des Genettes : « Cette lettre est la première que j'aie reçue
de lui — après la publication de *Madame Bovary* dans la *Revue de
Paris*. » La lettre d'Edma Roger des Genettes a dû être envoyée à
Croisset; la réponse de Flaubert est sans doute antérieure de peu
à la « première » de *Madame de Montarcy*, le jeudi 6 novembre 1856.
D'où la date du jeudi 30 octobre 1856.

4. Cette lettre n'a pas été retrouvée.

5.   *Ces noms de roi des rois et de chef de la Grèce*
            Chatouillaient de mon cœur l'orgueilleuse faiblesse.

Racine, *Iphigénie*, acte I, sc. 1.

Page 644.

1. Je n'ai pu identifier Jean-Couteaudier.
2. La première de *Madame de Montarcy*, drame de Louis Bouilhet,
aura lieu le 6 novembre 1856 à l'Odéon.

[31 octobre 1856]

Autographe colonel Clogenson; lettre publiée par le chanoine
Léon Letellier dans « Lettres inédites de Flaubert et de Bouilhet à
Jean Clogenson », *R.H.L.F.*, janvier-mars 1957, p. 13. Jean
Clogenson est né le 29 novembre 1785 à Coulonges-sur-Sarthe. Il
fut successivement avocat, conservateur de la bibliothèque d'Alen-
çon, préfet de l'Orne en 1830, enfin conseiller à la cour d'appel de
Rouen; il avait pris sa retraite en 1855. Il s'était intéressé à Voltaire
toute sa vie et publiera en 1860 *Voltaire jardinier,* chez l'éditeur
Perron, à Rouen. Il était membre de l'Académie des sciences,
belles-lettres et arts de Rouen depuis le 2 juillet 1847. Il mourra
à Rouen le 5 février 1876. Il semble qu'il se soit mis en rapport avec
Louis Bouilhet après avoir lu *Melaenis* dans la *Revue de Paris*
(1er novembre 1851). Voir l'article cité du chanoine Letellier et le
fonds Descharmes de la Bibliothèque nationale, N.A.F. 23842,
ff^{os} 47 et suiv. La collection Lovenjoul conserve deux lettres de
Clogenson à Flaubert, dont je citerai plus loin des extraits (B I,
ff^{os} 396-399).

3. La « première » de *Madame de Montarcy* aura lieu, en effet, le
6 novembre.

Page 645.

À EDMA ROGER DES GENETTES

[4 novembre 1856]

Autographe Lovenjoul, A VI, ffᵒˢ 41-42; *Supplément*, t. I, p. 208.
La lettre est datée par la « première » de *Madame de Montarcy,* le
6 novembre 1856.

À ALFRED BAUDRY

[Nuit du 6 au 7 novembre 1856]

Autographe Jean Joubert; *Complément* au *Supplément*, t. I, p. 13-
15. Enveloppe : Monsieur Alfred Baudry, rue Impériale, 11, Rouen.
C.P. illisible.

1. *Madame de Montarcy,* drame, représenté pour la première fois,
à Paris, sur le Second Théâtre-Français [l'Odéon] le 6 novembre
1856, dédié « à mon ami Alfred Guérard » (Paris, Michel Lévy,
1856, in-18, 140 p.). L'acte I se passe dans une auberge des
environs de Paris; d'Aubigné, le frère de Mme de Maintenon, des
gentilshommes de la cour; puis M. et Mme de Montarcy et son
père le marquis de Rouvray ; les gentilshommes décident de faire
de Mme de Montarcy la maîtresse de Louis XIV. L'acte II est situé
à Versailles. Le roi demande à Mme de Montarcy des nouvelles de
la duchesse de Bourgogne, aimée de Maulévrier. À l'acte III, durant
un bal de la cour, Mme de Maintenon fait tenir un billet à Montarcy, où elle lui certifie que sa femme le trompe. Montarcy est
convaincu, à l'acte IV, que sa femme est la maîtresse du roi. À
l'acte V, Montarcy et le marquis de Rouvray accusent Mme de
Montarcy et lui offrent du poison; Montarcy le boit lui-même.
Arrive Mme de Maintenon qui leur apprend que Mme de Montarcy
gardait le secret des amours de Maulévrier et de la duchesse de
Bourgogne. Montarcy meurt en disant :

Il fallait bien mourir, j'avais douté de toi.

2. Jules Janin (1804-1874), le doyen des critiques dramatiques
(*Journal des débats*).
3. Léon Gozlan (1816-1866), journaliste, romancier et dramaturge. Son œuvre mériterait une étude sérieuse.
4. Paul Bins, comte de Saint-Victor (1827-1881), tenait alors le
feuilleton de *La Presse* pour la critique théâtrale et artistique, où
il avait succédé à Théophile Gautier. Il était auparavant au *Pays*.
5. Pier-Angelo Fiorentino (Naples, 1809 ; Paris, 1864). Romancier, critique dramatique et critique musical (*Complément* au *Supplément*, t. I, p. 14).
6. Allusion à la première représentation du *Devin de village,* à
Fontainebleau : « J'entendais autour de moi un chuchotement de
femmes qui me semblaient belles comme des anges, et qui s'entre-
disaient à demi-voix : cela est charmant, cela est ravissant ; il n'y

a pas un son là qui ne parle au cœur. Le plaisir de donner de l'émotion à tant d'aimables personnes m'émut moi-même jusqu'aux larmes, et je ne les pus contenir au premier duo, en remarquant que je n'étais pas le seul à pleurer » (J.-J. Rousseau, *Confessions,* in *Œuvres complètes,* Bibl. de la Pléiade, t. I, p. 378-379).

Page 646.

1. Voici la distribution du drame : Louis XIV, Laute ; Montarcy, Tisserant ; Rouvray, Rey ; Maulévrier, Guichard ; d'Aubigné, Thiron ; Renonville, Saint-Léon ; gentilshommes, Fréville, Fournier, Delille, Davray ; aubergiste, Étienne ; domestique, Davin ; Mme de Montarcy, Thuillier ; Mme de Maintenon, Ramelli ; duchesse de Bourgogne, Léocadie ; Nanon, Dessains. L'interprétation de *Madame de Montarcy* n'avait guère plu aux amis de Louis Bouilhet. Alfred Blanche écrit à Flaubert le 9 novembre 1856 : « Mon cher Gustave, J'ai vu hier Perrin, ou, plutôt, Perrin a couru après moi, me demandant votre adresse pour aller vous voir ou, tout au moins, pour vous écrire — et vous dire tout le plaisir que lui fait votre roman. [...] Il m'a parlé de vous en termes très affectueux et de votre œuvre : à m'en mettre l'eau à la bouche et à me retirer la patience d'en attendre la fin pour la lire. J'ai été bien heureux du succès de Bouilhet, mais je l'ai bien plaint d'être si tristement interprété et je ne suis pas encore sorti de ma colère contre la direction qui pouvait et devait, dans son propre intérêt, faire beaucoup mieux. À vous » (Lovenjoul, B I, ff⁰ˢ 212-213).

2. Flaubert écrit : *Tiron.*

3. « Nature mélancolique et sentimentale, mais par-dessus tout sympathique » (Lyonnet). Elle a joué à la Gaieté, à l'Ambigu, à l'Odéon et à la Porte-Saint-Martin.

4. Marie Delaunay, dite Dorval (1798-1849), la plus grande actrice romantique. Elle avait créé les rôles d'Adèle Hervey dans *Antony,* d'Alexandre Dumas (1831), et de Kitty Bell dans *Chatterton,* d'Alfred de Vigny (1835).

5. Beuzeville était le rédacteur en chef du *Journal de Rouen ;* il avait consacré quelques lignes élogieuses à *Madame Bovary* dans le numéro du 4 novembre 1856.

6. À propos du succès de *Madame de Montarcy,* comparer cette lettre de Flaubert avec le passage correspondant des *Souvenirs littéraires* de Maxime Du Camp (3ᵉ éd., Hachette, 1906, t. II, p. 135-137). Du Camp reconnaît le succès, mais, comme toujours, ne peut s'empêcher de dénigrer : « Il y avait une dissonance qui, heureusement, ne compromit rien ; cela ressemblait à un chapitre de Saint-Simon mis en vers par un disciple de Victor Hugo ; la couleur locale et la vérité historique n'y gagnaient guère, mais qu'importe, puisque les vers étaient beaux ? » (p. 136-137).

À JEAN CLOGENSON
[9 novembre 1856]

Autographe colonel Clogenson; lettre publiée par Léon Letellier dans « Lettres inédites de Flaubert et de Bouilhet à Jean Clogenson », *R.H.L.F.*, janvier-mars 1957, p. 13. Clogenson a noté sur l'autographe : « *Madame de Montarcy,* jouée à l'Odéon, pour la première fois, le 6 novembre 1856, le 7 et le 8. — J'ai assisté à une répétition générale de la pièce, dès le 5 novembre, de 7 heures et demie à 11 heures du soir. — Le 6, j'étais à la première représentation, et le 7, aux trois derniers actes. — Le 8, troisième représentation où le cinquième acte, dit-on, a fait une très grande sensation. — Ce matin, 10, je rentre à Rouen, à 11 heures. Le général Pélissier était du même convoi, et il est allé droit à Maromme, son lieu natal. Ce soir 10, à 7 heures du soir, je reçois la réponse de M. Gustave Flaubert à ma lettre d'hier, dans laquelle se trouvaient mes sept quatrains à L. Bouilhet, dont le premier commence par :

> *Toi qui parles si bien français*
> *En prose comme en poésie...*

« Le maréchal Pélissier a quitté Rouen, hier matin, 14 novembre, retournant à Paris. — Le 13, au théâtre des Arts, vers 10 heures, il m'a reconnu et tendu la main. Je ne l'avais pas revu depuis le 8 novembre 1853, à Alger.

« Je reçois, ce 15, une nouvelle lettre de M. G. Flaubert [voir plus loin la lettre du *[14 novembre 1856]*, p. 648]. Je pars demain, 16 novembre, pour assister, comme invité, au banquet offert à notre ami L. Bouilhet. »

La date du 9 novembre 1856, sur l'autographe, est de la main de Clogenson.

7. Voir la note bibliographique de la lettre.

Page 647.

1. Le banquet aura lieu, en effet, le dimanche 16 novembre 1856 (voir la lettre de Flaubert à Jean Clogenson du [14 novembre 1856], p. 648).

2. Saint-Victor tenait la rubrique des théâtres à *La Presse ;* Jules Regnault de Prémaray (1819-1868), à *La Patrie.*

3. *Madame de Montarcy* est annoncée dans la *Bibliographie de la France* le 29 novembre 1856.

À EDMA ROGER DES GENETTES
[9 novembre 1856]

Autographe Lovenjoul, A VI, ffos 43-44; *Supplément,* t. I, p. 208-209.

4. Voir la note 3 de la lettre précédente.

À JULES DUPLAN
[14 novembre 1856]

Autographe Lovenjoul, A V, ff⁰ˢ 339-340; *Supplément*, t. I, p. 209
(datée de [novembre 1856]). La lettre est datée par le banquet
offert à Louis Bouilhet, qui a lieu le dimanche 16 novembre 1856.

Page 648.

1. François-Eugène Follin (Harfleur, 1823 ; Paris, 1867), chirurgien, membre de l'Académie de médecine, ami de Louis Bouilhet
(*Supplément,* t. I, p. 209, n. 1).
2. Sur le banquet offert à Louis Bouilhet, voir *Le Figaro* du
20 novembre 1856 (cité par Léon Letellier, « Lettres inédites de
Flaubert et de Bouilhet à Jean Clogenson », *R.H.L.F.,* janvier-
mars 1957, p. 13) : « La ville de Rouen a envoyé une députation de
quarante de ses habitants pour assister à la première représentation
de *Madame de Montarcy,* drame en cinq actes et en vers, de M. Louis
Bouilhet, qui est né dans la capitale de la Normandie [de fait, à
Cany]. Les quarante Rouennais de M. Louis Bouilhet lui ont donné
un banquet. Le soir même de la première représentation, ils se sont
rendus à son logis pour lui offrir une couronne d'or, avec ces mots
incrustés sur émail : *" Cornelio redivivo ".* Tous les matins, ils l'at-
tendent sous la porte cochère pour le saluer de leurs acclamations. »
3. M. Lecoupeur était le responsable du banquet offert à Louis
Bouilhet.

À JEAN CLOGENSON
[14 novembre 1856]

Autographe colonel Clogenson; lettre publiée par Léon Letellier
dans « Lettres inédites de Flaubert et de Bouilhet à Jean Clogenson », *R.H.L.F.,* janvier-mars 1957, p. 13. De la main de Clogenson : « 14 au 15 novembre 1856; reçue le 15, à 5 heures du soir. »

4. Sur le banquet, voir la lettre précédente, n. 2.

À LOUIS BOUILHET
[1ᵉʳ décembre 1856]

Autographe Lovenjoul, A V, ff⁰ˢ 212-213; *Supplément*, t. I,
p. 210. Enveloppe : Monsieur Bouilhet, rue de Grenelle-St-
Germain, 71, Paris. C.P. Paris, 1ᵉʳ décembre 1856.

5. Théophile Gautier.
6. Sur le comte de Saint-Victor, voir p. 645, n. 4, et p. 725, n. 4.
7. Flaubert veut dire : à donner des places pour les représentations de son drame, *Madame de Montarcy.*

Page 649.

À THÉOPHILE GAUTIER

[2 décembre 1856]

Inédite. Autographe Lovenjoul, C 494, ffos 168-169; l'enveloppe correspondante a été mal classée à la suite de cette lettre (fo 170). Enveloppe : Monsieur Théophile Gautier, rue Grange-Batelière, 24, Paris. C.P. Paris, 2 décembre 1856.

À LÉON LAURENT-PICHAT

[7 décembre 1856]

Autographe Jean Davray (Bibliothèque nationale, Exposition *Gustave Flaubert et « Madame Bovary »*, 1957, p. 16, no 86); brouillon à la collection Lovenjoul (A VI, ffos 324-325) ; Conard, t. IV, p. 136-138. Je donne le texte du brouillon. L'édition Conard date : entre le 1er et le 15 décembre 1856. La lettre ne peut être que du dimanche 7 décembre, puisqu'elle se situe entre les numéros de la *Revue de Paris* du lundi 1er décembre et du lundi 15 décembre 1856.

a. j'ai consenti [(forcément)] à [une] <la> suppression

b. amèrement regretté

²   ¹

1. Flaubert envoie la copie de *Madame Bovary* à Maxime Du Camp le 31 mai 1856 (voir sa lettre à Louis Bouilhet du [1er juin 1856], p. 613). Le roman a commencé à paraître le 1er octobre : donc *quatre* mois, et non *trois*.

2. Le passage du « fiacre » : voir la suite de la lettre. Dans le numéro du 1er décembre 1856, après : « Où vous voudrez, dit Léon » (p. 45), la *Revue de Paris* indique une lacune avec cette note : « La direction s'est vue dans la nécessité de supprimer ici un passage qui ne pouvait convenir à la *Revue de Paris* ; nous en donnons acte à l'auteur » (p. 45, n. 1). C'est Louis Ulbach qui avait exigé cette suppression. Voir les lettres de Maxime Du Camp à Flaubert des 14 juillet [1856], Appendice I, p. 869, n. 6, et [19 novembre 1856], Appendice I, p. 872. Voir aussi *Souvenirs littéraires*, 3e éd., Hachette, 1906, t. II, p. 144-147.

Page 650.

a. rien, rien !... — [maintenant *[<mais>]* comme vous êtes parfaitement les maîtres je ne puis vous empêcher de rogner tout ce qu'il vous plaira. *Mais je proteste,* en exigeant que <il> *[si vous]* y ait à *[toutes]* tous les endroits que vous supprimerez une note pr avertir de la lacune. *[Mais]* <forcer à publier> <mais si la R. *de Paris* trouve que je la compromets, si elle a peur> *(addition marginale)* il y a quelque chose de bien [plus] simple

b. parfaitement. [Ce dernier expédient est celui qui me convient le mieux si la *Revue* a peur ou plutôt le seul qui me convienne.]

c. on peut l'appauvrir [c'est] voilà tout

d. Je sais [distinguer] faire dans [vos <les> artistes la part des

administrateurs la littérature la part de l'administration] la littérature la part de l'administration

1. Flaubert et les directeurs de la *Revue de Paris* parviendront à
un compromis : le numéro du 15 décembre 1856 pratiquera, en
indiquant seulement la troisième, trois coupures dans le texte de
Flaubert : une partie de la scène de l'extrême-onction (p. 271) et
deux conversations de l'abbé Bournisien et de M. Homais durant
la veillée du corps d'Emma (p. 276 et 279). Suppressions demandées par Louis Ulbach (voir la lettre de Maxime Du Camp à Flaubert
du 14 juillet [1856], Appendice I, p. 869, n. 6).

À JULES SENARD
[Entre le 7 et le 11 décembre 1856]

Autographe non retrouvé; lettre publiée dans *Œuvres complètes
illustrées de Gustave Flaubert, Correspondance*, t. V, p. 367, avec la date
« [décembre 1856] ». Contrairement à cette édition, je crois que la
lettre concerne, non pas le procès *Bovary*, mais la mésentente entre
Flaubert et la *Revue de Paris*. Après sa lettre à Laurent-Pichat du
dimanche [7 décembre 1856], Flaubert voulait la poursuivre en
justice, comme le prouve cette lettre inédite du notaire Frédéric
Fovard à Flaubert, datée du 10 décembre 1856 : « Mon cher
Gustave, j'ai envoyé dès hier soir ta note, mais comme ils [les
directeurs de la *Revue de Paris*] ne se verront que tantôt à 5 heures,
ils ne me rendront réponse qu'à cette heure-là. Veux-tu passer
chez moi vers 5 heures 1/2 ? Je te la dirai. Tout cela me peine beaucoup. Vous allez vous en aller chacun de votre côté, toi les accusant
d'être des pions et des maîtres d'école, eux t'accusant de vouloir
sacrifier leur revue à ton intérêt particulier. Le papier timbré
viendra par-dessus, puis on plaidera, ce qui amusera fort messieurs
les juges, gens fort peu littéraires en général, mais aimant bien les
querelles de ménage. Enfin on vous rendra un jugement qui ne
contentera ni toi, ni eux, et vos griefs seront plus forts qu'à l'origine. Je ne suis, il est vrai, qu'un notaire et n'ai pas voix au chapitre, mais j'avoue que je laisserais faire, et dans la préface de mon
volume, leur ferais une explication et mon plaidoyer. Ce qui ne
m'empêchera pas de t'en donner ou de t'en envoyer leur réponse
pour que tu fasses ce que tu croiras bon. Tout à toi » (Lovenjoul,
B III, ffos 206-207).

Flaubert serait donc allé consulter Me Senard, le beau-père de
Frédéric Baudry, pour lui demander conseil. S'il se fût agi du procès
intenté à *Madame Bovary*, Flaubert n'aurait pas demandé un « quart
d'heure d'audience » et parlé des « sottises » qu'il ne veut pas faire
et qu'on lui fait. Me Senard pourrait bien être le médiateur qui
a proposé le compromis de la note qui paraîtra dans le numéro de
la *Revue de Paris* du 15 décembre et réconcilié les adversaires. Une
preuve supplémentaire en serait le fait que Flaubert s'adresse, indirectement cette fois, semble-t-il, à Me Senard dans le différend
qui l'oppose au rédacteur en chef du *Nouvelliste de Rouen*, Gustave
Claudin, pour précisément les mêmes raisons. Dans une lettre
inédite, que je crois pouvoir dater du lundi [15 décembre 1856],
Frédéric Baudry écrit à Flaubert : « Mon cher ami, j'ai causé hier
de vos affaires avec le père Senard et je vous écris ce mot à la hâte
parce qu'il croit que vous vous embarqueriez dans une mauvaise

affaire, si vous prétendiez *contraindre* Claudin et son *Nouvelliste* à vous reproduire autrement que la *Revue de Paris*. En effet, aucune des raisons qui faisaient votre force vis-à-vis de la *Revue* n'existe plus à l'égard du *Nouvelliste* qui, lui, n'a pas eu votre manuscrit entre les mains pour se décider et qui vous a demandé de reproduire juste ce qu'il trouvait dans la *Revue*. Si Claudin y consent, par exemple, rien de mieux [...]» (Lovenjoul, B I, ffᵒˢ 124-125). Je crois cette lettre du lundi 15 décembre, car c'est le jour où Flaubert quitte Paris pour Rouen et ne sait donc pas encore que le *Nouvelliste* a cessé la publication de *Madame Bovary* le dimanche 14. Elle est en tout cas postérieure à l'arrangement intervenu entre Flaubert et la *Revue de Paris*, comme le montre la phrase de Baudry : « aucune des raisons qui *faisaient* votre force... » (c'est moi qui souligne).

Ainsi s'explique la note par laquelle le *Nouvelliste de Rouen* interrompt la publication de *Madame Bovary* le 14 décembre *à la fin de la deuxième partie du roman* : « Nous prenons le parti d'arrêter après ce numéro la publication du roman de *Madame Bovary*, parce que nous ne pourrions la continuer sans opérer plusieurs retranchements ; la direction de la *Revue de Paris* a cru devoir faire des suppressions, et, de plus, nous apprenons qu'il s'élève des difficultés entre elle et l'auteur sur la dernière partie du roman. Nous lisons même dans un journal que vendredi les parties sont allées en référé » (René Dumesnil, *La Publication de « Madame Bovary* », Paris, Malfère, 1928, p. 69 ; renseignement tiré de Félix Clérembray, *Flaubertisme et Bovarysme*, Rouen, Lestringant, 1912 ; voir aussi René Descharmes et René Dumesnil, *Autour de Flaubert*, Paris, Mercure de France, 1912, t. I, p. 21, n. 1). Ce journal est *Le Nord*, d'après la lettre de Maxime Du Camp à Flaubert du samedi [14 décembre 1856], Appendice I, p. 873. Sur la publication de *Madame Bovary* par le *Nouvelliste de Rouen*, voir aussi la lettre de Maxime Du Camp à Flaubert du [29 décembre 1856], Appendice I, p. 873-874.

2. Flaubert écrit : *Sénart*. Voir la lettre de Flaubert à Michel Lévy de [mai ou juin 1857], p. 727 et n. 6. Sur Jules Senard, voir la lettre de Flaubert à Louise Colet du [20 mars 1852], p. 59 et n. 6.

Page 651.

À LOUIS BOUILHET

[12 décembre 1856]

Autographe Lovenjoul, A V, ffᵒˢ 214-215 ; *Supplément*, t. I, p. 210-211. La lettre est datée par l'anniversaire de la naissance de Flaubert, le 12 décembre 1821. Cette lettre a été publiée par Jean Pommier dans « Quelques lettres de Flaubert et de Bouilhet », *Bulletin du bibliophile*, 1949, p. 235-236.

1. Voir cette note p. 653.

2. Laurent-Pichat, le rédacteur en chef de la *Revue de Paris*. À cette époque, Flaubert ne croyait évidemment pas aux dangers que pouvaient courir la *Revue de Paris* et lui-même. Il apprendra que des poursuites sont engagées par la lettre de Maxime Du Camp du [27 décembre 1856], Appendice I, p. 873. D'après les *Souvenirs littéraires* (3ᵉ éd., Hachette, 1906, t. II, p. 144), les directeurs de la *Revue* s'y attendaient depuis deux mois déjà. « Dès les premiers

jours de novembre, un de mes amis qui, par sa situation, connaissait assez bien ce que l'on appelle "les hautes régions du pouvoir", vint m'annoncer que nous allions être poursuivis en police correctionnelle. J'eus un haut-le-cœur. » S'agirait-il d'Alfred Blanche, secrétaire général du ministère d'État ?

3. *Cigognes et turbots,* poème de Louis Bouilhet, qui sera publié dans *L'Artiste* du 14 décembre 1856 (voir *Festons et astragales,* p. 113-116). *L'Artiste* paraissait le dimanche, non le vendredi. *Cigognes et turbots* est dédicacé au gastronome romain Asinius Sempronius Rufus.

4. *L'Artiste,* revue hebdomadaire paraissant le dimanche, avait été fondée par Achille Ricourt en 1830 ; elle fut reprise par Delaunay, puis par Arsène Houssaye. Le 6 juillet 1856, Arsène Houssaye l'avait cédée à Édouard Houssaye et Xavier Aubryet (*L'Artiste,* 6 juillet 1856). Le numéro du 7 décembre 1856 annonce que « à partir du 14 décembre prochain, M. Théophile Gautier prendra la direction de *L'Artiste* comme rédacteur en chef ». Xavier Aubryet avait consacré un article très élogieux à *Madame de Montarcy* dans le numéro du 16 novembre 1856.

L'épisode de « La reine de Saba » paraîtra dans *L'Artiste* du 21 décembre 1856, p. 19-22 ; « La Courtisane et Lampito », le 28 décembre, p. 39-40 ; « Apollonius de Thyane », le 11 janvier 1857, p. 67-73 ; et « Les Animaux », le 1er février, p. 114-119. L'épisode des « Dieux » ne paraîtra pas dans *L'Artiste*. Il a dû sembler trop dangereux (voir la lettre de Flaubert à Maurice Schlésinger de [vers le 11 février 1857], p. 682).

Ont été vendus à l'hôtel Drouot (vente Franklin-Grout des 18 et 19 novembre 1931, n° 150) « Trois numéros de la revue *L'Artiste*... contenant des fragments de *La Tentation de saint Antoine,* donnant un total de 13 pages. Chaque page *porte les corrections au crayon faites par Flaubert ; en plus 2 feuillets mss de l'auteur indiquant ses variantes* ». Je n'ai pu retrouver ce manuscrit. Voir la lettre de Flaubert à Ducessois du [17 décembre 1856], p. 653.

C'est évidemment Théophile Gautier qui avait ouvert à Flaubert les colonnes de *L'Artiste.* La collection Lovenjoul conserve deux lettres de Gautier à Flaubert concernant la publication d'*Apollonius :* « Vendredi 28 [novembre 1856]. Mon cher Flaub, fais recopier le fragment d'Apollonius de Thyane et envoie-le vivement à Ducessois, afin qu'on ait le temps de le composer et d'avoir ton épreuve corrigée. — Il est bon de faire écrouler d'énormes plâtras sur la tête des bourgeois stupides et cela sans interruption. Jamais trop de cul, disait Robespierre, la margoulette fracassée. Jamais trop de métaphores ! voilà ma devise. Tout à toi, une poignée de main au Bouilhet » (B III, ff^os 226-227).

Il le relance peu de temps après : « Mon cher Flaub, fais recopier dare-dare l'Apollonius de Thyanes *[sic]* et apporte-le à *L'Artiste* ou chez moi. — Il faut écraser le bourgeois à coups de plâtras monstrueux. Tout à toi » (B III, ff^os 228-229).

La première de ces lettres a été publiée par Antoine Albalat dans *Gustave Flaubert et ses amis*, p. 52.

5. *Melaenis, conte romain* (Paris, Michel Lévy, 1857) est annoncé dans la *Bibliographie de la France* le 3 janvier 1857. Le poème est dédié à Flaubert.

6. Le drame historique de Louis Bouilhet, *Madame de Montarcy,* avait été annoncé dans la *Bibliographie de la France* le 29 novembre 1856.

7. Sur le comte d'Osmoy, voir p. 621, n. 8.

8. Le domestique de Flaubert.

9. La compagne de Louis Bouilhet.

Page 652.

À LOUIS BONENFANT
[12 décembre 1856]

Autographe non retrouvé; Conard, t. IV, p. 135-136. La lettre est passée en vente le 7 février 1933 (catalogue Cornuau, n° 76, 3 p. 1/2 in-8°). Elle est certainement incomplète.

1. La collection Lovenjoul ne possède qu'une seule lettre de Louis Bonenfant à son cousin Flaubert, datée du 3 décembre 1862; il le remercie pour l'envoi de *Salammbô* (B I, ff^os 232-233).

2. *Feignant* est un terme populaire d'après Littré. Flaubert écrit : *faignant.*

3.   *Je veux que la vertu plus que l'esprit y brille.*
           La mère en prescrira la lecture à sa fille.

                              Alexis Piron, *La Métromanie,*
                              acte III, sc. VII.

C'est une rengaine de Flaubert depuis son adolescence. Voir Jean Bruneau, *Les Débuts littéraires de Gustave Flaubert,* p. 38, n. 118.

Page 653.

À LA « REVUE DE PARIS »
[15 décembre 1856]

Flaubert a conservé un brouillon de cette note, qui se trouve à la collection Lovenjoul (A V, f° 307), et qui présente quelques différences avec le texte publié; le voici : « [La *Revue de Paris* a eu pendant quatre mois en portefeuille, le manuscrit de mon roman qu'elle avait accepté *intégralement.*] Des considérations que je ne puis apprécier l'ont contrainte à faire une suppression dans le numéro du 1er décembre. Ses scrupules s'étant renouvelés à l'occasion de ce présent numéro, elle a jugé bon encore, d'enlever plusieurs passages. — Or, ne voulant point, par respect pour le public de la *Revue, user de mon droit* qui serait de retirer mon manuscrit, je déclare dénier toute responsabilité des lignes suivantes. » Que le lecteur n'y voie donc que des fragments, et pas un ensemble. » J'ignore qui est à l'origine des changements apportés à ce texte : Flaubert, Du Camp, Laurent-Pichat, Ulbach, Foyard ? Sur les suppressions de la *Revue de Paris*, voir la lettre de Flaubert à Laurent-Pichat du [7 décembre 1856], p. 649-650 et les notes.

À DUCESSOIS
[17 décembre 1856]

Inédite. Autographe Bibliothèque historique de la ville de Paris, coll. Maurice Bucquet, C.P. 6358. On aurait pu penser aux épreuves de l'ouvrage entier, paru en 1874, mais : 1° l'écriture est celle des années 1850; 2° Flaubert corrige les épreuves du livre à Paris, et non à Croisset (voir *Correspondance*, t. VII, p. 107 et suiv.). De plus, Flaubert écrit dans la lettre suivante, datée sûrement du mercredi [17 décembre 1856], p. 654 : « Je viens de renvoyer les épreuves à Ducessois. »

Page 654.

À THÉOPHILE GAUTIER
[17 décembre 1856]

Autographe Lovenjoul, C 494, ffos 171-172; Conard, t. IV, p. 138. Enveloppe : Monsieur Théophile Gautier, rue Grange-Batelière, 24, Paris; C.P. Rouen, 17 décembre 1856.

1. Ducessois était l'imprimeur de *L'Artiste*.
2. « Bien sûr ?... Une femme si belle, qui a un bouquet de poils entre les deux seins ! » (*La Tentation de saint Antoine*, version de 1849, éd. Conard, p. 392) ; « Bien sûr ?... Une femme si belle ! qui a un bouquet de poil *[sic]* entre les seins » (*ibid.*, version de 1856, p. 587) ; « Bien sûr ? Une femme si belle ! » (*L'Artiste* du 21 décembre 1856, p. 22) ; « Bien sûr ? une femme si belle ! » (version définitive, 1874, p. 37).

MADEMOISELLE LEROYER DE CHANTEPIE
À GUSTAVE FLAUBERT
18 décembre 1856

Autographe Lovenjoul, B IV, ffos 229-230. Marie-Sophie Leroyer de Chantepie est née à Château-Gontier le 31 octobre 1800; elle passa toute sa vie à Angers et mourut en 1889, après Flaubert. Elle a laissé des romans : *Cécile* (1844 ?), *Angélique Lagier* (1851), *Mémoires d'une provinciale* (1880), et des articles qu'elle faisait paraître dans *Le Phare de la Loire*, par exemple sur *Madame Bovary* (25 juin 1857). Après sa mort paraîtra un recueil intitulé : *Souvenirs et impressions littéraires* (Paris, Perrin, 1892, 277 p.), où elle a consacré un chapitre à George Sand (p. 185-192) et un autre à Flaubert (p. 263-271).

Après la mort de Flaubert, Ernest Commanville — et non Caroline, la nièce de Flaubert, son épouse, cela est curieux — écrit à Mlle de Chantepie pour lui demander les lettres autographes de Flaubert en vue de leur publication. Dans une première lettre, Mlle de Chantepie répond : « J'ai une quantité de lettres de Flaubert, je vous en enverrai à la condition qu'après en avoir pris copie, vous me les rendiez comme a fait Maurice Sand [pour les lettres de sa mère] » (Lovenjoul, B VI, f⁰ 420 r⁰, lettre du 27 juin 1884). Elle envoie douze lettres de Flaubert le 16 juillet 1884 : « J'ai attendu après la fête pour vous confier 12 lettres de M. Flaubert; ayez-en bien soin; faites-les copier, puis renvoyez-les-moi, et je vous prie de ne pas insérer ce qui est trop personnel. Aussitôt que vous m'aurez renvoyé ces 12 lettres, je vous en renverrai d'autres, j'en ai beaucoup » (*ibid.*, f⁰ 422). Enfin, le 7 septembre 1884, elle écrit : « Je vous envoie 21 lettres de votre oncle; je vous prie de me les renvoyer, car j'y tiens beaucoup » (*ibid.*, f⁰ 423 r⁰).

Vingt-deux lettres de Flaubert à Mlle de Chantepie ont été publiées dans *La Nouvelle Revue* du 15 février 1897; certaines d'entre elles avaient déjà paru dans l'édition Charpentier de la *Correspondance*, parfois avec un texte légèrement différent (voir René Descharmes, édition du Centenaire, *Correspondance*, t. II, p. 274, n. 2). Je n'ai pu retrouver qu'une seule lettre autographe de Flaubert à Mlle de Chantepie, datée du 6 juin [1857] (voir p. 730-732 et la note bibliographique de la lettre). Quant aux lettres de Mlle de Chantepie à Flaubert, une seule — celle-ci — nous est parvenue. Les autres lettres de Mlle de Chantepie que je publie proviennent de copies établies par Mlle Michel, filleule de Mlle de Chantepie, et communiquées à René Descharmes (B.N., N.A.F. 23825, ff⁰ˢ 208-389). René Descharmes en cite des extraits substantiels dans les notes de l'édition du Centenaire, mais il m'a paru nécessaire de les reproduire en entier, et à leur date. La présente lettre a été publiée par Antoine Albalat (*Gustave Flaubert et ses amis*, p. 123-125).

Sur Mlle de Chantepie, voir Daniel Brizemur, « Une correspondante de Flaubert : Mlle Leroyer de Chantepie », *Revue hebdomadaire*, 18 octobre 1919; et surtout Hermia Oliver, « Nouveaux Aperçus sur Marie-Sophie Leroyer de Chantepie », *AFl.*, n⁰ 61, décembre 1982, p. 4-14.

3. *Madame Bovary* a paru dans la *Revue de Paris* du 1ᵉʳ octobre au 15 décembre 1856.

Page 655.

À ÉMILE AUGIER

[31 décembre 1856]

Autographe non retrouvé; *Supplément*, t. I, p. 213-214.

1. Sur le procès de *Madame Bovary*, voir Maxime Du Camp, *Souvenirs littéraires*, 3ᵉ éd., Paris, Hachette, 1906, t. II, p. 144-150; Ernest Pinard, *Mon journal*, Paris, Dentu, 1892, t. I, p. 55-57; René Dumesnil, *La Publication de « Madame Bovary »*, Paris, Malfère, 1928, p. 65-90; André Thierry, conseiller à la cour d'appel d'Amiens, *Discours prononcé à l'audience solennelle de rentrée du 16 septembre 1964* (Académie d'Amiens, *Annales* du Centre régional de documentation pédagogique, 1966, in-4⁰, 21 p.). Voici des extraits

du texte d'Ernest Pinard, qui me paraît capital : « Le substitut
chargé, au service central, de l'examen des livres et des journaux
avait signalé le roman de *Madame Bovary* comme devant être poursuivi. M. Cordoën, procureur impérial, avait accepté cet avis, et
la citation avait été donnée devant la chambre correctionnelle,
où je siégeais comme substitut. [...] Le tribunal, qui avait condamné
Baudelaire, acquitta Flaubert. Consulté sur l'opportunité d'un
appel, je fus d'avis de s'en tenir au premier jugement » (*Mon
journal*, t. I, p. 56-57). À cause de l'erreur qu'il commet sur l'ordre
des procès de *Madame Bovary* et des *Fleurs du mal*, on a mis en doute,
à tort, je crois, la version des faits donnée par Ernest Pinard. C'est
bien au roman de Flaubert qu'en avait le Parquet, même si la
Revue de Paris était mal vue du pouvoir, et cela n'a rien d'étonnant
en cette période d'« Empire autoritaire ». M. Jean Joubert possède
une lettre amicale d'Ernest Pinard à Jules Senard du 27 octobre
1861. On trouvera dans les notes qui suivent de nombreux documents inédits qui permettent de voir plus clair dans cette affaire,
bien plus simple, au fond, que ne l'a cru, ou voulu croire, Flaubert.

Page 656.

1. Flaubert se trompe, je crois. Voir p. 655, n. 1, p. 874, n. 9
et *passim*.

2. *On* : le Pouvoir ?

3. Voir le réquisitoire du substitut Ernest Pinard et la plaidoirie
de l'avocat Jules Senard (*Madame Bovary*, éd. Conard, p. 572-573 et
619-622).

4. Joseph-Victor Augier, né à Orange le 26 juillet 1792, avait
épousé le 24 novembre 1819 la fille du romancier Pigault-Lebrun.
En 1828, il vint s'établir avec sa famille à Paris, où il s'inscrivit
parmi les avocats (*Almanach royal* de 1829 à 1836). Il fit paraître
en 1833 une *Encyclopédie des juges de paix*. Il vendit en 1844 sa charge
d'avocat à la Cour de cassation. Il était poète et romancier à ses
heures. D'après le *Dictionnaire de biographie française* il serait mort
vraisemblablement en 1851. Mais, en réalité, il ne mourut que le
23 avril 1858 (voir *Le Curieux*, t. II, p. 103-104) [*Supplément*, t. I,
p. 214, n. 2]. J'ignore à quel titre Joseph-Victor Augier était
invité aux Tuileries pour le Jour de l'An.

5. Laurent-Pichat, Flaubert et Pillet, l'imprimeur de la *Revue
de Paris*, seront cités le 24 janvier 1857 devant le tribunal correctionnel (6e chambre) ; Me Senard étant retenu à la Cour impériale,
l'affaire sera remise au 29 janvier 1857. L'acquittement des trois
prévenus aura lieu le 7 février. Contrairement à l'opinion reçue,
ce n'est pas le 31, mais le 29 janvier qu'a eu lieu le procès de *Madame
Bovary* ; voir Madeleine Cottin, « Quand eut lieu le procès de *Madame
Bovary* (le 29 et non le 31 janvier 1857) », *Nouvelles littéraires*,
19 décembre 1957, p. 8.

À EDMOND PAGNERRE

[31 décembre 1856]

Autographe non retrouvé; lettre publiée par Louis Pagnerre dans *Edmond Pagnerre, Poésies,* Fécamp, Durand et fils, p. xx-xxii, avec la date erronée du 1er janvier 1857. Edmond Pagnerre répond en effet à Flaubert le « jour de l'an au soir », et sa lettre est timbrée : Orléans, 1er janvier 1857; Paris, 2 janvier 1857. Pagnerre conseille à Flaubert d'aller voir M. Cordoën, « un Rouennais, un ami de Blanche », qui était le procureur général de Paris (Lovenjoul, B V, ffos 116-117). Sur Edmond Pagnerre, voir t. I, p. 29, n. 2. Le *Journal du Loiret,* dont Pagnerre était le rédacteur en chef, avait fait campagne en 1848 pour Louis-Napoléon Bonaparte. Suivant les conseils de Maxime Du Camp (voir sa lettre à Flaubert du [27 décembre 1856], Appendice I, p. 873), Flaubert demande leur aide à tous ses amis bonapartistes. Voir Supplément, p. 1519.

6. Le *Journal du Loiret,* qui publiera quelques mois plus tard un article de Louis de Cormenin sur *Madame Bovary* (voir la lettre de Flaubert à Louis de Cormenin du 14 [mai 1857], p. 714).

Page 657.

1. Sur Louis de Cormenin, voir la note bibliographique de la lettre de Flaubert à Louis de Cormenin du 7 juin [1844], t. I, p. 208.

2. Charles Abbatucci était alors sénateur et garde des Sceaux. Les autres membres du ministère, tous sénateurs, étaient : Achille Fould, ministre d'État et de la maison de l'Empereur; Walewski, ministre des Affaires étrangères; Billault, ministre de l'Intérieur; Magne, ministre des Finances; le maréchal Vaillant, ministre de la Guerre; l'amiral Hamelin, ministre de la Marine et des Colonies ; Rouland, ministre de l'Instruction publique et des Cultes; Rouher, ministre de l'Agriculture, du Commerce et des Travaux publics; et Baroche, président du Conseil d'État et ayant rang de ministre (*Almanach impérial,* 1857).

3. Voir p. 656 et n. 3.

4. Edmond Pagnerre avait été « un des créateurs du Garçon. Cela fait une franc-maçonnerie qu'on n'oublie point » (lettre de Flaubert à sa nièce Caroline du milieu de décembre 1863, Conard, t. V, p. 121). Sur le Garçon, voir t. I, p. 23, n. 2.

5. Sur l'affaire Dupont-Hervé, voir la lettre de Maxime Du Camp à Flaubert du 30 août [1856], Appendice I, p. 870 et n. 5.

À SON FRÈRE ACHILLE

[1er janvier 1857]

Autographe Pierpont Morgan Library, Coll. Heineman, mss. 97; Conard, t. IV, p. 141-143.

6. Avertissements datés des 14 et 17 avril 1856 ; voir la lettre de Maxime Du Camp à Flaubert du [19 novembre 1856], Appendice I, p. 873 et n. 2.

Page 658.

1. Voir p. 656, n. 3.

2. Achille Treilhard, né en 1815, chevalier de la Légion d'honneur, était le fils de Jean-Baptiste Treilhard (1742-1810), conventionnel, puis sénateur et comte de l'Empire. Il avait été substitut à Rouen avant d'être nommé juge d'instruction au tribunal de la Seine. Il deviendra conseiller d'État en 1864 (Vapereau, 1870). J'ignore s'il était juif ou non. La phrase n'est guère à l'honneur de Flaubert.

3. S'agirait-il du garde des Sceaux Abbatucci, alerté par Edmond Pagnerre (voir p. 657), ou déjà du prince Jérôme (voir p. 666) ?

4. Gustave Rouland (1806-1878), alors ministre de l'Instruction publique et des Cultes. Il avait succédé à ce poste à Hippolyte Fortoul le 13 août 1856.

5. Collet-Maigret, le directeur de la Sûreté (voir p. 660).

6. *Le Moniteur universel* était le journal officiel de l'Empire français.

7. Alfred Blanche, secrétaire général du ministère d'État (voir p. 580, n. 4).

8. Sur Charles Florimont, voir t. I, p. 86, n. 6. Dans une lettre datée du 9 janvier 1857, Florimont écrit à Flaubert qu'il ne comprend rien au procès intenté à *Madame Bovary,* mais qu'il a vu hier soir « notre ami », qui a pris une « note écrite » et a promis d'aller voir « son beau-père » (Lovenjoul, B III, ff^os 189-190). Il s'agit sans doute de Frédéric Baudry et de son beau-père l'avocat Jules Senard. Frédéric Baudry avait écrit à Flaubert le 30 décembre 1856 : « Tout cela ne me paraît pas bien sérieux, et je ne puis croire que le Père ne vous en tire pas, si tant est que cela vienne à l'audience » (Lovenjoul, B I, f° 122).

Page 659.

À ÉDOUARD HOUSSAYE
[Début janvier 1857]

Autographe Lovenjoul, C 501, ff^os 36-37; Conard, t. IV, p. 139, datée de [décembre 1856 ou janvier 1857]. Comme il s'agit des épreuves de l'épisode d'Apollonius de Thyane, qui paraîtra dans *L'Artiste* du 11 janvier 1857, cette lettre serait des premiers jours de janvier. Édouard Houssaye était l'un des directeurs de *L'Artiste* (voir la lettre de Flaubert à Louis Bouilhet du [12 décembre 1856], p. 651, n. 4). La lettre de Flaubert est écrite sur une feuille de papier à en-tête de *L'Artiste,* rue Laffitte, 2, Direction. De la main de Flaubert : « M. Ed. Houssaye » (f° 37 v°).

1. Théophile Gautier.

2. « J'ai pétri, pour les femmes de Syracuse, les phallus de miel qu'elles portent [...] » (*La Tentation de saint Antoine,* éd. Conard, version de 1849, p. 305 ; version de 1856, p. 550). Dans *L'Artiste* du 11 janvier 1857, p. 72, la phrase se lit : « J'ai pétri, pour les

femmes de Syracuse, les gâteaux de miel rose qu'elles portent [...]. »
Ne serait-ce pas Flaubert qui « [a] peur » ?

À SON FRÈRE ACHILLE

2 [janvier 1857]

Autographe Pierpont Morgan Library, Coll. Heineman, mss. 97;
Conard, t. IV, p. 143-144, mal datée du [4 ou 5 janvier 1857].

3. Voir la lettre de Flaubert à son frère Achille du [3 janvier
1857], p. 660, n. 4 et 661, n. 6.

4. Treilhard, juge au tribunal de la Seine, ne se hâtait pas de
rendre son ordonnance (voir la lettre de Maxime Du Camp à
Flaubert du 1er janvier [1857], Appendice I, p. 874).

Page 660.

1. Voir la lettre de Flaubert à son frère Achille du [3 janvier
1857], p. 661, n. 6.

2. Lédier était l'un des six députés de la Seine-Inférieure au
Corps législatif.

3. Mme Flaubert occupait le second étage de l'immeuble situé
42, boulevard du Temple. Voir la lettre de Flaubert à Louis
Bouilhet du [1er juin 1856], p. 615, n. 5.

À SON FRÈRE ACHILLE

3 j[anvier 1857]

Autographe Pierpont Morgan Library, Coll. Heineman,
mss. 97; Conard, t. IV, p. 141-143.

4.\ Ernest Le Roy, préfet de la Seine-Inférieure sous le Second
Empire. Le ministre de l'Intérieur est Billault.

Page 661.

1. Voir p. 658.

2. L'une de ces grandes dames est la princesse de Beauvau,
« une " Bovaryste " enragée » (p. 662), que Flaubert a peut-être connue
par un de ses anciens camarades, A. Loysel, alors membre du
Conseil de préfecture du département de la Seine. Loysel écrit à
Flaubert le 12 janvier 1857 : « Mon cher ami, avant de faire de
nouvelles démarches au ministère, il conviendrait de savoir ce qu'a
fait Mad[ame] la princesse de Beauvau, soit auprès du ministre, soit
auprès de l'Impératrice. Vois donc cela, puis nous agirons. Tout
à toi » (Lovenjoul, B IV, ffos 262-263). S'agit-il du vieux prince de
Beauvau (1790-1864), sénateur, ou de son fils (1816-1883), député ?
La princesse de Beauvau ne faisait pas partie de la maison de
l'Impératrice (*Almanach impérial,* 1857).

3. Le membre de phrase qui suit est une addition marginale.

4. Le comte de Nieuwerkerke, l'ami de la princesse Mathilde.

5. Tuvache, maire d'Yonville-l'Abbaye ; Lieuvain, le conseiller de préfecture qui préside les comices agricoles (*Madame Bovary*, éd. Claudine Gothot-Mersch, p. 135 et suiv.).

6. Levavasseur, l'un des six députés de la Seine-Inférieure au Corps législatif ; Franck-Carré, premier président de la Cour impériale de Rouen ; Henri Barbet (1789-1875), ancien maire de Rouen et pair de France, qui sera élu au Corps législatif en 1863 ; Mme Cibiel, la fille d'Henri Barbet.

7. Le ministre de l'Intérieur est Billault.

À ALFRED BLANCHE
[3 janvier 1857]

Autographe non retrouvé ; passage figurant dans le catalogue de la librairie Giraud-Badin, *Bibliothèque d'un amateur,* hôtel Drouot, 12 et 14 novembre 1958, p. 56, nᵒ 307 ; publié dans les *Œuvres complètes illustrées de Gustave Flaubert,* éd. du Club de l'Honnête Homme, *Correspondance,* t. II, p. 551.

Page 662.

À SON FRÈRE ACHILLE
[6 janvier 1857]

Autographe Pierpont Morgan Library, Coll. Heineman, mss. 97 ; Conard, t. IV, p. 144-145.

1. Cf. « Je crois que mon affaire se trouble et qu'elle réussira » (*Madame Bovary,* éd. Conard, p. 514), qui n'est qu'une mauvaise lecture.

2. Le juge d'instruction chargé du procès (voir p. 658, n. 2).

3. « On a travaillé, et pas marché » (éd. Conard, p. 144).

4. Le ministre de l'Instruction publique et des Cultes (voir p. 658, n. 4).

5. Flaubert avait connu l'officier bonapartiste Wall lors de son séjour au Tréport en avril 1844 (voir t. I, p. 206 et n. 2). Il écrit : *Whaal.*

6. Le préfet de la Seine-Inférieure, Ernest Le Roy.

7. Voir p. 661, n. 2.

8. L'archevêque de Paris, Mgr Sibour, avait été poignardé dans l'église Saint-Étienne-du-Mont par Verger, prêtre interdit du diocèse de Meaux, le 3 janvier 1857.

Page 663.

À DUCESSOIS
[8 janvier 1857]

Autographe Lovenjoul, C 501, ffᵒˢ 32-33 ; *Supplément,* t. I, p. 212, avec la date de [décembre 1856]. Ainsi que la suivante, cette lettre est, je crois, du 8 janvier 1857, c'est-à-dire trois jours avant la

publication de l'*Apollonius*, ce qui expliquerait la hâte de Flaubert.
Cf. sa lettre à Théophile Gautier du [17 décembre 1856], p. 654,
concernant un texte qui paraîtra dans *L'Artiste* le 21. Ducessois
est l'imprimeur de *L'Artiste*.

1. *Apollonius de Thyane,* fragment de *La Tentation de saint Antoine,*
paraîtra dans *L'Artiste* du 11 janvier 1857. Voir p. 651, n. 4.

À DUCESSOIS
[8 janvier 1857]

Autographe Lovenjoul, C 501, ffos 34-35; *Supplément,* t. I, p. 212-
213. Pour la date, voir la note bibliographique de la lettre précédente. Comme le montre le contenu, il s'agit d'une note accompagnant les épreuves corrigées plutôt que d'une lettre proprement
dite.

2. « Damis, avec Démétrius, s'était enfui par mon ordre » (*La
Tentation de saint Antoine,* version de 1856, éd. Conard, p. 549).

3. Le texte publié dans *L'Artiste* ne comporte pas de parenthèses.

Page 664.

1. Les cinq premières lignes sont composées avec les mêmes
caractères que le reste de l'*Apollonius*.

À MICHEL LÉVY
[10 janvier 1857]

Autographe maison Calmann-Lévy; lettre publiée par Jacques
Suffel dans *Lettres inédites de Gustave Flaubert à son éditeur Michel
Lévy,* Paris, Calmann-Lévy, 1965, p. 27-28. Je n'ai pu obtenir
l'autorisation de reproduire ces lettres. Celle-ci concerne le
mémoire que Flaubert voulait faire imprimer pour sa défense.
Voir sa lettre à Jules Duplan du [19 janvier 1857], p. 668, n. 3.

À ÉLISA SCHLÉSINGER
[14 janvier 1857]

Autographe non retrouvé; Conard, t. IV, p. 145-148. La date
est vraisemblable.

2. La lettre d'Élisa Schlésinger à Flaubert n'a pas été retrouvée.

3. Sur ces deux avertissements, voir p. 657 et n. 6.

Page 665.

1. La première édition de *Madame Bovary,* annoncée dans le
Journal de la librairie du 18 avril 1857, fut mise en librairie quelques
jours auparavant (Jacques Suffel, *Lettres inédites de Gustave Flaubert
à son éditeur Michel Lévy,* p. 35, n. 1).

2. Pour la description de l'extrême-onction, voir *Madame
Bovary,* éd. Claudine Gothot-Mersch, p. 330 et suiv.

3. Cf. *Le Nord,* journal quotidien (Bruxelles), 18 janvier 1857 (*Revue de Paris,* feuilleton daté du 16 et signé «Nemo»): «Un homme illustre, qui fut à la fois le plus beau et le plus grand de nos poètes, vient d'écrire une lettre à propos d'un roman récemment publié dans la *Revue de Paris, Madame Bovary...* M. de Lamartine... s'est déclaré dans une épître inspirée par la lecture de *Madame Bovary,* le premier et le plus chaud admirateur... de M. Gustave Flaubert... Avec des protections, je crois qu'on peut se faire montrer l'épître dans les bureaux de la *Revue de Paris*» (*Supplément,* t. I, p. 217, n. 1, due à MM. Michel Decaudin et Pierre Reboul). Flaubert rendra visite à Lamartine le dimanche 25 janvier 1857 (voir sa lettre à Alfred Dumesnil de [vers le 20] janvier 1857, p. 671, et celle à Achille Flaubert du [25 janvier 1857], p. 674). *Nemo* pourrait être Philoxène Boyer (voir la lettre de Flaubert à Louis Bouilhet du [11 août 1856], p. 624, n. 9).

Page 666.

1. Brandus avait succédé à Maurice Schlésinger comme éditeur de musique au n° 103 de la rue de Richelieu.

2. Maria Schlésinger venait d'épouser l'architecte Christian-Friedrich von Leins (voir p. 630, n. 3).

À SON FRÈRE ACHILLE
[16 janvier 1857]

Autographe Pierpont Morgan Library, Coll. Heineman, mss. 97; Conard, t. IV, p. 148-150.

3. Première mention, dans la correspondance, du prince Napoléon, surnommé Plon-Plon. Flaubert ne le connaissait pas encore personnellement, semble-t-il, non plus que sa sœur la princesse Mathilde. Il lui enverra un exemplaire de *Madame Bovary.* Voir la lettre de remerciement du secrétaire particulier du prince Jérôme (Lovenjoul, B V, ffos 51-52).

4. Rouland était ministre de l'Instruction publique et des Cultes.

5. Valentine de Laborde, épouse de l'ancien préfet de police Gabriel Delessert, et alors maîtresse de Maxime Du Camp (voir la lettre de Maxime Du Camp à Flaubert de [fin août-début septembre 1851], Appendice I, p. 860). Maxime Du Camp et Flaubert avaient rencontré son fils, Édouard Delessert, durant leur séjour à Constantinople en novembre-décembre 1850 (voir t. I, p. 718).

6. Sur Me Senard, voir p. 59, n. 6. D'après la lettre de Maxime Du Camp à Flaubert du [29 décembre 1856], Appendice I, p. 874, c'est sur l'initiative de Maxime Du Camp que Senard serait devenu le défenseur de Flaubert, et non à celle de Flaubert lui-même, comme le croit, par exemple, René Dumesnil (*La Publication de «Madame Bovary»,* p. 75 et 77).

Page 667.

1. Achille Treilhard, le juge d'instruction qui s'occupait de l'affaire Flaubert (voir p. 658, n. 2).

Page 668.

À JULES DUPLAN
[19 janvier 1857]

Autographe Lovenjoul, A V, ff^os 341-342; *Supplément*, t. I, p. 215, datée de [janvier 1857]. La lettre est postérieure à celle du [16 janvier 1857] et antérieure à celles du [20 janvier 1857]; elle est donc du lundi 19 janvier 1857.

1. Le prince Napoléon (voir la lettre de Flaubert à son frère Achille du [16 janvier 1857], p. 666, et celle au même de [vers le 20 janvier 1857], p. 670).

2. *Mme X.* serait-elle Louise Pradier, Jeanne de Tourbey? mais le prince Napoléon a eu tant de maîtresses!

3. Flaubert avait l'intention, à laquelle il renoncera, de faire imprimer quelques exemplaires spéciaux de *Madame Bovary* pour ses juges ; il écrit à Michel Lévy le [10 janvier 1857] : « Je crois qu'il ne serait pas mal que vous disiez que l'on imprime sur une seule colonne ou tout au moins que l'on fasse deux marges très larges parce que : j'ai envie de mettre en regard de plusieurs passages, de ceux qui sont incriminés d'abord, [...] *des citations tirées des classiques.* Je démontrerai par là comme quoi ils ont été *tous* plus grossiers que moi [...]. Tout cela donnerait à la publication l'air véritablement d'un mémoire. Rien ne sera ensuite plus facile que de ne pas imprimer ce qu'il y aura sur les marges » (Jacques Suffel, *Lettres inédites de Gustave Flaubert à son éditeur Michel Lévy*, p. 27-28). Maxime Du Camp déconseillera à Flaubert ce moyen de défense (lettre de [vers le 20 janvier 1857], Appendice I, p. 874-875).

4. « Voulez-vous des livres dans lesquels les ecclésiastiques jouent un rôle déplorable ? Prenez *Gil Blas, Le Chanoine,* de Balzac, *Notre-Dame de Paris,* de Victor Hugo » (Jules Senard, Plaidoirie, in *Madame Bovary,* éd. Conard, p. 625). Il s'agit sans doute du *Curé de Tours,* dont le chanoine Birotteau est le héros.

À EUGÈNE DELATTRE
[20 janvier 1857]

Autographe non retrouvé; Conard, t. IV, p. 152; lettre publiée dans la *Revue de la semaine* du 16 décembre 1921. Eugène Delattre, avocat à la Cour impériale de Paris, né à Ramburelles (Somme) le 3 janvier 1830, avait été l'élève de Louis Bouilhet. Voir fonds R. Descharmes, B.N., N.A.F. 23842, ff^os 94 et suiv.

5. Esther Sezzi avait publié en 1856 un livre de *Fables* (Paris, Les Principaux Libraires, in-8º, 120 p.). Elle écrira en 1859 une

Ode sur l'Italie et, en 1861, un recueil de poèmes, *Les Scabieuses.*
J'ignore tout de ses rapports avec Bouilhet et Flaubert.

6. Je n'ai pu identifier cet homme de théâtre.

Page 669.

À EDMA ROGER DES GENETTES
[20 janvier 1857]

Autographe Lovenjoul, A VI, f⁰ 46; *Supplément,* t. I, p. 216-217, datée de [janvier 1857]. D'après son contenu, cette lettre ne peut être que du mardi 20 janvier 1857. Le second feuillet manque.

1. Il s'agit du prince Napoléon (voir p. 666 et *passim*).

2. Jean-Louis Verger, né à Neuilly-sur-Seine en 1826, prêtre interdit du diocèse de Meaux, avait poignardé mortellement Mgr Sibour, l'archevêque de Paris, le 3 janvier 1857. Condamné à mort le 17 janvier 1857 par la cour d'assises de la Seine, il sera guillotiné le 30 janvier.

3. *Madame de Montarcy,* drame de Louis Bouilhet, joué à l'Odéon le 6 novembre 1856. Flaubert était arrivé à Paris dès le 16 octobre pour aider son ami. Voir p. 641 et suiv.

4. Pour la querelle de Flaubert avec la *Revue de Paris,* voir surtout la note bibliographique de la lettre de Flaubert à Mᵉ Senard d'[entre le 7 et le 11 décembre 1856], p. 650.

5. Flaubert ne publiera *La Tentation de saint Antoine,* après l'avoir considérablement remaniée, qu'en 1874.

À MICHEL LÉVY
[20 janvier 1857]

Autographe maison Calmann-Lévy; lettre publiée par Jacques Suffel dans *Lettres inédites de Gustave Flaubert à son éditeur Michel Lévy,* p. 30-31. Elle concerne le mémoire que Flaubert préparait pour sa défense. Voir la lettre de Flaubert à Jules Duplan du [19 janvier 1857], p. 668, n. 3.

6. *La Double Méprise,* de Mérimée, avait d'abord paru en volume en 1833, chez Fournier. Mais Flaubert pense sans doute au recueil intitulé *Chronique du règne de Charles IX, suivie de La Double Méprise et de La Guzla,* Paris, Charpentier, 1842, in-18, 484 p. ; édition souvent réimprimée.

Page 670.

À SON FRÈRE ACHILLE
[Vers le 20 janvier 1857]

Autographe Pierpont Morgan Library, Coll. Heineman, mss. 97; Conard, t. IV, p. 152-154.

1. Flaubert sera cité à comparaître le samedi 24 janvier mais, Me Senard étant retenu à la Cour impériale, l'affaire sera renvoyée au jeudi 29.

2. Le prince Napoléon (voir la lettre de Flaubert à Jules Duplan du [19 janvier 1857], p. 668).

3. Sur ce « mémoire », voir la lettre de Flaubert à Jules Duplan du [19 janvier 1857], p. 668 et n. 3.

4. André Pottier, conservateur de la bibliothèque municipale de Rouen.

Page 671.

1. Le quatrième et dernier extrait de *La Tentation de saint Antoine* « Les Animaux », ne paraîtra dans *L'Artiste* que le 1er février 1857 (voir la lettre de Flaubert à Louis Bouilhet du [12 décembre 1856], p. 651, n. 4). Mais, étant donné son contenu, cette lettre ne peut être postérieure au samedi 24 janvier, date de l'assignation de Flaubert. *L'Artiste* a-t-il reculé d'une semaine la publication des « Animaux », ou Flaubert s'est-il mépris sur la date ?

À ALFRED DUMESNIL
[Vers le 20] janvier [18]57

Autographe coll. particulière; *Supplément,* t. I, p. 217-218. L'article sur Lamartine ayant paru dans *Le Nord* du 18 janvier 1857, la date de cette lettre est probable. Quant au destinataire, que les éditeurs du *Supplément* n'avaient identifié qu'hypothétiquement, il est certainement Alfred Dumesnil; la collection Lovenjoul conserve une lettre d'Alfred Dumesnil, datée du 21 janvier 1857, et que voici : « Monsieur, M. de Lamartine sera en affaires demain jeudi à l'heure que je vous avais indiquée, mais il aura l'honneur de vous recevoir dimanche à deux heures. Agréez, Monsieur, l'assurance de toute ma considération » (B III, ffos 1-2).

2. Sur la lettre de Lamartine concernant *Madame Bovary,* que je n'ai pu retrouver, si elle a vraiment existé, voir la lettre de Flaubert à Élisa Schlésinger du [14 janvier 1857], p. 665, n. 3. L'auteur anonyme de l'article du *Nord* pourrait être Philoxène Boyer (voir la lettre de Flaubert à Louis Bouilhet du [11 août 1856], p. 624, n. 9).

Page 672.

À SON FRÈRE ACHILLE
[23 janvier 1857]

Autographe Pierpont Morgan Library, Coll. Heineman, mss. 97; Conard, t. IV, p. 154-155.

1. Voici le compte rendu de *La Presse* du 25 janvier 1857 : « M. Pichat, gérant de la *Revue de Paris,* M. Gustave Foubert *[sic],* homme de lettres, et M. Pillet, imprimeur, étaient cités hier devant le tribunal correctionnel (sixième chambre), comme prévenus, le premier d'avoir commis, en publiant dans les numéros de la *Revue*

de Paris des 1ᵉʳ et 15 décembre derniers des fragments d'un roman intitulé *Madame Bovary*, les délits d'outrage à la morale publique et religieuse et aux bonnes mœurs, et les deux autres de s'être rendus complices desdits délits. Mᵉ Senard, l'un des avocats des prévenus, étant retenu à la Cour impériale, l'affaire a été remise à jeudi prochain. » Mᵉ Senard était l'avocat de M. Vallète, qui possédait des manuscrits de Louis-Philippe, que la famille d'Orléans voulait récupérer. Flaubert écrit « Senart ».

2. Chanson d'Émile Desbraux (1818).

À ALFRED BLANCHE
[23 janvier 1857]

Autographe Lovenjoul, A V, fᵒˢ 284-285 ; Conard, t. IV, p. 155-157. Le texte de la collection Lovenjoul est évidemment le brouillon de la lettre envoyée ; elle est passée en vente à l'hôtel Drouot les 12 et 14 novembre 1958 (Librairie Giraud-Badin, *Bibliothèque d'un amateur*, nᵒ 307, p. 56). Le destinataire n'est pas le docteur Jules Cloquet, comme le croit l'édition Conard, mais Alfred Blanche, secrétaire général du ministère d'État, ainsi que le dit l'édition des *Œuvres complètes illustrées de Gustave Flaubert*, Club de l'Honnête Homme, *Correspondance*, t. II, p. 561. Je remercie M. Claude Guérin d'avoir bien voulu me communiquer ces documents concernant Alfred Blanche. Je donne le texte de la collection Lovenjoul.

3. L'affaire sera remise au jeudi 29 janvier 1857.

Page 673.

a. trompé [s'il est] enfin [destiné à vivre] je plains <les gens> qui [maintenant] la poursuivent. Ce livre, qu'ils cherchent à détruire, <n'en> vivra [par leurs blessures] <que mieux plus tard et par leurs blessures mêmes>.

b. Vous <pourrez en manière d'exemple> comme une des [stupidités] <turpitudes> les plus ineptes

c. dire que je [sois un] <devienne> furieux et que vous soyez obligé <prochainement> de me tirer de Cayenne. — <non non !> Pas si bête !

d. pour aucun parti <et boutique>

e. irritent les premiers, [comme] ma franchise

f. et <que> je vous remercie encore une fois [bien cordialement de ce que vous avez fait pr moi mais] de vos bons services [anonymes] inutiles car la sottise

1. Flaubert enverra *Madame Bovary* à Alfred Blanche avec la dédicace suivante : « À A. Blanche, le 1ᵉʳ des Bovarystes et le plus dévoué des amis. Gve Flaubert » (Librairie Giraud-Badin, *Bibliothèque d'un amateur*, vente à l'hôtel Drouot des 12 et 14 novembre 1958, p. 56, nᵒ 307).

2. Jésuite de robe courte : laïque affilié à l'ordre des Jésuites (Littré).

Page 674.

À SON FRÈRE ACHILLE

[25 janvier 1857]

Autographe Pierpont Morgan Library, Coll. Heineman, mss. 97; lettre mal datée du 20 janvier [18 janvier] 1857 dans Conard, t. IV, p. 150-151. La lettre est datée par la première phrase : c'est le jeudi 29 janvier qu'aura lieu le procès de *Madame Bovary;* le jugement sera rendu le 7 février, et acquittera Flaubert et la *Revue de Paris.*

1. Voir la lettre de Flaubert à Alfred Dumesnil de [vers le 20 janvier 1857], p. 671 et note bibliographique.

2. Il ne semble pas que Lamartine ait envoyé à Flaubert cette « lettre élogieuse ». Voir p. 682 et n. 3.

3. Jules Senard, le défenseur de Flaubert. Flaubert écrit « Senart ».

4. Sur Wall, voir la lettre de Flaubert à son frère Achille du [6 janvier 1857], p. 662 et n. 6. Rouland est le ministre de l'Instruction publique et des Cultes. Flaubert écrit : « Whal ».

5. Lizot, grand ami de la famille Flaubert, était président du tribunal civil de Rouen (voir t. I, p. 110 et n. 4).

Page 675.

À MICHEL LÉVY

[25 janvier 1857]

Autographe maison Calmann-Lévy; lettre publiée par Jacques Suffel dans *Lettres inédites de Gustave Flaubert à son éditeur Michel Lévy,* p. 32-33 (fac-similé entre les pages 34 et 35). Flaubert demande à Michel Lévy de « tâcher de lui avoir des lettres » d'écrivains célèbres, pour renforcer sa défense. Il mentionne Sainte-Beuve, Villemain, Lamartine, Méry, Janin, Gozlan, Chasles, et Auguste Villemot de *L'Indépendance belge.*

À ALFRED BLANCHE

[26 janvier 1857]

Autographe vendu à l'hôtel Drouot les 12 et 14 novembre 1958 (Librairie Giraud-Badin, catalogue de la *Bibliothèque d'un amateur,* nº 307, p. 57).

À X

[27 janvier 1857]

Autographe vendu en Italie en 1967 (voir *AFl.,* décembre 1967, nº 31, p. 33); photocopie à la bibliothèque municipale de Rouen. S'agit-il du notaire Ernest Duplan ?

1. Œuvre de Fléchier (voir la lettre de Maxime Du Camp à Flaubert de [vers le 20 janvier 1857], Appendice I, p. 875 et n. 1). Flaubert n'aurait pas eu le temps de lire cet ouvrage, d'où cette lettre, où

il demande que son correspondant « marque » les passages à utiliser.

2. L'un des sermons du grand Carême : *La Pécheresse et l'Évangile.*

3. Voir la lettre suivante, p. 676, n. 2.

Page 676.

À EUGÈNE CRÉPET
[28 janvier 1857]

Autographe André Rivette ; Conard, t. IV, p. 157, mal datée d'[entre le 26 et le 30 janvier 1857]. Comme Flaubert a besoin des « notes » le soir même, la lettre est du 28 janvier, la veille du procès. Voici la réponse d'Eugène Crépet, datée du même jour : « Mon bon ami, Je vais faire tout au monde pour déterrer l'abbé Constant. J'irai chez le seul de ses amis qui puisse *quelquefois* dire où il perche, attendu que, par crainte de la police ou pour toute autre raison, il change de gîte plus souvent que de chemise [cet ami s'appelle M. Fauvety]. [...] J'en toucherai aussi deux mots à Lanfrey qui sait sur le bout du doigt son abbé Desfontaines — et son Patouillet ; mais je comprends que ce sont surtout des citations de gens vivants qu'il vous faut [...]. Je pourrai encore faire mettre en réquisition Nefftzer et Peyrat [...]. Adieu, à demain, je vous verrai à l'audience [...] » (Lovenjoul, B I, ff⁰ˢ 462-463).

Dix lettres de Flaubert à Eugène Crépet faisaient partie de la collection André Le Breton (vente hôtel Drouot, 9-16 mai 1938, n⁰ˢ 257 à 266).

1. L'abbé Alphonse-Louis Constant, pseudonyme : Éliphas Lévi, dont Flaubert connaissait les travaux sur la magie (voir sa lettre à Louis Bouilhet du [21 septembre 1856], p. 634 et n. 1). Sur l'abbé Constant, voir surtout Frank Paul Bowman, *Éliphas Lévi, visionnaire romantique,* préface et choix de textes par..., Paris, P.U.F., 1969, in-12, 239 p.

2. Auguste Villemot a consacré quatre paragraphes à *Madame Bovary* dans *L'Indépendance belge* des 4 janvier, 8 février, 15 février et 31 mai 1857. Il écrit dans son premier article : « Un écrivain inédit vient de débuter avec éclat dans la *Revue de Paris*... » et ajoute qu'il n'a pas encore lu cet ouvrage (Michel Doutreligne, « Flaubert jugé par la presse belge contemporaine », *AFl.,* décembre 1968, n⁰ 33, p. 10-11). René Descharmes a donc raison d'écrire, après Félix Clérembray *(Flaubertisme et Bovarysme,* p. 12-13) : « Ce n'est pas... en raison d'un article à la louange de *Madame Bovary* que *L'Indépendance belge* fut arrêtée... le 27 janvier 1857, mais comme corollaire à la mesure de suspension prise contre la *Revue de Paris* elle-même le 26 janvier, à cause non pas du roman de Flaubert, mais d'un article politique publié dans le numéro du 15 janvier, intitulé " Le roi Frédéric-Guillaume IV " et signé : H. B. Oppenheim (p. 551-567) ; [article bien anodin, d'ailleurs, mais républicain]. L'ambassadeur de Prusse, Hatzfeld, avait fait une démarche spéciale auprès du ministre de l'Intérieur Billault » (éd. du Centenaire,

t. II, p. 266, n. 1). Le décret de suspension pour un mois de la *Revue de Paris,* daté du 24 janvier 1857, fut notifié à ses éditeurs le 26 (voir Maxime Du Camp, *Souvenirs littéraires,* Paris, Hachette, 1882-1883, t. II, p. 558-559). La *Revue* sera supprimée le 18 janvier 1858.

À THÉOPHILE GAUTIER

[28 janvier 1857]

Autographe Lovenjoul, C 494, ffos 211-212 ; Conard, t. IV, p. 154, datée de [janvier 1857]. Étant donné l'expression : « ce soir », la lettre est du 28 janvier 1857, veille du procès.

3. Charles Abbatucci père était garde des Sceaux. Né en 1792, il mourra le 11 novembre 1857. Il avait collaboré au *Journal du Loiret,* que dirigeait Edmond Pagnerre, de 1842 à 1846. Il est élu député du Loiret en 1848, et réélu en 1849. Il est nommé ministre de la Justice en 1852 et sénateur en 1853. Il a eu trois fils : l'aîné, Charles Abbatucci (1816-1885), a été le chef de cabinet de son père, puis maître des requêtes et conseiller d'État. D'après Edmond Pagnerre, Charles Abbatucci aurait aidé la cause de Flaubert ; il lui écrit le 18 avril 1857 : « Mon cher ami, permets-moi de te glisser dans le tuyau de l'oreille que tu ferais bien d'envoyer *Madame Bovary* à Charles Abbatucci. Mets-y toi-même un petit mot gracieux. Je sais que cela fera grand plaisir à la Chancellerie, et après tout, c'est justice. Charles Abbatucci t'a donné un bon coup d'épaule, je le sais personnellement [...] » (Lovenjoul, B V, f° 118). Il s'agit sans doute dans cette lettre de Charles Abbatucci fils. Je ne serais pas surpris que cette intervention — qui implique la Chancellerie — ait été déterminante.

4. Les amis de Flaubert s'étaient réunis pour se concerter la veille du procès : mais chez qui ?

À SON FRÈRE ACHILLE

[30 janvier 1857]

Autographe Pierpont Morgan Library, Coll. Heineman, mss. 97 ; Conard, t. IV, p. 157-159, mal datée. Le jugement qui acquittait Flaubert a été prononcé le samedi 7 février 1857, « demain en huit » ; cette lettre est donc du vendredi 30 janvier 1857.

5. Sur les propositions du *Moniteur,* voir p. 658, 660 et 674.

Page 677.

1. Le substitut du procureur impérial, Ernest Pinard.

2. « Je me rappelle, je ne saurais oublier que son père [le docteur Flaubert] a été pour moi un vieil ami. Son père, de l'amitié duquel je me suis longuement honoré, honoré jusqu'au dernier jour, son père, et permettez-moi de le dire, son illustre père, a été pendant

plus de trente années chirurgien en chef de l'Hôtel-Dieu de Rouen [...]. Les enfants de M. Flaubert ne lui ont pas failli. Ils étaient trois, deux fils et une fille morte à vingt et un ans. L'aîné a été jugé digne de succéder à son père [...]. Le plus jeune, le voici ; il est à votre barre » (plaidoirie de Me Senard, in *Madame Bovary*, éd. Conard, p. 579-580).

3. L'extrême-onction administrée à Emma Bovary (*Madame Bovary*, éd. Claudine Gothot-Mersch, p. 330-331).

4. « Il est déjà très regrettable qu'on se soit ainsi mépris sur le caractère de votre œuvre et qu'on ait ordonné de la poursuivre, mais il n'est pas possible, pour l'honneur de notre pays et de notre époque, qu'il se trouve un tribunal pour vous condamner » (Lamartine, cité par Me Senard dans sa plaidoirie, in *Madame Bovary*, éd. Conard, p. 588).

5. Le texte de la plaidoirie est un peu différent : « Il s'appelle Flaubert, il est le second fils de M. Flaubert, il voulait se tracer une voie dans la littérature, en respectant profondément la morale et la religion [...] » (*ibid.*, p. 586).

6. « Le ministère public, résumant son opinion sur *Madame Bovary*, a dit : Le second titre de cet ouvrage est : *Histoire des adultères d'une femme de province*. Je proteste énergiquement contre ce titre. Il me prouverait à lui seul, si je ne l'avais pas senti d'un bout à l'autre de votre réquisitoire, la préoccupation sous l'empire de laquelle vous avez constamment été » (*ibid.*, p. 581).

7. Le parquet ne fera pas appel (voir la lettre de Flaubert à Émile Augier du [31 décembre 1856], p. 655 et n. 1).

Page 678.

À CHAMPFLEURY

[4 février 1857]

Autographe ou fac-similé dans la collection Champfleury du catalogue Charavay (B.N., Département des manuscrits); *Supplément*, t. I, p. 218-219. La date du 4 février 1857 est prouvée par les deux lettres de Champfleury que voici :

« [Paris, 30 janvier 1857, date de la poste] Mon cher confrère, Je ne sais quelle sera l'issue de votre procès ; mais c'est une victoire pour vous ou une défaite honteuse pour le procureur impérial. Je ne dis pas pour le parquet [*sic*] qui vous soutenait assez ouvertement, car à un mouvement de lèvres du président, pendant que Me Senard lisait une description très étudiée de votre roman, j'ai compris et peut-être tout le monde l'a-t-il remarqué, que le président disait : *charmant*. Ceux qui l'avaient observé attentivement auront bien compris à deux reprises différentes ce mot *char-mant* très significatif. Je me réjouis dans l'intérêt des lettres, de l'issue plus que probable de votre acquittement et cette poursuite ne peut qu'être très favorable au succès de votre roman, que j'attends avec impatience, n'ayant lu que la première partie dans la *Revue*. Croyez-moi, mon cher confrère, votre tout dévoué. Champfleury. P.S. J'ai dû quitter l'audience à 5 heures, vers la fin de la plaidoirie, et je ne sais ce qui sera arrivé » (Lovenjoul, B I, ff⁰ˢ 302-303 ; adresse : Monsieur Gustave Flaubert, chez M. Michel Lévy, rue Vivienne, 2 *bis,* Paris ; au crayon, d'une autre main : Rue Poissonnière, 42).

La seconde lettre est la réponse à celle de Flaubert et a été publiée par Antoine Albalat dans *Gustave Flaubert et ses amis,* p. 73-74 : « [Paris, 6 février 1857, date de la poste] : Jeudi. Mon cher confrère, Si vous voulez bien vous donner la peine de passer lundi, je serai chez moi jusqu'à midi, et je serais très heureux si vous m'annonciez un acquittement, car la publication à l'étranger n'est qu'une 1/2 publicité et je regarde comme très importante la mise en vente en France d'un livre à son heure. Je sais bien que votre roman sera publié en France un jour ou l'autre, mais j'aurais préféré demain plutôt qu'après-demain. Vous étiez (même en dehors du procès) dans de merveilleuses conditions de succès. Il ne se dessine d'homme neuf ni dans les arts, ni dans les lettres ; et dans le mouvement qui ne tardera pas à se faire, vous apportiez une œuvre en dehors des publications de feuilleton, un livre écrit avec amour et à loisir. Voilà ce qui était curieux à étudier ; j'espère toujours en une lueur de justice. Croyez-moi, mon cher confrère, votre tout dévoué. Champfleury » (Lovenjoul, B I, ff⁰ˢ 304-305 ; adresse : M. Gustave Flaubert, 40 *[sic],* boulevard du Temple, Paris).

À ALFRED BLANCHE
[7 février 1857]

Autographe vendu à l'hôtel Drouot les 12 et 14 novembre 1958 (Librairie Giraud-Badin, catalogue de la *Bibliothèque d'un amateur,* n⁰ 307, p. 57) : « une carte de visite de Flaubert avec ce seul mot " acquitté " ».

1. « La sixième chambre de police correctionnelle a rendu aujourd'hui, à trois heures, son jugement dans l'affaire de la *Revue de Paris.* [...] Le tribunal, par un jugement longuement motivé, n'a pas trouvé la prévention suffisamment établie et a prononcé l'acquittement des trois prévenus » (*La Presse,* 7 février 1857).

À LOUISE PRADIER
[10 février 1857]

Autographe non retrouvé ; Conard, t. IV, p. 161-162, avec la date de [février 1857]. Pour l'identification du destinataire, voir *L'Intermédiaire des chercheurs et des curieux,* septembre 1894 et mai 1917. Flaubert ayant été acquitté le 7 février, cette lettre serait donc du mardi 10 février, bien que la date du 17 ne soit pas impossible. Elle faisait partie de la collection André Le Breton (vente, hôtel Drouot, mai 1938, n⁰ 255).

Page 679.

1. *La Tentation de saint Antoine.* Flaubert ne publiera cette œuvre, après l'avoir remaniée, qu'en 1874.

2. L'un de ces plans était sans doute *La Légende de saint Julien l'Hospitalier*. Voir la lettre de Flaubert à Louis Bouilhet du [1er juin 1856], p. 613.

3. Du Cantal, personnage de la parade de Dumersan et Varin : *Les Saltimbanques* (théâtre des Variétés, 25 janvier 1838). Ce Du Cantal est un père enrhumé qui poursuit « en toussant et en avalant force pâte de jujube son coquin de fils », Sosthène (*Supplément*, t. I, p. 221, n. 2). La comédie-parade de Dumersan et Varin a été réimprimée six fois de 1838 à 1867.

Page 680.

À FRÉDÉRIC BAUDRY
[10 au] 11 février [1857]

Autographe famille Macqueron ; *Supplément*, t. I, p. 219-221. Non collationnée sur l'autographe. À la mort du bâtonnier P. Macqueron, les lettres de Flaubert à ses ancêtres Frédéric et Alfred Baudry ont été dispersées parmi ses enfants. Je n'ai pu, jusqu'ici, les retrouver toutes. Le 11 février est un mercredi, d'où l'hypothèse : nuit du 10 au 11 février.

1. Dans la *Revue de Paris* (1er octobre-15 décembre 1856).

2. *Madame Bovary* sera annoncée dans la *Bibliographie de la France* le 18 avril 1857.

3. *Sic* pour : *plus inoffensif ?*

Page 681.

1. Flaubert se décidera au contraire pour la publication. Il avait signé le traité donnant droit à Michel Lévy de publier *Madame Bovary* le 24 décembre 1856 (voir Jacques Suffel, *Lettres inédites de Gustave Flaubert à son éditeur Michel Lévy*, p. 24).

À MAURICE SCHLÉSINGER
[Vers le 11 février 1857]

Autographe non retrouvé; Conard, t. IV, p. 159-161. La lettre a été vendue à l'hôtel Drouot les 5 et 6 mai 1969 (*Bibliothèque de Jean-Victor Pellerin*, no 85).

2. La lettre de Maurice Schlésinger à Flaubert n'a pas été retrouvée.

3. L'édition Conard (p. 159) imprime : « j'ai la victoire » ; la leçon du catalogue de la *Bibliothèque Pellerin* me semble meilleure.

4. Édition Conard (p. 159) : « Mais je suis fâché de ce procès, en somme. Cela dévie… » J'ai adopté la leçon du catalogue de la *Bibliothèque Pellerin*.

5. Édition Conard (p. 159) : « […] autour de l'Art, des choses étrangères. » J'ai préféré la leçon du catalogue de la *Bibliothèque Pellerin*.

Page 682.

1. *La Tentation de saint Antoine.*

2. La *Revue de Paris,* numéros du 1er octobre au 15 décembre 1856.

3. Sur Lamartine et le procès de *Madame Bovary,* voir les lettres de Flaubert à Élisa Schlésinger du [14 janvier 1857], p. 665, n. 3, à Alfred Dumesnil de [vers le 20] janvier 1857, p. 671, et au docteur Achille Flaubert du [30 janvier 1857], p. 677, n. 4. Lors de la visite que Flaubert lui a faite le 25 janvier 1857, Lamartine semble avoir promis d'envoyer une lettre à la *Revue de Paris,* destinée à être lue, ou citée, par Me Senard. Ce dernier a dû se contenter, dans sa plaidoirie, de répéter ce que Lamartine avait dit à Flaubert de vive voix.

À EDMOND PAGNERRE
[Vers le 11 février 1857]

Autographe collection particulière, lettre publiée par Louis Pagnerre dans *Edmond Pagnerre, Poésies,* Fécamp, Durand et fils, p. XXII-XXIII, sans date. Le contenu de cette lettre est très proche de celui des précédentes, d'où la date que je propose.

4. Sur les coupures pratiquées par la *Revue de Paris* dans le texte de *Madame Bovary,* voir la lettre de Flaubert à Léon Laurent-Pichat du [7 décembre 1856], p. 649, n. 2, et 650, n. 1.

Page 683.

1. Le ministère public ne fera pas appel (voir les lettres de Flaubert à Emile Augier, p. 655, n. 1, et à Théophile Gautier, p. 676, n. 3).

2. Sur cette expression, voir la lettre de Flaubert à Louise Colet du [20 juin 1853], p. 359 et n. 4.

À JULES DUPLAN
[13 février 1857]

Autographe Lovenjoul, A V, ffos 343-344; *Supplément,* t. I, p. 221, datée de [février 1857]. Les rapprochements entre cette lettre et celle adressée à Louise Pradier (p. 678-679) permettent, je crois, de la dater du vendredi 13 février 1857.

3. Voir la lettre de Flaubert à Louise Pradier du [10 février 1857], p. 679, n. 3.

Page 684.

À MADEMOISELLE LEROYER DE CHANTEPIE
19 février [1857]

Autographe non retrouvé; Conard, t. IV, p. 163. Cette lettre répond à celle de Mlle de Chantepie du 18 décembre 1856, p. 654-655.

1. Voir p. 654-655.

2. *Madame Bovary* sera annoncée dans la *Bibliographie de la France* le 18 avril 1857.

MADEMOISELLE LEROYER DE CHANTEPIE
À GUSTAVE FLAUBERT
26 février 1857

Autographe non retrouvé; copie R. Descharmes, B.N., N.A.F. 23825, ff^os 209-213. Sur Mlle de Chantepie, voir la note bibliographique de sa lettre à Flaubert du 18 décembre 1856, p. 654.

Page 685.

1. Sur la suspension pour un mois de la *Revue de Paris,* voir la lettre de Flaubert à Eugène Crépet du [28 janvier 1857], p. 676, n. 2.

2. Je ne sais de quelle revue il s'agit. À cette époque Jean Reynaud collaborait surtout au *Magasin pittoresque.*

3. *Lucia di Lammermoor,* opéra de Donizetti, tiré du roman de Walter Scott. C'est à une représentation de cet opéra qu'Emma Bovary retrouve Léon Dupuis (*Madame Bovary,* éd. Claudine Gothot-Mersch, p. 227-235). Voir l'excellente mise au point de Graham Daniels, « Emma Bovary's opera — Flaubert, Scott and Donizetti », *French Studies,* juillet 1978, p. 285-303.

4. Mlle de Chantepie pense sans doute à sa parente Agathe. Voir sa lettre à Flaubert du 17 juillet [18]58, p. 823-826.

Page 686.

1. « [...] Charles se perdait en rêveries devant cette figure qu'elle avait aimée. Il lui semblait revoir quelque chose d'elle. » Plus loin, Charles Bovary dit à Rodolphe : « Je ne vous en veux pas [...]. Non, je ne vous en veux plus ! » (*Madame Bovary,* éd. Claudine Gothot-Mersch, p. 355).

Page 687.

1. Marie-Sophie Leroyer de Chantepie, *Angélique Lagier* (1851, s.l.) ; *Les Duranti,* Paris, Souverain, 1844, 2 vol. in-8°.

À CHARLES DE LA ROUNAT
[Février-mars 1857]

Inédite. Autographe passé en vente à la librairie de l'Abbaye (catalogue 29, n° 28).

2. Charles de La Rounat, *La Comédie de l'amour,* Paris, Michel Lévy, 1857, in-18, 310 p. Ouvrage annoncé dans la *Bibliographie de la France* le 14 février 1857.

Page 688.

1. À la Noël 1836, M. Berthier, cinquante ans, et Mlle Aubert, sa gouvernante, trente-huit ans, tous deux vierges, découvrent l'amour tout en tisonnant le feu (p. 183-202).

2. *Monsieur le vicomte de Chamilly* (p. 71-182) est un conte historique situé au XVIIᵉ siècle. Henri de Chavanne et Diane de Beaumont se rencontrent sur la Seine, et se marient après un imbroglio romanesque très compliqué. La « description de la cuisine et du cuisinier » concerne le cabaret de Regnard, à Paris, près des Tuileries ; elle est en effet très enlevée (p. 89-95).

3. Un exemple : « Mille fois merci, monsieur, dit la jeune fille avec un sourire aimable. — Adieu, mademoiselle », dit tristement le jeune homme (p. 83).

4. *Le Narâh, nouvelle philosophique,* est un conte oriental à la manière de Voltaire. Asad et Kosrou, fils de commerçants de Caboul, aiment la princesse Djoumâ, fille du roi de Kandâhar, et sa cousine Taïa. Ils se rendent au milieu de l'Afrique, où « habite un célèbre *Moraquin* ou chercheur de racines. Bakourloukou [...] est connu dans tout le Soudân, et les vertus de son Narâh, — espèce de pâte qu'il compose avec les sucs de certaines plantes, — sont renommées jusqu'au grand Caire. En se frottant les mains et le visage avec le Narâh de Bakourloukou, on est sûr de gagner les bonnes grâces de la première personne à laquelle on s'adresse » (p. 218). Pour finir, Kosrou épouse Djoumâ et Asad, Taïa.

5. *Un drame dans une boutique* avait paru dans la *Revue de Paris* du 15 juillet 1853, p. 207-282. Le papetier Prochasson meurt de jalousie, à cause des rapports parfaitement innocents, d'ailleurs, entre sa femme Ursule et le professeur de mathématiques Desmarais. Le conte est joli. Voici la phrase que critique Flaubert : « [...] un jour, je fondis en larmes en écoutant au Conservatoire l'*andante* de la symphonie en *la* de Beethoven » (p. 263).

6. *L'Abbé Berthelot* (p. 1-70) met en scène la comtesse de La Chesnaye, dont le mari est toujours absent et qui se croit amoureuse de Paul Du Plessis. Pour la faire rentrer dans le devoir, l'abbé Berthelot, qui est le curé du village, lui raconte sa vie : voué par sa mère au sacerdoce, le futur prêtre passe trois mois dans le monde avant de prendre les ordres, et tombe amoureux de Valentine de Lauraguais, qui sera la mère de la comtesse. Insulté par le capitaine de la Comterie, il lui fait des excuses sur le terrain et devient prêtre. Voici le début du conte : « La distance qui séparait le château du presbytère n'était pas longue ; mais il était dix heures du soir, la nuit était sombre, la pluie tombait par torrents et les rafales de l'équinoxe d'automne, arrachant aux arbres leurs feuilles jaunes, sifflaient avec fureur à travers les branches noires et ruisselantes. L'abbé Berthelot, tenant à deux mains un large parapluie de cotonnade bleue, marchait côte à côte avec la vieille Brigitte, sa servante, qui portait un falot » (p. 1). Les pages 27-30 sont surtout descriptives : l'abbé Berthelot se rend au château et surprend la

comtesse à envoyer un baiser à Paul Du Plessis : « La pluie et le
vent avaient cessé avec la nuit : le soleil montait dans un ciel pur,
éclairant de ses rayons éclatants, à travers une atmosphère d'une
transparence merveilleuse, les ravages causés par la tourmente [...].
Les herbes et les feuilles commençaient à se redresser sous l'influence du soleil : les parterres, les taillis et les bois étaient pleins
de leurs bruissements, mêlés au fourmillement confus causé par
l'agitation affairée de tout un petit monde animal, plus ou moins
éprouvé par les désastres de la nuit [...]. La comtesse posa le bout
des doigts de sa main droite sur sa bouche, et un baiser passa
presque au-dessus de la tête de l'abbé. Alors les deux amants, en
baissant les yeux, l'aperçurent, et ils s'envolèrent en tourtereaux
effarouchés » (p. 27-30). La comtesse est émue par la confession de
l'abbé, et soudain le comte arrive : il veut désormais se consacrer à
sa femme et à ses enfants. Conclusion : « Aurai-je mon pardon ?
[dit la comtesse] — Oui, mais à une condition : je vous inflige une
pénitence ; — et, montrant à la comtesse les deux enfants assis sur
les genoux de leur père et l'accablant de leurs caresses, — cette
pénitence, dit l'abbé Berthelot, la voilà, c'est leur bonheur ! »
(p. 70).

Page 689.

À CHARLES LAMBERT

[6 mars 1857]

   Autographe non retrouvé ; billet publié dans *L'Amateur d'auto-*
graphes de janvier 1913, p. 369, avec la date, non de la main de
Flaubert, du 8 mars 1857. R. Descharmes propose la date du vendredi 8 mai (éd. du Centenaire, t. II, p. 280, n. 1) ; l'édition Conard
(t. IV, p. 177), celle du 9 mai. Comme les éditeurs du *Supplément*
(t. I, p. 223, n. 2), je crois cette lettre du vendredi 6 mars 1857.
Le vendredi 8 mai 1857, Flaubert est à Croisset.
   Flaubert et Du Camp avaient fait la connaissance du saint-
simonien Charles Lambert, Lambert-Bey, durant leur voyage en
Égypte (voir t. I, p. 622, n. 5). Charles Lambert (1804-1864),
polytechnicien, a fait carrière en Égypte de 1832 à 1851.

   1. Rochas habitait 305, rue Saint-Jacques. Voir la lettre de
Flaubert à Frédéric Baudry [?] du [2 mai 1857], p. 709.

   2. Je n'ai pas retrouvé cette lettre de Maxime Du Camp à
Flaubert.

   3. Aucune trace des travaux de Rochas dans le *Catalogue des*
imprimés de la Bibliothèque nationale. Première mention de *Salammbô*
dans la correspondance de Flaubert, si cette lettre est bien datée.
Sinon, la première allusion au nouveau roman de Flaubert figure
dans sa lettre à Mlle de Chantepie du 18 mars [1857], p. 691. De
toutes les œuvres de Flaubert, *Salammbô* est sans doute la moins
étudiée. Il n'en existe aucune édition sûre, et sa genèse est encore
mal connue. Voir surtout : Frederick A. Blossom, *La Composition*
de « Salammbô » d'après la correspondance de Flaubert, Baltimore, The

Johns Hopkins Press, 1914 ; P. B. Fay et A. Coleman, *Sources and structure of Flaubert's «Salammbô»*, ibid. ; Arthur Hamilton, *Sources of the religious element in Flaubert's «Salammbô»*, ibid., 1917 ; Luigi Foscolo Benedetto, *Le Origini di «Salammbô», studio sul realismo storico di G. Flaubert,* Florence, Bemporad, 1920. Sur le voyage de Flaubert en Algérie et Tunisie, voir : Aimé Dupuy, *En marge de «Salammbô», le voyage de Flaubert en Algérie-Tunisie (avril-juin 1858),* Paris, Nizet, 1954; et surtout Fanny Besson, « Le séjour de Flaubert en Algérie », *AFl.,* mai 1968, nº 32, p. 4-52. Mme Besson reproduit, pour la première fois, le texte exact des *Notes de voyage* de Flaubert (*Carnet de voyage nº 10,* Bibliothèque historique de la ville de Paris, p. 44-52), avec un commentaire excellent. Voir aussi Auguste Lambiotte, « Les exemplaires en grand papier de *Salammbô* et de *L'Éducation sentimentale* », *Le Livre et l'Estampe,* 1958, nº 13-14, article reproduit dans *AFl.,* 1959, nº 14, p. 29-37 ; B. F. Bart, « Louis Bouilhet and the redaction of *Salammbô* », *Symposium,* Fall 1973, p. 197-213 ; et Max Aprile, « Un chapitre inédit de *Salammbô* » (B. N., N.A.F. 23658), article et texte publiés dans les *Œuvres complètes illustrées de Gustave Flaubert,* éd. du Club de l'Honnête Homme, t. XII, p. 263-303.

À FÉLICIEN DE SAULCY
[Début de mars 1857 ?]

Inédite. Autographe Bibliothèque historique de la ville de Paris, coll. Maurice Busquet, C.P. 6358. La lettre serait du début de mars 1857, car c'est alors que Flaubert commence ses recherches pour *Salammbô* (voir les lettres précédentes et suivantes). Au verso, de main inconnue : « Gtave Flaubert — auteur de *Madame Bovary.* M. de Saulcy. » Sur M. de Saulcy, voir t. I, p. 717, n. 2.

MADEMOISELLE LEROYER DE CHANTEPIE
À GUSTAVE FLAUBERT
15 mars 1857

Autographe non retrouvé; copie R. Descharmes, B.N. N.A.F. 23825, fˢᵒˢ 214-215.

4. Voir la lettre de Mlle de Chantepie à Flaubert du 26 février 1857, p. 687. Flaubert accusera réception de ces ouvrages dans sa lettre à Mlle de Chantepie du 18 mars [1857], p. 691.

Page 690.

1. Voir cette lettre, datée du 26 février 1857, p. 684-687.

2. Cet article paraîtra dans *Le Phare de la Loire* du 25 juin 1857 ; il est reproduit dans les *Souvenirs et impressions littéraires,* de Mlle de Chantepie (Paris, Perrin, 1890, p. 263-271), et dans *AFl.,* nº 47, décembre 1975, p. 39-41.

3. Il s'agit de Victor Mangin fils, imprimeur à Nantes, auteur de *Ecce imperator, ou les cendres de Napoléon,* Nantes, 1840; de *Camille,* Paris, Souverain, 1847, 2 vol. in-8º, etc.

Page 691.

À MADEMOISELLE LEROYER DE CHANTEPIE
18 mars [1857]

Autographe non retrouvé; Conard, t. IV, p. 163-166.

1. Il s'agit en réalité d'une lithographie (voir p. 694).
2. Les romans intitulés *Cécile* (1844) et *Angélique Lagier* (1851). Voir la lettre de Mlle de Chantepie à Flaubert du 26 février 1857, p. 687.
3. *Salammbô.* Vers la même date, Flaubert se renseignait auprès d'Alfred Baudry, à Rouen, sur les livres concernant Carthage qu'il pourrait trouver à la bibliothèque de Rouen. Voici des passages de la réponse d'Alfred Baudry : après avoir remercié Flaubert d'un extrait de la *Gazette des tribunaux,* il écrit : « J'ai aussi appris avec un plaisir non moins vif que peu après [l'acquittement] vous l'avez échappé belle à l'Odéon. Décidément on vous en veut, on vous traque et tracasse. Dire que vous avez reçu presqu'un coup d'épée ! L'acteur était sans doute un sicaire payé par vos ennemis et qui eût satisfait la vengeance du Ministère public. Encore raté ! à moins que ce ne soit par hasard quelque cabotin maltraité par vous dans les répétitions de la *Montarcy ?* [...]. / Vous savez sans doute que M. Pouchet est revenu du Caire, charmé de vos lettres de recommandation et de son voyage. Il va mieux. Il espère aller à Paris à Pâques et vous remettre le flacon d'essence que vous lui avez demandé. (Il n'a pu trouver l'almée que vous lui aviez indiquée ; il avait pourtant emporté un superbe foulard à son intention.) [...] » [Sur Kuchuk-Hanem, voir t. I, p. 605 et n. 2.]
« Vous trouverez à côté [fº 98 rº] les renseignements que vous désirez avoir sur ce que possède la bibliothèque de Rouen. Papa Pottier a été très complaisant. La bibliothèque possède : — Le recueil complet des *Mémoires* de l'Académie des inscriptions — Appien, Polybe (éd. Didot) — Procope complet — Diodore de Sicile (elle en a 3 éditions anciennes in-folio et celle de Didot) — Strabon ; elle n'a pas l'édition Panckouke, mais une édition de l'Imprimerie impériale de 1805, in-4º, en 4 ou 5 volumes — Dureau de La Malle, *Province de Constantine.* Il lui manque : — de ce dernier auteur, *L'Économie politique des Romains, La Poliorcétique des Anciens* — La *Revue archéologique* (comprenez-vous cela ?) — la *Collection des auteurs byzantins,* éd. Niebuhr — et Shaw » (collection Loven-joul, B I, fⁱᵒˢ 97-98, lettre datée de Rouen, le 25 mars 1857).
Flaubert enverra *Madame Bovary* à Alfred Baudry avec la dédi-cace suivante : « À mon ami très cher, le seul qui vienne me voir dans ma solitude rustique. L'auteur indigne. G[usta]ve Flaubert »

(« À propos des exemplaires de *Madame Bovary* dédicacés à la famille Senard [Baudry-Bergier] », *AFl.*, nᵒ 13, 1958, p. 36, qui cite le *Nouvelliste de Rouen* du 22 novembre 1891).

4. Ces phrases importantes, si souvent citées, semblent contredire à la fois la « source » de *Madame Bovary,* l'histoire de Delphine Delamarre (voir la lettre de Maxime Du Camp à Flaubert du 23 juillet [1851], Appendice I, p. 859 et n. 4) et la phrase célèbre que Flaubert aurait dite à Amélie Bosquet : « Mme Bovary, c'est moi, d'après moi. » Pour une discussion sur ce problème central de la création flaubertienne, voir, entre autres, Jean Bruneau, *Les Débuts littéraires de Gustave Flaubert,* p. 478-483, et Claudine Gothot-Mersch, *Madame Bovary,* éd. Garnier, p. vi-ix. Comparer avec la lettre de Flaubert à Émile Cailteaux du [4 juin 1857], p. 728.

5. Je n'ai pas retrouvé cette formule dans le premier *Hippias,* ou *Du beau.*

Page 692.

1. Même recommandation dans la lettre de Flaubert à Mlle de Chantepie du 6 juin [1857], p. 732 : « Étudiez, à fond, Shakespeare et Goethe. »

À JEAN CLOGENSON

25 mars [1857]

Autographe colonel Clogenson; lettre publiée par l'abbé Léon Letellier dans « Lettres inédites de Flaubert et de Bouilhet à Jean Clogenson », *R.H.L.F.,* janvier-mars 1957, p. 13. Clogenson a écrit sur cette lettre, qu'il avait emportée en Tunisie : « Je laisse, ce 15 avril 1857, à Tunis même, une note à MM. Tissot, Rousseau, Du Bois et Davis, des questions que m'a adressées M. Flaubert » (fᵒ 1 rᵒ). Les mots : « Paris, 25 mars » sont de la main de Flaubert; « [1857] », de la main de Clogenson. Flaubert avait écrit à Clogenson, le 17 février 1857, pour lui demander des renseignements sur Carthage pour *Salammbô.* Cette lettre n'a pas été retrouvée. Voici la réponse de Clogenson (Lovenjoul, B I, fᶠᵒˢ 396-397) : à Alger, ce 19 mars 1857. Mon cher Monsieur Flaubert, " Le vrai peut quelquefois n'être pas vraisemblable ". Ce qui vous est arrivé, selon votre récit, est on ne peut plus étrange [le procès de *Madame Bovary*]. [...] Ce que je ne peux expliquer moi-même [...], c'est le long temps qui s'est écoulé entre la réception de votre lettre du 17 février, et ma réponse [il va aller à Tunis, puis à Malte, Naples et Rome]. Votre lettre a beaucoup contribué à me décider à m'en retourner par le plus long chemin [...].

« Je ne suis guère en mesure, à Alger, de vous donner des détails sur Carthage phénicienne et romaine. Je n'ai même pas pu trouver encore, à Alger, les *Recherches sur l'emplacement de Carthage,* de Falbe, Paris, 1833. [...] Il en est de même de l'ouvrage de Grenville Temple. Shaw, très mal traduit en français, en 2 vol. in-4ᵒ, ne donne probablement rien de ce qui vous intéresse le plus.

« Quant à E. Pellissier, que vous avez consulté, il ne dit rien du *Défilé de la Hache,* où Hasdrubal fit massacrer les mercenaires. Je ne sais si je pourrai obtenir des renseignements un peu précis sur les lieux, en m'adressant à l'abbé Bourgade, desservant de la chapelle de Saint-Louis à Carthage; et en consultant MM. Roche et Rousseau, consul et vice-consul, à Tunis. [...] »

Remerciant pour l'envoi de *Salammbô,* Clogenson écrit à Flaubert le 16 décembre 1862 (*ibid.,* B I, ff⁰ˢ 398-399): «[...] Mes souvenirs du 6 au 16 avril 1857, jours passés par moi à Carthage et à Tunis; une lettre, que je reçus de vous à Carthage même [la présente lettre de Flaubert] [...] toutes ces choses, mon cher ami, me faisaient suivre [...] vos personnages puniques... ».

Sur l'ouvrage d'E. Pellissier, voir la lettre de Flaubert à Frédéric Baudry du [24 juin 1857], p. 736, n. 3.

Page 693.

1. Cirta, capitale de la Numidie du temps de Massinissa et de Jugurtha. Elle fut en partie détruite vers 311 après Jésus-Christ et rebâtie par Constantin, d'où son nom de *Constantine.*

2. C.-T. Falbe, *Recherches sur l'emplacement de Carthage,* Imprimerie royale, 1833, in-8⁰, VIII-132 p. Voir aussi *Relation d'une excursion de Bône à Guelma et à Constantine,* par sir Grenville Temple et le chevalier Falbe, Paris, Gide, 1838, XX-108-35 p.

3. Le baron Alphonse Rousseau publiera, sept ans plus tard, un ouvrage intitulé *Annales tunisiennes ou Aperçu historique sur la régence de Tunis,* Alger, Bastide, 1864, in-8⁰, 575 p.

4. Flaubert y situera une partie du chapitre XIV de *Salammbô* (éd. Conard, p. 358 et suiv.).

Page 694.

1. Louis Bouilhet écrivait alors *Hélène Peyron,* qui sera jouée le 11 novembre 1858, à l'Odéon.

2. *Madame Bovary.*

MADEMOISELLE LEROYER DE CHANTEPIE
À GUSTAVE FLAUBERT
28 mars 1857

Autographe non retrouvé; copie R. Descharmes, B.N., N.A.F. 23825, ff⁰ˢ 216-219.

Page 695.

1. Pour plus de détails sur la maisonnée de Mlle de Chantepie, voir sa lettre à Flaubert du 11 août 1857, p. 754-755.

2. Jean Reynaud, *Terre et ciel,* Paris, Furne, 1854, XIV-441 p. L'ouvrage se présente comme un dialogue entre le « théologien » et le « philosophe ». Le VIᵉ chapitre, intitulé « L'Enfer », présente une critique vigoureuse de l'enfer médiéval : « Fanatisme inouï, dont aucune religion de l'antiquité n'avait donné l'exemple [...] » (p. 383). Pour Jean Reynaud, « nulle punition ne peut être infinie [...] » (p. 376). La théodicée de Jean Reynaud est très proche de celle de Victor Hugo dans les grandes œuvres de l'exil (*Contem-*

plations, *Fin de Satan, Dieu, La Légende des siècles*). Sur Jean Reynaud, voir surtout David-Albert Griffiths, *Jean Reynaud, encyclopédiste de l'époque romantique, d'après sa correspondance inédite*, Paris, Rivière, 1965, in-8°, 483 p. Voir aussi p. 785, n. 2.

3. Voir la lettre de Mlle de Chantepie à Flaubert du 26 février 1857, p. 685, n. 2.

Page 696.

À MADEMOISELLE LEROYER DE CHANTEPIE
[30 mars 1857]

Autographe non retrouvé; lettre publiée dans la *Nouvelle Revue* du 15 février 1897; Conard, t. IV, p. 168-174. Les deux textes sont identiques.

Page 697.

1. Sur le *roman flamand,* voir t. I, p. 562, n. 1, et p. 708 et n. 4.
2. Flaubert fait allusion à son amour pour Élisa Schlésinger. Voir t. I, p. 101, n. 3.
3. Sur les crises d'épilepsie de Flaubert, voir t. I, p. 202, n. 2. La dernière crise dont j'ai connaissance est celle du 9 août 1852 (memento de Louise Colet du 15 août 1852, Appendice II, p. 891-892): c'est-à-dire huit ans, et non dix, après la première.
4. E.-T.-A. Hoffmann, *Contes fantastiques,* trad. Loève-Weimars, Paris, Renduel, 1830-1832, 19 vol. in-12 (la traduction la plus courante); Edgar Allan Poe, *Histoires extraordinaires* et *Nouvelles Histoires extraordinaires,* trad. Charles Baudelaire, Paris, Michel Lévy, 1856 et 1857.
5. Sur l'influence des souvenirs de l'Hôtel-Dieu sur la vie et l'œuvre de Flaubert, voir Jean Bruneau, *Les Débuts littéraires de Gustave Flaubert,* p. 485-486.

Page 698.

1. La seule étude sérieuse des idées politiques de Flaubert est celle d'Eugen Haas, *Flaubert und die Politik,* Biella, Stabilimento Lito-Tipografico G. Armasso, 1931, 99 p. (dissertation de l'université de Heidelberg). Le sujet mériterait d'être repris.
2. Flaubert était à Paris durant les journées de février 1848 (voir t. I, p. 492, n. 1) et durant le coup d'État du 2 décembre (voir sa lettre à l'oncle Parain de [vers le 15 janvier 1852], p. 28; et surtout, bien entendu, *L'Éducation sentimentale*).
3. Goethe est mort le 22 mars 1832; ses dernières paroles ont été: « Qu'on laisse entrer plus de lumière » (biographie Michaud).
4. Mlle de Chantepie n'osait plus aller à confesse (voir sa lettre à Flaubert du 28 mars 1857, p. 695-696).

Page 699.

1. Flaubert partira pour Tunis le 12 avril 1858.

2. *La Tentation de saint Antoine, La Légende de saint Julien l'Hospitalier, Pierrot au sérail ?*

Page 700.

1. L'iconographie de Flaubert est en effet assez pauvre : quelques dessins durant son enfance et son adolescence, des photographies de Nadar et de Carjat (*Album Flaubert,* éd. de la Pléiade, 1972).

À MAURICE SCHLÉSINGER
[Fin mars-début avril 1857]

Autographe non retrouvé ; Conard, t. IV, p. 166-168.

2. *Madame Bovary* est annoncée dans la *Bibliographie de la France* le 18 avril 1857.

Page 701.

1. *La Tentation de saint Antoine.*
2. *Salammbô.*
3. Le procès concernant *Madame Bovary,* qui se termine par l'acquittement de Flaubert le 7 février 1857. Pour les querelles avec la *Revue de Paris,* voir surtout la note bibliographique de la lettre de Flaubert à Mᵉ Jules Senard d'[entre le 7 et le 11 décembre 1856], p. 650.
4. Il s'agirait de l'article de Duranty dans le numéro du 15 mars de la revue *Réalisme :* « *Madame Bovary*... représente l'obstination dans la description. Ce roman est un de ceux qui rappellent le dessin linéaire, tant il est fait au compas, avec minutie, calculé, travaillé, tout à angles droits, et en définitive sec et aride. [...] Il n'y a ni émotion, ni sentiment, ni vie dans ce roman, mais une grande force d'arithmétique... Ce livre est une application littéraire du calcul des probabilités » (cité par R. Dumesnil, *La Publication de* « *Madame Bovary* », p. 105). Duranty fréquentait le salon de Louise Colet. Quelques années plus tard, il lui écrit qu'il va aller la voir pour « vous dire à quel point j'ai été touché, madame, de ce que vous avez bien voulu vous ressouvenir d'un jeune homme pour qui votre salon a été une initiation à la vie littéraire et qui y a certainement puisé l'encouragement et l'émulation. Vos bonnes paroles sur le livre que j'ai eu l'honneur de vous envoyer sont une des meilleures récompenses que j'aie pu souhaiter, et je serai bien heureux d'aller serrer votre main si loyale et si généreuse qui m'est tendue avec tant de bonté et de bonne grâce » (musée Calvet, fonds Colet, 4608, f° 3376, s.d.). Le livre en question est sans doute le premier roman de Duranty, *Le Malheur d'Henriette Gérard* (1860). Marcel Crouzet estime qu'« il faut renoncer à la tentation d'expliquer certaines de ses inimitiés littéraires par le désir de faire écho aux plaintes personnelles de la Muse » (*Un méconnu du réalisme : Duranty (1833-1880)...,* Paris, Nizet, 1964, p. 42). Je n'en suis pas si sûr.
5. Depuis l'été 1836, à Trouville (voir t. I, p. 101, n. 3).

Page 702.

À EUGÈNE CRÉPET
[Mars-avril 1857]

Autographe Gaston Bosquet; *Supplément*, t. I, p. 223.

1. Frédéric-Chrétien-Charles-Henri Munter (1761-1830), évêque protestant et érudit allemand, élève de Niebuhr. Sa *Religion des Carthaginois* parut à Copenhague, de 1816 à 1821 (*Supplément*, t. I, p. 223, n. 1).

À ERNEST FEYDEAU
[5 avril 1857]

Autographe non retrouvé ; *Supplément*, t. I, p. 222. La lettre est datée par la publication du *Printemps* d'Ernest Feydeau dans *L'Artiste* du 5 avril 1857. Elle est la première que nous ayons. Non plus que mes prédécesseurs F.-A. Blossom et René Descharmes, je n'ai pu retrouver les autographes des lettres de Flaubert à Feydeau, sauf exception. Voici leur histoire, telle que j'ai pu la reconstituer : dans un article intitulé « Gustave Flaubert », paru dans *Paris-Journal* le 8 avril 1874, Jean de Chelles écrit : « J'ai eu cette bonne fortune, il y a quelques années, d'avoir un instant entre les mains des lettres nombreuses de M. Gustave Flaubert, traitant de sujets littéraires, toutes au fond sérieuses, émues, mais écrites dans la forme libre et plaisante, familière au cénacle dont Gautier était le chef. » Dans *Le Figaro* du 22 novembre 1890 — l'article est également intitulé « Gustave Flaubert » — Henry Fouquier écrit à son tour : « De ces lettres intimes j'ai la bonne fortune d'en posséder plusieurs centaines, adressées par Flaubert à E. Feydeau. » Le catalogue Andrieux (vente à l'hôtel Drouot des 30-31 mai et 1er-2 juin 1928) contient cent cinquante lettres de Flaubert à Feydeau (dont quatre lettres en fac-similé). Charensol annonce cette vente dans *Les Nouvelles littéraires* du 26 mai 1928 (p. 8), en citant de larges extraits de certaines de ces lettres. Enfin Mme Chevalley-Sabatier m'a aimablement communiqué des copies de lettres de Flaubert à Feydeau établies pour sa tante Caroline Franklin-Grout. Je signale dans les notes les éléments nouveaux concernant cette correspondance recueillis au cours de mes recherches. À moins d'un coup de chance, il manquera à mon édition au moins une centaine de lettres de Flaubert à Feydeau ; le texte que je publie est trop rarement complet et sûr, et la datation s'est révélée souvent très aléatoire.

Ernest Feydeau (1821-1873) est trop connu pour que je donne ici sa biographie. Pourtant, il n'existe aucune étude sérieuse sur sa vie et son œuvre. Je me contenterai ici de quelques précisions concernant ses rapports avec les amis de Flaubert. Ernest Feydeau a été le condisciple de Maxime Du Camp à la pension Saint-Victor (*Souvenirs littéraires*, 3e éd., 1906, t. I, p. 34-36). D'après son ouvrage *Théophile Gautier, souvenirs intimes* (Paris, Plon, 1874, p. 87-94), Feydeau a fait la connaissance de Gautier en 1856, lorsque ce dernier a fait publier dans *Le Moniteur* le premier fascicule du premier ouvrage de Feydeau : *Histoire des usages funèbres et des sépultures des peuples anciens*. Planches et plans exécutés sous la

direction de M. Alfred Feydeau, architecte de la ville de Paris...
(Paris, Gide et Baudry, 1856, t. I, 494 p. ; Paris, Gide, 1858, t. II,
207 p.). Alfred Feydeau était le frère d'Ernest. L'*Histoire des usages
funèbres* est une œuvre très faible, très rhétorique, mais elle a
peut-être orienté Gautier et Flaubert vers *Le Roman de la Momie*
et *Salammbô*. Flaubert aurait pu signer cette phrase : « ... le mensonge est l'éternel écueil de l'historien. Trop heureux si, poursuivant la vérité absolue, il parvient seulement à rencontrer la
vérité probable ! » (ouvr. cité, t. I, p. 41-42). Voir la lettre de
Flaubert à Ernest Feydeau du [26 juillet ? 1857], p. 749 et n. 1.

2. C'est ainsi qu'Ernest Feydeau épelle le nom de Nabuchodonosor (ouvr. cité, t. II, p. 94).

3. *Les Quatre Saisons* d'Ernest Feydeau ont paru dans *L'Artiste*
aux dates suivantes : *Le Printemps,* 5 avril 1857 ; *L'Été,* 28 juin,
5 et 12 juillet 1857 ; *L'Automne,* 10 et 24 janvier 1858 ; *L'Hiver,*
16 mai 1858. C'est l'histoire de deux personnages, *Lui* et *Elle,*
dont les rapports sont en harmonie avec les saisons. Dans *Le
Printemps,* ils se promènent dans le parc et commencent à s'aimer ;
dans *L'Été,* après une longue description de la nature, qui fait
penser au « Paradou » de *La Faute de l'abbé Mouret, Elle* se donne.
L'Artiste est publié sur deux colonnes.

4. Ce paragraphe décrit le trouble du héros, quand « son regard
rencontra » le pied de sa compagne : « Alors, ce fut en lui comme
une explosion de délices, comme un merveilleux enchantement,
comme une séduction délectable. Ce fut une révélation. Ce fut une
possession. » Se rappeler la dernière entrevue de Frédéric et de
Mme Arnoux dans *L'Éducation sentimentale* (éd. Conard, p. 605) :
« La vue de votre pied me trouble. » Dans les *Mémoires d'un fou*
(1838), déjà, le héros est ému par le « pied blanc aux ongles roses
qui s'enfonçait dans le sable » de Maria (*Œuvres de jeunesse,* t. I,
p. 541).

5. Les Goncourt ont raconté comment Flaubert faisait pour ses
invités, boulevard du Temple, l'*Idiot des salons* (*Journal,* 29 mars
1862) : « ... et l'on demande à Flaubert de danser l'*Idiot des salons.*
Il emprunte un habit à Gautier, il relève son faux col ; de ses
cheveux, de sa figure, de sa physionomie, je ne sais pas ce qu'il fait,
mais le voici soudain transformé en une formidable caricature de
l'hébétement... » (voir Jean Pommier, « Flaubert et la naissance
de l'acteur », *Journal de psychologie,* avril-juin 1947, p. 189). C'est
de cette expression que Jean-Paul Sartre a tiré le titre de son ouvrage
sur Flaubert : *L'Idiot de la famille.*

Page 703.

MADEMOISELLE LEROYER DE CHANTEPIE
À GUSTAVE FLAUBERT

10 avril 1857

Autographe non retrouvé ; copie R. Descharmes, B.N., N.A.F.
23825, f°s 220-222.

Page 704.

1. Eugénie Niboyet, traductrice des romans de Maria Edge-worth, auteur de *Dieu manifesté par les œuvres de la création* (Paris, Didier, 1842) et qui publiera en 1863 *Le Vrai Livre des femmes* (Paris, Dentu, 1863, in-12, 246 p.).

Page 705.

MADEMOISELLE LEROYER DE CHANTEPIE
À GUSTAVE FLAUBERT
23 avril 1857

Autographe non retrouvé; copie R. Descharmes, B.N., N.A.F. 23825, ff^{os} 223-225.

1. « À Marie-Antoine-Jules Senard, membre du Barreau de Paris, ex-président de l'Assemblée nationale et ancien ministre de l'Intérieur, Cher et illustre ami, Permettez-moi d'inscrire votre nom en tête de ce livre et au-dessus même de sa dédicace ; car c'est à vous, surtout, que j'en dois la publication. En passant par votre magnifique plaidoirie, mon œuvre a acquis pour moi-même comme une autorité imprévue. Acceptez donc ici l'hommage de ma gratitude, qui, si grande qu'elle puisse être, ne sera jamais à la hauteur de votre éloquence et de votre dévouement » (*Madame Bovary,* éd. Claudine Gothot-Mersch, p. 1).

2. Cet article paraîtra dans *Le Phare de la Loire* du 25 juin 1857.

3. Ce conte de Maxime Du Camp sera repris dans *Le Chevalier du Cœur saignant,* Paris, Lévy, 1862, p. 111-179 ; il s'agit de Jacques, bourreau nerveux et cataleptique, qui est la réincarnation de Néron, et rêve parfois de sa première existence.

Page 707.

À SA NIÈCE CAROLINE
[24 avril 1857]

Autographe Lovenjoul, A II, ff^{os} 1-2 ; Conard, t. IV, p. 102-103, avec la date erronée du [25 avril 1856]. Cette lettre a dû être intervertie avec la lettre à Caroline du [25 avril 1856], p. 611-612.

1. Une des poupées de la petite Caroline (éd. Conard, t. IV, p. 102, n. 1).

2. Son lapin favori (éd. Conard, t. IV, p. 103, n. 1).

3. Caroline Bonenfant, la cousine de Flaubert, avait épousé André-Jules Laurent le 16 mai 1854 (voir p. 560, n. 3). Les lettres de Flaubert et de sa mère n'ont pas été retrouvées.

Page 708.

1. Il s'agit sans doute d'une poupée de Caroline Hamard.

À MICHEL LÉVY
[18 ou 25 ? avril 1857]

Autographe maison Calmann-Lévy ; lettre publiée par Jacques
Suffel dans *Lettres inédites de Gustave Flaubert à son éditeur Michel
Lévy*, p. 35, avec la date [avril 1857]. Comme *Madame Bovary* est
annoncée dans la *Bibliographie de la France* le 18 avril 1857, cette
lettre pourrait être des samedi 18 ou 25 avril. La liste des gens de
lettres annoncée ici n'a pas été retrouvée. Il m'est impossible ici de
citer toutes les lettres de remerciement qu'a reçues Flaubert pour
l'envoi de *Madame Bovary*. Je signale pour mémoire celles d'Eugène
Bataille (Lovenjoul, B I, f°s 84-85), de Collas, l'un des quarante
Rouennais du banquet de *Madame de Montarcy* (*ibid.*, B I, f°s 404-
405), de Dainez, l'ancien proviseur du collège de Rouen (*ibid.*,
B II, f°s 1-2), de Despierret, ami des Baudry (*ibid.*, B II, f°s 90-91),
de Camille Doucet (*ibid.*, B II, f°s 98-99), de Virginie Du Hamel
(*ibid.*, B II, f°s 43-44), d'Alphonse Émonin (*ibid.*, B III, f°s 91-92),
de Guillaume Guizot (*ibid.*, B III, f°s 426-427; lettre publiée dans
l'édition Conard de *Madame Bovary*, p. 525), d'Ernest Le Marié
(*ibid.*, B. IV, f°s 192-193), de Lizot, le président du tribunal civil de
Rouen (*ibid.*, B IV, f° 261), d'Élise Morin, grande amie du docteur
Flaubert père (*ibid.*, B V, f°s 43-44), de Mulot, l'ami de Louis
Bouilhet (*ibid.*, B V, f°s 49-50), de Tardif (*ibid.*, B VI, f°s 50-51),
du dentiste Toirac (*ibid.*, B VI, f°s 50-51).

Louis Boivin-Champeaux écrit, le 23 avril 1857 : « Mon vieux
camarade, J'ai été entièrement sensible à ton souvenir, me voilà
à la tête de trois exemplaires : la *Revue*, tes deux volumes que j'ai
achetés le jour où ils ont paru et ceux que je reçois aujourd'hui.
Tu es le seul à qui je ne puisse pas dire ce que je pense de ton livre.
Un peu inquiet au début, je me suis vite rassuré, mis au pas et tu
m'as emporté avec toi, dans ton développement. Tu n'es l'imitateur
de personne, tu es un original. J'ai aussi *Melaenis* et *Madame de
Montarcy* ; mais je ne les tiens pas de l'auteur qui m'a profondément
oublié. Je voudrais en vain lui rendre la pareille. Caché dans la
foule, j'assiste à ces triomphes littéraires, où vous vous donnez la
main, les seuls enviables. Aussi je vous admire et je vous envie.
Ton vieux camarade te remercie donc : c'est un pauvre Bourgeois
et qui n'a d'artiste que la présomption de se dire l'ami de quelques
hommes d'élite. Tout à toi » (Lovenjoul, B I, f°s 224-225 ; sur
Boivin-Champeaux, voir t. I, p. 57, n. 3).

Lettre émouvante, aussi, de la vicomtesse Le Poittevin d'Harnois,
sœur d'Alfred Le Poittevin et tante de Guy de Maupassant : « Mon
cher ami, mon cher Gustave, J'ai pensé bien des fois pendant cette
lecture au frère et à l'ami que nous avons perdu et qui, lui, aussi,
sans doute, aurait été appelé au succès dans cette carrière si difficile
que vous deviez suivre tous deux... » (Lovenjoul, B III, f°s 433-
434).

Le catalogue Charavay (*Autographes littéraires et historiques*,
vente à l'hôtel Drouot du 15 décembre 1959, n° 34) mentionne :
« Ensemble de dix lettres autographes adressées au lendemain de
la publication de *Madame Bovary*, mai 1857 : *Sainte-Beuve*, 2 lettres
autographes signées, 25 avril 1857, 2 p. 1/2 in-8°, et 10 mai 1857,
1 p. in-8° ; *Champfleury*, lettre autographe signée, 1 p. in-8°, avec

adresse : "Il y a longtemps qu'il n'avait paru un roman aussi remarquable… Vous avez trouvé la corde du premier coup, ne la quittez pas : elle est solide, et ne vous inquiétez pas de ce que pourront dire les freluquets et les gens à panache…" ; *Léon Gozlan,* lettre autographe signée, 4 p. in-8° : "*Madame Bovary* est la condamnation à mort de la poursuite de l'idéal… La peinture du désordre moral de cette pauvre femme est à la fois d'une grandeur et d'un fini qu'on rencontre bien rarement sous la même main…" ; Gozlan évoque Balzac : "Nous vous aurions lu ensemble sous les ombrages des Jardies, notre bosquet d'Académos…" ; *Paul de Saint-Victor,* lettre autographe signée, 1 p. 1/2 in-8° : "… Décidément c'est une œuvre ; il y a une griffe de maître là-dessus. Je ne comprends rien aux bégueuleries de la *Revue [de Paris]*…" ; *Michelet,* lettre autographe signée, 1 p. in-8° : "… Un si brillant ouvrage de forte et fine observation" ; *Edmond About,* lettre autographe signée, 1 p. in-8° : "… que diraient Beyle et Balzac, s'ils étaient encore de ce monde…" [voir une autre lettre d'Edmond About à Flaubert dans l'édition Conard de *Madame Bovary,* p. 525-526] ; *Jules Sandeau,* lettre autographe signée à Maxime Du Camp, 1 p. 1/2 in-8° ; *Ulrich Guttinguer,* lettre autographe signée, 2 p. 1/2 in-8° : "La belle étude de temps, de mœurs, de cœur…" ; *Jules Janin,* lettre autographe signée, 1 p. in-8°.» Je n'ai repris du catalogue Charavay que les extraits qui me semblaient les plus intéressants.

Voici enfin trois documents peu connus : Henry Murger, l'auteur des *Scènes de la vie de bohème,* écrit à Louis Buloz, le directeur de la *Revue des Deux Mondes,* qui « n'aimait pas ces audaces » : « J'ai le regret de ne pas me trouver d'accord avec vous, à propos de *Madame Bovary.* Il n'y a pas grande dépense d'invention, il est vrai, mais il y a ce qu'on ne trouve pas dans les feuilletons du jour, des caractères, des passions et un grand souffle de vérité et d'émotion. Et ma foi, dans une époque de pauvreté littéraire comme celle que nous traversons, si M. Flaubert vous paraît peu de chose à côté de Mme Sand, MM. de Musset, Mérimée, de Vigny, il me paraît, à moi, d'une jolie taille, parmi les petits bonshommes de lettres qui cherchent la vogue. Je crois que c'est plutôt le genre du livre, que le livre même qui ne vous plaît pas. Le seul reproche que je fais à *Madame Bovary,* c'est de venir après Mme Marneffe [personnage de *La Cousine Bette* de Balzac]. On ne fera jamais plus haut, ou plus bas, comme vous voudrez l'entendre » (lettre citée par Marie-Louise Pailleron dans *La Vie littéraire sous Louis-Philippe,* Paris, Plon, 1917, p. 352-353).

Le second est un passage de l'article sur *Salammbô* de Cuvillier-Fleury, intitulé « Un roman carthaginois », paru dans le *Journal des débats* des 9 et 13 décembre 1862, repris dans *Études et portraits,* Paris, 1868, t. II, p. 293-319 : «[Un ami de Gustave Flaubert], homme de cœur et d'esprit, m'écrivait récemment que quand le premier ouvrage de G. Flaubert obtint cette vogue retentissante que vous savez, "*ce succès fit horreur à l'auteur lui-même*". Il fut indigné qu'un livre qu'il avait mis six ans à écrire, et pour lequel il ne demandait qu'un estimable succès de style, fût exclusivement recherché pour des "mérites" qu'il n'avait pas même entrevus. […] De très bons esprits, qui savaient le penchant de M. Flaubert à un certain gonflement de la pensée et du style, lui avaient donné le conseil de choisir pour son début un sujet terre à terre qui pût le sauver de l'hyperbole. C'est ainsi qu'il fut amené à enfermer son imagination exubérante dans une petite ville de Normandie et à y dérouler l'obscure destinée d'un ménage mal assorti, aussi médiocre que corrompu. » L' « homme de cœur et d'esprit » est Maxime Du Camp ; les « très bons esprits » sont Du Camp et Louis Bouilhet. La campagne de Du Camp à propos de Flaubert, qui culminera avec ses *Souvenirs littéraires*, est donc déjà commencée en 1862. Sur la genèse de *Madame Bovary,* voir t. I, p. 562, n. 1.

J'extrais le troisième texte du livre de Nadar intitulé *À terre et en l'air, Mémoires du Géant* (Paris, Dentu, 1864, p. 105) : « Je me rappelle encore un bon jeune homme et beau monsieur de Rouen, que je félicitais du très grand, très mérité et tout nouveau alors succès de son compatriote, auteur de *Madame Bovary :* "Vous trouvez *ça* beau, ici ? me répondit le jeune Rouennais de famille, avec un ton de supériorité tout à fait écrasant pour M. Flaubert. — Je ne trouve pas, moi ! — L'auteur, d'ailleurs, est une espèce d'original, que nous ne sentions guère à Rouen... *Il cherchait* à se singulariser ; il ne voulait pas faire partie de la garde nationale... et puis, tout à coup — *sans rien dire,* — il partait pour l'Afrique... — *Nous n'aimons pas ces gens-là, à Rouen !"* (textuel). Hélas ! beau jeune homme de famille, Rouen, c'est Paris, — et Paris, c'est partout ! »

À MADEMOISELLE LEROYER DE CHANTEPIE

26 avril 1857

Inédite ; autographe non retrouvé ; copie de Caroline Franklin-Grout communiquée par Mme Chevalley-Sabatier.

2. Flaubert partira pour Croisset le 2 mai (voir p. 710).

3. Les lettres de Mlle de Chantepie à Flaubert des 10 et 23 avril 1857 (voir p. 703-705 et 705-707).

4. Voir la fin de la lettre de Flaubert à Mlle de Chantepie du 18 mai [1857], p. 719-720.

5. Voir la lettre de Flaubert à Mlle de Chantepie du 3 juillet 1857, p. 743 et n. 2.

À PAUL MEURICE

[Fin avril ? 1857]

Autographe Mme Langlois-Berthelot ; photographie à Lovenjoul, A VI, f° 404 ; lettre publiée dans les *Œuvres complètes illustrées de Gustave Flaubert,* éd. du Club de l'Honnête Homme, *Correspondance,* t. II, p. 599, avec la date [début d'août 1857]. *Madame Bovary* est annoncée dans la *Bibliographie de la France* le 18 avril 1857. Il serait bien étonnant que Flaubert ait attendu si longtemps avant de l'envoyer au *Maître.* Cet exemplaire a fait partie de la vente de la bibliothèque Jean-Victor Pellerin (hôtel Drouot, 5 et 6 mai 1969, n° 85) ; dédicace : « Au Maître, souvenir et hommage, Gve Flaubert. » Il n'est pas impossible que Flaubert n'ait pas voulu inscrire le nom de Victor Hugo sur l'exemplaire, pour éviter à Paul Meurice ou s'éviter à lui-même des ennuis supplémentaires. Mais peut-être a-t-il voulu, tout simplement, marquer, par cette dédicace anonyme, la place unique que Victor Hugo occupe, à ses yeux, dans la littérature française du temps ?

La réponse de Hugo se trouve à la collection Lovenjoul (B IV, ff°s 161-162) ; elle a été publiée, avec des erreurs de lecture, dans l'édition Conard de *Madame Bovary* (p. 524), dans la *Revue de Paris* d'août 1928 et dans *AFl.*, 1961, nº 18, p. 53 : « Hauteville-House, 30 août 1857. Vous avez fait un beau livre, Monsieur, et je suis heureux de vous le dire. Il y a entre vous et moi une sorte de lien qui m'attache à vos succès. Je me rappelle vos charmantes et nobles lettres d'il y a quatre ans, et il me semble que je les revois à travers les belles pages que vous me faites lire aujourd'hui. *Madame Bovary* est une œuvre. L'envoi que vous avez bien voulu m'en faire ne m'est parvenu que tard ; c'est ce qui vous explique le retard même de cette lettre. Vous êtes, Monsieur, un des esprits conducteurs de la génération à laquelle vous appartenez. Continuez de [porter ? tenir ?] haut devant elle le flambeau de l'art. Je suis dans les ténèbres, mais j'ai l'amour de la lumière. C'est vous dire que je vous aime. Je vous serre les mains. Victor Hugo. »

Hugo avait déjà écrit à Flaubert, le 12 avril 1857, le billet suivant, dont je n'ai pas retrouvé l'autographe : « Vous êtes un de ces hauts sommets que tous les coups frappent, mais qu'aucun n'abat. Mon cœur est profondément avec vous. Victor Hugo. » (billet publié dans l'édition Conard de *Madame Bovary*, p. 523). Hugo fait sans doute allusion au procès de *Madame Bovary*.

Paul Meurice (1818-1905), romancier et auteur dramatique, a été, avec Auguste Vacquerie, le plus fidèle disciple de Victor Hugo.

Page 709.

1. Voir la note bibliographique de cette lettre, p. 708.

À ERNEST FEYDEAU
[Fin avril 1857]

Autographe non retrouvé; Conard, t. IV, p. 175-176, avec la date d'avril 1857; Catalogue Andrieux, hôtel Drouot (mai-juin 1928), nº 172. Cette lettre est passée en vente au Nouveau Drouot le 18 décembre 1981 (*Autographes et documents historiques*, nº 101, avec un extrait). La lettre pourrait dater de la fin du mois, car Flaubert est déjà assez avancé dans ses lectures pour *Salammbô*.

2. Voir p. 702, n. 2.

3. Alfred Maury, « Sur une statue du dieu Aschmoun ou Esmon, trouvée à Cherchell par M. Charles Texier », *Revue archéologique*, octobre 1846-mars 1847, p. 763-773. J'y relève cette phrase : « [...] nous nous trouvons, relativement au culte d'Aschmoun, dans cette désolante ignorance où nous plonge, pour tout ce qui se rattache à l'histoire du peuple phénicien, l'insuffisance des documents que nous a transmis l'antiquité » (p. 763). Commandant Alphonse de La Mare, « Notes sur quelques villes romaines de l'Algérie », article suivi de « Observations sur les bas-reliefs trouvés à Announah et publiés dans le mémoire précédent », par Alfred Maury, *Revue archéologique*, avril-septembre 1849, p. 1-22 et 22-24, avec planches. Ces bas-reliefs concernent la religion carthaginoise.

4. Nous préférons la leçon du Catalogue à celle : « engueulera » donnée par Conard.

5. Procope (500-565), historien grec. Il a écrit une *Histoire de son temps*, l'*Histoire anecdotique ou secrète* et six *Discours sur les édifices élevés par l'empereur Justinien*.

6. Flavius Cresconius Corippus (530-585), poète latin né en Afrique, auteur de *Johannes,* poème en huit chants — et non six, mais il nous manque la fin du livre VII et le livre VIII. Corippe y chante les exploits de Jean Troglita, général de Justinien, qui soumit les tribus de l'Atlas.

À FRÉDÉRIC BAUDRY [?]

[2 mai 1857]

Autographe non retrouvé ; *Supplément,* t. I, p. 223 (avec la date [mai 1857 ?]) ; *Complément* au *Supplément,* p. 15 : « Ce billet (1857 ?), publié ici, p. 223, serait en réalité adressé à Frédéric Baudry. Nous ne le connaissons que par une copie sans indication de destinataire. » Il s'agit très vraisemblablement de Frédéric Baudry, qui s'intéressait, comme Flaubert, à l'archéologie orientale. La lettre est certainement de 1857, puisque Flaubert demandait à Charles Lambert l'adresse de Rochas le 6 mars de la même année ; elle est du samedi 2 mai, car Flaubert est encore à Paris le dimanche 26 avril (lettre à Mlle de Chantepie du 26 avril 1857, p. 708) et qu'il est à Croisset le mardi 5 mai (voir la lettre suivante, à Sainte-Beuve, p. 710).

7. Sur Rochas, voir la lettre de Flaubert à Charles Lambert du [6 mars 1857], p. 689 et n. 1.

Page 710.

À SAINTE-BEUVE

[5 mai 1857]

Autographe Lovenjoul, D 601, ffos 500-501 ; lettre publiée par Benjamin F. Bart dans « Lettres inédites de Flaubert à Sainte-Beuve », *R.H.L.F.,* juillet-septembre 1964, p. 428. La lettre est sûrement datée. Sainte-Beuve répond le 10 mai 1857 : « Mon cher Monsieur, Je suis heureux d'avoir pu dire dans *Le Moniteur* quelques-unes des choses que je pensais sur *Madame Bovary,* et sur le talent de l'auteur. Ne vous justifiez pas trop cependant de *Madame Bovary.* Nous la grondons, mais nous en voulons. Faites-nous-en toujours. Appliquez cette faculté d'observation et de peinture à d'autres sujets également vrais, et avec cette autre faculté de composition qui est en vous, placez-y quelques-unes de ces figures qui reposent, qui consolent, et vous n'aurez pas seulement des admirateurs, mais des amis, de tout lecteur. Quant à moi, je vous prie de croire que je suis l'un et l'autre, et bien touché des aimables promesses que vous me faites pour votre retour. Tout à vous » (Sainte-Beuve, *Correspondance générale...,* éditée et annotée par Jean Bonnerot, t. IX, p. 406). Flaubert avait envoyé *Madame Bovary* à Sainte-Beuve avec la dédicace suivante : « Humble hommage d'un inconnu » ; Sainte-Beuve l'en avait remercié dans une lettre du 25 avril 1857 (*ibid.,* t. IX, p. 398-400).

a. je tiens à être de la [bonne] <vôtre>, j'entends de la bonne

1. Article du 4 mai 1857 dans *Le Moniteur universel.* Cet article élogieux fut critiqué par Paulin Limayrac dans *Le Constitutionnel*

du 10 mai, à propos de ce passage, qu'il cite en entier : « L'ouvrage, en tout, porte bien le cachet de l'heure où il a paru. Commencé, dit-on, depuis plusieurs années, il vient à point en ce moment. C'est bien un livre à lire en sortant d'entendre le dialogue net et acéré d'une comédie d'Alexandre Dumas fils, ou d'applaudir *Les Faux Bonshommes,* entre deux articles de Taine. Car, en bien des endroits et sous des formes diverses, je crois reconnaître des signes littéraires nouveaux : science, esprit d'observation, maturité, force, un peu de dureté. Ce sont les caractères que semblent affecter les chefs de file des générations nouvelles. » Paulin Limayrac attaque cette vision de la nouvelle littérature du point de vue de la religion et de la morale, et conclut son article ainsi : « Qu'il revienne donc vite, l'amour de l'idéal, avec le sentiment de l'admiration, cette source féconde des belles pensées, et que l'esprit de dénigrement disparaisse, comme l'oiseau de nuit quand le jour se lève ! Les bons symptômes ne manquent pas, si l'on veut y regarder de près, et les espérances redoublent si l'on songe qu'il y a sur le trône un grand écrivain, et qu'hier même, les lettres libres ont compris les nobles intentions d'un ministre à l'esprit large et au cœur chaud » (*Des causes et des effets de notre situation littéraire*).

Sainte-Beuve a vivement réagi à cette attaque : la collection Lovenjoul conserve un brouillon de note et une note destinée à Achille Fould, ministre d'État et de la Maison de l'Empereur (D 549, ff^os 340-342 et 343-346). Voici un passage du brouillon et des extraits de la note, documents que je crois tous deux inédits : « Cet article sur *Madame Bovary* a fait un certain bruit : il a réjoui, me dit-on, bon nombre de personnes et en a contrarié quelques autres. Dans ce nombre il faut compter des organes et peut-être même des membres du Gouvernement. M. Paulin Limayrac dans *Le Constitutionnel* (du 10 mai 1857) s'est fait, fort poliment d'ailleurs, l'interprète de ces alarmes ; il a pris fait et cause pour l'idéal, que je n'ai jamais songé à exclure ni à rabaisser... » Suit un développement très intéressant sur Balzac.

La note est autrement précise et vigoureuse : « Note à M. Fould à l'occasion de l'article *Bovary ;* à utiliser — mettre — dans le tome XVI des *Causeries* [il n'y aura pas de tome XVI des *Causeries du lundi*]. Note que j'ai fait remettre à M. Fould le 11 mai 1857. L'article inséré dans *Le Constitutionnel* du dimanche 10 mai, où M. Paulin Limayrac prend l'alarme sur une phrase d'un article de M. Sainte-Beuve inséré au *Moniteur* [en marge : (l'article sur *Madame Bovary* de M. Flaubert inséré dans *Le Moniteur* du lundi 4 mai 1857 (t. XI des *Causeries du lundi*)], est fait pour étonner. Cet article en effet a été évidemment inspiré et conseillé au rédacteur du *Constitutionnel.* Que prétend-on par cette sorte de demi-avertissement donné à M. Sainte-Beuve ? par cette espèce de coup de pistolet *à poudre* tiré par l'un de ceux qu'un membre du cabinet (M. Rouland) appelle spirituellement ses *Cosaques.* M. Sainte-Beuve a commis le grand crime d'émettre un avis littéraire, favo-

rable à quelques égards, sur un livre dans lequel il a désapprouvé
d'ailleurs la dureté des tons et la crudité sans mélange. Il a de plus,
et comme simple fait, signalé quelques caractères qu'il croit
reconnaître dans les hommes de talent qui débutent ou qui ont
débuté depuis quelques années. Il est vrai que parmi ces débutants,
il en est un (Taine) qui s'est permis d'exprimer, ces jours derniers,
un jugement que l'on peut contester sur le livre d'un dignitaire
éminent (M. Troplong)? Est-ce une raison pour qu'on ne puisse
citer son nom dans une énumération toute littéraire? [...] Si
M. Sainte-Beuve s'est efforcé, depuis et avant le 2 décembre, de
prouver qu'on pouvait être un littérateur honnête, indépendant,
et approuver hautement le gouvernement que s'est donné la
France, s'il a rendu dans son ordre de travaux autant de services
qu'il a pu, qu'est-ce que cette manière de le remercier, en le faisant
critiquer publiquement par un des écrivains qui s'inspirent au
ministère de l'Intérieur et dans celui de l'Instruction publique?
C'est un mauvais procédé, et un procédé maladroit. A-t-on trop
d'amis parmi les littérateurs, parmi les Académiciens et dans la
presse? [...] On assure que M. le ministre de l'Intérieur est allé
se plaindre à M. le ministre d'État de l'article de M. Sainte-Beuve
dans le matin du jour où cet article a paru : l'article du *Constitutionnel* est le résultat et le contrecoup de cette visite de M. Billault,
et c'est pour cela que l'article du *Constitutionnel,* quelque assaisonné
qu'il soit d'éloges et de précautions, est un mauvais procédé envers
M. Sainte-Beuve et envers *Le Moniteur,* et de plus une maladresse. »
    Sainte-Beuve avait remis cette note à J. Pelletier, qui lui répond :
« Cher Monsieur, M. Fould est à Fontainebleau. Dès que je le
verrai je lui montrerai votre petite note que je trouve parfaite.
Vous avez cent fois raison. Je l'ai dit sous toutes les formes, mais
je n'ai pas pu convaincre notre ministre. Il prétend que M. Flaubert,
que je n'ai jamais vu, est mon ami. C'est vous dire si j'ai défendu
votre excellent article. Tout à vous » (Lovenjoul, D 549, ff⁰ˢ 347-
348).
    2. Nulle trace de ces lectures dans les lettres de jeunesse de
Flaubert. La première mention de Sainte-Beuve, dans la correspondance, figure dans la lettre de Flaubert à Louis de Cormenin
du 7 juin [1844] : « Je suis flatté de vous voir que vous vous unissez à
moi dans la haine de Sainte-Beuve et de toute sa boutique » (t. I,
p. 210). Voir aussi la première *Éducation sentimentale* (1843-1845) :
« ... il fait clair ici comme dans un four ou comme dans une phrase
de Sainte-Beuve » (*Œuvres de jeunesse,* t. III, p. 87).
    3. L'article de Sainte-Beuve se terminait ainsi : « Fils et frère
de médecins distingués, M. Gustave Flaubert tient la plume comme
d'autres le scalpel. Anatomistes et physiologistes, je vous retrouve
partout ! » Formule que Paulin Limayrac reprendra ainsi : « Tout
le monde connaît l'ardeur religieuse de M. Sainte-Beuve pour l'art
et la poésie. Tout le monde sait à quelle hauteur il place la muse, et
il serait difficile de comprendre que le poète des *Consolations* et le

critique de ces admirables *Causeries du lundi* s'accommodât d'un art qui s'enfonce dans la réalité jusqu'au cou [...]. Le roman devait arriver, de guerre lasse, à se servir de la plume comme du scalpel, et à ne voir dans la vie qu'un amphithéâtre de dissection. »

Page 711.

À LOUIS BOUILHET
[7 mai 1857]

Autographe Lovenjoul, A V, ff^os 216-217 ; *Supplément*, t. I, p. 224-225. La lettre est sûrement datée : Flaubert est arrivé à Croisset le samedi 2 mai ; Léonie Leparfait doit partir « samedi après-demain » et Jules Duplan enverra à Flaubert l'article de la *Chronique* sur *Madame Bovary* avant le samedi 9 mai (voir la lettre de Flaubert à Jules Duplan du [9 mai 1857], p. 712).

a. Il faut que la [chose] <demande> vienne [comme] naïvement, <comme> de la part

1. Léonie Leparfait, la compagne de Louis Bouilhet.
2. Le *Supplément* imprime à tort : *Durey*. La lecture *Darty* est certaine. La Ramelli avait créé le rôle de Mme de Maintenon dans le drame de Louis Bouilhet, *Madame de Montarcy* (Odéon, 6 novembre 1856). Marie-Pauline Coquard, dite Darty, jouait les soubrettes à l'Odéon (voir Lyonnet).
3. Sur l'actrice Marie Durey, voir p. 567, n. 3 et *passim*.
4. Alfred Baudry, frère cadet de Frédéric Baudry (voir t. I, p. 230, n. 6). *Madame de Montarcy* sera jouée à Rouen le 24 juin 1858 (voir p. 819).

Page 712.

1. Le compte rendu d'Alfred Dumesnil dans la *Chronique artistique et littéraire* du 3 mai 1857 est au contraire très anodin. Voir la lettre de Flaubert à Jules Duplan du [9 mai 1857], ci-dessous.

À MICHEL LÉVY
[9 mai 1857]

Autographe maison Calmann-Lévy ; lettre publiée par Jacques Suffel dans *Lettres inédites de Gustave Flaubert à son éditeur Michel Lévy*, p. 36-38, datée des [8 ou 9 mai 1857]. Je la crois du 9 mai, car les termes en sont très proches de ceux de la lettre suivante, sûrement datée.

2. Cette traduction ne semble pas avoir vu le jour. Cinq ans plus tard, le [12 juin 1862], Flaubert écrit à Ernest Duplan : « ... Jusqu'à présent je n'ai point vu le nez d'une seule traduction [...]. J'en avais une de la *Bovary* (en anglais) faite sous mes yeux et qui était un chef-d'œuvre. J'avais prié Lévy de s'arranger avec un

éditeur de Londres pour la faire paraître. Néant » (éd. Conard,
t. V, p. 26). La première traduction anglaise de *Madame Bovary*
fut réalisée en 1886 (six ans après la mort de Flaubert) par Éléonor
Marx-Aveling, fille de Karl Marx, qui se suicida de la même
manière que Mme Bovary (Jacques Suffel, ouvr. cité, p. 38, n. 1).
L'auteur de cette traduction est certainement Juliet Herbert.

à jules duplan

[9 mai 1857]

Autographe Lovenjoul, A V, ff⁰ˢ 345-346 ; incomplète dans
Conard, t. IV, p. 176, avec la date : [début mai 1857]. L'article
d'Anatole Claveau dans le *Courrier franco-italien* du 7 mai 1857
permet de dater cette lettre du samedi 9 mai.

3. Dans *Le Moniteur* du 4 mai 1857 (voir la lettre de Flaubert
à Sainte-Beuve du [5 mai 1857], p. 710 et n. 1).

4. Article d'Alfred Dumesnil (voir la lettre de Flaubert à Louis
Bouilhet du [7 mai 1857], ci-dessus et n. 1).

5. Article d'Anatole Claveau, paru dans la « Revue littéraire »
du *Courrier franco-italien* du 7 mai 1857 ; en voici un extrait :
« Style Champfleury (c'est tout dire), commun à plaisir, trivial,
sans force ni ampleur, sans grâce et sans finesse. Pourquoi crain-
drais-je de relever le défaut le plus saillant d'une école qui a d'ailleurs
ses qualités ? L'école Champfleury, dont on voit bien que fait
partie M. Flaubert, juge que le style est trop vert pour elle ; elle
en fait fi, elle le méprise, elle n'a pas assez de sarcasmes pour les
auteurs *qui écrivent*. Écrire ! à quoi bon ? Qu'on me comprenne, ça
me suffit ! Ça ne suffit pas à tout le monde. Si Balzac écrivait mal
quelquefois, il avait toujours un style. Voilà ce que les chamfleurystes
n'osent pas reconnaître. » On croit rêver !

Page 713.

à jules duplan

[10 ? mai 1857]

Autographe Lovenjoul, A V, ff⁰ˢ 346-347 ; incomplète dans
Conard, t. IV, p. 177-178, avec la date [10 ou 11 mai 1857]. Je
partage l'opinion de F.-A. Blossom (*La Composition de « Salammbô »...*, p. 11) : « D'après le Bulletin météorologique du
Journal de Rouen, il ne plut à Rouen que les 1ᵉʳ, 9, 10, 21, 22, 25,
26, 27, 29 mai 1857. Les renseignements manquent pour le 11
et le 28. La mention d'un article paru le 9 [celui de *L'Illustration*]
semblerait désigner le 10... » Au folio 347 v⁰, Flaubert a écrit :
« D'où viennent les 2 beaux vers. Je travaille beaucoup ce n'est
point c'est Hénaurme ! » Ces phrases demeurent mystérieuses.

a. du désert où je [regrette] pense avec une certaine mélancolie

1. Edmond Texier, « Chronique littéraire », *L'Illustration* du
9 mai 1857 : « [Flaubert] se présente dans l'arène à la façon d'un

gladiateur, et l'on pourrait croire qu'il éprouve un certain plaisir à montrer la vigueur de ses muscles et la force de son bras. [...] Il a une façon de voir les sentiments à un point de vue physiologique dont la brutalité vous blesse et ne vous déplaît pas toujours. [...] Je me hâte d'ajouter qu'à côté de grands défauts ce livre a de grandes qualités. On ne le lit pas sans de fréquentes révoltes, mais on va jusqu'au bout, captivé par le charme du style, la vigueur de l'expression, la grâce des détails et la belle ornementation de l'œuvre. »

2. Charles de Mazade, « Chronique de la quinzaine », *Revue des Deux Mondes* du 1er mai 1857, p. 217-218 : « [...] la grande nouveauté est *Madame Bovary,* œuvre de M. Gustave Flaubert, écrivain de Rouen, puisqu'il est avéré que nous avons aujourd'hui une école de Rouen, comme nous avons eu une école de Marseille [Méry ?]. [...] M. Flaubert imite M. de Balzac dans son roman, comme il imite M. Théophile Gautier dans quelques autres fragments qui ont été récemment publiés [fragments de *La Tentation de saint Antoine,* publiés dans *L'Artiste,* voir p. 651 et n. 4]. L'auteur de *Madame Bovary* appartient, on le voit, à une littérature qui se croit nouvelle et qui n'a rien de nouveau, hélas ! — qui n'est même pas jeune, car la jeunesse, en ne s'inspirant que d'elle-même, a moins d'expérience, moins d'habileté technique, et plus de fraîcheur d'inspiration. »

3. Louis de Cormenin, article paru dans le *Journal du Loiret* du 6 mai 1857, et reproduit dans *Reliquiae,* Paris, impr. Pillet fils aîné, 1868, t. II, p. 99-109. Il est en effet très élogieux : « *Madame Bovary* restera, car après l'avoir lue on s'apercevra que Balzac a laissé un héritier. Gustave Flaubert ! retenez bien ce nom ; il est de ceux qu'on n'oubliera plus. » On y lit aussi cette phrase : « Le reproche d'immoralité tombe devant une lecture attentive qui montre avec une évidente clarté le but de l'auteur, la punition de l'adultère. » Le « but » de Flaubert ne me paraît pas si évident.

Page 714.

À LOUIS DE CORMENIN
14 [mai 1857]

Autographe non retrouvé ; lettre publiée par Maxime Du Camp dans ses *Souvenirs littéraires,* Paris, 1906, 3e éd., t. II, p. 152-153, et par F.-A. Blossom, *La Composition de « Salammbô »...,* p. 91. Les deux textes diffèrent légèrement. Je reprends le texte de Blossom, qui déclare avoir eu sous les yeux le texte original de Flaubert. Je signale une variante amusante dans le texte publié par Du Camp ; alors que Flaubert avait écrit, d'après F.-A. Blossom : « Adieu, mon cher vieux. Quand vous écrirez à Pagnerre, dites-lui mille gentillesses de ma part. Présentez mes respects à vos parents [...] », Du Camp imprime : « Adieu, cher ami, embrassez Maxime [...]. » La date du 14 mai, donnée par Maxime Du Camp, est très vraisemblable.

Voici la réponse de Louis de Cormenin (Lovenjoul, B I, ffos 445-

446) : « Paris, samedi 16 mai 1857. Mon cher ami, Ce n'est pas moi qui vous ai envoyé l'article du *Loiret* sur *Madame Bovary*, c'est Pagnerre. Quant à moi, je trouvais que ça n'en valait pas la peine, je l'ai fait parce que cela m'était agréable et j'estime l'œuvre des gens, non parce que je les connais, mais d'après l'impression qu'elle me produit. Je vous adresse en même temps que cette lettre un numéro d'hier du *Courrier de Paris,* un nouveau journal, où vous verrez un article d'Ulbach, article que je trouve très faux, étant pour l'impersonnalité dans les romans. Demandez à Rouen *Le Figaro* du dimanche 17 mai, vous y trouverez cette thèse développée. Enfin, à tous ces articles, ajoutez-en un de la *Revue des Deux Mondes* et peut-être, je crois, un autre de Limayrac au *Constitutionnel* et vous verrez, sans compter Sainte-Beuve, le boucan qu'a produit la *Bovary.* Je vois tous les jours Feydeau, un aimable et charmant garçon qui vous aime de tout cœur et que ma prochaine installation à la campagne m'empêchera de voir, hélas ! [à] mon désir. Travaillez, puisque vous avez la bonne chance de ce courage. J'en aurais aussi certes envie, mais ajoutez à mon incurable paresse une peur horrible, une défiance inconcevable, et vous saurez pourquoi et comment je vis d'une vie végétative à la façon d'une plante, ce qui ne m'empêche pas d'avoir l'esprit ouvert aux beaux livres et le cœur aux braves gens. Bien à vous. »

Louis de Cormenin avait aidé Flaubert de son mieux lors du procès de *Madame Bovary.* Dans une lettre non datée, mais sans doute de la première quinzaine de janvier 1857, il lui écrivait : « Mardi matin. Mon cher ami, Ce matin M. Billault a reçu une lettre qui le priait de laisser tomber la poursuite-*Bovary.* J'espère que tous les efforts tentés et réunis finiront par vous sauver de ce mauvais pas. Si vous avez quelque bonne nouvelle, je serais charmé de l'apprendre. En tout cas, ne craignez pas de mettre mon amitié à l'épreuve. Bien à vous » (Lovenjoul, B I, f°ˢ 443-444). Billault était alors ministre de l'Intérieur. S'agirait-il d'une lettre de Charles Abbatucci (voir p. 676, n. 3) ?

1. Edmond Pagnerre était le directeur du *Journal du Loiret* (voir t. I, p. 29, n. 2).

2. *Salammbô.*

À JULES DUPLAN
[Vers le 16 mai 1857]

Autographe Lovenjoul, A V, f°ˢ 348-349 ; incomplète dans Conard, t. IV, p. 179-180. La lettre est de peu postérieure, sans doute, au 15 mai, puisque Flaubert vient de lire « le ré-éreintement de la *Revue des Deux Mondes,* n° du 15 courant ».

Page 715.

1. L'article de Deschamps sur *Madame Bovary* figure dans le supplément hors pages de la *Revue des Deux Mondes* intitulé *Librairie et Beaux-Arts,* daté du 15 mai 1857, p. 73-75.

2. Gustave Planche était le critique littéraire de la *Revue des Deux Mondes.* Il va mourir le 18 septembre 1857.

3. François Buloz, le directeur de la *Revue des Deux Mondes.* Pour son opinion sur *Madame Bovary,* voir la note bibliographique de la

lettre de Flaubert à Michel Lévy du [18 ou 25 ? avril 1857], p. 708.

4. L'article de Paulin Limayrac avait paru dans *Le Conſtitu-tionnel* du 10 mai 1857 (voir la lettre de Flaubert à Sainte-Beuve du [5 mai 1857], p. 710, n. 1). Celui de Pontmartin, intitulé « Le roman bourgeois et le roman démocrate : MM. Edmond About et Guſtave Flaubert », paraîtra dans *Le Correſpondant* du 25 juin 1857 (voir la lettre de Flaubert à Jules Duplan d'[après le 20 sep-tembre 1857], p. 764, n. 2).

5. Silius Italicus (25-101), auteur des *Punica,* poème en dix-sept chants sur la deuxième guerre punique.

6. « En cherchant son roman *[Novembre],* il [Flaubert] a trouvé des papiers *pêle-mêlés* qu'il nous lit ce soir. C'eſt la confession autographe du pédéraſte Chollet qui tua son amant par jalousie et fut guillotiné au Havre, avec tout le détail de sa passion » (Goncourt, *Journal,* 1ᵉʳ novembre 1863, éd. R. Ricatte, Monaco, Imprimerie nationale, t. VI, p. 143-144).

7. J'ignore le sens de cette allusion au sculpteur Gleyre.

8. Je n'ai pu identifier Octave.

9. Sur Hamilton Aïdé, voir p. 18, n. 4. Flaubert avait envoyé un exemplaire de *Madame Bovary* à Gertrude Tennant, Lady Harriet Campbell et Hamilton Aïdé. Ce dernier lui répond le vendredi 15 mai 1857 : « Mille remerciements, mon cher Flaubert, de l'agréable témoignage de votre amitié, en m'envoyant votre roman, que j'ai lu avec beaucoup d'intérêt. Seulement je regrette qu'une traduction serait si difficile, comme (vous le savez) nos mœurs anglaises sont plus que romaines dans leur sévérité... *pour les romans !*

« Je n'ose me flatter qu'un volume de poésies anglaises, de bien moyenne force, puisse vous offrir quelque attrait. Mais, tout de même, je vous ai expédié mon premier-né, par une dame qui vient de partir pour Paris. C'eſt la fille de la *comtesse Elgin,* qui demeure *rue de Lille, 79.* Si un de ces jours vous serez dans ce quartier, en disant que vous êtes venu chercher un livre de ma part, on vous le rendra.

« Je crois que Gertrude vous a écrit. Elle se porte très bien. Ma mère vous fait des compliments diſtingués. Croyez toujours, mon cher Flaubert, à mon amitié sincère. Hamilton Aïdé.

« Henriette Campbell eſt en Écosse, et je n'ai pas pu lui envoyer votre livre, jusqu'à présent. Pourquoi ne venez-vous pas voir notre Exposition des Arts à Mancheſter ? — C'eſt, peut-être, la seule fois qu'on verra réunis les chefs-d'œuvre que possède l'Angle-terre (cachés pour la plupart dans les châteaux et les petites villes), Ha. 30 George Street, Hanover Square, London » (Lovenjoul, B I, ffᵒˢ 26-27). Pour la réponse de Gertrude Tennant, voir la lettre de Flaubert à Hamilton Aïdé du 4 juin [1857], p. 729, n. 1.

Le recueil de vers de Hamilton Aïdé, *Eleonore, and other poems,* avait paru en 1856. Lord Elgin (1766-1842) avait ramené de Grèce une admirable collection connue sous le nom des *Elgin Marbles,* et qui sont depuis 1816 au *British Museum.* Lord Byron ne lui a jamais pardonné cet acte de piraterie.

Page 716.

À MADEMOISELLE LEROYER DE CHANTEPIE
18 mai [1857]

Autographe non retrouvé ; Conard, t. IV, p. 180-186. Réponse aux lettres de Mlle de Chantepie des 10 et 23 avril 1857, p. 703-705 et 705-707.

1. La publication de *Madame Bovary* chez Michel Lévy et les études pour *Salammbô.*

2. Sur les crises d'épilepsie de Flaubert, voir t. I, p. 202, n. 2. Il ressort de cette lettre que Flaubert n'aurait pas subi de crises depuis le 9 août 1852, la dernière attestée (voir le memento de Louise Colet du 15 août 1852, Appendice II, p. 891-892).

Page 718.

1. Flaubert avait sans doute continué de lire les ouvrages de Frédéric Bastiat (voir sa lettre à Louise Colet du [25 janvier 1852], p. 37 et n. 5).

Page 719.

1. « Voilà ce que je voudrais : le pain du corps et de l'âme pour tous, le travail obligatoire, l'emploi de toutes les facultés, suivant la capacité des individus » (lettre de Mlle de Chantepie à Flaubert du 10 avril 1857, p. 704).

Page 720.

1. *Angélique Lagier,* roman de Mlle de Chantepie. Voir la lettre de Flaubert à Mlle de Chantepie du 6 juin [1857], p. 732. Flaubert ne lui enverra jamais une « critique détaillée » d'*Angélique Lagier.*

À JULES DUPLAN
[Vers le 20 mai 1857]

Autographe Lovenjoul, A V, ffos 350-351 ; Conard, t. IV, p. 186-188. La lettre est postérieure à l'article de Deschamps dans la *Revue des Deux Mondes* du 15 mai. D'après Jacques Suffel, « le deuxième tirage de *Madame Bovary* fut réalisé au début de juin 1857 ; il comporte quelques variantes par rapport à l'édition originale » (*Lettres inédites de Gustave Flaubert à son éditeur Michel Lévy,* p. 41, n. 2).

2. Cette lettre de Jules Duplan à Flaubert n'a pas été retrouvée.

3. Sur « la peau de Chollet », voir la lettre de Flaubert à Jules Duplan de [vers le 16 mai 1857], p. 715 et n. 6.

Page 721.

1. Allusion à l'article de Sainte-Beuve dans *Le Moniteur* du 4 mai 1857 : « C'est bien un livre à lire en sortant d'entendre le dialogue

net et acéré d'Alexandre Dumas fils, ou d'applaudir *Les Faux Bonshommes,* entre deux articles de Taine » ; Théodore Barrière et Ernest Capendu, *Les Faux Bonshommes,* comédie en quatre actes, représentée pour la première fois, à Paris, sur le théâtre du Vaudeville, le 11 novembre 1856 (Paris, Lecou, 1856, in-8⁰, 176 p.) : cette pièce, très vigoureuse et très amusante, tire son titre d'un album de caricatures, intitulé *Galerie des faux bonshommes,* que compose le jeune peintre Edgar Thévenot. Péponet du Valjoli, bourgeois enrichi, a deux filles, Emmeline et Eugénie, qui aiment les peintres Octave Delcroix et Edgar Thévenot. Les faux bonshommes, Péponet, Vertillac, Anatole de Massane, sont des banquiers et des spéculateurs qui ne pensent qu'à l'argent : « Dites donc que vous êtes guidé par une question d'argent ! Ah ! tenez !… vous aussi, vous n'êtes qu'un faux bonhomme ! » (Mme Dufouré à Péponet, acte III, sc. XVII). À la fin de la pièce, Péponet est ruiné et les deux jeunes filles épousent les deux peintres. Pour ma part, je trouve cette comédie supérieure à celles d'Alexandre Dumas fils ; elle annonce *Les Corbeaux,* d'Henry Becque.

2. L'article de Deschamps avait été publié dans la *Revue des Deux Mondes* du 15 mai 1857 (voir p. 715, n. 1).

3. Le peintre Gleyre semble avoir peu apprécié François Buloz, le directeur de la *Revue des Deux Mondes.*

4. Le 10 mai 1857, Louis Bouilhet s'était installé à Mantes, dans une vieille maison près de la Seine ; son adresse est la suivante : Maison de Mᵉ Hervet, sur le port, Mantes (Seine-et-Oise).

5. Paul Siraudin (1813-1883), auteur de nombreuses pièces de théâtre, vaudevilles, comédies, parodies, etc. Il a écrit avec Clairville le livret de *La Fille de Mme Angot.* Jules Duplan avait eu l'intention de collaborer avec Siraudin, et peut-être même ce projet reçut-il un commencement d'exécution (R. Descharmes, éd. du Centenaire, *Correspondance,* t. II, p. 288, n. 2). Les frères Goncourt rencontrent Paul Siraudin le 5 mars 1858 : « Siraudin, un Philippe Bridau chauve et le chapeau casseur ; cet auteur de cocasseries, ce vaudevilliste fangeux ayant une bibliothèque [...] » (*Journal,* éd. R. Ricatte, Paris, Fasquelle-Flammarion, 1956, t. I, p. 447). Philippe Bridau est le héros de *La Rabouilleuse* de Balzac.

6. L'article de Paulin Limayrac sur *Madame Bovary* avait paru dans *Le Constitutionnel* du 10 mai 1857. Voir la lettre de Flaubert à Sainte-Beuve du [5 mai 1857], p. 710, n. 1.

Page 722.

1. Le premier tirage de *Madame Bovary* était de 6 600 exemplaires ordinaires et 150 exemplaires sur vélin (voir Jacques Suffel, *Lettres inédites de Gustave Flaubert à son éditeur Michel Lévy,* p. 26, et le fac-similé du livre des ventes de la Librairie Michel Lévy, entre les pages 23 et 24).

MADEMOISELLE LEROYER DE CHANTEPIE
À GUSTAVE FLAUBERT

23 mai 1857

Autographe non retrouvé; copie R. Descharmes, B.N., N.A.F.
23825, ffos 226-230.

2. L'article de Mlle de Chantepie sur *Madame Bovary* paraîtra
dans *Le Phare de la Loire* le 25 juin 1857.

Page 723.

1. François Arago, *Astronomie populaire,* ouvrage poſthume
publié sous la direction de J.-A. Barral, Paris, Gide, 1854-1857,
4 vol. in-8°.

2. Alphonse Karr (1808-1890) tenait la chronique scandaleuse
de son temps. Il a attaqué Louise Colet dans *Les Guêpes* (voir t. I,
p. 272, n. 1) et Maxime Du Camp dans *Rose Duchemin* (voir p. 37,
n. 3).

3. Auguſt Lafontaine, romancier allemand, né à Brunswick
en 1756 d'une famille de réfugiés français, mort en 1831. Il a
écrit de nombreux romans moraux, dont beaucoup ont été traduits en français. Curieusement, l'un d'entre eux eſt intitulé
Charles et Emma ou les Amis d'enfance, roman imité de l'allemand
par R. de Chazet, Paris, Nicolle, 1810, 2 vol. in-12. Sauf les
prénoms des personnages, cette œuvre n'offre aucun rapport avec
Madame Bovary.

4. Mme Charles Reybaud, pseudonyme Hippolyte Arnaud,
auteur de nombreux romans ; par exemple *Le Moine de Chaalis,*
Paris, Dumont, 1843, 2 vol. in-8°.

5. Sur *Terre et ciel,* de Jean Reynaud (1806-1863), voir p. 785,
n. 2.

6. Pierre Leroux (1797-1871), exilé après le 2 décembre, eſt l'un
des penseurs les plus importants de l'époque. Voir David Owen
Evans, *Le Socialisme romantique, Pierre Leroux et ses contemporains,*
1948, et les travaux récents de J.-J. Goblot et de J.-P. Lacassagne.

7. Mlle de Chantepie prête ici ses propres idées à Flaubert ;
il croyait à l'évolution de l'humanité, non à son progrès (voir
p. 718-719).

8. C'eſt en effet la doctrine d'Origène (185-254) dans les quatre
livres des *Principes.*

Page 724.

1. Voir la lettre de Flaubert à Mlle de Chantepie du 18 mai
[1857], p. 719.

2. Pour le jugement de Flaubert sur *Cécile,* voir sa lettre à Mlle de
Chantepie du 18 mai [1857], p. 719-720.

3. Dans sa lettre à Flaubert du 11 août 1857, p. 754-755.

4. Voir la lettre de Flaubert à Mlle de Chantepie du 3 juillet
1857, p. 743 et n. 2.

Page 725.

À MICHEL LÉVY
[24 ou 31 mai 1857]

Autographe maison Calmann-Lévy ; lettre publiée par Jacques Suffel dans *Lettres inédites de Gustave Flaubert à son éditeur Michel Lévy*, p. 40-41, datée de [mai 1857]. Comme Flaubert envoie à Michel Lévy un exemplaire corrigé de *Madame Bovary* et qu'il écrit à Jules Duplan [vers le 20 mai 1857] (si la lettre est bien datée) qu'il a reçu une lettre de Michel Lévy lui annonçant un second tirage (voir p. 721-722), cette lettre serait de la fin du mois de mai.

1. Ces variantes ne figurent pas dans l'édition critique de *Madame Bovary* procurée par Claudine Gothot-Mersch, Paris, Garnier, 1971.

À ERNEST FEYDEAU
[Vers le 25 mai 1857]

Autographe Marcel Bergeon ; incomplète dans Conard, t. IV, p. 190-191. La lettre est passée en vente à l'hôtel Drouot les 30-31 mai et 1ᵉʳ-2 juin 1928 (catalogue Andrieux, n° 186¹). Elle précède celle à Théophile Gautier du [30 mai 1857], p. 727.

2. Pour le surnom d'Ernest Feydeau, voir p. 702, n. 2 ; Flaubert écrit *chou* pour *kou*.

3. D'après la lettre d'Ernest Feydeau à Paul de Saint-Victor (autographe docteur Jean ; C.P. Paris, 2 juin 1857 ; lettre publiée dans *AFl.*, 1956, n° 9, p. 37), il y a eu changement de programme : les trois invités de Flaubert arriveront le samedi 6 juin (voir aussi la lettre de Flaubert à Théophile Gautier du [30 mai 1857], p. 727). Feydeau écrit à Saint-Victor : « Mon cher Saint-Victor, voici l'ordre et la marche du voyage : samedi, rendez-vous à 4 h 1/2 du soir à la gare du chemin de fer de Rouen, rue d'Amsterdam. Le train part à 5 heures. — Mardi, départ de Croisset, à 5 heures du matin. — Arrivée à Paris à 9 h 1/2. — On est parfaitement libre d'emporter un sac de nuit bourré de linge. — On a le droit de s'habiller en paysan. — On est prié, par Flaubert, de faire provision de métaphores. Bien à vous. » Ce changement de programme est sans doute dû aux occupations de Feydeau et de Saint-Victor (voir la lettre de Flaubert à Théophile Gautier du [30 mai 1857], p. 727).

4. Paul Bins, comte de Saint-Victor, né et mort à Paris (1827-1881), critique littéraire et critique d'art. Son ouvrage le plus célèbre, *Hommes et Dieux,* parut en 1867. Comme son ami Flaubert, Saint-Victor avait, dans sa jeunesse, « démesurément aimé » : « Et maintenant de l'amour, de l'amour, de l'amour, plein mon écritoire et plein mon cœur ! Ta divine lettre m'a enivré ; elle a été, pour moi, la coupe de Psyché. J'y ai lu toute ton âme dans ce vin généreux d'éloquence et de poésie où tu la noies, comme la perle de Cléopâtre. Je m'en suis abreuvé à perdre haleine. Ah ! chère

âme, de quel génie de volupté es-tu douée ! Tes lettres sont comme des cages de colombes ; dès que je les ouvre, je sens battre et frémir autour de moi un vol de baisers et de caresses. Ton style a le feu de tes lèvres et la langueur de ton regard. Tantôt je t'adore comme une sainte, tantôt je te livre aux bêtes de la chair dans le cirque de mon désir. Oh ! je te suspendrai dans cette taverne rouge de mon cœur où boivent et se battent mes passions, comme la madone de Raphaël au chevet des courtisanes italiennes. Mais, de temps en temps, je décrocherai la madone et je la mettrai dans mon lit, n'est-ce pas ? Elle en fera une châsse d'amour céleste... » (lettre « à une belle inconnue » du 20 décembre 1849, citée par Charles Beuchat dans *Paul de Saint-Victor, sa vie, son œuvre*, Paris, Perrin, 1937, p. 38-39).

5. Voir la lettre de Flaubert à Théophile Gautier du [30 mai 1857], p. 727.

6. *La Découverte de la vaccine*, tragédie en cinq actes et en vers (*Œuvres de jeunesse inédites*, éd. Conard, t. III, p. 339-365). L'œuvre n'est pas terminée. Flaubert en avait prêté le manuscrit et venait de le récupérer (voir sa lettre à Louis Bouilhet du [19 septembre 1855], p. 596 et n. 2).

Page 726.

À JULES DUPLAN

[Après le 28 mai 1857]

Autographe Lovenjoul, A V, ffos 352-353 ; incomplète dans Conard, t. IV, p. 189-190. L'article d'Alexandre Dumas a paru dans le *Monte-Cristo* du 28 mai 1857.

a. Fa ! — outre ! ! !** <prononciation énergique du mot Foutre> *(addition marginale)*

1. Voir les lettres de Flaubert à Eugène Crépet de [mars-avril] et du [28 juillet ? 1857], p. 702 et 750.

2. Sur Paul Siraudin, voir la lettre de Flaubert à Jules Duplan de [vers le 20 mai 1857], p. 721 et n. 5.

3. A. Dumas venait de fonder le *Monte-Cristo*, « journal hebdomadaire de romans, d'histoire, de voyages et de poésie », publié et rédigé par Alexandre Dumas, seul. Le premier numéro avait paru le jeudi 23 avril 1857. Dumas écrit, à propos de *Madame Bovary* : « À chaque page nous reconnaissions le mérite de *Madame Bovary*, mais à chaque page, pour le reconnaître, nous nous arrêtions, de sorte que nous avons mis huit ou dix jours à lire l'ouvrage » (passage cité par F.-A. Blossom, *La Composition de « Salammbô »...*, p. 12).

4. Article d'Émile Desdemaines, dans le *Rabelais* (ancien *Triboulet*) du 20 mai 1857 ; voir des extraits de cet article très élogieux dans R. Descharmes et R. Dumesnil, *Autour de Flaubert*, Paris, Mercure de France, 1912, t. I, p. 63-64.

5. L'article de Léon Aubineau, un éreintement de *Madame Bovary*, paraîtra dans *L'Univers* du 26 juin 1857. Voir p. 740, n. 3.

Page 727.

1. Cuvillier-Fleury, compte rendu de *Madame Bovary* dans le *Journal des débats* du 26 mai 1857 (reproduit dans *Dernières Études historiques et littéraires*, Paris, 1859, t. I, p. 352-356). Voici la phrase à laquelle Flaubert fait allusion : « On pourrait dire [...] que le roman et la comédie nous donnent depuis dix ans la même femme. Emma Bovary, c'est la Marguerite de *La Dame aux camélias,* la duchesse de *La Dame aux perles,* la Suzanne du *Demi-Monde,* toutes les héroïnes de M. Dumas fils sous un nom nouveau. »

2. *Salammbô.*

À THÉOPHILE GAUTIER
[30 mai 1857]

Autographe Lovenjoul, C 494, f°s 213-214 ; *Supplément,* t. I, p. 242, avec la date de [juin 58]. Flaubert attend ses invités le samedi 6 juin 1857 ; voir la lettre de Flaubert à Ernest Feydeau de [vers le 25 mai 1857], p. 725, n. 3.

3. Ernest Feydeau et Paul de Saint-Victor faisaient des affaires à la Bourse de Paris.

4. Cf. : « Crépet, qui va toujours chez la Muse [Louise Colet], m'a dit que cette dernière qui a su, je ne sais comment, le voyage à Croisset de Théo et de Saint-Victor, répète à qui veut l'entendre une prétendue phrase de ta lettre d'invitation, ainsi conçue : "Viens vite, j'ai sur ma table de nuit les œuvres complètes du marquis de Sade." Est-ce vrai ? peu importe [...] » (lettre de Louis Bouilhet à Flaubert du [25 juin 1857], Appendice VI, p. 977). Louise Colet était bien renseignée ! mais par qui ?

5. Ernesta Grisi, la compagne de Théophile Gautier.

À MICHEL LÉVY
[Mai ou juin 1857]

Autographe maison Calmann-Lévy ; *Supplément,* t. I, p. 282-283, avec la date de [février ou mars 1862] ; lettre publiée par Jacques Suffel dans *Lettres inédites de Gustave Flaubert à son éditeur Michel Lévy,* p. 43, et datée de [mai ou juin 1857]. Je pense, comme Jacques Suffel, que cette lettre concerne les premiers tirages de *Madame Bovary,* en avril et juin 1857. Il serait surprenant que les amis de Flaubert, y compris Frédéric Baudry, le gendre de Me Senard, aient attendu cinq ans pour découvrir cette erreur et lui en faire part. Cette lettre peut concerner le premier tirage — *Madame Bovary* est annoncée dans la *Bibliographie de la France* le 18 avril 1857 —, ou le second, qui a lieu en mai-juin 1857. D'où la place de cette lettre dans mon édition. Voir la lettre de Flaubert à Michel Lévy du [18 ou 25 ? avril 1857], p. 708, où Flaubert écrit qu'il va lui envoyer, mais quand ?, les exemplaires dont il « ne sai[t] pas les adresses ».

6. Non seulement *Sénart* s'écrit avec un *D,* mais il n'y a pas d'accent sur l'*e.* Cela, Flaubert ne le saura jamais ; j'ai commis la même erreur dans le premier volume de cette édition.

À ÉMILE CAILTEAUX

[4 juin 1857]

Autographe non retrouvé ; Conard, t. IV, p. 191-192. La lettre de Flaubert a trop d'importance en ce qui concerne sa conception du roman, pour que je ne cite pas, en entier, celle du notaire Émile Cailteaux (Lovenjoul, B I, ff⁰ˢ 280-283) : « Rheims, 2 juin 1857. Monsieur, Je viens de lire avec le plus vif intérêt votre nouvel et charmant ouvrage : *Madame Bovary*. Il y avait longtemps que je n'avais rencontré des pages aussi émouvantes et surtout aussi vraies. La seconde lecture m'a encore plus fortement impressionné que la première. Preuve incontestable du mérite de cet ouvrage, écrit de main de maître et surtout bien pensé. Votre roman, Monsieur, ne peut qu'acquérir une grande vogue et surtout une bonne et franche popularité. Vous nous montrez la vie réelle d'une façon neuve et saisissante ! Vous nous montrez le mal d'une partie de la société, nous disant : voyez les conséquences, suivez cette voie pernicieuse, si vous osez !

« Je n'ai point l'honneur de vous connaître, Monsieur, mais assurément vous devez avoir fait une bien grande étude de nos mœurs de province. Aucun de vos coups ne porte à faux ! Votre livre éminemment intéressant fourmille de portraits, de descriptions, de récits, de discours charmants et d'une vérité profonde. Quel caractère que celui d'Emma ! quelle vérité ! quelle passion ! Et pourtant quelle simplicité ! Il y a, Monsieur, malheureusement, dans nos provinces, trop de femmes du caractère de Mme Bovary. Nous les nommons : les *incomprises*. Il y a peu de jours, je parlais avec une dame, de mes amies, de votre livre; nous en étions l'un et l'autre catharsiasurés [? allusion au concept de *catharsis* dans la *Poétique* d'Aristote, qui opérait, par la tragédie, la "purgation des passions" ?]. Mme Bovary a-t-elle réellement existé, me disait-elle, ou bien est-ce seulement une charmante fiction de l'auteur ? Son avis fut que votre roman était une conception heureuse de votre imagination. Le mien, lui dis-je, est qu'un tel caractère a dû exister et que pour le peindre d'une manière aussi vraie et frappante, il a fallu à l'auteur un original, comme au sculpteur il faut un modèle. Me suis-je trompé, Monsieur ? Mme Bj... et moi pouvons-nous espérer avoir une réponse ? Vous êtes le juge, Monsieur. Dans tous les cas, recevez toujours par avance nos sincères remerciements.

« *Madame Bovary* ne serait point déplacée dans *La Comédie humaine* de Balzac, et je pense même qu'elle y serait au premier rang auprès d'*Eugénie Grandet*. Ce que je loue surtout dans vos écrits, Monsieur, c'est qu'ils ont un but éminemment moral et élevé. Vous instruisez en amusant et l'on pourrait vous appliquer cette pensée du bon Horace : "Castigat ridendo mores." Qui sait, Monsieur, si dans quelque temps on ne dira pas en parlant d'une femme incomprise, romanesque, aux idées idéales : *c'est une bovary*, comme on dit d'un faux dévot : *c'est un tartuffe*. Quelle est la femme, Monsieur, qui après avoir lu votre nouvelle, ne ferait point retour sur elle-même ? Quelle est donc celle qui en voyant tous les incalculables malheurs où poussent les idées romanesques, l'adultère, l'oubli de tous les devoirs, ne reprendrait pas une force nouvelle pour aimer sa condition, son intérieur, sa famille ?

« Merci, mille fois encore, pour votre charmant ouvrage, merci pour les bonnes pensées qu'il renferme et surtout pour le bien qu'il m'a fait. Soyez bien persuadé, Monsieur, que tous les hommes de cœur et de bien seront toujours avec vous, qui avez si bien compris le but des romans et dont le coup d'essai est un coup de maître. Pardonnez-moi, si j'ai osé vous écrire ces quelques lignes, mais votre livre m'a fait tant plaisir que j'ai voulu vous en remercier. Recevez, Monsieur, je vous prie, l'assurance des sentiments les plus distingués d'un de vos nombreux lecteurs. Émile Cailteaux. Rue des Telliers, 34, Rheims (Marne). » Voir Marcel Heffinger, « Une lettre de Flaubert au notaire de Wassigny (4 juin 1857), Émile Cailteaux », *Études ardennaises,* avril 1961, nᵒ 25. Je remercie M. Manceau de m'avoir signalé cet article.

1. On ne saurait être plus clair. Et pourtant, bien des ouvrages et des articles plus nombreux encore ont tenté d'identifier Yonville-l'Abbaye avec Ry ou Forges-les-Eaux, M. Homais avec tel ou tel pharmacien, etc. Pour une idée de cette controverse, voir *Au pays de Mme Bovary,* de l'abbé Géraud-Venzac (Paris-Genève, La Palatine, 1957, in-12, 219 p.). Excellente mise au point dans *Madame Bovary,* éd. Claudine Gothot-Mersch, p. vii-ix. Voir aussi, du même auteur, « Un faux problème : l'identification d'Yonville-l'Abbaye dans *Madame Bovary* », *R.H.L.F.,* avril-juin 1962, p. 229-240.

À HAMILTON AÏDÉ
4 juin [1857]

Autographe non retrouvé ; Conard, t. IV, p. 192-193.

2. Voir la lettre de Flaubert à Jules Duplan de [vers le 16 mai 1857], p. 715 et n. 9. Il s'agit d'*Eleonore, and other poems,* recueil publié en 1856.

Page 729.

1. Gertrude Collier, cousine d'Hamilton Aïdé, qui avait épousé Charles Tennant of Cadoxton. J'ai publié la réponse de Gertrude à l'envoi de *Madame Bovary* dans la *Revue de littérature comparée* d'avril-juin 1857, p. 278-279 ; la voici : « Cher Gustave, Je vous ai bien souvent écrit en imagination — en anglais (car je commence à oublier mon français), puis en français, puis j'ai pensé qu'il était inutile de vous dire mes pensées, puis j'ai vu la bonne lettre que vous avez écrite à mon cher cousin Hamilton, puis j'ai lu *un peu* de votre *Madame de Bovary [sic]* — et finalement cela m'a décidé à vous dire au moins ce que je pense là-dessus en souvenir de la plage de Trouville.

« Je ne ferai pas de phrases, mais je vous dirai tout bonnement que je suis émerveillée, que vous, avec votre imagination, avec votre admiration pour tout ce qui est beau, que vous ayez écrit, que vous ayez pu prendre plaisir à écrire quelque chose de *si hideux* que ce livre ! Je trouve tout cela si mauvais ! — Et *le talent* que vous y avez mis dans ce livre doublement détestable ! À vous dire vrai je n'ai pas lu tout mot à mot ; car à mesure que je plongeais par-ci par-là dans le livre, je me sentais suffoquer comme ce pauvre chien que l'on jette dans "*Il grotto del Cane*".

« Je ne comprends pas comment vous ayez [*sic*] pu écrire tout cela ! — où il n'a [*sic*] absolument rien de *beau,* ni de bon ! Et le jour viendra pour sûr où vous verrez que j'ai raison. À quoi bon faire des révélations de tout ce qui est mesquin et misérable, personne n'a pu lire ce livre sans se sentir plus *malheureux* et plus *mauvais.* Je ne sais quels sont les sentiments de votre mère, mais elle doit éprouver un chagrin mortel de voir un pareil ouvrage !... Maintenant, c'est fini pour toujours avec *Madame de Bovary* et n'en parlons plus. [Gertrude Tennant cite ensuite un long passage d'un poète victorien complètement oublié aujourd'hui, Philip James Bailey, qui a publié en 1839 une version édifiante du thème de Faust intitulée *Festus ;* Bailey y insiste sur le devoir des écrivains de faire la morale à leur lecteur.]

« Maintenant adieu. Mon mari et mes chers enfants se portent bien et espèrent sincèrement que cette carrière qui s'ouvre devant vous sera employée à quelque chose de *bon.* I am ever your sincere friend. Gertrude Tennant. Dites bien des choses pour moi à Mme Flaubert et à votre petite nièce ; mais elle ne sait pas qui je suis. 23 June 1857, 62 Russell Square, W. C. London. »

2. Voir la lettre de Hamilton Aïdé à Flaubert du 15 mai 1857 (lettre de Flaubert à Jules Duplan de [vers le 16 mai 1857], p. 715, n. 9).

3. *La Tentation de saint Antoine.*

Page 730.

À MADEMOISELLE LEROYER DE CHANTEPIE

6 juin [1857]

En partie inédite. Autographe Marc Loliée, que je remercie de m'avoir laissé publier l'un des passages inédits de cette lettre ; Conard, t. IV, p. 194-198, à la date de [juin 1857]. Réponse à la lettre de Mlle de Chantepie du 23 mai 1857, p. 722-725. Le premier paragraphe manque dans l'édition Conard. Il y est remplacé par les deux paragraphes que voici, et qui ne figurent pas sur l'autographe : « Le plaisir que j'ai à recevoir vos lettres, chère Demoiselle, est contrebalancé par le chagrin qui s'y étale. Quelle excellente âme vous avez ! et quelle triste existence que la vôtre. Je crois la comprendre. C'est pourquoi je vous aime.

« J'ai connu comme vous les intenses mélancolies que donne l'Angélus par les soirs d'été. Si tranquille que j'aie été à la surface, moi aussi j'ai été *ravagé* et, faut-il le dire, je le suis encore quelquefois. Mais, convaincu de cette vérité, que l'on est malade dès qu'on pense à soi, je tâche de me griser avec l'Art, comme d'autres font avec de l'eau-de-vie. À force de volonté on parvient à perdre la notion de son propre individu. Croyez-moi, on n'est pas heureux, mais on ne souffre plus » (Conard, t. IV, p. 194).

Ces paragraphes sont-ils empruntés à quelque lettre perdue de Flaubert ? sont-ils dus à la plume de sa nièce Caroline ? Je ne sais. Les idées qui y sont exprimées sont en tout cas très proches de celles qu'on trouve dans d'autres lettres de Flaubert à Mlle de Chantepie : « Le seul moyen de supporter l'existence, c'est de s'étourdir dans la littérature comme dans une orgie perpétuelle. Le vin de l'Art cause une longue ivresse et il est inépuisable. C'est de penser à soi qui rend malheureux » (lettre du [4 septembre 1858], p. 832). Ou encore : « De sorte que, *pour ne pas vivre,* je me plonge dans l'Art, en désespéré ; je me grise avec de l'encre comme d'autres avec du vin » (lettre du [18 décembre 1859], Conard, t. IV, p. 356).

Pourquoi le premier paragraphe de l'autographe a-t-il été censuré par la nièce de Flaubert ? Sans doute parce qu'elle estimait inconvenant que Flaubert reçoive trois amis chez sa mère. En tout cas, ces libertés prises avec le seul autographe que j'aie pu retrouver de la correspondance avec Mlle de Chantepie laissent mal augurer du texte de ces lettres.

a. trois amis de Paris qui [vont p] viennent passer
b. [comment pouvez-vous] <Pourquoi donc> vous désespérer de ne pouvoir

1. Théophile Gautier, Ernest Feydeau et Paul de Saint-Victor. Voir les lettres de Flaubert à Ernest Feydeau de [vers le 25 mai 1857] (p. 725) et à Théophile Gautier du [30 mai 1857] (p. 727).
2. Sur Jean Reynaud, auteur de *Terre et ciel,* voir surtout p. 785, n. 2.

Page 731.

a. Prenez] <Soyez avec> sainte Thérèse ou <avec> Voltaire

Page 732.

1. Même conseil dans la lettre de Flaubert à Mlle de Chantepie du 18 mars [1857], p. 692.
2. *Angélique Lagier,* roman de Mlle de Chantepie (1851).

À OLYMPE BONENFANT
14 juin [1857]

Autographe Guy Sagnes; lettre vendue à l'hôtel Drouot le 7 février 1933 (catalogue Cornuau, nº 75); publiée dans *Quo Vadis,* juillet-septembre 1954, p. 121-124, et reproduite dans *AFl.,* 1955, nº 7, p. 47-49.

3. Cf. la lettre de Flaubert à Jules Duplan de [vers le 20 mai 1857], p. 721-722.

Page 733.

1. L'oncle François Parain (voir t. I, p. 3, n. 1).

2. Mme Flaubert mère.

3. Louis Bonenfant, avoué et mari d'Olympe Parain.

4. Juliet Herbert, l'institutrice anglaise de Caroline Hamard (voir p. 574, n. 2).

Page 734.

1. Flaubert se montre ici assez injuste ; le contrat signé avec Michel Lévy lui rapportait 800 francs ; la même somme lui avait été offerte par Jacottet (voir la lettre de Maxime Du Camp à Flaubert de [fin septembre-début octobre 1856], Appendice I, p. 871), conditions que Du Camp trouvait « bonnes ». Flaubert était inconnu, lorsqu'il signe le traité le 24 décembre 1856. Ni Michel Lévy, ni lui-même, ne pouvaient deviner que *Madame Bovary* ferait l'objet d'un procès et obtiendrait un succès de scandale. D'ailleurs Michel Lévy offrira à Flaubert, de lui-même, semble-t-il, une prime de 500 francs le 31 août 1857 (voir la photocopie du reçu de Flaubert dans Jacques Suffel, *Lettres inédites de Gustave Flaubert à son éditeur Michel Lévy*, entre les pages 42 et 43). Que Michel Lévy ait fait une bonne affaire, c'est évident ; mais Flaubert n'a pas été « floué », comme il le dit.

À ERNEST FEYDEAU

[15 ou 18 juin 1857]

Inédite ; autographe non retrouvé ; copie communiquée par Mme Chevalley-Sabatier ; lettre vendue à l'hôtel Drouot les 30-31 mai et 1er-2 juin 1928 (catalogue Andrieux, n° 173 [avec la date : juin 1858]), et de nouveau les 16-17 décembre 1958 (catalogue Charavay, *Autographes littéraires et artistiques*, n° 29). La copie porte la date : 15 ou 18 juin 1857, vraisemblablement déduite du cachet postal, où le second chiffre du jour du mois était peu lisible.

2. Dolmancé et le chevalier sont deux personnages de *La Philosophie dans le boudoir* du marquis de Sade. La comtesse Gamiani est l'héroïne du roman pornographique intitulé *Gamiani ou Deux nuits d'excès*, dont la première édition a paru à Bruxelles en 1833. La seconde édition (Venise, 1835) donne comme auteur le baron Alcide de M★★★, d'où l'attribution de l'œuvre à Alfred de Musset, au moins en partie. La comtesse Gamiani est une tribade, et les contemporains y ont vu une allusion à George Sand. Voir *George et Alfred, Gamiani ou Deux nuits d'excès*, préface du docteur Fr. Froebel, Paris, L'Or du Temps, Régine Desforges, 1970, XXXVII-176 p. Voir aussi la lettre de Flaubert à Jules Duplan du [3 ou 4 octobre 1857], p. 766. Flaubert a-t-il cru à cette attribution ?

3. Articles de Charles de Mazade du 1er mai et de Deschamps du 15 mai 1857 (voir les lettres de Flaubert à Jules Duplan des [10 ? mai 1857], p. 713, n. 2, et [vers le 16 mai 1857], p. 715, n. 1).

Page 735.

1. Le second tome de l'*Histoire des usages funèbres et des sépultures des peuples anciens* ne paraîtra qu'en 1858. Voir la note bibliographique de la lettre de Flaubert à Ernest Feydeau du [5 avril 1857], p. 702.

2. *L'Été* commencera à paraître dans *L'Artiste* le dimanche 28 juin 1857. Sur *Les Quatre Saisons,* voir la lettre de Flaubert à Ernest Feydeau du [5 avril 1857], p. 702, n. 3.

3. Xavier Aubriet, dit Aubryet (1827-1880), avait débuté à *L'Artiste* en 1849, sous la direction d'Arsène Housset, dit Houssaye. Il écrira un article à la défense de Flaubert, intitulé « Les niaiseries de la critique », dans *L'Artiste* du 20 septembre 1857. Poète et romancier à ses heures, Aubryet est surtout un essayiste.

4. « *le livre* », l'œuvre du marquis de Sade.

5. Juliet Herbert (voir p. 574, n. 2).

À FRÉDÉRIC BAUDRY
[24 juin 1857]

Autographe P. Macqueron ; lettre non collationnée ; *Supplément,* t. I, p. 225-228. La lettre est datée par la réponse d'Alfred Maury à Frédéric Baudry, qui est du 28 juin 1857 (voir p. 736, n. 1).

6. Alfred Baudry, le frère cadet de Frédéric (voir t. I, p. 230, n. 6).

Page 736.

1. Voici la réponse d'Alfred Maury à Frédéric Baudry (Lovenjoul, B VI, ffos 428-429) : « Paris, le 28 juin 1857. Mon cher ami, Je me hâte de vous envoyer les réponses aux questions qui vous sont adressées par l'ami Flaubert. En fait de description de Carthage, je ne connais rien de bon. Ce qu'il y a encore de mieux à consulter sur la contrée, c'est la *Description de la Régence de Tunis* par ledit E. Pellissier, dont notre ami voudrait tenir autre chose que des articles. Cette description fait partie de l'*Exploration de l'Algérie,* collection g[ran]d in-8º imprimée à l'Imprimerie royale, éditée par V. Masson, place de l'École-de-Médecine, et que la Bibliothèque de Rouen doit posséder. Dans la même collection se trouve l'*Histoire de l'Afrique* de Mohamed El-Kaïrouani, trad. par Pellissier et Rémusat, qui pourrait être consultée avec profit ; j'y ai lu notamment une description de Tunis ; enfin le *Voyage* de Berbrugger en Barbarie et dans le sud de l'Algérie, dans la même collection, renferme des descriptions et des détails topographiques applicables à Carthage. Ça et Grenville Temple, Dureau de La Malle et les vieux voyageurs que G. Flaubert connaît aussi bien que moi, et je suis au bout de mon rouleau. Quant à une carte, il faut s'en tenir à celle de la Régence de Tunis publiée par l'État-major, et que l'on trouve chez Audryveau-Goujon, rue du Bac. C'est la meilleure.

« Je possède la dissertation de Rossignol sur l'orichalque ; que M. Flaubert m'indique une voie et je la lui ferai parvenir ! C'est une petite brochure que je peux fort bien mettre au vert chez lui pour quelques mois. Quant à Pasiphaé, on la tenait jadis pour dûment phénicienne ; j'ai quelque doute sur l'authenticité de son acte de naissance, mais en la faisant phénicienne, on ne fera que copier le registre de l'état civil mythologique encore déposé dans nos académies ; les Crétois passent pour avoir pris cette légende aux Phéniciens. [...]

« Adieu, mon cher ami, faites bien mes amitiés à l'heureux père de *Madame Bovary ;* j'aimerais à lui voir donner le jour à une plus aimable fille ; Mme Pasiphaé me fait peur ! Je compte bien que nous n'aurons pas de scènes de bestialité ! Si les bœufs lisaient, cela pourrait les intéresser, mais l'infâme bourgeois, le vil bourgeois en sera scandalisé. [...] Tout ceci est pour engager l'auteur de *La Tentation de saint Antoine,* qui a naturellement étudié à fond tous les genres de péchés, à laisser celui-là dans l'étable. Il a assez de talent pour se passer de ce caprice bestial, quelque joli épisode qu'il en puisse tirer... »

Alfred Maury (1817-1892), érudit, archéologue et linguiste, professeur au Collège de France, fut aussi le collaborateur de Napoléon III pour son *Histoire de César.* Élu à l'Académie des inscriptions et belles-lettres en 1857, il fut nommé en 1868 directeur général des Archives. Il a laissé des *Mémoires* inédits, qui se trouvent à la bibliothèque de l'Institut.

2. Alfred Maury, *Histoire des religions de la Grèce antique :* t. I, *La Religion hellénique... jusqu'au règne d'Alexandre,* Paris, Ladrange, 1857 (annoncé dans la *Bibliographie de la France* le 16 mai 1857). Le second volume, *Les Institutions religieuses de la Grèce,* sera annoncé le 14 novembre 1857 ; le troisième, *La Morale...,* le 23 avril 1859.

3. E. Pellissier de Reynaud, *Description de la Régence de Tunis,* Paris, Imprimerie impériale, 1853, in-4°, 555 p. Flaubert écrit : *Pélissier.* Ne pas confondre avec le maréchal Amable Pélissier (1794-1864), qui avait servi en Afrique de 1839 à 1854, et fut fait maréchal de France après la prise de Sébastopol le 8 septembre 1855 ; il était né à Maromme, près de Rouen.

4. Voir la note 1.

5. Voir la note 1.

6. Voir la note 1. Jean-Pierre Rossignol, *Mémoire sur le métal que les Anciens appelaient orichalque,* Paris, impr. C. Lahure, 1852, in-8°, IV-92 p.

7. Acteur ami de Flaubert et de Bouilhet (voir la lettre de Flaubert à Louis Bouilhet du [30 mai 1855], p. 579, n. 1 et *passim*).

À JULES DUPLAN
[28 juin 1857]

Autographe Lovenjoul, A V, ff^os 354-355 ; *Supplément,* t. I, p. 228-229.

8. L'article « Carthage » de l'*Encyclopédie catholique* avait paru en 1843. C'est Jules Duplan qui l'avait signalé à Flaubert (lettre

du 26 juin 1857, Lovenjoul, B III, fᵒ 30 vᵒ). Flaubert n'y trouvera rien (voir sa lettre à Eugène Crépet du [28 juillet ? 1857], p. 750). La lettre de Jules Duplan commence ainsi : « Mon cher vieux, Je vais vous dire toute ma pensée. Vous êtes un jean-foutre, je trouve votre mélancolie indécente. Après le succès énorme que vous venez d'obtenir, vous devriez avoir plus de confiance en vos forces. Vous avez fait la *Bovary* et vous tremblez devant *Carthage* ? — Allons donc ! [...] Je connais mon bonhomme et ses scrupules littéraires. Je l'ai vu défaillir plus d'une fois lorsqu'il foutait la *Bovary*, je l'ai vu renâcler devant *Saint Antoine*, je sais aussi qu'il peut ressusciter Carthage. [...] » (B III, fᵒ 30 rᵒ).

Encyclopédie catholique, éditée par l'abbé Jean-Baptiste Glaire et le vicomte Walsh, Paris, 1839-1848, 18 vol. in-4ᵒ. L'ouvrage est réédité en 1851-1856.

Page 737.

1. *Hélène Peyron,* drame représenté pour la première fois à l'Odéon le 11 novembre 1858. Voir la lettre de Louis Bouilhet à Flaubert du [28 mai 1857], Appendice VI, p. 974, et les lettres suivantes.

2. Flaubert veut dire : commencer à écrire *Salammbô.*

3. Sur Jean Clogenson, voir la note bibliographique de la lettre de Flaubert à Jean Clogenson du [31 octobre 1856], p. 644.

À JEAN CLOGENSON
[28 juin 1857]

Autographe colonel Clogenson ; lettre publiée par Léon Letellier dans « Lettres inédites de Flaubert et de Bouilhet à Jean Clogenson », *R.H.L.F.,* janvier-mars 1957, p. 15. Clogenson a écrit sur cette lettre : « Écrit, le 20 juillet 1857, à M. Du Bois, ingénieur, à Tunis. » Flaubert fera la connaissance de « M. Dubois » durant son séjour à Tunis (*Notes de voyage,* éd. René Dumesnil, t. II, p. 548, 549, 568, 570).

MADEMOISELLE LEROYER DE CHANTEPIE
À GUSTAVE FLAUBERT
30 juin 1857

Autographe non retrouvé ; copie R. Descharmes, B.N., N.A.F. 23825, ffᵒˢ 231-233.

4. Théophile Gautier, Ernest Feydeau et Paul de Saint-Victor. Voir la lettre de Flaubert à Ernest Feydeau de [vers le 25 mai 1857], p. 725, et les lettres suivantes.

Page 738.

1. L'abbé Bessières était vicaire de la Madeleine, à Paris (voir p. 704).

2. Sur Jean Reynaud, auteur de *Terre et ciel,* voir surtout p. 785, n. 2.

3. Voir la lettre de Flaubert à Mlle de Chantepie du 6 juin [1857], p. 729.

Page 739.

1. *Lélia* (1833) ; *André* (1835) ; *La Marquise, Lavinia, Métella, Mattéa* (1842).

2. Voir la lettre de Mlle de Chantepie à Flaubert du 11 août 1857, p. 754-755.

À ERNEST FEYDEAU
[Fin juin ou début juillet 1857]

Autographe non retrouvé ; fac-similé dans le catalogue Andrieux (hôtel Drouot, 30-31 mai et 1er-2 juin 1928, nᵒ 168) ; incomplète dans Conard, t. IV, p. 198-201.

Page 740.

1. Sur Xavier Aubryet, voir p. 735, n. 3.

2. *L'Été,* IIᵉ partie des *Quatre Saisons,* avait commencé à paraître dans *L'Artiste* du 28 juin 1857, y compris le paragraphe XVII (p. 229-234) ; il s'agit d'une longue et belle description. Les deux autres parties de *L'Été* paraîtront dans la même revue les 5 et 12 juillet 1857.

3. Léon Aubineau, compte rendu de *Madame Bovary* dans *L'Univers* du 26 juin 1857. En voici un extrait : « Commençons par déclarer que le livre est de telle nature qu'il est impossible d'en donner ici une analyse. L'art cesse du moment qu'il est envahi par l'ordure… »

4. Pour l'article de *L'Univers,* voir la note 3 ci-dessus ; pour les deux articles de la *Revue des Deux Mondes,* voir p. 713, n. 2, et p. 715, n. 1 ; pour l'article des *Débats,* voir p. 727, n. 1.

5. Il s'agit sans doute de la dédicace de *Madame Bovary* à Mᵉ Senard ; dans l'édition originale, elle se lisait ainsi : « […] l'hommage de ma gratitude qui […] ne sera jamais à la hauteur de votre éloquence *ni* de votre dévouement » (c'est moi qui souligne). Dans l'édition de 1858, *ni* sera remplacé par *et* (*Madame Bovary,* éd. Claudine Gothot-Mersch, p. 367).

6. Samuel Cahen, *La Bible,* traduction nouvelle avec l'hébreu en regard, Paris, 1831-1851, 18 vol. in-8ᵒ. C'est peut-être par Ernest Feydeau que Flaubert a connu cet ouvrage (Ernest Feydeau, *Histoire des usages funèbres et des sépultures des peuples anciens,* t. II, p. 54 et suiv.).

7. Isidore de Séville, mort en 636 après Jésus-Christ, a écrit vingt livres d'*Origines* ou *Étymologies,* véritable encyclopédie des sciences de son temps.

8. Johannes Selden, *De Dis Syris syntagmata II,* London, Stonesby, 1617, in-8ᵒ, 268 p.

9. Johannes Braun [Braunius], *Vestitus Sacerdotum Hebraeorum,* Amsterdam, Someren, 1670-1680, 2 vol. in-4ᵒ ? Il existe d'autres orientalistes du nom de Braunius.

Page 741.

1. Flaubert a obtenu le premier prix d'histoire naturelle au
Collège royal de Rouen à deux reprises, en 1836-1837 et en 1837-
1838 ; son professeur était le docteur Félix-Archimède Pouchet
(voir Jean Bruneau, *Les Débuts littéraires de Gustave Flaubert,*
p. 42-43). Christophe Valmont de Bomare, *Dictionnaire raisonné
universel d'histoire naturelle,* Paris, Didot le Jeune, 1764, 5 vol.
in-8° ; nombreuses rééditions dont la dernière a paru à Paris, chez
Bruysset Aîné, 1800, 15 vol. in-8°.

2. Théophile Gautier. *[Voir la suite de cette note au Supplément,
p. 1520].*

3. Joanny Maisiat, né en 1824, peintre de fleurs, professeur de
dessin de Caroline Hamard. Caroline écrit dans ses *Heures d'autrefois :* « Puis, je me mis à travailler le dessin. Il me fut enseigné par
un peintre, homme de talent, charmant de manières, lequel
consentit à donner des leçons à la nièce de Gustave Flaubert.
Mon oncle avait publié *Madame Bovary* et était devenu un homme
célèbre du jour au lendemain. J'étais l'unique élève de Joanny
Maisiat. Il donna beaucoup à son élève, temps et patience. Il
cherchait à me faire comprendre son art, dont il était très enthousiaste. Ces promenades au Louvre de plusieurs heures devant un
plâtre célèbre, Vénus de Milo, bas-reliefs du Parthénon, sur lesquels
nous cherchions ensemble les moindres méplats, puis à Croisset,
le paysage d'après nature, l'observation des jeux de l'ombre et de
la lumière, l'émerveillement de la couleur, ces études faisaient
toute ma joie ; sur celui qui me les procurait se concentra toute ma
tendresse et quand, sur le point d'atteindre dix-huit ans on me
proposa un mariage convenable, honorable, bourgeois pour tout
dire, je fus comme précipitée du Parnasse » (passage inédit communiqué par Mme Chevalley-Sabatier ; le fiancé en question est Ernest
Commanville).

4. Le roman d'Ernest Feydeau, *Les Quatre Saisons,* était en cours
de publication dans *L'Artiste* (voir p. 702, n. 3).

À JULES DUPLAN

[Début juillet 1857]

Autographe Lovenjoul, A V, ff⁰ˢ 356-357 ; incomplète dans
Conard, t. IV, p. 201-203. La lettre est postérieure à la précédente,
d'après la première phrase.

5. Cette lettre de Flaubert à Edmond About n'a pas été retrouvée.

6. Voir la note 3 ci-dessus.

Page 742.

1. Théophile Gautier.

2. Alfred-Charles Foulongne, né à Rouen le 26 mars 1821,
mort à Paris en 1897. Élève de Delaroche et de Gleyre, il avait
exposé au Salon de 1857 un tableau intitulé *Melaenis chez la sor-*

cière Staphyla, fondé sur une scène du poème de Louis Bouilhet, *Melaenis* (1851).

3. Voir les articles sur *Madame Bovary* de Léon Aubineau dans *L'Univers* du 26 juin 1857, et de J. Habans dans *Le Figaro* du 28 juin 1857.

4. *Caleux,* s. m. : fainéant, paresseux (Henri Moisy, *Dictionnaire de patois normand*).

5. Sur Paul Siraudin, voir la lettre de Flaubert à Jules Duplan de [vers le 20 mai 1857], p. 721, n. 5.

6. Le volume de l'*Encyclopédie catholique* contenant un article sur Carthage (voir la lettre de Flaubert à Jules Duplan du [28 juin 1857], p. 736).

7. Voir la lettre de Flaubert à Frédéric Baudry du [24 juin 1857], p. 736, n. 6.

Page 743.

a. bavachotte [continuellement] <agréablement> I —

1. Je n'ai pas retrouvé cette phrase dans le drame de Victor Hugo.

À MADEMOISELLE LEROYER DE CHANTEPIE

3 juillet 1857

Autographe non retrouvé ; Conard, t. IV, p. 203-204. Réponse à la lettre de Mlle de Chantepie du 30 juin 1857, p. 737.

2. Article de Mlle de Chantepie sur *Madame Bovary* dans *Le Phare de la Loire* du 25 juin 1857, reproduit dans *Souvenirs et impressions littéraires* (Paris, Perrin, 1892, p. 263-271) et dans *AFl.,* nº 47, décembre 1975, p. 39-41. En voici quelques extraits : « L'ouvrage dont nous allons essayer de rendre compte est tout simplement un chef-d'œuvre. Rien de plus saisissant de naturel et de vérité n'est sorti de la plume d'un écrivain [...]. On dirait que M. Gustave Flaubert possède le don de divination et le privilège de lire à livre ouvert dans le cœur de toutes les femmes. [...] Rien n'est aussi touchant, aussi moral que le roman de M. Gustave Flaubert I Nous avons trop souffert pour que les larmes nous soient faciles, et pourtant nous avons pleuré beaucoup, et longtemps, après la lecture de ce drame, qui nous a laissé une ineffaçable impression. Jamais nous n'avions rien éprouvé de pareil... Oui, l'ouvrage de M. Flaubert est éminemment moral, car toutes les femmes qui le liront, s'arrêteront sur le bord de l'abîme, en sortiront si elles y sont tombées et résisteront aux plus dangereuses tentations, en voyant le but où doit inévitablement les conduire tout ce qui tend à les faire manquer à leur devoir. »

On pense au mot célèbre de Mgr Dupanloup, rapporté par Edmond de Goncourt (*Journal,* 16 novembre 1875) : « Comment trouvez-vous *Madame Bovary ?* — Un joli livre. — Un chef-d'œuvre,

Monsieur... — Oui, un chef-d'œuvre, pour ceux qui ont confessé en province. »

3. Voir la lettre de Flaubert à Ernest Feydeau de [fin juin ou début juillet 1857], p. 740, n. 3.

4. L'article de Deschamps dans le *Supplément* hors pages de la *Revue des Deux Mondes,* 15 mai 1857.

Page 744.

1. Voir la lettre de Flaubert à Ernest Feydeau de [fin juin ou début juillet 1857], p. 740, n. 5.

2. Voir la lettre de Mlle de Chantepie à Flaubert du 11 août 1857, p. 753.

À CHARLES BAUDELAIRE
13 juillet [1857]

Autographe non retrouvé; Conard, t. IV, p. 204-206; lettre publiée par *Le Pincebourde* et reproduite dans *Charles Baudelaire, Étude biographique,* par Eugène Crépet, revue et mise à jour par Jacques Crépet, Paris, Messein, 1906, p. 359-361. Une copie de cette lettre par Baudelaire, jointe au dossier constitué pour sa défense lors du procès des *Fleurs du mal,* a été vendue à l'hôtel Drouot le 29 mai 1968. Voir *Lettres à Charles Baudelaire,* publiées par Claude et Vincenette Pichois, Études baudelairiennes IV-V, Neufchâtel, À la Baconnière, 1973, p. 150-151.

3. *Les Fleurs du mal,* Paris, Poulet-Malassis et de Broise, 1857, grand in-12, 256 p. L'ouvrage fut mis en vente le 25 juin et annoncé dans la *Bibliographie de la France* le 11 juillet (Charles Baudelaire, *Les Fleurs du mal...,* édition critique établie par Jacques Crépet et Georges Blin, Paris, Corti, 1942, p. 231, n. 2). Sur Baudelaire et Flaubert, voir l'article un peu léger de Lewis Gardner Miller, « Gustave Flaubert and Charles Baudelaire, their correspondence », *P.M.L.A.,* juin 1934, p. 630-644.

Page 745.

1. *La Beauté* est la pièce XVII des *Fleurs du mal,* dans la première édition (1857).

2.   *Ce soir, la lune rêve avec plus de paresse ;*
      Ainsi qu'une beauté, sur de nombreux coussins,
      Qui d'une main distraite et légère caresse
      Avant de s'endormir le contour de ses seins...

3. Flaubert a donc vu Baudelaire durant l'hiver 1856-1857.

À CHARLES D'OSMOY [?]
22 juillet [1857]

Autographe non retrouvé ; Conard, t. IV, p. 206-208. D'après R. Descharmes (éd. du Centenaire, t. II, p. 301, n. 1) : « Cette

lettre est celle que M. de Montesquiou avait fait relier avec son
exemplaire de l'édition originale de *Salammbô*, et dont on a tant
parlé dans les journaux en avril 1923. Le passage jugé "obscène"
qui déchaîna cette campagne de presse est indiqué ici par cinq
points entre crochets, remplaçant trois ou quatre lignes.» Plus
loin, Descharmes émet l'hypothèse que le destinataire serait Eugène
Delattre. Je crois plutôt qu'il s'agit du comte d'Osmoy, qui collaborait avec Flaubert et Bouilhet dans leurs projets de féerie. Sur
le comte Charles d'Osmoy, voir p. 621, n. 8.

Page 746.

1. Après une tentative infructueuse de Georges Taylor pour
adapter *Madame Bovary* au théâtre (voir Georges Taylor, « *Madame
Bovary* au théâtre. Mœurs théâtrales, révélations édifiantes, secrets
de Polichinelle», *Revue moderne, politique et littéraire*, 25 janvier et
10 février 1888), William Busnach mettra le roman sur scène en
février 1906, au théâtre de Rouen.

2. *Hélène Peyron.*

3. *Salammbô.*

4.   *Bienheureux Scudéry, dont la fertile plume*
        Peut tous les mois sans peine enfanter un volume !
                                    Boileau, *Satire II*, v. 76-77.

5. Voir la lettre de Flaubert à Ernest Feydeau de [fin juin
ou début juillet 1857], p. 740, n. 3.

Page 747.

À JULES DUPLAN
[26 juillet 1857]

Autographe Lovenjoul, A V, ffos 358-359, datée du 26 juillet
1857 par une autre main que celle de Flaubert ; incomplète dans
Conard, t. IV, p. 208-209.

a. une sorte de [lubricité froide] curiosité

1. Le volume de l'*Encyclopédie catholique* contenant l'article sur
Carthage. Voir la lettre de Flaubert à Jules Duplan du [28 juin
1857], p. 736, n. 8.

2. Voir la lettre de Flaubert à Frédéric Baudry du [24 juin 1857],
p. 736, n. 1 et 6. Le « propriétaire » est Alfred Maury.

3. Arnold Heeren (1760-1842), *Idées sur la politique et le commerce des peuples de l'antiquité* (1826), ouvrage traduit par W. Suckau
de 1830 à 1844 (7 vol. in-8º).

4. *La Bible,* traduction nouvelle avec l'hébreu en regard..., par
Samuel Cahen, Paris, 1831-1851, 18 vol. in-8º.

5. Sur Anthime, voir la lettre de Flaubert à Jules Duplan du
[début juillet 1857], p. 742-743.

6. *Hélène Peyron.*

7. Sur le peintre Maisiat, professeur de dessin de Caroline, voir la lettre de Flaubert à Ernest Feydeau de [fin juin ou début juillet 1857], p. 741, n. 3.

8. L'article de Baudelaire paraîtra dans *L'Artiste* du 18 octobre 1857.

9. Cet article n'a sans doute jamais été écrit. Nestor Roqueplan avait publié dans *La Presse* du 16 mai 1857 un article très élogieux sur *Madame Bovary* : « L'action est simple, bien menée par des personnages vrais, que l'auteur n'a pas créés à plaisir, sublimes ou vulgaires, mais qu'il doit avoir vus et reproduits dans leur effet naturel. La forme de M. Flaubert nous plaît singulièrement [...]. »

Page 748.

1. Voir la lettre précédente, p. 746, n. 4.

2. Sur Jean Clogenson, voir la note bibliographique de la lettre de Flaubert à Jean Clogenson du [31 octobre 1856], p. 644.

À ERNEST FEYDEAU
[26 juillet ? 1857]

Autographe non retrouvé ; catalogue Andrieux (hôtel Drouot, 30-31 mai et 1er-2 juin 1928, n° 180) ; extraits dans G. Charensol, *Nouvelles littéraires,* 26 mai 1928, p. 8 ; Conard, t. IV, p. 210-213, avec la date [fin juillet-début août 1857]. D'après le texte de cette lettre, je la crois du même jour que la précédente.

3. Voir la lettre de Flaubert à Ernest Feydeau de [fin juin ou début juillet 1857], p. 739-740. La présente lettre lui est évidemment postérieure, puisque Flaubert a fini de lire *La Bible* de Cahen.

Page 749.

1. Allusion à une phrase d'Ernest Feydeau dans l'*Histoire des usages funèbres et des sépultures des peuples anciens* (voir la note bibliographique de la lettre de Flaubert à Ernest Feydeau du [5 avril 1857], p. 702).

2. *Que j'aime à préparer ton nectar précieux !*
    Nul n'usurpe chez moi ce soin délicieux.
    Sur le réchaud brûlant moi seul tournant ta graine
    À l'or de ta couleur fais succéder l'ébène ;
    Moi seul contre la noix, qu'arment ses dents de fer,
    Je fais, en le broyant, crier ton fruit amer [...]

(Abbé Delille, *Les Trois Règnes,* chant VI, in *Œuvres* de J. Delille, Paris, Michaud, 1824, t. XI, p. 81).

3. Flaubert avait écrit à Ernest Feydeau : « Si tu crois que tu m'amèneras au culte du simple et du carré de choux, détrompe-toi, mon vieux ! » (lettre de [fin juin ou début juillet 1857], p. 740).

4. *Les Quatre Saisons,* de Feydeau, ont paru dans *L'Artiste* aux dates suivantes : *Le Printemps,* 5 avril 1857 ; *L'Été,* 28 juin, 5 et 12 juillet 1857 ; *L'Automne,* 10 et 24 janvier 1858 ; *L'Hiver,* 16 mai 1858. Voir p. 702, n. 3.

Page 750.

1. *La Bible,* traduction Samuel Cahen (voir la lettre précédente, p. 747, n. 4).

À EUGÈNE CRÉPET
[28 juillet ? 1857]

Autographe non retrouvé ; Conard, t. IV, p. 209-210, avec la date [fin juillet ou début d'août 1857]. Elle serait du 28 juillet, si la lettre précédente de Flaubert à Jules Duplan du [26 juillet ? 1857] est bien datée.

2. Sur l'*Encyclopédie catholique,* voir p. 736, n. 8.
3. Jules Duplan, fidèle correspondant de Flaubert, plutôt que son frère, le notaire Ernest Duplan.

Page 751.

1. L'éditeur parisien ; il avait publié, entre autres, le premier tome de l'*Histoire des usages funèbres...,* d'Ernest Feydeau (1856).

À JULES DUPLAN
[5 août 1857]

Autographe Lovenjoul, A V, ffos 360-361 ; incomplète dans Conard, t. IV, p. 213-214.

2. La famille Bonenfant, de Nogent-sur-Seine (voir t. I, p. 3, n. 1).
3. Athénée (IIIe siècle apr. J.-C.), auteur des *Deipnosophistae, ou Banquet des sophistes,* en 15 livres (traduction de Lefebvre de Villebrune, 1789-1791, 5 vol. in-8o).
4. L'*Hipparchique ou le Maître de la cavalerie ; L'Anabase ou la Retraite des dix-mille.*
5. Voir les lettres de Flaubert à Jules Duplan de [début juillet 1857], p. 742-743, et du [26 juillet 1857], p. 747.

Page 752.

À ERNEST FEYDEAU
[6 août 1857]

Autographe non vu ; catalogue Andrieux (hôtel Drouot, mai-juin 1928, no 170) ; extraits dans Charensol, *Nouvelles littéraires,* 26 mai 1928, p. 8 : « jeudi soir », et dans Catalogue Charavay, no 788, 41418 ; Conard. t. IV, p. 214-217 [août, vers le 5]. La lettre serait donc du [6 août 1857]. J'ai choisi les meilleures leçons.

1. Leçon de Charensol (art. cité) ; l'édition Conard imprime : « Bas, bouffon et obscène... » (t. IV, p. 215).
2. *Histoire naturelle* de Pline [l'Ancien], avec la traduction en français par Émile Littré, Paris, Dubochet, 1848-1850, 2 vol. grand in-8o.

3. Voir p. 751, n. 3 et 4.

Page 753.

1. Guatimozin, dernier empereur du Mexique, gendre de Montezuma. Pris par Cortez en 1521, il fut exposé avec son principal ministre sur des charbons ardents, pour le forcer à découvrir ses trésors. Le ministre se tournant vers lui pour lui demander la permission de parler, Guatimozin lui répondit le mot célèbre : « Et moi, suis-je donc sur des roses ? »

2. Jules Duplan ; voir la lettre précédente, p. 751.

3. L'article de Baudelaire paraîtra dans *L'Artiste* du 18 octobre 1857.

4. Sur *Gamiani,* voir p. 734, n. 2.

5. Théophile Gautier ; il ne viendra pas à Croisset, autant que je sache.

6. *L'Été,* seconde partie des *Quatre Saisons,* avait paru dans *L'Artiste* les 28 juin, 5 et 12 juillet 1857 ; *L'Été* consiste en une longue description de nature très lyrique et très rhétorique, à la fin de laquelle *Elle* se donne à *Lui.*

7. Voir la lettre de Flaubert à Paul Meurice de [fin avril ? 1857], p. 708 et la note bibliographique. Paul Meurice avait sans doute oublié d'envoyer *Madame Bovary* à Victor Hugo ou attendu une occasion ; la réponse de Hugo est du 30 août 1857.

8. Leçon de Charensol (art. cité) ; l'édition Conard imprime : « monsieur » (t. IV, p. 217).

MADEMOISELLE LEROYER DE CHANTEPIE
À GUSTAVE FLAUBERT
11 août 1857

Autographe non retrouvé ; copie R. Descharmes, B.N., N.A.F. 23825, ff⁰ˢ 234-236.

9. La dernière lettre de Flaubert date du 3 juillet 1857, p. 743.

Page 754.

1. *Salammbô.*

Page 755.

1. Sur Agathe, voir la lettre de Mlle de Chantepie à Flaubert du 17 juillet [1858], p. 823-826.

À LOUIS BOUILHET
[12 août 1857]

Autographe Lovenjoul, A V, ff⁰ˢ 219-220 ; incomplète dans Conard, t. IV, p. 217-219. Enveloppe : Monsieur L. Bouilhet, maison de Me Hervet, Mantes. C.P. Rouen, 13 août 1857. La distribution des prix du Lycée impérial de Rouen avait eu lieu le 10 août 1857 (voir le *Journal de Rouen* du lendemain).

Page 756.

1. Voir la réponse de Louis Bouilhet à Flaubert, du [14 août 1857], Appendice VI, p. 980-981. La Rounat s'inquiétait du nouveau drame de Bouilhet, *Hélène Peyron.*

2. Sur *Hélène Peyron,* voir p. 768, n. 2.

3. Sur Huart, voir t. I, p. 538, n. 2, et la lettre de Louis Bouilhet à Flaubert de [fin octobre 1857], Appendice VI, p. 988.

4. Caudron, ami de Louis Bouilhet, sera le trésorier du comité constitué pour l'érection du monument au poète, en 1876.

5. Le comte Charles d'Osmoy (voir p. 621, n. 8).

6. La décoration de Napoléon Gallet (ainsi que celle d'autres « filateurs et industriels ») fut annoncée dans les journaux rouennais du 12 août 1857 (F.-A. Blossom, *La Composition de « Salammbô... »,* p. 16).

7. Il s'agit de la statue de Préault nommée *Le Cavalier gaulois* (1853), qui se dresse encore sur le pont d'Iéna, à Paris.

Page 757

a. depuis 1815, [j'ai regardé] <et> sous la porte

1. Flaubert écrit : *Mariland.*

2. M. Dainez, le proviseur du Collège royal de Rouen ; voir t. I, p. 56, et la note bibliographique de la lettre de Flaubert à Michel Lévy du [18 ou 25 ? avril 1857], p. 708.

3. Voir *Correspondance* de Béranger, éd. Paul Boiteau, 1860, t. II, p. 182-184 (Conard, t. IV, p. 219, n. 1). Cette lettre, datée du 6 août 1834, venait d'être reproduite dans le *Journal de Rouen* du 12 août 1857 (René Descharmes, éd. du Centenaire, *Correspondance,* t. II, p. 310, n. 1).

4. Le deuxième acte d'*Hélène Peyron.*

Page 758.

À CHARLES BAUDELAIRE

14 août [1857]

Autographe Mme Ronald Davis, non collationnée; Conard, t. IV, p. 219-220. Avec leur autorisation, je donne le texte publié par Claude et Vincenette Pichois — qui ont vu l'autographe — dans *Lettres à Charles Baudelaire...,* p. 152. L'autographe faisait partie de la vente à l'hôtel Drouot de la collection de la baronne Alexandrine de Rothschild du 15 décembre 1969. Cette lettre avait été publiée dans *Charles Baudelaire, Étude biographique,* par Eugène Crépet, revue et mise à jour par Jacques Crépet, Paris, Messein, 1906, p. 361 (*ibid.,* p. 152).

1. Le jugement aura lieu le 20 août 1857, réquisitoire d'Ernest Pinard, plaidoirie de Me Chaix d'Est-Ange. Baudelaire et ses éditeurs ont été condamnés à des amendes et à la suppression de six poèmes ; le jugement a été révisé il y a quelques années, et les six poèmes condamnés peuvent maintenant figurer, à leur place, dans les éditions des *Fleurs du mal*. Voir Léon Depaule, *Le Procès Baudelaire...*, discours prononcé à l'audience solennelle de la cour d'appel de Nîmes du 2 octobre 1951.

À LOUIS BOUILHET
[17 août 1857]

Autographe Lovenjoul, A V, ff^os 222-223 ; *Supplément*, t. I, p. 229-230. Enveloppe : Monsieur Bouilhet, maison de Me Hervet, sur le port, Mantes. C.P. Rouen, 17 août 1857.

2. Jules Duplan (voir p. 751 et 753).

3. La Rounat était le directeur de l'Odéon ; voir la lettre de Flaubert à Louis Bouilhet du [12 août 1857], p. 756.

4. Sur *Le Cœur à droite*, pièce de Louis Bouilhet, voir p. 592, n. 4. Cette pièce sera publiée dans *L'Audience* du 26 janvier au 23 février 1859.

5. Il s'agit d'*Hélène Peyron ;* la pièce sera jouée à l'Odéon le 11 novembre 1858.

Page 759.

À CHARLES BAUDELAIRE
[23 août 1857]

« Autographe collection particulière ; Conard, t. IV, p. 152-153. Lettre passée en vente à l'hôtel Drouot le 19 mars 1986, n° 54, provenant de la collection Armand Godoy.

1. L'article d'Asselineau sur *Les Fleurs du mal* a paru dans *La Revue française* du 1er septembre 1857 ; il faisait partie du dossier préparé par Baudelaire pour sa défense lors de son procès, le 20 août 1857. Voici le passage concernant Flaubert : « Tout récemment encore, n'a-t-elle pas [la foule] fait accueil à Gustave Flaubert ? Ce qui manque aujourd'hui aux hommes d'un vrai mérite, aux artistes graves et convaincus, ce n'est donc pas le bon vouloir du public [...] » (Baudelaire, *Les Fleurs du mal*, Paris, Michel Lévy, 1869, édition définitive, p. 378).

2. Béranger était mort le 16 juillet 1857 ; pour éviter des troubles, semble-t-il, le gouvernement lui avait fait des funérailles nationales.

3. *Jeannette* (Œuvres complètes de J.-P. de Béranger, Paris, Perrotin, 1847, t. I, p. 165-167) ; *La Bacchante* (*ibid.*, p. 3-4) ; *Ma grand-mère* (*ibid.*, p. 17-19). Voici des extraits des deux premières chansons, qui sont en effet assez vertes :

> *La nuit tout me favorise ;*
> *Point de voile qui me nuise,*
> *Point d'inutiles soupirs.*
> *Des deux mains et de la bouche*
> *Elle attise les désirs,*
> *Et rompit vingt fois sa couche*
> *Dans l'ardeur de ses plaisirs.*

Refrain

> *Fi des coquettes maniérées !*
> *Fi des bégueules du grand ton !*
> *Je préfère à ces mijaurées*
> *Ma Jeannette, ma Jeanneton.*

Béranger, éd. citée, t. I, p. 167.

> *Cher amant, je cède à tes désirs :*
> *Du champagne enivre Julie.*
> *Inventons, s'il se peut, des plaisirs ;*
> *Des Amours épuisons la folie.*

Béranger, éd. citée, t. I, p. 3.

4. Chaix d'Est-Ange (voir p. 758, n. 1).

Page 760.

À MADEMOISELLE LEROYER DE CHANTEPIE
[23 août 1857]

Autographe non retrouvé ; Conard, t. IV, p. 221-225. Réponse à la lettre de Mlle de Chantepie du 11 août 1857, p. 753.

1. Roman de Mlle de Chantepie, paru en 1851.
2. Sur ce vieil ami, voir la lettre de Mlle de Chantepie à Flaubert du 11 août 1857, p. 754.

Page 761.

1. Caroline Flaubert, née le 15 juillet 1824, est morte le 22 mars 1846, et non le 20 mars, comme l'imprime à tort la Chronologie du tome I, p. XXXVI. Voir la lettre de Flaubert à Maxime Du Camp du [25 mars 1846], t. I, p. 257-259.

Page 762.

1. Flaubert avait promis *Salammbô* à Charles-Edmond Chojecki, rédacteur responsable du feuilleton à *La Presse*. L'affaire n'aura pas de suite, à la grande joie de Flaubert, mais au détriment de son porte-monnaie. Sur Charles-Edmond et Flaubert, voir Zygmunt Markiewicz, « Flaubert et Charles-Edmond, leur correspondance (1857-1877) », *Revue de littérature comparée,* juillet-septembre 1967, p. 422-436.

2. *Pierrot au sérail, Le Château des cœurs, Le Rêve et la vie ?* Pour les deux premières pièces, voir Marie-Jeanne Durry, *Flaubert et ses projets inédits, passim ;* le scénario de la troisième va être publié incessamment par Mme Katherine Kovács ; le manuscrit se trouve à la Houghton Library (Harvard University).

À ERNEST FEYDEAU
[Fin août 1857]

Autographe non retrouvé ; catalogue Andrieux (hôtel Drouot, 30-31 mai et 1er-2 juin 1928, n° 189[1]) ; Conard, t. IV, p. 225. Feydeau s'était invité à Croisset pour le samedi 22 août (voir la lettre de Flaubert du [6 août 1857], p. 753) ; il semble qu'il ait reculé sa visite au samedi suivant. La lettre serait donc du début de la semaine, entre le dimanche 23 et le mercredi 26 août 1857.

Page 763.

À EDMA ROGER DES GENETTES
[Août-septembre 1857]

Autographe Lovenjoul, A VI, ffos 47-48 ; *Supplément*, t. I, p. 230-231. La date est possible, sans plus. Cette lettre n'est pas inédite, comme le croient les éditeurs des *Œuvres complètes illustrées de Gustave Flaubert,* éd. du Club de l'Honnête Homme, *Correspondance,* t. V, p. 389.

1. L'ascension de la colline de Bonsecours « est le complément indispensable de la visite de Rouen, à cause du… panorama qu'elle offre sur la Seine, sur la ville et ses monuments » *(Guides).* Mais pèlerinage aussi à la basilique récemment construite, 1840-1842 *(Supplément,* t. I, p. 231, n. 1). Croisset est situé sur la Seine, en aval de Rouen, entre Rouen et La Bouille.

Page 764.

À JULES DUPLAN
[Après le 20 septembre 1857]

Autographe Lovenjoul, A V, ffos 362-363 ; Conard, t. IV, p. 226, avec la date [fin septembre 1857]. L'article de Xavier Aubryet avait paru le 20 septembre 1857 dans *L'Artiste.*

1. M. de Bandole, l'un des personnages de *La Nouvelle Justine ou les Malheurs de la vertu,* du marquis de Sade *(Œuvres complètes du marquis de Sade,* Paris, Au Cercle du livre précieux, 1963, t. VI, p. 283 et suiv.). Flaubert écrit : *Bandolle.*

2. Xavier Aubryet, « Les niaiseries de la critique », *L'Artiste,* 20 septembre 1857 ; l'article débute ainsi : « C'est l'incroyable attaque de M. de Pontmartin contre Edmond About et Gustave Flaubert qui nous fournit le sujet de cet article. »

L'article d'Armand de Pontmartin, intitulé « Le roman bourgeois et le roman démocrate : MM. Edmond About et Gustave Flaubert », avait d'abord paru dans *Le Correspondant* du 25 juin 1857 (p. 289-

306) ; il venait d'être reproduit dans *Le Spectateur* des 12 et 13 septembre 1857. En voici quelques passages significatifs : « ... Il y a vingt ou trente ans, de *Cinq-Mars* à *Colomba*, le roman français, toutes réserves faites sur sa moralité et ses tendances, était dans une période de splendeur : je le vois descendre à *Germaine* [d'Edmond About], tomber à *Madame Bovary,* et la décadence me semble manifeste. [...] M. About, c'est la bourgeoisie, M. Gustave Flaubert, c'est la démocratie dans le roman. [...] *Madame Bovary,* c'est l'exaltation maladive des sens et de l'imagination dans la démocratie mécontente... [...]. »

3. Le comte de Gernande figure à la fois dans *Justine ou les Malheurs de la vertu* (marquis de Sade, éd. citée, t. III, p. 228 et suiv.) et dans *La Nouvelle Justine... (ibid.,* t. VII, p. 120 et suiv.).

4. *L'Homme :* s'agirait-il de la section V des *Fossiles* de Louis Bouilhet ? du marquis de Sade ? Je penche pour la seconde hypothèse (voir plus loin, p. 771).

MADEMOISELLE LEROYER DE CHANTEPIE
À GUSTAVE FLAUBERT
26 septembre 1857

Autographe non retrouvé ; copie R. Descharmes, B.N., N.A.F. 23825, f°s 237-239.

5. Voir la lettre de Flaubert à Mlle de Chantepie du [23 août 1857], p. 761.

6. Voir la lettre de Mlle de Chantepie à Flaubert du 11 août 1857, p. 754.

Page 765.

1. *Salammbô* devait paraître en feuilleton dans *La Presse,* sous les auspices de Charles-Edmond Chojecki (voir p. 762, n. 1).

2. Auguste Comte, né en 1798, est mort le 5 septembre 1857. Son œuvre principale, le *Cours de philosophie positive,* avait paru en six volumes de 1830 à 1842.

3. Articles parus dans le numéro du 15 septembre 1857 de la *Revue de Paris ;* voir le jugement de Flaubert sur celui de Mme Coignet dans sa réponse à Mlle de Chantepie du [4 novembre 1857], p. 774.

Page 766.

1. Gorge rouge : la sylvie rouge, plus souvent appelée rougegorge.

À JULES DUPLAN
[3 ou 4 octobre 1857]

Autographe Lovenjoul, A V, f°s 364-365 ; incomplète dans Conard, t. IV, p. 226-227, avec la date de [fin septembre ou premiers jours d'octobre 1857]. La proclamation de la reine Victoria a été publiée dans le *Journal de Rouen* du 30 septembre 1857; d'autre part, Louis Bouilhet annonce à Flaubert qu'il commence le quatrième acte d'*Hélène Peyron* dans sa lettre du [2 octobre 1857] (Appendice VI, p. 985).

2. Cet article de George Sand, intitulé « Le réalisme », a été recueilli dans ses *Questions d'art et de littérature,* Paris, Calmann-Lévy, 1878, p. 287-294. Il est daté du 8 juillet 1857.

3. Dorothée, Mme d'Esterval, personnage de *La Nouvelle Justine ou les Malheurs de la vertu* (marquis de Sade, éd. citée, t. VII, p. 89 et suiv.). La lecture de ces pages montre assez clairement ce que Flaubert veut dire. Voir p. 734, n. 2, pour une explication possible du rapprochement entre Dorothée et George Sand.

4. Les mots : « La comparaison... » jusqu'à « comme un homme » se trouvent dans la marge de gauche du folio 364 r⁰.

5. Sur l'article de Pontmartin, voir la lettre de Flaubert à Jules Duplan d'[après le 20 septembre 1857], p. 764, n. 2.

Page 767.

1. Salammbô, dont le costume est longuement décrit, quand elle apparaît au cours du festin des Mercenaires dans les jardins d'Hamilcar (*Salammbô,* éd. Conard, p. 13 et suiv.).

2. Le quatrième acte d'*Hélène Peyron.*

3. Voici un extrait de la proclamation royale, publiée dans le *Journal de Rouen* du 30 septembre 1857 : « Ce jeûne aura lieu le mercredi septième jour d'octobre, de sorte que nous et notre peuple nous puissions nous humilier devant la divine Providence, afin d'en obtenir le pardon de nos péchés, et afin d'envoyer, de la façon la plus solennelle, nos prières et nos supplications pour obtenir sa bénédiction sur nos armes pour le rétablissement de la tranquillité. » Il s'agit de la révolte des Cipayes, aux Indes, qui avait commencé en mai 1857. L'insurrection prendra fin l'année suivante.

4. Sébastien Cornu, né à Lyon en 1804, mort à Longpont en 1870. Il avait commencé ses études à Lyon avec Gleyre, puis les avait achevées à Paris dans l'atelier d'Ingres. Il avait épousé en 1834 Hortense Lacroix, filleule de la reine Hortense et sœur de lait de Napoléon III. D'après Caroline, la nièce de Flaubert, son oncle aurait connu les Cornu par Jules Duplan (*Heures d'autrefois,* passage inédit communiqué par Mme Chevalley-Sabatier). Les peintures en question sont sans doute celles de l'église Saint-Séverin, terminées en 1857.

5. L'article de Baudelaire paraîtra dans *L'Artiste* le 18 octobre 1857.

6. Jérôme, l'un des personnages de *Justine ou les Malheurs de la vertu* et de *La Nouvelle Justine...* du marquis de Sade.

Page 768.

À LOUIS BOUILHET

[8 octobre 1857]

Autographe Lovenjoul, A V, ff⁰ˢ 225-226 ; *Supplément*, t. I, p. 231-235. Enveloppe : Monsieur Bouilhet, maison de Mᵉ Hervet, sur le port, Mantes, ligne de Paris. C.P. Rouen, 9 octobre 1857.

1. Le directeur de l'Odéon, La Rounat, avait annoncé sa visite à Mantes le dimanche 4 octobre 1857 (voir la lettre de Louis Bouilhet à Flaubert du [2 octobre 1857], Appendice VI, p. 985).

2. Marceline, personnage d'*Hélène Peyron,* drame de Louis Bouilhet qui sera joué à l'Odéon le 11 novembre 1858. Marceline a été séduite par le banquier Daubret, dont elle a eu une fille, Hélène. Mme Daubret, qui n'a pas d'enfants, adopte Hélène sans révéler sa naissance à son mari. Quinze ans plus tard, Daubret est élu député et quitte Nantes pour Paris. Il veut marier sa fille Hélène à Flavignac, qui est l'amant de Marceline. Au cinquième acte, Marceline révèle le secret à Hélène : « Cet homme [Flavignac] est mon amant, et moi, je suis ta mère. » Hélène entre au couvent.

La comédie d'Émile Augier en question est *La Jeunesse,* pièce en cinq actes et en vers, qui sera représentée à l'Odéon le 6 février 1858, donc avant le drame de Louis Bouilhet.

3. Ramelli avait joué le rôle de Mme de Maintenon dans *Madame de Montarcy.* Voir la lettre de Flaubert à Alfred Baudry de la [nuit du 6 au 7 novembre 1856], p. 646, n. 1.

4. Article de Paulin Limayrac dans *Le Constitutionnel* du 10 mai 1857 ; voir la lettre de Flaubert à Sainte-Beuve du [5 mai 1857], p. 710, n. 1.

5. Voir la lettre de Flaubert à Jules Duplan d'[après le 20 septembre 1857], p. 764, n. 2.

6. Flaubert avait été en pourparlers avec l'éditeur Jacottet pour la publication de *Madame Bovary* (voir la lettre de Maxime Du Camp à Flaubert de [fin septembre-début octobre 1856], Appendice I, p. 871). J'ignore ce qui s'est passé.

7. C'est vraisemblablement le cousin Allais, esprit pratique, dont Flaubert avait censuré « la conduite [...] pleine de *raisonnement* quant à ses intérêts personnels » (lettre de Flaubert à Louis Bouilhet du [13 septembre 1855], p. 591 ; *Supplément,* t. I, p. 232, n. 4).

8. Canteleu : la paroisse dont dépend Croisset.

Page 769.

a. disloquer [bien des choses] <quantité de pages>.

1. Salammbô (voir la lettre de Flaubert à Jules Duplan du [3 ou 4 octobre 1857], p. 767, n. 1).

2. Le sculpteur Préault fréquentait le salon de Louise Colet.

3. Pascal-Désiré Mulot (Rouen, 1816-1880), poète, auteur de *Vitimes d'amour*, *La Vie anglaise*, publia des poèmes dans la *Revue de la Normandie* et *Le Pommier*, *almanach du pays à cidre*. Voir sa biographie dans le *Journal de Rouen* du 19 février 1880 (Marie-Claire Bancquart et un groupe d'étudiants, *Lettres de Louis Bouilhet à Louise Colet...*, p. 170, n. 3).

4. Louis Bonenfant, le gendre de l'oncle Parain, cousin champenois de Flaubert.

5. Je n'ai pu retrouver cette citation de Royer-Collard (1763-1845), l'un des chefs du parti « doctrinaire ».

6. Sur Camille Rogier, dont Flaubert avait fait la connaissance durant son voyage en Orient, voir t. I, p. 659, n. 3.

Page 770.

1. Théophile Gautier n'est parti pour la Russie qu'en septembre 1858 ; il sera de retour en mars 1859.

À JULES DUPLAN
[Vers le 20 octobre 1857]

Autographe Lovenjoul, A V, ff^os 366-367 ; incomplète dans Conard, t. IV, p. 227-228. L'article de Toni Révillon sur Flaubert avait paru dans la *Gazette de Paris* du 18 octobre 1857.

2. L'article de Barbey d'Aurevilly avait paru dans *Le Pays* du 6 octobre 1857. Cet article très élogieux est repris dans *XIXe siècle. Les œuvres et les hommes*, IVe partie, Paris, Amyot, 1865, p. 61-76.

3. Allusions aux œuvres du marquis de Sade : le *Manuel* pourrait être *La Philosophie dans le boudoir ou les Instituteurs immoraux, dialogues destinés à l'éducation des jeunes demoiselles* ; je n'ai pu identifier Alemani ; M. de Bandole (*La Nouvelle Justine...*, éd. citée, t. VI, p. 283 et suiv.) ; le comte de Gernande (*Justine...*, t. III, p. 228, et *La Nouvelle Justine...*, t. VII, p. 120 et suiv.) ; Bras-de-fer (*Aline et Valcour ou le Roman philosophique*, éd. citée, t. V, p. 228 et suiv.) ; mais Flaubert confond peut-être avec Cœur-de-fer (*Justine...*, t. III, p. 83 et suiv.) ; Rodin (*Justine...*, t. III, p. 130, et *La Nouvelle Justine...*, t. VI, p. 224 et suiv.) ; le comte de Bressac et son valet Jasmin (*Justine...*, t. III, p. 103, et *La Nouvelle Justine...*, t. VI, p. 171 et suiv.) ; Roland (*Justine...*, t. III, p. 266, et *La Nouvelle Justine...*, t. VII, p. 298 et suiv.) ; Dorothée d'Esterval et son mari l'aubergiste (*La Nouvelle Justine...*, t. VII, p. 89 et suiv.).

Page 771.

1. Toni Révillon, « Figures de la semaine : I. M. Gustave Flaubert ; II. Mme Amalia Ferraris [une danseuse] », *Gazette de Paris*, 18 octobre 1857. En voici quelques passages : « [M. Flaubert] est un quasi-quadragénaire. Sa mise est celle d'un homme du monde, correcte et recherchée, sans affectation de dandysme. Sa taille est élevée. Sa physionomie est sérieuse, presque sévère ; le sourire est sans bienveillance, le regard profond ; le front est large, dégarni aux tempes

comme celui des hommes fatigués par des travaux ou des plaisirs excessifs. [...] Son père était, dit-on, chirurgien à Rouen. [...] [À Bade], sur la terrasse de la Restauration, à une table près de la mienne, un monsieur entouré d'un cercle pressé d'auditeurs parlait de M. Gustave Flaubert [il s'agit évidemment de Maxime Du Camp] : " J'ai voyagé en Orient avec Maxime Du Camp et avec lui, disait-il. C'était un charmant compagnon. Il avait la manie des bagages. À chaque départ et à chaque arrivée, le dénombrement homérique de ses malles, coffrets, cartons et nécessaires nous amusait fort. " [...] Ainsi M. Flaubert est entré dans la vie par une porte dorée. Son imagination était active et son tempérament robuste. Il a voulu lutter avec l'ennui, cette maladie des gens inoccupés. Pauvre, il eût travaillé. Riche et indépendant, il a mené l'existence des viveurs de province. Mais les plaisirs sont comme les marguerites. Leur dernier pétale dit à qui les effeuille : un peu... un peu... et pas du tout. Chez les natures de la trempe de celle de M. Flaubert, après l'étonnement vient le dégoût, non l'habitude. Un beau jour, il est parti pour l'Orient. [...] Il a campé au milieu des ruines et fumé son cigare, l'œil fixé sur le désert. [...] M. Gustave Flaubert, à son retour, s'est mis à l'étude. Il s'est dit à lui-même : " Je produirai une œuvre, etc. " » Dernière phrase de l'article : « M. Gustave Flaubert écrit en ce moment un roman historique destiné à *La Presse*. » Antoine, dit Toni Révillon, né en 1832, compatriote de Lamartine et de Ponsard, faisait alors ses débuts dans le journalisme.

2. Le marquis de Sade ? (voir plus bas « le grand Homme » et p. 764 et n. 4).

3. M. de Bandole, personnage du marquis de Sade (voir p. 770, n. 3). Flaubert écrit : *Bandolle*.

4. Le marquis de Sade.

5. Le *Cours familier de littérature* de Lamartine (Paris, on s'abonne chez l'auteur, 1856-1869, 28 vol. in-8°) est divisé en « entretiens », non en causeries.

Page 772.

1. Hamilcar et Schahabarim.

2. « je me mets en route » (éd. Conard, t. IV, p. 228).

À CHARLES BAUDELAIRE
[21 octobre 1857]

Autographe non retrouvé ; Conard, t. IV, p. 229. « Enveloppe : collection Armand Godoy, recueil Documents, n° 64 ; *suscription* : Monsieur Baudelaire / quai Voltaire / hôtel Voltaire / *Paris*. C.P. Rouen, 22 octobre 1857 ; C.P. Paris, 23 octobre 1857 » (Claude et Vincenette Pichois, *Lettres à Charles Baudelaire...*, p. 153-154). Lettre publiée dans *Charles Baudelaire, Étude biographique*, par Eugène Crépet, revue et mise à jour par Jacques Crépet, Paris, Messein, 1906, p. 363.

3. L'article de Baudelaire, paru dans *L'Artiste* du 18 octobre 1857, a été recueilli dans *Œuvres complètes,* Bibl. de la Pléiade, t. II, p. 76-86. Il est trop connu pour que je le cite ici.

4. Flaubert reverra Baudelaire en effet (voir p. 790).

À MADEMOISELLE LEROYER DE CHANTEPIE
[4 novembre 1857]

Autographe non retrouvé ; Conard, t. IV, p. 230-234. Réponse de Flaubert à la lettre de Mlle de Chantepie du 26 septembre 1857, p. 764.

5. *Salammbô.*

Page 773.

1. Flaubert ne *verra* jamais Mlle de Chantepie.

Page 774.

1. Voir p. 765.

2. Le comte de Boulainvilliers n'a pas, à ma connaissance, écrit une biographie de Spinoza. Mais il a contribué à l'ouvrage suivant : *Réfutation des erreurs de Benoît de Spinoza,* par M. de Fénelon..., par le Père Lami, bénédictin, et par M. le comte de Boulainvilliers. Avec la vie de Spinoza par M. Jean Colerus, Bruxelles, Foppens, 1731, in-12, VI-158-483 p.

3. L'édition latine des *Œuvres* de Spinoza (Leipzig, Hartung, 1843, 2 tomes en 1 vol. in-16) ne contient aucun texte de Boulainvilliers. En revanche, l'édition latine d'Iéna (1802-1803, 2 vol. in-8°) publie dans son second volume la *Réfutation des erreurs de B. de Spinoza,* par le comte de Boulainvilliers. Flaubert a possédé cette édition. Sur Spinoza et Flaubert, voir Jean Bruneau, *Les Débuts littéraires de Gustave Flaubert,* p. 444-454.

4. La traduction des *Œuvres* de Spinoza par Émile Saisset a paru chez Charpentier, en 1842.

5. Voir p. 765.

6. Je n'ai pu retrouver cette citation de Goethe.

7. Sur la mort d'Alfred Le Poittevin, voir la lettre de Flaubert à Maxime Du Camp du [7 avril 1848], t. I, p. 493-495.

Page 775.

MADEMOISELLE LEROYER DE CHANTEPIE
À GUSTAVE FLAUBERT
10 novembre 1857

Autographe non retrouvé; copie R. Descharmes, B.N., N.A.F. 23825, ffos 240-243.

Page 776.

1. Sur *Terre et ciel*, de Jean Reynaud, voir p. 785, n. 2.

2. Ce n'est pas du tout ce que Flaubert veut dire (voir p. 774).

Page 777.

1. Voir le 21ᵉ entretien du *Cours familier de littérature* de Lamartine (1857, t. IV, p. 161-252). En voici les dernières lignes : « Le vrai nom de Béranger, selon moi, c'était PROGRÈS : progrès de la raison, progrès de la philosophie, progrès de la politique, progrès de la charité, progrès de la vérité dans un ami sincère du bien, progrès du peuple dont il était le symbole et à qui il devait apprendre à grandir en lui » (p. 252).

2. Alfred Le Poittevin (voir la lettre de Flaubert à Mlle de Chantepie du [4 novembre 1857], p. 774).

3. Sur l'article de George Sand concernant *Madame Bovary*, voir p. 766, n. 2.

Page 778.

À ERNEST FEYDEAU
[Début novembre 1857]

Inédite. Copie communiquée par Mme Chevalley-Sabatier. Ce « petit mot » est mentionné dans la lettre au même de [vers le 20 novembre 1857], p. 779.

1. Théophile Gautier ne partira pour la Russie que le 15 septembre 1858.

À CHARLES-EDMOND
[17 novembre 1857]

Autographe non retrouvé ; lettre publiée, sans nom de destinataire, par Jules Claretie, dans *Le Temps* du 18 juin 1882 ; Conard, t. IV, p. 229-230, datée d'[octobre 1857]. Comme Flaubert a fini le premier chapitre de *Salammbô* et qu'il est « malade, moralement surtout », expression reprise dans la lettre suivante à Ernest Feydeau, je crois cette lettre du mardi 17 novembre 1857. M. Zygmunt Markiewicz accepte la date d'[octobre 1857] (« Flaubert et Charles-Edmond, leur correspondance », *Revue de littérature comparée*, juillet-septembre 1967, p. 422-423).

2. Flaubert avait promis de publier *Salammbô* en feuilleton dans *La Presse,* où Charles-Edmond Chojecki était rédacteur. L'affaire n'aura pas de suite, à la grande joie de Flaubert.

Page 779.

1. Flaubert arrivera à Paris le 19 décembre 1857 (voir sa lettre à Jules Duplan du [19 décembre 1857], p. 787).

À ERNEST FEYDEAU
[Vers le 20 novembre 1857]

Inédite. Autographe Pierpont Morgan Library, Coll. Heineman, mss. 95; catalogue Andrieux (hôtel Drouot, 30-31 mai et 1ᵉʳ-2 juin 1928, n° 177, datée à tort de 1858). Flaubert arrive à Paris le 19 décembre 1857 (voir p. 787).

2. Ce serait le billet daté de [début novembre 1857], p. 778.

3. Théophile Gautier ne partira pour la Russie que le 15 septembre 1858.

Page 780.

À SA NIÈCE CAROLINE
[24 novembre 1857]

Autographe Lovenjoul, A II, ffᵒˢ 5-6 ; Conard, t. IV, p. 235-236. De la main de Caroline, sur l'autographe : 25 novembre 1857. C'est sans doute la date du cachet de la poste, car le mardi est le 24 novembre, et, en 1856, Flaubert était à Paris.

a. des feuilles [mouillées] <jaunes>

1. M. Huault, vieux commensal de la famille, fort indiscret et dont on redoutait les visites (Conard, t. IV, p. 235, n. 1).

2. Baptiste, fermier de Mme Flaubert (*ibid.,* t. IV, p. 235, n. 2).

3. Petites villageoises, camarades de Caroline (*ibid.,* t. IV, p. 235, n. 3).

4. Mme Phifaro, poupée de Caroline (*ibid.,* t. IV, p. 236, n. 1).

5. Sur la famille Defodon, voir t. I, p. 568, n. 3.

6. Le père Jean, conducteur d'une petite voiture qu'on nommait *la Gondole* et qui faisait le service entre Croisset et Rouen.

7. Narcisse Barette, né en 1815, le domestique de Flaubert jusqu'en 1870.

8. Mlle Julie, dont le vrai nom était Béatrix-Caroline Hébert, née à Bourg-Beaudoin le 30 septembre 1804, morte le 22 septembre 1882 à Rouen. Voir l'article de Lucien Andrieu, « Les domestiques de la famille Flaubert », *AFl.,* mai 1974, n° 44, p. 6-8.

Page 781.

À ERNEST FEYDEAU
[24 ? novembre 1857]

Autographe non retrouvé ; catalogue Andrieux (hôtel Drouot, 30-31 mai et 1ᵉʳ-2 juin 1928, n° 184) ; Conard, t. IV, p. 237-238, avec la date [fin novembre 1857]. La lettre pourrait être du 24 novembre, car Flaubert mentionne des articles que Feydeau « publie maintenant dans la *Presse* ». Ces articles, intitulés « Voyages à travers les collections particulières de la ville de Paris », ont paru les 20, 22 et 26 novembre 1857.

1. Il faudrait lire : « *ensuite,* j'orne la capitale de ma présence ».
Flaubert arrive à Paris le 19 décembre 1857 (voir p. 787).

2. Le troisième et dernier article d'Ernest Feydeau intitulé
« Voyages à travers les collections particulières de la ville de
Paris » paraîtra dans *La Presse* du jeudi 26 novembre 1857. Les
trois articles concernent la bibliothèque du baron Jérôme Pichon.

Page 782.

1. Allusion à la triade divine des Phéniciens : Baal-Ammon
ou Moloch, Tanit, et Eschmoûn ou Esculape.

À ERNEST FEYDEAU
[Fin novembre 1857]

Autographe non retrouvé ; catalogue Andrieux (hôtel Drouot,
30-31 mai et 1er-2 juin 1928, no 178) ; Conard, t. IV, p. 238-240. Le
troisième et dernier article d'Ernest Feydeau sur les collections
particulières de la ville de Paris avait paru le 26 novembre.

2. « Nous ne pouvons malheureusement pas essayer de reconstituer la généalogie des livres de la bibliothèque de l'hôtel de
Lauzun. Cette étude serait attrayante et nous révélerait souvent de
piquants détails, mais elle nous mènerait beaucoup trop loin »
(cité par F.-A. Blossom, *La Composition de « Salammbô »...*, p. 18).

3. Sur Pétrus Borel, voir la lettre de Flaubert à Louis Bouilhet
du [8 décembre 1853], p. 474, n. 3. Pour un échantillon de poème
de l'abbé Delille, voir p. 749, n. 2.

Page 783.

1.   *Le latin dans les mots brave l'honnêteté :*
          Mais le lecteur français veut être respecté...

                     Boileau, *Art poétique,* ch. II, v. 173-174.

2. Ce « conte », mentionné plus loin sous le nom d' « histoire »,
serait-il le roman intitulé *Fanny,* qui sera annoncé dans la *Bibliographie de la France* le 22 mai 1858 ?

À MADEMOISELLE LEROYER DE CHANTEPIE
12 décembre 1857

Autographe non retrouvé ; Conard, t. IV, p. 240-244. Réponse
à la lettre de Mlle de Chantepie du 10 novembre 1857, p. 775.

Page 784.

1. Voir la lettre de Mlle de Chantepie à Flaubert du 10 novembre
1857, p. 776-777.

2. Voir la lettre de Mlle de Chantepie à Flaubert du 10 novembre
1857, p. 778.

3. Voir la lettre de Flaubert à sa mère du 14 décembre 1849, t. I, p. 548 et suiv.

Page 785.

1. Le peintre Camille Rogier, qui venait de repartir pour Beyrouth, avait sans doute invité Flaubert à venir lui rendre visite (voir la lettre de Flaubert à Louis Bouilhet du [8 octobre 1857], p. 769 et n. 6).

2. Jean Reynaud, *Terre et ciel* (Paris, Furne, 1854, in-8°, XIV-441 p.). L'ouvrage se présente comme un dialogue entre le « théologien » et le « philosophe ». C'est toujours le philosophe qui l'emporte. Six chapitres : « La terre », « Les âges », « Le premier homme », « Le ciel », « Les anges », « L'enfer ». Le système de Jean Reyraud est fondé sur la métempsycose : « [...] les conditions fondamentales de l'existence terrestre, l'ordre physique du globe, l'activité de l'âme, l'organisation du corps, la naissance, la mort, les amitiés, se rapportent toutes à un idéal céleste, dont les hommes, aussi bien que leurs égaux et leurs supérieurs, se rapprochent continuellement d'incarnation en incarnation, en même temps que le genre humain, par la conspiration unanime des générations, s'en rapproche lui-même d'âge en âge » (p. 308 ; c'est le philosophe qui parle). Voir la lettre de Mlle de Chantepie à Flaubert du 28 mars 1857, p. 695 et n. 2, et *passim*.

3. Les *Études d'histoire religieuse* d'Ernest Renan sont annoncées dans la *Bibliographie de la France* du 28 mars 1857.

Page 786.

À ERNEST FEYDEAU
[12 décembre 1857]

Autographe non retrouvé ; catalogue Andrieux (hôtel Drouot, 30-31 mai et 1er-2 juin 1928, n° 187, mal datée de l'automne 1858) ; Conard, t. IV, p. 244-245, datée du [12 ou 19 décembre 1857]. Le 19 décembre, Flaubert est à Paris. Louis Bouilhet arrive à Rouen le samedi 12 décembre 1857 (voir sa lettre à Flaubert du [9 décembre 1857], Appendice VI, p. 993).

1. Flaubert arrivera à Paris le samedi 19 décembre (voir p. 787).

2. Lecture de *Fanny* ? (voir la lettre de Flaubert à Ernest Feydeau de [fin novembre 1857], p. 783 et n. 2).

3. Voir la note bibliographique de la lettre.

4. Faudrait-il lire « passe encore » ?

Page 787.

À JULES DUPLAN
[19 décembre 1857]

Autographe Lovenjoul, A V, ff^os 368-369 ; *Supplément,* t. I, p. 235.

MADEMOISELLE LEROYER DE CHANTEPIE
À GUSTAVE FLAUBERT
21 décembre 1857

Autographe non retrouvé ; copie R. Descharmes, B.N., N.A.F.
23825, ff⁰ˢ 244-247.

Page 788.

1. Il s'agit des *Amours de l'âge d'or, Evenor et Leucippe, légende
antédiluvienne* (Paris, Garnier, 1856). La prière de Leucippe (et
non « la pièce de Leucippe », comme l'écrit la copie René
Descharmes, B.N., N.A.F. 23825, f° 244), se trouve au chapitre
VII : « Mon père invisible, aide-moi à comprendre la loi du
devoir [...]. » D'après Pierre Salomon, « ce livre devait être le
premier d'une série consacrée aux amants illustres. L'idée venait
d'Agricol Perdiguier ». (*George Sand,* Paris, Boivin, 1953, p. 105).

2. Voir la lettre de Flaubert à Mlle de Chantepie du 12 décembre
1857, p. 785 et n. 2.

Page 789.

1. Voir p. 785, n. 3.

2. Le *Cours familier de littérature* de Lamartine avait commencé
de paraître l'année précédente (voir p. 771, n. 5).

3. Gabrielle-Delphine-Élisabeth Beauce, femme Varcolier, dite
Mme Ugalde (1828-1911). Célèbre chanteuse de l'Opéra-Comique
et longtemps directrice des Bouffes-Parisiens où elle jouait le
répertoire d'Offenbach (Lyonnet).

Page 790.

1. Marietta Alboni (1826-1894), l'une des plus grandes canta-
rices de l'époque.

À EUGÈNE CRÉPET [?]
[22 décembre 1857 ?]

Autographe non retrouvé ; *Supplément,* t. I, p. 235-236. La lettre
pourrait être adressée à Eugène Crépet, qui connaissait très bien
Baudelaire. La date du mardi 22 décembre est très vraisemblable :
Flaubert voulait remercier Baudelaire de son article sur *Madame
Bovary* du 18 octobre 1857, et il arrive à Paris le samedi 19 décembre.

2. Adolphe Philippe, dit Dennery (1811-1899), auteur de plus
de deux cents pièces de théâtre.

3. Il s'agit d'adaptations de *Madame Bovary* pour le théâtre. Voir
la lettre de Flaubert à Mlle de Chantepie du 23 janvier 1858 :
« J'avais été dans les premiers temps de mon arrivée à Paris sottement occupé par des affaires de théâtre. On voulait faire une pièce
avec la *Bovary*. La Porte-Saint-Martin m'offrait des conditions
extrêmement avantageuses, pécuniairement parlant. Il s'agissait

de donner mon titre seulement et je touchais la moitié des droits
d'auteur. On eût fait bâcler la chose par un faiseur en renom,
Dennery ou quelque autre. Mais ce tripotage d'Art et d'écus m'a
semblé peu convenable. J'ai tout refusé net et je suis rentré dans
ma tanière » (p. 794).

4. Philoxène Boyer. Voir p. 624, n. 9.

5. *Les Philosophes français au XIXᵉ siècle* avaient paru en janvier
1857 ; les *Essais de critique et d'histoire* paraîtront en février 1858.

À AGLAÉ SABATIER
[1856-1857 ?]

Autographe collection particulière; lettre publiée par André
Billy dans *La Présidente et ses amis...*, p.193. Le texte de la lettre
implique que Flaubert n'était pas encore un des *habitués* des
« festins dominicaux ». Flaubert connaissait la Présidente depuis
l'hiver 1855-1856 (voir la lettre de Flaubert à Aglaé Sabatier du
[1ᵉʳ mars 1856], p. 605, n. 6).

Page 791.

1. Le mariage de Juliette Flaubert, fille du docteur Achille
Flaubert, avec Adolphe Roquigny, n'aura lieu que le 17 avril 1860.
Ce mariage a-t-il été retardé, ou cette lettre mal datée ? Les
rapports entre Flaubert et Aglaé Sabatier semblent pourtant
devenir plus intimes après le *Rêve* du [3 mars 1856], p. 606.

À JEANNE DE TOURBEY
[Fin 1857-début 1858 ?]

Autographe non retrouvé ; *Supplément*, t. I, p. 236. Cette lettre
ne figure pas dans le catalogue Andrieux du 28 juin 1937 : « Correspondances inédites de Gustave Flaubert, de Sainte-Beuve, Renan,
Barrès, Taine, Tourgueneff adressées à Jeanne de Tourbey, comtesse de Loynes » (in-4°, 52 p.). Ce catalogue, préparé par Édouard
Giard, comprend trente-trois lettres de Flaubert à Jeanne de
Tourbey.

La vie de Jeanne de Tourbey est encore bien mal connue. Elle
serait née à Reims le 18 janvier 1837, et montée à Paris, serait
devenue la maîtresse de Marc-Fournier, le directeur de la Porte-
Saint-Martin. Elle tenait salon rue de Vendôme. La chronique
scandaleuse lui prête beaucoup d'amants, dont le prince de Polignac,
le prince Jérôme, Ernest Baroche. Dans un chapitre inédit de ses
Mémoires (B.N., N.A.F. 6245, fˢ 109-110), Maxime Du Camp la
présente ainsi : « [...] une Mme Détourbet qui fut un peu la maîtresse de tout le monde, femme [intrigante], spirituelle, belle
causeuse, et qui parfois reçut à sa table le prince Napoléon, Sainte-
Beuve, Gustave Flaubert, était alors intimement liée avec le prince
de Polignac... » Le ton de Du Camp est tel qu'on peut se demander
si la belle Jeanne de Tourbey ne lui avait pas été cruelle. Jeanne
de Tourbey épousera en 1873 le comte de Loynes, et deviendra
l'Égérie de la droite française, pendant sa liaison avec Jules
Lemaître. Elle mourra en 1908.

Elle était ravissante (voir son portrait par Amaury Duval, 1863, dans l'*Album Flaubert*, Bibl. de la Pléiade, p. 139). Elle n'a sans doute pas été cruelle pour Flaubert, si elle semble l'avoir été pour Maxime Du Camp (voir les deux lettres de Jeanne de Tourbey à Flaubert, Lovenjoul, B VI, ff⁰ˢ 77-80, que je citerai dans le volume suivant). Sa carrière amoureuse et politique lui a attiré beaucoup d'amis et beaucoup d'ennemis. Voir surtout le *Journal* des Goncourt, *passim* ; Arthur Meyer, *Ce que je peux dire*, Paris, Plon, 1912, in-12, 433 p.; et Auriant, *Les Secrets de la comtesse de Castiglione*, « La Tourbey », p. 47-138. Flaubert a sans doute fait sa connaissance à l'occasion de ses pourparlers avec Marc-Fournier, le protecteur de Jeanne de Tourbey, en vue d'une adaptation théâtrale de *Madame Bovary* (voir la lettre de Flaubert à Eugène Crépet du [22 décembre 1857 ?], p. 790 et n. 3).

À JEANNE DE TOURBEY

[Fin 1857-début 1858 ?]

Autographe non retrouvé ; *Supplément*, t. I, p. 236. Cette lettre ne figure pas dans le catalogue Andrieux du 28 juin 1937. Elle doit être de peu postérieure à la précédente ; peut-être Flaubert remercie-t-il pour les « deux places de balcon » ?

Page 792.

MADEMOISELLE LEROYER DE CHANTEPIE
À GUSTAVE FLAUBERT

22 janvier 1858

Autographe non retrouvé; copie R. Descharmes, B.N., N.A.F. 23825, ff⁰ˢ 248-250. Flaubert répondra le lendemain (voir la lettre suivante).

1. *Salammbô.*

2. *Lélia,* roman de George Sand (1ʳᵉ édition, 1833 ; 2ᵉ édition, 1839).

Page 793.

1. Voir p. 789, n. 3.

2. *Lucia di Lammermoor,* opéra de Donizetti. C'est à une représentation de *Lucia* qu'Emma Bovary retrouve Léon Dupuis (*Madame Bovary,* éd. Claudine Gothot-Mersch, p. 227-234). Voir l'excellent article de M. Graham Daniels, « Emma Bovary's opera — Flaubert, Scott and Donizetti », *French Studies,* juillet 1978, p. 285-303.

3. Il n'existe pas d'édition en huit volumes de l'*Histoire de la guerre de Trente Ans* de Schiller, à ma connaissance. La traduction la plus répandue à cette époque était celle de la baronne de Carlowitz (Paris, Charpentier, 1841, in-12, 400 p.).

4. Le docteur Achille Flaubert, frère unique de Gustave.

Page 794.

À MADEMOISELLE LEROYER DE CHANTEPIE
23 janvier 1858

Autographe non retrouvé ; Conard, t. IV, p. 245-248. Flaubert a reçu la lettre de sa correspondante le matin même (voir p. 795).

1. Flaubert n'avait pas répondu à la lettre de Mlle de Chantepie du 21 décembre 1857 (p. 787-790).

2. La collection Lovenjoul possède deux lettres de A. de Jallais à Flaubert, lui demandant l'autorisation de tirer une pièce en quatre actes de *Madame Bovary*. Flaubert n'ayant pas répondu à la première (24 août 1857, B IV, ffos 88-89), il revient à la charge dans la seconde (2 septembre 1857, B IV, ffos 90-91).

3. Sur Dennery, voir p. 790, n. 2.

4. *Ohé ! les petits agneaux*, revue par Cogniard et Clairville, représentée pour la première fois aux Variétés le 19 décembre 1857. En voici un passage, que chante Emma Bovary :

> *Qu'importe, c'est officiel,*
> *On vit quatre éditeurs me suivre,*
> *Oui, Paul, Mathieu, Pierre et Michel*
> *Voulurent imprimer mon livre.*
> *Craignant mes excentricités,*
> *Mathieu ne vit pas mon mérite,*
> *Paul ne vit pas mes qualités,*
> *Pierre ne vit pas mes beautés,*
> *Mais Michel les vit* [Lévy] [bis] *tout de suite.*

(Cité par R. Descharmes et R. Dumesnil, *Autour de Flaubert* Paris, Mercure de France, 1912, t. I, p. 93.)

5. *Les Vaches landaises*, revue de Delacour et L. Thiboust, représentée pour la première fois au Palais-Royal le 12 décembre 1857. Voici un extrait de la scène principale (acte I, sc. IX) entre le compère, Delormeau, la commère, la comète de 1857, et Emma Bovary :

MADAME BOVARY : C'est bien imprudent à moi, n'est-ce pas, d'avoir quitté le domicile conjugal pour aller passer une nuit au bal masqué et souper ensuite avec des pas grand-chose ?

DELORMEAU : C'est roide ! C'est roide !

MADAME BOVARY : J'aime tant Léon !

DELORMEAU : Qui ça, Léon ? Monsieur votre mari ?

MADAME BOVARY : Non... Un voisin.

DELORMEAU : C'est roide ! C'est roide !

MADAME BOVARY : Mais Rodolphe s'est mal conduit avec moi !

DELORMEAU : Qui ça, Rodolphe ? Monsieur votre mari ?

MADAME BOVARY : Non, un autre voisin.

DELORMEAU : Eh ! Elle voisine trop cette femme-là !

LA COMÈTE : Oh ! à la campagne...

DELORMEAU : Les soirées sont si longues !

LA COMÈTE : Et votre mari ?

MADAME BOVARY : C'est un honnête homme, mais il ne me comprend pas. Il est médecin à trois lieues de Rouen.

LA COMÈTE : Eh bien ! Retournez auprès de lui !...

DELORMEAU : C'est cela. Allez revoir la Normandie.

(Cité par R. Descharmes et R. Dumesnil, *Autour de Flaubert,* t. I, p. 90-91.)

6. *Salammbô*.

Page 795.

1. Voir les notes de voyage de Flaubert, intitulées *Constantine, Tunis, Carthage,* du 12 avril au 12 juin 1858, *Voyages,* éd. R. Dumesnil, Paris, Les Belles-Lettres, 1948, t. II, p. 537-585.

2. *El Kef,* l'ancienne *Sicca Venerea,* à 130 kilomètres au sud-ouest de Tunis. Voir *Voyages,* éd. R. Dumesnil, t. II, p. 571-579.

3. *Salammbô* comporte en effet quinze chapitres ; mais Flaubert a plusieurs fois changé d'avis sur ce nombre. Voir F.-A. Blossom, *La Composition de « Salammbô » d'après la correspondance de Flaubert (1857-1862)...,* Baltimore, The Johns Hopkins Press, et Paris, Champion, 1914, p. 69.

4. Voir la lettre de Mlle de Chantepie à Flaubert du 22 janvier 1858, p. 792.

5. Voir la lettre de Mlle de Chantepie à Flaubert du 22 janvier 1858, p. 793, n. 3.

6. Sur Adolphe Chéruel, qui avait été le professeur d'histoire de Flaubert au Collège royal de Rouen, voir t. I, p. 29, n. 6.

7. *Nouveau manuel de bibliographie universelle,* par MM. Ferdinand Denis..., P. Pinçon et de Martonne, Paris, [Manuels Roret], 1857, 3 vol. in-16. Flaubert possédait cet ouvrage (René Rouault de La Vigne, « L'inventaire après décès de la bibliothèque de Flaubert », *Revue des Sociétés savantes de Haute-Normandie,* 1957, 3ᵉ trimestre, nᵒ 7, p. 75).

8. J.-C.-L. Simonde de Sismondi, *Histoire des Français,* Paris, Treuttel et Würtz, 1821-1844, 31 vol. in-8ᵒ. Les volumes XXII à XXVII correspondent en gros aux règnes de Louis XIII et de Louis XIV.

Page 796.

1. Voir la lettre de Mlle de Chantepie à Flaubert du 22 janvier 1858, p. 793.

À LOUIS BOUILHET
[24 janvier 1858]

Autographe passé en vente à Sotheby's le 9 novembre 1976, nᵒ 375 [postmarked 24 Dec (?) 57]. Le cachet postal semble avoir été mal lu. La lettre est, je crois, du dimanche 24 janvier 1858, et répondrait à une lettre de Louis Bouilhet du samedi [23 janvier 1858] (Lovenjoul, C, ff^os 128-129). Voir la note 2 suivante.

2. Personnage d'*Hélène Peyron,* le drame que Louis Bouilhet allait faire jouer à l'Odéon : « [...] j'ai lu les cinq actes à Fechter, La Rounat et Thuillier. *Succès superbe, enthousiasme, larmes.* Seulement des observations incroyables pour le troisième acte, *au milieu, scène de Desprez et Marceline :* ils veulent que Desprez *aime réellement Marceline.* C'est autre chose » (Lovenjoul, C, f° 128 r°). Plus loin dans la lettre : « Je vais partir vers 3 heures aujourd'hui [pour Mantes] » (*ibid.,* f° 129 r° ; lettre non reproduite à l'Appendice VI).

3. *Salammbô.*

À MICHEL LÉVY

[28 janvier 1858]

Autographe maison Calmann-Lévy ; lettre publiée par Jacques Suffel dans *Lettres inédites de Gustave Flaubert à son éditeur Michel Lévy,* Paris, Calmann-Lévy, 1965, p. 45-46, avec la date [1858]. On peut la dater, je crois, du [28 janvier 1858], car l'entrefilet en question concernait *Hélène Peyron,* le drame de Louis Bouilhet, qui sera joué le 11 novembre 1858 au théâtre de l'Odéon : « La nouvelle pièce de M. Louis Bouilhet *Hélène Peyron,* comédie en cinq actes et en vers, a été lue samedi dernier à l'Odéon. Elle va être mise à l'étude immédiatement. » Or la première de la comédie d'Émile Augier, *La Jeunesse,* a lieu le 6 février 1858, à l'Odéon. L'entrefilet impliquait que l'Odéon n'avait guère confiance dans le succès de la pièce d'Émile Augier. Ce dernier s'est plaint auprès de Flaubert, qui lui présente ses excuses (voir la lettre suivante). La lecture d'*Hélène Peyron* aurait eu lieu le samedi 23 janvier.

À ÉMILE AUGIER

[Début février 1858]

Inédite. L'autographe figure dans le catalogue Charavay (n° 704) de novembre 1960. Je dois la copie de cette lettre à Monsieur André Rivette. Sur l'autographe figure, d'une autre main que celle de Flaubert, cette mention erronée : « [29 Xbre], à propos de l'*Oncle Million.* » La ou plutôt les réponses d'Émile Augier se trouvent dans la collection Lovenjoul (B I, ff^os 51-53) ; les voici : « Mon cher Flaubert, Je n'accepte pas *vos excuses :* il ne m'est pas venu un instant dans la pensée que vous manquiez de bon vouloir pour moi et je n'ai accusé que votre inexpérience " des choses du théâtre ". Le mal d'ailleurs n'est pas bien grand, et si vous voulez le réparer en apportant vos battoirs à *La Jeunesse,* c'est encore moi qui vous devrai de retour. Bien à vous. E. Augier. » Puis : « Mon cher Flaubert, Je suis un fier misérable ! Je me suis laissé piller tous mes billets pour la première et je me suis retrouvé nu comme un petit saint Jean devant votre lettre et ma promesse. N'attribuez cet oubli qu'au trouble inséparable d'un branle-bas de combat et croyez-moi toujours votre très dévoué et très sympathique E. Augier. » *La Jeunesse* sera publiée par l'éditeur Michel Lévy en 1858.

4. Voir la note bibliographique de la lettre de Flaubert à Michel Lévy du [28 janvier 1858], ci-dessus.

5. La première de *La Jeunesse,* qui aura lieu le 6 février 1858, à l'Odéon.

Page 797.

À ALFRED BAUDRY
10 février [1858]

Autographe P. Macqueron; lettre non collationnée; *Complément* au *Supplément,* t. I, p. 15-19.

1. Marc-Fournier, le directeur du théâtre de la Porte-Saint-Martin et l'ami de Jeanne de Tourbey. Voir la lettre de Flaubert à Mlle de Chantepie du 23 janvier 1858, p. 794.

2. Il s'agit d'*Hélène Peyron,* drame de Louis Bouilhet, qui sera finalement joué à l'Odéon le 11 novembre 1858. Flaubert avait décidé de prendre l'affaire en main, devant le découragement de son ami. Le chanoine Léon Letellier a publié des extraits du contrat concernant *Hélène Peyron* : « Le 25 février 1858, La Rounat reconnaît officiellement avoir reçu de M. Flaubert, mandataire de M. L. Bouilhet, le manuscrit d'*Hélène Peyron,* qui sera représenté du 30 octobre à la fin de novembre 1858[3]. » Note 3 : « Inédit. Sur papier portant le timbre " Théâtre impérial de l'Odéon. Direction. " » (Léon Letellier, *Louis Bouilhet, sa vie et ses œuvres...,* Rouen, impr. de la Vicomté, 1919, p. 271 et n. 3).

Page 798.

1. « Il s'agissait d'un assassinat perpétré le 12 juin 1857 près de Gaillon dans le parc du château de Mme Vve de Jeuffosse, sur la personne d'Émile Guillot, propriétaire d'un domaine voisin. L'affaire passa le 14 décembre 1857 à la cour d'assises de l'Eure. Me Deschamps [...] y prit la parole » (*Complément* au *Supplément,* t. I, p. 17, n. 1).

2. L'attentat d'Orsini contre Napoléon III, le 14 janvier 1858.

3. Parmi ces journaux supprimés figure la *Revue de Paris,* qui avait publié *Madame Bovary.*

4. Flaubert quittera Paris le lundi 12 avril 1858.

5. Voir la lettre de Flaubert à Mlle de Chantepie du 23 janvier 1858, p. 794 et les notes.

6. Henry Monnier avait écrit à Flaubert le 30 décembre 1857 : « Monsieur, Depuis tantôt deux mois j'avais le projet de vous écrire. Michel Lévy m'a donné votre adresse à la campagne, lorsque j'appris hier que vous étiez de retour. J'ai témoigné à beaucoup de nos amis toute mon admiration pour *Mad[ame] Bovary* [...]. Veuillez, monsieur, me faire savoir si votre intention est de faire jouer *Madame Bovary* et si vous me jugez capable de jouer le Pharmacien » (Lovenjoul, B V, f⁰ 30).

7. Frédéric Baudry (voir t. I, p. 230, n. 6).

8. Pascal Mulot, grand ami de Louis Bouilhet. Voir la lettre de Flaubert à Louis Bouilhet du [8 octobre 1857], p. 769, n. 3.

9. Voir p. 797, n. 2. La pièce nouvelle sera *Sous peine de mort*.

10. André Pottier était le conservateur de la bibliothèque municipale de Rouen. Louis Bouilhet lui succédera en 1867.

Page 799.

1. Félicia Georgin, femme Thierret, est nommée pensionnaire à la Comédie-Française en 1832. « Mais l'embonpoint la guettait » et elle crée au Palais-Royal le genre des duègnes comiques. Elle mourra en 1873 (Lyonnet). La collection Lovenjoul conserve une seule lettre de Mme Thierret à Flaubert, où elle le tutoie en effet ; en voici la fin : « [...] demande au Palais-Royal, là on ne te refusera rien [...]. Mille amitiés » (B VI, f° 54).

À MADEMOISELLE LEROYER DE CHANTEPIE

1er mars 1858

Autographe non retrouvé ; Conard, t. IV, p. 248-250.

2. *Mémoires du cardinal de Richelieu*, Paris, Foucault, 1823, 10 vol. in-8° ; *Mémoires de François de Paule de Clermont, marquis de Montglat*, contenant l'histoire de la guerre entre la France et la Maison d'Autriche durant l'administration du cardinal de Richelieu et du cardinal Mazarin... (édités par le Père G.-H. Bougeant), Amsterdam (Rouen), 1727, 4 vol. in-12 ; *Mémoires du mareschal de Gramont...* donnez au public par son fils, Paris, M. David, 1716, 2 vol. in-12 ; *Mémoires du mareschal d'Estrées, contenans les choses les plus remarquables arrivées sous la régence de la reyne Marie de Médicis et le règne de Louis XIII* (publiés par le Père Lemoyne), Paris, Barbin, 1666, in-12, 352 p. ; *Mémoires de M. de Montrésor* [Claude de Bourdeille, comte de Montrésor], Cologne (Leyde), J. Sambix le Jeune, 1663-1665, 2 vol. in-12 ; Jean Le Laboureur, *Histoire du maréchal de Guébriant... contenant le récit de ce qui s'est passé en Allemagne dans la guerre des couronnes de France et de Suède...*, Paris, R. Le Nain, 1656, 3 parties en 1 vol. in-fol. ; Jean-François Sarrasin (*Atticus Secundus*), *Conjuration de Valstein* in *Recueil de diverses pièces...*, Cologne, 1655 ; Antoine Aubery, *Histoire du cardinal duc de Richelieu*, Paris, A. Bertier, 1660, in-fol. ; *L'Histoire du cardinal Mazarin*, Paris, Thierry, 1688, 2 vol. in-12 ; le Père Guillaume-Hyacinthe Bougeant, *Histoire des guerres et des négociations qui précédèrent le traité de Westphalie... composée sur les Mémoires du comte d'Avaux...*, Paris, Mariette, 1727, in-4°, XII-599 p. ; *ibid.*, 1744, 2 vol. in-4° et 6 vol. in-12 (le catalogue de la Bibliothèque nationale ne mentionne pas d'édition de cet ouvrage en 4 volumes in-12 en 1740) ; C. Pons, *Histoire de la guerre de Trente Ans*, Marseille, Masvert, 1839, in-8°, 208 p. ; *Lettres, instructions diplomatiques et papiers d'État du cardinal de Richelieu*, recueillis et publiés par M. Avenel, Paris, Imprimerie impériale, 1853-1877, 8 vol. in-4°.

Page 800.

1. *Narcisse,* le domestique de Flaubert (voir la lettre de Flaubert à Alfred Baudry du 10 février [1858], p. 797-798). Mme Flaubert (voir la lettre de Flaubert à Alfred Baudry du [23 mars 1858], p. 803).

2. *Hélène Peyron ;* voir la lettre de Flaubert à Alfred Baudry du 10 février [1858], p. 797 et n. 2.

3. Pierre Lanfrey, *Essai sur la Révolution française,* Paris, Chamerot, 1858, in-8°, 426 p. Né à Chambéry le 26 octobre 1828, mort à Pau le 15 novembre 1877, Pierre Lanfrey était le fils d'un officier de Napoléon. Il sera élu député en 1871 et sénateur en 1875. Il mourra sans avoir pu achever sa grande *Histoire de Napoléon I*er (le premier volume avait paru en 1867).

4. Pierre Lanfrey, *L'Église et les philosophes au XVIII*e *siècle,* Paris, Lecou, 1855, in-12, 372 p. ; 2e éd., Paris, Pagnerre, 1857, in-12, 382 p. Est-ce par son ami Pagnerre que Flaubert a connu l'œuvre de Lanfrey ? mais voir la lettre de Louis Bouilhet à Flaubert du [9 juin 1855], Appendice VI, p. 970. Voici le début de *L'Église et les philosophes au XVIII*e *siècle :* « Le dix-huitième siècle s'ouvre par une persécution religieuse et se ferme par une invocation au Dieu de paix, au Dieu abstrait et légal devant qui tous les cultes sont égaux. Son histoire tout entière est résumée dans ce court rapprochement, qui est aussi l'histoire de la civilisation elle-même, cette fille du dix-huitième siècle. Tant vaut le Dieu, tant vaut l'homme : c'est la loi » (1re éd., p. 3).

MADEMOISELLE LEROYER DE CHANTEPIE
À GUSTAVE FLAUBERT
13 mars 1858

Autographe non retrouvé; copie R. Descharmes, B.N., N.A.F. 23825, ffos 251-253.

Page 801.

1. Voir p. 799 et n. 2.

2. *La Favorite,* opéra de Donizetti (1840), ainsi que *Lucia di Lammermoor* (1835) ; *La Dame blanche,* opéra de Boieldieu (1825), sur un livret tiré de *L'Abbé* et du *Monastère* de Walter Scott. Gustave-Hippolyte Roger (1815-1879), l'un des grands ténors de son temps ; Prosper-Alphonse Bussine (1821-1881), baryton célèbre; Guillaume Poultier (1814-1887), ténor célèbre.

Page 802.

1. *Consuelo,* roman de George Sand, publié en 1842-1843. Voir t. I, p. 157, n. 6.

2. Champfleury, *Les Amoureux de Sainte-Périne* (Paris, Bourdilliat, 1859, in-18, IV-303 p.). La scène se passe dans un asile de vieillards à Paris ; l'auteur y raconte les amours de Mlle Miroy

(soixante-cinq ans) pour M. Perdrizet (soixante-dix ans), qui lui préfère Mme de La Gorgette. Analyse émouvante de la passion d'une vieille fille vierge. Flaubert a peut-être pensé à ce roman en écrivant *Un cœur simple*.

À JULES DUPLAN
[22 mars 1858]

Autographe Lovenjoul, A V, fº 370 ; *Supplément*, t. I, p. 246-247, avec la date [1858 ?]. Frédéric Baudry vient déjeuner chez Flaubert le dimanche 28 mars, d'après la lettre suivante, sûrement datée. Voir aussi la référence à Pierre Lanfrey dans la lettre de Flaubert à Mlle Leroyer de Chantepie du 1er mars 1858, p. 800.

3. *Les Farfadets ou Tous les démons ne sont pas de l'autre monde*, par A.-V.-C. Berbiguier de Terre-Neuve Du Thym, Paris, l'auteur, 1821, 3 vol. in-8º, pl. Flaubert relira cet ouvrage en novembre 1872, lorsqu'il préparera *Bouvard et Pécuchet* (voir Marie-Jeanne Durry et Jean Bruneau, « Lectures de Flaubert et de *Bouvard et Pécuchet* », *Rivista di letteratura moderne e comparate*, mars 1962, p. 21).

4. Frédéric Baudry (voir t. I, p. 230, n. 6).

5. Sur Pierre Lanfrey, voir p. 800, n. 3.

Page 803.

À ALFRED BAUDRY
[23 mars 1858]

Autographe non retrouvé ; lettre publiée par Merry Delabost dans *Notre vieux lycée*, bulletin de l'Association des anciens élèves du lycée de Rouen, avril 1911 ; Conard, t. IV, p. 250-251.

1. André Pottier, conservateur de la bibliothèque municipale de Rouen.

2. Juste-Lipse (1547-1606), *De Militia romana libri quinque, commentarius ad Polybium*, Antverpiae, ex officia plantinania, apud viduam, et J. Moretum, 1595-1596, 2 parties en 1 vol. in-4º. La seule édition des *Œuvres complètes* de Juste-Lipse en 3 vol. in-fol. est, à ma connaissance, celle publiée à Anvers, chez Plantin-Moretus, en 1637.

3. Flaubert ne partira pour l'Afrique du Nord que le lundi 12 avril 1858 (voir p. 805).

4. Voir surtout la lettre de Flaubert à Alfred Baudry du 10 février [1858], p. 797-798.

5. Le docteur Achille Flaubert, frère de Gustave.

6. Frédéric Baudry (voir t. I, p. 230, n. 6).

À MADEMOISELLE LEROYER DE CHANTEPIE
6 avril 1858

Autographe non retrouvé ; Conard, t. IV, p. 251-253.

Page 804.

1. Flaubert est passé deux fois par Marseille durant son voyage aux Pyrénées et en Corse, en septembre-octobre 1840 (voir t. I, p. 71 et 75) ; une fois pendant son voyage en Italie avec sa famille, en avril 1845 (t. I, p. 224-225) ; et la quatrième et dernière, du 31 octobre au 4 novembre 1849, avant de s'embarquer pour l'Égypte (t. I, p. 519).

2. Voir la lettre de Mlle de Chantepie du 13 mars 1858, p. 802.

Page 805.

À ALFRED BAUDRY
[Du 5 au 9 avril 1858]

Autographe non retrouvé ; lettre publiée par Merry Delabost dans *Notre vieux lycée,* avril 1911 ; Conard, t. IV, p. 253-254 (avec la date : du 4 au 12 avril 1858). Comme Flaubert part « lundi prochain », le 12 avril, la lettre peut être datée du 5 au 9 avril 1858.

1. Mme Bouilhet mère habitait Cany, village natal de Louis Bouilhet, dans l'arrondissement d'Yvetot.

2. *Sous peine de mort.*

À MONSIEUR X***
[Du 5 au 9 avril 1858]

Autographe Gordon N. Ray ; lettre publiée en fac-similé dans *L'Autographe* du 1er mars 1864, avec cette note marginale : « L'auteur de *Madame Bovary* préméditait alors *Salammbô,* roman punique, où l'imagination et l'érudition se livrent un combat dont le lecteur subit l'ennui et dont l'éditeur empoche les bénéfices. M. Flaubert n'en est pas moins un romancier de premier ordre, et sa lettre vaut la peine d'être méditée par tous les aiglons des lettres " méditant leur essor " » (René Descharmes, éd. du Centenaire, *Correspondance,* t. II, p. 338, n. 1), puis dans *Le Gaulois* du 11 mai 1880 et dans *Les Marges* du 15 novembre 1919... ; Conard, t. IV, p. 254-255.

Page 806.

1. Voir la lettre de Flaubert à Mlle de Chantepie du 23 janvier 1858, p. 794.

2. Flaubert avait promis à Charles-Edmond Chojecki, rédacteur à *La Presse,* de publier *Salammbô* en feuilleton dans son journal. *La Presse* du 4 février 1858 imprime en première page, en gros caractères : « *Salammbô,* roman carthaginois, par M. Gustave Flaubert, auteur de *Madame Bovary* » (voir F.-A. Blossom, *La Composition de « Salammbô » d'après la correspondance de Flaubert...,* p. 64 [n. 3 de la page 63]).

À MICHEL LÉVY

[Avant le 10 avril 1858]

Autographe maison Calmann-Lévy ; lettre publiée par Jacques Suffel dans *Lettres inédites de Gustave Flaubert à son éditeur Michel Lévy,* Paris, Calmann-Lévy, 1965, p. 44. Flaubert quitte Paris le 12 avril pour la Tunisie.

Page 807.

À LOUIS BOUILHET

[23 au 24 avril 1858]

Autographe Lovenjoul, A V, ff⁰ˢ 228-229 ; incomplète dans Conard, t. IV, p. 255-258. Enveloppe (f⁰ 227) : Monsieur Bouilhet, maison de M⁰ Hervet, sur le port, Mantes (Seine-et-Oise), France ; en haut et à droite, toujours de la main de Flaubert : « Ligne de Rouen » ; C.P. Tunis, 25 avril 1858.
Les notes de voyage de Flaubert sont évidemment le meilleur commentaire de ses lettres d'Afrique ; elles se trouvent dans le *Carnet de voyage n⁰ 10,* conservé à la Bibliothèque historique de la ville de Paris. La meilleure édition est celle du Club de l'Honnête Homme, *Œuvres complètes illustrées de Gustave Flaubert,* t. X, p. 175-208, mais le texte n'en est ni sûr ni complet. En voici un exemple (*Carnet de voyage n⁰ 10,* ff⁰ˢ 69 v⁰-70 r⁰ ; *Œuvres complètes...,* t. X, p. 208) : « Tout le monde absent. Cirque *[crique* dans *Œuvres complètes].* " Flaubert, c'est toi Flaubert. " Elle pleurait. maladie de son neveu. Choieski — décors — souper au Café anglais — dans mon escalier — nuit 3 coups [les six mots précédents manquent dans *Œuvres complètes*] — je dors sur mon divan. Duplan Person bouffie de sommeil de pleurs et de fatigue — déjeuner au Café turc. — visite à la Tourbey. — Sabatier, M⁰ Moynier [Maynier dans *Œuvres complètes*]. » Les éditions antérieures, y compris celle de René Dumesnil (*Voyages,* Paris, Les Belles-Lettres, t. II, p. 537-585), comportent de nombreuses fautes de lecture et de graves lacunes. Aimé Dupuy en a relevé quelques-unes dans son intéressant petit livre : *En marge de « Salammbô »,* Paris, Nizet, 1954, 55 p. (p. 4-5). Dans son étude, excellente et joliment illustrée, intitulée « Le séjour de Flaubert en Algérie » (*AFl.,* mai 1968, n⁰ 32, p. 4-52), Mme A. Besson reproduit le texte exact du *Carnet de voyage n⁰ 10* (p. 44-52), mais seulement pour les pages concernant l'Algérie. Outre ces deux ouvrages, voir Pierre Martino, « Notes sur le voyage de Flaubert dans la Régence de Tunis et en Algérie (1858) », dans *Mélanges... offerts à Joseph Vianey,* Paris, Les Presses françaises, 1934, p. 447-457. Dans les notes qui suivent, je citerai le texte du *Carnet de voyage n⁰ 10,* en rétablissant l'accentuation.

a. Tout y est changé ! [c'était autrefois] le rez de chaussée

1. Tanit, la déesse carthaginoise de la Lune, qui joue un si grand rôle dans *Salammbô.* Voir Jean Bruneau, « *Salammbô,* roman de la lumière », *AFl.,* décembre 1963, n⁰ 23, p. 4-8.
2. Sur Eulalie Foucault de Langlade, voir t. I, p. 124, n. 1.

Page 808.

a. profondément pensé <ou senti, je ne sais>

1. Philoxène Boyer, poète et conférencier, ami commun de Flaubert et de Bouilhet.

2. Flaubert écrit : *gipaetes.*

3. « Visité le jardin de Mr Nobeli, en vue de la mer, rosiers en fleurs embaument. — une mosaïque trouvée sur place, représente deux femmes l'une assise & conduisant un monstre marin à bec d'aigles, une autre assise & conduisant un cheval. ses iris entre les oreilles font des flammes rouges. — une 3e danseuse avec des anneaux aux chevilles, pieds et jambes remarquables de forme et de mouvement la droite sur la gauche le champ est semé de poissons. — le nègre, jardinier qui m'a conduit va m'emplir un arrosoir & asperge la mosaïque pr me la faire voir. Je suis pris de tendresse dans ce jardin ! le temps est brumeux. les soldats de la terrasse en face jouent des fanfares » (*Carnet de voyage n° 10,* f° 9 ; *Voyages,* éd. R. Dumesnil, t. II, p. 546 ; lire *Nobeli* au lieu de *Nobels* ; cf. A. Besson, « Le séjour de Flaubert en Algérie », *AFl.,* mai 1968, n° 32, p. 48).

4. Léonie Leparfait, la compagne de Louis Bouilhet.

Page 809.

À ERNEST FEYDEAU
1er mai [1858]

Autographe non retrouvé ; catalogue Andrieux (hôtel Drouot, 30-31 mai et 1er-2 juin 1928, n° 181) ; Conard, t. IV, p. 258-259.

1. Texte du catalogue Andrieux ; l'édition Conard porte : « ... c'est là qu'il est bien ! » (t. IV, p. 258).

2. « *Samedi, 1er mai.* — Porté mes lettres au consulat [...]. En allant à Utique [...] » (*Carnet de voyage n° 10,* f° 16 v° ; *Voyages,* éd. R. Dumesnil, t. II, p. 553).

3. Flaubert n'aura « ni le temps ni l'argent » pour se rendre à El-Djem, Sousse et Sfax (du nord au sud, Sousse, El-Djem et Sfax). Voir sa lettre à Ernest Feydeau du 8 mai 1858, p. 812.

4. Sur le voyage à El-Kef, voir le *Carnet de voyage n° 10,* ff°s 51 v° et suiv., et *Voyages,* éd. R. Dumesnil, t. II, p. 571-579. Flaubert écrit : *Kieff.*

5. *Fanny* n'est pas dédiée à Sainte-Beuve, mais à Julien Turgan ; la dédicace est datée du 22 juin 1858.

Page 810.

À LOUIS BOUILHET
8 [mai 1858]

Autographe Lovenjoul, A V, ff°s 231-232 ; *Supplément,* t. I, p. 237-239. Enveloppe (f° 230) : Monsieur Bouilhet, maison de Me Hervet, sur le port, Mantes ; en haut à droite, toujours de la

main de Flaubert : « Ligne du Havre ». Flaubert n'a pas eu à
préciser « France », car la lettre est envoyée par les soins du consul,
comme la précédente (voir p. 809, n. 2) et les suivantes. C.P. Tunis,
9 mai 1858.

1. Voir la réponse de Louis Bouilhet du [18 mai 1858] à l'Appendice VI, p. 996-997.

2. La pension Carrel ou Carel était située rue du Grand-Mau-
lévrier ; c'est dans les locaux de cette pension que Bouilhet,
Émonin, Vieillot et Vincent avaient fondé en 1849 leur institution
préparatoire au baccalauréat ès lettres. Voir la lettre de Flaubert à
Louise Colet du [4 septembre 1852], p. 149, n. 10.

3. Louis Bouilhet répond à Flaubert : « Je connais beaucoup de
nom le Dubois dont tu me parles, c'est un brillant sujet de l'école
Poltnikh !... J'ai été, à Rouen, professeur de son frère ! c'est moi
qui l'ai fait recevoir bachelier. Il donne actuellement des leçons
de mathématiques à Paris » (lettre du [18 mai 1858], Appendice VI,
p. 997).

4. Juliette Flaubert, la fille du docteur Achille, épousera Adolphe
Roquigny le 17 avril 1860. Mais, comme le fait remarquer Louis
Bouilhet, dans sa réponse à Flaubert du [18 mai 1858] : « Quant aux
Roquigny, ils ont dû être bien bons, à Tunis. Mais je ne crois
pas que ce soient les Roquigny que je connais ; la famille est
très nombreuse » (Appendice VI, p. 997).

5. *Fanny, étude,* annoncée le 22 mai 1858 dans la *Bibliographie
de la France.* Le roman de *Fanny* est écrit à la première personne.
Roger, le héros, est l'amant d'une femme mariée, Fanny. Il devient
jaloux de son mari, « une espèce de taureau à face humaine »
(Paris, Amyot, 1859, 14e éd., p. 35). Une nuit, il se cache sur le
balcon de la maison de Fanny et assiste à leur coucher (*ibid.*, p. 206 et
suiv.). Roger reproche à Fanny son double amour : « Oh ! Fanny !
tu aimes deux hommes, moi et lui » (*ibid.*, p. 228). Il se suicide.
L'idée était bonne, et Henry Becque la reprendra dans *La Parisienne ;* mais ce roman mélodramatique est très mal écrit. Le sous-
titre : *Étude,* est une référence aux *Études de mœurs* de Balzac.

Page 811.

1. « Le drame » n'est pas *Hélène Peyron,* comme le croit le *Supplément* (t. I, p. 239, n. 2), mais *Sous peine de mort,* que Bouilhet
venait d'entreprendre. La pièce ne sera jamais jouée. L'abbé
Léon Letellier en a publié le manuscrit comme thèse complémentaire (Rouen, impr. de la Vicomté, 1919, in-8º, IX-128 p.). Voir les
notes des lettres de Bouilhet à Flaubert de l'année 1858, et surtout
la lettre du [3 juillet 1858], Appendice VI, p. 998, n. 12.

À ERNEST FEYDEAU
8 mai 1858

Autographe non retrouvé ; catalogue Andrieux (hôtel Drouot,
30-31 mai et 1er-2 juin 1928, nº 182) ; Conard, t. IV, p. 259-261.

R. Descharmes fait remarquer que certaines des dates données par Flaubert dans ses notes de voyage sont erronées (*Correspondance*, éd. du Centenaire, t. II, p. 341, n. 2). Il faut lire « Jeudi 6 mai », « Vendredi 7 », « Samedi 8 » et « Dimanche 9 » (*Carnet de voyage n⁰ 10*, ff⁰ˢ 34 v⁰ et 40 v⁰ ; *Voyages*, éd. R. Dumesnil, t. II, p. 562 et 564).

2. Ce nègre s'appelle Fregy (*Carnet de voyage n⁰ 10*, f⁰ 44 v⁰ ; *Voyages*, éd. R. Dumesnil, t. II, p. 568).

3. « *Jeudi* 29 [avril] : « [...] Nous avions, en venant là, vu un Carragheuss : Il avait une bosse et une espèce de costume espagnol [...]. J'en vois un autre : celui-ci est mieux. [...] Un homme, entre les deux bancs, dans l'étroit passage qu'ils [les Arabes] laissent, marchait en cadence en relevant très haut les genoux, ou bien dansait sans les remuer, agitant le bassin à la mode égyptienne (mais avec quelle infériorité !). Ce qu'il y avait de beau, c'étaient les trois musiciens qui, de temps à autre et à intervalles réguliers, reprenaient ce qu'il disait, ou mieux *réfléchissaient* tout haut à la façon du chœur. Cela était très dramatique et il me sembla que j'avais compris. Quant au Carragheuss, son pénis ressemblait à une poutre. Ça finissait par n'être plus indécent. Il y en a plusieurs Carragheuss ; je crois le type en décadence » (*Voyages*, éd. R. Dumesnil, t. II, p. 551-552 ; voir *Carnet de voyage n⁰ 10*, ff⁰ˢ 15 v⁰- 16 r⁰).

4. « nuit gaie — Bogo seul dort St Foix ne rêve que khépi et revolver — de temps à autres un de nous se relève et alimente la lampe avec l'huile de notre boîte à sardines » (*Carnet de voyage n⁰ 10*, ff⁰ˢ 18-19).

Page 812.

1. C'est ce que fera Flaubert (voir *Carnet de voyage n⁰ 10*, ff⁰ˢ 51 et suiv. ; *Voyages*, éd. R. Dumesnil, t. II, p. 571-582).

2. *Fanny* est annoncée le 22 mai 1858 dans la *Bibliographie de la France.*

3. Théophile Gautier.

À SA NIÈCE CAROLINE
[8 mai 1858]

Autographe Lovenjoul, A II, ff⁰ˢ 9-10 ; Conard, t. IV, p. 261-263, avec la date : deuxième semaine de mai, du 2 au 9. La lettre est du 8 mai 1858, comme les précédentes : « *Samedi* [8]. — Écrit des lettres. *Dimanche* [9], parti pour Bizerte » (*Carnet de voyage n⁰ 10*, f⁰ 39 v⁰ ; *Voyages*, éd. R. Dumesnil, t. II, p. 564). Au folio 10 v⁰, de la main de Caroline (?) : « Mademoiselle Caroline Hamard, Je vous aime bien mieux seulement que l'anglais ? Madame J. Lambert. » Ma lecture n'est pas certaine.

4. Les poupées de Caroline Hamard.

5. M. Wood, consul général d'Angleterre à Tunis, le rival du consul général de France, Léon Roches. Voir Aimé Dupuy,

En marge de « Salammbô », p. 17-20, et *Voyages,* éd. R. Dumesnil, t. II, *passim.* Aimé Dupuy se réfère surtout au livre d'Armand de Flaux, *La Régence de Tunis au XIXᵉ siècle,* Paris, Challamel, 1865, in-8º, 411 p.

Page 813.

1. Narcisse, le domestique de Flaubert.

À JEANNE DE TOURBEY
15 mai [18]58

Autographe Pierpont Morgan Library, Coll. Heineman, mss. 96; *Supplément,* t. I, p. 239-240.

2. Jeanne de Tourbey habitait rue de Vendôme, l'actuelle rue Béranger, et Flaubert, tout près de là, boulevard du Temple (*Supplément,* t. I, p. 239, n. 3).

Page 814.

1. « ... le Bey paraît et s'assoit sur sa chaise en os de poisson ; un sabre et des pistolets sont derrière lui avec sa tabatière et son mouchoir. Figure fatiguée, bête, grisonnant, grosses paupières, œil enivré. Il disparaît sous les dorures et les croix. Chacun, à la file l'un de l'autre, vient baiser l'intérieur de sa main, dont il appuie le coude sur un coussin. Presque tous donnent deux baisers : un, puis ils touchent le haut de la main avec leur front, et un second baiser pour finir » (*Voyages,* éd. R. Dumesnil, t. II, p. 569 ; voir *Carnet de voyage nº 10,* fº 45 vº).

À JULES DUPLAN
20 mai [1858]

Autographe Lovenjoul, A V, ffᵒˢ 371-372 ; Conard, t. IV, p. 263.

2. Personnage du marquis de Sade. Cardoville est un robin de Lyon, ville natale de Jules Duplan. Il joue un rôle très épisodique (*Justine ou les Malheurs de la vertu,* in *Œuvres complètes du marquis de Sade,* Paris, éd. du Cercle du Livre précieux, 1963, t. III, p. 326 et suiv. ; et *La Nouvelle Justine...,* t. VII, p. 388 et suiv.).

Page 815.

1. Jérôme et le mousse, personnages de *La Nouvelle Justine ou les Malheurs de la vertu,* du marquis de Sade (*Œuvres complètes,* éd. du Cercle du Livre précieux, 1963, t. VII, p. 57-58).
2. Pas toujours cependant ! « Jeudi 20. dîner chez Mr. Wood — le soir Moynier Dʳ & Mᵉ Rousseau. Soirée chez M. de Kraff musiciens juifs que j'ai déjà vus dans un café Mr de Montès, le colonel Caligaris, Dubois, Cavalier. Dans le patio, flambeau d'argile verte au milieu sur une table, poissons dans un bocal et eau-de-vie. Les deux chambres ouvertes, un grand flambeau par terre au milieu comme un candélabre d'église. Ra'hel, petite,

maigre, museau allongé, les sourcils complètement rejoints par de la peinture noire-rouge. Danse du crapaud le cul plus haut que tout le reste gde liberté de manière. Le valet de Marsen en veste rouge cumule les deux goûts. / Sortis à 2 h du matin. Vendredi visite à Ra'hel près du Souk aux Cuirs. Escalier = Kandah merde, une chambre au fond, une à gauche ces dames au salon ! un beau collier d'or à grands anneaux tout plats. Ma chambre ! pierres ! on cale la porte avec deux pierres, portière en mince calicot au fond. Gueulades des Juifs. On bouche la fenêtre avec un oreiller. Grand lit à moustiquaire, horribles draps, couverture à bandes rouges. Un matelas brun de crasse. On voit le jour par les murs et on a peur de faire s'écrouler la maison en limant. Mouvement de poêle à frire continu » (*Carnet de voyage n⁰ 10*, f⁰ 50 r⁰ ; *Œuvres complètes illustrées de Gustave Flaubert*, t. X, p. 199). Tout le passage depuis « Mr de Montès » jusqu'à la fin manque dans *Voyages*, éd. R. Dumesnil, t. II, p. 571. Aimé Dupuy le cite incomplètement dans *En marge de « Salammbô »*, ouvr. cité, p. 21.

À ERNEST FEYDEAU
20 mai 1858

Autographe non retrouvé ; catalogue Andrieux (hôtel Drouot, 30-31 mai et 1er-2 juin 1928, n⁰ 183) ; Conard, t. IV, p. 264.

3. Flaubert arrivera à Paris, en effet, le samedi 5 juin 1858 : « Le boulevard en été. Ma maison vide. Bousculade pour aller chez Feydeau : on me sert à dîner » (*Voyages*, éd. R. Dumesnil, t. II, p. 584).

4. *Fanny*, roman d'Ernest Feydeau, est annoncée le 22 mai 1858 dans la *Bibliographie de la France*.

Page 816.

À LOUIS BOUILHET
[3 juin 1858]

Autographe Lovenjoul, A V, ff⁰ˢ 234-235 ; *Supplément*, t. I, p. 241-242. Enveloppe (f⁰ 233) : Monsieur Louis Bouilhet, maison de Mᵉ Hervet, sur le port, Mantes ; en haut et à droite, toujours de la main de Flaubert : Ligne du Havre. C.P. 5 juin 1858. Réponse à la lettre de Louis Bouilhet du [18 mai 1858] (Appendice VI, p. 996-997).

1. Flaubert arrivera à Paris le samedi 5 juin au soir, comme le montre la fin de la lettre, datée de « samedi soir ».

2. Allusion, sans doute, à la lettre de Louis Bouilhet arrivée à Tunis le 13 mai (*Carnet de voyage n⁰ 10*, f⁰ 45 r⁰ ; *Voyages*, éd. R. Dumesnil, t. II, p. 568). Je n'ai pu retrouver cette lettre.

3. Léonie Leparfait, la compagne de Louis Bouilhet.

4. De « Je m'attends » à « Mulot » : marge de gauche du folio 1 r⁰.

5. Cette phrase se trouve en haut et à gauche du folio 1 r⁰.

6. Je n'ai pas retrouvé cette lettre de Louis Bouilhet à Flaubert.

Page 817.

À MADAME JULES SANDEAU

[Vers le 12 juin 1858]

Autographe non retrouvé ; lettre publiée par André Doderet, *Revue de Paris*, 15 juillet 1919, p. 229, et communiquée par Mme Louis Loviot, née Delzant ; Conard, t. IV, p. 265. Flaubert arrive à Rouen le mercredi 9 juin.

1. Grandcamp-les-Bains, sur la côte du Calvados, à une vingtaine de kilomètres au sud-ouest de Bayeux.

2. *La Maison de Pénarvan*, par Jules Sandeau, roman annoncé dans la *Bibliographie de la France* le 3 avril 1858.

3. La collection Lovenjoul possède deux lettres de Jules Sandeau à Flaubert (B VI, ff^os 19-21) et trois lettres de Paule Sandeau à Flaubert (B VI, ff^os 22-26). Il semble que Mme Sandeau ait eu un brin de passion pour Flaubert : Caroline Franklin-Grout écrit dans ses *Heures d'autrefois* : « Quant à sa femme [Paule Sandeau], malgré l'énormité de l'appendice qu'elle portait au milieu du visage, et une voix nasillarde, c'était plutôt une belle personne, agréable, grande, élancée, de gestes lents et gracieux ; elle tenait on ne peut mieux son salon... Elle m'avait prise en affection... Dans le désir de s'occuper de ma personne, il y avait, je l'ai deviné depuis, le désir d'afficher son intimité avec mon oncle. Jusqu'où cette intimité est-elle allée, je ne saurais le dire. Elle fut certes très coquette avec lui, mais lui, je crois, se défiait d'elle ; il avait en quelque sorte peur de l'ascendant que pourrait prendre sur lui une femme de ce caractère ambitieux » (passage inédit communiqué par Mme Chevalley-Sabatier).

Trois ans plus tard, le 5 août 1861, Maxime Du Camp écrit à Flaubert : « J'ai vu plusieurs fois la mère Sandeau avant mon départ ; elle a vraiment beaucoup d'affection pour toi et cela m'a touché, elle a remué mon vieux cœur par la bonne façon dont elle parle de toi. Elle est bien bonne femme, douce et serviable ; mais je suis de ton avis, il y a ce sacré nez ; depuis que tu m'en as parlé, il me semble plus long qu'autrefois. Je crois que cela lui ferait plaisir de casser une croûte de sentiment avec toi. Bath ! Fais un effort et casse-la, nez en plus ou nez en moins, qu'est-ce que cela fait ! Baise-la en levrette, le chignon cache le pif » (Lovenjoul, B II, ff^os 285-286 ; Giovanni Bonaccorso et Rosa Maria di Stefano, *Maxime Du Camp : Lettres inédites à Gustave Flaubert*, Messina, Edas, 1978, p. 236 [lire *pif* au lieu de *pis*]).

À ERNEST FEYDEAU

[20 juin 1858]

Autographe non retrouvé ; catalogue Andrieux (hôtel Drouot, 30-31 mai et 1er-2 juin 1928, n° 185) ; Conard, t. IV, p. 265-267.

4. Voir le *Carnet de voyage n⁰ 10,* Bibliothèque historique de la ville de Paris, et le texte très approximatif et lacunaire publié dans *Voyages,* éd. R. Dumesnil, t. II, p. 537-585.

5. Louis Bouilhet arrive à Croisset le lundi 14 juin 1858. Voir sa lettre à Flaubert du [11 juin 1858], Appendice VI, p. 997. Il repartira le dimanche 27 juin.

6. Aimé Dupuy écrit : « En examinant [...] le contenu du Carnet [de voyage] 10, il est facile de remarquer que, sur une cinquantaine de pages de texte imprimé, le tiers à peine de ces Notes répond strictement au souci du voyageur : savoir, la visite des lieux historiques ou présumés tels où se situera l'action du roman projeté ; et en outre, la prise de contact effective de l'écrivain avec le décor naturel et humain de la future *Salammbô.* [...] N'empêche que la majeure partie des pages de notre Carnet concerne, en réalité, quantité de notations qui semblent hors sujet, puisqu'elles intéressent, prises sur place, non l'Afrique ancienne, mais bien l'Algérie constantinoise et surtout la Régence de Tunis, telles que Flaubert a pu les observer à l'époque de son voyage » (*En marge de « Salammbô »,* p. 6-7). Aimé Dupuy oublie que pour Flaubert l'*Orient* est éternel, ou plutôt qu'il commence à peine à évoluer depuis l'Antiquité : voir Jean Bruneau, *Le Conte oriental de Flaubert,* Paris, Denoël, 1973, p. 190-193. Pour *Salammbô,* Flaubert se servira des paysages de Tunisie, de même que des scènes auxquelles il assiste ou participe, depuis la visite chez la courtisane Ra'hel jusqu'aux randonnées à cheval.

Page 818.

1. *Fanny,* roman d'Ernest Feydeau, annoncée dans la *Bibliographie de la France* du 22 mai 1858.

2. Les *Fêtes de bienfaisance* des 26, 27 et 28 juin 1858. Voir le *Nouvelliste de Rouen* des 27 et 28-29 juin, le *Journal de Rouen* des 28 et 29 juin, et *L'Illustration* du 3 juillet (F.-A. Blossom, *La Composition de « Salammbô » d'après la correspondance de Flaubert,* p. 26).

3. *Madame de Montarcy,* drame de Louis Bouilhet, dont la première avait eu lieu à l'Odéon, le 6 novembre 1856, sera jouée à Rouen le 24 juin 1858.

4. M. et Mme Ernest Feydeau. Voir la lettre de Flaubert à Ernest Feydeau du [9 août 1858], p. 829.

5. Arsène Houssaye, directeur de *L'Artiste.*

6. Théophile Gautier.

7. Flaubert écrit : *Medragen.* Flaubert semble avoir confondu deux tombeaux : le K'bour Roumia, improprement appelé Tombeau de la Chrétienne, près d'Alger, et le Medracen, près de la route qui va de Constantine à Batna. Mme A. Besson consacre à ce problème trois pages excellentes (« Le séjour de Flaubert en Algérie », *AFl.,* mai 1968, n⁰ 32, p. 38-40), où elle montre combien les deux pyramides numides, qui passaient pour contenir des trésors, ont

inspiré Flaubert pour sa description du Trésor d'Hamilcar (*Salammbô*, éd. Conard, p. 166 et suiv.).

À ERNEST FEYDEAU

[24 juin 1858]

Autographe non retrouvé ; catalogue Andrieux (hôtel Drouot, 30-31 mai et 1er-2 juin 1928, no 171) ; Conard, t. IV, p. 267-268.

8. Je n'ai pu identifier Clémence.

Page 819.

1. S'agit-il de Clémence, ou d'une autre amie de Flaubert ?
2. La première à Rouen de *Madame de Montarcy*, drame de Louis Bouilhet, a lieu le 24 juin 1858, ce qui permet de dater cette lettre.
3. Voir p. 818 et n. 2.
4. Flaubert avait promis de publier *Salammbô* dans *La Presse,* où Charles-Edmond Chojecki était rédacteur. L'affaire n'aboutira pas, à la grande joie de Flaubert ; mais elle prouve que, malgré les difficultés rencontrées pour la publication de *Madame Bovary* dans la *Revue de Paris* (voir p. 635 et suiv.), il n'était pas opposé par principe à donner ses romans aux journaux et revues, car cela rapportait beaucoup d'argent. Ce qui l'irrite, c'est d'être obligé de fournir sa copie à une date fixe, annoncée dans les journaux.

À JULES DUPLAN

[1er juillet 1858]

Autographe Lovenjoul, A V, ffos 373-374 ; incomplète dans Conard, t. IV, p. 269-270, avec la date [fin juin-début juillet 1858]. La lettre est du jeudi 1er juillet 1858, car elle mentionne l'article de Jean Rousseau dans *Le Figaro* du dimanche 27 juin 1858.

Page 820.

a. Quand on n'aura rien à [faire] <écrire> on jouera

1. Le scénario de *Salammbô* et celui de *Sous peine de mort* (voir la lettre de Louis Bouilhet à Flaubert du [3 juillet 1858], Appendice VI, p. 998 et n. 12).
2. La première représentation à Rouen de *Madame de Montarcy,* drame de Louis Bouilhet, a lieu le 24 juin 1858 au Théâtre des arts de Rouen.
3. Jean Rousseau, « Les Hommes de demain, II. M. Gustave Flaubert », *Le Figaro,* dimanche 27 juin 1858 ; ce long article, intelligent et amusant, critique la méthode de création de Flaubert ; en voici la fin : « À mesure que se déroule ce roman, [...] je reconnais tous les agendas qui sont entrés dans le roman : l'agenda du collégien, l'agenda de l'étudiant en médecine, l'agenda du promeneur, l'agenda de l'amoureux, l'agenda du flâneur, etc. [...]. Que fera

M. Gustave Flaubert, quand il n'aura plus d'agenda sous la main ?
Il va écrire, dit-on, un roman carthaginois : trouvera-t-il l'agenda
d'Hannibal ? » (p. 5).

4. Ce chapitre était prévu comme le troisième du roman ;
Flaubert songera plus tard à en faire la préface ou le premier
chapitre, puis y renoncera complètement. Le manuscrit (B.N.,
N.A.F. 23658) a été reconstitué par M. Max Aprile d'après la dernière version de Flaubert, et publié dans les *Œuvres complètes
illustrées de Gustave Flaubert,* éd. du Club de l'Honnête Homme,
t. XII, p. 276-303. Les deux premiers paragraphes de cette version
avaient été reproduits par Léon Abrami dans son édition de
Salammbô (Paris, Conard, 1921, p. 470-471). Sur ce chapitre et sa
place dans l'économie du roman, voir l'excellente présentation de
Max Aprile, *ibid.,* p. 263-276.

5. Personnage du marquis de Sade. Voir la lettre de Flaubert à
Jules Duplan du 20 mai [1858], p. 814, n. 2.

6. Voir la lettre de Flaubert à Ernest Feydeau du [20 juin 1858],
p. 818, n. 2.

7. Baptiste-Jacques-Jules Cudot sort du Conservatoire en 1819
et joue les pères nobles à Rouen de 1840 à 1870 (Lyonnet).

Page 821.

À MADEMOISELLE LEROYER DE CHANTEPIE
11 juillet [1858]

Autographe non retrouvé ; Conard, t. IV, p. 270-272. Flaubert
y répond à la lettre de Mlle de Chantepie du 13 mars 1858, p. 800.

1. Allusion aux *Femmes savantes* de Molière, où Philaminthe dit
à Chrysale :

> *Le corps, cette guenille, est-il d'une importance,*
> *D'un prix à mériter seulement qu'on y pense ?*

Acte II, sc. VII.

Page 822.

1. Mlle de Chantepie suivra ce conseil : *Souvenirs et impressions
littéraires,* Paris, Perrin, 1892, in-8°, 277 p. Mais il s'agira moins de
« Mémoires » que de critique littéraire : voir surtout les chapitres
sur George Sand (p. 185-192) et sur Flaubert (p. 263-271).

MADEMOISELLE LEROYER DE CHANTEPIE
À GUSTAVE FLAUBERT
17 juillet [18]58

Autographe non retrouvé ; copie R. Descharmes, B.N., N.A.F.
23825, f°s 254-260.

Page 827.

1. Sur *La Légende de Pâquerette,* voir la réponse de Flaubert, dans sa lettre à Mlle de Chantepie du [4 septembre 1858], p. 832.

À SA NIÈCE CAROLINE
[31 juillet 1858]

Autographe Lovenjoul, A II, f⁰ˢ 7-8 ; lettre publiée dans les *Œuvres complètes illustrées de Gustave Flaubert,* éd. du Club de l'Honnête Homme, *Correspondance,* t. II, p. 637-638, à la date de [fin juillet 1858]. La lettre est écrite un samedi, puisque Flaubert attend sa mère et sa nièce « demain » ou « lundi ». D'après la lettre de Flaubert à Jules Duplan du [1ᵉʳ juillet 1858] (p. 820), Mme Flaubert devait aller à Trouville pour une huitaine « vers la fin du mois ». La lettre est donc du [samedi 31 juillet 1858].

2. Mme Flaubert et Caroline revenaient de Trouville, par chemin de fer ou par eau.

3. Zélie Croixmare ou Croix-Marre serait-elle une parente des Flaubert ? La grand-mère maternelle de Flaubert, Anne-Charlotte-Justine-Camille, née le 23 octobre 1762 à Pont-l'Évêque, était la fille de Nicolas-Guillaume-Justin Cambremer de Croixmare et d'Anne-Françoise Fouet. Anne Fouet était la veuve de Gabriel Lebarbier, dont les ancêtres sont qualifiés de « sieurs de Croixmare ». Aucun rapport avec l'illustre famille des marquis de Croixmare. Voir l'excellent article de Gilles Henry, « Les ancêtres de la mère de Gustave Flaubert », *Bulletin des Amis de Flaubert,* décembre 1975, n⁰ 47, p. 15-32 ; M. Henry publie tous les actes retrouvés concernant la famille de la mère de Flaubert, jusqu'à la sixième génération.

À EUGÈNE DELATTRE
1ᵉʳ août [1858]

Autographe non retrouvé ; lettre publiée dans la *Revue de la semaine* du 16 décembre 1921 ; Conard, t. IV, p. 272-274. .

4. Eugène Delattre, *Tribulations des voyageurs et expéditeurs en chemin de fer,* ouvrage publié en feuilleton dans *L'Audience,* à partir du 21 juillet 1858 (R. Descharmes, éd. du Centenaire, t. II, p. 351, n. 1).

5. La femme d'un Bourguignon étant morte à Paris, il apprend qu'il lui coûterait 150 francs pour ramener son corps dans un cercueil, et 2,35 F en colis accompagné. Il choisit la seconde solution : « *C'est d'importance,* dit-il [à l'employé] ; je serais désolé qu'il vînt à se disloquer » (*ibid.,* p. 52-55).

Page 828.

1. « M. Léon, élégant étudiant en droit [allusion à *Madame Bovary*], éprouve une crainte plus légitime [que le Bourguignon] ;

il a lu également la mention du bulletin : " 150 francs pour une malle ", et il calcule que la sienne contient :

un habit neuf	— 120 fr., 0 c.
une redingote	— 100 fr., 0 c.
deux pantalons	— 60 fr., 0 c.
six chemises à 15 fr.	— 90 fr., 0 c.
cravates, cols	— 25 fr., 0 c.
une paire de bottes fines	— 28 fr., 0 c.
un volume de droit civil, par Mourlon	— 8 fr., 0 c.
L'Insecte et l'Oiseau, par Michelet	— 6 fr., 0 c.
La *Melaenis,* de Bouilhet	— 1 fr., 0 c.
Madame Bovary, par Flaubert, 2 vol.	— 2 fr., 0 c.
une paire de chaussettes	— 1 fr., 50 c.
	441 fr., 50 c.

« Et cependant, se dit-il, si un destin contraire faisait évanouir ma malle, l'administration prétendrait ne me rembourser que 150 francs » (*ibid.,* p. 60).

2. *Omne tulit punctum qui miscuit utile dulci* (Horace, *Art poétique,* v. 343).

3. Eugène Delattre imagine un dialogue entre M. Prudhomme et M. Finevue sur les parcours gratuits (*ibid.,* p. 35-39).

4. Cette lettre n'a pas été retrouvée. Sur le peintre Foulongne, voir p. 742, n. 2.

5. Eugène Delattre était de Ramburelles, arrondissement d'Abbeville, dans la Somme.

6. *Hélène Peyron,* drame de Louis Bouilhet, sera jouée à l'Odéon le 11 novembre 1858.

Page 829.

À ERNEST FEYDEAU
[9 août 1858]

En partie inédite. Autographe Me Antoine Perrod ; fragment publié dans les *Œuvres complètes illustrées de Gustave Flaubert,* éd. du Club de l'Honnête Homme, *Correspondance,* t. II, p. 633, à la date de juin 1857. Flaubert avait invité M. et Mme Feydeau à venir à Croisset après le retour de Trouville de sa mère ; elle revient le dimanche 1er ou le lundi 2 août, et Flaubert « réitère » l'invitation de sa mère le mercredi 4. Cette lettre est donc du 9 août 1858. Cette date est corroborée par la lettre de Flaubert à Ernest Feydeau du [28 août 1858] (voir plus loin, p. 830). Les Feydeau viendront, comme prévu, le samedi 14. La lettre ne peut être que de 1858, puisque Flaubert menace de « déblatére[r] contre *Fanny* », roman paru en 1858.

1. *Fanny,* roman d'Ernest Feydeau, annoncée dans la *Bibliographie de la France* le 22 mai 1858.

À ERNEST FEYDEAU
[11 août 1858]

Autographe non retrouvé ; lettre provenant de l'ancienne collection Pierre Lambert et publiée dans les *Œuvres complètes illustrées de Gustave Flaubert,* éd. du Club de l'Honnête Homme, *Correspondance,* t. V, p. 367, à la date de [fin août 1857]. Elle est en réalité du mercredi [11 août 1858] (voir la note bibliographique de la lettre précédente). « Au dos, papillon collé extrait d'un journal indiquant l'horaire des trains de Paris à Rouen » (éd. citée, t. V, p. 367, n. 3).

Page 830.

À ERNEST FEYDEAU
[28 août 1858]

Autographe non retrouvé ; catalogue Andrieux (hôtel Drouot, 30-31 mai et 1er-2 juin 1928, n° 198) ; Conard, t. IV, p. 274-276. La lettre est datée par l'article sur *Fanny* de L. Léouzun Le Duc, paru dans *La Presse* du 24 août 1858. Elle est visiblement incomplète.

1. Les Feydeau étaient venus à Croisset (voir la note bibliographique de la lettre de Flaubert à Ernest Feydeau du [9 août 1858], p. 829).

2. Théophile Gautier venait de recevoir la rosette d'officier de la Légion d'honneur (voir *Le Moniteur universel* du 8 août 1858).

3. Jérôme : personnage de *La Nouvelle Justine ou les Malheurs de la vertu,* du marquis de Sade (*Œuvres complètes,* Paris, Au Cercle du livre précieux, 1963, t. VII, p. 57-58).

Page 831.

1. Aglaé Sabatier (voir p. 605, n. 6).

2. Voir la note bibliographique de cette lettre.

3. Karl Ritter, *Géographie générale comparée...,* traduite par Eugène Buret et Édouard Desor, Paris, Paulin, 1835-1836, 3 vol. in-8°. Ces trois volumes concernent seulement l'Afrique.

4. Samuel Bochart, *Geographia sacra, cujus pars prior, Phaleg, de dispersione gentium et terrarum divisione facta in aedificatione turris Babel, pars posterior, Chanaan, de Coloniis et sermone Phoenicio agit...,* Francofurti ad Moenum, impensis J. D. Zunneri, 1681, in-4°, XXXVIII, 864, 70 p. (1re éd., 1646).

5. Diodore de Sicile, historien grec, né vers 90 avant Jésus-Christ, a écrit une *Bibliothèque historique* en quarante livres, où il retraçait l'histoire de l'humanité depuis les temps fabuleux jusqu'à la conquête des Gaules par César. Un tiers seulement de l'ouvrage a subsisté.

À MADEMOISELLE LEROYER DE CHANTEPIE
[4 septembre 1858]

Autographe non retrouvé ; Conard, t. IV, p. 276-278. Cette lettre s'est croisée avec la suivante.

6. La première d'*Hélène Peyron,* au théâtre de l'Odéon, aura lieu le 11 novembre 1858.

7. *Fanny* est annoncée dans la *Bibliographie de la France* le 22 mai 1858.

Page 832.

1. Voir la lettre de Mlle de Chantepie à Flaubert du 17 juillet [18]58, p. 823-826.

2. *La Légende de Pâquerette* (voir *ibid.,* p. 827).

3. Djeddah, port d'Arabie, sur la mer Rouge, à 90 kilomètres de La Mecque. Djeddah est une ville sainte ; le consul de France Éveillard venait d'y être assassiné.

MADEMOISELLE LEROYER DE CHANTEPIE À GUSTAVE FLAUBERT
5 septembre 1858

Autographe non retrouvé; copie R. Descharmes, B.N., N.A.F. 23825, ffos 261-262. Cette lettre s'est croisée avec la précédente.

Page 833.

1. Sur Agathe, voir la lettre de Mlle de Chantepie à Flaubert du 17 juillet [18]58, p. 823-826.

2. Mlle de Chantepie utilisait sans doute l'édition des *Œuvres de Leibnitz,* précédée d'une introduction par A. Jacques, Paris, Charpentier, 1842, 2 vol. in-18. Le premier volume contient les *Nouveaux Essais sur l'entendement humain,* le second les *Essais de Théodicée sur la bonté de Dieu, la liberté de l'homme et l'origine du mal.*

3. *L'Oiseau* et *L'Insecte* (1856 et 1857), de Jules Michelet.

4. Sur le chanteur Rousseau-Lagrave, voir la lettre de Mlle de Chantepie à Flaubert du 17 juillet [18]58, p. 824-826.

5. Voir la lettre de Mlle de Chantepie à Flaubert du 17 juillet [18]58, p. 827.

MADEMOISELLE LEROYER DE CHANTEPIE À GUSTAVE FLAUBERT
12 septembre 1858

Autographe non retrouvé; copie R. Descharmes, B.N., N.A.F. 23825, ffos 263-265. Réponse à la lettre de Flaubert du [4 septembre 1858], p. 831.

Page 834.

1. Voir la lettre de Mlle de Chantepie à Flaubert du 22 janvier 1858, p. 793, et les réponses de Flaubert des 23 janvier et 1er mars 1858, p. 794 et 799.

2. *Fanny,* roman d'Ernest Feydeau, que Flaubert avait recommandé à sa correspondante (voir p. 831).

3. Voir la lettre précédente, p. 833.

4. Sur Agathe, voir la lettre de Mlle de Chantepie à Flaubert du 17 juillet [18]58, p. 823-826.

Page 835.

À JULES DUPLAN

[15 (?) septembre 1858]

Autographe Lovenjoul, A V, ff^os 375-376 ; *Supplément,* t. I, p. 243. Flaubert est au milieu de son premier chapitre (la description de Carthage à laquelle il renoncera ; voir sa lettre à Jules Duplan du [1er juillet 1858], p. 820, n. 4) il part pour Paris dans la semaine du lundi 1er novembre, ayant « à peu près écrit trois chapitres » (lettre à Ernest Feydeau du [milieu d'octobre 1858], p. 837). Cette lettre serait donc du milieu de septembre 1858, peut-être du mercredi 15 ?

a. la volupté de [te voir] <recevoir ta personne>

1. Cardoville, surnom de Jules Duplan. Voir la lettre de Flaubert à Jules Duplan du 20 mai [1858], p. 814, n. 2.

Page 836.

1. Ce second chapitre deviendra en effet le premier du roman publié. Flaubert renoncera au chapitre d'introduction ou « préface » qu'il venait d'écrire à son retour de Tunisie. Voir la lettre de Flaubert à Ernest Feydeau du [19 décembre 1858], p. 845, et la lettre de Flaubert à Jules Duplan du [1er juillet 1858], p. 820, n. 4.

2. *Sous peine de mort :* voir la lettre de Louis Bouilhet à Flaubert du [3 juillet 1858], Appendice VI, p. 998, n. 12 et *passim.*

À ERNEST FEYDEAU

[Première quinzaine d'octobre 1858]

Autographe non retrouvé ; catalogue Andrieux (hôtel Drouot, 30-31 mai et 1er-2 juin 1928, n° 174) ; Conard, t. IV, p. 335-336. Cette lettre est antérieure de peu à la lettre suivante.

3. Père Jacob Mosander, *De probatis sanctorum historiis...,* éditées par Surius (le Père Lorenz Suhr), Coloniae Agrippae, 1579-1581, 4 vol. in-fol. C'est dans cette collection que Corneille a trouvé le sujet de *Polyeucte.*

4. S'agit-il de Léon VI, dit le Sage et le Philosophe, empereur d'Orient de 886 à 911, auteur d'un *Traité de tactique* publié par Meursius à Leyde en 1612 et traduit par Maizeroy ?

5. Flavius Vegetius Renatus, écrivain latin du IVe siècle après Jésus-Christ. Il a écrit un traité *De re militari,* en cinq livres.

6. Juste-Lipse (1547-1606), *Poliorceticon, sive de Machinis, tormentis, telis libri quinque*, Antverpiae, ex off. planticina, 1596, in-4º, 267 p.

7. La première d'*Hélène Peyron* aura lieu à l'Odéon le 11 novembre 1858.

8. *Daniel*, roman d'Ernest Feydeau, qui paraîtra dans la *Revue contemporaine* à partir du 15 janvier 1859, et sera annoncé dans la *Bibliographie de la France* le 28 mai 1859. Sur *Daniel*, voir les lettres de Flaubert à Ernest Feydeau des [26] et [28 décembre 1858], p. 848-856.

Page 837.

À ERNEST FEYDEAU

[Milieu d'octobre 1858]

Autographe non retrouvé ; catalogue Andrieux (hôtel Drouot, 30-31 mai et 1er-2 juin 1928, nº 197). La lettre est datée par la phrase : « Dans quinze jours, tu me verras tout prêt à dévorer *Daniel* de mes deux oreilles » (p. 838). Comme la première d'*Hélène Peyron*, le drame de Louis Bouilhet, a lieu le 11 novembre 1858, et que Flaubert voulait assister aux dernières répétitions, il a dû arriver à Paris dans la semaine du lundi 1er. Cette lettre serait donc du milieu d'octobre 1858.

1. Flaubert fait allusion aux années 1842-1844, qui aboutiront à la crise d'épilepsie du 1er janvier 1844. Voir t. I, p. 202, n. 2 ; et Jean Bruneau, *Les Débuts littéraires de Gustave Flaubert*, Paris, Colin, 1962, p. 360 et suiv.

2. « Trois chapitres », dont l'un — la description générale de Carthage — sera retranché (voir la lettre de Flaubert à Ernest Feydeau du [19 décembre 1858], p. 845). Flaubert a donc terminé « à peu près » deux chapitres du roman publié.

3. Charles-Edmond Chojecki, à qui Flaubert avait promis *Salammbô* comme feuilleton pour *La Presse*, aurait quitté ce journal. Il n'en était rien, et Charles-Edmond est encore directeur du feuilleton de *La Presse* l'année suivante. Voir la lettre de Charles-Edmond à Flaubert de la fin de l'année 1859 (Lovenjoul, B I, ffos 344-345) et Zygmunt Markiewicz, « Flaubert et Charles-Edmond, leur correspondance (1857-1877) », *Revue de littérature comparée*, juillet-septembre 1967, p. 422-436.

Page 838.

1. *Daniel*, le nouveau roman d'Ernest Feydeau, auteur de *Fanny*, qui allait paraître en feuilleton dans la *Revue contemporaine*, à partir du 15 janvier 1859.

2. La première d'*Hélène Peyron* aura lieu le 11 novembre 1858 à l'Odéon.

Autographe non retrouvé ; Conard, t. IV, p. 280-281.

3. Voir la lettre précédente, p. 837.
4. Voir la lettre précédente, p. 837 et n. 3.
5. *La Légende de Pâquerette* (voir la lettre de Mlle de Chantepie à Flaubert du 17 juillet [18]58, p. 827, la réponse de Flaubert du [4 septembre 1858], p. 832, et la lettre de Mlle de Chantepie à Flaubert du 5 septembre 1858, p. 833).

Page 839.

1. *Le Cœur à droite,* de Louis Bouilhet, sera publié dans *L'Audience* du 26 janvier au 26 février 1859. La pièce n'a jamais paru en volume.

Inédite. Autographe non retrouvé ; copie communiquée par Mme Lucie Chevalley-Sabatier. Flaubert part pour Paris à la fin de la semaine, vers le 6 novembre 1858 (voir la lettre précédente, p. 838).

2. Flaubert avait refusé à Dell'Bricht, le directeur du *Gaulois,* l'autorisation de faire de lui un portrait-charge et une biographie (voir la lettre de Dell'Bricht à Flaubert du 28 février 1858, Lovenjoul, B II, ffos 66-67). Louis Bouilhet semble avoir accepté une offre similaire, car son portrait-charge paraît dans *Le Gaulois* du 21 novembre 1858, mais non sa biographie, que Flaubert devait écrire lui-même ; Dell'Bricht écrit à Flaubert : « Monsieur et cher confrère, Votre ami M. Bouilhet m'a fait dire que vous aviez bien voulu vous charger de faire faire sa biographie pour notre journal. Je n'ai pas encore reçu cette biographie et ne sais comment faire, mon journal paraissant vendredi à 4 heures. Serez-vous assez bon pour me la faire envoyer dès ce soir ? Agréez l'expression de mes sentiments de bonne confraternité » (Lovenjoul, B II, ffos 64-65).
3. Il s'agit de *Salammbô.*

Page 840.

Autographe non retrouvé ; catalogue Andrieux (hôtel Drouot, 30-31 mai et 1er-2 juin 1928, no 188) ; lettre passée en vente en mai 1960 (catalogue Charavay, 108e année, no 703, no 27566). La lettre est datée par F.-A. Blossom : « Il y eut à Rouen une forte baisse de température du 19 au 24 novembre inclusivement (cf. le *Journal de Rouen*) » (*La Composition de « Salammbô » d'après la correspondance de Flaubert…*, p. 21-22). Or Flaubert écrit dans cette lettre que Mme Flaubert et Caroline partent « après-demain » pour Paris. La date limite est donc le 24 novembre 1858, un mercredi. Comme Flaubert écrit à sa nièce, un samedi, qu'elle lui manque beaucoup (voir sa lettre à Caroline du [27 novembre 1858], p. 841), on peut admettre que cette lettre est du mercredi 24 novembre, que ces dames ont quitté Croisset le 26, et que Flaubert écrit à sa nièce chérie le lendemain de leur départ.

1. Mme Feydeau, née Agnès-Octavie Blanqui, mourra le 18 octobre 1859.

2. Rengaine de Flaubert : *Once more upon the waters ! yet once more…* (Byron, *Childe-Harold's Pilgrimage*, Canto III, st. 11, v. 1).

3. « Pareille critique fut, en effet, formulée par Paul de Saint-Victor dans *La Presse* du dimanche soir 14 novembre, et dans *Le Constitutionnel* du 15 par P.-A. Fiorentino » (F.-A. Blossom, *La Composition de « Salammbô » d'après la correspondance de Flaubert…*, p. 21).

4. *Daniel*, le roman qu'écrivait alors Ernest Feydeau et qu'il voulait soumettre à Flaubert en manuscrit. Voir les notes des lettres de Flaubert à Feydeau des [26] et [28 décembre 1858], p. 848-856.

5. Théophile Gautier ne reviendra de Russie que le 27 mars 1859 ; voir Ernest Feydeau, *Théophile Gautier, souvenirs intimes*, Paris, Plon, 1874, p. 195-197.

6. D'après Polybe, que Flaubert suit de près, la guerre des Mercenaires a eu lieu de 241 à 238 avant Jésus-Christ : 247 serait une mauvaise lecture ? Voir P. B. Fay, « The chronological structure of *Salammbô* », in *Sources and structures of Flaubert's « Salammbô »*, by P. B. Fay and A. Coleman, Elliott Monographs, Baltimore, The Johns Hopkins Press, and Paris, Champion, 1914, p. 1-10 ; and P. B. Fay, « *Salammbô* and Polybius », *ibid.*, p. 11-35.

À ALFRED BAUDRY

[26-27 novembre 1858]

Autographe P. Macqueron ; lettre non collationnée ; *Complément au Supplément*, t. I, p. 19-20.

Page 841.

1. Première mention du docteur Georges Pouchet dans la correspondance de Flaubert. Charles-Henri-*Georges* Pouchet, né à Rouen le 26 février 1833, était le fils du docteur Félix-Archimède Pouchet, le rival de Pasteur. Docteur en médecine en 1865, docteur ès sciences en 1869, d'abord aide-naturaliste de son père au Muséum de Rouen — où il sera remplacé par son ami d'enfance le docteur Pennetier —, il devient en 1865 aide-naturaliste au Muséum de Paris, puis suppléant de Paul Bert en 1875, enfin professeur d'anatomie comparée au Muséum de Paris en 1879. Il meurt en 1894. Il est l'auteur de nombreux travaux concernant l'anatomie, la physiologie et l'histologie. De plus, Georges Pouchet avait participé

en 1856-1857 à une expédition à la recherche des sources du Nil, d'où son ouvrage sur *Dongolah et la Nubie* (1861). Sur Georges Pouchet, voir Henri Beauregard, « Notice sur la vie et les œuvres de Georges Pouchet », Paris, Alcan, in-8°, 37 p. (extrait du *Journal de l'anatomie et de la physiologie normales et pathologiques*, t. XXXI, p. 1-37). La collection Lovenjoul possède quatorze lettres de G. Pouchet à Flaubert (B V, ff⁰ˢ 229-255), dont on trouvera des extraits à leur place. D'après Hélène Frejlich, les lettres de Flaubert à G. Pouchet ont été détruites : « On songe [aux lettres] qui, déchirées, sont perdues à jamais, aux lettres à Pouchet constituant le journal de *Salammbô* — comme les lettres à Louise Colet font celui de *Madame Bovary* — et qui ont été détruites » (Hélène Frejlich, *Flaubert d'après sa correspondance*, Paris, Société française d'éditions littéraires et techniques, 1933, p. 7). J'ignore de qui Hélène Frejlich tenait ce renseignement, mais je ne connais à ce jour que neuf lettres de Flaubert à Georges Pouchet. Sur le docteur Félix-Archimède Pouchet, qui avait étudié avec le docteur Achille-Cléophas Flaubert et avait été le professeur d'histoire naturelle de Gustave au Collège royal de Rouen, voir t. I, p. 148, n. 3.

À SA NIÈCE CAROLINE

[27 novembre 1858]

Autographe Lovenjoul, A II, ff⁰ˢ 11-12 ; incomplète dans Conard, t. IV, p. 284-285, avec la date [décembre 1858]. Je crois cette lettre du samedi 27 novembre, car elle paraît être la réponse de Flaubert à la première lettre envoyée de Paris par sa nièce. Voir la note bibliographique de la lettre de Flaubert à Ernest Feydeau du [24 novembre 1858], p. 840.

a. c'est [faute] <manque> de réflexion
b. un lapin sauvage qui [s'y] s'est refugié <là>

2. Juliet Herbert avait quitté Croisset en septembre 1857 (voir p. 733 et 735). Il s'agit d'une institutrice anglaise recrutée à Paris par Mme Flaubert.

3. « L'horloger, dont la visite se renouvelait tous les quinze jours, était un sujet de gaieté pour mon oncle et pour moi. Il avait une perruque jaune, trop petite, sur une figure de poupard, entrait souvent pendant notre déjeuner, prenait avec des précautions infinies une chaise pour remonter la grande pendule Louis XIV, et ne cessait de faire entendre un rognonnement dans lequel on percevait les mots d'" huile grasse... échappements ". Il quittait l'appartement en faisant force saluts et sourires » (Conard, éd. 1910, t. V, p. 6, n. 1).

Page 842.

1. Les *Récits des temps mérovingiens*, d'Augustin Thierry, avaient paru en 1840 chez Tessier, et ont été souvent réédités.

À ERNEST FEYDEAU
[3 décembre 1858]

Autographe non retrouvé ; catalogue Andrieux (hôtel Drouot, 30-31 mai et 1er-2 juin 1928, no 193) ; Conard, t. IV, p. 283-284. La date de cette lettre pose un problème : Gérard-Gailly suggère [entre le 6 et le 10 août 1858] (*AFl.*, mai 1965, no 26, p. 25) à cause de l'article d'Hippolyte Rigault sur *Fanny,* paru dans le *Journal des débats* du 5 août 1858. F.-A. Blossom hésite entre le mois d'août et le mois de décembre, à cause de l'état d'esprit de Flaubert concernant son nouveau roman (*La Composition de « Salammbô » d'après la correspondance de Flaubert...*, p. 22-23). René Descharmes opte pour le début de décembre 1858 : « "Voilà huit jours que je suis complètement seul" [p. 843], seul détail précis permettant de dater à peu près cette lettre de décembre 1858, malgré l'allusion à l'article Rigault du 5 août. Mais à cette date, Flaubert ne manifestait pas dans ses lettres un semblable contentement de son travail » (*Correspondance,* éd. du Centenaire, t. II, p. 358, n. 2). Je crois cette lettre du [3 décembre 1858], car Mme Flaubert serait partie pour Paris le vendredi 26 novembre (voir la note bibliographique de la lettre précédente, p. 841). Feydeau aurait envoyé l'article de Rigault à Flaubert. La lettre est incomplète.

2. Hippolyte Rigault, article sur *Fanny,* d'Ernest Feydeau, *Journal des débats,* 5 août 1858 : « Après avoir accusé Feydeau d'imiter servilement *les procédés de M. Flaubert* », le critique continue : « Les adjectifs même prennent entre les mains de M. Feydeau, comme dans celles de M. Flaubert, une prétention descriptive qui nous ramène à l'enfance de l'art... Comme M. Flaubert, M. Feydeau se complaît à peindre dans un paysage ce que d'ordinaire on s'abstient de peindre ou ce qu'on peint d'un seul mot... Comme M. Flaubert, il mêle au trivial une préciosité et un raffinement infinis... Enfin, comme M. Flaubert, M. Feydeau pousse la recherche du vrai jusqu'aux dernières limites du faux... » L'article se termine ainsi : « Je ne trouve nulle part dans le livre de M. Feydeau la trace suffisante d'une intention morale qui rachète l'immoralité du sujet... La moralité d'un ouvrage est moins dans l'ouvrage même que dans son auteur... Tant vaut l'homme, tant vaut le livre. M. Feydeau, je n'en saurais douter, aime le bien et déteste le mal ; mais le sentiment moral ne s'est pas assez clairement fait jour dans son livre... Aussi ne vois-je pas distinctement quel dessein moral a pu se proposer l'auteur » (F.-A. Blossom, *La Composition de « Salammbô » d'après la correspondance de Flaubert...*, p. 22). L'article d'Hippolyte Rigault a été recueilli dans les *Œuvres complètes d'Hippolyte Rigault,* Paris, 1859, vol. IV, p. 528-541.

3. *Daniel,* roman d'Ernest Feydeau, sera annoncé dans la *Bibliographie de la France* le 28 mai 1859.

Page 843.

À ERNEST FEYDEAU

[8 ou 15 décembre 1858]

Inédite ; copie communiquée par Mme Chevalley-Sabatier ; catalogue Andrieux (hôtel Drouot, 30-31 mai et 1er-2 juin 1928, nº 179). Mme Flaubert arrive à Paris le 26 novembre (voir la note bibliographique de la lettre de Flaubert à sa nièce Caroline du [27 novembre 1858], p. 841). Il paraît peu vraisemblable qu'elle se soit si vite rendue chez les Feydeau. Elle aurait donc été leur rendre visite le dimanche 5 décembre, aurait vu le docteur Cloquet le samedi 11 et écrit à Flaubert. La lettre pourrait dater aussi du [8 décembre 1858]; elle est en tout cas antérieure à la lettre de Flaubert à Ernest Feydeau du dimanche [19 décembre 1858], p. 844.

1. Mme Ernest Feydeau mourra le 18 octobre 1859.
2. Le professeur Jules Cloquet (voir t. I, p. 21, n. 2).
3. Nom phénicien de Carthage ; il s'agit de *Salammbô*.

À ALFRED BAUDRY

[16 décembre 1858]

Autographe P. Macqueron ; lettre non collationnée ; *Complément au Supplément*, t. I, p. 20. « Lettre portée au destinataire, 20, rue des Carmes, Rouen » (*ibid.*, p. 20, n. 1).

4. On lit dans la *Chronique de Rouen, Journal des petites affiches,* jeudi 16 décembre 1858 : « Samedi prochain. Représentation au bénéfice de Mlle Potel. *Hélène Peyron,* drame en cinq actes, par M. Bouilhet. » Cette pièce fut effectivement jouée en première représentation ce soir-là au Théâtre-Français de Rouen, où elle tint assez longtemps l'affiche. La même feuille, dans son numéro du 23 décembre, donne à ce sujet les renseignements suivants : « Depuis la publication du drame en vers intitulé *Hélène Peyron,* cette brochure passait à Rouen de main en main, et quoique la salle du Théâtre-Français fût entièrement pleine samedi dernier, tous ceux qui connaissaient ici l'œuvre de M. Louis Bouilhet n'étaient pas, à coup sûr, dans la salle ; ceux qui ont été assez heureux pour y pénétrer étaient avides de voir ce que produirait à la scène cette œuvre si poétique, si belle et si séduisante à la lecture. » La salle, froide pendant les quatre premiers actes, donna des signes d'enthousiasme au cinquième, surtout « à la chute du rideau, après laquelle l'auteur, quoique absent, a reçu une très flatteuse ovation » (*Complément au Supplément,* t. I, p. 20, n. 2).

Page 844.

1. Gabriel Caudron, ami d'enfance de Louis Bouilhet et de Pascal Mulot. Voir Léon Letellier, *Louis Bouilhet…,* Rouen, impr. de la Vicomté, 1919, p. 111 et *passim*.

À ALFRED BAUDRY
[17 décembre 1858]

Inédite. Autographe Jean Joubert.

2. Au Théâtre-Français, où *Hélène Peyron,* drame de Louis Bouilhet, fut joué le samedi 18 décembre 1858. Flaubert s'était invité à dîner chez les Alfred Baudry et se décommande. Il avait sans doute été assister à la répétition générale.

3. La « vapeur » qui allait de Rouen à La Bouille.

À ERNEST FEYDEAU
[19 décembre 1858]

Autographe non retrouvé ; catalogue Andrieux (hôtel Drouot, 30-31 mai et 1er-2 juin 1928, no 194). La lettre semble bien datée.

4. Le professeur Jules Cloquet (voir t. I, p. 21, n. 2).

5. Baudelaire écrit le 30 décembre 1858 : « Calonne vient de payer 10 000 francs le roman nouveau de Feydeau, quinze feuilles. J'ai fait une explosion, mais il paraît que c'est une *spéculation* » (*Correspondance,* texte établi, présenté et annoté par Claude Pichois avec la collaboration de Jean Ziegler, Paris, Bibl. de la Pléiade, 1973, t. I, p. 534).

Page 845.

1. Xénophon, *La Retraite des Dix-mille ou Anabase,* récit du retour de Xénophon et des mercenaires grecs des rives du Tigre à la mer Méditerranée (vers 400 av. J.-C.).

2. L'*Hymne à Déméter,* le 4e des *Hymnes homériques,* c'est-à-dire attribués à Homère, chante la douleur de Déméter [Cérès] privée de sa fille Proserpine, et l'institution des mystères d'Éleusis.

3. Érasme, *Encomium moriae (Éloge de la folie);* ce profond et brillant texte d'Érasme, à qui Rabelais, Montaigne et Burton doivent beaucoup, n'a rien à voir avec *Salammbô.* Flaubert le lit pour s'instruire et se divertir, en même temps que Tabarin.

4. Tabarin, le célèbre comédien du Pont-Neuf dans les années 1620-1630, dont les *Œuvres* venaient d'être réimprimées : *Les Œuvres de Tabarin, avec les Adventures du capitaine Rodomont, la Farce des bossus et autres pièces tabariniques,* Paris, Jannet, 1858, 2 vol. in-16.

5. Flaubert ne gardera pas la « préface » ; ce chapitre est donc le numéro III de *Salammbô.* La « préface » consistait en une description générale de Carthage, à laquelle Flaubert renonce (voir sa lettre à Jules Duplan du [1er juillet 1858], p. 820, n. 4).

6. Flaubert avait accepté, ou proposé, de lire *Daniel* en manuscrit. Voir ses lettres à Ernest Feydeau des [26] et [28 décembre 1858], p. 848-856.

Page 846.

À MADEMOISELLE LEROYER DE CHANTEPIE
26 décembre 1858

Autographe non retrouvé ; Conard, t. IV, p. 298-300.

1. *Actes des apôtres,* XVIII, 23, au début du discours de saint Paul aux Athéniens : « ... en parcourant votre ville et en considérant les objets de votre dévotion, j'ai même découvert un autel avec cette inscription : À un Dieu inconnu ! Ce que vous révérez sans le connaître, c'est ce que je vous annonce. »

2. *Hélène Peyron,* première représentation à l'Odéon le 11 novembre 1858.

3. Mme Flaubert serait partie pour Paris le 26 novembre 1858 (voir la note bibliographique de la lettre de Flaubert à Ernest Feydeau du [24 novembre 1858], p. 840).

4. Voir la lettre de Flaubert à Ernest Feydeau du [19 décembre 1858], p. 845.

5. *Daniel,* roman d'Ernest Feydeau, commence à paraître dans la *Revue contemporaine* le 15 janvier 1859. Voici la dédicace : « À Gustave Flaubert. Souvent je t'ai entretenu du malheureux Daniel. En publiant ses Mémoires, je les place sous le patronage de ton nom. Acceptes-en la dédicace, à la fois comme un hommage public et comme un souvenir d'amitié. Ernest Feydeau. 1er janvier 1859. »

6. Pierre Flourens, *De la vie et de l'intelligence,* Paris, Garnier, 1858, in-18, 285 p. Sur le « siège de l'âme », voir la seconde partie de l'ouvrage, intitulée « Coup d'œil historique sur l'étude analytique de la vie », p. 119 et suiv. Par exemple : « Le cerveau seul est donc l'organe de l'âme dans toute la plénitude de ses fonctions ; il est le siège... » (*ibid.,* p. 271).

Page 847.

1. Voir la lettre suivante, au comte de Saint-Foix.

AU COMTE DE SAINT-FOIX
26 décembre [1858]

Autographe non retrouvé ; *Supplément,* t. I, p. 244-246. Le texte du *Supplément* paraît copié sur celui d'Antoine Albalat, *Gustave Flaubert et ses amis,* Paris, Plon, 1927, p. 13-15. Albalat avait eu connaissance de la lettre de Flaubert par le fils du comte de Saint-Foix, le célèbre musicologue et spécialiste de Mozart. Saint-Foix n'était pas consul de France à Tunis — c'était Léon Roches —, mais élève consul. La collection Lovenjoul conserve trois lettres de Saint-Foix à Flaubert (B V, ff^os 438-443) ; dans la première (ff^os 438-439), datée de Tunis, 10 juillet 1858, Saint-Foix remercie Flaubert de lui avoir envoyé *Madame Bovary ;* la lettre est très jolie. Les deux autres lettres sont datées de Gênes, où Saint-Foix attendait d'être nommé consul. Il écrit dans la troisième, à la date du 2 février 1863 : « Vous rappelez-vous toujours à Utique le douar, les puces,

mon képi et le revolver ? Je ris tout seul en pensant à cette équipée »
(fᵒ 442 vᵒ). Voir *Carnet de voyage nᵒ 10*, ffᵒˢ 18-19, et *Voyages*,
éd. R. Dumesnil, t. II, p. 554 : « Le douar eſt au fond ou plutôt à
l'entrée d'une gorge [...]. Minuit, puces nombreuses. Nuit gaie —
Bogo seul dort St Foix ne rêve que khépi et revolver... » (texte du
Carnet). Voir aussi la lettre de Flaubert à Erneſt Feydeau du 8 mai
1858, p. 811 et n. 4.

Flaubert avait été recommandé à Saint-Foix par le baron de
Billing, qui était alors au cabinet du comte Walewski, miniſtre
des Affaires étrangères de Napoléon III. Antoine Albalat a publié
une lettre du comte de Saint-Foix, datée du 17 juillet 1858, où
celui-ci relate sa rencontre avec Flaubert : « L'auteur de *Madame
Bovary* eſt, en effet, venu passer quelque temps à Tunis et s'eſt
présenté chez moi, muni d'une lettre de recommandation de
M. de Billing. Nous avons parcouru et étudié ensemble les ruines
de Carthage et, *grâce à ses vaſtes connaissances hiſtoriques*, je connais
parfaitement cet emplacement et mieux sans doute que beaucoup
de Tunisiens. M. Flaubert s'occupe en ce moment d'un roman
qui sera intitulé : *La Fille d'Amilcar* et qui lui eſt commandé par le
journal *La Presse* [que Flaubert aurait-il pensé de ce membre de
phrase !]. La scène se passera entre la première et la seconde guerre
punique. Ce livre sera d'un tout autre genre que *Madame Bovary*
et exige de profondes études sur l'hiſtoire de ce temps. Flaubert
eſt un excellent homme, ayant beaucoup d'esprit et d'inſtruction,
mais artiſte dans toute la force du terme, avec ses idées erronées
et le physique de l'emploi... » (*Guſtave Flaubert et ses amis*, p. 16).

2. Le baron Alexandre de Krafft, voyageur russe, qui part en
effet pour Tombouctou à la fin de juillet 1858 : « M. le baron
Alexandre de Krafft a dû quitter Tunis après les fêtes de l'Aïd
kebir vers le 25 juillet pour se rendre à Tripoli et de là, pénétrer
au centre du Soudan. Les vœux de tous les amis de la science
accompagneront ce jeune et courageux voyageur dans son entreprise difficile et périlleuse » (*Revue africaine*, oſtobre 1857-août
1858, passage cité par Aimé Dupuy, *En marge de « Salammbô »*,
p. 27, n. 50).

3. Je n'ai pu identifier Cavalier : « Visite chez M. Cavalier. —
Intérieur d'un célibataire, pots de fleurs à la fenêtre, un petit chat,
deux ou trois pauvres curiosités » (*Voyages*, éd. R. Dumesnil, t. II,
p. 571).

4. Sur l'ingénieur Dubois, de Saint-Audemer, voir la lettre de
Flaubert à Louis Bouilhet du 8 [mai 1858], p. 810, n. 3.

5. Le lieutenant-colonel de Taverne. Je ne sais qui eſt Bacquerie.

6. Nelly Rosemberg, dame de compagnie de lady Franklin,
que Flaubert aperçoit à deux reprises chez Mme Davis, à la Marsa :
« Mlle Nelly Rosemberg, pur type zingaro, longs cils, lèvres
charnues, courtes et découpées ; un peu de mouſtache, des cils
comme des éventails ; des yeux plus que noirs et extrêmement
brillants, quoique langoureux ; pommettes colorées, peau jaune,
prunelles splendides et noyées dans le sperme » [les trois derniers
mots manquent dans *Voyages*, t. II, p. 557] (*Carnet de voyage nᵒ 10*,
fᵒ 25 rᵒ; Aimé Dupuy, *En marge de « Salammbô »*, p. 20-21).

Plus loin, Flaubert écrit : « Elle eſt grande, taille flexible, sans corset, profil un peu allongé, nez fort, peau brune, dorée, lèvres minces et retournées, rouges comme du corail et très dessinées, large bouche et dents admirables. Les yeux sont archi-noirs et la prunelle glisse sous la paupière comme un gland sous le prépuce dans une maſturbation interne et incessante [de « et la prunelle » jusqu'à « incessante » manque dans *Voyages*, t. II, p. 570], sourcils démesurés, en arcs ; elle a l'air de toujours sourire. Quelque chose de langoureux et de bon enfant dans tout cela » (*Carnet de voyage nº 10*, ffos 46-47 ; Aimé Dupuy, *En marge de « Salammbô »*, p. 21, n. 37).

7. Oſtave Feuillet, *Le Roman d'un jeune homme pauvre*, comédie en cinq aſtes et sept tableaux, Paris, Vaudeville, 22 novembre 1858 (Paris, Lévy, 1859, in-18, 133 p.). Le roman avait paru la même année (Paris, Lévy, 1858, in-18, 352 p.). Le roman et la comédie relatent les malheurs de Maxime Odiot, marquis de Champcey d'Hauterive, ruiné par son père et obligé de gagner sa vie comme régisseur de la famille Laroque, en Bretagne. Après des péripéties variées, dont la plus romanesque a lieu sur la tour d'Elven, près de Vannes, le marquis épouse l'héritière des Laroque. L'œuvre a connu un succès immense, et rien ne montre mieux l'abîme qui se crée à cette époque entre la grande littérature et le goût académique et « viſtorien ».

Page 848.

1. Paul-Louis-Auguſte Grassot (1800-1860) jouait les comiques au Palais-Royal (1838-1859) : « [...] l'un des plus étonnants bouffons qui aient nagé dans l'absurde [...] » (Théodore de Banville).

2. Le poëte Philoxène Boyer, ami de Flaubert et de Louis Bouilhet (voir p. 624, n. 9).

3. Alphonse Rousseau, premier drogman du consulat de Tunis, eſt nommé consul à Djeddah, en 1858 (Aimé Dupuy, *En marge de « Salammbô »*, p. 17 et 27, n. 51).

4. Flaubert songeait déjà au chapitre x de *Salammbô*, intitulé « Le serpent » (éd. Conard, p. 233-250).

5. Voir le chapitre xiv de *Salammbô*, « Le défilé de la Hache » (éd. Conard, p. 249 et suiv.).

6. La réponse de Saint-Foix eſt en partie citée par Léon Abrami dans les notes de l'édition Conard de *Salammbô* (p. 450) : « Une lettre de la légation de France à Tunis, se terminant ainsi : " On trouve dans les montagnes de Jaffar, au nord-oueſt de Tunis, entre Carthage et Utique, un ravin ou plutôt une gorge profonde appelée Tenyet-el-Fez, le *chemin de la Hache*. C'eſt peut-être cela, le défilé que vous cherchez. " » René Dumesnil reproduit ce passage dans son édition de *Salammbô* (Paris, Les Belles-Lettres, 1944, t. I, p. xxxii).

7. Le peintre *Moynier*, et non *Maynier*, comme l'imprime le *Supplément* (t. I, p. 246) ; il exécuta le portrait du bey Mohammed es Sadok (Aimé Dupuy, *En marge de « Salammbô »*, p. 34).

À ERNEST FEYDEAU
[26 décembre 1858]

Autographe non retrouvé ; Conard, t. IV, p. 289-290, sans date. Gérard-Gailly propose de dater cette lettre du [3 janvier 1859] et la suivante du [4 janvier 1859] (*AFl.*, mai 1965, n⁰ 26, p. 25), mais, dans cette dernière, Flaubert écrit qu'il attend Bouilhet « le 8 janvier » ; il aurait dit « samedi prochain ». D'autre part, Flaubert écrit à Ernest Feydeau le [19 décembre 1858] qu'il attend le manuscrit de *Daniel* (p. 845), et la dédicace à Flaubert est datée du 1ᵉʳ janvier 1859. La deuxième lettre de Flaubert à Ernest Feydeau concernant *Daniel* est donc du mardi 28 décembre. Comme Flaubert y dit à Feydeau qu'il a passé dans la société de *Daniel* « vendredi soir, samedi et dimanche en entier », c'est-à-dire les 24, 25 et 26 décembre, et qu'il écrit dans celle-ci qu'il aura « fini la lecture complète ce soir », la lettre est donc du dimanche 26 décembre. Flaubert ne mentionne jamais les Vᵉ et VIᵉ parties du roman, car Feydeau ne les avait pas encore écrites, ce qui n'a rien d'étonnant, puisque le roman devait paraître en feuilleton dans la *Revue contemporaine* (« Ne te presse pas pour la fin », p. 849).

8. *Daniel* paraîtra dans la *Revue contemporaine* du 15 janvier au 15 avril 1859 ; le roman est annoncé dans la *Bibliographie de la France* le 28 mai 1859 (Paris, Amyot, 2 vol. in-16 de 321 et 423 p.). Il se présente comme les mémoires, à la première personne, de Daniel (l'auteur ne mentionne jamais son nom de famille) ; la première partie (Paris, avril 1845) relate le mariage de Daniel avec Isabelle de Torreins, qui le trompe ; dans la seconde (Trouville, juillet 1845), Daniel fait la connaissance de la famille de Grandmont, le comte, sa belle-sœur la baronne, et Louise sa fille ; il y retrouve deux personnages qu'il n'aime guère, le Parisien Henri Georget et le richissime Genevois Cabâss, tous deux amoureux de Louise comme Daniel ; la troisième partie (Trouville, septembre 1845) décrit l'incendie de l'hôtel où logent Daniel et les Grandmont, et la manière héroïque dont Daniel sauve Louise et la baronne (dans l'ordre). Dans la quatrième, Daniel déclare son amour à Louise : « Eh bien ! je t'adore et je suis marié » (t. II, p. 11) et Louise en fait autant (« Je vous aime », t. II, p. 88). Avec la cinquième partie (Paris, janvier 1846), l'intrigue se complique : Daniel propose à Georget de lui donner sa fortune s'il accepte d'épouser Louise sans consommer le mariage et en acceptant qu'elle soit sa maîtresse. Georget est d'accord, mais Louise refuse. Pendant ce temps Mme de Torreins et Isabelle, d'accord avec Cabâss, s'efforcent d'utiliser le scandale pour obliger Daniel à reprendre la vie conjugale. Le comte est tué en duel et Louise est atteinte d'un anévrisme. La sixième partie (mars 1846) raconte la mort de Louise et le suicide de Daniel dans le tombeau de son amie. Flaubert me paraît bien élogieux pour cet ouvrage sentimental et mélodramatique, dont le style est fait de clichés.

Page 849.

1. Il s'agit du docteur qui soigne Daniel après la scène de l'incendie. Flaubert reviendra sur ses critiques dans ses « Observations générales sur *Daniel* » (voir sa lettre à Ernest Feydeau du [28 décembre 1858], p. 853-855). Feydeau réduira considérablement le rôle du médecin, qui compte pour peu dans le roman publié : « Un homme de cinquante ans environ, — qui n'était autre que le médecin de Trouville, — m'entourait l'épaule d'un bandage, et ce fut la douleur du pansement qui me rappela à la vie. [...] Il était un peu replet, de petite taille, à demi voûté, avec une face vermeille presque juvénile, un front lisse et découvert, des tempes larges où pendaient des cheveux tout blancs, une grande bouche à lèvres closes, et des yeux verts, très clairs et très perçants. Une expression de pénétration singulière, mêlée de rudesse, animait son visage, et ses mains de femme me touchaient avec une adresse exquise » (t. I, p. 253). Le docteur est mentionné encore t. I, p. 281, et t. II, p. 134. Feydeau a donc tenu compte des critiques de Flaubert.

2. Le premier roman d'Ernest Feydeau était *Fanny,* paru en mai 1858.

3. *Daniel,* t. II, p. 63-93.

4. « [...] le chemin, défoncé par les pluies d'orage, devenait glissant et malaisé. Sans rien dire, j'offris mon bras à Louise ; elle le prit. À la porte de la ferme, sur un banc de bois, une grande femme, à l'air éveillé, était assise, filant son rouet. " N'avancez pas plus loin, — me cria-t-elle, — si vous ne voulez vous embourber. Prenez le sentier à gauche, qui est sec ; à moins, — ajouta-t-elle en riant, — que vous ne préfériez porter votre femme dans vos bras pour lui faire traverser la mare. — Ma femme ?... " À ces mots, nos bras se détachèrent et nous nous séparâmes l'un de l'autre. La fermière cependant nous regardait d'un air ébahi. Je ne sais alors ce qui se passa en moi, ce fut comme une sensation de sauvage. Je me baissai, je saisis Louise par la taille et les jarrets, et, l'appuyant sur ma poitrine, j'avançai vers la ferme, en suivant l'extrême bord du chemin. Louise, se redressant, m'avait jeté le bras au cou, mais pendant que je la portais ainsi, elle ne prononça pas une parole. C'est pourquoi, après l'avoir déposée à terre, je demeurai sombre auprès d'elle » (t. II, p. 70-71).

À ERNEST FEYDEAU
[28 décembre 1858]

Autographe Pierpont Morgan Library, Coll. Heineman, mss. 95; catalogue Andrieux (hôtel Drouot, 30-31 mai et 1er-2 juin 1928, n° 176); Conard, t. IV, p. 300-301. Pour la datation de cette lettre, voir le note de la lettre précédente, p. 848.

5. Cette « longue note », commençant par les mots : « Observations générales sur *Daniel...* », a été envoyée par Flaubert dans la « sacro-sainte boîte » qui contenait le manuscrit des quatre

premières parties de Daniel, le même jour que cette lettre. Voir
la lettre suivante, p. 851.

Page 850.

1. Je ne sais si Ernest Feydeau a suivi ce conseil. Je ne le crois
pas, car il sera ulcéré par l'article de Sainte-Beuve sur *Salammbô*,
où celui-ci écrit que Flaubert a précédé Feydeau dans l'arène littéraire. Dans une lettre à Sainte-Beuve datée de Paris, 9 décembre
1862, Feydeau écrit : « La moitié, au moins, de *Daniel* a été écrite
en 1855, trois ans avant le jour où j'ai rencontré Flaubert pour la
première fois [en fait, deux ans] » (Lovenjoul, D 601, ff⁰ˢ 464-
465). Je reviendrai sur cette controverse dans les notes concernant
l'année 1862.

Page 851.

À ERNEST FEYDEAU
[28 décembre 1858]

Autographe non retrouvé ; Conard, t. IV, p. 290-298. Pour la
date de cette lettre, voir la note bibliographique de la lettre de
Flaubert à Ernest Feydeau du [26 décembre 1858], p. 848, et la
note 5 de la lettre précédente, p. 849.

1. « Mon tuteur et moi, nous habitions un vaste hôtel du Marais,
aux murs de brique... » (*Daniel*, t. I, p. 3). La femme de Daniel,
Isabelle de Torreins, le fait « restaurer » (*ibid.*, p. 37-39). Daniel
surprend sa femme dans un hôtel garni (*ibid.*, p. 53-62). Le duel
(*ibid.*, p. 72-79) : l'amant d'Isabelle s'efforce de ménager Daniel,
qui le blesse dangereusement.

2. L'apparition de la jeune fille (t. I, p. 96) : « Quand je possé-
derais la puissance et le charme infini de CELUI qui inventa les
étoiles, jamais je ne pourrais exactement peindre la ravissante
créature qui posait ainsi devant moi » ; le portrait du comte (*ibid.*,
p. 100-102) ; Georget (*ibid.*, p. 148-151) ; Cabâss (*ibid.*, p. 163-169) :
« un jeune homme assez laid, trop grand et mal bâti » (p. 164) ;
« cet air inquiet et contraint..., cette roideur d'attitude, ces manières
convenables et gauches, cette sécheresse de visage, enfin cet
orgueil d'enfant... » (p. 168). Cabâss a hérité dix millions de son
père, un usurier de Genève.

3. L'incendie de l'hôtel où logent Daniel et les Grandmont
(t. I, p. 241-252).

4. *Daniel*, t. II, p. 63-93.

5. Faut-il lire *René* ? « Souvent aussi, tourmenté par un mal
étrange, le front brûlant et les yeux allumés, j'errais impatiemment
par les salles de l'hôtel... » (t. I, p. 8).

6. En voici un exemple, parmi d'autres : « Et, l'âme exaltée par
la confusion de ces spectacles, le cœur déchiré par ces horreurs et
ces joies, hors de moi, la tête embrasée d'éclairs, je compris Dieu,
et, dans l'incendie du ciel, je vis resplendir sa face. Et, tendant avec

effort les deux bras vers lui, je criai à lui, et je tombai prosterné, à terre » (t. I, p. 116).

Page 852.

1. Feydeau a peut-être ajouté à son manuscrit un exemple des « railleries » du comte de Grandmont (t. I, p. 274-276).

2. Ces deux paragraphes formulent l'une des théories essentielles de Flaubert. Il faudrait écrire un livre sur le dialogue dans les romans de Flaubert.

3. Je n'ai pas retrouvé ce mot dans le roman publié.

4. La description des baigneuses est très bonne, en effet, et dans le goût flaubertien du « grotesque triste » : « De temps à autre, débouchant du passage, une femme en costume de bain s'avançait dans l'enceinte. Un bonnet jaune, en taffetas gommé, bordé d'un ruban rouge, cachait ses cheveux. Son cou, ses bras, ses pieds étaient nus. Une sorte de veste de flanelle brune lui couvrait le buste, et des pantalons de même étoffe descendaient vers ses chevilles. [...] Cependant des marins trapus, qu'on appelle ici des *guides à la mer,* habillés de pantalons bruns et de chemises de flanelle rouge, avec des chapeaux cirés posés en arrière, s'avançaient vers les victimes, armés de baquets pleins d'eau. Ils les leur vidaient sur la tête, puis les soulevant dans leurs bras velus, l'une après l'autre, ils marchaient lentement dans les vagues qui moussaient autour de leurs jambes, heureux peut-être de sentir ces corps jeunes et tièdes frissonner sur leur poitrine mouillée, et ces visages féminins parfumer d'une douce haleine leur face rude. Quand l'eau leur montait au ventre, ils lâchaient soudain leurs fardeaux vivants et retournaient au rivage en charger d'autres. Tout cela me parut d'une tristesse et d'une indécence achevée... » (*Daniel,* t. II, p. 21-22).

Page 853.

1. Ernest Feydeau n'a pas toujours suivi les conseils de Flaubert ; si les *poings de fer* du besoin ont disparu, ainsi que la « *manie* imperceptible de sentiment », et l'*image qui vivra,* le texte publié ne s'éloigne guère de celui que Flaubert qualifie de « piètre langage » : « Ces femmes [les pêcheuses] sont, en effet, bien à plaindre : elles n'ont ni jeunesse, ni beauté, ni grâce, ni tendresse. Voyez-les sous les feux du jour, couvertes de haillons, se hâter de disputer leur proie à la mer. [...] Tenez, madame, regardez cette fille... Voyez ses mains noueuses, ses pieds énormes et couturés, son cou ridé, ses cheveux épars et rudes. Quel âge lui donnez-vous ? Elle a peut-être dix-huit ans. Regardez cependant les lignes harmonieuses de son profil. [...] De même que la plus faible lueur du sentiment ne peut éclairer le cœur de ces malheureux, de même toutes les douleurs que le sentiment comporte ne peuvent les atteindre. L'âme souffre au moins autant que le corps. [...] Enfin, faisant un pénible effort pour ressaisir un peu de calme, sa voix [il s'agit de

Louise] laissa tomber ces paroles : " Il est heureusement des soulagements et des consolations pour tous ceux qui souffrent. On ne refuse pas plus une aumône à la pauvreté qu'une larme à la douleur" » (*Daniel*, t. I, p. 212-217). La théorie que les pauvres n'ont que des « instincts » (*ibid.*, p. 213) vient tout droit de Balzac : « Le riche a des passions, le paysan n'a que des besoins ; le paysan est donc doublement pauvre, et si, politiquement, ses agressions doivent être impitoyablement réprimées, humainement et religieusement il est sacré » (*Les Paysans*, éd. Conard, p. 22). Flaubert répondra à Balzac et à Feydeau dans *Un cœur simple* ; voir aussi la belle figure de l'ouvrier Dussardier dans *L'Éducation sentimentale*. Flaubert n'aime ni les clichés, ni les idées reçues d'Ernest Feydeau.

2. Sur le médecin de Trouville, voir la lettre de Flaubert à Ernest Feydeau du [26 décembre 1858], p. 849, n. 1. « Je connais ton modèle physiquement, n'est-ce pas ? » ; s'agirait-il du docteur Pierre-Brutus Billard (1795-1866) ? (voir t. I, p. 113, n. 1).

Page 854.

1. Ces phrases ne se retrouvent pas dans le roman publié ; mais elles peuvent être de l'invention de Flaubert, qui veut montrer à son ami les innombrables clichés du roman.

2. Je n'ai pas retrouvé cette comparaison dans le roman publié.

Page 855.

1. Allusion aux poèmes rustiques de l'abbé Jacques Delille.

2. Tout le développement concernant le médecin de Trouville et l'homme des champs a disparu du roman publié.

Page 856.

1. *Cinnamome* : nom donné par les Anciens à une substance aromatique produite par un arbrisseau qui croissait sur les bords de la mer Rouge et que l'on croit être la cannelle ou la myrrhe.

2. Sur « la fermière qui dit " votre femme " », voir la lettre de Flaubert à Ernest Feydeau du [26 décembre 1858], p. 849, n. 4.

Page 859.

Appendice I

EXTRAITS DE LETTRES
DE MAXIME DU CAMP À GUSTAVE FLAUBERT

1. Ces lettres ou extraits de lettres de Maxime Du Camp à Flaubert proviennent du fonds Flaubert de la collection Lovenjoul (donation Franklin-Grout). On trouvera les références à ce fonds à la fin de chaque lettre ou de chaque extrait. Elles sont datées de

Paris, sauf indication contraire. Texte et dates étaient établis, quand a paru l'ouvrage suivant : Maxime Du Camp, *Lettres inédites à Gustave Flaubert...*, introduzione e note di Giovanni Bonaccorso e Rosa Maria Di Stefano, Messina, Edas, 1978, LXIV-385 p., première édition complète et annotée des lettres de Maxime Du Camp à Gustave Flaubert. Je renvoie toujours à cette édition très sérieuse.

23 juillet [1851]

2. Voir la lettre complète dans *Lettres inédites à Gustave Flaubert,* éd. Giovanni Bonaccorso et Rosa Maria Di Stephano, p. 172-174.

3. *Une nuit de don Juan* (voir t. I, p. 708, n. 2).

4. Il s'agit de la première mention de *Madame Bovary,* à ma connaissance. J'ai tenté de montrer que le récit de Maxime Du Camp — Flaubert se serait écrié devant la seconde cataracte du Nil : « Je l'appellerai Emma Bovary ! » (*Souvenirs littéraires,* éd. 1882-1883, t. I, p. 352) — concernait le « roman flamand » et non *Madame Bovary* (voir t. I, p. 562, n. 1). Ce passage est l'une des deux *preuves* que l'intrigue de *Madame Bovary* repose sur un fait divers authentique. L'autre se trouve dans la lettre de Flaubert à Louis Bouilhet du [9 mai 1855] (p. 573) : « J'ai peur que la fin (qui, dans la réalité, a été la plus remplie) ne soit, dans mon livre, étriquée [...]. »

Il serait trop long de donner ici une bibliographie complète des articles et ouvrages concernant *Madame Bovary* ; je ne citerai donc que les textes essentiels, à mon avis : 1º Éditions : la seule édition qui donne un bon texte de *Madame Bovary* est celle de Claudine Gothot-Mersch (Paris, Garnier, 1971) ; pour les brouillons du roman, voir Gabrielle Leleu, *Madame Bovary. Ébauches et fragments inédits recueillis d'après les manuscrits,* Paris, Conard, 1936, 2 vol. in-8º ; et Jean Pommier et Gabrielle Leleu, *Madame Bovary, Nouvelle version précédée des scénarios inédits,* Paris, Corti, 1949. Il reste beaucoup d'études à faire sur les brouillons du roman, qui se trouvent à la Bibliothèque municipale de Rouen. 2º Genèse du roman : Sergio Cigada, *Genesi e struttura tematica di Emma Bovary [sic],* Pubblicazioni dell'Università Cattolica del Sacro Cuore, Nuova serie, vol. LXXII (s. d.), p. 185-277 ; Claudine Gothot-Mersch, *La Genèse de « Madame Bovary »,* Paris, Corti, 1966. Le problème des rapports entre Delphine Delamarre et Emma Bovary, entre Ry et Yonville-l'Abbaye, entre des individus réels et les personnages de Flaubert, a fait couler infiniment d'encre. On trouvera une bonne mise au point dans René Vérard, *La Victoire de Ry,* Rouen, Maugard, 1959. 3º Voir aussi tous les ouvrages généraux sur Flaubert, d'Albert Thibaudet à Jean-Paul Sartre, et les essais réunis par B. F. Bart dans « *Madame Bovary* » *and the Critics,* New York University Press, 1966 (articles par Margaret Tillett, Walter Pater, Margaret Gilman, Henry James, Douglas W. Alden, B. F. Bart, Harry Levin, Eric Auerbach, Martin Turnell, John C. Lapp), auxquels il faut ajouter des textes importants de Georges Poulet, Jean-Pierre Richard, Jean Rousset, et bien d'autres. On trouvera certains de ces articles dans *Flaubert, A Collection of critical essays,* edited by Raymond Giraud, Englewood Cliffs, New Jersey, Prentice-Hall, 1964 ; et *Flaubert,* textes recueillis et présentés par Raymonde Debray-Genette, Paris, Firmin-Didot Étude, 1970. 4⁰ Sur la publication du roman, voir René Dumesnil, *La Publication de « Madame Bovary »,* Paris, Edgar Malfère, 1928.

2 août [1851]

5. Voir la lettre complète dans *Lettres inédites à Gustave Flaubert,* éd. citée, p. 177-178.

6. Voici l'adresse que Du Camp donne à Flaubert : « chez M. de Vélins, maison Célérier, La Teste-de-Buch (Gironde) ». Du Camp semble avoir été l'amant de Mme de Vélins et avait même songé à l'enlever (voir sa lettre à Flaubert du 6 octobre 1863, *Lettres inédites à Gustave Flaubert,* éd. citée, p. 266 ; les éditeurs lisent *Vesins).* Le docteur Théodore-Joseph Du Camp, père de Maxime, était né à Bordeaux en 1793.

7. *Madame de Montarcy.*

8. Voir *Voyage,* éd. René Dumesnil, t. II, p. 186-187.

9. Voir *Voyage,* éd. René Dumesnil, t. II, p. 190. Flaubert ne mentionne le docteur Poyet ni dans ses notes, ni dans ses lettres.

Page 860.

[8 août 1851]

1. Voir *Lettres inédites à Gustave Flaubert,* éd. citée, p. 179.

2. À son retour d'Orient, Du Camp s'était installé Cour d'Orléans, rue Saint-Lazare, n⁰ 36. Voir une description et un dessin de cet appartement dans la lettre de Du Camp à Flaubert du 12 mai 1851 (Lovenjoul, B II, f⁰ 209 r⁰ ; *Lettres inédites à Gustave Flaubert,* p. 157-158).

3. Sur l'échange de bagues entre Maxime Du Camp et Flaubert, voir t. I, p. 789, n. 6.

[Fin août-début septembre 1851]

4. Voir la lettre complète dans *Lettres inédites à Gustave Flaubert,* éd. citée, p. 180-182.

5. Valentine de Laborde, née le 1ᵉʳ janvier 1806, avait épousé le 1ᵉʳ juin 1824 Gabriel Delessert, d'une famille de banquiers lyonnais, qui sera préfet de police durant la monarchie de Juillet. Elle mourra le 13 mai 1894. Quand Du Camp fera sa connaissance, à son retour d'Orient — il avait rencontré Édouard Delessert à Constantinople (voir t. I, p. 718 et n. 1) — elle était la maîtresse de Prosper Mérimée. Cette nouvelle liaison durera neuf ans. Du

Camp fait allusion à leur rupture au début du chapitre xxii des *Souvenirs littéraires* : « En 1860, j'avais gravi l'échelle de Jacob. L'ange qui la tenait la secoua ; je tombai, et comme je tombai de haut, je me fis très mal » (Paris, Hachette, 3ᵉ éd., t. II, p. 165). Dans une lettre datée de Joigny, lundi 4 août 1851, Louis de Cormenin écrit à Du Camp : « ... Et toi, mon pauvre vieux, te voilà donc pincé à ton tour ! Plus la passion est absurde, plus elle est belle. Il n'y a aucun mérite à aimer une fille de vingt ans, mais une femme de 48... » (Bibliothèque de l'Institut, fonds Du Camp, 3763). Sur Mérimée, Du Camp et Valentine Delessert, voir Maurice Parturier, « Autour de Mérimée, " Les Forces perdues " et " L'Éducation sentimentale " », *Bulletin du bibliophile*, 1931, p. 487-492 et 533-539. Les lettres de Maxime Du Camp à Flaubert concernant Valentine Delessert ont fait l'objet d'une « édition originale tirée seulement à 12 exemplaires numérotés sur papier Lana et non mis dans le commerce. Elle est illustrée de deux portraits de Valentine Delessert à 19 ans et à 58 ans et d'un portrait de Maxime Du Camp en 1851, ainsi que d'un fac-similé d'une des lettres de Maxime Du Camp à Flaubert » (Librairie Auguste Blaizot, catalogue nᵒ 343, 1975, nᵒ 5163).

6. « Les grands arbres du jardin qui frissonnaient mollement s'arrêtèrent » (*L'Éducation sentimentale*, éd. Conard, p. 526).

7. « Elle le considérait, les cils entre-clos. [...] Mme Dambreuse ferma les yeux... » (*ibid.*, p. 526).

Page 861.

1. Benjamin Delessert (1817-1868), fils de François et neveu de Gabriel Delessert, banquier et homme politique.

2. « Il semblait à Frédéric, en descendant l'escalier, qu'il était devenu un autre homme... » (*L'Éducation sentimentale*, éd. Conard, p. 526).

3. Flaubert part pour Londres, avec sa mère, le 25 septembre 1851 (voir sa lettre à Louise Colet du [20 septembre 1851], p. 5).

[17 septembre 1851]

4. Voir *Lettres inédites à Gustave Flaubert*, éd. citée, p. 183.

5. *Tabac.* Voir *Lettres inédites à Gustave Flaubert*, éd. citée, p. 176.

6. Maxime Du Camp cherchait-il à convaincre Flaubert de publier *Novembre* dans la *Revue de Paris* ? Sur *Novembre*, voir Jean Bruneau, *Les Débuts littéraires de Gustave Flaubert*, p. 306-343.

[22 septembre 1851]

7. Voir *Lettres inédites à Gustave Flaubert*, éd. citée, p. 184.

8. *Melaenis*, qui paraîtra dans la *Revue de Paris* le 1ᵉʳ novembre 1851, p. 85-168, en entier.

9. Valentine Delessert (voir p. 860, n. 5).

Page 862.

30 septembre [1851]

1. Voir la lettre complète dans *Lettres inédites à Gustave Flaubert,* éd. citée, p. 185-186.

2. La *Revue de Paris,* dont le premier numéro paraîtra le 1er octobre 1851. Ce numéro est signé par Théophile Gautier, Arsène Houssaye, Maxime Du Camp et Louis de Cormenin. L'article liminaire est de Théophile Gautier ; il est d'une grande importance pour l'histoire de la poésie française au XIXe siècle ; en voici un extrait : « Nous rêverions un romantisme, qu'on nous pardonne ce vieux mot, dégagé de toute imitation, une expression de l'art moderne plus complète, une littérature moins faite avec des livres, plus sentie, plus *vécue,* pour ainsi dire […] » (p. 9).

3. Il s'agit de *La Filandière,* conte écrit dans le goût de Charles Perrault (*Revue de Paris,* 1er octobre 1851, p. 116-143).

4. Henry Moses, *A collection of antique vases, altars, paterae tripods, candelabra, sarcophagi, etc., from various museums... engraved on 170 plates... with historical essays...,* London, Taylor, s. d. [1814], in-4o, 563 p. Flaubert voulait-il se renseigner pour une œuvre future, ou se préparer à la visite de l'Exposition de Londres ? Voir Jean Seznec, *Flaubert à l'Exposition de 1851,* Oxford, The Clarendon Press, 1951, 39 p., et la lettre de Flaubert à Louise Colet du [30 septembre 1851], p. 7, n. 3.

5. *Quaraphon :* surnom donné à Flaubert par Maxime Du Camp (voir p. 115, n. 3).

6. Gertrude et Henriette Collier (voir t. I, p. 114, n. 2) ; Mrs. Jane Farmer, l'ancienne institutrice de Caroline, la sœur de Flaubert (voir t. I, p. 81 et *passim,* et t. II, p. 342, n. 6).

6 octobre [1851]

7. Voir la lettre complète dans *Lettres inédites à Gustave Flaubert,* éd. citée, p. 187-188.

8. La *Revue de Paris.*

9. Voir t. I, p. 688 et suiv.

10. Valentine Delessert (voir p. 860, n. 5).

11. On songe à l'intrigue de *Fort comme la mort,* de Guy de Maupassant (1889).

Page 863.

1. Le second numéro de la *Revue de Paris* (1er novembre 1851).

2. Mme Flaubert, sa petite-fille Caroline Hamard et sans doute l'oncle Parain.

3. Le sculpteur James Pradier. Sur la maladie de Louise Colet, voir la lettre de Maxime Du Camp à Louise Colet du [1er octobre 1851], Appendice III, p. 906. Du Camp avait rendu visite à Louise Colet le 3 octobre. Elle lui écrit le lendemain [4 octobre] : « J'ai reçu ce matin le beau volume de la *Revue [de Paris]* et je viens de vous lire [*Tagahor,* conte de Maxime Du Camp paru dans le numéro

du 1ᵉʳ octobre de la *Revue de Paris*] [...]. Merci encore du plaisir que vous m'avez procuré ; merci surtout de votre bonne visite d'hier soir ; ce que nous avons dit sur Gustave m'a laissée un peu triste, mais en même temps plus raffermie. Je ne permettrai plus à sa personnalité sans mesure d'absorber la mienne. Je lui reste bien tendrement attachée, car on ne divorce pas avec ses souvenirs, mais je saurai contenir mon expression et mon dévouement. Que la vie est terne, mon ami ! Après tout j'ai la liberté, pourquoi me plaindrais-je ? [...] » (Bibliothèque de l'Institut, fonds Du Camp, 3751, pièce 110 ; publiée inexactement par Auriant dans *Gustave Flaubert, Lettres inédites...*, p. 150).

[24 octobre 1851]

4. Voir *Lettres inédites à Gustave Flaubert,* éd. citée, p. 191.

5. La lettre de Flaubert à Maxime Du Camp du mardi 21 octobre [1851], p. 8.

6. Voir la lettre de Flaubert à Amédée Méreaux du [19 octobre 1851], p. 7-8, et celle à Maxime Du Camp du 21 octobre [1851] : « J'ai proposé l'échange de la *Revue* contre l'envoi quotidien du *Journal* » (p. 8).

7. Louis Bouilhet ; ce surnom lui avait été donné par Caroline, la nièce de Flaubert : « Louis Bouilhet était très joli garçon, quoique de bonne heure trop empâté de corps. Il faisait peu de frais, était embarrassé dans le monde, que d'ailleurs il n'aimait pas. [...] Dans l'intimité, il était d'une bonté et d'une simplicité qui allaient au cœur. [...] Au grand scandale de mon oncle, qui gardait jalousement ses amis, Bezet, comme je l'appelais, le dimanche soir, après dîner, restait avec nous pour jouer au *Nain jaune* » (Caroline Franklin-Grout, *Heures d'autrefois,* passage inédit communiqué par Mme Chevalley-Sabatier). Voici le portrait de Maxime Du Camp par Caroline, également inédit : « Maxime Du Camp, que nous appelions Max, venait beaucoup à la maison, il y passait des mois. Ma grand-mère l'aimait, je le chérissais, il était charmant, quoique plutôt laid, grand, très élégant, la taille mince et cambrée, une chevelure brune abondante, les manières parfaites, en un mot très séduisant. Le côté moral de son être m'a été révélé beaucoup plus tard, la grâce de sa personne aussi sans doute. Pourtant, toute petite, elle exerçait à mon insu cette attirance qui me poussait dans ses bras, et que Louis Bouilhet, pour lequel j'avais une profonde affection, n'a jamais eue au même degré » *(ibid.).* Sur Du Camp et Mme Flaubert, voir t. I, p. 505, n. 2.

29 octobre 1851

8. La regrettée Enid Starkie a publié de longs extraits de cette lettre, en traduction anglaise, et avec bien des fautes de lecture, dans *Flaubert, The Making of the Master,* London, Weidenfeld and Nicolson, 1967, p. 228-230. Du Camp répond à la lettre de Flaubert

du 21 octobre [1851], p. 8. Voir *Lettres inédites à Gustave Flaubert*,
éd. citée, p. 192-198.

9. Victorien Lottin de Laval, *Les Truands et Enguerrand de
Marigny, histoire du règne de Philippe le Bel* (1833) ; E. Roger de
Beauvoir, *L'Écolier de Cluny ou le Sophisme. 1315* (1832). Je remercie
Mme Liliane Ziegel pour l'identification du premier de ces ouvrages.

Page 864.

1. Après l'enterrement du père Goriot au cimetière du Père-
Lachaise, Rastignac contemple Paris et « dit ces mots grandioses :
— À nous deux maintenant ! » (Balzac, *La Comédie humaine, Le
Père Goriot*, Bibl. de la Pléiade, t. III, p. 290).

2. « Vasseur » (*Lettres inédites à Gustave Flaubert*, éd. citée, p. 193).
Maxime Du Camp fait allusion à la phrase de Flaubert : « Le ciel
ne m'a pas plus destiné à tout cela qu'à être un beau valseur »
(p. 11).

Page 865.

1. La *Revue de Paris* publiera *Melaenis, conte romain*, de Louis
Bouilhet, dans son numéro du 1er novembre 1851, le second
de la *Revue*.

Page 866.

1. De quelle tentation s'agit-il ? le voyage en Orient, la
publication possible de *Novembre*, de *La Tentation de saint Antoine*,
de *Par les champs et par les grèves* ? Je ne sais.

Page 867.

1. Sur le sens du mot *sheik*, voir t. I, p. 641.

16 avril [1852]

2. *Lettres inédites à Gustave Flaubert*, éd. citée, p. 201-202.

3. La première partie du *Salon de 1852*, par Maxime Du Camp,
paraîtra dans le numéro du 1er mai 1852 de la *Revue de Paris* (p. 53-
84) ; Du Camp y critique Courbet, « le laid idéal » (p. 83).

4. *Égypte, Nubie, Palestine et Syrie*, dessins photographiques
recueillis pendant les années 1849, 1850 et 1851..., Paris, Gide et
Baudry, 1852-1853, 2 vol. in-fol., pl.

5. Théophile Gautier partira pour la Grèce et la Turquie le
9 juin 1852.

Page 868.

1. Le numéro de juin 1852 de la *Revue de Paris* ne contient qu'un
poème : *Tristesse en mer*, de Théophile Gautier.

2. Voir la lettre de Flaubert à Jules Duplan du [31 décembre
1851 ?], p. 25 et note bibliographique.

3. Le peintre Gleyre, originaire du canton de Vaud (1806-1874), ami de Sébastien Cornu, et dont les rapports avec Flaubert et ses amis ont toujours été difficiles, semble-t-il. Ces rapports mériteraient une étude.

4. Isabelle Hutton. Voir la lettre de Flaubert à Louise Colet du [3 novembre 1851], p. 16 et *passim*.

5. Maurice et Élisa Schlésinger. Ils quittent Paris définitivement en 1852 ; Flaubert les a-t-il souvent revus après son retour d'Orient ?

[Début janvier 1853 ?]

6. Voir *Lettres inédites à Gustave Flaubert*, éd. citée, p. 203-204 (avec la date : [fin décembre 1852]). Je la crois de janvier 1853, car Du Camp écrit que « *Le Livre posthume* tiendra encore le numéro de février et de mars [de la *Revue de Paris*] ». La revue paraissait le premier du mois.

7. Cette lettre de Maxime Du Camp est la première que nous possédions après la brouille de l'été 1852. Voir les lettres de Flaubert à Maxime Du Camp des [26 juin 1852] et [début juillet 1852], p. 113-115 et 120-122.

8. Voir la lettre de Flaubert à Louise Colet du [3 janvier 1853], p. 232 et n. 5.

9. Le notaire Frédéric Fovard, ami intime de Maxime Du Camp (voir Jacques Suffel et Jean Ziegler, « Gustave Flaubert, Maxime Du Camp et Adèle Husson », *Bulletin du bibliophile*, 1978, p. 388 et suiv).

10. *Le Livre posthume* : roman de Maxime Du Camp, qui paraissait alors dans la *Revue de Paris*. Voir la lettre de Flaubert à Louise Colet du [9 décembre 1852], p. 200, n. 7, et les lettres suivantes.

11. Théophile Gautier, *Italia*, Paris, Lecou, 1852, in-8°, 364 p. (ouvrage annoncé dans la *Bibliographie de la France* le 15 mai 1852).

12. *Madame de Montarcy* concerne le règne de Louis XIV, et non celui de Louis XIII. Louis Bouilhet écrit à Maxime Du Camp le [20 janvier 1853] : « Où as-tu pêché que je faisais un drame sur Richelieu ? — C'est une erreur grave ; je traite ou plutôt maltraite la Maintenon [...] » (Bibliothèque de l'Institut, fonds Du Camp, 3763, pièce 140).

13. Victor Hugo, *Marion de Lorme* (théâtre de la Porte-Saint-Martin, 11 août 1831) ; Émile Augier, *Diane,* drame en cinq actes et en vers (Théâtre-Français, 19 février 1852) ; Félix Peillon, *Richelieu,* drame en cinq actes et en vers (Odéon, 20 octobre 1852). Sur Félix Peillon, voir p. 175, n. 2.

Page 869.

1. *Melaenis, conte romain,* de Louis Bouilhet, sera annoncé le 3 janvier 1857 dans la *Bibliographie de la France,* chez Michel Lévy.

2. Le second prénom de Louis Bouilhet.

3. Sur M. Parain, voir t. I, p. 3, n. 1 et *passim*.

14 juillet [1856]

4. Cette lettre a été publiée par Guy de Maupassant dans l'étude sur Flaubert qui sert de préface aux *Lettres de Gustave Flaubert à George Sand*, Paris, Charpentier, 1884, p. VII-VIII, et reproduite dans *Madame Bovary*, éd. Conard, p. 512-513. Voir *Lettres inédites à Gustave Flaubert*, éd. citée, p. 205-206.

5. Léon Laurent-Pichat (1823-1886), poète et journaliste, sera élu en 1871 député de la Seine. Il remplace Arsène Houssaye à la *Revue de Paris* à partir du numéro du 1er décembre 1852.

6. On peut conjecturer à l'infini sur la « personne exercée et habile » qu'avaient choisie Du Camp et Laurent-Pichat. On pourrait songer à Louis Ulbach, qui avait rejoint la direction de la *Revue de Paris* à partir du numéro du 1er juillet 1853, mais Ulbach s'en défend dans un article intitulé « Gustave Flaubert et M. Maxime Du Camp » (*Gil Blas*, 7 février 1884) : « La lettre de M. Maxime Du Camp, publiée par M. Guy de Maupassant, m'étonne beaucoup. Si M. Maxime Du Camp a proposé à Flaubert de faire corriger et émonder son œuvre, je ne me suis jamais offert pour cette besogne, et je ne crois pas qu'il en ait jamais été question entre nous. Ce qui est vrai, ce que je reconnais, c'est que j'avais signalé le fameux passage de la promenade en fiacre, comme dangereux pour le journal ; c'est qu'on obtint de Flaubert qu'il serait supprimé dans la *Revue*. » Louis Ulbach revient sur la question des corrections de *Madame Bovary* dans *Misères et grandeurs littéraires*, Paris, Calmann-Lévy, 1885, p. 1-14 : après avoir rappelé qu'il avait demandé lui-même la suppression de la scène du fiacre — d'où la note de Du Camp dans le numéro du 1er décembre 1856 de la *Revue de Paris* —, il écrit : « [...] et comme, dans la livraison suivante, j'avais encore réclamé la suppression de plusieurs passages, notamment dans l'épisode de l'extrême-onction, et dans la veillée grossière où le curé et le pharmacien, au chevet de la morte, se querellent et se réconcilient, Flaubert subit ces amputations, en protestant [...] » (p. 7).

7. Caroline Hamard, la nièce de Flaubert.

8. Le mot : *Gigantesque*, de la main de Flaubert, se trouve au verso du folio 251.

Page 870.

30 août [1856]

1. Voir *Lettres inédites à Gustave Flaubert*, éd. citée, p. 207.

2. *Nelly (aventure créole)*, de Maurel-Dupeyré (*Revue de Paris*, 1er août 1856, p. 45-76 ; 15 août 1856, p. 231-263 ; 1er septembre 1856, p. 409-420). Il s'agit des amours d'un jeune Français, Henri Chardin, et de Nelly, une mûlatresse, dans l'île Saint-Martin, près de la Guadeloupe. Cette « aventure » finit très mal.

3. La première partie de *Madame Bovary* — jusqu'au départ de Tostes — paraîtra dans le numéro du 1er octobre 1856, p. 5-55.

4. Caroline Hamard, la nièce de Flaubert.

5. Alexis Dupont (1796-1856) avait été ténor à l'Académie royale de musique de 1830 à 1840, puis attaché à la paroisse Saint-Roch. Florimond Ronger, dit Hervé (1825-1892), compositeur, chef d'orchestre, chanteur et auteur, passe pour être le créateur de l'opérette, où s'illustrera Offenbach. Il est directeur du théâtre des Folies-Nouvelles (puis Déjazet) à partir de 1854. Il a été marié deux fois et a eu cinq enfants (Lyonnet). Les trois frères Dartois — François-Victor-Armand (1788-1867), Louis-Armand-Théodore (1786-1845) et Achille (mort en 1868) — ont écrit des vaudevilles. J'ignore les suites de l'instruction judiciaire.

17 septembre [1856]

6. Voir *Lettres inédites à Gustave Flaubert,* éd. citée, p. 208.

7. Cette lettre de Flaubert n'a pas été retrouvée. Pour la réaction de Flaubert, voir sa lettre à Louis Bouilhet du [21 septembre 1856], p. 633.

8. Voir la note 2 ci-dessus.

9. *L'Enclos,* poème de Maxime Du Camp, paru dans la *Revue de Paris* du 15 septembre 1856.

[23 septembre 1856]

10. Voir *Lettres inédites à Gustave Flaubert,* éd. citée, p. 209.

Page 871.

1. Le texte de la *Revue de Paris* porte : *homards.* Flaubert est-il à l'origine de cette correction ?

2. Louis Bouilhet, dont le drame, *Madame de Montarcy,* était entré en répétitions à l'Odéon le 14 septembre 1856 (voir la lettre de Flaubert à Louis Bouilhet du [14 septembre 1856], p. 631).

3. Laurent-Pichat (voir la lettre de Maxime Du Camp à Flaubert du 14 juillet [1856], Appendice I, p. 869 et n. 5).

[Fin septembre-début octobre 1856]

4. Voir *Lettres inédites à Gustave Flaubert,* éd. citée, p. 212, à la date du [18 octobre 1856], qui me paraît tardive.

5. C'est avec Michel Lévy que Flaubert fera finalement affaire, pour la même somme de 800 francs, mais avec un contrat de cinq ans. Le premier tirage, de 6 750 exemplaires, fut très rapidement épuisé ; en cinq ans, Lévy vendit 29 150 exemplaires de *Madame Bovary.* Dès le 31 août 1857, il avait donné à Flaubert une prime de 500 francs. Voir Jacques Suffel, *Lettres inédites de Gustave Flaubert à son éditeur Michel Lévy,* Paris, Calmann-Lévy, 1965, p. 23-26 ; le fac-similé du reçu de Flaubert pour la prime de 500 francs se trouve entre les pages 42 et 43. Flaubert n'a donc pas fait une mauvaise affaire.

6. *Madame de Montarcy*, de Louis Bouilhet, sera jouée le 6 novembre 1856. Du Camp est-il l'auteur de l'expression : *l'École de Rouen* ? On la retrouve sous la plume de Charles de Mazade dans la « Chronique de la Quinzaine » (*Revue des Deux Mondes*, 1er mai 1857) : « [...] la grande nouveauté est *Madame Bovary*, œuvre de M. Gustave Flaubert, écrivain de Rouen, puisqu'il est avéré que nous avons aujourd'hui une école de Rouen, comme nous avons eu une école de Marseille » (p. 217). L'allusion à Joseph Méry est évidente.

[8 octobre 1856]

7. Voir *Lettres inédites à Gustave Flaubert*, éd. citée, p. 213-214, avec la date de [22 ou 29 octobre 1856]. Je la crois antérieure.

Page 872.

1. Sur cette correction, voir la lettre de Flaubert à Louis Bouilhet du [5 octobre 1856], p. 638-639.

2. Le sculpteur Christophe fréquentait le salon d'Aglaé Sabatier.

3. Charles Rouvenat de La Rounat, qui avait été codirecteur de la *Revue de Paris*, était alors le directeur de l'Odéon (voir p. 609, n. 1).

4. Maxime Du Camp et Flaubert avaient fait la connaissance de Codrika sur le Nil (voir *Notes de voyage*, éd. R. Dumesnil, t. II, p. 27).

[Avant le 14 octobre 1856]

5. Voir *Lettres inédites à Gustave Flaubert*, éd. citée, p. 210-211 (date : [12 ou 13 octobre 1856]).

6. Voir la lettre précédente et n. 1 ci-dessus.

7. Flaubert a maintenu les *vingt-cinq francs* dans le texte publié dans la *Revue de Paris*, mais il corrigera en *quatorze francs* dans la première édition (*Madame Bovary*, éd. Claudine Gothot-Mersch, p. 128 et note).

8. Sur le baron Walckenaer, voir t. I, p. 26, n. 1.

[19 novembre 1856]

9. Voir *Lettres inédites à Gustave Flaubert*, éd. citée, p. 215.

10. La scène du fiacre ne figure pas dans le texte publié par la *Revue de Paris* du 1er décembre 1856 ; il s'arrête sur la phrase : « Où vous voudrez ! dit Léon », avec la note suivante (p. 45) : « La direction s'est vue dans la nécessité de supprimer ici un passage qui ne pouvait convenir à la rédaction de la *Revue de Paris* ; nous en donnons acte à l'auteur. » Dans une lettre adressée sans doute à Laurent-Pichat, Du Camp commente : « La note est au bas des épreuves qui sont chez Flaubert. Je ne me défie pas de lui, il n'y changera rien, je le crois, *mais* il est du pays normand. Ulbach aura la bonté de vérifier... Vous n'aimez pas les notes, je le sais, me pardonnez-vous encore celle-là ? J'espère que je vous ai donné

assez d'ennui avec ce roman ! J'étais pris dans les liens d'une bien vieille, mais déjà ancienne amitié ; mais j'ai bien hâte que ce soit fini... » (Bibliothèque d'un amateur, hôtel Drouot, 17 avril 1970, n° 18). Ce fragment de lettre donne le ton de l'amitié de Flaubert et de Maxime Du Camp à cette époque.

Page 873.

1. Le roman de Xavier de Montépin, *Les Filles de plâtre* (Paris, Cadot, 1856, 7 vol. in-8°) avait été condamné et détruit en février 1856.

2. Ces deux avertissements étaient datés des 14 et 17 avril 1856. On en trouvera le texte dans la première édition des *Souvenirs littéraires* (1882-1883), t. II, p. 555-558.

[14 décembre 1856]

3. Voir *Lettres inédites à Gustave Flaubert,* éd. citée, p. 220, avec la date : [10 ou 17 janvier 1857].

4. Voir la note bibliographique de la lettre de Flaubert à Jules Senard d'[entre le 7 et le 11 décembre 1856], p. 650.

5. Allusion à l'annonce de *Madame Bovary* dans la *Revue de Paris* du 1er août 1856, où le nom de l'auteur était estropié en *Faubert* (voir la lettre de Flaubert à Louis Bouilhet du [3 août 1856], p. 622).

[27 décembre 1856]

6. Voir *Lettres inédites à Gustave Flaubert,* p. 216, avec la date : [20 ou 27 décembre 1856].

7. Le procès qui allait être intenté à Flaubert et à la *Revue de Paris.* Du Camp avait rappelé Flaubert de Croisset, où il était depuis le 15 décembre. Cette lettre fait suite sans doute à une entrevue des deux amis.

8. La *Revue de Paris* sera condamnée à une suspension d'un mois le 26 janvier 1857, pour un article signé « Oppenheim » sur le roi Frédéric-Guillaume IV (voir le texte de cet arrêt dans les *Souvenirs littéraires* de Maxime Du Camp, éd. 1882-1883, t. II, p. 558-559). Elle ne sera supprimée par décret que le 18 janvier 1858, après l'attentat d'Orsini.

[29 décembre 1856]

9. Voir *Lettres inédites à Gustave Flaubert,* éd. citée, p. 217.

Page 874.

1. Gustave Claudin était alors rédacteur en chef du *Nouvelliste de Rouen* (voir la lettre de Flaubert à Louise Colet du [26 juillet 1852], p. 139 et n. 5). D'après René Dumesnil (*La Publication de « Madame Bovary »*, Paris, Malfère, 1928, p. 68, qui reprend les

renseignements fournis par Félix Clérembray, *Flaubertisme et bovarysme,* Rouen, Lestringant, 1912), le *Nouvelliste* a commencé la publication du roman de Flaubert le dimanche 9 novembre, avec le « chapeau » suivant : « Notre compatriote, M. Gustave Flaubert, publie dans la *Revue de Paris* un roman fort curieux intitulé *Madame de Bovery [sic].* Cette composition qui joint au mérite littéraire l'attrait d'une étude consciencieuse des mœurs provinciales, obtient en ce moment beaucoup de succès et elle présente un intérêt tout particulier pour nos lecteurs, autant par le nom bien connu de l'auteur que par le choix du sujet, les détails et les descriptions locales dont, mieux que personne, ils peuvent apprécier l'exactitude. Nous sommes heureux, grâce à la bienveillante autorisation qui nous est donnée par le directeur de la *Revue de Paris* et par l'auteur, de commencer aujourd'hui la reproduction de cet ouvrage. »

La collection Lovenjoul conserve une lettre de Gustave Claudin à Maxime Du Camp, datée du 18 novembre 1856, dans laquelle il le remercie de l'avoir autorisé à publier *Madame Bovary* dans le *Nouvelliste de Rouen.* Il ressort de cette lettre que Claudin ne connaissait encore personnellement ni Du Camp, ni Flaubert, ni Bouilhet, mais qu'il était en relations avec Louis Ulbach. Du Camp a écrit sur l'autographe : « Voici une lettre de M. Claudin qui te concerne. Maxime » (B VI, ff^os 377-378).

Le *Nouvelliste de Rouen* avait cessé la publication de *Madame Bovary* le 14 décembre 1856 (voir la note bibliographique de la lettre de Flaubert à Jules Senard d'[entre le 7 et le 11 décembre 1856], p. 650). Peut-être Du Camp ne le savait-il pas ? Mais il me paraît plus vraisemblable que Claudin ait eu l'intention de reprendre la publication, après la réconciliation de Flaubert et de la *Revue de Paris,* publication arrêtée à la fin de la seconde partie du roman.

2. Le général Louis-Eugène Cavaignac (15 octobre 1802-28 octobre 1857). Retiré dans sa propriété d'Ourne, près de Flée (Sarthe), il était resté en rapport avec ses coreligionnaires politiques.

3. Sur Jules Senard, voir la lettre de Flaubert à Louise Colet du [20 mars 1852], p. 59 et n. 6. Dans l'opposition, Me Senard était tout indiqué pour défendre la *Revue de Paris.* De plus, il avait été mêlé au différend entre Flaubert et les éditeurs de la *Revue* (voir la note bibliographique de la lettre de Flaubert à Jules Senard d'[entre le 7 et le 11 décembre 1856], p. 650).

1er janvier [1857]

4. Voir *Lettres inédites à Gustave Flaubert,* éd. citée, p. 218-219.

5. Pierre-*Alfred* Blanche, né à Rouen en 1816, était alors secrétaire général du ministère d'État et chevalier de la Légion d'honneur (Almanach impérial, 1854).

6. Ministre de l'Instruction publique ; il avait succédé à Hippolyte Fortoul en août 1856 (R. Descharmes, éd. du Centenaire, *Correspondance,* t. II, p. 252, n. 1).

7. Le juge d'instruction chargé du procès de *Madame Bovary*.

[Vers le 20 janvier 1857]

8. Voir *Lettres inédites à Gustave Flaubert*, éd. citée, p. 221, avec la date : [janvier 1857].
9. Maxime Du Camp voit clair, je crois. Voir p. 655, n. 1.

Page 875.

1. Fléchier, *Mémoires sur les Grands Jours d'Auvergne tenus à Clermont en 1665*. L'ouvrage avait été réédité par Gonot (1841) et par Adolphe Chéruel (1856), l'ancien professeur d'histoire de Flaubert au collège royal de Rouen (voir t. I, p. 29, n. 6).
2. Sur l'avocat Jules Senard, voir p. 59, n. 6, et p. 874, n. 3.

Page 877.

Appendice II

MEMENTOS DE LOUISE COLET

1. Ces mementos sont conservés au fonds Louise Colet du musée Calvet, à Avignon, sous la cote 6416 ; voir aussi des copies dactylographiées établies par Paul Mariéton (6417). Sur l'origine du fonds Louise Colet, voir t. I, p. XVII-XIX.

[Voyage d'Angleterre, juillet 1851]

2. La lettre de Flaubert à Louise Colet du 26 juillet [1851], p. 3.

Memento du 9 septembre 1851

3. Octave Lacroix (voir t. I, p. 808, n. 9, et la lettre de Flaubert à Louise Colet du [12 juin 1853], p. 352 et n. 1).
4. Auguste Vetter (voir t. I, p. 810, n. 11).
5. Le « Polonais de Londres » pourrait être le sculpteur Franz Vostrak.
6. Victor Cousin.

Memento du 15 septembre 1851

7. Serait-ce le « Polonais de Londres » (voir n. 5 ci-dessus) ?

Page 878.

1. Amants de Louise Colet (voir p. 877 et les notes).
2. Le peintre Villevieille (voir la lettre de Flaubert à Maxime Du Camp du 21 octobre [1851], p. 8 et n. 4).

Memento du 22 septembre 1851

3. La lettre de Flaubert du [20 septembre 1851], p. 5.

Memento du 1er octobre 1851

4. La lettre de Flaubert du [28 septembre 1851], p. 5-7 ; et le billet du [30 septembre 1851], p. 7.

5. Pour l'*Album*, voir la lettre de Flaubert à Louise Colet du [28 septembre 1851], p. 6, n. 1.

Page 879.

Memento du 4 octobre 1851

1. *Tagahor, conte indou,* avait paru dans le premier numéro de la *Revue de Paris* (1er octobre 1851). Voir la lettre de Flaubert à Maxime Du Camp du 21 octobre [1851], p. 9, n. 1.

Memento du 18 octobre 1851

2. Ce billet serait celui que je date du [16 octobre 1851], p. 7. Flaubert aurait été retenu par ses courses plus longtemps qu'il ne l'avait prévu. « L'ami » est Maxime Du Camp.

3. Comparer la lettre de Maxime Du Camp à Flaubert du 29 octobre 1851, Appendice I, p. 865.

4. *Madame Bovary.*

5. Victor Cousin.

6. Voir la lettre de Flaubert à Maxime Du Camp du 21 octobre [1851], p. 12.

Page 880.

1. Voir la lettre de Flaubert à Louise Colet du [11 novembre 1851], p. 17.

2. Sur François-Désiré Bancel, voir t. I, p. 808, n. 6.

Memento du 24 octobre 1851

3. La Guéronnière était alors rédacteur au *Pays ;* il avait quitté *La Presse* en avril 1851 (voir sa lettre à Émile de Girardin dans *La Presse* du 8 avril 1851).

4. Maxime Du Camp.

5. Victor Cousin.

6. Hippolyte Colet, le mari de Louise, et leurs deux fils.

Memento du 5 novembre 1851

7. La lettre de Flaubert à Maxime Du Camp du 21 octobre [1851], p. 8-12 ; et la réponse de Maxime Du Camp à Flaubert du 29 octobre 1851, Appendice I, p. 863-867.

Memento du 18 novembre 1851

8. La lettre de Flaubert du [11 novembre 1851], p. 16-17.

Page 881.

1. *Tagahor, conte indou,* de Maxime Du Camp ; voir la lettre de Flaubert à Maxime Du Camp du 21 octobre [1851], p. 9, n. 1.
2. Voir la lettre précédente, p. 880 et n. 7.
3. Edma Roger des Genettes, petite-fille du député girondin Valazé. Voir p. 57, n. 3.
4. *Les Lettres d'amour* (voir la lettre de Flaubert à Louise Colet du [27 mars 1852], p. 62 et n. 1, et celle du [2 mai 1852], p. 82 et n. 1).

Page 882.

Memento du 21 novembre 1851

1. Voir la lettre de Flaubert à Henriette Collier du 8 décembre [1851], p. 19.
2. *Melaenis* ; cette lettre de Louis Bouilhet à Louise Colet, publiée d'abord par le chanoine Léon Letellier, est reproduite par Marie-Claire Bancquart et un groupe d'étudiants, *Lettres de Louis Bouilhet à Louise Colet...,* p. 57.
3. Pour l'*Album,* voir p. 6, n. 1.

Memento du 26 novembre 1851

4. *Novembre, fragments de style quelconque* (1842). Voir Jean Bruneau, *Les Débuts littéraires de Gustave Flaubert,* p. 306-343.
5. L'oncle Parain (voir t. I, p. 3, n. 1). Cette indication est surprenante, et sujette à caution.
6. Louise Colet avait déjà lu *Novembre* en 1846 (voir t. I, p. 410).

Memento du 24 décembre 1851

7. Caroline Hamard et Henriette Colet. La visite n'aura pas lieu.

Page 883.

1. Sur Auguste Vetter, voir t. I, p. 810, n. 11.
2. Sur le peintre Villevieille, voir p. 8, n. 4.

Memento du 15 janvier 1852

3. Le capitaine d'Arpentigny (voir p. 38, n. 1).
4. Edma Roger des Genettes.
5. *L'Éducation sentimentale,* version de 1845. Voir la lettre de Flaubert à Louise Colet du [16 janvier 1852], p. 29-30.

6. Voir la lettre de Flaubert à Louise Colet du [16 janvier 1852], p. 29 et n. 5.

7. Maxime Du Camp avait sans doute refusé de publier des vers de Louise Colet dans la *Revue de Paris*.

8. Voir p. 882 et n. 7.

Memento du 21 janvier 1852

9. Franz Vostrak (voir p. 877, n. 5 et 7)?

10. Voir cette lettre dans Marie-Claire Bancquart et un groupe d'étudiants, *Lettres de Louis Bouilhet à Louise Colet...*, p. 63-64.

Memento du 4 février 1852

11. *Ressouvenir païen, à M. Octave ***, après son voyage d'Orient*, *La Presse*, 27 janvier 1852 (voir la lettre de Flaubert à Louise Colet du [31 janvier 1852], p. 40 et n. 2 et 3).

12. Maxime Du Camp.

Page 884.

1. Lettres de Flaubert à Louise Colet des [25] et [31 janvier 1852], p. 35 et 39.

2. Victor Cousin.

Memento du 12 février 1852

3. Sur Auguste Vetter, voir t. I, p. 810, n. 11.

4. Voir le memento de Louise Colet du 15 janvier 1852, p. 883.

5. Sur Villevieille, voir p. 8, n. 4.

6. Louise Colet obtiendra le prix de poésie de l'Académie française pour son poème *La Colonie de Mettray* (voir ce poème à l'Appendice IV, p. 929-936.

Memento du 14 mars 1852

7. Marceline Desbordes-Valmore.

Page 885.

1. Sur le goût de Flaubert pour le *Dialogue de Sylla et d'Eucrate* de Montesquieu, voir R. Descharmes et R. Dumesnil, *Autour de Flaubert*, t. II, p. 65, qui renvoient au *Journal* des Goncourt et aux *Souvenirs d'un Parisien* de François Coppée. Voir aussi la lettre de Flaubert à Louise Colet du [26 octobre 1852], p. 174.

2. Pour cette bague, voir p. 883.

3. Sur Jacques Babinet, voir p. 146, n. 4.

4. Sur le capitaine d'Arpentigny, voir p. 38, n. 1.

5. Le dentiste Toirac (voir t. I, p. 132, n. 1).

6. Sur l'*Album*, voir p. 6, n. 1.

7. Cet article de Louise Colet sur *Melaenis* ne verra jamais le jour.

Memento du 13 avril 1852

8. Louis Énault était alors l'amant d'Edma Roger des Genettes.

9. Les lettres de Flaubert à Louise Colet des [3] et [8 avril 1852], p. 65 et 68.

10. Voir la lettre de Flaubert à Louise Colet du [11 janvier 1847], t. I, p. 425, et la lettre suivante, p. 427.

Page 886.

Memento du 21 avril 1852

1. Cette phrase prouve qu'Henriette était la fille d'Hippolyte Colet, et non de Victor Cousin. Voir la lettre de Flaubert à Louise Colet du [2 mai 1852], p. 82, n. 2.

2. Louis Bouilhet ; voir sa lettre à Louise Colet du [20 avril 1852] *in Lettres de Louis Bouilhet à Louise Colet...,* éd. Marie-Claire Bancquart et un groupe d'étudiants, p. 78.

Memento du 22 mai 1852

3. Henriette, la fille de Louise Colet.

4. Victor Cousin.

5. « Cet homme » est Victor Cousin. Voir le memento du 27 juin 1851, t. I, p. 814, et la lettre de Flaubert à Louise Colet du [2 mai 1852], p. 82 : « Tu as tort pour Henriette, pour toi-même d'abord. »

Memento du 22 juin 1852

6. *La Colonie de Mettray,* qui venait de remporter le prix de poésie de l'Académie française.

Page 887.

1. Voir la lettre de Louise Colet à Edma Roger des Genettes : « J'ai là quatre vers de lui faits pour moi : deux écrits de ma main, les deux autres de la sienne. C'est musical et charmant de mots, mais je n'en comprends pas le sens. Il m'a dit qu'il les avait faits hier dans la nuit » (« Louise Colet, lettres inédites », *Gazette anecdotique, littéraire, artistique et bibliographique,* 15 mai 1881, p. 265-266). Les deux premiers vers sont en effet de la main d'Alfred de Musset (fonds Colet, musée Calvet, 6416, f° 0123 r°).

2. Victor Cousin.

3. Voir l'Appendice V, p. 927-929.

4. Voir la lettre de Flaubert à Louise Colet du [3 juillet 1852], p. 123.

Page 888.

Memento du 28 juin 1852

1. La lecture est certaine. Comparer : « [...] il n'a que [des] sensations passagères [...] » (p. 891).

2. Pour ces quatrains satiriques sur les membres de l'Académie française, voir la lettre de Flaubert à Louise Colet du [7 juillet 1852], p. 130, n. 2.

3.   *Tu te crois gendre de Dosne*
         Long d'une aune ?
         Tu ne l'es pas même d'un tiers
         Monsieur Thiers !

(allusion à l'impuissance d'Alfred de Musset ?).

4. Donc Louise Colet avait accepté d'être la maîtresse d'Alfred de Musset, mais elle ne l'avouera jamais à Flaubert ; dans le memento du 6 juillet, elle écrit : « Supprimé le moment d'oubli » (p. 889).

5. Sur Alfred Blanche, voir p. 580, n. 4.

6. Sur cet épisode, voir la lettre de Flaubert à Louise Colet du [28 juin 1853], p. 365, n. 3.

Suite de la scène du 3 juillet 1852

7. Voir ce billet, du [4 juillet 1852], à l'Appendice IV, p. 913.

Page 889.

1. Sur le capitaine d'Arpentigny, voir p. 38, n. 1.

2. La lettre de Flaubert à Louise Colet du [3 juillet 1852], p. 122.

Memento du 6 juillet 1852

3. Pour le « moment d'oubli », voir p. 888 et n. 4.

4. Les billets des [4] et [5 juillet 1852], Appendice IV, p. 913.

5. Pierre Lebrun (1785-1873), auteur de *Marie Stuart* (1820), membre de l'Académie française depuis 1828.

6. Sur Louise Colet et Villemain, voir la lettre de Flaubert à Louise Colet du [23 janvier 1854], p. 513 et n. 5.

7. Le billet du [6 juillet 1852], Appendice IV, p. 913.

Memento sur quelques jours de juillet 1852

8.   *Non, je ne démens pas ces heures fugitives,*
         Où la même pensée unit nos cœurs joyeux,
         Où le même désir éclata dans nos yeux,
         Où l'amour attira nos lèvres attractives.

         Que je pleure ta mort ou que sans moi tu vives,
         Toujours par les beaux clairs de lune radieux,
         Parmi celles qu'on fuit et qui sont les plus vives,
         Ton image à mon cœur sourira dans les cieux.

         Tu parles d'ironie et tu doutes du charme
         Dont tu m'enveloppas... Oh ! crois en cette larme !
         Crois en le souvenir ! crois en la vérité !

         À l'amour de ma vie, à ma foi la plus pure,
         C'est toi, doux tentateur qui me rendis parjure.
         Oui, seul tu m'entraînas à l'infidélité !

(Musée Calvet, fonds Colet, 6416, f⁰ 0121 ; j'ai rétabli la ponctuation.)

9. Edma Roger des Genettes.

10. Voir ce billet, du [14 juillet 1852], à l'Appendice IV, p. 914.

11. La lettre de Flaubert à Louise Colet du [12 juillet 1852], p. 131. Il semble que Louise Colet ait envisagé alors un second voyage à Croisset. Pour la première visite à Croisset, voir t. I, p. 811-815.

Page 890.

Memento du 22 juillet 1852

1. « Il ne se tient pas pour battu, il reviendra » (lettre de Flaubert à Louise Colet du [12 juillet 1852], p. 131).

Memento du 26 juillet 1852

2. Victor Cousin.

3. La médaille donnée par Louise Colet à Flaubert en août 1846 ne serait donc pas l'une de celles de l'Académie française, comme je le suggérais (t. I, p. 306 et n. 2).

4. Henriette, la fille de Louise Colet.

5. *L'Acropole d'Athènes* était le sujet proposé par l'Académie française pour le prix de poésie de l'année 1853. Louise Colet remportera le prix en 1854 ; il ne sera pas décerné en 1853. Voir des extraits de ce poème à l'Appendice V, p. 940-944.

6. Narcisse-Achille, comte de Salvandy (1795-16 décembre 1856), deux fois ministre de l'Instruction publique sous la monarchie de Juillet, membre de l'Académie française depuis 1835.

7. Alfred de Musset et Flaubert.

8. Pour cet article de Flaubert sur *Melaenis,* voir sa lettre à Louise Colet du [5-6 juillet 1852], p. 125 et n. 2.

Page 891.

1. Voir le memento du 28 juin 1852, p. 888.

Memento du 1ᵉʳ août 1852

2. Sur les rapports de Louise Colet et de Villemain, voir p. 513, n. 5, et p. 889.

3. Voir l'Appendice V, p. 925-926.

Memento du 15 août 1852

4. *Ce qui est dans le cœur des femmes,* ouvrage annoncé dans la *Bibliographie de la France* le 28 août 1852.

5. Maxime Du Camp.

6. Victor Cousin.

7. Gustave Flaubert.

Page 892.

Memento du 17 août 1852

Les Lettres d'amour (voir la lettre de Flaubert à Louise Colet du [27 mars 1852], p. 62 et n. 1, les lettres de Louise Colet à Alfred de Musset des [25 juin 1852], Appendice IV, p. 911 et n. 5, et [5 août 1852], p. 918 et n. 1).

2. *Ce qui est dans le cœur des femmes,* volume de poésies annoncé dans la *Bibliographie de la France* le 28 août 1852.

3. La séance solennelle de l'Académie française, où Louise Colet allait recevoir le prix de poésie. Voir Stéphanie Fraissinet, *Les Chercheurs d'or au XIXᵉ siècle,* Paris, Cellier-Dufayel, 1856, p. 3 : « Ce n'est pas du talent, ce n'est pas du génie qu'il faut pour gagner des prix ; c'est un bonheur à part. Voyez M. Bignon, voyez Mme Colet, les éternels lauréats des Académies et des Jeux floraux ! »

Page 893.

Memento du 24 août 1852

1. Les Roger des Genettes habitaient Saint-Maur.

2. Le docteur Louis Véron (1798-1867) dirigeait alors *Le Constitutionnel.*

3. Allusion au « souper » du samedi 10 juillet (p. 889) ?

4. Le capitaine d'Arpentigny (voir p. 38, n. 1).

5. Octave Lacroix ; voir t. I, p. 808, n. 9, et la lettre de Flaubert à Louise Colet du [12 juin 1853], p. 352 et n. 1.

6. Victor Cousin.

7. Henri-Joseph-Guillaume Patin (1793-1876), professeur de littérature grecque à la Sorbonne, membre de l'Académie française depuis 1843.

8. Philarète Chasles (1798-1873), professeur de langues et littératures étrangères de l'Europe moderne au Collège de France. Je n'ai pu identifier De Fresne.

9. Sur Edma Roger des Genettes et Louis Énault, voir p. 71, n. 3.

10. Voir la lettre de Flaubert à Louise Colet du [20 mars 1852], p. 59 et n. 1.

Page 894.

1. Voir cette lettre à l'Appendice IV, p. 921-922.

Memento du 4 septembre 1852

2. Voir le memento précédent, p. 893.

Page 895.

1. Les Roger des Genettes habitaient Saint-Maur.

2. Voir ce billet, du [29 août 1852], à l'Appendice IV, p. 922.

3. Ce poème (Appendice V, p. 938-940) semble avoir été inspiré à Louise Colet par une phrase d'Alfred de Musset : dans un memento non daté, elle écrit à son sujet : « [...] ses fantômes le paralysent [...] » (musée Calvet, fonds Colet, f⁰ 0127).

Page 896.

 1. Voir le memento du 28 juin 1852, p. 888 et n. 3.
 2. Sur Jacques Babinet, voir p. 146, n. 4.

Memento du 12 septembre 1852

3. « Jusque-là je l'avais excusé par l'ivresse, aujourd'hui je le jugeais radicalement sans cœur, je lui appliquais ce mot *ingénéreux* qu'il avait lui-même appliqué à Lamartine [...] » (memento du 4 septembre 1852, musée Calvet, fonds Colet, 6416, f⁰ 0157).

Page 897.

 1. Le sculpteur Franz Voštrak (voir p. 877, n. 5 et 7) ?
 2. Nommé chancelier de l'Académie le 24 juin 1852, Musset avait dû se rendre au Havre, avec Ancelot, pour inaugurer les statues de Bernardin de Saint-Pierre et de Casimir Delavigne.

Page 898.

 1. Sur cet épisode, voir t. I, p. 812-813.

Memento du 4 octobre 1852

2. Sur Paulin Gagne, voir la lettre de Flaubert à Louise Colet du [25 septembre 1852], p. 163, n. 1.
3. La lettre de Flaubert à Louise Colet du [1ᵉʳ-2 octobre 1852], p. 165.

Memento du 16 octobre 1852

4. Sur les rapports de Victor Hugo et de Flaubert, voir p. 277, n. 1.

Page 899.

Memento du 1ᵉʳ janvier 1853

 1. Voir ce poème à l'Appendice V, p. 945-963.
 2. La lettre de Flaubert à Louise Colet du [29 décembre 1852], p. 220.
 3. Henriette, la fille de Louise Colet.

Memento du 14 janvier 1853

4. Maxime Du Camp ; Edma Roger des Genettes.

5. Lors de leur première promenade, Musset avait emmené Louise Colet voir les lions au Jardin des Plantes (memento du 22 juin 1852, p. 887). À la suite de cette promenade, Musset et Louise Colet avaient composé deux sonnets ; celui de Louise Colet avait paru dans *Ce qui est dans le cœur des femmes*, p. 43 ; celui de Musset sera imprimé pour la première fois, je crois, dans *Le Monde illustré* du 9 mai 1857 — Musset était mort le 2. Après un article nécrologique de Méry (p. 11-14), Delaunay publie des « vers inédits » avec la présentation suivante : « Quant aux pièces lyriques, aux contes, aux sonnets, nous ne croyons pas qu'Alfred de Musset en ait écrit aucun depuis la publication de son dernier recueil, si ce n'est pourtant un sonnet adressé à Mme Louise Colet, après une promenade au Jardin des Plantes, en cette année 1852, où semble avoir brillé le dernier rayonnement de l'esprit du poète ; flamme affaiblie, poésie expirante, mais où la grâce se trahit encore. Plusieurs copies de ce sonnet coururent alors ; le voici :

UNE PROMENADE AU JARDIN DES PLANTES

Sous ces arbres chéris, où j'allais à mon tour
Pour cueillir, en passant, seul, un brin de verveine,
Sous ces arbres charmants où votre fraîche haleine
Disputait au printemps tous les parfums du jour ;

Des enfants étaient là qui jouaient alentour :
Et moi, pensant à vous, j'allais, traînant ma peine ;
Et si de mon chagrin vous êtes incertaine
Vous ne pouvez pas l'être au moins de mon amour ?

Mais qui saura jamais le mal qui me tourmente ?
Les fleurs des bois, dit-on, jadis ont deviné !
Antilope aux yeux noirs, dis quelle est mon amante ?

Ô Lion ! tu le sais, toi, mon noble enchaîné ;
Toi qui m'as vu pâlir lorsque sa main charmante
Se baissa doucement sur ton front incliné.

                                        Août 1852.

Le sonnet suivant, que nous trouvons dans un recueil de vers que Mme Louise Colet publia la même année *[Ce qui est dans le cœur des femmes]*, semble une réponse à ce qui précède :

LE LION CAPTIF

Lion du Sahara, dans ta cage enfermé,
Le désert passe-t-il sous ta fauve paupière ?
Ta lionne à tes flancs, revois-tu l'antre aimé ?
Revois-tu le soleil qui dora ta crinière ?

À ton rugissement, en écho transformé,
Sens-tu trembler encor quelque tribu guerrière ?
Libre, et reconquérant ta grandeur prisonnière,
Roi, berces-tu l'ennui dont tu meurs consumé ?

Et vous, poète, aux fers que vous a mis la vie,
Arrachez-vous parfois, palpitante et ravie,
Votre âme qui revient aux premiers horizons,

À l'amour qui l'inspire, à l'art qui la couronne ?
Ô rendez à vos jours ce passé qui rayonne ;
Sortez de l'esclavage où meurent les lions ! »

En revanche, le sonnet de Louise Colet sur la mort du lion est inédit, à ma connaissance (musée Calvet, fonds Colet, 6416, f⁰ 0097) ; il est daté du 12 janvier 1853 :

SUR LA MORT DU GRAND LION DU JARDIN DES PLANTES

S'irritant de languir dans la vie enchaîné,
Le fier Lion est mort pour sortir d'esclavage,
Et sans doute en mourant il cherchait le mirage
Du grand désert de feu dans lequel il est né.

Vous que j'ai vu pâlir lorsqu'à travers sa cage
Sur son cou frémissant mon bras s'est incliné,
Vous qui parliez d'amour ? — Eh ! quoi ! de mon image
En vous le souvenir n'a jamais rayonné !

Non, il est mort aussi. — Ta royale crinière
De nos pieds insultants recevra la poussière,
Ô Lion ! — Tout subit cette injure du sort :

L'on adorait l'amour, sa flamme était divine,
Mais un jour on l'outrage et sur lui l'on piétine ;
La pâle indifférence est la sœur de la mort.

Louise Colet est sans doute à l'origine de cette publication. Sous le pseudonyme de Yolande, elle tenait la chronique de la mode du *Monde illustré*. Elle y avait publié le 25 avril 1857 un article sur une réception chez la marquise de Boissy (Teresa Guiccioli, l'amie de Byron).

6. Sur Paulin Gagne, voir p. 163, n. 1.

7. *Le Livre posthume* de Maxime Du Camp avait commencé à paraître dans la *Revue de Paris* le 1er décembre 1852. Du Camp est nommé officier de la Légion d'honneur le 14 janvier 1853.

Page 900.

Memento du 15 mars 1853

1. Voir la lettre de Flaubert à Louise Colet du [9 mars 1853], p. 259-261.

2. Auguste Lacaussade, poète, ami de Leconte de Lisle, et comme lui originaire des Iles.

3. Victor Cousin.

Memento du 7 avril 1853

4. Victor Cousin.

Memento du 25 avril 1853

5. Le prix de poésie de l'Académie française n'avait pas été décerné, mais remis à l'année suivante.

6. Voir ce poème dans la note 5 du memento du 14 janvier 1853, p. 899.

7. Flaubert ne mentionne pas ce billet dans sa lettre à Louise Colet du [16 avril 1853], p. 306 et suiv.

8. Henriette, la fille de Louise Colet.

9. Victor Cousin.

Page 901.

Memento du 8 juin 1853

1. Voir la correspondance de Louise Colet et d'Octave Lacroix (lettre de Flaubert à Louise Colet du [12 juin 1853], p. 352, n. 1).

Memento du 1er juillet 1853

2. *La Servante,* deuxième récit du *Poème de la femme,* paraîtra chez Perrotin en 1854.

3. Mme Allan-Despréaux, l'actrice qui avait créé *Un caprice* à la Comédie-Française le 27 novembre 1847 ; elle avait été la maîtresse de Musset.

4. Alfred de Musset n'a écrit que cinq scènes de l'acte I de cette tragédie (*Œuvres posthumes,* Paris, Charpentier, 1866, p. 81-102).

Page 902.

Memento du 4 décembre 1853

1. Voir la note bibliographique de la lettre de Flaubert à Louise Colet du [22 novembre 1853], p. 464.

2. Louise Colet et sa fille Henriette.

3. Sur la poétesse Malvina Blanchecotte, voir la lettre de Flaubert à Louise Colet du [29 novembre 1853], p. 471, n. 2.

4. Sur Octave Lacroix et Louise Colet, voir p. 352, n. 1.

5. Edma Roger des Genettes ; Louis Énault est l'amant supplanté.

Page 903.

1. Léonie Leparfait, la compagne de Louis Bouilhet, dont il avait adopté le fils, Philippe.

Memento du 9 décembre 1853

2. Leconte de Lisle.

3. Ici s'arrêtent les mementos de Louise Colet, sauf deux courts passages datés des 30 octobre 1868 et 19 février 1872.

Page 905.

Appendice III

LETTRES DE MAXIME DU CAMP
À LOUISE COLET

1. Ces lettres se trouvent au fonds Colet du musée Calvet d'Avignon, 6408, ff°⁵ 3134-3198 ; il faut leur ajouter une lettre mal classée à cause d'une mauvaise lecture de la signature : *Massin* au lieu de *Maxime* (6411, f° 4878). Ces lettres sont classées de façon très arbitraire ; je donne la référence au fonds Colet à la fin de chaque lettre. Elles sont toutes datées de Paris.

Auriant a publié, en appendice des *Lettres inédites de Gustave Flaubert à Maxime Du Camp, Mᵉ Frédéric Fovard, Mme Adèle Husson et « l'excellent M. Baudry »* (Sceaux, Palimugre, 1948, p. 146-152), sept lettres de Louise Colet à Maxime Du Camp. Ce sont les seules qui aient subsisté des « plus de trois cents lettres » que Louise Colet aurait écrites à Maxime Du Camp (*Souvenirs littéraires*, 3ᵉ éd., Hachette, 1906, t. II, p. 260). Voir la lettre de Flaubert à Louise Colet du [28 septembre 1851], p. 6, n. 2, pour la datation de ces lettres.

24 aout [1851]

2. Sur la publication par Louise Colet des lettres de Benjamin Constant à Mme Récamier, voir la lettre de Flaubert à Louise Colet du [19 février 1854], p. 522, n. 3.

3. Serait-ce Louis de Cormenin ?

[11 septembre 1851]

4. Réponse de Maxime Du Camp à la lettre de Louise Colet du [8 septembre 1851] (Auriant, *Gustave Flaubert, Lettres inédites...*, p. 148-149). En voici les passages essentiels : « Je viens vous faire trois prières, mon cher Maxime : la première est que vous me mettiez un petit mot amical sur la première page de votre livre [*Souvenirs et paysages d'Orient...*, Paris, Arthus Bertrand, 1848]... Ma seconde prière est que vous veniez dîner avec moi dimanche. Il faut que nous rompions le pain ensemble avant son départ [de Flaubert] et comme c'est vous qui l'hébergez, mon désir ne s'accomplira que si vous m'y aidez. Troisième souhait. Je veux dîner en garçon chez vous vendredi, samedi, ou lundi : vous choisirez parmi ces trois jours celui où vous n'aurez aucun de vos mauvais

garnements d'amis ou d'amies (les Ozy et les Page). C'est un sourire de Gustave qui me fait aventurer la parenthèse... En tous cas comprenez-moi bien et soyez *bon : il* va partir, je serai peut-être bien longtemps sans le voir, je veux me remplir le cœur d'heureux souvenirs afin d'avoir courage et fermeté durant l'absence ; faites donc que je le voie le plus possible, vous en tiers quelquefois. Remettez-lui votre réponse demain soir. Votre bien affectionnée... Le volume de Diderot est pour Gustave » (Bibliothèque de l'Institut, fonds Du Camp, 3751, pièce 111). Voir aussi p. 6, n. 2.

5. *Souvenirs et paysages d'Orient ;* voir la note 4 ci-dessus.

6. Julie-Justine Pilloy, dite Alice Ozy (1820-1893), actrice et demi-mondaine. Lyonnet cite ce quatrain amusant de Théodore de Banville :

> *Les demoiselles chez Ozy*
> *Menées*
> *Ne doivent plus songer aux hy-*
> *Ménées.*

7. Adèle Page (1820 ?-1882) a joué au théâtre de 1842 à 1874 (Lyonnet).

Page 906.

15 septembre 1851

1. Voir p. 905 et n. 2.

[16 septembre 1851]

2. Sur Mme Didier, voir p. 147, n. 4.

[1er octobre 1851]

3. Réponse à la lettre de Louise Colet du [30 septembre 1851] (Auriant, *Gustave Flaubert, Lettres inédites...*, p. 149-150). En voici les passages essentiels : « Dès le lendemain du jour où j'ai eu le plaisir de vous rencontrer j'ai été reprise par la fièvre et depuis lors je ne quitte pas le lit. Mais la fièvre n'est rien. Ce qui commence à m'inquiéter, c'est une horrible enflure qui me tient la moitié du cou et tout un côté de la tête... Dans cet état une bonne lettre que Gustave m'écrit de Londres et que je n'espérais pas m'a fait un vif plaisir. Il me demande de lui répondre de suite, mais avec la distraction qui le caractérise, il ne me donne pas son adresse. La savez-vous ? En ce cas je vous serai reconnaissante de me la faire savoir le plus tôt possible. Si un vilain visage ne vous fait pas peur, venez me voir, mon ami... » (Bibliothèque de l'Institut, fonds Du Camp, 3751, pièce 112). Voir la lettre de Flaubert à Louise Colet du [28 septembre 1851], p. 5, et celle de Maxime Du Camp à Flaubert du 6 octobre [1851], Appendice I, p. 863. Pour Mrs. Farmer, voir p. 342, n. 6.

Page 907.

[27 octobre 1851]

1. Réponse à la lettre de Louise Colet du [25 ou 26 octobre 1851] (Auriant, *Gustave Flaubert, Lettres inédites…*, p. 146-147) : « Il faut convenir, mon cher Directeur, que vous êtes un esprit inexplicable… Je sais bien que vous êtes dans toutes les préoccupations du travail et du succès, mais enfin cela n'empêche pas de répondre une ligne à trois lettres ! Je vous la demande en vous promettant en retour de ne plus vous importuner de mon *commerce épistolaire*… Dites-moi aussi si je dois garder le [tableau ?] de courtisane qui est dans ma salle à manger, ou si ce n'était qu'une plaisanterie. Si vous n'en voulez pas, je vendrai ce tableau dans une vente qui doit avoir lieu ces jours-ci… J'ai reçu ce matin une bonne lettre de Gustave. Il travaille » (Bibliothèque de l'Institut, fonds Du Camp, 3751, pièce 107). Voir la lettre de Flaubert à Louise Colet du [23 octobre 1851], p. 12, et p. 6, n. 2.

4 novembre [1851]

2. Louise Colet n'avait pas reçu de lettres de Flaubert depuis celle du [23 octobre 1851], p. 12. Elle voulait voir Maxime Du Camp avant le départ de ce dernier pour Croisset (voir sa lettre à Maxime Du Camp du [1er novembre 1851]; fonds Du Camp, 3751, pièce 108 ; Auriant, *Gustave Flaubert, Lettres inédites…*, p. 147-148). Voir aussi p. 6, n. 2.

[Vers le 15 novembre 1851]

3. Sur Paul de Saint-Victor, voir p. 725, n. 4.
4. Victor Cousin.
5. Gabriel Delessert (1786-31 janvier 1858), ancien préfet de police de Louis-Philippe. Maxime Du Camp était l'amant de sa femme, née Valentine de Laborde (voir la lettre de Du Camp à Flaubert de [fin août-début septembre 1851], Appendice I, p. 860).

Page 908.

[Fin novembre 1851]

1. La *Revue de Paris*, qui paraissait alors le 1er du mois.
2. *Les Lettres d'amour*, comédie perdue de Louise Colet (voir la lettre de Flaubert à Louise Colet du [27 mars 1852], p. 62, n. 1 et *passim*).

[Début décembre 1851]

3. *Les Lettres d'amour* (voir la note 2 ci-dessus).

Page 909.

[1852 ?]

1. S'agit-il des épreuves photographiques que Maxime Du Camp avait ramenées d'Orient ? Elles seront publiées par livraisons, chez Gide et Baudry, en 1852-1853.

[1853 ?]

2. Sans doute *Le Livre posthume,* qui paraît chez Lecou en 1853.

3. Ici s'arrête la correspondance de Maxime Du Camp avec
Louise Colet, telle qu'elle est conservée au musée Calvet d'Avignon. Je doute qu'elle ait continué, ou qu'il y manque grand-
chose, en ce qui concerne les années 1851-1853.

Page 911.

Appendice IV

CORRESPONDANCE DE LOUISE COLET
ET D'ALFRED DE MUSSET

1. Je donne toutes les lettres de Louise Colet et d'Alfred de
Musset que possède le fonds Colet du musée Calvet d'Avignon
(6411, ff⁰ˢ 5025-5074, pour les lettres d'Alfred de Musset ; 6418,
ff⁰ˢ 496-551, pour celles de Louise Colet). Elles n'ont jamais été
publiées, à ma connaissance ; Léon Séché n'en imprime aucune dans
sa *Correspondance d'Alfred de Musset* (Paris, Mercure de France,
1907), et n'en fait pas état dans son livre sur *Alfred de Musset,
les femmes, les amis,* t. II, p. 226-246. Non plus Mme de Mestral-
Combremont dans *La Belle Mme Colet,* p. 143-160. J'y ai ajouté
une lettre d'Alfred de Musset à Louise Colet qui se trouve dans
la collection Lovenjoul (B VI, ff⁰ˢ 430-431), lettre que je crois
du [26 juin 1852]. Toutes ces lettres sont datées de Paris.

Louise Colet à Alfred de Musset [24 juin 1852]

2. Sur Jacques Babinet, voir p. 146, n. 4 ; sur Edma Roger des
Genettes, voir p. 57, n. 3.

Louise Colet à Alfred de Musset [25 juin 1852]

3. Allusion à leur promenade au Jardin des Plantes le 22 juin
1852 (voir le memento de cette date, Appendice II, p. 887).

4. Le sonnet *Le Lion captif.* Voir le memento du 14 janvier
1853, Appendice II, p. 899, n. 5.

5. *Les Lettres d'amour* (voir la lettre de Flaubert à Louise Colet
du [27 mars 1852], p. 62 et n. 1).

Page 912.

Alfred de Musset à Louise Colet [26 juin 1852]

1. *La Colonie de Mettray,* qui avait obtenu le prix de poésie de
l'Académie française. Louise Colet voulait le faire lire par Alfred
de Musset à la séance solennelle de l'Académie.

2. Voir l'Appendice V, p. 930.
3. Voir l'Appendice V, p. 935.
4. Voir l'Appendice V, p. 933.
5. Voir l'Appendice V, p. 934.
6. *Les Lettres d'amour* (voir p. 62 et n. 1).
7. Le poète Antony Deschamps.
8. Cette lettre d'Alfred de Musset se trouve dans la collection Lovenjoul (B VI, ffos 430-431). Don de Louise Colet à Flaubert ?

Page 913.

Alfred de Musset à Louise Colet [4 juillet 1852]

1. Allusion à la « scène du fiacre ». Voir le memento de Louise Colet du 28 juin 1852, Appendice II, p. 888.

Louise Colet à Alfred de Musset [9 juillet 1852]

2. La « scène du fiacre » (voir n. 1 ci-dessus).

Page 914.

Louise Colet à Alfred de Musset [11 juillet 1852]

1. Sans doute le sonnet sur le lion du Jardin des Plantes (voir le memento du 14 janvier 1853, Appendice II, p. 899, n. 5).
2. Le poète Antony Deschamps, un habitué du salon de Louise Colet.
3. Sur le capitaine d'Arpentigny, voir p. 38, n. 1.

Louise Colet à Alfred de Musset [14 juillet 1852]

4. Voir le memento de Louise Colet sur quelques jours de juillet 1852, Appendice II, p. 889.

Page 915.

1. La pension Chéron, place Royale (voir musée Calvet, fonds Colet, *passim*).

Louise Colet à Alfred de Musset [18 juillet 1852]

2. La lettre qui suit est la réponse d'Alfred de Musset.
3. Le capitaine d'Arpentigny (voir p. 38, n. 1) ; Antony Deschamps ; Jacques Babinet (voir p. 146, n. 4).
4. *La Colonie de Mettray.*

Page 916.

Alfred de Musset à Louise Colet [18 juillet 1852]

1. La gouvernante d'Alfred de Musset.

Louise Colet à Alfred de Musset [19 juillet 1852]

2. *La Colonie de Mettray.*

Alfred de Musset à Louise Colet [26 juillet 1852]

3. Le sonnet sur le lion du Jardin des Plantes ? (voir le memento du 14 janvier 1853, Appendice II, p. 899, n. 5) ; ou un autre sonnet non conservé ?

Page 917.

Alfred de Musset à Louise Colet [29 juillet 1852]

1. Voir le memento de Louise Colet du jeudi soir 29 juillet 1852, non reproduit à l'Appendice II : « Hier M[usset] reparu, s'ennuyant, à 4 heures. Dîner chez moi, son ennui, faible, malade [...]. Ce matin, cette lettre de M[usset] [...] il est venu en allant à l'Académie » (musée Calvet, fonds Colet, f° 0142).

Louise Colet à Alfred de Musset [4 août 1852]

2. Ces « amis et amies de province » sont Gustave Flaubert et Louis Bouilhet ! (voir le memento de Louise Colet du 15 août 1852, Appendice II, p. 891).

3. Edma Roger des Genettes.

4. Louise Colet s'était entremise pour faire prêter de l'argent à Alfred de Musset (voir le memento du 1er août 1852, Appendice II, p. 891).

5. Victor Cousin.

6. *Ce qui est dans le cœur des femmes* (*Bibliographie de la France*, 28 août 1852).

7. Chancelier de l'Académie, Alfred de Musset allait inaugurer au Havre les statues de Bernardin de Saint-Pierre et de Casimir Delavigne.

8. Voir le memento du 15 août 1852, Appendice II, p. 891.

Louise Colet à Alfred de Musset [5 août 1852]

9. Le mardi 3 août (voir le memento de Louise Colet du 15 août 1852, Appendice II, p. 891).

10. Sur Feuillet de Conches, voir t. I, p. 808, n. 1. Il avait proposé à Alfred de Musset de lui faire voir les lettres de Mme de Pompadour qu'il possédait (voir la lettre de Louise Colet à Alfred de Musset du [12 août 1852], p. 918).

Page 918.

1. *Les Lettres d'amour* (voir la lettre de Louise Colet à Alfred de Musset du [25 juin 1852], p. 911, et p. 62, n. 1.

Louise Colet à Alfred de Musset [5 août 1852]

2. Il s'agit de l'emprunt d'Alfred de Musset (voir la lettre de

Louise Colet du [4 août 1852], p. 917). De même pour la lettre suivante.

Louise Colet à Alfred de Musset [12 août 1852]

3. Les trois billets précédents du [5 août 1852] (p. 917-918).

Page 919.

1. *Les Lettres d'amour* (voir p. 918, n. 1).

2. *Ce qui eft dans le cœur des femmes* (*Bibliographie de la France*, 28 août 1852).

3. L'emprunt d'Alfred de Musset (voir p. 917 et les lettres suivantes).

Page 920.

Louise Colet à Alfred de Musset [14 août 1852]

1. *Ce qui eft dans le cœur des femmes* (*Bibliographie de la France*, 28 août 1852).

2. *Les Lettres d'amour* (voir p. 918, n. 1).

3. La séance solennelle de l'Académie, où Louise Colet allait recevoir le prix de poésie pour *La Colonie de Mettray* (Appendice V, p. 929-936).

4. Sur Villemain et Louise Colet, voir p. 513, n. 5, p. 889, p. 891 et *passim*.

Louise Colet à Alfred de Musset [16 août 1852]

5. Un porte-billet en coquillage (voir le memento de Louise Colet du 17 août 1852, Appendice II, p. 892).

Louise Colet à Alfred de Musset [17 août 1852]

6. Les Roger des Genettes habitaient Saint-Maur.

7. François-Augufte Mignet (1796-1884), auteur d'une célèbre *Hiftoire de la Révolution française* (1824), membre de l'Académie française depuis 1837.

Page 921.

Louise Colet à Alfred de Musset [24 août 1852]

1. *Ce qui eft dans le cœur des femmes* (*Bibliographie de la France*, 28 août 1852).

2. Serait-ce Flaubert ? dans ce cas Louise Colet ne dirait pas la vérité, car Flaubert était présent à la séance solennelle de l'Académie le 19 août 1852 (voir le memento de Louise Colet du 24 août 1852, Appendice II, p. 893).

Page 922.

1. Alfred Tattet ?

2. Voir les lettres de Louise Colet à Alfred de Musset des [5 août 1852], p. 917, et [12 août 1852], p. 918.

Alfred de Musset à Louise Colet [29 août 1852]

3. Voir le memento de Louise Colet du 4 septembre 1852, Appendice II, p. 895.

Louise Colet à Alfred de Musset, 16 septembre 1852

4. S'agit-il de ces vers, que je ne connais que par une copie de main inconnue ? (musée Calvet, fonds Colet, 6422, f⁰ 173 r⁰) :

FANTÔMES

> *Vous l'aimez, ne le voyez pas ;*
> *Lisez ses vers, rêvez son âme,*
> *Mais n'approchez pas, pauvre femme,*
> *De ce spectre qui tend les bras.*

5.   *Si natura negat, facit indignatio versum...*

(Juvénal, Satire I, v. 79).

6. Voir ce sonnet dans la note 5 du memento du 14 janvier 1853, Appendice II, p. 899.

7. Allusion au quatrain consacré à Villemain dans les vers improvisés sur les académiciens par Alfred de Musset et Louise Collet le 2 juillet 1852 :

> *Sur ton dos, Riquet à la houppe*
> +   *Quelle loupe !*
> *Tu ne vas pas droit ton chemin*
> *Villemain.*

Le signe + signifie que le vers est de Louise Colet (voir la lettre de Flaubert à Louise Colet du [7 juillet 1852], p. 130, n. 2).

Page 923.

Alfred de Musset à Louise Colet [12 mars 1854]

1. La seconde version de *L'Acropole d'Athènes,* envoyée à l'Académie française pour le prix de poésie de l'année 1854.
2. Voir la lettre suivante.

Page 924.

Louise Colet à Alfred de Musset [12 mars 1854]

1. Louise Colet avait-elle publié les quatre vers que je cite dans la note 4 de sa lettre à Alfred de Musset du 16 septembre 1852, p. 922 ? Ou bien des fragments de *La Servante (Bibliographie de la France,* 26 août 1854), où Alfred de Musset a servi de modèle pour Lionel de Vernon (voir p. 480, n. 5) ? Rien dans *Ce qui est dans le cœur des femmes* ne pouvait outrager Alfred de Musset.

Louise Colet à Alfred de Musset [Après le 12 mars 1854]

2. « Je distingue la femme de l'écrivain... » (lettre d'Alfred de Musset à Louise Colet du [12 mars 1854], p. 923).

Page 925.

Appendice V

POÉSIES DE LOUISE COLET

1. Je ne donne dans cet Appendice que les poésies de Louise Colet qui sont longuement discutées par Flaubert dans le détail. Le texte en est complet, sauf en ce qui concerne *L'Acropole,* dont je cite seulement les strophes étudiées par Flaubert. En revanche, *La Paysanne* est ici reproduite en entier, car cette œuvre, à laquelle Flaubert a beaucoup travaillé, représente, à beaucoup d'égards, son idéal en matière poétique. Je suis l'ordre selon lequel ces poésies se présentent dans les deux recueils de vers de Louise Colet : *Ce qui est dans le cœur des femmes* (1852) et *Ce qu'on rêve en aimant* (1854).

Page 926.

LES RÉSIDENCES ROYALES

1. *Ce qui est dans le cœur des femmes,* p. 15-18.

Page 929.

PRADIER

1. *Ce qui est dans le cœur des femmes,* p. 69-73.

Page 936.

LA COLONIE DE METTRAY

1. *Ce qui est dans le cœur des femmes,* p. 123-137.

Page 938.

MA FILLE

1. *Ce qu'on rêve en aimant,* p. 53-57.

Page 940.

LES FANTÔMES

1. *Ce qu'on rêve en aimant,* p. 71-76.

LA GLOIRE

2. *Ce qu'on rêve en aimant*, p. 113-114.

Page 944.

L'ACROPOLE

1. *Ce qu'on rêve en aimant*, p. 115-141.

Page 963.

LA PAYSANNE

1. *Le Poème de la femme, premier récit : La Paysanne*, Paris,
Perrotin, 1853, in-8°, 32 p.

Page 965.

Appendice VI

EXTRAITS DES LETTRES
DE LOUIS BOUILHET À GUSTAVE FLAUBERT [1]

[Mai-juin 1852]

1. Autographe Lovenjoul, C, ff^os 985-986 (non classée). La
lettre est datée par le passage de *Madame Bovary* auquel se rapportent les suggestions de Louis Bouilhet : le bal de la Vaubyessard.
Flaubert écrit à Louise Colet le [2 mai 1852] : « Il faut que je mette
mon héroïne dans un bal » (p. 83) ; le [18 juillet 1852] : « Ma
première partie est à peu près faite » (p. 134). Cette lettre serait
donc de mai-juin 1852.

2. Voir les trois versions de ce passage publiées par Gabrielle
Leleu dans *Madame Bovary, Ébauches et fragments inédits...*, t. I, p. 217,
221 et 224. Le « mot du marquis » y est le même : le conseiller dit
au marquis, en regardant la fête : « Quelle ravissante perspective !
on dirait une guirlande de fleurs, monsieur le marquis. — Toutes ne
sont pas en bouton, reprit le marquis, à demi-voix. — Ah ! très joli !
très joli ! » Flaubert a supprimé ce dialogue au moment de publier
Madame Bovary dans la *Revue de Paris* (voir la lettre de Flaubert à
Louis Bouilhet du [1er juin 1856], p. 613 et n. 3).

[Septembre-octobre 1852]

3. Autographe Bibliothèque municipale de Rouen, mss g 226⁴,
ff^os 223-224 ; lettre publiée partiellement par Benjamin F. Bart,

1. Voir Préface, p. XII.

« Louis Bouilhet, Flaubert's accoucheur », *Symposium,* Fall 1963, p. 186, et totalement (mais avec des erreurs de lecture) par le regretté Alberto Cento, *Il Realismo documentario nell'* « *Éducation sentimentale* », Napoli, Liguori, 1967, p. 311-312.

La lettre date de septembre ou d'octobre 1852, car Flaubert a terminé la description topographique d'Yonville-l'Abbaye avant le 4 septembre (voir sa lettre à Louise Colet du [4 septembre 1852], p. 150) et il finit la scène de l'auberge avant le 26 octobre (voir sa lettre à Louise Colet du [26 octobre 1852], p. 173).

4. Il s'agit de la tirade de M. Homais sur le climat d'Yonville-l'Abbaye. Voici le passage où Flaubert s'est servi de la consultation de Bouilhet : « [...] et cette chaleur, cependant, qui à cause de la vapeur d'eau dégagée par la rivière et la présence considérable de bestiaux dans les prairies, lesquels exhalent, comme vous savez, beaucoup d'ammoniaque, c'est-à-dire azote, hydrogène et oxygène (non, azote et hydrogène seulement), et qui, pompant à elle l'humus de la terre, confondant toutes ces émanations différentes, les réunissant en un faisceau, pour ainsi dire, et se combinant de soi-même avec l'électricité répandue dans l'atmosphère, lorsqu'il y en a, pourrait à la longue, comme dans les pays tropicaux, engendrer des miasmes insalubres [...] » (*Madame Bovary,* éd. Claudine Gothot-Mersch, p. 83).

Page 966.

1. Flaubert n'a pas utilisé ce terme dans *Madame Bovary.*
2. Le village natal de Louis Bouilhet, où habitaient sa mère et ses sœurs.

[19 août 1854]

3. Autographe Lovenjoul, C, ffos 2-3 ; lettre publiée par Jean Pommier dans « Quelques lettres de Flaubert et de Bouilhet ». *Bulletin du bibliophile,* 1949, p. 171-173. La lettre semble bien datée.
4. Allusion aux rendez-vous à Mantes de Louise Colet et Flaubert.

Page 967.

1. « Nous » : Bouilhet et son ami Alfred Guérard (voir la fin de la lettre et celle de Flaubert à Louis Bouilhet du [10 août 1854], p. 565). Sur Alfred Guérard, voir p. 475, n. 3.
2. Fourneau aîné, négociant en draps et toiles à Mantes (Annuaire et Almanach du commerce, 1857, p. 1195 ; Jean Pommier, art. cité, p. 172, n. 1).
3. Maurice Schlésinger ? En fait, c'est Élisa Schlésinger qui était originaire de Vernon.
4. Heurtevent, restaurateur, 5, quai de la Bourse, Rouen (Jean Pommier, art. cité, p. 172, n. 2).
5 Louis Bouilhet a en effet dessiné une sorte d'ovale sur sa lettre.

[Septembre 1854]

6. Autographe Lovenjoul, C, ff^os 7-8. Enveloppe : Monsieur Gustave Flaubert, à Croisset (près Rouen), Seine-Inférieure. Pas de cachet postal. La lettre est datée par les publications de Louise Colet ; *La Servante* est annoncée le 26 août 1854 dans la *Bibliographie de la France*, et *Ce qu'on rêve en aimant* le 2 septembre.

7. Flaubert a donc passé l'hiver, ou une partie de l'hiver, à Paris, ce qui explique l'arrêt de sa correspondance avec Louis Bouilhet. Voir la note bibliographique de la lettre de Flaubert à Louis Bouilhet du [16 octobre 1854], p. 569.

8. « Les restes n'y seront pas [...] » : la lecture paraît certaine.

9. Le professeur de troisième du Collège royal de Rouen, dont Flaubert et Bouilhet avaient été les élèves.

10. Il s'agit de *Madame Bovary*.

Page 968.

1. Mme Flaubert et ses fils cherchaient à faire interdire Émile Hamard, le père de la petite Caroline.

2. Émile de Girardin était le directeur de *La Presse*.

3. *Les Bourgeois de Molinchart*, de Champfleury, avaient paru en feuilleton dans *La Presse*. Le roman finit en effet « en queue de poisson » : Julien de Vorges et Louise Creton du Coche sont arrêtés à Paris en flagrant délit d'adultère. Leur condamnation est certaine. Le roman se termine sur ces phrases de Julien : « Plus tard je retrouverai Louise. / Mais ensuite !... » Voir p. 562 et n. 3.

4. Allusion à une ode d'Horace (IV, 8), où le poète félicite Virgile de trouver des perles dans le fumier d'Ennius.

5. La Sylphide : Edma Roger des Genettes.

6. Allusion à l'ouvrage du docteur Rozier intitulé *De l'onanisme chez les personnes du sexe* (voir p. 532, n. 4). J'ignore qui est Hermione.

7. Louise Colet.

8. *La Servante* (*Bibliographie de la France*, 26 août 1854) ; *Ce qu'on rêve en aimant* (*Bibliographie de la France*, 2 septembre 1854).

Page 969.

[9 juin 1855]

1. Autographe Lovenjoul, C, ff^os 9-10 ; réponse à la lettre de Flaubert du [6 juin 1855], p. 580, donc à dater du samedi 9 juin.

2. *Madame de Montarcy*.

3. Sur Alfred Blanche, voir p. 580, n. 4.

4. Sur Laugier, voir p. 580, n. 5.

5. Voir la lettre de Flaubert à Louis Bouilhet du [6 juin 1855], p. 580.

6. Sur Marie Durey, voir p. 567, n. 3 et *passim*.

7. Sur le départ de la troupe de Rachel pour l'Amérique, voir p. 586, n. 7.

8. Marie Durey.

9. Léonie Leparfait, la compagne de Louis Bouilhet.

10. Voir la lettre de Flaubert à Louis Bouilhet du [6 juin 1855], p. 581.

Page 970.

1. Caroline Hamard, la nièce de Flaubert.

2. Voir la lettre de Flaubert à Louis Bouilhet du [6 juin 1855], p. 582.

3. Pierre Lanfrey, *L'Église et les philosophes au dix-huitième siècle,* Paris, Lecou, 1855, in-12, 372 p. ; 2ᵉ éd., Paris, Pagnerre, 1857, in-12, 382 p. Voir p. 800, n. 3 et 4.

4. Sur Eugène Crépet, voir p. 249, n. 5.

5. « La Muse » : Louise Colet. Sur le sculpteur Hippolyte Ferrat, voir t. I, p. 809, n. 1.

[25 août 1855]

6. Autographe Lovenjoul, C, ffᵒˢ 11-12 ; réponse à la lettre de Flaubert du [17 août 1855], p. 588 ; Flaubert répondra à Louis Bouilhet dans sa lettre du [30 août 1855], p. 590.

7. Voir la lettre de Flaubert à Frédéric Fovard du [15 août 1855], p. 587. Le notaire Fovard répondra à Flaubert le 18 septembre 1855 (voir la note bibliographique de la lettre mentionnée ci-dessus).

8. *Madame de Montarcy.*

9. Sur l'acteur Régnier, voir p. 590, n. 2.

10. Sur Laugier, voir p. 580, n. 5.

11. Sur Alfred Guérard, voir p. 475, n. 3.

12. Sur Alfred Blanche, voir p. 580, n. 4.

13. Le sculpteur Préault (voir p. 354, n. 1).

14. Camille Doucet, directeur des Théâtres au Ministère.

15. Léon Laurent-Pichat, l'un des directeurs de la *Revue de Paris.*

16. *Le Cœur à droite,* comédie de Louis Bouilhet, qui sera publiée dans *L'Audience* du 26 janvier au 26 février 1859.

17. Sur l'acteur Rouvière, voir p. 586, n. 4.

Page 971.

[18 septembre 1855]

1. Autographe Lovenjoul, C, ffᵒˢ 13-14 ; la lettre est datée par Louis Bouilhet lui-même du « mardi 18 septembre 1855 ». Elle répond à celle de Flaubert du [16 septembre 1855], p. 593.

2. Le docteur Follin ; Flaubert cherchait des renseignements pour la consultation médicale que M. Homais donne à l'aveugle. Voici le texte définitif : « L'Aveugle tendait son chapeau, qui ballottait au bord de la portière, comme une poche de la tapisserie déclouée. / — Voilà, dit le pharmacien, une affection scrofuleuse ! / Et, bien qu'il connût ce pauvre diable, il feignit de le voir pour la première fois, murmura les mots de *cornée, cornée opaque,*

sclérotique, facies, puis lui demanda d'un ton paterne : / — Y a-t-il longtemps, mon ami, que tu as cette épouvantable infirmité ? Au lieu de t'enivrer au cabaret, tu ferais mieux de suivre un régime. / Il l'engageait à prendre de bon vin, de bonne bière, de bons rôtis. L'Aveugle continuait sa chanson ; il paraissait, d'ailleurs, presque idiot. Enfin, M. Homais ouvrit sa bourse. / — Tiens, voilà un sou, rends-moi deux liards ; et n'oublie pas mes recommandations, tu t'en trouveras bien. / Hivert se permit tout haut quelque doute sur leur efficacité. Mais l'apothicaire certifia qu'il le guérirait lui-même, avec une pommade antiphlogistique de sa composition. [...] La voiture était repartie, quand soudain M. Homais se pencha en dehors du vasistas et cria : / — Pas de farineux ni de laitage ! Porter de la laine sur la peau et exposer les parties malades à la fumée de baies de genièvre ! » (*Madame Bovary,* éd. Claudine Gothot-Mersch, p. 305-306). Voir aussi Gabrielle Leleu, *Madame Bovary, Ébauches et fragments inédits...,* t. II, p. 466-468 ; et B. F. Bart, « Louis Bouilhet, Flaubert's accoucheur », *Symposium,* Fall 1963, p. 188-190.

Page 972.

1. Sur Mme Stroehlin, voir p. 594, n. 3.
2. *Maître Wolfram,* opéra-comique en un acte, livret de Joseph Méry, musique d'Ernest Reyer, Théâtre-Lyrique, 20 mai 1854.
3. Sur Alfred Blanche, voir p. 580, n. 4.
4. Sur l'acteur Régnier, voir p. 590, n. 2.
5. Caroline Hamard, la nièce de Flaubert.

[22 septembre 1855]

6. Autographe Lovenjoul, C, ff^os 15-16 ; réponse à la lettre de Flaubert du [19 septembre 1855], p. 595.
7. Sur Laugier, voir p. 580, n. 5.
8. Verteuil : morte en 1890 à soixante et un ans, quarante-quatre ans de théâtre, 500 francs de pension (Lyonnet) ?
9. Voir *Madame Bovary,* éd. Claudine Gothot-Mersch, p. 305-306.
10. Voir la note 2 ci-dessus.
11. Marie Durey (voir p. 567, n. 3).
12. *Les Propos de table* ou *Symposiaques,* en neuf livres (*Œuvres de Plutarque,* Paris, an XI-1802, t. XVII, p. 1-475).
13. Sur Eugène Crépet, voir p. 249, n. 5.
14. *La Revue,* fondée par Eugène Crépet en avril 1855 ; elle durera jusqu'en janvier 1858.
15. Maxime Du Camp.

Page 973.

1. Sur Mme Stroehlin, voir p. 594, n. 3.
2. Sur Alfred Blanche, voir p. 580, n. 4.

3. Madeleine Brohan, célèbre actrice du Théâtre-Français.

[4 octobre 1855]

4. Autographe Lovenjoul, C, ff^os 17-18 ; réponse à la lettre de Flaubert du [30 septembre 1855], p. 596.

5. Sur l'acteur Ricourt, voir p. 600, n. 7.

6. *Madame de Montarcy* sera jouée à l'Odéon le 6 novembre 1856.

7. Le père de Louis Bouilhet avait été administrateur des ambulances dans les armées de Napoléon, puis adjoint au régisseur du château des Montmorency-Luxembourg, à Cany. Le docteur Jean, de Rouen, possède l'autobiographie inédite de M. Bouilhet père, intitulée *Mes Souvenirs*.

8. Léonie Leparfait, la compagne de Louis Bouilhet.

Page 974.

1. Sans doute la *Revue de Paris*, où Bouilhet tentait de placer sa comédie *Le Cœur à droite*.

[Début mars 1857]

2. Autographe Lovenjoul, C, f° 41 ; cette lettre serait du début de mars 1857, car Flaubert écrit à Jean Clogenson le 25 mars [1857] (p. 693) qu'il a « lu et relu » l'ouvrage de Falbe.

3. Voir la lettre de Flaubert à Jean Clogenson du 25 mars [1857], p. 693, n. 2. L'ouvrage ne comporte qu'un volume. Tout ce paragraphe, de « Falbe » jusqu'à « in-folio », est de l'écriture d'Eugène Crépet.

4. Sur Eugène Crépet, voir p. 249, n. 5.

5. Léonie Leparfait, la compagne de Louis Bouilhet.

6. Juliette Flaubert, fille du docteur Achille Flaubert, ou Juliet Herbert ?

7. Beuzeville était le rédacteur en chef du *Nouvelliste de Rouen*, qui avait interrompu la publication de *Madame Bovary* en feuilleton (voir la lettre de Maxime Du Camp à Flaubert du [29 décembre 1856], Appendice I, p. 874 et n. 1).

8. Première mention d'Ernest Feydeau dans la correspondance de Flaubert. Ces lettres n'ont pas été retrouvées ; la première lettre de Flaubert à Ernest Feydeau publiée dans cette édition date du [5 avril 1857] (p. 702) ; la première lettre conservée d'Ernest Feydeau à Flaubert date du 9 décembre [1862] (Lovenjoul, B III, ff^os 143-144).

[28 mai 1857]

9. Autographe Lovenjoul, C, ff^os 19-22 ; les feuillets 20-22 contiennent le plan d'*Hélène Peyron* (pour un résumé de ce drame, voir la lettre de Flaubert à Louis Bouilhet du [8 octobre 1857], p. 768, n. 2). La lettre est datée par l'allusion au premier article de Philoxène Boyer sur *Madame Bovary*, paru dans *La Voix des écoles* du 24 mai 1857.

10. Cette lettre n'a pas été retrouvée.

11. Voir la note 9 ci-dessus.

Page 975.

1. *Les Filles de marbre,* de Théodore Barrière et de Lambert Thiboust (1853) ; *Le Demi-Monde,* d'Alexandre Dumas fils (1855).

2. Voir p. 974, n. 9.

[Début juin 1857]

3. Autographe Lovenjoul, C, ffos 29-30.

4. Aglaé Sabatier. Voir la lettre de Flaubert à Aglaé Sabatier du [1er mars 1856], p. 605 et n. 6.

5. Caroline Hamard, la nièce de Flaubert.

6. L'article de Cuvillier-Fleury avait paru dans le *Journal des débats* du 26 mai 1857. Voir la lettre de Flaubert à Jules Duplan d'[après le 28 mai 1857], p. 727, n. 1. J'ignore qui est l'ami auquel Louis Bouilhet fait allusion.

Page 976.

[12 juin 1857]

1. Autographe Lovenjoul, C, ffos 37-38 ; la lettre est datée par la visite de Théophile Gautier, Saint-Victor et Feydeau à Croisset (voir p. 725), et par le second article de Philoxène Boyer sur *Madame Bovary* paru dans *La Voix des écoles* du 7 juin 1857.

2. La Rounat, directeur du théâtre de l'Odéon.

3. Sur le comte d'Osmoy, voir p. 621, n. 8.

4. Les articles de Philoxène Boyer sur *Madame Bovary* ont paru dans *La Voix des écoles* les 24 mai et 7 juin 1857.

5. Sur Pascal Mulot, ami de Louis Bouilhet, voir p. 769, n. 3.

6. Voir la note 1 de la lettre ; « ces dames » sont Mme Flaubert et sa petite-fille ?

[25 juin 1857]

7. Autographe Lovenjoul, C, ffos 39-40 ; la lettre est datée par le voyage de Louis Bouilhet à Paris.

Page 977.

1. Le sujet du nouveau drame de Louis Bouilhet, *Hélène Peyron.* Voir la lettre de Flaubert à Louis Bouilhet du [8 octobre 1857], p. 768, n. 2.

2. Sur Eugène Delattre, voir p. 978, n. 6.

3. Sur le comte d'Osmoy, voir p. 621, n. 8.

4. Voir la lettre de Flaubert à Eugène Crépet du [28 juillet ? 1857], p. 750.

5. Sans doute l'ouvrage de Munter (voir p. 702, n. 1).

6. Voir la lettre de Flaubert à Théophile Gautier du [30 mai 1857], p. 727. Louise Colet était bien renseignée !

7. Sur cette affaire, voir la lettre de Flaubert à Sainte-Beuve du [5 mai 1857], p. 710, n. 1.

8. Philoxène Boyer avait écrit deux articles élogieux sur *Madame Bovary* dans *La Voix des écoles* des 24 mai et 7 juin 1857.

9. Théophile Gautier.

10. Les élections au Corps législatif avaient eu lieu le 21 juin 1857. À Paris, seuls cinq membres de l'opposition avaient été élus : Carnot, Cavaignac, Dorimon, Goudchaux et Émile Ollivier.

11. Louis Jourdan (1810-1881), un des rédacteurs du *Siècle* ; Eugène Pelletan (1813-1884), voir p. 300, n. 5 ; Jules Simon (1814-1896), philosophe et homme politique ; Jean Reynaud (1806-1863), l'auteur de *Terre et ciel* (voir p. 785, n. 2).

12. Léonie Leparfait, la compagne de Louis Bouilhet.

Page 978.

[18 juillet 1857 ?]

1. Autographe Lovenjoul, C, ffos 35-36 ; la lettre est à peu près datée par l'allusion de Louis Bouilhet à son voyage à Paris et par ses progrès dans la rédaction d'*Hélène Peyron*.

2. *Salammbô* (1862).

3. Le premier acte d'*Hélène Peyron*.

4. Sur Alfred Foulongne, voir la lettre de Flaubert à Jules Duplan du [début juillet 1857], p. 742, n. 2.

5. Agénor Bardoux, né à Bourges en 1829, mort à Paris en 1891. Avocat, il sera élu à l'Assemblée nationale en 1871, ministre de l'Instruction publique dans le cabinet Dufaure (1877-1879), sénateur en 1882. Il jouera un rôle important dans la vie de Flaubert, quand les amis de Flaubert songeront à le *placer* à la bibliothèque Mazarine. Contrairement à ce qu'écrit le *Supplément* (t. IV, p. 334), il n'a pas été le condisciple de Flaubert à la Faculté de droit de Paris, vu son âge. Il rencontre Louis Bouilhet à Paris, quand il était clerc d'avoué, en 1853. Il assiste au dîner de la *Montarcy* le 16 novembre 1856 (voir Jean Bardoux, « Un ami de Flaubert [Agénor Bardoux] », *Revue des Deux Mondes,* 1er avril 1937, p. 602). D'après Hélène Frejlich (*Flaubert d'après sa correspondance,* p. 6), Bardoux a refusé à Mme Commanville l'autorisation de publier les lettres qu'il avait reçues de Flaubert. Elles ont été publiées par son fils dans l'article cité ci-dessus de la *Revue des Deux Mondes.* Voir aussi René Descharmes, B.N., N.A.F. 23842, ffos 23-37. La bibliothèque Lovenjoul conserve quatre lettres de Bardoux à Flaubert, dont la première date de 1862, et une de Bardoux à Caroline Commanville sur la mort de Flaubert (B I, ffos 75-83). Je les citerai dans les derniers volumes de cette édition.

6. Eugène Delattre, né à Ramburelles (Somme) en 1830, mort en 1898, ancien élève de Louis Bouilhet à Rouen, avocat à la Cour

impériale de Paris, fonde en 1857 le journal judiciaire *L'Audience,*
qui publiera *Le Cœur à droite* de Louis Bouilhet et des poèmes
d'Agénor Brady (pseudonyme d'Agénor Bardoux). Flaubert avait
envoyé *Madame Bovary* à Delattre ; il lui répond le 17 avril 1857 :
« Grand merci de ton envoi, cher fils de Balzac... Dès aujourd'hui,
veuille noter sur ton agenda bienveillant : " mardi soir, 21 courant,
11, rue Saint-Dominique — réunion d'un peloton des quarante
Rouennais, présidée par MM. Flaubert et Bouilhet" (une dépêche
est envoyée à ce dernier). Tu ne peux refuser de boire à ta santé.
Tibi... Bardoux a déjà dévoré ton premier volume. J'ai grand-
peur que mon admiration ne blémisse à côté de celle de mon hôte »
(Lovenjoul, B II, ffos 50-51). Bouilhet aurait donc connu Bardoux
par Delattre. La bibliothèque Lovenjoul possède deux autres lettres
de Delattre à Flaubert postérieures à celle-ci (B II, ffos 52-55). Sur
Eugène Delattre, voir René Descharmes, B.N., N.A.F. 23842,
ffos 94 et suiv., et *Dictionnaire biographique des notabilités du département de la Somme*, Paris, Jouve, 1893.

7. Agénor Brady [Bardoux], *Loin du monde, poésies*, Paris,
Michel Lévy, 1857, in-12, 216 p.

[23 juillet 1857]

8. Autographe Lovenjoul, C, ffos 42-43 ; lettre datée par la
précédente.

9. Voir la lettre précédente, n. 7. Le recueil de poèmes de
Bardoux est dédicacé « À ma mère ». Il est d'inspiration nettement
idéaliste :

> *Idéal ! Idéal ! chaste et vive lumière !*
> *Tes rayons féconds nous révèlent le beau.*
> *L'ombre gagne et la nuit alourdit la paupière,*
> *Pour nous montrer le ciel, agite ton flambeau !*

> (*Idéal*, p. 45.)

Plusieurs poèmes sont dédicacés aux amis de Bardoux : Eugène
Delattre, Alfred Foulongne, Louis Bouilhet... Voici le sonnet
dédié à Flaubert :

VENISE

> *La scène est à Venise ; on est au carnaval.*
> *La nuit aux amoureux prête son ombre amie,*
> *Et déjà Colombine est de retour du bal.*
> *Elle a quitté son masque et s'est vite endormie.*

> *Sur les degrés de marbre où gémit le canal,*
> *Les yeux brillants d'espoir, et l'âme endolorie,*
> *Arlequin de son luth tire un chant matinal*
> *Et tâche d'émouvoir sa maîtresse chérie.*

Tu dors ou fais semblant, cruelle ! et le matin
Va percer, pauvre amant, ton manteau de satin.
La porte s'ouvre, ô Dieux ! la belle s'humanise ;

Elle couvre Arlequin du regard le plus doux.
L'amour entre à pas lents et ferme les verrous.
Arlequin ! Colombine ! ô Venise ! ô Venise !

(P. 27-28.)

Page 979.

1. *Les Fleurs du mal* ; le procès aura lieu le 20 août 1857. Réquisitoire d'Ernest Pinard, plaidoirie de Mᵉ Chaix d'Est-Ange et condamnation de l'auteur, de l'éditeur et de l'imprimeur à des amendes et à la suppression de six poèmes.

2. Le poète Philoxène Boyer.

3. Sur Pascal Mulot, voir p. 769, n. 3.

4. *Salammbô.*

5. *Hélène Peyron.*

6. Léonie Leparfait, la compagne de Louis Bouilhet.

[8 août 1857]

7. Autographe Lovenjoul, C, ffᵒˢ 44-45 ; lettre datée par la réponse de Flaubert du [12 août 1857], p. 755.

8. *Hélène Peyron.*

9. Le comte Charles d'Osmoy, surnommé *l'Idiot d'Amsterdam* (voir p. 621, n. 8).

Page 980.

1.
Je la vis seule, aux derniers rangs assise :
Des feux du lustre éclairée à demi,
Elle courbait, comme un chat endormi,
Son dos frileux sous sa fourrure grise ;

Sa main mignarde, aux gestes ambigus,
Dans un gant paille avait rentré ses griffes ;
Ses longs yeux verts, comme deux escogriffes,
Dévotement fermaient leurs cils aigus ;

À peine au bord de ses lèvres félines
Passait le bout des petits crocs d'émail,
Et son nez mince, au rose soupirail,
D'un souffle frais baignait ses barbes fines.

Soudain la belle (un homme était entré)
Sembla frémir sous ses noires dentelles,
Et j'entendis comme un bruit d'étincelles
Qui s'échappait de son jupon moiré !...

(*Festons et astragales*, in *Œuvres de Louis Bouilhet*, Paris, Lemerre, 1891, p. 90-91.)

Je ne sais de quel dictionnaire de rimes Louis Bouilhet se servait. Le *Dictionnaire portatif des rimes* de L.-Ph. de La Madeleine, seconde édition (Paris, Saintin, 1815, p. 193), énumère les mots suivants : apocryphe, attife, biffe, brife, caïphe, calife, chiffe, débiffe, escogriffe, griffe, hiéroglyphe, logogriphe, pontife et trygliphe.

2. Cette lettre n'a pas été retrouvée.

3. La déesse de la lune, dans *Salammbô*. Louis Bouilhet écrit : *Tanite*.

4. Voir la lettre précédente, p. 979, n. 1.

5. « Salicoque » : crevette. Voir la scène célèbre de *Pierre et Jean,* de Guy de Maupassant (Paris, Conard, 1929, p. 147 et suiv.).

[14 août 1857]

6. Autographe Lovenjoul, C, ff⁰ˢ 46-47 ; la lettre est sûrement datée.

7. *Hélène Peyron.* Sur Pascal Mulot, voir p. 769, n. 3.

8. Charles de La Rounat, le directeur de l'Odéon.

9. Le comte Charles d'Osmoy (voir p. 621, n. 8).

10. Alexandre Dumas fils, *Le Fils naturel,* comédie en cinq actes, Paris, Gymnase-Dramatique, 16 janvier 1858.

11. Je n'ai pas retrouvé ce titre dans les œuvres d'Adolphe ou de Charles-Désiré Dupeuty.

12. Voir *Émile,* par Émile de Girardin, Paris, Desrez, 1827, in-8⁰, 283 p. Cet ouvrage, où Girardin racontait sa vie d'enfant naturel, a été très souvent réédité.

Page 981.

1. Voir la lettre de Flaubert à Louis Bouilhet du [12 août 1857], p. 756.

2. Voir la lettre de Flaubert à Louis Bouilhet du [12 août 1857], p. 756-757.

3. Philippe Leparfait, le fils de Léonie.

4. Léonie Leparfait, la compagne de Louis Bouilhet.

[5 septembre 1857]

5. Autographe Lovenjoul, C, ff⁰ˢ 50-51 ; Louis Bouilhet va se rendre à Cany le 14 septembre, après avoir commencé le troisième acte d'*Hélène Peyron.*

6. *Salammbô.*

Page 982.

[8 septembre 1857]

1. Autographe Lovenjoul, C, ff⁰ˢ 52-53 ; pour la date, voir la lettre précédente, n. 5.

2. Il s'agit d'*Hélène Peyron.*

3. Le premier chapitre de *Salammbô*. Sur Pascal Mulot, voir p. 769, n. 3.

4. Juliet Herbert (voir p. 574, n. 2).

5. *À un crapaud* fera partie du recueil *Festons et astragales* (Louis Bouilhet, *Œuvres poétiques,* Paris, Lemerre, 1891, p. 81-82).

[12 septembre 1857]

6. Autographe Lovenjoul, C, ffos 54-55 ; dans un passage non reproduit de cette lettre, Bouilhet exprime sa joie que Flaubert ait aimé sa pièce *À un crapaud*. La lettre de Flaubert n'a pas été retrouvée.

7. Pour Eugène Guinot, voir la lettre de Flaubert à Louise Colet du [20 juin 1853], p. 358, n. 2 et 3.

Page 983.

[19 septembre 1857]

1. Autographe Lovenjoul, C, ffos 56-57 ; la lettre est datée par les progrès de Louis Bouilhet dans la rédaction de son drame *Hélène Peyron*.

2. *Salammbô*.

3. *Hélène Peyron*.

4. Flaubert aurait donc songé à intituler son roman carthaginois : *Les Mercenaires ?*

Page 984.

1. Sur Pascal Mulot, voir p. 769, n. 3.

2. Léonie Leparfait, la compagne de Louis Bouilhet.

3. Charles de La Rounat, le directeur du théâtre de l'Odéon.

4. Caroline Hamard, la nièce de Flaubert.

[26 septembre 1857]

5. Autographe Lovenjoul, C, ffos 58-59.

6. *Salammbô*. Voir p. 983 et n. 4.

7. Salammbô, la fille d'Hamilcar, apparaît au premier chapitre du roman (éd. Conard, p. 13).

8. Paul Féval (1817-1887) a déjà publié à cette date une bonne vingtaine de longs romans. Son œuvre la plus célèbre, *Le Bossu,* paraîtra en 1858.

9. *Hélène Peyron*.

Page 985.

1. J'ignore cette histoire de douanier.

[2 octobre 1857]

2. Autographe Lovenjoul, C, ffos 60-61 ; voir la réponse de Flaubert du [8 octobre 1857], p. 768.

3. Sur Pascal Mulot, voir p. 769, n. 3.

4. La Rounat et Fechter étaient les directeurs du théâtre de l'Odéon.

5. *Hélène Peyron.*

6. Le sculpteur Auguste Préault devait rendre visite à Flaubert à Croisset. Il ne viendra pas (voir la lettre de Flaubert à Louis Bouilhet du [8 octobre 1857], p. 769).

7. Sur le jeûne ordonné par la reine Victoria, voir la lettre de Flaubert à Jules Duplan du [3 ou 4 octobre 1857], p. 767 et n. 3.

Page 986.

1. Douze pages de *Salammbô*.

2. Gustave Planche est mort le 18 septembre 1857.

3. Auguste Barthélemy, *Le Bois de Boulogne*, poème en deux chants, Paris, Havard, 1857, in-8º, 32 p.

4. *Le Présent, revue hebdomadaire de la littérature et des beaux-arts*, avait commencé à paraître le 2 juillet 1857, avec Étienne Mellier pour directeur. Le numéro du 8 août contient une « Chronique » signée : Max (Maxime Du Camp ?). À partir du numéro 12, le titre devient : *Le Présent, revue européenne*, et du numéro 14 (1ᵉʳ novembre 1857) : *Revue européenne, ancienne revue Le Présent. Hypathie et Cyrille*, de Leconte de Lisle, a paru dans les numéros des 8 et 10 septembre 1857 (p. 404-410 et 467-472). La « fameuse tragédie » aurait donc été *Hypathie*, et non *Frédégonde*, comme le suggère Edgar Pich (*Leconte de Lisle et sa création poétique*, p. 248).

5. Les vers 1-52 du *Chemin de croix*, de Leconte de Lisle, avaient paru le 1ᵉʳ mars 1856. Il s'agit d'un poème clérical, inachevé, que Villemain aurait « commandé » à Leconte de Lisle en vue d'un prix de l'Académie. Villemain et Leconte de Lisle fréquentaient toujours le salon de Louise Colet, au contraire de Flaubert et de Bouilhet (voir Edgar Pich, *Leconte de Lisle et sa création poétique*, p. 244-246).

6. Victor de Laprade (1812-1883), professeur de littérature française à la Faculté des lettres de Lyon de 1847 à 1861, auteur d'*Odes et poèmes* (1844), de *Poèmes évangéliques* (1852), etc. Il sera élu à l'Académie française en 1858.

[10 octobre 1857]

7. Autographe Lovenjoul, C, ffᵒˢ 62-63 ; réponse à la lettre de Flaubert du [8 octobre 1857], p. 768.

8. La reprise de *Madame de Montarcy* au théâtre de l'Odéon, dont La Rounat et Fechter sont les directeurs.

9. Sur Mme Thuillier, voir p. 646, n. 2.

10. *La Jeunesse*, d'Émile Augier, qui sera jouée à l'Odéon le 6 février 1858, donc avant *Hélène Peyron*.

11. Ponsard n'écrira pas de tragédie, à ma connaissance, avant *Galilée*, drame en trois actes, qui sera joué au Théâtre-Français le 7 mars 1867.

12. Le comte d'Osmoy (voir p. 621, n. 8).
13. Le *(sic)* est de Louis Bouilhet.

Page 987.

1. Sur Pascal Mulot, voir p. 769, n. 3.
2. Voir la lettre de Flaubert à Louis Bouilhet du [8 octobre 1857], p. 770.

[17 octobre 1857]

3. Autographe Lovenjoul, C, ff^os 114-115. Dans un passage non cité ici, Louis Bouilhet annonce à Flaubert qu'il a écrit trente-six vers du quatrième et dernier acte d'*Hélène Peyron*.
4. « Le palais s'éclaira d'un seul coup à sa plus haute terrasse, la porte du milieu s'ouvrit ; et une femme, la fille d'Hamilcar elle-même, couverte de vêtements noirs, apparut sur le seuil [...] » (*Salammbô,* éd. Conard, p. 13).
5. Caroline Hamard, la nièce de Flaubert.

Page 988.

1. Léonie Leparfait, la compagne de Louis Bouilhet ; sur Pascal Mulot, voir p. 769, n. 3.
2. Le comte d'Osmoy (voir p. 621, n. 8).

[Fin octobre 1857]

3. Autographe Lovenjoul, C, ff^os 66-67 ; cette lettre et la suivante sont postérieures au samedi 10 octobre et antérieures au samedi 21 novembre 1857.
4. Le quatrième acte d'*Hélène Peyron*.
5. Sur Huart, voir t. I, p. 538 et n. 2.
6. Léonie Leparfait, la compagne de Louis Bouilhet.

Page 989.

1. Le premier chapitre de *Salammbô*.

[Début novembre 1857]

2. Autographe Lovenjoul, C, ff^os 64-65 ; pour la date, voir la note 3 de la lettre précédente.
3. Sur ces amis de Louis Bouilhet et de Flaubert, voir la lettre de Louis Bouilhet à Flaubert du [18 juillet 1857 ?], p. 978 et n. 4, 5 et 6.
4. *La Jeunesse,* d'Émile Augier, sera jouée le 6 février 1858, et *Hélène Peyron,* le 11 novembre 1858, au théâtre de l'Odéon.
5. Sur l'actrice Thuillier, voir p. 646, n. 3.

6. Mme Lacressonnière (1822-1859), femme de l'acteur du même nom, « belle et noble personne, douée d'un organe sonore et vibrant » (Lyonnet). Elle tiendra un rôle dans *La Jeunesse* d'Émile Augier.

7. Sur Marie Durey, voir p. 567, n. 3. Louise-Augustine Périgat, dite Périga (1834-1909), actrice « très distinguée, très belle, très sympathique », qui jouait aussi bien la tragédie que la comédie (Lyonnet).

8. Le comte d'Osmoy (voir p. 621, n. 8).

Page 990.

1. Lettre non retrouvée. Sur la Foire Saint-Romain, voir André Dubuc, « Un centenaire oublié : *La Tentation de saint Antoine* », *AFl.*, nº 45 (décembre 1974), p. 9-12.

2. *À un crapaud* (Louis Bouilhet, *Œuvres poétiques,* Paris, Lemerre, 1891, p. 81-82) ; *Chatterie* (*ibid.*, p. 90).

3. Sur le peintre Foulongne, voir p. 742, n. 2.

4. Sur la revue *Le Présent,* voir la lettre de Louis Bouilhet à Flaubert du [2 octobre 1857], p. 986, n. 4.

5. *À la lune* (Louis Bouilhet, *Œuvres poétiques,* Paris, Lemerre, 1891, p. 379) ; *Le Poète aux étoiles* (*ibid.*, p. 111-114).

[21 novembre 1857]

6. Autographe Lovenjoul, C, ffos 68-69 ; la lettre est datée par la publication dans *Le Présent* du 15 novembre de deux poèmes de Bouilhet : *À la lune* et *Le Poète aux étoiles* (voir la lettre précédente).

7. Le quatrième acte d'*Hélène Peyron.*

8. *Salammbô.*

9. Le comte d'Osmoy (voir p. 621, n. 8).

Page 991.

[28 novembre 1857]

1. Autographe Lovenjoul, C, ffos 70-71 ; Bouilhet écrivait tous les samedis à Flaubert ; cette lettre est donc du samedi 28 novembre 1857.

2. Le premier chapitre de *Salammbô.*

3. Le cinquième acte d'*Hélène Peyron.*

4. Anniversaire de la naissance de Flaubert.

5. Théophile Gautier voyagera en Russie durant l'automne et l'hiver 1858-1859.

6. Sur Jean Clogenson, voir la note bibliographique de la lettre de Flaubert, à lui adressée, du [31 octobre 1856], p. 644.

7. Léonie Leparfait, la compagne de Louis Bouilhet.

8. Sur Pascal Mulot, voir p. 769, n. 3. J'ignore qui est Mme Fontaine. Flaubert serait-il allé à Mantes ?

Page 992.

[1er décembre 1857]

1. Autographe Lovenjoul, C, ffos 48-49 ; cette lettre est datée par les deux suivantes.

2. Dumas fils écrivait *Le Fils naturel* (voir la lettre de Louis Bouilhet à Flaubert du [14 août 1857], p. 980 et n. 10).

3. Ce scénario, que je n'ai pas reproduit, figurait dans la lettre de Louis Bouilhet à Flaubert du [28 mai 1857], p. 974.

4. Voir la lettre de Flaubert à Louis Bouilhet du [12 août 1857], p. 756.

Page 993.

[5 décembre 1857]

1. Autographe Lovenjoul, C, ffos 72-73 ; la lettre est du dernier samedi avant le 12 décembre.

2. Les lettres de Louis Bouilhet à Flaubert des [28 mai] et [début juin 1857], p. 974 et 975.

3. Voir la lettre suivante.

4. Léonie Leparfait, la compagne de Louis Bouilhet.

[9 décembre 1857]

5. Autographe Lovenjoul, C, ffos 76-77.

6. Sur le comte d'Osmoy, voir p. 621, n. 8.

7. Le cinquième acte d'*Hélène Peyron*.

8. « Antoine, immobile, reste les yeux fixés sur l'horizon [...] lorsque se roulant dans l'air, comme une bulle de savon, bleuâtre et tout léger, arrive le dieu-nain. CRÉPITUS, d'une voix flûtée : Moi aussi l'on m'honora jadis, on me faisait des libations, je fus un dieu ! [...] » (*La Tentation de saint Antoine*, version de 1849, éd. Conard, p. 482-483).

Dans un article intitulé « De la littérature populaire en France » (*Revue de Paris*, mars 1831, p. 88), Émile Morice écrit : « Nous rangerons encore dans cette catégorie l'*Histoire du bonhomme Misère*, *Le Capucin sans barbe*, *Les Cinq Maris et la Pucelle*, *Le Testament de Michel Morin*, des *sermons* grotesques fort obscènes, plusieurs discours apologétiques du dieu *Crépitus*, où l'on commente, sans le moindre artifice de style, la fameuse énigme du *Mercure galant*... » Serait-ce une source de Flaubert ?

Page 994.

[4 février 1858]

1. Autographe Lovenjoul, C, ffos 80-81 ; la lettre est datée par les allusions au Mardi-Gras, qui tombe le 9 février 1858.

2. Sur Eugène Delattre, voir p. 978, n. 6.

3. Édouard Fournier, l'administrateur de la Comédie-Française.

4. Aglaé Sabatier (voir p. 605, n. 6).

5. *La Jeunesse,* comédie d'Émile Augier, représentée à l'Odéon le 6 février 1858. Voir la note bibliographique de la lettre de Flaubert à Michel Lévy du [28 janvier 1858], p. 796 et la lettre suivante.

6. Le premier et le second chapitre de *Salammbô.*

7. Narcisse, le domestique de Flaubert, était malade. Voir la lettre de Flaubert à Alfred Baudry du 10 février [1858], p. 797-798.

[Début mars 1858]

8. Autographe Lovenjoul, C, ffos 85-86.

9. Sur le peintre Alfred Foulongne, voir p. 742, n. 2.

10. Sur ces deux poèmes, voir la lettre de Louis Bouilhet à Flaubert du [début novembre 1857], p. 990 et n. 5.

11. Aglaé Sabatier (voir p. 605, n. 6).

12. Louis Bouilhet écrit : *Tourbet.* Sur Jeanne de Tourbey, voir la note bibliographique de la lettre de Flaubert, à elle adressée, de [fin 1857-début 1858 ?], p. 791.

13. Maxime Du Camp venait de publier un ouvrage intitulé *Mes convictions* (Paris, Librairie nouvelle, 1858, in-8º, 380 p.). Il est annoncé dans la *Bibliographie de la France* le 27 février 1858.

Page 995.

1. Léonie Leparfait, la compagne de Louis Bouilhet.

2. Flaubert avait pris en charge la représentation du drame de Louis Bouilhet *Hélène Peyron,* à l'Odéon. Voir la lettre de Flaubert à Alfred Baudry du 10 février [1858], p. 797 et n. 2.

3. Caroline Hamard, la nièce de Flaubert.

4. L'actrice Béatrix Person (voir p. 586, n. 12).

5. Louis Bouilhet écrit : *Huchard.* La pièce en question est *Le Retour du mari,* comédie en quatre actes et en prose, représentée pour la première fois le 1er mars 1858 au Théâtre-Français (Paris, Michel Lévy, 1858, in-18, 130 p.). Uchard s'était fait un nom avec le succès de *La Fiammina,* l'année précédente (Théâtre-Français, 12 mars 1857). Les Goncourt rencontrent Mario Uchard en octobre 1857 : « Scholl m'amène à dîner chez moi Mario Uchard, l'auteur de *La Fiammina...* C'est un grand garçon maigre et brun, sans bruit, dans sa mise anglaise, distingué de formes, cheveux et favoris noirs semés d'argent, avec un joli œil plein de sourires et de caresses » (*Journal,* éd. R. Ricatte, Paris, Fasquelle-Flammarion, 1956, t. I, p. 403). Uchard avait épousé la grande actrice Madeleine Brohan en 1853, et était séparé d'elle depuis 1855.

6. *La Jeunesse,* d'Émile Augier, dont la première avait eu lieu le 6 février 1858 ; *Le Fils naturel,* comédie en cinq actes, dont un prologue, d'Alexandre Dumas fils, représentée pour la première fois au Gymnase-Dramatique le 16 janvier 1858.

[Milieu de mars 1858]

7. Autographe Lovenjoul, C, ffos 91-92.

8. Mme Flaubert était tombée malade ; voir la lettre de Louis Bouilhet du [18 mai 1858], p. 997.

9. Le docteur Achille Flaubert, frère de Gustave, viendra voir sa mère à Paris le 21 mars 1858 (voir la lettre de Flaubert à Alfred Baudry du [23 mars 1858], p. 803).

10. Le manuscrit d'*Hélène Peyron ;* les épreuves des poèmes envoyés par Louis Bouilhet au *Présent* et à la *Revue contemporaine.*

11. Léonie Leparfait, la compagne de Louis Bouilhet.

12. Sur Pascal Mulot, voir p. 769, n. 3.

13. Aglaé Sabatier (voir p. 605, n. 6).

14. Année maudite, car Bouilhet n'arrive pas à faire représenter *Hélène Peyron* et Flaubert doit refaire *Salammbô :* d'où son voyage en Tunisie.

Page 996.

[23 mars 1858]

1. Autographe Lovenjoul, C, ff^os 78-79.

2. Sur *Le Poète aux étoiles,* voir la lettre de Louis Bouilhet à Flaubert du [début novembre 1857], p. 990 et n. 5.

3. Léon Laurent-Pichat, l'un des directeurs de la *Revue de Paris.*

4. J'ignore cette « histoire de cave ».

5. Flaubert a donc revu Louise Colet, après leur rupture fracassante en mars 1855. S'agirait-il de la rencontre rapportée par Henriette Bissieu, la fille de Louise Colet, à René Descharmes : « Mme Bissieu m'a raconté qu'à la même époque [celle de *Salammbô*] à peu près, un jour qu'elle accompagnait sa mère, elles avaient aperçu Flaubert au Collège de France ; Louise Colet aurait fait à sa fille cette réflexion : " Mon Dieu ! qu'il est laid ! mais regarde donc comme il est laid ! " D'après Mme Bissieu ç'aurait été là leur dernière rencontre » (*Flaubert... avant 1857,* p. 409, n. 4) ? Voir la note bibliographique de la lettre de Flaubert à Louise Colet du [6 mars 1855], p. 572. La rencontre aurait donc eu lieu en 1858, et non vers 1862-1863. Mais Louise Colet a pu rencontrer Flaubert sans sa fille en 1858.

[18 mai 1858]

6. Autographe Lovenjoul, C, ff^os 93-95. Dans sa lettre à Louis Bouilhet du samedi 8 [mai 1858], Flaubert se plaignait qu'il ne lui avait pas écrit (voir p. 810). En fait, la lettre de Bouilhet arrivera à Tunis le 13 mai (*Voyages,* éd. René Dumesnil, t. II, p. 568) ; elle n'a pas été retrouvée. Celle-ci est parvenue à Flaubert à Marseille le 4 juin 1858 (voir la lettre de Flaubert à Louis Bouilhet du [3 juin 1858], p. 816).

7. *Salammbô.*

Page 997.

1. Refusé par *La Presse*, *Le Cœur à droite* sera publié dans *L'Audience*, du 26 janvier au 26 février 1859. Cette pièce n'a jamais été réimprimée.

2. *Fanny*, d'Ernest Feydeau ; ouvrage annoncé dans la *Bibliographie de la France* le 22 mai 1858.

3. Les Feydeau habitaient 14, rue de Berlin, à Paris (voir la lettre de Flaubert à Louis Bouilhet du [3 juin 1858], p. 816).

4. Charles Coypeau d'Assoucy (1604-1679) ; *Les Aventures burlesques* venaient d'être réimprimées, avec des préfaces et des notes d'Émile Colombey (Paris, Delahaye, 1858, in-12).

5. Allusion au célèbre *Voyage en Provence et en Languedoc* de Chapelle et Bachaumont, publié dans le *Recueil de quelques pièces nouvelles et galantes* (Cologne, 1663), et réédité en 1854 par Fessant de Latour.

6. Voir la lettre de Flaubert à Louis Bouilhet du 8 [mai 1858], p. 810.

7. Juliette Flaubert, fille du docteur Achille, épousera le 17 avril 1860 Adolphe Roquigny.

8. *La Jeunesse,* comédie d'Émile Augier, créée à l'Odéon le 6 février 1858 ; *Le Fils naturel,* comédie d'Alexandre Dumas fils, créée au Gymnase le 16 janvier 1858 ; *L'Héritage de M. Plumet,* comédie en quatre actes de Th. Barrière et E. Capendu, créée au Gymnase le 17 mai 1858.

9. P.-J. de Belloy, *Le Siège de Calais* (1765); lire : « l'étranger ».

10. Cette lettre n'a pas été retrouvée.

11. Léonie Leparfait, la compagne de Louis Bouilhet.

[11 juin 1858]

12. Autographe Lovenjoul, C, ff^os 96-97.

Page 998.

1. *Madame de Montarcy,* drame de Louis Bouilhet, sera joué à Rouen à partir du 24 juin 1858. C'est Alfred Baudry qui annonce à Louis Bouilhet que *Madame de Montarcy* va être montée à Rouen. Bouilhet lui répond le mercredi 9 juin : « Mon bon vieux, merci de ta lettre. Je savais par les acteurs mêmes de l'Odéon qu'il y avait quelque chose sous roche. Est-ce désirable ? la représentation est-elle possible ? je n'en sais absolument rien. Dans tous les cas, je serai à Rouen samedi dans la journée, j'ai besoin de les voir. Je viens à Croisset une quinzaine, puisque notre farouche Africain doit arriver chez lui aujourd'hui même » (autographe appartenant à M. Jean Joubert, que je remercie).

2. Alexandre Dumas fils avait prétendu que Louis Bouilhet lui avait volé un sujet de pièce. Voir la lettre de Louis Bouilhet à Flaubert du [1er décembre 1857], p. 992.

3. Alexandre Dumas avait été invité à faire représenter une pièce nouvelle au Grand-Théâtre de Marseille. Il avait proposé une adaptation de *Jane Eyre*, le roman de Currer Bell (Charlotte Brontë), mais l'un des comédiens l'avait accusé d'avoir plagié une adaptation belge du même roman. En cinq jours, Dumas avait bâclé une adaptation de son roman *Catherine Blum*, intitulée *Les Gardes forestiers*, qui est jouée le 23 mars 1858 (voir Alexandre Dumas, « Comment j'ai fait jouer à Marseille le drame des *Forestiers* », in *Bric-à-Brac*, nouvelle édition, Paris, Calmann-Lévy, 1881, p. 115-155). Le drame n'avait eu aucun succès, comme le rapporte la *Revue anecdotique* du 1er avril 1858, p. 203 : « *Le Mistral* contient dans son dernier numéro le croquis d'une médaille commémorative représentant, d'un côté, l'effigie de l'auteur, et de l'autre, le titre de sa pièce, avec cette explication : "Dumas seul est la face, les *Gardes forestiers* le *revers*". »

4. *Sic* pour « dimanche dernier » ?

5. Le poète et conférencier Philoxène Boyer était très lié avec Louis Bouilhet et Flaubert (voir p. 624, n. 9 et *passim*).

6. Flaubert avait voulu parcourir la Tunisie pour son roman *Salammbô* (voir sa lettre à Mlle de Chantepie du 23 janvier 1858, p. 795).

7. Tisserant tenait le rôle de Montarcy, Guichard celui de Maulévrier dans le drame de Louis Bouilhet (voir p. 646, n. 1).

8. Sur Don Dick d'Arrah, voir t. I, p. 626, n. 3.

9. Rien de plus vrai : Flaubert soupe au Café Anglais, déjeune au Café Turc, voit Mme de Tourbey, Mme Sabatier, Béatrix Person... (voir la note bibliographique de la lettre de Flaubert à Louis Bouilhet du [23 au 24 avril 1858], p. 807, et *Voyages*, éd. R. Dumesnil, t. II, p. 584).

10. Caroline Hamard, la nièce de Flaubert.

[3 juillet 1858]

11. Autographe Lovenjoul, C, ffos 98-99. Louis Bouilhet a quitté Croisset le dimanche précédent, le 27 juin.

12. *Sous peine de mort,* drame que Louis Bouilhet ne publiera pas et qui fera l'objet de la thèse complémentaire de l'abbé Léon Letellier (Rouen, impr. de la Vicomté, 1919, in-8º, ix-128 p.). Le banquier Maillard meurt en laissant un testament qui lègue sa fortune à M. et Mme Budois et à M. et Mme Ribeaux de La Chénaie, mais en exprimant le désir qu'ils gardent à leur service son fidèle caissier Olivier Rousselet. Les héritiers refusent, et le notaire Chapuy produit un second testament révoquant le premier : les héritiers jouiront de l'usufruit jusqu'à la mort de Rousselet et la nue propriété ira aux hospices de la ville. D'où la sollicitude des Budois et des Ribeaux pour la santé de Rousselet. Bouilhet a ajouté à sa pièce une intrigue d'amour, et Paul Ribeaux fils épousera Louise, la nièce de Rousselet.

Léon Letellier prouve abondamment que Bouilhet a dû renoncer à sa pièce, parce qu'il avait été prévenu par *Le Testament de César Girodot*, d'Alphonse Belot et Villetard, reçu à l'Odéon le 7 mai 1859 et joué à partir du 30 septembre de la même année (*Sous peine de mort*, éd. L. Letellier, p. VII-VIII).

13. Flaubert a-t-il songé au titre de *Carthage* pour son roman ? Avait-il pensé à l'intituler *Les Mercenaires* (voir p. 983 et n. 4, et 984) ?

Page 999.

1. Caroline Hamard, la nièce de Flaubert.
2. Cette lettre n'a pas été retrouvée.
3. Léonie Leparfait, la compagne de Louis Bouilhet.

[10 juillet 1858]

4. Autographe Lovenjoul, C, ff^os 100-101. Cette lettre est la réponse à celle de Flaubert mentionnée dans la note 2 ci-dessus.
5. Vers alexandrin de Flaubert, de Bouilhet ? Je ne sais qui est Lepley.
6. Mme Flaubert et Caroline allaient passer une huitaine à Trouville à la fin du mois de juillet (voir la lettre de Flaubert à Jules Duplan du [1er juillet 1858], p. 820).
7. Sur Pascal Mulot, voir p. 769, n. 3.
8. Léonie Leparfait, la compagne de Louis Bouilhet.
9. Souvenir du marquis de Sade ? « Vous devez avoir un vit… ? » dit le comte de Gernande à d'Esterval (*La Nouvelle Justine*, in *Œuvres complètes* du marquis de Sade, Paris, Cercle du Livre précieux, t. VII, p. 125). Le surnom de « mon neveu » donné par Flaubert à Ernest Feydeau (voir p. 781, par exemple) pourrait avoir la même origine. Le comte de Gernande appelle toujours « mon neveu » le comte de Bressac (*ibid.*, p. 125 et suiv.).

Page 1000.

1. Louis Bouilhet ne savait pas si bien dire ; à la mort d'André Pottier, il sera nommé, le 2 mai 1867, conservateur de la Bibliothèque municipale de Rouen.
2. Sur le père Fessart, voir t. I, p. 105, n. 3 et *passim*. Louis Bouilhet écrit : *Fessard*.

[31 juillet 1858]

3. Autographe Lovenjoul, C, ff^os 102-103.
4. *Sous peine de mort* (voir la lettre de Louis Bouilhet à Flaubert du [3 juillet 1858], p. 998 et n. 12).
5. Pour ce surnom, voir p. 115, n. 3.

Page 1001.

[6 août 1858]

1. Autographe Lovenjoul, C, ff^os 104-105.

2. Toto : le fils de Théophile Gautier. Pour Paul de Saint-Victor, voir p. 725, n. 4.

3. *Sous peine de mort* (voir la lettre de Louis Bouilhet à Flaubert du [3 juillet 1858], p. 998 et n. 12).

4. *Les Tribulations des voyageurs et expéditeurs en chemin de fer,* d'Eugène Delattre, paraissaient en feuilleton dans *L'Audience* depuis le 21 juillet 1858 (voir la lettre de Flaubert à Eugène Delattre du 1er août [1858], p. 827).

5. Sur *Les Faux Bonshommes,* de Th. Barrière et E. Capendu, voir la lettre de Flaubert à Jules Duplan de [vers le 20 mai 1857], p. 721, n. 1.

Page 1002.

1. Sur Giffard père et fils, voir t. I, p. 208, n. 2.

[14 août 1858]

2. Autographe Lovenjoul, C, ffos 159-160. La lettre est datée par la présence des Feydeau à Croisset (voir les lettres de Flaubert à Ernest Feydeau des [9], [11] et [28 août 1858], p. 829 et 830).

3. Le « premier mouvement » du chapitre général sur Carthage, auquel Flaubert renoncera. Voir p. 820, n. 4.

4. Deux scènes de *Sous peine de mort* (voir la lettre de Louis Bouilhet à Flaubert du [3 juillet 1858], p. 998 et n. 12).

5. Ernest Feydeau ; *Fanny* avait été annoncée dans la *Bibliographie de la France* le 22 mai 1858.

6. Sur Eugène Delattre, voir p. 978, n. 6.

7. Sur le peintre Alfred Foulongne, voir p. 742, n. 2.

8. Léonie Leparfait, la compagne de Louis Bouilhet.

9. Sur le surnom de *caraphon,* voir p. 115, n. 3.

10. Eustache Bérat (1792-1884), élève du baron Regnault enseignait le dessin à Rouen. Il était aussi poète et compositeur (voir *Mélanges littéraires, familiers et fantaisistes, ou Recueil de chansons et poésies diverses,* Rouen, Cagniard, 1884, 2 vol. in-8o). Son frère, Frédéric Bérat (1801-1855), est l'auteur de *Ma Normandie.*

Page 1003.

1. Caroline Hamard, la nièce de Flaubert.

[Semaine du 14 au 21 août 1858]

2. Autographe Lovenjoul, C, ffos 108-109.

3. Ce chapitre, d'abord prévu comme le troisième, puis comme le premier de *Salammbô,* ne figure plus dans le roman publié. Voir la lettre de Flaubert à Jules Duplan du [1er juillet 1858], p. 820, n. 4.

4. Sur Narcisse Lormier, beau-frère d'Achille Flaubert, voir t. I, p. 43, n. 1 et *passim.*

5. *Sous peine de mort* (voir la lettre de Louis Bouilhet à Flaubert du [3 juillet 1858], p. 998 et n. 12).

[21 août 1858]

6. Autographe Lovenjoul, C, ffos 110-111.

Page 1004.

1. Sur ce chapitre, que Flaubert ne publiera pas, voir la lettre de Flaubert à Jules Duplan du [1er juillet 1858], p. 820, n. 4.

2. Sur Alfred Nion, voir t. I, p. 46, n. 5. Bouilhet écrit : *Nyon.*

3. Sur Ernest Lemarié, voir t. I, p. 57, n. 4.

4. La Païva était une très célèbre demi-mondaine.

5. Émile Deschamps, *Macbeth,* drame en cinq actes et en vers, Odéon, 23 octobre 1848. Il s'agit donc d'une reprise.

6. La nomination de Théophile Gautier comme officier de la Légion d'honneur avait été annoncée dans *Le Moniteur universel* du 8 août 1858.

7. Théodore Barrière, l'un des auteurs des *Faux Bonshommes* (voir la lettre de Flaubert à Jules Duplan de [vers le 20 mai 1857], p. 721, n. 1).

8. Sur Charles Florimont, voir t. I, p. 86, n. 6 et *passim.*

[28 août 1858]

9. Autographe Lovenjoul, C, ffos 112-113.

10. Littré donne le choix entre *hydrothérapeutique* et *hydrothérapie.*

11. Le troisième acte de *Sous peine de mort* (voir la lettre de Louis Bouilhet à Flaubert du [3 juillet 1858], p. 998 et n. 12). Mme Budois est l'une des héritières du banquier Maillart.

12. L'avant-dernier mouvement et non le mouvement final de ce chapitre général sur Carthage, que Flaubert abandonnera, concernait la religion carthaginoise ; le mouvement précédent était consacré au commerce. Voir Max Aprile, « Un chapitre inédit de *Salammbô* », in *Œuvres complètes de Gustave Flaubert,* éd. du Club de l'Honnête Homme, t. XII, p. 285-291 (le commerce) et 291-303 (la religion).

Page 1005.

1. La première d'*Hélène Peyron* aura lieu à l'Odéon le 11 novembre 1858.

2. Caroline Hamard, la nièce de Flaubert.

[4 septembre 1858]

3. Autographe Lovenjoul, C, ffos 116-117.

4. Louis Bouilhet rendra visite à Flaubert, à Croisset, du mardi 13 au vendredi 17 septembre 1858. Voir les lettres suivantes.

5. Sur ce chapitre, voir la lettre de Flaubert à Jules Duplan du [1er juillet 1858], p. 820, n. 4, et p. 1004, la note 12 de la lettre précédente.

6. Louis Bouilhet écrit : *Salhambo*.

Page 1006.

1. Cette lettre de Flaubert à Louis Bouilhet n'a pas été retrouvée

[11 septembre 1858]

2. Autographe Lovenjoul, C, ff^os 118-119.
3. « Ira furor brevis est » (Horace, *Épîtres*, I, 11, 62).
4. Le chapitre général sur Carthage que Flaubert abandonnera et la comédie de Bouilhet *Sous peine de mort*.
5. Sur Pascal Mulot, voir p. 769, n. 3.
6. Louis Bouilhet écrit : *cachier* (orthographe arabe).

[25 septembre 1858]

7. Autographe Lovenjoul, C, ff^os 124-125.
8. La lecture d'*Hélène Peyron,* qui sera jouée à l'Odéon le 11 novembre 1858.
9. Voici la distribution de la pièce : Daubret : Tisserant ; Flavignac : Clarence ; Desprez : Thiron ; Germain : Roger ; Hélène : Mme Thuillier ; Marceline : Mme Périga ; Mme Daubret : Mme Ramelli ; Félicité : Mme Picard (Louis Bouilhet, *Hélène Peyron,* drame en cinq actes, en vers..., Paris, Taride, 1858).
10. La Rounat, l'un des directeurs du théâtre de l'Odéon.

Page 1007.

1. Le docteur Jules Cloquet (voir t. I, p. 21, n. 2).
2. Louis Bouilhet est donc à l'origine de ce faux bruit qui réjouira tant Flaubert. Voir les lettres de Flaubert à Ernest Feydeau du [milieu d'octobre 1858], p. 837 et n. 3, et à Mlle de Chantepie du [31 octobre 1858], p. 838.
3. *Le Cœur à droite,* refusé par *La Presse,* sera publié dans *L'Audience* du 26 janvier au 26 février 1859.
4. Caroline Hamard, la nièce de Flaubert.

[30 septembre 1858]

5. Autographe Lovenjoul, C, ff^os 136-137. La lettre est datée par la lecture d'*Hélène Peyron,* faite le dimanche 26 septembre 1858.
6. Fechter, l'un des directeurs du théâtre de l'Odéon.
7. Tisserant, l'acteur qui joue M. Daubret dans *Hélène Peyron* (voir p. 1006, n. 9).
8. La lettre précédente.

Page 1008.

[7 octobre 1858]

1. Autographe Lovenjoul, C, ffos 130-131.

2. Marc Monnier, *La Mouche du coche,* comédie en un acte, en prose (Odéon, 6 octobre 1858).

3. Jules Viard et Henry de La Madelène, *Frontin malade,* comédie en un acte et en vers (Odéon, 6 octobre 1858).

4. Le chapitre intitulé « À Sicca » (*Salammbô,* éd. Conard, p. 26 et suiv.).

5. Le premier chapitre : « Le Festin » (*Salammbô,* éd. Conard, p. 1 et suiv.) ; le second est le chapitre général sur Carthage, auquel Flaubert renoncera ; après les pages consacrées à la religion, Flaubert terminait le chapitre par la description de l'arrivée d'un navire punique (Max Aprile, « Un chapitre inédit de *Salammbô* », in *Œuvres complètes de Gustave Flaubert,* éd. du Club de l'Honnête Homme, t. XII, p. 301-303). Voir aussi p. 1004, n. 12.

6. Le sculpteur Auguste Préault (voir p. 354, n. 1).

7. Aucune trace de cette pièce d'Eugène Crépet dans le Catalogue des imprimés de la Bibliothèque nationale.

8. L'acteur qui jouait le rôle de M. Daubret dans *Hélène Peyron.*

9. Le critique Jules Janin, qui a toujours été très bien disposé pour Flaubert et Louis Bouilhet, ainsi que pour les frères Goncourt.

10. Charles de La Rounat, l'un des directeurs du théâtre de l'Odéon.

Page 1009.

[8 octobre 1858]

1. Autographe Lovenjoul, C, ffos 120-121. Dans un passage non cité ici, Bouilhet annonce à Flaubert qu'*Hélène Peyron* est « sur les planches depuis aujourd'hui ».

2. Caroline Hamard, la nièce de Flaubert.

3. La première d'*Hélène Peyron,* le 11 novembre 1858. François-Anthime-Eugène Follin (1823-1867), né à Harfleur, chirurgien, auteur d'un *Traité élémentaire de pathologie externe* (1862, 2 vol. in-8o), élu à l'Académie de médecine en 1866. Un élève du professeur Jules Cloquet ?

4. Pour le surnom de *caraphon,* voir p. 115, n. 3.

5. La première mention, à ma connaissance, de ce surnom de Louis Bouilhet : « Surnom donné à Louis Bouilhet, à cause de sa belle prestance et de ses manières un peu bénisseuses. Ce surnom engendra la création d'un archevêché idéal. Il y eut le grand vicaire, qui était mon oncle ; l'abbé Bougon, curé du quartier pauvre ; un missionnaire, l'abbé Serpet ; Zéphyrin, neveu de Mlle Placide, la lingère ; Onuphre, valet de chambre de Monseigneur, et bien d'autres. Pendant plusieurs années, cette plaisanterie humoristique fut pour mon oncle, qui aimait beaucoup ce

genre de farces, une source de gaieté ; les initiés s'en amusaient comme lui » (*Correspondance de Gustave Flaubert,* éd. Conard, 1910, t. V, p. 14, n. 3 ; note due à Caroline Franklin-Groult, la nièce de Flaubert).

[16 octobre 1858]

6. Autographe Lovenjoul, C, ff^os 132-133.

7. Béatrix Person, actrice et amie de Flaubert (voir p. 586, n. 12). J'ignore « ce qui s'est passé aux Eaux ».

8. Marie Durey, actrice et amie de Louis Bouilhet (voir p. 567, n. 3).

9. Reprise de *Madame de Montarcy,* drame de Louis Bouilhet, dont la première avait eu lieu le 6 novembre 1856.

10. Sur Alfred Guérard, voir p. 475, n. 3.

Page 1010.

1. Chapitre général sur Carthage, auquel Flaubert finira par renoncer. Voir la lettre de Flaubert à Jules Duplan du [1er juillet 1858], p. 820, n. 4.

2. Camille Doucet (1812-1895), auteur d'une douzaine de comédies en vers, élu à l'Académie française en 1865. Il a fait carrière dans l'administration des théâtres au ministère de la Maison de l'Empereur : chef de bureau en 1853, chef de division en 1859, directeur en 1863, et directeur général en 1866.

3. Aglaé Sabatier (voir p. 605, n. 6).

4. Le notaire Frédéric Fovard, ami intime de Maxime Du Camp (voir p. 586, n. 10).

5. *Sous peine de mort.*

6. En fait le 11 novembre 1858.

7. Comte Louis d'Assas, *La Vénus de Milo,* comédie en trois actes, en vers, jouée pour la première fois à l'Odéon le 15 octobre 1858.

8. Louise Colet avait fait un voyage à Londres au printemps 1857 (voir Joseph F. Jackson, *Louise Colet et ses amis littéraires,* New Haven, Yale University Press, 1937, p. 243).

9. Louis Bouilhet avait remis à Charles-Edmond le manuscrit du *Cœur à droite* pour qu'il le publie dans *La Presse,* où il était rédacteur. La comédie paraîtra finalement dans *L'Audience* du 26 janvier au 26 février 1859.

10. Caroline Hamard, la nièce de Flaubert.

[4 décembre 1858]

11. Autographe Lovenjoul, C, ff^os 155-156.

12. Voir p. 115, n. 3.

13. Cette lettre n'a pas été retrouvée.

14. Octave Feuillet, *Le Roman d'un jeune homme pauvre,* comédie en cinq actes et sept tableaux, jouée pour la première fois le

22 novembre 1858 au Vaudeville. Le roman avait paru la même année chez Michel Lévy.

Page 1011.

1. *Feſtons et aſtragales* (voir la note 3 ci-dessous).

2. En fait Louis Bouilhet arrivera à Croisset le 12 janvier 1859.

3. *Feſtons et aſtragales* (Paris, Librairie nouvelle, 1859, in-18, 271 p.) sera annoncé dans la *Bibliographie de la France* le 13 août 1859.

4. Aglaé Sabatier (voir p. 605, n. 6).

5. Sur Flaubert et Louise Pradier, voir Douglas Siler, « Autour de Flaubert et Louise Pradier... », *Studi Francesi,* janvier-août 1977, p. 141-150. Leurs rapports semblent avoir été peu intimes à cette époque.

6. *Hélène Peyron* sera en effet représentée à Rouen le 18 décembre 1858. Voir la lettre de Flaubert à Alfred Baudry du [16 décembre 1858], p. 843-844 et les notes.

[18 décembre 1858]

7. Autographe Lovenjoul, C, fſos 157-158. La lettre eſt datée par la représentation d'*Hélène Peyron* à Rouen, le même jour.

8. Représentation d'*Hélène Peyron* à Rouen, le 18 décembre 1858. Sur son succès, voir la lettre de Flaubert à Alfred Baudry du [16 décembre 1858], p. 843, n. 4.

9. Il ne paraîtra que le 13 août 1859 (*Bibliographie de la France*).

10. *Melaenis,* dont la première édition avait paru en 1857.

11. Erneſt Feydeau avait envoyé *Fanny* à Louis Bouilhet (voir la lettre de Flaubert à Louis Bouilhet du [3 juin 1858], p. 816).

12. Aglaé Sabatier (voir p. 605, n. 6).

Page 1012.

1. Le titre définitif sera : *Feſtons et aſtragales.*

2. Le théâtre de l'Odéon.

3. Locution adaptée de Virgile : « Audentis fortuna juvat » (*L'Énéide,* X, v. 284). L'un des vers non finis de *L'Énéide ;* c'eſt Turnus qui parle.

4. Aucune pièce de Pascal Mulot ne figure dans le Catalogue des imprimés de la Bibliothèque nationale.

5. Adolphe Chéruel, alors maître de conférences à l'École normale supérieure, avait été le professeur d'hiſtoire de Flaubert et de Bouilhet au Collège royal de Rouen. Voir t. I, p. 29, n. 6.

6. Le père Magnier, professeur de rhétorique de Flaubert et de Bouilhet au Collège royal de Rouen. Voir t. I, p. 31, n. 1.

7. Camille Doucet faisait des avances à Flaubert (voir la lettre de Louis Bouilhet à Flaubert du [16 octobre 1858], p. 1010 et n. 2).

8. « L'on », c'eſt-à-dire l'empereur Napoléon III.

9. Voir p. 115, n. 3.

[Vers le 20 décembre 1858]

10. Autographe Lovenjoul, C, ff⁰ˢ 140-141.

11. Ces lettres n'ont pas été retrouvées.

12. Le volume de poésies de Louis Bouilhet portera le titre de *Festons et astragales*. Il sera annoncé dans la *Bibliographie de la France* le 13 août 1859. Le titre est emprunté à Boileau :

> *Il compte des plafonds les ronds et les ovales ;*
> *Ce ne sont que festons, ce ne sont qu'astragales.*
>
> *Art poétique*, chant I, v. 55-56.

13. J'ignore l'histoire du jeune avocat Lecœur.

Page 1013.

1. Sur le poème inédit *Les Jésuites,* daté de janvier 1844, voir les vers cités par Flaubert dans la *Préface aux Dernières Chansons de Louis Bouilhet* (Conard, t. VI, p. 476) et Léon Letellier, *Louis Bouilhet, sa vie et ses œuvres...,* p. 122-128.

2. Le père Dainez était le proviseur du Collège royal de Rouen, du temps où Flaubert et Bouilhet y étaient élèves. Voir t. I, p. 56, note bibliographique de la lettre de Flaubert à Dainez d'[entre le 11 et le 14 décembre 1839], et la lettre de Flaubert à Louis Bouilhet du [12 août 1857], p. 757 et n. 2.

3. *Hélène Peyron,* dont la première avait eu lieu le 11 novembre 1858.

4. *L'Audience* publiera *Le Cœur à droite* du 26 janvier au 26 février 1859.

5. *Sous peine de mort :* Bouilhet craignait qu'on ne l'accuse de plagiat, car l'Odéon venait de jouer une pièce en un acte de Jules Viard, *Frontin malade* (6 octobre 1858), et Villetard et Alphonse Belot annonçaient *Le Testament de César Girodot,* qui sera joué à l'Odéon le 30 septembre 1859, sur des sujets très proches du sien. Voir la lettre de Louis Bouilhet à Flaubert du [3 juillet 1858], p. 998, n. 12, et celle au même du [7 octobre 1858], p. 1008.

6. Le rédacteur en chef du *Nouvelliste de Rouen.*

7. L'Empereur et l'Impératrice assisteront à la représentation d'*Hélène Peyron* du 29 janvier 1859.

8. Le recueil intitulé *Festons et astragales* sera d'une composition moins chronologique que ne le prévoyait ici Louis Bouilhet, mais suivra les grandes lignes énoncées : *Le Cèdre,* c'est-à-dire *Les Rois du Monde* (1846), sera le 4ᵉ poème, et les poésies antiques et exotiques figureront pour la plupart au centre du recueil, qui se termine par *Les Fossiles* (1853). Mais, pour ne citer que deux exemples, *Clair de Lune* (1857) est en 2ᵉ position, et *Vestigia Flammae* (1842) en 59ᵉ. Le recueil comporte 62 pièces.

9. Sur ce surnom, voir p. 115, n. 3.

10. Le comte Charles d'Osmoy, dit l'Idiot d'Amsterdam (voir p. 621, n. 8).

11. Bien que vivant à Mantes, Louis Bouilhet aurait donc conservé son appartement 71, rue de Grenelle-Saint-Germain, à Paris.

Page 1014.

[Après le 25 décembre 1858]

1. Autographe Lovenjoul, C, ff⁰ˢ 142-143.

2. Erneſt Feydeau allait publier *Daniel* dans la *Revue contemporaine*, dont de Calonne était le rédacteur en chef. Il avait suggéré à Flaubert de convaincre Louis Bouilhet de donner *Le Cœur à droite* à cette revue ; mais Bouilhet était déjà engagé avec *L'Audience*, dont son ancien élève Eugène Delattre était rédacteur. Voir la lettre précédente, p. 1013.

3. Leconte de Lisle avait publié de nombreux poèmes dans la *Revue contemporaine*, de *La Vision de Brahma*, le 15 avril 1857, à *La Mort de Sigurd* et *La Vision de Snorr*, le 31 octobre 1858.

4. *Clair de Lune* (*Feſtons et aſtragales*) in *Œuvres de Louis Bouilhet*, Paris, Lemerre, 1891, p. 6-11.

5. L'actrice qui jouait le rôle d'Hélène dans *Hélène Peyron* (voir p. 1006, n. 9).

6. Théodore Barrière, *Cendrillon*, comédie en cinq actes, jouée pour la première fois au théâtre du Gymnase le 23 décembre 1858.

7. Pour le surnom de Karaphon, voir p. 115, n. 3.

Page 1015.

1. Flaubert avait promis à Charles-Edmond Chojecki, rédacteur à *La Presse*, de lui donner *Salammbô* en feuilleton. Il cherchait à revenir sur cet engagement. Contrairement à Bouilhet, les Goncourt appréciaient Charles-Edmond : « [il] eſt un des habitués de ces amusants dimanches [chez Mario Uchard], blond comme le chanvre, la voix douce, sourde et tout à coup éclatante et tonnante quand il s'anime. Plein de récits d'héroïsmes romains de la Pologne, de légendes d'atrocités russes. Parlant bien, lentement ; nuageux, syſtématique, les idées violentes, le sourire aimable et caressant de l'œil des Slaves, le charme un peu asiatique et félin de ces peuples, évadé du myſticisme, avec des traces de cela dans l'esprit […] » (*Journal*, éd. R. Ricatte, Paris, Fasquelle-Flammarion, t. I, p. 438, à la date du 31 janvier 1858).

[30 décembre 1858]

2. Autographe Lovenjoul, C, ff⁰ˢ 147-148.

3. *Le Cœur à droite* (voir p. 1014).

4. *Les Larmes de la vigne* (voir plus loin). Ce poème sera publié dans *Feſtons et aſtragales*, in *Œuvres de Louis Bouilhet*, Paris, Lemerre, 1891, p. 89-90. Pour *Clair de lune*, voir la lettre précédente, p. 1014, n. 4. Je ne connais pas de poème de Louis Bouilhet intitulé : *À une Dieppoise*.

5. Louis Bouilhet arrivera à Croisset le 12 janvier 1859.

SUPPLÉMENT

Nous donnons ici, dans ce Supplément, d'une part des compléments à des lettres dont l'autographe a été retrouvé depuis la première édition et, d'autre part, des compléments à des notes qui n'ont pu être insérés — faute de place — dans le volume.

Pour les lettres, nous avons indiqué entre crochets les derniers mots qui figurent dans le texte. Les notes de ces compléments ont été composées au bas des pages.

AU DOCTEUR JULES CLOQUET

[Croisset,] dimanche soir [17 ou 24 juin 1855.]

Suite de la lettre donnée p. 582

[lui porter mes félicitations.] C'est à elle surtout que je les adresse, car nos succès faisant plus de plaisir à ceux qui nous chérissent qu'à nous-mêmes, elle a dû, plus que vous, cher ami, être contente.

J'aurais bien aimé à jouir du spectacle de sa joie ! — que je partage — en vous embrassant comme je vous aime

tendrement
tout à vous
ex imo

À SON COUSIN LOUIS BONENFANT

[Paris,] mercredi. [9 avril 1856.]

Suite de la lettre donnée p. 611.

[pour que je fasse fortune.] Car tu sais qu'on doit arriver dans la capitale (voir toutes les biographies de grands manufacturiers) avec une paire de sabots et *un écu* de six francs. —

Si tu m'envoyais une paire de sabots et un écu de six francs ?

Mais je suis un peu vieux. — Et puis, je ne pourrais jamais faire *mon entrée* dans Paris, puisque j'y demeure. Impossible. Renonçons à ce rêve.

Autre chose que j'ai oublié. Le futur millionnaire doit, avant d'entrer dans la Ville, visiter une chapelle de la Vierge, quelque part. — Et la prier de bénir ses entreprises commerciales[1]. Lui, pas bête, appelle les faveurs célestes sur le Grand-Livre. Les anges surveilleront ses ballots, etc. Et puis, un jour (à 70 ans), on accroche à la glace de son salon ses crochets de ramoneur, et on se fait faire son portrait. Voilà quelle est ma perspective — non ! pas même !

Embrasse bien pour moi la grosse mère Olympe[2]. Et reçois une bonne poignée de main de ton vieux dévoué.

Lettre du 9 avril 1856.

1. C'est ce que fait *Jean-qui-rit*, à son départ de Kérantré pour Paris, à la chapelle de *Notre-Dame Consolatrice* (comtesse de Ségur, *Jean-qui-grogne et Jean-qui-rit*, chap. II).
2. Olympe ou Olympiade Parain, épouse de Louis Bonenfant.

À EDMOND PAGNERRE

[Paris, 31 décembre 1856.]

Suite de la notule de la page 1335.

[ses amis bonapartistes.]

Je verse au dossier cette lettre de Louis-Napoléon adressée à Edmond Pagnerre et récemment passée en vente : « Londres, le 6 août 1848 / Monsieur et cher concitoyen, / Je n'ai pas répondu plus tôt à votre aimable lettre du mois de juin parce que les événements se sont succédé si rapidement, que j'ai longtemps espéré pouvoir en vous écrivant dater ma lettre de France. Mais puisqu'il faut encore que je reste éloigné de ma patrie, je ne veux pas tarder plus longtemps à vous dire combien votre souvenir m'a touché. Quand j'étais prisonnier, vous avez été un des premiers à me donner des consolations et à rendre justice à mes sentiments patriotiques; ce souvenir, croyez-le bien, ne s'effacera jamais de ma mémoire. / Je ne peux guère vous parler politique aujourd'hui, car vous en savez plus que moi et vous devez comme moi déplorer que les destinées de la France soient si vaguement fixées et sa prospérité si gravement compromise. / Recevez, Monsieur, la nouvelle assurance de mes sentiments d'estime et de sympathie. / LOUIS NAPOLÉON. »

À ERNEST FEYDEAU

[Croisset, vers le 25 mai 1857.]

Suite de la lettre donnée p. 725.

[et que j'ai retrouvée.]

J'imagine que nous allons dire pendant quelques jours de fortes choses.

Adieu, cher ami.

A bientôt donc.

Écrivez-moi ung petit mot la veille, hein ? — et venez *tous*.

Serait-il inconvenant de prier mon neveu d'*offrir mes hommages* (style Prud'homme) à ma nièce, Mme Feydeau ?

À OLYMPE BONENFANT

[Croisset,] 14 juin [1857].

Suite de la lettre donnée p. 732-734.

[m'a rendu peu tendre.] Chacun tire à soi dans ce bas monde. Tant pis pour les faibles. L'anthropophagie est la base des sociétés. Bref, il me paraît très naturel de ne pas vivre dans la misère, quand on a des rentes. J'appelle vivre dans la misère avoir l'esprit continuellement tendu sur l'Économie. Cela s'ajoute aux autres embêtements de l'existence. C'est insupportable !

Je t'écris tout cela en cachette. Tu en feras ton profit. Je t'ai dit toute la vérité et rien de plus. Ma mère ne serait peut-être pas contente, si elle savait que je t'ai exposé le fond du sac. Je compte sur la vieille affection que tu lui portes pour tâcher d'alléger ces ennuis qui sont devenus un tourment permanent.

Rien de neuf ici. Lilinne se dispose à faire sa première communion. Elle brille au catéchisme !

Adieu, je t'embrasse.

Ton vieux cousin et ami.

À ERNEST FEYDEAU

[Croisset, fin juin ou début juillet 1857.]

Suite de la note 2 de la page 741.

[2. Théophile Gautier.] Cette note de Flaubert n'a pas été retrouvée, mais voici des extraits de la lettre d'Ernest Feydeau à Théophile Gautier, datée de « Luchon, 9 juillet [1857] » : « [...] J'ai reçu de Flaubert une lettre abominable; il me traite en commis-voyageur et dit que je vais faire *de l'esprit dans les tables d'hôte.* — Il est joli, l'esprit que j'y fais : Dumas[1] m'a appris à parler le javanais; et nous nous amusons à débiter

Lettre de fin juin ou début juillet 1857.

1. Il s'agit d'Alexandre Dumas fils.

tout haut les propos les plus sadiques, devant de jeunes vierges et des mères respectables, qui nous sauteraient dessus si elles nous comprenaient. / Le même Flaubert me fait passer une petite note en me priant de te la communiquer. Il désire que tu dises quelques mots flatteurs sur le peintre Maisiat, et, comme il a peur de t'embêter, il fait appel à mon courage pour que tu déverses sur moi le torrent de tes imprécations [...] / INEZ FEYDEAU. » (Lovenjoul, C 494, ff os 116-117.)

À JEANNE DE TOURBEY

Tunis, 15 mai [18]58.

Suite de la lettre donnée p. 813-814.

[qui se représente.]

Et je me croyais pourtant *revenu de tout cela,* comme on dit ! Je me croyais le cœur vieux ! Allons donc ! quel orgueil ! le cœur est comme les palmiers, il repousse à mesure qu'il se dépouille.

Je n'ai eu aucune aventure, ni tragique, ni amoureuse. J'ai seulement tué un serpent à coups de fouet. Voilà tout. Quant aux bêtes féroces, je n'en ai pas aperçu la queue d'une. J'excepte plusieurs chacals qui se sont moqués de moi. — J'ai à peu près visité ce que j'avais à voir. Et à la fin de la semaine prochaine je pars pour Constantine, *par terre,* ce qui est un voyage rarement exécuté par les Européens.

J'ai vu, ce matin, au palais du Bey, tous les dignitaires de la Régence qui venaient lui baiser les mains. (C'est aujourd'hui la fin du Rhamadan, le jour de Pasques des musulmans.) Il y avait là tous les ministres, généraux, ulémas et cadis de la tuniserie. Chacun semblait fort heureux de s'avilir à baiser la grosse patte de cet homme. Il se laissait faire comme une idole; les uns souriaient, les autres tremblaient. Car cette main chargée de bagues inestimables distribue, au hasard, les dignités, l'argent, l'exil et la mort. — J'en connais deux autres que je lui préfère. — Laissez-moi les prendre et les couvrir de baisers.

À vous ! à vous !

GVE.

Si vous étiez bien bonne, vous m'écririez *tout de suite* à Philippeville, poste restante, Algérie. Un petit mot, n'est-ce pas[1] ? une goutte d'eau dans le désert, par pitié !

À ERNEST FEYDEAU

[Croisset,] mardi matin. [28 décembre 1858.]

Suite de la lettre donnée p. 849-850.

[depuis hier midi.]

J'ai quitté pour *Daniel* un clair de lune sur Carthage. Et je suis maintenant assez pressé, parce que le 8 janvier arrive Bouilhet avec son vol[ume] de vers[2]. — Il a dû t'envoyer *Hélène*[3] ?

Mille tendresses de ton

Des nouvelles de Mme Feyd[eau] ?

Narcisse va aller tantôt à Rouen mettre au chemin de fer la sacro-sainte boîte[4].

Elle t'arrivera, probablement, en même temps que cette lettre.

Lettre du 15 mai 1858.

1. Cette lettre n'a pas été retrouvée. Les deux lettres de Jeanne de Tourbey à Flaubert conservées à la bibliothèque Lovenjoul (B VI, ff⁰ˢ 77-80) datent de 1869 et 1870.

Lettre du 28 décembre 1858.

2. Louis Bouilhet n'arrivera que le 12 janvier (voir la lettre de Flaubert à Ernest Feydeau du 11 [janvier 1859], Conard, t. IV, p. 303). Le volume de vers est *Festons et astragales,* qui paraîtra en 1859.

3. *Hélène Peyron,* le drame en vers de Louis Bouilhet, qui venait de paraître en librairie.

4. La boîte qui contient le manuscrit de *Daniel* et la lettre suivante.

TABLE

Table   1527

Table   1529

Table 1531

Table 1533

Table 1535

Table 1537

APPENDICES

Appendice I

EXTRAITS DE LETTRES DE MAXIME DU CAMP
  À GUSTAVE FLAUBERT

Appendice II

MEMENTOS DE LOUISE COLET

Table 1539

Appendice III

LETTRES DE MAXIME DU CAMP À LOUISE COLET

Appendice IV

CORRESPONDANCE DE LOUISE COLET ET D'ALFRED DE MUSSET

Appendice V

POÉSIES DE LOUISE COLET

Appendice VI

EXTRAITS DE LETTRES DE LOUIS BOUILHET
    À GUSTAVE FLAUBERT

Table 1541

Ce volume, portant le numéro
deux cent quatre-vingt-quatre
de la « Bibliothèque de la Pléiade »
publiée aux Éditions Gallimard,
a été achevé d'imprimer
sur Bible des Papeteries Bolloré Technologies
le 2 février 1999
par Aubin Imprimeur
à Ligugé
et relié en pleine peau,
dorée à l'or fin 23 carats,
par Babouot à Lagny.

ISBN : 2-07-010668-3.

N° d'édition : 84614 - N° d'impression : L 57660.
Dépôt légal : février 1999.
Premier dépôt légal : 1980.

Imprimé en France.